J. von Staudingers
Kommentar zum Bürgerlichen Gesetzbuch
mit Einführungsgesetz und Nebengesetzen
Gesetz zur Regelung des Rechts
der Allgemeinen Geschäftsbedingungen
(AGBG)

Kommentatorinnen und Kommentatoren

Dr. Karl-Dieter Albrecht
Vorsitzender Richter am Bayerischen Verwaltungsgerichtshof, München

Dr. Hermann Amann
Notar in Berchtesgaden

Dr. Martin Avenarius
Wiss. Assistent an der Universität Göttingen

Dr. Christian von Bar
Professor an der Universität Osnabrück, Honorary Master of the Bench, Gray's Inn (London)

Dr. Wolfgang Baumann
Notar in Wuppertal

Dr. Okko Behrends
Professor an der Universität Göttingen

Dr. Detlev W. Belling, M.C.L.
Professor an der Universität Potsdam

Dr. Werner Bienwald
Professor an der Evangelischen Fachhochschule Hannover

Dr. Andreas Blaschczok
Professor an der Universität Leipzig

Dr. Dieter Blumenwitz
Professor an der Universität Würzburg

Dr. Reinhard Bork
Professor an der Universität Hamburg, Richter am Hanseatischen Oberlandesgericht zu Hamburg

Dr. Wolf-Rüdiger Bub
Rechtsanwalt in München, Lehrbeauftragter an der Universität Potsdam

Dr. Elmar Bund
Professor an der Universität Freiburg i. Br.

Dr. Jan Busche
Wiss. Assistent an der Freien Universität Berlin

Dr. Michael Coester, LL.M.
Professor an der Universität München

Dr. Dagmar Coester-Waltjen, LL.M.
Professorin an der Universität München

Dr. Dr. h. c. mult. Helmut Coing
em. Professor an der Universität Frankfurt am Main

Dr. Matthias Cremer
Notar in Dresden

Dr. Hermann Dilcher †
em. Professor an der Universität Bochum

Dr. Heinrich Dörner
Professor an der Universität Düsseldorf

Dr. Christina Eberl-Borges
Wiss. Assistentin an der Universität Potsdam

Dr. Werner F. Ebke, LL.M.
Professor an der Universität Konstanz

Dr. Jörn Eckert
Professor an der Universität Kiel, Richter am Schleswig-Holsteinischen Oberlandesgericht in Schleswig

Dr. Eberhard Eichenhofer
Professor an der Universität Jena

Dr. Volker Emmerich
Professor an der Universität Bayreuth, Richter am Oberlandesgericht Nürnberg

Dipl.-Kfm. Dr. Norbert Engel
Leitender Ministerialrat im Bayerischen Senat, München

Dr. Helmut Engler
Professor an der Universität Freiburg i. Br., Minister in Baden-Württemberg a. D.

Dr. Karl-Heinz Fezer
Professor an der Universität Konstanz, Honorarprofessor an der Universität Leipzig, Richter am Oberlandesgericht Stuttgart

Dr. Johann Frank
Notar in Amberg

Dr. Rainer Frank
Professor an der Universität Freiburg i. Br.

Dr. Bernhard Großfeld, LL.M.
Professor an der Universität Münster

Dr. Karl-Heinz Gursky
Professor an der Universität Osnabrück

Dr. Ulrich Haas
Professor an der Universität Halle-Wittenberg

Norbert Habermann
Richter am Amtsgericht Offenbach

Dr. Johannes Hager
Professor an der Humboldt-Universität Berlin

Dr. Rainer Hausmann
Professor an der Universität Konstanz

Dr. Dott. h. c. Dieter Henrich
Professor an der Universität Regensburg

Dr. Reinhard Hepting
Professor an der Universität Mainz

Joseph Hönle
Notar in Tittmoning

Dr. Bernd von Hoffmann
Professor an der Universität Trier

Dr. Heinrich Honsell
Professor an der Universität Zürich, Honorarprofessor an der Universität Salzburg

Dr. Dr. Dres. h. c. Klaus J. Hopt, M.C.J.
Professor, Direktor des Max-Planck-Instituts für Ausländisches und Internationales Privatrecht, Hamburg

Dr. Norbert Horn
Professor an der Universität zu Köln

Dr. Christian Huber
Professor an der Rheinisch-Westfälischen Technischen Hochschule Aachen

Dr. Heinz Hübner
Professor an der Universität zu Köln

Dr. Rainer Jagmann
Richter am Oberlandesgericht Karlsruhe

Dr. Ulrich von Jeinsen
Rechtsanwalt und Notar in Hannover

Dr. Dagmar Kaiser
Wiss. Assistentin an der Universität Freiburg i. Br.

Dr. Rainer Kanzleiter
Notar in Neu-Ulm, Professor an der Universität Augsburg

Wolfgang Kappe †
Vorsitzender Richter am Oberlandesgericht Celle a. D.

Ralf Katschinski
Notar in Hamburg

Dr. Benno Keim
Notar in München

Dr. Sibylle Kessal-Wulf
Richterin am Schleswig-Holsteinischen Oberlandesgericht in Schleswig

Dr. Diethelm Klippel
Professor an der Universität Bayreuth

Dr. Hans-Georg Knothe
Professor an der Universität Greifswald

Dr. Helmut Köhler
Professor an der Universität München, Richter am Oberlandesgericht München

Dr. Jürgen Kohler
Professor an der Universität Greifswald

Dr. Heinrich Kreuzer
Notar in München

Dr. Jan Kropholler
Professor an der Universität Hamburg, Wiss. Referent am Max-Planck-Institut für Ausländisches und Internationales Privatrecht, Hamburg

Dr. Hans-Dieter Kutter
Notar in Schweinfurt

Dr. Gerd-Hinrich Langhein
Notar in Hamburg

Dr. Dr. h. c. Manfred Löwisch
Professor an der Universität Freiburg i. Br., vorm. Richter am Oberlandesgericht Karlsruhe

Dr. Dr. h. c. Werner Lorenz
Professor an der Universität München

Dr. Peter Mader
Ao. Professor an der Universität Salzburg

Dr. Ulrich Magnus
Professor an der Universität Hamburg, Richter am Hanseatischen Oberlandesgericht zu Hamburg

Dr. Peter Mankowski
Wiss. Assistent an der Universität Osnabrück

Dr. Peter Marburger
Professor an der Universität Trier

Dr. Wolfgang Marotzke
Professor an der Universität Tübingen

Dr. Dr. Michael Martinek, M.C.J.
Professor an der Universität des Saarlandes, Saarbrücken

Dr. Jörg Mayer
Notar in Pottenstein

Dr. Dr. h. c. mult. Theo Mayer-Maly
Professor an der Universität Salzburg

Dr. Dr. Detlef Merten
Professor an der Deutschen Hochschule für Verwaltungswissenschaften Speyer

Dr. Peter O. Mülbert
Professor an der Universität Trier

Dr. Dirk Neumann
Vizepräsident des Bundesarbeitsgerichts a. D., Kassel, Präsident des Landesarbeitsgerichts Chemnitz a. D.

Dr. Ulrich Noack
Professor an der Universität Düsseldorf

Dr. Hans-Heinrich Nöll
Rechtsanwalt in Hamburg

Dr. Jürgen Oechsler
Professor an der Universität Potsdam

Dr. Hartmut Oetker
Professor an der Universität Jena, Richter am Thüringer Oberlandesgericht Jena

Wolfgang Olshausen
Notar in Rain am Lech

Dr. Dirk Olzen
Professor an der Universität Düsseldorf

Dr. Gerhard Otte
Professor an der Universität Bielefeld

Dr. Hansjörg Otto
Professor an der Universität Göttingen

Dr. Frank Peters
Professor an der Universität Hamburg, Richter am Hanseatischen Oberlandesgericht zu Hamburg

Dr. Axel Pfeifer
Notar in Hamburg

Dr. Alfred Pikalo †
Notar in Düren

Dr. Jörg Pirrung
Ministerialrat im Bundesministerium der Justiz, Bonn, Richter am Gericht erster Instanz der Europäischen Gemeinschaften, Luxemburg

Dipl.-Verwaltungswirt Dr. Rainer Pitschas
Professor an der Deutschen Hochschule für Verwaltungswissenschaften Speyer

Dr. Ulrich Preis
Professor an der Fern-Universität Hagen und an der Universität Düsseldorf

Dr. Manfred Rapp
Notar in Landsberg a. L.

Dr. Thomas Rauscher
Professor an der Universität Leipzig, Dipl. Math.

Dr. Peter Rawert, LL.M.
Notar in Hamburg

Eckhard Rehme
Vorsitzender Richter am Oberlandesgericht Oldenburg

Dr. Wolfgang Reimann
Notar in Passau, Professor an der Universität Regensburg

Dr. Dieter Reuter
Professor an der Universität Kiel, Richter am Schleswig-Holsteinischen Oberlandesgericht in Schleswig

Dr. Reinhard Richardi
Professor an der Universität Regensburg

Dr. Volker Rieble
Professor an der Universität Mannheim

Dr. Wolfgang Ring
Notar in Landshut

Dr. Herbert Roth
Professor an der Universität Heidelberg

Dr. Rolf Sack
Professor an der Universität Mannheim

Dr. Ludwig Salgo
Professor an der Fachhochschule Frankfurt a. M., Privatdozent an der Universität Frankfurt a. M.

Dr. Gottfried Schiemann
Professor an der Universität Tübingen

Dr. Eberhard Schilken
Professor an der Universität Bonn

Dr. Peter Schlosser
Professor an der Universität München

Dr. Jürgen Schmidt
Professor an der Universität Münster

Dr. Karsten Schmidt
Professor an der Universität Bonn

Dr. Günther Schotten
Notar in Köln, Professor an der Universität Bielefeld

Dr. Hans Hermann Seiler
Professor an der Universität Hamburg

Dr. Walter Selb †
Professor an der Universität Wien

Dr. Reinhard Singer
Professor an der Universität Rostock, Richter am Oberlandesgericht Rostock

Dr. Jürgen Sonnenschein
Professor an der Universität Kiel

Dr. Ulrich Spellenberg
Professor an der Universität Bayreuth

Dr. Sebastian Spiegelberger
Notar in Rosenheim

Dr. Hans Stoll
Professor an der Universität Freiburg i. Br.

Dr. Hans-Wolfgang Strätz
Professor an der Universität Konstanz

Dr. Gerd Stuhrmann
Ministerialrat im Bundesministerium der Finanzen, Bonn

Dr. Dr. h. c. Fritz Sturm
Professor an der Universität Lausanne

Dr. Gudrun Sturm
Assessorin, Wiss. Mitarbeiterin an der Universität Lausanne

Burkhard Thiele
Ministerialdirigent im Ministerium für Justiz und Angelegenheiten der Europäischen Union des Landes Mecklenburg-Vorpommern, Schwerin

Dr. Bea Verschraegen, LL.M.
Professorin an der Universität Bielefeld

Dr. Reinhard Voppel
Rechtsanwalt in Köln

Dr. Günter Weick
Professor an der Universität Gießen

Gerd Weinreich
Richter am Oberlandesgericht Oldenburg

Dr. Birgit Weitemeyer
Wiss. Assistentin an der Universität Kiel

Dr. Joachim Wenzel
Richter am Bundesgerichtshof, Karlsruhe

Dr. Olaf Werner
Professor an der Universität Jena, Richter am Thüringer Oberlandesgericht Jena

Dr. Wolfgang Wiegand
Professor an der Universität Bern

Dr. Peter Winkler von Mohrenfels
Professor an der Universität Rostock, Richter am Oberlandesgericht Rostock

Dr. Roland Wittmann
Professor an der Universität Frankfurt (Oder), Richter am Brandenburgischen Oberlandesgericht

Dr. Hans Wolfsteiner
Notar in München

Dr. Eduard Wufka
Notar in Starnberg

Redaktorinnen und Redaktoren

Dr. Christian von Bar
Dr. Wolf-Rüdiger Bub
Dr. Heinrich Dörner
Dr. Helmut Engler
Dr. Karl-Heinz Gursky
Norbert Habermann
Dr. Dott. h. c. Dieter Henrich
Dr. Heinrich Honsell
Dr. Norbert Horn
Dr. Heinz Hübner
Dr. Jan Kropholler

Dr. Dr. h. c. Manfred Löwisch
Dr. Ulrich Magnus
Dr. Dr. Michael Martinek, M.C.J.
Dr. Gerhard Otte
Dr. Lore Maria Peschel-Gutzeit
Dr. Peter Rawert, LL.M.
Dr. Dieter Reuter
Dr. Herbert Roth
Dr. Hans-Wolfgang Strätz
Dr. Wolfgang Wiegand

J. von Staudingers
Kommentar zum Bürgerlichen Gesetzbuch mit Einführungsgesetz und Nebengesetzen

Gesetz zur Regelung des Rechts der
Allgemeinen Geschäftsbedingungen
(AGBG)

Dreizehnte
Bearbeitung 1998
von
Michael Coester
Dagmar Coester-Waltjen
Peter Schlosser

Redaktor
Michael Martinek

Sellier – de Gruyter · Berlin

Die Kommentatoren

Dreizehnte Bearbeitung 1998
Einleitung zum AGBG; §§ 1–7, 12–30
AGBG: Peter Schlosser
Einleitung zu §§ 8–11; §§ 8, 9: Michael Coester
§§ 10, 11: Dagmar Coester-Waltjen

12. Auflage
Einleitung zum AGBG; §§ 1–30 AGBG:
Peter Schlosser (1980)

11. Auflage
∕.

Sachregister

Rechtsanwalt Dr. Dr. Volker Kluge, Berlin

Zitierweise

Staudinger/Schlosser (1998) Einl 1 zum AGBG
Staudinger/Schlosser (1998) § 1 AGBG Rn 1
Staudinger/Coester (1998) Einl 1 zu §§ 8 ff AGBG
Staudinger/Coester (1998) § 8 AGBG Rn 1
Staudinger/Coester-Waltjen (1998) § 10 Nr 1 AGBG Rn 1

Zitiert wird nach Paragraph bzw Artikel und Randnummer.

Hinweise

Das **vorläufige Abkürzungsverzeichnis** für das Gesamtwerk Staudinger befindet sich in einer Broschüre, die zusammen mit dem Band §§ 985–1011 (1993) geliefert worden ist.

Der **Stand der Bearbeitung** ist jeweils mit Monat und Jahr auf den linken Seiten unten angegeben.

Am Ende des Bandes befindet sich eine Übersicht über den aktuellen **Stand des Gesamtwerks** Staudinger zum Zeitpunkt des Erscheinens dieses Bandes.

Die Deutsche Bibliothek – CIP-Einheitsaufnahme

> **J. von Staudingers Kommentar zum Bürgerlichen Gesetzbuch** : mit Einführungsgesetz und Nebengesetzen / [Kommentatoren Karl-Dieter Albrecht . . .]. – Berlin : Sellier de Gruyter
> Teilw. hrsg. von Günther Beitzke . . . – Teilw. im Verl. Schweitzer, Berlin. – Teilw. im Verl. Schweitzer de Gruyter, Berlin
> Teilw. u. .d.T.: J. v. Staudingers Kommentar zum Bürgerlichen Gesetzbuch
> ISBN 3-8059-0784-2
>
> Gesetz zur Regelung des Rechts der allgemeinen Geschäftsbedingungen : (AGBG). – 13. Bearb. / von Michael Coester . . . – 1998
> ISBN 3-8059-0901-2

© Copyright 1998 by Dr. Arthur L. Sellier & Co. – Walter de Gruyter GmbH & Co., Berlin.

Dieses Werk einschließlich aller seiner Teile ist urheberrechtlich geschützt. Jede Verwertung außerhalb der engen Grenzen des Urheberrechtsgesetzes ist ohne Zustimmung des Verlages unzulässig und strafbar. Das gilt insbesondere für Vervielfältigungen, Übersetzungen, Mikroverfilmungen und die Einspeicherung und Verarbeitung in elektronischen Systemen.

Printed in Germany.
Satz und Druck: Buch- und Offsetdruckerei Wagner GmbH, Nördlingen.
Bindearbeiten: Lüderitz und Bauer, Buchgewerbe GmbH, Berlin.
Umschlaggestaltung: Bib Wies, München.

⊗ Gedruckt auf säurefreiem Papier, das die DIN ISO 9706 Norm über Haltbarkeit erfüllt.

Inhaltsübersicht

                                                                                         Seite*

Gesetz zur Regelung des Rechts der Allgemeinen Geschäftsbedingungen (AGBG)	
Vorwort	IX
Einleitung zum AGBG	1
Erster Abschnitt. Sachlich-rechtliche Vorschriften	
Erster Unterabschnitt. Allgemeine Vorschriften	20
Zweiter Unterabschnitt. Unwirksame Klauseln	160
Zweiter Abschnitt. Kollisionsrecht	666
Dritter Abschnitt. Verfahren	674
Vierter Abschnitt. Anwendungsbereich	729
Fünfter Abschnitt. Schluß- und Übergangsvorschriften	784
Sachregister	791

---

* Zitiert wird nicht nach Seiten, sondern nach Paragraph bzw Artikel und Randnummer; siehe dazu auch S VI.

Vorwort

Die Kommentierung des AGBG in „J. von Staudingers Kommentar zum BGB" sollte nie den Umfang separater Großkommentare zu diesem Gesetzeswerk erreichen. Gleichwohl war es für den Bearbeiter der Vorauflage nicht mehr möglich, 18 Jahre Entwicklung des AGB-Rechts für die Zwecke einer Neukommentierung aufzuarbeiten. Daher ist die Betreuung des Kernstücks des Gesetzes, nämlich der Bestimmungen zur Inhaltskontrolle, in die Hände zweier neuer Kommentatoren übergegangen. Auch soweit sie Restbestände des alten Textes verwenden konnten, übernehmen sie allein die Verantwortung für den von ihnen betreuten Teil. Zwischen den Vorschriften zur Inhaltskontrolle und den übrigen Bestimmungen des Gesetzes gibt es manche Überschneidungen. Meist sind wir nach dem Prinzip der Arbeitsteilung vorgegangen und haben uns darin abgestimmt, wer welchen Fragenkomplex behandelt, sofern seine Einordnung nicht ohnehin selbstverständlich war. Ganz ließen sich freilich die Arbeitsbereiche nicht voneinander scheiden. Gelegentlich wird daher der Benutzer des Kommentars entdecken, daß die Kommentatoren auch verschiedener Meinung sind. Wir haben uns aber bemüht, das immer kenntlich zu machen. Wenn es uns gelungen sein sollte, Rechtsprechung und Literatur in transparenter Weise aufzuarbeiten, werden gelegentliche unterschiedliche Ansichten der Kommentatoren den Benutzer sicherlich nicht irritieren.

Ohne die Einsatzbereitschaft vieler Mitarbeiter wäre auch diesmal die Arbeit nicht zu meistern gewesen. Unsere Mitarbeiter haben sich in unterschiedlichem Ausmaß an der Erstellung der Manuskripte beteiligt, ohne daß dies hier im einzelnen aufgeschlüsselt werden sollte. Teils haben sie Material vorsystematisiert, teils haben sie schon textlich ausformulierte Vorentwürfe erstellt. Immer waren sie uns wertvolle Diskussionspartner. Zu danken haben wir demgemäß:

PETER SCHLOSSER: Assessorin NICOLE BECKER-ZENNECK, Assessor MAXIMILIAN BREITLING, den damaligen Rechtsreferendaren und jetzigen Assessoren BIANCA PÖRNBACHER, KARL PÖRNBACHER und GREGOR VOLLKOMMER sowie Herrn Rechtsreferendar CHRISTOPH STUMPF. Cand. jur ISABELL CONRAD hat unermüdlich und mit großem Erfolg die Manuskriptteile nach redaktionellen Unstimmigkeiten abgesucht. Die beiden Sekretärinnen, Frau HAFENEDER und Frau LANGKAU-SCHLIEPER, haben sich geduldig der diffizilen und Konzentration fordernden Schreib- und permanenten Korrekturenarbeit gewidmet.

MICHAEL COESTER: Assessorinnen GUNDULA JANETZKI und MICHAELA KÜBLER sowie dem Rechtsreferendar PATRICK AYAD und Assessor WOLFGANG DENKHAUS; für die Anfertigung und Korrekturen des Manuskripts zunächst Frau RENATE GROBLER, dann im wesentlichen Frau PETRA CHABERNY.

DAGMAR COESTER-WALTJEN: Assessor TILL HALFMANN sowie den Rechtsreferendaren MARKUS KREBS und WOLFRAM DISTLER. Frau Dott. SILVIA NEYMON DE

NEYFELDT hat in konzentrierter und geduldiger Arbeit das Manuskipt übertragen und die immer wieder neuen Korrekturen und Ergänzungen angebracht.

München, im August 1998 PETER SCHLOSSER

Gesetz zur Regelung des Rechts der Allgemeinen Geschäftsbedingungen

Vom 9. 12. 1976 (BGBl I 3317) zuletzt geändert durch Art 2 Abs 11 Begleitgesetz zum Telekommunikationsgesetz (BegleitG) vom 17. 12. 1997 (BGBl I 3108).

Einleitung zum AGBG

Schrifttum (Auswahl)

BRANDNER, s ULMER
COESTER-WALTJEN, s SCHLOSSER
DIETLEIN-REBMANN, AGB aktuell Erläuterungen zum Gesetz zur Regelung des Rechts der Allgemeinen Geschäftsbedingungen (1976)
ERMAN/H HEFERMEHL, Kommentar zum BGB (9. Aufl 1993)
FEHL, Systematik des Rechts der Allgemeinen Geschäftsbedingungen (1979)
GERLACH, s Münchner Kommentar
GRABA, s SCHLOSSER
HEINRICHS, s PALANDT
HELDRICH, s PALANDT
KOCH/STÜBING, Allgemeine Geschäftsbedingungen, Kommentar zum Gesetz zur Regelung des Rechts der Allgemeinen Geschäftsbedingungen (1977): KÖTZ, s Münchner Kommentar
ders, Welche gesetzgeberischen Maßnahmen empfehlen sich zum Schutz des Endverbrauchers gegenüber Allgemeinen Geschäftsbedingungen und Formularverträgen?, 50. Deutscher Juristentag (1974) A 1 ff
LOCHER, Recht der Allgemeinen Geschäftsbedingungen (3. Aufl 1997)
LÖWE/v WESTPHALEN/TRINKNER, Kommentar zum Gesetz zur Regelung des Rechts der Allgemeinen Geschäftsbedingungen zu §§ 10 ff (2. Aufl 1983 sonst 1. Aufl 1977)
Münchner Kommentar zum Bürgerlichen Gesetzbuch (3. Aufl) Bd 1 AGBG bearb v KÖTZ, GERLACH u BASEDOW (1993)

PALANDT, Bürgerliches Gesetzbuch (Kommentar), AGBG bearb v HEINRICHS u HELDRICH (58. Aufl 1998)
RAISER, Das Recht der Allgemeinen Geschäftsbedingungen (1935 Neudruck 1961)
SCHLOSSER/COESTER-WALTJEN/GRABA, Kommentar zum Gesetz zur Regelung des Rechts der Allgemeinen Geschäftsbedingungen (1977)
SCHMIDT-SALZER, Allgemeine Geschäftsbedingungen (2. Aufl 1977)
SOERGEL/U STEIN, Kommentar zum BGB (12. Aufl 1991)
STEIN, Gesetz zur Regelung des Rechts der Allgemeinen Geschäftsbedingungen, Kommentar (1977)
STÜBING, s KOCH
TRINKNER, s LÖWE
ULMER, Welche gesetzgeberischen Maßnahmen empfehlen sich zum Schutz des Endverbrauchers gegenüber Allgemeinen Geschäftsbedingungen und Formularverträgen? 50. Deutscher Juristentag (1974) H 8 ff
ULMER/BRANDNER/HENSEN, AGB-Gesetz: Kommentar zum Gesetz zur Regelung des Rechts der Allgemeinen Geschäftsbedingungen (8. Aufl 1997)
WOLF/HORN/LINDACHER, AGBG (3. Aufl 1994).

Systematische Übersicht

I.	Entstehung des Gesetzes	2. Die Gesetzgebungsarbeit	6
1.	Der rechtstatsächliche Befund	1	

II. **Die Grundstruktur des Gesetzes**	IV. **Rechtsentwicklung seit Inkrafttreten des AGBG**
1. Die Gesetzessystematik ___ 12	
2. Die Anwendung des Gesetzes ___ 16	1. Die Bedeutung des AGB in der Rechtspraxis ___ 29
III. **Gesetzliche Sonderformen der Kontrolle von AGB** ___ 19	2. Die herausragende Bedeutung der Generalklausel des § 9 ___ 30
1. Kontrolle von AGB im Rahmen eines verwaltungsrechtlichen Genehmigungsverfahrens ___ 20	3. Einbeziehungskontrolle neben der Inhaltskontrolle weiter nötig? ___ 31
2. Konditionenkartelle und -empfehlungen ___ 23	4. Die EG-Richtlinie über mißbräuchliche Vertragsklauseln ___ 32

Alphabetische Übersicht

Abmahnung ___ 22	Konditionenempfehlungen ___ 23, 25 ff
Anwendungsbereich ___ 12 f, 17, 18 b	Konditionenkartelle ___ 23
Aufsicht, behördliche ___ 22	
Aufsteller ___ 3 f, 13, 24, 29 f	Mehrwertsteuer ___ 24
Bundeskartellamt ___ 23, 26 ff	Rechtskrafterstreckung ___ 11
EG-Richtlinie über mißbräuchliche Vertragsklauseln ___ 32; § 24 Rn 3	Transparenzgebot ___ 30
	Unangemessenheit ___ 18b f, 33
Genehmigungsverfahren, verwaltungsrechtliches ___ 20	Unterlassungsklage-Modell ___ 10
Gesetzessystematik ___ 12	Unwirksamkeit ___ 22
Hauptleistungspflichten ___ 30, 32	Verbandsempfehlungen ___ 28
	Versicherungsbedingungen ___ 20
	Verwender ___ 3 f, 11, 14 f, 25
Individualvereinbarungen ___ 18	
Inhaltskontrolle ___ 5 ff, 12 ff, 31 ff	Zuständigkeit ___ 11

I. Die Entstehung des Gesetzes

1. Der rechtstatsächliche Befund

1 Das AGBG war die überreife Frucht einer nahezu 40 Jahre langen, wenn auch in Intervallen geführten rechtspolitischen Diskussion, die ihren Ausgangspunkt 1935 in Ludwig Raiser's Monographie „Das Recht der Allgemeinen Geschäftsbedingungen" (Neudruck 1961) genommen hatte. Hier ist nicht der Ort, den Entwicklungsgang von Rspr und Lit im einzelnen nachzuzeichnen. Jedenfalls war Anfang der 70er Jahre der rechtstatsächliche Befund aufgearbeitet. Folgendermaßen sah und sieht er aus:

2 a) Das BGB geht von der Modellvorstellung des in seinen Einzelheiten frei ausgehandelten und darum in seiner inhaltlichen Richtigkeit bestätigten (Schmidt-

Rimpler AcP 147, 130) Vertrags aus. Die – auch rechtsvergleichend – unerhörte Zurückdrängung des zwingenden Rechts im BGB ist der markanteste Ausdruck dieser Grundeinstellung. Diesem Modell entsprach niemals die Wirklichkeit. Es verfehlt sie mehr denn je.

b) Die Wirklichkeit weicht zum einen wegen des typischen Machtgefälles zwischen den Vertragspartnern vom Modell ab. Schon der Individualvertrag wird in seiner „Richtigkeitsgarantie" sehr häufig durch die überlegene Stellung eines der Beteiligten verfälscht. Wie könnte es sonst zu Notverkäufen unter Wert kommen? Die fortwährende Anreicherung des privaten Mietrechts durch zwingende Vorschriften war gewiß nicht wegen der üblichen Gestaltung vorformulierter Mietvertragsbedingungen nötig. Jedoch hat sich die Verhandlungsüberlegenheit bestimmter Anbieter oder Anfrager gerade in AGB ihr typisches Machtinstrument geschaffen.

Zu Anfang der Diskussion sah man daher nur die wirtschaftliche Überlegenheit bestimmter Anbieter, später auch die intellektuelle. Die gesamte AGB-Problematik erschöpfte sich für diese Sicht in der systematischen Ausnutzung von Monopolstellungen. Charakteristisch für die AGB-Problematik ist aber die Überlegenheit des Aufstellers von Bedingungswerken, die in seiner Position als massenhafter Verwender liegt.

c) Für den Verwender lohnt sich der Regelungsaufwand. Er, der massenweise gleichförmige Leistungen anbietet oder bezieht, hat mit Sicherheit den Vorteil ihn begünstigender Bedingungen. Das abgewälzte Risiko würde sich im statistischen Mittel effektiv zu seinen Lasten auswirken. Häufig kann er, will er verantwortungsbewußt kalkulieren, gar nicht anders, als Verträge auf vorformulierter Basis abzuschließen. Das streckenweise nur eine sehr geringe Regelungsdichte aufweisende dispositive Recht würde eine solche Kalkulationsgrundlage nicht abgeben; ohne massenhafte gleichförmige Vertragsabschlüsse ließe sich eine rationalisierte Vertragsabschlußpraxis nicht aufbauen (dazu sehr eindringlich Koch/Stübing Einl 9 ff zu § 1). In einer Marktwirtschaft kann der Abnehmer, wenn er nicht Groß- und Massenabnehmer ist, an der Institution Vertragsfreiheit in Gestalt der Auswahl, nicht aber in der individuellen Mitausgestaltung teilhaben. Die Verwirklichung verschiedener, üblicherweise in AGB geregelter Risiken gerade in seinem Interessenkreis ist so unwahrscheinlich, daß sich eine Einarbeitung in die Regelungsmaterie und der anschließende Verhandlungsaufwand für bessere Bedingungen nicht lohnt. Für ihn wäre Interessenwahrung mit zu hohen Transaktionskosten verbunden (so erstmals herausgearbeitet von Kötz, 50. Deutscher Juristentag [1974] A 31 f; MünchKomm/Kötz Rn 3). Das aber wiederum führt dazu, daß auch ein Konditionenwettbewerb ausbleibt. Selbst im AGB-bewußten unternehmerischen Rechtsverkehr sind Verhandlungsversuche zur Einzelabänderung gestellter AGB außerordentlich selten. Der Kampf geht meist nur um die globale Einbeziehung der Bedingungen der einen oder der anderen Seite. Zwangsläufig eskalierte die durch Wettbewerb nicht kontrollierte Kautelarpraxis zu immer grotesqueren Steigerungen in der Suche nach Bedingungsvorteilen für den Aufsteller.

d) Das Bewußtsein der Unentbehrlichkeit von AGB für den wirtschaftlichen Massenverkehr war wohl auch verantwortlich für die extreme Liberalität, welche die

Rspr bei Beurteilung der Einbeziehungsvoraussetzungen zeigte (§ 2 Rn 1). Dazu kam freilich auch ein Stück richterlicher Bequemlichkeit. Der Richter konnte auf der Basis der als einbezogen betrachteten AGB so manches Verfahren abkürzen. Dies hatte für die Rechtsentwicklung ihre spezifische Chance. Erst als sich nach und nach das Gerechtigkeitsdefizit offenbarte, welches eine solche Handhabung der Einbeziehungsvoraussetzung mit sich gebracht hatte, wurde sich die Judikatur ihrer Aufgabe bewußt, korrigierend eingreifen zu müssen. In den Einbeziehungsvoraussetzungen durch sich selbst präjudiziert, mußte sie notgedrungen dem Übel an der Wurzel beikommen, dh zur offenen Inhaltskontrolle schreiten.

2. Die Gesetzgebungsarbeit

6 Dieser rechtstatsächliche Befund hat das Ziel der Gesetzgebungsarbeit vorgezeichnet: eine griffige, aber von den Schwerfälligkeiten bürokratischer Beaufsichtigung frei gehaltene Inhaltskontrolle mußte geschaffen werden. Alles andere waren Fragen der rechten Dosierung und der Exaktheit der Detailregelung. Eine 1970/71 einsetzende Fülle konkreter rechtspolitischer Vorschläge kam der Gesetzesverbreitung zustatten (Übersicht bei LÖWE Einf 1 zu § 1).

7 a) Die offiziellen Arbeiten begannen im Dezember 1972 mit der Einsetzung einer „**Arbeitsgruppe**" durch den Bundesminister der Justiz, der fünfzehn Persönlichkeiten aus Wissenschaft, Justiz, Ministerialverwaltung, Wirtschafts- und Verbraucherverbänden angehörten. Der Auftrag der Gruppe war es, „Vorschläge für eine Verbesserung des Schutzes des Letztverbrauchers gegenüber Allgemeinen Geschäftsbedingungen zu erarbeiten". Bereits damit war für das anstehende Reformvorhaben im Interesse seiner raschen Verwirklichung eine Ausklammerung des innerkaufmännischen Verkehrs vorgezeichnet, wie sie sich dann endgültig in der Unanwendbarkeit der griffigsten Bestimmungen des AGBG, nämlich der §§ 2, 10 f auf diesem Bereich niedergeschlagen hat.

Im März 1974 legte die Arbeitsgruppe unter dem Titel „Vorschläge zur Verbesserung des Schutzes des Verbrauchers gegenüber Allgemeinen Geschäftsbedingungen" einen ersten Teilbericht vor (hrsg vom Bundesminister der Justiz; dazu DIETLEIN NJW 1974, 969, 1065). Dieser enthielt einen ausformulierten Entwurf zu den als regelungsbedürftig empfundenen materiellrechtlichen Fragen. Das Grundsystem des jetzigen Gesetzes, Verschärfung der Einbeziehungsvoraussetzungen, „schwarze Liste" unwirksamer Klauseln (unterteilt nach solchen mit und ohne Bewertungsspielraum für den Rechtsanwender) und Generalklausel geht auf diesen Entwurf zurück.

8 b) Der Entwurf der Arbeitsgruppe wurde nahezu unverändert zum ersten Referentenentwurf – RefE – (abgedruckt mit Erläuterungen in Betrieb Beil Nr 18/1974 zu Heft 39), dem kurze Zeit später ein nicht veröffentlichter zweiter Referentenentwurf folgte.

9 c) Auch der Mitte 1975 bei den gesetzgebenden Körperschaften eingebrachte Regierungsentwurf – RegE – (BT-Drucks 7/3919 = BR-Drucks 360/75) brachte keine wesentliche Änderungen. Zwischenzeitlich aufkommende Kritik verwertend gestaltete er freilich den § 2 über die Einbeziehungsvoraussetzungen um. Außerdem entschärfte er an einigen Stellen den Katalog unwirksamer Klauseln.

d) Inzwischen hatte die Arbeitsgruppe (oben Rn 7) einen zweiten Teilbericht vor- **10** gelegt, der Vorschläge zu einem Verfahrensteil enthielt, der den früheren Entwurf abrunden sollte. Da alles darauf hindeutete, daß in der damals laufenden Legislaturperiode des Bundestags allenfalls eine materiell-rechtliche Regelung zustande kommen würde, begnügte sie sich damit, ihre Vorstellungen der Öffentlichkeit in Form begründeter Thesen zu unterbreiten (hrsg vom Bundesminister der Justiz 1975). Diesen Vorschlägen zufolge sollte ein „abstraktes Prüfungsverfahren" und ein „Musteraufstellungsverfahren" eingeführt werden. Ersteres unterschied sich von dem Gesetz gewordenen Verfahren durch den Einbau eines eigenen Bundesamtes für Verbraucherschutz als wichtigster initiativberechtigter Stelle wie durch die bewußte Lösung des Verfahrens vom wettbewerbsrechtlichen Unterlassungsklage-Modell. Das Musteraufstellungsverfahren war dazu gedacht, „bundeseinheitliche Modelle Allgemeiner Geschäftsbedingungen" zu bringen, „die Leitbilder angemessener Regelungen für bestimmte Arten von Verträgen enthalten" sollten. Zur Aufstellung solcher Muster war eine unabhängige Stelle vorgesehen, die mit drei neutralen Persönlichkeiten und mit je einer unabhängigen Persönlichkeit aus den Kreisen der beiden Marktpartner besetzt sein sollte.

e) In der Schlußphase der Entstehungsgeschichte des Gesetzes überstürzten sich **11** die Dinge. Dem Regierungsentwurf eine Nasenlänge voraus, brachte die CDU/CSU-Fraktion einen eigenen Entwurf ein (BT-Drucks 7/3200), der aber sehr deutlich vom ersten Teilbericht der Arbeitsgruppe (oben Rn 7) beeinflußt war, insbesondere in seinem Katalog unzulässiger Klauseln. Der Entwurf enthielt auch einen Verfahrensteil, der sich freilich auf die Einführung einer sich am Vorbild des Wettbewerbsrechts orientierenden bloßen Unterlassungsklage beschränkte.

Diese Initiative führte dazu, daß der Deutsche Bundestag glaubte, auf eine Verfahrensregelung auch nicht vorläufig und mit der Absicht verzichten zu können, sich des Problems in der folgenden Legislaturperiode gründlich anzunehmen. Er mußte sich aber dann wegen des bevorstehenden Endes der Legislaturperiode notgedrungen für die vorgeschlagene kleine Verfahrenslösung entscheiden: Unterlassungsklage statt Aufsichtsverfahren, kein Musteraufstellungsverfahren, keine Klageberechtigung öffentlicher Behörden (zu den einzelnen Stadien der parlamentarischen Gesetzgebungsarbeit: BT-Drucks 7/5412 – Antrag des Rechtsausschusses des Bundestages; BT-Drucks 7/5422 – Bericht des Rechtsausschusses; BT-7/5617 – Anrufung des Vermittlungsausschusses durch den Bundesrat; BT-Drucks 7/5636 – Antrag des Vermittlungsausschusses. Die Materialien sind wiedergegeben bei DIETLEIN/REBMANN „AGB-aktuell". Zur Angabe der stenographischen Berichte aus den gesetzgebenden Körperschaften s LÖWE nach Einl 24 zu § 1).

Immerhin blieb von den Vorschlägen der Arbeitsgruppe in der zunächst vom Bundestag gebilligten Fassung des Gesetzes die erstinstanzliche Zuständigkeit des OLG und die Rechtskrafterstreckung zu Gunsten der Vertragspartner des im abstrakten Unterlassungsverfahren verurteilten Verwenders erhalten. Nur das letztere hat, obwohl das AGBG kein zustimmungsbedürftiges Gesetz war, die Einschaltung des Vermittlungsausschusses durch den Bundesrat überlebt. Über den gerichtsverfassungsrechtlichen Schatten, daß den Oberlandesgerichten auch sonst erstinstanzliche Zuständigkeit in Zivilsachen abgeht, wagte man nicht mehr zu springen.

II. Grundstrukturen des Gesetzes

1. Die Gesetzessystematik

12 Die offizielle Gesetzesgliederung – erst in letzter Minute durch den Vermittlungsausschuß in ihre endgültige Form gebracht (BR-Drucks 652/76) – bringt die inneren Schwerpunkte des Gesetzes auch nicht annähernd zum Ausdruck. Es sind deren vier: Die sog „Allgemeinen Vorschriften" mit der speziell auf sie zugeschnittenen AGB-Definition in § 1; die Vorschriften über die Inhaltskontrolle in §§ 8–11 – wiederum mit einer eigens für diesen Bereich geschaffenen AGB-Definition; die Normen über das abstrakte Unterlassungs- und Widerrufsverfahren, die an den AGB-Begriff anknüpfen, welcher für die Inhaltskontrolle aufgestellt worden war; schließlich die Vorschriften über den Anwendungsbereich in §§ 23 ff, Vorschriften, zu denen man bei richtiger Systematik auch den § 12 über den internationalen Anwendungsbereich des Gesetzes rechnen muß.

13 a) In den §§ 2–6 findet sich im wesentlichen Gedankengut formuliert, das damals traditioneller Rspr entsprach: Nichteinbeziehung überraschender Klauseln (§ 3), Vorrang der Individualabrede (§ 4), Auslegung zu Lasten des Aufstellers (§ 5), und von § 139 BGB abweichende Grundsätze über das Schicksal des Gesamtvertrages im Falle mißlungener Einbeziehungsversuche (§ 6) – das alles war auch schon vor Inkrafttreten des Gesetzes allzeit und unterschiedslos für alle Vertragsarten und alle denkbaren Vertragspartner anerkannt. Die Funktion der ausdrücklichen gesetzlichen Festschreibung dieser Grundsätze erschöpfte sich daher im wesentlichen in einer Vertiefung des Rechtsbewußtseins.

Lediglich die Verschärfung der Einbeziehungsvoraussetzungen in § 2 – die aber nur für den Verkehr mit privaten Letztverbrauchern gelten, § 24 Abs 1 – ist eine inhaltliche Neuschöpfung des Gesetzes. Freilich ist sie, gemessen an der Grundanlage des Gesetzes, ein Fremdkörper in ihm. Daß über eine Verschärfung der Einbeziehungsvoraussetzungen der allseits beklagten einseitigen Interessenwahrung durch AGB-Aufsteller nicht abgeholfen werden konnte, war Allgemeingut der Diskussion. Man kann daher § 2 sinnvollerweise auch nur als Vorschrift interpretieren, welche die Information des Vertragspartners über den Inhalt der einbezogenen AGB für den Fall von Störungen in der Vertragsabwicklung gewährleisten soll (§ 2 Rn 26).

Nur für den Bereich der §§ 2–5 gilt die weite Begriffsbestimmung von AGB in § 1 des Gesetzes, die alles „Allgemeine Geschäftsbedingungen" sein läßt, was in der Absicht vorformuliert wurde, für eine „Vielzahl" von Verträgen Inhalt zu werden. Über diesen beschränkten Anwendungsbereich der Definitionsnorm von § 1 darf man sich auch nicht dadurch täuschen lassen, daß der Wortlaut der Norm eine solche Beschränkung nicht erkennen läßt. Aber § 8 gibt für die Normen, welche die Inhaltskontrolle regeln, eine eingeschränkte AGB-Definition. Die Regelungen über das abstrakte Verfahren schließen sich ihrerseits an letztere Begriffsbestimmung an. Denn sie beziehen sich nur auf AGB-Bestimmungen iS der §§ 9–11 (§ 13). Eben diese stehen aber nach § 8 unter dem Vorbehalt des dort niedergelegten eingeschränkten AGB-Begriffs.

14 b) Die §§ 8–11 sind das Kernstück des Gesetzes. Daß dies wegen deren praktischer Bedeutung so gesagt werden kann, liegt auf der Hand. Die Aussage gilt vor allen Dingen aber auch in Bezug auf die inhaltlichen Neuerungen, welche die §§ 9–11 entgegen dem Anschein gebracht haben, der sich bei oberflächlicher Lektüre einstellt. Hinter der Systematik: Unwirksamkeitsbestimmungen, die dem Rechtsanwender keine Wertungsmöglichkeit lassen (§ 11), Unwirksamkeitsbestimmungen mit wertausfüllungsbedürftigen Tatbestandsmerkmalen (§ 10 und Generalklausel – STAUDINGER/COESTER Einl 6 ff zu §§ 8 ff) verbirgt sich nämlich ein gegenüber der „richterlichen" Inhaltskontrolle völlig neuartiger Ansatz. Klauseln, welche den Anforderungen der §§ 9–11 nicht entsprechen, sind nämlich unwirksam und nicht nur einschränkend auszulegen. Die frühere Rspr hatte nämlich immer wieder versucht, mit teleologischer Reduktion, einschränkender Auslegung, Unzulässigkeit der „Berufung" auf Klauseln im Einzelfall und ähnlichen Hilfstechniken zu arbeiten, um eine Klausel auf ihren gerade noch zulässigen Inhalt zurückzuführen. Dadurch war dem Vertragspartner des Verwenders das Interpretationsrisiko zugeschoben, das mit einer Klausel verbunden war. Weitgehend konnte es sich ein Verwender leisten, überzogene Klauseln zu verwenden und berechtigterweise hoffen, die Gerichte würden sie schon auf ihr (gerade noch) zulässiges Maß zurückführen. Jeder Verwender war sogar gut beraten, so vorzugehen. Andernfalls hätte er es riskiert, daß er seinem Vertragspartner in falscher Einschätzung der Rspr mehr Zugeständnisse machte, als unerläßlich waren. Die Gesetz gewordenen Vorschriften über die Inhaltskontrolle weisen das Interpretationsrisiko nunmehr dem Verwender zu. Er muß sich entscheiden, was er seinem Kunden gewähren will und was nicht. Bleibt er hinter der in §§ 9–11 festgeschriebenen Mindestrechtsstellung seiner Kunden zurück, dann ist eine Klausel insgesamt unwirksam. Das dispositive Gesetzesrecht tritt an ihre Stelle und nicht das gerade noch zulässige Maß. Allerdings hat die Entwicklung der Rspr zu der Einsicht geführt, daß der Schlachtruf „Kampf der geltungserhaltenden Reduktion" auch zu großen Härten führen kann (Einzelheiten § 6 Rn 15 a).

c) Die Vorschriften über das „**Verfahren**" habe in der früheren Rechtslage keinen **15** Vorgänger. Ohne Übertreibung läßt sich sagen: die Gebrechlichkeiten des früheren Rechts lagen, seit der BGH die Notwendigkeit und Zulässigkeit offener richterlicher Inhaltskontrolle von AGB anerkannt hatte, nicht darin, daß der Vertragspartner des Verwenders im Prozeß mit diesem eines angemessenen Schutzes hätte eintraten müssen. Die Gefahr für ihn als eines meist rechtlich ungewandten Bürgers bestand darin, im vorprozessualen Raum bei Störungen in der vorgesehenen Vertragsabwicklung mit unangemessenen Klauseln konfrontiert zu werden und im Vertrauen auf deren Wirksamkeit zu resignieren. Dem soll die Möglichkeit vorbeugen, daß auf Unterlassung der Verwendung unwirksamer Klauseln – im Falle von Empfehlungen sogar auf deren Widerruf – geklagt werden kann, noch bevor sie gegenüber irgendeinem Vertragspartner des Verwenders geltend gemacht werden oder auch nur werden können. Freilich hat die Auswahl der gesetzlich Klagebefugten dazu geführt, daß mancher Übereifer am Werk ist.

2. Die Anwendung des Gesetzes

Zwar gibt es eine Reihe von Sonderproblemen, die im Zusammenhang mit der Aus- **16** legung von AGB auftreten (§ 5 Rn 17 ff). Das AGBG selbst unterliegt aber in seiner praktischen Handhabung keinen anderen Grundsätzen über Gesetzesauslegung und Gesetzesanwendung als andere Normen des Privatrechts. Es kann Anlaß bestehen,

Bestimmungen des Gesetzes extensiv, andere restriktiv auszulegen, eine Vorschrift analog anzuwenden, eine andere einer teleologischen Reduktion zu unterziehen. Grundsätzlich gelten auch die allgemeinen Grundsätze über Gesetzeskonkurrenz (a). Dies zu betonen darf aber nicht zu Fehlschlüssen über die Notwendigkeit bestimmter Arbeitstechniken des Rechtsanwenders führen (b).

17 **a)** Das AGBG versucht, dem Phänomen unangemessener Formularbedingungen von verschiedenen Ansatzpunkten her beizukommen, die im Verhältnis der **abgestuften Spezialität** zueinander stehen.

Am klarsten kommt dies in den §§ 9–11 zum Ausdruck. Die verschiedenen Nummern des § 11 sind Spezialregelungen. Was unter die durchgehend deskriptiven Tatbestandsmerkmalen dieser Norm fällt, ist an §§ 9 und 10 nicht mehr zu messen. Was unter die deskriptiven Tatbestandsmerkmale des § 10 fällt, bedarf keiner Wertung mehr nach der Generalklausel.

Nichts anderes gilt aber im Prinzip auch für das Verhältnis der §§ 2–5 zu den Vorschriften über die Inhaltskontrolle. Erstere sollen nach der Konzeption des Gesetzes die erste Prüfungsphase konstituieren. Was „nicht Bestandteil des Vertrages" geworden ist, bedarf nicht mehr der Prüfung, ob es auch nach §§ 9–11 unwirksam ist oder nicht. §§ 2–4 sind leges speciales im Verhältnis zu den Vorschriften über die Inhaltskontrolle.

Für das Verhältnis der §§ 2–5 zueinander läßt sich sicherlich ein Vorrang von § 2 als einer Formvorschrift (dazu § 2 Rn 2) behaupten. Jedoch hat dies praktisch keinen großen Aussagegehalt, weil § 2 die Einbeziehung eines gesamten Klauselwerks und nicht Einzelklauseln betrifft, die Anwendungsbereiche von § 2 einerseits und der §§ 3 ff andererseits sich also nahtlos aneinanderreihen. Zwischen § 3 und § 4 ein Rangverhältnis ausmachen zu wollen, ist im Grunde müßig, weil die Rechtsfolgen beider Bestimmungen die gleichen sind (s im einzelnen § 3 Rn 2, § 4 Rn 2, 11).

18 **b)** Es ist nämlich nie zu übersehen, daß eine strikte Beachtung eines im Gesetz zum Ausdruck kommenden Spezialverhältnisses verschiedener Normbereiche zueinander nur Sinn gibt, wenn die speziellere Norm eine andere Rechtsfolge anordnet als die generelle. Da, wo die Rechtsfolgen die gleichen sind, ist es dem Rechtsanwender erlaubt, die genaue Abgrenzung der Anwendungsbereiche verschiedener Normen dahingestellt sein zu lassen und zu argumentieren, wenn nicht schon die eine mehrerer zur gleichen Rechtsfolge führender Normen angewandt werden könne, so dann jedenfalls eine andere. Die Rechtsfolgen „nicht Vertragsbestandteil geworden" und „unwirksam" lassen sich in Bezug auf ein und dieselbe AGB-Bestimmung in der Tat auch nicht unterscheiden (heute wohl allgM zB ULMER/BRANDNER § 9 Rn 26 f). In der Praxis der Rechtsanwendung ist folglich im allgemeinen eine Abgrenzung der Anwendungsbereiche der Normen §§ 2–5 und 9–11 sowohl im einzelnen als auch in Bezug auf die beiden Gruppen entbehrlich. Für das Verhältnis der §§ 9–11 zueinander läßt sich dies mit Gründen nicht bestreiten. Es gilt grundsätzlich aber auch für das Verhältnis der Gesamtheit der Vorschriften über die Inhaltskontrolle zur Gesamtheit der §§ 2–5. Allerdings können nur die Vorschriften über die Inhaltskontrolle als Prüfungsmaßstab einer Unterlassungs- und Widerrufsklage dienen (§ 13 Rn 3). Das aber ist für den im Individualprozeß zur Inzidentprüfung aufgerufenen Richter kein

Hinderungsgrund, die Abgrenzung der Anwendungsbereiche der beiden Normgruppen offenzulassen und zu sagen, eine Klausel sei überraschend, ob sie nun der Inhaltskontrolle verfallen würde oder nicht, oder umgekehrt: sie verfalle der Inhaltskontrolle, ob sie nun überraschenden Charakter habe oder individualvertragswidrig sei (**aM** LÖWE Einf 21 zu § 8).

Auch im Unterlassungsverfahren kann die inhaltliche Unangemessenheit einer Klausel aus ihrem tendenziell überraschenden oder individualvertragsfernen Charakter hergeleitet werden (§ 9 Rn 14).

Für die Tagesarbeit des Rechtsanwenders wichtig ist die Abgrenzung der Anwendungsbereiche der §§ 3 bis 5 einerseits und der §§ 9–11 andererseits daher insgesamt nur im abstrakten Unterlassungs- und Widerrufsverfahren. Insoweit ist sie lediglich von Belang, als konkret getroffene Individualvereinbarungen und sonst individuelle Besonderheiten in den Beziehungen des Verwenders zu einem bestimmten Vertragspartner im Rahmen dieses Verfahrens keine Rolle spielen können, wohl aber im Individualprozeß als Bewertungselement in die Anwendung von §§ 3 bis 5 eingehen dürfen.

III. Gesetzliche Sonderformen der Kontrolle von AGB

Das AGBG hat zwar erstmals das Phänomen der Unangemessenheit von AGB **19** nahezu umfassend in den Griff zu nehmen versucht. Auf Sondergebieten war der Gesetzgeber jedoch schon wesentlich früher tätig geworden. Er hat hierbei unterschiedliche Regelungstechniken entwickelt.

Gelegentlich hat ein Gesetz zwingendes Recht auf einem Gebiet gesetzt, wo praktisch nur mit vorformulierten Vertragstexten gearbeitet wird. Dann ist das Gebiet durch die Spezialgesetzgebung erschöpfend geregelt. Einer zusätzlichen Kontrolle nach dem AGBG unterliegen die Verträge nicht mehr (Bsp FernUG, dazu ULMER/ HENSEN Anh §§ 9–11 Rn 7 GKe). Von vornherein auszuscheiden sind auch die Fälle, in denen der Inhalt von Vertragsbestimmungen durch **Rechtsverordnung** als zwingendes staatliches Recht vorgegeben oder begrenzt ist. Ein Beispiel für letzteres ist etwa die Verordnung über die Pflichten der Träger von Altenheimen, Altenwohnheimen und Pflegeheimen für Volljährige im Falle der Entgegennahme von Leistungen zum Zwecke der Unterbringung eines Bewohners oder Bewerbers (Heimsicherungsverordnung) vom 28. 4. 1978 (BGBl I Nr 23). In dessen § 4 heißt es: „Die Pflichten des Trägers nach dieser Verordnung ... können vertraglich weder ausgeschlossen noch begrenzt werden". Beispiele für positiv erschöpfende Regelungen von Vertragsbeziehungen durch AGB, die den Charakter von Rechtsverordnung haben, bietet das Verkehrswesen (§ 23 Rn 15) und das Energieversorgungswesen (Erl zu §§ 26 f). Der Umstand, daß in solchen Fällen zwingendes Recht nicht durch förmliches Gesetz, sondern durch Rechtsverordnung geschaffen worden ist, bringt für die Rechtsanwendung keine Besonderheiten mit sich. Ein AGB-Problem entsteht nicht. Das AGBG ist nicht etwa höherrangiges Recht, an welchem solche Rechtsverordnungen zu messen wären, etwa dahingehend, ob sie mit den Anforderungen des AGBG an den inhaltlichen Standard eines Bedingungswerkes „übereinstimmen". Speziell für die genannten Energieversorgungsbedingungen ist in § 23 Abs 2 Nr 2 sogar klar vorausgesetzt, daß sie als Normen des objektiven Rechts dem AGBG nicht unterliegen

(BR-Drucks 360/75, 42). Zu den Benutzungsordnungen von öffentlich-rechtlichen Trägern der Leistungsverwaltung s § 1 Rn 3. AGB iS des AGBG sind aber solche Spezialbedingungen, welche einer verwaltungsmäßigen Kontrolle unterliegen, bevor sie in den Verkehr gebracht werden können (1), sowie Konditionenempfehlungen (2).

1. Kontrolle von AGB im Rahmen eines verwaltungsrechtlichen Genehmigungsverfahrens oder durch verwaltungsrechtliche Verbotsgesetze

20 In zweierlei Arten können AGB mit einem verwaltungsrechtlichen Genehmigungsverfahren in Berührung kommen. Einmal können sie unmittelbar einer Genehmigungspflicht unterliegen (a), zum anderen kann der Inhalt von AGB auch mittelbar im Zusammenhang mit gewerberechtlichem Zulassungsverfahren eine Rolle spielen (b).

21 a) Seit die Genehmigungspflicht „Allgemeiner" Versicherungsbedingungen entfallen ist, s § 23 Rn 43, hat die Frage der Einbeziehungsfähigkeit genehmigungspflichtiger, aber nicht genehmigter AGB an Bedeutung verloren. Praktische Probleme aus diesem Bereich sind nicht bekannt geworden.

Die Tatsache der öffentlich-rechtlichen Genehmigung solcher Bedingungen schafft auf der anderen Seite keinen Tatbestand, der die Anwendbarkeit der §§ 2–4, 9–11 irgendwie tangiert. Trotz Genehmigung können solche Bedingungen der Inhaltskontrolle verfallen oder ihr Ziel, „Vertragsbestandteil" zu werden, verfehlen (allgM).

22 b) Im anderen Zusammenhang unterliegen AGB **nur mittelbar einer behördlichen Aufsicht**. Nach § 6 KWG etwa hat das Bundesaufsichtsamt für das Kreditwesen Mißständen im Kreditwesen entgegenzutreten, die die ordnungsgemäße Durchführung der Bankgeschäfte beeinträchtigen. Dies erlaubt auch eine gewisse Grobkontrolle der von der Bank verwandten AGB. Werden grob anstößige Geschäftsbedingungen verwandt und nach Abmahnung weiterverwandt, so können daraus Schlüsse über die persönliche Zulässigkeit des Betreibers eines Kreditinstituts gezogen werden.

c) Schließlich gibt es gewerberechtliche Verbotsgesetze, die über § 134 BGB zur Unwirksamkeit der ihnen widersprechenden Vertragsbedingungen – auch individueller – führen. Das gilt etwa für § 3 der auf § 34 a GewO fußenden Verordnung über das Bewachungsgewerbe in der Fassung vom 1. 6. 1976 (BGBl I 1341). Dort ist eine ein bestimmtes Mindestmaß unterschreitende Haftungsbegrenzung angesprochen und charakteristischerweise von der „Unwirksamkeit" der der Vorschrift widersprechenden Bestimmungen die Rede. Über § 134 BGB ist damit auch eine zivilrechtliche Wirkung der Vorschrift gewährleistet (AG Garmisch-Partenkirchen VersR 1971, 652). Das gleiche nimmt man überwiegend für Vertragsbedingungen an, die der Makler- und Bauträgerverordnung (MaBV) widersprechen (MARCKS, MaBV § 12 Rn 9; ULMER/HENSEN Anh §§ 9–11 Rn 190). Im einzelnen finden sich die dazu nötigen Erläuterungen im Zusammenhang mit § 134 BGB.

2. Konditionenkartelle und -empfehlungen

23 Schon in seiner ursprünglichen Fassung ließ das GWB in § 2 Konditionenkartelle zu,

unterwarf sie nicht einmal einer Genehmigungspflicht, sondern machte zur Wirksamkeitsvoraussetzung nur, daß die Kartellbehörde nicht binnen 3 Monaten nach Anmeldung widerspricht. Konditionenkartelle spielen praktisch eine geringe Rolle. Die Behauptung von EMMERICH (JuS 1972, 369; ihm folgend RUPP, in: FS Bärmann [1975] 787), die Zulassung von Konditionenkartellen sei einer der verhängnisvollsten Irrtümer der deutschen Wettbewerbspolitik gewesen, geht an den Realitäten vorbei. Konditionenwettbewerb gibt es außerhalb von Lieferzeit und Gewährleistungsfristen mit und ohne Kartellgesetz so gut wie nicht. Wie dem immer auch sei: die Tatsache, daß das Kartellamt der Anmeldung eines Konditionenkartells nicht widersprochen hat, schließt weder die Anwendung der Vorschriften des AGBG über die Inhaltskontrolle noch die der §§ 2–5 aus.

Von größerer praktischer Bedeutung sind **Konditionenempfehlungen**, weil auch das AGBG für kleinere und mittelständische Betriebe nicht mehr zu meistern und die Beauftragung eines Rechtsanwaltes durch jeden von ihnen nicht rentabel ist. Konditionenempfehlungen sind erst seit 1973 statthaft (dazu RINCK WuW 1974, 291 ff), haben jedoch seit Erlaß des AGBG stark zugenommen. Eine aktuelle Liste findet sich bei ULMER/SCHMIDT Anh §§ 9–11 Rn 1000. Nach § 38 Abs 2, 3 GWB müssen sie, um zulässig zu sein, beim Bundeskartellamt angemeldet werden. Der Anmeldung ist die Stellungnahme der „betroffenen Wirtschafts- und Berufsvereinigungen" beizufügen. Auch Konditionenempfehlungen dürfen, wie die Verweisung auf § 2 in § 38 Abs 2 Nr 3 GWB ausweist, keine Preise oder Preisbestandteile enthalten. Die Empfehlung kann mit der offiziellen Anmeldung ausgesprochen werden. Die Kartellbehörde kann aber die Empfehlung nachträglich für unzulässig erklären und neue, gleichartige Empfehlungen verbieten, wenn die Voraussetzungen von § 38 Abs 2 GWB nicht oder nicht mehr vorliegen oder die Empfehlung einen Mißbrauch der Freistellung von § 38 Abs 1 Nr 11 GWB darstellt. Die Tätigkeitsberichte des BKartA geben Auskunft über die laufende Praxis.

So kurz und bündig sich der Kern des Rechtsinstituts „Konditionenempfehlungen" schildern läßt, so vielfältig sind die praktischen Schwierigkeiten im Umgang mit ihm.

a) „Preisbestandteil" ist nur das, was sich auf die Höhe des Preises auswirkt, nicht die Art, wie Preise berechnet werden sollen. So kann für AGB eine Nettopreisgestaltung („Preise verstehen sich zusätzlich 15% Mehrwertsteuer") empfohlen werden, ohne daß dies eine Empfehlung von Preisbestandteilen wäre (Einzelheiten: § 3 Rn 24). Auch ein Preiselement auszugliedern und einer gesonderten Festsetzung durch den Aufsteller vorzubehalten („zuzüglich Fracht", „zusätzlich Arbeitszeit für Montage"), ist möglich.

b) Mit der Verbannung von Preis und Preisbestandteilen aus Konditionenempfehlungen wollte der Gesetzgeber eine Beeinträchtigung des Preiswettbewerbes verhindern. Preisbestandteile in AGB, welche nicht geeignet sind, den Wettbewerb zu beeinträchtigen, berührt das GWB genauso wenig wie sonst wettbewerbsneutrale Verhaltensweisen. Das ergibt sich aus der Systematik des Gesetzes. Nach § 1 GWB sind Verhaltensweisen verboten, die „geeignet sind, Erzeugnisse oder die Marktverhältnisse für den Verkehr mit Waren oder gewerblichen Leistungen durch Beschränkung des Wettbewerbs zu beeinflussen". § 2 Abs 1 S 2 GWB macht davon eine

Ausnahme für Beschlüsse über die „einheitliche Anwendung Allgemeiner Geschäfts-, Liefer- und Zahlungsbedingungen". § 2 Abs 1 S 2 GWB sagt, daß die Ausnahme sich nicht auf Preis und Preisbestandteile beziehen dürfe, also für diese wieder der Grundsatz von § 1 GWB hergestellt sei. Nicht alle Preisbestandteile in AGB sind aber geeignet, den Wettbewerb zu beeinflussen.

Das gilt beispielsweise in manchen Bereichen für Preisanpassungsklauseln. Allerdings steht das Bundeskartellamt in ständiger Praxis auf dem Standpunkt, Preiserhöhungsklauseln aller Art, die auch nur andeutungsweise eine inhaltliche Richtung aufweisen und sich nicht nur in einem Anspruch auf Preisanpassungsverhandlungen erschöpften, seien grundsätzlich Preisbestandteil und daher in Konditionenempfehlungen nicht zulässig; nur § 11 Nr 1 AGBG mache davon eine Ausnahme; aber schon für den beiderseits unternehmerischen Verkehr, für den § 11 Nr 1 AGBG nicht gilt, könnten Preiserhöhungsklauseln auch bezüglich solcher Waren und Leistungen nicht empfohlen werden, die später als vier Monate nach Vertragsschluß zu erbringen seien.

Daß mit der Zeitdauer eines garantierten Festpreises Wettbewerb betrieben wird, ist gewiß leicht vorstellbar. Anders verhält es sich aber mit der Modalität einer Preisanpassungsklausel ("Anpassung auf den Stand der im Betrieb allgemein neu festgesetzten Preise kann verlangt werden", „... kann der Lieferant den Preis angemessen erhöhen", „tritt eine Anpassung prozentual entsprechend der im Betrieb allgemein vorgenommenen Preisanhebung ein"). Für viele Geschäftsbereiche ist die Vorstellung, der Leistungsanbieter treibe mit solchermaßen unterschiedlich ausgestalteten formularmäßigen Preisanpassungsklauseln Wettbewerb, eine rein gedankliche Hypothese. Die Vorstellung, daß § 11 Nr 1 AGBG eine kartellrechtliche Rückstrahlung habe, aber im beiderseits kaufmännischen Verkehr die Empfehlung eines jedweden Preisanpassungsverlangen, das inhaltlich vorbestimmt wäre, unzulässig sein soll, ist unhaltbar. Wäre eine in einer Konditionenempfehlung sich findende Preisanpassungsbefugnis des Verwenders begrifflich wirklich ein unzulässiger Preisbestandteil iSv § 2 Abs 1 S 2 GWB, dann ginge diese kartellrechtliche Wertung, wenn auch beschränkt auf Konditionenempfehlungen, dem § 11 Nr 1 vor.

26 c) „**Betroffene Wirtschafts- und Berufsvereinigungen**", deren Stellungnahme nach § 38 Abs 2 Nr 3 GWB der Anmeldung von Konditionenempfehlungen beizufügen ist, gibt es nur selten, weil die Marktgegenseite des empfehlenden Verbandes meist nicht spezifisch organisiert ist. Das Bundeskartellamt nennt auf Anfrage die Spitzenverbände der Wirtschaft und der Verbraucher, nämlich die Arbeitsgemeinschaft der Verbraucherverbände, den Bundesverband der Deutschen Industrie, die Hauptgemeinschaft des deutschen Einzelhandels und den Bundesverband des Deutschen Groß- und Außenhandels. Diese Verbände konsultieren ihrerseits die ihnen angeschlossenen Fachverbände, diese wiederum meist noch Mitgliedsfirmen. In der Praxis führt dieses Verfahren dazu, daß der Eingang einer erbetenen Stellungnahme über sechs Monate auf sich warten lassen kann. Der Anmeldende hat keinen Rechtsanspruch auf Aufgabe einer solchen Stellungnahme. Er muß daher das Recht haben, die Anmeldung wirksam vorzunehmen, wenn er eine angemessene Frist zur Stellungnahme gesetzt hat, die fruchtlos verstrichen ist. Mehr als sechs Wochen sind dem Anmelder nicht zuzumuten. Mag sein, daß die konsultierten Verbände mit anderen Bitten um Stellungnahmen überflutet sind. Der Gesetzgeber kann den Rechtsunterworfenen für die von ihnen ins Auge gefaßten legalen Aktivitäten nicht beliebige Wartefristen aufoktroyieren, nur weil er verbandsbürokratische Prozeduren vorschaltet, ohne nach der Leistungsfähigkeit der betreffenden Verbände zu fragen.

d) Es ist nicht üblich, ein Bedingungswerk, das ein Verband gerne empfohlen **27** hätte, einfach offiziell „anzumelden". Vielmehr gehen der Anmeldung durchweg langwierige und mühsame **Vorverhandlungen mit dem Bundeskartellamt** darüber voraus, ob es gegen eine Empfehlung bestimmten Inhalts Bedenken erheben würde. Vor allen Dingen da, wo ein Bedingungswerk Bestandteile hat, die auch nur im Entferntesten einen Anklang an Preisbestandteile haben, ist es ratsam, solche inoffiziellen Konsultationen zu pflegen. Denn häufig läßt sich ein Weg finden, welcher den Wünschen des Anmeldenden weitgehend entgegenkommt und gleichzeitig die Bedenken des Bundeskartellamtes soweit ausräumt, daß mit einem Einschreiten dieser Behörde nicht mehr zu rechnen ist. So kann man etwa Formulierungen, die das Bundeskartellamt als Preisbestandteile ansieht, aus dem Empfehlungsgeflecht nehmen und jeder dem Verband angeschlossenen Firma empfehlen, eine eigenständige Regelung zu treffen. Für diese kann der Verband Alternativen vorschlagen, unter denen sich auch diejenigen befinden können, welche das Bundeskartellamt als unzulässigen Preisbestandteil ansieht. Die einzelnen Firmen können sich dann aus den alternativen Vorschlägen des Verbandes jenen auswählen, den sie als den günstigsten ansehen. Auch wenn die angeschlossenen Firmen alle dieselbe Alternative wählen, wird daraus keine unzulässige Gesetzesumgehung, solange der Verband selbst seinen Mitgliedern gegenüber keine Präferenz für diese Alternative äußert. Insgesamt ist kartellrechtliche Großzügigkeit in diesem Bereich rechtspolitisch erwünscht. Die Verbandsempfehlung ist nämlich das rationalisierte Konditioneninstrument der mittelständischen Wirtschaft. Die mittelständische Wirtschaft würde aber in Wettbewerbsnachteile geraten, wenn sie über Konditionenempfehlungen nicht das erreichen könnte, was in den Konditionen der Großunternehmen vorzufinden ist.

e) Aus diesem Grund ist auch die Wahrnehmung der Empfehlungsfreiheit durch **28** einen Verband kein Grund, die empfohlenen Bedingungen inhaltlich einer schärferen Kontrolle zu unterstellen, als das Gesetz gegenüber Bedingungen einzelner Firmen vorschreibt. Verbandsempfehlungen sind in gewisser Weise sicherlich ein kollektives Gebrauchmachen von der AGB-Verwendungsfreiheit. Dafür, daß deshalb im Rahmen der Inhaltskontrolle strenger als sonst verfahren werden sollte, gibt das Gesetz aber keinen Anhaltspunkt (Wolf Rn 29; aA Ulmer Rn 55 mwN; Hennig DB 1984, 1509, 1511). Zudem obliegt dem Bundeskartellamt auch nur eine Mißbrauchsaufsicht. Mißbräuchlich ist der Inhalt einer AGB-Klausel aber nur, wenn er außerhalb des Bereichs vertretbarer Rechtsansicht liegt. Die Empfehlung von Klauseln, welche nach seriöser und interessenmäßig ungebundener Literaturmeinung wirksam sind, ist jedenfalls solange nicht mißbräuchlich, solange es an einschlägiger höchstrichterlicher Judikatur fehlt. Entgegen der Praxis des BKartA, jede Klausel für mißbräuchlich zu halten, die durch höchstrichterliche Judikatur für unwirksam erklärt worden ist, kann sich ein Verwender auch einer entgegengesetzten nicht interessengebundenen Literaturmeinung anschließen, ohne deshalb schon mißbräuchlich zu handeln.

IV. Rechtsentwicklung seit Inkrafttreten des AGBG

1. Die Bedeutung des AGB in der Rechtspraxis

29 Die heutige Bedeutung des AGBG für das deutsche Zivilrecht ist kaum zu überschätzen. Der Umfang der inzwischen zu diesem Gesetz entstandenen Erläuterungswerke und die darin gesammelte veröffentlichte Judikatur sind dafür ein beredtes Zeugnis. Der in Deutschland herrschende Drang zur juristischen Perfektion und zur möglichst ausdehnenden Anwendung von Aufsichtsnormen hat wahre Urstände gefeiert. Dies zeigt sich nicht nur in einer Vergötzung des dispositiven Gesetzesrechts, sondern in vielerlei Hinsicht. Die Überstrapazierung der Generalklausel des § 9 hat einmal dazu geführt, daß der an sich für den kaufmännischen Verkehr nicht gedachte Katalog unwirksamer Klauseln (§§ 10, 11) auf dem Umweg über die Generalklausel auch diesen Bereich fast vollständig beherrscht. Zum anderen ist auch die Wohlabgewogenheit des Programms dieses Katalogs durch die übermäßige Anwendung der Generalklausel in weiten Teilen über Bord geschwemmt worden. So hat sich etwa der Gesetzgeber gehütet, in § 11 Nr 7 auch solche Klauseln für unwirksam zu erklären, die die Haftung für ein vertragliches Fehlverhalten unterhalb der Schwelle der groben Fahrlässigkeit ausschließen oder – vor allem – beschränken. Der von der Rspr eingeführte Kunstbegriff der Verletzung – zuerst – von „Kardinalpflichten" und – sodann – von „wesentlichen Vertragspflichten" (s Erl STAUDINGER/COESTER § 9 und STAUDINGER/COESTER-WALTJEN § 11 Nr 7) hat demgegenüber dazu geführt, daß ein rechtswissenschaftlicher Beitrag mit dem Titel „Die Nutzlosigkeit von Haftungsfreizeichnungsklauseln im kaufmännischen Verkehr" (vWESTPHALEN DB 1997, 1805) erscheinen konnte. Der Kautelarpraxis wird denn auch der wenig hilfreiche Rat erteilt, wenn man schon Haftungsbeschränkungsklauseln aufstellen wolle, dann solle man auf jeden Fall hinzufügen, sie gälten nicht für die Verletzung wesentlicher Vertragspflichten. Auch für vernünftige Redaktoren Allgemeiner Geschäftsbedingungen ist es heute nicht mehr möglich, die zahllosen Fallstricke zu vermeiden, die die Rspr ausgelegt hat.

Gewiß finden sich immer wieder Klauseln, die den von der Rspr aufgestellten Maßstäben nicht entsprechen. Das wird generell als Beleg dafür ins Feld geführt, daß wir noch weit entfernt von einer „flächendeckenden" Durchsetzung des AGBG seien (ULMER Rn 58, mN aus der Zeit Mitte der 80er Jahre). Man könnte aber ebenso die zahllosen Gerichtsverfahren, in denen sich ein Mangel an Respekt vor Normen des BGB und seiner übrigen Nebengesetze herausstellt, als Beleg für die mangelnde Implementierung dieser Gesetze bringen, um von einem Defizit an flächendeckender Durchsetzung der Steuergesetze oder der StVO gar nicht erst zu sprechen. Der Wille der Masse der Klauselaufsteller, dem jeweiligen Stand der Rspr gerecht zu werden, ist ebenso unverkennbar, wie ihre Enttäuschung darüber verständlich ist, mit immer neueren Verschärfungen der Rspr konfrontiert zu werden, zumal es nicht selten um bloße Formalien geht. Meist sind es auch nur kleinere Formulierungsnachlässigkeiten, die einer in der Haupttendenz durchaus akzeptablen Klausel zum Verhängnis werden. So hat etwa jüngst der BGH (BB 1997, 2547, 2548) entschieden, Klauseln in Bank-Bedingungen über Aufwandsentgelt bei Bearbeitung von Lastschriften, Überweisungsaufträgen und Schecks könnten nicht als Schadenspauschalen gewertet werden, weil dem Kunden iSv § 11 Nr 5b der Nachweis eines wesentlich geringeren Schadens abgeschnitten werde. Heute besteht eher Anlaß, vor Überperfektionismus zu warnen, als über die fortwährende Auffindbarkeit angreifbarer Klauseln zu klagen.

2. Die herausragende Bedeutung der Generalklausel des § 9

In der traditionellen Flucht deutscher Juristen in die Generalklauseln ist dem § 9 **30** zudem eine Funktion zugekommen, für die er nicht gedacht war.

Einmal ist die Inhaltskontrolle weit in den Bereich der Bestimmung der Hauptleistungspflichten vorgedrungen. Das Zauberwort der „Preisnebenabrede" hat dafür die scheinbare Legitimation abgegeben.

Zum anderen ist das von der Rspr in dieser Norm angesiedelte Transparenzgebot zu einem eigenen Zweig des „AGB-Rechts" geworden. Gewiß zeigt Art 5 EG-Richtlinie ("... müssen sie stets klar und verständlich abgefaßt sein"), daß es ein wichtiges Anliegen des Verbraucherschutzes ist, verständliche Texte zu verlangen. Aber in komplizierten Bereichen läßt sich dieses Postulat nur sehr eingeschränkt verwirklichen. Der Klauselaufsteller findet zwischen dem Verständlichkeitspostulat einerseits und dem Erfordernis der Eindeutigkeit des Regelungsgehalts andererseits nicht mehr hindurch. Er muß gar „verständlicher" als der Gesetzgeber selbst sein. Denkt er, das Beste sei es, sich an den gesetzlichen Begriff der „Wandelung" anzulehnen, so muß er sich auf den Vorwurf gefaßt machen, Unverständliches geschrieben zu haben (BGHZ 79, 117 = NJW 1981, 867, st Rspr, in STAUDINGER/SCHLOSSER[12] sorgloserweise auch vom Verfasser für gut geheißen). Man verlangt inzwischen von einem AGB-Verfasser ein wesentlich höheres Maß an Formulierungssorgfalt, als sie der Gesetzgeber selbst zeigt! Wie das Beispiel der Tilgungsbestimmung bei Annuitätsdarlehen zeigte (dazu STAUDINGER/COESTER § 9 Rn 131, 135), hat sich die Rspr hierbei gelegentlich völlig von der sozialpsychologischen Realität entfernt. Als ob es gälte, Bankkunden zu schützen, die mangels Transparenz der entsprechenden Regelung nicht gemerkt haben, daß sich die Verzinsung des Restdarlehens nach dem Stand zum 31. Dezember des Vorjahres richtet, und die sich bei hinreichender Transparenz an eine andere Bank mit der Anfrage gewandt hätten, ob dort Kredite zu den gleichen sonstigen Bedingungen aber ohne die fragliche Klausel gewährt würden!

3. Einbeziehungskontrolle neben der Inhaltskontrolle weiter nötig?

Damit ist bereits ein weiterer Punkt angeschnitten. Die vertragsrechtliche Konzep- **31** tion, die dem Gesetz zugrundeliegt, fußt auf einer juristischen Retortensicht. Der Vertragspartner des Verwenders soll mindestens Gelegenheit haben, idealtypischerweise sie sogar wahrgenommen haben, die ihm präsentierten AGB zur Kenntnis zu nehmen, bevor er sich auf den Vertragsschluß zu ihrem Inhalt einläßt. Daher hat man neben der Inhaltskontrolle auch die Einbeziehungsvoraussetzungen des § 2 geschaffen. Gerade die im nicht kaufmännischen Bereich angesprochenen Vertragspartner sind aber regelmäßig überfordert, wenn sie sich aufgrund der Lektüre der ihnen vorgelegten AGB für oder gegen den Vertragsschluß entscheiden sollten. Eine Durchsicht der zu § 2 veröffentlichten zahlreichen Gerichtsentscheidungen offenbart: regelmäßig handelt es sich um ein Zufallsgeschenk an den Vertragspartner, wenn die Einbeziehung der AGB an dieser Norm gescheitert ist. Es ist so gut wie unvorstellbar, daß der Vertragspartner, wäre dem Erfordernis des § 2 Rechnung getragen worden, den vorformulierten Text aufmerksam unter dem Gesichtspunkt durchgelesen hätte, ob er sich auf den Vertragsschluß einlassen soll oder nicht. Dieser Fehler liegt freilich schon im Gesetz selbst, dessen Verfasser zwar erkannt haben, daß die Einbeziehungskontrolle das nicht leistet, was man lange Jahrzehnte von ihr gedacht hat, aber dennoch nicht die Energie aufbrachten, sie im Lichte der neu ins Gesetz gebrachten und sehr griffigen Inhaltskontrolle zu vernachlässigen.

Allerdings gibt es keine vernünftige Alternative zur vertragsrechtlichen Konzeption von AGB (zutreffend ULMER Rn 22 ff gegen neuerdings wiederaufkommende Normentheorien, vor allem durch PFLUG, Kontrakt und Status im Recht der allgemeinen Geschäftsbedingungen [1986] passim). Nicht zuletzt die EG-Richtlinie, Rn 32 ff, die durchgängig von „Vertragsklauseln" spricht und nicht zwischen vorformulierten und Einzelklauseln und Einzelverträgen unterscheidet, zeigt, daß die Vertragskonzeption dem geltenden Recht entspricht. Mit Recht hat die Richtlinie aber auf eine Einbeziehungskontrolle verzichtet. Nur verschämt in den Erwägungsgründen (Nr 20) steht, daß der Verbraucher „tatsächlich" die Möglichkeit haben muß, von den Vertragsklauseln Kenntnis zu nehmen. Von den Fällen abgesehen, in denen der Verbraucher auf einen sofortigen Vertragsschluß angewiesen ist, hat er diese Möglichkeit aber immer auch gehabt, wenn er den Vertragsschluß von einer vorherigen Vorlage der AGB hätte abhängig machen können. Das ihm der Text der AGB für die Zeit der Vertragsabwicklung zur Verfügung stehen muß, steht auf einem anderen Blatt, s § 2 Rn 26, 33.

4. Die EG-Richtlinie über mißbräuchliche Vertragsklauseln

32 Die EG-Richtlinie 93/13/EWG des Rates vom 5. 4. 1993 (Schrifttum: KAPNOPOULOU, Das Recht der mißbräuchlichen Klauseln in der EU [1997] aber nur Deutschlands und Griechenlands berücksichtigend; HEINRICHS, Die EG-Richtlinie über mißbräuchliche Klauseln in Verbraucherverträgen, NJW 1993, 1817; s auch § 24a Rn 1–15; zur Lit aus der wechselvollen Entstehungsgeschichte ULMER vor Rn 65) hat denn auch in Gestalt des neuen § 24a zur ersten bedeutenden Änderung des AGBG geführt. Sie wird den Trend zur Inhaltskontrolle zweifellos verstärken, der aber im übrigen bereits das gesamte Vertragsrecht ergriffen hat, s Erl § 24 und § 24a. Die Richtlinie nimmt wie § 8 AGBG die Hauptleistungspflichten von der Inhaltskontrolle aus, Art 4 Abs 2, zwingt aber die nationalen Gesetzgeber, die Inhaltskontrolle nicht auf Klauselwerke zu beschränken, die für eine Vielzahl von Verträgen vorformuliert sind. Art 5 S 2 enthält eine dem § 5 vergleichbare Regel. Die Auslegung „gegen" die Interessen des Vertragspartners im Rahmen des Verbandsprozesses findet sich in S 3 dieser Norm wieder.

Der Zentralbegriff der RL für die Inhaltskontrolle ist jener der **Mißbräuchlichkeit** die in Art 3 generalklauselartig definiert ist (weitere Einzelheiten: § 24a Rn 6 ff). Immerhin ist dort betont, daß nur ein „erhebliches" Mißverhältnis der vertraglichen Rechte und Pflichten der Vertragspartner eine Klausel mißbräuchlich macht, nicht schon, wie in § 9 AGBG, jede gegen Treu und Glauben verstoßende unangemessene Benachteiligung (vgl aber STAUDINGER/COESTER § 9 Rn 71). Auf nähere Inhalte konnte man sich nicht festlegen, so daß man dem Art 3 anhangweise nur einen unverbindlichen Katalog beigefügt hat, der zudem wesentlich moderater ist, als das, was die deutsche Rspr aus den §§ 9–11 gemacht hat. Da ein verstärkter Verbraucherschutz nach dem nationalen Recht ausdrücklich gestattet ist, Art 8, war für Deutschland nur im Rahmen des § 24a eine Umsetzung der Richtlinie nötig.

Gleichwohl wird für Randbereiche behauptet, das deutsche Recht habe die Richtlinie nicht vollständig umgesetzt, was zu einer richtlinienkonformen Uminterpretation von Vorschriften des AGBG führen müsse. Das einzig greifbare Monitum besteht jedoch in folgendem (ULMER Rn 74; HEINRICHS, in: FS Trinkner [1995] 157, 175): Art 4 Abs 2 nehme die Hauptleistungspflichten nur dann von der Mißbrauchskontrolle aus, „sofern diese Klauseln klar und verständlich abgefaßt sind"; § 8 enthalte einen solchen Vorbehalt nicht; daher könne er, richtlinienkonform ausgelegt, einer Inhaltskontrolle der wechselseitigen Hauptleistungspflichten nicht entgegenstehen, was man sinnvollerweise nur so verstehen kann: wenn sich das Verhältnis der Hauptleistungspflichten nach Auflösung der Intransparenz der Klausel als mißbräuchlich darstelle; da § 6 dann nicht angewandt werden könne, müsse der Richter zu einer ergänzenden Vertragsauslegung schreiten. Für Rechtsordnungen, die die Figur der ergänzenden richterlichen Vertragsauslegung nicht kennen, wäre derartiges freilich ein nicht vollziehbares Ansinnen. Aus diesem Grund hat Frankreich, das die EG-Richtlinie ziemlich wortgetreu umgesetzt hat, den Zusatz „sofern diese Klauseln klar und verständlich abgefaßt sind" schlicht weggelassen (Loi n° 95−96 vom 1. Februar 1995 Art 1er = Art L.132.1 Abs 7 code de la consommation) und sich mit der Übernahme von Art 5 RL (als Art L.133.2 code de la consommation) begnügt. Auch Deutschland sollte sich vor einem funktionslosen Umsetzungsperfektionismus hüten. Häufig wird sich bei intransparenter Formulierung von Hauptleistungspflichten mit § 5 helfen lassen. Zudem ordnet Art 5 RL als Sanktion auf den Mangel an Klarheit und Verständlichkeit ohnehin nur an, daß dann die dem Verbraucher günstigere Interpretation maßgebend sein soll. Man kann den Hinweis auf das Erfordernis klarer und verständlicher Umschreibung selbst der Hauptleistungsverpflichtung in Art 4 Abs 2 RL unschwer dahin verstehen, daß auch dann Unklarheiten nur zur Sanktion der kundengünstigen Auslegung führen. Auch bezüglich der Hauptleistungspflichten können die Mitgliedsstaaten freilich für den Fall unklarer Ausdrucksweisen weitere Sanktionen festlegen (insofern zutr WOLF Art 5 RL Rn 7; KAPNOPOULOU 144). Eine Inhaltskontrolle am Maßstab des Transparenzgebots hat aber das deutsche Recht bezüglich der Hauptleistungspflichten gerade nicht vorgesehen. Ihre Zulässigkeit wird freilich dennoch vertreten (s § 8 Rn 15 ff). Nach deutschem Recht ist allerdings eine cic des sich bei Festlegung der Hauptleistungspflichten unklar ausdrückenden Vertragsredaktors denkbar (KAPNOPOULOU aaO). Im Extremfall kann sie dazu führen, daß der die Hauptleistungspflichten formulierende Vertragspartner in die Aufhebung des Vertrags einwilligen muß. Denn es ist heute anerkannt, daß aus cic auch ein Anspruch auf Einwilligung in die Aufhebung des Vertrages erwachsen kann (BGH st Rspr, zuletzt NJW 1993, 2107). Auch in unterlassener Aufklärung über intransparente oder überraschende Klauseln kann cic liegen.

Es ist theoretisch denkbar, daß im Zusammenhang mit einem AGB-Fall der **Europäische Gerichtshof** in Luxemburg befaßt werden kann oder sogar muß, um zu entscheiden, welche Auslegung des Gesetzes richtlinienkonform ist oder nicht (dazu STAUDINGER/COESTER § 9 Rn 62 ff; HEINRICHS NJW 1996, 2190, 2196; NASSALL JZ 1995, 689, 691). Nach Art 177 EGV angerufen werden kann der EuGH aber nur, um den Inhalt der Richtlinie zu finden, der dann Maßstab für eine richtlinienkonforme Auslegung wird (st Rspr zuletzt Slg 1990, 4136, 4159). Die Hypothese ist freilich realitätsfern, sofern es um die textliche Umsetzung der Richtlinie geht, weil im Dickicht generalklauselartiger Formulierungen gar keine sinnvolle abstrakte Rechtsfrage formuliert werden kann, die sich zur Vorlage an den EuGH eignete. In der in Rn 32 erörterten Situation müßte schon angefragt werden, was „klar und verständlich" iSv Art 4 Abs 2 RL bedeutet und ob eine Vertragsgestaltung nach Art der dem Ausgangsgericht vorliegenden (auf abstrakten Niveau formuliert) dem Erfordernis der Klarheit und Verständlichkeit entspricht oder nicht.

In einer anderen Hinsicht besteht aber die Gefahr einer Vorlageeuphorie. Nahezu bei jeder Klausel, von der man sich fragen kann, ob sie gegen eine der Unwirksamkeitsgründe der § 9–11 verstößt, kann man sich auch fragen, ob sie iS der RL mißbräuchlich ist. Kommt das Ausgangsgericht zu der Schlußfolgerung, die Klausel sei iSv § 9 unangemessen, dann entfällt jeder Grund für eine Vorlage. Denn dann ist allenfalls mehr Verbraucherschutz geleistet, als nach der RL geboten wäre. Dies ist nach Art 8 RL allemal möglich. Kommt das Ausgangsgericht aber zu der Überzeugung, die fragliche Klausel verfalle nicht der Inhaltskontrolle, dann besteht freilich immer noch die Möglichkeit, daß der EuGH sie für mißbräuchlich hält. Ein Beispiel soll dies verdeutlichen: Der BGH hob das Urteil eines OLG auf, das in der Klausel der Benutzungsverträge für ein Fitneßstudio bei unterbliebener Kündigung Verlängerung um jeweils ein halbes Jahr als gegen § 9 verstoßend gehalten hatte (NJW 1997, 739). Ob eine solche Klausel tragbar ist oder nicht, war daher eine durchaus offene Rechtsfrage. Hätte der BGH die Frage dem EuGH vorlegen müssen, wenn der Vertragsschluß in den zeitlichen Anwendungsbereich der Richtlinie gefallen wäre? Der EuGH wäre endgültig überfordert, wenn er ständig mit vergleichbaren Vorlagen befaßt werden würde. Zwar läßt sich dem weder mit dem Grundsatz der Subsidiarität iSv Art 3b Abs 2 EGV (so aber NASSAL JZ 1995, 689, 691), noch (so aber HEINRICHS NJW 1996, 2190, 2196) generell wegen des Umstands entkommen, daß die Bewertungskriterien für die Mißbräuchlichkeit zum guten Teil dem nationalen Recht zu entnehmen sind (so mit Recht ULMER Rn 78 f; vgl unten STAUDINGER/COESTER § 9 Rn 57). Jedoch sollten alle Möglichkeiten der juristischen Kunstfertigkeit ausgeschöpft werden, solche Vorlagen zu vermeiden, die für die einheitliche Auslegung und Anwendung des Europarechts nichts bringen. Gerichte, die nicht vorlageverpflichtet sind, sollten solche Vorlagen unterlassen. Vorlagepflichtige Gerichte sollten (mit dieser Einschränkung ist HEINRICHS aaO zuzustimmen) genau prüfen, ob sich ihr Bewertungsmaßstab europäisieren läßt. Kommen sie zu dem Ergebnis, daß eine als Bewertungsmaßstab ins Auge gefaßte Norm des nationalen Rechts nur ein Grundgedanke des deutschen Rechts ist (§ 9 Abs 2 Nr 1), und kommt eine Unangemessenheit der streitgegenständlichen Klausel nur wegen der Existenz dieser Norm in Betracht, dann kann füglich auch kein Mißbrauchsfall iSd RL vorliegen.

Vor allem aber ist der Katalog im Anhang zu Art 3 Abs 3 nicht verbindlich. Mit diesem Katalog hat der Richtliniengeber für die nationalen Gerichte nur einen Denkanstoß geben wollen (ähnlich DAMM JZ 1994, 161, 171; ULMER EuZW 1993, 337, 338; für stärkere Verbindlichkeit iS einer „widerleglichen Vermutung" der Mißbräuchlichkeit KAPNOPOULOU 139 ff; ähnlich unten STAUDINGER/COESTER § 9 Rn 88). Dieser Zurückhaltung würde es nicht entsprechen, wenn der EuGH dazu berufen wäre, verbindlich zu erklären, bestimmte Klauseln seien mißbräuchlich und andere nicht. Der Richtliniengeber hat selbst gesehen, daß sich eine europäisch einheitliche Bewertung von Klauseln als mißbräuchlich oder nicht mißbräuchlich beim gegenwärtigen Stand des Vertragsrechts in Europa nicht erreichen läßt. Da die Anlage zu Art 3 Abs 3 aber gerade die wichtigsten und am häufigsten verwandten Klauseln betrifft, die für eine Mißbrauchskontrolle in Betracht kommen, wäre es absurd, wenn der EuGH verbindlich über die Mißbräuchlichkeit der in der Anlage nicht genannten Klauseln entscheiden könnte. Nach dem Sinn der Richtlinie sind daher Vorlagen an den EuGH dazu, ob bestimmte Klauseln in näher umschriebenen Vertragstypen mißbräuchlich sind oder nicht, ausgeschlossen (grundlegend anders jedoch unten STAUDINGER/COESTER § 9 Rn 55 ff).

5. Mit dem HandelsrechtsreformG 1998 hat man auch aus § 24 den Kaufmannbegriff eliminiert und ihn durch den Begriff des Unternehmers ersetzt, so wie er durch die Umsetzung der RL schon in dem § 24 a Eingang gefunden hatte. Dort konnte man jetzt auf die in § 24 sich findende Legaldefinition von „Unternehmer" verweisen.

Erster Abschnitt
Sachlich-rechtliche Vorschriften
1. Unterabschnitt
Allgemeine Vorschriften

§ 1
Begriffsbestimmung

(1) Allgemeine Geschäftsbedingungen sind alle für eine Vielzahl von Verträgen vorformulierten Vertragsbedingungen, die eine Vertragspartei (Verwender) der anderen Vertragspartei bei Abschluß eines Vertrages stellt. Gleichgültig ist, ob die Bestimmungen einen äußerlich gesonderten Bestandteil des Vertrages bilden oder in die Vertragsurkunde selbst aufgenommen werden, welchen Umfang sie haben, in welcher Schriftart sie verfaßt sind und welche Form der Vertrag hat.

(2) Allgemeine Geschäftsbedingungen liegen nicht vor, soweit die Vertragsbedingungen zwischen den Vertragsparteien im einzelnen ausgehandelt sind.

Schrifttum

SCHUHMANN, Das Waisenkind des AGB-Gesetzes: Der Mustervertrag im kaufmännischen Individualgeschäft, JZ 1998, 127.

Systematische Übersicht

I.	Allgemeines — 1	IV.	Die Vorformulierung von Vertragsbestimmungen	
II.	Allgemeine Geschäftsbedingungen als privatrechtliche Vertragsbedingungen	1.	„Vorformulierung" als entscheidendes Kriterium	18
1.	Die Notwendigkeit privatvertraglicher Ingeltungsetzung vorformulierter Bedingungen — 2	2.	Unbeachtlichkeit des Vorhandenseins eines stofflichen Trägers	19
2.	Die Gleichgültigkeit des Vertragsgegenstandes — 9	V.	Die (beabsichtigte) Einseitigkeit der Einführung in den Vertrag	
III.	Die Bestimmung vorformulierter Vertragsbedingungen für eine Vielzahl abzuschließender Verträge	1.	Regelungszwecke und Begriffsbestimmung	23
		2.	Die Bestimmung des Verwenders	25
1.	Die formelle Begriffsbestimmung — 15	3.	Verwender bei VOB- und Bauherrn-Modell-Vertrag	28
2.	Bestimmte und unbestimmte Vielzahl 16	4.	Verwender im Unterlassungsprozeß	30
3.	Bestimmung für künftige Verträge — 17	VI.	Die Unerheblichkeit der gewählten Vertragsform	31
4.	Der Begriff „Vielzahl" — 17 a			

VII. Individualvereinbarungen	32	5. Angebot zu Individualvereinbarung	39
1. Formalisierung des Abgrenzungskriteriums	33	**VIII. Beweislastfragen**	
2. Aushandeln bei Änderung des Textes		1. Vorliegen von AGB	40
a) Selbständige Textänderungen	34	2. Vorliegen einer Individualabrede	41
b) Unselbständige Textänderungen	35		
3. Aushandeln auch ohne Abänderung im Text	36	**IX. Überprüfung notariell beurkundeter Verträge**	42
4. Nachträgliche Änderungen	38		

Alphabetische Übersicht

Beförderungsbedingungen im Flugverkehr	3	Rechtsfortbildung	48
Beweislast	40 ff		
		sachenrechtliche Verträge	11
Eigentumsvorbehalt	11		
Freizeichnungsklauseln	43	Teilungserklärungen	11
Handelsbrauch	22	Unklarheitenregel	5
Hauptleistungspflichten	9	Unwirksamkeit	25, 46 f
Individualvereinbarungen	32 ff	Verbraucherverträge	15, 18, 23, 25
– Ergänzungen	21, 41	Versicherungsbedingungen	3
– Streichung einzelner Klauseln	34	Verwender	
– Nachträgliche Änderungen	38	– Begriff	5 ff, 15, 17, 23 ff
Inhaltskontrolle	1, 3, 26, 38 f, 43 ff	Verwendung	16 ff, 30, 32
		VOB	5, 28
Leistungsbeschreibung	1	Vorausabtretung von Forderungen	11
		vorformulierte Vertragsbedingungen	15 ff
Maklervertrag	7	– Begriffsbestimmung	18
		– Einseitigkeit der Einführung in den Vertrag	23
notarielle Verträge	25, 31, 42	– Vielzahl, Begriff	16 ff
prozessuale Vereinbarungen	12	vorvertragliche Schuldverhältnisse	9

I. Allgemeines

Die Hauptfunktion der Norm besteht darin, AGB-Bestimmungen von Individualvereinbarungen abzugrenzen (dazu im einzelnen Rn 32 ff). Sie bestimmt den Anwendungsbereich des Gesetzes für alle Vereinbarungen, auf welche es seinem sachlichen und persönlichen Geltungsbereich nach (§§ 23, 24) ganz oder in Teilen anwendbar ist, also auch für vorformulierte Konkretisierungen von Hauptleistungspflichten. Auch Leistungsbeschreibungen stellen AGB dar, sie unterliegen der Inhaltskontrolle der §§ 9–11 jedoch nicht, soweit sie nicht besonders zu vergütende Nebenleistungen betreffen (OLG Düsseldorf NJW-RR 1992, 217; WOLF Rn 6). In § 8 ist dann ein Teil der von § 1 erfaßten Bestimmungen (gesetzesändernde und -ergänzende Abreden) besonders hervorgehoben und der Inhaltskontrolle unterstellt. Die Definition ist dem erst zum Schluß des Gesetzgebungsverfahrens entstandenen Verfahrensteil nicht angepaßt worden, so daß sich insoweit Friktionen ergeben.

II. Allgemeine Geschäftsbedingungen als privatrechtliche Vertragsbedingungen

1. Die Notwendigkeit privatvertraglicher Ingeltungssetzung vorformulierter Bedingungen

2 Das AGBG gilt für alle vorformulierten Bedingungen zu privatrechtlichen Verträgen, wobei schon eine zur wiederkehrenden Verwendung formulierte Klausel genügt, um eine vorformulierte Vertragsbedingung in diesem Sinn anzunehmen (BGH NJW 1992, 2759; 1988, 410). Unter den Voraussetzungen von § 24a genügt auch einmalige Verwendung. Daß die Verwendung der Bedingungen eventuell einer öffentlich-rechtlichen Genehmigung bedarf, ist ohne Belang (BGH BB 1983, 527, 529). Vertraglichen Charakter haben Bestimmungen nicht, die rechtlich in **anderer Form als durch vertragliche Vereinbarung** wirksam werden oder – im Hinblick auf die Unterlassungsklage nach §§ 13 ff – wirksam werden sollen. Betont höfliche Formulierungen stehen einem Text als Eignung zu einer AGB-Klausel nicht entgegen, wie etwa Hinweis auf Taschenkontrollen in einem Supermarkt (BGHZ 133 184; 191 = NJW 1996, 2574, 2595; HEINRICH NJW 1997, 1407; **aA** Ulmer Rn 11 a mwN; vWESTPHALEN NJW 1994, 367). Erst recht schließt die textliche Gestaltung als „Hinweis" die Natur des Geschriebenen als AGB nicht aus (LG Köln ZIP 1997, 1328).

3 a) Das AGBG gilt nicht für Bestimmungen, die Bestandteil des geschriebenen objektiven Rechts sind, wozu auch Rechtsverordnungen und Satzungen gehören (Einl 19). Wichtig ist dies insbesondere für die Tarifabnehmer von **elektrischer Energie** und Gas (s dazu Erl zu §§ 26, 27). Wegen der Funktionsgleichheit mit AGB sollten auf die EVO die für AGB geltenden Auslegungsgrundsätze angewendet werden (BGH WM 1980, 444, 445; OLG München BB 1980, 496; ULMER Rn 9; MünchKomm/KÖTZ Rn 3; **aA** für Verordnungen BGH NJW 1982, 930, 931). Das LG Heilbronn (NJW-RR 1997, 505) hat die Härte des Haftungsausschlusses in § 83 I lit b iVm § 83 II EisenbahnverkehrsG dadurch vermieden, daß es der Bahn die „Berufung" hierauf versagte, wenn sie den Kunden nicht eigens auf diese Regelung hingewiesen hatte. Die **öffentliche Hand** hat im allgemeinen freie Wahl, ob sie die Benutzung der von ihr unterhaltenen Einrichtungen öffentlichrechtlich oder privatrechtlich ausgestalten will. Wählt sie die privatrechtliche Ausgestaltung der Rechtsbeziehungen zu den Bürgern (oder zu anderen öffentlichrechtlichen Körperschaften), gilt das AGB-Gesetz (BGH ZIP 1981, 989, 990). Soweit dabei Anstalts- und Benutzungsordnungen oder Lieferbedingungen der öffentlichen Hand in das Vertragsverhältnis einbezogen wurden, unterliegen auch diese dem AGB-Gesetz (BGH NJW 1990, 2686; 1989, 3010; 1979, 2353, 2354). Im Falle der Wiederholung zwingender Gesetzesbestimmungen mangelt es grundsätzlich am Merkmal des „Stellens". Zur Wiederholung dispositiven Rechts (deklaratorische Klauseln) s § 8 Rn 30 ff. Dem AGBG unterliegen insbesondere **VOB Teil B** (**aA** SIEGBURG BauR 1993, 9 ff; differenzierend MICHALSKI/RÖMERMANN ZIP 1993, 1434, 1444), ADSp und AGNB, deren Geltung ausschließlich auf einer rechtsgeschäftlich-vertraglichen Grundlage beruht. Der BGH (NJW 1995, 1490; 3117, 3118; 2224, 2225) will in diesem Falle freilich zwischen einseitig aufgestellten und solchen AGB unterscheiden, die unter Mitwirkung der maßgebenden Verkehrskreise zustandegekommen sind. Letztere sollen Erleichterungen bei der Inhaltskontrolle erfahren (**aA** KOLLER EWiR 1995, 1490;

LÖWE ZIP 1995, 1273; HEINRICHS NJW 1996 1381). Auch Vorschriften, die auf Empfehlungen **internationaler Organisationen** zurückgehen, können AGB darstellen, wie zB die von der IATA empfohlenen Beförderungsbedingungen im Flugverkehr (BGH NJW 1983, 1322). Mit Recht hat der BGH die Sonderstellung von **sportlichen Regelwerken** betont, auch wenn diese in Verträge mit Sportlern einbezogen werden, die nicht Mitglieder des eine Sportveranstaltung tragenden Verbands sind (NJW 1995, 583, 585). Es gibt dort keine im Prinzip gegenläufigen Interessen wie bei einem Austauschverhältnis. Die sportlichen Regelwerke aus dem Anwendungsbereich des AGBG zu weisen, weil allenfalls dessen § 9 als Maßstab der Inhaltskontrolle in Betracht komme und § 242 BGB dasselbe Maß an Inhaltskontrolle verbürge, ist dennoch eine kräftige Übersteigerung der durch § 242 BGB getragenen Begrenzung der Privatautonomie.

Keine Vertragsbedingungen und daher auch keine AGB sind grundsätzlich die geschäftsplanmäßigen Erklärungen des Versicherers, die auf öffentlichem Recht beruhen (BGH NJW 1995, 189, 191; 1988, 1734). Sie stellen aber dann AGB dar, wenn AVB ausdrücklich darauf verweisen (BGH NJW aaO).

b)   Das AGBG gilt entsprechend auch für öffentlichrechtliche Verträge, hM.   **4**

c)   Das AGBG gilt analog, wenn Rechtsbeziehungen durch **einseitiges Rechtsge-**   **5**
schäft zustande kommen, welches Bestandteile enthält, die nicht vom Erklärenden, sondern von demjenigen vorformuliert werden, demgegenüber die Erklärung abzugeben ist, oder der sonst an ihrer Abgabe interessiert ist (BGH NJW 1988, 1908; ULMER Rn 13; GRUNEWALD ZIP 1987, 353, 354; heute allgM). Dies ergibt sich für vorformulierte Bedingungen in Vertragsangeboten schon aus §§ 10 Nr 1, 11 Nr 15 b und beruht auf dem Gedanken, daß der Verwender dabei die rechtsgeschäftliche Gestaltungsfreiheit einseitig in Anspruch nimmt. Auch VOB Teil A hat daher dann AGB-Charakter, wenn der Unternehmer gehalten wird, auf ihrer Grundlage ein Angebot zu machen (LÖWE Rn 2; BRANDNER Rn 2; DIETLEIN Rn 3; LOCHNER NJW 1977, 1802). Das hat insofern Bedeutung, als dann Teil A gegenüber abweichenden Ausschreibungsbedingungen die Anwendung der Unklarheitenregel zugunsten des Unternehmers rechtfertigen kann (§ 5 Rn 16). Zum Versuch, die Wirkung individueller Bestandteile in fomularmäßigen Angeboten auszuschließen, s § 4 Rn 21.

Die Regelung für einseitige Rechtsgeschäfte gilt auch für die dem Vertragspartner   **6**
vom Verwender vorformulierten **rechtsgeschäftsähnlichen Handlungen**, etwa für Einwilligungen in eine Heilbehandlung (BGH NJW 1990, 2313, 2314; ULMER Rn 17; GOUNALAKIS NJW 1990, 752; NIEBLING MDR 1982, 194; HOLLMANN NJW 1978, 2332).

Von anderer Seite vorformulierte **einseitige Rechtsgeschäfte** unterliegen dem AGB-   **7**
Gesetz insbesondere dann (enger WOLF Rn 10; OLG Koblenz NJW-RR 1994, 58 Zusammenhang mit vertraglicher Beziehung ausreichend und erforderlich), wenn sie wirtschaftlich oder gar rechtlich in die Begründung oder Abwicklung eines Vertragsverhältnisses eingebettet sind, jedenfalls wenn sie Bestandteil eines Vertrages sind (OLG Stuttgart NJW 1979, 223), aber auch darüber hinaus (OLG Frankfurt aM WM 1986, 570, 571; ULMER Rn 16; MünchKomm/KÖTZ Rn 4). Zu nennen sind vor allem **Bevollmächtigungen** des Verwenders (BGH NJW 1987, 2011; OLG Nürnberg WM 1988, 1188, 1189) oder Dritter. Unwirksame Bevollmächtigungen können aber Vollmachtsurkunden iSv § 172 BGB sein.

Weitere Beispiele: Beweislastabändernde Tatsachenbestätigungen (OLG Stuttgart NJW-RR 1986, 275, 276); Einwilligungen in die Weitergabe von Daten (BGH NJW 1986, 47; OLG Hamburg ZIP 1983, 1435; SCHUSTER/SIMON NJW 1980, 1288), Bestätigung der ärztlichen Aufklärung und Einwilligung zur Operation oder Obduktion (OLG Koblenz 1989, 2950, 2851; GOUNALAKIS NJW 1990, 752; NIEBLING MDR 1982, 193, 194; KOTHE AcP 185, 105, 129; ULMER Rn 19), Entbindung von der ärztlichen oder sonstigen Schweigepflicht (HOLLMANN NJW 1978, 2332; 1979, 1923; aA SCHÜTTE NJW 1979, 592), nicht hingegen Gesundheitsanfragen (OLG Bremen VersR 1996, 317); grundbuchmäßige Eintragungsbewilligungen (BayObLG NJW 1980, 2818; OLG Stuttgart NJW 1979, 222, 223; OLG Celle Rpfleger 1979, 261); Einziehungsermächtigungen für den Bankverkehr und Überweisungen im Rahmen eines Girovertrages (BGHZ 98, 24, 28; HÄUSER ZIP 1982, 14, 19); Empfangsbestätigungen (BGH NJW 1988, 2106, 2108); Nachweisbestätigungen mit Provisionsklausel im Rahmen eines Maklervertrags (OLG Düsseldorf NJW-RR 1997, 370); Schuldanerkenntnisse und Verzichtserklärungen (OLG Karlsruhe NJW 1991 112); Unterwerfungen unter die Zwangsvollstreckung (OLG Stuttgart NJW 1979, 222, 223; MünchKomm/KÖTZ Rn 4; ULMER Rn 19); Versicherung, Vollkaufmann zu sein (BGHZ 87, 109, 111); Weisung bei Geschäftsbesorgungsauftrag.

7a Inwieweit Bedingungen in **Wertpapieren**, die zum Publikumsabsatz geschaffen wurden, AGB sind, wird neuerdings kontrovers erörtert, nachdem der BGH in der sogenannten Klöckner-Entscheidung den AGB-Charakter von Genußscheinbedingungen angenommen hat (BGHZ 119, 305, 312 = NJW 1993, 57). Unter Hinweis auf die Wahrung der Eigen- und Emittenteninteressen und weniger der Anlegerinteressen durch die Emissionsbanken wird dem gelegentlich gefolgt (ULMER Rn 14a, vor allem auf die empirischen Befunde von BOSCH gestützt, Bankrecht und Bankpraxis [1997] E.I. 3a; HOPT, in: FS Steindorff [1990] 341, 364). Verwender ist dann nicht die Bank, sondern der Emittent.

Andere leugnen dies tendenziell generell oder jedenfalls dann, wenn die Emissionsbanken selbst die ersten Nehmer sind (KALLROTH, Die Inhaltskontrolle der Wertpapierbedingungen von Wandel- und Optionsscheinen, Gewinnschuldverschreibungen und Genußscheinen [Diss Köln 1994] 37 ff; JOUSSEN WM 1995, 1861, 1865; EKKENGA ZHR 160 [1996] 59, 70; vBAUM, Die prozessuale Modifizierung von Wertpapieren durch Gerichtsstands- und Schiedsvereinbarungen, im Erscheinen – jedenfalls AGB bei Direktvertrieb Emittent/Anleger; RANDOW ZBB 1994, 23 ff). Die Problematik kann hier nicht vertieft werden. Das Publikum ist jedoch zu schützen, und sei es, daß man Klauseln, die Emittent und Banken „aushandeln", als sittenwidrig betrachtet, wenn sie in Bedingungen klar unwirksam wären, die der Emittent unmittelbar den Anlegern stellte.

8 Soweit jemand für eigene einseitige Rechtsgeschäfte oder rechtsgeschäftsähnliche Erklärungen vorformulierte Erklärungen verwendet, stellen diese keine AGB dar, da der Erklärende nur seine eigene Gestaltungsmacht in Anspruch nimmt (ARNOLD BB 1996, 601; ULMER Rn 18; FRICKE VersR 93, 402; WERBER MDR 92, 729; aA BGH NJW-RR 95, 80, wo Regelungen, die die Vollmacht des Vertreters des Verwenders betreffen, als AGB qualifiziert werden; BECKMANN NJW 1996, 1379 mwN).

2. Die Gleichgültigkeit des Vertragsgegenstandes

9 Ausgenommen vom Anwendungsbereich des AGB-Gesetzes sind nur die in § 23

Abs 1 erwähnten Bedingungen auf dem Gebiet des Arbeits-, Erb- und Familienrechts sowie des Gesellschaftsrechts (s § 23 Abs 1). Im übrigen ist es gleichgültig, welchen Gegenstand der Vertrag hat, dem die vorformulierten Bedingungen beigegeben worden sind oder werden sollen. Gleichgültig ist auch, ob die vorformulierten Bestandteile eines Vertrages Hauptleistungspflichten betreffen oder Nebenbestimmungen enthalten (BGH NJW 1990, 576, 577). Nur die Kontrollfähigkeit vorformulierter Hauptleistungspflichten ist stark eingeschränkt (s STAUDINGER/COESTER § 8 Rn 3 ff). Aus § 11 Nr 7 AGBG folgt, daß AGB sich auch auf vorvertragliche Schuldverhältnisse beziehen können (zB Hinweis auf Taschenkontrollen in Supermärkten BGH NJW 1994, 188; mit Anm vWESTPHALEN NJW 1994, 367 f; OLG Frankfurt aM NJW-RR 1993 788; analoge Anwendung LG Frankfurt aM NJW-RR 1992, 812).

a) Das AGBG ist zugeschnitten auf **schuldrechtliche** Verträge. Auch schuldrechtliche Verträge können sich aber darauf beschränken, das Entstehen eines **gesetzlichen Schuldverhältnisses** auszuschließen oder die Rechtsfolgen eines solchen in einer vom Gesetz abweichenden Weise zu regeln. AGB können zur Rückabwicklung eines gescheiterten vertraglichen Austauschverhältnisses vereinbart werden. Sie können ausschließlich der Abbedingungen oder der Begrenzung deliktischer Haftung dienen (BGH VersR 1967, 65). Der Anschlag „Benutzung auf eigene Gefahr" hat uU AGB-Charakter, dann nämlich, wenn er ausdrückt, die Benutzung soll nur unter der Voraussetzung gestattet sein, daß der Benutzer für den Fall einer Schädigung auf Haftungsansprüche verzichtet. Denn dann ist der Anschlag darauf angelegt, daß der Benutzer gem § 151 S 1 BGB durch die Benutzung sein Einverständnis kundtut (zur Wirksamkeit solcher Klauseln STAUDINGER/COESTER-WALTJEN § 11 Nr 7 Rn 16). Geschieht derartiges außerhalb bestehender Vertragsbeziehungen, so legt man dem Anschlag Bedeutung freilich nur für die Verschuldensabwägung nach § 254 BGB zu (BGHZ 34, 355 = NJW 1961, 655; näher s STAUDINGER/MEDICUS[12] § 254 BGB). Auch ein Pkw-Fahrer, der gefälligkeitshalber Personen befördert und sich von ihnen regelmäßig ein Revers unterschreiben läßt, wonach sie auf eigene Gefahr mitreisten, verwendet AGB (s Rn 19 f). Soll ein Anschlag hingegen nur auf eine Gefahrenlage hinweisen, fehlt ihm, weil keine Einordnung in vertragliche Beziehungen vorgesehen ist, AGB-Charakter.

b) Obwohl das AGBG auf schuldrechtliche Verträge zugeschnitten ist, ist es auch auf **sachenrechtliche Verträge** anwendbar (allgM). Ebenso ist das AGBG auf sonstige Vereinbarungen anwendbar, die ausschließlich Verfügungswirkung haben (hM, **aA** FEHL, Finanzierungsleasing und Bauherrenmodell [1986] 10, Systematik 131, 136 ff). Das gilt vor allem für die **Vorausabtretung von Forderungen** zu Sicherungszwecken (BGH WM 1985, 605, 607) und für die Vereinbarung eines durch eine Verarbeitungsklausel „**verlängerten" Eigentumsvorbehalts**. Hierher gehören aber auch die Fälle, in denen formularmäßig abstrakte Schuldanerkenntnisse (OLG Stuttgart NJW 1979, 22; s auch STAUDINGER/COESTER-WALTJEN § 11 Nr 15 Rn 5) oder **Verzichtserklärungen** abgegeben werden, wie sie etwa in der Praxis im Verhältnis zwischen der Bank als Zessionar und dem Schuldner in Gestalt einer Forderungsbestätigung üblich sind, die auf einen Einwendungsverzicht hinausläuft. Die Bestellung von Hypotheken und Grundschulden, ein Gebiet, auf welchem auch das Sachenrecht großen Vereinbarungsspielraum läßt und auf welchem die Kautelarpraxis viele den Hypothekenbesteller stark belastende Gestaltungen hervorgebracht hat, unterliegt dem AGBG erst recht (BGHZ 99, 205). Zur Eintragungsbewilligung s Rn 7. **Teilungserklärungen** und Gemeinschaftsordnungen nach dem WEG hat der BGH anhand von § 242 BGB kontrolliert, ohne das AGBG zu erwähnen (NJW 1994, 2250, 2252; ebenso BayObLG DNotZ 1989, 428, 429). Andere wollen das AGBG analog anwenden (zB ULMER Rn 12 mwN z Strst; LG Magdeburg Rpfleger 1997, 108; krit zu Recht RÖLL, s auch § 24a Rn 35).

12 c) Selbst vorformulierte **prozessuale** Vereinbarungen können AGB-Charakter haben, etwa eine in AGB enthaltene Gerichtsstands- (s § 3 Rn 12, 15, § 5 Rn 7), Schieds- oder Beweisführungsklausel. Bezüglich der Schiedsklauseln besteht daher eine weit über die Möglichkeiten von § 1025 Abs 2 ZPO hinausgehende Chance, unangemessene, weil die Waffengleichheit der Parteien nicht wahrende Bestimmungen in Schiedsordnungen zu eliminieren.

13 d) Vertragsbedingungen können sich – scheinbar – darauf beschränken, bloße **Tatsachen bekunden zu lassen**. Sollen derartige **Tatsachenbekundungen unwiderleglich** sein, dann kommt ihnen der Sache nach die Bedeutung einer Abbedingung gesetzlicher Vorschriften zu. Hat etwa der Mieter eines PkW formularmäßig anerkannt, daß sich dieser in einwandfreiem Zustand befinde, so soll damit die Haftung des Vermieters nach §§ 537 f BGB ausgeschlossen werden (s den Fall BGH WM 1967, 118). Die für den Gewährleistungsausschluß des Vermieters sich aus § 9 ergebenden Maßstäbe (siehe STAUDINGER/COESTER-WALTJEN § 11 Nr 10 Rn 11) sind anwendbar. Soll eine Tatsachenerklärung **widerleglich** sein, so bringt die Klausel der Sache nach eine Beweislastumkehr und unterliegt dann dem § 11 Nr 15.

14 e) Das Ausstellen einer einfachen Quittung ist kein Vertrag. Soweit dieses unter Verwendung von Formularen des Geschäftspartners des Quittierenden geschieht, ist aber das AGBG ausweislich seines § 11 Nr 15 („Empfangsbestätigungen") gleichwohl anwendbar. Auf Quittungen, die Erlaß- oder Verzichtserklärungen enthalten, ist das AGBG anwendbar, da sie Verträge bzw einseitige Rechtsgeschäfte darstellen (WOLF Rn 11).

III. Die Bestimmung vorformulierter Vertragsbedingungen für eine Vielzahl abzuschließender Verträge

1. Die formelle Begriffsbestimmung

15 Der Gesetzgeber hat im Interesse der Rechtssicherheit einen formalen Begriff von AGB gewählt. Er hat den Vorschlag, allein auf das materielle Kriterium des einseitigen Diktats bei Vertragsabschluß abzustellen, ursprünglich nicht aufgegriffen. Ein einseitig diktierter einmaliger Vertrag unterfiel dem AGB-Gesetz nicht. Werden Bestimmungen für eine Vielzahl von Verträgen verwandt, dann ist auch für die Frage nach der wirtschaftlichen oder sonstigen Übermacht des Verwenders kein Raum mehr, allenfalls noch danach, ob nicht entgegen dem äußeren Anschein eines AGB-Vertrages ein Individualvertrag vorliegt. Durch den in Vollzug der EG-Richtlinie neu eingefügten § 24 a Nr 2 sind §§ 5, 6 und 8 bis 12 auch dann auf vorformulierte Vertragsbedingungen in Verbraucherverträgen anzuwenden, wenn diese nur zur einmaligen Verwendung bestimmt sind, soweit der Verbraucher keinen Einfluß auf den Inhalt ausüben konnte. Im Bereich der Verbraucherverträge wird das Kriterium der Bestimmung für eine Vielzahl somit obsolet. In der Regel sind vorformulierte Klauseln aber für eine Vielzahl von Verträgen bestimmt, so daß die Bedeutung der neuen Regelung diesbezüglich gering sein dürfte.

2. Bestimmte und unbestimmte Vielzahl

AGB müssen, um die Anwendbarkeit des Gesetzes auszulösen, für eine Vielzahl von Verträgen vorformuliert sein. Unerheblich ist dabei, ob es sich um eine bestimmte (zB OLG Celle NJW-RR 1991, 667) oder unbestimmte Vielzahl von Mehrfachverwendungen handelt (heute allgM). Die von einem Bauträgerunternehmen für eine bestimmte Zahl von Eigentumswohnungen aufgestellten, einheitlichen Verkaufsbedingungen sind also ebenso AGB (BGH NJW 1981 2344, 2345; OLG Düsseldorf NJW-RR 1997, 659), wie die im Klauselwerk übereinstimmenden Verträge mit Mietern eines Hauses. **16**

3. Bestimmung für künftige Verträge

Damit Vertragsbestimmungen AGB-Charakter haben, genügt es, daß die einzelne Klausel für eine Vielzahl von Verträgen konzipiert ist. Ist dies der Fall, so gelten die Bedingungen auch schon im ersten Anwendungsfall als AGB (BGH NJW 1981, 2343, 2344). Entscheidend ist daher, ob ihr **Schöpfer** sie für eine Vielzahl von Verträgen gedacht hat. So reicht die Verwendung gegenüber einer Vielzahl von Auftragsbewerbern nicht aus, wenn sie nur auf den Abschluß *eines* Vertrages abzielt (BGH NJW 1997, 135). Nicht nötig ist, daß sie auch der Verwender mehrmals zu gebrauchen gedenkt (allgM, vgl BGH NJW 1992, 2160, 2162; aA MICHALSKI/RÖMERMANN ZIP 1993, 1434, 1436 f), oder daß auf ihrer Grundlage bereits Verträge abgeschlossen wurden. Eine Kontrolle ist im letzteren Fall allerdings nur durch die Unterlassungklage nach § 13 möglich, nicht im Individualprozeß, der voraussetzt, daß die AGB tatsächlich in einen Vertrag einbezogen wurden. Entsprechend ist das AGB-Gesetz seinem Schutzzweck nach anwendbar, wenn ein Verwender die AGB im Einzelfall zu seinen Gunsten abändert (MICHALSKI/RÖMERMANN ZIP 1993 1434; PALANDT/HEINRICHS Rn 6). Eine für einen bestimmten Vertrag individuell vereinbarte Klausel wird nicht deshalb nachträglich zu einer Allgemeinen Geschäftsbedingung, weil sie später noch einmal benutzt worden ist (BGH WM 1994, 1136, 1137; ULMER Rn 22). Derartige Klauseln erlangen zu dem Zeitpunkt AGB-Charakter, in dem sie ihr Schöpfer mit einer gewissen Planmäßigkeit anwendet, oder ein anderer sie in der Absicht aufgreift, sie für eine Vielzahl von Verträgen zu verwenden. Eine Vermutung für den Charakter einer Vertragsbestimmung als AGB wird immer dann begründet, wenn inhaltlich übereinstimmende Vertragsbedingungen einer Mehrzahl von Rechtsgeschäften zugrunde gelegt werden (ULMER Rn 24; WOLF Rn 13), wobei die nur einmal wiederholte Anwendung nicht genügt (BGH BB 1996, 2535). Die Tatsache, daß bei Abschluß des Dienstvertrags mit einem Vorstandsmitglied eine AG auf Klauseln aus entsprechenden Verträgen mit anderen Vorstandsmitgliedern zurückgegriffen hat, war für den BGH aber ohne Bedeutung (BB 1989, 1577). **17**

4. Der Begriff „Vielzahl"

Eine „Vielzahl" ist jedenfalls anzunehmen, wenn Vertragsbestimmungen für eine unbestimmte Vielzahl von Verträgen gedacht sind, wobei genügt, daß der Inhalt der verwendeten Klauseln im wesentlichen gleich ist (BGH NJW 1979, 2387, 2388; OLG Koblenz NJW-RR 1987, 95, 96). Im übrigen ist die nähere Bestimmung des Begriffs eine **17 a**

Wertungsfrage, die sich nach der Bedeutung des Vertragstyps und nach den zeitlichen Intervallen der Vertragsabschlüsse richtet (aA Wolf Rn 14; MünchKomm/Kötz Rn 6; BGH NJW 1981, 2343, 2344; Ulmer Rn 25; Palandt/Heinrichs Rn 6, die eine Mindestzahl von 3–5 Verwendungen für generell ausreichend sehen). Eine zweifache Verwendung sah der BGH nicht als ausreichend an (NJW 1997, 135). Bestimmungen in einem Mietvertrag über eine Einliegerwohnung werden nicht zu AGB, wenn sich der Vermieter vornimmt, die gleichen Mietvertragsbedingungen bei Freiwerden der Wohnung wieder zu verwenden. Vermietet jemand drei Wohnungen unter gleichen Bedingungen, so läßt sich durchaus schon von einer Vielzahl von Verträgen sprechen.

IV. Die Vorformulierung von Vertragsbestimmungen

1. „Vorformulierung" als entscheidendes Kriterium

18 Vertragsbestimmungen müssen, um AGB werden zu können, „vorformuliert" sein. Für Verbraucherverträge genügt dies nach § 24a Nr 2 zur Annahme von AGB (s dort Rn 38). Im übrigen setzt das Gesetz zusätzlich voraus, daß sie nicht lediglich konkret für einen einzelnen Vertrag entworfen worden, sondern zumindest auch als Grundlage für gleichartige Verträge aufgestellt worden sind (s auch Rn 15 ff), wobei unerheblich ist, von wem sie aufgestellt wurden. Bei Verträgen der ehemaligen Ost-Treuhand handelt es sich regelmäßig um AGB, soweit nicht einzelne Elemente iSv § 1 Abs 2 ausgehandelt wurden (Kiethe/Imbeck ZIP 1994, 1250 ff; ders BB 1994, 7 f; Lehmann DStR 1993, 802, 805 f; Zeuner ZIP 1993, 1356, 1369; Wolf § 11 Nr 6 Rn 26; Scheifele BB 1991, 557, 561; Weimar, Nachprivatisierungsprobleme [1992] 58 ff; aA LG Berlin ZIP 1994 1320 f; Badestein WiR 1992, 179; Wächter/Kaiser/Krause WM 1992, 293, 294; einschränkend: Messerschmidt WiB 1994, 377, 380).

2. Unbeachtlichkeit des Vorhandenseins eines stofflichen Trägers

19 Keine Voraussetzung ist, daß der Wortlaut der Klauseln auf einem **stofflichen Träger** festgehalten ist, da dies keinen Einfluß auf die Schutzbedürftigkeit des Vertragspartners hat. § 1 Abs 1 S 2 stellt nur klar, daß die Schriftart unerheblich ist, setzt aber keine schriftliche Fixierung voraus (BGH NJW 1988, 410; NJW 1992, 2759; OLG Köln NJW-RR 1995, 758; OLG Hamm NJW 1997, 1215 – „im Kopf des Verwenders gespeicherter" Text, der handschriftlich auf jedes Vertragsformular gesetzt wurde) – heute allgM, anders Staudinger/Schlosser[12].

20 Auf welche Weise die vorformulierten Bestimmungen in den Text aufgenommen werden, spielt keine Rolle. So reicht es aus, daß ein Blankett hand- oder maschinenschriftlich mit derartigen Klauseln ausgefüllt wird (BGH NJW 1996, 249, 250; 1992, 2759; 1988, 410; OLG Hamm NJW-RR 1987, 244), wiederholt verwendete Textbausteine individuell zusammengesetzt werden (OLG Frankfurt aM NJW 1991, 1489, 1490), oder zwischen mehreren vorgegebenen Fassungen **gewählt** werden kann (Rn 34). Keine AGB liegen vor, wenn der Kunde den Vertrag ganz ohne AGB wählen kann (Wolf Rn 38), oder dann wenn auch nicht vorformulierte Alternativen zur Wahl stehen (Rn 34).

21 Unschädlich ist, wenn eine Klausel noch um **unselbständige Angaben** durch den jeweiligen Verwender ergänzt werden muß, um sie dem Einzelfall anzupassen, ohne daß diese Ergänzung den Kerngehalt der vorformulierten Klausel verdrängt (BGH NJW

1992, 1107, 1108), wie zB die Höhe einer Schadenspauschale oder die Länge einer Frist, den Namen des jeweiligen Schuldners (BGHZ 102, 152, 158), eine Zweckerklärung für Grundpfandrechte (BGH WM 1987, 498), den aktuellen Listenpreis in einer Tagespreisklausel (BGH NJW 1983, 1603), die Höhe der Steigerungssätze bei ärztlichen Honorarklauseln (BGH ZIP 1992, 186 f), den Umfang der abzutretenden Forderungen oder Sachen (ULMER Rn 56). Dabei ist zu beachten, daß einzelne Klauseln, die für sich genommen unselbständige Klauseln darstellen, in der Gesamtheit mit den übrigen Ergänzungen durchaus zu selbständigen Ergänzungen werden können (BGH WM 1994, 1136, 1137). Wird die Vertragslaufzeit individuell in eine dafür vorgesehene Stelle eingefügt, so handelt es sich nicht um eine vorformulierte Bestimmung (BGH NJW 1998, 1066), s a Rn 34.

An dem Merkmal des Vorformuliertseins fehlt es häufig, wenn bestimmte Vertragsinhalte kraft **Handelsbrauch** gelten (BGH BB 1988, 1395, für Tegernseer Gebräuche; aA BASEDOW ZHR 150 [1986] 469, 484, der auch diese generell dem AGB-Gesetz unterwerfen will). Dies gilt jedoch nur für Regelungen, die nicht erst durch die Aufnahme in AGB und ihre dadurch bedingte Verbreitung zu Handelsbräuchen geworden sind (ULMER Rn 89), wie zB die Einheitlichen Richtlinien der ICC (für Qualifizierung als AGB ULMER Anh zu 9–11 Rn 290; STÖTTER RIW/AWD 1981, 86, 87 f; zur AGB-Qualität von ER offen BGH BB 1984, 1443; differenz PETERS WM 1978, 1030, 1032; vWESTPHALEN, Rechtsprobleme der Exportfinanzierung 227, 228; CANARIS, HGB Bd III/3 Rn 925 f; für Vorliegen von AGB bei Akkreditive [ERA] und Inkassi [ERI], nicht hingegen bei den Einheitlichen Richtlinien für Vertragsgarantien [ERVG] und Demand Guarantees [ERDG] WÄLZHOLZ WM 1994, 1457 mwN). 22

Die Annahme, formularmäßige Klauselwerke gäben in dem Sinne nur einen bereits vorher bestehenden Handelsbrauch wieder, so daß diese nicht mehr gesondert festgestellt werden müßten, ist demgemäß immer nur mit großer Vorsicht zulässig (SONNENBERGER, Verkehrssitten im Schuldvertrag [1969] 78 f). Bei näherem Hinsehen entdeckt man fast überall, daß die Verfasser der Klauselwerke eigene wertende Vorstellungen mit eingebracht haben (SONNENBERGER aaO).

V. Die (beabsichtigte) Einseitigkeit der Einführung in den Vertrag

Bedingungen müssen, um AGB zu sein, nach dem Wortlaut des § 1 „von der einen Partei der anderen bei Abschluß des Vertrages gestellt sein (Verwender)." 23

1. Regelungszweck und Begriffsbestimmung

Dieses Begriffsmerkmal dient dem Regelungsanliegen des AGB-Gesetzes, den Verwender von AGB von seinem Vertragspartner abzugrenzen, der von der einseitigen Inanspruchnahme der Vertragsgestaltungsfreiheit durch den Verwender geschützt werden soll, allgM. Die nachfolgenden Vorschriften des AGB-Gesetzes gewähren fast ausnahmslos nur dem Vertragspartner des Verwenders Schutz. Daraus folgt aber nicht, daß Verwender ist, zu wessen Gunsten sich eine Klausel auswirkt (BGHZ 131, 50, 57 f = NJW 1995, 2034; **aA** OLG Düsseldorf BB 1994, 1521; BARTSCH NJW 1986, 28, 31; s auch Rn 34).

Durch den neuen § 24a Nr 1 gelten in **Verbraucherverträgen** AGB als von dem Unternehmer gestellt, es sei denn, daß sie durch den Verbraucher in den Vertrag eingeführt worden sind. Der Gesetzgeber ging bei der Umsetzung der EG-Richtlinie davon aus, daß eine Streichung des Merkmals „Stellen" in § 1 Abs 1 nicht möglich ist, da durch dieses Merkmal der Verwender definiert wird, an den zahlreiche Vorschriften des AGB-Gesetzes anknüpfen. Um die Anforderungen der Richtlinie zu erfüllen und eine Inhaltskontrolle auch hinsichtlich der von einer neutralen Person vorformulierten Vertragsbedingungen zu ermöglichen, vermutet § 24a Nr 1, daß in Verbraucherverträgen verwendete AGB grundsätzlich als vom Unternehmer gestellt gelten (BT-Drucks 13/2713, 7).

24 Eine Vertragsbedingung ist von jener Partei iS des § 1 Abs 1 Satz 1 AGBG „gestellt", die sie in die Verhandlungen eingeführt hat (BGH NJW 1985, 2477), bzw der die Einführung zuzurechnen ist, wobei dies für jeden Vertrag und jede Klausel gesondert festzustellen ist (WOLF Rn 23). Eine enge Auslegung entspricht nicht dem Schutzzweck des Gesetzes und ist nur schwer mit dem in § 2 Abs 1 vorausgesetzten Einbeziehungsvertrag und der Erwähnung der Möglichkeit des Aushandelns in § 1 Abs 2 zu vereinbaren (ULMER Rn 26).

2. Die Bestimmung des Verwenders

25 Einerlei ist, von wem und in wessen Auftrag die Bestimmungen vorformuliert worden waren (BGH NJW 1984, 360), und ob sie der andere Teil wegen der Schwäche der Verhandlungsposition oder deshalb akzeptiert hat, weil er sie als ausgewogen und branchenüblich kannte. Grundsätzlich können auch außerhalb von Verbraucherverträgen (s Rn 23) solche Klauseln unter den Anwendungsbereich des AGB-Gesetzes fallen, die von Dritten, wie zB Notaren, aufgestellt wurden. Voraussetzung ist aber, daß eine Vertragspartei die Klausel sich als Verwender **zurechnen** lassen muß (BGH NJW 1994, 2825, 2826), was regelmäßig der Fall ist, wenn jemand Empfehlungen aufgreift, die von dritter Seite aufgestellt wurden, und sie seinem Vertragspartner stellt. Im übrigen ist das Handeln von Vertretern und Handlungsgehilfen der vertretenen Vertragspartei jeweils zuzurechnen (BGH NJW 1991, 36, 39; 1984, 360). Obwohl „Stellen" keine Willenserklärung, sondern ein tatsächliches Handeln ist (BARTSCH NJW 1986, 23, 30), gelten für die Zurechnung die Grundsätze des § 166 BGB entsprechend (BGH BB 1984, 564; aA [§ 278] BARTSCH NJW 1986, 28, 30). Die Verwenderstellung geht auf den Rechtsnachfolger im Vertrag über (BGH ZIP 1987, 916, 917). Bei Forderungsabtretung kann die Unwirksamkeit von AGB gegenüber dem Zessionar gem § 404 BGB geltend gemacht werden (WOLF Rn 24). Nicht ausreichend für eine Zurechnung (als Verwender im Rahmen der Unterlassungsklage) ist eine (enge) wirtschaftliche Verbindung mit dem Primärverwender oder ein wirtschaftliches Eigeninteresse, wie zB das des Vorlieferanten, der die Ware direkt an den Käufer liefert und sich diesem gegenüber auf die AGB beruft, die ihm der Verkäufer gestellt hat (BGH NJW 1991, 36, 39).

Wenn ein **Notar** Formulare verwendet, die er von einer Partei erhalten hat, so ist diese Partei Verwender (BGH NJW 1990, 576; 1986, 1171, 1172; s Rn 42).

26 Außerhalb des Anwendungsbereiches von § 24a Nr 1 (s Rn 15) ist aber im übrigen eine Vertragsbestimmung nicht gestellt, wenn ein unparteiischer Dritter ohne Veranlassung durch einen Vertragspartner eine Klausel in den Vertrag einführt. Problematisch ist der Fall, in dem eine von einem Dritten vorgeschlagene Klausel eine Partei

eindeutig und offensichtlich **begünstigt** oder sich eine Partei auf eine derartige Klausel nach Vertragsschluß beruft. Zum Teil rechnet man eine solche Klausel der Partei als Verwender mit der Begründung zu, daß sie sich dieser Klausel gleichsam mittelbar bediene, indem sie sich diese zu Nutze mache (BGH NJW 1982, 2243, 2244; 1979, 1406 – für Verträge vor Inkrafttreten des AGBG; OLG Karlsruhe DNotZ 1987, 688f; OLG Nürnberg NJW-RR 1990, 1467; OLG München NJW 1981, 2472, 2473; MünchKomm/Kötz Rn 8; Kramer ZHR 146 [1982] 105, 114). Auch der Hinweis auf den Schutzzweck des AGB-Gesetzes ändert jedoch nichts daran, daß diese Ansicht nicht mit dem Verwenderbegriff zu vereinbaren ist. Im übrigen liegt eben kein Fall der Inanspruchnahme einseitiger Gestaltungsmacht vor (BGH NJW 1991, 843; Wolf Rn 28; Medicus, Zur gerichtlichen Inhaltskontrolle notarieller Verträge 13 f; Stürner JZ 1979, 758; Thomas DNotZ 1979, 747; Ulmer DNotZ 1981, 95; Roth BB 1987, 977, 979; Palandt/Heinrichs Rn 8). Wenn ein Vertrag fast ausschließlich die eine Seite belastende Bedingungen enthält, kann davon ausgegangen werden, daß sie kein „unabhängiger Notar" entworfen hat (BGH NJW 1992, 2160, 2163).

Soweit nach dem Ausgeführten keine der Parteien als Verwender zu qualifizieren ist, kommt uU eine Inhaltskontrolle gemäß § 242 BGB in Betracht, insbesondere bei notariellen Verträgen (s Rn 25, 42 ff).

Bei „Abschluß des Vertrages" sind die AGB dann vom Verwender gestellt, wenn er **27** sie in den Vorverhandlungen gestellt hat (OLG Düsseldorf BB 1997, 754 – Sonderangebot „unter Ausschluß jeglicher Gewährleistung") und von ihnen bis zum Vertragsschluß nicht abgerückt ist (Ulmer Rn 13; Wolf Rn 31). Dies ist aber auch dann der Fall, wenn Klauseln erst nachträglich auf Initiative einer Partei in den Vertrag per Vertragsänderung einbezogen werden sollen, zB durch Aufdruck auf der Rechnung oder der Vertragsbestätigung, unabhängig davon, ob sie zum Vertragsinhalt werden (BGH NJW 1987, 1634; OLG Frankfurt aM WM 1986, 570, 571; Ulmer Rn 28; Wolf Rn 31). Es kann vorkommen, daß eine Partei nur deswegen als erste auf bestimmte AGB zu sprechen kommt, weil sie davon ausgeht, daß die andere Seite ohne deren Einbeziehung niemals zum Vertragsschluß bereit wäre. Insoweit ist entgegen der rein formalen Betrachtungsweise die Partei Verwender, auf welche die Einbeziehung letztlich zurückgeht (BGH NJW 1997, 2043). Als Indiz für die Verwendereigenschaft kann dabei gelten, daß ein Bedingungswerk einen Vertragspartner stark begünstigt (OLG Düsseldorf BB 1994, 1521 – Leitsatz viel zu weitgehend; Wolf Rn 26, MünchKomm/Kötz Rn 9).

3. Verwender bei VOB- und Bauherrn-Modell-Vertrag

Liegt die VOB einer Ausschreibung zugrunde, so ist der Bauherr Verwender, liegt **28** sie dem Angebot der Bauunternehmers zugrunde, weil keine Ausschreibung erfolgte, ist letzterer Verwender, soweit sich nicht ergibt, daß die Einbeziehung auf den Bauherrn zurückgeht.

Geht die Einbeziehung einer Klausel auf die Initiative beider Parteien gleichermaßen zurück, so haben sich die Vertragsparteien diese **gegenseitig gestellt**. Diese Voraussetzungen liegen auch dann vor, wenn es nur eine Frage des Zufalls war, welche Vertragsseite zuerst auf die VOB zu sprechen kam. Vorformulierte Bedingungen für diesen Fall vom Begriff der AGB auszunehmen, ist nicht sachgerecht. Die Bestimmungen des AGB-Gesetzes sind insoweit anwendbar, als sie keine Antinomie vom Verwender und seinem Vertragspartner voraussetzen. Dies gilt vor allem für §§ 3, 4, 6, aber auch für einzelne Bestimmungen aus dem Katalog unwirksamer Klauseln wie § 11 Nr 1 und 10 (aA im Ansatz die überwiegende Ansicht HEINRICHS Rn 10, ULMER Rn 29 f, WOLF Rn 23, 29, die aber durch entsprechende Anwendung der genannten Vorschriften weitgehend zum gleichen Ergebnis kommen).

29 Bei **Bauherrenmodellen** handelt es sich meist um vorformulierte Verträge, die von einem Treuhänder im Namen oft noch nicht feststehender Bauherren geschlossen werden. Dabei ist davon auszugehen, daß die Vertragsbedingungen im Zweifel der Bauträger als Verwender gestellt hat, was auch gilt, wenn die Mitwirkung des Treuhänders wegen Verflechtung mit dem Bauträger diesem und nicht den Bauherren zuzurechnen ist (BGH NJW 1994, 2825 f; BGH WM 1992, 1989, 1992; SCHÄFER, in: vWESTPHALEN, VertragsR und AGB-Klauselwerke [1993] Bauherrenmodell Rn 23; ULMER Rn 27 a, PALANDT/ HEINRICHS Rn 9). Das rechtsgeschäftliche Vertreterhandeln und das tatsächliche Handeln bei den Vertragsverhandlungen muß nicht immer der gleichen Person zugerechnet werden (BARTSCH NJW 1986, 28, 30), so daß es für die Verwendereigenschaft darauf ankommt, inwieweit der Treuhänder im Interesse und mit Billigung des Baubetreuers tätig wird (WOLF Rn 25; ULMER Rn 27 a). Es fehlt an der Verwendereigenschaft des Baubetreuers mangels „Stellens", wenn der vom Baubetreuer unabhängige Treuhänder als Vertreter und im Auftrag des Bauherrn die Formularbedingungen gemeinsam mit dem Baubetreuer ausarbeitet (BGH BB 1984, 564) oder, wenn sich eine Vertragspartei einen vom Notar vorgeschlagenen Regelungswortlaut zu eigen macht (BGH MittBayNot 1991, 21; DNotZ 1993, 328, 329).

4. Verwender im Unterlassungsprozeß

30 Im Rahmen der Unterlassungklage nach § 13 ist der „Verwender"-Begriff abweichend von dem bisher Gesagten zu verstehen. Die Definition in § 1 AGBG wurde im Laufe des Gesetzgebungsverfahrens nicht mehr an den erst später eingefügten Verfahrensteil angepaßt. Für die Anwendung der §§ 13 ff ist es nicht notwendig, daß der Verwender die Bedingungen bei Abschluß eines Vertrags stellt. Es reicht vielmehr aus, wenn sie mit Wiederholungsabsicht in den rechtsgeschäftlichen Verkehr gebracht worden sind oder wenn eine baldige Verwendung ernstlich droht, s § 13 Rn 24 h. Beruft sich jemand auf eine bereits einbezogene, aber unwirksame Klausel, ist er auch Verwender iSv von § 13 (BGH NJW 1981, 1511).

VI. Die Unerheblichkeit der gewählten Vertragsform

31 Abs 1 S 2 hat lediglich klarstellende Funktion, da sich die Voraussetzungen abschließend aus Satz 1 ergeben. Er zielt auf eine frühere und überholte BGHRspr ab (BGH NJW 1973, 1459; BGH WM 1970, 394; 1978, 791 f – noch für das frühere Recht), wonach nur umfangreiche und unübersichtliche Formularverträge den AGB gleichgestellt werden sollten.

Unerheblich ist der formale Bezug der AGB zum Vertrag. So stellen auch Formularverträge AGB dar. Auch einzelne Bedingungen außerhalb der so bezeichneten AGB können darunter fallen, soweit sie nach allgemeinen Kriterien als Vertragsinhalt in Frage kommen. Dabei ist die Qualifikation als AGB von der Frage abzugrenzen, ob diese auch zum Vertragsinhalt wurden.

Neben umfangreichen Klauseln können auch einzelne kurze Bedingungen in einem individuell abgefaßten Vertrag AGB darstellen (BGH NJW 1979, 2387, 2388) oder einzelne Worte wie zB „Gerichtsstand" im Briefkopf (BGH ZIP 1987, 1185) oder zB Haftungsausschlüsse durch Anschläge an Garderoben, Gebäuden, Wegen etc.

Unerheblich ist, welche Form der Vertrag hat. AGB sind meist Bestandteil eines schriftlich abgeschlossenen Vertrages. Wie sie Vertragsbestandteil werden, wenn die Wirksamkeit des Vertrages nicht von der Einhaltung der Schriftform unabhängig ist, regelt § 2. Ist für einen Vertrag Schriftform vorgeschrieben, so muß die zu leistende Unterschrift auch die AGB erfassen, § 126 BGB (im übrigen s § 2 Rn 12). AGB können auch Bestandteil eines mündlich abgeschlossenen Vertrages werden. Nur müssen sie auch dann „vorformuliert" (s Rn 18 ff) gewesen und in einer dem § 2 entsprechenden Weise Vertragsbestandteil geworden sein. Auch notarielle Verträge sind unter § 1 fallende Formularverträge oder enthalten AGB, sofern die übrigen Voraussetzungen des § 1 vorliegen (s hierzu Rn 25).

Dem anderen Teil müssen die Voraussetzungen des AGB-Begriffes nicht bekannt oder erkennbar sein (Wolf Rn 21).

VII. Individualvereinbarungen

Durch § 24a Nr 2 AGBG sind §§ 5, 6, 8 bis 12 auf vorformulierte Vertragsbedingungen auch dann anzuwenden, wenn diese nur zur einmaligen Verwendung bestimmt sind. Dies gilt jedoch nicht, soweit die Parteien eine Individualvereinbarung getroffen haben. Dabei weicht die Formulierung in Anlehnung an Art 3 Abs 2 RL von § 1 Abs 2 ABGB ab. Bezüglich des Inhalts ergeben sich aber keine Besonderheiten, so daß die folgenden Grundsätze auch für § 24a Nr 2 AGBG gelten (Heinrichs NJW 1996, 2190, 2193; aA vWestphalen BB 1996, 2102; sonst Lit aus Anlaß der Umsetzung der RL: Wolf, in: FS Brandner 305; Kanzleitner DNotZ 1996, 869). Besonderheiten gelten hinsichtlich der Beweislage (s Rn 45). **32**

1. Formalisierung des Abgrenzungskriteriums

Die im Interesse eines praktikablen Normenvollzugs getroffene gesetzliche Schlußentscheidung zugunsten der stark formal bestimmten Begriffsbestimmung hat ihren Niederschlag vor allem in Abs 2 gefunden. Entscheidend ist allein, ob ein Individualvertrag oder eine individuelle Einzelvereinbarung innerhalb eines Standardvertrages vorliegt oder nicht. Mischformen von Vertragstexten, zusammengesetzt aus Individualvereinbarung und AGB-Bestimmungen, sind gut denkbar (Bsp OLG Karlsruhe IBR 1996, 368). Die eigenständige Bedeutung von Abs 2 ist freilich gering (weiter MünchKomm/Kötz Rn 16). Vertragsbestandteile, die nicht oder nur für einen oder zwei Fälle vorformuliert sind (s Rn 15), unterliegen dem Gesetz schon nach Abs 1 nicht. Einen eigenständigen Sinn hat Abs 2 nur für solche Bedingungen und Bedingungsbestandteile, die ursprünglich für eine Vielzahl von Verträgen vorformuliert waren und der Gegenpartei gestellt wurden, im Laufe der Verhandlungen aber den Charakter von Einzelvereinbarungen annahmen. **33**

Abs 2 hat nicht nur klarstellende Funktion, sondern stellt eine Einschränkung der AGB-Definition dar (BGH NJW 1979, 367). Dies hat zur Folge, daß der Verwender auch dann beweisen kann, daß eine Individualvereinbarung vorliegt, wenn die Klausel nicht im Laufe des Vertragsschlusses abgeändert wurde (st Rspr s Rn 36; PALANDT/ HEINRICHS Rn 18; ULMER Rn 39 f, heute allgM; ausgezeichnete Dokumentation des Meinungsstandes im übrigen bei SCHUHMANN aaO).

2. Aushandeln bei Abänderung des Textes

a) Selbständige Textänderungen

34 Als Individualvereinbarung zu werten ist ein Vertragsbestandteil jedenfalls immer dann, wenn er im Vergleich zur Vorformulierung **Abweichungen** aufweist, die nicht ihrerseits für einen engeren Kreis von Kunden als Art von Sonderbedingungen vorformuliert sind und somit selbst AGB darstellen, wobei dann schon idR keine AGB iSv § 1 Abs 1 vorliegen, und es nicht zur Anwendung von Abs 2 kommt (ULMER Rn 47; WOLF Rn 35; aA STEIN Rn 24). Gleichgültig ist, ob die Abänderung eine Verbesserung oder Verschlechterung des vorformulierten Textes darstellt (ULMER Rn 47; SCHNUR MDR 1978, 95; vWESTPHALEN DB 1981, 67; s o Rn 23; aA REICH ZVP 1978, 244; WOLF NJW 1977, 1939), soweit nicht ein planmäßiges Vorgehen des Verwenders mit Umgehungsabsicht vorliegt, was zur Anwendung der AGB-Vorschriften führt (ULMER Rn 47). Insoweit ist nicht ausreichend, daß die **Streichung** einzelner Klauseln möglich war (BGHZ 98, 28; BGH NJW 1987, 2011). Werden dem Kunden zu Einzelpunkten inhaltlich verschieden formulierte **Alternativen** – insbesondere zu Vertragslaufzeiten – zur Wahl angeboten, so wird allein dadurch die gewählte Alternative nicht zur Individualvereinbarung, unabhängig davon, wie die Durchführung der Wahl formell gestaltet ist (OLG Hamburg VersR 1995, 325, 326; OLG Hamm VersR 1995, 403; BGH BB 1992, 169, 170; WM 1985, 1208, 1209; ULMER Rn 53; WOLF Rn 38; TRINKNER Rn 25; PALANDT/HEINRICHS Rn 16; aA OLG Karlsruhe VersR 1995, 645, 646; LEVERENZ NJW 1997, 421, 423; STAUDINGER/SCHLOSSER[12]). Erst recht gilt dies, wenn eine Alternative vorgedruckt ist, durch ein Raster aber dem Kunden die Möglichkeit gegeben wird, eine selbständige Alternative – etwa zur Vertragslaufzeit – einzusetzen; übt der Vertragspartner seine Wahl aus, so verbleibt es beim AGB-Charakter des Vorgedruckten (BGH NJW 1996, 1676; BGH VersR 1997, 345; teilw krit LEVERENZ NJW 1997, 421). Anders liegen die Dinge, wenn der Vertragspartner nur selbst formulierte Alternativen wählen kann (BGH VersR 1996, 741; BGH NJW 1998, 1066). Diese Voraussetzungen liegen aber nicht vor, wenn der abschließende Versicherungsagent Beginn und Ende der Laufzeit des Versicherungsvertrages in das Formular einträgt und dabei in Übereinstimmung mit seiner ständigen Praxis eine bestimmte Vertragsdauer festlegt (OLG Köln VersR 1995, 647; mit abl Anm WILLE VersR 1995, 1413). AGB sind Vertragsbestimmungen aber auch dann, wenn die formal eingeräumte Möglichkeit, den Vertragsinhalt durch eigene Erklärungen zu bestimmen, durch den vorausgehenden vorformulierten Vorschlag des Verwenders überlagert wird (BGH VersR 1997, 345; BGH NJW 1996, 1676, 1678; OLG Stuttgart ZIP 1993, 1238).

Für die Annahme einer Individualvereinbarung reicht es nicht aus, daß zwischen verschiedenen AGB mit jeweils verschiedener Gegenleistung ausgewählt werden kann, außer wenn hinsichtlich einer konkreten Klausel und der ihr korrespondierenden Gegenleistung eine Wahl- und Verhandlungsmöglichkeit eingeräumt ist, wie vor allem zwischen Haftung und Entgelt (BGH NJW 1988, 410; ULMER Rn 54; MünchKomm/ KÖTZ Rn 21, 154; aA MICHALSKI/RÖMERMANN ZIP 1993, 1434, 1414; KORBION/LOCHNER, AGBG und Bauerrichtungsverträge [1987] 6 Rn 5; SCHNUR MDR 1978, 92, 95). Vertragsbedingungen, die unter Beteiligung von Interessensvertretern beider Seiten **kollektiv ausgehandelt**

werden, werden dadurch nicht zu Individualabreden, soweit es sich nicht um rechtsgeschäftliche Vertreter der nachmaligen Vertragsparteien handelt (BGH NJW 1982, 1821; 1986, 141; allgM). Wird eine formularmäßige Regelung durch die Erklärung des Verwenders auf Wunsch der anderen Vertragspartei ergänzt, unter bestimmten Bedingungen nicht davon Gebrauch zu machen, so wird diese Regelung zur Individualvereinbarung iSv § 1 Abs 2 (OLG Köln VersR 1996, 119, 120: bezüglich Vertragsstrafeversprechen).

b) Unselbständige Textänderungen
Im Falle von individuellen Teiltextänderungen tendiert die Rspr dazu, den Charakter der nicht geänderten Textteile als AGB aufrechtzuerhalten. In einem einzigen solchen Fall hat der BGH die Transformation einer AGB-Regelung in eine Individualvereinbarung angenommen. Die Versicherung des in einem PKW transportierten „Reiselagers" eines Juweliers „auch für kurze Zeit des Fehlens einer Beaufsichtigung zwischen 8 Uhr und 20 Uhr" war in „zwischen 7 Uhr und 22 Uhr, gelegentlich auch bis 24 Uhr, bis zur Dauer von 2 Stunden" abgeändert worden. Auch der stehengelassene Begriff „ständige Beaufsichtigung" hatte dadurch den Charakter einer Individualverbeinarung angenommen (BB 1986, 21, 22). Es versteht sich, daß Klauseln in einem Formularvertrag AGB bleiben, wenn sie mit den ausgehandelten Vertragsbestandteilen nichts zu tun haben (BGHZ 97, 212, 215 = NJW 1986, 1803). Das gilt etwa für Varianten der erfolgsunabhängigen **Maklerprovision**, die nur deren Höhe (SCHWERDTNER NJW 1990, 369 f; **aA** OLG Schleswig NJW 1990 394) oder den Steigerungssatz einer ärztlichen Honorarvereinbarung (BGH NJW 1992, 746; zu den Konsequenzen der Änderung der GOÄ v 18. 12. 1995 s TAUPITZ ArztR 1996, 209, 212) betreffen. Ähnlich steht es um vorformulierte **Zweckerklärungen für Grundschulden**, wenn lediglich die Kennzeichnung des Grundpfandrechts und die Benennung des Kreditnehmers individuell eingetragen werden müssen (BGHZ 99, 204, 205 = NJW 1987, 1636; BGHZ 131, 55, 58 = NJW 1996, 191), auch wenn die Grundschuldbestellungen aufgrund des Formulars des Kreditgebers notariell beurkundet werden, und es hierbei außer zur Verlesung des Textes zu einigen allgemeinen Belehrungen gekommen ist (BGHZ 102, 152, 157 = NJW 1988, 558; BGH NJW 1991, 1677). In der zuletzt erwähnten Entscheidung entwickelte der BGH die Formel von der „unselbständigen individuellen Ergänzung", die den Charakter einer Klausel als AGB nicht in Frage stelle. Solange der BGH bei Globalabtretungen und Raumsicherungsverträgen zur Vermeidung von Übersicherungen gestützt auf § 9 Freigabeklauseln forderte, entfiel der AGB-Charakter des Klauselwerkes nicht dadurch, daß der Sicherungsvertrag individuelle Bestandteile enthielt, die mit dem Anliegen, Übersicherung zu vermeiden, nichts zu tun hatten, etwa nur einen nominellen Mindestwert der abgetretenen Forderungen festlegten (BGH WM 1991, 1499). Schwerpunkt der Rspr waren Fälle, in denen Formulare verwandt wurden, die nicht nur zur Festlegung von Vertragsparteien und Vertragsgegenstand individueller Ausfüllung bedurften. Auch insoweit nahm der BGH die Formel von der „unselbständigen Ergänzung" auf. Immer sind die unveränderten Textbestandteile als AGB gewertet worden. Schon in der Tagespreisklausel-Entscheidung (NJW 1983, 1603) wurden die vorgedruckten Bestandteile „Listenpreis" und „zur Zeit" auch nach Ausfüllung des Formulars als AGB angesprochen. Sodann hat der BGH die Bedingungen, unter denen eine Vertragsstrafe geschuldet wurde, als AGB angesprochen, obwohl die Höhe der Vertragsstrafe während der Verhandlungen individuell in das Vertragsformular eingesetzt worden war (NJW-RR 1988, 654). Das gleiche wurde für die vorformulierte „Pachtentschädigung" in Höhe von 25% der nicht erreichten

Abnahme an Bier durch den Pächter-Gastwirt angenommen, obwohl die Mindestabnahmeverpflichtung individuell in das Vertragsformular eingetragen worden war (BGH NJW 1990, 567). In jener Entscheidung, die man wohl als Leitentscheidung ansprechen kann (NJW 1992, 503), ging es um Kreditformulare einer Bank. Sie wiesen im oberen Teil zahlreiche Leerspalten auf, in die beim Einzelvertragsschluß die vereinbarten Konditionen (ua Kreditart und -betrag, Zins- und Auszahlungssatz, Tilgung) einzutragen waren. Es konnte jeweils unter mehreren Varianten ausgewählt werden, die für Bank und Kunden unterschiedlich vor- oder nachteilig waren. Der BGH sagt wörtlich: *„Eine AGB-Klausel liegt [. . .] dann vor, wenn der Kunde nur die Wahl zwischen bestimmten, vom Verwender vorgegebenen Alternativen hat. Dabei kann es nicht entscheidend sein, ob der Verwender für jede der Alternativen ein gesondertes Formular benutzt, oder ob er alle Alternativen in einem Formular abdruckt und den Kunden die gewünschte kennzeichnen läßt"*. Für den Fall eines PKW-Mietvertrages, in dem nur zwei Alternativen für Haftung bzw Haftungsausschluß vorgesehen waren, hatte der BGH schon vorher im gleichen Sinne entschieden (NJW 1986, 1608). Die Möglichkeit der individuellen Festlegung des Beginns eines Wartungsvertrags schließt die Eigenschaft der formularmäßigen Festlegung der Laufzeit als AGB nicht aus (BGH NJW 1993, 1651, 1652).

Zu weit geht es allerdings, generell handschriftlich oder maschinenschriftlich in ein Formular eingesetzte Beträge als AGB-Bestandteile anzusehen, weil auch insoweit einseitig Gestaltungsmacht in Anspruch genommen worden sei (aber BGH NJW-RR 1987, 548 – „Vertragssumme", nämlich zu zahlendes Entgelt für Annahme einer Person als Handelsvertreter; OLG Stuttgart NJW-RR 1986, 275 – Auslagenpauschale zugunsten eines Maklers für den Fall, daß es bezüglich des nachgewiesenen Objekts nicht zum Vertragsschluß kommt). Außerhalb des in § 24a angesprochenen Bereichs kann einseitige Gestaltungsmacht auch bei Individualverträgen in Anspruch genommen werden, ohne daß der Vertrag dadurch dem AGBG unterstellt würde.

3. Aushandeln auch ohne Abänderung im Text

36 Unverändert stehen bleibende Texte, sind fast nie ausgehandelt, auch wenn sie **gesondert unterschrieben** wurden (BGH NJW 1988, 2465). Eine Ausnahme gilt nur für in bündigen Ausdrücken vorformulierte Preise, einschließlich der an einem bestimmten Tag „geltenden" Bankzinsen, die der Kunde akzeptiert (aA CANARIS NJW 1987, 609, 610).

Vertragsklauseln können aber ausnahmsweise auch dann zu Individualvereinbarungen geworden sein, wenn sich **an ihrem Inhalt nichts geändert hat** (hM; BGH NJW 1992, 2285; 1991, 1678, 1679; 1988, 410; NJW-RR 1987, 145; BGHZ 84, 109, 111; OLG Köln WM 1995, 1595; aA MICHALSKI/RÖMERMANN ZIP 1993, 1434, 1438 f; STÜBING NJW 1982, 2309; TRINKNER Rn 24; BRAUN BB 1979, 692; vWESTPHALEN DB 1977, 946; BGH NJW 1988, 410). Dies ist der Fall, wenn eine Vertragbedingung zwischen den Parteien eingehend besprochen wurde und der Vertragspartner des Verwenders aufgrund der Verhandlung die Bestimmung in seinen freien rechtsgeschäftlichen Gestaltungswillen aufgenommen hat. In keinem einzigen Rechtsprechungsfall ist bisher das Vorliegen dieser Voraussetzungen angenommen worden. Daß der Vertragspartner von der sachlichen Gerechtigkeit der Regelung überzeugt worden sein muß (BGH NJW-RR 1996, 783, 787), kann man allerdings nicht verlangen (deshalb rechtspolitisch Kr SCHUHMANN 1271 f).

Ausgehend von dem Grundsatz, daß Aushandeln mehr als Verhandeln bedeutet (BGH NJW 1992, 1107; 1991, 1679; NJW-RR 1987, 144, 145), fordert der BGH, daß der Verwender den wesentlichen Inhalt der die gesetzliche Regelung ändernden Geschäftsbedingungen ernsthaft zur Disposition stellt und dem Verhandlungspartner einen Einfluß auf die inhaltliche Ausgestaltung der Vertragsbedingungen tatsächlich einräumt (NJW-RR 1996, 787; 1993, 504, 505; NJW 1991, 1678; 1992, 1107, 1108; 2759, 2760; 2283, 2285). Dabei ist die reale Möglichkeit danach zu beurteilen, ob **der Vertragspartner von der Abänderungsmöglichkeit Kenntnis gehabt hat, und ihm der Eintritt in die Verhandlung möglich und zumutbar gewesen ist** (MünchKomm/KÖTZ Rn 20; abl MICHALSKI/RÖMERMANN ZIP 1993, 1434, 1439, die aus Praktikabilitätsgründen eine tatsächliche Änderung des ursprünglichen Textes verlangen). Bezieht sich die Verhandlungsbereitschaft auf eine konkret bezeichnete Klausel oder wenige einen überschaubaren Komplex betreffende Klauseln, so ist der Eintritt in Verhandlungen eher zumutbar, als wenn nur ein umfassendes Klauselwerk generell zur Disposition gestellt wird.

Eine „obligatio ad contrahendum" anzunehmen (so ULMER Rn 51), die zwangsläufig schadenersatzbewehrt wäre, ist freilich unrichtig. Immerhin kann es dazu kommen, daß unverändert stehengebliebene vorformulierte Textbestandteile zu „ausgehandelten AGB-Klauseln" werden (BGHZ 84, 109, 1 11 = NJW 1982, 2309; BGH NJW 1992, 2283, 2285; aA STAUDINGER/SCHLOSSER[12]). Das gilt selbst dann, wenn einzelne Klauseln für unabdingbar erklärt werden. Die Kritik an der dies seinerzeit für den kaufmännischen Verkehr festhaltenden Entscheidung des BGH (NJW 1992, 2283, 2285; OLG Köln ZIP 1995, 1636, 1637; RABE NJW 1987, 1978; aA ULMER Rn 51; WELLENHOFER-KLEIN ZIP 1997, 774, 778) übersieht, daß dieser keineswegs gesagt hat, eine Individualvereinbarung entstehe schon dadurch, daß der Verwender eine bestimmte Klausel für unabdingbar erklärt. Vielmehr soll selbst eine als unabdingbar erklärte Klausel im Einzelfall Individualvereinbarung sein können. Dies gilt freilich auch außerhalb des unternehmerischen Verkehrs. Ist ein größeres Klauselwerk unverändert in Bezug genommen, so kann es so gut wie nie insgesamt zu einer Summe von Individualvereinbarungen geworden sein. Die für das Gegenteil beanspruchten Entscheidungen des BGH (BGHZ 84, 109 111) beziehen sich nur auf einzelne Klauseln. Aus der Tatsache allein, daß kurze vorformulierte Texte nur einen Punkt regeln, kann freilich niemals auf das Vorliegen einer „ausgehandelten AGB-Klausel" geschlossen werden. Immer muß dem anderen Vertragsteil eine Abänderungsbereitschaft des Textverwenders erkennbar gewesen sein (aA REICHART ZIP 1992, 186 f, 190 zu ärztlichen Honorarvereinbarungen). Die Zumutbarkeit oder Unzumutbarkeit des Eintritts in Verhandlungen hängen zum einen von der Person des Vertragspartners des Verwenders ab: von Erfahrung im Geschäftsleben, insbesondere im jeweiligen Geschäftsbereich, von intellektuellen Fähigkeiten und der beruflicher Stellung; zum anderen von den Umständen, die das Geschäft betreffen: seinem Umfang und Inhalt und dem Umfang der Klauseln, die für den Geschäftsabschluß zur Verfügung stehen (BGH NJW 1977, 624, 626; WOLF Rn 35; ders NJW 1977, 1937, 1938 f; GARRN JZ 1978, 302 f). Zwar ist insoweit auch das Bestehen eines wirtschaftlichen Gefälles zwischen den Vertragsparteien ein wichtiger Gesichtspunkt (HEINRICHS Rn 18; RABE NJW 1987, 1978, 1980). Es kann jedoch durchaus auch Brancheninsidern gegenüber allein aus Zeitgründen unzumutbar sein, bei jedem Auftrag umfangreiche Klauselwerke zu überprüfen. Insoweit sind Bestimmungen in AGB auch nicht schon deshalb „im einzelnen ausgehandelt", weil sie der Vertragspartner kennt und ihrer Einbeziehung ausdrücklich global zugestimmt hat.

37 **Nicht ausreichend** für die Annahme einer „ausgehandelten AGB-Klausel" ist, daß der Verwender oder ein Notar die Vertragsbedingungen verlesen hat (BGH NJW 1982, 1035, 2244; 1988, 559), der Vertragspartner im einzelnen über die Klauseln belehrt wurde (BGH NJW 1992, 2759; 1984, 171; OLG Koblenz BB 1993, 2183), was bei komplizierten Klauseln wegen §§ 2, 3 AGBG notwendig sein kann (MünchKomm/Kötz Rn 19 f), der Vordruck dem Vertragspartner des Verwenders bekannt ist (BGH NJW-RR 1987, 144,145), jede Seite des Vertrages handschriftlich abgezeichnet wurde, einzelne Klauseln gesondert unterschrieben (BGH NJW 1988, 2465, 2466) oder die Abänderungsbereitschaft formularmäßig erklärt wurde (BGH NJW 1986, 2428, 2429). Das gleiche gilt für eine unter der Unterschriftspalte vorgedruckte und eigens zu unterschreibende Klausel über die Mithaftung der namens des Vertragspartners abschließenden Person (BGH NJW 1988, 2465, 2466). Selbst wenn Klauseln eingehend besprochen wurden, der Verwender dabei um ihre inhaltliche Rechtfertigung bemüht ist, und schließlich sein Vertragspartner nicht mehr widerspricht, entsteht noch keine ausgehandelte Vertragsbestimmung (BGH NJW 1983, 385, 386; 1991, 1678, 1679; 1992, 2759). Eine Vertragsklausel wird auch nicht schon allein dadurch zu einer Individualabrede, daß sie zusätzlich in einen an den Kunden persönlich gerichteten Brief aufgenommen wird (Heinrichs NJW 1996, 381, 382; Ulmer Rn 49; aA OLG München NJW-RR 1995, 1524). Daß der Vertragspartner des Verwenders eine Erklärung unterschreibt, der Vertrag sei in allen Einzelheiten ausgehandelt worden (BGH NJW 1987, 1634; 1977, 432, 624; OLG Hamm NJW 1981 1049), ist in diesem Zusammenhang ohne Bedeutung (s Rn 45). Selbst **Preiszugeständnisse**, um bestimmte vorformulierte Vertragsbedingungen unverändert durchzusetzen, führen für sich genommen noch nicht zu ausgehandelten Bedingungen (Ulmer Rn 54; Wolf Rn 38; MünchKomm/Kötz Rn 21).

Haben die Parteien in einem Folgevertrag auf vorformulierte Bedingungen verwiesen, die sie einem **früheren Vertrag** zugrunde gelegt hatten, so hat man es nach hM mit AGB zu tun, auch wenn im früheren Vertrag das Klauselwerk wegen erklärter Verhandlungsbereitschaft als eine Summe von ausgehandelten Vereinbarungen zu betrachten gewesen sein sollte (BGH NJW 1979, 367, 368; Palandt/Heinrichs Rn 18; aA Ulmer Rn 45; einschränkend Wolf Rn 36, 37 „Indiz für Aushandeln"). Das ist inkonsequent, weil ausgehandelte Bedingungen keine AGB mehr sind. Auch ein Aushandeln für mehrere in Zukunft ins Auge gefaßte Vertragsschlüsse ist denkbar. Ein Zurückgreifen auf frühere Vertragsbedingungen kann diese aber zu AGB werden lassen.

4. Nachträgliche Änderungen

38 Werden Vertragsbestimmungen, die ursprünglich AGB-Charakter hatten, nachträglich individuell geändert, so verlieren sie ihre ursprüngliche Eigenschaft, wenn es sich um eine wesentliche Änderung handelt, die der gesamten Bestimmung das entscheidende Gepräge gibt (OLG Hamm NJW-RR 1994, 531, 532; NJW 1981, 1094; Palandt/Heinrichs Rn 19; Wolf Rn 41; Ulmer Rn 46; einschränkend MünchKomm/Kötz Rn 22), auch wenn die neue Gestalt der Bestimmung als AGB-Klausel noch immer der Inhaltskontrolle verfallen würde. Den AGB-Charakter aus Gründen der Schutzbedürftigkeit des Vertragspartners trotz Vorliegens der Voraussetzungen des § 1 Abs 2 anzunehmen, ist nicht mit der Formalisierung des Abgrenzungskriteriums des Abs 2 zu vereinbaren (Michalski/Römermann ZIP 1993, 1434, 1437 f; **aA** MünchKomm/Kötz Rn 22; Ulmer Rn 57; Braun BB 1979, 693).

5. Angebot zu Individualvereinbarung

Sind AGB formal wirksam in eine vertragliche Beziehung eingeschlossen, so läßt sich der Einbeziehungswille des Verwenders hinsichtlich jeder einzelnen Klausel auch als ein **Angebot** werten, sie **im Laufe der Vertragsabwicklung als Individualvereinbarung zu akzeptieren**. Auf diese Art und Weise kann der Vertragspartner des Verwenders eine Klausel, die sonst der Inhaltskontrolle verfallen würde, anwendbar machen, wenn er aus besonderen Gründen darauf Wert legt. Das gleiche gilt, wenn die Einbeziehung lediglich an der Nichterfüllung der Formobliegenheit von § 2 scheitert.

VIII. Beweislastfragen

1. Vorliegen von AGB

Wer Rechtsfolgen aus dem AGBG herleiten will, hat die tatsächlichen Voraussetzungen für das Vorliegen von AGB zu beweisen. IdR werden sich diese schon aus der äußeren Form ergeben, zB wenn ersichtlich vervielfältigte Vertragsbestimmungen vorliegen (BGHZ 118, 229 = NJW 1992, 2160). Dann muß der Textersteller den AGB-Charakter substanziell bestreiten (BGH WM 1996, 2025, 2027). Allein die Tatsache, daß ein aus einem Textverarbeitungsgerät ausgedruckter Vertrag vorliegt, reicht dafür aber nicht aus. Es muß im Bestreitensfall auch der (Indizien)-beweis für die Absicht der Mehrfachverwendung geführt werden.

2. Vorliegen einer Individualabrede

Steht fest, daß eine Seite in der Absicht der Mehrfachverwendung von vorformulierten Texten Gebrauch gemacht hat, trifft den Verwender die Beweislast dafür, daß es sich bei einer Klausel um eine ausgehandelte Vereinbarung handelt. Wurde das Klauselwerk **nachträglich** in hand- oder maschinenschriftlicher Form **verändert**, spricht ein Anscheinsbeweis für den Charakter einer Vereinbarung als Individualabrede (ULMER Rn 63, 63 a – „kann der äußere Anschein für eine Individualvereinbarung sprechen"; aA SOERGEL/STEIN Rn 30; ERMAN/H HEFERMEHL Rn 30; WOLF Rn 63). Dieser Anschein kann durch den Nachweis erschüttert werden, daß die Abweichungen inhaltlich identisch sind mit solchen in anderen vom Verwender geschlossenen Verträgen (OLG Karlsruhe VersR 1995, 647, 648), soweit nicht der Verwender nachweist, daß die Klauseln jeweils das Ergebnis eines Aushandelns mit dem Vertragspartner waren (ULMER Rn 63). Bei nachträglichen **Ergänzungen** von Vertragslücken ist davon auszugehen, daß diese auch AGB darstellen; dem Verwender bleibt aber die Möglichkeit, das Gegenteil darzulegen (s Rn 35).

Daß eine Klausel nachträglich eingefügt worden ist, muß der Verwender beweisen, wobei das äußere Erscheinungsbild meist dagegen spricht, wenn alle Klauseln fortlaufend durchnummeriert und mit einheitlichem Schrifttyp geschrieben sind (OLG Bremen NJW-RR 1987, 468).

Sind die AGB **äußerlich unverändert**, muß der Verwender den vollen Beweis für das Aushandeln erbringen. Je ungünstiger und komplexer die Regelung für den Kunden ist, um so höher sind die Anforderungen, die an den Nachweis zu stellen sind (BGH

BB 1992, 169, 170; NJW 1979, 1406; ULMER Rn 64), wobei praktisch ein solcher Nachweis ohnehin nur bezüglich einzelner Klauseln in Betracht kommt. Ein Indiz dafür, daß eine Klausel für den Verwender verhandlungsfähig war, ist die Tatsache, daß er bei anderen gleichartigen Verträgen mit einer Abänderung einverstanden war (OLG Hamm NJW-RR 1994, 531, 532; ULMER Rn 64). Dagegen kann vor allem der Inhalt einer Klausel sprechen, wenn sie einseitig der Wahrung der Interessen des Verwenders dient und erheblich von gesetzlichen Regelungen abweicht, die den Vertragspartner schützen (BGH NJW 1981, 2343; PETERS NJW 1982, 562). Eine formularmäßige Bestätigung des Vertragspartners, der Vertrag sei im einzelnen ausgehandelt, ist nach § 11 Nr 15 b auch im Falle gesonderter Unterschrift unwirksam, unabhängig davon, ob es sich um eine Beweislastumkehr oder nur um ein vom Gericht frei zu würdigendes Beweisanzeichen handelt (hM zB BGH NJW 1983, 385; 1977, 424, 426; aA OLG Karlsruhe BB 1983, 725 f), und hat keinerlei Beweiswert (BGHZ NJW 1987, 1634; LG KonstanzBB 1981, 1420; aA für Indizwirkung bei deutlicher Hervorhebung: BGH NJW 1977, 624, 626; MünchKomm/ KÖTZ Rn 25). Eine individuelle Versicherung, Bedingungen seien ausgehandelt, ist nicht typischerweise richtig, so daß sie ein gewisses Beweisindiz, aber keinen Anscheinsbeweis erringen kann (weiter Ulmer Rn 65; aA STEIN Rn 30; SOERGEL/H HEFERMEHL Rn 30). Bei § 24a Nr 2 gilt eine andere Beweislast als für § 1 Abs 2: Der Verbraucher muß bei den Einzelvertragsbedingungen beweisen, daß er keine Möglichkeit der Einflußnahme hatte. Dabei ist aber zu berücksichtigen, daß er sich bei komplizierteren Regelungen auf den Beweis des ersten Anscheins berufen kann (HEINRICHS NJW 1996, 2190, 2193).

IX. Überprüfung notariell beurkundeter Verträge

1. AGB in notariellen Verträgen

42 a) Unterliegt ein Vertrag **zwingend notarieller Beurkundung**, so müssen auch die in ihn eingehenden AGB mit beurkundet werden. Sie verlieren aber ihre besondere Eigenschaft nicht dadurch, daß sie zu Bestandteilen eines notariell beurkundeten Vertrages werden (s auch Rn 29, 36). Das AGBG gilt daher dann, wenn der Notar ein Vertragsformular verwendet, das von einer Partei benannt (BGH NJW 90, 576; 1986, 1171) oder zur Verfügung gestellt wurde (BGHZ 83, 56, 58; BGH BB 1982, 149). Der Charakter eines Bedingungswerkes als AGB ist indes nicht davon abhängig, daß es derjenige formuliert hat, der es der anderen Partei stellt (Rn 20). Die Tatsache allein, daß der Notar Formularverträge selbst ausgearbeitet hat, führt daher nicht zur Unanwendbarkeit des AGBG. Zu leicht wäre sonst das Gesetz zu umgehen. Es ist auch dann anwendbar, wenn der Notar das Vertragsmuster im Auftrag einer Partei oder sonst auf Anregung oder Wunsch einer Partei (BGHZ 62, 251 = NJW 1974, 1135) nach deren Wünschen (so ULMER Rn 32; BGH NJW 85, 2744) im Hinblick auf die Verwendung auch für künftige Verträge formuliert wurde. Hiermit gleichzustellen ist es, wenn eine Partei ständig einen Hausnotar einschaltet, dessen Vertragsmuster sie kennt und gezielt zur Anwendung bringen will (MünchKomm/KÖTZ Rn 8; ULMER Rn 32 a). Zu groß wäre die Versuchung für den Notar (Hausnotar eines Bauträgers), Formularverträge im Hinblick darauf zu gestalten, mit ihnen möglichst viele Anbieter von Grundstücken, Eigenheimen und Eigentumswohnungen anzuziehen, gerade deshalb, weil nur vom Notar selbst entworfene Vertragsmuster nicht dem AGBG unterfielen. Auch die von SCHIPPEL und BRAMBRING (NJW 1979, 1802 ff) eindrucksvoll beschworene Verpflichtung zur Unparteilichkeit des Notars steht dem nicht entgegen, vor allem in den Gebieten der Bundesrepublik nicht, wo keine Inkompatibilität von Anwaltschaft und Notariat besteht.

AGB liegen jedoch nicht schon dann vor, wenn eine Vertragspartei in eindeutiger und offensichtlicher Weise begünstigt wird (aA MünchKomm/Kötz Rn 8). Dies kann allenfalls ein Indiz dafür sein (BGH NJW 1992, 2160, 2163; Wellkamp DB 1995, 813, 814; Wolf Rn 26). AGB liegen auch dann nicht vor, wenn ein Notar Klauseln verwendet, die er ganz abstrakt zur vielfachen Verwendung für Gelegenheitsgeschäfte vorformuliert hat (BGH WM 1986, 799; NJW 1991, 843; Ulmer Rn 32), auch dann nicht, wenn der Verdacht naheliegt, der Notar habe damit gezielt eine Marktseite begünstigt (aA OLG Düsseldorf NJW-RR 1997, 659).

2. Inhaltskontrolle von Bestandteilen notarieller Verträge ohne ABG-Charakter

Diese unterliegen jedoch unter bestimmten Umständen einer **Inhaltskontrolle nach § 242 BGB**. Hierzu hat sich im Bereich der **Freizeichnungsklauseln** bei Verträgen über den Kauf von Wohngrundstücken und Eigentumswohnungen eine mittlerweile gefestigte Rspr entwickelt. Der BGH hat die Verwendereigenschaft zunächst, ohne Rücksicht darauf, welche Vertragspartei die Initiative zur Auswahl des Notars ergriffen hatte, bejaht (NJW 1979, 1406). Er begründete dies damit, daß sich die eine Vertragspartei ein notarielles Formblatt „einseitig zu ihren Gunsten zunutze" mache und sich somit seiner „gleichsam mittelbar" bediene. In einem weiteren Urteil aus dem Jahr 1982 entschied der BGH (NJW 1982, 2243), daß diejenige Partei, die eine vom Notar vorgefertigte Freizeichnungsklausel zu ihren Gunsten ausnütze, nach Treu und Glauben wie ein Verwender dieser Klausel behandelt werden müsse. Im Jahr 1984 folgte eine dritte Entscheidung (NJW 1984, 2094), nunmehr unter Geltung des AGBG, bei der die Freizeichnung des Veräußerers von Gewährleistungspflichten in einem notariell beurkundeten Vertragsangebot des Erwerbers enthalten war. Der Antrag des Erwerbers enthielt auch keine Vertragsbedingungen, die für eine Vielzahl von derartigen Verträgen vorformuliert waren. Der BGH stellte ausdrücklich fest, daß der Vertrag daher nicht der Inhaltskontrolle nach dem AGB-Gesetz unterliege. Der nicht auf Initiative des Kaufinteressenten in das Angebot gelangte Gewährleistungsausschluß wurde jedoch gleichwohl wegen eines Verstoßes gegen Treu und Glauben für unwirksam gehalten. In der darauffolgenden Entscheidung bezeichnet der BGH (WM 1986, 799) die dargelegten Grundsätze als „gefestigte Rechtsprechung".

Die vom BGH aufgestellten Grundsätze lassen sich wie folgt zusammenfassen: Die in einem Individualvertrag enthaltenen formelhaften Klauseln unterliegen dann einer Inhaltskontrolle, wenn die einschneidenden Rechtsfolgen solcher Klauseln nicht vorher zwischen den Vertragsparteien erörtert werden und der Erwerber darüber nicht nachhaltig belehrt wird (JR 1988, 328, NJW 1984, 1094). Eine formelhafte Klausel liegt dabei immer dann vor, „wenn diese üblicherweise in Formularverträgen zu finden und nicht auf den Individualvertrag zugeschnitten ist" (BGH JR 1988, 328).

Der Maßstab dieser Inhaltskontrolle ist § 242 BGB. Der BGH stellte anfangs (so in den Urteilen NJW 1982, 2244; 1984, 2094) noch darauf ab, ob die „formelhafte" Klausel des Individualvertrags bei Verwendung „in einem notariell beurkundeten Formularvertrag unwirksam wäre". Er wendete die Maßstäbe des AGBG also im Rahmen einer hypothetischen Vorüberlegung an. In späteren Entscheidungen zu Freizeichnungen von Gewährleistungsansprüchen (NJW-RR 1987, 1035; JR 1988, 327; BB 1988, 1841) verzichtet der BGH aber wieder auf diese hypothetische Zwischenerwägung. Er sieht die Fallgruppe „Freizeichnung" inzwischen so gefestigt an, daß es der Zwischenerwägung in diesem Bereich nicht mehr bedarf. Als formelhafte Klausel wird hierbei vom BGH der völlige, aber auch der teilweise Ausschluß von Gewährleistungspflichten angesehen, so für „alle erkennbaren Mängel" (NJW-RR 86, 1026), für alle „sichtbaren Mängel" (JR 1988, 327) oder für alle Ansprüche, für die der Veräußerer nicht selbst Ersatz verlangen kann (NJW-RR 1987, 1035).

Auf folgende Vertragstypen sind bisher diese Grundsätze angewandt worden: Erwerb von neu errichteten oder im Bau befindlichen oder erst zu errichtenden Häusern und Eigentumswohnungen (BGHZ 101, 350, 351); Erwerb von Eigentumswohnungen, die durch Umwandlung eines Altbaus geschaffen worden sind, wenn mit dem Verkauf der Wohnungen eine Herstellungsverpflichtung des Veräußerers verbunden ist (BB 1988, 1841); Erwerb einer Eigentumswohnung, die durch Umwandlung eines Bungalows in ein Haus mit zwei Eigentumswohnungen geschaffen worden ist (BB 1988, 1841).

46 Die Rechtsfolge eines Verstoßes gegen § 242 ist **nur Unwirksamkeit der Klausel**. Der Vertrag bleibt im übrigen wirksam. Dem Veräußerer muß es jedoch gestattet sein, sich unter Anwendung des Rechtsgedankens des § 6 Abs 3 AGBG darauf zu berufen, daß das Festhalten am Vertrag unzumutbar sei (MEDICUS, Inhaltskontrolle 41; ULMER Rn 86), umso mehr als ihm die formelhafte Klausel nicht zuzurechnen ist.

47 Die **Beweislast** richtet sich nach den allgemeinen Regeln. Sie trägt also zunächst der, der die Unwirksamkeit einer Klausel geltend macht (aA für Beweislast der Partei, die sich auf die Wirksamkeit der Freizeichnungsklausel beruft BGHZ 108, 164, 170 f = NJW 1989, 2748; ULMER Rn 81). Wenn der Notar allerdings keinerlei Notizen über seine Belehrung oder nur einen salvatorischen Generalvermerk in das Verhandlungsprotokoll aufgenommen hat, besteht ein Anscheinsbeweis dafür, daß die notwendige intensive Belehrung unterblieben ist.

48 Die Rspr des BGH ist in der dogmatischen Literatur häufig und sehr im Grundsätzlichen kritisiert worden. Die Kritik ist teilweise eingebettet in prinzipielle Auseinandersetzungen mit dem Gedanken einer Inhaltskontrolle von Individualverträgen (aus neuerer Zeit BRAMBRING DNotZ 1984, 782; 1986, 615; 1988, 296; FASTRICH, Richterliche Inhaltskontrolle im Privatrecht [1992] 94 ff, 103 ff; HABERSACK, Richtigkeitsgewähr notariell beurkundeter Verträge, AcP 189 [1989] 403 ff; KANZLEITER DNotZ 1989, 274; MEDICUS, Zur gerichtlichen Inhaltskontrolle notarieller Verträge [1989]). Hier ist nicht der Ort, das Thema in seiner ganzen Breite zu behandeln. Was die notariell beurkundeten Verträge speziell anbelangt, hält man die den Notar ohnehin treffende Belehrungspflicht für ausreichend und den Begriff „formelhaft" für viel zu verwaschen. Vor allem will man die Rechtssicherheit bei notariell beurkundeten Verträgen gewahrt wissen und den über die notariellen Belehrungsmängel enttäuschten Teil auf den Schadensersatzanspruch gegen den Notar verweisen. Mit Recht ist vor allem vermißt worden, daß die Tragweite der Rspr ungewiß ist. Verteidigt wird die Rspr, wenn auch zT halbherzig, entweder mit Pauschalhinweisen auf die gestörte Vertragsparität oder weil man in

der Judikatur inzwischen eine festgefügte richterliche Rechtsfortbildung sieht (ULMER Rn 79 ff mwN).

Es ist kein Zufall, daß das Problem bisher immer nur bei der Veräußerung neu erstellter oder zu erstellender Wohngebäude oder Eigentumswohnungen aufgetreten ist. In diesem Bereich leistet die Neutralität der Beratung des Notars nicht, was ihr zugedacht ist. Die anbietende Marktseite sucht den Notar aus. Für viele Notare bringt das Bauträgergeschäft einen erheblichen Teil des Umsatzes. Dies hat in tendenziell massiver Weise zu einer solch verkäuferfreundlichen Vertragsgestaltung geführt, daß Inhaltskontrolle unabweisbar geworden ist. Eine auf einen vernünftigen Interessenausgleich bedachte Kautelarjurisprudenz hätte etwa von sich aus darauf drängen müssen, daß es zu werkvertraglichen Lösungen kommt. Die psychischen und intellektuellen Reserven, aufgrund notarieller Belehrung auf eine Änderung von Klauseln zu dringen oder notfalls nach langer Suche des richtigen Objekts und des Aufstellens einer objektbezogenen Finanzierung jetzt noch vom Erwerb Abstand zu nehmen, wird ein Käufer so schnell nicht aufbringen.

Für das Verhältnis des gewerblichen Verkäufers zum Verbraucher iS des § 24a hat die Rspr des BGH inzwischen nicht nur eine gesetzliche Bestätigung, sondern eine inhaltliche Ausweitung erfahren. Ob eine Klausel „formelhaft" gebraucht wurde oder nicht, ist nicht mehr wesentlich. Auf die Intensität der notariellen Belehrung kommt es nicht mehr an (näheres s § 24a). Dem AGBG läßt sich ohnehin keine Sperrwirkung gegenüber anderen Formen der Inhaltskontrolle von Verträgen entnehmen (ULMER Rn 80; WOLF Rn 42).

§ 2
Einbeziehung in den Vertrag

(1) Allgemeine Geschäftsbedingungen werden nur dann Bestandteil eines Vertrages, wenn der Verwender bei Vertragsabschluß

1. **die andere Vertragspartei ausdrücklich oder, wenn ein ausdrücklicher Hinweis wegen der Art des Vertragsabschlusses nur unter unverhältnismäßigen Schwierigkeiten möglich ist, durch deutlich sichtbaren Aushang am Ort des Vertragsabschlusses auf sie hinweist und**

2. **der anderen Vertragspartei die Möglichkeit verschafft, in zumutbarer Weise von ihrem Inhalt Kenntnis zu nehmen,**
und wenn die andere Vertragspartei mit ihrer Geltung einverstanden ist.

(2) Die Vertragsparteien können für eine bestimmte Art von Rechtsgeschäften die Geltung bestimmter Allgemeiner Geschäftsbedingungen unter Beachtung der in Absatz 1 bezeichneten Erfordernisse im voraus vereinbaren.

Schrifttum

SCHRÖDER, Die Einbeziehung allgemeiner Geschäftsbedingungen nach dem AGB-Gesetz und die Rechtsgeschäftslehre (1983)

VORDEROBERMEIER, Die Einbeziehung Allgemeiner Geschäftsbedingungen im kaufmännischen Geschäftsverkehr (1992).

Systematische Übersicht

I. Allgemeines
1. Regelungsanliegen — 1
2. § 2 als Formvorschrift — 2
3. Geltungsbereich der Vorschrift — 3
4. Zeitpunkt für die Erfüllung der Formvorschrift — 3a

II. Die bei Vertragsschluß bestehende Hinweisobliegenheit
1. Ausdrücklichkeit und Klarheit des Hinweises — 4
2. Die Rechtzeitigkeit des Hinweises — 10
3. Hinweisobliegenheit und typische Formen von schriftlichem und mündlichem Vertragsabschluß — 12
4. Beweislast — 16
5. Kaufleute/Unternehmer — 17

III. Die ausnahmsweise fehlende Notwendigkeit eines ausdrücklichen Hinweises — 18
1. Unverhältnismäßigkeit von Schwierigkeiten für einen ausdrücklichen Hinweis — 19
2. Hinweisersatz durch Aushang — 20

IV. Obliegenheit, die Möglichkeit der Kenntnisnahme zu verschaffen
1. Die Grundstruktur der Vorschrift — 26
2. Anforderungen an die Textgestaltung — 27
3. Einzelheiten der Obliegenheit, die Kenntniserlangung zu ermöglichen — 31
4. Der Verkehr gegenüber einem Unternehmer — 34

V. Das Einverständnis des Vertragspartners des Verwenders
1. Einverständnis nach ausdrücklichem Hinweis — 36
2. Vertragsschluß nach allgemeinen Regeln als Einbeziehungsvoraussetzung — 39
3. Wirkung von AGB für und gegen Dritte — 43
4. Sonderregelungen — 45
5. Spätere Änderungen von AGB — 46
6. Formbedürftige Verträge — 50
7. Unternehmer — 51

VI. Pauschalvereinbarungen nach Abs 2
1. Das Verhältnis zum nicht unternehmerisch auftretenden Vertragspartner — 52
2. Unternehmer — 59

VII. Sonderproblem: Verkehrssitte, Branchenüblichkeit und Handelsbrauch — 60
1. Die Verkehrssitte — 61
2. Handelsbräuche — 62

VIII. Sonderproblem: Auftragsbestätigung und kaufmännisches Bestätigungsschreiben
1. Die BGB-(HGB-)Grundsätze: Der Verkehr gegenüber einem Unternehmer — 75
2. Das AGB: Der Verkehr mit Nichtunternehmern — 77

IX. Sonderproblem: AGB-Konkurrenz — 79
1. Sich kreuzende Bestätigungsschreiben — 80
2. Unterschiedliche Verweisungen in vertragskonstitutiven Erklärungen — 81

1. Unterabschnitt. § 2 AGBG
Allgemeine Vorschriften 1

Alphabetische Übersicht

AGB zu Lasten Dritter	43
AGB zugunsten Dritter	44
AGB-Konkurrenz	79
Anwendungsbereich	19, 30, 38, 84
Aufsteller	48
Auftragsbestätigung	39, 75 ff
Ausdrücklichkeit	1 f, 4, 25, 53
Bauherrenmodelle	29
Bekanntmachung	17, 30
Beweislast	16, 31a, 37, 38
Bildschirm-AGB	33 a
Branchenüblichkeit	63
Dauerschuldverhältnisse	46
Eigentumsvorbehalt	10, 42, 59, 74, 85
Einbeziehung	
– Voraussetzung	39
Einseitige Erklärungen	42
Einverständnis	36 ff
Formbedürftige Verträge	50
Formularverträge	50
Formvorschriften	2
Gerichtsstandsvereinbarungen	3
Gewohnheitsrecht	62, 76
Haftungsbegrenzungsklauseln	13, 43 f
Handelsbrauch	15, 17, 51, 60 ff
Hauptleistungspflichten	17, 62
Hinweisobliegenheit	
– Aushang	6, 20 ff, 31, 33 e, 37
– Ausnahme	4 ff, 12, 14, 18 f, 31
– Rechtzeitigkeit des Hinweises	10 f, 33
Inhaltskontrolle	1 f, 33c, 37, 48
Internet	33 a
kaufmännisches Bestätigungsschreiben	17, 34, 51, 59, 75 ff
Kenntnisverschaffungsobliegenheit	3a, 5, 26, 30, 33, 43
Klauselwerk	17, 76
Leistungsbeschreibung	11
Möglichkeit der Kenntnisnahme	26, 31 a, 37
Offener Dissens	81 ff
Pauschalvereinbarungen	52, 54
Preisanpassungsklauseln	52
Rundschreiben	6, 57
Schutzhüllenvertrag	33c
Sprache	4
Staffelverweisung	8, 30
Textgestaltung	27, 29
Transparenzgebot	29
Transportverträge	43
Unternehmer	17, 34
Unwirksamkeit	8, 29, 34
Verkehrssitte	15, 19, 60 f
Veröffentlichung	6
Versicherungsbedingungen	4, 30, 46, 48
Versicherungsverträge	3, 6, 46
Vertragsdauer	34
Vertragssprache	28 a, 61
Verwender	1 ff, 28 a
VOB	5, 8

I. Allgemeines

1. Regelungsanliegen

Der Gesetzgeber war sich sehr wohl im klaren darüber, daß dem Phänomen unan- **1**
gemessener AGB mit einer Verschärfung der Einbeziehungsvoraussetzungen nicht

zentral beizukommen war. Jedoch dürfen trotz Inhaltskontrolle AGB nicht einseitig zum Vertragsbestandteil gemacht werden. Obwohl die Rspr schon vor Inkrafttreten des Gesetzes das vertragsrechtliche Verständnis der Unterwerfung unter AGB betonte (grundlegend BGHZ 9, 1 = NJW 1953, 541), war sie zum Schluß von der Anerkennung einer Befugnis des Verwenders zur einseitigen Ingeltungsetzung seiner AGB nicht mehr weit entfernt. Es sollte genügen, wenn der Vertragspartner vom Einbeziehungswillen des Verwenders „wissen mußte" (BGH aaO; BGHZ 12, 142 = NJW 1954, 795; BGHZ 18,99 = NJW 1955, 1513; VersR 1958, 189; NJW 1959, 1679; NJW 1973, 2154; NJW 1974, 2177; NJW 1976, 2075). Obwohl diese Rspr als mit herkömmlichen Rechtsgeschäftsprinzipien unvereinbar zurecht vielfach kritisiert wurde (BIEDENKOPF, in: FS Böhm [1965] 2 f; SCHMIDT/SALZER [1967] 112 ff; EMMERICH Jus 1972, 364; BRANDNER JZ 1973, 614; wN STAUDINGER/SCHLOSSER[12]), war es notwendig, ihr legislatorisch jedenfalls für den Verkehr mit privaten Verbrauchern ausdrücklich entgegenzuwirken und sich davon eine gewisse Ausstrahlung auch auf die Einstellung der Rechtspraxis für den beiderseits unternehmerischen Verkehr zu erhoffen. Allerdings kann objektiver Erklärungswert einer Willenserklärung auch ohne Ausdrücklichkeit zukommen, und § 2 stellt insoweit an die Erklärungen von Unternehmern untereinander sowie des Vertragspartners des Verwenders keine besonderen Anforderungen. Insbesondere kann dieser in einer Weise auftreten und verhandeln, die dem Verwender den Schluß erlaubt, sein Verhandlungspartner wisse um seinen Willen, nur zu bestimmten AGB abschließen zu wollen. Geht dem Vertragspartner des Verwenders diese Kenntnis ab, so kann man sagen, er hätte sie, so wie er aufgetreten sei, jedenfalls haben „müssen". Das heißt aber nichts anderes, als daß jedermann, der am Geschäftsverkehr teilnimmt, das Wissen zugerechnet wird, das zu besitzen er den Eindruck vermittelt. Mag sein, daß mit der „Wissen-Müssen-Formel" gelegentlich nichts anderes ausgedrückt sein sollte (so ULMER Rn 8; CANARIS, in: Großkomm-HGB § 357 Rn 1209). Mißverständlich ist sie dennoch. Für den Verkehr mit Privaten ist sie auf jeden Fall durch § 2 AGBG obsolet geworden. Für den Handelsverkehr sollte sie vermieden werden (ebenso LÖWE Rn 4; aA MünchKomm/KÖTZ Rn 24).

2. § 2 als Formvorschrift

2 § 2 ist eine Formvorschrift iSv § 125 BGB (OLG Karlsruhe WRP 1980, 640, 642; KOCH/STÜBING Rn 15; aA WOLF Rn 1; SCHRÖDER 88 ff – Ausdrücklichkeitserfordernisse grundsätzlich nicht als Formvorschriften wertend) und deshalb zwingend (GRUNEWALD ZIP 1987, 353 ff).

Das Formerfordernis der Ausdrücklichkeit schränkt die Möglichkeiten einer Auslegung von Erklärungen als auf Einbeziehung von AGB gerichtet in Abweichung von §§ 133, 157 BGB stark ein (BGH NJW-RR 1987, 112 – „Formalisierung" des Einbeziehungsvorgangs; allgA). § 12 bezieht sich ausschließlich auf die zur Einbeziehung der AGB führende Erklärung (Angebot oder Annahme) des Verwenders von AGB. Dies gilt auch für die in Abs 2 vorgesehene Rahmenvereinbarung (Rn 53 ff). § 2 gilt auch, wenn sich eine Partei bei Vertragsschluß vorbehält, Nebenbestimmungen formularmäßig für ihre Vertragspartner nach § 315 BGB festzulegen, was durchaus nicht prinzipiell ausgeschlossen ist (Rn 46 ff, STAUDINGER/COESTER § 9 Rn 43). Wie alle Formerfordernisse müssen sie gegenüber dem konkret rechtsgeschäftlich namens des Vertragspartners Handelnden erfüllt werden, ggf also auch gegenüber dessen Bevollmächtigten.

Die Ausgestaltung von § 2 als Formvorschrift zeigt im Verein mit den Bestimmungen über die Inhaltskontrolle aber auch die Anknüpfung des AGBG an das herkömmliche Verständnis einer vertraglichen Einigung. Insbesondere ist auch heute die Einbeziehungsvereinbarung genausowenig wie früher (so mit Recht CANARIS, Die Vertrauenshaftung im deutschen Privatrecht [1971] 214 ff) ein vom Vertragsschluß zu sonderndes, eigenständiges Rechtsgeschäft, allgA. Die durch § 2 nicht berührten Regeln des Vertragsabschlußrechts des BGB gelten auch für die Einbeziehung von AGB. Zur Möglichkeit, Regelungsinhalte, die wegen Nichtbeachtung von § 2 nicht Vertragsbestandteil werden, individualvertraglich in Geltung zu setzen, s § 1 Rn 34.

3. Geltungsbereich der Vorschrift

Sonderregelungen im Verhältnis zu § 2 sind denkbar, auch wenn sie nicht Normierungen entstammen, die speziell auf AGB ausgerichtet sind. Für Gerichtsstandsvereinbarungen zwischenstaatlichen Zuschnitts etwa ist Art 17 EuGVÜ eine Sondervorschrift, die auch für Gerichtsstandsklauseln in AGB gilt (BGH NJW 1994, 2699 und umfr Rspr EuGH). § 5a VVG ist Sonderregelung für Versicherungsverträge (dazu SCHIRMER VersR 1996, 1045; DÖRNER/ST HOFMANN NJW 1996, 153 ff).

Von Sonderregelungen abgesehen gilt § 2 für alle Geschäfte, in denen als Vertragspartner des Verwenders weder ein Unternehmer noch eine juristische Person des öffentlichen Rechts oder ein öffentlichrechtliches Sondervermögen (§ 24) auftritt, gleichgültig, ob der Verwender Unternehmer ist oder nicht. Darauf, ob ein Nichtunternehmer in den Bereichen, in welchen er das Geschäft abschließt, rechtserfahren ist, kommt es nicht an. § 2 gilt daher auch gegenüber **freiberuflichen Personen**, die berufsbezogene Geschäfte abschließen. Zum Fall der Doppelverwendung s § 1 Rn 22. § 2 gilt für AGB jeder Art, auch für solche, die keinen gesetzesmodifizierenden oder -ergänzenden Charakter haben (s STAUDINGER/COESTER § 8 Rn 1), und auch für kundengünstige (ULMER Rn 10). In letzteren Fällen kann es aber später leicht zu einer Individualvereinbarung über einen Klauselinhalt kommen. Wenn sich der Vertragspartner später auf die AGB (insgesamt!) beruft, ist der Mangel der Einbeziehungsform geheilt (s § 1 Rn 34). Verwender iSv § 2 ist auch, wer den anderen Teil zu Angeboten der Einbeziehung seiner AGB veranlaßt (BGH NJW 1988, 2108). Auf **Formularverträge** ist § 2 Abs 1 nicht anzuwenden (BGHZ 108, 232 = NJW 1988, 2465; BGH NJW 1995, 190; allgA). Rn 27–29 gelten aber auch für sie (HEINRICHS NJW 1995, 1394 f).

Zum beiderseits unternehmerischen Verkehr s u Rn 17, 60; zur AGB-Problematik bei Geschäften mit Auslandsbezug s § 12. Zu AGB für den vorvertraglichen Bereich s LIESE, Vereinbarungen über vorvertragliche Rechtspflichten und ihre Begrenzung durch das AGB-Gesetz (1993).

4. Zeitpunkt für die Erfüllung der Formvorschrift

Hinweis- und Kenntnisverschaffungsobliegenheit müssen „bei Vertragsschluß" erfüllt sein. Dennoch können AGB **nachträglich** in den Vertrag einbezogen werden. Es handelt sich dann um einen Änderungsvertrag (BGHZ 86, 135, 137 = NJW 1983, 816, 817; BGH NJW 1984, 1112; BGH WM 1986, 1194, 1197; KG NJW-RR 1994, 1265; OLG Köln NJW-RR 1994, 1430, 1431; LG Gießen NJW-RR 1996, 630), für den § 2 ebenfalls gilt (BGH,

KG, LG Gießen aaO; **aA** BUNTE BB 1983, 780). Durch bloße nachträgliche Zusendung der AGB kommt aber eine solche Vertragsänderung nicht zustande, selbst nicht zwangsläufig mit deren Unterzeichnung durch den Vertragspartner (KG aaO – Überrumpelung mit der Aufforderung „die AGB noch zu unterzeichnen"; LG Gießen aaO). Für nachträglichen Einbezug der VOB durch beiderseitige Berufung auf sie im Anwaltsprozeß s OLG Düsseldorf NJW-RR 1996, 1423. Zu Rechnungen und Lieferscheinen s Rn 10.

II. Die bei Vertragsschluß bestehende Hinweisobliegenheit

1. Ausdrücklichkeit und Klarheit des Hinweises

4 Soweit nicht die Ausnahme in Abs 1 Nr 1 (Rn 20 ff) eingreift, muß der Verwender seinen Vertragspartner ausdrücklich – schriftlich oder mündlich (BGH NJW 1982, 817) – darauf hinweisen, daß bestimmte AGB Vertragsbestandteil werden sollen.

a) Ausdrücklichkeit bedeutet in diesem Zusammenhang grundsätzlich: **Hinweis in Worten**. Ein schlüssiges Verhalten genügt aber, wenn es eindeutig und unverkennbar ist. Insbesondere genügt die kommentarlose Übersendung oder Mitaushändigung eines Exemplars des Klauselwerkes, wenn es klar auf den Typus des abzuschließenden Geschäfts zugeschnitten ist (**aA** ULMER Rn 29 mwN aus Speziallit). Im Verhältnis zu **Ausländern** genügt bei Anwendbarkeit deutschen Rechts auf den Vertragsschluß (dazu Komm zu Art 27 ff EGBGB) ein Hinweis in deutscher **Sprache**, wenn diese auch im übrigen die Verhandlungssprache ist (BGHZ 87, 112 = NJW 1983, 1489 allgA), sonst nicht (OLG Hamburg NJW 1980, 1232; OLG Bremen RIW 1978, 747; OLG Stuttgart MDR 1964, 412; wohl auch OLG Karlsruhe NJW 1972, 2185). Auch ein Hinweis in der von der Verhandlungssprache möglicherweise verschiedenen Vertragssprache reicht nicht aus (ULMER Anh § 2 Rn 18; OLG Frankfurt aM RIW 1981, 411), auch nicht, wenn der Kunde das Vertragsdokument unterschreibt (**aA** WEIMAR DB 1978, 243; LG Frankfurt aM WM 1977, 298). Lediglich dann, wenn der Kunde auch die Vertragssprache mühelos versteht, kann man eine Ausnahme zugestehen (OLG Stuttgart IPRax 1988, 293). Verwendet bei Geschäftsbeziehungen, die sich im Korrespondenzwege abspielen, jeder Vertragsteil seine eigene Sprache, so genügt ein Hinweis in der Sprache des Verwenders (so wohl BGH NJW 1971, 2126). Der Hinweis ist auch dann erforderlich, wenn der Verwender die Vertragsabschlußtechnik „Angebot des anderen Teils" wählt (BGH NJW 1988, 2108 – formulargebundener Antrag auf Gewährung eines Hypothekenkredits). Zur Einbeziehung allgemeiner Versicherungsbedingungen gegenüber Analphabeten s OLG Karlsruhe VersR 1983, 169.

5 **b)** **Der sprachliche Ausdruck** muß so klar und übersichtlich plaziert sein, (OLG Düsseldorf BB 1983, 84) daß er bei demjenigen, für den er bestimmt ist, keine Zweifel über das Gemeinte aufkommen lassen kann (BGH NJW-RR 1987, 112; OLG Nürnberg WM 1990, 1371). Sinnentstellende Druck- oder Tippfehler sind fatal (OLG Hamm NJW 1989, 274 – „Verbindungsleistung" anstatt „Verdingungsordnung" für Bauleistungen). Dem Vertragspartner unverständliche Abkürzungen (zB „VOB") können die Einbeziehung verhindern (OLG Hamm NJW-RR 1988, 1366), aber führen dazu nur dann, wenn sich nicht aus dem beigefügten Text das Gemeinte zweifelsfrei ergibt. Es genügt, daß das als Vertragsbestandteil vorgesehene Klauselwerk in seiner äußeren Identität genau bezeichnet wird, sei es auch nur in der Form: „Im übrigen gelten unsere allgemeinen Zahlungs- und Lieferungsbedingungen". Auch der Hinweis, daß das Geschäft

gemäß „den üblichen Bedingungen" getätigt werden soll, muß ausreichen, wenn der Hinweisende nur eine Art von Klauselwerken zu verwenden pflegt (aA LG Lübeck BB 1956, 575); die Kenntnisverschaffungsobliegenheit kommt ja noch dazu. Aus diesem Grund reicht auch die Formel aus „Lieferbedingungen VDMA" (BGH NJW 1970, 2023). Ein Hinweis darauf, daß das in Bezug genommene Regelungswerk den Rechtscharakter von AGB oder überhaupt von Vertragsbestimmungen hat, ist entbehrlich (OLG Frankfurt aM NJW 1986, 2712, 2713). Der Einbeziehungsversuch ist aber mißlungen, wenn die AGB, auf die verwiesen wird, für das fragliche Geschäft nicht passen; dann sind auch geschäftsneutrale Bestimmungen aus dem Bedingungswerk nicht einbezogen (BGH ZIP 1981, 1220 – selbst für den Verkehr mit Gewerbetreibenden; BGHZ 59, 23 = NJW 1972, 1622 – Gerichtsstandsklausel in Verkaufsbedingungen, die der Käufer verwendet). Etwas anderes gilt nur, wenn klargemacht wird, daß AGB einbezogen werden sollen, obwohl sie für den vertraglichen Geschäftstyp nicht geschaffen sind (BGH NJW 1978, 1918 – AGB für Lohnfuhrverträge).

Eine Bezugnahme auf „Allgemeine Bedingungen für..." entspricht den Anforderungen von § 2 nicht, wenn im Verkehr mehrere solche Bedingungswerke gebräuchlich sind und es an einer zusätzlichen klaren Individualisierung, etwa durch Mitverschicken oder Aushängen eines Exemplars der Bedingungen am Ort des Vertragsschlusses, fehlt (BGH VersR 1972, 791; ULMER Rn 26; LÖWE Rn 6). Bezieht sich der Hinweis auf mehrere Klauselwerke, von denen nur eines für das abgeschlossene Geschäft paßt, so ist das zutreffende Bedingungswerk nur dann Vertragsbestandteil geworden, wenn das Gemeinte für den Vertragspartner ohne weiteres offensichtlich ist (BGH ZIP 1981, 1220). Komplizierte Auslegungsüberlegungen dazu, welches von mehreren möglichen Klauselwerken gemeint sein könnte, sind dem Vertragspartner nicht zuzumuten, insbesondere nicht Überlegungen darüber, welche Bestandteile verschiedener Bedingungswerke identisch sind, um wenigstens diesen Geltung zu verschaffen. Liegt eine frühere und eine geänderte Fassung von AGB vor, wird diejenige Fassung Vertragsbestandteil, von deren Inhalt iSv Nr 2 Kenntnisverschaffungsmöglichkeit gewährt wurde (OLG Nürnberg NJW-RR 1993, 1245), wenn bezüglich beider Fassungen, die neuere. Bringt die nicht einbezogene Neufassung Verbesserungen für den Vertragspartner, sind diese unter Umständen nach cic-Grundsätzen fiktiv einzubeziehen (BGH NJW 1982, 926).

Bindung an einen **zusätzlichen Vertragspartner** als solche ist kein AGB-Problem und bedarf besonders deutlicher Kennzeichnung, kann aber durchaus legitim sein, etwa beim Erwerb von Software. Für die Einbeziehung von AGB des weiteren Vertragspartners gilt wieder § 2 (WOLF Rn 7).

Ist der Hinweis unklar, so gilt das Prinzip, daß er gegen denjenigen auszulegen ist, der ihn formuliert hat. Ist daher nicht klar, ob ein ganzes Bedingungswerk oder nur einzelne seiner Teile einbezogen sein sollen, so kann sich der Vertragspartner auf die ihm günstigen Bedingungen berufen, ohne sich ihn benachteiligende entgegenhalten lassen zu müssen. „Zahlbar gem. Verkaufsbedingungen... Anlage Verkaufsbedingungen XY..." nimmt nur die Zahlungsbedingungen, nicht die Verkaufsbedingungen in Bezug (OLG Düsseldorf NJW 1965, 762; vWESTPHALEN Rn 35). Sind freilich nur Teile von Bedingungswerken genannt („Gewährleistungen nach VOB"), besteht keine Unklarheit. Nur der genannte Teil ist einbezogen (KG BauR 1971, 264). Gleiches gilt, wenn auf umseitige „AGB" verwiesen wird und die dortigen Regelungen in „Vorbemerkung" und „AGB" gegliedert sind (BGH NJW 1987, 2431, 2432). Zur Einbeziehung an sich nicht passender AGB s auch § 5 Rn 13, § 4 Rn 10.

6 c) „Ausdrücklich" bedeutet nicht: mündlich oder individuell handschriftlich (BGH NJW 1983, 816; allgA). Auch vorgedruckte Hinweise, etwa in Bestellformularen, Anträgen auf Abschluß von Versicherungsverträgen oder auf Briefköpfen auch in AGB selbst – reichen aus, wenn sie so auffällig angebracht sind, daß sie auch bei nur flüchtiger Durchsicht unübersehbar sind (BGH NJW-RR 1987, 113), sobald dem Vertragspartner ein Exemplar des Textes verschafft wird. Dies aber muß man verlangen (BGH DB 1971, 2106; OLG Bamberg BB 1972, 1341; LG Frankfurt aM NJW 1984, 1626; L Raiser 184 ff; Schmidt/Salzer D 52). Wird der Kunde nur auf einen Auszug aus Bedingungen hingewiesen, so werden im Auszug nicht enthaltene Bestimmungen mangels Hinweis nicht Vertragsbestandteil, auch wenn im Auszug steht, die vollständigen Bedingungen könnten dem Kunden auf dessen Wunsch im Geschäftslokal zur Einsicht gegeben werden (LG Frankfurt aM NJW 1984, 1626). Wie der Gegensatz zur subsidiär anwendbaren Aushangregel zeigt, verlangt § 2 einen **Hinweis im Zusammenhang mit einer individuell** an den Vertragspartner gerichteten Handlung. Allgemeine Veröffentlichungen oder allgemein gehaltene Rundschreiben reichen nicht aus (s auch Rn 11). Auch Abdruck auf der Rückseite einer vertragskonstitutiven Erklärung genügt nicht, wenn ein Hinweis auf der Vorderseite des entscheidenden Vertragsdokuments fehlt (LG Münster VersR 1980, 100; allgA). Erfaßt der Hinweis nur einen Teil des auf der Rückseite Abgedruckten, so ist nur dieser Teil einbezogen (BGH NJW 1987, 2431, 2432). Ebensowenig ausreichend ist ein versteckter oder mißverständlicher Hinweis (OLG Düsseldorf VersR 1982, 872; OLG Nürnberg BB 1990, 1999) oder der Abdruck in einem Katalog (LG Berlin MDR 1980, 1401). Selbst „Rückseite beachten!" auf einem der vertragskonstitutiven Dokumente reicht nicht aus (OLG Nürnberg RIW 1985, 990 – entschieden zu Art 17 EuGVÜ, aber verallgemeinerungsfähig). Der **Form**, in der der Vertrag geschlossen wurde, ohne daß Formzwang bestünde, bedarf der Hinweis nicht (s unten Rn 12 ff). Für den Fall der Weiterverweisung s Rn 8 ff.

7 d) **Unterbleibt** der vorgeschriebene ausdrückliche Hinweis, so werden die AGB nicht Vertragsbestandteil. Nach § 6 hat dies aber auf das Zustandekommen des Vertrags (zu den gesetzlichen Bedingungen) keinen Einfluß. Fehlt der Hinweis, ergibt sich der Einbeziehungswille des Verwenders aber gleichwohl, dann hat der Vertragspartner des Verwenders freilich das Recht, sich auf die Bedingungen zu berufen (s § 1 Rn 34), etwa, wenn er, in der Ware verpackt, eine Garantiekarte findet.

8 e) Gelegentlich ist die **Reihenfolge** des Geltungsanspruchs verschiedener in Bezug genommener Bedingungswerke nicht klar gekennzeichnet. Das gilt vor allen Dingen für das Bauwesen, wo häufig neben der VOB noch andere Bedingungswerke als verbindlich angegeben werden, ohne daß ein klares Subsidiaritätsverhältnis herausgestellt würde. In einem aufgrund von § 13 erstrittenen Urteil hat der BGH, s Rn 30, die **Staffelverweisung** grundsätzlich gebilligt, sie aber dann für unzulässig erklärt, wenn „die Verwendung mehrerer Klauselwerke wegen des unklaren Verhältnisses konkurrierender Regelungen zur Unverständlichkeit führt". Der BGH sagt nicht, was dann gelten soll. Die gesetzeskonforme Lösung besteht darin, dem Kunden nach § 5 sich die jeweils für ihn günstigste Bestimmung aussuchen zu lassen. Das gleiche gilt, wenn unklar ist, auf welche Teile eines Bedingungswerks verwiesen werden soll (aA OLG Stuttgart NJW-RR 1988, 786 – Einbeziehung insgesamt mißglückt). Zur Obliegenheit, dem Vertragspartner Kenntnis der VOB zu verschaffen, s Rn 31, zu Staffelverweisungen für den Fall der Unwirksamkeit der primär einzubeziehenden AGB s § 6 Rn 11.

f) Tätigt der Verwender **üblicherweise verschiedene Arten von Geschäften**, für die er unterschiedliche AGB verwendet, so ist der Hinweis nicht ausreichend, wenn sich erst durch Auslegung ermitteln läßt, für welche Arten von Geschäfte welche AGB gelten (BGH ZIP 1981, 1220; unter Berufung auf die Voraufl ebenso f d schw Recht cour de justice Genf Yearbook Commercial Arbitration 1981, 612, 613). Der Verwender muß aber diejenigen AGB gegen sich gelten lassen, mit denen der Vertragspartner rechnen darf (BGH VersR 1971, 755; s oben Rn 5).

2. Die Rechtzeitigkeit des Hinweises

a) Der Wille des Verwenders zur Einbeziehung von AGB muß spätestens im Augenblick des Vertragsschlusses zum Ausdruck gebracht sein. Das wirkt sich vor allen Dingen dann aus, wenn **Bestellungen telefonisch** aufgegeben und angenommen werden (s Rn 15). Auch ihnen folgende, AGB einbeziehende schriftliche Auftragsbestätigungen reichen dann nicht aus, um sie in Abänderung des bereits geschlossenen Vertrages dessen Bestandteil werden zu lassen. Haben vertragliche Beziehungen den Charakter eines **Sukzessivlieferungsvertrags**, so vermag ein Hinweis anläßlich einer oder mehrerer Einzellieferungen AGB nicht zum Vertragsbestandteil zu machen (OLG Karlsruhe DB 1966, 936; Schmidt/Salzer D 95; s unten Rn 52). Auch eine wiederholte widerspruchslose Entgegennahme solcher Leistungen kann nicht als Einverständnis mit einer Vertragsänderung gedeutet werden. Schon nach BGB-Grundsätzen genügt ein Verweis auf AGB nicht, wenn er in **Lieferscheinen, Versandanzeigen, sonstiger nach vertraglicher Korrespondenz** oder **Rechnungen** enthalten ist, die nach Vertragsschluß übermittelt werden (BGH NJW 1959, 1679; OLG Frankfurt aM NJW 1973, 64; OLG Düsseldorf BB 1960, 422; dass VersR 1975, 235; OLG Zweibrücken OLGZ 1968, 391; LG Frankfurt aM NJW 1991, 2842; LG Gießen NJW-RR 1996, 630; LG Karlsruhe BB 1996, 1580), auch nicht, wenn dies im Rahmen laufender Geschäftsbeziehungen ständig geschieht (s Rn 59) und der Kunde die Papiere vielleicht sogar unterzeichnet (BGH DB 1978 1587 – mit Andeutungen zur Bereitschaft, für das Verhältnis unter Kaufleuten großzügiger zu sein, s Rn 15, 17, 59). Das gilt insbesondere auch hinsichtlich des Versuchs, sich auf diese Weise die Vertragsmäßigkeit eines Eigentumvorbehalts oder einer seiner Erweiterungsformen (OLG München BB 1959, 650) auszubedingen. Ein so erklärter einfacher Eigentumsvorbehalt ist aber jedenfalls dann sachenrechtlich wirksam, wenn der Kunde den Vermerk auf dem Lieferschein bei dessen Empfang gelesen hat (OLG Hamburg NJW 1978, 223), oder wenn er ihm so zugegangen ist, daß von ihm eine Lektüre erwartet werden konnte (BGH NJW 1988, 1774, 1776; BGH BB 1986, 1672 = WM 1986 1081; BGH NJW 1982, 1749; NJW 1982, 1749; NJW 1982, 1751; NJW 1982, 1751; NJW 1979, 213; hA; aA Kemper BB 1983, 95 – individuellen Hinweis des Verkäufers verlangend; Bunte ZIP 1982, 449, 451; vWestphalen ZIP 1987, 1361, 1368). Meist verlangt man Zugang bei einer für die Ausgestaltung von Verträgen zuständigen Person (BGH NJW 1979, 2199; nahezu allgA). Jedoch genügt die Erklärung gegenüber jener Person, die zur Entgegennahme der Ware zuständig ist, weil sie auch zur Erklärung des Eigentumserwerbswillens befugt ist. Ein einseitig erklärter Eigentumsvorbehalt ist auch nicht vertragswidrig, weil der Verkäufer nicht vorleistungspflichtig ist (Lieb, in: FS Baumgärtel [1990] 311 ff) und mit der Übergabe ohne Zahlung schon mehr getan hat, als seiner

Zug-um-Zug-Leistungspflicht entspricht. Zu Vertragsschlüssen unter Anwesenden, die mit Aushändigung eines Dokuments enden, s Rn 13.

Wird eine Bestellung durch Zusendung der bestellten Ware „angenommen", so werden AGB gegenüber Privaten auch dann nicht ohne weiteres Vertragsbestandteil, wenn ein Hinweis auf sie in beiliegenden Rechnungen oder Lieferscheinen enthalten ist (MünchKomm/Kötz Rn 8). Die Zusendung an den Kunden fällt aber unter § 150 Abs 2 BGB. Mit Entgegennahme von Ware und beiliegenden Mitteilungen ist das geänderte Angebot iSv § 151 S 1 BGB seinerseits angenommen (Ulmer Rn 31; s Rn 37).

Ist der in **Wertpapieren verbriefte Vertragsinhalt** (Vertragstheorie) vorformuliert (§ 1 Rn 12), so muß den Anforderungen von § 2 vor Zustandekommen des Begebungsvertrags Genüge getan sein (näher dazu bei Ulmer Rn 13; Wolf Rn 3). In Eintrittskartenvorverkaufsstellen muß auf die AGB sämtlicher Veranstalter hingewiesen werden, s Rn 13. Die Hinweisobliegenheit kann nicht dadurch umgangen werden, daß der Verwender zur Festlegung von Einzelheiten ermächtigt wird (BGH NJW 1988, 2106; s Rn 2 und 4).

11 b) Die gesetzlichen Worte „bei Vertragsschluß" zielen auch auf eine zu lange Zeit vor Vertragsschluß (vWestphalen BB 1990, 1). Abgesehen vom Sonderfall einer ständigen intensiven Geschäftsbeziehung (BGH NJW-RR 1991, 571; BGH DB 1973, 1393) reicht ein Hinweis **bei früherer Gelegenheit** nicht aus, auch wenn nach normalen Vertragsabschlußregeln das Verhalten des Verwenders beim Abschluß des jetzt anstehenden Vertrages als eine schlüssige Bezugnahme auf den früheren Hinweis verstanden werden könnte. Gegenüber einem nichtunternehmerischen Vertragspartner genügt es daher zur Einbeziehung von AGB in die vertragliche Regelung nicht, wenn früher (vielleicht sogar laufend) mit ihm Verträge unter Zugrundelegung von AGB geschlossen wurden (BGH NJW-RR 1987, 112; Ulmer Rn 58; Heinrichs NJW 1994, 1380; wohl allgA).

Nimmt sich freilich später eine Bestellung einer Lieferung oder einer Leistung ersichtlich als Erweiterung eines früheren Vertrages aus, so muß man vernünftigerweise einen damals gegebenen Hinweis – ebenso wie die seinerzeitige textliche Übermittlung der Bedingungen – ausreichend sein lassen. Das gleiche gilt aber nicht bei einer schon kurze Zeit nach Lieferung notwendig gewordenen Ersatzbestellung (**aA** nach früherem Recht OLG Düsseldorf NJW 1977, 253; jetzt: Schmidt/Salzer D 92).

„Bei Vertragsschluß" kann sinnvollerweise nicht heißen, daß der vom Gesetz verlangte ausdrückliche Hinweis auf AGB **Bestandteil** jener Willenserklärung sein müsse, welche sich als vertragskonstitutiv, als **Angebot** oder als **Annahme** des Verwenders darstellt (allgA). Dem kann schon deshalb nicht so sein, weil in Vertragsverhandlungen neue Angebote und modifizierte Annahmen häufig gar nicht von Anfang bis Ende neu durchformuliert werden. Es genügt daher sicherlich, wenn irgendwann einmal im Laufe der Vertragsverhandlungen ausdrücklich auf AGB hingewiesen wurde, die der Verwender zum Vertragsbestandteil machen möchte, etwa durch Überlassung von Bestellformularen, die dann auch tatsächlich benutzt wurden (Ulmer Rn 32), in einer **Vorkorrespondenz** (BGH MDR 1956, 665; BGH VersR 1958, 189; OLG Hamburg DB 1967, 35), in einem Schreiben, das die Vertragsverhandlungen eröffnete und einen entsprechenden Aufdruck trug („wir arbeiten ausschließlich auf der Basis der ADSp"), in einem „unverbindlichen" **Kostenvoranschlag** oder in einem früheren Angebot, das im Hauptpunkt durch eine ein neues Angebot darstellende, modifizierende Annahme erledigt war.

Allgemeine, an eine größere oder kleinere Öffentlichkeit gerichtete Erklärungen, wie **Inserate** oder **Prospekte**, genügen freilich grundsätzlich nicht (BGH NJW 1986, 1748; allgA). Ist in einer solchen Verlautbarung aber an auffälliger Stelle auf AGB hingewiesen, und stellen sich die nachfolgenden vertragskonstitutiven Erklärungen nach der Verkehrsanschauung als unter Bezugnahme auf diese Inserate oder diese Prospekte abgegeben dar, so muß anderes gelten (L RAISER 183; AG Frankfurt aM BB 1978, 524; **aA** ULMER Rn 30), insbesondere wenn ihnen die Leistungsbeschreibung auch im übrigen zu entnehmen ist, wie dies bei einem Reiseveranstaltervertrag der Fall zu sein pflegt. Immer muß sich der Hinweis auf einen bestimmten, angestrebten Vertrag beziehen. War ein Angebot abgelehnt worden, wurde aber einige Zeit später ein Vertrag mit gleichem oder ähnlichem Inhalt, wie seinerzeit angeboten, geschlossen, so wirkt der frühere Hinweis nicht fort (SCHMIDT/SALZER D 97; **aA** BGH VersR 1965, 973), wenn die Ablehnung grundsätzlich gemeint war.

3. Hinweisobliegenheit und typische Formen von schriftlichem und mündlichem Vertragsabschluß

Ist der Vertrag **schriftform- oder beurkundungsbedürftig**, so geht das Erfordernis eines **12** ausdrücklichen Hinweises ebenso wie das der Ermöglichung der Kenntnisnahme in der Formbedürftigkeit der Einbeziehung der AGB auf (§ 1 Rn 26 f). Im übrigen braucht der vom Gesetz verlangte Hinweis nicht der Form des Vertrags zu folgen, welche die Parteien freiwillig haben (SOERGEL/STEIN Rn 8; **aA** ULMER Rn 28; WOLF Rn 12, 1417). In der Praxis haben sich jedoch für schriftliche und mündliche Vertragsabschlüsse typische Formen der Einbeziehung von AGB herausgebildet, die nachfolgende Erläuterungen rechtfertigen.

a) Sehr häufig kommt es vor, daß der Verwender auf **mündlichen Antrag unter** **13 Anwesenden** (ganz anders bei nachträglicher Zusendung, Bsp KG MDR 1981, 933) und im unmittelbaren Anschluß an eine anscheinend schlüssige Annahme noch mit einer **Auftragsbestätigung, einer Quittung, einem Einlieferungsschein, einem Versicherungsschein, einem Lagerschein oder mit einem ähnlichem Papier** (Gepäckaufbewahrungsschein, Garderobenmarke, Legitimationszeichen von Reparaturwerkstätten, Eintrittskarte, Fahrscheine aller Art), reagiert. Zum Teil glaubte und glaubt man, daß solche Hinweise nicht mehr rechtzeitig seien, weil der Vertrag schon vorher zustande gekommen sei und einseitig nicht mehr geändert werden könne (L RAISER 188 mN aus der älteren Rspr; PALANDT/HEINRICHS Rn 5; ULMER Rn 34; WOLF Rn 16; SOERGEL/STEIN Rn 33; LG Berlin NJW 1982, 343; andeutungsweise auch BGH NJW 1984, 801). Da, wo die Ausgabe solcher Papiere üblich ist, ist der Vertragsschluß aber erst mit ihrer Aushändigung perfekt (LÖWE Rn 10, 20; KOCH/STÜBING Rn 23; MünchKomm/KÖTZ Rn 7, 10). Mag man vielleicht in der Aushändigung des Dokuments die Vertragsannahme durch den Unternehmer und wegen des Verweises auf AGB in ihr eine modifizierte Annahme sehen, so ist die kommentarlose Entgegennahme des Papiers durch den Kunden fast immer ein Einverständnis mit den darin festgehaltenen Vertragsbedingungen. Die Dinge liegen dann völlig anders als im Falle einer modifizierten Annahme eines Angebots, die im Korrespondenzweg erklärt wird (s auch unten Rn 15 a, 81).

Freilich sind alle Klauseln als überraschende unwirksam, mit denen nach dem äußeren Erscheinungsbild des Kleindokuments und den Umständen der vorausgehenden Verhandlungen nicht zu rechnen ist. Wenn das Papier die Überschrift „Empfangsbestätigung" trägt, kann es keine Haftungsbegrenzungsklauseln zum Vertragsinhalt machen. Auf Eintrittskarten zu Theater- und Sportveranstaltungen sind Haftungsausschlüsse nach § 11 Nr 7 unwirksam und Haftungsbegrenzungen überraschend (vgl BGH NJW 1984, 801, 802). Sind AGB auf der Rückseite eines solchen Dokuments abgedruckt, ohne daß auf der Vorderseite darauf hingewiesen worden wäre, so ist auch in diesem Zusammenhang (allgA; s o Rn 6) der Versuch der Einbeziehung gescheitert (LG Mönchengladbach NJW 1958, 792; Schmidt/Salzer D 88 mit Nw aus älterer Rspr; Löwe Rn 10). Auch im Verkehr mit Gewerbetreibenden läßt sich außerhalb des Bereichs, in dem die Einbeziehung bestimmter Bedingungswerke handelsüblich ist (Rn 60 f), mit Fug nichts anderes vertreten. Findet sich der Hinweis auf der Vorderseite und ist er leicht wahrnehmbar (BGH DAR 1968, 215), so wäre es überspannt, noch zusätzliche individuelle Hinweise zu verlangen. Sind die Bedingungen auf der Vorderseite selbst abgedruckt, gelten die Grundsätze über Formularverträge, s Rn 3 (aA LG Trier NJW 1993, 1474). Im übrigen reicht aus, wenn sich der Text der AGB oder die Verweisung auf sie an einer Stelle befindet, wo sie auch bei flüchtiger Lektüre nicht übersehen werden können (Bsp: für zu kleinen Druck LG Trier NJW 1993, 1474).

14 b)   Häufig findet sich der Hinweis in einem **längeren schriftlich fixierten Text eingebaut**, welcher die Individualvereinbarungen festhält und ggf besonders bedeutsame Bestandteile aus den AGB wiederholt. Auch wenn der Hinweis formularmäßig gehalten ist (BGH DB 1971, 2106), und selbst wenn sich der gesamte Text des Dokuments überwiegend aus vorformulierten Bestandteilen zusammensetzt, ist mit seiner Aushändigung an den Vertragspartner der Hinweisobliegenheit Genüge getan, sofern die äußere Anordnung nicht zum Überlesen verführt (BGH aaO; OLG Bamberg BB 1972, 1341). Örtliche Nähe zur Unterschrift ist nicht erforderlich. Wenn auf der **Vorderseite** eines von den Parteien unterzeichneten Formularvertrags auf die Bedingungen verwiesen wird, welche auf der Rückseite abgedruckt sind, oder wenn am **Fußende** eines zum Vertragsschluß führenden Schreibens der Hinweis zu finden ist, so reicht dies aus (BGH BB 1971, 677; BGH NJW 1977, 196; OLG Bamberg aaO; Schmidt/Salzer D 54 mw Einzelheiten; aA Wolf Rn 12; Ulmer Rn 29). Der rückseitige Abdruck allein ohne einen entsprechenden Hinweis auf der Vorderseite genügt jedoch nicht, allgA. Eine wirksame Einbeziehung liegt auch nicht vor, wenn AGB auf einer Seite eines beidseitig bedruckten Formblatts enthalten sind, die zwar als „S 1" bezeichnet wird, sich dem durchschnittlichen Betrachter aber als Rückseite darstellt (OLG Nürnberg WM 1990, 1370). Auf der Rückseite der Vertragsurkunde abgedruckte AGB, auf die auf der Vorderseite in einer gegenüber dem sonstigen Text stark vertretenen Schriftrichtung hingewiesen wird, sind ebenfalls nicht wirksam einbezogen (OLG Düsseldorf BB 1983, 84).

15 c)   Von besonders großer Tragweite ist § 2 für den **telefonischen Vertragsschluß** (zur Einbeziehung bei Teleshopping: Eckert DB 1994, 717 u Ulmer Rn 35 b).

Gegenüber einem nichtunternehmerischen Vertragspartner des Verwenders gilt auch insoweit § 2 uneingeschränkt. Gerade im Hinblick auf diese Art eines Vertragsabschlusses wird dessen Schutzfunktion besonders wirksam, weil ein unterbliebener Hinweis auch nicht durch Anschläge oder Aushänge ersetzt werden kann. Der Verwender, der telefonisch zu AGB abschließen will, wird zu einer beim Kunden uU eine gewisse Befremdung auslösenden ausdrücklichen Erklärung gezwungen. Unterbleibt diese, wird aber der Vertrag im Laufe des Telefonats bereits abgeschlossen, so ist er ohne Einbeziehung von AGB zustande gekommen. Nachträgliche „Auftragsbestätigungen" oder eine irgendwie geartete Verkehrssitte vermögen daran nichts mehr zu ändern, auch nicht, nachdem der Kunde die Leistung entgegengenommen hat (LG Karlsruhe BB 1996, 1580). Freilich muß der Kunde im Streitfall beweisen, daß der Vertrag schon auf telefonischem Wege bindend geworden war.

Im **Verkehr mit Unternehmern** kann der Wille, AGB zum Vertragsbestandteil zu machen, auch schlüssig und damit auch konkludent in einem Telefonat erklärt werden. Wenn keine Verkehrssitte und kein Handelsbrauch besteht (Rn 60 ff), ist derartiges freilich nur bei Bestehen laufender Geschäftsbeziehungen (Rn 59) oder kraft der bindenden Wirkung eines unwidersprochen gebliebenen echten kaufmännischen Bestätigungsschreibens (Rn 76) denkbar. Der BGH hatte freilich unter Bezugnahme auf die verfehlte Wissen-Müssen-Formel (Rn 1) auf die telefonische Beauftragung eines Spediteurs die ADSp angewandt (NJW 1970, 1505).

d)   Wird ein schriftliches Angebot mit der Maßgabe angenommen, daß AGB gelten sollen, so ist dies nach § 150 Abs 2 BGB ein neues Angebot. Der objektive Erklärungswert erfaßt den Einbeziehungswillen gegenüber der Suggestion, die vom Begriff „Annahme" ausgeht, nur wenn der Vorbehalt deutlich ist (BGH WM 1983, 313, 314; OLG Köln WM 1993, 369, 370; AG Freudenstadt NJW-RR 1994, 238, 139; allgLitM), s Rn 75. Widerspruchslose Entgegennahme der Vertragsleistung ist aber ihrerseits eine Annahme des „neuen Angebots" (BGH NJW 1995, 1671, 1672 – kein AGB-Fall). **15 a**

4.   Beweislast

Die Beweislast dafür, daß der Vertragspartner des Verwenders auf AGB rechtzeitig hingewiesen wurde, trifft denjenigen, der aus einer vorformulierten Bestimmung Rechte ableitet, meist also den Verwender (BGH NJW-RR 1987, 112 = WM 1996, 1194; KG ZIP 1982, 188). Es kann dies uU aber auch der Vertragspartner des Verwenders sein. Bestätigungsklauseln sind nach § 11 Nr 15b im allgemeinen bedeutungslos (BGH NJW 1988, 2106), können aber, wenn zusätzlich unterschrieben oder drucktechnisch besonders hervorstechend, den Beweis für den notwendigen Hinweis erbringen (ULMER Rn 66). Nach § 6 ist aber der Vertrag als solcher in jedem Falle auch wirksam, wenn er mangels eines Hinweises nicht unter Einbeziehung von AGB zustande gekommen ist. Die normalerweise naheliegende Argumentation, weder ein Vertragsschluß unter Einbeziehung von AGB, noch ein solcher ohne ihre Einbeziehung läßt sich nachweisen, ist durch § 2 Abs 1 Nr 1 versperrt. **16**

5.   Kaufleute/Unternehmer

Die Obliegenheit eines ausdrücklichen Hinweises gilt nicht (§ 24) gegenüber Unternehmern (bis 30. 6. 1998 Kaufleuten) und juristischen Personen des öffentlichen Rechts (dazu ausführlich: O TISCHER, Praktische Probleme der Einbeziehung von AGB unter **17**

Kaufleuten, insbesondere bei laufenden Geschäftsverbindungen, BB 1995, 2491). Auch ihnen gegenüber muß aber der Wille des Verwenders, bestimmte AGB zum Vertragsbestandteil werden zu lassen, in irgendeiner Weise schlüssig zum Ausdruck kommen (BGH NJW 1992, 1232; Rüffert MDR 1992, 922; allgA). Daß der Kunde vom Verwendungswillen des anderen Teils „wissen muß", s Rn 1, ist als solches bedeutungslos. Selbst das positive Wissen des Kunden davon, daß sein Partner Vertragsschlüssen AGB zugrunde zu legen pflegt, reicht nicht aus (BGH WM 1979, 19; Ulmer Rn 80 a). Allein entscheidend ist, ob der objektive Erklärungsgehalt der Verwenderäußerung auf Einbeziehung gerichtet ist. Die kommentarlose Beifügung eines AGB-Exemplars zu einer vertragskonstitutiven Erklärung (s Rn 5) muß zwar unter Kaufleuten genügen (Ulmer Rn 80; aA vWestphalen Rn 35), nicht aber vermag dies der Abdruck auf der Rückseite eines Schreibens, wenn ein Hinweis auf der Vorderseite fehlt (vWestphalen Rn 35; Schmidt/Salzer BB 1980, 2; vorausgesetzt wohl in BGH ZIP 1981, 1220; aA Ulmer Rn 80; Wolf Rn 62; Soergel/Stein Rn 34). Zur Bedeutung der schlüssigen Bezugnahme auf früher abgeschlossene Verträge s unten Rn 59 f. Bloße öffentliche Bekanntmachung reicht, auch wenn sie in Zeitabständen wiederholt wird, nicht aus (aA noch BGH VersR 1967, 63 – Benutzungsbedingungen des Hamburger Hafens in Bezug auf ständige Benutzer). Der Glaube des RG (RGZ 103, 86), dadurch könnte die Kenntnis der Bedingungen Allgemeingut werden, ist pure Fiktion. Auch eine schlüssige Kundgabe des Einbeziehungswillens hat grundsätzlich vor Vertragsschluß zu geschehen. Erklärungen irgendwelcher Art, die nach Vertragsschluß abgegeben werden (Rechnungen, Lieferscheine, s Rn 10), sind außerhalb der zur verbindlichen Wirkung des kaufmännischen Bestätigungsschreibens geltenden Grundsätze (s Rn 76) unbeachtlich (OLG Karlsruhe NJW-RR 1993, 567; s auch Rn 59). Kommt der Vertrag durch die Zusendung bestellter Ware zustande, so vermögen auch gegenüber Unternehmern beigefügte Rechnungen und Lieferscheine AGB nicht einzubeziehen (OLG Hamburg ZIP 1984, 1241, 1242). Äußerungen, die anläßlich früher abgeschlossener oder angestrebter Verträge gefallen sind, wirken auch im Verkehr mit einem Unternehmer grundsätzlich nicht fort. Denkbar sind aber Handelsbräuche (s Rn 60 f), insbesondere solche, denen zufolge der Abschluß gewisser Geschäfte impliziert, daß der Vertragspartner oder ein Dritter ermächtigt ist, eine Vertragsergänzung durch Einbeziehung von Bedingungswerken vorzunehmen. Zu nennen sind hier einmal kaufmännische Bestätigungsschreiben (Rn 76), die häufig auf eine Vertragsergänzung hinauslaufen. Vor allem gilt dies für den **Schlußschein der Handelsmakler**. Vielfach existiert ein Handelsbrauch, wonach ein Handelsmakler, dessen Dienste in Anspruch genommen worden sind, berechtigt ist, nach Abschluß der nur zu den Hauptleistungspflichten des Vertrags geführten Verhandlungen AGB in den Vertrag einzuarbeiten (s den bei Straatmann/Ulmer, Handelsrechtliche Schiedsgerichtspraxis D 1 b Nr 20 veröffentlichten Schiedsspruch).

Das Sprachenproblem ist genauso wie im Verkehr mit Privaten zu lösen (OLG Frankfurt aM NJW 1977, 507, s Rn 4).

III. Die ausnahmsweise fehlende Notwendigkeit eines ausdrücklichen Hinweises

18 Von dem Erfordernis eines ausdrücklichen Hinweises macht das Gesetz eine Ausnahme für den Fall, daß er,

(1) nur unter unverhältnismäßigen Schwierigkeiten möglich ist und

(2) durch einen deutlich sichtbaren Aushang am Ort des Vertragsschlusses ersetzt wird.

1. Unverhältnismäßigkeit von Schwierigkeiten für einen ausdrücklichen Hinweis

Gedacht hat der Gesetzgeber an „gewisse gleichmäßige und häufige Verträge des täglichen Lebens, bei denen AGB üblicherweise erwartet werden, ein ausdrücklicher Hinweis aber in der Praxis kaum möglich ist". Das trifft zu auf **Beförderungs-** und **Bewachungs**verträge, **Parkhaus**benutzungsverträge (LG Frankfurt aM NJW-RR 1988, 955), Verträge über die Benutzung **automatischer Schließfächer** (LG Essen VersR 1995, 1198), **Kleider**ablagen, **Versteigerungen** (BGH NJW 1985, 850) und dgl (BR-Drucks 360/75, 18). Der Anwendungsbereich der Ausnahme betrifft also vor allen Dingen Verträge, die massenhaft unter Verwendung von Kurzformeln ohne vollständige schriftliche Fixierung abgeschlossen werden oder welche überhaupt nur durch beiderseits schlüssiges Verhalten zustande kommen. Ein ausdrücklicher Hinweis ist vor allem dann entbehrlich, wenn es verkehrsüblich ist, bestimmte Leistungen kommentarlos in Anspruch zu nehmen, erst nach Schluß der Inanspruchnahme oder während ihrer Dauer zu bezahlen und uU erst dann eine schriftliche Fixierung der gesamten Vertragsinhalte entgegenzunehmen. So liegen die Dinge, wo von einem Beförderungsmittel durch bloßes Einsteigen Gebrauch gemacht werden kann (bzw muß) und erst am Ziel oder während der Fahrt die Fahrkarte zu lösen ist. Das gleiche gilt für **Flug-, See-** und **Binnenwasserhäfen**, die zur Landung bzw zum Anlegen benutzt werden, s auch § 24, sowie für Parkplätze und PKW-Waschanlagen („hier gelten die Vorschriften der StVO"). Darauf, ob der Kunde mit dem Aushang rechnen mußte, kommt es nicht an (Löwe Rn 9).

Unverhältnismäßig sind die Schwierigkeiten für einen ausdrücklichen Hinweis nur, wenn sie in der **Technik des Vertragsabschlusses** begründet sind (BGH aaO). Daß ein solcher Hinweis nach der (bisherigen) **Verkehrssitte peinlich** wirkt und die Gefahr mit sich bringt, den Kunden (wenn vielleicht auch unbegründeterweise) mißtrauisch zu machen, reicht nicht aus, um die Anwendung der Ausnahmebestimmung zu rechtfertigen. Ist es üblich oder leicht möglich, bereits mit Vertragsschluß schriftliche Fixierungen des Vertragsinhalts zu erstellen und auszuhändigen – sei es auch nur in kleinem äußeren Format – so ist ein ausdrücklicher Hinweis auf AGB kaum je unverhältnismäßig schwierig. Auf **Empfangsbestätigungen (chemische Reiniger), Eintrittskarten, Einlieferungsquittungen** und dgl kann ein solcher Hinweis ohne weiteres angebracht werden (Löwe 10; MünchKomm/Kötz 10; s auch Rn 13). Absolut unmöglich braucht der Hinweis nicht zu sein (**aA** wohl Löwe 10; Koch/Stübing Rn 28). Es genügt, wenn er – gemessen an der Bedeutung des Vertrags – eine unzumutbare Belästigung der Massenabfertigung bedeuten würde (Ulmer Rn 39). Das ist etwa der Fall, wenn zur Abfertigung üblicherweise nur Personal eingesetzt wird, das für die Weitergabe rechtlicher Informationen ungeeignet ist, wie zB bei Autowaschanlagen (OLG Bamberg NJW 1984, 929; OLG Hamburg DAR 1984, 260; OLG Düsseldorf BB 1980, 388; LG Essen NJW-RR 1987, 949; LG Bayreuth NJW 1982, 1766). Auch wenn in ein- und demselben Lokal (Selbstbedienungsläden) Verträge unterschiedlicher wirtschaftlicher Bedeutung abgeschlossen werden, muß nach eben deren Größenordnung differenziert werden (Ulmer Rn 40). Wenn ein gedruckter Hinweis auf einem Dokument seine Funktion nicht zu erfüllen vermag, weil eine Lektüre nicht nur unüblich und unverhältnismäßig zeitraubend, sondern ganz unmöglich ist, dann freilich kann der

Hinweis, obwohl technisch leicht möglich, unterbleiben. Das muß man etwa für Karten annehmen, die ein Parkhausbenutzer bei der Einfahrt aus einem Automaten zu ziehen hat und die folglich vor dem Einparken nicht gelesen werden können (so schon nach früherem Recht OLG München DAR 1969, 129). Dann freilich muß der ausdrückliche Hinweis durch einen Aushang ersetzt werden.

2. Hinweisersatz durch Aushang

20 Daß sich am Ort des Vertragsabschlusses ein deutlich sichtbarer Aushang des gesamten Textes der AGB befindet, die Vertragsbestandteil werden sollen, ist keine unverzichtbare Voraussetzung für das Eingreifen der Ausnahmeregelung. Ausgehändigte AGB würden ohnehin kaum gelesen werden. Es genügt daher ein Hinweis auf den Einbeziehungswillen (ULMER Rn 42; WOLF Rn 21; SOERGEL/STEIN Rn 16; HEINRICHS NJW 1994, 1380, 1381; heute allgA; aA STAUDINGER/SCHLOSSER[12]). Ein deutlich wahrnehmbarer Aushang des gesamten Textes ersetzt aber den Hinweis auf diesen (ULMER Rn 42). Der Aushang eines umfangreichen kleingedruckten Klauselwerks reicht nicht aus (OLG Hamburg VersR 1989, 202).

21 a) Der Aushang muß **als Objekt auffallen**. Sind bei Vertragsschluß Karten oder Marken zu lösen oder ist sogleich bar zu bezahlen, so muß er sich in unmittelbarer Nähe des Schalters befinden. Nicht etwa reicht es aus, wenn er irgendwo im Geschäftslokal an der Wand angebracht ist. Bei einem Schließfach genügt aber der Aushang in der Mitte der Gepäckschließfachreihe, ein weiterer Hinweis an den Schließfächern selbst ist nicht nötig (LG Essen VersR 1995, 1198). Der Aushang darf nicht in einer Fülle anderer Anschläge, vor allen solchen werbenden Inhalts, untergehen (SCHMIDT/SALZER F 47).

Ist die **Verhandlungssprache** (s o Rn 4) nicht deutsch, so genügt ein Aushang in deutscher Sprache nicht, etwa nicht in einem Hotel, in dem der Beherbergungsvertrag in fremder Sprache geschlossen wird. Ein Grundsatz, daß Anschläge nur dem sprachkundigen Ausländer gegenüber wirken (ULMER Anh § 2 Rn 18), kann freilich nicht anerkannt werden, weil er den Sprachunkundigen im praktischen Ergebnis ungerechtfertigterweise privilegieren würde. Auch wer mit Ausländern als Vertragspartner rechnet, muß seine Anschläge nicht in fremder Sprache wiederholen (aA KOCH/STÜBING Rn 18; REICH NJW 1978, 517), auch nicht in einer Weltsprache.

Der Verwender muß alles Zumutbare unternehmen, um seinen Vertragspartner **auf die Existenz seiner AGB aufmerksam zu machen und ihre Kenntnisnahme zu erleichtern**. Durch ein Schlagwort muß er den in üblicher Entfernung stehenden Kunden leicht erkennbar machen, daß sich der Anschlag auf AGB bezieht und nicht etwa irgendwelche sicherheits- oder gesundheitsbehördlichen Anordnungen oder Kostenvoranschläge (OLG Karlsruhe DAR 1988, 26) enthält, sofern es sich um einen längeren Text handelt, der nicht insgesamt in auffällig großer Schrift angebracht werden kann. Immer muß gewährleistet sein, daß der Text bei normaler Stellung eines durchschnittlich großen Menschen ohne Mühe lesbar ist. Werden für verschiedene Geschäftstypen unterschiedliche Bedingungen verwandt, so muß klar gesagt sein, welche Bedingungen für welche Art von Geschäften gelten sollen (BGH BB 1953, 514). Ist eine Verkaufsstelle für viele Unternehmer tätig (Vorverkaufsstelle für Eintrittskarten aller Art), so genügt ein Globalhinweis auf die Bedingungen der einzelnen Unternehmer nicht.

b) Der Anschlag hat sich am **Ort** des Vertrags**schlusses** zu befinden. Der Ort einer Erfüllungshandlung reicht nicht aus. Aushänge im Inneren eines Hotelzimmers oder eines Taxis genügen also nicht (MünchKomm/Kötz Rn 9). Eine Ausnahme muß man aber im Wege einer teleologischen Reduktion der Vorschrift für den Fall entwickeln, daß der Verkehr einen Anschlag an anderer Stelle als am Ort des Vertragsschlusses erwartet, weil dort die wahre Funktion des Anschlags im Hinblick auf bestimmte Risiken, die dem Kunden des Verwenders bei Vornahme bestimmter Handlungen drohen, besser gewährleistet ist. Überall da, wo der Verwender durch AGB die **Inanspruchnahme von Gegenständen und Einrichtungen** als unentgeltliche oder geringfügig vergütete Nebenleistungen **nur auf eigene Gefahr** (§ 1 Rn 6) gestatten will, erwartet der Verkehr einen Anschlag nicht am Ort des Vertragsschlusses sondern an der Stelle der Benutzung, etwa am Eingang eines Parkplatzes (Ulmer Rn 44; Bsp: LG Frankfurt aM NJW-RR 1988, 955). Wenn aber an einem Parkwärterhaus ein Parkschein zu lösen ist, kommt der Vertrag dort zu den dort aushängenden AGB zustande (wohl auch BGH NJW 1968, 1718). Gehört zur Leistungspflicht des Unternehmers eines Theaters oder sonstiger Publikumsveranstaltungen auch die Bereithaltung einer Garderobe, was immer anzunehmen ist, wenn das Publikum auf Garderobe angewiesen ist, so genügt ein Anschlag über die Haftungsbegrenzung, wenn er sich nur am Ort der Garderobe befindet.

c) **Der** Anschlag muß **zur Zeit des Vertragsschlusses** ausgehangen haben und sich auf die AGB beziehen, deren Einbeziehung in den Vertrag reklamiert wird. Daß dies der Fall war, muß der Verwender im Streitfall beweisen. Bestehen auch nur geringe Anhaltspunkte dafür, daß der Anschlag (ggf die Bedingungen selbst) zu diesem Zeitpunkt nicht oder in anderer Fassung ausgehangen haben (etwa wegen Reinigungsarbeiten oder weil sie abgerissen oder durch Plakate überdeckt gewesen sein könnten), so ist dieser Beweis nicht erbracht. Ist jedoch bewiesen, daß die Bedingungen im allgemeinen am Vertragsabschlußort aushängen, so reicht die bloße hypothetische Möglichkeit, sie könnten im Zeitpunkt des Vertragsschlusses zufällig gerade nicht ausgehangen haben, nicht aus, um hinreichende Zweifel daran zu begründen, daß den gesetzlichen Erfordernissen Genüge getan war. Gegenüber Stammkunden genügt eine Auswechslung des Anschlags nicht (OLG Hamm MDR 1979, 937; Ulmer Rn 43).

d) Ist nicht nur ein ausdrücklicher Hinweis auf die Existenz von AGB, sondern auch **ihr Aushang am Ort des Vertragsabschlusses unverhältnismäßig schwierig und unterbleibt er daher**, so werden die AGB nicht Vertragsbestandteil.

e) Das Erfordernis eines Aushangs gibt im Verkehr mit **Unternehmern und juristischen Personen des öffentlichen Rechts** ebensowenig wie die Ausdrücklichkeitsregel. Jedoch verlangen häufig die allgemeinen bürgerlichrechtlichen Grundsätze über die Einbeziehung von Vertragsbestandteilen auch in diesem Bereich einen deutlich sichtbaren Aushang (s auch Rn 17).

IV. Obliegenheit, die Möglichkeit der Kenntnisnahme zu verschaffen

1. Die Grundstruktur der Vorschrift

26 Man muß sich auf die **Funktion der Ermöglichung der Kenntnisnahme** besinnen, um die Tragweite der Regel ermessen zu können. Das Gesetz hat sicherlich nicht utopischerweise (s Einl 4 zum AGBG) erwartet, Letztverbraucher würden sich dadurch in ihrer Entscheidung über den Vertragsschluß und zur Aufnahme von Verhandlungsversuchen über den Inhalt des Klauselwerks motivieren lassen, daß ihnen vor Eingehung einer Bindung der texteinzubeziehender AGB zur Kenntnis gebracht wird. Dann hätte das Gesetz vorsehen müssen, das Bedingungswerk sei dem Vertragspartner so rechtzeitig zur Kenntnis zu bringen, daß er es vor Vertragsschluß durcharbeiten kann. Einzige realistische Funktion der Vorschrift ist es, den Vertragspartner des Verwenders in die Lage zu versetzen, im Konfliktsfalle und zu seiner Orientierung während der Vertragsabwicklung mühelos einen Text der Bedingungen zur Verfügung zu haben. Nur aus einem solchen Verständnis der Funktion der Vorschrift heraus kann man auch ihre Tragweite sinnvoll bestimmen: Dem Sinn der Vorschrift würde es zwar zuwiderlaufen, wenn man einen **Verzicht** durch formularmäßige Erklärungen zuließe. Einer Individualvereinbarung dahingehend, daß der Vertragspartner auf die Beschaffung eines Textes der AGB verzichtet, stehen aber keine Bedenken entgegen (ULMER Rn 46; allgM). Nach Vertragsschluß ist der Verzicht auf die Kenntnisverschaffungsobliegenheit auch einseitig möglich. Beruft sich der Vertragspartner des Verwenders auf AGB, die er sich vielleicht lange nach Vertragsschluß anderweitig beschafft hat, so sind ihre Bestimmungen als Vertragsbestandteil zu behandeln. Zur Rechtzeitigkeit der Erfüllung der Kenntnisverschaffungsobliegenheit s Rn 33.

2. Anforderungen an die Textgestaltung

27 a) Es muß gewährleistet sein, daß dem Vertragspartner ein **Text der AGB zur Verfügung steht**. Der zur Verfügung gestellte Text muß mit dem vorausgehenden Hinweis übereinstimmen (Rn 5). Spätere Änderungen, auch wenn noch vor Vertragsschluß „in Kraft gesetzt", bleiben außer Betracht (OLG Nürnberg NJW-RR 1993, 1245); s aber als Sondernorm auch § 5 a VVG Abs 1 Nr 2 ist aber nicht nur formal zu verstehen. Die Vorschrift enthält auch ein materielles Transparenzgebot (zu diesem Grundsatz BGHZ 106, 42 = NJW 1989, 222; BGHZ 106, 259 = NJW 1989, 530), das jetzt auch in Art 5 der EG-Richtlinie seine Grundlage hat (so mit Recht HEINRICHS, in: FS Trinkner [1995] 157). Der Verwender muß gewährleisten, daß sein Vertragspartner **nach zumutbarer Anstrengung versteht, was materiell in den AGB geregelt ist** (inzwischen wohl allgA; etwa ULMER Rn 51; SEBASTIAN MÜLLER NJW 1996, 1520; HEINRICHS 159; SCHÄFER, Das Transparenzgebot im Recht der AGB [1992] 39. **Rspr**: OLG Schleswig NJW 1995, 2858 – Abbedingung vom textlich nicht genannten Normen des BGB; OLG Celle NJW-RR 1997, 82 – Vermengung von BGB- und VOB-Gewährleistung; AG Offenburg NJW-RR 1996, 1014 – Unklarheit des „Leistungsumfangs"; AG Dortmund NJW-RR 1996, 1355 – s dazu aber auch Rn 30). Klauseln ähnlich dem § 11 Abs 1 VerbrKG (Verzugszins 5% über Bundesbankdiskont) sind aber nicht unklar (HEINRICHS NJW 1997, 1409; CASPER NJW 1997, 240 gegen SEBASTIAN MÜLLER NJW 1996, 1520).

28 b) Der Text der Bestimmungen muß **mühelos lesbar sein** (LG Aachen NJW 1991, 2159, 2160; LÖWE Rn 17; PALANDT/HEINRICHS Rn 13; großzügiger ULMER Rn 50; THAMM/DETZER BB

1989, 1133). Die Drucktypen dürfen nicht so klein gehalten sein, daß sie dem Kunden besondere Anstrengungen bei der Lektüre abnötigen (BGH NJW-RR 1986, 1311; BGH NJW 1983, 2772; NJW 1978, 2243; NJW 1977, 195; OLG Saarbrücken NJW-RR 1988, 858; OLG Hamm NJW-RR 1988, 944; zu Einzelheiten THAMM/DETZER 1033 ff). Die geregelten Fragen müssen klar getrennt sein. Dem Vertragspartner ist bei umfangreichen AGB nicht zuzumuten, jeweils den gesamten Text durchzulesen, um die für eine bestimmte Frage einschlägige Bestimmung zu finden. Sind Untergliederungen durch Überschriften kenntlich gemacht, so sind Bestimmungen unwirksam, die sich nicht an eine durch die jeweilige Überschrift indizierten Stelle befinden. **Widersprüche** und häufige **Regelungsüberschneidungen** stehen einem Verständnis entgegen. In gravierenden Fällen kann es dann an der Wirksamkeit der Einbeziehung des gesamten Klauselwerkes fehlen (OLG Celle aaO; auch etwa der Fall BGHZ 51, 55 = NJW 1969, 230, in dem freilich noch inhaltliche Anstößigkeiten des Klauselwerkes hinzukamen). Die AGB dürfen im Verhältnis zur Bedeutung des Vertragsgegenstandes auch nicht übermäßig lang sein (PALANDT/HEINRICHS Rn 13).

Deutsche Texte werden jedenfalls dann Vertragsbestandteil, wenn deutsch Verhandlungs- und Vertragssprache war und auch der Hinweis auf deutsch geschah (BGHZ 87, 112 = NJW 1983, 1489). Es genügt aber, wenn der Text der AGB in der von beiden Teilen freiwillig gewählten Verhandlungs- oder (aA BGHZ 87, 112 = NJW 1983, 1489; ULMER/SCHMIDT Anh § 2 Rn 19 mwN: nur Verhandlungssprache) **Vertragssprache** gehalten ist (in diesem Sinne, aber den Gegensatz Vertragssprache – Verhandlungssprache nicht betonend OLG Düsseldorf DB 1973, 2390; dass DB 1963, 929; OLG Hamburg NJW 1980, 1232; dass NJW 1964, 500; OLG Frankfurt aM WM 1977, 298; OLG Karlsruhe NJW 1972, 2185; OLG Stuttgart MDR 1964, 412; STARK BB 1968, 490; SCHMIDT/SALZER D 110). Eine Obliegenheit, sich „der Sprache des Verbrauchers" zu bedienen, gibt es nicht. Mit Vertragsschluß haben die Parteien alles als Vertragsinhalt akzeptiert, was in der Vertragssprache formuliert ist. Ist der Hinweis in der Verhandlungssprache gehalten (Rn 4), dann ist es für den Vertragspartner zumutbar, vom AGB-Inhalt in der Vertragssprache Kenntnis zu nehmen (OLG München NJW 1974, 2181). Fehlt es an dem Hinweis in der Verhandlungssprache, dann reicht eine Unterschrift unter ein nicht in dieser gehaltenes Vertragsformular nicht aus, um dessen vorformulierte Teile Vertragsbestandteil werden zu lassen (ULMER/SCHMIDT Anh § 2 Rn 19; DROBNIG, in: FS Mann [1977] 595; aA LÖWE Rn 17 und Anh Rn 12; SCHMIDT/SALZER D 107). Anders sieht es nur aus, wenn lediglich ein in einer anderen als der Vertragssprache gehaltenes Formular verwandt wurde, in welches Eintragungen kamen, die Kenntnis der Formularsprache nicht voraussetzten (so der Fall OLG Stuttgart IPRax 1988, 2937 – allerdings gegenüber Kaufleuten). Auch die Abfassung der AGB in einer „Weltsprache" reicht nur aus, wenn man es mit solchen Partnern zu tun hat, von denen man die Kenntnis dieser Sprache voraussetzen kann (ohne diese Einschränkung für den internationalen Rechtsverkehr DROBNIG aaO; REINHART RIW/AWD 1977, 20; ganz abl OLG Düsseldorf RIW/AWD 1974, 103). Der Hinweis in der Sprache des Vertragspartners reicht sonst nicht aus (aA LG Köln ZIP 1992, 851). Sofern der Vertragspartner und alle Personen, die dieser in vorhersehbarer Weise mit der Vertragsabwicklung befassen könnte, auch zur mühelosen Lektüre einer anderen als der Vertrags- oder Verhandlungssprache befähigt sind, können AGB auch in ihr verfaßt sein. Bei Anbahnung von Distanzgeschäften können AGB im übrigen nur einbezogen werden, wenn sie in der Sprache gehalten sind, die der Adressat im Ausland versteht (JAYME, in: FS Bärmann [1975] 514; ders ZHR 1978, 110 f; vWESTPHALEN Anh § 2 12).

Zur Problematik von AGB bei **Verträgen mit Auslandsbezug** allg s Erl zu § 12.

29 c) **Der Sinn der Bestimmung muß aber auch materiell erfaßbar sein**. Er muß sich dem Durchschnittsadressaten im großen und ganzen erschließen, wenn er sich zumutbar anstrengt (ULMER Rn 51; übertrieben: LG Memmingen NJW-RR 1988, 380 – „Haftungsbegrenzung gleich aus welchem Rechtsgrund auf das 15-fache des Reinigungspreises"). AGB zu Geschäften des täglichen Lebens, welche sich an einen Durchschnittsverbraucherkreis richten, dürfen nicht in einer unnötig **juristischen Sprache** gehalten sein (s SEBASTIAN MÜLLER NJW 1996, 1520; ULMER Rn 52; im Grunde allgA). Bezugnahmen auf textlich nicht wiedergegebene Vorschriften, die nicht ohnehin gelten würden, sind unwirksam (LG Essen NJW 1957, 1560). Formulierungen, die einen begrifflichen Anschluß an das Gesetz in der Weise wählen, daß nur die Paragraphenzahl angegeben ist, nicht ihr Inhalt, sind insgesamt für Vertragspartner unverständlich und daher unwirksam (BGH NJW 1981, 867; OLG Düsseldorf NJW-RR 1997, 1151; OLG Schleswig NJW 1995, 2858; OLG Karlsruhe NJW-RR 1986, 91, 92; AG Dortmund NJW-RR 1996, 1355, 1356). Auf solche gesetzliche Vorschriften, die zum Einbezug gedacht sind, wie die BetriebskostenVO und ihre Anlagen bei Wohnraummiete, kann aber schlicht verwiesen werden (BayObLG NJW 1984, 1761; OLG Hamm MDR 1997, 1016; **aA** OLG Karlsruhe aaO; AG Dortmund aaO; OLG Stuttgart NJW 1981, 1105; OLG Nürnberg NJW 1977, 1402; vgl auch S MÜLLER NJW 1996, 1520), selbst wenn die Geltung gesetzlicher Vorschriften abbedungen werden soll (LG Berlin WuM 1996, 707). Die Betonung, daß bestimmte Rechte nicht abbedungen werden sollen, kann aber kurz durch Angabe der unberührt bleibenden Gesetzesbestimmung geschehen. Ebenso kann auf den Diskontsatz der Bundesbank Bezug genommen werden (CASPER NJW 1997, 240 f; **aA** SEBASTIAN MÜLLER NJW 1996, 1520 f). Alles ist eine Frage des nach dem Geschäftstyp dem Verwender und seinem Vertragspartner Zumutbaren. Manche Geschäftstypen und Regelungsgegenstände verlangen, auch wenn der Vertrag mit einem juristisch nicht vorgebildeten Durchschnittskunden geschlossen wird, nach einer exakten und technischen Terminologie, etwa Geschäfte über Sicherheiten an Grundstücken oder differenzierte und die Gefahr von Unwirksamkeit vermeidende Haftungsbegrenzungsbestimmungen. Im übrigen werden die an AGB zu stellenden Transparenzanforderungen heute an § 9 gemessen (Bsp BGH NJW 1995, 2052, 2054; s § 9 Rn 121 ff). In der Tagespreisklauselentscheidung hat der BGH den Gebrauch des Begriffs „Wandelung" anstatt „Rückgängigmachung des Vertrags" iSv § 11 Nr 10b beanstandet, ohne § 2 oder § 9 zu nennen, s auch § 11 I Abs 1 VerbrKrG.

30 d) **Wird, was zulässig ist** (BGH NJW 1990, 3197), in AGB auf **andere Bindungswerke verwiesen**, so unterfallen auch diese dem Bekanntmachungserfordernis (BGH NJW 1983, 816). Dies gilt etwa bei Abtretung der kaufrechtlichen Gewährleistungsansprüche durch den Leasinggeber (WOLF Rn 24; vWESTPHALEN BB 1990, 1, 2). Jedoch muß man sich auch in diesem Bereich vor funktionslosen Übertreibungen hüten. Versicherungsbedingungen unterliegen nicht der Nr 2, wenn der Verwender Leistungen auf die Erstattungsansprüche aus Versicherungen beschränkt (**aA** STAUDINGER/SCHLOSSER[12]). Soll durch Weiterverweisung auf mehrere Bedingungswerke Bezug genommen werden, so muß aus den vertraglichen Inbezugnahmen ohnehin klar sein, wie sich der Anwendungsbereich der verschiedenen Bedingungswerke zueinander verhält. Andernfalls ist die **Staffelverweisung** unzulässig (BGH NJW 1990, 3197, 3198; OLG Stuttgart NJW-RR 1988, 786 ff). Formulierungen wie „ergänzend", sollten auch noch die Bedingungen anderer Unternehmen gelten, führen zu Unwirksamkeit der gesamten

Bezugnahme auf AGB, sofern nicht die ergänzend in Bezug genommenen Bedingungen erkennen lassen, daß sie ganz andere Fragen regeln wollen als die primär zum Vertragsbestandteil gewordenen (s BGH VersR 1965, 230 – eigene Konnossementbedingungen sowie diejenigen „der am Transport beteiligten Firmen" bedeutet: Beschränkung der Konnossementbedingungen der Verfrachter auf das Verhältnis zu ihren Kunden). Ist das Bedingungswerk, auf welches in einem primären Bedingungswerk verwiesen worden ist, für einen anderen Vertragstyp gedacht und ist es schwierig, seinen Anwendungswillen bezüglich des konkret abgeschlossenen Geschäfts zu ermitteln, so ist die Weiterverweisung ebenfalls unwirksam. Gleiches gilt, wenn nicht klar ist, ob auf einzelne Bestimmungen eines anderen Bedingungswerks verwiesen wird oder auf alle (OLG Stuttgart NJW-RR 1988, 786). Zum Verweis auf internationale Abkommen im Flugverkehr: OLG Hamburg NJW-RR 1986 1440.

Wird in AGB Bezug auf Preislisten genommen, so unterliegen diese nicht der Kenntnisverschaffungsobliegenheit. Nähme man an, sie würden wegen „Nichtbeachtung" von § 2 nicht, wie vorgesehen, Vertragsbestandteil, so bliebe dem Verwender dennoch das Recht zur Preisfestsetzung gem § 315 BGB. Die Anwendung von § 2 in Bezug auf die Obliegenheit, die Kenntnisverschaffung zu ermöglichen, wäre also funktionslos. Übertrieben ist es, von einem Mobilfunkunternehmen die Angabe der von ihm betriebenen Funkstationen zu verlangen (aA AG Offenburg NJW 1996, 1014).

3. Einzelheiten der Obliegenheit, die Kenntniserlangung zu ermöglichen

a) **Fast immer** entspricht der Verwender dem Abs 1 Nr 2 nur, wenn er seinem Vertragspartner ein vollständiges (OLG Frankfurt aM NJW 1989, 1095 – fehlende Teile nicht miteinbezogen) **Exemplar des Klauselwerks aushändigt oder zusendet** (BGH NJW 1988, 2106; OLG Frankfurt aM MDR 1988, 261). Bei schriftlichem Vertragsschluß unter Abwesenden gilt dies auch für beiderseits rechtskundige Vertragspartner (AG Frankfurt aM BB 1978, 524). Es genügt freilich, wenn der AGB-Text sich in Prospekten oder Katalogen befindet, die dem Kunden bei Anbahnung von Vertragsverhandlungen zugesandt wurden oder in deren Besitz er sich aus sonstigen Gründen befindet (ULMER Rn 48; LÖWE Rn 14), sofern der vom Verwender ausgehende Hinweis die Fundstelle bezeichnet. Für mündlich unter Anwesenden geschlossene Verträge kann aber nichts anderes gelten (allgA; LÖWE Rn 14; ULMER Rn 47; MünchKomm/KÖTZ Rn 11). Daß der Kunde die Aushändigung nicht eigens verlangt, macht keinen Unterschied (BGHZ 109, 192, 196 = NJW 1990, 715; aA ULMER Rn 47). Zwar betont der BGH nur die nötige Verwenderaktivität zur Verschaffung der Kenntnisnahmemöglichkeit. Wie diese anders geschehen könnte als durch Zuleitung des Textes ist aber nicht ersichtlich. Bestandteile von Klauselwerken, die nicht mit abgedruckt oder nicht mitgeteilt worden sind, werden nicht Vertragsbestandteil (BGH NJW-RR 1990, 958; OLG Frankfurt aM NJW 1989, 1095). Auch die Tatsache, daß sich der Kunde die Kenntnis anderweit beschaffen könnte, etwa durch käuflichen Erwerb eines Exemplars bekannter AGB, (zB der VOB), ist bedeutungslos (ULMER Rn 7; LÖWE Rn 14; SCHLÜTER, Das AGB-Gesetz im Spiegel des BauR 107; aA KOCH/STÜBING Rn 32; LOCHER NJW 1977, 1802). Zur Abrufbarkeit über Bildschirmtext s Rn 33 a. Wegen der Publizitätsfunktion der Obliegenheit, Kenntnisnahme zu ermöglichen (s Rn 26), genügt es im allgemeinen auch nicht, wenn dem Kunden das Klauselwerk nur zur Durchsicht vorgelegt oder angeboten (aA LG Ansbach NJW 1990, 563) oder wenn dieser gar auf ein Publikationsorgan (insoweit wie hier LÖWE Rn 14) oder – bei längeren Texten – einen Aushang (OLG Hamburg VersR 1989,

202) verwiesen wird. Auch bei umfangreichen Bedingungswerken, wie etwa der **VOB**, kann nach der Rspr gegenüber Partnern, die nicht professionelle Bauleute sind, auf eine Aushändigung des vollständigen Textes nicht verzichtet werden (BGHZ 309, 192 = NJW 1990, 715; BGH NJW-RR 1991, 727; NJW 1994, 2547; OLG Hamm NJW-RR 1993, 27; dass NJW-RR 1988, 1366). Eine Teilinformation über dem Bauherrn günstige Regelungen der VOB genügt nicht (BGH NJW-RR 1991, 727). Selbst das Angebot kostenloser Übersendung soll nicht ausreichend sein (OLG München NJW-RR 1992, 349). Jedoch ist diese Einstellung übertrieben (ULMER/HENSEN Anh §§ 9–11, Rn 903; s auch Rn 63). Bei Einschaltung eines Bauherren-Architekten hält auch die Rspr die Zuleitung der VOB für entbehrlich (OLG Hamm NJW-RR 1991, 277; s auch gegenüber Bauhandwerkern OLG Hamm NJW-RR 1994,1501). Meist ist freilich infolge der Ausschreibungspraxis nicht der Bauunternehmer, sondern der Bauherr VOB-Verwender. Er braucht Bauhandwerkern nicht die Möglichkeit zu verschaffen, von der VOB Kenntnis zu nehmen (OLG Hamm NJW-RR 1994, 1501). Zur Hinweisobliegenheit bezüglich VOB s Rn 8, zu Unternehmern Rn 63.

31 a b) Die **Beweislast** für die Umstände, aus denen der Verwender herleitet, dem anderen Teil eine zumutbare Möglichkeit der Kenntnisnahme verschafft zu haben, trifft den Verwender. Empfangsbestätigungen sind nur unter Beachtung von § 11 Nr 15 wirksam (BGH NJW 1988, 2106).

32 c) Die Obliegenheit der Nr 2 entfällt als sinnlos, wenn der Vertragspartner des Verwenders oder sein Bevollmächtigter (s Rn 2) **bereits Kenntnis vom Inhalt der einzubeziehenden AGB** hat (BGHZ 86, 135, 138 = NJW 1983, 816; BGHZ 105, 290, 292 = NJW 1989, 836; OLG Köln NJW-RR 1994, 1501; allgA). Bei einem Architekten ist der Besitz eines VOB-Exemplars vorauszusetzen (OLG Hamm NJW-RR 1988, 1366; dass 1991, 277).

33 d) Entgegen dem, was die grammatikalische Struktur der Vorschrift auszudrücken scheint („bei Vertragsschluß"), verlangt sie als Voraussetzung der Rechtzeitigkeit der Kenntnisverschaffung entgegen fast allgA (LG Frankfurt aM NJW-RR 1992, 441; OLG Köln WM 1993, 369; AG Freudenstadt NJW-RR 1994, 238 – allesamt Kreditkartenbedingungen betreffend, die zusammen mit der Kreditkarte versandt wurden; KÖNDGEN NJW 1996, 564; WOLF Rn 26; PALANDT/HEINRICHS Rn 9; ULMER Rn 55; LÖWE Rn 20) nicht, daß die andere Vertragspartei die Möglichkeit zur Kenntnisnahme der einzubeziehenden AGB bereits vor Abschluß des Vertrags erhält oder gar genügend Zeit hat, sie durchzustudieren. Wenn der Hinweis auf AGB rechtzeitig war und der Vertragspartner eine Risikoerklärung (Rn 37) nicht abgeben will, muß er um Aushändigung des Textes vor Vertragsschluß bitten. Andernfalls wären **telefonische Vertragsabschlüsse** unter Zugrundelegung von AGB praktisch unmöglich. Diese Konsequenz (so in der Tat MünchKomm/KÖTZ Rn 13) hat das Gesetz aber mit Sicherheit nicht gewollt (1. Teilber 13 f). Die hA behilft sich, um sie zu vermeiden, mit gekünstelten, aber bei richtiger Deutung des Gesetzes unnötigen Hilfskonstruktionen, wie einen schlüssigen Verzicht des Kunden auf Kenntnisverschaffung, anzunehmen (ULMER Rn 49; WOLF/LINDACHER Rn 26; aA AG Krefeld NJW-RR 1997, 245 – nur ausdrücklicher Verzicht; HEINRICHS NJW 1997, 1409), sich mit der ausdrücklichen Erklärung der Versandbereitschaft zufriedenzugeben (MÜLLER-GRAFF JZ 1977, 249) oder mit dem Ratschlag, in diesem Fall den „Wortlaut" des Gesetzes außer Betracht zu lassen (LÖWE Rn 16). Der Kenntnisverschaffungsobliegenheit muß nur unverzüglich nach Vertragsschluß nachgekommen werden. Für die kurze Zeit bis zur Erfüllung der Kenntnisverschaffungsobliegenheit ist die Einbeziehungsabrede schwebend unwirksam. Den ganzen Vertragsschluß von der Kenntnisnahme der Bedingungen abhängig zu machen, ist allerdings überraschend (OLG Nürnberg WM 1998, 121); jedoch wird das in einer solchen Erklärung liegende neue Angebot (§ 150 Abs 2 RGB) durch Inanspruchnahme der Leistung angenommen. Die Übergabe der Bedingungen bei der Bezahlung an der Kasse eines Ladengeschäfts betrachtet auch die traditionelle Sichtweise noch als „bei Vertragsschluß" geschehen (OLG Hamm NJW-RR 1998, 199).

e) Längere Zeit hat man angenommen, von umfangreichen Klauselwerken könne über **Bildschirm** nicht in zumutbarer Weise Kenntnis genommen werden (LG Aachen NJW 1991, 2159; LG Wuppertal NJW-RR 1991, 1148; LG Bielefeld NJW 1991, 1145; LG Freiburg NJW-RR 1992, 1018; WOLF Rn 24; aA AG Kassel NJW-RR 1991, 1146; zur Problematik PAEFGEN, Bildschirmtext aus zivilrechtlicher Sicht [1988]; KÖHLER, in: HÜBNER [Hrsg], Rechtsprobleme des Bildschirmtextes [1986] 51; LÖHNIG NJW 1997, 1688). Da dem Kunden der AGB-Text nach Vertragsschluß nicht in zuverlässiger Weise zur Verfügung steht (s Rn 33, 33 d), können AGB auf diese Weise nur einbezogen werden, wenn schon die Bestellung die AGB miteinbezieht und sie der Annahme textlich beigefügt worden sind. Etwas anderes gilt aber, wenn die AGB über den Bildschirm unschwer abgerufen werden können. Für den Abschluß im **Internet** wird neuerdings auf die Möglichkeit elektrisch vom Inhalt der AGB Kenntnis zu nehmen zu können, etwa durch „downloading" (WALDENBURG BB 1996, 2365, 2369; HEINRICHS NJW 1997, 1409) oder durch Anbringen eines „Hyperlink" auf dem elektronischen Bestellformular (ERNST NJW-COR 1997, 165) verwiesen. Da der Kunde jener Vertragsteil ist, der das Angebot im Rechtssinne abgibt, muß die Bestelltafel so eingerichtet sein, daß sie die AGB mit in Bezug nimmt (LÖHNING NJW 1997, 1688).

33 a

f) § 3 Abs 4 FernUSG, § 4 Abs 3 VerbrKG und § 5a VVG sind Sonderregelungen.

33 b

g) Beim **Schutzhüllenvertrag** ist eine andere als die übliche Art der Vertragsabschlußtechnik praktisch nicht möglich. Daher reicht es aus, daß der Nutzungsvertrag mit dem Hersteller zu dessen Bedingungen mit dem Öffnen der Schutzhülle zustande kommt (aA WOLF Rn 36). Man mag deshalb verstärkte Maßstäbe an die Inhaltskontrolle stellen. (Einzelheiten: MARLY, Softwareüberlassungsverträge [1997], Rn 365 ff). Zur Problematik wurde nur eine einzige Gerichtsentscheidung veröffentlicht (OLG Stuttgart NJW 1989, 2633, 2634) in der in einem wettbewerbsrechtlichen Zusammenhang obiter die Einbeziehung des AGB (und damit der Vertragsschluß) durch Aufreißen des Schutzhüllenumschlags angenommen worden ist.

33 c

h) Aus der Publizitätsfunktion der Obliegenheit, die Kenntnisnahme zu ermöglichen, folgt aber auch, daß der Verwender dem anderen Vertragsteil die **Kenntnis für die gesamte Dauer der Vertragsabwicklung** erhalten muß. Bedingungen, die am Tage des Vertragsabschlusses aushängen, später aber nicht mehr, verlieren mit ihrem Verschwinden auch ihre inhaltliche Gestaltungswirkung für den Vertrag. Dem Vertragspartner des Verwenders ist es nicht zuzumuten, dann, wenn er darauf angewiesen ist, sich den Text der Bedingungen zu verschaffen, die seinerzeit ausgegangen haben.

33 d

i) Kommt es zum Vertragsschluß unter **Einbeziehung von AGB über einen Hinweis durch Aushang** (Rn 18 ff), so ist zu unterscheiden. Wird auch der Text der AGB mit

33 e

ausgehängt, so muß er einfach, leicht verständlich sein (OLG Hamburg VersR 1989, 202) und sich auf wenige bündige Klauseln beschränken. Wird auf den Einbeziehungswillen nur hingewiesen (s Rn 20), so muß der Text der AGB an einem im Aushang bezeichneten Ort sofort und mühelos erreichbar sein, etwa „an der Kasse ausliegend" (allgA; Ansicht bei STAUDINGER/SCHLOSSER[12] aufgegeben).

33 f k) Schließt ein Bevollmächtigter oder gesetzlicher Vertreter den Vertrag ab, kommt es für das Merkmal der Ermöglichung der Kenntnisnahme nach § 166 Abs 2 BGB auf dessen Person an (BGH NJW 1985, 850).

4. Der Verkehr gegenüber einem Unternehmer

34 Im Verhältnis zu Unternehmern gilt § 2 nicht, daher auch nicht dessen Abs 1 Nr 2. Die Rspr verlangt auch nicht (entgegen WOLF Rn 68; PALANDT/HEINRICHS Rn 26) die zumutbare Ermöglichung der Kenntnisnahme. Der BGH (BGHZ 102, 304 = NJW 1988, 1212) sprach zwar einmal davon, daß der Vertragspartner in der Lage sein müsse, „sich über die Bedingungen ohne weiteres Kenntnis zu verschaffen". Es ging aber nur um Unklarheiten darüber, welche Bedingungswerke einbezogen sein sollten. Die These der Unwirksamkeit vertraglicher Bezugnahme auf Texte, die den Vertragsschließenden oder einem von ihnen unbekannt sind, findet im Gesetz keine Stütze (so mit Recht DIEDERICHSEN ZHR 1969, 238 gegen SCHREIBER NJW 1967, 1441). Daher brauchen die AGB dem Adressaten eines schriftlichen Angebots nicht zugeleitet zu werden (BGH NJW 1976, 1886; NJW 1982, 1750; BGH BB 1985, 884; BGH NJW-RR 1992, 1232). Es muß nur der Einbeziehungswille des Verwenders zum Ausdruck kommen, wozu freilich nicht ausreicht, daß der Verhandlungsführer des Kunden als früherer Angestellter des Verwenders dessen Gebräuche kennt (BGH, in: BUNTE, AGBG I § 2 Nr 2). Der andere Vertragsteil muß zudem in der Lage gewesen sein, sich über die Bedingungen Kenntnis zu verschaffen (BGHZ 102, 293 = NJW 1988, 1210, 1213; BGH NJW-RR 1989, 1104; OLG Düsseldorf VersR 1996, 1394). Grundsätzlich genügt die Möglichkeit, sie beim Verwender anzufordern.

35 **Eine gewisse Ausstrahlungswirkung von Abs 1 Nr 2 auch auf den Verkehr mit Unternehmern** sollte man freilich nicht leugnen. Sollen textlich vorliegende AGB einbezogen werden, so müssen sie ohne allzu große Mühe lesbar sowie drucktechnisch und systematisch übersichtlich sein (BGH WM 1978, 978, 979; OLG Hamm NJW-RR 1988, 944). Nur mit der „Lupe lesbare" (Konnossement)-Bedingungen hielt der BGH nicht für wirksam einbezogen (NJW 1983, 2772, 2773; BGH WM 1986, 769, 770). Dem ist im Prinzip zuzustimmen, wenn auch für rechtliche Verhältnisse Besonderheiten gelten mögen (OLG Hamburg, in: BUNTE, AGBE V Nr 6; HERBER, in: FS Stimpel [1985] 1026; RABE RIW 1984, 589; HENSEN ZIP 1984, 146). Zu den erstaunlich strengen Maßstäben der Judikatur s OLG Hamburg BB 1987, 1704 und OLG Hamm NJW-RR 1988, 944. Hat der Vertragspartner des Verwenders Schwierigkeiten, sich die Bedingungen zu verschaffen, und schickt sie ihm der Verwender auf Anforderungen nicht unverzüglich zu, sind sie schließlich auch nicht anderweit leicht erhältlich, wie die ADSp, die AGB-Banken, die VOB und ähnlich einheitlich und weit verbreitete Bedingungswerke, so muß man ihm das Recht zubilligen, eine weitere Vertragsabwicklung auf der Grundlage dieser Bedingungen abzulehnen (OLG Hamm DB 1983, 2619). Der Verwender hat seine Rechte aus den AGB auf diese Weise verwirkt. Darüber hinauszugehen, gibt es aber keinen Grund. Auch ein mit einem **auslandsansässigen Partner** auf dem Korre-

spondenzwege schriftlich abgeschlossener Vertrag kann AGB miteinbeziehen, die zunächst nicht mitversandt wurden (aA OLG Düsseldorf DB 1963, 929). Nur kann eine auslandsansässige Person, die einen Text der Bedingungen zu haben wünscht, schlechterdings nicht auf andere Bezugsquellen verwiesen werden als auf seinen deutschen Vertragspartner und Verwender. Wird ihm ein in einer anderen als der Vertrags- oder Verhandlungssprache gehaltener Text zur Verfügung gestellt, so ist dies der Verweigerung der Kenntnisverschaffung gleichzustellen.

V. Das Einverständnis des Vertragspartners des Verwenders

1. Einverständnis nach ausdrücklichem Hinweis

a) Die in § 2 festgehaltene Notwendigkeit des Einverständnisses des Vertragspart- 36 ners mit der Einbeziehung der AGB in den Vertrag ist trotz der sorglosen Redaktion („einverstanden" anstatt „Erklärung des Einverständnisses") eine **Bestätigung traditioneller rechtsgeschäftlicher Grundsätze** (BGH WM 1982, 444, 445; hA; aA Pflug, Kontrakt und Status im Recht der AGB [1986] 320), die angesichts der Laschheit der Praxis (Rn 1) nötig war.

b) Ist der Vertragspartner des Verwenders iSv Abs 1 S 1 **ausdrücklich** darauf **hin-** 37 **gewiesen worden**, daß bestimmte AGB Vertragsbestandteil werden sollen, so ist eine Situation kaum noch denkbar, in welcher der objektive Erklärungswert seiner darauf folgenden, nicht weiter eingeschränkten Erklärung der Zustimmung zum Vertragsschluß nicht schlüssig auch das Einverständnis mit der Geltung der Bedingungen bedeuten sollte (BGH NJW 1982, 1388; OLG Hamm BB 1981, 148; Schmidt ZIP 1987 1505). AGB werden auch Vertragsbestandteil, wenn der Kunde ein sie oder einen Hinweis auf sie enthaltenes Formular unterschreibt oder entgegennimmt, ohne sie gelesen zu haben (statt aller: BGHZ 1, 86 = NJW 1951, 402; BGHZ 17, 2 = NJW 1955, 1145; BGHZ 33, 219 = NJW 1961, 212) – selbst wenn er nicht einmal zur Kenntnis nimmt, daß Vertragsinhalte geregelt werden sollen. Der rechtsgeschäftliche Verkehr duldet auch **Risikoerklärungen** (so der zutreffende Ausdruck von Siegel AcP 111, 92 f und L Raiser 170). Eine Bestätigung, auch eine formularmäßige, von bei- oder vorliegenden AGB Kenntnis genommen zu haben, ist ein gewichtiges Indiz für eine zumutbare Möglichkeit der Kenntnisnahme (BGH NJW 1982, 1388; krit Bohle BB 1983, 16).

Allerdings kann das Verhalten des Vertragspartners des Verwenders auch schlüssig ergeben, daß er mit der Geltung der AGB nicht einverstanden sein will. Verwendet der Besteller einer Ware nicht das ihm vom Verkäufer überlassene und den Hinweis enthaltene Formular, sondern einen eigenen Kaufvertragsentwurf, der keinen Hinweis auf AGB enthält, so hat er sein Einverständnis nicht erklärt. Schlüssigkeit eines Einverständnisses mit der Geltung von AGB ist aber anzunehmen, wenn die AGB oder ein Hinweis auf sie in einer dem § 2 entsprechenden Weise und unter den Voraussetzungen aushängen, unter denen nach dieser Vorschrift der Aushang einen ausdrücklichen Hinweis ersetzen kann (Ulmer Rn 61; **abl** bei Haftungsausschlußschildern für Plätze mit größerem Publikumsverkehr BGH NJW 1982, 1144; BGH NJW-RR 1988, 655, 657 – jedoch wäre besser mit Inhaltskontrolle gearbeitet worden; s auch Rn 39 aE; s Rn 18 ff). Jedoch gehen Unklarheiten darüber, ob der Vertragspartner mit der Zustimmung zum Vertragsschluß auch die AGB einbeziehen wollte, auf die er hingewiesen wurde, zu

Lasten des Verwenders (aA STAUDINGER/SCHLOSSER[12]). Denn nach der Formulierung des Gesetzes trifft auch insoweit die **Beweislast** den Verwender.

38 c) Die in der Zeit vor Inkrafttreten des AGBG die Literatur – erstaunlicher Weise nicht die Rspr – beschäftigende Frage einer etwaigen Einschränkung des **Irrtumsanfechtungsrechts** in solchen Fällen, in denen die Bindung des Vertragspartners nicht auf eine schlüssige Willenserklärung sondern auf eine objektive Zurechnung zurückgeführt wurde, spielt im Anwendungsbereich von § 2 keine Rolle mehr. Nach Erfüllung der dem Verwender obliegenden Hinweispflicht kann es auf Seiten des Vertragspartners nur noch eine „Zurechnung" kraft objektiven Erklärungswertes seiner Äußerung geben oder gar keine mehr (Rn 37; für positiven Vertrauensschutz anstatt rechtsgeschäftlicher Bindung SCHRÖDER 20 ff). Ist der Vertragspartner mit der Geltung der AGB in Wirklichkeit doch nicht einverstanden gewesen, weil er etwa den Hinweis auf sie versehentlich nicht zur Kenntnis genommen hat, so kann er seine Erklärung mit der sich aus § 6 ergebenden Folge wegen Irrtums über ihren Inhalt anfechten (LÖWENHEIM AcP 180, 433 ff; ULMER Rn 62; allgA). Wenn er sich jedoch keine Gedanken über etwa einbezogene AGB gemacht hat, war er auch keinem Irrtum erlegen. Für einen etwaigen Irrtum trifft den Vertragspartner die **Beweislast**, der kaum je nachgekommen werden kann. Auch wird es dem Anfechtenden häufig schwer fallen, Gründe anzugeben, daß er die Erklärung bei verständiger Würdigung der Sachlage nicht so abgegeben haben würde, wie sie sich ihrem objektiven Erklärungswert nach ausnimmt (so mit Recht Grunsky aaO). Insbesondere scheidet eine Anfechtung fast immer aus, wenn ein Vertragsschluß anderwärts zu günstigeren Bedingungen nicht möglich ist (zu Einzelheiten LÖWENHEIM aaO; SCHRÖDER aaO). Auch eine Anfechtung wegen Verkennens des Sinnes einer Klausel ist grundsätzlich möglich (BGH NJW 1983, 1854). Die Anfechtungsvoraussetzungen werden aber selten beweisbar sein. Zu den Rechtsfolgen einer Anfechtung s § 6 Rn 8.

2. Vertragsschluß nach allgemeinen Regeln als Einbeziehungsvoraussetzung

39 a) Voraussetzung für die wirksame Einbeziehung von AGB in einen Vertrag ist aber, daß der Partner des Verwenders dem mit der Einbeziehung von AGB eine Rechtsgeschäftseinheit bildenden (Rn 2) Vertragsschluß überhaupt zugestimmt hat (in diesem Sinne auch BGH NJW 1984, 1112). Der Verwender kann nicht etwa durch AGB die Voraussetzungen eines Vertragsschlusses anders regeln wollen, als das Gesetz es in den §§ 145, 147, 148, 151 BGB tut oder zuläßt (ULMER Rn 63; GRUNEWALD ZIP 1987, 356; AG Freudenstadt NJW-RR 1994, 238, 239). Der Verwender kann auch nicht bestimmen, daß ein von ihm nach § 150 Abs 2 BGB geändertes Angebot als stillschweigend angenommen gilt, wenn nicht die Voraussetzungen vorliegen, unter denen man dies ohnehin abnehmen würde (aA STÜBING NJW 1978, 1618). Der Verwender kann nicht in seinen AGB für die rechtlich als Vertragsangebot zu wertende Bestellung eines Kunden Schriftform vorschreiben oder nur eigene schriftliche Erklärungen als Vertragsangebot oder Vertragsannahme gelten lassen wollen. Zur Schriftformklausel im übrigen s § 4 Rn 20 ff. Der Verwender kann auch nicht bestimmen, daß sein Angebot nach Ablauf einer Widerspruchsfrist als angenommen anzusehen ist (AG Medebach MDR 1966, 584; LÖWE Rn 19). Niemand kann aufgrund seiner mit einem erbetenen **Kostenvoranschlag** mitversandten AGB Kostenersatz verlangen (LG Landau MDR 1959, 588), wenn derartiges nicht im Verkehr mit Unternehmern branchenüblich und im Auftrag auf Erstellung eines Kostenvoranschlags bereits mit inbegriffen ist. Verschickt ein **Makler** eine **Verkaufsaufgabe** unter Verzicht auf Antwort bei Nichtgefallen, legt er seine AGB bei, und kommt es längere Zeit danach zu einem Verkauf des Objekts durch Vermittlung eines anderen Maklers, so kann der erste tätig gewordene Makler nicht aufgrund seiner Bedingungen Ansprüche geltend machen, selbst wenn er in ihnen gesagt hat, die Aufnahme von Verhandlungen mit der nachgewiesenen Partei gelte als Auftragserteilung (OLG Bremen NJW 1965, 977). Eine Abänderung eines einmal geschlossenen Vertrages kommt noch nicht dadurch zustande, daß der Kunde nachträglich AGB unterzeichnet. Er muß sich vielmehr dabei bewußt gewesen sein, daß es sich um eine Vertragsänderung handelt (KG NJW-RR 1994, 1265). Zur Einbeziehung der Teilnahmebedingungen des niedersächsischen Zahlenlottos s OLG Celle NJW-RR 1986, 833.

Bestellt jemand Waren oder Leistungen und werden diese erbracht, aber gleichzeitig **40** mit einer **Auftragsbestätigung** oder einem sonstigen Vertragsannahmedokument, das – erstmals – einen Hinweis auf AGB enthält, so ist das Einverständnis mit deren Geltung durch Leistungsannahme zum Ausdruck gebracht (Rn 75 ff). Erschöpft sich der Sinn eines Vertrages darin, AGB in ein nicht vertraglich begründetes Schuldverhältnis einzubeziehen (§ 1 Rn 7), so kommt das Einverständnis zum Ausdruck, wenn der Partner des Verwenders die Handlungen vornimmt, die ihm der Verwender nach Annahme seiner Bedingungen gestattet, sofern die Rechtmäßigkeit der Handlung von einer solchen Gestattung abhängt. Wer weiß, daß Einrichtungen nur auf der Basis bestimmter Bedingungen benutzt werden dürfen, unterwirft sich ihnen mit der Benutzung (BGH VersR 1967, 63; s Rn 37 aE).

b)   Der **Spielraum** bezüglich des Zustandekommens des Vertrages, **den das Gesetz** **41** **demjenigen gibt, der ein Angebot macht**, kann auch **durch AGB ausgefüllt** werden. Durch AGB kann die Bindung an ein Angebot ausgeschlossen werden, s § 145 BGB. AGB können iSv § 148 BGB Fristen festsetzen (LG Duisburg NJW 1964, 160) und auf den Zugang der Annahmeerklärung verzichten (§ 151 BGB). Auch der Adressat eines Angebots kann die vom Gesetz gelassenen Spielräume in den Grenzen von § 9 AGBG für sich ausnutzen, soweit er faktisch erzwingt, daß an ihn gerichtete Angebote nur mit von ihm selbst zur Verfügung gestellten Formularen („Bestellscheinen") abgegeben werden, und er auf andere Angebote nicht mit deren schlichter Annahme reagiert.

c)   Bezieht sich das AGBG auch auf **einseitige Erklärungen** (§ 1 Rn 5), so bedeutet **42** das Einverständnis des Kunden mit der Einbeziehung des Klauselwerks nicht, daß eine solche Erklärung unwiderruflich würde, wenn sie auch als individuell abgegebene es nicht wäre. Eine AGB-Vollmacht ist widerruflich, wenn sie nicht als unwiderruflich iSv § 168 S 2 BGB erteilt ist. Ein Ausschluß von Eigentumsvorbehalt in Einkaufsbedingungen kann durch den Vertragspartner des Verwenders widerrufen werden, mag dies auch eine Vertragsverletzung sein. Der Zugang eines solchen Widerrufs kann aber nur dann angenommen werden, wenn er in einer Form geschieht, die reale Kenntnisnahme durch eine zur Passivvertretung des Adressaten berechtigte Person verbürgt. Aufdrucke und maschinenschriftliche Zusätze auf Rechnungen sind dazu untauglich. Für den Fall der nachträglich und vertragswidrigerweise auf Lieferscheinen und Rechnungen erklärten Eigentumsvorbehalten s Rn 10, 79 ff.

3. Wirkung von AGB für und gegen Dritte?

43 a) AGB können nicht **zu Lasten Dritter** vereinbart werden, die ihrer Geltung nicht zugestimmt haben. Gestattet ein Grundstückseigentümer dem Kreditnehmer einer Bank zur Sicherheit für einen bestimmten, diesem gewährten Kredit eine Grundschuldabtretung oder -bestellung, so vermögen die AGB der Banken das Rechtsverhältnis zwischen Bank und Grundstückseigentümer nicht zu erfassen (OLG Frankfurt aM WM 1973, 1150). Jedoch sind stillschweigende Ermächtigungen durch Dritte denkbar, zu ihren Lasten, auf der Grundlage von üblichen AGB Verträge abzuschließen. Dann müssen nicht ihnen, sondern denjenigen gegenüber die Hinweis- und Kenntnisverschaffungsobliegenheiten erfüllt werden, die im eigenen oder fremden Namen (s o Rn 2) die Verträge schließen. Diese Grundsätze spielen eine große Rolle bei **Transportverträgen**. Häufig ist der Auftraggeber mit dem Eigentümer des beförderten Gutes nicht identisch. Die deliktische Haftung diesem gegenüber ist daher durch die Vereinbarung der Geltung von AGB grundsätzlich nicht miterfaßt. Überläßt freilich jemand einem anderen sein Eigentum mit dem Auftrag, Verträge über die Beförderung des Gutes mit Dritten abzuschließen, so liegt darin eine schlüssige Ermächtigung, dies zu den üblichen Vertragsbedingungen zu tun, sofern der Überlassende mit den Vertragsgestaltungsgewohnheiten des Transportgewerbes vertraut ist. Letzteres muß man von jeder Firma, die gewerbsmäßig unter Zuziehung fremder Unternehmen Waren versendet (BGH NJW 1974, 2177 – tschechische Firma, die „weiß", daß der Spediteur Zwischenspediteure in der Bundesrepublik beauftragen muß, die ausschließlich nach den ADSp arbeiten) oder die Transportmittel zur Verfügung stellt, die mit Hilfe anderer Transportmittel weiter befördert werden (OLG Hamburg VersR 1977, 812 – Schleppverträge), voraussetzen. Was das Pfandrecht in § 50 ADSp und § 23 AGNb (s STAUDINGER/ COESTER § 9 Rn 175) anbelangt, so ist es überraschend und unangemessen, soweit es Güter des Dritten auch für Forderungen erfassen soll, die mit dem Beförderungsvertrag nicht im Zusammenhang stehen (BGHZ 17, 2 = NJW 1955, 1145 – damals noch mit einer einschränkenden Auslegung der Einbeziehungsvereinbarung arbeitend). Nicht anders liegen die Dinge auch im Falle eines Distanzkaufes, wenn der Käufer Partner des Transportvertrages ist, dem Verkäufer aber während des Transportes noch das Eigentum an der transportierten Ware zusteht. Da die Vereinbarung eines Pfandrechts wegen Forderungen aus dem Transportverhältnis üblich ist – nicht aber wegen inkonnexer Forderungen –, hat der Verkäufer den Käufer auch zu einer solchen Vereinbarung ermächtigt, wenn er ihm den Abschluß des Transportvertrags überläßt (RAISER 214 f mN aus der älteren Rspr), sofern er gewerbsmäßig derartige Geschäfte abzuschließen pflegt. Selbst da wirkt ein rechtsgeschäftlich bestelltes Pfandrecht zu Lasten Dritter, wo die Bestellung nur im Hinblick auf fehlendes Eigentum des Vertragspartners vorgenommen wurde, wie dies in Reparaturbedingungen der Fall ist (BGH NJW 1977, 1240; aA PICKER NJW 1978, 1417). Denn der berechtigte Besitzer einer reparaturanfälligen Sache ist meist ermächtigt, die mit Reparaturaufträgen üblicherweise verbundenen Pfandrechtsbestellungen vorzunehmen. Darauf zielende Klauseln sind daher durchaus nicht tendenziell auf Hintergehung des Eigentümers angelegt.

Haftungsbegrenzungsklauseln gelten aber durchaus nicht auch zu Lasten eines **Privatmanns**, der jemanden beauftragt, um die Versendung seines Eigentums besorgt zu sein. Verwendet ein Fluggast Gepäckstücke eines Verwandten oder Bekannten, so trifft diesen alles, was in den Flugbeförderungsbedingungen zur Haftungsbegrenzung und zur Begründung von Anmeldeobliegenheiten steht, nicht, sofern es um die deliktische Haftung ihm gegenüber geht (AG Köln NJW 1976, 2076). Auch im Verhältnis zu jemandem, der einen Transport nicht veranlaßt hat, insbesondere im Verhältnis zum Empfänger der Sendung, kann ein irgendwie gearteter Haftungsausschluß in Beförderungs- oder Speditionsbedingungen nicht wirken (BGH NJW 1959, 1679). Das Gleiche gilt im Verhältnis zu Personen, denen dingliche Sicherheiten an dem transportierten Gut zustehen. Wohl aber ist auch einem privaten Dritten gegenüber die Bestellung eines Pfandrechts an dem Transportgut nicht überraschend.

b) AGB können aber nach den Grundsätzen eines Vertrags zugunsten Dritter **44** oder mit Schutzwirkungen für Dritte sehr wohl **zugunsten Dritter** vereinbart werden (BGH ZIP 1985, 687, 689; BGH MDR 1980, 648; OLG Celle VersR 1983, 683; OLG Köln OLGZ 1982, 372; OLG München NJW 1981, 1963; heute wohl allgM. Lit: BLAUROCK ZHR 146, 1982, 238 ff), etwa Haftungsbeschränkungen zugunsten der Arbeitnehmer des Verwenders (BGHZ 22, 109 = NJW 1956, 1915; BGH NJW 1962, 388). Haftungsbeschränkungen zugunsten des Hauptfrachtführers gelten auch zugunsten des Unterfrachtführers (BGH MDR 1977, 819), solche in Verträgen des Verfrachters mit dem Befrachter auch zugunsten der Eigentümer des Seeschiffes und der Schiffsbesatzung (BGH RIW 1983, 377). Zur Frage, wann Haftungsbegrenzungsklauseln in diesem Sinne auszulegen sind, s auch § 5 Rn 10. Vor allen Dingen die Beteiligung öffentlicher Institutionen an Vereinbarungen kann dazu führen, daß die Vertragspartner sich verpflichten, Dritten Ansprüche zu gewähren, die in AGB enthalten sind. Auch wenn Dritte durch AGB begünstigt sind, richtet sich die Frage, wem gegenüber den Obliegenheiten von § 2 Rechnung zu tragen ist, nach dem Verhältnis zwischen Versprechenden und Versprechensempfänger (OLG Düsseldorf NJW-RR 1993, 823).

4. Sonderregelungen

Sonderregelungen bringen § 5a VVG für den Fall, daß der Versicherer das sog Poli- **45** cenmodell wählt, sowie § 4 VerbrKG, s auch Rn 33 b.

5. Spätere Änderungen von AGB

a) Grundsätzlich werden und bleiben AGB Vertragsbestandteil nun in der **46** **Gestalt, die sie im Zeitpunkt des Vertragsabschlusses** hatten. Später geänderte Fassungen können ohne neue Einigung auf früher abgeschlossene Verträge nicht angewandt werden (LG Frankfurt aM NJW 1991, 2842 – Kreditkarten). Kein Vermieter kann nach Abschluß von Mietverträgen eine Hausordnung „erlassen" (LG Köln MDR 1959, 762). Wenn AGB das Problem ihrer eigenen Änderung nicht regeln, muß eine Einbeziehung geänderter Fassungen in früher abgeschlossene Verträge dem § 2 entsprechen (ULMER Rn 64; KOCH/STÜBING Rn 39; SCHMIDT/SALZER D 100). Allein die Tatsache, daß dem Vertragspartner des Verwenders eine neue Fassung zugeschickt wird, genügt für die Annahme von dessen Einverständnis auch bei Dauerschuldverhältnissen nicht (OLG Karlsruhe DB 1966, 935; LG Frankfurt aM NJW 1991, 2842; aA P HOFMANN NJW 1966, 2169; WOLF Rn 43), auch **Versicherungsverträge** machen insoweit keine Ausnahme (OLG Saarbrücken NJW-RR 1989, 92; OLG Nürnberg NJW-RR 1993, 1245). Ein Versicherungsvertrag kommt mit dem Text der AVB zustande, der dem Versicherungsnehmer bei der Antragsstellung überreicht wird und nicht mit dem Text der bei Vertragsschluß geltenden, dem Kunden nicht bekannten Fassung (OLG Nürnberg aaO).

47 b) Besonderheiten gelten, wenn **ABG die Möglichkeit ihrer einseitigen Änderung** auch mit Wirkung für bereits abgeschlossene Verträge vorsehen. Zu beachten ist freilich, daß die Worte „in der jeweils gültigen Fassung" sich meist auf die Fassung zur Zeit des Vertragsschlusses beziehen und daher keine Probleme aufwerfen (SCHMIDT/SALZER D 98; LÖWE Rn 66).

48 Eine Klausel in AGB, in welcher sich der Verwender vorbehaltslos das Recht einräumt, seine AGB auch mit **Wirkung für bestehende Verträge** zu ändern, ist mit Recht schon nach der früher von der Rspr zur Inhaltskontrolle herausgearbeiteten Grundsätzen für sittenwidrig erklärt worden (BGH VersR 1971, 1116; nach geltendem Recht ebenso PALANDT/HEINRICHS Rn 20; ULMER Rn 65; SCHMIDT/SALZER D 98; KIRCHHERR/STÜTZLE ZIP 1985, 515, 518). Eine Ausnahme läßt sich auch nicht für Klauselwerke rechtfertigen, die von dritter Seite formuliert wurden, selbst wenn sich der Verwender an die vom Aufsteller selbst getroffenen Änderungen des Klauselwerkes bindet, zB bezüglich der VOB (aA bei Unmißverständlichkeit für Versicherungsbedingungen OLG Saarbrücken VersR 1989, 245 = NJW-RR 1989, 92). Man darf nicht nur an die anläßlich des Inkrafttretens des AGBG akut gewordene Hypothese einer durch Bedingungsänderung eintretenden Verbesserung der Rechtsstellung des Kunden denken. Lediglich dann, wenn das zugrundeliegende Verhältnis ein **dauerndes Geschäftsverbindungsverhältnis** ist, wie etwa im Bankenverkehr, und sich in vielfältigen neuen Diensten des Verwenders manifestiert, werden die geänderten Bedingungen für künftige Geschäftsvorfälle kraft neuer (schlüssiger) Einbeziehungsvereinbarung Vertragsbestandteil dadurch, daß der Kunde die Geschäftsbeziehung nach Kenntnisnahme der Änderung fortsetzt (in diesem Sinne auch OLG Koblenz BB 1983, 1635; die Wirksamkeit eines Globaländerungsvorbehalts zu Recht abgelehnt für Versorgungsanstalt des Bundes und der Länder BGH VersR 1977, 446; ohne Eingrenzung auf das Erfordernis vielfältiger neuer Dienste des Verwenders ebenso ULMER Rn 65; SCHMIDT/SALZER D 101; MünchKomm/KÖTZ Rn 27). Ein globaler Änderungsvorbehalt dahingehend, daß etwaige Änderungen dem Kunden lediglich „mitzuteilen" sind, ist aber auch insoweit nicht möglich (ULMER Rn 65; aA SCHMIDT/SALZER D 99). Schon gar nicht berechtigt der Widerspruch des Kunden gegen die Einbeziehung neuer AGB zur fristlosen Kündigung (OLG Köln NJW 1996, 1065). Jedoch kann das Einverständnis des Kunden mit der Einbeziehung der geänderten Fassung unter Beachtung der Kautelen von § 10 Nr 5 fingiert werden (SEYBOLD VersR 1989, 1231, 1235; ULMER Rn 65; wohl allgA), s dort Rn 8. Ein überraschendes und daher nicht Vertragsbestandteil werdendes Element der Neufassung kann sich dann freilich auch aus dem Vergleich mit der alten Fassung ergeben. Zur Änderung global einbezogener AGB s unten Rn 54.

49 c) Der Verwender kann sich freilich einseitige **Einzeländerungen seiner AGB vorbehalten**, wenn ihre Zielsetzung hinreichend bestimmt ist (auch insoweit wohl aA LÖWE Rn 21). Der Grundgedanke von § 2 verlangt aber, daß eine Änderung für den einzelnen Kunden nur wirksam wird, wenn sie ihm ausdrücklich mitgeteilt und wenn ihm gleichzeitig oder mindestens unverzüglich danach (Rn 33) der Text der geänderten Bedingungen zur Kenntnis gebracht wird. Dies gilt auch da, wo die Einbeziehung handelsüblich ist.

6. Formbedürftige Verträge

50 Gilt für das Geschäft **gesetzliche Schriftform**, genügt eine Bezugnahme auf AGB nicht, wenn diese mit den individuell gebildeten Teilen der Urkunde nicht äußerlich zusammengefaßt sind. Ob eine Bezugnahme auf Bedingungen ausreicht, die dem Hauptdokument in einer Anlage angeheftet sind (so RGZ 107, 294; 125, 159; 136, 425; 148, 353), oder ob eine Zusammenfassung in der Weise nötig ist, daß die Trennung eine gewisse Gewaltanwendung erfordert (so BGHZ 40 263 = NJW 1964, 395), ist wie bei der Zusammenfügung sonstiger Textteile zu einer Vertragsurkunde zu entscheiden (s Erl STAUDINGER/DILCHER[12] § 126 BGB).

Ist **notarielle Beurkundung** vorgeschrieben, dann gilt § 9 BeurkG. Zur AGB Problematik notariell beurkundeter Verträge s im übrigen § 1 Rn 42. Hinsichtlich der Rechtsfolgen von Formverletzungen s § 6 Rn 6.

7. Unternehmer

Auch im Verkehr mit Unternehmern bedeutet ein einfaches „ja" zum Vertragsschluß Einbeziehung von AGB, wenn der Verwender auf seinen Einbeziehungswillen ausdrücklich oder durch positiv-schlüssige Erklärungen hingewiesen hat. Gegenüber einem Unternehmer kann es zur Einbeziehung von AGB freilich auch durch beiderseits stillschweigend-schlüssige Erklärungen kommen (Rn 61 ff – Verkehrssitte, Handelsbrauch Rn 59 ff – länger dauernde Geschäftsbeziehung), etwa durch Mitverschicken, nicht aber durch bloßen Abdruck auf der Rückseite eines Angebotsschreibens (aA Wolf Rn 62). Auch die Zugehörigkeit von Firmen zu einem Verband, der für die verbandstypischen Rechtsbeziehungen Geschäftsbedingungen aufgestellt hat, oder die Zugehörigkeit von Firmen zu verschiedenen Verbänden, die sich über Geschäftsbedingungen für den Verkehr unter ihren Mitgliedern geeinigt haben (BGH WM 1956, 1232), schafft diese Voraussetzungen, wenn im Verkehr der verbandsangehörigen Firmen der Gebrauch der fraglichen AGB allgemein üblich geworden ist – selbst wenn ein allgemeiner Handelsbrauch noch nicht zustande gekommen sein sollte. Aus der Zugehörigkeit zu Verbänden, welche die Empfehlung von AGB für den Verkehr ihrer Mitglieder untereinander vereinbart haben, ergibt sich aber für diese noch keine Verpflichtung gegenüber ihren Vertragspartnern (BGH BB 1954, 6). Der Besitz eines AGB enthaltenden Katalogs durch den Besteller bedeutet noch nicht dessen Einbeziehungseinverständnis (LG Berlin MDR 1980, 404). 51

VI. Pauschalvereinbarungen nach Abs 2

1. Das Verhältnis zum nicht unternehmerisch auftretenden Vertragspartner

a) Weil das Einverständnis des Vertragspartners des Verwenders formfrei erklärt werden kann, kann es auch in der Gestalt einer Pauschalerklärung zustande kommen, die sich mit entsprechenden Erklärungen des Verwenders zu einem Rahmenvertrag zusammenfügt. Solche Vereinbarungen können nicht schlechthin alle (ULMER Rn 70), wohl aber sämtliche Geschäfte einer bestimmten Art erfassen, welche die Vertragspartner in Zukunft abzuschließen gedenken. Es muß aber durch Individualvereinbarung eine **laufende Geschäftsbeziehung**, mindestens eine lose Abfolge gleichartiger Verträge in Aussicht genommen worden sein. Wenn im Zusammenhang mit einen zunächst einmaligen Geschäftsabschluß AGB verwandt werden, in denen steht, daß sie auch für alle „künftigen Geschäfte" der Vertragsparteien gelten sollen, so ist dies für zukünftig tatsächlich getätigte Geschäfte noch keine ausreichende 52

Einbeziehungsvereinbarung (so mit Recht L Raiser 180; Schmidt/Salzer D 91 f; Ulmer Rn 75; Löwe Rn 23; aA OLG Celle BB 1971, 547). Ebensowenig kann aus wiederholter Einbeziehung von AGB in eine Vielzahl von Einzelverträgen oder häufigen Hinweisen in Rechnungen und Lieferscheinen auf eine Rahmenvereinbarung geschlossen werden (BGH NJW-RR 1987, 112 = 1986, 1994; Wolf Rn 52; Ulmer Rn 76, 78; wohl allgA).

53 b) Abs 2, welcher die grundsätzliche Möglichkeit pauschaler Einbeziehungsvereinbarungen außer Streit stellt (Ulmer Rn 70, 72), will aber **keinesfalls** für diesen Fall auch **Formerleichterungen** für die vom Verwender ausgehenden Handlungen gewähren. Das würde dem Schutzzweck von § 2 zuwiderlaufen. Ein Rahmenvertrag nach dessen Abs 2 ist daher im Verhältnis zum nicht gewerblichen Vertragspartner des Verwenders nur wirksam, wenn dieser vor Vertragsabschluß iSd Ausführungen in Rn 4 ff ausdrücklich **auf seine AGB hingewiesen** und diese seinem Vertragspartner unverzüglich (Rn 33) zur Kenntnis gebracht hat. Das Ausdrücklichkeitserfordernis muß man in diesem Falle sinnvoller Weise auch darauf beziehen, daß die AGB für alle künftigen Geschäfte der gleichen Art gelten sollen (BGH WM 1986, 1194, 1195 f). Soll eine Geschäftsbeziehung angebahnt werden, die bewußt als laufende gedacht ist, so werden AGB freilich auch dann ihr Bestandteil, wenn der Verwender ein Exemplar seiner Bedingungen überreicht, aus denen sich klar ergibt, daß sie nicht für ein einmaliges Geschäft, sondern für die gesamte laufende Geschäftsbeziehung unter den Parteien gelten sollen (BGH WM 1974, 273 – AGB-Banken auch für die spätere Anlage eines Sparbuches; Schmidt/Salzer D 90).

54 c) Auch Pauschalvereinbarungen können im übrigen nur **bestimmte AGB** in Bezug nehmen und nicht auf beliebige Änderungen („jeweils geltende Fassung") verweisen (1. Teilber 46; Ulmer Rn 77; Löwe Rn 24; Wolf Rn 54; MünchKomm/Kötz Rn 19), s Rn 47.

55 d) Ist eine nach Abs 2 zugelassene Pauschalvereinbarung wirksam zustande gekommen, so braucht ein **künftiges Einzelgeschäft weder ausdrücklich noch auch nur schlüssig darauf Bezug zu nehmen**. Vielmehr gilt die Einbeziehung kraft der ursprünglichen Pauschalvereinbarung. Freilich kann der Sinn eines später abgeschlossenen Geschäfts den Ausschluß der AGB oder einzelner ihrer Klauseln ergeben (BGH MDR 1959, 120 = WM 1958, 1480 – Ausschluß des Pfandrechts der Bank bei nur vorübergehender Verwahrung).

56 e) Eine Pauschalvereinbarung iSv Abs 2 kann auch **zugunsten Dritter** mit der Wirkung abgeschlossen werden, daß bei Abschluß von Verträgen mit diesen deren Bedingungen gelten sollen (Rn 44).

57 f) Eine **dogmatische Einordnung** des Abs 2 iS eines Vergleichs mit der antizipierten sachenrechtlichen Einigung (L Raiser Rn 12) trifft aber für die schuldrechtlichen Bestandteile von AGB nicht zu. Der Umstand, daß sie als solche keine Verpflichtungen begründen, hat Schwierigkeiten bei dem Versuch einer dogmatischen Einordnung bereitet. Eine solche ist aber entbehrlich. Die Frage nach einer einseitigen Kündbarkeit einer Rahmeneinbeziehungsvereinbarung ist nämlich gegenstandslos. Erklärt der Kunde des Verwenders bei Abschluß des Einzelvertrags ausdrücklich oder schlüssig, er wolle nicht mehr auf der Grundlage der damals vereinbarten AGB abschließen, so kommt der Vertrag allerdings auch nicht zustande, wenn über alle

anderen Punkte Einigung erzielt wird (§ 6 Rn 4). Vertragsbestandteil werden sogar andere AGB, wenn nach Abschluß einer solchen Rahmenvereinbarung unter klarer Bezugnahme auf solche geliefert wird (aA OLG Hamburg NJW 1977, 1402). Jedoch kann dieses Ergebnis mühelos damit erklärt werden, daß ein Vertragsschluß auch von der Änderung eines früheren Vertrags abhängig gemacht werden kann. Auch wenn die Rahmeneinbeziehungsvereinbarung keine Verpflichtungs- oder Verfügungswirkung hat, so ist sie dennoch ein Vertrag (BGH WM 1974, 272). Ein solcher kann sich nämlich darauf beschränken, den Sinn künftigen Verhaltens einvernehmlich festzulegen (ULMER Rn 72 ff). Weil es sich um einen Vertrag handelt, bedarf er auch, um zustande zu kommen, des Einverständnisses des Vertragspartners. Ein Rundschreiben genügt dazu nicht (SCHMIDT/SALZER D 31).

g) Eine allgemeine Einziehungsvereinbarung kann Teile früher „geltender" AGB unberührt lassen (Bsp s § 5 Rn 3). **58**

2. Unternehmer

a) Im Verhältnis des Verwenders zu Unternehmern können AGB Vertragsbestandteil auch dadurch werden, daß die Parteien schon öfter Geschäftsbeziehungen der fraglichen Art auf AGB-Basis gepflogen haben, und sich aus der Art des Geschäftsabschlusses ergibt, daß sie beide von der Geltung bestimmter AGB als selbstverständlich ausgehen (BGH NJW-RR 1991, 570; BGH BB 1985, 884; BGH NJW 1976, 1886; OLG Celle WM 1987, 1569; OLG Koblenz BB 1983, 1635; ULMER Rn 80; SCHMIDT/SALZER; D 19; vWESTPHALEN Rn 38; MünchKomm/KÖTZ Rn 25; Überblick bei FISCHER BB 1995, 2491). Dann ist eine schlüssige Rahmenvereinbarung zustande gekommen. Wenn ein Kunde aufgrund früherer ausdrücklicher Vereinbarungen oder durch Hinweise in früheren, Vertragsgrundlage gewordenen Auftragsbestätigungen und kaufmännischen Bestätigungsschreiben **ständig** an bestimmte AGB gebunden wurde, und der Wille des Verwenders, auch weiterhin zu seinen AGB abzuschließen, klar zutage lag, muß der Kunde eine kommentarlose Weiterbestellung als auf der Grundlage dieser Bedingungen gemeint gegen sich gelten lassen (BGH NJW 1956, 909 – ADSp; BGHZ 49, 388 = NJW 1968, 1085; BGH WM 1977, 76 – Eigentumsvorbehalt; SCHMIDT/SALZER D 94). Das Gleiche gilt, wenn eine Geschäftsbeziehung auf Dauer angelegt war und bei Begründung der ersten Leistungsaustauschvorgänge AGB einbezogen wurden. Geänderte AGB werden dann für die Fortsetzung der Geschäftsverbindung Vertragsbestandteil. Eine Einbeziehung aufgrund stillschweigend-schlüssigen Verhaltens ist freilich auch dann möglich, wenn bei **früherer Gelegenheit** bestimmte **AGB immer erst nach Vertragsabschluß** Bestandteil eines Vertrages geworden sind. So gilt etwa im Verhältnis zwischen bestellendem Buchhändler und Verlag die Annahme einer Büchersendung nebst Faktur als nachträgliche Annahme der darin enthaltenen Verweisungen auf AGB (OLG Freiburg NJW 1952, 1416). In einem vom BGH entschiedenen Fall (NJW 1965, 1324) enthielten die Versandanzeigen eines Lieferanten ständig die Klausel „Auf Rechnung und Gefahr des Käufers". Der Käufer bezahlte immer anstandslos die Versandrechnungen; dadurch wurde die Klausel immer nachträglich Vertragsbestandteil. Nachdem dieses Verfahren üblich geworden war, bezogen weitere Aufträge diese Klausel von vornherein stillschweigend ein. Der BGH will im Rahmen laufender Geschäftsbeziehungen Vermerken auf Rechnungen – anders als solchen auf Lieferscheinen (s Rn 60) – ausnahmsweise vertragsgestaltende Kraft zumessen (BGH DB 1978, 1587 – obiter; BGH NJW-RR 1991, 570). Zwar gelangen Rechnungen üb- **59** licherweise nicht in die Hände der zum Vertragsabschluß ermächtigten Mitarbeiter (s Rn 2; krit daher zu Recht OLG Karlsruhe NJW 1993, 567). Im Interesse der europäischen Rechtseinheit sollte man aber das Recht in dem Sinne fortbilden, wie es der EuGH für Gerichtsstandsvereinbarungen in der Form von Rechnungsvermerken getan hat (Slg 1997 I 911 = RJW 1997, 415 Mainschiffahrtsgenossenschaft eG v Les Gravières Rhénanes SARL).

VII. Sonderproblem: Verkehrssitte, Branchenüblichkeit und Handelsbrauch

60 Rechtsquellenmäßig muß strikt zwischen Verkehrssitte und Handelsbrauch unterschieden werden (die Konzeption in STAUDINGER/SCHLOSSER[12] wird aufgegeben).

1. Die Verkehrssitte

61 Im Gegensatz zum Verkehr unter Kaufleuten bzw Unternehmern (s Rn 62) gibt es im Verhältnis unter und zu **Privaten** nur Verkehrssitten. Diesen wohnt keinerlei normatives Element inne. Es handelt sich nur um Regeln, die aus einer Abstraktion allgemeinen Verhaltens gewonnen werden. Es gibt keine „normative Verkehrssitte" (SONNENBERGER, Verkehrssitten im Schuldvertrag [1970] 61 ff – in grundlegender Auseinandersetzung mit den in sich sehr heterogen und meist auch stark diffusen, mehr oder weniger normativ gefärbten Gegenansichten). Sie können daher, wie auch in § 157 BGB festgehalten ist, lediglich eine Auslegungshilfe sein (CANARIS, Die Vertrauenshaftung im deutschen Privatrecht [1971] 220; SONNENBERGER 167 ff). So kann es auch in kaufmännischen Spezialbereichen Verkehrssitte sein, AGB stillschweigend einzubeziehen, wenn am Ort des Vertragsschlusses die AGB aushängen (BGH NJW 1968, 1719), ohne daß bereits ein Handelsbrauch entstanden sein müßte. Gegenüber den Formerfordernissen von § 2 hat Verkehrssitte keinen Vorrang. **Branchenüblichkeit** ist eine auf spezielle Verkehrskreise beschränkte Verkehrssitte. Die Branchenüblichkeit der Verwendung von AGB allein reicht daher auch zwischen Unternehmern nicht aus. Es muß hinzukommen, daß auch der Vertragspartner der Branche angehört (BGH NJW 1985, 1838; NJW 1990, 514 – Verkehr der Kreditinstitute untereinander; BGH NJW-RR 1992, 626; SCHRÖDER 68 ff).

2. Handelsbräuche

62 Ein Handelsbrauch ist demgegenüber nicht nur etwas unter Kaufleuten faktisch Gebräuchliches. Ihm wohnt auch ein normatives Element inne, das dazu führt, daß er praktisch von einer Norm des dispositiven Gewohnheitsrechts nicht zu unterscheiden ist. Je mehr sich der Rechtsbegriff des Unternehmers verfestigt, wird der Handelsbrauch nicht mehr auf das Verhältnis unter Kaufleuten beschränkbar bleiben. Im Zusammenhang mit der AGB-Problematik sind zwei Wirkungsweisen von Handelsbräuchen zu unterscheiden (BASEDOW ZHR 150, 1986, 485 ff). Es kann einen Handelsbrauch zu der Art und Weise geben, wie AGB in Verträge einbezogen werden. Bestimmten, tatbestandsartig umschreibbaren Verhaltensweisen entnimmt man die privatautonome Festlegung von AGB. Die wichtigste dieser Form ist die Bindung an ein unwidersprochen gebliebenes kaufmännisches Bestätigungsschreiben (s Rn 75). Es kann aber auch sein, daß bestimmte ergänzende Inhalte von Verträgen selbst kraft Handelsbrauch gelten, ohne daß also irgendeine Art der Einbeziehung geschehen sein müßte. Voraussetzung ist eine fast ausnahmslos geschehene Abwick-

lung vertraglicher Beziehungen nach solchen Regeln und das Bewußtsein, daß dies so verbindlich ist (Einzelheiten s Kommentare zu § 146 HGB). Daß ein durchformuliertes Klauselwerk auf diese Art und Weise inhaltlich zum Handelsbrauch wird, ist naturgemäß höchst ungewöhnlich. Entsprechend sind in der Rspr als Handelsbrauch nur anerkannt worden: Die **Tegernseer Gebräuche im Holzhandel** (BGH BB 1986, 1395) und die Bedingungen der Reederei in der Rheinschiffahrt (RheinschiffahrtsOG Köln VersR 1978, 370). Postuliert wird die Handelsgebräuchlichkeit für die Allgemeinen deutschen Seeversicherungsbedingungen – ADS (PALANDT/HEINRICHS Rn 30), für die **Incoterms der internationalen Handelskammer** (OLG Düsseldorf IPRax 1982, 101, 102 für die nähere Inhaltsbestimmung der cif-Klausel) und für die Einheitlichen Richtlinien und Gebräuche für Dokumentenakkreditive – ERA (LG Frankfurt aM WM 1996, 153 – „kraft Handelsbrauchs konkludente Einbeziehung"; aA vWESTPHALEN NJW 1994, 543). Auch einzelne Klauseln können inhaltlich handelsgebräuchlich geworden sein. Über die Behauptung, es bestehe bezüglich der „Geltung" von Bedingungen ein Handelsbrauch, muß auf entsprechendes Anerbieten Beweis erhoben werden (BGH NJW 1993, 1798 – Schiedsklauseln des „International Hide & Skin Contract Nr 2" sollen als Handelsbrauch gelten). Dazu genügt aber grundsätzlich die Möglichkeit, sie beim Verwender anzufordern, bevor der Vertrag geschlossen wird.

Für alle übrigen, insbesondere die „großen" und weitverbreiteten AGB-Werke wird **63 ***
geleugnet, daß ihr Inhalt Handelsbrauch sei. Allerdings ist man bei ihrer Einbeziehung in den Vertrag großzügiger als sonst. Im einzelnen:

ADSp: Ohne den Gesichtspunkt Handelsgebräuchlichkeit zu thematisieren, betrachtet der BGH die Einbeziehung gegenüber allen Kaufleuten mit Sitz in Deutschland als stillschweigend vollzogen (NJW 1985, 2410, 2412; BGH VersR 1981, 975 – selbst für Lagergeschäfte des Spediteurs; früher schon BGHZ 9, 1 = NJW 1953, 541; BGHZ 12, 142 = NJW 1954, 795; ebenso OLG Düsseldorf NJW-RR 1993, 1190; OLG München NJW 1993, 167). Sind beide Vertragspartner Spediteure, gelten, auch wenn dies nicht näher spezifiziert ist, die Bedingungen des beauftragten Spediteurs (BGH VersR 1971, 123; OLG Frankfurt aM VersR 1988, 33). Dies gilt selbst bei Beauftragung eines deutschen Spediteurs durch einen ausländischen Auftraggeber (OLG Schleswig NJW-RR 1988, 283; BGH MDR 1982, 113 – für einen Sonderfall; offengelassen durch BGH NJW 1981, 1906). Bei Auftragserteilung aufgrund von Ausschreibungen führt die Üblichkeit der ADSp zu ihrer Einbeziehung (BGH NJW 1981, 905).

AGB-Banken: Im Verkehr unter Banken gelten sie zugunsten jener Bank als Verwender, deren Dienste in Anspruch genommen worden waren (BGHZ 49, 167 = NJW 1968, 588), sonst auch nicht kraft schlüssigen Stillschweigens, allgA. Jedoch reicht der Hinweis im Kontoeröffnungsantrag, die AGB würden auf Verlangen ausgehändigt, aus (s AG Langenfeld WM 1992, 1564).

AGNB: Es gelten keine Besonderheiten (OLG Hamm VersR 1994, 1374).

---

* Um Ergänzungen in den künftigen Bearbeitungen zuzulassen, ohne das bestehende Randnummerngefüge zu durchbrechen, und um Fehler bei den Querverweisungen ausschließen zu können, wird die Randnummern-Zählung hier unterbrochen und anschließend mit einer höheren Nummer fortgesetzt.

VOB/B: Bei Unternehmen, die beiderseits in der Baubranche tätig sind, besteht keine Obliegenheit zur Kenntnisverschaffung (BGH BB 1983, 599 = NJW 1983, 816; aA BUNTE DB 1983, 599). Es genügt die Erwähnung innerhalb anderer AGB (BGHZ 86, 135 = NJW 1983, 816; s auch Rn 8, 31). Angesichts der zahlreichen Verwendung von Zusatzbedingungen und der Tatsache, daß auch viele Bauverträge auf der Grundlage des BGB abgeschlossen werden, kann eine stillschweigende Einbeziehung auch unter Professionellen allenfalls dann angenommen werden, wenn sich zwischen ihnen eine ständige Geschäftsbeziehung auf dieser Basis herausgebildet hat.

Branchenübliche Verkaufsbedingungen: Kraft stillschweigender Unterwerfung kann es zu einem verlängerten Eigentumsvorbehalt kommen (BGHZ 42, 53 = NJW 1964, 1789; LG Marburg NJW-RR 1993, 1505; ECKERT/NEBEL WM 1988, 1545, 1550; aA BGH NJW 1985, 1838, 1840, hLitM, etwa ULMER Rn 105). Der **einfache Eigentumsvorbehalt** ist sachenrechtlich immer wirksam, Rn 10. Er kann kraft Handelsgebräuchlichkeit zwar auch schuldrechtlich wirksam werden; jedoch gibt es für keine Branche dazu empirische Feststellungen (tendenziell für den einfachen Eigentumsvorbehalt hLitM, etwa ULMER Rn 105 mwN; WOLF Rn 80).

VIII. Sonderproblem: Auftragsbestätigung und kaufmännisches Bestätigungsschreiben

1. Die BGB-(HGB-)Grundsätze: Der Verkehr gegenüber einem Unternehmer

75 a)   Ist ein Vertragspartner des Verwenders von AGB Unternehmer, so führt die Unanwendbarkeit von § 2 dazu, daß es weiterhin bei den von der überkommenen Rspr herausgearbeiteten Grundsätzen über die „Einbeziehung" von AGB in die vertragliche Regelung durch „kaufmännisches" Bestätigungsschreiben bleibt. Nach dieser Rspr ist freilich scharf zwischen einem **kaufmännischen Bestätigungsschreiben** und einer **Auftragsbestätigung** zu unterscheiden (BGHZ 18, 212 = NJW 1955, 1794; BGH DB 1956, 474; BGHZ 61, 282 = NJW 1973, 2106; BGH BB 1974, 1136; OLG Köln BB 1994, 741).

Letzteres ist nichts anderes als die vertragskonstituierende Angebotsannahme nach §§ 147 ff BGB. Bringt diese zum Ausdruck (Rn 10, 36 ff), daß ein Angebot nur unter Einbeziehung bestimmter AGB angenommen werden soll, was klar und deutlich geschehen muß (BGH WM 1983, 313, 314), so handelt es sich um eine modifizierte Annahme iSv § 150 BGB, die als neues Angebot gilt (Bsp: BGH NJW 1988, 2106, 2108 – außerhalb des kaufmännischen Verkehrs in dem vom Verwender stammenden Angebotsformular stehende Ermächtigung an diesen, Einzelheiten festzulegen, ohne Belang). So liegen die Dinge etwa auch in einem Fall, in welchem der Bestätigende den Adressaten ausdrücklich bittet, die von der mündlichen Vereinbarung abweichenden Inhalte des Bestätigungsschreibens gegenzubestätigen (BGH NJW 1964, 1269; BGH DB 1977, 1311). AGB werden in einer solchen Situation nur Vertragsbestandteil, wenn auch die modifizierte Annahme vom ursprünglichen Anbieter ihrerseits wieder angenommen wird, was freilich auch durch Annahme oder Fordern der Leistung nach Erhalt der modifizierten Annahme geschehen kann (BGHZ 18, 202 = NJW 1955, 1794; BGH NJW 1963, 1254; BGHZ 61, 282 = NJW 1973, 2106; BGH NJW 1995, 1672).

76 b)   Im Gegensatz dazu steht das **echte „kaufmännische" Bestätigungsschreiben**, in

manchen Branchen auch „Schlußschein" genannt: „Die schriftliche Wiederholung und Zusammenfassung eines vom Bestätigenden behaupteten Inhalts eines als geschlossen hingestellten Vertrags (BGHZ 40, 45 ff = NJW 1963, 1922; BGH NJW 1969, 125; BGH NJW 1970, 2023). Es muß feststehen, daß Vertragsverhandlungen vorausgegangen sind. Nur eine Minderheit in der Literatur (etwa CANARIS HandelsR²² Rn 1) fordert, daß sie einen abschlußreifen Stand erreicht haben. Im übrigen ist ungeklärt, wie weit Verhandlungen fortgeschritten sein mußten, um die charakteristischen Wirkungen eines kaufmännischen Bestätigungsschreibens zu tragen. Wird das Bestätigungsschreiben in unmittelbarem Anschluß an die Vertragsverhandlungen abgesandt, und widerspricht der Adressat nicht unverzüglich, so gilt sein Inhalt einschließlich der in Bezug genommenen AGB als vereinbart (BGH NJW 1982, 1751).

Als ein Satz des Gewohnheitsrechts ist dies heute allgemein anerkannt (PALANDT/ HEINRICHS § 148 12 mwN wobei auch schon vor dem 30. 6. 1998 nicht strikt auf den technischen Kaufmannsbegriff abgestellt wurde, s Rn 78). Allerdings muß im Schreiben selbst eindeutig auf AGB Bezug genommen worden sein, um diese zum Vertragsbestandteil werden zu lassen. Die bloße Beifügung des Textes, selbst mit dem Hinweis „Anlage: Lieferbedingungen" reicht nicht aus (OLG Düsseldorf NJW 1965, 762; allgA). Im Gegensatz zu den Verhältnissen im Falle einer vertragskonstitutiven Erklärung (Rn 13) muß man verlangen, daß ein kaufmännisches Bestätigungsschreiben die Vorstellung des Absenders über die getroffenen Abmachungen vollständig und inhaltlich geschlossen wiedergibt. Aus diesem Grunde kann man sich nach widerspruchsloser Entgegennahme eines kaufmännischen Bestätigungsschreibens auch nicht mehr darauf berufen, stillschweigend seien dort nicht erwähnte AGB mitvereinbart worden (BGH VersR 1974, 327; ULMER Rn 88). Wird in einem Schreiben nur auf einen Teil eines Klauselwerkes Bezug genommen („Zahlungsbedingungen"), in der Anlage aber das gesamte Klauselwerk mitgeschickt („Verkaufs- und Zahlungsbedingungen"), so sind nur die besonders genannten Teile Vertragsbestandteil geworden (OLG Düsseldorf NJW 1965, 762).

Der Bestätigende weiß im übrigen häufig genau, daß in den vorangehenden Verhandlungen von AGB nicht gesprochen wurde. Die im Bestätigungsschreiben zum Ausdruck gebrachte Bekundung, man betrachte den Vertrag als stillschweigend auf der Basis bestimmter AGB geschlossen, reicht aus. Darüberhinausgehend kann man sogar von einer gewohnheitsrechtlich (richterrechtlich) begründeten Befugnis zur **Vertragsergänzung in Nebenpunkten** (BGHZ 7, 187 = NJW 1952, 1369; BGH WM 1968, 402; OLG Düsseldorf BB 1963, 929) sprechen. Freilich dürfen im Bestätigungsschreiben keine Bestandteile (BGH st Rspr zuletzt NJW 1987, 1942) und somit in einbezogenen AGB auch keine Klauseln zu finden sein, mit deren Billigung man vernünftigerweise nicht rechnen kann (BGHZ 7, 190 = NJW 1952, 1369; BGHZ 11, 4 = NJW 1954, 105; BGHZ 40, 40 = NJW 1963, 1922; BGH WM 1970, 1052; dazu näher WALCHSHÖFER BB 1975, 719). Das kann man insbesondere dann nicht, wenn die Vertragsverhandlungen auf der Grundlage anderer AGB geführt worden waren, die Einbeziehung bestimmter AGB ausdrücklich abgelehnt worden war (BGH DB 1963, 929; BGH NJW 1982, 1751; ULMER 89; aA bei mündlichen Verhandlungen SCHMIDT/SALZER D 79) oder nach Vertragsschluß ausdrücklich darauf hingewiesen worden war, daß AGB nicht einbezogen worden seien (BGH BB 1973, 1044). Zum Verhältnis von Individualvereinbarungen zu AGB, die aufgrund kaufmännischer Bestätigungsschreiben einbezogen worden sind, s § 4 Rn 10.

Die AGB brauchen, um Vertragsbestandteil zu werden, dem Bestätigungsschreiben genausowenig beizuliegen (BGHZ 7, 187 = NJW 1952, 1369; allgM) wie im Falle einer vertragskonstituierenden Angebots- oder Annahmeerklärung (s Rn 35).

Zu nicht bestätigten mündlichen Nebenabreden s § 4 Rn 23 ff. Im Verkehr mit ausländischen Geschäftspartnern ist vor allen Dingen Art 31 Abs 2 EGBGB wichtig.

Für Gerichtsstandsklauseln iSv Art 17 EuGVU hat der EuGH ähnlich wie die deutsche Rspr entschieden, aber sehr stark auf die Handelsüblichkeit abgestellt (Slg 1997 I 911 = RIW 1997, 415 MSG Mainschiffahrtsgenossenschaft e V v Les Gravières Rhénanes SARL).

2. Das AGBG: Der Verkehr mit Nichtunternehmern

77 **a)** Ob der Vertragspartner des Verwenders Kaufmann oder sonstiger Wirtschaftsprofessioneller ist oder nicht: Wenn er **Leistungen entgegennimmt**, ohne sich der in einer (gegebenenfalls eine modifizierte Annahmeerklärung darstellenden) vorangehenden Auftragsbestätigung oder in einer sonstigen Erklärung des Verwenders enthaltenen Bezugnahme auf dessen AGB zu widersetzen, so liegt allein schon darin eine vertragliche Einigung (s Rn 36 f; auf den Einzelfall abstellend demgegenüber ULMER Rn 31; MünchKomm/KÖTZ Rn 16; PALANDT/HEINRICHS Rn 16).

78 **b)** Auch **Nichtkaufleute** können unter Umständen als Empfänger eines Schreibens auf die Grundsätze über Bindungswirkung eines kaufmännischen Bestätigungsschreibens verpflichtet sein (Einzelheiten bei PALANDT/HEINRICHS § 148 Rn 9). Soweit diesen Personen gegenüber die Einbeziehung von AGB in einen Vertrag kraft kaufmännischen Bestätigungsschreibens in Frage steht, ist § 2 eine Sonderregelung, welches derartiges ausschließt (ULMER Rn 87; aA MünchKomm/KÖTZ Rn 16).

IX. Sonderproblem: AGB-Konkurrenz

79 Nicht selten treten die Fälle auf, in welchen im Laufe von Vertragsverhandlungen beide Seiten versucht haben, die Einbeziehung ihrer AGB durchzusetzen, in denen also das Verhandlungsergebnis in diesem Punkte nicht klar zutage liegt. Jede Partei muß zwar auch dann ihre nichtunternehmerischen Vertragspartner ausdrücklich auf die AGB, die sie als Vertragsbestandteil betrachtet, hingewiesen und ihr auch Gelegenheit zur Kenntnisnahme verschafft haben. Im übrigen aber bringt § 2 AGBG zur Lösung dieser Problematik keine neuen Aspekte. Wohl tut dies aber § 6 AGBG.

1. Sich kreuzende Bestätigungsschreiben

80 Relativ einfach ist die Rechtslage, wenn kaufmännische Bestätigungsschreiben beider Teile sich kreuzen oder doch in kurzen Zeitabständen wechselseitig versandt werden und widersprüchliche Bezugnahmen auf AGB enthalten. Die Einbeziehungsversuche heben sich gegenseitig auf, weil sie rechtzeitig wechselseitige Widersprüche gegen den auf AGB bezüglichen Inhalt des Bestätigungsschreibens des jeweils anderen Teils sind. Der Teil, welcher das Bestätigungsschreiben seines Gegners zuletzt erhalten hat, braucht nicht noch einmal zu widersprechen, auch wenn er die ihm aus dem Vertrage zustehende Leistung annimmt (BGH NJW 1982, 1751; BGH MDR 1973, 845). Auch Teile der Bedingungen der einen Seite, die in den Bedingungen

der anderen kein thematisches Gegenstück haben, werden nicht Vertragsbestandteil. Denn in der Bezugnahme auf eigene AGB liegt, nach Treu und Glauben interpretiert, eine antizipierte Verwahrung gegen jede Bezugnahme auf andere Geschäftsbedingungen durch die Gegenseite (so richtig MünchKomm/Kötz 275).

2. Unterschiedliche Verweisungen in vertragskonstitutiven Erklärungen

Sehr viel schwieriger liegen die Dinge, wenn die vertragskonstituierenden Willenserklärungen in **Bestellung** und **Auftragsbestätigung** unterschiedliche AGB in Bezug nehmen.

a) Unter dem Eindruck des in § 6 AGBG niedergelegten Rechtsgedankens (Ulmer Rn 93 a) wendet man heute im Falle kollidierender AGB in Angebot und Annahmeerklärung nicht mehr § 150 BGB an und stellt auch nicht darauf ab, wer vor der ersten Entgegennahme einer Vertragsleistung als Letzter auf den Willen hingewiesen hat, seine AGB in den Vertrag einzubeziehen. Vielmehr hält man die Auslegungsregel des § 154 BGB für widerlegt. Die Parteien wollen in der Regel den Vertragsschluß nicht daran scheitern lassen, daß sie die Geltung ihrer AGB nicht durchsetzen können oder durch weiteres Insistieren das Verhandlungsklima verderben. Vor allem dann, wenn mit der Vertragsdurchführung schon begonnen wurde, ist die Auslegungsregel des § 154 meist widerlegt. Allerdings hat der BGH dies bisher nur für den Fall festgehalten, daß der Anbietende in seine AGB eine Abwehrklausel aufgenommen hatte (st Rspr zuletzt BGH NJW-RR 1986, 984; NJW 1985, 1838, 1839; BGH WM 1990, 1671, 1672; ebenso OLG Düsseldorf NJW-RR 1997, 946; OLG Karlsruhe VersR 1990, 1281). Andernfalls soll doch die Theorie des letzten Wortes gelten (BGH WM 1986, 643, 644; Wolf Rn 74 ff).

Auf die Existenz einer Abwehrklausel kann es aber vernünftigerweise nicht ankommen (OLG Köln BB 1980, 1237; OLG Stuttgart ZIP 1981, 176; OLG Hamm BB 1983, 1814; dass WM 1984, 507; Ulmer Rn 98; s auch die in Rn 84 genannten). Man muß nur verlangen, daß der Wille, den Vertrag als geschlossen zu betrachten, nach dem Austausch von Angebot und Annahme (unter dem Versuch jeweils eigene AGB einzubeziehen) noch manifestiert wird, was meist durch Anfordern oder Erbringung einer versprochenen Vertragsleistung geschehen wird (OLG Köln aaO; OLG Stuttgart aaO; aA Ulmer Rn 98; Schlechtriem, in: Schlechtriem/Leser, Zum deutschen und internationalen Schuldrecht [1983] 10 f). Andernfalls muß man mindestens den eindeutig und nicht in einem Klauselwerk versteckt ausgedrückten Willen respektieren, nur dann zum Vertragsschluß bereit zu sein, wenn der Partner die Bedingungen des Erklärenden akzeptiert (so zutreffend Ulmer aaO; Schlechtriem aaO; s auch § 6 Rn 1, 4).

b) Allerdings kann auch dann, wenn die vertragskonstituierenden Erklärungen über die Einbeziehung von AGB einen Einigungsmangel offenbaren, noch ein **kaufmännisches Bestätigungsschreiben** die Einbeziehung bewirken. Entgegen manchen im Schrifttum vertretenen Ansichten (etwa Schlechtriem, in: FS Wahl [1973] 78 f) ist der Anwendungsbereich dieses Rechtsinstituts im Falle eines schriftlichen Vertragsabschlusses oder eines Vertragsabschlusses auf dem Korrespondenzweg nur beschränkt, aber nicht ausgeschlossen. Wenn anläßlich eines solchen Vertragsabschlusses Unklarheiten über nicht unwesentliche Fragen des Vertragsinhalts geblieben sind, so ist es genauso wie bei mündlichen Vertragsverhandlungen gerechtfertigt, den Empfänger eines unverzüglich nach Vertragsende abgesandten kaufmännischen Bestätigungsschreibens an dessen Inhalt zu binden, wenn er nicht unverzüglich widerspricht. Diese Voraussetzungen liegen sehr wohl vor, wenn Zweifel bestehen, ob bestimmte AGB Vertragsbestandteil geworden sind. Allerdings gilt dann nach den in Rn 76 herausgearbeiteten Grundsätzen das Schweigen auf das Bestätigungsschreiben nicht als Zustimmung, wenn klar zutage lag, daß die AGB der Gegenseite bereits einbezogen (SCHMIDT/SALZER D 79) oder die jeweiligen Versuche, eigene AGB einzubeziehen, mißlungen waren.

85 c) Ist der Versuch der einen Seite, ihre AGB Vertragsbestandteil werden zu lassen, nach den in Rn 81 ff dargelegten Grundsätzen gescheitert, so ist es ausnahmsweise dennoch möglich, daß einzelne Klauseln Wirksamkeit erlangen. Dies ist dann anzunehmen, wenn sich in den AGB beider Seiten übereinstimmende Bestandteile finden (BGH NJW 1985, 1838 – obiter; BGH NJW 1991, 1604 nahezu allgA; **aA** VORDEROBERMEIER 101 ff), Bedingungen der einen Seite auf die der anderen abgestimmt sind (OLG Düsseldorf NJW 1988, 946) oder soweit Bedingungen der jeweils anderen Seite günstig sind, ohne daß darin nur eine Kompensation für anderweitige AGB-Belastungen steckte (MEDICUS, Bürgerliches Recht, Rn 75; WOLF Rn 80; ULMER Rn 104). Nicht aber ist darüber hinaus (BGH NJW 1985, 1838 – den Eigentumsvorbehalt und seine Verlängerungsformel betreffend) etwa schon deshalb Wirksamkeit anzunehmen, weil eine Bestimmung „handelsüblich" ist. Theoretisch kann sich zwar ein stillschweigendes Einverständnis auch mit anderen Einzelbestandteilen der AGB der Gegenseite ergeben (so ULMER Rn 104). Jedoch wird dem kaum je so sein (STRIEWE JuS 1982, 752; WOLF Rn 80). Auch dann, wenn eine handelsübliche Bestimmung in den AGB der Gegenseite nicht ausgeschlossen ist, wird sie nicht isoliert Vertragsbestandteil, sollte die Einbeziehung des gesamten Bedingungswerks scheitern (BGH NJW-RR 1986, 984, 985; BGH NJW 1985, 1838, 1840; BGH NJW 1979, 2199; vWESTPHALEN ZIP 1987, 1361 ff – umfängliche Besprechung der BGH-Judikatur; **aA** ULMER Rn 105; s auch Rn 63). Die Existenz von solchen Bedingungen auf der Marktgegenseite ist im übrigen allein schon ein Indiz gegen die Handelsüblichkeit der eigenen Bedingungen. Dies alles gilt auch für den in den Bedingungen der einen Seite enthaltenen verlängerten oder erweiterten **Eigentumsvorbehalt**. Er wird nicht deshalb wirksam, weil sich der Käufer in seinen Bedingungen zu diesem Punkt ausschweigt (BGH aaO; ULMER Rn 105; LG Hagen BB 1976, 723). Jedoch ist der sachenrechtliche Aspekt eines einfachen Eigentumsvorbehalts eine einseitige Erklärung, die ohne Rücksicht auf ein Einverständnis der Gegenseite wirksam ist (s oben Rn 10, 40). Auch das „gemeinsame Minimum" wird bei unterschiedlichen Klauseln (Zahlungsfrist von 12 bzw 4 Wochen) nicht Vertragsinhalt (ULMER Rn 102; **aA** BUNTE ZIP 1982, 449; WOLF Rn 78).

§ 3
Überraschende Klauseln

Bestimmungen in Allgemeinen Geschäftsbedingungen, die nach den Umständen, insbesondere nach dem äußeren Erscheinungsbild des Vertrags, so ungewöhnlich sind, daß der Vertragspartner des Verwenders mit ihnen nicht zu rechnen braucht, werden nicht Vertragsbestandteil.

1. Unterabschnitt.
Allgemeine Vorschriften

§ 3 AGBGB

Systematische Übersicht

I.	**Rechtssystematischer Standort der Vorschrift**	1
1.	Unwirksamkeit überraschender Klauseln	2
2.	§ 3 und sonstige Rechtsgeschäftsprinzipien	3
a)	§ 3 als Teilpositivierung allgemeiner Grundsätze der Rechtsgeschäftslehre	4
b)	Konkrete Kenntnisnahme durch Vertragspartner	5
c)	Mehrere formell selbständige Verträge	5a
II.	**Objektive Ungewöhnlichkeit und normative Diskrepanz von AGB-Inhalt und Ewartungshorizont des Kunden als Bewertungsmaßstab**	6
1.	Das empirische Tatbestandsmerkmal „ungewöhnlich"	7
a)	Vergleichsmaßstab für Ungewöhnlichkeit	8
b)	Bedeutung des Tatbestandsmerkmals „nach den Umständen"	12
2.	Das normative Tatbestandsmerkmal „nicht zu rechnen brauchen"	13
III.	**Einzelheiten**	17
1.	Die Anstößigkeit wegen überraschender Bestimmungen in den AGB zu den unterschiedlichsten Vertragsarten	18
a)	Weitere Geschäfte in AGB	18
b)	Vertragserweiterungen	19
c)	Erweiterung des Funktionsbereichs des Vertrags	20
d)	Untypische Nebenleistungspflichten und -obliegenheiten	20 a
e)	Überraschende Einschränkung von Rechten des Vertragspartners	21
f)	Überraschende Bestandteile von Leistungsbeschreibungen	22
g)	Individualvertragsferne Klauseln	23
h)	Überraschende vorformulierte einseitige Erklärungen	26
i)	Lohnabtretungsklauseln	27
k)	Rügeobliegenheiten und -fristen	28
l)	Intransparente Rechtsgestaltungsformen	29
m)	Drucktechnische Hervorhebung	30
n)	Dauerschuldverhältnisse	31
o)	Auswirkungen des überraschenden Charakters einer Klausel erst nach Vertragsschluß	32
p)	Abweichungen von öffentlichrechtlichen Vorschriften	33
r)	Entgeltvereinbarungen	34
2.	Häufige Anwendung von § 3 in Bezug auf ausgewählte Vertragsarten	35
a)	Zweckvereinbarungen zur Bestellung von Sicherheiten	35
b)	Umfang von Bürgschaften	38
c)	Versicherungsbedingungen	39
d)	Leasingbedingungen	40
e)	Maklerbedingungen	41

Alphabetische Übersicht

Abtretungsverbot	8
Anwendungsbereich	2, 4, 12, 28
Aufrechnungsverbot	8
Ausgleichsquittungen	18
Bekundungen	29
Bevollmächtigungsklauseln	12
Beweislast	5
Bierbezugsverpflichtung	18
Bürgschaftsverträge	27, 38
Dauerschuldverhältnisse	31 f
Einkaufsbedingungen	19
Entgeltvereinbarungen	34
Geltungserhaltende Reduktion	2, 35
Gerichtsstandsvereinbarungen	11
Gewohnheitsrecht	10
Handelsbrauch	10
Hauptleistungspflichten	1, 18
Herstellergarantien	22
Höchstbetragsbürgschaft	38

Inhaltskontrolle	
	1, 2, 5, 11 f, 14, 19, 22 f, 31, 34, 40
Kaskoversicherung	23, 29
Kosten	38
Leasingverträge	40
Leistungsbeschreibung	22
Lohnabtretungsklauseln	27
Maklervertrag	41
Mehrwertsteuer	24
Nebenleistungspflichten	20a
notarielle Verträge	8
öffentlichrechtliche Vorschriften	22, 33
Preisanpassungsklauseln	29
Provisionen	38
Rechtswahlklauseln	16
Reisebedingungen	21
Rügefrist	28
Rügeobliegenheit	28
Schönheitsreparaturen	21
Schuldversprechen, abstraktes	36
Überraschende Klauseln	1 ff
Überrumpelungseffekt	9, 13
Unangemessenheit	3, 18
Ungewöhnlichkeit	6 ff
Unwirksamkeit	2, 5a, 7, 38
unzumutbare Härte	4
Verbraucherverträge	1
Verheimlichungsfunktion	29
Verjährung	20
Vermittler	29
Vermittlerklauseln	29
Versicherungsbedingungen	4, 8, 21, 29, 39
Versicherungsverträge	32, 39
Vertragsdauer	12, 31
Vertragserweiterungen	19
Vertragsverlängerungsklauseln	31
Vorleistungspflicht	34
Wartungsaufträge	18
Werkunternehmerpfandrecht	21
Zinsen	38
Zuständigkeit	16

I. Rechtssystematischer Standort der Vorschrift

1 Schon die richterliche Inhaltskontrolle Allgemeiner Geschäftsbedingungen **vor Inkrafttreten des AGBG** hat sich erst in der Schlußphase dazu aufgerafft, unangemessene Klauseln wegen ihrer inhaltlichen Anstößigkeit zu verwerfen. Lange Jahrzehnte stand der indirekte Weg im Vordergrund, den auch § 3 weiterhin aufrechterhält. Man orientierte sich an dem Vertragspartner des Verwenders, welcher dessen AGB Vertragsbestandteil werden ließ, ohne sie inhaltlich zur Kenntnis zu nehmen. Man postulierte dann als Einbeziehungsgrenze den – gemessen an Vertragstyp und Individualvereinbarung – überraschenden Charakter einzelner Klauseln. In zahllosen Gerichtsentscheidungen wurden beide Wege begangen, s Rn 2 sowie für vorformulierte Hauptleistungspflichten Rn 4. Die wichtigste Frage zum rechtlichen Stellenwert von § 3 liegt denn auch darin, sein Verhältnis zu den Vorschriften über die Inhaltskontrolle zu bestimmen (1). Aber auch eine Besinnung auf sein Verhältnis zu den sonstigen Regeln über das Zustandekommen rechtsgeschäftlicher Vereinbarungen tut not (2). Jedenfalls gilt § 3 auch im beiderseits unternehmerischen Verkehr sowie außerhalb der durch § 8 gezogenen Grenzen der Inhaltskontrolle, also auch für die Hauptleistungspflichten (BGH NJW 1995, 2637, 2638; s Rn 22). Im Falle der Einbeziehung durch „kaufmännisches" Bestätigungsschreiben werden überraschende

Klauseln schon nach den für dieses Rechtsinstitut geltenden Grundsätzen nicht Vertragsbestandteil, s § 2 Rn 76. Zu Einzel-Verbraucherverträgen § 24a Rn 45 ff.

1. Unwirksamkeit überraschender Klauseln und Inhaltskontrolle

Leicht ist es festzustellen, daß inhaltlich anstößige Klauseln nicht überraschend und überraschende nicht inhaltlich anstößig zu sein brauchen. Ebenso klar liegt der logische Vorrang von § 3 gegenüber den Vorschriften über die Inhaltskontrolle auf der Hand. Eine Inhaltskontrolle wird – logisch strikt gesehen – nur nötig, wenn feststeht, daß eine Klausel – abgesehen von den Rechtsfolgen ihrer etwaigen Anstößigkeit – Vertragsbestandteil geworden ist. Eine überschneidungslose Abgrenzung der Anwendungsbereiche von § 3 einerseits und §§ 9-11 andererseits ist dennoch weder praktisch möglich, noch durch den Zweck des Gesetzes angezeigt (ULMER Rn 5). Folgerungen über den richterlichen Arbeitsplan im Individualprozeß ließen sich von einem etwaigen Abgrenzungskriterium auf keinen Fall ableiten (s Einl), wenn man von der Klugheitsregel absieht, nur der Richter solle bei inhaltlicher Anstößigkeit auch eine Inhaltskontrolle vornehmen, damit beim Verwender keine Illusion über mögliche Remeduren entstehen (so mit Recht WOLF/LINDACHER Rn 7). Darauf zu pochen, daß die sachliche Angemessenheit einer Regelung mit der Ungewöhnlichkeitskontrolle nichts zu tun habe (ULMER Rn 12; SCHMIDT/SALZER F 24), hieße, sich die Augen davor zu verschließen, daß der Vertragspartner des Verwenders einen Schutz vor sachlich angemessenen Überraschungen nicht nötig hat und das manches Vorformulierte nur dadurch tolerierbar wird, daß es dem Vertragspartner des Verwenders ins Auge springt (s Rn 4, 30). Auch von der Schutzfunktion des Gesetzes her ist es sinnvoll, die Anwendungsbereiche von § 3 einerseits und §§ 9-11 andererseits sich überschneiden zu lassen (hM, SOERGEL/STEIN Rn 2; ERMAN/H HEFERMEHL Rn 3) und im Interesse der Griffigkeit der abstrakten Unterlassungsklage, die Unangemessenheit einer Regelung iSv § 9 auch aus ihrem tendenziell überraschenden und intransparenten Charakter ableitbar sein zu lassen (s STAUDINGER/COESTER § 9 Rn 121 ff und § 13 Rn 34). Zwar gibt es keine Klauseln, die ohne jede Rücksicht auf ihre Einbeziehungsmodalität überraschend wären (ULMER Rn 13 a). Jedoch verrät manches Klauselwerk, daß es tendenziell auf Verheimlichung wichtiger Inhalte angelegt ist. Dann ist eine Regelung aber auch sachlich unangemessen. Schließlich sind die Rechtsfolgen der Anwendbarkeit von § 3 und der von §§ 9-11 die gleichen (ULMER Rn 5). Insbesondere ist auch im Anwendungsbereich von § 3 eine **geltungserhaltende Reduktion** grundsätzlich nur in gleichem Umfang zulässig, wie im Falle von Klauseln, die der Inhaltskontrolle verfallen, s § 6 Rn 16 ff. Ist eine Klausel iSv § 3 überraschend, kann offen bleiben, ob die fraglichen AGB nach § 2 wirksam einbezogen worden sind (WOLF/LINDACHER Rn 5).

Die Gerichtsentscheidungen sind daher auch zahlreich, in denen eine Klausel sowohl der Inhaltskontrolle verfiel als auch wegen ihres Überraschungscharakters nicht Vertragsbestandteil werden konnten (Beispiele: BGH NJW 1996, 249; BGHZ 130, 19 = NJW 1995, 2553 – beide Entscheidung zur überraschenden Erweiterung von Bürgschaften und Besicherungen; BGHZ 110, 88, 97 = NJW 1990, 2065 – Liefertermine und -fristen in Einkaufsbedingungen als „fix"; LG Frankfurt aM NJW-RR 1987, 745; OLG Düsseldorf ZIP 1994, 288). Die Aufbereitung des in der bisherigen Rspr auftauchenden und der Kautellarpraxis entnommenen Anschauungsmaterials für die Zwecke dieser Kommentierung ließe sich daher in weiten Bereichen sowohl den Vorschriften über die Inhaltskontrolle als auch dem § 3 zuordnen. Als praktikables Abgrenzungskriterium für die Behandlung des Stoffes dient in diesem Kommentar nicht der logische Vorrang von § 3. Nahezu die gesamte Inhaltskontrolle müsse sonst schon unter dem Gesichtspunkt von § 3 behandelt werden. Auf die unzähligen Aussagen in Rspr und Literatur, in denen §§ 9–11 und § 3 nebeneinander angewandt wurden, der Akzent aber klar auf der Inhaltskontrolle lag, wird an dieser Stelle meist nicht eingegangen. Auch im beiderseits unternehmerischen Verkehr liegt der Schwerpunkt einer Klauselbeurteilung häufig auf § 9 (anstatt auf § 10, 11) und nicht auf § 3. § 3 bleibt insbesondere Bewertungsmaßstab für Klauseln, deren überraschender Charakter sich am Maßstab für Individualvereinbarungen zeigt (s Rn 23 sowie für vorgedruckte Bedingungen, die nach § 8 der Inhaltskontrolle nicht unterfallen, s Rn 22 sowie 43 bis 45). Die **EG-Richtlinie**, die auf Verdrängung mißbräuchlicher Klauseln gerichtet ist, hat zwar auch ein Transparenzerfordernis aufgestellt, Art 5 S 1, aber daneben nicht auch überraschende Klauseln angesprochen. Für Allgemeine Geschäftsbedingungen iSv § 1 bringt § 3 daher eine zusätzliche Kontrolle. Im übrigen s § 24a Rn 46 ff.

2. § 3 und sonstige Rechtsgeschäftsprinzipien

3   Einer Abgrenzung bedarf der Anwendungsbereich von § 3 einerseits von dem der Vorschriften des BGB über Zustandekommen und Wirksambleiben vertraglicher Vereinbarungen und andererseits von den Bestimmungen des AGBG über individuelle Abmachungen.

4   a)   § 3 ist sicherlich eine **Teilpositivierung allgemeiner Grundsätze der Rechtsgeschäftslehre**. Wird in einem Vertrag, dessen Text der eine Teil verfaßt hat, auf einen Text verwiesen, den der eine Teil nicht kennt, so wird man häufig auch außerhalb des Anwendungsbereichs von § 3 dazu gelangen, Bestimmungen aus dem einbezogenen Text die Wirksamkeit zu versagen, wenn sie iSv § 3 überraschend sind (daher Kritik von WOLF/LINDACHER Rn 3 nicht treffend). Trotz § 23 Abs 1 hat das BAG die Vorschrift als Ausdruck eines allgemeinen Rechtsgedankens auch auf Arbeitsverträge angewandt (BAG ZIP 1998, 439; BAG NZA 1996, 534 = AP Nr 1 zu § 3 AGBG-Fastrich; ähnlich LAG Berlin DB 1993, 942). Für den AGB-Bereich ist § 3 jedenfalls eine **für den Verkehr mit Privaten und Unternehmern gleichermaßen geltende Sondervorschrift**, welche die Frage danach obsolet macht, welche Rechtsfolgen sich ergäben, wenn das BGB anwendbar wäre. § 3 gilt auch für Vertragsangebote, die nach Vorstellungen des Verwenders unter bestimmten Voraussetzungen nicht bindend werden sollen, aber nach der durch § 3 bedingten Eliminierung vorformulierter Bestandteile doch bindend werden, s § 1 Rn 5. § 3 ist insbesondere eine Sondervorschrift auch im Verhältnis zu den Bestimmungen über Notwendigkeit und Zulässigkeit einer **bürgerlichrechtlichen Anfechtung**. Einer solchen bedarf es gegenüber einer in AGB enthaltenen überraschenden Klausel nicht. Vor allen Dingen muß der Kunde nicht dem Verwender unverzüglich, nachdem er eine solche entdeckt hat, mitteilen, daß er sich an sie nicht gebunden fühlt. Dagegen ist § 3 keine Sonderregelung des versteckten Dissenses (ULMER Rn 2; aA LÖWE/TRINKNER Rn 6), der nur vorliegt, wenn sich die Vertragspartner konkret unterschiedliche Vorstellungen vom Vertragsinhalt machten, und der objektive Erklärungswert ihrer Äußerungen nicht eindeutig ist (lehrreiches Bsp: BGH NJW 1995, 2637). Auch der objektive Erklärungswert überraschender Klauseln ist aber meist eindeutig (so mit Recht GÖTZ, Zum Schweigen im rechtsgeschäftlichen Verkehr [1968] 127). Selbst wenn der Verwender arglistig gehandelt haben sollte (so etwa der Fall LG Nürn-

berg-Fürth NJW 1961, 1310 – wesentliche Ausnahme von der auf der Vorderseite des Formulars angepriesenen 2-Jahres Garantie), weil er etwa genau weiß, daß der Kunde auf die eine oder andere Klausel sich niemals eingelassen hätte, wenn er ihren Inhalt erfaßt hätte, bedarf es keiner Anfechtung wegen arglistiger Täuschung. Das ergibt sich daraus, daß § 3 zugunsten des Vertragspartners des Verwenders grundsätzlich die schärfere Waffe ist und kein Grund besteht, sie ihm zu nehmen, wenn er arglistig getäuscht wurde oder sich konkrete Fehlvorstellungen über den AGB-Inhalt gemacht hat. Eine Haftung des Verwenders aus cic bleibt aber unberührt (dazu näher Lass JZ 1996, 67, 68). War freilich eine arglistige Täuschung über den Inhalt von Geschäftsbedingungen motivierend für den Vertragsschluß schlechthin, so bleibt es bei der allgemeinen Regel von § 123 BGB (s § 6 Rn 8). Deswegen eine unzumutbare Härte iSv § 6 Abs 3 anzunehmen, wenn sich der Vertragspartner aufgrund arglistigen Verhaltens des Verwenders vom Vertrag lösen möchte (Lass 74), bedarf es genausowenig wie das Absehen von der Jahresfrist des § 124 Abs 1 BGB.

§ 3 gilt grundsätzlich für alle AGB zu privatrechtlichen Rechtsgeschäften. Auch **Versicherungsbedingungen** oder behördlich genehmigte Bedingungen machen keine Ausnahme (s aber unten Rn 45).

Freilich verlangt der erkennbare Sinn von § 3, den Kunden des Verwenders zu schützen, in einer Hinsicht eine einschränkende Auslegung der Vorschrift. Finden sich in AGB – gemessen am dispositiven Gesetzesrecht oder am individuellen Zuschnitt des Vertrags – **„überraschende" Vergünstigungen**, so unterfallen sie der Vorschrift nicht (allgM). Das folgt bereits daraus, daß § 3 nur Klauseln nennt, mit denen der Kunde nicht zu rechnen „brauchte", nicht aber solche, auf die er nicht hoffen konnte. Auch wenn sich eine in der Hauptstoßrichtung die Vertragspartner des Verwenders benachteiligende Vorschrift im Einzelfall zugunsten des Kunden auswirken würde, muß man sie für anwendbar halten, wie überhaupt § 3 unanwendbar ist, wenn der Vertragspartner es so wünscht.

b) Tendenziell überraschende Klauseln verlieren diesen ihren Charakter und werden dann Vertragsbestandteil, wenn der **Vertragspartner des Verwenders** von ihrem Inhalt vor Vertragsschluß in einer Weise **Kenntnis genommen hat**, daß er ihren Sinn erfaßte oder der Verwender jedenfalls darauf vertrauen durfte (hM; aA LG München NJW-RR 1989, 417; OLG Düsseldorf WM 1984, 84; Soergel/Stein Rn 5, 15, die einem etwaigen Hinweis nur im Rahmen von § 2 Beachtung schenken will). Dies ist insbesondere dann der Fall, wenn der Vertragspartner auf den Inhalt besonders **hingewiesen wurde** (BGHZ 131, 55, 59 = NJW 1996, 191; BGH NJW 1992, 1822; allgM). Eine klare Gliederung und eine verständliche Sprache der AGB allein vermögen dies allerdings nicht zu gewährleisten (BGHZ 131, 55, 59; Lindacher JZ 1981, 158), sind aber ein Indiz dafür (Ulmer Rn 23), s Rn 30. Eine **Lektüre** durch den Vertragspartner allein muß den überraschenden Charakter der Klausel nicht aufheben (Beispiele: BGH NJW 1978, 1519, 1520; BGH BB 1982, 1018, 1019; LG Düsseldorf NJW 1979, 605 – Situation des Patienten bei Abschluß des Krankenhausaufnahmevertrags; OLG Düsseldorf WM 1984, 82, 85; OLG Köln NJW 1990, 776; OLG Oldenburg NJW-RR 1990, 1523). Die **Beweislast** für einen etwaigen Hinweis trägt nach allgA der Verwender (BGHZ 109, 197, 203 = NJW 1990, 576, 577), obwohl nach der Tatbestandsstruktur des § 3 die faktischen Voraussetzungen für einen überraschenden Charakter einer Klausel der Vertragspartner dartun und beweisen müßte. Man kann jedoch den Überraschungsausschluß eines Hinweises als ungeschriebenes negatives

Tatbestandsmerkmal ansehen. Ein Hinweis vermag einer Klausel freilich nur ihren überraschenden Charakter zu nehmen. Es entfällt aufgrund des Hinweises also lediglich die Anwendbarkeit von § 3. Nichts vermag einen Hinweis auszurichten, wenn eine Klausel nach § 9–11 unwirksam ist. Im Bestreben, den möglichst einfachen Weg zu gehen (s Einl 17 f), kann freilich ein Gericht, ist ein besonderer Hinweis unterblieben, bzgl einer möglicherweise der Inhaltskontrolle verfallenen Klausel auch heute noch argumentieren, „jedenfalls" sei sie wegen § 3 nicht Vertragsbestandteil geworden.

Ist der Kunde über die Tragweite einer Klausel ins Bild gesetzt worden, so wird diese aber noch nicht zur **Individualvereinbarung** (s § 1 Rn 29).

5 a c)   Werden in etwa zeitgleich von denselben Partnern in wirtschaftlichen Zusammenhang stehende mehrere formell selbständige Verträge geschlossen, so ist im Rahmen des § 139 BGB die Frage zu behandeln, ob sie wirtschaftlich als einheitliches Geschäft zu betrachten sind – ggf mit der Folge, daß die Nichtigkeit des einen die Unwirksamkeit des anderen nach sich zieht. Sind beide Verträge von einer Seite vorformuliert, dann greift die sonst an die formelle Verschiedenheit von Verträgen geknüpfte Vermutung gegen die Geschäftseinheit nicht. Es entsteht aber auch keine gegenteilige Vermutung (aA ULMER Rn 7). Vielmehr ist allein darauf abzustellen, ob die Aufrechterhaltung eines der Verträge aus der Sicht des Vertragspartners des Verwenders einen wirtschaftlichen Sinn ergibt. Mit § 3 AGBG hat die Problematik nichts zu tun (aA LG München I BB 1980, 1552, 1553).

II.   Objektive Ungewöhnlichkeit und normative Diskrepanz von AGB-Inhalt und Erwartungshorizont des Kunden als Bewertungsmaßstab

6   Damit § 3 anwendbar wird, muß eine Klausel mit einem bestimmten Inhalt irgendwo im unteren Teil einer von „niemals" bis „immer" reichenden Skala der Verwendungshäufigkeit zu finden sein (1). Das Gesetz begnügt sich damit aber nicht, sondern bringt („so daß") ein zweites Tatbestandsmerkmal, das schwierig zu fassen ist (2).

1.   Das empirische Tatbestandsmerkmal „ungewöhnlich"

7   Werden bestimmte Klauseln **häufig verwandt**, erscheinen sie redaktionstechnisch nicht unüblich versteckt, und hat sich der Vertragsschluß auch nicht unter unüblichen Begleitumständen oder mit unüblich individuellem Zuschnitt abgespielt, so kann eine offene Inhaltsklausel die Unwirksamkeit der Bestimmung ergeben; als ungewöhnlich nach § 3 läßt sie sich dann aber nicht schon deshalb aus dem Vertrag ausscheiden, weil sie aus der Perspektive eines unprofessionellen Vertragspartners des Verwenders tatsächlich überraschend ist (BGH NJW 1981, 117 – Wiederveräußerungsverbot als neu gekaufte Automobile vor Erstzulassung; ULMER Rn 16; aA noch LÖWE/TRINKNER Rn 12). **Aufrechnungsausschlüsse** sind etwa so weit verbreitet, daß sie nicht unter § 3 fallen, auch wenn der mit der AGB-Praxis nicht vertraute Vertragspartner des Verwenders mit einer solchen Klausel tatsächlich nicht rechnen konnte (OLG Nürnberg WM 1972, 264). Bestimmungen in AGB werden allerdings nicht schon dadurch zu üblichen, daß das Klauselwerk, in dem sie stehen, sehr weitverbreitet ist.

8 a)   Der **Vergleichsmaßstab** für das Urteil „in einem bestimmten Maße gewöhnlich

oder ungewöhnlich" läßt sich in einer griffigen Formel nicht darstellen. Das Abstraktionsniveau der Vergleichsbasis ist nämlich sehr unterschiedlich – je nachdem, ob eine Bestimmung auf einen speziellen Vertragstyp zugeschnitten ist oder von Regelungen des allgemeinen Schuldrechts bzw von relativ abstrakten Regelungen des besonderen Schuldrechts (Beispiel: Werkvertrag) abweicht, ohne daß dies durch den konkreten Vertragstyp indiziert wäre (WOLF/LINDACHER Rn 24; aA CANARIS NJW 1987, 609; KOLHOSSER, ZIP 1986, 1429; ULMER Rn 14, der immer auf den konkreten Vertragstyp abstellt, aber doch § 3 auch gegenüber sehr weit verbreiteten AGB für anwendbar hält). Wird etwa die Gewährleistung für die Reparatur bestimmter Geräte geregelt, so ist Vergleichsbasis die Gesamtheit von Reparaturverträgen bzgl solcher Geräte. Denn es liegt auf der Hand, daß für jeden Werkvertragstyp – und selbst für jeden Reparaturvertragstyp – gewährleistungsrelevante Sondergegebenheiten existieren, die in den sehr abstrakten Regelungen der §§ 633 ff BGB unberücksichtigt geblieben sind. **Annuitätendarlehen** sind ein eigener Vertragstyp. In ihnen fanden sich bis zum Ende der 80er Jahre Zinsberechnungsklauseln, die als Berechnungsbasis von Kreditständen vom Ende des vergangenen Jahres ausgehen, so daß zwischenzeitliche Teilamortisationen nicht berücksichtigt wurden. Ganz überwiegend wurden solche Klauseln wegen ihrer weiten Verbreitung zu Recht nicht als überraschend iSv § 3 angesehen (Nachweise bei ULMER Fn 132 c). Der BGH hat ausschließlich mit § 9 gearbeitet (BGHZ 106, 42, 47 ff = NJW 1989, 222; s STAUDINGER/COESTER § 9 Rn 135). Das gleiche gilt für nur wenige Tage ausmachende Wertstellungsklauseln in AGB der Banken für Kontoführungen (OLG Karlsruhe WM 1987, 1447; s STAUDINGER/COESTER § 9 Rn 71). In einem Grundstückskaufvertrag verfällt eine solche Regelung aber sicher dem § 3, so wie der BGH für eine Verzinsungspflicht ab einem Zeitpunkt, der mehrere Monate vor Vertragsschluß liegt, auch entschieden hat (BGHZ 114, 340). Für **Aufrechnungs- und Abtretungsverbote** lassen sich hingegen häufig aus der Spezifität des jeweiligen Vertragstyps keine eigenständigen Bewertungsgesichtspunkte entnehmen. Vergleichsbasis ist dann die Häufigkeit innerhalb der Gesamtheit der Schuldverträge und nicht nur innerhalb der Gesamtheit der dem abgeschlossenen Vertragstypen gleichen Verträge. Es ist dann zu fragen, ob die Vereinbarung eines Aufrechnungs- oder Abtretungsverbots beim Abschluß eines schuldrechtlichen Vertrags ungewöhnlich ist oder nicht. Immer gehören zur Vergleichsbasis auch die Verträge, die ohne Zugrundelegung von AGB geschlossen werden. Nicht etwa ist § 3 so zu verstehen, daß auf die Häufigkeit bestimmter Klauselinhalte nur bezogen auf solche Verträge geachtet werden müßte, die unter Einbeziehung von AGB geschlossen werden. Wenn freilich auf dem Markt Verträge eines bestimmten Typs so gut wie ausschließlich auf der Grundlage bestimmter AGB oder bestimmter AGB-Klauseln geschlossen zu werden pflegen, so verfallen diese, auch wenn sie für den Vertragspartner des Verwenders zwangsläufig überraschend sind, dem § 3 nur, sofern sie einen Regelungsgegenstand betreffen, der nicht vertragstypspezifisch ist. Bestimmungen in **Allgemeinen Versicherungsbedingungen** und erst recht in auch heute noch behördlich genehmigungspflichtigen Monopolbedingungen sind daher Angriffen aus § 3 weniger stark ausgesetzt als andere AGB. Die früher verfochtene These, solche Bedingungen seien gewissermaßen immun gegen § 3 (LÖWE/TRINKNER Rn 30; BRUCKNER WM 1987, 449, 456; aA hM) wurden durch zahlreiche erstaunliche Rechtsprechungsfälle desavouiert (s Rn 45). Auch die Einbeziehung solcher Bestimmungen in einen Vertrag kann nach § 3 vor allem daran scheitern, wenn sie individualvertragsfern (Rn 23) oder in der äußeren Ausgestaltung ungebräuchlich (Rn 29) sind. Zu den Versicherungsbedingungen s auch Rn 45 und STAUDINGER/COESTER und § 9 Rn 555 ff. Selbst **notarielle Verträge** aufgrund vorformulierter Texte eines Vertragsteils können überraschende Bestandteile haben (BGHZ 75, 15, 20 ff = NJW 1979, 2387; BGH NJW 1991, 2142; vorausgesetzt in BGHZ 106, 42 = NJW 1989, 222). Das bloße Verlesen des Vertrags in der Notariatsverhandlung ändert daran selten etwas.

9 Wegen der erkennbaren Zielrichtung der Norm sollte dann, wenn der Kunde des Verwenders durch die Klausel typischerweise überrascht wird, ein möglichst **kundengünstiger Vergleichsmaßstab** genommen werden. Dadurch verflüchtigt sich das im Tatbestandsmerkmal „ungewöhnlich" steckende empirische Element. Auch Bestimmungen in monopolartig den Markt beherrschenden Bedingungswerken können iSv § 3 überraschend sein und sind es dann, wenn sie an verdeckter Stelle oder systematisch falsch plaziert sind oder Ausnahmeregelungen darstellen, die dem von der Regel geprägten Erwartungshorizont des Vertragspartners zuwiderlaufen (s Rn 23). Geht es nämlich um den in der Redaktionstechnik liegenden **Überrumpelungseffekt**, so ist Vergleichsmaßstab der generelle Standard vertraglicher Regelung und nicht der spezielle Geschäftstyp.

10 Da Gewöhnlichkeit oder Ungewöhnlichkeit streng genommen empirisch faßbare Sachverhalte sind, müßten im Falle kontroverser Beurteilung durch die Parteien so Beweis erhoben werden wie über die Existenz eines Handelsbrauches. Es ist freilich noch kein Fall bekannt geworden, in dem ein Gericht einen solchen Beweis erhoben hätte oder in dem sein Unterlassen einer Beweisaufnahme auch nur beanstandet worden wäre. Man kann es daher als eine gewohnheitsrechtliche Regel betrachten, daß die **Gerichte** über Gewöhnlichkeit oder Ungewöhnlichkeit aufgrund ihres **Erfahrungswissens** entscheiden.

11 Eine lehrreiche Illustration für das Gesagte ist die Rspr zur Gültigkeit formularmäßiger **Gerichtsstandsvereinbarungen**, soweit diese nach § 38 ZPO überhaupt zulässig sind. Schwerpunktmäßig hat die Praxis heute die Problematik in der Inhaltskontrolle nach § 9 angesiedelt (s dort Rn 370) und im Verbrauchergeschäft die Unterlassungsklage gegen Gerichtsstandsklauseln zugelassen, die nach § 38 nicht zulässig sind (BGH BB 1983, 524). Aber auch für § 3 bleibt ein Restanwendungsbereich. Die Vereinbarung eines Gerichtsstands am Sitz des Lieferanten oder des sonst die Sachleistung erbringenden Teils ist sehr weit verbreitet und wird jedenfalls nicht wegen ihres überraschenden Charakters verworfen (OLG Frankfurt aM NJW 1974, 194; OLG München NJW 1973, 1620 lfde Nrn 17 und 18; OLG Köln VersR 1976, 537). Eine Klausel, welche ein Gericht an einem Ort zuständig machen will, der mit der Abwicklung des konkreten Vertragsverhältnisses in keinem Zusammenhang steht (OLG Hamm NJW 1995, 2499; OLG Köln 1989, 1068, 1069; LG Konstanz BB 1983, 1372; heute wohl allgM), insbesondere nicht dem allgemeinen Gerichtsstand der einen oder anderen Partei (OLG Karlsruhe BB 1973, 1604) oder der die Vertragsverhandlung führenden Niederlassung, sondern der entfernten Hauptverwaltung (LG München I BB 1973, 167; LG Nürnberg Fürth NJW 1973, 1618) entspricht, ist indes ungewöhnlich und damit nach § 3 unzulässig, wenn das weitere Tatbestandsmerkmal dieser Norm vorliegt (s Rn 12). Mit dem Argument, Art 17 EuGVÜ/LugÜ regele nur die Form einer Gerichtsstandsvereinbarung, hält man überwiegend § 3 auch im Bereich dieser Regelung für anwendbar (OLG Düsseldorf NJW-RR 1989, 1330 = RIW 580; WOLF § 9 G 135), ähnlich wie man eine auf § 3 gestützte Inhaltskontrolle in diesem Bereich für möglich hält (OLG Karlsruhe NJW 1982, 1950). Dem allgemeinen Trend entspricht es besser, die Mißbrauchskontrolle,

zu der auch die Unterbindung von Gerichtsstandsvereinbarungen mit überraschendem Effekt zählt, als Aufgabe der Fortbildung des EuGVÜ/LugÜ selbst zu betrachten (näher SCHLOSSER EuGVÜ/LÜ Art 17 Rn 31 mwN). Ist Art 17 EuGVÜ/LugÜ nicht anwendbar, vor allem wenn die internationale Zuständigkeit der deutschen Gerichte zugunsten eines Gerichts in einem Nichtvertragsstaat derogiert wird, ist § 3 anwendbar, soweit auf die Gerichtsstandsvereinbarung deutsches Recht anwendbar ist (s OLG Düsseldorf NJW-RR 1988, 1260: selbst bei schweizerischem Wohnsitz des Vertragspartners, Vereinbarung der Zuständigkeit schweizerische Gerichte überraschend, wenn die Anwendbarkeit des deutschen Rechts in der Sache vereinbart worden ist).

b) Dem zusätzlichen Tatbestandsmerkmal „nach den **Umständen**", insbesondere nach dem **Erscheinungsbild des Vertrages** ist ein Sinn nicht abzugewinnen, wenn man nur an den Inhalt der Klauseln denkt. Denn ob Inhalte von AGB-Klauseln in einem bestimmten Grade üblich oder unüblich sind, kann unmöglich von den Umständen und dem Erscheinungsbild des Vertrages abhängen. Gemeint ist, daß auch ein **ungewöhnlicher äußerer Zuschnitt der Klausel** und ihrer Unüblichkeit, gemessen an den **Umständen des Vertragsschlusses**, sie zu einer ungewöhnlichen iSv § 3 machen können. Sind mehrere konzernmäßig verbundene Banken Vertragspartner von Darlehensverträgen, die der Finanzierung eines Objekts dienen, dann ist die Nichtabnahmeentschädigung in einem der Darlehensverträge für den Fall überraschend, daß die Finanzierung des Gesamtobjekts daran scheitert, daß eine andere konzernangehörige Bank, die Gewährung des beantragten Kredits ablehnt (BGH NJW 1998, 683). Dem BGH (BGH NJW 1988, 558; BGHZ 130, 150, 154 = NJW 1995, 2637; BGH NJW 1997, 3372, 3374) zufolge ist nicht auf die „Kenntnismöglichkeit des konkreten Vertragspartners", sondern vielmehr auf die „Verständnismöglichkeit des typischerweise bei Verträgen der geregelten Art zu erwartenden Durchschnittskunden" abzustellen. In Fällen eines breit gestreuten personellen Anwendungsbereichs von AGB muß man aber auf die Verständnismöglichkeit des am wenigsten geschulten Kreises von Vertragspartnern abstellen. Daß eine Klausel im Verhältnis zu manchen Vertragspartnern dem § 3 verfällt, im Verhältnis zu anderen nicht, ist unschädlich. Ist eine Reise durch ein selbständiges Reisebüro vermittelt worden, so ist eine Klausel überraschend (und unangemessen), die die Geltendmachung von Reisemängeln bei diesem Reisebüro ausschließt (LG Frankfurt aM NJW-RR 1987, 745). Ein Umstand, der gegen die Einbeziehung spricht, ist auch, daß die Bedingungen dem Kunden aus Anlaß einer Erklärung unterschoben werden, die während der Vertragsdurchführung abgegeben wurde (s auch Rn 41). **Bevollmächtigungsklauseln** können nach den Umständen zu Lasten des Vertragspartners überraschend sein (BGH NJW 1991, 923, 925 – gegenseitige Bevollmächtigung von Ehegatten, zu Lasten des Gemeinschaftskontos unbeschränkt Verbindlichkeiten einzugehen). In einem Bauvertrag ist aber eine erhebliche Einschränkung der dem Architekten an sich erteilten Vollmacht nicht überraschend (OLG Düsseldorf NJW-RR 1996, 1485).

Vor allem eine besonders **raffiniert gehaltene Aufteilung** von kundenfreundlichen Klauseln und Klauselbestandteilen (fettgedruckt auf der Vorderseite) und kundenunfreundlichen Klauseln (kleingedruckt auf der Rückseite) kann letztere oder einen Teil von ihnen zu ungewöhnlichen iSv § 3 machen (BGH NJW 1978, 1519 – in „Darlehensvorvertrag" einer Brauerei mit einem Gastwirt zwar Bierbezugspflicht festgeschrieben, nicht aber der Anspruch auf das Darlehen; LG Köln SCHÄFER/FINNERN Z 2. 321 LAB 26, 34; OLG München BB 1976, 1001 – alle für den versteckten Ausschluß der Bauhandwerkersicherungshypothek; LG Wuppertal NJW-RR 1991, 1148 – im BTX-Angebot nur ein Bruchteil der auf den Kunden zukommenden Kosten genannt, im übrigen auf umfangreiche AGB verwiesen). Der äußeren Form nach unüblich können aus den oberflächlichen Leser abgestellte **Verklausulierungen** von Bestimmungen sein. Die Berechnung etwa von **Verzugszinsen** von ursprünglichen Leistungsentgelten und nicht von noch geschuldeten Beträgen, gehört sicher hierher. Meist wird man überhaupt die Angabe von Zinssätzen dem § 3 unterstellen müssen, wenn sie an eine andere Ausgangsgröße als den jeweils noch kreditierten Betrag anknüpfen (s aber Rn 8).

Den Kunden belastende Klauseln hat die Rspr auch immer wieder deshalb nicht mit Vertragsbestandteil werden lassen, weil sie an **systematisch unpassender Stelle** standen. Meist verfielen solche Klauseln aber auch gleichzeitig der Inhaltskontrolle (OLG Köln NJW 1994, 1483 – Neuanlaufen der sechsjährigen Vertragsdauer in jedem Fall einer „technologischen Anpassung"; OLG Düsseldorf DB 1993, 2176 – in AGB versteckte Verpflichtung eines gewerblichen Mieters, eine monatliche Abgabe an eine Werbegemeinschaft zahlen; BGH NJW 1977, 63). Die Regelung in Bestimmungen zu einer Firmenkreditkarte, daß auch jene firmenangehörige Person, auf die die Kreditkarte ausgestellt ist und die den Antrag dazu unterzeichnet hat, gesamtschuldnerisch mithaftet, ist nicht zu beanstanden, wenn dies im Formular in einer ins Auge springenden Weise zum Ausdruck kommt (OLG Frankfurt aM NJW-RR 1989, 1523 – Eurocard; OLG München NJW 1988, 1076 – Eurocard), ohne diese Voraussetzung aber doch (LG Bremen NJW-RR 1989, 1522 – DINERS). Unüblich können auch Klauseln sein, die zwar häufig vorkommen, aber zu dem im Widerspruch stehen, was Werbung vorgetäuscht hat (BGH NJW 1974, 73; ULMER Rn 11; Einzelheiten s Rn 29).

2. Das normative Tatbestandsmerkmal „nicht zu rechnen brauchen"

13 Entgegen dem, was die etwas sorglose Redaktion von § 3 anzudeuten scheint, ist der Umkehrschluß von der Ungewöhnlichkeit auf die Ungeeignetheit, Vertragsbestandteil zu werden, nicht zwingend. Auch die akzelerative Verknüpfung des Begriffs „ungewöhnlich" mit dem des „rechnen müssens" drückt das Gemeinte nur unvollständig aus. Es ist nämlich keineswegs so, daß die Vereinbarungshäufigkeit nur eine bestimmte Marke (Rn 6) unterschreiten müßte, um die Rechtsfolge von § 3 auszulösen. Dann könnte niemand erstmals bestimmte Klauseln einführen (s unten Rn 17). Zur Ungewöhnlichkeit kommt vielmehr noch ein **normatives Tatbestandselement**, das in dem Begriff „nicht zu rechnen braucht" versteckt ist. In der amtlichen Begründung ist es mit „deutlicher Diskrepanz zwischen den durch die Umstände des Vertragsschlusses begründeten Erwartungen des Kunden und dem tatsächlichen Inhalt der betreffenden AGB" (BR-Ducks 360/75, 19 f) ausgedrückt. Noch besser stellt man auf das Fehlen von Befürchtungen, auf die Arglosigkeit des Kunden, auf den ihn treffenden **Überrumpelungseffekt** ab (BGH NJW 1995, 2637, 2638; BAG ZIP 1998, 439). Jedenfalls kann die Diskrepanz zwischen dem Erwartungshorizont des Kunden und dem Inhalt der AGB nur wertend begriffen werden, nach den Auswirkungen, die die Klausel für den Kunden hat. Die hM stellt auf den für die fraglichen Verträge typischerweise zu erwartenden „Kunden"-Kreis ab (BGH st Rspr, zuletzt BGHZ 130, 150, 154 = NJW 1995, 2637; ULMER Rn 13; WOLF/LINDACHER Rn 76 uva; lehrreiches Bsp BGH NJW 1987, 2080 – Gewährleistungsfrist in den in Bezug genommenen „zusätzlichen Vorschriften für Straßenbauarbeiten für ein Fachunternehmen vorhersehbar). Auf den intellekten Standart des konkreten Vertragspartners zu blicken (ua STAUDINGER/SCHLOSSER[12]), ist in der Tat unangebracht. Wichtig ist aber festzuhalten, daß das Durchschnittskundenniveau im Lichte der für den Verwender erkennbaren Umstände des Vertragsschlusses gesehen werden muß (heute wohl uustr; Bsp BGH NJW 1987, 2011; BGH NJW 1981, 117, 118; BGH NJW 1977, 195, 197; ULMER Rn 13 a). Ein lehrreiches Beispiel für die Eignung einer Klausel als Vertragsbestandteil trotz ihres rein psychologisch gesehen durchaus überraschenden Charakters bietet die BGH-Entscheidung (BGH BB 1976, 1616), in der eine Klausel bestätigt wurde, derzufolge die unbefugte Mehrfachverwendung eines von einem Adressenverlag zur Verfügung gestellten Materials – unter Kaufleuten (heute: Unternehmern) – eine Vertragsstrafe in Höhe des zehnfachen der vereinbarten Vergütung auslöst. Auch die Regel in Verkaufsbedingungen für neuwertige KFZ, daß Abtretung des Auslieferungsanspruchs und Weiterveräußerung vor Erstzulassung unzulässig seien, ist sinnvoll und dem Käufer zumutbar und wäre sicherlich auch dann nicht an § 3 gescheitert, wenn Vertragshändler anderer Hersteller noch nicht solche Klauseln verwandt hätten (s BGH NJW 1981, 117).

Damit zeigt sich aber, daß § 3 im Grunde nichts anderes ist als eine besondere Variante der Inhaltskontrolle. Sind die §§ 9–11 zugeschnitten auf die Machtlosigkeit des Vertragspartners des Verwenders, so setzt § 3 an seiner Arglosigkeit an und trifft, wie ausgeführt (Rn 2), regelungstypisch solche Klauseln, deren Anstößigkeit sich gerade aus der Uninformiertheit des Kunden und seiner daraus erwachsenen Überrumpelung herleitet. Auch eine ganz unübliche Klausel braucht dem Verdikt nicht zu unterfallen. Sie tut es dann nicht, wenn sie sich in einem sinnvollen Rahmen hält, insbesondere wenn sie sich harmonisch in einem bisher unüblichen Vertragstyp einfügt. Man kann aber sagen: je unüblicher eine Klausel ist, umso mehr muß sie sich durch inhaltliche Angemessenheit ausweisen, um vor § 3 bestehen zu können. Dabei ist im Individualprozeß nicht nur nach typischen Kundengruppen zu differenzieren, sondern auf den Erfahrungshorizont des konkreten Kunden abzustellen, so wie er dem Verwender im Zeitpunkt des Vertragsschlusses erkennbar war. **14**

Greift man das in Rn 11 gebrauchte Beispiel der **Prorogation eines Gerichts** wieder auf, das von den allgemeinen Gerichtsständen der Beteiligten weit entfernt ist, so zeigt sich: eine solche Bestimmung ist nicht nur sehr ungewöhnlich. Sie ist meist auch inhaltlich eine Zumutung, weil sie für den Vertragspartner von einschneidender Bedeutung ist, zumal keine auch nur annähernd gleichwertigen Interessen des Verwenders dem gegenüber stehen und weil jener *deshalb* nicht mit ihr zu rechnen braucht. Bestehen aus besonderen Gründen legitime Interessen des Verwenders an einer solchen Klausel, dann kann die Klausel nach Aufklärung des Kunden wirksam werden. Das ist etwa der Fall, wenn der Verwender mit der Abwicklung von Rechtsstreitigkeiten eine Inkassofirma an einen bestimmten Ort beauftragen will oder weil er die Parteilichkeit der für den Wohnsitz seines Vertragspartners zuständigen Gerichte zu seinen Lasten als Großunternehmer fürchtet und anstatt seines eigenen Gerichtsstands ein lokal neutrales Gericht wählen möchte oder weil im vorgesehenen Gericht eine Spezialkammer (etwa für Baurecht) existiert, die bekanntermaßen rasch und kompetent arbeitet. **15**

Eine Sonderstellung nehmen freilich Prorogationen der **internationalen Zuständigkeit und Schiedsklauseln in internationalen Handelsgeschäften** ein. Wenn eine Rechtsbeziehung Bezüge zu mehreren Staaten hat, dann ist es weder unüblich noch überraschend, wenn die Gerichte eines der in Frage kommenden Staaten und bei dieser **16**

Gelegenheit auch innerhalb dieses Staates die Gerichte am Sitze einer der beteiligten Parteien gewählt werden (BGH WM 1974, 244). Im Rahmen internationaler Beziehungen ist auch die Vereinbarung der Zuständigkeit der Gerichte eines nach redlichen Gesichtspunkten ausgewählten neutralen Landes nicht ungewöhnlich, etwa bei Handelsgeschäften unter europäischen Firmen die Vereinbarung der Zuständigkeit schweizerischer Gerichte. Zur Problematik der AGB bei Auslandsbezügen generell Erläuterungen zu § 12. Auch **Rechtswahlklauseln** können am § 3 scheitern, wenn auf die Rechtswahlvereinbarung deutsches Recht zur Anwendung kommt (OLG Düsseldorf ZIP 1994, 288; dass RIW 1996, 681 f). Eine Überraschung kann aber nicht aus der Vereinbarung eines Rechts hergeleitet werden, das mit der Vertragsdurchführung eng zusammenhängt (Termingeschäfte an der Londoner Börse) oder gar aus dem Inhalt eines der EU angehörigen Staates hergeleitet werden (deshalb das OLG Düsseldorf aaO zu Recht kritisierend ADEN RIW 1997, 723, 724).

III. Einzelheiten

17 Die kaum noch überschaubare Rspr läßt sich nicht glatt systematisieren. Die nachfolgende Darstellung ist daher mehr stichwortartig. Die Stichworte beziehen sich zunächst auf die Art von Regelungen, die im Zusammenhang mit den unterschiedlichsten Vertragstypen als überraschend oder nicht überraschend gewertet wurden (1). Bei manchen Vertragsarten zeigt sich eine Häufigkeit von Rechtsprechungsfällen, in denen der Maßstab des § 3 angelegt wurde. Die Rspr zu diesen Vertragsarten wird gesondert dargestellt werden (2). Die **Neuartigkeit** eines Bestandteils von eingeführten Bedingungswerken als solche begründet freilich noch keine Verwirklichung von § 3 (SOERGEL/STEIN Rn 8; **aA** WOLF/LINDACHER Rn 23; ULMER Rn 20). Eines ausdrücklichen Hinweises auf die Neuerung bedarf es nur dann, wenn mit dem Kunden ständig aufgrund früherer Fassung kontrahiert wurde und die Änderung von einschneidender Bedeutung ist.

1. Die Anstößigkeit wegen überraschender Bestimmungen in den AGB zu den unterschiedlichsten Vertragsarten

18 a) Die Rspr hatte es häufig mit Fällen zu tun, in denen ein **weiteres Geschäft**, in den AGB versteckt, vereinbart werden sollte, das eine qualitative Erweiterung der vertraglichen Beziehungen unter den Parteien schon in den **Hauptleistungspflichten** bedeutete. Wenn der gesamte Vertrag nicht deutlich als gemischter Vertrag ausgewiesen ist (etwa „**Kauf- und Wartungsvertrag**"), so unterfällt derartiges dem § 3 (ULMER Rn 6). Im ersten Teilbericht der Arbeitsgruppe sind in AGB zu Kaufverträgen sich findende Klauseln über **Wartungsaufträge** oder über fortlaufende Belieferung mit **Betriebsmitteln zu gekauften Maschinen** genannt (allgM). Nichts anderes gilt im umgekehrten Falle, in dem in den zur Ausgestaltung eines Miet- oder Dienstleistungsvertrages gedachten AGB auch Einkaufsverpflichtungen auftauchen. Hierher gehören auch in AGB versteckte **bedingte Abschlußverpflichtungen**, etwa die Verpflichtung des Vertragspartners einer Versicherungsgesellschaft, die als Kreditgeber auftritt, sämtliche oder bestimmte Arten von Versicherungen ausschließlich bei ihr zu nehmen (ULMER Rn 30; SCHMIDT/SALZER E 24; OLG Stuttgart VersR 1968, 466 – beide für den Fall der das mit Grundpfandrechten zu belastenden Grundstück betreffenden Sachversicherungen). Auch Ankaufsverpflichtungen in Erbbaurechtsverträgen sind, wenn formularmäßig gehalten, überraschende Klauseln (BGH NJW 1979, 2387). Ein Wiederkaufsrecht der

Gemeinde für den Fall unterbliebener Bebauung ist aber nicht überraschend (OLG Koblenz MDR 1995, 1110). Wenn entsprechende Illoyalitäten zu befürchten sind, sind **Abwerbungsunterlassungsverpflichtungen** in AGB nicht überraschend (BGH BB 1963, 712; LG Hagen BB 1970, 1511; aA SCHMIDT/SALZER E 25). In der amtlichen Begründung sind als Beispiel für die Anwendbarkeit von § 3 auch Maklerbedingungen genannt, die **Provisionsleistungen für Folgegeschäfte** unter den Partnern des ursprünglich vermittelten Geschäfts vorsehen. Solche Klauseln dürften heute in der Tat nicht mehr so üblich sein, daß gegen sie nur noch nach § 9 vorgegangen werden könnte (vgl BGHZ 60, 243 = NJW 1973, 990 – allein auf die Unangemessenheit abstellend; noch etwas anders akzentuierend BGH BB 1964, 1451). ISv § 3 ungeeignet, Vertragsbestandteil zu werden, sind in Darlehensverträgen von Brauereien mit Wirten Bestimmungen, welche eine **Bierbezugsverpflichtung** unabhängig von der Inanspruchnahme des Darlehens begründen sollen (BGH NJW 1978, 519), sowie eine Bestimmung in den AGB des Getränkegroßhändlers, wonach der Kunde außer Flaschenpfand auch noch Miete für das Leergut bezahlen soll (LG Köln MDR 1987, 672). In **Ausgleichsquittungen**, etwa arbeitsrechtlicher Art, ist ein Verzicht, auf Einwendungen gegen die Kündigung überraschend (LAG Berlin BB 1993, 942). In formularmäßig fixierten Aufträgen, vorvertragliche Handlungen zu tätigen, wie ein Grundstück schätzen zu lassen oder Kostenvoranschläge zu machen, sind Entgeltzusagen überraschend (BGH WM 1982, 202; OLG Köln ZIP 1980, 981; aA KG WM 1982, 1332 – unter der selbstverständlichen Voraussetzung, daß der Kunde den Auftrag mit der Klausel unterschrieben hat, bevor er den Kostenvoranschlag in Auftrag gab).

b)   Zu den atypischen und daher in zu beanstandener Weise überraschenden **Vertragserweiterungen** gehören auch Bestimmungen über die Erweiterung der vertragscharakteristischen Leistung, s Rn 22. Im **Baurecht** kann zwar vereinbart werden, daß der Bauunternehmer gegen entsprechende Entgelte **zusätzliche Leistungen** übernehmen muß, zu denen sich der Bauherr während der Bauausführung entschließt, sofern sie sich in vernünftigen Rahmen halten. Dessen Option auf Leistungen, die die Arbeitsplanung des Bauunternehmens grundlegend sprengen, kann aber nicht versteckt in AGB vorgesehen werden (vWESTPHALEN, Das AGBG im Spiegel des Baurechts 56), verfällt zudem häufig auch der Inhaltskontrolle (ULMER/HENSEN Anh § 9–11 Rn 722). In **Einkaufsbedingungen** sind überraschende Klauseln solche, die Liefertermine und -fristen als „fix" (BGH NJW 1990, 2065 – gleichzeitig unwirksam auch nach § 9) oder alle Warenbeschreibungen als Zusicherungen ausweisen. In Bedingungen, in denen ein **Auktionator** beauftragt wird, eine Sache für den Interessenten zu versteigern, kann aber eine Erhöhung um 5–10 % des genannten Höchstbetrags vereinbart werden, wenn dies an auffälliger Stelle des Vertragsformulars so vorgesehen ist und ein nicht einverstandener Kunde den Zusatz unschwer streichen kann (BGH NJW 1980, 1619, 1620).

c)   Zu den überraschenden Vertragserweiterungen gehört der Grundidee nach auch das, was andererseits als sog Erweiterung des **Funktionsbereichs des Vertrags** oder im Laufe der Vertragsabwicklung erstellter Papiere unter § 4 (so LÖWE/TRINKNER Rn 31) behandelt wird (wie hier ULMER § 4 Rn 15). Dazu gehört der Versuch der Koppelung mehrerer Verlagsverträge mit einem und demselben Autor dergestalt, daß ein großer Verkaufserfolg aus einem Buch zu Abzügen zu Lasten des Autors führt, weil der Verkaufserfolg der anderen Bücher die jeweils vereinbarte Mindesthonorargarantie nicht erreicht (OLG Frankfurt aM NJW 1991, 1489); in Vollmachtsurkunden enthaltene Regelungen über das Geschäftsbesorgungsverhältnis, etwa die Verjährung von Ersatzansprüchen, sind jedenfalls dann überraschend, wenn dort nur der Verweis auf eine auf den Vertrag an sich nicht anwendbare gesetzliche Vorschrift steht und der Vertragspartner keine Kopie erhält (OLG Düsseldorf OLG Rsp Düsseldorf 1997, 86); in Anwaltsvollmachten enthaltene Abtretungen von Kostenerstattungsansprüchen (LG Nürnberg-Fürth AnwBl 1976, 166 – generell; OVG Münster NJW 1987, 3029 für Verwaltungs- und Verwaltungsstreitverfahren); Regelung über die Kündigung eines Heizkostenablese- und Abrechnungsvertrags in einem Heizkostenabrechnungsformular (OLG Stuttgart WRP 1989, 201); Verzicht auf Ansprüche gegen jeden Dritten in vorformulierten Bestandteilen eines Abfindungsvergleichs (BGH VersR 1986, 467). Die **persönliche Haftung eines Bevollmächtigten**, der einen Vertrag oder gar nur ein während der Vertragsabwicklung ausgestelltes Papier unterzeichnet (LG Frankfurt aM NJW-RR 1987, 828); insbesondere die Einbeziehung von **Angestellten**, die den Vertrag **für ihre Firma unterzeichnen**, in die persönliche Haftung, etwa bei KFZ-Mieten in der Form, daß der „Fahrer" als Mitmieter bezeichnet wird – darauf spekulierend, daß der zur Abholung des Fahrzeugs geschickte „Fahrer" den Mietvertrag unterzeichnen werde (OLG Naumburg NJW-RR 1997, 49); Auferlegung der Mithaftung für die Behandlungskosten zu Lasten eines einen Notfallpatienten in ein Krankenhaus einliefernden Begleiters (OLG Düsseldorf NJW 1995, 3062). Nicht überraschend sind Regelungen in Bank AGB, wonach sich nach dem Ableben des Kunden eine Verfügungsbefugnis aufgrund qualifizierter Vorlage letztwilliger Verfügungen ergibt (OLG Celle NJW 1998, 82).

20 a d) Auch untypische **Nebenleistungspflichten und -obliegenheiten** werden nach § 3 nicht Bestandteil eines Vertrags, wenn sie in AGB stehen. Formularmäßig kann nicht vereinbart werden, der Baukunde müsse sein Haus als Musterhaus zur Besichtigung bereitstellen – schon gar nicht mit der Maßgabe, widrigenfalls erhöhe sich der Preis (OLG Nürnberg MDR 1977, 137). Ein Mieter kann nicht versteckt in umfangreichen AGB verpflichtet werden, eine Versicherung für von ihm nicht zu vertretene Schäden zu nehmen (AG Düsseldorf NJW-RR 1990, 1429 – richtigerweise wohl auch als Verstoß gegen § 9 zu werten). Einem KFZ-Mieter kann nicht in AGB abverlangt werden, das Objekt nur durch einen Fahrer mit mindestens einjähriger Fahrpraxis fahren zu lassen (OLG Hamm NJW-RR 1992, 1275). Die Haftungsfreistellung des **Mieters eines KFZ** kann aber sehr wohl davon abhängig gemacht werden, daß er bei Unfällen unverzüglich die Polizei verständigt (OLG Stuttgart VersR 1988, 97). Für einen Teilnehmer an einem von einem Versandhaus veranstalteten Gewinnspiel ist es überraschend, wenn ihm die Zustimmung zur beliebigen Verwendung seiner Daten und seines Lichtbildes zu Werbezwecken abverlangt wird (OLG Karlsruhe NJW-RR 1988, 302). Überraschend ist auch die Auferlegung von Kosten für die Überlassung von Adressen an einen Handelsvertreter (OLG Saarbrücken NJW-RR 1997, 99). Absurd ist es freilich, eine Zustimmung des Mieters einer Erdgeschoßwohnung zur Freihaltung des Hauszugangs von Schnee und Eis für überraschend zu erklären, nachdem dieser die Verpflichtung viele Jahre lang befolgt hat (LG Frankfurt aM NJW-RR 1988, 782); der inzwischen 76 Jahre alt gewordenen Mieterin hätte nach den Grundsätzen über den Wegfall der Geschäftsgrundlage dergestalt geholfen werden müssen, daß diese Pflicht demjenigen Mieter auferlegt wird, dem es am ehesten zumutbar war – unter entsprechender Anpassung des jeweiligen Mietzinses.

21 e) Eine **überraschende Einschränkung** von Rechten des Vertragspartners liegt vor,

1. Unterabschnitt. **§ 3 AGBGB**
Allgemeine Vorschriften 22

wenn Kreditbedingungen den Kreditnehmer verpflichten, die Valuta vorrangig zur
Ablösung eines anderen Kredits zu verwenden (OLG Hamburg ZIP 1983, 1432, 1433),
sofern dies nicht dem abgesprochenen Sinn des Geschäfts entspricht. Gleiches hat
die Rspr auch angenommen, wenn § 639 Abs 2 BGB abbedungen werden soll (OLG
Hamburg WM 1985, 586) oder wenn Garantiebedingungen andere Einschränkungen
gegenüber dem enthalten, was das Garantieschlagwort nahelegt (AG Rastatt DAR
1988, 170), wenn also Eigenschaftszusicherungen formularmäßig mit den Worten eingeschränkt werden „soweit dem Verkäufer bekannt" (KG NJW-RR 1998, 131). Zu
Risikoausschlüssen in Versicherungsbedingungen s Rn 39. Nicht anders verhält es
sich, wenn andere **Schlagworte im Vertrag** den Eindruck vermitteln, der Kunde
erhalte ein grundbuchmäßig abgesichertes **Time-sharing-Recht**, aus den AGB sich
aber ergibt, daß der Verwender seine Verpflichtungen schon dadurch erfüllt, daß er
den Käufer in das „Gemeinschaftsregister" einträgt (BGH NJW 1995, 2637), oder wenn
sich lediglich aus beigefügten AGB ergibt, daß der Patient einen gespaltenen Krankenhausvertrag dergestalt eingegangen ist, daß der Krankenhausträger nicht Schuldner der ärztlichen Leistungen sein soll (BGHZ 121, 107 = NJW 1993, 779 = JZ 1062 Anm
RIELING; s auch OLG Köln NJW 1990, 776). In AGB kann auch nicht stehen, daß der
Vermieter nur eine Raumtemperatur von 18 °C zusagt (LG Heidelberg WuM 1982, 2).
Gleiches gilt, wenn der nach dem äußeren Erscheinungsbild eines Vertrags die charakteristische Leistung erbringende Teil auch um ihre Finanzierung bemüht sein soll,
in seinen Bedingungen aber festhält, die Gültigkeit des Kauf- oder Werkvertrages
hänge vom Erfolg seiner Bemühungen nicht ab. Häufig wird freilich auch in solchen
Fällen eine mindestens schlüssig getroffene Individualabrede dahin vorliegen, der
Abschluß des Kauf- oder Werkvertrages solle solange aufschiebend bedingt sein, bis
eine Finanzierungsregelung zustande gekommen ist. Müssen individuell zu fertigende Anlagen nach individuellen Plänen behördlich genehmigt werden, so ist ein
Auftrag zur **ihrer** Erstellung der Anlage nach seinem sozialtypischen Sinn von der
Erteilung der Genehmigung abhängig. AGB können dann nur die Abwicklung im
Fall der Genehmigungsverweigerung näher regeln. Sie können aber nicht bestimmen, daß die Verweigerung der Genehmigung auf die weitere Gültigkeit des
Vertrags überhaupt keinen Einfluß haben soll (OLG Düsseldorf NJW 1965, 762). In **Reisebedingungen** kann nicht bestimmt werden, daß nur jener, der als Bevollmächtigter
auftritt, die Ansprüche des Vollmachtgebers soll geltend machen können (OLG Düsseldorf NJW-RR 1987, 888). **Nicht überraschend** ist hingegen die Überwälzung von
Schönheitsreparaturen auf den Wohnraummieter (BGHZ 105, 71, 84 = NJW 1988, 2790)
sowie eine Regelung in einem **KFZ-Mietvertrag**, daß neben dem Mieter (und anderen
als Fahrer genannten Personen) weitere Personen nur bei ausdrücklicher Genehmigung des Vermieters das Fahrzeug führen dürfen (OLG Karlsruhe VersR 1980, 432). Wird
das **Werkunternehmerpfandrecht** ausgeschlossen, so ist dies ebensowenig überraschend (BGH NJW 1984, 2100; hA; aA LINDACHER Rn 32) wie die Einräumung eines
Vertragspfandrechts zugunsten des Werkunternehmers (BGH WM 1983, 843).

f) In Fällen, in denen die Hauptleistungspflicht vernünftigerweise in einer formu- 22
larmäßigen **Leistungsbeschreibung** näher konkretisiert werden kann, muß der Kunde
sich freilich grundsätzlich auf die Leistungsbeschreibung verweisen lassen, auch
wenn diese unübliche und für ihn nicht ohne weiteres voraussehbare Inhalte aufweisen sollte. Denn damit, daß eine Hauptleistungsbeschreibung von Firma zu Firma
individuell unterschiedlich ausfällt, muß jedermann rechnen. Die Aussagen von
AGB zur Konkretisierung von Hauptleistungspflichten vor Vertragsschluß durchzu-

studieren, ist auch jedem Vertragspartner zuzumuten. Beispiele für **wirksame** Regelungen: BGH NJW 1996, 2374 – Abgrenzung des Anwendungsbereichs des Sondertarifs für Postzustellungen von Zeitungen; OLG Koblenz NJW 1989, 2950 – Gestattung der „inneren Leichenschau" in einem Krankenhausaufnahmevertrag; (s auch BGH NJW 1989, 1950, 1951, wo Prüfung nach § 3 abgelehnt und Vereinbarkeit mit § 9 festgestellt wurde; OLG Hamm NJW 1986, 2581 – bei Kastenmöbeln Holzbezeichnung nur auf sichtbare Frontflächen bezogen; BGH WM 1985, 542, 543 – zehnjährige Laufzeit für Mietverträge über Fernsprechnebenstellenanlagen). Die Frage, ob deshalb, weil nach öffentlichrechtlichen Vorschriften Krankenhäusern eine Erhöhung der **Pflegesätze auch rückwirkend** genehmigt werden kann, AGB-Klauseln akzeptiert werden müssen, die eine solche Rückwirkung weitergeben, ist umstritten. Instanzgerichte haben sie häufig als überraschend gewertet (LG Frankfurt aM NJW 1985, 686; LG Frankfurt aM NJW 1978, 595; LG Düsseldorf NJW 1979, 605; LG Essen DB 1978, 886; LG Köln NJW 1979, 2357; aA BGH NJW 1979, 2354). Heute wird das Problem als solches der Inhaltskontrolle behandelt (s STAUDINGER/COESTER Rn 413). Die in Nr 9 I 4 AGB-Banken enthaltene Stornoklausel bezüglich der Vorbehaltsgutschrift eines Schecks ist auch dann nicht überraschend, wenn man sie dahin auslegt, daß sie auch noch nach „Bezahltmeldung" der Bank des Ausstellers und damit nach deren unwiderruflicher Erklärung ihrer Zahlungsbereitschaft angewandt werden kann (BGH NJW 1997, 2112).

Es kann aber auch im Bereich der formularmäßigen Leistungsbeschreibungen zu raffinierten und an § 3 scheiternden Verklausulierungen kommen; (s Rn 12, 29; Bsp: BGH NJW 1984, 171 – an versteckter Stelle unter „Aufschließungskosten" gemogelte Kosten des Aushubs eines Grundstücks und damit der Belastung des Kunden mit einem zusätzlichen Kaufpreis für einen schlüsselfertigen Bau). „Defizitäre" Herstellergarantien können überraschende Bestandteile enthalten (SCHÜNEMANN NJW 1988, 1943). Zu Versicherungsbedingungen s Rn 45, zu Entgeltregelungen Rn 43.

23 g) **Maßstab** für den überraschenden Charakter einer Bestimmung ist nicht nur der Vertragstyp. Auch **individuelle Abreden**, vor allem in den Überschriften und Anfangsworten festgelegte Kerngehalte von Verträgen müssen diese Funktion haben können (VORDEROBERMEIER, s Schrifttum zu § 2, 151 ff). Es gibt nämlich Klauseln, welche nicht direkt und logisch unauflösbar mit einer Individualvereinbarung im Widerspruch stehen, die aber dennoch der Individualvereinbarung viel von ihrem wirtschaftlichen Sinn nehmen. In der Anwendbarkeit von § 3 auf solche **individualverhandlungs- oder -vertragsferne** Klauseln (im Gegensatz zu den individualvertragswidrigen, s § 4 Rn 11) liegt eine seiner gegenüber der in §§ 9–11 geregelten Inhaltskontrolle selbständigen Funktionen (WOLF/LINDACHER Rn 10, 19). Im Ausdruck „Mietzinsgarantie" kann nicht durch ineinandergeschachtelte AGB formell verschiedener Verträge der Sinn gegeben werden, daß der Vertragspartner nur den garantierten Betrag erhält, auch wenn höhere Miete erzielt wird (OLG Düsseldorf NJW-RR 1987, 48). Die hA wendet in Situationen des „mittelbaren" Verstoßes einer AGB-Bestimmung gegen eine Individualvereinbarung § 4 an (ULMER § 4 Rn 12; TRINKNER Rn 15; SCHMIDT/SALZER E 20; PALANDT/HEINRICHS Rn 4). Jedoch bekommt man die Grauzone zwischen Verstoß und Nichtverstoß, vor allem die im Falle besonderer Aufklärung des Kunden sich ergebende Lage, mit einer Anwendung von § 3 besser in den Griff. Denn eine Aufklärung über oder auch nur redaktionstechnische Hervorhebung von AGB-Bestimmungen macht diese noch nicht zu Individualvereinbarungen (s § 1 Rn 36), kann aber in ihrer Abgrenzung der Tragweite der Individualvereinbarung des überraschenden Charakters entbehren, so daß ein Schutz des Kunden nicht mehr nötig ist. Zudem kann es zweifelhaft sein, ob eine mündliche Absprache mit Rücksicht auf § 154 Abs 2 BGB im Rechtssinne schon Gültigkeit hätte – und doch kann sie Maßstab von § 3 sein. Schließlich braucht man, wendet man § 3 an, nicht den diffizilen Fragen nachzugehen, ob eine formularmäßige Erklärung wegen Inhaltsirrtums anfechtbar ist. So hat der BGH (BGHZ 99, 203, 206 = NJW 1987, 1636) mit § 3 gearbeitet, als es darum ging, daß eine mündliche spezielle Zweckerklärung zu Grundschulden durch eine formularmäßige allgemein gehaltene abgelöst wurde. Dem § 3 verfällt auch eine Klausel, die es einem **Chefarzt** als Partner eines privatärztlichen Behandlungsvertrages beliebig gestattet, ärztliche Leistungen durch andere Ärzte erbringen zu lassen (OLG Düsseldorf NJW 1995, 2421; OLG Karlsruhe NJW 1987, 1489; LG Fulda NJW 1988, 1519; aA KÜBIS NJW 1989, 1512, 1515). Zusatzzahlungen durch den **Mieter** eines **Kraftfahrzeugs** für einen Haftungsausschluß berechtigen zur Erwartung einer den ganzen Wagen erfassenden **Kaskoversicherung** (LG Lüneburg NJW-RR 1988, 473). Wird freilich trotz beiderseitiger Vertragsunterschrift in AGB das Zustandekommen des Vertrags (und nicht nur der Beginn der beiderseitigen Leistungspflichten) hinausgeschoben, so ist dies eindeutig schon nach § 4 unbeachtlich (LG Frankfurt aM NJW-RR 1988, 1451 – Zustandekommen des Reisevertrages erst mit Bezahlung und Einsteigen in Bus).

Schulbeispiel für eine individualvertragsferne und darum nicht Vertragsbestandteil werdende AGB-Bestimmung ist etwa eine Regelung, nach der der Privatkunde zusätzlich zu einem bezifferten Entgelt noch die **Mehrwertsteuer** zu übernehmen hat (BGH WM 1973, 677; SCHAUMBURG NJW 1974, 1735; konsequenterweise, s § 4 Rn 23 ff, nur § 4 für anwendbar haltend: ULMER § 4 Rn 19; LÖWE Rn 4). Ob im Verkehr gegenüber Unternehmern eine schlichte Preisbezeichnung die Mehrwertsteuer einschließt oder nicht, ist kontrovers. Zwar hat sich der BGH (zuletzt NJW 1991, 2484; NJW 1988, 2042) für ihren Einschluß in eine Preisangabe ausgesprochen. Gleichwohl wird wegen der Eigenschaft der Mehrwertsteuer als eines Durchlaufpostens häufig wie selbstverständlich auf der Basis von Nettopreisen verhandelt. Ein Unternehmer, der in einem Angebot eine Preisangabe ohne Erwähnung der Mehrwertsteuer sieht, kann daher nicht als selbstverständlich voraussetzen, der Preis schließe die Mehrwertsteuer ein, vor allem nicht, wenn es sich um eine runde Summe handelt. Durch einen nicht gerade ganz versteckt sich in den AGB findenden Zusatz, daß alle Preise Nettopreise seien, kann er auch nicht überrumpelt werden. **24**

Nicht überrascht kann er auch sein, wenn formularmäßig näher festgelegt ist, wofür das Entgelt steht und welche Leistung (etwa Fracht, Verpackung) eigens berechnet werden, sofern damit nicht Verkehrserwartungen enttäuscht werden (s § 11 Rn 1, 13). **25**

h) Was für Individualvereinbarungen gilt, gilt auch bzgl **einseitiger**, nicht vertragswidriger **Erklärungen**. Bietet ein Kunde der Bank Wechsel zum Diskont an, will die Bank aber darauf nicht eingehen, so ist er überrumpelt, wenn sie den Wechsel behalten will, weil es sich um ein Wertstück handelt, das mit seinem Willen in ihren Besitz gelangt ist und deshalb dem Pfandrecht aus ihren AGB unterliegen soll (BGH WM 1968, 695 = MDR 647). **26**

i) **Lohn- und Pensionsabtretungsklauseln** sind in Geldkreditverträgen nicht überraschend (OLG Frankfurt aM NJW 1986, 2712; LG Nürnberg-Fürth BB 1987, 1559 = ZIP 1381), **27** wohl aber in Bürgschaftsverträgen (LG Düsseldorf NJW-RR 1989, 756), Mietverträgen (LG Lübeck 1985, 2958) oder in Verträgen über Warenbestellungen, auch wenn eine andere Zahlungsweise als sofortige Barzahlung vorgesehen ist (OLG Hamm BB 1983, 1304; OLG Celle BUNTE AGBE I § 3 Nr 9 – beide für Möbelkauf). Bei drittfinanzierten Verträgen ist eine Lohnabtretungsklausel zugunsten des Finanzierungsinstituts aber nicht überraschend.

28 k) Ist in einem Kaufvertragsformular eine **Rügeobliegenheit** oder eine **Rügefrist** ausgewiesen, die für seinen gedachten Anwendungsbereich unzumutbar ist, dann verstößt die Bestimmung gegen § 9. Ist der Anwendungsbereich des Formulars breit angelegt und wird nur im konkreten Fall eine Ware gekauft, die zumutbarerweise nicht oder nicht binnen der vorgesehenen Frist untersucht werden kann, so ist die Klausel, gemessen an diesem Vertrag, überraschend. Die individuelle Festlegung der Hauptleistung kann Klauseln zu unüblich individualvertragsfernen (s dazu Rn 23) machen. Nicht etwa sind solche Klauseln ähnlich wie ein Gesetz mit anscheinend zu breitem Anwendungsbereich einschränkend zu interpretieren (so noch die Vorstellung von BGH MDR 1959, 482). Interpretiert werden kann im Individualprozeß immer nur der konkrete Vertrag mit allen seinen Bestandteilen.

29 l) Maßstab für Üblichkeit und Erwartungshorizont des Kunden sind aber auch **gebräuchliche, in sich logische und transparente Rechtsgestaltungsformen** (s Rn 12). Bei **abwicklungsbezogenen Regelungen** kann man vom Vertragspartner freilich größere Verständnisanstrengungen verlangen (so mit Recht KOLLER, in: FS Steindorff [1990] 677, 683 f; zustimmend LINDACHER Rn 14); im übrigen zum Transparenzgebot § 9 Rn 121 ff. Selbst wenn in AGB Gründe genannt sind, bei deren Vorliegen dem Verwender ein Festhalten am Vertrag in der Tat nicht mehr zumutbar ist, ist eine Klausel überraschend, die daran die Rechtsfolge eines **automatischen Entfallens vertraglicher Bindung** knüpfen möchte. Nur die Einräumung eines Rücktritts oder Kündigungsrechts konnte der Kunde erwarten. Das gleiche gilt für **automatische Lösungen in Preisanpassungsklauseln**, s Bem zu § 11 Nr 1. Ebenso ist der Kunde durch § 3 vor unüblich formalen Anforderungen an Erklärungen geschützt, die ihm obliegen. Unüblich sind Bestimmungen, die in solchen Situationen dem **Verwender nur die Rolle eines Leistungsvermittlers** zuweisen, oder ihm das Recht geben, seine Verpflichtung darauf zu beschränken, wo der Verkehr eine eigene Leistungspflicht annimmt. **Vermittlerklauseln** in Reiseveranstaltungsverträgen etwa fielen darunter (BGHZ 61, 275 = NJW 1974, 37), bevor dieser Vertragstyp gesetzlich eigens geregelt wurde (s STAUDINGER/ SCHWERDTNER[12] § 651a BGB). Dem § 3 und nicht nur dem § 9 unterfallen Klauselkomplexe, die so formuliert sind, daß ihnen **Verheimlichungsfunktion** zukommt. Insbesondere die Berechnung von Gegenleistungen für Kreditgewährung muß transparent sein. Ist der **effektive Jahreszins** angegeben, dann brauchen die Details seiner Berechnung aber für den Kunden nicht verständlich zu sein. Der Gegenstand eine Regelung muß der **Überschrift** und ggf dem beschränkten Sinn einer raum-zeitlich isolierten Einzelabmachung entsprechen. Zu formularmäßigen Ausgleichsquittungen mit unüblichen Verzichtserklärungen s Rn 18. In einer „Garantiekarte" des Warenherstellers darf nicht die Produzentenhaftung ausgeschlossen sein (LÖWE/TRINKNER Rn 9). Auch **vertragstypsfremde Regelungen** können als überraschende Einbeziehung ungeeignet sein, etwa der Ausschluß einer Gewährleistung für die vorgesehene Nutzungsdauer einer Sache, wenn der die Benutzung regelnde Vertrag ausdrücklich als Mietvertrag bezeichnet ist, mag er auch Leasingelemente enthalten (BGH NJW 1977,

195). Rechtserhebliche **Bekundungen** des Vertragspartners über bestehende Tatsachen und Zustände sind in AGB fast immer überraschend und nicht zu erwarten, etwa die Bekundung, Vollkaufmann zu sein (BGH DB 1982, 1821). Überzogen ist es aber, dem Vermieter eines KFZ abzuverlangen, bzgl der Kaskoversicherung „AKB" anstatt „Versicherungsbedingungen" zu schreiben (so aber LG Mönchengladbach VersR 1986, 587).

m) Umgekehrt kann eine inhaltlich ungewöhnliche Klausel durch **drucktechnische Hervorhebung** ihren überraschenden Charakter verlieren, wenn man unter normalen Umständen davon ausgehen muß, der Kunde werde sie dann zur Kenntnis nehmen (BGHZ 47, 210 f = NJW 1967, 1022 – finanzierter Abzahlungskauf; BGH DB 1976, 1616 – zusätzliches Begründungselement; ULMER Rn 23). Jedoch hat der BGH dies in den Fällen der überraschenden Erweiterung von Bürgenhaftung und Besicherungsumfang von Sicherungsgut nicht für ausreichend gehalten (s Rn 5, 36 ff). Davon, daß eine halbe Druckseite AGB-Text vor der Unterschrift unter einen Krankenhausaufnahmevertrag so intensiv gelesen zu werden vermag, daß sie nichts Überraschendes mehr enthalten kann (BGH NJW 1979, 2354), kann aber keine Rede sein. 30

n) Unüblich und überraschend sind auch Klauseln, die für die Abwicklung von **Dauerschuldverhältnissen** rückwirkend Änderungsmöglichkeiten, etwa Preisanpassungen vorsehen. Zu den rückwirkenden Erhöhungen von Krankenhauspflegesätzen s Rn 22. Auch die Verpflichtung, Entgelte für die Zeit weiterzuleisten, zu der der Verwender seine eigene Leistung nicht erbringt, etwa für die er zur Sicherheit das Mietobjekt wieder an sich nimmt, wurde als überraschend gewertet (BGH WM 1975, 1203, 1205; OLG Hamm BB 1976, 1049; aA BGH BB 1978, 523). Weder unüblich noch überraschend, nicht unangemessen und schon gar kein Problem des Vorrangs von Individualvereinbarungen ist die konkretisierende Festlegung dessen, was einen wichtigen Grund zur fristlosen Kündigung abgeben oder nicht abgeben kann, sofern hierbei Gesichtspunkte redlicher Abwägung nicht verschmäht werden (aA OLG Karlsruhe BB 1971, 888; SCHMIDT/SALZER E 19). 31

Mit **Vertragsverlängerungsklauseln** kann durchaus zu rechnen sein (Beispiel: LG Trier NJW-RR 1993, 564 – bei Ausbleiben der „Kündigung" um eine weitere Dreijahresperiode), ist es jedoch dann nicht, wenn auf der unterschriebenen Vorderseite des Vertrags in drucktechnisch hervorgehobener Form steht „jeweils ein Jahr" (BGH NJW 1989, 2255). Bei einem befristeten Mietverhältnis kann die Klausel, Mieterhöhungen nach dem MHG seien zulässig, überraschend sein (AG Offenbach ZMR 1987, 472; abl WOLFRAM). In Wirklichkeit hängt es von der vorgesehenen Vertragsdauer ab, ob der Mieter mit einer konstant bleibenden Miete rechnen konnte. Regelungen über Vertragslaufzeiten werden heute nach den Grundsätzen der Inhaltskontrolle behandelt (s aber Rn 22). Zur Laufzeit von Mietverträgen über Fernsprechanlagen s Rn 22.

o) Denkbar ist, daß sich der ungewöhnliche Charakter einer Klausel erst in einem **Zeitpunkt nach Vertragsschluß** auswirkt. Obwohl § 3 primär darauf abstellt, ob der Kunde im Zeitpunkt des Vertragsschlusses mit einer bestimmten Klausel zu rechnen brauchte, ist dann eine teleologische Reduktion der Vorschrift gestattet. Ebenso wie die überraschende Natur einer Klausel vor Vertragsschluß durch individuellen Hinweis entfallen kann (s Rn 5), muß man es für die Gültigkeit einer Bestimmung auch für **ausreichend halten, wenn ihr die überraschende Wirkung genommen wird, bevor sie** 32 sich zu Lasten des Vertragspartners des Verwenders ausgewirkt hat (aA ULMER Rn 24; WOLF/LINDACHER Rn 80). Derartiges ist natürlich bei Klauseln, die den Vertragspartner inhaltlich wirtschaftliche Nachteile bringen, nicht möglich, wohl aber bei Klauseln, die eine relativ leicht zu erfüllende Obliegenheit mit weittragenden Folgen ihrer Nichtbeachtung bringen. Die Unterscheidung von KOLLER (s Rn 29) kann hier fruchtbar gemacht werden. Eine Bestimmung in den AKB besagte, der Versicherungsnehmer verliere rückwirkend den vorläufigen Versicherungsschutz, wenn er die fällig gewordene Prämie nicht unverzüglich nach Übersendung des Versicherungsscheins bezahle. Mit Recht wertete der BGH (BGHZ 47, 352 = NJW 1967, 1800) diese Klausel als ungewöhnlich, obwohl die AKB sämtliche Kraftfahrzeughaftpflichtversicherungsverträge monopolartig beherrschen (s Rn 8). Gemessen an der Vergleichsbasis einer üblichen Abwicklung von Leistungsstörungen ist es ungewöhnlich, daß einem Vertragspartner seine Rechtsstellung, insbesondere eine solche, die inzwischen den Wert der eigenen Leistung um ein Vielfaches übersteigen kann, wegen Verzugs mit der eigenen Leistung verlustig geht, ohne daß ihm zumindest eine Nachfrist gesetzt worden sein müßte. Der BGH hat die Wirksamkeit der Klausel aber dennoch mit Recht für den Fall angenommen, daß eine Zahlungsaufforderung einen Hinweis auf den drohenden Verlust des Versicherungsschutzes enthält. Dann kann sich die Klausel in der Tat nicht mehr zu Lasten des Kunden „überraschend" auswirken.

Umgekehrt verliert eine ursprünglich überraschende Klausel diesen Charakter dann, wenn sie dem Vertragspartner Verpflichtungen auferlegt, die er wiederholt, bei Dauerschuldverhältnissen vielleicht sogar über längere Zeit ständig erfüllt, ohne daß er sich jemals über ein Überraschung beklagt hätte (s Rn 29 aE).

33 p) Auch die Abweichung von **öffentlichrechtlichen Vorschriften** einschließlich der dem Publikum bekannten Verwaltungsvorschriften kann die Rechtsfolge des § 3 auslösen, etwa wenn sich in Ausschreibungsbedingungen öffentlichrechtlicher Bauauftraggeber solche Abweichungen von der VOB/A und/oder B finden, welche die VOB selbst als Verwaltungsanweisung (s § 1 Rn 5) untersagt.

34 q) Eine nicht unwesentliche Rolle spielt § 3 bei **Entgeltvereinbarungen**, obwohl heute über den Kunstbegriff der Preisnebenabrede auch dieses Problem schwerpunktmäßig in die Inhaltskontrolle verlagert ist. Insbesondere undurchsichtige Preisgestaltungen unterliegen dem § 3. Die räumliche Aufspaltung des vom Auftraggeber zu zahlenden Betrags in zwei Teile dergestalt, daß der „Grundbetrag" am Anfang eines längeren unübersichtlichen Textes steht, „Erhöhungsbeträge" aber nach zahlreichen anderen Bedingungen erst an seinem Ende, führt zur Anwendung von § 3 (BGH BB 1978, 636 = WM 1723), sofern die Annahme nicht völlig unrealistisch ist, für die vom Vertragspartner in Anspruch genommene Leistung lediglich den „Grundbetrag" zahlen zu müssen. Meist hatten in der Rspr allerdings die angegriffenen Regelungen vor § 3 Bestand. Formularmäßige Honorarvereinbarungen für Ärzte sind im Prinzip nicht iSv § 3 überraschend (BGH NJW 1992, 746 – Erhöhungsbeträge aber nach § 9 für unwirksam erklärt), müssen aber in ihrer Abweichung von der GOÄ klar und verständlich sein (AG Euskirchen NJW 1988, 5525). Eine Entgeltsverpflichtung des Patienten für den Fall, daß der Sozialversicherungsträger nicht einspringt, ist allerdings überraschend (OLG Bremen NJW 1991, 2354). Der Ausschluß von Verlegerbeilagen von der Entgeltsbegünstigung für Zustellung von Zeitungen im Postdienst ist nicht überraschend (BGH NJW 1996, 2374). Eine **Vorleistungspflicht** des Käufers ist bei einem Briefmarkenauktionsvertrag nicht überraschend (BGH NJW 1985, 850, 851). Zur Vergütungspflicht für Kostenvoranschläge oder sonstige vorvertragliche Aufwendungen s Rn 18 aE. Zu Mieterhöhungsklauseln in befristeten Mietverträgen s Rn 31.

2. Häufige Anwendung von § 3 in Bezug auf ausgewählte Vertragsarten

a) Nach Vorarbeit durch viele OLG hat der BGH in einer Serie von Entscheidungen klargestellt, daß in einer formularmäßigen **Zweckvereinbarung zu Grundschuldbestellungen oder -übertragungen** eine Klausel an § 3 scheitert, wenn der Grundstückseigentümer mit dem Darlehensnehmer nicht identisch ist und die Grundschuld der Absicherung auch anderer Kredite dienen soll als jener, die Anlaß für die Grundschuldbestellung waren; insbesondere gilt dies, wenn das Formular alle gegenwärtigen und künftigen Verbindlichkeiten des Schuldners gegenüber dem Kreditgeber nennt, und sei es beschränkt auf Verbindlichkeiten aus bankmäßiger Geschäftsverbindung (zuletzt BGH NJW 1997, 2677; BGH NJW 1996, 191; vorher schon BGHZ 83, 56 = NJW 1982, 1035; BGH NJW 1987, 1636; BGHZ 102, 152, 159 = NJW 1988, 558; BGHZ 106, 19 = NJW 1989, 831 – Haftung des anderen Ehegatten mit seinem Grundstücksanteil für alle persönlichen Schulden des anderen; BGH NJW 1990, 576; BGH NJW 1992, 1822 – auch wenn gesichertes Darlehen nicht zweckgebunden ist). Das gilt auch, wenn der Sicherungsgeber ein zusätzliches Formular unterschreibt, das auf eine Zweckerweiterung hinweist (BGH NJW 1996, 19 aaO). Rührt die Überrumpelung des Vertragspartners aus individuellen Umständen des Vertragsschlusses, spielt auch eine etwaige Üblichkeit einer Klausel keine Rolle (s Rn 23). Überraschend ist ebenfalls die formularmäßige Abtretung der Ansprüche des nicht persönlich schuldenden Eigentümers auf Rückübertragung vor- und gleichrangiger Grundschulden bei Bestellung einer nachrangigen Grundschuld (OLG Koblenz ZIP 1988, 1109 – aus anderen Gründen aufgehoben durch BGH, s § 5 Rn 11 a). Anders liegen die Dinge, wenn Anlaß der Besicherung nicht eine bestimmte Kreditforderung war (BGHZ 100, 82, 85 f = NJW 1987, 1885) oder wenn der Grundstückseigentümer auf die Folge der Haftungserweiterung hingewiesen worden ist (BGH NJW-RR 1992, 1521) oder schließlich, wenn Grundstückseigentümer und persönlicher Schuldner identisch sind (BGH NJW 1997, 2320, 2321; BGHZ 101, 29, 33 = NJW 1987, 2228; hA; **aA** EICKMANN ZIP 1989, 137, 139) oder wenn zum Zeitpunkt der Zweckerklärung der Kredit längst hingegeben war und es weitere Umstände nahelegen, daß alle Kredite der in einer Rechtsgemeinschaft stehenden Personen gesichert werden sollten (BGH WM 1996, 2233). Eine zu weit geratene Sicherungsvereinbarung kann nach der **neuen Lehre zur geltungserhaltenden Reduktion** (s § 6 Rn 15 a), auf die formularmäßig sicherbaren Forderungen zurückgeführt werden, vor allem wenn sich dies durch Streichung einzelner Worte in der Klausel bewerkstelligen läßt (Bsp BGHZ 101, 29, 34 = NJW 1987, 2228 – allerdings ohne sich mit der Problematik der geltungserhaltenden Reduktion näher auseinanderzusetzen).

Ein **abstraktes Schuldversprechen** in Höhe des Grundschuldbetrages durch die Grundstückseigentümer, die gleichzeitig Darlehensnehmer sind, ist unproblematisch (BGHZ 99, 274, 282 = NJW 1987, 904), im Falle der fehlenden Identität von Schuldner und Eigentümer auch in Anbetracht der Schwierigkeiten, eine Haftung aus Grundpfandrecht zu realisieren, aber doch sehr (**aA** OLG Düsseldorf NJW-RR 1986, 1312; BGH WM 1990, 304 – bei Bestellung durch notarielle Urkunde).

37 Ganz ähnliche Grundsätze wie zur Zweckvereinbarung bei Grundschulden gelten für die **Besicherung eines Kredits durch bewegliche Sachen**. Nur der Anlaßkredit ist gesichert (OLG Oldenburg WM 1993, 2162). Vorübergehend zur Aufbewahrung einer Bank übergebene Wertsachen werden vom Pfandrecht der Banken nicht erfaßt (BGH NJW 1959, 142).

38 b) Eine Serie höchstrichterlicher Urteile hat klargestellt, daß auch Bestandteile von vorformulierten **Bürgschaftsverträgen** überraschend sind und nicht Vertragsbestandteil werden, wenn sie die Bürgschaft auf alle (gegenwärtigen und künftigen) Verbindlichkeiten des Hauptschuldners erstrecken, der Anlaß („Anlaß"-Rechtsprechung) für die Bürgschaft aber nur eine konkrete Kreditvergabe war (BGH NJW 1997, 3230, 3232; BGHZ 132, 6 = NJW 1996, 924; BGH 1996, 1470; BGHZ 130, 19 = NJW 1995, 2553; BGH NJW 1994, 1657; BGH NJW 1994, 2145). Das gilt auch, wenn Kreditnehmer eine BGB-Gesellschaft ist, zu der der Bürge gehört, und sich die Bürgschaft formularmäßig auf alle Privatschulden der Gesellschafter erstreckt (BGH NJW 1988, 558) und für eine Höchstbetragsbürgschaft (BGH NJW 1996, 1470, 1472), alles selbst bei drucktechnischer Hervorhebung der kritischen Erweiterung (OLG Karlsruhe WM 1993, 787). Anders liegen die Dinge, wenn der Bürge (als Geschäftsführer oder Mehrheitsgesellschafter) die Höhe der Hauptverbindlichkeit selbst bestimmen kann (OLG Schleswig WM 1997, 413; OLG Hamm WM 1997, 710 – Ehegatte des Geschäftsführers mit 50%-igen Geschäftsanteilen; dass OLG-Rep Hamm 1997, 91 – Gesamtprokurist, der zusammen mit dem Alleingesellschafter vertretungsberechtigt war). Bei einer summenmäßig begrenzten Bürgschaft scheitert deren Erweiterungen auf **Zinsen, Provisionen und Kosten** an § 3 (OLG Nürnberg NJW 1991, 232; DERLEDER NJW 1986, 97 ff; aA OLG Koblenz NJW-RR 1993, 175; LG Stuttgart WM 1993, 1181 – bzgl nicht ausdrücklich als Höchstbetragsbürgschaft bezeichneter Bürgschaft), wenn die Erweiterung nicht in unmittelbarem Anschluß an die Bürgschaftssumme genannt ist (so der Fall BGH WM 1984, 198). Daß die Formel nur deklarativ sei, ist angesichts des Umstandes, daß Höchstbetragsbürgschaften im BGB nicht geregelt sind, unrichtig. Eine formularmäßige Vereinbarung, daß **mehrere Höchstbetragsbürgschaften** nebeneinander gelten, scheitert nicht an § 3 (OLG Düsseldorf NJW-RR 1989, 1397). Die Überschrift „Höchstbetragsbürgschaft" in einem Vertragsformular macht jede Erweiterungen auf Nebenforderungen überraschend, auch wenn drucktechnisch hervorgehoben (OLG Hamm WM 1995, 1872, 1874). Unterzeichnen Ehegatten einen Vertrag über eine Höchstbetragsbürgschaft von DM 25.000, so verbietet § 3 eine Auslegung dahingehend, daß jeder sich für DM 25.000 verbürgt habe. § 3 steht einer Klausel entgegen (OLG Köln WM 1989, 1883 = NJW-RR 1266; aA ULMER Rn 38; der „richterlichen" Inhaltskontrolle aber noch standhaltend in BGH NJW 1985, 614; s auch § 5 Rn 11 a), wonach Zahlungen des Bürgen bis zur vollständigen Befriedigung des Gläubigers nur als Sicherheit gelten sollen (mit der Absicht, das Rückgriffsrecht des Bürgen auszuschließen), obwohl die Rechte, die der Bürge als Beauftragter des Hauptschuldners hat, ohnehin nicht angetastet werden. Dem Bürgen eine Verpflichtung zur Sicherheitsleistung aufzuerlegen, ist ebenfalls überraschend (BGHZ 92, 295, 300 = NJW 1985, 45).

Eine Bürgschaftsurkunde kann aber auch formularmäßig Bereicherungsansprüche für den Fall der Unwirksamkeit des Darlehensvertrages sichern (BGH NJW 1992, 1234; aA WOLF/LINDACHER Rn 30). Auch bei einem Wucherdarlehen ist anstößig nur die Höhe des vereinbarten Zinses, nicht das Verlangen nach Rückerstattung der Valuta. Eine Bürgschaft auf erstes Anfordern ist bei anderen Bürgen als Banken überraschend

(Mankowski EWiR 1997, 449) und als Normalbürgschaft zu behandeln (aA OLG Oldenburg EWiR aaO – das sogar den Einwand aus § 3 in den Rückforderungsprozeß verweisen möchte).

c) Auch in **Versicherungsbedingungen**, die nach früherem Recht behördlich genehmigt werden mußten, entdeckte die Rspr manches Überraschende. Beispiele für überraschende Klauseln: AG Neuss NJW-RR 1991, 743 (Beschränkung des Versicherungsschutzes auf einen Höchstbetrag von DM 130 je Glas in der Brillenversicherung – 743); LG München I NJW 1989, 417 (in KFZ-Betriebshaftpflicht Ausschluß schwer verständlich formuliert und inhaltlich die fragliche Erstreckung des Versicherungsschutzes fast vollständig wiederaufhebend); LG München I VersR 1988, 1171 (in untergeordneter Stelle eines Anlagenblatts zum Versicherungsschein untergebrachter Hinweis auf zusätzliche Ausschlußklauseln); BGH NJW 1985, 971 (Verminderung der Versicherungssumme um den Betrag, der bei einem früheren Versicherungsfall gezahlt wurde); BGH NJW-RR 1991, 855 (Stichtagsmeldung bei Feuerversicherung); LG Berlin NJW-RR 1989, 990 (in der Reisekrankenversicherung praktisch völliger Ausschluß des Versicherungsschutzes, wenn der Reisende die Staatsangehörigkeit des Ziellandes hat); OLG Saarbrücken NJW-RR 1994, 539, 540 (Hausratsversicherung über ein Einfamilienhaus so, daß der Diebstahl durch einen in die Einliegerwohnung eingestiegenen Dieb, der dann freien Zugang zur Hauptwohnung hat, nicht erfaßt wird); OLG Hamm NJW-RR 1994, 1506 (Ausschluß der Rechtsschutzversicherung für das Handelsvertreterrecht); OLG Hamm NJW-RR 1992, 1057 (Beendigung statt Suspension einer Krankentagegeldversicherung bei Eintritt der Berufsunfähigkeit; aA BGH NJW-RR 1989, 1298). Obwohl Leistungsbeschreibungen der Inhaltskontrolle nicht unterliegen, hat der BGH Risikoausschlüsse der Inhaltskontrolle verfallen lassen, wenn dadurch der Versicherungsschutz in vertragszweckwidriger Weise hinter der Risikodeckung zurückbleibt, die der Versicherungsnehmer erwarten kann (Bsp BGHZ 123, 83 = NJW 1993, 2369). Der Sache nach ist dies aber die Wertung von § 3.

Beispiele für nicht überraschende Klauseln: BGH NJW 1992, 753 (Ausschluß von Leistungen eines nicht ärztlich vorgebildeten psychologischen Therapeuten von der Krankenversicherung); BGH NJW-RR 1991, 668 (Ausschluß der Haftpflichtversicherung für Betätigungen in Vereinigungen aller Art); OLG Hamburg BUNTE AGBG I § 3 Nr 7 (Beschränkung des Unfalltagegelds auf 60 Tage); OLG Hamm NZV 1990, 155 (Risikoausschluß für Ansprüche gegen mitversicherte Personen, auch wenn der Fahrer ein anderes Kraftfahrzeug des Halters beschädigt); BGH NJW 1990, 767 (Kündigungsrecht wegen Mehrfachversicherung in der privaten Krankentagegeldversicherung); BGH NJW 1984, 47, 48 (Ausschluß des Risiko eines Fehlverhaltens des Bauunternehmens selbst bei der Bauwesenversicherung); OLG Hamm NJW 1991, 1118; OLG Köln VersR 1990, 369 (Ausschluß von bereits bestehenden Gesundheitsrisiken bei Restschuldversicherung); OLG München NJW 1983, 53 (Ausschluß des Diebstahlrisikos für Gepäck, das in einem unbewacht abgestellten PKW lagert); OLG Hamm VersR 1986, 55 (Obliegenheit, Ansprüche aus Versicherungsverträgen sechs Monate nach Ablehnung der Regulierung durch die Versicherung gerichtlich geltend zu machen); OLG Düsseldorf VersR 1986, 905 (Kündigungsregelung in der Krankentagegeldversicherung); OLG Köln NJW 1996, 3088 (bei Hinweis Erstattungsausschluß von Rechnungen überhöht abrechnender Ärzte); BGH NJW 1992, 2233, 2234 (Ausschluß von Rechtsschutzversicherung aller Fälle, die später als 2 Jahre nach Vertragsbeendigung gemeldet werden).

d) Die Bedeutung des AGBG für **Leasingverträge** liegt darin, daß diese vom BGH als eine besondere Art von Mietverträgen qualifizierten Verträge sich im Grunde nicht an einem gesetzlichen Modell orientieren und daher nur durch AGB Konturen erhalten können. Auch insoweit unternimmt heute die Rspr in viel stärkerem Maß Inhaltskontrolle, als daß sie Klauseln wegen ihres überraschenden Charakters die Anwendung versagte. Eine formularmäßig ausbedungene Weiterhaftung des Erstleasingnehmers nach einer Vertragsübernahme scheitert an § 3 (vWestphalen NJW 1997, 2906). Häufig wurden in Teilamortisationsverträgen Klauseln wegen ihrer überraschenden zusätzlichen Belastung (s Rn 19, 34) nicht angewandt, die darauf hinausliefen, daß ein fiktiver Restwert des geleasten Gutes für die Zeit der Beendigung des Vertrages angesetzt wurde, den der Leasingnehmer zu garantieren hatte, ohne daß er auf dieses Risiko eindringlich hingewiesen worden wäre (OLG Karlsruhe NJW-RR 1986, 1112; OLG Oldenburg NJW-RR 1987, 1003; AG Hamburg NJW-RR 1991, 507; OLG Schleswig OLG-Rep 1997, 119; aA OLG Karlsruhe NJW-RR 1987, 1006). Gegen eine Klausel, die bei einem Immobilienleasing die jährliche Erhöhung des Verwaltungskostenbeitrags vorsieht, ist aber ebensowenig etwas einzuwenden (OLG Hamm DB 1997, 569) wie gegen die Ausgestaltung des Leasingvertrags auf unbestimmte Zeit (BGH NJW 1990, 247, 249). Ist ein Leasingvertrag über ein KFZ auf Kilometerabrechnung basierend geschlossen, so ist eine (nicht näher hervorgehobene, in einer Vielzahl von Regelungen versteckte) Klausel überraschend, die für den Fall vorzeitiger ordentlicher Kündigung eine Umstellung auf Restwertberechnung vorsieht (BGH NJW 1987, 377; OLG Celle NJW-RR 1994, 743), insbesondere wenn dadurch dem Leasingnehmer das volle Risiko für einen Wertverlust auferlegt wird (MDR 1985, 762). Ein Andienungsrecht des Leasinggebers kann überraschend sein (AG Langenfeld NJW-RR 1990, 565).

41 e) Ist in einem **Maklervertrag** durch Unterstreichung entsprechender Parteien in einem Formular festgehalten, daß der die Dienste des Maklers als verkaufswillige Seite beanspruchende Kunde „zu keinerlei Zahlungen" an den Makler verpflichtet sein soll, so ist eine Klausel in dem auf der Rückseite abgedruckten AGB überraschend, wenn sie einen Provisionsanspruch für den Fall postuliert, daß der Auftraggeber ohne Einschaltung des Maklers verkauft – auch wenn im Auftragsformular der Begriff „Alleinauftrag" vorkommt oder sogar hervorgehoben ist. Das gleiche gilt für Klauseln in Maklerbedingungen, die den Auftraggeber verpflichten, auch alle ohne Vermittlung des Maklers auftauchenden Interessenten an diesen zu verweisen (unter anderem wegen des für den Kunden subjektiv überraschenden Effekts dieser Klausel für unwirksam erklärt von BGHZ 60, 377 = NJW 1973, 1194) oder eine Provision für den bloßen Nachweis einer Geschäftsabschlußgelegenheit (BGH WM 1964, 1319 = BB 1451; BGH NJW 1967, 1225) oder für das Zustandekommen einer mündlichen oder privatschriftlichen Einigung über einen Grundstücksankauf (BGH NJW 1970, 93; BGH WM 1971, 190; OLG Düsseldorf NJW 1972, 1816) vorsehen (aA OLG Karlsruhe OLGZ 1969, 327, s auch Staudinger/ Coester § 9 Rn 186). Provisionszahlungsklauseln, die in Nachweisbestätigungen enthalten sind, sind ebenfalls überraschend (OLG Düsseldorf NJW-RR 1997, 370; OLG Hamm NJW-RR 1988, 687).

§ 4
Vorrang der Individualabrede

Individuelle Vertragsabreden haben Vorrang vor Allgemeinen Geschäftsbedingungen.

1. Unterabschnitt. § 4 AGBG
Allgemeine Vorschriften 1

Systematische Übersicht

I. Der Stellenwert der Norm im System des Zivilrechts
1. Der Anwendungsbereich der Vorschrift im System des AGBG 1
2. Rechtsnatur der Vorschrift 9

II. Die inhaltlichen Aussagen der Norm
1. Der Begriff der Individualvereinbarung 10
2. Die Unwirksamkeit individualvertragswidriger Klauseln 11
3. Die individualvereinbarungskonkretisierende Funktion von AGB 16

III. Das Zustandekommen einer AGB-Klauseln verdrängenden Individualvereinbarung 19
1. Individuelle Wünsche als Teil des Angebots oder der Annahme 20
2. Schriftformklauseln in AGB 23
3. Beschränkung der Vertretungsmacht in AGB 29
4. Vollständigkeitsklauseln 34

Alphabetische Übersicht

Anwendungsbereich 1, 2, 5, 7, 10
Aufsteller 6, 11
Auftragsbestätigung .... 14, 21 f

Bankbedingungen 24
Beschränkung der Vertretungsmacht .... 29 ff

Dauerschuldverhältnisse 13

Eigenschaftszusicherung 10a, 11a, 18

Formvorschriften 19
Freizeichnungsklauseln 17, 18

Gerichtsstandsvereinbarungen 14

Handelsbrauch 7
Hauptleistungspflichten 20

Individualvereinbarungen
– Begriff 10
– Unwirksamkeit individualvertragswidriger Klauseln 11
– Zustandekommen 19

Inhaltskontrolle .... 2 f, 14a, 33
Kosten 7

Leistungszeitpunkt 17

Mehrwertsteuer 15a

Preisangabe 24

Schriftformklauseln .... 23 ff
Unklarheitenregel 10b
Unwirksamkeit 7, 11, 17, 23
Verbraucherverträge 1
Verjährung 13b
Verkehrssitte 7
Versicherungsbedingungen .... 1, 10 ff
Versicherungsverträge 6
Vertragsdauer 13
Vollständigkeitsklauseln 34
Zuständigkeit 14

I. Der Stellenwert der Norm im System des Zivilrechts

1. Der Anwendungsbereich der Vorschrift im System des AGBG

a) § 4 gilt für sämtliche AGB **unabhängig von Vertragsgegenstand und Vertragspar-** 1

107 Peter Schlosser

§ 4 AGBG 1. Abschnitt.
Sachlich-rechtliche Vorschriften

teien (s Einl 13; § 23 Rn 6). Auch **Versicherungsbedingungen** machen keine Ausnahme. Zusicherungen des Versicherungsagenten werden Vertragsbestandteil (BGHZ NJW 1983, 2638), auch dann, wenn die Zusicherung in offenem Widerspruch zum klaren Wortlaut der einschlägigen AVB steht (SCHMIDT/SALZER E 13 ff). Wie das AGBG insgesamt (§ 1 Rn 5), so gilt auch § 4 selbst für bloße Vertragsangebote. Nimmt sich ein solches in seinen individuellen Bestandteilen als bindend aus, so scheitern Bindungsausschlußklauseln in beigefügten AGB an § 4 (ULMER Rn 10 a; SCHMIDT/SALZER E 19; aA BGH LM Nr 3 zu § 276 [Fa]; s auch § 1 Rn 5); eine „Ansichtslieferung" kann umgekehrt nicht durch beigefügte AGB zum auflösend bedingten Vertragsangebot gemacht werden (SCHMIDT/SALZER E 19). Auch individuelle Modifikationen vorformulierter einseitiger Rechtsgeschäfte unterfallen dem § 4 (BGH NJW 1987, 2011). Für Einzelverbraucherverträge verweist § 24a nicht auf § 4. Das ist ernst zu nehmen (aA ULMER Rn 5; anders aber ders § 24 a Rn 52), weil diese ihrem Wesen nach Individualverträge sind. Die Gültigkeit mündlicher Nebenabreden richtet sich dann nach den allgemeinen Grundsätzen. Eine Klausel, die mündlichen Nebenabreden Verbindlichkeit vorenthält, ist aber gerade in Verbraucherverträgen häufig überraschend (s § 3 Rn 4). Der überraschende Charakter folgt dann aus der mündlichen Nebenabrede als begleitenden Umstand iSv § 24a Nr 3.

2 b) Für den mit einer konkreten Klausel im **Individualprozeß befaßten Richter** ist es nicht immer nötig, das Verhältnis der Anwendungsbereiche von §§ 9–11 einerseits und von § 4 andererseits klarzustellen. Er kann sich in Fällen, in denen ihrem persönlichen Anwendungsbereich nach beide Normen bzw Normgruppen herangezogen werden können, damit begnügen zu sagen, jedenfalls sei die Klausel nach einer der in Frage kommenden Maßstäbe nicht wirksam Vertragsbestandteil geworden. Ja er kann sogar argumentieren: Wenn man schon nicht die eine Norm heranziehen wolle, dann müsse man jedenfalls die andere anwenden. Unfruchtbar ist daher die Frage, ob § 4 nicht überhaupt erst dann zur Anwendung komme, wenn eine AGB-Bestimmung der Inhaltskontrolle standgehalten habe. Dennoch muß über die jeweiligen Anwendungsbereiche der §§ 9–11 einerseits und von § 4 andererseits Klarheit herrschen. Denn § 4 ist auf jeden unter Einbeziehung von AGB geschlossenen Vertrag anwendbar (BGH NJW-RR 1990, 613 f). Die §§ 10 und 11 sind es auf solche Verträge nicht, bei denen als **Vertragspartner des Verwenders Unternehmer oder die öffentliche Hand auftreten**.

Es ist allerdings nicht zu verkennen, daß es auch in den §§ 9–11 Bestimmungen gibt, die der Effizienz von Individualvereinbarungen dienen, man denke nur an § 11 Nr 1 über die Preisgarantie. Solche Vorschriften sind Sonderausprägungen des Schutzes von Individualvereinbarungen. Ihr gemeinsames Merkmal besteht darin, daß ihnen widersprechende AGB-Klauseln ohne Kenntnis irgendeiner Individualvereinbarung bewertet werden können. Um § 11 Nr 1 anwenden zu können, braucht man nicht zu wissen, welcher Preis vereinbart wurde. Deswegen braucht man aber die generalisierenden Sonderausprägungen des Schutzes von Individualvereinbarungen nicht als leges speciales im Verhältnis zu § 4 zu begreifen (aA ULMER Rn 2 a). Dem Sinn des Gesetzes entspricht es besser, § 4 und die Normen aus dem Bereich der Inhaltskontrolle, welche dem Schutz von Individualvereinbarungen dienen oder dienen können, als kumulativ anwendbar zu betrachten. Eine AGB-Klausel „Lieferfristen sind unverbindlich", ist nach § 10 Nr 1 „unwirksam", wenn die Lieferfrist vorformuliert ist, sie ist zusätzlich auch nach § 4 nicht Vertragsbestandteil geworden, wenn die

Lieferfrist individuell vereinbart wurde. Im Ergebnis ist man sich jedenfalls darin einig, daß im Individualprozeß der Richter die Einbeziehung nach § 4 leugnen kann, ohne die Klausel vorher einer Inhaltskontrolle zu unterziehen und daß die Chancen des Unterlassungsträgers nicht dadurch beeinträchtigt werden, daß die angegriffene Klausel in Einzelfällen schon wegen § 4 nicht Vertragsbestandteil geworden ist.

c) Zum Schutze von Individualvereinbarungen oder jedenfalls auch zu deren Schutz sind etwa unter folgenden Voraussetzungen folgende Bestimmungen aus den Vorschriften über die Inhaltskontrolle anwendbar: **3**

Im Verhältnis zu § 10 Nr 1 ist § 4 anzuwenden, wenn die AGB in einer Weise gefaßt **4** sind, die eine individuelle Bestimmung einer Leistungsfrist nicht vorsieht („die Lieferung erfolgt frühestens vier Wochen nach Vertragsschluß"), individuell aber eine andere als die vorformulierte Lieferfrist vereinbart wurde (s dazu OLG Stuttgart ZIP 1981, 875 ff; sowie BGH NJW 1984, 2468, zum Liefertermin für ein Fertighaus). Steht in den vorformulierten Bestandteilen des eigentlichen Vertragstextes eine Leistungsfrist, welche durch beigefügte AGB-Klauseln wieder aufgelockert wird, so ist nach dem Prinzip der kundengünstigen Auslegung zu verfahren (s § 5 Rn 5). Allein § 10 Nr 1 ist anwendbar, wenn nur formularmäßig eine Frist vereinbart worden ist. Sind die AGB in einer Weise gefaßt, die jeder denkbaren Individualvereinbarung zur Leistungsfrist Wirksamkeit nehmen soll („Angaben zur Leistungsfrist sind nicht rechtlich verbindlich", oder „Fixgeschäfte werden nicht getätigt"), so ist Bewertungsmaßstab § 4 neben § 10 Nr 1 (nur § 4 anwendend BGH ZIP 1982, 1444 ff). Auf letztere Norm kann im Rahmen von § 13 der Unterlassungsanspruch gestützt werden (BGH NJW 1983, 1320).

Ein Recht, sich willkürlich vom Vertrag zu lösen (§ 10 Nr 3), ist sicherlich der denk- **5** bar gröbste Verstoß gegen das Prinzip einer notwendigerweise individuell zustandegekommenen vertraglichen Bindung. Die Klausel „Lieferung freibleibend" stößt daher auf jeden Fall auch gegen § 4, wenn die individuellen Bestandteile eines Vertrages einen solchen Vorbehalt nicht kennen (insoweit zutreffend SCHMIDT/SALZER E 11; KOCH/STÜBING Rn 25). Eine Klausel in AGB, welche eine Lösungsmöglichkeit ohne Rücksicht auf Individualerklärungen – ungeachtet dessen, wie diese getroffen sein mögen – vorsieht, ist auch ohne Rücksicht auf konkrete Indvidualerklärungen meßbar und daher zusätzlich auch nach § 10 Nr 3 unwirksam (ähnlich ULMER/BRANDNER § 10 Nr 3 Rn 16). Für § 10 Nr 3 allein bleibt als Anwendungsbereich alle die Fälle, in denen kein unbeschränktes Vertragsaufkündigungsrecht vorgesehen ist, sondern ein solches unter Voraussetzungen, die sachlich iSv § 10 Nr 3 nicht gerechtfertigt sind.

Die vertragscharakteristische Leistung wird bald formularmäßig, bald individuell, **6** bald in gemischter Weise festgelegt. In vorformulierter Weise kann sie sowohl schlagwortartig – „Kaufvertrag über ein X-Gerät" – als auch durch eingehende Beschreibung – „Baubeschreibungen", „Risikobeschreibungen" in Versicherungsverträgen – festgelegt sein. Widersprüche zwischen den vorformulierten Angaben zum Inhalt der Hauptleistung und anderen Bestimmungen des Formularvertrages bzw der ihn ergänzenden AGB sind nach **§ 10 Nr 4** bzw § 9 Abs 2 Nr 2 auszugleichen. Diese Normen gelten neben § 4 auch, wenn Leistungsänderungsvorbehalte in AGB so gefaßt sind, daß sie die vom Aufsteller berücksichtigten möglichen Individualvereinbarungen erfassen. Denn selbst dann ist die Klausel auch ohne Kenntnis irgendeiner

§ 4 AGBG
7

Individualvereinbarung bewertbar. Dem ist so, wenn etwa in einem Formular für einen Bauausführungsvertrag das zu verwendende Material individuell eingesetzt ist, die Klausel aber generell die Verwendung eines anderen als des vereinbarten Materials vorbehält, oder wenn in einem Formular steht, an die Stelle der vereinbarten Markenware könne eine andere treten. Ausschließlich § 4 aber ist anzuwenden, wenn eine Bestimmung aus einem Klauselwerk deshalb zu einem Fremdkörper im Vertrag wird, weil sie einer im Vertragsformular nicht vorgesehenen aber tatsächlich getroffenen Individualvereinbarung zur vertragscharakteristischen Hauptleistung widerspricht. Häufig nennt man Beispiele, in denen die Angaben im Versicherungsschein von dem abweichen, was mündlich abgesprochen und im Versicherungsantrag individuell angegeben war. Dies wären in der Tat gute Beispiele, wenn nicht § 5 VVG (s dazu Rn 21) eine Sonderregelung darstellen würde. Lehrreich sind aber Fälle, in denen Angaben über die Quantität der zu liefernden Ware in AGB als in einer Meßeinheit abgegeben gedeutet werden, die dem objektiven Erklärungssinn der Individualvereinbarung widerspricht (OLG Stuttgart BB 1961, 67). Ist durch Individualvertrag die Montage des Kaufgegenstandes übernommen worden, so ist eine AGB-Bestimmung wirkungslos, welche sagt, der Verkäufer habe seine Verpflichtungen mit Ablieferung der Ware erfüllt (SCHMIDT/SALZER Rn 90 – im Anschluß an ausländische Rspr).

7 § 11 Nr 1 regelt nicht das Problem des **bereits im Zeitpunkt des Vertragsschlusses akuten Widerspruches zwischen individueller Preisfestsetzung und AGB-Bestimmungen**. Dann ist allein § 4 anwendbar, so zB wenn in den AGB einer Bank ein höherer Zinssatz steht als individuell vereinbart wurde (OLG München WM 1983, 223, 224). Klauseln, welche die Korrektur von Kalkulationsirrtümern oder Rechenfehlern ermöglichen sollen, sind nach § 4 unwirksam (vgl LG Essen NJW 1979, 555, wo aber umständlich auf den Überraschungseffekt der Klausel abgehoben wurde). Klauseln über zusätzlich vom Kunden zu übernehmende Kosten für bestimmte, angeblich Nebenleistungen darstellende Dienste, sind unwirksam, wenn die Absprache über „den Preis" so gefaßt ist, daß die fragliche Nebenleistung als mit abgedeckt anzusehen ist. Keine Wirkung hat etwa die Klausel über die Kosten der Gerüsterstellung, wenn der Preis für eine Wandverkleidung pro m^2 Wandfläche angegeben war, oder eine solche über Zuschläge für Auslands- und Nachttätigkeit. Zu Klauseln über Preiserhöhungen, wenn der Kunde nicht bestimmte Nebenleistungen übernimmt, s § 3 Rn 20 a. Der Widerspruch zwischen vorformuliertem Preis (Druck auf der Vorderseite des Formulars) und zusätzlichen versteckten Preisbestandteilen in AGB (Rückseite) ist nach dem Prinzip der Unwirksamkeit überraschender Klauseln bzw nach den Grundsätzen über kundenfreundliche Auslegung aufzulösen (s § 5 Rn 16). Eine Ausnahme gilt für Geschäfte mit einem Unternehmer, soweit der auf der Vorderseite vereinbarte Preis nach den Allgemeinen Geschäftsbedingungen als Nettopreis (zzgl MwSt) anzusehen ist, s § 3 Rn 24. Denn nach allgemeinem Handelsbrauch sind Preise zwischen Kaufleuten idR als Nettopreise anzusehen (ULMER § 4 Rn 20 und SOERGEL/STEIN § 4 Rn 12). Umgekehrt sind Regelungen, wonach vom vereinbarten Preis Skonti abgezogen werden können, unwirksam, wenn sie sich in Einkaufsbedingungen finden (aA ULMER Rn 21, der zwischen Preisbestandteilen und zulässigen Nebenabreden zum individuell vereinbarten Preis unterscheidet). Kein Widerspruch besteht aber zwischen einer Vorschußklausel und einer individuell vereinbarten Skontoabrede (BGH NJW 1981, 1959 ff).

Möglich ist es, daß die in Individualvereinbarungen verwandten Begriffe (typischerweise) eine gewisse Bandbreite aufweisen. Dann können AGB die nötigen Präzisierungen bringen. Klauseln, die die Modalitäten der Zinsberechnung festlegen (Annuitätendarlehensfälle) stehen nicht im Widerspruch zum individuell vereinbarten Nominalzins. Die Nominalzinsvereinbarung sagt ohnehin nichts über den häufig ebenfalls vereinbarten effektiven Jahreszins aus. Nach der Verkehrssitte konkretisiert die Zinsberechnungsklausel den Nominalzins.

Werden im Verhältnis zu privaten Kunden Bedingungen verwandt, die eine Preisgleitklausel enthalten, welche auch für Leistungen gelten soll, die früher als vier Monate nach Vertragsschluß zu erbringen sind, so ist es im Individualprozeß gleichgültig, ob man § 11 Nr 1 oder § 4 anwendet. Die wichtigste Konkurrenzfrage im Verhältnis dieser Norm zu jener ist aber die: Geschieht solches in AGB-Verträgen mit Unternehmern, ist dann die Klausel nach § 4 unwirksam, wenn der Preis individuell festgesetzt wurde? Nach den hier für die Abgrenzung der beiden Normen herausgearbeiteten Prinzipien (s Rn 2) ist dies in der Tat anzunehmen. Es liegt nahe, Preisgleitklauseln, die für Lieferungen und Leistungen gelten sollen, welche später als vier Monate nach Vertragsschluß zu erbringen sind, in gleicher Weise generell an § 4 zu messen und ihre Eigenschaft als Vertragsbestandteil zu leugnen, wenn der Preis individuell vereinbart wurde (so LÖWE Rn 3; KOCH/STÜBING Rn 2). Jedoch hätte dann § 11 Nr 1 praktisch keinen Anwendungsbereich mehr, denn auch eine formularmäßige Preisvereinbarung ist denkbar. Typischerweise geschieht jedoch die Preisvereinbarung individuell. Auch dann, wenn der Kunde den ihm genannten Listenpreis akzeptiert, ist die Preisvereinbarung nicht vorformuliert. Daher ist dem § 11 Nr 1 zu entnehmen, daß er nicht nur die Anpassung formularmäßig festgesetzter Preise regeln, sondern Preisanpassungsbestimmungen bei Leistungsfristen von über vier Monaten generell erlauben will. Eine Ausnahme ist nur für den Fall zu machen, daß ein Festpreis vereinbart wird (s dazu § 5 Rn 24 a).

d) Klauseln, deren Tendenz es ist, Individualvereinbarungen zu bestimmten **8** Gegenständen ohne Rücksicht auf ihren konkreten Inhalt wirkungslos zu machen (tendenziell individualvertragswidrige Klauseln), sind auch nach § 9 bewertbar (s Einl 18) und möglicher Gegenstand einer Unterlassungsklage (BGH NJW 1985, 320 ff; s auch § 13 Rn 24 c).

2. Rechtsnatur der Vorschrift

ULMER und KÖTZ haben versucht, die Bestimmung der Rechtsnatur der Vorschrift **9** nach dem Gegensatz Auslegungsregel für AGB-Bestimmungen (so ULMER Rn 7 ff) oder Rangabstufung, vergleichbar dem Verhältnis höherrangigem zu niederrangigem Recht (so KÖTZ Rn 2) vorzunehmen. In der Tat findet sich auch in der übrigen Literatur die eine (für Rangverhältnis vor allen ZOLLER JZ 1991, 850, 853; E SCHMIDT JuS 1987, 929, 933) wie die andere (für Auslegungsregel KOCH/STÜBING Rn 3, 7) Wendung. Mit Recht verzichten jedoch einige Autoren gänzlich auf eine solche Einordnung (zB LARENZ, AT § 29 a II). Sie ist müßig, weil praktisch ohne Konsequenzen. Eine unwirksame Individualvereinbarung kann weder eine Auslegungsregel noch ein Auslegungsindiz begründen (so mit Recht ZOLLER 854). Eine Umdeutung einer (form-)unwirksamen Individualvereinbarung in eine (form-)wirksame schlichte Abdingung einer AGB-Klausel ist auf dem Boden beider Grundanschauungen möglich, aber selten angezeigt. Auch die Rangabstufungslehre beruht auf der – im Lichte der Privatautonomie gesehenen – nur relativ höheren Legitimität des individuell Vereinbarten und nicht wie bei der Rangabstufung von Verfassung und Gesetz auf dem Autoritätsgefälle zwischen Regelschöpfern. Daher kann selbst auf dem Boden der Rangabstufungslehre angenommen werden, im Zweifel seien AGB auch für den Fall einbezogen worden, daß eine ihnen zunächst entgegenstehende Individualvereinbarung wieder entfällt. Ein verfassungswidriges Gesetz ist „nichtig", s § 78, § 80 Abs 3 BVerfGG; eine individualvertragswidrige AGB-Klausel hat nur „Nachrang", ähnlich wie gegenüber dem Europarecht das nationale Recht, das auch wiederauflebt, wenn Europarecht ihm nicht mehr entgegensteht (zu letzterem BVerwG RIW 1991, 426).

II. Die inhaltlichen Aussagen der Norm

Man muß sich vor der illusionären Annahme hüten, daß immer feststeht, was Inhalt einer Individualvereinbarung ist. Die bekannte, auf die Gesetzesinterpretation gemünzte methodologische Metapher von Begriffskern und Begriffshof paßt auf rechtsgeschäftliche Willenserklärungen erst recht. Daher ist es eine legitime Funktion von AGB, in den Begriffshof von vorausgesehenen Individualvereinbarungen Konturen zu ziehen. AGB können nicht nur als individualvertragswidrig unwirksam sein (2), sondern auch individualvertragskonkretisierende Funktion haben (3). Nach einer Klärung des Begriffs der Individualvereinbarung (1) ist dies näher auszuführen. Zum Prinzip der individualvertragskonformen Auslegung s § 5 Rn 17 ff.

1. Der Begriff der Individualvereinbarung

10 a) Individualvereinbarung ist sicherlich alles, was iSv § 1 Abs 2 „ausgehandelt" oder individuell für einen Anlaß abgesprochen worden ist. Dazu gehört auch die Einfügung einzelner spezifizierender Zusätze wie die Worte „und" bzw „oder" in den vorformulierten Kontoeröffnungsantrag bei einer Bank (OLG Köln NJW-RR 1990, 1007 ff) oder die Eintragungen in eine auszufüllende Spalte (OLG Hamm CR 1995, 535).

Die Funktion von § 4 zwingt jedoch dazu, den **Begriff der Individualvereinbarung** als den Vorrang erheischenden Vertragsbestandteil etwas **weiter** zu fassen, als er in § 1 Abs 2 gebraucht wird. In § 4 schlägt sich nämlich ein verallgemeinerungsfähiges Rechtsprinzip, das auch schon vor Inkrafttreten des AGB-Gesetzes galt (BGH WM 1982, 447), nieder. Eine relativ speziellere Regelung hat Vorrang vor einer relativ allgemeineren (aA ULMER Rn 10, der aber § 4 auf relativ speziellere AGB-Klauseln analog anwendet). § 4 gilt daher für alles, was – innerhalb eines sich als Einheit begreifendes Klauselwerkes – spezielleren Charakter hat. Die Spezialität bezieht sich nicht auf die Detailliertheit der Regelung, sondern auf den Kreis der Geschäfte, für den sie gedacht ist, im prototypischen Fall auf den einen Vertrag, für den sie vereinbart wurde (s § 1 Rn 17). Wird ein bestimmtes **Formular** auch zum Abschluß von Verträgen gebraucht, für die es nicht gedacht ist, so kann dies mit einer Häufigkeit geschehen, die den handschriftlichen Eintragungen den Charakter von Individualvereinbarungen iSv § 1 Abs 2 nimmt. Im Sinne von § 4 sind die „formularfremden" Abweichungen dennoch Individualvereinbarungen; s zu der Verwendung eines falschen Formulars auch Rn 12.

Auch Sonderbestimmungen für einen – gemessen am vorgestellten Anwendungsbereich der AGB – speziellen Vertragstyp gehen, wenn von beiden Parteien einbezogen, den Grundbedingungen vor. Besondere Versicherungsbedingungen etwa haben immer Vorrang vor Allgemeinen (BGH VersR 1968, 294).

b) Individualvereinbarungen können auch **schlüssig**, uU sogar beiderseits stillschweigend getroffen werden (allgM, s etwa BGH NJW 1995, 1494, 1496; ULMER Rn 12). Beispiele: Formularmäßige Zweckbestimmungserklärungen in Sicherungsverträgen der Banken, denen konkludent vereinbarte individuelle Zweckbestimmungen entgegenstehen (s CLEMENTE ZIP 1985, 193 ff); trotz entgegenstehender AGB beim finanzierten Abzahlungskauf sind Kreditgeber und Verkäufer Vertragspartner des Käufers, wenn „objektive Verbindungselemente, die sich aus Individualvereinbarungen und tatsächlichen Umständen des Einzelfalls ergeben" nicht bestehen (BGH NJW 1986, 43 ff); konkludente Umdeutung von AVB (BGH NJW 1983, 2638) oder anderen AGB (BGHZ 113, 251, 259 = NJW 1991, 1604; BGH NJW 1995, 1494, 1496) durch **individuelle Sinngebung**; stillschweigende Eigenschaftszusicherung des Verkäufers (BGH NJW 86, 1807 ff). Eine stillschweigende relativ speziellere Abänderung einer AGB-Regelung ist es auch, wenn die Parteien ihre gleichbleibenden Verträge ständig abweichend abwickeln (OLG Frankfurt aM ZIP 1982, 1331 ff). **10 a**

c) Im Einzelfall kann eine (konkludente) Individualvereinbarung sogar zugunsten des Verwenders wirken (BGH NJW 1995, 1494, 1496; ZOLLER JZ 1991, 850, 853; ULMER Rn 25; PALANDT/HEINRICHS Rn 2; WOLF/LINDACHER Rn 2; wohl allgM). Ein individueller Risikoausschluß in einem Versicherungsschein geht einem denselben Sachverhalt betreffenden Risikoausschluß in den AVB auch dann vor, wenn er günstiger für den Versicherer ist (OLG Karlsruhe VersR 1984, 829, 830). Bevor man § 4 zugunsten des Verwenders anwendet, ist zu prüfen, ob nicht zu seinen Lasten die Unklarheitenregel des § 5 eingreift (s ULMER Rn 25). Nur soweit die Individualvereinbarung ebenfalls vom Verwender formuliert worden und daher bei Unklarheit uU gegen ihn auszulegen ist (Einzelheiten s STAUDINGER/DILCHER[12] § 123 BGB), kann sich aber für den Vertragspartner der doppelte Vorteil (vorteilhafte Teile der AGB-Bestimmung und der Individualvereinbarung) ergeben. Klare Individualvereinbarungen haben demgegenüber prinzipiell Vorrang vor AGB. So hat das OLG Hamburg die Klauseln in Konnossementbedingungen, die den Reeder als Verfrachter ausweisen, obwohl der Charterer auf der Vorderseite des Konnossements als Vertragspartner eingetragen ist (Identity of Carrier – IoC-Klausel), nach § 5 AGB beurteilt: Der Empfänger könne beide als Verfrachter in Anspruch nehmen (OLG Hamburg TranspR 1989, 70 ff; RABE TranspR 1989, 81 ff). Demgegenüber hält der BGH mit Recht fest, daß die Bezeichnung des Charterers als Vertragspartner auf der Vorderseite des Vertrages gegenüber den Konnossementbedingungen die speziellere Regelung ist (BGH NJW-RR 1990, 613, 614; BGH NJW 91, 1420 ff, in Auseinandersetzung mit Gegenansichten in der Lit). Der Verwender, der eine Individualvereinbarung zu seinen Gunsten durchsetzen will, muß den Vertragspartner nicht darüber aufklären, daß er gegenüber anderen Vertragspartnern diskriminiert wird, weil es einen rechtlichen Grundsatz der Gleichbehandlung von Vertragspartnern nur im Falle von Monopolstrukturen auf dem Markt gibt (aA ULMER Rn 25). **10 b**

d) Der individuelle Text eines kaufmännischen Bestätigungsschreibens repräsentiert die individuellen Bestandteile eines Vertrags. Er hat deshalb Vorrang vor **10 c**

AGB-Regelungen, auf die das Bestätigungsschreiben Bezug nimmt (COESTER DB 1982, 1551, 1554) oder die früher vereinbart waren (BGH NJW-RR 1995, 179).

2. Die Unwirksamkeit individualvertragswidriger Klauseln

11 Häufig wird zwischen einem unmittelbaren und einem mittelbaren Verstoß von AGB-Klauseln gegen Individualvereinbarungen unterschieden, die beide von § 4 erfaßt sein sollen (ULMER Rn 12; TRINKNER Rn 16; SCHMIDT/SALZER E 20 ff). Der den Vertragspartner des Verwenders benachteiligende mittelbare Verstoß ist hier unter dem Gesichtspunkt des überraschenden Charakters von Klauseln behandelt (s § 3 Rn 23 ff – individualvertragsferne Klauseln). Der Sache nach macht dies wenig Unterschied. § 4 ist im Grunde nur eine **Sonderausprägung des in § 3 allgemein verankerten Rechtsgedankens**. Sollten AGB vorkommen, die mittelbar einer **den Aufsteller** begünstigenden Individualabrede entgegenstehen, so bleiben sie im Zweifel nach § 5 aufrecht erhalten. § 4 gilt soweit die iSv § 154 Abs 2 BGB ausstehende Beurkundung in der Einbeziehung von AGB besteht (CLEMENTE ZIP 1985, 193, 198; **aA** BGH WM 1982, 443 – mündliche Zweckbestimmung einer Grundschuld und nachträgliche Unterzeichnung eines banküblichen Zweckbestimmungsformulars).

Im übrigen läßt sich der Regelungsgehalt der Vorrangregel nur an Hand lehrreicher Rechtsprechungsbeispiele erläutern.

11 a a) Eine individuell vereinbarte **Eigenschaftszusicherung** geht den AGB eines Auktionators vor, die Beschreibungen im Katalog von der Zusicherung ausnehmen (LG München I NJW 1990, 1999). Dasselbe gilt für eine handschriftlich niedergelegte Zusicherung über die Kilometerlaufleistung eines Motors, auch wenn die AGB des Verkäufers diese als nicht zugesichert bezeichnen (OLG Hamm BB 1983, 21). **Zur** Vereinbarung der **Verschuldensabhängigkeit** der Eigenschaftszusicherung s Rn 18. Eine formularmäßige Gewährleistungsbeschränkung des Verkäufers, selbst wenn sie sich in einem kaufmännischen Bestätigungsschreiben befindet, ist ohnehin regelmäßig nicht auf das Fehlen zugesicherter Eigenschaften bezogen.

12 b) Die Verwendung eines **„falschen" Formulars** macht alle Bedingungen unanwendbar, die dem Sinn des wirklich vereinbarten Vertragstyps entgegenstehen und nicht individualvereinbarungskonform ausgelegt werden können (s § 5 Rn 13). Insbesondere sind vorgedruckte Bestimmungen in einem Formular unanwendbar, wenn sie – ersichtlich nur versehentlich im Hinblick auf einen nicht vorgesehenen individuellen Zusatz – im formularmäßig abgegebenen Angebot nicht geändert werden (OLG München BB 1958, 787). Wird in Maklerbedingungen, die für den Alleinauftrag gedacht sind, der Auftraggeber zur Zahlung der gesamten Provision verpflichtet, falls er das Objekt direkt veräußert, so geht dem ein handschriftlicher Zusatz vor, der dem Auftraggeber einen direkten Verkauf vorbehält (BGHZ 49, 87 = NJW 1968, 150; ULMER Rn 22).

13 c) In der Rspr haben des öfteren Individualverabredungen zur **Vertragsdauer** eine Rolle gespielt, die den auf Dauerschuldverhältnisse ausgelegten AGB widersprachen. Ein Maklerleinauftrag „bis zum restlosen Verkauf der Wohnungen" geht einer AGB-Bestimmung über die freie Kündbarkeit des Maklerauftrages vor (BGH NJW 1969, 1626 f). Das gleiche gilt gegenüber einer in AGB enthaltenen freien Kün-

digungsklausel für die Bestimmung in einem Kreditvertrag über seine Kündbarkeit nur aus wichtigem Grund (OLG Frankfurt aM BB 1952, 871) oder über konkrete Zusagen zu den Voraussetzungen, unter denen der Kredit „abgerufen" werden kann (LG Bielefeld VersR 1964, 38 ff). Genaue Angaben zum Endzeitpunkt eines Versicherungsvertrages gehen der in den AKB enthaltenden Verlängerungsklausel vor. Auch automatische Verlängerungsklauseln eines Sportstudios sind unwirksam, wenn zunächst eine individuelle Vertragsdauer vereinbart war (LG Stuttgart VuR 1994, 274).

d) Klauseln, die dem Kunden die Berufung auf einen vereinbarten Liefertermin oder ein Fixgeschäft abschneiden wollen, verstoßen gegen § 4 AGBG (s Rn 4; BGH ZIP 1982, 1444 f). **13 a**

e) Ist die **Verjährung** individuell ersichtlich abschließend geregelt, verdrängt diese Vereinbarung anders lautende AGB (BGH NJW-RR 1990, 371), s § 6 Rn 11. **13 b**

f) In Auftragsbestätigungen individuell enthaltene und Vertragsinhalt gewordene Bestimmungen über die Zuständigkeiten von Gerichten oder Schiedsgerichten gehen **Gerichtstandsklauseln** in AGB vor. Im Einzelfall bleibt freilich der AGB-Klausel regelmäßig die Bedeutung, das zuständige Gericht für den Fall festzulegen, daß die Schiedsklausel unwirksam ist oder wird (BGHZ 52, 30 = NJW 1969, 1536). **14**

g) Bei Bankvollmachten werden die Teile der Vollmacht von § 4 verdrängt, die der Kunde nach den mündlichen Verhandlungen ersichtlich nicht erteilen wollte (s Rn 31). Die Vereinbarung einer bestimmten Sicherheit bei Darlehen beinhaltet nach zutreffender Ansicht nicht die Vereinbarung, daß dadurch der Rückgriff auf andere Sicherheiten ausgeschlossen sein soll (s OLG München WM 1982, 550 ff, wo gleichzeitig festgestellt wird, daß § 19/2 AGB-Banken der Inhaltskontrolle nach §§ 9 und 3 AGBG standhält). Zur Wirksamkeit von Zinsberechnungsklauseln bei Annuitätendarlehen, die nach hM ebenfalls nicht unter § 4 AGB-Gesetz fallen (s Rn 7). **14 a**

h) Im übrigen s § 3 Rn 23 ff (individualvertragsferne Klauseln als überraschende Klauseln), § 5 Rn 17 ff (individualvertragskonforme Auslegung von AGB), § 9 Rn 15 (Freizeichnung von Kardinalpflichten), § 11 Nr 1 Rn 17 (Relativierung von Preisvereinbarungen in AGB). **15**

Zu Preisbestandteilen, insbesondere Mehrwertsteuer, s Rn 7 u § 3 Rn 24. **15 a**

3. Die individualvereinbarungskonkretisierende Funktion von AGB

ABG müssen uU in den Begriffshof von Individualvereinbarungen (s oben Rn 7, 10) Konturen ziehen können. Tritt etwa jemand im Rechtsverkehr auf, so ist der Geschäftspartner nicht immer im Bilde, ob er es mit einer verheirateten Person zu tun hat und ob diese ggf im Rahmen ihrer Schlüsselgewalt auftreten will oder nicht. AGB können hier klarstellend wirken und den vom Gesetz vorausgesetzten Normaltyp eines **Schlüsselgewaltsgeschäftes** gegen vielleicht in andere Richtung weisende Indizien absichern. Sie können aber auch die „Umstände" ausfüllen, von deren Vorliegen es nach § 1357 Abs 1 BGB abhängt, ob der Handelnde nur sich selbst und nicht auch seinen Ehegatten verpflichten will. Zu Klauseln über die Tragung der Mehrwertsteuer s § 3 Rn 24. **16**

Im Rahmen eines kaufmännischen Bestätigungsschreibens können AGB eine Individualvereinbarung konkretisieren, genauso wie im kaufmännischen Bestätigungsschreiben selbst die bereits mündlich getroffenen vertraglichen Vereinbarungen inhaltlich konkretisiert und ergänzt werden können (s LINDACHER WM 1981, 702 ff). Ein Verbot der Erweiterung des „Funktionsbereiches" des Individualvertrags durch AGB gibt es nicht (ULMER Rn 15; WOLF/LINDACHER Rn 12). In den Grenzen der §§ 3, 9 und der allgemeinen Grundsätze über die Einbeziehung von Personen als weitere Vertragspartner können auch durch AGB Pflichten „dritter" Personen begründet werden.

17 Für den Fall, daß ein **Leistungszeitpunkt** oder -zeitraum festgelegt wird, hat das Gesetz mehrere Regelungen dazu getroffen, was im Fall der Nichteinhaltung rechtens ist. Nicht jede Abweichung von dieser Regelung bedeutet schon einen Verstoß gegen individuelle Festsetzung einer Leistungszeit. Eine auf diese zielende rechtsgeschäftliche Erklärung schließt allerdings den Willen ein, daß die Nichteinhaltung der Frist von Rechtswegen irgendwie sanktioniert wird. Eine Abbedingung aller effektiven Sanktionen ist daher mit dem Sinn einer Leistungszeitfestsetzung nicht vereinbar. Die Unwirksamkeit solcher Freizeichnungsklauseln ist für die Einhaltung der Leistungszeit bereits in § 11 Nr 8 und – für den Verkehr zwischen Unternehmern – in § 9 (s STAUDINGER/COESTER-WALTJEN § 11 Nr 8 Rn 12) festgehalten. Freizeichnungsklauseln, welche sich im Rahmen der zulässigen Grenzen bewegen, sind aber auch kein Verstoß gegen eine individuelle Leistungszeitbestimmung. Umgekehrt kann in manchen Situationen ein formularmäßiger Zusatz einer Zeitangabe aus einem Geschäft ein Fixgeschäft machen, (s STAUDINGER/COESTER-WALTJEN § 11 Nr 4 Rn 14).

18 Nichts anderes gilt im Verhältnis von **Eigenschaftszusicherung** und Freizeichnungsklausel. Daß die Rechtsfolge einer Eigenschaftszusicherung eine **verschuldensunabhängige** Haftung ist, ist keinesfalls eine ausgemachte Sache der Gerechtigkeit. Wird in AGB für das Fehlen zugesicherter Eigenschaften eine Haftung nur im Verschuldensfalle übernommen, so ist dies eine Bestimmung, welche sich im allgemeinen zulässigerweise im Begriffshof der Zusicherung bewegt. Im Verkehr mit Privaten weist zwar § 11 Nr 11 derartiges als unzulässig aus. Für den Handelsverkehr können solche Einschränkungen der Schadensersatzpflicht aber hingenommen werden (s STAUDINGER/COESTER-WALTJEN § 11 Nr 11 Rn 18). Ist freilich eine Zusicherung von Eigenschaften deshalb verlangt worden, weil die beabsichtigte Verwendung einer Sache dem Käufer große Risiken bringt, so hat die Zusicherung – sollte die Eigenschaft fehlen – den Sinn, Haftungsfolgen für den Käufer auszuschließen. Dann verstößt es gegen die in der Zusicherung liegende Individualvereinbarung, wenn die Haftung auf Verschuldensfälle begrenzt wird (vgl BGH MDR 1964, 228; BGHZ 50, 200 = NJW 1968, 1622; BGH WM 1977, 366; BRANDNER JZ 73, 615 – was dort für den gänzlichen Haftungsausschluß gesagt ist, bleibt jetzt für die Haftungsbegrenzung weiter maßgebend; zum pauschalen Anschluß einer Eigenschaftszusicherung s auch Rn 11 a).

18 a Eine Klausel, die den Verwender berechtigt, seine Stellung als Vertragspartner auf einen Dritten zu übertragen, betrachtet das AGBG ausweislich seines § 11 Nr 13 noch nicht per se als unvereinbar mit der individualvertraglichen Festlegung des Vertragspartners (BGH NJW-RR 1990, 613, 614; OLG Hamburg RIW 1982, 205; s aber Rn 10 aE).

III. Das Zustandekommen einer AGB-Klauseln verdrängenden Individualvereinbarung

Eine Individualvereinbarung, zu der auch eine während der Vertragsverhandlungen **19** vom Verwender gegebene oder akzeptierte Interpretation von AGB, sowie die **nachträgliche** Abweichung von AGB-Klauseln gehörten, muß nach den normalen **rechtsgeschäftlichen Grundsätzen** wirksam zustandegekommen sein. (1) Selbstverständlich müssen insbesondere die **gesetzlichen Formvorschriften** eingehalten werden, zB bei abweichenden Vereinbarungen zu **notariell** beurkundungspflichtigen Kauf-, Gesellschafts- und Treuhandverträgen (LODE BB 1986, 84, 87; WOLFSTEINER DNotZ 1979, 579 ff). Sonderprobleme ergeben sich daraus, daß AGB häufig Individualvereinbarungen für formbedürftig erklären (2) und/oder die Vertretungsmacht zum Abschluß von Individualvereinbarungen ausschließen (3).

1. Individuelle Wünsche als Teil des Angebots oder der Annahme

a) Soweit **AGB individuelle Bestandteile** des auf ihrer Basis geschlossenen Vertrages **20** vorsehen (zB die Einfügung individueller Steigerungssätze bei einer Arzthonorarvereinbarung), entsteht kein Problem. Die Vereinbarung kommt durch individuelle Einigung zustande. Mindestens die vertragliche Bindung dem Grunde nach muß immer individuell vereinbart sein. Im extremen Falle können zwar sowohl der Leistungsgegenstand (Leistungsverzeichnis) als auch das Entgelt vorformuliert sein. Meist sind AGB aber für Verträge gedacht, deren Hauptleistungspflichten individuell vereinbart werden.

b) **Individuelle Erklärungen, die in AGB nicht vorgesehen sind** und vielleicht sogar **21** auf deren teilweise Abbedingung hinauslaufen, sind dann Teil eines Vertragsangebots, wenn sie mündlich ausdrücklich formuliert wurden, sich in einem vollständig individualschriftlich abgefaßten Dokument oder individualschriftlich in einer Weise in ein Formular eingefügt finden, daß sie normalerweise nicht übersehen werden können. Dem ist beispielsweise so, wenn in der entsprechenden Spalte neben der AGB-Klausel etwas der Klausel Widersprechendes eingetragen wurde (OLG Hamm CR 1995, 535). Wenn der Angebotsadressat als Schöpfer des Formulars die Klausel in den Text aufgenommen hat, bei Bestellung hätten **individuelle Zusätze** und Durchstreichungen **keine Gültigkeit**, so ist dies ohne rechtliche Bedeutung. Denn niemand kann den Zugang rechtswirksamer Angebote zu sich verhindern oder einschränken. Ein solcher Zusatz ist nur ein Hinweis darauf, daß Bestellungen mit individuellen Zusätzen nicht angenommen werden. Antwortet der Adressat dennoch mit einem uneingeschränkten „ja", ist die Individualvereinbarung nach dem objektiven Erklärungswert der Annahme zustande gekommen. Hat sie der Adressat und Schöpfer des Formulars übersehen, kann er aber nach § 119 BGB anfechten.

Im **Versicherungsrecht** gilt die Sonderregelung von § 5 VVG für die Vertragsannahme. Auch für das Versicherungsrecht hat die Rspr aber klargestellt, daß individuelle Zusätze im Versicherungsantrag wirksam Bestandteil des Angebots sind (OLG Celle VersR 1960, 121; ULMER Rn 18; SCHMIDT/SALZER E 12 ff; HELM NJW 1978, 133; s Rn 1).

Freilich muß der Besteller seinen individuellen Zusatz zu einem von anderer Seite vorformulierten Text besonders augenfällig anbringen, um ihn dem objektiven

Erklärungswert seines Angebots einzuverleiben. Genauso wie nämlich vorformulierte Bestandteile eines Klauselwerkes nicht Vertragsbestandteil werden, wenn sie ihrer äußeren Form nach überraschend sind (s § 3 Rn 26), so werden auch nicht vorgesehene Individualerklärungen nicht Vertragsbestandteil, wenn sie in einer Form abgegeben werden, mit der der Erklärungsempfänger nicht zu rechnen brauchte. Ist auf der Vorderseite eines Formulars auf die rückseitigen Bedingungen verwiesen, und werden diese ganz oder teilweise durchgestrichen, ohne daß auch die Vorderseite mit einem individuellen Zusatz versehen würde, so ist das Klauselwerk Vertragsbestandteil geworden. Aber auch kürzere und leicht übersehbare Durchstreichungen im Vertragsformular selbst müssen klar gekennzeichnet werden. Eine Ausnahme gilt dann, wenn es sich um einen notariell beurkundeten Vertrag handelt, der sich aus vorformulierten individuellen Bestandteilen zusammensetzt (LG Köln WIB 1995, 251). Durch die notarielle Form ist der Schutz vor Überrumpelung des Adressaten gewährleistet.

Antwortet der Adressat eines in Gestalt eines geänderten Formulars gehaltenen Angebots mit einem Schreiben, das auf die im Formular ursprünglich enthaltenen Bedingungen hinweist oder diese sogar abermals abgedruckt enthält, dann gilt dies als Ablehnung des individuellen Zusatzes (AG Frankfurt aM MDR 1964, 594). Nimmt der Besteller die Leistung gleichwohl an, so kommt der Vertrag ohne den individuellen Zusatz zustande (s § 2 Rn 75). Wird freilich in der Auftragsbestätigung nur formularmäßig auf die Bedingungen des Unternehmers hingewiesen, dann spricht sehr viel dafür, daß man lediglich mit einer Verwaltungsroutine zu tun hat. Betrifft der Individualzusatz im Angebot nur eine Einzelheit, so muß man sie daher gleichwohl als angenommen betrachten, wenn sich der Annehmende nicht gegen sie verwahrt.

22 c) Findet sich der individuelle Zusatz in einer Erklärung, der rechtlich die Funktion einer Angebotsannahme zukommen soll, etwa in einer Auftragsbestätigung des Verwenders oder in einer Angebotsannahme des Kunden, dann handelt es sich um einen Fall des § 150 Abs 1 BGB. Solange keine Leistung erbracht wurde, ist der Vertrag wegen versteckten Dissenses nicht zustande gekommen. Hat der Adressat der Angebotsannahme seine Leistung ganz oder teilweise erbracht, so ist das freilich als Annahme des geänderten Angebots anzusehen (s dazu § 2 Rn 76). Hat der individuelle Zusatz nur die Funktion einer Verwahrung gegen die Geltung einer AGB-Klausel, dann gilt § 6. Daß auch **nach Vertragsschluß zustande gekommene Individualvereinbarungen** Vorrang haben, ist eine bare Selbstverständlichkeit (s Rn 19 und ULMER Rn 13).

22 a d) Individuelle Zusagen der einen oder anderen Seite können auch längere Zeit vor Vertragsschluß gemacht worden sein. Sie sind dann nach § 154 Abs 1 S 2 BGB nicht bindend. Wenn sie nicht widerrufen werden, gelten sie jedoch fort.

2. Schriftformklauseln in AGB

23 AGB enthalten häufig Klauseln, wonach nicht nur das Zustandekommen des Vertrages als solches, sondern auch ein individueller Zusatz der Schriftform (einfache Schriftformklausel) oder der schriftlichen Bestätigung durch eine übergeordnete Stelle im Unternehmen (qualifizierte Schriftformklausel) bedarf. Nach den Ergebnissen der Beratungen in der Arbeitsgruppe sollten solche Klauseln ausdrücklich für unwirksam erklärt werden (1. Teilber 50; Einl 7). Der RegE hatte sie in den Katalog der absolut unzulässigen Klauseln aufgenommen (BR-Drucks 360/75, 7, 39). Das Parlament hat die Bestimmung gestrichen, weil sie ihm als „zu wenig flexibel" erschien (BT-Drucks 7/5422, 3). Daher kann man die Unwirksamkeit von Klauseln, welche mündliche Nebenabreden nicht gelten lassen wollen, auch nicht gestützt auf § 9 oder § 4 generell annehmen (so mit Recht ULMER Rn 32, sowie BGHZ 79, 281; BGH NJW 1995, 1488; zur generellen Unwirksamkeit „einfachen Schriftformklauseln" nach § 9 s Rn 24 und STAUDINGER/COESTER § 9 Rn 3, 40; s auch SOERGEL/STEIN Rn 18).

a) Vereinbaren Personen die **Schriftform für künftige Abreden**, so kann diese 24 Abmachung durch eine entgegenstehende mündliche Abrede wieder aufgehoben werden. Der Abschluß einer ernsthaft gemeinten mündlichen Abrede ist schlüssig eine solche Wiederaufhebung (BGH NJW 1962, 1908; NJW 1965, 293; NJW 1968, 33; BGH WM 1971, 1301; WM 1974, 105; BGH NJW 1991, 1751; NJW-RR 1995, 179; BAG NJW 1989, 2149 BAG FamRZ 1984, 692). Dagegen kann man sich entgegen höchstrichterlicher Rspr (BGHZ 66, 378 = NJW 1976, 1395; BGH NJW-RR 1991, 1290) auch nicht dadurch absichern, daß man einen Verzicht auf die Schriftform seinerseits nur gelten lassen will, wenn er schriftlich zustande gekommen ist (D REINICKE DB 1976, 2289 ff; PALANDT/HEINRICHS § 125 Rn 14; SOERGEL/HEFERMEHL Rn 33). Als bindend gewollte Vereinbarungen, welche getroffen worden sind, nachdem dem Vertragspartner des Verwenders dessen Erklärung zugegangen ist, daß er seine AGB in den Vertrag einbezogen wissen will, gehen daher der Schriftformklausel schon nach BGB-Grundsätzen auf jeden Fall vor. So hat man wiederholt eine mündliche Bankauskunft für verbindlich erklärt, obwohl die allgemeinen Bankbedingungen nur schriftlich bestätigte Auskünfte gelten lassen wollten (so der Sache nach auch BGH WM 1956, 1056; BGHZ 49, 107 = NJW 1968, 589; vgl auch BGH NJW 55, 828 [LS] – entgegen einer Bestimmung in AGB wird Gewähr auch für mündlich übernommene Aufträge übernommen). Das gleiche gilt auch für sonstige Auskünfte, etwa auch solche von Rechtsanwälten (SCHMIDT/SALZER E 19) oder anderen freiberuflich Tätigen. Der BGH hat solche Schriftformklauseln rundum als gegen § 9 verstoßend betrachtet (NJW 1985, 321, 322; NJW 1995, 1488), da der Vertragspartner durch diese Klauseln von der Durchsetzung seiner Rechte abgehalten werden könnte.

b) Die Rechtslage ist aber im Ergebnis nicht anders, wenn mündliche Verhand- 25 lungen und Hinweise auf AGB praktisch zeitlich zusammenfallen, wenn also Verhandlungen unter Anwesenden mit einem fertigen Vertrag auf Formularbasis enden. Mündliche Vereinbarungen und Schriftformklausel stehen im Widerspruch zueinander. Der Widerspruch ist nach dem Prinzip des § 5 zugunsten des Kunden aufzulösen, mag beweisrechtlich bei schriftlichem Vertragsabschluß auch eine Vermutung der Vollständigkeit der Vertragsurkunde bestehen (s unten Rn 34). Zudem ist die Schriftformklausel unter den konkreten Umständen des Einzelfalles aus den gleichen Gründen wie in der sogleich zu behandelnden Fallgestaltung ungewöhnlich und überraschend. Es kommt im Grunde also gar nicht darauf an, ob die mündliche Nebenabrede schon wegen ihrer individuellen Natur Vorrang hat (so BGH NJW 1988, 2463, 2464; NJW 1986, 1809; NJW 1982, 1289; PALANDT/HEINRICHS § 9 AGBG 36 Rn 128).

c) Häufig spielt sich die Vertragsgestaltung folgendermaßen ab: Die mündlichen 26 Verhandlungen enden damit, daß der Kunde auf einem vorgedruckten Formular eine Erklärung abgibt, die nach der Anlage des Vordrucks den Charakter einer **Bestellung** haben soll, welche noch angenommen werden muß. Der Sinn mündlicher

Nebenabreden ist dann der, daß sie gelten sollen, falls der Vertrag zustande kommt. Bestätigt der Adressat den Auftrag mit dem individuellen Zusatz, mündliche Nebenabreden sollten nicht gelten, so ist dies, falls solche getroffen worden sind, eine modifizierte Annahme iSv § 150 Abs 2 BGB, welche mit Annahme der versprochenen Leistung ihrerseits angenommen wird (s § 2 Rn 75). Enthält die Auftragsbestätigung hingegen formularmäßig oder gar nur in AGB, auf welche verwiesen worden ist, eine Klausel, wonach mündliche Nebenabreden nicht getroffen worden sind, so ist diese Bestimmung häufig „nach den Umständen" so ungewöhnlich, daß der Kunde mit ihr nicht zu rechnen brauchte (AG Passau BB 1978, 12). Nicht verfängt der Einwand, Schriftformklauseln in AGB seien im Gegenteil alltäglich. Der am Erwartungshorizont des Kunden orientierte Vergleichsmaßstab ist in diesem Fall, weil die Schriftformklausel keinen vertragstypisch-spezifischen Sinn hat (§ 3 Rn 8 ff), die gesamte Vertragsabwicklungspraxis. Daß mündlich fest Vereinbartes keine Gültigkeit haben soll, ist aber mit Sicherheit sehr ungewöhnlich. Damit braucht der Kunde nicht zu rechnen.

27 d)   Demnach sind für den Fall des vom Firmeninhaber selbst oder von einem wirksam bevollmächtigten Vertreter ausgehenden Handelns im Verhältnis zu nicht professionell handelnden Vertragspartnern Schriftformklauseln im praktischen Ergebnis meist wirkungslos (s BGH NJW 1983, 1853, zur Wirksamkeit von Schriftformklauseln beim Einmannbetrieb). Mit dem Gedanken der unzulässigen Rechtsausübung zu arbeiten (BGH WM 1971, 218; NJW 1975, 1695; OLG Köln 1975, 2271), ist eine entbehrliche Verlegenheitslösung.

28 e)   Im beiderseitigen **Handelsverkehr** und bei Verträgen mit professionell Handelnden können die Dinge freilich etwas anders liegen. Da, wo nach Abschluß der Verhandlungen ein die Vertragsbestandteile geschlossen wiedergebendes Dokument häufig vorkommt, kann der Unternehmer nicht überrascht sein, wenn die in Bezug genommenen und Vertragsbestandteil gewordenen AGB den während der Vertragsverhandlungen getroffenen mündlichen Nebenabreden Wirksamkeit vorenthalten.

3. Beschränkung der Vertretungsmacht in AGB

29 Selten tritt als konkrete Vertragsabschlußperson auf Seiten des Verwenders (einer) der Firmeninhaber oder der Organwalter einer juristischen Person persönlich auf. Dann ergibt sich die Frage, ob die Vertragsabschlußvollmacht des Vertreters formularmäßig dahin eingeschränkt werden kann, daß er zu mündlichen Nebenabreden nicht befugt ist, bzw noch weitergehend, daß mündliche und schriftliche Nebenabreden der Bestätigung durch eine andere Betriebsstelle bedürfen.

30 a)   Die Rspr behandelt solche Klauseln als unwirksam gemäß § 9 und gemessen an § 4 für nachrangig (BGH WM 1982, 445, 446) und verdrängt dadurch den bürgerlich-rechtlichen und handelsrechtlichen Ausgangspunkt. Dieser besteht darin, daß die jeweils rechtsgeschäftlich erteilte **Innenvollmacht mit der AGB-Kundgabe über Bevollmächtigungen übereinstimmt**. Auf eine bestehende Begrenzung einer Vollmacht kann in verständlicher Form auch in AGB hingewiesen werden (OLG Stuttgart BB 1984, 2218). Ist einem Vertreter Inkassovollmacht nicht eingeräumt, so kann in AGB auch darauf aufmerksam gemacht werden (OLG Hamm ZIP 1952, 594 f). Die Vorstellung

einer durch AGB vorgenommenen „Einschränkung" einer Vollmacht ist daher bezüglich solcher Vollmachten, deren Umfang der Vollmachtgeber festlegt, schief.

b) Die Problematik besteht vielmehr schwerpunktmäßig darin, ob durch eine AGB-Regelung eine aus Rechtsscheinsgründen bestehende gesetzliche Vollmacht oder der gesetzlich festgelegte Umfang einer Vollmachtsart eingeschränkt werden kann. Es handelt sich um folgende Situationen:

Ist der **Verwender nicht Kaufmann**, dann müssen, soll eine durch einen insoweit **vollmachtslosen Vertreter** getroffene Sondervereinbarung wirksam sein, mindestens die Voraussetzungen einer **Duldungsvollmacht** oder Anscheinsvollmacht vorliegen. Die Wirkungen einer Duldungsvollmacht können durch AGB nicht ausgeschlossen werden (OLG Hamm ZIP 1982, 594 f).

Ist **der Verwender Kaufmann**, dann kann sich seine Bindung an eine von der eingeschalteten dritten Person getroffene Individualvereinbarung nach § 50 (Prokurist), § 54 Abs 1 S 3 (Handlungsbevollmächtigter), § 55 (Handlungsgehilfe und Handelsvertreter mit Abschlußvollmacht im Außendienst), § 75 h (Handlungsgehilfe ohne Abschlußvollmacht jedenfalls für das konkret anstehende Geschäft), § 91 a (selbständiger Handelsvertreter ohne Abschlußvollmacht für das konkret anstehende Geschäft) HGB ergeben.

Selten werden als Vertreter Personen auftreten, die unter keine der genannten Vorschriften fallen. Keine Bindung zu Lasten seines Prinzipals auslösen kann etwa, wer auch nicht dem Scheine nach die Stellung eines Handlungsgehilfen hatte, wie zB ein Parkwächter (BGH NJW 1968, 1718). Vermittlungsvertreter gelten als Empfangsvertreter. Ihrem Auftraggeber ist das Vertragsabschlußangebot des Kunden mit dem Inhalt der Individualabsprache zugegangen (ULMER Rn 42; KOCH/STÜBING Rn 16, wenn nicht die Voraussetzung von Rn 33 erfüllt sind). Hat der Verwender Vollmachten seines Vertragspartners vorformuliert, s § 1 Rn 5, so gehen individuelle Erklärungen des letzteren vor (BGH NJW 1987, 2011 – Bankvollmacht bei mündlichen Ausschluß der Kreditaufnahme).

Wenn der in AGB stehende Hinweis untypische und vom Vertragspartner nicht zu vermutende Vollmachtsgrenzen benennt, bleiben die Wirkungen einer Anscheinsvollmacht erhalten. Das gilt etwa dann, wenn Personen, die normalerweise umfassende Vollmacht haben, mündliche oder gar von der Zentrale des Unternehmens nicht schriftlich bestätigte Nebenabreden nicht sollen treffen können (s den Fall BGH NJW 1985, 623, 630 – Bestätigungsklausel für jedwede Änderung des vorformulierten Textes in Opel-Vertragshändlerbedingungen).

c) In all den genannten Fällen kann die Wirksamkeit der aus Rechtsscheinsgründen gesetzlich begründeten Vertretungsmacht nicht „abbedungen" werden (SCHMIDT/ SALZER E 19). Es kommt vielmehr darauf an, ob eine AGB-Regelung dazu führen kann, daß der Kunde die Beschränkung der jeweiligen Vertretungsmacht kennen mußte oder gar gekannt hat, je nachdem, unter welcher dieser Voraussetzungen die gesetzlich vorgesehene Vertretungsmacht jeweils entfällt. Häufig sind Hinweise auf Grenzen einer Vollmacht so formuliert, daß sie auch nicht einschränkbare gesetzliche Vollmachten erfassen. Sie verfallen dann der Inhaltskontrolle (zB OLG Stuttgart BB 1984, 2218).

Lediglich dann, wenn dem Kunden der Hinweis auf die Vertretungsmachtsbeschränkung in einer Weise nahegebracht wurde, daß man auch unter Berücksichtigung seiner typischen Unerfahrenheit normalerweise von einer effektiven Kenntnisnahme ausgehen kann, mußte der Kunde sie im Rechtssinne kennen. Dann treten auch die Folgen ein, die nach dem Gesetz an das Kennenmüssen des Umfangs der Vertretungsmacht geknüpft sind, etwa nach § 54 Abs 3 HGB. Das ist beispielsweise der Fall, wenn ein Formular unterzeichnet wird, auf dem die Klausel über die Grenzen der Vertretungsmacht **drucktechnisch hervorgehoben** und **in Unterschriftsnähe** zu finden ist (inzwischen hM s ULMER/BRANDNER Anh § 9–11 Rn 629, 635). Nur unter diesen Voraussetzungen ist auch die Rechtsscheinswirkung einer Duldungsvollmacht zerstört (str, meist undifferenziert nach konkreter Ausgestaltung; für Zerstörung des Rechtsscheins OLG Hamm ZIP 1982, 594 f; ULMER Rn 46; **aA** OLG Stuttgart BB 1984, 2218). Eine „einfache" Schriftformklausel irgendwo in den AGB genügt dafür aber nicht (BGH WM 1982, 445, 446; **aA** ULMER Rn 41)

4. Vollständigkeitsklauseln

34 Soweit die Vertragsparteien eine Vertragsurkunde errichtet haben, ist auf diese die von der Rspr entwickelte Regel der Vermutung der vollständigen Wiedergabe aller Vereinbarungen (s dazu STAUDINGER/DILCHER[12] § 125 BGB Rn 8) anzuwenden, gleichgültig, ob die einbezogenen AGB eine Schriftformklausel enthalten oder nicht (ULMER Rn 47 gegen eine solche Differenzierung bei RAISER, Das Recht der AGB, 234 f). Die Klausel „weitere Vereinbarungen sind nicht getroffen" gibt lediglich diese **Vollständigkeitsvermutung** wieder, ohne den Gegenbeweis auszuschließen (so auch BGH NJW 1981, 922, 923; NJW 1985, 623, 630; NJW 1987, 2012 f, wo die Vollständigkeitsvermutung auch auf einen bloßen Bestellschein angewendet wurde).

§ 5
Unklarheitenregel

Zweifel bei der Auslegung Allgemeiner Geschäftsbedingungen gehen zu Lasten des Verwenders.

Systematische Übersicht

I. Allgemeines	2. Die praktische Regel: Einschränkende Auslegung 8
1. Entstehungsgeschichte und Zweck ___ 1	
2. Anwendungsbereich ___ 2	3. Die praktische Ausnahme: Ausdehnende Auslegung mit Eliminierung von Widersprüchen ___ 14d
3. Der Begriff des Verwenders ___ 6	
II. Das Prinzip der Auslegung gegen den Verwender	**III. Sonstige AGB-spezifische Auslegungsmaximen**
1. Auslegung im Individualprozeß und im abstrakten Unterlassungsverfahren ___ 7	1. Das Restriktionsprinzip ___ 17

1. Unterabschnitt. §5 AGBG
Allgemeine Vorschriften 1

2. Objektive Auslegung? 18	IV. Auslegung in Revisionsverfahren 29 a
3. Das Prinzip der individualvertragskonformen Auslegung von AGB-Klauseln und seine Grenzen 23	V. Auslegung von AGB, die im internationalen Verkehr verwendet werden 30
4. Allgemeine Auslegungsgrundsätze 29	

Alphabetische Übersicht

Anwendungsbereich	2, 5, 12, 14c, 17, 26	Inhaltskontrolle	5 f, 7 ff, 17 f, 22, 29
Architektenbedingungen	11		
Aufsteller	7a f	Kreditkarte	14
Auslegung	1, 5 f, 7 ff, 10 ff		
– Auslegungsgrundsätze	29 ff	Leistungsbeschreibung	3
– Auslegung im internationalen Verkehr	30		
– Entstehungsgeschichte einer Klausel	21	Mehrwertsteuer	12
– individualvertragskonforme	23		
– kundenfeindliche	7	Nebenkosten	14
Bankbedingungen	12	Preisangabe	12
Beweislast	14b		
Bürgschaftsbedingungen	14	Transparenzgebot	1, 5, 20
Eigentumsvorbehalt	12, 14b	Unklarheitenregel	1, 5a
Einbeziehungsvereinbarung	3	Unwirksamkeit	5, 7, 8
Geltungserhaltende Reduktion	17, 29	Verbandsklage	5
Gewohnheitsrecht	30	Verbraucherverträge	18
		Verjährung	14, 14b, 15a
Haftungsbegrenzungsklauseln	10	Vermittler	14c
Hauptleistungspflichten	15	Versicherungsbedingungen	2, 14a, 14d, 19 ff
Höchstbetragsbürgschaft	23	Verwender	6

I. Allgemeines

1. Entstehungsgeschichte und Zweck

Neben den allgemeinen Regeln über die Auslegung privater Willenserklärungen, **1**
§§ 133, 157 BGB (s Rn 29), gelten für AGB zusätzliche, in Rspr und Lehre seit langem anerkannte Auslegungsgrundsätze. In Gestalt von § 5 hat das Gesetz die wichtigste jener Regeln ausdrücklich ins Gesetz geschrieben. Die übrigen sollten unberührt bleiben (BT-Drucks 7/5442, 5). Die Unklarheitenregel gilt im übrigen auch sonst zu Lasten der überlegenen Vertragspartei, die den Vertragstext formuliert hat (OLG Frankfurt aM OLGZ 1973, 230), s auch § 24a, nicht freilich auch im übrigen. Einige Besonderheiten gelten bei Willenserklärungen, die durch elektronische Kommunikationstechniken abgegeben werden (s PÄFGEN JuS 1988, 595). Auf vorformulierte Arbeitsvertragsbedingungen ist § 5 analog anzuwenden (BAG DB 1992, 384). § 5 beruht auf dem Gedanken, daß der Verwender die Verantwortung für den Inhalt der

von ihm formulierten AGB trägt. Er verdrängt bei mehrdeutigen Klauseln, Rn 5, die allgemeinen Regeln des BGB über Dissens und Inhaltsirrtum. In der Judikatur beruft man sich häufig auf § 5, obwohl schon nach allgemeinen Auslegungsgrundsätzen sich dasselbe Ergebnis eingestellt hätte (zB AG Saarlouis NJW-RR 1993, 428 – Eurocheck „der ersten Generation" nicht eingelöst; OLG Hamm BB 1994, 1739 – Rücktrittsrecht bei Preisänderungen von mehr als 5% auch gegeben, wenn zwei Preisänderungen zusammen mehr als 5% ausmachen). Ist eine Klausel durchgängig unklar, so ist sie wegen Verstoßes gegen das aus § 9 folgende Transparenzgebot unwirksam (s STAUDINGER/COESTER § 9 Rn 121 ff; Bsp OLG Celle NJW-RR 1994, 888; OLG Hamm NJW 1992, 1275, aber zu Unrecht Unwirksamkeit aus § 5 hergeleitet).

2. Anwendungsbereich

2 a) Die Vorschrift bezieht sich auf AGB gleich welcher Art. Sie gilt auch im beiderseits unternehmerischen Verkehr. Die Beschränkung des persönlichen Anwendungsbereichs von Teilen des AGBG nach § 24 gilt für sie nicht (BGH NJW-RR 1988, 114). Die Vorschrift betrifft auch vorformulierte Angaben zu den Hauptleistungspflichten, etwa Leistungsbeschreibungen in (Allgemeinen) Versicherungsbedingungen. Nur die Anwendung der §§ 9 bis 11 hängt nach § 8 davon ab, daß der Inhalt des Vorformulierten eine Abweichung oder Ergänzung von gesetzlichen Vorschriften darstellt.

3 b) Da die Bestimmung aus dem Grundsatz der Formulierungsverantwortung erwachsen ist, gilt sie entsprechend für den Text der **Einbeziehungsvereinbarung**, der – vorformuliert – vom Verwender immer wieder verwandt wird.

4 c) Eine aus dem Sinn der gesetzlichen Regelung zu folgernde Ausnahme besteht nur dann, wenn eine Vorschrift textgleich oder nahezu **textgleich mit einer gesetzlichen Bestimmung** ist. Denn dann soll sie dem Kunden nur zur Information über die Gesetzeslage dienen. Eines besonderen Hinweises auf die Identität einer Klausel mit gesetzlichen Regelungen bedarf es nicht. Wer nur das Gesetz abschreibt, übernimmt keine Formulierungsverantwortung. Hat der Verwender versucht, den Sinn gesetzlicher Regelungen mit eigenen Worten wiederzugeben, dann trifft ihn, wenn es sich um dispositives Recht handelt, wiederum das Risiko unklarer Formulierungen.

5 d) § 5 hat **logischen Vorrang vor der Inhaltskontrolle**, die voraussetzt, daß der Inhalt einer Klausel durch Auslegung ermittelt wurde, und kein eigener Unwirksamkeitsgrund ist. Eine auslegungsunfähige unbestimmte Klausel, wie „ungünstige Auskünfte" über den Vertragspartner als Tatbestandsvoraussetzung für Rechte des Verwenders, greift dennoch ins Leere (BGH NJW 1985, 53, 56; allgM). Müßig ist es, sich darüber zu streiten, ob dies aus § 5, § 2 (WOLF/LINDACHER Rn 24; ULMER Rn 29, allgM) oder aus § 9 (Transparenzgebot) folgt, dazu Rn 121 ff. Jedenfalls ist auch § 9 anwendbar, so daß solche Klauseln mit der Verbandsklage angegriffen werden können.

5 a e) § 5 stellt zwar gewisserweise eine **logisch nachrangige Auslegungsregel** dar (ULMER Rn 2; WOLF/LINDACHER Rn 28): Ihre Anwendung setzt voraus, daß nach **Ausschöpfung aller in Betracht kommender Auslegungsmethoden ein nicht behebbarer Zweifel** bleibt und mindestens zwei Auslegungen rechtlich vertretbar sind (BGH NJW 1997, § 434; BGH NJW-RR 1995, 1304; NJW-RR 1996, 858; WM 1997, 1258, 1260 st Rspr). „In

Betracht" kommen aber nicht alle bei sonstigen Willenserklärungen einsetzbaren **Auslegungsmethoden**, sondern zu Lasten des Vertragspartners nur **liquide** und im konkreten Fall wirklich verläßliche, die er bei zumutbarer Anstrengung auch hätte finden können (zust SCHLECHTRIEM, in: FS Heinrichs [1998] 503, 509), s auch Rn 18 ff. Auslegungsdifferenzen in Lit und Rspr allein bezüglich weit verbreiteter AGB, wie etwa der VOB/B, eröffnen noch nicht von selbst den Anwendungsbereich des § 5 (BGH NJW-RR 1995, 1303; BGH NZV 1996, 233), können aber Anzeichen von Mehrdeutigkeit sein (LOCHER, in: FS Korbion 1986, 283, 287). Gelegentlich hat aber die Rspr literarisch aufgetretene Auslegungsdifferenzen zum Anlaß genommen, auf § 5 zurückzugreifen. Eine eindeutige Regelung liegt selbst dann vor, wenn Klauseln generalisierend auf andere Klauseln im gleichen Bedingungswerk verweisen (BGH NJW 1982, 167), dispositive Regelungen ergänzend herangezogen werden können (Bsp BGH NJW 1981, 388, 389, der für die nicht ausdrücklich geregelte Rückabwicklung im Rahmen eines Kfz-Vermittlungsauftrags § 675 iVm §§ 667, 670 BGB angewandt wissen will), zur Bestimmung der Höhe eines Vorschusses auf § 315 (BGH NJW 1981, 1959) verwiesen wird oder durch eine „salvatorische Klausel" eindeutig gesetzliche Bestimmungen in Bezug genommen werden. Die vor Inkrafttreten des AGBG geübte Praxis, über eine extensive Auslegung der „Unklarheitenregel" eine verdeckte Inhaltskontrolle auszuüben, ist durch die Möglichkeit der offenen Inhaltskontrolle überholt.

§ 5 gilt auch, wenn es darum geht, ob AGB in den konkreten Vertrag einbezogen worden sind, kann also Bedeutung gewinnen für die Frage, ob eine Klausel, nach § 5 ausgelegt, überraschend iSv § 3 ist oder einer Individualabrede widerspricht.

Bestehen hingegen Zweifel über die Rechtsnatur des Vertrags, in den die AGB einbezogen werden oder werden sollen, ist § 5 ebensowenig anwendbar (BGH NJW 1981, 388, 389) wie dann, wenn die Einbeziehung der AGB auf die Initiative beider Parteien zurückgeht (ULMER Rn 27), s § 1 Rn 28.

3. Der Begriff des Verwenders

Der Gesetzesbegriff des Verwenders ist in § 1 festgelegt. Auch wenn die Bedingungen von dritter Seite formuliert worden sind, liegt meist klar zutage, wer ihr Verwender ist (§ 1 Rn 19 ff). Selbst wenn der Abschluß bestimmter Geschäfte verkehrstypisch zu bestimmten Bedingungen geschieht, so daß diese zwischen Unternehmern (s § 2 Rn 61 ff) auch stillschweigend vereinbart werden können, ist Verwender die Partei derjenigen Marktseite, welche die Bedingungen geschaffen hat. Es sind freilich Fälle denkbar, in denen die Bedingungen beiden Marktseiten gleichmäßig zugerechnet werden müssen und in welchem auch die Einbeziehungsinitiative beider Teile zu bewerten ist (s § 1 Rn 22).

II. Das Prinzip der Auslegung gegen den Verwender

1. Auslegung im Individualprozeß und im abstrakten Unterlassungsverfahren

Traditionellerweise wurde im Anschluß an einen in der Vorauflage entwickelten Vorschlag die Anwendung des § 5 zwischen Individualprozeß und abstraktem Unterlassungsverfahren unterschieden. Im Individualprozeß wurde aus § 5 gefolgert, daß die in Frage stehende Klausel möglichst verwenderfeindlich auszulegen sei, während man im abstrakten Unterlassungsverfahren die kundenfeindlichste Auslegung anwendete, um dann zur Inhaltskontrolle zu kommen (bis zu Beginn der 90er Jahre allgA; Bsp BGH NJW 1983, 1671; BGH NJW 1985, 320; NJW 1990, 1141; NJW 1991, 1886, 1887; NJW 1992, 3158). Diese Sicht der Dinge ist auch in Art 5 EG-Richtlinie eingegangen. Für den Individualprozeß führte dies zur Aufrechterhaltung der Wirksamkeit von mehrdeutigen Klauseln, die bei kundenfeindlicher Auslegung der Inhaltskontrolle verfallen wären. Deshalb hat sich in neuerer Lit und Rspr die Auffassung breitgemacht, auch im **Individualprozeß** zunächst zu prüfen, ob die Klausel bei **kundenfeindlicher Auslegung** der Inhaltskontrolle standhält (BGH NJW 1994, 1799; 1992, 1097, 1099; OLG Schleswig ZIP 1995, 762; ULMER Rn 31; WOLF/LINDACHER Rn 31 ff; Palandt/Heinrichs Rn 9; SÖRGEL/STEIN Rn 16; ERMAN/H HEFERMEHL Rn 22; **aA** H ROTH WM 1991, 2088; MEDICUS RWS-Forum 2, 85 f). Liegt bei kundenfeindlicher Auslegung ein Verstoß gegen §§ 9–11 vor, ist danach auch im Individualprozeß von der Unwirksamkeit der Klausel auszugehen, wenn die Rechtsfolge der Unwirksamkeit, nämlich Anwendung von § 6 Abs 2, für den Kunden günstiger ist als die kundenfreundliche Auslegung. Nur im seltenen Fall einer kundenungünstigen Ersatzregelung soll danach eine Klausel unmittelbar kundenfreundlich ausgelegt werden. Diese Lehre ist freilich eine Übertreibung des Schutzes des Vertragspartners. Wenn sich eine Klausel durch Auslegung auf ein ihm zumutbares Maß zurückführen läßt, hat er kein Anrecht auf den Zufallsvorteil, der sich aus einer Inhaltskontrolle am Maßstab der kundenfeindlichsten Auslegung ergibt.

7 a In beiden Verfahren ist eine Klausel aber nicht deshalb unwirksam, weil sie für eine höchst selten vorkommende Situation, für die sie der Inhaltskontrolle verfiele, keine Ausnahme macht (BGH ZIP 1987, 916, 919; BGHZ 91, 55, 61 = NJW 1984, 2161; WOLF/LINDACHER Rn 20 mwN), vor allem, wenn sie mit dem salvatorischen Zusatz „soweit gesetzlich zulässig" arbeitet (Rn 5). Insoweit ist dem AGB-Aufsteller genausowenig wie dem Gesetzgeber zuzumuten, alle denkbaren Ausnahmesituationen zu berücksichtigen, was schließlich zu Lasten der Übersichtlichkeit ginge. So schließt etwa eine Laufzeitregelung mit der Möglichkeit einer ordentlichen Kündigung die Kündigung aus wichtigem Grund nicht aus (BGH NJW 1993, 1133, 1135). Die Klausel „zahlbar sofort netto ohne Abzug" besagt nichts über Gegenansprüche und Zurückbehaltungsrechte des Kunden (OLG Celle NJW-RR 1993, 1334; WOLF/LINDACHER Rn 20 mwBsp).

7 b Es gibt Fälle, in welchen vor Entstehen einer konkreten Situation gar nicht gesagt werden kann, welche Auslegung wem günstiger ist. Wenn etwa fraglich ist, ob eine Gerichtsstandsklausel als Ausbedingung eines ausschließlichen oder eines zusätzlichen fakultativen Gerichtsstands aufzufassen ist, so ist die Auslegung iS einer Ausschließlichkeit dann dem Kunden günstiger, wenn er gerade nicht an seinem Sitz verklagt werden will. In solchen Fällen kann man nur auf diejenige Auslegung abstellen, die dem Kunden normalerweise günstig ist. Daher ist etwa die genannte Klausel iS eines fakultativen Gerichtsstands aufzufassen, nicht nur bei internrechtlichen Prorogationen (**aA** bei internationalrechtlichen Prorogationen vHOFFMANN RIW/AWD 1972, 571 ff). Sich auf eine Interessenforschung dahin einzulassen, wann was dem Aufsteller günstiger ist und was er daher jeweils in Anbetracht der nur internrechtlichen oder der internationalrechtlichen Funktion der Klausel gemeint haben könnte, ist dem Kunden keinesfalls zuzumuten.

2. Die praktische Regel: Einschränkende Auslegung

AGB sind nicht selten darauf angelegt, die einem Kunden nach dispositivem Gesetzestext zukommenden Positionen zu beschneiden. § 5 führt in diesem Falle dazu, die Klauseln eng auszulegen. Freilich ist hierbei zu beachten, daß das Prinzip der kundenfreundlichen Auslegung in der Rspr vor 1976 als ein notdürftiger Ersatz für die im Gesetz nicht verankerte Inhaltskontrolle angesehen wurde und daher Übertreibungen erfahren hat, die heute nicht mehr gerechtfertigt sind. Denn wenn eine zur Unwirksamkeit der Klausel führende Inhaltskontrolle angebracht ist, sollte man ihr nicht unter Rückzug auf § 5 ausweichen (ULMER Rn 2). **8**

a) Aus der Rspr vor 1976 lassen sich folgende Beispiele für eine **richtige Anwendung** des Grundgedankens der Norm anführen (vom Anlaß her überholte Bsp s STAUDINGER/SCHLOSSER[12]): **9**

Die wichtigste Rolle spielte das Prinzip der engen Auslegung von AGB-Bestimmungen bei **Haftungsbegrenzungsklauseln**. Steht in Bedingungen für die Vermietung eines Pkw, für den durch die **Versicherung nicht gedeckten Teil des Schadens**, wie insbesondere für vorsätzlich oder grob fahrlässig verursachte Kaskoschäden, hafte der Mieter in voller Höhe, so gilt dies nicht im Falle unverschuldet verursachter Schäden (LG Berlin VersR 1969, 164). Haftungsbegrenzungen für den Fall des **Streiks** gelten nicht bei Aussperrungen (DIETER SCHMID NJW 1979, 19; s aber auch STAUDINGER/COESTER-WALTJEN § 10 Nr 3 und § 11 Nr 7). Der Ausschluß von Schadensersatzansprüchen in den Bedingungen eines **Elektrizitäts- und Gasversorgungsunternehmens** (s §§ 26, 27) bezieht sich nur auf Störungen in der Stromversorgung, nicht aber auf Schäden, die Leute des Elektrizitätswerks bei Arbeiten an Sachen, die dem Auftraggeber gehören (BGH NJW 1959, 38; NJW 1969, 1904) oder sonst in Fällen auslösen, in denen sie gegen unselbständige vertragliche Nebenpflichten verstoßen (BGH NJW 1969, 1903; 1971, 2267). Der Haftungsausschluß für den „Anschluß an das Leitungsnetz" schließt den für unsachgemäßes Vorgehen bei Umstellung von Stadt- auf Erdgas nicht mit ein (BGH VersR 1978, 538). Haftungsbeschränkungen für „**Betriebsstörungen**" eines Abwasserunternehmens beziehen sich nicht auf Leitungsverstopfungen oder Rückstauungen infolge mangelhafter Wartung oder Verlegung der Abwasserleitungen (BGHZ 57, 305 = NJW 1970, 2208; BGH BB 1974, 1368). Ein Ausschluß „weiterer Gewährleistung" bezieht sich nicht auf Verschuldenshaftung (BGH WM 1969, 96), der Ausschluß „jedweder Gewährleistung" erfaßt nicht die Anfechtbarkeit wegen Irrtums über verkehrswesentliche Eigenschaften, soweit diese nicht in Fehlern iSv §§ 459 ff BGB bestehen (BGH NJW 1979, 160 – Baujahr eines Gebrauchtwagens; BGH WM 1962, 512; aA BGH BB 1967, 96). **10**

Vor allem konnte auch eine bestimmte **systematische Einordung** einer Haftungsbegrenzungsklausel zu einer einengenden Auslegung führen, etwa wenn Haftungsvorbehalte unter der Rubrik „Lieferzeit" standen (BGHZ 24, 39 = NJW 1957, 873; s Rn 12 und § 3 Rn 29). Eine Gewährleistungseinschränkung, die unter der Überschrift „Mängel" steht, erfaßt nicht Ansprüche aus unerlaubter Handlung (BGH NJW 1992, 2016, 2017). Ein **Haftungsausschluß, der unter der Rubrik „Gewährleistung"** steht, umfaßt **11** nicht eine Haftung für die Nichterbringung der Vertragsleistung (BGH VersR 1971, 350; ders Baurecht 1975, 134) oder für eine positive Vertragsverletzung, die nicht in der Mangelhaftigkeit des Leistungsobjekts besteht (BGH NJW 1960, 1661), etwa in der Verursachung eines Brandes durch Schweißarbeiten (BGH BB 1970, 898) oder in der Unterlassung einer vertraglich zugesagten Ablieferungsinspektion (BGH NJW 1969, 1710). Haftungsbegrenzungen in „Verkaufsbedingungen" erfassen nicht die Haftung für mangelhafte Erbringung vereinbarter Zusatzleistungen (BGH BB 1971, 415 – falsche Beratung durch Architekten; BGH VersR 1971, 931; WM 1971, 1372 – fehlerhafte Kostenschätzung durch Architekten; BGH MDR 1964, 228 – Beratungspflicht; BGH BB 1970, 898; VersR 1972, 274 – beide eine Montage betreffend). Eine „**Gewährleistungseinschränkung auf Nachbesserung**" schließt Schadensersatzansprüche wegen Verzugs mit der Nachbesserung (OLG Celle BB 1969, 1243) oder wegen positiver Verletzung der Nachbesserungspflicht (BGH NJW 1976, 234) nicht aus. Gewährleistungsbeschränkungen für Material und Bearbeitung beziehen sich nicht auf Konstruktionsfehler (OLG Celle BB 1970, 513). Die Rspr hat die in **Architektenbedingungen** enthaltenen Haftungsbegrenzungen auf folgende Vorgänge nicht angewandt: Falsche Beratung nach Fertigstellung des Architektenwerks (BGH BB 1971, 415), fehlerhafte Kostenschätzung vor Vertragsschluß (BGH WM 1971, 1372; VersR 1971, 931).

12 b) Jedoch war der Anwendungsbereich des Prinzips der einschränkenden Auslegung von ABG-Klauseln schon vor 1976 nicht auf Haftungs- und Gewährleistungsbegrenzungen beschränkt. Eine Klausel in **Bankbedingungen**, wonach die Unterlassung rechtzeitiger Erinnerung gegen eine Buchungs- oder Saldomitteilung als Genehmigung zu gelten habe, schließt einen Bereicherungsanspruch auf Herausgabe des fingierten Anerkenntnisses nicht aus (BGB NJW 1968, 591) und beschränkt sich auf die aus der Mitteilung unmittelbar ersichtlichen Maßnahmen (BGH DB 1976, 572). Wird ein Kraftfahrzeug auf Kredit verkauft und enthalten die Geschäftsbedingungen des Verkäufers eine Klausel, wonach sich der **Eigentumsvorbehalt** auch auf „alle weiteren Ansprüche" bezieht, „die dem Lieferwerk gegen den Besteller erwachsen sind oder aus der bestehenden Geschäftsverbindung noch erwachsen", so sind damit nur Ansprüche gemeint, die aus dem konkreten Kaufgeschäft, nicht solche, die aus einem künftigen Kauf erwachsen (BGH NJW 1968, 885). Eine **Preisangabe** „Nettopreis + Mehrwertsteuer" ist im Verbrauchergeschäft gleichbedeutend mit „einschließlich **Mehrwertsteuer**" (OLG München NJW 1970, 661).

13 c) Auch in der **seit 1976** zu § 5 AGBG entstandenen Judikatur spielen Gewährleistungs- und Haftungsregelungen eine große Rolle. Die Klausel in Verkaufsbedingungen für **fabrikneue Kfz** „Der Verkäufer leistet Gewähr für eine dem jeweiligen Stand der Technik des Typs entsprechende Fehlerfreiheit während eines Jahres seit Auslieferung" gibt dem Käufer Gewährleistungsrechte nicht nur für Mängel, die schon bei Auslieferung vorhanden sind, soweit sie nicht auf seinem Verschulden oder auf Ursachen aus seinem Verantwortungs- und Einflußbereich beruhen (BGH NJW 1996, 2504). Sehen solche Bedingungen bezüglich der Zulässigkeit der Wandelung für den Fall erfolgloser Nachbesserung eine andere Regelung vor als die Garantiebedingungen des Herstellers, gilt trotz äußerlicher Selbständigkeit der beiden Klauselwerke die kundengünstigere Regelung (OLG Frankfurt aM DB 1981, 637; s Rn 16).

14 d) Seit Inkrafttreten des AGBG hat freilich einschränkende Auslegung einer Klausel aufgrund von § 5 auch außerhalb von Haftungs- und Gewährleistungsbeschränkungen stark zugenommen. Eine in den AGB für eine **Kreditkarte** enthaltene Klausel mit, „der Inhaber der Hauptkarte und der Inhaber der Zusatzkarte haften gesamtschuldnerisch für alle Verbindlichkeiten aus der Vereinbarung über die Zusatzkarte", ist dahin auszulegen, daß sich die gesamtschuldnerische Haftung nur auf die Verbindlichkeiten aus der Zusatzkarte bezieht (LG Wiesbaden BB 1984, 1966). Ist ein Widerrufsrecht des Karteninhabers vor Leistungserbringung des Kartenunternehmens an das Vertragsunternehmen nicht klar ausgeschlossen, so bleibt es nach § 671 BGB bestehen (LG Tübingen NJW-RR 1995, 746, 747). Der im § 12 Abs 1 Nr 2 (e) AKB enthaltene **Ausschluß des Versicherungsschutzes für Betriebsschäden** gilt nicht, wenn der Campinganhänger des versicherten Pkw durch die Sogwirkung eines vorbeifahrenden Lkw gegen die Hinterfront des Pkw gestoßen wird (BGH NZV 1996, 233 = VersR 1996, 622). Eine **Verjährungsregelung** bezüglich Gewährleistung für Mängel einer gelieferten Sache, die offenläßt, ob auch entferntere Mangelfolgeschäden erfaßt werden sollen, ist unklar und daher auf diese Schäden nicht anzuwenden (BGH WM 1982, 980, 982). Eine Klausel, bei der unklar ist, ob die ausbedungene Vertragsstrafe weitergehende Schadensersatzansprüche ausschließen soll, schließt sie aus (OLG Düsseldorf BB 1994, 1739). „Verzugszinsen bis zu 1,5% pro Monat" bedeutet: Obergrenze bei diesem Betrag, aber in diesem Rahmen Schadensnachweis erforderlich (OLG Hamm BB 1983, 2074); eine „Nichtabnahmeentschädigung" in einem Darlehensvertrag für den Fall des Rücktritts vom Vertrag bezieht sich nur auf eine vom Darlehensnehmer verursachte Nichtgewährung des Darlehens (OLG Celle WM 1987, 1484, 1486). Das Verhältnis einer Klausel in einem **Baubetreuungs- und Geschäftsbesorgungsvertrag**, die dem Anleger eine bestimmte Mindestmieteinnahme garantiert, zu der nachfolgenden Klausel, nach welcher der Verwender ermächtigt wird, einen Mietvertrag mit geringerem Mietzins abzuschließen, ist unklar; die garantierte Miete gilt auch bei Vermietung für einen geringeren Mietzins (OLG Celle NJW-RR 1988, 119;, s auch OLG Düsseldorf; § 3 Rn 23). Bei Bestellung einer Grundschuld und gleichzeitiger **Abtretung der Ansprüche auf Rückgewähr vorrangiger Grundschulden** besagt die formularmäßige Zweckerklärung, die vorrangigen Rechte sollten als weitere Sicherheit dienen, im Lichte von § 5, daß der Gläubiger nur den Vorrang ausnutzen, nicht aber über die Höhe seiner nachrangigen Grundschuld hinaus Befriedigung verlangen kann (BGHZ 110, 108, 113 = NJW 1990, 1177 – OLG Koblenz, s § 3 Rn 35, aufgehoben). Nr 7 der **Bürgschaftsbedingungen** der Sparkassen, die vorsehen, daß die Rechte der Gläubigerin gegen den Hauptschuldner nur dann auf den zahlenden Bürgen übergehen, wenn sie wegen aller ihrer Ansprüche gegen den Hauptschuldner volle Befriedigung erlangt hat, und daß die Zahlungen des Bürgen bis dahin nur als Sicherheit gelten sollen, bezieht sich gem § 5 lediglich auf den Forderungsübergang gem § 774 Abs 1 S 1 BGB und steht der Geltendmachung eines Aufwendungsersatzanspruchs des Bürgen gegen den Hauptschuldner gem § 670 nicht entgegen (OLG Köln NJW-RR 1989, 1266 = WM 1883, 1886 – s zu dieser Entscheidung auch § 3 Rn 38 aE). „Schuldanerkenntnis" eines Kindes im Zusammenhang mit Übertragung belasteten Grundbesitzes bedeutet nur Anerkennung der dinglichen Haftung (OLG Hamm NJW-RR 1993, 113). Die Unklarheit in einer Klausel über den anzuwendenden Verschuldensmaßstab wirkt sich zu Lasten des Verwenders aus (BGH NJW 1995, 56). Die Vereinbarung eines **ausschließlichen internationalen Gerichtsstands** in AGB kann wegen § 5 in der Regel nicht zugleich als Aufrechnungsverbot verstanden werden (LG Berlin 1996, 960 ff; generell zur Zulässigkeit der Aufrechnung ohne Rücksicht auf Gerichtsstände EuGH Slg 1995, 2053). Legt eine Klausel fest, daß eine **Vertragsstrafe** fällig wird, sobald der Schuldner in Verzug gerät, und daß es einer *besonderen* Inverzugsetzung nicht bedarf, ist unklar, ob das

Erfordernis einer Mahnung abbedungen ist, oder ob es lediglich entbehrlich ist, den Schuldner, der sich bereits in Verzug befindet, ein zweites Mal zu mahnen. Es ist dann davon auszugehen, daß die allgemeinen Verzugsvoraussetzungen erfüllt sein müssen (BGH NJW 1986, 2049 f). Eine Zahlungsklausel, wonach der Besteller eines Softwarepaketes neben einer Anzahlung „40% des Kaufpreises nach Abschluß der Installation und Einweisung" zahlen soll, ist dahin auszulegen, daß die Rate erst fällig wird, wenn die Leistung abnahmereif ist (OLG Düsseldorf NJW-RR 1996, 821). Die Klausel, der gewerbliche **Mieter** habe „**alle Nebenkosten**" zu tragen, deckt nicht ohne weiteres Bewachungskosten; daher geht die Unklarheit zu Lasten des Vermieters (OLG Düsseldorf NJW-RR 1991, 1354; zur Umlage von Nebenkosten für vermieteten Gewerberaum s auch KINNE, Grundeigentum (1996) 292 ff). Sieht ein Formularmietvertrag eine Mietzeit von drei Jahren und eine Kündigungsfrist von drei Monaten vor, ohne die Kündigungsmöglichkeit auf die Zeit nach Ablaufen der drei Jahre zu beschränken, ist der Mieter auch vorher zur Kündigung berechtigt (LG Gießen NJW 1996, 1293). In Bedingungen des gewerblichen Mieters umfaßt „Straßen-, Fußwegreinigung und Winterdienst nicht nur öffentliche Verkehrsflächen, sondern alle Flächen, die die Kunden benutzen (LG Hannover MDR 1994, 796). Unklar ist auch, ob Schwangerschaft ein Fall „fehlender Gesundheit" ist; Arbeitgeberrechte entstehen dann bei Schwangerschaft nicht (OLG Bremen NJW-RR 1995, 56). Der BGH hat einen Aufrechnungsausschluß – vermeintlich einschränkend – so interpretiert, daß er nicht auch dem Einwand der unzulässigen Rechtsausübung entgegensteht (BGH 1991, 2908, 2909 – Bürge kann sich trotz Aufrechnungsausschluß darauf berufen, daß der Gläubiger Sicherheiten des Hauptschuldners verschleudert hat). Der Einwand der unzulässigen Rechtsausübung kann aber nach § 9 ohnehin nicht generell ausgeschlossen werden. Eine Schriftformklausel für Änderungen und Ergänzungen des Vertrags gilt nach § 5 nicht für die Vertragsaufhebung (OLG Düsseldorf NJW-RR 1991, 375).

14 a b) Vielfach wurde mit § 5 auch bei Auslegung von **Versicherungsbedingungen** gearbeitet. Der Zusatz „wissenschaftlich allgemein anerkannt" in § 5 Abs 1 in den Allgemeinen Bedingungen für die Krankenkosten- und Krankenhaustagegeldversicherung ist mehrdeutig (AG Hamburg VersR 1990, 477 f). § 13 Abs 2 AKB, der bestimmt, daß bei Zerstörung eines kaskoversicherten Omnibusses nicht der Neupreis, sondern nur der Zeitwert zu ersetzen ist, ist wegen seiner Unklarheit auf Kleinbusse nicht anzuwenden.

14 b c) Kein Raum für eine einschränkende oder ausdehnende Auslegung (s Rn 15) besteht jedoch dort, wo eine Klausel **eindeutig** ist. Eine Wortklauberei ist auch zugunsten des Vertragspartners des Verwenders nicht am Platze. Dieser muß zumutbare Anstrengungen unternehmen, um den Sinn einer Klausel richtig zu verstehen, s Rn 5 a. Klauseln über den verlängerten Eigentumsvorbehalt, die die Forderung aus der „Veräußerung der Ware gleich in welchem Zustand" erfassen, betreffen auch die Fälle des Einbaus der Ware in ein Grundstück (BGHZ 7, 365 = NJW 1953, 22; BGHZ 26, 128 = NJW 1958, 417). Die Klausel „gekauft wie besichtigt und unter Ausschluß jeder Gewährleistung" ist eindeutig (BGHZ 74, 383 ff = NJW 1977, 1055; 1979, 1886), auch wenn „gekauft wie besichtigt" allein die Gewährleistung nur hinsichtlich sichtbarer Mängel ausschließen würde. Eine Haftungsbegrenzung erfaßt auch **Ansprüche aus unerlaubter Handlung**, ohne daß dies ausdrücklich festgehalten werden müßte (WOLF/LINDACHER Rn 8; s aber Rn 11). Die Klausel „Sämtliche Ansprüche wegen Fehler der Kaufsache verjähren mit Ablauf der Gewährleistungsfrist von sechs Monaten ab

Auslieferung" kann nicht dahingehend ausgelegt werden, daß Wandelungsansprüche erst zu verjähren beginnen, wenn feststeht, daß der Fehler nicht beseitigt werden kann (OLG Frankfurt aM DB 1982, 2397). Eine Verjährungsregelung für „alle Ansprüche aus dem Reisevertrag" umfaßt eindeutig auch Ansprüche wegen Nichtleistung (LG Frankfurt aM NJW 1982, 1538). § 51 lit b S 2 ADSp enthält eine klare Beweislastregelung zum Nachteil des Auftraggebers (BGH NJW 1995, 3117 ff). Ein Mieter eines Kfz, der einen Führerschein hat, aber mit einem Fahrverbot belegt ist, hat keinen „gültigen Führerschein" (BGH NJW 1984, 289 f). Die Sicherungsübereignungsklausel eines Kreditinstituts ist nicht iS einer auflösend bedingten Sicherungsübereignung auszulegen (BGH NJW 1984, 1184 f). Wird der Begriff „Wert der Forderung" in einer formularmäßigen Globalzession zugunsten einer Bank zur Bestimmung der Deckungsgrenze und der Freigabepflicht ohne weiteren Zusatz verwendet, ist der Nennwert gemeint (BGH NJW 1994, 445). Trotz einer unzulänglichen Wortwahl („Gegenstand") bestehen keine nach § 5 beachtlichen Zweifel daran, daß auch die Vorauszessionen im Rahmen eines verlängerten Eigentumsvorbehalts für die Berechnung der Prozentgrenze in einer Freigabeklausel zu berücksichtigen sind (BGH BB 1985, 1085, 1087). Die Klausel in den **AGB eines Autovermieters**, die bestimmt, daß bei „Unfällen" die Polizei zuzuziehen ist, bezieht sich auch auf den Fall, daß nur das Mietfahrzeug beschädigt wird (OLG Stuttgart VersR 1988, 97 f). Bestimmt eine Klausel in den AGB eines Autovermieters, daß „bei Zuwiderhandlungen gegen die Bestimmungen dieses Mietvertrags" ein vereinbarter Haftungsausschluß entfällt, nimmt sie unzweifelhaft auch Bezug auf die an anderer Stelle des Formulars statuierte Regelung, wonach der Mieter bei einem Unfall zur Hinzuziehung der Polizei verpflichtet ist (BGH WM 1981, 1383 f). § 13 Nr 1a S 3 der AEB (Einbruchsdiebstahls-Versicherung), wonach binnen dreier Tage nach Feststellung des Verlustes eine Aufstellung der entwendeten Sachen bei der Polizei einzureichen ist, widrigenfalls der Versicherungsschutz entfällt, ist klar (OLG Hamm VersR 1992, 489). Die Klausel in einem Wohnraummietvertrag, nach der die Abrechnung des Vermieters über die Betriebskosten jährlich bis zu einem bestimmten Zeitpunkt zu erfolgen hat, kann nicht als Ausschlußklausel ausgelegt werden (LG Limburg WuM 1997, 120 f). Die Einräumung eines **Vorschußanspruches** für den Verwender **ohne Bezifferung seiner Höhe** ist nicht unklar; § 315 ist anzuwenden (BGH NJW 1981, 1959). Abtretungsausschlüsse gelten auch im Konkurs (BGH NJW 1997, 3434, 3435).

Ein besonderer Fall der Gefahr einer **überzogenen Anwendung** des Prinzips der kundenfreundlich engen Auslegung betrifft die Verwendung **falscher Formulare** (s § 2 Rn 50). Wird für den Verkauf eines gebrauchten Pkw ein Formular verwandt, das seinen Anwendungsbereich mit „Verkauf unter Einschaltung eines Vermittlers" angibt, ergibt aber eine genaue rechtliche Würdigung der bei Vertragsschluß abgegebenen Erklärungen, daß die auf der Verkäuferseite auftretende Person in Wirklichkeit selbst Verkäufer geworden ist und nicht nur Vermittler war, dann liegt eine individuell vereinbarte Ausdehnung des Anwendungsbereichs der Bedingungen vor. Solche Klauseln, bei denen jeder Anhaltspunkt dafür fehlt, daß sie im Zusammenhang mit der vorgesehenen Einschaltung eines Vermittlers stehen, müssen angewandt werden (s Rn 26, § 4 Rn 12). Wird für den Verkauf eines gebrauchten Pkw ein Formular verwandt, das für den Verkauf eines neuwertigen Pkw vorgesehen ist, und das deshalb durchweg Bestimmungen enthält, die dem Kunden vergleichsweise günstig sind, dann gelten nicht etwa die gesetzlichen Gewährleistungsregeln, sondern die im Formular stehenden und im Vergleich dazu immer noch eingeschränkten. Auch hier ist der Anwendungsbereich des Formulars individualvertraglich geändert (s auch Rn 23). Ist ein Mietvertrag zeitlich befristet, dann sind Klauseln eines Formulars über ordentliche Kündigung nicht unklar (aA LG Gießen MuW 1996, 1293; LG Wiesbaden WuM 1994, 433), sondern individualvertraglich abbedungen.

3. Die praktische Ausnahme: Ausdehnende Auslegung mit Eliminierung von Widersprüchen

14 d Daß § 5 zu einer einengenden Auslegung führt, ist nur eine statistische Häufigkeitsregel. Die Vorschrift kann sich auch in umgekehrter Richtung auswirken. Bei **AVB**, die für jeden „Aufenthaltstag" im Krankenhaus die Zahlung von Krankenhaustagegeld vorsehen, ist zu Lasten des Versicherers anzunehmen, daß dies auch für Tage gilt, an denen sich der Versicherungsnehmer nur teilweise im Krankenhaus aufhält (BGH NJW 1984, 1818 f). Ebenso umfaßt der insoweit unklare Begriff „stationäre Behandlung" auch „teilstationäre" (OLG Hamm NJW-RR 1986, 1291). Ist in einer Versicherung für Schäden durch Leitungswasser der Verschuldensmaßstab für Obliegenheitsverletzungen nicht klar, so tritt Leistungsfreiheit nur bei grober Fahrlässigkeit ein (BGH NJW 1995, 56). Eine Einbruchs-Diebstahlversicherung kann aber vernünftigerweise nicht auf ein Fahrzeug bezogen werden, auch nicht auf ein Wohnmobil, selbst wenn nicht ausdrücklich gesagt ist, daß sie sich auf Gebäude beschränken soll (LG Konstanz VersR 1991, 883; LG Landau VersR 1989, 1045; aA OLG Köln VersR 1992, 490; LG Hamburg NJW 1995, 923).

15 a) Sie kann dann, **wenn dem Vertragspartner des Verwenders Rechte gewährt werden, die ihm nach dispositivem Gesetzesrecht nicht zustehen**, zu einer ausdehnenden Auslegung führen.

Vor allen Dingen gilt das im Bereich der Beschreibung der Hauptleistungspflichten des Verwenders, die ja gerade typischerweise nicht gesetzlich geregelt sind. § 5 kann sich auch im Versicherungsrecht auswirken, dahin nämlich, daß im Zweifel ein Risiko mit abgedeckt ist (s auch oben Rn 2). Bestimmen die **besonderen Bedingungen einer Betriebshaftpflichtversicherung** unter den versicherten Risiken auch die aus dem Gebrauch nicht zulassungs- und versicherungspflichtigen Kraftfahrzeuge, und enthält ein Klammerzusatz das Beispiel „Gabelstapler", die grundsätzlich aber zu den zulassungs- und versicherungspflichtigen Kraftfahrzeugen gehören, muß die Versicherung für Risiken aus dem Gebrauch dieser Fahrzeuge einstehen (BGH NJW-RR 1995, 1303 ff).

15 a Werden die dem Vertragspartner zur Rechtswahrung zustehenden Befugnisse in unsystematischer Abfolge unterschiedlich bezeichnet, so stehen sie ihm alle **mit dem relativ weiteren Begriffsinhalt** offen. Ist in Wettbestimmungen auf den Zugang des Wettscheins bald bei einer Annahmestelle, bald bei der Zentrale abgestellt, so ist die Abgabe des Wettscheins rechtzeitig, wenn er entweder bei der Zentrale oder bei der Annahmestelle rechtzeitig eingeht (BGHZ 5, 115 = NJW 1955, 657). Widersprechen die Angaben bezüglich des Adressaten etwaiger Erklärungen des Versicherungsnehmers auf dem Versicherungsschein den Angaben auf einem Merkblatt, findet § 5 Anwendung (OLG Brandenburg VersR 1997, 347). Die Klausel „das Darlehen wird nach Inkrafttreten dieser Vereinbarung ausgezahlt, nachdem der Partner Sicherheit durch Beibringung einer Bankbürgschaft geleistet hat" in einer formularvertraglichen Vereinbarung, in der sich die eine Partei zur Gewährung eines **Darlehens** verpflichtet, die andere zur Abnahme von Produkten, ist dahingehend zu verstehen, daß der gesamte Vertrag, folglich nicht nur die Gewährung des Darlehens, sondern auch die Bezugspflicht, unter der aufschiebenden Bedingung der Beibringung der Bürgschaft steht (BGH BB 1997, 90 f). Die AGB-Klausel in einem **öffentlich geförderten Darlehensvertrag** (sog Existenzgründungsdarlehen), nach der die Geltendmachung des Darlehensrückzahlungsanspruchs ausgeschlossen ist, soweit und solange sie zu einer vom Darlehensnehmer nicht verschuldeten Existenzgefährdung führen würde, bedeutet, daß die Geltendmachung des Rückzahlungsanspruchs auch bei einer Gefährdung der Existenz des Darlehensnehmers und nicht nur bei der des geförderten Unternehmens ausgeschlossen ist (BGH NJW 1997, 257). Enthält ein **formularmäßiger KFZ-Vertragshändlervertrag**, der eine neue Rechtsgrundlage für ein schon länger bestehendes Vertragsverhältnis bringt, eine an die Laufzeit des Vertrages gestaffelte Kündigungsfristregelung, ist bei Kündigung durch den Verwender nach § 5 das gesamte Vertragsverhältnis zu berücksichtigen (BGH WM 1987, 964 f). Die Klausel in einem vom Bauherrn gestellten Formularvertrag „**Garantieleistungen entsprechend VOB bzw BGB**" bringt zugunsten des Unternehmens auch für die allgemeine Gewährleistung die verkürzte Verjährungsfrist nach VOB (OLG Hamm BB 1989, 301 f). Ist in einer Klausel festgehalten, daß der Besteller eine bestimmte Zeit an sein Angebot gebunden ist, so erlöschen dessen Wirkungen nach Ablauf der Frist automatisch, also ohne daß es eines Widerrufs bedürfte (LG Duisburg NJW 1964, 160).

b) Im Falle eines **Widerspruchs zwischen zwei Klauseln** gilt im Prinzip die für den Kunden günstigere (ULMER Rn 28), sofern dadurch Klarheit erreicht werden kann. Sonst sind beide Klauseln unwirksam. Im Individualprozeß ist kundengünstiger diejenige Auslegung, die sich in der konkreten Vertragsabwicklungssituation für den Kunden günstiger auswirken würde (BGH NJW 1979, 2353, 2354; WOLF/LINDACHER Rn 34; aA OLG Hamm NJW 1986, 2888, 2890; ULMER Rn 32 a; H ROTH WM 1991, 2130, 2135). Ist in Bedingungen für den Fall des Eintritts bestimmter Ereignisse bald von automatischer Vertragsauflösung oder einem fingierten Rücktritt, bald von einem Rücktrittsrecht die Rede, so ist der Vertrag automatisch aufgelöst, wenn der Vertragspartner von ihm losstrebt (AG Wuppertal MdR 1971, 756). Im umgekehrten Fall kann er als weitergeltend betrachtet werden, wenn das Rücktrittsrecht nicht wirksam ausgeübt wurde. Die günstigere Klausel gilt auch in dem Fall, daß sich zwei verschiedene Klauselwerke, die gleichzeitig Geltung beanspruchen, widersprechen (ULMER Rn 28).

III. Sonstige AGB-spezifische Auslegungsmaximen*

1. Das Restriktionsprinzip

Das lange Zeit als geltend hingestellte sog Restriktionsprinzip besagt, daß Klauseln eng auszulegen sind, die die Rechte des Vertragspartners des Verwenders einschränken, welche anderwärts – meist im dispositiven Recht – verankert sind und sonst Vertragsbestandteil würden. Die Rspr arbeitete mit dieser Regel häufig in Fällen, in

---

* **Schrifttum:** RÜSSMANN, Die ergänzende Auslegung Allgemeiner Geschäftsbedingungen, BB 1987, 843.

welchen man ebensogut das Prinzip der Auslegung gegen den Verwender heranziehen könnte (etwa BGHZ 24, 45 = NJW 1957, 872; BGH WM 1983, 525, 526; WM 1984, 944; BGH NJW 1986, 2757, 2758; BGH WM 1989, 855, 857 – „mittelbare Folgeschäden" sind nur vertragsuntypische Schäden). In diesem Bereich ist es müßig, das Verhältnis beider Prinzipien zueinander bestimmen zu wollen (PALANDT/HEINRICHS Rn 12 – „sich ergänzend"). Ein unterschiedlicher Anwendungsbereich für § 5 und den „Auslegungsgesichtspunkt" der Restriktion liegt auch nicht darin, daß letztere die objektive Mehrdeutigkeit der auszulegenden Klausel voraussetzte (aA ULMER Rn 40). Denn eine objektiv eindeutige Klausel kann schwerlich restriktiv ausgelegt werden. Zur notwendigen Liquidität der Auslegungsmittel s o Rn 5. Indes sind Fälle denkbar, wenn auch selten, in denen sich einschränkende Klauseln auf Rechte beziehen, die dem Verwender selbst zustehen. Da er es ist, der die Textverantwortung hat, muß dann der Grundsatz der Auslegung gegen den Verwender vorgehen. Von dem behaupteten Restriktionsgrundsatz bleibt bei näherem Zusehen daher neben § 5 so gut wie nichts übrig (heute wohl allgM; MünchKomm/KÖTZ Rn 5; ULMER Rn 40 f; SOERGEL/STEIN Rn 3, 9; ERMAN/H HEFERMEHL Rn 13; MünchKomm/HANAU § 276 Rn 161; SAMBUC NJW 1981, 314 f). Der Inhaltskontrolle kann man mit restriktiver Auslegung keinesfalls entkommen (BGH BB 1988, 1627 – mit Verbot geltungserhaltender Reduktion arbeitend, wenn in einem Mietvertrag über eine Gaststätte die die Versagung der Betriebserlaubnis betreffende Klausel nicht zwischen Gründen unterscheidet, die im Mietobjekt und solchen, die in der Person des Mieters liegen; SAMBUC 316).

2. Objektive Auslegung?

18 a) Nach ständiger Rspr und Teilen der Lit gilt der Grundsatz der objektiven Auslegung, wonach AGB, ausgehend von der Verständnismöglichkeit eines rechtlich nicht vorgebildeten Durchschnittskunden, einheitlich, dh **ohne Berücksichtigung der Umstände des Einzelfalls**, so auszulegen sind, wie sie von verständigen und redlichen Vertragspartnern unter Abwägung der Interessen der normalerweise beteiligten Personen verstanden werden (zB BGH NJW 1993, 1381, 1382; 1992, NJW 2629; NJW 1990, 1177, 1178, BGHZ 109, 240, 248 f = NJW 1990, 716; BGHZ 98, 303, 308 = NJW 1987, 487 st Rspr; ULMER Rn 13 ff; MünchKomm/KÖTZ Rn 2 ff; **aA** WOLF/LINDACHER Rn 5 f; PALANDT/HEINRICHS Rn 7; SCHMIDT/SALZER JZ 1995, 223). Primär soll der Wortlaut, bei Zweifeln die Sicht der „typischerweise an Geschäften dieser Art beteiligten Verkehrskreise" maßgebend sein (BGH NJW 1993, 1381, 1382). Ursprünglich mit der heute überwundenen Einordnung der AGB als gesetzesähnlich begründet (RGZ 170, 230, 240 f; 171, 43, 47; BGH NJW 1959, 38; BB 1981, 452, 454 f), wird die Ansicht jetzt auf die Besonderheiten der AGB, vor allem ihre Regelungsfunktion und ihren Massencharakter gestützt (BGHZ 79, 117, 118 = NJW 1981, 867; BGH NJW 1983, 2638; ULMER Rn 15). Es ist auch nichts anderes gemeint, wenn gesagt wird, AGB-Klauseln seien „vor dem Hintergrund des gesamten Vertrags zu interpretieren" (BGH st Rspr, zuletzt NJW 1989, 582). Gemeint ist damit das Gesamtgefüge von Standardvertrag und Klauselwerk wie bei einem Bankgiroverhältnis. Für die Auslegung als Basis der Inhaltskontrolle von Verbraucherverträgen ist diese Einstellung durch § 24a Nr 3 überholt. Dann hat sie aber auch generell keine Berechtigung mehr, weil die Frage für Verbraucherverträge und andere Verträge schwerlich unterschiedlich beantwortet werden kann. In der Praxis sind die Auswirkungen der verschiedenen Auffassungen jedoch gering.

19 b) Soweit die Parteien übereinstimmend einer Klausel einen von ihrem objektiven Sinngehalt abweichenden Inhalt zumessen, ist im Ergebnis völlig unbestritten von diesem auszugehen (BGHZ 113, 251, 259 = NJW 1991, 975; BGH NJW 1995, 1496; s § 4 Rn 10 a). Angaben zur Interpretation von Versicherungsbedingungen, die ein **Versicherungsagent** macht, muß sich der Versicherer zurechnen lassen. Selbst die bloße Tatsache, daß ein Versicherungsagent den Versicherungsnehmer in seinem Irrtum belassen hat, geht zu Lasten der Versicherung (BGH 1963, 1998). Was sich ganz zwanglos aus §§ 133, 157 BGB ergibt, kann von der eine objektive Auslegung postulierenden hA nur über die Annahme einer in der Regel fiktiven Individualabrede (MünchKomm/Kötz Rn 4) oder dem „Rechtsgedanken" des § 4 (Ulmer Rn 24) begründet werden. Ebenso einhellig werden unterschiedliche Verständnismöglichkeiten der am Geschäftsverkehr mit dem Verwender beteiligten verschiedenen Kundenkreise anerkannt (zB Ulmer Rn 23).

c)   Richtig ist, daß individuelle Umstände selten sind. Weder im Rahmen einer **20** **abstrakten Unterlassungsklage** (zu Besonderheiten, wenn eine Klausel wegen Verstoßes gegen das Transparenzgebot angegriffen wird, Lindacher NJW 1997, 2741) noch im Zusammenhang mit einer verwaltungsgerichtlichen Klage über die Genehmigungsfähigkeit von AGB können sie eine Rolle spielen. Auch im **Individualprozeß** fehlt es meist an individuellen auslegungsrelevanten Gegebenheiten, weil die AGB auf typische Art und Weise Vertragsbestandteil geworden sind. Insoweit bleibt es schon nach den allgemeinen Auslegungsgrundsätzen bei einem objektivierten Maßstab. Die Auslegung richtet sich dann nach dem Wortlaut, der systematischen Stellung der Klausel, ihrem Sinn und Zweck und den typischen Interessen der Vertragsparteien (s Rn 18). Dabei ist zu berücksichtigen, daß nach dem Sinn von § 5 nur **liquide**, dem Verständnis der typischerweise an Geschäften solcher Art beteiligten Vertragspartnern zugängliche **Auslegungsmittel** einzusetzen sind (BGHZ 60, 177 = NJW 1973, 998; BGH BB 1978, 629; Palandt/Heinrichs Rn 8; Ulmer Rn 22). Das **Beurteilungsvermögen** des Vertragspartners richtet sich nach einem **objektiv-typisierten Maßstab**. Dem Verwender unbekannte individuelle Defizite beim Vertragspartner bleiben unberücksichtigt. Besonderes Wissen geht jedoch entsprechend den allgemeinen Regeln zu dessen Lasten (RGZ 116, 207; Brandner AcP 162, 256). Soweit jedoch der Verwender gezielt mit gruppenspezifisch geschäftsungewandten Personen kontrahiert (**Kaffeefahrten**; Senioren), muß auf den Verständnishorizont gerade dieses Personenkreises abgestellt werden (H Roth WM 1991, 2129; Wolf/Lindacher Rn 12). Für Verbrauchergeschäfte ist von einem rechtsunkundigen Durchschnittskunden auszugehen, soweit Rechtskenntnisse für die betroffenen Vertragspartner nicht typisch sind (BGH NJW 1989, 582, 583; NJW 1990, 1177, 1178; st Rspr). So ist bei den **AVB** auf den durchschnittlichen **Versicherungsnehmer** ohne versicherungsrechtliche Spezialkenntnisse abzustellen (BGHZ 123, 83, 85 = NJW 1993, 2369; BGH NJW-RR 1996, 857; st Rspr; krit Schmidt/Salzer JZ 1995, 223) und bei **Bankgeschäften** auf die Verständnismöglichkeit eines durchschnittlichen, juristisch und bankfachlich nicht vorgebildeten Bankkunden (BGH NJW-RR 1990, 109). Bei Formularverträgen von **Ärzten** oder im Krankenhausbereich ist die besondere Lage des Patienten zu bedenken (LG Duisburg NJW 1988, 1523; Soergel/Stein Rn 8). Für die AVB für Transporte im **grenzüberschreitenden Straßenverkehr** ist auf einen AGB-kundigen Unternehmer in der betreffenden Branche abzustellen (BGH NJW 1985, 559), für AGB von Bauherren auf den Verständnishorizont eines durchschnittlichen Bauunternehmers (OLG Frankfurt aM NJW-RR 1986, 245, 246). Haben Fachbegriffe nur ihre fachliche Bedeutung, so gilt diese, sonst ist nach Kundenkreisen mit und ohne typische Kenntnis zu differenzieren; gegenüber Laien gilt immer die günstigere Alternative (Wolf/Lindacher Rn 13; aA Ulmer Rn 23 Fn 66; MünchKomm/Kötz Rn 3).

Rechtswissenschaftliche Begriffe (dazu grundlegend: DREHER AcP 189, 342 ff), die in der Alltagssprache keine abweichende, festgefügte Bedeutung haben, gelten in ihrer Fachbedeutung (zB für Anspruch aus dem dinglichen Recht: BGH NJW 1992, 1511, 1512; für den Begriff „nicht zulassungs- und nicht versicherungspflichtig": BGH NJW-RR 1995, 1303 f). Gleiches gilt, wenn AGB sich erkennbar auf gesetzliche Formulierungen beziehen oder vom typischen Kundenkreis Kenntnis der Rechtsbedeutung eines Begriffs zu erwarten ist. In den verbleibenden seltenen Fällen gilt auch hier die kundengünstigere Alternative (WOLF/LINDACHER Rn 13; aA – für prinzipielle Geltung der Fachbedeutung – PALANDT/HEINRICHS Rn 7; DREHER 368 ff; für Vorrang der allgemeinsprachlichen Bedeutung: MünchKomm/KÖTZ Rn 3).

21 d)   Die **Entstehungsgeschichte einer Klausel** darf zu Lasten des Vertragspartners des Verwenders (zu seinen Gunsten: BGH NJW 1983, 2088, 2089) nur herangezogen werden, wenn sie beiden Teilen bekannt ist (ULMER Rn 22; WOLF/LINDACHER Rn 15), was sowohl für staatlich genehmigte AGB, wie die früheren AVB, gilt (BGH BB 1981, 452, 454; WOLF/LINDACHER aaO; ERMAN/H HEFERMEHL Rn 12), als auch für die von den maßgeblichen beteiligten Wirtschaftskreisen aufgestellten AGB wie den Allgemeinen Deutschen Seeversicherungsbedingungen (ERMAN/H HEFERMEHL aaO; **aA**, aber überholt, weil noch von gesetzesgleicher Auslegung sprechend, BGH MDR 1972, 126). Geschäftsplanmäßige Erklärungen gegenüber der Versicherungsaufsicht können daher nicht zur Auslegung von Versicherungsbedingungen herangezogen werden (BGH NJW 1996, 1409). Gleiches soll für eine **teleologische** (BGH NJW 1992, 1236 f; NJW 1988, 3149 f) oder **systematische Auslegung** (BGH NJW 1992, 180 f; NJW 1992, 1097, 1099) gelten, deren man sich dann also nicht bedienen dürfte, wenn ihre Sinnhaftigkeit nur bei der Lektüre der gesamten AGB erkennbar ist, wozu keine Obliegenheit bestehe (ERMAN/H HEFERMEHL Rn 8; H ROTH WM 1991, 2118). Bei Vertragsabwicklungsregelungen, s § 3 Rn 29, kann man aber auch vom Vertragspartner verlangen zu überlegen, was der Verwender sinnvollerweise hat regeln wollen. **Maßgeblicher Zeitpunkt** für die Auslegung von Begriffen ist der **Vertragsschluß** (BGH NJW 1983, 2088), bei Zweifeln gilt aber auch insoweit die kundengünstigere Bedeutung (WOLF/LINDACHER Rn 16).

22 e)   Allerdings gibt es keinen Grund, unter Annahme von AGB-spezifischen Sonderregeln, die außerhalb regelrechter Individualregeln liegenden **individuellen Umstände des Vertragsschlusses** außer Betracht zu lassen, wenn sie ausnahmsweise so gelagert sind, daß ihnen eine Auslegungsbedeutung abzugewinnen ist (WOLF/LINDACHER Rn 5 f; PALANDT/HEINRICHS Rn 7; SCHMIDT/SALZER JZ 1995, 223, 228 ff). So vorzugehen fordert auch das Postulat richtlinienkonformer Auslegung (SCHMIDT/SALZER aaO; **aA** ULMER Rn 47). Art 4 RL spricht individuelle Umstände zwar in der Tat nur in Zusammenhang mit der Inhaltskontrolle an. Jedoch ist unerfindlich, weshalb sie dann nicht auch für die Auslegung einer Klausel sollten herangezogen werden dürfen. Heranzuziehen sind sie aber nur, wenn der Verwender den Eindruck erweckt, daß er besondere Umstände berücksichtige, oder wenn der Verwender oder seine Hilfspersonen **Erläuterungen** über auslegungsfähige AGB gegeben haben, unabhängig von einer etwaigen Abschlußvollmacht (BGH NJW 1983, 2638). Dabei reicht es aus, daß der Verwender einer für ihn erkennbaren atypischen Auslegung des Kunden nicht widersprochen hat (BGH NJW 1963, 1978; WOLF/LINDACHER Rn 11). Das Interesse des Verwenders an einer identischen Auslegung seiner AGB gegenüber allen Vertragspartnern ist im Rahmen der allgemeinen Auslegungsgrundsätze wohl zu berücksichtigen (WOLF/LINDACHER Rn 6); der individuelle Eindruck, den er vermittelt, hat aber Vorrang. Der Verwender muß seine Belange selbst dadurch wahren, daß er individuellen Umständen keine Auslegungsbedeutung zuwachsen läßt.

3. Das Prinzip der individualvertragskonformen Auslegung von AGB Klauseln und seine Grenzen

Steht eine Individualvereinbarung im Gegensatz zu dem gesamten Inhalt einer AGB-Klausel (s § 4 Rn 11 ff; statt aller: BGH NJW-RR 1990, 613) oder ist eine solche – gemessen an individuellen Bestandteilen eines Vertrages – ungewöhnlich und überraschend, s § 3 Rn 24, so ist die vorformulierte Bedingung unanwendbar. Denkbar ist aber, daß die AGB-Klausel im Hinblick auf eine Individualvereinbarung nur einschränkend oder ausdehnend interpretiert zu werden braucht, um beide in Übereinstimmung miteinander zu bringen, oder daß eine Individualvereinbarung den Ausschlag zugunsten mehrerer, dem Wortlaut der Klausel nach möglichen Auslegungen gibt. Aus dem Vorrang der Individualabrede folgt dann das Prinzip der individualvertragskonformen Auslegung von AGB-Klauseln (Wolf/Lindacher Rn 17; Bsp OLG München OLGRsp München 1995, 190 – Zusatz in einer Höchstbetragsbürgschaft bezüglich „zuzüglich eventueller Überziehungen" kann sich nur auf Nebenverbindlichkeiten des Hauptschuldners beziehen; teilweise aA Ulmer Rn 9; Erman/H Hefermehl Rn 11). 23

a) Grenze der individualvertragskonformen Auslegung ist die **geltungserhaltende Reduktion**, soweit sie unzulässig ist (s Rn 29): Sofern eine Klausel lediglich bei einschränkender Auslegung als nicht nach §§ 9–11 unwirksam angesehen werden kann, ist eine solche Auslegung nur dann zulässig, wenn sie für den jeweiligen typischen Vertragspartner vernünftigerweise außer Zweifel steht (Wolf/Lindacher Rn 17). Wurde ein für den Verkauf gebrauchter Fahrzeuge gedachtes Formular (mit einer insoweit anerkennungswerten Gewährleistungsbeschränkung) für den Verkauf eines PKW verwandt, in den nach den Vertragsabsprachen wichtige Teile neu eingesetzt werden sollten und wurden, so bezieht sich der Gewährleistungsausschluß aus Käufersicht erkennbar nicht auf diese Teile (BGH LM Nr 8 zu § 348 HGB; s auch Rn 13). 24

b) Ständige Geldentwertung und Preissteigerungsraten sind in unserer Zeit selbstverständlich. Eine **individuelle Preisvereinbarung** für Leistungen, die erst nach längerer Zeit zu erbringen sind, steht zwar deshalb nicht automatisch unter dem Vorbehalt einer Preisanpassung. Der Sinn einer individuellen Preisvereinbarung ist aber angesichts der allgemeinen wirtschaftlichen Verhältnisse nicht so dicht, daß eine Preisanpassungsklausel einen Widerspruch zu ihr darstellen oder ungewöhnlich und überraschend sein muß. Nur individuelle „**Festpreis**"-**Zusagen** gehen Preisgleitklauseln in AGB vor. Hat jemand einen erst nach längerer Zeit zu liefernden Gegenstand zu einem ausgehandelten Preis gekauft, der DM 500 unter dem empfohlenen Richtpreis und den üblicherweise verlangten Preis liegt, steht in den Bedingungen, daß im Falle einer im Betrieb des Verwenders allgemein vorgenommenen Preiserhöhung die im Lieferzeitpunkt empfohlenen Richtpreise oder allgemein verlangten Preise gelten sollen, so mag man den ausgehandelten Preis uU als eine die Klausel ganz verdrängende Festpreisabsprache werten. Wenn die Lieferzeit eine Zeitspanne überdeckt, in der üblicherweise mit Preiserhöhungen zu rechnen ist, so ist die Klausel auch gemessen an der individuellen Preisvereinbarung nicht ungewöhnlich. Sie muß aber entsprechend den Umständen des Einzelfalls so interpretiert werden, daß auch der zum Lieferzeitpunkt geschuldete Preis den vereinbarten Nachlaß enthält. Zu Preis- 25 gleitklauseln allgemein s § 4 Nr 7, STAUDINGER/COESTER-WALTJEN § 11 Nr 1. Zur Anpassung einer Ausgleichszahlungsvereinbarung in den AGB eines Leasinggebers an eine individuell vereinbarte günstigere Kündigungsmöglichkeit des Leasingnehmers s OLG Frankfurt aM NJW-RR 1987, 241, 242.

26 c) Haben Parteien ein allgemein gehaltenes Formular für den Verkauf bestimmter Waren verwandt, war aber unter ihnen klar, daß die Ware zu Weiterverarbeitung im Betrieb des Käufers verwandt werden sollte und ist dieser Betrieb vor Abnahme der Ware zerstört worden, so ist eine in den Bedingungen enthaltene „höhere-Gewalt-Klausel" dahin auszulegen, daß die Abnahmepflicht entfällt, auch wenn im üblichen Anwendungsbereich des Formulars eine Störung des (Handels-)Betriebs des Käufers eine solche Auslegung nicht rechtfertigt.

27 e) Wenn eine **Individualvereinbarung** ihren Verfasser und Verwender des Klauselwerks begünstigt, trifft diesen die Formulierungsverantwortung. Dies rechtfertigt es, in einem solchen Fall dem Prinzip von § 5 Vorrang zwar nicht vor § 4 wohl aber vor dem Prinzip der individualvertragskonformen Auslegung beizumessen.

28 f) Zur Problematik der Individualabreden als Kriterium für den überraschenden Charakter der Klausel s § 3 Rn 23.

28 a g) Die These, AGB Klauseln seien im Individualprozeß ex post danach auszulegen, ob im konkreten Einzelfall ein angemessenes Ergebnis verbürgt ist (BASEDOW ACP 182, 335, 357) ist unhaltbar (so mit Recht: ULMER Rn 19 mwN z Strst).

4. Allgemeine Auslegungsgrundsätze

29 Soweit keine AGB-spezifischen Auslegungsgrundsätze eingreifen, sind auch vorformulierten Bedingungen nach den Prinzipien auszulegen, die für private Willenserklärungen gelten. Wirtschaftlicher Zweck des Vertrages und von einzelnen seiner Klauseln sowie das Postulat eines gerechten Interessenausgleichs stehen, wie auch sonst, im Vordergrund (SCHMIDT/SALZER E 43 mit zahlreichen RsprBsp). Einräumung eines „Vorpachtrechts" an den Pächter auf „fünf weitere Jahre" ist ohne Rücksicht auf Vorformuliertheit gleichbedeutend mit einer Verlängerungsoption (aA OLG Hamm NJW-RR 1993, 750 – § 5 angewandt); Schadensersatzpauschalen bei Nichtabnahme, die in Prozentsätzen des Kaufpreises ausgedrückt sind, meinen den Nettokaufpreis (OLG Celle OLGRspr Celle 1995, 182), weil Schadensersatzleistungen nicht umsatzsteuerpflichtig sind. Aus § 5 folgt freilich nicht, daß eine **Auslegung aufgrund vermuteter Redlichkeit** des Textverfassers unmöglich wäre (aA zB ULMER NJW 1981, 2025; WOLF/ LINDACHER Rn 19 – beide aus der von ihnen zur geltungserhaltenden Reduktion vertretenen Lehre, s § 3 Rn 15 a). Das klar ersichtlich Gemeinte gilt trotz nachlässiger Textgestaltung. Haftungserleichterungen für „unvorhergesehene" Ereignisse meinen „unvorhersehbare" (BGH NJW 1962, 1196; BGH BB 1970, 466). Der Ausschluß von Gewährleistungsansprüchen nach „begonnener" Verarbeitung trifft nicht den Fall rechtzeitig erhobener Mängelrügen. Lieferung nach dem neuesten Stand der Technik heißt nicht Unterbruch fremder Rechte des gewerblichen Rechtsschutzes. Die unter Rn 7 dargestellte Außerachtlassung von atypischen Ausnahmesituationen bei der Auslegung als Basis der Inhaltskontrolle und die daraus folgende Sonderbehandlung solcher Situationen im Individualprozeß ergibt sich aus den allgemeinen Auslegungsgrundsätzen (ULMER Rn 41). Ist ein nach der Vorstellung des Verwenders ua durch AGB geregelter Vertrag deshalb lückenhaft, weil AGB-Bestimmungen nicht Vertragsbestandteil geworden oder unwirksam sind, so ist für **ergänzende Auslegung** iS einer richterlichen Vertragsergänzung nur im Rahmen von § 6 Raum (s dort Rn 12). Im übrigen aber wird der Spielraum für die ergänzende Vertragsauslegung nicht dadurch enger, daß ein Vertrag teilweise oder gar überwiegend durch AGB geregelt ist (allgA, vgl zB BGHZ 79, 16, 25 = NJW 1981, 816; BGHZ 92, 363, 369 ff = NJW 1985, 480). Jedoch sind Maßstab auch dann die individuellen Verhältnisse der Parteien (WOLF/LINDACHER Rn 22; aA MünchKomm/KÖTZ Rn 12; SOERGEL/STEIN Rn 10 – aus der Sicht der Lehre von der objektiven Auslegung).

IV. Auslegung in Revisionsverfahren

Soweit die Möglichkeit besteht, daß die Auslegung der streitigen AGB die Gerichte von mindestens zwei verschiedenen OLG-Bezirken beschäftigt, ist sie in der Revisionsinstanz voll überprüfbar (BGHZ 98, 256, 258 = NJW 1987, 319, 320; st Rspr, zuletzt BGH NJW 1997, 258). Dies ist nicht der Fall, wenn in den AGB eine Gerichtstandsklausel steht, die nur die Gerichte eines OLG Bezirks zuständig machen will (BGH NJW 1983, 985).

29 a

V. Die Auslegung von AGB, die im internationalen Verkehr verwendet werden

Auch die Maßstäbe zur Auslegung von AGB ausländischen oder internationalen Gepräges müssen primär von dem Vertrag her bestimmt werden, in den sie einbezogen worden sind. Die Vorstellung, es gäbe „**ausländische**", „ausländisch geprägte" oder „internationale" AGB, deren Auslegung der Revision durch den BGH entzogen sei (BGHZ 104, 178, 181 = NJW 1988, 3090 – VglSchO IHK; BGH RIW 1990, 1014, 1015; BGHZ 112, 204, 210 = NJW 1991, 36; BGH NJW 1994, 1408, 1409 mwN – gleichwohl revisionsrechtliche Nachprüfung, ob auch Haftungsausschluß für deliktische Ansprüche), ist sehr ungenau. Aus dem Zweck der Revisibilität der AGB läßt sich eine solche Beschränkung nur ableiten, wenn die Verbreitung von Bedingungen ausländischen Gepräges in Deutschland sich auf den Bezirk eines OLG beschränkt oder wenn auch der Vertrag, in den AGB einbezogen worden sind, ausländischem Recht untersteht. Allein das Vertragsstatut sagt, anhand welcher Rechtsordnung AGB auszulegen sind (ERMAN/H HEFERMEHL Rn 25; ADEN RIW 1989, 607, 609; für Revisibilität ohne Rücksicht auf deutsches Vertragsstatut: ULMER Rn 12; JAYME ZHR 1978, 105, 122 f; H ROTH WM 1991, 2131).

30

Die Bedingungen können aber einen **internationalen Verbreitungsgrad** dergestalt haben, daß sie auch von beiderseits ursprungslandfernen Vertragspartnern verwendet werden oder daß sie gar nicht in einem bestimmten Ursprungsland entstanden sind. Verträge, in welche sie einbezogen werden, können – den Schöpfern des Klauselwerkes durchaus bewußt – von unterschiedlichen Rechten beherrscht sein, welche auch unterschiedliche Rechtsnormen über die Auslegung von Verträgen und möglicherweise speziell auch ihrer vorformulierten Bestandteile entwickelt haben können. Auch dann unterliegen die einbezogenen AGB dem jeweiligen Vertragsstatut. Die in der internationalen Schiedsgerichtsbarkeit häufig diskutierte sog „lex mercatoria" im Sinne eines übernational sich entwickelnden Handelsgewohnheitsrecht, hat für Sachentscheidungen deutscher Gerichte bisher keine Rolle gespielt. Eine einheitliche Auslegung des Klauselwerks läßt sich folglich prinzipiell nicht erreichen.

Allerdings werden die für die jeweiligen Vertragsverhältnisse geltenden nationalen Rechtsordnungen im allgemeinen den Grundsatz anerkennen, daß bei Auslegung von Formularen für einen international weit gestreuten Benutzerkreis die Ansichten und Gebräuche dieses Kreises zu berücksichtigen sind. Auf spezialisierten Gebieten kann sich auch die handelsübliche Begriffswelt so sehr an eine Rechtsordnung, etwa an die englische, angelehnt haben, daß über die Brücke der Berücksichtigung der Anschauung der typischen Benutzer, die in dieser Rechtsordnung geltenden Auslegungsgrundsätze maßgebend werden. Dabei braucht sich nicht in einer gerichtsförmig nachweisbaren Weise für bestimmte Klauseln ein bestimmtes internationales Benutzerverständnis herausgebildet zu haben. Es genügt, wenn die entsprechende Kautelarpraxis generell die Anlehnung an die Begrifflichkeit eines ausländischen Rechts erkennen läßt. Das ist etwa auf dem Gebiet der Seeversicherung häufig der Fall (Bsp: BGH RIW AWD 1968, 228).

Unterliegt der Vertrag deutschem Recht, so gilt § 5 auch für eine in den Bedingungen enthaltene internationale Prorogationsklausel (s o Rn 7 und § 3 Rn 8). Zur Einbeziehung von AGB bei Geschäften mit Ausländern s § 2 Rn 4.

§ 6
Rechtsfolgen bei Nichteinbeziehung und Unwirksamkeit

(1) Sind Allgemeine Geschäftsbedingungen ganz oder teilweise nicht Vertragsbestandteil geworden oder unwirksam, so bleibt der Vertrag im übrigen wirksam.

(2) Soweit die Bestimmungen nicht Vertragsbestandteil geworden oder unwirksam sind, richtet sich der Inhalt des Vertrages nach den gesetzlichen Vorschriften.

(3) Der Vertrag ist unwirksam, wenn das Festhalten an ihm auch unter Berücksichtigung der nach Absatz 2 vorgesehenen Änderung eine unzumutbare Härte für eine Vertragspartei darstellen würde.

Schrifttum

J Hager, Gesetzes- und sittenkonforme Auslegung von Rechtsgeschäften (1983)
ders, Der lange Abschied vom Verbot der geltungserhaltenden Reduktion, JZ 1996, 175 ff
Lindacher, Reduktion oder Kassation übermäßiger AGB-Klauseln?, BB 1983, 154 ff
Harry Schmidt, Vertragsfolgen der Nichteinbeziehung und Unwirksamkeit von Allgemeinen Geschäftsbedingungen (1986)
Medicus, Rechtsfolgen für den Vertrag bei Unwirksamkeit von AGB, in: Heinrichs/Löwe/Ulmer (Hrsg), Zehn Jahre AGB-Gesetz (1987) 83 ff

Michalski/Römermann, Die Wirksamkeit salvatorischer Klauseln, NJW 1987, 886
Neumann, Geltungserhaltende Reduktion und ergänzende Auslegung von Allgemeinen Geschäftsbedingungen (1988)
Herbert Roth, Geltungserhaltende Reduktion im Privatrecht, JZ 1989, 411
Canaris, Gesamtunwirksamkeit und Teilgültigkeit rechtsgeschäftlicher Regelungen, in: FS Steindorff (1990) 519, 547 ff.

1. Unterabschnitt.
Allgemeine Vorschriften

§ 6 AGBG

Systematische Übersicht

I. Allgemeines
1. Grundanliegen der Norm — 1
2. Anwendungsbereich der Norm — 2
3. Abdingbarkeit der Norm? — 8a

II. Der Inhalt des wirksam gebliebenen Vertrags — 9
1. Das dispositive Gesetzesrecht als primäre Ersatzordnung — 10
2. Ergänzende Vertragsauslegung als sekundäre Ersatzordnung — 12
3. Besonderheiten im Rahmen der Unterlassungsklage — 14

4. Das Prinzip des geringstmöglichen Eingriffs in die vertragliche Regelung — 15
5. Unzulässigkeit geltungserhaltender Reduktion? — 16

III. Unwirksamkeit des Vertrages als Ausnahme
1. Die rechtliche Grundstruktur von Abs 3 — 18
2. Anwendungsfälle — 22

Alphabetische Übersicht

Abdingbarkeit — 8, 11, 21	Leistungsbeschreibung — 22
Analogieschluß — 10	lex causae — 1
Anwendungsbereich — 2, 19, 22 f	
Auftragsbestätigung — 4	Offener Dissens — 5
Automatenaufstellungsverträge — 22	
	Privatkunden — 7
Beschränkung der Vertretungsmacht — 8	
	Rechtsfortbildung — 10, 12
Dauerschuldverhältnisse — 22	Rügeobliegenheit — 10
Ergänzende Vertragsauslegung — 12 ff, 17 ff, 29	Salvatorische Klauseln — 11a
– Besonderheiten bei der Unterlassungsklage — 14	Schriftformklauseln — 6
	Teilbarkeit von Klauseln — 15
Formvorschriften — 6	Textgestaltung — 16, 29
	Transparenzgebot — 16
Geltungserhaltende Reduktion	
– Beispiele — 11a, 15a ff, 17d	Unwirksamkeit — 11
Gewohnheitsrecht — 9 f	unzumutbare Härte — 20 ff
	Versicherungsbedingungen — 20
Hauptleistungspflichten — 1, 6, 22	versteckter Einigungsmangel — 4
Inhaltskontrolle — 10 ff, 15, 17 a f	Wegfall der Geschäftsgrundlage — 20 f

I. Allgemeines

1. Grundanliegen der Norm

1 Die Vorschrift, die auch im Verhältnis von Kaufleuten und Gewerbetreibenden untereinander gilt, entspricht in ihrer Hauptstoßrichtung – Aufrechterhaltung des Vertrags im Falle der Einbeziehung unwirksamer AGB-Klauseln – der bereits vor Erlaß des AGBG vorherrschenden Judikatur, welche freilich der dogmatischen Rechtswissenschaft sehr viel, heute überholtes Kopfzerbrechen bereitet hat. Die Vorschrift ist im Verhältnis zu § 139 BGB lex specialis (BGH NJW 1992, 896; allgM), vor allem im Interesse des Vertragspartners des Verwenders (BGHZ 128, 156, 166 = NJW 1995, 721; MEDICUS 83 f; s auch Rn 22).

Art 6 Abs 1 HS 2 RL will ebenfalls die Geltung des Vertrags ohne die mißbräuchlichen Klauseln „wenn er ohne die mißbräuchlichen Klauseln bestehen kann". Wann das der Fall ist, bestimmt die lex causae und die von ihr bereitgestellten Möglichkeiten der richterlichen Vertragsergänzung. Faßt man den Begriff „unzumutbar" in Abs 3 entsprechend weit, so entspricht § 6 der RL (SCHMIDT/SALZER BB 1995, 1493, 1494). Ein Vertrag kann auch dann nicht „bestehen", wenn sein gestutzter Inhalt dem Verwender nicht mehr zumutbar ist (aA EKERT ZIP 1996, 1238, 1241; HEINRICHS NJW 1995, 154, 159; ULMER/SCHMIDT Rn 59). Schützenswertes Vertrauen in die Beibehaltung der Rspr zur Inhaltskontrolle gibt es nur höchst selten (dazu LECHELER WM 1994, 2049).

2. Der Anwendungsbereich der Norm

2 Die Regelung gilt für alle AGB, auch für solche, die nur gegenüber einem Unternehmer Verwendung finden oder Hauptleistungspflichten festlegen. Sie ist zugeschnitten auf Fälle, in denen die Einbeziehung von Bestimmungen aus AGB nach den §§ 9–11 unwirksam oder nach §§ 2, 3 gescheitert ist, in denen aber im übrigen die Voraussetzungen für einen wirksamen Vertragsschluß vorliegen. § 6 gilt im Rahmen der §§ 2, 5 auch dann, wenn formulierte Texte über **Hauptleistungspflichten** nicht einbezogen wurden (SCHLOSSER Jura 1984, 642 f; PALANDT/HEINRICHS Rn 10; aA ULMER/SCHMIDT Rn 10). Es gilt dann die fragliche GebührenO, Festsetzungsbefugnis durch den Richter wie in der Tagespreisklauselentscheidung (s Rn 12) oder schlichter Wegfall einer Leistungseinschränkung (s Rn 10). Ist die formularmäßige Festlegung der Sachleistungspflichten mißlungen, so ist die Aufrechterhaltung des Restvertrages häufig unmöglich (mit dieser Einschränkung zutr MEDICUS 87). Den Anwendungsbereich von § 6 auf die Fälle zu beschränken, in denen die wirksame Einbeziehung von AGB oder einzelner ihrer Bestimmungen aus einem im AGBG geregelten Grunde gescheitert ist, läßt sich nicht rechtfertigen. Es wäre zB absurd, den gesamten Vertrag daran scheitern zu lassen, daß sich in AGB eine Klausel befindet, die gegen **zwingendes Gesetzesrecht** verstößt (BGH NJW 1992, 897; allgM) oder der ein einsehbarer Sinn nicht abzugewinnen ist. Der BGH (BGHZ 128, 156, 166 = NJW 1995, 721) bezeichnet es als eine „sich aufdrängende Frage, ob § 6 Abs 1 jedenfalls dann keine Anwendung findet, wenn sonst § 139 AGB [...] zum Nachteil des Kunden verdrängt würde." Die Rechtsfolgen von Einbeziehungshindernissen, die sich aus Normen außerhalb des AGBG ergeben, bedürfen im Licht dieser „Frage" freilich einer differenzierten Betrachtungsweise. § 6 gilt im Rahmen von § 24a auch, wenn Bedingungen nur zum Zwecke einmaliger Verwendung vorformuliert wurden, nicht aber bei unwirksamen Individualvereinbarungen (ULMER/SCHMIDT Rn 6).

a) **Verstoßen Bestimmungen** in AGB nicht nur gegen §§ 9–11, sondern auch **gegen** **3** **gesetzliche Vorschriften**, die **zwingend** den Inhalt von Verträgen festlegen oder begrenzen, so ist die Interessenlage grundsätzlich nicht anders als bei einem Verstoß gegen §§ 9 ff. Der Vertrag und die übrigen Teile der Bedingungen bleiben wirksam (BGH NJW 1992, 896; allgM). Das gilt auch, wenn die **Sittenwidrigkeit** des gesamten Vertrags aus einer Vielzahl schäbiger Klauseln hergeleitet werden soll, wie dies vor Inkrafttreten des Gesetzes insbesondere bei Automatenaufstellverträgen gelegentlich angenommen worden ist (BGHZ 51, 55). Unwirksam ist der ganze Vertrag auch dann nur noch im Rahmen von Abs 3, wobei sich eine Unzumutbarkeit häufig auch für den Vertragspartner des Verwenders ergeben wird (ULMER/SCHMIDT Rn 22; MEDICUS 87; aA mit größerer Tendenz zur Vertragsunwirksamkeit WOLF/LINDACHER Rn 45 f; MünchKomm/KÖTZ Rn 4).

b) Häufig bezieht sich ein **versteckter Einigungsmangel** lediglich auf die Einbezie- **4** hung von AGB. Typisch dafür sind die Fälle sich kreuzender kaufmännischer Bestätigungsschreiben und gerade wegen der einzubeziehenden AGB divergierender Bestellungen und Auftragsbestätigungen (s § 2 Rn 79 ff): Die Parteien glauben an den wirksamen Abschluß des Vertrags und sind nur unterschiedlicher Meinung darüber, ob oder welche AGB sein Bestandteil geworden sind. Es besteht kein Grund, diesen Fall anders zu behandeln als jenen, in welchem die Einbeziehung daran gescheitert ist, daß der Vertragspartner des Verwenders iSv § 2 nicht ausreichend auf den Einbeziehungswillen hingewiesen worden ist und/oder keine Möglichkeit, den Inhalt der AGB zur Kenntnis zu nehmen, erhalten hat (MEDICUS 84; ULMER/SCHMIDT Rn 5; **aA** WOLF/LINDACHER Rn 8).

c) Zum Fall des **offenen Dissenses** s § 2 Rn 81. **5**

d) Auch wegen eines **allgemeinen Formmangels** kann die Einbeziehung scheitern **6** (§ 2 Rn 50), etwa bzgl einer Schiedsklausel (s § 1027 ZPO). Wenn das Gesetz im Falle einer Nichtbeachtung der im § 2 verankerten besonderen Formvorschrift den Vertrag im übrigen aufrechterhält, so besteht kein Grund, bei Nichtbeachtung allgemeiner gesetzlicher Formvorschriften anders zu werten, solange nur die vertragliche Bindung wegen der beiderseitigen Hauptleistungspflichten formgültig zustande gekommen ist (ULMER/SCHMIDT Rn 7; MünchKomm/KÖTZ Rn 3). Zu einer vertraglich vereinbarten Form, insbesondere von Schriftformklauseln, die in AGB selbst enthalten sind, s § 4 Rn 23 ff.

e) Haben die Parteien anscheinend **eine iSv § 2 Abs 2 generelle Vereinbarung** dahin **7** getroffen, ihren künftigen Geschäften bestimmte AGB zugrunde zu legen, und ist die Vereinbarung aus irgendeinem Grunde unwirksam, so ist die Rechtslage schwierig zu beurteilen. Im Verkehr **unter Gewerbetreibenden** liegt in der Vornahme von Einzelgeschäften jedenfalls eine stillschweigend- schlüssige Bezugnahme auf die vorangehende Pauschalvereinbarung. Für die Wirksamkeit einer solchen Bezugnahme ist es gleichgültig, ob die Pauschalvereinbarung aus irgendeinem Grunde unwirksam war. War sie wirklich unwirksam, und bekundet einer der Vertragsteile, daß er sich künftig nicht mehr daran gebunden halte, so liegt ein versteckter Einigungsmangel vor, wenn der andere Teil im Glauben, die Bindung wirke fort, weitere Verträge schließt. Der Vertrag ist dann nach § 6 zu werten. Im Verkehr mit **Privatkunden** können AGB nicht durch beiderseits stillschweigend-schlüssige Bezugnahmen Vertragsbestandteil werden (s § 2 Rn 60). Ist daher eine Pauschalvereinbarung unwirksam, so bedarf es für künftige Einbeziehungsfälle der Erfüllung der im § 2 Abs 1 aufgestellten Formerfordernisse. Weil aber der am Fortwirken der Vereinbarung interessierte Teil davon ausgehen kann, daß sich der andere Teil noch im Besitz des Textes der AGB befindet, muß er ihm diesen erst auf Anforderung hin erneut zur Kenntnis bringen (s § 2 Rn 32).

8 f) Hat sich der Vertragspartner des Verwenders – oder auch dieser selbst – über den objektiven Erklärungswert seiner Einbeziehungserklärung oder über den Inhalt einer Klausel konkret falsche Vorstellungen gemacht, so kann er wegen **Irrtums anfechten** (s § 2 Rn 38). Die Rechtsfolgen der Anfechtung einzelner Bestimmungen eines Vertrags richten sich nach § 139 (s § 142 BGB – HERBERT ROTH Rn 26). Dann ist es auch gerechtfertigt, die im AGB-Bereich für Teilnichtigkeit geltenden besonderen Vorschriften anzuwenden, wenn AGB-Bestandteile eines Vertrags wegen Inhaltsirrtums angefochten werden. Die durch Überperfektionismus geprägte Lit zu diesem Problem steht aber in keinem Verhältnis zu seiner (fehlenden) praktischen Bedeutung (vgl ULMER/SCHMIDT Rn 18; WOLF/LINDACHER Rn 12; LOCHER BB 1981, 818 ff; LÖWENHEIM AcP 180, 1980, 440 ff; SCHRÖDER Schrifttum vor § 2). Hat der Verwender persönlich oder sein Bevollmächtigter anläßlich der Vertragsverhandlungen eine **arglistige Täuschung** über einen Klauselinhalt verübt, so ist das Vorgespiegelte kraft Individualabrede Vertragsbestandteil geworden. Dies gilt meist auch, wenn sich in AGB eine Schriftformklausel (§ 4 Rn 23 ff) oder eine Beschränkung der Vertretungsmacht (§ 4 Rn 29 ff) findet. Arglistige Täuschungen, die nicht zu einer individualvertraglichen Überlagerung von AGB-Bestimmungen führen, bleiben daher auf den Bereich beschränkt, in dem ausnahmsweise Schriftform- oder Vertretungsmachtbeschränkungsklauseln wirksam sind oder die Täuschung von einem Dritten ausgeht. In diesen Fällen ermöglicht aber Abs 3 eine sachgerechte Lösung. War die Täuschung motivierend für den Vertragsschluß schlechthin, so ist der ganze Vertrag anfechtbar (CHRISTIANE LAAS JZ 1997, 67, 73, die aber die Möglichkeit, daß der Vertrag iSv § 139 BGB ohne den nichtigen Teil vorgenommen worden würde, nicht sieht und daher den Bereich überschätzt, in dem § 6 den Vertragspartner an einen Vertrag bindet, von dem er sich nach BGB lösen könnte).

3. Abdingbarkeit der Norm?

8 a Die Frage, nach der „**Abdingbarkeit**" von Abs 1 hat verschiedene Aspekte (zur Abdingbarkeit von Abs 2 und 3 s Rn 11, 21). Nach den Grundsätzen der Privatautonomie können die Parteien sicherlich individuell vereinbaren, daß der Vertrag nicht gültig sein soll, wenn näher bezeichnete Teile der einbezogenen AGB unwirksam sein sollten (ULMER/SCHMIDT Rn 23; MünchKomm/KÖTZ Rn 5; selbst insoweit aA WOLF/LINDACHER Rn 13; SOERGEL/STEIN Rn 7; ZÖLLER/H HEFERMEHL Rn 7). Auch kann der Verwender individuell unmißverständlich klarmachen, daß er sich nur dann an den Vertrag für gebunden halten will, wenn die andere Seite mit der Einbeziehung der AGB einverstanden ist (heute wohl allgM; s § 2 Rn 81). Formularmäßige Klauseln, die den Vertrag als solchen in Frage stellen, wenn Bestimmungen in AGB für unwirksam erklärt werden sollten, wären meist überraschend und insoweit iSv § 9 unangemessen, wenn sie noch nach Beginn der Vertragsdurchführung auf Seiten des Verwenders gelten sollten, iE allgM. § 6 ist auch unanwendbar, wenn der Kunde sein von § 2 Abs 1 gefordertes Einverständnis nicht erklärt (nahezu allgM; aA MünchKomm/Kötz Rn 3); zu Abwehrklauseln s § 2 Rn 81.

II. Der Inhalt des wirksam gebliebenen Vertrages

Abs 2 gilt nur für den Individualprozeß. Im abstrakten Unterlassungsprozeß interessiert es das Gericht nicht, was an die Stelle etwa unwirksamer AGB tritt (s Rn 14). Im Entwurf der Arbeitsgruppe (§ 10) und im Regierungsentwurf (§ 5) war subsidiär zu den gesetzlichen Vorschriften noch auf die Natur des Vertrages verwiesen worden. Der Rechtsausschuß des Bundestages (BT-Drucks 7/5422, 5) hatte diese Ergänzung wieder gestrichen, weil sich ihr Inhalt aus § 157 iVm § 133 BGB, die ja „gesetzliche Regelungen" darstellen würden, von selbst ergäben. Die Entstehungsgeschichte des Gesetzes verbietet es also nicht, sondern legt es geradezu nahe, unter „gesetzlichen Vorschriften" auch Generalklauseln und methodische Vorschriften zur Erfüllung von Vertragslücken zu verstehen, vor allem die Grundsätze über ergänzende Vertragsauslegung (BGHZ 90, 69 = NJW 1984, 1177 – Tagespreisklauseln; BGHZ 92, 363 = NJW 1985, 480; nahezu allgM; aA Ulmer/Schmidt Rn 26, ergänzende Vertragsauslegung subsidiär aber dennoch zulassend, Rn 31). Ob man Berechtigung hierzu der Vorschrift unmittelbar oder nur einer analogen Anwendung entnimmt (s Rn 12), bleibt sich gleich. Die Gegenansicht übersieht, daß das Verhältnis von dispositivem Recht zur ergänzenden Vertragsauslegung sich ganz generell danach bestimmt, ob es eine für den entsprechenden Vertragstyp gedachte ausformulierte oder gewohnheitsrechtliche Regelung des dispositiven Rechts gibt oder nicht (s Staudinger/Dilcher[12] § 133 BGB Rn 39; s auch u Rn 12). Daran ist auch hier anzuknüpfen. 9

1. Das konkretisierte dispositive Gesetzesrecht als primäre Ersatzordnung

a) Zum dispositiven Gesetzesrecht gehören neben Generalklauseln und methodischen Regelungen, s Rn 9, auch das **Gewohnheitsrecht** und die durch die Rspr geleitete **Rechtsfortbildung, Analogieschlüsse** und gesetzliche Auslegungsregeln (BGH NJW 1996, 2093; NJW 1996, 2788; allgM). In diesem Rahmen läßt sich der Regelungsgehalt von Abs 2 im Grunde nur durch lehrreiche Beispiele erschließen: Schulbeispiel ist die Geltung von § 276 BGB, wenn ein Haftungsausschluß oder eine Haftungsbeschränkung der Inhaltskontrolle nicht standhalten (s etwa BGHZ 96, 26 = NJW 1986, 1611 – Fahrlehrgang Nürburgring). Ein lehrreiches Beispiel ist auch die Geltung von §§ 377, 378 HGB, wenn sich Bestimmungen über Untersuchungs- und Rügeobliegenheit in Verkaufs- und Einkaufsbedingungen widersprechen (BGH NJW 1991, 2633, 2634). Ist die einem Festpreis beigefügte Preiserhöhungsklausel unwirksam, gilt der Festpreis (BGHZ 94, 342 = NJW 1985, 2270; s aber Rn 13). Ist ein Werkvertrag auf vierfache jährliche Wiederholung abgeschlossen und ist dies nach § 11 Nr 12a unwirksam, so kann nicht etwa erst nach Ablauf von zwei Jahren gekündigt werden; vielmehr gilt dann § 649 BGB (BGH NJW 1982, 2311). Die Rspr hat schon in früherer Zeit das dispositive Kaufvertragsrecht herangezogen, wenn in Verträgen, die klar als Kaufverträge einzuordnen waren, AGB-Bestimmungen, meist Gewährleistungsklauseln oder Klauseln über den Ausschluß von Verschuldenshaftung, für unwirksam erklärt worden waren (BGH NJW 1972, 1227; BGH DB 1973, 517; LG Tübingen NJW 1964, 1998). Bei Verträgen, die, gemessen an den gesetzlich geregelten Vertragstypen, **gemischte Inhalte** haben, ist das für die jeweilige Klausel maßgebliche Element zu suchen. 10

Nicht selten wird auf Vorschriften des allgemeinen Schuldrechts zurückzugreifen sein. Immer ist jedoch zu fragen, ob die nach Wegfall der unwirksamen Bestimmung verbleibende Vertragsordnung dem gesetzlichen Ausgangspunkt noch entspricht und daher die Ergänzung durch das sich anzubieten scheinende dispositive Recht verträgt.

Vom „ersatzlosen" Wegfall der Klausel (so etwa BGH NJW 1985, 852; BGHZ 108, 1 = NJW 1989, 2247, 2249 – Überwälzung von Kleinreparaturen auf den Mieter ohne Angabe eines Höchstbetrags; BGH NJW 1992, 896 – ersatzloser Wegfall der Erweiterung der Bürgschaft auf künftige Ansprüche gegen den Hauptschuldner; BGH NJW 1996, 1408) kann man dann sprechen, wenn das dispositive Recht keine dem Klauselinhalt thematisch entsprechende Ansprüche oder Anspruchsausschlüsse kennt und kein Anlaß für eine ergänzende Vertragsauslegung besteht (s Rn 12, 15).

11 b) Die Frage nach der **Abdingbarkeit von Abs 2** kann sich sinnvollerweise nur stellen, wenn anstatt des konkretisierten dispositiven Rechts eine Ersatzordnung vorgesehen ist (aa) oder wenn Richtlinien für eine Vertragsergänzung oder eine ergänzende Vertragsauslegung gesetzt werden sollen (bb).

aa) **Individuell konkretisierte Ersatzklauseln** sind in der Praxis selten, weil sie für den Rechtsanwender eine zusätzliche unbewußte Motivation werden könnten, die Primärregelung für unwirksam zu halten. Ein Beispiel wäre etwa: „Sollte die Pauschalierung von Schadensersatzansprüchen auf DM X+Y unwirksam sein, so gilt eine Pauschale von DM X als vereinbart". Gegen die Zulässigkeit einer entsprechenden **vorformulierten** Vertragsgestaltung wird geltend gemacht, sie beschränke das Unwirksamkeitsrisiko des Verwenders zu Lasten des anderen Vertragsteils (BGHZ 109, 240 = NJW 1990, 716, 718 – „erhebliche Bedenken"; OLG München NJW-RR 1988, 786; MünchKomm/Kötz Rn 14; Soergel/Stein Rn 18; Ulmer/Schmidt Rn 40). Ein solches Unwirksamkeitsrisiko hat das Gesetz aber *dem Verwender* nicht auferlegt. Nur *den Gerichten* soll dieser nicht die Aufgabe überbürden können, den noch zulässigen Inhalt möglicher formularmäßiger Vertragsgestaltung ausfindig zu machen, s Rn 16 ff. Gegen übersichtliche und klare Ersatzklauseln ist im Prinzip nichts einzuwenden (Hager 202 f; ders JZ 1996, 175, 178; vOlshausen ZHR 141, 1987, 640 f; Fell, Systematik des Rechts der allgemeinen Geschäftsbedingungen, 1979, 103 f). Es ist das Recht des Verwenders, die gesetzlichen Möglichkeiten zu seinen Gunsten auszuschöpfen. Deshalb muß er in Zweifelsfällen auch die Befugnis haben, dies durch primär Gewolltes und Ersatzregelungen zu tun. Da das AGBG nicht auf eine Bestrafung des forschen AGB-Verwenders angelegt ist, gibt es auch keine Grundlage, danach zu unterscheiden, ob die Unwirksamkeit der primär gewollten AGB-Regelung vorhersehbar war (aA Ulmer/Schmidt Rn 40). Viele Übertreibungen der Inhaltskontrolle durch die Rspr waren und sind „vorhersehbar" – und doch kann man vom Verwender nicht verlangen, schon vorauseilend zu kapitulieren.

Häufig wird (individuell oder formularmäßig) auf AGB verwiesen, die **subsidiär einbezogen** werden sollen. Sie müssen dem Gebot einer klaren Regelung entsprechen (s § 2 Rn 2). Entsprechen sie diesem Erfordernis, dann sind sie aber inhaltlich unbedenklich (verhalten zust Wolf/Lindacher Rn 23; aA OLG München NJW-RR 1988, 788; Fell ZIP 1987, 690 ff – für den Fall einer Primärgeltung und Subsidiärgeltung verschleiernden Vertragsgestaltung). Deshalb können sie im Zweifel auch auf den Fall der Unwirksamkeit einer primär einbezogenen Klausel angewandt werden und nicht nur auf den Fall der Lückenhaftigkeit der Primärregelung. Eine detaillierte Individualvereinbarung (etwa der Verjährung) verdrängt aber einbezogene AGB zum fraglichen Gegenstand nicht, soweit die Individualvereinbarung keine Regelung enthält (aA BGH NJW-RR 1990, 371).

bb) **Salvatorische Klauseln** sind demgegenüber in der Vertragsgestaltung sehr häufig. Meist verpflichten sie die Parteien darin, oder sie ermöglichen dem Verwender iSv § 315 BGB, eine dem ursprünglichen wirtschaftlichen Ziel der unwirksamen Klausel möglichst nahe kommenden Regelung zu treffen, oder sie gestatten dem Rechtsanwender eine Umdeutung in diesem Sinne. Rspr und Lit lehnen die Wirksamkeit solcher Klauseln fast einhellig ab, wobei die Anbindung dieser Einstellung an gesetzliche Normen oder Rechtsgedanken schwankt (BGH NJW 1983, 159, 162 – „Bedenken begegnet"; OLG Düsseldorf NJW-RR 1995, 440 – Verstoß gegen § 3; OLG Köln NJW-RR 1987, 885, 886; ULMER/SCHMIDT Rn 39 mwN Fn 134; MünchKomm/KÖTZ Rn 14; SOERGEL/STEIN Rn 18; HAGER JZ 1996, 175, 178). Für den Regelfall ist dem auch zu folgen. Soweit das Verbot der geltungserhaltenden Reduktion auf den gerade noch zu Lasten des Vertragspartners zulässigen Inhalt der Regelung besteht (s Rn 16 ff), kann es auch nicht durch salvatorische Klauseln umgangen werden, die inhaltlich genau auf dieses Prinzip hinausliefen. Bringt eine Klausel aber deutlich zum Ausdruck, daß sie nur eine Ersatzregelung anstrebt, die sich in das Vertragsgefüge einpaßt und der Billigkeit entsprechen soll, läuft sie auf die ergänzende Vertragsauslegung und deren instrumentale Steuerung (etwa Leistungsbestimmungsrecht des Verwenders nach § 315 BGB anstatt von selbst geschehene Anpassung) hinaus und ist dann zulässig. Abs 2 macht die „gesetzliche" Vorschriften nicht zu zwingenden (MICHALSKI/RÖMERMANN NJW 1988, 886, 888 – die aber Bedenken gegen das Erfordernis der Billigkeit anmelden).

Individualvertraglich vereinbarte salvatorische Klauseln will man gelegentlich honorieren (ULMER/SCHMIDT Rn 40; MünchKomm/KÖTZ Rn 14; SOERGEL/STEIN Rn 17; aA LINDACHER BB 1983, 154, 158 ff). Es gibt sie aber nur höchst selten. Auch die Vertragstexte, in denen auf AGB verwiesen wird, sind, was salvatorische Klauseln anbelangt, so gut wie immer vorformuliert, nämlich aus einem gespeicherten Standard entnommen (so mit Recht JÜRGEN F BAUER, in: FS Vieregge [1995] 31, 41).

2.   Ergänzende Vertragsauslegung als sekundäre Ersatzordnung

Wo ausformuliertes dispositives Gesetzesrecht nicht zur Verfügung steht, ist der Richter im Rahmen des Abs 2 (s Rn 9) zur ergänzenden Vertragsauslegung aufgerufen (grundlegend BGHZ 90, 69, 75 ff = NJW 1984, 1177 – Tagespreisklausel; weiter: BGH NJW 1985, 481; NJW 1985, 621; NJW 1985, 2585; BGHZ 96, 18 = NJW 1986, 1610; BGHZ 107, 273, 276 = NJW 1989, 3010 – stark auch die Grenzen der ergänzenden Vertragsauslegung betonend; BGH NJW 1990, 115; NJW 1992, 1165; BGHZ 120, 108 = NJW 1993, 326, 330; heute wohl allgLitM, zB WOLF/LINDACHER Rn 15 nwN; iE auch ULMER/SCHMIDT Rn 34). Ist eine ermessensabhängige Freigabeklausel in einem Vertrag über die Gestellung revolvierender Sicherheiten unwirksam, so gelten die sich nach § 242 richtenden Grundsätze über den Freigabeanspruch des Bankkunden (BGH GS NJW 1998, 671). Ist die Bürgenhaftung oder die Zweckerklärung für eine Grundschuld in einer überraschenden Weise formularmäßig ausgedehnt, so verhindert ergänzende Vertragsauslegung die Unwirksamkeit des ganzen Vertrags (BGHZ 131, 55; BGH ZIP 1998, 16), s Rn 15. Ergänzende Vertragsauslegung kann der Sache nach Rechtsfortbildung praeter legem sein (Canaris ZIP 1996, 1109, 1115). Dann gilt § 6 Abs 2 unmittelbar. Im übrigen ist er auf die ergänzenden Vertragsauslegung mindestens analog anzuwenden (Canaris aaO mit weiteren Differenzierungen; aA Neumann 133 ff, der nur bei gesetzlich nicht geregelten Vertragstypen ergänzende Vertragsauslegung zulassen will). Zwar ist zu Recht darauf hingewiesen worden (Eike Schmidt JuS 1987, 925, 935), daß es ungereimt erscheint, auf die ergänzende Vertragsauslegung zu verfallen, wenn der wirkliche Wille der Parteien feststand und nur wegen der Inhaltskontrolle nicht zum Vertragsinhalt wurde. Auch läßt sich dem nicht entgegenhalten, der festgestellte Parteiwille sei in Wirklichkeit nur der Wille des Verwenders, weil sein Vertragspartner die vorformulierten Vertragsbedingungen ohnehin nicht lese. Der „Wille" der Vertragsparteien, der ergänzender Vertragsauslegung vorgeht, ist auch in Vertragsbedingungen manifestiert, die vor Unterschrift nicht zur Kenntnis genommen worden sind. Die Inhaltskontrolle bedeutet jedoch, daß der in den für unwirksam befundenen Klauseln manifestierte Wille für die Vertragsdurchführung keine Bedeutung mehr erlangen darf. Ergänzende Vertragsauslegung heißt unter dieser Prämisse, das zum Vertragsinhalt zu machen, was die Parteien vermutlich redlicherweise vereinbart hätten, wenn sie die Unwirksamkeit der fraglichen Bedingung gekannt hätten (BGH NJW 1994, 1008, 1011; allgM). Daher kann auch die anstelle einer unwirksamen AGB-Klausel tretende ergänzende Vertragsauslegung sich an der inneren Teleologie des Vertrages orientieren. Bestehen bleibende vorformulierte Teile können unter Nichtbeachtung der unwirksamen Klausel den Vertrag so weit außerhalb des gesetzlich geregelten Typus stellen, daß ergänzende Vertragsauslegung anstelle der Anwendung des dispositiven Gesetzesrechts angezeigt ist. Zur Zeit, als der BGH bei Bestellung von Globalsicherheiten eine griffige Freigabeklausel forderte, ließ er zum Schluß nicht auch den gesamten Sicherheitenbestellungsvertrag unwirksam sein, wenn die Freigabeklausel unwirksam war. Vielmehr trat an deren Stelle eine solche Freigabeklausel, wie sie sich in ergänzender Auslegung des Sicherungsvertrags ergab (BGH NJW 1996, 2092, 2093; BGHZ 124, 371, 376 = NJW 1994, 861; zust Canaris ZIP 1996, 1109, 1115). Auch sonst ist eine ergänzende Auslegung eines Vertrages, der unter eine im besonderen Schuldrecht des BGB geregelte Kategorie fällt, möglich, wenn er unvollständige Bestandteile enthält, die im BGB kein Gegenstück haben (BGH NJW 1985, 491 – Zahlung einer Abstandssumme durch den Mieter bei sinnlos gewordener Schönheitsreparatur).

Dies ist aber auch die **Grenze der ergänzenden Vertragsauslegung**. Nur dann, wenn eine solche auch geboten wäre, falls die unwirksame Klausel von vornherein nicht im Klauselwerk gestanden hätte oder wenn die unwirksame Klausel ein atypisches Vertragselement tendenziell akzeptabel regelte und nur zu weit geraten ist (Preisregelung für den Fall einer um lange Zeit hinausgeschobenen Lieferfrist), ist sie zulässig; soweit vorhanden ist in die ergänzende Vertragsauslegung auch der individuelle Zuschnitt des Vertrages einzubringen. Eine objektiv generalisierende Auslegung (s dazu § 5 Rn 18) ist hier auf keinen Fall geboten (s auch Rn 15). In diesem Rahmen aber kann die ergänzende Vertragsauslegung durchaus zu ähnlichen, wenn auch zu Lasten des Vertragspartners weniger einschneidenden Vertragsinhalten führen, wie sie die unwirksame Klausel bringen wollte. Lehrreich sind unter diesem Aspekt zwei Fälle zur Krankentagegeldversicherung. Der BGH sah die Regelung, wonach der Versicherungsvertrag mit einem Selbständigen endet, sobald der Versicherungsnehmer Berufsunfähigkeitsrente bezieht, als unwirksam an (NJW 1992, 1164): Nach Ende der Berufsunfähigkeit dürfe der Versicherungsnehmer nicht darauf verwiesen werden, sich zu den viel ungünstigeren Prämissen erneut versichern zu lassen. Im Wege ergänzender Vertragsauslegung kam er zu dem Ergebnis, daß ein Anspruch auf Versicherungsleistungen während der Zeit des Rentenbezugs nicht bestehe. In einem vom OLG Oldenburg (WM 1996, 1397) entschiedenen Fall war die Krankentagegeldversicherung Teil einer Restschuldversicherung. Deren Sinn war es gerade, eine Kreditsicherung für den Fall der Einkommensminderung zu erlangen. Infolgedessen fiel die Klausel ersatzlos weg.

Die ergänzende Vertragsauslegung kann auch dazu führen, daß der die vertragscharakteristische Leistung erbringende Vertragsteil für befugt erklärt wird, **nach § 315 BGB** angemessene, insbesondere allgemein übliche **Bedingungen festzusetzen** (BGHZ 90, 69). Bezieht etwa ein Unternehmer Fernwärme, hat er sich aber geweigert, die für seine Abnehmerkategorie vorgesehenen Bedingungen anzuerkennen, so kann das Werk die billigem Ermessen entsprechenden Teile seiner Bedingungen festsetzen (BGH WM 1971, 1456). Auf diese Weise kann etwa ein Haftungsausschluß für leicht fahrlässig verursachte Versorgungsunterbrechungen oder -schwankungen wirksam werden, ein Haftungsausschluß, der in der Tat für diesen Vertragstyp mit seinen ins unermeßliche steigenden Risikoerhöhungen angemessen ist. Nicht aber kann auf diese Weise ein Aufrechnungsausschluß zustande kommen (**aA** BGH **aaO**). Denn der Gerechtigkeitsgehalt der die Aufrechnung erlaubenden Vorschriften des BGB erheischt keine Sonderbetrachtung, die aus der Natur gerade eines Wärmeversorgungsvertrages herrühren könnte. Nach Feststellung der Unwirksamkeit der Mercedes-Tagespreisklauseln (BGHZ 82, 21 = NJW 1982, 331) wurde Mercedes im Wege der ergänzenden Vertragsauslegung in entsprechender Anwendung von §§ 315, 316 BGB die Befugnis gewährt, im Falle jahrelanger Lieferfristen den Tagespreis als Kaufpreis festzusetzen – gegenüber der für unwirksam erklärten Regelung nur eingeschränkt durch die Einräumung eines Rücktrittsrechts des Käufers (BGHZ 90, 69 = NJW 1984, 1177). Entgegen einer bedauerlichen Formulierung in manchen Entscheidungen (BGHZ 96, 18 = NJW 1986, 1611, 1612; BGH NJW 1993, 1786, 1787) ist die ergänzende Vertragsauslegung aber nicht deshalb zulässig, weil die Unwirksamkeit der Klausel Lücken im Gesetz (sic!) offenbart hätte. Eine aus solchem Anlaß entdeckte Gesetzeslücke ist selbstverständlich schon nach herkömmlichen Grundsätzen, die zur Füllung von Gesetzeslücken entwickelt worden sind, zu beheben. Ein AGB-typisches Problem der ergänzenden Vertragsauslegung entsteht erst, wenn das von der Klausel thematisierte Anliegen im Prinzip legitim und nur die Klausel mißlungen ist.

Die ergänzende Vertragsauslegung darf freilich nicht wegen der nach Wegfall der unwirksamen Bestimmung operierenden grammatikalischen Logik der verbleibenden Klauseln zu einer Erweiterung des Vertragsgegenstandes führen. In dem unter Rn 12 aE erörterten, vom BGH entschiedenen Fall war eine Klausel über die Beendigung einer Krankentagegeldversicherung deshalb unwirksam, weil vernünftigerweise nur eine Unterbrechung der Leistungspflicht der Versicherung für die Zeit des Bezugs einer Berufsunfähigkeitsrente des Versicherungsnehmers hätte festgelegt werden können, aber nicht die Beendigung des Versicherungsvertrags. Die ergänzende Vertragsauslegung konnte nicht dazu führen, daß nunmehr für die Zeit der Berufsunfähigkeit Anspruch auf Bezahlung von Krankentagegeld entstand. Die viel beschworene Regel, eine ergänzende Vertragsauslegung scheide aus, wenn die Vertragslücke in mehrfacher Weise ausgefüllt werden kann und ein hypothetischer Wille der Parteien nicht zu ermitteln ist (MünchKomm/Kötz Rn 17; ergänzende Vertragsauslegung daher abgelehnt in BGHZ 93, 358 = NJW 1985, 3016; BGHZ 90, 69, 80; BGH NJW 1984, 1177), hat keinen greifbaren Inhalt (daher zu Recht abl Wolf/Lindacher Rn 219; vor Überbetonung dieses Gedankens auch warnend Ulmer/Schmidt Rn 38). Fast immer sind mehrere Lösungen zur Lückenausfüllung denkbar. Da, wo es die Rspr danach drängte, sich nicht mit dem „ersatzlosen" Wegfall von Klauseln zufrieden zu geben, hat sie allemal eine der denkbaren angemessenen Ersatzregelungen getroffen.

Weitere Beispiele: BGH NJW 1985, 2585, 2587: anstelle einer unwirksamen Kündigungsregel in einem Internatsvertrag tritt die Möglichkeit der ordentlichen Kündigung zum Ende des ersten Schulhalbjahres; BGHZ 120, 108 = NJW 1993, 326, 330: Kündigungsmöglichkeit zum Schuljahresende bei Unwirksamkeit einer fest vereinbarten zweijährigen Laufzeit für einen Vertrag zur Ausbildung als Tänzer.

3. Besonderheiten im Rahmen der Unterlassungsklage

14 Im Individualprozeß muß der Richter im allgemeinen entscheiden, ob der Vertrag insgesamt unwirksam ist oder, ausgefüllt mit dispositiven Recht bzw ergänzend ausgelegt, weiterbesteht. Der mit einer abstrakten Unterlassungsklage befaßte Richter braucht dies nicht zu tun. Er kann sich darauf beschränken, die Klauseln zu bezeichnen, die nicht weiterverwandt werden dürfen, allgM. Auch da, wo eine Klausel nur eine Marke in einer quantitativen Skala anzeigt (Rn 15), genügt es, wenn der Richter die Unwirksamkeit der Bestimmung, so wie sie gebraucht wird, ausspricht. Ob, verglichen mit der unwirksamen Regelung, ein bestimmter anderer Zinssatz, eine geringere Schadenspauschale oder eine Haftungsbegrenzung auf Vorsatz und grobe Fahrlässigkeit möglich wären, kann er offenlassen. Freilich überschreitet er seine Befugnisse nicht, wenn er in den Gründen seiner Entscheidung dem Verwender Fingerzeige zu den Toleranzgrenzen gibt (s § 17 Rn 1).

4. Das Prinzip des geringstmöglichen Eingriffs in die vertragliche Regelung – Teilbarkeit von Klauseln

15 a) Nur so viel an Elementen eines Klauselwerks wird nicht Vertragsbestandteil bzw ist unwirksam, wie nach dem Zweck der Norm notwendig ist, die die Klausel nicht Vertragsinhalt werden läßt. Dem ist auch so, wenn es darum geht, daß alle Klauselbestandteile aufrechterhalten bleiben, die einen gegenüber der unwirksamen Klausel selbständigen grammatikalischen Sinn haben, der seinerseits nicht beanstandenswert ist. Dafür gibt es aus der Rspr zahlreiche Anwendungsbeispiele (grundlegend BGH NJW 1982, 178, 181 – Verpflichtung, gekauften PKW auf eigenen Namen zuzulassen unwirksam, Weiterverkaufsverbot hingegen nicht; BGH WM 1996, 1322, 1324 – Gewährleistungsausdehnung in Generalunternehmerbedingungen wirksam, auch wenn Regelung des Beginns der Gewährleistungsfrist unwirksam; BGH NJW 1997, 3437, 3439 – Vollmacht zum Empfang von Willenserklärung aufrechterhalten; BGH BB 1998, 1127), wobei man gelegentlich sogar über gewisse grammatikalische Verwerfungen hinwegsah (zB in BGHZ 124, 351 = NJW 1994, 1060, 1067 – „DAIHATSU"-Vertragshändler; BGHZ 130, 19 = NJW 1995, 2553; krit Reich/ Schmitz NJW 1995, 2533, s auch Rn 15 aE), die dem übriggebliebenen Text zu eigen war, heute allgM. Am lehrreichsten sind die zahlreichen Fälle, in denen die Sicherungsabrede bezüglich einer Bürgschaft oder einer Grundschuld zu weit gegangen waren. Die Sicherungsabrede wurde (nur) zugunsten derjenigen Verbindlichkeiten aufrechterhalten, deren Besicherung Anlaß für das Sicherungsgeschäft war (BGHZ 106, 19 = NJW 1989, 831, 833; st Rspr, zuletzt BGHZ 130, 19, 34 = NJW 1995, 2553; NJW 1996, 191; NJW 1996, 249; NJW 1996, 924, 925; s auch § 3 Rn 38). Eine negative Klausel nach dem Muster „jede andere Gewährleistung oder Haftung ist ausgeschlossen" kann entfallen, ohne den übrigen Text von Gewährleistungs- und Haftungsregelungen zu berühren (BGHZ 93, 29 = NJW 1985, 623, 627). Beziehen sich AGB auf mehrere Geschäftstypen, so kann im Unterlassungsverfahren ihre Verwendung nur für bestimmte Geschäftstypen untersagt werden (BGH NJW 1985, 320, 325 f). Soll die in einem Vertrag eingebettete Vollmacht unwiderruflich sein und ist gerade ihre Unwiderruflichkeit eine unangemessene Benachteiligung des Vertragspartners, so verfällt nur das Wort „unwiderruflich" der Inhaltskontrolle (BGH NJW 1984, 2816, 2817; weitere Bsp bei ULMER/SCHMIDT Rn 12).

b) Manche wollen zwar in diesem Zusammenhang zwischen Text und Gehalt der **15 a** Klausel unterscheiden und der grammatikalischen Konsistenz der nach Streichen des unwirksamen Textteils verbliebenen Regelung Bedeutung absprechen, weil damit durch Belohnung geschickter Formulierungen eine geltungserhaltende Reduktion in dem von der Rspr perhorreszierten Form (s Rn 16) Vorschub geleistet werde (FASTRICH, Richterliche Inhaltskontrolle im Privatrecht [1992] 337 f; ULMER/SCHMIDT Rn 13). Auch wenn man die hA zur geltungserhaltenden Reduktion teilt, ist das jedoch eine Übertreibung im Kampf gegen unangemessene AGB. Das Verbot geltungserhaltender Reduktion, vor allem im Kontext der hA, bringt vielfach Zufallsgeschenke für den Vertragspartner des Verwenders, die man in Kauf nimmt, damit der Richter nicht selbst das gerade noch zulässige Maß bestimmen muß (s Rn 16). Wenn der Verwender durch „geschickte Formulierungen" das gerade noch zulässige Maß selbst trifft, ist die Rechtfertigung für das Verbot geltungserhaltender Reduktion auf jeden Fall obsolet geworden. Eine inhaltliche Zerlegung auch dann, wenn der wirksam bleibende Rest der Bestimmung grammatikalisch umformuliert werden muß, hat der BGH (BGHZ 130, 19, 34 = NJW 1995, 2553) dann gutgeheißen, wenn diese die Hauptleistungspflicht betrifft, deren Festlegung mit einer der Inhaltskontrolle unterliegenden Nebenbestimmung sprachlich untrennbar verbunden war (zust ULMER/SCHMIDT 13 a; s auch Rn 23).

In manchen Urteilen steht zwar der salvatorische Satz: „Wenn der als wirksam angesehene Rest im Gesamtgefüge des Vertrages nicht mehr sinnvoll ist, insbesondere wenn der als unwirksam beanstandete Klauselteil von so einschneidender Bedeutung ist, daß von einer ganz neuen, von der bisherigen völlig abweichenden Vertragsgestaltung gesprochen werden muß, ergreift die Unwirksamkeit der Teilklausel die Gesamtregelung" (BGH aaO; BGHZ 93, 33, 41 f = NJW 1985, 623; NJW 1986, 1681; BGHZ 107, 185, 191 = NJW 1989, 3215; BGH NJW 1992, 896, 897). Zu einer Anwendung der postulierten Regel ist es aber in der veröffentlichten Rspr noch nicht gekommen. Häufig läßt sich auch dann mit ergänzender Vertragsauslegung helfen (daher gegen diese Rspr ULMER/SCHMIDT Rn 12 aE). Hat ein Klauseltext nach Streichung unwirksamer Bestandteile keine grammatikalische Konsistenz mehr, ist eine nur teilweise Unwirksamkeit nicht möglich. Anstelle der insgesamt unwirksamen Regelung tritt Abs 2.

5. Unzulässigkeit geltungserhaltender Reduktion?

a) In der Zeit nach Inkrafttreten des AGBG bestand auf der Grundlage der zu **16**

unwirksamen Individualvereinbarungen entstandenen Rspr (etwa BGH NJW 1972, 1459) die Sorge, die Klauselverwender könnten sich bei ihrer Textgestaltung von dem Motiv leiten lassen, die zu ihren Gunsten denkbar günstigste Interpretation des Gesetzes zu wählen oder gar sorglos unwirksame Klauseln weiterzuverwenden – darauf vertrauend, im Ernstfall würden die Gerichte eine geltungserhaltende Reduktion vornehmen, die die Klausel auf das gerade noch zulässige Maß zurückführt. Eine solche Strategie risikolos zu stellen, wäre mit dem unverkennbaren Ziel des Gesetzes unvereinbar, dem anderen Vertragsteil nicht erst im Zivilprozeß Schutz zu gewähren, sondern ihn davor zu bewahren, daß ihm in der Vertragsabwicklungspraxis Klauseln entgegengehalten werden, von deren Unwirksamkeit er nichts wissen kann. Auch in diesem Zusammenhang gebraucht man den Begriff „Transparenzgebot" (ULMER/SCHMIDT Rn 15). Daher hat die Rspr, unterstützt von der weitaus hLitM, die Regel von der Unzulässigkeit der geltungserhaltenden Reduktion entwickelt. Mit dieser Begrifflichkeit wandte sie sich ganz gezielt gegen die Vorstellung, es sei Aufgabe des Richters, eine unwirksame Klausel auf das *gerade noch zulässige Maß* zurückzuführen (BGHZ 84, 114 = NJW 1982, 2309; BGHZ 90, 69 = NJW 1984, 1177; BGHZ 92, 312 = NJW 1985, 319; BGHZ 96, 18 = NJW 1986, 1610; BGHZ 106, 259, 267 = NJW 1989, 852; BGHZ 115, 324 = NJW 1992, 575; BGHZ 120, 108, 122 = NJW 1993, 326; BGH NJW 1996, 1607; auch STAUDINGER/SCHLOSSER[12]; Lit außerhalb der üblichen Erläuterungswerke: vHOYNINGEN-HUENE, Inhaltskontrolle nach § 9 AGBG [1991] Rn 69; NEUMANN 58 ff, 81. In der Erläuterungslit besonders pointiert ULMER/SCHMIDT Rn 14 f, 15; aA MünchKomm/KÖTZ Rn 8 ff; SCHMIDT/SALZER F 56 ff; GÖTZ NJW 1978, 2223).

17 Ganz konsequent konnte die Rspr ihr Postulat aber noch nie durchhalten (s etwa den Überblick bei HAGER JZ 1996, 175 ff). Musterbeispiel hierfür ist die Entscheidung des BGH, in der es darum ging, daß die vorgedruckten Bestandteile eines Bürgschaftsvertrags eine von § 9 nicht mehr gedeckte Haftungsausdehnung ergaben, ohne daß durch Streichung einzelner Satzbestandteile eine Reduzierung der Haftung auf das Kreditlimit zustande gekommen wäre, das dem Hauptschuldner zur Zeit der Begründung der Bürgschaft zustand (s Rn 12, 15, 23). Insbesondere über die ergänzende Vertragsauslegung (Rn 13) kam der BGH gelegentlich zu ähnlichen Ergebnissen, wie sie eine geltungserhaltende Reduktion gebracht hätte. Dies geschah so in der Rspr zur Tagespreisklausel (Rn 13). In einem anderen Fall (BGHZ 96, 18 = NJW 1986, 1610, 1612) konzedierte der BGH, daß in „zwingenden Sonderlagen" es nicht bei dem Haftungsmaßstab von § 276 verbleiben könne, wenn eine überzogene Haftungsbeschränkungsklausel wegfällt. Der für Transportrecht zuständige I. Senat des BGH hält eine geltungserhaltende Reduktion bei nicht einseitig aufgestellten, sondern unter Mitwirkung maßgebender Verkehrskreise zustande gekommener AGB wie ADSp oder AGNB für zulässig (BGHZ 129, 323 = NJW 1995, 2224).

17 a b) In jüngerer Zeit hat sich freilich gezeigt, daß es den Verwendern meist gar nicht mehr darum ging, auf geltungserhaltende Reduktion durch die Gerichte zu spekulieren. Sie paßten ihre AGB vielmehr der einschlägigen höchstrichterlichen Rspr an, sahen sich dann aber mit einer ständig perfektionierten Inhaltskontrolle der Gerichte konfrontiert. Für Verwender ist es häufig äußerst schwierig zu überblicken, was berücksichtigt werden muß. Das Risiko von Formulierungsfehlern ist auch bei größter Sorgfalt beträchtlich geworden. Daher regt sich seit einiger Zeit stärker werdende Opposition gegen die These, eine geltungserhaltende Reduktion sei immer unzulässig. Diese Opposition gründet sich auf einen der beiden Ausgangspunkte der Rspr, nämlich den Präventionsgedanken, daß man also Textstrategien verhindern müsse, die die Verwender zu einer riskanten oder gar klar unwirksamen Klausel verleiteten, weil sie der Hoffnung sein könnten, die Gerichte würden im Ernstfall selbst das zulässige Maß aus den Klauseln herausfiltrieren. Je weniger dem Verwender die mißglückte Klausel vorwerfbar ist, um so mehr sollen manchen neueren Stimmen zufolge, die Gerichte zu einer geltungserhaltenden Reduktion bereit sein (HAGER aaO; BOEMKE/ALBRECHT, Die Rechtsfolgen unangemessener Bestimmungen in Allgemeinen Geschäftsbedingungen [1989] 38 ff, 115 ff; H ROTH JZ 1989, 418 f; vMETTENHEIM, in: FS Piper [1996] 950). CANARIS (aaO insbesondere 567 ff) hat dies sehr überzeugend in den übergreifenden Zusammenhang gestellt, in dem im Privatrecht der Gesichtspunkt der Prävention, eingeschränkt durch das Prinzip des rechten Maßes, verankert ist. Es kommt allerdings noch ein wichtiges Moment hinzu: unter geltungserhaltender Reduktion verstehen die Genannten nicht die Aufrechterhaltung in dem zugunsten des Verwenders höchstmöglichen Ausmaß, sondern nur in angemessenem Umfang (etwa CANARIS 549; MünchKomm/KÖTZ Rn 8; HAGER aaO). Dies letztere nimmt gewiß dem, was man sonst unter der Hypothese einer geltungserhaltenden Reduktion von AGB versteht, viel von dem Erschreckenden, das ihr innewohnt. Die Anhänger der neuen Lehre meinen, die hM, die unter geltungserhaltender Reduktion die Zurückführung auf das gerade noch zulässige Maß versteht, sei von einer „unzweckmäßigen" Begriffsbildung ausgegangen und kämpfe gegen ein aberwitziges Postulat an. Dieses Postulat war aber jedenfalls bei Inkrafttreten des AGBG naheliegend, weil es sich nahtlos in den privatautonomen Geltungsgrund von AGB-Regelungen hatte einfügen lassen. Nach der neuen Konzeption gilt die vom Richter „gefundene" Regelung nicht mehr, weil sie das Gewollte bis zu dem Punkt respektiert, zu dem es mit rechtlicher Wirkung gewollt werden darf. Anstelle des Gewollten tritt eine richterliche Gestaltung, die an sich nur auf gesetzlicher Grundlage möglich ist. Führende Anhänger der neuen Sichtweise führen denn auch, um dies zu rechtfertigen, die geltungserhaltende Reduktion auf die allgemeinen Grundsätze über ergänzende Vertragsauslegung zurück (HAGER JZ 1996, 175, 176; CANARIS 550).

In dieser Form hat die **neuere Lehre** einen anderen Inhalt als die klassische Hypothese der geltungserhaltenden Reduktion. Ihr ist **tendenziell zuzustimmen**. Auch in anderen zentralen Bereichen hat die durch die Rspr gesteuerte und konsolidierte Rechtsentwicklung richterliche Gestaltungsmacht gebracht, die notwendig geworden war, um untragbaren Ergebnissen entgegenzuwirken, zu denen ein strikter Legalismus geführt hätte. Da richterliche Reduktion auf ein angemessenes Maß dem deutschen Recht bekannt ist, läßt sie sich mit der nötigen Vorsicht auch da einsetzen, wo das Scheitern von Versuchen, vorformulierte Texte zum Vertragsinhalt zu machen, gerechterweise nicht zu deren „ersatzlosem Wegfall" oder gar zur Totalnichtigkeit des Vertrages führen können. Eine umgekehrt-analoge Anwendung des Abs 3 kann diese Einstellung zusätzlich unterstützen (Rn 23). Der vom BGH (NJW 1986, 1611, 1612) gewählte Begriff der „zwingenden Sonderlagen" bringt das Richtige schlagwortartig zum Ausdruck und mahnt gleichzeitig zur nötigen Zurückhaltung (großzügiger wohl HAGER JZ 1996, 175 ff). In den bei Rn 10 genannten Beispielsfällen war für eine ergänzende Vertragsauslegung kein Raum. Subjektive Momente können hierbei durchaus eine Rolle spielen, vor allem der Umstand, daß der Verwender die spätere Fortentwicklung der Rspr nicht einkalkulieren konnte (für zeitlich begrenzte Zulässigkeit einer geltungserhaltenden Reduktion in diesem Fall etwa vWESTPHALEN BB 1978, 71; **aA** WOLF/LINDACHER Rn 31) und einen entsprechenden Sicherheitsabstand nicht einhalten mußten (CANARIS 557 ff mit insoweit berechtigter Kritik etwa an BGH ZIP 1988, 169 – Totalnichtigkeit einer Vertragsstrafenregelung, weil keine summenmäßige Obergrenze; aA ULMER/ SCHMIDT Rn 22; WOLF/LINDACHER Rn 30). Prävention war ohnehin nie am Platze, wenn AGB wie ADSp, ACB oder VOB von den beteiligten Verkehrskreisen erarbeitet wurden, auch wenn diese Bedingungswerke gelegentlich Bestandteile enthielten und enthalten, die der Inhaltskontrolle verfielen (so mit Recht BGHZ 129, 323, 328 = NJW 1995, 2224, 2225; BGHZ 129, 345 = NJW 1995, 3117; aA ULMER/SCHMIDT Rn 15a; zum ganzen SCHOTT, in: FS Piper [1996] 1027 ff) und wenn der Zungenschlag von der „fertig bereitliegenden Rechtsordnung" ungute Erinnerungen an vergangene Zeiten aufkommen läßt (s Einl 31).

17 c Der scheinbar rettende Zusatz in einer Klausel oder gar als Präambel zu einem Klauselwerk, alles solle nur gelten, **„soweit gesetzlich zulässig"**, würde geradewegs eine Rückführung der betroffenen Klauseln auf das gerade noch zulässige Maß bedingen. Er ist daher bedeutungslos (BGH NJW 1996, 783; allgM). Nur einmal hat der BGH einen solchen Zusatz – und auch dies nur am Rande – zur Auslegung einer Klausel herangezogen (WM 1993, 914).

17 d c) **Beispiele für geltungserhaltende Reduktion**: Fehlen einer Regelung für den seltenen Fall der rechtskräftigen Feststellung eines Anspruchs iSv § 11 Nr 3 (BGHZ 107, 185 = NJW 1989, 3215) – anders freilich, wenn auch der häufige Fall von unbestrittenen Forderungen nicht ausgeschlossen wird; Aufrechnungsausschluß ohne der konkursrechtlichen Besonderheiten zu gedenken (BGH ZIP 1986, 494); einschränkende Auslegung der Stornoklausel der AGB-Banken gerade deshalb vorgenommen, um ihrer Unwirksamkeit nach § 9 AGBG zuvorzukommen (s st Rspr, zuletzt BGHZ 87, 256 = NJW 1983, 2501, 2502). Mit einer geltungserhaltenden Reduktion hat folgende Situation aber nichts zu tun: Dem Verwender wird ein Gestaltungsrecht, etwa ein Preisanpassungsrecht, eingeräumt; daß er dieses im Zweifel nach § 315 BGB nur in billiger Weise ausüben und deshalb bei einer Zinsanpassungsklausel sich an der Entwicklung des Kapitalmarktzinses zu orientieren hat, folgt unmittelbar aus der genannten Norm (BGHZ 97, 212 = NJW 1986, 1803).

17 e d) Bei der Unterlassungsklage nach § 13 ist eine „geltungserhaltende Reduktion" weder nach der traditionellen noch nach der neueren Art möglich, allgM.

III. Unwirksamkeit des Vertrags als Ausnahme

1. Die rechtliche Grundstruktur von Abs 3

18 Die Struktur von Abs 3 ist nicht ganz glücklich, weil die Frage einer von selbst bestehenden Wirksamkeit oder Unwirksamkeit des Vertrages vom Vorhandensein oder Nichtvorhandensein subjektiver Belange einer der Parteien abhängig gemacht wird, von Belangen zudem, von denen nicht gesagt ist, welcher Zeitpunkt ihrer Bewertung zugrunde zu legen ist. Der durch den Wegfall einer Klausel in unzumutbarer Weise benachteiligten Partei ein auf Vertragsauflösung gerichtetes Gestaltungsrecht einzuräumen, wäre besser gewesen.

19 a) Die Vorschrift ist sicherlich aus der Perspektive des im Individualprozeß entscheidenden Richters geschrieben („festhalten"). Es kommt auf die Abwägung aller

Einzelumstände an. Die **Belange der benachteiligten Partei** müssen also für diesen Zeitpunkt und nicht etwa für den **Zeitpunkt** des Vertragsschlusses beurteilt werden (BGHZ 130, 115, 122 = NJW 1996, 2221; allgM). Das bedeutet, daß solche Klauseln nicht mehr berücksichtigt werden können, für die es wegen der fortgeschrittenen Vertragsabwicklung keinen Anwendungsbereich mehr gibt. Das ist auch gerechtfertigt. Ist trotz eines in vielen Punkten erdrückenden Klauselwerks das meiste „gutgegangen" und wegen des ausstehenden Restes der Vertragsabwicklung eine ergänzende Vertragsauslegung möglich oder gar nicht nötig, so kann man die Partei auch getrost am Vertrag festhalten.

b) Die Vorschrift ist eine Ausnahmeregelung. Die Annahme der Unwirksamkeit **20** des ganzen Vertrags soll nach Möglichkeit vermieden werden (BGH NJW 1986, 928, 930). Der BGH hat selbst den Fehlschlag, in die Deckungszusage eines Kaskoversicherers die Allgemeinen Versicherungsbedingungen aufzunehmen, nicht ausreichend sein lassen, um diese Deckungszusage als insgesamt unwirksam zu werten (NJW 1982, 824, 825). Es müssen besondere Gründe existieren, um die Unwirksamkeit des ganzen Vertrags zu rechtfertigen. Meist wird sich die **unzumutbare Härte auf Seiten des Verwenders** einstellen. So kann es eine Rolle spielen, daß Unwirksamkeit oder Fehlschlag der Einbeziehung für den Verwender nicht vorhersehbar waren (ULMER/SCHMIDT Rn 47). Es reicht aber für den Fortfall der vertraglichen Bindung nicht aus, daß die Anwendung des dispositiven Rechts den Vertrag in seinem Wesen verändern würde, weil auch dann häufig durch ergänzende Vertragsauslegung geholfen werden kann (s Rn 15 a). Es kann gerade ein Grund für ergänzende Vertragsauslegung sein, die Totalnichtigkeit des Vertrags zu vermeiden (CANARIS 546, 556; aA konsequenterweise ULMER/SCHMIDT Rn 48). Es ist aber auch denkbar, daß das Festhalten am Vertrag für den Partner des Verwenders unzumutbar ist, etwa wenn er sich nach BGB-Grundsätzen wegen der Arglist des Verwenders vom Vertrag lösen möchte (LASS JZ 1997, 67, 74; s auch einige der in Rn 22 gebrachten Rspr-Bsp).

Die Frage nach dem Verhältnis von Abs 3 zu den Grundsätzen über den **Wegfall der Geschäftsgrundlage** stellt sich nicht, weil AGB-Bestandteile nicht nachträglich wegfallen können, sondern von vornherein unwirksam oder nicht einbezogen sind (wegen des Meinungsstandes zu diesem Scheinproblem s ULMER/SCHMIDT Rn 44). Sind Umstände nachträglich unter den Voraussetzungen des **Wegfalls der Geschäftsgrundlage** weggefallen, die Klauseln rechtfertigen, so tritt eine richterliche Vertragsanpassung, wie sonst bei Wegfall der Geschäftsgrundlage, an ihre Stelle.

c) Erklären beide Parteien vor Gericht, an einem Vertrag mit hinreichend **21** bestimmbar gebliebenen Inhalt festhalten zu wollen, so wäre es gewiß skurril, ihnen zu eröffnen, der Vertrag sei unwirksam, weil er für eine von ihnen dennoch eine unzumutbare Härte darstelle. Wer auf seiner Seite eine Härte sieht und diese als unzumutbar empfindet, muß dies geltend machen (ULMER/SCHMIDT Rn 48). Die Frage ist, ob **Abs 3** auch im übrigen **abbedungen** werden kann (so ULMER/SCHMIDT Rn 55). Die Antwort muß differenziert ausfallen.

Ist der Vertrag deshalb unwirksam, weil es ihm nach Ausscheiden der anstößigen oder nicht einbezogenen Klauseln an einem **hinreichend bestimmten Inhalt fehlt**, so kann auch eine Parteivereinbarung daran nichts ändern. Das Gesetz verlangt für das

Eingehen einer solchen Bindung, daß ein bestimmungsberechtigter Dritter benannt wird, § 317 BGB.

Eine **formularmäßige** Klausel, wonach Abs 3 abbedungen wird und die im Klartext heißt, sollten die AGB oder einzelne ihrer Klauseln nicht Vertragsbestandteil geworden sein, so bleibe der Vertrag auch wirksam, wenn dies für eine Partei – oder gar nur für den Vertragspartner des Verwenders – eine unzumutbare Härte darstellen sollte, ist sicherlich ungewöhnlich und überraschend und damit nach § 3 nicht wirksam.

Einer **Abdingbarkeit von Abs 3 durch Individualvertrag** steht aber nichts im Wege. Folgt eine solche Vereinbarung dem ursprünglichen Vertrags-„Abschluß" zeitlich nach, so liegt in ihr eine Bestätigung iSv § 141 BGB, die daher den Erfordernissen dieser Norm entsprechen muß, insbesondere also das Bewußtsein von der möglichen Unwirksamkeit des Vertrages voraussetzt.

2. Anwendungsfälle

22 Der Anwendungsbereich von Abs 3 ist gedanklich vielgefächert, ohne daß eine klare Systematik entwickelt werden könnte. In der Praxis der veröffentlichten Rspr spielte die Norm bisher keine große Rolle.

Der denkbar nächstliegende Fall ist der, daß ein klar anwendbares dispositives Recht zur Verfügung steht – und dennoch das Festhalten am Vertrag für einen Teil ausnahmsweise eine unzumutbare Härte darstellen würde. Der BGH (NJW 1992, 2626; WM 1994, 1613, 1614) hat eine formularmäßige Sicherungsabtretung von Arbeitseinkommen insgesamt für unwirksam erklärt, weil er die Verwertungsregelung in Nr 20 Abs 2 AGB-Banken 1986 für unwirksam hielt. Für Globalabtretungen und Sicherungsübereignungen hat er das Gegenteil für richtig befunden (BGHZ 130, 115, 120 ff = NJW 1996, 2221; BGH NJW 1996, 847; BGHZ 128, 295, 301). Den Unterschied hat er mit der Erwägung begründet, daß die „Lohn- und Gehaltszession für den Abtretenden häufig von existenzieller Bedeutung ist und er insoweit nur durch die Unwirksamkeit der Abtretung insgesamt wirksam geschützt werden kann". Setzt man voraus, daß nur die Verwertungsregelung, aber nicht die formularmäßige Abtretung als solche anstößig war (s § 3 Rn 27) ist der Unterschied allerdings nicht einsichtig. Daß der Verwender aus **preiskalkulatorischen Gründen** den Vertrag lieber gar nicht als zu den Bedingungen des dispositiven Rechts abgeschlossen hätte, reicht für die Annahme einer unzumutbaren Härte zu seinen Lasten im allgemeinen nicht aus (MünchKomm/ Kötz Rn 21), wohl aber dann, wenn der Preis im Vertrauen auf den Bestand eines Klauselwerks erheblich unter dem Marktpreis kalkuliert wurde (BGH WM 1996, 2018, aber zu Recht einsichtige Substantiierung verlangend; Ulmer/Schmidt Rn 52).

Der wohl praktisch interessanteste Fall ist der, daß einschlägiges dispositives Recht fehlt und die dem Richter zu einer Vertragsergänzung zur Verfügung stehenden **Mittel nicht ausreichen**, um dem Vertrag einen **hinreichend bestimmten Inhalt** zu geben. Das ist dann der Fall, wenn nach Ausschaltung der vorformulierten Vertragsbestandteile nichts hinreichend Bestimmbares übrig bleibt, das eine vertragliche Bindung begründen könnte, etwa wenn das Zustandekommen eines Formularvertrags mit vorformulierten Bestandteilen zu den Hauptleistungspflichten an § 2 scheitert (Ulmer/Schmidt Rn 53). Aber auch das Scheitern der Einbeziehung von AGB-Teilen kann Anlaß geben, einen Vertrag insgesamt für unwirksam zu halten. Ist etwa die im Zusammenhang mit einem Kreditvertrag formularmäßig vorgesehene Art der Sicherheitsleistung unwirksam, so steht es dem Richter nicht zu, eine andere, dem Kreditnehmer mögliche Sicherheit festzulegen. Dem Kreditgeber aber ist es meist unzumutbar, den Kredit ohne Sicherheit weiterzugewähren. Wenn aber der Kreditgeber am Vertrag festhalten will – etwa weil er den Kredit nach Vertrags- und nicht nach Konditionsgrundsätzen zurückverlangen möchte –, so ist der Vertrag als wirksam zu behandeln. Vor allem im Zusammenhang mit Automatenaufstellungsverträgen hatte die Rspr schon vor Inkrafttreten des AGBG häufig angenommen, ihre Mittel reichten zu einer sinnvollen Vertragsergänzung nicht aus, weil diese den Verträgen zwangsläufig ein ganz neues Gesicht geben würde, wenn man eine Fülle in ihnen formularmäßig enthaltener anstößiger Bestimmungen korrigieren wollte (BGHZ 51, 55 = NJW 1969, 230; BGH NJW 1971, 1034). In der jüngeren Rspr wurden gelegentlich Timesharing-Verträge für insgesamt unwirksam erklärt, weil wesentliche Bestandteile wegen Verschleierung der Vertragspartner oder der Unklarheit der erworbenen Rechtsposition unwirksam waren (LG Köln BB 1993, 1975; OLG Köln NJW-RR 1995, 1333; vgl dazu auch HILDENBRAND NJW 1995, 95). Richtlinienkonform ausgelegt (s Rn 1), umfaßt der Begriff „unzumutbar" auch das Ansinnen, an einem grob lückenhaft gewordenen Vertrag festhalten zu sollen.

Im Falle von Dauerschuldverhältnissen reicht im allgemeinen aus, daß von dem nicht abdingbaren Recht zur Kündigung aus wichtigem Grund Gebrauch gemacht werden kann, allgM. Es wurde aber auch ein „Trainings- und Coachingvertrag" mit „nichtssagenden eher verschleiernden als klärenden Leistungsbeschreibungen" und einer Vielzahl unwirksamer Einzelklauseln für insgesamt unwirksam erklärt (OLG Frankfurt aM OLG-Rspr 1997, 89).

Für den **Verkehr unter Gewerbetreibenden** haben sich ULMER/SCHMIDT (Rn 56) zugunsten einer relativ großzügigeren Anwendung von § 6 Abs 3 ausgesprochen (krit dazu WOLF/LINDACHER Rn 56).

3. Analoge Anwendung zugunsten der Aufrechterhaltung des Vertrags

Auf abstrakter Ebene läßt sich unbestreitbar postulieren, Unzumutbares dürfe von Rechtswegen niemanden zugemutet werden. Daraus würde in analoger Anwendung von Abs 3 folgen: Eine Regelung ist teilweise wirksam, wenn ihre sonst zu konstatierende völlige Unwirksamkeit, vor allem die Unwirksamkeit des ganzen Vertrags, für einen Vertragsteil eine unzumutbare Härte bedeuten würde. Gibt es für einen solchen Gedanken einen praktischen Anwendungsbereich? Konkret kann man an die in Rn 15 aE erörterte Hypothese denken, daß eine Bürgschaft wegen sprachlich nicht trennbarer Einbeziehung anderer als der Anlaßschulden des Hauptschuldners insgesamt unwirksam wird. Auch der Gedanke der Prävention kann eine solch einschneidende Rechtsfolge nicht rechtfertigen. Generell ist der hier aufgeworfene Gedanke geeignet, Übertreibungen im Verbot geltungserhaltender Reduktion entgegenzuwirken.

§ 7
Umgehungsverbot

Dieses Gesetz findet auch Anwendung, wenn seine Vorschriften durch anderweitige Gestaltungen umgangen werden.

1 Die Vorschrift ist einer etwas übertriebenen Ängstlichkeit entsprungen, wie sie sich später auch in § 18 S 2 VerbrKG, und § 5 Abs 1 HausTWG wiederfindet. Dies bringt die Gefahr methodischer Nachlässigkeit bei Gesetzesauslegung und analoger Anwendung gesetzlicher Vorschriften mit sich (krit auch ULMER Rn 1; aA insbes LÖWE Rn 4). Von den möglichen Formen der Gesetzesumgehung (s dazu § 117 BGB) kommt nicht diejenige der Tatbestandserschleichung, sondern nur die Umgehung von Verbots- und Schutzgesetzen in Betracht. Wie sonst so ließen sich auch im Bereich der positivierten Umgehungsregel an sich alle Probleme mit den herkömmlichen Methoden der Gesetzesauslegung und Analogie lösen. Für eine Inhaltskontrolle ohne Umgehungsmöglichkeiten sorgt die Generalklausel des § 9. Insbesondere läuft § 7, soweit der sachliche Anwendungsbereich des AGBG beschränkt ist (§ 23) wegen des Auffangtatbestandes von § 9 leer. Klarer als dieser Norm lassen sich auch dem § 7 Wertungen für die Inhaltskontrolle von vorformulierten Bedingungen nicht entnehmen. Scheinbar wirksame AGB-Gestaltungen, die wirtschaftlich vollständig oder mit nur geringfügigen Nuancenunterschieden auf inhaltlich unwirksame Klauseln hinauslaufen, sind nach der einen wie der anderen Norm klar erfaßbar – und wären es auch bei Fehlen beider. Für den Anwendungsbereich der §§ 1–6, 13 ff sind Umgehungsfälle ebenfalls praktisch nicht denkbar (BGHZ 112, 204, 217 = NJW 1991, 36; ULMER Rn 6), zu salvatorischen Klauseln s § 6 Rn 11 a. Insbesondere ist die Wahl von Individualvereinbarungen anstatt vorformulierter Vertragsbedingungen keine Umgehung des AGBG (allgA). Daß gleichförmig gepflogene, hand- oder maschinenschriftliche Vertragszusätze AGB-Charakter haben, ist an anderer Stelle schon dargelegt (s § 1 Rn 26).

2 Zu den Voraussetzungen der Gesetzesumgehung, insbesondere der Entbehrlichkeit einer Umgehungsabsicht, s § 117 BGB.

3 Die dem Gesetzessinn entsprechende Anwendung der §§ 9–11 auf Klauselgestaltungen, mit denen eine Umgehung versucht worden sein könnte, ist im jeweiligen Einzelzusammenhang behandelt (s etwa § 6 Rn 11 a). Auch die Rspr, in der die Vorschrift nur in Neben- und Zusatzargumenten eine Rolle gespielt hat, arbeitet durchweg in diesem Sinne und kommt auf § 7 nur in dem Argumentationsmuster zurück, „andernfalls" seien die Vorschriften des AGBG umgangen (Bsp: BGH NJW 1985, 852 – nur Hinterlegung anstatt Bezahlung fällt ebenfalls unter § 11 Nr 2a; OLG Stuttgart NJW 1981, 1105). Gelegentlich wird auch nur ein theoretischer Vorbehalt gemacht, es könne Situationen geben, in der eine Klauselgestaltung auf eine Umgehung von Vorschriften des AGBG hinauslaufe (BGH NJW 1987, 1931, 1932 – für die Vereinbarung von Vorleistungspflichten, die aber grundsätzlich zulässig sind).

4 Einzelfälle: Gebrauchmachen von gesetzlichen Vertragstypen wie einem abstrakten Schuldversprechen ist keine Umgehung des AGBG (OLG Stuttgart NJW 1979, 222; OLG Düsseldorf NJW-RR 1986, 1312, 1314; ULMER Rn 12); Aufführung der Vertragsabschlußper-

son als weiterer Vertragspartner ist keine Umgehung von § 11 Nr 14 (BGH NJW 1988, 1908, 1909); die Zwischenschaltung von Konsortialbanken als Unternehmer bei der Fremdemission von Schuldverschreibungen ist keine Umgehung einer im Interesse des ersten Nehmers etwa angebrachten Inhaltskontrolle (OLG Frankfurt aM WM 1993, 2089; aA RANDOW ZBB 1994, 23, 28), weil das Verhandlungsinteresse der Konsortialbanken wegen deren Plazierungsinteresse anlegerorientiert ist (JOUSSEN WM 1995, 1861, 1865).

2. Unterabschnitt
Unwirksame Klauseln

Einleitung zu §§ 8−11

Schrifttum

Siehe § 9.

Systematische Übersicht

I.	Die gesetzlich geregelte Inhaltskontrolle in der Kontinuität der Rechtsentwicklung 2	a)	Interne Rechtsentwicklung 5
		b)	Europarechtliche Einflüsse – Kontinuität oder Diskontinuität? 7
1.	Die Entwicklung der Rechtsprechung vor 1977 3	II.	Gesetzliche Systematik 8
2.	Die Entwicklung der Lehre 4		
3.	Die Entwicklung seit Inkrafttreten des AGBG	III.	Allgemeine Grundsätze der Inhaltskontrolle 14

Alphabetische Übersicht

Behörden	18	Klauselverbote ohne Wertungsmöglichkeit	12
		Kontrollunterworfener Bereich	9
EG-Recht	7, 13		
		Monopolmißbrauch	3 f
Genehmigungsverfahren, vormundschaftsgerichtliches	16	Notare	17
Grundbuchsachen	16		
		Prüfungsreihenfolge	13
Inhaltskontrolle			
– Durchführung	10 ff	Revisibilität	19
– von Amts wegen	15 ff	richtlinienkonforme Auslegung	7, 13
Klauselverbote mit Wertungsmöglichkeit	11	Verbraucherverträge	7, 13

1 Die §§ 8−11 haben die Inhaltskontrolle vorformulierter Vertragsbedingungen zum Gegenstand und sind das Kernstück des AGBG. Sie betreffen, von ganz wenigen Ausnahmen abgesehen, sämtliche vorformulierten Vertragsbestandteile. Für Spezialmaterien und Sondersituationen halten die Gesetze aber noch zusätzlich Kontrollen bereit, welche das AGBG unberührt gelassen hat, die also kumulativ zu ihm eingesetzt werden sollen (dazu STAUDINGER/SCHLOSSER Einl 19 ff zum AGBG).

I. Die gesetzlich geregelte Inhaltskontrolle in der Kontinuität der Rechtsentwicklung

Die §§ 9–11 sind aus der Entwicklung von Rspr und Lehre erwachsen, die 1935 ihren 2
Ausgangspunkt in den beiden berühmten Monographien von LUDWIG RAISER (Das Recht der Allgemeinen Geschäftsbedingungen [unveränderter Nachdruck 1961]) und GROSSMANN-DOERTH (Selbstgeschaffenes Recht der Wirtschaft und staatliches Recht) genommen hatte. In verschiedener Hinsicht ist freilich die jetzt gesetzlich normierte Inhaltskontrolle von AGB über die früher von der Richterschaft beanspruchte Überprüfungsbefugnis hinausgegangen.

1. Die Entwicklung der Rechtsprechung vor 1977

Das BGB hat – verglichen mit Rechtsordnungen benachbarter Staaten – den Kreis 3
des dispositiven Rechts sehr weit, den zwingender gesetzlicher Vorschriften sehr eng
gezogen. Erinnert sei nur daran, daß etwa nach französischem und schweizerischem
Recht die Haftung für eigenes grobes Verschulden auch individualvertraglich nicht
ausgeschlossen werden kann (Art 100, 101 SchwOR; FERID, Das französische Zivilrecht
[1971] 2 C 29). Es war daher zwangsläufig, daß die Rechtsprechung schon sehr frühzeitig angesichts der Tatsache Unbehagen empfand, daß die vom deutschen Recht
gewählte Vertragsausgestaltungsfreiheit von Aufstellern Allgemeiner Geschäftsbedingungen systematisch zu ihren eigenen Gunsten ausgenutzt wurde (zur Entwicklung
der Rspr ausführlich SCHLOSSER/GRABA Rn 8). Der erste Schritt zur Eindämmung einseitiger Vertragsausgestaltungsstrategien war der Gedanke des Monopolmißbrauchs
(RGZ 62, 266; 99, 109; 102, 397; 103, 83; 115, 219; 168, 329). Schon in der Schlußphase seines
Bestehens hat das RG freilich den Gedanken artikuliert, auch wenn es an regelrechter Sittenwidrigkeit des Verhaltens fehle, könne es Treu und Glauben widersprechen, sich auf bestimmte AGB-Klauseln zu berufen (RGZ 168, 329). Die Inhaltskontrolle von AGB ganz von dem allzu engen Gedanken ihrer Anbindung an die
sittenwidrige Ausnutzung einer Monopolstellung gelöst und – im Anschluß an LUDWIG RAISER (277 ff) – eine an § 242 BGB anknüpfende eigenständige Inhaltskontrolle
entwickelt zu haben, war freilich dem BGH vorbehalten. In seiner grundlegenden
Entscheidung vom 29. 10. 1956 (BGHZ 22, 90) zum Gewährleistungsausschluß beim
Kauf neuer Möbel stellte er erstmals ganz klar auf die durch den Gedanken der
Privatautonomie nur noch im geringen Maße zu rechtfertigende Eigenart der Einbeziehung von AGB in ein Vertragswerk ab. Eine Regelung, die auf einen völligen
Ausschluß der Gewährleistung hinauslief, erklärte er uneingeschränkt für unwirksam. Die nachfolgende Rechtsprechung blieb lange Zeit nicht frei von einem
gewissen Zögern. Dieses schlug sich in dem Drängen nieder, lieber mit einer einschränkenden Auslegung harter Klauseln und einer im Einzelfall sich ergebenden
Unzulässigkeit, sich auf sie „zu berufen", also mit einer Ausübungskontrolle zu
arbeiten, als offene Inhaltskontrolle obwalten zu lassen. Insgesamt hat sich jedoch
das vom BGH aufgestellte Postulat von der grundsätzlichen Zulässigkeit der Inhaltskontrolle Anfang der sechziger Jahre durchgesetzt (zur Fülle der Rspr siehe SCHLOSSER/
GRABA Rn 9 ff). Im Jahre 1974 faßte der BGH die in der Rspr anerkannten Grundsätze
zur richterlichen Inhaltskontrolle von AGB selbst zusammen (BGHZ 63, 256). Im
Grundsätzlichen hatte die Entwicklung der Rechtsprechung damit einen Fixpunkt
erreicht. Der Katalog unwirksamer Klauseln in den heutigen §§ 10, 11 ist zum großen Teil Niederschlag dieser Rspr.

2. Die Entwicklung der Lehre

4 In der Lehre war schon mit LUDWIG RAISERS Schrift der Bann praktisch gebrochen. LUDWIG RAISER war es, der die Notwendigkeit einer Inhaltskontrolle vom Gedanken des Monopolmißbrauchs löste, weil er das Phänomen der intellektuellen Unterlegenheit des Vertragspartners des Verwenders entdeckt hatte, seine Ausgeliefertheit an die der Gegenseite zur Verfügung stehende, zentral organisierte Beherrschung der rechtlichen Möglichkeit der Vertragsgestaltung (S 284). Die von RAISER aus seinem Befund gezogene Konsequenz der Notwendigkeit einer richterlichen Inhaltskontrolle von AGB schon de lege lata schien zwar manchem zu kühn. Jedoch hat sich eine artikulierte Gegenströmung zu RAISER niemals herausgebildet. Die sich an RAISER anschließende Entwicklung in der Rechtslehre läßt sich vielmehr nur als kontinuierliche Verdichtung des Bewußtseins von der Richtigkeit der Position von RAISER begreifen. Nach dem 2. Weltkrieg ging es eigentlich nur noch um die richtige dogmatische Einordnung der richterlichen Inhaltskontrolle (dazu näher GRABA Rn 3 ff). Die beiden originellsten dogmatischen Einfälle waren die These, das Aufstellen von AGB sei einer einseitigen Leistungsbestimmung iSv § 315 BGB gleichzustellen (FLUME, 100 Jahre deutsches Rechtsleben I [1960] 169 f; FLUME, Allgemeiner Teil § 37, 2; LUKES NJW 1963, 897; SCHMIDT/SALZER, AGB [1. Aufl 1976] 66 ff) und die Deutung des Verlangens nach Einbeziehung von unangemessenen AGB als ein Vorgang, der culpa in contrahendo begründet (DIEDERICHSEN ZfHK 132, 253; dazu § 9 Rn 45).

Erst relativ spät ist die Diskussion in eine rechtspolitische Auseinandersetzung eingemündet, welche ihren Publizitätshöhepunkt auf dem 50. Deutschen Juristentag 1974 in Hamburg gefunden hat (dazu KÖTZ Gutachten A 1 ff; ULMER H 8 ff; Wiedergabe des zuvor erreichten Diskussionsstandes im 1. Teilbericht S 18 ff). Die Problematik und ihre Ursachen waren aber im Grunde schon offenkundig. Ein erstmals 1974 entdecktes Element der Diagnose verdient freilich Erwähnung: Die Vereinzelung des den Vertragspartner des Verwenders betreffenden Risikos ist es, die es ihm von vornherein als unverhältnismäßigen Aufwand erscheinen lassen muß, Informations- und Verhandlungsaufwand in die Verbesserung der ihm präsentierten AGB zu investieren (siehe STAUDINGER/SCHLOSSER Einl 4 zum AGBG). Im übrigen ging es seit Beginn der siebziger Jahre nur noch um die richtige Therapie, vor allen Dingen um eine ausgewogene Dosierung der Inhaltskontrolle von AGB. In mancher Hinsicht ist der Gesetz gewordene Unwirksamkeitskatalog zwar strenger, als es die Rechtsprechung bis 1976 gewesen war. Jedoch wäre die Rechtsprechung auch nicht auf der Stelle getreten, wenn das Gesetz ausgeblieben wäre.

3. Die Entwicklung seit Inkrafttreten des AGBG

a) Interne Rechtsentwicklung

5 In der mittlerweile über zwanzigjährigen Anwendungsgeschichte des AGBG hat sich die Inhaltskontrolle als der nicht nur dogmatisch wie rechtspolitisch, sondern auch als der praktisch bei weitem dominierende Schutzansatz des Gesetzes erwiesen. Eine nicht abreißende Flut von ober- und höchstgerichtlichen Entscheidungen zeigt, daß das Ziel insbesondere des Verbandsklageverfahrens, den Rechtsverkehr von unangemessenen Klauseln zu reinigen und freizuhalten (siehe § 13 Rn 1), noch nicht erreicht (und wohl auch utopisch) ist. Auch die Aussage, über die Grenzen wirksamer Klauselgestaltung könne heute kaum noch Unklarheit bestehen (vgl SCHLOSSER

ZIP 1985, 449), erscheint trotz vieler erreichter Klärungen in Grundsatz- und Einzelfragen als zu euphorisch. Realität ist jedenfalls eine bemerkenswerte Dichte und Stringenz der richterlichen Inhaltskontrolle von AGB, deren Legitimität höchst unterschiedlich beurteilt wird. Kritische Stimmen werfen der Rechtsprechung Mißachtung der gebotenen Zurückhaltung gegenüber privatautonomer Gestaltungsfreiheit vor; von einer „Feindeinstellung der Gerichte gegenüber AGB" ist die Rede (SCHMIDT/SALZER, Freizeichnungsklauseln [1985] Rn 3.068 ff), von einer „Kontrollhektik" (ZÖLLNER AcP 176 [1976] 246; HELLNER, in: FS Steinhoff [1990] 573, 580) oder gar „Kontrolltyrannei" (vgl CANARIS, in: FS Steindorff [1990] 548, 558), die das subjektive richterliche Richtigkeitsempfinden an die Stelle der gesetzlichen Wertungen setze (kritisch im Zusammenhang mit den sog „Kardinalpflichten" auch SCHLOSSER, in: 10 Jahre AGBG S 121 ff). Andere halten die richterliche Kontrollpraxis – unbeschadet vereinzelter Überziehungen – für den Intentionen des Gesetzgebers entsprechend und grundsätzlich angemessen; das AGBG habe sich in seiner Anwendung insgesamt bewährt (BRANDNER, in: 10 Jahre ABGB S 43, 47; BUNTE/HEINRICHS, Aktuelle Rechtsfragen S 14 f; SCHLOSSER ZIP 1985, 449, 452; ULMER EuZW 1993, 337, 347). Dieser Einschätzung ist beizupflichten, gelegentliche dogmatische Verirrungen oder Ungenauigkeiten (vgl zB § 8 Rn 2, 22; § 9 Rn 30–32, 145 f und öfter) sind reparabel und trüben das positive Gesamtbild nur wenig.

Der Schwerpunkt der richterlichen Inhaltskontrolle hat sich eindeutig auf § 9 verlagert. Dies liegt nicht nur am gegenüber §§ 10, 11 unschärferen Tatbestand der Generalklausel und der daraus folgenden schwächeren Orientierungskraft für die Klauselaufsteller, sondern auch an der Auffangfunktion des § 9 gegenüber den speziellen Klauselverboten und seiner alleinigen Maßgeblichkeit für den beruflichen Verkehr (§ 24). Darüber hinaus bevorzugt die Rechtsprechung die Behandlung von Fragen, die systematisch eigentlich anderweitig angesiedelt sind (zB des Aspekts der Unklarheit [§§ 3, 5], des Konflikts mit Individualabreden [§ 4] oder des Verstoßes gegen zwingendes Gesetzesrecht [s § 8 Rn 9 und § 9 Rn 170]) als solche der inhaltlichen Unangemessenheit; neben größerer Flexibilität wird dadurch auch der Zugriff im Verbandsklageverfahren nach § 13 gesichert (zur Kritik aber § 9 Rn 170). Im Ergebnis haben sich damit schon relativ kurze Zeit nach dem Inkrafttreten des Gesetzes über dessen Wortlaut (der seinerseits zu einem guten Teil eine Fixierung des bislang gewachsenen Richterrechtes bedeutete) neue Schichten von Richterrecht gelagert, die das Gesetz konkretisieren, ergänzen und sogar modifizieren (vgl HEINRICHS, in: 10 Jahre AGBG S 23, 25). Dies ist keine Fehlentwicklung, sondern angesichts der Dynamik des Rechts wie des Wirtschaftslebens unvermeidlich. Darüber hinaus kann § 9 – über seine Auffangfunktion hinaus – durchaus auch als ein bewußter Auftrag des Gesetzgebers an die Gerichte zur Rechtsfortbildung verstanden werden (so ULMER, in: 10 Jahre AGBG S 1, 10 f; WESTERMANN, in: FS Steindorff [1990] 817, 819).

b) Europarechtliche Einflüsse – Kontinuität oder Diskontinuität?
Wesentliche neue Impulse hat das deutsche AGB-Recht schwerpunktmäßig auf dem Gebiet der Inhaltskontrolle durch die EG-Richtlinie 93/13/EWG vom 5. April 1993 (ABl EG vom 21. 4. 1993, Nr L 95, S 29; zu den europarechtlichen Grundlagen und zur Entstehungsgeschichte der RL KAPNOPOULOU 52 ff, 65 ff; DAMM JZ 1994, 161 ff; HOMMELHOFF/WIEDENMANN ZIP 1993, 562 ff; ULMER EuZW 1993, 337 ff; der Text der RL ist abgedruckt im Anhang zu § 24 a) und seine Umsetzung in §§ 12, 24 a erhalten. Der auf Verbraucherschutz und damit auf das rollenspezifische Kräftegefälle der Vertragsparteien abstellende Ansatz des

EG-Rechts fügte dem deutschen AGB-Recht eine ihm zwar nicht fremde (s § 9 Rn 5), aber es bisher nicht konzeptionell tragende Komponente hinzu (§ 9 Rn 2, 5 f). Diese wirkt sich bei „Verbraucherverträgen" iSd § 24 a, Art 2 RL nicht nur in einer gegenständlichen Erweiterung der Inhaltskontrolle aus („Drittklauseln", § 24 a Nr 1; „Einmalklauseln", § 24 a Nr 2), sondern auch in einer Veränderung der materiellen Maßstäbe und ihre Ermittlung (§ 24 a Nr 3). Wegen des Vorrangs des Europarechts und des daraus fließenden Gebots richtlinienkonformer Auslegung nationalen Rechts (dazu § 9 Rn 53 f, 62) existiert für den deutschen Rechtsanwender seit dem Inkrafttreten der RL am 1. 1. 1995 hinter den §§ 8–11 eine zweite Linie normativer Maßstäbe, die kumulativ zu beachten sind (im einzelnen § 9 Rn 54). Obwohl die Kontrollmaßstäbe des EG-Rechts im Ergebnis weitgehend mit denen des deutschen Rechts übereinstimmen (und deshalb nicht explizit vom Gesetzgeber umgesetzt worden sind), haben sie doch grundsätzlich eigenständigen Gehalt, da sie (1) einem autonomen normativen System entstammen (EG-Recht), (2) von einer übernationalen Instanz verbindlich interpretiert werden (EuGH) und (3) die verbraucherschützende Ausrichtung des EG-Rechts in Einzelheiten abweichende Akzentsetzungen durchaus erwarten läßt (so schon die konkret-individuelle Auslegung und Bewertung gem § 24 a Nr 3, Art 4 Abs 1 RL; allerdings sollten die Unterschiede in den Ergebnissen auch nicht überschätzt werden, vgl § 9 Rn 5). Der Vorschlag, wegen dieser konzeptionellen Diskrepanz zwecks Umsetzung der RL neben das (unverändert bleibende) AGBG ein gesondertes Gesetz zum Schutz des Verbrauchers vor vorformulierten Klauseln zu stellen (HOMMELHOFF/WIEDENMANN ZIP 1993, 562 ff), hat sich nicht durchgesetzt. Die jetzige Lösung durch den Gesetzgeber kann aber nicht darüber hinwegtäuschen, daß in Deutschland fortan zwei inhaltlich überlappende, konzeptionell aber verschiedene Schutzansätze gegen AGB nebeneinanderstehen. Während sich die Modifikation des AGB-Rechts für Kaufleute (jetzt: beruflich handelnde Vertragspartner) durch § 24 noch vollständig im Rahmen des gesetzlichen Grundansatzes hielt, läßt § 24 a kaum erkennen, daß die Inhaltskontrolle von AGB in Verbraucherverträgen gem §§ 8–11 materiell richtlinienkonform zu erfolgen hat und damit auch Leitgedanken verpflichtet ist, die außerhalb des bisherigen Schutzkonzepts liegen. Allerdings lassen sich dieses und der Verbraucherschutzansatz noch als verschiedene Ausprägungen eines übergreifenden Interventionssystems bei gestörter Verhandlungsparität begreifen (siehe § 9 Rn 6). Im Ergebnis ist die Kontinuität der Rechtsentwicklung durch den Einfluß des EG-Rechts nicht unterbrochen, hat aber doch einen Knick erhalten.

II. Gesetzliche Systematik

8 Die Vorschriften über die Inhaltskontrolle von AGB sind zwar das Kernstück des Gesetzes, jedoch sind sie nicht das einzige Waffenbündel, das die Rechtsordnung zum Schutz des Vertragspartners des AGB-Verwenders geschaffen hat. Es wäre wenig sinnvoll, den Anwendungsbereich der verschiedenen Behelfe genau gegeneinander abgrenzen zu wollen (vgl oben Rn 6; für entsprechende Bemühungen vgl jedoch KOLLER, in: FS Steindorff [1990] 667 ff). Der gesetzlichen Intention entspricht es, vom Grundsatz des Überlappens der Anwendungsbereiche der verschiedenen sich gegen unangemessene AGB richtenden Vorschriften auszugehen (STAUDINGER/SCHLOSSER Einl 6 ff zum AGBG). Das gilt sowohl für das Verhältnis der verschiedenen der Inhaltskontrolle gewidmeten Vorschriften als auch für deren Verhältnis zu anderen Gesetzesbestimmungen (siehe im einzelnen § 9 Rn 22 ff).

2. Unterabschnitt.
Unwirksame Klauseln

Innerhalb der Vorschriften zur Inhaltskontrolle dient ein erster gesetzlicher Schritt **9** der **Umschreibung und Abgrenzung des kontrollunterworfenen Bereichs**: Kontrollfähig sind nach dem Wortlaut von § 8 nur solche AGB, die von Rechtsvorschriften abweichende oder diese ergänzende Regelungen enthalten. Dahinter steht zum einen der Gedanke, daß – im Hinblick auf den Grundsatz der Gewaltenteilung – objektives Recht nicht schon deshalb richterlicher Inhaltskontrolle unterworfen sein kann, weil es deklaratorisch in einer AGB-Klausel wiederholt wird – das Recht ist Maßstab, nicht Gegenstand der Inhaltskontrolle. Daraus folgt aber noch eine weitere, dem Gesetzeswortlaut nur mittelbar zu entnehmende Eingrenzung: Inhaltskontrolle als Rechtskontrolle (siehe unten Rn 15) kann nur dort stattfinden, wo objektive, staatliche Richtigkeitsmaßstäbe bestehen oder aus übergreifenden Prinzipien entwickelt werden können. Wo dies nicht der Fall ist, könnte Inhaltskontrolle nur darauf hinauslaufen, willkürliche privatautonome Gestaltung durch subjektive Richterwillkür zu ersetzen (für Einzelheiten siehe § 8 Rn 2 ff, 11 ff, 30 ff). Da für Verbraucherverträge insoweit keine Besonderheiten bestehen, hat die RL die Konzeption des § 8 AGBG im wesentlichen übernommen (Art 1 Abs 2, 4 Abs 2 und Erwägungsgründe 13, 19). Quantitativ gesehen bezeichnen die nach § 8 kontrollfreien Klauselthemen jedoch nur die Bereiche, an denen eine grundsätzlich und auch tatsächlich umfassende Inhaltskontrolle an ihre Grenzen stößt – die große Masse der AGB-Bestimmungen unterfällt der Kontrolle nach §§ 9–11 (vgl § 8 Rn 6).

An die Spitze der Vorschriften, die sich mit der **Durchführung der Inhaltskontrolle** **10** befassen, hat der Gesetzgeber die Grundsatznorm des **§ 9 Abs 1** gestellt. Sie legt übergreifend *Ziel* und *Maßstab* der Inhaltskontrolle fest („unangemessene Benachteiligung des Vertragspartners entgegen den Geboten von Treu und Glauben") sowie die aus einer Verletzung der gesetzlichen Anforderungen resultierenden *Rechtsfolgen* (Unwirksamkeit der Klausel, weiter ausgeführt in § 6). § 9 Abs 1 ist nicht nur Programmsatz oder unselbständige Rechtsnorm, sondern ein vollständiger, Normtatbestand und Rechtsfolge umfassender Kontrollmaßstab, der im Verhältnis zu den folgenden gesetzlichen Konkretisierungen insbesondere auch eine *Auffangfunktion* erfüllt (BT-Drucks 7/3919, 22; BECKER 23, 120). Der Kontrollmaßstab des § 9 Abs 1 wird sodann vom Gesetz schrittweise entfaltet und konkretisiert (anschaulich BECKER 44–47, 203): Zunächst in **§ 9 Abs 2**, der als wichtigste Fälle einer unangemessenen Benachteiligung solche AGB-Bestimmungen hervorhebt, die gegen wesentliche Grundgedanken sonst einschlägiger Rechtsvorschriften verstoßen (Nr 1) oder die sich aus der Natur des Vertrages ergebende wesentliche Rechte des Vertragspartners so einschränken, daß die Erreichung des Vertragszwecks gefährdet ist (Nr 2). Als Vergleichsmaßstab für eine konkrete AGB-Klausel werden also zum einen das dispositive Recht, zum anderen die grundsätzlich vereinbarte Vertragsordnung, insbesondere deren Zweck und Sinngehalt, zur Verfügung gestellt. Damit normiert das Gesetz in § 9 Abs 2 *Sondertatbestände*, die für ihren Anwendungsbereich den allgemeinen Maßstab der „unangemessenen Benachteiligung" gem Abs 1 konkretisieren (zur methodischen Bedeutung für die Rechtsanwendung siehe § 9 Rn 165), ihn aber sachlich nicht voll auszuschöpfen vermögen (vgl § 9 Rn 166).

Noch konkreter, dh bezogen auf bestimmte Klauselthemen wird der Kontrollmaß- **11** stab umgesetzt in den Verbotskatalogen der §§ 10 und 11. In § **10 (Klauselverbote mit Wertungsmöglichkeit)** lenkt das Gesetz das Augenmerk auf typische und tendenziell gefährliche Klauseln, eröffnet mit unbestimmten Rechtsbegriffen wie „unangemessen", „zumutbar", „ohne sachlich gerechtfertigten Grund" oder ähnlichen aber jeweils Wertungsräume (und -verpflichtungen), innerhalb derer der Rechtsanwender den grundsätzlichen Kontrollmaßstab des § 9 Abs 1 in der gesetzlich konkretisierten Zielrichtung einzubringen und verantwortlich zu beurteilen hat. Die richterliche Wertung gehört bei § 10 konstitutiv zum Verbotstatbestand, dieser setzt sich also aus einer deskriptiven und einer wertenden Komponente zusammen. Eine Verlagerung der Darlegungs- und Beweislast iS einer „Unwirksamkeitsvermutung" enthält § 10 jedoch nicht. Fällt die Wertung negativ aus, bedarf es keiner weiteren Kontrollen nach § 9 mehr. Eine Klausel, die zwar unter die Thematik einer der Nummern des § 10 fällt, die der dort vorgeschriebenen Bewertung hingegen standhält, kann *insoweit* nicht mehr erneut am allgemeinen Maßstab des § 9 in Frage gestellt werden. Wenn die konkret anzustellende Bewertung den allgemeinen Kontrollmaßstab nach § 9 Abs 1 im wesentlichen erschöpft (zB „unangemessen lange" Annahmefrist, § 10 Nr 1), ist die Klausel damit einer zusätzlichen Überprüfung praktisch entzogen, die positive Bewertung nach § 10 ist auch hier ausschlaggebend für die gesamte Inhaltskontrolle. Andererseits ist es durchaus denkbar, daß zB die Zugangsfiktion des § 10 Nr 6 eine Erklärung ohne „besondere Bedeutung" betrifft, sie aber dennoch aus anderen Gründen als unangemessen iSv § 9 gewertet werden muß. Es ist also bei den einzelnen Klauselverboten des § 10 differenzierend darauf abzustellen, ob und inwieweit der dort eröffnete Wertungsspielraum die nach § 9 letztentscheidende Gesamtwertung ausschöpft (im Ergebnis ähnlich WOLF vor §§ 10, 11 Rn 11 f; ULMER/BRANDNER § 9 Rn 67).

12 In § 11 (**Klauselverbote ohne Wertungsmöglichkeit**) schließlich hat der Gesetzgeber die in § 9 Abs 1 formulierte Wertungsfrage für eine Reihe dort aufgezählter Klauseln selbst abschließend beantwortet. Für den Rechtsanwender bleibt nur die Subsumtion unter die deskriptiven Tatbestände des § 11, das Unwirksamkeitsverdikt folgt dann ohne weiteres ex lege. Dementsprechend sind hier vom Vertragspartner (oder vom Kläger im Verbandsklageverfahren) nur die tatsächlichen Voraussetzungen des Gesetzes darzulegen und zu beweisen. Doch geht es in der Gerichtspraxis faßt immer nur um die Subsumtion textlich vorliegender Klauseln unter eine Bestimmung des § 11 und nicht um Tatsachen, welche eines Beweises zugänglich wären.

13 Das Fortschreiten des Gesetzes vom Allgemeinen zum Besonderen spiegelt sich in einer umgekehrten **Prüfungsreihenfolge** bei der Beurteilung einer konkreten Klausel wider: Im **privaten Verkehr** ist zunächst Unwirksamkeit nach § 11, dann nach § 10, schließlich nach § 9 Abs 2 und hilfsweise nach § 9 Abs 1 zu prüfen. Folgt die Unwirksamkeit schon aus einem der Klauselverbote der §§ 10 oder 11, bedarf es keiner Prüfung am Maßstab des § 9 mehr – insbesondere kann das Unwirksamkeitsurteil durch eine Abwägung nach § 9 nicht wieder in Frage gestellt oder möglicherweise sogar revidiert werden. Hat sich aus den vorgelagerten Stufen der Prüfung keine Klauselunwirksamkeit herleiten lassen, so hindert dies hingegen nicht grundsätzlich den Rückgriff auf die Generalklausel des § 9. So will das Gesetz mit § 11 Nr 12 zB nicht sagen, daß Vertragslaufzeiten unterhalb der dort festgelegten äußersten Grenzen stets wirksam seien (vgl § 9 Rn 10, 427 ff); entsprechendes gilt etwa für die Freizeichnung von einfacher Fahrlässigkeit (§ 11 Nr 7; vgl § 9 Rn 331 ff). Die offene und umfassende Klauselbewertung nach § 9 hat Vorrang vor den Typisierungen der §§ 11 oder 10. Bei **Verbraucherverträgen** als Sonderfall des nichtkaufmännischen Verkehrs wird das Prüfungsprogramm durch die EG-RL angereichert. Hat schon das

deutsche Recht zur Verwerfung der Klausel geführt, so kann die Bewertung nach EG-Maßstäben regelmäßig dahinstehen, weil ggf strengeres nationales Recht von der RL unberührt bleibt, Art 8 RL (vgl HEINRICHS NJW 1996, 2190, 2196; NASSALL WM 1994, 1645, 1648; ders JZ 1995, 689, 690; zur europarechtlichen Würdigung dieses „Mindeststandardprinzips" KIENDL ZfRV 1994, 138 ff; HEISS ZEuP 1996, 625, 627 ff). Allerdings bleibt auch hier noch zu prüfen, ob die gegenüber dem EG-Recht strengere deutsche Bestimmung eine mittelbare Handelsbarriere im Sinne der Art 30–35 EWGV bedeutet und als solche mit „zwingenden Erfordernissen des Verbraucherschutzes" gerechtfertigt werden kann (Art 36 EWGV sowie EuGH Rs 261/81, EuGHE 1982, 3961; Rs C-470/93, EuZW 1995, 611; vgl ULMER EuZW 1993, 337, 338). Ist letzteres nicht der Fall, so ist die deutsche Regelung trotz Art 8 RL nichtig (vgl DREHER JZ 1997, 172 mwN). Bei Wirksamkeit der Klausel nach deutschen Grundsätzen bedarf es der Kontrolle, ob die Auslegung des unbestimmten Rechtsbegriffs der „unangemessenen Benachteiligung" (§ 9 Abs 1) im konkreten Fall mit dem europarechtlichen Maßstab des „erheblichen und ungerechtfertigten Mißverhältnisses" übereinstimmt (Art 3 Abs 1 RL; zum Interpretationsprimat des EuGH siehe § 9 Rn 55; zur Bedeutung des Klauselanhangs der RL siehe § 9 Rn 88). Ob diese Kontrolle im Wege der „richtlinienkonformen Auslegung" von vornherein in die Anwendung des § 9 integriert oder in einem zweiten Prüfungsschritt nachgeholt wird (so HEINRICHS NJW 1996, 2190, 2196; wohl auch NASSALL WM 1994, 1645, 1652), ist nicht gleichgültig: Die Beurteilung zunächst nach deutschem Recht kann (bei Verwerfung der Klausel) den Rekurs auf europäisches Recht ersparen, und damit fehlt es für etwaige Vorlagen an den EuGH (siehe § 9 Rn 55 ff) solange an der Voraussetzung, daß die Interpretation der RL entscheidungserheblich sein muß, als nicht feststeht, ob die Klausel nicht schon nach nationalen Maßstäben unwirksam ist. Hat die Klausel nach deutschem Recht deshalb Bestand, weil sie gemäß § 8 der Inhaltskontrolle entzogen ist, so gilt deswegen Art 1 Abs 2, 4 Abs 2 RL allerdings auch für das EG-Recht (siehe § 8 Rn 41).

Im **beruflichen Verkehr** schließlich kommt als Prüfungsmaßstab von vornherein nur § 9 in Betracht (§ 24); auch die EG-RL regelt diesen Bereich nicht. Allerdings sind die gesetzlichen Wertungen der §§ 10, 11 im Rahmen der Abwägung nach § 9 zu berücksichtigen (§ 24 S 2).

III. Allgemeine Grundsätze der Inhaltskontrolle

Da § 9 die Grundnorm für die gesamte Inhaltskontrolle darstellt und §§ 10, 11 nur punktuelle Konkretisierungen vornehmen, erscheint es sinnvoll und gerechtfertigt, die Konzeption und Prinzipien der Inhaltskontrolle im einzelnen im Rahmen der Kommentierung von § 9 geschlossen zu erläutern. Die dortigen Ausführungen gelten, vorbehaltlich normierter Besonderheiten, ohne weiteres grundsätzlich auch für die Inhaltskontrolle nach §§ 10 und 11. Hier ist nur noch kurz auf den organisatorischen Rahmen der Inhaltskontrolle einzugehen.

Die Inhaltskontrolle von AGB ist **Rechtsanwendung** – noch dazu: Anwendung zwingenden Rechts – und daher von jedem Rechtsanwender **von Amts wegen** vorzunehmen (vHOYNINGEN-HUENE Rn 36; FASTRICH 9). Es bedarf keiner „Berufung" einer Partei auf die Unangemessenheit einer AGB-Bestimmung, um dem Rechtsanwender zu erlauben, sie für unwirksam zu halten. Nur soweit ein Unwirksamkeitsurteil von tatsächlichen Feststellungen abhängt, müssen diese in einer dem Verhandlungsgrundsatz entsprechenden Weise in den Prozeß eingeführt werden.

16 Die Verpflichtung, die Gesetzesbestimmungen zur Inhaltskontrolle von AGB von sich aus zu beachten, gilt für jeden, der zur amtlichen Rechtsanwendung berufen ist, insbesondere die **Gerichte** im zivilprozessualen Verfahren (Individual- oder Verbandsklageverfahren nach §§ 13 ff). Aber auch in der freiwilligen Gerichtsbarkeit können die Wirksamkeitsmaßstäbe der §§ 9–11 ABGB zu beachten sein, etwa vom **Rechtspfleger** im **vormundschaftsgerichtlichen Genehmigungsverfahren** nach §§ 1821 ff BGB, wenn der genehmigungsbedürftige Vertrag AGB enthält oder gem § 24 a Nr 2 der Inhaltskontrolle unterworfen ist. Die Bindung an das Gesetz ist derjenigen an das Mündelinteresse vorgelagert, so daß die Genehmigung auch dann zu verweigern ist, wenn der Vertrag auch ohne die unwirksame Klausel gem § 6 Abs 1, 2 weiterbestände und in dieser Form für das Mündel oder Kind vielleicht besonders günstig wäre. Allerdings berechtigen nur eindeutige Verstöße gegen das AGBG zur Genehmigungsverweigerung, in Zweifelsfällen ist die Genehmigung zu erteilen und die Entscheidung dem Prozeßgericht zu überlassen (STAUDINGER/ENGLER[12] § 1828 Rn 13 mwN). Auch in **Grundbuchsachen** ist nach hM das AGBG (neben §§ 134, 138 BGB) zu prüfen, etwa bei Eintragungsbewilligungen, die auf vorformulierte Texte verweisen oder selbst formularmäßig gefaßt sind, oder bei entsprechenden Auflassungen oder Teilungserklärungen einer WEG (BayObLG NJW 1980, 2818; OLG Stuttgart NJW 1979, 222; LG Aschaffenburg BB 1979, 697; LG Nürnberg-Fürth BB 1979, 698; LG Stuttgart JZ 1977, 760; vgl SCHLENKER, Die Bedeutung des AGBG im Grundbuchantragsverfahren [Diss 1982]; H SCHMID BB 1979, 1663; ders Rpfleger 1987, 133; STÜRNER BWNotZ 1977, 106; aM OLG Köln NJW-RR 1989, 780, 781 ff; OLG Hamm DNotZ 1979, 752, 754; STAUDINGER/RAPP[12] § 7 WEG Rn 38). Wegen der akzessorischen Natur des dinglichen Rechts bei der Hypothek gilt dies auch für den schuldrechtlichen Darlehensvertrag, auf den in der Eintragungsbewilligung Bezug genommen wird (OLG Celle Rpfleger 1979, 261; BayObLG BB 1980, 283). Allerdings ist das Grundbuchamt zu einer systematischen Überprüfung aller Eintragungsbewilligungen nicht verpflichtet. Nur wenn sich ihm aus Anlaß eines Geschäftsvorfalls die Unwirksamkeit einer in der Eintragungsbewilligung in Bezug genommenen AGB-Bestimmung aufdrängt und zweifelsfrei feststeht, darf es zur Inhaltskontrolle schreiten (BayObLG aaO; WOLF § 9 Rn 161; vHOYNINGEN-HUENE Rn 46; ULMER/BRANDNER § 9 Rn 55).

17 Die Pflicht zur Inhaltskontrolle nach §§ 9–11 von Amts wegen gilt schließlich auch für **Notare**, wenn es um die *Beurkundung* von Standardverträgen (dazu BGH NJW 1991, 843) oder auch Einzelverträgen gegenüber Verbrauchern geht (§ 24 a Nr 1, 2). Aus den Prüfungs-, Belehrungs- und Ablehnungspflichten der §§ 4, 17 BeurkG ergibt sich bei zweifelhaften Klauseln eine Hinweis- und Erörterungspflicht, bei eindeutig unwirksamen Klauseln sogar eine Ablehnungspflicht (vHOYNINGEN-HUENE Rn 44; ULMER/BRANDNER § 9 Rn 54; zur Haftung des Notars gem § 19 Abs 1 BNotO bei unterlassener Aufklärung über die Unwirksamkeit eines Vertrags siehe BGH NJW 1993, 1587, 1588 [dort zu § 138 BGB]). Bei bloßer *Unterschriftsbeglaubigung* besteht hingegen keine umfassende inhaltliche Prüfungs- und Belehrungspflicht; bei offensichtlicher Unwirksamkeit gem § 9–11 (oder anderen zwingenden Rechtsvorschriften) kann sich allerdings aus § 40 Abs 2 BeurkG eine Ablehnungspflicht ergeben (SCHIPPEL/BRAMBRING DNotZ 1977, 131, 138). Der Umstand, daß der notariell beurkundete oder beglaubigte Vertrag seinerseits der gerichtlichen Inhaltskontrolle nach §§ 9–11 (ggf über § 24 a Nr 1)

oder nach § 242 BGB bei Nichtanwendbarkeit des AGBG unterliegt (vgl § 9 Rn 37), steht der eigenverantwortlichen Prüfungspflicht des Notars nicht entgegen.

Entsprechendes gilt, soweit **Behörden** zur Überprüfung und ggf Genehmigung von AGB berufen sind. Auch wenn diese Überprüfung häufig andere Ziele verfolgt (§ 9 Rn 17), so stellen doch die Maßstäbe der §§ 9–11 ebenfalls verbindliche Vorgaben dar (siehe STAUDINGER/SCHLOSSER Einl 21 zum AGBG; ULMER/BRANDNER Einl Rn 53; vHOYNINGEN-HUENE Rn 58). Andererseits wird durch derartige behördliche Vorprüfungen eine spätere gerichtliche AGB-Kontrolle weder ausgeschlossen noch auch nur eingeschränkt (BGH NJW 1983, 1322, 1324; siehe § 9 Rn 17). **18**

Der Rechtsanwender muß jedoch die vom Gesetz an sich vorgezeichneten Prüfungsschritte nicht nachvollziehen, sondern kann die Unwirksamkeit einer AGB-Bestimmung in jeder ihm sicher erscheinenden Weise feststellen, also etwa sagen, sie ergebe sich „jedenfalls" aus § 9, wenn sie nicht schon aus einer der Nummern von §§ 10 oder 11 folge (siehe § 9 Rn 9). **19**

Die Anwendung der §§ 9 ff auf konkrete Fälle ist als Rechtsanwendung grundsätzlich **revisibel**, auch soweit es sich um seltene, nur auf Einzelsituationen bezogene Klauseln handelt. Es kommt nicht darauf an, ob der Verwendungsbereich einer Klausel den Bezirk eines OLG überschreitet (BGH NJW 1997, 3022, 3023). Bei ausländischen AGB ist die Revisibilität nur dann zu verneinen, wenn das ausländische Recht, vor dessen Hintergrund die AGB verfaßt sind, in concreto auch Vertragsstatut ist (BGH NJW 1992, 1032, 1033 mwN).

§ 8
Schranken der Inhaltskontrolle

Die §§ 9 bis 11 gelten nur für Bestimmungen in Allgemeinen Geschäftsbedingungen, durch die von Rechtsvorschriften abweichende oder diese ergänzende Regelungen vereinbart werden.

Materialien: 1. Teilber 38; RefE 5; RegE BT-Drucks 7/3919, 22 – siehe STAUDINGER/SCHLOSSER Einl 6 ff zum AGBG.

Schrifttum

Siehe § 9.

Systematische Übersicht

I.	Norminhalt und -zweck	1	III. Leistungspflichten	
			1. Problemstellung	11
II.	Rechtsvorschriften	7	2. Inhaltskontrolle und Transparenzkontrolle	15

a) Zulässigkeit der Transparenzkontrolle im Leistungsbereich _____ 15
b) Transparenzkontrolle im Gefüge des § 8 _____ 17
3. Materielle Inhaltskontrolle im Leistungsbereich _____ 18
   a) Fragestellung _____ 18
   b) Definition des „Leistungsbereichs" _____ 19
   c) Möglichkeiten und Grenzen materieller Inhaltskontrolle bei unmittelbar leistungsbestimmenden Klauseln _____ 20
4. Einzelbeispiele

a) Preisbezogene Klauseln _____ 25
b) Leistungsbestimmungen _____ 28

IV. **Rechtsdeklaratorische Klauseln**
1. Grundlagen _____ 30
2. Feststellung des rechtsdeklaratorischen Charakters von AGB-Bestimmungen
   a) Grundsätze _____ 33
   b) Einzelfragen und Zweifelsfälle _____ 35
   c) Europarechtliche Problematik _____ 41

Alphabetische Übersicht

Angemessenheitskontrolle _____ 9, 20, 31, 34
Äquivalenzverhältnis _____ 2, 11, 16, 25 f
Aushöhlungskriterium _____ 23, 25

Bank _____ 11 ff, 22 f, 25
Billigkeitskontrolle nach § 315 Abs 3 BGB
_____ 2, 21, 23

EG-Recht _____ 1, 4, 16, 32, 41
Entgeltklauseln _____ 13
Erlaubnisnorm _____ 38 f

Gebührenordnungen der freien Berufe _____ 20
gesetzliche Gestaltungsmöglichkeiten 34, 37 ff
Gewohnheitsrecht _____ 7
günstige Regelungen _____ 40

Handelsgesetzbuch _____ 20
Hauptleistungen _____ 2 ff, 11f, 14 ff, 19, 28

Inhaltskontrolle im Leistungsbereich _____ 18 ff
– normative Maßstäbe _____ 23

Kontrollbedürftigkeit _____ 2 f, 11, 15, 20 f, 37
Kontrollfähigkeit _____
_____ 2, 4, 10 ff, 14 f, 20, 23, 30 f, 34 ff
Kontrollfreiheit _____
_____ 2, 6 ff, 12 ff, 19, 25 f, 29 ff, 34, 41
Kreditkarten _____ 11, 13, 22, 25

Leistungsbestimmungen _____ 11ff, 19 f, 22ff, 28 ff

Monopolbetriebe _____ 21

Neben(leistungs)pflichten _____ 11 f, 19, 25

Preisänderungsklauseln _____ 26
Preisaufspaltungen _____ 19, 25
preisbezogene Klauseln _____ 25 ff
Preisnebenabreden _____ 12 f, 15, 19 f, 26

rechtsdeklaratorische Klauseln _____
_____ 2, 30 f, 33, 35 ff, 41
rechtsergänzende Klauseln _____ 8, 34
Rechtsvorschriften _____ 7 ff
Richterrecht _____ 7, 33 ff
richtlinienkonforme Auslegung _____ 16

tatsächliche Feststellungen oder Erklärungen _____ 10
Teilwiedergabe der Rechtslage _____ 36
Transparenzgebot _____ 4, 14 ff, 26
Transparenzkontrolle _____
_____ 4, 15 ff, 18, 20, 22 f, 25, 28

Verbraucherverträge _____ 4, 7, 16, 32, 41
Verhältnismäßikeitsprinzip _____ 15, 21
Verkehrssitte und Handelsbräuche _____ 7
Versicherungsbedingungen _____ 29, 31

Zahlungsmodalitäten _____ 27
Zusatzentgelte _____ 18 f, 22, 25
zwingendes Recht _____ 9, 20

2. Unterabschnitt. § 8 AGBG
Unwirksame Klauseln 1, 2

I. Norminhalt und -zweck

Als erste der Vorschriften, die sich mit der Inhaltskontrolle von AGB befassen, 1
definiert § 8 den Bereich, innerhalb dessen Inhaltskontrolle überhaupt stattfinden
kann. Situativ bedingtes Funktionsversagen der Privatautonomie bei Verwendung
von AGB und die daraus folgende Gefahr einseitiger Interessenverfolgung durch
den Verwender (siehe § 9 Rn 1 ff) liefern nicht nur die Legitimation für rechtliche Interventionen in die Vertragsfreiheit, sondern zeichnen auch schon die Grenzen des
gebotenen Kundenschutzes vor: Wo der Kunde sich zumutbarerweise selbst schützen
kann oder wo die AGB mit dem objektiven Recht übereinstimmen, ist vertragliche
Inhaltskontrolle nicht nur unnötig, sondern würde auch gegen übergreifende Prinzipien der Rechtsordnung verstoßen (Grundsatz der Privatautonomie, vgl Rn 3; Bindung der Gerichte an Gesetz und Recht, Art 20 Abs 3 GG, vgl Rn 31). Dieser
Grundgedanke des § 8 kommt in seinem Wortlaut allerdings nur höchst unvollkommen zum Ausdruck – entsprechend unklar und umstritten sind deshalb Inhalt und
Tragweite der Norm im einzelnen. Die Richtigkeit, ja Unabweisbarkeit des Ausgangspunktes wird dadurch aber nicht berührt; er ist vielmehr bestätigt worden
durch eine weitgehend übereinstimmende Regelung in der EG-RL 93/13/EWG
(Art 1 Abs 2, 4 Abs 2 sowie Erwägungsgründe 13 und 19; vgl Einl 7 zu §§ 8 ff Rn 7; zur RL
auch noch unten Rn 4, 7, 16, 29, 32, 41).

Das Verständnis von § 8 wird nicht nur durch den Wortlaut, sondern auch dadurch 2
erschwert, daß das Konzept eines kontrollfreien Bereichs auf verschiedenen, sich
teilweise überschneidenden rechtspolitischen Gesichtspunkten beruht. Im Anschluß
an FASTRICH (252 ff; vgl auch schon WESTERMANN, in: 10 Jahre AGBG S 135 ff) können insoweit mangelnde **Kontrollfähigkeit** und mangelndes **Kontrollbedürfnis** unterschieden
werden.

Schon an der **Kontrollfähigkeit** fehlt es, wo rechtliche Kontrollmaßstäbe fehlen und
auch nicht aus der objektiven Rechtsordnung entwickelt werden können oder dürfen
(JOOST ZIP 1996, 1685, 1690). Dies betrifft zum einen die in § 8 mittelbar angesprochenen **rechtsdeklaratorischen Klauseln**. Das Gesetz selbst kann nicht Maßstab seiner
eigenen Überprüfung sein (bzw der inhaltsgleicher AGB-Klauseln); andere Maßstäbe sind aber nicht vorhanden und dürfen im Hinblick auf Art 20 Abs 3 GG auch
nicht entwickelt werden (vgl Einl 9 zu §§ 8 ff; ausführlicher unten Rn 30 ff). Zum zweiten
fehlen im allgemeinen rechtliche Maßstäbe für die Bestimmung der **vertraglichen
Hauptleistungen**: Was verkauft, gebaut oder vermietet wird, welche Dienste in welchem Umfang zu erbringen sind oder welche Risiken versichert werden sollen, und
welche Gegenleistung jeweils zu erbringen ist, kann in einer auf Privatautonomie
und freier Marktwirtschaft aufbauenden Rechtsordnung schlechterdings nicht staatlich vorgeschrieben werden (vgl FASTRICH 257). Dies leuchtet für den Leistungsgegenstand ohne weiteres ein, gilt aber auch für die Gegenleistung: Für das iustum pretium
gibt es regelmäßig keine objektiven Maßstäbe; an die Stelle objektiver Gerechtigkeit
tritt die Marktgerechtigkeit (ausführlich § 9 Rn 94 ff). Dies impliziert, daß auch das
Äquivalenzverhältnis in gegenseitigen Verträgen nicht kontrolliert werden kann
(DYLLA-KREBS 154 ff; FASTRICH 258 ff; CANARIS NJW 1987, 609, 613; BRANDNER, in: FS Hauß
[1978] 1, 9). Es finden sich zwar immer wieder Versuche insbesondere in der Rechtsprechung, auch für die Preisgestaltung rechtlich verbindliche Maßstäbe aufzubauen
(zB BGHZ 124, 254, 260 [kein Entgelt für „allgemeine Betriebskosten"]; ähnlich BGH NJW 1997,

2752, 2753 [für „Gemeinkosten" in Erfüllung öffentlich-rechtlicher Verpflichtungen]; BGHZ 114, 330, 333; ZIP 1994, 21, 22 [kein Entgelt für vertraglich geschuldete Leistungen]; OLG Hamburg NJW 1996, 1902, 1904 [nicht doppeltes Entgelt für die gleiche Leistung]; BGHZ 111, 287, 293 [Entgelt nur in üblicher Höhe]). Dabei handelt es sich aber durchwegs um richterliche Interventionen in betriebswirtschaftliche Kostenkalkulation und Preisbildungsfragen, die in der geltenden Verfassungs- und Privatrechtsordnung unzulässig sind (Canaris WM 1996, 237 ff; Köndgen NJW 1996, 558, 563; Meder NJW 1996, 1849, 1854; Horn WM 1997 Beil 1 S 3, 15 ff). Preise sind grundsätzlich nicht inhaltlich zu rechtfertigen, sondern müssen sich am Markt durchsetzen (Horn S 18). Die genannten Kontrollansätze haben nur Platz in einer Billigkeitskontrolle nach § 315 Abs 3 BGB, soweit diese ausnahmsweise eröffnet ist (unten Rn 21, 25 sowie Einl 15 zu §§ 8 ff; § 9 Rn 42 ff).

3   Daneben kann es aber auch an der **Kontrollbedürftigkeit** fehlen. Das ist immer dann der Fall, wenn die vorrangigen Mechanismen der privatautonomen Interessenwahrung funktionieren. Ausdruck dieses Gedankens ist zunächst § 1 Abs 2, der ausgehandelte Bedingungen schon dem Begriff der AGB entzieht (zur Parallele vgl auch Börner JZ 1997, 595, 598; auch die Regelung des § 8 sollte noch nach dem Teilbericht 1 im AGB-Begriff des § 1 untergebracht werden). Im Rahmen des § 8 kommen hier diejenigen Vertragsbedingungen in Betracht, die auch im Massenverkehr unter Verwendung von AGB regelmäßig für die Abschlußentscheidung der Kunden wesentlich sind und deshalb deren Aufmerksamkeit finden, selbst wenn sie vorformuliert sind. Das gilt vor allem, aber nicht denknotwendig nur für die vertraglichen *Hauptpflichten*. Zwar werden die Kunden nur in Ausnahmefällen erfolgreich auf die Abänderung solcher Klauseln hinwirken können (vgl Canaris NJW 1987, 609, 613); insbesondere Werbung und Warenteste sorgen jedoch für Markttransparenz solcher Bedingungen und weisen damit realistische Ausweichmöglichkeiten auf (Börner JZ 1997, 595, 599 ff; Fastrich 267 Fn 269; Horn WM 1997 Beil 1 S 3, 19; Koller, in: FS Steindorff [1990] 667, 676; dazu noch unten Rn 20 ff). Zwar lassen sich bei Nebenleistungspflichten (Sonderentgelte, Zusatzgebühren etc, vgl Rn 25) durchaus Sachkriterien für eine „gerechte" Preisgestaltung finden (vgl Derleder/Metz ZIP 1996, 573, 576 f: Kostendeckungsinteresse, Verteilungsgerechtigkeit unter den Kunden, legitime marktpolitische Gründe), jedoch gehen Marktregulierung und selbstverantwortliche Interessenwahrnehmung der staatlichen Regulierung grundsätzlich vor. Für das Funktionieren des Marktes ist auf den informierungsbereiten, flexiblen Kunden abzustellen. Würde die Unterlassung zumutbarer Interessenwahrung auf dem „Markt" durch gerichtliche Inhaltskontrolle kompensiert, würden damit die Funktionsbedingungen der freien Marktwirtschaft untergraben (vgl § 9 Rn 4). Der richtige rechtliche Ansatz muß demgegenüber in der Stärkung der Marktfunktion liegen (vgl Rn 24).

4   Das gilt grundsätzlich auch für **Verbraucherverträge**: Die EG-RL 93/13/EWG geht – wie das sonstige Gemeinschaftsrecht der EG – vom Leitbild des mündigen, selbstverantwortlichen Verbrauchers aus (siehe § 9 Rn 4); folgerichtig legt die RL einen Schwerpunkt auf die **Informierung** des Verbrauchers (Art 4 Abs 2, 5) und läßt es für die Hauptpflichten bei der Transparenzkontrolle bewenden (zum Transparenzgebot der EG-RL siehe § 9 Rn 152 ff; zur Transparenzkontrolle in § 8 unten Rn 14 ff; zu Art 4 Abs 2 RL vgl Schmidt-Salzer, in: FS Brandner [1996] 259 ff, 265 ff) – eine Angemessenheitskontrolle wird, deutlicher als in § 8, ausdrücklich ausgeschlossen. Damit dürfte allenfalls geringer Raum bestehen, bei generell funktionierendem Markt unter Berufung auf die Einzelfallumstände (§ 24 a Nr 3) zu einer Erweiterung des Kontrollbereichs zu

gelangen (zu § 24 a Nr 3 siehe dort Rn 52 ff; sowie § 9 Rn 85 f; BÖRNER JZ 1997, 595, 599 hält eine derartige „Verschärfung" der Inhaltskontrolle je nach den konkreten Ausweichmöglichkeiten des Verbrauchers für denkbar, plädiert aber vor allem auch für die Möglichkeit einer „Abschwächung", wenn der Unternehmer den Verbraucher über die Marktlage informiert hat [eine wohl recht unrealistische Alternative]). Dabei ist zu beachten, daß selbst bei Bejahung erweiterter Kontrollbedürftigkeit die *Kontrollfähigkeit* im Leistungsbereich eingeschränkt bleibt (Rn 2; zu Übergriffen in den Hauptleistungsbereich gemäß § 315 Abs 3 BGB siehe unten Rn 21). Sollte sich hingegen der nach Art 4 Abs 2 RL kontrollfreie Bereich als größer erweisen als der nach § 8, so ist dies für den deutschen Rechtsanwender unbeachtlich (Art 8 RL; übersehen von BRANDNER MDR 1997, 312, 314).

Keine Bedeutung im Rahmen des § 8 kommt, über die vorgenannten rationes legis hinaus, dem Gesichtspunkt einer **materiellen Benachteiligung** des Vertragspartners durch eine Klausel zu (anders vHOYNINGEN-HUENE, in: FS Trinkner [1995] 179, 184). Die Abweichung vom objektiven Recht eröffnet stets die Inhaltskontrolle; ob der Vertragspartner hierdurch unangemessen benachteiligt wird, ob hierfür bloße Intransparenz genügt, gehört zum Tatbestand des § 9 (siehe dort Rn 124; vgl auch unten Rn 39). 5

Müßig ist schließlich der Streit, ob Inhaltskontrolle von AGB die Regel und Kontrollfreiheit nach § 8 die Ausnahme sei (so ULMER/BRANDNER Rn 5) oder umgekehrt (WOLF Rn 3; JOOST ZIP 1996, 1685 f, 1690). Sicherlich ist Inhaltskontrolle in einem auf Vertragsfreiheit aufbauenden Privatrechtssystem die Ausnahme (grundlegend FASTRICH, Richterliche Inhaltskontrolle im Privatrecht [1992]); nachdem der Gesetzgeber für AGB jedoch generell Interventionsbedarf erkannt hat (vgl § 9 Rn 1 ff), kann die Kontrollfreiheit trotz Verwendung von AGB durchaus als Ausnahme betrachtet werden. Letztlich kommt es hierauf aber nicht an, entscheidend ist die sachliche, möglichst genaue Abgrenzung des kontrollfähigen und des kontrollfreien Bereichs. 6

II. Rechtsvorschriften

Die Kontrollfähigkeit von AGB setzt nach § 8 das Vorhandensein von „Rechtsvorschriften" für die jeweilige Klauselthematik voraus. Die Definition dieses Begriffs ergibt sich aus seiner Funktion: Gemeint sind alle „rechtsnormativen Vorgaben" (JOOST ZIP 1996, 1685, 1690), alle Regelungen, die im *positiven Recht* enthalten sind oder sich als Bestandteil der objektiven Rechtsordnung begreifen lassen. Wo derartige Maßstäbe fehlen, kann Inhaltskontrolle als eine besondere Form der Rechtskontrolle (Einl 15 zu §§ 8 ff) nicht stattfinden. 7

Neben gesetztem Recht sind Rechtsvorschriften im Sinne des § 8 deshalb *auch alle ungeschriebenen Regeln und Grundsätze des objektiven Rechts*, gleich, ob diese als *Gewohnheitsrecht* eingestuft werden können, sich als verfestigtes *Richterrecht* darstellen (DYLLA-KREBS 71 ff) oder sich im Wege der *ergänzenden Vertragsauslegung* gemäß §§ 157, 242 BGB ermitteln lassen (BGH ZIP 1993, 292, 294; JOOST ZIP 1996, 1685, 1691; ULMER/BRANDNER Rn 6; insoweit anders DYLLA-KREBS 73 ff). Verkehrssitten und Handelsbräuche gehören hingegen nicht dazu (§ 9 Rn 173). Insoweit deckt sich der Begriff der „Rechtsvorschriften" mit dem der „gesetzlichen Regelung" in § 9 Abs 2 Nr 1 (siehe deshalb ausführlicher dort Rn 169 ff), er erschöpft sich aber nicht darin (Rn 8; anders offenbar BGH NJW 1993, 721, 722; HEINRICHS NJW 1994, 1381, 1383).

Für den Bereich der *Verbraucherverträge* ist der Begriff der „bindenden Rechtsvorschriften" in Art 1 Abs 2 RL in gleichem Sinne zu verstehen, insbesondere ist damit auch das dispositive Recht umfaßt (Erwägungsgrund 13 S 2 HS 2). Auch soweit Art 1 Abs 2 RL daneben die „Bestimmungen oder Grundsätze internationaler Übereinkommen" stellt, bedeutet dies noch keine Besonderheit gegenüber §§ 8 und 9 Abs 2 Nr 1 (vgl § 9 Rn 174). Allerdings begründet nach der RL die Klauselübereinstimmung auch mit solchen Übereinkommen die Kontrollfreiheit, denen Deutschland nicht beigetreten ist, wohl aber die EU selbst (vgl näher MICKLITZ ZEuP 1993, 522, 525; KAPNOPOULOU 100 ff). Dies führt zu einem Ausfall der RL, nicht aber zur Unzulässigkeit einer Kontrolle nach §§ 9–11 – als insoweit strengeres Recht bleiben sie von der RL unberührt (Art 8 RL).

8 Gelegentlich wird daran Anstoß genommen, daß die Gerichte unter Umständen erst ad hoc, im Rahmen einer konkreten Klauselüberprüfung diejenigen Rechtssätze aus der Rechtsordnung gewinnen und als „dispositives Recht" etablieren, an denen dann die Klausel gemessen wird (zB BGH NJW 1983, 1671, 1672; ZIP 1984, 966, 967; kritisch dazu SCHLOSSER ZIP 1985, 449, 452; ders, EWiR § 8 AGBG 1/85 S 225 f; ähnlich DYLLA-KREBS 73 ff; JOOST ZIP 1996, 1685, 1691; WESTERMANN, in: 10 Jahre AGBG S 135, 148 ff, 151). Dies ist vielleicht im Einzelfall inhaltlich, nicht aber grundsätzlich und methodisch zu beanstanden: Es kommt immer wieder vor, daß neue Regelungsthemen oder neue Vertragstypen gerade im Gewande von AGB an die Gerichte herangetragen werden, so daß diesen gar nichts anderes übrig bleibt als zunächst danach zu fragen, was für die Thematik denn ohne die Klauselregelung gegolten hätte. Hierzu muß das geltende Recht vor dem Hintergrund der gesamten Rechtsordnung fortentwickelt werden. Die Legitimation zu dieser Maßstabsgewinnung ad hoc folgt eindeutig auch aus § 8 und § 9 Abs 2 Nr 2 (vgl ULMER/BRANDNER Rn 6): Auch *rechtsergänzende* Klauseln, also solche, deren Thematik im bislang rechtlich ungeregelten Bereich liegen, sind nach § 8 der Inhaltskontrolle unterworfen (unten Rn 33). Mangels vorfindbarer Rechtsregeln sind die Kontrollmaßstäbe sodann gemäß § 9 Abs 2 Nr 2 *aus dem Vertrag heraus* zu entwickeln (vgl § 9 Rn 202 ff). §§ 8 und 9 Abs 2 Nr 2 sind ein einheitliches, stimmiges Regelungsprogramm für AGB-Bestimmungen auf Gebieten, wo Rechtsvorschriften im Sinne des § 8 noch nicht konstituiert, aber für die konkrete Thematik konstituierbar sind (so im wesentlichen auch ULMER/BRANDNER Rn 6; WOLF Rn 5; DYLLA-KREBS 127 ff; HEINRICHS NJW 1996, 1381, 1385; NIEBLING WM 1992, 845). Daraus folgt, daß der Begriff „Rechtsvorschriften" weiter sein muß als die „gesetzliche Regelung" in § 9 Abs 2 Nr 1, um auch dessen Nr 2 erfassen zu können (unzutreffend für Deckungsgleichheit BGH NJW 1993, 721, 722; HEINRICHS NJW 1994, 1381, 1383).

Damit gehört nicht auch der konkrete Vertrag zu den Rechtsvorschriften gemäß § 8 (mißverständlich ULMER/BRANDNER Rn 6: „enthält ... jeder Vertrag seinen eigenen Kontrollmaßstab"), wohl aber die in seiner Ansehung gewonnenen Rechtsregeln (vgl § 9 Rn 203 ff, 206). Der BGH drückt dies mit der Formel aus, es seien nach § 8 alle Abreden kontrollfähig, an deren Stelle – wenn sie fehlten – dispositives Recht treten *kann* (Hervorhebung hinzugefügt; vgl BGHZ 93, 358, 360 f; 100, 157, 173; 106, 42, 46; 114, 330, 333; 116, 117, 119; WM 1993, 384, 386; 1993, 753, 754; ZIP 1994, 21; 1996, 1979, 1080; NJW 1997, 2752, 2753). Die Probleme liegen dabei auf anderer Ebene – insbesondere in der leichthändigen Gleichsetzung subjektiven Richtigkeitsempfindens mit objektivem Recht durch die Richter (kritisch WESTERMANN, in: 10 Jahre AGBG S 135, 154; SCHLOSSER ZIP 1985, 449, 454; JOOST ZIP 1996, 1685, 1691) oder in der Invasion in den eigentlich kontrollfreien

Leistungsbereich (vgl Rn 2). Fehlgebrauch richterlicher Rechtsfortbildung kann jedoch nicht zu ihrer grundsätzlichen Negierung führen.

Zwingendes Recht gehört zwar ohne weiteres („erst recht") zur objektiven Rechtsordnung, ist aber vom Begriff der Rechtsvorschriften in § 8 nicht mitumfaßt: § 8 eröffnet die Angemessenheitskontrolle, Abweichungen vom zwingenden Recht sind aber grundsätzlich per se unwirksam (näher § 9 Rn 170). 9

Tatsächliche Feststellungen oder Erklärungen (Bestätigungen, Fiktionen, Wissenserklärungen) in AGB scheinen sich dem Vergleich mit „Rechtsvorschriften" zu entziehen. Wie sich aus § 11 Nr 15 ergibt, griffe diese Sicht aber zu kurz: Solche Klauseln weichen von gesetzlichen Beweislastregelungen ab oder verändern sie und sind insoweit durchaus kontrollunterworfen (näher STAUDINGER/COESTER-WALTJEN § 11 Nr 15 Rn 11 ff). 10

III. Leistungspflichten

1. Problemstellung

Wie bereits dargelegt (Rn 2 ff), sind die Festlegung von Leistung und Gegenleistung sowie das Äquivalenzverhältnis („Preisgerechtigkeit") grundsätzlich weder kontrollfähig (mangels rechtlicher Maßstäbe) noch kontrollbedürftig (wegen Marktregulierung). Auf der anderen Seite gibt es unstreitig vielerlei Art leistungsbestimmender oder jedenfalls leistungsrelevanter Klauseln, für die (1) ein rechtlicher Vergleichsmaßstab durchaus vorhanden oder entwickelbar ist und (2) nicht auf funktionierende Marktregulierung verwiesen werden kann, weil sie nicht im Zentrum der für den Kunden abschlußentscheidenden Daten stehen und deshalb ebenso wie sonstige „Nebenbestimmungen" unbeachtet bleiben (vgl § 9 Rn 2). Dabei kann es sich um Erweiterungen oder Einschränkungen der Hauptleistung handeln (zB Erstreckung der Bürgenhaftung auf alle [künftigen] Verbindlichkeiten des Schuldners gegenüber dem Gläubiger; Einschränkungen eines Garantieversprechens [BGH NJW-RR 1991, 1013, 1014] oder der Reiseleistungen auf „Landesüblichkeit" [BGH NJW 1987, 1931, 1935] oder um Laufzeitregelungen [§ 9 Rn 427 ff]), um Modalitäten der Leistungserbringung (zB Zwang zu Lastschriftverfahren [BGH NJW 1996, 988]), um Nebenleistungen oder Nebenpflichten (zB Zusatzgebühren für einzelne Bankleistungen [BGH ZIP 1994, 21, 22: Ein- und Auszahlung bei Girokonten; ZIP 1996, 1079, 1080 f: Bankautomat; BGH NJW 1998, 383 und OLG Hamburg NJW 1996, 1902: Auslandseinsatz von Kreditkarten; vgl weiter BGH NJW 1984, 2160 und 1992, 688: Entgeltpflichtigkeit von Fahrzeiten; NJW 1982, 765: Entgeltpflichtigkeit von Kostenvoranschlägen]) oder um sonstige Risikoverlagerungen (zB Gewährleistungsausschluß; Haftungsbeschränkungen [vgl § 9 Rn 331 ff]). 11

Die Existenz eines kontrollfähigen Bereichs auch bei leistungsbezogenen Klauseln ergibt sich dem Grundsatz nach schon aus dem Umstand, daß mehrere Verbote der §§ 10 und 11 derartige Klauseln betreffen (§ 10 Nr 1, 2, 3, 4, 7 a; § 11 Nr 1, 2 a, 6, 8, 9, 10, 11, 12) – der Gesetzgeber selbst ist also nicht von der Kontrollfreiheit des gesamten Leistungsbereichs ausgegangen. So unzweifelhaft dieser Befund ist (anders – soweit ersichtlich – nur vCAMPENHAUSEN 40), so unklar und umstritten ist doch die Grenzziehung im einzelnen. Verbreitet werden als kontrollfrei die „Hauptpflichten" oder die „essentialia negotii" bezeichnet (BGH NJW 1984, 2160; 1987, 1931, 1935; 1989, 222, 223; 12

NJW-RR 1991, 1013, 1014; NJW 1992, 688, 689; 1993, 1128, 1129; 1994, 1060, 1061; 1994, 2693, 2694; 1996, 1346, 1347; ERMAN/HEFERMEHL Rn 3; MünchKomm/KÖTZ Rn 4; SOERGEL/STEIN Rn 6; ULMER/BRANDNER Rn 28; WOLF Rn 8; BRANDNER, in: FS Hauß [1978] 1, 8 ff), während „Nebenpflichten", „Nebenleistungspflichten" oder „Preisnebenabreden" als kontrollfähig eingestuft werden (siehe vorstehende Rechtsprechung; kritisch zur Terminologie und zur Unterscheidung selbst JOOST ZIP 1996, 1685, 1688). Statt der „Hauptpflichten" wird oft auch die „Leistungsbeschreibung" kontrollfrei gestellt (BGH NJW 1986, 2574, 2575; ULMER/BRANDNER Rn 9; kritisch zu diesem Begriff PRÖLSS/MARTIN, VVG Vorbemerkung I 6 Ca). Unter „Preisnebenabreden" werden von der Rechtsprechung solche Klauseln verstanden, die die Hauptleistung nur ausgestalten, modifizieren oder einschränken (BGH NJW-RR 1991, 1013, 1014; NJW 1993, 1128, 1129; 1993, 2442; 1994, 1534; 1994, 2693, 2694; WM 1995, 27, 29; NJW 1998, 383; MünchKomm/KÖTZ Rn 4; SOERGEL/STEIN Rn 11; WOLF Rn 16; BRANDNER, in: FS Hauß (1978) 1, 5 ff; MICHALSKI BB 1996, 1177, 1178; kritisch WESTERMANN, in: 10 Jahre AGBG 135, 148 ff), derart, daß bei fehlender Klausel dispositives Recht an ihre Stelle treten könnte (Nachweise oben Rn 8; zustimmend zu diesen beiden Abgrenzungskriterien HORN WM 1997 Beil 1 S 3, 12). Nach einer anderen Unterscheidung soll es darauf ankommen, ob die Klauselregelung die Hauptleistungen *unmittelbar* betrifft oder nur *mittelbar* (BGH NJW 1989, 222, 223; BGHZ 116, 117, 119; NJW 1993, 1129, 1130; CANARIS NJW 1987, 609, 613; ders, NJW 1987, 2407 f; HORN WM 1997 Beil 1 S 3, 8, 13 ff [der auch von „primären Entgeltbestimmungen" spricht, im Gegensatz zu Preisnebenabreden als „sekundären Entgeltbestimmungen"]; ULMER/BRANDNER Rn 10, 14; DYLLA-KREBS 177 ff, 188; kritisch zu dieser Unterscheidung FASTRICH 265). Zum Teil wird dabei noch darauf abgestellt, ob die Regelung marktkonform oder marktirregulär ist (CANARIS aaO; kritisch dazu DYLLA-KREBS 180 ff; NIEBLING 130 f).

Ohne breitere Gefolgschaft ist der Vorschlag von DYLLA-KREBS (185 ff) geblieben, den kontrollfreien Leistungsbereich danach abzugrenzen, ob die „effektive Gesamtbelastung" des Vertragspartners durch eine Klausel beeinflußt wird. Dabei wird verkannt, daß Gegenstand der Inhaltskontrolle grundsätzlich Einzelbestimmungen in AGB sind und nicht das Klauselwerk oder der Vertrag insgesamt (§ 9 Rn 70, 90 ff); außerdem wird damit der kontrollfähige Bereich übermäßig eingeschränkt (kritisch ULMER/BRANDNER Rn 11; WOLF Rn 8).

Von vornherein als taugliche Abgrenzung auszuscheiden ist auch der Versuch des BGH, den Leistungsbegriff auf freiwillige Zusatzleistungen zu beschränken: Was aufgrund einer rechtlichen *Verpflichtung* getan werde, sei keine *Leistung*, für die eine Vergütung verlangt werden könne (BGH ZIP 1994, 21, 22 [Ein- und Auszahlung am Bankschalter]; vgl auch BGH NJW 1997, 2752, 2753; NJW 1998, 383). Dies steht im Widerspruch zur traditionellen Terminologie im Schuldrecht, wonach gerade der Schuldner zu „leisten" hat; ob für den Aufwand eine Vergütung verlangt werden kann, ist eine Frage der Inhaltskontrolle, um deren Zulässigkeit es aber gerade geht. Zwar sind Rückwirkungen der Kontrollmöglichkeit nach §§ 9–11 auf die Kontrollfähigkeit nach § 8 unbezweifelbar (vgl Rn 22), aber die Verknüpfung von Pflicht und rechtlich gebotener Entgeltfreiheit ist auch inhaltlich ein Kurzschluß (CANARIS WM 1996, 237, 240, 244; HORN WM 1997 Beil 1 S 3, 15 f).

13 In der Rechtspraxis scheint die Abgrenzung zumindest der Sache nach jedoch eine eher sekundäre Rolle zu spielen: Die Angemessenheitsbeurteilung einer Klausel steht im Vordergrund; was im Lichte des § 9 für unangemessen gehalten wird, qualifiziert die Klausel damit fast automatisch als kontrollfähige „Preisnebenabrede" oder als Modifikation der „eigentlichen" Leistungsvereinbarung im Sinne des § 8 (vgl WESTERMANN, in: 10 Jahre AGBG 135, 144: „erlaubt ist's, wenn's mißfällt"; ausdrücklich billigend NIEBLING 62 ff, 201 f [„deklaratorischer Charakter" des § 8]; kritisch hingegen DYLLA-KREBS 189). Dabei wirken die Ergebnisse oft zufällig und dementsprechend unvorhersehbar (kritisch auch HORN WM 1997 Beil 1 S 3, 7), wie insbesondere die Beurteilung von Entgeltklauseln für Nebenleistungen zeigt: So darf ein Entgelt für die Abhebung von Girokonten am Schalter (in begrenztem Umfang) nicht erhoben werden (BGH ZIP 1994, 21, 22; 1996, 1079, 1080 f), wohl aber für solche am Bankautomaten (BGH ZIP 1996, 1079, 1080 f; die Banken sehen die Kostenbelastung genau umgekehrt und privilegieren neuerdings die Automatenabhebung); die Zusatzbelastung durch die Verwaltung von Freistellungsaufträgen soll nicht auf die Kunden abgewälzt werden dürfen (BGH NJW 1997, 2752 f), eine Sondergebühr für den Kreditkarteneinsatz im Ausland soll hingegen eine kontrollfreie Leistungsbestimmung sein (BGH NJW 1998, 383 f; krit dazu HASSELBACH DWiR 1998, 110 ff).

Zusammenfassend läßt sich feststellen, daß es nach allgemeiner Ansicht einen **kon-** **14** **trollfreien Kern** der Leistungsbestimmung in AGB gibt, daß dessen Grenzen und die Kriterien einer Kontrollfähigkeit im Randbereich aber unklar sind (dasselbe Problem stellt sich nach Art 4 Abs 2 EG-RL, vgl SCHMIDT-SALZER, in: FS Brandner [1996] 259 ff, 265 ff). Diese Unsicherheit muß im Zusammenhang gesehen werden mit einer weiteren – der Einordnung des *Transparenzgebots* in das Konzept der Inhaltskontrolle. Seine Verankerung (auch) in § 9 dürfte inzwischen zum gesicherten Bestand des AGB-Rechts gehören (siehe § 9 Rn 121 ff), seine Bedeutung im Rahmen des § 8 erscheint hingegen noch weitgehend ungeklärt (eingehendere Beschäftigung mit diesem Thema bei DYLLA-KREBS 142 ff; NIEDENFÜHR 185; HORN WM 1997 Beil 1 S 3, 18 ff; KOLLER, in: FS Steindorff [1990] 667 ff). Das Unbehagen der Gerichte über leistungsbezogene Klauseln beruht zumeist darauf, daß der belastende Effekt dem Vertragspartner nicht deutlich wird. Weil nicht zwischen Transparenzkontrolle und materieller Inhaltskontrolle unterschieden wird, halten die Gerichte – um zur Unangemessenheit wegen Intransparenz nach § 9 Abs 1 kommen zu können – es für nötig, die Grenze der Kontrollfähigkeit nach § 8 auch im Leistungsbereich sehr weit vorzuverlegen. Richtigerweise schränkt § 8 jedoch die Transparenzkontrolle auch bei leistungsbestimmenden Klauseln von vornherein in keiner Weise ein (Rn 14 ff); im Lichte dieser Erkenntnis bedürfen aber auch die Grenzen materieller Inhaltskontrolle der Neubestimmung (Rn 18 ff).

2. Inhaltskontrolle und Transparenzkontrolle

a) Zulässigkeit der Transparenzkontrolle im Leistungsbereich

Schon früh ist erkannt worden, daß das Transparenzgebot nicht vor leistungsbestim- **15** menden Klauseln haltmacht, sondern für sie sogar in besonderem Maße gerechtfertigt ist (KOLLER, in: FS Steindorff [1990] 669 f, 678, 680; DREXL § 13 VIII 3; vgl auch BGH ZIP 1990, 980 f; NJW 1994, 213, 214; OLG Celle NJW-RR 1995, 1133; WOLF, in: HADDING/HOPT 76 ff; HEINRICHS NJW 1996, 2190, 2196). Dies begründet sich aus den beiden Grundelementen der Inhaltskontrolle, der Kontrollfähigkeit und der Kontrollbedürftigkeit (oben Rn 2): Auch wenn über die Hauptpflichten eines Vertrags regelmäßig keine objektiven, normativen Maßstäbe bestehen und auch nicht aufgestellt werden dürfen, so folgt aus §§ 157, 242, 305 BGB doch ohne weiteres das Rechtsgebot, bei einseitiger

Festlegung der vertraglichen Leistungen diese dem Vertragspartner so klar und verständlich vor Augen zu stellen, daß seine Abschlußentscheidung nicht verfälscht wird, dh ihn in den Informationsstand zu versetzen, der beim ausgehandelten Vertrag regelmäßig Grundlage der Abschlußentscheidung ist. Bestehen also rechtliche Kontrollmaßstäbe hinsichtlich der gebotenen Transparenz und damit Kontrollfähigkeit, so kann auch nicht das Kontrollbedürfnis mit Hinblick auf Marktregulierung verneint werden (vgl Rn 3). Funktionsbedingung des Marktes ist die Informiertheit der Marktparteien über die wesentlichen Daten von Angebot oder Nachfrage (zum „informationspolitischen Ansatz" gerade auch des AGBG vgl DREXL § 13 VIII 1; NIEDENFÜHR [1986]; KOLLER, in: FS Steindorff [1990] 669 ff), andernfalls fehlt die Basis für Änderungsverhandlungen oder Ausweichen auf andere Angebote; Verschleierungen im Leistungsbereich vereiteln Marktregulierung (KOLLER und DREXL aaO; WOLF, in: HADDING/HOPT 76 ff; vgl BGH NJW 1989, 222, 224; ZIP 1990, 980 f; NJW 1994, 213, 214; OLG Celle NJW-RR 1995, 1133 ff). Die Intervention des Gesetzes in die Vertragsfreiheit legitimiert sich generell aus dem Marktversagen bei Verwendung von AGB (§ 9 Rn 2). Die Wiederherstellung des „Marktes" durch Informationsverbesserung steht als autonomiebezogener Schutzansatz („Hilfe zur Selbsthilfe") neben dem heteronomen Schutz durch materielle Inhaltskontrolle (vgl insbesondere DREXL § 13 VIII 2 und § 14 V mwN, der allerdings den heteronomen Charakter der Inhaltskontrolle verdrängt und beides unter dem Aspekt „Wiederherstellung der wirtschaftlichen Selbstbestimmung" zusammenfassen will); aus verfassungsrechtlichen Gründen (Verhältnismäßigkeitsprinzip) gebührt ersterem Ansatz als „milderem Mittel" sogar der *Vorrang*: Marktstörungen, die durch Transparenzsteigerung behoben werden können, berechtigen nicht zur inhaltlichen rechtlichen Regulierung. Oder anders gewendet: Die inhaltliche Kontrollfreiheit leistungsbestimmender Klauseln nach § 8 setzt voraus, daß die diese Freiheit legitimierenden Funktionsvoraussetzungen, das heißt die Möglichkeiten der Marktregulierung gewährleistet, kontrollunterworfen sind (BÖRNER JZ 1997, 595, 597 f; CANARIS NJW 1987, 609, 613; KÖNDGEN NJW 1989, 943, 948; vgl auch BVerfG NJW 1990, 1469, 1470: Prinzip der Selbstbestimmung setzt voraus, daß „die Bedingungen freier Selbstbestimmung tatsächlich gegeben sind" – darauf hat die Interpretation zivilrechtlicher Generalklauseln ausgerichtet zu sein).

Damit steht § 8 einer Transparenzkontrolle von Leistungsbestimmungen jeder Art (einschließlich der Hauptleistungen) nicht nur nicht entgegen, sondern fordert sie geradezu (so im Ergebnis auch BGH v 19. 11. 1997 – Az IV ZR 348/96 –; PALANDT/HEINRICHS Rn 1; ULMER/BRANDNER Rn 8; WOLF Rn 14 und § 9 Rn 143; HORN WM 1997 Beil 1 S 3, 18 [der dies sogar als „hM" bezeichnet]; FAHR C. V. 2.; FASTRICH AP Nr 1 zu § 3 AGBG; KAPNOPOULOU 138 zum Gemeinschaftsrecht [siehe Rn 16]. Verkannt werden diese Zusammenhänge hingegen von vHOYNINGEN-HUENE, in: FS Trinkner [1995] 179, 187, 189; DYLLA-KREBS 148 ff; vWESTPHALEN, Vertragsrecht „Preisvereinbarungen" Rn 21; abweichender Ansatz über cic auch bei STAUDINGER/SCHLOSSER, Einl 32 zum AGBG; DAUNER-LIEB, Verbraucherschutz 73 f hält den informationspolitischen Ansatz des AGBG gänzlich für untauglich). Dabei stellt sich die Transparenzkontrolle im Rahmen von §§ 8, 9 als Fortführung des Kundenschutzes dar, der in § 3 für überraschende Klauseln normiert ist und seinerseits ebenfalls nicht vor leistungsbestimmenden Klauseln haltmacht (vgl HORN WM 1997 Beil 1 S 3, 8, 14, 20, 22; WOLF/LINDACHER § 3 Rn 16). Einer Abgrenzung innerhalb des Leistungsbereichs (essentialia, Preisnebenabreden etc) bedarf es deshalb für die Transparenzkontrolle ebensowenig wie bei § 3.

16 Damit ergibt sich grundsätzliche **Übereinstimmung** von § 8 und **Art 4 Abs 2 der EG-RL**

93/13/EWG für den Bereich der **Verbraucherverträge** (so zutreffend HEINRICHS NJW 1996, 2190, 2196 f; ders, in: FS Trinkner [1995] 157 ff; HORN WM 1997 Beil 1 S 3, 19; **aA** in Verkennung des § 8 NASSALL JZ 1995, 689, 692. KAPNOPOULOU [106] plädiert für eine sehr enge Auslegung des kontrollfreien „Hauptgegenstands des Vertrags", ohne jedoch konkrete Unterschiede zur hier vertretenen Auslegung des § 8 deutlich werden zu lassen), der Hauptleistung und Äquivalenzverhältnis von der inhaltlichen Mißbrauchskontrolle freistellt (vgl auch Art 1 Abs 2; 5 sowie Erwägungsgründe 13, 19, 20), aber die Transparenzkontrolle ausdrücklich vorbehält (zur Berücksichtigungsfähigkeit der Hauptleistungen bei der Bewertung anderer Klauseln [Erwägungsgrund 19 Satz 2] siehe § 9 Rn 99). Insofern bedurfte es in der Tat keiner Änderung des § 8 durch das Umsetzungsgesetz vom 19. 7. 1996 (BGBl I S 1013), die Übereinstimmung muß auch nicht erst durch richtlinienkonforme Auslegung hergestellt werden (vgl dazu DAMM JZ 1994, 161, 171; ULMER EuZW 1993, 337, 344; ULMER/ BRANDNER Rn 46; grundsätzlich zur richtlinienkonformen Auslegung des AGBG siehe § 9 Rn 62 ff). Daraus folgt, daß die Zulässigkeit uneingeschränkter Transparenzkontrolle auch im Leistungsbereich nicht auf Verbraucher beschränkt ist, sondern sich auch für „Normalkunden" sowie Kaufleute unmittelbar aus §§ 8, 9 ergibt (zutreffend HORN WM 1997 Beil 1 S 3, 19). Allerdings ist speziell bei Verbraucherverträgen eine Abweichung des gemeinschaftsrechtlichen und des nationalen Transparenzgebots in Einzelfragen, vor allem hinsichtlich der Transparenzanforderungen, nicht ausgeschlossen (vgl § 9 Rn 151 ff, 155 ff). Insoweit bleibt die Rechtsprechung des EuGH abzuwarten; bei strengeren Anforderungen des Gemeinschaftsrechts kann dem durch richtlinienkonforme Auslegung des § 8 bei Verbraucherverträgen Rechnung getragen werden.

b) Transparenzkontrolle im Gefüge des § 8

Die Transparenzkontrolle ist nicht eine nachkodifikatorische Entdeckung, die 17 außerhalb des Regelungskonzepts des § 8 anzusiedeln ist, sondern ein integraler Teil dieses Konzepts. Der Wortlaut des § 8 spricht gar nicht von „Inhaltskontrolle"; die in Bezug genommenen §§ 9–11 umfassen aber nach heutiger Überzeugung ohne weiteres auch den Transparenzaspekt (siehe § 9 Rn 121 ff). Damit entscheidet § 8 auch unmittelbar über die Zulässigkeit der Transparenzkontrolle, und zwar – wie dargelegt – in bejahendem Sinne. Die Transparenzkontrolle ist auch kein aliud gegenüber der Inhaltskontrolle: Dieser System- (nicht: Gesetzes-) begriff bezeichnet im Gegensatz zur Einbeziehungskontrolle gemäß §§ 2 ff jede gerichtliche Kontrolle „in Ansehung des Inhalts einer Klausel", und dazu gehört auf vorgelagerter Ebene ihre äußere Gestalt (Form, Klarheit, Verständlichkeit). Der Bezugspunkt der Transparenzkontrolle ist ein anderer als der der materiellen Inhaltskontrolle; zur Inhaltskontrolle in weiterem Sinne gehört beides (ebenso wohl HORN WM 1997 Beil 1 S 3, 19).

Die Eröffnung der Inhaltskontrolle nach §§ 9–11, insbesondere nach § 9 Abs 1 für den Transparenzaspekt ist schließlich sinnvoll, weil auch bloße Intransparenz einer Klausel zu materiellen Nachteilen für den Vertragspartner führen kann (§ 9 Rn 123 ff); ob dies in concreto der Fall ist, ist eine im Rahmen von § 9 zu beurteilende Frage (oben Rn 5). Dies betrifft auch die weitere Frage nach den spezifischen Anforderungen, denen Klauseltransparenz im Leistungsbereich genügen muß, um Wettbewerb und Marktregulierung zu ermöglichen (siehe § 9 Rn 139 ff, insbesondere 145 f).

3. Materielle Inhaltskontrolle im Leistungsbereich

a) Fragestellung

18 Die mangelnde Unterscheidung von Transparenz- und materieller Inhaltskontrolle hat, wie dargestellt (Rn 14 f), die Rechtspraxis dazu verleitet, die Grenze der Kontrollfähigkeit weit in den Leistungsbereich vorzuverlegen, um intransparente Zusatzentgelte oder Leistungseinschränkungen als unangemessen verwerfen zu können. Dabei werden dann häufig, nachdem die Schranke des § 8 überwunden ist, Gesichtspunkte der Unklarheit und der sachlichen Unangemessenheit nicht mehr strikt auseinandergehalten, sondern ihrerseits in höchst unklarer Weise miteinander vermengt (vgl zB BGH NJW 1989, 2750, 2751; 1993, 263, 264; WESTERMANN, in: FS Steindorff [1990] 817, 824 f). Wird demgegenüber in § 8 zwischen Transparenz- und materieller Inhaltskontrolle unterschieden und erstere auch für leistungsbestimmende Klauseln uneingeschränkt zugelassen (Rn 15, 16), so bleibt nach der Grenze zu fragen, ab der solche Klauseln auch sachlich gewürdigt werden dürfen (Preis- oder Leistungsgerechtigkeit). Dabei sind Klauseln zu unterstellen, die klar und verständlich gefaßt sind; die für sie ermittelte Kontrollfähigkeit bezeichnet dann auch die Grenze, ab der bei intransparenten Klauseln neben die Transparenzkontrolle sachliche Inhaltskontrolle treten darf. Es drängt sich im übrigen auf, daß die Entlastung der Abgrenzungsproblematik in § 8 für leistungsbestimmende Klauseln, die durch die Freigabe der Transparenzkontrolle erreicht wurde, Rückwirkungen haben muß auf die Grenzziehung für die materielle Inhaltskontrolle.

b) Definition des „Leistungsbereichs"

19 Insoweit bedarf es vorab der sachlichen Bestimmung dessen, was als „Leistungsbereich" im Sinne des § 8 anzusehen ist. Von den üblichen Abgrenzungsversuchen (oben Rn 12) ist jedenfalls die Unterscheidung von (kontrollfreier) Preisbestimmung und (kontrollfähiger) Preisnebenabrede nicht weiterführend – „Preisnebenabrede" oder „sekundäre Entgeltbestimmung" (HORN WM 1997 Beil 1 S 3, 12) bezeichnet das *Ergebnis* einer Bewertung und Einstufung, liefert aber keine inhaltliche Begründung. Insbesondere die Testfrage der Rechtsprechung, ob an die Stelle der Klausel dispositives Recht treten könnte (Rn 12), liefert keine Abgrenzung, wenn man auch das – etwa nach §§ 157, 242 BGB – ad hoc gebildete oder fortentwickelte Recht einbezieht (oben Rn 8) und dabei aus dem Auge verliert, daß nicht jede rechtliche Regelung, die denkbar wäre, im Rahmen einer freiheitlich-marktwirtschaftlichen Ordnung auch aufgestellt werden *darf* (insoweit zutreffend die Kritik von JOOST ZIP 1996, 1685, 1691: nach dem Maßstab von Treu und Glauben „könnte jede Frage geregelt werden"). Richtig ist nur, daß funktionsgebundene Leistungen (wie Schadensersatz oder sonstige Ausgleichszahlungen) sich an dieser Funktion messen lassen müssen und nicht der Marktvergleichung vorbehalten sind (BGH NJW 1998, 592, 593). Auch der weitere Test, ob eine Klausel die Gegenleistung „bestimmt" oder nur „modifiziert" (Rn 12), führt nur in einen circulus vitiosus: Er setzt die Vorentscheidung voraus, ob die Leistungsbezeichnung mit oder ohne nähere Ausgestaltung zu verstehen ist (zur Leistung – im Gegensatz zum Preis – siehe aber unten Rn 28). Insbesondere können Teil-, Zusatz- oder Sonderentgelte bei differenzierender Preisgestaltung (Rn 24) nicht als „Modifizierung" der anderen Preiselemente verstanden werden (zutreffend die Kritik an der Rechtsprechung bei HORN WM 1997 Beil 1 S 3, 12, mit Hinweis auf den ähnlichen Zirkelschluß beim angeblichen Verbot, für „die gleiche Leistung" doppeltes Entgelt zu verlangen, 16 mwN).

Aussagekräftiger erscheinen die Begriffe „Hauptleistungen" oder „essentialia": Kontrollfrei sind demnach die Grunddaten eines Vertrages, die privatautonom entschieden werden *müssen*, damit dessen Wesen und Typus überhaupt erst konstituiert werden, aus denen dann ihrerseits rechtliche Folgerungen für eine weitere, faire Ausgestaltung gezogen werden können. Allerdings werden damit nicht die zahlreichen Nebenleistungsbestimmungen, insbesondere Zusatzentgelte im Fall der Preisaufspaltung erfaßt, die aber zusammen mit der Hauptleistung erst die Gesamtbelastung des Vertragspartners ausmachen, und ebensowenig die Leistungseinschränkungen zugunsten des Verwenders. Trotz aller verbleibenden Unschärfe erweist sich deshalb die Unterscheidung von **unmittelbaren und mittelbaren Leistungsbestimmungen** als am treffsichersten, um dem Regelungsanliegen des § 8 gerecht zu werden (siehe Nachweise Rn 12). Nur bei *unmittelbar* das Preis-/Leistungsverhältnis gestaltenden Klauseln kann realistischerweise erwartet werden, daß sie von den Kunden – hinreichende Transparenz unterstellt – in dieser Funktion erkannt und der Abschlußentscheidung im Sinne marktorientierten Verhaltens zugrunde gelegt werden. In diesem Rahmen kann auch die Unterscheidung von Haupt- und Nebenleistungen Bedeutung gewinnen, da sich die Aufmerksamkeit der Kunden vor allem auf erstere konzentriert. *Mittelbar* preis-/leistungsrelevant ist nahezu die Gesamtheit aller sonstigen Vertragsbedingungen (Einzelheiten unten Rn 27). Dies gilt auch für Klauseln, die Abreden über unmittelbare Leistungspflichten bestimmten Regeln unterwerfen (vgl OLG Karlsruhe NJW-RR 1993, 1435: Schriftformklausel für Entgeltpflichtigkeit von Zusatzleistungen beim Bauvertrag; zur Leistungsbestimmung durch Dritte BGH NJW 1983, 1854 [DAT-Schätzpreisklausel]; ULMER/BRANDNER Rn 21). Die Kontrollfähigkeit und -bedürftigkeit von Klauseln in diesem Bereich steht außer Frage (vgl Rn 2 ff), die mittelbare „Preiswirksamkeit" ändert daran nichts.

c) Möglichkeiten und Grenzen der materiellen Inhaltskontrolle bei unmittelbar leistungsbestimmenden Klauseln

Werden unmittelbar leistungsbestimmende Klauseln uneingeschränkt der Transparenzkontrolle unterworfen (Rn 14 f) und dabei die Transparenzanforderungen an den Funktionsbedingungen des Marktes ausgerichtet (§ 9 Rn 145 f), bedarf es in den meisten Fällen, in denen die Rechtsprechung bisher von kontrollfähigen „Preisnebenabreden" ausgegangen ist, keiner weiteren Staatsintervention – schon mangels inhaltlicher Kontrollbedürftigkeit **fehlt grundsätzlich die Kontrollfähigkeit** (zu einzelnen Beispielen unten Rn 25 ff).

Eine die Regel eher bestätigende **Ausnahme** liegt dort vor, wo der Gesetzgeber die Leistungsbestimmung aus besonderen Gründen der privatautonomen Selbstregulierung entzogen und rechtlich festgelegt hat, wie etwa bei den **Gebührenordnungen der freien Berufe** (HOAI; GOÄ; GOZ; BRAGO; StBGebVO; vgl weiter STAUDINGER/PETERS [1994] § 632 Rn 112 ff). Soweit diese Ordnungen nicht ohnehin zwingendes Recht enthalten (vgl Rn 9), liefern sie rechtlich abgesicherte Maßstäbe für die Angemessenheitskontrolle nach §§ 9–11 (BGH NJW 1981, 2351 [HOAI]; NJW 1992, 746; LG München I NJW 1982, 2130; AG Bad Homburg 1984, 2637 [alle zur GOÄ]; AG Köln VersR 1993, 691 [GOZ]). Ob der mit der Gebührenfestsetzung verbundene Eingriff in die Vertragsfreiheit durch den Gesetzgeber zulässig war, ist eine außerhalb des AGBG, schwerpunktmäßig im Verfassungsrecht liegende Frage. *Keine* rechtlichen Leistungsregelungen in diesem Sinne enthalten demgegenüber die **§§ 612 Abs 1, 2, 632, 653 BGB, 354 HGB** – hier geht es nicht um Zurückdrängung der Privatautonomie, sondern eher um eine Art „Vertragshilfe", eine Ergänzung lückenhafter Vereinbarungen am Maßstab des Üblichen. Aus dieser Notordnung eine inhaltliche Leitlinie in dem Sinne ableiten zu wollen, daß formularmäßig vom Üblichen nicht mehr abgewichen werden könnte, würde die gesetzgeberische Intention wie auch die praktische Vernunft grob verfehlen (im Ergebnis ebenso BGH NJW 1992, 688, 689; 1993, 1128, 1129; ULMER/BRANDNER Rn 17; WOLF Rn 5, 13; DYLLA-KREBS 216; NIEBLING BB 1984, 1713, 1718; CANARIS WM 1996, 237, 240; HORN WM 1997 Beil 1 S 3, 13; SCHLOSSER ZIP 1985, 449, 455; anders jedoch noch BGH NJW 1984, 2160 f [Fahrzeitenurteil; kritisch dazu auch HEINRICHS, in: 10 Jahre AGBG 23, 33; THAMM DB 1985, 375]; vWESTPHALEN NJW 1980, 2230; ERMAN/HEFERMEHL Rn 11; SOERGEL/STEIN Rn 9).

21 In diesem Rahmen ebenfalls nicht problematisch ist ein weiterer Einbruch der Rechtsprechung in die Preisgestaltungsfreiheit bei **Monopolbetrieben**: Deren Tarife werden neuerdings einer Billigkeitskontrolle nach **§ 315 Abs 3 BGB** unterzogen (BGH WM 1978, 1097 f; NJW 1987, 1828, 1829; 1993, 1128, 1129; obwohl als Inhaltskontrolle nach §§ 8 ff eingekleidet, gehört hierzu auch BGH NJW 1985, 313; vgl im übrigen ULMER/BRANDNER Rn 15). Dieser Ansatz ist in sich stimmig: Zwar besteht wegen Marktversagens Kontrollbedürftigkeit, aber mangels rechtlicher Maßstäbe für die Inhaltskontrolle keine Kontrollfähigkeit im Sinne der §§ 8 ff. Demgemäß muß von der Rechtskontrolle (vgl Einl 15 zu §§ 8 ff; § 9 Rn 42 sowie FASTRICH 9 ff, 14 ff) auf die offene Billigkeitskontrolle ausgewichen werden. Dieser Weg ist methodenehrlicher als die Herleitung der Ergebnisse aus sehr allgemeinen Rechtsgrundsätzen wie „Vertragsgerechtigkeit" oder „Prinzip der Verhältnismäßigkeit" (so aber BGH NJW 1985, 3013, 3014 in der Zusatzwasserentscheidung; kritisch SCHLOSSER EWiR § 8 AGBG 1/85 S 225; zustimmend hingegen ULMER/BRANDNER Rn 15); er steht und fällt allerdings mit dem Vorliegen von monopolbedingtem Marktversagen.

22 Es ist nicht zu verkennen, daß eine Tendenz vor allem in der Rechtsprechung besteht, über die vorgenannten Ausnahmen hinaus auch sonst unmittelbar leistungsbestimmende Klauseln auf ihre inhaltliche Angemessenheit zu überprüfen. Den Hintergrund bildet nicht nur die mangelnde Unterscheidung von Transparenzkontrolle und materieller Inhaltskontrolle, sondern wohl auch ein Gefühl der Unbilligkeit oder gar Anstößigkeit, in dem formelle und sachliche Gesichtspunkte zusammenfließen (vgl WESTERMANN, in: FS Steindorff [1990] 817, 824 ff). Dies wird besonders deutlich etwa in den Wertstellungsurteilen (BGH ZIP 1989, 154; 1997, 1146; 1997, 1540), bei der nachschüssigen Tilgungsverrechnung (BGH NJW 1989, 222; 1990, 2383; 1992, 1108; 1995, 2286, 2287) oder bei der Berechnung von Zusatzentgelten für Nebenleistungen oder Aufwendungen, bei denen Unternehmerkosten unversehens zu Einnahmequellen umfunktioniert werden (vgl nur BGH NJW 1984, 2160 f [dazu auch FASTRICH 266: „man könnte es jedenfalls nicht generell hinnehmen, wenn es marktüblich würde, die eigentlichen Gewinne mit Fahrtkostenklauseln zu machen"]; BGH NJW 1994, 318 [Ein- und Auszahlung am Bankschalter]; OLG Hamburg NJW 1996, 1902 [Auslandseinsatz von Kreditkarten; anders jetzt BGH NJW 1998, 383 f]; vgl auch § 9 Rn 71). Dies wäre ein unzulässiger Übergriff in die Vertragsfreiheit, wenn die Funktionsstörung des Vertragsmechanismus schon durch Herstellung marktgerechter Transparenz behoben werden könnte. Auch bei wesentlicher Verschärfung der Transparenzanforderungen bestehen hier jedoch unüberwindbare Grenzen (siehe § 9 Rn 139 ff); außerdem finden auch bei voller Transparenz hauptleistungsbeeinflussende Nebenabreden (zB verzögerte Wertstellungen, nachschüssige Tilgungsverrechnungen) oder Sonderentgelte für Nebenleistungen in AGB typischerweise nicht mehr in dem Maße die Aufmerksamkeit der Kunden, daß

Marktregulierung gewährleistet wäre (BGH NJW 1989, 222, 223; LG Hamburg NJW 1996, 599, 600). Trotz optimaler Transparenz wird man deshalb nicht darum herumkommen, auch bei unmittelbar leistungsbestimmenden Klauseln einen Restbereich anzuerkennen, der materieller Inhaltskontrolle bedarf (anders dagegen FAHR C. III., IV., der die Angemessenheitskontrolle im gesamten Leistungsbereich vollständig ausschließen will). Die vorerwähnte Tendenz ist deshalb nicht grundsätzlich verfehlt.

Das verbleibende Problem der Kontrollfähigkeit, das heißt der normativen Maßstäbe für die Inhaltskontrolle löst die Rechtsprechung, sofern nicht ausnahmsweise gesetzliche Regelungsmodelle als Vergleichsmaßstab für eine Prüfung nach § 9 Abs 2 Nr 1 zur Verfügung stehen, vor allem auf zwei Wegen: entweder durch Auslegung bzw Fortbildung (sprich: Schaffung) dispositiven Rechts (vgl zB die Entscheidungen zu Sondergebühren der Banken für Abhebungen vom Girokonto am Schalter oder am Automaten, BGH ZIP 1994, 21, 22; ZIP 1996, 1079, 1080 f; vgl dazu CANARIS WM 1996, 237, 239 ff) oder durch Orientierung an den verkehrstypischen Erwartungen – verstanden nicht als Häufigkeitstypus (tatsächliche Üblichkeit), sondern als normativ geprägter Typus („berechtigte Erwartungen") (BGH NJW 1987, 1931, 1935; ULMER/BRANDNER Rn 20 [„... wenn nach ... der Verkehrsanschauung keine Zusatzvergütung gerechtfertigt ist"], ähnlich Rn 21 a). Diese Erwartungen stellen das entscheidende Leitkriterium dar, sie prägen auch die Auslegung oder Fortbildung des dispositiven Rechts. Sie liefern den Schlüssel zur Lösung der gesamten Kontrollproblematik: In **§ 9 Abs 2 Nr 2** beruft der Gesetzgeber die „Natur des Vertrages" als Quelle ad hoc zu entwickelnder Kontrollmaßstäbe, wo solche im objektiven Recht nicht vorgegeben sind; aus der Vertragsnatur ergeben sich auch die „verkehrstypischen Erwartungen" (§ 9 Rn 203 ff). Damit ist nicht nur die generelle Kontrollfähigkeit von AGB auch in gesetzlich ungeregeltem Bereich vorgezeichnet (siehe oben Rn 8), sondern auch die *Eingriffsgrenze* gegenüber AGB, deren Angemessenheit nicht an einem bereitstehenden Vergleichsbild des objektiven Rechts, sondern nur *aus dem Vertrag selbst heraus* beurteilt werden kann (wenngleich notwendigerweise vor dem Hintergrund der allgemeinen Rechtsordnung, oben Rn 8 und § 9 Rn 206). Zum einen fehlt es bei Klauseln, die die **essentialia des Vertrages** bestimmen, noch an einer etablierten Vertragsordnung, die als Kontrollmaßstab dienen könnte – insoweit bleibt es also bei der Transparenzkontrolle. Zum zweiten darf bei **anderen leistungsbestimmenden Klauseln** keine offene Unangemessenheitskontrolle im Sinne des § 9 Abs 1 stattfinden; vielmehr ist mit der in § 9 Abs 2 Nr 2 genannten „Gefährdung des Vertragszwecks" durch Einschränkung „vertragswesentlicher Rechte oder Pflichten", also mit dem **Aushöhlungskriterium** (§ 9 Rn 197) die Grenze bezeichnet, ab der auch im rechtlich nicht normierten Bereich objektiv abgesicherte Unwerturteile wieder möglich werden: An die Stelle mangelnder Kriterien des Rechts tritt nicht richterliches Gutdünken, sondern die Vertragsordnung. § 8 in Verbindung mit § 9 Abs 2 Nr 2 *eröffnen* insoweit die materielle Inhaltskontrolle auch bei unmittelbar leistungsbestimmenden Klauseln, *begrenzen* sie aber auch: Transparente Benachteiligungen unterhalb der Grenze der Vertragszweckgefährdung sind der Rechtskontrolle nach §§ 9–11 entzogen (deutlich BGH v 19. 11. 1997 – Az IV ZR 348/96 –: Freiheit der Leistungsbestimmung, „solange das Leistungsversprechen hinreichend klar ist und der Vertrag nicht ausgehöhlt wird"); Billigkeitskontrolle nach § 315 Abs 3 BGB ist aber nur unter engen Voraussetzungen möglich (oben Rn 21 und § 9 Rn 42 ff).

Im **Ergebnis** sind unmittelbar leistungsbestimmende Klauseln der materiellen Inhaltskontrolle nur außerhalb der essentialia und im übrigen nur daraufhin unterworfen, ob sie zu einer vertragszweckgefährdenden Einschränkung der Rechte oder Pflichten führen; im übrigen sind sie der Marktregulierung überlassen. Zweifel am Funktionieren des Marktmechanismus mögen sektoral berechtigt sein (vgl DERLEDER/ METZ ZIP 1996, 573, 577); die Ausweitung der materiellen Inhaltskontrolle ist jedoch die falsche Reaktion hierauf, weil sie den Markt tendenziell ganz beseitigt (vgl § 9 Rn 4, gegen DERLEDER/METZ 573 ff, 621 ff). Statt dessen sind durch eine intensivierte Transparenzkontrolle die Marktmechanismen zu reaktivieren (§ 9 Rn 145 f).

4. Einzelbeispiele

a) Preisbezogene Klauseln

25 Viele Klauseln, die von der Rechtsprechung und hM undifferenziert als „kontrollfähig" eingestuft werden, sind nach der hier vertretenen Auffassung als **unmittelbar leistungsbestimmend** zu qualifizieren und unterliegen damit zwar uneingeschränkter Transparenzkontrolle, darüber hinaus einer materiellen Inhaltskontrolle aber nur gemäß § 9 Abs 2 Nr 2.

Dies betrifft zum einen **Preisaufspaltungen** aller Art. Die gebotene Transparenz immer vorbehalten, muß es der Gestaltungsfreiheit der Anbieter überlassen bleiben, ob alle Kalkulationsposten in einem Gesamtpreis aufgehen oder ob und welche Einzelposten (Überführung vom Hersteller, Transport, Verpackung, Zubehör, Mehrwertsteuer, Versicherungen etc) gesondert ausgewiesen und berechnet werden (so grundsätzlich auch BGH NJW 1992, 688, 689; ZIP 1996, 1079, 1080; NJW 1998, 383; ULMER/ BRANDNER Rn 19; HORN WM 1997 Beil 1 S 3, 9 ff, 20; KÖNDGEN NJW 1996, 558, 562; SCHIMANSKY WM 1995, 461, 465; MEDER NJW 1996, 1849, 1850 spricht anschaulich von einem „Bündel von Leistungen", dem eine „Entgeltkombination" gegenübersteht. Die Gegenposition wird suggestiv von DERLEDER/METZ [ZIP 1996, 573 ff, 621 ff] vertreten, die das „wuchernde, unkalkulierbare Zweitentgeltsystem" der Banken [577] durch inhaltliche Kriterien der Preisbildung zu bekämpfen suchen). Würde man hier die bloße Verkehrserwartung, daß die betreffende Nebenleistung im Hauptpreis mitabgegolten sei, zur Korrektur genügen lassen, fände damit eine unzulässige gerichtliche Preiskontrolle statt (vgl § 9 Rn 94 ff; deutlich AG Tettnang NJW-RR 1988, 1141; zu Recht kritisch FAHR C. IV. 3. e; konsequent werden auch gelegentlich entsprechende Klauseln für kontrollfrei gehalten, BGHZ 116, 117, 119 [Anfahrtszeiten]; NJW-RR 1993, 430, 431 [Stellung eines Gerätewagens]; 1993, 375 [Übertragung eines Alleinvertriebsrechts]; ZIP 1996, 1079, 1080 f [Abhebung vom Bankautomaten]; BGH NJW 1998, 383, 384 [Gebühr für Auslandseinsatz von Kreditkarten]). Das gleiche gilt für die Konstituierung eines (regelmäßig diffusen) „Leitbilds" eines Vertragstyps, aus dem die Unentgeltlichkeit bestimmter Einzelleistungen folgen soll (so zB LG Hamburg NJW 1996, 599, 600; AG Frankfurt aM NJW-RR 1993, 1136, 1137 [Kreditkartenvertrag]; BGH NJW-RR 1986, 51, 52 [Kaskoversicherung]) – mehr als subjektives Richtigkeitsempfinden steht hinter einem solchen Leitbild nicht (kritisch deshalb MEDER NJW 1996, 1849, 1852; WEICK NJW 1978, 11, 14). Erst der vertragszweckgefährdende Widerspruch zur selbstgewählten Vertragsordnung (Aushöhlungsaspekt) kann zur Unangemessenheit der Klausel nach § 9 Abs 2 Nr 2 führen. Diese Rücknahme der materiellen Inhaltskontrolle hätte in den meisten einschlägigen Rechtsprechungsfällen aber nicht zu einem anderen Ergebnis geführt, weil die fraglichen Klauseln richtigerweise schon an der Transparenzkontrolle gescheitert wären (für Zusatzentgelte der Kreditinstitute vgl BGH NJW 1990, 2250 [keine anteilige Rückzahlung des Disagios bei vorzeitiger Darlehensrückzahlung]; NJW 1991, 1953 [Entgelt für Löschungsbewilligung]; NJW 1992, 1751; 1994, 1532 [Überziehungszinsen]; NJW 1986, 376;

1986, 1806; 1987, 184 [Vorfälligkeitszinsen]; ZIP 1994, 21; 1996, 1079 [Ein- und Auszahlungen, Postenpreise]; NJW 1997, 2752 [Gebühr für Freistellungsaufträge]; ZIP 1997, 2151 und 2153 [Gebühr für nicht ausführbare Überweisungsaufträge bzw Lastschriften]; weitere Bankgebühren bei LG Nürnberg-Fürth WM 1996, 1624 ff; LG Düsseldorf ZIP 1997, 1916 [Pfändungs- und Überweisungsbeschlüsse]; vgl weiter BGH NJW 1994, 1532 [Zinsen bei Kreditkartenvertrag]; NJW 1986, 46, 48 [Stundungsvergütung]; NJW 1985, 3013 [Zusatzwasser]; NJW 1984, 171 [Aufschließungskosten bei Bauvertrag trotz Pauschalpreis; vgl aber NJW 1997, 135 f: bei ausreichender Transparenz kontrollfrei]; NJW 1992, 688 [Anfahrtszeiten, in Abkehr von NJW 1984, 2160]; KG NJW-RR 1994, 1543 f; OLG Koblenz NJW-RR 1994, 689 [gegensätzlich zur Zusatzgebühr für Kunden, die keine Lastschriftermächtigung erteilen]). Wird aber einmal unmißverständliche Klarheit der Zusammensetzung bis hin zur Gesamtbelastung unterstellt, so sind nur noch wenige Fälle denkbar, in denen § 9 Abs 2 Nr 2 eingreifen könnte – so etwa bei einer Preisgestaltung, in der der wesentliche Unternehmergewinn nicht im Hauptpreis, sondern in Kostenpositionen untergebracht ist: Hier kann das vereinbarte Äquivalenzverhältnis der Hauptleistungspflichten konterkariert sein (vgl FASTRICH 266 zur Fahrtkostenpauschale; allerdings spielt auch hier kaum trennbar der Transparenzgedanke hinein, vgl HORN WM 1997 Beil 1 S 3, 21, der den „irreführenden Anknüpfungspunkt" für ein Teilentgelt als Transparenzstörung auffaßt). In Betracht käme auch die Gebührenpraxis der Kreditinstitute, wenn neben einer pauschalen, erheblichen „Bearbeitungsgebühr" für einen Kredit (2–3% der Kreditsumme) die einschlägigen Einzelmaßnahmen auch noch gesondert gebührenpflichtig gestellt werden (vgl DERLEDER/METZ ZIP 1996, 621). Weiterhin gehören hierher Gebühren für „Leistungen", die gar keine sind (zB Ablehnung von Anträgen oder Maßnahmen im eigenen Interesse des Verwenders, vgl BGH ZIP 1997, 2151 und 2153, 2154 mwN) – sie verändern das vereinbarte Äquivalenzverhältnis.

Ähnliches gilt für **Preisänderungsklauseln** (BGH NJW 1980, 2518; 1982, 331; 1983, 1603; **26** 1984, 1177; 1985, 853; 1985, 855; 1985, 2270; 1992, 2356; 1994, 1062; OLG Hamburg ZIP 1983, 700), soweit diese nicht § 11 Nr 1 unterfallen (siehe Erläuterungen dort). Sie werden üblicherweise als kontrollfähige „Preisnebenabreden" eingestuft (vgl auch ERMAN/HEFERMEHL Rn 7; SOERGEL/STEIN Rn 11; ULMER/BRANDNER Rn 21; kritisch SCHLOSSER ZIP 1985, 449, 461). Das vorrangige Problem für Klauselverwender besteht in der Herstellung ausreichender Transparenz (besonders offenkundig verletzt bei der Klausel „Preise freibleibend", BGH NJW 1985, 855; vgl BGH NJW 1998, 454, 456 für Leistungsanpassungsklauseln). Materielle Unangemessenheit im Sinne von § 9 Abs 2 Nr 2 wird anzunehmen sein, wenn die Klausel dem Verwender die Möglichkeit eröffnet, nicht nur den Preis veränderten Umständen anzupassen, sondern das vereinbarte Äquivalenzverhältnis zu verschieben (zutreffend BGH NJW 1980, 2518, 2519; 1982, 331 sowie die oben zitierten Folgeentscheidungen; dazu SCHLOSSER Jura 1984, 637 ff; BUNTE NJW 1984, 1145; LÖWE BB 1984, 492 ff; TRINKNER BB 1984, 490; näher § 9 Rn 172;). Auch preisverändernde **Zuschläge oder Nachlässe** (Rabatte, Skonti) gehören in diesen Bereich (kontrollfähig vor allem unter dem Aspekt der Transparenz, BGH NJW 1994, 1064; OLG Koblenz DB 1988, 1692; anders [kontrollfrei] ULMER/BRANDNER Rn 19), einschließlich der Modifikation erfolgsorientierter Vergütungen durch ein Fixum oder Mindestgarantiezahlungen (OLG Hamburg NJW 1983, 1502, 1503 [kontrollfähig]).

Nur **mittelbar leistungsrelevant** und damit uneingeschränkt sowohl der Transparenz- **27** wie auch der materiellen Inhaltskontrolle unterworfen sind alle Vertragsbedingungen, die nur die Voraussetzungen oder die Art und Weise der Zahlungspflicht betreffen. In Übereinstimmung mit Rechtsprechung und ganz hM sind hierzu zu rechnen zB Fälligkeitsregelungen (BGH NJW 1986, 424; 1992, 1107), Vorleistungspflichten (OLG Düsseldorf NJW-RR 1995, 1015), Zahlungsmodalitäten (BGH NJW 1996, 988 [Lastschriftverfahren]), ebenso die Tilgungsverrechnungsklausel bei Annuitätendarlehen (BGH NJW 1989, 222; 1990, 2383; 1992, 1108; 1995, 2286). Gleiches gilt für Klauseln, die künftige Abreden über unmittelbare Leistungspflichten bestimmten Regeln unterwerfen (oben Rn 19) oder die Kosten betreffen, die erst als Folge von Leistungsstörungen entstehen, zB Zinspflichten (nicht jedoch, wenn sie ab oder sogar vor Fälligkeit einsetzen: hierin wird unmittelbar eine Nebenentgeltpflicht begründet, vgl BGH NJW 1986, 1805, 1806) oder Mahnkosten (LG Frankfurt aM WM 1988, 1664). Des weiteren gehören hierher alle Vertragsbedingungen, die zwar andere Regelungsthemen betreffen, aber Auswirkungen auf das Preis-/Leistungsgefüge haben – zB Laufzeitklauseln (BGH ZIP 1994, 1358; VersR 1997, 345, 346; ZIP 1997, 1343, 1344; vgl § 9 Rn 427 ff), offene Risikoverlagerungen (vgl § 9 Rn 337;), Haftungsklauseln (vgl § 9 Rn 331 ff) etc.

b) Leistungsbestimmungen

28 Die **unmittelbare Festlegung der Hauptleistungspflichten** ist nach der hier vertretenen Auffassung nur (aber immerhin doch) der Transparenzkontrolle zugänglich (Rn 15, 16); für eine weitergehende, materielle Inhaltskontrolle fehlt es regelmäßig an Rechtsmaßstäben, aber auch noch an einer „Vertragsnatur" im Sinne des § 9 Abs 2 Nr 2, die erst durch die Hauptleistungspflichten konstituiert wird (Rn 23). Hierher gehören nicht nur die Bezeichnungen der Kaufsache oder einer herzustellenden Sache, sondern grundsätzlich auch die Leistungsbeschreibung bei komplexen Leistungsgegenständen, etwa beim Dienstvertrag, Bauvertrag, Architektenvertrag, Unterrichtsverträgen, Versicherungsverträgen (zu Abgrenzungsproblemen Rn 29). Wie bei den Entgelten, hat der Gesetzgeber gelegentlich jedoch auch im Hauptleistungsbereich Regelungen vorgegeben – etwa die Instandhaltungspflicht des Vermieters gemäß § 536 BGB (zum Charakter als Hauptpflicht BGH NJW 1977, 36; STAUDINGER/EMMERICH [1995] §§ 535, 536 Rn 32 mwN) oder die Abnahmepflicht beim Werkvertrag, § 640 BGB (BGH NJW 1972, 99; weitere Nachweise bei STAUDINGER/PETERS [1994] § 640 Rn 52 [allerdings mit kritischer Stellungnahme]; auch die Abnahmepflicht beim Kauf gemäß § 433 Abs 2 BGB *kann* eine Hauptpflicht sein, STAUDINGER/KÖHLER [1995] § 433 Rn 196). Zwar handelt es sich dabei nur um dispositives Recht, aber doch immerhin um gesetzliche Regelungen, von denen Klauseln im Sinne des § 8 abweichen können und die dann gemäß § 9 Abs 2 Nr 1 auf ihre Angemessenheit überprüfbar sind.

29 Die **Ausgestaltung der Leistungspflichten** muß sich jedoch auch inhaltlich an der durch die Festlegung der Hauptpflichten bestimmten „Vertragsnatur" gemäß § 9 Abs 2 Nr 2 messen lassen. Diese Vorschrift konkretisiert sowohl die Kontrollgrenze des § 8 wie auch gleichzeitig die materielle Eingriffsgrenze („Vertragszweckgefährdung", vgl Rn 23; deutlich in diesem Zusammenhang auch ULMER/BRANDNER Rn 27). Denkmodell ist also eine „eigentliche Hauptleistung", ein „Leistungskern", der durch modifizierende Ausgestaltungsregelungen zum Nachteil des Vertragspartners eingeschränkt wird (ULMER/BRANDNER Rn 27). Damit findet die Wertung des § 4 innerhalb des Klauselwerks noch einmal ihre Entsprechung.

Das Problem liegt darin, daß es insoweit nicht darauf ankommen kann, ob die Ausgestaltungen als Konkretisierung, weitere Beschreibung und Abgrenzung der Hauptleistung dargestellt werden oder als deren Einschränkung bzw teilweise Rücknahme (FAHR C. IV. 3. e; vgl schon Rn 19) – insbesondere bei komplexen Leistungen wie

"Versicherung" oder "Unterricht" ist das weitgehend eine Frage des Formulierungsgeschicks des Verwenders. Andererseits ist nicht zu verkennen, daß gerade bei derartigen "Rechtsprodukten" die Leistung überhaupt erst durch relativ detaillierte Umschreibungen und Abgrenzungen konstituiert wird. Trotz der offenbaren Unmöglichkeit einer exakten, generellen Abgrenzung von Leistungsbeschreibung und -einschränkung sollte auf dieses heuristische Modell dennoch nicht verzichtet werden (so jedoch STAUDINGER/SCHLOSSER[12] zum Versicherungsvertrag, § 9 Rn 177); die Rechtsprechung zeigt, daß es im Einzelfall durchaus möglich ist, zu plausiblen Begründungen zu kommen. So stellt es sich als Einschränkung der Hauptleistung und nicht nur als deren Konkretisierung dar, wenn der Pauschalreiseveranstalter den Teil seines Leistungsversprechens, der im Zielland zu erbringen ist, unter den Vorbehalt der "Landesüblichkeit" stellt (BGH NJW 1987, 1931, 1935; aA DYLLA-KREBS 275: von vornherein nur landesübliche Qualität geschuldet). Der BGH spricht insoweit von einer "unangemessenen Verkürzung der vollwertigen Leistung, wie er (der Vertragspartner) sie nach Gegenstand und Zweck des Vertrages erwarten darf" (aaO, mit ausdrücklichem Verweis auf § 9 Abs 2 Nr 2). Im Einzelfall läßt sich auch beurteilen, ob eine Garantiezusage in ihrem Umfang abgegrenzt oder – nach zunächst umfassender Erteilung – durch zahlreiche Obliegenheiten des Vertragspartners, deren Nichterfüllung zum Ausschluß der Garantie führt, ausgehöhlt wird (BGH NJW-RR 1991, 1013, 1014). Des weiteren ergibt sich bei der Bürgschaft schon aus ihrem akzessorischen Wesen, daß sie auf eine bestimmte Verbindlichkeit des Schuldners bezogen ist ("Anlaßschuld"); die klauselmäßige Erstreckung auf weitere (künftige) Schulden stellt sich deshalb als Erweiterung der "eigentlichen" Bürgenleistung dar (BGH ZIP 1995, 1244, 1249, der im Hinblick auf § 767 Abs 1 S 3 BGB auf der Grundlage des § 9 Abs 2 Nr 1 argumentiert; vgl auch BGH NJW 1996, 1470, 1472; 1996, 924 f; ZIP 1996, 1289, 1291; NJW 1998, 450 f). Andererseits muß es dem Bau-Generalunternehmer, der ein schlüsselfertiges Haus zum Pauschalpreis anbietet, möglich sein, neben dem Umfang seiner Leistungen von vornherein festzulegen, was *nicht* im Pauschalpreis inbegriffen ist. Wird das Leistungspaket in diesem Sinne in den AGB klar und übersichtlich dargestellt, scheidet eine inhaltliche Überprüfung aus (BGH NJW 1997, 135, 136). Dabei wird der letztlich unauflösliche Zusammenhang deutlich, der zwischen der Abgrenzung von Leistungsbestimmung und -einschränkung einerseits und dem (stets kontrollfähigen) Transparenzaspekt andererseits besteht. Je schwerer Leistungsbeschreibung und Grenzen als Einheit zu erkennen sind, um so eher werden letztere als Einschränkung der "eigentlichen" Leistungszusage erscheinen (vgl insoweit die Rechtsprechung des BGH zu Wahlleistungen beim Krankenhausvertrag: Das Krankenhaus braucht diese nicht anzubieten [kontrollfrei deshalb ein vorformuliertes Ablehnungsrecht, NJW 1990, 761, 762 f], muß seine Nichtverpflichtung aber deutlich herausstellen [NJW 1993, 779, 780]). Dem entspricht für den Versicherungsvertrag mit Verbrauchern auch Erwägungsgrund 19 S 3 der RL 93/13/EWG: Für die Kontrollfreiheit von Risikoeingrenzungen wird ausdrücklich darauf abgestellt, ob diese "deutlich" erfolgen (ebenso BGH v 19.11.1997 – Az IV ZR 348/96 –). Im übrigen ist die Grenze der Kontrollfreiheit bei Versicherungsverträgen besonders stark umstritten (siehe dazu § 9 Rn 564 ff sowie SCHMIDT-SALZER, in: FS Brandner [1996] 259 ff, 271 ff).

Für **Leistungsanpassungsklauseln** gilt oben Rn 26 entsprechend.

IV. Rechtsdeklaratorische Klauseln

1. Grundlagen

30 Die Kontrollfreiheit von Klauseln, die lediglich das wiedergeben, was von Rechts wegen ohnehin für die betreffende Thematik gilt, ergibt sich aus dem Wortlaut von § 8 und entspricht allgemeiner Meinung (aus der Praxis vgl BGH NJW 1984, 2161; 1989, 222, 223; 1989, 582, 583; 1991, 1750, 1754; 1993, 1061, 1063; ZIP 1996, 2075, 2076). Vereinzelt werden solche Klauseln schon nicht als „AGB" im Sinne von § 1 Abs 1 oder als „Regelung" im Sinne von § 8 eingestuft (gegen die Qualifikation als AGB vor allem NIEBLING 24 ff; ders BB 1984, 1713; LÖWE Rn 16; FEHL 148 f; LG Rottweil AGBE III § 9 Nr 6 S 145, 146 f; begrenzt auf die Wiederholung zwingender Rechtsvorschriften auch DYLLA-KREBS 52 ff; gegen den Regelungscharakter LEONARDY DRiZ 1976, 108, 110; REHBEIN JR 1985, 506, 507; BECKER 115), jedoch folgt schon aus der Formulierung von § 8, daß der Gesetzgeber auch solche Bestimmungen – entsprechend ihrer äußeren Gestalt – grundsätzlich als AGB-Regelung angesehen hat. Der Inhalt führt erst zu Differenzierungen im Rahmen der §§ 8–11.

31 Die Kontrollfreiheit ist begründet in der mangelnden Kontrollfähigkeit rechtsdeklaratorischer Klauseln (oben Rn 2). Ihre Kontrolle würde überdies auf eine mittelbare Angemessenheitskontrolle des Gesetzes durch die Gerichte hinauslaufen, was mit der Gesetzesbindung der Judikative (Art 20 Abs 3 GG) nicht zu vereinbaren wäre (vgl BT-Drucks 7/3919, 22; BECKER 115; BRUCHNER WM 1987, 449, 456; CANARIS NJW 1987, 609, 611; DYLLA-KREBS 65 f [mit Hinweis auch auf Art 100 Abs 1 GG]; NIEBLING BB 1984, 1713). Hieraus folgt auch der **Vorrang anderweitiger Gesetze**, die bestimmte Regelungen erlauben, obwohl sie eigentlich nach §§ 9–11 als unangemessen zu betrachten wären (BT-Drucks aaO). Das gilt zB für Versicherungsbedingungen, die sich im Rahmen des VVG halten (ULMER/BRANDNER Rn 39, 40; näher § 9 Rn 564). Das Problem liegt nicht im grundsätzlichen Gesetzesvorrang (zweifelnd allerdings SOERGEL/STEIN Rn 14), sondern in der Bestimmung und Abgrenzung des Erlaubnisbereichs des anderweitigen Gesetzes (dazu unten Rn 38 ff).

Zur Begründung der Kontrollfreiheit rechtsdeklaratorischer Klauseln wird des weiteren rechtspragmatisch darauf hingewiesen, daß – ihre Unwirksamkeitserklärung unterstellt – gemäß § 6 Abs 2 ohnehin das gleichlautende Gesetz an ihre Stelle treten würde (vgl nur ULMER/BRANDNER Rn 30). Auf dieses Hilfsargument kommt es angesichts der vorerwähnten Gründe nicht mehr an (kritisch auch DYLLA-KREBS 63 f).

32 Für **Verbraucherverträge** wird das Konzept des § 8 bestätigt und unterstützt durch Art 1 Abs 2 und Erwägungsgrund 13 der RL 93/13/EWG. „Bindende Rechtsvorschriften" im Sinne des Art 1 Abs 2 sind auch solche des dispositiven Rechts (Erwägungsgrund 13 S 2 HS 2). Allerdings ergeben sich bei der Übertragung dieses Konzepts auf die europäische Ebene erhebliche Probleme aus der fortbestehenden Unterschiedlichkeit der nationalen Rechte (dazu näher Rn 41).

2. Feststellung des rechtsdeklaratorischen Charakters von AGB-Bestimmungen

a) Grundsätze

33 Um den rechtsdeklaratorischen Charakter bzw umgekehrt die Kontrollfähigkeit einer Klausel festzustellen, bedarf es zunächst der *Ermittlung* der für die Klauselthe-

2. Unterabschnitt.
Unwirksame Klauseln

§ 8 AGBG
34

matik sonst geltenden rechtlichen Regelung sowie sodann des *Vergleichs* mit der Klauselregelung (ein entsprechender „Rechtslagenvergleich" ist – mit etwas anderer Fragestellung – auch im Rahmen des § 9 Abs 1 und Abs 2 Nr 1 vorzunehmen, vgl § 9 Rn 71, 179 ff). Als *rechtlicher Vergleichsmaßstab* im Sinne des § 8 kommen nicht nur gesetzliche Vorschriften in Betracht, sondern jede Regel des objektiven Rechts, die – gäbe es die Klausel nicht – im Streitfall von den Gerichten der Entscheidung zugrunde zu legen wäre – also auch ungeschriebene Rechtsgrundsätze, Richterrecht sowie die Ergebnisse ergänzender Vertragsauslegung (siehe oben Rn 7 ff; siehe zB die Beratungspflicht des Discount-Brokers, LG Köln ZIP 1997, 1328, mit weit Anm BALZER EWiR § 9 AGBG 11/97 S 675 f). Der *Klauselinhalt* als anderer Vergleichspunkt ist zunächst im Wege der *Auslegung* festzustellen (BGH NJW 1986, 43, 44; 1986, 46, 47; ULMER/BRANDNER Rn 30); es gilt der materielle Klauselbegriff (näher § 9 Rn 51). Dabei gelten die allgemeinen Auslegungsgrundsätze für AGB (§ 5; siehe Erläuterungen STAUDINGER/SCHLOSSER § 5 und § 9 Rn 30 ff); mit der Anlehnung an das Gesetz kann der Verwender nicht erreichen, daß nun auch die Klausel derselben Auslegung wie das Gesetz unterliegt (so aber BGH NJW 1993, 1061, 1063; siehe auch unten Rn 36). Daß dies aus Verwendersicht ungerecht erscheinen mag, ist kein durchgreifendes Gegenargument: Der Verwender kann sich bei Klauselaufstellung rechtlich beraten lassen; bei AGB kommt es hingegen entscheidend auf die mögliche Klauselwirkung auf den *Vertragspartner* an, der vor Mißverständnissen und Unklarheiten geschützt werden muß (ebenso BGH NJW 1986, 43, 44; 1986, 46, 47; 1987, 1931, 1937; RAISER 259 f; DYLLA-KREBS 58; näher noch unten Rn 36).

Für die Kontrollfreiheit fordert § 8 die Übereinstimmung mit vorhandenem (positivem oder aus der Rechtsordnung ableitbarem) Recht; kontrollfähig sind demgegenüber auch AGB-Bestimmungen, für die kein rechtliches Pendant existiert („**rechtsergänzende Klauseln**"; vgl oben Rn 8). Ergänzend in diesem Sinne sind auch Bestimmungen, die gesetzlich vorgesehene Gestaltungsmöglichkeiten konkret realisieren – entweder sehr allgemein gehaltene Gestaltungsinstrumente wie §§ 241, 305 BGB (dazu DYLLA-KREBS 60 f, 66) oder besondere Regelungen, die das Gesetz als vereinbarungsfähig zur Verfügung stellt (dazu näher Rn 37 ff). Der rechtsergänzende Charakter einer Klausel ist auch dort zu bejahen, wo großflächig dispositives Recht fehlt, etwa bei neuartigen Vertragstypen (vgl § 9 Rn 173). Der Begriff der „Ergänzung" setzt nicht schon vorhandene Regelungsansätze im objektiven Recht voraus, die lediglich weiterentwickelt werden (so aber wohl SONNENBERGER, in: FS Ferid [1977] 377 ff für das damalige internationale Schuldrecht). Vielmehr lag es gerade in der Absicht des Gesetzgebers, auch für AGB in bislang ungeregelten Bereichen eine Kontrolle zu ermöglichen (Teilbericht 1, 55; vgl § 9 Abs 2 Nr 2). Klauseln bei atypischen oder gesetzlich ungeregelten Verträgen dürfen jedoch nicht vorschnell als „ergänzend" und damit kontrollfähig eingestuft werden; vorgeschaltet ist die Prüfung, ob analog anwendbares Gesetzesrecht vorhanden ist (zB § 557 Abs 1 BGB bei verspäteter Rückgabe der Leasingsache, BGH ZIP 1989, 647, 648) oder im Wege der Rechtsfortbildung etablierte Regeln des Richterrechts. Die durch Übereinstimmung mit Richterrecht vermittelte Kontrollfreiheit einer Klausel kann sich aber immer nur auf die Angemessenheitsprüfung gemäß §§ 9–11 beziehen; die verantwortliche Prüfung, ob die in einer früheren Gerichtsentscheidung aufgestellte Regel als Ausfluß und Bestandteil des objektiven Rechts betrachtet werden kann, obliegt gemäß Art 20 Abs 3 GG jedem späteren Richter (vgl DYLLA-KREBS 81; NIEBLING 70 f). Bejahendenfalls ist die Klausel (bei Übereinstimmung) kontrollfrei, verneinendenfalls fehlt eine einschlägige

34

Rechtsregel, so daß die Klausel als „ergänzend" der Angemessenheitskontrolle unterworfen ist.

b) Einzelfragen und Zweifelsfälle

35 Ebenso wie bei der „Abweichung" einer Klausel vom Gesetz im Sinne § 9 Abs 2 Nr 1 ist schon hinsichtlich ihres rechtsdeklaratorischen oder rechtskonstitutiven Charakters ein Vergleich nicht nur mit dem Gesetzestext geboten, sondern mit der *Gesamtheit der Rechtslage*, wie sie sich ohne die Klausel für die fragliche Thematik ergäbe – einschließlich richterrechtlicher Erweiterungen, Einschränkungen und sonstiger gesetzlicher oder übergesetzlicher Ergänzungen (siehe § 9 Rn 180 f). Gesetzeswiederholende Klauseln können deshalb **„scheindeklaratorisch"** sein (vgl DYLLA-KREBS 75). Dies gilt zum einen für die „Umtypisierung" von Verträgen, also die Unterstellung beispielsweise eines Werkvertrags unter kaufrechtliche Gewährleistungsregeln (näher mN § 9 Rn 180), aber auch für die Wiederholung oder den Verweis auf grundsätzlich einschlägige Vorschriften, die jedoch wegen Besonderheiten der speziellen Vertragsgestaltung nicht „passen" und deshalb im Wege teleologischer Einschränkung als nicht anwendbar anzusehen sind (SOERGEL/STEIN Rn 19; ULMER/BRANDNER Rn 32; SCHMIDT-SALZER, in: FS Brandner [1996] 259 ff, 263). Viel zitiertes Beispiel ist die Reduktion des § 367 BGB bei Ratenkreditverträgen (dazu mN § 9 Rn 180). In gleicher Weise paßt das Kündigungsrecht gemäß § 8 Abs 2 VVG beim Krankenhaustagegeldvertrag nicht mit dem Bedürfnis des Versicherten nach kontinuierlichem Versicherungsschutz im Krankheitsfall zusammen (BGH NJW 1983, 2632 f; vgl unten Rn 579). In neuerer Zeit hat der BGH den Vertrag mit einem Fitnesscenter zwar als (atypischen) Mietvertrag eingestuft, die mietvertragliche Vorschrift über das Verwendungsrisiko aber für nicht anwendbar erachtet: Eine den § 552 BGB übernehmende Klausel wurde deshalb als konstitutiv und damit kontrollfähig angesehen (BGH ZIP 1996, 2075, 2076 f; vgl § 9 Rn 513). Konstitutiv ist auch eine Bestimmung, die zwar für den Normalfall der geregelten Verträge nur das Gesetz wiederholt, die aber – mangels entsprechender Einschränkung – auch besondere Vertragsgestaltungen abdeckt, für die anderes Recht gälte (BGH NJW 1987, 1886).

Konstitutiv wirkt weiterhin eine gesetzeswiederholende Klausel, wenn die Gesetzesvorschrift unwirksam ist (BGH NJW 1988, 2951: Das rückwirkende Inkrafttreten von Krankenhauspflegesätzen gemäß § 19 Abs 2 S 2 BPflVO verstieß gegen den Grundsatz der Gesetzmäßigkeit der Verwaltung, Art 20 Abs 3 GG; vgl weiter DYLLA-KREBS 80 f), oder wenn sie kollisionsrechtlich durch eine Eingriffsnorm (vgl § 12) verdrängt wird (SCHMIDT-SALZER, in: FS Brandner [1996] 259 ff, 264).

36 Problematischer, aber letztlich nicht anders einzustufen sind Klauseln, die sich auf eine **Teilwiedergabe der Rechtslage** beschränken. Dies kann geschehen durch Weglassung eines Teils der gesetzlichen Vorschrift, vor allem aber durch Nichterwähnung ergänzender gesetzlicher Regelungen, die zum Gesamtverständnis notwendig sind, oder gesetzesübersteigender Grundsätze oder richterrechtlicher Einschränkungen oder Ergänzungen (zB BGH NJW 1988, 1726, 1728: Herstellergarantie ohne Erwähnung fortbestehender Gewährleistungsrechte gegen den Verkäufer [dazu auch COESTER-WALTJEN JR 1989, 191 ff]; BGH NJW 1989, 2750, 2752: Informationspflicht des Kunden bei Reisemängeln gegenüber Veranstaltern läßt nicht erkennen, daß in der Regel Information gegenüber örtlicher Organisation genügt [vgl auch BGH NJW 1992, 3158; 1993, 263, 264]; BGH NJW 1987, 1931, 1937 f: Haftungsbeschränkung entsprechend § 651 h Abs 1 erwähnt nicht die richterrechtliche Einschränkung auf

vertragliche Schadensersatzansprüche; BGH NJW-RR 1991, 1013, 1015: Vertragsstrafeklausel ohne Erwähnung des Verschuldenserfordernisses [vgl auch BGH NJW 1997, 135]; BGHZ 83, 301, 302: Hinweis auf das Trennungsprinzip beim finanzierten Abzahlungskauf „unterschlägt" Möglichkeit des Einwendungsdurchgriffs bei Geschäftsverbund [vgl aber BGH WM 1986, 995, 996]; BGHZ 95, 362 ff: „Schufa-Klausel" enthält nicht die nach § 24 Abs 1 BDSG erforderliche Interessenabwägung [dazu auch SIMITIS JZ 1986, 188]). Zunächst stellen sich Fragen auf der *Auslegungsebene*: Sollte das nicht erwähnte Kriterium implizit ausgeschlossen sein (Verschulden bei Vertragsstrafe; Interessenabwägung bei Datenweitergabe), so ist damit schon der rechtsändernde Charakter der Klausel belegt. Sonst kann sich die weitere Frage stellen, ob die Klausel ohne weiteres an einer einschränkenden oder ausweitenden Gesetzesauslegung (zB Haftungsbeschränkung für § 651 h Abs 1 BGB nur für vertragliche Schadensersatzansprüche) teilnimmt. Dies ist nicht der Fall, da für die Auslegung auf das Verständnis des Durchschnittskunden abzustellen ist (oben Rn 33). Also *fehlt* ein Element der objektiven Rechtslage in der Klausel. Nun könnte argumentiert werden, daß die unvollständige Klauselregelung durch das objektive Recht ergänzt wird; auch besteht keine Obliegenheit des Verwenders zur umfassenden Rechtsaufklärung (§ 9 Rn 142, 157). Damit würde aber die kundenschützende Intention des Gesetzes verfehlt: *Teilweise* Wiedergabe der Rechtslage ist *keine* Deklaration des Rechts, sondern *suggeriert eine falsche Rechtslage*. Damit ist die Klausel kontrollfähig und in der Regel auch unangemessen nach § 9 (so im Ergebnis alle vorstehend zitierten Entscheidungen; vgl weiter OLG Hamburg ZIP 1983, 1432 f; OLG Düsseldorf ZIP 1984, 719, 721 f; SOERGEL/STEIN Rn 17, 20 sowie vor § 8 Rn 14 [täuschungsgeeignete „Teilwahrheit"]; DYLLA-KREBS 75, 81 f).

Im Ergebnis steht der Teilwiedergabe die **unklare Wiedergabe** des objektiven Rechts gleich. Sie behindert die sachgerechte Interessenwahrung durch den Vertragspartner (vgl § 9 Rn 127), so daß Kontrollbedürftigkeit und -fähigkeit zu bejahen sind. Dabei können die Klarheitsanforderungen an den Verwender höher sein als an den Gesetzgeber (§ 9 Rn 142). Im Ergebnis gilt das Transparenzgebot auch bei rechtsdeklaratorischen Klauseln uneingeschränkt.

Umstritten ist der rechtsdeklaratorische Charakter von AGB, die von einer gesetzlich eröffneten **Gestaltungsmöglichkeit** Gebrauch machen – etwa der Vereinbarung einer Vertragsstrafe (§ 339 BGB), eines abstrakten Schuldanerkenntnisses (§ 781 BGB), der Unterwerfung unter die vorläufige Zwangsvollstreckung (§ 794 Abs 1 Nr 5 ZPO), eines Abtretungsausschlusses (§ 399 BGB), Rücktrittsvorbehalts (§ 346 BGB) oder Eigentumsvorbehalts (§ 455 BGB), einer Vollmachtserteilung (§ 167 BGB), eines einseitigen Leistungsbestimmungsrechts (§ 315 BGB), eines Gewährleistungsausschlusses (§ 476 BGB), einer Haftungsbeschränkung (§ 651 h Abs 1 BGB) etc. Werden solche Gestaltungen mit anderem Inhalt vereinbart als gesetzlich vorgesehen (zB eine Vertragsstrafe ohne Verschuldensvoraussetzung), dann liegt die konstitutive Wirkung der Klausel (und damit ihre Kontrollfähigkeit) auf der Hand (zur Vertragsstrafe BGH NJW-RR 1991, 1013, 1015; NJW 1997, 135; vgl generell DYLLA-KREBS 75 ff, 108 ff). Hält sie sich im Rahmen des Gesetzes, so scheint sie nur deklaratorisch zu sein. Diese Sicht griffe aber zu kurz: All die erwähnten Gestaltungen treten nicht ex lege ein, das Gesetz erlaubt nur ihre (konstitutive) Vereinbarung. Die Klausel *verändert* deshalb die Rechtslage, indem sie diese Vereinbarung etabliert. Allerdings ist das „Wie" der Gestaltung gesetzeskonform, nur das „Ob" ist gesetzlich nicht vorgegeben (vgl FASTRICH 296). Diesbezügliche Kontrollfähigkeit schiede aus, wenn die gesetzliche Zulassung solcher Gestaltungsmöglichkeiten generell auch den Gebrauch durch vorformulierte Klauseln umfaßte. Daß der Gesetzgeber dies nicht so gesehen hat, sondern für diesen Fall von der grundsätzlichen Kontrollbedürftigkeit ausgegangen ist, folgt zweifelsfrei aus einschlägigen Verboten der §§ 10, 11 (§ 10 Nr 3; § 11 Nr 6, 10). Dementsprechend geht die ganz hM generell von der **Kontrollfähigkeit** klauselmäßig vereinbarter Gestaltungsmöglichkeiten aus (vgl BGH NJW 1981, 280, 281 [Ausschluß des Eigentumsvorbehalts]; 1982, 2314, 2315 [Empfangsvollmacht]; 1984, 1177 [Tagespreisklausel]; 1985, 623, 624 [Leistungsänderungsrecht]; 1987, 1931, 1937 [§ 651 h Abs 1 BGB]; 1989, 222, 223 [§ 20 Abs 2 HBG]; SOERGEL/STEIN Rn 18; ULMER/BRANDNER Rn 33; WOLF Rn 25; DYLLA-KREBS 69; FASTRICH 296; vHOYNINGEN-HUENE, in: FS Trinkner [1995] 179, 184 f; LÖWE NJW 1987, 937; TAUPITZ JuS 1989, 520, 524; TRINKNER/WOLFER BB 1987, 425, 427).

38 Fraglich bleibt nur, ob nicht im Einzelfall die gesetzliche Zulassung einer Gestaltung so verstanden werden kann, daß sie *auch* die klauselmäßige Vereinbarung mitumfaßt („**Erlaubnisnorm**"). Damit hätte der Gesetzgeber auch das „Ob" der Vereinbarungsfähigkeit an sich gezogen, die Klausel müßte der gerichtlichen Kontrolle entzogen sein (vgl vor allem CANARIS NJW 1987, 609, 611 ff).

Die Möglichkeit des Gesetzgebers, eine derart „qualifizierte Erlaubnis" (DYLLA-KREBS 98) auszusprechen, folgt unproblematisch aus dem Vorrang des Gesetzes (Art 20 Abs 3 GG; zutreffend DYLLA-KREBS 93 ff; vgl oben Rn 31). Die Frage ist nur, *wann* ein solcher Wille des Gesetzgebers anzunehmen ist; da sich die Gesetze in aller Regel insoweit nicht ausdrücklich äußern, kann er nur durch Auslegung ermittelt werden. CANARIS (aaO) will eine auf klauselmäßige Vereinbarung bezogene Erlaubnisnorm schon dann annehmen, wenn in dem betreffenden Vertragstyp AGB derart vorherrschen, daß Individualabreden kaum vorkommen (ablehnend BGH NJW 1989, 222, 223; DYLLA-KREBS 95 ff; NIEBLING 42 ff; WOLF Rn 25). Andere fordern Zurückhaltung bei der Annahme von Erlaubnisnormen; ein entsprechender Wille des Gesetzgebers müsse „eindeutig" erkennbar sein (NIEBLING 42 f; WOLF Rn 25), sei nur ausnahmsweise anzunehmen (PALANDT/HEINRICHS Rn 8; ULMER/BRANDNER Rn 34; WOLF Rn 25), an die Bejahung seien „strengste Anforderungen" zu stellen (DYLLA-KREBS 98).

Für die Gesetzesauslegung ist zu berücksichtigen, daß die in Frage stehenden Gestaltungsmöglichkeiten zumeist schwerwiegende Rechtsnachteile für eine Vertragspartei mit sich bringen (vgl nur Vertragsstrafe, Schuldanerkenntnis, Unterwerfung unter sofortige Zwangsvollstreckung). Die Überlassung an die Vereinbarungsfreiheit der Parteien setzt deshalb funktionierende Vertragsautonomie voraus, die selbstverantwortete Zustimmung der belasteten Partei ist rechtspolitische Rechtfertigung für die vereinbarte Gestaltung. Es ist deshalb davon auszugehen, daß der Gesetzgeber nur Individualvereinbarungen vor Augen hatte und – wie bei der generellen Abgrenzung von zwingendem und dispositivem Recht (§ 9 Rn 168) – zu den besonderen Gestaltungsgrenzen für einseitige Regelaufstellung durch AGB gar keine Aussage getroffen hat. Dies ist offenkundig für alle vor 1977 erlassenen Gesetze, gilt regelmäßig aber auch für späteres Gesetzesrecht. „Auslegung" bedeutet deshalb die *Hinzufügung* bzw *Nachholung* einer vom historischen Gesetzgeber offengelassenen Wertungsfrage. Dabei muß die Antwort nicht auf eine Bejahung oder Verneinung klauselmäßiger Vereinbarungsfreiheit beschränkt sein – wie die speziellen Verbote der §§ 10 Nr 3, 11 Nr 6 und 10 zeigen, liegt es auch hier nahe, diese Freiheit im

2. Unterabschnitt.   **§ 8 AGBG**
Unwirksame Klauseln

Vergleich zu Individualvereinbarungen zwar einzuschränken, nicht aber ganz zu beseitigen. So erscheint es zB sachgerecht, an die Stelle der wohlabgewogenen Zustimmung des Vertragspartners zu einem Vertragsstrafeversprechen das objektive Kriterium eines „anerkennenswerten Bedürfnisses" für den Verwender treten zu lassen (siehe ULMER/HENSEN § 11 Nr 6 Rn 3, 6). Diese differenzierte Beurteilung kann aber nicht in § 8, sondern nur im Rahmen einer Angemessenheitsprüfung nach § 9 erfolgen (§ 9 Rn 187, auch zur Abgrenzung von § 9 Abs 1 zu Abs 2 Nr 1). Deshalb ist – mit der hM – grundsätzlich von der Kontrollfähigkeit und -bedürftigkeit von Klauseln auszugehen, die gesetzlich eröffnete Gestaltungsmöglichkeiten umsetzen (vgl noch zu einseitigen Leistungsbestimmungsrechten § 9 Rn 43; zur Vertragsstrafe STAUDINGER/COESTER-WALTJEN § 11 Nr 6 Rn 15; zum Rücktrittsrecht dies § 10 Nr 3 Rn 4; zum Schuldanerkenntnis dies § 11 Nr 15 Rn 5; zur Unterwerfung unter die sofortige Zwangsvollstreckung KG NJW-RR 1990, 544).

Die völlige **Freigabe von Gestaltungsmöglichkeiten** auch für klauselmäßige Vereinbarung kann deshalb nur dort angenommen werden, wo der Wille des Gesetzgebers zu einer rechtspolitisch so bedeutsamen Weichenstellung hinreichend klar erkennbar ist. Dies ist von vornherein nur bei legislativen Akten nach 1977 denkbar, seitdem sich der Gesetzgeber des AGB-Problems angenommen hat (so zutreffend DYLLA-KREBS 98; zu älteren Gesetzen wie zB §§ 51 ff BRAO siehe PALANDT/HEINRICHS § 9 Rn 120; vWESTPHALEN ZIP 1995, 546 ff). Des weiteren reicht das bloße Stehenlassen von Normen (zB § 20 Abs 2 HBG) bei punktuellen Reformeingriffen in ältere Gesetze nicht, solange die Gesetzesmaterialien nicht die konstitutive Entscheidung erkennen lassen, die entsprechende Gestaltung fortan auch durch AGB zu erlauben (DYLLA-KREBS 104). Aber selbst neueren Gesetzen kann eine solche Entscheidung regelmäßig nicht entnommen werden (etwa Art 27 EGBGB; zur Rechtswahlklausel siehe § 9 Rn 461; wie hier ULMER/BRANDNER Rn 34; anderer Ansicht DYLLA-KREBS 107 f). Als Beispiel für eine positive Erlaubnisnorm kann jedoch **§ 651 h Abs 1 BGB** dienen: Hier belegen die Gesetzesmaterialien deutlich, daß der Gesetzgeber gerade auch an die klauselmäßige Einschränkung im Reise-Massengeschäft gedacht hat (BT-Drucks 8/2343 S 11; BGH NJW 1987, 1931, 1937; LG Frankfurt aM NJW-RR 1986, 214, 216; so auch DYLLA-KREBS 106 f; ULMER/BRANDNER Rn 34 [widersprüchlich aber Anh §§ 9–11 Rn 539]; STAUDINGER/SCHWERDTNER[12] § 651 h Rn 23 kritisch und differenzierend [Verdrängung von § 11 Nr 7, 8, aber nicht von § 9]; MünchKomm/TONNER § 651 h Rn 13 ff [mwN der Gegenmeinung]; WOLF Rn 26 und § 9 R 93; OLG Frankfurt aM NJW 1986, 1618, 1621).

Als Erlaubnisnorm hat der BGH ferner **§ 11 Nr 12 a** eingestuft: Die Zumutbarkeit der zweijährigen Laufzeit sei dort für den Normalfall festgeschrieben, nur aus Besonderheiten eines konkreten Vertragstyps könne die Nichteinschlägigkeit dieser gesetzgeberischen Wertung und damit die Kontrollfähigkeit gemäß § 9 begründet werden (NJW 1987, 2012, 2013 [Zeitschriften-Abonnementsvertrag]; 1997, 739, 740 [Sportstudiovertrag]; für diese Interpretation des BGH auch FASTRICH 297; im Ergebnis zustimmend FEHL BB 1983, 223, 225). Diese Rechtsprechung ist auf verbreitete Kritik gestoßen – das Nichtverbot einer Regelung nach §§ 10, 11 könne nicht mit einer positiven Erlaubnis gleichgesetzt werden (DYLLA-KREBS 100 f; WOLF Rn 28; kritisch zum BGH NJW 1987, 2012 auch PALANDT/HEINRICHS § 11 Rn 79; ULMER/HENSEN § 11 Nr 12 Rn 10; WOLF § 11 Nr 12 Rn 9). Allerdings kann die Frage nach dem positiven Wertungsgehalt der §§ 10, 11 nicht pauschal beantwortet werden; auch die Differenzierung des BGH nach „Regelwertung" und „Besonderheiten" schöpft die Auslegungsmöglichkeiten noch nicht aus. Festzuhalten ist hier nur, daß aus §§ 10, 11 zwar nicht generell eine positive Erlaubniskomponente herausgelesen werden kann, daß diese Möglichkeiten nach sorgfältiger Abwägung der Gesetzesmaterialien und des konkreten Vertrags im Einzelfall aber durchaus besteht (vgl § 9 Rn 11 sowie die Einzelerläuterungen STAUDINGER/COESTER-WALTJEN zu §§ 10, 11).

40 Keine Sonderstellung kommt schließlich im Rahmen des § 8 denjenigen Klauseln zu, die dem Vertragspartner **günstigere Regelungen** als das Gesetz enthalten (anderer Meinung LG Konstanz BB 1981, 1420, 1421; DYLLA-KREBS 86). Die Frage der Günstigkeit ist keineswegs einfach zu beantworten, wie die Diskussion zu Art 30 EGBGB und im materiellen Arbeitsrecht zeigt (vgl Münchner Handbuch zum Arbeitsrecht/BIRK § 19 Rn 24 ff und LÖWISCH § 265). Eine Abweichung vom Gesetz im Sinne § 8 liegt unzweifelhaft vor, so daß die weitere Beurteilung sachgerecht im Rahmen des § 9 erfolgen kann – einer teleologischen Reduktion des § 8 bedarf es nicht. Gleiches gilt für unklare Klauseln, die auch bei kundenfeindlichster Auslegung den gesetzlichen Schutzstandard nicht unterschreiten (anders vHOYNINGEN-HUENE, in: FS Trinkner [1995] 179, 183 ff, 189 f; es handelt sich um eine wohl recht akademische Fragestellung).

c) **Europarechtliche Problematik**

41 Für den Bereich der **Verbraucherverträge** ist oben die weitgehende Übereinstimmung von § 8 mit Art 1 Abs 2 RL konstatiert worden (Rn 1, 7, 16). Die Kontrollfreiheit rechtsdeklaratorischer Klauseln nach beiden Vorschriften führt aber, bedingt durch die Unterschiedlichkeit der nationalen Rechte in der EU, möglicherweise zu verschiedenen Ergebnissen. Zwar wird eine mit deutschem Recht übereinstimmende Klausel nicht dadurch konstitutiv und kontrollfähig, daß es anderslautende Gesetze in anderen Mitgliedsstaaten gibt – Vergleichsmaßstab können sowohl nach § 8 wie nach Art 1 Abs 2 RL immer nur die Rechtsvorschriften sein, die bei Abwesenheit der Klausel auf den Fall *anwendbar* wären (NASSALL WM 1994, 1645, 1651; KAPNOPOULOU 97); dies ist eine kollisionsrechtliche Vorfrage. Wohl aber kann die gleiche Klausel je nachdem, ob sie für deutschem oder ausländischem Recht unterstehende Verträge verwendet wird, auf der Grundlage des einen Rechts kontrollfrei, auf der eines anderen Rechts kontrollfähig sein. So kann es passieren, daß der EuGH eine solche Klausel für den italienischen Rechtsbereich als kontrollfrei, für Frankreich als kontrollfähig, aber wirksam und für Deutschland als mißbräuchlich und unwirksam erklärt (NASSALL aaO mit dem Beispiel einer Kaufvertragsklausel, die eine einjährige Verjährungsfrist vorsieht). Damit werden die Grenzen der Rechtsangleichung im AGB-Recht offenbar (vgl § 9 Rn 57) – es handelt sich um derzeit unvermeidbare Konflikte, die erst durch sachliche Rechtsvereinheitlichung überwunden werden könnten (vgl § 9 Rn 58).

§ 9
Generalklausel

(1) Bestimmungen in Allgemeinen Geschäftsbedingungen sind unwirksam, wenn sie den Vertragspartner des Verwenders entgegen den Geboten von Treu und Glauben unangemessen benachteiligen.

(2) Eine unangemessene Benachteiligung ist im Zweifel anzunehmen, wenn eine Bestimmung

2. Unterabschnitt.
Unwirksame Klauseln

§ 9 AGBG

1. mit wesentlichen Grundgedanken der gesetzlichen Regelung, von der abgewichen wird, nicht zu vereinbaren ist, oder

2. wesentliche Rechte oder Pflichten, die sich aus der Natur des Vertrages ergeben, so einschränkt, daß die Erreichung des Vertragszwecks gefährdet ist.

Materialien: 1. Teilber 26, 74; RefE 39; RegE BT-Drucks 7/3919, 75 – siehe STAUDINGER/ SCHLOSSER Einl 6 ff zum AGBG.

Schrifttum

Siehe auch Schrifttumsnachweise STAUDINGER/ SCHLOSSER Einl zum AGBG.

ADAMS, Ökonomische Begründung des AGBG, BB 1989, 781
BASEDOW, Kollektiver Rechtsschutz und individuelle Rechte. Die Auswirkungen des Verbandsprozesses auf die Inzidentkontrolle von AGB, AcP 182 (1982) 335
ders, Handelsbräuche und AGB-Gesetz, ZHR 150 (1986) 469
BAUDENBACHER, Wirtschafts- schuld- und verfahrensrechtliche Probleme in AGB (1983)
BAUKELMANN, Der Ausschluß der Abtretbarkeit von Geldforderungen in AGB-Fragen zu § 354 a HGB, in: FS Brandner (1996) 185
BAUMANN, Zur Inhaltskontrolle von Produktbestimmungen in AG- und Vers-bedingungen, VersR 1991, 490
BECKER, Die Auslegung des § 9 II AGBG (1986)
BENNEMANN, Fiktionen und Beweislastregelungen in AGB (1987)
BOEMKE-ALBRECHT, Rechtsfolgen unangemessener Bestimmungen in AGB (1989)
BRANDNER/ULMER, EG-Richtlinie über mißbräuchliche Klauseln in Verbraucherverträgen, BB 1991, 701
BROIHAN, Die Reichweite formularmäßiger Sicherungsabreden bei Bürgschaft und Grundschuld (1992)
BUNGERT, Wertpapierbedingungen und Inhaltskontrolle nach dem AGBG, DZWiR 1996, 185
BUNTE, Die EG-Richtlinie über mißbräuchliche Klauseln in Verbraucherverträgen und ihre Umsetzung durch das Gesetz zur Änderung des AGBG, DB 1996, 1389
ders, Gedanken zur Rechtsharmonisierung in der EG auf dem Gebiet der mißbräuchlichen Klauseln in Verbraucherverträgen, in: FS Hoerst Locher (1990)
BUNTE/HEINRICHS, Aktuelle Rechtsfragen zur Freizeichnung nach dem AGBG (1985)
vCAMPENHAUSEN, Das Transparenzgebot als Pflicht zur Aufklärung vor Vertragsschluß (1994)
CANARIS, Die Problematik der Sicherungsfreigabeklauseln im Hinblick auf § 9 AGBG und § 138 BGB, ZIP 1996, 1109
ders, Die Problematik der AGB-Kontrolle von Postenpreisen für Buchungsvorgänge auf Girokonten, WM 1996, 273
ders, Zinsberechnungs- und Tilgungsverrechnungsklauseln beim Annuitätendarlehen, NJW 1987, 607
COESTER-WALTJEN, Die Inhaltskontrolle von Verträgen außerhalb des AGBG, AcP 190 (1990) 1
dies, Das deutsche AGB-Gesetz, in: AGB – Eine Zwischenbilanz (1991)
DAMM, Europäisches Verbrauchervertragsrecht und AGB-Recht, JZ 1994, 161
DAUNER-LIEB, Verbraucherschutz durch Ausbildung eines Sonderprivatrechts (1983)
DERLEDER/METZ, Die Nebenentgelte der Banken – Rechtsgrundlagen und rechtliche Grenzen, ZIP 1996, 573 ff, 621 ff
DREXL, Die wirtschaftliche Selbstbestimmung des Verbrauchers – ein Beitrag zum deutschen und europäischen Privatrecht (Habilitationsschrift München, noch nicht veröffentlicht)

DYLLA-KREBS, Schranken der Inhaltskontrolle Allgemeiner Geschäftsbedingungen (1990)
ECKERT, Das neue Recht der AGB, ZIP 1996, 1238
EGGENKA, Die Inhaltskontrolle von Franchiseverträgen nach dem AGB-Gesetz und § 138 BGB (1989)
FAHR, Inhaltskontrolle, Transparenzgebot und § 8 AGBG (Diss München 1998 [demnächst])
FASTRICH, Richterliche Inhaltskontrolle im Privatrecht (1992)
FEHL, Systematik des Rechts der Allgemeinen Geschäftsbedingungen (1979)
HABERSACK, Vertragsfreiheit und Drittinteressen (1992)
HABERSACK/KLEINDIEK/WIEDENMANN, Die EG-Richtlinie über mißbräuchliche Klauseln in Verbraucherverträgen und das künftige AGBG, ZIP 1993, 562
HADDING/HOPT (Hrsg), Verbraucherkredit, AGB-Gesetz und Kreditwirtschaft (Bankrechtstag 1990)
HANSEN, Das sogenannte Transparenzgebot im System des AGB-Gesetzes, WM 1990, 1521
HEINRICHS, Die EG-Richtlinie über mißbräuchliche Klauseln in Verbraucherverträgen, NJW 1993, 1817
ders, Umsetzung der EG-Richtlinie über mißbräuchliche Klauseln in Verbraucherverträgen durch Auslegung, NJW 1995, 153
HEINRICHS/LÖWE/ULMER (Hrsg), Tagungsband zum 10-jährigen Bestehen des AGBG (1987)
HOMMELHOFF/WIEDENMANN, AGB gegenüber Kaufleuten und unausgehandelte Klauseln in Verbraucherverträgen, ZIP 1993, 562
HORN, Die richterliche Kontrolle von Entgeltklauseln nach dem AGB-Gesetz am Beispiel der Kreditwirtschaft, WM 1997 Beil Nr 1 S 3 ff
vHOYNINGEN-HUENE, Unwirksamkeit von AGB bei bloßer Intransparenz, in: FS Trinkner (1995) 179
ders, Die Inhaltskontrolle nach § 9 AGBG (1991)
HÜBNER, Allgemeine Versicherungsbedingungen und AGBG (3. Aufl 1989)
JOOST, Der Ausschluß der Inhaltskontrolle bei Entgeltregelungen in AGB, ZIP 1996, 1685
JOUSSEN, Die Inhaltskontrolle von Wertpapierbedingungen nach dem AGB, WM 1995, 1861
KAPNOPOULOU, Das Recht der mißbräuchlichen Klauseln in der Europäischen Union (1997)
KALLRATH, Die Inhaltskontrolle von Wertpapierbedingungen (1994)
KIPPELS, Die Inhaltskontrolle von AGB im kaufmännischen Geschäftsverkehr nach § 9 II AGBG unter besonderer Berücksichtigung der Klauselverbote nach §§ 10 und 11 AGBG (1991)
KLAAS, Zur EG-Richtlinie über mißbräuchliche Klauseln in Verbraucherverträgen, in: FS Brandner (1996) 247
KOLLER, Die Wirksamkeit formularmäßiger Haftungsfreizeichnungsklauseln zwischen Schadensausgleich und Schadensprävention, ZIP 1986, 1089
ders, Das Transparenzgebot als Kontrollmaßstab Allgemeiner Geschäftsbedingungen, in: FS Steindorff (1990)
KÖNDGEN, Grund und Grenzen des Transparenzgebots im AGB-Recht, NJW 1989, 943
KORBION, AGB und Bauerrichtungsverträge (1987)
KREIENBAUM, Transparenz und AGB-Gesetz (1998)
LIEB, Sonderprivatrecht für Ungleichgewichtslagen? Überlegungen zum Anwendungsbereich der sogenannten Inhaltskontrolle privatrechtlicher Verträge, AcP 178 (1978) 196
LÜBKE-DETRING, Preisklauseln in AGB (1989)
LUTZ, AGB-Kontrolle im Handelsverkehr unter Berücksichtigung der Klauselverbote (1991)
MENTIS, Schranken prozessualer Klauseln in AGB (1994)
MICHALSKI, Änderungen des AGB-Gesetzes durch die EG-Richtlinie über mißbräuchliche Klauseln in Verbraucherverträgen, DB 1994, 665
MUNZ, Allgemeine Geschäftsbedingungen in den USA und Deutschland im Handelsverkehr (1992)
NASSALL, Die Auswirkungen der EU-Richtlinie über mißbräuchliche Klauseln in Verbraucherverträgen auf nationale Individualprozesse, WM 1994, 1645
ders, Die Anwendung der EG-Richtlinie über mißbräuchliche Klauseln in Verbraucherverträgen, JZ 1995, 689
NEUMANN, Geltungserhaltende Reduktion und ergänzende Vertragsauslegung von AGB (1988)

2. Unterabschnitt.
Unwirksame Klauseln

NIEBLING, Schranken der Inhaltskontrolle (1988)
NIEDENFÜHR, Informationsgebote in AGB (1986)
OECHSLER, Gerechtigkeit im modernen Austauschvertrag (1997)
OFFNER, Abtretungsverbote in AGB. Das pactum des non cedendo als Auslegungsproblem des § 9 AGBG (1987)
OHLENDORF/vHERTEL, Kontrolle von AGB im kaufmännischen Verkehr gem § 24 (1988)
OHLROGGEN, Die allgemeinen Geschäftsbedingungen der Banken (1993) und der allgemeine Bankvertrag (1997)
RAISER, Das Recht der AGB (1961)
ROUSSOS, Freizeichnung von Schadensersatzansprüchen im Recht der AGB (1982)
SCHÄFER, Das Transparenzgebot im Rahmen der AGB (1992)
SCHIRMERS, Konditionenempfehlungen, kartellrechtliche Kontrolle und AGBG (1983)
SCHLOSSER, Entwicklungstendenzen im Recht der AGB, ZIP 1985, 449
SCHMIDT, Vertragsformen der Nichteinbeziehung und Unwirksamkeit von AGB. Ein Beitrag zur Auslegung der §§ 6, 9–11, 21 AGBG (1986)

SCHMIDT-SALZER, Leistungsbeschreibungen insbesondere in Versicherungsverträgen und Schranken der Inhaltskontrolle (AGB-Gesetz und EG-Richtlinie über mißbräuchliche Klauseln in Verbraucherverträgen), in: FS Brandner (1996) 259
ders, Freizeichnungsklauseln (1985)
SPECHT-JONEN, § 9 AGBG und die Ausuferung der richterlichen Inhaltskontrolle (1992)
STEIN, Die Inhaltskontrolle vorformulierter Verträge des allgemeinen Privatrechts. Zum Spannungsverhältnis des Kontrollverfahrens nach AGBG und § 242 BGB (1982)
ULMER, Zur Anpassung des AGBG an die EG-Richtlinie über mißbräuchliche Klauseln in Verbraucherverträgen, EuZW 1993, 337
WESTERMANN, Das Transparenzgebot – ein neuer Oberbegriff der AGB-Inhaltskontrolle, in: FS Steindorff (1990) 817
ders, Zwecke der AGB-Kontrolle im Bankvertragsrecht, in: FS Heinsius (1991) 31
WITTE, Inhaltskontrolle und deren Rechtsfolgen im System der Überprüfung Allgemeiner Geschäftsbedingungen (1983)
WOLF, Auslegung und Inhaltskontrolle von AGB im internationalen kaufmännischen Verkehr, ZHR 153 (1989) 300.

Systematische Übersicht

I.	**Grundlagen**	
1.	Rechtfertigung und Zweck der Inhaltskontrolle	1
a)	Konzeption des AGBG	1
b)	Der gemeinschaftsrechtliche Verbraucherschutzansatz	5
2.	Funktion und systematische Stellung innerhalb des AGBG	7
a)	Funktion	7
b)	Verhältnis zu §§ 10, 11	9
c)	Sonstige Abgrenzungen	15
3.	Anwendungsbereich	
a)	International	16
b)	Sachlich	17
c)	Persönlich	20
4.	Verhältnis zu anderen Vorschriften	22
a)	Verfassungsrecht	23
b)	Zwingendes und dispositives Gesetzesrecht	24
c)	Anfechtung, §§ 119–123 BGB	27
d)	Auslegung, §§ 133, 157	30
e)	Gesetzliche Verbote, § 134 BGB	33
f)	Sittenwidrigkeit, 138 BGB	34
g)	Treu und Glauben, Ausübungskontrolle, § 242 BGB	37
h)	Billigkeitskontrolle, § 315 BGB	42
i)	culpa in contrahendo	45
k)	Wettbewerbsrecht	46
5.	Gegenstand und Rechtsfolgen der Inhaltskontrolle	50
a)	Grundsätze	50
b)	Abweichende Regelungen in AGB	52
II.	**Bedeutung des europäischen Gemeinschaftsrechts bei Verbraucherverträgen**	
1.	Allgemeines	53
2.	Vorabentscheidungsverfahren	54

a)	Grundlagen	55	c)	Typische Interessen des Vertragspartners ... 114
b)	Beurteilungsmöglichkeiten des EuGH	57	d)	Grundsatz der Erforderlichkeit und Verhältnismäßigkeit ... 115
c)	Verletzung der Vorlagepflicht	61	e)	Gleichbehandlung ... 116
3.	Richtlinienkonforme Auslegung des § 9	62	f)	Risikoverteilung ... 119

III. Unangemessene Benachteiligung des Vertragspartners: Abs 1 als Grundtatbestand

1. Allgemeines ... 65
2. Tatbestand des Abs 1 ... 70
   a) Gegenstand der Inhaltskontrolle ... 70
   b) Benachteiligung ... 71
   c) Geschützter Personenkreis ... 72
   d) Unangemessenheit ... 73
   e) Treu und Glauben ... 75
   f) Maßgeblicher Zeitpunkt ... 76
   g) Darlegungs- und Beweislast ... 77
3. Tatbestand des Art 3 Abs 1 EG-Richtlinie ... 78
4. Interessenabwägung: Allgemeine Grundsätze ... 79
   a) Methodische Grundstruktur ... 79
   b) Genereller Prüfungsmaßstab und Einzelfallumstände
      aa) Grundsatz ... 80
      bb) Gruppentypische Differenzierungen ... 82
      cc) Einschränkungen und Ausnahmen ... 83
      dd) Abweichungen beim Verbrauchervertrag ... 85
   c) Quellen normativer Maßstäbe ... 87
   d) Gesamtzusammenhang des Vertrags
      aa) Grundproblematik ... 90
      bb) Kompensation ... 91
      cc) insbesondere: Preisargument, Tarifwahl ... 94
      dd) Summierung ... 98
      ee) Besonderheiten beim Verbrauchervertrag ... 99
   e) Berücksichtigungsfähige Interessen
      aa) Rechtliche Auswirkungen von AGB auf Dritte ... 100
      bb) Berücksichtigung von Drittinteressen in der Abwägung nach § 9 Abs 1 ... 101
5. Einzelne Abwägungskriterien ... 108
   a) Konformität mit etablierten Standards ... 109
   b) Typische Verwenderinteressen ... 112

6. Transparenzgebot ... 121
   a) Überblick ... 121
   b) Grundlagen
      aa) Gesetzliche Systematik ... 122
      bb) Unangemessenheit durch Unklarheit? ... 123
      (1) Unangemessene Benachteiligung durch Vereitelung von Marktchancen ... 125
      (2) Unangemessene Benachteiligung durch Erschwerung der Rechtswahrung ... 127
   c) Inhalt und Ausgestaltung des Transparenzgebots im einzelnen
      aa) Inhalt und Folgen ... 128
      bb) Maßstab und Adressaten der Transparenz ... 130
      cc) Typische Anwendungsfälle des Transparenzgebots ... 133
      dd) Klarheitsanforderungen und ihre Grenzen ... 139
      α) Zumutbare Anspannung der eigenen Erkenntniskräfte ... 140
      β) Tatsächliche oder rechtliche Konkretisierungsgrenzen ... 141
      γ) Gesetzliche Deutlichkeit als Maßstab? ... 142
      δ) Pflicht zur Rechtserläuterung ... 143
      ε) Verweisung auf anderweitige Regelungen ... 144
      ee) Insbesondere: Transparenzanforderungen bei leistungsbestimmenden Klauseln ... 145
   d) Heilung der Intransparenz durch Individualaufklärung ... 147
   e) Transparenzgebot im kaufmännischen Verkehr ... 151
   f) Besonderheiten beim Verbrauchervertrag
      aa) Grundlagen ... 152
      bb) Systematische Zuordnung des gemeinschaftsrechtlichen Transparenzgebots ... 153

2. Unterabschnitt.
Unwirksame Klauseln

§ 9 AGBG

cc)	Inhalt und Reichweite des gemeinschaftsrechtlichen Transparenzgebots	156
α)	Das Sprachenproblem	157
β)	Rechtserläuterungen	158
γ)	Heilung durch Individualaufklärung	159
IV.	**Die Konkretisierungen des Abs 2**	
1.	Funktion und Bedeutung des Abs 2	160
a)	Inhalt und Zweck	160
b)	Systematische und methodische Bedeutung	162
c)	Verhältnis zu Abs 1	166
d)	Darlegungs- und Beweislast	167
2.	Abs 2 Nr 1: Unvereinbarkeit mit dem gesetzlichen Gerechtigkeitsmodell	168
a)	Norminhalt und -zweck	168
b)	Begriff der „gesetzlichen Regelung"	
aa)	Gesetzlich	169
bb)	Kreis der in Frage kommenden Vorschriften	176
c)	„Abweichung" als Identifizierungskriterium	179
aa)	Methodische Funktion	179
bb)	Arten der Abweichung	180
cc)	Insbesondere atypische Verträge	181
d)	Wesentliche Grundgedanken	183
e)	Unvereinbarkeit	
aa)	Methodische Funktion	189
bb)	Fragestellung	190
cc)	Einzelne Gesichtspunkte	191
3.	Abs 2 Nr 2: Gefährdung des Vertragszwecks	196
a)	Norminhalt und -zweck	196
b)	Verhältnis zu Nr 1	198
c)	Natur des Vertrages als Quelle wesentlicher Rechte und Pflichten	202
aa)	Natur des Vertrags	203
bb)	Wesentliche Rechte oder Pflichten	207
cc)	Insbesondere: „Kardinalpflichten"	209
d)	Einschränkung	211
e)	Vertragszweckgefährdung	212
V.	**Einzelne Klausel- und Vertragstypen**	
1.	Abtretungsverbote	250
2.	Arbeitskampfklauseln	290
3.	Architektenvertrag	296
4.	Arztverträge	300
5.	Automatenaufstellvertrag	317
6.	Autowaschanlagen	318
7.	Bankverträge	325
8.	Bauverträge	326
9.	Beförderungsverträge (ADSp; AGNB)	327
10.	Bierlieferungsverträge	328
11.	Bürgschaft	329
12.	Computerverträge	330
13.	Freizeichnungsklauseln	331
14.	Factoringverträge	362
15.	Franchiseverträge	363
16.	Garantieverträge	364
17.	Gerichtsstandsklauseln	370
18.	Handelsvertreterverträge	376
19.	Heimverträge	380
20.	Inkassoverträge	387
21.	Kabelanschlußverträge	390
22.	Kaufverträge	391
23.	Krankenhausverträge	400
24.	Kreditkartenverträge	417
25.	Lastschriftklauseln	425
26.	Laufzeitklauseln	427
27.	Leasingverträge	442
28.	Leistungsbestimmungsrechte	443
29.	Maklerverträge	444
30.	Mietverträge	445
31.	Partnerschaftsvermittlungsverträge	446
32.	Prospekthaftung	460
33.	Rechtswahlklauseln	461
34.	Reinigungen	462
35.	Reisevertrag	470
36.	Salvatorische Klauseln	475
37.	Schiedsklauseln	476
38.	Schriftformklauseln	477
39.	Sicherungsklauseln	478
40.	Sportstudio- und Fitnessverträge	500
41.	Time-Sharing-Verträge	530
42.	Unterrichtsverträge	535
43.	Verjährungsklauseln	545
44.	Versicherungsvertrag	555
45.	Vertragshändlerverträge	605
46.	Vertragsstrafe	610
47.	Verwahrungsvertrag	615
48.	Vollmachtklauseln	620
49.	Werkvertrag	640
50.	Wertpapierbedingungen	641

Alphabetische Übersicht

Abbuchungsermächtigung — 425
Abonnementsverträge — 436
Abtretung — 309 f, 447
Abtretungsverbote — 250 ff, 590
– § 354 a HGB — 282
Abweichung iSv § 9 Abs 2 Nr 1 — 179 ff
Adgo — 306
ADSp, AGNB — 93, 100, 327, 546, 548
Allgemeininteressen — 107
Ambulante Behandlung — 410
Anzeigenvertrag — 437
Äquivalenzprinzip — 172, 176, 186, 206, 294
Äquivalenzverhältnis — 46, 91, 94, 99, 152
Arbeitskampfklauseln — 290 ff
– Auslegung — 292
– Lieferfristverlängerung — 293
Architektenvertrag — 296
arglistige Täuschung — 29
Ärztliche Abrechnungsstelle — 309 f
Arztvertrag — 300 ff
– Honorare — 303 ff, 308
– Stellvertretung — 302
Arztzusatzvertrag — 408, 301
Atypische Verträge — 182, 200, 564
Auffangfunktion des § 9 — 7, 10, 66
Aufklärung, ärztliche — 311
Aushöhlungsverbot
— 136, 146, 197 ff, 209 f, 212 f, 446
Auslegung
— 30 ff, s a richtlinienkonforme Auslegung
und geltungserhaltende Reduktion
– kundenfeindliche — 31, 124, 137, 141 f
Ausschlußfrist — 412, 551
Ausübungskontrolle — 38 ff, 76, 80, 141, 257
Automatenaufstellvertrag — 317, 438
Autowaschanlage — 318 ff, 361
AVB s Krankenhaus- bzw Versicherungsvertrag

Bagatellnachteile — 71, 98, 105
Bankvertrag — 17, 31, 44, 71,
81, 86, 96, 105, 109, 115, 120, 134, 150, 172,
176, 186, 192, 208 f, 213, 275, 281, 325, 340,
351, 425, 578, 623, 625, 628 f, 631 f, 635
Barzahlungsaufschlag — 426
Bausparverträge — 352
Bauvertrag — 52, 81, 117, 134 f, 144, 172,
191, 195, 208, 326, 335, 548, 550, 624, 637
Beförderungsverträge — 327
Behandlungsvertrag s Arztvertrag, Krankenhausvertrag
behördliche Vorkontrollen — 17, 108
Belegärzte — 409
Beratervertrag — 353
Berufsunfähigkeitszusatzversicherung — 595
Bestätigungsklauseln — 404, 413, 520 f
Bewachungsvertrag — 354, 552
Beweislast — 40, 77, 167, 211
Bierlieferungsverträge — 328, 439
Billigkeitskontrolle § 315 Abs 3 BGB — 42 ff
Bürgschaft — 28 f, 37, 76,
100, 137, 172, 186, 199, 201, 208, 213, 329

Chefarztverträge — 308, 301
Computerverträge — 330
culpa in contrahendo — 45, 50

Datenschutz — 114, 206, 451
Deklaratorische Klauseln — 373, 564
Direktunterricht — 537 ff
Dispositionsfreiheit 113, 114, 425, 435, 504, 580
dispositives Recht — 26
Drittinteressen — 71, 100 ff

EG-rechtlicher Verbraucherschutzansatz — 5 f
EG-RL — 15, 53 ff, 78, 88 f,
174, 197, 340, 374, s a Verbrauchervertrag
– Indizwirkung des RL-Anhangs — 88 f
– Konkretisierung — 57 ff
– Transparenzgebot — 121, 152
Einkaufsbedingungen — 12, 258 ff, 549
Einsicht in Krankenunterlagen — 314
Einwilligung in ärztliche Behandlung — 311
Einwilligung in HIV-Test — 313
Einwilligung in Obduktion u Transplantation — 312
Einzugsermächtigung — 425, 537
Empfangsbevollmächtigung
— 578, 587, 625, 628 ff
Erforderlichkeit — 115
Ersatzklauseln — 52, 135
EuGVÜ — 370

Factoring — 261, 362

2. Unterabschnitt.
Unwirksame Klauseln

§ 9 AGBG

Fahrzeiten	71, 95, 109
Feuerversicherung	602
Fitnessvertrag	500 ff
– Laufzeiten	501 ff
– Weiterzahlungspflicht	513 ff
Frachtvertrag	272, 345
Franchising	269, 363
Freie Berufe	355
Freizeichnung	330 ff,
s auch Haftung bei den einzelnen Verträgen	
– cic	331
– eingebrachte Sachen	411 f, 508
– leichte Fahrlässigkeit	209 f, 337 ff, 352, 411, 509
– grobe Fahrlässigkeit und Vorsatz	344 ff, 411
– Folgeschäden	321, 509
– Haftungsausschluß	334, 464
– Haftungsbeschränkung	100, 334, 347, 511, 546
– mittelbare	335
– auf unmittelbare Schäden	319, 350
– Höchstbeträge	347 ff
– bei höherer Gewalt	292, 331, 517
– normative Grundlage der Inhaltskontrolle	332 ff
– Transparenzgebot	342
– unangemessene Risikoverteilung	341
– vertragswesentliche Pflichten	338 ff, 347
Garantievertrag	364
geltungserhaltende Reduktion	31, 50 f, 343, 432, 573, 627, 632
Generalklausel	4, 8, 13, 23, 56, 65, 75, 78, 82, 88, 107, 123, 154, 160
Gerechtigkeitsmodell	161, 183, 199
Gerichtsstandsklauseln	370 ff, 415
Gesamtwirksamkeit, § 6 Abs 1	52
Gesamtzusammenhang des Vertrages	90 ff
Gesetzliche Regelung iSv § 9 Abs 2	169 ff
– Abgrenzung zu Art 2 EGBGB	171
– Grundgedanken	172
– Gewohnheitsrecht	169
– internationale Normen	174
– ungeschriebene Rechtsgrundsätze	172
– Richterrecht	173
– Verkehrssitte und Handelsbrauch	175
– Vorschriften des AGBG	176 ff
– zwingendes Recht	170, 177
Gesetzliche Verbote	33
Gestaltungsmöglichkeiten	66, 128, 138, 187
Gewohnheitsrecht	69, 169, 173
Gleichbehandlung	112, 116 ff
Grundgedanken iSv Abs 2 Nr 1	168, 183 ff
Grundschuldrückgewähranspruch	274
Haftpflichtversicherung	597 f
Haftung	
– für Besucher und Begleitpersonen	384, 412
– des Krankenhauses	405 ff
Haftungsausschlüsse	334, s a Freizeichnung
Handelsvertreterverträge	376, 547, 551
Hausordnungen	414
Hausratversicherung	600
Heimordnung	381
Heimverträge	380
– Einverständniserklärungen	382
– Entgelterhöhung und – fortzahlung	383
Individualvereinbarung	84, 97, 177, 187, 428
Indizwirkung der Kataloge von §§ 10, 11 für § 9	13 f
Informationsfunktion von AGB	126
Inhaltskontrolle	
– Abwehrfunktion	3
– Anwendungsbereich	16 ff
– Benachteiligung	71 f
– Gegenstand	51, 70
– Quellen normativer Maßstäbe	87 ff
– Rechtsfolgen	50 ff
– Schutzfunktion	2
– Unangemessenheit	73 f
– verdeckte Inhaltskontrolle	39, 563
– Vertragspartner	72
– Zeitpunkt	76
Inkassoverträge	387
Interessenabwägung	74, 79 ff
– Einschränkungen im Individualprozeß	83
– Gruppentypische Differenzierungen	82
– Individualabreden und Zugeständnisse	84
– typische Interessen des Verwenders	112 f
– typische Interessen des Vertragspartners	114
– berücksichtigungsfähige Interessen	100 ff
– Methoden	79
– Prüfungsmaßstab	80 ff
– Verbrauchervertrag	85
Internationale Dachorganisationen	18
Irrtumsanfechtung	27

Kabelanschlußvertrag 390, 440
Kardinalpflichten 197, 209 f,
    319, 337, s a vertragswesentliche Pflichten
Kartellrecht 47
Kaufmännischer Verkehr 7, 13,
    16, 72, 81, 84, 91, 100, 114, 143, 151, 191,
    282, 284, 331, 333, 337 f, 342, 344 f, 348, 350,
    356, 361, 375, 434, 437, 441, 548, 628, 632
Kaufvertrag 356, 391
Klagefrist 551
Klauselwerke, anerkannte 93, 110
Kollektives Vertragssystem 104
Kompensation 84, 91 ff
Konditionenempfehlungen 47
Kontokorrent 271
Kontrahierungszwang 402 f
Kontrollfähigkeit 97, 145, 187, 251, 303, 429
Kraftfahrversicherungen 599
Krankenhausvertrag 400 ff, 552
– Krankenhaus- und Wahlleistungen 400
– Einbeziehung 404
– Selbstzahlungspflicht 413
– Versagung von Wahlleistungen 403
Krankentagegeldversicherung
    567, 573, 579, 581, 595
Krankenversicherung 591 ff
Kreditkartenverträge
    92, 120, 182, 192, 200, 417
Kunden-AGB 12
Kündigung 431, 505 f, 539 f
– Kündigungsrecht 385, 431, 438 f
– Kündigungsfristen 505

Lagervertrag 357
Lastschriftklauseln 425 f, 537
Laufzeitklauseln 427 ff, 450, 501 ff, 540 f
– Höchstfristen des § 11 Nr 12 433 f, 504
– Laufzeitbeginn 430
– Kündigungsmöglichkeiten 431, 438 f
– Sanktionsfolge eines Verstoßes 432
Laufzeitverlängerung 435 ff, 504
Leasingvertrag 39, 91, 134, 169,
    172 f, 175, 182, 186, 191, 200 ff, 257, 442
Lebensversicherung 270, 279, 574, 577 f, 596
Leistungsbeschreibende AGB 563
Leistungsbestimmende Klauseln 145 f
Leistungserwartung des Kunden 205 ff, 212
Leitbildfunktion des dispositiven Rechts 168
Lieferantenabtretungsverbote 267

Maklervertrag 84, 181, 186, 622
Marktchancen 125 f
Mietvertrag
    39, 44, 47, 82 ff, 92, 95, 98, 109, 115, 186,
    191, 200, 381, 431, 437, 440, 445, 628, 631
Mindeststandardprinzip 64

Natur des Vertrages 161, 164, 203 f, 212
Neuwertversicherung 91, 112

Obliegenheit 40, 75, 115, 121, 124, 140,
    149, 195, 425, 435, 568, 585, 595 f, 598, 600 f
Öffentliche Hand 19
Ordnungsnormen ohne Gerechtigkeits-
    gehalt 185

Partnerschaftsvermittlung 446 ff
Personenschäden 114, 340
Pflegesatzvereinbarungen 413
Prämienrabattklauseln 566
Preisänderungsklauseln 538
Preisargument 94 ff, 104, 112, 572
Preisspaltung 146
Prospekthaftung 460
Prozeßführungsbefugnis 273

Rationalisierungsinteresse 104 f, 112, 120, 195
Rechtslage
– Darstellung 68, 127 f, 136 f, 143, 158
– Erschwerung der Rechtswahrung 127
– Pflicht zur Rechtserläuterung 143
Rechtslagenvergleich 179, 211
Rechtsmißbrauch s Ausübungskontrolle,
    Treu und Glauben
Rechtsschutzversicherung 603 f
Rechtswahlklausel 461
Reinigungen 462 ff
Reisegepäckversicherungen 601
Reisevertrag 213, 273, 358, 470
Richterrecht
    32, 56, 76, 87, 152, 158, 173, 201, 205
Richtigkeitsgewähr, vertragliche 4, 73
richtlinienkonforme Auslegung 53 f, 62 ff, 88
– Grenzen 64
Risikoverteilung 119 f
Rücktrittsrecht 294, 335, 463
Rückwirkungsklauseln 413

Sachversicherungen 599 ff

2. Unterabschnitt.
Unwirksame Klauseln

Salvatorische Klauseln — 52, 134, 336, 432
Schadensanzeigepflichten — 322, 585
Schadensausgleichsgrundsatz — 172
Schiedsklauseln — 476
Schriftformklauseln — 477, 522
Schweigepflichtentbindung — 309 f
Sicherungsklauseln — 478
Sittenwidrigkeit — 34 ff, 438 f
situative Unterlegenheit des Vertragspartners — 2, 5
Solidarinteressen — 104
Sportstudiovertrag — 500 ff; s Fitnessvertrag
Sprachenproblem — 157
Standesrichtlinien — 109, 111
Stellvertretung — 302; s Vollmachtklauseln, Empfangsbevollmächtigung
Summierung — 66, 84, 98 f

Tarifwahl — 97, 349, 503
Täuschungsverbot — 137
Time-Sharing-Verträge — 29, 136, 153, 530
Transparenzgebot
 — 32, 36, 68, 75, 121 ff, 150 ff, 305, 308, 333, 337, 342 f, 373, 383, 450, 465, 571, 588
– Abschlußtransparenz — 126
– Anwendungsfälle — 133 ff
– Erwartungshorizont — 131, 153
– Einbeziehungskontrolle — 122, 126
– Drittinteressen — 106
– Gestaltungsrechte — 128, 138
– Grenzen — 140 ff
– Folgen — 129
– Hauptpflichten — 126, 145
– Heilung durch Individualaufklärung — 147 ff, 159
– Inhalt — 128
– kaufmännischer Verkehr — 151
– leistungsbestimmende Klauseln — 145 f
– Maßstab — 130 ff, 139
– Marktchancen — 125 f
– Rechtsmißbrauch — 40
– Unangemessenheit — 123 f
– Verbrauchervertrag — 152 ff
– Verschleierung — 136
– Verweisung auf anderweitige Regelungen — 144
Transportvertrag — 272, 359
Treu und Glauben — 37 ff, 71, 75 s a Ausübungskontrolle

Treuhandverträge
 — 30, 32, 75, 275, 335, 340, 355, 360, 547
Üblichkeit einer Klausel — 109, 195, 201, 205
Umtypisierung von Verträgen — 181
Unangemessene Benachteiligung — 65 ff
Unfallversicherung — 594
– Infektionsversicherung — 594
Unterrichtsverträge — 535 ff
Unvereinbarkeit iSv Abs 2 Nr 1 168, 182, 189 ff
– Besonderheiten des Vertragstyps — 191
– Gleichwertigkeit des vorgesehenen Regelungssystems — 193
– Kompensation — 194
UWG — 3, 22, 46, 49, 62

Verbandsklage — 31, 39, 84, 106, 150, 170
– maßgeblicher Zeitpunkt — 76
Verbrauchervertrag
 — 5, 15, 35, 53 ff, 75 f, 78, 85, 88, 174, 191
– Gesamtzusammenhang des Vertrags — 99
– Waffengleichheit — 118
– Transparenzgebot — 145, 152 ff
Verfassungsrecht — 23
Verhältnis des § 9 zu §§ 10, 11 — 9 ff, 433 f
Verhältnis von Abs 1 und 2 — 65, 162 ff, 166
Verhältnis von Abs 2 Nr 1 und 2 — 198 ff
Verhältnismäßigkeitsprinzip — 75, 112, 115, 195
Verjährungsklauseln — 335, 545 ff
– Verjährungsbeginn — 552, 554
– Verkürzung — 546 f
– Verlängerung — 549 f
Verkaufsbedingungen — 262 ff
Verkehrssitte und Handelsbräuche — 109 f, 333
Verlängerungsklauseln s Laufzeitverlängerung
Verschuldensprinzip — 172
Versicherbarkeit — 119 f, 320, 341
Versicherungsagent — 587
Versicherungsvertrag — 41, 52, 67, 97 ff, 100, 115, 117, 180, 195, 199, 201 f, 307, 429, 555 ff
– Antragsbindungsklauseln — 574
– Anwendbarkeit des AGBG — 557 f
– Auslegung — 562
– behördliche Vorkontrolle — 556
– Beitragsanpassungsklauseln — 575
– Bereicherungsverbot — 576
– Geschäftspläne — 558
– EG-Recht — 566
– Einbeziehung — 560 f

- Kernbereich der Leistung — 565
- Kontrollfähigkeit — 563 ff
- Kündigung — 579, 581
- Laufzeit — 580
- Leitbildfunktion des VVG — 570
- Maßstab des § 9 — 569 f
- Mehrfachversicherungen — 581
- Repräsentantenklauseln — 582
- Rückwärtsversicherungsklauseln — 577, 583
- Sachverständigenkosten — 584
- Serienschadenklausel — 586
- Übernahmezusage — 592
- öffentliche Versicherer — 559
- Verwandtenklauseln — 589
- Vorerkrankungen — 593
- vorläufiger Versicherungsschutz — 577
- Wissenschaftlichkeitsklausel — 591

Vertragsanpassungsklauseln — 575, 588
Vertragsgerechtigkeit — 184
Vertragshändlerverträge —
 — 39, 92, 113, 138, 141, 201, 208, 213, 605
Vertragsstrafe — 610
Vertragswesentliche Rechte oder Pflichten
 207 ff, 338 ff, 352, 465, s a Kardinalpflichten
Vertragszweckgefährdung — 196 ff, 212 f, 569
Verwahrungsvertrag — 615
Verwandtenklauseln — 589
Verwertungsklauseln — 466
Verwirkungsklauseln — 41, 335
Verzugsklauseln — 519

VOB — 92, 93, 135, 175, 195, 550
Vollmachtklauseln — 100, 620 ff
- Bevollmächtigung, einseitige — 621 ff
- Bevollmächtigung, gegenseitige — 627 ff
- Beschränkung der Vertretungsmacht — 634 ff
- Gebrauchtwagenvermittlung — 626
- Stellvertretung, passive —
 — 628 f, s Empfangsbevollmächtigung
- Stellvertretung, aktive — 631 ff
- Darlehensaufnahme — 632 f
Vorabentscheidungsverfahren — 54, 55 ff, 63
Vorerkrankungen — 593
Vorfälligkeitsklauseln — 115, 172, 538
Vorlagepflicht — 56
- Verletzung — 61
Vorleistungspflicht — 447, 522, 537

Waffengleichheit — 117 f
Wartungsvertrag — 441
Weiterzahlungspflicht — 513 ff, 537
Werkvertrag — 186, 640, 361
Wertpapierbedingungen — 641
Wesentliche Grundgedanken iSv § 9 Abs 2
 Nr 1 — 183 ff
- Beispiele — 186
Wettbewerbsrecht — 46 ff, s a UWG
Wirtschaftliche Gesichtspunkte — 113, 504

Zwingendes Recht — 24 f, 170

I. Grundlagen

1. Rechtfertigung und Zweck der Inhaltskontrolle

a) Konzeption des AGBG

1 Die inhaltliche Angemessenheitsüberprüfung von Verträgen Privater durch staatliche Gerichte bedeutet einen schwerwiegenden Eingriff in das System freier Marktwirtschaft, das auf privatautonomer Freiheit, individueller Selbstverantwortlichkeit und Interessenausgleich „über den Markt", also durch Wettbewerb aufbaut. Die demnach notwendige Rechtfertigung einer gegenüber den allgemeinen Grenzen privatautonomer Gestaltungsfreiheit (vor allem §§ 134, 138 BGB) vorverlagerten Inhaltskontrolle wird im wesentlichen aus zwei Aspekten hergeleitet: (1) Schutz des Vertragspartners des AGB-Verwenders vor Vertragsbedingungen, die zwar inhaltlich einem fairen Interessenausgleich nicht entsprechen, die er aber mangels Aushandels- oder Ausweichmöglichkeiten praktisch akzeptieren mußte, und (2) Abwehr und Prävention des Mißbrauchs privatautonomer Gestaltungsfreiheit durch den Verwender, der diese – von der Rechtsordnung eigentlich beiden Vertragspartnern gemeinsam zugewiesene – Freiheit einseitig und unter übermäßiger Voranstellung seiner Interessen in Anspruch nimmt (zur Unterscheidung beider Aspekte besonders deutlich FASTRICH 86 ff, 91, 93 mwN; ähnlich vHOYNINGEN-HUENE Rn 22 ff; sie kommen auch – mehr oder weniger deutlich – in den üblichen Äußerungen über Rechtfertigung und Zweck der Inhaltskontrolle zum Ausdruck ["Schutz und Abwehr bezüglich der Inanspruchnahme einseitiger Gestaltungsmacht durch den Verwender"], vgl BT-Drucks 7/3919, 15; BGH NJW 1976, 2345, 2346; 1977, 624, 625; in jüngerer Zeit NJW 1994, 2825, 2826; 1995, 2034, 2035; H ROTH BB 1987, 977, 981 f; ULMER EuZW 1993, 337, 341; abweichend JOOST ZIP 1996, 1685, 1686 ff).

Die **Schutzfunktion** der Inhaltskontrolle nach dem ursprünglichen Konzept des AGBG darf nicht, wie heute fast allgemein anerkannt wird, schlicht mit dem Gedanken des *Verbraucherschutzes* gleichgesetzt werden (Anklänge in dieser Richtung aber vor allem im Vorfeld und der Frühphase des AGBG, vgl Regierungsbegründung zum Gesetzesentwurf BT-Drucks 7/3919, 43; BGHZ 60, 243, 245; DAMM JZ 1978, 173 ff; FEHL 89 ff; PFLUG 24 ff). Prämisse des Verbraucherschutzgedankens ist ein Macht- und Kräftegefälle zwischen beiden Vertragsparteien, das einen angemessenen Interessenausgleich nicht zustande kommen läßt. Diese muß jedoch, wie schon die grundsätzliche Erstreckung des AGBG-Schutzes auch auf professionell handelnde Vertragspartner zeigt (§ 24), für die Auslösung der Inhaltskontrolle keineswegs immer vorliegen. Die Überlegenheit des Verwenders ist vielmehr unabhängig von Macht und persönlicher Qualifikation **situativ bedingt** (LIEB AcP 178 [1978] 196, 201; FASTRICH 91): Während der Verwender die Bedingungen im vornhinein ohne Zeitdruck und regelmäßig unter Inanspruchnahme rechtskundiger Beratung in seinem Sinne ausformulieren kann, steht der Vertragspartner oft unter dem Druck einer konkreten Abschlußsituation, ist mit dem Lesen und Verstehen der AGB häufig auch intellektuell überfordert, erliegt leicht der Scheinautorität des Gedruckten und verzichtet auch sonst in aller Regel auf Lektüre und Abänderungsversuche, weil Aufwand und Ertrag solcher Mühe nicht nur subjektiv, sondern auch objektiv in einem Mißverhältnis stehen (vgl schon L RAISER, AGB 184; Überblick über die komplexen Gründe des Autonomieversagens gegenüber AGB bei FASTRICH 180–186 mwN; zur ökonomischen Analyse des Kundenverhaltens siehe KÖTZ, Gutachten zum 50. DJT A 31 f; MünchKomm/KÖTZ § 9 Rn 6a–6c; ADAMS BB 1989, 781, 783 ff; WOLF, in: HADDING/HOPT [1990] 73 ff). Die konstitutiven Voraussetzungen für das Eingreifen des AGB-rechtlichen Schutzes korrespondieren mit dieser typisierten Konfliktsituation: das „strategische" Element bei der Konzeption der AGB-Regelung („für eine Vielzahl von Verträgen vorformuliert", § 1 Abs 1 S 1), die einseitige Konfrontation des Vertragspartners mit dieser Regelung („Stellen") durch den Verwender (§ 1 Abs 1 S 1) sowie die Abwesenheit von inhaltlicher Mitgestaltung durch den Vertragspartner (§ 1 Abs 2). Die vorgelagerten Schutzmechanismen des AGBG, die darauf zielen, zumindest die für eine selbstverantwortliche Interessenwahrung durch den Vertragspartner notwendige Information über Existenz und Inhalt der AGB sicherzustellen (§ 2) oder das durch pauschale, in der Regel stillschweigende Akzeptanz übernommene Risiko inhaltlich zu begrenzen (§§ 3, 4), genügen nicht, um die bei Verwendung von AGB bestehenden Funktionsschwächen des Vertragsmechanismus zu kompensieren: Erst die offene gerichtliche Inhaltskontrolle sichert die effektive und grundsätzlich gleichberechtigte Berücksichtigung auch der Interessen des Vertragspartners bei AGB-Klauseln.

Die **Abwehrfunktion** der Inhaltskontrolle richtet sich demgegenüber unmittelbar gegen den Verwender (oder Empfehler) von AGB. Systematische Ausnutzung des vom dispositiven Recht eröffneten Gestaltungsfreiraums zur Durchsetzung eigener Interessen durch einseitige Regelaufstellung wird als Mißbrauch der Vertragsfreiheit angesehen – insoweit stellt sich die Inhaltskontrolle von AGB auch als Ausprägung der allgemeinen Grundsätze zum *Institutionenmißbrauch* dar (LARENZ, AT[7] 60 ff; im Normtext der EG-RL [Art 3 Abs 1] kommt der Mißbrauchsaspekt deutlicher zum Ausdruck als in § 9). Allerdings umschließt die Inhaltskontrolle, soweit sie im Einzelfall oder generell auf Zurückdrängung mißbräuchlicher Klauseln gerichtet ist, *auch* die vorerwähnte Schutzfunktion, denn die Säuberung und Freihaltung des Rechtsverkehrs von unangemessenen Klauseln kommt gerade jenen besonders schutzbedürftigen Vertragspartnern zugute, die AGB nicht nur widerstandslos akzeptieren, sondern sich im konkreten Konfliktfall auch nicht gegen unangemessene Regelungen wehren. Die Abwehrfunktion der Inhaltskontrolle greift aber weiter, über den Interessenkreis des Vertragspartners hinaus: Sie sichert das grundsätzliche Funktionieren der Vertragsautonomie auch im notwendigerweise standardisierten Massenverkehr. Darin steckt, genau gesehen, zweierlei: Für die Praxis die Erleichterung einer Teilnahme an diesem Verkehr auf grundsätzlich fairer, rechtssicherer Grundlage; für die Rechtsordnung die Abstützung, damit letztlich aber auch Absicherung der Privatautonomie als zentrales Strukturelement unserer Privatrechtsordnung (zur immanenten Problematik dieses Ansatzes siehe noch unten Rn 4; das öffentliche Interesse an einer Bekämpfung mißbräuchlicher Klauseln betont schon L RAISER 283; vgl im übrigen FASTRICH 55 ff, 89, 91 mwN). Eine rechtsökonomische Sicht stützt die Inhaltskontrolle insoweit auf ein „Marktversagen" (so schon L RAISER 277), wobei eine mikro- (Vertragsverhältnis) und eine makroökonomische Ebene unterschieden werden können (WOLF, in: HADDING/HOPT [1990] 74 ff mwN). So gesehen, kann auch die Abwehrfunktion der Inhaltskontrolle als *Schutzmechanismus* verstanden werden – allerdings hier nicht auf Individualschutz gerichtet, sondern auf **Schutz des funktionierenden, wettbewerbsgesteuerten Marktes** (besonders deutlich KÖNDGEN NJW 1989, 943, 946, 950: „Aufrechterhaltung des Wettbewerbsprozesses" als Schutzgut des AGBG; dieses als „dritter Weg zur Kontrolle marktwidrigen Unternehmerverhaltens" [neben GWB und UWG]; vgl Rn 46 sowie 145 f und § 8 Rn 15).

4 Zwecke und Funktion der Inhaltskontrolle haben als gemeinsamen Richtpunkt die (konkrete und generelle) Gewährleistung von Vertragsgerechtigkeit im Sinne einer **„vertraglichen Richtigkeitsgewähr"** (zu diesem Begriff grundlegend SCHMIDT-RIMPLER AcP 147 [1941] 130 ff; ders, in: FS Raiser [1974] 3 ff; als Richtpunkt vertraglicher Inhaltskontrolle vor allem FASTRICH 51 ff, 91 f). Als euphemisch erscheinen demgegenüber Versuche, sie mit dem Konzept der Privatautonomie dadurch zu harmonisieren, daß man sie als Instrument zur Ermöglichung und Wiederherstellung *wirtschaftlicher Selbstbestimmung* begreift (so vor allem DREXL § 13 VIII 2, 14 V; vgl HEINRICHS, in: HADDING/HOPT [1990] 111). Dies trifft zwar zu, soweit die Kontrolle nicht auf den sachlichen Inhalt, sondern auf die Klarheit und Verständlichkeit der Klauseln gerichtet ist (zum Transparenzgebot Rn 121 ff). Im übrigen können aber keine Formulierungskünste darüber hinwegtäuschen, daß richterliche Angemessenheitskontrolle private wirtschaftliche Selbstbestimmung grundsätzlich nicht „wiederherstellt", sondern substantiell *ersetzt*. Auch wenn dies aus der übergreifenden Verantwortung des Staates für eine grundsätzlich gerechte Privatrechtsordnung legitimiert werden kann (vgl FASTRICH 54 f), so dürfen die mit staatlicher Inhaltskontrolle privater Verträge verbundenen Gefahren doch nicht überspielt werden. Diese bestehen nicht nur in einer Einschränkung privater Gestaltungsfreiheit, sondern auch in jenem circulus vitiosus, der zwischen staatlichem

Schutz und individueller Selbstverantwortung besteht: Der Schutz will geminderter Selbstverantwortlichkeit Rechnung tragen, führt aber seinerseits zu einer Minderung des Verantwortungsgefühls. Wenn die Rechtsprechung gelegentlich hervorhebt, es sei nicht Zweck des AGBG, dem Vertragspartner jedes Risiko aus eigener Nachlässigkeit oder Unüberlegtheit zu nehmen (BGH BB 1984, 941, 942; ZIP 1997, 282, 285; OLG Köln NJW 1983, 1002, 1003), so ist damit AGB-rechtlich dieselbe Problematik bezeichnet, die sich auf verbraucherschutzrechtlicher Ebene in den miteinander kollidierenden Leitbildern des „hilflosen, uninformierten Verbrauchers" oder des „verständigen, zu eigener Interessenwahrung grundsätzlich fähigen und bereiten Verbrauchers" widerspiegelt (vgl zuletzt DREHER JZ 1997, 167 ff mwN; REICH JZ 1997, 609 f; SCHÜNEMANN, in: FS Brandner [1996] 2279 ff; KAPNOPOULOU 21 ff zum gemeinschaftsrechtlichen Verbraucherbegriff). Es handelt sich um die angemessene Grenzlinie zwischen gebotener Inhaltskontrolle als Kompensation für einen nicht mehr funktionsfähigen Vertragsmechanismus und jenem Restbereich an Eigenverantwortlichkeit, die dem Vertragspartner auch gegenüber AGB noch möglich und zumutbar ist (eine besonders deutliche Ausprägung der Problematik findet sich bei den Anforderungen, die an die Transparenz einer Klausel für den „Durchschnittskunden" zu stellen sind, dazu unten Rn 139 ff). Hier liegt der Kern der Meinungsverschiedenheiten bei der rechtspolitischen Bewertung der richterlichen Kontrollpraxis (siehe Einl 5 zu §§ 8 ff). Schnelle Faustformeln oder Vermutungen helfen dabei nicht weiter: Wer „in dubio pro libertate" plädiert, scheint sich auf ein dem Privatrechtssystem immanentes Ordnungsprinzip berufen zu können (siehe oben Rn 1), läuft aber Gefahr, nur der Freiheit des AGB-Verwenders das Wort zu reden. Wer wohlgemeinte Fürsorge zum Leitprinzip erhebt, fördert damit unausweichlich das Bild vom „unmündigen Bürger" und trägt zur Erosion der Privatautonomie bei (vgl MEDICUS, Abschied von der Privatautonomie im Privatrecht [1990]; ders JuS 1996, 761 ff; DREHER JZ 1997, 167, 176 ff; HOMMELHOFF, Verbraucherschutz [1996]; RITTNER, in: FS Müller-Freienfels [1986] 509 ff). Die Konkretisierung der Grenzlinie ist eine ständig neu zu leistende Aufgabe, deren erhebliche Bedeutung für die Grundlagen der Privatrechtsordnung bewußt bleiben sollte. § 9 weist mit seiner generalklauselartigen Fassung (vgl unten Rn 8) diese Aufgabe im wesentlichen (im Rahmen der gesetzlichen Vorgaben) den Gerichten zu; darin steckt die Entscheidung des Gesetzgebers für eine fall- und situationstypisch orientierte, also ausdifferenzierte Konkretisierung anstelle einer abstrakt-pauschalierenden Grenzziehung.

b) Der gemeinschaftsrechtliche Verbraucherschutzansatz
Die Anknüpfung des gemeinschaftsrechtlichen Schutzes vor mißbräuchlichen Klauseln am Verbrauchervertrag (vgl Einl 7 zu §§ 8–11) hat einen **anderen Ausgangspunkt** als die ursprüngliche Konzeption des AGBG (siehe schon Einl 7 zu §§ 8–11). Die Abweichungen sollten aber weder im Grundsätzlichen noch in den Ergebnissen überschätzt werden. Der Verbraucherschutz ist vom AGBG zwar nicht zum Tatbestand erhoben, von dessen eigenständigem Schutzansatz aber ohne weiteres „mitgeleistet" worden: Die „Vertragspartner" im nichtberuflichen Verkehr sind ganz überwiegend auch „Verbraucher". Die Zulassung der Verbraucherschutzverbände zur Verbandsklage (§ 13 Abs 2 Nr 1) zeigt, daß sich der Gesetzgeber des verbraucherschützenden Effekts des AGBG nicht nur bewußt war, sondern ihn gezielt gefördert hat (vgl HEINRICHS NJW 1993, 1817, 1818; PFLUG 28; E SCHMIDT JuS 1987, 929, 932; ausführlich DAMM JZ 1994, 161, 166 ff). Umgekehrt nehmen auch die EG-RL sowie § 24 a ihren Ausgangspunkt nicht beim konkret-individuellen Macht- und Kräftegefälle zwischen den Vertragsparteien, sondern bei einer – der bisherigen deutschen Konzeption durchaus

ähnlichen – *situativen Unterlegenheit* des Vertragspartners (vgl oben Rn 2): derjenigen des privat handelnden Individuums, das professionellen Akteuren auf deren Berufsfeld gegenübertritt. Das eine Inhaltskontrolle legitimierende Ungleichgewicht der Kräfte wird also *rollenspezifisch* definiert (Dauner-Lieb, Verbraucherschutz 141 ff; Frey ZIP 1993, 572; Heinrichs NJW 1996, 2190, 2194; Hommelhoff AcP 172 [1972] 71, 90 ff) – in der geschützten Rolle des „Verbrauchers" können sich ohne weiteres auch rechts- und geschäftskundige Personen wie beispielsweise Wirtschaftsführer oder Rechtsanwälte wiederfinden, soweit sie außerhalb ihrer Berufstätigkeit Verträge schließen; in der Rolle des „Unternehmers" befinden sich auch Handwerker oder Kleingewerbetreibende. Auch das EG-Recht zielt also primär auf die *Situation*, nicht die *Personen* des Vertragsschlusses ab; nur werden Paritätsstörung und Schutznotwendigkeit aus etwas abweichenden Kriterien hergeleitet. Dieser Einschätzung stehen nicht Art 4 Abs 1 RL, § 24 a Nr 2 entgegen, die das Augenmerk des Rechtsanwenders auf die „den Vertragsschluß begleitenden Umstände" lenken. Wie insbesondere Erwägungsgrund 13 der RL verdeutlicht, soll es auch insoweit nicht primär um die persönlichen Qualifikationen der Vertragsbeteiligten gehen, sondern um eine „globale Bewertung der Interessenlage der Parteien", um das „Kräfteverhältnis zwischen den *Verhandlungspositionen* der Parteien" (Hervorhebung hinzugefügt) – unbeschadet des Umstands, daß dabei auch die ökonomische oder intellektuelle Stärke der Parteien selbst eine Rolle spielen kann (näher Staudinger/Schlosser § 24 a Rn 29 ff). Es bleibt zu ergänzen, daß eine nach Rollen und Verkehrskreisen differenzierende Sicht auch dem AGBG nicht fremd ist (siehe § 24 sowie unten Rn 82 ff).

6 Verbraucherschutz vor mißbräuchlichen Klauseln und herkömmlicher Schutz vor AGB sind demnach **zwei Interventionsansätze, die sich weitgehend im Ziel decken, dies jedoch auf unterschiedlichem Weg zu erreichen versuchen.** Die Treffsicherheit des Verbraucherkriteriums für reale Schutzbedürftigkeit scheint dabei geringer als das der „AGB" gemäß § 1 Abs 1, 2 (vgl Rn 2; kritisch zur Ausblendung der „Kleinhändler" gegenüber den Großlieferanten oder -abnehmern Kapnopoulou 81 ff; Damm JZ 1994, 161 ff, 167 ff). Liegen letztere vor, so ist der vom EG-Recht vorgezeichnete Verbraucherschutz vom herkömmlichen deutschen AGB-Schutz grundsätzlich mitumfaßt; im übergreifenden Schutzbereich „AGB im nichtberuflichen Verkehr" wird lediglich ein Sonderbereich „Verbrauchervertrag" konstituiert, in dem die Maßstäbe des deutschen Rechts fortan vom (weitgehend deckungsgleichen) EG-Recht überlagert werden (Einzelheiten Rn 53 ff; zum Verbraucherschutzansatz als „minus" gegenüber dem deutschen AGB-Recht siehe Ulmer EuZP 1993, 337, 341, 346). Liegen keine AGB vor, so ist der Verbraucherbegriff zu diffus, um eine generelle Vertragskontrolle rechtfertigen zu können (so jedoch zunächst der RL-Entwurf ABlEG 1990 C 243/2; siehe auch Fastrich 117 ff; Hommelhoff AcP 192 [1992] 71, 90 f). Anders jedoch, wenn das Merkmal der „Vorformulierung" einer Vertragsbedingung hinzutritt: Mag auch dieses für sich genommen noch nicht genügen, um eine gerichtliche Inhaltskontrolle zu legitimieren (BGH ZIP 1987, 1439; Coester-Waltjen AcP 190 [1990] 1, 20 f; Fastrich 94 ff, insbesondere 100 ff; Lieb DNotZ 1989, 274, 291), so kann doch im Zusammenwirken mit dem rollenspezifischen Schutzansatz des Verbraucherrechts eine tragfähige und hinreichend abgrenzbare Grundlage gesehen werden. Als Rechtfertigung von Inhaltskontrolle ersetzt die rollentypische Unterlegenheit des Verbrauchers also funktional die besondere Schutzbedürftigkeit des Vertragspartners, die nach § 1 Abs 1 aus der strategischen Konzeption von AGB („Vielzahl von Verträgen") und dem gezielten Einsatz durch den Verwender („Stellen") hergeleitet wird. Damit kann die Inhaltskontrolle nach dem AGBG auch in dessen Fassung seit 1996 als zwar thematisch erweiterte, in sich aber insgesamt noch stimmige Schutzintervention bei Verwendung vorformulierter Vertragsbedingungen und deshalb gestörter Vertragsparität angesehen werden (siehe Einl zu §§ 8 ff).

2. Funktion und systematische Stellung des § 9 im AGBG

a) Funktion

§ 9 ist die **Leitnorm** für die richterliche Inhaltskontrolle von AGB und vorformulier- 7 ten Verbraucherverträgen (siehe Einl 10 zu §§ 8 ff). Sie bezeichnet die *Schutzrichtung* der Kontrolle (Interessen des Vertragspartners; näher unten Rn 72), ihren *Maßstab* und die *Eingriffsschwelle* (unangemessene Benachteiligung; näher Rn 65 ff) sowie die *Folgen eines Verstoßes* gegen die Anforderungen der §§ 9–11 (siehe Rn 50, 51). Der Kontrollmaßstab wird in Abs 2 sowie §§ 10, 11 teils systematisch, teils punktuell entfaltet, im übrigen obliegt seine Konkretisierung den Gerichten. In sachlicher Hinsicht kommt § 9 im Verhältnis zu den gesetzlichen Klauselverboten der §§ 10, 11 eine **Auffangfunktion** zu (vgl Einl 10 zu §§ 8 ff), für die Inhaltskontrolle im beruflichen Verkehr ist § 9 die alleinige Grundlage (§ 24).

Obwohl als vollzugsfähige Norm ausgestaltet (Einl 10 zu §§ 8 ff), hat § 9 aufgrund sei- 8 ner weitgreifenden, auch in Abs 2 noch sehr unbestimmten Rechtsbegriffe den Charakter einer **Generalklausel**, die an Bedeutung derjenigen des § 242 BGB heute kaum nachsteht (Heinrichs, in: Hadding/Hopt S 101, 106 f will § 9 sogar den ersten Platz im Verhältnis zu §§ 138, 242 BGB einräumen; vgl auch ders, in: 10 Jahre AGBG 23, 28). Insoweit gelten für § 9 dieselben rechtstheoretischen methodischen Erkenntnisse, die schon für andere Generalklauseln entwickelt worden sind (vgl vor allem Wieacker, Zur rechtstheoretischen Präzisierung des § 242 BGB [1956]): Unter Begriffe wie „unangemessene Benachteiligung" oder „Treu und Glauben" kann nicht subsumiert werden, „Anwendung" der Generalklausel bedeutet **Konkretisierung** der allgemeinen Wertungsvorgaben des Gesetzes für eine bestimmte Klausel und den Lebenssachverhalt, in den sie eingebettet ist. Dabei handelt es sich um eine wertende Abwägung, die den im allgemeinen bleibenden Ordnungsplan des Gesetzes „zu Ende denkt" (zum hermeneutischen Prozeß des Hin- und Herwanderns des Blicks zwischen Norm und Sachverhalt vgl Esser, Vorverständnis und Methodenwahl [1972] 40 ff, 153; zur Rechtskonkretisierung bis hin zu einer „Fallnorm" vgl Fikentscher, Methoden des Rechts IV 129 ff). Hierzu hat der Gesetzgeber mit den „offenen" Tatbestandsmerkmalen des § 9 die Gerichte beauftragt und ermächtigt (Köndgen NJW 1989, 943, 946; Ulmer, in: 10 Jahre AGBG 1, 10 f; Westermann, in: FS Steindorff [1990] 817, 819). Im Zentrum ihrer Verantwortung liegt dabei die sich kasuistisch vorantastende, aber doch einer stimmigen rechtspolitischen wie -dogmatischen Konzeption verpflichtete Konkretisierung der Grenzlinie zwischen gebotenem Schutz und privater Freiheit sowie Selbstverantwortung (Rn 4).

b) Verhältnis zu §§ 10 und 11

Zur gesetzlichen Systematik der §§ 9–11 und der sich daraus ergebenden Prüfungs- 9 reihenfolge siehe bereits Einl 13 zu §§ 8 ff. Obwohl § 9 demnach eigentlich nur subsidiär zum Zuge käme, ist seine praktische Bedeutung wesentlich größer. So muß es zunächst als legitim bezeichnet werden, wenn der Rechtsanwender bei Auslegungszweifeln über einzelne Klauselverbote der §§ 10 oder 11 im konkreten Fall auf die Begründung ausweicht, die Klausel sei „jedenfalls" nach einem der Tatbestände des § 9 wirksam (Staudinger/Schlosser Einl 16 ff zum AGBG sowie Einl 19 zu §§ 8 ff). Im

Interesse einer klaren Ausdifferenzierung des gesetzlichen Systems und der Übersichtlichkeit der Rechtsentwicklung wäre es freilich zu begrüßen, wenn sich die Gerichte im allgemeinen um eine Abgrenzung des Anwendungsbereichs der verschiedenen der Inhaltskontrolle dienenden Normen bemühten (zum Verhältnis von § 9 Abs 1 und 2 siehe noch unten Rn 198). Des weiteren wirkt § 9 insoweit in §§ 10, 11 hinein, als der grundlegende Maßstab des § 9 Abs 1 auch dort, insbesondere bei den Wertungsbegriffen des § 10 zu beachten ist (ULMER/BRANDNER Rn 11, 66). Daraus sowie aus dem Spezialitätsgrundsatz folgt aber auch, daß eine nach §§ 10 oder 11 für unwirksam befundene Klausel nicht einer erneuten Gesamtabwägung nach § 9 unterzogen und dabei möglicherweise doch für wirksam erklärt werden kann (Einl 11, 13 zu §§ 8 ff).

10 Schließlich fungiert § 9 als **Auffangvorschrift** für die Beurteilung aller Klauseln, die an §§ 10, 11 nicht oder nicht abschließend gemessen werden können. Dies ist der Fall, wenn die Klauselthematik von den Verbotskatalogen gar nicht erfaßt wird (auch etwa wegen gezielter „Umgehungsversuche", so daß § 7 ohne weiteres in § 9 aufgeht) oder wenn ein Verbot innerhalb der Kataloge den Wertungsbereich des § 9 nicht ausschöpft (vgl Einl 11 zu §§ 8 ff sowie Einzelkommentierung STAUDINGER/COESTER-WALTJEN zu §§ 10, 11), insbesondere wenn es nur allgemeine Mindeststandards festlegt (wie etwa die mindestens viermonatige Preisstabilität nach § 11 Nr 1, die maximalen zeitlichen Vertragsbindungen nach § 11 Nr 12 oder die unabdingbare Haftung jedenfalls für grobes Verschulden nach § 11 Nr 7, 8), oberhalb dieser Standards aber keine endgültige Bewertung treffen will. Diese Bewertung mag von der konkreten Klauselausgestaltung oder dem besonderen Vertragstyp abhängen, für den die Klausel Geltung beansprucht. Deshalb können zB auch Preisänderungsvorbehalte nach Ablauf von 4 Monaten (BGHZ 82, 21, 23; NJW 1980, 2518; 1983, 1604), kürzere Laufzeitbindungen als in § 11 Nr 12 (BGHZ 90, 280, 283) oder ein Haftungsausschluß für leichte Fahrlässigkeit trotz seiner Verträglichkeit mit § 11 im Einzelfall als unangemessen iSv § 9 eingestuft werden (zur Bedeutung des konkreten Vertragstyps vgl zB für den Fall einer sechsmonatigen Verlängerungsklausel bei Nichtkündigung innerhalb der Primärlaufzeit: OLG Düsseldorf NJW-RR 1995, 369 [Partnerschaftsvermittlung: unwirksam]; OLG Celle NJW-RR 1995, 370, 371; BGH ZIP 1997, 282, 284 f [Fitness-Studio: wirksam]; vgl im einzelnen Rn 450, 504).

11 Allerdings darf dabei eine gewisse **Rückwirkung der gesetzlichen Wertungen in §§ 10, 11 auf die Abwägung nach § 9** nicht übersehen werden. Dies gilt zum einen für die Abgrenzung der nach §§ 10, 11 grundsätzlich *unbedenklichen* Regelungsinhalte (zur Einstufung als „Erlaubnisnormen" siehe § 8 Rn 38). So kann beispielsweise aus § 11 Nr 12 b die Auffassung des Gesetzgebers entnommen werden, daß stillschweigende Vertragsverlängerungen bis zu einem Jahr *regelmäßig* hinzunehmen sind; aus § 11 Nr 16 kann gefolgert werden, daß die Einhaltung einfacher Schriftform durch AGB im allgemeinen vorgeschrieben werden darf. Derartige Regelwertungen des Gesetzes dürfen von den Gerichten im Rahmen einer Beurteilung nach § 9 nicht „auf den Kopf gestellt werden" (BGH NJW 1987, 2012, 2013 [zu § 11 Nr 12 a]). Vielmehr ist in einem ersten Schritt sorgfältig zu ermitteln, welche Interessen und Gesichtspunkte der Gesetzgeber bei Aufstellung der Regelwertung bereits berücksichtigt hat – diese allein können dann bei einer Beurteilung nach § 9 nicht eine gegenteilige Bewertung tragen. Ebensowenig kann die gesetzliche Regelwertung nicht schon durch „allgemeine Überlegungen" relativiert werden; wohl aber können besondere, „fallspezifische" Gesichtspunkte, die in einem zweiten Schritt herauszuarbeiten sind, das

2. Unterabschnitt. § 9 AGBG
Unwirksame Klauseln

Unwirksamkeitsverdikt nach § 9 rechtfertigen (vorbildlich BGH ZIP 1997, 282, 284 für eine Verlängerungsklausel beim Fitnessvertrag; im einzelnen Rn 504).

Des weiteren können Klauselverbote der §§ 10, 11 aber auch als punktuelle Ausprägung eines übergreifenden Rechtsprinzips verstanden werden – etwa § 10 Nr 7 für den Grundsatz, daß die synallagmatische Leistungsverknüpfung beim gegenseitigen Vertrag auch bei der Rückabwicklung zu beachten und AGB-rechtlich zu schützen ist. Insoweit kann, wenn die konkrete Klausel nicht unter den begrenzten Verbotstatbestand fällt, dieser dennoch zur Abstützung und Konkretisierung eines entsprechenden „Grundgedankens der gesetzlichen Regelung" iSv § 9 Abs 2 Nr 1 herangezogen werden und somit über diese Vorschrift das Unwirksamkeitsurteil mittelbar beeinflussen (vgl BGH BB 1982, 72, 73 [zu § 10 Nr 7]; ZIP 1998, 70, 71 [zu § 11 Nr 10 b]; vgl weiter unten Rn 178).

Eine Konkretisierungsfunktion für den Unangemessenheitsmaßstab des § 9 entfalten die §§ 10, 11 des weiteren bei **Kunden-AGB**. §§ 10, 11 sind aus der Perspektive auf Klauselverwender geschrieben, welche selbst die vertragscharakteristische Hauptleistung erbringen sollten: Gedacht hat man an AGB des Verkäufers, Werkunternehmers, Vermieters usw. Nicht selten stellt aber gerade der Abnehmer der vertragscharakteristischen Hauptleistung „seine" AGB. Die aktuelle Tendenz der Kautelarpraxis ist geradezu dadurch gekennzeichnet, daß sich die Abnehmer ihrer Marktmacht mehr und mehr gerade auf diesem Gebiet bewußt werden. Aufgrund der Ausschreibungspraxis ist dies vor allen Dingen im Bauwesen der Fall. Auf die aus Sicht des Abnehmers formulierten Regelungen passen die Verbotstatbestände der §§ 10, 11 oft inhaltlich nicht, so daß als Kontrollgrundlage nur § 9 in Betracht kommt. Wertungsmäßig können die speziellen Verbote dennoch einschlägig sein, da und soweit ihre Sachthematik in den Kunden-AGB nur „von der anderen Seite her" behandelt wird. Dann bietet sich im Rahmen von § 9 eine **spiegelbildlich-analoge Anwendung von Vorschriften aus den Verbotskatalogen** an: Der Verwender kann zB seinem Vertragspartner keine unangemessen kurze Leistungs- oder Nachfrist (§ 326 BGB) auferlegen oder ihn einer unangemessen kurzen Fristbestimmung aussetzen (§ 10 Nr 1, 2). Er darf für den Fall seines Rücktritts vom Vertrag oder einer Vertragskündigung auch keine von ihm selbst zu leistende unangemessen niedrige Vergütung für die Nutzung oder den Gebrauch einer Sache oder für erbrachte Leistungen und Aufwendungen vorsehen (vgl § 10 Nr 7). Haftungsverschärfungen für den Lieferanten-Kunden unterliegen entsprechenden Beschränkungen wie Freizeichnungen von eigener Haftung des Verwenders (vgl vWestphalen, in: FS Trinkner [1995] 441 ff, 452 f; zu Freizeichnungsklauseln unten Rn 331 ff). Die Vorschriften des § 11 lassen sich freilich spiegelbildlich-analog in aller Regel nur in einer wertausfüllungsbedürftigen Form anwenden. Sicherlich kann der Besteller einer gekauften Sache oder einer Werkleistung die gesetzliche Gewährleistungspflicht verlängern (vgl Staudinger/Coester-Waltjen § 11 Nr 10 Rn 90). Er kann sie aber nicht in einem unangemessenen Ausmaß verlängern. Da, wo das an sich dispositive Recht, welches einem speziellen Klauselverbot zugrundeliegt, nicht nur Maximal- oder Minimallösungen vorsieht, sondern den Anspruch erhebt, nach beiden Richtungen angemessener Interessenausgleich zu sein, gibt es aber sogar im Rahmen von § 11 einen Anwendungsbereich für eine unmittelbare spiegelbildliche Anwendung der Norm. So kann der AGB-Verwender als Besteller einer Leistung seinem Vertragspartner nicht formularmäßig ein Vertragsstrafeversprechen für den Fall des Leistungsverzugs abverlangen. Der Besteller einer Werkleistung kann formularmäßig nicht das Nachbesserungsrecht des Werkunternehmers zugunsten eines Minderungsrechts abbedingen (vgl STAUDINGER/COESTER-WALTJEN § 11 Nr 10 Rn 52).

13 Eine ähnliche Bedeutung können die Verbote der §§ 10, 11 bei der Klauselbeurteilung nach § 9 im **beruflichen Verkehr** entfalten. Unmittelbar anwendbar sind die Kataloge nicht (§ 24 S 1), was allerdings einer Kontrolle einschlägiger Klauseln nach § 9 nicht entgegensteht; dabei ist jedoch auf die Besonderheiten des Handels- und beruflichen Verkehrs Rücksicht zu nehmen. Ausgehend von dem Umstand, daß §§ 10, 11 als gesetzliche Konkretisierungen der Generalklausel des § 9 fungieren, wird die Regelung des § 24 zT so verstanden, daß den Klauselverboten für den beruflichen Verkehr zwar keine strikte Geltung, wohl aber eine *Indizwirkung* zukomme, die nur mit Hinblick auf die besonderen kaufmännischen oder sonstigen beruflichen Interessen widerlegt werden könne. Begründet wird dies auch mit dem generellen Gerechtigkeitsgehalt der Klauselverbote, der grundsätzlich auch für den beruflichen Verkehr zuträfe, und damit, daß viele der Verbote vor Erlaß des AGBG von der Rechtsprechung gerade auch für den kaufmännischen Bereich entwickelt worden sind (BGHZ 90, 278; NJW 1985, 2693; vgl Begründung zum RegE BT-Drucks 7/3919, 43; LÖWE/ vWESTPHALEN § 24 Rn 4, 17; nähere Darstellung bei LUTZ 26 f, 28 ff). Speziell für den Katalog des § 10 wird eine prinzipiell uneingeschränkte Geltung auch für den beruflichen Verkehr über § 9 postuliert, weil dessen besonderen Bedürfnissen im Rahmen der unbestimmten Rechtsbegriffe des § 10 ohne weiteres Rechnung getragen werden könne (so STAUDINGER/SCHLOSSER unten § 24 Rn 8; TILMAN ZHR 142, 58). Dem ist allerdings der klare Wortlaut des § 24 entgegenzuhalten sowie der bei einzelnen Verboten des § 10 thematisch begrenzte Wertungsspielraum (LUTZ 23 f; CANARIS, Handelsrecht § 24 I 3 e).

Auch im übrigen kann eine **Indizwirkung der Kataloge in §§ 10, 11 nicht pauschal** angenommen werden (gegen jede Indizwirkung MUNZ 170 ff). Vielmehr ist nach dem Inhalt des jeweiligen Klauselverbots zu differenzieren: Manche Verbote entsprechen auch oder gar besonders den kaufmännischen oder beruflichen Interessen (zB § 10 Nr 4, § 11 Nr 10 a, Nr 15 a), sie indizieren deshalb ohne weiteres Unangemessenheit nach § 9 auch im beruflichen Verkehr. Andere Verbote hingegen laufen den besonderen Bedürfnissen des Handels- oder sonstigen Berufsverkehrs eher zuwider (zB § 10 Nr 5, vgl demgegenüber das Institut des „Schweigens auf kaufmännisches Bestätigungsschreiben"; § 11 Nr 6), so daß sie im beruflichen Verkehr nicht einmal präsumtiv als unangemessen eingestuft werden können (grundlegend LUTZ, AGB-Kontrolle 35 ff [mit sorgfältiger Analyse aller speziellen Klauselverbote auf ihre Tauglichkeit für den kaufmännischen Verkehr]; differenzierend auch CANARIS, Handelsrecht § 24 I 3; HEINRICHS, in: 10 Jahre AGBG S 23, 31; RABE NJW 1987, 1980 ff). Für die demnach erforderliche Einzelanalyse jedes speziellen Klauselverbots im Hinblick auf seine Bedeutung für den beruflichen Verkehr ist auf die Erläuterungen zu §§ 10 und 11 zu verweisen.

14 Eine etwas andere Akzentsetzung ist für diejenigen Sachbereiche angebracht, für die **§ 23 Abs 2** zwar die Anwendung einer oder aller speziellen Klauselverbote der §§ 10, 11 ausschließt, nicht jedoch die AGB-rechtliche Inhaltskontrolle insgesamt (wie in § 23 Abs 1; zur dennoch möglichen Inhaltskontrolle auf anderer Grundlage, jedoch mit ähnlichen Grundsätzen siehe STAUDINGER/SCHLOSSER § 23 Rn 22 ff; speziell zum Arbeitsvertrag FASTRICH 159 ff; PAULY NZA 1997, 1030, 1032 f; RICHARDI, in: MünchHbArbR Bd 1 § 14 Rn 67 ff; WOLF

RdA 1988, 270, 271; zum Gesellschaftsrecht Fastrich 124 ff; speziell zur Bedeutung der Klauselkataloge der §§ 10, 11 im Rahmen derartiger Kontrolle Fastrich 317 ff). Wollte der Gesetzgeber in § 24 nur die pauschale Übertragung der Verbote auf den beruflichen Verkehr verhindern und eine differenzierte Beurteilung gemäß § 9 erzwingen, so liegt den Ausschlüssen von § 23 Abs 2 die gesetzgeberische Vorstellung zugrunde, daß die bezeichneten Verbote für den jeweiligen Sachbereich im allgemeinen nicht passen – vorbehaltlich besonderer, im Rahmen von § 9 zu würdigender Umstände (vgl BT-Drucks 7/3919, 41 f). Hier wäre die Annahme einer Indizwirkung der ausgeschlossenen Verbote von vornherein verfehlt; der gesetzlichen Regelwertung ist bei der Beurteilung nach § 9 vielmehr Rechnung zu tragen.

c) **Sonstige Abgrenzungen**
Zur Bedeutung des **Verbotskatalogs im Anhang der EG-RL** für die Konkretisierung des 15 § 9 bei **Verbraucherverträgen** siehe unten Rn 88; zum Verhältnis des § 9 zu den §§ 2–6 siehe jeweils dort sowie Staudinger/Schlosser Einl 12 ff zum AGBG.

3. Anwendungsbereich

a) Der **internationale** Anwendungsbereich der Vorschriften über die Inhaltskontrolle ergibt sich aus § 12 sowie Art 29 EGBGB (Einzelheiten siehe Erläuterungen zu § 12). 16

b) Der **sachliche** Anwendungsbereich ist positiv umschrieben von § 1 sowie § 24 a 17 Nr 1, 2 (AGB und – in Verbraucherverträgen – sonstige vorformulierte Vertragsbedingungen), negative Ausgrenzungen für einzelne Sachbereiche und Vertragstypen enthält § 23. Im Umkehrschluß aus den dort in Abs 2 vorgesehen, teilweisen Privilegierungen **behördlich genehmigter AGB** sowie aus § 16 ergibt sich, daß diese *grundsätzlich* ebenfalls der gerichtlichen Inhaltskontrolle unterliegen (eine behördliche Genehmigung ist vor allem vorgeschrieben für die AGB der Pflichtversicherungsunternehmen [AVB; §§ 8 Abs 1 Nr 3, 5 Abs 5 Nr 1 VAG], für die Beförderungsbedingungen im Zug- und Straßenverkehr [§§ 21 Abs 1, 44–49 a LuftVG; 39 Abs 6 PersBefG], des weiteren die AGB für Hypotheken-Banken und Bausparkassen [§§ 15, 16, 18–21 HBG, §§ 3, 5, 8, 9 BauspG] sowie die AGB der Kapitalanlagegesellschaften und der ausländischen Investmentgesellschaften [§§ 15 KAG, 7, 8 AuslInvestmG]). Erst recht gilt dies für AGB, bei denen eine behördliche Mitwirkung geringerer Intensität vorgeschrieben ist, etwa eine Anmeldung mit behördlicher Widerspruchs- oder Untersagungsmöglichkeit wie bei Konditionenkartellen und -empfehlungen (§§ 2, 9 Abs 1, 12, 38 Abs 2, Abs 3 GWB). Gerade die Umschreibung und Beschränkung der Überprüfungskompetenzen der Kartellbehörde in §§ 12 Abs 1 (mit § 2 Abs 2 S 2) und 38 Abs 3 zeigen deutlich, daß sich behördliche und gerichtliche AGB-Kontrolle von Ziel und Thematik her nur teilweise decken (vgl Bunte BB 1980, 325; Henning/Jarre DB 1980, 1429). Außerdem folgt aus dem Prinzip der Gewaltenteilung, daß die rechtliche Inhaltskontrolle von AGB letztverantwortlich der Judikative zusteht (BGH NJW 1983, 1322, 1324; NJW-RR 1987, 45; Rechtsausschuß, BT-Drucks 7/5422, 4; Wolf Rn 48; vHoyningen-Huene Rn 59). Die behördliche Genehmigung oder sonstige Mitwirkung äußert nicht einmal begrenzte präjudizielle Wirkung für die gerichtliche Überprüfung: Fehlt die (gebotene) Genehmigung, kann die Klausel dennoch gemäß § 9 als angemessen und wirksam erachtet werden (vHoyningen-Huene Rn 60; Wolf Rn 45; Löwe/vWestphalen § 16 Rn 1). Ist die

Genehmigung erteilt (oder die Klausel nicht beanstandet, vgl §§ 2 Abs 3 S 1 GWB; 8 AuslInvestmG), folgt hieraus noch keine Wirksamkeitsvermutung nach § 9 – auch dies folgt aus dem nicht deckungsgleichen Prüfungsthema und der Letztverantwortung der Gerichte für Rechtsfragen. Bei der Maßgeblichkeit von technischen oder branchenspezifischen Besonderheiten können die Gerichte die Kompetenz einer Fachbehörde jedoch gebührend berücksichtigen (WOLF Rn 48).

18 Die Kontrollkompetenz deutscher Gerichte wird auch nicht dadurch eingeschränkt, daß AGB von **internationalen Dachorganisationen** wie etwa der IATA im Flugverkehr entworfen und empfohlen worden sind und praktisch „weltweit" verwendet werden. Damit werden sie nicht zu der nationalen Kontrolle enthoben „Internationalen AGB"; internationale Verbände, die AGB empfehlen, stehen – solange sie privatrechtlicher Natur sind und kein Völkerrecht setzen können – entsprechenden deutschen Verbänden gleich (BGH NJW 1983, 1322, 1323 f mwN für die Allgemeinen Beförderungsbedingungen der Lufthansa). Eine andere Beurteilung ergibt sich auch nicht für Verbraucherverträge aus Art 1 Abs 2 EG-RL, der die Kontrollfreiheit von Klauseln anordnet, die mit internationalen Übereinkommen übereinstimmen (vgl § 8 Rn 41). Zwar haben die Empfehlungen der IATA teilweise Regelungen des Warschauer Abkommens von 1929 übernommen, dies privilegiert aber nicht die Empfehlungen insgesamt (MICKLITZ ZEuP 1993, 522, 525; KAPNOPOULOU 101; anders ULMER EuZW 1993, 337, 344 Fn 68).

19 Unterstellt die **öffentliche Hand** ihre Beziehungen zu privaten Kunden „Allgemeinen Bedingungen", so ist zu unterscheiden: Haben die Bedingungen die Qualität von *Rechtsnormen*, etwa die gemäß § 27 erlassene Ordnung über die Versorgung mit Energie (AVB v 20. 6. 1980, vgl Erläuterungen zu §§ 26, 27; weitere Beispiele: KraftverkehrsVO vom 23. 12. 1958 [gemäß §§ 20 a Abs 6, 106 Abs 2 GüKG]; Beförderungsbedingungen vom 27. 2. 1970 [gemäß § 58 PersBefG]), so ist eine AGB-Kontrolle schon deshalb ausgeschlossen, weil es sich nicht um „Vertragsbedingungen" iSv § 1 Abs 1 handelt (im übrigen schiede eine Kontrolle nach § 8 aus, BGH NJW 1987, 1622; ULMER/BRANDNER Rn 19; vHOYNINGEN-HUENE Rn 50, 51; zu den eigenständigen Anforderungen der Rechtsprechung an solche normativen Bedingungen und der entsprechenden Gerichtskontrolle vgl BGH DB 1980, 970; NJW 1988, 129). Sind die Kundenbeziehungen hingegen *privatrechtlich* ausgestaltet, so folgt aus dem öffentlichrechtlichen Status des Verwenders keine Beschränkung für die Kontrolle nach §§ 9–11 (allg M). Setzen die AGB lediglich deklaratorisch normative Vorgaben um, sind sie jedoch – allgemeinen Grundsätzen entsprechend – gemäß § 8 der Inhaltskontrolle entzogen (vgl BGH NJW 1988, 2951 f zu einem Krankenhausaufnahmevertrag, dessen Bedingungen mit § 19 Abs 2 S 2 BPflVO übereinstimmten [allerdings wurde diese Vorschrift für nichtig erachtet]). Eine Mittelstellung nehmen *Verträge öffentlichrechtlicher Natur* ein. Ihre Voraussetzungen und Wirksamkeitsschranken sind primär in §§ 54 ff VerwVerfG, insbesondere § 59 festgelegt. Allerdings verweist das VerwVerfG selbst subsidiär auf die Vorschriften des „Bürgerlichen Gesetzbuchs" (§§ 59 Abs 1, 62 S 2), was angesichts der Regelungsmaterie (Vertragswirksamkeit) sinnvollerweise nicht in formellem Sinne auf das BGB zu beschränken ist, sondern auch die einschlägigen Nebengesetze, insbesondere das AGBG mitumfaßt (WOLF/BACHOF/STOBER, Verwaltungsrecht II § 99 Rn 93; ablehnend OBERMAYER, Verwaltungsverfahrensgesetz § 62 Rn 187). Damit gelten die Vorschriften der §§ 9–11 jedenfalls entsprechend auch für öffentlichrechtliche Verträge (PALANDT/HEINRICHS vor § 8 Rn 5; ULMER/BRANDNER § 1 Rn 14, § 9 Rn 18; KOCH/STÜBING Rn 17; vHOYNINGEN-HUENE Rn 54; WOLF

Einl Rn 20; BVerwG NJW 1986, 2589, 2590 leitet dieses Ergebnis aus dem auch im öffentlichen Recht geltenden Grundsatz von Treu und Glauben her. **Anders** STAUDINGER/SCHLOSSER[12] § 1 Rn 4; OVG Münster NJW 1989, 1879, 1880 [für Subordinationsverträge]).

c) Für den **persönlichen Anwendungsbereich** der §§ 9-11 gibt es auf der *Verwender-* **20** *seite* keine besonderen Voraussetzungen (zur öffentlichen Hand vorstehend Rn 19), insbesondere unterliegen auch von nicht beruflich handelnden Privaten verwendete AGB der Inhaltskontrolle. Hinsichtlich des *Vertragspartners* differenziert das Gesetz in § 24 danach, ob es sich um eine beruflich handelnde Person oder eine juristische Person des öffentlichen Rechts handelt oder nicht (siehe Rn 21). Weitere Differenzierungen haben sich durch die Sonderregelung für *Verbraucherverträge* (§ 24 a) ergeben. Die Definition des Verbrauchervertrags knüpft an besondere Eigenschaften und Tätigkeitsbereiche der Vertragsparteien (Unternehmer/Verbraucher, § 24 a Einleitungssatz) und verbindet damit einen erweiterten Anwendungsbereich der §§ 9-11 (auch Drittbedingungen, § 24 a Nr 1, und vorformulierte Einmalverträge, § 24 a Nr 2). Darüber hinaus ist die gerichtliche Überprüfung in diesem Bereich inhaltlich nicht nur durch § 24 a Nr 3 modifiziert, sondern generell mit dem EG-Recht abzustimmen (Einzelheiten Einl 13 zu §§ 8-11 sowie unten II).

Damit sind im Ergebnis fortan **drei Varianten der AGB-rechtlichen Inhaltskontrolle** zu **21** unterscheiden, mit zT unterschiedlichen normativen Grundlagen und inhaltlichen Maßstäben, je nach den beteiligten Personen:

(1) *Besonders erfahrene Vertragspartner* (Kaufleute, sonstige Gewerbetreibende, Freiberufler, juristische Personen des öffentlichen Rechts, öffentlichrechtliche Sondervermögen), § 24: keine Anwendung der §§ 10, 11; Inhaltskontrolle nur bei AGB und nur nach § 9, inhaltlich modifiziert durch Berücksichtigung der Besonderheiten des Handels oder sonstigen beruflichen Verkehrs.

(2) *Besonders schutzbedürftige Vertragspartner* (Verbraucher gegenüber Unternehmern), § 24 a: volle Inhaltskontrolle nach §§ 9-11, erstreckt auf AGB und alle sonstigen vorformulierten, nicht vom Verbraucher eingebrachten oder ausgehandelten Bedingungen; inhaltliche Überlagerung und damit auch Modifizierung durch EG-Recht als zusätzliche normative Grundlage.

(3) *Sonstige Vertragsparteien*: Dieser verbleibende „Normalbereich" der AGB-Kontrolle ergibt sich im Wege der Subtraktion beider vorgenannten Sondergruppen. In Betracht kommen zum einen Vertragspartner, die beruflich handeln, also keine Verbraucher, aber auch keine Kaufleute sind – vor allem Freiberufler, Handwerker, kleinere, nicht eingetragene Dienstleistungsgewerbe (vgl § 2 HGB) oder juristische Personen des Privatrechts, die ein Gewerbe betreiben (zB Vereine). Zum zweiten gehören hierher die Verträge zwischen beiderseits privat, dh nichtberuflich handelnden Parteien (zum „Verbraucher" wird der Private nur, wenn er einem „Unternehmer" iSv § 24 a gegenübertritt). Für diesen Restbereich gilt die Grundkonzeption des AGBG für die Inhaltskontrolle ohne Einschränkungen, Erweiterungen oder Modifikationen (vgl zum ganzen PALANDT/HEINRICHS Einf vor § 1 Rn 7-9; WOLF Art 1 RL Rn 23).

4. Verhältnis zu anderen Vorschriften

22 Da mit §§ 9–11 spezifische Grenzen und Kontrollmaßstäbe für AGB und vorformulierte Klauseln in Verbraucherverträgen aufgestellt werden, ist deren Verhältnis zu anderweitigen Vorschriften zu klären, die entweder privatautonomes Handeln generell beschränken oder gezielt auf die Erhaltung freier Marktbedingungen gerichtet sind (GWB, UWG) oder die für Vertragsstörungen Vorsorge treffen. Zum innergesetzlichen Verhältnis der §§ 9–11 zu den Schutzmechanismen der §§ 2–5 siehe STAUDINGER/SCHLOSSER Einl 12 ff, 17 zum AGBG; zur behördlichen Vorkontrolle von AGB oben Rn 17.

a) Verfassungsrecht

23 Eine Kontrolle von AGB unmittelbar an den Ordnungsstrukturen der Verfassung, insbesondere den Grundrechten, käme nur dann in Betracht, wenn man – wie die Normentheorie – AGB dem objektiven Recht zurechnen würde (so zuletzt wieder PFLUG, Kontrakt und Status [1986], insbesondere 248 ff, 298 ff ["Normen des objektiven Rechts", „para-legales Recht"] – ohne sich allerdings mit den Konsequenzen einer unmittelbaren Verfassungsbindung auseinanderzusetzen; im Sinne der Normentheorie zuvor auch MEYER-CORDING, Die Rechtsnormen [1971] 92 ff; zur Problematik schon L RAISER 59 ff). Nach richtiger und ganz überwiegend vertretener Auffassung („Vertragstheorie") ändern die generell-abstrakte Regelformulierung und das einseitige „Stellen" der AGB jedoch nichts an dem rechtsgeschäftlichen Charakter dieser Vertragsbedingungen (siehe oben STAUDINGER/SCHLOSSER Einl 18 zum AGBG; ULMER Einl Rn 22 ff; SOERGEL/STEIN § 2 Rn 1; FASTRICH 33 ff). Damit scheidet eine unmittelbare Grundrechtsbindung des Verwenders aus, vielmehr gelten die Grundsätze der „Drittwirkung der Grundrechte im Privatrecht" ohne weiteres auch, soweit es um die Kontrolle vorformulierter Vertragsklauseln geht (vHOYNINGEN-HUENE Rn 87; grundlegend zur Rechtfertigung der Inhaltskontrolle außerhalb des AGBG BVerfG ZIP 1990, 573; 1993, 1775). Demnach fließen die in den Grundrechten verkörperten Werte in die Konkretisierung unbestimmter Rechtsbegriffe des Privatrechts, wie etwa die des § 10 und vor allem der Generalklausel des § 9 ein. So könnte etwa bei langen Vertragsbindungen auf höchstpersönlichem Gebiet (zB Partnerschaftsvermittlungsvertrag) die Abwägung nach § 9 Abs 1 auch im Lichte von Art 1, 2 GG erfolgen; ähnliches gilt für Klauseln, die belastende Auswirkungen auf Dritte zeitigen (vgl Rn 100). Folgte man einer neueren Tendenz, privater Freiheit gegenüber gruppenspezifischen Differenzierungen (etwa betreffend Ausländer), die in der gesellschaftlichen Umwelt als Diskriminierung und damit als Mißbrauch von Freiheit wirken, engere Grenzen zu ziehen (so BEZZENBERGER AcP 196 [1996] 395 ff mit Interventionsansatz über § 138 BGB), so müßte Art 3 GG gegenüber einseitiger Regelsetzung erst recht ins Spiel gebracht werden können. Allerdings besteht keine Rechtfertigung, insoweit nur auf die Grundrechte des Vertragspartners abzustellen: § 9 erfordert die Abwägung der *beiderseitigen* Interessen, so daß auch grundrechtsgeschützte Positionen des Verwenders beachtet werden können (vHOYNINGEN-HUENE Rn 88; vgl BGH NJW 1982, 644, 646 [Dispositionsrecht des Zeitschriftengroßhändlers im Hinblick auf Art 5 GG, im Ergebnis offenlassend]).

b) Zwingendes und dispositives Gesetzesrecht

24 Soweit AGB gegen **zwingende Vorschriften** des Privat- oder sonstigen Rechts (etwa im Miet- oder Reisevertragsrecht, im Prozeßrecht [§ 38 ZPO] oder im Wirtschaftsrecht [GWB, VVG]) verstoßen, sind sie ex lege nichtig; es bedarf weder eines Rückgriffs

auf § 134 BGB noch einer Angemessenheitsbeurteilung nach § 9 (vHoyningen-Huene Rn 90; Ulmer/Brandner Rn 41). Letztere wäre nicht nur überflüssig, sondern verfehlt: Richterliche inhaltliche Billigung kann gesetzlich angeordnete Unwirksamkeit nicht revidieren. Aus Gründen der Prozeßökonomie ist es jedoch den Gerichten unbenommen, bei Zweifeln über den zwingenden Charaker einer Norm die Unwirksamkeit „jedenfalls" aus §§ 9–11 herzuleiten. Umgekehrt besagt die Verträglichkeit einer Klausel mit zwingendem Recht nichts über ihre Angemessenheit nach § 9 – die Interventionsgrenze gegenüber AGB ist im Vergleich zu den allgemeinen Grenzen privatautonomer Freiheit weit vorverlagert (vgl Ulmer/Brandner Rn 41).

Gegen diese im allgemeinen unstreitige Auffassung scheint die Tendenz der Gerichte zu sprechen, als „gesetzliche Regelung" iSv § 9 Abs 2 Nr 1, die den Maßstab der Inhaltskontrolle angibt, auch zwingende Vorschriften gelten zu lassen (im einzelnen unten Rn 170). Dahinter steht offenkundig das Bestreben, Klauseln im Verbandsklageverfahren nach §§ 13 ff nicht nur nach den dort genannten §§ 9–11, sondern auch wegen sonstiger Gesetzesverstöße für nichtig erklären zu können. Anstatt den dogmatisch unstimmigen Weg über § 9 Abs 2 S 1 zu gehen, wäre dieses – nahezu allseits für wünschenswert gehaltene – Ergebnis besser über eine teleologische Extension des § 13 Abs 1 zu erreichen (ausführlich zum Diskussionsstand Staudinger/Schlosser § 13 Rn 4 ff). 25

Dispositives Recht kann im Grundsatz auch durch AGB abbedungen werden – hierin liegt die wesentliche Funktion von AGB (Staudinger/Schlosser Einl 12 ff zum AGBG) und gleichzeitig, als Korrektiv, auch die Rechtfertigung für eine Inhaltskontrolle (§ 8). Allerdings hat sich der Gesetzgeber seine Aufgabe, für AGB eine gegenüber den allgemeinen Schranken der Privatautonomie vorverlagerte Eingriffsgrenze zu etablieren, dadurch entledigt, daß er in Ergänzung zu den enumerativen Katalogen der §§ 10 und 11 generalklauselartig die Grundwertungen des dispositiven Rechts als inhaltlichen Maßstab für einen angemessenen Interessenausgleich vorgegeben hat (§ 9 Abs 2 Nr 1). Damit ist den Gerichten die Aufgabe übertragen, in einer Summe ameisenhaft zusammengetragener Kasuistik einen Kernbereich innerhalb des dispositiven Rechts zu konstituieren, der AGB-resistent, also „relativ zwingend" ist (die Abstufung der Dispositivität je nach Richtigkeitsgewähr ist ein schon von der „Tarifdispositivität" her bekanntes Phänomen [vgl nur Löwisch, Arbeitsrecht Rn 42 f] – dort eine Erweiterung des dispositiven Bereichs wegen erhöhter, hier eine Einengung wegen verminderter Richtigkeitsgewähr). Zusammen mit dem Bestand an AGB-festem Recht, der außerhalb des dispositiven Rechts durch richterliche Rechtsfortbildung im Rahmen von § 9 Abs 2 Nr 2 gebildet wird, sowie den gesetzlichen Katalogen in §§ 10 und 11 wird so die vorverlagerte Grenze und Eingriffsschwelle gegenüber einseitig okkupierter Vertragsautonomie konkretisiert. 26

c) **Anfechtung, §§ 119–123 BGB**
Zu einem Konkurrenzproblem zwischen der **Irrtumsanfechtung** nach § 119 BGB und der AGB-rechtlichen Inhaltskontrolle kann es kommen, wenn der Vertragspartner bestimmte, aber falsche Vorstellungen vom Inhalt der ihm gestellten AGB hatte (zur Anfechtung der Einbeziehungserklärung siehe Staudinger/Schlosser § 2 Rn 38). Schon nach allgemeinen Grundsätzen scheidet eine Anfechtung mangels „Irrtums" aus, wenn sich der Vertragspartner *keine Vorstellungen* vom Inhalt der AGB gemacht hat (Loewenheim AcP 180 [1980] 433, 444; Ulmer/Brandner Rn 40; vHoyningen-Huene Rn 42); 27

gleichzustellen ist die vage Annahme, in den AGB werde nur das „Übliche" stehen. Auch der bloße Irrtum über die *Rechtsfolgen* einer (inhaltlich bekannten) Klausel berechtigt als Motivirrtum von vornherein nicht zur Anfechtung (LOEWENHEIM AcP 180 [1980] 433, 445 f; ULMER/BRANDNER Rn 40; H SCHMIDT ebenda § 6 Rn 18 [auch in der dort als Gegenmeinung zitierten Enscheidung des BGH NJW 1983, 1854 ging es um den *Inhalt* der 〈DAT-Schätzpreis-〉Klausel und nicht nur um deren Rechtsfolgen]). Konkrete Fehlvorstellungen über den Inhalt können demgegenüber darauf gegründet sein, daß der Kunde von einem unveränderten Fortbestand der ihm aus früheren Geschäften bekannten AGB ausgeht, diese jedoch geändert worden sind, oder daß er die Existenz einer bestimmten branchenüblichen Regelung unterstellt, während sich in den AGB eine unübliche Regelung vorfindet.

In diesen Fällen ist von dem Grundsatz auszugehen, daß die Vorschriften des AGBG die allgemeinen Behelfe des bürgerlichen Rechts zwar ergänzen, aber nicht ausschließen. Demgemäß wird die Möglichkeit einer Irrtumsanfechtung fast durchgehend bejaht (vgl nur ULMER/BRANDNER Rn 40; WOLF Rn 8; vHOYNINGEN-HUENE Rn 93; SOERGEL/STEIN vor § 8 Rn 12; LOCHER BB 1981, 818, 821 f; **aA** E SCHMIDT ZIP 1987, 1505, 1506; JuS 1987, 929, 932). Dabei sind jedoch gewisse Rückwirkungen des AGBG auf die Irrtumsanfechtung zu beachten. Zum einen kann es sich als wesentlich erweisen, ob die betreffende Klausel AGB-rechtlich wirksam ist oder nicht. Ist sie inhaltlich angemessen und nicht überraschend, möglicherweise sogar branchenüblich, so wird es in der Regel (wenngleich nicht notwendig immer) an der Erheblichkeit des Irrtums iSv § 119 Abs 1 BGB fehlen („bei verständiger Würdigung des Falles"). Ist die Klausel hingegen unwirksam, so könnte eine Anfechtung gegenstandslos sein oder die Kausalität des Irrtums für die Willenserklärung des Vertragspartners fehlen.

28 Allerdings ist diese Frage verflochten mit der weiteren, welche **Rechtsfolgen** die Anfechtung auslöst. Da sich der Irrtum auf einzelne Bestimmungen beschränkt und der Vertrag im übrigen als sinnvolles Rechtsgeschäft Bestand haben kann, ist schon nach allgemeinen Grundsätzen auch die Nichtigkeit auf den irrtumsbehafteten Teil beschränkt, das weitere Schicksal des Gesamtvertrages beurteilt sich bürgerlich-rechtlich nach § 139 BGB (STAUDINGER/ROTH, § 139 Rn 63 f, § 142 Rn 26). Bei AGB oder vorformulierten Klauseln in Verbraucherverträgen drängt es sich auf, statt dessen auf das umgekehrte Regel-/Ausnahmeverhältnis gemäß § 6 bzw Art 6 Abs 1 2. HS RL abzustellen (PALANDT/HEINRICHS § 6 Rn 3; ULMER/BRANDNER Rn 40; LÖWE § 6 Rn 3; vHOYNINGEN-HUENE Rn 95; LOEWENHEIM AcP 180 [1980] 433, 457 ff; **aM** H SCHMIDT, Vertragsfolgen 38; LOCHER BB 1981, 818, 821 f [nur § 139 BGB]). Ein *Wahlrecht* des Vertragspartners könnte sich von vornherein nicht auf die Alternative Klauselnichtigkeit/Vertragsnichtigkeit beziehen (mißverständlich insoweit WOLF Rn 8, wo für ein Wahlrecht eingetreten wird), sondern nur auf die Folgen einer Teilnichtigkeit gemäß § 6 oder § 139 BGB. Aber auch dann würde übersehen, daß § 6 nicht nur dem mutmaßlichen Kundeninteresse dient, sondern auch – durch Aufrechterhaltung und Ergänzung nur teilfehlerhafter Verträge – der Sicherheit und Stabilität rechtsgeschäftlicher Vereinbarungen, also dem Rechtsverkehr insgesamt. Damit wäre eine „Rosinenlösung", die zumindest ansatzweise auf ein Reuerecht des Kunden hinauslaufen würde, nicht zu vereinbaren (LASS JZ 1997, 67, 73). Aus denselben Erwägungen muß auch eine Beschränkung des § 6 auf solche Anfechtungsfälle scheitern, bei denen der Irrtum vom Verwender zu verantworten ist (ULMER/SCHMIDT § 6 Rn 18; CANARIS, Vertrauenshaftung 216 Fn 100). Es wäre nicht sachgerecht, die Vernichtung des Gesamtvertrages zu erleichtern, wenn nur der Vertragspartner den Irrtum verschuldet hat – der Verwender mag erhebliches Interesse an dessen (gemäß § 6 Abs 2 modifizierter) Aufrechterhaltung haben (etwa bei Bürgschaften des Vertragspartners, vgl BGH NJW 1994, 1656). Bei Interessewegfall kann er hingegen, soweit § 6 Abs 3 nicht eingreift, über § 122 Abs 1 BGB vom Vertragspartner die Vertragsaufhebung verlangen (ULMER/BRANDNER Rn 40; vHOYNINGEN-HUENE Rn 95; LOEWENHEIM AcP 180 [1980] 433, 460). Im Ergebnis ist also festzuhalten: Wegen § 6 Abs 1 beschränkt sich eine Irrtumsanfechtung gegenständlich auf die irrtumsbehaftete Klausel. Ist diese AGB-rechtlich gar nicht wirksam, liefe eine Anfechtung deshalb ins Leere. Scheidet eine Schadensersatzpflicht des Vertragspartners nach § 122 Abs 1 BGB in concreto aus, kann der Rechtsanwender allerdings die Abwägung nach § 9 dahingestellt sein lassen und die Unwirksamkeit „jedenfalls" auf §§ 119 Abs 1, 142 BGB stützen.

Etwas anders stellt sich die Situation dar bei einer Anfechtung wegen **arglistiger Täuschung**, § 123 BGB (Drohung dürfte kaum je vorkommen, wäre aber gleich zu behandeln). Die Täuschung kann durch aktives Tun erfolgen (Vorspiegeln eines anderen oder gezielte Verschleierung des wahren Klauselinhalts) oder durch Unterlassung gebotener Hinweise oder Aufklärung. Ob eine Aufklärungspflicht generell besteht, wenn eine Klausel überraschend iSd § 3 ist (so LASS JZ 1997, 67, 72), mag dahinstehen; jedenfalls kann sie sich aus der konkreten Vertragsabschlußsituation ergeben (vgl BGH NJW 1994, 1656, 1657 [Zweckerweiterungsklausel im Bürgschaftsvertrag, wenn der Bürge seine – von der Klausel abweichende – Auffassung vor Unterzeichnung zum Ausdruck gebracht hatte]).

Klauseln, über deren Inhalt der Vertragspartner arglistig getäuscht worden ist, werden regelmäßig schon AGB-rechtlich nicht wirksam: Entweder werden sie wegen ihres Überraschungseffekts gemäß § 3 nicht Vertragsbestandteil oder sie sind unwirksam nach §§ 9–11; bei Vorspiegeln eines anderen Klauselinhaltes ist letzterer als Individualabrede iSv § 4 zu bewerten und verdrängt den vorformulierten Text. Dabei läßt die Rechtsprechung es zumeist bewenden, eine Anfechtung nach § 123 BGB wird nicht mehr erörtert. Auch die hL hält die Anfechtung für gegenstandslos, wenn die Klausel nicht wirksam ist (ULMER/SCHMIDT § 6 Rn 7), beurteilt aber jedenfalls auch hier die Folgen nach § 6, damit der Vertragspartner die Täuschung nicht auf die Gefahr hin geltend machen muß, über § 139 BGB den gesamten Vertrag zu verlieren (LÖWE § 6 Rn 3; vHOYNINGEN-HUENE Rn 96; SOERGEL/STEIN § 6 Rn 4). Dabei wird jedoch nicht berücksichtigt, daß der Vertragspartner nicht selten an dem Vertrag gar nicht mehr festhalten will. Selbst wenn er über die Vertragsmodifizierung gemäß § 6 Abs 2 das erhält, was ihm vorgespiegelt worden war (vgl BGH NJW 1995, 2637, 2638: Ein auf Täuschung über die mangelnde dingliche Berechtigung angelegter Time-Sharing-Vertrag wird mit der Maßgabe wirksam, daß der Verwender die Eintragung des Wohnrechts im Grundbuch zu bewirken hat), mag er aus gutem Grund wegen der zerstörten Vertrauensgrundlage die Rechtsbeziehungen mit dem Verwender auflösen wollen. § 6 Abs 3 kann in diesen Fällen kaum helfen. Das BGB weist das Risiko des Vertragsverlustes dem Täuschenden zu, und es würde dem Zweck des AGBG zuwiderlaufen, ihm dieses Risiko nur deshalb abzunehmen, weil er mittels oder im Zusammenhang mit vorformulierten Klauseln getäuscht hat. Oder umgekehrt: Warum soll der getäuschte Bürge sein Lösungsrecht im Bürgschaftsvertrag gemäß § 123 BGB nur deshalb verlieren, weil der Vertrag vorformuliert war? (LASS JZ 1997, 67 ff, insbesondere 73 unter Hinweis auf BGH NJW 1994, 1656). Die Wertungen des § 123 BGB und des AGBG sind deshalb durch ein **Wahlrecht des Vertragspartners** in Einklang zu bringen, womit auch dessen unterschiedlichen Interessenlagen Rechnung getragen werden kann. Der Vertragspartner kann demnach entweder versuchen, sich die Vertragsbasis zu erhalten (dh Anfechtung beschränkt auf betroffene Klausel, Teilnichtigkeit und Vertragsergänzung nach § 6 Abs 1, 2, Lösungsmöglichkeit des Verwenders allenfalls unter den Voraussetzungen des § 6 Abs 3), oder sich vom Vertrag zu befreien. Dies ist ohne weiteres durch Anfechtung der vertragskonstitutiven Willenserklärung nach §§ 123, 142 BGB möglich, wenn die täuschungsbedingte Fehlvorstellung kausal für die Abschlußentscheidung des Vertragspartners war. Kann dies nicht zweifelsfrei dargelegt werden, führen Klauselanfechtung und § 139 BGB in der Regel zum selben Ziel (dogmatisch anders, aber im Ergebnis ähnlich Lass JZ 1997, 67, 74 [gegen das dort vorgeschlagene Lösungsrecht des Vertragspartners entspr § 6 Abs 3 zutreffend Heinrichs NJW 1997, 1407, 1413]; für die Anfechtung nach § 123 BGB ist also dem von Wolf Rn 8 propagierten Wahlrecht zuzustimmen; ähnlich Palandt/Heinrichs § 8 Rn 20).

d) Auslegung, §§ 133, 157 BGB

30 Vom Ansatz und Ziel her gibt es eigentlich keine Überschneidungen von Auslegung und Inhaltskontrolle. Erstere ermittelt den Inhalt des Gewollten und Vereinbarten, zweitere mißt das Ergebnis am objektiven Recht (vgl BGH NJW 1993, 2369; OLG Saarbrücken NJW-RR 1995, 117, 118; Fastrich 22: „Die Inhaltskontrolle... beginnt, wo die Auslegung endet"). Die besonderen Regeln für die Auslegung von AGB (§ 5) ändern an diesem Verhältnis im Grundsatz nichts. Dennoch finden sich in der Praxis zahlreiche Berührungspunkte und Grenzüberschreitungen. Das im Auslegungsvorgang steckende Korrekturpotential wird schon daraus deutlich, daß die Rechtsprechung in den Anfängen statt mit offener Inhaltskontrolle bevorzugt mit einschränkender Auslegung (oder Ausübungskontrolle) gearbeitet hat (Einl 3 zu §§ 8 ff). Aber auch heute sind in der Rechtspraxis zahlreiche, funktional weitgehend austauschbare methodische Ansätze zu beobachten, mittels derer schon in der Vorphase, bei der Inhaltsermittlung und „Aufbereitung" einer Klausel für die eigentliche Inhaltskontrolle objektive Richtigkeitsvorstellungen eingebracht werden können (vgl Medicus, in: 10 Jahre AGBG 83, 86 ff; Canaris, in: FS Steindorff 519 ff). Damit wird erreicht, daß die so aufbereitete Klausel dann der Angemessenheitprüfung nach § 9 standhält. Hierher gehören vor allem die *einschränkende Auslegung* weiterreichenden Klauselwortlauts (zB BGH BB 1983, 662, 663; 1985, 218, 222; 1985, 227, 228; 1985, 294; 1985, 826, 829; 1986, 1874 f; ZIP 1996, 1220, 1221; OLG Celle NJW-RR 1995, 1133, 1134. Einschränkende Auslegung hingegen abgelehnt BGH NJW 1985, 2270, 2271; 1987, 1931, 1938; 1993, 1061, 1062; 1993, 1063; ZIP 1996, 1470, 1471), die *ergänzende Auslegung* bei Lücken oder Fehlen kompensatorischer Rechte des Vertragspartners (BGH ZIP 1984, 330 [Rücktrittsrecht des Vertragspartners bei Tagespreisklausel]; ZIP 1996, 1164, 1167 [Freigabeklausel in Sicherungstreuhandsvertrag]; ZIP 1996, 1426 und 1429 [Deckungsgrenze und Bewertungsklausel bei Globalzession]), aber auch die Isolierung des unangemessenen Regelungselements einer sprachlich zusammenhängenden Klausel in einer sachlichen „Teilregelung" unter Aufrechterhaltung des beanstandungsfreien Klauselrestes (zB die „Unwiderruflichkeit" eines Überweisungsauftrags, BGH NJW 1984, 2816, 2817; vgl weiter BGH BB 1985, 218, 222; NJW 1989, 3215; 1991, 1750, 1752 f; 1993, 1061, 1062; 1993, 1133, 1135; näheres Staudinger/Schlosser § 6 Rn 15) sowie schließlich – wenngleich schon auf der Rechtsfolgenebene – die geltungserhaltende Reduktion (dazu Staudinger/Schlosser § 6 Rn 11 a, 16 ff sowie Staudinger/Roth § 157 Rn 46 ff).

Die geltungserhaltende (einschränkende oder ergänzende) Auslegung ist nicht schon **31** im Ansatz methodisch illegitim. Zwar ist die Auslegung konzeptionell auf die Ermittlung des Gewollten und nicht auf die Erreichung des Gesollten gerichtet (grundsätzlich anders HAGER, Auslegung 132 ff, 169 ff, der für die Auslegung und reduzierende Korrektur einheitliche Prinzipien entwickeln will und die Reduzierung als gegenüber der Nichtigkeit des Rechtsgeschäfts schonenderen, Parteiwillen und objektives Recht versöhnenden Interventionsansatz einstuft; vgl ders JZ 1996, 175 ff; dagegen die ganz überwiegende Auffassung, vgl FASTRICH 22 f; ROTH JZ 1989, 411, 419). Aber auch das Gewollte kann nicht losgelöst von objektiven Gesichtspunkten bestimmt werden: Parteien wollen regelmäßig die Wirksamkeit ihrer Vereinbarung, und § 157 BGB beruft auch den objektiven Verständnishorizont als Auslegungsmaßstab. Deshalb sind auch dort, wo der Grundsatz „kundenfeindlicher Auslegung" von AGB gilt (zum Verbandsprozeß BGH ZIP 1996, 1470, 1471 mwN; zum Individualprozeß BGH NJW 1992, 1097, 1099; 1994, 1798, 1799; OLG Schleswig ZIP 1995, 762; PALANDT/HEINRICHS § 5 Rn 9; im einzelnen siehe STAUDINGER/SCHLOSSER § 5 Rn 7), Tendenzen zurückzuweisen, den Regelungsgehalt von Klauseln auf theoretische, fernliegende Fallgestaltungen zu beziehen und von dort her die Klausel insgesamt zu verwerfen (ULMER § 5 Rn 6, 26, 41; BUNTE/HEINRICHS 36 f mit Beispielen; vgl weiter BGH NJW 1984, 2161, 2162; 1985, 320, 321; 1993, 1133, 1135; 1994, 1798, 1799; OLG Zweibrücken EWiR § 9 AGBG 14/97 S 865 f [krit Anm vWESTPHALEN]; undeutlich WOLF Rn 31): Die Auslegung nach den Kriterien der §§ 133, 157 BGB sowie § 5 kann das Spektrum denkmöglicher Sinngehalte einer Klausel verengen durch Ausgrenzung „jedenfalls" nicht mitumfaßter Bedeutungen. Gleichermaßen verfehlt ist es jedoch umgekehrt, eine demnach unangemessene Regelung durch reduzierende Auslegung zu „entschärfen" und so dem Unwirksamkeitsverdikt des § 9 zu entziehen. Vom Ergebnis her gibt es dafür oft gute rechtspolitische Gründe, aber die Verlagerung der Korrektur in die Auslegung und damit ihrer Begründung in den Parteiwillen verschleiert die Rechtfertigung und die sachliche Bedeutung der Intervention (so auch FASTRICH 22; vgl weiter PALANDT/HEINRICHS vor § 8 Rn 19; ULMER § 5 Rn 40; TIEDTKE ZIP 1987, 1089, 1092; tendenziell anders WOLF Rn 31). Die Neigung der Praxis zu diesem Vorgehen ist vor dem Hintergrund ihrer grundsätzlichen Ablehnung einer geltungserhaltenden Reduktion zu sehen (dazu STAUDINGER/SCHLOSSER § 5 Rn 17, 29); bei den Rechtsfolgen angesiedelte Probleme sind aber methodisch korrekter auch dort zu lösen (vgl CANARIS, in: FS Steindorff 519 ff; HAGER JZ 1996, 175 ff; zu einem Sonderfall vgl unten Rn 38). Im übrigen muß sich die Rechtsprechung beim Einsatz der einschränkenden Auslegung auch den Vorwurf der Unberechenbarkeit gefallen lassen. Sehr großzügige, geltungserhaltende Enscheidungen (zB BGH BB 1985, 294 [klauselmäßiges Pfandrecht beschränkt auf Forderungen aus „bankmäßiger Geschäftsverbindung"]; BB 1986, 1874 f [Zinsanpassungsklausel durch Auslegung gebunden an Refinanzierungsmöglichkeiten]) stehen andere gegenüber, in denen die Ausnutzung naheliegender Auslegungsmöglichkeiten engherzig verweigert wird (zB BGH NJW 1987, 1931, 1938 [Reisevertrag; trotz Wortgleichheit der Klausel mit § 651 h Abs 1 BGB wurde die einschränkende Auslegung des Gesetzes auf vertraglichen Schadensersatz nicht auch für die Klausel übernommen]; vgl auch BGH ZIP 1996, 1470, 1471 [Vorbehalt der Taschenkontrolle im Supermarkt, nicht beschränkt auf konkreten Diebstahlsverdacht]; BGH NJW 1998, 677, 678 und 679, 680 [Definition der „fehlgeschlagenen Nachbesserung", § 11 Nr 10 b, im beruflichen Verkehr]). Zu Besonderheiten beim Versicherungsvertrag siehe unten Rn 573.

In diesen Zusammenhang gehört auch die Frage, inwieweit vorformulierte Regelun- **32** gen so zu verstehen sind, daß sie in die allgemeinen Behelfe des dispositiven Rechts für Ausnahmesituationen (zB Kündigung aus wichtigem Grund, § 626 BGB; Wegfall der Geschäftsgrundlage) unberührt lassen, oder ob Nichterwähnung dieser Behelfe in der Klausel deren Abbedingung bedeuten soll. Bei kundenfeindlicher Auslegung zB einer einjährigen Vertragsbindung ohne entsprechenden Vorbehalt käme man leichter zu einer Unangemessenheit nach § 9, als wenn das Ventil der außerordentlichen Kündigung gemäß § 626 BGB offenstünde. Andererseits dürfen auch im Lichte des Transparenzgebots (unten Rn 150 ff) keine überspannten Anforderungen an die Vollständigkeit von AGB gestellt werden – sie brauchen nicht die gesamte objektive Rechtslage um die getroffene Sonderregelung herum darzustellen (BGH ZIP 1996, 1164, 1166; vgl BGH NJW-RR 1990, 888; NJW 1993, 1061, 1063; RELLERMEYER WM 1994, 1053, 1056 f). Jedenfalls befriedigt es nicht, wenn die Rechtsprechung im einen Fall die einjährige Primärlaufzeit unter Hinweis auf eine nach § 626 BGB stets mögliche außerordentliche Kündigung billigt (BGH BB 1984, 941, 942 [Direktunterrichtsvertrag]; ähnlich jetzt auch die weitgehend konsentierte neue Linie der BGH-Senate zu Freigabeklausel, Deckungsgrenze und Bewertungsmaßstäben bei Globalzessionen und Sicherungstreuhand, BGH ZIP 1996, 1164, 1166; 1996, 1426; 1996, 1429; einschränkend 1997, 234 f: Hier werden durch Richterrecht Normen des objektiven Rechts geschaffen, die insoweit lückenhafte Formular-Sicherungsverträge ohne weiteres sachlich ergänzen und – entgegen früherer Rechtsprechung – damit dem Unangemessenheitsverdikt entziehen), im anderen Fall die fortdauernde Zahlungspflicht über die feste Laufzeit von 1 Jahr (auch ohne Nutzung der Einrichtung) wegen der Nichtberücksichtigung möglicher Härtefälle aber mißbilligt, ohne die allgemeinen Behelfe der außerordentlichen Kündigung oder des Wegfalls der Geschäftsgrundlage als Abhilfe in Betracht zu ziehen (BGH NJW 1997, 193, 195 [Fitness-Studio-Vertrag]; dazu auch unten Rn 514 f). Daß der in einer festen Primärlaufzeit implizierte Kündigungsausschluß auch die außerordentliche Kündigung aus wichtigem Grund miterfassen soll, wird an anderer Stelle immerhin als „völlig fernliegende Auslegungsmöglichkeit" ausgeschieden (BGH NJW 1993, 1133, 1135).

Im Einzelfall wird es wesentlich darauf ankommen, inwieweit die Klauselfassung eine Schein-Rechtslage suggeriert, die resignierende Vertragspartner zur Erfüllung unberechtigter Forderungen des Verwenders veranlassen könnte (ähnlich problematisch ist der argumentative Stellenwert einer stets möglichen *Ausübungskontrolle*, dazu unten Rn 39).

e) **Gesetzliche Verbote, § 134 BGB**

33 § 134 BGB betrifft Verbotsgesetze, die – wie insbesondere bei solchen des öffentlichen Rechts – keine Aussage über die zivilrechtlichen Folgen eines verbotswidrig abgeschlossenen Geschäfts enthalten, und fügt die Nichtigkeitsfolge hinzu. Daraus folgt, daß § 9 ebensowenig wie §§ 10, 11 ein Verbotsgesetz iSd § 134 BGB ist, denn die Unwirksamkeit folgt unmittelbar aus der Vorschrift selbst. § 9 gehört damit zu den zwingend ausgestalteten Normen des Privatrechts, für die es eines Rückgriffs auf § 134 BGB nicht bedarf (allg M; vgl Rn 24). Sind bestimmte AGB durch Vorschriften außerhalb des AGBG (mit anderer Zielrichtung) verboten, so können diese Verbote zusammen mit § 134 allerdings zur Nichtigkeit führen, auf § 9 kommt es dann nicht mehr an (siehe STAUDINGER/SCHLOSSER Einl 30 zum AGBG; WOLF Rn 11; vHOYNINGEN-HUENE Rn 99).

f) **Sittenwidrigkeit, § 138 BGB**

34 § 138 BGB und § 9 unterscheiden sich in Funktion, Voraussetzungen und Rechtsfolgen voneinander. § 138 BGB steckt (neben § 134 BGB) den äußersten Rahmen

privatautonomer Gestaltungsfreiheit im allgemeinen ab (MünchKomm/MAYER-MALY § 138 BGB Rn 1; FASTRICH 20), während § 9 mit dem der Sittenwidrigkeit deutlich vorgelagerten Kriterium der Unangemessenheit (BGH NJW 1993, 533; ZIP 1996, 961) die Ergebnisse einseitiger Rechtsgestaltung durch den Verwender vorformulierter Klauseln korrigieren will. Auf subjektive Elemente kommt es bei § 9, anders als bei § 138 BGB, grundsätzlich nicht an; andererseits dient die AGB-rechtliche Inhaltskontrolle unter der Prämisse gestörter Vertragsparität gezielt dem Schutz des Vertragspartners (BGH NJW 1994, 1798; näher unten Rn 72), während § 138 BGB die rechtliche und gesellschaftliche Wertordnung insgesamt absichert. Sittenwidrige Geschäfte sind regelmäßig insgesamt nichtig, bei teilweiser Sittenwidrigkeit über § 139 BGB (die für § 138 BGB entwickelten Ausnahmen berühren diese Grundsätze nicht; vgl HAGER, Auslegung 87 ff; FASTRICH 21; STAUDINGER/SACK [1996] § 138 Rn 92 ff), während die Unangemessenheit einer vorformulierten Vertragsbedingung den Bestand des Vertrages selbst grundsätzlich nicht berührt (§ 6). Wegen dieses konzeptionellen Unterschiedes konnte der Versuch nicht weiterführen, die Inhaltskontrolle von AGB aus § 138 BGB zu entwickeln (vgl das RG seit RGZ 62, 264, 266; zuletzt 161, 76, 80; vgl in einem neueren Ansatz auch HÖNN JZ 1983, 677, 682 f; dagegen L RAISER 280 ff; M WOLF, Rechtsgeschäftliche Entscheidungsfreiheit 36 ff; FASTRICH 18 f; STAUDINGER/SACK [1996] § 138 Rn 138).

Das **Nebeneinander beider Vorschriften** ist dort unproblematisch, wo nur der Tatbestand der einen oder der anderen Norm erfüllt ist. Als Anwendungsschwerpunkte von § 138 BGB auch bei Verwendung von AGB kommen insoweit in Betracht 35

– die Beeinträchtigung der Interessen Dritter oder der Allgemeinheit (siehe Rn 101 ff), etwa anderer Gläubiger bei Sicherungsgeschäften;

– sonstige sittenwidrige Umstände, die im Rahmen der Inhaltskontrolle von AGB keine Berücksichtigung finden, wie etwa die Ausnutzung einer Machtstellung des Verwenders (vHOYNINGEN-HUENE Rn 101; für den Verbrauchervertrag ist jedoch auch dieser Aspekt zu berücksichtigen, Art 4 Abs 1 und Erwägungsgrund 16 der RL ["Kräfteverhältnis"], dazu auch STAUDINGER/SACK [1996] § 138 Rn 165);

– Mißverhältnisse bei den Hauptleistungen des Vertrags (insoweit Kontrollfreiheit nach § 8).

Für die gemäß § 23 vom AGBG ausgenommenen Bereiche ist eine Konkurrenz des § 138 BGB mit §§ 9 ff ohnehin ausgeschlossen; allerdings bedarf es der Abgrenzung zu den dort entwickelten, spezifischen Formen der Inhaltskontrolle (grundlegend FASTRICH 17 ff, 124 ff [Gesellschaftsrecht], 159 ff, insbesondere 167 ff [Arbeitsrecht]). Umgekehrt besteht aufgrund der vorverlagerten Eingriffsschwelle des § 9 ein weites Anwendungsfeld für diese Bestimmung, ohne daß die Kriterien der Sittenwidrigkeit nach § 138 BGB erfüllt sein müssen.

Im Überschneidungsbereich sind beide Vorschriften grundsätzlich nebeneinander 36 anwendbar (SOERGEL/STEIN vor § 8 Rn 11; WOLF Rn 22; vHOYNINGEN-HUENE Rn 102; STAUDINGER/SACK [1996] § 138 Rn 161; ULMER/BRANDNER Rn 32 sowie H SCHMIDT ebenda § 6 Rn 21 f; ders, Rechtsfolgen 36). Beschränkt sich die Sittenwidrigkeit jedoch auf eine Klausel oder abgrenzbare Sachthematik, so muß das AGBG mit seiner Sonderregelung für Teilnichtigkeit (§ 6) jedoch als lex specialis angesehen werden, sie gilt dann (anstelle

§ 139 BGB) auch für § 138 BGB (siehe vorstehende Nachw sowie BGH NJW 1979, 805; PALANDT/HEINRICHS vor § 8 Rn 17 sieht weitergehend § 138 BGB als schon im Tatbestand verdrängt). Insoweit bedarf es der Prüfung des § 138 BGB regelmäßig nicht mehr, wenn die Unwirksamkeit nach § 9 feststeht. Allerdings kann nach allgemeiner Auffassung eine Vielzahl unwirksamer Klauseln in einem Vertragswerk auch – über den punktuellen Kontrollansatz des § 9 hinaus – zu der Bewertung führen, daß der Vertrag *insgesamt* sittenwidrig und nichtig ist. Bei dieser Gesamtwürdigung nach § 138 BGB sind die nach § 9 unwirksamen Klauseln mitzuberücksichtigen (allg M, BUNTE WM 1984 Beil 1 S 12 f; LÖWE NJW 1980, 2078, 2079); es ist nicht Sinn der §§ 6, 9, bedenkliche Verträge von anstößigen Elementen zu „reinigen" und damit dem Verdikt des § 138 BGB zu entziehen (BGH NJW 1972, 1227, 1229; 1982, 1455; 1986, 2564, 2566; 1988, 1373; 1997, 3372, 3374; ULMER/BRANDNER Rn 33; WOLF Rn 23; vHOYNINGEN-HUENE Rn 103). Das Ziel der Gesamtnichtigkeit des Vertrags, das so über § 138 BGB (eventuell mit § 139 BGB) erreicht wird, ließe sich allerdings ohne weiteres auch im Rahmen von § 6 Abs 3 verwirklichen (Sittenwidrigkeit des Gesamtvertrages und unzumutbare Härte für den Vertragspartner dürften praktisch immer zusammenfallen). Eines Rückgriffs auf § 138 BGB bedarf es auch dann nicht, wenn die nach § 9 unwirksamen Klauseln so wesentliche Vertragsbestandteile betreffen, daß mit ihrem Wegfall ein auch nicht gemäß § 6 Abs 2 ergänzbarer Vertragstorso zurückbliebe. Dies kann insbesondere der Fall sein, wenn auch die Hauptleistungspflichten unter dem Blickwinkel des Transparenzgebots in die AGB-Kontrolle einbezogen werden (so OLG Köln NJW 1994, 59 f; LG Köln BB 1993, 1975; ähnlich OLG Jena OLG-NL 95, 127; zum Transparenzgebot bei Hauptleistungspflichten § 8 Rn 15 ff). Es gehört nicht zur Aufgabe und Kompetenz der Gerichte, Verträge in ihrem konstitutiven Inhalt neu zu schreiben (zu § 138 BGB schon BGH NJW 1972, 1227; 1983, 159, 162; WOLF Rn 22).

g) Treu und Glauben, Ausübungskontrolle, § 242 BGB

37 Überschneidungen zwischen §§ 9–11 und § 242 BGB ergeben sich daraus, daß das heutige System der offenen Inhaltskontrolle von der Rechtsprechung ursprünglich aus § 242 BGB entwickelt worden ist (siehe Einl 3 zu § 8 ff). §§ 9–11 können somit als *Teilpositivierung* der insoweit aus § 242 BGB entwickelten Grundsätze angesehen werden, sie schließen in ihrem Anwendungsbereich als *leges speciales* den Rückgriff auf § 242 BGB aus (ganz hM, vgl zuletzt BGHZ 114, 338, 340; STAUDINGER/J SCHMIDT [1995] § 242 Rn 279; vHOYNINGEN-HUENE Rn 107; WOLF Rn 25; aA FEHL, Systematik 109, 115; ROUSSOS JZ 1988, 997 ff, 1006). Außerhalb dieses Anwendungsbereichs bleibt eine auf § 242 BGB gestützte Inhaltskontrolle von Vertragsbedingungen demnach ohne weiteres möglich – insbesondere bei den allgemeinen Bereichsausnahmen des § 23 Abs 1 (BT-Drucks 7/5422, 13; bei Zweifeln über den vereinsinternen Charakter einer Satzungsregelung kann die Grundlage der Inhaltskontrolle [§ 242 BGB oder § 9] wegen Ähnlichkeit der Maßstäbe offenbleiben, OLG Köln WM 1996, 1294, 1305) oder bezüglich der nach § 8 kontrollfreien Hauptleistungspflichten (SCHLOSSER/GRABA Rn 12; STAUDINGER/J SCHMIDT [1995] § 242 Rn 286). Auch die Kontrolle von formelhaften Bedingungen in notariell beurkundeten Verträgen ist vom BGH auf § 242 BGB gestützt worden, weil es hier an den Voraussetzungen für eine Anwendung des AGBG nach § 1 fehlte (BGH NJW 1984, 2094; 1988, 135; 1988, 172; ausführliche Darstellung bei vHOYNINGEN-HUENE Rn 64 ff). § 24 a Nr 1, 2 hat jedoch jetzt die Inhaltskontrolle nach §§ 9–11 auf derartige Verträge erstreckt, soweit es sich um „Verbraucherverträge" im Sinne dieser Bestimmung handelt. Für eine Inhaltskontrolle nach § 242 BGB ist deshalb nur dann noch Raum, wenn § 24 a nicht eingreift (vgl Rn 20 sowie KANZLEITER DNotZ 1996, 867 ff. Zur grundsätzlichen Legitimität dieser Inhaltskontrolle siehe BVerfG ZIP 1990, 573 [Handelsvertreter]; ZIP 1993, 1775 [Bürgschaft von Familienangehörigen]; dazu auch WELLENHOFER-KLEIN JZ 1997, 774 ff mit neuen Fallgruppen).

Aber auch neben bzw ergänzend zur AGB-rechtlichen Inhaltskontrolle hat § 242 **38** BGB eine wichtige Funktion als Basis einer **Ausübungskontrolle**. Hierbei handelt es sich um eine Ausprägung des generellen, sich aus dem Prinzip von Treu und Glauben ergebenden Gedankens, daß die Ausübung eines bestehenden Rechts in einer konkreten Situation wegen bestimmter, außergewöhnlicher Umstände *rechtsmißbräuchlich* und deshalb unzulässig sein kann (zur Institution des Rechtsmißbrauchs als Anwendungsfall des § 242 BGB vgl – für die ganz hA – MünchKomm/ROTH § 242 Rn 255 ff, 280 ff mwN; grundsätzlich ablehnend STAUDINGER/J SCHMIDT [1995] § 242 Rn 735 ff; als positivierte Parallele vgl das Rücksichtsgebot in § 1618 a BGB). Dies gilt für subjektive Rechte aller Art innerhalb von (vertraglichen) Sonderverbindungen (zu diesem Erfordernis LARENZ, Schuldrecht I § 10 I; MünchKomm/ROTH § 242 BGB Rn 56; dagegen STAUDINGER/J SCHMIDT [1995] § 242 Rn 159 ff, 161; MEDICUS, Schuldrecht I § 16 II 3), also auch solche aus vorformulierten Vertragsbedingungen. Während die *Inhaltskontrolle* die *Wirksamkeit* einer Bedingung zum Gegenstand hat und sich deshalb gegenüber AGB an generalisierten, typisierten Kriterien ausrichtet (Rn 80 ff), setzt die *Ausübungskontrolle* die grundsätzliche Wirksamkeit einer Klausel voraus (ist der Inhaltskontrolle also gedanklich nachgeschaltet) und ist auf die Frage gerichtet, ob besondere, situationsgebundene Umstände nach Treu und Glauben einer Realisierung des aus der Klausel fließenden Rechtes in diesem Einzelfall entgegenstehen (BGH NJW-RR 1986, 271, 272; 1987, 883; 1988, 2790, 2792; NJW 1988, 2536, 2537; 1989, 582, 583; OLG Celle NJW-RR 1988, 946, 947; OLG Düsseldorf NJW-RR 1988, 884, 885; PALANDT/HEINRICHS vor § 8 Rn 18; WOLF Rn 27; ULMER/BRANDNER Rn 34; vHOYNINGEN-HUENE Rn 108; H SCHMIDT, Vertragsfolgen 101 ff; BECKER, Auslegung 56 f, 64; BUNTE/HEINRICHS 82 f; BUNTE NJW 1987, 921, 926; ROUSSOS JZ 1988, 997; ZÖLLNER RdA 1989, 152, 161), etwa die Berufung auf eine Ausschlußfrist (BGH BB 1991, 932) oder die Ausübung eines Gestaltungsrechts (BGH BB 1985, 218, 223 f [Einsetzung weiterer Vertragshändler durch den Hersteller nach dessen Ermessen]). Die Unzulässigkeit der Ausübung im konkreten Fall läßt das Recht in seiner Substanz im übrigen unberührt (vHOYNINGEN-HUENE Rn 109; FASTRICH 25; grundsätzlich anders STAUDINGER/J SCHMIDT [1995], der eine Beseitigung des materiellen Rechts, allerdings zeitlich begrenzt, für möglich hält [§ 242 Rn 738 ff, 770] und folgerichtig auch die Ausübungskontrolle in § 9 Abs 1 unterbringen möchte, Rn 280), sie folgt ipso iure aus dem objektiven Recht und ist deshalb von den Gerichten auch dann zu beachten, wenn sich der Vertragspartner nicht darauf „beruft" (MünchKomm/ROTH § 242 BGB Rn 49, 258; von seinem Ansatz her auch STAUDINGER/J SCHMIDT [1995] § 242 Rn 771; unsorgfältig deshalb verbreitete Formulierungen in diesem Sinne in Rechtsprechung und Literatur).

Trotz dieser funktional und methodisch klaren Abgrenzbarkeit von Inhalts- und **39** Ausübungskontrolle (prägnant FASTRICH 24 ff) sind die Übergänge in der praktischen Rechtsanwendung doch fließend. Vor dem AGBG haben die Gerichte aus Scheu vor offener Inhaltskontrolle vertraglicher Vereinbarungen oft Zuflucht zur Ausübungskontrolle genommen und damit unangemessene AGB in ihren Auswirkungen bekämpft (siehe Einl 3 zu §§ 8 ff). Heute ist dies überflüssig und verfehlt, aber dennoch sind Abgrenzungsschwierigkeiten unverkennbar. Das Ausgangsproblem ist dasselbe wie bei der Auslegung von Klauseln (oben Rn 31): Eine weitgefaßte Regelung würde in einer nicht naheliegenden, aber denkmöglichen Situation unangemessen wirken.

Wollen die Gerichte (vor allem im Verbandsprozeß) die Klausel nicht nach § 9 verwerfen, kommt nicht nur eine einschränkende Auslegung in Betracht; die Klausel kann auch erhalten werden mit dem Hinweis, daß etwaiger unangemessener Gebrauch im Einzelfall mittels Ausübungskontrolle gemäß § 242 BGB abgewehrt werden könnte (so zB BGH VersR 1979, 187; NJW 1980, 1619 [in beiden Fällen zu weitgehende Freizeichnungsklauseln]; NJW 1985, 1537, 1539 [uneingeschränktes Vertretungsverbot für Leasingnehmer]; BB 1985, 218, 223 f [Ermessensfreiheit des Herstellers zur Einsetzung weiterer Vertragshändler; Kündigungsrecht durch ihn bei jeglicher Rechtsübertragung durch den Vertragshändler]; NJW 1986, 43, 46 [Nichtinanspruchnahme einzelner Schuldner zu Lasten des selbstschuldnerisch haftenden Bürgen]; NJW 1988, 2790, 2794 [zu weitgehende Überwälzung von Schönheitsreparaturen auf den Mieter]). Diese „verdeckte Inhaltskontrolle" wird weitgehend abgelehnt (ULMER/BRANDNER Rn 36; vHOYNINGEN-HUENE Rn 109; FASTRICH 25), unbeschadet der prozeßökonomisch legitimen Möglichkeit, im Individualprozeß die grundsätzliche Wirksamkeitsfrage offenzulassen und der Klausel jedenfalls für die gegebene Situation gemäß § 242 BGB die Wirkung zu versagen (vgl BGH NJW-RR 1986, 271, 272; WOLF Rn 27; hierauf läuft auch BGH BB 1980, 13, 14 hinaus, wo bei einem gemäß § 9 Abs 2 Nr 1 bedenklichen Haftungsausschluß dem Verwender die Berufung auf einen generell denkbaren Rechtfertigungsgrund für diese Regelung versagt wird, weil er in concreto besonderes Vertrauen für seine Kompetenz in Anspruch genommen hatte). Im übrigen wird der geltungserhaltende Verweis auf mögliche Ausübungskontrolle der präventiven Schutzfunktion der Inhaltskontrolle nicht gerecht (vgl Rn 3). Zulässigkeit und Grenzen des Verweises sind in Übereinstimmung mit den Grundsätzen zur Auslegung von AGB (oben Rn 30) zu definieren: Wo im Rahmen der Auslegung gewisse Anwendungsmöglichkeiten einer Klausel als rein theoretisch, als „völlig fernliegend" (BGH NJW 1993, 1133, 1135; 1994, 1798, 1799) ausgeschieden werden können, darf für den unwahrscheinlichen Fall des Eintritts dieser Möglichkeit auf die Ausübungskontrolle nach § 242 BGB verwiesen werden. Umfaßt die Auslegung nach allgemeinen Grundsätzen jedoch auch Anwendungssituationen, in denen sich die Klausel unangemessen auswirken würde, so darf dem Verwender das Risiko sachgerechter Klauselbegrenzung weder durch einschränkende Auslegung noch durch den Verweis auf mögliche Ausübungskontrolle abgenommen werden (BGH NJW 1997, 3022, 3024). Dies ist, über den obigen Grundsatz hinaus, allenfalls dann vertretbar, wenn eine weitere generell-abstrakte Präzisierung sachbedingt nicht möglich ist – auch hier mag die Ausübungskontrolle als Auffangnetz dienen (BGH BB 1985, 218, 223 f). Werden diese Grenzen zwischen Inhalts- und Ausübungskontrolle nicht beachtet, wird das Ergebnis richterlicher Inhaltskontrolle unberechenbar und hängt von methodischer Beliebigkeit ab (vgl BGH BB 1985, 218, 224: [1] zu weitgehendes Kündigungsrecht des Herstellers bei Rechtsübertragung durch Vertragshändler unter Verweis auf mögliche Kontrolle nach § 242 BGB aufrechterhalten; [2] zu weitgehendes Kündigungsrecht bei „jeder Streitigkeit" im Unternehmen des Vertragshändlers verworfen, ohne geltungserhaltenden Verweis auf Ausübungskontrolle zu erwägen).

40 Als allgemeines schuldrechtliches Institut kann sich der Einwand unzulässiger, weil **mißbräuchlicher Rechtsausübung** auch gegen den **Vertragspartner** des Verwenders richten, wenn er vertragliche Rechte geltend macht – auch soweit sie aus den AGB des Verwenders folgen. Verfehlt ist hingegen die Vorstellung, es könne dem Vertragspartner nach Treu und Glauben (§ 242 BGB) verwehrt sein, sich „auf die Unwirksamkeit einer Klausel zu berufen" (so ULMER/BRANDNER Rn 37; WOLF Rn 27; LOCHER, AGB 75; offengelassen in BGH NJW 1988, 410, 411). Entweder ist die Klausel unwirksam oder sie ist es nicht, auf die „Berufung" einer Seite auf die objektive und von Amts wegen zu beachtende Rechtslage kommt es nicht an (vgl oben Einl 15 zu §§ 8 ff). Wird die angebliche Mißbräuchlichkeit im Individualprozeß darauf gestützt, daß die Klausel dem Vertragspartner vor Vertragsschluß ausführlich erläutert worden ist oder er ihr gar zugestimmt hat (vgl die vorstehenden Nachw), so legt § 1 Abs 2 die maßgeblichen Kriterien dafür fest, wann die Beteiligung des Vertragspartners an der Klauseleinführung zur Mitverantwortung und damit zum Entfall des Schutzes durch das AGBG führt (siehe STAUDINGER/SCHLOSSER § 1 Rn 32 ff). Im übrigen wird die Unangemessenheit eines Klauselinhalts nicht dadurch geheilt, daß der Vertragspartner über diesen Inhalt aufgeklärt wird oder er ihm (unterhalb der Grenze des „Aushandelns" gemäß § 1 Abs 2) zustimmt (oft genug notgedrungen, vgl BGH NJW 1988, 410, 411) oder gar eine gleiche Klausel gegenüber seinen Kunden anwendet (LG Essen NJW-RR 1986, 139, 140 [auch kein Rechtsmißbrauch; allg M offenbar WOLF Rn 27]). Kommt als Grund für die Unangemessenheit nicht der sachliche Inhalt, sondern die Intransparenz der Klausel in Frage (vgl unten Rn 121 ff), so ist für den Gedanken des Rechtsmißbrauchs ebenfalls kein Raum (gegen ULMER/BRANDNER Rn 37; WOLF Rn 27): Ist der Vertragspartner hinreichend aufgeklärt worden, entfällt für diesen Fall die Intransparenz und damit die Unangemessenheit (siehe unten Rn 147); war er von vornherein hinreichend informiert über die Klauselbedeutung (Beweislast bei Verwender), kann nichts anderes gelten (näher Rn 149). „Erkennen-Können" der Klauselbedeutung durch diesen Vertragspartner beseitigt hingegen weder die Intransparenz (Maßstab: Durchschnittskunde, Rn 80) noch macht es die Berufung auf sie rechtsmißbräuchlich – es besteht keine Obliegenheit zum Lesen von AGB oder zur Anspannung seiner Geisteskräfte dabei.

Kein besonderes Anwendungsfeld kommt § 242 BGB schließlich bei **versicherungs-** **41** **vertraglichen Verwirkungsklauseln** zu. Für diese im Rahmen des § 6 VVG zulässigen Klauseln hat die Rechtsprechung zusätzliche, einschränkende Anforderungen aufgestellt. Die Grundlage für dieses Vorgehen wird zT in § 242 BGB gesehen (WOLF Rn 32; SCHLOSSER/GRABA Rn 12; ULMER/BRANDNER Rn 38, 39 mit der merkwürdigen Einschätzung, es handele sich um eine „vertragsergänzende Billigkeitskontrolle"). In Wirklichkeit praktizieren die Gerichte hier eine reduzierende Auslegung der Klausel (dazu oben Rn 30 ff); vor der eigentlich angebrachten teleologischen Reduktion des § 6 VVG schrecken sie zurück, wollen aber die Klausel wegen ihrer Übereinstimmung mit dem Gesetzestext auch nicht verwerfen. Mit § 242 BGB hat das nichts zu tun (es handelt sich auch nicht um eine Art Ausübungskontrolle, da nicht auf atypische Besonderheiten eines Einzelfalls reagiert wird, vgl oben Rn 39).

h) Billigkeitskontrolle, § 315 BGB
Da auch § 315 BGB die richterliche Kontrolle einseitiger Bestimmung des Vertrags- **42** inhalts durch eine Vertragspartei vorsieht, ist vor allem vor Erlaß des AGBG versucht worden, die Inhaltskontrolle von AGB auf diese Bestimmung zurückzuführen (LUKES NJW 1963, 1897, 1900; FLUME, Allgemeiner Teil § 37, 2 [S 671]; LARENZ, Schuldrecht I [12. Aufl] § 6 III [S 73]; noch nach dem AGBG MünchKomm/SÖLLNER [2. Aufl] § 315 Rn 29; aus der vereinzelten Rechtsprechung BGHZ 38, 183, 186). Beide Kontrollansätze unterscheiden sich jedoch in Voraussetzungen und Folgen, vor allem aber in der Grundkonzeption wesentlich, so daß diese schon damals kritisierte Sichtweise (ESSER/SCHMIDT, Schuldrecht I [5. Aufl] § 9 IV [S 106]; vHOYNINGEN-HUENE, Billigkeit 154 ff mit umfassenden Nachw in Fn 14) heute praktisch nicht mehr vertreten wird (ablehnend in neuerer Zeit zB vHOYNINGEN-HUENE Rn 111 ff; SOERGEL/STEIN vor § 9 Rn 18; WOLF Rn 33; STAUDINGER/MADER [1995]

§ 315 Rn 101; FASTRICH 11 f; abweichend für nach § 8 kontrollfreie Preisvereinbarungen jedoch BGH NJW 1993, 1128, 1129 f – die dort [alternativ] auf § 315 Abs 3 BGB gestützte Inhaltskontrolle wäre aber richtiger aus § 242 BGB herzuleiten, vgl Rn 37). Die Kontrolle nach § 315 BGB setzt die wirksame Einräumung eines einseitigen Bestimmungsrechts durch vertragliche Vereinbarung voraus; mangels anderweitiger Ausübungsregelung bindet das Gesetz den Berechtigten an den Maßstab der „Billigkeit" (dazu ausführlich STAUDINGER/ MADER [1995] § 315 Rn 62 ff; vHOYNINGEN-HUENE, Billigkeit 36 ff, 113 ff). Eine unbillige Bestimmung führt nicht zur Nichtigkeit, sondern zur Unverbindlichkeit, § 315 Abs 3 S 1 BGB (STAUDINGER/MADER [1995] § 315 Rn 78 ff), an ihre Stelle tritt richterliche Leistungsbestimmung als Akt richterlicher Vertragshilfe, § 315 Abs 3 S 2 BGB.

Die einseitige Regelaufstellung durch den AGB-Verwender ist demgegenüber nicht durch vertragliche Übertragung entsprechender Gestaltungsmacht legitimiert; dem gesetzlichen Kontrollmaßstab der „Angemessenheit" (§ 9 Abs 1) fehlt die der Billigkeit eigentümliche, auf den Einzelfall bezogene Ermessenskomponente (vgl STAUDINGER/MADER [1995] § 315 Rn 62 ff; zum Vergleich beider Maßstäbe vHOYNINGEN-HUENE, Billigkeit 96 ff; BGH NJW 1993, 1128, 1129 f sieht keinen Unterschied), und die unangemessene Bestimmung ist unwirksam, § 9 Abs 1 (unbeschadet des unbestreitbaren Umstandes, daß auch bei AGB in vielfältiger Form „Vertragshilfe" geleistet wird [zB einschränkende Klauselauslegung; ergänzende Auslegung als Ersatzrecht im Rahmen von § 6 Abs 2; geltungserhaltende Reduktion], vgl Rn 30).

43 Hieraus folgt für die Abgrenzung beider Kontrollansätze zueinander:

Der **Bestand** eines einseitigen Bestimmungsrechts ist Voraussetzung für § 315 BGB, fehlt es an diesem Recht, unterfällt die Bestimmung nur der AGB-rechtlichen Inhaltskontrolle. Ein einseitiges Bestimmungsrecht kann auch *durch AGB* vorgesehen sein; ob es wirksam begründet worden ist, kann sich nur aus § 9–11 ergeben (BGH BB 1984, 233, 234; NJW 1985; 623; BGHZ 93, 358, 361; NJW 1991, 2559, 2564; vHOYNINGEN-HUENE Rn 113; SOERGEL/STEIN vor § 9 Rn 18; WOLF Rn 33; HORN WM 1997 Beil 1 S 1, 11). Im Rahmen dieser Angemessenheitskontrolle verlangt die Rechtsprechung rechtfertigende Gründe für die einseitige Bestimmungsmacht des Verwenders und ihre klauselmäßige Konkretisierung in Voraussetzungen und Umfang; der bloße Verweis auf billiges Ermessen oder ähnliches genügt insoweit, insbesondere im Lichte des Transparenzgebotes, nicht (BGH aaO; HEINRICHS, in: FS Trinkner [1995] 157, 163; PAULUSCH, in: 10 Jahre AGBG S 50 ff).

Besteht ein einseitiges Bestimmungsrecht, so unterliegt seine **Ausübung** allein der Billigkeitskontrolle nach § 315 BGB (siehe obige Nachweise; vor allem HORN aaO). Dies gilt auch dann, wenn das Bestimmungsrecht auf einer nach §§ 9–11 wirksamen Klausel beruht. Allerdings meint der BGH, die Bindung an billiges Ermessen müsse in der Klausel selbst zum Ausdruck kommen – ein entsprechender Hinweis genüge, weil er die gesetzliche Rechtslage wiederholt (BGH BB 1985, 218, 219), sei aber auch notwendig, um die angemessene Berücksichtigung der Interessen des Vertragspartners sicherzustellen (BGH NJW 1993, 1061, 1062).

44 Dabei wird zu unterscheiden sein: Begründet die Klausel lediglich das Bestimmungsrecht *ohne Regelung* der Ausübung, so besteht ohne weiteres Billigkeitsbindung nach § 315 Abs 1 BGB – dies folgt zwanglos im Wege der Klauselauslegung nach

§§ 133, 157 BGB, nicht der Reduktion (vgl oben Rn 31). Anders ist die Rechtslage, wenn die Klausel hingegen *eigene Maßstäbe* für die Ausübung benennt oder jede Bindung ausschließt (zB Verteilung der Betriebskosten im Mietverhältnis nach einem vom Vermieter zu bestimmenden „geeigneten Umlagemaßstab", BGH NJW 1993, 1061): Aus § 315 Abs 1 BGB („im Zweifel") ergibt sich, daß die Bindung an billiges Ermessen dispositiv, also grundsätzlich abdingbar oder durch andere Maßstäbe ersetzbar ist (vgl vHoyningen-Huene Rn 116; Wolf RdA 1988, 270, 271). Abweichungen vom dispositven Recht durch AGB unterliegen nur der Angemessenheitskontrolle nach §§ 9–11, insbesondere nach § 9 Abs 2 Nr 1. An die Stelle der formelhaft verdrängten Billigkeitskontrolle des Ausübungsergebnisses nach § 315 BGB tritt also eine Inhaltskontrolle in bezug auf Berechtigung und Maßstäbe der Ausübung. Hält die Klausel dieser Kontrolle stand, bleibt es bei den autonom festgelegten Ausübungsmaßstäben (vHoyningen-Huene Rn 116); ist sie unwirksam, ist über § 6 Abs 2 wieder § 315 BGB anzuwenden. In der Sache wird eine ersatzlose Abdingung der Billigkeitsbindung als unangemessene Benachteiligung des Vertragspartners zu werten sein (Wolf Rn 33). Aber auch Ersatzmaßstäbe in der Klausel müssen bestimmten Anforderungen genügen: Indem der BGH den alleinigen Maßstab der „Geeignetheit" verworfen hat (NJW 1993, 1061, 1062), hat er den im „billigen Ermessen" steckenden Verweis auf die *beiderseitigen* Interessen zu den wesentlichen Grundgedanken der gesetzlichen Regelung des § 315 Abs 1 BGB gezählt (§ 9 Abs 2 Nr 1) und damit für AGB-fest erklärt.

Im übrigen ist auf die Kriterien der Billigkeitskontrolle nach § 315 Abs 1 BGB hier nicht einzugehen (exemplarisch für die Gebührenänderungen der Banken Derleder/Metz ZIP 1996, 573, 582 ff).

i) culpa in contrahendo
Auch cic ist vereinzelt als **Grundlage für die Inhaltskontrolle** von AGB in Betracht **45** gezogen worden (Diederichsen ZHR 132 [1969] 232 ff). Beide Ansätze passen jedoch von den Prämissen, tatbestandlichen Voraussetzungen und Rechtsfolgen schlecht zueinander (ausführliche – und nicht nur von seinem rechtsdogmatischen Standpunkt aus zutreffende – Kritik bei Pflug 197 ff; vgl auch Fastrich 69). Heute wird richterliche Inhaltskontrolle auch dort nicht auf cic gestützt, wo das AGBG nicht anwendbar ist.

Dennoch behält cic ihre Bedeutung auf der **Rechtsfolgenseite** wenn AGB aus anderen Gründen (§§ 9–11; §§ 138, 134 BGB) unwirksam sind: Hier kann neben die Rechtsfolgen des § 6 eine Schadensersatzpflicht des Verwenders aus cic treten (näher Ulmer/Schmidt § 6 Rn 49).

k) Wettbewerbsrecht
aa) Grundsätzliches Verhältnis
Das AGBG und die wettbewerbsrechtlichen Gesetze (GWB, UWG) haben vom **46** Ausgangspunkt her unterschiedliche Schutzbereiche: Einerseits Schutz der Marktteilnehmer vor unangemessenen AGB (vgl RegE BT-Drucks 7/3919, 15), andererseits Schutz des Wettbewerbs als Ordnungsprinzip (Rittner, Wettbewerbs- und Kartellrecht § 5 Rn 41 f). Daher sind die Regelungen des Kartellrechts wie auch des UWG grundsätzlich uneingeschränkt neben dem AGB anwendbar (vgl KG WuW 1992, 538, 542).

Allerdings stehen beide Bereiche nicht beziehungslos nebeneinander. Zum einen ergänzt das AGBG das Wettbewerbsrecht, dessen Instrumentarium oftmals allein nicht ausreicht, um die Verwendung angemessener AGB durch die Unternehmen sicherzustellen (ULMER Einl Rn 6; SCHIRMERS, Konditionenempfehlungen, kartellrechtliche Kontrolle und AGBG [1983] 44, 65 ff; KÖNDGEN NJW 1989, 943, 950). Zum zweiten gibt es (mit zunehmender Tendenz) auch Überschneidungen: Schon das Instrument der Verbandsklage nach § 13 zeigt, daß der Schutzbereich des AGBG über den Individualschutz auch marktwirtschaftliche Zwecke verfolgt (BAUDENBACHER, Wirtschafts-, schuld- und verfahrensrechtliche Probleme der Allgemeinen Geschäftsbedingungen [1983] 214 ff; KÖNDGEN NJW 1989, 943, 946 f mwN; KAPNOPOULOU 37; zuletzt und umfassend DREXL). Eine weitere Gleichrichtung der Schutztendenzen hat sich durch die Anerkennung des Transparenzgebots im Rahmen von § 9 ergeben: Insbesondere soweit die Transparenzkontrolle auch auf die Hauptleistungspflichten und das Äquivalenzverhältnis erstreckt wird (dazu unten Rn 145 und § 8 Rn 15 ff), steht hier erklärtermaßen die Wahrung und Wiederherstellung von Wettbewerbsvoraussetzungen im Vordergrund (deutlich KÖNDGEN NJW 1989, 943, 950; BGH NJW 1994, 2693, 2695). Weitere Verschränkungen beider Kontrollbereiche sind durch die zunehmende Betonung des Verbraucherschutzaspekts durch das EG-Recht zu konstatieren (für den AGB-Bereich siehe Einl 7 §§ 8 ff und unten Rn 53 ff; für das Kartellrecht siehe RITTNER, Wettbewerbs- und Kartellrecht, Einl Rn 27; IMMENGA/MESTMÄCKER GWB § 38 Rn 236). Im „Markt" finden also AGB-Recht und Wettbewerbsrecht ihr (teilweise) gemeinsames Schutzobjekt.

bb) Kartellrecht

47 Einer näheren Erörterung bedarf sowohl das Verhältnis der Inhaltskontrolle nach § 9 zur kartellbehördlichen Präventivkontrolle von AGB wie auch dasjenige zu speziellen kartellrechtlichen Eingriffsinstrumenten.

Eine präventive kartellbehördliche Inhaltskontrolle von AGB findet im Rahmen der Mißbrauchsaufsicht gemäß §§ 12 Abs 1, 38 Abs 3 GWB statt (dazu allgemein LÖWE, in: 10 Jahre AGBG 99, 102 ff). Der Kontrolle durch die Kartellbehörde unterliegen hierbei ausschließlich Konditionenkartelle und Konditionenempfehlungen; die Verwendung von AGB-Klauseln in Einzelverträgen unterliegt hingegen nicht der kartellbehördlichen Mißbrauchsaufsicht.

Konditionenkartelle iSv § 2 Abs 1 GWB sind verbindliche Vereinbarungen zwischen Unternehmen, die die einheitliche Verwendung von AGB gegenüber Dritten zum Gegenstand haben. Sie sind in der Praxis vergleichsweise selten (WOLF Einl Rn 28). Das deutsche Kartellrecht nimmt Konditionenkartelle vom grundsätzlichen Kartellverbot des § 1 GWB aus, da sie die Markttransparenz erhöhen und den Wettbewerb auf Preis und Qualität konzentrieren (RITTNER, Wettbewerbs- und Kartellrecht § 8 Rn 41; kritisch hierzu EMMERICH JuS 1972, 369; RUPP, in: FS Bärmann 787 ff, 794 f). Konditionenkartelle sind jedoch gemäß § 9 Abs 1 GWB anmeldepflichtig und unterliegen einer vorbeugenden kartellbehördlichen Mißbrauchskontrolle im Widerspruchsverfahren gemäß §§ 12 Abs 1, 2 Abs 1 GWB (dazu IMMENGA/MESTMÄCKER GWB § 12 Rn 45). **Konditionenempfehlungen** gemäß § 38 Abs 3, Abs 2 Nr 3 GWB sind im Gegensatz dazu unverbindliche Empfehlungen von Wirtschafts- und Berufsverbänden zur Gestaltung von AGB. Sie sind in der Praxis wesentlich häufiger als Konditionenkartelle (vgl BUNTE BB 1980, 325 ff; HENNIG/PAETOW DB 1978, 2349 ff; HENNIG/JARRE DB 1980, 1429 ff; KLEMP BB 1977, 1121 ff). Konditionenempfehlungen sind vom grundsätzlichen Empfehlungsverbot des § 38 Abs 1 GWB ausgenommen, da sie nur geringen Einfluß auf den Wettbewerb haben (vgl BUNTE BB 1980, 325, 330). Sie dienen insbesondere dazu, kleinere AGB-Verwender über rechtlich unbedenkliche AGB zu informieren (Tätigkeitsbericht BKartA 1977, BT-Drucks 8/1925, 15; ULMER/BRANDNER § 9 Rn 54). Gemäß § 38 Abs 2 Nr 2, 3 GWB sind auch Konditionenempfehlungen anmeldepflichtig, sie unterliegen gemäß § 38 Abs 3 GWB der vorbeugenden Mißbrauchskontrolle durch die Kartellbehörde. Dieses Kontrollverfahren steht selbständig neben der Kontrolle von Konditionenempfehlungen im Rahmen der Verbandsklage nach § 13 (umfassende Darstellung und krit Würdigung vorhandener Konditionenempfehlungen bei vWESTPHALEN, Vertragsrecht und AGB-Klauselwerke, „Konditionenempfehlungen" [Stand Sept 1997]).

Die **inhaltlichen Maßstäbe** der kartellbehördlichen Mißbrauchsaufsicht von Konditionenkartellen und -empfehlungen sind gleich, sie gehen in zweierlei Richtung: Kontrollmaßstab sind einerseits Wettbewerbsverstöße im Sinne des GWB, andererseits Unangemessenheit nach den Grundsätzen der §§ 9–11 (allg A, vgl ULMER Einl Rn 55; WOLF Rn 36; vHOYNINGEN-HUENE Rn 117; Tätigkeitsbericht BKartA 1987/88; BT-Drucks 11/4611, 30; offengelassen von KG WuW 1992, 538, 542; BGHZ 125, 315, 317). Die AGB-rechtliche Inhaltskontrolle versteht das BKartA als Teil einer allgemeinen Rechtmäßigkeitskontrolle, die neben die wettbewerbsrechtliche Kontrolle tritt. Dabei beeinflussen sich beide Kontrollmaßstäbe wechselseitig, stehen aber grundsätzlich selbständig nebeneinander. Soweit es um die Angemessenheit der Konditionen iSd §§ 9–11 geht, sind die Maßstäbe für das BKartA grundsätzlich die gleichen wie bei der gerichtlichen Kontrolle (hM, WOLF Einl Rn 29; SCHIRMERS 44 ff, 65 ff; ULMER Einl Rn 55; IMMENGA/MESTMÄCKER GWB § 2 Rn 14). In der Praxis beanstandet das BKartA dabei jedenfalls offensichtliche Verstöße gegen das AGBG (Tätigkeitsbericht 1977, BT-Drucks 8/1925, 15). Die kartellrechtliche Mißbrauchsaufsicht erstreckt sich über die Inhaltskontrolle nach §§ 9–11 hinaus jedoch auch auf den Wettbewerbsschutz: Konditionenkartelle und -empfehlungen dürfen nicht zur Durchsetzung von im Wettbewerb nicht erreichbaren Konditionen führen (KIECKER, in: LANGEN/BUNTE, Kartellrecht § 12 Rn 10). Auf die AGB-rechtliche Zulässigkeit kommt es dabei nicht an (KG WuW 1992, 538; offengelassen in BGHZ 125, 315, 317; vgl BGH NJW 1984, 1354). Insoweit kann der Kontrollmaßstab des Kartellamts im Ergebnis schärfer sein als der nach §§ 9–11, wenn die Konditionen die Wettbewerbsverhältnisse am Markt negativ verändern, insbesondere den Wettbewerb beschränken oder beseitigen (BGH NJW 1984, 1354 [Druckereikonditionen]; KG WuW 1992, 538 [Mustermietvertrag II]; offengelassen in BGHZ 125, 315, 317 [Mustermietvertrag II]). Die Vereinbarkeit mit dem AGBG impliziert also nicht die Vereinbarkeit mit dem Kartellrecht und umgekehrt (KG aaO; vHOYNINGEN-HUENE Rn 117). Soweit die Mißbilligung durch das BKartA über §§ 9–11 hinausgeht, beruht sie jedoch nicht auf dem AGBG, sondern allein auf wettbewerbsrechtlichen Erwägungen (vgl BGH NJW 1984, 1354; KG aaO; BKartA WuW 1991, 947, 951 f; WOLF Rn 38; HENNIG/PAETOW DB 1978, 2349, 2352).

Umgekehrt kann von den Kartellbehörden nicht erwartet werden, daß sie die Angemessenheitskontrolle nach §§ 9–11 bis ins Detail korrekt beherrschen und anwenden, um mehr als eine prima-facie-Kontrolle handelt es sich insoweit nicht. Darüber hinaus können, gestützt auf das Opportunitätsprinzip, wettbewerbsrechtlich unbedenkliche AGB sogar dann genehmigt werden, wenn geringe Bedenken im Hinblick auf das AGBG bestehen (BUNTE BB 1980, 325, 331). Daher kommt den kartellbehördlichen und -gerichtlichen Entscheidungen keinerlei Rechtskraft oder auch nur Indizwirkung hinsichtlich der Angemessenheit nach §§ 9–11 zu (zur behördlichen Vorkontrolle im allgemeinen siehe Rn 17 und Einl 18 zu §§ 8 ff; speziell zu Kartellbehörden siehe Tätigkeitsbericht BKartA 1977, BT-Drucks 8/1925, 16; OLG Hamm ZIP 1980, 1102; WOLF Rn 38; ULMER Einl Rn 55; aA OLG Karlsruhe WRP 1980, 640, 643). Umgekehrt aber bindet eine gerichtliche Feststellung der Unwirksamkeit von AGB im Verbandsklageverfahren nach § 13 wegen der Rechtskrafterstreckung nach § 21 auch die Kartellbehörden und -gerichte (KEMP BB 1977, 1121, 1123).

48 Außer der Präventivkontrolle von Konditionen treten zahlreiche **kartellrechtliche Eingriffsmaßnahmen** neben die Inhaltskontrolle nach §§ 9−11.

Hierzu gehört vor allem das **Diskriminierungsverbot für marktbeherrschende Unternehmen gemäß § 26 II GWB**. Eine „unbillige Behinderung" im Sinne dieser Vorschrift liegt auch vor, wenn einzelnen Unternehmen unangemessene oder schlechtere Bedingungen angeboten werden als anderen. Die Unbilligkeitsprüfung nach § 26 Abs 2 GWB berücksichtigt grundsätzlich auch die Unangemessenheit einer Klausel nach § 9 (BGH WuW 1995, 733, 739). Grundsätzlich jedoch sind beide Normen nebeneinander und unabhängig voneinander anwendbar, denn im Rahmen der Prüfung nach § 26 Abs 2 sind auch spezifisch wettbewerbsrechtliche Gesichtspunkte zu beachten (WOLF Rn 36; vWESTPHALEN NJW 1982, 2465, 2467). Außerdem gilt für § 9 ein generalisierend-typisierender Prüfungsmaßstab (unten Rn 80 ff), während im Rahmen des § 26 Abs 2 GWB eine individuelle Interessenabwägung vorzunehmen ist (BGH NJW 1989, 3010, 3012). Andererseits ist eine wechselseitige Beeinflussung nicht zu verkennen: ISv § 9 angemessene AGB stellen in der Regel keine unbillige Behinderung dar (BGH NJW 1982, 644, 646; OLG Stuttgart NJW-RR 1986, 1488, 1489), andererseits können Klauseln schon aufgrund ihrer groben Unangemessenheit nach § 9 gleichzeitig eine Behinderung des Wettbewerbs darstellen (BGHZ 78, 190, 198; BGH NJW 1982, 644, 646).

Neben dem Diskriminierungsverbot des § 26 Abs 2 GWB unterliegen marktbeherrschende Unternehmen mit ihren AGB auch noch der allgemeinen **Mißbrauchsaufsicht nach § 22 Abs 4, 5 GWB**. Bei der Prüfung eines Mißbrauchs der marktbeherrschenden Macht sind auch die Angemessenheitskriterien der §§ 9−11 zu berücksichtigen, wenngleich nicht allein ausschlaggebend (ULMER/BRANDNER Rn 46; WOLF Rn 40; für die Angemessenheitsprüfung nach § 9 ist umgekehrt die marktbeherrschende Stellung des Verwenders grundsätzlich unwesentlich). Allerdings relativiert der BGH im Rahmen von § 22 Abs 4 GWB die belastende Wirkung von AGB dadurch, daß er diese im Rahmen eines „Leistungsbündels" zusammen mit dem Verhältnis von Leistung und Gegenleistung würdigt (BGH WM 1985, 490, 492; kritisch BUNTE WM 1985, 1217 ff; ULMER Einl Rn 56; zu dem im Rahmen von § 9 grundsätzlich unbeachtlichen Preisargument siehe unten Rn 94).

Schließlich können Vertragsbedingungen zwischen Unternehmen als **wettbewerbsbeschränkende Bindungen des Vertragspartners gemäß §§ 15, 18 GWB nichtig sein oder für unwirksam erklärt werden**. Die Unangemessenheit einer Klausel gemäß § 9 kann bei der Beurteilung des mißbräuchlichen Verhaltens eine Rolle spielen, ist aber nicht ausschlaggebend und im Kartellverfahren nicht zu klären (vgl WICHMANN ZIP 1983, 393, 399).

cc) **UWG**
49 Auch das UWG schützt, neben den Mitbewerbern eines AGB-Verwenders, die

Funktionsfähigkeit des Marktes und die Marktgegenseite; insoweit sind Überschneidungen von AGBG und UWG denkbar. Die materiellen (§§ 1, 3 UWG) und verfahrensrechtlichen Instrumente des UWG (§ 13 Abs 2) treten neben das AGBG, wenn unlauterer Wettbewerb gerade unter Ausnutzung von AGB betrieben wird. Dies ist etwa der Fall, wenn planmäßig unangemessene AGB eingesetzt werden im Vertrauen darauf, daß sich die wenigsten Kunden gegen die darin begründeten Scheinverpflichtungen zur Wehr setzen werden (ULMER/BRANDNER Rn 47; WOLF Rn 41; BAUMBACH/HEFERMEHL, Wettbewerbsrecht § 1 UWG Rn 21). Des weiteren kann eine Werbung als irreführend iSv § 3 UWG eingestuft werden, wenn die herausgestellte Leistung in den AGB erheblich eingeschränkt wird (OLG Stuttgart WRP 1981, 604) oder bestehende Beschränkungen in der Werbung verschwiegen werden (KG NJW 1986, 2715 f [behauptete funktionale Gleichwertigkeit von Bausparguthaben und Sparbuch]). Kann somit die Unangemessenheit von Klauseln das Unlauterkeitsurteil beeinflussen, so ergibt sich umgekehrt aus einem Verstoß von AGB gegen das UWG noch nichts für ihre Unwirksamkeit: Das UWG selbst begründet nur Unterlassungs- und Schadensersatzpflichten, die Unwirksamkeit nach § 9 ist nach dessen eigenständigen Maßstäben zu beurteilen.

5. Gegenstand und Rechtsfolgen der Inhaltskontrolle

a) Grundsätze

Halten AGB-Regelungen der Inhaltskontrolle nach §§ 9–11 stand (was ihre vertragliche Einbeziehung gemäß §§ 2, 3 voraussetzt), so entfalten sie im Grunde dieselbe vertragsgestaltende Wirkung wie Individualvereinbarungen. Werden sie als unangemessen verworfen, so sind sie unwirksam; der Vertrag im übrigen bleibt grundsätzlich bestehen (Ausnahme: § 6 Abs 3), die Lücke wird durch dispositives Gesetzesrecht oder ergänzende Vertragsauslegung gefüllt, §§ 6 Abs 1, 2. Daneben kann eine Haftung aus cic wegen schuldhafter Verwendung unwirksamer Klauseln treten (Rn 45). 50

Die Modifizierung einer für unangemessen erachteten Klausel mit dem Ziel, sie rechtskonform zu gestalten und damit aufrechterhalten zu können, wird von der hM grundsätzlich abgelehnt (sogenanntes Verbot der „geltungserhaltenden Reduktion"): Die Inhaltskontrolle kassiert, sie reformiert nicht. Allerdings kann vor allem durch „einschränkende Auslegung" ein vergleichbar geltungserhaltender Effekt erzielt werden (oben Rn 30 ff); trotz klarer methodischer Trennbarkeit verschwimmen die Übergänge in der Praxis. Auch darf nicht verkannt werden, daß das Ergebnis einer ergänzenden Vertragsauslegung im Rahmen von § 6 Abs 2 praktisch dem sehr nahe kommt, was sich auch bei einer geltungserhaltenden Korrektur der ursprünglichen Klausel ergeben hätte (vgl vor allem CANARIS, in: FS Steindorff [1990] 519, 550 f; ders ZIP 1996, 1109, 1114; HAGER, Auslegung 31 ff, 125 ff, 154 ff; ders JZ 1996, 175, 176; aus der Rechtsprechung vgl BGH ZIP 1991, 309; 1996, 1164, 1166; 1996, 1429, 1432). Zwischen dem Konzept der Unwirksamkeit gemäß § 9 Abs 1, das auf Sanktionen gegenüber dem Verwender zielt, und dem der Geltungserhaltung gemäß § 6, das den Vertragspartner schützen will, besteht ein gesetzesimmanentes, bis heute nicht befriedigend gelöstes Spannungsverhältnis (zur Problematik und zum Diskussionsstand im einzelnen siehe STAUDINGER/ SCHLOSSER § 6 Rn 3).

Die Unwirksamkeitssanktion beschränkt sich von vornherein auf eine **einzelne** 51

Bestimmung innerhalb eines Klauselwerks (vgl den Wortlaut der §§ 9–11), die auch nur – im Grundsatz isoliert (vgl aber Rn 90 ff) – den Gegenstand der Inhaltskontrolle bildet. Für den Begriff der „Bestimmung" kommt es nicht auf die sprachliche Gestaltung der AGB an, sondern darauf, daß es sich um eine, ein eigenständiges Regelungsthema betreffende, aus sich heraus verständliche und deshalb auch sprachlich getrennt darstellbare Vertragsbedingung handelt (**materieller Klauselbegriff**). Liegt eine solche „Bestimmung in materiellem Sinne" vor, so verliert sie ihre Eigenständigkeit nicht dadurch, daß sie in dem Klauselwerk sprachlich mit anderen Bestimmungen in einem Satz verknüpft ist (BGH NJW 1982, 178, 181; NJW 1984, 2687, 2688; 1985, 623; 1989, 831, 833; 1992, 896, 898; ausführliche Darstellung bei NEUMANN, Geltungserhaltende Reduktion 82 ff; H SCHMIDT, Vertragsfolgen 77 ff; E SCHMIDT JA 1980, 401 ff, 403; ULMER NJW 1981, 2025, 2031). Anders gewendet: Ist die Bestimmung unwirksam, so werden sprachlich mit ihr verbundene andere Bestimmungen hiervon nicht notwendig berührt. Ist beispielsweise die Regelung über eine Abstandszahlung bei vorzeitiger Lösung aus dem Vertrag unwirksam, so kann doch die Festlegung der Primärlaufzeit Bestand haben (BGH NJW 1993, 1133, 1135). Wird dieses Kriterium der „Trennbarkeit" miteinander verbundener Bestimmungen jedoch erstreckt auf die bloße „Streichbarkeit" einzelner, unselbständiger Regelungselemente wie etwa „in sonstiger Weise" bei Aufzählung möglicher Schädigungsursachen (BGH NJW 1991, 1750, 1752 f) oder „Antenne" bei Verbot von „Kabelzweitanschluß oder Antenne" (BGH NJW 1993, 1061, 1062; vgl auch NJW 1997, 3437, 3439 [Empfangs- und Erklärungsvollmacht]), dann ist die Grenze zur „geltungserhaltenden Reduktion" ebenso eindeutig überschritten, wie wenn überlange Laufzeiten in ihrem „angemessenen Kern" aufrechterhalten, also richterlich abgekürzt werden (so BGH BB 1983, 662, 663). Für Einzelheiten siehe Erläuterungen zu § 6.

Umgekehrt kann nach dem materiellen Klauselbegriff die Unwirksamkeit einer Klausel auch auf textlich gesonderte, andere Klauseln übergreifen, wenn sie mit diesen zusammen zu einem einheitlichen Regelungskomplex verflochten ist, der nur einheitlich stehen oder fallen kann. Obwohl das Abstraktionsprinzip eine solche Zusammenfassung beim schuldrechtlichen und dinglichen Rechtsgeschäft grundsätzlich verbietet, will sie der BGH doch annehmen im Recht der fiduziarischen Sicherheiten: Wie beim Individualvertrag (§ 138 BGB) soll die Unwirksamkeit der Sicherungsabrede die der Sicherungsübereignung automatisch nach sich ziehen (ständige Rechtsprechung, zuletzt BGH ZIP 1994, 305, 307; implizit auch NJW 1998, 671, 672). Dem kann für das miterfaßte, für sich beanstandungsfreie dingliche Geschäft noch nicht § 8 entgegengehalten werden (so aber CANARIS ZIP 1996, 1109, 1120), entscheidend ist vielmehr die Begründung einer Schutzverklammerung (zutreffend ROTH JZ 1998, 462) – eine bislang nur unzulänglich ausgelotete Fragestellung.

b) Abweichende Bestimmungen in AGB

Die Unwirksamkeitssanktion des § 9 Abs 1 ist **zwingendes Recht**, sie kann durch AGB nicht abbedungen werden. Möglich ist allenfalls eine individualvertragliche **Bestätigung** gemäß § 141 BGB, die die Bestimmung der AGB-Kontrolle entzieht (BGH NJW 1985, 57, 58).

Durch Individualabrede **abdingbar** ist auch das Prinzip der **Gesamtwirksamkeit**, § 6 Abs 1. Anordnungen der Gesamtnichtigkeit in AGB müssen sich hingegen gemäß § 9 Abs 2 Nr 1 am Schutzzweck des § 6 Abs 1 messen lassen; vorbehaltlich etwaiger

Besonderheiten des beruflichen Verkehrs, also vor allem im privaten Verkehr werden sie deshalb in aller Regel als unangemessene Benachteiligung des Vertragspartners einzustufen sein (ebenso ULMER/BRANDNER Rn 51).

Hingegen bestehen keine Bedenken gegen eine Klausel, die für individualvertragliche Vereinbarungen die bei Teilunwirksamkeit eigentlich einschlägige Regelung des § 139 BGB abbedingt und durch ein umgekehrtes Regel-/Ausnahmeverhältnis oder eine dem § 6 entsprechende Regelung ersetzt (BGH WM 1992, 1576; NJW 1994, 1651; NJW 1996, 773; BGH DNotI-Report 8/97 S 92).

Weitergehende Gestaltungsautonomie auch durch AGB besteht schließlich hinsichtlich der an die Stelle einer unwirksamen Klausel tretenden **Ersatzregelung**, § 6 Abs 2. Allerdings können in AGB vorgesehene Ersatzregelungen leicht zu Unklarheiten darüber führen, welche Regelung denn nun wirklich gilt, und damit gegen das Transparenzgebot verstoßen. Dies ist vor allem bei **salvatorischen Klauseln** der Fall, die eine Bestimmung mit dem allgemeinen Vorbehalt „soweit gesetzlich zulässig" versehen. Der Verwender kann die Gerichte nicht ermächtigen, eine pauschal und unsorgfältig gefaßte Bestimmung auf das gesetzlich noch zulässige Maß zu reduzieren und damit überhaupt erst zu konkretisieren. Die Verantwortung für eine angemessene und transparente Klauselfassung liegt bei ihm (BGH BB 1985, 218, 222; NJW 1991, 2361, 2362; 1993, 1061, 1062; 1996, 1407, 1408; KG NJW 1998, 829, 831; BUNTE/HEINRICHS 41; LINDACHER BB 1983, 154; großzügiger BGH NJW 1993, 657, 658 f [Gewährleistungsausschluß, „soweit der Verwender nicht gesetzlich zwingend haftet" – wirksam, da damit die Fälle von Arglist, Zusicherung oder sonstiger Individualzusage ausgenommen seien] – im Lichte des Transparenzgebots eine zweifelhafte Entscheidung). Ein derartiger salvatorischer Vorbehalt hat nur dann eine legitime Funktion, wenn wegen (auch nach sorgfältiger Prüfung) unklarer Rechtslage die Formulierung einer eindeutig angemessenen, dh rechtskonformen Bestimmung nicht möglich ist, der Verwender ihre Auslegung mit zulässigem Inhalt aber dennoch sicherstellen möchte (SCHLOSSER WM 1978, 562, 568; LINDACHER BB 1983, 154 ff, 157; BUNTE/HEINRICHS 41).

Salvatorischen Charakter haben schließlich auch **Ersatzklauseln**, die positiv die Regelung benennen, die bei Unwirksamkeit der Primärklauseln in Kraft treten soll. Hierbei gibt es verschiedene Varianten, von denen diejenigen, die dem Verwender ersatzweise ein nicht genau umschriebenes Bestimmungsrecht einräumen oder die eine Verpflichtung beider Parteien begründen, eine Ersatzregelung zu vereinbaren, jedenfalls wegen Intransparenz der gültigen Regelung als unangemessen einzustufen sind (OLG Celle WM 1994, 886, 893; OLG Düsseldorf ZIP 1997, 1845 ff; LG Dortmund AGBE I § 6 Nr 11; BUNTE/HEINRICHS 46 f; HEINRICHS NJW 1995, 1395, 1398; vgl auch KG NJW 1998, 829, 831; weiter differenzierend NEUMANN, Geltungserhaltende Reduktion 104 ff; GARRN JA 1981, 151 ff; zu Bedingungsanpassungsklauseln im Versicherungsvertrag MATUSCHKE-BECKMANN NJW 1998, 112 ff; für Wirksamkeit des zweiten Klauseltyps MICHALSKI/RÖMERMANN NJW 1994, 886 ff mwN). Eine deskriptive sachliche Ersatzregelung wird hingegen überwiegend für zulässig gehalten, soweit sie ihrerseits der Inhaltskontrolle standhält (HAGER, Auslegung 202; NEUMANN, Geltungserhaltende Reduktion S 106 f; *differenzierend* GARRN JA 1981, 151, 155; ULMER/SCHMIDT § 6 Rn 40 [auf die Vorhersehbarkeit der Unwirksamkeit der Primärklausel abstellend]; **aM** OLG München NJW-RR 1988, 786; MünchKomm/KÖTZ § 6 Rn 18; H SCHMIDT, Vertragsfolgen 230). Dies gilt im Grundsatz auch für subsidiär hintereinander gestaffelte AGB-Werke, die etwa bei Bauverträgen häufiger vorkommen, obwohl hier eher Probleme mit dem Transparenzgebot auftreten können (Einzelheiten siehe § 6 Rn mwN; **aM** OLG München NJW-RR 1988, 786; ULMER/SCHMIDT § 6 Rn 40; FELL ZIP 1987, 691, 692 f).

II. Bedeutung des europäischen Gemeinschaftsrechts bei Verbraucherverträgen

1. Allgemeines

53 Seit Inkrafttreten der EG-RL 93/13/EWG am 1. 1. 1995 werden Geltungsbereich und Maßstäbe der Inhaltskontrolle vom Gemeinschaftsrecht überlagert, soweit die Situation eines Verbrauchervertrages iSv Art 2 RL, § 24 a gegeben ist (zum unterschiedlichen Schutzansatz siehe Einl 7 zu §§ 8 ff und oben Rn 5). Die Umsetzung der RL in § 24 a ändert daran nichts (zur Maßgeblichkeit der RL schon vor der Umsetzung vgl EuGH Rs C-91/92, NJW 1994, 2473; BGH NJW 1995, 2034, 2036; OLG Schleswig NJW 1995, 2858, 2859; BUNTE DB 1996, 1389, 1393; HEINRICHS NJW 1995, 154, 156; PFEIFFER WM 1995, 1566; WOLF JZ 1996, 798). Nach der Lehre vom „**Vorrang des Gemeinschaftsrechts**" (dazu im allgemeinen IPSEN, Europäisches Gemeinschaftsrecht [1972] 267 ff; ZULEEG, Das Recht der Europäischen Gemeinschaften im innerstaatlichen Bereich [1969] 160 ff; SCHILLING, Der Staat 33 [1994] 555 ff; SCHWEITZER/HUMMER, Europarecht [5. Aufl 1996] Rn 851; aus der Rechtsprechung des EuGH: Rs 6/64, Slg 1964, 1251, 1269 ff; Rs 14/68, Slg 1969, 1, 14; Rs 249/85, Slg 1987, 2345 ff; aus der Rechtsprechung des BVerfG vgl BVerfGE 22, 293 ff; 31, 173 f; 37, 271 ff; 73, 339 ff; 89, 155 ff) bleibt dieses auch gegenüber nationalen Umsetzungsgesetzen die letztmaßgebliche Rechtsquelle (EuGH Rs 14/83, NJW 1984, 2021; vgl WOLF Art 1 RL Rn 13) und beansprucht darüber hinaus Vorrang auch gegenüber dem sonstigen, thematisch einschlägigen nationalen Recht (vgl EuGH Rs 106/89, Slg 1990, 4135, 4159; dazu BRECHMANN, Die richtlinienkonforme Auslegung [1994] 72 ff, 273). Dies ist für die Inhaltskontrolle nach § 9 von fundamentaler Bedeutung, denn § 24 a erledigt nur gewissermaßen die strukturelle Grobanpassung des positiven Rechts an die RL, während die inhaltliche Feinanpassung vor allem im Rahmen der Anwendung des § 9 von den Gerichten zu leisten ist (vgl HEINRICHS NJW 1996, 2190, 2191, 2196; zu den sich daraus ergebenden drei Varianten des AGB-Rechts [beruflich Handelnde, Verbraucher, Normalkunden] siehe oben Rn 20 f).

54 Da die RL nur einen einheitlichen Mindestschutz für Verbraucher sicherstellen will und strengere nationale Vorschriften unberührt läßt (Art 8), hat die **Prüfung einer Klausel im konkreten Fall** zunächst nach deutschem Recht zu erfolgen; erweist sie sich demnach als wirksam, ist in einem zweiten Prüfungsschritt die Vereinbarkeit auch mit dem Gemeinschaftsrecht festzustellen (näher Einl 13 zu §§ 8 ff). Ergibt sich dabei zweifelsfrei die Konformität der deutschen mit den gemeinschaftsrechtlichen Maßstäben, ist die Inhaltskontrolle beendet, die Klausel ist wirksam. In allen anderen Fällen kann die Übereinstimmung auf zwei methodischen bzw verfahrensrechtlichen Wegen überprüft und ggf hergestellt werden:

(1) Bei Unklarheiten über Inhalt oder Reichweite der EG-rechtlichen Vorschriften oder gar bei Zweifeln über deren Gültigkeit ist gemäß Art 177 EWGV das **Vorabentscheidungsverfahren** vor dem EuGH eröffnet (unten 2.).

(2) Steht (von vornherein oder nach Vorabentscheidung durch den EuGH) die Divergenz zwischen deutschem und europäischem Recht fest mit der Folge, daß eine Billigung der Klausel gegen das EG-Recht verstoßen würde, dann bedarf es wegen

des Vorrangs des Gemeinschaftsrechts einer Gleichschaltung der Maßstäbe des § 9 mit diesem: Übereinstimmung ist in diesem Fall durch **richtlinienkonforme Auslegung** der unbestimmten Rechtsbegriffe des § 9 zu erreichen (unten Rn 62 ff).

2. Vorabentscheidungsverfahren

a) Grundlagen

Die Vorabentscheidung durch den EuGH nach Art 177 EWGV sichert die einheitliche Interpretation und Anwendung des Gemeinschaftsrechts durch die Organe der Mitgliedstaaten. Für die Auslegung und richterliche Fortentwicklung des Gemeinschaftsrechts steht dem **EuGH** ein **Monopol** zu (Gutachten 1/76, Slg 1977, 741 ff; 1/91, Slg 1991, S I–6079 ff); das Vorabentscheidungsverfahren ist ein Mittel der Kommunikation zwischen nationalen Gerichten und EuGH, um diesem Monopol von vornherein zur Wirksamkeit zu verhelfen (vgl EuGH Rs 244/80, Slg 1981, 3045, 3064; Rs C-83/91 WM 1992, 1567, 1569; NASSALL WM 1994, 1645, 1646; STEINDORFF ZHR 156 [1992] 1 ff). Die Thematik des Vorabentscheidungsverfahrens ist nach Art 177 Abs 1 EWGV ausschließlich die **Gültigkeit** des EG-Rechts und vor allem seine **Auslegung**. Das vorliegende Gericht hat deshalb mittels einer abstrakt formulierten Rechtsfrage nach dem Inhalt des Gemeinschaftsrechts zu fragen. *Nicht der Beurteilung durch den EuGH unterliegen*

– die *Anwendung* der gemeinschaftsrechtlichen Maßstäbe auf den konkreten Ausgangsfall,

– die *Auslegung nationalen Rechts*,

– die *Vereinbarkeit nationalen Rechts mit dem EG-Recht*

(vgl zum ganzen SCHWEITZER/HUMMER, Europarecht Rn 522 f; NICOLAYSEN, Europarecht I § 11 II 3 c mit Nachw der EuGH-Rechtsprechung). Trotz der unverkennbaren sachlichen und hermeneutischen Verknüpfung all dieser Themen mit der „reinen Auslegung" des EG-Rechts lautete eine korrekte Vorlagefrage also beispielsweise: Begründet eine einjährige Primärbindung in dem Vertrag eines Verbrauchers mit einem Fitness-Studio ein gegen Treu und Glauben verstoßendes, erhebliches und ungerechtfertigtes Mißverhältnis der vertraglichen Rechte und Pflichten iSv Art 3 Abs 1 RL? (*Nicht*: Ist die Laufzeitklausel im Vertrag der Parteien gemäß Art 3 Abs 1 RL unwirksam? Ist die Auslegung von § 11 Nr 12a AGBG, wonach auch kürzere Bindungszeiten unangemessen sein können, zutreffend oder mit der RL vereinbar?). Konsequenterweise stellt sich die Vorabentscheidung des EuGH als abstrakte Rechtsauskunft über den Inhalt des EG-Rechts dar; dieser ist vom nationalen Gericht bei der Fortsetzung des ausgesetzten Ausgangsverfahrens zwingend zugrundezulegen.

Jedes deutsche Gericht *kann*, das letztinstanzliche Gericht *muß* den Rechtsstreit grundsätzlich immer dann aussetzen (zum Problem der Verfahrensverzögerung STEINDORFF, EG-Vertrag und Privatrecht [1996] 400, 464) und dem EuGH zur Vorabentscheidung vorlegen (Art 177 Abs 2, 3 EWGV), wenn die Auslegung (oder Gültigkeit) der EG-RL 93/13/EWG im konkreten Fall *entscheidungserheblich* ist (dazu noch Rn 64). Die **Vorlagepflicht** entfällt nur dann, wenn die Auslegungsfrage bereits vom EuGH entschieden worden ist oder die Antwort „derart offenkundig ist, daß für einen vernünftigen

Zweifel keinerlei Raum bleibt" – sogenannte acte-clair-Doktrin (EuGH Rs 283/81, Slg 1982, 3415 ff [Tenor]). Um von einer Vorlage absehen zu können, genügt es also nicht, wenn das letztinstanzliche Gericht eine bestimmte Auslegung der RL nach seiner Überzeugung für richtig hält. Diese Gewißheit kann schon durch die unterschiedlichen sprachlichen Fassungen der RL erschüttert werden (dazu SALVESTRONI RivDirCom XCIII (1995) 11, 14). Es ist aber auch die Gefahr oder auch nur die Möglichkeit abzuschätzen, daß der EuGH zu einer abweichenden Beurteilung des RL-Inhalts kommen könnte (BRANDNER MDR 1997, 312, 315; HASSELBACH ZIP 1996, 1457, 1458; ders DWiR 1998, 110, 111; NASSALL WM 1994, 1645, 1647). Aus dem Ziel der europäischen Rechtsangleichung folgt, daß in diese Konsensüberprüfung grundsätzlich auch die Fachgerichte der EU-Staaten einzubeziehen sind. Allerdings wird hier nicht schon die theoretische Möglichkeit einer Divergenz genügen, sondern erst die durch abweichende Entscheidungen belegte Auslegungsdivergenz (CANARIS EuZW 1994, 417; anders HASSELBACH DWiR 1998, 110, 111; vgl zum HWiG BGH NJW 1996, 55 [11. Senat]; NJW 1996, 930 ff [9. Senat] betreffend die Erstreckung der RL 85/577/EWG auf einseitige Sicherungsgeschäfte: Der 11. Senat hielt die RL soweit offenbar für „klar" und legte nicht vor, der 9. Senat vertrat in der Sache die Gegenauffassung und mußte deshalb – da die Auslegungsdivergenz offenkundig geworden war – dem EuGH vorlegen). Angesichts der generalklauselartigen Weite insbesondere des Art 3 Abs 1 RL, aber auch der Unbestimmtheit der sonstigen Begriffe des RL-Textes wird, jedenfalls solange konkretisierende Urteile des EuGH fehlen, von einer „Klarheit" im Sinne der „acte-clair-Doktrin" regelmäßig nicht ausgegangen werden können (andererseits ist dies kein Grund, generalklauselartige RL-Begriffe aus der Auslegungsprärogative des EuGH herauszunehmen, so andeutungsweise CANARIS EuZW 1994, 417). Dabei ist zu beachten, daß auch bei gleichem oder ähnlichem Wortlaut von RL und nationalem Recht (zB „Treu und Glauben", Art 3 Abs 1 RL und § 9 Abs 1; „klar und verständlich", Art 4 Abs 2, 5 S 1 RL und das richterrechtliche Transparenzgebot in § 9) die innerstaatliche Interpretation nicht einfach auch dem EG-Recht unterlegt werden kann: Die alle Mitgliedstaaten übergreifende Einheitlichkeit des EG-Rechts erfordert dessen **autonome**, von den nationalen Rechten grundsätzlich unabhängige **Auslegung**, die letztverbindlich gerade vom EuGH zu leisten ist (vgl STEINDORFF, EG-Vertrag und Privatrecht [1996] 448; ders EuZW 1990, 251, 252; NICOLAYSEN, Europarecht I § 2 IV mwN; LUTTER JZ 1992, 592, 603). Die Feststellung, daß die Maßstäbe des Art 3 Abs 1 RL und § 9 im wesentlichen gleich seien (RegE BT-Drucks 13/2713, 5; BUNTE DB 1996, 1389), nimmt deshalb spekulativ die künftige EuGH-Rechtsprechung vorweg. Als Konsequenz sollten der BGH (oder andere letztinstanzlich entscheidende Gerichte) bei Verbraucherverträgen regelmäßig gemäß Art 177 EWGV den EuGH einschalten, wenn die fragliche Klausel nach deutschem AGB-Recht wirksam wäre – bei erkennbaren Auslegungsdivergenzen hinsichtlich der RL als Pflicht, aber auch sonst, um die Herausbildung europäischer Maßstäbe zu fördern (siehe Rn 54; krit zu BGH NJW 1998, 383 [Auslandseinsatz von Kreditkarten] deshalb HASSELBACH DWiR 1998, 110, 111; grundlegend abweichende Konzeption bei SCHLOSSER, oben Einl 33 zum AGBG). Derzeit kommt allenfalls der Anhang zur RL als die Auslegung von Art 3 Abs 1 RL hinreichend stabilisierende Hilfe in Betracht (zB Unzulässigkeit jeglicher Haftungsbeschränkung für Personenschäden, Nr 1 a des Anh; vgl unten Rn 88).

b) Beurteilungsmöglichkeiten des EuGH

57 Diese weitgehende Vorlagepflicht kann nicht mit der Behauptung unterlaufen werden, daß dem EuGH auf dem Gebiete des AGB-Rechts die Konkretisierung europarechtlicher Maßstäbe weitgehend unmöglich sei. Diese vor allem von HEIN-

RICHS vertretene These (PALANDT/HEINRICHS § 24 a Rn 19–22; NJW 1996, 2190, 2196 f) stützt sich vor allem auf drei Argumente:

(1) Die Beurteilung einer AGB-Klausel könne nur vor dem Hintergrund einer nationalen Rechtsordnung erfolgen – entweder liefere diese unmittelbar den Kontrollmaßstab (vgl § 9 Abs 2 Nr 1) oder jedenfalls den unverzichtbaren Wertungskontext. Die **Kompetenz des EuGH erstrecke sich aber nicht auf das nationale Recht**. Dabei wird verkannt, daß der EuGH eine Klausel, die vom deutschen Gericht nach § 9 Abs 2 Nr 1 beurteilt und für wirksam befunden worden ist, nicht seinerseits noch einmal am Maßstab der verdrängten deutschen Sachvorschriften mißt, sondern an eigenständigen europarechtlichen Maßstäben. Dabei kann und darf der EuGH zwar den nationalen normativen Kontext nicht unberücksichtigt lassen („konkretisierte" statt abstrakte Auslegung des Gemeinschaftsrechts, vgl STEINDORFF, EG-Vertrag und Privatrecht [1996] 466); dieser wird dadurch jedoch nicht *Gegenstand* der Überprüfung durch den EuGH, sondern gehört zu den notwendigen sachverhaltlichen *Vorgaben*, anhand derer die autonome Konkretisierung der gemeinschaftsrechtlichen Wertungen zu erfolgen hat (vgl die Tatbestandswirkung fremden Rechts im IPR, dazu vBAR IPR I Rn 220 ff, 251 ff).

(2) Das zweite Argument schließt an das erste an: **Der EuGH habe gar keine Beurteilungsmöglichkeit**, weil es an einschlägigen gemeinschaftsrechtlichen Kriterien fehle, ebenso an einem „europäischen Schuldrecht" als Wertungshintergrund (dazu auch NASSALL WM 1994, 1645, 1651; JZ 1995, 689, 690 f: der EuGH stände „buchstäblich vor dem Nichts"). Von einer Vorlagepflicht kann dieser Gesichtspunkt von vornherein nicht befreien (dies meint auch HEINRICHS nicht, vgl NJW 1996, 2190, 2196 f), da nicht das deutsche Gericht, sondern allein der EuGH über Vorhandensein und Ergiebigkeit gemeinschaftsrechtlicher Maßstäbe zu urteilen hat. Das Argument ist aber auch sachlich weit überzogen: Man muß nicht der These von NASSALL folgen, die RL enthalte einen umfassenden Gestaltungsauftrag des RL-Gebers an den EuGH zur Schaffung eines EU-einheitlichen AGB-Rechts (mit Art 3 Abs 1 RL als „Ermächtigungsnorm", WM 1994, 1645, 1651, 1653 f; teilweise zurückgenommen NJW 1995, 689, 691 ff), um zur sachlichen Beurteilungskompetenz des EuGH zu kommen. *Zum einen* enthält der RL-Text selbst nicht nur Leerformeln, sondern konkretisierungsfähige unbestimmte Rechtsbegriffe, vergleichbar denen des § 9. Wenn diese nationale Norm als Auftrag zur Rechtskonkretisierung und -fortbildung zu verstehen ist (oben Rn 8), ist nicht einzusehen, warum – trotz größeren Ausgangsspielraums – gleiches nicht grundsätzlich auch für Art 3 Abs 1 RL gelten sollte. *Zum zweiten* zeigt der Klauselkatalog im Anhang der RL trotz seines unverbindlichen Hinweischarakters, daß der RL-Geber durchaus von der Möglichkeit ausgegangen ist, aus den unbestimmten Vorgaben des RL-Textes gemeinschaftsrechtlich-eigenständige, konkrete Klauselbewertungen zu folgern – jedenfalls als Regelwertungen vorbehaltlich der tatsächlichen und rechtlichen Gegebenheiten (Einzelheiten unten Rn 88). Die Konkretisierungshilfe des Anhangs für Art 3 Abs 1 RL richtet sich gemäß Art 3 Abs 3 RL nicht nur an die nationalen Gerichte, sondern auch an den EuGH.

Zum dritten bietet sich auch das sonstige, primäre und sekundäre Gemeinschaftsrecht als Wertfundus für die Konkretisierung des Art 3 Abs 1 RL an. Insbesondere das europäische Verbraucherschutzrecht läßt, trotz seiner Unübersichtlichkeit (DREHER JZ 1997, 167, 178), Ansätze zu übergreifenden Prinzipien erkennen, die für die RL

93/13/EWG nutzbar gemacht und fortentwickelt werden können (vgl Nassall JZ 1995, 689, 692 ff; die von der EG-Kommission in Auftrag gegebene Studie zur Zusammenstellung aller gemeinschaftsrechtlichen Verbrauchervorschriften [Abl EG 1996, C 170, 21] könnte die Grundlage für die noch zu leistende Gesamtanalyse bilden).

Viertens schließlich ist zwar richtig, daß es an einem gesamteuropäischen Privatrecht, insbesondere Schuldrecht (noch) fehlt, an dem sich der EuGH bei der Konkretisierung der RL orientieren könnte. Die Vorstellung von „allgemeinen Rechtsgrundsätzen, die den Rechtsordnungen der Mitgliedstaaten gemeinsam sind", war aber schon bei der Schaffung des EWGV lebendig (Art 215 Abs 2 EWGV); sie hat seitdem durch rechtsvergleichend orientierte oder richtliniengeleitete Reformen der nationalen Rechte und verstärktes wissenschaftliches Bemühen erheblich an Substanz gewonnen (zu den Konturen eines europäischen Vertragsrechts Zimmermann JZ 1995, 477 ff; ders ZEuP 1995, 731 ff mwN; vgl die „Grundregeln des Europäischen Vertragsrechts, Teil I" der Kommission für Europäisches Vertragsrecht, ZEuP 1995, 864 ff; zum Deliktsrecht vBar, Gemeineuropäisches Deliktsrecht, Bd 1 [1996]; kritisch zu einer rein integrationsorientierten Rechtsvereinheitlichung Steindorff, EG-Vertrag und Privatrecht [1996] 471; sowie zu einem gesamteuropäischen Vertragsrecht 387 f). Der EuGH ist gehalten, eine Wertfindung auch an den den nationalen Rechten gemeinsamen Rechtsgrundsätzen auszurichten, soweit sie feststellbar sind (Nicolaysen, Europarecht I § 2 IV; Lutter JZ 1992, 593, 606; Wolf Art 1 RL Rn 18). Daß die Rechtsprechung des EuGH zu Art 3 Abs 1 RL gleichzeitig auch wesentlich zur Konsolidierung dieser gemeinsamen Rechtssubstanz und ihrem Ausbau beitragen wird, ist abzusehen und nicht grundsätzlich bedenklich (Kapnopoulou 9; Roth ZEuP 1994, 5 ff; zur integrativen „Motorfunktion" des EuGH vgl Schweitzer/Hummer, Europarecht Rn 445; eher bremsend das BVerfG im Maastricht-Urteil, BVerfGE 89, 155 ff, 188, 195, 210; dazu Schroeder ZfRV 1994, 143 ff; ders DVBl 1994, 316, 324).

59 (3) Schließlich wird vorgetragen, die dem Art 3 Abs 1 RL entsprechende **Fragestellung** sei **nicht eine der Auslegung**, sondern der **Anwendung des EG-Rechts** im konkreten Fall und liege deshalb außerhalb der Kompetenz des EuGH im Vorabentscheidungsverfahren (Heinrichs NJW 1996, 2190, 2196; dagegen Brandner MDR 1997, 312, 315). Dabei wird verkannt, daß sich – umgekehrt – die Vorlagefrage an der gemäß Art 177 Abs 1 EWGV begrenzten Kompetenz des EuGH auszurichten, also auf die Bedeutung der Rechtsbegriffe im Lichte einer bestimmten Klauselproblematik zu beschränken hat (oben Rn 55). Die Antwort des EuGH ist für das anfragende Gericht „Rechtsauskunft" und noch kein Normenvollzug. Diese Aufspaltung mag unter hermeneutischem Gesichtspunkt und im praktischen Ergebnis oft künstlich wirken (Schweitzer/Hummer, Europarecht Rn 522, 523; vgl Steindorff, EG-Vertrag und Privatrecht [1996] 466: „... kann die konkrete Auslegung einer Gemeinschaftsnorm durch den Gerichtshof sich deren Anwendung auf den Einzelfall mindestens de facto annähern"); eine Unterlassung der Vorlage aus diesem Grund ist aber jedenfalls unzulässig. Außerdem ist es denkbar, daß auch nach den Maßgaben des EuGH im Vorabentscheidungsverfahren noch Spielraum für das nationale Gericht bei der Entscheidung des konkreten Falles bleiben kann (vgl BAG ZIP 1997, 1248 ff nach der Paletta II-Entscheidung des EuGH, ZIP 1996, 1018; BAG NZA 1997, 1242 ff zur Ehrenamtlichkeit der Betriebsratstätigkeit, nach EuGH NZA 1996, 319).

60 Insgesamt ist kein Grund ersichtlich, dem Vorabentscheidungsverfahren in bezug auf die RL 93/13/EWG eine geringere Bedeutung beizumessen als in sonstigen Zusammenhängen. Eher im Gegenteil: Mangelnde Erfahrung mit der neueingeführten gemeinschaftsrechtlichen Inhaltskontrolle vorformulierter Bedingungen in Verbraucherverträgen werden es zumindest dem BGH selten erlauben, von einer Vorlage abzusehen. Welche Rolle der EuGH bei der Konkretisierung der RL übernehmen wird, liegt jedenfalls weitgehend bei ihm selbst und ist derzeit kaum abzusehen (vgl HEINRICHS NJW 1996, 2190, 2197). Die Rechtsprechung zu anderen RL zeigt jedoch, daß das Gericht durchaus bereit ist, aus sehr vagem Vorschriftentext auch sehr konkrete Einzelfolgerungen herzuleiten (vgl insbesondere zur Gleichberechtigungsrichtlinie 76/207 EWG EuGH Rs C-179/88, Slg 1990 I 3979, 3994 ff; Rs C-32/93, Slg 1994 I 3567 ff, 3578 ff [beides zu schwangeren Arbeitnehmerinnen]; Rs C-450/93, Slg 1995 I 3051 ff, 3069 ff; Rs C-409/95, NJW 1997, 3429, 3430 [zur Quotenregelung]).

Für eine größere Zurückhaltung mögen gute, gemeinschaftsrechtliche wie integrationspolitische Gründe anzuführen sein (vgl CANARIS EuZW 1994, 417; STEINDORFF 398 ff) – die Unterlassung von aus Sicht des EuGH gebotenen Vorlagen ist jedoch nicht der richtige Weg zur Durchsetzung dieser Forderung (alternative Vorschläge bei BORCHARD EuZW 1998, 257; vgl folgende Rn).

c) Verletzungen der Vorlagepflicht

Die Prozeßparteien können eine Vorlage an den EuGH anregen, aber nicht erzwin- **61** gen (EuGH Rs 283/81, Slg 1982, 3415 ff). Europarechtlich bedeutet eine Verletzung der Vorlagepflicht gemäß Art 177 EWGV eine Verletzung des EWGV durch den Mitgliedstaat und kann zu einem Aufsichts- bzw Vertragsverletzungsverfahren führen (Art 169, 171 EWGV); das rechtskräftige Urteil im Ausgangsfall kann dadurch aber nicht mehr berührt werden (NICOLAYSEN, Europarecht I § 11 II. 5. d). Allerdings bleibt den Parteien doch ein Weg, die Vorlage an den EuGH mittelbar zu erzwingen: Mit einer Verfassungsbeschwerde kann die Verletzung der Garantie des gesetzlichen Richters (Art 101 Abs 1 S 2 GG) gerügt werden, zu dem das BVerfG auch den EuGH in seiner Funktion nach Art 177 EWGV rechnet (BVerfG EuGRZ 1988, 109; BVerfGE 75, 233 ff; BVerfG NZA 1997, 931). Jedenfalls bei willkürlichen, dh unvertretbaren Nichtvorlagen wird das BVerfG die Gerichtsentscheidung zwecks Durchführung des Vorabentscheidungsverfahrens aufheben (im einzelnen NICOLAYSEN, Europarecht I § 11 II. 5. d; WÖLKER EuGRZ 1988, 97 ff).

3. Richtlinienkonforme Auslegung des § 9

Aus dem Vorrang des Gemeinschaftsrechts (siehe Rn 53) sowie der Pflicht der Mit- **62** gliedstaaten zur Gemeinschaftstreue (Art 5 EWGV) folgt die Pflicht der Gerichte, Auslegungsspielräume im deutschen Recht so zu nutzen, daß Konformität mit dem EG-Recht erreicht wird. Diese Pflicht zur **richtlinienkonformen Auslegung** ist inzwischen sowohl vom EuGH wie auch von allen deutschen Gerichten anerkannt (grundlegende Darstellung bei BRECHMANN, Die richtlinienkonforme Auslegung [1994] mit umf Nachw; dazu GRUNDMANN ZEuP 1996, 399 ff; vgl auch EHRICKE RabelsZ 59 [1995] 598 ff; DI FABIO NJW 1990, 947), sie besteht ohne weiteres auch bezüglich der RL 93/13/EWG und für jedes Gericht (BRANDNER MDR 1997, 312, 313; DAMM JZ 1994, 161; ECKERT WM 1993, 1070; HEINRICHS NJW 1993, 1817; REMIEN ZEuP 1994, 34; schon vor Inkrafttreten des deutschen Umsetzungsgesetzes BGH NJW 1995, 2034, 2036; OLG Schleswig NJW 1995, 2858, 2859; BUNTE DB 1996, 1389, 1393; HEINRICHS, in: FS Trinkner [1995] 157, 169 ff; WOLF JZ 1996, 798). Sie bezieht sich nicht nur auf die Vorschriften, die in Umsetzung der RL erlassen worden sind (hier also §§ 12, 24 a), sondern auf das gesamte, thematisch einschlägige nationale Recht

(EuGH Rs 106/89, Slg 1990, I-4135 ff [dazu BRECHMANN 66 ff]; Rs C-421/92, EuZW 1994, 375), vor allem also auch auf § 9 (für die entsprechende Situation bei § 3 UWG iVm RL 84/450/EWG siehe SACK VersR 1994, 1383).

63 **Voraussetzungen** einer richtlinienkonformen Auslegung sind:

(1) *Auslegungsfähigkeit und -bedürftigkeit des deutschen Rechts* (dies ist aus deutscher Sicht zu beurteilen, STEINDORFF, EG-Vertrag und Privatrecht [1996] S 451 f) – ist der Sinn einer Vorschrift eindeutig, kann diese nicht richtlinienkonform korrigiert werden (vgl BAG NJW 1990, 65, 66; 1990, 67 f; BFH DB 1991, 1966; STAUDINGER/RICHARDI § 611a Rn 66; SCHOLZ SAE 1984, 252; BEYER/MÖLLERS JZ 1991, 26 – alle in Parallele zu den Grundsätzen der „verfassungskonformen Auslegung". Zur Konsequenz möglicher unmittelbarer Richtlinienwirkung in diesen Fällen vgl STEINDORFF 444 f). Die unbestimmten Rechtsbegriffe des § 9 ermöglichen damit weitestgehende Flexibilität zur Gewährleistung von Konformität zwischen deutschem und europäischem Recht. Das Bestehen von Auslegungsspielräumen richtet sich allein nach dem Gesetzestext; vorhandene, auch in ständiger Rechtsprechung erhärtete Interpretation auf der Ebene des deutschen Rechts engen diese Spielräume für die Zwecke der richtlinienkonformen Auslegung nicht ein.

(2) *Gewißheit über den Inhalt der RL*. Dies impliziert zweierlei: Zum einen müssen die Bestimmungen der RL hinreichend *genau* und *unbedingt* sein (das ist bedeutungsvoll vor allem *vor* Umsetzung der RL durch den nationalen Gesetzgeber, vgl EuGH Rs C 91/92, NJW 1994, 2473), und zum zweiten muß ihre Auslegung im Hinblick auf die konkrete Fragestellung außer Zweifel stehen. Das wird vor allem nach entsprechender Klärung durch den EuGH im Vorabentscheidungsverfahren der Fall sein, setzt diese nach der acte-clair-Doktrin (Rn 56) aber nicht unbedingt voraus. Beim derzeitigen Stand der Rechtsentwicklung dürfte die erforderliche Gewißheit nur in Ausnahmefällen zu bejahen sein (Rn 56). Damit wird vorläufig nicht die richtlinienkonforme Auslegung, sondern das Vorabentscheidungsverfahren das dominierende Instrument zur Abstimmung des deutschen Rechts mit dem EG-Recht bei Verbraucherverträgen sein müssen.

(3) Der Inhalt des EG-Textes muß innerhalb des Auslegungsspektrums liegen, das die deutsche Norm eröffnet (dies wird bei § 9 regelmäßig der Fall sein).

64 **Grenzen** der richtlinienkonformen Auslegung ergeben sich nicht nur aus den vorstehenden Voraussetzungen, sondern auch aus dem *Mindeststandardprinzip* der RL (Art 8). Hat die Rechtsprechung unbestimmten Rechtsbegriffen bisher eine Bedeutung beigelegt, die ein höheres Schutzniveau gewährleistet als die RL, so kann wegen Art 8 eine richtlinienkonforme Anpassung der Interpretation unterbleiben (so im Hinblick auf andere, insoweit ähnlich strukturierte RL BGHZ 110, 47, 69 ff [verdeckte Sacheinlagen bei Kapitalgesellschaften, RL 77/91/EWG]; BAG DB 1992, 2035, 2036; AP Nr 21 zu § 613a BGB [Widerspruchsrecht des Arbeitnehmers bei Betriebsübergang, RL 77/187/EWG] – bestätigt durch EuGH Rs C-132/91, C-138/91, C-139/91, NZA 1993, 169 ff; BRECHMANN 126). Damit entfallen auch – bei Unklarheit über den RL-Inhalt – Entscheidungserheblichkeit und Vorlagepflicht nach Art 177 EWGV, wenn die möglichen Auslegungsergebnisse der RL unter dem deutschen Schutzniveau liegen oder ihm bestenfalls gleichkommen, es aber jedenfalls nicht überschreiten.

In diesen Fällen bleibt europarechtlich nur zu prüfen, ob die strengere deutsche Vorschrift bzw Auslegung mit Art 30 ff EWGV vereinbar ist (dazu Einl 13 zu §§ 8–11).

Keine richtlinienkonforme Auslegung liegt schließlich vor, wenn sich deutsche Gerichte (insbesondere der BGH) von der RL „anregen" lassen, § 9 anders als bisher zu interpretieren – etwa im Sinne einer Gleichschaltung des Schutzes von Aufrechnungs- und Zurückbehaltungsbefugnis (vgl PALANDT/HEINRICHS § 11 Rn 17 und RL-Anhang Nr 1 b) oder beim Ausbau des Prinzips der „Waffengleichheit" (dazu unten Rn 116). Wenn sich diese Neuinterpretation als autonome Fortbildung deutschen Rechts versteht und nicht als Vollzug einer europarechtlichen Anpassungspflicht, kann letztere, sofern sie zweifelhaft ist (etwa bei Übernahme von Gesichtspunkten aus dem Richtlinienanhang), dahingestellt bleiben. Mangels Erheblichkeit entfällt dann auch eine Vorlagepflicht, wenn der genaue Inhalt der Richtlinie unklar ist (zutreffend HEINRICHS NJW 1996, 2190, 2197).

III. Unangemessene Benachteiligung des Vertragspartners: Abs 1 als Grundtatbestand

1. Allgemeines

Abs 1 erfüllt als **Grundtatbestand** im wesentlichen zwei Funktionen: Zum einen werden übergreifend und grundsätzlich Ziel, Maßstab und Rechtsfolgen der AGB-rechtlichen Inhaltskontrolle festgelegt (mit Gültigkeit auch im Rahmen von §§ 9 Abs 2, 10 und 11 dazu Einl 10 zu §§ 8–11), zum zweiten stellt die Vorschrift aber auch einen eigenständigen, subsumtionsfähigen Auffangtatbestand zur Verfügung, der generalklauselartig auch solche Regelungen der Inhaltskontrolle unterwirft, die von der konkreteren, aber auch begrenzteren Prüfungsthematik der anschließenden Vorschriften nicht erfaßt werden (im einzelnen oben Rn 7 ff; vgl auch BGH ZIP 1984, 420, 423; DB 1984, 1614, 1615; SCHLOSSER/GRABA Rn 40 ff; BECKER, Auslegung 195 ff). **65**

Als **Grund- und Leitnorm der Inhaltskontrolle** nach §§ 9–11 ist Abs 1 deshalb der geeignete Anknüpfungspunkt für die Darstellung der allgemeinen Grundsätze und Kriterien der Inhaltskontrolle, auch soweit diese über den Gesetzeswortlaut hinaus von Rechtsprechung und Wissenschaft entwickelt worden sind. Die in Abs 1 verkörperte konzeptionelle Einheitlichkeit der Inhaltskontrolle rechtfertigt zwar nicht, aber entschuldigt eine nachlässige Zitierpraxis in Rechtsprechung und Literatur, die oft nur pauschal von „§ 9" spricht (zB BGH NJW 1984, 871, 872; NJW 1984, 1177; NJW 1989, 582 f; kritisch vHOYNINGEN-HUENE Rn 132) oder ein (mehr oder weniger genaues) Gesetzeszitat erst nach durchgeführter Inhaltskontrolle „nachreicht" (Nachweise bei BECKER, Auslegung 27 f), nur auf die allgemeine Regel des Abs 1 zurückgreift, obwohl ein Tatbestand des Abs 2 einschlägig gewesen wäre (BGH BB 1982, 517, 518; 1985, 1418, 1419; 1986, 690, 692; ZIP 1997, 1540, 1541) oder beide Absätze kumulativ nennt (zB BGH DB 1996, 1279, 1280; 1996, 1562; zum Verhältnis der einzelnen Tatbestände des § 9 zueinander näher Rn 166 und 198, zur Prüfungsreihenfolge Einl 13 zu §§ 8–11).

Als **Auffangvorschrift** hat Abs 1 durchaus einen eigenständigen Anwendungsbereich. Aus der Rechtspraxis lassen sich vor allem folgende Fallgruppen herausschälen: **66**

(1) Halten in einem Klauselwerk mehrere Einzelbestimmungen für sich genommen der Inhaltskontrolle (gerade noch) stand, so kann doch aus ihrem **Zusammenwirken** eine unangemessene Benachteiligung gemäß Abs 1 folgen (näher unten Rn 98).

(2) Häufig machen Klauseln von einer **gesetzlichen Regelungsalternative oder Gestaltungsmöglichkeit** Gebrauch. Hierher gehören zB Haftungseinschränkungen des Verwenders (vgl §§ 443, 476, 651 h BGB) oder Gestaltungen zu seiner stärkeren Absicherung (Vertragsstrafe, § 339 BGB; Abtretungsverbot, § 399 BGB; Eigentumsvorbehalt, § 455 BGB; Schuldversprechen oder -anerkenntnis, §§ 780, 781 BGB; Unterwerfung unter die sofortige Zwangsvollstreckung, § 794 Abs 1 Nr 5 ZPO). Obwohl derartige Klauseln gesetzlich vorgesehene Regelungen enthalten, sind sie nicht nach § 8 der Inhaltskontrolle entzogen (siehe § 8 Rn 37). Über diese Frage hinaus ist umstritten, ob die Kontrolle nach Abs 2 Nr 1 oder nach Abs 1 zu erfolgen hat *(für Abs 2 Nr 1* STÜRNER JZ 1977, 431, 432; BAUR/STÜRNER, Zwangsvollstreckungs-, Konkurs- und Vergleichsrecht Rn 233; wohl auch ULMER/BRANDNER Anh zu §§ 9–11 Rn 285a [alle zu § 794 Abs 1 Nr 5 ZPO]; generell STAUDINGER/SCHLOSSER[12] Rn 21; *für Abs 1* DIETLEIN JZ 1977, 637, 638; KÜMPEL WM 1978, 746, 747 [beide zu § 794 Abs 1 Nr 5 ZPO]; generell vHOYNINGEN-HUENE Rn 126 ff). Der Streit hat nicht nur systematische Bedeutung, denn hinter ihm steht eine Meinungsverschiedenheit über den Aussagegehalt des Gesetzes: Kann in den genannten Fällen ein gesetzliches Regel-/Ausnahmeverhältnis unterstellt und eine gesetzliche Leitbildfunktion gemäß Abs 2 Nr 1 im Sinne der Regelalternative angenommen werden? So ist für § 794 Abs 1 Nr 5 ZPO vertreten worden, Regelfall und gesetzliches Leitbild sei die Zwangsvollstreckung aus Urteilen, an dem klauselmäßige Abweichungen iSv § 794 Abs 1 Nr 5 ZPO gerechtfertigt werden müßten (so STÜRNER und BRANDNER aaO). Ähnlich könnte man in allen anderen Beispielsfällen argumentieren. Dabei handelt es sich jedoch um den falschen Frageansatz, um eine petitio principii. Für § 794 Abs 1 Nr 5 ZPO hat der BGH zutreffend darauf hingewiesen, daß das Gesetz die Zwangsvollstreckung aus Urteilen und vollstreckbaren notariellen Urkunden als gleichwertige Alternative nebeneinanderstellt (BGH NJW 1987, 904, 906). Die Eröffnung von Gestaltungsmöglichkeiten im Gesetz deutet darauf hin, daß der Gesetzgeber alle Varianten als grundsätzlich vertretbar angesehen hat, sofern sie vom Parteiwillen getragen sind. Die Formulierung im Regel-/Ausnahmeverhältnis ist durch die lückenfüllende Funktion des dispositiven Rechts bei fehlendem Parteiwillen vorgegeben, sie muß deshalb keine inhaltliche Gewichtung enthalten. Jedenfalls würde es befremden, wenn der Gebrauch gesetzlicher Gestaltungsmöglichkeiten über § 9 Abs 2 Nr 1 als „regelmäßig unangemessen" eingestuft würde (BECKER, Auslegung 116 f, 199 f; vHOYNINGEN-HUENE Rn 128. Anders liegt es natürlich, wenn die AGB-Regelung den gesetzlichen Gestaltungsrahmen überschreitet – insoweit kann die Prüfung gemäß § 9 Abs 2 Nr 1 am Gesetz ausgerichtet werden, vgl BGH NJW 1987, 1931, 1937 f). Das wirkliche Problem liegt beim *Parteiwillen*. In allen Beispielsfällen werden die Rechte der Vertragspartner wesentlich beschränkt oder erhebliche Verpflichtungen begründet. Bei besonders schwerwiegenden Nachteilen beugt das Gesetz durch Formzwang etwaigem Leichtsinn oder Unerfahrenheit des Vertragspartners vor (§§ 780, 781 BGB, 794 Abs 1 Nr 5 ZPO). Diese Schutzfunktion der Form ist jedoch auf Individualverträge zugeschnitten. Bei klauselmäßiger Gestaltung tritt die spezifische Legitimationsschwäche einseitig gestellter Vertragsbedingungen hinzu (vgl STAUDINGER/SCHLOSSER Einl 8 f zum AGBG und oben Rn 2, 5, 6), die zunächst den Weg zur AGB-rechtlichen Inhaltskontrolle überhaupt eröffnet (siehe § 8 Rn 1; vgl auch STAUDINGER/SCHLOSSER[12] Rn 21). Da nach der gesetzlichen Konzeption ein seriöser Parteiwille

alle Gestaltungsalternativen tragen kann, geht es bei der Inhaltskontrolle allein um die Kompensation des Willensdefizits beim Vertragspartner, nicht um die Rechtfertigung einer regelmäßig mißbilligten Gestaltung. Hierfür ist die „offene" Prüfung und Interessenabwägung nach § 9 Abs 1 der richtige Ansatz, nicht die inhaltlich „eingefärbte" Prüfung nach Abs 2 Nr 1.

(3) Ein weiterer Anwendungsbereich für Abs 1 ist bei Klauseln eröffnet, für deren **67** Thematik es am Maßstab einer gesetzlichen Regelung iSv Abs 2 Nr 1 fehlt (entweder, weil der Vertragstyp insgesamt ungeregelt ist, oder weil eine vergleichbare gesetzliche Regelung wegen des atypischen Charakters des Vertrages nicht paßt) und für die auch nicht der Aushöhlungsaspekt des Abs 2 Nr 2 zutrifft (zB BGH BB 1984, 941 [Laufzeit bei Direktunterrichtsvertrag – § 5 FernUSG oder BBiG unpassend, also § 9 Abs 1; ebenso BGH NJW 1993, 326; OLG Celle NJW-RR 1995, 1465, 1466]; BGH NJW 1994, 2693, 2694 [Laufzeit bei Versicherungsvertrag – gesetzliche Regelung fehlt]; BGH ZIP 1996, 2075, 2077 [Verwendungsrisiko bei Fitness-Studio-Vertrag – mietvertragliche Regelung unpassend]; BGH ZIP 1997, 282 [Verlängerungsklausel in Fitness-Studio-Vertrag – § 11 Nr 12b nicht verletzt, dennoch Prüfung nach § 9 Abs 1, dazu auch oben Rn 10]). Der heterogene Charakter dieser Fallgruppe läßt die Auffangfunktion von § 9 Abs 1 besonders deutlich hervortreten.

(4) Schließlich sind auch die zum *Transparenzgebot* als Kriterium der Inhaltskon- **68** trolle entwickelten Grundsätze in § 9 Abs 1 anzusiedeln (BGH NJW 1996, 1346, 1347; ZIP 1997, 496; vgl schon SCHLOSSER/GRABA Rn 55; BECKER, Auslegung 201; ausführliche Darstellung unten Rn 121 ff). Abgesehen davon, daß § 9 Abs 2 vom Wortlaut her nicht paßt, folgt die Unangemessenheit hier nicht aus dem sachlichen Regelungsinhalt (dh dem wesentlichen Bezugspunkt von Abs 2), sondern aus dem formalen Gesichtspunkt unklarer Darstellung (vgl Rn 123 ff).

Wenn man die Fälle der Falschinformation über die Rechtslage oder gar bewußter Irreführung des Vertragspartners nicht unter das Transparenzgebot fassen will (unten Rn 137), handelte es sich um eine weitere, gesonderte Gruppe im Anwendungsbereich von § 9 Abs 1.

Keines Rückgriffs auf Abs 1 bedarf es hingegen, um von den Regelwertungen des **69** Abs 2 Nr 1, 2 erforderlichenfalls zu einer *umfassenden Interessenabwägung* gelangen zu können (so aber BECKER, Auslegung 51 ff, 197). Die gesetzliche Formulierung „im Zweifel" im Eingangssatz von Abs 2 gebietet diese kumulative Prüfung beider Absätze nicht (siehe Rn 165); die Tatbestände von Nr 1 („nicht zu vereinbaren") und Nr 2 (Gefährdung des Vertragszwecks) gebieten hinreichend Spielraum für die Interessenabwägung.

Allerdings kommt eine Anwendung des Abs 1 neben Abs 2 Nr 1 in Betracht, wenn eine Klausel vom gesetzlichen Leitbild nicht abweicht (und damit die Unvereinbarkeitsprüfung nach Abs 2 Nr 1 entfällt), aber zu prüfen bleibt, ob gerade der klauselmäßige Gebrauch für ein bestimmtes Lebensverhältnis zu unangemessener Benachteiligung führt (vgl BGH NJW 1997, 3437, 3439; ROTH JZ 1998, 251; dazu unten Rn 628).

Keiner Sonderwürdigung im Rahmen des § 9 Abs 1 bedarf schließlich das *Gewohnheitsrecht*, es unterfällt dem Begriff der „gesetzlichen Regelung" in § 9 Abs 2 Nr 1 (vHOYNINGEN-HUENE Rn 131 sowie unten Rn 169; anders STAUDINGER/SCHLOSSER[12] Rn 14, 20).

2. Tatbestand des Abs 1

70 a) **Gegenstand** der Inhaltskontrolle ist eine Bestimmung in AGB (zum Gesamtkontext des Klauselwerks Rn 90 ff), dh eine Vertragsbedingung iSv § 1 Abs 1. Zweifel über den Regelungscharakter einer Klausel sind bereits dort zu lösen (vgl zB BGH ZIP 1993, 1728 und ZIP 1996, 1470 [Ankündigung einer Taschenkontrolle im Supermarkt]; im einzelnen STAUDINGER/SCHLOSSER § 1 Rn 1). Eine *Lücke*, dh das Fehlen einer (gebotenen) Regelung kann für sich nicht Kontrollgegenstand sein, zumal auch die Unwirksamkeitssanktion ins Leere ginge (BGH WM 1995, 27). Vielmehr können in diesen Fällen die positiven Regelungen, zu denen Einschränkungen oder Konkretisierungen fehlen, unangemessen sein (vgl BGH aaO: Es fehlten Kriterien zur Feststellung eines zu verteilenden Überschusses bei einer Lebensversicherung [in concreto aber nicht unangemessen]).

71 b) Aus der Bestimmung muß eine **Benachteiligung** für den Vertragspartner des Verwenders folgen. Anknüpfungspunkt für den notwendigen Vergleich ist die *Rechtsstellung des Vertragspartners, wie sie sich ohne die fragliche Klausel ergeben würde* (vHOYNINGEN-HUENE Rn 134). Es handelt sich an dieser Stelle um eine im Wege des Vergleichs gewonnene *Feststellung* (SOERGEL/STEIN Rn 6), die sich mit der bei § 8 anzustellenden Prüfung, ob es sich um eine deklaratorische oder konstitutive Regelung handelt, teilweise überschneidet (vgl BGH NJW 1984, 2161; NIEBLING, Schranken 22 ff; siehe § 8 Rn 32); das Wertungselement wird dem Vergleich erst bei der Angemessenheitsprüfung hinzugefügt (vgl BGH NJW 1994, 1069, 1070).

Auf der Grenze zwischen Feststellung und Wertung liegt die zusätzliche Anforderung, daß die Benachteiligung von **nicht unerheblichem Gewicht** sein muß. Dieses Erfordernis folgt zwar nicht unmittelbar aus dem Gesetzeswortlaut, sollte aber schon mit der negativen Fassung des Bewertungsmaßstabs („unangemessen", siehe Rn 73) ausgedrückt sein (Rechtsausschuß BT-Drucks 7/5422, 6) und wird heute überwiegend auch aus der gesetzlichen Bezugnahme auf „Treu und Glauben" hergeleitet (ULMER/BRANDNER Rn 73; WOLF Rn 50, 114; SOERGEL/STEIN Rn 13; vHOYNINGEN-HUENE Rn 143; zum erforderlichen Gewicht vgl auch BGH NJW 1982, 178, 180; OLG Hamm NJW 1981, 1049, 1050; OLG Frankfurt aM NJW-RR 1987, 1462, 1463; OLG Stuttgart NJW 1988, 1150, 1151). Als eine Begrenzung der Kontrollintensität folgt es richtigerweise schon aus der von Verfassungs wegen herzustellenden Konkordanz zwischen Privatautonomie und rechtlicher Schutzintervention (FASTRICH 299). Eine gelegentliche „Tendenz zur Kleinlichkeit" in der Rechtsprechung (FASTRICH 299 f; ebenfalls kritisch mit vielen Beispielen SCHLOSSER JR 1988, 1, 4 ff ["Übereifer"]; zum Fahrtzeitenurteil [BGHZ 91, 316, 319] auch ders ZIP 1985, 449, 455; MICKLITZ BB 1988, 639, 643; THAMM DB 1985, 375, 377) betrifft deshalb nicht nur ein Stil-, sondern ein Grundlagenproblem. Eine andere Frage ist, ob sich die notwendige Grenzziehung nicht schlicht als integraler Teil der Unangemessenheitsprüfung, also als wertende Ausgrenzung nur geringfügiger Beeinträchtigungen begreifen ließe.

Dies würde auch das Problem deutlicher machen, daß sich bei *individuellen Bagatellnachteilen im Massenverkehr* stellt, etwa bei Wertstellungs- oder Gebührenregelungen der Banken (vgl BGH NJW 1989, 582; 94, 318, 319; ZIP 1997, 1146, 1147 [unangemessene Benachteiligung bejaht]; bei jahrelanger Vertragsdurchführung können sich die Nachteile allerdings zu erheblichen Beträgen summieren, vgl BGH ZIP 1997, 1540). Entscheidend ist dabei weniger die Frage, ob auch die Belastungen Dritter mitberücksichtigt und zusammengerechnet werden können (so wohl ULMER/BRANDNER Rn 126; zu Drittinteressen bei der Abwägung nach § 9 siehe Rn 101), oder der Hinweis auf die volkswirtschaftliche Bedeutung (die sich doch gerade nicht auf die Nachteile für die Vertragspartner bezieht; vgl aber ERMAN/HEFERMEHL Rn 24), sondern ob die Unangemessenheit nach § 9 Abs 1 statt auf die Benachteiligung des Vertragspartners auch und nur auf die *Vorteile* bezogen werden kann, die der Verwender kumuliert aus massenhaften Bagatellbenachteiligungen zieht (vgl BGH ZIP 1997, 1146, 1147; besonders deutlich OLG Frankfurt aM WM 1997, 109 ff: „ungerechtfertigte Wertstellungsgewinne"; das Problem wird von BGH [NJW 1989, 582, 583; 1994, 318, 319; 1997, 2752, 2753; ZIP 1997, 2151, 2152 und 2153, 2154]) verschleiert, wenn er auf den Zweck der Verbandsklage hinweist, auch den Rechtsverkehr zu schützen [zu Recht kritisch insoweit ULMER/BRANDNER Rn 126]). Woher werden die Kriterien der Unangemessenheit genommen, wenn Bezugspunkt (nur) ein Vorteil des Unternehmers ist (auch BRANDNER aaO unterliegt hier einer petitio principii); woraus folgt die Legitimation einer Kontrolle und Begrenzung „unangemessener" Gewinne? So berechtigt solche Kontrolle auch erscheinen mag (gerade wegen des Bagatellcharakters findet Gegenwehr des Kunden praktisch nicht statt, vgl DERLEDER/METZ ZIP 1996, 573, 574, 577), – aus dem AGBG läßt sie sich jedenfalls kaum herleiten (vgl § 8 Rn 21).

c) Die Benachteiligung muß gerade den **Vertragspartner des Verwenders** treffen. Diese Beschränkung des geschützten Personenkreises ergibt sich aus der Funktion der Inhaltskontrolle, die bei AGB gestörte Vertragsparität zu kompensieren (vgl Rn 2, 5 f). Deshalb gibt es aber auch keine darüber hinausgehenden Beschränkungen: Geschützt ist grundsätzlich auch der kaufmännische oder sonst beruflich handelnde Vertragspartner und auch der gewerbliche Leistungserbringer, der von seinen Auftraggebern mit Einkaufs-, Subunternehmer- oder sonstigen Kundenbedingungen konfrontiert wird (ULMER/BRANDNER Rn 76; vHOYNINGEN-HUENE Rn 147; KOCH/STÜBING Rn 34; zu Einkaufsbedingungen: BGH NJW 1981, 280; 1990, 2065; 1991, 2633; zu Ausschreibungsbedingugnen bei Bauverträgen: BGH NJW 1988, 258; 1989, 1602; 1989, 2124. Zum Maßstab bei Kunden-AGB siehe oben Rn 12).

Die Benachteiligung des Vertragspartners muß jedoch nicht im Rechtsverhältnis zum Verwender eintreten, es genügen auch Dritten gegenüber eintretende oder drohende Nachteile (BGH NJW 1984, 2816; 1988, 1726, 1728 [intransparente Darstellung der Rechte des Vertragspartners gegen Dritte]). Auch muß dem Nachteil beim Vertragspartner nicht ein entsprechender Vorteil beim Verwender gegenüberstehen – dieser kann bei Dritten eintreten (BGH NJW 1988, 1726) oder auch ganz fehlen.

Nicht geschützt ist der **Verwender selbst**, er kann aus der etwaigen Unwirksamkeit der von ihm gestellten AGB keine Rechtsvorteile ziehen (BT-Drucks 7/5422, 6; BGH NJW 1987, 837, 838; BUNTE EWiR § 638 BGB 1/87, 139). Auch Belastungen des Verwenders sind unbeachtlich; so wird eine dem Vertragspartner nachteilige Regelung nicht dadurch aufgewogen, daß sie gleichermaßen auch für den Verwender gilt (BGH NJW 1992, 433 [Schiedsgutachtenklausel]), und auch Nachteile für den Verwender aus der gerichtlichen Unwirksamkeitserklärung stehen dieser nicht entgegen (BGH NJW 1987, 2575, 2577). Nicht geschützt sind grundsätzlich auch **Dritte** (zur Berücksichtigung von Drittinteressen ausführlich Rn 100 ff).

d) Die Benachteiligung des Vertragspartners muß **unangemessen** sein. Diesem Begriff liegt die Vorstellung zugrunde, daß ein Vertrag wesensmäßig einen Interessenausgleich zwischen den Vertragspartnern darstellt; idealtypischer Richtpunkt ist die „Richtigkeit" des Ausgleichs, wie sie als Ergebnis individuellen, privatautonomen Aushandelns vom deutschen Privatrecht regelmäßig erwartet wird („vertragliche Richtigkeitsgewähr", vgl Rn 4). Versagt das beiderseitige Wollen als Garant inhaltlicher Richtigkeit, fehlt es an objektiven materiellen Ersatzmaßstäben für einen positiv angemessenen Interessenausgleich – diesen Grenzen objektiver Beurteilungsmöglichkeiten trägt die negative Fassung des Gesetzes („unangemessen") Rechnung (zum Ringen um die richtige Fragestellung bei der AGB-rechtlichen Inhaltskontrolle vor dem AGBG vgl SCHMIDT-SALZER AGB [1971] 87, der 27 verschiedene Umschreibungen ausgemacht hat; HEINRICHS, in: 10 Jahre AGBG 23 ff, 27. Der BGH hatte geschwankt zwischen positiver Angemessenheit [BGHZ 51, 55, 59; BB 1971, 413; ebenso noch der erste Teilbericht STAUDINGER/SCHLOSSER Einl 7 ff zum AGBG] 26; RegE BT-Drucks 7/3919, 72) und der eher restriktiven Eingriffsgrenze des „Mißbrauchs einseitiger Gestaltungsmacht" [BGHZ 54, 106, 109; NJW 1965, 246]). Die hierin zum Ausdruck kommende Zurückhaltung bei der Bewertung ist aber nicht nur faute de mieux erzwungen, sondern auch geboten aus dem Verhältnis der Privatautonomie zur staatlichen Intervention (oben Rn 4 und Rn 71): Privatautonome Gestaltungsfreiheit und auch Verantwortung sind bei Einsatz von AGB eingeschränkt, aber nicht beseitigt (nicht nur wenig hilfreich, sondern auch bedenklich sind deshalb Wendungen, die den konzeptionellen Unterschied zwischen negativer und positiver Kontrollfrage aufheben; vgl die vom BGH häufig gebrauchte Formel: „Das Verbot unangemessener Benachteiligung soll einen angemessenen Interessenausgleich sicherstellen", vgl zB ZIP 1996, 2075, 2077; ähnlich ULMER/BRANDNER Rn 70).

74 Die Bezugnahme auf den vertraglichen Interessenausgleich enthält immerhin die Vorgabe für den Rechtsanwender, daß das Urteil der Unangemessenheit auf einer umfassenden **Abwägung der beiderseitigen Interessen** der Vertragspartner im Hinblick auf die fragliche Klausel zu beruhen hat (vgl BGH NJW 1982, 644; 1986, 846, 847; 1988, 55, 57; 1988, 258, 259; WOLF Rn 113; SOERGEL/STEIN Rn 6; vHOYNINGEN-HUENE Rn 136, 154 ff; deutlicher der Wortlaut von Art 3 Abs 1 RL, dazu unten Rn 78); der ergänzende Bezug auf „Treu und Glauben" stellt klar, daß der Interessenausgleich ein grundsätzlich *fairer* zu sein hat (dazu sogleich noch Rn 75; zu weitgehend deshalb vHOYNINGEN-HUENE Rn 137 f, wonach der Begriff der Unangemessenheit gar keine eigene Wertung enthalte, eine Leerformel sei; ebenso schon ders, Billigkeit 98). Darüber hinaus enthält das Merkmal der „unangemessenen Benachteiligung" jedoch keine sachliche oder gar subsumtionsfähige Aussage, sondern formuliert nur die Wertungsaufgabe für den Rechtsanwender im Einzelfall (zur Funktion von § 9 Abs 1 als Generalklausel siehe Rn 8). Soweit die Konkretisierungshilfen der §§ 9 Abs 2, 10 und 11 nicht eingreifen (vgl Einl 10 ff zu §§ 8 ff), muß der Rechtsanwender die Kriterien und Maßstäbe eigenverantwortlich entwickeln; die zentrale Bedeutung des Tatbestandsmerkmals „Unangemessenheit" liegt deshalb nicht auf sachlicher, sondern auf methodischer Ebene. Wie bei allen Generalklauseln, ergeben sich die Konturen dieses Rechtsbegriffs erst aus den Prinzipien und Kriterien, die sich als Quintessenz langjähriger Kasuistik und wissenschaftlicher Systematisierung und Dogmatik herausschälen lassen (zu methodischen Aspekten der Interessenabwägung Rn 79; zu allgemeinen Konkretisierungsgrundsätzen Rn 80 ff; zu Einzelkriterien der Abwägung Rn 107 ff).

75 e) Die Benachteiligung des Vertragspartners muß den Geboten von **Treu und Glauben** widersprechen. Hierbei handelt es sich nicht um ein zusätzliches Tatbestandsmerkmal neben der Unangemessenheit, sondern um eine Verdeutlichung ihres Bezugspunkts (siehe schon Rn 74). Unverzichtbar wäre diese Verdeutlichung nicht, zumal sich die gesamte Inhaltskontrolle aus § 242 BGB entwickelt hat (oben Rn 37; vgl MünchKomm/Kötz Rn 2; Schlosser/Graba Rn 15); insbesondere lassen sich Folgerungen, die mit „Treu und Glauben" begründet werden, auch oder gar besser aus dem Begriff der Unangemessenheit gewinnen. Dies gilt vor allem für das Gebot der Interessenabwägung im Rahmen von § 9 Abs 1 (nach vHoyningen-Huene Rn 142 solle es sich erst aus Treu und Glauben ergeben; vgl demgegenüber oben Rn 74), aber auch für die Beschränkung des Tatbestands auf Benachteiligungen von nicht unerheblichem Gewicht (siehe Rn 71 mwN). Die gesetzliche Hervorhebung ist aber dennoch hilfreich. Sie stellt klar, daß die Interessen beider Vertragspartner nicht nur von außen je für sich betrachtet und gewogen werden sollen, sondern in einer *inneren Beziehung zueinander* stehen. Dem Verwender, der faktisch die Vertragsgestaltung einseitig okkupiert, wird mittelbar die treuhandähnliche Obliegenheit zugewiesen, dabei auch die Interessen der Gegenseite angemessen zu berücksichtigen (BGH NJW 1982, 178, 179; NJW 1984, 1182, 1183; 1990, 3197, 3198; NJW-RR 1990, 1075; Wolf Rn 113; Soergel/ Stein Rn 13) – dies ist gewissermaßen der Preis für die grundsätzliche Anerkennung von AGB durch das Vertragsrecht. Treuwidrig ist es deshalb, wenn der Verwender die Gelegenheit der Regelaufstellung zur *einseitigen, rücksichtslosen Interessenverfolgung* nutzt (vgl BGH NJW 1976, 2354, 2346; 1981, 761; 1994, 2825, 2826; 1995, 2034, 2035; 1997, 3022, 3023), und die gesetzliche Formulierung erleichtert den argumentativen Brückenschlag zur Unangemessenheit (vgl Ulmer/Brandner Rn 73). Gleiches gilt auch für das *Transparenzgebot* als Kriterium der Inhaltskontrolle nach § 9 Abs 1 (Einzelheiten Rn 121 ff): Die nach Treu und Glauben gebotene Rücksicht des Verwenders auf die Interessen des Vertragspartners umfaßt auch die weitestmögliche, inhaltliche wie systematische Klarheit der gestellten Vertragsbedingungen. Die Treuwidrigkeit vermeidbarer Unklarheiten liegt auf der Hand; die tatbestandliche Verknüpfung der Unangemessenheit mit Treu und Glauben erlaubt ihre Erstreckung über die Regelungsinhalte hinaus auf die Regelungsdarstellung (im Ansatz ähnlich Soergel/Stein Rn 21).

Besonders engen Bezug zur Treubindung des Verwenders hat schließlich der als Bewertungskriterium anerkannte **Grundsatz der Verhältnismäßigkeit** (Ulmer/Brandner Rn 73; Fastrich 317). Auch das BVerfG will über die Generalklauseln des Zivilrechts (vgl Rn 23) das verfassungsrechtliche Übermaßverbot zur Korrektur gestörter Vertragsparität angewendet wissen (ZIP 1990, 573, 575). Aus dem Grundsatz der Verhältnismäßigkeit folgt zunächst das Gebot eines *möglichst geringfügigen oder schonenden Eingriffs* in die Rechte des Vertragspartners. Soweit danach eine grundsätzlich gerechtfertigte Interessenverfolgung durch den Verwender für unangemessen erklärt werden kann, nur weil sie nicht durch eine auf den Auswirkungen auf den Vertragspartner optimal abmildernde Regelung ergänzt wird (obwohl notfalls auch die vorliegende Klausel hinzunehmen gewesen wäre), kann dies ohne Hinweis auf Treu und Glauben kaum begründet werden (deutlich Soergel/Stein Rn 21; vgl Ulmer/Brandner/Hensen Rn 73; Fastrich 217). Aber auch die *Verhältnismäßigkeit* im engeren Sinne kann eine Rolle spielen, etwa wenn eine relativ geringfügige Vertragswidrigkeit des Vertragspartners zu unproportional schwerwiegenden Sanktionen führen soll (vgl BGH NJW 1990, 767, 768 f [Leistungsfreiheit bei geringfügiger Obliegenheitsverletzung in der privaten Krankenversicherung], ähnlich BGH NJW-RR 1991, 1013, 1014; Wolf Rn 114; Einzelheiten unten Rn 115).

Für **Verbraucherverträge** kommt der Grundsatz der Erforderlichkeit und Verhältnismäßigkeit in der RL deutlicher zum Ausdruck als im deutschen Recht: Art 3 Abs 1 spricht von einem „Mißverhältnis" der beiderseitigen vertraglichen Rechte und Pflichten, und Nr 1 e des RL-Anhangs verbietet die Auferlegung eines „unverhältnismäßig hohen Entschädigungsbetrags" als Sanktion für Vertragsverletzungen des Vertragspartners.

76 f)   Maßgeblicher Zeitpunkt, auf den für die Beurteilung einer Klausel abzustellen ist, ist grundsätzlich der Moment des **Vertragsschlusses** (BGH ZIP 1990, 980, 982; PALANDT/HEINRICHS Rn 2; HEINRICHS NJW 1996, 1381, 1385; MEDICUS NJW 1995, 2577, 2579; ULMER EuZW 1993, 337, 345); für den Verbrauchervertrag wird dies durch Art 4 Abs 1 RL und § 24 a Nr 3 bestätigt (dazu näher DAMM JZ 1994, 161, 172 mwN). Bei der Verbandsklage muß statt dessen der Zeitpunkt der richterlichen Entscheidung maßgeblich sein (MEDICUS NJW 1995, 2577, 2580; zur Rückwirkung des Urteils auf vorher geschlossene Verträge BGH NJW 1984, 1511; zur Kritik hieran und einschränkenden Tendenzen in der Rechtsprechung siehe STAUDINGER/SCHLOSSER § 13 Rn 4 ff).

Spätere Änderungen tatsächlicher Art oder in der Bewertung können die Wirksamkeit einer vertraglich einbezogenen Klausel grundsätzlich nicht mehr berühren; andernfalls wäre die Wirksamkeit von AGB immer nur eine schwebende, Rechtssicherheit und Vertrauensschutz für den Verwender würden unerträglich beeinträchtigt (grundlegend MEDICUS NJW 1995, 2577 ff). Dieser Grundsatz kann nicht mit der These unterlaufen oder relativiert werden, ein Bewertungswandel trete regelmäßig nicht erst mit einer Änderung der Rechtsprechung ein, vielmehr sei diese Änderung Ausdruck eines schon vorher (allgemein oder branchenspezifisch) vollzogenen Bewertungswandels (so HEINRICHS NJW 1996, 1381, 1385; PALANDT/HEINRICHS Rn 2; tendenziell auch MEDICUS NJW 1995, 2577, 2581). Erstens dürfte die für einen konkreten Vertragsschluß erforderliche zeitliche Bestimmtheit kaum je zu erreichen sein, und zweitens bleibt ein rechtlicher Bewertungswandel im Rahmen von § 9 solange unabgeschlossen und fraglich, als er nicht höchstrichterlich übernommen worden ist.

Der BGH nimmt demgegenüber in Anspruch, AGB generell nach der gerichtlichen Rechtsüberzeugung im Zeitpunkt der Entscheidung zu beurteilen, auch wenn damit eine Änderung der bisherigen Rechtsprechung verbunden ist (BGH NJW 1994, 2693, 2694; weitere Beispiele aus jüngerer Zeit sind die Urteile zur Zweckbestimmung bei Bürgschaften [BGH NJW 1995, 2553, 2556; 1996, 1470, 1472; 1998, 450, 451] oder zu Bewertungsgrundsätzen und Freigabegrenze bei der Sicherungstreuhand [BGH ZIP 1996, 542; 1996, 957; 1996, 1164; 1996, 1426 und 1429]; neuerdings einschränkend allerdings BGH NJW 1996, 924, 925; vgl auch ZIP 1997, 632; CANARIS ZIP 1997, 813 ff; PFEIFFER ZIP 1997, 49 ff; SERICK NJW 1997, 1529). Dabei wird verkannt, daß zwar bessere Rechtserkenntnis und Rechtsfortbildung jederzeit möglich sein müssen (Art 20 Abs 3 GG), davon aber die Frage der intertemporalen Geltung der neuen Grundsätze strikt zu unterscheiden ist (vgl MEDICUS NJW 1995, 2577, 2580 f: was bei neuen Gesetzen selbstverständlich ist, muß auch für neues Richterrecht gelten). Es geht auch nicht an, dem AGB-typischen Formulierungs- und Wirksamkeitsrisiko des Verwenders die Dimension zukünftiger Änderungen zuzuschlagen (so der Rechtfertigungsversuch in BGH NJW 1996, 924, 925) – dies bedürfte erst noch einer eigenständigen Begründung im Lichte rechtsstaatlicher Grundsätze (vgl BVerfGE 72, 175, 196; 74, 129, 152 ff). Diskutabel ist allenfalls, den Vertrauensschutz bei uneinheitlicher oder unklarer Rechtsprechung zurücktreten zu lassen; ob hierfür schon überwiegende Kritik an der bisherigen Rechtsprechung oder Wertungswidersprüche zur Rechtsprechung anderer BGH-Senate genügen (so BGH NJW 1996, 924, 925), bliebe zu klären. Immerhin scheint der BGH bereit, die Rückwirkungsproblematik durch eine großzügige, über seine sonstigen Grundsätze hinausgehende geltungserhaltende Reduktion abzumildern (vgl BGH NJW 1995, 2553, 2557 [ohne Offenlegung dieser Motivation]; ausdrücklich MEDICUS NJW 1995, 2577, 2583; CANARIS, in: FS Steindorff [1990] 547 ff; HEINRICHS NJW 1996, 1381, 1385. HAGER [JZ 1996, 175 ff] sieht hier den Ansatz zu einem „Abschied vom Verbot der geltungserhaltenden Reduktion". Zu einem Abhilfevorschlag de lege ferenda siehe NEUHOF ZIP 1995, 883 ff, mit berechtigter Kritik durch HENSEN ZIP 1995, 1139 ff; MEDICUS NJW 1995, 2577, 2584).

Unberührt von den vorstehenden Grundsätzen bleibt die unbedenkliche Möglichkeit, späteren tatsächlichen Änderungen im Rahmen der Ausübungskontrolle gemäß § 242 BGB (siehe Rn 38) Rechnung zu tragen (HEINRICHS NJW 1996, 1381, 1385).

g) Die **Darlegungs- und Beweislast** spielt bei Abs 1 kaum eine Rolle (zu Abs 2 siehe Rn 167), da es hier regelmäßig um Wertungsfragen und nicht um Tatsachen geht (BGH NJW 1985, 2587; KÖTZ, Gutachten A 65; PALANDT/HEINRICHS Rn 5; eine entsprechende „Wertungslast" ist dem geltenden Recht fremd, vgl SCHLOSSER/GRABA Rn 60; BECKER, Auslegung 38, 47 ff; näher STAUDINGER/SCHLOSSER¹² Rn 19). Soweit aber doch einmal Tatsachen im Streit sind, trägt nach allgemeinen Grundsätzen derjenige die Beweislast, der die daraus folgende Unwirksamkeit einer Klausel behauptet, im Individualprozeß also der Vertragspartner (BGH NJW 1983, 1854; 1991, 2763; 1996, 388, 389; ERMAN/HEFERMEHL Rn 32; PALANDT/HEINRICHS Rn 5; SOERGEL/STEIN Rn 49; ULMER/BRANDNER Rn 162). Wird bei einer Sicherungs-Globalabtretung eine Deckungsobergrenze auf 200% festgelegt, so ist es demnach nicht Sache des Verwenders, dies zu rechtfertigen, sondern des Vertragspartners darzulegen, warum die Grenze zu hoch sei (BGH NJW 1996, 388, 389). Allerdings genügen dabei, angesichts des generellen Prüfungsmaßstabs bei AGB-Klauseln (unten Rn 80), Darlegung und gegebenenfalls Beweis derjenigen Umstände, aus denen *typischerweise* die Unangemessenheit folgen würde (BGH NJW 1991, 2763, 2764). Besondere Umstände, die die Klausel dennoch gerechtfertigt erscheinen lassen, sind sodann vom Verwender darzulegen und zu beweisen – etwa bei einer ungewöhnlich hohen Vergütungs- oder Schadenspauschale (BGH NJW 1991, 2763, 2764) oder Deckungsobergrenze (BGH NJW 1996, 388, 389 [hilfsweise Rechtfertigung des Verwenders]).

3. Tatbestand des Art 3 RL

Bei **Verbraucherverträgen** wird § 9 von EG-RL 93/13/EWG überlagert (Einzelheiten oben Rn 53 ff und Einl 7 zu §§ 8 ff). Deren Art 3 Abs 1 enthält eine den § 9 Abs 1 funktional vergleichbare Generalklausel, die trotz unterschiedlichen Wortlauts auch inhaltlich weitgehend mit § 9 Abs 1 übereinstimmt (zum Text der RL siehe Anh § 24 a; im übrigen RegE BT-Drucks 1/2713, 5; BUNTE DB 1996, 1389; HEINRICHS NJW 1993, 1818, 1819; ders NJW 1996, 2190, 2196; KAPNOPOULOU 113 ff; ULMER EuZW 1993, 337, 345; einschränkend BRANDNER MDR 1997, 312, 313 [Maßstäbe inkommensurabel, aber i Erg weitgehend deckungsgleich]). Allerdings ist die Interpretation der Vorschrift noch offen, da sie durch den EuGH nach autonomen, dh von den nationalen Rechten losgelösten Grundsätzen zu erfolgen hat (Rn 56); vorschnelle Projektionen deutschen Verständnisses in den Tatbestand zu Art 3 Abs 1 RL sind deshalb verfehlt. Im einzelnen ist zu beachten:

Gleicher Wortlaut gewährleistet noch nicht gleichen Inhalt, vor allem nicht bei einem unbestimmten Rechtsbegriff wie „Treu und Glauben" (vgl NASSALL WM 1994, 1645, 1652; ders JZ 1995, 689, 690). Verschiedene Wortwahl muß andererseits nicht verschiedenen Inhalt bedeuten (bei der Auslegung nach dem Wortlaut ist auch der verbindliche englisches und französische Text heranzuziehen; vgl Rn 56). So kann nicht aus dem Umstand, daß die RL von „mißbräuchlichen" statt von „unangemessenen" Klauseln spricht, auf eine höhere Interventionsschwelle, etwa im Sinne der vom BGH vor Erlaß des AGBG gelegentlich propagierten Mißbrauchsgrenze (oben Rn 73) geschlossen werden. Denn die Mißbräuchlichkeit im Sinne der RL ergibt sich nach Art 3 Abs 1 aus einem „Mißverhältnis" der vertraglichen Rechte und Pflichten; hiermit wird das Leitbild eines fairen Interessenausgleichs und das Gebot einer umfassenden Interessenabwägung deutlicher als in § 9 Abs 1, aber sachlich übereinstimmend ausgedrückt (vgl Rn 74). Nimmt man das Erfordernis einer erheblichen Benachteiligung des Verbrauchers (vgl Rn 71 f) entgegen den Geboten von Treu und Glauben (vgl Rn 75) zum Zeitpunkt des Vertragsschlusses (vgl Rn 76 und Art 4 Abs 1 RL) hinzu, so tritt die Ähnlichkeit beider Tatbestände deutlich hervor (unbeschadet der autonomen Auslegung des Art 3 Abs 1 [vgl Rn 56; ausführlich dazu KAPNOPOULOU 113 ff, 126 ff]).

Unterschiedlich ist vor allem der *Gegenstand* der Inhaltskontrolle: Bei Verbraucherverträgen sind auch vorformulierte Individualverträge und Drittbedingungen einbezogen (Art 3 Abs 1, 2 RL; § 24 a Nr 1, 2; vgl Einl 7 zu §§ 8 ff). Zur Erstreckung auf Hauptpflichten unter dem Aspekt der Transparenz (Art 4 Abs 2 RL, vgl § 8 Rn 11 ff, 16 und unten Rn 145 f; zu Methode und Maßstäben der Interessenabwägung Rn 85 und Rn 99).

4. Interessenabwägung: Allgemeine Grundsätze

a) Methodische Grundstruktur

79 Zur Konkretisierung des unbestimmten Rechtsbegriffs der „unangemessenen Benachteiligung" (wie auch des „erheblichen und ungerechtfertigten Mißverhältnisses der vertraglichen Rechte und Pflichten" gemäß Art 3 Abs 1 RL) bedarf es einer **umfassenden Interessenabwägung** in bezug auf die in Frage stehende Klausel (siehe Rn 74; zur Beachtung des übrigen Regelungskontextes unten Rn 90). Dabei können folgende gedanklichen Schritte unterschieden werden:

(1) Auf tatsächlicher Ebene die *Feststellung der Situation und Interessen* beider Vertragsparteien, einschließlich des Gewichts der jeweiligen Interessen (dazu im einzelnen unten Rn 112 ff);

(2) auf der Wertungsebene das Aufsuchen einschlägiger Beurteilungskriterien für die Gewichtung und den Ausgleich der Interessen; als Quelle kommen hier vor allem die rechtlichen Regelungen zum betreffenden Vertragstyp, allgemeine Rechtsgrundsätze sowie die im Rahmen des § 9 entwickelten AGB-spezifischen Maßstäbe in Betracht (vgl Rn 87 und Rn 107 ff);

(3) die eigentliche *Abwägung*, dh Gegenüberstellung der beiderseitigen Interessen im Lichte der relevanten Wertungsgesichtspunkte sowie deren Verdichtung und letztlich Integration zu einer Gesamtwertung iSd § 9 Abs 1.

2. Unterabschnitt. § 9 AGBG
Unwirksame Klauseln

Die idealtypische Unterscheidung der Schritte kann nicht darüber hinwegtäuschen, daß sie im Einzelfall untrennbar hermeneutisch miteinander verflochten sind. Insbesondere folgt maßgeblich aus dem normativen Hintergrund, welche Tatsachen relevant sind; umgekehrt ergeben erst die Fakten, welche der Kriterien aus dem allgemeinen Arsenal von Wertungsgesichtspunkten in concreto potentiell einschlägig sind. Das demnach unvermeidliche „Hin- und Herwandern des Blicks" zwischen Recht und Sachverhalt (ENGISCH, Logische Studien 15; ESSER, Vorverständnis und Methodenwahl in der Rechtsfindung [1972] 40 ff, 153; FIKENTSCHER, Methoden IV 197, 385; WIEACKER, in: FS Weber [1974] 421, 432 f) sollte aber nicht davon abhalten, den zum Urteil führenden Denkvorgang möglichst transparent und nachvollziehbar offenzulegen (sorgfältig zB BGH NJW 1994, 2693, 2694; OLG Stuttgart NJW-RR 1995, 116 f; vgl auch vHOYNINGEN-HUENE Rn 154 ff; ULMER/BRANDNER Rn 71. Nicht verträglich mit der hier vertretenen Auffassung ist hingegen die These von FASTRICH [280 ff], wonach die Konkretisierung des § 9 Abs 1 in zwei Schritten zu erfolgen habe: Zunächst Erarbeitung eines „Leitbilds des angemessenen Interessenausgleichs", anschließend die „eigentliche Inhaltskontrolle" der Klausel am Maßstab dieses Leitbilds).

b) Genereller Prüfungsmaßstab und Einzelfallumstände
aa) Grundsatz
Nach allgemeiner Ansicht kommt es bei der Interessenfeststellung und -abwägung 80 nicht auf die konkreten Vertragsparteien und die Umstände des Einzelfalls an. Vielmehr ist – dem generellen Charakter von AGB entsprechend – eine **generalisierende, typisierende Betrachtungsweise** geboten: Eine Klausel ist unwirksam, wenn sie die bei der fraglichen Art von Rechtsgeschäften regelmäßigen und typischerweise bestehenden Interessen des betroffenen Kundenkreises nicht angemessen berücksichtigt (BGH NJW 1982, 765; 1982, 1391, 1392; 1987, 487, 489; 1989, 3010; 1990, 1601, 1602; 1992, 1626, 1627; 1997, 3022, 3024). Abzustellen ist also nicht auf den konkreten Vertragspartner, sondern auf den **Durchschnittskunden** bei Geschäften dieser Art (die Generalisierung gilt also zunächst nur für die Kunden-, nicht die Verwenderseite: der Verwender hat es in der Hand, die speziellen Bedürfnisse und Interessen seines Unternehmens maßgerecht zu wahren; er ist nicht von vornherein auf branchenübliche Regelungen beschränkt; deutlich FASTRICH 311. Kommen in den AGB aber spezielle Interessen nicht zum Ausdruck, ist auch auf die generellen, typischen Interessen dieser Marktseite abzustellen). Bei der Verbandsklage liegt die Notwendigkeit eines derartigen, von den konkreten Gegebenheiten abstrahierenden Prüfungsmaßstabs auf der Hand (BGH NJW 1982, 765; ULMER/BRANDNER Rn 79; WOLF Rn 51), er ist aber jedenfalls dem Grundsatz nach auch im Individualprozeß angebracht (zu entsprechenden Erwägungen bei der Auslegung siehe STAUDINGER/SCHLOSSER § 5 Rn 7; zu Einschränkungen des Grundsatzes unten Rn 83). Die Inhaltskontrolle von AGB rechtfertigt sich gerade auch aus dem generellen, auf eine Vielzahl gleichförmiger Geschäfte zugeschnittenen Charakter; das Einzelgeschäft erscheint so nur als einer von vielen Anwendungsfällen, der Vertragspartner weniger in seiner Individualität, sondern als Vertreter der durch ihn repräsentierten Kundengruppe (vgl BECKER, Auslegung 56 f; TILMAN ZHR 142 [1978] 52, 62). Aus Verwendersicht können bei der Formulierung von AGB nur die typischen Interessen des angesprochenen Kundenkreises berücksichtigt werden, folglich muß sich auch die Inhaltskontrolle gemäß § 9 Abs 1 hierauf beschränken: Sie ist nach der gesetzlichen Konzeption Klauselkontrolle, nicht Vertragskontrolle. Dem Vertragspartner gewährleistet die Inhaltskontrolle nicht mehr als die Angemessenheit einer ihn treffenden generellen Regelung; konsequenterweise wird diese bei Unwirksamkeit durch eine andere generelle Regelung ersetzt (dispositives Recht, § 6 Abs 2; vgl FASTRICH 310; generell auch

ERMAN/HEFERMEHL Rn 7; HEINRICHS NJW 1996, 2190, 2193; HOMMELHOFF/WIEDENMANN ZIP 1993, 562, 568; LÖWE BB 1982, 648, 650. Grundsätzlich anderer Ansicht BASEDOW AcP 182, [1982] 335 ff, insbesondere 356 f; SCHMIDT-SALZER JZ 1995, 223 ff; ders NJW 1995, 1641, 1643; ähnlich auch WOLF Rn 53; KÖTZ BB 1982, 644, 647). Für Korrekturen zugunsten individueller Vertragsgerechtigkeit steht als Auffangnetz die *Ausübungskontrolle* nach § 242 BGB zur Verfügung (vgl oben Rn 38; WOLF Rn 51; ULMER/BRANDNER Rn 81; BECKER, Auslegung 56 f, 64. MUNZ [242 ff] will – nach Auswertung US-amerikanischer Erfahrungen – diesem Ansatz jedenfalls für den kaufmännischen Bereich wesentlich erweiterte Bedeutung zuweisen).

81 Im einzelnen blendet die generalisierende Betrachtungsweise *persönliche* Umstände aus, wie zB die konkrete Schutzbedürftigkeit, Geschäftserfahrung oder Rechtskenntnis des Vertragspartners (auch im beruflichen Verkehr kommt es nur auf den typischen, nicht den konkreten Geschäftspartner an, vgl Rn 82); dabei kommt es auf den Vertragspartner selbst, nicht seinen Vertreter an (KG WM 1991, 1250, 1252: § 166 BGB nicht einschlägig). Ausgeblendet werden des weiteren die *Auswirkungen* der Klausel auf das konkrete Vertragsverhältnis: maßgebend für die Beurteilung nach § 9 Abs 1 sind nur die von der Klausel generell eröffneten Wirkungsmöglichkeiten und Folgen. Führen diese zum Verdikt der Unangemessenheit, so spielt es keine Rolle, wenn sich im Einzelfall das unangemessene Wirkungspotential nicht realisiert hat (wichtige Einschränkung aber unten Rn 83; vgl im übrigen WOLF Rn 51), etwa auch, weil der Verwender von einer ihm unangemessenerweise eingeräumten Rechtsposition keinen Gebrauch gemacht hat (BGH NJW 1982, 870, 872; ZIP 1996, 2075, 2078), vielleicht auch gar nicht machen konnte mangels technisch-organisatorischer Voraussetzungen (BGH NJW 1994, 1060, 1061) oder eine Schutzmaßnahme zugunsten des Vertragspartners ergriffen hat (zB Verwertungsandrohung bei Sicherungen), obwohl eine entsprechende Verpflichtung in den AGB fehlte, jedoch objektiv geboten war (vgl BGH NJW 1992, 2626, 2627; im übrigen BGH NJW 1980, 1947; 1987, 1634; 1993, 2369, 2371). Gleichermaßen unbeachtlich ist auch der Einwand des Verwenders, die unangemessene Klausel werde zumeist durch anderslautende Individualvereinbarungen verdrängt (unten Rn 83). Umgekehrt wird eine generell angemessene Schutzklausel zugunsten des Verwenders (zB Verlängerung der Gewährleistungsfrist bei Flachdächern für Bau-Auftraggeber) nicht deshalb für den Einzelfall unwirksam, weil sie hier wegen besonderer Umstände (besondere Schutzvorkehrungen durch Vertragspartner) nicht nötig gewesen wäre (BGH DB 1996, 1562, 1563). Eine den typischen Zeitablauf bei Scheckeinreichung berücksichtigende Wertstellungsklausel ist angemessen, auch wenn eine frühere Gutschrift durch die bezogene Bank in Einzelfällen nicht auszuschließen ist (BGH ZIP 1997, 1146, 1148).

bb) Gruppentypische Differenzierungen

82 Der generalisierende Prüfungsansatz schließt aber **Differenzierungen** nicht aus, soweit diese nicht nur auf den Einzelfall abstellen. Lassen sich im Anwendungsbereich der AGB unterschiedliche Interessengruppen ausmachen, sind Differenzierungen sogar geboten, damit nicht Ungleiches gleich behandelt wird. Hier liegt sogar eine Hauptfunktion der flexiblen, generalklauselartigen Fassung des § 9 Abs 1: Anders als bei den zunehmend vorstrukturierten Wertungen der §§ 9 Abs 2, 10 und 11 sollen mit § 9 Abs 1 alle übrigen, naturgemäß heterogenen AGB-Regelungen aufgefangen und direkt anhand des letztentscheidenden Maßstabs („unangemessene Benachteiligung") kontrolliert werden (vgl Rn 65 ff). Die notwendige Offenheit der Generalklausel impliziert einen Verweis des Rechtsanwenders auf alle wertungsrele-

vanten Umstände des Einzelfalls (vgl ENGISCH, Einführung in das juristische Denken [8. Aufl 1983] 120 ff; LARENZ/CANARIS, Methodenlehre [3. Aufl 1995] 44 f, 109 ff) – bei der AGB-Kontrolle nur eben mit der Einschränkung, daß individuelle Besonderheiten gerade *dieser* Vertragsparteien unberücksichtigt bleiben (Rn 80): Einzelfallgerechtigkeit bedeutet hier „Einzelklauselgerechtigkeit", was die Beachtung der gesamten Regelungssituation erfordert.

In diesem Sinne können sich gruppentypische Unterschiede nach der **Art des Geschäfts** oder Vertrages oder nach der Branche ergeben (zB müssen bei Verträgen mit höchstpersönlichem Charakter wie dem Partnerschaftsvermittlungsvertrag die Lösungsmöglichkeiten für den Vertragspartner offener gehalten werden als bei anderen Verträgen, vgl BGH NJW 1989, 1479 [Kündigung gemäß § 627 BGB]; OLG Düsseldorf NJW-RR 1995, 369 [Laufzeit-Verlängerungsklausel]; beim Werftvertrag erlaubt die regelmäßige Sachversicherung des Schiffseigners eine sonst mißbilligte Haftungsfreizeichnung der Werft, BGH NJW 1988, 1785; die Überwälzung von Schönheitsreparaturen im Mietvertrag beurteilt sich unterschiedlich, je nachdem, ob der Mieter selbst eine Anfangsrenovierung vornehmen mußte oder nicht, BGH NJW 1986, 2102, 2103; schon das Gesetz selbst differenziert zwischen dem Verkauf von Neu- oder Gebrauchtwaren, § 11 Nr 10 [im Anschluß an BGH NJW 1957, 17; 1974, 1322; 1979, 1886]). Untergruppen mit unterschiedlichen Prüfungsmaßstäben können sich jedoch auch nach den auf Kundenseite **beteiligten Personen** bilden lassen. Schon das Gesetz differenziert insoweit zwischen Kaufleuten bzw sonstigen beruflich Handelnden (§ 24), Verbrauchern (§ 24 a) und „Normalkunden" (vgl Rn 21). Auch innerhalb dieser Personenkreise können sich gruppentypische Interessenlagen finden – etwa zwischen Kaufleuten und Kleingewerbetreibenden (vgl die sachlichen Differenzierungen im HGB), zwischen Kaufleuten und Freiberuflern oder innerhalb der Verbrauchergruppe zwischen „reinen Privaten" und solchen geschäftserfahrenen Berufspersonen, die nur außerhalb ihres Berufsfeldes handeln (hier erlauben schon Art 4 Abs 2 RL, § 24 a Nr 3 entsprechende Unterscheidungen, dazu Rn 84; ähnlich HEINRICHS NJW 1986, 2190, 2194, jedoch ohne die Möglichkeit gruppentypischer Differenzierungen). Selbst bereichsspezifische, feine Differenzierungen sind zulässig, wenn sie aussagekräftig für eine unterschiedliche Interessenlage und hinreichend deutlich abgrenzbar sind (bejaht von BGH NJW 1990, 1601, 1602: zwei Gruppen von Grundschuld-Sicherungsgebern, je nachdem ob sie Eigentümer des haftenden Grundstücks sind oder nicht [in bezug auf die Abtretbarkeit des Grundschuld-Rückgewähranspruchs]; *verneint* von BGH NJW 1992, 1097, 1098: mangels klarer Abgrenzbarkeit keine Differenzierung zwischen privaten Groß- und Kleinkreditnehmern [in bezug auf die Transparenzanforderungen]). Im Ergebnis gilt: „Werden Allgemeine Geschäftsbedingungen für verschiedene Arten von Geschäften oder gegenüber verschiedenen Verkehrskreisen verwendet, deren Interessen, Verhältnisse und Schutzbedürfnisse generell unterschiedlich gelagert sind, so ist die Abwägung in den durch die am Sachstand orientierte typische Interessenlage gebildeten Vertrags- oder Fallgruppen vorzunehmen und kann zu gruppentypisch unterschiedlichen Ergebnissen führen" (BGH NJW 1990, 1601, 1602; vgl BGH NJW 1985, 320; 1986, 2102; 1987, 2575).

cc) Einschränkungen und Ausnahmen
Obwohl der generalisierende, typisierende Prüfungsmaßstab als übergreifender Grundsatz jeder Inhaltskontrolle bezeichnet werden kann (Rn 80), erleidet er doch gewisse **Einschränkungen im Individualprozeß**. So legt das *konkrete Vertragsverhältnis* fest, auf welche Fall- oder Personengruppe die Kontrolle zu beziehen ist, wenn sich der generelle Anwendungsbereich der AGB auf mehrere solcher Gruppen mit je

typischen Interessen und entsprechend eigenständigem Prüfungsmaßstab (Rn 82) erstreckt. So kann im Individualstreit zwischen Berufspersonen eine Klausel nicht deshalb für unwirksam erklärt werden, weil sie konzeptionell auch für den privaten Verkehr gilt und dort, aber auch nur dort, unangemessen wäre. Hat der Mieter die Wohnung renoviert übernommen, ist die generelle Überwälzung der Schönheitsreparaturen in den Mietbedingungen nicht deshalb für unwirksam zu erklären, weil sie es gegenüber einem Mieter wäre, der die Anfangsrenovierung selbst durchgeführt hat (vgl Rn 82). Hieraus folgt: Die Einzelfallumstände sind im Individualprozeß, im Gegensatz zur Verbandsklage, dann und insoweit zu beachten, als sie im generellen Anwendungsbereich der AGB einen Sonderbereich mit gruppentypischen Interessen bezeichnen (vgl WOLF Rn 53 f).

84 Des weiteren ist fraglich, inwieweit **Individualabreden** oder sonstige Einzelfallumstände berücksichtigt werden können. Im *Verbandsprozeß* liegen diese nicht vor; es kann auch vom Verwender nicht eingewendet werden, eine inhaltlich oder wegen Unvollständigkeit oder Unklarheit unangemessene Klausel werde in der Praxis regelmäßig durch Individualabreden, die den Mangel behöben, begleitet, wenn die Klausel selbst solche Abreden nicht gewährleistet (BGH NJW 1983, 1320, 1322; 1986, 43, 44; 1991, 36, 37; 1992, 179, 180; 1992, 180, 181; OLG Köln ZIP 1981, 1101). Im *Individualprozeß* müssen Individualabreden schon im Hinblick auf § 4 beachtet werden. Aber auch außerhalb des Anwendungsbereichs dieser Vorschrift können solche Abreden zu berücksichtigen sein, wenn sie geeignet sind, die Interessenabwägung nach § 9 Abs 1 zu beeinflussen. Dies ist beispielsweise der Fall, wenn Individualabsprachen die für die Klauselbeurteilung wesentliche Faktenlage ergänzen (vgl BGH LM Nr 5 zu § 9 [Cb] AGBG) oder Teilregelungen in AGB vervollständigen. Problematischer hingegen ist die Beachtung von Einzelfallumständen, wenn sie dazu dienen, die Bedenklichkeit einer – generalisierend gesehen – unangemessenen Klausel in concreto auszuräumen. So verfährt der BGH bei Verstößen gegen das Transparenzgebot: Er eröffnet dem Verwender die Möglichkeit, die Intransparenz einer Klausel im Einzelfall durch entsprechende Aufklärung des Kunden vor oder bei Vertragsschluß zu beseitigen; dem Kunden wird sodann nicht nur die Berufung auf die Intransparenz der Klausel im Einzelfall verweigert (Ausübungskontrolle gemäß § 242 BGB), vielmehr gilt die Intransparenz als beseitigt, die Klausel selbst wird in diesem Fall für wirksam erachtet (siehe unten Rn 144 ff).

Des weiteren wird auch vertreten, daß **individuelle Zugeständnisse** des Verwenders (beim Preis oder anderen Vertragsbedingungen) als Ausgleich für eine bedenkliche Klausel berücksichtigt werden könnten (SCHLOSSER/GRABA Rn 51; PETEV JR 1978, 4, 6; STAUDINGER/SCHLOSSER[12] Rn 34). Solange diesen Zugeständnissen der kausale Bezug zur Akzeptanz der Klausel durch die Vertragspartner fehlt, bleiben sie bei der Klauselbewertung jedenfalls unbeachtet (so auch SCHLOSSER aaO; BECKER 64; zum Kompensationsargument im übrigen unten Rn 91 ff). Besteht aber direkter Verhandlungsbezug, dann sollte die Zug-um-Zug gegen ein Zugeständnis des Verwenders akzeptierte Klausel regelmäßig als „ausgehandelt" iSv § 1 Abs 2 angesehen und der Inhaltskontrolle entzogen werden (vgl BGH NJW 1988, 410; 1991, 1678, 1679; 1992, 2283, 2285; ERMAN/HEFERMEHL Nr 25; BECKER 63 f will ein ähnliches Ergebnis über § 4 erreichen, jedoch fehlt es hier am Widerspruch zwischen Klausel und Individualabrede). Das setzt allerdings voraus, daß der Vertragspartner die Klausel voll in seinen Willen aufgenommen hat (BGH NJW-RR 1986, 54; NJW 1992, 2283, 2285 bejaht dies sogar für den Fall, daß der Verwender den Vertragspartner von der sachlichen Notwendigkeit der Regelung überzeugt hat und sein „Zugeständnis" für die Akzeptanz nur die Bereitschaft zum Vertragsschluß ist; kritisch ULMER § 1 Rn 51); dies ist nicht der Fall, wenn er sich bei einer insgesamt unerwünschten Regelung angesichts der grundsätzlichen Unnachgiebigkeit des Verwenders resignierend mit einer Abmilderung zufrieden gibt (vgl BGH NJW 1991, 1678, 1679: Provisionspflicht des Grundstückseigentümers gegenüber Makler auch bei Eigenverkauf; als Verhandlungsergebnis lediglich Absenkung der Provisionshöhe. Einzelheiten STAUDINGER/SCHLOSSER § 1 Rn 32 ff). Liegen die Voraussetzungen des § 1 Abs 2 nicht vor, unterfällt die belastende Klausel also der Inhaltskontrolle, dann hängt die Berücksichtigungsfähigkeit individueller Abreden von der allgemeinen Frage ab, inwieweit bei der Beurteilung einer Klausel auch der vertragliche Gesamtzusammenhang zu berücksichtigen ist (dazu unten Rn 90 ff). Ist demnach eine Kompensations- oder Summierungswirkung mehrerer Regelungen grundsätzlich möglich, so kann es nicht darauf ankommen, ob eine dieser Vertragsbedingungen individuell vereinbart worden ist: Vereinbaren zB Vermieter und Mieter, daß ersterer – entgegen dem Formulartext des Mietvertrags – die Anfangsrenovierung durchführt, kann die klauselmäßige Überwälzung der Schönheitsreparaturen in diesem Fall nicht mehr als unangemessen eingestuft werden. Hierin liegt der richtige Kern, aber auch die Begrenzung der oft pauschal geäußerten These, daß bei Prüfung einer Klausel der gesamte Vertragsinhalt *einschließlich seiner Individualteile* zu würdigen sei (BGH NJW 1993, 532 mw RsprNachw; BayObLG NJW-RR 1993, 1097, 1098; ULMER/BRANDNER Rn 85 [vgl aber Rn 78]; DAMM JZ 1994, 161, 174. In der Rechtsprechung ging es dabei zumeist um den Summierungseffekt, fast ausschließlich aber jedenfalls um die Einbeziehung anderer *Klauseln*, nicht Individualabreden). Jenseits der Grenze eines nach allgemeinen Grundsätzen beachtlichen Gesamtzusammenhangs verschließt der generalisierende-typisierende Prüfungsmaßstab von AGB jedoch auch im Individualprozeß die Berücksichtigung von Einzelfallumständen. Auch für den *beruflichen Verkehr* gilt insoweit nicht grundsätzlich etwas anderes (aM MUNZ 192 f; dazu auch oben Rn 80 am Ende).

dd) Abweichungen beim Verbrauchervertrag
Für Verbraucherverträge gelten die vorstehenden Grundsätze nur modifiziert. Nach Art 4 Abs 2 RL ist die Mißbräuchlichkeit einer Klausel zu bestimmen „unter Berücksichtigung der Art der Güter oder Dienstleistungen, die Gegenstand des Vertrages sind, aller den Vertragsschluß begleitenden Umstände ... zum Zeitpunkt des Vertragsschlusses". § 24 a Nr 3 gebietet als Sonderregelung nur die Berücksichtigung der Einzelfallumstände – im übrigen bestand kein Umsetzungsbedarf, weil der darüber hinausgehende Text des Art 4 Abs 2 RL gruppentypische Unterschiede betrifft, die auch bei § 9 zu beachen sind (Rn 82). Damit steht dem generalisierenden, typisierenden Prüfungsmaßstab des AGBG ein **konkret-individueller Maßstab** bei Verbraucherverträgen gegenüber. Obwohl einiges dafür spricht, daß es sich hierbei um ein Relikt aus früheren RL-Entwürfen handelt, die auch die Inhaltskontrolle von Individualvereinbarungen vorsahen (DAMM JZ 1994, 161, 173 mwN), beansprucht dieser Prüfungsansatz Geltung nicht nur bei Einzelvertragsklauseln (§ 24 a Nr 2), sondern auch bei AGB – sofern es sich nur um einen Verbrauchervertrag handelt (BRANDNER MDR 1997, 312, 314; HEINRICHS NJW 1996, 2190, 2194; DAMM JZ 1994, 161, 173). Dies mag damit gerechtfertigt werden, daß die RL den Schutz des Verbrauchers (als präsumtiv „schwächeren" Vertragsteil) in den Mittelpunkt stellt und nicht – wie das AGBG – den Schutz jedes Vertragspartners vor der gezielten Ausschaltung seiner vertraglichen Mitbestimmung (hierauf könnte auch die unterschiedliche Wortwahl hindeuten: „Unange-

messenheit" einer Klausel zielt auf ihre abstrakte Würdigung anhand eines objektiven Maßstabs, „Mißbräuchlichkeit" hingegen auf ihren Einsatz im konkreten Vertrag).

Allerdings ersetzt die konkret-individuelle Betrachtung bei Verbraucherverträgen nicht den generalisierenden Prüfungsmaßstab, sondern **tritt nur ergänzend hinzu** (HEINRICHS NJW 1996, 2190, 2193 f [„Kombinationslösung"]; DAMM JZ 1994, 161, 174; **aA** SCHMIDT-SALZER JZ 1995, 223). Dies ergibt sich unzweideutig aus den Erwägungsgründen 15 und 16 der RL, die den generellen Prüfungsmaßstab als Grundsatz und die konkret-individuelle Betrachtung als Ergänzung darstellen, die aus dem RL-Verweis auf „Treu und Glauben" folge (unrichtig deshalb HOMMELHOFF/WIEDENMANN ZIP 1993, 562, 568 f, die den konkret-individuellen Ansatz der RL als primären bewerten wollen; kritisch dazu DAMM JZ 1994, 161, 174). Auch der Klauselanhang zur RL läßt erkennen, daß der RL-Geber generalisierende Bewertungen in seinen Schutzansatz mitaufnehmen wollte (zutreffender Hinweis von HEINRICHS NJW 1996, 2190, 2193). Schließlich enthält Art 4 Abs 1 RL selbst einen Vorbehalt zugunsten der Verbandsklage, bei der notwendigerweise nur abstrakt-typisierend geprüft werden kann. Damit erweist sich § 24 a Nr 3, der „auch" die konkret-individuelle Betrachtung eröffnet, als richtliniengetreue Umsetzung; aus dem Wortlaut der Vorschrift („die den Vertragsschluß begleitenden Umstände") wird überdies deutlich, daß die Sonderregelung **nur für das Individualverfahren** gilt.

86 Was im Rahmen der konkret-individuellen Betrachtung in die Bewertung einfließen kann, macht **Erwägungsgrund 16 der RL** deutlich. Demnach „ist besonders zu berücksichtigen, welches Kräfteverhältnis zwischen den Verhandlungspositionen der Parteien bestand, ob auf den Verbraucher in irgendeiner Weise eingewirkt wurde, seine Zustimmung zu der Klausel zu geben", ob eine Sonderbestellung des Verbrauchers vorlag und ob der Verwender den Interessen des Verbrauchers loyal und billig Rechnung getragen hat. Damit kann die Inhaltskontrolle bei Verbraucherverträgen auch Gesichtspunkte berücksichtigen, die sonst in AGBG durch § 3 erfaßt werden – der fehlende Verweis auf diese Vorschrift in § 24 a Nr 2 ist bedeutungslos (vgl SCHMIDT-SALZER, in: FS Trinkner (1995) 361 ff, 374 f; abweichend, aber mit gleichem Ergebnis der Rechtsausschuß, BT-Drucks 13/4699, 6). Zu beachten ist dabei, daß nicht unmittelbar auf das Kräfteverhältnis der Parteien, sondern nur ihrer Verhandlungspositionen abgestellt wird (siehe oben Rn 5). Immerhin ist damit aber eine konkrete Paritätsprüfung eröffnet, auf die es außerhalb von Verbraucherverträgen nach dem AGBG gerade nicht ankommt. Spätestens hier (wenn man nicht schon gruppentypisch differenzieren will) kann in die Bewertung einfließen, ob es sich um eine Großbank oder einen Gemüsehändler (auf Unternehmerseite) bzw um einen geschäftserfahrenen oder einen unkundigen, leichtsinnigen Verbraucher handelte (HEINRICHS NJW 1996, 2190, 2194). Daraus wird deutlich, daß sich die einzelfallorientierte Würdigung korrigierend „in beide Richtungen" auswirken kann – nichtigkeitsbegründend oder geltungserhaltend (HEINRICHS NJW 1996, 2190, 2194; PALANDT/HEINRICHS § 24 a Rn 17; BÖRNER JZ 1997, 595 ff; BRANDNER MDR 1997, 312, 314). Vor der RL-Umsetzung konnte noch – unter Berufung auf den Verbraucherschutzzweck – eine nur „halbseitige", nur den Verbraucher *begünstigende* (also klauselvernichtende) Berücksichtigung von Einzelfallumständen im deutschen Recht propagiert werden; die Nichtberücksichtigung von dem Verwender günstigen Umständen wäre als strengere Regel iSv Art 8 RL zulässig gewesen (so HEINRICHS NJW 1993, 1817, 1821; DAMM JZ 1994, 161, 174, 177). § 24 a Nr 3 hat von dieser Gestaltungsmöglichkeit jedoch keinen Gebrauch gemacht und eine umfassende, im Ergebnis offene Einzelfallprüfung vorgeschrieben (konsequent HEINRICHS NJW 1996, 2190, 2194; vgl im übrigen auch die Erläuterungen STAUDINGER/SCHLOSSER zu § 24 a).

c) **Quellen normativer Maßstäbe**
Als Erkenntnisquelle für normative Maßstäbe, anhand derer eine Klausel nach § 9 Abs 1 zu beurteilen ist, steht dem Rechtsanwender die **Gesamtheit der Rechtsordnung** zur Verfügung. Hierzu gehört in erster Linie das AGBG selbst – insbesondere die Verbotskataloge der §§ 10 und 11 (dazu im einzelnen Rn 9 ff), aber auch andere Vorschriften: So wird beispielsweise das Transparenzgebot als übergreifende, auch im Rahmen von § 9 beachtliche Gesetzeswertung aus den §§ 2, 3 und 5 hergeleitet (unten Rn 121 ff). Außerhalb des AGBG sind, nicht erst kraft ausdrücklichen Verweises in § 9 Abs 2 Nr 1, alle *Gesetze im materiellen Sinne* potentielle Wertquellen, einschließlich der ungeschriebenen, dem positiven Recht immanenten Rechtsprinzipien. Auch das *Verfassungsrecht* (dazu Rn 23) sowie das Europa- und internationale Recht können bei der Konkretisierung der Wertmaßstäbe des § 9 Bedeutung erlangen (vgl BGHZ 59, 82, 85 zur Berücksichtigung einer Entschließung der UNESCO zum internationalen Kulturgüterschutz bei der Beurteilung eines Vertrages nach § 138 BGB). Legitime Orientierungsfunktion entfaltet des weiteren die bisherige *Rechtsprechung*, ohne daß es auf die Diskussion über ihre richterrechtliche Qualität ankäme (zum Stellenwert in Abs 2 Nr 1 siehe Rn 173). Außerhalb positivierter Entscheidungsmaßstäbe gehört die Suche nach Konsens zu den legitimen Vergewisserungskriterien für den zur Wertkonkretisierung aufgerufenen Rechtsanwender (COESTER, Das Kindeswohl als Rechtsbegriff [1983] 388 ff mwN). Angesichts des Kontinuitätszusammenhangs zwischen AGBG und den von der Rechtsprechung vor 1977 erarbeitenden Grundsätzen zur Inhaltskontrolle (Einl 3 zu §§ 8 ff) kann insoweit auch auf diese ältere Rechtsprechung zurückgegriffen werden (näher STAUDINGER/SCHLOSSER[12] Rn 18); die reichhaltige Entscheidungspraxis seit Inkrafttreten des AGBG machte diesen Rückgriff allerdings zunehmend überflüssig.

Hilfsweise und letztmaßgeblich bleibt der Rechtsanwender auf die *Leitidee der Vertragsgerechtigkeit* zurückgeworfen, auf die das Gesetz in § 9 Abs 1 und Abs 2 Nr 2 ausdrücklich verweist.

Unklar ist die Bedeutung des **Klauselanhangs zur EG-RL** für die Inhaltsbestimmung von Art 3 Abs 1 RL und damit auch für die richtlinienkonforme Auslegung des § 9 bei Verbraucherverträgen (zu letzteren oben Rn 53 ff). Der Anhang beansprucht von vornherein nicht eine den Verbotskatalogen der §§ 10, 11 vergleichbare Verbindlichkeit. Gemäß Art 3 Abs 3 RL soll er exemplarisch verdeutlichen, was als „mißbräuchliche Klausel" iSv Art 3 Abs 1 RL in Betracht kommt – er bietet also eine Konkretisierungshilfe für die Generalklausel. Demgemäß enthält er nur eine „als Hinweis dienende und nicht erschöpfende Liste" (ähnlich Erwägungsgrund 17: „Die Liste der Klauseln im Anhang kann für die Zwecke dieser Richtlinie nur Beispiele geben..."; zur Diskussion zu diesem Konzept vgl ECKERT WM 1993, 1070, 1076; HOMMELHOFF/WIEDENMANN ZIP 1993, 562, 563); außerdem gibt der RL-Geber auch mit den aufgeführten Klauseln nur Wertungs*tendenzen* vor und überläßt die abschließende Wertung entweder dem nationalen Gesetzgeber oder dem Rechtsanwender („... Klauseln, die für mißbräuchlich erklärt werden *können*; vgl demgegenüber §§ 10, 11: „... *ist* unwirksam"). Obwohl der RL-Anhang mit den Katalogen der §§ 10, 11 zwar weitgehend, aber nicht völlig übereinstimmt (BT-Drucks 13/2713, 6; HEINRICHS NJW 1996, 2190, 2197; NASSALL WM 1994, 1645, 1651; ders JZ 1995, 689, 691 ff), war der Gesetzgeber deshalb gemeinschaftsrechtlich nicht verpflichtet, eine Angleichung vorzunehmen (bewußter Verzicht in BT-Drucks 13/2713, 6; vgl WOLF Art 3 RL Rn 31; PALANDT/HEINRICHS § 24 a Rn 25; HEINRICHS NJW 1993, 1817, 1821; DAMM JZ 1994, 161, 175; ECKERT WM 1993, 1070, 1076; ders ZIP 1996, 1238, 1241; *für* eine Angleichung vor allem FREY ZIP 1993, 572, 579; KAPNOPOULOU 141 f).

Daraus folgt aber nicht die Bedeutungslosigkeit des RL-Anhangs für den Rechtsanwender. Als verbindliche Vorgabe des Gemeinschaftsrechts bleibt **Art 3 Abs 1 RL**, und es liegt nahe, auf der Suche nach inhaltlichen Kriterien für die dort genannten Rechtsbegriffe auf die Hinweise zurückzugreifen, mit denen der RL-Geber selbst sein Verständnis der Generalklausel verdeutlicht hat (vgl KAPNOPOULOU 141: „Leitbild"). Es darf erwartet werden, daß der EuGH den **Anhang als Orientierungshilfe** benutzen wird (FREY ZIP 1993, 572, 579; KAPNOPOULOU 142). Folglich dürfen dies auch die deutschen Gerichte, wenn sie die Anforderungen der RL zu bestimmen haben (BUNTE DB 1996, 1389, 1390; NASSALL WM 1994, 1645, 1651 [zurückhaltender allerdings JZ 1995, 689, 691]; zur Prüfung des EG-Rechts bei Verbraucherverträgen siehe oben Rn 54). Dagegen kann nicht argumentiert werden, der deutsche Gesetzgeber habe sich gerade *gegen* die Übernahme des RL-Katalogs entschieden, weshalb auch den deutschen Gerichten dessen Beachtung verschlossen sei (so ECKERT ZIP 1996, 1238, 1241). Der deutsche Gesetzgeber konnte nur über die Positivierung des RL-Anhangs entscheiden, nicht über die Geltung von Art 3 Abs 1 RL; mit der Nichtübernahme der abweichenden Regelung des Anhangs ist deren Bedeutung für die Konkretisierung von Art 3 Abs 1 RL nur in die verantwortliche Auslegung durch die Gerichte verlagert (vgl ULMER EuZW 1993, 337, 339).

Es bleibt die Frage nach dem **Gewicht des Anhangs** für die Inhaltsbestimmung von Art 3 Abs 1 RL. Der unvermittelte Schluß von der dortigen Auflistung einer Klausel auf ihre Mißbräuchlichkeit iSv Art 3 Abs 1 RL würde schon der erklärten Funktion des Anhangs als unverbindlicher Hinweis zuwiderlaufen (HEINRICHS NJW 1996, 2190, 2197). Der Anhang enthält typisierte, für wesentlich erachtete Wertungsaspekte, nicht aber die für die Wirksamkeit einer Klausel maßgebliche Gesamtwertung des Art 3 Abs 1 RL, in die nicht nur noch andere Gesichtspunkte, der Gesamtkontext des vorformulierten Regelwerks und die Einzelfallumstände einfließen können (Art 4 Abs 1), sondern auch der normative Rahmen des nationalen Rechts (vgl Rn 57). Dennoch bleibt die Funktion des RL-Anhangs als *Hinweis für die regelmäßige Beurteilung* der aufgeführten Klauseln, dh als **Unwirksamkeitsindiz** (für eine Indizwirkung auch WOLF Art 3 RL Rn 32; KAPNOPOULOU 141 spricht von einem „Vermutungscharakter" des Anhangs). Dies zwingt nicht nur zur besonders sorgfältiger Prüfung einschlägiger Klauseln, sondern auch zur Begründung, warum sie im gegebenen Fall *nicht* entsprechend der tendenziellen Verwerfung durch den RL-Geber für mißbräuchlich erachtet werden (ähnlich WOLF Anh RL Rn 1). Damit erfüllt der RL-Anhang eine Funktion, die zT auch dem dispositiven Recht in § 9 Abs 2 Nr 1 beigemessen wird. Er stellt eine widerlegbare, aber auch **widerlegungsbedürftige Regelwertung** auf (zu § 9 Abs 2 Nr 1 siehe unten Rn 163 ff). Diese verlangt aus sich heraus Berücksichtigung auch durch nationale Gerichte bei der Konkretisierung des Art 3 Abs 1 RL; es bedarf für ihre Heranziehung nicht zusätzlicher legitimierender Erwägungen, etwa der Förderlichkeit für effektiven Verbraucherschutz oder anderweitiger Gemeinschaftsnormen, die die Regelwerte abstützen (so aber HEINRICHS NJW 1996, 2190, 2197).

Für die **Rechtsanwendungspraxis** wird dies im wesentlichen nur relevant, soweit die Kataloge im Anhang der RL und in §§ 10, 11 nicht übereinstimmen. Bei Übereinstimmung folgt die Unwirksamkeit einer einschlägigen Klausel nicht aus § 9, sondern schon aus §§ 10 oder 11, die, weil sie keine umfassende Gesamtabwägung mehr voraussetzen, als strengere nationale Regelung (Art 8 RL) gegenüber Art 3 Abs 1, Abs 3 RL in Verbindung mit dem RL-Anhang anzusehen sind – auf das Gemeinschaftsrecht kommt es insoweit nicht mehr an. Findet eine im RL-Anhang aufgeführte Klausel in § 10 ihre Entsprechung (wie zB der Änderungsvorbehalt bezüglich der Verwenderleistung, § 10 Nr 10 bzw RL-Anhang Nr 1 j, k) und wird sie im Rahmen der dort eröffneten Wertung ausnahmsweise für angemessen erachtet, so ist diese Wertung zwar nicht de iure, wohl aber im praktischen Ergebnis regelmäßig präjudiziell auch für die Nichtanwendbarkeit der entsprechenden Regelwertung im Klauselanhang (vgl WOLF Anh RL Rn 145 [zu § 10 Nr 4]). Dabei ist es unerheblich, ob das Klauselverbot des RL-Anhangs einen vergleichbaren Wertungsspielraum eröffnet, die Widerlegbarkeit aus dem Einzelfall heraus ist dem gesamten RL-Anhang aufgrund seiner begrenzten Funktion (oben Rn 88) immanent. Bei *Nichtübereinstimmung* der Kataloge (über §§ 10, 11 hinausgehende Verbote im RL-Anhang etwa in Nr 1 a [Freizeichnungsverbot bei Personenschäden], Nr 1 b [Schutz des Zurückbehaltungsrechts des Verbrauchers], Nr 1 c, d, f [Gleichbehandlungsprinzip]) kann hingegen die Situation eintreten, daß das deutsche Gericht die – von §§ 10, 11 nicht erfaßte – Klausel auch nach § 9 für noch hinnehmbar einstuft, bei der ergänzenden Kontrolle nach EG-Recht aber auf ein einschlägiges Verbot im RL-Anhang stößt. Nach der vorstehend vertretenen Auffassung (Rn 88) bedarf es dann einer *besonderen Rechtfertigung aus dem Gemeinschaftsrecht heraus*, warum diese Regelwertung im Einzelfall nicht zur Mißbräuchlichkeit der Klausel gemäß Art 3 Abs 1 RL führt. Die nach § 9 vorgenommene Interessenabwägung reicht hierfür auch inhaltlich nicht, weil sie von einer anderen Fragestellung ausging („unangemessene Benachteiligung", statt: „ausnahmsweise Rechtfertigung einer regelmäßig mißbräuchlichen Klausel").

d) Gesamtzusammenhang des Vertrags
aa) Grundproblematik
Obwohl Gegenstand der Inhaltskontrolle eine einzelne Klausel ist (oben Rn 51), so ist bei der Angemessenheitsprüfung nach allgemein üblicher Darstellung doch stets auch „der gesamte Vertragsinhalt einschließlich seiner Individualteile zu würdigen" (BGH NJW 1993, 532; vgl BGH NJW 1982, 644, 645; 1989, 582; 1990, 761; NJW-RR 1990, 1141; NJW 1992, 179; 1992, 180; BayObLG NJW-RR 1993, 1097, 1098; ERMAN/HEFERMEHL Rn 14; vHOYNINGEN-HUENE Rn 171 ff; SOERGEL/STEIN Rn 7, 29; PALANDT/HEINRICHS Rn 9; ULMER/BRANDNER Rn 85; WOLF Rn 133). Gemeint ist dabei von vornherein nicht, daß nun doch das gesamte Klauselwerk oder der Vertrag Gegenstand der Bewertung sein sollen – sie bilden nur den Verständnis- und Bewertungshintergrund für die zu prüfende Klausel. Aber auch insoweit ist die Aussage noch zu pauschal und mißverständlich. Sie läßt die entscheidende Frage offen, *wann und unter welchen Voraussetzungen* anderweitige Regelungen des Vertrags die Wirkung einer Klausel beeinflussen können. Wäre dies unbeschränkt möglich, würde die Prüfung letztlich doch auf einer vergleichende Gesamtschau der Rechtstellung des Vertragspartners, auf einen „Günstigkeitsvergleich" hinauslaufen, der schnell an die durch § 8 betonten Grenzen

der Justiziabilität stoßen würde (vgl Fastrich 302 mit Hinweis auf das vergleichbare Problem des „Günstigkeitsvergleichs" im Tarifvertragsrecht [dazu Zöllner/Loritz, Arbeitsrecht § 36 III 4 mwN; MünchHdbArb/Löwisch Bd III § 265 Rn 32 ff]; vgl weiter Bunte, in: FS Korbion [1986] 17, 22; Bunte/Heinrichs 86 ff; Becker 63, 69; Lieb AcP 178 [1978] 196, 223). Eine entsprechende Relativierung durch den vertraglichen Gesamtzusammenhang lassen auch die Klauselverbote in § 11 nicht und in § 10 allenfalls begrenzt zu (Bunte aaO). Demgemäß haben Rechtsprechung und Literatur auch Grundsätze entwickelt, wann der anderweitige Vertragsinhalt die Bedenken gegen eine Klausel abschwächen (Kompensation) oder umgekehrt verstärken kann (Summierung) (dazu anschließend Rn 91 ff; zum Einbezug von Individualabreden oben Rn 84). Über die dabei festgelegten Voraussetzungen und Grenzen der Berücksichtigungsfähigkeit kann auch die allgemeine These von der Beachtlichkeit des „Gesamtzusammenhangs" nicht hinausgehen (ähnlich Fastrich aaO). Damit sind auch Möglichkeiten und Grenzen definiert für die Berücksichtigung von Individualabreden trotz generalisierenden Prüfungsmaßstabs (oben Rn 84).

bb) Kompensation

91 Die Benachteiligung des Vertragspartners durch eine Klausel kann durch einen anderweitig vereinbarten Vorteil ausgeglichen werden, wenn

– Vor- und Nachteil derart *sachlich zusammenhängen*, daß sie als Gesamtregelung einer einheitlichen Thematik angesehen werden können, und

– der anderweitige Vorteil auch vom *Gewicht* her geeignet ist, einen angemessenen Ausgleich zu bieten.

α) Über das Erfordernis des **sachlichen Zusammenhangs** besteht trotz unterschiedlicher Formulierungen weitgehend Einigkeit (vgl Bunte, in: FS Korbion [1986] 17, 24; Bunte/Heinrichs 87 und Wolf Rn 132 ["zweckkongruente Regelung"]; Ulmer/Brandner Rn 86 ["konnexe Bestimmung"]; Palandt/Heinrichs Rn 10 ["zusammengehörende Regelungen", „Wechselverhältnis"]; ähnlich Becker 69 [enge Wechselbeziehung]; Fastrich 302 ["Funktionsgleichheit"]; aA allerdings vHoyningen-Huene Rn 173, 174; Munz 198 ff). Es stellt die unverzichtbare Brücke dar für die Ausdehnung des Wertungsfeldes über die fragliche Klausel hinaus. Die einheitliche Thematik erlaubt dem Rechtsanwender eine an objektiven Maßstäben orientierte Beurteilung, ohne in eine allgemeine Bewertung des Äquivalenzverhältnisses der vertraglichen Leistungen und Pflichten eintreten zu müssen (die „Dahinstellung" dieses Erfordernisses in BGH NJW 1996, 389, 390 sollte deshalb nicht als Infragestellung verstanden werden; es war nur nicht entscheidungserheblich).

Ein prägnantes **Beispiel** für **hinreichenden Sachzusammenhang** gibt das Gesetz selbst in § 11 Nr 10 b (Ersetzung des gesetzlichen Gewährleistungsrechts durch Nachbesserungsrecht); vergleichbar der Gewährleistungsausschluß durch den Leasinggeber gegen Abtretung aller Gewährleistungsansprüche gegen den Hersteller/Verkäufer (BGH NJW 1982, 105 f; 1987, 1072, 1073). Ähnlich kann die Restwertbestimmung beim Leasingobjekt nach dem Händlereinkaufspreis kompensiert werden durch ein Recht des Leasingnehmers, einen Drittkäufer zu benennen oder die Sache selbst zum festgesetzten Preis zu übernehmen (BGH ZIP 1997, 1457, 1459). Weiterhin werden genannt die Gewährung von Versicherungsschutz als Ausgleich für eine Haftungsfreizeichnung (BGH AGBE II § 9 Nr 24 a; NJW-RR 1991, 570, 572; NJW 1996, 1407, 1408 [in concreto verneint]; BUNTE/HEINRICHS 88); eine schuldrechtliche Freigabeklausel bei zu Übersicherung tendierender Sicherungsabtretung (BGH NJW 1985, 1836, 1838); ein Rückgaberecht des Zeitschriften-Einzelhändlers als Abmilderung einer vom Großhändler festgesetzten Abnahmepflicht (BGH NJW 1982, 644, 645); die Einräumung günstiger Nebenbedingungen der Gewährleistung (Servicehilfe, Fristverlängerung für Mängelanzeige, günstige Kostenpauschalen) gegen Überwälzung der Nachbesserungskosten im kaufmännischen Verkehr (LUTZ 162 f; NICKEL NJW 1981, 1420) oder die Verpflichtung zur Neuwertversicherung bei gebrauchten Sachen gegen Verzicht des Versicherers, bei Reparaturen einen Abzug „neu für alt" vorzunehmen (BGH NJW 1993, 2442, 2443 [in concreto jedoch abgelehnt, dazu sogleich]). Der in den Aufnahmebedingungen eines Krankenhauses klauselmäßig vereinbarte Eigentumsverlust an zurückgelassenen Sachen der Patienten wird hinnehmbar, wenn durch flankierende Regelungen vorherige Information und Warnung des Eigentümers und eine Sonderbehandlung hochwertiger Sachen sichergestellt wird (BGH NJW 1991, 761, 764). Der notwendige **Sachzusammenhang fehlt** hingegen, wenn gegenüber einer für sich gesehen unangemessenen Benachteiligung nur auf die wirtschaftliche Günstigkeit des Vertrages für den Vertragspartner hingewiesen wird (so aber vHOYNINGEN-HUENE Rn 174; zum „Preisargument" noch unten Rn 94). Auch kann ein unangemessen weiter Änderungsvorbehalt des Verwenders nicht durch ein Kündigungsrecht des Kunden ausgeglichen werden (BGH NJW 1998, 454, 456).

β) Um Kompensationswirkung annehmen zu können, muß zum Sachzusammenhang jedoch noch ein dem Nachteil äquivalentes **Gewicht** des Vorteils hinzutreten. Daran fehlt es von vornherein, wenn die vorteilhafte Klausel nur die ohnehin geltende Rechtslage wiederholt (vgl BGH NJW 1996, 389, 390 [Kostenübernahme des Verwenders bei unberechtigtem Nachbesserungsverlangen des Vertragspartners]) oder einen nur theoretischen, praktisch aber kaum zu erwartenden Vorteil vorsieht, während die Realisierung des Nachteils dem regelmäßigen Verlauf der Dinge entspricht (vgl BGH NJW 1990, 115 [Preisänderungsklausel mit Lohnkosten als Bezugsgröße, was praktisch stets auf Preiserhöhung statt auf -ermäßigung hinausläuft]; BGH NJW 1996, 389, 390 [teilweise Abwälzung der Nachbesserungskosten auf den Vertragspartner, dafür Verlängerung der Gewährleistungsfrist – kein wesentlicher Vorteil, da der Verwender den Fristbeginn ohnehin nicht kontrollieren konnte]). Aber auch wirkliche Vorteile können vergleichsweise zu gering sein und deshalb als Kompensation ausscheiden – so etwa beim Verzicht des Versicherers auf einen Abzug „neu für alt" gegen die generelle Verpflichtung des Versicherungsnehmers, gebrauchte Sachen zum Neuwert, also zu erhöhtem Prämiensatz zu versichern (BGH NJW 1993, 2442, 2444, dazu auch oben Rn 91; weitere Fälle: BGH NJW 1988, 55, 57 [zu § 16 Nr 3 II VOB/B]; 1990, 2384, 2385 [zu § 16 Nr 6 S 1 VOB/B]; 1989, 1673 [Kündigung des Mietverhältnisses in Abweichung von § 554 BGB]; 1991, 1886, 1888 [Kundenkreditkarte – Kreditierungsfunktion kein Ausgleich für Überwälzung des Mißbrauchsrisikos]). An der Gleichwertigkeit des Vorteils, zB der statt einer Haftung des Spediteurs eingeräumten Transportversicherung, kann es auch deshalb fehlen, weil der Anspruch gegen die Versicherung unklar formuliert ist und der geschädigte Kunde bei der Durchsetzung mit Rechtsstreitigkeiten und Verzögerungen rechnen muß (BGH NJW 1996, 1407, 1408). Das Gewicht des Vorteils kann auch dadurch gemindert sein, daß eine Geltendmachung für den Vertragspartner mit neuen, anderen Nachteilen verbunden wäre (BGH BB 1985, 218, 222 [Kündigungsrecht des Vertragshändlers bei einseitigen Gewährleistungsänderungen des Produzenten; Ausübung beseitigt Existenzgrundlage des Vertragshändlers]). Begründet die Klauselformulierung die Gefahr mißbräuchlicher Handhabung durch den Verwender, kann dieser nicht auf den „Vorteil" dann bestehender Schadensersatzansprüche des Vertragspartners als Kompensation verweisen (BGH BB 1996, 1279, 1280).

93 γ) In Abweichung von den vorstehenden Grundsätzen soll nach Auffassung des BGH eine weitergehende Kompensationswirkung möglich sein, wenn es sich um **kollektiv ausgehandelte** oder insgesamt als **ausgewogen anerkannte Klauselwerke** handelt. Ein solches pauschales Gütesiegel will der BGH der VOB/B zuerkennen (BGHZ 86, 135, 141; NJW 1990, 2384; BGHZ 113, 315, 322; kritisch und einschränkend BUNTE, in: FS Korbion [1986] 17, 25 f), den ADSp (BGH NJW 1982, 1820; 1995, 1490; 1995, 3117, 3118) und neuerdings den AGNB (BGH NJW 1995, 2224, 2226; kritisch dazu KOLLER EWiR § 9 AGBG 5/95 S 835; HEINRICHS NJW 1996, 1381). Die bloße Beteiligung der anderen Marktseite an der Regelaufstellung genügt hingegen nicht (BGHZ 100, 314 [Kfz-Reparaturbedingungen]; BGHZ 113, 57 [BVB]). Da es sich bei solch anerkannten Klauselwerken nach Auffassung der beteiligten Verkehrskreise um einen in der Gesamtbilanz ausgewogenen Interessenausgleich handele (in NJW 1995, 1490 und 2225 spricht der BGH sogar von „fertig bereitliegenden Rechtsordnungen"; kritisch zu diesem Rückfall in die Normentheorie von AGB HEINRICHS aaO; LÖWE ZIP 1995, 1273), könnten solche Bedingungswerke nicht als einseitig aufgestellt angesehen und AGB gleichbehandelt werden. Es komme hier nicht auf den Sachzusammenhang einzelner Vor- und Nachteile an, die Ausgewogenheit des Gesamtwerks genüge (vgl HEINRICHS, in: 10 Jahre AGBG 23, 30 f; PALANDT/HEINRICHS Rn 11; BUNTE, in: FS Korbion [1986] 17 ff). Konsequenterweise scheidet diese übergreifende Kompensationswirkung aus, wenn das betreffende Regelwerk nicht als Ganzes, sondern nur teilweise in Bezug genommen wird; insoweit gelten dann wieder die allgemeinen, einschränkenden Grundsätze zur Kompensation (BGHZ 113, 315, 322; ZIP 1996, 1220, 1221).

cc) **Insbesondere: Preisargument, Tarifwahl**

94 In besonderer Gestalt präsentiert sich das Kompensationsproblem, wenn es um die Frage geht, ob nachteilige Vertragsbedingungen durch einen günstigen Preis ausgeglichen werden können (finanzielle Kompensation). Das „Preisargument" kann dabei in zwei Varianten begegnen: Entweder wird ein unterdurchschnittlicher Preis behauptet oder jedenfalls die Notwendigkeit von Preiserhöhungen, wenn die beanstandete Klausel wegfallen müßte (zu letzterem BGH NJW 1980, 1953; 1993, 2442, 2444). In der Rechtsprechung und Literatur herrscht allgemein die These vor, das Preisargument sei zur Rechtfertigung nachteiliger Bedingungen grundsätzlich ungeeignet (vgl nur BGHZ 22, 90, 98; NJW 1993, 2442, 2444; LM § 9 [B c] AGBG Nr 6 [FASTRICH]; MünchKomm/KÖTZ Rn 7; PALANDT/HEINRICHS Rn 13; SOERGEL/STEIN Rn 28; ULMER/BRANDNER Rn 103; WOLF Rn 135; ausführliche Erörterung und weitere Nachweise bei PFLUG 85 ff, 183 ff; FASTRICH 302 ff; vgl schon L RAISER 289 f; zurückgewiesen wurde auch der Versuch, den niedrigen Preis zum Maßstab für die Warenqualität zu erklären, OLG Frankfurt aM ZIP 1983, 1213, 1217 [Verstoß gegen Leitbild des § 243 Abs 1 BGB, § 9 Abs 2 Nr 1]); allerdings sind in der Praxis auch zahlreiche Durchbrechungen dieses Grundsatzes zu beobachten.

Die Gründe für eine Ablehnung der Kompensation durch niedrigen Preis sind mehrschichtig:

(1) Erstens steht schon die *Richtigkeit (Gültigkeit) des Preisarguments* in Zweifel: Es ist betriebswirtschaftlich nicht belegbar, daß und inwieweit sich eine dem Verwender günstige Gestaltung der Nebenregelungen eines Vertrags in einer Preissenkung nie-

derschlägt (KLIEGE, Rechtsprobleme der AGB in wirtschaftswissenschaftlicher Analyse [1966] 51 ff; PFLUG 86 f). Selbst wenn eine Kostensenkung eintritt, ist keineswegs gewährleistet, daß sie an den Kunden weitergegeben wird (KLIEGE 58; zu optimistisch FASTRICH 86, 303). Der für eine Kompensationswirkung grundsätzlich erforderliche Kausalzusammenhang *kann* vorliegen (deshalb ist die strikte theoretische Trennung von Hauptleistung und Nebenbedingungen bei WOLF [Entscheidungsfreiheit 33 und passim] verfehlt; kritisch auch PFLUG 184), *muß* aber nicht. Insofern wird entscheidend, daß er jedenfalls praktisch *nicht nachweisbar* ist (KLIEGE aaO 67; BECKER 69 f; PFLUG 88; aA BUNTE/HEINRICHS 111 f).

(2) Zweitens führt die Berücksichtigung eines (angeblich) günstigen Preises zwangsläufig in einen der Inhaltskontrolle grundsätzlich verschlossenen Bereich – die Bewertung des Äquivalenzverhältnisses (besonders deutlich PFLUG, Status und Kontrakt 90). Daran ändert sich im Prinzip auch dann nichts, wenn man im Einzelfall durch Marktvergleich einen unterdurchschnittlichen Preis feststellen könnte. Die Frage des *iustum pretium* ist im geltenden Privatrecht dem Marktmechanismus überlassen (vgl zuletzt HÜBNER, in: FS Steindorff [1990] 589 ff mwN); auch wenn in einer sozialen Marktwirtschaft die Ansprüche an inhaltliche Angemessenheit von Verträgen gestiegen sind (so HÜBNER 591), so stellt § 8 (wenngleich mangelhaft) doch klar, daß § 9 jedenfalls nicht der richtige Ansatz für den Zugriff auf das Äquivalenzverhältnis ist (anders offenbar HÜBNER aaO; zur Ausnahme beim Transparenzaspekt siehe unten Rn 145 f). Die bloße Unterschreitung des üblichen Marktpreises als Beleg für einen (zur Benachteiligung kausalen) „Preisvorteil" zu nehmen, griffe überdies zu kurz.

(3) Drittens hätte die generelle Anerkennung des Preisarguments unerwünschte gesamtwirtschaftliche und rechtspolitische Konsequenzen. Der Wettbewerb um die Kunden erfolgt ganz dominant über den Preis (und allenfalls noch einige populäre Nebenleistungen), jedenfalls nicht über die Qualität von AGB. Der wettbewerbsorientierte Unternehmer hätte deshalb praktisch nicht die Wahl zwischen fairen AGB mit hohen Preisen und den Vertragspartner stark belastenden AGB mit niedrigen Preisen – es würde ein „Konditionenwettbewerb nach unten" einsetzen (vgl ADAMS BB 1989, 781, 784; SCHÄFER/OTT, Lehrbuch der ökonomischen Analyse des Rechts [1986] 323; FASTRICH 86; ders, in: LM § 9 [Bc] AGBG Nr 6; FREY ZIP 1993, 572, 574; BECKER 69 f). Außerdem wäre den Verwendern mit dem Preisargument eine wohlfeile und pauschale Rechtfertigung aller belastenden Klauseln in die Hand gegeben, die Inhaltskontrolle drohte leerzulaufen (BGH NJW 1993, 2442, 2444).

(4) Viertens schließlich fehlt es häufig am äquivalenten Gewicht von Belastungen des Vertragspartners und (unterstelltem) Preisvorteil, vor allem bei Freizeichnungen von Schadenshaftung oder Gewährleistung. Behält der Verwender das Risiko auf sich und legt es auf die Preise um, wirkt das wie eine Versicherungslösung – alle Kunden zahlen für das sich in wenigen Fällen verwirklichende Risiko. Überwälzung und damit Vereinzelung des Risikos beim Kunden wirkt hingegen wie Nichtversicherung: Einem erheblichen Schadenspotential steht die Ersparnis der „Prämie" gegenüber (vgl FASTRICH 303 f; BECKER 69 f).

Anderes gilt für das *Bonitätsrisiko bei Vertragsvermittlung* (zB Handelsvertreter): Hier hält das Gesetz selbst (§§ 86b, 394 HGB) eine finanzielle Kompensation des dem Vermittler zugeschobenen Risikos für möglich (Delkredereprovision), so daß hier das Preisargument nicht mit dem Hinweis auf grundsätzlich fehlende Äquivalenz von Vor- und Nachteil abgelehnt werden darf (vgl aber BGH ZIP 1996, 1347, 1348 [obiter]).

95 Aus diesen Gründen gegen die Zulassung des Preisarguments erklären sich zT auch die in der Rechtsprechung zu findenden **Ausnahmen**:

(1) Werden nicht Schadens- oder Gewährleistungsrisiken abgewälzt, sondern regelmäßig entstehende *Kosten*, wie etwa bei Schönheitsreparaturen (BGHZ 92, 363, 371 ff; 101, 253, 261 ff; 105, 75, 79 f) oder Erhaltungsreparaturen im Mietvertrag (OLG Saarbrükken EWiR § 548 Nr 1/97 S 15 [ECKERT] [Vermietung einer Maschine an gewerblichen Mieter]; BGH NJW 1989, 2247, 2248; 1991, 1750, 1752 [Kleinreparaturen bei Raummiete]) oder Wegekosten beim Werkvertrag (BGHZ 91, 316, 318), so fehlt es an der vorerwähnten Disproportionalität von Risiko und Vorteil – die überwälzten Kosten entsprechen quantitativ dem Betrag, der sonst vom Verwender über Preis (Miet- oder Lohn-)erhöhungen sukzessive eingefordert würde. Auch ist hier die Erwartung, daß sich die Kostenverteilung tatsächlich in der Preisgestaltung niederschlägt, besonders lebensnah. Die Verlagerung der Lasten auf den Vertragspartner kann, wie etwa bei Reparaturen, für diesen auch mit dem konnexen und deshalb beachtlichen weiteren Vorteil verbunden sein, den Aufwand durch eigene Auswahl der Handwerker oder durch Selbstvornahme kontrollieren und senken zu können (so auch FASTRICH 304). Insgesamt erscheint in diesen Fällen die Berücksichtigung des Preisarguments durch die Rechtsprechung als vertretbar (das gilt auch für die Fahrtzeiten-Entscheidung, BGHZ 91, 316, wo nur der Gewinnanteil, nicht der Kostenanteil in der Berechnung beanstandet wurde).

96 (2) Zu einer weiteren Ausnahme neigt die Rechtsprechung in Fällen, in denen einer *geringwertigen Hauptleistung* ein sich zwar selten verwirklichendes, dann aber *gewichtiges Schadenspotential* gegenübersteht, etwa bei Parkplatz-Bewachungen (BGH NJW 1968, 1718, 1720), Reinigungen (BGHZ 77, 126, 133), kurzen Transporten oder Banküberweisungen. Hier würde – nach der Argumentation des BGH – die Risikoübernahme durch den Verwender zu einer relativ erheblichen Preissteigerung führen; die Masse der Kunden müßte für die wenigen, bei denen sich das Risiko verwirklicht, mitbezahlen (so auch schon BGH NJW 1951, 1424; OLG Saarbrücken OLGZ 1968, 389; OLG München NJW-RR 1993, 737; MünchKomm/KÖTZ Rn 9 f; PALANDT/HEINRICHS Rn 13; ULMER/BRANDNER Rn 113).

Das vermag so allgemein nicht zu überzeugen. Dies gilt vor allem für das Argument, der Kunde könne schon aus dem niedrigen Preis erkennen, daß der Verwender das Schadensrisiko nicht übernehmen wolle (so vHOYNINGEN-HUENE Rn 183; WOLF Rn 138). Erkennbarkeit oder gar Offenlegung der Kalkulation können eine sachlich unangemessene Risikoverteilung nicht rechtfertigen (zur offenen Tarifwahl siehe aber unten Rn 97). Der Verwender könnte durch eine eigene Versicherung das Risiko abdecken und bräuchte dann nur die Prämien auf seine Preise umzulegen. Das gilt jedenfalls für zu erwartende, typische Schäden, wenn überhaupt ein Schadensfall eintritt (zutreffend KG NJW-RR 1991, 698, 699). Im Interesse aller Kunden müssen hingegen untypische Risiken nicht unbedingt übernommen und über den Preis abgedeckt werden, allerdings fordert der BGH dann zum Beispiel bei den Reinigungen, daß die Begrenzung bei Vertragsschluß offengelegt und dem Kunden fakultativ eine Zusatzversicherung angeboten wird (BGHZ 77, 126, 133; vgl auch [abgrenzend] KG aaO). Nur mit dieser Einschränkung wäre das Preisargument auch in allen anderen Fällen akzeptabel (so offenbar auch vHoyningen-Huene Rn 184, 218); es ist nicht einsichtig, wieso es sich strukturell um „Sonderfälle" handeln sollte, für die die gesetzliche Haftungsregelung nicht paßt (so aber Fastrich 304). Das gilt auch für die Bedingungen von Energieversorgungsunternehmen, die nach Auffassung der Rechtsprechung ihre Preise aus sozialen Gründen niedrig kalkulieren müssen (BGHZ 64, 355; 67, 359; 71, 226, 228; NJW 1955, 1423; VersR 1977, 571, 572; 1978, 538, 539; 1980, 355, 356). Gerade aus sozialen Gründen ist es auch kaum zu rechtfertigen, einzelne Kunden auf hohen Schäden sitzenzulassen; auch hier bietet die Versicherungslösung den angemessenen Ausweg (Emmerich, Vorschläge und Gutachten zur Überarbeitung des Schuldrechts, Bd III [1983] 161, 164; Bunte/Heinrichs 114 f).

(3) Das Preisargument ist nach weitgehend übereinstimmender Ansicht schließlich **97** beachtlich, wenn der Verwender dem Kunden eine **Tarifwahl** eröffnet zwischen Vertragsmodellen, in denen unterschiedliche Risikotragung mit entsprechender Preisgestaltung verknüpft ist (zur Anerkennung des Preisarguments bei der Tarifwahl vgl BGH NJW 1980, 1953, 1954; OLG Köln ZIP 1981, 1101; Bunte/Heinrichs 115; Becker, Auslegung 70; Erman/Hefermehl Rn 8; Fastrich 302; vHoyningen-Huene Rn 182; MünchKomm/Kötz Rn 9; Palandt/Heinrichs Rn 13; Soergel/Stein Rn 27; Ulmer/Brandner Rn 112; Wolf Rn 138). Dies begegnet vor allem in der Versicherungsbranche (zB verschiedene Tarife bei gestaffeltem Schadens-Selbstbehalt); auf eine Tarifwahl läuft es auch hinaus, wenn (etwa bei Reinigungen) nur die typischen Risiken vom Verwender übernommen und im übrigen eine Zusatzversicherung angeboten wird (oben Rn 96). Der Grund für die Anerkennung solcher Gestaltungen bleibt allerdings zumeist unklar, die bloße Offenlegung der Preis-/Risiko-Relation genügt jedenfalls nicht (Rn 96). Dem Kern näher kommt das Argument, der Kunde könne bei der Tarifwahl sein Risiko frei selbst kalkulieren (OLG Köln aaO), und die übliche Einschränkung, die teurere Tarifvariante müsse sachgerecht kalkuliert, dh nicht übermäßig verteuert sein, damit der Kunde auch eine wirkliche Wahl habe (vgl die vorstehenden Nachweise). Die Problematik des hier notwendig werdenden, bewertenden Zugriffs auf die Äquivalenz der Hauptleistungen (siehe Rn 94) wird nicht angesprochen. Sie löst sich, wenn die entsprechende und unverzichtbare Kontrolle nicht als solche des Inhalts der Regelung (§§ 8, 9), sondern ihre Aushandlung gemäß § 1 Abs 2 verstanden wird: Nur bei Angebot einer sachgerechten Alternative hat der Verwender die Risikoabwälzung auf den Kunden wirklich „zur Disposition gestellt" (vgl Staudinger/Schlosser § 1 Rn 39); eine entsprechende Prüfung ist nicht durch § 8 verwehrt. Bestand demnach eine „echte" Wahlfreiheit im Sinne ökonomisch vernünftiger Alternativen, kommt mit der Wahl durch den Kunden eine *Individualvereinbarung* zustande, die nicht weiter kontrollfähig ist (so Fastrich 305; zu Unrecht ablehnend vHoyningen-Huene Rn 182; Wolf § 1 Rn 38; näher Staudinger/Schlosser § 1 Rn 39). Bestand keine Wahlfreiheit in diesem Sinne, handelt es sich bei der gewählten Variante um eine einseitig gestellte und damit nach §§ 9-11 kontrollfähige Regelung, der Aspekt einer Tarifwahl bleibt außer Betracht.

dd) Summierung
Bei der Gesamtschau aller Vertragsbedingungen kann auch ein der Kompensation **98** gegenteiliger Effekt eintreten: Die Bedenken gegen einzelne, für sich aber noch hinnehmbare Klauseln können sich in ihrer Gesamtwirkung derart **summieren**, daß insgesamt von einer unangemessenen Benachteiligung des Vertragspartners ausgegangen werden muß (MünchKomm/Kötz Rn 4; Soergel/Stein Rn 7; Ulmer/Brandner

Rn 85; WOLF Rn 133 ["Verstärkereffekt"]). Gegenstand der Unangemessenheitsprüfung nach Abs 1 ist hier also, neben den Einzelklauseln, zusätzlich die klauselübergreifende Gesamtregelung. Die einschränkende Voraussetzung eines *inneren Sachzusammenhangs* (zur Kompensation siehe Rn 91) muß allerdings auch hier gegeben sein. Unwirksam sind dann alle im wechselseitigen Verstärkungszusammenhang stehenden Klauseln (Beispiele aus der Rechtsprechung: Kombination von Anfangsrenovierung und Schönheitsreparaturen als Mieterpflichten, BGH NJW 1993, 532 f; OLG Stuttgart NJW 1984, 2585; 1986, 2115; NJW-RR 1989, 520; Mietvorauszahlungsklausel und Aufrechnungsverbot, BGH NJW 1995, 254, 255 f [anders BayObLG NJW-RR 1993, 1097 f]; Gewährleistungseinschränkungen und darüber hinaus Zurückbehaltungsrecht des Verkäufers, BGHZ 48, 264, 267; Gewährleistungseinschränkung und darüber hinaus Haftungsfreizeichnung für wesentliche Mängel, BGH ZIP 1986, 653; Automatenaufstellvertrag: Vielzahl unangemessener Regelungen, BGH NJW 1983, 159; Reisevertrag: Abtretungsverbot der Ansprüche gegen Veranstalter an Mitreisende und Verschleierung deren eigener Ansprüche, BGH NJW 1989, 2750, 2752; keine Unangemessenheit hingegen bei Kombination von 5-jähriger Laufzeitklausel und Einschränkung des Kündigungsrechts bei Prämienerhöhungen in Rechtsschutzversicherungsvertrag; BGH ZIP 1997, 1343, 1345 f). Der Umstand, daß jede für sich Bestand haben könnte, ist unbeachtlich. Das Gericht kann nicht entscheiden, welche Klausel wirksam und welche unwirksam sein sollen (BGH NJW 1995, 254, 255; LG Köln WuM 1992, 541, 542; PALANDT/HEINRICHS Rn 9; WOLF Rn 133; GELDMACHER WuM 1992, 585, 586). Für den Vertragspartner ist nicht transparent, welche Klauseln gelten sollen (siehe unten Rn 134; das gilt auch für unselbständige Klauselteile, die in ihrer Kombination unwirksam sind, BGH NJW 1991, 2630, 2632 [Ausschluß von Wandlung *und* Minderung]).

Letztlich gilt aber auch nichts anderes, wenn eine von zwei in Wechselwirkung stehende Klauseln schon für sich als unwirksam zu betrachten wäre. Zwar könnte dann theoretisch die andere, für sich nicht unangemessene Klausel Bestand haben (so BayObLG NJW-RR 1993, 1097, 1098; LG Berlin WuM 1993, 190); dabei würde aber die generalpräventive Funktion der Inhaltskontrolle und das Transparenzgebot übersehen: Das Nebeneinander der Klauseln im AGB-Text kann Kunden davon abhalten, ihre bestehenden Rechte geltend zu machen. Außerdem kann sich der Verwender für die Wirksamkeit einer Klausel nicht darauf berufen, daß eine andere, von ihm selbst gestellte Bedingung unangemessen und unwirksam sei (zutreffend BGH NJW 1995, 254, 255 f; ähnlich schon NJW 1991, 2631, 2632).

Nicht summierbar in vorstehendem Sinne sind jedoch bei einer Vielzahl von Kunden eintretende **Bagatellnachteile** (dazu oben Rn 71; **aA** offenbar WOLF Rn 133).

ee) Besonderheiten beim Verbrauchervertrag

99 Art 4 Abs 1 EG-RL fordert bei der Interessenabwägung unter anderem die Berücksichtigung **„aller anderen Klauseln desselben Vertrags oder eines anderen Vertrages, von dem die Klausel abhängt".** Die daraus folgende grundsätzliche Beachtlichkeit des Gesamtzusammenhangs entspricht dem deutschen Recht, weshalb man eine Mitaufnahme dieses Aspekts in § 24 a Nr 3 für entbehrlich hielt (RegE BT-Drucks 13/2713, 8). Allerdings bleiben doch einige Zweifel über die vollständige Übereinstimmung der RL mit §§ 8 und 9. Wohl noch keine Diskrepanz besteht insoweit, als auch die Bestimmungen „eines anderen Vertrages" in die Berücksichtigung miteinbezogen werden können. Art 4 Abs 1 RL fordert als Voraussetzung dafür ausdrücklich eine kausale Zweckverbindung zwischen den Klauseln der beiden Verträge („abhängt"), die etwa bei Sicherungs- und Darlehensvertrag oder bei Rahmen- und Einzelvertrag zu bejahen wäre (vgl Wolf Art 4 RL Rn 9). Unter dieser Voraussetzung kann auch bei der Abwägung nach § 9 ein „anderer Vertrag" berücksichtigt werden (so wohl auch Wolf aaO). Probleme bereitet jedoch Erwägungsgrund 19 S 2, 3, der die vertraglichen **Hauptleistungen** in die Interessenabwägung einbezieht und damit die Grundsätze zum „Preisargument" berührt (zum Text der RL siehe Anh § 24 a). Das steht in Widerspruch zu Art 4 Abs 2 RL, der Hauptleistungen und Äquivalenzverhältnis grundsätzlich der Beurteilung entzieht und nur eine Transparenzkontrolle erlaubt – offenbar schwebte den RL-Gebern eine (allenfalls theoretisch mögliche) Unterscheidung der Hauptleistung als Wertungshintergrund oder als Wertungsgegenstand vor. Die beispielhafte Verdeutlichung am Versicherungsvertrag zeigt aber, daß nicht einmal die Grenze zur Bewertung des Äquivalenzverhältnisses selbst beachtet wurde (kritisch deshalb Heinrichs NJW 1993, 1817, 1820; Frey ZIP 1993, 572, 577 f; Ulmer EuZW 1993, 337, 345; wohl auch Brandner ZIP 1992, 1590, 1591). Inwieweit Erwägungsgrund 19 die RL-Interpretation beeinflussen wird, ist auch angesichts dieser Unklarheiten derzeit nicht abzusehen (eine deutliche Diskrepanz zwischen deutschem und EG-Recht sieht [und befürwortet] Kapnopoulou 136 f). Soweit die RL-Regelung zu erweiterten *Kompensationsmöglichkeiten* führt, kann der deutsche Rechtsanwender sie – einem Vorschlag von Heinrichs folgend – getrost ignorieren (NJW 1993, 1817, 1820): Die strengere Haltung des deutschen Rechts kommt den Verbrauchern zugute und ist deshalb vorrangig (Art 8 RL; übersehen von Brandner MDR 1997, 312, 315). Bei möglicher *Summierung* ist dieser Ausweg aber nicht gangbar: Kann eine belastende, aber für sich noch hinnehmbare Klausel deshalb für mißbräuchlich erklärt werden, weil der Verwender auch noch einen hohen Preis verlangt? Über die Antwort zu spekulieren, ist müßig, sie ist vom EuGH im Vorabentscheidungsverfahren einzuholen (vgl Rn 55 ff).

e) **Berücksichtigungsfähige Interessen**
aa) **Drittinteressen**
Da die Inhaltskontrolle der Kompensation gestörter Aushandlungsparität dient, **100** konzentriert sich die gebotene Abwägung auf die Interessen beider Vertragsparteien. Bei der Frage nach der Berücksichtigungsfähigkeit von **Drittinteressen** sind zwei Aspekte zu unterscheiden. Erstens: Inwieweit kann sich die rechtliche Wirkung von AGB auf Dritte erstrecken? Und zweitens: Kann die sonstige Berührung von Drittinteressen im Rahmen der Interessenabwägung nach § 9 berücksichtigt werden?

(1) Die Vorformulierung und einseitige Einführung von Vertragsbedingungen gegenüber dem Vertragspartner eröffnet dem Verwender jedenfalls keine weitergehenden Zugriffsmöglichkeiten auf die Rechtsstellung Dritter, als dies mittels Individualvertrag geschehen könnte (Fastrich 242, 306). So sind **Klauseln zu Lasten Dritter** von vornherein wirkungslos (für Wirkungsmöglichkeiten *zugunsten* Dritter, etwa bei Freizeichnungsklauseln des Verwenders für seine Leute, vgl BGH NJW 1962, 388; VersR 1985, 595; Bunte/Heinrichs 49; siehe auch unten Rn 337, 345): Von einer Dritten gegenüber eigenständig bestehenden Verbindlichkeit kann sich der Verwender nicht gegenüber dem Vertragspartner freizeichnen (Bunte/Heinrichs 11 f, 48; anderes gilt bei wirksamen Freizeichnungen dem Vertragspartner gegenüber, wenn Dritte nur in den Schutzbereich des Vertrages einbezogen sind – an der grundsätzlichen Haftungseinschränkung nehmen sie ohne weiteres teil), der Vertragspartner kann über solche Rechte Dritter nicht (etwa durch Abfindungserklärung) disponieren (BGH BB 1985, 147, 148 [Abfindungserklärung gegenüber Versiche-

rung, wirksam nur für Versicherungsnehmer selbst]). Werden im Formularvertrag zwischen Gläubiger und Inkassounternehmen die Einziehungskosten auf den Schuldner überwälzt, so kann dies keine über die nach § 286 Abs 1 BGB ohnehin schon bestehende Ersatzpflicht des Schuldners begründen (vgl vWestphalen BB 1994, 1723). Sieht im beruflichen Verkehr eine Klausel die persönliche Mithaftung des Vertreters des Vertragspartners vor, so ist dieser auch dann noch nicht verpflichtet, wenn er den Vertrag nur in Vertretung für den Vertragspartner unterzeichnet (siehe Staudinger/ Coester-Waltjen § 11 Nr 14 Rn 8 f; Wolf § 11 Nr 14 Rn 8; Lutz 193 f). Entsprechendes gilt für die Mithaftung zB von Familienangehörigen bei Bürgschafts- oder Schuldbeitrittsverträgen. Auch Vertretungsmacht für Dritte kann durch AGB nicht begründet werden (unten Rn 622).

Soweit Verträge **sonst die Rechte oder Interessen Dritter beeinträchtigen** können, werden die notwendigen Grenzen durch zwingendes Recht und insbesondere § 138 BGB gezogen; die Verwendung von AGB begründet dabei keine zusätzliche Gefährdung Dritter und damit kein zusätzliches Schutzbedürfnis. Auch für Vereinbarungen mit Verfügungscharakter (Sicherungsübereignung, Globalzession, Bestellung eines Unternehmerpfandrechts) gilt insoweit nichts Besonderes (anders Staudinger/Schlosser[12] Rn 37): Ist der Vertragspartner nichtberechtigt, sind die gesetzlichen Gutglaubensvorschriften ausschlaggebend für Umfang und Grenzen des Eigentümerschutzes; für den Schutz anderer Gläubiger bei Globalzessionen und echtem Factoring etc. sind die zu § 138 BGB entwickelten Grundsätze der Rechtsprechung maßgeblich (siehe Staudinger/Sack [1996] § 138 Rn 340 ff).

Letztlich stellen AGB-rechtlich auch jene **Ausnahmefälle** kein Problem dar, in denen aufgrund besonderer Vertragskonstellationen, insbesondere bei Vertragsketten doch einmal **drittbelastende Vereinbarungen** für **wirksam** gehalten werden. So muß sich beispielsweise der Eigentümer, der einen Spediteur mit einer Versendung beauftragt, die in dessen Vertrag mit einem Frachtführer vereinbarte Haftungsbeschränkung nach der ADSp entgegenhalten lassen, bzw der Frachtführer kann darauf vertrauen, daß die wirksame Haftungsbeschränkung auch gegenüber dem am Vertrag nicht beteiligten Eigentümer durchschlägt (BGH NJW 1974, 2177, 2178; vgl BGHZ 116, 293 ff; Räcke, Haftungsbeschränkung zu Gunsten und zu Lasten Dritter [1985] 155 ff; Klein JZ 1997, 390, 394 mwN und weiteren Fallkonstellationen). Maßgeblich ist hier die Zurechenbarkeit des wirtschaftlichen Vorgangs (Transport) und die Kenntnis des Dritten, daß bestimmte Leistungen auf dem Markt nur oder üblicherweise unter Haftungsbeschränkung zu erhalten sind (BGH VersR 1981, 229 f; Räcke 185 ff). An dieser auf § 242 BGB gestützten Ausnahme vom Vertrag zu Lasten Dritter (BGH NJW 1974, 2177, 2178; Klein JZ 1997, 390, 394; andere dogmatische Erklärungsansätze bei Räcke 200 ff; Schlechtriem ZHR 133 [1970] 105, 138 ff; Helm, Haftungsschäden an Frachtgütern [1960] 316 ff; Ernst NJW 1994, 2177, 2180) nehmen ohne weitere Besonderheit auch nach allgemeinen Grundsätzen wirksam vereinbarte AGB teil, ihr Klauselcharakter fügt der Bewertung keine zusätzlichen Gesichtspunkte hinzu.

Von daher erscheint es insgesamt als gerechtfertigt, daß das Gesetz in § 9 Abs 1 allein auf die Benachteiligung des Vertragspartners, nicht aber Dritter abstellt (siehe oben Rn 72; OLG Celle NJW 1998, 82, 84); für nötigen Drittschutz steht § 138 BGB als Auffangregel zur Verfügung (vgl oben Rn 35).

(2) Konsequenterweise sind im Grundsatz auch **im Rahmen der Interessenabwägung** 101
nach § 9 Abs 1 **Drittinteressen unbeachtlich** (BGH NJW 1982, 178, 180; OLG Celle NJW
1998, 82, 84; Erman/Hefermehl Rn 12; vHoyningen-Huene Rn 148 ff; Palandt/Heinrichs
Rn 7; Ulmer/Brandner Rn 124 ff; Rieble BB 1995, 195, 203 f; prinzipiell anders Habersack,
Vertragsfreiheit und Drittinteressen [1992] 172 ff, der generell davon ausgehen will, daß ein Vertragspartner bei Individualverträgen auch die mitbetroffenen Drittinteressen angemessen berücksichtigt, und ein entsprechendes Kompensationsbedürfnis bei AGB sieht; kritisch Ulmer/
Brandner Rn 125; unklar vWestphalen BB 1994, 1723 ff). So kann im vorerwähnten Inkassobeispiel (Rn 100) eine Gebührenvereinbarung zwischen Gläubiger und Inkassounternehmen – ihre Kontrollfähigkeit im Lichte von § 8 einmal unterstellt – nicht daran
gemessen werden, ob sie die Kosteninteressen des Schuldners optimal berücksichtigt
(so aber wohl vWestphalen BB 1994, 1723). Solange nur die Gebühren als adäquat-kausale Folge des Schuldnerverzugs anzusehen sind, besteht die Ersatzpflicht nach § 286
Abs 1 BGB, engere Schranken im Drittinteresse werden dieser Vorschrift durch § 9
nicht eingezogen (insoweit richtig Rieble BB 1995, 195, 203 f; werden nach den Grundsätzen des
§ 286 Abs 1 BGB nicht erstattungsfähige Kosten vereinbart, siehe oben Rn 100 und unten
Rn 106).

Diesem Grundsatz steht allerdings nicht entgegen, daß Drittinteressen reflexartig
mitgeschützt werden, wenn sie mit denen des Vertragspartners korrespondieren:
Von der Unwirksamkeit einer zu weit reichenden Sicherung profitieren iE auch die
anderen Gläubiger (Fastrich 306 f; der BGH hält es sogar für bedenklich, wenn der Vorteil
letztlich [ökonomisch] *nur* den Drittgläubigern zugute kommt, ZIP 1994, 1010, 1011; 1996, 1164,
1167; zustimmend Roth JZ 1998, 462). Aber auch darüber hinaus erleidet der Grundsatz
einige **Einschränkungen**.

So werden die Interessen Dritter denen des **Vertragspartners** integriert, wenn dieser 102
dafür **rechtlich oder kraft persönlicher Verbundenheit verantwortlich** ist. Das wird zB für
die Personen angenommen, die nach den Grundsätzen des „Vertrages mit Schutzwirkung zugunsten Dritter" in den Schutzbereich des Vertrages zwischen Verwender
und Vertragspartner einbezogen sind (BGH NJW 1989, 2750, 2751 [Mitreisende beim Reisevertrag]; OLG Frankfurt aM AGBE IV § 9 Rn 14; Soergel/Stein Rn 14; Ulmer/Brandner
Rn 194; Wolf Rn 107); erst recht ist beim *Vertrag zugunsten Dritter* auf die Interessen
des Berechtigten, nicht des Vertragspartners abzustellen (BGH NJW 1993, 2442, 2444
[Versicherung für fremde Rechnung]). Ähnliches gilt für die Interessen des Treugebers,
wenn der Vertragspartner als *Treuhänder* für ihn tätig geworden ist (Fastrich 307).
Nicht fürsorgepflichtig in diesem Sinne ist der Vertragspartner jedoch für seine
Erben (BGH NJW 1982, 2314, 2316).

Weiterhin können die Interessen des Vertragspartners mit denen Dritter in einer 103
Weise verflochten sein, daß diese bei Würdigung seiner Interessen **mittelbar mitbeachtet** werden müssen. Dies kann beispielsweise der Fall sein beim Ausschluß einer
Schadensliquidation durch den Vertragspartner im Drittinteresses (Wolf Rn 108, 111)
oder bei drohenden Regreßansprüchen Dritter gegen den Vertragspartner (etwa nach
Verfügungen als Nichtberechtigter, vgl Rn 100). Ein weiterer Anwendungsfall wären die
Situationen, in denen ausnahmsweise drittbelastende Vereinbarungen getroffen werden können (Rn 100) – daß dann die Drittinteressen angemessen mitzuberücksichtigen sind, ist eine Selbstverständlichkeit.

104 Fraglich ist, inwieweit sich der **Verwender** gegenüber einer unangemessenen Benachteiligung des Vertragspartners darauf berufen kann, er habe in seinen AGB **auch die Interessen anderer Kunden zu beachten** – etwa im Sinne einer allgemeinen Gleichbehandlung, einer Niedrighaltung der Preise, einer Sicherstellung der Versorgung etc. Bei sogenannten „kollektiven Vertragssystemen" wird diese Frage oft bejaht (BT-Drucks 7/3919, 23; BGH NJW 1982, 178, 180; vHoyningen-Huene Rn 152; Palandt/Heinrichs Rn 8; einschränkend auch Becker 72). Bei genauem Hinsehen zeigt sich jedoch, daß sich hinter der (wohlklingenden) Berufung des Verwenders auf Drittinteressen oder „Solidarinteressen" der Kunden sehr heterogene Gesichtspunkte verbergen: Zum Teil das (grundsätzlich unzulässige) Preisargument und das Rationalisierungsinteresse, das als solches durchaus beachtlich, aber eben eines des *Verwenders selbst* ist (dazu Rn 112). Die Sachargumente des Verwenders sollten nicht wegen ihrer Einkleidung als Drittinteressen der inhaltlichen Würdigung entzogen werden (so nachdrücklich Soergel/Stein Rn 14). Dem Verwender hilft auch nicht eine Berufung auf den „typisierenden" Ansatz von AGB und ihrer Prüfung (vgl Rn 80), um die Benachteiligung einzelner Kunden zu rechtfertigen: Erkennbaren Interessenunterschieden bei den Kunden muß der Verwender Rechnung tragen (zutreffend Soergel/Stein Rn 14; anders Fastrich 308). Auch wo dies nicht möglich ist, kann das „Kollektivargument" jedenfalls schwerwiegende Nachteile beim Vertragspartner nicht aufwiegen (BGH NJW 1994, 2693, 2694; Becker 72).

105 Um Drittinteressen geht es schließlich auch nicht, wenn **massenhafte Bagatellnachteile**, etwa bei Bankgebühren, zu einer nach § 9 Abs 1 beachtlichen Gesamtbenachteiligung zusammengerechnet werden (so aber die hM, vgl oben Rn 71). Ist keiner der Kunden für sich iSv § 9 Abs 1 schutzbedürftig, sind sie es auch im Kollektiv nicht; der Anstößigkeitsvorwurf zielt statt dessen schwerpunktmäßig auf die als unangemessen empfundene Vorteilsverschaffung durch den Verwender (Rn 71).

106 Es sollte aber eine **weitere Ausnahme** von den vorerwähnten Grundsätzen erwogen werden, daß Drittinteressen nicht zu berücksichtigen sind. Vor allem das **Transparenzgebot** in § 9 (siehe Rn 121 ff) soll vor den Gefahren schützen, die dem Vertragspartner aus Unklarheit und Unkenntnis der vertraglichen Rechte drohen; sie sollen davor bewahrt werden, unter dem Eindruck einer Schein-Rechtslage eigene Rechte nicht geltend zu machen oder Forderungen des Verwenders nachzugeben. Dieser Schutz des § 9 hat deutlich generalpräventiven Charakter, er zielt vor allem auf die große Mehrzahl von Kunden, die angesichts der Suggestivkraft des „Kleingedruckten" vor einem Rechtsstreit zurückscheuen. In diese Gefährdungslage können aber auch Dritte geraten, selbst wenn sie mit dem Vertragspartner nicht in einem Interessenverbund stehen (wie etwa beim mithaftenden Familienangehörigen). Das (ggf kollusive) Paktieren von Verwender und Vertragspartner zu Lasten von Dritten kann diese zwar rechtlich nicht benachteiligen, wohl aber faktisch-psychologisch im zuvor bezeichneten Sinne. So liegt es nicht fern zu vermuten, daß viele Schuldner bei der Schuldbeitreibung durch Inkassobüros wegen einer entsprechenden AGB-Regelung alle Kosten des Einzugs mitbezahlen, obwohl ihre Erstattungspflicht nach § 286 Abs 1 BGB durchaus begrenzt oder umstritten ist (vgl schon oben Rn 100, 101; zum sachlichen Streitstand BGH NJW 1980, 991; OLG Dresden NJW-RR 1994, 1139; LG Rottweil NJW 1994, 265 f; Jäckle, Die Erstattungsfähigkeit der Kosten eines Inkassobüros [1978]; Seitz, Inkasso-Handbuch [2. Aufl 1985] Rn 88 f; Löwisch NJW 1986, 1728 ff; Rieble DB 1995, 195 ff, 200 ff; Siegert BB 1965, 1767 ff; vStakelberg BB 1965, 891 ff). Im Individualprozeß bedarf es § 9 nicht, weil eine § 286 Abs 1 BGB überschreitende Erstattungspflicht durch die Klausel nicht begründet werden konnte (Rn 100). Im Verbandsprozeß hingegen sollten entsprechende Klauseln gemäß § 9 Abs 1 (oder Abs 2 Nr 1) untersagt werden können, ohne daß es auf Zurechenbarkeit der Drittinteressen zum (jedenfalls mitgeschützten) „Rechtsverkehr im ganzen" ankommt. Auch der Umstand, daß es sich bei den überwälzten Gebühren um die Hauptpflichten der Parteien des Inkassovertrags handelt, steht einer Kontrolle nicht entgegen: Erstens hat die Überwälzungsabrede hieran nicht mehr teil, und zweitens sind auch Hauptpflichten dem Transparenzgebot unterworfen (§ 8 Rn 15 ff sowie unten Rn 145 f; das übersieht RIEBLE DB 1995, 195, 204).

bb) Allgemeininteressen
Neben das Interesse der Vertragsparteien und Dritter könnte noch an eine Berücksichtigung der Interessen der Allgemeinheit, dh des Staates oder der Gesellschaft insgesamt gedacht werden (gelegentlich werden unter diesem Topos auch sogenannte „Solidarinteressen" der Kundengemeinschaft erörtert, vgl zB WOLF Rn 141; dazu bereits vorstehend Rn 104). Eine entsprechende Berücksichtigung wird vor allem von WOLF gefordert (WOLF Rn 141; ders, in: HADDING/HOPT 37 ff, 81 f), dies jedoch zu Unrecht. Soweit WOLF als Beispiel die Sicherung grundrechtlich geschützter Werte nennt (zB Pressefreiheit, Berufsfreiheit), handelt es sich um ein Problem der Drittwirkung der Grundrechte, also der Grundrechtsbindung des Zivilrichters bei der Konkretisierung von Generalklauseln, nicht aber um ein „Interesse" der Gemeinschaft im Rahmen der Interessenabwägung. Aber auch sonst kann ein besonderer Stellenwert der Allgemeininteressen bei der Abwägung nach § 9 weder mit dem Hinweis auf mögliche gesamtwirtschaftliche Folgen der richterlichen Entscheidung (so WOLF, in: HADDING/ HOPT aaO) noch auf die Stellung des Gerichts als Staatsorgan begründet werden. Die Parteien eines privatrechtlichen Vertrags sind dem Gemeinwohl zweifellos nicht verpflichtet, dessen Wahrung wird vielmehr über die Marktregulierung erhofft. Die richterliche Inhaltskontrolle dient aber nur der Kompensation des bei AGB gestörten Vertragsmechanismus; in der Legitimation der richterlichen Intervention liegt zugleich ihre Begrenzung. Es ist keine Rechtfertigung ersichtlich, private *Verträge* anläßlich der Kontrolle nach § 9 gemeinwohlpflichtig werden zu lassen. Soweit die *Gerichte* gerade bei der Konkretisierung und Fortbildung des Rechts gehalten sind, die ökonomischen und gesellschaftlichen Folgen ihrer Entscheidung zu berücksichtigen, handelt es sich nicht um eine AGB-spezifische, sondern eine allgemeinmethodische Problematik (dazu zuletzt DECKERT, Folgenorientierung in der Rechtsanwendung [1995] mit umf Nachw). Soweit in diesem übergreifenden Kontext eine allgemeine Folgenberücksichtigung für möglich oder gar notwendig erachtet wird (so weitgehend DECKERT insbes 237 f), muß dies allerdings ohne weiteres auch für § 9 gelten. **107**

5. Einzelne Abwägungskriterien

Die Klauselbewertung nach § 9 Abs 1 erfordert die Berücksichtigung aller wertungsrelevanten Umstände, sowohl normativer wie tatsächlicher Art (Rn 82). In jahrzehntelanger AGB-Rechtsprechung hat sich insoweit ein Arsenal typischer Gesichtspunkte herausgebildet, was jedoch nicht abschließend sein kann; auch handelt es sich bei den einzelnen Kriterien um nicht mehr als Entscheidungstopoi, die im Einzelfall mehr oder weniger bedeutungsvoll sein können. **108**

Zahlreiche Kriterien dieser Art sind bereits im jeweiligen systematischen Zusammenhang behandelt worden: Gruppen- und sachtypische Differenzierungen (Art und Gegenstand des Geschäfts, beteiligte Verkehrskreise) (siehe Rn 82); Drittinteressen (Rn 101 ff), Solidarinteressen (Rn 104) und Allgemeininteressen (Rn 107); der Gesamtzusammenhang der vertraglichen Regelungen (Rn 90), insbesondere wechselseitige Kompensation (Rn 91 ff) oder Summierung (Rn 98) mehrerer Klauseln und das Preisargument (Rn 94 ff); die Bedeutung behördlicher Vorkontrollen (Einl 18 zu §§ 8 ff sowie oben Rn 17) und kollektiver Aushandlung von AGB (Rn 104), sowie der Klauselverbote der §§ 10, 11 (Rn 9 ff) und des RL-Anhangs (Rn 88, 89) im Rahmen des § 9. Einige andere Kriterien von allgemeiner Bedeutung sollen im folgenden hervorgehoben werden (zum Transparenzgebot unten Rn 121 ff).

a) Konformität mit etablierten Standards

109 Der Verstoß einer Klausel gegen etablierte Standards (**Verkehrssitte, Handelsbrauch, Standesrichtlinien, Üblichkeit**) indiziert Unangemessenheit (so für Standesrichtlinien ERMAN/HEFERMEHL Rn 7; vHOYNINGEN-HUENE Rn 197; MünchKomm/KÖTZ Rn 6; ULMER/ BRANDNER Rn 121; BUNTE NJW 1981, 2657, 2658; **aA** DEUTSCH VersR 1974, 301, 303. Seit BVerfG 1988, 191 ist diese Indizwirkung allerdings fraglich geworden, SOERGEL/STEIN Rn 24; daran festhaltend jedoch vHOYNINGEN-HUENE Rn 196). Voraussetzung ist, daß die Klausel nicht schon an § 3 scheitert. Ist eine dem Kunden günstige Verhaltensweise, wie etwa die jederzeitige Beachtung eines Scheckwiderrufs durch die Bank, zur Verkehrssitte oder Handelsbrauch erstarkt, wird sie über § 157 BGB normalerweise auch Vertragspflicht; eine diese Pflicht ausschließende Klausel weicht von der Verkehrssitte ab und stellt regelmäßig eine unangemessene Benachteiligung des Vertragspartners gemäß § 9 Abs 1 dar (so BGH NJW 1988, 3149, 3158 zum Scheckwiderruf; als „gesetzliche Vorschrift" iSv § 9 Abs 2 Nr 1 kommt die Verkehrssitte nicht in Betracht, vgl Rn 175; vgl auch BGH NJW 1987, 2012, 2013, wonach eine zweijährige Laufzeit beim Zeitschriftenbezugsvertrag möglicherweise unangemessen wäre, wenn sie als „unüblich" nachweisbar gewesen wäre).

Inwieweit umgekehrt die *Konformität* mit etablierten Standards eine Klausel *stabilisieren* kann, ist differenziert zu beantworten. Hinsichtlich der Üblichkeit (oder Branchenüblichkeit) einer Klausel besteht weitgehend Einigkeit, daß dieser lediglich faktische Befund noch nicht die Angemessenheit als Werturteil präjudizieren kann: Weder über Rechtskonformität noch über die Anerkennung der beteiligten Verkehrskreise ist damit etwas ausgesagt (BGH BB 1984, 939, 940 [Textilveredelung, Haftungsbeschränkung]; NJW 1984, 2160 [Fahrtzeiten als Arbeitszeiten]; NJW 1987, 1931, 1935 [Vorleistungsklauseln beim Reisevertrag]; 1989, 222, 224 [Zinsberechnung bei Annuitätendarlehen]; 1989, 582, 583 [Wertstellung bei Bankeinzahlungen]; 1991, 1677, 1678 [persönliche Haftung des Grundschuldbestellers]; vgl vHOYNINGEN-HUENE Rn 211; SOERGEL/STEIN Rn 24; ULMER/BRANDNER Rn 118; BUNTE/HEINRICHS 92 f). Auch wenn eine Klausel jahrelang unbeanstandet geblieben oder gar für wirksam erachtet worden ist, erwächst hieraus für den Verwender *kein Vertrauensschutz*, die spätere Verwerfung bedeutet keine rückwirkende Rechtsänderung (BGH NJW 1981, 1511, 1512; 1989, 222, 224; 1996, 924, 925; vgl oben Rn 76). Allerdings kann die Üblichkeit einer Klausel als ein Gesichtspunkt unter vielen durchaus berücksichtigt werden (vgl BGH NJW 1985, 2693 [zweijährige Laufzeit bei Bierlieferungsverträgen]), nur ersetzt sie nicht die sachliche Angemessenheitsprüfung (dies tut auch – entgegen der Kritik vHOYNINGEN-HUENE Rn 211 – BGH NJW 87, 2575, 2576 nicht [Überwälzung von Schönheitsreparaturen bei Mietvertrag]; differenzierend ULMER/BRANDNER Rn 118) und steht bei deren negativem Ergebnis einer Unwirksamkeit der Klausel nicht entgegen.

Bei der **Verkehrssitte** und ihrer handelsrechtlichen Ausprägung, dem **Handelsbrauch**, 110
tritt zur tatsächlichen Übung das Element der Kenntnis und Billigung durch die
beteiligten Verkehrskreise hinzu. Das rechtfertigt ihre grundsätzliche Berücksichtigung im Rahmen der Angemessenheitsbeurteilung. Für die Handelsbräuche folgt
dies bereits aus § 24 S 2, gilt aber darüber hinaus auch für die Verkehrssitten im
allgemeinen Geschäftsverkehr (BGH NJW 1985, 480, 481; 1987, 2575, 2576; 1989, 2247, 2248
[Verkehrssitte in concreto verneint]; vgl BUNTE/HEINRICHS 93 f; vHOYNINGEN-HUENE Rn 212;
PALANDT/HEINRICHS Rn 12; ULMER/ BRANDNER Rn 118; WOLF Rn 131). Allerdings macht
auch die Übereinstimmung einer Klausel mit einer Verkehrssitte/Handelsbrauch die
sachliche Angemessenheitsprüfung nicht entbehrlich, weil letztere ihrerseits nicht
notwendig mit den Erfordernissen von Treu und Glauben übereinstimmen müssen
(vHOYNINGEN-HUENE Rn 214; PALANDT/HEINRICHS Rn 12; ULMER/BRANDNER Rn 118; WOLF
Rn 131). Ergeben sich insoweit jedoch keine Bedenken gegen die Verkehrssitte
selbst, so sollte sie auch als Indiz für die Angemessenheit der Klausel genommen
werden (CANARIS, Handelsrecht § 24 I 3 b; LUTZ 13 ff; aA SOERGEL/STEIN Rn 24). Der BGH
will dies auch auf Klauselwerke anwenden, die – nach Aushandlung durch die beteiligten Verkehrskreise oder durch neutrale, fachkundige Instanzen – in jahrzehntelanger Praxis zur branchenspezifischen Verkehrssitte erstarkt sind (vgl BASEDOW ZHR
150 [1986] 469, 483 ff). Besonderes soll nach Auffassung des BGH allerdings gelten,
wenn ein Regelwerk als solches, zB die Tegernseer Gebräuche, zum *Handelsbrauch*
geworden sind; dann gelte es kraft gesetzlicher Verweisung (§ 346 HGB) und sei
nicht mehr AGB iSv § 1 Abs 1 (BGH NJW-RR 1987, 94, 95; ebenso BAUMBACH/HOPT § 346
HGB Rn 10; PALANDT/HEINRICHS Rn 33; SOERGEL/STEIN Rn 24; ULMER/BRANDNER Rn 118 Fn 320
und § 2 Rn 90; WOLF Rn 125). Diese Sicht ist verfehlt: § 346 HGB verleiht den Handelsbräuchen keine normative Wirkung, sie gelten nur gemäß §§ 346 HGB, 157 BGB im
Zweifel als Teil der rechtsgeschäftlichen Regelung (CANARIS, Handelsrecht § 22 I 3, V 1).
Der Umstand, daß eine Klausel nicht nur mit einem Handelsbrauch übereinstimmt,
sondern selbst Handelsbrauch geworden ist, verleiht diesem keine höhere Dignität,
er vermittelt nur der Klausel Indizwirkung für Angemessenheit (dies allerdings nicht im
Sinn einer Leitbildfunktion gem Abs 2 Nr 1, dazu Rn 173).

Bei Konformität einer Klausel mit **Standesrichtlinien** freier Berufe (zu Verstößen gegen 111
Standesrichtlinien siehe Rn 109) ist zu beachten, daß diese – soweit der Kundenschutz
(etwa bei Kunstfehlern) betroffen ist – regelmäßig nur das standesrechtliche Minimum an Verantwortlichkeit sicherstellen wollen (PALANDT/HEINRICHS Rn 12). Außerdem fehlt es an einer Beteiligung und Billigung der Kundenseite (vHOYNINGEN-HUENE
Rn 197; WOLF Rn 130). Durch die Entscheidung des BVerfG von 1987 (NJW 1988, 191)
hat das Gewicht von Standesrichtlinien eine weitere Schwächung erfahren; die Übernahme wesentlicher Regelungspunkte durch die BRAO (zB Mindesthaftpflichtversicherung und Möglichkeit der vertraglichen Haftungsbegrenzung, §§ 51 ff) hat für
Rechtsanwälte den dogmatischen Standort entsprechender Klauselbeurteilungen
verlagert.

b) Typische Verwenderinteressen
Aus dem Kreis von Verwenderinteressen, die zur Rechtfertigung einer kundenbela- 112
stenden Regelung in Betracht kommen, ist zunächst das **Rationalisierungsinteresse** zu
nennen. Es wird im modernen Massenverkehr für grundsätzlich legitim gehalten,
seine Anerkennung ist der Hauptgrund für die grundsätzliche Akzeptanz von AGB
überhaupt. Der Zweck einer Erleichterung, Vereinfachung, Gleichschaltung und

Kostenersparnis kann deshalb auch generelle Regelungen rechtfertigen, die den Kunden lästig sind – wie zB Abtretungsverbote, Vorleistungspflichten, Lastschriftverfahren oder Schriftformerfordernisse (ganz hM; BGH NJW 1981, 117, 118; 1996, 988, 989; OLG Frankfurt aM NJW 1983, 1681, 1682; grundsätzlich ablehnend Koch/Stübing Rn 28). Indem mehrere spezielle Klauselverbote die Grenzen solcher Rationalisierung abstecken (vgl § 10 Nr 5, Erklärungsfiktionen; § 10 Nr 6, Zugangsfiktionen; § 11 Nr 3, Aufrechnungsverbot; § 11 Nr 5, Schadenspauschalierungen; § 11 Nr 16, Formerfordernisse), sind sie gleichzeitig Ausdruck der grundsätzlichen Akzeptanz entsprechender Verwenderbestrebungen. Allerdings ist das Rationalisierungsinteresse gegen eine damit verbundene Benachteiligung der Vertragspartner abzuwägen (sorgfältig BGH NJW 1996, 988, 989 [Lastschriftverfahren bei Kabelanschluß]; zum Zusammenhang zwischen Rationalisierung und inhaltlicher Benachteiligung siehe Ulmer Einl Rn 4), und es besteht Einigkeit, daß es schwerwiegende Interessenbeeinträchtigungen auf der Gegenseite nicht zu rechtfertigen vermag (vHoyningen-Huene Rn 188; Soergel/Stein Rn 16; Ulmer/Brandner Rn 117; Wolf Rn 103). So kann beispielsweise nicht der Zwang zur Neuwertversicherung von Gebrauchtsachen mit einer Berechnungsvereinfachung begründet werden, wenn er für die Versicherungsnehmer zu einer spürbaren Prämienerhöhung führt (BGH NJW 1993, 2442, 2444). Liegt eine unangemessene Benachteiligung des Vertragspartners vor, hat demgegenüber das Interesse des Verwenders an einem „Aufbrauchen" der gedruckten AGB-Formulare keinen legitimen Stellenwert (BGH NJW 1980 2518, 2519; 1983, 1320, 1322; 1983, 1322, 1326). Auch die Nähe zum Preisargument ist zu beachten: Der Belastungseffekt von Rationalisierungen ist nicht mit dem Hinweis zu relativieren, daß andernfalls höhere Preise verlangt werden müßten (BGH NJW 1993, 2442, 2444).

Neben seinem begrenzten Gewicht stößt das Rationalisierungsinteresse auf weitere Schranken: Der Verwender ist zwar nicht zur Gleichbehandlung aller Vertragspartner verpflichtet (so aber Soergel/Stein Rn 16), er darf aus Rationalisierungsgründen aber nicht unterschiedliche Fallgestaltungen und Interessengruppen einebnen und gebotene gruppentypische Differenzierungen unterlassen (zutreffend Soergel/Stein Rn 16; vgl oben Rn 82). Auch das (generell gültige) Verhältnismäßigkeitsgebot wird in diesem Zusammenhang zu Recht besonders betont: Vom Rationalisierungsinteresse nicht mehr gebotene Interesseneinschränkungen der Vertragspartner sind keinesfalls gerechtfertigt (Soergel/Stein Rn 16; Ulmer/Brandner Rn 117 und Einl Rn 32).

113 Bei den **sonstigen Interessen** des Verwenders können **wirtschaftliche Gesichtspunkte** im weitesten Sinne eine Rolle spielen, etwa die Erhaltung eigener Dispositionsfreiheit (zB BGH NJW 1981, 280, 281 [Ausschluß von Eigentumsvorbehalt in Einkaufsbedingungen]; BB 1985, 218, 223 [Einsetzung weiterer Vertragshändler]; Vermeidung von Auftragsverlusten [BGH NJW 1982, 178, 180], Markenschutz [OLG Frankfurt aM ZIP 1983, 952, 959] oder allgemeine Sicherungsinteressen [zB BGH NJW 1983, 2701, 2702; 1984, 1184 1186; 1989, 2383, 2384]). Aber auch insoweit bedarf es natürlich noch der Abwägung gegen die Interessen der Vertragspartner: So dient es zweifellos der Dispositionsfreiheit der Kreditgeber, wenn die Freigabegrenze bei überschießenden Globalsicherungen nicht im vorhinein deskriptiv festgelegt wird, sondern in das Beurteilungsermessen des Kreditgebers gestellt wird. Auf der Gegenseite wird damit jedoch die Realisierung des Freigabeanspruchs des Sicherungsgebers überhaupt gefährdet (vgl Rn 76).

Neben wirtschaftlichen können auch andere Interessen des Verwenders zu berücksichtigen sein, zB **pädagogische Interessen** beim Unterrichtsvertrag (BGH NJW 1985, 2585, 2586 [Internat]) oder **wissenschaftliche Interessen** etwa im medizinischen Bereich (BGH NJW 1990, 2313, 2315 [Sektionsklausel im Krankenhausvertrag], mit kritischer Anmerkung DEUTSCH).

c) **Typische Interessen des Vertragspartners**
Auf seiten des Vertragspartners sind nicht nur, aber typischerweise spiegelbildliche **114** Gegeninteressen zu berücksichtigen. In wirtschaftlicher Hinsicht steht der Schutz der eigenen **Dispositions- und Handlungsfreiheit** im Vordergrund; letztere kann beeinträchtigt sein durch lange Vertragsbindungen (zu Laufzeitklauseln unten Rn 427 ff) oder durch Abtretungsverbote, Übersicherungen, Vollmachts- und Lohnabtretungsklauseln in Krediverträgen (BGH NJW 1989, 2383, 2384; BB 1990, 229 ff). Gegenüber der Eingriffsgrenze der wirtschaftlichen Knebelung bei § 138 BGB (dazu STAUDINGER/SACK [1996] § 138 Rn 259 ff) ist diejenige der Unangemessenheit nach § 9 insoweit deutlich vorverlagert (vHOYNINGEN-HUENE Rn 234 a). Hierher gehören auch Einflußmöglichkeiten des Verwenders auf Geschäftsinterna des Vertragspartners (vgl BGH BB 1985, 218, 224 [Kündigungsrecht des Herstellers bei internen Problem im Unternehmen des Vertragshändlers]).

Auch der **Schutz des eigenen Vermögens** kann eine Rolle spielen, etwa die Vermeidung von Haftungsrisiken, die in der Veräußerungskette nicht weitergegeben werden können (BGH NJW 1985, 623 ff; OLG Frankfurt aM ZIP 1983, 952, 955) oder von Schadensrisiken im Konkursfall des Verwenders (BGH NJW 1987, 1931, 1933; 1993, 263, 264 [Vorleistungspflicht beim Reisevertrag]) oder das Interesse an nochmaliger, ausdrücklicher Androhung durch den Kreditgeber vor Verwertung der vom Vertragspartner gestellten Sicherheiten (BGH NJW 1989, 2383, 2385; 1992, 2626 f; 1994, 2754 f; 1995, 2221, 2222; insbesondere vor Offenlegung bei Lohnpfändungen BGH NJW 1992, 2626, 2627; 1995, 1085; 1995, 2219, 2220 f; vgl auch 1996, 847). Weiterhin spielt der **Schutz eigener vertraglicher Rechte** eine wichtige Rolle, etwa durch Erhalt von Aufrechnungs- oder Zurückbehaltungsmöglichkeiten (ein Argument auch gegen Vorleistungspflichten, dazu OLG Düsseldorf NJW-RR 1995, 1015 ff), bei Zugangs- und Erklärungsfiktionen oder auch in prozessualer Hinsicht, zB bei Gerichtsstandsklauseln im kaufmännischen Verkehr (vgl LG Karlsruhe NJW 1996, 1417 ff und unten Rn 370 ff). Die Sicherung wegen Freizeichnung von *Kardinalpflichten* des Verwenders ist spezifische Funktion des § 9 Abs 2 Nr 2 (siehe unten Rn 209; zur darüber hinausgehenden, heute obsoleten Diskussion im Rahmen des § 9 Abs 1 siehe STAUDINGER/SCHLOSSER[12] Rn 15).

Auch **nichtvermögensrechtliche Interessen** können bedeutungsvoll sein, so zB gegenüber Pflicht- und Haftungsausschlüssen das Recht auf *Leben und körperliche Unversehrtheit* (SOERGEL/STEIN Rn 19); die in Nr 1 a des Klauselanhangs zur RL für Verbraucher vorgenommene Konkretisierung dieses Interesses (Verbot jeder Haftungsbeschränkung bei Personenschäden) stellt ausdrücklich klar, was im deutschen Recht bislang schon als Auslegung von § 9 vertreten worden ist (vgl unten Rn 340; zum Klauselanhang der RL oben Rn 88). Von noch zunehmender Bedeutung dürften **Datenschutzinteressen** des Vertragspartners sein (BGH NJW 1986, 46; OLG Hamburg ZIP 1983, 1435, 1436 [Schufa-Klausel]; dazu auch S SIMITIS JZ 1986, 188; vgl OLG Hamm NJW-RR 1986, 931; OLG Koblenz NJW-RR 1990, 823 [Speicherung und Weitergabe von Daten]; OLG Karlsruhe NJW-RR 1988, 302 [Veröffentlichung von Bild und Daten bei Gewinnspiel]). Qualität und eignungsorientierte Flexibilität spielen bei Ausbildungsverträgen eine Rolle (BGH NJW 1985, 2585, 2586; siehe unten Rn 539 f).

d) Grundsatz der Erforderlichkeit und Verhältnismäßigkeit

115 Aus der Bezugnahme des Gesetzes und der EG-RL auf Treu und Glauben folgt auch bei der Verfolgung berechtigter Verwenderinteressen das **Verbot übermäßiger Interessenbeeinträchtigung des Vertragspartners** (siehe oben Rn 75). Im Lichte dieses Grundsatzes erscheinen zB Klauseln als unangemessen, die an geringfügige Vertragsverletzungen des Vertragspartners unproportional scharfe oder weitgehende Sanktionen knüpfen – etwa durch Ausblendung eines Verschuldens des Vertragspartners (bei Vertragsstrafen: BGH NJW-RR 1991, 1013, 1015; 1997, 135; Vorfälligkeitsklauseln bei Zahlungsrückstand: BGH BB 1985, 1418 und 1419; Sachgefahr, Zufallshaftung: BGH NJW 1983, 159, 162; WM 1991, 1368, 1370; JZ 1993, 629; OLG Bamberg NJW 1993, 2813) oder der Ursächlichkeit von Obliegenheitsverletzungen für eine Gefährdung der Versichererinteressen (BGH NJW-RR 1991, 1013, 1014). Sie dürfen auch sonst nicht außer Relation zur Pflichtverletzung des Vertragspartners stehen (BGH NJW 1990, 767, 768 f [Leistungsfreiheit des Versicherers bei nur geringfügigen Obliegenheitsverletzungen]; vgl Rn 75). Entschädigungsbeträge dürfen nicht, gemessen am zu erwartenden Schaden, unverhältnismäßig hoch sein (vgl RL-Anhang Nr 1 e) und müssen ggf durch Höchstbeträge begrenzt sein (BGH NJW 1989, 2247, 2248 f [Kleinreparaturklausel im Mietvertrag; auch Begrenzung auf Gegenstände erforderlich, die dem Zugriff des Mieters ausgesetzt sind]). Rechte, die sich der Verwender vorbehält, dürfen nicht vage und weitreichend formuliert sein, sondern sind so zu konkretisieren, daß auch die Gegeninteressen des Vertragspartners weitestmöglich gewahrt werden (zB BGH NJW 1980, 2518, 2519 [unbeschränkte Preisänderungsklausel]; 1986, 1608, 1609 [Verwender kann Verjährung eigener Ansprüche praktisch nach seinem Ermessen hinausschieben]; 1986, 2428, 2429 [Fakultativklausel bei Banküberweisungen]; 1987, 1692 [unbeschränkte Widerrufsmöglichkeit bei Untermieterlaubnis]; ZIP 1996, 1470, 1472 [Taschenkontrollrecht ohne konkreten Diebstahlsverdacht]). Rechtseinschränkungen beim Vertragspartner sind strikt an ihrer Erforderlichkeit auszurichten (vgl BGH NJW 1985, 2585, 2586 f [Kündigungsausschluß im Internatsvertrag]; 1991, 2141, 2142 [jederzeitige Ankaufspflicht des Erbbaurechtigten auf Verlangen, ohne zeitliche Eingrenzung zwischen dem 10. und 99. Jahr der Laufzeit und ohne ausreichende Frist zur Kreditbeschaffung]) und müssen ggf durch ausgleichende Maßnahmen in ihren Auswirkungen abgemildert werden (BGH NJW 1987, 1931, 1933 ff [Vorleistungsklausel im Reisevertrag: ohne ausgleichende Sicherungen für den Reisenden setze der Veranstalter seine „verständlichen Interessen" „über Gebühr" durch]; NJW 1989, 1796 f [Neufestsetzung der Kreditbedingungen durch Bank: Kündigungsrecht des Kreditnehmers als Ausgleich erforderlich]; NJW 1990, 763, 764 f [Haftungsausschluß und Eigentumsübergang auf Krankenhaus bei zurückgelassenen Sachen; aber Zur-Verfügung-Stellung von Schließfächern und vorangehende Aufforderung zur Abholung]; JR 1998, 150, 152 [Gewährleistungseinbehalt des Werkbestellers nur bei Einzahlung auf Sperrkonto und Verzinsung], zustimmend Anmerkung PETERS; ähnlich zu Tagespreisklauseln BGH ZIP 1980, 765; 1982, 11, 12 [Anmerkung HIDDEMANN]; ZIP 1985, 284, 285 f [Anmerkung BUNTE]; ZIP 1986, 919, 920; vgl dazu auch RL-Anhang Nr 1 l).

e) Gleichbehandlung

116 Zur **Gleichbehandlung aller Vertragspartner** wird der Verwender schon aus Rationalisierungsgründen tendieren, darf hierbei aber gruppentypische unterschiedliche Interessenlagen nicht unberücksichtigt lassen (oben Rn 82). Ob unbeschadet solcher gebotenen Differenzierungen eine Gleichbehandlungspflicht besteht, folgt nicht unmittelbar aus § 9. Privatautonomie und Gleichbehandlungspflicht vertragen sich

grundsätzlich nicht miteinander; über § 138 BGB begründete Ausnahmen, etwa zum Kontrahierungszwang, sind eng begrenzt geblieben. Inwieweit sich bei Verwendung von AGB die inhaltliche Bindung und Kontrollunterworfenheit über das Verhältnis der Vertragspartner hinaus auf eine Gleichbehandlung der Kunden erstreckt, ist noch nicht geklärt und bedürfte jedenfalls eigenständiger Begründung. Dogmatischer Ansatz könnte nur die Drittwirkung von Art 3 GG sein (vgl WOLF Rn 113), legitimierender Gesichtspunkt der überindividuelle, typisierende Regelungscharakter und das einseitige Stellen der Bedingungen. Auch wenn sich daraus eine positive Gleichbehandlungspflicht kaum herleiten ließe, wäre – auch zur Entlastung von § 138 BGB – ein vorverlagertes Verbot willkürlicher und diskriminierender Ausgrenzungen im Rahmen von § 9 durchaus vertretbar (etwa bei rassen-, geschlechts- oder nationalitätsbezogenen Differenzierungen) (vgl BGH NJW 1990, 761, 763 [Verweigerung von Wahlleistungen beim Krankenhausvertrag]; offen lassend BGH NJW 1983, 2088, 2089; siehe schon oben Rn 23). Unangemessenheit in diesem Sinne wäre vor allem als Gegenstand von Verbandsklageverfahren denkbar.

117 Andere Probleme wirft die Frage auf, ob AGB **Verwender und Vertragspartner** grundsätzlich gleich behandeln müssen – etwa bei der Gewährung oder Begrenzung von Rechten, bei Fristen oder der Verhängung von Sanktionen für Vertragsverletzungen (Prinzip der **Waffengleichheit**). § 9 gibt hierfür nur insoweit etwas her, als der Verwender gehalten ist, auch die Interessen des Vertragspartners angemessen zu berücksichtigen – eine Pflicht zur „gleichen" Behandlung folgt daraus aber noch nicht, da die rechtliche und wirtschaftliche Ausgangssituation beider Parteien und ihre Interessen zur selben Thematik (zB Kündigungsfristen, Zurückbehaltungsrechte) verschieden sein können (bedenklich deshalb die vorschnelle Gleichsetzung von „Unangemessenheit" mit „Unausgewogenheit der beiderseitigen Rechte und Pflichten" [vgl ESSER/J SCHMIDT § 11 III 1; KÖNDGEN NJW 1989, 943, 949], soweit damit mehr gemeint ist als faire Berücksichtigung der Gegeninteressen). Auch kommt oft weder eine „gleiche" noch eine „gleichwertige" Berechtigung in Betracht, sondern allenfalls ein adäquater Ausgleich der Rechte des Verwenders (mit einem Preisanpassungsrecht des Autoverkäufers korrespondiert nicht ein Recht des Vertragspartners zum Modellwechsel, sondern eine Rücktrittsmöglichkeit [vgl Rn 115]; Vorleistungspflichten können naturgemäß nur eine Vertragsseite treffen). Ungleiche Behandlung in AGB taugt deshalb nicht einmal als Indiz für Unangemessenheit (insoweit aA SCHLOSSER/GRABA Rn 57).

Andererseits sind durchaus Konstellationen denkbar, in denen ungleiche Rechtsausstattung beider Vertragspartner unangemessen ist: So etwa, wenn die vorbehaltlose Annahme der Schlußzahlung durch den Bauunternehmer spätere Nachforderungen ausschließt, nicht aber das Recht des Auftraggebers, Überzahlungen zurückzuverlangen (BGH NJW 1988, 55, 57). Umgekehrt gewährleistet formale Gleichstellung noch nicht angemessene Gleichbehandlung: Ist dem Erwerber einer versicherten Sache ebenso wie dem Versicherer das Recht genommen, anläßlich des Erwerbsvorgangs zu kündigen, werden damit nur die Interessen des Erwerbers nennenswert beeinträchtigt (BGH NJW 1990, 2686; keine Unangemessenheit hingegen, wenn die Gleichbehandlung trotz ungleicher Auswirkungen im Gesetz ihre Entsprechung findet, BGH NJW-RR 1991, 35 [Verjährung von wechselseitigen Ansprüchen des Handelsvertreters und des Unternehmers]).

118 Für **Verbraucherverträge** könnte jedoch durch die RL eine andere Beurteilung erforderlich geworden sein. Schon der Wendung vom „ungerechtfertigten Mißverhältnis der vertraglichen Rechte und Pflichten der Vertragspartner" könnte das Leitbild einer grundsätzlichen Gleichberechtigung entnommen werden (aussagekräftiger die englische bzw französische Formulierung „imbalance", „déséquilibre"; in diesem Sinne WOLF Art 3 RL Rn 5; vgl auch NASSALL JZ 1995, 689, 694). Das wird bestätigt durch den Anhang zur RL (insbesondere Nr 1 c, d, f und o), wo die fehlende Wechselseitigkeit einer Berechtigung entscheidender Gesichtspunkt für die Mißbräuchlichkeit ist (NASSALL aaO; HEINRICHS NJW 1996, 2190, 2197; PALANDT/HEINRICHS § 24 a Rn 25).

Scheint demnach das Prinzip der Waffengleichheit relativ gesicherter Bestandteil der RL zu sein, so sind seine Konsequenzen im einzelnen doch äußerst unklar. Im Ansatz zutreffend unterscheidet WOLF zwischen formeller und materieller Gleichheit und will letzterer ausschlaggebende Bedeutung beimessen (WOLF Art 3 RL Rn 5 sowie Anhang RL Rn 51). Dies ist schon deshalb unausweichlich, weil formale Gleichstellung oft gar nicht möglich oder sinnvoll ist (oben Rn 117). Auch dem RL-Geber schwebte offenbar materielle Gleichberechtigung vor, wie Nr 1 d des Anhangs zeigt: Dem Verfall vom Vertragspartner geleisteter Beträge muß als Kompensation ein gleich hoher Entschädigungsanspruch des Vertragspartners gegenüberstehen, falls der Verwender den Vertragsabschluß verweigert (zum Vergleich im einzelnen WOLF Anh RL Rn 55). Wie weit der Gesichtspunkt materieller Gleichberechtigung allerdings trägt, ist offen: Genügt es nicht, daß eine Vertragsstrafe beidseitig angeordnet ist, sondern muß für den Unternehmer eine wesentlich höhere Summe vorgesehen sein, damit ein wirtschaftlich vergleichbarer Sanktionsdruck für beide Seiten erreicht wird (vgl das Beispiel bei WOLF Art 3 RL Rn 5)? Wer bestimmt die Vergleichbarkeit? Hier werden schnell Grenzen der Justitiabilität erreicht, denen sowohl § 8 wie auch die Richtlinie sonst grundsätzlich Rechnung tragen wollen (Art 4 Abs 2 und Erwägungsgrund 19). Darüber hinaus bleiben die Probleme einer „Gleichbehandlung", wenn eine beidseitig wirkende Regelung nicht möglich ist (zB Vorleistungspflichten) und statt „Waffengleichheit" nur ausgleichende Kompensation in Frage kommt (zB Rücktrittsrecht bei Preiserhöhungen) oder dasselbe Recht schlicht für beide Vertragsseiten ganz unterschiedliche Bedeutung hat (zB bei Haftungsausschlüssen, Schadenspauschalen). Ob das Gleichbehandlungsprinzip der RL begrenzt werden kann auf Klauseln, die „für den Vertragspartner in annähernd gleicher Weise praktische Bedeutung erlangen" wie für den Verwender (so WOLF Rn 136), erscheint zweifelhaft. Jedenfalls ist zum Thema der Waffengleichheit eine reichhaltige Judikatur des EuGH zu erwarten.

f) Risikoverteilung

119 Die Frage der Risikoverteilung spielt bei der vertraglichen Gestaltung eine zentrale Rolle, und AGB-Verwender sind naturgemäß bestrebt, in ihren Regelungen insoweit eine Verbesserung ihrer Rechtsposition zu erreichen (ULMER Einl Rn 4). Generelle Kriterien für die Angemessenheitsprüfung sind nur begrenzt möglich, da der Risikoaspekt verschiedene Bezugspunkte haben kann – es kann um das Inhalts- oder Unwirksamkeitsrisiko bei AGB-Klauseln gehen, um Leistungs- oder Fehlerrisiken, um das Verwendungsrisiko hinsichtlich der Leistung, um Fälschungs- oder Schadensrisiken.

Das Inhalts- und Wirksamkeitsrisiko hat der Gesetzgeber ausdrücklich dem AGB-Verwender zugewiesen (§§ 5, 6); im Rahmen von § 9 kann es nur darum gehen, diese Wertung auch gegenüber Klauseln durchzusetzen, die diese Verteilung zu revidieren suchen – etwa salvatorische Klauseln oder Ersatzklauseln (dazu oben Rn 52; auch das Verbot geltungserhaltender Reduktion unwirksamer Klauseln hat dasselbe Ziel).

Das Risiko der (fehlerfreien) Leistung ist grundsätzlich dem Schuldner zugewiesen. Klauseln, die dieses Risiko abwälzen wollen, werden zT auf vorgelagerter Linie von § 4 oder § 9 Abs 2 S 2 abgewehrt. Aber auch, soweit es sich nicht um vertragswesentliche Pflichten handelt, kann die Regelung nach § 9 Abs 1 unangemessen sein. Übergreifende, auch für die übrigen Risikobereiche (Verwendung, Fälschung, Schaden) grundsätzlich maßgebliche Gesichtspunkte sind dabei **Risikobeherrschung** und **Risikonähe**: Welche der Vertragsparteien ist besser in der Lage, *Maßnahmen zur Abwendung der Risikoverwirklichung* zu treffen? Welchem Vertragspartner obliegt es nach den Umständen eher, letztlich unvermeidbare Risiken durch *Versicherungsschutz* abzudecken? Wessen *Sphäre* ist das Risiko eher zuzurechnen? Auch wenn das Gesetz den Sphärengedanken nicht zur Grundlage des Haftungssystems genommen hat (BGHZ 114, 238, 240 f; ZIP 1997, 838, 839), so ist er doch aussagekräftig für die Frage, ob und wann eine Risikoüberwälzung unangemessen ist (einschränkend für den kaufmännischen Bereich MUNZ 196 f).

Im Lichte dieses Kriteriums erscheint es unangemessen, wenn ein Verwender das Risiko pünktlicher Selbstbelieferung durch seinen Lieferanten (BGH NJW 1983, 1320) oder das Risiko leicht fahrlässiger Fehlleitung von Banküberweisungen (BGH NJW 1989, 2353, 2354; OLG Frankfurt aM NJW 1983, 1681, 1682 [zu den inzwischen geänderten AGB-Banken]) auf den Vertragspartner abwälzt. Schon vor dem AGBG hatte der BGH eine Haftungsfreizeichnung des Öllieferanten bei Überlaufen der Tanks für unwirksam erklärt, weil die entsprechende Überwachung eher Sache des Fachpersonals des Lieferanten beim Abfüllvorgang als die des Kunden sei (NJW 1971, 1036). Der Sphärengedanke wird deutlich bei der Verwerfung einer Klausel in den Bedingungen eines Kreditkartenunternehmens, mit der den Kunden das Risiko bestimmungswidrigen Gebrauchs durch die Vertragsunternehmen zugeschoben wurde – da der Kunde die Kreditkarte diesen Unternehmen zur Herstellung des Belastungsbelegs aushändigen muß, hat er keine Überwachungsmöglichkeiten mehr; zwar hat auch das Kreditkartenunternehmen diese Möglichkeit nicht, muß die Vertragsunternehmen als seine Vertragspartner aber seiner Risikosphäre zurechnen lassen (BGH BB 1984, 1897, 1898). Das gleiche gilt im Ergebnis für das Risiko einer Scheckfälschung, soweit der Kunde diese nicht zu verantworten hat: Das Risiko liegt im von den Banken beherrschten Schecksystem begründet und ist wesentlich erhöht durch Regelungen im Rationalisierungsinteresse der Banken (keine Streichbarkeit des Überbringervermerks; keine Identitätsprüfung beim Einreicher). Die Überwälzung einer Risikoverwirklichung auf die Kunden wäre deshalb unangemessen (BGH ZIP 1997, 838, 840 [gestützt auf § 9 Abs 2 Nr 1] mwN). Konsequenterweise wird eine Überwälzung verbreitet dann für wirksam gehalten, wenn die Fälschungsursachen der Risikosphäre des Kunden zuzurechnen sind (KG WM 1989, 7, 9; OLG Frankfurt aM ZIP 1990, 369 f; OLG Celle WM 1993, 101; OLG Hamburg WM 1994, 1107, 1108; deutungsweise wohl auch BGH ZIP 1997, 838, 840; dazu noch sogleich). Zu differenzieren ist hingegen beim Risiko des Mißbrauchs nach Kreditkartenverlust: Einerseits hat der Kunde den Verlust in der Regel entweder zu vertreten oder seiner Sphäre zuzurechnen, andererseits ist das vom Verwender betriebene Kreditkartensystem immanent mißbrauchsanfällig. Dies steht einer völligen Risikoabwälzung auf den Kunden entgegen, erlaubt aber eine höhenmäßig und zeitlich begrenzte Risikobeteiligung (vgl OLG Bamberg

NJW 1993, 2813; TAUPITZ NJW 1996, 217 ff). Gleiches müßte dann aber auch für den vom Kunden zu verantwortenden Scheckverlust gelten.

Gelegentlich vermengt der BGH den Aspekt der Risikosphäre mit dem Vertretenmüssen einer Störung. So soll das Verwendungsrisiko beim Fitness-Studio-Vertrag nur insoweit beim Kunden liegen, als dieser seine Nichtnutzung zu vertreten hat, während unverschuldete Verhinderungen (Verletzung, Krankheit) zu einem Entfall der Entgeltpflicht führen sollen (BGH ZIP 1996, 2075, unter Ablehnung des § 552 BGB als maßgebliche Regelung des Verwendungsrisikos; zweifelnd HEINRICHS EWiR § 9 AGBG 1/97 S 2; siehe unten Rn 513 ff).

Soweit es bei Freizeichnungsklauseln um die angemessene Verteilung des Schadensrisikos geht, setzt sich der Sphärengedanke auf der Ebene der *Versicherbarkeit* fort: Es kommt darauf an, wer von beiden Vertragspartnern das Risiko üblicherweise, leichter oder zumutbarer unter Versicherungsschutz stellen kann (vgl vHOYNINGEN-HUENE Rn 216 ff; PALANDT/HEINRICHS Rn 14, 43; SOERGEL/STEIN Rn 27; ULMER/BRANDNER Rn 114 ff; MUNZ 197 f für den kaufmännischen Bereich). Einzelheiten dazu unten Rn 320 und Rn 341.

6. Transparenzgebot

a) Überblick

121 Es ist heute in Rechtsprechung und Literatur weitgehend anerkannt, daß die unangemessene Benachteiligung des Vertragspartners iSd § 9 Abs 1 ihren Grund auch darin finden kann, daß die Klausel selbst oder die sich aus ihr ergebenden Rechte und Pflichten unklar, „intransparent" sind. Aus mehreren Einzelregelungen des AGBG (dazu näher Rn 122) sowie dem Gesetzeszweck wird die übergreifende, grundsätzliche Obliegenheit des Verwenders gefolgert, die von ihm einseitig gestellten Regelungen für den Vertragspartner möglichst klar und verständlich zu gestalten (**Transparenzgebot**). Soweit eine Verletzung dieses Gebots nicht schon der Einbeziehung der AGB entgegensteht (§§ 2, 3), kann sie auch im Rahmen der Inhaltskontrolle nach § 9 beachtet werden (für diese hM siehe vor allem BGH NJW 1989, 222; 1989, 224; 1989, 530; ZIP 1990, 980; 1992, 751; NJW 1993, 2052; 1993, 3261; 1995, 254; 1996, 1346; 1996, 1407; ZIP 1997, 496; BAG NJW 1994, 213; ERMAN/HEFERMEHL Rn 19; vHOYNINGEN-HUENE Rn 199 ff; PALANDT/HEINRICHS Rn 15; SOERGEL/STEIN Rn 21; ULMER/BRANDNER Rn 87 ff; WOLF Rn 143 ff; SCHÄFER, Das Transparenzgebot [1992] 39 ff; BRANDNER, in: FS Locher [1990] 317 ff; ders, in: FS Steindorff [1990] 518 ff; CANARIS NJW 1987, 2407, 2409; ders WuB I E 4−2.89; HEINRICHS, in: FS Trinkner [1995] 157 ff; ders, in: HADDING/HOPT 101 ff; **differenzierend oder einschränkend**: FASTRICH 123 ff; vHOYNINGEN-HUENE, in: FS Trinkner [1995] 179 ff; KOLLER, in: FS Steindorff [1990] 667 ff; PFLUG, Die AG 1992, 1, 17 ff; **ablehnend** BRUCHNER WM 1988, 1873 ff; ders, in: HADDING/HOPT 121 ff; vCAMPENHAUSEN, Transparenzgebot [1993]; HANSEN WM 1990, 1521, 1524; HELLNER, in: FS Steindorff [1990], 573, 584; WESTERMANN, in: FS Steindorff [1990] 817 ff). Obwohl das Gebot klarer und verständlicher Regeldarstellung von Anfang an zu den Bedingungen gehörte, unter denen das Gesetz die einseitige Regelstellung durch den Verwender überhaupt erst grundsätzlich akzeptierte (vgl Rn 122 ff; NIEDENFÜHR, Informationsgebote [1985] 4 ff; vgl HEINRICHS, in: FS Trinkner [1995] 157, 161) und auch die Rechtsprechung diesen Aspekt schon immer beachtet hat – zwar schwerpunktmäßig bei der Einbeziehungs-, zunehmend aber auch bei der Inhaltskontrolle – (vgl L RAISER 175 mit Nachw aus den ersten drei Jahrzehnten des BGB; nach Inkrafttreten des AGBG vgl vor allem BGH NJW

1980, 2518, 2519; 1984, 171; 1988, 1726; vgl auch WESTERMANN, in: FS Steindorff [1990] 817, 822), ist die Thematik unter dem Schlagwort „Transparenzgebot" erst durch die als Paukenschläge empfundenen Urteile des BGH von 1988/1989 zur nachschüssigen Zinsberechnung bei Hypothekendarlehen (NJW 1989, 222; 1989, 530) und zur Wertstellung von Einzahlungen auf Girokonten (NJW 1989, 582) in den Mittelpunkt der AGB-rechtlichen Diskussion gerückt. Die Bedeutung der Anerkennung des Transparenzgebots auch als Kriterium inhaltlicher Angemessenheit iSv § 9 Abs 1 ist dabei von Gegnern wie Befürwortern zunächst überschätzt worden (vgl KÖNDGEN NJW 1989, 943, 944 ["Zauberformel unabsehbarer Sprengkraft"]; WOLF, in: HADDING/HOPT 73 f [Rechtsprechung hat sich mit dem Transparenzgebot eine „zusätzliche Generalklausel" geschaffen]; DREXL § 13 VIII 3 c [wichtigste Entwicklung seit Verabschiedung des AGBG]; ähnlich, aber mit kritischer Tendenz WAGNER/WIEDUWILT WM 1989, 37 ff; BRUCHNER, in: HADDING/HOPT 119 ff, 121 ff, 130). Inzwischen ist nicht nur die Grundsatzdiskussion im Sinne der eingangs dargestellten hM weitgehend zur Ruhe gekommen (vgl BGH NJW 1993, 2052, 2054: „Nunmehr ständige Rechtsprechung des BGH"; HEINRICHS, in: FS Trinkner [1995] 157: „Als ein tragendes Prinzip des Rechts der allgemeinen Geschäftsbedingungen etabliert"); vielmehr hat die seitherige Entwicklung der Rechtsprechung auch gezeigt, daß das Transparenzgebot zwar eine bedeutsame Fortentwicklung der AGB-rechtlichen Dogmatik darstellt, keineswegs aber zu revolutionären Umwälzungen in der Kontrollpraxis geführt hat (vgl die Rechtsprechungsberichte von HEINRICHS NJW 1995, 1395, 1399; 1996, 1381, 1385: „Vergleichsweise bescheidene Rolle" in der Rechtsprechung); auch eine leichte Zunahme der Entscheidungen in neuester Zeit (vgl HEINRICHS NJW 1997, 1407, 1413 f) ändert an diesem Befund nichts. Neue Impulse hat die Diskussion jetzt durch die ausdrückliche Verankerung des Transparenzgebots in der EG-RL 93/13/ EWG erhalten (dazu unten Rn 150 ff). Trotz dadurch neu aufgeworfener Einzelfragen folgt daraus jedenfalls eine grundsätzliche Bestätigung des Transparenzaspekts für den Bereich des Verbrauchervertrages; überdies ist bei Umsetzung der RL durch den deutschen Gesetzgeber die Verankerung des Transparenzgebots in § 9 offenbar als gesicherter Bestand des deutschen AGB-Rechts angesehen worden (RegE BT-Drucks 13/2713, 6; Rechtsausschuß BT-Drucks 13/4699, 6).

b) Grundlagen
aa) Gesetzliche Systematik
Gesetzlich verankert ist das Transparenzgebot an mehreren Stellen des AGBG, aber stets nur in einzelnen Ausprägungen, nicht als übergreifendes Prinzip des AGB-Rechts. Im Rahmen der *Einbeziehungskontrolle* verwehrt § 2 nur solchen Klauseln oder Klauselwerken den Eingang in den Vertrag, bei denen die Möglichkeit des Vertragspartners fehlt, „in zumutbarer Weise von ihrem Inhalt Kenntnis zu nehmen" (§ 2 Abs 1 Nr 2). Wie auch aus § 5 folgt, wird die Einbeziehungsschranke des § 2 nicht schon ausgelöst, wenn Unklarheiten über den Klauselinhalt im einzelnen bestehen; erfaßt werden erst grobe Unklarheiten, die letztlich zur „Unverständlichkeit" der Klausel insgesamt führen (WOLF Rn 148; ders, in: HADDING/HOPT 76, 77; HEINRICHS ebenda 101, 103; ders, in: FS Trinkner [1995] 157, 160 [nur „Kernbereich des Transparenzgebots" durch § 2 abgedeckt]; ausführlich zum Transparenzgebot in § 2 SCHÄFER 39 ff; vgl im übrigen die Erläuterungen zu § 2). Auch § 3 betrifft nur eine „besonders qualifizierte Erscheinungsform der Transparenz" (HEINRICHS, in: HADDING/HOPT 101, 103 f; ders, in: FS Trinkner [1995] 157, 160; HORN WM 1997 Beil 1 S 3 ff, 8, 14, 20; SCHÄFER 95 will dagegen die Kriterien des § 3 [Ungewöhnlichkeit, Überraschungseffekt] jedenfalls prinzipiell vom Transparenzgedanken abkoppeln); das spezifische Anliegen dieser Vorschrift (Schutz vor Überraschungen) kann im übrigen auch dann berührt sein, wenn inhaltliche Klarheit und Angemessenheit

iSd § 9 nicht zu beanstanden sind (vgl BGH NJW 1985, 53, 55; 1989, 222, 223; 1993, 779, 780; vHoyningen-Huene Rn 201). Die *Unklarheitenregel* des § 5 ist zwar besonders deutliche Ausprägung des Transparenzgebots, hat von den Rechtsfolgen her aber nur ein beschränktes Wirkungsfeld. Als Auslegungsregel kann sie konzeptionell nicht zur Unwirksamkeit einer Klausel führen; ist eine Klausel so unverständlich, daß sie vernünftige Auslegungsalternativen gar nicht eröffnet, ist sie nicht nach § 5, sondern schon nach § 2 unwirksam (Ulmer § 2 Rn 50 [unklar jedoch § 5 Rn 29]; Palandt/Heinrichs § 2 Rn 14; Heinrichs, in: Hadding/Hopt 101, 104; ders, in: FS Trinkner [1995] 157, 161. Anders zT die Rechtsprechung, vgl BGH NJW 1982, 870; 1985, 53, 56; 1985, 2253, 2255; 1986, 924, 925. Ungenau schließlich auch BGH NJW 1996, 1407, 1408, wo es um die Frage ging, ob ein weitergehender Haftungsausschluß durch eine Schadensversicherung kompensiert wurde: Wegen Unklarheit über den Versicherungsumfang hielt der BGH die gesamte Regelung nach § 9 für unwirksam, anstatt die Versicherungsklausel nach § 5 kundenfeindlich auszulegen und sodann den Haftungsausschluß für nicht kompensiert und deshalb unangemessen zu erklären. Vgl zum ganzen auch Staudinger/Schlosser § 5 Rn 7, 10 ff).

Steht eine Unwirksamkeit wegen Intransparenz nach § 9 in Frage, so ist andererseits nicht zu fordern, daß vorab der maßgebliche Sinngehalt der Klausel nach § 5 festgelegt wird (so aber vHoyningen-Huene Rn 201 a). Das Gericht kann diese Festlegung durchaus offenlassen, wenn es die Klausel wegen ihrer Unklarheit jedenfalls für unangemessen und unwirksam hält (Ulmer/Brandner Rn 94; Köndgen NJW 1989, 943, 949). Auf der Ebene der *Inhaltskontrolle* stellen außerdem mehrere Klauselverbote der §§ 10 und 11 den Zusammenhang zwischen Unbestimmtheit einer Regelung oder nicht hinreichender Aufklärung des Vertragspartners über vertragswesentliche Punkte und inhaltliche Unangemessenheit her (so vor allem §§ 10 Nr 1, 2, 3; 11 Nr 10 b, 13 a, 15 S 2; dazu Niedenführ, Informationsgebote 5; Heinrichs, in: Hadding/Hopt 101, 105; ders, in: FS Trinkner [1995] 157, 161 f). Damit können sich Versuche, den Gesichtspunkt der Transparenz ausschließlich der Einbeziehungskontrolle zuzuweisen (so vor allem Koller, in: FS Steindorff [1990] 667 ff; Pflug Die AG 1992, 1 ff, 17; Schäfer 141 ff, 158 f [einschränkend allerdings 166 ff; dazu unten Rn 165]), jedenfalls nicht auf die systematische Trennung von Einbeziehungs- und Inhaltskontrolle im AGBG berufen – der Gesetzgeber selbst hat das Transparenzgebot *beiden* Kontrollansätzen zugewiesen (zutreffend Köndgen NJW 1989, 943, 949: „Keine strenge Alternativität zwischen den beiden Kontrollmodalitäten"; siehe auch Canaris WuB I E 4.-2.89). Damit verstößt aber auch die Berücksichtigung des Transparenzgebots in § 9 als der Grundnorm der Inhaltskontrolle (oben Rn 10) nicht gegen die gesetzliche Konzeption (Heinrichs, in: Hadding/Hopt 101, 105 f; ders, in: FS Trinkner [1995] 157, 162; ebenso Kreienbaum (1998), die von „planwidriger Regelungslücke im AGBG" spricht, die durch das Transparenzgebot gefüllt wird).

bb) Unangemessenheit durch Unklarheit?

123 Damit konzentriert sich die Fragestellung darauf, ob und wann Intransparenz als solche den Tatbestand des § 9 Abs 1 erfüllen kann. Auszuscheiden sind dabei Fallgestaltungen, in denen die unklare Fassung nur als unterstützendes Argument für die Unangemessenheit einer sachlich bedenklichen Klausel herangezogen wird (Westermann, in: FS Steindorff [1990] 817, 822). Nicht weiterzuverfolgen ist des weiteren der (gelegentlich nicht ganz fernliegende) Verdacht, daß die Rechtsprechung mitunter die Intransparenz einer Klausel beanstandet, wenn sie vor einer offenen Mißbilligung des Klauselinhalts zurückscheut (vgl BGH NJW 1982, 870, 872; 1989, 2750, 2751; 1993, 263, 264; Westermann, in: FS Steindorff [1990] 817, 824 f).

Im Ausgangspunkt sollte außer Frage stehen, daß sich auch die Intransparenz, soweit sie als Kriterium der Inhaltskontrolle in Betracht gezogen wird, deren grundsätzlichem Ansatzpunkt und Maßstäben unterzuordnen hat: Sie muß zu einer „unangemessenen Benachteiligung des Vertragspartners" führen (OLG Celle NJW-RR 1995, 1133; ULMER/BRANDNER Rn 89). Auch die generalklauselartige Weite des § 9 Abs 1 erlaubt nicht, rechtsfortbildend über den gesetzlich vorgegebenen Rahmen hinauszuschreiten – dann allerdings hätte das Transparenzgebot jene „unabsehbare Sprengkraft", die ihm gelegentlich zugetraut wurde (oben Rn 121). Von dieser Position aus können schon einige Begründungsansätze verworfen werden:

Die bloße Unklarheit einer Regelung ohne Bezug zu einer inhaltlichen Benachteiligung des Vertragspartners kann ihre Unwirksamkeit nach § 9 noch nicht begründen (für diese ganz hM ERMAN/HEFERMEHL Rn 19; ULMER/BRANDNER Rn 89; BRUCHNER, in: HADDING/HOPT 126; HEINRICHS, in: FS Trinkner [1995] 157, 162; HELLNER, in: FS Steindorff [1990] 573, 584; vCAMPENHAUSEN 28, 32 ff; WESTERMANN, in: FS Steindorff [1990] 817, 830; **anders** vWESTPHALEN, Vertragsrecht und Klauselwerke, „Transparenzgebot" Rn 12; FREY ZIP 1993, 572, 575 ff). „Unklarheit" bezieht sich zunächst nur auf die Darstellung und Bedeutung einer Klausel, ist also wesensmäßig ein *formeller Gesichtspunkt* (vgl BGH NJW 1989, 582; 1993, 3261, 3262; JZ 1993, 629, 631), während „unangemessene Benachteiligung" trotz aller Bedeutungsweite nicht ohne einen *„materiellen Kern"* gedacht werden kann (KÖNDGEN NJW 1989, 943, 950). Schutzgut der Vorschrift ist, wie Abs 2 und §§ 10, 11 verdeutlichen, die Rechtsposition des Vertragspartners und nicht seine intellektuellen Erkenntnismöglichkeiten. Dem Problem kann nicht dadurch ausgewichen werden, daß nur solche Klauseln überhaupt als kontrollfähig angesehen werden, die – ungeachtet des Transparenzaspekts – inhaltlich benachteiligend sind: Deklaratorische oder die Hauptleistungspflichten betreffende Klauseln sollen demnach auch dann nicht den Filter des § 8 passieren, wenn sie intransparent formuliert sind (vHOYNINGEN-HUENE, in: FS Trinkner [1995] 179, 182 ff). Das Merkmal der Benachteiligung gehört nicht zum Tatbestand des § 8 (siehe dort Rn 4). Außerdem besteht so die Gefahr, daß die Möglichkeit einer Benachteiligung *durch* Intransparenz gar nicht erst ins Blickfeld gelangt, was zu einer empfindlichen Verkürzung des Kundenschutzes führt. (Der von vHOYNINGEN-HUENE aaO vorgestellte Fall, daß eine unklare Klausel auch bei kundenfeindlichster Auslegung das gesetzliche Schutzniveau nicht unterschreitet [§ 8], dürfte nur theoretische Bedeutung haben).

Des weiteren überzeugt es nicht, wenn die Obliegenheit des Verwenders zur klaren und verständlichen Regelung (oben Rn 121) zu einer „Garantenpflicht" hochstilisiert wird, deren Verletzung dann per se zur materiellen Unangemessenheit der Regelung führen soll (so FASTRICH 322). Weiterführend erscheinen demgegenüber die zwei folgenden Begründungsansätze.

(1) **Unangemessene Benachteiligung durch Vereitelung von Marktchancen**: Die Intransparenz kann den Vertragspartner an der sachgerechten Beurteilung hindern, ob es sich um einen für ihn günstigen oder zumindest akzeptablen Vertrag handelt. Damit hindert sie einen Marktvergleich und ggf Ausweichmöglichkeiten des Vertragspartners, aber auch schon den Versuch, durch Verhandlungen mit dem Verwender bessere Bedingungen zu erreichen. Schon in dieser Chancenvereitelung eine „unangemessene Benachteiligung" des Vertragspartners iSd § 9 Abs 1 zu sehen, erscheint nicht zu weit hergeholt. Der „Nachteil" in § 9 Abs 1 ist nicht näher eingegrenzt, und

seine Erstreckung auf Chancenvereitelung hält sich im Rahmen allgemeiner Sprach- und Sinndeutung (wie hier OLG Celle NJW-RR 1995, 1133; ULMER/BRANDNER Rn 90; HEINRICHS, in: FS Trinkner [1995] 157, 163). Man könnte (in Anlehnung an KÖNDGEN) von einer „marktbezogenen Unangemessenheit" sprechen (NJW 1989, 943, 950, allerdings in anderem Sinne, dazu sogleich) und diese einer „rechtsbezogenen Angemessenheit" gegenüberstellen (dazu Rn 127). Die Einheitlichkeit des Benachteiligungsbegriffs wird deutlich, wenn man beide Aspekte nicht als Gegensätze begreift, sondern die marktbezogene Unangemessenheit eher als eine Art Vorstufe, als eine sich noch im Unbestimmten verwirklichende Form der rechtlichen Benachteiligung (ähnlich DREXL § 13 VIII 3 c: Transparenzkontrolle sei kein aliud, sondern ein minus im Verhältnis zum typischen Fall der Inhaltskontrolle). „Inhaltlich", „materiell" ist die Benachteiligung in beiden Fällen, unterschiedlich nur der sachliche Bezugspunkt: typischerweise das Ergebnis, hier aber auch die bloße Chance (auch bei der verfassungs- und EG-rechtlich vorgeschriebenen Chancengleichheit im Arbeitsrecht [Art 3 GG und RL 76/207/EWG] geht es letztlich nicht um formale Gleichstellung auf dem Markt, sondern um materiellen Terraingewinn für Frauen). Auch wenn das Recht auf dieses erhoffte *Ergebnis* der Chancengleichheit – nach Auffassung des EuGH – nicht unmittelbar durchgreifen darf (Rs C-450/93, NZA 1995, 1095 [Kalanke]), wird auch schon in der Vereitelung von Chancengleichheit unproblematisch eine „Benachteiligung wegen des Geschlechts" gesehen (Art 2 ff RL 76/207/EWG; § 611 a BGB). Gemeinsam wiederum ist der persönliche Bezugspunkt, die Benachteiligung gerade *„des Vertragspartners"* (dazu im einzelnen Rn 72 ff). Auch bei marktbezogener Unangemessenheit besteht weder Anlaß noch Legitimation, in der Schutzrichtung des § 9 Abs 1 vom Individualschutz zum allgemeinen Marktschutz umzuschwenken (so aber, zumindest tendenziell, KÖNDGEN NJW 1989, 943, 950; zutreffende Kritik insoweit bei SCHÄFER 161 ff; WESTERMANN, in: FS Steindorff [1990] 817, 825; vgl auch BRUCHNER, in: HADDING/HOPT 129; KRÄMER ebenda 139 f; JOOST ZIP 1996, 1685, 1686 f). So unbestreitbar der „marktpolizeiliche" Charakter des AGBG auch ist (vgl Rn 46), so werden entsprechende Effekte doch konzeptionell *über* den Individualschutz, nicht im unmittelbaren Zugriff erzielt – das gilt, wenngleich mit gewisser Abschwächung – auch für das Verbandsklageverfahren. Soweit sich aus einer marktorientierten Betrachtung jedoch eine individuelle Benachteiligung herleiten läßt, ist es verfehlt, diesen Aspekt bei der AGB-Kontrolle auszublenden (so aber SCHÄFER, BRUCHNER, KRÄMER, JOOST aaO).

126 Marktbezogene Benachteiligung durch Intransparenz verwirklicht sich vor oder bei *Vertragsschluß* (es ist vor allem das Verdienst von KOLLER, in: FS Steindorff [1990] 678, 680 ff, auf die unterschiedliche Bedeutung von Abschluß- und Abwicklungstransparenz hingewiesen zu haben; daran anknüpfend auch FASTRICH 321 ff; DREXL § 13 VIII 3 c; WOLF, in: HADDING/HOPT 76 ff; relativierend allerdings HEINRICHS, in: HADDING/HOPT 101, 111; ders, in: FS Trinkner [1995] 157 ff). Insoweit liegt der Einwand nahe, ein Transparenzgebot für diese Situation ignoriere „die seit Jahrzehnten bestehende Rechtswirklichkeit" (SCHÄFER 163): AGB würden erfahrungsgemäß nicht gelesen, ein Konditionenwettbewerb finde praktisch nicht statt (vgl Rn 47, 94). Obwohl das AGBG dieser Erkenntnis vor allem mit den §§ 3, 4, 5, 9–11 Rechnung trägt, wird in § 2 dennoch der Versuch unternommen, die Abschlußtransparenz jedenfalls im Grundsätzlichen zu sichern und dem Vertragspartner die Möglichkeit marktgerechten Verhaltens offenzuhalten. Damit ist der Einwand fehlender Kausalität zwischen Intransparenz und Abschlußentscheidung allerdings noch nicht ausgeräumt, da § 2 das Realverhalten der Kunden nicht verändert hat. Jedoch ist der Einwand zu pauschal: Auch bei Verträgen mit AGB finden inhaltliche Abschlußerwägungen der Vertragspartner statt, die zwar nicht das gesamte Spektrum aller Vertragsbedingungen einbeziehen, wohl aber auf die fundamentalen Marktparameter gerichtet sind. Dies sind vor allem die wechselseitigen Hauptleistungen als solche, aber – je nach Vertragsart und -gegenstand – auch sonstige, wettbewerbsrelevante Nebenbedingungen wie Zahlungsmodalitäten, Finanzierungsmöglichkeiten, Garantiefristen, Bindungsdauer etc. Unter dem Aspekt der Abschlußtransparenz zur Wahrung der Marktchancen des Vertragspartners besteht kein Anlaß, aus diesem Bündel entscheidungserheblicher Informationen die Hauptpflichten iSv §§ 320 ff BGB als kontrollfreien Bereich gemäß § 8 auszusondern – weder der „gerechte Preis" noch das Preis-Leistungs-Verhältnis als solches stehen auf dem Prüfstand, sondern nur die angemessene Information des Vertragspartners über die Daten, die den situations- und branchenbedingten Vertragsentschluß zu beeinflussen pflegen (dazu im einzelnen § 8 Rn 15 ff). Die Verlagerung dieser – auch aus Sicht des Vertragspartners wesentlichen – Informationen in den vorformulierten Regelungstext birgt nun die Gefahr in sich, daß sie dort „untergehen" – sei es aufgrund bewußter Verschleierungstaktik des Verwenders, sei es aufgrund unklarer Darstellung, die die Relevanz einer Regelung in marktwesentlichen Hauptpunkten des Vertrags nicht deutlich werden läßt.

Sowenig einerseits die Erstreckung von AGB auf Hauptfragen des Vertrags grundsätzlich beanstandet werden kann, so ungerechtfertigt erscheint umgekehrt die daran anknüpfende Folgerung, wegen der AGB-Abstinenz des Durchschnittskunden komme es dann auch nicht auf die Transparenz der Regelung an. Das AGBG selbst betont sowohl auf der Ebene der Einbeziehungs- wie auch der Inhaltskontrolle mehrfach die Informationsfunktion von AGB (dazu vor allem NIEDENFÜHR 4 ff; DREXL § 13 VIII 1; KOLLER, in: FS Steindorff [1990] 667, 674), und aus dieser Funktion erfolgt untrennbar das immanente Rechtsgebot, daß diese Informationen dem Adressaten so klar und verständlich wie möglich zu erteilen sind.

Nicht sachgerecht erscheint andererseits der Vorschlag von KOLLER, die Verlagerung der abschlußwesentlichen Informationen in AGB nicht nur zu kompensieren durch das Gebot einer insoweit *gesteigerten Transparenz*, dh durch das Gebot einer ins Auge fallenden, sich geradezu aufdrängenden Darstellung (dazu unten Rn 145), sondern die Verletzung dieses Gebots nicht mehr nach § 9, sondern nur noch nach § 3 zu sanktionieren (KOLLER, in: FS Steindorff [1990] 667 ff, 684). Es können nicht alle nicht gebührend hervorgehobenen marktrelevanten Regelungspunkte als „überraschend" eingestuft werden (das gilt auch, wenn man mit KOLLER nicht auf die Üblichkeit, sondern auf die Erwartungshaltung des Durchschnittskunden abstellen wollte, vgl 685). Einbeziehungs- und Inhaltskontrolle stehen in keinem strikten Ausschließlichkeitsverhältnis, so daß Informationsdefizite, die nicht befriedigend mit §§ 2, 3 aufgefangen werden können, durchaus und sachgerecht im Rahmen der Inhaltskontrolle berücksichtigt werden können, sofern sie dem Vertragspartner die Chance marktorientierten Verhaltens nehmen und ihn dadurch benachteiligen. Dem Unterschied von Abschlußtransparenz (ex ante) und Abwicklungstransparenz (ex post) ist im Rahmen der Anforderungen nach § 9 Rechnung zu tragen (Rn 145).

(2) **Unangemessene Benachteiligung durch Erschwerung der Rechtswahrung**: AGB, die unklar sind oder gar eine andere als die bestehende Rechtslage suggerieren, begründen oft unmittelbar die Gefahr, daß der Vertragspartner im Konfliktfall seine Rechte

nicht erkennt, sie nicht richtig einschätzt oder sonst nicht sachgerecht durchsetzt. Entsprechendes gilt für die Beurteilung der Rechte des Verwenders und die darauf abgestimmte Rechtswahrungsstrategie des Vertragspartners: Vor Schein-Rechten des Verwenders wird kapituliert, wirklich bestehende Eigenrechte werden nicht geltend gemacht (besonders deutlich KOLLER, in: FS Steindorff [1990] 667, 670 ff, 677 f; SCHÄFER 165 ff; vgl auch BGHZ 104, 82, 93; WM 1995, 27, 30; WOLF Rn 153; HEINRICHS, in: FS Trinkner [1995] 157, 162 f). Das Durchschlagen formeller Intransparenz auf eine materielle Benachteiligung des Vertragspartners ist hier offenkundig (anders jedoch FASTRICH 322); daß diese nicht erst dann anzunehmen ist, wenn die objektive Rechtslage zu Ungunsten des Vertragspartners verändert worden ist, folgt schon aus den einschlägigen Klauselverboten der §§ 10 und 11 (siehe Rn 122). Beispielsweise drängt sich der Zusammenhang zwischen undeutlichen, tendenziell zu weit gefaßten Sicherungsklauseln und der Gefahr einer Übersicherung des Kreditgebers geradezu auf – „das führt regelmäßig zu einer unangemessenen Benachteiligung der Kreditnehmer" (BGH NJW 1993, 2383, 2385). Andererseits ist der Kausalzusammenhang zwischen Unklarheit und Benachteiligung nicht zwangsläufig gegeben, sondern stets im Einzelfall festzustellen (vgl BGH WM 1995, 27, 29 f: Überschußverteilung bei Lebensversicherung aG gemäß „Geschäftsplan" – trotz Unklarheit keine Gefahr der Beeinträchtigung der Rechtsdurchsetzung). Bei den *Klarheitsanforderungen im einzelnen* kann der Umstand berücksichtigt werden, daß nach Vertragsschluß und Offenbarwerden des Konflikts vom Vertragspartner eine ruhige, sorgfältige Lektüre der einschlägigen AGB-Bestimmungen erwartet werden kann (vgl oben Rn 126 aE; KOLLER, in: FS Steindorff [1990] aaO). Insofern kann die Kausalität von Intransparenz auch zu dieser Art Benachteiligung nicht mit dem Argument widerlegt werden, AGB würden von den Vertragspartnern generell nicht gelesen.

c) **Inhalt und Ausgestaltung des Transparenzgebots im einzelnen**
aa) **Inhalt und Folgen**

128 Das Transparenzgebot verpflichtet den Verwender, die von ihm gestellten Regelungen so klar und verständlich für den Vertragspartner zu stellen, wie dies den Umständen nach nötig und möglich ist (BGH NJW 1989, 222, 223; 1989, 582, 583; 1990, 2383, 2384; OLG Celle NJW-RR 1995, 1133). Zu den „Umständen" zählen dabei insbesondere Branche und Vertragsgegenstand, die Thematik der Regelung sowie der Verständnis- und Erwartungshorizont des Durchschnittskunden (Rn 129). Dabei führt das Transparenzgebot in zweierlei Richtung über die bloße Klarheit der Regelung hinaus: Zum einen kann es positive **Informationspflichten** begründen, sofern bestimmte Informationen erforderlich sind, um dem Vertragspartner das Verständnis oder die Handhabung einer Regelung zu erleichtern (vgl § 10 Nr 5 b, § 11 Nr 13 a; DREXL § 13 VIII 1; NIEDENFÜHR 5 ff und passim; KOLLER, in: FS Steindorff [1990] 667, 674 ff; dagegen vCAMPENHAUSEN 43; kritisch auch BRUCHNER, in: HADDING/HOPT 121 ff, 129; näher unten Rn 143 und 158). Zum zweiten muß die Regelung nicht nur sprachlich klar, sondern auch, was die Darstellung der Rechtslage betrifft, inhaltlich **richtig** sein. Begründet schon die Unklarheit einer Regelung die Gefahr nicht sachgemäßer Rechtswahrung und damit eine Benachteiligung für den Vertragspartner, gilt dies umsomehr für irreführende Darstellung (näher Rn 137).

Statt vielfältiger Differenzierungs- und Typisierungsversuche, wie sie in der Literatur vorgeschlagen werden, erscheint vor allem die Erkenntnis bedeutsam, daß die gebotene Transparenz einen *doppelten Bezugspunkt* hat:

(1) Den *Text* der Regelung, dh die sprachliche Klarheit, und

(2) die *objektive Rechtslage*, dh die Rechte und Pflichten beider Vertragspartner auf der Grundlage der AGB (deutlich BGH NJW 1996, 191, 192 zur Zweckerklärung bei der Sicherungsgrundschuld [allerdings zu § 3]; vgl BÖRNER JZ 1997, 595, 596; zur möglichen Erstreckung der Darstellung auf die gesetzliche Rechtslage siehe unten Rn 142, 155). Auf zweiteres kommt es letztlich entscheidend an, jedoch kann textliche Unklarheit schon den Zugang zum Verständnis der Rechtslage erschweren oder vereiteln (unten Rn 133, 135). Umgekehrt nützt dem Vertragspartner sprachliche Klarheit nichts, wenn sich der Verwender beispielsweise weitgehende Gestaltungsrechte vorbehält, ohne deren Voraussetzungen und Grenzen näher zu bezeichnen (unten Rn 137). Bezogen auf die Rechtslage enthält das Transparenzgebot deshalb auch ein inhaltliches **Konkretisierungs- und Bestimmtheitsgebot** (WOLF Rn 150; ULMER/BRANDNER Rn 100 f; vHOYNINGEN-HUENE Rn 205; HEINRICHS, in: FS Trinkner [1995] 157, 167). Eine Brücke zwischen textlicher und inhaltlicher Unklarheit wird geschlagen, wenn die Rechtsprechung zur nachschüssigen Tilgungsverrechnung bei Darlehensverträgen mehrere Klauseln von „geradezu gläserner Klarheit" (MünchKomm/KÖTZ Rn 11 b) deshalb beanstandet, weil ihre getrennte Darstellung dem Vertragspartner den Effekt nicht deutlich werden ließ, der gerade aus ihrem *Zusammenwirken* resultierte (BGH NJW 1989, 222, 223; 1990, 2383, 2384; WM 1992, 218, 219; 1992, 395, 396; 1995, 1262, 1263; ZIP 1997, 496, 497).

Rechtliche **Folgen** hat die Intransparenz nicht als solche, sondern nur, wenn sie zu einer unangemessenen Benachteiligung des Vertragspartners und damit zur Unwirksamkeit der intransparenten Klausel gemäß § 9 Abs 1 führt (Rn 123 f). Konsequenterweise sollte der Transparenzaspekt nur subsidiär herangezogen werden: Ergibt sich die unangemessene Benachteiligung des Vertragspartners aus anderen, sachlichen Gründen, so kommt es auf die Intransparenz der Regelung regelmäßig nicht mehr an (dazu näher Rn 136). Wird statt dessen das Unwirksamkeitsverdikt nur auf Intransparenz gestützt, muß die gleiche Klausel in klarerer Fassung uU später nochmals, sachlich geprüft werden; bei ihrer Verwerfung wird dann der Verwender in seiner Erwartung enttäuscht, mit der sprachlichen Verbesserung der Klausel „das Seine" getan zu haben.

bb) Maßstab und Adressaten der Transparenz

Bei der Frage nach der gebotenen Klarheit und Verständlichkeit ist auf den **Durchschnittskunden** bei der Art von Verträgen abzustellen, für die die AGB konzipiert sind (hM, vgl BGH NJW 1981, 117, 118; 1988, 222, 223 f; 1989, 582, 583; ZIP 1990, 980, 981; NJW 1991, 3025, 3027; 1993, 263, 264; 1995, 2286 f; BAG NJW 1994, 213, 214; BUNDSCHUH, in: HADDING/HOPT 135, 137; HORN ebenda 143; vHOYNINGEN-HUENE Rn 200; WOLF Rn 154). Besondere Fachkunde und Verständnismöglichkeiten gerade des konkreten Vertragspartners bleiben unberücksichtigt – in Verbandsklageverfahren ohnehin, aber auch im Individualprozeß. Die Kritik hieran (BRUCHNER, in: HADDING/HOPT 119, 124; KRÄMER ebd S 139) übersieht zum einen, daß der Bezug auf die jeweilige Vertragsart gruppentypische Differenzierungen innerhalb der Vertragspartner nicht nur ermöglicht, sondern sogar gebietet (vgl KG WM 1991, 1250, 1252: berufliche oder gewerbliche Kreditnehmer bei Wohnungsbaudarlehen; zum Maßstab der Inhaltskontrolle im allgemeinen schon oben Rn 82; zu Kaufleuten unten Rn 149; zu Verbrauchern Rn 150 ff). Zum zweiten folgt die Maßgeblichkeit des Durchschnittskunden schon aus dem generell-abstrakten Charakter der AGB selbst: Der Verwender selbst braucht diese „Kunstfigur" (BRUCHNER aaO) als

Richtpunkt der zu wahrenden Verständlichkeitsanforderungen. So wenig, wie er befürchten muß, daß im Individualprozeß unterdurchschnittliche Erkenntnismöglichkeiten des Vertragspartners die Wirksamkeit einer hinreichend transparenten Klausel beeinträchtigen können, so wenig können ihm überdurchschnittliche Fach- und Rechtskenntnisse des konkreten Vertragspartners zugute kommen, wenn die Klausel – generell gesehen – intransparent ist. Auch handelt der erfahrene Vertragspartner im Prozeß nicht rechtsmißbräuchlich, wenn er sich auf die generelle Intransparenz einer Klausel beruft – erstens kommt es auf dieses „Berufen" gar nicht an (Einl 15 zu §§ 8 ff), und zweitens riskieren weitgehend nur die intellektuell und wirtschaftlich stärkeren Kunden Individualprozesse, fungieren damit aber praktisch als Repräsentanten der großen Masse von „Durchschnittskunden", die sich gegen unangemessene AGB regelmäßig nicht wehren (unglücklich deshalb die Bezeichnung „Trittbrettfahrer" bei KÖNDGEN NJW 1989, 943, 951). Auch im Individualprozeß entfaltet das AGBG seine generalpräventive und „marktpolizeiliche" Nebenwirkung.

131 Neben dem Verständnishorizont spielt für die Transparenzanforderungen auch der **Erwartungshorizont** des Durchschnittskunden eine wichtige Rolle (HORN WM 1997 Beil 1 S 3 ff, 20). Je weiter sich eine Regelung von diesen Erwartungen entfernt, umso deutlicher muß dies in den AGB hervorgehoben werden – hier findet der Rechtsgedanke des § 3 innerhalb der Inhaltskontrolle noch einmal, wenngleich abgeschwächt, Berücksichtigung. Da es beispielsweise den Kundenerwartungen in hohem Maße widerspricht, wenn bei Annuitätendarlehen auch bereits getilgte Kapitalteile noch monatelang weiterverzinst werden müssen, fordert der BGH insoweit eine ins Auge fallende, ausdrückliche Klarstellung in den AGB selbst – die Notwendigkeit eigener Denkschritte des Kunden wird als Beleg für mangelnde Transparenz genommen (BGH ZIP 1990, 980, 982; vgl auch ZIP 1991, 1054, 1056; 1997, 496, 497; vHOYNINGEN-HUENE Rn 209 b). Sind jedoch, bei jährlicher Zinsberechnung, quartalsmäßige Teilleistungen des Darlehensnehmers vorgesehen, so geht auch der Durchschnittskunde regelmäßig davon aus, daß diese Quartalsleistungen anteilig auf Zinsen und Tilgung verrechnet werden und nicht nur der Tilgung dienen – einer besonderen Hervorhebung insoweit bedurfte es deshalb nicht (BGH NJW 1993, 3261, 3262 [derselbe Fall wie vorstehend ZIP 1990, 980]; vgl noch unten Rn 134).

132 Ähnlich, aber nicht deckungsgleich ist der Gesichtspunkt der **Schwere der** (potentiellen) **Benachteiligung** des Kunden. Wo materielle Benachteiligung und Benachteiligungsgefahr durch Intransparenz gemeinsam die Unangemessenheitswertung tragen, liegt es nahe, an die Transparenz umso höhere Anforderungen zu stellen, je größer die auf dem Spiel stehende Benachteiligung des Vertragspartners ist (BGH ZIP 1990, 980, 982; WM 1993, 2001, 2003; HORN WM 1997 Beil 1 S 3 ff, 22; vHOYNINGEN-HUENE, in: FS Trinkner [1995] 179, 190 [wenngleich mit etwas anderem Ansatz]).

cc) **Typische Anwendungsfälle des Transparenzgebots**

133 Die vorstehenden Grundsätze zum Transparenzgebot sind in einer Fülle von Gerichtsentscheidungen kasuistisch ausgeformt worden. Eine weitergehende Systematisierung und Abgrenzung von Fallgruppen erscheint derzeit kaum möglich, es lassen sich jedoch gewisse Anwendungsschwerpunkte – topoi erkennen. Dabei wird grundsätzlich nicht nach dem Standort der Intransparenz innerhalb einer Klausel oder der AGB insgesamt differenziert – sie schadet dem Tatbestand und der Rechts-

folge einer Regelung gleichermaßen; sie kann auch durch das Zusammenwirken mehrerer Klauseln beschränkt sein.

Unproblematische Anwendungsfälle des Transparenzgebots betreffen Klauseln, die **134** von ihrem **Text** her entweder **unverständlich** sind oder die **Rechte und Pflichten der Parteien nicht hinreichend deutlich bezeichnen**. Für unwirksam befunden wurde insoweit beispielsweise die Beschränkung der Heizpflicht des Vermieters auf die vom Mieter „hauptsächlich benutzten Räume" (BGH NJW 1991, 1750, 1753), die Abtretung von Lohnforderungen und „sonstiger Ansprüche gegen Dritte" zur Sicherung „der" Ansprüche der Bank (welcher?) und die mangelnde Konkretisierung der Verwertungsvoraussetzungen (BGH NJW 1993, 2383, 2384 f), die Anknüpfung von Kündigungsrechten des Verwenders an so vage Begriffe wie „Rentabilität" (BGH NJW 1983, 159, 161 [Automatenaufsteller]) oder „ausreichende Einnahmen" (BGH NJW 1985, 53, 55; OLG Celle NJW-RR 1988, 946, 947 f [Automatenaufsteller]) oder „ungünstige Auskünfte", „oder ähnliches" (BGH NJW 1985, 53, 56), die Zugrundelegung schwer durchschaubarer *Berechnungsgrundlagen* (vgl jedoch BGH WM 1995, 27, 29 f [Überschußverteilung bei Lebensversicherung] oben Rn 127), etwa für Abschlußzahlungen beim Leasingvertrag (BGH NJW 1982, 870, 872; OLG Köln NJW 1995, 2044 f [Notwendigkeit eines nicht benannten und nicht zur Verfügung gestellten Computerprogramms für die Berechnung]), für Arzthonorare (LG Berlin NJW 1991, 1555 f), für die Rückzahlung von „Preisnachlässen", deren Höhe nicht beziffert wird (BAG NJW 1994, 213 f [Jahreswagen für Werksangehörige]; keine überzeugende Kritik insoweit bei NICOLAI ZIP 1995, 359, 362; KOLLER SAE 1994, 50 [Arbeitnehmer könne sich unschwer selbst informieren]), für Skontoregelungen (BGH NJW 1996, 1346, 1347) oder für den Werklohn des Bauunternehmers (OLG Karlsruhe NJW-RR 1989, 52). Intransparent bleiben dem Durchschnittskunden seine Rechte auch bei **salvatorischen Vorbehalten** wie „soweit gesetzlich zulässig", „soweit nicht anderes gesetzlich vorgeschrieben" etc (BGH NJW 1985, 623, 627; 1991, 2631, 2632; 1993, 1061, 1062; 1996, 1407, 1408 [allerdings merkwürdig: Verstoß gegen das „Verständlichkeitsgebot des § 2 I Nr 2" soll zur Unwirksamkeit nach § 9 führen]; großzügiger allerdings BGH NJW 1993, 657, 658 f [Gewährleistungsausschluß, „soweit der Verkäufer nicht zwingend haftet": hinreichend transparent]; siehe auch oben Rn 52).

Die Intransparenz kann sich des weiteren, bei für sich klarem Text der Einzelklau- **135** seln, gerade aus dem **Zusammenwirken mehrerer Klauseln** ergeben (zu einem Sonderproblem bei der Summierung siehe oben Rn 98) oder aus ihrer **systematischen Stellung** innerhalb des gesamten Klauselwerks. Häufig, wenngleich nicht notwendig, wird in diesem Zusammenhang der Vorwurf der **Verschleierung** oder des **Versteckens** belastender Regelungen gegen den Verwender erhoben (dazu Rn 136). Hierher gehören vor allem die Entscheidungen zur nachschüssigen Tilgungsberechnung bei Annuitätendarlehen (BGH NJW 1989, 222; ZIP 1990, 980; 1992, 105; 1992, 469; 1995, 1171; 1997, 496) sowie zur Wertstellung bei Einzahlungen oder Überweisungen auf Girokonten (BGH NJW 1989, 582). Um den kostensteigernden Zusammenhang zwischen verzögerter Wertstellung bzw Tilgungsverrechnung und Zinspflicht deutlich werden zu lassen, bedarf es nach Auffassung des BGH einer „Verzahnung" der Einzelregelungen auch in der Formulierung, um den Summierungseffekt deutlicher hervortreten zu lassen. Die geforderte Deutlichkeit richtet sich im einzelnen danach, wieweit sich die Gesamtregelung vom üblichen Erwartungshorizont entfernt (siehe Rn 131; im Urteil „Wertstellung II" stellt der BGH gar nicht mehr auf Intransparenz, sondern nur noch auf inhaltliche Unangemessenheit ab, ZIP 1997, 1146, 1147; vgl dazu oben Rn 71). Bei Annuitätendarlehen wird demnach eine nur quartalsweise Tilgungsverrechnung offenbar für erwartungsgemäß und deshalb nicht gesondert hervorhebungsbedürftig gehalten (BGH ZIP 1991, 1054, 1056; NJW 1993, 3261, 3262), während ein jährlicher Abrechnungsrhythmus mit nahezu prohibitiven Transparenzanforderungen sanktioniert wird (BGH ZIP 1997, 496 f).

Bei mehreren Klauseln mit gleichem Regelungsthema kann auch unklar bleiben, welche von ihnen unter welchen Voraussetzungen gelten soll. Dies ist zB der Fall, wenn von mehreren in Bezug genommenen Normen die dem Verwender jeweils günstigere gelten soll (BGH NJW 1986, 924, 925 [Gewährleistung des Bauunternehmens nach BGB oder VOB/B]) oder die noch zulässige oder – bei Unwirksamkeit – eine den AGB „möglichst nahekommende" (BGH NJW 1983, 159, 162). Auch **Ersatzklauseln** sind nur dann wirksam, wenn die Voraussetzungen ihrer Geltung deutlich dargestellt sind (oben Rn 52).

136 Einen weiteren Schwerpunkt findet die Transparenzrechtsprechung in den Fällen der **Verschleierung oder des Versteckens** einer dem Vertragspartner ungünstigen Regelung. Diese kann darin bestehen, daß die Leistungspflichten des Verwenders erwartungswidrig eingeschränkt (BGH NJW 1987, 1931, 1935 [Reisevertrag]; NJW-RR 1991, 1013, 1014 [Garantievertrag]) oder die Belastung des Vertragspartners erwartungswidrig erhöht werden (BGH NJW 1984, 171, 172 f [Aufschließungskosten]; vgl aber BGH NJW 1997, 135, 136 [bei hinreichender Klarheit Kontrollfreiheit nach § 8]). In schwerwiegenden Fällen werden derartige Klauseln auch von § 9 Abs 2 Nr 2 erfaßt (Aushöhlung vertragswesentlicher Pflichten) (Rn 197; vgl ULMER/BRANDNER Rn 92). Auch im übrigen ist ein „Verstecken" beispielsweise zu bejahen, wenn eine Regelung im Klauselwerk systemwidrig oder unter irreführender Überschrift untergebracht wird (OLG Nürnberg NJW 1977, 1402 [LS]). Ein „Verschleiern" kann auch darin liegen, daß die Formulierungen der AGB den Umstand zu verdecken suchen, daß der Vertragspartner die von ihm verkehrsüblich erwartete Rechtsposition gerade nicht erhält – zB eine dingliche Berechtigung beim Time-sharing-Vertrag (OLG Köln NJW 1994, 59 f; OLG Jena OLG-NL 1995, 127; der BGH [NJW 1995, 2637, 2638] stuft eine entsprechende Regelung schon als überraschend iSd § 3 ein). Führt eine harmlos wirkende Regelung (zB Abtretungsverbot der Rechte aus einer Bürgschaft) zu einschneidenden rechtlichen Folgewirkungen, die der Durchschnittskunde nicht erkennt (bei Abtretung nur der Hauptforderung erlischt die Bürgschaft), so liegt in der Nichthervorhebung dieser Folgen eine Verschleierung und eine zur Unwirksamkeit der Regelung führende Intransparenz (BGH NJW 1991, 3025, 3027. ULMER/BRANDNER Rn 96 hält die Klausel hingegen schon für sachlich unangemessen. Zur Obliegenheit des Verwenders zur Rechtsdarstellung siehe auch unten Rn 143 und 156).

137 Damit ergibt sich ein gleitender Übergang zur unangemessenen Benachteiligung durch **irreführende Darstellung der Rechtslage** (zu dieser Fallgruppe vgl HEINRICHS NJW 1994, 1381, 1384; ders, in: FS Trinkner [1995] 157, 163 f, 168). Verbreitet wird aus dem Transparenzgebot ein **Täuschungsverbot** abgeleitet (HEINRICHS aaO; SOERGEL/STEIN Rn 21; ULMER/BRANDNER Rn 95; WOLF Rn 153; vgl vHOYNINGEN-HUENE Rn 204), so daß entsprechende AGB nach § 9 Abs 1 unwirksam seien (zB BGH NJW 1988, 1726, 1727 f [Herstellergarantie suggeriert, daß der Käufer keine Ansprüche gegen den Verkäufer hat]; NJW 1988, 2951, 2952 [Krankenhausaufnahmevertrag suggeriert, daß Pflegesatz rückwirkend erhöht werden könne]). Hierbei ist jedoch zu differenzieren, je nachdem, ob die Irreführung aus schlichter Unklarheit, aus Suggestion einer falschen Rechtslage oder aus direkter Falschdarstellung resultiert. Die Heranziehung des Transparenzaspekts in den ersten beiden Fällen erscheint sachgerecht, nicht jedoch im dritten Fall: Entsprechende Klauseln weichen vom geltenden Recht ab; ist dieses zwingend, sind sie per se nichtig, ist es dispositiv, kann die Abweichung nach § 9 Abs 2 Nr 1 unangemessen und unwirksam sein. Unwirksame Klauseln in AGB bewirken stets die Irreführung, sie seien wirksam – dieser Täuschungseffekt führt aber nicht zur Anwendung des § 9 Abs 1, weil die Klausel bereits aus anderen Gründen unwirksam ist. Insbesondere in diesen Fällen besteht die Gefahr, daß die Gerichte mit dem Transparenzgebot arbeiten, obwohl die Klausel richtigerweise aus sachlichen Gründen zu verwerfen gewesen wäre (zB BGH NJW 1989, 2750, 2752 [Geltendmachung von Ersatzansprüchen aus Reisevertrag nur durch den Anmelder einer Reisegruppe]: der Ausschluß eigenständiger Geltendmachung durch Mitreisende war unangemessen, aber durchaus transparent; BGH NJW 1993, 263, 264 [Anzeige von Reisemängeln nur bei Zentrale in Deutschland]: der BGH hält die Klausel für sachlich unangemessen, *deshalb* als falsche Rechtsdarstellung und erst *deshalb* für intransparent und unwirksam!]). Das gilt auch, wenn die Klausel erst in kundenfeindlicher Auslegung (siehe Rn 30) unangemessen ist, weil sie notwendige Einschränkungen nicht enthält: Dann ist es dieser sachliche Inhalt der Klausel, der zur Unwirksamkeit führt, nicht aber die Nichterkennbarkeit der gebotenen Einschränkung (anders wiederum BGH NJW 1993, 263, 264 [Pflicht zur unverzüglichen Anzeige von Reisemängeln mit Sanktion des Rechtsverlusts; keine Ausnahme für offensichtlich nicht erfolgversprechende Anzeigen] BGH NJW 1986, 43, 44 [Trennungsklausel bei finanziertem Abzahlungskauf]).

Als Anwendungsfall des Transparenzgebots weithin akzeptiert, auch von sonst kritischen Autoren, sind **weitgehende und nicht hinreichend konkretisierte Gestaltungsmöglichkeiten** des Verwenders. Bezugspunkt der Intransparenz ist hier von vornherein nicht der Klauseltext, sondern sind die sich aus der Klausel ergebenden Rechte und Pflichten der Parteien (oben Rn 128; das wird übersehen von DREXL § 13 VIII 3 c; für die ganz hM ULMER/BRANDNER Rn 100; WOLF Rn 150; PALANDT/HEINRICHS Rn 15; HEINRICHS, in: HADDING/HOPT 101, 108 f; ders, in: FS Trinkner [1995] 157, 163; KOLLER, in: FS Steindorff [1990] 667, 671 f; WESTERMANN, in: FS Steindorff [1990] 817, 820, 825 f). Die Benachteiligung des Vertragspartners besteht darin, daß die weite Klauselfassung sprachlich auch unangemessene Ausübungsformen abdeckt und der Vertragspartner dadurch davon abgehalten werden kann, sich gegen diese Ausübung zu wehren (HEINRICHS, KOLLER aaO; SCHÄFER 170 f). Insoweit können am Transparenzgebot scheitern: der Vorbehalt einseitiger **Bestimmungsrechte** des Verwenders (dazu sowie zum Verhältnis zu § 315 oben Rn 42 ff; insbesondere genügt zur Konkretisierung nicht der Verweis auf „billiges Ermessen" des Verwenders, BGH NJW 1984, 1182; 1985, 623, 627; zur früheren Rechtsprechung bei Freigabeklauseln BGH NJW 1990, 716; 1991, 2768; dazu Rn 76); **Änderungsrechte** des Verwenders, bezogen auf den Preis (BGHZ 94, 335, 340; NJW 1986, 3134; 1990, 115; vgl BGH NJW 1994, 1061, 1063 [Rabatte für Vertragshändler]; dazu übergreifend PAULUSCH, in: 10 Jahre AGBG 55 ff, 71 ff; HEINRICHS, in: HADDING/HOPT 101, 110 ff) oder sonstige Vertragsbedingungen (Bedingungsanpassungsklauseln, vgl BGH ZIP 1988, 1182, 1186 [Gebietsänderung bei Vertragshändler], insbesondere auch bei Ersatzklauseln für den Fall der Unwirksamkeit [oben Rn 52]; BGH NJW 1998, 454 ff [Versicherungsbedingungen bei VVaG]; OLG Düsseldorf DWiR 1998, 112 ff [Rechtsschutzversicherung]); unkonkretisierte **Kündigungs- oder sonstige Lösungsrechte** (vgl BGH NJW 1983, 1322, 1325 [Flugabsage, „wenn es die Umstände erfordern"]; BB 1985, 218, 224 [Kündigung des Vertragshändlervertrages „bei jeder Streitigkeit"]).

dd) Klarheitsanforderungen und ihre Grenzen
Die vorgestellten Grundsätze werfen die Frage auf, welche Klarheitsanforderungen

das Transparenzgebot an den Verwender stellt. Zunächst ist festzuhalten, daß es insoweit keine generellen und allgemeingültigen Maßstäbe geben kann – die Höhe der Anforderungen ist *variabel* und wird von einer Vielzahl von Faktoren bestimmt. Hierzu gehören vor allem der typische Kundenkreis (zu Berufspersonen und Verbrauchern unten Rn 151 und 152 ff), die Abschlußrelevanz der Regelung (zur Unterscheidung von Abschluß- und Anwendungstransparenz siehe Rn 126, 127), die Schwere einer Belastung für den Vertragspartner (oben Rn 132) und das Ausmaß, in dem vom üblichen Erwartungshorizont des Vertragspartners abgewichen wird (oben Rn 131).

Mit diesem Vorbehalt ist der Verwender *grundsätzlich* gehalten, sich am **Verständnishorizont seiner Durchschnittskunden** auszurichten (oben Rn 130) und „zwischen mehreren möglichen Klauselfassungen diejenigen zu wählen, bei der die kundenbelastende Wirkung einer Regelung nicht unterdrückt, sondern deutlich gemacht wird" (BGH ZIP 1990, 980, 981; BAG NJW 1994, 213, 214). Dabei besteht Einigkeit, daß die **Klarheitsanforderungen nicht überspannt werden dürfen:** Zum einen ist völlige Klarheit und Unzweideutigkeit praktisch kaum je erreichbar; zum zweiten gerieten überzogene, kaum erfüllbare Anforderungen mit Verfassungsrechten der Verwender in Konflikt (Art 2, 12, 14 GG; Rechtsstaatsprinzip), und drittens nicht zuletzt auch mit dem Transparenzgebot selbst: Klarstellungen führen tendenziell zur Texterweiterung, mit dem Volumen der AGB steigt aber wiederum ihre Unübersichtlichkeit (zum ganzen BGH ZIP 1990, 980, 981; NJW 1993, 252, 263; 1993, 2052, 2054; HELLNER, in: FS Steindorff [1990] 573, 585; HORN WM 1997 Beil 1 S 3 ff, 19; PAULUSCH, in: 10 Jahre AGBG 55, 74). Damit ergibt sich eine generelle und immanente **Beschränkung des Transparenzgebots auf das Mögliche und Zumutbare.** Dieser Maßstab kann nur und muß in jedem Einzelfall unter Abwägung der beiderseitigen Interessen konkretisiert werden; an ihm ist dann die fragliche Klausel zu messen.

140 Für **Inhalt und Grenzen des Transparenzgebots im Einzelfall** können dabei auch folgende Gesichtspunkte beachtlich sein:

α) Die zumutbare **Anspannung seiner eigenen Erkenntniskräfte** durch den Vertragspartner. Letztlich geht es hier um die ausgewogene Konkordanz zwischen Schutzprinzip einerseits und Freiheits- bzw Verantwortungsprinzip im Schuldrecht andererseits. Trotz einer gelegentlichen Überbetonung des Schutzprinzips, insbesondere bei Verbrauchern (siehe oben Rn 4), nimmt die Rechtsprechung dem Vertragspartner jedoch nicht jede Selbstverantwortung ab (eher zweifelhaft erscheint jedoch, ob man hieraus eine dem Transparenzgebot korrespondierende „Informationsobliegenheit" des Vertragspartners [entsprechend § 254 BGB] konstituieren sollte [so BRUCHNER, in: HADDING/HOPT 119, 127 f; KRÄMER ebenda 141, 142]). Selbstverständlichkeiten brauchen in AGB nicht erwähnt, abwegige Auslegungsmöglichkeiten nicht ausgeschlossen zu werden. Eindeutige Zusammenhänge und einfache Rechenvorgänge muß sich auch der nicht vorgebildete Durchschnittskunde erschließen, zB die Laufzeit beim Vertrag über die Lieferung eines 24bändigen Lexikons mit festen Lieferperioden (BGH NJW 1993, 2052, 2054). Bei Bausparddarlehen wurde der Belastungseffekt als ausreichend verdeutlicht angesehen, der sich aus einer Verzinsung eingegangener Sparbeträge erst ab dem nächsten oder übernächsten Monatsersten ergab (BGH ZIP 1991, 1054, 1055 f). Das gleiche gilt für den Verteuerungseffekt bei Annuitätendarlehen, der sich bei jährlicher Zinspflicht, aber quartalsweiser Zahlungspflicht aus dieser „Teilvorauszahlung" der Zinsen ergibt (BGH NJW 1993, 3261, 3262). Andererseits soll der Durchschnittskunde nicht erkennen können, daß bei quartalsweiser Zahlung und Zinsberechnung, verbunden mit der Regelung, daß der Tilgungsanteil der Zahlungen erst am Schluß des Quartals auf das Kapital verrechnet wird, eine vorübergehende Weiterverzinsung getilgter Schuldbeträge und damit eine Kreditverteuerung vorliegt (BGH ZIP 1997, 496, 497). Hier mag die Abneigung gegen nachschüssige Tilgungsverrechnungen in der Sache zu überhöhten Transparenzanforderungen geführt haben.

Zum Problem (aus Sicht des Vertragspartners) *fremdsprachiger* AGB siehe unten Rn 155.

β) **Tatsächliche oder rechtliche Konkretisierungsgrenzen.**
Abgesehen davon, daß ein Klarheitsgewinn durch zusätzliche Informationen stets **141** abzuwägen ist gegen die damit verbundene Umfangserweiterung der AGB (oben Rn 139), können weiteren Konkretisierungen auch von der Sache her Grenzen gesetzt sein. Dies vor allem dann, wenn der Verwender sich einen gewissen Ermessensspielraum offenhalten will, der sachlich legitim ist (BGH NJW 1986, 1803; 1989, 1796, 1797; 1992, 1751) – Fehlgebräuchen im Einzelfall ist dann durch Ausübungskontrolle zu begegnen (Rn 38). So hängt beispielsweise die Entscheidung des Automobilherstellers, ob er weitere Vertragshändler einsetzt, derart von künftigen Entwicklungen und unternehmerischen Dispositionen ab, daß eine entsprechende Befugnis in den AGB nicht genauer eingegrenzt werden kann (BGH BB 1985, 218, 223). Des weiteren sind bei belastenden Regelungen oft Ausnahmevorbehalte für besondere Fallgestaltungen geboten; diese dürfen generalklauselartig gefaßt werden, wenn sonst die Gefahr besteht, daß bei detaillierter Aufzählung der Ausnahmen doch denkmögliche Fälle übersehen werden (und die Klausel deshalb bei kundenfeindlicher Auslegung unwirksam sein könnte) (OLG Köln WM 1996, 1294, 1306). Tatsächliche Konkretisierungsgrenzen bestehen schließlich, wenn durch Preis- oder Leistungsanpassungsklauseln ungewissen künftigen Entwicklungen Rechnung getragen werden soll: Die Ungewißheit legitimiert nicht nur das einseitige Anpassungsrecht (oben Rn 43), sondern hindert auch oft die klare Umschreibung der Voraussetzungen (HORN WM 1997 Beil 1 S 1, 11).

γ) **Gesetzliche Deutlichkeit als Maßstab?**
Gelegentlich wird darauf verwiesen, daß selbst der Gesetzgeber nicht immer völlige **142** Klarheit erreiche; mehr als vom Gesetzgeber dürfe aber auch vom AGB-Verwender nicht verlangt werden (BGH NJW-RR 1990, 888; NJW 1993, 1061, 1063; BRUCHNER, in: HADDING/HOPT 119, 126; HEINRICHS ebenda 101, 107; HELLNER, in: FS Steindorff [1990] 573, 585). Diese Parallele kann jedoch nicht uneingeschränkt gelten (vgl § 8 Rn 36). Der Regelungsbereich von AGB ist oft enger und branchenbezogener als der von Gesetzen, so daß von AGB entsprechend konkretere Formulierungen verlangt werden können (HEINRICHS aaO). Des weiteren wird die Auslegung von Gesetzesbestimmungen von übergreifenden Rechtsprinzipien gesteuert (wie etwa dem Verschuldenserfordernis im Schadensersatzrecht), während der AGB-Verwender wohlberaten ist, auf derart sinnvolle Ergänzungen seiner unvollständigen Klauseln nicht zu vertrauen, sondern eher mit kundenfeindlicher und damit klauselvernichtender Auslegung zu rechnen (vgl als Kontrast einerseits BGH NJW 1987, 1931, 1937 f [Klausel wortgleich mit § 651 h Abs 1 BGB – die dort ins Gesetz hineingelesene Beschränkung auf *vertragliche* Schadensersatzansprüche wurde bei kundenfeindlicher Auslegung jedoch nicht auf die AGB übertragen, also unwirksam], anderer-

seits BGH NJW 1993, 1061, 1063 [das bei unterlassener Mängelanzeige in § 545 Abs 2 BGB hineingelesene Verschuldenserfordernis wurde ohne weiteres als Bestandteil auch einer wortgleichen AGB-Klausel verstanden]). Mit diesen Vorbehalten gilt aber grundsätzlich, daß sich auch der AGB-Verwender juristischer Fachausdrücke und Regeltechnik bedienen darf, soweit dies nicht erkennbar den Verständnishorizont der angesprochenen Durchschnittskunden übersteigt (so schon L RAISER 176, 254; vgl weiter BGH NJW-RR 1990, 886, 888; NJW 1994, 1004, 1005; OLG Köln NJW-RR 1989, 1266, 1268; HEINRICHS, in: FS Trinkner [1995] 157, 165 f). Nach Auffassung des Gesetzgebers wäre letzteres beispielsweise bei dem Begriff „Wandelung" oder „Minderung" im privaten Verkehr der Fall (§ 11 Nr 10 b; siehe dort Rn 52; BGH NJW 1981, 867; 1982, 331, 333; sogar für den kaufmännischen (künftig: beruflichen) Verkehr BGH NJW 1998, 677, 678 und 679, 680; Entsprechendes gilt zum Kriterium der „Zumutbarkeit" gemäß § 10 Nr 4, BGH NJW 1983, 1322); im Umkehrschluß kann aus dieser Überschrift die generelle Unbedenklichkeit juristischer termini technici gefolgert werden.

Eng damit zusammen hängt die weitere Frage:

δ) Pflicht zur Rechtserläuterung?

143 Grundsätzlich verpflichtet auch das Transparenzgebot den Verwender nicht, „jede Klausel gleichsam mit einem umfassenden Kommentar zu versehen" (BGH ZIP 1990, 980, 981). Es besteht keine allgemeine Belehrungspflicht über das Gesetz oder das sonstige objektive Recht oder gängige Rechtsbegriffe (BGH ZIP 1996, 1164, 1166 zum Freigabeanspruch bei nichtakzessorischen Sicherheiten [der Sache nach bestätigt durch BGH – GS – NJW 1998, 671, 673, 674]; RELLERMEYER WM 1994, 1053, 1056 f) – diesbezügliche Kenntnisverschaffung ist dem eigenen Verantwortungsbereich des Vertragspartners zugewiesen (vgl Rn 140). Auch auf Konkretisierungen, die auslegungsbedürftige Klauseln durch ständige Rechtsprechung erfahren haben, kann der AGB-Verwender aufbauen (BGH NJW 1994, 1060, 1062 [Selbstbelieferungsklausel]) – im beruflichen Verkehr tendenziell mehr, gegenüber Verbrauchern eher weniger (dazu noch unten Rn 158). So braucht etwa bei Laufzeitfestlegungen nicht auf das Recht auf außerordentliche Kündigung aus wichtigem Grund hingewiesen zu werden (vgl Rn 431) oder bei Vollmachtsklauseln auf die Widerrufsmöglichkeit (BGH NJW 1997, 3437, 3440 – für Verbraucher allerdings problematisch, vgl OLG Celle WuM 1990, 103, 113 und unten Rn 158, 628). Doch stoßen auch diese Grundsätze auf Grenzen, nicht nur im Hinblick auf die verschiedenen Auslegungsmaßstäbe bei Gesetz und AGB (oben Rn 142). Ergibt sich eine wesentliche oder gar die entscheidende Wirkung einer Klausel nicht aus ihrem Text, sondern erst als dem Durchschnittskunden nicht erkennbare Folge aus dem objektiven Recht, so ist der naheliegenden Gefahr einer Irreführung durch entsprechende Erläuterung in den AGB vorzubeugen (BGH NJW 1993, 2052, 2054; dazu oben Rn 137; vgl weiter WOLF Rn 149 [„Hinweisgebote"]). Wendet sich der Verwender mit seinen AGB auch an ausländische Kunden, so werden der deutschen Rechtsordnung eigentümliche Begriffe und Institutionen (zB Sicherungsübereignung, Abstraktionsprinzip, Eigentumsvorbehalt) jedenfalls weitergehend erläuterungsbedürftig sein als gegenüber deutschen Kunden (siehe noch unten Rn 156; zum Sprachenproblem bei der AGB-Verwendung im internationalen Verkehr STAUDINGER/SCHLOSSER § 2 Rn 4, 28 und unten Rn 157; ULMER/SCHMIDT Anh § 2 Rn 17 ff).

ε) Verweisung auf anderweitige Regelungen.

144 Ein Verweis auf Vorschriften des Gesetzes oder anderer Klauselwerke führt nicht

generell zur Intransparenz (BGH ZIP 104, 82, 93; WM 1995, 27, 30; zur Einbeziehungsproblematik siehe STAUDINGER/SCHLOSSER § 2 Rn 39). Allerdings muß bei einer „Staffelverweisung", wie sie insbesondere im Bauvertragsrecht üblich ist, das Rangverhältnis der verschiedenen Regelungen (BGH NJW 1990, 3197, 3198; OLG Frankfurt aM VersR 1995, 283) sowie auch die sich aus der Zusammenschau ergebende Gesamtregelung klar sein (BGH aaO). Verweisungen auf Gesetzesbestimmungen werden von der Rechtsprechung für intransparent gehalten, wenn sie unschwer durch „Klartext" hätten ersetzt werden können (vgl OLG Nürnberg NJW 1977, 1402 [„§ 537 BGB ist unanwendbar"]) oder wenn sie dem Vertragspartner nicht ohne weiteres zugänglich sind (WOLF Rn 151; vgl OLG Hamm NJW-RR 1987, 311, 313 [„§ 4 Abs 2 AbzG"], allerdings gestützt auf § 2 Abs 1). § 8 steht hier einer Kontrolle ebensowenig entgegen wie bei Klauseln, die inhaltlich gesetzeskonform, aber intransparent formuliert sind (vgl § 8 Rn 36): Schon die Unklarheit als solche birgt die Gefahr von Irreführungen des Vertragspartners und damit seiner materiellen Benachteiligung in sich. Ob diese in concreto besteht, ist im Rahmen des § 9 zu prüfen.

ee) Insbesondere: Transparenzanforderungen bei leistungsbestimmenden Klauseln

145 Leistungsbestimmende Klauseln sind gemäß § 8 von der Inhaltskontrolle ausgenommen, weil jedenfalls für die vertraglichen Hauptleistungen objektive Richtigkeitsmaßstäbe in aller Regel fehlen und weil die Preis-/Leistungsbestimmung in einer auf Privatautonomie aufbauenden, marktwirtschaftlichen Rechts- und Gesellschaftsordnung der Marktregulierung überlassen ist. Daraus folgt, daß die *Transparenzkontrolle* als marktförderndes (und nicht – wie die materielle Inhaltskontrolle – marktersetzendes) Instrument durch § 8 nicht ausgeschlossen ist, sondern uneingeschränkt auch bezüglich der vertraglichen Hauptleistungspflichten stattzufinden hat (§ 8 Rn 15 ff; so für Verbraucherverträge auch Art 4 Abs 2 EG-RL). Daraus folgt aber auch des weiteren, daß die **Transparenzanforderungen** im Leistungsbereich auf die **Wiederherstellung und Ermöglichung des Marktmechanismus** ausgerichtet sein müssen; nur auf dieser Basis kann sich der Staat aus der (unerwünschten und systemwidrigen) Regulierung des Preis-/Leistungsverhältnisses heraushalten, ohne unerträgliche Gerechtigkeitsdefizite in Kauf nehmen zu müssen. Die Rechtspraxis hat hinsichtlich der Anforderungen bisher nicht deutlich zwischen Leistungs- und allgemeiner Transparenz unterschieden; fast konsequenterweise hat die Regulierungstendenz im Leistungsbereich zugenommen (§ 8 Rn 2, 22 ff). Ernstgenommene, das heißt marktbezogene Transparenzanforderungen für unmittelbar leistungsbestimmende Klauseln würden dieser Tendenz den Boden entziehen.

146 Kriterien für Transparenzanforderungen im Leistungsbereich sind bisher nur vereinzelt erörtert worden (vgl vor allem KOLLER, in: FS Steindorff [1990] 667 ff, 678, 680 ff [dazu oben Rn 126]; HORN WM 1997 Beil 1 S 3, 19 ff; FAHR C.VI.). Da Marktverhalten sich auf der Ebene der Abschlußentscheidung verwirklicht, müssen – trotz grundsätzlich legitimer Unterbringung der Leistungsregelung in AGB – die entscheidungsrelevanten Informationen so präsentiert werden, daß sie dem Durchschnittskunden *vor* Vertragsschluß in vergleichbarer Weise vor Augen liegen wie beim Individualvertrag (vgl KOLLER 676; dazu näher Rn 126). Das bedeutet, daß sie aus sich selbst heraus, ohne Einschaltung nennenswerter gedanklicher Interpretationsleistung des Vertragspartners und ohne Zeitaufwand verständlich sind (der Ansatz von DERLEDER/METZ [ZIP 1996, 573 ff, 578 und 621 ff, 630], diesbezügliche Transparenzprobleme auch mit „härteren Kriterien der

Einbeziehungsprüfung" nach § 2 abzufangen, erscheint wenig erfolgsversprechend). Bei **Preisspaltung** muß die „Zusammenschau aller regelmäßigen Teilentgelte" ermöglicht werden (HORN 21), tunlichst in einer tabellarischen Zusammenfassung, synoptischen Auflistung von Leistungen und Preisen oder in ähnlicher Weise, die die Gesamtbelastung des Kunden deutlich macht (FAHR C.VI.). In diese Richtung zielt die Preisangabenverordnung, die vom BGH zuvor geforderte Effektivzinsangabe (BGH NJW 1989, 222, 223) und das VerbKrG (§§ 4, 6 Abs 2); daß dies in AGB auch ohne weiteres möglich ist, sofern man nur wirklich um Klarheit bemüht ist, zeigt das Antragsformular der Eurocard (dazu MEDER NJW 1996, 1849, 1853). Der Verweis auf Preisverzeichnisse oder -aushänge kann nicht generell ausgeschlossen werden, allerdings müssen dann der Verweis und diese Verzeichnisse den vorgenannten Anforderungen genügen (HORN aaO; FAHR C.VI.; recht großzügig insoweit BGH NJW 1998, 383, 384).

Problematisch erscheint hingegen die Einbeziehung auch des *Preisgrundes* in die Transparenzanforderungen – ob der Grund für ein Teilentgelt klar erkennbar ist, ist für das Marktverhalten des Kunden regelmäßig bedeutungslos, wenn nur seine Effektivbelastung deutlich feststeht. Aus diesem Grunde braucht auch regelmäßig die dem Preis zugrundeliegende Kalkulation nicht offengelegt zu werden (BGH ZIP 1997, 1457, 1458). Wird die Kontrolle gar darauf erstreckt, ob die Verknüpfung einer Teilleistung mit einem Teilentgelt *sachgerecht* ist, so hat dies nichts mehr mit Transparenz zu tun – auch wenn man sich auf eine Negativkontrolle beschränkt in dem Sinne, daß die Entgeltanknüpfung „nicht irreführend" sein darf (so HORN aaO). Hier geht es um Angemessenheitsfragen im Leistungsbereich, die – will man staatliche Preiskontrolle vermeiden – allenfalls unter dem Aspekt des Aushöhlungsverbots des § 9 Abs 2 Nr 2 rechtlich faßbar werden können (näher § 8 Rn 25).

d) Heilung der Intransparenz durch Individualaufklärung

147 Nach Auffassung der *Rechtsprechung* kann die Intransparenz einer Klausel durch Aufklärung vor oder bei Vertragsschluß ausgeglichen, dh geheilt werden. Eine solche Aufklärung soll ohne weiteres im *Individualprozeß* beachtlich sein (BGH ZIP 1996, 1289, 1291; BAG NJW 1994, 213, 214; ebenso ULMER/BRANDNER Rn 106); im *Verbandsprozeß* steht sie einem Unterlassungsurteil zwar nicht entgegen, im anschließenden Folge-Individualverfahren kann eine Individualaufklärung jedoch entsprechend § 21 eingewendet werden (BGH ZIP 1991, 1474, 1476; ULMER/BRANDNER Rn 118; HEINRICHS, in: HADDING/HOPT 101, 112 f).

In der *Literatur* wird diese Heilungsmöglichkeit zT aus einer entsprechenden Anwendung des § 4 hergeleitet (KÖNDGEN NJW 1989, 943, 951; ablehnend vHOYNINGEN-HUENE Rn 203), zT aus § 1 Abs 2 analog (HEINRICHS, in: HADDING/HOPT 101, 112). Andere wollen die Individualaufklärung nur im Rahmen der Ausübungskontrolle gemäß § 242 BGB (dazu Rn 38) berücksichtigen (vHOYNINGEN-HUENE Rn 203; WESTERMANN, in: FS Steindorff [1990] 817, 827 ff; als zusätzlicher Begründungsweg akzeptiert von ULMER/BRANDNER Rn 106) oder lehnen eine Heilungsmöglichkeit weitgehend ab (WOLF Rn 144 [Ausnahme bei Informationen, die naturgemäß erst im Rahmen des Individualvertrags erteilt werden können, zB dem Effektivzins bei Darlehen]).

148 Der Berücksichtigung von Individualaufklärung steht nicht der generalisierend-typisierende Kontrollmaßstab der Inhaltskontrolle entgegen (dazu Rn 80 ff). Immerhin ist stets auch der Gesamtzusammenhang des Vertrages zu beachten (Rn 90 ff), zu dem auch Individualabreden gehören, wenn sie nach allgemeinen Grundsätzen kompensierungs- oder summierungsfähig sind (Rn 84 und 81–98). Inhaltlich bedenkliche Belastungen des Vertragspartners können demnach nur durch sachliche Zusammenhänge, gleichwertige Vorteile ausgeglichen werden. Bei Unangemessenheit wegen *Intransparenz* kommt als ausgleichendes Korrelat (nur) eine anderweitige *Aufklärung* in Betracht, so daß die Grundsätze zur Kompensation durch Individualabrede entsprechend herangezogen werden können. Der Gleichgewichtigkeit eines sachlichen Vorteils entspricht hier die informationelle Geeignetheit der Aufklärung, die sich aus der Intransparenz der Klausel ergebenden Gefahren abzuwenden. Bezieht sich die Unklarheit inhaltlich auf die Rechte und Pflichten aufgrund einer Klausel, muß die Aufklärung das Verständnis des Vertragspartners insoweit auch wirklich gewährleisten (vgl BGH NJW 1996, 191, 192 [zu § 3]). Des weiteren werden mündliche Erläuterungen vor oder bei Vertragsschluß zur Beseitigung einer Klauselintransparenz nur dann zuzulassen sein, soweit Informationen betroffen sind, die für die Abschlußentscheidung des Vertragspartners wesentlich sind (zB Effektivzins; Umfang einer Zweckerklärung bei Sicherungsgeschäften). Intransparenz bei Abwicklungsfragen kann hingegen auf diese Art nicht beseitigt werden, da Konflikte regelmäßig erst später auftreten – dann wird die Klausel gelesen, die mündlichen Zusatzinformationen vergessen oder werden sonst nicht richtig gesichtet (vgl Wolf Rn 144). Erläuterungen *nach* Vertragsschluß, etwa erst im Rahmen von Streitigkeiten, können die Benachteiligung der Intransparenz aber von vornherein nicht mehr beseitigen (vgl OLG Celle NJW-RR 1995, 1133). Da nur die wenigsten Daten ausschließlich der Abschlußentscheidung, alle anderen aber sowohl der Abschluß- wie Abwicklungstransparenz zugeordnet werden können (Heinrichs, in: FS Trinkner [1995] 157, 166; ders, in: Hadding/Hopt 101, 111), bedarf es zur Heilung von Klauselintransparenz deshalb fast immer einer *schriftlichen* Zusatzaufklärung.

Wird demnach, wenngleich eingeschränkt, die Beseitigung von Klauselintransparenz durch zusätzliche Informationen des Verwenders zugelassen, so scheint es eine Frage der Konsequenz zu sein, in einem weiteren Schritt auch schon vorhandenes **Eigenwissen des Vertragspartners** zu berücksichtigen (so BGH ZIP 1996, 1289, 1291; vgl Ulmer/Brandner Rn 106). Dies wäre jedoch verfehlt: Wie die sachliche Unangemessenheit einer Klausel ist auch ihre Intransparenz am Maßstab des *Durchschnittskunden* zu beurteilen (Rn 130). Individuelle Besonderheiten des konkret betroffenen Kunden sind grundsätzlich unbeachtlich; speziell über sein „Eigenwissen" bei Vertragsschluß wird im Einzelfall trefflich zu streiten sein. Ist eine Klausel für den Durchschnittskunden intransparent, so obliegt es dem Verwender, diese Intransparenz spätestens bei Vertragsschluß durch geeignete Aufklärung – wiederum ausgerichtet am Durchschnittshorizont – zu beseitigen. Sowenig er sich bei der Klauselfassung oder Individualaufklärung unterdurchschnittliches Verständnis des Kunden entgegenhalten lassen muß, sowenig entlastet ihn von seiner Obliegenheit überdurchschnittliches Wissen des Vertragspartners (Rn 130). Heilungsgegenstand ist die – generalisierend zu beurteilende – Intransparenz einer Klausel, nicht das Verständnisdefizit eines bestimmten Vertragspartners. **149**

Im **Verbandsprozeß** will der BGH Zusatzinformationen des Verwenders nur berücksichtigen, wenn sie in den AGB selbst oder in einem anderen Schriftstück enthalten sind, das mit den AGB „in einem Formular zusammengefaßt" ist (BGH ZIP 1997, 496, 497; vgl schon ZIP 1991, 1474, 1476; 1991, 1566, 1567. Zur Berücksichtigung anderer Zusatzinfor- **150** mationen im Folgeverfahren siehe oben Rn 147). Das erscheint etwas engherzig in bezug auf solche Angaben, die – wie der Effektivzins bei Darlehen – stark situationsabhängig sind und deshalb nicht wie die AGB selbst vorgegeben werden können (WOLF Rn 144 aE). In anderen Zusammenhängen läßt es der BGH genügen, wenn die AGB auf die Notwendigkeit zusätzlicher Informationen im Individualvertrag hinweisen und diese gewährleisten (Rn 84). Dieser Weg muß auch Darlehensbanken offenstehen, so daß der Effektivzins nicht unbedingt im selben Formular wie die AGB angegeben werden muß.

e) Transparenzgebot im beruflichen Verkehr

151 Auch wenn an die Verständnismöglichkeiten einer beruflich handelnden Person höhere Anforderungen zu stellen sind als beim privaten Durchschnittskunden, so besteht doch kein Anlaß, Kaufleute und sonstige Berufspersonen gänzlich vom Schutz des Transparenzgebots auszunehmen (so aber BRUCHNER, in: HADDING/HOPT 124; LUTZ 116 Fn 32). Dies folgt schon aus der Geltung der §§ 3, 5 (als Ausprägung des Transparenzgebots auch für den beruflichen Verkehr) (WOLF Rn 147) und entspricht der hM (vgl BGH ZIP 1990, 980, 981; NJW 1994, 1060, 1062; ZIP 1996, 1165, 1166; OLG Hamm WM 1990, 466, 470; ULMER/BRANDNER Rn 107; WOLF Rn 147; vCAMPENHAUSEN 49; KÖNDGEN NJW 1989, 943, 952). Allerdings sind die Transparenzanforderungen dem kaufmännischen oder beruflichen Horizont anzupassen, was zu einer gewissen Lockerung führt. Insbesondere kann hier die Kenntnis rechtlicher und wirtschaftlicher Fachausdrücke regelmäßig vorausgesetzt werden; gleiches gilt für die Bedeutung der üblichen Handelsklauseln (zu den Incoterms ausführlich BAUMBACH/HOPT, HGB Nr 6). Ist eine mehrdeutige AGB-Klausel durch ständige Rechtsprechung inhaltlich konkretisiert und festgelegt, so bedarf es insoweit keiner weiteren Erläuterungen im Text der AGB (BGH NJW 1994, 1060, 1062 [Selbstbelieferungsklausel]). Im Ergebnis können bestimmte Klauseln, die gegenüber privaten Kunden wegen Intransparenz unwirksam sind, gegenüber beruflichen oder gewerblich handelnden Kunden generell unbedenklich sein (KG WM 1991, 1250, 1252 für nachschüssige Tilgungsverrechnungsklauseln bei Wohnungsbaudarlehen).

f) Besonderheiten beim Verbrauchervertrag
aa) Grundlagen

152 Die **EG-RL 93/13/EWG** äußert sich, im Gegensatz zum AGBG, ausdrücklich und in grundsätzlicher Form zum Transparenzgebot: Nach Art 5 S 1 müssen schriftliche Klauseln „stets klar und verständlich abgefaßt sein"; Art 4 Abs 2 unterwirft auch Hauptleistungen und Äquivalenzverhältnis insoweit der Mißbräuchlichkeitskontrolle, soweit es um ihre transparente Darstellung geht; schließlich findet sich schon im 20. Erwägungsgrund die Forderung nach klarer und verständlicher Vertragssprache und der Möglichkeit der Kenntnisnahme durch den Verbraucher.

Der deutsche Gesetzgeber hat insoweit **keinen Umsetzungsbedarf** gesehen; in der Begründung zum Regierungsentwurf wurde darauf verwiesen, daß die RL-Bestimmungen ihre Entsprechung schon im geltenden deutschen Recht fänden – in §§ 2, 3 im Rahmen der Einbeziehungskontrolle und im richterrechtlich entwickelten Transparenzgebot als Kriterium der Inhaltskontrolle im Rahmen des § 9 (BT-Drucks 13/2713, 6; vgl auch Rechtsausschuß BT-Drucks 13/4699, 6). Im Hinblick auf das Gebot richtlinienkonformer Auslegung des deutschen Rechts (siehe Rn 62) bedarf diese Position der Überprüfung.

bb) Systematische Zuordnung des gemeinschaftsrechtlichen Transparenzgebots

Im Gegensatz zur Auffassung des deutschen Gesetzgebers, der das gemeinschaftsrechtliche Transparenzgebot wie selbstverständlich sowohl der **Einbeziehungs- wie der Inhaltskontrolle** zuordnen will (so auch BRANDNER ZIP 1992, 1590, 1591; ECKERT WM 1993, 1070, 1076), wird vereinzelt die These vertreten, es handele sich ausschließlich um ein Element der (sonst in der RL nicht geregelten) Einbeziehungskontrolle; bei der Inhaltskontrolle gemäß Art 3 Abs 1 RL sei der Transparenzaspekt nicht zu berücksichtigen (HEINRICHS, in: FS Trinkner [1995] 157, 171 ff; vWESTPHALEN EWG 1993, 161, 165; andeutungsweise, wenngleich iE offen WOLF Art 5 RL Rn 1). Diese These ist aus verschiedenen Gründen nicht haltbar.

(1) Transparenz- und Informationspflichten stellen einen **zentralen Schutzansatz des europäischen Verbraucherschutzrechts** dar, der in nahezu allen einschlägigen Richtlinien seinen Niederschlag gefunden hat (zB VerbrKr-RL 87/102/EWG Art 4 Abs 1; Pauschalreise-RL 90/314/EWG Art 4 Abs 2; Time-sharing-RL 94/47/EG Art 4; wN bei DREHER JZ 1997, 167, 170 ff; FEZER WRP 1995, 671 ff; NASSALL JZ 1995, 689, 692 f). Grundlage ist das Leitbild eines selbständigen, dh kritischen und sorgfältigen Verbrauchers (dazu oben Rn 4), der zur eigenverantwortlichen Interessenwahrung in der Lage ist, sofern er nur ausreichend informiert ist. Auch wenn sich Transparenz- und Informationspflichten bei vorformulierten Vertragsklauseln (anders als bei den in anderen RL geregelten Individualverträgen) stets mit dem Einwand auseinandersetzen müssen, daß solche Klauseln, insbesondere in der Form von AGB, von den Adressaten häufig nicht gelesen werden (dazu oben Rn 126 f), und auch wenn man berücksichtigt, daß die einschlägigen Bestimmungen in den Entwürfen der RL nicht von Anfang an, sondern erst relativ spät, als Reaktion auf Kritik aus dem nationalen Bereich vorgesehen waren (erstmalig RL-Vorschlag der Kommission vom 5.3.1992, ABl C 73 S 7; zur vorangehenden Kritik am Fehlen des Transparenzgebots im RL-E siehe nur BRANDNER/ULMER BB 1991, 701, 705), so liegt es doch nahe, auch die Transparenzanforderungen der RL 93/13/EWG als Ausprägung dieses übergreifenden Leitprinzips des gemeinschaftsrechtlichen Verbraucherschutzes zu begreifen (so vor allem HEINRICHS NJW 1996, 2190, 2197; NASSALL JZ 1995, 689, 692 f). Schon dieses grundlegende Gewicht des Transparenzaspekts im EG-Recht spricht gegen seine Ausblendung aus der Inhaltskontrolle.

(2) Auch die **historische, systematische und teleologische Auslegung** der RL selbst stützt die These von HEINRICHS nicht. Zwar legt die Entwurfsgeschichte in der Tat das Verständnis nahe, jedenfalls bei Art 5 S 1 handele es sich um das Rudiment einer zuvor weitergehend konzipierten Einbeziehungskontrolle (die Bestimmung wurde gemeinsam mit einem Art 5 Abs 2 aufgenommen, der die Einbeziehungskontrolle regelte; während Abs 2 später wegfiel [vgl jetzt aber Erwägungsgrund 20], blieb der frühere Abs 1 des Art 5 isoliert stehen). Andererseits bezeichnet schon Art 4 Abs 2 die Intransparenz eindeutig als Kriterium der Mißbrauchskontrolle nach Art 3 Abs 1 (vgl OLG Celle NJW-RR 1995, 1133) – warum dies *nur* bei Hauptpflichten gelten soll, ist nicht ersichtlich. Ebensowenig sind die die Generalklausel des Art 3 Abs 1 konkretisierenden Maßgaben der RL auf den Art 3 Abs 2, 3 sowie Art 4 beschränkt (so aber HEINRICHS, in: FS Trinkner [1995] 157, 172 f) – auch Art 5 kann dem zwanglos zugeordnet werden. Im den Art 3 Abs 1 konkretisierenden Klauselanhang enthalten jedenfalls die Ziff i, k und m auch Transparenzaspekte. Die drei letztgenannten Ziffern betreffen zu weit gefaßte Gestaltungsvorbehalte des Verwenders, die wegen Intransparenz der Rechtsstellung des Vertragspartners auch nach Art 9 unwirksam wären (vgl

Rn 137). Die in Ziff i angesprochene Bestätigungsklausel wird im deutschen Recht zwar der Einbeziehungskontrolle zugeordnet, aber selbst hier wird eine Unangemessenheit auch iSv § 9 diskutiert (vgl STAUDINGER/SCHLOSSER § 2 Rn 16; ULMER § 2 Rn 66 mwN). Die RL jedenfalls stuft Klauseln gemäß Ziff i als potentiell *mißbräuchlich* iSv Art 3 Abs 1 ein (Art 3 Abs 3 RL). Diese Auslegung der RL stimmt mit der für das AGBG nahezu unstreitig gewordenen Erkenntnis überein, daß es keine scharfe Trennungslinie zwischen Einbeziehungs- und Inhaltskontrolle gibt und insbesondere das Transparenzgebot auf beiden Ebenen berücksichtigt werden muß.

155 (3) Schließlich ist zu beachten, daß die RL ein **eigenständiges Konzept der Einbeziehungskontrolle nicht kennt**; gleiches gilt für manche nationalen Rechte innerhalb der EU (vgl den rechtsvergleichenden Überblick bei ULMER Einl Rn 77 ff; WOLF Einl Rn 46 ff). Es ist deshalb zu erwarten, daß die Gerichte anderer Staaten, aber auch der EuGH Transparenzprobleme wie selbstverständlich im Rahmen der Mißbrauchskontrolle nach Art 3 Abs 1 RL abhandeln werden. Die vom deutschen Rechtsdenken beeinflußte These von HEINRICHS hat keine Aussichten auf europäische Akzeptanz.

Als Ergebnis ist festzuhalten, daß das Transparenzgebot als Kriterium der Inhaltskontrolle auch in der RL 93/13/EWG festgeschrieben und insoweit bei Verbraucherverträgen zu beachten ist. Inwieweit hieraus die Pflicht deutscher Gerichte zur Vorlage an den EuGH (Rn 55 ff) oder zu gemeinschaftsrechtskonformer Auslegung des § 9 folgt (Rn 62), hängt davon ab, ob und inwieweit das nationale und das gemeinschaftsrechtliche Transparenzgebot voneinander abweichen.

cc) **Inhalt und Reichweite des gemeinschaftsrechtlichen Transparenzgebots**
156 Das Transparenzgebot der **RL** und des **deutschen AGB-Rechts stimmen in wesentlichen Punkten überein** (HEINRICHS NJW 1996, 2190, 2197; PALANDT/HEINRICHS § 24 a Rn 23). Dies gilt für die Ausrichtung am Verständnishorizont des Verbrauchers, der nicht nur im Gemeinschaftsrecht, sondern auch als „Durchschnittsverbraucher" iS deutschen AGB-Rechts als grundsätzlich verständig und selbstverantwortungsfähig vorzustellen ist (oben Rn 4, 153). Bezugspunkt der Kontrolle ist gleichermaßen die Rechtsposition des Vertragspartners und nicht Marktschutz als solcher (oben Rn 125). Auch wenn sich die RL als Instrument zur Herstellung des europäischen Binnenmarktes versteht (Erwägungsgrund 1), so wird dieses Ziel doch ausschließlich *über* den Verbraucherschutz und nicht neben ihm verfolgt (nicht ganz klar insoweit NASSALL JZ 1995, 681, 692). Gemeinsam ist die Erstreckung der Transparenzkontrolle auf die Hauptpflichten des Vertrages (§ 8 Rn 16 sowie Art 4 Abs 2 RL; anders NASSALL JZ 1995, 681, 692 unter Verkennung des deutschen Rechts, sowie vHOYNINGEN-HUENE, in: FS Trinkner [1995] 179, 189 unter Projektion deutscher Rechtsvorstellungen in die Auslegung der RL), und schließlich sollte auch das Transparenzgebot des Gemeinschaftsrechts nicht – wie Art 5 S 1 RL suggerieren könnte – auf *schriftliche* Vertragsbedingungen beschränkt werden (ebenso WOLF Art 5 RL Rn 5; ULMER EuZW 93, 337, 344 Fn 71; HEINRICHS, in: FS Trinkner [1995] 157, 173 f; ähnlich im Ergebnis auch KAPNOPOULOU 145 ff; das letzte Wort hat insoweit natürlich der EuGH. Zur Bedeutung der Schriftlichkeit in Art 5 S 1 siehe noch unten Rn 157).

Diese Übereinstimmungen dürfen jedoch nicht zu der Auffassung verleiten, mit der Beachtung des deutschen Transparenzgebots sei stets und automatisch auch der EG-RL Genüge getan. Welches die Transparenzanforderungen der RL („klar und verständlich") im einzelnen sind, ergibt sich aus der **autonomen Auslegung des Gemein-**

schaftsrechts (Rn 56), so daß Deckungsgleichheit der Maßstäbe nicht ohne weiteres unterstellt werden kann. Deshalb kann die Beurteilung, ob eine bestimmte Klausel hinreichend transparent ist, auch nicht als bloße Subsumtionsfrage eingestuft werden, die dem Auslegungsmonopol des EuGH nicht unterfalle (so aber HEINRICHS NJW 1996, 2190, 2197; PALANDT/HEINRICHS § 24 a Rn 23; dazu oben Rn 57 ff). Jede Anwendung setzt die Konkretisierung des Transparenzgebots für die Fallfrage voraus (Rn 58), und wenn Zweifel bestehen, ob der EuGH oder die Gerichte anderer EU-Staaten der RL gleiche oder strengere Maßstäbe entnehmen, so ist (bei Erfüllung der sonstigen Voraussetzungen) der Inhalt des gemeinschaftsrechtlichen Transparenzgebots im Vorabvorlageverfahren zu klären (oben Rn 60; ähnlich wohl auch ULMER EuZW 1993, 337, 344).

Dabei zeichnet sich schon jetzt die Möglichkeit einiger divergierender Einzelfragen **157** ab:

α) **Das Sprachenproblem**
Das Sprachenproblem im internationalen Rechtsverkehr wird regelmäßig im Rahmen der Einbeziehungskontrolle erörtert (siehe STAUDINGER/SCHLOSSER § 2 Rn 4, 21, 28 a, 35; ULMER/SCHMIDT Anh § 2 Rn 17), kann aber auch für die Verständlichkeit von AGB iSd Transparenzgebots nach § 9 bzw der EG-RL Bedeutung gewinnen (REICH NJW 1995, 1857, 1860). Angesichts der Sprachenvielfalt in der EU und des Umstands, daß die RL auf die Errichtung des Binnenmarktes zielt (Erwägungsgrund 1), wird für möglich gehalten, daß das gemeinschaftsrechtliche Transparenzgebot in weiterem Umfang sprachliche Zugänglichkeit der AGB auch für Ausländer fordert als das deutsche Recht (HEINRICHS NJW 1996, 2190, 2197; REICH NJW 1995, 1857, 1860). Nach diesem genügt es, wenn Hinweise auf die AGB und diese selbst in der Sprache des Landes, dem der Vertrag kollisionsrechtlich unterliegt, oder in der Verhandlungssprache verfaßt sind. Übersetzungen in eine davon abweichende Muttersprache des Vertragspartners sind nicht erforderlich (BGH NJW 1983, 1489; 1995, 1190; näher STAUDINGER/SCHLOSSER § 2 Rn 28 a). Nun wird man auch gemeinschaftsrechtlich den Unternehmen kaum ansinnen können, ihre AGB stets in allen EU-Sprachen vorrätig zu halten (HEINRICHS NJW 1996, 2190, 2197; zur griechischen Umsetzung des Gemeinschaftsrechts insoweit KAPNOPOULOU 244 f). Wer allerdings gezielt auf anderssprachigen Märkten wirbt und Verträge schließt, kann schon nach deutschem Recht die Einbeziehung seiner AGB nur dann erreichen, wenn sie in der Sprache des Ziellandes verfaßt sind (STAUDINGER/SCHLOSSER § 2 Rn 28 a) – diese Interpretation kann auch dem gemeinschaftsrechtlichen Transparenzgebot unterlegt werden. Wer auf dem gesamten Binnenmarkt agiert, kommt dann um eine Übersetzung der AGB in alle EU-Sprachen nicht herum.

Wenden sich EU-Ausländer an ein Unternehmen, das in seiner Geschäftstätigkeit auf den deutschen Markt beschränkt ist, so wird es, wie im deutschen Recht, grundsätzlich auf die Vertrags- oder Verhandlungssprache ankommen. Bei erkennbaren Sprachschwierigkeiten des Verbrauchers wird man aus dem Transparenzgebot der RL aber möglicherweise ein weitergehendes „**Verständlichkeitsgebot**" (REICH NJW 1995, 1857, 1860) folgern, dem durch Individualaufklärung Rechnung zu tragen wäre (Art 4 Abs 1 stellt ausdrücklich auch auf die Individualumstände ab; zur entsprechenden, in Ausnahmefällen bejahten Pflicht bei Individualverträgen vgl BGH ZIP 1997, 1058, 1061). Auch Gewicht und Tragweite des Vertrags werden dabei zu berücksichtigen sein (vgl HEINRICHS NJW 1996, 2190, 2197; PALANDT/HEINRICHS § 24 a Rn 23).

β) **Rechtserläuterungen**

158 Nach deutschem Recht müssen AGB nicht Regelungen und Grundsätze aufführen, die sich aus dem objektiven Recht ohnehin ergeben (Rn 143). Liegen Kenntnis bzw Kenntnisverschaffung insoweit im Verantwortungsbereich des Vertragspartners, so kann Gleiches nicht ohne weiteres für den Verbraucher auf europäischer Ebene postuliert werden. Ist (kraft Rechtswahl oder objektiver Anknüpfung) Vertragsstatut nicht das Heimatrecht des Verbrauchers und sind die AGB vor dem Hintergrund des Vertragsstatuts formuliert, können aus der Verschiedenheit der nationalen Rechtsordnungen folgende Verständnisprobleme nicht einseitig dem Verantwortungsbereich des Verbrauchers zugeschoben werden. Andererseits dürfte auch aus dem Transparenzgebot der Richtlinie nicht die Anforderung an den Gewerbetreibenden zu entnehmen sein, gegenüber EU-Ausländern stets umfangreiche Informationen über die objektive Rechtslage vorzusehen.

Zur **Problembewältigung** bieten sich vor allem zwei Wege an: Im europäischen Rechtsverkehr ist – weitergehend als im innerdeutschen Bereich (Rn 142, 144) – auf **rechtliche Fachausdrücke und Bezugnahmen soweit wie möglich zu verzichten**, die an einem nationalen Rechtshorizont ausgerichtet sind. Art 5 S 1 RL (und damit § 9 in richtlinienkonformer Auslegung) sind so zu lesen, daß die vorformulierte Klausel „stets *aus sich heraus* klar und verständlich abgefaßt sein" müssen (hervorgehobener Teil hinzugefügt). Des weiteren wird man verlangen müssen, daß in vorformulierten Vertragsbedingungen gegenüber Verbrauchern solche **Rechtsbegriffe und -institutionen**, die nicht als gesamteuropäisches Gemeingut und deshalb als allgemeinverständlich angesehen werden können (vgl oben Rn 58), **näher erläutert werden**. Das gilt insbesondere für Institutionen des deutschen Rechts, die ausländischem Rechtsdenken nicht oder nicht gleichermaßen geläufig sind (wie zB Sicherungsabtretung, Eigentumsvorbehalt, Grundsätze der Sicherungsverwertung), zumal wenn sie sich nicht aus dem Gesetz, sondern erst aus Richterrecht ergeben (Nassall JZ 1995, 689, 693). Insoweit wird die Balance zu finden sein zwischen transparenzerhöhenden Erläuterungen und transparenzhinderlicher Umfangserweiterung (vgl Rn 139).

γ) **Heilung durch Individualaufklärung**

159 Die Bezugnahme auf „schriftliche" Klauseln in Art 5 S 1 RL könnte so verstanden werden, daß die Beseitigung von Intransparenz erst durch mündliche oder individualvertragliche Aufklärung gemeinschaftsrechtlich nicht zugelassen ist. Hierfür könnte auch das Ziel der RL, die Gewährleistung des europäischen Binnenmarktes, sprechen (Nassall JZ 1995, 689, 692 f). Auf der anderen Seite ordnet die RL selbst die Beachtung aller Einzelfallumstände bei der Beurteilung einer Klausel an (Art 4 Abs 1; dazu oben Rn 85), und es hat sich gezeigt, daß der rechtlichen und sprachlichen Vielfalt in Europa nicht durchgehend schon im Text der AGB Rechnung getragen werden kann – „Transparenz-Nachbesserungen" im Einzelfall sind unvermeidlich. Deshalb sollte der RL insoweit nicht grundsätzlich anderer Inhalt beigemessen werden als dem deutschen Recht (zu diesem Rn 147 ff). Allerdings wird auch diese Frage letztlich vom EuGH zu entscheiden sein.

IV. Die Konkretisierungen des Abs 2

1. Funktion und Bedeutung des Abs 2

a) Inhalt und Zweck

In Abs 2 sowie den anschließenden §§ 10, 11 hat der Gesetzgeber es unternommen, die Generalklausel des Abs 1 schrittweise zu konkretisieren; der Wertungsfreiraum wird zunehmend verengt bis hin zu den schlicht subsumtionsfähigen Tatbeständen des § 11 (vgl Einl 10 zu §§ 8 ff). Als erste Stufe der Konkretisierung haben die beiden Tatbestände des Abs 2 zwar selbst noch generalklauselartige Weite, geben dem Rechtsanwender aber bereits bestimmte Richtpunkte und Maßstäbe für die Angemessenheitskontrolle vor. Damit wollte der Gesetzgeber – wenngleich seinerseits in Anlehnung an die bisherige Rechtsprechung – der Praxis **Orientierungshilfen** geben und die Rechtsanwendung erleichtern (BT-Drucks 7/3919, 23). 160

Maßstab der Klauselkontrolle ist in beiden Fällen ein **objektives Gerechtigkeitsmodell**: in Nr 1 ein im objektiven Recht vorfindbares, das in Abwesenheit der Klausel gelten würde, in Nr 2 ein aus der „Natur des Vertrages" vom Rechtsanwender zu erarbeitendes Modell angemessenen Interessenausgleichs. Der Gesetzgeber ist aber nicht bei der Vorgabe dieser Maßstäbe stehengeblieben, er hat beide Unterfälle der Generalklausel zu eigenständigen Normen ausgeformt. Auf **tatbestandlicher Ebene** werden sowohl die Maßstäbe selbst noch konkretisiert (Nr 1: „wesentliche Grundgedanken" der abbedungenen Regelung; Nr 2: „wesentliche Rechte oder Pflichten" aus der Natur des Vertrags) wie auch die Grenze zwischen hinnehmbaren und unangemessenen Abweichungen (Nr 1: „nicht zu vereinbaren"; Nr 2: „Gefährdung des Vertragszwecks"). Die beiden Tatbeständen gemeinsame **Rechtsfolge** ist im Eingangssatz vorweggenommen: Der Begriff „unangemessene Benachteiligung" nimmt unmittelbar Bezug auf Abs 1 und ist damit Kurzform für die gesetzliche Aussage: „Eine Bestimmung benachteiligt den Vertragspartner entgegen den Geboten von Treu und Glauben unangemessen und ist deshalb unwirksam, wenn sie..." (dies übersieht, wer den Wortlaut des Abs 2 – etwa wegen der Nichterwähnung von Treu und Glauben – für zu eng hält, vgl zB ERMAN/HEFERMEHL Rn 20). Allerdings soll diese Rechtsfolge nach dem Gesetzeswortlaut nur „im Zweifel" eintreten. Dies hat zu Unsicherheiten über die systematische und methodische Bedeutung des Abs 2 geführt. 161

b) Systematische und methodische Bedeutung

Vereinzelt wird Abs 2 wegen der nur „im Zweifel" anzunehmenden Unangemessenheit als **Beweislastregelung** angesehen, die sich nicht nur auf die tatsächlichen Grundlagen der Entscheidung beziehe, sondern auch auf die Wertungsfrage: Ein non liquet soll insoweit zu Lasten des Verwenders ausschlagen (WOLF Rn 58; vgl WOLF JZ 1974, 41, 42 f). Diese Auffassung wird zu Recht überwiegend abgelehnt. Einer Beweislastregelung zugänglich sind nur Tatsachen (dazu im Rahmen von Abs 2 unten Rn 167), eine rechtliche Bewertung muß und kann nicht „bewiesen" werden. Auch wenn sich schwierige Abwägungs- und Wertungsfragen stellen, so müssen diese vom Richter verantwortlich entschieden werden (ERMAN/HEFERMEHL Rn 32; vHOYNINGEN-HUENE Rn 237; ULMER/BRANDNER Rn 162; BECKER 37 ff; OECHSLER 313). 162

Verbreiteter ist die Deutung des Abs 2 als **Unwirksamkeitsvermutung**, die an die Erfüllung der Tatbestände von Nr 1 oder Nr 2 anknüpfe, aber aus besonderen Gründen widerlegbar sei (ERMAN/HEFERMEHL Rn 20; PALANDT/HEINRICHS Rn 17; SOERGEL/STEIN Rn 31; FEHL 114; ZOLLER 73; vgl BT-Drucks 360/75, 23; TRINKNER BB 1973, 1502). Hiergegen richten sich die gleichen, vorerwähnten Einwände. In Betracht käme eine Rechtsvermutung, die sich jedoch nur auf das Bestehen von Rechten (zB des Eigentums gemäß § 1006 BGB) beziehen kann, nicht auf eine verantwortliche Konkretisierung wertausfüllungsbedürftiger Tatbestände (vgl vor allem BECKER 39 ff; siehe auch SCHLOSSER/ GRABA Rn 60; vHOYNINGEN-HUENE Rn 238; ULMER/BRANDNER Rn 162; OECHSLER 313 f).

163 Zunehmende Gefolgschaft findet in neuerer Zeit die von BECKER entwickelte Interpretation des Abs 2 als **gesetzliches Regelbeispiel** (BECKER 41 ff; dem folgend vor allem vHOYNINGEN-HUENE Rn 236, 239; ULMER/BRANDNER Rn 129; bei PALANDT/HEINRICHS Rn 17 werden Regelbeispielstechnik und Unwirksamkeitsvermutung miteinander verbunden). Demnach stelle Abs 2 eine Sonderregelung gegenüber Abs 1 dar, die eine Verkürzung und Erleichterung des richterlichen Prüfungsvorgangs bezwecke. Die allgemeine und umfassende Interessenabwägung nach Abs 1 werde durch konkrete Prüfungsgesichtspunkte und eine Regelwertung ersetzt, die in Abwesenheit besonderer Umstände die Beurteilung einer Klausel abschließend erledige. Die Gesetzesformulierung „im Zweifel" (nach BECKER 50 zu lesen im Sinne von „in der Regel") berechtige und verpflichte jedoch den Richter zu prüfen, ob solche besonderen tatsächlichen Umstände vorhanden und ob sie geeignet sind, die Richtigkeit der Regelwertung in Frage zu stellen (Widerlegungsprüfung). Bejahendenfalls seien damit die Regelwertung entkräftet und Abs 2 funktionslos geworden; nunmehr bedürfe es einer umfassenden Interessenabwägung und Entscheidung nach Abs 1 (zusammenfassend zum Prüfungsvorgang BECKER 136 f; vgl auch vHOYNINGEN-HUENE Rn 239. Ähnlich vereinzelt die Rechtsprechung, vgl BGH BB 1984, 1449, 1451; JZ 1993, 629 f).

164 **Kritik**: Dieses Verständnis des Abs 2 als dem Abs 1 vorgelagerte Sondervorschrift, deren Anwendungsbereich jedoch auf Regelfälle beschränkt ist, erscheint methodisch stimmig, vermag allerdings – im Gegensatz zur Funktion des Klauselanhangs zur EG-RL (oben Rn 88) – nicht vollständig zu überzeugen. Sie verfehlt zum einen die Realität der Rechtsanwendung, die häufig „§ 9" mehr oder weniger undifferenziert der konkreten Klauselkontrolle zugrunde legt (siehe Rn 65). Der dagegen naheliegende Vorwurf methodischer Unsauberkeit verliert an Gewicht, wenn man sich vergegenwärtigt, daß die Tatbestände der Inhaltskontrolle in §§ 9–11 (wie auch die sonstigen Schutzmechanismen etwa der §§ 2, 3, 4) nicht scharf voneinander gesondert, sondern überlappend ausgestaltet und Ausdruck desselben Grundgedankens (§ 9 Abs 1) sind. Zum zweiten und vor allem aber wirkt die von BECKER propagierte Funktionsaufteilung zwischen Abs 2 und 1 konstruiert und überflüssig. Die Tatbestände des Abs 2 Nr 1 und 2 enthalten jeweils zentrale Wertungsbegriffe (Nr 1: „nicht zu vereinbaren"; Nr 2: „Vertragszweckgefährdung"), die alle zur Klauselbeurteilung relevanten Gesichtspunkte in sich aufnehmen (näher Rn 189 ff, 212 ff). Es erschiene befremdlich, wenn beispielsweise der Richter im Rahmen der Nr 1 zunächst unter Abstrahierung von den sachlichen, strukturellen oder persönlichen Besonderheiten des Vertrags (zB Verkauf gebrauchter Sachen unter Kaufleuten) die Unvereinbarkeit einer AGB-Bestimmung mit wesentlichen Grundgedanken der gesetzlichen Regelung festzustellen hätte, um sodann unter Einbeziehung eben dieser Besonderheiten zu der Erkenntnis zu gelangen, daß Abs 2 Nr 1 auf die vorliegende Klausel gar nicht paßt und eine Beurteilung nach Abs 1 vorzunehmen ist. Ob gesetzliche Regelungen im Sinne der Nr 1 angesichts etwaiger Besonderheiten über-

haupt auf den Vertrag anwendbar wären, ist schon im Rahmen des Tatbestandes von Nr 1 zu entscheiden (näher Rn 182 ff); *sind* sie anwendbar, so kann die dadurch begründete Maßgeblichkeit des Regelungskonzepts der Nr 1 nicht durch erneuten, abschließenden Rekurs auf tatsächliche Besonderheiten „entkräftet" werden (vgl OECHSLER 313 f). Diese müssen vielmehr bei der Unvereinbarkeitsprüfung berücksichtigt werden (Rn 188). Wird der normative Kontrollmaßstab gemäß Nr 2 aus der „Natur des Vertrages" entwickelt, so fließen dessen Besonderheiten von vornherein in die Beurteilungsgrundlagen mit ein, für eine spätere „Widerlegungsprüfung" fehlt schon der Ansatz (das erkennt BECKER selbst, 68).

Eigene Position: Abs 2 normiert konkrete Anwendungsfälle der Generalklausel des Abs 1, die – gäbe es Abs 2 nicht – in deren Rahmen im Wege der Ausdifferenzierung hätten entwickelt werden müssen (und in der Tat von der vorgesetzlichen Rechtsprechung ansatzweise schon entwickelt worden sind). Die Tatbestände des Abs 2 überlassen dem Rechtsanwender zwar noch erheblichen Wertungsspielraum, sind aber als eigenständige, in sich abgeschlossene **Sondertatbestände der Inhaltskontrolle** konzipiert, die für ihren Bereich die Angemessenheitsbeurteilung endgültig determinieren (vergleichbar etwa dem Verhältnis von § 138 Abs 2 zu 1). Die Prüfung, ob gesetzliche Regelungsmuster auf den konkreten Vertragstyp passen, ist ebenso dem Tatbestand integriert (Rn 179 ff) wie eine umfassende, verantwortliche Interessenabwägung – sie findet ihren Platz in den Prüfungsstationen der „Unvereinbarkeit" (Nr 1) bzw „Vertragszweckgefährdung" (Nr 2); die tatbestandlichen Vorgaben des Abs 2 steuern jedoch den Beurteilungsblickwinkel und engen ihn ein, so daß Abs 2 durchaus die vom Gesetzgeber beabsichtigte Orientierungs- und Erleichterungsfunktion für die Rechtspraxis entfaltet (Rn 160 f). Damit steht Abs 2 gesetzessystematisch und methodisch in einer Reihe mit § 10. **165**

Mit dem gesetzlichen Merkmal „im Zweifel" wollte der Gesetzgeber ersichtlich der Gefahr steuern, daß bei der Anwendung des Abs 2 mit seinem Bezug auf objektive Gerechtigkeitsmodelle die tatsächlichen Besonderheiten des konkreten Vertrags aus dem Blick geraten. Die Zuordnung dieses Merkmals zur Rechtsfolgenseite ist jedoch normsystematisch verfehlt; der intendierte „Vorbehalt des Besonderen" ist überdies in den Tatbeständen der Nr 1 und 2 hinreichend sichergestellt (Rn 162), so daß die gesetzliche Wendung „im Zweifel" insgesamt überflüssig und funktionslos ist. Die Tatbestände der Nr 1 und 2 sind so anzuwenden, wie sie formuliert sind; sind sie in concreto erfüllt, bestehen weder Anlaß noch Rechtfertigung, die Rechtsfolgen der Klauselunwirksamkeit zu relativieren im Sinne einer „Vermutung" oder eines „Indizes" (vgl BGH NJW 1982, 644, 645; BB 1984, 941; BECKER 48, 50) oder sie unter den Vorbehalt einer „Widerlegungsprüfung" zu stellen.

c) Verhältnis zu Abs 1

Das Verhältnis zu Abs 1 ergibt sich als Konsequenz aus dem vorstehend dargelegten Gesetzesverständnis. Abs 2 ist für seinen Bereich **vorrangig** (so im Ergebnis auch BECKER 46 f, 203; vHOYNINGEN-HUENE Rn 236), eines Rückgriffs auf Abs 1 zur Begründung der Unwirksamkeitsfolge bedarf es ebensowenig (vgl Rn 161; anders BGH BB 1982, 72, 73) wie zur Durchführung einer Gesamtinteressenabwägung (anders BGH NJW 1991, 2414, 2415; ZIP 1994, 21, 22; 1996, 1079, 1081; NJW 1998, 671, 673, 675) – Abs 2 ist keine unvollständige Hilfsnorm. **166**

Eine nach Abs 2 begründete Unwirksamkeit kann auch nicht über eine erneute Abwägung nach Abs 1 in Frage gestellt werden (vgl oben Rn 164). Allerdings behält Abs 1 seine eigenständige Bedeutung für alle Abwägungsaspekte, die vom Tatbestand des Abs 2 nicht erfaßt werden (siehe Rn 66 ff). In der Regel können die im Rahmen von Abs 1 erörterten Beurteilungsgrundsätze und Wertungsgesichtspunkte (Rn 108 ff) jedoch schon bei der Abwägung im Rahmen des Abs 2 berücksichtigt werden – insoweit bleibt es bei der ausschließlichen Maßgeblichkeit dieser Tatbestände.

Zum Verhältnis der Nr 1 und Nr 2 innerhalb des Abs 2 siehe unten Rn 198.

d) Darlegungs- und Beweislast

167 Hinsichtlich der Darlegungs- und Beweislast gilt für Abs 2, entgegen verbreiteter Auffassung, nichts grundsätzlich anderes als für Abs 1 (siehe oben Rn 77). Die Rechts- und Wertungsfragen in Nr 1 und 2 sind einer Beweislastregelung ohnehin unzugänglich; die tatsächlichen Grundlagen hat derjenige beizubringen und gegebenenfalls zu beweisen, der daraus Vorteile für seine Position ableitet. Vom Vertragspartner darzulegen und zu beweisen sind demnach vor allem die Umstände, die eine Unvereinbarkeit von Klausel und Gesetz (Nr 1) oder eine Vertragszweckgefährdung (Nr 2) begründen. Beruft sich der Verwender demgegenüber auf besondere Umstände, die entweder schon einer Anwendbarkeit der gesetzlichen Vergleichsnorm oder zumindest dem Unvereinbarkeitsurteil entgegenstehen oder der Gefahr einer Vertragszweckgefährdung entgegenwirken, so hat er diese gegebenenfalls zu beweisen (im Ergebnis ähnlich BGH NJW 1985, 914, 916; PALANDT/HEINRICHS Rn 5; ULMER/BRANDNER Rn 162).

2. Abs 2 Nr 1: Unvereinbarkeit mit dem gesetzlichen Gerechtigkeitsmodell

a) Norminhalt- und -zweck

168 Besteht für eine Klauselthematik eine sonst einschlägige gesetzliche Regelung, so tritt an die Stelle einer offenen Angemessenheitsprüfung und Interessenabwägung nach Abs 1 der inhaltliche Vergleich der Klausel mit dieser Regelung. Dem liegt die Vorstellung zugrunde, daß das Gesetz grundsätzlich auf einen angemessenen Interessenausgleich der Vertragsparteien ausgerichtet ist und somit ein Gerechtigkeitsmodell für die Regelungsthematik bereitstellt, das als konkreter Maßstab der Inhaltskontrolle dienen kann. Eine entsprechende **Leitbildfunktion des dispositiven Rechts** ist bereits nachdrücklich von L RAISER propagiert (282 ff, 293 ff) und von der Rechtsprechung vor dem AGBG wiederholt hervorgehoben worden (zB BGHZ 41, 151, 154; 54, 106, 109 f; 60, 377, 380; 89, 206, 211; generell zustimmend die Literatur, vgl vHOYNINGEN-HUENE Rn 241; ULMER/BRANDNER Rn 132; FASTRICH 285). Abs 2 Nr 1 hat diesen Gedanken aufgegriffen und ausgeformt.

Gesetzliche Regelungen haben lediglich **Modellcharakter**, weil sie zumeist nicht den im Lichte der Gerechtigkeitsidee einzig denkbaren Interessenausgleich konstituieren, sondern nur eine von mehreren vertretbaren Ausgleichsmöglichkeiten. Außerdem muß sich der Gesetzgeber notwendigerweise an abstrahierten Vertragstypen und Problemkonstellationen ausrichten, seine Lösungen sind deshalb regelmäßig nicht maßgeschneidert auf besondere Bedürfnisse eines bestimmten Personen- oder Geschäftskreises. Deshalb ist auch dem AGB-Verwender nicht *jede* Abweichung vom Gesetz verwehrt, sondern nur eine grundlegende Veränderung der vom Gesetz als gerecht vorgegebenen Ausgleichsstruktur (zum Begriff der „Grundgedanken" Rn 183 ff, zur Unvereinbarkeitsprüfung Rn 189 ff). Die Grenze privatautonomer Gestaltungsfreiheit für Individualabreden hat der Gesetzgeber in den §§ 134, 138 BGB und mit der Entscheidung über den zwingenden oder dispositiven Charakter der Rechtsvorschriften markiert; Abs 2 Nr 1 soll diese Grenzziehung für vorformulierte Abreden nachholen: Der Geltungsanspruch des Gesetzes wird vorverlagert, er erstreckt sich zwar nicht auf das gesamte individuell abdingbare Recht, wohl aber auf dessen Kern.

b) **Begriff der „gesetzlichen Regelung"**
aa) **Gesetzlich**
Ausgangspunkt für die Frage, welche vorfindbare Regelung als „gesetzlich" anzusehen ist, ist sicherlich Art 2 EGBGB (BECKER 81 f; vHOYNINGEN-HUENE Rn 247), so daß ohne weiteres alle **Gesetze im formellen und materiellen Sinne** umfaßt sind (anders STAUDINGER/SCHLOSSER[12] Rn 20: nur formelle Gesetze) einschließlich des *Gewohnheitsrechts* (allg M). Dabei spielt keine Rolle, ob eine Gesetzesvorschrift unmittelbar oder nur *analog* anwendbar ist (siehe noch Rn 181), es genügt, wenn einer gesetzlichen Regelung „Modellcharakter" auch für den in Frage stehenden Bereich zukommt (BGH ZIP 1997, 1457, 1459: Zinsregelung in § 11 Abs 1 VerbrKrG als Modell für Zinsklausel in Leasingvertrag).

Allerdings setzt die von Abs 2 Nr 1 angeordnete Vergleichs- und Wirksamkeitsprüfung voraus, daß es sich um grundsätzlich *abdingbare Vorschriften* handelt – Abweichungen vom **zwingenden Recht** sind unvermittelt oder über § 134 BGB unwirksam (vgl BGH BB 1984, 174 (§§ 225 mit 134 BGB); 1984, 2221 [§§ 651 g, l mit 134 BGB]) und können sinnvollerweise keiner weiteren Inhaltskontrolle auf ihre Angemessenheit und Bestandskräftigkeit unterzogen werden. Dies entspricht der herrschenden Lehre (vHOYNINGEN-HUENE Rn 252; PALANDT/HEINRICHS Rn 19; ULMER/BRANDNER Rn 134; BECKER 103 ff; FASTRICH 284), nicht aber der Praxis des BGH jedenfalls in Verbandsklageverfahren: Ohne Problematisierung werden hier Klauseln unter Berufung auf Abs 2 Nr 1 zu Fall gebracht, auch wenn sie gegen zwingendes Gesetzesrecht verstoßen (vgl BGH NJW 1983, 1320, 1322 [Gerichtsstandsklausel, § 38 ZPO; ebenso OLG Düsseldorf BB 1981, 1663; LG Düsseldorf NJW-RR 1995, 440]; BGH NJW 1983, 1612, 1614 und NJW 1987, 1931, 1938 [Reisevertrag, §§ 651 k ⟨jetzt: l⟩ mit 651 h Abs 1; ebenso OLG Frankfurt aM NJW 1982, 2198, 2200]; BGH NJW 1991, 1750, 1754 [§ 541 b BGB]; BGH ZIP 1996, 1470, 1472 [allgemeines Persönlichkeitsrecht]; BGH v 10. 12. 1997 – Az VIII ZR 107/97 – [Handelsvertreterprovision]). Hierfür spricht nicht schon, daß die Abgrenzung zwischen zwingendem und dispositivem Recht oft schwierig ist – sie muß auch sonst getroffen werden. Allerdings fehlt es im Verbandsklageverfahren an einem konkreten Vertrag, und vom Präventivzweck dieses Verfahrens her steht es gleich, ob die Rechtswidrigkeit der Klauselverwendung auf einem Verstoß gegen Abs 2 Nr 1 oder gegen andere Gesetzesvorschriften beruht. Die Rechtsprechung meint offenbar, wegen der Beschränkung der Verbandsklage auf Verstöße gegen §§ 9–11 (§ 13 Abs 1) § 9 Abs 2 Nr 2 auf zwingendes Recht ausdehnen zu müssen. Vorzugswürdig wäre jedoch eine analoge Anwendung des § 13 auch auf andere Gründe der Klauselunwirksamkeit (BECKER 106 f; vHOYNINGEN-HUENE Rn 254; so offenbar auch BGH BB 1985, 218, 225 [betreffend § 89 b HGB]; vgl näher § 13 Rn 24 f).

Der Ausschluß zwingender Vorschriften aus Abs 2 Nr 1 gilt jedoch sinnvollerweise nur dann, wenn sie auf eine fragliche Klausel anwendbar sind. Sind sie es nicht, verstößt die Klausel aber gegen einen in ihnen verkörperten Grundgedanken, kann statt über „Gesetzesumgehung" nach Abs 2 Nr 1 vorgegangen werden (FASTRICH 284; zustimmend ULMER/BRANDNER Rn 134).

171 Der Gesetzesbegriff des Abs 2 Nr 1 ist jedoch **nicht deckungsgleich mit** dem des **Art 2 EGBGB**, er muß vielmehr aus dem Sinn und Zweck der Vorschrift definiert werden. Entscheidend für die Maßstabs- oder Leitbildqualität einer vorfindbaren Regelung muß demnach sein, ob sie ein in rechtlicher Verantwortung gemäß Art 20 Abs 3 GG entwickeltes und der objektiven Rechtsordung zurechenbares Gerechtigkeitsmodell enthält, das der seinerseits gemäß Art 20 Abs 3 GG gebundene Rechtsanwender deshalb seiner Bewertung zugrundelegen kann.

172 Damit gehören auch **ungeschriebene Rechtsgrundsätze**, die hinter den gesetzlichen Vorschriften stehen und aus ihnen ableitbar sind, zur „gesetzlichen Regelung" im Sinne des Abs 2 Nr 1. Dem kann nicht entgegengehalten werden, solche Prinzipien seien zu allgemein, „gesetzliche Regelungen" seien nur unmittelbar subsumtionsfähige Rechtssätze; nur Prinzipien, die ohne weiteres in solche Rechtssätze umformuliert werden könnten (wie etwa der Grundsatz der Formfreiheit schuldrechtlicher Verträge), fielen unter Nr 1 (BECKER 87 ff, 103 ff; dem folgend vHOYNINGEN-HUENE Rn 250). Dabei wird verkannt, daß nach Nr 1 nicht schon die Abweichung von einer gesetzlichen Regelung, sondern nur von ihren *Grundgedanken* zur Unangemessenheit führen kann. Grundgedanken sind aber nicht subsumtionsfähig, wohl aber entfalten sie die von Nr 1 vorausgesetzte Leitbildfunktion. Nur hierauf kommt es an, die Forderung nach Subsumtionsfähigkeit ist funktionsfremd. Demgemäß entspricht die Zugrundelegung auch ungeschriebener Rechtsprinzipien in Nr 1 der ganz **herrschenden Lehre und Rechtspraxis** (BGH NJW 1982, 644, 645; 1983, 1671, 1672; BB 1984, 1192; ZIP 1985, 478; NJW 1987, 1931, 1932 f; BGHZ 114, 238, 240; 115, 38, 42; NJW 1993, 721, 722; ZIP 1997, 838, 840; NJW 1997, 2752 f; ZIP 1998, 784, 786; BRANDNER, in: 10 Jahre AGBG 43, 49).

Diese können **beispielsweise sehr speziell** sein, wie etwa die lediglich dingliche Haftung eines Grundschuldgebers, die mangelnde Verpflichtung des Bürgen, für das eigene Haftungsversprechen auch noch Sicherheit zu leisten, oder die Pflicht zur sofortigen Herausgabe des Empfangenen durch den Geschäftsbesorger (Nachweise für alle Beispiele unten Rn 186). Es kommen aber **auch allgemeine Grundsätze** in Betracht, zB das „Äquivalenzprinzip" oder – mit gleichem Bedeutungsgehalt – die „Vertragsgerechtigkeit" (Verstöße gegen das Äquivalenzprinzip wurden bejaht von BGH NJW 1982, 331, 332 [Kauf, Tagespreisklausel]; NJW 1985, 2270 [Bauvertrag, Preiserhöhungsklausel trotz Festpreisvereinbarung]; insbesondere zum Thema „Leistungspflicht ohne Gegenleistung" vgl BGH BB 1982, 580; NJW 1985, 855, 857 [Abschlagszahlung beim Bauvertrag ohne entsprechende Teilleistungen]; BGH BB 1984, 1192, 1193 [Entgelt für nicht in Anspruch genommene Leistung des Baubetreuers]; BGH NJW 1986, 179, 180 [Kostenerstattungspflicht trotz Scheiterns des Leasingvertrages]; BGH NJW 1988, 204, 206 [Strikte Zahlungspflicht des Leasingnehmers schon bei Übernahmebestätigung]; OLG Frankfurt aM NJW-RR 1989, 633 [Zahlungspflicht für Fitness-Center auch zu Zeiten dessen ferienbedingter Schließung]). Das Äquivalenzprinzip ist auch verletzt, wenn die Verpflichtung des Vertragspartners unbestimmt bleibt (OLG München BauR 1987, 554, 555 f). Ebenfalls recht allgemein ist das „Verschuldensprinzip", etwa bei Vertragsstrafen (BGH NJW 1985, 57; NJW-RR 1991, 1013, 1015; 1997, 135; OLG Celle NJW-RR 1988, 946, 947) oder sonstigen Sanktionen (Zinsen, Kapitalfälligkeit, Haftung) bei Vertragsverletzungen des Vertragspartners (BGH BB 1985, 1418, 1419 [Vorfälligkeitsklauseln]; NJW 1983, 159, 162; BGHZ 114, 138, 142; JZ 1993, 629; ZIP 1997, 838, 840; OLG Bamberg NJW 1993, 2813 [alle bezüglich Haftungs- und Risikoklauseln]) oder der „Grundsatz eines adäquaten, umfassenden Schadensausgleichs" (BUNTE/HEINRICHS 120). Allerdings muß ein Grundsatz im Sinne der Nr 1 doch immer noch **hinreichend konkret** sein, um eine Leitbildfunktion für die Lösung eines bestimmten Interessenkonflikts entfalten zu können – die „Privatrechtsordnung" oder „Gesamtrechtsordnung" taugt deshalb ebensowenig als Vergleichsmaßstab (BECKER 81) wie die „Vertragsgerechtigkeit", wenn sie nicht für eine bestimmte Folgerung (Synallagma, Äquivalenz) steht. Ort für Abwägungen auf dieser allgemeinen Ebene ist Abs 1. Unbrauchbar sind auch diffuse „Leitbilder" oder „Grundgedanken" einer Gesamtregelung, aus denen die Rechtsprechung mitunter Erkenntnisse ableiten will (zum Beispiel „Leitbild des Bürgschaftsvertrags", BGH BB 1984, 2147, 2148, vgl auch NJW 1989, 1284; 1991, 100; „des Werkvertrages", BGH NJW 1984, 2160; 1991, 976; „des Dienstvertragsrechts", BGH ZIP 1996, 1347, 1348; OLG Frankfurt aM NJW 1984, 180; „des Erbbaurechts", BGH NJW 1991, 2141; oder „Grundgedanken des Schadenersatzrechts", BGH NJW 1998, 592, 593). Zum Teil hätten die Leitbilder konkreter im Gesetz belegt werden können (wie zum Beispiel bei der Bürgschaft das „Verbot der Fremddisposition" in § 767 Abs 1 S 3 BGB, so BGH ZIP 1995, 1244, 1249; 1996, 456; 1996, 1289, 1290; NJW 1998, 450, 451; beim Dienstvertrag das Verwendungsrisiko des Dienstherrn, vgl BGH ZIP 1996, 1347, 1348; beim Schadenersatzrecht die Begrenzung auf den wahrscheinlichen Schaden, § 252 BGB, so BGH NJW 1998, 592, 593; bei „Grundgedanken des Besitzrechts" das Verbot der Selbsthilfe, § 858 BGB, vgl KG NJW 1998, 829, 831); zum Teil handelt es sich aber auch um vom Gericht aus der Vertragsnatur, also gemäß Abs 2 Nr 2 entwickelte Leitbilder („Bürgschaftsvertrag mit einer Bank", BGH BB 1984, 2147, 2148), die lediglich zur Begründungsverkürzung in das gesetzliche Regelungsschema projiziert werden (kritisch auch ULMER/BRANDNER Rn 139).

Praktisch unmöglich ist eine Abgrenzung zwischen ungeschriebenen Gesetzesprinzipien und **Richterrecht** (gegen die Beachtung richterrechtlicher Regelungen BECKER 84). Auf letzterem beruhen erhebliche Teile insbesondere des allgemeinen und besonderen Schuldrechts; ihm zuzurechnen sind eng an das Gesetz angelehnte Rechtssätze (teleologische Extensionen, Analogien), Konkretisierungen von Generalklauseln (zum Beispiel § 242 BGB: Wegfall der Geschäftsgrundlage), rechtsfortbildende Ergänzungen des gesetzlichen Regelungsplans (zB Allgemeines Persönlichkeitsrecht als schmerzensgeldbewehrtes Schutzgut des Deliktsrechts, §§ 823 Abs 1, 847 BGB) bis hin zum „gesetzesvertretenden Richterrecht", das bei gesetzgeberischer Untätigkeit vom Richter als „Ersatzgesetzgeber" geschaffen werden muß (zum Beispiel im Arbeitskampfrecht; zur Lehre vom Betriebs- und Arbeitskampfrisiko siehe unten Rn 290 ff; oder die Haftungsprivilegien für Arbeitnehmer). Die grundsätzliche Legitimität selbst dieser offenen Form richterlicher Rechtsschöpfung ist vom Bundesverfassungsgericht anerkannt (BVerfG NJW 1991, 2549, 2550); in Abs 2 Nr 2 wird der Richter für neue Vertragstypen mittelbar sogar dazu aufgefordert (anders FASTRICH 290; vgl unten Rn 201). Das Schuldrecht ist ohne die konstitutive richterrechtliche Komponente gar nicht operabel.

Der rechtsquellentheoretische Streit um die Anerkennung und Qualität von Richterrecht (vgl nur MEYER-CORDING, Die Rechtsnormen [1971] 66 ff) kann deshalb nicht dazu führen, dieses aus dem Begriff der „gesetzlichen Regelung" in Nr 1 auszuklammern. Ein Ausweichen in die Kategorie des Gewohnheitsrechts wäre nur für einen Kernbereich ungesetzten Rechts möglich (etwa bei culpa in contrahendo, positiver Vertragsverletzung). Ungeachtet aller Unsicherheit über Geltungsgrund und Abgrenzung von Richterrecht bleibt festzustellen, daß auch richterliche Rechtssätze in Verantwortung vor „Gesetz und Recht" (Art 20 Abs 3 GG) gebildet werden und jedenfalls dann, wenn sie sich zu ständiger Rechtsprechung verdichtet haben, die Rechtswirklichkeit normativ beherrschen. Damit steht nichts entgegen, ihnen grundsätzlich auch eine Leitbildfunktion im Sinne von Nr 1 zuzuerkennen (im Ergebnis ebenso wie selbstverständlich die Rechtsprechung, vgl BGHZ 54, 109 und OLG Karlsruhe NJW-RR 1988, 370, 372 [Vorteilsausgleichung]; BGH NJW 1993, 2738, 2739 [Wegfall der Geschäftsgrundlage]; BGH ZIP 1997, 1457, 1458 f [Leasingvertrag; dazu vWESTPHALEN EWiR § 9 AGBG 13/97, 817]; BGH ZIP 1998, 784, 786; vgl des weiteren PALANDT/HEINRICHS Rn 19; SOERGEL/STEIN Rn 33; ULMER/BRANDNER Rn 137; COESTER-WALTJEN AcP 190 [1990] 1, 32; FASTRICH 285; ROTH AcP 190 [1990] 292, 294). Damit können auch rechtliche Strukturen, die die Rechtsprechung bei gesetzlich ungeregelten Vertragstypen kasuistisch – nicht zuletzt auch gemäß Abs 2 Nr 2 – erarbeitet hat, im Verlauf ihrer Konsolidierung und Verfestigung in den Tatbestand des Abs 2 Nr 1 „hinüberwachsen" (siehe Rn 201, 205).

174 Als gesetzliche Regelungen im Sinne von Abs 2 Nr 1 kommen auch **internationale Normen** in Betracht, die kraft völkerrechtlicher oder europarechtlicher Grundlage im Inland unmittelbar anwendbar sind – insbesondere das UN-Kaufrecht oder das geplante europäische Verbraucherkaufrecht. Voraussetzung dafür ist die Maßgeblichkeit dieser Norm für den konkreten Vertrag oder Vertragstypus und die kollisionsrechtliche Anwendbarkeit des AGBG (vgl aber noch unten Rn 193). In gleicher Weise können auch **ausländische Rechtsnormen** der Kontrolle nach Abs 2 Nr 1 zugrundegelegt werden, wenn sie zum kollisionsrechtlich maßgeblichen Vertragsstatut gehören (vgl STAUDINGER/SCHLOSSER § 12 Rn 13; zum Verbrauchervertrag auch § 8 Rn 40). Die Grundsätze der **EG-Richtlinie** zur Kontrolle mißbräuchlicher Klauseln in Verbraucherverträgen (oben Rn 5) scheiden hingegen als Vergleichsmaßstab im Sinne von Abs 2 Nr 1 aus: Sie sind nicht unmittelbar anwendbar, vielmehr ist das *deutsche* Recht richtlinienkonform auszulegen (Rn 62) und mit diesem Inhalt in Nr 1 zugrundezulegen. Anderes gilt hingegen für primäres Gemeinschaftsrecht (vgl HASSELBACH DWiR 1998, 110, 111 f zu Art 6 EGV).

175 Nicht in Nr 1 zugrundegelegt werden können hingegen **Verkehrssitten, Handelsbräuche** oder etablierte AGB wie zB die VOB (BGH NJW 1993, 2738, 2739). Sie sind private Regelungswerke, die nicht als gesetzliches Gerechtigkeitsmodell gelten können, selbst wenn sie (als AGB) behördlich genehmigt worden sind (vgl Rn 17) oder das Gesetz ihre Beachtlichkeit anordnet (§§ 157 BGB, 346 HGB) (vgl BECKER 84). Ihre mangelnde Eignung als Leitbild im Sinne von Abs 2 Nr 1 schließt jedoch nicht aus, daß sie als Angemessenheitskriterium im Rahmen von Abs 1 berücksichtigt werden (siehe oben Rn 109 f). Auch die AGB-Praxis kann einen besonderen Vertragstypus herausbilden (Leasingvertrag, Kaskoversicherung), der den Erwartungshorizont der beteiligten Verkehrskreise prägt und damit gemäß Abs 2 Nr 2 Beachtung finden kann (zum „Leitbild der Kaskoversicherung", gestützt auch auf die Allgemeinen Kaskobedingungen BGH NJW-RR 1986, 51, 52; zu Abs 2 Nr 2 im übrigen Rn 207 ff).

bb) Kreis der in Frage kommenden Rechtsvorschriften
176 Gesetzliche Regelungen in vorstehendem Sinne finden sich vor allem im Schuldrecht (einschließlich der handelsrechtlichen Vorschriften), aber auch im gesamten sonsti-

gen Privatrecht (Beispiele Rn 186). Selbst öffentlich-rechtliche (vgl BGHZ 93, 358, 362 ff [öffentlich rechtliches Äquivalenzprinzip als Maßstab für Vertragsverhältnis zwischen gemeindlicher Wasserversorgung und Benutzer]; BGH NJW 1997, 2752, 2753 [Freistellungsaufträge: Kosten aus der Erfüllung dem Staat gegenüber bestehenden Verpflichtungen 〈„Gemeinkosten"〉 muß jeder Rechtsunterworfene 〈hier: die Bank〉 selbst tragen]) oder strafrechtliche Vorschriften können von Bedeutung sein, jedenfalls zur Stützung überpositiver Prinzipien (vgl BGH ZIP 1993, 1798, 1799; 1996, 1470, 1472 [Kontrollen im Privatbereich nur bei konkretem Tatverdacht]). Umstritten ist, ob auch **Vorschriften des AGBG** selbst im Rahmen von Nr 1 zugrundegelegt werden dürfen. Hierbei ist zu unterscheiden zwischen den allgemeinen Bestimmungen der §§ 2–6 und den Klauselverboten der §§ 10, 11.

In ersterer Hinsicht versuchen AGB-Klauseln gelegentlich die Schutzmechanismen **177** der Einbeziehungsvorschriften auszuhebeln durch Einbeziehungs- oder Kenntnisbestätigungsklauseln (zB BGH NJW 1990, 761; 1996, 1819; OLG Frankfurt aM DB 1981, 884) oder durch Aushandlungsbestätigungen (BGH NJW 1987, 1634; OLG Stuttgart NJW-RR 1986, 275; 1987, 143). In vielfacher Weise wird auch versucht, nach § 4 eigentlich vorrangige Individualvereinbarungen zu verdrängen (Schriftformklauseln, Leugnung oder Ungültigerklärung von etwaigen Individualvereinbarungen; Änderungen der Lieferfrist oder des Preises), die Auslegungsgrundsätze des § 5 zu verändern (BGH NJW 1986, 924) oder die Folge der Unwirksamkeit einzelner Klauseln (§ 6, siehe oben Rn 50 ff). Derartige Bestimmungen verstoßen zum Teil gegen besondere Klauselverbote, etwa § 11 Nr 15; dieser zusätzliche Schutz durch Vorschriften der Inhaltskontrolle darf jedoch nicht darüber hinwegtäuschen, daß es sich bei den §§ 2–6 um zwingendes Recht handelt – entsprechende Klauseln werden entweder gar nicht einbezogen oder sind wirkungslos. §§ 2–6 gehören deshalb nicht zu den „gesetzlichen Regelungen" im Sinne von Abs 2 Nr 1 (BECKER 108 ff; vHOYNINGEN-HUENE Rn 255 ff). Die gegenteilige Auffassung (BGH NJW 1983, 1853; 1987, 1931; ULMER/BRANDNER/HENSEN Rn 136 und § 13 Rn 7; WOLF/HORN/LINDACHER Rn 68; WITTE, Inhaltskontrolle 70 ff) kann nicht den Präventivzweck der Verbandsklage ins Feld führen – wie bei sonstigem zwingenden Recht (oben Rn 24 ff) liegt auch hier der richtige Korrekturansatz bei § 13 (ebenso BECKER und vHOYNINGEN-HUENE aaO).

Nichts anderes gilt im Ergebnis für die **Klauselverbote der §§ 10, 11**. Soweit diese **178** unmittelbar anwendbar sind, bedarf es des Rückgriffs auf § 9 regelmäßig nicht (näher Rn 9 ff); auch wenn es im Ergebnis unschädlich ist, wenn die Rechtsprechung gelegentlich mit § 9 arbeitet, obwohl eigentlich ein Klauselverbot der §§ 10 oder 11 einschlägig wäre (oben Rn 9), so wäre es doch jedenfalls verfehlt, Abs 2 Nr 1 in Verbindung mit einem speziellen Klauselverbot anzuwenden. Sind die Verbote jedoch nicht unmittelbar anwendbar, wie generell im beruflichen Verkehr oder weil ihr Tatbestand die fragliche Klausel nicht erfaßt, so kann eine Klausel auch nicht von ihnen „abweichen" im Sinne Abs 2 Nr 1 (dazu Rn 179; ähnlich vHOYNINGEN-HUENE Rn 257 a). Das heißt nicht, daß den Verboten der §§ 10, 11 nicht eine auch im § 9 beachtliche Leitbildfunktion zukommen könnte (so zB BGH BB 1996, 1030, 1031 [bezüglich § 11 Nr 10 e]; ZIP 1998, 70, 71 [bezüglich § 11 Nr 10 b]; vgl BGH ZIP 1997, 1343, 1344 [§ 11 Nr 12 a erwogen, aber nicht einschlägig]; BOEHMKE-ALBRECHT 148). Diese kann aber regelmäßig nur im Rahmen von Abs 1 berücksichtigt werden; in Abs 2 Nr 1 allenfalls dann, wenn von einer anderen gesetzlichen Regelung abgewichen wird und deren Grundgedanken von einem Verbot der §§ 10 oder 11 unterstützt werden (vgl vHOYNINGEN-HUENE Rn 257 b bis d mit Beispielen).

c) „Abweichung" als Identifizierungskriterium
aa) Methodische Funktion

179 Als Quelle eines Kontrollmaßstabs kommt nach Abs 2 Nr 1 nur diejenige gesetzliche Regelung in Betracht, „von der abgewichen wird". Dahinter steht folgender Gedanke: Leitbilder und Wertmaßstäbe für die Angemessenheitsprüfung können der gesamten Rechtsordnung entnommen werden, sind jedoch im allgemeinen im Rahmen der umfassenden Abwägung nach Abs 1 zu berücksichtigen. Die gezielte Ausrichtung und damit Verengung der Prüfung auf eine bestimmte Norm in Abs 2 Nr 1 rechtfertigt sich daraus, daß diese – wäre sie nicht durch die AGB-Bestimmung verdrängt worden – das konkrete Regelungsthema beherrscht hätte. Demgemäß geht es bei dem Kriterium der „Abweichung" vor allem auch um die *Identifizierung* der für die Prüfung nach Abs 2 Nr 1 zugrundezulegenden gesetzlichen Regelungen im Wege eines **Rechtslagenvergleichs** ohne und mit AGB-Klausel (vgl SCHLOSSER/GRABA Rn 26; vHOYNINGEN-HUENE Rn 236; zum ähnlich strukturierten, aber funktional unterschiedlichen Rechtslagenvergleich bei Feststellung einer „Benachteiligung" nach Abs 1 siehe Rn 71; zur entsprechenden Fragestellung im Rahmen von § 8 siehe dort Rn 33). Festzustellen ist also nicht nur eine Abweichung, sondern – als logisch vorgelagerter Schritt – zunächst die eigentlich einschlägige gesetzliche Regelung. Bei dieser doppelten Feststellung handelt es sich noch nicht um eine Wertung: Auf der Wertungsebene setzt Abs 2 Nr 1 die Kriterien „Grundgedanken" und „Unvereinbarkeit" zueinander in Beziehung.

bb) Arten der Abweichung

180 In welcher Weise eine Abweichung von der ohne die Klausel geltenden Rechtslage herbeigeführt wurde, spielt keine Rolle – nur auf den **inhaltlichen Unterschied** kommt es an (vHOYNINGEN-HUENE Rn 263; SOERGEL/STEIN Rn 34). Insoweit stimmt der Prüfungsvorgang mit dem bei § 8 überein (siehe § 8 Rn 33). So kann die gesetzliche Regelung durch textliche Weglassungen oder inhaltlich geändert worden sein. Auch Hinzufügungen *können* eine Veränderung (= Abweichung) bedeuten, wenn dem Fehlen einer entsprechenden gesetzlichen Regelung eine Wertung entnommen werden kann – etwa die Formfreiheit bei Abwesenheit besonderer Formvorschriften. Ist das Klauselthema hingegen im gesetzlichen Wertungsplan schlicht ungeregelt geblieben, fehlt es an einer Leitnorm, von der abgewichen wurde, Abs 2 Nr 1 scheidet aus (BGH NJW 1994, 2693, 2694; ZIP 1997, 1343, 1344 [zur Laufzeit bei Versicherungsverträgen]).

181 Eine besonders augenfällige Form der Abweichung von einer gesetzlichen Regelung liegt in ihrer Abbedingung – entweder ersatzlos oder durch Klauselverweis auf eine andere Regelung. Gerade hier zeigt sich die zentrale Bedeutung, die einer sorgfältigen Identifizierung der eigentlich einschlägigen Vorschrift im Rahmen des Abs 2 Nr 1 zukommt: Auch die **Bezugnahme auf gesetzliche Vorschriften** befreit eine AGB-Klausel nicht von der Inhaltskontrolle nach §§ 8, 9 Abs 2 Nr 1, wenn diese sonst nicht anwendbar gewesen wären. Ein solcher Verweis kann pauschal sein, indem ein Vertrag insgesamt dem Regelungsschema eines anderen Vertragstyps unterstellt wird (formularmäßige „Umtypisierung"), etwa der Werkvertrag über ein zu erstellendes Haus dem Kaufrecht (BGH NJW 1973, 1235; 1974, 143; 1975, 47; 1976, 515; 1977, 1336; 1979, 2207) oder ein Maklervertrag dem Dienstvertragsrecht (BGH NJW 1965, 246; für Partnerschaftsvermittlungsverträge OLG Hamburg NJW 1986, 325; OLG Karlsruhe NJW 1986, 2035; vgl im übrigen BGH NJW 1984, 2161; ZIP 1998, 784, 786 [Erstreckung der gesetzlichen Regelung auf vom Gesetz nicht erfaßten Personenkreis]; vHOYNINGEN-HUENE Rn 264; ULMER/BRANDNER Rn 134; BECKER 99). Es genügt aber auch der Verweis auf eine einzelne gesetzliche Vorschrift:

Deren eigentliche Nichtanwendbarkeit ist offenkundig, wenn sie einem anderen Vertragstyp entstammt; sie ist aber auch zu bejahen, wenn sie zum für diesen Vertrag maßgeblichen Normenbestand gehört, wegen tatsächlicher Besonderheiten aufgrund teleologischer Reduktion aber in concreto doch ausscheidet (anschaulich BGH NJW 1984, 2161 f zur Tilgungsverrechnung gemäß § 367 BGB bei Ratenkreditverträgen; dazu auch CANARIS, Bankvertragsrecht Rn 1332; FASTRICH 290 f; kritisch DYLLA-KREBS 79 ff; SCHLOSSER ZIP 1985, 449, 452). Umgekehrt liegt keine Abweichung vom Gesetz vor, wenn die in Bezug genommene Vorschrift zwar nicht direkt, wohl aber analog anwendbar wäre (vgl oben Rn 169 und näher noch unten Rn 182).

cc) Insbesondere: atypische Verträge

182 Die vorstehenden Grundsätze gelten ohne Einschränkungen auch für Verträge, die nicht ohne weiteres einem gesetzlichen Regeltypus zugeordnet werden können – also atypische oder neuartige Verträge. Die **Rechtsprechung**, insbesondere aber auch die Lehre von Abs 2 als „Regelbeispielstechnik" (Rn 163) gehen demgegenüber **zweistufig** vor: Zunächst wird das grundsätzlich maßgebliche gesetzliche Regelungssystem im Wege der typologischen Zuordnung, des globalen Ähnlichkeitsvergleichs festgestellt (etwa: die Unterstellung des Finanzierungsleasing unter das Mietrecht; die Qualifizierung des echten Factoring oder des Verhältnisses zwischen Kreditkartenunternehmen und Vertragsunternehmen als Forderungskauf) und als die „gesetzliche Regelung" im Sinne von Abs 2 Nr 1 etabliert. Im Rahmen einer auf die Gesetzesformulierung „im Zweifel" gestützten „Widerlegungsprüfung" wird sodann jedoch untersucht, ob die – bisher ausgeblendeten – Besonderheiten des konkreten Vertragstyps die „Regelwertung" des Abs 2 Nr 1 als doch nicht einschlägig erscheinen lassen (BECKER 65 ff, 95 f, 134 ff; vgl vHOYNINGEN-HUENE Rn 260 [im Rahmen der „Grundgedanken"]; aus der Rechtsprechung vgl BGHZ 81, 298, 303; 97, 135, 139 f [Finanzierungsleasing]; vgl auch BGH NJW 1982, 1747 f; NJW 1984, 2253, 2255; 1990, 2880, 2881 [Kreditkartenvertrag]). Die Zuordnung eines Vertrags zu einer Normengruppe erfolgt also unter dem Vorbehalt, daß deren Einzelvorschriften angesichts der atypischen Struktur des Vertrags auch wirklich „passen" (ausführlich OECHSLER 303 ff). Dies ist im Rahmen des Abs 2 Nr 1 ein **überflüssiger und fehlleitender methodischer Ansatz**: Gegenstand der Inhaltskontrolle ist immer nur eine einzelne AGB-Bestimmung (Rn 70), Maßstab nach Abs 2 Nr 1 ihr gesetzliches Pendant, dh die gesetzliche Vorschrift mit demselben Regelungsthema. Deren „eigentliche" Anwendbarkeit (direkt oder analog) ist konstitutive Tatbestandsvoraussetzung des Abs 2 Nr 1 und als solche sogleich und abschließend festzustellen. Die übergreifende typologische Zuordnung des Vertrags hat allenfalls heuristischen Wert, kann aber auch den Blick für einschlägige Einzelregelungen aus anderen normativen Zusammenhängen verstellen (OECHSLER 310). Ob zB also die §§ 459 ff BGB auch auf Kaufverträge über Gebrauchtsachen oder § 367 BGB auf Ratenkreditverträge anwendbar ist (vgl Rn 180), muß hier entschieden werden; ob Besonderheiten des Vertragstyps eine Abweichung von der gesetzlichen Regelung rechtfertigen, ist eine Frage der Unvereinbarkeitsprüfung (Rn 189).

d) Wesentliche Grundgedanken

183 Ungeachtet der Frage, ob Abs 2 Nr 1 als sprachlich gelungen zu betrachten ist (in früheren Entwürfen hieß es „wesentliche Grundsätze", RegE BT-Drucks 7/3919, 5, oder „Gerechtigkeitsgehalt", 1. Teilbericht 26, 55), macht die Gesetzesformulierung doch hinreichend deutlich, daß nicht *jede* Abweichung von einer gesetzlichen Regelung unangemessen sein soll im Sinne von Abs 2 Nr 1 (BGH NJW 1993, 3261, 3262), sondern nur diejenige, die die **tragenden Gedanken des gesetzlichen Gerechtigkeitsmodells** beeinträchtigt (vgl Rechtsausschuß BT-Drucks 7/5422, 6: „Gerechtigkeitsgehalt der gesetzlichen Regelung als Richtschnur"). Der Rechtsanwender ist also aufgerufen, innerhalb der gesetzlichen Regelungen zu unterscheiden zwischen AGB-disponiblem Randbereich und einem „Gerechtigkeitskern", der Leitbildfunktion für einen angemessenen Interessenausgleich entfaltet und potentiell AGB-fest ist (vgl Rn 168).

184 Wesentlich ist der Bezugspunkt der demnach ausschlaggebenden Gerechtigkeitsüberlegungen: Entsprechend dem Schutzzweck des AGBG ist die **Vertragsgerechtigkeit**, speziell die gesetzliche Risiko- und Lastenverteilung angesprochen, mit besonderem Augenmerk auf der **Rechtsstellung des Vertragspartners**, dessen unangemessene Benachteiligung es zu verhindern gilt (vgl BECKER 125; vHOYNINGEN-HUENE Rn 259; SOERGEL/STEIN Rn 35). Einschlägige Wertungen müssen nicht in der verdrängten gesetzlichen Regelung selbst ausgedrückt sein; es genügt, wenn diese als Ausprägung eines übergreifenden (positivierten oder ungeschriebenen) Grundsatzes verstanden werden kann oder sonst an ihm teil hat (BGHZ 114, 238, 240; ZIP 1996, 1347, 1348).

Veränderungen in diesem Bereich durch AGB sind nicht per se unzulässig, müssen sich aber im Rahmen der Unvereinbarkeitsprüfung am gesetzlichen Leitbild messen lassen. Veränderungen in weniger gerechtigkeitssensiblen Fragen betreffen keine „Grundgedanken" und sind deshalb nicht nach Abs 2 Nr 1 kontrollierbar (unbeschadet einer Überprüfung nach Abs 1).

185 Weniger hilfreich erscheint es, mit einer vor allem in der Rechtsprechung verbreiteten Auffassung zwischen Normen mit Gerechtigkeitsgehalt und anderen zu unterscheiden, die lediglich **Zweckmäßigkeits- oder Ordnungsfragen** betreffen (vgl BGHZ 22, 90; 51, 151, 154; 54, 106, 110; 60, 377, 380; NJW 1973, 1193; 1991, 1750, 1751; ZIP 1996, 1347, 1348; 1997, 838, 840). Zwar kann eine Norm neben der Verwirklichung materieller Gerechtigkeit auch andere Zwecke verfolgen, eine scharfkantige Abgrenzung in vorgenanntem Sinne ist jedoch nicht möglich: Reine Ordnungsnormen ohne Gerechtigkeitsgehalt sind zwar denkbar, im Zivilrecht aber bis jetzt praktisch nicht bekannt geworden. Nur nach dem mehr oder minder großen Gerechtigkeitsgehalt einer Regelung kann gefragt werden – eine schwierige, aber durchaus mögliche Unterscheidung (aM GRUNSKY BB 1971, 1115; TRINKNER BB 1973, 1501; WOLF JZ 1974, 466), zu der das Tatbestandsmerkmal der „Grundgedanken" den Rechtsanwender verpflichtet. Dabei handelt es sich letztlich um eine **Wertungsfrage**, die zwar noch nicht endgültig über die Indisponibilität der Regelung entscheidet, aber schon vor dem Hintergrund der Herausbildung eines AGB-festen Teils des dispositiven Rechts erfolgt (vgl Rn 168).

186 Die entsprechenden Konkretisierungen in der **Rechtspraxis** sind demgemäß ihrerseits von abgestufter Plausibilität (für eine umfassende Zusammenstellung siehe auch vHOYNINGEN-HUENE Rn 269 bis 275 b und SOERGEL/STEIN Rn 39 f). Gelegentlich drängt sich die Qualifizierung als „Grundgedanke" aus der gesetzlichen Konzeption geradezu auf, wie etwa im „klassischen" Fall des *Maklervertrags* die Ursächlichkeit der Maklertätigkeit als konstitutive Voraussetzung für den Vergütungsanspruch, § 652 BGB (BGHZ 60, 377, 381 f; 60, 385, 390; BB 1984, 1192, 1193). Ähnlich offenkundig ist der Gerechtigkeitsgehalt der *Verjährungsregelungen* (siehe im einzelnen Rn 545 ff), der

2. Unterabschnitt. § 9 AGBG
Unwirksame Klauseln 186

Regelungen des allgemeinen Schuldrechts über den *Leistungsaustausch* (Zug-um-Zug-Leistung: BGH NJW 1987, 1931, 1933; 1991, 1749; 1993, 3264, 3265; Synallagma: BGH NJW 1982, 181 f; Konnexität bei Zurückbehaltungsrecht: BGH NJW 1985, 1220, 1221; Gattungsware mittlerer Art und Güte: BGH NJW 1985, 320, 324; Zinspflicht nicht vor Fälligkeit: BGH NJW 1986, 1805, 1806), aber auch das gesetzliche *Sanktionssystem* bei Leistungsstörungen (zum Verschuldensprinzip bei Vertragsstrafen oder anderen Sanktionen siehe Rn 172; vgl weiter BGH NJW 1982, 870, 871 [keine Kumulierung von Kündigung, Sachwegnahme und fortbestehender Zahlungsverpflichtung bei Verzug des Leasingnehmers]; NJW 1982, 992, 993 [Einstandspflicht für anfängliches Unvermögen nicht abdingbar; ebenso OLG Frankfurt aM BB 1984, 300]; BGH NJW 1984, 2941 [Verzugsschaden nur bei Geltendmachung, vgl §§ 286, 288 BGB]; NJW 1998, 991, 992 [keine Fälligkeitszinsen im privaten Verkehr, vgl §§ 284, 288 BGB]; NJW 1985, 320, 324 [Überwälzung der Mahnkosten auf den Schuldner, entgegen § 286 BGB]; BB 1985, 220, 225 [neben Verzugsschaden kein weiteres Entgelt geschuldet]; NJW 1986, 842, 843 [Obliegenheit zur Nachfristsetzung gemäß § 326 BGB nicht abdingbar]; NJW 1987, 2506, 2507 [keine fristlose Kündigung des Mietvertrags schon bei geringfügigen oder kurzzeitigen Mietzinsrückständen, vgl § 554 Abs 1 BGB; ähnlich für Leasingvertrag BGH ZIP 1990, 1406, 1409]; NJW 1991, 976, 977 [keine Kumulierung von Rücktritt und Schadensersatz; ebenso OLG Hamm NJW-RR 1987, 313; anders aber immerhin das UN-Kaufrecht]). Beim *Bürgschaftsvertrag* folgt das „Verbot der Fremddisposition" ohne weiteres aus § 767 Abs 1 S 3 BGB (BGH ZIP 1995, 1244, 1249; 1996, 456; 1996, 1289, 1290; NJW 1998, 450, 451; die Einreden des Bürgen aus §§ 770 Abs 1, 771, 776 BGB sollen hingegen AGB-disponibel sein, BGH NJW 1986, 43, 45; OLG Köln NJW-RR 1990, 439, 441). Auch das Erfordernis *sofortiger Abnahme* nach Fertigstellung des Werks läßt sich in Existenz und Gewicht unschwer aus §§ 640, 641 BGB ableiten (BGH NJW 1996, 1346), während die Pflicht des *Geschäftsbesorgers* (Bank) zur unverzüglichen Weiterleitung empfangener Beträge oder Gutschriften (§§ 675, 667, 271 BGB) weniger zweifelsfrei als „Grundgedanke" einzustufen ist (vgl aber die Wertstellungsurteile des BGH, oben Rn 172). Gleiches gilt für die Ableitungen, die die Rechtsprechung aus dem dem Vertragsrecht immanenten *Äquivalenzprinzip* folgern will (siehe oben Rn 172) – so richtig der Ausgangspunkt, so wenig determiniert er in seiner Allgemeinheit einzelne Abgrenzungsfragen. Sehr allgemein sind auch Grundgedanken des Persönlichkeitsschutzes oder des allgemeinen Persönlichkeitsrechts – hier bedarf es in der Regel der ergänzenden Bezugnahme auf spezielle Schutzvorschriften (vgl BGH NJW 1986, 46, 47 [Schufa-Klausel, Konflikt mit § 3 BDSG; dazu auch OLG Koblenz NJW-RR 1990, 822, 823; OLG Hamburg ZIP 1983, 1435, 1436]; BGH ZIP 1996, 1470, 1472 [Taschenkontrolle im Supermarkt, nicht zulässig ohne konkreten Tatverdacht, arg e §§ 229, 859 BGB und strafrechtlichen Ermittlungsgrundsätzen; dazu auch BGH ZIP 1993, 1798, 1799; vWESTPHALEN NJW 1994, 367]). Zu den Grenzfällen dürfte auch das Sonderkündigungsrecht des Mieters bei verweigerter Untermieterlaubnis (§ 549 Abs 1 S 2 BGB) gehören (Grundgedanken bejahend BGH NJW 1995, 2034, 2035) oder die Abwälzung der Schönheitsreparatur-Last auf den Mieter entgegen § 536 BGB (Grundgedanken verneinend BGH NJW 1985, 480; 1987, 2575; 1988, 2790; OLG Saarbrücken EWiR § 548 BGB 1/97, 15 [ECKERT]; weniger großzügig ist die Rechtsprechung bei *allgemeinen* Reparaturen: Das Leitbild der §§ 536, 548 erlaube formularmäßige Einschränkungen nur bezüglich Kleinreparaturen, BGH NJW 1989, 2247, 2248; 1991, 1750, 1752). Die gesetzliche Fortsetzung des Mietverhältnisses bei widerspruchsloser Weiterbenutzung der Sache durch den Mieter (§ 568 BGB) hat hingegen auch der BGH nicht mehr als wesentliche Schutzvorschrift für den Mieter, sondern vorwiegend als Ordnungsvorschrift eingestuft (BGH NJW 1991, 1750, 1751). Auch die Zinsberechnung nur aus dem aktuellen Schuldsaldo konnte angesichts § 20 Abs 2 HBG nicht als Grundgedanke des

Darlehensrechts angesehen werden (BGH NJW 1989, 222, 223), ebensowenig das Prinzip jährlicher Zinsfälligkeit in § 608 BGB (BGH NJW 1993, 3261, 3262).

187 Eine differenzierte Beurteilung erfordern Klauseln, die von **gesetzlich eröffneten Gestaltungsmöglichkeiten**, etwa dem Versprechen einer Vertragsstrafe oder der Einräumung eines einseitigen Leistungsbestimmungsrechts, Gebrauch machen: Ohne Vereinbarung läßt das Gesetz solche Gestaltungen nicht eintreten, so daß die Klausel zweifelsohne eine Abweichung von der sonst geltenden Rechtslage bewirkt (FASTRICH 296; ZOLLER BB 1987, 421, 422 f). Eine gesetzliche Erlaubnis zum formularmäßigen Gebrauch kann in der Bereitstellung nicht gesehen werden, so daß die Kontrolle nicht nach § 8 ausgeschlossen ist (siehe dort Rn 37). Allerdings enthält das Gesetz keine Leitwertung darüber, ob und auf welche Weise solche Gestaltungen zu vereinbaren sind – insbesondere ist ihm nicht das Leitbild zu entnehmen, daß es dafür grundsätzlich einer Individualvereinbarung bedürfte (vgl den begrenzten Regelungsbereich des § 11 Nr 6). An die Stelle der dort maßgeblichen privatautonomen Entscheidung der Vertragspartner tritt bei formularmäßigem Gebrauch zwar die inhaltliche Angemessenheitskontrolle (§ 8 Rn 37 f); diese vollzieht sich jedoch in der Regel als offene Abwägung im Sinne des Abs 1. Abs 2 Nr 1 kommt als Kontrollmaßstab ausnahmsweise dann in Betracht, wenn entweder (1) das Gesetz eine *Regelwertung* vorgibt und abweichende Gestaltungen lediglich erlaubt (zur Verjährungsverlängerung nach § 477 Abs 1 S 2 BGB vgl BGH NJW 1990, 2065, 2066) oder wenn (2) vom *Inhalt* des gesetzlichen Regelungsmodells abgewichen wird (bei der Vertragsstrafe etwa vom Verschuldensprinzip, §§ 339 S 1, 285 BGB, BGH NJW-RR 1991, 1013, 1015; NJW 1997, 135; oder von der Einrede des Fortsetzungszusammenhangs, BGH NJW 1993, 721 f; vgl näher Erläuterungen zu STAUDINGER/COESTER-WALTJEN § 11 Nr 6).

188 Ist der Gerechtigkeitsgehalt einer Norm in vorstehendem Sinne festgestellt, bedarf es keiner gesonderten „**Wesentlichkeitsprüfung**" mehr. Die gesetzliche Formulierung „wesentliche Grundgedanken" ist ein Pleonasmus, unwesentliche Grundgedanken sind nicht vorstellbar (BECKER 128; SCHMIDT-SALZER, AGB [2. Aufl 1977] F 42; zur Bedeutung von „wesentlich" in Nr 2 siehe Rn 207).

e) **Unvereinbarkeit**
aa) **Methodische Funktion**

189 Mit der von Abs 2 Nr 1 vorgeschriebenen Prüfung, ob die Abweichung einer Klausel von der gesetzlichen Regelung mit deren Grundgedanken „nicht zu vereinbaren ist", ist die entscheidende **Wertungsstation** dieses Tatbestands erreicht. Es hat eine **Interessenabwägung** stattzufinden, die allerdings nicht gleichermaßen offen und umfassend ist wie bei Abs 1 (vgl oben Rn 79 ff; anders aber wohl BGH ZIP 1996, 1470, 1472; OLG Düsseldorf NJW-RR 1988, 1051, 1053; ULMER/BRANDNER Rn 141). Vielmehr sind die Interessen des Vertragspartners sowie ihr Schutz und Ausgleich mit den Interessen der Gegenseite in der verdrängten gesetzlichen Regelung als Modell vorgegeben, hieran hat sich die Unvereinbarkeitsprüfung konkret auszurichten. Daraus folgt, daß gezielt nach den *Abweichungsinteressen* des Verwenders zu fragen ist und danach, wie die gesetzlich geschützten Interessen des Vertragspartners im Alternativmodell der AGB-Bestimmung Berücksichtigung finden. Diese Prüfung ist mit dem verunglückten gesetzlichen Merkmal „im Zweifel" angesprochen (vgl oben Rn 165). Ergeben sich in beiderlei Hinsicht keine substantiellen Gesichtspunkte zugunsten der Klausel oder können sie diese letztlich nicht rechtfertigen (nach BGH NJW 1990, 2065, 2066 ist

nach einem „besonderen Interesse des Verwenders" zu fragen, „das das Interesse der Gegenseite an der Einhaltung der durch das Gesetz gezogenen Grenze übersteigt" (zur Verjährungsverlängerung; zur Fragestellung näher Rn 189), so ist ihre Unvereinbarkeit mit der gesetzlichen Regelung und damit ihre Unangemessenheit festgestellt – ein bekräftigender oder auch relativierender Rückgriff auf Abs 1 scheidet aus (oben Rn 166; vgl BGH BB 1996, 1279, 1280; im Ergebnis ähnlich, wenngleich auf der Basis der „Regelbeispielstechnik" [Rn 163] BECKER 131 f; vHOYNINGEN-HUENE Rn 267). Auf diese Weise realisiert sich die Leitbildfunktion der gesetzlichen Regelung und die damit verbundene, von Abs 2 bezweckte Erleichterung der Rechtsfindung (vgl Rn 160).

bb) Fragestellung

Da Abs 2 Nr 1 nicht den konkreten Inhalt der gesetzlichen Regelung, sondern nur **190** den in ihr verkörperten Gerechtigkeitsausgleich als AGB-festes Modell vorgibt, kann die **Grundfrage** bei der Abwägung nur darauf gerichtet sein, ob der AGB-Verwender
– im großen und ganzen nur einen anderen Weg zu einer im wesentlichen gleichwertigen Lasten- und Rechteverteilung eingeschlagen
– oder ob er die gesetzliche Interessenwertung grundsätzlich verschoben hat
(zu dieser Fragestellung auch BECKER 133 f; vHOYNINGEN-HUENE Rn 268).

Die Ermittlung und Abwägung der Interessen beider Parteien vor dem Hintergrund des gesetzlichen Ausgleichsmodells münden also in einen **wertenden, letztlich entscheidenden Ergebnisvergleich** (BECKER 133 mwN; vHOYNINGEN-HUENE Rn 268; ULMER/BRANDNER Rn 141; SOERGEL/STEIN Rn 38; Wolf Rn 76). Dabei führt nicht jede, geringfügige Verschlechterung der Rechtsposition des Vertragspartners zur Verwerfung der Klausel, sondern nur eine **erhebliche Benachteiligung** gegenüber der sonst vom Gesetz gewährten Rechtsstellung (vHOYNINGEN-HUENE Rn 266; ULMER/BRANDNER Rn 141; vgl BGH NJW 1992, 1628, 1630). Dies ergibt sich aus dem Wertungsbegriff „unvereinbar" sowie aus dem Umstand, daß Abs 2 Nr 1 eine Konkretisierung von Abs 1 darstellt (zum Erfordernis einer „erheblichen Benachteiligung" in Abs 1 siehe Rn 71). Die (häufig beispielhaft erwähnte) „Recht- oder Schutzlosstellung" des Vertragspartners (ULMER/BRANDNER Rn 141; SCHLOSSER/GRABA Rn 49; BGH NJW 1979, 1686, 1688; 1990, 761, 764) fällt zweifellos hierunter, muß aber als Grad der Benachteiligung nicht unbedingt erreicht sein (BECKER 133; SOERGEL/STEIN Rn 37).

cc) Einzelne Gesichtspunkte

(1) Die Abweichung kann vor allem durch **Besonderheiten des Vertragstyps** gerecht- **191** fertigt sein, die zwar nicht so stark sind, daß sie die Vorschriften des gesetzlichen Regeltyps als unanwendbar erscheinen lassen (siehe Rn 182), wohl aber zu einer anderen Risiko- und Lastenverteilung Anlaß geben könnten. Solche Besonderheiten können sich vor allem aus dem Vertragsgegenstand, seinem Zweck, seiner Struktur oder aus den beteiligten Geschäftskreisen ergeben (vgl oben Rn 82). So erstrecken sich die kaufrechtlichen Gewährleistungsvorschriften (§§ 459 ff BGB) unterschiedslos auf Verträge über Neu- oder Gebrauchtsachen; dennoch folgt schon aus § 11 Nr 10, daß das Abweichungsinteresse bei beiden Sacharten verschieden sein kann. Bezieht sich ein Werkvertrag auf den Bau von Flachdächern, so kann deren Mängelanfälligkeit, die sich aber oft erst nach mehreren Jahren herausstellt, zu einer Verlängerung der Gewährleistungsfrist berechtigen (BGH DB 1996, 1562 f). Die Sachmängelhaftung des Vermieters (§§ 537 ff BGB) stellt sich beim Finanzierungsleasing als abdingbar

heraus (BGH NJW 1987, 1072; 1988, 2465; 1989, 1279). Bei der Überwälzung von Schönheitsreparaturen auf den Mieter macht es einen bedeutsamen Unterschied, ob der Mieter oder der Vermieter die Anfangsrenovierung zu tragen hat (BGH NJW 1993, 532, 533; OLG Stuttgart NJW 1984, 2585; 1986, 2115; NJW-RR 1989, 520). Die Besonderheiten des kaufmännischen oder beruflichen Verkehrs werden schon von § 24 als Grund genannt, die Gestaltungsfreiheit durch AGB möglicherweise großzügiger zu beurteilen als im Privatverkehr; im Verbrauchervertrag gilt eine umgekehrte Tendenz, außerdem können sich Besonderheiten aus den konkreten Vertragsumständen ergeben, § 24 a Nr 3 (dazu Rn 85 f).

192 Allerdings folgt aus einer besonderen Interessenlage nicht notwendig ein **berechtigtes Abweichungsinteresse** des Verwenders. So besteht zB im Scheckverkehr ein hohes Fälschungsrisiko, dessen Abwälzung auf die Kunden vor allem deshalb als angemessen erscheinen könnte, weil diese die Herrschaft über die Scheckformulare haben. Andererseits haben die Banken im eigenen Vereinfachungsinteresse das Schecksystem so ausgestaltet, daß die Mißbrauchsgefahr wesentlich erhöht wird (keine Streichbarkeit des Überbringervermerks; keine obligatorische Identitätsprüfung beim Einreicher), so daß letztlich doch die Rechtfertigung zu verneinen ist, das grundsätzlich bei der Bank liegende Fälschungsrisiko auf die Kunden abzuwälzen und so auch noch vom Verschuldensprinzip des Haftungsrechts abzuweichen (BGH ZIP 1997, 838, 840 mit umfassenden Nachweisen des Streitstandes [= EWiR § 9 AGBG 8/97, 531 ⟨Joost⟩ = JZ 1997, 1066 ⟨Koller⟩]; ähnliches gilt für den Kreditkartenverkehr, BGHZ 114, 238, 240, sowie bei EC-Karten, OLG Hamm ZIP 1997, 878 ff). Dem Verwenderverhalten kann auch noch auf der Ebene der **Ausübungskontrolle** (§ 242 BGB; siehe Rn 38) Rechnung getragen werden: Hat der Verwender bei Risikogeschäften dem Vertragspartner gegenüber besondere Kompetenz und Erfahrung für sich in Anspruch genommen, so kann er sich auf eine Risikoverlagerung auf den Vertragspartner nicht berufen (vgl BGH BB 1980, 13, 14 [Werkvertrag über Konstruktion einer Maschine, die „technisches Neuland" bedeutete]; siehe auch BGH NJW-RR 1986, 271, 272).

193 (2) Neben Besonderheiten des Vertragstyps kommt die **annähernde Gleichwertigkeit des** vom Verwender vorgesehenen **Regelungssystems** als Rechtfertigung der Abweichung in Betracht. Hierzu bedarf es einer Gewichtung des Gerechtigkeitsgehalts beider Modelle. So, wie der Gerechtigkeitswert der gesetzlichen Regelung relativiert werden kann etwa durch fundierte *rechtspolitische Kritik*, insbesondere auch bei veralteten Normen (vgl aber BGH NJW 1990, 2065, 2066: Trotz „beachtlicher" Kritik in der Literatur wird § 477 BGB als Leitbild für Abs 2 Nr 1 zugrunde gelegt), oder durch *rechtsvergleichende Divergenzen*, bei der der deutschen Regelung gleichwertige, aber andere Lösungen anderer Rechtsordnungen gegenüberstehen, so kann umgekehrt der Gerechtigkeitsgehalt der Klausel durch verschiedenartige Gesichtspunkte gestützt werden. Klassisches Beispiel sind Abweichungen von den gesetzlichen Gewährleistungsregelungen im Kaufrecht: Die Einräumung eines vorrangigen Nachbesserungsrechts des Verkäufers wurde schon vom Gesetzgeber als akzeptable Variante eingestuft (§ 11 Nr 10), und neben den §§ 459 ff BGB steht das wesentlich abweichende, aber keineswegs auf der Internationalität des Leistungsaustauschs aufbauende Gewährleistungsmodell des UN-Kaufrechts (Art 35 ff, 45 ff CISG; daran angelehnt auch das geplante Sonderkaufrecht für Verbraucherverträge). Eine AGB-Klausel, die sich (trotz Nichtanwendbarkeit des CISG; vgl Rn 174) hieran orientiert,

kann regelmäßig nicht als unangemessene Benachteiligung des Vertragspartners eingestuft werden.

Bei der Frage „Gleichwertigkeit trotz Abweichung" kann auch dem Gesichtspunkt **194** der **Kompensation** wesentliche Bedeutung zukommen (BGH NJW 1991, 1886, 1888; 1991, 2414, 2415). Wird zB die im Gesetz zugrunde gelegte Freiheit des Käufers, über Art und Menge der zu liefernden Ware zu bestimmen, vom Verwender eingeschränkt, so wird dies ausgeglichen durch ein kostenneutrales Remissionsrecht des Käufers bezüglich zuviel gelieferter Ware: Lasten und Risiken werden anders als im Gesetz, aber in ausgewogener Weise verteilt (BGH NJW 1982, 644, 645 f; ausführlich zur Kompensation Rn 91 ff).

(3) Auch im übrigen können die zur Interessenabwägung im Rahmen des Abs 1 **195** erörterten Gesichtspunkte bei der Prüfung der Unvereinbarkeit eine Rolle spielen. Das **Rationalisierungsinteresse** des Verwenders ist allerdings – trotz genereller Beachtlichkeit (oben Rn 112) – wenig geeignet, eine Abweichung von Grundgedanken der gesetzlichen Regelung im Sinne von Abs 2 Nr 1 zu rechtfertigen (BECKER 128; anderer Ansicht offenbar SCHAPP DB 1978, 624 f): Weder die Massenhaftigkeit der Vertragsabschlüsse noch die Üblichkeit von Klauseln (BGH NJW 1982, 644, 645) bedingen wesentliche Einbußen an der gesetzlich vorgezeichneten Gerechtigkeitskonstellation.

Nicht übersehen werden darf jedoch das **Verhältnismäßigkeitsprinzip** (Rn 115): Auch bei einem anerkennenswerten Abweichungsinteresse des Verwenders behält die gesetzliche Regelung noch insoweit Leitbildcharakter, als nicht jede, sondern nur sachbedingt erforderliche Einschränkungen zulässig sind (vgl vor allem SCHLOSSER/GRABA Rn 28, 45 ff: Neben dem Abweichungsinteresse sei auch das „Inhaltsinteresse" zu prüfen). Die Obliegenheit des Gläubigers etwa, sich die Geltendmachung einer Vertragsstrafe bei Annahme der Leistung vorzubehalten (§ 341 Abs 3 BGB), läßt sich bei Bauverträgen auf den Zeitpunkt der Schlußzahlung verschieben, ohne wesentliche Gerechtigkeitsanliegen zu beeinträchtigen (BGH NJW 1979, 213), nicht aber ersatzlos abbedingen (OLG Köln BauR 1977, 425; PALANDT/HEINRICHS § 341 BGB Rn 4; INGENSTAU/KORBION, VOB/B § 11 Anmerkung 7). Auch berechtigt der Umstand, daß bei Reisekrankenversicherungen im Hinblick auf ihren kurzfristigen Abschluß keine Risikoprüfung durch den Versicherer stattfindet, diesen nicht zu einer über diese Besonderheit hinausgehenden Einschränkung seiner durch §§ 16 ff VVG vorgezeichneten Leistungspflicht (BGH NJW 1994, 1534, 1536).

3. Abs 2 Nr 2: Gefährdung des Vertragszwecks

a) Norminhalt und -zweck

Mit Nr 2 wollte der Gesetzgeber der Angemessenheitsprüfung auch für jene The- **196** menbereiche von AGB-Klauseln einen konkretisierten Maßstab vorgeben, für die es an einem gesetzlichen Gerechtigkeitsleitbild fehlt. Dies betrifft neuartige, gänzlich ungeregelte Vertragstypen ebenso wie atypische Varianten gesetzlich normierter Verträge, auf die die gesetzliche Regelung nicht paßt, wie schließlich Klauselthemen, für die das Gesetz trotz grundsätzlicher Erfassung des Vertragstyps keine Regelung enthält (zu diesem Normzweck vgl 1. Teilbericht 15, 55 f; RegE BT-Drucks 7/3919, 9; für die allgemeine Meinung vgl SOERGEL/STEIN Rn 41; ULMER/BRANDNER Rn 142; BECKER 138 ff, 166 ff; FASTRICH 286; zur Anwendung von Abs 2 Nr 2 bei lückenhafter gesetzlicher Regelung vgl

BGH NJW 1985, 1165 [Reisevertrag]). Statt aus den Grundgedanken des Gesetzes (Nr 1) soll hier der AGB-indisponible Kern der Vertragsregelung aus der „**Natur des Vertrags**" ermittelt werden (näher Rn 202). Trotz der Vagheit des Begriffs wird damit der Wille des Gesetzgebers erkennbar, die Inhaltskontrolle nicht vom (eher zufälligen) Vorhandensein einer gesetzlichen Parallelwertung abhängig zu machen, sondern den Schutz des Vertragspartners vor einseitiger Interessenverfolgung durch den Verwender umfassend und mit gleicher Intensität auch im nichtpositivierten Bereich zu gewährleisten (vgl BRANDNER in: 10 Jahre AGBG 43, 48; SCHLOSSER/GRABA Rn 30). Folgerichtig weist Nr 2 eine der Nr 1 analoge Struktur auf: Den „Grundgedanken der gesetzlichen Regelung" entsprechen die „wesentlichen Rechte und Pflichten aus der Natur des Vertrags", dem „Abweichen" das „Einschränken" und der wertenden Unvereinbarkeitsprüfung die der Vertragszweckgefährdung (siehe Rn 212).

197 Das Merkmal der Vertragszweckgefährdung weist jedoch, im Zusammenhang mit den Gesetzesmaterialien (BT-Drucks 3919, 23; erster Teilbericht 56), auf eine weitere ratio legis hin: Angeknüpft wurde offensichtlich an das in der Rechtsprechung entwickelte Verbot der „Aushöhlung von Kardinalpflichten" (BGHZ 38, 183, 186; NJW 1973, 2107; BGHZ 71, 167, 173; NJW 1984, 1350; 1985, 914, 916). Schutzgut sind demnach die zentralen Leistungs- und Schutzerwartungen, die der Vertragspartner aufgrund des Vertrags hegen durfte; das **Aushöhlungsverbot** sichert die innere Stimmigkeit der vertraglichen Abreden (LIEB DB 1988, 946, 953 f [der die Kontrolle nach Abs 2 Nr 2 allerdings hierauf beschränken will]; SCHLOSSER/GRABA Rn 37; vgl BGH NJW 1985, 914, 916). Klauseln, die hiergegen verstoßen, werden in aller Regel auch „wesentliche Rechte oder Pflichten" (Nr 2) bzw „Grundgedanken der gesetzlichen Regelung" (Nr 1) beeinträchtigen (zum Verhältnis zur Nr 1 siehe Rn 198 ff); dennoch enthält das Aushöhlungsverbot einen Wertungsgesichtspunkt, der eigenständige Bedeutung entfalten kann und die Rechtsfindung zu steuern vermag (vHOYNINGEN-HUENE Rn 279; PALANDT/HEINRICHS Rn 25; ULMER/BRANDNER Rn 142; anders BECKER 153 ff; vgl unten Rn 212 f). Nicht so deutlich, aber der Sache nach ähnlich findet sich dieser Aspekt auch im Mißbrauchsbegriff des Art 3 Abs 1 RL (vgl KAPNOPOULOU 122, 124 [„Vertrauensprinzip"] unter Hinweis auf Erwägungsgrund 16 S 3 der RL [Gebot „loyalen und billigen" Verhaltens]).

b) Verhältnis zu Nr 1

198 Über das Verhältnis beider Tatbestände des Abs 2 zueinander besteht Uneinigkeit – teilweise wird von einem Vorrang von Nr 1 ausgegangen (BECKER 191 ff; vHOYNINGEN-HUENE Rn 282; SCHLOSSER/GRABA Rn 30), teilweise – bezüglich des Aushöhlungsverbots – von Nr 2 (PALANDT/HEINRICHS Rn 25), gelegentlich wird ein wechselseitiger Vorrang überhaupt abgelehnt (SOERGEL/STEIN Rn 32; WOLF Rn 82) oder die Frage für müßig erklärt (SOERGEL/STEIN Rn 32). Letztere Position drängt sich auf, wenn man bedenkt, daß beide Tatbestände Konkretisierungen der einheitlichen Wertungsfrage des Abs 1 sind und in den Rechtsfolgen übereinstimmen. Nicht nur aus Gründen methodischer Sauberkeit bedarf das Verhältnis von Nr 1 und 2 dennoch näherer Untersuchungen; dabei ist zwischen Verträgen, die einem gesetzlich geregelten Typus unterfallen, und atypischen Verträgen zu unterscheiden.

199 Bei **normativen Regeltypen** gibt das Gesetz das maßgebliche Gerechtigkeitsmodell für die Verteilung von Rechten, Pflichten und Risiken vor (Nr 1); dieses durch Überlegungen zur „Natur des Vertrags" relativieren oder gar ersetzen zu wollen, verbietet schon die Bindung des Richters an das Gesetz (BECKER 192 f). Etwaigen Besonderhei-

2. Unterabschnitt.
Unwirksame Klauseln

§ 9 AGBG

ten des Vertrags ist im Rahmen der Unvereinbarkeitsprüfung nach Nr 1 Rechnung zu tragen (oben Rn 189). Ein gesetzliches Leitbild hat also Vorrang vor aus dem Vertrag entwickelten Leitbildern (anders WEICK NJW 1978, 11 ff, SCHAPP DB 1978, 621, 625, die die gesetzlichen Regeltypen ausdifferenzieren wollen in spezielle Leitbilder zB für den Gebrauchtwagen-, Zeitungs-, Möbelkauf etc; kritisch dazu BECKER 135). Anders verhält es sich jedoch mit dem *Aushöhlungsgedanken*, der in Nr 1 weitgehend mitenthalten, in Nr 2 aber gesondert hervorgehoben ist. Nichts steht entgegen, insoweit auch bei gesetzlichen Regeltypen auf Nr 2 zurückzugreifen – entweder anstelle von Nr 1, wenn die Unvereinbarkeit mit gesetzlichen Grundgedanken zweifelhaft ist, oder kumulativ-bekräftigend. Letztere Argumentationsweise findet sich gelegentlich in der Rechtsprechung, etwa bezüglich Klauseln in Versicherungsverträgen, die einzelne Risiken überproportional auf den Versicherungsnehmer abwälzen (BGH NJW 1993, 2442, 2444 [DTV-Maschinenklausel: Leitbild §§ 778 HGB; gleichzeitig Vertragszweckgefährdung]; BGH NJW 1994, 1534, 1536 [Reisekrankenversicherung: Leitbild §§ 16 ff VVG; gleichzeitig Aushöhlung des Versicherungsschutzes]; vgl auch BGH NJW 1982, 870, 871; BB 1984, 1320; NJW-RR 1986, 271, 272; ZIP 1995, 1244, 1249 [zur Bürgschaft; BGH ZIP 1996, 1289, 1290 zitiert zur selben Frage nur noch Nr 1]; OLG Frankfurt aM NJW 1983, 1681 ff; BB 1984, 300; OLG Hamburg ZIP 1983, 1432, 1433). Als Beispiel für einen konstitutiven Wechsel von Nr 1 zu Nr 2 sind die Fälle des Haftungsausschlusses für leichte Fahrlässigkeit zu nennen: Anstatt hier „Grundgedanken" in § 276 BGB zu projizieren, die dort nicht angelegt sind (vgl auch § 11 Nr 7, 8), überzeugt vom methodischen Ansatz mehr die Argumentation mit dem Aushöhlungsgedanken der Nr 2 (Einzelheiten Rn 209).

Bei **atypischen Verträgen** scheint von vornherein nur Nr 2 in Betracht zu kommen. **200** Dennoch sind Grenzverschiebungen möglich und in der Praxis sogar beliebt – etwas überspitzt könnte man von einer „Flucht auf den gesicherten Boden des Gesetzes" gemäß Nr 1 sprechen (hierher gehört die Zugrundlegung eines sehr allgemeinen „Leitbilds" [des Werk-, Dienstvertrags, der Bürgschaft etc], wenn die konkrete Folgerung nicht im Gesetz verankert ist, siehe Rn 172). Auf eine Fehltendenz in diesem Zusammenhang hat jüngst OECHSLER hingewiesen (insbesondere 296 ff, 315 ff; zuvor schon LIEB DB 1988, 946 ff). Auch bei neuartigen Vertragstypen wie Leasing oder Kreditkartenvertrag wird üblicherweise vorrangig versucht, sie im Wege typologischer Betrachtung einem gesetzlichen Regeltypus zuzuordnen – etwa das Leasing dem Mietvertrag (BGHZ 96, 103, 105 f; NJW 1977, 195, 196; 1977, 848, 849) oder das Kreditkartengeschäft im Verhältnis Kartenunternehmen-Vertragsunternehmen dem Schuldbeitritt (AVANCINI ZfRV 1972, 121, 129 f; heute überholt), dem Forderungskauf (BGH NJW 1990, 2880, 2881; ECKERT WM 1987, 161; HÖNN ZBB 1991, 6, 12) oder dem Garantievertrag bzw abstrakten Schuldversprechen innerhalb eines Geschäftsbesorgungsvertrags (MARTINEK, Moderne Vertragstypen Bd 3, 98; HADDING, in: FS Pleyer [1986] 17, 31 ff; vgl LG Düsseldorf WM 1984, 990, 992). Abweichungen des Realtyps vom gesetzlichen Vertragsmodell oder ergänzenden Besonderheiten wird sodann in einem zweiten Schritt, bei der „Widerlegungsprüfung" im Rahmen des Abs 2 Nr 1 Rechnung getragen: Es wird geprüft, ob die der Klauselthematik entsprechende Einzelregelung des Gesetzes (zB die Gewährleistungsregelung der §§ 537 ff BGB) auf den atypischen Vertrag (Leasing) wirklich paßt (zB BGHZ 81, 298, 303; 97, 135, 139 f; vgl OECHSLER 306: Die typologische Zuordnung erfolgt also stets unter konkretem „Ähnlichkeitsvorbehalt" für einzelne Regelungsthemen). Dabei kann es aber zu Verzerrungen der Fragestellung kommen. Anstatt eine angemessene Rechte- und Risikoverteilung gemäß Abs 2 Nr 2 unmittelbar und unvoreingenommen aus dem besonderen Erscheinungsbild des atypischen Vertrages zu entwickeln, wird vom

Leitbild des typologisch nächststehenden Vertrages und seiner Einzelregelungen ausgegangen und nur noch gefragt, ob Besonderheiten des Realtypus eine Abweichung rechtfertigen können. Die „innere Vertragslogik" wird vom Angemessenheitsmaßstab (Nr 2) zum Korrektiv eines vorgegebenen, nicht genau passenden Gerechtigkeitsmodells zurückgestuft (Nr 1), wobei die Nähe der Klauselregelung zu diesen Vorgaben größeres Gewicht erlangen kann als die unmittelbar problembezogene Sachgerechtigkeit (OECHSLER 327, 329 [„auf der Grundlage dieses Vorverständnisses kann das zu lösende Problem häufig nur als Abweichung vom Regelungsprogramm eines Normstrukturtypus erfaßt und nicht in seiner Individualität und Eigenart erkannt werden"]; dies wird konkret belegt an Beispielen des Finanzierungleasing und des Kreditkartengeschäfts, 325 ff; zum Leasing auch LIEB DB 1988, 946 ff). Die Verlagerung konzeptionell zu Nr 2 gehörender Fragestellungen in Nr 1 kann die Rechtsfindung also sachlich, aber nicht unbedingt sachgerecht beeinflussen. Statt dessen sollte gelten: entweder findet sich bei atypischen Verträgen für die konkrete Klauselthematik eine analog maßgebliche gesetzliche Regelung (dann Nr 1) oder das Gerechtigkeitsmodell ist gemäß Nr 2 zu entwickeln (ebenso OECHSLER aaO).

201 Dies schließt jedoch nicht aus, daß die Rechtsprechung für atypische Verträge nach und nach rechtliche Strukturen erarbeitet (nicht nur, aber auch in Anwendung des Abs 2 Nr 2), die sich zu einem weitgehend konsentierten, die Rechtspraxis beherrschenden Regelungssystem verdichten – dem Realtypus wird ein adäquater, normativer Strukturtypus „eingezogen", der nicht auf Gesetz, aber auf verfestigtem **Richterrecht** beruht. Ist dieser Entwicklungsstand erreicht, erscheint eine Inhaltskontrolle nach Nr 2 – also stets erneut auf die „Vertragsnatur" rekurrierend – nicht mehr passend; die etablierten richterrechtlichen Grundsätze können im Sinne der Nr 1 den weiteren Kontrollaufgaben zugrunde gelegt werden (im Ergebnis ähnlich, wenngleich ohne genaue Abgrenzung ULMER/BRANDNER Rn 140; anders BECKER 92 ff; zum Richterrecht in Nr 1 siehe Rn 173). Die Abgrenzungsschwierigkeit zwischen bloßen (richterlichen und wissenschaftlichen) Ordnungsversuchen und Richterrecht in obigem Sinne ist offenkundig, kann aber die Möglichkeit eines „Hinüberwachsens" der Inhaltskontrolle von Nr 2 in Nr 1 nicht grundsätzlich in Frage stellen (anschaulich FASTRICH 287; vgl BGH NJW 1978, 1432; 1982, 870, 871 [Leasingvertrag]; BB 1984, 1320 [„Wesen des Versicherungsvertrags"]; 1985, 218, 225 [Vertragshändlervertrag]; anderer Ansicht BECKER 175 f, 208, der solche „vertragstypenspezifischen Leitbilder" nur im Rahmen von Nr 2 beachtet wissen will). Dabei besteht Einigkeit, daß die *Üblichkeit* oder *faktische Durchsetzung* einer Klausel allein nicht genügt, um sie vom Objekt der Kontrolle gar zu deren Maßstab (im Sinne von Nr 1) werden zu lassen (BGH NJW 1982, 644, 645; 1984, 2160 f; 1985, 3016, 3017; 1987, 1931, 1935; BECKER 174 f; BOEHMKE-ALBRECHT 156; FASTRICH 288 f; vHOYNINGEN-HUENE Rn 211; LIMBACH ZRP 1975, 117, 121). Es überzeugt auch nicht, wenn konkrete, aus der Natur des Vertrags (zB „Bürgschaftsvertrag mit einer Bank") gewonnene Folgerungen nicht nach Nr 2 begründet werden, sondern als Ergebnis eines allgemeinen, angeblichen gesetzlichen Leitbilds im Sinne der Nr 1 (BGH BB 1984, 2147, 2148 zum Bürgschaftsvertrag; vgl oben Rn 172; zutreffend hingegen BGH NJW-RR 1987, 45, 46: konkrete, im Gesetz nicht geregelte Fragen des Versicherungsvertrags werden aus dessen „Natur" gemäß Nr 2 abgeleitet). Schlüssig und legitim ist hingegen die Berufung zB auf „leasingtypische" Regelungen oder das „Leitbild des Leasingvertrags" im Rahmen der Nr 1 (vgl die Einzeldarstellung Rn 213), soweit damit auf die in Jahrzehnten verfestigten Rechtsprechungsgrundsätze Bezug genommen wird.

c) **Natur des Vertrags als Quelle wesentlicher Rechte und Pflichten**
Stärker noch als bei den „Grundgedanken der gesetzlichen Regelung" gemäß Nr 1 **202**
handelt es sich bei den nach Nr 2 maßgeblichen „Rechten oder Pflichten aus der
Natur des Vertrages" um eine hermeneutisch verknüpfte, praktisch kaum trennbare
Fragestellung. Dennoch ist die Vorstellung von einer die einzelnen Rechte und
Pflichten übersteigenden Vertragsnatur hilfreich, um zu einem Leitbild und Maßstab
gelangen zu können, an dem die vertraglichen Vereinbarungen gemessen werden
können.

aa) **Natur des Vertrages**
Der „Vertrag" wird konstituiert durch die vereinbarten Regelungen, wozu auch die **203**
zu prüfende Klausel gehört. Schon hieraus wird deutlich, daß die „Natur" des Vertrages von den konkret vereinbarten Regelungen abstrahieren und auf ein Austausch- und Gerechtigkeitsmodell referieren muß, das die Parteien zwar mit ihren konkreten Vereinbarungen berufen haben, aber nicht beherrschen (etwas anders OECHSLER 320: Aufteilung des Vertrags in Hauptleistungs- und Nebenpflichten; erstere geben die Vertragsnatur und demgemäß den Maßstab für die Kontrolle der übrigen Vertragsbestimmungen vor: „Natur" als naturalia negotii). Verfehlt wäre es jedoch, die Gesetzesformulierung als Verweis auf überpositive, naturrechtliche Gerechtigkeitsmaßstäbe zu verstehen (dagegen vor allem OECHSLER 316 f und passim mit weiteren Nachweisen); das für Nr 2 maßgebliche Leitbild ist vielmehr **aus der vertraglichen Ordnung selbst zu entwickeln** (BECKER 175 ff; SCHLOSSER/GRABA Rn 130; vHOYNINGEN-HUENE Rn 283; SOERGEL/STEIN Rn 42). Dabei müssen jedoch, will man zirkuläres Denken vermeiden, die privatautonom gesetzten Daten mit den übergreifend geltenden Grundsätzen und Wertungen des objektiven Rechts angereichert und in einer Zusammenschau zu einem normativen, keineswegs mehr rein vertragsimmanenten Gerechtigkeitsmodell vereinigt werden (so vor allem FASTRICH 282, 287 f, gegen LIEB DB 1988, 946, 953, der die Kontrolle auf vertragsimmanente Stimmigkeit beschränken will; anders als hier wohl auch OECHSLER 320 [„trägt jede vorformulierte Parteivereinbarung ihren Maßstab in sich ..."]). Im Rahmen der Leitbilderarbeitung gemäß Abs 2 Nr 2 ist es zwar nicht unmittelbar Aufgabe der Rechtsprechung, positive Ordnungsentwürfe für atypische Verträge aufzustellen; die Inhaltskontrolle zielt nur auf Ausgrenzung „jedenfalls" unangemessener Gestaltungen (anschaulich FASTRICH 287: Die Rechtsprechung „tastet sich anhand allgemeiner Grundsätze und Wertungen gleichsam von außen her über die Falsifikation einzelner Vertragsklauseln an das Leitbild des jeweiligen Vertragstyps hin, dessen positiver Inhalt sich bisweilen erst am Ende einer Rechtsprechungsreihe aus der Negativform entwickeln läßt". Siehe auch BECKER 173, 176 ff, 184 f, 208). Dennoch kommt auch diese eingeschränkte Fragestellung nicht ohne ein positives Vergleichsbild aus; für eine etwa notwendige Lückenfüllung gemäß § 6 Abs 2 braucht man es ohnehin. Nur bedarf es eben nicht der isolierten, umfassenden Etablierung einer „Vertragsnatur"; diese ist nur als Quelle und Begründung für eine Vergleichsregelung von Interesse, die der konkreten Klausel gegenübergestellt wird.

Bezugspunkt der Leitbildkonkretisierung ist nicht der Einzelvertrag, sondern der durch **204**
die Vereinbarungen bezeichnete **Vertragstyp** – auch wenn es sich um ganz neuartige Gestaltungen handeln sollte. Dies folgt aus der abstrakten Konzeption von AGB und dem dementsprechend generalisierend-typisierenden Prüfungsansatz (oben Rn 80), aber auch aus dem Begriff der „Natur des Vertrages", der auf ein über dem Einzelvertrag stehendes Austauschmodell verweist. Deshalb gilt auch für Einmalklauseln bei Verbraucherverträgen (§ 24 a Nr 2) letztlich nichts anderes: Der Vertrag

muß als Erscheinungsform eines Vertragstyps begriffen werden, damit ein normatives Leitbild gewonnen werden kann.

205 **Kriterien der Konkretisierung** können zum einen vorfindbare, verfestigte Vorstellungen zur Vertragsnatur sein – entweder rechtlicher oder tatsächlicher Art. Von *Rechtsprechung und Rechtswissenschaft* schon erarbeitete Leitbilder können ab einer gewissen Konsolidierung einer Klauselkontrolle gemäß Abs 2 Nr 1 zugrunde gelegt werden (Rn 201); vor ihrer Verfestigung zum Richterrecht können sie immerhin legitime Orientierungspunkte bei der verantwortlichen Leitbilderarbeitung nach Abs 2 Nr 2 sein. *Übliche Klauselpraxis* kann nicht den Maßstab rechtlicher Kontrolle abgeben (oben Rn 201), aber als ein Gesichtspunkt unter anderen eine Rolle spielen (vgl Rn 109), vor allem hinsichtlich des *Erwartungshorizonts der beteiligten Verkehrskreise*. Als (empirisch nachzuweisendes) Faktum besagen die Kundenerwartungen allerdings auch nicht mehr als die bloße Klauselüblichkeit; wird statt dessen – wie allgemein vertreten – auf die nach Treu und Glauben berechtigten Erwartungen des Durchschnittskunden abgestellt (vHoyningen-Huene Rn 284; Palandt/Heinrichs Rn 26; Soergel/Stein Rn 42; Becker 177; Oechsler 321, 327, 338), handelt es sich in Wahrheit um eine Hilfsvorstellung für die rechtspolitisch-verantwortliche Leitbilderarbeitung durch den Rechtsanwender (Rn 206).

206 Mangels vorfindbarer Anhaltspunkte für die Vertragsnatur und die aus ihr folgende Rechte- und Pflichtenverteilung oder in Ergänzung zu ihnen sind **vertragstypenspezifische Gerechtigkeitserwartungen** als Leitbild zu entwickeln. Hierbei kommt es auf die Art des Vertrages an (Dauerschuldverhältnis, Personenbezug, Risikogeschäft oä), auf nach Treu und Glauben berechtigte Kundenerwartungen (Rn 205), auf die typischerweise beteiligten Verkehrskreise (Geschäfts- oder Privatverkehr, Verbraucherverträge), aber auch – auf normativer Ebene – auf rechtliche Regelungs- und Wertungsmuster aus anderen Zusammenhängen, die für die Klauselthematik dennoch fruchtbar gemacht werden könnten (zB in Anlehnung an ähnliche Verträge [Becker 178]; Übernahme öffentlich-rechtlicher Grundsätze, etwa aus dem Datenschutz [Becker 179], aus dem Wasserschutz [BGH NJW 1971, 1036, 1037 f betreffend Überwachung der Heizölabfüllung] oder der öffentlich-rechtlichen Leistungsverwaltung [BGHZ 93, 358, 362 f, Äquivalenzprinzip]). Zu fragen ist nach der (dispositiven) Regelung, die der Gesetzgeber unter Beachtung all dieser Umstände aufgestellt hätte (hypothetische gesetzliche Regelung) (Schlosser/Graba Rn 31; Becker 176; Gilles NJW 1983, 2819, 2820). Unschädlich ist auch die Hilfsvorstellung des „hypothetischen Parteiwillens" (ergänzende Vertragsauslegung), solange klar bleibt, daß es sich dabei um objektive Normbildung durch den Rechtsanwender und nicht um eine „Auslegung" der Parteivereinbarungen handelt (Fastrich 288 mwN; deutlich auch Becker 177). Zu einzelnen Anwendungsbeispielen aus der Rechtspraxis siehe Rn 213.

bb) Wesentliche Rechte oder Pflichten

207 Gemeint sind – wie sich aus dem Erfordernis der „Einschränkung" ergibt (Rn 211) – Rechte des Vertragspartners oder Pflichten des Verwenders. Das Merkmal der „Wesentlichkeit" ist hier, anders als bei den „wesentlichen Grundgedanken" der Nr 1 (Rn 188), sinnvoll, um ein gewisses Gewicht der Kundenbenachteiligung zu betonen (zur Generalklausel des Abs 1 siehe Rn 71). Allerdings wird sich ein Bezug zur „Natur des Vertrags" regelmäßig ohnehin nur bei wesentlichen Rechten oder Pflichten herstellen lassen.

Die üblichen Definitionen „wesentlicher Rechte oder Pflichten" sind zumeist tautologisch und helfen dem Rechtsanwender kaum weiter. So soll es darauf ankommen, ob die Rechte oder Pflichten „für den jeweiligen Vertragstyp nach der Verkehrssitte als grundlegend und prägend erachtet werden" (SCHLOSSER/GRABA Rn 32; zustimmend vHOYNINGEN-HUENE Rn 287; ähnlich SOERGEL/STEIN Rn 43) oder ob die Parteien selbst sie als wesentlich angesehen haben bzw sie „zum Schutz der zur Vertragsnatur gehörenden Interessen erforderlich sind" (WOLF Rn 85; ähnlich SOERGEL/STEIN Rn 43) oder ob sie „zur Erfüllung eines angemessenen Interessenausgleichs billigerweise in einem Vertrag der konkreten Art aufzunehmen sind" (SOERGEL/STEIN Rn 43). Statt Definitionen muß man sich mit heuristischen Hilfsformeln begnügen, insbesondere den **zentralen Leistungs- und Schutzerwartungen**, die der Vertragspartner aufgrund des Vertrages hegen darf (begrenzt auf Leistungserwartungen SCHLOSSER WM 1978, 562; zustimmend ERMAN/HEFERMEHL Rn 28; vgl auch OECHSLER 320). Dabei spielt das (auch im § 4 zum Ausdruck kommende) Verbot widersprüchlichen Verhaltens eine Rolle. Man darf nicht durch vorformulierte Klauseln nehmen, was man (mehr oder weniger) ausdrücklich versprochen hat (deutlich BGH BB 1984, 1449, 1450 f; NJW-RR 1986, 271, 272). Zum AGB-festen Kern der vertraglichen Abrede gehören tendenziell des weiteren die **grundsätzliche Lasten- und Risikoverteilung** und die **Verwirklichung des zentralen Vertragsinteresses des Vertragspartners** (vgl BGH NJW 1982, 1694, 1695; 1985, 1165 f; SCHLOSSER/GRABA Rn 32). Auch das **Schutzinteresse** erlangt vertragswesentliches Gewicht, wenn die Vertragserfüllung durch den Verwender Gefährdungen der Person oder des Vermögens des Vertragspartners mit sich bringt: Es folgt aus der „Natur des Vertrags", daß dem Verwender insoweit Sorgfalts- und Schutzpflichten obliegen, deren Erfüllung ebenfalls (unter Umständen mehr noch als die Leistung selbst) zu den zentralen und berechtigten Erwartungen des Vertragspartners gehört (zu abweichenden Auffassungen und zu den „Kardinalpflichten" näher noch Rn 209 f).

Die Grenze zwischen wesentlichen und unwesentlichen Rechten bzw Pflichten ist **208** nicht identisch mit der Unterscheidung von **Haupt- und Nebenpflichten** des Vertrags. Im *Leistungsbereich* werden allerdings die Hauptleistungspflichten praktisch immer zum AGB-festen Kern im Sinne von Abs 2 Nr 2 gehören (allg M, vgl OLG Saarbrücken NJW-RR 1995, 117, 118; vHOYNINGEN-HUENE Rn 288; PALANDT/HEINRICHS Rn 27; SOERGEL/STEIN Rn 43; WOLF Rn 88). Nebenleistungspflichten sind in ihrem Gewicht für das Vertragsinteresse des Kunden hingegen sorgfältig zu überprüfen, können aber nicht generell aus Abs 2 Nr 2 ausgeblendet werden (so aber wohl OECHSLER 320). Ihre „Wesentlichkeit" wird vor allem dann zu bejahen sein, wenn sie engen Bezug zur Hauptleistung haben, etwa als deren notwendige Voraussetzung oder Ergänzung. **Beispiele** aus der Praxis: ordnungsgemäße Abrechnung bei einem „Tanktschecksystem" (BGH BB 1984, 1449, 1450) oder Buchung von Einzahlungen bei der Bausparkasse (BGH NJW 1991, 2559, 2563); Zur-Verfügung-Stellung der für die Vertragsausführung erforderlichen Unterlagen oder Materialien (OLG Karlsruhe BB 1983, 725, 726 [Bauvertrag]) oder Informationen (BGH NJW 1985, 1165, 1166 [Reisevertrag: „Grundvoraussetzung für das Gelingen der Reise"]; OLG Frankfurt aM ZIP 1984, 976 f [Auskunftei]), auch soweit diese nicht dem Vertragspartner, sondern den eigenen Erfüllungsgehilfen zu erteilen sind (BGH NJW 1973, 2154 [Speditionsvertrag]); schnellstmögliche Vorlagepflicht der Bank beim Scheckinkasso (BGH NJW-RR 1988, 559, 560) oder pünktliche Belieferung des Vertragshändlers durch den Kfz-Hersteller (BGH NJW 1994, 1060, 1063); ermessensunabhängige Freigabepflicht des fiduziarischen Sicherungsnehmers bei dauerhafter Überschreitung der Deckungsgrenze (BGH NJW 1998, 671, 673, 675).

Im **Schutzbereich** kommt es hingegen auf die Unterscheidung von Haupt- und Nebenpflichten nicht an, sondern auf das Gewicht des vom Vertrag „naturgemäß" mitumfaßten Integritätsinteresses des Vertragspartners. Maßgeblich ist demgemäß die Höhe des Schadenspotentials (BGH BB 1984, 1449, 1450; NJW-RR 1986, 271, 272; OLG Köln NJW-RR 1994, 25; OLG München NJW-RR 1994, 742 f) oder des Risikos für den Vertragspartner (BGH ZIP 1995, 1244, 1249 [Bürgschaft]), seine höchstpersönliche Betroffenheit (BGH ZIP 1996, 1470, 1472 [Taschenkontrolle im Supermarkt]) oder die Wahrscheinlichkeit einer Integritätsverletzung, die zu erhöhten Schutzvorkehrungen nötigen (BGH NJW-RR 1986, 271, 272 [Klimaanlage für gegen Feuchtigkeit hochempfindlichen Computerraum]; BGHZ 89, 363, 367 [Kaltlagerung von Tiefkühlgut]; BGH BB 1984, 939, 940 [pflegliche Behandlung von Textilien]).

cc) Insbesondere: „Kardinalpflichten"

209 Nach den Gesetzesmaterialien sollte Abs 2 Nr 2 auch an eine Rechtsprechung des BGH anknüpfen, wonach eine Freizeichnung von sogenannten „Kardinalpflichten" oder von der Haftung für ihre Verletzung ausgeschlossen sei (BT-Drucks 360/75, 23; zuerst BGH NJW 1956, 1065; für die weitere Rechtsprechung und Darstellung der Diskussion siehe BECKER 140 ff, 151; STAUDINGER/SCHLOSSER[12] Rn 15). Demgemäß wurde der Kardinalpflichtgedanke dem Begriff der „wesentlichen Rechte oder Pflichten" des Abs 2 Nr 2 integriert; gestützt auf das dieser Vorschrift immanente **Aushöhlungsverbot** wurden Pflicht- oder Haftungsfreizeichnungen auch für leichte Fahrlässigkeit immer dann verboten, wenn das Gericht meinte, eine „Kardinalpflicht" bejahen zu können (BGHZ 71, 226, 228 [fachgerechte Verlegung einer Wasserleitung]; BGH NJW 1984, 1350 f [Kaltlagerung von Lebensmitteln]; NJW 1985, 1165 f [Informationspflicht des Auslandsreiseveranstalters]; NJW 1985, 3016, 3018 [Sorgfaltspflichten bei Textilveredelung]; NJW 1985, 914, 916 [Abrechnungspflicht bei Tankschecksystem]; NJW-RR 1986, 271, 272 [Klimaanlage für EDV-Raum]; NJW-RR 1988, 559 [Pflicht zur unverzüglichen Vorlage bei Scheckinkasso]; NJW 1993, 335 [Sorgfaltspflichten eines Forschungslabors]; NJW-RR 1993, 560 [Planungsleistung des Werkunternehmers]; NJW 1994, 1060, 1063 [pünktliche Belieferung des Vertragshändlers]; vgl weiter OLG Köln NJW-RR 94, 25; OLG München NJW-RR 94, 742 f; OLG Saarbrücken NJW-RR 1995, 117, 118). Die schnelle Bereitschaft der Praxis zu dieser Bejahung und die damit verbundene Verdrängung derjenigen Vorschriften, die einen differenzierten Ansatz bei Haftungsfreizeichnungen verfolgen (§ 11 Nr 7, 8; § 276 BGB), haben zu verbreiteter **Kritik** am Konzept der „Kardinalpflichten" und zu verschiedenen abweichenden Lösungsvorschlägen geführt. So wird zum Teil versucht, den diffusen, aber Trennschärfe vortäuschenden Begriff der Kardinalpflichten zu konkretisieren und zu verengen, etwa auf die Verletzung von Organisationspflichten (ROUSSOS, Freizeichnung, insbesondere 90 ff, 102 ff; ders JZ 1988, 997 ff; vWESTPHALEN WM 1983, 974, 979; kritisch dazu BECKER 146 ff) oder auf Freizeichnung von der Pflicht selbst (Pflichtausschlußklauseln), deren Haftungsfreizeichnung bei Pflichtverletzung ausschließlich nach § 11 Nr 7 oder § 276 BGB in Verbindung mit § 9 Abs 2 Nr 1 zu beurteilen sei (BECKER 153 ff; ähnlich schon SCHLOSSER, in: 10 Jahre AGBG 121 ff; ders WM 1978, 562 ff; LUTZ 141; kritisch LIESE 137 Fn 75). Weitergehend wird der Begriff der „Kardinalpflichten" für gänzlich überflüssig gehalten, teils weil er – auf der Basis der vorstehenden Auffassung – dasselbe besage wie das Gesetz mit „wesentlichen Pflichten" (so vor allem SCHLOSSER aaO), teils weil solche Pflichten stets individuell vereinbart und deshalb schon gemäß § 4 AGB-fest seien (SCHMIDT-SALZER E 20 ff; kritisch dazu BECKER 149 f; differenziert BUNTE/HEINRICHS 29 f, 129 f; vgl WOLF Rn 96, 97). Vielleicht unter dem Eindruck dieser Kritik ist **von „Kardinalpflichten" in der neueren Rechtsprechung kaum noch die**

Rede, auch wenn der Sache nach am Aushöhlungsverbot in Abs 2 Nr 2 festgehalten wird (vgl Rn 197); auch ist eine größere Zurückhaltung bei der Einstufung von Nebenpflichten als „wesentlich" zu beobachten (ablehnend zB BGH NJW 1990, 255 [Dokumentenprüfung durch die Bank]; NJW 1990, 764 [Obhutspflicht des Krankenhauses bezüglich eingebrachter Sachen]; BGHZ 103, 316, 322 [Hamburger Werftbedingungen]; zur Kritik an der Kardinalpflichtlehre siehe auch HEINRICHS, in: HADDING/HOPT 101, 114; KOLLER ZIP 1986, 1089; KÖTZ NJW 1984, 2447; LUTZ 140 ff).

Stellungnahme: Aus gesetzesgeschichtlichen wie sprachlichen Gründen ist offensichtlich, daß die Formulierungen in Abs 2 Nr 2 („wesentliche Rechte oder Pflichten", „Vertragszweckgefährdung") genau das bezeichnen sollen, was die Rechtsprechung vor dem AGBG mit dem Aushöhlungsverbot bei Kardinalpflichten ausdrücken wollte – für ein Konzept der „Kardinalpflichtverletzung" *neben* dem Tatbestand des Abs 2 Nr 2 ist deshalb kein Raum. Selbst als sprachliche Kurzform für die „wesentlichen Pflichten aus der Natur des Vertrages" eignen sich die Kardinalpflichten nicht, weil dieser Begriff – wie die Diskussion zeigt – Mißverständnisse fördert und vom gesetzlichen Tatbestand ablenkt.

Damit entfallen aber Grund und Legitimation, den Tatbestand des Abs 2 Nr 2, das heißt die „wesentlichen Pflichten" und das Aushöhlungsverbot so einzuengen, wie es in der Literatur vorgeschlagen wird. Dies gilt auch für die Unterscheidung zwischen unmittelbarem Pflichtausschluß und „bloßer Haftungsfreizeichnung": Wird eine Pflicht übernommen, ihre Verletzung aber sanktionslos gestellt, läuft dies praktisch auf eine wesentliche, oft vertragszweckgefährdende Einschränkung im Sinne von Abs 2 Nr 2 hinaus. Auch kann man Haftungsbeschränkungen nicht stets und befriedigend über Abs 2 Nr 1 lösen: § 11 Nr 7 gibt für leichte Fahrlässigkeit kein Leitbild her, und auch § 276 BGB ist insoweit kein Grundgedanke zu entnehmen (insbesondere sind „wesentliche Pflicht" und Verschuldensgrad inkommensurable Größen, anders SCHLOSSER WM 1978, 562 ff; kritisch dagegen WOLF Rn 87; LUTZ 141). Der demnach grundsätzlich gebotenen offenen Interessenabwägung nach Abs 1 stellt Abs 2 Nr 2 jedoch die verbindliche Teilkonkretisierung voran, daß die klauselmäßige Aushöhlung gerechtfertigter, zentraler Leistungs- und Schutzerwartungen des Vertragspartners *stets* unangemessen ist, und sei es in der Form der Haftungsfreizeichnung für leichte Fahrlässigkeit auch von Erfüllungsgehilfen. Insoweit ist Abs 2 Nr 2 lex specialis gegenüber § 11 Nr 7 oder § 276 BGB – aber auch nur insoweit: Der richtige Ansatz zur Abgrenzung beider Systeme liegt in der sachgerechten, das heißt **normzweckorientiert restriktiven Interpretation** der „wesentlichen Pflichten" und der „Vertragszweckgefährdung". Für eine breitflächige Aushebelung des differenzierten Freizeichnungssystems, wie es in § 11 Nr 7 und § 276 BGB angelegt und gemäß Abs 1 rechtsfortbildend zu vollenden ist, ist Abs 2 Nr 2 in der Tat nicht gedacht.

d) Einschränkung

Die von Abs 2 Nr 2 geforderte Einschränkung der vertragswesentlichen Rechte oder Pflichten ergibt sich – wie die „Abweichung" gemäß Nr 1 (Rn 179) – aus einem **Vergleich der Rechtslage** ohne und mit Klausel. Vom Schutzzweck her kommen nur Beeinträchtigungen der Rechtsstellung des Vertragspartners in Betracht, solche des Verwenders sind irrelevant (sie könnten allerdings als Kompensation für Nachteile des Vertragspartners berücksichtigt werden). Verbesserungen der Rechtsstellung des Verwenders werden regelmäßig als Kehrseite den Vertragspartner benachteiligen, insoweit sind auch sie eine „Einschränkung" (vHoyningen-Huene Rn 292; Wolf Rn 91). Sachlich ist der Begriff der Einschränkung im weitesten Sinne zu verstehen. Er bezieht sich auch auf Nebenpflichten, sofern diese als wesentlich eingestuft worden sind (zB die Informationspflicht des Auslandsreiseveranstalters über die Einreisebedingungen ins Zielland, BGH NJW 1985, 1165 f [dort allerdings sogar als Hauptpflicht bezeichnet]). Die Einschränkung kann auch daran liegen, daß eine Beweislastregelung bezüglich der Voraussetzungen einer Leistungspflicht des Verwenders dem belasteten Vertragspartner in „vorprogrammierte Beweisnot" bringt und damit die Anspruchsdurchsetzung selbst oft vereitelt (OLG München I NJW 1983, 1685).

e) **Vertragszweckgefährdung**

212 Das Merkmal der Vertragszweckgefährdung ist keineswegs, wie gelegentlich vertreten wird (Staudinger/Schlosser[12]Rn 27; tendenziell ähnlich Becker 182 f) unergiebig und bedeutungslos. Entsprechend zur Unvereinbarkeitsprüfung in Nr 1 (Rn 189) liegt hier die abschließende und **entscheidende Wertungsstation** für den Rechtsanwender – gleichzeitig kommt in ihm der **Aushöhlungsgedanke** als eigenständiger Wertungsgesichtspunkt besonders deutlich zum Ausdruck (vgl auch Ulmer/Brandner Rn 145).

Der Begriff des Vertragszwecks steht in engem Zusammenhang mit der „Natur des Vertrags". Nur ist hier kein gemeinsamer Zweck der Vertragsparteien gemeint (der in der Regel auch gar nicht existiert), sondern – der Schutzrichtung des Gesetzes entsprechend – der „Vertragszweck" des Kunden im Sinne seiner **berechtigten, zentralen Leistungserwartung** (vgl Rn 207), die vom bloßen Motiv zum Inhalt der Parteivereinbarung erhoben worden ist (vgl vHoyningen-Huene Rn 294; Schlosser/Graba Rn 35). Sie können sich ohne weiteres aus der Natur des Vertrages ergeben (Beispiele siehe Rn 213), aber auch aus besonderen Zweckvereinbarungen, die die Parteien in Konkretisierung eines allgemeinen Vertragstyps getroffen haben (vgl BGH NJW-RR 1986, 271 ff: Werkvertrag über Installation einer Klimaanlage mit hochwertigen und hochempfindlichen Computern: Eine „normale" Anlage, die diesem besonderen Schutzzweck nicht gerecht wird, verfehlt den Vertragszweck).

Stimmt damit der „Vertragszweck" weitgehend mit den „wesentlichen Rechten oder Pflichten aus der Natur des Vertrags" überein, so liegt der eigenständige Akzent dieses Tatbestandsmerkmals auf der **Gefährdung**. Geringfügige Beeinträchtigungen scheiden demnach, der allgemeinen Konzeption des § 9 entsprechend (Rn 71), aus (vHoyningen-Huene Rn 295; Soergel/Stein Rn 44; Ulmer/Brandner Rn 145; speziell für den kaufmännischen Verkehr Munz 189 f). Nur gewichtige Einschränkungen oder die realistische Möglichkeit, daß der Vertragszweck nicht erreicht wird, höhlen das Leistungsversprechen des Verwenders aus und erfüllen damit den Gefährdungstatbestand (BGH v 19. 11. 1997 – Az IV ZR 348/96 –). Sichere Zweckvereitelung ist andererseits nicht erforderlich (vHoyningen-Huene Rn 295; Palandt/Heinrichs Rn 28; Schlosser/Graba Rn 36; Wolf Rn 92).

213* Wann diese Voraussetzung erfüllt ist, kann stets nur in Ansehung der Vertragsnatur, aller tatsächlichen Umstände und der Wirkungsweise der jeweiligen Klausel beurteilt werden. Im Rahmen der hier gebotenen, umfassenden **Interessenabwägung** können auch kompensatorische Aspekte berücksichtigt werden und zum Ergebnis

---

* S Fn bei Staudinger/Schlosser § 2 Rn 63.

führen, daß trotz der Einschränkung vertragswesentlicher Rechte des Vertragspartners die Erreichung des Vertragszwecks nicht gefährdet ist (vgl BGH NJW 1988, 1785 [Werftvertrag]; zur Kompensation im allgemeinen Rn 91 ff). In der Regel begründen die Gerichte die notwendige Vertragszweckgefährdung sorgfältig und plausibel. Einige **Beispiele**: Ein *finanzierter Abzahlungskauf* soll dem Kreditnehmer den Erwerb einer Kaufsache ermöglichen; dieser Zweck wird gefährdet durch eine Klausel, wonach mit dem Kredit vorrangig eine offene andere Kreditschuld getilgt werden solle, aber auch durch eine „Trennungsklausel", die dem Kreditnehmer alle Risiken der ordnungsgemäßen Durchführung des Kaufvertrags aufbürdet (BGH NJW 1986, 43, 44). In ähnlicher Weise wird der Erfüllungszweck einer Banküberweisung gefährdet, wenn die Bank den Betrag auch einem anderen Konto des Empfängers gutschreiben kann (BGH NJW 1986, 2428, 2429 [Fakultativklausel]). Bei der *Kaltlagerung von Lebensmitteln* steht und fällt der Vertragszweck mit der sorgfältigen Einlagerung und Kühlung durch den Kühlhausbetreiber; wird dessen Haftung für Pflichtverletzungen auf einen Bruchteil des Warenwertes beschränkt, ist damit die zentrale Leistungserwartung des Vertragspartners ausgehöhlt (BGH NJW 1984, 1350 f; ähnlich OLG München NJW-RR 1994, 742 f [Geldtransport]; OLG Köln NJW-RR 1994, 25 [Parkplatzbewachung]). Schließt der *Auslandsreiseveranstalter* seine Informationspflicht über die Einreisebedingungen ins Zielland aus, wird der ohne Paß oder Visum dort eintreffende Kunde zurückgeschickt, so daß schon der Pflichtausschluß den Vertragszweck gefährdet (BGH NJW 1985, 1165, 1166). Beim *Vertragshändlervertrag* steht die Markenbindung des Vertragshändlers in Korrelation zu einer allgemeinen Loyalitäts- und Förderungspflicht des Herstellers; behält dieser sich unbegrenzt das Recht zu Direktgeschäften vor, werden damit die Repräsentantenfunktion des Vertragshändlers vor Ort und seine Marktchancen so wesentlich beeinträchtigt, daß der Vertragszweck gefährdet erscheint (BGH NJW 1994, 1060, 1061; großzügiger BGH BB 1985, 218, 223 bezüglich des Rechts des Herstellers, weitere Vertragshändler einzusetzen; gegen Abs 2 Nr 1 soll nach dieser Entscheidung jedoch der Ausschluß des § 89 b HGB verstoßen [225]). Zur Natur der *Bürgenverpflichtung* gehört ihre Begrenzung auf den vom Bürgen bestimmten Sicherungsanlaß; diese wesentliche Rechtsposition des Bürgen wird ausgehöhlt, wenn Hauptschuld und damit Bürgenverpflichtung ohne seine Zustimmung erhöht werden können (vgl auch § 767 Abs 1 S 3 BGB: Verbot der Fremddisposition, BGH ZIP 1995, 1244, 1249 [neben Abs 2 Nr 1 auch Nr 2]; BGH NJW 1998, 450, 451 mwN). Bei fiduziarischen Sicherheiten (Globalzession, Sicherungsübereignung) gehört zum wesentlichen Vertragszweck nicht nur das Sicherungsinteresse des Gläubigers, sondern auch die verbleibende wirtschaftliche Bewegungsfreiheit des Schuldners. Wird der Rechtsanspruch auf Sicherungsfreigabe bei dauerhafter Überschreitung der Deckungsgrenze durch einen bloßen Anspruch des Schuldners ersetzt, daß der Gläubiger das ihm eingeräumte Freigabeermessen fehlerfrei ausübe, so ist „in der Regel" der Zweck des Sicherungsvertrags gefährdet (BGH NJW 1998, 671, 673, 675 = JZ 1998, 456 ff [Anm ROTH]: Deckungsgrenze 110% des Kredits, Freigabeanspruch bei 150% des Schätzwertes der Sicherheiten). Angesichts dieser, aus den vorstehenden Entscheidungen erkennbaren Tendenz zur Interpretation des Abs 2 Nr 2 befremdet es auf den ersten Blick, wenn sich eine Bank von der Haftung für leicht fahrlässige Verletzung der Prüfungspflicht von Dokumenten freizeichnen könnte, sofern auf Vorlage dieser Dokumente erhebliche Summen auszuzahlen sind (so BGH NJW 1990, 255 f; kritisch ULMER/BRANDNER Rn 147 Fn 491). Bedenkt man jedoch, daß es sich um „bankfremde" Dokumente handelte (Kfz-Briefe und -Scheine, Torpässe), deren Prüfung erheblichen Zeitaufwand erfordert hätte, was wiederum nicht im Interesse beider Parteien lag, so bedeutete die teilweise Abwälzung des Fälschungsrisikos keine Aushöhlung der Sorgfaltspflichten der Bank und keine unangemessene Benachteiligung des Auftraggebers (zur gebotenen Zurückhaltung bei der Annahme vertragswesentlicher Pflichten im Sinne Abs 2 Nr 2 bei Haftungsbeschränkungen siehe Rn 210).

V. Einzelne Klausel- und Vertragstypen

1. Abtretungsverbote*

a) Generelle Erwägungen

250 aa) Ein nach § 399 Alt 2 BGB zulässiges generelles Abtretungsverbot läßt eine Forderung von vornherein als **unveräußerliches Recht** entstehen, so daß eine dennoch durchgeführte Abtretung nach hM gegenüber jedermann unwirksam ist (BGH NJW-RR 1991, 763, 764; NJW 1990, 109, 110; BGHZ 40, 156, 160; ULMER/BRANDNER Anh §§ 9–11 Rn 1 mwN; BÜLOW NJW 1993, 901, 902; HUBER NJW 1968, 1905; aA WAGNER NJW 1987, 928, 932; DENCK JuS 1981, 9, 12; CANARIS, in: FS Serick [1992] 9, 32; ders, Bankvertragsrecht^2 Rn 1705; vgl wN bei HADDING/VAN LOOK 13, Fn 114); das gilt insbesondere auch für ein beschränktes Abtretungsverbot, das die Wirksamkeit der Abtretung zB von der Zustimmung des Schuldners (BGH NJW 1997, 3434, 3435; NJW 1990, 1601, 1602; 1990, 109, 110; 1988, 1210, 1211; BGHZ 40, 156, 160; vWESTPHALEN Rn 1) oder der Anzeige beim Schuldner (BGH NJW-RR 1992, 790 f; NJW 1991, 559) abhängig macht (krit WAGNER JZ 1998, 259). Zu beachten ist, daß trotz eines wirksamen Abtretungsverbotes in AGB eine Abtretung nach § 354 a **HGB** wirksam sein kann (dazu siehe unten Rn 282).

251 bb) Formularmäßige Abtretungsausschlüsse sind gem § 8 der **Inhaltskontrolle nach § 9** zu unterwerfen, da § 399 Alt 2 BGB sie nur zuläßt, nicht aber anordnet, und ein Abtretungsverbot damit von § 399 BGB abweicht (vgl § 8 Rn 37 ff und oben Rn 187; OLG Hamm BB 1979, 1425, 1426; WOLF Rn A 12; HADDING/VAN LOOK 8 mwN; WAGNER, Abtretungsverbote 486).

---

* **Schrifttum:** BAUKELMANN, Der Ausschluß der Abtretbarkeit von Geldforderungen in AGB – Fragen zu § 354 a HGB, in: FS Brandner (1996) 185; BLAUROCK, Die Factoring-Zession, ZHR 142 (1978) 325; BURGER, Probleme der Vereinbarung eines Abtretungsverbots beim Wareneinkauf, NJW 1982, 80; ECKERT, Teilweise Unwirksamkeit von Abtretungsverboten: der neue § 354 a HGB, DStR 1995, 851; GRUB, Der neue § 354 a HGB, ZIP 1994, 1649; HADDING/van LOOK, Vertraglicher Abtretungsausschluß – Überlegungen de lege lata und de lege ferenda, WM 1988 Beil 7; HENSELER, Die Neuregelung des Abtretungsverbots, BB 1995, 5; HÜBNER, Kollision von verlängertem Eigentumsvorbehalt (Vorausabtretung) mit formularmäßigem Abtretungsverbot des Zweiterwerbers und guter Glaube bei Handelsgeschäften, ZIP 1980, 741; KLAMROTH, Abtretungsverbote in Allgemeinen Geschäftsbedingungen, BB 1984, 1842; LÜKE, Das rechtsgeschäftliche Abtretungsverbot, JuS 1992, 114; LUKOSCH, Ansprüche der Bank aus verlängerter Sicherungsübereignung im Konkurs ihres Kreditnehmers trotz Abtretungsverbots, ZIP 1985, 84; MATTHIES, Abtretungsverbot und verlängerter Eigentumsvorbehalt, WM 1981, 1042; OEFNER, Abtretungsverbote in Allgemeinen Geschäftsbedingungen (1987); SCHMITT, Abtretungsverbot und Factoring, DB 1980, 244; WAGNER, Materiellrechtliche und prozessuale Probleme des § 354 a HGB, WM 1996 Beil 1; ders, Vertragliche Abtretungsverbote im System zivilrechtlicher Verfügungsfreiheit (1994); ders, Zur Kollision von verlängertem Eigentumsvorbehalt und eingeschränktem Abtretungsverbot, JZ 1988, 698; vWESTPHALEN, Einkaufsbedingungen und AGB-Gesetz, ZIP 1984, 529.

cc) Sie sind nicht grundsätzlich nach § 9 Abs 2 Nr 1 unwirksam, da die Verfügungs- **252** freiheit bezüglich der Forderung zwar in den §§ 398, 137 Satz 1 BGB geschützt wird, jedoch nicht als wesentlicher Grundgedanke der §§ 398 ff BGB bzw des Werk- oder Kaufvertragsrechts (vgl BGH NJW 1981, 117, 118 für eine Warenforderung) anzusehen ist; weil § 399 Alt 2 BGB den Abtretungsausschluß ausdrücklich zuläßt, ist nur ein Regel-Ausnahme-Verhältnis, jedoch kein eindeutiges gesetzliches Leitbild gegeben (vgl § 8 Rn 38; HADDING/VAN LOOK 9; BECKER 116 f; BAUKELMANN 189; WAGNER 486; vWESTPHALEN ZIP 1984, 529, 535; aA OEFNER 209; BURGER 83; WOLF Rn A 14 mit der Folge einer Umkehr der Begründungslast, da entsprechend seiner Ansicht ein Abtretungsverbot entgegen § 9 Abs 2 Nr 1 nur aufgrund besonderer, überwiegender Verwenderinteressen als zulässig anzusehen ist, die über den in §§ 404 ff BGB gewährten Schuldnerschutz hinausgehen; zustimmend SUNDERMANN WM 1989, 1187, 1199; vgl allg oben Rn 168 ff). Entscheidend ist daher die Inhaltskontrolle nach § 9 Abs 1.

dd) Abtretungsverbote in AGB sind nach Auffassung des BGH gem § 9 Abs 1 **253** **grundsätzlich nicht zu beanstanden** (BGH NJW 1997, 3434, 3435; NJW-RR 1991, 763; NJW 1990, 1601, 1602; 1990, 109, 110; 1989, 2750; NJW-RR 1989, 1104; NJW 1988, 1210, 1211; 1981, 117, 118; 1980, 2245, 2246; 1990, 976, 977; BGHZ 56, 173, 175; 51, 113, 117 zu § 138 BGB; SCHMIDT-SALZER F 198, 171; vWESTPHALEN Rn 3; PALANDT/HEINRICHS Rn 51; STAUDINGER/KADUK § 399 BGB Rn 9; krit BURGER 83; KLAMROTH 1842 ff; MATTHIES 1043 f; HÜBNER 743; CANARIS, in: FS Serick [1992] 9, 35; differenzierend ULMER/BRANDNER Anh §§ 9–11 Rn 3; aA WOLF Rn A 14; OEFNER 209; HADDING/VAN LOOK 11; BLAUROCK 334; MünchKomm/KÖTZ Rn 51 für Geldforderungen), da sie an sich nicht zu einer unangemessenen Benachteiligung des Gläubigers führten und den berechtigten Verwenderinteressen an einer übersichtlichen Vertragsabwicklung und der Verhinderung einer im voraus nicht überschaubaren Gläubigerzahl dienten (BGH NJW 1997, 3434, 3435; NJW-RR 1991, 763; NJW 1990, 1601, 1602; 1989, 2750; BGHZ 56, 228, 234; 51, 113, 117 zu § 138 BGB; ERMAN/HEFERMEHL Rn 102; PALANDT/HEINRICHS Rn 51). Entgegen dieser Regelwertung können aber Besonderheiten des Sachverhalts doch die Unwirksamkeit gem § 9 Abs 1 begründen, etwa wenn **kein schützenswertes Interesse des Verwenders** gegeben ist oder die **berechtigten Belange des Gläubigers** an der freien Abtretbarkeit **überwiegen** (BGH NJW 1997, 3434, 3436; NJW-RR 1991, 763; NJW 1990, 1601, 1602; 1989, 2750, 2751; ULMER/BRANDNER Anh §§ 9–11 Rn 3; vWESTPHALEN Rn 3; SOERGEL/STEIN Rn 50).

Diese Ausgangsposition überzeugt nicht. Das vom BGH betonte Verwenderinteresse an „klarer und übersichtlicher Vertragsabwicklung" (zuletzt NJW 1997, 3434, 3435; näher sogleich Rn 254) gleicht dem generellen Rationalisierungsinteresse an der Verwendung von AGB; wie dieses (oben Rn 112) ist es nicht gewichtig genug, um spürbare Eingriffe in die Dispositions- und Wirtschaftsfreiheit des Gläubigers generell zu rechtfertigen. Dabei ist auch der durch § 354 a HGB veränderte gesetzliche Wertungshintergrund zu berücksichtigen, soweit diese Vorschrift nicht unmittelbar anwendbar ist (dazu unten Rn 282; vgl BAUKELMANN, in: FS Brandner [1996] 185 ff; 201 ff). Wie auch sonst beim klauselmäßigen Gebrauch gesetzlicher Gestaltungsmöglichkeiten (§ 8 Rn 38) erweist sich deshalb die offene, durch keine Regelwertung verkürzte Interessenabwägung gem § 9 Abs 1 als der richtige Ansatz zur Kontrolle von Abtretungsausschlüssen (vgl auch die oben nachgewiesene Kritik an der BGH-Rechtsprechung).

ee) Im Rahmen der **Interessenabwägung nach § 9 Abs 1** ist neben dem genannten **254** allgemeinen **Interesse des Verwenders** an der übersichtlichen Vertragsabwicklung, das bei Schuldnern mit *vielfachen Geschäftsbeziehungen* und zahlreichen Filialen besonders ausgeprägt ist (BGH NJW 1997, 3434, 3435; 1990, 1601, 1602; 1980, 2245, 2246), zu berücksichtigen, daß der Schuldner durch das Abtretungsverbot der Gefahr einer *doppelten Inanspruchnahme* für den Fall begegnen will, daß ihn § 407 nicht schützt; denn ihm wird die Kenntnis seiner Angestellten von der Abtretung zugerechnet, auch wenn er aufgrund einer umfangreichen Verwaltungsorganisation noch nicht sichergestellt hat, daß mit der Abwicklung betraute Angestellte keine Zahlung mehr an den ursprünglichen Gläubiger veranlassen (BGH NJW 1990, 1601, 1602; BAUKELMANN 189; SCHMITT 244; aA WOLF Rn A 26, der dies dem Organisationsrisiko des Schuldners zurechnet). Als relevante Schuldnerinteressen anzuerkennen sind jedoch weder die Erwartung erhöhter *Kulanz* und Rücksichtnahme vom ursprünglichen Gläubiger, da dies lediglich eine ungewisse Hoffnung darstellt (WOLF Rn A 14; HADDING/VAN LOOK 10; ULMER/ BRANDNER Anh §§ 9–11 Rn 3; aA STAUDINGER/SCHLOSSER[12] Rn 46; BAUKELMANN 189; vgl aber auch BGHZ 65, 364, 366, der ein solches Interesse in Betracht zieht, wenn aus bestimmten Gründen eine besondere Rücksichtnahme erwartet werden kann) noch *bloße Unbequemlichkeiten* bei der Forderungsverwaltung, zB durch Änderung der Gläubiger in der EDV, die gem § 242 BGB vom Schuldner zu tragen sind (HADDING/VAN LOOK 10; BLAUROCK 334, zu weitgehend OEFNER 209). Berücksichtigenswert ist aber die Befürchtung *prozessualer Nachteile* in einer gerichtlichen Beweisaufnahme, in der der vorherige Gläubiger als Zeuge auftreten kann, weil dies idR eine Verschlechterung der Beweislage bedeutet, selbst wenn das Gericht bei der Beweiswürdigung die Nähe des Zeugen zum Forderungsinhaber einbezieht (vWESTPHALEN Rn 20; BAUKELMANN 189 f; aA HADDING/VAN LOOK 10; vgl auch BGH NJW 1989, 2750, 2751). Die **Gläubigerinteressen** sind vor allem auf eine wirtschaftliche Verwertung der Forderung zur Erlangung von Warenkredit (insbesondere in Zusammenhang mit einem verlängerten Eigentumsvorbehalt) oder Geldkredit gerichtet (HADDING/VAN LOOK 10; ERMAN/HEFERMEHL Rn 102; BAUKELMANN 189; ULMER/BRANDNER Anh §§ 9–11 Rn 2; SCHMIDT-SALZER F 198).

Bei der Interessenabwägung ist es (zugunsten der Wirksamkeit der Klausel) auch zu berücksichtigen, wenn lediglich ein an Formerfordernisse geknüpftes Abtretungsverbot vorliegt; wenn den Gläubigerinteressen durch die Regelung einer Zustimmungsverpflichtung seitens des Schuldners Rechnung getragen wird (vgl ULMER/ BRANDNER Anh §§ 9–11 Rn 3; BLAUROCK 334) oder wenn die Abtretung (wie zB in den Fällen BGH NJW 1990, 109; NJW-RR 1989, 1104) zustimmungsfrei von festgelegten Voraussetzungen abhängig gemacht wird (vgl auch vWESTPHALEN Rn 2). Denn soweit schon ein generelles Abtretungsverbot grundsätzlich zulässig ist, gilt dies erst recht bei einem **abgeschwächten** Abtretungsausschluß (vgl BGH NJW 1991, 559, 560).

255 ff) Zu weitgehend wäre allerdings, ein generelles Abtretungsverbot mit der Begründung regelmäßig für unwirksam zu halten, daß die Interessen des Schuldners oft schon durch ein **eingeschränktes** Abtretungsverbot wie einen Zustimmungs- oder Anzeigevorbehalt gewahrt werden könnten (zur materiellrechtlichen Bedeutungslosigkeit des Zustimmungsvorbehalts BGH NJW 1997, 3434, 3435; 1990, 109, 110), und für eine wirksame Abtretung grundsätzlich die gleichzeitige Festlegung zumutbarer Bedingungen zu fordern, unter denen der Schuldner der Abtretung zustimmt – zB für den Fall, daß nach Anzeige der Abtretung der Zweitgläubiger den Schuldner bei irrtümlicher Zahlung von einer doppelten Inanspruchnahme freistellt – (so aber ULMER/BRANDNER Anh §§ 9–11 Rn 3; HADDING/VAN LOOK 11; BLAUROCK 334; vgl BAUKELMANN EWiR § 399 BGB 1/91 134; SCHMITT 245). Denn der Verwender erhält durch die Regelung zT nicht einmal das Äquivalent des vollen Schuldnerschutzes der §§ 404 ff BGB, wie zB den des § 406

BGB (Wolf Rn A 14). Daneben fehlt es einer solchen, wegen der Einschaltung von Schuldner und Zessionar schwerfälligeren Handhabung an Praktikabilität (Wolf Rn A 14; Sundermann WM 1989, 1197, 1199; vgl Wagner 487). Zudem würde der Gläubiger zur Offenlegung seiner Geschäftsbeziehungen zu den Vorlieferanten gezwungen, was für ihn nicht unerhebliche Nachteile mit sich bringen kann, da dies dem Schuldner einen Geschäftseinblick und uU auch wirtschaftliche Rückschlüsse ermöglicht (Sundermann WM 1989, 1187, 1199; vgl Burger 81, 83).

Richtig ist allerdings, daß diese Komplikationen nicht *stets* eintreten müssen. Sind sie **256** bei einer Vertragsgestaltung nicht zu befürchten und kann den Interessen des Verwenders schon durch *Beschränkungen* der Abtretungsfreiheit (zB Form- oder Anzeigeerfordernisse, vgl Rn 279) Rechnung getragen werden, so wäre ein völliges Abtretungsverbot in der Tat unverhältnismäßig und unangemessen (vgl oben Rn 115).

gg) Die Berufung auf ein nach § 9 Abs 1 wirksames Abtretungsverbot kann im **257** Einzelfall gem § **242 BGB** rechtsmißbräuchlich sein (BGH NJW 1985, 1537, 1539; Wolf Rn A 25; Wagner JZ 1998, 259; vgl BGH NJW 1988, 1210, 1212; zur Ausübungskontrolle grds oben Rn 39); wenn zB der Leasinggeber gegenüber dem Leasingnehmer verpflichtet ist, Leistungen einer Versicherung für die Reparatur des Leasingfahrzeugs zu verwenden, und der Leasingnehmer diesen Anspruch entgegen einem Abtretungsverbot an den Reparaturwerkunternehmer abgetreten hat, kann sich der Leasinggeber gegenüber dem Reparaturwerkunternehmer nicht auf das Abtretungsverbot berufen (BGH NJW 1985, 1537, 1539; Palandt/Heinrichs § 399 BGB Rn 9).

b)   Einkaufsbedingungen
Abtretungsausschlüsse in **Einkaufsbedingungen** stellen idR keine überraschenden **258** Klauseln iSd § **3** dar, da sie durchaus üblich sind (BGH NJW-RR 1991, 763; Wolf Rn A 13, E 87–100; Hadding/van Look 8); sie werden in großem Ausmaß und insbesondere von marktstarken Schuldnern sowie zT in ganzen Industriezweigen verwendet (Wagner, Abtretungsverbote 35 ff, Blaurock 330, Baukelmann 186). Die Rechtsprechung beanstandet sie aufgrund der berechtigten Verwenderinteressen an der übersichtlichen Gestaltung des Zahlungsverkehrs auch nach § **9** grundsätzlich nicht (BGH NJW-RR 1991, 763; NJW 1980, 2245, 2246 [offengelassen für den Warenverkehr nach AGBG]; BGHZ 56, 173, 175; 51, 113, 117 [zu § 138 BGB]; im Ergebnis ebenso BGH NJW 1997, 3434, 3435; vWestphalen ZIP 1984, 529, 536; Erman/Hefermehl Rn 102; **aA** insbes MünchKomm/Kötz Rn 51); das gilt auch für Abtretungsverbote in **Bauauftragsbedingungen** der öffentlichen Hand (BGH NJW 1990, 109, 110; NJW-RR 1989, 1104; NJW 1988, 1210, 1211; BGHZ 56, 173, 175 zu § 138 BGB; Erman/Hefermehl Rn 102).

aa)   Zusammentreffen mit einem verlängerten Eigentumsvorbehalt
Abtretungsverbote in den Einkaufsbedingungen eines Zweitkäufers sind nach hM **259** auch dann grundsätzlich gem § **9 Abs 1** wirksam, wenn der Erstkäufer (bzw Verarbeiter oder Bauunternehmer) die Waren unter verlängertem Eigentumsvorbehalt von seinem Lieferanten erworben hat und durch das Abtretungsverbot daran gehindert wird, die Vorausabtretung aus dem verlängerten Eigentumsvorbehalt zu erfüllen (BGH NJW 1988, 1210, 1211; in BGH NJW 1980, 2245, 2246 grundsätzlich offengelassen; BGH NJW 1990, 976, 977; BGHZ 51, 113, 117 ff zu § 138 BGB; Erman/Hefermehl Rn 102; auch Staudinger/Honsell [1995] § 455 Rn 59; vWestphalen ZIP 1984, 529, 535; vWestphalen Rn 10 f mit

der Einschränkung auf Fälle regelmäßiger Verwendung von Abnahmeverboten in Einkaufsbedingungen; krit: ULMER/BRANDNER Anh §§ 9–11 Rn 2 f; SOERGEL/MÜHL § 455 Rn 35 für Fallgruppenbildung; BURGER 82; HÜBNER 743; SUNDERMANN WM 1989, 1187, 1199; MATTHIES 1043 f; KLAMROTH 1842 f; aA WOLF Rn A 22; ders, in: FS Baur [1981] 158; HADDING/VAN LOOK 11 f; OEFNER 209; MünchKomm/KÖTZ Rn 51; MUMMENHOFF JZ 1979, 425, 428 f). Mit dem Abtretungsverbot entfällt allerdings regelmäßig die Ermächtigung zur Weiterveräußerung bzw zu Verarbeitung und Einbau (BGH NJW-RR 1991, 343 f; BGH NJW 1990, 976, 977; 1980, 2245, 2246; BGHZ 51, 113, 116; 40, 156, 162; 30, 176, 181 f; 27, 306, 309; ERMAN/HEFERMEHL Rn 102; vWESTPHALEN Rn 8), so daß der Zweitkäufer allenfalls über §§ 932 BGB, 366 HGB erwerben kann (vgl BGH NJW 1980, 2245, 2246); bei Branchenüblichkeit des Erwerbs unter verlängertem Eigentumsvorbehalt wird guter Glaube jedoch kaum anzunehmen sein (ULMER/BRANDNER Anh §§ 9–11 Rn 2) – häufig wird eine Erkundigungspflicht des Zweitkäufers bestehen (so BGH NJW 1980, 2245, 2247; HUBER NJW 1968, 1905, 1906 f; SOERGEL/MÜHL § 455 Rn 35; allerdings ist über das Bestehen einer Erkundigungspflicht jeweils im Einzelfall zu entscheiden [BGH NJW-RR 1991, 343, 344]; keine Erkundigungspflicht besteht im Geltungsbereich des § 354 a HGB [Henseler 8]), möglicherweise auch eine Schadensersatzpflicht nach §§ 823, 990 BGB (BGH NJW 1980, 2245, 2247; PALANDT/ HEINRICHS § 399 Rn 9). Anstatt diese „hausgemachten" Probleme des Verwenders/ Zweitkäufers kompensierend zugunsten der Wirksamkeit des Abtretungsverbotes ins Feld zu führen (vWESTPHALEN Rn 11; dagg WOLF Rn A 22), sollte die Rechtsprechung ihre Position – auch im Lichte des § 354 a HGB – überdenken. Dem generellen **Verwenderinteresse** an der übersichtlichen Vertragsabwicklung und der Vermeidung der Gefahr doppelter Inanspruchnahme stehen erhebliche Beschwernisse des Vorbehaltskäufers gegenüber: Wenn er nicht auf das Rechtsgeschäft verzichten will, muß er sich entweder bei dem Zweitkäufer um eine Zustimmung zur Abtretung bemühen oder dem Vorbehaltsverkäufer gegenüber die Unmöglichkeit der Abtretung der Weiterveräußerungsforderung offenlegen und dessen Verzicht einholen; zu einer Täuschung und einem Vertragsbruch gegenüber dem Vorbehaltsverkäufer ist er zwar nicht gezwungen (vgl BGHZ 51, 113, 118 zu § 138 BGB; vWESTPHALEN ZIP 1984, 529, 535; krit WOLF Rn A 22; SUNDERMANN WM 1989, 1187, 1199; MATTHIES 1043), wohl aber verleitet (zum Vergleich mit der parallelen Problematik bei der Sicherungs-Globalzession siehe BGHZ 51, 113, 117 f; KLAMROTH 1842 f, BURGER 82 f). Ein **überwiegendes Interesse des Vorbehaltskäufers** wird bei generalisierend-typisierender Betrachtungsweise deshalb wenigstens dann anzunehmen sein, wenn er ein erhebliches, besonderes Interesse an der Krediterlangung hat, zB branchentypisch auf die Vorfinanzierung angewiesen und ebenso generell mit einem Verzicht auf den verlängerten Eigentumsvorbehalt durch eine Vielzahl der Lieferanten nicht zu rechnen ist.

260 Aus den gleichen Gründen kann auch ein Abtretungsverbot bei Zusammentreffen mit einer **verlängerten Sicherungsübereignung** unwirksam sein (WOLF Rn A 22).

bb) Factoring und Sicherungsabtretung

261 Eine unangemessene Benachteiligung nach § 9 Abs 1 will der BGH für den Regelfall auch dann nicht bejahen, wenn der Kunde durch das Abtretungsverbot an der Verwertung der Forderung im Rahmen eines Factoringvertrages gehindert wird (BGH NJW-RR 1991, 763; aA vWESTPHALEN Rn 13, BLAUROCK 334, LUKOSCH 87 wenn der Zessionar den Schuldner im Fall irrtümlicher Zahlung an den Erstgläubiger von einer zweiten Inanspruchnahme freistellt; ähnl SCHMITT 245; sowie WOLF Rn A 23 ohne diese Einschränkung; für eine generelle Unwirksamkeit von Abtretungsverboten bei Zusammentreffen mit Sicherungszessionen MATTHIES

1046; MUMMENHOFF JZ 1979, 425, 427 ff). Das gleiche gilt für eine Sicherungsabtretung (BGH NJW 1997, 3434, 3435 f; **aA** insbes MünchKomm/KÖTZ Rn 51; vWESTPHALEN Rn 12). Diese Position ist konsequent, läßt aber die Vernachlässigung der Kundeninteressen besonders deutlich hervortreten. Der BGH umgeht das Problem auch nicht durch eine **einschränkende Auslegung,** daß das Verbot die Abtretung im Rahmen eines echten Factoring nicht erfasse (BGH NJW 1991, 763, 764). In den meisten Fällen wird das Abtretungsverbot jetzt allerdings von § 354 a HGB entschärft.

c) Verkaufsbedingungen
Abtretungsausschlüsse in Verkaufsbedingungen sind nicht als überraschende Klauseln iSd § 3 anzusehen, da keine Abweichung vom gesetzlichen Leitbild des Kaufvertrages vorliegt (vgl BGH NJW 1981, 117, 118 [eine etwa anzunehmende Abweichung sei jedenfalls nicht bedeutsam] und OLG Hamm BB 1979, 1425, 1426) und da sie üblich sind (BGH NJW 1981, 117, 118; OLG Hamm BB 1979, 1425, 1426; HADDING/VAN LOOK 8; im Ergebnis a STAUDINGER/PETERS [1994] Anh III zu § 635 Rn 9 [für Gewährleistungsansprüche]). **262**

aa) Ein auf **Sachleistungsforderungen** bezogenes Abtretungsverbot verstößt nicht gegen wesentliche Grundgedanken der gesetzlichen Regelung des Kaufvertrages iSd § 9 Abs 2 Nr 1, da Erfüllungsansprüche nur ausnahmsweise abgetreten werden (BGH NJW 1981, 117, 118; abl WOLF Rn A 13). Es ist auch grundsätzlich nicht nach § 9 Abs 1 unwirksam; dies gilt jedenfalls für den Neuwagenverkauf (BGH NJW 1982, 178, 180; 1981, 117, 118, m krit Anm vWESTPHALEN ZIP 1980, 987; vgl auch OLG Köln NJW-RR 1993, 824, 825; WOLF Rn A 18, N 9; vWESTPHALEN Rn 17 f; ERMAN/HEFERMEHL Rn 103; PALANDT/HEINRICHS § 399 BGB Rn 9; SOERGEL/STEIN Rn 96; MünchKomm/KÖTZ Rn 32). Beim Neuwagenverkauf stehen den berechtigten Verwenderinteressen an der reibungslosen Vertragsabwicklung idR keine typischen Interessen des Käufers entgegen, den Erfüllungsanspruch abzutreten, da die Wagen gerade zur eigenen Nutzung gekauft werden; nachträglich entstandene Käuferinteressen an der Abtretbarkeit sind zwar bei der Abwägung nach § 9 Abs 1 nicht einzubeziehen, können jedoch den Einwand unzulässiger Rechtsausübung nach § 242 BGB begründen (BGH NJW 1981, 117, 118 f; ULMER/BRANDNER Anh §§ 9–11 Rn 4; vgl oben Rn 39). Als berechtigte Verwenderinteressen sind darüberhinaus auch die Verhinderung von „grauen Märkten", also der Weiterveräußerung von Neuwagen zu höheren als den Lieferpreisen (OLG Köln NJW-RR 1993, 824, 825; OLG Hamm BB 1979, 1425, 1426; vgl BGH NJW 1982, 178, 179 f) sowie der Schutz bestehender Vertriebssysteme – auch im Zusammenhang mit dem Schutz des Rufes der Marke – anzuerkennen (OLG Köln NJW-RR 1993, 824, 825; OLG Hamm 1426; WOLF Rn A 18; vWESTPHALEN Rn 17 f; offengelassen in BGH NJW 1981, 117, 119). **263**

Ein Abtretungsverbot für **Gewährleistungsansprüche** ist ebenfalls nicht zu beanstanden (STAUDINGER/PETERS [1994] Anh III zu § 635 Rn 9 [für den Werkvertrag]).

Beim **Gebrauchtwagenkauf** gelten diese Gesichtspunkte jedoch nicht, so daß für ein Abtretungsverbot keine Rechtfertigung ersichtlich ist (WOLF Rn G 55: Verkäufer bei einem Barkauf hinreichend durch die §§ 404, 320 BGB geschützt). **264**

bb) Bei einem **Kredit- bzw Ratenkauf** (mit Eigentumsvorbehalt) vertraut der Verwender darauf, daß sein Kunde ordentlich mit der Kaufsache verfährt, und hat daher ein Interesse, an seinen ursprünglichen Vertragspartner, über dessen Verläßlichkeit er sich zumindest grundsätzlich ein Bild machen kann, zu leisten; wegen seines **265**

Sacherhaltungsinteresses ist daher ein Abtretungsausschluß hinsichtlich der Sachleistungsforderung nach § 9 Abs 1 grundsätzlich wirksam (WOLF Rn A 19, G 55; ULMER/ BRANDNER Anh §§ 9–11 Rn 4; ERMAN/HEFERMEHL Rn 103; aA OEFNER 165 f, der eine erhöhte Eigentumsgefährdung infolge einer Abtretung verneint).

266 cc) Formularmäßige Abtretungsverbote, die sich auf persönlich zu erbringende **Dienstleistungen** beziehen, sind idR wirksam, da der Verwender aufgrund einer **Vertrauensbeziehung** uU ein erhebliches Interesse daran hat, an seinen ursprünglichen Gläubiger zu leisten (vgl die auch in Rahmen des § 9 zu berücksichtigende Wertung des § 613 Satz 2 BGB; WOLF Rn A 17; SOERGEL/STEIN Rn 50; wohl enger vWESTPHALEN Rn 19 für den Fall, daß die Dienstleistung nach dem Individualvertrag höchstpersönliche Prägung aufweist, wobei dann aber zugleich § 399 Alt 1 BGB eingreife, vgl PALANDT/HEINRICHS § 399 Rn 6).

267 dd) Entgegen der BGH-Rechtsprechung, nach der eine dem Vorbehaltskäufer im Rahmen eines verlängerten Eigentumsvorbehalts erteilte Einziehungsermächtigung dahin auszulegen ist, daß sie einer Abtretung im Rahmen eines **echten Factoring** nicht entgegensteht (vgl BGHZ 72, 15, 20 ff; PALANDT/HEINRICHS § 399 BGB Rn 9), verbieten Klauseln („**Lieferantenabtretungsverbote**") in den AGB des Vorbehaltsverkäufers ausdrücklich diese Abtretung. Eine solche Klausel stellt kein Abtretungsverbot dar, da der Vorbehaltskäufer infolge der Abtretung aufgrund des verlängerten Eigentumsvorbehalts nicht mehr Gläubiger der Weiterverkaufsforderung ist; sie begrenzt lediglich die Auslegung der Einziehungsermächtigung (WOLF Rn A 29–40; aA offenbar vWESTPHALEN Rn 21). Dennoch stellt sie einen Verstoß gegen § 9 Abs 1 dar, da der Lieferant regelmäßig kein schützenswertes Interesse an diesem Verbot hat (vWESTPHALEN Rn 21; i Erg auch vLAMBSDORFF BB 1982, 336, 337), zumal durch das echte Factoring ein adäquater Gegenwert in das Vermögen des Vorbehaltskäufers gelangt; darüberhinaus liegt eine unangemessene Benachteiligung vor, soweit von dem Abtretungsverbot auch der Teil der Weiterveräußerungsforderung erfaßt wird, der dem Vorbehaltskäufer nach der Abrechnung mit dem Verkäufer als Gewinn zufällt, und damit eine Übersicherung gegeben ist (vWESTPHALEN Rn 21; WOLF Rn A 29–40; i Erg auch ERMAN/HEFERMEHL Rn 103; vgl zur Gefahr einer Übersicherung bei einer klauselmäßigen Vollabtretung einer Weiterverarbeitungsforderung BGH WM 1990, 1389, 1391).

268 Nicht zu beanstanden sind allerdings Klauseln in Lieferbedingungen des Vorbehaltsverkäufers, nach denen der Vorbehaltskäufer seine Geldforderungen aus dem Weiterverkauf nicht zu **Sicherungszwecken** an Dritte abtreten darf, da der Vorbehaltsverkäufer ein schützenswertes Interesse daran hat, daß sein Vertragspartner sich nicht (zusätzlich zu dem von ihm gewährten Warenkredit) weiteren Kredit auf der Grundlage dieser Forderung verschafft und die Sicherung des Warenkredites gefährdet (BGH NJW 1982, 164, 165; vgl BGHZ 72, 15, 22; ERMAN/HEFERMEHL Rn 103; SOERGEL/STEIN Rn 50). Allerdings darf das Abtretungsverbot das Sicherungsinteresse des Vorbehaltsverkäufers nicht übersteigen.

269 ee) Kann ein **Franchisenehmer** nach den AGB des Franchisegebers Rechte aus dem Vertrag nicht ohne Zustimmung des Franchisegebers abtreten, so verstößt dies bereits deshalb grundsätzlich nicht gegen § 9 Abs 1, weil dieser ein anerkennenswertes Interesse daran hat, sein Geschäftssystem zu schützen und eine Beteiligung Dritter zu kontrollieren (WOLF Rn F 119).

ff) Eine Klausel, in der der Versicherer die Abtretung von gegen ihn gerichteten 270
Ansprüchen aus einer **Lebensversicherung** von einer Anzeige abhängig macht, wahrt
dessen berechtigte Interessen und ist wirksam (BGH NJW-RR 1992, 790; NJW 1991, 559,
560 [zu § 13 Abs 3 ALB nF]; ERMAN/HEFERMEHL Rn 103).

d) Kontokorrentabrede

Eine **Kontokorrentabrede** beinhaltet einen stillschweigenden Abtretungsausschluß 271
bezüglich der einzelnen Ansprüche (BGH BB 1979, 443 f; WOLF Rn A 15; HENSELER 6;
MünchKomm/ROTH § 399 BGB Rn 27; BAUMBACH/HOPT § 355 HGB Rn 7); soweit die Kontokorrentabrede individualvertraglich vereinbart ist, gilt ein Abtretungsverbot bereits
nach § 4 (vWESTPHALEN Rn 14). Da eine solche Abrechnungsvereinfachung bei laufenden Geschäftsbeziehungen zweckmäßig ist und einen angemessenen Interessenausgleich darstellt, verstößt ein formularmäßiges Abtretungsverbot für den Abrechnungszeitraum nicht gegen § 9; es darf jedoch nicht die Forderung aus dem
Schlußsaldo erfassen (WOLF Rn A 15; vWESTPHALEN Rn 14; ERMAN/HEFERMEHL Rn 103; HADDING/VAN LOOK 11). Der Wirksamkeit dieses Abtretungsverbots steht auch § 354 a
HGB nicht entgegen (vWESTPHALEN Rn 14; ULMER/BRANDNER Anh §§ 9–11 Rn 4; HENSELER
6 f; CANARIS, Handelsrecht § 24 I 4 e), da sich das Verbot aus dem Wesen der Kontokorrentabrede zwingend ergibt und als Fall des § 399 Alt 1 BGB anzusehen ist (siehe im
einzelnen HENSELER 6 f mwN).

e) Behinderung der Regreßabwicklung

Ein formularmäßiger Ausschluß des *gesetzlichen* Übergangs von Schadensersatz- 272
ansprüchen des Kunden gegen einen **Frachtführer** auf die Transportversicherung
nach § 67 Abs 1 Satz 1 VVG ist unwirksam, da es zum einen für den Schuldner
(Frachtführer) idR ohne Schwierigkeiten überprüfbar ist, ob und in welchem
Umfang die Forderung auf den Versicherer übergegangen ist; zum anderen würde
der Kunde in starkem Maße belastet, weil er gezwungen wäre, die Schadensersatzansprüche erst selbst gegen den Frachtführer durchzusetzen und das Erzielte dann an
die Transportversicherung weiterzugeben oder bei Untätigkeit Ersatz zu leisten
(BGHZ 65, 364, 366; ULMER/BRANDNER Anh §§ 9–11 Rn 4; vWESTPHALEN Rn 26; PALANDT/
HEINRICHS § 399 BGB Rn 9). Das gleiche gilt, wenn eine *rechtsgeschäftliche* Abtretung
der Schadensersatzansprüche an den Versicherer ausgeschlossen bzw von der
Zustimmung des Frachtführers abhängig gemacht wird (BGHZ 82, 162, 171; vWESTPHALEN Rn 26; SOERGEL/STEIN Rn 50; ERMAN/HEFERMEHL Rn 103).

f) Abtretungsverbot und gleichzeitige Beschränkung der Prozeßführungsbefugnis

Schließt ein **Reiseveranstalter** in seinen AGB eine Abtretung von Forderungen aus 273
und soll gleichzeitig *allein der Anmelder* die Ansprüche der von ihm angemeldeten
Mitreisenden geltend machen können, stellt dies eine unangemessene Benachteiligung der Mitreisenden nach § 9 dar (BGH NJW 1989, 2750, 2751 f; ULMER/BRANDNER Anh
§§ 9–11 Rn 4; vWESTPHALEN Rn 20; WOLF Rn A 24; ERMAN/HEFERMEHL Rn 103; SOERGEL/STEIN
Rn 50; PALANDT/HEINRICHS § 399 BGB Rn 9; vgl auch OLG Düsseldorf NJW-RR 1987, 888, 889:
Unwirksamkeit der Beschränkung der Geltendmachung der Rechte auf den Anmelder nach § 3 und
§ 9 Abs 2 Nr 2, soweit die Klausel auch Fälle erfaßt, in denen der Anmelder im Namen Dritter
abschließt). Zwar wäre das isolierte Abtretungsverbot nach Auffassung des BGH
grundsätzlich wirksam (BGH NJW 1989, 2750; LG Stuttgart NJW-RR 1993, 1018, 1019;
PALANDT/HEINRICHS § 399 BGB Rn 9), jedoch führt die Verbindung mit dem zweiten

Klauselteil dazu, daß die Mitreisenden etwaige Ansprüche mangels Anspruchsbefugnis nicht selbst gegen den Reiseveranstalter durchsetzen können, sondern darauf angewiesen sind, daß dies der Anmelder in gewillkürter Prozeßstandschaft für sie tut, da sie ihm die Ansprüche nicht abtreten können. Ist der Anmelder jedoch seinerseits nicht betroffen, fehlt ihm das erforderliche eigene Interesse an der Geltendmachung des fremden Rechts, so daß die Klage als unzulässig abzuweisen wäre und damit eine nicht hinnehmbare Verkürzung der Durchsetzbarkeit der Gewährleistung für die Mitreisenden einträte (BGH NJW 1989, 2750, 2751 f).

g) Grundschuldrückgewähranspruch

274 Eine Klausel, die es dem Grundstücks*eigentümer* verbietet, einen Grundschuldrückgewähranspruch an Gläubiger abzutreten, die bereits durch eine nachrangige Grundschuld gesichert sind, ist regelmäßig unwirksam (Wolf Rn A 24, offengelassen in BGH NJW 1990, 1601, 1602, wo jedoch die besondere Bedeutung des Rückgewähranspruches auch für den Sicherungsgeber betont wird). Grundsätzlich wirksam ist dagegen ein Zustimmungsvorbehalt, wenn die Grundschuld nicht vom Eigentümer, sondern von einem *Dritten* gestellt worden ist; dieser ist in erster Linie an der Nutzung des Grundpfandrechts selbst zur Kreditsicherung interessiert und hat idR – anders als der Grundstückseigentümer – nicht die Möglichkeit, den Rückgewähranspruch als zusätzliche Sicherheit nachrangiger Gläubiger zur Krediterhöhung zu nutzen. Ferner ist der Sicherungswert des Rückgewähranspruches vor der Tilgung der gesicherten Forderung für einen Kreditgeber, der keine nachrangige Grundschuld innehat, gering, so daß das Klarheits- und Vereinfachungsinteresse des Sicherungsnehmers insgesamt höherrangig einzustufen ist (BGH NJW 1990, 1601, 1602; Wolf Rn A 26; Erman/Hefermehl Rn 103; Palandt/Heinrichs § 399 BGB Rn 9).

h) Treuhand

275 Ist im Rahmen eines uneigennützigen Treuhandvertrages ein formularmäßiges Abtretungsverbot bezüglich der dem Treuhänder übertragenen Forderungen vereinbart, verstößt dies nicht gegen § 9, da der Treuhänder ohnehin mit der Forderung nur im Interesse des Treugebers verfahren darf und das Abtretungsverbot diese Interessenbindung sichert (Wolf Rn A 21).

Ein Abtretungsverbot in den Bedingungen für Anderkonten von Rechtsanwälten zum Schutz der Belange der Bank ist wirksam, da von ihr nicht verlangt werden kann, jeweils nachzuprüfen, ob der Zessionar in den Treuhandvertrag eintritt, und der Anwalt als Treuhänder auch ohne Abtretungen über das Guthaben im Giroverkehr verfügen kann und daher nicht unangemessen belastet wird (Wolf Rn A 21; vgl auch OLG Köln ZIP 1987, 867, 868 f ohne Bezug zum AGBG).

i) Teil- und Mehrfachabtretungen

276 Ein Verbot von **Teilabtretungen** verstößt grundsätzlich nicht gegen § 9, da diese eine Komplizierung des Geschäftsverkehrs bis hin zur Unübersichtlichkeit sowie uU erhebliche prozessuale Nachteile für den Schuldner zur Folge haben können. Diese können daraus folgen, daß er mehrere Prozesse führen muß, ihm infolge der niedrigeren Einzelstreitwerte ggf der Zugang zum Landgericht als erster Instanz verwehrt wird, aufgrund der Splittung des Streitgegenstandes insgesamt höhere Prozeßkosten anfallen, weil die Degression der Kosten bei höheren Streitwerten nicht genutzt wird, oder die Berufungs- oder Revisionssummen nicht erreicht werden (Wolf Rn A

16; HADDING/VAN LOOK 11; ULMER/BRANDNER Anh §§ 9–11 Rn 4; vgl auch KOGEL NJW 1975, 2063).

Gleiches gilt im Ergebnis für ein Abtretungsverbot zur Vermeidung von **Mehrfachab-** 277
tretungen. Das Interesse des Verwenders, seinen Geschäftsverkehr klar und übersichtlich zu gestalten, hat bei Mehrfachabtretungen ein gesteigertes Gewicht, weil der Verwender als Schuldner durch §§ 408, 407 BGB nur bei Unkenntnis geschützt wird und er daher, wenn er von den Abtretungen Kenntnis hat, sich aber im unklaren darüber befindet, welche der Abtretungen wirksam ist, genötigt wäre, ein für ihn aufwendiges Hinterlegungsverfahren gem §§ 372 ff BGB zu betreiben (HADDING/VAN LOOK 11; WOLF Rn A 16, falls eine tatsächliche Gefahr von Mehrfachabtretungen durch den Gläubiger besteht).

k) Eingeschränkte Abtretungsverbote
aa) Zustimmungsvorbehalt
Eine AGB-Klausel, nach der die Wirksamkeit der Abtretung eine **Zustimmung** des 278
Schuldners voraussetzt, ist wie ein generelles Abtretungsverbot zu behandeln (BGH NJW 1990, 1601, 1602; 1990, 109, 110; vgl BGHZ 40, 156, 160; WOLF Rn A 26; ERMAN/HEFERMEHL Rn 103), da bis zur Erteilung der Zustimmung ein gegenüber jedermann wirksames, generelles Abtretungsverbot nach § 399 BGB vorliegt (BGH NJW 1997, 3434, 3435; vWESTPHALEN Rn 22). Es gelten daher die vorerwähnten Grundsätze (BGH NJW 1990, 1601, 1602; 1990, 109, 110; NJW-RR 1989, 1104; NJW 1988, 1210, 1211; 1981, 117, 118; 1980, 2245, 2246; SCHMIDT-SALZER F 171; zu den abw Ansichten siehe oben Rn 253).

Unabhängig vom Vorliegen eines Zustimmungsvorbehalts reicht die einseitige **Zustimmung** des Schuldners (ggf zur Aufhebung des Abtretungsverbots) aus (BGH NJW-RR 1991, 763, 764 mwN, str; ERMAN/HEFERMEHL Rn 103); sie hat jedoch keine Rückwirkung (BGH NJW 1990, 109, 110; ERMAN/HEFERMEHL Rn 103; vWESTPHALEN Rn 23). Der Schuldner ist grundsätzlich nicht nach § 242 BGB verpflichtet, einer Abtretung zuzustimmen (BGH NJW 1988, 1210, 1211 f; BGHZ 55, 34, 39; ERMAN/HEFERMEHL Rn 103; SOERGEL/ MÜHL § 455 Rn 35; vgl jedoch auch BGH NJW 1981, 117, 118; OLG Hamm BB 1979, 1425, 1426; STAUDINGER/HONSELL [1995] § 455 Rn 59).

Ein Zustimmungsvorbehalt kann dahin **auszulegen** sein, daß – nach genehmigter Erstabtretung – **auch Folgeabtretungen** des Zessionars von einer Zustimmung abhängig sein sollen, wenn die Klausel erkennbar die übersichtliche Vertragsabwicklung schützen soll; denn diese ist durch weitere Abtretungen des Zessionars ebenso gefährdet wie durch die Abtretungen durch den Vertragspartner (BGH NJW 1997, 3434, 3435). Allerdings ist hier die Möglichkeit einer treuwidrigen Zustimmungsverweigerung besonders sorgfältig zu prüfen (WAGNER JZ 1998, 259).

bb) Formerfordernisse
Keine unangemessene Benachteiligung nach § 9 Abs 1 liegt vor, wenn die Wirksam- 279
keit einer Abtretung die Einhaltung der **Schriftform**, eine schriftliche **Anzeige** beim Schuldner (durch den Erst- oder zusätzlich auch den Zweitgläubiger) oder die Verwendung eines **Formblattes** voraussetzt (OLG Hamm ZIP 1985, 951 f; vWESTPHALEN Rn 24; WOLF Rn A 27; BAUKELMANN EWiR § 399 BGB 1/91, 134; ebenso für eine Anzeigepflicht bei Forderungsabtretungen aus Lebensversicherungen BGH NJW-RR 92, 790 und NJW 91, 559, 560; OLG Hamm VersR 1997, 729), da diese Klauselgestaltung den berechtigten Schuldnerin-

teressen an einer übersichtlichen Vertragsabwicklung dient und nur eine geringfügige Interessenbeeinträchtigung für den Gläubiger bedeutet.

cc) Weiterabtretung

280 Ein Abtretungsausschluß, der – seine grds Wirksamkeit unterstellt – auch oder erneut eine **weitere Abtretung** durch den Zweitgläubiger erfaßt, ist nach § 9 grundsätzlich nicht zu beanstanden (BGH NJW 1997, 3434, 3435 f; 1990, 109, 110; OLG Hamm ZIP 1985, 951 f; WOLF Rn A 28; vWESTPHALEN Rn 25). Wenn auch die Interessen des Zweitgläubigers als bloße Drittinteressen nicht direkt in die Interessenabwägung nach § 9 Abs 1 einfließen (siehe oben Rn 101, 104; vgl BGH NJW 1982, 178, 180; wohl ebenso BGH NJW 1997, 3434, 3436), kann zwar die Abtretungsbeschränkung den Wert der Forderung für den Vertragspartner des Verwenders herabsetzen und damit über dessen Interessen zu berücksichtigen sein (WOLF Rn A 28; vgl auch ders, in: FS Baur [1981] 152 ff; ablehnend vWESTPHALEN Rn 25). Im Fall der Sicherungsabtretung an eine Bank soll dies nach Auffassung des BGH jedoch ohne Bedeutung sein, da es keinen Erfahrungssatz des Inhalts gebe, daß eine Bank nicht daran interessiert sei, eine zur Sicherung abgetretene Forderung selbst zu verwerten (BGH NJW 1997, 3434, 3436).

281 Ist aufgrund einer Zustimmung des Schuldners eine Forderung sicherungshalber abgetreten worden, so wird eine *Rückabtretung* an den Zedenten (zu der der Zessionar als Sicherungsnehmer bei anderweitiger Befriedigung aus dem Sicherungsvertrag verpflichtet ist) durch ein formularmäßiges Abtretungsverbot nach dessen Sinn und Zweck allerdings nicht verhindert (BGH aaO).

l) § 354 a HGB

282 * Stellt das einer Geldforderung zugrundeliegende Rechtsgeschäft für beide Teile ein Handelsgeschäft dar oder ist der Schuldner eine juristische Person des öffentlichen Rechts oder ein öffentlich-rechtliches Sondervermögen, so ist die Abtretung der Geldforderung trotz eines formularmäßigen Abtretungsverbotes gemäß **§ 354 a HGB** wirksam, wenn das Abtretungsverbot nach dem Inkrafttreten des § 354 a HGB am 30. 7. 94 vereinbart worden ist (zum Rückwirkungsstreit siehe LG Bonn WM 1996, 930, 931; ULMER/BRANDNER Anh §§ 9–11 Rn 1 Fn 2; HENSELER 9; GRUB 1650; PALANDT/HEINRICHS § 399 BGB Rn 9; WAGNER WM 1996 Beil 1 S 4 ff; Beschlußempfehlung und Bericht des Rechtsausschusses des Deutschen Bundestages BT-Drucks 12/7912, 25 f; ECKERT 854). § 354 a HGB erfaßt generelle ebenso wie eingeschränkte Abtretungsverbote (PALANDT/HEINRICHS § 399 BGB Rn 9; WAGNER 6) einschließlich der Teilabtretungsverbote, da der Schuldner wegen § 354 a Satz 2 HGB die Vielzahl der neuen Gläubiger nicht zu berücksichtigen braucht, sondern an den ursprünglichen Gläubiger mit befreiender Wirkung leisten kann (BAUKELMANN 194 f). Damit ist für den beiderseits kaufmännischen Verkehr die Problematik der Abtretungsverbote wesentlich entschärft, aber auch hier nicht ganz bedeutungslos geworden: Immerhin kann der Schuldner – die AGB-rechtliche Wirksamkeit des Verbots iü unterstellt – dann nach § 354 a Satz 2 HGB unabhängig von der Kenntnis der Abtretung mit befreiender Wirkung an den ursprünglichen Gläubiger leisten (ULMER/BRANDNER Anh §§ 9–11 Rn 1; zu den sich aus § 242 BGB ergebenden Schranken siehe CANARIS, Handelsrecht § 24 I 4 c). Hingegen widerspräche es den Intentionen des Gesetzgebers, § 354 a HGB auf die dingliche Ebene zu beschränken und

---

* Siehe Fußnote bei STAUDINGER/SCHLOSSER § 2 Rn 63.

dem Abtretungsverbot schuldrechtliche Wirkungen zu belassen – iS einer **schuldrechtlichen** Verpflichtung des Gläubigers, die Abtretung zu unterlassen (dafür HADDING/VAN LOOK 13; dagegen WAGNER, Abtretungsverbote 388) und damit uU eines entsprechenden Unterlassungsanspruchs, einer vertraglichen Schadensersatzpflicht oder eines Kündigungsrechts (vgl dazu BAUKELMANN 197 f).

2. Arbeitskampfklauseln

a) Ausgangssituation

Arbeitskämpfe können die Leistungsbeziehungen eines Unternehmens zu Dritten empfindlich stören; dabei kann es sich um Arbeitskämpfe im eigenen Unternehmen oder um Fernwirkungen anderweitiger Arbeitskämpfe (etwa bei Zulieferern) handeln. Als Leistungsschuldner drohen dem Unternehmen nachteilige Folgen aus Verzug oder Unmöglichkeit, als Leistungsgläubiger kann es in Annahmeverzug (§§ 293 ff BGB) geraten (dazu mwN MünchArbR/OTTO § 283 Rn 168 ff).

Die Auswirkungen von Arbeitskämpfen auf die Leistungsbeziehungen des Unternehmens zu Dritten sind umstritten (ausführlich LÖWISCH AcP 174 [1974] 202 ff; LÖWISCH/RIEBLE, Schlichtungs- und Arbeitskampfrecht [1989] Rn 1082 ff; MünchKomm/EMMERICH § 275 Rn 78 ff; MünchArbR/OTTO § 283 Rn 146, jeweils mwN). Die rechtliche Beurteilung wird kompliziert durch die verschiedenen Erscheinungsformen von Arbeitskämpfen (Streik in all seinen Varianten, Aussperrung, Betriebsstillegung), durch die unterschiedliche Bewertung rechtmäßiger und rechtswidriger Arbeitskampfmaßnahmen und durch die Doppelrolle des Unternehmens als Arbeitskampfpartei und als Vertragspartei. Einerseits legen gerade diese Unsicherheiten eine Regelung und Risikoeinschränkung durch AGB nahe, andererseits erschwert die Uneinigkeit über die Auswirkungen von Arbeitskämpfen auf die vertraglichen Leistungsbeziehungen die Beurteilung entsprechender Klauseln, insbesondere nach § 9 Abs 2 Nr 1.

Als übergreifende Abwägungsgesichtspunkte sind hervorzuheben: Da Arbeitskämpfe ökonomischen Druck auf die Gegenseite ausüben sollen und in dieser Funktion als Hilfsmittel zur Gestaltung der Arbeits- und Wirtschaftsbedingungen gewährleistet sind (Art 9 Abs 3 GG), bedeutet die Entlastung der Unternehmen von schuldrechtlichen Konsequenzen aus arbeitskampfbedingten Liefer- oder Abnahmeschwierigkeiten eine mittelbare Beeinflussung der **Kampfparität** der Sozialpartner. Solche Entlastungen dürfen deshalb nicht leichthin gewährt werden (LÖWISCH AcP 174 [1974] 203, 237; MünchArbR/OTTO § 283 Rn 146). Diese zunächst für die Beurteilung der schuldrechtlichen Rechtsfolgen eines Arbeitskampfs wesentliche Erkenntnis bedeutet aber auch, daß es dem Unternehmer als AGB-Verwender nicht freistehen kann, sein Arbeitskampfrisiko weitgehend auf den Vertragspartner abzuwälzen. Die Interessen des Vertragspartners müssen nicht grundsätzlich weiter zurückstehen als bei anderen Störungen aus der Risikosphäre des Verwenders. Auf der anderen Seite ist generell zu berücksichtigen, daß die Risiken aus Arbeitskämpfen für die Unternehmen regelmäßig nicht versicherbar sind; allerdings zahlen die Arbeitgeberverbände ihren Mitgliedern einen gewissen Schadensausgleich, der die reale Belastung durch Arbeitskämpfe jedoch nicht erreicht (vgl MünchArbR/OTTO § 281 Rn 50).

b) Auslegungsfragen

Die Auslegung, ob und inwieweit eine Klausel, die sich mit Leistungsstörungen von

Verwenderseite befaßt, auch Arbeitskampffolgen umfaßt, richtet sich nach § 5. Spricht die Klausel nur von „höherer Gewalt", so ist nach kundenfreundlicher Auslegung hiermit nicht auch der Arbeitskampf umfaßt (vWestphalen, Höhere Gewalt Rn 6; MünchArbR/Otto § 283 Rn 172; Schmid NJW 1979, 15, 18). Dies gilt jedoch nur für betriebsinterne Arbeitskämpfe, solche in Drittbetrieben können sich aus Sicht der Vertragsparteien durchaus als „höhere Gewalt" darstellen (Wolf Rn A 122). Eine Erweiterung der Höhere-Gewalt-Klausel auf „sonstige" oder „ähnliche Ereignisse" umfaßt ebenfalls nicht betriebsinterne Arbeitskämpfe, da diese der Risikosphäre des Unternehmers zuzurechnen sind (vWestphalen, Vertragsrecht und AGB-Klauselwerke, „Arbeitskampfklauseln" Rn 8; anders BGH NJW 1986, 3134, 3135; Ulmer/Brandner Anh §§ 9–11 Rn 102).

Spricht der Klauseltext nur von „Streik", so sind hiervon die Aussperrung oder andere vom Unternehmerentschluß abhängige Arbeitskampfmaßnahmen nicht umfaßt (vWestphalen „Arbeitskampfklauseln" Rn 6; Schmid NJW 1979, 15, 19). Will der Verwender dies jedoch erreichen, muß die Klausel umfassend auf „Arbeitskampfmaßnahmen" Bezug nehmen. In diesem Falle betrifft die Klausel unterschiedslos rechtmäßige oder rechtswidrige Arbeitskampfmaßnahmen (OLG Hamm NJW-RR 1987, 311, 315; vWestphalen „Arbeitskampfklauseln" Rn 9 [abweichend dort jedoch für den Fall, daß die Störung durch Arbeitskampf einer solchen durch höhere Gewalt gleichgestellt wird]).

Da sich Leistungsstörungen als Fernfolge von Arbeitskämpfen in Drittbetrieben für die Vertragsparteien als höhere Gewalt darstellen, werden sie regelmäßig von einer hierauf bezogenen Klausel, nicht aber von einer Arbeitskampfklausel miterfaßt (Wolf Rn A 122; Ulmer/Brandner Anh §§ 9–11 Rn 102; vWestphalen „Arbeitskampfklauseln" Rn 6).

Zur Auslegung von Freizeichnungsklauseln unten Rn 295.

c) Primärpflichten

Als Reaktion auf arbeitskampfbedingte Störungen findet sich häufig die Klausel, daß in diesem Fall die vom Verwender einzuhaltende **Lieferfrist** sich angemessen oder für die Dauer des Arbeitskampfes verlängert; ein Rücktrittsrecht des Bestellers wird nur für den Fall eingeräumt, daß er nach Ablauf der vereinbarten Lieferfrist die Lieferung schriftlich anmahnt, diese aber auch innerhalb von sechs Wochen nach Zugang des Mahnschreibens nicht erfolgt.

Eine Verlängerung der Lieferfrist ist im Lichte von § 10 Nr 1 und § 9 (Abs 1 oder Abs 2 Nr 2) zu beurteilen. Sie ist nicht zu beanstanden, wenn der Verwender den Arbeitskampf nicht zu vertreten hat – dies ist der Fall bei rechtmäßigen Arbeitskämpfen sowie bei den Fernwirkungen von Arbeitskämpfen in Drittbetrieben (OLG Stuttgart NJW 1981, 1105; Ulmer/Brandner Anh §§ 9–11 Rn 103; vWestphalen „Arbeitskampfklauseln" Rn 18; Wolf Rn A 123, 129). Bei rechtswidrigen betriebsinternen Arbeitskämpfen muß der Arbeitgeber allerdings gemäß § 278 BGB für das Verhalten seiner Leute einstehen (zweifelnd mit Nachweis des Diskussionsstandes MünchArbR/Otto § 283 Rn 163–165); für diesen Fall muß die Klausel als unangemessen nach den vorgenannten Vorschriften angesehen werden (OLG Stuttgart NJW 1981, 1105; OLG Hamm NJW-RR 1987 311, 315; dasselbe gilt, wenn man wie MünchArbR/Otto aaO ein Vertretenmüssen des Verwenders ablehnt, aber die Liquidation des Kundenschadens bei den rechtswidrig Streikenden nach den Grundsätzen der Drittschadensliquidation erlaubt). Die Verlängerungsklausel ist auch dann als Verstoß gegen § 10 Nr 1 oder § 9 zu werten, wenn sie für den Fall relativer oder absoluter Fixgeschäfte gelten soll; eine starre Sechs-Wochen-Frist trägt den Kundeninteressen nicht hinreichend Rechnung (OLG Stuttgart NJW 1981, 1105, 1106; OLG Hamm NJW-RR 1987, 311, 315; für Verlängerungsfristen ohne zeitliche Begrenzung MünchArbR/Otto § 283 Rn 175). Klauseln, die nicht entsprechend den vorbezeichneten Zulässigkeitsgrenzen differenzieren, können nicht zugunsten des Verwenders einschränkend ausgelegt werden, sie sind unwirksam (ähnlich wohl Ulmer/Brandner Anh §§ 9–11 Rn 103).

Andere Klauseln gewähren den Verwendern für den Fall von arbeitskampfbedingten Lieferschwierigkeiten ein **Rücktrittsrecht** oder eine **Befreiung von der Leistungspflicht**. Derartige Klauseln verstoßen gegen § 10 Nr 3 bzw § 9 Abs 2 Nr 2, soweit der Verwender die Störung zu vertreten hat. Dies ist nicht nur bei rechtswidrigen Arbeitskämpfen der Fall, sondern auch, wenn sich der Verwender bei rechtmäßigen Arbeitskämpfen ein Übernahme-, Vorsorge- oder Abwendungsverschulden entgegenhalten lassen muß (vgl MünchArbR/Otto § 283 Rn 154–156 mwN; Ulmer/Brandner Anh §§ 9–11 Rn 104; Wolf Rn A 127; Brox/Rüthers, Arbeitskampfrecht Rn 391). In diesen Fällen kommt auch Unwirksamkeit nach § 11 Nr 7, 8 bzw im beruflichen Verkehr gemäß § 9 Abs 2 Nr 2 in Betracht (Ulmer/Brandner und Wolf aaO). Aber auch bei vom Verwender nicht zu vertretenden Arbeitskämpfen kann ein uneingeschränktes Befreiungs- oder Rücktrittsrecht gegen § 10 Nr 3 verstoßen, da es den vorübergehenden Charakter des Arbeitskampfes und die Pflicht des Verwenders, zumutbare Leistungserschwerungen hinzunehmen, nicht berücksichtigt (BGH NJW 1983, 1320, 1321 [selbst bei beiderseitigem Rückstrittsrecht]; Ulmer/Brandner Anh §§ 9–11 Rn 104; vWestphalen „Arbeitskampfklauseln" Rn 17; Wolf Rn A 130; Brox/Rüthers, Arbeitskampfrecht Rn 396; MünchArbR/Otto § 283 Rn 173). Beansprucht der Verwender die volle Gegenleistung, obwohl er selbst (vorübergehend oder endgültig) nicht leisten kann, so liegt hierin ein Verstoß gegen das Äquivalenzprinzip, entsprechende Klauseln sind gemäß § 9 Abs 2 Nr 1 oder Nr 2 unwirksam (vgl Rn 170, 184). Eine Ausnahme gilt bei nur geringfügigem Ausfall (zB weniger Ausgaben einer Tageszeitung) oder wenn der Verwender eine zumutbare Ersatzleistung anbietet (zB die ausgefallene Theatervorstellung an einem anderen Tag) (MünchArbR/Otto § 283 Rn 177 mwN; Fessmann NJW 1983, 1164, 1167; zur Zumutbarkeit von Ersatzleistungen siehe § 10 Nr 4 Rn sowie Ulmer/Schmidt § 10 Nr 4 Rn 9 ff). Die gleichen Grundsätze gelten, wenn die Klausel den Rückzahlungsanspruch des Kunden gemäß § 323 Abs 3 BGB bezüglich bereits erbrachter Zahlungen ausschließt (Wolf Rn A 131 ff; Ulmer/Brandner Anh §§ 9–11 Rn 102, 104; Schmid NJW 1979, 15 ff [auch Verstoß gegen § 11 Nr 2 a]; MünchArbR/Otto § 283 Rn 177). 294

d) Sekundärpflichten

Die Freizeichnung von Sekundärpflichten (vor allem Schadensersatz) folgt den gleichen Grundsätzen wie die Beschränkung oder Freizeichnung von den Leistungspflichten selbst (oben Rn 292). Für den privaten Verkehr folgt die Unwirksamkeit aus § 11 Nr 8, für den beruflichen Verkehr aus § 9 Abs 2 Nr 1 oder 2 (für rechtswidrige, dh vom Verwender zu vertretende Arbeitskämpfe OLG Koblenz NJW-RR 1993, 1078, 1079; LG Frankfurt aM NJW-RR 1987, 823, 824; vWestphalen „Arbeitskampfklauseln" Rn 12). Auch Freizeichnungsklauseln für Lieferstörungen wegen betriebsexterner Arbeitskämpfe sind demnach unwirksam, wenn sie nicht die Fälle des Übernahme-, Vorsorge- oder Abwendungsverschuldens des Verwenders ausnehmen (Ulmer/Brandner Anh §§ 9–11 295

Rn 104). Im übrigen, dh vor allem für rechtmäßige unternehmensinterne Arbeitskämpfe kann die Haftung hingegen wirksam ausgeschlossen werden – hier liegt der wesentliche Wirkungsbereich von Arbeitskampfklauseln (vgl ULMER/BRANDNER Anh §§ 9–11 Rn 102; WOLF Rn A 125). Für diesen Bereich kann auch nicht durch Hinweis auf § 279 BGB ein Vertretenmüssen des Verwenders konstruiert und damit seine unabdingbare Haftung begründet werden, diese Vorschrift paßt auf die Auswirkungen von Arbeitskämpfen nicht (LIEB, Arbeitsrecht Rn 669; aA vWESTPHALEN „Arbeitskampfklauseln" Rn 13).

296* 3. **Architektenvertrag**: siehe KORBION/LOCHER, AGB-Gesetz und Bauerrichtungsverträge (2. Aufl 1994) Rn 170; BARTSCH, Der kommende Einheits-Architektenvertrag für Gebäude, BauR 1994, 314; LÖFFELMANN, Der kommende Einheits-Architektenvertrag für Gebäude, BauR 1994, 563; vWESTPHALEN/MOTZKE, Vertragsrecht und AGB-Klauselwerke, „Architektenvertrag" (Stand Dezember 1996); JAGENBURG, Die Entwicklung des Architekten- und Ingenieurrechts seit 1995, NJW 1997, 2277.

4. **Arztverträge**

a) **Rechtsnatur des Arztvertrags****

300 Zwischen Arzt und Patient kommt sowohl bei privatärztlicher wie auch bei kassenärztlicher Behandlung ein privatrechtlicher Arztvertrag zustande. Arztverträge sind in aller Regel Dienstverträge gem § 611 BGB (PALANDT/PUTZO Einl v § 611 Rn 18; DEUTSCH S 34; LAUFS Rn 100); nur ausnahmsweise, etwa bei der Anfertigung von Prothesen oder der Erstellung von Gutachten kann Werkvertragsrecht anwendbar sein (BGH NJW 1975, 305). Beim Kassenarztvertrag wird der privatrechtliche Arztvertrag zwischen Patient und Arzt ergänzt durch sozialrechtliche Beziehungen zur Sozialversicherung und zur Kassenärztlichen Vereinigung (dazu näher: DEUTSCH 25 ff; KRAUSSKOPF, Das Kassenarztrecht, in: LAUFS/UHLENBRUCK, Handbuch des Arztrechts [1992] §§ 23 ff; SIEWERT, Das Kassenarztrecht [4. Aufl 1992]; NATTER, Der Arztvertrag mit dem sozialversicherten Patienten [1987]).

b) **Zustandekommen von Behandlungsverträgen**
301 Bei **ambulanten Behandlungen** sowohl in der Praxis des niedergelassenen Arztes als auch im Krankenhaus kommt es grundsätzlich zu einem Vertragsschluß zwischen Patienten und liquidationsberechtigtem Arzt, ohne daß es dazu einer besonderen Klausel in den AVB bedürfte (vgl BGH NJW 1987, 2289; OLG Frankfurt aM NJW-RR 1993, 1248, 1249). Siehe dazu auch Krankenhausverträge Rn 400 ff.

Bei **stationären Krankenhausaufenthalten** kann abweichend vom Leitbild des totalen Krankenhausvertrags durch AGB ein **Arztzusatzvertrag**, insbesondere in Form eines **Chefarztvertrags** (dazu Rn 308) vereinbart werden. Eine entsprechende Klausel verstößt weder gegen § 3 noch gegen § 9 (BGH NJW 1993, 779, 780). Jedoch darf das

---

* Siehe Fußnote bei STAUDINGER/SCHLOSSER § 2 Rn 63.
** **Schrifttum**: DEUTSCH, Arztrecht und Arzneimittelrecht (2. Aufl 1991); LAUFS, Arztrecht (5. Aufl 1993); GIESEN, Arzthaftungsrecht (2. Aufl 1990); GEISS, Arzthaftpflichtrecht (2. Aufl 1993); STEFFEN, Neue Entwicklungslinien der BGH Rechtsprechung zum Arzthaftungsrecht (3. Aufl 1989).

Krankenhaus die Aufnahme nicht vom Abschluß eines Arztzusatzvertrags abhängig machen (LG Bremen NJW 1986, 785, 786).

c) Höchstpersönliche Leistungspflicht und Stellvertretung
Ein allgemeines Delegationsrecht auf Stellvertreter („Vertreterklausel") verstößt gegen §3, aber auch gegen §9 Abs 2 Nr 1 iVm §613 BGB (OLG Hamm NJW 1995, 794; OLG Karlsruhe NJW 1987, 1489; LG Fulda NJW 1988, 1519, 1520; SOERGEL/STEIN Rn 85; ULMER/HENSEN Anh §§ 9–11 Rn 451 a; KRAMER NJW 1996, 2398, 2402; aA WOLF Rn K 28, 29, soweit der Vertrag mit dem Krankenhausträger geschlossen ist). **302**

Eine Klausel, die ein Delegationsrecht nur für plötzliche **unvorhersehbare Ereignisse** vorsieht, ist grds wirksam. Sie kann aber gem §3 überraschend sein, soweit sie sich nicht in den AVB, sondern nur in deren Anlagen befindet (OLG Karlsruhe NJW 1987, 1489; WOLF Rn K 28; vgl KUBIS NJW 1989, 1512, 1515); ebenso überraschend können **Urlaubsvertretungsklauseln** sein (vgl BGHZ 105, 189, 195; OLG Düsseldorf NJW 1995, 2421: Aufklärung über Abwesenheit des Chefarztes notwendig).

Klauseln, nach denen der Arzt Verrichtungen auf nichtärztliche Hilfspersonen *unter Aufsicht* übertragen darf, verstoßen weder gegen §3 noch gegen §9. Sie sind als eigene Leistungen des Arztes anzusehen und dürfen als solche berechnet werden (LG Berlin NJW-RR 1991, 765, 766).

d) Honorare für ärztliche und zahnärztliche Behandlungen*
Ärzte rechnen, soweit ein gesonderter Arztvertrag besteht, ihre Honorare grds nach der GOÄ ab. Für Zahnärzte gilt die GOZ (vgl SCHWABE ZRP 1987, 270; HESS ZRP 1987, 274). Honorarvereinbarungen nach der GOÄ werden, ohne daß es einer Kontrolle nach dem AGBG bedürfte, Bestandteil des ärztlichen Behandlungsvertrags (WOLF Rn K 26). **303**

Von der GOÄ abweichende Honorarvereinbarungen sind gem §2 Abs 2 GOÄ grundsätzlich zulässig. Durch die Formvorschriften des §2 Abs 2 GOÄ wird die Einhaltung der **Einbeziehungsvoraussetzungen des §2 Abs 1** regelmäßig sichergestellt (AG Euskirchen NJW 1988, 1524; WOLF Rn K 26; wohl auch BGH NJW 1992, 746, der §2 Abs 1 in einem solchen Fall gar nicht erst prüft; ULMER/HENSEN Anh zu §§ 9–11 Rn 130; **aA** AG Bad Homburg NJW 1984, 2637, 2638: keine Möglichkeit zumutbarer Kenntnisnahme bei verklausulierten Gebührenbestimmungen).

Derartige abweichende Honorarvereinbarungen sind in der Regel auch **nicht überraschend iSv §3** (BGH NJW 1992, 746, AG Euskirchen NJW 1988, 1524, **aA** OLG Düsseldorf VersR 1984, 370 und LG München NJW 1982, 2130, 2131 für Klauseln, die eine Abrechnung bis zum 3-fachen Höchstsatz der Adgo vorsehen). Jedoch sind Honorarvereinbarungen der **Inhaltskontrolle nach §§ 9–11** unterworfen. §8 schließt eine Inhaltskontrolle auch von Entgeltklauseln nicht aus, wenn das Gesetz, von dem durch die Klauseln abgewichen wird, gerade die Festlegung von Entgelten zum Gegenstand hat. Dies ist bei der GOÄ der Fall (BGH NJW 1992, 746; OLG Frankfurt aM 30. 1. 1991 – 9 U 126/89; LG Duisburg

---

* **Schrifttum:** DÖRNER, Ärztliche Honorarvereinbarung und Verbraucherschutz, in: FS Stree und Wessels (1993) 997 ff; KÖNIG, Zur Zulässigkeit ärztlicher Honorarvereinbarungen, NJW 1992, 728; KRAEMER, Die Novellierung der Gebührenordnung für Ärzte, NJW 1996, 264.

NJW 1986, 2887, 2888; AG Bad Homburg NJW 1984, 2637, 2638; aA AG Euskirchen NJW 1988, 1524, 1525; vgl König NJW 1992, 728 ff; Laufs/Reiling JZ 1992, 375).

304 Es kann nicht generell (und schon gar nicht für die Gebührensätze des § 5 GOÄ überschreitende Vereinbarungen) die Auffassung vertreten werden, schon die besonderen Formanforderungen des § 2 Abs 2 GOÄ gewährleisteten eine ausreichende Warnfunktion für den Patienten, die eine Inhaltskontrolle erübrigten (so Ulmer/Hensen Anh §§ 9–11 Rn 131; Hensen EWiR 1992, 941; Reichhardt ZIP 1992, 189 ff; vgl auch Wolf Rn K 26). Wesentliche Preisermittlungsgrundsätze sind nach der Rechtsprechung vor allem der tatsächliche Schwierigkeitsgrad und Zeitaufwand der erbrachten Leistungen. Abweichungen von diesen Vorschriften sind kontrollfähig. Daraus leitet der BGH ein Differenzierungsgebot und ein Verbot von **Pauschalhonoraren** ab. Derartige Vereinbarungen, die für durchschnittliche wie für besonders aufwendige Leistungen gleichermaßen einen Höchstsatz festlegen, verstoßen gegen die Preisermittlungsgrundsätze der GOÄ und sind daher gem § 9 Abs 2 Nr 1 unwirksam (BGH NJW 1992, 746, 747; LG Duisburg NJW 1986, 2887; Dörner NJW 1987, 699; König NJW 1992, 728; LG Stuttgart NJW 1985, 688). Auch **Überschreitungen des Gebührenrahmens** der GOÄ (§ 5 Abs 1, Abs 2 S 4 und § 4 Abs 3 GOÄ) durch AGB sind gem § 9 Abs 2 Nr 1 unwirksam, wenn sie nicht durch besondere Gründe gerechtfertigt sind (BGH NJW 1992, 746, 747; AG Bad Homburg NJW 1984, 2637, 2638 f; Wolf Rn K 26; aA noch OLG Düsseldorf VersR 1984, 371).

305 Klauseln, die nicht erkennen lassen, inwieweit von der GOÄ abgewichen wird, sind als Verstoß gegen das **Transparenzgebot** nach § 9 Abs 1 unwirksam (LG Berlin NJW 1991, 1554, 1555). Die Erwähnung der Ziffern der Gebührenordnung genügt nicht (OLG Oldenburg NJW 1986, 2888).

306 Die **Allgemeine deutsche Gebührenordnung (Adgo)** ist ein private, von der GOÄ abweichende Honorarvereinbarung und unterliegt der Inhaltskontrolle nach § 9, wobei die wesentlichen Grundsätze der GOÄ Maßstab der Inhaltskontrolle sind. Zwar sind abweichende Honorarvereinbarungen gem § 2 Abs 1 GOÄ grds zulässig, jedoch dürfte die Adgo der vom BGH geforderten besonderen Begründungspflicht hinsichtlich der Überschreitung des Gebührenrahmens nicht genügen und daher wegen Verstoßes gegen § 9 Abs 2 Nr 1 iVm § 5 GOÄ unwirksam sein (Ulmer/Hensen Anh §§ 9–11 Rn 132; vgl BGH NJW 1992, 746, 747).

307 Soweit ein erhöhter Gebührensatz berechnet wird, hat gem § 2 ein **Hinweis an den Patienten** zu erfolgen, daß er eventuell nicht von der Krankenkasse erstattet wird (vgl auch OLG Hamburg NJW 1987, 2937). Eine Klausel, die einen Honoraranspruch für einen fest vereinbarten aber **vom Patienten nicht eingehaltenen Termin** begründet, verstößt nicht gegen § 10 Nr 7 oder § 9 Abs 2 Nr 1 (AG Bremen NJW-RR 1996, 818, 819; Palandt/Heinrichs Rn 100). Der selbstzahlende Patient hat keinen **Anspruch auf Erstattung des gezahlten Honorars** durch die Krankenkasse, wenn der Arzt wegen medizinisch nicht indizierter Überdiagnostik und Therapie von der Erstattungspflicht ausgeschlossen und dem Patienten dies mitgeteilt wurde. Entsprechende AVB der Versicherung verstoßen nicht gegen §§ 3, 9 Abs 1 (OLG Köln NJW 1996, 3088).

e) Chefarztverträge

Auch Chefarztverträge können als Arztzusatzverträge durch AGB im Rahmen der Krankenhausaufnahme vereinbart werden (LG Duisburg NJW 1988, 1523; WOLF Rn K 27; aA AG Michelstadt VersR 1983, 192; ULMER/HENSEN Anh § 9–11 Rn 451: Verstoß gegen § 3 bei Liquidationsrecht durch Chefärzte in AGB; ablehnend auch LG Bremen NJW 1986, 785, 786; differenzierend SCHLUND, in: FS Trinkner [1995] 337, 341: Chefarztverträge in Krankenhausaufnahmeanträgen sind überraschend und daher unzulässig). Dabei muß der Abschluß eines Zusatzvertrags mit dem Chefarzt für den Patienten hinreichend als solcher erkennbar sein, da ansonsten ein Verstoß gegen § 9 Abs 1 (Transparenzgebot) vorliegt. Unzulässig wegen Verstoßes gegen § 3 ist eine Klausel, in der lediglich auf gesonderte AGB verwiesen wird, die ihrerseits einen Arztzusatzvertrag enthalten (BGH NJW 1993, 779, 780). So wird durch die Klausel „Zwei-Bett-Zimmer mit gesondert berechenbaren ärztlichen Leistungen" keine Zusatzvereinbarung mit dem Chefarzt geschlossen, da nicht erkennbar ist, welche ärztlichen Leistungen in der Grundversorgung enthalten sind und welche Wahlleistungen sind (LG Duisburg NJW 1988, 1523, allerdings gestützt auf § 5).

Chefarzthonorare dürfen nur die ärztlichen Wahlleistungen umfassen. Leistungen, die schon Teil der allgemeinen Krankenhausleistungen sind, sind anzurechnen (LG Duisburg NJW 1988, 1523) und dürfen grds nur bei höchstpersönlicher Leistungserbringung durch den Chefarzt abgerechnet werden (zu „Vertreterklauseln" oben Rn 302).

f) Ärztliche Abrechnungsstellen – Abtretung von Honorarforderungen

Von erheblicher praktischer Bedeutung ist die Abtretung von ärztlichen Honorarforderungen an gewerbliche oder ärztliche Abrechnungsstellen. Im Hinblick auf die ärztliche Schweigepflicht ist hierzu die **ausdrückliche Zustimmung** des Patienten erforderlich (BGH NJW 1991, 2955; 1992, 2348, 2350). Eine derartige Einwilligung ist eine rechtsgeschäftsähnliche Erklärung des Patienten. Soweit sie auf Grund von durch den Arzt verwendeten Formularen erfolgt, ist das AGBG anwendbar (ULMER § 1 Rn 18, 19; PALANDT/HEINRICHS § 1 Rn 4; HOLLMANN NJW 1978, 2332; 1979, 1923; aA SCHÜTTE NJW 1979, 592).

Inhaltlich muß ein derartiges Einwilligungsformular Anlaß, Umfang und Zielsetzung der Entbindung von der Schweigepflicht klar erkennen lassen (vgl BGH NJW 1992, 2348, 2350). Es muß hinreichend deutlich werden, daß die Entbindung von der Schweigepflicht zum Zwecke der Abtretung, Einziehung und gerichtlichen Geltendmachung der Forderung durch die Abrechnungsstelle erfolgt (vgl OLG Nürnberg 10.12.93 – 6 U 1886/93). Klauseln, die lediglich eine „Weitergabe von Behandlungsunterlagen" oder eine „Abrechnung durch Dritte" vorsehen, umfassen kein Einverständnis mit einer Abtretung (LG Köln 17.5.1995 – 25 O 349/94).

Eine den vorstehenden Anforderungen genügende vorformulierte Einverständniserklärung ist nicht überraschend iSv § 3, da der Patient heute mit der Abrechnung über Dritte grds rechnen muß. Auch liegt kein Verstoß gegen die §§ 9 ff vor. Wenn ein derartiges Formular hinreichend den Zweck und die Folgen der Einwilligung verdeutlicht, genügt es auch den Anforderungen des Transparenzgebots. Die weiteren für den Patienten evtl nachteiligen Rechtsfolgen des Übergangs (wie zB die Möglichkeit, den Arzt als Zeugen im Prozeß zu vernehmen) sind Ausdruck der gesetzlichen Regelungen der §§ 398 ff BGB und stellen insoweit keine Abweichung von gesetzlichen Regelungen dar, so daß insoweit die §§ 9 ff nicht anwendbar sind (im Ergebnis ebenso LG Oldenburg 14. 11. 95 – 1 S 681/95; LG Köln 20. 3. 1996 – 25 O 138/94; LG Hamburg 2. 8. 1996 – 313 S 188/95; vgl auch OLG Hamm 28. 6. 1993 – 3 U 250/92). Im übrigen gefährdet die Abtretung weder den unmittelbaren Vertragszweck, dh die Heilbehandlung noch das Vertrauensverhältnis zum Arzt, das durch eine unmittelbare gerichtliche Geltendmachung durch den Arzt stärker gestört würde.

g) **Formularmäßige Aufklärung und Einwilligung**
aa) **Einwilligung in die ärztliche Behandlung**

311 Auf formularmäßige **ärztliche Aufklärungsbögen** ist das AGBG anwendbar (GOUNALAKIS NJW 1990, 753; JUNGBECKER MedR 1990, 173; PALANDT/HEINRICHS § 1 Rn 4). Eine pauschale Bestätigung durch den Patienten, er sei umfassend und ordnungsgemäß aufgeklärt worden, verstößt gegen § 11 Nr 15 b, da der Patient dadurch die für etwaige Haftungsprozesse wesentliche, beweispflichtige Tatsache der ordnungsgemäßen Aufklärung bestätigt (ULMER/HENSEN Anh §§ 9–11 Rn 451 a; WOLF Rn K 31; aA PALANDT/HEINRICHS Rn 101; GOUNALAKIS NJW 1990, 752; vgl DEUTSCH NJW 1982, 2585, 2588; BUNTE NJW 1986, 2351, 2354). § 11 Nr 15 b scheidet allerdings aus, wenn eine entsprechende Klausel auf einem gesondert unterschriebenen Formular erscheint (JUNGBEKKER MedR 1990, 173, 179; aA ULMER/HENSEN Anh § 9–11 Rn 451 a).

bb) **Einwilligung in Obduktion und Transplantation**

312 Weder gegen § 10 Nr 5 noch gegen § 9 Abs 1 verstoßen nach Ansicht des BGH Klauseln (zB **§ 15 AVB**), die eine Obduktion und Transplantation zulassen, soweit diese aus ärztlicher Sicht angezeigt oder wissenschaftlich erforderlich ist und der Patient oder einer seiner nahen Angehörigen nicht widerspricht (BGH NJW 1990, 2313, 2314 f; OLG Koblenz NJW 1989, 2950, 2951 f; BUNTE NJW 1986, 2351, 2354; MünchKomm/KÖTZ Rn 39 b; aA LG Mainz VersR 1988, 724, 725; PALANDT/HEINRICHS Rn 101; ULMER/HENSEN Anh zu §§ 9–11 451 a; WOLF Rn K 33 ff; DEUTSCH NJW 1990, 2315; HAAS NJW 1988, 2929, 2933; LAUFS NJW 1991, 1516, 1520; SCHLUND, in: FS Trinkner [1995] 337, 356 ff mwN). Diese Höherbewertung der Allgemeininteressen gegenüber den Individualinteressen (vgl oben Rn 107) von Patienten und Angehörigen erscheint angesichts der Höchstpersönlichkeit der Thematik äußerst problematisch.

cc) **Einwilligung in HIV-Tests**

313 Klauseln, nach denen sich Patienten mit einem HIV-Test für den Fall einverstanden erklären, daß dieser aus medizinischer Sicht angezeigt ist, verstoßen nicht gegen § 9 Abs 1: Sie entsprechen dem schutzwürdigen Interesse des Krankenhauspersonals, einer erhöhten Infektionsgefahr vorzubeugen. Jedoch dürfte eine derartige Klausel in einem Krankenhausaufnahmevertrag dann als überraschend anzusehen sein, wenn sie nicht besonders hervorgehoben ist (vgl SCHLUND, in: FS Trinkner [1995] 352, 353; vgl zu Vereinbarungen über ärztliche Eingriffe in AGB allgemein: BGH VersR 1983, 1057; OLG Celle VersR 1984, 444).

h) **Einsicht und Aushändigung von Krankenunterlagen**

314 Der Patient hat nach § 810 BGB einen Anspruch auf Einsichtnahme und Überlassung von Abschriften und Kopien seiner Krankenunterlagen (BGH NJW 1983, 328, 330). Wesentliche Einschränkungen dieser Rechte verstoßen gegen § 9 Abs 2 Nr 2 (PALANDT/HEINRICHS Rn 101). Kein Anspruch besteht jedoch auf Überlassung der Ori-

ginalakten, so daß **§ 14 AVB** insoweit mit dem AGBG vereinbar ist (Wolf Rn K 3; Ulmer/Hensen Anh §§ 9–11 Rn 451; Wasserburg NJW 1980, 617, 620 ff).

i) Zur Haftung von Krankenhausärzten siehe unten Krankenhausverträge 315* Rn 400 ff.

5. Automatenaufstellvertrag: siehe unten „Laufzeitklauseln" Rn 438 sowie Pau- 317 lusch, Höchstrichterliche Rechtsprechung zum Brauerei- und Gaststättenrecht (7. Aufl 1992) 151 ff.

6. Autowaschanlagen

a) Allgemeines
Bei automatischen Autowaschanlagen stellt sich zunächst das Problem der Einbezie- 318 hung von AGB (dazu Staudinger/Schlosser § 2 Rn 19). Inhaltlich konzentrieren sich die einschlägigen Bedingungen auf die Eingrenzung des Schadensrisikos; die Konditionenempfehlung des Bundesverbandes des Deutschen Tankstellen- und Garagengewerbes werden in der Praxis häufig variiert.

b) Haftungsausschlüsse
Haftungsausschlüsse sind regelmäßig vorgesehen für Beschädigungen an Zubehör- 319 teilen (Antennen, Spiegel, Scheibenwischer etc) oder am Lack sowie für Folgeschäden. Zu den Möglichkeiten und Grenzen einer Haftungsfreizeichnung im allgemeinen siehe Rn 331 ff. Ein pauschaler Haftungsausschluß erstreckt sich gemäß § 5 auch auf Fälle der grob fahrlässigen oder vorsätzlichen Beschädigung und ist deshalb insgesamt nach § 11 Nr 7 unwirksam (OLG Düsseldorf BB 1980, 388; Ulmer/Schmidt Anh §§ 9–11 Rn 149). Damit reduziert sich die Fragestellung auf Klauseln, die die Haftung für **leicht fahrlässig** verursachte Beschädigungen ausschließen.

Soweit **unmittelbare Schäden** betroffen sind (Zubehör, Lack), wird ein Haftungsausschluß überwiegend gemäß § 9 Abs 2 Nr 2 für unwirksam gehalten: Es gehöre zu der zentralen Leistungserwartung des Kunden, das Fahrzeug nicht nur gründlich gereinigt, sondern auch unbeschädigt zurückzuerhalten; dieses zu gewährleisten, sei eine zentrale, nicht ausschließbare Pflicht („Kardinalpflicht") des Anlagenbetreibers (OLG Hamburg DAR 1984, 260, 261; KG NJW-RR 1991, 698 f; OLG Bayreuth NJW 1982, 1766, 1767; OLG Essen NJW-RR 1987, 949; LG Hannover DAR 1985, 60; LG München DAR 1987, 386; vHoyningen-Huene Rn 219; Palandt/Heinrichs Rn 58; Ulmer/Schmidt Anh §§ 9–11 Rn 149; Wolf Rn A 203). Dieser Ansicht kann nicht beigepflichtet werden; indem sie pauschal sämtliche Begleitschäden und das allgemeine Integritätsinteresse des Kunden zum wesentlichen Rechte- und Pflichtenbereich des § 9 Abs 2 Nr 2 erhebt, weitet sie diese Vorschrift über Gebühr aus (vgl oben Rn 209 f) und verschließt den Weg zu einer umfassenden Interessenabwägung. Da § 9 Abs 2 Nr 2 ausscheidet, sind entsprechende Klauseln allein an § 9 Abs 1 zu messen (es erscheint auch nicht sinnvoll, insoweit zwischen Beschädigung von Zubehör und Lackschäden zu unterscheiden, so aber LG Düsseldorf BB 1979, 1632, 1633).

---

* Siehe Fußnote bei Staudinger/Schlosser § 2 Rn 63.

320 Unergiebig bei der **Interessenabwägung** nach § 9 Abs 1 ist der Hinweis auf die geringe Schadenswahrscheinlichkeit, er wird sowohl für als auch gegen den Haftungsausschluß ins Feld geführt (einerseits LG Karlsruhe NJW-RR 1986, 153, 154, andererseits KG NJW-RR 1991, 698). Ähnliches gilt für die Kontrollmöglichkeiten beim Waschvorgang, sie bestehen zwar beim Kunden nicht (OLG Hamburg DAR 1984, 260, 261; KG NJW-RR 1991, 698, 699; LG Berlin VersR 1984, 840, 841), aber auch nicht beim Betreiber (OLG Düsseldorf BB 1980, 388). Allerdings liegen eintretende Schäden eher in der *Risikosphäre* des Betreibers (vgl oben Rn 119), dem auch – jedenfalls im Zusammenwirken mit dem Anlagenproduzenten – eher generelle Präventionsmaßnahmen möglich sind (vgl MünchKomm/Kötz Rn 40). Die Annahme einer bewußten, da freiwilligen Risikoübernahme durch den Kunden ist verfehlt (so aber OLG Bamberg NJW 1984, 929, 930; LG Karlsruhe NJW-RR 1986, 153, 154). Ausschlaggebend ist jedoch letztlich das Argument der *Versicherbarkeit* (vgl oben Rn 119): Der Betreiber kann das Risiko unschwer versichern, die Umlegung der Prämie auf die Waschkosten würde letztere nur unwesentlich erhöhen. Umgekehrt haben die Kunden nicht die Möglichkeit einer gezielten Versicherung, in der Regel besteht auch keine Vollkaskoversicherung (vgl zum ganzen KG NJW-RR 1991, 698, 699; OLG Hamburg DAR 1984, 260, 262; LG Bayreuth NJW 1982, 1766, 1767; LG Essen NJW-RR 1987, 949; vHoyningen-Huene Rn 193, 219; Ulmer/Schmidt Anh §§ 9–11 Rn 149). Aus diesem Grunde führt die Risikoabwälzung für leicht fahrlässige Beschädigungen auf den Kunden zu dessen unangemessener Benachteiligung im Sinne von § 9 Abs 1.

321 Diese Bewertung umfaßt auch **Folgeschäden**, soweit diese typischer und vorhersehbarer Art sind (Nutzungsausfall, Kosten eines Sachverständigengutachtens) (KG NJW-RR 1991, 698, 699; Padeck VersR 1989, 541, 553). Ein Ausschluß für ungewöhnliche, regelmäßig nicht vorhersehbare Schäden entspricht jedoch berechtigten Interessen des Verwenders an einer Risikoeinschränkung und angemessenen Versicherbarkeit (keine derartige Differenzierung bei Ulmer/Schmidt Anh §§ 9–11 Rn 150).

c) **Pflicht zur Schadensanzeige**

322* Klauseln, die die Kunden zur unverzüglichen Schadensanzeige noch auf dem Betriebsgelände verpflichten, müssen zwischen offensichtlichen und nicht ohne weiteres erkennbaren Schäden unterscheiden. Da weder Pflicht noch Anlaß für den Kunden besteht, sein Fahrzeug nach dem Waschvorgang einer genauen Untersuchung zu unterziehen, sind Klauseln ohne eine entsprechende Differenzierung unwirksam (KG NJW-RR 1991, 698, 699; Ulmer/Schmidt Anh §§ 9–11 Rn 150; Wolf Rn A 202; Padeck VersR 1989, 541, 553; aA LG Hannover DAR 1988, 423; ähnlich LG Berlin VersR 1984, 840, 843). Anzeigepflichten, die sich ausdrücklich nur auf offensichtliche Schädigungen beziehen, sind (entsprechend dem Rechtsgedanken des § 11 Nr 10 e) hingegen nicht zu beanstanden (Ulmer/Schmidt Anh §§ 9–11 Rn 150).

325 **7. Bankverträge**: siehe die Kommentierung der AGB-Banken bzw Sparkassen bei Baumbach/Hopt, HGB (29. Aufl 1993) Nr 8 bzw 8 a; Canaris, Bankvertragsrecht (3. Aufl) Rn 2532 ff; Ulmer/Brandner Anh §§ 9–11 Rn 151 ff; vWestphalen, Vertragsrecht und AGB-Klauselwerke, „Banken und Sparkassen-AGB" (Stand Mai 1994); vWestphalen/Pfeiffer, Vertragsrecht und AGB-Klauselwerke, „ec-Bedin-

---

* Siehe Fußnote bei Staudinger/Schlosser § 2 Rn 63.

gungen der Banken und Sparkassen" (Stand Oktober 1996); OHLROGGEN, Die Allgemeinen Geschäftsbedingungen der Banken (1993) und der allgemeine Bankvertrag (1997).

8. Bauverträge: siehe STAUDINGER/PETERS (1994) § 640 Rn 64 ff, 102 ff; KOR- 326 BION/LOCHER, AGB-Gesetz und Bauerrichtungsverträge (2. Aufl 1994); REITHMANN/MEICHSSNER/vHEYMANN, Kauf vom Bauträger (7. Aufl 1995); vWESTPHALEN/SCHÄFER, Vertragsrecht und AGB-Klauselwerke, „Bauherrenmodell" (Stand Oktober 1996); vWESTPHALEN/MOTZKE, ebenda „Subunternehmervertrag" (Stand November 1995).

9. Beförderungsverträge (ADSp; AGNB): siehe KOLLER, Transportrecht (3. Aufl 327 1995); vWESTPHALEN/HÄTTIG, Vertragsrecht und AGB-Klauselwerke, „Spediteurbedingungen (ADSp)" (Stand Oktober 1996).

10. Bierlieferungsverträge: siehe unten „Laufzeitklauseln" Rn 439; PAULUSCH, 328 Höchstrichterliche Rechtsprechung zum Brauerei- und Gaststättenrecht (7. Aufl 1992); BGH NJW 1998, 2286 (Nachfolgeklausel).

11. Bürgschaft: siehe STAUDINGER/HORN (1997) vor §§ 765 ff Rn 67−74 sowie 329 § 765 Rn 12, 16 ff, 25, 48 ff.

12. Computerverträge: siehe ULMER/SCHMIDT Anh §§ 9−11 Rn 269 ff; vWESTPHA- 330 LEN/HOEREN, Vertragsrecht und AGB-Klauselwerke, „Hardwareverträge" (Stand Oktober 1996); vWESTPHALEN/MARLY/HOEREN, ebenda „Softwareverträge" (Stand Oktober 1996).

13. Freizeichnungsklauseln

a) Gegenstand und Grundlagen der Inhaltskontrolle von Freizeichnungsklauseln
aa) Gegenstand von Freizeichnungsklauseln
Freizeichnungsklauseln bilden einen Schwerpunkt in den meisten AGB-Klauselwer- 331 ken und zielen auf die Begrenzung und den Ausschluß der vertraglichen oder der gesetzlichen Haftung (PALANDT/HEINRICHS Rn 36). Freizeichnungsklauseln liegen, unabhängig von Formulierung und rechtlichem Anknüpfungspunkt immer dann vor, wenn im Ergebnis Schadensersatzansprüche des Vertragspartners des Verwenders ausgeschlossen oder beschränkt werden (siehe dazu Rn 333 f). Gegenstand von Freizeichnungsklauseln sind Schadensersatzansprüche jeglicher Art (zB aus Unmöglichkeit, Verzug, Positiver Vertragsverletzung, Gewährleistung, Delikt etc: vWESTPHALEN, Vertragsrecht und AGB-Klauselwerke, „Freizeichnungsklausel" Rn 14 [Freizeichnungsklausel bei leichter Fahrlässigkeit]). Da **Ansprüche aus culpa in contrahendo** grds vor Abschluß des Vertrags entstanden sind, bedeuten entsprechende Freizeichnungsklauseln einen Verzicht und sind schon deshalb idR ohne besonderen Hinweis unwirksam (OLG Koblenz NJW-RR 1993, 1078, 1080: Verstoß gegen § 9 Abs 1, Abs 2 Nr 2; PALANDT/HEINRICHS Rn 39). Freizeichnungen von **Ansprüchen aus Delikt** sind grds zulässig, wenn auch die korrespondierenden vertraglichen Ansprüche ausgeschlossen werden können (BGH NJW 1979, 2148; VersR 1985, 595, 596: jedenfalls im kaufmännischen Bereich; OLG Hamburg VersR 1985, 57, 58). Sie sind jedoch inhaltlich klar zu fassen: Die Freizeichnung von „Schäden irgendwelcher Art" umfaßt daher nicht Ansprüche aus Delikt. Dagegen

genügt die Formulierung „Ausschluß außervertraglicher Haftung" jedenfalls im kaufmännischen Verkehr (BGH BB 1979, 698, 699). Freizeichnungsklauseln iRv § 561 h I BGB gelten jedoch nur für den vertraglichen Anspruch (BGH ZIP 1987, 640, 650). Freizeichnung von **Ansprüchen von Dritten** sind nur zulässig, wenn sie auf Vertrag zugunsten Dritter zwischen Verwender und Vertragspartner beruhen (PALANDT/HEINRICHS Rn 39; vgl BGHZ 56, 269, 272). Ansprüche des Vertragspartners **gegen Dritte** (zB auch gegen Erfüllungsgehilfen des Verwenders) können grds in gleichem Maße ausgeschlossen werden, wie Ansprüche gegen den Verwender selbst (BGH ZIP 1985, 687, 689 für die Gehilfenhaftung; OLG Koblenz VersR 1993, 1164, 1165 für Ansprüche gegen andere Teilnehmer einer Sportveranstaltung; vgl auch oben Rn 101 ff). Haftung bei **höherer Gewalt bzw Zufall** kann grds vom Verwender ausgeschlossen werden (WOLF § 11 Nr 7 Rn 40). Jedoch ist stets der Gedanke der angemessenen Risikoverteilung zu berücksichtigen (dazu im einzelnen Rn 341). Daher sind Klauseln wegen Verstoßes gegen § 9 Abs 2 Nr 1 unwirksam, die dem Kunden verschuldensunabhängig Risiken aus der Sphäre des Verwenders zuweisen (so BGH NJW 1997, 1700, 1702 für das Scheckfälschungsrisiko; BGHZ 114, 238, 242 f für das Scheckkartenmißbrauchsrisiko; näher zum ganzen WOLF § 11 Nr 7 Rn 35 ff).

bb) Normative Grundlagen der Inhaltskontrolle von Freizeichnungsklauseln

332 Im **nichtberuflichen Verkehr** sind vorrangig die **Klauselverbote der §§ 11 Nr 7—11** zu berücksichtigen, was die Freizeichnung bei grober Fahrlässigkeit, Verzug, Unmöglichkeit und bei Gewährleistungsausschlüssen betrifft (siehe dazu STAUDINGER/COESTER-WALTJEN § 11 Nr 7 Rn 1 ff). **Subsidiär** findet § 9 auf Freizeichnungsklauseln grds dann Anwendung, wenn der Verwender Ansprüche des Vertragspartners aus positiver Vertragsverletzung, culpa in contrahendo oder Delikt bei leichter Fahrlässigkeit ausschließen will (vgl WOLF § 11 Nr 7 Rn 29; vWESTPHALEN „Freizeichnungsklauseln" Rn 84 ff).

333 Im **kaufmännischen Bereich** sind gem § 24 S 1 die §§ 11 Nr 7—11 nicht (unmittelbar) anwendbar. Daher sind hier Freizeichnungsklauseln **grundsätzlich am Maßstab** des § 9 zu messen. Dieser Grundsatz gilt jedoch nicht uneingeschränkt. So sind einerseits die Wertungen der §§ 11 Nr 7—11 im Rahmen von § 9 auch im kaufmännischen Verkehr zu berücksichtigen (OLG Saarbrücken NJW-RR 1995, 117, 118; zur Anwendbarkeit von § 11 Nr 7 im kaufmännischen Verkehr STAUDINGER/COESTER-WALTJEN § 11 Nr 7 Rn 2 ff). Andererseits ist gem § 24 S 2 auf Handelsbräuche angemessen Rücksicht zu nehmen, nach allerdings unzutreffender Auffassung des BGH kann im Einzelfall eine Klausel sogar vollständig der Inhaltskontrolle nach § 9 entzogen sein (so für Haftungsausschlüsse bei grober Fahrlässigkeit bei den Tegernseer Gebräuchen BGH NJW-RR 1987, 94, 95; kritisch dazu PALANDT/HEINRICHS Rn 32; MünchKomm/KÖTZ Rn 18).

Das **Transparenzgebot** bildet auch bei Freizeichnungsklauseln eine eigenständige Prüfungskategorie im Rahmen von § 9 Abs 1 (BGH NJW 1993, 263, 264). Im beruflichen Verkehr sind allerdings, allgemeinen Grundsätzen entsprechend (Rn 151), weniger hohe Anforderungen an das Transparenzgebot zu stellen (BGH ZIP 1992, 934, 936).

b) Arten von Freizeichnungsklauseln
aa) Haftungsausschlüsse und Haftungsbegrenzungen
334 Bei Freizeichnungsklauseln kann, anknüpfend an die Unterscheidung in § 11 Nr 7, zwischen Haftungsausschlüssen und Haftungsbegrenzungen unterschieden werden. **Eine abstrakt begriffliche Abgrenzung** ist zwar möglich (vgl PALANDT/HEINRICHS Rn 36 ff;

Bunte/Heinrichs 2 ff), **bringt** aber **für die Bewertung der Zulässigkeit** von **Freizeichnungsklauseln nichts:** Ob eine Haftungsbegrenzung oder ein Haftungsausschluß vorliegt, hängt nämlich immer vom gewählten Bezugspunkt ab: So bezeichnet der BGH eine Freizeichnungsklausel für leichte Fahrlässigkeit einmal als *Haftungsausschluß* (für leichte Fahrlässigkeit: BGH ZIP 1993, 46, 47) und einmal als *Haftungsbeschränkung* (auf grobe Fahrlässigkeit: BGH NJW 1983, 1681, 1682). Auch vom Gewicht der Benachteiligungen und von den Rechtsfolgen her ergeben sich keine grds Unterschiede. Maßgeblich ist allein, ob ein Haftungsausschluß oder eine Haftungsbegrenzung den Vertragspartner unangemessen benachteiligt. Folgerichtigerweise unterwirft die Rspr Haftungsausschlüsse und Haftungsbeschränkungen bei der Inhaltskontrolle den gleichen materiellen Prüfungskriterien (vgl vWestphalen „Freizeichnungsklauseln" Rn 72 f). Zu Besonderheiten bei **summenmäßigen Haftungsbeschränkungen** und bei **Haftungsbeschränkungen auf unmittelbare Schäden bzw Mangelschäden** Rn 348 ff.

bb) Mittelbare Haftungsbegrenzungen
liegen vor, wenn die Haftung nach Formulierung oder rechtlichem Anknüpfungspunkt nicht unmittelbar beschränkt oder ausgeschlossen wird, die Klausel jedoch in ihren Rechtswirkungen zu einer Freizeichnung führt. Das ist einmal der Fall, wenn nicht die Haftung selbst, sondern der **zugrundeliegende Pflichtenkreis** des Verwenders **durch AGB eingeschränkt** werden soll (BGH NJW 1983, 1322, 1324: Ausschluß der Pflicht einer Fluggesellschaft, das Erreichen von Anschlußflügen sicherzustellen, verstößt gegen § 11 Nr 8 b; OLG Karlsruhe AGBE III Nr 15, 183, 191: Freizeichnung von eigenen Planungsfehlern des Verwenders beim Bauvertrag verstößt gegen § 9; vgl Palandt/Heinrichs Rn 37, der von „Quasifreizeichnung" spricht).

Zum anderen können auch **Rücktritts-, Verjährungs-, Ausschluß-, und Verwirkungsklauseln** mittelbare Haftungsbegrenzungen enthalten. Ob derartige Klauseln den unmittelbaren Freizeichnungsklauseln gleichzustellen sind, ist strittig (dafür Wolf § 11 Nr 7 Rn 23; Ulmer/Hensen § 11 Nr 7 Rn 21; vWestphalen „Freizeichnungsklauseln" Rn 72; dagegen Staudinger/Schlosser[12] § 11 Nr 7 Rn 12; im Einzelfall dafür BGH NJW-RR 1987, 1252, 1253 und BGH NJW-RR 1991, 1120, 1123: Verjährungsverkürzung = Haftungsbeschränkung; grundsätzlich offengelassen in BGH NJW 1990, 761, 764). Jedenfalls wird man tragende Grundsätze der Rspr zu Freizeichnungsklauseln auch auf die vorgenannten Klauseln anwenden können und müssen, wenn sie in ihren Rechtswirkungen Freizeichnungen gleichkommen (siehe dazu unten Anhang „Freiberufler" Rn 355 und „Treuhandvertrag" Rn 360).

cc) Salvatorische Freizeichnungsklauseln
Freizeichnungen, nach denen die Haftung des Verwenders „soweit gesetzlich zulässig" ausgeschlossen sein soll, verstoßen gegen § 9 Abs 2 Nr 1, da sie die Rechtsfolge des § 6 abbedingen (BGH NJW-RR 1996, 783, 789; MünchKomm/Kötz § 6 Rn 11; Ulmer/Brandner Anh § 9–11 Rn 773; Wolf Rn 144, 151; vgl dazu auch BGH ZIP 1991, 1362, 1365; BGHZ 93, 29, 48; zu salvatorischen Klauseln grds oben Rn 51).

c) Freizeichnung bei leichter Fahrlässigkeit
aa) Grundprinzipien der Inhaltskontrolle von Freizeichnungsklauseln bei leichter Fahrlässigkeit
Die Freizeichnung bei leichter Fahrlässigkeit ist im privaten wie im beruflichen Verkehr grds zulässig (BGH VersR 1985, 595; NJW 1993, 335; Wolf § 11 Nr 7 Rn 51), es sei denn es handelt sich um die vertragszweckgefährdende **Verletzung von vertragswesentlichen**

Pflichten iSv § 9 Abs 2 Nr 2 („*Kardinalpflichten*", vgl oben Rn 207 ff und unten Rn 338 ff) oder um eine **unangemessene Risikoverlagerung** zu Lasten des Vertragspartners (BGH NJW 1990, 761, 765 mwN). Im letzteren Fall sind die Möglichkeit und Üblichkeit der Versicherung des Risikos durch die Parteien besonders zu berücksichtigen (dazu Rn 341). Schließlich unterliegen Freizeichnungsklauseln dem **Transparenzgebot**, sind also klar und eindeutig zu formulieren (Rn 342). Diese Grundsätze gelten trotz der unterschiedlichen anzuwendenden Normen im **privaten wie im beruflichen Verkehr** (so auch vWestphalen „Freizeichnungsklauseln" Rn 64). Dennoch kann die Anwendung der gleichen Grundsätze im kaufmännischen Verkehr im Einzelfall zu grundlegend anderen Ergebnissen führen: So können mit Rücksicht auf die branchenübliche Riskoverteilung Freizeichnungen von wesentlichen Pflichten sogar bei grober Fahrlässigkeit zulässig sein (zB BGH NJW-RR 1988, 1437, 1438 für Speditionsbedingungen), obgleich sie im nichtberuflichen Verkehr selbst bei leichter Fahrlässigkeit unzulässig sind (vgl zB KG NJW 1991, 698, 699 für AGB der Autowaschanlagen; dazu im einzelnen Rn 361).

bb) Unwirksamkeit von Haftungsausschlüssen bei vertragswesentlichen Pflichten
α) **Grundsatz der Freizeichnungsfestigkeit**

338 Als vertragswesentlich iSv § 9 Abs 2 Nr 2 wird von der Rspr eine Pflicht eingestuft, deren Erfüllung die ordnungsgemäße Durchführung des Vertrags ermöglicht und auf deren Erfüllung der Vertragspartner vertraut hat und vertrauen durfte (BGH NJW 1985, 3016, 3018; NJW-RR 1986, 271, 272; NJW 1988, 1785, 1787; ZIP 1990, 1054, 1060; NJW 1993, 335; NJW-RR 1993, 560, 561; 1996, 783, 788; st Rspr). Wesentliche Pflichten können neben **Hauptpflichten** auch **Nebenpflichten** sein, sofern sie für die Erreichung des Vertragszwecks von besonderer Bedeutung sind (oben Rn 208). In Hinblick auf derartige Kardinalpflichten ist grundsätzlich jeder Haftungsausschluß wegen **Verstoßes gegen § 9 Abs 2 Nr 2** unzulässig (die entscheidende Weichenstellung liegt in der Qualifizierung als „vertragswesentliche Pflicht", vgl Rn 209 f; im übrigen siehe BGH NJW 1984, 1350, 1351; 1993, 335; 1994, 1061, 1063; 1996, 783, 788; NJW-RR 1993, 560, 561; Palandt/Heinrichs Rn 29). Dies gilt auch bei leichter Fahrlässigkeit und auch im beruflichen Verkehr (BGH NJW 1985, 914; 915; 3016, 3017 f). **Ausnahmen gelten**, wenn der Kunde das Schadensrisiko beherrschen konnte (BGH NJW 1988, 1785, 1787 Werftarbeiten; vgl BGH ZIP 1991, 792, 794 massa card: Risikosphäre des Kunden) oder wenn er das Risiko üblicherweise durch eine eigene Versicherung deckt (BGH NJW 1988, 1785, 1787). Siehe dazu auch die Ausnahmen Rn 341.

β) **Einzelne vertragswesentliche Pflichten**
339 Haftungsausschlüsse sind insbesondere unwirksam, wenn **Hauptleistungspflichten** des Verwenders beschränkt werden (BGH NJW-RR 1996, 783, 788: Herstellung einer mangelfreien Sache beim Werkvertrag; BGH NJW 1994, 1060, 1063: Rechtzeitige Lieferung beim Kaufvertrag).

340 Daneben sind solche Pflichten wesentliche **Pflichten, bei denen der Vertragspartner auf besonders sorgfältiges Handeln** des Verwenders und seiner Erfüllungsgehilfen vertrauen darf: Dieses ist der Fall, wenn den Verwender eine **besondere Verantwortung für Vermögenswerte des Kunden** trifft, insbesondere bei Bank- und Treuhandverträgen (für den Bankvertrag BGH NJW 1991, 2559, 2563: ordnungsgemäße Überweisung; BGH WM 1987, 581, 582: ordnungsgemäße Anlageberatung; für den Treuhandvertrag BGH NJW 1986, 1171, 1172); wenn sich **Vermögensgegenstände des Kunden in der Obhut des Verwenders** befinden, etwa bei Fracht-, Speditions- und Lagerverträgen (siehe dazu Rn 357 und 359) sowie bei

Werkverträgen, soweit sich Sachen des Bestellers in der Obhut des Werkunternehmers befinden (BGH NJW 1985, 3016, 3017 f; KG NJW-RR 1991, 698, 699) oder wenn dem Vermögen des Kunden ein **erheblicher, vom Verwender beherrschbarer Schaden droht** (zB Mangelfolgeschäden an Sachen des Kunden bei fehlerhaften Einbauten: BGH NJW-RR 1986, 271, 272). Freizeichnungen sind auch unwirksam, wenn den Verwender **eine besondere Verantwortung für Leben und Gesundheit des Kunden** trifft. Schutzpflichten für Leben und Gesundheit sind grds wesentliche Pflichten iSv § 9 Abs 2 Nr 2 (OLG Stuttgart NJW-RR 1988, 1082, 1083 für die Gefahr von Verletzungen in Sportcentern; das OLG nimmt zugleich einen Verstoß gegen § 9 Abs 2 Nr 1 iVm §§ 276, 278 BGB an; OLG Hamm NJW-RR 1992, 243, 244; gleiches gilt für den Arztvertrag vgl Rn 300 ff und WOLF § 11 Nr 7 Rn 32; das Verbot der Haftungsfreizeichnung für Personenschäden folgt auch aus Anhang Nr 1 a EG RL 93/13/ EWG: dazu Rn 88). Darüber hinaus können Sorgfaltspflichten bei **besonderer beruflicher Vertrauensstellung des Verwenders** (zB Rechtsanwälte; Steuerberater; Wirtschaftsprüfer; vgl PALANDT/HEINRICHS Rn 42; zum Tierarzt OLG Stuttgart VersR 1992, 979, 980) und bei **besonderer Sachkunde des Verwenders** der Freizeichnung entzogen sein (BGH NJW-RR 1986, 271, 272: Anlagenbau durch Fachfirma; BGH NJW 1993, 335: Beratervertrag mit Forschungslabor). Das gilt zB auch für Sachverständige (HÜBNER NJW 1988, 443; PALANDT/HEINRICHS Rn 30).

γ) Weitere Einzelfälle: siehe Anhang Rn 351 ff.

cc) **Unwirksamkeit von Haftungsausschlüssen bei unangemessener Risikoverteilung**

Freizeichnungsklauseln sind, auch wenn keine Verletzung vertragswesentlicher **341** Pflichten vorliegt, unwirksam, wenn sie zu einer für den Vertragspartner unangemessenen Risikoverteilung führen (BGHZ 103, 316, 322). Zur Bestimmung der angemessenen Risikoverteilung ist auf die **Beherrschbarkeit des Risikos** und die **Üblichkeit der Versicherung** durch die Parteien abzustellen (so allgemein BGH NJW 1997, 1700, 1702; vgl KOLLER ZIP 1986, 1089 und oben Rn 119 f). Das Bestehen oder die Pflicht zum Abschluß einer **Haftpflichtversicherung durch den Verwender** begründet dabei die Vermutung der Unzulässigkeit des Haftungsausschlusses (KG NJW-RR 1991, 698, 699). Jedenfalls im nichtberuflichen Verkehr besteht darüber hinaus die (widerlegbare) Vermutung, daß eine **Sachversicherung durch den Kunden** unüblich ist (BGH BB 1992, 1166, 1168). Daher sind unwirksam wegen Verstoßes gegen § 9 Abs 2 Nr 2: Haftungsausschlüsse für leichte Fahrlässigkeit für Schäden an KFZ in Autowaschanlagen (KG NJW-RR 1991, 698, 699; vgl Rn 361); für Mängel bei Möbellieferungen (OLG Hamm NJW-RR 1987, 311, 316); für Schäden bei Reinigung und Desinfektion im Krankenhaus (BGH NJW 1990, 761, 765); für Schäden infolge leicht fahrlässiger Verletzung wesentlicher Bauherrenpflichten in AGB des Bauauftraggebers auch im kaufmännischen Verkehr (OLG München NJW-RR 1990, 1358: Verstoß gegen § 9 [jetzt: beruflichen]; eingehend zum ganzen vWESTPHALEN „Freizeichnungsklauseln" Rn 53–60).

dd) **Freizeichnung und Transparenzgebot: Zur Formulierung von Freizeichnungsklauseln**

Haftungsfreizeichnungsklauseln sind nur wirksam, wenn sie eindeutig und unmiß- **342** verständlich formuliert sind (BGH ZIP 1992, 934, 936 Silokipper; NJW 1979, 2148, 2149 Kartonmaschine; vWESTPHALEN „Freizeichnungsklauseln" Rn 5; grds zum Transparenzgebot oben Rn 121 ff). Dem Transparenzgebot wird von der Rspr im beruflichen und nichtberuflichen Verkehr in unterschiedlicher Weise Geltung verschafft: Haftungsfreizeichnungsklauseln sind **im nichtberuflichen Verkehr** so zu formulieren, daß ihre nachteilige Wirkung dem rechtlich nicht vorgebildeten *Durchschnittskunden* möglichst klar erkennbar ist. Damit ist der **berufliche Verkehr**, der von geschäftserfahrenen Personen und nicht vom Durchschnittskunden geprägt ist, von dieser Art der Transparenzrechtsprechung ausgenommen. Dennoch gilt das Transparenzgebot in abgeschwächter Form auch hier (Rn 151). Jedoch liegt der Schwerpunkt dann bei der einschränkenden Auslegung unklarer oder intransparenter AGB iRv § 5 (BGH BB 1977, 162, 164; 1979, 698, 699; BGH NJW-RR 1989, 953, 956; BGH ZIP 1992, 934, 936).

343 Ganz allgemein sind Freizeichnungsklauseln klar und eindeutig zu formulieren und **bei Unklarheiten eng auszulegen** (BGH NJW-RR 1989, 953, 956; ZIP 1992, 934, 936; vgl vWestphalen „Freizeichnungsklauseln" Rn 9 ff mwN). **Klauseln müssen an systematisch richtiger Stelle und unter der richtigen Überschrift stehen.** Eine Klausel, die deliktische Ansprüche unter der Überschrift „Mängelgewährleistung" ausschließt, ist eng dahingehend auszulegen, daß Ansprüche aus Produkthaftung nicht ausgeschlossen sind (BGH BB 1977, 162, 164 Schwimmschalter; ZIP 1992, 934, 936 Silokipper). Darüber hinaus liegt ein Verstoß gegen das Transparenzgebot vor, wenn Klauseln so formuliert sind, daß ein nicht unerheblicher Teil der Kundschaft von einer Geltendmachung von Ansprüchen abgehalten wird. Daher sind Klauseln, die gegenüber dem Durchschnittskunden durch Wortwahl oder Gestaltung den (objektiv unrichtigen) Eindruck erwecken, die Haftung sei nur auf die Aspekte beschränkt, die in der Klausel erwähnt werden, wegen Verstoßes gegen § 11 Nr 7 bzw das Transparenzgebot unwirksam, da sie den Kunden unangemessen benachteiligen (BGH ZIP 1987, 640, 650 Reisevertrag; BGH NJW 1987, 2818, 2820 KFZ Reparaturbedingungen; BGH NJW 1993, 263, 264 Reisevertrag). Aus demselben Grund ist auch eine **geltungserhaltende Reduktion** zu weitreichender Freizeichnungen unzulässig (BGH ZIP 1987, 640, 650) und zwar auch, wenn die Klausel sprachlich teilbar ist (BGH ZIP 1991, 1362, 1365).

d) **Haftungsausschlüsse bei Vorsatz / grober Fahrlässigkeit**

344 Im **privaten Verkehr** fallen Haftungsausschlüsse bei Vorsatz oder grober Fahrlässigleit unter das Klauselverbot des § 11 Nr 7 und sind daher generell unwirksam. Dabei genügt es, wenn eine Klausel den Eindruck erweckt, sie enthalte eine Haftungsbegrenzung bei grober Fahrlässigkeit (BGH NJW 1987, 2818, 2820).

345 Nach hM ist auch **im beruflichen Verkehr** eine Freizeichnung bei grobem Verschulden **grundsätzlich unzulässig** (Palandt/Heinrichs § 11 Rn 38; Wolf § 11 Nr 7 Rn 48; Ulmer/Hensen § 11 Nr 7 Rn 33; BGH ZIP 1985, 687, 689; OLG München BB 1993, 1753; OLG Köln BB 1993, 2044; OLG Hamm NJW-RR 1996, 969). Zwar ist hier § 11 Nr 7 nicht unmittelbar anwendbar (§ 24 S 1), hat jedoch indizielle Bedeutung. Nach st Rspr des **BGH** kann deshalb der Verwender auch im kaufmännischen Verkehr die Haftung **für eigenes** vorsätzliches (BGH NJW 1978, 1918: wg § 276 Abs 2 BGB) oder grob fahrlässiges **Verhalten** (BGH NJW-RR 1988, 1437, 1438; 1989, 953, 955: wg unangemessener Risikoverteilung und fehlendem Versicherungsschutzes des Kunden) ebensowenig ausschließen, wie für vorsätzliches oder grob fahrlässiges Verhalten seiner **leitenden Angestellten** (BGHZ 38, 183, 185 f). Zudem kann der Verwender bei Verletzung vertragswesentlicher Pflichten auch die Haftung für Vorsatz und grobe Fahrlässigkeit **einfacher Erfüllungsgehilfen nicht wirksam** ausschließen, § 9 Abs 2 Nr 2 (st Rspr seit BGH NJW 1984, 1350, 1351; 1985, 914, 915; zuletzt BGH NJW-RR 1996, 783, 788). Ob darüber hinaus Haftungsausschlüsse für grobe Fahrlässigkeit entsprechend § 11 Nr 7 auch im kaufmännischen oder beruflichen Verkehr *generell* unzulässig sind, hat der BGH noch nicht abschließend entschieden (ausdrück-

lich offengelassen in BGH NJW 1985, 914, 915; BGH NJW 1985, 3016, 3017; auch OLG München NJW-RR 1994, 742).

Ausnahmen vom Freizeichnungsverbot bei grober (und leichter) Fahrlässigkeit gelten dann, wenn dies mit Rücksicht auf Handelsbräuche, branchenübliche Risikoverteilungen und umfassenden Versicherungsschutz des Vertragspartners als angemessen erscheint. So sollen zB die Tegernseer Gebräuche für Holzmakler gem § 24 der Inhaltskontrolle nach § 9 vollständig entzogen sein (BGH NJW-RR 1987, 94, 95; vgl dazu Rn 110). Daneben sind generelle Freizeichnungen für grobe Fahrlässigkeit von Erfüllungsgehilfen insbesondere beim **Werft- und Frachtvertrag** zulässig (weil und soweit das Risiko durch den Kunden versichert ist: BGH NJW 1988, 1785, 1787 für Werftvertrag; ebenso für Speditionsbedingungen BGH NJW-RR 1988, 1437, 1438; NJW 1995, 2224; BGH 26. 6. 1997 – I ZR 248/94: wg Handelsüblichkeit; ebenso für grobe Fahrlässigkeit von Erfüllungsgehilfen im Kaibetrieb OLG Bremen VersR 1987, 772, 773; das gilt jedoch nach Ansicht des OLG Hamburg VersR 1985, 57 nicht für leitende Angestellte; kritisch zum ganzen WOLF § 11 Nr 7 Rn 50). Diese Grundsätze lassen sich jedoch nicht pauschal auf andere Vertragstypen übertragen (BGH NJW-RR 1996, 783, 788 f: Haftungsausschluß für grobe Fahrlässigkeit einfacher Erfüllungsgehilfen im Anlagenbau verstößt gegen § 9 Abs 2 Nr 2, da hier weder ein vergleichbarer Versicherungsschutz noch eine vergleichbare Risikobeherrschung durch den Kunden besteht).*

e) Haftungsbeschränkungen
Die Anforderungen an die Zulässigkeit von Haftungsbeschränkungen sind grds die gleichen wie bei Haftungsausschlüssen (siehe oben Rn 334). Daraus folgt, daß Haftungsbeschränkungen generell zulässig sind, soweit ein vollständiger Haftungsausschluß zulässig wäre. Anderseits sind Haftungsbeschränkungen sowohl in Hinblick auf Höchstsummen als auch in Bezug auf bestimmte Schäden in der Regel unwirksam, wenn entsprechende Haftungsausschlüsse unwirksam wären (BGH NJW 1985, 3016, 3018: Haftungsbegrenzung für Folgeschäden allenfalls für „kaum vorhersehbare" Schäden; für grobe Fahrlässigkeit ebenso WOLF § 11 Nr 7 Rn 24). Die Haftung bei Verletzung **wesentlicher Pflichten** darf nicht so beschränkt werden, daß dadurch die Erreichung des Vertragszwecks gefährdet würde (BGH BB 1984, 746, 748; NJW 1985, 3016, 3018; 1985, 914, 915; 1988, 1785, 1787; 1993, 335; 1994, 1061,1063; vgl dazu oben Rn 338 ff). Im einzelnen:

aa) Beschränkungen auf Höchstbeträge
verstoßen gegen § 9 Abs 2 Nr 2, wenn sie nicht ausreichen, einen vorhersehbaren Schaden einschließlich der Folgeschäden abzudecken (BGH NJW 1993, 335; NJW-RR 1996, 783, 788). Daher sind in der Regel solche Haftungsbegrenzungen auch im beruflichen Verkehr unwirksam, die nicht an den Wert der gefährdeten Sache anknüpfen (BGHZ 71, 167, 173; 77, 126, 130; BGH NJW 1984, 1350, 1351; OLG München NJW-RR 1994, 742).

So sind nach der Rspr zB **unwirksam**: Haftungsbeschränkung auf DM 100.000 bei Werttransport (OLG München NJW-RR 1994, 742: § 9 Abs 2 Nr 2); Haftungsbeschränkung auf DM 100.000 bei der bautechnischen Beratung (BGH NJW 1993, 335: § 9 Abs 2 Nr 2); Haftungsbegrenzung auf 5% des Warenwerts beim Werftvertrag (BGH NJW-RR 1989,

---
* Siehe Fußnote bei STAUDINGER/SCHLOSSER § 2 Rn 63.

983, 985); Haftungsbegrenzung für Schäden am Lagergut auf 6-fachen Betrag des Lagergeldes (BGH NJW 1984, 1350, 1351: § 9 Abs 2 Nr 2); Haftungsbegrenzung auf Anzeigenentgelt bei Anzeigenvertrag (OLG Hamm NJW-RR 1988, 944, 945); Haftungsbegrenzung auf das 15-fache des Reinigungspreises bei chemischen Reinigungen (BGH BB 1980, 1011, 1013; vgl dazu Rn 361); **wirksam**: Haftungsbeschränkung auf DM 1.000 bei kleinen Paketen, geringem Schaden (BGH NJW-RR 1991, 570, 572).

bb) Haftungsbegrenzung auf Deckungssumme der Versicherung des Verwenders

349 Eine Haftungsbegrenzung auf die Versicherungssumme einer vom Verwender abgeschlossenen Haftpflichtversicherung bei Vorsatz oder grober Fahrlässigkeit einfacher Erfüllungsgehilfen ist grds zulässig (**für das Bewachungsgewerbe** gem § 2 Abs 4 der VO über das Bewachungsgewerbe v 7. 12. 1995, BGBl I 1602; allgemein PALANDT/HEINRICHS § 9 Rn 69; im einzelnen vWESTPHALEN § 13 Rn 41 ff). Das gilt jedenfalls, soweit die Klausel wirksam einbezogen wurde und dadurch keine Beschränkung des Umfangs des Erstattungsanspruchs eintritt (BGH NJW-RR 1991, 570, 572 Transportvertrag: Haftungsbeschränkung auf Versicherungssumme von DM 1000,- bei kleinen Paketen, geringem Schaden wirksam; offengelassen OLG Köln NJW-RR 1994, 25; dagegen OLG Düsseldorf DAR 1980, 218). Ebenso sind Haftungsbeschränkungen auf die Versicherungshöchstgrenze von 2 Mio DM für **Rechtsanwälte** nach § 51 a BRAO zulässig (PALANDT/HEINRICHS Rn 120; aA vWESTPHALEN ZIP 1995, 546). Es ist darüber hinaus **im Rahmen der Tarifwahl** grds auch zulässig, dem Kunden eine summenmäßige Haftungsbegrenzung des Verwenders zu einem günstigeren Tarif anzubieten und den Kunden gleichzeitig auf den Abschluß einer eigenen Versicherung zu verweisen, wenn dies dem Kunden ausreichend transparent gemacht wird (vgl Rn 97).

cc) Beschränkung auf unmittelbare Schäden bzw Mangelschäden

350 Freizeichnungsklauseln für Mangelfolgeschäden sind inhaltlich klar zu fassen (BGH NJW-RR 1989, 953, 956: Ausschluß für „mittelbare Folgeschäden" umfaßt nicht vertragstypische Folgeschäden; für enge Auslegung „unmittelbarer Schäden" auch BGH DB 1994, 2073). Soweit Haftungsausschlüsse unzulässig wären, sind auch Haftungsbeschränkungen auf unmittelbare Schäden/Mangelschäden unzulässig, da der Kunde einen Anspruch auf Ersatz aller typischen und daher vorhersehbaren Schäden hat (BGH NJW 1985, 3016, 3018). Andererseits können Haftungsbeschränkungen in Bezug auf unvorhersehbare Schäden bei leicht fahrlässigen Pflichtverletzungen jedenfalls im beruflichen Verkehr zulässig sein (vgl BGH NJW 1985, 3016, 3018; NJW-RR 1989, 953, 956; NJW 1993, 335; WOLF § 11 Nr 7 Rn 56).

f) Anhang: Freizeichnungsklauseln bei einzelnen Vertragstypen

351 **Bankvertrag**: Die Bank kann ihre Hauptpflicht zur ordnungsgemäßen Ausführung von **Überweisungen** auch bei leichter Fahrlässigkeit ebensowenig ausschließen (LG Essen NJW-RR 1986, 139, 140: Verstoß gegen § 9 Abs 2 Nr 2, da wesentliche Pflicht) wie ihre Haftung für **Fehlbuchungen** nach Einzahlungen des Kunden (BGH NJW 1991, 2559, 2563, Mitverschulden des Kunden bei Fehlausfüllung des Formulars aber im Rahmen von § 254 BGB zu berücksichtigen). Schließlich ist auch das **rechtzeitige Inkasso** eine wesentliche Bankpflicht: Auch bei leichter Fahrlässigkeit verstößt ein Haftungsausschluß gegen § 9 Abs 2 Nr 2 (BGH NJW-RR 1988, 559, 561 zum Inkasso durch die Bundesbank). Bei **Anlageberatung** durch eine Bank ist diese zu richtigen und vollständigen Angaben verpflichtet; Haftungsausschlüsse verstoßen gegen § 9 Abs 2 Nr 2 (BGH WM 1987, 836, 837). Auch zwischen dem Treuhänder einer Bauherrengesellschaft und der Bank besteht ein

besonderes Vertrauensverhältnis, so daß eine Freizeichnung auch bei leichter Fahrlässigkeit gegen § 9 Abs 2 Nr 2 verstößt (OLG Celle NJW 1986, 260, 261). **Aber: Echtheitsprüfung von Dokumenten** keine wesentliche Bankpflicht: Ausschluß bei leichter Fahrlässigkeit zulässig (BGHZ 108, 348, 351; vgl dazu Rn 213).

Bausparverträge: Freizeichnung für wesentliche Pflichten verstößt auch bei leichter Fahrlässigkeit gegen § 9 (BGH NJW 1991, 2559, 2663). **352**

Beratervertrag: Bei der Bauberatung kann die Pflicht zur ordnungsgemäßen Vorbereitung und Durchführung der Beratung auch für leichte Fahrlässigkeit selbst im beruflichen Verkehr nicht ausgeschlossen werden (BGH NJW 1993, 335). **353**

Bewachungsvertrag: Ein Haftungsausschluß des Parkplatzbewachers beinhaltet die Freizeichnung von grundlegenden Organisationspflichten und von der Hauptpflicht zur ordnungsgemäßen Bewachung und verstößt daher gegen § 9 Abs 2 Nr 2 (OLG Köln NJW-RR 1994, 25; zur Organisationspflicht von Bewachungsdiensten schon BGHZ 33, 216, 222; **aber**: LG Frankfurt aM NJW-RR 1988, 955, 956: Haftungsausschluß für Diebstähle und Beschädigungen im Parkhaus im Hinblick auf technische und wirtschaftliche Schwierigkeiten der Bewachung zulässig; OLG Hamburg VersR 1985, 57: für die Bewachung von Schiffen durch den Frachtführer Haftungsausschluß sogar bei grober Fahrlässigkeit einfacher Erfüllungsgehilfen zulässig). Jedoch ist eine **Haftungsbegrenzung** auf die Höchstsumme einer vom Bewachungsunternehmen abgeschlossenen Versicherung grds **zulässig** (vgl Rn 349). **354**

Freiberufler: Die Inanspruchnahme besonderen Vertrauens kann auch berufstypisch sein. So bei **Ärzten** (für den Tierarzt: OLG Stuttgart VersR 1992, 979), **Rechtsanwälten**, **Steuerberatern** und **Wirtschaftsprüfern**, so daß eine Freizeichnung auch bei leichter Fahrlässigkeit gegen § 9 Abs 2 Nr 2 verstößt (vgl BUNTE NJW 1981, 2657, 2659; BB 1981, 1064, 1066; MünchKomm/KÖTZ Rn 17). Auch die Verkürzung der gesetzlichen Verjährungsfristen (§§ 51 b BRAO, 67 a StBG, § 51 a WPO) ist als Haftungsbeschränkung unwirksam gem § 9 Abs 2 Nr 1 (vgl BGH NJW-RR 1991, 1120, 1123: „Mindeststandard" auch für den Treuhandvertrag; PALANDT/HEINRICHS Rn 120, 130, vgl Rn 335). Dagegen sind **Haftungsbeschränkungen** auf die Versicherungshöchstgrenze von 2 Mio DM für RAe **zulässig** (PALANDT/HEINRICHS Rn 120; aA vWESTPHALEN ZIP 1995, 546). **355**

Kaufvertrag: Die **fristgerechte Lieferung** ist Hauptpflicht des Verkäufers: Freizeichnung von Verzugsansprüchen verstößt deshalb auch im beruflichen Verkehr gegen § 9 Abs 2 Nr 2 (BGH NJW 1994, 1060, 1063). Gleiches gilt bei Freizeichnung von Ansprüchen bei **vom Verwender zu vertretender Unmöglichkeit** (vWESTPHALEN, in: FS Trinkner [1995] 441, 445). Ebenso verstößt die Freizeichnung **von der Mängelhaftung** im Möbeleinzelhandel auch bei leichter Fahrlässigkeit gegen § 9 (OLG Hamm NJW-RR 1987, 311, 316 unter Hinweis auf Risikobereiche und Versicherbarkeit durch den Verwender). Auch können den Verkäufer vertragswesentliche Pflichten in Form von Schutz- und Sorgfaltspflichten treffen, wenn dem Käufer **erhebliche Schäden** drohen, die dieser nicht beherrschen kann (BGH NJW 1971, 1036, 1038: Pflicht des Heizölieferanten zur Prüfung des Fassungsvermögens eines Tanks) oder wenn der Kunde auf die **besondere Sachkunde** des Verkäufers vertraut und vertrauen darf (BGH NJW 1969, 1708, 1710: Pflicht des **Vertragshändlers** als Neuwagenverkäufer zur Prüfung der Verkehrssicherheit des KFZ; anders aber BGH NJW 1979, 1886 für den Gebrauchtwagenverkäufer, weswegen entsprechende Ausschlüsse **356**

dort zulässig sind; ebenso MünchKomm/Kötz Rn 16). Zu **Haftungsverschärfungen in Einkäufer-AGB** vgl vWestphalen, in: FS Trinkner (1995) 441, 452 ff und oben Rn 258 ff.

357 **Lagervertrag:** Unabdingbare Hauptpflicht des Lagervertrags ist die Eignung des Lagerraums (BGH VersR 1979, 901, 902) sowie bei der Kaltlagerung die sachgemäße Behandlung des Kühlguts (BGH BB 1984, 746, 748). Den Lagerhalter trifft auch die Hauptpflicht, das Lagergut nur an den Befugten auszuliefern (BGHZ 38, 183, 185 f).

358 **Reisevertrag:** Dem Reiseveranstalter obliegt die Hauptpflicht zu richtigen Auskünften über Einreisebestimmungen (BGH NJW 1985, 1165, 1166: Freizeichnung verstößt gegen § 9 Abs 2 Nr 2).

359 **Transportverträge:** Die Freizeichnung von der Hauptpflicht des Verfrachters zur Stellung eines ladefähigen Schiffs ist unwirksam (schon BGH NJW 1956, 1065, 1066). Hauptpflicht bei Geld und Werttransporten ist der sichere Transport (OLG München NJW-RR 1994, 742; Verstoß gegen § 9 Abs 2 Nr 2 auch bei leichter Fahrlässigkeit). Ebenso ist die Spedition zu einer betrieblichen Organisation verpflichtet, die die *Auslieferung* des Transportgutes *an den richtigen Empfänger* sicherstellt (BGH NJW 1973, 2154, 2155; NJW-RR 1988, 1437, 1438; MünchKomm/Kötz Rn 15; Palandt/Heinrichs Rn 29). Andererseits ist beim Speditionsvertrag eine Freizeichnung sogar für grobe Fahrlässigkeit einfacher Erfüllungsgehilfen zulässig, weil und soweit der Schaden üblicherweise von der Versicherung des Kunden gedeckt wird (BGH NJW-RR 1988, 1437, 1438: aber kein Ausschluß für eigenes grobes Verschulden des Spediteurs).

360 **Treuhandvertrag:** Die Pflichten des Treuhänders zur Wahrung fremder Vermögensinteressen sind grds wesentliche Pflichten und können auch nicht bei bei leichter Fahrlässigkeit beschränkt werden (BGH DB 1994, 2073). Daher ist beim Treuhänder einer Bauherrengesellschaft eine Verjährungsverkürzung unter 3 Jahre unzulässig wegen Verstoßes gegen § 9 Abs 2 Nr 1 iVm dem Leitbild aus §§ 68 StGB, 51 b BRAO (BGH NJW-RR 1991, 1120, 1123; ähnlich BGH NJW 1986, 1171, 1172: Verstoß gegen § 9; ebenso für die Publikums KG: BGHZ 64, 238, 243 f). Gleiches gilt für eine Klausel, die nur eine subsidiäre Haftung des Treuhänders vorsieht: Sie benachteiligt den Vertragsparter unangemessen, da die Anspruchsverwirklichung gegenüber dem umfassend verpflichteten Treuhänder am aussichtsreichsten ist (BGH NJW-RR 1992, 531; 532: Verstoß gegen § 9 Abs 1).

361 **Werkvertrag:** Zur Freizeichnung von Gewährleistungspflichten ausführlich Staudinger/Peters (1994) § 637 Rn 18–78. Hier nur einige wichtige Entscheidungen:

Durch Haftungsauschluß für Mangelfolgeschäden beim Anlagenbau wird die Hauptpflicht, Lieferung einer mangelfreien, also sicheren Anlage gefährdet: Verstoß gegen § 9 Abs 2 Nr 2 auch im kaufmännischen Verkehr (BGH NJW-RR 1996, 783, 788). Durch Ausschluß des Schadensersatzes bei fehlerhafter Nachbesserung oder **positiver Vertragsverletzung** wird die Hauptpflicht zur mangelfreien Herstellung des Werks gefährdet: Verstoß gegen § 9 Abs 2 Nr 2 auch im kaufmännischen Verkehr (OLG Saarbrücken NJW-RR 1995, 117, 118; ebenso OLG Hamm NJW-RR 1988, 944, 945 für Anzeigenverträge). Unwirksam ist auch eine Freizeichnung bei Lieferung einer Klimaanlage für absehbare, besonders **hohe Mangelfolgeschäden** an der zu kühlenden Datenverarbeitungsanlage (BGH NJW-RR 1986, 271, 272: wohl Verstoß gegen § 9 Abs Nr 2, letztlich jedoch entscheidend, daß sich der Verwender wegen des besonderen in Anspruch genommenen Vertrauens als Fachbetrieb nicht auf die Freizeichnung berufen darf). Ebenfalls unwirksam ist, auch im kaufmännischen Verkehr, ein Haftungsausschluß für Konstruktionsfehler (so schon BGH NJW 1971, 1795, 1797) sowie ein Haftungsausschluß für **Wandlung** und **Minderung** im Anlagenbau (BGH ZIP 1991, 1362, 1365: Verstoß gegen § 9 Abs 1, Abs 2 Nr 2). Befindet sich die zu bearbeitende Sache des Bestellers in der Obhut des Werkunternehmers, hat dieser grds die wesentliche Pflicht, die Sache nicht zu beschädigen. Freizeichnungen verstoßen regelmäßig auch bei leichter Fahrlässigkeit und auch im beruflichen Verkehr gegen § 9 Abs 2 Nr 2, da der Vertragspartner darauf vertrauen darf, daß er sein Eigentum unbeschädigt zurückerhält (für **Autowaschanlagen** KG NJW-RR 1991, 698, 699: Kardinalpflicht, jede Beschädigung des KFZ zu vermeiden; aA OLG Karlsruhe NJW-RR 1986, 153: keine Vertragszweckgefährdung iSv § 9 Abs 2 Nr 2 bei leicht fahrlässiger Beschädigung des KFZ; dazu oben Rn 319 ff); bei **chemischen Reinigungen** (BGH BB 1980, 1011, 1013: Haftungsbeschränkung auf 15-fachen Reinigungspreis unwirksam; dazu unten Rn 465); bei **Textilveredelung** (BGH NJW 1985, 3016, 3017 f: Ausschluß von Mangelfolgeschäden an der eingebrachten Werksache verletzt wesentliche Pflicht des Werkunternehmers, mit der Sache pfleglich umzugehen: Verstoß gegen § 9 Abs 2 Nr 2). **Anders** ist es bei **Werftverträgen** (BGH NJW 1988, 1785, 1787; BGH NJW-RR 1989, 953, 955: Haftungsausschluß für grobe Fahrlässigkeit einfacher Erfüllungsgehilfen unter Berücksichtigung der Branchenüblichkeit derartiger Freizeichnungen, sowie aufgrund der Beherrschbarkeit und Versicherbarkeit des Risikos durch den Vertragspartner des Verwenders zulässig).

14. **Factoringverträge**: siehe MARTINEK, Moderne Vertragstypen Band I (1991); LARENZ/CANARIS, Schuldrecht (13. Aufl 1994) § 65; vWESTPHALEN, Vertragsrecht und AGB-Klauselwerke, „Factoring" (Stand Sept. 1997).

15. **Franchiseverträge**: siehe EKKENGA, Die Inhaltskontrolle von Franchiseverträgen (1990); MARTINEK, Moderne Vertragstypen Band II (1992); ULMER/SCHMIDT Anh §§ 9–11 Rn 355 ff.

16. **Garantieverträge**: ULMER/HENSEN Anh §§ 9–11 Rn 370 ff; vWESTPHALEN/ PFEIFFER, Vertragsrecht und AGB-Klauselwerke, „Gebrauchtwagenkauf" Rn 115 ff; WOLF Rn G 1–7.

17. **Gerichtsstandsklauseln**

a) **Grundlagen**
Vereinbarungen über die gerichtliche Zuständigkeit (Gerichtsstandsklauseln) sind generell nur eingeschränkt zulässig, vgl §§ 38, 39, ergänzend auch § 29 und § 689 Abs 2 ZPO, § 48 Abs 2 VVG, Art 17 EuGVÜ. Es stellen sich deshalb die beiden Fragen, ob bei klauselmäßigen Vereinbarungen die Verbote der vorgenannten Normen auch im Rahmen der AGB-rechtlichen Inhaltskontrolle durchgesetzt werden können und ob für Gerichtsstandsklauseln sogar engere Zulässigkeitsgrenzen gelten als für Individualvereinbarungen.

Im **Anwendungsbereich des Artikel 17 Abs 1 EuGVÜ** wird ganz überwiegend und zu

---

* Siehe Fußnote bei STAUDINGER/SCHLOSSER § 2 Rn 63.

Recht davon ausgegangen, daß diese Vorschrift ein in sich geschlossenes einheitsrechtliches Zuständigkeitssystem enthält, das einer Relativierung oder Ergänzung durch das deutsche AGBG nicht zugänglich ist (SCHLOSSER, EuGVÜ Art 17 Rn 7, 31; KROPHOLLER, Europäisches Zivilprozeßrecht Art 17 EuGVÜ Rn 18; SCHACK, Internationales Zivilverfahrensrecht Rn 472; STEIN/JONAS/BORK, ZPO § 38 Abs 2 Rn 28; ULMER/BRANDNER Anh § 9–11 Rn 401; vWESTPHALEN, Vertragsrecht und AGB-Klauselwerke, „Gerichtsstandsklauseln" Rn 2, 10, 51, 53; WOLF/LINDACHER Anh § 2 Rn 114). Zwar enthält Art 17 Abs 1 EuGVÜ keinen spezifischen Schutz gegen formularmäßigen Mißbrauch der dort eröffneten Vereinbarungsmöglichkeiten, der EuGH ist jedoch dabei, im Rahmen dieser Vorschrift eigenständige Schutzmechanismen für unerfahrene und schwächere Vertragsparteien aufzubauen (vgl zuletzt EuGH ZIP 1997, 475, 477 f; siehe auch BGH IPRax 1997, 416; OLG Hamburg IPRax 1997, 419; in diesem Sinne schon KROPHOLLER und SCHLOSSER aaO). Es ist zu erwarten, daß auch die EG-Richtlinie 93/13/EWG über mißbräuchliche Klauseln in Verbraucherverträgen (vgl dort insbesondere Anhang Nr 1 q) in die Interpretation des Art 17 Abs 1 EuGVÜ hineinwirken wird (gegenüber der hM differenzierend oder ablehnend allerdings OLG Düsseldorf NJW-RR 1989, 1330, 1332 f; WOLF Rn G 135; ZÖLLER/VOLLKOMMER, ZPO § 38 Rn 29; LANDFERMANN RIW 1977, 445 ff, 448). Nach Art 17 EuGVÜ ist auch zu beurteilen, ob überhaupt eine „Vereinbarung" zustandegekommen ist (KROPHOLLER aRn 17; KOCH IPRax 1997, 405, 406 mit Nachweisen auch der Gegenmeinung).

371 Außerhalb des Anwendungsbereichs von Art 17 Abs 1 EuGVÜ kommt eine Inhaltskontrolle nach §§ 9 ff von vornherein nur in Betracht, soweit deutsches Recht anwendbar ist. Dies ist der Fall, soweit die Zulässigkeit von Gerichtsstandsvereinbarungen im Hinblick auf die Prorogation oder Derogation deutscher Gerichte in Frage steht (BGH NJW 1986, 1438 [Anmerkung GEIMER]; WOLF/LINDACHER Anh § 2 Rn 117; THOMAS/PUTZO, ZPO Vorbem § 38 Rn 7). Für das Zustandekommen der Gerichtsstandsvereinbarung ist hingegen das Statut des Vertrags maßgeblich, auf den sich die Vereinbarung bezieht (BGH NJW 1983, 2772, 2773; 1989, 1431; vWESTPHALEN „Gerichtsstandsklauseln" Rn 21; SCHACK, Internationales Zivilverfahrensrecht Rn 444; KOCH IPRax 1997, 405, 406 [auch zum Problem der Annahme durch schlüssiges Verhalten]).

b) AGB-rechtliche Kontrolle
aa) Gesetzlich verbotene Vereinbarungen

372 Bei den generellen gesetzlichen Beschränkungen von Gerichtsstandsklauseln (oben Rn 370) handelt es sich um **zwingendes Recht**, dagegen verstoßende Klauseln sind ohne weiteres nichtig. Eine „Angemessenheitskontrolle" nach §§ 9 ff ist deshalb obsolet; allerdings kann die aus den anderweitigen gesetzlichen Vorschriften folgende Nichtigkeit auch im Verbandsklageverfahren nach § 13 festgestellt werden (näher § 8 Rn 9 und oben Rn 170). Im Hinblick auf den Wortlaut des § 13 wird hingegen – abweichend von der hier vertretenen Auffassung – davon ausgegangen, daß der Gesetzesverstoß auch eine Unwirksamkeit nach § 9 Abs 2 Nr 1 begründet (BGH NJW 1983, 1320, 1322; 1985, 320, 322; 1987, 2867; PALANDT/HEINRICHS Rn 87; ULMER/BRANDNER Anh §§ 9–11 Rn 400; vWESTPHALEN „Gerichtsstandsklauseln" Rn 4; WOLF Rn G 139). Ob eine Klausel in den Verbotsbereich des § 38 ZPO oder flankierender Vorschriften fällt, ist allerdings nach Maßgabe der Auslegungsgrundsätze des § 5 zu beurteilen: Differenziert eine Klausel nicht zwischen Geschäften mit Kaufleuten und anderen Kunden, so erfaßt sie auch letztere und ist deshalb nichtig (vgl – allerdings unter Heranziehung von § 9 Abs 2 Nr 1 – BGH NJW 1983, 1320, 1322; 1987, 2867; LG Düsseldorf NJW-RR 1995, 440, 441; LG Karlsruhe MDR 1997, 29). Dem kann der Verwender auch nicht entgegenhalten, daß die Klausel in der

Praxis stets nur gegenüber Kaufleuten verwendet werde (LG Karlsruhe MDR 1997, 29 [auch im Individualprozeß keine geltungserhaltende Reduktion]; aA insoweit VOLLKOMMER MDR 1997, 231, 232).

Gesetzeswiederholende Klauseln verstoßen nicht gegen die gesetzlichen Beschränkungen; sie sind nach § 8 kontrollfrei und nach § 9 angemessen aber nur, wenn der Gesetzeswortlaut vollständig und unmißverständlich wiedergegeben wird (vgl § 8 Rn 36). Gerichtsstandsklauseln, die die gesetzlichen Beschränkungen nur pauschal in Bezug nehmen („soweit gesetzlich zulässig" oder ähnlich), genügen diesen Anforderungen nicht, sie verstoßen gegen das Transparenzgebot (vgl OLG Hamm BB 1983, 1304; ULMER/BRANDNER Rn 400). 373

bb) AGB-rechtliche Schranken für generell zulässige Vereinbarungen
Auch soweit Gerichtsstandsvereinbarungen vom Gesetz zugelassen werden, sind bei vorformulierten Klauseln doch zusätzlich die Schranken des AGBG zu beachten (ULMER/BRANDNER Anh §§ 9–11 Rn 401; WOLF Rn G 135; ZÖLLER/VOLLKOMMER, ZPO § 38 Rn 22, 29; zur speziellen Problematik von Termingeschäften OLG München NJW-RR 1993, 701 ff). Es wird zu Recht davon ausgegangen, daß die **§§ 12 ff ZPO** wesentliche Gerechtigkeitsgedanken enthalten, deren Abbedingung am Maßstab des § 9 Abs 2 Nr 1 zu messen ist. Hieraus folgt, daß auch unter Kaufleuten grundsätzlich ein berechtigtes Interesse an der abweichenden Regelung bestehen muß, die einseitige Durchsetzung der Verwenderinteressen ist keine Rechtfertigung (ULMER/BRANDNER Anh §§ 9–11 Rn 402; PALANDT/HEINRICHS Rn 87; WOLF Rn G 140; aA STEIN/JONAS/BORK, ZPO § 38 Rn 10; vgl auch OLG Karlsruhe NJW 1996, 2041). Diese Sicht wird für Verbraucherverträge jetzt auch bestärkt durch **Anhang Nr 1 q EG-RL**, der Beschränkungen des Gerichtszuganges tendenziell für mißbräuchlich erklärt (dazu WOLF Rn G 135 und RL-Anhang Rn 117; vWESTPHALEN „Gerichtsstandsklauseln" Rn 56). Bei groben und sachlich nicht indizierten Abweichungen von der gesetzlichen Zuständigkeitsordnung kann eine Gerichtsstandsklausel auch schon gemäß § 3 ausgesondert werden (OLG Köln ZIP 1989, 1068, 1069; LG KonstanzBB 1983, 1372; PALANDT/HEINRICHS Rn 87; WOLF Rn G 137). Dies ist beispielsweise der Fall, wenn der gewählte Gerichtsstand keine Beziehung zum Sachverhalt hat oder vom gemeinsamen gesetzlichen Gerichtsstand der Parteien abweicht. Im einzelnen: 374

Unter Kaufleuten entspricht eine Klausel, die den **Gerichtsstand am Ort des Sitzes des Verwenders** festlegt, allerdings dermaßen den Handelsbräuchen oder kaufmännischen Gewohnheiten, daß sie als durch das Rationalisierungsinteresse des Verwenders gerechtfertigt angesehen werden muß (OLG Köln VersR 1976, 537; OLG Karlsruhe NJW 1996, 2041; vWESTPHALEN „Gerichtsstandsklauseln" Rn 15, 16; STEIN/JONAS/BORK, ZPO § 38 Rn 10; ZÖLLER/VOLLKOMMER, ZPO § 38 Rn 22; wohl auch ULMER/BRANDNER Anh §§ 9–11 Rn 402; ähnlich WOLF Rn G 141; aA vor allem LG Karlsruhe JZ 1989, 690, 695; NJW 1996, 1417 [aufgehoben durch OLG Karlsruhe aaO]). Besondere Umstände können jedoch eine andere Beurteilung begründen, etwa die Unerfahrenheit einer ostdeutschen Gemeinde als Vertragspartner (LG Bielefeld NJW 1993, 2690, 2691; PALANDT/HEINRICHS Rn 87; WOLF Rn G 140; aA OLG Hamm NJW 1995, 2499 [LG Bielefeld aaO aufhebend]). Auch die Zuständigkeit des Verwender-Amtsgerichts ohne Rücksicht auf den Streitwert kann unangemessen sein, da sie bei gesetzlicher Zuständigkeit des LG dem Vertragspartner den Weg zum OLG und BGH versperrt (HEINRICHS NJW 1997, 1407, 1415; aA LG Frankenthal NJW 1997, 203). Räumt die Klausel dem Vertragspartner ein **Wahlrecht** 375 zwischen mehreren Gerichtsständen ein, so ist dies grundsätzlich nicht zu beanstanden (BGH NJW 1983, 996). Wird eine derartige Regelung allerdings mit dem Zusatz versehen „soweit zwingendes Recht nicht entgegensteht", so ist sie wegen Intransparenz unwirksam (OLG Hamm BB 1983, 1304, 1307; ULMER/BRANDNER Anh §§ 9–11 Rn 400; vWESTPHALEN „Gerichtsstandsklauseln" Rn 8, 9, 20; WOLF Rn G 140; siehe oben Rn 52).

376* 18. **Handelsvertreterverträge**: siehe PREIS/STOFFELS, Die Inhaltskontrolle der Verträge selbständiger und unselbständiger Handelsvertreter, ZHR 160 (1996) 442 ff; ULMER/SCHMIDT Anh §§ 9–11 Rn 410 ff; vWESTPHALEN, Vertragsrecht und AGB-Klauselwerke, „Handelsvertretervertrag" (Stand Mai 1994).

19. **Heimverträge**

a) **Allgemeines**

380 Der Heimvertrag hat die Aufnahme älterer oder behinderter Menschen in einer Institution zum Gegenstand, die neben Wohnraum auch Verpflegung und Betreuung bzw Pflege anbietet. Gerichtsärztliche Untersuchungen und die Rechtspraxis zeigen, daß die Klauselwerke der Heime in überproportionaler Menge unangemessene Klauseln enthalten (vgl KLIE, Altenheim 1986, 320 ff; ULMER/HENSEN Anh §§ 9–11 Rn 420 mwN). Es ist deshalb insbesondere auch die Inhaltskontrolle nach §§ 9–11 dazu aufgerufen zu gewährleisten, daß die zentralen Reformanliegen des Betreuungsgesetzes (§§ 1896 ff BGB: Persönlichkeitsbezug der Fürsorge, weitestmögliche Respektierung des Willens der Betroffenen) durch Formularpraxis nicht unterlaufen werden. Als gesetzlicher Vergleichsmaßstab steht des weiteren das Heimgesetz vom 1. 8. 1990 zur Verfügung (BGBl I 763, 1069; vgl KLIE ZRP 1990, 177 ff; WIEDEMANN NJW 1990, 2237 ff). Schließlich können auch, entsprechend dem gemischttypischen Charakter des Heimvertrags, Elemente des Miet-, Dienst- oder Kaufvertrags herangezogen werden (BGH NJW 1989, 1673, 1674; OLG Karlsruhe NJW-RR 1988, 1402 f; LG Düsseldorf NJW-RR 1991, 184, 185).

b) **Wechselseitige Rechte und Pflichten**

381 Eine **Heimordnung** ist zwischen den Parteien nur verbindlich, wenn sie nach den Regeln des § 2 einbezogen worden ist; die Heimordnung lediglich durch Verweis inkorporierende oder den Empfang der Heimordnung durch den Bewohner bestätigende Klauseln sind entweder nicht einbezogen oder verstoßen gegen § 11 Nr 15 (BGH NJW 1991, 1750, 1753 [allerdings nicht zum Heimvertrag, sondern zu einem allgemeinen Mietvertrag]; vgl ULMER/HENSEN Anh §§ 9–11 Rn 422: auch Verstoß gegen § 9).

382 Für eine **Einweisung in das Krankenhaus** kann nicht im vorhinein generell das Einverständnis des Bewohners festgestellt werden, da damit dessen Selbstbestimmungsrecht (Art 2 GG mit Art 9 Abs 2 Nr 1) unterlaufen wird. Die dem Heimbewohner eingeräumte Möglichkeit, dieses formularmäßig erteilte Einverständnis im Einzelfall zu widerrufen, kann angesichts der praktischen Hilflosigkeit in der Einweisungssituation die Ungemessenheit nicht beseitigen (LG Düsseldorf NJW-RR 1991, 696, 697; ULMER/HENSEN Anh §§ 9–11 Rn 422). Nichts anderes gilt im Ergebnis für Klauseln, die die Einweisung für den Fall des „Bedarfs" vorsehen (LG Düsseldorf aaO). Auch der

---

* Siehe Fußnote bei STAUDINGER/SCHLOSSER § 2 Rn 63.

Stichentscheid eines vom Heim beauftragten Arztes für den Fall, daß der behandelnde Arzt die Einweisung für nicht notwendig erachtet, verletzt das Selbstbestimmungs- und Persönlichkeitsrecht des Bewohners (§ 2 Abs 1 Nr 1 HeimG; Art 2 GG; KG NJW 1998, 829, 830).

Auch für Verlegungen innerhalb des Hauses versuchen sich die Heime Spielraum zu verschaffen. Ist der Heimleitung die Entscheidung eingeräumt, bei „Pflegebedürftigkeit" eine **Verlegung auf die Pflegestation** vorzunehmen, so werden hiermit wesentliche Belange des Bewohners übergangen: Derartig gewichtige Änderungen der Lebenssituation und der Leistung des Verwenders sind dem Bewohner nur zumutbar (vgl § 10 Nr 4 sowie EG-RL Anhang Nr 1 k), wenn das Einverständnis des Bewohners eingeholt oder ihm zumindest die Möglichkeit eingeräumt worden ist, die Frage mit der Person seines Vertrauens zu besprechen (LG Düsseldorf NJW-RR 1991, 696, 697; Ulmer/Hensen Anh § 9–11 Rn 422; Wolf Rn H 121; Palandt/Heinrichs Rn 93). Dies muß auch gelten, wenn der Bewohner durch die Krankenkasse in eine Pflegestufe der Pflegeversicherung eingewiesen worden ist. Eine Begrenzung des Verlegungsrechts ohne Zustimmung auf vorübergehende Versorgungsnotwendigkeiten wäre allerdings nicht zu beanstanden. Auch eine **Verlegung in ein anderes Zimmer** kann der Heimleitung nicht „jederzeit" gestattet sein, eine solche Ermächtigungsklausel verstößt gegen § 10 Nr 4 (Ulmer/Hensen Anh §§ 9–11 Rn 422). Den grundsätzlich erforderlichen Konsens kann die Heimleitung allenfalls über eine Änderungskündigung erzwingen. Auch „zwingende betriebliche Gründe" genügen nicht, wenn nicht auch auf die Zumutbarkeit für den Bewohner Rücksicht genommen wird (KG NJW 1998, 829 f).

Für die **Erhöhung des Entgelts** ist die gesetzliche Regelung des § 4 c Heimgesetz maßgeblich (dazu BGH NJW 1995, 2923 ff; KG NJW 1998, 829, 830). Davon abweichende Regelungen sind unwirksam. Im übrigen müssen ergänzende Bestimmungen den allgemeinen Grundsätzen für Preisänderungsklauseln entsprechen (vgl Staudinger/Coester-Waltjen § 11 Nr 1 Rn 17 ff; vgl Ulmer/Hensen Anh §§ 9–11 Rn 421; Wolf Rn H 122; zu einer einschlägigen Klausel siehe OLG Karlsruhe NJW-RR 1988, 1402, allerdings ohne Inhaltskontrolle der Klausel). **383**

Entgeltfortzahlung bei Abwesenheit kann grundsätzlich vorgesehen werden, wenn die durch die Abwesenheit eintretende Ersparnis an den Bewohner weitergegeben wird (Ermäßigung um 25% wird allgemein für angemessen erachtet, vgl OLG Hamm NJW-RR 1994, 888; Ulmer/Brandner Anh §§ 9–11 Rn 423; restriktiver LG Hildesheim VuR 1996, 130). Sind entsprechende Klauseln allerdings nicht klar und leicht verständlich formuliert, können sie doch wegen Verstoßes gegen das Transparenzgebot (§ 9 Abs 1) unwirksam sein (vgl OLG Hamm NJW-RR 1994, 888: Klausel, wonach ermäßigte Gebühr „nur für 28 Tage im Kalenderjahr" berechnet werden kann, ist mißverständlich).

c) Haftungsklauseln
Die Haftung des Bewohners kann nicht pauschal auf alle von seinen Besuchern verursachten Schäden erstreckt werden, da damit auch Personen erfaßt werden, für die nach §§ 278, 831 BGB nicht einzustehen wäre (§ 9 Abs 2 Nr 1; BGH NJW 1991, 1750, 1752; OLG München NJW-RR 1989, 1499; Ulmer/Hensen Anh §§ 9–11 Rn 422). Für Haftungsbeschränkungen zugunsten des Heims gelten die allgemeinen Grundsätze zu Freizeichnungsklauseln (dazu oben Rn 331 ff; speziell zu Heimverträgen KG NJW 1998, 829, 831; LG Hildesheim VuR 1996, 130; Ulmer/Hensen Anh §§ 9–11 Rn 422). **384**

d) **Vertragsbeendigung, Abwicklungsfragen**

385 Ein **Kündigungsrecht** des Heims bei **Zahlungsrückstand** von mehr als zwei Monaten wurde für unangemessen erachtet, weil (unter Zugrundelegung eines mietvertraglichen Leitbilds) das Verschuldenserfordernis und die Heilungsmöglichkeit des § 554 Abs 1 und Abs 2 Nr 2 BGB fehlten. Damit verstößt eine entsprechende Klausel gegen § 9 Abs 2 Nr 1 (BGH NJW 1989, 1673, 1674; WOLF Rn H 123). Auch ein Kündigungsrecht, das auf **gemeinschaftswidriges Verhalten** oder eine Schädigung des Heimansehens gegründet wird, kann mangels Berücksichtigung des Verschuldenselements nicht akzeptiert werden (§ 9 Abs 2 Nr 1 iVm § 554 a BGB; LG Düsseldorf NJW 1991, 696, 697 f [auch unter Berufung auf § 4 Heimgesetz]; zustimmend WOLF Rn H 123; PALANDT/HEINRICHS Rn 93). Im übrigen können bei einer Kündigungsklausel auch die Schranken des § 627 BGB zu berücksichtigen sein (vgl AG Köln NJW-RR 1990, 956 f).

386 In verschiedener Weise reagieren die Vertragswerke auf den **Tod des Heimbewohners**. Eine Klausel, die den Vertrag automatisch enden läßt, aber ein ermäßigtes Entgelt bis zur vollständigen Zimmerräumung festlegt, entspricht – auch bei dienstvertraglichen Elementen des Heimvertrages – dem Grundgedanken des § 569 BGB und ist nicht zu beanstanden (AG Sinzig NJW-RR 1987, 498, 499; WOLF Rn H 124). Umgekehrt sind auch Klauseln nicht zu beanstanden, die eine gewisse Fortdauer des Vertrags über den Tod hinaus vorsehen (vgl § 4 b Abs 8 Heimgesetz; LG Hildesheim NJW-RR 1992, 1276; ULMER/HENSEN Anh §§ 9–11 Rn 423; WOLF Rn H 123). Allerdings gilt dies nur, wenn klargestellt wird, daß die Entgeltpflicht auch schon vor Ablauf des festgelegten Zeitraums endet, wenn das Zimmer neu belegt werden kann (LG Hildesheim aaO; PALANDT/HEINRICHS Rn 93). Außerdem muß die Aufwendungsersparnis des Heims angemessen berücksichtigt werden (LG Düsseldorf NJW-RR 1991, 184, 185). Ein **Räumungsrecht** des Heims zum Vertragsende ist als Ermächtigung zur Selbsthilfe unwirksam, § 9 Abs 2, 1 iVm § 858 BGB (KG NJW 1998, 829, 831).

387* 20. **Inkassoverträge**: siehe vWESTPHALEN, Vertragsrecht und AGB-Klauselwerke, „Inkassobedingungen" (Stand Januar 1995); RIEBLE, Außergerichtliches Inkasso im Wettbewerb zwischen Anwälten und Inkassounternehmen, DB 1995, 195 ff.

390 21. **Kabelanschlußverträge**: siehe unten „Laufzeitklauseln" Rn 440.

391* 22. **Kaufverträge**: siehe ULMER/HENSEN Anh §§ 9–11 Rn 430 ff; vWESTPHALEN/PFEIFFER, Vertragsrecht und AGB-Klauselwerke, „Gebrauchtwagenkauf" (Stand November 1995) und „Neuwagenkauf" (Stand Dezember 1996).

23. **Krankenhausverträge**

a) **Gegenstand und Rechtsnatur von Krankenhausaufnahmeverträgen**

400 Krankenhausaufnahmeverträge sind gemischttypische privatrechtliche Verträge zwischen Patient und Krankenhausträger. Das gilt nicht nur für Privat-, sondern auch für Kassenpatienten (WOLF Rn K 21; vgl BGH NJW 1984, 1820, 1821; 1986, 2364). Sie haben ihren Schwerpunkt im Dienstvertragsrecht (BGH NJW 1990, 761, 766). Als spezialgesetzliche Regelungen sind insbesondere die Bundespflegesatzverordnung (BPflVO)

---

* Siehe Fußnote bei STAUDINGER/SCHLOSSER § 2 Rn 63.

und die Krankenhausgesetze des Bundes und der Länder von Bedeutung (vgl SCHLUND, in: FS Trinkner [1995] 337, 338).

Gegenstand von Krankenhausaufnahmeverträgen sind insbesondere die ärztliche Behandlung und Krankenpflege, die Versorgung mit Medikamenten sowie Unterkunft und Verpflegung. Man unterscheidet allgemeine Krankenhausleistungen und Wahlleistungen (vgl § 2 Abs 1 BPflVO). **Allgemeine Krankenhausleistungen** sind Krankenhausleistungen, die nach Art und Schwere der Erkrankung für die medizinisch zweckmäßige und ausreichende Versorgung des Patienten notwendig sind (vgl § 2 Abs 2 BPflVO). **Wahlleistungen** sind gesondert zu vereinbarende und zu berechnende Krankenhausleistungen, die über die medizinisch notwendige Behandlung hinausgehen (vgl § 22 Abs 1 BPflVO). Wahlleistungen sind zB Unterbringung in einem Ein- oder Zwei-Bett-Zimmer oder die Chefarztbehandlung (zur Abgrenzung OLG Düsseldorf NJW-RR 1988, 884, 885). **Nicht** zu den Krankenhausleistungen zählen **Leistungen der Belegärzte**, also von selbständigen Vertragsärzten, die die Einrichtungen des Krankenhauses für die Behandlung ihrer eigenen Patienten in Anspruch nehmen (vgl § 23 Abs 1 BPflVO; dazu Rn 408).

Als AGB verbreitet sind die Allgemeinen Vertragsbedingungen für Krankenhäuser **401** (**AVB**) der Deutschen Krankenhausgesellschaft. Sie sind als Konditionenempfehlung beim BKArtA angemeldet (BAnz 1986 Nr 9, 415; dazu BGH NJW 1990, 761 ff; OLG Düsseldorf NJW-RR 1988, 884 ff).

b) Abschluß und Kündigung von Krankenhausaufnahmeverträgen
Bei Abschluß und Kündigung von Krankenhausaufnahmeverträgen ist zwischen **402** medizinisch notwendigen allgemeinen Krankenhausleistungen und darüber hinausgehenden Wahlleistungen zu unterscheiden. Hinsichtlich der notwendigen allgemeinen Krankenhausleistungen besteht ein **Kontrahierungszwang**, da die Krankenhäuser durch die Krankenhausgesetze des Bundes und der Länder den gesetzlichen Auftrag haben, die medizinisch notwendige Versorgung der Bevölkerung sicherzustellen (vgl BGH NJW 1990, 761, 762 f).

Bei Klauseln, nach denen der Krankenhausträger **Wahlleistungen versagen darf**, ist zu unterscheiden:

Beim **Neuabschluß von Krankenhausaufnahmeverträgen** besteht im Hinblick auf die **403** medizinisch nicht notwendigen Wahlleistungen kein Kontrahierungszwang. Soweit daher ein Patient bei einem früheren Aufenthalt gegen seine vertraglichen Pflichten verstoßen hat, ist eine Beschränkung des neuen Krankenhausvertrags auf die allgemeinen Krankenhausleistungen und eine Versagung von Wahlleistungen zulässig. Eine entsprechende Klausel in AVB ist rein deklaratorisch und unterliegt nicht der Inhaltskontrolle nach §§ 9–11 (BGH NJW 1990, 761, 763; aA ULMER/HENSEN Anh §§ 9–11 Rn 451).

Anders ist es bei **bereits bestehenden**, unter Einschluß von Wahlleistungen abgeschlossenen **Krankenhausverträgen**. Hier dürfen einmal gewährte Wahlleistungen nicht unter Berufung auf AGB wieder entzogen werden, weil dies einer fristlosen Kündigung gleichkäme. **§ 6 Abs 5 AVB** verstößt insoweit gegen den Grundgedanken des § 626 BGB, der eine fristlose Kündigung nur aus wichtigem Grund zuläßt und ist daher gem § 9 Abs 2 Nr 1 unwirksam (OLG Düsseldorf NJW-RR 1988, 884, 885; ULMER/ HENSEN Anh §§ 9–11 Rn 451).

Die **außerordentliche Kündigungsklausel** in AGB ist unbedenklich. Die ordentliche Kündigung kann durch das Krankenhaus entgegen **§ 6 Abs 2 AVB** nicht mit 1-tägiger Frist ausgesprochen werden. Soweit einem Krankenhaus ein entsprechendes Recht eingeräumt ist, benachteiligt dies den Patienten unangemessen iSv § 9 Abs 1, da es auch für den Fall gilt, daß der Patient keinerlei Anlaß zur Kündigung gegeben hat (OLG Düsseldorf NJW-RR 1988, 884, 885; ULMER/HENSEN Anh §§ 9–11 Rn 451).

c) Einbeziehung von AGB

404 Voraussetzung für die Einbeziehung von AGB ist gem § 2 Abs 1 das Bestehen eines Vertrags zwischen Krankenhausträger und Patient. Bei **Privatpatienten** ist das Vorliegen eines privatrechtlichen Krankenhausvertrages zwischen Krankenhaus und Patient unstrittig (BGH NJW 1987, 2289, 2291).

Bei **Kassenpatienten** gingen bisher Rspr und Schrifttum von einem Vertrag zwischen Krankenhausträger und Krankenkasse zugunsten des Patienten aus (STEFFEN, Neue Entwicklungslinien der BGH-Rechtsprechung zum Arzthaftungsrecht 16 f mwN). Inzwischen tendiert die Rspr aber ersichtlich zur Annahme auch von direkten vertraglichen Beziehungen zwischen Patient und Behandlungsträger (letztlich aber offengelassen in BGH NJW 1986, 2364; 1992, 2962).

Verneint man hingegen mit der hM das Vorliegen eines Vertrags zwischen Kassenpatient und Krankenhaus, so ergeben sich erhebliche dogmatische Schwierigkeiten bzgl der Einbeziehung von AVB in den Behandlungsvertrag (vgl BUNTE NJW 1986, 2351, 2352).

Eine wirksame Einbeziehung kann nicht durch pauschale Bezugnahme auf gesonderte AVB erfolgen. **Bestätigungsklauseln**, wie zB: „Ich bin ausdrücklich auf die Allgemeinen Vertragsbedingungen (AVB) hingewiesen worden und hatte Möglichkeit, in zumutbarer Weise von ihrem Inhalt Kenntnis zu nehmen", sind gem § 11 Nr 15 b unwirksam, da sie die Beweislast hinsichtlich des Einbezugs der AVB zu Lasten des Patienten verändern (BGH NJW 1990, 761, 765; aA noch OLG Düsseldorf NJW-RR 1988, 884, 888: § 11 Nr 15 b nicht anwendbar, kein Verstoß gegen § 9 Abs 1). Im übrigen bestehen angesichts des Umfangs und der Kompliziertheit der AVB einerseits und der Situation des Patienten bei der Aufnahme andererseits grundsätzliche Bedenken, ob überhaupt von einer zumutbaren Möglichkeit der Kenntnisnahme iSv § 2 ausgegangen werden kann (KRAMER NJW 1996, 2398; ULMER/HENSEN Anh §§ 9–11 Rn 450).

d) Haftungsfragen

405 Bei stationärer Behandlung gilt das **Leitbild des totalen Krankenhausaufnahmevertrags**, bei dem Vertragsbeziehungen ausschließlich zum Krankenhausträger bestehen und das Krankenhaus alle ärztlichen und sonstigen Leistungen allein schuldet und entsprechend umfassend haftet (BGH NJW 1978, 1681; auch schon BGHZ 5, 321, 324; vgl WOLF Rn K 21). **Haftungsauschlußklauseln** in AVB sind grds unwirksam, soweit kein deutlicher Hinweis auf sie erfolgt (OLG Köln VersR 1989, 372L).

aa) Haftung des Krankenhauses für eigenes Verschulden

Das Krankenhaus haftet für sein eigenes **Organisationsverschulden** (vgl OLG Stuttgart NJW 1993, 2384, 2385; Wolf Rn K 29). Zu verschuldensabhängigen Haftungsausschlüssen siehe Rn 411.

bb) Haftung des Krankenhauses für seine Angestellten

Zu den Angestellten des Krankenhauses, die die Krankenhausleistungen im Rahmen ihres Arbeitsvertrages für das Krankenhaus erbringen, zählen insbesondere die angestellten Ärzte, das Pflege- und Reinigungspersonal sowie die Beschäftigten in den Verpflegungsbetrieben und in der Verwaltung.

Das Krankenhaus kann sich nicht durch AGB von seiner Haftung für Erfüllungs- und Verrichtungsgehilfen sowie Organe freizeichnen. **§ 17 Abs 1 AVB**, der eine Haftung des Krankenhauses auf Erfüllungsgehilfen beschränkt, verstößt gegen § 9 Abs 2 Nr 1, da dadurch die Haftung für Verrichtungsgehilfen oder die Organhaftung auggeschlossen sein kann und damit von den gesetzlichen Regelungen der §§ 31, 278, 831 BGB abgewichen wird (so OLG Düsseldorf NJW-RR 1988, 884, 887 im Hinblick auf einen Verstoß gegen § 9 Abs 2 Nr 1 iVm § 831 BGB; Ulmer/Hensen Anh §§ 9–11 Rn 451; aA Bunte NJW 1986, 2351, 2353, der § 17 I AVB einschränkend so auslegen will, daß die Haftung nach §§ 831, 31 BGB von ihm nicht berührt wird).

cc) Haftung des Krankenhauses für privatliquidierende Ärzte

Hat der Patient mit dem angestellten Arzt einen Zusatzvertrag über Wahlleistungen geschlossen (siehe dazu oben Arztverträge Rn 300 ff), so haftet das Krankenhaus dennoch umfassend auch für die ärztlichen Leistungen. Der Patient „kauft" lediglich die zusätzliche Haftung des Arztes hinzu, sog **allgemeiner Krankenhausaufnahmevertrag mit Arztzusatzvertrag** (Leitentscheidung in BGHZ 95, 63, 69 f).

Soll entgegen diesem Regelfall durch **AGB ein gespaltener Krankenhausaufnahmevertrag** (zu diesem Vertragstyp näher unten Rn 409) vereinbart werden und damit die Haftung auf die liquidationsberechtigten Ärzte beschränkt werden, so muß der Patient gezielt auf die Befreiung des Krankenhauses von der Haftung für die ärztlichen Leistungen hingewiesen werden. Ansonsten liegt ein Verstoß gegen § 3 vor (BGH NJW 1993, 779, 780).

Trotz eines solchen Hinweises kann die Haftungseinschränkung aber noch gem § 9 Abs 1 unwirksam sein, wenn der Patient nicht erkennen kann, gegen wen sich seine Haftungsansprüche konkret richten. Die Behandlungs- und Zuständigkeitsstrukturen im Krankenhaus sind regelmäßig so undurchschaubar, daß ein Rückzug des Krankenhauses aus der Haftung ohne deutliche Bezeichnung des richtigen Schuldners den Patienten rechtlos stellt (zutreffend Kramer NJW 1996, 2398, 2340 ff; Ulmer/Hensen Anh §§ 9–11 Rn 450). Nur wenn man eine solche, regelmäßig fehlende Aufklärung unterstellt, verstößt eine in der Haftungsspaltung liegende Haftungsbeschränkung nicht gegen § 9, da das Krankenhaus die ärztliche Betreuung des Patienten in diesen Fällen nicht übernimmt (BGH NJW 1993, 779, 780; aA Palandt/Heinrichs Rn 101; Kramer NJW 1996, 2398, 2400 ff: Verstoß gegen §§ 3, 9 Abs 1, Abs 2 Nr 1 und Nr 2).

dd) **Haftung des Krankenhauses bei Behandlung durch Belegärzte***

409 Bei stationärer Behandlung durch selbständige freiberuflich tätige Ärzte (Belegärzte iSv § 23 BPflVO) besteht abweichend vom Leitbild des totalen Krankenhausaufnahmevertrags (oben Rn 405) ein **gespaltener Krankenhausaufnahmevertrag**. Hier haftet das Krankenhaus regelmäßig nur für das Pflegepersonal als Verrichtungs- bzw Erfüllungsgehilfen, nicht dagegen für das ärztliche Personal. Dessen Tätigkeit ist nicht Gegenstand des Vertrags zwischen Patient und Krankenhaus (grundlegend BGHZ 5, 321, 323 f; auch BGH NJW 1992, 2962; vgl Wolf Rn K 29).

Klauseln, die eine Haftung des Krankenhauses für ärztliche Handlungen von Belegärzten ausschließen, verstoßen nicht gegen §§ 3, 9, da das Krankenhaus die ärztlichen Leistungen in diesem Fall nicht schuldet (Wolf Rn K 29; vgl OLG Stuttgart NJW 1993, 2384, 2387: Haftungsausschluß für Fehler des Belegarztes denkbar; Frenzki/Hansen NJW 1990, 737, 739, 742; OLG Düsseldorf NJW-RR 1993, 483, 484).

Das Krankenhaus kann sich auch beim Belegarztvertrag durch AGB nicht von seinen Organisationspflichten befreien (OLG Stuttgart NJW 1993, 2384, 2387; Wolf Rn K 29; vgl auch oben Rn 406).

§ 17 Abs 1 AVB ist gem § 5 so auszulegen, daß die Haftung des Krankenhausträgers für bei ihm angestelltes ärztliches und nichtärztliches Personal auch dann nicht ausgeschlossen ist, wenn dieses vom Belegarzt zur Erfüllung seiner belegärztlichen Aufgaben herangezogen wird (OLG Stuttgart NJW 1993, 2384, 2387; vgl OLG Düsseldorf NJW-RR 1993, 483, 484).

ee) **Haftung des Krankenhauses bei ambulanter Behandlung**

410 Die ambulante Behandlung dagegen obliegt grds den selbständigen, niedergelassenen Ärzten. Daher liegt bei **ambulanter Behandlung auch im Krankenhaus** grds nur ein Vertrag zwischen Arzt und Patient vor; das Krankenhaus haftet grds nicht (BGH NJW 1987, 2289; OLG Frankfurt aM NJW-RR 1993, 1248, 1249: auch bei ambulanter Behandlung nach stationärer Behandlung). Siehe dazu auch Arztverträge Rn 300 ff.

ff) **Verschuldensabhängige Haftungsausschlüsse**

411 Ein Ausschluß bei **Vorsatz** und **grober Fahrlässigkeit** verstößt schon gegen § 11 Nr 7. Ein Haftungsausschluß für **leichte Fahrlässigkeit** ist gem § 9 Abs 2 Nr 2 unzulässig, soweit er die für die Erhaltung von Leben und Gesundheit erforderlichen Behandlungs- und Aufklärungspflichten betrifft (vgl auch EG-RL Anh Nr 1 a; Palandt/Heinrichs Rn 100; Soergel/Stein Rn 85; OLG Stuttgart NJW 1979, 2355, 2356 nimmt sogar einen Verstoß gegen §§ 138, 242 BGB an; aA für kosmetische Operationen Deutsch NJW 1983, 1351, 1353). Ein Haftungsausschluß für leichte Fahrlässigkeit bei nicht personenbezogenen Pflichten ist dagegen gem § 11 Nr 7 zulässig und verstößt auch nicht gegen § 9 Abs 2 Nr 2; so etwa bei der Haftung für eingebrachte Sachen, **§ 17 Abs 2 AVB** (BGH NJW 1990, 761, 764; OLG Düsseldorf NJW-RR 1988, 884, 887; Palandt/Heinrichs Rn 100; Ulmer/Hensen Anh §§ 9–11 Rn 451; MünchKomm/Kötz Rn 39 b).

---

* Frenzki/Hansen, Der Belegarzt: Stellung und Haftung im Verhältnis zum Krankenhausträger, NJW 1990, 737.

gg) Sonstige Haftungsklauseln

Ein Haftungausschluß für leichte Fahrlässigkeit im Hinblick auf **eingebrachte Sachen**, 412
die der Patient in seiner Obhut behalten hat (§ 17 Abs 2 AVB), verstößt nicht gegen
§ 9 Abs 2 Nr 2, weil dadurch der Vertragszweck, die Heilung und Pflege des Patienten, nicht gefährdet wird (BGH NJW 1990, 761, 764). Es liegt auch kein Verstoß gegen
§ 9 Abs 1 vor, da das Bestreben des Krankenhauses, sich von der Haftung für Nebensächlichkeiten zu entlasten, schutzwürdig ist (OLG Düsseldorf NJW-RR 1988, 884, 887; im
Ergebnis ebenso PALANDT/HEINRICHS Rn 100; ULMER/HENSEN Anh §§ 9–11 Rn 451; MünchKomm/KÖTZ § 9 Rn 39 b). Ein Haftungsausschluß für Wertsachen, die der Patient bei
sich behalten hat, ist zulässig, soweit das Krankenhaus geeignete Verwahrungsmöglichkeiten anbietet (OLG Karlsruhe NJW 1975, 597, 599; vHOYNINGEN-HUENE Rn 191).

Ein Haftungsauschluß für leicht fahrlässige **Schädigungen bei Reinigung, Desinfektion
und Entwesung**, § 17 Abs 4 AVB, verstößt nicht gegen § 9 Abs 1, Abs 2 Nr 1 (OLG
Düsseldorf NJW-RR 1988, 882, 888), jedoch gegen § 9 Abs 2 Nr 2, soweit die Notwendigkeit der Reinigung vom Krankenhaus selbst verursacht wurde (BGH NJW 1990, 761,
765: unangemessene Risikoverteilung; PALANDT/HEINRICHS Rn 100).

Eine Klausel, nach der **zurückgelassene Sachen** nach 12 Wochen in das Eigentum des
Krankenhauses übergehen, **§ 16 Abs 4 AVB**, verstößt weder gegen § 10 Nr 5 noch
gegen § 9 Abs 1, Abs 2 Nr 1 (BGH NJW 1990, 761, 763 f; OLG Düsseldorf NJW-RR 1988, 884,
886).

Ausschlußfristen von 3 Monaten **für die Geltendmachung von Ansprüchen** wegen Verlust oder Beschädigung von Geld- und Wertsachen, **§ 17 Abs 3 AVB**, verstoßen gegen
§ 9 Abs 1: Zwar ist das Interesse des Krankenhauses an rascher Prüfung und
Abwicklung von Schadensfällen grds schutzwürdig, jedoch umfaßt die Klausel auch
Fälle, in denen der Krankenhausaufenthalt nach 3 Monaten noch andauert. Die
Verpflichtung, während des Krankenhausaufenthaltes Ansprüche geltend machen
zu müssen, ist eine unangemessene Benachteiligung des Patienten (BGH NJW 1990,
761, 764; **aA** OLG Düsseldorf NJW-RR 1988, 884, 887; MünchKomm/KÖTZ Rn 39 b).

hh) Die **gesamtschuldnerische Haftung der Begleitpersonen** des Patienten kann in
AGB nicht wirksam angeordnet werden (§ 11 Nr 14; LG Düsseldorf NJW 1995, 3062; vgl
OLG Düsseldorf NJW 1991, 2352; auch WOLF Rn K 25; PALANDT/HEINRICHS Rn 101; ULMER/
HENSEN Anh §§ 9–11 Rn 451 a).

e) Pflegesatzvereinbarungen

Pflegesätze werden grds von den Krankenhausträgern und den Sozialleistungsträ- 413
gern vereinbart und unterliegen der behördlichen Genehmigung aufgrund des Krankenhausfinanzierungsgesetzes und der Pflegesatzverordnungen des Bundes und der
Länder. Die Genehmigung ist ein Verwaltungsakt und unterliegt daher der verwaltungs-, nicht der zivilgerichtlichen Kontrolle (vgl WOLF Rn K 23).

Pflegesätze gelten unmittelbar für den Krankenhausaufnahmevertrag auch gegenüber
Privatpatienten. Eine Einbeziehung nach § 2 Abs 1 ist nicht erforderlich (BGH NJW
1988, 2951, 2952; WOLF Rn K 23). Ebenso findet keine Inhaltskontrollle nach § 9 ff statt
(SOERGEL/STEIN Rn 85).

Jedoch ist eine **Bestätigungsklausel**, die den Empfang des Pflegekostentarifs bestätigt, unwirksam gem § 11 Nr 15 b, da damit die Beweislast hinsichtlich der Verpflichtung des Krankenhauses zur Aushändigung des Pflegekostentarifs zu Lasten des Patienten geändert wird (BGH NJW 1990, 761, 766; aA OLG Düsseldorf NJW-RR 1988, 884, 888).

Die volle **Berechnung des Aufnahme- und Entlassungstags** kann gegen § 9 Abs 1 verstoßen (Wolf Rn K 23).

Überraschend iSv § 3 und damit ohne gesonderte Aufklärung unwirksam ist grds eine Klausel, wonach ein Kassenpatient anfallende Kosten bei Weigerung der Krankenkasse selbst zahlen muß (OLG Köln VersR 1987, 792, 793; LG Bremen NJW 1991, 2353, 2354; Wolf Rn K 22). Dies gilt jedoch nicht bei ärztlichen Wahlleistungen. Eine subsidiäre **Selbstzahlungspflicht** für ärztliche Wahlleistungen ist wirksam, soweit der Patient vor Inanspruchnahme deutlich erkennbar unter Einhaltung der Form des § 11 Nr 15 S 2 darauf hingewiesen wurde (BGH NJW 1990, 761, 766).

Ein **rückwirkendes Inkrafttreten von (höheren) Pflegesätzen** ist gem § 9 unwirksam. § 19 Abs 2 BPflVO, der derartige Rückwirkungsklauseln zuläßt, ist wegen Verstoßes gegen die Gesetzmäßigkeit der Verwaltung unwirksam (BGH NJW 1988, 2951, 2952; Wolf Rn K 24; Palandt/Heinrichs Rn 100; Ulmer/Hensen Anh §§ 9–11 Rn 451; MünchKomm/Kötz Rn 39). Anders ist es jedoch bei **Ein- und Zweibettzimmerzuschlägen** (BGH NJW 1979, 2353).

Grundsätzlich zulässig gem §§ 9–11 sind **Vorauszahlungsklauseln** (Ulmer/Hensen Anh § 9–11 Rn 451). Jedoch kann eine derartige Klausel gegen § 9 verstoßen, wenn die Vorauszahlung außer Verhältnis zur voraussichtlichen Verweildauer steht (so etwa beim 10-fachen Tagessatz Wolf Rn K 25).

f) Hausordnungen

414 Die Bezugnahme auf Bestimmungen einer Hausordnung in AGB, **§ 15 AVB**, ist gem § 9 Abs 1 unangemessen, da damit die Einbeziehungsvoraussetzungen des § 2 Abs 1 umgangen werden (OLG Düsseldorf NJW-RR 1988, 884, 886; Ulmer/Hensen Anh §§ 9–11 Rn 451).

g) Gerichtsstandsklauseln

415 Klauseln, die den Gerichtsstand am Sitz des Krankenhauses begründen, verstoßen gegen § 9 Abs 2 Nr 1 iVm 38 ZPO (BGH NJW 1985, 320; Nieburg MedR 1985, 262, 267; Schlund, in: FS Trinkner [1995] 337, 351; zu Gerichtsstandsklauseln siehe auch oben Rn 370 ff).

416 h) Zu **ärztlichen Behandlungsverträgen** und **Honoraren**, zur Einsicht in **Behandlungsunterlagen**, sowie zur **Aufklärung und Einwilligung in Behandlung, Transplantation, Obduktion und HIV-Tests**: siehe oben Arztvertrag Rn 300 ff.

417* **24. Kreditkartenverträge**: siehe Staudinger/Martinek (1995) § 675 Rn B 65 ff; vWestphalen/Pfeiffer, Vertragsrecht und AGB-Klauselwerke, „Kreditkartenvertrag" (Stand Januar 1995).

---

* Siehe Fußnote bei Staudinger/Schlosser § 2 Rn 63.

2. Unterabschnitt. § 9 AGBG
Unwirksame Klauseln

25. Lastschriftklauseln

Die formularmäßige Verpflichtung zur Erteilung einer **Einzugsermächtigung** ist, **425** anders als die Verpflichtung zur **Abbuchungsermächtigung** (vgl Palandt/Thomas § 675 Rn 13 ff) nicht unangemessen iSd § 9 I, wenn die Rationalisierungsvorteile des Verwenders die Beschränkungen der Dispositionsfreiheit des Kunden überwiegen (BGH NJW 1996, 988, 989; Ulmer/Brandner Anh §§ 9–11 Rn 459 a; Palandt/Heinrichs Rn 104; **aA** OLG Koblenz NJW-RR 1994, 689, 691); dies ist in der Regel der Fall, da bargeldloser Zahlungsverkehr verbreitet ist und das Einzugsverfahren dem Kunden durchaus auch Vorteile bietet (Entlastung von Terminüberwachung und Zahlungsvorgang; vgl BGH NJW 1996, 988, 989; OLG Nürnberg NJW-RR 1995, 1144, 1145). Auch ist die Einzugsermächtigung anders als das Abbuchungsverfahren risikolos, da der Kunde die Lastschrift widerrufen kann und das Insolvenzrisiko bei unberechtigtem Einzug bei der Gläubigerbank bzw Schuldnerbank verbleibt; die Obliegenheit, Zahlungsausgänge auf dem eigenen Konto zu kontrollieren, ist bereits Bestandteil des Girovertrags (OLG Nürnberg NJW-RR 1995, 1144, 1145; KG NJW-RR 1994, 1543, 1544). Etwas anderes gilt, wenn die einzuziehenden Beträge nicht konstant sind, ihre Richtigkeit nicht ohne weiteres überprüft werden kann und sie unregelmäßig anfallen (LG Düsseldorf NJW-RR 1996, 308, 309 allerdings mit der unzutreffenden Vorstellung, daß dem Verwender der Zugriff auf das Schuldnerkonto ermöglicht wird und ein Widerspruch gegen den Einzug nur binnen einer Sechswochenfrist möglich ist; ebenso hier an der Zulässigkeit zweifelnd: BGH NJW 1996, 988, 990; Ulmer/Brandner Anh §§ 9–11 Rn 459 a).

Ein sogenannter **Barzahleraufschlag**, der für die Barzahlung oder Überweisung des **426** geschuldeten Betrags statt Erteilung einer Einzugsermächtigung erhoben wird, ist bei moderatem Umfang eine zulässige Abweichung von der gesetzlichen Bestimmung des § 362 BGB, da die Rationalisierungs- und Kostendämpfungseffekte beim Verwender auch dem Kunden zugute kommen (KG NJW-RR 1994, 1543, 1544; OLG Düsseldorf NJW-RR 1997, 374 ff, 377; Ulmer/Brandner Anh §§ 9–11 Rn 459 a; **aA** OLG Frankfurt aM NJW-RR 1992, 1207, 1208 [dort jedoch unangemessener Druck zum Lastschriftverfahren: 3-monatige Vorleistungspflicht bei Verweigerung]).

26. Laufzeitklauseln

a) Problemstellung

Der Verwender hat bei Dauerschuldverhältnissen regelmäßig ein besonderes Inter- **427** esse an einer angemessenen Ausgestaltung der die Vertragsbeendigung betreffenden Klauseln. Bei Abschluß auf unbestimmte Zeit besteht für ihn das **Risiko einseitiger Vertragsbeendigung durch die andere Vertragspartei**. Dem Verlust von Ertragsquelle und Kundenbeziehungen versucht er daher durch sogenannte Laufzeitklauseln entgegenzuwirken. Andererseits hat auch der Vertragspartner ein besonderes Interesse daran, eine nicht unangemessen lange Zeit an dem Vertrag festgehalten zu werden. Die **Entscheidungs- und Handlungsfreiheit des Kunden** gegenüber solchen AGB-Klauseln wird im besonderen durch § 11 Nr 12 (vgl insoweit die Ausführungen Staudinger/Coester-Waltjen zu § 11 Nr 12 Rn 1 ff), ansonsten durch § 9 geschützt (vgl oben Rn 114), zumal eine übermäßig lange Vertragsbindung oftmals unbewußt eingegangen wird. Darüber hinaus gewährleistet dieser Schutz auch den Wettbewerb; lange Vertragsbindungen behindern die Nachfrage nach neuen Angeboten und beschränken somit die Konkurrenz (MünchKomm/Basedow § 11 Rn 205).

Insofern ist es also Aufgabe des AGBG, das Bestandsschutzinteresse des Verwenders einerseits und das Dispositionsinteresse der anderen Vertragspartei sowie den Wettbewerbsschutz andererseits im Rahmen einer **Interessenabwägung** zu berücksichtigen und zu einem angemessenen Ausgleich zu bringen (BGH NJW 1997, 3022, 3023; zur Interessenabwägung und zu den Abwägungskriterien allgemein siehe oben Rn 79 ff und Rn 108 ff). Diese Fragestellung gilt sowohl für Laufzeitklauseln im engeren Sinne (Erstlaufzeiten) wie auch für Verlängerungsklauseln (zu diesen jedoch noch unten Rn 435). Im einzelnen kann dabei von Bedeutung sein: Die Investitions- und Vorhaltekosten des Verwenders; die Gegenleistung des Kunden; seine denkbaren Bedürfnisse nach anderweitiger Disposition und etwaige Möglichkeiten zur außerordentlichen Kündigung; umgekehrt eine Pflicht des Verwenders, Leistungen oder Vertrag geänderten Bedürfnissen des Kunden anzupassen (vgl BGH NJW 1985, 2328; 1993, 1133; 1997, 3022).

b) **Individualvereinbarung oder Formularklausel**

428 Gerade in jüngster Zeit hat sich die Rechtsprechung des BGH – vor allem im Versicherungsvertragsrecht – mit der Abgrenzung zwischen Individualvereinbarung und Formularklausel beschäftigt. Bisweilen versuchen Verwender, die Anwendbarkeit des AGBG in bezug auf Laufzeitklauseln durch vermeintliche *Individualvereinbarungen* zu verhindern (vgl § 1). Dem steht nicht schon das Umgehungsverbot des § 7 entgegen (BGH NJW 1991, 36, 39). Vielmehr ist eine Laufzeitklausel auch dann „vorformuliert" iSd § 1 Abs 1 S 1, wenn diese mit **ausfüllungsbedürftigen Leerräumen** versehen ist, zudem begründet allein das **Ankreuzen unterschiedlicher Alternativen** noch keine Individualvereinbarung (BGH NJW 1993, 1651, 1652 mwN [handschriftliche Festlegung des Vertragsbeginns bei vorgegebener Laufzeit eines Wartungsvertrages als „unselbständige Ergänzung" der Klausel]; BGH NJW 1996, 1676, 1677 und ähnlich BGH NJW-RR 1997, 1000 f [jeweils mit anschaulichem Abdruck der Formulare eines Versicherungsvertrages]; OLG Karlsruhe VersR 1995, 326, 327 [handschriftlicher Eintrag von Beginn und Ende des Versicherungsvertrages bei vorgegebener Laufzeit]; OLG Hamm VersR 1995, 403, 404 [handschriftlicher Eintrag von Beginn und Ende des Versicherungsvertrages und Ankreuzen einer vorgegebenen Laufzeit von fünf oder zehn Jahren]; sehr weitgehend AG Hamburg NJW-RR 1997, 559 [plan- und routinemäßiges Einsetzen der Zehnjahreslaufzeit in einem Versicherungsvertrag als AGB], vgl aber den ähnlich gelagerten Fall OLG Frankfurt aM NJW-RR 1997, 1485 im abstrakten Verbandsverfahren nach den §§ 13 ff [nicht rechtskräftig]; vgl schon OLG Frankfurt aM NJW-RR 1988, 177 [nachträgliches maschinenschriftliches Einsetzen der Laufzeit in den vorgedruckten Vertragstext des Bierlieferungsvertrages]; Langheid/Müller-Frank NJW 1996, 3122 und NJW 1997, 3134, 3135 sowie Leverenz NJW 1997, 421, 422 ff mwN [Versicherungsvertrag]; vWestphalen, Vertragsrecht und Klauselwerke, „Automatenaufstellvertrag" Rn 2; vgl auch Staudinger/Schlosser § 1 Rn 34; Palandt/Heinrichs § 1 Rn 5 und 7). Keine AGB liegen aber dann vor, wenn sich die Laufzeit erst durch Eintragung des Datums von Vertragsbeginn und Vertragsende ergibt (BGH VersR 1996, 741, 742; NJW 1996, 1676, 1677 f; vgl auch OLG Frankfurt aM NJW-RR 1997, 1485 [vorgabenlose Laufzeitklausel und gleichförmige Ausfüllungspraxis der Versicherungsvertreter]).

c) **Kontrollfähigkeit gemäß § 8**

429 Seit der Entscheidung des BGH im Jahre 1994 (NJW 1994, 2693, 2694) steht fest, daß Laufzeitregelungen – insbesondere auch im Versicherungsvertragsrecht – kontrollfähig sind (zuletzt bestätigt in BGH NJW-RR 1997, 1000, 1001; Palandt/Heinrichs § 8 Rn 2). Zwar sind *Leistungsbeschreibungen*, die den Gegenstand der Hauptleistung unmittelbar festlegen und ohne deren Vorliegen mangels Bestimmtheit oder Bestimmbarkeit des wesentlichen Vertragsinhalts ein wirksamer Vertrag nicht mehr angenommen werden kann, kontrollfrei (BGH NJW-RR 1993, 1049, 1050; NJW 1993, 2369; näher § 8 Rn 19, 28 f). Zu diesem engen Leistungsbereich gehört aber nicht die Laufzeit eines Vertrages, da diese lediglich das Hauptleistungsversprechen näher ausgestaltet (BGH NJW 1994 aaO). Der BGH war schon im Jahre 1985 in seiner Stellungnahme im Verfahren des BVerfG (BVerfGE 70, 115, 120 f [Verfassungsmäßigkeit des § 23 Abs 2 Nr 6 im Hinblick auf die Laufzeit eines Versicherungsvertrages]) davon ausgegangen, daß Klauseln über die Vetragsdauer von Versicherungsverträgen nach § 9 kontrollierbar seien.

d) **Beginn der Laufzeit**

Im Zusammenhang mit einer Laufzeitklausel beim Wartungsvertrag (siehe hierzu unten Rn 441) hat der BGH entschieden, daß die Laufzeit eines Dauerschuldverhältnisses schon mit **Abschluß des Vertrages** und nicht erst mit einem vereinbarten späteren Zeitpunkt der Leistungserbringung beginnt (BGH NJW 1993, 1651, 1652 f mwN; noch offengelassen in BGH NJW 1993, 326, 327; in diesem Sinne schon LG Bielefeld NJW-RR 1989, 245, 246; aA noch KG NJW-RR 1989, 1075 und OLG München NJW-RR 1990, 1016; kritisch auch WOLF § 11 Nr 12 Rn 10; vgl auch vWESTPHALEN „Direktunterrichtsvertrag" Rn 22; siehe auch § 11 Nr 12 Rn sowie ULMER/HENSEN § 11 Nr 12 Rn 9). Hierfür sprechen der Schutzzweck sowie vor allem der Wortlaut des § 11 Nr 12 a; eine „bindende" Laufzeit des Vertrags entsteht schon mit dem rechtsgeschäftlichen Vertragsabschluß. Bei einer Laufzeitkontrolle nach § 9 kann nichts anderes gelten. **430**

e) **Verhältnis der Laufzeitregelung zu Kündigungsmöglichkeiten**

Sofern in einem Dienst- oder Mietvertrag eine Erstlaufzeit formularmäßig wirksam vereinbart wurde, ergibt sich schon aus § 620 Abs 2 bzw § 564 Abs 2 BGB der **Ausschluß des ordentlichen Kündigungsrechts** nach § 621 bzw § 565 BGB (BGH NJW 1993, 326, 328 [ordentliche Kündigung des Tänzerausbildungsvertrages]; in diesem Sinne schon BGH NJW 1985, 2585, 2586 [Kündigungsmöglichkeit von formularmäßig abgeschlossenen Internatsverträgen], wobei sich aber aus der besonderen Eigenart eines Dienstvertrages und den typischen Interessen der Beteiligten gemäß §§ 242, 157 BGB ein ordentliches Kündigungsrecht ergeben kann, 2586 f; vgl auch BGH NJW-RR 1990, 1075 [Ausschluß der ordentlichen Kündigung in AGB eines Zeitschriftenvertriebsunternehmens für Zeitschriftenzusteller auf die Dauer des ersten Jahres] sowie OLG Celle NdsRpfl 1990, 10 und OLG Hamm NJW-RR 1992, 270 [Ausschluß des ordentlichen Kündigungsrechts nach §§ 564, 565 BGB]; vgl ferner BGH NJW 1982, 2309 [Ausschluß der Kündigung nach § 649 BGB]). In diesem Zusammenhang gilt zu beachten, daß § 620 Abs 1 bzw § 564 Abs 1 BGB keinen Maßstab für die Prüfung der Angemessenheit iSd § 9 Abs 1 bilden (BGH NJW 1993 aaO; vgl zum Ausschluß des ordentlichen Kündigungsrechts auch vWESTPHALEN „Direktunterrichtsvertrag" Rn 7, 23 und 35). **431**

Die bei Dauerschuldverhältnissen grundsätzlich bestehende Möglichkeit zur **außerordentlichen Kündigung** kann **durch AGB nicht abbedungen** werden (BGH NJW 1986, 3134 mwN [Abonnementsvertrag]; vgl auch BGH NJW 1985, 53, 54 zum Automatenaufstellvertrag und BGH NJW 1993, 1133, 1135 zum Kabelanschlußvertrag [Kündigung aus wichtigem Grund auch dann, wenn vertragliche Bestimmungen hierüber nicht bestehen]; vgl aber BGH NJW 1997, 3022, 3024 [Bestand des Kündigungsrechts als Voraussetzung]), denn sie setzt die Unzumutbarkeit des Festhaltens am Vertrag voraus (zum Vorliegen eines wichtigen Grundes bei den jeweiligen Vertragstypen vgl vWESTPHALEN „Abonnementenvertrag und Druckschriftenvertrieb" Rn 16, „Automatenaufstellvertrag" Rn 12 ff, „Bierlieferungsvertrag" Rn 26 sowie „Direktunterrichtsvertrag" Rn 9 ff und 33). Bei einem **Dienstverhältnis** ist ferner das außerordentliche und zwingende Kündigungsrecht nach § 624 BGB zu beachten (STAUDINGER/PREIS [1995] § 624 Rn 1 und 7; PALANDT/PUTZO Vorbem v § 620 Rn 45 und § 624 Rn 1; mißverständlich BGH NJW 1985, 2585, 2586 sowie BGH NJW 1993, 326, 328 f, da § 624 BGB in Zusammenhang mit einem ordentlichen Kündigungsrecht gemäß §§ 242, 157 BGB gebracht wird).

f) Sanktionsfolge eines Verstoßes

432 Verstößt eine Laufzeitklausel gegen das AGBG, so ist diese Klausel **insgesamt unwirksam** (BGHZ 84, 109, 115 f; 120, 108, 122; OLG Frankfurt aM NJW-RR 1988, 177); eine *geltungserhaltende Reduktion* ist unzulässig (BGHZ 127, 35, 47; WOLF § 11 Nr 12 Rn 15; MünchKomm/BASEDOW § 11 Rn 219; vgl oben Rn 50 sowie § 6 Rn). *Salvatorische Klauseln* vermögen daran nichts zu ändern, sie verstoßen gegen § 6 Abs 2 (dazu oben Rn 52 sowie § 6 Rn 11 a; vgl weiter vWESTPHALEN „Salvatorische Klauseln" Rn 1 ff). Gemäß § 6 Abs 2 richtet sich die Laufzeit nach den **gesetzlichen Vorschriften**, ansonsten erfolgt eine Lückenausfüllung nach den Grundsätzen der **ergänzenden Vertragsauslegung** (BGH NJW 1993, 326, 330 mwN; OLG Köln NJW-RR 1997, 751, 752; ULMER/HENSEN § 11 Nr 12 Rn 17; WOLF § 11 Nr 12 Rn 15; PALANDT/HEINRICHS § 11 Rn 82; anders MünchKomm/BASEDOW § 11 Rn 219 mit Verweis auf BGH NJW 1982, 2310; vgl weiter STAUDINGER/SCHLOSSER § 6 Rn 12 ff). Zur Schließung der Lücke kommt es daher entscheidend auf den jeweiligen Vertragstyp an (PALANDT/HEINRICHS aaO; siehe daher die Ausführungen bei den jeweiligen Vertragstypen).

Ist eine Verlängerungsfrist wegen Überschreitung der zulässigen Höchstdauer unwirksam, so gilt die **gesetzliche oder vertragliche Kündigungsfrist**, ansonsten ist eine **ergänzende Vertragsauslegung** möglich (WOLF Rn 18; MünchKomm/BASEDOW § 11 Rn 219 [bei weiterer Erfüllung nach Ablauf der Erstlaufzeit gelten §§ 625, 565 a Abs 2 BGB entsprechend]).

g) Verhältnis § 9 zu § 11 Nr 12

433 Der thematisch einschlägige § 11 Nr 12 erfaßt nur **Kauf-, Werk- und Dienstverträge**, die die **regelmäßige Lieferung von Leistungen** durch den Verwender zum Gegenstand haben (BGH NJW 1985, 2328; 1993, 1133, 1134; STAUDINGER/COESTER-WALTJEN § 11 Nr 12 Rn 4; PALANDT/HEINRICHS § 11 Rn 76 f; MünchKomm/BASEDOW, § 11 Rn 206 ff; ULMER/HENSEN § 11 Nr 12 Rn 4; WOLF § 11 Nr 12 Rn 4 ff). Für solche Verträge kommt **§ 9 grundsätzlich als Auffangvorschrift** in Betracht, insbesondere wenn der in § 11 Nr 12 gezogene Rahmen den Wertungsbereich des § 9 nicht auszuschöpfen vermag (vgl oben Rn 10). Eine nach § 11 Nr 12 zulässige Klausel muß deshalb nicht unbedingt der Prüfung des § 9 standhalten (BGHZ 90, 280, 283; STAUDINGER/COESTER-WALTJEN § 11 Nr 12 Rn 2; PALANDT/ HEINRICHS § 11 Rn 79; MünchKomm/BASEDOW § 11 Rn 212; vHIPPEL JZ 1997, 1009). Für die Laufzeit bestimmt § 11 Nr 12 a lediglich eine **Höchstfrist** (vgl nur BGHZ 120, 108, 113 f mwN; ULMER/HENSEN § 11 Nr 12 Rn 3, 10; WOLF § 11 Nr 12 Rn 9), eine „Erlaubnisnorm" für den Normalfall sollte in dieser Vorschrift nicht gesehen werden (vgl § 8 Rn 39). Vertreten wird sogar eine Faustregel, daß Erstlaufzeiten von mehr als einem Jahr nur aufrechterhalten werden, wenn triftige Gründe geltend gemacht werden können, wobei es freilich auf die Besonderheiten des speziellen Vertragstyps ankommen soll (MünchKomm/BASEDOW § 11 Rn 216). Allerdings darf nun andererseits bei solcher Regelbildung im Rahmen des § 9 nicht die generelle Wertung des § 11 Nr 12 „auf den Kopf gestellt" werden (BGHZ 100, 373, 378; ZIP 1997, 282, 284 mit Besprechung von HEINRICHS NJW 1997, 1407, 1413 und EWiR 1997, 241; vHIPPEL JZ 1997, 1009).

Laufzeitklauseln, die nicht unter § 11 Nr 12 fallen, werden von vornherein nur **434** anhand von § 9 überprüft (BGH NJW 1993, 1133, 1134; OLG Düsseldorf NJW-RR 1990, 1311; LG Hildesheim NJW-RR 1989, 56, 57; WOLF § 11 Nr 12 Rn 23). Dennoch ist auch hier von einer gewissen **Rückwirkung der gesetzlichen** Wertung des § 11 Nr 12 auf die Abwägung nach § 9 auszugehen (BGH ZIP 1997, 282, 284; LG Frankfurt aM NJW-RR 1989, 176 f und 888; siehe oben Rn 11). Dies gilt vor allem auch für die in *§ 23 Abs 2 Nr 6* genannten Verträge sowie im Falle des *§ 24 S 1*. Gerade im *kaufmännischen Bereich* ist aber auf die Gebräuche und Gewohnheiten des Handelsverkehrs Rücksicht zu nehmen (vgl oben Rn 13); für den sonstigen Berufsverkehr muß entsprechendes gelten. Der auf den Letztverbraucher zugeschnittene § 11 Nr 12 kann nicht ohne weiteres für Rechtsgeschäfte zwischen Kaufleuten oder sonstigen Berufspersonen übernommen werden (BGH NJW-RR 1997, 942; NJW 1985, 2693, 2695; OLG Stuttgart NJW-RR 1994, 952; LG Gießen NJW-RR 1990, 566, 567; AG Esslingen NJW-RR 1991, 885; MünchKomm/BASEDOW § 11 Rn 220; PALANDT/HEINRICHS § 11 Rn 83; WOLF § 11 Nr 12 Rn 26).

h) Verlängerungsklauseln
Verlängerungsklauseln für den Fall nicht rechtzeitigen Widerspruchs sind nicht in **435** gleicher Weise legitim wie bindende Erstlaufzeiten. Der Kunde hat sich nur befristet gebunden und übersieht automatisch Verlängerungsklauseln häufig oder versäumt den fristgerechten Widerspruch (OLG Karlsruhe NJW-RR 1989, 243; OLG Hamm NJW-RR 1992, 444; vHIPPEL JZ 1997, 1009). Dennoch können solche Klauseln auch berechtigten Interessen der Parteien dienen, vor allem der Rationalisierung bei mutmaßlichem Verlängerungswillen des Kunden. Dieser kann unterstellt werden, wenn dauerhaft fortbestehende Bedürfnisse des Kunden befriedigt werden (zB Kabelanschluß, Zeitschriftenabonnement). Zu einer generellen Diskreditierung von Verlängerungsklauseln besteht deshalb kein Anlaß (aA vHIPPEL JZ 1997, 1009). Allerdings ist in der Interessenabwägung der Dispositionsfreiheit des Kunden, seiner finanziellen Belastung und den Gefahren seiner Überrumpelung durch stillschweigende, ungewollte Verlängerung besonderes Gewicht beizumessen. Diesen Gefahren kann der Verwender entgegenwirken, wenn er eine eigene Hinweisobliegenheit vor Ablauf der Widerspruchsfrist konstituiert (vgl vHIPPEL aaO).

i) Einzelne Vertragstypen (alphabetisch geordnet)
Im Rahmen der hier gesondert dargestellten Vertragstypen werden die Probleme der **436** Laufzeitregelungen integriert behandelt (siehe Rn 450, 501, 539 ff). Für einige andere Verträge wird im folgenden eine Übersicht über die jeweilige Laufzeitproblematik gegeben.

aa) Abonnementsvertrag
Unter einem Abonnementsvertrag versteht man in erster Linie das **Zeitungs- und Zeitschriftenabonnement**. Es handelt sich um einen Kaufvertrag, der die regelmäßige Lieferung von Waren zum Gegenstand hat, mithin ein kaufrechtliches Dauerschuldverhältnis (vWESTPHALEN/KAPPUS „Abonnementenvertrag und Druckschriftvertrieb" Rn 4).

Das Zeitungs- und Zeitschriftenabonnement fällt daher uneingeschränkt unter § 11 Nr 12. Demnach hält der BGH (Z 100, 373, 378 [Deutsches Allgemeines Sonntagsblatt] mit Anmerkung WOLF JZ 1987, 833) eine Erstlaufzeit von **zwei Jahren** für unbedenklich, sofern keine „besonderen, sich aus der Natur des Vertragsverhältnisses ergebende Gesichtspunkte" bestehen, die für die Angemessenheit einer nur kürzeren Laufzeit sprechen; im allgemeinen hält sich die finanzielle Belastung des Kunden in Grenzen (aA noch die Vorinstanz OLG Hamburg NJW-RR 1987, 47 f; vgl ferner auch BGH NJW-RR 1990, 1075 [Ausschluß der ordentlichen Kündigung in AGB eines Zeitschriftenvertriebsunternehmens für Zeitschriftenzusteller auf die Dauer des ersten Jahres] und OLG Frankfurt aM NJW-RR 1989, 958 [Laufzeitregelung und Erstbindungsfrist bei einer Buchgemeinschaft]). Vereinzelt wird aber unter Berücksichtigung der Generalklausel des § 9 eine Laufzeit von mehr als 12 Monaten für unangemessen gehalten; dabei wird auch zwischen allgemeinen Publikumsdruckschriften und Fachzeitschriften unterschieden, des weiteren dürfen Erscheinungsfolge sowie Preisaspekte nicht außer acht gelassen werden (ausführlich vWestphalen/Kappus Rn 11; Ulmer/Hensen § 11 Nr 12 Rn 10 und Anh §§ 9–11 Rn 976; Palandt/Heinrichs § 11 Rn 79).

Geht man von einer zulässigen Vertragsdauer von zwei Jahren aus, hält der BGH (BGHZ 100, 373, 380) eine Laufzeitverlängerung um **ein Jahr** im Hinblick auf § 11 Nr 12 b für unproblematisch; bei besonderen Umständen – insbesondere aufgrund der finanziellen Belastung – können sich jedoch aus § 9 Abs 1 engere Grenzen ergeben (vWestphalen/Kappus Rn 14; mißverständlich Palandt/Heinrichs § 11 Rn 80 mit Verweis auf BGHZ 100, 380, da nicht deutlich wird, daß der BGH von einer zulässigen Erstlaufzeit von zwei Jahren ausgeht).

Auch bei den **sonstigen Abonnementsverträgen** muß den speziellen Besonderheiten des jeweiligen Vertrages über § 11 Nr 12 hinaus nach § 9 Abs 1 Rechnung getragen werden (vWestphalen/Kappus Rn 11; vgl zum Fitness- und Sportstudiovertrag unten Rn 501 ff).

bb) Anzeigenvertrag

437 Der Anzeigenvertrag ist Werkvertrag (BGH NJW 1984, 2406 und LG Gießen NJW-RR 1990, 566, 567 [Vereinbarung über das Anbringen von Werbeplakaten bzw Werbetafel]; vgl auch BGH NJW 1982, 2309 [Laufzeit eines Werkvertrages für fünf Jahre unter Ausschluß auch der Kündigung nach § 649 BGB]).

Daher fällt auch der Anzeigenvertrag grundsätzlich unter § 11 Nr 12, so daß die **Höchstfrist** von **zwei Jahren** eingehalten werden muß (vgl AG Köpenick NJW 1996, 1005, 1006). Allerdings wird in diesem Bereich zumeist § 24 S 1 Nr 1 einschlägig sein, so daß eine Überprüfung anhand § 9 zu erfolgen hat. Das LG Gießen (NJW-RR 1990, 566, 567) hat eine Bindungsdauer von **drei Jahren** im *kaufmännischen Bereich* insbesondere mit Verweis auf § 24 S 2 und die Möglichkeit zur Kündigung aus wichtigem Grund nicht beanstandet. Dies ist ein Fehlargument (vgl BGH NJW 1997, 3022, 3024), auch sind keine besonderen Verwenderinteressen im kaufmännischen Bereich ersichtlich, die ein Abweichen von § 11 Nr 12 a rechtfertigen könnten.

Erst recht kann eine **Verlängerung** um **drei Jahre** bei gleicher Erstlaufzeit auch im *kaufmännischen Bereich* nicht gebilligt werden (LG Frankfurt aM NJW-RR 1989, 176 zum Mietvertrag; aA LG Gießen aaO; vgl oben Rn 435). Sofern Anzeigenaufträge von „jeweils einem Jahr" formularmäßig vereinbart werden, ist eine Verlängerungsklausel um ein weiters Jahr auf der Rückseite des Formulars überraschend und gemäß § 3 unwirksam (BGH NJW 1989, 2255 f; Ulmer/Hensen Anh §§ 9–11 Rn 82; Wolf Rn A 117; Palandt/Heinrichs Rn 55).

2. Unterabschnitt. §9 AGBG
Unwirksame Klauseln 438, 439

Bei einer Vielzahl unwirksamer Klauseln kann es – mangels ergänzungsfähigen Restes – zur **Gesamtnichtigkeit** des Vertrages kommen (AG Köpenick aaO [mit nicht passender Bezugnahme auf § 6 Abs 3]).

cc) **Automatenaufstellvertrag**
Der Automatenaufstellvertrag ist ein Mischvertrag, bei dem die mietvertraglichen **438** Elemente iSd §§ 535 ff BGB dominieren (STAUDINGER/EMMERICH [1995] Vorbem 132 ff zu §§ 535–536; PALANDT/PUTZO Einf v § 535 BGB Rn 19; vWESTPHALEN „Automatenaufstellvertrag" Rn 1).

Insofern fällt dieser nicht unter § 11 Nr 12, zusätzlich auch dann, wenn Gastwirte Kaufleute sind (PALANDT/HEINRICHS § 11 Nr 12 Rn 76; ULMER/HENSEN Anh §§ 9–11 Rn 142). Eine richterliche Inhaltskontrolle ist daher an § 9 Abs 1 auszurichten. Im wesentlichen ist danach zu fragen, ob mit dem Automatenaufstellvertrag die **Gewährung eines Darlehens** verbunden ist (vgl ULMER/HENSEN aaO; WOLF Rn A 183; ausführlich hierzu vWESTPHALEN Rn 7 f). Ist dies der Fall, besteht ein Äquivalenzinteresse zwischen der Laufzeit des Automatenaufstellvertrages und der Dauer des Darlehensvertrages, wobei eine Amortisation des Darlehens durch die **Einspielergebnisse** vereinbart wird (vWESTPHALEN Rn 7). Eine Bindungsfrist von **fünf Jahren** kann dann angemessen sein, bei einem höheren Darlehen sind auch **zehn Jahre** Vertragslaufzeit denkbar, wiederum abhängig von den Einspielergebnissen (vgl BGH NJW 1983, 159, 161; NJW 1985, 53, 55). Wird **kein Darlehen** gewährt, so sollen **drei Jahre** die Obergrenze bilden (vgl BGH NJW-RR 1990, 1076 [Vertragslaufzeit drei Jahre]; ULMER/HENSEN Anh §§ 9–11 Rn 142; vWESTPHALEN Rn 8).

Verstößt die Laufzeitklausel gegen § 9 Abs 1, läuft der Vertrag auf unbestimmte Zeit; es besteht ein **Kündigungsrecht nach § 565 Abs 1 Nr 3 BGB** (WOLF Rn A 182; im Ergebnis auch vWESTPHALEN Rn 9, wobei aber bei einem Verstoß der Laufzeitklausel gegen § 9 Abs 1 von einer Nichtigkeit des Automatenaufstellvertrages ausgegangen wird). Zudem ist eine *Sittenwidrigkeit* aufgrund einer unangemessenen Beschränkung der wirtschaftlichen Bewegungsfreiheit des Gastwirtes nach § 138 Abs 1 BGB denkbar, so daß **Gesamtnichtigkeit** eintritt (BGH NJW 1983, 159, 162; vgl aber BGH NJW 1985, 53, 54 sowie NJW-RR 1990, 1076, 1077 [keine Gesamtnichtigkeit unter Verweis auf § 6 Abs 1]; vWESTPHALEN Rn 4; ausführlich zum Verhältnis zu § 138 BGB siehe oben Rn 34 ff).

Eine **Verlängerung** auf **ein Jahr** wird regelmäßig mit § 9 Abs 1 vereinbar sein, unabhängig von einer Darlehensgewährung (vWESTPHALEN Rn 11; ULMER/HENSEN Anh §§ 9–11 Rn 142; vgl auch BGH NJW 1985, 53, 55 f [Vereinbarung einer neuen Vertragslaufzeit bei Geräteaustausch unwirksam]).

dd) **Bierlieferungsvertrag**
Ähnlich ist die Rechtslage beim Bierlieferungsvertrag. Dieser ist ein einheitlicher **439** Vertrag, der neben kaufvertraglichen Elementen zumeist noch Bestandteile anderer Vertragstypen aufweist, regelmäßig handelt es sich um einen Sukzessivlieferungsvertrag (vgl BGH NJW 1977, 35; 1981, 679; vgl aber BGH NJW 1997, 933, 934; PALANDT/HEINRICHS Einf v § 305 Rn 26 f; vWESTPHALEN „Bierlieferungsvertrag" Rn 1).

Sofern keine Individualvereinbarung vorliegt, ist nach der Situation des Gastwirtes zu differenzieren: Befindet sich dieser in der *Existenzgründungsphase*, gilt das Einzelverbot des § 11 Nr 12, vor allem gilt nicht § 23 Abs 2 Nr 6, da es sich nicht um einen Vertrag über die Lieferung „als zusammengehörig" verkaufter Sachen handelt (OLG Frankfurt aM NJW-RR 1988, 177); auf eine Darlehensgewährung kommt es hierbei nicht an, so daß eine Erstlaufzeit von maximal **zwei Jahren** zulässig ist (vWESTPHALEN Rn 12). Ansonsten gilt im regelmäßig *kaufmännischen Bereich* wegen § 24 S 1 die Generalklausel des § 9 Abs 1; sofern die Brauerei dem Gastwirt ein **Darlehen** oder **Inventar** gewährt hat, ist unter Berücksichtigung von Art 85 EWGV und EG-VO Nr 1984/83 (Kartellverbot) eine Laufzeit von maximal **zehn Jahren** mit § 9 Abs 1 vereinbar; wird **kein Darlehen** und **kein Inventar** zur Verfügung gestellt, sind maximal **fünf Jahre** gerechtfertigt (ULMER/HENSEN Anh §§ 9–11 Rn 252; vWESTPHALEN Rn 15; PALANDT/HEINRICHS Rn 70; vgl auch WOLF Rn B 105).

Bei Unwirksamkeit nach § 11 Nr 12 a oder nach § 9 Abs 1 ist der Bierlieferungsvertrag **ohne Laufzeitregelung** abgeschlossen (so im Falle des § 11 Nr 12 OLG Frankfurt aM aaO; vWESTPHALEN Rn 14 und 17); auch hier kommt eine **Kündigung entsprechend § 565 Abs 1 Nr 3 BGB** in Betracht, die sich dann gemäß § 139 BGB auch auf den Darlehensvertrag bezieht (KG NJW-RR 1989, 630 f; vWESTPHALEN aaO). Bei einer *Sittenwidrigkeit* nach § 138 Abs 1 BGB wird eine überlange Bindungsfrist in entsprechender Anwendung von § 139 BGB auf eine **vertretbar lange Frist** reduziert (BGH ZIP 1984, 335, 338; NJW-RR 1990, 816; NJW 1992, 2145, 2146; vWESTPHALEN Rn 11).

Sofern nicht schon § 11 Nr 12 b einschlägig ist, sind Verlängerungsklauseln von **einem Jahr** bei einer Erstlaufzeit von fünf Jahren und maximal **zwei Jahren** bei einer Erstlaufzeit von zehn Jahren mit § 9 Abs 1 vereinbar (so vWESTPHALEN Rn 20). Bei unwirksamer, weil überlanger Bindungsfrist ist auch die Verlängerungsklausel unwirksam (BGH NJW 1988, 2362, 2363). Eine Verlängerungsklausel, die Zeiträume erfaßt, während derer der Verwender nicht liefern konnte, ist gemäß § 9 Abs 1 unwirksam (vgl BGH NJW 1985, 2693, 2696).

ee) Kabelanschlußvertrag

440 Im Verhältnis zum Anschlußkunden ist der Kabelanschlußvertrag ein mietähnlicher Vertrag, ein Dauerschuldverhältnis mit mietvertraglichem Charakter (BGH NJW 1993, 1133). Dagegen handelt es sich im Verhältnis zum Grundstückseigentümer um ein Vertragsverhältnis eigener Art, wenn dieser für die Gebrauchsüberlassung seines Grundstücks keine Mietzahlung erhält, sich zugleich aber der Mietwert der Wohnungen aufgrund des Kabelanschlusses erhöht (BGH NJW 1997, 3022, 3023; OLG Köln NJW-RR 1997, 751 f; vgl schon OLG Frankfurt aM NJW 1985, 1228, 1229 [Kabelverzweigungsvertrag mit der Post kein Mietvertrag oder mietvertragsähnliches Rechtsverhältnis]).

Deshalb fällt der Kabelanschlußvertrag nicht unter § 11 Nr 12, lange Vertragslaufzeiten sind entsprechend dem mietähnlichen Charakter im Verhältnis zum Anschlußkunden üblich (vgl § 567 S 1 BGB). Mit Verweis auf die Rechtsprechung zu Verträgen über die Belieferung mit Fernwärme (BGHZ 100, 1 [20 Jahre]) sowie die Vermietung von Fernsprechnebenstellanlagen (BGH NJW 1985, 2328 [zehn Jahre]; dagegen aber LG Mönchengladbach NJW-RR 1997, 1000 unter Verweis auf LÖWE NJW 1995, 1726) hat der BGH (NJW 1993, 1133, 1134 f mit Anmerkung HENSEN EWiR 1993, 423) eine Bindungsdauer von **12 Jahren** im Verhältnis zum Anschlußkunden gebilligt, und zwar „wegen der Parallelität der Interessenlage" sowohl im *kaufmännischen* als auch im *nichtkaufmännischen (jetzt: beruflichen und privaten) Bereich*; zu berücksichtigen seien nämlich die hohen Entwicklungs- und Vorhaltekosten des Verwenders (zustimmend WEHRMANN DWW 1993, 287 und STRAUSS NJW 1995, 697, 700 f; PALANDT/HEINRICHS Rn 71; dagegen LG Mönchengladbach aaO; kritisch auch ULMER/HENSEN § 11 Nr 12 Rn 3 und Anh §§ 9–11 Rn 426). Um die zulässige Vertragsdauer im Verhältnis zum Grundstückseigentümer zu ermitteln, hat das OLG Köln (NJW 1997, 751, 752 [12 Jahre]) entsprechende Maßstäbe zugrundegelegt; zum einen sei ein Dauerschuldverhältnis regelmäßig auf eine längere Vertragsdauer angelegt, zudem müsse erst recht das gelten, was im Verhältnis zum Anschlußkunden gelte, da das Vertragsverhältnis zum Grundstückseigentümer die Geschäftsgrundlage für die Rechtsbeziehung zum Anschlußkunden bilde. Allerdings hält der BGH (NJW 1997, 3022, 3023 f) jetzt eine Laufzeit von 20 Jahren im Verhältnis zum Grundstückseigentümer „angesichts der rasant fortschreitenden technischen Entwicklung" für unvereinbar mit § 9 Abs 1.

Eine durch die Unwirksamkeit einer Kündigungsregelung entstandene Vertragslücke ist bei einem Vertrag sui generis mangels gesetzlicher Vorschriften im Wege der **ergänzenden Vertragsauslegung** zu schließen; hierbei kann auch auf die noch zulässige Mindestlaufzeit von **12 Jahren** zurückgegriffen werden (OLG Köln aaO). Dies läuft praktisch auf eine *geltungserhaltende Reduktion* hinaus (siehe hierzu bereits oben Rn 432).

ff) Wartungsvertrag
Laufzeitklauseln tauchen nur bei einem Dauerwartungsvertrag als Werkvertrag mit **441** Dauerwirkung auf, mithin einem Dauerschuldverhältnis; sicherzustellen ist die Betriebsfähigkeit eines Gerätes für die Dauer des Vertrages, geschuldet wird demnach die Instandhaltung sowie im Störfall die Instandsetzung des Gerätes (KG CR 1986, 772, 773; OLG Karlsruhe CR 1987, 232, 233; OLG Stuttgart NJW-RR 1991, 252 f; ULMER/HENSEN Anh §§ 9–11 Rn 930 mwN). Aufgrund der fortlaufenden Serviceleistungen liegen aber auch dienstvertragsähnliche Elemente vor (vgl BGH NJW-RR 1997, 942, 943 [Dienstleistungsvertrag]).

Insofern gilt auch § 11 Nr 12, im beruflichen Bereich § 9 Abs 1. Eine Laufzeit von **zehn Jahren** für die Wartung von technischen Geräten wird im *kaufmännischen Verkehr* grundsätzlich gebilligt, es bestehe insbesondere die Kündigungsmöglichkeit aus wichtigem Grund (OLG Stuttgart NJW-RR 1994, 952 [Telefonanlagenwartung], wobei aber die Entscheidung des Kunden für eine neue Anlage nicht als ausreichender Grund für eine vorzeitige Kündigung anzusehen ist; zustimmend STRAUSS NJW 1995, 697, 700 mwN, ablehnend LÖWE NJW 1995, 1726, 1727 Langfristige Laufzeitklauseln in vorformulierten Verträgen über technische Anlagen; kritisch auch ULMER/HENSEN Anh §§ 9–11 Rn 930; PALANDT/HEINRICHS § 11 Rn 83). Dies kann aber jedenfalls dann nicht gelten, wenn Vertragsgegenstand des Wartungsvertrages eine erkennbar veraltete Telekommunikationseinrichtung ist, so daß das Bedürfnis für eine Neuanschaffung offensichtlich ist (BGH NJW-RR 1997, 942, 943 in Abgrenzung zu BGH NJW 1985, 2328 und NJW 1993, 1133). Im *nichtkaufmännischen Verkehr* gilt das Einzelverbot des § 11 Nr 12 uneingeschränkt, so daß eine Bindungsdauer von maximal **zwei Jahren** möglich ist (ULMER/HENSEN § 11 Nr 12 Rn 3; WOLF Rn W 14), vorbehaltlich engerer Grenzen gemäß § 9.

Eine aufgrund einer unwirksamen Laufzeitbestimmung entstandene Lücke wird gemäß § 6 Abs 2 durch eine gesetzliche Kündigungsregelung geschlossen. Dabei erscheint § 649 S 1 BGB nicht sachgerecht, so daß unter Verweis auf § 620 Abs 2

BGB eine **Kündigung nach § 621 Nr 3 oder 4** BGB möglich ist (BGH aaO; KG aaO [Computerwartungsverträge sind als Werkverträge mit Dauerwirkung nach Dienstvertragsrecht kündbar]; vgl aber BGH NJW 1985, 2585, 2586 und NJW 1993, 326, 328 zum Dienstvertrag [§ 621 BGB ist nicht anwendbar, da zwar eine unwirksame Kündigungsklausel, aber wirksame Dauer gemäß § 620 Abs 2 BGB bestimmt wurde]).

442 27. **Leasingverträge**: siehe MARTINEK, Moderne Vertragstypen Band I (1991); LARENZ/CANARIS, Schuldrecht (13. Aufl 1994) § 66; REINICKE/TIEDTKE, Kaufrecht (6. Aufl 1997) Rn 1503 ff; vWESTPHALEN, Der Leasingvertrag (5. Aufl 1998).

443 28. **Leistungsbestimmungsrechte**: siehe oben Rn 42 ff.

444 29. **Maklerverträge**: siehe STAUDINGER/REUTER (1995) §§ 652, 653 Rn 197 ff, 221 ff; DEHNER, Die Entwicklung des Maklerrechts seit 1994, NJW 1996, 18 ff; SCHWERDTNER, Maklerrecht (3. Aufl 1987).

445 30. **Mietverträge**: zur Wohnraummiete STAUDINGER/EMMERICH (1995) Vorbem 273 ff zu §§ 535, 536; §§ 535, 536 Rn 64 ff; 204 ff (Schönheitsreparaturen), 251 ff (Reparaturklauseln); vWESTPHALEN/DRETTMANN, Vertragsrecht und AGB-Klauselwerke, „Wohnraummiete" (Stand November 1995); zur Geschäftsraummiete vWESTPHALEN/DRETTMANN aaO „Geschäftsraummiete" (Stand Mai 1994); zur Automiete STAUDINGER/EMMERICH (1995) Vorbem 283 zu §§ 535, 536.

31. **Partnerschaftsvermittlungsverträge**

a) **Grundlagen, Vergütungspflicht**

446 Der klassische Ehemaklervertrag (§ 656 BGB) ist heute weitgehend durch den **Partnerschaftsvermittlungsvertrag** ersetzt worden. Die Klassifizierung dieses Vertragstyps spielt im Hinblick auf § 656 keine Rolle, weil diese Norm auf alle Spielarten der Ehe- und Partnerschaftsvermittlung entsprechend angewendet wird (BGH NJW 1990, 2551 ff). Allerdings kann die Einordnung für Bestand und Fälligkeit der Vergütungspflicht und damit für einschlägige Klauseln im Lichte des § 9 Abs 2 Nr 1 bedeutsam sein. So handelt es sich bei der Ausgestaltung des Vermittlungsvertrages als erfolgsunabhängiger Dienstvertrag nicht um eine unzulässige „Umtypisierung", sondern um eine – wirtschaftlich oft notwendige – zulässige Gestaltung (BGHZ 87, 309, 313; PALANDT/HEINRICHS Rn 77). Umgekehrt wird gelegentlich versucht, die Leistungspflicht des Verwenders als „Werk" zu deklarieren und gleichzeitig zu beschränken: Entweder soll der Vertrag schon erfüllt sein durch Ausarbeitung eines Partnerschaftsvorschlags (Verstoß gegen § 9 Abs 1: OLG Hamburg NJW 1986, 325; PALANDT/HEINRICHS Rn 77; WOLF Rn M 19) oder durch einmalige Herstellung eines Adressendepots ohne Verpflichtung, dieses zu aktualisieren. Hierin liegt keine nach § 8 kontrollfähige Leistungsbeschreibung, sondern eine Aushöhlung der berechtigten Leistungserwartungen des Kunden im Sinne von § 9 Abs 2 Nr 2 (LG Hildesheim FamRZ 1989, 387; vgl PALANDT/HEINRICHS Rn 77: „bedenklich").

447 Die Anwendbarkeit des § 656 BGB zwingt die Unternehmen praktisch zu **Vorleistungklauseln**, diese sind allgemein üblich und können nicht als unangemessen eingestuft werden (BGHZ 87, 309, 313; NJW 1986, 927, 928; ULMER/HENSEN Anh §§ 9–11 Rn 292; aA offenbar WOLF Rn M 21 [für das Erfordernis eines zusätzlichen, sachlich berechtigten

2. Unterabschnitt. § 9 AGBG
Unwirksame Klauseln 448–451

Grundes]). Konsequenterweise ist auch eine Klausel wirksam, die die Tätigkeitspflicht des Vermittlers erst nach Zahlung des Entgelts einsetzen läßt (BGH NJW 1986, 927, 928). Allerdings bedeutet die formularmäßige Gehaltsabtretung zur Sicherung des Vergütungsanspruchs oder zu seiner Begleichung erfüllungshalber einen unangemessenen Eingriff in die Interessen des Kunden (ULMER/HENSEN Anh §§ 9–11 Rn 292; LODDENKEMPER NJW 1984, 160, 161; mit anderer Tendenz [allerdings nicht zu § 9] LG Trier NJW 1984, 181).

b) Kündigung und Vertragsbeendigung
Da der Partnerschaftsvermittlungsvertrag auf Dienste höherer Art gerichtet ist, kann **448** das **Kündigungsrecht des Kunden gemäß §§ 626, 627 BGB** nicht abbedungen werden, § 9 Abs 2 Nr 1 (BGH NJW 1989, 1479, 1480; NJW 1991, 2763; OLG München NJW-RR 1992, 1205; PALANDT/HEINRICHS Rn 77; ULMER/HENSEN Anh §§ 9–11 Rn 294). Allerdings können für den Fall der Kündigung nach § 627 BGB kürzere Kündigungsfristen festgelegt werden, solange kein wichtiger Grund im Sinne von § 626 BGB vorliegt (vgl OLG Stuttgart NJW-RR 1988, 1514, 1515 [drei Monate allerdings zu lang, Verstoß gegen § 9 Abs 1 und 2 Nr 1]; WOLF Rn M 22). Auch ist es legitim, wenn eine Klausel das Kündigungsrecht des Verwenders aus § 627 BGB dahingehend präzisiert, daß der Kunde aus dem Partnerkreis ausgeschlossen werden kann, falls er durch sein Verhalten die Interessen des Vermittlers oder anderer Kunden schädigt (BGH NJW 1987, 2808; MünchKomm/KÖTZ Rn 48).

Bei **Tod des Kunden** erlischt der Vertrag analog § 672 BGB (AG Dortmund NJW-RR 1991, **449** 689), anderslautende Klauseln wären gemäß § 9 Abs 2 Nr 1 unwirksam (WOLF Rn M 23–30). Für die **Rückabwicklung** nach Vertragsbeendigung ist § 10 Nr 7 zu beachten. Für die Zukunft vorausbezahlte Entgelte sind zurückzubezahlen, entsprechende Ausschlußklauseln sind unwirksam (BGH NJW 1983, 2817, 2819 [Verstoß gegen § 10 Nr 7]; PALANDT/HEINRICHS § 10 Rn 36). Auch die Beschränkung der Rückzahlung auf 10% des vorgeleisteten Entgeltes ist unzulässig (OLG München NJW-RR 1992, 1205, 1206). Von der Rückzahlungspflicht anteilig mitumfaßt ist auch der Grund- bzw Aufnahmebeitrag, je nach dem Verhältnis der abgelaufenen und noch offenstehenden Laufzeit (BGH NJW 1991, 2763; PALANDT/HEINRICHS Rn 77; ULMER/HENSEN Anh §§ 9–11 Rn 294).

c) Laufzeit
Laufzeitregelungen sind wegen des unabdingbaren Kündigungsrechts des Kunden **450** aus §§ 626, 627 BGB grundsätzlich bedeutungslos (zu Laufzeitregelungen im allgemeinen siehe oben Rn 427 ff), so daß einschlägige Klauseln eher irreführend wirken. Sie können deshalb gegen das Transparenzgebot verstoßen (vgl oben Rn 121 ff, 137; PALANDT/HEINRICHS Rn 16). Dem können die Verwender entgehen, wenn sie auf das Kündigungsrecht gemäß §§ 626, 627 BGB ausdrücklich hinweisen (ULMER/HENSEN Anh §§ 9–11 Rn 294). Eine **automatische Vertragsverlängerung** um sechs Monate ist trotz oder gerade wegen der jederzeitigen Kündigungsmöglichkeit gemäß § 9 Abs 1 für unangemessen erachtet worden, weil an dieser Klausel kein schutzwürdiges Interesse des Verwenders bestehen kann (OLG Düsseldorf NJW-RR 1995, 369).

d) Datenschutz
Die formularmäßige Einwilligung zur Datenweitergabe an andere Institute ist **451***

---

* Siehe Fußnote bei STAUDINGER/SCHLOSSER § 2 Rn 63.

unwirksam, insbesondere wenn sie über das Vertragsende hinauswirken soll. Sie ist darüber hinaus auch dann unangemessen, wenn sie pauschal auch höchstpersönliche Daten umfaßt (OLG Düsseldorf NJW-RR 1995, 369, 370; PALANDT/HEINRICHS Rn 77; ULMER/ HENSEN Anh §§ 9–11 Rn 293).

460 **32. Prospekthaftung**: siehe vWESTPHALEN/SCHÄFER, Vertragsrecht und AGB-Klauselwerke, „Prospekthaftung" (Stand Oktober 1996).

461 **33. Rechtswahlklauseln**: siehe MünchKomm/SPELLENBERG Art 31 EGBGB Rn 18 ff; SIEG RIW 1997, 811 ff.

34. Reinigungen

a) **Allgemeines**

462 Der Deutsche Textilreinigungs-Verband (DTV) hat am 11. 3. 1982 neugefaßte Konditionenempfehlungen beim Bundeskartellamt angemeldet (BAnz 1982, Nr 61). Bei den (von den Empfehlungen oft abweichenden) AGB der Reinigungen ist oft schon die Einbeziehung gemäß § 2 zweifelhaft, weil es an einem hinreichend deutlichen Aushang fehlt. Im übrigen halten auch die neuen Bedingungen der Inhaltskontrolle nicht in allen Punkten stand.

b) **Einzelregelungen**

463 Das **Rücktrittsrecht** bei Unausführbarkeit des Auftrags (Nr 3 der AGB) verfehlt zwar die Rechtslage, die Klausel kann dennoch Bestand haben: Gemeint ist eine Berufung auf die Rechtsfolgen der §§ 275, 323 BGB, die Folgen sind gleich (WOLF Rn T 23; ähnlich ULMER/HENSEN Anh §§ 9–11 Rn 267). Die **Beschränkung der Prüfungspflicht des Unternehmens** bei Warenannahme auf „eine einfache fachmännische Warenschau" (Nr 2 der AGB) ist angemessen, mehr kann bei Massengeschäften nicht verlangt werden. Nicht zu beanstanden ist auch die relativ kurze **Frist zur Mängelbeanstandung** (eine Woche, Nr 5 der AGB), allerdings kann – entgegen Nr 5 – das Beanstandungsrecht nicht zwingend an die Vorlage von Rechnung oder Lieferschein gekoppelt werden: Diese Beweiserschwerung verstößt gegen § 11 Nr 15 (ULMER/HENSEN Anh §§ 9–11 Rn 268; WOLF Rn T 25).

464 Besonders problematisch ist die **Haftungsregelung**. Dies betrifft zunächst die Haftung für **Warenherausgabe an unberechtigte Dritte:** Hier soll bei vorgelegter Auftragsbestätigung nur gehaftet werden, wenn die mangelnde Empfangsberechtigung dem Verwender positiv bekannt war (Nr 4 der AGB). Geht man jedoch von der richtigen Auffassung aus, daß bei qualifizierten Legitimationspapieren die Befreiungswirkung auch schon bei grob fahrlässiger Unkenntnis des Schuldners entfällt (STAUDINGER/ MARBURGER [1997] § 808 Rn 24 mit Nachweis des Streitstands), so liegt hierin ein teilweiser Haftungsausschluß, der gegen § 11 Nr 7 bzw § 9 Abs 2 Nr 1 verstößt (ULMER/HENSEN Anh §§ 9–11 Rn 268; WOLF Rn T 24).

465 Umstritten ist die **Haftungsbeschränkung bei Sachbeschädigung** nach Nr 6, 7 der AGB. Die Gesamtregelung (volle Haftung bei Vorsatz und grober Fahrlässigkeit, beschränkte Haftung bei leichter Fahrlässigkeit) ist im Grundsatz nicht inhaltlich, wohl aber unter Transparenzgesichtspunkten zu beanstanden: Die Kombination der

Klauseln erweckt beim Durchschnittskunden den Eindruck, die beschränkte Haftung gelte insgesamt (Bedenken auch bei AG Memmingen NJW-RR 1988, 380; WOLF Rn T 26–30). Im übrigen ist auch bei leichter Fahrlässigkeit die **Haftungsbegrenzung auf das 15-fache des Reinigungspreises** nach wie vor bedenklich. Die Sacherhaltung gehört zu den vertragswesentlichen Pflichten gemäß § 9 Abs 2 Nr 2 (AG Prüm NJW-RR 1991, 227), darüber hinaus gehört das Prinzip vollen Schadensersatzes zu den Grundgedanken der gesetzlichen Haftungsregelung, § 9 Abs 2 Nr 1 (OLG Köln ZIP 1981, 1101, 1103; vgl BGH NJW 1980, 1953, 1955). Die Verknüpfung der Haftungsbeschränkung mit dem Reinigungspreis hat keine sachliche Berechtigung; der vertragstypische Durchschnittsschaden wird auch nicht in allen Fällen abgedeckt (vgl BGH NJW 1980, 1953, 1955; AG Nürnberg NJW 1977, 1200, 1201; AG Prüm NJW-RR 1991, 227; OLG Köln ZIP 1981, 1101, 1103 hält sogar die Mehrzahl der Schadensfälle für nicht abgedeckt; umgekehrt KG VersR 1978, 1170, 1171: Höchstbetrag deckt in der Regel alle Schäden ab). Auch mit dem Preisargument kann die Begrenzung nicht gerechtfertigt werden (OLG Köln ZIP 1981, 1101, 1103; vgl grundsätzlich oben Rn 94 ff, 96); wohl aber kann die in Nr 6 der AGB nunmehr eingeräumte **Möglichkeit der Aufpreiszahlung oder des fakultativen Versicherungsabschlusses** die Klausel retten (oben Rn 96; vgl WOLF Rn T 26–30; SÖRGEL/STEIN Rn 101). Allerdings gilt dies nur, wenn auf diese Möglichkeiten nicht nur in den AGB hingewiesen wird, sondern so auffällig und klar, daß der Durchschnittskunde sich vor Abschluß des Reinigungsvertrages seiner Wahlmöglichkeiten bewußt wird (ULMER/HENSEN Anh §§ 9–11 Rn 268; tendenziell ähnlich WOLF Rn T 26–30). Dies ist in der Praxis regelmäßig nicht der Fall (vgl AG Memmingen NJW-RR 1988, 380; AG Düsseldorf NJW-RR 1989, 497). Auch bei deutlichem Hinweis kann es an der inhaltlichen Transparenz fehlen, etwa weil der Durchschnittskunde aus der Formulierung „gleich aus welchem Rechtsgrund" nicht folgert, daß die Haftungsbegrenzung auch bei Verlust oder Diebstahl gelten soll (AG Memmingen NJW-RR 1988, 380; LG Wiesbaden NJW-RR 1992, 1118).

Als angemessen schließlich muß die **Verwertungsklausel** in Nr 4 der AGB angesehen werden: Demnach darf der Verwender binnen eines Jahres nicht abgeholte Ware freihändig veräußern, die Kosten übersteigender Erlös steht dem Kunden weiterhin zur Verfügung (im Ergebnis ebenso ERMAN/HEFERMEHL Rn 160; ULMER/HENSEN Anh §§ 9–11 Rn 268; aA OLG Köln ZIP 1981, 1101, 1104 [allerdings zur alten Klausel]; PALANDT/HEINRICHS Rn 74). **466***

35. **Reisevertrag**: siehe vWESTPHALEN/KAPPUS, Vertragsrecht und AGB-Klauselwerke, „Reise- und Hotelaufnahmebedingungen" (Stand Oktober 1996). **470***

36. **Salvatorische Klauseln**: siehe oben Rn 52. **475**

37. **Schiedsklauseln**: siehe BERGER, Das neue Recht der Schiedsgerichtsbarkeit (1996); JAECKER, Schiedsklauseln: Eine rechtsvergleichende Untersuchung unter besonderer Berücksichtigung der Schiedsklauseln in allgemeinen Geschäftsbedingungen (1992); ULMER/BRANDNER Anh §§ 9–11 Rn 620 ff. **476**

38. **Schriftformklauseln**: siehe § 4 Rn 23 ff. **477**

---

* Siehe Fußnote bei STAUDINGER/SCHLOSSER § 2 Rn 63.

478* 39. **Sicherungsklauseln**: siehe ULMER/BRANDNER Anh §§ 9–11 Rn 650 ff; vWEST-PHALEN, Vertragsrecht und AGB-Klauselwerke, „Globalzession und Kollisionsfälle" (Stand November 1995), „Grundschulddarlehen", „Sicherungsabtretung" (Stand November 1995), „Sicherungsübereignung" (Stand November 1995); BGH – GS – NJW 1998, 671 ff.

40. **Sportstudio- und Fitnessverträge**

a) **Gegenstand und Rechtsnatur von Fitnessverträgen**

500 Einrichtungen unter Bezeichnungen wie Fitness-Studios, Sport-Studios, Schlankheits- oder Schönheitsstudios bieten die Benutzung von in ihren Räumen aufgestellten Sportgeräten und zum Teil auch Sportunterricht und Kurse an (ULMER/HENSEN Anh §§ 9–11 Rn 670). Die Verträge sind regelmäßig **Mischverträge** mit miet- und dienstvertraglichen Elementen, wobei je nach Ausgestaltung eines der Elemente überwiegen und den Gesamtcharakter des Vertrages bestimmen kann. Soweit die Gebrauchsüberlassung von Sportgeräten den wesentlichen Vertragsinhalt ausmacht, findet grundsätzlich **Mietvertragsrecht** Anwendung (OLG Karlsruhe NJW-RR 1989, 243; OLG Düsseldorf NJW-RR 1992, 55; LG Saarbrücken NJW-RR 1990, 890; LG Darmstadt NJW-RR 1991, 1015f; AG Gelsenkirchen-Buer NJW-RR 1989, 245; vWESTPHALEN, Vertragsrecht und AGB-Klauselwerke, „Sportstudio- und Fitnessverträge" Rn 1; ERMAN/HEFERMEHL Rn 316; ULMER/HENSEN Anh §§ 9–11 Rn 670; WOLF Rn F 123). **Dienstvertragsrecht** ist dagegen einschlägig, wenn bzw soweit die Einweisung in die richtige Handhabung der Geräte und die weitere Überwachung des Trainings oder die Teilnahme an Sportkursen den Vertragsschwerpunkt bilden (OLG Hamm NJW-RR 1992, 243; OLG Hamm NJW-RR 1992, 242; OLG Hamm NJW-RR 1992, 444; LG Hamburg NJW-RR 1988, 317; LG Frankfurt aM 1985, 1717; AG Langen NJW-RR 1995, 823; ERMAN/HEFERMEHL Rn 316). Häufig wird daher bei einem Fitnessvertrag zumindest auch Dienstvertragsrecht anzuwenden sein, wenn nämlich vom Studio neben der Nutzung der Sportgeräte auch die Einweisung in die korrekte Benutzung der Geräte zur Vermeidung gesundheitlicher Risiken geschuldet wird und gerade in der Anfangsphase die dienstvertraglichen Elemente von erheblicher Bedeutung sind (OLG Hamm NJW-RR 1992, 243; LG Frankfurt aM 1985, 1717; vWESTPHALEN Rn 1; offengelassen in BGH NJW 1997, 193, 194 und 739, 740). Ein Vertrag mit Mischcharakter (und nicht etwa ein reiner Mietvertrag) liegt auch vor, wenn ein Fitness-Studio in seinen AGB die Gebrauchsüberlassung seiner Einrichtungen und daneben **Service-Leistungen auf freiwilliger und kostenloser Basis** anbietet, da die Kosten für einen Trainer Teil der Allgemeinkosten sind, die auch auf den Kunden umgelegt werden, und das dienstvertragliche Element nicht allein durch eine AGB-Regelung ausgeschlossen werden kann (OLG Karlsruhe NJW-RR 1989, 243 f; AG Langen NJW-RR 1995, 823; vWESTPHALEN Rn 1; zur „Umtypisierung" von Verträgen oben Rn 180).

b) **Vertragslaufzeiten**
(zu Laufzeitklauseln im allg siehe oben Rn 472 ff)

aa) **Erstlaufzeiten (mit impliziertem Ausschluß der ordentlichen Kündigung)**
501 Soweit ein Fitnessvertrag als Dienstvertrag anzusehen ist, ist eine über zwei Jahre hinausgehende formularmäßige Erstlaufzeit nach **§ 11 Nr 12 a** unwirksam. Da § 11 Nr 12

---

* Siehe Fußnote bei STAUDINGER/SCHLOSSER § 2 Rn 63.

jedoch wegen der Vielgestaltigkeit der von der Vorschrift erfaßten Dauerschuldverhältnisse nur die Höchstfristen festsetzt, sind diese Verträge daneben auch der Inhaltskontrolle am Maßstab des § 9 Abs 1 zu unterwerfen (vgl oben Rn 10; BGHZ 120, 108, 113 f; 100, 373, 375 f; 90, 280, 283 f; OLG Celle NJW-RR 1995, 370, 371; OLG Hamm NJW-RR 1992, 444, 445; LG Köln NJW-RR 1988, 1084; LG Hamburg NJW-RR 1988, 317; vWestphalen „Fitnessverträge" Rn 2; Palandt/Heinrichs § 11 Rn 79). **Soweit die Fitnessverträge als Mietverträge** anzusehen sind und deshalb von § 11 Nr 12 nicht erfaßt werden (Ulmer/Hensen Anh §§ 9–11 Rn 673; Palandt/Heinrichs § 11 Rn 76; vgl BGH NJW 1985, 2328), sind sie von vornherein **nur** an § 9 zu messen (Wolf Rn F 128 und § 11 Rn 8, 23; vWestphalen Rn 2).

Bei der **Interessenabwägung** nach § 9 Abs 1 steht dem Interesse des Studioinhabers an einer langfristigen wirtschaftlichen Kalkulation, einer reibungslosen Organisation des Unterrichts und der Amortisierung seiner Anfangskosten das des Kunden gegenüber, sich nach einer angemessenen Bedenkzeit, in der er seine Eignung und Motivation überprüfen kann, vom Vertrag lösen zu können (OLG Karlsruhe NJW-RR 1989, 243, 244; LG Saarbrücken NJW-RR 1990, 890; LG Frankfurt aM NJW 1985, 1717, 1718; vWestphalen „Fitnessverträge" Rn 2). Bei der Gewichtung des Organisationsinteresses des Inhabers ist zu berücksichtigen, daß der einzelne Teilnehmer beliebig ersetzbar ist, da es keine Bindung an einen Klassenverband gibt (Berger zu LG Hamburg DB 1987, 1482, ebd 1484; LG Frankfurt aM NJW 1985, 1717, 1718), sowie daß die Teilnahme auch an Kursen regelmäßig nicht an das Einhalten bestimmter Zeiträume gebunden ist, wie etwa im schulischen Bereich (LG Hamburg NJW-RR 1987, 687, 689). Daraus folgt, daß eine volle Ausschöpfung des 2-Jahre-Zeitraums gem § 11 Nr 12 a bei Fitnessverträgen eine unangemessene Benachteiligung des Kunden gem § 9 Abs 1 bedeuten würde. Eine **6-monatige Laufzeit** ist hingegen regelmäßig als angemessen iSd § 9 anzusehen (OLG Celle NJW-RR 1995, 370, 371; AG Langen NJW-RR 1995, 823; vgl auch OLG Hamm NJW-RR 1992, 243; LG Frankfurt aM NJW-RR 1991, 184; vWestphalen „Fitnessverträge" Rn 2; Ulmer/Hensen Anh §§ 9–11 Rn 673; Palandt/Heinrichs § 11 Rn 79; MünchKomm/Basedow § 11 Rn 216). In Rechtsprechung und Literatur werden längere Laufzeiten von **9 Monaten** (OLG Hamm NJW-RR 1992, 243; Wolf Rn F 128), **12 Monaten** (LG Saarbrücken NJW-RR 1990, 890; AG Langen NJW-RR 1995, 823; vgl auch OLG Hamm NJW-RR 1992, 444, 445; vWestphalen Rn 2; aA LG Darmstadt NJW-RR 1991, 1015, 1016; Ulmer/Hensen Anh §§ 9–11 Rn 673) oder **18 Monaten** (LG Hamburg NJW-RR 1987, 687, 688; LG Frankfurt aM 1985, 1717, 1718; Ulmer/Brandner Anh §§ 9–11 Rn 764 b) für zu lang erachtet. Dem ist insoweit zuzustimmen, als jedenfalls eine Erstbindung über ein Jahr hinaus den Kunden unangemessen belastet; eine Bindung bis zu einem Jahr kann bei angemessener Probezeit hinnehmbar sein (Ulmer/Hensen Anh §§ 9–11 Rn 673).

Hinsichtlich einer **Tarifwahl** zwischen unterschiedlich langen Laufzeiten gilt, daß weder das handschriftliche Eintragen der Laufzeit (AG Langen NJW-RR 1995, 823; Ulmer/Hensen Anh §§ 9–11 Rn 673; aA AG Tettnang NJW-RR 1987, 55, 56) noch ein Ankreuzen verschiedener Alternativen (vWestphalen „Fitnessverträge" Rn 3) allein bereits den **Anforderungen einer Individualvereinbarung** genügt. Obwohl grundsätzlich eine unangemessene Benachteiligung auch nicht mit dem Preisargument gerechtfertigt werden kann (vgl oben Rn 94 ff), kommt eine Ausnahme im Rahmen einer echten Tarifwahl in Betracht, wenn der jeweilige Preis in konkrete Beziehung zu einer bestimmten Vertragsregelung gebracht wird und dem Kunden die Wahlmöglichkeiten offengelegt werden (OLG Karlsruhe NJW-RR 1989, 243, 244; LG Saarbrücken NJW-RR 1990, 890; aA WEHRISCH VuR 1995, 354, 355).

bb) **Verlängerungsklauseln**

504 Als zulässige Höchstfrist für eine Verlängerungsklausel legt **§ 11 Nr 12 b**, soweit die Vorschrift auf Fitnessverträge unmittelbar anwendbar ist, ein Jahr fest. Bei der Abwägung im Rahmen des **§ 9** sind im wesentlichen dieselben Interessen maßgebend wie auch bei den Erstlaufzeiten. Insbesondere trägt der Kunde bei einer langfristigen Bindung das Risiko einer Veränderung seiner zeitlichen, örtlichen, wirtschaftlichen und körperlichen Verhältnisse (OLG Karlsruhe NJW-RR 1989, 243, 244).

Wenn auch Klauseln mit Verlängerungsperioden von **über drei Monaten** (vWESTPHALEN „Fitnessverträge" Rn 4; ähnlich in der Tendenz HEIDEMANN VuR 1988, 249, 251), **sechs Monaten** (OLG Düsseldorf VuR 1996, 32, 33; OLG Hamm NJW-RR 1992, 444, 445 [Unwirksamkeit wegen Unvereinbarkeit mit den Grundgedanken der §§ 620, 621, 625 BGB]; AG Norderstedt VuR 1993, 247; ERMAN/HEFERMEHL Rn 316; aA BGH NJW 1997, 739; LG Frankfurt aM NJW-RR 1991, 184) und **12 Monaten** (OLG Düsseldorf NJW-RR 1992, 55; LG Darmstadt NJW-RR 1991, 1015, 1016; LG Saarbrücken NJW-RR 1990, 890; LG Köln NJW-RR 1988, 1084; LG Hamburg NJW-RR 1988, 317, 318; AG Dülmen NJW 1985, 1718 f) bereits für unzulässig gehalten werden, ist grundsätzlich davon auszugehen, daß Verlängerungsklauseln, die sich **im Rahmen der Höchstgrenze des § 11 Nr 12 b** halten, entsprechend der darin enthaltenen gesetzlichen Wertung auch nach § 9 Abs 1 **grundsätzlich nicht zu** beanstanden sind (vgl BGH NJW 1997, 739, 740; ebenso BGHZ 100, 373, 378 f; LG Wuppertal NJW-RR 1989, 1524; vgl HEINRICHS NJW 1997, 1407, 1417; ULMER/HENSEN Anh §§ 9–11 Rn 673; kritisch vHIPPEL JZ 1997, 1009; zu Erlaubnisnormen § 8 Rn 36 ff; speziell zu § 11 Nr 12 siehe § 8 Rn 38). **Die Wertungen des § 11 Nr 12 b** müssen im Rahmen des § 9 insbesondere berücksichtigt werden, weil ausweislich der amtlichen Begründung des Regierungsentwurfs (BT-Drucks 7/3919, 37) gerade auch Verträge über die Teilnahme an Gymnastik-, Schlankheits- und Bodybuildingkursen von § 11 Nr 12 erfaßt werden sollten (OLG Celle NJW-RR 1995, 370, 371). Auch wenn § 11 Nr 12 sich auf Dienstverträge bezieht und nicht auf Mietverträge, sind dessen Höchstfristen auch bei Fitnessverträgen mietrechtlicher Prägung als grundsätzlich zulässig anzusehen, weil der Gesetzgeber die in § 11 Nr 12 ausgenommenen Gebrauchsüberlassungsverträge gerade nicht strenger hat behandeln wollen als die Dienstverträge, da für Raummietverträge nicht einmal die einschränkenden Höchstgrenzen des § 11 Nr 12 gelten sollten (vgl Referentenentwurf DB, Beil 18/1974 zu § 8 Nr 12; BGH NJW 1997, 739 f). Weder die **Einschränkung der Dispositionsfreiheit** allein (aA zB OLG Düsseldorf NJW-RR 1992, 55; AG Gelsenkirchen-Buer NJW-RR 1989, 245) noch die **stillschweigende Verlängerung** (aA OLG Karlsruhe NJW-RR 1989, 243, 244; BERGER zu LG Hamburg DB 1987, 1482, ebd 1484; vWESTPHALEN „Fitnessverträge" Rn 4) bilden einen hinreichenden Grund für eine Unangemessenheit, da der Gesetzgeber die Vertragsart selbst in seine Entscheidung einbeziehen wollte, beide Aspekte ausweislich der amtlichen Begründung des Regierungsentwurfs (BT-Drucks 7/3919, 37) berücksichtigt hat und sie daher als für eine Unangemessenheit nach § 9 heranzuziehende besondere Umstände nicht in Betracht kommen (BGH NJW 1997, 739, 740; OLG Celle NJW-RR 1995, 370, 371; LG Wuppertal NJW-RR 1989, 1524 f; vgl auch BGHZ 100, 373, 378 f). Regelmäßig ist auch keine unangemessene **wirtschaftliche Belastung** des Kunden anzunehmen (vgl BGH NJW 1997, 739, 740 [Belastung von 300 bis 600 DM bei sechs Monaten nicht unangemessen]; aA LG Köln NJW-RR 1988, 1084 f [720 DM bei 12 Monaten unangemessen]; HEIDEMANN VuR 1988, 249, 251; vgl auch vWESTPHALEN Rn 2). Entsprechend dem Grundgedanken des **§ 11**

Nr 12 b, der mit einem Jahr eine **maximale Verlängerung um die Hälfte der zulässigen Erstlaufzeit** von zwei Jahren vorsieht, muß die Verlängerung jedoch grundsätzlich deutlich hinter der Erstlaufzeit zurückbleiben (OLG Düsseldorf NJW-RR 1992, 55, 56; OLG Karlsruhe NJW-RR 1989, 243, 244; LG Darmstadt NJW-RR 1991, 1015, 1016; vgl auch OLG Hamburg NJW-RR 1988, 317, 318; **aA** bei kurzen Erstlaufzeiten OLG Düsseldorf VuR 1996, 32, 33; LG Frankfurt aM NJW-RR 1991, 184 sowie im Ergebnis BGH NJW 1997, 739; OLG Celle NJW-RR 1995, 370, 371; zu weitgehend ULMER/HENSEN § 11 Nr 12 Rn 12, Anh §§ 9–11 Rn 673 sowie vWESTPHALEN „Direktunterrichtsvertrag" Rn 4, 31, die für die Verlängerungsperiode grundsätzlich von der Hälfte der sinnvoll bemessenen Erstlaufzeit ausgehen). Ist diese vorformuliert auf höchstens ein Jahr festgelegt (Rn 502), kommt also doch nur eine Verlängerung um maximal 6 Monate in Betracht (tendenziell anders wohl BGH NJW 1997, 739, 740).

Unwirksam ist bei der Anwendung von Mietvertragsrecht jedenfalls eine Verlängerung um **18 Monate** (OLG Karlsruhe NJW-RR 1989, 243, 244; WOLF Rn F 128).

cc) Kündigungsfristen

Für Kündigungsfristen gilt, soweit Dienstvertragsrecht Anwendung findet, unmittelbar nach § 11 Nr 12 b eine Höchstgrenze von 3 Monaten. Im allgemeinen ist auch im Rahmen des § 9 Abs 1 eine Frist von **drei Monaten** nicht unangemessen (WOLF § 11 Nr 12 Rn 19; ULMER/HENSEN Anh §§ 9–11 Rn 673, § 11 Nr 12 Rn 14; **aA** OLG Hamm NJW-RR 1992, 444, 445 und vWESTPHALEN „Fitnessvertrag" Rn 5, die § 621 als Maßstab heranziehen). Die Grenze der Dreimonatsfrist darf nicht dadurch überschritten werden, daß nur zum Quartalsende gekündigt werden kann (ULMER/HENSEN Anh §§ 9–11 Rn 673). Beträgt die Laufzeit selbst nur wenige Monate, kann eine Korrektur erforderlich sein (ULMER/HENSEN § 11 Nr 12 Rn 14). Bei einer Verlängerungsperiode von drei Monaten stellt eine Kündigungsfrist von ebenfalls drei Monaten wegen der Kongruenz eine überraschende Klausel iSd § 3 dar, da es widersinnig wäre, wenn der Kunde bereits im Zeitpunkt des Beginns der Verlängerung kündigen müßte (LG Hamburg NJW-RR 1988, 317, 318). Wenn dem Kunden mit einer sechsmonatigen Erstlaufzeit eine **Probezeit** eingeräumt werden soll, gefährdet eine Kündigungsfrist von drei Monaten wesentliche vertragliche Rechte des Kunden gem § 9 Abs 2 Nr 2, da es mit dem Sinn der Probezeit nicht zu vereinen ist, die Entscheidung über die Vertragsfortdauer bereits vor Ablauf der halben Probezeit zu erwarten (LG Hamburg DB 1987, 1482, 1483; WOLF § 11 Nr 12 Rn 19).

c) Außerordentliche Kündigung gemäß §§ 626, 627 BGB

Das Kündigungsrecht aus wichtigem Grund nach **§ 626 BGB** kann in AGB wegen Verstoßes gegen § 9 Abs 2 Nr 1 nicht wirksam abbedungen werden, da nach allgemeinem Rechtsgedanken Dauerschuldverhältnisse aus wichtigem Grund kündbar sein müssen (OLG München NJW-RR 1995, 1467, 1468; OLG Hamm NJW-RR 1992, 242; OLG Düsseldorf NJW-RR 1992, 55, 56; AG Langen NJW-RR 1995, 823; vWESTPHALEN „Fitnessvertrag" Rn 6, „Direktunterrichtsvertrag" Rn 9; WOLF § 11 Nr 12 Rn 20; ULMER/HENSEN Anh §§ 9–11 Rn 673; PALANDT/HEINRICHS Rn 85). Das gilt insbesondere für das Kündigungsrecht bei **längerer Erkrankung** (OLG München NJW-RR 1995, 1467, 1468; OLG Hamm NJW-RR 1992, 242; AG Langen NJW-RR 1995, 823; ULMER/HENSEN Anh §§ 9–11 Rn 673; **aA** LG Darmstadt NJW-RR 1991, 1015, 1016 [Krankheit stelle nach § 552 BGB keinen Kündigungsgrund dar]; AG Frankfurt aM NJW-RR 1993, 758) und wegen **Schwangerschaft** (ULMER/HENSEN Anh §§ 9–11 Rn 673; WOLF Rn F 128; **aA** AG Köln NJW-RR 1987, 1271; AG Tettnang NJW-RR 1987, 55, 56 [Schwangerschaft als nur vorübergehendes Trainingshindernis, das zum Ruhen des Vertrages führt]). Unwirksam sind daher auch Klauseln, die das Ruhen des Vertrages während des **Wehrdienstes** (OLG Hamm NJW-RR 1992, 242; vWESTPHALEN „Fitnessvertrag" Rn 10) oder lediglich eine Verlängerung des Kurses um die Zeit der Unterbrechung anordnen, falls das Training aus gesundheitlichen Gründen unterbrochen werden muß (OLG München NJW-RR 1995, 1467, 1468).

Ein Ausschluß der außerordentlichen Kündigung liegt nicht schon in der **Festlegung einer verbindlichen Erstlaufzeit**, da selbst bei kundenfeindlichster Auslegung die bloße Nichterwähnung der außerordentlichen Kündigung nicht als Ausschluß zu verstehen ist; die Laufzeitklausel befaßt sich mit der normalen Vertragsdurchführung und **läßt das Recht zur außerordentlichen Kündigung** aus wichtigem Grund **unberührt** (BGH NJW 1993, 1133, 1135 zum Kabelanschlußvertrag). Ein Widerspruch zur Auslegung der Weiterzahlungsklausel als einem gleichzeitigen Ausschluß der außerordentlichen Kündigung (OLG Düsseldorf NJW-RR 1992, 55, 56 und OLG Hamm NJW-RR 1992, 242; offengelassen in BGH NJW 1997, 193, 195) liegt nahe (vgl Rn 32); er könnte nur mit dem Argument vermieden werden, daß die Weiterzahlungsklausel – im Gegensatz zur Laufzeitregelung – ausdrücklich „besondere" Situationen betrifft, die auch zu einer außerordentlichen Kündigung Anlaß geben könnten.

507 Ein Ausschluß des Rechts zur vorzeitigen Kündigung bei einer **Verlegung der Räume des Sportstudios** innerhalb des Stadtgebiets bedeutet einen Verstoß gegen § 10 Nr 4 (OLG Hamm NJW-RR 1992, 444, 445; vWESTPHALEN „Fitnessvertrag" Rn 12; WOLF § 9 Rn F 127).

In der Regel sind bereits die tatbestandlichen Voraussetzungen des **§ 627 BGB** beim Fitnessvertrag nicht gegeben (vWESTPHALEN Rn 6; str für den Direktunterrichtsvertrag: siehe Nachweise bei PALANDT/PUTZO § 627 Rn 3; MünchKomm/KÖTZ § 9 Rn 39 Fn 83 sowie oben Rn 500). Die Grundwertungen des **§ 628 BGB** müssen gewahrt bleiben, so daß der Kunde im Falle einer außerordentlichen Kündigung nur eine anteilige Vergütung zu zahlen hat, § 9 Abs 2 Nr 1 (ULMER/HENSEN Anh §§ 9–11 Rn 673; ERMAN/HEFERMEHL Rn 316).

d)   Haftung*

508 Ein genereller Haftungsausschluß für **mitgebrachte Sachen** des Kunden ist nach § 11 Nr 7 unwirksam (OLG Düsseldorf NJW-RR 1992, 55, 56; LG Köln NJW-RR 1988, 1084, 1085; WOLF Rn F 126; ULMER/HENSEN Anh §§ 9–11 Rn 671; aA vWESTPHALEN „Fitnessvertrag" Rn 7 unter irrtümlicher Berufung auf OLG Düsseldorf aaO), ebenso die Klausel, daß die Benutzung der Geräte **auf eigene Gefahr** erfolge, weil damit jede eigene Haftung des Verwenders ausgeschlossen wird (WOLF Rn F 126; OLG Koblenz NJW-RR 1990, 501; dagegen differenzierend vWESTPHALEN Rn 8).

509 Ein genereller **Haftungsausschluß auch für Fälle leichter Fahrlässigkeit** ist wegen der Gefahr einer Aushöhlung vertragswesentlicher Pflichten und einer Gefährdung des Vertragszwecks gemäß § 9 Abs 2 Nr 2 unwirksam (ULMER/HENSEN Anh §§ 9–11 Rn 671, § 11 Nr 7 Rn 23 ff; vWESTPHALEN „Fitnessvertrag" Rn 7; im Ergebnis auch OLG München NJW-RR 1995, 1467, 1468 [Unwirksamkeit gem § 9 Abs 2 Nr 1]; OLG Stuttgart NJW-RR 1988, 1082, 1083

---

* Zu Freizeichnungsklauseln im allg siehe Rn 331 ff.

2. Unterabschnitt.
Unwirksame Klauseln

[Unwirksamkeit gem § 9 Abs 1, 2 Nr 1 iVm §§ 276, 278 BGB]; OLG Hamm NJW-RR 1992, 243 f; LG Köln NJW-RR 1988, 1084, 1085; WOLF Rn F 126; PALANDT/HEINRICHS Rn 41; vgl auch oben Rn 338 ff). Zu den wesentlichen Pflichten des Studioinhabers gehört es, seine Kunden vor Gesundheitsschäden zu bewahren und seine Einrichtungen in ordnungsgemäßem Zustand zu halten (OLG München NJW-RR 1995, 1467, 1468; OLG Stuttgart NJW-RR 1988, 1082, 1083). Für den (regelmäßig vorliegenden) Verbrauchervertrag ist insoweit auch **Anh 1 a EG-RL** zu beachten (oben Rn 89). Aus denselben Gründen sowie wegen Verstosses gegen § 11 Nr 7 ist ein genereller Ausschluß der Haftung für **Folgeschäden** unwirksam (OLG Stuttgart NJW-RR 1988, 1082, 1083; WOLF Rn F 126).

Wirksam ist ein formularmäßiger Ausschluß der Haftung für ausschließlich **selbstverschuldete Unfälle**, da der Studioinhaber keine Garantiehaftung trägt und die Klausel den Kunden nicht unangemessen benachteiligt (OLG Düsseldorf NJW-RR 1992, 55, 56; vWESTPHALEN „Fitnessvertrag" Rn 7; ERMAN/HEFERMEHL Rn 316); anders, wenn die Klausel als Haftungsausschluß für ein eventuelles Mitverschulden zu verstehen ist (WOLF Rn F 126). **510**

Bei einer **Beschränkung der Haftung** des Studios auf die Deckung durch seine **Haftpflichtversicherung** kann die Einbeziehung der Klausel nach § 2 scheitern, wenn für den Kunden nicht erkennbar ist, welcher Schaden in welcher Höhe abgedeckt ist, und es ihm nicht zugemutet werden kann, die Versicherungspolice des Verwenders zu lesen (ULMER/HENSEN § 11 Nr 7 Rn 36; vWESTPHALEN „Fitnessvertrag" Rn 7). Selbst bei wirksamer Einbeziehung der Klausel haften Unternehmen auch für leicht fahrlässig verursachte Gesundheitsschäden unbegrenzt, da wesentliche Vertragspflichten betroffen sind (oben Rn 509). Im übrigen ist eine Haftungsbegrenzung auf die Höhe des von der Versicherung des Inhabers abgedeckten Schadens grundsätzlich nach § 9 nicht zu beanstanden, wenn die Deckungssumme den vorhersehbaren Schäden entspricht (FUCHS BB 1992, 1217, 1224 mwN; vWESTPHALEN „Freizeichnungsklauseln" Rn 74) und das Studio transparent seine Eigenhaftung herausstellt, soweit die Haftpflichtversicherung nicht eintritt (etwa bzgl Selbstbehalt, Deckungsgrenzen, Ausschlüssen; vWESTPHALEN „Fitnessverträge" Rn 7, „Freizeichnungsklauseln" Rn 77; PALANDT/HEINRICHS Rn 48). Die Berücksichtigung der Schädigerinteressen erfordert, eine solche Haftungsbeschränkung zuzulassen, damit der Studioinhaber die Möglichkeit hat, einer Existenzgefährdung vorzubeugen (FUCHS BB 1992, 1217, 1224). **511**

Eine Klauselbestimmung, daß Begleitpersonen für **minderjährige** Nichtmitglieder haften, ist gem § 9 Abs 2 Nr 1 unwirksam, weil sie vom Grundgedanken des § 832 BGB abweicht (OLG Koblenz NJW-RR 1990, 501; WOLF Rn F 126; vWESTPHALEN „Fitnessverträge" Rn 9; ERMAN/HEFERMEHL Rn 316). **512**

e)   **Weiterzahlungspflicht trotz Nichtnutzung**
Klauseln, die das **Fortbestehen der Beitragspflicht** des Kunden auch dann vorsehen, wenn das Studio **wegen Ferien oder Urlaubs vorübergehend geschlossen** ist, wurden nach § 11 Nr 2 a für unwirksam gehalten, weil sie für die Dauer der Studioferien das Leistungsverweigerungsrecht des § 320 BGB ausschlössen (OLG Stuttgart NJW-RR 1988, 1082; OLG Hamm 1992, 243, 244; WOLF Rn F 127). Richtigerweise sind Ferienklauseln jedoch grundsätzlich nach **§ 9 Abs 2 Nr 1 unwirksam**, da sie gegen das Äquivalenzprizip verstoßen (vgl oben Rn 172), soweit weder eine Nachholmöglichkeit eingeräumt wird noch § 616 BGB eingreift (OLG Frankfurt aM NJW-RR 1989, 633; im Ergebnis auch **513**

OLG Hamm 1992, 243, 244; LG Köln NJW-RR 1988, 1084; vWestphalen „Fitnessverträge" Rn 10; aA für eine maßvolle Sommerpause von zwei bis drei Wochen Ulmer/Hensen Anh §§ 9–11 Rn 672). Eine Nachholmöglichkeit führt jedoch nicht zur Angemessenheit, wenn der Kunde, wie regelmäßig, ein Interesse an kontinuierlichem Training hat (LG Köln NJW-RR 1988, 1084; analog kann der Rechtsgedanke des § 615 BGB herangezogen werden). Grundsätzlich fehlt auch eine unverschuldete Verhinderung iS § 616 BGB, da die Entscheidung zur Schließung regelmäßig willkürlich getroffen wird oder auf betriebswirtschaftlichen Gründen beruht (LG Köln NJW-RR 1988, 1084); außerdem ist ein verhältnismäßig nicht erheblicher Zeitraum iSd § 616 BGB bereits bei einer drei- (LG Köln aaO; vgl auch zu § 320 BGB OLG Stuttgart NJW-RR 1988, 1082) bzw fünfwöchigen (OLG Frankfurt aM NJW-RR 1989, 633) Schließung überschritten.

514 Die Klausel, der Beitrag sei **auch dann regelmäßig zu zahlen, wenn das Mitglied die Einrichtungen nicht nutzt**, führt zu einer unangemessenen Benachteiligung des Kunden iSd **§ 9 Abs 2 Nr 1** (BGH NJW 1997, 193, 195 [Unwirksamkeit nach § 9 Abs 1]; Heinrichs EWiR § 9 AGBG 1/97, 2; Ulmer/Hensen Anh §§ 9–11 Rn 672). Eine Inhaltskontrolle ist nach Auffassung des BGH nicht gem § 8 deshalb ausgeschlossen, weil die Klausel nur den ohnehin anzuwendenden § 552 S 1 BGB wiederhole; die Gebrauchsüberlassung beim Fitnessvertrag weiche vom gesetzlichen Leitbild des Mietvertrages so erheblich ab, daß die Anwendung des § 552 BGB ausgeschlossen sei (BGH NJW 1997, 193, 194; im Ergebnis ebenso LG Frankfurt aM NJW 1985, 1717 f; aA LG Darmstadt NJW-RR 1991, 1015, 1016; Wolf Rn F 128). Während das Gesetz davon ausgehe, daß die Mietsache dem Mieter zur alleinigen Verfügung überlassen werde und dieser dann nach § 552 BGB das Verwendungsrisiko trage, würden die Fitnessgeräte auch von anderen Kunden benutzt, wobei nicht sichergestellt sei, daß der Kunde selbst die Geräte regelmäßig nutzen könne; daher habe die Übernahme des vollen Verwendungsrisikos durch den Kunden beim Fitnessvertrag eine grundlegend andere Qualität (BGH NJW 1997, 193, 194). Die Klausel benachteiligt den Kunden deshalb unangemessen nach § 9 Abs 2 Nr 1, weil die Weiterzahlungspflicht entgegen der Regelung des § 323 BGB auch für einen längeren Zeitraum besteht, wenn er aus Gründen, die er nicht beeinflussen kann, an der weiteren Nutzung auf Dauer gehindert ist (BGH NJW 1997, 193, 195).

515 Die Weiterzahlungsklausel ist ferner nach § 9 Abs 2 Nr 1 unwirksam, weil sie auch das Kündigungsrecht des **§ 626 BGB** ausschließt (OLG Düsseldorf NJW-RR 1992, 55, 56 in kundenfeindlicher Auslegung; OLG Hamm NJW-RR 1992, 242; vWestphalen „Fitnessverträge" Rn 10; Wolf Rn F 128; Erman/Hefermehl Rn 316; offengelassen in BGH NJW 1997, 193, 195). Erst recht gilt dies, wenn die Klausel ausdrücklich feststellt, daß **Krankheit oder ein sonstiger Hinderungsgrund** nicht von der Beitragspflicht entbänden (dazu siehe oben Rn 514).

516 Die Unangemessenheit der Weiterzahlungsklausel wird nicht kompensiert durch eine AGB-Bestimmung, nach der das Sportstudio die **Möglichkeit einer Vertragsaufhebung** unter Berücksichtigung der beiderseitigen Interessen prüfen wird, wenn der Kunde eine Krankheit nachweist, da eine Vertragsaufhebung danach weitgehend im Belieben des Verwenders steht und die Klausel darüberhinaus jedenfalls geeignet ist, den Kunden daran zu hindern, auf einer Vertragsauflösung zu bestehen (BGH NJW 1997, 195 f; Ulmer/Hensen Anh §§ 9–11 Rn 672).

Eine Klausel, die einen Anspruch des Kunden auf Ersatzstunden und Schadensersatz ausschließt, wenn es dem Studio aus Gründen, die es nicht zu vertreten hat („**höhere Gewalt**"), unmöglich wird, seine Leistung zu erbringen, ist wegen Verstoßes gegen § 9 Abs 2 Nr 1 unwirksam, wenn die Beitragspflicht entgegen § 323 BGB bestehen bleiben soll (OLG Hamm NJW-RR 1992, 242, 243; WOLF Rn F 128). **517**

Nicht nach § 9 Abs 2 Nr 1 ist es zu beanstanden, wenn eine Klausel eindeutig fest- **518** stellt, daß der Beitrag bei einer **vorübergehenden** Erkrankung weiterzuzahlen ist (zeitliche Grenze wie oben Rn 513) sowie wenn der Kunde das Studio aus von ihm selbst zu vertretenden Gründen nicht nutzt, da nach § 615 BGB der Kunde das Risiko eines Annahmeverzug gem §§ 293 ff BGB selbst zu tragen hat (vWESTPHALEN „Fitnessverträge" Rn 10).

f) Verzugsklauseln
Zu Verzugsklauseln allgemein siehe § 10 Nr 2, § 11 Nr 4, 8 und dortige Kommentie- **519** rung; bei Sportstudio-Verträgen: BGH NJW 1985, 1705, 1706; OLG München NJW-RR 1995, 1467, 1468; OLG Celle NJW-RR 1995, 370, 371 f; OLG Hamm NJW-RR 1992, 242 f und 444, 445; OLG Stuttgart NJW-RR 1988, 1082 f; LG Köln NJW-RR 1988, 1084, 1085; AG München NJW-RR 1991, 251.

g) Bestätigungsklauseln
aa) Gesundheitsklauseln
Eine Klausel, nach der der Kunde erklärt, **frei von ansteckenden Krankheiten zu sein**, **520** verstößt nicht gegen § 11 Nr 15 b, weil sie die Beweislast nicht verändert (OLG Hamm NJW-RR 1987, 947; ULMER/HENSEN Anh §§ 9–11 Rn 672; SOERGEL/STEIN Rn 110; aA OLG Stuttgart NJW-RR 1988, 1082, 1083; ERMAN/HEFERMEHL Rn 316; WOLF Rn F 126; PALANDT/HEINRICHS Rn 85). Klagt der Studioinhaber gegen den Kunden aus pFV auf Ersatz von durch eine ansteckende Krankheit verursachten Schäden, muß er ohne oder mit einer solchen Klausel die Erkrankung beweisen (OLG Hamm NJW-RR 1987, 947; ULMER/HENSEN Anh §§ 9–11 Rn 672).

Eine Klausel, mittels derer der Kunde erklärt, **gesund und daher in der Lage zu sein, an einem normalen Training teilzunehmen**, ist nicht nach § 10 Nr 5 (OLG Hamm NJW-RR 1987, 947) wohl aber nach **§ 11 Nr 15 b** unwirksam (BGH NJW-RR 1989, 817; OLG München NJW-RR 1995, 1467, 1468; HUFF EWiR; vWESTPHALEN „Fitnessverträge" Rn 12, „Direktunterrichtsvertrag" Rn 38; ULMER/HENSEN Anh §§ 9–11 Rn 672; WOLF Rn F 126; LG Hamburg NJW-RR 1987, 687, 689 [gestützt auf § 9 Abs 1]; SOERGEL/STEIN Rn 110 [Verstoß gegen § 9]; aA OLG Hamm NJW-RR 1987, 947 sowie mit anderer Begründung noch WOLF Rn F 125, § 11 Nr 15 Rn 22, § 11 Nr 7 Rn 22). Wenn der Kunde gegen den Studioinhaber Schadensersatzansprüche wegen Verletzung seiner Beratungspflichten bezüglich der körperlichen Belastung und Risiken geltend macht, ist die Klausel geeignet, dem Kunden den ihm obliegenden Beweis für die Pflichtverletzung zu erschweren, da die Bestätigung des Kunden über seinen Gesundheitszustand ein erhebliches Argument gegen das Bestehen einer Beratungspflicht des Studios darstellt, so daß der Kunde seine Erklärung widerlegen oder die Notwendigkeit einer Beratung aufgrund besonderer Umstände nachweisen müßte (BGH NJW-RR 1989, 817 f; OLG München NJW-RR 1995, 1467, 1468).

bb) Sonstige Bestätigungsklauseln
Eine Klausel des Inhalts, daß der Kunde ausreichend Gelegenheit hatte, die Einrich- **521**

tungen zu überprüfen, ist wegen Verstoßes gegen § 11 Nr 15 b unwirksam (LG Köln NJW-RR 1988, 1084, 1085), ebenso Klauseln, die den Erhalt einer Vertragsdurchschrift bzw eines Dublikats bestätigen (OLG Hamm NJW-RR 1992, 444, 445; LG Köln NJW-RR 1988, 1084, 1085).

h) Sonstige Klauseln

522* Die Klausel, daß die Vereinbarungen gegenüber einem **Rechtsnachfolger** ihre Gültigkeit behalten, verstößt nach einer Auffassung gegen § 10 Nr 4, da es bei einer Übernahme des Studios durch einen Rechtsnachfolger zu unzumutbaren Trainingseinschränkungen kommen kann (OLG Hamm NJW-RR 1992, 444, 445), nach anderer Ansicht gegen § 11 Nr 13 bei Dienstverträgen, im übrigen gegen § 9 (WOLF Rn F 128). Zu **Schriftformklauseln** LG Köln NJW-RR 1988, 1084, 1085 (im allgemeinen siehe STAUDINGER/SCHLOSSER § 4 Rn 23 ff). Eine Klausel kann eine **Vorleistungspflicht** des Kunden für das Monatsentgelt **entgegen § 551 Abs 1 BGB** vorsehen, auch wenn der Fitnessvertrag als reiner Mietvertrag anzusehen ist (ULMER/HENSEN Anh §§ 9–11 Rn 672, 503; PALANDT/HEINRICHS § 11 Rn 11). Zur Teilnahme am **Lastschriftverfahren** vgl KG NJW-RR 1994, 1543, 1544 sowie oben Rn 425.

530* **41. Time-Sharing-Verträge:** siehe HILDENBRAND, Vertragsgestaltung und Verbraucherschutz im Time-Sharing-Vertragsrecht (1997); KAPPUS, in: HILDENBRAND/KAPPUS/MÄSCH, Time-Sharing und Teilzeit- Wohnrechtegesetz (1997), insb S 70 ff, 269 ff; vWESTPHALEN/KAPPUS, Vertragsrecht und AGB-Klauselwerke, „Time-Sharing-Verträge" (Stand November 1995).

42. Unterrichtsverträge

a) Themenbereich

535 Unterrichtsverträge sind regelmäßig **Dienstverträge** mit erheblichen gruppentypischen Differenzierungen je nach Art des Unterrichts (Direkt- oder Fernunterricht; Internat oder Tagesschule), des Unterrichtsstoffes (Schul- und Allgemeinbildung, Sport- oder Musikunterricht, Persönlichkeitsbildung, Fahrschulen) oder der Schüler-Zielgruppe (Kinder, Erwachsene, Berufstätige). Prägendes gemeinsames Merkmal ist die Vermittlung des Lehrstoffs als Dienstleistung, so daß grundsätzlich der Inhaltskontrolle das Leitbild des Dienstvertrags zugrunde gelegt werden kann (BGHZ 120, 108, 111; MünchKomm/KÖTZ Rn 39). Werden nur Lern- oder Übungsmöglichkeiten zur Verfügung gestellt, wie häufig bei Fitnessverträgen, so überwiegt das mietvertragliche Element (siehe oben Rn 500).

536 Rechtlich ist zwischen Fern- und Direktunterricht zu unterscheiden. Für den Fernunterricht enthält das FernUSG von 1977 zwingende Schutzvorschriften, die weder durch AGB noch individualvertraglich abdingbar sind; in diesem Bereich hat das AGBG seine Bedeutung weitgehend verloren. Dies gilt auch für gesetzlich nicht abgedeckte Regelungsthemen; hier ist das AGBG zwar subsidiär anwendbar, die behördliche Zulassungskontrolle gemäß § 12 Abs 2 Nr 4 FernUSG hat jedoch weitgehend zur Rechtskonformität der verwendeten AGB geführt (vgl Rn 17).

---

* Siehe Fußnote bei STAUDINGER/SCHLOSSER § 2 Rn 63.

2. Unterabschnitt.
Unwirksame Klauseln

§ 9 AGBG
537–539

b) **Direktunterricht**

Für den Direktunterricht fehlt es an einer übergreifenden gesetzlichen Regelung; die aufgetauchten Probleme konzentrieren sich auf Entgeltfragen und die Festlegung der Vertragsdauer. 537

Bei den **Entgeltfragen** wird eine **Vorleistungspflicht** des Teilnehmers überwiegend für unzulässig gehalten: Zum Teil wird ein Verstoß gegen § 9 Abs 2 Nr 1 in Verbindung mit § 614 BGB in Betracht gezogen (OLG Frankfurt aM NJW-RR 1992, 1207; OLG Celle NJW-RR 1995, 1465; PALANDT/HEINRICHS Rn 133), jedenfalls aber soll Unangemessenheit gemäß § 9 Abs 1 vorliegen (OLG Frankfurt aM aaO; OLG Celle aaO). Weil jedoch selbst beim Fernunterricht eine Vorauszahlung bis zu drei Monatsentgelten gesetzlich zugelassen ist (§ 2 Abs 2 FernUSG), ist kein Anlaß ersichtlich, insoweit beim Direktunterricht strenger zu sein (ULMER/BRANDNER Anh §§ 9–11 Rn 764; vWESTPHALEN, Vertragsrecht und AGB-Klauselwerke, „Direktunterrichtsvertrag" Rn 18; DÖRNER NJW 1979, 241, 248). Hält man eine Vorleistungspflicht in diesem Rahmen für zulässig, so wird eine entsprechende Klausel nicht dadurch unangemessen, daß sie die Vorleistung nur für den Fall vorsieht, daß der Teilnehmer keine Einzugsermächtigung erteilt – auch sonst rechtfertigen die Erleichterungen des Lastschriftverfahrens gewissen Druck auf den Kunden (vgl oben Rn 426; zum Unterrichtsvertrag aA OLG Frankfurt aM NJW-RR 1992, 1207, 1208; ULMER/BRANDNER Anh §§ 9–11 Rn 764). Unangemessen ist auch eine Klausel, die die Honorarpflicht fortbestehen läßt trotz Unterrichtsausfalls auch während der Schulferien (OLG Frankfurt aM NJW-RR 1992, 1207, 1208, auch unter Berufung auf das Transparenzgebot; WOLF Rn U 4).

Preisänderungsklauseln sind unwirksam, wenn der Erhöhungsbetrag bereits in den ursprünglichen Preis hätte einkalkuliert werden können (DÖRNER NJW 1979, 241, 248; PALANDT/HEINRICHS Rn 133). Auch sonst gelten die allgemeinen, insbesondere vom BGH (NJW 1985, 856; NJW 1982, 331) entwickelten Grundsätze: Entsprechende Klauseln müssen Voraussetzungen und Ausmaß der Preisänderung konkret bezeichnen und gegebenenfalls dem Kunden ein Lösungsrecht einräumen (PALANDT/HEINRICHS Rn 133). Vorfälligkeitsklauseln, die auch bei unverschuldetem Rückstand der Unterrichtsvergütung die Restschuld fälligstellen, sind im Hinblick auf das Verschuldensprinzip im Verzugsrecht nach § 9 Abs 2 Nr 1, jedenfalls aber nach Abs 1 unwirksam (BGH NJW 1985, 1705; LG Frankfurt aM BB 1984, 942; MünchKomm/KÖTZ Rn 39; ULMER/ BRANDNER Anh §§ 9–11 Rn 764). 538

Besonders umstritten sind die Regelungen zur **Vertragsdauer**. Vorweg gilt hier wie bei allen Dauerschuldverhältnissen, daß das **Recht zur außerordentlichen Kündigung** gemäß § 626 BGB nicht ausgeschlossen werden kann (vgl allgemein oben Rn 431; zu Unterrichtsverträgen MünchKomm/KÖTZ Rn 39; PALANDT/HEINRICHS Rn 133; ULMER/BRANDNER Anh §§ 9–11 Rn 764 a). Als „wichtiger Grund" ist insbesondere die selbstverantwortliche Entscheidung des Teilnehmers anzuerkennen, daß ihm für den begonnenen Unterricht Eignung oder Neigung fehlen (ULMER/BRANDNER Anh §§ 9–11 Rn 764 a; aA BGH NJW 1984, 1531). AGB-fest ist grundsätzlich auch das **Kündigungsrecht gemäß § 627 BGB**, allerdings liegen dessen Voraussetzungen beim Direktunterrichtsvertrag regelmäßig nicht vor: Besonderes Vertrauen wird Personen, nicht aber dem Institut als solchem entgegengebracht (BGHZ 90, 280, 281; BGH NJW 1985, 2585; OLG Celle NJW 1981, 2762; OLG Celle NJW-RR 1995, 1465, 1466; für einen Ausnahmefall [(Schulung zur Persön- 539 lichkeitsentwicklung] LG Essen NJW-RR 1993, 758 [anders jedoch auch insoweit OLG Celle OLGZ 93, 367, 368]).

540 Das Recht zur **ordentlichen Kündigung** wird implizit durch die Vereinbarung **fester Laufzeiten** ausgeschlossen. Zunächst ist insoweit nach den Bezugspunkten der rechtlichen Beurteilung zu fragen: Das zwingende Kündigungsrecht gemäß § 5 FernUSG scheidet als Leitbild aus, da die Interessenlage beim Fernunterricht eine andere ist und das Gesetz Direktunterrichtsverträge ausdrücklich nicht regeln wollte (BGHZ 90, 280, 284; 120, 108, 116; OLG Hamm NJW 1982, 1053, 1054). Auch die Vorschriften des BBiG oder des § 621 Nr 3 BGB können nicht als Angemessenheitsmaßstab herangezogen werden, da die Sachverhalte nicht vergleichbar sind (BGH aaO). Richtigerweise eröffnet auch § 11 Nr 12 a nicht generell die Zulässigkeit von Laufzeitklauseln unter zwei Jahren (vgl § 8 Rn 39); Vielmehr ist die Angemessenheit einer Laufzeitbindung jeweils im Einzelfall durch Interessenabwägung nach § 9 Abs 1 zu ermitteln (BGHZ 90, 280, 284; BGH NJW 1985, 2585, 2586; BGHZ 120, 108, 118 ff; OLG Celle OLGZ 1993, 367, 368). Im Lichte dieser Grundsätze wird bei Vollzeitunterricht eine **Laufzeitbindung für ein Schuljahr** für noch angemessen erachtet; hierbei wird das wirtschaftliche Bedürfnis der Veranstalter nach längerfristiger Planung und Organisation vorrangig berücksichtigt (BGHZ 90, 280, 286). Beim **Internatsvertrag** wird allerdings im Hinblick auf die enge Einbindung des Teilnehmers eine weitere Einschränkung gemacht: Binnen des ersten halben Jahres muß eine ordentliche Beendigungsmöglichkeit bestehen, sei es durch Einräumung einer Probezeit oder ein ordentliches Kündigungsrecht zum Ende des ersten Schulhalbjahres (BGH NJW 1985, 2585, 2586 f; OLG Celle NJW-RR 1995, 1465; zu Unrecht kritisch ULMER/BRANDNER Anh §§ 9–11 Rn 764 b). Auch bei der **Ausbildung zum Tänzer, Tanzlehrer oder Musikdarsteller** setzt die einjährige Laufzeit eine Obergrenze (BGHZ 120, 108, 118 ff [21 Monate zu lang, auch nicht durch eine dreimonatige Probezeit kompensiert, da diese wiederum zu kurz]). Besonders störempfindlich sind **Schulungsveranstaltungen zur Persönlichkeitsentwicklung** – hier ist schon eine zwölfmonatige Laufzeit zu lang, ein Kündigungsrecht muß spätestens nach vier Monaten eröffnet sein (OLG Celle OLGZ 1993, 367). Uneinheitlich ist die Rechtsprechung zu beruflichen Ausbildungen: Für **Psychotherapeuten** wurde eine 20monatige Laufzeit für zulässig erachtet (AG Krefeld NJW-RR 1995, 55), während für **Krankengymnasten** entsprechende Laufzeiten für zu lang eingestuft wurden (KG NJW-RR 1989, 1075 [21 Monate]; KG MDR 1994, 348 [24 Monate]). Gleichermaßen umstritten ist die Laufzeit bei der **Heilpraktikerausbildung** (Laufzeit von 20 Monaten zu lang: OLG Karlsruhe AGBE V Nr 82; LG Berlin NJW-RR 1986, 989 (24 Monate); LG Berlin NJW-RR 1989, 764, 765; LG Hamburg NJW-RR 1991, 373; LG Braunschweig MDR 1995, 894; aA OLG München NJW-RR 1990, 1016; LG München NJW-RR 1992, 444). Zu Fitness- und Bodybuildingverträgen siehe oben Rn 501 f.

541* Wird eine Laufzeitbindung nach vorstehenden Grundsätzen für unwirksam eingestuft, bleibt der Vertrag nach § 6 dennoch wirksam; die Lücke wird durch **ergänzende Vertragsauslegung** im Sinne einer angemessenen Laufzeit geschlossen (für Abstandszahlungen, die im Falle einer Lösung vom Vertrag vorgesehen sind, siehe § 10 Nr 7 und § 11 Nr 5, 6; ULMER/BRANDNER Anh §§ 9–11 Rn 764 b; WOLF Rn U 8; zur Bestimmung der Laufzeit durch ergänzende Vertragsauslegung siehe BGH NJW 1985, 2585, 2587; BGHZ 120, 108, 122).

---

* Siehe Fußnote bei STAUDINGER/SCHLOSSER § 2 Rn 63.

43. Verjährungsklauseln

a) Allgemeines

Verjährungsklauseln sind in einem engen Teilbereich von § 11 Nr 10 f erfaßt (siehe **545** Kommentierung dort). Da von dieser Regelung über ihren Wortlaut hinaus auch alle weiteren Ansprüche (Nachbesserung, Nachlieferung, pVV) erfaßt werden, soweit diese den Verjährungsregelungen der §§ 477, 638 BGB unterliegen, ist für eine Beurteilung nach § 9 vor allem in folgenden Fällen Raum:

- Verkürzung anderer Verjährungsfristen als der der gesetzlichen Gewährleistungsansprüche, also insbesondere solcher aus cic, pVV im Werkvertrag (vgl BGHZ 67, 1, 5 ff);

- Verkürzung der Gewährleistungsfristen bei Verträgen ohne gesetzliche Gewährleistungsregeln (MünchKomm/BASEDOW § 11 Rn 190);

- Verkürzung der Verjährungsfristen der §§ 477, 638 BGB bei Verträgen über gebrauchte Sachen;

- Verkürzung der Gewährleistungsfristen im beruflichen Verkehr;

- Verlängerung gesetzlicher Verjährungsfristen (MünchKomm/BASEDOW § 11 Rn 190; vWESTPHALEN, Vertragsrecht und AGB-Klauselwerke, „Einkaufsbedingungen" Rn 38).

b) Verkürzung von Verjährungsfristen
aa) Grundsätzliche Interessenabwägung

Die Verkürzung von Verjährungsfristen ist gemäß § 225 S 2 BGB grundsätzlich zuläs- **546** sig (Ausnahmen: §§ 476, 480, 637, 651 BGB). Eine Benachteiligung im Sinne § 9 Abs 1 ist gegeben, wenn die Verkürzung zu einer „weitgehenden Verhinderung der Durchsetzung" berechtigter Ansprüche führt (BGHZ 64, 239, 243; BGH NJW 1981, 1570 f; NJW-RR 1988, 559, 561) bzw diese erheblich behindert (ULMER/HENSEN § 11 Nr 10 f Rn 82). Dies ist der Fall, wenn die Zeit zur Prüfung der Sach- und Rechtslage unangemessen verkürzt wird (BGHZ 90, 273, 277; 122, 241, 247) oder wenn sich der Vertragspartner gar zu voreiligem Prozeßbeginn zwecks Verjährungsunterbrechung genötigt sieht (BGH VersR 1980, 40 f) oder wenn die verbleibende Frist einer Gewährleistungsverjährung die Zeit nicht abdeckt, in der Mängel gewöhnlicherweise auftreten (WOLF § 11 Nr 10 f Rn 18).

Derartige Benachteiligungen können durch ein besonderes Interesse der Verwenderseite an einer Verkürzung aufgewogen werden, etwa wenn die Zeit zur Entdeckung der Mängel beim entsprechenden Vertragstyp generell nicht erforderlich ist (BGHZ 122, 241, 247). Bezieht sich die Verjährungsverkürzung auch auf Haftungsansprüche gegen den Verwender, so kann hierin der Sache nach eine Haftungsbeschränkung auch für grob fahrlässiges Verhalten liegen, die gemäß § 11 Nr 7, 8 unzulässig ist (BGHZ 38, 150, 155; BGH NJW-RR 1987, 1252, 1254; BGHZ 129, 323, 327). Für entsprechende Regelungen in Ziffer 64 ADSd und 26 AGNB ist der BGH allerdings von ihrer Wirksamkeit ausgegangen, da diese Klauselwerke eine insgesamt ausgewogene Regelung enthielten (BGHZ 129, 323, 327 f; BGH NJW-RR 1987, 1252 f; vgl oben Rn 93).

bb) Einzelfälle

547 Die Verjährung von Ansprüchen aus pVV oder cic, die im Zusammenhang mit Mängeln stehen, bemißt sich beim **Werkvertrag** nach § 195 BGB. Diese überlange Frist ist – in Parallele zur Regelung beim Kaufvertrag – verkürzbar auf die Gewährleistungsfrist des § 638 BGB (WOLF § 11 Nr 10 f Rn 12). Beim **Kaufvertrag** hingegen gilt § 477 BGB auch für diese Ansprüche, eine weitere Verkürzung (auch der Frist des § 638 BGB) ist nicht zulässig (BGH NJW 1992, 1236; MünchKomm/BASEDOW § 11 Nr 10 f Rn 190; PALANDT/HEINRICHS Rn 135).

Bei **Verträgen ohne gesetzliche Gewährleistungsregeln** ist eine Verkürzung auf sechs Monate als angemessen zu betrachten, weil Mängel und Schäden in dieser Frist regelmäßig erkennbar sind (arg e §§ 477, 558, 638 BGB; vgl ULMER/HENSEN § 11 Nr 10 f Rn 82; MünchKomm/BASEDOW § 11 Rn 190). Dies gilt etwa für Ziffer 26 AGNB, die die Verjährungsfrist bei Transportleistungen im Güternahverkehr von zwei Jahren (§ 196 Abs 1 Nr 3 BGB) auf sechs Monate abkürzt (BGHZ 129, 323, 326; NJW 1995, 2224 f). Eine weitergehende Verkürzung auf drei Monate ist hingegen unwirksam (BGHZ 104, 292, 294). Ebenso kann im **Handelsvertreterrecht** die Frist des § 88 HGB von vier Jahren auf sechs Monate abgekürzt werden, wenn die Interessen des Handelsvertreters hinlänglich berücksichtigt sind. Dies ist der Fall, wenn

– Handelsvertreter und Unternehmer durch Erstreckung der Frist auf alle gegenseitigen Ansprüche im Vertrag gleich behandelt werden (BGHZ 75, 218, 219 f; OLG Hamm NJW-RR 88, 674 [Gleichbehandlungsgebot schon bei unterschiedlichem Fristbeginn verletzt]);

– der Vertreter die Möglichkeit hat, vor Verjährungsbeginn Kenntnis von der Existenz des Anspruchs zu erlangen (BGH NJW-RR 1991, 35 f; DB 1996, 1279, 1280; OLG Celle NJW-RR 1988, 1064, 1065; OLG München NJW-RR 1996, 991 f);

– und wenn ein anerkennenswertes Interesse des Unternehmers an der Verkürzung vorliegt (BGH NJW-RR 1991, 35 f; OLG Hamm NJW-RR 1988, 674; in concreto verneinend OLG Celle NJW-RR 1988, 1064 f).

In den Fällen der §§ **68 StBerG, 51 BRAO, 51 a WPO** ist mit den gegenüber § 195 BGB verkürzten Verjährungsfristen ein gesetzliches Leitbild vorgegeben, das gemäß § 9 Abs 2 Nr 1 als grundsätzlich AGB-fest anzusehen ist (BGHZ 97, 21, 25 f; ähnlich für §§ 168 AktG, 323 Abs 5 HGB ULMER/HENSEN Anh §§ 9–11 Rn 959). Dies gilt auch bei Treuhandverträgen (BGH NJW-RR 1992, 531 f).

Die Frist des § **852 BGB** ist nach überwiegender Auffassung nicht verkürzbar (ULMER/HENSEN § 11 Nr 10 f Rn 82; WOLF § 11 Nr 10 f Rn 12; PALANDT/HEINRICHS Rn 136; aA vWESTPHALEN „Verjährungsklauseln" Rn 6; unklar BGH NJW-RR 1987, 1252).

c) Verkürzungen im beruflichen Verkehr

548 Die Fünf-Jahres-Frist des § **638 BGB** bei Baumängeln gilt auch gegenüber Kaufleuten, da diese die Mängel auch nicht eher entdecken können (BGHZ 90, 273, 277; BGH NJW 1981, 1510 f). Gleiches gilt auch gegenüber dem Architekten (OLG München NJW-RR 1988, 85 f).

Die Verkürzung der Frist der §§ 414 HGB, 852 BGB (dazu oben Rn 547) durch Ziffer 64 ADSp auf acht Monate wurde vom BGH (NJW-RR 1987, 1252) nicht beanstandet. Sie diene dem anerkennenswerten Interesse des Spediteurs an zügiger Geschäftsabwicklung, wahre aber gleichzeitig die Interessen des Auftraggebers, Zeit für die Entscheidung über die Anspruchsdurchsetzung zu haben (vgl auch BGH NJW-RR 1988, 1374, 1376). Unzulässig ist aber die Anknüpfung des Verjährungsbeginns an die Übergabe des Speditionsgutes anstatt an die Kenntnis des Berechtigten von der Anspruchsentstehung (BGH NJW-RR 1991, 570, 572 f).

Für auch im kaufmännischen (jetzt: beruflichen) Verkehr AGB-fest wurden die Regelungen des § 196 Abs 2 BGB für Ansprüche gegen den Bauherrn eingestuft (OLG Düsseldorf NJW-RR 1988, 147 f [jedenfalls bei nicht für beide Seiten geltender Verkürzung]), ebenso die Frist des § 477 BGB beim Handelskauf (BGH NJW 1992, 1236 [Verkürzung „im Regelfall" unwirksam]; ULMER/HENSEN § 11 Nr 10 f Rn 84). Auch eine Verkürzung, die sich durch Beschränkung der Gewährleistung auf einen bestimmten Nutzungsumfang ergibt (zB 10 000 km Laufleistung eines LKW) ist unwirksam, wenn aufgrund starker Beanspruchung (etwa im Fernverkehr) diese Grenze schnell erreicht ist (BGHZ 122, 241, 245 f [Grenze in drei Wochen erreicht]).

d) Verjährungsverlängerungen

549 Verlängerungen der gesetzlichen Verjährungsfristen sind nach § 225 S 1 BGB grundsätzlich unwirksam; Ausnahmen bestehen für die Gewährleistungsverlängerungen der §§ 477 Abs 1 S 2, 638 Abs 2 BGB, 414 Abs 1 S 2 HGB und die hierauf verweisenden Normen. Verlängernde Klauseln kommen hauptsächlich in Einkaufsbedingungen und Bauträgerverträgen vor. Wie eine Verjährungsverlängerung wirkt auch die Einräumung einer Garantiefrist zugunsten des Verwenders (vWESTPHALEN „Einkaufsbedingungen" Rn 47). Im gesetzlich eröffneten Rahmen halten Verlängerungsklauseln auch der Inhaltskontrolle nach § 9 stand, wenn sie – wegen Verschlechterung der Beweislage durch Zeitablauf – die Abwehr unbegründeter Ansprüche nicht unzumutbar erschweren (MünchKomm/BASEDOW § 11 Rn 190) und nicht zur Notwendigkeit überlanger finanzieller Rückstellungen führen (BGHZ 110, 88, 94); auch muß die Frist der beim Liefergegenstand üblicherweise zu erwartenden Dauer fehlerfreier Gebrauchstauglichkeit entsprechen (WOLF § 11 Nr 10 f Rn 15). Im einzelnen:

550 Beim **Bauvertrag** auf der Grundlage der VOB/B ist die Verlängerung der zweijährigen Verjährungsfrist auf fünf Jahre nicht zu beanstanden, da hiermit zum gesetzlichen Modell zurückgekehrt und der relativ späten Erkennbarkeit von Baumängeln Rechnung getragen wird (BGH NJW-RR 1986, 825 f; OLG Düsseldorf NJW-RR 1994, 1298; OLG Köln NJW-RR 1986, 520 f). Eine Benachteiligung ist aber gegeben, wenn gleichzeitig die Unterbrechungsvorschrift des § 209 BGB zugunsten der erleichterten Möglichkeit der Ziffer 13 Nr 5 VOB/B (einfache Mängelanzeige genügt) abbedungen wird: Hierdurch verschafft sich der Verwender eine Frist von bis zu sieben Jahren, was dem Leitbild des § 638 BGB widerspricht (OLG München NJW-RR 1986, 320; OLG München NJW-RR 1987, 661, 663; LG Frankfurt aM NJW-RR 1988, 917 f; aA WOLF § 11 Nr 10 f Rn 15). Aufgrund besonderer Umstände (besonders späte Entdeckung von Schäden bei Flachdächern) können aber auch längere Fristen beim Bauvertrag gerechtfertigt sein (BGH NJW 1996, 2155 [10 Jahre und ein Monat]; vgl oben Rn 191).

Eine **Verlängerung der Verjährungsfrist des § 477 BGB** auf drei Jahre wurde für unangemessen gehalten (BGH NJW 1990, 2065, 2066), eine Verlängerung auf bis zu zwei Jahre soll aber hinnehmbar sein (BGH aaO; ULMER/HENSEN Anh §§ 9–11 Rn 298; vWESTPHALEN „Einkaufsbedingungen" Rn 38). Gerade bei komplexen Verkaufsgegenständen, bei denen sich Mängel erst später zeigen, ist der Einkäufer durch die meist individuelle Abnahmeregelung (= Verjährungsbeginn) geschützt, so daß eine Verjährungsfrist über zwei Jahre hinaus unnötig ist (vWESTPHALEN Rn 39). Im übrigen kann es auf alle Umstände des Einzelfalls ankommen, zB auf produktspezifische Besonderheiten (Vakuumverpackung hindert Nachprüfbarkeit, ULMER/HENSEN Anh §§ 9–11 Rn 298), Verwendungszweck (verzögerte Ingebrauchnahme bei Ersatzteillager, ULMER/HENSEN aaO), auf die Vertriebsstufe (Stufenregress, vWESTPHALEN Rn 40 f) oder auf die Einräumung von Garantiefristen an Kunden (WOLF Rn E 72).

e) Sonstige Modifikationen

551 Die gesetzliche Verjährungsregelung kann auch mittelbar durch eine Vielzahl von Nebenregelungen oder Manipulationen beeinflußt werden. Hierzu gehören:

– **Ausschlußfrist oder Klagefrist** anstatt Verjährungsfrist: Solche Klauseln sind grundsätzlich nicht zu beanstanden, da sich der Verwender hier nur das Erfordernis der Einredeerhebung spart (WOLF § 11 Nr 10 f Rn 13). Die Fristdauer muß aber denselben Erfordernissen genügen wie eine Verjährungsfrist (Bewachungsvertrag: drei Monate noch angemessen, WOLF Rn B 53 mwN; Krankenhausvertrag: drei Monate für Ansprüche aus Verlust/Beschädigung persönlicher Gegenstände unwirksam, BGH NJW 1990, 761, 764 f; Zahlenlotto: wirksam dreimonatige Ausschlußfrist für Ansprüche wegen Verlust des Lottoscheins durch Veranstalter, OLG Celle NJW-RR 1986, 873, oder 13 Wochen für den Gewinnanspruch, BGH NJW 1991, 1745; Konzertveranstaltung: unangemessen zweiwöchige Ausschlußfrist für die Rücknahme von Konzertkarten bei Veranstaltungsabsage, LG München I NJW-RR 1991, 1491 f).

552 – **Verlagerung des Verjährungsbeginns nach vorne**: Solch eine Verlagerung wirkt wie eine Verjährungsverkürzung und wird entsprechend den allgemeinen Regeln überwiegend für unwirksam gehalten (OLG München NJW-RR 1988, 85 f: Architektenvertrag, Abnahme des Gesamtbauwerks statt der Architektenleistung; BGH NJW-RR 1991, 570, 572: Speditionsvertrag, Übergabe des Transportgutes statt Kenntniserlangung vom Anspruch); entsprechend beim Handelsvertretervertrag, wenn statt auf Kenntniserlangung auf Eintritt der Fälligkeit abgestellt wird (BGH NJW 1996, 2097, 2099; OLG Celle NJW-RR 1988, 1064 f).

553 – **Abdingung der Hemmungsvorschrift** des § 639 Abs 2 BGB ist unwirksam (ULMER/HENSEN § 11 Nr 10 f Rn 84). Entsprechendes gilt für eine Beendigung der Hemmungswirkung drei Monate nach einer Erklärung des Verkäufers, wonach kein Fehler vorliege (vWESTPHALEN „Verjährungsklauseln" Rn 3).

554 – **Verlegung des Verjährungsbeginns nach hinten**: Diese wirkt wie eine Verjährungsverlängerung und ist entsprechend den obigen Grundsätzen zu beurteilen. Sie ist demnach grundsätzlich unwirksam, wenn dadurch der Verjährungsbeginn ins Belieben des Verwenders gestellt wird und der Kunde keine Einflußmöglichkeit hat (BGH NJW 1986, 1608 f; vWESTPHALEN „Einkaufsbedingungen" Rn 43). Sie ist ferner unwirksam, wenn der Kunde keine Information über den Verjährungsbeginn erhält (BGH NJW 1986, 1806 f; OLG Karlsruhe NJW-RR 1989, 1083 f; OLG Karlsruhe NJW-

RR 1992, 244 f) oder wenn (trotz Information) keine Höchstgrenze angegeben ist (BGH NJW 1994, 1778 f; weitere Einzelfälle: OLG Düsseldorf NJW-RR 1994, 1298; OLG Stuttgart NJW-RR 1994, 17).

– unwirksam sind auch weitere Modifikationen der Verjährungsregelung, zB die **Vereinbarung einer Unterbrechungswirkung anstatt der Hemmung** bei § 639 BGB (vWestphalen „Einkaufsbedingungen" Rn 45), die **Hemmung der Verjährung bezüglich des Gesamtanspruchs** bei Nachbesserung lediglich von Einzelteilen (vWestphalen aaO) oder die **„Kettengarantie":** Neubeginn der Gewährleistungsfrist für die Gesamtkaufsache bei Nachbesserung oder Ersatz von Einzelteilen (vWestphalen Rn 46; Ulmer/Hensen Anh §§ 9–11 Rn 298; Wolf Rn E 72).

44. Versicherungsvertrag*

a) Rechtsnatur und Gegenstand von Versicherungsverträgen

Der moderne (private) Versicherungsvertrag ist seiner Natur nach ein Massenvertrag (Dreher, Die Versicherung als Rechtsprodukt [1991] 16 ff). Er bezweckt die Verlagerung eines Risikos von einem Einzelnen auf eine Gemeinschaft gleichartig Gefährdeter. Eine derartige versicherungsrechtliche Gefahrengemeinschaft setzt den Abschluß einer Vielzahl von gleichartigen Verträgen voraus (dazu Schwintowski, Der private Versicherungsvertrag zwischen Markt und Recht [1987] 22 ff). Damit ist die Verwendung von AGB schon in der Natur des Versicherungsvertrags angelegt. Entsprechend war die Versicherungswirtschaft auch der erste Wirtschaftszweig, in dem schon Anfang des 19. Jahrhunderts umfangreiche und komplexe AGB in nennenswertem Ausmaße verwendet wurden (vgl Manes, Versicherungswesen Bd 2 [5. Aufl 1931] 12). So sind AVB nicht nur eine besondere Form von AGB, sondern darüber hinaus Vorläufer der meisten anderen modernen Klauselwerke. Mit dem Versicherungsaufsichtsgesetz **(VAG)** vom 12. 5. 1901 wurde – 75 Jahre vor dem Inkrafttreten des AGBG – die Grundlage für die erste reichseinheitliche institutionalisierte Kontrolle von AGB geschaffen.

Die damals eingeführte **behördliche Vorkontrolle** ist mit der Umsetzung der EG-Richtlinie 92/49/EWG vom 18. 6. 1992 durch die Neufassung des Versicherungsaufsichtsgesetz vom 21. 7. 1994 **weitgehend abgeschafft** worden (dazu Baumann VersR 1996, 1 ff; Dörner/Hoffmann NJW 1996, 153 ff). Nunmehr obliegt auch die Kontrolle von Versicherungsbedingungen in erster Linie den Gerichten. Mit dieser „kleinen Revolution" endet der historisch begründete Sonderstatus der AVB im deutschen AGB-Recht. Allerdings sind **Pflichtversicherungen**, insbesondere die Haftpflichtversicherung sowie **substitutive Krankenversicherungen** (vgl § 12 VAG) gem §§ 8 Abs 1 Nr 3 iVm 5 Abs 5 Nr 1 VAG auch **weiterhin genehmigungspflichtig**. Die behördliche Genehmigung wird im gerichtlichen Verfahren berücksichtigt (vgl BGHZ 52, 86, 92), beschränkt oder präjudiziert jedoch die gerichtliche Inhaltskontrolle in keiner Weise (BGH VersR 1983, 482, 483; Wolf/Horn § 23 Rn 452).

---

* **Schrifttum:** Deutsch, Versicherungsvertragsrecht (3. Aufl 1993); Werber/Winter, Grundzüge des Versicherungsvertragsrechts (1986); Prölss/Martin, VVG Kommentar (25. Aufl 1992).

b) Anwendbarkeit des AGBG

557 Wegen des weitgehend leistungsbeschreibenden Charakters von AVB (siehe unten Rn 563) und wegen der ohnehin bestehenden behördlichen Vorkontrolle wurde zum Teil eine generelle Ausnahme der AVB aus dem Anwendungsbereich des AGBG gefordert (Sieg VersR 1977, 489; Angerer ZVersWiss 1975, 197). Der Gesetzgeber hat sich dennoch entschieden, AVB nicht vom Anwendungsbereich des AGBG auszunehmen. AVB sind gem § 23 Abs 2 Nr 6 lediglich vom Klauselverbot des § 11 Nr 12 ausgenommen und können abweichend von § 2 Abs 1 gem § 23 Abs 3 und § 5 a VVG erleichtert in den Vertrag einbezogen werden (siehe unten Rn 560 f). Auch **AVB, die in Antragsformularen** enthalten sind (zB Antragsbindungsklauseln und vorläufige Deckungszusagen, siehe unten Rn 560, 574, 577), unterliegen dem Anwendungsbereich des AGBG und sind damit insbesondere auch nach § 13 kontrollfähig (OLG Düsseldorf VersR 1991, 989, 990).

558 **Geschäftspläne** sind Erklärungen des Versicherers gegenüber der Versicherungsaufsicht in Hinblick auf Zweck, Art, Einrichtung und Finanzierung des beabsichtigten Geschäftsbetriebs. Bei Lebensversicherungen umfassen sie auch die Gewinnbeteiligung (dazu unten Rn 577). Sie sind Voraussetzung für die versicherungsaufsichtliche Erlaubnis zum Betrieb eines Versicherungsunternehmens (vgl §§ 5, 11 VAG). Geschäftspläne als solche sind im Rahmen der gesetzlichen Grenzen Gegenstand der Geschäftspolitik des Versicherers. Sie sind kein Bestandteil der AVB (BGH VersR 1988, 1062, 1065) und **unterfallen nicht der Inhaltskontrolle nach dem AGBG**, auch wenn in einem Versicherungsvertrag auf den Geschäftsplan verwiesen wird (BGHZ 128, 54, 62; OLG Düsseldorf VersR 1993, 556; Benkel VersR 1994, 509, 517; Lorenz ZVersWiss 1993, 283, 308 ff; anders OLG Hamburg VersR 1990, 475, 476: § 9 anwendbar, jedoch wegen der behördlichen Genehmigung keine unangemessene Benachteiligung des Versicherungsnehmers; kritisch Schünemann JuS 1995, 1962; Basedow ZVersWiss 1992, 419, 442; van de Loo, Die Angemessenheitskontrolle Allgemeiner Versicherungsbedingungen nach dem AGBG [1986] 6). Jedoch kann sich der Versicherungsnehmer auf die geschäftsplanmäßige Erklärung der deutschen Haftpflichtversicherungen gegenüber dem Versicherungsaufsichtsamt, **nur bis zur Höhe von DM 5000 Regress** zu nehmen, vor Gericht berufen. Derartige geschäftplanmäßige Erklärungen sind **nach den gleichen Grundsätzen wie AVB auszulegen** (BGH VersR 1988, 1062, 1065).

559 Auch die **AGB von öffentlichen Versicherern** unterliegen dem AGBG, soweit ein privatrechtlicher Versicherungsvertrag vorliegt (BGHZ 111, 295, 297; OLG Oldenburg VersR 1981, 369; Ulmer/Brandner Anh §§ 9–11 Rn 351; Palandt/Heinrichs Rn 138). Jedoch sind auch bei der Auslegung von Klauseln eines öffentlich-rechtlichen Versicherungsverhältnisses die Grundsätze des AGBG analog anwendbar (so allgemein für Freizeichnungsklauseln in autonomen Satzungen: OLG München VersR 1980, 724).

c) Einbeziehung von AVB in den Versicherungsvertrag

560 Auch AVB können grds nach Maßgabe des **§ 2 Abs 1** in den Versicherungsvertrag einbezogen werden (BGH VersR 1986, 672, 673; Bach/Geiger VersR 1993, 659, 663; Wolf/Horn § 23 Rn 453). Da der Versicherungsnehmer aber nach dem gängigen Policenmodell (dazu Baumann VersR 1996, 1, 2 ff; Lorenz VersR 1995, 616, 619 ff) zum Zeitpunkt des Vertragsschlusses noch keine Möglichkeit der Kenntnisnahme in bezug auf die erst später übersandten AVB hat, scheidet eine Einbeziehung nach § 2 Abs 1 in der Praxis regelmäßig aus.

Darüber hinaus bieten sich jedoch noch **zwei Möglichkeiten der erleichterten Einbeziehung von AVB** an:

Nach dem – im Zusammenhang mit der Novelle des VAG neu eingefügten – § 5 a VVG werden AVB abweichend von § 2 Abs 1 auch dann Vertragsbestandteil, wenn sie dem Antragsteller mit der Police übersand werden und dieser nicht binnen 14 Tagen widerspricht (zur schwierigen Einordnung des § 5 a VVG in das System des Versicherungsvertragsrechts: LORENZ VersR 1995, 616; 1997, 773; BAUMANN VersR 1996, 1, 3; DÖRNER/ HOFFMANN NJW 1996, 153, 158; REIFF VersR 1997, 267).

Daneben kommt aber weiterhin auch die Einbeziehung nach **§ 23 Abs 3** in Betracht, soweit es sich um bereits genehmigte Alt-AVB handelt (dazu SCHIRMERS, Aktuelle Fragen bei der Anwendung des AGBG auf AVB [Symposion AGBG und AVB 1993] II 1 b) oder aber soweit die Genehmigungspflicht auch nach dem novellierten VAG fortbesteht. Letzteres gilt insbesondere für die Haftpflichtversicherung und die substitutive Krankenversicherung. § 23 Abs 3 läuft also auch nach der jetzigen Rechtslage nicht leer (mißverständlich insoweit PALANDT/HEINRICHS § 23 Rn 9). Soweit § 23 Abs 3 greift, genügt für die Einbeziehung schon die widerspruchslose Vertragsunterzeichnung (LG München I VersR 1991, 662, 663).

Die nachträgliche Einbeziehung geänderter AVB in Altverträge hängt davon ab, ob eine 561 wirksame Anpassungsklausel existierte. Besteht eine solche Klausel, so werden die geänderten AVB wirksam (BGH NJW 1992, 2356, 2358; andernfalls bedarf es zum Wirksamwerden eines Abänderungsvertrags: LG Frankfurt aM ZIP 1991, 864, 865).

Wenn ein Versicherungsvertrag geändert wird (zB bei Umschreibung einer Haftpflichtversicherung auf ein Neu-KFZ), werden zwischenzeitlich geänderte AVB nicht automatisch nach § 23 Abs 3 oder § 5 a VVG Vertragsbestandteil. Vielmehr gelten auch hier die Grundsätze über die nachträgliche Einbeziehung von AVB, dh – soweit keine Anpassungsklausel vorliegt – sind grds die Einbeziehungsvoraussetzungen nach § 2 Abs 1 einzuhalten (so für § 23 Abs 3 OLG Hamm VersR 1997, 306).

d) Die Auslegung von AVB
Die **objektive, individuell generalisierende Auslegung** (vgl STAUDINGER/SCHLOSSER § 5 562 Rn 18) ist gerade bei AVB geboten, da der Versicherungsvertrag immer im Kontext des Risikozusammenhangs der Gefahrengemeinschaft zu sehen ist (siehe dazu WOLF/ HORN § 23 Rn 462). Jede Überdehnung der Individualinteressen eines Versicherungsnehmers bedeutet hier automatisch eine (wenn auch wenig spürbare) Belastung der Interessen der anderen Versicherungsnehmer. Auslegung und Inhaltskontrolle haben deshalb auch die Interessen der Versichertengemeinschaft mitzuberücksichtigen. Dem trägt ein objektiver, individuell generalisierender Auslegungsmaßstab am ehesten Rechnung (vgl BACH/GEIGER VersR 1993, 659 ff; sowie zur Rspr BGH NJW-RR 1996, 857, 858; VersR 1989, 903; 1990, 1271; 1995, 951, 952; OLG Köln VersR 1992, 490; auch OLG Bamberg VersR 1995, 947, 948, das auf den „typischen" Versicherungsnehmer abstellt).

Die **AGBG-konforme Auslegung** spielt bei der gerichtlichen Kontrolle von AVB eine **wesentlich größere Rolle als bei anderen AGB-Formen** (MARTIN, Sachversicherungsrecht [3. Aufl 1992] AV Rn 19; allg vgl Rn 30 ff). Das Mittel der Inhaltskontrolle und der damit verbundene Eingriff in das hochkomplex durchkalkulierte Regelungsgefüge des

Versicherungsvertrages ist nicht in gleicher Weise, wie zB beim Kauf oder Werkvertrag, geeignet, sachgerechte Ergebnisse zu erzielen (zu den Einzelheiten siehe oben Rn 563, 591 ff; vgl etwa BGH VersR 1984, 576; 1985, 877; 1986, 540; 1986, 986, 987; in jüngerer Zeit: OLG Köln VersR 1989, 137; OLG Köln VersR 1990, 370, KG VersR 1991, 1364; OLG Koblenz VersR 1993, 1000). Entgegen Stimmen in der Literatur (für AVB: Wolf/Horn § 23 Rn 462; allgemein: Schlosser ZIP 1985, 449, 457, 458; Soergel/Stein § 5 Rn 16, 17) und der Kritik des XI. Zivilsenats (vgl BGH NJW 1992, 1097, 1099 mwN), die angelehnt an das Verbandsklageverfahren eine **kundenfeindliche Auslegung** von AVB auch im Individualprozeß fordern, hält der BGH an dieser Rspr fest (BGH NJW 1995, 56, 57: bei mehrdeutigem Verschuldensmaßstab gilt der mildere Maßstab; BGH VersR 1995, 951, 952: bei mehrdeutigen Formulierungen gilt der weitere Versicherungsschutz).

Eine besondere AVB-spezifische Bedeutung hat die Auslegung bei der näheren **Bestimmung und Abgrenzung der Risikobereiche der einzelnen Versicherungstypen**: Dabei sind mit dem Mittel der Auslegung auch Deckungslücken im Grenzbereich verschiedener Versicherungszweige zu schließen, wenn ein verständiger Kunde bei gebotener Aufmerksamkeit und Überlegung mit der Deckungslücke nicht gerechnet hätte (BGH VersR 1986, 177; 1986, 537, 538; 1992, 47; zu Deckungslücken in der Haftpflichtversicherung siehe unten Rn 597).

e) **Inhaltskontrolle von AVB gem §§ 9 ff**
aa) **Tendenz der Rechtsprechung: Von der Auslegung zur Inhaltskontrolle**

563 Während AGB allgemein Fragen der Gefahrtragung, Mängelhaftung, sowie der Modalitäten der Leistungserbringung betreffen, wird beim Versicherungsvertrag gerade auch die Primärleistungspflicht durch AVB festgelegt. **AVB sind wesentlich leistungsbeschreibende AGB** (vgl Dreher, Die Versicherung als Rechtsprodukt [1991] 173 ff). Eine Inhaltskontrolle von AVB birgt somit regelmäßig die Gefahr eines mehr oder weniger weitgehenden Eingriffs in das Leistungsbestimmungsrecht der Vertragsparteien (vgl Ulmer/Brandner Anh §§ 9–11 Rn 852, 856). Entsprechend kontrovers wurde und wird die Frage diskutiert, in welchem Umfang AVB angesichts ihres leistungsbeschreibenden Charakters der Inhaltskontrolle unterliegen (vgl Wolf/Horn § 23 Rn 464; Hansen VersR 1988, 1110; allg zur Inhaltskontrolle leistungsbeschreibender AGB § 8 Rn 15 ff). Vor diesem Hintergrund wird verständlich, daß die Rspr zunächst mit kontrollierenden Eingriffen in das Gefüge der Risikogestaltung von Versicherungsverträgen zurückhaltend war (vgl BGHZ 52, 86, 92) und sich weitgehend auf **die AGB-konforme Auslegung** von AVB beschränkte (dazu unten Rn 562), die allerdings teilweise in eine **verdeckte Inhaltskontrolle** überging (vgl dazu Ulmer/Brandner Anh §§ 9–11 Rn 852 mit zahlreichen Beispielen aus der Judikatur). Nur ausnahmsweise, wenn ein Ausweichen auf die Auslegung nicht möglich war, griff der BGH zum Mittel der Inhaltskontrolle (so bei Kündigungsklauseln etwa BGH NJW 1983, 2632; im einzelnen dazu Rn 579). Mittlerweile tendieren die Rechtssprechung und Literatur aber immer mehr zur offenen Inhaltskontrolle von AVB nach §§ 9–11 (ausgehend von BGH VersR 1990, 970, 971 [Tierlebensversicherung] und BGH VersR 1991, 175, 176 [Architektenhaftpflicht]; für die Lit: Bach/Geiger VersR 1993, 659, Schirmer DAR 1993, 321, Wolf/Horn § 23 Rn 464 sowie Ulmer/Brandner Anh §§ 9–11 Rn 855). **Exemplarisch** wird die Trendwende in der Rspr an einer Klausel deutlich, wonach der Versicherungsnehmer für die Richtigkeit der Angaben im Versicherungsantrag haftet, auch wenn diese von einer anderen Person, zB vom Versicherungsagenten, ausgefüllt wurde: Nach LG Hamburg VersR 1985, 329 war diese Klausel einschränkend so auszulegen, daß „eine andere Person" sich

nicht auf den Versicherungsagenten bezog. Nach BGH NJW 1992, 828, 829 verstößt die Klausel gegen § 11 Nr 7 und ist daher unwirksam (siehe dazu im einzelnen Rn 587).

Diese Tendenzen dürften sich mit der weitgehenden Abschaffung der behördlichen Vorkontrolle von AVB noch verstärken, da neue ungenehmigte AVB zukünftig nicht mehr Ausdruck eines staatlich überwachten Interessenausgleichs zwischen Versichertem, Versicherung und Gefahrengemeinschaft sondern – wie bei anderen AGB auch – Ausdruck der einseitigen Gestaltungsmacht des Versicherers sind.

bb) Kontrollfähigkeit gemäß § 8*
Unbeschadet der stets möglichen Transparenzkontrolle (§ 8 Rn 15 ff, 36) sind AVB nur im Rahmen der allg Grenzen des § 8 kontrollfähig. Im einzelnen:

α) **Deklaratorische Klauseln**
Zum einen sind deklaratorische AVB von der Inhaltskontolle nach § 8 ausgenommen. Diese sind nicht selten, da der Versicherer gem § 10 Abs 3 VAG verpflichtet ist, bestimmte Vorschriften des VVG in die AVB mitaufzunehmen, um dem Versicherungsnehmer ein vollständiges Bild von seinen Rechten und Pflichten zu geben (vgl SCHMIDT-SALZER, in: FS Brandner [1996] 259, 261). Jedoch können nach der Rspr des BGH auch „deklaratorische" AVB, insbesondere wenn sie sich auf die allgemeinen Vorschriften des VVG beziehen, bei *atypischen* Vertragsverhältnissen mißbräuchlich sein und daher der Inhaltskontrolle unterliegen. So ist zB das nach § 8 Abs 2 S 1 VVG grundsätzlich bestehende, zeitlich unbegrenzte beiderseitige Kündigungsrecht mit dem Wesen der Krankenversicherung unvereinbar und verstößt daher in AVB der Krankenversicherung (MBKK) gegen § 9 Abs 2 Nr 2 (BGH NJW 1983, 2632; siehe dazu § 8 Rn 35 und im einzelnen Rn 579). **564**

β) **Kernbereich der Leistung**
Nach § 8 ist der Kernbereich der Leistungsbestimmung der Inhaltskontrolle entzogen (siehe hierzu § 8 Rn 11 ff, 14, 28). Gegenstand des Versicherungsvertrages ist der Versicherungsschutz in Hinblick auf ein bestimmtes Risiko. Daher stellt sich bei Versicherungsbedingungen die **Frage der Abgrenzung** von nicht kontrollfähigem Leistungskern und bloßen Leistungsmodifikationen **insbesondere bei Risikobeschreibungen, Risikobegrenzungen und Risikoausschlüssen**. Dabei sind die Übergänge fließend: Der Umfang des versicherten Risikos kann formal positiv durch **Risikobeschreibungen**, negativ durch **Risikobeschränkungen oder -ausschlüsse** festgelegt werden. Unabhängig von diesen formellen Differenzierungskriterien greift die Rspr bei risikobeschreibenden und risikobegrenzenden AGB sowohl auf das Mittel der Auslegung (siehe oben 562), als auch auf das Mittel der Inhaltskontrolle zurück, wobei sich die Tendenz zur Inhaltskontrolle verstärkt. Als **nicht kontrollfähiger Leistungskern** von AVB werden beim Versicherungsvertrag lediglich die Bestimmung der unmittelbaren Hauptleistungspflicht (BGH VersR 1993, 957, 958), die Höhe der Deckungssumme, die Prämienzahlungpflicht und das Verhältnis von Prämie und Umfang des Versicherungsschutzes angesehen werden können (vgl DREHER VersR 1995, 249; REICHHARD VersR 1996, 497; MARTIN VersR 1984, 1107, 1112; WEBER VersR 1986, 1, 3). Diese Unterscheidung kann jedoch nicht darüber hinwegtäuschen, daß auch bei den AVB in Hinblick auf **565**

---

* **Schrifttum**: SCHMIDT-SALZER, Leistungsbeschreibungen insbesondere in Versicherungsverträgen und Schranken der Inhaltskontrolle, in: FS Brandner (1996) 259 ff.

§§ 9–11 als kontrollbedürftig empfundene Klausel regelmäßig auch als kontrollfähig iSv § 8 angesehen werden (vgl § 8 Rn 13; HÜBNER, Allgemeine Versicherungsbedingungen und AGB-Gesetz [4. Aufl 1993] Rn 143, 145, 149).

γ) **EG-Recht**

566 Für Versicherungsbedingungen ist der *19. Erwägungsgrund zu Art 4 Abs 2 der EG-Richtlinie* relevant. In Hinblick auf die Kontrollfähigkeit von Risikobeschreibungen, Risikobegrenzungen und Risikoausschlüssen wird dabei danach unterschieden, ob diese Begrenzungen „bei der vom Verbraucher zu zahlenden Prämie Berücksichtigung" finden. Daraus folgt, daß risikobeschreibende und risikobegrenzende AVB dann der Inhaltskontrolle entzogen sind, wenn für den Versicherungsnehmer das betreffende Risiko bzw der Risikoausschluß erkennbar die Höhe der Prämien bestimmt. Daher sind **Prämienrabattklauseln**, die zB in der Kraftfahrzeugversicherung günstigere Tarife etwa für Garagenbesitzer oder Alleinfahrer vorsehen, dann der Inhaltskontrolle entzogen, wenn alle risikoerheblichen Gesichtspunkte zusammengefaßt und für den Versicherungsnehmer verständlich dargestellt sind und die Auswirkung auf die Höhe der Prämie klar erkennbar ist (vgl dazu SCHMIDT-SALZER, in: FS Brandner [1996] 259, 275 f; zum Preisargument allg Rn 94 ff; Einzelheiten noch unten Rn 572).

δ) **Grenzen der Inhaltskontrolle in der Rechtsprechung**

567 Die höchstrichterliche Rechtsprechung ist trotz des formalen Festhaltens am Begriff des Kernbereichs der Leistung stark einzelfallorientiert, so daß es insoweit an klaren Abgrenzungskriterien fehlt.

Einzelfälle: Nicht kontrollfähig soll eine Regelung sein, wonach die Krankentagegeldversicherung nur bei vollständiger Berufsunfähigkeit eingreift (dazu BGH VersR 1993, 297, 298) oder eine Klausel, nach der ein Fall von Unfallinvalidität nur vorliegt, wenn die Unfallfolge spätestens 1 Jahr nach dem Unfall eingetreten und in weiteren 3 Monaten ärztlich festgestellt wurde (OLG Frankfurt aM VersR 1993, 174, 175; aA OLG Düsseldorf VersR 1997, 566: kontrollfähig, aber kein Verstoß gegen §§ 3, 5, 9; ebenso BGH 19.11.1997 – AZ IV ZR 348/96 – [ärztliche Feststellung innerhalb 15 Monaten]). **Kontrollfähig** sind dagegen grds AVB, die nicht den Kernbereich des Versicherungsschutzes betreffen (vgl BGH VersR 1997, 345, 346), zB AVB über Risikobeschreibungen und -ausschlüsse (dazu Rn 565), AVB über Obliegenheiten des Versicherungsnehmers (dazu Rn 570), AVB über die **Laufzeit** von Versicherungen (dazu Rn 590; siehe auch oben „Laufzeitklauseln" Rn 427 ff), und AVB über den Umfang **der Erstattungspflicht des Versicherers**, also etwa AVB über die Überschußbeteiligung bei einer Lebensversicherung (dazu Rn 596); Serienschadensklauseln (Rn 586); Zeitwertklausel bei der Kaskoversicherung (Rn 575) und Mehrfachversicherungsklauseln (Rn 581).

cc) **Die Klauselverbote des § 10 und § 11**

568 Von den Klauselverboten der §§ 10 und 11 sind vor allem die §§ 10 Nr 1, 4, 6 und die §§ 11 Nr 15 und 16 für die Kontrolle von AVB von Bedeutung (vgl HANSEN VersR 1988, 1110; PALANDT/HEINRICHS Rn 138; ULMER/BRANDNER Anh §§ 9–11 Rn 862). Gem § 23 Abs 2 Nr 6 ist § 11 Nr 12 (Laufzeit von Dauerschuldverhältnissen) nicht auf AVB anwendbar, jedoch können die Wertungen des § 11 Nr 12 über § 9 Abs 2 Nr 1 auch auf AVB angewendet werden (OLG Düsseldorf VersR 1991, 989, 990).

2. Unterabschnitt. §9 AGBG
Unwirksame Klauseln 569–572

dd) Maßstäbe der Inhaltskontrolle gem § 9

α) Unangemessenheit und Vertragszweckgefährdung (§ 9 Abs 1 und Abs 2 Nr 2)
Unangemessen sind AVB, die das Deckungsversprechen des Versicherers in einer **569** dem Schutzzweck des AGBG unvereinbarer Weise beschränken (BGH VersR BGHZ 120, 216, 223; PALANDT/HEINRICHS Rn 138). Dies ist insbesondere dann der Fall, wenn der Versicherungsschutz in vertragszweckgefährdender Weise hinter der Risikodeckung zurückbleibt, die der Versicherte im Hinblick auf Gegenstand und Zweck des Vertrages nach Treu und Glauben auch unter Berücksichtigung der Werbung erwarten darf (ULMER/BRANDNER Anh §§ 9–11 Rn 855; MARTIN VersR 1984, 1107, 1110). Zweck der Inhaltskontrolle von AVB ist dabei die Mißbrauchskontrolle, nicht dagegen, für den Versicherungsnehmer optimale Versicherungsbedingungen zu erreichen (BGH VersR 1986, 257, 258).

β) Leitbildfunktion des VVG im Rahmen von § 9 Abs 2 Nr 1
Das **VVG** hat iRd § 9 Abs 2 Nr 1 **Leitbildfunktion** für die Gestaltung von AVB **570** (ULMER/BRANDNER Anh §§ 9–11 Rn 854; WOLF/HORN Rn 465). Besondere Bedeutung hat dabei die **Leitbildfunktion des § 6 Abs 1 VVG**, der einen Wegfall des Versicherungsschutzes nur bei schuldhaften Obliegenheitsverletzungen des VN zuläßt. Ein Ausschluß von § 6 Abs 1 VVG ist **wegen Verstoß gegen § 9 Abs 2 Nr 1 unwirksam** (BGH NJW 1993, 590, 591; OLG Koblenz VersR 1992, 571 für Warenkreditversicherungen; BGH VersR 1984, 830, 832 für Haftpflichtversicherungen; weitere **Einzelfälle zum Leitbildcharakter des VVG:** *§ 6 Abs 2, 3 VVG* [BGHZ 79, 6, 12]; *§ 10 VVG* [OLG Hamburg VersR 1980, 38]; *§§ 16 ff VVG* [BGH NJW 1994, 1534]; *§ 61 VVG* [BGH NJW-RR 1993, 1049, 1050]; *§ 66 Abs 2 VVG* [BGHZ 83, 169]; *§§ 69 Abs 1, 70 Abs 2 VVG* [BGHZ 111, 295, 297]; *§§ 95 S 1, 112, 119 S 1 VVG* [BGH VersR 1985, 129, 130]; *§§ 96, 113, 158 VVG* [BGH VersR 1991, 580; ULMER/BRANDNER Anh §§ 9–11 859]; *§ 126 VVG* [BGH VersR 1990, 970]). Jedoch sollen auch **grundlegende Abweichungen vom VVG zulässig** sein können, soweit dies im Einzelfall gerechtfertigt ist (BGH NJW 1984, 47, 48). Andererseits können auch Klauseln, die dem VVG entsprechen, der Inhaltskontrolle nach 9 Abs 1 unterliegen (ULMER/BRANDNER Anh §§ 9–11 Rn 854).

γ) Transparenzgebot
Der Versicherer hat die Aufgabe, dem Versicherungsnehmer den Umfang des Ver- **571** sicherungsschutzes hinreichend zu verdeutlichen (BGH VersR 1993, 297). Verstöße gegen das Transparenzgebot unterliegen stets der Inhaltskontrolle (BACH/GEIGER VersR 1993, 659, 667, zum Transparenzgebot § 8 Rn 15 ff, § 9 Rn 121 ff). Bisher hat der BGH jedoch – gewissermaßen als Vorläufer der Rspr zum Transparenzgebot – bei unklaren oder in ihren Folgen für den Versicherungsnehmer nicht einzuschätzenden Klauseln, eine **Aufklärungspflicht des Versicherers** aus § 242 BGB angenommen (vgl BGH VersR 1973, 174 im Hinblick auf Anspruchsverlust bei falscher Tatsachenangabe in der **Kraftfahrzeugversicherung**; BGH VersR 1979, 342, 345 im Hinblick auf Erstattungsausschlüsse aufgrund von Kofferraumklauseln in der **Reisegepäckversicherung**; BGH VersR 1985, 129, 130 im Hinblick auf die erstattungsbegrenzende rechtsanaloge Anwendung von Normen des VVG in der **Hausratversicherung**; OLG Köln VersR 1993, 304 im Hinblick auf Deckungslücken in der **Betriebshaftpflichtversicherung**).

δ) Das Preisargument im Rahmen der Inhaltskontrolle
Das Preisargument kann, allgemeinen Grundsätzen entsprechend (Rn 94), zur **572** Rechtfertigung von nach § 9 unangemessenen AGB nicht herangezogen werden (BGH VersR 1982, 482, 484; OLG München NJW-RR 1996, 434, 435), da die Prämienkalku-

lation stets nach Treu und Glauben zu erfolgen hat (BGHZ 22, 90, 98). Allerdings ist die Frage, ob eine Klausel unangemessen ist, nicht isoliert zu betrachten. Im Rahmen einer Gesamtschau kann ein günstigerer Tarif daher auch weitergehende Risikobeschränkungen rechtfertigen (BGH VersR 1982, 486, 488; ULMER/BRANDNER Anh §§ 9–11 Rn 854; für Verbraucherverträge siehe oben Rn 99).

ee) Rechtsfolgen der Klauselunwirksamkeit § 6 Abs 2

573 Das **Verbot der geltungserhaltenden Reduktion** unwirksamer Klauseln gilt auch für AVB (BGHZ 111, 278, 279; vgl OLG Koblenz VersR 1993, 1000, das schon im Leitsatz dem Verdacht einer geltungserhaltenden Reduktion entgegenwirken will). Mit der zunehmenden Ausdehnung der Inhaltskontrolle von AVB stellt sich daher auch die Frage der Schließung der durch die Unwirksamkeit einzelner Klauseln entstehenden Lücken. Wegen des Interesses auch des Versicherungsnehmers am Fortbestand des Versicherungsvertrags und des weitgehenden Fehlens von speziellen gesetzlichen Regelungen erweist sich deshalb die **ergänzende Vertragsauslegung** als erforderlich (so zB in BGH NJW 1992, 1164, 1165: Begründung eines Haftungsausschluß für dem Versicherungsnehmer *bekannte* Vorerkrankungen bei der Krankentagegeldversicherung aus § 242 BGB, nachdem ein genereller Haftungsausschluß als unwirksam angesehen worden war; OLG Hamm NJW-RR 1995, 411, 412: Begründung eines Rückzahlungsanspruchs des Versicherers für zuviel gezahltes Krankentagegeld, nachdem ein generelles Erlöschen des Versicherungsschutzes als unwirksam angesehen worden war). Im Ergebnis kommt es auf dem Umweg über die Inhaltskontrolle und die ergänzende Vertragsauslegung dann doch wieder zu der bei AVB im Ergebnis wohl unvermeidlichen geltungserhaltenden Reduktion unwirksamer AGB (kritisch hierzu BACH/GEIGER VersR 1993, 659, 660; vgl ULMER/BRANDNER Anh §§ 9–11 Rn 856; MARTIN VersR 1984, 1107).

f) Auslegung und Inhaltskontrolle einzelner Klauseltypen

574 aa) **Antragsbindungsklauseln** in einer Lebensversicherung unterfallen § 10 Nr 1. Eine Bindung von 6 Wochen verstößt jedoch bei einer Lebensversicherung noch nicht gegen diese Vorschrift, da der Versicherung hier eine angemessene Frist zur Prüfung zB des Gesundheitszustands des Versicherten gewährt werden muß (OLG Frankfurt aM VersR 1983, 528; OLG Hamm VersR 1986, 82). **Ausschlußfristen** für die Geltendmachung von Ansprüchen werden (bei angemessener Länge) akzeptiert, wenn sie die Auslegung zulassen, daß sie bei nachgewiesenem Nichtverschulden an der Versäumung nicht gelten (BGH VersR 1995, 82; 1995, 1179; 1982, 567; krit zu dieser „geltungserhaltenden Auslegung" RIXECKER, in FS Heinrichs (1998) 435, 438 ff; vgl oben Rn 30 ff).

575 bb) **Beitragsanpassungsklauseln** sind grds zulässig, unterliegen jedoch der Inhaltskontrolle nach § 9 (BGH NJW 1992, 2356, 2358; zu allg Vertragsanpassungsklauseln siehe unten Rn 587). Regelmäßig liegt keine unangemessen Benachteiligung des Versicherungsnehmers gem § 9 Abs 1 vor, da der Versicherer im Hinblick auf die lange Laufzeit der Verträge ein berechtigtes Interesse an der Anpassung hat (BGH VersR 1992, 1211, 1212; OLG Hamm NJW-RR 1993, 1501, auch im Hinblick auf die Regelungen des Beitragsanpassungsrechts in § 8 a MBKK/KT 76; ebenso OLG Hamm VersR 1988, 263, 264 für eine Beitragsanpassungsklausel bei der Kinder-Unfallversicherung: Umstellung auf Erwachsenentarif mit Volljährigkeit keine unangemessene Benachteiligung des Versicherungsnehmers iSv § 9 Abs 1). Eine zurückhaltendere Auffassung ist geboten gegenüber sonstigen **Bedingungsanpassungsklauseln** für den Fall der Unwirksamkeit oder des Wegfalls der ursprünglichen Bestimmung (MATUSCHKE-BECKMANN NJW 1998, 112 ff; vgl oben Rn 52).

cc) Bereicherungsverbot

AVB, die den Umfang der Versicherungsleistung begrenzen, sind grds kontrollfähig 576 gem § 8. Soweit sie nur Konkretisierungen des allgemeinen versicherungsrechtlichen Bereicherungsverbots sind, liegt jedoch kein Verstoß gegen § 9 vor. Entsprechend ist bei der **KFZ-Kaskoversicherung** die Begrenzung der Entschädigung auf den **Zeitwert**, soweit kein Neuwagen angeschafft wird, nicht überraschend gem § 3 (OLG Jena VersR 1997, 229; siehe auch Mehrfachversicherungsklauseln Rn 581).

dd) Vorläufiger Deckungsschutz

Für den Zeitraum während der Vertragsverhandlungen bzw während der Prüfung 577 der Angaben des Versicherten kann vorläufiger Versicherungsschutz gewährt werden. Versicherungsschutz besteht in diesem Fall also auch **ohne Abschluß des Versicherungsvertrags**. Hier liegt der Unterschied zur Rückwärtsversicherung, die **nach Vertragschluß rückwirkend** Versicherungschutz gewährt (zur Rückwärtsversicherung siehe unten Rn 583).

Eine Klausel, wonach der **vorläufige Deckungsschutz durch den Lebensversicherer** während der Vertragsverhandlungen automatisch nach 2 Monaten endet, benachteiligt den Versicherten unangemessen iSv § 9 Abs 1, da es Zweck des vorläufigen Deckungsschutzes ist, den Versicherungsschutz des Verhandlungspartners der Versicherung für die gesamte Dauer erfolgversprechender Vertragsverhandlungen aufrechtzuerhalten (BGH NJW-RR 1996, 856, 857).

ee) Empfangsbevollmächtigte für WE der Versicherung

Die Bestellung einer Bank als Empfangsboten des Versicherungsnehmers bei einer 578 Restschuldversicherung ist eine unangemessene Benachteiligung des VN gem § 9 Abs 1, da kein berechtigtes Interesse des Versicherers erkennbar ist, Erklärungen jemand anderem als dem VN zukommen zu lassen. Die Klausel ist zudem als unzulässige **Zugangsfiktion** gem § 10 Nr 6 unwirksam (KG NJW-RR 1992, 860, 861). Dagegen liegt in einer Klausel, die den **Bezugsberechtigten einer Lebensversicherung** nach dem Tod des Versicherungsnehmers zum Empfang von Willenserklärungen ermächtigt, kein Verstoß gegen § 9 Abs 1, da eine solche Regelung für den Todesfall den Interessen nicht nur des Versicherers, sondern auch den wohlverstandenen Interessen des Versicherungsnehmers entspricht. Dies gilt umsomehr, wenn dem Versicherungsnehmer die Möglichkeit eingeräumt war, einen anderen Empfangsbevollmächtigten zu bestimmen (BGH NJW 1982, 2314, 2315; vgl auch unten „Vollmachtsklauseln" Rn 625).

ff) Kündigungsklauseln

Grds können Versicherungsverträge unter Einhaltung der Fristen des § 8 VVG 579 sowohl vom Versicherer als auch vom Versicherungsnehmer gekündigt werden. Aus dem Zweck des jeweiligen Versicherungsverhältnisses kann sich jedoch eine zeitliche Begrenzung des Kündigungsrechts ergeben. Von besonderer praktischer Bedeutung ist die **Kündigung im Schadensfall**, die nach Eintritt eines Schadensfalls beide Parteien zur Kündigung berechtigt (vgl §§ 96, 113, 158 VVG).

Eine Klausel in einer Kranken- oder Krankentagegeldversicherung, die ein zeitlich **unbegrenztes Kündigungsrecht** des Versicherers vorsieht, verstößt gegen § 9 Abs 2 Nr 2, da sie den Vertragszweck der Krankentagegeldversicherung, die soziale Absicherung des VN im Krankheitsfalle zu sichern, gefährdet (BGHZ 88, 78, 83; OLG

Bamberg VersR 1995, 947; PALANDT/HEINRICHS Rn 138; ULMER/BRANDNER Anh §§ 9–11 Rn 854). Ein zeitlich auf die ersten **3 Jahre begrenztes Kündigungsrecht** verstößt dagegen nicht gegen §§ 9 Abs 1 oder Abs 2 Nr 2, da dem Versicherer im Interesse des Schutzes der Gefahrgemeinschaft vor zu hohen Risiken die Möglichkeit einer „Probezeit" eingeräumt werden muß (OLG Bamberg VersR 1995, 947; ähnlich BGH VersR 1983, 850; 1986, 257, 258 für die Kurkostenversicherung als besondere Krankenversicherung; PALANDT/HEINRICHS Rn 138; ULMER/BRANDNER Anh §§ 9–11 Rn 854 Fn 24).

Ein **einseitiges verschuldensunabhängiges Kündigungsrecht** des Versicherers ist immer unwirksam gem § 9 Abs 2 Nr 1, da die §§ 96, 113, 158 VVG als gesetzliches Leitbild grundsätzlich nur ein beiderseitiges verschuldensabhängiges Kündigungsrecht vorsehen (BGH VersR 1991, 580, 581 für die Rechtsschutzversicherung; ULMER/BRANDNER Anh §§ 9–11 Rn 859). Eine **Kündigungsausschlußklausel** für den Erwerber eines feuerversicherten Gebäudes ist unwirksam gem § 9 Abs 2 Nr 1, da von der gesetzlichen Wertung der §§ 69 Abs 1, 70 Abs 2, 72 VVG abgewichen wird, wonach der Erwerber binnen eines Monats kündigen kann (BGHZ 111, 295, 297; ULMER/BRANDNER Anh §§ 9–11 Rn 851, 859). Eine Klausel, wonach ein Aktenvermerk des Versicherers zum **Nachweis einer Kündigung** oder Mahnung genügt, verstößt gegen § 10 Nr 6, da sie eine Zugangsfiktion enthält (OLG Hamburg VersR 1981, 125, 126).

gg) Laufzeitklauseln

580 Laufzeitklauseln sind auch dann AGB gem § 1, wenn im Antragsformular mehrere Alternativen zur Wahl gestellt (BGH VersR 1997, 345, 346; NJW 1996, 1676). Nur die völlig freie Laufzeitbestimmung durch den Versicherungsnehmer fällt nicht unter das AGBG (BGH NJW 1996, 1676; BACH/GEIGER VersR 1993, 659, 663; siehe hierzu auch ausführlich oben „Laufzeitklauseln" Rn 427 ff). Sie sind auch grds nach § 8 kontrollfähig (Rn 567; siehe auch oben Rn 429). Im einzelnen:

Eine **zehnjährige Laufzeit** fällt zwar nicht unter § 9 Abs 2 Nr 1, da insoweit keine gesetzliche Regelung vorliegt, von der abgewichen werden könnte (BGH NJW 1994, 2693, 2694; BGH VersR 1997, 345, 346), jedoch unter § 9 Abs 1, da sie die Dispositionsfreiheit des Versicherungsnehmers im Hinblick auf sich ändernde wirtschaftliche Verhältnisse weitgehend beschränkt und den Versicherungsnehmer dadurch unangemessen benachteiligt (BGH NJW 1994, 2693, 2695; OLG Düsseldorf VersR 1991, 989: auch Verstoß gegen § 9 Abs 2 Nr 1 iVm der Wertung des § 11 Nr 12 für die Unfallversicherung; ebenso BGH VersR 1994, 1052 für die Hausratversicherung; BGH NJW 1995, 1289, 1290 für die Wohngebäudeversicherung; BGH BB 1994, 1736 für die Produkthaftpflichtversicherung).

Grds akzeptiert werden hingegen **fünfjährige Laufzeiten**, da der Versicherer ein schutzwürdiges Interesse daran hat, aus wettbewerblichen Gründen den Vertrag so zu gestalten, daß günstige Prämien möglich sind, und eine fünfjährige Bindung keine erhebliche Belastung für den VN darstellt (BGH NJW 1995, 2710, 2711 für die Reparaturkostenversicherung; BGH NJW 1996, 519, 520 für die Unfallversicherung; aA OLG Köln NJW-RR 1996, 436, 437: auch hier Verstoß gegen § 9 Abs 1, da dem Nachteil der Bindung keine wesentlichen Vorteile gegenüberstehen; BGH ZIP 1997, 1343, 1344 f für die Rechtsschutzversicherung, auch wenn gleichzeitig Kündigungsrecht für den Fall von Beitragserhöhungen bis zu 15% ausgeschlossen ist; aA OLG München NJW-RR 1996, 434, 436). Ausführliche Darstellungen zur Problematik bei LEVERENZ NJW 1997, 421 ff.

Laufzeitverlängerungsklauseln sind unzulässig, wenn sie die Gewährung einer Versicherungsleistung zwangsweise mit der Vertragsverlängerung verknüpfen; hierdurch wird der Vertragszweck gem § 9 Abs 2 Nr 2 gefährdet (BGH NJW NJW-RR 1987, 45, 46; ULMER/BRANDNER Anh §§ 9–11 Rn 859). Zulässig ist jedoch eine stillschweigende Verlängerung der Versicherung von Jahr zu Jahr, wenn der Versicherungsnehmer nicht 2 Monate vor Ablauf der Versicherungszeit mit eingeschriebenem Brief kündigt (BGH NJW-RR 1987, 605, 607).

hh) **Mehrfachversicherungen**
Für die Schadensversicherung soll § 59 VVG der Bereicherung des Versicherungs- **581** nehmers durch Doppelversicherungen entgegenwirken: Gem § 59 Abs 1 VVG ist die Gesamtentschädigung bei Doppelversicherungen auf den tatsächlichen Schaden begrenzt. Nach § 59 Abs 3 VVG ist der Versicherungsvertrag bei betrügerischer Absicht des Versicherungsnehmers nichtig. Diese Bestimmungen werden oft durch AVB ergänzt (zum Bereicherungsverbot auch oben Rn 576).

Ein **Kündigungsrecht** bei nicht genehmigter Mehrfachversicherung in der Krankentagegeldversicherung verstößt nicht gegen §§ 3, 9 Abs 1 oder Abs 2, da sie eine angemessene Sanktion für das vertragswidrige Verhalten des Versicherungsnehmers darstellt (BGH NJW 1990, 767, 769; PALANDT/HEINRICHS Rn 138). Das gilt jedoch wegen der Wertung der §§ 6 Abs 2, Abs 3 VVG und im Hinblick auf den sozialen Schutzzweck der Krankentagegeldversicherung **nicht**, wenn der Versicherungsfall bereits eingetreten ist (BGHZ 79, 6, 12 f). Ähnlich verstößt auch die **Begrenzung der Gesamtentschädigungssumme** bei Mehrfachversicherung von Hausrat nicht gegen § 9, da sie nur die Erlangung eines ungerechtfertigten Vorteils durch den VN ausschließt (BGH NJW-RR 1996, 594, 595).

ii) **Repräsentantenklauseln (Verantwortlichkeit für Dritte)**
Insbesondere bei den Haftpflicht- und Sachversicherungen (siehe unten Rn 597 ff) wird **582** dem Versicherungsnehmer durch sog Repräsentantenklauseln die Verantwortlichkeit für das Verhalten Dritter auferlegt. Repräsentant ist, wer im Geschäftsbereich, zu dem das versicherte Risiko gehört, vollständig an die Stelle des Versicherungsnehmers getreten ist. So etwa der Subunternehmer in der Bauwesenversicherung (BGH NJW 1984, 47, 48). Gem § 61 VVG kann die Haftung bei Vorsatz und Fahrlässigkeit des *Versicherungsnehmers* vertraglich ausgeschlossen werden. In der Auslegung durch die Rspr enthält § 61 VVG das gesetzliche Leitbild, daß ein Risikoausschluß bei Vorsatz und Fahrlässigkeit eines *Dritten* grds unzulässig ist (BGH NJW-RR 1993, 1049, 1050). Daher ist Repräsentant nur der, zu dessen Gunsten der Versicherungsnehmer **vollständig auf jegliche Verfügungsmacht verzichtet** hat: Eine Klausel in einer Hausratversicherung, die eine Einstandspflicht für den Fall der vorsätzlichen oder grob fahrlässigen Schädigung durch **Hausgenossen** des Versicherungsnehmers ausschließt, verstößt daher gegen § 9 Abs 2 Nr 1 (BGH NJW-RR 1993, 1049; zweifelnd auch schon BGH NJW-RR 1990, 607 und VersR 1990, 736: **Ehegatten sind keine Repräsentanten**). Vorübergehend angestellte Aushilfen sind keine Hausangestellten iS risikobegrenzender **Hausangestelltenklauseln** (BGH VersR 1990, 487, 488; vgl auch OLG Hamm NJW-RR 1989, 860 für Kraftfahrversicherung).

kk) **Rückwärtsversicherungsklauseln**
Die Rückwärtsversicherung kommt erst nach Abschluß des Versicherungsvertrags **583**

rückwirkend für einen Zeitraum vor Abschluß des Vertrages zustande (vgl § 2 VVG). Jedoch ist ein Ausschluß der Rückwärtsversicherung in AVB nicht unangemessen iSv § 9 Abs 1, da der Versicherer ein schutzwürdiges Interesse daran haben kann, nicht schon zum Zeitpunkt des Abschluß des Versicherungsvertrages mit Ansprüchen belastet zu sein (OLG Köln VersR 1983, 578, 579).

ll) Sachverständigenkosten

584 Eine Klausel, wonach ein Versicherungsnehmer mit den Kosten eines Sachverständigen belastet wird, dessen Beiziehung der Versicherer betrieben hat, ist unwirksam (BGH VersR 1983, 482, 483 unter Berufung auf § 242 BGB).

mm) Schadensanzeigepflichten

585 In AVB zu Sachversicherungen, wie zB der Hausrat- oder Reisegepäckversicherung sind oftmals die Modalitäten der Schadensanzeige durch den Versicherungsnehmer geregelt. Die Schadensanzeigeobliegenheit ist eine nachträgliche Obliegenheit, die nur bei grob fahrlässigen Verstößen zu Erstattungsausschlüssen führt. Zur Fristwahrung ist die **Absendung**, nicht der Zugang bei der Versicherung entscheidend. Abweichende Klauseln verstoßen gegen § 9 Abs 2 Nr 1 iVm dem Leitbild des § 92 Abs 1, 2 VVG (vgl WOLF/HORN § 23 Rn 482).

nn) Serienschadensklauseln

586 Bei Serienschäden stellt sich in Hinblick auf Deckungssumme und etwaigen Selbstbeteiligungen des Versicherungsnehmers die Frage, ob jeweils von einem oder von mehreren Versicherungsfällen auszugehen ist. Die Rspr hat auf die Entwicklung schematischer Kriterien zur Bestimmung des Versicherungsfalls verzichtet und stattdessen wesentlich auf den **jeweiligen Vertragszweck** und insbesondere auf einen **angemessenen Versicherungsschutz** des Versicherungsnehmers abgestellt. So sind bei einer Architektenhaftpflicht mehrere, auf einen technischen Fehler zurückgehende Schäden als getrennte Versicherungsfälle zu betrachten. Eine entgegenstehende Klausel verstößt gegen § 9 Abs 1 (BGH VersR 1991, 175, 176). In einer Eigenschadensversicherung dagegen wurden im Hinblick auf die für jeden Versicherungsfall anzurechnende Selbstbeteiligung des Versicherten, mehrere durch den gleichen Bankangestellten verursachte Schadensfälle als ein Versicherungsfall angesehen (BGH VersR 1991, 417, 419).

oo) Verantwortlichkeit der Versicherung für Versicherungsagenten

587 Eine Klausel in einem Versicherungsantragsformular, wonach der Versicherungsnehmer für die Richtigkeit der Angaben haftet, auch wenn er das Formular nicht selbst ausgefüllt hat, beinhaltet einen Haftungsausschluß für grob fahrlässige oder vorsätzliche Pflichtverletzungen des Versicherers bzw seiner Leute (da der Versicherungsnehmer auch dann haftet, wenn der Versicherungsagent den Antrag zB vorsätzlich falsch ausfüllt) und verstößt daher gegen § 11 Nr 7 (BGH NJW 1992, 828, 829; PALANDT/HEINRICHS Rn 138).

Ebenso unzulässig ist eine Klausel, nach der die Versicherung nicht an Zusagen ihrer Agenten gebunden ist (OLG Saarbrücken NJW-RR 1988, 858). Andererseits kann die Empfangsbevollmächtigung von Versicherungsagenten wirksam durch AVB ausgeschlossen werden (OLG Köln VersR 1992, 863, 864; **aA** LG Wuppertal VersR 1992, 174, 175: Verstoß gegen § 11 Nr 16; zweifelnd auch OLG Karlsruhe VersR 1997, 861).

pp) **Vertragsanpassungsklauseln**
Allgemeine Vertragsanpassungsklauseln, nach denen zB behördlich genehmigte **588** AVB in der jeweils aktuellen Fassung für den Versicherungsvertrag Geltung haben sollen (8 a MBKK; 9 a AKB) sind mit dem Fortfall der Genehmigungspflicht gegenstandslos geworden (BACH/GEIGER VersR 1993, 659, 664). Derartige generelle Anpassungsklauseln gehen aber auch über das nach §§ 315 ff BGB zulässige einseitige Abänderungsrecht hinaus, da sie sich nicht auf Klauseln beschränken, die Art und Umfang der *Leistung* regeln und verstoßen daher gegen § 9 Abs 2 Nr 1 (ähnlich WOLF/HORN § 23 Rn 459). Ein einseitiges Anpassungsrecht muß im übrigen sowohl Voraussetzungen wie Rechtsfolgen möglicher Änderungen deutlich beschreiben, andernfalls ist es wegen Intransparenz (§ 9 Abs 1) unwirksam (OLG Düsseldorf ZIP 1997, 1845, 1846 ff; vgl auch oben Rn 43).

qq) **Verwandtenklauseln**
Klauseln, die Ansprüche von Verwandten gegen den Versicherungsnehmer vom Versicherungsschutz ausschließen, werden von der Rspr unterschiedlich behandelt. Bei **589** der Krankenversicherung wurde eine entsprechende Klausel, wonach keine Erstattungspflicht bei Behandlung durch verwandte Ärzte besteht, als unangemessen iSv § 9 angesehen, weil auch jene Ärzte mitumfaßt seien, die sich eine kostenlose Behandlung von Verwandten nicht leisten könnten (LG Lüneburg VersR 1997, 689, 690). Dagegen soll eine Angehörigenklausel in der (Tier-)Haftpflichtversicherung, wonach der Versicherungsschutz sich nicht auf Ansprüche naher Angehöriger des Versicherungsnehmers erstreckt, nicht gegen § 9 verstoßen, da dadurch der Gefahr kollusiven Zusammenwirkens von Angehörigen mit dem Versicherungsnehmer zu Lasten des Versicherers vorgebeugt werde. Zudem machten Angehörige normalerweise untereinander keine Haftpflichtansprüche geltend, so daß eine unbeschränkte Versicherung insoweit die Geltendmachung von Haftpflichtansprüchen erst provozieren würde (OLG Hamm NJW-RR 1996, 1308, 1309; PALANDT/HEINRICHS Rn 138). Diese Rspr ist bedenklich, da sie den Rechtsschutz unter Verwandten schon aus „Verdachtsgründen" einschränkt.

rr) **Zessionsklauseln**
Klauseln, die die Abtretung von Ansprüchen gegen den Versicherer ausschließen **590** oder von einer Anzeigepflicht beim Versicherer abhängig machen, sind nicht überraschend iSv § 3 und verstoßen auch nicht gegen § 9, da sie nach § 399 BGB ausdrücklich zugelassen sind (OLG Hamm VersR 1997, 729; zu Abtretungsverboten allg Rn 250 ff).

g) **Auslegung und Inhaltskontrolle bei einzelnen Versicherungstypen**
aa) **Krankenversicherung und Unfallversicherung***
§ 1 Nr 2 MBKK beschreibt den Versicherungsfall für die **Krankenversicherung** als die medizinisch notwendige Behandlung einer versicherten Person wegen einer Krankheit, auch wenn sie auf den Folgen eines Unfalls beruht. Die **Unfallversicherung** ergänzt den Versicherungsschutz im Hinblick auf weitere Vermögensschäden, die sich als Folge eines Unfalls ergeben können, insbesondere bei Unfallinvalidität oder Unfalltod.

---

* **Schrifttum:** BACH/MOSER, Private Krankenversicherung MB/KT Kommentar (2. Aufl 1992) Teil B und C; GRIMM, Unfallversicherung, AUB Kommentar (2. Aufl 1994).

α) **Krankenversicherung**

591 **Medizinisch notwendig** ist eine Behandlung, die nach objektivem Befund und wissenschaftlichen Erkenntnissen zum Zeitpunkt des Behandlungsbeginns vertretbar ist. Kostengesichtspunkte sind dabei zu berücksichtigen, jedoch besteht keine generelle Pflicht, die Kosten möglichst gering zu halten (OLG Karlsruhe VersR 1997, 562).

Die Erstattungspflicht bezieht sich auf alle Behandlungsmethoden, die sich in der Praxis als erfolgversprechend erwiesen haben. **Wissenschaftlichkeitsklauseln**, nach denen nur solche Kosten erstattungsfähig sind, die durch wissenschaftlich allgemein anerkannte Untersuchungs- und Behandlungsmethoden und Arzneimittel entstanden sind, verstoßen gegen § 9 Abs 1. Sie benachteiligen den Patienten unangemessen, da der Patient nach dem Sinn und Zweck des Krankenversicherungsverhältnisses einen Anspruch auf jede **erfolgversprechende Behandlung** hat. Als erfolgversprechend sind dabei auch wissenschaftlich (noch) nicht anerkannte Behandlungsmethoden anzusehen, die sich in der Praxis bewährt haben. Maßgeblich ist dabei die Erfahrung des behandelnden Arztes (BGH NJW 1993, 2369, 2371; PALANDT/HEINRICHS Rn 138). Das OLG München läßt genügen, daß ein **Erfolg nicht ausgeschlossen** ist und hält daher die **Ozontherapie** für einen AIDS Patienten, obgleich medizinisch zweifelhaft, für erstattungsfähig (OLG München VersR 1997, 439, 440). **Beurteilungsmaßstab** ist nach Ansicht des OLG Köln (VersR 1997, 729) grds der Kenntnistand der Schulmedizin, bei unheilbaren Krankheiten aber auch der der Alternativmedizin. Nach Einvernahme von drei Gutachtern kommt das Gericht dann aber dennoch zu dem Ergebnis, daß **Einnahme von Stutenmilch** ergänzt durch **Trampolinhüpfen** zur Behandlung von Prostatakrebs medizinisch nicht notwendig sei (OLG Köln 730).

Jedoch besteht keine Erstattungspflicht bei Behandlungen durch ärztlich nicht geschulte **Psychotherapeuten**. Eine entsprechende Ausschlußklausel verstößt nicht gegen §§ 3, 5, 9, da durch den Ausschluß der Versicherungsschutz nicht leerläuft (BGH VersR 1991, 911, 912; ebenso für stationäre psychotherapeutische Behandlung OLG Celle VersR 1985, 682). Genausowenig verstößt der völlige oder teilweise Ausschluß der Erstattung von **Heilpraktikerkosten** gegen das AGBG (OLG Köln VersR 1991, 1279, 1280).

Eine Klausel, nach der die Erstattungspflicht nur bei **Nachweis der Notwendigkeit** der medizinischen Behandlung besteht, verstößt nicht gegen § 9 Abs 1. Bei einer nicht dringlichen, zahnmedizinischen Behandlung kann zusätzlich durch AVB auch die Aufstellung eines Heil- und Kostenplans verlangt werden (BGH NJW 1995, 784; PALANDT/HEINRICHS Rn 138).

592 Zulässig soll auch eine Klausel sein, die die Erstattungspflicht für Heilbehandlungen von der vorherigen **Übernahmezusage** durch die Versicherung abhängig macht (OLG Stuttgart VersR 1983, 576: kein Verstoß gegen §§ 10 Nr 1, 9, da die Versicherung ein schutzwürdiges Interesse an der Mißbrauchskontrolle hat). Jedoch ist eine solche Klausel einschränkend so auszulegen, daß die Versicherung die Zusage nur bei berechtigten Zweifeln an der Notwendigkeit der Behandlung versagen darf (OLG Koblenz VersR 1993, 1000). Auch darf bei nicht eingeholter Zusage der Nachweis der medizinischen Notwendigkeit und damit die Erstattungspflicht nicht völlig ausgeschlossen sein.

Ebenfalls kein Verstoß gegen § 9 liegt vor, wenn die Erstattungspflicht für einen einzelnen Arzt aus wichtigem Grund (zB dauernde überhöhte Abrechnungen) ausgeschlossen wurde und der Patient darüber informiert war (OLG Köln NJW 1996, 3088).

Risikoausschlüsse bei der Krankheitskostenversicherung für in den letzten 12 Monaten vor Beginn des Versicherungsverhältnisses bestehende behandlungsbedürftige Krankheiten sind unzulässig, da sie eine der Versicherung obliegende Gefahrtragungspflicht auf den Versicherungsnehmer abwälzen (OLG Hamm NJW-RR 1995, 411, 412; ähnlich OLG Frankfurt aM VersR 1995, 52: Verstoß gegen §§ 4, 5, da in dem zugrundeliegenden Fall die Ausschlußklausel im Widerspruch zu einer anderen Vertragsklausel stand). Risikoausschlüsse für bereits vor Beginn des Versicherungsverhältnisses bestehende, **dem Versicherungsnehmer bekannte Vorerkrankungen** verstoßen dagegen nicht gegen § 9 Abs 1 (vgl OLG Hamm aaO, das den Versicherungsvertrag ausdrücklich um eine entsprechende Klausel ergänzt). 593

Ein Erstattungsausschluß bei einer **Reisekrankenversicherung** für in den letzten 6 Monaten vor Versicherungsbeginn bestehende **Vorerkrankungen** verstößt gegen § 9 Abs 2 Nr 1. Entsprechende AVB weichen vom Leitbild der §§ 16 ff VVG ab, die nur auf dem Versicherungsnehmer bekannte gefahrerhöhende Momente abstellen. Daneben verstößt die Klausel gegen § 9 Abs 2 Nr 2, da der Versicherungsschutz durch eine solche Klausel in vertragszweckgefährdender Weise eingeschränkt wird (BGH NJW 1994, 1534; PALANDT/HEINRICHS § 8 R 3; Rn 138). Anderseits soll in einer Klausel, wonach der Versicherungsschutz erst mit der **Überschreitung der Grenze der BRD** beginnt, kein Verstoß gegen § 3 und § 9 liegen, da der Versicherer ein anerkennenswertes Interesse daran habe, das Risiko auszuschließen, daß ein kranker Versicherter in die BRD einreist, um sich dort erstmals oder weiter behandeln zu lassen (OLG Hamm NJW-RR 1996, 1373, 1374).

β) **Unfallversicherung**
Bei Ärzten und Heilpersonal erstreckt sich der Unfallversicherungsschutz auch auf eine berufsbedingte Infektion, insbesondere Hepatitis (sog **Infektionsklausel**). Eine Ausschlußfrist für vorbestehende Infektionskrankheiten, die länger ist als die Inkubationszeit der Infektion, ist unangemessen iSv § 9 Abs 1, da sie den Versicherungsschutz nicht nur gefährdet, sondern gerade für jene Fälle ausschließt, in denen er überhaupt zu gewähren wäre (OLG Frankfurt aM VersR 1995, 904, 907; PALANDT/HEINRICHS Rn 138). 594

Eine Ausschlußfrist bei der **Unfalltod- bzw Unfallinvaliditätsversicherung**, die unfallbedingte Todes- und Invaliditätsfälle vom Versicherungsschutz ausnimmt, wenn sie mehr als ein Jahr nach dem Unfall eintreten, verstößt nicht gegen das AGBG (OLG Düsseldorf VersR 1997, 566 für die Unfalltodversicherung; für die Unfallinvaliditätsversicherung OLG Frankfurt aM VersR 1993, 174, 175 [Klausel ist eine nach § 8 nicht kontrollfähige Leistungsbeschreibung]; aA LG Wiesbaden VersR 1991, 210 für die gleiche Klausel in einer Lebensversicherung unter Hinweis auf irreführende Werbung). Ein Ausschluß des Versicherungsschutzes einer Unfallversicherung für Unfälle mit einem **Ultraleichtflugzeug** soll wirksam sein, da der Versicherungsnehmer mit diesem Ausschluß rechnen müsse (LG Koblenz VersR 1997, 608, nicht rechtskräftig).

γ) **Abgrenzung Kranken- und Unfallversicherung**
Der Ausschluß von Bandscheibenschäden bei der Unfallversicherung, soweit der

Unfall nicht überwiegende Ursache war, verstößt nicht gegen § 9, da er dem schutzwürdigen Interesse des Unfallversicherers entspricht, krankheitsbedingte Schäden vom Unfallversicherungsschutz auszunehmen (OLG Oldenburg VersR 1997, 821).

bb) Krankentagegeld- und Berufsunfähigkeitszusatzversicherung*

595 **Arbeits- bzw Berufsunfähigkeit** als Voraussetzung der Eintrittspflicht liegt bei der Krankentagegeldversicherung nur dann vor, wenn der Versicherungsnehmer seine berufliche Tätigkeit nach medizinischen Befund vorübergehend in keiner Weise ausüben kann, sie auch nicht ausübt und keiner anderen Erwerbstätigkeit nachgeht. Andernfalls entfällt mit der Arbeits- bzw Berufsunfähigkeit auch der Versicherungsschutz (BGH VersR 1993, 297, 298; OLG Düsseldorf VersR 1990, 646, 647; OLG Celle VersR 1988, 927; OLG Hamm VersR 1987, 607).

Eine **Krankentagegeldversicherung endet nicht mit dem Bezug einer Berufsunfähigkeitsrente**, entgegenstehende Klauseln verstoßen gegen § 9 Abs 1, Abs 2 Nr 2, da sie dem Versicherungsnehmer den Versicherungsschutz für den Fall des späteren Wegfalls der Erwerbsunfähigkeit versagt (BGH NJW 1992, 1164, 1165; aA noch BGH NJW-RR 1989, 1298: kein Verstoß gegen §§ 3, 9). Jedoch ergibt sich aus der ergänzenden Vertragsauslegung gem § 6 Abs 2 ein Rückzahlungsanspruch des Versicherers gegen den Versicherungsnehmer hinsichtlich der zuvielgezahlten Beträge (BGH NJW 1992, 1164, 1165).

Ein **Erstattungsausschluß für eine vom Versicherungsnehmer selbst durch eine vorsätzliche rechtswidrige Tat herbeigeführte Arbeitsunfähigkeit** bei einer Berufsunfähigkeitszusatzversicherung verstößt nicht gegen § 9 (BGH VersR 1991, 289, 291 für die Trunkenheitsfahrt).

Die Obliegenheit in der Krankentagegeldversicherung, sich von einem **Vertrauensarzt** untersuchen zu lassen, verstößt nicht gegen § 9 Abs 1 (OLG Köln VersR 1991, 411, 412); desgleichen nicht das Bestimmungsrecht bzgl eines Vertrauensarztes für die Arbeitsunfähigkeitsuntersuchung in der Krankentagegeldversicherung, da die Einschränkung des Rechts der freien Arztwahl insoweit nicht besonders ins Gewicht fällt (OLG Köln VersR 1991, 411, 412). Die Feststellungen des Vertrauensarztes sind nach Ansicht des OLG Köln bindend (OLG Köln VersR 1980, 619; kritisch hierzu ULMER/BRANDNER Anh §§ 9–11 Rn 861).

Zur **Kündigung** der Krankentagegeldversicherung siehe oben Rn 579; zur **Mehrfachversicherung** siehe oben Rn 581.

cc) Lebensversicherung**

596 Eine Klausel in einer Lebensversicherung, die den Versicherungsschutz für den Fall des **unfallbedingten Todes** auf den Zeitraum von einem Jahr ab Unfall beschränkt, verstößt jedenfalls dann gegen § 9 Abs 1, wenn der Versicherungsnehmer aufgrund der Werbung mit einem umfassenden Versicherungsschutz rechnen durfte (LG Wiesbaden VersR 1991, 210). Die Regelungen in AVB über den Umfang von Überschußbeteiligungen in der Lebensversicherung unterfallen der Inhaltskontrolle, jedoch ist

---

* **Schrifttum**: BACH/MOSER, Private Krankenversicherung MB/KT Kommentar (2. Aufl 1992) Teil B und D.

** **Schrifttum**: PRÖLSS/MARTIN VVG (25. Aufl 1992) Teil II, I. Lebensversicherung; BAUMANN JZ 1995, 446.

die Verweisung auf den Geschäftsplan keine unangemessene Benachteiligung des Versicherungsnehmers (BGHZ 128, 54, 62). Der Versicherungsnehmer hat keinen Anspruch auf einen Geschäftsplan, der auf eine möglichst hohe Überschußbeteiligung ausgerichtet ist (allg zur Inhaltskontrolle von Geschäftplänen siehe oben Rn 558).

Zum **vorläufigen Deckungsschutz** bei der Lebensversicherung siehe oben Rn 577; zu **Antragsbindungsklauseln** siehe oben Rn 574; zum **Empfang von Willenserklärungen** der Versicherung siehe oben Rn 578; zu **Abtretungsbeschränkungen** siehe oben Rn 590.

dd) Haftpflichtversicherung*
Einen Schwerpunkt der Rspr der Obergerichte zur Haftpflichtversicherung bildet insbesondere die Abgrenzung der verschiedenen Haftpflichtversicherungstypen untereinander durch Auslegung der entsprechenden Abgrenzungsklauseln. Daneben wurden insbesondere Obliegenheits- und Angehörigenklauseln der Inhaltskontrolle nach § 9 unterzogen.

α) **Abgrenzung von Privat-, Betriebs- und KFZ-Haftpflicht**
Deckungslücken zwischen einzelnen Haftpflichtversicherungstypen sind durch Auslegung dann zu schließen, wenn ein verständiger Kunde bei gebotener Aufmerksamkeit und Überlegung mit der Deckungslücke nicht gerechnet hätte (BGH VersR 1992, 47; 1986, 537, 538; 1986, 177).

Eine Klausel in einer Privathaftpflichtversicherung, die die Erstattungspflicht für verantwortliche Tätigkeiten in Vereinigungen ausschließt, verstößt nicht gegen §§ 3, 9 Abs 2, da die **Privathaftpflicht nur die allgemeinen Risiken** des Lebens abdecken soll (BGH VersR 1991, 803, 804).

Die Abgrenzung zwischen KFZ- und Privathaftpflicht erfolgt regelmäßig durch die sog „kleine Benzinklausel", nach der alle Schäden, die beim Führen, Halten oder sonstigem Gebrauch eines KFZ entstehen, nicht der Privathaftpflicht unterfallen. Bei der Auslegung dieser Klausel ist zur Abgrenzung und Bestimmung des Deckungsschutzes entscheidend, ob das Risiko **der Art nach** der Privat- oder KFZ-Haftpflichtversicherung unterfällt. Dabei folgt aus der Versagung des Versicherungsschutzes in der KFZ-Haftpflicht nicht automatisch, daß der Schaden von der Privathaftpflicht abgedeckt ist, wenn ein typisches Wagnis der KFZ-Haftpflicht vorlag. Andererseits ist bei der Auslegung zu berücksichtigen, ob bei der Anwendung der Benzinklausel auf den Schadensfall eine Deckungslücke entstünde, die ein verständiger Versicherungsnehmer bei gebotener Aufmerksamkeit nicht erwartet (BGH VersR 1992, 47; vgl OLG Hamm VersR 1989, 696, 697).

Entsprechend unterfällt ein Schaden, der beim **Führen eines nicht zugelassenen KFZ im Straßenverkehr** entsteht, nicht der Privathaftpflicht, da er ein Wagnis der KFZ-Haftpflicht darstellt. Es bleibt eine Deckungslücke (BGH VersR 1992, 47). Dagegen unterfällt der Betrieb von nichtzulassungspflichtigen Kleinfahrzeugen auf einem Betriebs- oder Privatgelände jedenfalls dann der Privathaftpflicht, wenn er im Versicherungsvertrag nicht ausdrücklich ausgenommen ist (BGH VersR 1986, 537, 538

---

* **Schrifttum**: SPÄTE, Haftpflichtversicherung, AHB-Kommentar (1993).

[Ameise]; BGH VersR 1995, 951, 952 [Gabelstapler]; OLG Köln VersR 1993, 394 [Rasenmähertraktor]).

Bei Schäden, die bei **Reparaturen von KFZ** entstehen, greift die Privathaftpflicht dann ein, wenn der VN das Risiko nicht bei der KFZ-Haftpflichtversicherung versichern konnte, etwa bei langfristig stillgelegten KFZ (vgl BGH VersR 1990, 482), oder wenn er nicht Eigentümer, sondern nur Besitzer des KFZ war (OLG Hamm VersR 1989, 696, 697).

β) **Obliegenheiten und Sorgfaltspflichten**

598 Ein Haftungsausschluß in der **Privathaftpflichtversicherung** für **wissentliche Pflichtverletzungen** des VN verstößt nicht gegen §§ 3, 9, da dem wesentlichen Gehalt des § 152 VVG Rechnung getragen wird (BGH VersR 1991, 177, 179). **Bewachungsobliegenheiten** bei einer CMR-Haftpflichtversicherung hinsichtlich eines beladenen KFZ sind zumutbar und verstoßen nicht gegen §§ 3, 5, 9 (OLG Köln VersR 1994, 977), wohl aber umfangreiche, unabhängig vom Eintritt des Versicherungsfalls bestehende Meldeobliegenheiten (OLG Stuttgart VersR 1994, 721). Ein Haftungsausschluß für alle dem Versicherungsnehmer und seinen Repräsentanten vorhersehbaren und bei Anwendung der erforderlichen Sorgfalt **vermeidbaren Schäden** bei einer **Bauwesenversicherung** stellt keinen Verstoß gegen § 9 Abs 2 Nr 2 dar, da der Versicherungsschutz dennoch nicht leerläuft (BGH NJW 1984, 47, 48).

ee) **Kraftfahrtversicherung***

599 Die Kraftfahrtversicherung ergänzt die KFZ-Haftpflicht im Hinblick auf Schäden, die am KFZ des Versicherungsnehmers entstehen. Sie ist ihrer Natur nach eine Sachversicherung (dazu näher Rn 600 ff). Die Rspr hat sich vorwiegend auf die **Auslegung** von AKB beschränkt: so im Hinblick auf den Begriff des **Unfallschadens** (BGH NJW-RR 1996, 857, 858 zu 12 AKB; OLG Hamm NJW-RR 1995, 861, 862: Schaden durch Anhänger des eigenen KFZ ist Unfall- und kein Betriebsschaden; **aA** noch OLG Nürnberg VersR 1992, 180), im Hinblick auf **Risikoausschlüsse für bestimmte KFZ** (BGH NJW 1986, 431: Haftungsausschlüsse für Omnibusse gelten nicht für Kleinbusse) sowie im Hinblick auf die **Repräsentantenhaftung** (siehe dazu Rn 582).

Zur Begrenzung der Entschädigung auf den **Zeitwert** siehe oben Rn 575; zu **Sondertarifen/Prämienrabatten** siehe oben Rn 566; zu **Vertragsanpassungsklauseln** siehe oben Rn 588.

ff) **Sachversicherungen****

Sachversicherungen dienen dem Schutz von Vermögensgegenständen des Versicherungsnehmers gegen das Risiko der Beeinträchtigung durch Dritte. Von besonderer Bedeutung sind die **Feuer-, Hausrat-, Reisegepäck- und KFZ-Kaskoversicherung**. Schwerpunkte der Rspr waren die Überprüfung von Sicherungsobliegenheiten, die dem Versicherungsnehmer insbesondere bei der Reisegepäck- und Hausratversicherung auferlegt wurden, daneben Ausschlußklauseln bei Schädigungen durch Hausangestellte und Hausgenossen.

---

* **Schrifttum**: STIEFEL/HOFMANN, Kraftfahrversicherung AKB (1992).

** **Schrifttum**: MARTIN, Sachversicherungsrecht (3. Aufl 1992).

α) Hausratversicherung

In der Rspr zur Hausratversicherung wurden zahlreiche überzogene Sicherungsobliegenheiten des Versicherungsnehmer gem § 9 für unwirksam erklärt. Ausschlußklauseln im Hinblick auf das schädigende Verhalten von Dritten wurden teils durch Auslegung zugunsten des Versicherungsnehmers korrigiert, teils im Rahmen der Inhaltskontrolle für unzulässig erklärt. **600**

Eine Pflicht des Versicherungsnehmers, sämtliche Zugänge und Öffnungen des Hauses auch bei kürzeren Abwesenheiten ordnungsgemäß zu verschließen, verstößt gegen § 9 Abs 2 Nr 2 (BGHZ 111, 278, 279). Auch bei einem Umzug besteht keine Verpflichtung, einen besonders gesicherten Transporter zu wählen (BGH VersR 1990, 1271, ohne allerdings auf die in der streitgegenständlichen „Möbelwagenklausel" enthaltene verdeckte Obliegenheit einzugehen). Eine Klausel, wonach der **Hausratsversicherungsschutz mit dem Auszug des Ehegatten-Versicherungsnehmer erlischt**, ist gem § 9 unwirksam, da eine solche Klausel gegen den Schutzzweck des § 620 Nr 7 ZPO verstößt, der die häusliche Gemeinschaft des zurückbleibenden Ehegatten und der ehelichen Kinder schützen will. Dieser Schutz wäre bei Entzug der Hausratversicherung nicht vollständig (OLG Frankfurt aM NJW-RR 1996, 929, 931). Der Ausschluß von **Kurzschluß- und Überspannungsschäden** verstößt gegen § 9 Abs 2 Nr 2, da diese Schäden von einem verständigen durchschnittlichen Versicherungsnehmer nicht erwartet werden und den Deckungszweck gefährden (LG Gießen VersR 1996, 497). Eine Außenversicherungsklausel in einer Hausratversicherung, nach der der Versicherungsschutz auch auf Sachen außerhalb der Wohnung erweitert wird, ist einschränkend so auszulegen, daß er sich nicht auf **Hausrat in einem Wohnmobil** erstreckt, sondern auch hier auf Hausrat in Gebäuden, zB einer Ferienwohnung, beschränkt bleibt (OLG Köln VersR 1992, 490, 491).

Zur **Laufzeit** siehe oben Rn 600 f; zur **Mehrfachversicherung von Hausrat** siehe oben Rn 581; zu **Haftungsausschlüssen bei Schädigungen durch Hausgenossen, Ehegatten und Hausangestellte** siehe oben Rn 582.

β) Reisegepäckversicherung*

Die Allgemeinen Versicherungsbedingungen für Reisegepäck (AVBR) folgen dem Prinzip der Einzelgefahrendeckung (BGH NJW 1987, 192). Da jedoch gem § 1 Abs 1 Nr 1 AVBR grds das gesamte Reisegepäck des Versicherungsnehmers versichert ist (vgl BGH NJW 1985, 2831), kann die Nichtaufzählung einzelner Gepäckarten in § 1 AVBR gegen §§ 3, 9 verstoßen (vgl WOLF/HORN § 23 Rn 521). Der Versicherungsausschluß in einer Reisegepäckversicherung für Reisegepäck, das zwischen 22 Uhr und 6 Uhr im **Kofferraum** eines KFZ aufbewahrt wurde, ist kein Risikoausschluß, sondern eine **Obliegenheit**, so daß ein Erstattungsausschluß nur bei schuldhafter Obliegenheitsverletzung durch den Versicherungsnehmer in Betracht kommt (BGH VersR 1979, 343, 344; PRÖLSS/MARTIN, VVG § 1 AVBR 80 5 B). Eine derartige Klausel ist aber weder überraschend gem § 3 noch unangemessen gem § 9 (OLG München AGBGE V Nr 84). Andererseits sind Klauseln, die die Verwahrung und Sicherung von besonders wertvollen Gegenständen betreffen, **Risikobeschreibungen** (§ 1 Nr 4 AVBR), da hier **601**

---

* **Schrifttum:** BÜHREN/NIESS Reisegepäckversicherung AVBR- und ABRV Kommentar (1992).

von vornherein nur beschränkter Versicherungsschutz gewährt werden sollte (BGH NJW 1987, 192 ; Wolf/Horn § 23 Rn 521).

γ) **Feuerversicherung***

602 Die Feuerversicherung ist eine der ältesten Sachversicherungen. Sie ist oftmals öffentlich-rechtlich organisiert, was die Anwendbarkeit des AGBG grds ausschließt. Die Rechtsprechung hat sich bisher auf einige wenige Fälle der Auslegung von Risikobeschränkungen beschränkt (vgl BGH NJW-RR 1988, 469).

Zur **Anwendbarkeit des AGBG** auf öffentliche Feuerversicherungen siehe oben Rn 559; zum **Kündigungsrecht des Erwerbers** eines feuerversicherten Hauses siehe oben Rn 579; zu den **Sachverständigenkosten** siehe oben Rn 581.

gg) **Rechtsschutzversicherung****

603** Als relativ junges Klauselwerk (erstmals eingeführt als ARB 69, AnwBl 70, 38) sind die ARB vergleichsweise selten Gegenstand der gerichtlichen Kontrolle gewesen. Zur **Auslegung** von ARB siehe oben 562; zur **Kündigung im Schadensfall** Rn 579; zur **Laufzeit** Rn 580; zu **Anpassungsklauseln** OLG Düsseldorf ZIP 1997, 1845 ff, oben Rn 574.

605*** 45. **Vertragshändlerverträge**: siehe Ulmer Anh §§ 9–11 Rn 870 ff; vWestphalen, Vertragsrecht und AGB-Klauselwerke, „Vertragshändlerverträge" (Stand Mai 1994).

610*** 46. **Vertragsstrafe**: siehe Staudinger/Rieble Vorbem 104 ff zu §§ 339 ff (für Allgemeine Versorgungs- oder Beförderungsbedingungen); § 339 Rn 16, 36 ff, 69 ff (Allgemeine Arbeitsbedingungen).

615*** 47. **Verwahrungsvertrag**: siehe Staudinger/Reuter [1995] Vorbem 10 ff zu § 688.

48. **Vollmachtklauseln**

a) **Problemstellung**

620 Unter dem Stichwort Vollmachtklauseln versteht man zum einen Klauseln, welche formularmäßig eine einseitige oder gegenseitige Erteilung einer rechtsgeschäftlichen Vertretungsmacht (Vollmachterteilung bzw Bevollmächtigung) iSd § 167 BGB vorsehen. Des weiteren gehört in diesen Zusammenhang das Problem der Beschränkung der rechtsgeschäftlichen oder gesetzlichen Vertretungsmacht durch AGB (zu „Schriftformklauseln" siehe § 4 Rn 23 ff). Da § 11 Nr 14 nur die Haftung des Vertreters betrifft (siehe hierzu Staudinger/Coester-Waltjen § 11 Nr 14 Rn 5 ff), geht es hier schließlich auch um die formularmäßige Regelung der Haftung des Vertretenen.

---

* **Schrifttum**: Prölss/Martin, VVG (25. Aufl 1992) Teil II AFG.
** **Schrifttum**: Schilling, Die Allgemeinen Bestimmungen der ARB und das AGB-Gesetz (Diss Köln 1987); Harbauer, Rechtsschutzversicherung ARB Kommentar (5. Aufl 1993).
*** Siehe Fußnote bei Staudinger/Schlosser § 2 Rn 63.

Vollmachtklauseln können erheblich in die Rechtsstellung der Vertragspartner, unter Umständen sogar Dritter (zumindest scheinbar) eingreifen (vgl ULMER/HENSEN Anh §§ 9–11 Rn 918) und bedürfen deshalb kritischer Prüfung. Sofern eine Klausel nicht schon nach allgemeinen Grundsätzen unwirksam ist (OLG Frankfurt aM OLGZ 1986, 122, 123 f; siehe unten Rn 622) oder bereits die Einbeziehung an § 3 scheitert (BGH NJW 1987, 2011 f; vgl auch OLG Frankfurt aM BB 1976, 1245, 1246), kommt für die **Inhaltskontrolle** sowohl § 9 Abs 1 (BGH NJW 1989, 2383 f) als auch § 9 Abs 2 (OLG Nürnberg NJW 1982, 2326; OLG München NJW 1984, 63, 64; LG Nürnberg/Fürth BB 1987, 1559 f) in Betracht. Bei Empfangsvollmachten ist darüber hinaus noch § 10 Nr 6 zu beachten (BGH NJW 1997, 3437, 3439; KG NJW-RR 1992, 859, 861).

b) Einseitige Bevollmächtigung

Daß die Erteilung der Vollmacht lediglich durch einseitige Willenserklärung erfolgt, **621** hindert nicht, Bevollmächtigungsklauseln als **Vertragsbedingungen** iSd § 1 Abs 1 anzusehen: Für den Schutz des AGBG ist entscheidend, daß der Verwender bei einseitig von ihm vorformulierten „Kundenerklärungen" die rechtsgeschäftliche Gestaltungsfreiheit ebenso in Anspruch nimmt wie bei der Ausarbeitung eines Vertragstextes; er greift sogar noch stärker in die rechtsgeschäftliche Gestaltungsfreiheit des Vertragspartners ein und muß daher auch dessen Interessen berücksichtigen (BGH NJW 1987, 2011 mwN; vgl auch STAUDINGER/SCHLOSSER § 1 Rn 11). Des weiteren liegt ein Aushandeln iSd § 1 Abs 2 nicht schon dann vor, wenn der Verwender es dem Vertragspartner überläßt, durch Streichung im Formulartext den Umfang der Vollmacht im einzelnen zu bestimmen; dies gilt jedenfalls dann, wenn der Vertragspartner den Formulartext ungelesen unterschrieben hat (BGH 1987, 2011; siehe weiter STAUDINGER/SCHLOSSER § 1 Rn 32 ff).

Sofern **Maklerbedingungen** vorsehen, daß der Auftraggeber verbindlich erklärt, zur **622** Erteilung des Maklerauftrags von sonstigen Miteigentümern und Verfügungsberechtigten bevollmächtigt zu sein, ist diese Erklärung schon nach **allgemeinen Grundsätzen** wirkungslos: Sie kann die vom Vollmachtgeber zu erteilende Vollmacht nicht ersetzen (OLG Frankfurt aM OLGZ 1986, 122, 123 f; WOLF Rn V 73; ähnlich ULMER/HENSEN Anh §§ 9–11 Rn 918, wobei allerdings auf § 3 abgestellt wird; vgl weiter auch Rn 100 und STAUDINGER/ COESTER-WALTJEN § 10 Nr 5 Rn 12).

Eine **überraschende Klausel** iSd § 3 liegt vor, wenn eine Vollmachterteilung bei dem entsprechenden Geschäftstyp oder nach den individuellen Vereinbarungen und den konkreten Umständen an sich nicht zu erwarten ist oder von ihrem Umfang her Geschäfte erlaubt, mit denen nicht gerechnet werden muß (BGH NJW 1987, 2011 f [Kontoeröffnung bei gleichzeitiger Vollmachterteilung an einen Dritten mit Berechtigung zu einer unbegrenzten Überziehung des Girokontos: Verstoß gegen § 3]; WOLF Rn V 72; dazu auch WOLF/ LINDACHER § 3 Rn 19).

Weder ein Verstoß gegen § 3 noch gegen § 5 oder § 9 liegt aber dann vor, wenn **623 Bankbedingungen** bei der Kontoeröffnung dem Ehepartner die Befugnis zur Kontoüberziehung und damit zur Kreditaufnahme einräumen, sofern nach dem Willen des Vollmachtgebers, dem Wortlaut der Vollmachterteilung und dem Zweck und der Handhabung der Bankgeschäfte (Finanzierung des gemeinsamen Betriebs der Eheleute) gegen die Wirksamkeit der erteilten Vollmacht keine Bedenken bestehen (OLG Oldenburg NJW-RR 1996, 1201, 1202). Allerdings ist diesbezüglich eine gefestigte

Rechtsprechung nicht auszumachen, insbesondere kann die höchstrichterliche Rechtsprechung zur gegenseitigen Bevollmächtigung (siehe hierzu im Anschluß Rn 627) hier nicht herangezogen werden, da bei der Einzelbevollmächtigung durch den Kontoinhaber eine Aufbürdung unkalkulierbarer Haftungsrisiken und Begründung zusätzlicher Schuldner nicht gegeben ist (OLG Oldenburg NJW-RR 1996, 1201, 1202; mißverständlich daher ULMER/HENSEN Anh §§ 9–11 Rn 920 Fn 9 sowie PALANDT/HEINRICHS Rn 143, da nicht zwischen einseitiger und gegenseitiger Bevollmächtigung unterschieden wird). Ferner ist eine Klausel in Sparkassen-AGB, wonach die Sparkasse im Falle des Ablebens des Kunden berechtigt ist, bei Vorlage einer Ausfertigung oder beglaubigten Abschrift einer Verfügung von Todes wegen sowie der Niederschrift über die zugehörige Eröffnungsverhandlung die darin als Erbe bezeichnete Person mit befreiender Wirkung verfügen zu lassen, weder gemäß § 3 überraschend noch gemäß § 9 unwirksam; vielmehr knüpft die Geschäftsbedingung damit an einen vom Kunden willentlich gesetzten Erklärungstatbestand an, der mit der Erteilung einer **postmortal wirkenden Vollmacht** vergleichbar ist, bei der der Erbe (als Dritter) ohne weiteres benachteiligt werden darf (OLG Celle NJW 1998, 82, 83 f; vgl WOLF/HORN § 23 Rn 666 f).

624 Ihre größte Bedeutung erlangt die einseitige Bevollmächtigung durch Formularklauseln aber im zivilen Baurecht, mithin also bei den **Baubedingungen**. Ob eine Vollmachtklausel in einem Bauauftrag, die zum Vertragsabschluß im Namen des Vertretenen ermächtigt, wirksam ist, hängt entscheidend davon ab, ob der Bevollmächtigte Bauträger oder Baubetreuer ist: Wird ein Bauvorhaben von einem Gewerbetreibenden im eigenen Namen für eigene oder fremde Rechnung vorbereitet oder durchgeführt, ist dieser Bauträger iSd § 34 c Abs 1 S 1 Nr 2 a GewO und somit „Bauherr". Wer dagegen gewerbsmäßig Bauvorhaben im fremden Namen für fremde Rechnung wirtschaftlich vorbereitet oder durchführt, ist Baubetreuer iSd § 34 c Abs 1 S 1 Nr 2 b GewO (instruktiv BGH NJW 1981, 757).

Da der **Bauträger** im eigenen Namen handelt und dieses Risiko nicht auf den Auftraggeber abwälzen darf, kann der Bauträgervertrag keine wirksamen Vollmachtklauseln von Bauaufträgen an die Bauunternehmer enthalten; dies gilt insbesondere, wenn im Vertrag mit dem Bauträger ein Festpreis vereinbart wurde, so daß aufgrund der Natur des Vertrages – der Pauschalpreis soll ja gerade einen der Höhe nach voraussehbaren und unabänderlichen Preis gewährleisten – ein **Verstoß gegen § 9 Abs 2 Nr 2** vorliegt (OLG Nürnberg NJW 1982, 2326; OLG München NJW 1984, 63, 64; ULMER/HENSEN Anh §§ 9–11 Rn 922; WOLF Rn V 75). Allerdings sind vorformulierte Vollmachtklauseln zur Bestellung von Grundpfandrechten oder zur Eintragung von Auflassungsvormerkungen wirksam, weil und soweit sie den Auftraggeber bzw Käufer begünstigen; in diesen Fällen geht es lediglich um die erfolgreiche Durchsetzung des Auftrages (vgl näher ULMER/HENSEN aaO; WOLF Rn V 76; vgl weiter auch WOLF/LINDACHER § 3 Rn 10 aE sowie WOLF/HORN § 23 Rn 303).

Die dem **Baubetreuer** vom Bauherrn im Rahmen eines Bauherrenmodells erteilte formularmäßige Vollmacht, Bauverträge im Namen des Bauherrn zu vergeben, ist grundsätzlich **wirksam**, da die Haftung aus den Bauverträgen zur Anerkennung der Bauherreneigenschaft führt und dies vom Bauherrn zu Erlangung steuerlicher Vorteile (bei Grunderwerbsteuer, Einkommensteuer, Mehrwertsteuer) gewollt ist (ULMER/HENSEN Anh §§ 9–11 Rn 923; WOLF Rn V 76; zum „Bauherrenmodell" vgl BGH NJW 1980, 992 im Anschluß an BGH NJW 1977, 294). Dies gilt auch dann, wenn ein Festpreis vereinbart wurde; eine solche Festpreisabrede läßt sich nämlich zwanglos als Preisgarantie deuten, die den Baubetreuer verpflichtet, den Bauherrn von den über den Festpreis hinausgehenden Forderungen der Bauhandwerker freizustellen (OLG München NJW 1984, 63, 64; vgl auch BGH NJW 1977, 294, 295). Allerdings darf der Baubetreuer nicht im Wege der Vollmachtklausel die Bauherren gesamtschuldnerisch gegenüber dem Bauunternehmer verpflichten (BGH NJW 1980, 992, 994; ULMER/HENSEN Anh §§ 9–11 Rn 923; vgl zum ganzen auch WOLF/HORN § 23 Rn 295).

Sofern **Versicherungsbedingungen** in § 11 AVB vorsehen, daß der Lebensversicherer nach dem Tode des Versicherungsnehmers den Bezugsberechtigten oder den Inhaber des Versicherungsscheins als bevollmächtigt zum Empfang von Willenserklärungen ansehen kann, liegt **kein Verstoß gegen § 9** vor; die Erteilung einer Empfangsvollmacht entspricht nicht nur den Interessen des Versicherers, sondern auch denen des Versicherungsnehmers, auf etwa abweichende Interessen des Erben des Versicherungsnehmers kommt es hierbei grundsätzlich nicht an (BGH NJW 1982, 2314, 2315 f, des weiteren besteht auch kein Wahlrecht, sondern zumindest aufgrund einer Auslegung sind vorrangig Erklärungen gegenüber dem Bezugsberechtigten abzugeben, 2316; WOLF Rn V 77; WOLF/HORN § 23 Rn 504 aE). Etwas anderes gilt aber dann, wenn die Klausel nicht für den Todesfall, sondern allgemein gilt, da der Versicherungsnehmer in diesem Fall selbst ohne weiteres zu erreichen ist (KG NJW-RR 1992, 859, 861 [Nichtigkeit der „Empfangsbotenklausel" mit dem Inhalt, daß die Bank bevollmächtigt sei, für ihren Kreditnehmer Erklärungen der Restschuldversicherung entgegenzunehmen, wegen Verstoßes gegen §§ 3, 5, 9 und 10 Nr 6] in Abgrenzung zu BGH NJW 1982, 2314; ULMER/HENSEN Anh §§ 9–11 Rn 920; WOLF Rn V 77; vgl auch oben Rn 578). 625

In **Gebrauchtwagenvermittlungsbedingungen** kann eine Vollmachtklausel die Bevollmächtigung des Händlers zum Verkauf des in Zahlung genommenen Gebrauchtwagens im Namen des Eigentümers vorsehen (WOLF Rn V 76). Allerdings ist eine Klausel, die den Händler bzw Vermittler von den Beschränkungen des § 181 BGB befreit und ihm erlaubt, das Fahrzeug zur vereinbarten unteren Preisgrenze selbst anzukaufen, **gemäß § 9 Abs 2 Nr 1 unwirksam**, sofern nicht der die untere Preisgrenze übersteigende Mehrerlös nach dem Vertrag die Provision des Vermittlers ist (OLG Stuttgart NJW-RR 1988, 891, 892; WOLF Rn V 75; ULMER/HENSEN Anh §§ 9–11 Rn 920 aE). 626

Siehe weiter zu **Urheberbedingungen** WOLF Rn V 75 und U 28; zu **Frachtbedingungen** WOLF Rn F 75.

c)   **Gegenseitige Bevollmächtigung**
Bei der gegenseitigen Bevollmächtigung ist zwischen aktiver und passiver Stellvertretung (§ 164 Abs 3 BGB) zu unterscheiden; auch wenn eine Klausel eine gegenseitige Bevollmächtigung zur Entgegenahme und/oder Abgabe von Erklärungen vorsieht, ist diese **entsprechend teilbar**, insbesondere gilt das Verbot der geltungserhaltenden Reduktion bei mehreren voneinander trennbaren Teilen nicht (BGH NJW 1997, 3437, 3439; so auch OLG Celle WuM 1990, 103 f, 113, wobei allerdings eine Aufspaltung wegen fehlender ausdrücklicher Regelung des Widerrufs der Vollmacht abgelehnt wurde; vgl auch PALANDT/HEINRICHS Vorbem v § 8 Rn 11). 627

aa)   **Passive Stellvertretung**
Der BGH (NJW 1997, 3437) hat entschieden, daß eine Klausel in **Mietbedingungen,** 628

wonach sich die Mieter zur Entgegennahme von Erklärungen gegenseitig bevollmächtigen, **wirksam** ist. Die obergerichtliche Rechtsprechung hatte dies für das **Mieterhöhungsverlangen** iSd § 2 Abs 2 MHRG bereits mit der Begründung festgestellt, daß es beim Erhöhungsverlangen im Gegensatz zur Kündigungserklärung nicht um die Beendigung des Mietverhältnisses gehe (OLG Schleswig NJW 1983, 1862 f; zustimmend OLG Hamm WuM 1984, 20 f sowie den ursprünglichen Vorlagebeschluß WuM 1983, 83; KG NJW-RR 1986, 173, 174; vgl vWestphalen, Vertragsrecht und AGB-Klauselwerke, „Vollmachtsklauseln" Rn 15; vgl auch Palandt/Putzo § 2 MHG Rn 27). Für die **Kündigung** war hingegen eine solche formularmäßige Empfangsvollmacht mangels Differenzierung aufgrund eines Verstoßes gegen § 9 Abs 1 bisher abgelehnt worden (OLG Frankfurt aM NJW-RR 1992, 396, 400; vgl OLG Frankfurt aM NJW-RR 1991, 459 mwN; vgl auch OLG Celle WuM 1990, 103 f, 112 f [Herausnahme der Kündigung reicht nicht aus, sofern es auch um die Abgabe von Erklärungen geht]; vWestphalen „Vollmachtsklauseln" Rn 12; Ulmer/Hensen Anh §§ 9–11 Rn 921 [allein im beruflichen Bereich mag eine solche Klausel Bestand haben]; Palandt/Heinrichs Rn 143; anders für den Auszug eines Mitmieters OLG Frankfurt aM M NJW-RR 1991, 459, 460). Der BGH (NJW 1997, 3437, 3439) hält die Empfangsvollmacht nun auch für den Kündigungsfall generell für wirksam (zustimmend Roth JZ 1998, 250 f). Er stellt zunächst klar, daß **kein Verstoß gegen § 10 Nr 6** vorliege, allenfalls dessen Grundgedanke sei in § 9 Abs 1 miteinzubeziehen (vgl § 10 Nr 6 Rn 1; so auch BGH NJW 1989, 2383 im Bankrecht; vgl OLG Hamm WuM 1984, 20, 21; vgl auch OLG Zweibrücken MDR 1983, 670; aA LG Nürnberg-Fürth BB 1987, 1559, 1560; Wolf Rn V 75; vgl auch Ulmer/Hensen Anh §§ 9–11 Rn 921). Des weiteren liege auch **kein Verstoß gegen § 9 Abs 2 Nr 1** vor, die Klausel weiche vom gesetzlichen Leitbild nicht ab, sondern entspreche ihm: Zwar folge aus der Einheitlichkeit des Mietverhältnisses und dem Grundsatz der Einzelwirkung in § 425 BGB, daß eine Kündigung gegenüber allen Mitmietern zu erfolgen habe (vgl etwa OLG Düsseldorf NJW-RR 1987, 1369, 1370; Palandt/Putzo § 564 Rn 13 mwN); aus § 125 Abs 2 S 3 HGB, § 28 Abs 2 BGB, § 78 Abs 2 S 2 AktG, § 35 Abs 2 S 3 GmbHG, § 1629 Abs 1 S 2 BGB und § 25 Abs 1 S 3 GenG könne jedoch der allgemeine Rechtsgrundsatz abgeleitet werden, daß einer Personenmehrheit eine Willenserklärung durch Abgabe gegenüber einem Gesamtvertreter zugeht (BGH NJW 1997, 3437, 3439 [dies gilt auch für die bei einer Wohngemeinschaft grundsätzlich anzunehmende GbR]; ähnlich OLG Hamm WuM 1984, 20 f; anders BGH NJW 1989, 2383 f im Bankrecht [zwar liegt lediglich ein Verstoß gegen § 9 Abs 1 vor, jedoch besteht „keine gegenseitige Erkundigungs- oder Mitteilungspflicht"], vgl auch die Vorinstanz OLG Nürnberg NJW 1988, 1220, 1221 [kein Verstoß gegen § 9 Abs 2 Nr 1], anders noch die 1. Instanz LG Nürnberg-Fürth BB 1987, 1559, 1560 [Verstoß gegen § 9 Abs 1, Abs 2 Nr 1]; anders auch Ulmer/Hensen Anh §§ 9–11 Rn 921 sowie vWestphalen „Vollmachtsklauseln" Rn 9 f; siehe auch Palandt/Heinrichs § 167 Rn 14). Schließlich stelle die Klausel für die Mieter auch **keine unangemessene Benachteiligung iSd § 9 Abs 1** dar (vgl oben Rn 69): Das gemeinsame Anmieten und Wohnen sei Ausdruck eines Näheverhältnisses, welches annehmen lasse, daß ein Mieter Erklärungen des Vermieters, die das Mietverhältnis betreffen, den Mitmietern weitergebe; bei einem Auszug eines Mieters sei sein Interesse am Mietverhältnis ohnehin weggefallen (fraglich!); außerdem bestehe stets das Recht zum Widerruf der Empfangsvollmacht aus wichtigem Grund (BGH NJW 1997, 3437, 3439 f). Dem ist zuzustimmen: Die mögliche Unkenntnis der Mitmieter von diesem Widerrufsrecht (darauf abstellend noch OLG Celle WuM 1990, 103, 113) ist keine spezifische Gefahr aus der *klauselmäßigen* Bevollmächtigung; der ausziehende Mitmieter hat Anlaß, sich gegebenenfalls über die bestehende Rechtslage zu informieren (vgl oben Rn 143; vgl auch Wolf Rn M 55).

Es ist davon auszugehen, daß die eben dargelegten Grundsätze auch für **Bankbedin-** 629
gungen gelten, sofern es dort um die **Kündigung eines** Darlehens geht (vgl OLG
Zweibrücken MDR 1983, 670, allerdings lediglich unter Berücksichtigung des § 10 Nr 6; aA noch
BGH NJW 1989, 2383 [Verstoß gegen § 9 Abs 1]; COESTER-WALTJEN EWiR 1987, 1051, 1052;
vWESTPHALEN „Vollmachtsklauseln" Rn 11 und Rn 20 [zum „Oder-Konto"]). Jedenfalls steht
der Grundgedanke des § 425 BGB auch hier einer gegenseitigen Bevollmächtigung
zur Entgegennahme von Erklärungen der Darlehensnehmer als Gesamtschuldner
nicht entgegen (OLG Köln NJW-RR 1988, 174, 175 mit dem Hinweis, daß § 425 BGB sogar selbst
abweichende Vereinbarungen zuläßt [Eheleute als Darlehensnehmer]; vgl aber LG Berlin ZIP 1988,
1311 f, 1326 zum Bausparvertrag [nur „ausnahmsweise" bei einem berechtigten Bedürfnis oder einer
engen Lebensverbindung]; ähnlich auch WOLF Rn V 75); es ist davon auszugehen daß allein
die Tatsache der gemeinsamen Darlehensaufnahme grundsätzlich ein Näheverhält-
nis begründet, das dem in der Mietgemeinschaft ähnelt (vgl BGH NJW 1997, 3437, 3439;
ähnlich LG Nürnberg-Fürth BB 1987, 1559, 1560 [eine „enge Lebensverbindung" kann eine Empfangsvollmacht rechtfertigen, allerdings muß die Klausel diesbezüglich differenzieren]; vgl aber LG
Berlin ZIP 1988, 1311 f, 1326 [ein etwaiger „erleichterter Büroaufwand" stellt kein berechtigtes
Bedürfnis dar] sowie vWESTPHALEN „Vollmachtsklauseln" Rn 11 [Gesamtschuldverhältnis, nicht
aber Gemeinschaftsverhältnis]; vgl schließlich PALANDT/PUTZO § 607 Rn 14 [grundsätzlich begründet eine gemeinsame Darlehensaufnahme das Entstehen einer Gesamtschuld]). Des weiteren
besteht die Möglichkeit zum **Widerruf der Vollmacht** (OLG Köln NJW-RR 1988, 174, 175
[Widerrufsmöglichkeit bei Trennung]; OLG Köln NJW-RR 1988, 935, 936 [Widerrufsmöglichkeit ist
bei „erheblichen persönlichen Veränderungen ⟨zB Scheidung⟩" ausdrücklich vorgesehen]; anders
BGH NJW 1989, 2383, 2384 [Annahme, daß der Darlehensnehmer von seinem Widerrufsrecht
Gebrauch macht, ist lebensfremd]).

Auch bei **sonstigen Erklärungen** wie etwa der Mahnung, der Nachfristsetzung oder 630
der Ablehnungsandrohung ist davon auszugehen, daß eine gegenseitige Bevollmächtigung zur Entgegennahme von Erklärungen grundsätzlich **wirksam** ist (aA vWESTPHA-
LEN „Vollmachtsklauseln" Rn 14, vgl aber auch Rn 20 [beim „Oder-Konto" folge aus dem
Gemeinschaftsverhältnis eine gegenseitige Erkundigungs- und Mitteilungspflicht; dies gelte aber
nicht für die Kündigung]).

bb) Aktive Stellvertretung
Ausdrücklich offen gelassen hat der BGH in seiner jüngsten Entscheidung (NJW 631
1997, 3437, 3439) allerdings die Frage, ob auch eine gegenseitigen Bevollmächtigung
zur Abgabe von Erklärungen formularmäßig wirksam vereinbart kann. Es ist aber
trotz des Grundgedankens des § 425 BGB auch hier davon auszugehen, daß bei der
Kündigung jedenfalls **kein Verstoß gegen § 9 Abs 2 Nr 1** vorliegt (aA LG Berlin MDR 1983,
757 für die Kündigung durch nur einen Mitmieter; vgl aber OLG Köln NJW-RR 1988, 174, 175 [§ 425
BGB läßt abweichende Vereinbarungen ausdrücklich zu] sowie OLG Köln NJW-RR 1988, 935, 936
[Bevollmächtigung kann bei erheblichen Änderungen der persönlichen Verhältnisse widerrufen wer-
den] im Bankrecht); das Gesetz geht nämlich auch bei der Gesamtvertretung davon
aus, daß eine Einzelvertretung wirksam vereinbart werden kann (vgl auch § 125
Abs 2 HGB [bei entsprechender „Ermächtigung"], § 78 Abs 2 S 1 AktG [„wenn die Satzung
nichts anderes bestimmt"], § 35 Abs 2 S 2 GmbHG [ist nichts darüber bestimmt"] und § 25
Abs 1 S 2 GenG [„das Statut kann Abweichendes bestimmen"]; siehe auch PALANDT/HEIN-
RICHS § 167 Rn 13). Insofern stellt sich lediglich die Frage, ob eine formularmäßige
Vereinbarung eine **unangemessene Benachteiligung iSd § 9 Abs 1** darstellt (siehe oben
Rn 66). Dabei ist zu berücksichtigen, daß eine Vollmachtklausel, die sich auch auf

Kündigungserklärungen erstreckt, jedem Mitmieter die Disposition über das gesamte Mietverhältnis eröffnen würde; der hieraus drohende Nachteil für die anderen Mieter kann nicht durch das Vereinfachungsinteresse des Vermieters gerechtfertigt werden – derartige Rechtsmacht kann nur individualvertraglich, nicht aber vorformuliert erteilt werden (in diesem Sinne auch LG Berlin MDR 1983, 757). Anderes mag gelten, wenn die Klausel Kündigungen ausdrücklich ausnimmt; ohne entsprechende Differenzierung ist sie insgesamt gemäß Abs 1 **unwirksam** (OLG Frankfurt aM NJW-RR 1992, 396, 400; vgl auch LG Berlin ZIP 1988, 1311 f, 1326 bzgl eines Bausparvertrages; anders OLG Schleswig NJW 1983, 1862 [Empfangsvollmacht wirksam, soweit es lediglich um das Mieterhöhungsverlangen geht]; für eine solche einschränkende Auslegung auch BGH NJW 1988, 1375, 1377 im Bankrecht unter Verweis auf § 5; vgl auch ULMER/HENSEN Anh §§ 9–11 Rn 921; vgl weiter zur geltungserhaltenden Reduktion § 6 Rn und PALANDT/HEINRICHS Vorbem v § 8 Rn 9). Dieselben Erwägungen gelten auch für die Kündigung eines Darlehens (vgl OLG Nürnberg NJW 1988, 1220, 1221).

632 Sowohl um eine überraschende Klausel iSd § 3 als auch um eine unangemessene Benachteiligung iSd § 9 Abs 1 handelt es sich, wenn **Bankbedingungen** vorsehen, daß Darlehensnehmer sich gegenseitig zur **Aufnahme weiterer Darlehen** bevollmächtigen: Aufgrund der damit eventuell verbundenen erheblichen Belastungen sowie eines unkalkulierbaren Haftungsrisikos übersteigen derartige Vollmachten in ihrer Tragweite das Vorstellungsbild des Rechtslaien, sie sind für ihn überraschend und unverständlich; des weiteren sind diese Risiken gegenüber den Interessen des Verwenders nicht angemessen berücksichtigt (BGH NJW 1989, 2383, 2384; OLG Frankfurt aM NJW 1982, 583 wegen § 28 Abs 1 mit einer richterlichen Inhaltskontrolle gemäß § 242 BGB; in diesem Sinne schon OLG Frankfurt aM BB 1976, 1245, 1246 mwN; **aA** OLG Köln NJW-RR 1988, 174, 175 und OLG Köln NJW-RR 1988, 935, 936, allerdings ohne nähere Auseinandersetzung; ULMER/HENSEN Anh §§ 9–11 Rn 920; WOLF Rn V 75 und § 3 Rn 59; vWESTPHALEN „Vollmachtsklauseln" Rn 16; PALANDT/HEINRICHS Rn 143; vgl weiter vWESTPHALEN „Darlehensvertrag" Rn 89 und 173). Dies gilt auch für **antizipierte Schuldbeitrittsklauseln** (OLG Frankfurt aM NJW 1982, 583 f). Schließlich gelten dieselben Erwägungen auch bei einer gegenseitigen Bevollmächtigung zur **Beantragung von Stundungen und Laufzeitverlängerungen** (BGH NJW 1989, 2383, 2384 sowie die Vorinstanz OLG Nürnberg NJW 1988, 1220, 1221, dazu WOLF EWiR 1988, 525, 526; vgl auch LG Berlin ZIP 1988, 1311 f, 1326 f [bei einem Zahlungsaufschub steigen zwangsläufig die Kreditkosten]; ULMER/HENSEN Anh §§ 9–11 Rn 920; WOLF Rn V 75; vWESTPHALEN „Vollmachtsklauseln" Rn 17). Eine Widerrufsmöglichkeit muß außer Betracht bleiben; im Gegensatz zur Empfangsvollmacht ergeben sich hier nämlich erhebliche Wirkungen daraus, daß der Widerruf nur für die Zukunft wirkt, so daß dieser bereits bestehende Verpflichtungen nicht zu beseitigen vermag (LG Berlin ZIP 1988, 1311 f, 1327; **aA** OLG Köln NJW-RR 1988, 174, 175 [bei einer Trennung] und OLG Köln NJW-RR 1988, 935, 936; vgl auch WOLF Rn V 75). Fraglich bleibt allein, ob eine **Ehe oder eine ähnliche „enge Lebensbeziehung"** an diesem Ergebnis etwas ändern kann: Jedenfalls mangels Differenzierung kann eine Erklärungsvollmacht schon unwirksam sein (LG Nürnberg-Fürth BB 1987, 1559, 1560, vgl auch die Berufungsentscheidung OLG Nürnberg NJW 1988, 1220, 1221, dazu WOLF EWiR 1988, 525, 526; **aA** OLG Köln NJW-RR 1988, 174, 175 mit dem Hinweis auf eine Widerrufsmöglichkeit bei einer Trennung, ansonsten aber ohne nähere Auseinandersetzung; vgl auch ULMER/HENSEN Anh §§ 9–11 Rn 919 [umfassende gegenseitige Bevollmächtigungen allenfalls im kaufmännischen Bereich und unter Eheleuten in heiler Ehe]). Im übrigen ist aber auch bei einer Differenzierung aufgrund etwaiger erheblicher Verpflichtungen von einer unangemessenen Benachteiligung iSd § 9 Abs 1 auszugehen

2. Unterabschnitt.
Unwirksame Klauseln

§ 9 AGBG
633–635

(vgl BGH NJW 1991, 923, 924 zum Oder-Konto; vgl aber OLG Köln NJW-RR 1988, 935, 936 mit Hinweis auf eine ausdrücklich vorgesehene Widerrufsmöglichkeit bei „erheblichen persönlichen Veränderungen [zB Scheidung]", ansonsten aber auch hier ohne nähere Auseinandersetzung; näher dazu WOLF EWiR 1988, 525, 526 [unter Heranziehung des § 1357 BGB, allerdings selbst feststellend, daß die Vollmachtklausel die von § 1357 BGB erfaßten Rechtsgeschäfte nicht wesentlich übersteigen darf; genau dies wird aber bei solchen Rechtsgeschäften regelmäßig der Fall sein]). Ebenfalls mangels Differenzierung unwirksam ist ferner eine Klausel, nach der sich **Bruchteilseigentümer eines Grundstücks**, die für ein gemeinsam aufgenommenes Darlehen eine **Sicherungsgrundschuld** bestellen, formularmäßig gegenseitig bevollmächtigen, Willenserklärungen mit Wirkung für den anderen abzugeben und entgegenzunehmen; eine einschränkende Auslegung dahingehend, daß die Klausel jedenfalls keine Erklärungen deckt, welche die Sicherungsabrede erweitern oder die Grundschuld von der Sicherungsabrede isolieren, läuft praktisch auf eine – unzulässige – geltungserhaltende Reduktion hinaus (für eine solche einschränkende Auslegung aber BGH NJW 1988, 1375, 1377 unter Verweis auf § 5; wie hier ULMER/HENSEN Anh §§ 9–11 Rn 920; vgl aber WOLF Rn V 75).

Auch bei einem Gemeinschaftskonto eines Ehepaares, welches im Zweifel ein soge- **633**
nanntes **Oder-Konto** ist (vgl hierzu vWESTPHALEN „Vollmachtsklauseln" Rn 18 f), ist eine gegenseitige Bevollmächtigung zum **Eingang weiterer Verbindlichkeiten** zu Lasten des gemeinschaftlichen Kontos gemäß **§ 3 überraschend** und stellt eine **unangemessene Benachteiligung gemäß § 9 Abs 1** dar (BGH NJW 1991, 923, 924, insbesondere ist die Situation mit der Rechtsprechung des BGH NJW 1989, 2383, 2384 für Ratenkreditverträge vergleichbar; vWESTPHALEN aaO Rn 21; ULMER/HENSEN Anh §§ 9–11 Rn 920; vgl ferner auch OLG Nürnberg ZIP 1990, 1558, 1559 [für eine gesamtschuldnerische Mithaftung ist eine Kontoüberziehung lediglich in Höhe von drei Monatseinkommen möglich], hierzu vWESTPHALEN Rn 22 f).

d) Beschränkung der Vertretungsmacht
Sofern eine Formularklausel eine Beschränkung der Vertretungsmacht vorsieht, ist **634**
zwischen der Beschränkung der gesetzlichen und der rechtsgeschäftlichen Vertretungsmacht zu unterscheiden.

aa) Gesetzliche Vertretungsmacht
Ungeachtet des Streits um die dogmatische Einordnung (dazu CANARIS, Handelsrecht § 16 I 1) beruht die Vertretungsmacht gemäß **§ 56 HGB** auf gesetzlicher Grundlage; sie ist nicht – schon gar nicht durch AGB – einschränkbar (OLG Stuttgart BB 1984, 2218, 2219; ULMER/HENSEN Anh §§ 9–11 Rn 919; PALANDT/HEINRICHS Rn 143; zur Handlungsvollmacht nach §§ 54, 55 HGB siehe Rn 635). Die Vollmacht des Versicherungsagenten gemäß **§§ 43 ff VVG** kann auch bzw gerade unter Berücksichtigung des § 47 VVG nicht wirksam beschränkt werden (**Verstoß gegen § 9 Abs 2 Nr 1**; vgl BGH NJW 1992, 828, 829 zu § 43 Nr 1 VVG [Verstoß gegen § 11 Nr 7]; vgl auch OLG Karlsruhe VersR 1997, 861, 862 [erhebliche Zweifel an der Wirksamkeit einer Klausel nach § 9 Abs 2 Nr 1]; vWESTPHALEN „Vollmachtsklauseln" Rn 3, allerdings aufgrund des in Anspruch genommenen Vertrauens auf § 9 Abs 2 Nr 2 abstellend; WOLF Rn V 79–80; PALANDT/HEINRICHS Rn 143; vgl auch ULMER/HENSEN Anh §§ 9–11 Rn 919 zur Wissenszurechnung unter Hinweis auf § 11 Nr 16; siehe weiter zu § 11 Nr 16 OLG Köln VersR 1992, 863, 864 einerseits und LG Wuppertal VersR 1992, 174, 175 andererseits sowie oben Rn 587).

Soweit eine vollmachtbeschränkende Klausel die Grundsätze der **Anscheins-** oder **635**

Duldungsvollmacht berührt, liegt ebenfalls ein **Verstoß gegen § 9 Abs 2 Nr 1** vor; diese Grundsätze sind allgemein anerkannt und gelten daher als wesentliche Grundgedanken der gesetzlichen Regelung iSd § 9 Abs 2 Nr 1 (vgl OLG Stuttgart BB 1984, 2218, 2219 mwN, allerdings lediglich unter Berücksichtigung des § 9 Abs 1; vgl aber BGH NJW-RR 1995, 80, 81, allerdings ohne nähere Auseinandersetzung [soweit ein in AGB enthaltener Hinweis auf die fehlende Vollmacht des Bauleiters geeignet ist, das Entstehen von Vertrauenstatbeständen zu verhindern oder zu erschweren, ist dies keine unangemessene Benachteiligung iSv § 9]; vgl auch OLG Zweibrücken AGBE VI § 9 Nr 151 [Zahlungen an einen kraft Rechtsscheins Inkassoberechtigten]; wie hier vWestphalen „Vollmachtsklauseln" Rn 4 sowie vWestphalen/Kappus „Reise- und Hotelaufnahmebedingungen" Rn 74; Wolf Rn V 79–80; Ulmer/Hensen Anh §§ 9–11 Rn 924; Palandt/Heinrichs Rn 143). Deshalb kann die Haftung des Vertretenen trotz fehlender Erteilung der Vertretungsmacht in AGB allenfalls insoweit vorgesehen werden, als dies mit den Grundsätzen der Anscheins- oder Duldungsvollmacht übereinstimmt (Wolf Rn V 79). Sofern **Bankbedingungen** vorsehen, daß das Mißbrauchsrisiko von eurocheque-Formularen im Falle der Überschreitung der Vertretungsmacht auf den Kontoinhaber abgewälzt werden soll, obwohl der Bank der beschränkte Umfang der Ermächtigung mitgeteilt worden ist, liegt ein **Verstoß gegen § 9** vor (BGH NJW 1982, 1513, 1514 [Bedingungen für eurocheque-Karten Nr 7]).

bb) **Rechtsgeschäftliche Vertretungsmacht**

636 Obwohl die **Handlungsvollmacht gemäß § 54 HGB** eine rechtsgeschäftliche Vertretungsmacht begründet, ist ihr *Umfang* doch gesetzlich vorgezeichnet (§ 54 Abs 1, 2 HGB). Beschränkungen im Innenverhältnis Kaufmann-Handlungsbevollmächtigter sind ohne weiteres (unter Umständen auch vorformuliert) zulässig, wirken nach außen aber nur gemäß § 54 Abs 3, 55, 91 HGB. Die demnach erforderliche Bösgläubigkeit des Vertragspartners wird durch klauselmäßige Beschränkung jedoch grundsätzlich nicht erreicht, so daß diese – sofern im Innenverhältnis wirksam – jedenfalls im Außenverhältnis wirkungslos bleibt (vgl LG Frankfurt aM NJW-RR 1987, 745, 746 f im Hinblick auf § 91 Abs 2 S 2 HGB [Reisebürozuständigkeit für Anspruchsmeldung trotz AGB-Ausschluß]; vWestphalen „Vollmachtsklauseln" Rn 2; Wolf Rn V 79–80; vgl aber OLG Köln NJW-RR 1988, 174, 175 zu § 425 BGB). Der Ausschluß einer **Inkassoberechtigung bei Außendienstlern** wiederholt allerdings nur das Gesetz (§§ 55 Abs 3, 91 HGB) und ist gemäß § 8 kontrollfrei (OLG Zweibrücken AGBE VI § 9 Nr 151, nicht allerdings beim Handlungsbevollmächtigten iSd § 54 HGB; Wolf Rn V 79–80; Palandt/Heinrichs Rn 143).

637* Sowohl bei der **Innen-** als auch bei der **Außenvollmacht** iSd § 167 Abs 1 BGB besteht die Vertretungsmacht so, wie sie erteilt worden ist; eine formularmäßige Beschränkung ist schon im Hinblick auf den **Vorrang der Individualabrede gemäß § 4** nicht mehr möglich (vWestphalen „Vollmachtsklauseln" Rn 5 f; Wolf Rn V 79–80). Darüber hinaus verstoßen entsprechende Klauseln gegen § 9 Abs 2 Nr 1 (vgl auch EG-Richtlinie Anhang Nr 1n; vWestphalen Rn 24).

Anders steht es mit **Beschränkungen in der Vollmachturkunde selbst** (§ 172 Abs 1 BGB); entsprechende Klauseln betreffen Inhalt und Umfang der Vollmacht, eine Inhaltskontrolle ist gemäß § 8 ausgeschlossen (vgl vWestphalen „Vollmachtsklauseln" Rn 7). Daher kann in *Baubedingungen* eine Beschränkung der Bauleitervollmacht

---

* Siehe Fußnote bei Staudinger/Schlosser § 2 Rn 63.

vorgenommen werden (BGH NJW-RR 1995, 80; ULMER/HENSEN Anh §§ 9–11 Rn 919 aE); dasselbe gilt für die Beschränkung der Architektenvollmacht (OLG Düsseldorf NJW-RR 1996, 1485; vgl auch BGH NJW 1978, 995 zum Umfang der Architektenvollmacht; vgl weiter vWESTPHALEN/MOTZKE „Architektenvertrag" Rn 170 sowie WOLF/HORN § 23 Rn 309, insbesondere zum Notvertretungsrecht; siehe weiter zu einem unwirksamen „Notvertretungsrecht" des Auftraggebers von Bauarbeiten BGH NJW-RR 1997, 1513 unter I 13). In diesen Fällen ist nämlich zu beachten, daß es **keine „originäre Vollmacht"** gibt (OLG Düsseldorf NJW-RR 1996, 1485, 1486).

Schließlich ist auch eine Beschränkung der Vertretungsmöglichkeit in einer *Teilungserklärungsklausel*, nach der sich Wohnungseigentümer in der Eigentümerversammlung nur durch den Ehegatten, einen Wohnungseigentümer und den Verwalter derselben Wohnanlage vertreten lassen, grundsätzlich **wirksam** (BGH NJW 1987, 650, 651; ULMER/HENSEN Anh §§ 9–11 Rn 967; WOLF Rn V 79 f; PALANDT/HEINRICHS Rn 143).

49. Werkvertrag: siehe „Laufzeitklauseln" Rn 427 sowie STAUDINGER/PETERS (1995) § 637 Rn 16 ff, 33 ff, 49 f, 56 ff, 70 ff, 87 ff; § 640 Rn 64 ff, 102 ff; § 641 Rn 60, 70; § 645 Rn 41 ff.

50. Wertpapierbedingungen: siehe KALLRATH, Die Inhaltskontrolle der Wertpapierbedingungen von Wandel- und Optionsanleihen, Gewinnschuldverschreibungen und Genußscheinen (1994); BUNGERT, Wertpapierbedingungen und Inhaltskontrolle nach dem AGB-Gesetz, DZWiR 1997, 185 ff.

§ 10
Klauselverbote mit Wertungsmöglichkeit

In Allgemeinen Geschäftsbedingungen ist insbesondere unwirksam

1. (Annahme- und Leistungsfrist)

eine Bestimmung, durch die sich der Verwender unangemessen lange oder nicht hinreichend bestimmte Fristen für die Annahme oder Ablehnung eines Angebots oder die Erbringung einer Leistung vorbehält;

2. (Nachfrist)

eine Bestimmung, durch die sich der Verwender für die von ihm zu bewirkende Leistung entgegen § 326 Abs. 1 des Bürgerlichen Gesetzbuchs eine unangemessen lange oder nicht hinreichend bestimmte Nachfrist vorbehält;

3. (Rücktrittsvorbehalt)

die Vereinbarung eines Rechts des Verwenders, sich ohne sachlich gerechtfertigten und im Vertrag angegebenen Grund von seiner Leistungspflicht zu lösen; dies gilt nicht für Dauerschuldverhältnisse;

4. (Änderungsvorbehalt)

die Vereinbarung eines Rechts des Verwenders, die versprochene Leistung zu ändern oder von ihr abzuweichen, wenn nicht die Vereinbarung der Änderung oder Abweichung unter Berücksichtigung der Interessen des Verwenders für den anderen Vertragsteil zumutbar ist.

5. (Fingierte Erklärungen)

eine Bestimmung, wonach eine Erklärung des Vertragspartners des Verwenders bei Vornahme oder Unterlassung einer bestimmten Handlung als von ihm abgegeben oder nicht agbegeben gilt, es sei denn, daß

    a) dem Vertragspartner eine angemessene Frist zur Abgabe einer ausdrücklichen Erklärung eingeräumt ist und

    b) der Verwender sich verpflichtet, den Vertragspartner bei Beginn der Frist auf die vorgesehene Bedeutung seines Verhaltens besonders hinzuweisen;

6. (Fiktion des Zugangs)

eine Bestimmung, die vorsieht, daß eine Erklärung des Verwenders von besonderer Bedeutung dem anderen Vertragsteil als zugegangen gilt;

7. (Abwicklung von Verträgen)

eine Bestimmung, nach der der Verwender für den Fall, daß eine Vertragspartei vom Vertrage zurücktritt oder den Vertrag kündigt,

    a) eine unangemessen hohe Vergütung für die Nutzung oder den Gebrauch einer Sache oder eines Rechts oder für erbrachte Leistungen oder

    b) einen unangemessen hohen Ersatz von Aufwendungen verlangen kann.

8. (Rechtswahl)

die Vereinbarung der Geltung ausländischen Rechts oder des Rechts der Deutschen Demokratischen Republik in Fällen, in denen hierfür kein anerkennenswertes Interesse besteht.

§ 10 Nr 1
Annahme- und Leistungsfrist

In Allgemeinen Geschäftsbedingungen ist insbesondere unwirksam

1. (Annahme- und Leistungsfrist)

eine Bestimmung, durch die sich der Verwender unangemessen lange oder nicht hinreichend bestimmte Fristen für die Annahme oder Ablehnung eines Angebots oder die Erbringung einer Leistung vorbehält;

2. Unterabschnitt.
Unwirksame Klauseln

Materialien: 1. Teilber 58; RefE 11; RegE 24 –
s STAUDINGER/SCHLOSSER Einl 6 ff zum AGBG.

Schrifttum

GRUNEWALD, Die Anwendbarkeit des AGB-Gesetzes auf Bestimmungen über den Vertragsabschluß, ZIP 1987, 353
LINDACHER, § 10 Nr 1 AGBG und die vierwöchige Annahmefrist in Neuwagenverkaufsbestimmungen, JR 1990, 326

WALCHSHÖFER, Annahmefristen in AGB, WM 1981; ders, Leistungsfristen in AGB, WM 1986, 1541.

I. Allgemeines

1. Regelungsanliegen

Die Vorschrift betrifft zwei Arten von Klauseln, die im Ergebnis beide darauf abzielen, dem Verwender unter einseitiger Bindung des Vertragspartners einen möglichst großen Entscheidungsspielraum hinsichtlich der Vertragserfüllung einzuräumen.

Die **erste Fallgruppe** stellen alle Klauseln dar, durch die sich der Verwender den Vertragsschluß selbst vorbehält. Sowohl der Vertragspartner als auch der Verwender können daher in der Rolle des Anbietenden auftreten.

Die **zweite Fallgruppe** bilden die Klauseln, die bestimmte Leistungsfristen vorsehen, den Leistungszeitpunkt in das Ermessen des Verwenders stellen oder an bestimmte Ereignisse knüpfen.

Beide Arten von Klauseln können dazu führen, daß der über den genauen Zeitpunkt des Vertragsschlusses häufig im unklaren sich befindende Vertragspartner des Verwenders in seinen Erwartungen zur Rechtzeitigkeit der Leistung, so wie er sie aus seiner Perspektive hegen muß, grob enttäuscht wird. Daher sind alle derartigen Klauseln nunmehr nach § 10 Nr 1 unwirksam, wenn die Fristen entweder unangemessen lang oder nicht hinreichend bestimmt sind.

§ 10 Nr 1 hat große Bedeutung insbesondere im Zusammenspiel mit § 10 Nr 2, § 11 Nr 1, § 11 Nr 4, § 11 Nr 8 und § 11 Nr 9, da er den AGB-Verwender zwingt, hinreichend bestimmte und angemessene Leistungsfristen anzugeben. Dies ist die Grundlage für weitere Vertragsklauseln, die nach den genannten Vorschriften zu beurteilen sind. Die Gefährlichkeit unbestimmter oder unangemessen langer Fristen liegt vor allem darin, daß der Vertragspartner an den Vertrag gebunden ist, ohne durch Mahnung und Fristsetzung zu einer raschen Leistung zwingen oder sich nach angemessener Zeit (zB durch einen Rücktritt wegen Verzugs oder bei Ablauf der Bindungsfrist des § 147 BGB) anders umsehen zu können.

2. Anwendungsbereich

2 a) § 10 Nr 2 ergänzt § 10 Nr 1 hinsichtlich der Nachfristen, die als Voraussetzung zur Geltendmachung von Ansprüchen aus Verzug oder von Gewährleistungsansprüchen im Einzelfall zu setzen sind (Walchshöfer WM 1986, 1541). Bei der Prüfung der Angemessenheit der unter § 10 Nr 1 fallenden Fristen kann es erforderlich sein, auch die gegebenenfalls in dem betreffenden Klauselwerk vorgeschriebenen Nachfristen zu berücksichtigen. Zu prüfen ist in jedem Fall, ob die sog „Nachfrist" in Wirklichkeit verdeckter Teil der Leistungsfrist ist. Dies ist anzunehmen, wenn die Verzugsfolgen erst mit Ablauf der Nachfrist eintreten sollen.

3 b) § 10 Nr 3 und § 10 Nr 1 betreffen ähnliche Fälle, ohne sich jedoch zu überschneiden: Soweit in einem Klauselwerk beispielsweise die Lieferung durch den Verwender unter dem Vorbehalt des „Ob" der Selbstbelieferung steht, ist dies eine **auflösende Bedingung**, die unter § 10 Nr 3 fällt (Schlosser/Coester-Waltjen Rn 22, § 10 Nr 3 Rn 34; Ulmer/Schmidt Rn 4 und § 10 Nr 3 Rn 5; klarstellend nun Löwe/vWestphalen Rn 6). Die Klausel „Selbstbelieferung vorbehalten" betrifft aber im allgemeinen auch den Leistungszeitpunkt und ist dann sowohl an Nr 1 als auch an Nr 3 von § 10 zu messen (s unten Rn 17, 21). Zu aufschiebenden Bedingungen s unten Rn 9; zur Fiktion der Annahme s unten Rn 6, 9, 12 und § 10 Nr 5.

4 c) § 4 und § 10 Nr 1: Eine abweichend vom Formulartext **individuell vereinbarte Frist** geht einer Klausel, welche die Verbindlichkeit von Fristen einschränkt oder gar aufhebt, in jedem Falle vor (s Staudinger/Schlosser § 4 Rn 4). Dies gilt auch dann, wenn ein vom Verwender ausgehendes Angebot als unverbindlich bezeichnet wird (Schlosser/Coester-Waltjen Rn 6). Der AGB-mäßige Leistungsfristvorbehalt ist unwirksam (BGHZ 92, 24 = NJW 1984, 2468; zurückhaltender: BGH NJW 1984, 48).

Manches, was dem äußeren Anschein nach eine individuelle Bestimmung einer Lieferfrist ist, hat in Wirklichkeit aber AGB-Charakter (dazu Staudinger/Schlosser § 1 Rn 34 f).

5 d) Ist eine Klausel über die Leistungszeit unwirksam, so können die Verzugsfolgen früher eintreten, als nach den Vorstellungen des Verwenders möglich sein soll. Ob freilich **Haftungsmaßstab** einfache oder grobe Fahrlässigkeit ist, bestimmt sich nach den Grundsätzen von § **11 Nr 7** (s dort).

6 e) § 10 Nr 1 erfaßt – abgesehen von der Einschränkung des § 23 Abs 1 – **alle Arten** von Verträgen. Klauseln, die den Abschluß des Vertrages selbst betreffen, stellen bei genauer Betrachtung noch keine „Vertrags"-Bedingungen dar, da ein Vertrag noch gar nicht abgeschlossen ist. Dies gilt in besonderem Maße für Teil A der VOB, der sich ausschließlich mit den Vorgängen bis zum Zustandekommen des Vertrages befaßt. Gleichwohl findet das AGBG auch auf diese Klauseln Anwendung, s oben Staudinger/Schlosser § 1 Rn 5 (Wolf Rn 6; Grunewald ZIP 1987, 353 f; BGH NJW 1988, 1908; OLG Köln NJW-RR 1993, 1404 nur teilweise abgedr). Fristen der VOB Teil A im Vergabeverfahren der öffentlichen Hand müssen ohnehin in bezug auf Bestimmtheit und Länge den Grundsätzen von Treu und Glauben entsprechen (BGH NJW 1992, 827).

§ 147 Abs 2 BGB bestimmt für Angebote unter Abwesenden die Grenze der Bindung des Erklärenden an sein Angebot. Durch § 10 Nr 1 wird diese Vorschrift für AGB keineswegs zu zwingendem Recht, wie sich schon aus der Zuordnung des § 10 Nr 1 zu den Verboten mit Wertungsmöglichkeit ergibt. Fingieren die AGB mit Fristablauf eine Ablehnung, so entspricht dies der Regelung des § 146 BGB, die Klausel ist also nach § 8 nicht kontrollfähig. Wird mit fruchtlosem Fristablauf eine Annahme fingiert, so ist der Regelungsbereich des § 10 Nr 1 – soweit es nicht um die Länge der Frist geht – nicht berührt. Wenn die Annahme des Vertragspartners des Verwenders fingiert wird, greift zwar auch § 10 Nr 5 nicht ein (weil es sich nicht um ein Verhalten nach Vertragsschluß handelt, vgl § 10 Nr 5 Rn 6), mangels Einbeziehung kann die Klausel aber keine Wirkungen entfalten (ULMER/HENSEN § 10 Nr 5 Rn 8; WOLF § 10 Nr 5 Rn 7, widersprüchlich § 10 Nr 1 Rn 3). Bei einer fingierten Annahme des Verwenders ist der Regelungsgehalt des § 151 BGB als Maßstab zu beachten; soweit die Klausel nicht überraschend ist, wird die Wirksamkeit idR auch nicht an § 9 scheitern (unten Rn 9, 12; WOLF Rn 3).

f) Sondervorschriften kennt das Versicherungsrecht: **§ 81 Abs 1 S 1 VVG** sieht für 7 die Feuerversicherung eine Bindung des Antragenden an eine Frist von zwei Wochen vor; § 5 Abs 3 Pflichtversicherungsgesetz bestimmt, daß ein Antrag auf Haftpflichtversicherung als angenommen gilt, wenn er nicht binnen zweier Wochen vom Versicherer schriftlich abgelehnt wird. Nach § 11 Abs 1 VVG sind ferner Geldleistungen des Versicherers erst mit Beendigung der zur Feststellung des Versicherungsfalles und des Umfangs der Leistung des Versicherers nötigen Erhebungen fällig.

II. Fristen zur Annahme oder Ablehnung eines Angebots

1. Kreis der mit der Frist belasteten Personen

Unter die Vorschrift fallen nur **Fristen**, die sich der Verwender **zu Lasten des Kunden** 8 vorbehält. Fristen, die der Verwender zur Annahme seiner eigenen Angebote setzt, sind nicht nach § 10 Nr 1 zu beurteilen. Über den Wortlaut hinaus werden dagegen auch Fristen erfaßt, die sich der Verwender zugunsten eines uU erst noch zu benennenden Dritten einräumen läßt (WALCHSHÖFER WM 1986, 1041). Dies geschieht beispielsweise in Bauträgerverträgen, wenn der Bauträger auf einem von ihm stammenden Formular den Käufer ein befristetes Kaufangebot abgeben läßt, das er an einen Dritten weitergeben darf. Der Zweck der Vorschrift, den Kunden nicht unangemessen lang in seiner Dispositionsfreiheit zu beschränken, erfordert ihre Anwendung auch in diesen Fällen (LÖWE/vWESTPHALEN Rn 10).

Verfehlt wäre eine Betrachtungsweise, die die in den AGB des Verwenders enthaltene Frist zur Annahme ihm zugegangener Angebote als eine von seinem Vertragspartner gesetzte Frist ansähe, nur weil dieser die erste auf den Vertragsschluß selbst gerichtete Erklärung, nämlich das Angebot im technischen Sinne des Wortes, abgegeben hat. Gerade dies soll durch § 10 Nr 1 ausgeschlossen werden (weniger deutlich LÖWE/vWESTPHALEN Rn 9; WRONKA BB 1976, 1582 f).

2. Übermäßig lange Fristen

9 a) Nr 1 von § 10 unterliegen alle Fälle, in denen die Bindung des Verwenders an den abzuschließenden Vertrag hinausgeschoben wird. Das gilt zB für Situationen, in denen der Vertragsschluß **stillschweigend** zustandekommen soll („Das Angebot gilt als angenommen, wenn der Verkäufer [= Verwender] nicht binnen vier Wochen widerspricht"). Eine derartige Formulierung ist nach § 10 Nr 1 grundsätzlich zulässig, wenn die Frist nicht unangemessen lang ist (SCHLOSSER/COESTER-WALTJEN Rn 8; ULMER/SCHMIDT Rn 5; nach früherem Recht bereits OLG Düsseldorf MDR 1978, 144 für allgemeine Versicherungsbedingungen; differenzierend LÖWE/vWESTPHALEN Rn 17, der hierin eine nicht hinreichend bestimmte Fiktion sieht). § 10 Nr 1 erfaßt auch **aufschiebende Bedingungen**, da auch dann eintritt, wovor das Gesetz den Vertragspartner des Verwenders schützen will, nämlich, daß ein Vertrag noch nicht zustande kommt, der Vertragspartner aber gebunden bleibt (OLG Karlsruhe NJW-RR 1995, 504; WOLF Rn 8; SCHLOSSER/COESTER-WALTJEN Rn 21; **aA** ULMER/SCHMIDT Rn 4). Auch die Hinausschiebung des Fristbeginns ist bei der Berechnung der Frist mitzuberücksichtigen. Zu auflösenden Bedingungen s Rn 3. Nicht anwendbar ist § 10 Nr 1 aber auf Fälle, in denen sich der Kunde durch Erteilung einer **unwiderruflichen Vollmacht** langfristig an den Verwender bindet: Solches ist nach den Grundsätzen des § 9 zu überprüfen. Die Vereinbarung eines Options- oder Andienungsrechts des Verwenders für den Zeitraum innerhalb der vertraglichen Bindung (zB während der Laufzeit eines Leasing-Vertrages) fällt ebenfalls nicht unter § 10 Nr 1, weil hiermit keine (zur Laufzeit des Vertrages) zusätzliche Bindung des Vertragspartners verursacht wird (OLG Karlsruhe NJW-RR 1987, 1006).

10 Eine Wertung der Angemessenheit einer Bindungsdauer hat sich an § 147 Abs 2 BGB zu orientieren. Entscheidend sind dabei objektive Gesichtspunkte unter Berücksichtigung der Belange beider Parteien (BGH NJW 1986, 1807; ULMER/SCHMIDT Rn 5; WOLF Rn 10 sieht hierin einen eigenen Maßstab der Nr 1). Eine alleinige Orientierung am Horizont des Vertragspartners des Verwenders kommt nicht in Betracht. Wesentliche Überschreitungen der Frist des § 147 Abs 2 BGB sind nur zuzulassen, wenn ein sachlich gerechtfertigter Grund dafür vorliegt (OLG Hamm NJW-RR 1986, 927). Ein solcher kann gegeben sein, wenn der Verwender nicht ohne weiteres seine Leistungsfähigkeit überblicken, insbesondere wenn er erst Deckungskäufe vornehmen oder behördliche Genehmigungen einholen muß. Ebenso können Erkundigungen über die Kreditwürdigkeit des Vertragspartners, deren Notwendigkeit nach der Art des Geschäfts auch diesem klar sein muß, bei umfangreicheren Geschäften einen längeren Überlegungs- bzw Prüfungszeitraum erfordern (OLG Hamm NJW-RR 1986, 388; ULMER/SCHMIDT Rn 5). Grundsätzlich wird der Spielraum um so größer sein, je höher der Wert der Leistung, je umfangreicher die organisatorischen Vorkehrungen zur Erbringung der Leistung und je schwieriger die Finanzierungs- und Genehmigungsfragen sind (SOERGEL/STEIN Rn 4). Auch ist ein schutzwürdiges Interesse des Verwenders an einer einheitlichen Annahmefrist für Geschäftsabschlüsse ein- und derselben Art anzuerkennen (ULMER/SCHMIDT Rn 5). Da, wo die Marktpreise zu schwanken pflegen, ist jede nicht unerläßliche Dauer der Frist unwirksam, weil sie dem Verwender die Möglichkeit ließe, auf Kosten seines Kunden zu spekulieren (MünchKomm/BASEDOW Rn 10).

b) Einzelbeispiele

11 Alltagsgeschäfte: Eine über zehn Tage hinausgehende Bindung ist in jedem Falle unangemessen (LÖWE/vWESTPHALEN Rn 13; zurückhaltend ULMER/SCHMIDT Rn 7; aM WOLF Rn 5: über 2 Wochen).

Abzahlungsgeschäft (s Kreditgeschäfte).

Eigentumswohnungen: Bei der Veräußerung von Eigentumswohnungen können Fristen von mehreren Monaten gerechtfertigt sein, wenn die Verwirklichung des Projekts von einer Mindestzahl von Angeboten abhängt (anders nunmehr LÖWE/vWESTPHALEN Rn 13 – mehr als 4 Wochen regelmäßig unwirksam).

Fertighäuser: Eine Frist bis zu vier Wochen, gemessen von dem Zeitpunkt, zu dem der Käufer den Verkäufer definitiv über seine Finanzierungsmöglichkeiten informiert, erscheint angemessen (SCHLOSSER/COESTER-WALTJEN Rn 10).

Kraftfahrzeuge: Vier Wochen erscheinen als Höchstgrenze zulässig (BGH NJW 1990, 1784 mwNw; sechs Wochen bei Nutzfahrzeugen zulässig: LG Marburg DAR 1996, 148; im Gebrauchtwagenhandel 10 Tage für zulässig gehalten: OLG Köln NJW-RR 1993, 1404).

Kreditgeschäfte: Die Überprüfung der Kreditwürdigkeit des Antragstellers erfordert einen nicht unerheblichen Überlegungszeitraum (BGH NJW 1988, 2106 – 1 Monat angemessen; BGH NJW 1986, 1807 – 6 Wochen unangemessen).

Leasing: Zwei Monate zur Annahme des Leasing-Angebots sind unangemessen (OLG Hamm NJW-RR 1986, 927); zum Options- und Andienungsrecht des Verwenders oben Rn 9.

Möbelkauf: Drei Wochen sind als äußerste Grenze anzusehen (SCHLOSSER/COESTER-WALTJEN Rn 10; aM WOLF Rn 15 – 1 Monat).

Versicherungsverträge: Für den Feuerversicherungsvertrag läßt § 81 Abs 3 S 2 VVG eine Verlängerung der Frist um einen bestimmten Zeitraum zu. Da, wie dem Gesetzgeber nicht verborgen bleiben konnte, solches praktisch nur mit AVB angestrebt werden kann, deckt das Gesetz auch dies, soweit die Frist insgesamt damit noch angemessen bleibt. Die Sechs-Wochen-Frist in § 1 Nr 1 Allgemeine Lebensversicherungsbedingungen dürfte angesichts der umfangreichen Risikoprüfung ebenfalls noch angemessen sein (OLG Hamm NJW-RR 1986, 388); das gleiche gilt für die Wartezeit des § 3 Nr 1 Allgemeine Krankenversicherungsbedingungen (ULMER/SCHMIDT Rn 6; LÖWE/vWESTPHALEN Rn 15; HANSEN VersR 1988, 1110).

VOB: § 19 Ziff 2 S 2 VOB/A sieht vor, daß der Bieter nicht länger als 30 Werktage an sein Angebot gebunden sein soll. Dies kann als Regelfall für eine angemessene Bindungsfrist im Baugewerbe gelten (HEIERMANN/LINKE, AGB im Bauwesen 10. 2. 1. [zur alten VOB – 24 Tage]; INGENSTAU/KORBION, VOB/A § 19 Rn 2; KORBION/LOCHER Rn 284; ULMER/SCHMIDT Rn 7); eine längere Bindung kann im Einzelfall zulässig sein, bedarf aber einer besonderen Rechtfertigung (obiter: BGH NJW 1992, 827); eine achtwöchige Bindung des Bieters gegenüber dem Bauträger wurde für unangemessen gehalten (OLG Nürnberg AGBE I § 10 Nr 1 Rn 5). Ob die Frist gegen ein „Bindungsentgelt" verlängert werden kann, erscheint fraglich. Die Grundsätze über die Gewährleistungsbeschränkungen gegen Entgelt („Tarifwahl") gelten hier entsprechend, s § 11 Nr 10 Rn 25.

3. Nicht hinreichend bestimmte Fristen

12 Maßgebend für den Bestimmtheitsgrad einer Frist und seine Tolerierbarkeit ist die Sicht des Kunden im Zeitpunkt der Angebotsabgabe: Kann er die Dauer seiner Bindung nicht oder nur unter Zuhilfenahme rechtlicher Beratung errechnen, dann ist die Bestimmung nicht wirksam (PALANDT/HEINRICHS Rn 5; ULMER/SCHMIDT Rn 8; WOLF Rn 18). Dies ist insbes der Fall, wenn die Dauer der Frist von einem in der Verwendersphäre liegenden Ereignis oder gar vom Verwenderermessen abhängt, wie beispielsweise bei Klauseln, die vorsehen, daß der Kunde „bis zum Eingang einer sachlichen Antwort" oder „innerhalb von 14 Tagen nach Zusammenstellung der Herstellungsunterlagen" oder „bis nach Eingang der Kreditauskunft" an sein Angebot gebunden sein soll (BGH NJW 1988, 2106; OLG Karlsruhe NJW-RR 1995, 504; sehr streng OLG Hamm NJW-RR 1992, 1075). Eine unbestimmte Frist liegt auch vor, wenn der Kunde nach ergebnislosem Verstreichen der Annahmefrist erst ein Rücktritts- oder Widerrufsrecht haben soll, also die Bindung nicht eo ipso entfällt. Unwirksam sind ferner nicht eindeutige Zeitbestimmungen wie „bis zum Ende der Saison" oder „des Rechnungsjahres" (AG Aachen NJW-RR 1990, 1015). Die Bezeichnung eines Kundenangebots als „unwiderruflich" gibt zwar an sich nur die Gesetzeslage wieder, kann aber bei kundenfeindlicher Auslegung wegen der Mißverständlichkeit für den juristischen Laien als unbestimmte Bindungsklausel eingeordnet werden (LG Frankfurt aM AGBE I Nr 19; LG Köln AGBE I Nr 9).

Der formularmäßige Verzicht auf den Zugang der Annahmeerklärung gemäß § 151 S 1 BGB ist dagegen nie nach § 10 Nr 1 zu beanstanden (aM LÖWE/VWESTPHALEN Rn 17; WALCHSHÖFER WM 1986, 1041, 1046; Unwirksamkeit nach § 9 II 2: OLG Hamm NJW-RR 1986, 928). Nicht erforderlich ist, daß die Frist im Sinne von § 284 Abs 2 BGB kalendermäßig bestimmt oder bestimmbar ist (§ 284 Abs 2 BGB als Orientierung heranziehend LÖWE/VWESTPHALEN Rn 16; WOLF Rn 20). § 10 Nr 1 will ersichtlich nicht auf § 284 Abs 2 BGB zurückgreifen, sondern nur die Möglichkeit des Kunden gewährleisten, die Bindungszeit leicht zu durchschauen. Dementsprechend ist es auch zulässig, die Frist von einer Tätigkeit des Kunden selbst abhängig zu machen, beispielsweise von der Einsendung bestimmter Unterlagen, die der Verwender zur Überprüfung der Durchführbarkeit eines Auftrages benötigt (SCHLOSSER/COESTER-WALTJEN Rn 19). Genügend bestimmt ist auch eine Klausel, die das Zustandekommen des Vertrages vorsieht, wenn der Verwender „auf ein Angebot des Kunden 14 Tage schweigt" (WALCHSHÖFER WM 1986, 1041, 1046; aM LÖWE/VWESTPHALEN Rn 17, der hierin eine unzulässige Fiktion sieht).

III. Fristen zur Erbringung einer Leistung

1. Art der zu erbringenden Leistung

13 § 10 Nr 1 ist nicht nur auf Klauseln beschränkt, die die Erbringung einer Sachleistung durch den Verwender betreffen. Ebensogut kann es sich um die **Zahlungspflicht** des Verwenders in der Rolle des Empfängers der Sachleistung handeln (KORBION/LOCHER Rn 106, 134) oder um eine **andere Hauptleistungspflicht**, wie die **Abnahmepflicht** beim Werkvertrag, § 640 BGB (BGH NJW 1997, 394; BGH NJW 1989, 1602; OLG München BB 1984, 1386, 1388; ULMER/SCHMIDT Rn 11; KORBION/LOCHER Rn 106, 134, 136, 159; BGH NJW 1996, 1346 greift allerdings auf § 9 zurück bei einer Klausel, die förmliche Abnahme ohne Festlegung von Abnahmefristen vorsieht). Wird beispielsweise in einer Klausel die Fälligkeit der

Zahlung des Werklohnes hinausgeschoben, so kann dies durch das Erfordernis der Rechnungsprüfung sachlich gerechtfertigt sein. Im Bauwesen sieht die vielfach auch unter privaten Parteien vereinbarte VOB/B in § 16 Ziff 3 eine Höchstfrist von zwei Monaten nach Rechnungszugang vor, innerhalb derer die Rechnung zu prüfen und die Zahlung zu leisten ist. Längere Fristen werden im Regelfall nicht hinnehmbar sein (OLG Hamm NJW-RR 1988, 726 – 60 Monate). Wird zugleich die Abnahme – als Fälligkeitsvoraussetzung gem § 641 BGB – hinausgeschoben, so ist dieser Zeitraum der Frist für die Zahlung hinzuzurechnen (BGHZ 107, 75 = NJW 1989, 1602: zwei Monate und mehr unangemessen).

2. Übermäßig lange Frist

a) Bei der Prüfung, ob eine Leistungsfrist unangemessen lang ist, sind neben der angegebenen Dauer der Leistungsfrist auch alle Regelungen zu berücksichtigen, die den **Fristbeginn** hinausschieben („Die Leistungszeit beginnt mit Anzahlung", „... drei Wochen nach Vertragsschluß"), Fristunterbrechungen und Fristverlängerungen vorsehen; Nachleistungsfristen sind miteinzubeziehen. Denn maßgeblich ist der Zeitpunkt, zu dem der Kunde den Verzug des Verwenders herbeizuführen in der Lage ist (Wolf Rn 41; BGHZ 86, 284 = NJW 1983, 1322; OLG Naumburg VuR 1997, 279, 280; LG Zweibrücken VuR 1997, 281).

b) Für die **eigentliche** unter Berücksichtigung all dieser Elemente als tragbar zu wertende **Fristlänge** lassen sich keine festen Regeln aufstellen (Korbion/Locher Rn 82, 289, 299). Während bei Alltagsgeschäften bereits eine Abweichung von der Auslegungsregel des § 271 Abs 1 BGB unangemessen sein kann, sind große Teile des Wirtschaftsverkehrs auf eine sofortige Leistungspflicht gar nicht eingestellt, insbesondere weil Ware erst beschafft oder die Durchführung einer Leistung erst disponiert werden muß. Insoweit ist eine Festlegung einer Leistungsfrist unumgänglich. Zu fordern ist freilich in jedem Falle, daß ein sachlich gerechtfertigter Grund vorliegt und die Frist nicht lediglich darauf abzielt, den Verzugseintritt zu verhindern (BGHZ 92, 24 = NJW 1984, 2468, 2469 – 6 Wochen für Lieferung eines Fertighauses unangemessen; Ulmer/Schmidt Rn 16; einschränkend Wolf Rn 35). Zulässig ist es daher, eine Lieferfrist festzulegen, die auch die nicht ausscheidbaren **Selbstbelieferungsrisiken** angemessen berücksichtigt (BGH NJW 1982, 331, 333 – 6 Wochen im Neuwagenhandel noch angemessen; BGH NJW 1983, 1320, 1321 – 3 Monate im Möbelhandel nicht mehr sachgerecht; ebenso BGH NJW 1984, 48).

c) Bei Klauseln, die eine **Fristverlängerung bei Leistungsstörungen** vorsehen, ist zunächst festzustellen, wer nach der gesetzlichen Lage für die Leistungsstörung einzustehen hätte, und sodann zu prüfen, ob die Fristverlängerung angemessen ist (strenger OLG Stuttgart NJW 1981, 1104 mit Hinweis auf § 636 BGB; OLG Karlsruhe BB 1983, 725). Ist in einer solchen Klausel eine Fristverlängerung für Fälle vorgesehen, die der Verwender gem § 285 BGB selbst zu vertreten hätte, so sind ganz strenge Maßstäbe anzulegen: Nur für den Fall, für den nach § 11 Nr 7 eine Haftungsfreizeichnung zulässig wäre, ist auch eine Fristverlängerung annehmbar. Auch ist die sich so ergebende Gesamtfrist nochmals zu würdigen (Schlosser/Coester-Waltjen Rn 37). Zulässig kann es sein, die Leistungszeit um den Zeitraum zu verlängern, um den sich der Vertragspartner selbst mit seiner Gegenleistung im Verzug befindet (Schlosser/Coester-Waltjen Rn 38).

3. Nicht hinreichend bestimmte Fristen

17 Nicht hinreichend bestimmte Leistungszeitangaben führen dazu, daß die Leistungszeit mehr oder weniger in das Belieben des Verwenders gestellt wird. Das will die Norm verhindern. Unwirksam ist daher eine Klausel, die dem Verwender die Bestimmung des Leistungszeitpunkts nach § 315 BGB vorbehält, es sei denn, eine Höchstfrist ist festgelegt. Auch Klauseln wie „Leistung so schnell wie möglich", „Lieferung sofort nach Eintreffen der Ware beim Lieferer" oder „Wir werden uns bemühen, die angegebenen Termine einzuhalten" sind daher unzulässig (SCHLOSSER/COESTER-WALTJEN Rn 42; ULMER/SCHMIDT Rn 18; WOLF Rn 47; KORBION/LOCHER Rn 83, 230, 283; WALCHSHÖFER WM 1986, 1541, 1543; OLG Oldenburg NJW-RR 1992, 1527, 1528). Klauseln, die die Fälligkeit von Handlungen Dritter abhängig machen (BGH NJW 1997, 394; OLG München BB 1984, 1386, 1388 – beide Entsch betreffen Abnahme durch Dritte) oder aus sonstigen Gründen für den Vertragspartner keinen eindeutigen Zeitpunkt erkennen lassen, widersprechen dem Anliegen des § 10 Nr 1 (BGH BB 1985, 483 – Beginn der Lieferfrist erst nach schriftlicher Bestätigung durch den Hersteller; OLG Koblenz NJW-RR 1993, 1078 – Lieferfrist beginnt erst mit Ablauf der Widerrufsfrist; OLG Köln BB 1982, 638). Das gilt auch für Klauseln, mit denen der Verwender den Zeitpunkt für die Lieferung durch seinen Vertragspartner festlegen und sich etwa darin nicht näher begrenzte „Änderungen" des Lieferzeitpunktes vorbehalten möchte (WOLF Rn 30; ULMER/HENSEN Anh §§ 9–11 Rn 296). Wird die Lieferzeit generell für unverbindlich erklärt, so wird vielfach § 4 eingreifen, vgl Rn 4. „Selbstbelieferung vorbehalten" oder „freibleibend" fallen zwar auch unter Nr 3 von § 10, da sie dem Verwender eine einseitige Lösungsmöglichkeit einräumen. Das schließt jedoch nicht aus, sie auch nach § 10 Nr 1 zu beurteilen (OLG Koblenz ZIP 1981, 509; OLG Oldenburg NJW-RR 1992, 1527, 1528, SCHLOSSER/COESTER-WALTJEN Rn 37, 42; aA ULMER/SCHMIDT Rn 14 – nur unwirksam nach § 10 Nr 3). Im Verhältnis zu Privaten ist eine solche Ausgestaltung der Leistungszeit nicht angemessen. Auch unbestimmte Fristverlängerungen sind wie die unklare Hinausschiebung des Fristbeginns unzulässig (Fristverlängerung: OLG Stuttgart NJW 1981, 1105; OLG Hamm NJW-RR 1987, 311. Fristbeginn: OLG Koblenz NJW-RR 1993, 1078; BGH BB 1985, 483; BGHZ 107, 75 = NJW 1989, 1602, 1603). Zulässig ist es hingegen, die Leistungszeiten im Rahmen kalendermäßiger Begriffe nur ungefähr anzugeben, etwa „auf circa 4 Wochen" (SCHLOSSER/COESTER-WALTJEN Rn 42; WOLF Rn 47; ULMER/SCHMIDT Rn 14; strenger: OLG Köln BB 1982, 638 – gewerbliche Lieferzeiten zu unbestimmt). Hier ist dem Vertragspartner eine Bestimmung des Zeitraums, ab wann er den Verwender in Verzug setzen kann, durchaus möglich.

4. Rechtsfolgen unwirksamer Bestimmungen über die Leistungszeit

18 Ist eine die Leistungszeit betreffende Klausel nach § 10 Nr 1 unwirksam, so ist nach §§ 6 AGBG, 271 Abs 1 BGB die Leistungszeit nach den Umständen zu bestimmen. Die Anhänger der Möglichkeit einer geltungserhaltenden Reduktion „teilunwirksamer" AGB-Klauseln (s STAUDINGER/SCHLOSSER § 6 Rn 15 ff) kommen hier zum selben Ergebnis (KÖTZ NJW 1979, 787).

5. Spiegelbildliche Anwendung – zu kurze Fristen

19 Daß der Verwender seinem Vertragspartner keine unangemessen kurze Leistungsfrist auferlegen oder ihn einer kurzfristigen Leistungsbestimmung aussetzen kann, folgt aus § 9 (WOLF Rn 30; andeutungsweise SCHLOSSER/COESTER-WALTJEN Rn 49), s STAU-

DINGER/COESTER § 9 Rn 17. Dies als einen Fall spiegelbildlicher Anwendung von Bestimmungen aus dem Klauselverbots-Katalog ausdrücklich festzuhalten, ist vor allem deshalb notwendig, weil in Bau-Ausschreibungsbedingungen häufig gegen diese Grundsätze verstoßen wird. Ein Hauptunternehmer kann einen Subunternehmer nicht mit einer Frist von wenigen Tagen zum Beginn seiner Arbeiten verbindlich auffordern oder Termine und Fristen beliebig ändern wollen. Er kann auch nicht bestimmen, durch die vom Auftraggeber zu vertretenden Verzögerungen verlängerten sich die Ausführungszeiten höchstens um die Dauer der tatsächlichen Verzögerung, weil der Subunternehmer unmöglich zeitlich so scharf kalkulieren kann.

Unzulässig ist es, in Einkaufsbedingungen Unbestimmtheiten über den Abnahmezeitraum zu lassen.

IV. Verbraucher

Die Richtlinie 93/13 enthält in ihrem Anhang kein dem § 10 Nr 1 entsprechendes **20** ausdrückliches Klauselverbot; die Regelung des § 10 Nr 1 ist aber durch Art 3 RL gedeckt und insoweit gemeinschaftskonform (WOLF Rn 1). Auf „vorformulierte" Individualverbraucherverträge ist die Regelung über § 24 a unter den dortigen Voraussetzungen anwendbar. Damit werden auch individual vereinbarte Bindungs- und Leistungsfristen der gerichtlichen Kontrolle unterworfen, wenn sie vom Verwender nicht zur Disposition gestellt werden. Dies stellt einen zu weitgehenden Eingriff in die Vertragsfreiheit dar.

V. Beruflicher Verkehr

Grundsätzlich wird man von einer Indizwirkung des § 10 Nr 1 auch für den berufli- **21** chen Verkehr ausgehen können (zögernd: ULMER/SCHMIDT Rn 23; verneinend: WALCHSHÖFER WM 1986, 1046; wie hier: PALANDT/HEINRICHS Rn 9; LÖWE/vWESTPHALEN Rn 30; leicht differenzierend: LUTZ, AGB-Kontrolle im Handelsverkehr unter Berücksichtigung der Klauselverbote [1991] 53). Auch und gerade der Kaufmann ist auf eine berechen- und absehbare Bindung angewiesen. Daß im Falle von unverschuldeten Hindernissen, welche die Rechtzeitigkeit der Leistung nur unter unzumutbaren Opfern möglich sein lassen, Verzug nicht eintritt (vWESTPHALEN Rn 36), folgt schon aus allgemeinen Grundsätzen. Entscheidend ist, daß Kaufleuten gegenüber Vertragsbedingungen, die Privaten gegenüber unwirksam wären, durchaus noch angemessen sein können. Andererseits können die besonderen Bedürfnisse des Handelsverkehrs eine Exaktheit fordern, derer es im Verkehr mit Privaten nicht bedarf. Insbesondere wird unter Kaufleuten der Erwartungs- und der Kenntnishorizont ein anderer sein. Eine Klausel, die gegenüber einem Nichtkaufmann als nicht hinreichend bestimmt einzuordnen ist, weil dem Nichtkaufmann die maßgeblichen Eckdaten und Fakten unbekannt sind, kann gegenüber einem Kaufmann durchaus wirksam sein (LUTZ 54). Andererseits ist der Kaufmann häufig noch stärker als der Nichtkaufmann auf klare Fristen und die Einhaltung derselben angewiesen. Ähnliches gilt für den nunmehr in § 24 AGBG von der direkten Anwendung der §§ 10, 11 AGBG ausgenommenen Kreis der gewerblich und beruflich Tätigen. Erwartungs- und Kenntnishorizont der jeweiligen Branche müssen hier sorgfältig berücksichtigt werden.

1. Leistungsfristen

22 Im beruflichen Verkehr ist dem Gesichtspunkt angemessener Risikoabsicherung größeres Gewicht als im Verhältnis zu Privaten einzuräumen. Klauseln wie „Lieferungsmöglichkeit vorbehalten" oder (weitergehend) „richtige und rechtzeitige Selbstbelieferung vorbehalten" fallen zwar nicht nur in den Anwendungsbereich des § 9 in Verbindung mit § 10 Nr 1, sie haben aber auch die Funktion, die Lieferfrist unbestimmt zu machen. Dennoch ist unter Kaufleuten, Gewerbetreibenden und Freiberuflern diese Art der Risikoabwälzung im allgemeinen nicht unangemessen. Freilich ist eine derartige Klausel nach § 5 so zu interpretieren, daß sie nur bei unverschuldetem Ausbleiben der Selbstbelieferung gelten soll.

Lange Leistungsfristen, die auch unter Berücksichtigung der speziellen Bedürfnisse des Handelsverkehrs nicht als angemessen angesehen werden können, sind unwirksam (OLG München BB 1984, 1388 – Abnahme durch Dritte). Nicht hinreichende Bestimmtheit ist auch hier gegeben, wenn Fristbeginn oder Fristverlängerung von dem Vertragspartner nicht erkennbaren Umständen abhängig gemacht werden (OLG Hamm NJW-RR 1987, 311, 315 – Arbeitskampf).

Besonderheiten für den kaufmännischen Verkehr gelten auch bezüglich der **spiegelbildlichen entspr** Anwendung von § 10 Nr 1: Kaufleute können in stärkerem Maße als Private einer kurzen Leistungsfrist oder einer kurzfristigen Bestimmung des Leistungszeitpunktes ausgesetzt werden. Klauseln wie „baldmöglichst", „prompt" räumen dem Vertragspartner des Verwenders demgemäß eine kurze, aber angemessene Lieferzeit ein, innerhalb derer er alle Anstrengungen unternehmen muß. Solche und ähnliche Klauseln haben unter Kaufleuten häufig eine genau festliegende Bedeutung. Während die Klausel „prompt" nur zur möglichst schnellen Absendung der Ware im normalen Geschäftsvorgang verpflichtet, besagt die Klausel „sofort", wesentlich schärfer, daß der Verkäufer alles zur äußersten Beschleunigung der Warenlieferung, gegebenenfalls auch außerhalb des ordnungsgemäßen Geschäftsganges, zu unternehmen hat (Großkomm HGB/Ratz § 346 Rn 147 und 148). Von den beruflich und gewerblich tätigen Personen wird man idR ähnliches erwarten dürfen.

2. Angebotsannahmefristen

23 Vorsichtiger als längere oder unbestimmte Leistungsfristen sind entsprechende Angebotsannahmefristen zu betrachten. Im allgemeinen besteht nämlich auch im Verhältnis unter beruflich Tätigen kein Grund, die Bindung an den Vertrag länger als nach den in Rn 13 ff herausgearbeiteten Grenzen in der Schwebe zu lassen (Ulmer/Schmidt Rn 11). Allerdings sind auch insoweit branchenmäßig verschiedene Interpretationsstandards zu bestimmten Klauseln zu beachten. So hat die Klausel „freibleibend" durchaus verschiedene Bedeutungen. Entweder dient sie als Kennzeichen einer Aufforderung zur Abgabe eines Angebots (insbes auch mit dem Zusatz „Zwischenverkauf vorbehalten") oder als Vorbehalt eines jederzeitigen Widerrufs des Angebots bis zum Zugang der Annahmeerklärung (Großkomm HGB/Ratz § 346 Rn 138; vWestphalen Rn 31). Sie kann aber auch Bestandteil eines bestehenden Vertrages sein und wirkt dann als Rücktrittsvorbehalt, s § 10 Nr 3 Rn 15. Soweit Untersuchungen, Berechnungen etc notwendig sind, ist der dafür notwendige Zeitaufwand bei der

Beurteilung der Angemessenheit auch im kaufmännischen Verkehr zu berücksichtigen (BGH NJW 1986, 1807, 1808).

§ 10 Nr 2
Nachfrist

In Allgemeinen Geschäftsbedingungen ist insbesondere unwirksam ...

2. (Nachfrist)

> eine Bestimmung, durch die sich der Verwender für die von ihm zu bewirkende Leistung entgegen § 326 Abs. 1 des Bürgerlichen Gesetzbuches eine unangemessen lange oder nicht hinreichend bestimmte Nachfrist vorbehält;

Materialien: 1. Teilber 59; RefE 11; RegE 24 – s STAUDINGER/SCHLOSSER Einl 6 ff zum AGBG.

Schrifttum

THAMM, Die Dauer einer angemessenen Nachfrist für Lieferung und Mängelbeseitigung, BB 1982, 2018.

I. Allgemeines

1. Gesetzgeberisches Grundanliegen

§ 10 Nr 2 knüpft räumlich wie sachlich an beide Fälle von § 10 Nr 1 an. Beide Vorschriften sind häufig bei der Wertung, ob eine Frist angemessen oder hinreichend bestimmt ist, gemeinsam heranzuziehen. Der vom Gesetzgeber verfolgte Zweck liegt auch bei § 10 Nr 2 in der Vereitelung aller Versuche, den Leistungszeitraum unter einseitiger Bindung des Kunden formularmäßig möglichst lange hinauszuzögern. Die frühere Rspr hat diese Klauseln unter AGB-spezifischen Gesichtspunkten nicht behandelt und es im wesentlichen bei der Feststellung belassen, daß § 326 BGB dispositives Recht enthalte. **1**

2. Anwendungsbereich

a) Als sogenannte „Nachfristen" bezeichnete Zeiträume sind häufig Fristen, welche schon den Leistungszeitpunkt hinausschieben sollen, und unterliegen dann der **Nr 1 von § 10**, s § 10 Nr 1 Rn 2 (BGH NJW 1983, 1320). **2**

b) § 10 Nr 2 betrifft nur Klauseln, die den Eintritt des Zeitpunktes regeln, zu dem nicht mehr die ursprüngliche Leistung gefordert, sondern nur noch Schadensersatz begehrt oder vom Vertrag zurückgetreten werden kann, während **§ 11 Nr 7, 8** sich mit **3** dem Haftungsmaßstab für den Eintritt der Verzugsfolgen und den Verzugsfolgen selbst befassen. Betrifft daher eine Klausel nicht nur die Fristbestimmung, sondern schränkt sie darüber hinaus die Rechte des Kunden aus § 326 BGB ein, sind § 11 Nr 7, 8 anwendbar (BGHZ 92, 48 = NJW 1984, 2468).

4 c)   Trotz der ausschließlichen Erwähnung von § 326 Abs 1 BGB ist § 10 Nr 2 entsprechend auch auf die vergleichbaren Fälle der §§ 283 Abs 1, 354, 355, 634, 651 c Abs 3, 651 e Abs 2 BGB anzuwenden (ULMER/SCHMIDT Rn 5; WOLF Rn 5; LÖWE/VWESTPHALEN Rn 6; MünchKomm/BASEDOW Rn 15, 28).

5 d)   Aus dem Erfordernis des „Vorbehalts" folgt, daß sich die Vorschrift unmittelbar nur auf Nachfristen bezieht, die zu setzen sich der Verwender selbst ausbedungen hat, nicht aber auf die grundsätzlich auch dem Vertragspartner des Verwenders zustehenden Nachfristsetzungen. Unangemessene Ausschlüsse oder Verkürzungen dieser Frist fallen aber **in spiegelbildlicher Anwendung** von § 10 Nr 2 unter § 9.

6 e)   Klauseln, die in Abweichung von § 326 Abs 2 BGB in jedem Falle, also auch bei Leistungsverweigerung oder in sonstigen Fällen, in denen eine Nachfrist gesetzlich nicht vorgesehen ist, eine Verpflichtung zur Setzung einer Nachfrist begründen, sind von § 10 Nr 2 nicht erfaßt, verstoßen aber fast immer gegen § 9 (ULMER/SCHMIDT Rn 8; **aM** WOLF Rn 5 – § 10 Nr 2 analog).

II.   Einzelheiten der gesetzlichen Regelung

1.   Unangemessene Länge der Frist

7 Unangemessen lang sind sicher alle Fristen, die so lange dauern wie die ursprüngliche Lieferfrist, also eine echte **Ersatzlieferungsfrist** darstellen (BGH BB 1985, 485; LG Ravensburg AGBE I Nr 17; KORBION/LOCHER Rn 85). Die Nachfrist muß dem Schuldner keineswegs die Gelegenheit geben, sämtliche zur Leistungserbringung noch notwendigen Handlungen nachholen zu können (BGH BB 1985, 483; LÖWE/VWESTPHALEN Rn 13; ULMER/SCHMIDT Rn 4; WOLF Rn 9). Die Besonderheiten des jeweiligen Gewerbezweiges sind zu berücksichtigen (BGH BB 1985, 483). Für die Möbelbranche wurde eine Nachfrist von vier Wochen angesichts der normalen Lieferzeit von 4–6 Wochen beanstandet (BGH NJW 1985, 323; ebenso die sechswöchige Frist: OLG Oldenburg NJW-RR 1992, 1527; erst recht eine achtwöchige Frist: LG Mainz VuR 1996, 29). Vier Wochen hingegen wurden bei einer Maßanfertigung mit Montage für angemessen gehalten (OLG Frankfurt aM AGBE I Nr 21). Ausnahmsweise kann bei einem Großauftrag auch einmal eine Nachfrist von sechs Wochen zulässig sein; im allgemeinen ist aber der zulässige Rahmen mit vier, erst recht mit sechs Wochen überschritten (BGH BB 1985, 483 – Fenster; OLG Stuttgart NJW 1981, 1105 – Fensterelemente; BGH NJW-RR 1988, 786 – Fassadenarbeiten). Ein wesentlicher Angemessenheitsgesichtspunkt ist es, wie großzügig die ursprüngliche Leistungsfrist bemessen war. Je großzügiger sie gehalten war, umso knapper ist die dem Vertragspartner (noch) zumutbare Nachfrist anzusetzen (allgM, zB OLG Frankfurt aM ZIP 1983, 1213; THAMM BB 1982, 2018). Für die Angemessenheitsprüfung kann ferner berücksichtigt werden, welche Folgen aus dem Verzug nach der sonstigen AGB-Regelung hergeleitet werden können und wie die Regelung des Verzugs des Vertragspartners ausgestaltet ist. Für die üblichen Verbrauchergeschäfte sind in der

Regel 14 Tage als Nachfrist angemessen (SCHLOSSER/COESTER-WALTJEN Rn 10; WOLF Rn 10; ULMER/SCHMIDT Rn 6; PALANDT/HEINRICHS Rn 11; obiter: BGH NJW 1985, 320, 323).

2. Untragbare Unbestimmtheit der Frist

Der Mangel an hinreichender Bestimmtheit der Nachfrist wurde als Unwirksamkeitsgrund vor allem deshalb in die Vorschrift aufgenommen, um die Möglichkeit eines Umkehrschlusses zu § 10 Nr 1 auszuschließen. Unzureichend bestimmte Nachfristklauseln sind selten. Beispiele: „Der Käufer hat dem Verkäufer die erforderliche Zeit und Gelegenheit zu geben" (LG Köln NJW-RR 1993, 437); „Die Nachfrist beginnt erst nach Bearbeitung des die Frist setzenden Schreibens durch unser Büro"; „Es wird eine Nachfrist bis zur Selbstbelieferung vereinbart". Fordert der Text der Klausel eine „angemessene" Nachfrist (beispielsweise § 4 Ziff 7 und § 5 Ziff 4 VOB/B), so ist dies wirksam, weil die Fristbestimmung hier dem Vertragspartner des Verwenders obliegt und im übrigen nur die gesetzliche Lage wiedergibt (SCHLOSSER/COESTER-WALTJEN Rn 12; ULMER/SCHMIDT Rn 7; LÖWE/vWESTPHALEN Rn 17). Entscheidend ist die Erkennbarkeit und Bestimmbarkeit durch den Vertragspartner des Verwenders; unwirksam sind daher alle offenen Nachfristen, die von dem Vertragspartner verborgenen Umständen, vor allem solchen in der Sphäre des Verwenders abhängen (WOLF Rn 14).

3. Unwirksamkeitsfolgen

Ist ein formularmäßiges Nachfristerfordernis nach § 10 Nr 2 unwirksam, so hat der Vertragspartner zur Wahrung seiner Rechte gleichwohl die gesetzlichen Vorschriften einzuhalten und eine Nachfrist zu setzen. Hat er sich dabei unter dem „falschen" Eindruck der Wirksamkeit der entsprechenden Klausel zeitlich vergriffen und eine unnötig lange Frist gesetzt, so ist diese Fristsetzung wirksam. Vor dem Risiko, sich an unangemessene AGB-Klauseln zu halten, kann das Gesetz den Vertragspartner des Verwenders nicht bewahren.

III. Verbraucher

Die Richtlinie 93/13 erfaßt mit dem Klauselbeispiel im Anhang 1 b auch die unangemessen lange Nachfrist. § 10 Nr 2 ist gemeinschaftskonform, weil der Schutzzweck dieser Regelung mit dem Anliegen der Richtlinie übereinstimmt. Über § 24 a Nr 2 gilt das Verbot auch für Klauseln in Individualverträgen, wenn sie dem Verbraucher vorgegeben werden.

IV. Beruflicher Verkehr

Die Ausstrahlung auf den kaufmännischen Bereich ist erheblich, da im Handelsverkehr das Ausbleiben der Erfüllung zum vereinbarten Termin besonders schwerwiegende Folgen haben kann. Vielfach wird in diesem Bereich das Nachfristerfordernis sogar ausgeschlossen (zB Ablade- und Ankunftsklauseln, BGH MDR 1955, 343). Es können daher uU sogar noch kürzere Nachfristen notwendig werden als im Verkehr mit Nicht-Kaufleuten (LUTZ, AGB-Kontrolle 56 f). Bei der konkreten Beurteilung ist allerdings auch zu berücksichtigen, daß der Kaufmann während des Laufs der Nachfrist durch den Anspruch auf den – bei ihm idR meßbaren – Verzugsschaden geschützt ist. Die AGB-mäßige Vereinbarung eines Fix-Geschäfts scheitert idR bereits an § 3 (BGH NJW 1990, 2065), ansonsten an § 10 Nr 3, s § 10 Nr 3 Rn 2.

Für den Bereich der Gewerbetreibenden und Freiberufler sind – vorbehaltlich gewisser branchenmäßiger Besonderheiten – die gleichen Wertungen zugrunde zu legen.

§ 10 Nr 3
Rücktrittsvorbehalt

In Allgemeinen Geschäftsbedingungen ist insbesondere unwirksam ...

3. (Rücktrittsvorbehalt)

die Vereinbarung eines Rechts des Verwenders, sich ohne sachlich gerechtfertigten und im Vertrag angegebenen Grund von seiner Leistungspflicht zu lösen; dies gilt nicht für Dauerschuldverhältnisse;

Materialien: 1. Teilber 60; RefE 12; RegE 25 –
s STAUDINGER/SCHLOSSER Einl 6 ff zum
AGBG.

Schrifttum

SALGER, Der Selbstbelieferungsvorbehalt, WM 1985, 625.

Systematische Übersicht

I.	**Allgemeines**		6.	Dauerschuldverhältnisse	29
1.	Gesetzgeberisches Grundanliegen	1			
2.	Anwendungsbereich	2	**III.**	**Verbraucher**	30
II.	**Einzelheiten der gesetzlichen Regelung**		**IV.**	**Beruflicher Verkehr**	31
1.	Sachlich gerechtfertigter Grund zur Aufkündigung der Leistungspflicht	12	1.	Allgemeiner Rücktrittsvorbehalt	32
2.	Die inhaltliche Problematik praktisch häufig vorkommender Klauseln	18	2.	Sachlich gerechtfertigter Grund bei Leistungsstörungen	33
3.	Im Vertrag angegebener Grund	26	3.	Sachlich gerechtfertigter Grund in der Person oder im Verhalten des Vertragspartners	34
4.	Spiegelbildliche Anwendung	27			
5.	Teilweise Unwirksamkeit	28			

I. Allgemeines

1. Gesetzgeberisches Grundanliegen

Die Vorschrift des § 10 Nr 3 betrifft alle Klauseln, durch die sich der Verwender einseitig von seiner vertraglichen Leistungspflicht zu befreien sucht. Da in diesem Fall der Vertrag nicht oder nicht mehr vollständig erfüllt wird und dem Vertragspartner Rechte auf Schadensersatz zustehen können, ist § 10 Nr 3 eine äußerst wichtige Ergänzung der Vorschriften der §§ 11 Nr 4, 11 Nr 7, 11 Nr 8 und 11 Nr 9, die ohne die Regelung des § 10 Nr 3 weitgehend unterlaufen werden könnten. Ergänzt wird § 10 Nr 3 seinerseits durch § 10 Nr 4, der die Möglichkeiten des Verwenders zur einseitigen Abänderung der Leistungspflicht einschränkt, und durch § 11 Nr 13, der eine willkürliche Abwälzung der Leistungspflicht durch den Verwender auf Dritte verhindert. § 10 Nr 3 ist daher ein wesentlicher Teil aus den Anstrengungen des Gesetzgebers, unangemessene Eingriffe in das Recht der Leistungsstörungen zu verhindern, insbesondere auch den Kunden vor einem Zustand der Ungewißheit, ob, wann und wie der Vertrag erfüllt werden wird, zu bewahren.

Es mag dabei verwundern, daß die Vorschrift die Angabe des Lösungsgrundes im Wortlaut der Klausel verlangt, da einer der Anlässe für die Schaffung des gesamten Gesetzes die Überlegung war, daß AGB nicht gelesen zu werden pflegen. **Nach Vertragsschluß und aus Anlaß der Störung von Leistungserwartungen sieht der Vertragspartner des Verwenders aber häufig doch nach** (s STAUDINGER/SCHLOSSER § 2 Rn 26), insbesondere dann, wenn dieser sich auf eine Klausel beruft. Dann kommt das in der Vorschrift enthaltene **Transparenzgebot** zum Tragen.

Die Vorschrift weicht tendenziell nicht von der aus der Zeit vor Erlaß des AGBG stammenden Rspr ab. Diese beschränkte sich aber auf eine einengende Auslegung zu weit geratener Klauseln (s die Nachw bei SCHLOSSER/COESTER-WALTJEN Rn 12 ff).

2. Anwendungsbereich

a) Entgegen der Überschrift des § 10 Nr 3 („Rücktrittsvorbehalt") ergibt sich aus dem Text der Vorschrift, daß **jede rechtstechnisch mögliche Lösungsmöglichkeit** erfaßt ist (allgM): Rücktrittsrechte, Verfallsklauseln, Widerrufsvorbehalte, Anfechtungsvorbehalte (zB erweiterte Anfechtungsrechte wegen Motivirrtum), Befreiungsklauseln, auflösende Bedingungen, Kündigungsrechte. Letztere sind nicht etwa nach § 10 Nr 3 HS 2 vom Anwendungsbereich der Norm deshalb ausgenommen, weil sie für Dauerschuldverhältnisse typisch sind (SCHLOSSER/COESTER-WALTJEN Rn 22; allgM). Insbesondere kommt es nicht darauf an, ob die Lösung von der Leistungspflicht einer besonderen Gestaltungserklärung des Verwenders bedarf oder bei Vorliegen der Voraussetzungen ohne weiteres eintreten soll (SCHLOSSER/COESTER-WALTJEN Rn 23; MünchKomm/BASEDOW Rn 35; WOLF Rn 5), ob die Pflichten des Vertragspartners ebenfalls wegfallen oder nicht (OLG München BB 1984, 1386; WOLF Rn 9). Die Rspr rechnet hierher auch Klauseln, die nur teilweise die Leistungspflicht des Verwenders entfallen lassen oder die Möglichkeit der Leistungsbefreiung incidenter voraussetzen (OLG München BB 1984, 1386, 1387; SOERGEL/STEIN Rn 27), obwohl dies eher Fälle des § 10 Nr 4 sind (WOLF Rn 8 – der allerdings auf § 11 Nr 7 und § 9 verweist).

Schließlich gehören hierher Klauseln, die die Voraussetzungen für die gesetzlichen Lösungsrechte zugunsten des Verwenders ändern. Beispiele sind: „Kalkulationsirrtümer berechtigen zur Anfechtung", „die Leistungspflicht beschränkt sich auf den vorhandenen Vorrat". Auch die formularmäßige Vereinbarung einer Fixschuld (des Vertragspartners des Verwenders) fällt in diesen Bereich, weil damit die bloße Leistungsverzögerung des Vertragspartners dem Verwender die Rücktrittsmöglichkeit eröffnet.

3 Klauseln, die lediglich die Rechtslage wiedergeben, sind über § 8 der Kontrolle entzogen. Diese Selbstverständlichkeit bedarf hier einer besonderen Betonung, weil die Abgrenzung schwierig ist und manche der als Beispiele wirksamer Klauseln genannten Formulierungen (zB bei WOLF Rn 33 f) bereits nach § 8 nicht der Inhaltskontrolle unterliegen. Gerade neben den Lösungsrechten, die sich aus den richterrechtlichen Rechtsfiguren der pVV und des Wegfalls der Geschäftsgrundlage ergeben, bleibt wenig Raum für einen sachlich gerechtfertigten Grund, der nicht bereits auch ohne die Klausel zur Lösung berechtigen würde (unten Rn 13). Die vertragliche Gestaltung beschränkt sich daher häufig auf eine Klarstellung der Voraussetzungen für die Lösungsmöglichkeiten in den konkreten Beziehungen, insbesondere für jene Grauzone von Ereignissen, bei denen man nicht sicher sagen kann, ob sie die Geschäftsgrundlage entfallen lassen würden (s dazu STAUDINGER/LÖWISCH [1995] § 275 BGB Rn 15 ff; STAUDINGER/HONSELL [1995] Vorbem 20 ff zu § 459 BGB). Die Prüfung verlagert sich damit zunächst jedenfalls auf die Frage, ob eine Abbedingung des geltenden dispositiven Rechts überhaupt vorliegt. Nur wenn diese Frage bejaht wird, kann eine Inhaltskontrolle nach § 10 Nr 3 erfolgen. Wird beispielsweise statt eines nach dispositivem Recht gegebenen Anspruchs auf Anpassung des Vertrages ein Rücktrittsrecht vorgesehen, so liegt eine kontrollfähige Klausel vor. Variationen in der Art der Lösung (zB Rücktrittsrecht statt der an sich gegebenen automatischen Leistungsbefreiung) sind zwar rechtsgestaltend, berühren aber nicht den Lösungsgrund. Sie unterliegen, soweit sie die Position des Vertragspartners verändern, der Kontrolle nach § 9. Daß die Praxis allein die Frage nach der Wirksamkeit oder Unwirksamkeit vor Augen hat, entbindet nicht von einer gedanklichen Klarheit bei den einzelnen Prüfungsschritten (näher unten Rn 12 ff).

4 Daß das dispositive Gesetzesrecht die Möglichkeit der Vereinbarung eines Rücktrittsvorbehalts (§ 346 BGB), einer Verfallsklausel (§ 360 BGB), der Vereinbarung einer auflösenden Bedingung (§ 158 BGB) vorsieht, entzieht die in AGB getroffene „Abmachung" hingegen nicht der Inhaltskontrolle, denn § 10 Nr 3 will gerade auch den Gebrauch der gesetzlich vorgesehenen Rechtsinstitute durch AGB kontrollieren (völlig verfehlt daher die – bei anderen AGB-Klauseln geführte – Argumentation von OLG Stuttgart NJW 1979, 222 wie auch von BGH NJW 1981, 117, 118; mißverständlich: WOLF Rn 33, richtig: Rn 16).

5 Ob dem Kunden lediglich bestimmte **rechtstechnische** Modalitäten einer Lösung vom Vertrag (dazu § 3 Rn 35) zumutbar sind oder nicht, richtet sich nach §§ 9 und 3 (SCHLOSSER/COESTER-WALTJEN Rn 47). Ähnliches muß auch für eventuell an die Lösung geknüpfte, den Vertragspartner weiter belastende Folgen gelten, die nicht an § 10 Nr 3, sondern an § 10 Nr 7 zu messen sind. Unanwendbar ist § 10 Nr 3 auch, wenn die Folgen eines kraft Gesetzes eintretenden Wegfalls der Leistungspflicht abweichend von der gesetzlichen Rechtslage geregelt werden sollen. Eine Klausel dürfte nach § 9 unwirksam sein, wenn das Gesetz dem Verwender ein Lösungsrecht nur um einen bestimmten Preis einräumt (wie zB § 649 BGB) und dieser sich mit der Klausel vorbehält, sich ohne diesen Preis vom Vertrag lösen zu können. Im Bauwesen darf sich daher der Bauherr nicht die Kürzung des Werklohns vorbehalten. § 10 Nr 3 greift nicht ein, wenn in einer Klausel der Zeitpunkt, zu dem der Verwender statt Erfüllung Schadensersatz verlangen kann, vorverlegt wird. Derartige Klauseln fallen in den Bereich des § 11 Nr 4 oder – je nach ihrem Inhalt – des § 9.

b) Das Verhältnis von § 10 Nr 3 zu anderen gesetzlichen Bestimmungen ist wenig problematisch oder an anderer Stelle schon behandelt. **6**

aa) Zum Verhältnis zu § 4 s STAUDINGER/SCHLOSSER § 4 Rn 5. **7**

bb) Häufig sind sachlich nicht gerechtfertigte Vertragsaufkündigungsklauseln auch überraschend und ungewöhnlich iSv § 3 (zum Verhältnis dieser Norm zur Inhaltskontrolle s STAUDINGER/SCHLOSSER § 3 Rn 2). **8**

cc) Zum Verhältnis § 10 Nr 3 zu § 10 Nr 1 s § 10 Nr 1 Rn 3. Klauseln wie „Selbstbelieferung vorbehalten", „freibleibend" usw sind außerdem auslegungsbedürftig und je nach Zusammenhang entweder an § 10 Nr 1 oder an § 10 Nr 3 zu messen, s unten Rn 22. Sie können auch nach beiden Normen unwirksam sein. Eine Angabe, die iSv § 10 Nr 1 keine hinreichend bestimmte Frist für die Erbringung der Leistung vorsieht, kann auch keinen „im Vertrage angegebenen Grund" iSv § 10 Nr 3 für ein Lösungsrecht im Falle der nicht fristgerechten Erfüllung abgeben. **9**

dd) § 10 Nr 4 und § 10 Nr 3 stehen in sachlichem Zusammenhang, ohne sich zu überschneiden. § 10 Nr 4 verbietet einseitige, dem Kunden unzumutbare Änderungen des Leistungsinhalts durch den Verwender. Dies kann auch nicht durch ein einseitiges Lösungsrecht des Verwenders für den Fall, daß der Kunde die geänderte Leistung ablehnt, umgangen werden (SCHLOSSER/COESTER-WALTJEN § 10 Nr 4 Rn 12). **10**

ee) Zum Verhältnis von § 10 Nr 3 zu § 11 Nr 4 s unten Rn 16 und § 11 Nr 4 Rn 3. **11**

II. Einzelheiten der gesetzlichen Regelung

1. Sachlich gerechtfertigter Grund zur Aufkündigung der Leistungspflicht

a) Wirksam (aber nach § 8 nicht kontrollfähig – oben Rn 3) sind alle Klauseln, die für Situationen ein Lösungsrecht vorsehen, in denen dieses bereits nach der Rechtslage auch ohne Vereinbarung gegeben wäre. Beispiele für derartige gesetzliche Regelungen sind §§ 119, 120, 123; 275, 323, 325, 326; 462 f, 487, 493, 634 f; 455, 361, 636; 621 Nr 1, 5, 643, 649, 651 e, 651 j BGB. Hinzu tritt das uU gegebene Lösungsrecht als Folge einer positiven Vertragsverletzung des Vertragspartners und die Vertragsauflösung infolge eines Wegfalls der Geschäftsgrundlage. Der Gesetzgeber wollte aber offensichtlich über diese Fälle hinaus eine vertragliche Gestaltung durch AGB zulassen. Angesichts der nur eingeschränkten Möglichkeit des Haftungsausschlusses und der Haftungsbegrenzung bei Leistungsstörungen auf seiten des Verwenders (§ 11 Nr 7, 8, 9) und der teilweise AGB-festen Voraussetzungen für ein **12**

Lösungsrecht bei Störungen auf seiten des Vertragspartners (vgl § 11 Nr 4) kann ein solches jedoch nur ausnahmsweise und nur bei Berücksichtigung der sich aus diesen zusätzlichen Grenzen ergebenden Gesichtspunkte wirksam sein (WOLF Rn 19; LÖWE/ vWESTPHALEN Rn 11; ULMER/SCHMIDT Rn 11). Die Rechtsprechung ist dementsprechend restriktiv, orientiert sich an den gesetzlichen Wertungen und läßt eine darüber hinausgehende Lösungsmöglichkeit nur zu, wenn der Lösungsgrund „durch ein überwiegendes oder zumindest anerkennenswertes Interesse auf seiten des Klauselverwenders gerechtfertigt ist" (BGH NJW 1987, 831, 833). Mit dieser – schon sprachlich nicht ganz korrekten – „Leerformel" läßt sich freilich für konkrete Fälle wenig anfangen (krit MünchKomm/BASEDOW Rn 41). Bei genauer Betrachtung haben bisher fast nur solche Klauseln die „Inhaltskontrolle" durch den BGH überstanden, die die Rechtslage nachzeichneten, also gerade nicht von der Rechtsgestaltung Gebrauch machten (vgl BGH NJW 1985, 320; BGH NJW 1982, 178, 180; vgl auch BVerwG v 4. 11. 97 – 8 B 61/97). In Ausschöpfung des gegebenen Spielraums wird man Lösungsvorbehalte nur dann als sachlich gerechtfertigt ansehen können, wenn sie auf Umstände abstellen, bei denen nach Treu und Glauben vom Vertragspartner zu respektieren ist, daß der Verwender sein Vertragsrisiko begrenzt (ähnlich ULMER/SCHMIDT Rn 11). Diese Umstände können sowohl in der Sphäre des Verwenders als auch der des Vertragspartners liegen (allgM). Bei der Beurteilung sind zum einen die Individualabrede, die konkrete Leistungsbezeichnung und die typischen Erwartungen des Kunden bei einem entsprechenden Vertrag, zum anderen die vertragliche Gestaltung im übrigen, also beispielsweise die Leistungs- und Nachfristen, zulässige Leistungsänderungs- und Preisänderungsvorbehalte, Eintrittsrechte, Auskunftpflichten usw mitzuberücksichtigen (MünchKomm/BASEDOW Rn 37, 39). Schließlich spielt eine Rolle, wieweit der Verwender bereits vor oder bei Vertragsschluß die entscheidenden Umstände bzw die Entwicklung erkennen kann (BGH NJW 1987, 831). Dies gilt sowohl für Lieferschwierigkeiten des Verwenders (BGH NJW 1985, 857) als auch für Fakten und Vorgänge in der Sphäre des Vertragspartners (zB Störung der öffentlichen Ordnung: BGH NJW 1987, 831; bei Vertragsschluß bereits bestehende mangelnde Kreditwürdigkeit: OLG Hamm BB 1983, 1304). Daß eine Typisierung notwendig ist, ergibt sich aus dem Charakter der AGB (s auch unten Rn 26).

13 b) Umstände, die die Leistung des Verwenders unmöglich machen, befreien den Verwender – wenn diese Unmöglichkeit von ihm nicht zu vertreten ist (auch kein Übernahme-, Vorsorge- und Abwendungsverschulden) – ohnehin von seiner Leistungspflicht; ein Lösungsvorbehalt in AGB ist also überflüssig, aber wirksam (und eigentlich nicht kontrollfähig, oben Rn 3). Wäre der Umstand, der die Leistung unmöglich macht (und den Verwender von seiner Leistungspflicht befreien soll), vom Verwender zu vertreten oder liegt auf seiten des Verwenders ein Übernahme-, Vorsorge- oder Abwendungsverschulden vor, so zeigt die Wertung des § 11 Nr 8 b, daß dem Vertragspartner idR für diesen Fall zumindest ein beschränkter Schadensersatzanspruch bleiben soll. Ein Lösungsrecht des Verwenders kann daher nur ausnahmsweise bestehen, sonst würde dieser Wertung widersprochen. An die sachliche Rechtfertigung sind also hohe Anforderungen zu stellen (ULMER/SCHMIDT Rn 19; wohl weitergehend: SALGER WM 1985, 625; für völligen Ausschluß des Lösungsrechts WOLF Rn 19 f; SOERGEL/STEIN § 11 Rn 81 aE, unklar § 10 Rn 31). So läßt die Rechtsprechung den Selbstbelieferungsvorbehalt nur unter bestimmten Umständen (abgeschlossener kongruenter Deckungskauf) zu (BGH NJW 1983, 1320, 1321; OLG Stuttgart ZIP 1981, 875 [ohne Einschränkung unwirksam]; so auch SALGER WM 1985, 625, 626; GRANZER, Die Freizeichnung von verschuldensunabhängiger Haftung [1991] 23 ff). Wesentlicher Gesichtspunkt muß dabei die bei dem jeweiligen Vertragstyp und -gegenstand angesichts der Individualvereinbarung bestehende Erwartung des Vertragspartners sein. Die bei Gattungsschulden sehr weitgehende Leistungspflicht und die verschuldensunabhängige Haftung nach § 279 BGB lassen sich auf diese Weise geringfügig abschwächen.

c) Das gleiche gilt, wenn der Umstand lediglich zu einer vom Verwender zu vertretenden Leistungsverzögerung führt. Rechtsgestaltungsraum bleibt hier in geringem Maße bei den vom Verwender nicht zu vertretenden Leistungsverzögerungen. Da der Verwender in diesem Fall dem Vertragspartner keinen Verzugsschaden schuldet, wird aber idR kein gerechtfertigtes Lösungsinteresse gegeben sein (BGH NJW 1985, 855, 857 – Möbelhandel; ULMER/SCHMIDT Rn 12). Ein solches mag ausnahmsweise bestehen, wenn der Verwender durch die von ihm nicht zu vertretende Leistungsverzögerung (beachte die Anwendbarkeit des § 279 BGB auch in dieser Frage) in besondere Leistungsschwierigkeiten kommt, zB weil seine (sorgfältige!) Arbeitsplanung auch unter zumutbarem Einsatz nicht aufrecht erhalten bleiben kann (der Erbringer persönlicher Leistungen – Steuerberater, Wirtschaftsprüfer etc – ist durch die zeitliche Verschiebung in dem zur Leistungserbringung in Betracht kommenden Zeitraum völlig überlastet). Außerdem muß dem Vertragspartner ein Ausweichen auf einen anderen Leistungserbringer zumutbar sein. Die Wirksamkeit des Lösungsvorbehalts ist also vom Vertragstyp und der spezifischen Lage in diesem Bereich abhängig. IdR als unwirksam werden Klauseln angesehen, die eine Lösungsmöglichkeit für den Fall der (erfahrungsgemäß nur vorübergehenden) Betriebsstörungen, Arbeitskämpfe etc vorsehen (BGH BB 1985, 483; BGH NJW 1983, 1320, 1321; OLG Koblenz NJW-RR 1989, 1459, 1460; ULMER/SCHMIDT Rn 12). Bei den vom Verwender zu vertretenden Leistungsverzögerungen wiederum sind sachlich gerechtfertigte Gründe nur dann anzunehmen, wenn es nicht um die Vermeidung der Verschuldenshaftung geht, sondern wenn die Beschaffungsrisiken, die der Verwender ansonsten verschuldensunabhängig tragen müßte, in einer dem Kunden zumutbaren Weise eingeschränkt werden.

d) Rechtsgestaltungsmöglichkeiten gibt es auch bei **Leistungserschwerungen** in der Sphäre des Verwenders. Soweit diese Leistungserschwerungen vom Verwender zu vertreten sind, kann ein sachlich gerechtfertigter Grund allerdings nur ausnahmsweise anerkannt werden. Dabei sind bei der Beurteilung des Vertretenmüssens nicht nur Übernahme-, Vorsorge- und Abwendungsverschulden zu beachten, sondern auch die Risikozuweisung des § 279. Es macht wenig Sinn, dem Verwender bei subjektiver Unmöglichkeit der Leistung aus der Gattung die Lösung (im Hinblick auf § 11 Nr 8 b; zum Streit, wieweit die Schranke des § 11 Nr 8 b auch im Hinblick auf § 11 Nr 7 reicht, s unten § 11 Nr 8 Rn 4) zu untersagen, ihm aber im Vorfeld der nur erschwerten Leistung ein Schlupfloch zu eröffnen. Dementsprechend sind bei Gattungs- und Beschaffungsschulden die meisten Leistungserschwerungen nach § 279 BGB vom Schuldner zu vertreten (großzügiger: GRANZER, Die Freizeichnung von verschuldensabhängiger Haftung in AGB [1991] 26). Insbesondere sind erhöhte Kosten zur Beschaffung der zu leistenden Ware kein sachlich gerechtfertigter Grund (vgl BGH NJW 1983, 1320 – Möbelhandel; anders noch OLG Celle AGBE I § 10 Nr 33). Soweit die Grenze des zumutbaren Opfers überschritten wird, entfällt die Leistungspflicht ohnehin nach den Grundsätzen der – allerdings nicht unbestrittenen – wirtschaftlichen Unmöglichkeit oder des Wegfalls der Geschäftsgrundlage. Bei vom Verwender nicht zu vertretenden Leistungserschwerungen sind alle Lösungsgründe als sachlich gerechtfertigt anzusehen, die – wären sie nicht ausdrücklich in den Vertrag einbezogen worden – zu einem Wegfall der Geschäftsgrundlage und in dessen Folge zu einem Erlöschen der Leistungspflicht führen würden. Wäre ohne die Klausel nur eine Anpassung des Vertragsverhältnisses (als Folge des Wegfalls der Geschäftsgrundlage) geboten, so ist die weitergehende vertragliche Regelung dann sachlich gerechtfertigt, wenn dem Vertragspartner eine Lösung der vertraglichen Bindung zumutbar ist. Dies hängt unter anderem von der bereits verstrichenen Frist des Zuwartens auf die Leistung, von der allgemeinen Marktlage etc ab. Problematisch ist, daß diese Dinge bei Vertragsschluß und erst recht bei der Formulierung der AGB idR nicht vorhersehbar sind und daher schwerlich im vorhinein genau festgelegt werden können (s auch unten Rn 26).

15 e) Bei Umständen, die nicht die Geschäftsgrundlage ausmachen würden, weil sie nach der übrigen Vertragsgestaltung in den Risikobereich eines Vertragspartners fielen (vgl BGHZ 110, 143, 152 – Bauerwartungsland; BGHZ 83, 283, 288 – Schutzrecht), ist die Beurteilung schwieriger. Einerseits darf eine Änderung der Risikosphäre nicht zu einem Widerspruch zur Individualvereinbarung führen, andererseits müssen vertragliche Variierungen möglich sein. Entscheidend sollte sein, ob unter Berücksichtigung des Gesamtcharakters des Geschäfts, insbesondere der Individualvereinbarung über die Leistung, sich der Vertragspartner, wäre er ausdrücklich auf die Verschiebung der Risikobereiche angesprochen worden, nach Treu und Glauben mit einer solchen Regelung einverstanden erklärt hätte. Durch § 3 ist der Vertragspartner zusätzlich vor überraschenden Klauseln geschützt. Bei der Buchung einer Studienreise würde beispielsweise der Vorbehalt des Veranstalters, diese Reise nur bei ausreichender Teilnehmerzahl durchzuführen, idR individualvertraglich akzeptiert werden. Als AGB ist die Regelung bei dieser Art von Reise nicht überraschend (uneingeschränktes Recht zur Absage der Reise unwirksam: BGHZ 86, 284), während bei der Buchung eines Linienfluges bereits § 3 eingreifen würde. Beim Kauf von Bauerwartungsland trägt idR nach dem Gesamtcharakter des Geschäfts der Spekulant das Risiko der weiteren Entwicklung. Eine Verschiebung dieses Risikos erscheint daher **nur** durch Individualvereinbarung gerechtfertigt (zur problematischen Inhaltskontrolle bei Grundstückskaufverträgen mit nicht „vom Verwender gestellten Bedingungen": BGH NJW 1984, 2094 = ZIP 1984, 1361; MEDICUS, Zur gerichtlichen Inhaltskontrolle notarieller Verträge [1989]; zur Änderung der Rechtslage bei Verbraucherverträgen durch § 24 a KANZLEITNER DNotZ 1996, 867 und unten Rn 30).

16 f) Geht es bei dem Umstand, der zur Lösung berechtigen soll, um Vorgänge oder Zustände in der Verantwortungssphäre des Vertragspartners des Verwenders, so sind – soweit nicht bereits ohne die Klausel ein Lösungsrecht gegeben wäre – drei Fallgruppen zu unterscheiden: Wäre ohne eine auf diesen Umstand bezugnehmende Klausel ein Wegfall der Geschäftsgrundlage gegeben, weil dieser Umstand üblicherweise von den Parteien zur Geschäftsgrundlage gemacht wird, so bedarf der sachlichen Rechtfertigung nur die Frage, warum der Verwender statt der Vertragsanpassung Lösung von seiner Leistungspflicht beansprucht (s oben Rn 3). Verschiebungen der Risikosphäre sind auch hier nur in engen Grenzen möglich. ZB können spätere Entdeckungen von Umständen, die die Kreditwürdigkeit des Vertragspartners betreffen (soweit nicht eine Pflichtverletzung des letzteren vorliegt – dazu unten Rn 17), nicht als Auflösungsgründe vorgesehen werden, weil hierin ein vom Verwender mit Vertragsschluß übernommenes Risiko liegt. So ist ein Rücktrittsvorbehalt bei

"Fehlen oder Wegfall der Kreditwürdigkeit" des Kunden unwirksam (OLG Hamm BB 1983, 1304 – kaufmännischer Verkehr; ULMER/SCHMIDT Rn 15; LÖWE/vWESTPHALEN Rn 20; ERMAN/HEFERMEHL Rn 5; aA OLG Karlsruhe AGBE I § 10 Nr 40; OLG Koblenz ZIP 1981, 509, 512). Auch eine Abhängigkeit der Vertragsbindung von der Erwerbstätigkeit des Vertragspartners kann idR nicht als sachlich gerechtfertigt angesehen werden, weil dieser Umstand keine direkten Auswirkungen auf die Vertragsabwicklung haben muß und es daher für den Kunden nicht zumutbar ist, sich auf eine solche Koppelung einzulassen. Die Möglichkeit der Vertragserfüllung muß ihm eröffnet bleiben.

Die zweite Fallgruppe betrifft Ereignisse und Umstände in bezug auf die Primärleistungspflicht des Vertragspartners. Ist der Vertragspartner in Verzug, so verbietet § 11 Nr 4 die klauselmäßige Abbedingung der Nachfristsetzung; dementsprechend darf sich der Verwender auch kein (über die Fälle der ohnehin verzichtbaren Nachfristsetzung hinausgehendes) Lösungsrecht ohne vorherige Nachfristsetzung ausbedingen (PALANDT/HEINRICHS Rn 15; ULMER/SCHMIDT Rn 14; KORBION/LOCHER Rn 85). Der Verwender hat damit praktisch nur die Möglichkeit, eine Vertragsauflösung mit Ablauf der Nachfrist vorzusehen oder die Rechtsgrundsätze, nach denen eine Nachfristsetzung entbehrlich ist (zB endgültige und ernsthafte Erfüllungsverweigerung oder Kauf unter Eigentumsvorbehalt, § 455 BGB), in der Klausel aufzuführen; da er mit letzterem nur die bestehende Rechtslage nachzeichnet, entzieht sich diese Vertragsbestimmung der Inhaltskontrolle nach § 8 und ist jedenfalls wirksam. Ist ein klauselmäßiges Lösungsrecht ohne Nachfristsetzung schon bei Verzug unwirksam, so müßte im Erst-recht-Schluß gefolgert werden, daß vor Verzugseintritt ein entsprechendes Lösungsrecht ebenfalls nicht vorgesehen werden kann. Zu fragen ist aber, ob der Verwender sich unter gewissen Umständen (Unzumutbarkeit des Zuwartens) ein Lösungsrecht vorbehalten kann, wenn die Verzögerung der Leistung des Vertragspartners von diesem nicht zu vertreten ist und daher kein Verzug eintritt, oder wenn die Leistung zwar noch nicht fällig ist, das Leistungshindernis aber zum einen erkennbar und zum anderen dem Verwender ein Zuwarten nicht zumutbar ist. Im letzten Fall nimmt die Rechtsprechung bereits ohne entsprechende Vertragsklausel in besonderen Fällen ein Rücktrittsrecht nach § 242 BGB an (BGH MDR 1970, 765; MünchKomm/EMMERICH § 326 Rn 64). Eine entsprechende Vertragsklausel würde also nur die Rechtslage nachzeichnen und wäre daher wirksam (und nach § 8 nicht kontrollfähig). Auch für die erste Situation ist ein Lösungsrecht des Gläubigers in der Diskussion (MünchKomm/EMMERICH vor § 275 Rn 27; vgl auch Abschlußbericht der Schuldrechtskommission 31, 162 ff). Eine entsprechende Klausel muß daher ebenfalls als wirksam angesehen werden (auch wenn man sie als von der augenblicklichen Rechtslage abweichend betrachtet). Wirksam sind beispielsweise Klauseln, die eine automatische Vertragsauflösung bei fruchtlosem Ablauf der Nachfrist vorsehen ("Mit fruchtlosem Ablauf der Nachfrist wird der Verwender von seiner Leistungspflicht frei") oder bei nicht behebbaren Leistungshindernissen ein Rücktrittsrecht geben ("Ist der Kunde offensichtlich nicht in der Lage, die Leistung zu erbringen oder weigert er sich endgültig, so kann der Verwender auch bereits vor Fälligkeit zurücktreten"). Unwirksam sind alle Klauseln, die ein uneingeschränktes Lösungsrecht bei bloßer Gefährdung der Erfüllung gewähren (wie "bei Zahlungsverzug, Vermögensverfall, Arbeitslosigkeit des Kunden", vgl OLG Hamm BB 1983, 1304; OLG Düsseldorf ZIP 1984, 720).

Die dritte Fallgruppe schließlich betrifft ein als positive Vertragsverletzung zu qualifizierendes Verhalten des Vertragspartners des Verwenders. Auch hier darf das Verbot des § 11 Nr 4 (s dort Rn 10) nicht unterlaufen werden. Darüber hinaus darf nicht jede Vertragsverletzung als Lösungsgrund vorgesehen sein. Vielmehr muß es sich um eine für das Leistungs- und Vertrauensverhältnis bedeutsame Pflichtverletzung handeln. Da die Rechtsprechung ein Lösungsrecht bei positiver Vertragsverletzung durch den Vertragspartner nach den Grundsätzen von Treu und Glauben zubilligt, bleibt wenig Raum für ein darüber hinausgehendes sachlich gerechtfertigtes Lösungsinteresse des Verwenders (restriktiver: MünchKomm/BASEDOW Rn 41). Lediglich für Grenzsituationen wird – auch angesichts des Klarstellungsinteresses – ein über das Nachzeichnen der Rechtslage hinausgehender Lösungsvorbehalt möglich sein. Wirksam sind daher Lösungsvorbehalte für den Fall der Verletzung einer für die Vertragserfüllung wesentlichen Mitwirkungspflicht des Vertragspartners, die ein weiteres Warten unzumutbar macht (BGH NJW 1992, 1628 – Schlüsseldienst – unter Betonung der Kennzeichnung als Alltagsgeschäft; BVerwG v 4. 11. 1997 – 8 B 61/97) oder einer bedeutsamen Anzeige- und Obhutspflicht für die vom Verwender überlassenen Gegenstände (BGH NJW 1985, 320 = ZIP 1984, 1485 – Verletzung von Anzeigepflichten beim Kauf unter Eigentumsvorbehalt). Auch Falschauskünfte, die das Vertrauensverhältnis zerstören oder Umstände betreffen, die für die Vertragserfüllung wesentlich sind, können ein Lösungsrecht rechtfertigen. Insbesondere soweit es um die für die Vertragserfüllung relevanten Angaben zur Person oder zur Vermögenslage geht, erscheinen Falschangaben schwerwiegend (BGH NJW 1985, 320, 325; OLG Frankfurt aM ZIP 1983, 1213; OLG Düsseldorf ZIP 1984, 719; ULMER/SCHMIDT Rn 15). Unwirksam sind hingegen beispielsweise Klauseln, die bereits bei jeglichen Falschangaben des Vertragspartners (BGH NJW 1985, 2271; OLG Hamm BB 1983, 1304; KORBION/LOCHER Rn 228, 285) oder bei Verletzung von Mitwirkungspflichten ohne Rücksicht auf ihre Bedeutung ein Rücktrittsrecht des Verwenders vorsehen (OLG Hamm NJW-RR 1987, 311, 312).

2. Die inhaltliche Problematik praktisch häufig vorkommender Klauseln

18 Eine Reihe von Klauseln, vor allem Kurzklauseln, können, je nachdem in welchem Zusammenhang sie gebraucht werden, verschiedene Bedeutung haben. Die wichtigsten unter ihnen seien nachfolgend etwas eingehender besprochen. Zu beachten ist immer, daß im Individualprozeß und im Unterlassungsverfahren verschiedene Auslegungsgrundsätze gelten (s STAUDINGER/SCHLOSSER § 5 Rn 7).

19 a) Wird die Klausel „**freibleibend**" (dazu STAUDINGER/SCHLOSSER § 4 Rn 5) ohne weiteren Zusatz verwandt, so soll sie häufig die völlige Unverbindlichkeit eines „Angebots" des Verwenders bedeuten. Das ist grundsätzlich zulässig (s STAUDINGER/ SCHLOSSER § 2 Rn 40). Nur muß der objektive Erklärungswert der Äußerung wirklich lediglich eine Aufforderung enthalten, ein Angebot zu machen. Der Vorbehalt darf auch nicht überraschend sein (s STAUDINGER/SCHLOSSER § 3 Rn 7 ff). Im Handelsverkehr wird einer solchen Klausel demgegenüber nicht selten die Bedeutung beigemessen, daß der Antragende bis zur Annahme des Antrags ein Widerrufsrecht hat oder die Annahme des Angebots durch den Vertragspartner nicht wirksam wird, wenn der Verwender unverzüglich widerspricht (BGH NJW 1984, 1885; BAUMBACH/HOPT § 346 Rn 40). Ersteres ist in Anwendung von § 145 BGB (s STAUDINGER/SCHLOSSER § 2 Rn 40), letzteres hingegen als Minus gegenüber der völligen Bindungslosigkeit prinzipiell wirksam. Häufig sind solche Klauseln aber iSv § 3 überraschend. Die Klausel „freibleibend" kann aber auch eine Befreiung des Verwenders von der Lieferpflicht für den Fall meinen, daß er selbst nicht beliefert wird – je nach Situation auch im Falle des Verschuldens des Verwenders (RG HRR 30, 1040; RGZ 132, 305; Großkomm HGB/Ratz § 346 Rn 140). Zur Bewertung für solchermaßen ausgelegte Klauseln s oben Rn 9. Mit „freibleibend" kann schließlich die Lieferzeit, der Preis oder die Liefermenge angesprochen sein (Baumbach/Hopt § 346 Rn 40). Dann ist entweder § 10 Nr 1, § 11 Nr 1 oder § 10 Nr 4 einschlägig (Ulmer/Schmidt Rn 5). Dieselbe Bedeutung wie „freibleibend" können auch die Klauseln **„ohne Verbindlichkeit"** oder **„ohne Obligo"** haben (Baumbach/Hopt § 346 Rn 40). „Ohne Obligo" kann ferner als reine Haftungsfreizeichnung gemeint und damit nach § 11 Nr 7, 8 zu beurteilen sein.

b) Klauseln wie **„Selbstbelieferung vorbehalten"** oder „richtige und rechtzeitige **20** Selbstbelieferung vorbehalten" sollen den Verwender nur dann von der Lieferpflicht befreien, wenn er ein kongruentes Deckungsgeschäft abgeschlossen hat, aus diesem nicht beliefert wird und dies sofort dem Kunden anzeigt (BGHZ 49, 388 = NJW 1968, 1085; BGH NJW 1983, 1320; BGH NJW 1985, 855; BGH NJW 1995, 1959; OLG Stuttgart ZIP 1981, 875, 876). In bezug auf serienmäßig hergestellte Markenartikel ist insbesondere eine von einem Nichtvertragshändler verwandte Klausel wirksam, nach der der Verkäufer zum Rücktritt vom Vertrag berechtigt sein soll, sofern der Hersteller die Produktion der bestellten Ware nicht begonnen oder eingestellt hat (Palandt/Heinrichs Rn 4; aA OLG Koblenz NJW-RR 1993, 1078). Daß der Händler sich dagegen vorsieht, noch leisten zu müssen, nur weil die Ware vielleicht noch anderwärts als beim Hersteller aufgetrieben werden kann, ist legitim. Dies gilt aber nur, wenn die fehlende Selbstbelieferung Fälle nicht erfaßt, in denen den Händler ein Verschulden trifft, ihn etwa eine Erkundigungspflicht traf, der er nicht nachgekommen ist, oder er sich nicht rechtzeitig um ein Deckungsgeschäft bemüht hatte.

Selbstbelieferungsklauseln können sich aber auch nur auf die Leistungszeit beziehen (BGHZ 24, 39 = NJW 1957, 873), besagen dann freilich nur, daß der Verkäufer nicht in Verzug kommt, wenn er sich nach Ausbleiben der Selbstbelieferung rechtzeitig um andere Eindeckung bemüht. Die darin liegende Einschränkung von § 279 BGB ist wirksam (s § 11 Nr 7 Rn 36). So werden Selbstbelieferungsklauseln häufig im Zusammenhang mit Verträgen über den Bezug von Massenware nach Volumen, Gewicht oder Längenmaß auszulegen sein, vor allem, wenn die Beschaffung solcher Ware erfahrungsgemäß gelegentlichen Engpässen unterliegt.

Nicht angemessen aber sind Klauseln, die allgemein bei „Marktschwierigkeiten", „Herstellungsschwierigkeiten", „Verknappung des Vertragsobjekts" eine Rücktrittsmöglichkeit von der Erfüllungsverpflichtung vorsehen (Schlosser/Coester-Waltjen Rn 32; Ulmer/Schmidt Rn 8). In diesen Fällen würden sonst gerade die Anstrengungen, die der Verwender nach der Rspr zu unternehmen hat, um auch bei solchen Schwierigkeiten die Gattungsschuld noch zu erfüllen, herabgesetzt werden (BGH NJW 1983, 1320; OLG Koblenz NJW-RR 1989, 1459; aA noch OLG Celle AGBE I § 10 Nr 33).

c) Einen engeren Sinn soll (Baumbach/Hopt § 346 Rn 40) die Klausel **„Lieferungs-** **21** **möglichkeit vorbehalten"** haben, da sie den Verwender verpflichtet, alles Zumutbare zu unternehmen, um die Lieferung doch noch zu bewirken, s oben Rn 9. Sie dürfte im wesentlichen die nach den Rechtsvorschriften auch ohne Vereinbarung gegebene Rechtslage treffen, da mit Überschreiten der Zumutbarkeitsgrenze die Leistungspflicht erloschen sein wird. Ohne die enge Auslegung ist sie bedenklich (s § 11 Nr 7 Rn 36).

22 d) Die Formel „**solange Vorrat reicht**" soll die Gattung iSv §§ 243, 279 BGB auf die beim Verwender vorhandene Menge beschränken. Als Bestandteil einer Werbeankündigung legitim, ist der Vorbehalt im Rahmen abgeschlossener Verträge als vorformuliertes Regelungselement unwirksam. Vor Vertragsabschluß kann sich der Verwender erkundigen, ob der Vorrat noch reicht (WOLF Rn 23; ERMAN/HEFERMEHL Rn 7; SOERGEL/STEIN Rn 32).

23 e) Ohne weitere Zusätze gibt die Klausel „**höhere Gewalt vorbehalten**" nur die gesetzliche Lage gemäß § 323 BGB wieder und schließt die Fortdauer der Leistungspflicht nach § 279 BGB nicht aus, wenn im Falle von Gattungsschulden dem Verwender eine ins Auge gefaßte Art der Selbsteindeckung durch höhere Gewalt vereitelt wird. Wird die Klausel mit Beispielen versehen, so ist für diese gesondert zu prüfen, ob sie einen „sachlich gerechtfertigten Grund" für die Aufkündigung der vertraglichen Bindung abgeben. Ist hinter den Beispielen ein allgemein zu begreifender Lebensausschnitt ersichtlich, so ist die Klausel im Sinne dieser Verallgemeinerungsfähigkeit auszulegen. Heißt es etwa „höhere Gewalt wie zB Streik", dann ist auch die Aussperrung gemeint, die aber (ebenso wie der Streik) idR nicht als sachlich gerechtfertigter Lösungsgrund anzusehen ist (OLG Koblenz NJW-RR 1989, 1459; BGH BB 1985, 483). Konkretisierungen der höheren Gewalt sind aber selbst als Rücktrittsgründe nur in dem Umfang zulässig, in dem sie auch Haftungsausschlußgründe sein könnten (s § 11 Nr 7 Rn 36), und sofern nicht nur vorübergehende Erfüllungsschwierigkeiten geregelt werden.

24 f) Auch ein **Arbeitskampf**, gleich ob Streik oder Aussperrung, führt im Regelfall nur zu einer Leistungsverzögerung. Ein Streik oder eine Aussperrung rechtfertigen es normalerweise nicht, daß der Verwender sich sofort und ohne weiteres vom Vertrag löst (MünchKomm/BASEDOW Rn 38; ERMAN/HEFERMEHL Rn 8; SOERGEL/STEIN Rn 32; WOLF Rn 32). Denn er kann sich gegen derartige Erschwernisse seiner Lieferpflicht nach § 10 Nr 1 durch Vereinbarung einer Verlängerung der Lieferfrist oder gemäß § 11 Nr 7, 8 mit einer Einschränkung seiner Haftung sichern (SCHLOSSER/COESTER-WALTJEN Rn 33; LÖWISCH BB 1974, 1498). Klauseln wie „Arbeitskämpfe berechtigen Verkäufer, vom Vertrag ganz oder teilweise zurückzutreten" oder „der Verkäufer hat bei Arbeitskämpfen das Recht, zu erklären, daß er von der Lieferung entbunden sei" sind daher nicht wirksam. Enthalten solche Klauseln den weiteren Bestandteil „oder während einer bestimmten Zeit", „oder die Leistung hinauszuschieben", so sind sie insoweit gültig. Wie weit eine Verlängerung der Leistungszeit in Anspruch genommen werden darf, richtet sich dann nach den Umständen, vor allem der Zumutbarkeit (und Möglichkeit), die Leistung durch Dritte erbringen zu lassen.

Eine allgemein gehaltene Arbeitskampfklausel erfaßt **Arbeitskämpfe in Zulieferbetrieben** nicht. Sind Arbeitskämpfe in Zulieferbetrieben ohne Einschränkung als Gründe zur einseitigen Vertragslösung ausgewiesen, so ist die Regelung unwirksam, weil häufig die Möglichkeit einer Ersatzbeschaffung besteht (s auch § 11 Nr 7 Rn 36).

25 g) § 10 Nr 3 gilt auch für Klauseln, die es dem Verwender gestatten, sich von **entscheidenden Teilen seiner Leistungspflicht zu lösen** (OLG Nürnberg AGBE I Nr 31; OLG

Celle AGBE I Nr 33). Von der in § 664 BGB vorgesehenen Möglichkeit, einen Auftrag auf Dritte mit der Maßgabe zu übertragen, daß nur noch für Auswahlverschulden gehaftet wird, kann jedenfalls bei entgeltlichen Geschäftsbesorgungsverträgen nicht formularmäßig Gebrauch gemacht werden. In § 675 BGB ist § 664 BGB ohnehin nicht genannt. Nr 9 der AGB-Banken aF, die eine Übertragbarkeit von Geschäften vorsieht, war daher unwirksam. Die generalklauselartige Ermessensbindung, die sich dort fand, genügt den Erfordernissen von § 10 Nr 3 nicht. Auch die Neufassung in Nr 3 Abs 2 AGB-Banken ist zu unbestimmt (vgl § 11 Nr 13 Rn 12).

3. Im Vertrag angegebener Grund

Ein Lösungsgrund muß im Klauseltext konkret und verständlich angegeben werden. **26** Dazu müssen die in Betracht kommenden Lösungsgründe wenigstens einigermaßen kasuistisch umschrieben sein (MünchKomm/BASEDOW Rn 36: hinreichend konkret; SOERGEL/ STEIN Rn 28: verständlich und hinreichend bestimmt; WOLF Rn 42: konkret; ULMER/SCHMIDT Rn 10: hinreichend bestimmt). Der Vertragspartner des Verwenders muß sich vorstellen können, wann und unter welchen Umständen mit einer Auflösung des Vertrages zu rechnen ist. Je geläufiger ein gebrauchter Begriff ist, umso knapper kann man sich freilich ausdrücken. Der Verweis allein auf den „sachlich gerechtfertigten" Grund reicht nicht aus (ULMER/SCHMIDT Rn 10; WOLF Rn 43; OLG Koblenz WM 1983, 1272).

Klauseln, die dem nicht entsprechen, sind unwirksam (BGHZ 86, 284 – „wenn es die Umstände erfordern" keine ausreichende Angabe; BGH NJW 1983, 1320 – „Betriebsstörungen jeder Art" zu unbestimmt). Das hat zur Folge, daß sich der Verwender auf sie auch nicht berufen kann, wenn er tatsächlich einen Grund, sich vom Vertrag zu lösen, aufführen könnte, der als Lösungsgrund hätte vorgesehen werden können. Eine Reduzierung der Klausel auf den zulässigen Inhalt ist – wie auch sonst (s STAUDINGER/SCHLOSSER § 6 Rn 15 ff) – nur eingeschränkt möglich (LÖWE/vWESTPHALEN Rn 67).

Nicht wirksam sind daher Formulierungen wie „Rücktritt vorbehalten", „Rücktritt ohne Angabe eines Grundes". Auch die Klausel „freibleibend" muß, soweit sie dem Verwender Rechte für die Zeit nach Vertragsschluß einräumt, häufig an § 10 Nr 3 scheitern, weil die von der Rspr vorgenommene einschränkende Interpretation, unter der die Klausel als zulässig angesehen wurde, nach den für das AGBG heranzuziehenden Auslegungsrichtlinien (s STAUDINGER/SCHLOSSER § 5 Rn 7) nicht selten unmöglich ist (ULMER/SCHMIDT Rn 10; SCHLOSSER/COESTER-WALTJEN Rn 28).

Die Klauseln „Selbstbelieferung vorbehalten", „richtige und rechtzeitige Selbstbelieferung vorbehalten", „solange Vorrat reicht" (zur ihrer inhaltlichen Problematik s oben Rn 18) sind konkret genug (ULMER/SCHMIDT Rn 10). Nicht hingegen gilt dies für die Klausel „Liefermöglichkeit vorbehalten" gegenüber nichtkaufmännischen Kunden, auch wenn man sie so wie hier (s oben Rn 20) interpretiert (MünchKomm/BASEDOW Rn 39; ULMER/SCHMIDT Rn 12). Ausreichend bestimmt ist eine Klausel, die ein Lösungsrecht vorsieht, wenn eine ungünstige Kreditauskunft über den Vertragspartner vorliegt. Dagegen sind „Umstände, die die Kreditwürdigkeit des Bestellers zu mindern geeignet sind" oder die „auf mangelnde Kreditwürdigkeit" schließen lassen, allein zu unbestimmt (ULMER/SCHMIDT Rn 11).

4. Spiegelbildliche Anwendung

27 § 10 Nr 3 betrifft nur das dem **Verwender** vorbehaltene Lösungsrecht. Klauseln, die das Recht des Kunden, sich vom Vertrag zu lösen, entgegen der gesetzlichen Lage erschweren oder ausschließen, fallen nicht direkt unter § 10 Nr 3. Jedoch ist eine spiegelbildlich-entsprechende Anwendung der Norm am Platze. Die Erschwerung bedarf eines sachlich gerechtfertigten Grundes, der im Vertrag konkret anzugeben ist.

5. Teilweise Unwirksamkeit

28 Sind mehrere Gründe zur Vertragsaufkündigung genannt, von denen nur einige den Voraussetzungen von § 10 Nr 3 entsprechen, oder finden sich unter globalen Oberbegriffen Beispiele, die dieser Norm gerecht werden, dann werden die ohne Textänderung isoliert aufrecht zu erhaltenden Klauselbestandteile von der Unwirksamkeit nicht erfaßt (BGH ZIP 1981, 1338, 1341; BGH NJW 1985, 320, 325; MünchKomm/Kötz § 6 Rn 9; Soergel/Stein Rn 34; Wolf Rn 45; Ulmer/Schmidt Rn 15). Nicht aber kann hier eine unbestimmte Klausel auf das zulässige Maß reduziert werden.

6. Dauerschuldverhältnisse

29 Die unter Rn 11–24 genannten Einschränkungen der Ausgestaltungsmöglichkeiten formularmäßiger Lösungsrechte sollen nach § 10 Nr 3 HS 2 nicht für Dauerschuldverhältnisse gelten. Der Begriff „Dauerschuldverhältnis", der sich auch in § 11 Nr 1 u 12 findet, ist hier zum ersten Mal in die Gesetzessprache übernommen worden. Nach der in der Lit entwickelten Definition umfaßt er zum einen alle Schuldverhältnisse, bei denen über längere Zeit hinweg ein dauerndes Verhalten geschuldet wird (s Staudinger/Schmidt [1995] Einl 350 f zu §§ 241 ff BGB.). Für den Anwendungsbereich des AGBG sind vor allem von Bedeutung: Miete, Pacht, Leihe, Verwahrung, Dienst-, Geschäftsbesorgungsverträge, Versicherungsverträge sowie Darlehen. Diesen Verträgen ist gemeinsam, daß sie bereits nach dem Gesetz auch ohne Vorliegen eines besonderen Grundes durch ordentliche Kündigung beendet werden können (vgl BGH NJW 1981, 388), weshalb dem Gesetzgeber eine Ausnahme von der in § 10 Nr 3 HS 1 genannten Verpflichtung, bei Vereinbarung eines formularmäßigen Lösungsrechts einen sachlich gerechtfertigten Grund zu benennen, erforderlich erschien. Dabei wurde aber offenbar nicht daran gedacht, daß die ordentliche Kündigung idR befristet ist und bei der formularmäßigen Vereinbarung eines fristlosen Kündigungsrechts die Angabe eines sachlich gerechtfertigten Grundes vom Schutzgedanken des § 10 Nr 3 her gesehen genauso wichtig gewesen wäre (MünchKomm/Basedow Rn 43). Angesichts des klaren Wortlauts müssen diese Fälle aber vom Anwendungsbereich des § 10 Nr 3 ausgeklammert bleiben und sind nur nach § 9 zu beurteilen (Erman/Hefermehl Rn 10; MünchKomm/Basedow Rn 43). Aus § 10 Nr 3 HS 2 kann daher auf keinen Fall hergeleitet werden, daß die formularmäßige Vereinbarung eines unbeschränkten, fristlosen Kündigungsrechts bei Dauerschuldverhältnissen immer wirksam sei (Schlosser/Coester-Waltjen Rn 25; Kötz Rn 17; MünchKomm/Basedow Rn 43).

Zu den Dauerschuldverhältnissen sind – obwohl eigentlich Kaufverträge – zum anderen auch **Sukzessivlieferungsverträge** zu rechnen, deren Eigenart darin besteht, daß die Parteien einen fortlaufenden Bezug von Waren vereinbart haben (Schlosser/

COESTER-WALTJEN Rn 25), nicht aber Teillieferungsverträge, die von vorneherein auf einen bestimmten Lieferungsumfang gerichtet sind (SCHLOSSER/COESTER-WALTJEN Rn 27; SOERGEL/STEIN Rn 26; ULMER/SCHMIDT Rn 17). Nicht unter § 10 Nr 3 fallen somit Kündigungsklauseln in Bierlieferungsverträgen, wohl aber derartige Klauseln in einem Vertrag über die Lieferung eines mehrteiligen Buchwerkes.

Die Ausnahmeregelung gilt nicht für einen Rücktrittsvorbehalt, der (auch) für einen Zeitpunkt formularmäßig vereinbart wurde, zu dem das Dauerschuldverhältnis noch nicht in Vollzug gesetzt ist (SCHLOSSER/COESTER-WALTJEN Rn 25; STEIN Rn 23).

III. Verbraucher

Die Richtlinie spricht im Anhang Klauseln mit Lösungsmöglichkeiten für den Verwender in Nr 1 c, f und g an. Auch wenn die Formulierungen sich nicht mit § 10 Nr 3 decken, wird das Anliegen der dortigen Konkretisierungen durch § 10 Nr 3 im wesentlichen berücksichtigt, weil dem Verwender freie Lösungsrechte untersagt werden. Der Schutzbereich von § 10 Nr 3 geht sogar darüber hinaus. Die von § 10 Nr 3 ausgenommenen Dauerschuldverhältnisse und das Verbot einer Kündigung ohne angemessene Frist werden von § 9 erfaßt. Die deutsche Regelung ist also gemeinschaftskonform. **30**

Für vorformulierte Individualverträge bereitet hingegen der umfassende Verweis von § 24 a auf §§ 8–11 auch hier Schwierigkeiten. Bei wörtlicher Anwendung der Verweisungskette und des § 10 Nr 3 könnte praktisch eine Vorratsschuld nicht vereinbart werden, wenn der Verwender über diese Begrenzung nicht verhandeln will. Dies kann nicht Sinn des Verbraucherschutzes sein. Damit bleibt nur die Möglichkeit, die Verweisung eng auszulegen und Beschränkungen der Leistungspflicht in der (nicht ausgehandelten, aber ausdrücklich und deutlich erkennbaren) Individualvereinbarung in Anlehnung an Art 3 II Richtlinie und § 8 als nicht kontrollfähig anzusehen (vgl auch die Argumentation bei § 10 Nr 4 Rn 10).

IV. Beruflicher Verkehr

Gegenüber Kaufleuten, Gewerbetreibenden und Freiberuflern entfaltet § 10 Nr 3 auch vermittelt über § 9 grundsätzlich nicht seine volle Schutzwirkung (MünchKomm/ BASEDOW Rn 44; WOLF Rn 49; SCHLOSSER/COESTER-WALTJEN Rn 50; **aM**, nämlich für die Anwendung des § 10 Nr 3 über § 9 auch auf Kaufleute: OLG München BB 1984, 1386; differenzierend jetzt auch LÖWE/vWESTPHALEN Rn 75 ff). Die Rspr vor Inkrafttreten des AGBG befaßte sich bereits überwiegend mit Klauseln, die für den kaufmännischen Verkehr vorgesehen waren, und hat hierzu Auslegungsgrundsätze aufgestellt, die auch nach der neuen Rechtslage ihre Geltung behalten (s oben Rn 1). Im einzelnen gilt folgendes: **31**

1. Allgemeiner Rücktrittsvorbehalt

Die formularmäßig eingeräumte Möglichkeit, jederzeit und ohne Vorliegen eines sachlich angemessenen Grundes vom Vertrag zurücktreten zu können, ist in jedem Fall auch gegenüber einem beruflich Tätigen unwirksam (allgM). Gerade der Kaufmann, der die Ware in der Regel unverarbeitet oder verarbeitet weiterleitet und daher selbst dem Risiko von Schadensersatzansprüchen ausgesetzt ist, muß sich dar- **32** auf verlassen können, daß sein Vertragspartner nicht ohne sachlich angemessenen Grund von der Erfüllung seiner Verpflichtungen Abstand nimmt.

Ist in AGB bestimmt, daß die Lieferung auf Abruf zu erfolgen hat und daß bei Ausbleiben des Abrufs innerhalb einer bestimmten Frist das Vertragsverhältnis „als verfallen oder aufgehoben gelten" soll, so will der Verwender mit dieser Klausel einen für ihn belastenden Schwebezustand – sozusagen in reziproker Anwendung von § 10 Nr 1 – beenden; sachlich angemessen ist dieses Lösungsrecht dann, wenn in der betreffenden Branche längere Vertragslaufzeiten nicht üblich sind. Wann die Angabe des Lösungsgrundes ausreichend ist, bestimmt sich nach dem jeweils speziellen branchenmäßigen Horizont (BGHZ 124, 351, 361 = NJW 1994, 1060).

2. Sachlich gerechtfertigter Grund bei Leistungsstörungen

33 Ist der Verwender selbst zur Erbringung der vertragscharakteristischen Leistung verpflichtet, so spielen vor allem die oben unter Rn 20 dargestellten Klauseln eine Rolle, die die Selbstbelieferung oder die richtige oder rechtzeitige Selbstbelieferung zur Bedingung für die eigene Leistungspflicht machen. Unter Berücksichtigung der gerade für den kaufmännischen Verkehr von der Rspr aufgestellten Grundsätze dazu, welche Anstrengungen der Verpflichtete unternehmen muß, bevor er sich auf die Leistungsbefreiung berufen kann, können diese Klauseln auch weiterhin verwendet werden (BGH BB 1985, 146; Löwe/vWestphalen Rn 79; MünchKomm/Basedow Rn 44; Wolf Rn 53, Soergel/Stein Rn 33; Salger WM 1985, 625). Das gleiche gilt auch für „Höhere Gewalt-Klauseln" und die von der Rspr aufgestellten, einschränkenden Grundsätze dazu, wann eine Berufung auf eine derartige Klausel zulässig ist. Stellt die Klausel auf „Betriebsstörungen" ab, so ist dies nur dann ein angemessener Grund, wenn Fälle von Organisationsverschulden des Verwenders oder von grober Fahrlässigkeit ausgeschlossen sein sollen (Löwe/vWestphalen Rn 79), was aber in der Regel anzunehmen ist. Für den kaufmännischen – aber auch für den sonstigen beruflichen – Verkehr gilt dabei, daß derjenige, der sich auf eine solche Klausel berufen will, seine Vertragspartner unverzüglich davon zu unterrichten hat.

Ist der Verwender der Empfänger der vertragscharakteristischen Leistung, so liegt sein Interesse insbesondere darin, bei Nichteinhaltung einer vereinbarten Lieferfrist umgehend das Vertragsverhältnis zu beenden, um anderweitig einen Deckungskauf vornehmen zu können. IdR wahrt er sein Interesse dadurch, daß er das Geschäft zu einem Fixgeschäft ausgestaltet oder das Erfordernis der Nachfristsetzung abdingt. Da § 11 Nr 4, der diese Fallgestaltungen in erster Linie betrifft, im beruflichen Verkehr nicht uneingeschränkt anwendbar ist (s § 11 Nr 4 Rn 14 ff), ist auch ein derartiges Lösungsrecht als angemessen anzusehen (OLG Düsseldorf DB 1976, 1712).

3. Sachlich gerechtfertigter Grund in der Person oder im Verhalten des Vertragspartners

34 Auch im kaufmännischen Verkehr ist ein Rücktrittsvorbehalt nicht schon für den Fall als angemessen anzusehen, daß über den Vertragspartner eine negative Kreditauskunft vorliegt (OLG Düsseldorf DB 1976, 1712) oder sich seine Vermögensverhältnisse verschlechtern. Trotz ausdrücklicher Benennung des Rücktrittsgrundes auf jeden Fall zu weitgehend ist eine Klausel, wonach als Rücktrittsvoraussetzung aus-

gewiesene „mangelnde Kreditwürdigkeit" ua dann angenommen werden kann, „wenn sich der Käufer mit der Bezahlung einer früheren Lieferung in Verzug befindet".

§ 10 Nr 4
Änderungsvorbehalt

In Allgemeinen Geschäftsbedingungen ist insbesondere unwirksam ...

4. (Änderungsvorbehalt)

die Vereinbarung eines Rechts des Verwenders, die versprochene Leistung zu ändern oder von ihr abzuweichen, wenn nicht die Vereinbarung der Änderung oder Abweichung unter Berücksichtigung der Interessen des Verwenders für den anderen Teil zumutbar ist;

Materialien: 1. Teilber 60; RefE 12; RegE 25 –
s STAUDINGER/SCHLOSSER Einl 6 ff zum AGBG.

I. Allgemeines

1. Grundgedanken der Regelung

Die Kautelarpraxis hat vor Inkrafttreten des Gesetzes eine Entwicklung genommen, nach der sich die Verwender immer globalere Vorbehalte für eine nachträgliche Leistungsänderung ausbedungen haben. Angaben über Maße und Gewichte wurden ebenso für unverbindlich erklärt, wie Änderungen aufgrund technischer Weiterentwicklungen schlechthin als zulässig ausgewiesen wurden. Zwar hat die Rspr auf die Ausübung eines solchen Änderungsvorbehaltes § 315 BGB angewandt und ein unangemessenes Verhalten des Verwenders nicht toleriert (s näher SCHLOSSER/COESTER-WALTJEN Rn 6). Diese Kontrolle konnte aber erst wirksam werden, wenn es zu einer gerichtlichen Auseinandersetzung zwischen Verwender und seinem Vertragspartner gekommen war. Es stand zu befürchten, daß sich viele Kunden allein durch die Tatsache des in AGB enthaltenen (wenngleich unwirksamen) Änderungsvorbehaltes beeindrucken ließen. Daher hat der Gesetzgeber § 10 Nr 4 geschaffen und somit gewährleistet, daß bereits die Klauselgestaltung und nicht erst die Ausübung des Leistungsänderungsrechtes inhaltlich kontrollierbar wurde. Die wichtigste Folge davon ist, daß zu weit geratene Abänderungsklauseln in vollem Umfange unwirksam sind und dann häufig auch eine dem Kunden zumutbare Leistungsänderung nicht mehr abdecken. Treu und Glauben verlangen freilich uU auch dann, daß der Kunde eine Änderung hinnimmt (STAUDINGER/SCHMIDT [1995] § 242 Rn 877 ff). Weil man offensichtlich formularmäßig begründete Leistungsabänderungsbefugnisse nicht gänzlich unterbinden konnte (dazu näher SCHLOSSER/COESTER-WALTJEN Rn 8), war die gesetzgeberische Lösung eines Verbots „mit Wertungsmöglichkeit" vorgezeichnet.

2. Anwendungsbereich der Regelung

2 § 10 Nr 4 steht in engem Zusammenhang mit § 10 Nr 3, § 10 Nr 5 sowie mit § 11 Nr 1, § 11 Nr 7, § 11 Nr 8, § 11 Nr 10 und § 11 Nr 11. Wie diese Vorschriften soll auch § 10 Nr 4 absichern, daß der Verwender sich der eingegangenen Verpflichtung nicht entzieht. Die Abgrenzung der Anwendungsbereiche dieser Vorschriften ist idR unproblematisch: § 10 Nr 3 betrifft das Erlöschen der Verwenderpflicht, § 10 Nr 4 demgegenüber ihre Veränderung. § 10 Nr 5 erfaßt die Fiktion einer Zustimmung des Vertragspartners zu einer sich automatisch vollziehenden Vertragsänderung, § 10 Nr 4 stellt demgegenüber die Vertragsänderung in das Belieben des Verwenders (zur Abgrenzung im Versicherungswesen: Prölss VersR 1996, 145, 149; Fricke VersR 1996, 1449, 1453). § 11 Nr 1 betrifft speziell den vom Vertragspartner zu zahlenden Preis, § 10 Nr 4 erstreckt sich zwar sowohl auf die vom Verwender als auch auf die vom Vertragspartner (vgl Wolf Rn 7) zu erbringende Leistung, ist aber nicht auf Änderungen der Wertigkeit beschränkt; § 11 Nr 1 enthält für Preisänderungen die Spezialregelung. Soweit Klauseln bei geänderten Leistungen des Verwenders Sekundärrechte des Vertragspartners ausschließen, wird idR auch der Anwendungsbereich der §§ 11 Nr 7, 11 Nr 8, 11 Nr 10, 11 Nr 11 eröffnet sein.

3 Nicht § 10 Nr 4, sondern § 4 greift ein, wenn die individualvertraglich vereinbarte Leistung in den AGB anders als vereinbart beschrieben wird, beispielsweise aus der vereinbarten Stückschuld eine Gattungsschuld gemacht wird oder die individuell festgelegten Leistungsmöglichkeiten geändert werden (und nicht nur ein Vorbehalt der **Änderungsmöglichkeit** vorgesehen ist, vgl unten Rn 5 ff). Der Vorrang der Individualabrede macht auch Klauseln obsolet, die an sich zumutbare Abweichungen vorsehen (zur Bedeutung üblicher Toleranzen unten Rn 7).

4 § 3 ist heranzuziehen, wenn die **dispositiven** Regelungen über Leistung und Leistungsmodalitäten (zB § 314 BGB, § 269 BGB) durch andere Regelungen ersetzt werden, die als überraschend anzusehen sind. Überraschend kann dabei nicht nur die Abweichung von dem dispositiven Recht iS einer Änderung der Leistung oder der Leistungsmodalitäten, sondern auch schon der Vorbehalt zu einer derartigen Änderungmöglichkeit sein. Eine solche Klausel scheitert dann bereits an § 3. § 10 Nr 4 behält in diesen Fällen insofern Bedeutung, als diese Vorschrift Auseinandersetzungen über die Üblichkeit der Leistungsänderungsklauseln in dem entsprechenden Bereich erübrigt. Ist die Abweichung vom dispositiven Recht nicht überraschend, so ist der Rechtsgestaltung durch AGB für Klauseln, die nicht einen Vorbehalt für spätere Änderungen machen, abgesehen von der besonderen Regelung der Leistungszeitklausel in § 10 Nr 1 nur durch § 9 eine Grenze gesetzt. Voraussetzung für das Eingreifen von § 9 ist auch hier, daß es sich nicht um eine der Kontrolle nach §§ 9–11 entzogene Regelung der Hauptleistungspflicht handelt (s oben Staudinger/Coester § 8 Rn 2, 11 ff).

II. Der Inhalt der gesetzlichen Regelung

1. Kreis der erfaßten Klauseln

5 a) Das Verbot bezieht sich auf alle Bestimmungen, die dem Verwender das Recht einräumen, etwas zu ändern, was Vertragsinhalt geworden ist. Ist die genaue

Bestimmung der Leistung von vornherein der Befugnis des Verwenders überantwortet, so liegt eine Schiedsgutachterabrede vor, die nicht dem § 10 Nr 4 unterfällt. Entscheidend ist, ob die Klausel dem Verwender für spätere Änderungen Spielraum läßt. Klauseln, die den vom Gesetz eingeräumten Spielraum bei der vertraglichen Festlegung der Leistung und der Leistungsmodalitäten ausschöpfen, fallen **nicht** unter § 10 Nr 4 (Soergel/Stein Rn 38; vgl BGHZ 98, 24 = NJW 1986, 2428, 2429; dazu Canaris ZIP 1986, 1021 – Fakultativklauseln auf Überweisungsformularen nicht an § 10 Nr 4, sondern an § 9 gescheitert; BGH MDR 1983, 113), sondern sind – soweit sie im Widerspruch zur Individualabrede stehen – an § 4, ansonsten an § 3 (s oben Rn 3 f), eventuell an § 9 zu messen (s unten Rn 7 ff; so auch MünchKomm/Basedow Rn 46). Freilich unterscheidet die Rechtsprechung nicht immer streng (zB BGH NJW 1996, 1346, 1347). Reine Konkretisierungen der Leistung sind nur Beschreibungen der Hauptleistungspflicht und damit der Kontrolle nach §§ 9–11 grundsätzlich entzogen (§ 8). So ist beispielsweise die Klausel „Die Holzbezeichnung bezieht sich auf die wesentlichen Flächen der Front, Tischplatte usw ...; die Mitverwendung anderer geeigneter Holzarten oder anderer Materialien ist zulässig" eine Leistungsbeschreibung, die nicht unter § 10 Nr 4 fällt (aber grundsätzlich an §§ 3, 4 gemessen werden kann; auch im Ergebnis Wirksamkeit bejahend: OLG Koblenz NJW-RR 1993, 1097). Ist bereits nach den dispositiven Rechtsvorschriften eine Toleranz der vereinbarten Leistung immanent – wie beispielsweise häufig bei Naturprodukten –, dann sind Klauseln, die diese Toleranzgrenzen wiederholen oder konkretisieren, ebenfalls der Kontrolle nach §§ 9–11 entzogen. Soweit der Vertragspartner des Verwenders einen genaueren Maßstab als den üblichen anlegen will, muß er dies zum Ausdruck bringen, so daß entsprechende Toleranzklauseln an § 4 scheitern. Wird ein Leistungsänderungsrecht für die Fälle vorgesehen, in denen sich dieses wegen der besonderen Schwierigkeiten der Beibehaltung der Vereinbarung bereits nach Treu und Glauben aus dem dispositiven Recht ergibt, so handelt es sich um eine nach § 8 kontrollfreie und idR wirksame Klausel. Wird bei einer Gattungsschuld vorgesehen, daß der Verwender das Recht haben soll, Sachen mittlerer Art und Güte zu leisten, so wird nur § 243 Abs 2 BGB nachgezeichnet.

b) Das Verbot umfaßt sowohl den Vorbehalt, eine ganz andere als die geschuldete Leistung zu erbringen, als auch nur Abweichungen in der geschuldeten Leistung. Umfaßt sind dabei sowohl Haupt- als auch Nebenpflichten (KG NJW-RR 1990, 544; Soergel/Stein Rn 38; Ulmer/Schmidt Rn 4; Korbion/Locher Rn 86, 120 ff, 150, 168, 216), die Leistung selbst (Beschaffenheit, Mängel, Umfang) sowie die Leistungsmodalitäten (s aber oben Rn 3). Der Änderungsvorbehalt beispielsweise bezüglich des (uU formularmäßig) festgelegten Erfüllungsortes unterliegt den Schranken des § 10 Nr 4; ebenso die Einräumung der Teillieferungsmöglichkeit (OLG Stuttgart VuR 1996, 277; OLG Stuttgart NJW-RR 1995, 116 – Computervertrag). Gleichgültig ist auch, ob die Klausel unmittelbar die Änderungsmöglichkeit einräumt oder dieselbe mittelbar dadurch gewährt, daß Rechte des Kunden bei Änderungen ausgeschlossen sein sollen – also beispielsweise im Gewand von Gewährleistungs- und Irrtumsregelungen (BGH NJW-RR 1989, 625, 626; OLG Frankfurt aM DB 1988, 1488; LG Frankfurt aM WuM 1990, 271, 277). Nicht umfaßt sind hingegen Klauseln, die sich nicht auf das Leistungsverhältnis von Verwender und Vertragspartner beziehen (zB Höhe und Dauer des Darlehens beim Kreditvermittlungsvertrag – LG Berlin ZIP 1981, 1087; Garantieleistungen des Verwenders gegenüber Endabnehmern im Vertragshändlervertrag – BGH NJW 1985, 623, 625).

c) Erfaßt sind nur Änderungen, die sich der Verwender vorbehält; Vorbehalte zugunsten einer Gestaltung durch den Vertragspartner fallen (schon weil für diesen von Vorteil) nicht unter § 10 Nr 4 (Wolf Rn 6). Der Änderungsvorbehalt des Verwenders kann sich aber auch auf Leistungen des Vertragspartners beziehen (beispielsweise Verfallsklauseln oder Fälligkeitsstellungsmöglichkeiten – Wolf Rn 7; Verkleinerungen des vom Vertragspartner auszuführenden Bauvorhabens – LG KonstanzBB 1981, 1420, 1422; Vergrößerung des Leistungsvolumens des Vertragspartners im Baubereich bei gleichbleibender Gegenleistung des Verwenders – Heiermann NJW 1986, 2681, 2684) und zwar auch solche, die dieser an Dritte erbringen soll (OLG Düsseldorf BB 1993, 2176; ablehnend Soergel/Stein Rn 38). Die Beschränkung von Änderungsvorbehalten durch § 10 Nr 4 gilt auch für Dauerschuldverhältnisse (vgl BGH BB 1984, 233). Zu Änderungen der AGB s § 10 Nr 5 Rn 8.

2. Zumutbarkeit des Änderungsvorbehalts

a) Nicht nur die später dem Vertragspartner des Verwenders angesonnene Leistungsänderung muß diesem zumutbar sein, sondern bereits der Vorbehalt einer möglichen Änderung. Die Zumutbarkeit bezieht sich darauf, **daß** ein Spielraum eingeräumt wird, nicht auf die Ausschöpfung des Spielraums. Die Klausel muß also so gefaßt sein, daß sie zum einen nicht zur Rechtfertigung unzumutbarer Änderungen dient, zum anderen dem Kunden zumindest ein gewisses Maß an Kalkulierbarkeit gibt. Letzteres impliziert eine Abwägung der Interessen des Verwenders an einem derartigen Vorbehalt und der Interessen des Kunden an der Einhaltung der vereinbarten Leistung; darüber hinaus aber auch eine Transparenz bezüglich der Änderungen, mit denen der Kunde rechnen muß, bzw derjenigen, die er beanstanden kann, wenn die Leistung des Verwenders tatsächlich abweicht (s oben Rn 1; zur Konkretisierung allgemein BGHZ 82, 21 = NJW 1982, 331; BGHZ 89, 206 = NJW 1984, 1182; BGHZ 93, 29 = NJW 1985, 623, 627). Keinesfalls kann ein Verwender glauben, durch Anlehnung an den Gesetzestext aller Sorgen ledig zu werden und eine Klausel aufstellen zu können, der zufolge er „zu jedweder Änderung der versprochenen Leistung befugt ist, die dem Besteller zumutbar ist" (Ulmer/Schmidt Rn 9; BGHZ 86, 284 = NJW 1983, 1322 – Vorbehalt, unter den erforderlichen Umständen den Flug abzusagen, unwirksam). Zumutbar ist eine Klausel nur, wenn sie Art, Grund und Ausmaß der vorbehaltenen Änderung erkennen läßt (vgl BGH BB 1984, 233 – Änderung des Marktverantwortungsbereich im Vertragshändlervertrag; vgl auch OLG Frankfurt aM DB 1981, 884; OLG Koblenz ZIP 1981, 509). Vorbehaltlich der Beschränkung auf legitimen Grund und zumutbares Ausmaß kann etwa die Formulierung „Abweichung in Farbe, Form, Abmessung und Material" eine zulässige Beschreibung der Leistungsabweichungsart sein. Die Art der Leistungsänderung braucht aber nicht gegenständlich, sie kann auch funktional gekennzeichnet werden, wenn sich der Sinn der gebrauchten Worte dem vorgestellten Durchschnittsadressaten des Bedingungswerks erschließt. So kann etwa – unter Achtung der übrigen Beschränkungen – eine Änderung entsprechend der technischen Weiterentwicklung vorbehalten werden. Gründe und Ausmaß der Änderung, die für den Kunden zumutbar ist, sind freilich häufig nicht vorhersehbar und können in allgemeinen Geschäftsbedingungen schwerlich oder zumindest nicht immer konkret und abschließend beschrieben werden. Es muß daher auch ausreichen, wenn sich der Verwender insoweit einer „offenen" Klausel bedient, die eine Begrenzung auf legitime Gründe und zumutbares Ausmaß erkennen läßt, wie beispielsweise „handelsüblich" (BGH NJW 1987, 1886 = ZIP 1987, 713, bestätigt OLG Hamm NJW 1986, 2581 – Möbelhandel; ähnlich

OLG Frankfurt aM BB 1988, 1488, 1489) oder „unerheblich" (s aber Rn 7). Nicht hingegen reicht die pauschale Verweisung auf Änderungen „aus wichtigem Grund" (OLG Hamburg NJW-RR 1986, 1440).

b) Änderungsvorbehalte in Bedingungen des Bestellers brauchen inhaltlich nicht näher konkretisiert zu sein, weil hier Zumutbarkeit ohnehin nur angenommen werden kann, wenn im Falle eines erhöhten Aufwandes auch ein erhöhter Preis verlangt werden kann (HEIERMANN NJW 1986, 2681, 2684). Insofern reguliert die Rückwirkung den Preis von selbst. An § 2 Nr 5, 6 VOB/B hat man mit Recht keinen Anstoß genommen, gleichgültig ob Bauherr oder Bauunternehmer VOB-Verwender ist. Auch § 1 Nr 4 S 1 VOB/B blieb unbeanstandet (BGH NJW 1996, 1346, 1347).

c) Neben der möglichst genauen Konkretisierung des Vorbehalts muß die Vereinbarung auch inhaltlich zumutbar sein. Art, Grund und Ausmaß der vorbehaltenen Änderung spielen hier ebenfalls eine Rolle. Als unbedenklich wird idR eine Anlehnung an den Maßstab des § 459 Abs 1 S 2 BGB empfunden: Abweichungen, die Wert und Tauglichkeit zu dem (gewöhnlichen oder nach dem Vertrag vorausgesetzten) Gebrauch nicht erheblich mindern. Letztlich wird damit aber nur die Gesetzeslage nachgezeichnet, womit die Klausel ohnehin im Hinblick auf §§ 9–11 kontrollfest ist (s auch oben Rn 5). Besondere Vorsicht ist geboten, wenn die Art der Änderung sich auf wesentliche Leistungsmerkmale bezieht, beispielsweise die Änderung des Marktverantwortungsgebietes beim Vertragshändler (BGH BB 1984, 233) oder die Erweiterung oder Verringerung der versprochenen Leistung um einen größeren Teil (BGHZ 101, 307 = ZIP 1987, 989 – Durchführung nicht vereinbarter Reparaturen an Kfz des Kunden ohne seine Zustimmung unwirksam; ebenso OLG Celle AGBE I Nr 42; LG Köln NJW 1986, 67; Verkleinerung des Bauvorhabens: LG Konstanz BB 1981, 1420, 1422; BASTY MittBayNot 1997, 149; zur Änderung des Versichertenrisikos: PRÖLSS VersR 1996, 145, 148; zur besonderen Problematik der Preis- und Konditionenanpassung beim VVaG OLG Celle VersR 1996, 1133 und FRICKE VersR 1996, 1449). Die Zumutbarkeitsgrenze wird auch sehr schnell überschnitten, wenn Ort und Zeit der Leistung integrierender Bestandteil der Leistungsbeschreibung sind und sich der Verwender gerade hierfür eine Änderung vorbehält (Änderung von Flugplänen, von Fluggerät, Flughäfen – unwirksam: BGHZ 86, 284 = NJW 1983, 1322; OLG Hamburg NJW-RR 1986, 1440; AG Düsseldorf NJW-RR 1998, 51; Möglichkeit der Zuweisung eines anderen Messestandes – unwirksam: OLG Köln NJW-RR 1990, 1232; Kursortänderungsvorbehalt bei Direktunterrichtsverträgen – unwirksam: LG Berlin AGBE V Nr 18), oder wenn er sich Spielraum für die Erbringung von Teilleistungen einräumen läßt (OLG Stuttgart NJW-RR 1995, 116; OLG Stuttgart VuR 1996, 257, 277). Das gleiche gilt, wenn für persönlich zu erbringende Leistungen beispielsweise im ärztlichen Bereich ein Vorbehalt zur Einschaltung eines Stellvertreters getroffen wird (OLG Hamm NJW 1995, 794; OLG Düsseldorf NJW 1987, 1489; OLG Köln VersR 1997, 115; LG Bonn MedR 1997, 81; dazu KUBIS NJW 1989, 1512; WIENKE MedR 1997, 82; RIEGER MW 1997, 528; s auch § 11 Nr 13 Rn 12).

d) Wie weit im **Immobiliengeschäft** Änderungen zumutbar sind, die durch Interventionen der Bauordnungsbehörden notwendig wurden, läßt sich generell nicht sagen. Es kommt darauf an, ob der Erwerber im Zeitpunkt des Vertragsschlusses vom Vorliegen einer Baugenehmigung ausgehen konnte oder nicht. Im ersten Fall sind nur Änderungen zumutbar, die aufgrund nachträglicher Intervention der Bauordnungsbehörden notwendig geworden sind. Der Verwender trägt grundsätzlich das Risiko für die Übereinstimmung seiner Leistung mit öffentlich-rechtlichen Vorschriften. Der Kunde, welcher unter solchen Umständen die Änderung nicht hinnehmen will, kann gegen den Verwender nach den Grundsätzen über die Haftung wegen anfänglicher Unmöglichkeit vorgehen. Ist der Vertrag vor Erteilung der Baugenehmigung zustande gekommen – und weiß der Kunde dies –, dann ist der Risikocharakter des Geschäftes sehr viel stärker ausgeprägt. Auch Leistungsänderungsvorbehalte infolge anderer aufsichtsbehördlicher Genehmigungen sind nicht ohne weiteres stets zumutbar (MünchKomm/BASEDOW Rn 49; großzügiger BGH NJW 1991, 2559, 2464 – Vertragsanpassung bei Änderung der AGB der Bausparkasse im Kollektivinteresse legitim und im Hinblick auf die Genehmigungsbedürftigkeit angemessen, vgl auch § 9 Abs 2 BauSparkG; zur anderen Lage im Versicherungsbereich OLG Düsseldorf VersR 1997, 1272; MATUSCHKE-BECKMANN NJW 1998, 112).

e) Entscheidender Gesichtspunkt für die Beurteilung der Zumutbarkeit ist sicher das legitime Interesse des Verwenders an einem solchen Vorbehalt, also der Grund der Änderung. Wird beispielsweise ein Kaufgegenstand in Serienproduktion hergestellt, so hat der Verwender ein erhebliches – und legitimes – Interesse daran, aus der im vorgesehenen Leistungszeitpunkt ausgelieferten Ware leisten zu können. Vorbehaltlich des Ausmaßes der Änderung wird ein Vorbehalt dem Kunden daher zumutbar sein. UU kann ein legitimes Interesse auch an der Weitergabe der Bedingungen des eigenen Lieferanten bestehen (offengelassen von BGH NJW 1987, 1886). Die Formulierung „nach Vertragsschluß notwendig werdende, vom Verwender nicht wider Treu und Glauben herbeigeführte Änderungen" dürfte ein legitimes Interesse signalisieren (so für den Reisevertrag die Konditionsempfehlungen, BAnz 1994 Nr 37; WOLF § 9 Rn 66; SCHMIED NJW 1996, 1642). Ein legitimer Grund fehlt hingegen, wenn der Verwender bei ordnungsgemäßer Geschäftsführung dem Vertragspartner bereits im Zeitpunkt des Vertragsschlusses die Leistung in der geänderten Form hätte versprechen können. Änderungen der Selbstkosten stellen keinen legitimen Grund dar, weil andernfalls über den Leistungsvorbehalt die vertraglichen Risikosphären erheblich verschoben werden könnten. Die Formulierung, aus „irgendwelchen Gründen" die Leistung ändern zu können, reicht ebenfalls nicht aus (OLG Hamburg NJW-RR 1986, 1440; LG Konstanz BB 1981, 1420, 1422). Auch die Fassungen „aus wettbewerbs- und wirtschaftlichen Gründen zweckmäßig", „aus technischen und betrieblichen Gründen" enthalten keinen nachprüfbaren Begriffskern (BGH NJW 1985, 623, 627; OLG Schleswig NJW-RR 1998, 54 – Mobilfunk; SCHÖPFLIN BB 1997, 106).

Schließlich ist das mögliche Ausmaß der Änderungen für die Beurteilung der Zumutbarkeit wesentlich. Allein die Beschränkung auf „kleine" Abweichungen reicht nicht (OLG Frankfurt aM AGBE I Nr 43); auch sind uneingeschränkte Vorbehalte von „Form-, Maß- und Farbabweichungen bei Ergänzungsmöbeln" nicht zumutbar (LG Frankfurt aM AGBE I Nr 46; restriktiver sogar OLG Koblenz NJW-RR 1993, 1078 – unwesentliche Abweichungen bei Maßanfertigung unwirksam, Gewährleistungsausschluß annehmend). Ebenso darf nicht uneingeschränkt die Leistung eines Nachfolgemodells vorbehalten bleiben (OLG Koblenz ZIP 1981, 509; MünchKomm/BASEDOW Rn 47; ULMER/SCHMIDT Rn 10) oder eine Vertragsänderung ermöglicht sein, die so groß werden kann, daß typischerweise bei Dauerschuldverhältnissen ein Kündigungsrecht gegeben wäre (OLG München NJW-RR 1995, 1467). Der Vorbehalt für einen Wechsel vom Linienflug zum Charterflug wird als unzumutbar eingestuft (SCHMID NJW 1996, 1642; FÜHRICH RRa 1996, 76); ebenso die Vorverlegung der Rückreise vom Nachmittag auf die Nacht (AG Düsseldorf NJW-RR 1998,

51). Das gleiche gilt für die Umlegung pflegebedürftiger Personen (KG NJW 1998, 829, 830).

Wesentliches Indiz für die Unzumutbarkeit kann die Änderung des Äquivalenzverhältnisses sein (womit aber nicht gesagt ist, daß ein Änderungsvorbehalt für eine gleichwertige Leistung stets wirksam ist). Ob wegen der vorbehaltenen Änderung auch eine Preiserhöhung verlangt werden darf, ist eine von der Zumutbarkeit der Änderung gesondert zu prüfende, wenngleich in der Bewertung zu beachtende Frage. Ist ein Festpreis vereinbart, so wird er durch die Änderung nicht tangiert. Ist die Leistungsabänderungsklausel mit einer Preisabänderungsklausel kombiniert, so ist letztere gesondert, und zwar nach § 11 Nr 1 und § 9 zu bewerten. Preisänderungen, die der Verwender deshalb vornehmen möchte, weil er von seinem Leistungsänderungsvorbehalt bezüglich seiner eigenen Leistung Gebrauch machen will, sind so gut wie nie angemessen. Ist der Vertrag auf der Basis von Stundenlöhnen und konkreter Materialabrechnung abzuwickeln, so ist ein wesentlicher Gesichtspunkt für die Angemessenheit der Änderung, welche Kostenfolge sie hat (BGH ZIP 1987, 998; OLG Celle AGBE I § 10 Nr 42).

f) Die Beweislast für die Frage, ob der Vorbehalt einer Änderung dem Vertragspartner des Verwenders zumutbar ist oder nicht, trägt der Verwender.

3. Folge der Unwirksamkeit einer Klausel

Klauseln, die gemessen an § 10 Nr 4 zu weit geraten sind, sind in vollem Umfang unwirksam. Eine geltungserhaltende Reduktion ist hier nicht möglich (STAUDINGER/ SCHLOSSER § 6 Rn 15 ff). Teilunwirksamkeit ist nur dann anzunehmen, wenn eine Klausel neben unwirksamen Änderungsvorbehalten auch wirksame enthält und die Klausel bei Streichung des unwirksamen Teils noch sinnvoll bleibt.

III. Verbraucher

Die Richtlinie sieht im Anhang ein Verbot für Klauseln vor, die dem Gewerbetreibenden die Möglichkeit einräumen, die zu erbringende Leistung (zu liefernde Erzeugnisse und Dienstleistungen) **einseitig ohne triftigen Grund** zu ändern (Nr 1 k). Daneben ist mit Nr 1 j ein einseitiges Änderungsrecht für die Vertragsbedingungen grundsätzlich ausgeschlossen, soweit nicht die besonderen Vorbehalte der Nr 2 b (Zins und Kostenänderung) eingreifen. Während dieses letztgenannte Änderungsverbot im deutschen Recht von § 9 erfaßt wird, fällt Nr 1 k in den Anwendungsbereich von § 10 Nr 4, der in bezug auf die Vertragstypen weitergreift. Die Beschränkung auf zumutbare Änderungsvorbehalte schließt in jedem Fall Änderungsvorbehalte ohne triftigen Grund aus (s oben Rn 7). Die Regelung des AGBG ist also jedenfalls gemeinschaftskonform.

Für vorformulierte Individualverträge gilt grundsätzlich zwar auch dieses Verbot über § 24 a, fraglich ist jedoch, ob in diesem Zusammenhang die im dispositiven Recht eingeräumte Möglichkeit der Leistungsbestimmung (§ 315 BGB) die Klausel der Kontrolle entzieht. Der Weg dazu wäre lediglich über § 8 möglich, indem man dahin argumentiert, daß für die Individualverträge die gesetzlich eingeräumten Möglichkeiten über § 24 a nicht eingeschränkt werden sollen (zur Unzulässigkeit dieser Argumentation bei AGB oben § 10 Nr 3 Rn 3).

IV. Beruflicher Verkehr

11 Der Grundgedanke des § 10 Nr 4 gilt auch im kaufmännischen Verkehr (BGHZ 124, 351, 362 = NJW 1994, 1060; BGHZ 93, 29 = NJW 1985, 623, 626; LUTZ, AGB-Kontrolle im Handelsverkehr 63; OLG Düsseldorf DB 1993, 2176). Gerade im kaufmännischen Verkehr kann der Vertragspartner auf eine exakte Einhaltung der vereinbarten Leistung besonders angewiesen sein. Soweit Toleranzen handelsüblich sind, liegt entweder keine von dispositiven Rechtsvorschriften abweichende Regelung vor (s oben Rn 4), oder es handelt sich um eine zumutbare Änderung.

12 Für Gewerbetreibende und Berufstätige, die nicht unter den Kaufmannsbegriff fallen, aber nach der Neufassung des § 24 AGBG im Rahmen der Handelsrechtsnovelle im Anwendungsbereich des AGB den Kaufleuten gleichgestellt werden, gilt dementsprechend nichts anderes.

§ 10 Nr 5
Fingierte Erklärungen

In Allgemeinen Geschäftsbedingungen ist insbesondere unwirksam ...

5. (Fingierte Erklärungen)

eine Bestimmung, wonach eine Erklärung des Vertragspartners des Verwenders bei Vornahme oder Unterlassung einer bestimmten Handlung als von ihm abgegeben oder nicht abgegeben gilt, es sei denn, daß

a) dem Vertragspartner eine angemessene Frist zur Abgabe einer ausdrücklichen Erklärung eingeräumt ist und

b) der Verwender sich verpflichtet, den Vertragspartner bei Beginn der Frist auf die vorgesehene Bedeutung seines Verhaltens besonders hinzuweisen;

Materialien: 1. Teilber 89; RefE 20; RegE 38 f
– s STAUDINGER/SCHLOSSER Einl 6 ff zum AGBG.

Schrifttum

BENNEMANN, Fiktionen und Beweislastregelungen in Allgemeinen Geschäftsbedingungen (1987)
BUNTE, Das Verhältnis der VOB/B zum AGB-Gesetz, BB 1983, 732
CANARIS, Die Auswirkungen der Anerkennung eines aktiven Kontokorrentsaldos auf unverbindliche Börsentermingeschäfte, ZIP 1987, 885
KÖNDGEN/KÖNIG, Grenzen zulässiger Konditionenanpassung beim Hypothekenkredit, ZIP 1984, 129

PETERS, Die vorbehaltlose Annahme der Schlußzahlung und das AGBG, NJW 1983, 798
PRÖLSS, Vertragsänderungsklauseln in AVB und § 10 Nr 5 AGBG, VersR 1996, 145

STÜBING, Tatsachenbestätigungen und Fiktionen in AGB, NJW 1978, 1606.

Systematische Übersicht

I.	**Allgemeines**		2.	Die fingierte Erklärung ___ 12
1.	Regelungsanliegen und Problematik der Norm ___ 1		3.	Fristsetzung ___ 13
2.	Anwendungsbereich ___ 4		4.	Die Hinweispflicht und ihre Erfüllung 14
			5.	Anforderungen an den Widerspruch ___ 15
II.	**Regelungsgehalt der Norm im einzelnen**		**III.**	**Verbraucher** ___ 16
1.	Das Ausgangsverhalten des Vertragspartners ___ 11		**IV.**	**Beruflicher Verkehr** ___ 17

I. Allgemeines

1. Regelungsanliegen und Problematik der Norm

a) Eine der schwierigsten Aufgaben bei Erstellung des Katalogs unwirksamer **1** Klauseln war es, dem in AGB sehr häufig, aber in sehr unterschiedlichen Zusammenhängen sich findenden Phänomen von **fingierten** und AGB-rechtlich ihnen immer gleichzustellenden **unwiderleglich vermuteten** (SCHLOSSER/COESTER-WALTJEN Rn 1; WOLF Rn 4; ERMAN/HEFERMEHL Rn 2; SOERGEL/STEIN Rn 50; JAGENBURG BauR Sonderheft 1/1977, 22) Erklärungen des Vertragspartners des Verwenders in den Griff zu bekommen. Meist betreffen solche Klauseln bestimmte **bei Vertragsschluß vorliegende Gegebenheiten**, etwa die vom Verwender vorformulierte Erklärung des Mieters (oder Abnehmers) einer beweglichen Sache, sich vom einwandfreien Zustand des Objekts überzeugt zu haben. In der endgültigen Fassung des Gesetzes sind diese Arten von Erklärungen in den Regelungsbereich von § 11 Nr 15 genommen worden (siehe dort Rn 1). Es handelt sich nicht um ein Problem speziell der „fingierten" Erklärungen, sondern um das allgemeine Problem, daß der Vertragspartner des Verwenders kaum jemals den Inhalt der einzubeziehenden AGB vor Vertragsabschluß konkret zur Kenntnis nimmt und daher auch um die ihm für diesen Zeitpunkt bereits unterstellten tatsächlichen Erklärungen nichts weiß. Für eine eigenständige Norm im Katalog unwirksamer Bestimmungen übrig blieben Erklärungen des Vertragspartners des Verwenders, deren Abgabe für einen **Zeitpunkt nach Vertragsschluß** – für den Fall des Eintritts bestimmter Ereignisse im Rahmen der Vertragsabwicklung – fingiert werden soll (SCHLOSSER/COESTER-WALTJEN Rn 20; ULMER/SCHMIDT Rn 8; WOLF Rn 17; MünchKomm/BASEDOW Rn 55; SOERGEL/STEIN Rn 51), s unten Rn 6. Vor allen Dingen geht es um **die fingierte Genehmigung der Ordnungsmäßigkeit von Vertragsleistungen und Abrechnungen**. Sie gänzlich unwirksam sein zu lassen, verbietet sich. Der Verwender muß die Möglichkeit haben, Klarheit darüber zu erhalten, ob sein Vertragspartner die Ordnungsmäßigkeit der erbrachten (Teil-)Leistungen anerkennt, auch wenn dieser es unterläßt, dazu Erklärungen abzugeben. Wenn der Verwender seinen Kunden sowohl in der einschlägigen AGB-Klausel als auch bei Eintritt des die Fiktion auslösenden Ereignisses ausdrücklich auf den drohenden Rechtsverlust hinweist, hat er alles getan, was man redlicherweise von ihm verlangen kann (zur Ausnahmeregelung des § 23 Nr 5 für die VOB und den Umfang derselben KORBION/LOCHER Rn 32).

2 b) Hinter der Formulierung der Vorschrift steht unausgesprochen das Vorstellungsbild von solchen fingierten Erklärungen, die Rechtsfolgen auslösen, mit denen man sich typischerweise nur durch privatautonom gesetzte Akte belasten kann. Für sie bringt § 10 Nr 5 in der Tat die notwendige Einengung der dem Verwender offenstehenden Möglichkeiten. Die Vorschrift ist aber in ihrem Wortlaut zu weit geraten, weil sie fingierte Erklärungen ohne Rücksicht auf die mit ihnen ausgelösten Rechtsfolgen nennt. Fiktionen sind eine Regelungstechnik, die zur Begründung aller denkbaren Rechtsfolgen einsetzbar ist. Alle über die Regelungstechnik der Fiktion begründeten Rechtsfolgen können aber sachlich unverändert in einer die Fiktion auflösenden Gestalt angeordnet werden (s LARENZ, Methodenlehre der Rechtswissenschaft 261). STÜBING (NJW 1978, 1609) hat daraus zutreffend gefolgert, daß an eine fingierte Erklärung nicht beliebige Rechtsfolgen geknüpft werden können, auch wenn die Art der Fiktion der Prüfung nach § 10 Nr 5 standhält. Der Verwender muß nicht nur ein berechtigtes Interesse an der fingierten Erklärung haben (so PALANDT/HEINRICHS Rn 29; LÖWE/vWESTPHALEN Rn 11; ULMER/SCHMIDT Rn 9; WOLF Rn 20), vielmehr müssen die vom Verwender beanspruchten Wirkungen der fingierten Erklärung den Kriterien der §§ 9−11 standhalten (so andeutungsweise schon SCHLOSSER/COESTER-WALTJEN Rn 26; jetzt auch ULMER/SCHMIDT Rn 9; MünchKomm/BASEDOW Rn 60; OLG Düsseldorf NJW-RR 1988, 884, 886 – insoweit bestätigt durch BGH NJW 1990, 761, 763; anders, zumindest unklar noch BGH NJW 1985, 617). Eine mit § 11 Nr 10 nicht übereinstimmende Beschränkung der gesetzlichen Gewährleistungsrechte wird nicht dadurch ermöglicht, daß an bestimmte Verhaltensweisen des Vertragspartners des Verwenders (widerspruchslose Entgegennahme einer Sache, Unterlassung der Rüge) ein fingierter Verzicht auf diese geknüpft wird, auch nicht, wenn der Verwender sich verpflichtet, seinen Vertragspartner bei Auslieferung der Ware auf die Bedeutung dieses seines Verhaltens hinzuweisen. Eine Klausel, die bestimmt, durch Entgegennahme der gemieteten Sache bestätige der Mieter ihren ordnungsmäßigen Zustand, kann die Haftung des Vermieters nicht einschränken (BGH BB 1967, 118 = VersR 1967, 254). Eine fingierte „Genehmigung" der Tageskontoauszüge einer Bank wäre unwirksam (BGH NJW 1979, 1164 – Nr 10 AGB Sparkassen aF als rein tatsächliche Erklärung gewertet; zu den AGB-Banken 1993 nF s KRINGS ZBB 1992, 336). Die „Genehmigungsfiktion" für Rechnungsabschlüsse bei Kontokorrentkonten ist nicht zu beanstanden, wenn die Rückforderung nicht ausgeschlossen ist (vgl Nr 7 Abs 2 AGB-Banken [1993] – BGH NJW 1995, 320; OLG Koblenz WM 1995, 1224; OLG Oldenburg DB 1995, 2467; ULMER/SCHMIDT Rn 9; BAUMBACH/HOPT, HGB [29. Aufl] AGB-Banken 7 Rn 3; s auch unten Rn 5). Das gleiche gilt für § 10 Nr 5 genügende Klauseln über die Verlängerung von Hypothekendarlehen (BGH NJW 1985, 617, 618). Für die Beurteilung nach § 9 ist bei massenhaft wiederkehrenden Geschäftsvorgängen das berechtigte organisatorische Bedürfnis des Verwenders an Genehmigungsfiktionen zu beachten (BGH NJW 1990, 761, 763 – Eigentumserwerb des Krankenhauses an zurückgelassenen Sachen trotz Aufforderung zum Abholen innerhalb bestimmter Frist). Dieses Bedürfnis des Verwenders ist abzuwägen gegen die Bedeutung der durch die Fiktion eintretenden Rechtsfolge für den Vertragspartner und die Zumutbarkeit einer Reaktion von seiner Seite.

3 c) Man muß aber auch die umgekehrte Konsequenz sehen. **Rechtsfolgen, die**

inhaltlich durch AGB für den Fall bestimmter, nicht in der Vornahme eines Rechtsgeschäfts liegender Ereignisse vorgesehen werden können, werden nicht dadurch ausgeschlossen, daß sich der Verwender der Regelungstechnik der Fiktion bedient. Tut er dies, so braucht er keine angemessene Frist zum Widerspruch zu gewähren oder einer Hinweisobliegenheit zu genügen (Beispiel s § 11 Nr 12 Rn 19). Kann in AGB bezüglich eines Anspruchs aus positiver Vertragsverletzung stehen: „Nach Ablauf von zwei Jahren seit dem Eintritt eines Schadens sind alle Ansprüche ausgeschlossen", so kann es auch heißen: „Macht der Kunde nach Eintritt eines Schadensereignisses zwei Jahre lang keine Ansprüche geltend, so gilt dies als Verzicht". Ist nichts dagegen einzuwenden, daß ein Bau-Generalunternehmer in seinen Vertragsformularen mit Subunternehmern vorsieht: „Der Nachunternehmer hat erkennbare Mängel der Vorleistung vor Beginn seiner eigenen Arbeiten geltend zu machen; im Falle verspäteter Rüge entfällt jeder Anspruch auf Ersatz oder Preiserhöhung", so kann er auch sagen: „Ist eine rechtzeitige Rüge unterblieben, so gilt die Vorleistung in diesem Rahmen als genehmigt" (aM Kroppen, Das AGB-Gesetz im Spiegel des Baurechts, Schriftenreihe der Deutschen Gesellschaft für Baurecht 11, 96 f). Inhaltlich ist gegen eine solche Regelung nichts einzuwenden, weil es dem Generalunternehmer nicht mehr zumutbar ist, sich in Auseinandersetzungen darüber einzulassen, auf das Verschulden welchen Subunternehmers welcher Baumangel zurückzuführen ist, wenn der Mangel der Vorleistung für den nachfolgenden Subunternehmer erkennbar war und dieser nichts beanstandete. Eine Klausel ist selbstverständlich unbedenklich, wenn die aufgrund der fingierten Erklärung ausgelöste Rechtswirkung schon kraft Gesetzes gilt (MünchKomm/Basedow Rn 56 mit Beispielen).

2. Anwendungsbereich

a) Aus dieser Einsicht ergibt sich bereits der wichtigste aller Grundsätze zum Anwendungsbereich von § 10 Nr 5. Die Norm läßt die Tragweite der übrigen Bestimmungen in §§ 9–11 völlig unberührt. Die Fiktions**wirkungen** sind immer an ihnen zu messen. Nur die Abgrenzung zu § 11 Nr 15 sowie zu § 2 bedarf einiger erklärender Erläuterungen. Von dem Anwendungsbereich des § 11 Nr 15 ist derjenige von § 10 Nr 5 folgendermaßen abzugrenzen: Das Ausgangsverhalten, das die Fiktion der Erklärung begründen soll, muß **nach** Vertragsabschluß liegen, s unten Rn 6. Erklärt der Mieter bei Vertragsabschluß formularmäßig, mit der (später erfolgten) Übergabe des Mietobjektes dessen Fehlerfreiheit anzuerkennen, so ist § 10 Nr 5 anwendbar. Erklärt er schon im Mietvertrag, sich von der Fehlerfreiheit des Objekts überzeugt zu haben, so ist § 11 Nr 15 einschlägig (MünchKomm/Basedow Rn 55. Zur Abgrenzung von § 2 s Rn 8).

b) Es ist behauptet worden, an eine gemäß § 10 Nr 5 zulässigerweise fingierte Erklärung dürften keine **Beweislastverschiebungen** iSv § 11 Nr 15 geknüpft werden. Jedoch würde eine solche Interpretation des Gesetzes seinem offensichtlichen Sinn widersprechen. Wenn an eine den Kautelen von § 10 Nr 5 entsprechende Fiktion Rechtsnachteile geknüpft werden können, dann wäre es merkwürdig, wenn diese nicht auch in Beweislastverschiebungen bestehen könnten. Mindestens soweit an die Fiktion ein endgültiger inhaltlicher Rechtsnachteil geknüpft werden kann, muß man als den minderen Rechtsnachteil eine entsprechende Beweiserschwerung zu Lasten des Kunden zulassen. Man muß aber noch darüber hinausgehen und in § 10 Nr 5 gegenüber § 11 Nr 15 eine lex specialis sehen. Der vielbesprochenen Fiktions/

Beweislastregelung bei Nichtbeanstandung von Rechnungsabschlüssen in den AGB-Banken (jetzt Nr 7 II, vgl auch Nr 7 III AGB Sparkassen) steht daher § 11 Nr 15 b nicht entgegen (WOLF Rn 14, 30; ULMER/SCHMIDT Rn 11). Inhaltlich unangemessene Beweislastverschiebungen aufgrund an sich zulässiger Erklärungsfiktionen sind daher ausschließlich nach der Generalklausel des § 9 zu bewerten.

6 c) Freilich ist immer zu beachten, daß sich § 10 Nr 5 ausschließlich auf **Fiktionen** bezieht, **die durch Ereignisse ausgelöst werden, welche nach Vertragsabschluß liegen** (richtig dennoch AG Bergisch-Gladbach NJW-RR 1988, 956, weil dort *ein* Vertrag schon geschlossen). Denn die Worte „bei Vornahme oder Unterlassung bestimmter Handlungen" sind zukunftsorientiert. Diese Abgrenzung hat erhebliche praktische Bedeutung (s Rn 1). Die formularmäßig erteilte „Zustimmung" des Vertragspartners mit der Geltung der einzubeziehenden AGB oder einzelner ihrer Teile hat weder mit § 10 Nr 5 (SCHLOSSER/COESTER-WALTJEN Rn 11; BGH NJW 1990, 2313 – Sektionseinwilligung) noch mit § 11 Nr 15 etwas zu tun. Es geht vielmehr ausschließlich um die Einbeziehungsvereinbarung, welche durch solche Worte nicht verläßlicher gemacht werden kann, als sie ist. Das gleiche gilt, wenn der Vertragspartner formularmäßig bestimmten Verhaltensweisen des Verwenders zustimmen soll (SCHLOSSER/COESTER-WALTJEN Rn 12) oder wenn er schon bei Vertragsschluß eine sonstige formularmäßig abgegebene Erklärung über einen Rechtsverzicht abgeben soll, ohne daß es also eines weiteren Verhaltens als Fiktionsausgangstatbestandes bedarf (BGHZ 100, 373 = NJW 1987, 2012, 2014; MünchKomm/BASEDOW Rn 55; WOLF Rn 17). In letzterem Falle liegt freilich meist ein Verstoß gegen § 9 vor (SCHLOSSER/COESTER-WALTJEN Rn 20 f).

7 d) Regelmäßig wird zwar § 10 Nr 5 die Fiktion **rechtsgeschäftlicher** Erklärungen, § 11 Nr 15 b unterstellte **Tatsachen**erklärungen betreffen. Doch ist es nicht richtig, den Anwendungsbereich beider Vorschriften nach diesem Kriterium abgrenzen zu wollen. Eine Klausel aus den AGB von Kraftfahrzeugvermietern, wonach die widerspruchslose Übernahme eines Pkw einer Bestätigung seiner Mangelfreiheit gleichkommt, ist keine fingierte rechtsgeschäftliche Erklärung und unterfällt dennoch dem § 10 Nr 5 (SOERGEL/STEIN Rn 52).

8 e) Eine einseitige Änderung von AGB durch ihren Verwender kann nur in einzelnen speziellen Hinsichten vorgesehen werden (STAUDINGER/SCHLOSSER § 2 Rn 46 ff). In diesem Rahmen kann sich der AGB-Verwender auch der Technik der fingierten Zustimmung seines Vertragspartners zu der Änderung bedienen. Er braucht ihm dann Gelegenheit zum Widerspruch nicht zu geben (s Rn 3). Globale Änderungen von AGB für laufende Geschäftsbeziehungen bedürfen einer dem § 2 genügenden eigenen Einbeziehungsvereinbarung. § 10 Nr 5 ist aber insoweit lex specialis gegenüber § 2, als das Einverständnis des Vertragspartners unter den Voraussetzungen dieser Norm fingiert werden kann (ULMER/SCHMIDT Rn 8; vgl Nr 1 II AGB-Banken, die auf § 10 Nr 5 abgestellt ist). Soweit eine Änderung nicht zulässig ist, hilft auch keine Fiktion (vgl LG Düsseldorf VersR 1996, 874; OLG Düsseldorf VersR 1997, 1272; dazu MATUSCHKE-BECKMANN NJW 1998, 112; mit dem Wegfall der aufsichtsrechtlichen Genehmigung ist die Rechtslage hier auch anders als im Bereich der Bausparkassen § 10 Nr 4 Rn 7).

9 f) Wegen der Ausnahmeregelung in § 23 Abs 2 Nr 5 (VOB) s STAUDINGER/SCHLOSSER Rn 15 ff.

g) **Fingierte, den Vertragspartner benachteiligende Erklärungen des Verwenders** 10
sind ausschließlich an § 9 zu messen (ULMER/SCHMIDT Rn 8; SOERGEL/STEIN Rn 53).

II. Regelungsgehalt der Norm im einzelnen

1. Das Ausgangsverhalten des Vertragspartners

Die Erklärungsfiktion kann sich grundsätzlich an jedes Verhalten des Vertragspart- 11
ners des Verwenders knüpfen. Es kann sich handeln um die Annahme einer Ware,
die Inbesitznahme eines Bauwerks (BGH NJW 1984, 725, 726), die Nichtabholung von
Gegenständen (BGH NJW 1990, 761, 763), das Nichterheben von Beanstandungen etc
(vgl BGHZ 119, 152 = NJW 1992, 3158 und OLG Frankfurt aM NJW 1982, 2198 – Umbuchung als
Rücktritts- und Neuanmeldungserklärung; BGHZ 119, 152 = NJW 1995, 2710 – Verlangen eines
Neuanschaffungszuschlags als Erweiterung des Versicherungsvertrages; BGH NJW 1992, 3158 –
Umbuchungen als Rücktritt und Neuanmeldung im Reisevertrag; Ausschluß von Einwendungen
gegen Rechnung: OLG Schleswig NJW-RR 1998, 54 – Mobilfunk; AG Meldorf NJW-RR 1988, 249 –
Sammelbesteller). In der Praxis eine große Rolle spielen neben der fingierten Bestätigung von Rechnungsabschlüssen **Abnahmefiktionen**. Die Bestimmung, Wohnungseigentum gelte sechs Monate nach Bezugsfreigabe als abgenommen, wenn bis dahin keine Abnahme stattgefunden habe oder kein Abnahmetermin vereinbart sei, kann zwar vernünftigerweise nicht im Sinne einer Unerheblichkeit von Beanstandungen ausgelegt werden (so aber BGH WM 1976, 349). Vielmehr muß man redlicherweise annehmen, daß dem Kunden die Befugnis eingeräumt ist, auch nach Ablauf dieser Frist Beanstandungen vorzubringen. Immerhin hat er die Möglichkeit, durch eine Erklärung die Abnahmefiktion auszuschließen. Gerade deshalb aber ist die Klausel an § 10 Nr 5 zu messen und zu verwerfen, weil sie nicht vorsieht, daß der Vertragspartner auf sein Beanstandungsrecht eigens aufmerksam gemacht werden muß (SCHLOSSER/COESTER-WALTJEN Rn 19 Fn 22 b; STÜBING NJW 1978, 1608 f; ULMER/SCHMIDT Rn 10).

Besteht das Ausgangsverhalten in einem **dauernden Unterlassen**, dann ist § 10 Nr 5 anwendbar, wenn dieses bereits mit Vertragsschluß beginnt und einige Zeit nach Vertragsschluß fortdauern muß, um die Fiktionswirkung auszulösen (AG Bergisch-Gladbach NJW-RR 1988, 956).

2. Die fingierte Erklärung

§ 10 Nr 5 ist nur einschlägig, wenn eine „Erklärung" des Vertragspartners fingiert 12
wird, also eine rechtliche Bedeutung beigelegt wird, die dem Ausgangsverhalten
nicht notwendigerweise ohnehin schon zukommt (allgM). Nicht ist die Norm anwendbar, wenn Tatsachen (OLG Hamm NJW-RR 1987, 947) oder ein sonstiger Vorgang
fingiert werden sollen. So bleibt etwa die Rspr des BGH zur Unwirksamkeit von
formularmäßigen Vorkenntnisklauseln in Maklerbedingungen (BGH NJW 1971, 1133;
1976, 2345; ULMER/SCHMIDT Rn 11; WOLF Rn 7; LÖWE/VWESTPHALEN § 11 Nr 15 Rn 29;
SCHWERDTNER, Maklerrecht [3. Aufl] Rn 294 ff) unberührt. Nach diesen Klauseln hat die
Tatsache, daß der Kunde dem Makler seine anderweitige Vorkenntnis nicht binnen
bestimmter Frist mitteilt, nicht zur Folge, daß eine „Erklärung" des Vertragspartners
des Maklers fingiert wird. Angenommen wird dann nur seine Unkenntnis davon, daß
sich das angebotene Objekt auf dem Markt befindet. Die aus § 9 herzuleitende

Unwirksamkeit dieser Bestimmung kann nicht dadurch verhindert werden, daß der Makler mit der Bekanntgabe eines Objektes auf den Lauf der Frist hinweist und sich dazu in seinen Bedingungen verpflichtet. Auch wenn Makler die gewünschte Rechtsfolge in die Technik einer dem § 10 Nr 5 Rechnung tragenden Fiktion kleiden würden („... gilt als verbindlich zugesagt, noch keine Kenntnis ... gehabt zu haben"), würde der Verstoß der Fiktionswirkung gegen § 9 bestehen bleiben (s Rn 2).

Ist die Tragweite der fingierten Erklärung nicht hinreichend klar, so ist sie nach § 5 zu Lasten des Ausstellers auszulegen (Beispiel: BGH WM 1976, 248 – Genehmigung nur der aus dem Tagesauszug der Bank unmittelbar ersichtlichen Maßnahmen und nicht des Kontostandes schlechthin).

3. Fristsetzung

13 Die Angemessenheit der Frist variiert naturgemäß je nach Vertragstyp und den persönlichen Umständen der typischerweise (ULMER/SCHMIDT Rn 13; SOERGEL/STEIN Rn 58) vom Verwender angesprochenen Personen. Für die Überprüfung von Rechnungsabschlüssen wird man wohl vier Wochen konzedieren müssen (LG Dortmund NJW-RR 1986, 1170 – zwei Wochen Widerspruchsfrist bei Zinsanpassung nicht angemessen; ERMAN/HEFERMEHL Rn 7 – mindestens zwei Wochen). Bei anderen Geschäften reichen uU kürzere Fristen (ULMER/SCHMIDT Rn 13; PALANDT/HEINRICHS Rn 28; WOLF Rn 23). Die Frist braucht nicht datumsmäßig angegeben zu werden. Es genügt, wenn der Vertragspartner des Verwenders ungefähr weiß, wie lange er Zeit hat. So ist es zulässig, wenn nach Nr 32 AGB-Banken im Wertpapiergeschäft Einwendungen gegen bestimmte Abrechnungen und Anzeigen „unverzüglich" erhoben werden müssen (ULMER/SCHMIDT Rn 13, 16; OLG Oldenburg DB 1995, 2467). Da Zweifel darüber, wie lange die Frist währt, immer zu Lasten des Verwenders gehen (§ 5), schadet es auch nicht, wenn er in seinem Bedingungswerk nur von einer „angemessenen" Frist spricht (ULMER/SCHMIDT Rn 13; WOLF Rn 24; aM ERMAN/HEFERMEHL Rn 7). Jeder Widerspruch, der in einer auch nur bei äußerster Toleranz als vertretbar zu wertenden Frist erklärt wird, ist dann noch rechtzeitig. Ist die Frist zu kurz, so ist die gesamte Klausel unwirksam. Nicht etwa verlängert sich die Frist automatisch auf ein angemessenes Maß (ULMER/SCHMIDT Rn 17; Lwowski Die Bank 1978, 189, s dazu STAUDINGER/SCHLOSSER § 6 Rn 15 ff).

Die in § 10 Nr 5 erwähnte Frist ist eine völlig neue, den im Gesetz geregelten Verjährungs- und Ausschlußfristen nicht vergleichbare Art von Frist, deren Charakteristikum darin besteht, daß sie üblicherweise recht kurz bemessen ist. Sie trägt daher besonderen Umständen in der Person des Vertragspartners, wie etwa urlaubsbedingter Abwesenheit, nicht Rechnung und kann es auch nicht. Es ist daher gerechtfertigt, die für die Wiedereinsetzung in den vorigen Stand geltenden Grundsätze entsprechend anzuwenden (ähnlich ULMER/SCHMIDT Rn 13). Der Widerspruch muß unverzüglich nachgeholt werden; der Grund für die Verzögerung ist anzugeben.

4. Die Hinweispflicht und ihre Erfüllung

14 Die in Anspruch genommene Fiktionswirkung tritt nach Fristablauf nur ein, wenn einmal schon in den AGB selbst die Verpflichtung des Verwenders festgehalten ist, seine Vertragspartner bei Beginn der Frist auf die Folgen des Fristablaufs aufmerk-

sam zu machen und wenn zum anderen der Verwender bei Beginn der Frist dieser Verpflichtung auch tatsächlich nachkommt. Ein Hinweis in AGB allein genügt nicht (SCHLOSSER/COESTER-WALTJEN Rn 24).

Es genügt auch nicht, wenn der Verwender seinen Vertragspartner bei Beginn der Frist auf dessen drohenden Rechtsverlust ausdrücklich hingewiesen hat, sofern er es unterlassen hat, seine dahingehende Verpflichtung bereits in den AGB selbst niederzulegen (WOLF Rn 27; OLG Köln NJW-RR 1988, 1459; LG Dortmund NJW-RR 1986, 1170, 1172; offenlassend BGH NJW 1985, 617, 618). Der Hinweis muß, seinem Sinn entsprechend, in einer Form geschehen, die unter normalen Umständen Kenntnisnahme verbürgt. Das Gesetz selbst sagt nicht, daß er ausdrücklich erklärt sein muß. Jedoch ist nicht vorstellbar, wie ein nur schlüssiger Hinweis ausreichen soll. Der Hinweis darf auch nicht in einer größeren Summe von Einzelmitteilungen, die üblicherweise nicht allesamt aufmerksam gelesen werden, versteckt sein. Jedoch kann der Hinweis durchaus vorformuliert sein (WOLF Rn 25; SOERGEL/STEIN Rn 59; SCHLOSSER/COESTER-WALTJEN Rn 25). Beginnt das Ausgangsverhalten des Kunden bereits mit Vertragsschluß zu laufen, so ist die Festschreibung einer Verpflichtung zur Erteilung eines Hinweises sinnlos. Die Tatsache eines Hinweises allein muß dann genügen (MünchKomm/BASEDOW Rn 63). Dem Sinn des Gesetzes entsprechend darf der Hinweis aber dann nicht formularmäßig sein. Das die Fiktionswirkung auslösende Ausgangsverhalten muß dem Verwender nicht immer rechtzeitig bekannt sein. Ein rechtzeitiger Hinweis ist ihm schwerlich zuzumuten, wenn er gar nicht weiß, ob und wann sein Vertragspartner ein solches Verhalten an den Tag legen wird (Beispiel: Ingebrauchnahme einer Sache als Fiktionsausgangstatbestand). In einer solchen Situation muß der in den AGB sich findende Hinweis genügen. Es ist dem Verwender schwerlich zuzumuten, diesen in „nicht allzu großem zeitlichen Abstand vor Beginn der Frist" (MünchKomm/BASEDOW Rn 63) zu geben.

Der Hinweis ist im übrigen immer von „besonderer" Bedeutung, weshalb seinetwegen nach § 10 Nr 6 Zugangsfiktionen in AGB unwirksam sind (ULMER/SCHMIDT Rn 14; aM WOLF Rn 29; LÖWE/vWESTPHALEN Rn 20 – auf jeweiligen Inhalt abstellend).

Auch der „Bekanntheitsgrad" häufig verwendeter AGB, wie der VOB, vermag gegenüber nichtberuflichen Vertragspartnern von der Hinweisobliegenheit nicht zu befreien (aM JAGENBURG BauR Sonderheft 1/1977, 22).

5. Anforderungen an den Widerspruch

15 Das Gesetz sagt, der Vertragspartner müsse Gelegenheit erhalten, durch eine „ausdrückliche Erklärung" den Eintritt der Fiktionswirkung zu verhindern. Gemeint ist damit aber nicht der Gegensatz zu einer bloß „schlüssigen" Erklärung, sondern nur derjenige zum Unterbleiben einer Erklärung. Jedes positiv-schlüssige Verhalten, das als Widerspruch gegen den Eintritt der Fiktionswirkung deutbar ist, muß genügen. Allerdings kann in AGB gemäß § 11 Nr 16 für den Widerspruch Schriftform verlangt werden.

III. Verbraucher

16 Der Anhang der Richtlinie enthält in Nr 1 h eine (neben § 11 Nr 12) am Rande auch

§ 10 Nr 5 berührende Problematik, wobei für den Widerspruch gegen die Verlängerung kein zu früher Zeitpunkt angesetzt sein darf. Diesem Anliegen trägt § 10 Nr 5 in ausreichendem Maße Rechnung. Nr 1 i Richtlinien-Anhang betrifft dagegen Fälle, die im deutschen Recht über § 2 gelöst werden.

Auch für vorformulierte Individualverträge bereitet das Klauselverbot des § 10 Nr 5 keine Probleme. Die Bedeutung der Anforderungen an eine wirksame Fiktionsvereinbarung wird vor allem in der Notwendigkeit des Nachweises liegen.

IV. Beruflicher Verkehr

17 Die Einräumung einer fristgebundenen Widerspruchsmöglichkeit wird man auch im beiderseits kaufmännischen Verkehr immer verlangen müssen, wenn die Fiktionen Rechtsfolgen auslösen, die gegen den Willen des Vertragspartners herbeizuführen nicht zu rechtfertigen ist (SCHLOSSER/COESTER-WALTJEN Rn 28; MünchKomm/BASEDOW Rn 64; ULMER/SCHMIDT Rn 18; BGHZ 101, 357 = NJW 1988, 55, 57; BGHZ 107, 205 = NJW 1989, 2124; OLG Karlsruhe AGBE III § 9 Nr 15; LG KonstanzBB 1981, 1420, 1423; eher ablehnend: LUTZ, AGB-Kontrolle im Handelsverkehr 80). Dabei wird die Schutzbedürftigkeit besonders groß in kleinbetrieblich strukturierten Branchen sein (MünchKomm/BASEDOW Rn 64). Auch die nach der Handelsrechtsreform aus der direkten Anwendung des § 10 Nr 5 herausgenommenen beruflich oder gewerblich tätigen Nichtkaufleute dürften idR schutzbedürftig erscheinen. § 9 bietet jedenfalls für den Geschäftsverkehr mit Nichtverbrauchern ausreichend Spielraum (zumal auch die an § 10 Nr 5 nicht gescheiterte Klausel an § 9 zu messen ist, oben Rn 2). Auf einen besonderen Hinweis läßt sich jedoch häufig verzichten (SCHLOSSER/COESTER-WALTJEN Rn 28). Ganz unberührt bleiben die gesetzlichen Vorschriften, welche an Verhaltensweisen des Vertragspartners über die Fiktion von Erklärungen Rechtsfolgen knüpfen, wie zB § 377 Abs 2 HGB (zu AGB-Bestimmungen, welche solche gesetzliche Vorschriften wiederholen, s STAUDINGER/COESTER § 8 Rn 30 ff). In ein kaufmännisches Bestätigungsschreiben kann natürlich risikolos der Zusatz aufgenommen werden, daß sein Inhalt verbindlich sei, wenn nicht unverzüglich widersprochen werde.

§ 10 Nr 6
Fiktion des Zugangs

In Allgemeinen Geschäftsbedingungen ist insbesondere unwirksam ...

6. (Fiktion des Zugangs)

> eine Bestimmung, die vorsieht, daß eine Erklärung des Verwenders von besonderer Bedeutung dem anderen Vertragsteil als zugegangen gilt;

Materialien: 1. Teilber 29; RefE 20; RegE 89 –
s STAUDINGER/SCHLOSSER Einl 6 ff zum AGBG.

I. Allgemeines

1. Regelungsanliegen

Die Vorschrift ist der Rest von Bestrebungen, in AGB Fiktionen grundsätzlich nicht 1 wirksam sein zu lassen (1. Teilber § 8 Nr 18 und S 89). Diese Bestrebungen sind im Laufe des Gesetzgebungsverfahrens zu Recht zusammengeschmolzen. Es war nicht einzusehen, warum sich ein AGB-Verwender nicht ebenso wie der Gesetzgeber der Regelungstechnik von Fiktionen sollte bedienen dürfen (s auch § 10 Nr 5 Rn 2 f). In der Praxis hat die Fiktion des Zugangs einer Erklärung besondere Bedeutung. Der Verwender hat ein legitimes Interesse daran, daß sich sein Vertragspartner nicht mit der Behauptung, bestimmte Mitteilungen nicht erhalten zu haben, seinen Verpflichtungen entziehen kann. Der Vertragspartner seinerseits hat ein legitimes Interesse daran, daß nur solche Mitteilungen Rechtsfolgen zu seinem Nachteil auslösen, die er tatsächlich erhalten hat. Für Mitteilungen von besonderer Bedeutung hat der Gesetzgeber diesem Interesse Vorrang eingeräumt und damit den Vertragspartner, welcher sich seiner Sache sicher sein will, zur Verwendung von Einschreibesendungen (mit Rückschein) gezwungen. Auch eine Zugangsfiktion, die an den Ausgangstatbestand der (nachgewiesenen) Absendung einer Erklärung durch die Post geknüpft ist, ist unwirksam, wenn es sich um eine Erklärung von besonderer Bedeutung handelt. Die Regelung des § 10 Nr 6 erfaßt auch Vermutungen des Zugangs, selbst wenn dem Vertragspartner die Möglichkeit des Gegenbeweises erhalten bleibt (SOERGEL/STEIN Rn 65; ULMER/SCHMIDT Rn 5; ERMAN/HEFERMEHL Rn 3). Nicht unter § 10 Nr 6 (sondern unter § 11 Nr 15 bzw § 9) fallen hingegen Absendevermutungen und -fiktionen sowie Klauseln, die über eine gegenseitige Bevollmächtigung der Vertragspartner des Verwenders zur Entgegennahme seiner Erklärungen gleiche Effekte erzielen (BGH NJW 1997, 3439; BGHZ 108, 98 = NJW 1989, 2383; BayObLG ZMR 1997, 519; KG NJW-RR 1990, 544, 553; vgl auch LG Dortmund AGBE IV § 11 Nr 13; für Wirksamkeit auch nach § 9 BGH NJW 1997, 3437 auf Vorlage von BayObLG ZMR 1997, 519; aM OLG Celle WM 1990, 103). Das Kernproblem in der Anwendung von § 10 Nr 6 besteht freilich darin, Erklärungen mit und ohne besondere Bedeutung voneinander abzugrenzen.

2. Anwendungsbereich

a) § 10 Nr 6 ist Sondervorschrift im Verhältnis zu § 11 Nr 15. Zwar sind Fiktionen 2 von letzterer Vorschrift nicht erfaßt (s dort Rn 2); im Bereich der Vermutungen decken sich die Regelungen aber. Als Ausnahme zu § 11 Nr 15 weist § 10 Nr 6 solche Bestimmungen unter bestimmten Voraussetzungen (keine besondere Bedeutung) als wirksam aus (SCHLOSSER/COESTER-WALTJEN Rn 6; SOERGEL/STEIN Rn 62).

b) § 10 Nr 6 ist auch keine Sondervorschrift im Verhältnis zu § 10 Nr 5. Letztere 3 Bestimmung betrifft tatbestandlich nur die Fiktion von Erklärungen, nicht den Zugang.

c) Vielmehr hat § 10 Nr 6 aus der Fülle der Fiktionen, die nach der Generalklau- 4 sel darauf zu überprüfen sind, ob die an den Ausgangstatbestand geknüpfte Fiktionswirkung angemessen ist oder nicht, die Fiktion des Zugangs einer Willenserklärung herausgegriffen, sie zugelassen, soweit Erklärungen ohne besondere Bedeutung in

Frage stehen, und sie für unwirksam erklärt, wo Erklärungen mit besonderer Bedeutung fingiert werden. Soweit der Verwender nicht eine Fiktion wählt, sondern beispielsweise über Bevollmächtigungen (dazu § 10 Nr 5 Rn 1, § 11 Nr 15 Rn 4) die gleichen Wirkungen erzielt, ist die Klausel – wenn sie nicht bereits an § 10 Nr 5 oder § 11 Nr 15 scheitert – an § 9 zu messen (i Erg bedenklich BGH NJW 1997, 1439).

5 d) Sondervorschrift ist § 10 VVG.

II. Einzelheiten der Regelung

1. Erklärungen mit oder ohne besondere Bedeutung

6 Der Verwender kann im Stadium der Ausarbeitung seiner Bedingungen jedes Risiko vermeiden und den Text von § 10 Nr 6 dergestalt übernehmen, daß er Zugangsfiktionen für „Erklärungen ohne besondere Bedeutung" aufstellt (STÜBING NJW 1978, 1611). Finden sich in AGB Klauseln, die Zugangsfiktionen unterschiedslos für bedeutsame und nicht bedeutsame Erklärungen aufstellen, so sind sie insgesamt unwirksam und können nicht etwa Wirksamkeit bezüglich solcher Erklärungen entfalten, denen besondere Bedeutung abgeht. So ist auch eine Klausel unwirksam, die besagt, eine Erklärung gelte als zugegangen, wenn sie mit dem postalischen Vermerk „unbekannt verzogen" zurückkomme (OLG Stuttgart BB 1977, 908).

Von „besonderer" Bedeutung sind Erklärungen dann, wenn sie aus dem Rahmen des normalerweise in einer bestimmten Rechtsbeziehung Auftretenden fallen. Dazu gehören vor allen Dingen Kündigungen (OLG Hamburg VersR 1981, 125) und Rücktrittserklärungen, aber auch Jahresabschlüsse und Genehmigungen (LG Koblenz DNotZ 1988, 496; abl KANZLEITER DNotZ 1988, 496), alle Erklärungen, welche Rechtsfolgen auslösen, wenn der Kunde nicht binnen bestimmter Frist widerspricht (allgM). Rechtsgeschäftliche Erklärungen ohne besondere Bedeutung sind schwer vorstellbar, wenn sie den Kunden benachteiligen können (MünchKomm/BASEDOW Rn 68; ULMER/SCHMIDT Rn 8; SOERGEL/STEIN Rn 64). Im Bankverkehr kann der Zugang eines Tagesauszugs und einer Ausführungsanzeige fingiert werden, nicht aber der von Rechnungsabschlüssen oder Wertpapieraufstellungen. Die AGB-Banken verzichten nunmehr generell auf die Zugangsfunktion (zur besonderen Bedeutung von Rechnungsabschlüssen OLG Oldenburg NJW 1992, 1839; OLG Düsseldorf NJW-RR 1988, 104). Das Fiktionsverbot bezieht sich sowohl auf den Zugang selbst als auch auf den Zeitpunkt (aA STAUDINGER/SCHLOSSER[12] Rn 6). Ist allerdings der Zugang bewiesen, so kann der Zeitpunkt nach Wahrscheinlichkeitsgesichtspunkten berechnet werden.

2. Der Fiktionsausgangstatbestand bei Erklärungen ohne besondere Bedeutung

7 Im Wege des Umkehrschlusses ist dem Gesetz die Aussage zu entnehmen, daß Erklärungen ohne besondere Bedeutung zulässigerweise fingiert werden können und wohl nur theoretisch der Kontrolle durch § 9 unterliegen (so jetzt auch ULMER/SCHMIDT Rn 1). Die Norm äußert sich aber nicht über die Annehmbarkeit der Fiktionsausgangstatbestände. Deren Angemessenheit muß daher nach § 9 beurteilt werden. Ist die Zugangsfiktion an den feststehenden und gegebenenfalls zu beweisenden Tatbestand der Absendung einer Erklärung geknüpft, so ist gegen sie nichts einzuwenden (aM SOERGEL/STEIN Rn 66).

III. Verbraucher

Die Richtlinie hat in ihrem Anhang keine dem § 10 Nr 6 entsprechende konkrete **8** Vorschrift. Die strikte deutsche Regelung ist gemeinschaftskonform, weil die Zugangsfiktion von der Generalklausel des Art 3 Richtlinie erfaßt sein dürfte, im übrigen über Art 8 der Richtlinie ein weitgehender Verbraucherschutz zulässig ist. Erklärungen iSd Nr 2 a sind als Erklärungen mit besonderer Bedeutung einzuordnen.

Ob es zum Schutz des Verbrauchers wirklich erforderlich war, das Verbot auch auf nicht ausgehandelte Individualvereinbarungen zu erstrecken, erscheint zumindest zweifelhaft, ist aber angesichts der angemessenen Verteilung der Risikosphären nach den Zugangsregelungen des BGB und den Möglichkeiten, sich Nachweise für den Zugang zu verschaffen, erträglich.

IV. Beruflicher Verkehr

Gesichtspunkte, die für den Verkehr unter Kaufleuten und den sonstigen von der **9** Neufassung des § 24 erfaßten Personen eine andere Bewertung ermöglichten als für den Verkehr unter Privaten, gibt es nicht (allgM; OLG Hamburg WM 1986, 383, 385; **aM** ULMER/SCHMIDT Rn 10 für die Einstufung „besondere Bedeutung").

§ 10 Nr 7
Abwicklung von Verträgen

In Allgemeinen Geschäftsbedingungen ist insbesondere unwirksam ...

7. (Abwicklung von Verträgen)

> eine Bestimmung, nach der der Verwender für den Fall, daß eine Vertragspartei vom Vertrage zurücktritt oder den Vertrag kündigt,
>
> a) eine unangemessen hohe Vergütung für die Nutzung oder den Gebrauch einer Sache oder eines Rechts oder für erbrachte Leistungen oder
>
> b) einen unangemessen hohen Ersatz von Aufwendungen verlangen kann;

Materialien: 1. Teilber 69; RefE 14; RegE 26 –
s STAUDINGER/SCHLOSSER Einl 6 ff zum AGBG.

I. Allgemeines

1. Regelungsanliegen

Die Vorschrift ergänzt § 11 Nr 5 und schützt dessen Regelungsgehalt vor naheliegen- **1** den Umgehungsversuchen. Tritt jemand von einem Vertrag zurück oder kündigt jemand ein Vertragsverhältnis, so entstehen Rückabwicklungsprobleme, welche das deutsche Recht scharf von Schadensersatzansprüchen wegen Nichterfüllung trennt. Ist Grund für Rücktritt oder Kündigung ein (behauptetermaßen) vertragswidriges Verhalten des anderen Teils, so kommen Rückabwicklungsansprüche „Schadensersatzansprüchen" sehr nahe, wenn sie zugunsten des Verwenders großzügig pauschaliert werden. Zwangsläufig mußte der Gesetzgeber daher Aufwendungs- und Nutzungsersatzpauschalierungen für den Fall des Rücktritts des Verwenders ebenso wie Schadenspauschalen behandeln. Außerdem muß der Vertragspartner des Verwenders davor geschützt werden, von der Ausübung eines ihm zustehenden Rücktritts- oder Kündigungsrechts deshalb zurückzuschrecken, weil hohe Abwicklungsansprüche des Verwenders die Konsequenz davon wären. § 10 Nr 7 verbietet nicht generell eine Pauschalierung der vom Vertragspartner zu leistenden Zahlungen, sondern sieht nur einen Angemessenheitsfilter vor. Richtlinie für die Angemessenheitsprüfung sind die gesetzlich gegebenen Ansprüche (BGH NJW 1983, 1491, 1492; BGH NJW 1985, 632; BGH NJW 1991, 2763; BGH NJW-RR 1995, 749), die typisiert werden können – darin liegt die rechtsgestaltende Komponente einer Klausel, die ansonsten nur die gesetzliche Lage wiedergeben könnte.

2. Anwendungsbereich

2 a) § 10 Nr 7 regelt ausschließlich Ansprüche im Zusammenhang mit der Rückabwicklung von Verträgen (im weitesten Sinne – also auch durch Anfechtung, Widerruf, Wandelung), setzt also eine Störung der Vertragsdurchführung voraus. Nicht umfaßt sind Abreden für den Fall des Nichtzustandekommens des Vertrages (aA LG Dortmund NJW-RR 1994, 305) oder für Zusatzleistungen bei weiterer Vertragsdurchführung (BGH NJW 1992, 1751 – Überziehungszinsen). Bei gestörter Vertragslage ist eine genaue **Abgrenzung** der Anwendungsbereiche von § 10 Nr 7 und **§ 11 Nr 5** in der Praxis fast immer entbehrlich (dazu OLG Köln NJW-RR 1986, 1434; OLG Stuttgart NJW 1981, 1105). Nur wenn der Vertragspartner des Verwenders bestreitet, überhaupt Nutzungen gezogen oder Leistungen erhalten zu haben, kommt es auf eine genaue Einordnung des Vorgangs an. Denn den Beweis im Sinne von Nr 7, daß Nutzungen gezogen wurden, hat der Verwender zu erbringen, den Beweis im Sinne von § 11 Nr 5, daß kein Schaden eingetreten sei, sein Vertragspartner, s § 11 Nr 5 Rn 20. Die Begriffe „angemessen" einerseits (§ 10 Nr 7) und „wesentlich niedriger" andererseits (§ 11 Nr 5) laufen in der praktischen Rechtsanwendung auf das gleiche hinaus. Auch die Gegenbeweismöglichkeit, die nach § 11 Nr 5 dem Vertragspartner des Verwenders zusteht, ist im Anwendungsbereich von § 10 Nr 7 entsprechend gegeben (BGH ZIP 1996, 2172, 2173; BGH NJW 1985, 632, 633; OLG Stuttgart NJW 1981, 1105; ULMER/SCHMIDT Rn 1; WOLF Rn 16; MünchKomm/BASEDOW Rn 71; SOERGEL/STEIN Rn 70; ERMAN/HEFERMEHL Rn 3; s § 11 Nr 5 Rn 6).

3 b) So wie die Ausbedingung gesetzlich nicht vorgesehener oder die Abdingung gesetzlich begründeter Schadensersatzforderungen nicht nach § 11 Nr 5 (s dort Rn 11), sondern nach § 11 Nr 7, 8 bzw § 9 zu behandeln ist, so ist auch eine Klausel, welche **Nutzungs-, Aufwendungs- oder Leistungsersatzansprüche** vorsieht, die das Gesetz nicht kennt, oder sie ausschließt, wo das Gesetz sie begründet, nicht nach § 10 Nr 7, sondern nach § 9 zu bewerten (allgM; vgl zuletzt OLG Celle OLG-Rp Celle 1997, 245).

c) Ist eine Klausel so gefaßt, daß sie in spürbarem Umfange Ersatzansprüche **4** auch für solche Situationen postuliert, in welchen es zu gar keiner Dienstleistung oder Nutzungsüberlassung gekommen ist, so ist der Sache nach eine – formularmäßig unwirksame, § 11 Nr 6 – Vertragsstrafe ausbedungen (SCHLOSSER/COESTER-WALTJEN Rn 28).

Hat der Vertragspartner vorgeleistet, so ist der Ausschluß des Rückzahlungsanspruchs auch an § 10 Nr 7 zu messen (OLG Hamm NJW-RR 1987, 243; OLG Koblenz NJW 1987, 74; LG Köln NJW-RR 1990, 1530; BGH MDR 1983, 113).

d) Die zwingenden gesetzlichen Regelungen für Rückabwicklungsansprüche, wie **5** sie in § 7 IV VerbrKrG iVm § 3 III HTWG, in § 13 II VerbrKrG, § 4 FernUG und § 5 VI TeilzeitwohnrechteG (für vor dem 1.1.1991 abgeschlossene Abzahlungsgeschäfte in § 2 AbzG) vorgesehen sind, gehen § 10 Nr 7 vor; rechtsgestaltender Spielraum ist nicht gegeben.

II. Die Kündigung eines Vertrags

1. Der Gesetzesbegriff

Von Kündigung spricht man dann, wenn ein **Dauerschuldverhältnis** mit Wirkung für **6** die Zukunft beendet werden soll. Es bleibt sich gleich, ob die in § 10 Nr 7 erwähnten Pauschalen an eine Kündigung des Verwenders oder seines Vertragspartners, an eine solche aus wichtigem Grund oder an eine gesetzlich vorgesehene ordentliche Kündigung oder schließlich an eine vertraglich eingeräumte besondere Kündigung geknüpft sind. Eine außerordentliche Kündigung kann mit Schadensersatzansprüchen einhergehen. Eine nach § 10 Nr 7 zulässige Pauschalierung von Ersatzansprüchen schließt nicht die Aufrechnung des Kunden mit Schadensersatzansprüchen aus. Hat der Verwender für den Fall, daß sein Vertragspartner den Kündigungsgrund durch vertragswidriges Verhalten gesetzt hat, die ihm zustehende Pauschale so festgesetzt, daß ihr auch Schadensersatzfunktion zukommt, dann ist § 11 Nr 5 anwendbar, s oben Rn 1. Auch in diesem Fall darf aber der Gedanke des Vorteilsausgleichs nicht vernachlässigt werden. Ein Ingenieur, dessen Bedingungen den Ingenieurvertrag nur aus wichtigem Grunde kündbar sein lassen, kann sich auch für den Fall der vorzeitigen Vertragsauflösung aus einem vom Auftraggeber zu vertretenden Grunde nicht die Bezahlung der gesamten vereinbarten Vergütung ohne Rücksicht auf anderweitige Einsatzmöglichkeit seiner Arbeitskraft ausbedingen (BGHZ 60, 259 = NJW 1973, 1190).

2. Unangemessen hohe Vergütung

Die Fälle, welche der Gesetzgeber mit dem Begriff „Vergütung für erbrachte Lei- **7** stungen" im Auge gehabt hat, orientieren sich bei Dienstverträgen an **§ 628 BGB**. (RUDLOFF, Ausgewählte Rechtsfragen der Inkassounternehmen 145; OLG Stuttgart NJW-RR 1988, 1514, 1515). Das Kündigungsrecht des Dienstleistungsempfängers soll nicht dadurch entwertet werden, daß er wesentlich mehr als die tatsächlich erbrachten Dienstleistungen vergüten muß. Der BGH hat schon nach früherem Recht eine Klausel verworfen, derzufolge der zur Dienstleistung Verpflichtete den vollen Lohn beanspruchte (vgl jetzt auch OLG Koblenz NJW 1987, 74 – volles Entgelt für Übernahme einer

Agentur unangemessen; OLG Hamm NJW-RR 1987, 243 – volles Entgelt bei Partnerschaftsvermittlung). Pauschalierungen, die in vertretbarem Verhältnis zu den tatsächlich geleisteten Diensten stehen sollen, können aber nicht einheitlich auf einen bestimmten Prozentsatz des vorgesehenen Entgeltes lauten (OLG Stuttgart NJW-RR 1988, 1514 – 50% des Gesamthonorars ohne Rücksicht auf Kündigungsgrund unwirksam; OLG Nürnberg NJW-RR 1997, 1556 – 30%ige Aufnahmegebühr beim Partnerschaftsvermittlungsvertrag unangemessen; AG Freiburg NJW-RR 1997, 1284 – 320 DM Grundgebühr bei Fahrschulvertrag zu hoch; zur „Abschlußzahlung beim Leasing" BGH NJW 1982, 870; krit dazu KLAMROTH BB 1982, 870), sondern müssen sich an dem Umfang der bereits geleisteten Dienste ausrichten, können dabei freilich bestimmte Zeitläufe zu Einheiten zusammenfassen, sich etwa auf „jede angefangene Woche" beziehen. Die Zeiteinheiten dürfen allerdings nicht zu groß bemessen sein (OLG München NJW-RR 1993, 665 – Jahresspanne bei Pachtvertrag jedenfalls nach § 9 unwirksam). Auch sonstige Pauschalierungen haben sich am „gesetzlichen" Maß auszurichten (BGHZ 87, 112). Vorhaltekosten dürfen pro rata temporis einbezogen werden (BGH NJW 1991, 2763 in Abweichung von BGHZ 87, 309; zum Leasingvertrag: BGH NJW 1982, 1147). Soll die Klausel auch Fälle erfassen, in denen der Dienstleistungsverpflichtete den Vertrag nicht wegen vertragswidrigen Verhaltens des Berechtigten kündigt oder in denen er durch sein eigenes vertragswidriges Verhalten die Kündigung provoziert, so muß sie sicherstellen, daß der Berechtigte nur für solche Dienste eine Vergütung zu entrichten hat, die für ihn trotz der Kündigung noch von Wert sind (OLG Stuttgart NJW-RR 1988, 1514; SCHLOSSER/COESTER-WALTJEN Rn 30; aM KORBION/LOCHER Rn 194 f).

In der Begründung zum RegE (BR-Drucks 360/75, 26) ist **§ 649 BGB** ebenfalls genannt. Bei Werkverträgen soll der Unternehmer auch für den Fall der dem Besteller zustehenden vorzeitigen „Kündigung" nicht die Zahlung des gesamten Werklohns verlangen dürfen. Zwar handelt es sich nicht um eine Vergütung für „Leistungen". Der Sinn von § 10 Nr 7 verlangt aber dessen Anwendung auch auf diesen Fall (allgM). Schon nach früherem Recht hat der BGH (WM 1970, 1052) solche Klauseln verworfen. Auf den durchschnittlichen Fall abstellende Pauschalabzüge für ersparte Aufwendungen und anderweitige Einsetzbarkeit der Arbeitskraft sind aber möglich, müssen freilich bei umfangreicheren Werken gestaffelt sein und können nicht Kündigungen gleich nach Vertragsschluß und solche unmittelbar vor Vollendung des Werkes einander gleichstellen (KORBION/LOCHER Rn 88, 229, 286). In der Klauselgestaltung braucht auf den Fall, daß die Kündigung des Bestellers durch Vertragsverletzungen des Unternehmers oder durch unbehebbare Mängel des teilweise hergestellten Werkes ausgelöst wurde, nicht eigens Rücksicht genommen zu werden (BGHZ 87, 112 = NJW 1983, 1489, 1491; OLG Celle BB 1984, 808, 809). Auch ohne AGB-Regelung ist dann entgegen dem Wortlaut von § 649 eine Vergütung nicht oder nur zT geschuldet (s STAUDINGER/PETERS [1996] § 649 Rn 20 ff).

3. Aufwendungsersatzanspruch

Ein Aufwendungsersatzanspruch kommt im Zusammenhang mit der Kündigung von Dauerschuldverhältnissen im wesentlichen beim Maklervertrag in Betracht (dazu s STAUDINGER/REUTER [1995] §§ 652, 653 BGB Rn 230 ff). Im übrigen dürften die Aufwendungen im Entgelt einkalkuliert sein. In Form von Vorhaltekosten dürfen sie bei der Pauschalierung berücksichtigt werden (BGH NJW 1991, 2763). Auch Aufwendungen für die Beendigung des Vertragsverhältnisses (zB Deaktivierung beim Mobilfunk) können maßvoll pauschaliert werden, wenn sie im Entgelt für die Nutzung nicht berücksichtigt sind (OLG Schleswig NJW-RR 1998, 54 – dort Tarifwahl angeboten).

III. Der Rücktritt vom Vertrag

1. Der Gesetzesbegriff

Von einem Rücktritt vom Vertrag spricht man im Falle einer einseitigen Auflösung eines solchen Vertrages, der keine Dauerbeziehungen, sondern einmalige Leistungsaustauschverhältnisse zum Gegenstand hat. Wie AGB ein Rücktrittsrecht bezeichnen (Annullierung, Widerruf, Stornierung uä) und welche Seite es ausübt, bleibt sich für die Anwendbarkeit von § 10 Nr 7 gleich. Die Norm umfaßt sowohl einen vereinbarten Rücktritt als auch die Ausübung der in §§ 325, 326 BGB vorgesehenen Rücktrittsrechte. Allerdings ist ein AGB-Schöpfer nicht an die Systematik des deutschen allgemeinen Schuldrechts gebunden, das sehr scharf zwischen Schadensersatz wegen Nichterfüllung und Rücktritt vom Vertrag unterscheidet. Daher ist grundsätzlich auch nichts dagegen einzuwenden, das Rücktrittsrecht mit Schadensersatzansprüchen zu kombinieren (aM OLG Hamm NJW-RR 1987, 311, 313). Art 24 EKG und Art 45 II, 61 Abs 2, 81 Abs 1 S 1 UN-Kaufrecht sehen die Kombination von Vertragsaufhebung und Schadensersatz – in Anlehnung an die romanischen Rechte – sogar ausdrücklich vor. Jedoch ist § 11 Nr 5 und nicht § 10 Nr 7 anwendbar, wenn die AGB-Regelung Schadensersatzaspekte wegen vertragswidrigen Verhaltens einbezieht, siehe § 11 Nr 5 Rn 6.

2. Gebrauch einer Sache

Da der Gesetzgeber neben den Nutzungen (die bereits die Gebrauchsvorteile einschließen, § 100 BGB) den Gebrauch einer Sache ausdrücklich erwähnt, unterscheidet er offensichtlich in Anlehnung an die Regelungen in § 346 S 2 und § 347 S 2 BGB zwischen den Verträgen, die eine Gebrauchsüberlassung zum Gegenstand haben, und anderen. Für die Gebrauchsüberlassung angemessen ist immer nur ein Betrag, der sich an der verkehrsüblichen oder hypothetischen Miete orientiert. Meist wird freilich in dem Vertrag (von dem zurückgetreten worden ist) eine Vergütung vorgesehen sein, die sich auf die tatsächliche Nutzungsdauer umrechnen läßt. Ist in AGB in Wiederholung der gesetzlichen Regelung nichts weiter als dies bestimmt, so ist die fragliche Klausel kontrollfrei; ist hingegen ein Nutzungsentgelt für eine wesentlich längere Überlassung angesetzt, so ist dieses unangemessen (OLG München NJW-RR 1993, 655 – nur jährliche Bemessung des Pachtzinses; BGH NJW 1982, 1747 – Leasingraten für 72 Monate; BGH NJW 1982, 870 – Abschlußzahlung beim Leasing-Vertrag; krit dazu KLAMROTH BB 1982, 1956).

3. Nutzungen

Eine Vergütung für Nutzungen kommt in Betracht, wenn der Vertrag nicht die Gebrauchsüberlassung zum Gegenstand hat (vgl § 347 S 2 BGB). Zur Abgrenzung von den nach § 11 Nr 5 zu bewertenden Wertminderungspauschalen s dort Rn 13. Auch außerhalb des Anwendungsbereiches von § 7 Abs 4 VerbrKG iVm § 3 Abs 3 HTWG (nur außergewöhnliche Wertminderung zu berücksichtigen) und § 13 Abs 2 S 3 VerbrKrG ist eine Regelung sicherlich angemessen, die auf Wertminderung

Rücksicht nimmt. Anders als dort, wo Pauschalierungsabreden nicht anerkannt werden (§ 5 Abs 3 HTWG, § 18 VerbrKrG), kann im allgemeinen auch auf typischerweise eintretende Wertminderungen abgestellt werden, was häufig in Form degressiver Prozentsätze – bezogen auf das vorgesehene Vertragsentgelt – geschieht (Beweis geringerer Minderung muß möglich sein: OLG Celle AGBE I § 9 Nr 139). Dieses ist im übrigen die absolute Obergrenze einer tolerierbaren Regelung (BGH NJW 1967, 1807). Wertminderung und Nutzungsentgelt können im allgemeinen nicht kumulativ verlangt werden, weil im üblichen Nutzungsentgelt die normalerweise eintretende Wertminderung schon berücksichtigt ist. Für den kurzfristigen Gebrauch neuwertiger Sachen ist aber die hohe Anfangswertminderung beachtlich, so daß auch ein höherer Satz als der für die entsprechende Gebrauchsperiode übliche Mietzins – der unterschiedslos für neue und gebrauchte Sachen gilt – angemessen ist. Werden Gebrauchsentgelt und Wertminderung gesondert ausgewiesen, so kommt es ausschließlich darauf an, ob beides in Kumulation angemessen ist oder nicht, weil die Wertminderung nur Rechnungsposten für den Wert der Nutzung sein darf. Wo es übliche Mietzinsen nicht gibt, hat man nach kaufmännischen Gesichtspunkten zu kalkulieren, wie ein Mietzins aussehen müßte.

4. Aufwendungsersatz

12 § 10 Nr 7 bringt zunächst zum Ausdruck, daß es nicht unangemessen ist, wenn sich der Verwender für den Fall des Rücktritts vom Vertrag einen Aufwendungsersatzanspruch ausbedingt (im Ergebnis ebenso auf § 2 AbzG als Ausdruck gesetzlicher Grundwertungen abstellend: SCHLOSSER/COESTER-WALTJEN Rn 22; ebenso jetzt mit Bezugnahme auf § 13 Abs 2 S 2 VerbrKrG: WOLF Rn 17; ERMAN/HEFERMEHL Rn 9). Jedoch muß klargestellt sein, daß dieser nur bestehen soll, wenn der Rücktrittsgrund nicht vom Verwender selbst zu vertreten ist. Auch zur Angemessenheit der Höhe dieses Anspruchs kann man sich an der Rspr zu § 13 Abs 2 S 2 VerbrKrG, früher § 2 Abs 1 S 1 AbzG, orientieren (ULMER/SCHMIDT Rn 13). Realistische Pauschalierungen sind aber auch insoweit möglich (vgl BGH NJW 1997, 259, 261 – 60% beim Architektenvertrag zu hoch; BGHZ 87, 112 – 5% angemessene Pauschale beim Fertighausvertrag; BGHZ 92, 244 = NJW 1985, 631 – 18% beim Fertighaus äußerst zweifelhaft; BGH NJW-RR 1995, 749 – zulässig 10% beim Fertighaus; ebenso OLG Düsseldorf NJW-RR 1995, 1392; OLG Hamm NJW-RR 1987, 311 – 10% des Bestellpreises im Möbelhandel unangemessen; AG Bonn VersR 1987, 1121 – 100 DM bei Stornierung des Fluges unangemessen). Es müssen jedoch dabei auch die rücktrittsbedingten Ersparnisse des Verwenders berücksichtigt werden (BGH NJW 1985, 633 – voller Flugpreis – unangemessen; ebenso LG Köln NJW-RR 1990, 1530; pauschalen Abzug verneinend: LG Braunschweig RsDE Nr 34, 112 [1996]. Zum Aufwendungsbegriff s STAUDINGER/SELB [1995] § 256 Rn 3 f).

5. Schadensersatz wegen Unmöglichkeit der Rückgewähr

13 Eine von § 347 S 1 BGB abweichende Schadensersatzregelung in AGB unterfällt nicht § 10 Nr 7.

IV. Sonstige Fälle der Vertragsauflösung

14 Die Regelung von § 10 Nr 7 gilt auch für sonstige Fälle einer Vertragsauflösung, etwa infolge des Eintritts einer **auflösenden Bedingung** oder wegen einer **Anfechtung** (allgM). Wird ein Darlehen nicht abgerufen und „erlischt" nach Ablauf einer bestimmten Zeit

die Kreditzusage, so sind Vereinbarungen über Bereitstellungszinsen nach § 10 Nr 7 zu beurteilen. Auch Regelungen für den Fall der **Wandelung** unterstehen dem Anwendungsbereich dieser Norm (ULMER/SCHMIDT Rn 6; SCHLOSSER/COESTER-WALTJEN Rn 14 ff). Selbst der Rückkaufwert von Lebensversicherungen muß sich die Kontrolle nach § 10 Nr 7 gefallen lassen; es dürfen nur die echten Risiko-Lebensversicherungs-Prämienbestandteile abgezogen werden.

Nicht aber ist § 10 Nr 7 einschlägig, wenn Aufwendungsersatzklauseln für Ereignisse während des Fortbestehens der vertraglichen Beziehungen ausbedungen werden (ULMER/SCHMIDT Rn 6; BGH NJW 1992, 1751 – Überziehungszinsen), etwa Bereitstellungszinsen für die Zeit vor Inanspruchnahme eines Darlehens.

V. Beweislast

Die negative Formulierung in den beiden Buchstaben a und b deutet an sich darauf 15 hin, daß die Beweislast für die Umstände, aus denen sich die Unangemessenheit der vorgesehenen Vergütung oder des vorgesehenen Aufwendungsersatzanspruches ergeben soll, den Vertragspartner des Verwenders trifft (BGH NJW 1991, 2763). Damit ergibt sich eine gewisse Diskrepanz zur Beweislastverteilung in § 11 Nr 5. Die in ihrer Konsequenz nicht bedachte Formulierung wird in der Praxis dadurch abgeschwächt, daß bereits eine plausible Darlegung des Vertragspartners, daß die Pauschale bei gewöhnlichem Lauf der Dinge zu hoch ist, ausreicht (BGH NJW 1991, 2763). Der Verwender muß dann die Bemessungsgrundlage der verlangten Pauschale im einzelnen darlegen (OLG Hamm IBR 1997, 323). Das gleiche gilt für die Berechnung der ersparten Aufwendungen, die (nach § 649 BGB) vom Werklohn abzuziehen sind (BGH NJW 1997, 259, 260).

VI. Folgen der Unwirksamkeit

Wie allgemein (s STAUDINGER/SCHLOSSER § 6 Rn 15 ff) so hat der Richter auch im Zusam- 16 menhang mit § 10 Nr 7 nicht die Aufgabe, das zugunsten des Verwenders gerade noch zulässige Maß ausfindig zu machen. Für eine Herabsetzungsbefugnis fehlt es an einer Rechtsgrundlage (ULMER/SCHMIDT Rn 23; MünchKomm/BASEDOW Rn 77). Behandeln AGB nur die Höhe eines gesetzlich vorgesehenen Vergütungs- oder Nutzungsersatzanspruches, so ist in jedem Einzelfalle der sich aufgrund der Gesetzeslage ergebende Betrag auszurechnen. Sind Nutzungs- und Aufwendungsersatz- oder Leistungsvergütungsansprüche schon dem Grunde nach privatautonom geschaffen worden – vorformuliert oder individuell –, dann sind, wenn die ausbedungene Höhe an § 10 Nr 7 scheitert, die gesetzlichen Vorschriften über die Höhe dieser Ansprüche für solche Fälle, in denen das Gesetz sie gibt, analog anzuwenden (BGHZ 87, 309, 319 = NJW 1983, 2817). Allerdings dürfte eine Lückenfüllung im Wege der ergänzenden Vertragsauslegung nur im Ausnahmefall in Betracht kommen, weil die gesetzlichen Vorschriften idR den typischen Interessen der Vertragsparteien für diese Problemgestaltung ausreichend Rechnung tragen (großzügiger ULMER/SCHMIDT Rn 23).

VII. Analoge Anwendung

Der Verwender darf sich in **spiegelbildlich-entsprechender Anwendung** von § 10 Nr 7 17 formularmäßig nicht eine Regelung ausbedingen, die im Falle einer Kündigung oder eines Rücktritts dazu führt, daß ein Vertragspartner nur eine unangemessen niedrige Vergütung für die Nutzung oder den Gebrauch einer Sache oder eines Rechts oder für erbrachte Leistungen oder nur einen unangemessen niedrigen Ersatz für Aufwendungen verlangen kann.

18   Entsprechend § 10 Nr 7 ist auch das **selbständige Strafgedinge** zu behandeln, s § 11 Nr 6 Rn 7.

19   Zum Reuegeld s § 11 Nr 6 Rn 9.

VIII. Verbraucher

20   Die Richtlinie enthält im Anhang kein entsprechendes ausdrückliches Klauselverbot; ein solches Verbot ergibt sich jedoch in Konkretisierung des Art 3 der Richtlinie, dem § 10 Nr 7 in ausreichendem Maße Rechnung trägt. Die Vorschrift ist daher gemeinschaftskonform. Gegen ihre Anwendung bei vorformulierten Individualverträgen bestehen keine Bedenken, da sie für angemessene Vereinbarungen ausreichenden Gestaltungsraum läßt.

IX.   Beruflicher Verkehr

21   § 10 Nr 7 gilt grundsätzlich auch im kaufmännischen Verkehr (BGH NJW 1994, 1069; RUDLOFF, Ausgewählte Rechtsfragen der Inkassounternehmen 145). Jedoch läßt sich die Möglichkeit von Pauschalierungen großzügiger beurteilen, wenn ein Bedingungswerk zur Anwendung gegenüber privaten Letztverbrauchern nicht gedacht ist; insbesondere darf in Anlehnung an § 348 HGB uU auch ein gewisser Zwang zur Aufrechterhaltung der vertraglichen Bindung ausgeübt werden (LUTZ, AGB-Kontrolle im Handelsverkehr 102). Die Branchenüblichkeit der Pauschale beeinflußt die Bewertung: Das Abschneiden eines Gegenbeweises kann in dem auf schnelle und klare Regelungen angewiesenen Handelsverkehr auch dem Vertragspartner zumutbar sein (LUTZ 105). Dies hängt ua von der Höhe des zu zahlenden Betrages und der jeweiligen Branche ab. Im Verkehr gegenüber gewerblich oder beruflich tätigen Nichtkaufleuten ist auch nach der Novellierung des § 24 AGBG Zurückhaltung in der Annahme der Wirksamkeit geboten.

§ 10 Nr 8
Rechtswahl

In Allgemeinen Geschäftsbedingungen ist insbesondere unwirksam ...

8. (Rechtswahl)

   die Vereinbarung der Geltung ausländischen Rechts oder des Rechts der Deutschen Demokratischen Republik in Fällen, in denen hierfür kein anerkennenswertes Interesse besteht.

Durch das Gesetz zur Neuregelung des Internationalen Privatrechts vom 25. 7. 1986

(BGBl I 1142) ist § 10 Nr 8 mit Wirkung vom 1. 9. 1986 aufgehoben. Die Problematik wird im wesentlichen durch den (zuletzt am 19. 7. 1996 in Umsetzung der EG-Richtlinie 93/13/EWG [ABl EG Nr L 95/29 v 21. 4. 1993] geänderten [BGBl 1996 I 2325, 2387]) § 12 erfaßt.

§ 11
Klauselverbote ohne Wertungsmöglichkeit

In Allgemeinen Geschäftsbedingungen ist unwirksam

1. (Kurzfristige Preiserhöhungen)

   eine Bestimmung, welche die Erhöhung des Entgelts für Waren oder Leistungen vorsieht, die innerhalb von vier Monaten nach Vertragsabschluß geliefert oder erbracht werden sollen; dies gilt nicht bei Waren oder Leistungen, die im Rahmen von Dauerschuldverhältnissen geliefert oder erbracht werden;

2. (Leistungsverweigerungsrechte)

   eine Bestimmung, durch die

   a) das Leistungsverweigerungsrecht, das dem Vertragspartner des Verwenders nach § 320 des Bürgerlichen Gesetzbuchs zusteht, ausgeschlossen oder eingeschränkt wird, oder

   b) ein dem Vertragspartner des Verwenders zustehendes Zurückbehaltungsrecht, soweit es auf demselben Vertragsverhältnis beruht, ausgeschlossen oder eingeschränkt, insbesondere von der Anerkennung von Mängeln durch den Verwender abhängig gemacht wird;

3. (Aufrechnungsverbot)

   eine Bestimmung, durch die dem Vertragspartner des Verwenders die Befugnis genommen wird, mit einer unbestrittenen oder rechtskräftig festgestellten Forderung aufzurechnen;

4. (Mahnung, Fristsetzung)

   eine Bestimmung, durch die der Verwender von der gesetzlichen Obliegenheit freigestellt wird, den anderen Vertragsteil zu mahnen oder ihm eine Nachfrist zu setzen;

5. (Pauschalierung von Schadensersatzansprüchen)

   die Vereinbarung eines pauschalierten Anspruchs des Verwenders auf Schadensersatz oder Ersatz einer Wertminderung, wenn

   a) die Pauschale den in den geregelten Fällen nach dem gewöhnlichen Lauf der

Dinge zu erwartenden Schaden oder die gewöhnlich eintretende Wertminderung übersteigt, oder

b) dem anderen Vertragsteil der Nachweis abgeschnitten wird, ein Schaden oder eine Wertminderung sei überhaupt nicht entstanden oder wesentlich niedriger als die Pauschale;

6. (Vertragsstrafe)

eine Bestimmung, durch die dem Verwender für den Fall der Nichtabnahme oder verspäteten Abnahme der Leistung, des Zahlungsverzugs oder für den Fall, daß der andere Vertragsteil sich vom Vertrag löst, Zahlung einer Vertragsstrafe versprochen wird;

7. (Haftung bei grobem Verschulden)

ein Ausschluß oder eine Begrenzung der Haftung für einen Schaden, der auf einer grob fahrlässigen Vertragsverletzung des Verwenders oder auf einer vorsätzlichen oder grob fahrlässigen Vertragsverletzung eines gesetzlichen Vertreters oder Erfüllungsgehilfen des Verwenders beruht; dies gilt auch für Schäden aus der Verletzung von Pflichten bei den Vertragsverhandlungen;

8. (Verzug, Unmöglichkeit)

eine Bestimmung, durch die für den Fall des Leistungsverzugs des Verwenders oder der von ihm zu vertretenden Unmöglichkeit der Leistung

a) das Recht des anderen Vertragsteils, sich vom Vertrag zu lösen, ausgeschlossen oder eingeschränkt oder

b) das Recht des anderen Vertragsteils, Schadensersatz zu verlangen, ausgeschlossen oder entgegen Nummer 7 eingeschränkt wird;

9. (Teilverzug, Teilunmöglichkeit)

eine Bestimmung, die für den Fall des teilweisen Leistungsverzugs des Verwenders oder bei von ihm zu vertretender teilweiser Unmöglichkeit der Leistung das Recht der anderen Vertragspartei ausschließt, Schadensersatz wegen Nichterfüllung der ganzen Verbindlichkeit zu verlangen oder von dem ganzen Vertrag zurückzutreten, wenn die teilweise Erfüllung des Vertrages für ihn kein Interesse hat;

10. (Gewährleistung)

eine Bestimmung, durch die bei Verträgen über Lieferungen neu hergestellter Sachen und Leistungen

a) (Ausschluß und Verweisung auf Dritte)

die Gewährleistungsansprüche gegen den Verwender einschließlich etwaiger

Nachbesserungs- und Ersatzlieferungsansprüche insgesamt oder bezüglich einzelner Teile ausgeschlossen, auf die Einräumung von Ansprüchen gegen Dritte beschränkt oder von der vorherigen gerichtlichen Inanspruchnahme Dritter abhängig gemacht werden;

b) (Beschränkung auf Nachbesserung)

die Gewährleistungsansprüche gegen den Verwender insgesamt oder bezüglich einzelner Teile auf ein Recht auf Nachbesserung oder Ersatzlieferung beschränkt werden, sofern dem anderen Vertragsteil nicht ausdrücklich das Recht vorbehalten wird, bei Fehlschlagen der Nachbesserung oder Ersatzlieferung Herabsetzung der Vergütung oder, wenn nicht eine Bauleistung Gegenstand der Gewährleistung ist, nach seiner Wahl Rückgängigmachung des Vertrags zu verlangen;

c) (Aufwendungen bei Nachbesserung)

die Verpflichtung des gewährleistungspflichtigen Verwenders ausgeschlossen oder beschränkt wird, die Aufwendungen zu tragen, die zum Zweck der Nachbesserung erforderlich werden, insbesondere Transport-, Wege-, Arbeits- und Materialkosten;

d) (Vorenthalten der Mängelbeseitigung)

der Verwender die Beseitigung eines Mangels oder die Ersatzlieferung einer mangelfreien Sache von der vorherigen Zahlung des vollständigen Entgelts oder eines unter Berücksichtigung des Mangels unverhältnismäßig hohen Teils des Entgelts abhängig macht;

e) (Ausschlußfrist für Mängelanzeige)

der Verwender dem anderen Vertragsteil für die Anzeige nicht offensichtlicher Mängel eine Ausschlußfrist setzt, die kürzer ist als die Verjährungsfrist für den gesetzlichen Gewährleistungsanspruch;

f) (Verkürzung von Gewährleistungsansprüchen)

die gesetzlichen Gewährleistungspflichten verkürzt werden;

11. (Haftung für zugesicherte Eigenschaften)

eine Bestimmung, durch die bei einem Kauf-, Werk- oder Werklieferungsvertrag Schadensersatzansprüche gegen den Verwender nach den §§ 463, 480 Abs. 2, § 635 des Bürgerlichen Gesetzbuchs wegen Fehlens zugesicherter Eigenschaften ausgeschlossen oder eingeschränkt werden;

12. (Laufzeit bei Dauerschuldverhältnissen)

bei einem Vertragsverhältnis, das die regelmäßige Lieferung von Waren oder die regelmäßige Erbringung von dienst- oder Werkleistungen durch den Verwender zum Gegenstand hat,

a) eine den anderen Vertragsteil länger als zwei Jahre bindende Laufzeit des Vertrags,

b) eine den anderen Vertragsteil bindende stillschweigende Verlängerung des Vertragsverhältnisses um jeweils mehr als ein Jahr oder

c) zu Lasten des anderen Vertragsteils eine längere Kündigungsfrist als drei Monate vor Ablauf der zunächst vorgesehenen oder stillschweigend verlängerten Vertragsdauer;

13. (Wechsel des Vertragspartners)

eine Bestimmung, wonach bei Kauf-, Dienst- oder Werkverträgen ein Dritter an Stelle des Verwenders in die sich aus dem Vertrag ergebenden Rechte und Pflichten eintritt oder eintreten kann, es sei denn, in der Bestimmung wird

a) der Dritte namentlich bezeichnet, oder

b) dem anderen Vertragsteil das Recht eingeräumt, sich vom Vertrag zu lösen;

14. (Haftung des Abschlußvertreters)

eine Bestimmung, durch die der Verwender einem Vertreter, der den Vertrag für den anderen Vertragsteil abschließt,

a) ohne hierauf gerichtete ausdrückliche und gesonderte Erklärung eine eigene Haftung oder Einstandspflicht oder

b) im Falle vollmachtsloser Vertretung eine über § 179 des Bürgerlichen Gesetzbuchs hinausgehende Haftung

auferlegt;

15. (Beweislast)

eine Bestimmung, durch die der Verwender die Beweislast zu Nachteil des anderen Vertragsteils ändert, insbesondere indem er

a) diesem die Beweislast für Umstände auferlegt, die im Verantwortungsbereich des Verwenders liegen;

b) den anderen Vertragsteil bestimmte Tatsachen bestätigen läßt.

Buchstabe b gilt nicht für gesondert unterschriebene Empfangsbekenntnisse;

16. (Form von Anzeigen und Erklärungen)

eine Bestimmung, durch die Anzeigen oder Erklärungen, die dem Verwender oder einem Dritten gegenüber abzugeben sind, an eine strengere Form als die Schriftform oder an besondere Zugangserfordernisse gebunden werden.

§ 11 Nr 1
Kurzfristige Preiserhöhungen

In Allgemeinen Geschäftsbedingungen ist unwirksam

1. (Kurzfristige Preiserhöhungen)

eine Bestimmung, welche die Erhöhung des Entgelts für Waren oder Leistungen vorsieht, die innerhalb von vier Monaten nach Vertragsabschluß geliefert oder erbracht werden sollen; dies gilt nicht bei Waren oder Leistungen, die im Rahmen von Dauerschuldverhältnissen geliefert oder erbracht werden;

Materialien: 1. Teilber 64; RefE 13; RegE 27 –
s STAUDINGER/SCHLOSSER Einl 6 ff zum AGBG.

Schrifttum

BAUR, Preisänderungsklauseln, Vertragsanpassungsklauseln und Höhere-Gewalt-Klauseln in langfristigen Lieferverträgen über Energie, ZIP 1985, 905
HORN, Vertragsbindung unter veränderten Umständen, NJW 1985, 1118
LÜBKE-DETRING, Preisklauseln in AGB (1989)
PAULUSCH, Vorformulierte Leistungsbestimmungsrechte des Verwenders, RWS Forum 2 (1987) 55
R M WIEDEMANN, Preisänderungsvorbehalte (1991)
M WOLF, Preisanpassungsklauseln in Allgemeinen Geschäftsbedingungen unter Kaufleuten, ZIP 1987, 341.

I. Allgemeines

1. Regelungsanliegen

§ 11 Nr 1 ist Teil eines Bündels von Regelungen, welche sich gegen eine Klauselpraxis richten, die den Kunden einer Häufung von Ungewißheiten aussetzt. Ist die Lieferfrist unbestimmt, sind evtl außerdem lange oder unbestimmte Nachfristen iSv § 326 Abs 1 BGB vorgesehen, ist in das Klauselwerk auch noch ein Preisänderungsvorbehalt aufgenommen („am Tage der Lieferung geltende Preise") und ist außerdem ein Leistungsänderungsvorbehalt vorgesehen, so kann der Kunde zum Objekt nahezu beliebiger Preisspekulation gemacht werden. Rspr und Lit waren vor Erlaß des AGBG sehr tolerant und beschränkten sich darauf, den Umfang von Preiserhöhungen nach § 315 Abs 3 BGB zu überprüfen (s etwa BGHZ 1, 353 = NJW 1951, 711; MDR 1957, 84; NJW 1971, 835; 1972, 677 – wN bei SCHLOSSER/COESTER-WALTJEN Fn 9, 13). Der Text des § 11 Nr 1 ist angelehnt an die Formulierungen der damaligen Preisangaben-VO von 1973 (BGBl I 461) in § 1 Abs 1, 5, die nunmehr in § 1 Abs 1, 4 PAngVO vom 14. 3. 1985 (BGBl I 580) übernommen worden sind. Der jetzige Text (Fassung v 22. 7. 1997 – BGBl I 1870) lautet:

(1) Wer Letztverbrauchern gewerbs- oder geschäftsmäßig oder regelmäßig in sonstiger Weise Waren oder Leistungen anbietet oder als Anbieter von Waren oder Leistungen gegenüber Letztverbrauchern unter Angabe von Preisen wirbt, hat die Preise anzugeben, die einschließlich der Umsatzsteuer und sonstiger Preisbestandteile unabhängig von einer Rabattgewährung zu zahlen sind (Endpreise). Soweit es der allgemeinen Verkehrsauffassung entspricht, sind auch die Verkaufs- oder Leistungseinheit und die Gütebezeichnung anzugeben, auf die sich die Preise beziehen. Auf die Bereitschaft, über den angegebenen Preis zu verhandeln, kann hingewiesen werden, soweit es der allgemeinen Verkehrsauffassung entspricht und Rechtsvorschriften nicht entgegenstehen.

...

(4) Bestehen für Waren oder Leistungen Liefer- oder Leistungsfristen von mehr als 4 Monaten, so können abweichend von Abs 1 S 1 für diese Fälle Preise mit einem Änderungsvorbehalt angegeben werden. Dabei sind auch die voraussichtlichen Liefer- und Leistungsfristen anzugeben. Die Angabe von Preisen mit einem Änderungsvorbehalt ist auch zulässig für Waren oder Leistungen, die im Rahmen von Dauerschuldverhältnissen erbracht werden, sowie bei Leistungen, deren Preise auf Verträgen, Beschlüssen oder Empfehlungen iS des § 99 Abs 1 Nr 1 des Gesetzes gegen Wettbewerbsbeschränkungen beruhen.

Diese Verordnung hat nur aufsichtsrechtlichen Gehalt; geschützt wird die marktwirtschaftliche Ordnung, die dem Verbraucher eine klare und wahre Information und die Möglichkeit zu Preisvergleichen geben soll. Ein Verstoß gegen die PAngVO stellt daher eine Ordnungswidrigkeit dar, berührt aber die Frage der vertraglichen Wirksamkeit nicht; ihre Normen sind weder Verbotsgesetze iS des § 134 BGB noch Schutzgesetze iS des § 823 Abs 2 BGB (BGH NJW 1974, 859).

2. Der Anwendungsbereich

2 a) § 11 Nr 1 gehört zu den wenigen Vorschriften im Katalog unwirksamer Klauseln, die nicht schon im Wortlaut auf die Benachteiligung des Vertragspartners des Verwenders abstellen. Ist Verwender derjenige Teil, welcher die Geldleistung zu erbringen hat und trägt dieser auch die Formulierungsverantwortung, dann bedarf § 11 Nr 1 freilich einer teleologischen Reduktion. Der Verwender kann sich dann unmöglich den von ihm formularmäßig selbst zugestandenen Preiserhöhungsbefugnissen seines Vertragspartners entziehen. Wenn der Verwender jedoch selbst Bedingungswerke aufgreift (vgl auch § 24 Nr 1), die er auf dem Markt vorfindet oder die von Verbänden empfohlen wurden, dann besteht kein Grund, warum nicht ausnahmsweise auch eine ihn benachteiligende Klausel unwirksam sein soll. Dies dürfte selbst dann gelten, wenn es sich um ein Verbrauchergeschäft handelt (§ 24 a Nr 1), was allerdings praktisch kaum relevant werden wird.

3 b) § 11 Nr 1 ist schlechthin unanwendbar auf ein **Dauerschuldverhältnis**. Dazu rechnet man üblicherweise im Anschluß an die Gesetzesmaterialien (BT-Drucks 7, 5422, 8) auch Wiederkehrschuldverhältnisse (allgM; BGH NJW-RR 1986, 211, 212 – Sukzessivlieferungsvertrag über Werbezündhölzer). Raten- oder Teillieferungsverträge sind

jedoch keine Dauerschuldverhältnisse (SCHLOSSER/COESTER-WALTJEN Rn 26; WOLF Rn 24). Zum Begriff des Dauerschuldverhältnisses s § 10 Nr 3 Rn 29.

Liegt ein Dauerschuldverhältnis vor, so kann eine Entgelterhöhungsklausel auch wirksam sein (s näher dazu unten Rn 21), wenn sie für Leistungen vorgesehen ist, die innerhalb von vier Monaten nach Vertragsschluß erbracht werden sollen. Man wollte damit sicherstellen, daß Unternehmen, die massenhaft Dauerschuldverhältnisse begründen (Versicherungen, Großvermieter), für alle ihre Vertragspartner zu einem einheitlichen Zeitpunkt von dem Vorbehalt Gebrauch machen können (SCHLOSSER/ COESTER-WALTJEN Rn 25). Ausnahmsweise wird man jedoch § 11 Nr 1 auf ein Dauerschuldverhältnis dann anwenden können, wenn ein solches für eine Zeit von nur vier Monaten oder für eine noch kürzere Dauer vereinbart worden ist.

Ermächtigungen zu rückwirkenden Preiserhöhungen sind auch in Zusammenhang mit Dauerschuldverhältnissen in aller Regel überraschend (s STAUDINGER/SCHLOSSER § 3 Rn 31) und können somit nicht Vertragsbestandteil werden.

c) Die früher vorgesehene Ausnahme für Beförderungstarife nach § 99 Abs 1, 2 **4** Nr 1 GWB ist mit der Neufassung des GWB vom 22.12.1989 (BGBl I 2486) ab 1.1.1990 entfallen.

d) Im Bereich der **Wohnraummiete** enthält das Gesetz zur Regelung der Miethöhe **5** in §§ 10, 10 a Sonderregelungen, die dem AGBG vorgehen; für Reiseverträge iS des § 651 a Abs 1 BGB sind zusätzlich zu § 11 Nr 1 die zwingenden Regelungen des § 651 a Abs 1, 4 BGB zu beachten.

e) Eine § 11 Nr 1 nicht verdrängende Sonderregelung enthält § 3 WährG. Nach **6** dieser Vorschrift erteilte Genehmigungen sind, weil allein an währungspolitischen Gesichtspunkten ausgerichtet, nicht der Kontrolle des § 11 Nr 1 oder des § 9 entzogen. Die Tatsache allein, daß durch das Genehmigungsverfahren die Aufmerksamkeit des Kunden in besonderer Weise auf eine solche Klausel gelenkt worden ist, macht diese freilich noch nicht zur Individualvereinbarung (s STAUDINGER/SCHLOSSER § 1 Rn 31). Nicht genehmigte Klauseln sind bereits wegen Verstoßes gegen § 3 WährG unwirksam.

f) Festpreisvereinbarungen und andere Individualvereinbarungen, die ausdrück- **7** lich oder sinngemäß eine Preisänderung ausschließen, gehen während der Dauer ihrer Geltung (vgl BGH NJW 1985, 2270) nach § 4 vor, abweichende AGB sind unwirksam (s STAUDINGER/SCHLOSSER § 4 Rn 7). Nicht jede individualvertragliche Festlegung eines bestimmten Preises schließt jedoch eine Preisänderung aus (ansonsten würde § 11 Nr 1 überwiegend ins Leere gehen).

g) Zu den **kartellrechtlichen Fragen**, die auftreten, wenn AGB die Form von Kon- **8** ditionenempfehlungen annehmen, s STAUDINGER/SCHLOSSER Einl 23 ff zum AGBG.

II. Regelungsinhalt

1. Tatbestandlich betroffene Verträge

9 Die – gemessen an der Begriffsbildung des BGB – auffällige Formel „Waren oder Leistungen" ist Folge einer dogmatischen Sorglosigkeit der Gesetzesredaktion und soll nicht etwa den Anwendungsbereich auf bestimmte Vertragstypen oder -arten beschränken. Grundstücke fallen zwar nicht unter den Begriff „Waren", doch dürfte eine analoge Anwendung angezeigt sein (ULMER/HENSEN Rn 4). Vorverträge unterliegen keiner Ausnahme. Wenn jedoch nicht sicher ist, ob sowohl der Hauptvertrag noch innerhalb von vier Monaten nach Zustandekommen des Vorvertrags geschlossen als auch innerhalb dieser Frist (gemessen vom Abschluß des Vorvertrages an) die Sachleistung erbracht werden soll, ist ein Preisänderungsvorbehalt zulässig. Der Begriff **„Entgelt"** umfaßt alles, was der Vertragspartner als Gegenleistung aufwenden muß (idS, aber ungenau BGH NJW 1980, 2133); er bezieht sich seinerseits nicht notwendigerweise auf eine Geldleistung. Auch andere Leistungen und selbst Obliegenheiten des Kunden können gemeint sein, wie etwa dessen Hilfsleistungen im Zusammenhang mit der Abwicklung von Bauverträgen (SCHLOSSER/COESTER-WALTJEN Rn 16). Anders als die PAngVO spricht das AGBG nicht von „Preisen". Erfaßt sind nur Vereinbarungen, die das Entgelt für **künftig** zu erbringende Leistungen verändern; rückwirkende „Preis"-Erhöhungen fallen nicht unter § 11 Nr 1, dürften aber nach § 9 (im Erst-Recht-Schluß) unwirksam sein, wenn nicht bereits ihre Einbeziehung an § 3 scheitert.

2. Vereinbarte Leistungszeit von weniger als vier Monaten

10 Als Zeit für die (vollständige!) Erbringung der Leistung darf, soll das Klauselverbot eingreifen, eine solche von höchstens vier Monaten vorgesehen sein. Stillschweigend vorausgesetzt ist, daß es sich um die Leistung des Verwenders handelt (WOLF Rn 14; s auch oben Rn 2).

11 a) Die Vorschrift ist zugeschnitten auf Fälle, in denen vertraglich (formularmäßig oder individuell) eine Leistungszeit vereinbart ist. Es kommt lediglich auf die **vereinbarte Leistungszeit** an (BURCK DB 1978, 1385). Wird die versprochene Leistung nur tatsächlich später als vier Monate nach Vertragsabschluß erbracht, so ist dies kein Fall, für den eine Preisänderung vereinbart werden konnte (allgM; OLG Stuttgart NJW-RR 1988, 786, 788). Die Klausel „Der vereinbarte Preis gilt für vier Monate, danach ..." ist im gesetzeskonformen Sinne so auszulegen, daß er auf die vereinbarte Leistungszeit abstellt. Ist eine Leistungszeit von mehr als vier Monaten vereinbart, wird aber tatsächlich früher geleistet (§ 271 Abs 2 BGB), so kann der zulässigerweise vereinbarte Vorbehalt auch für diese Leistung ausgeübt werden. Auf die tatsächliche Leistungszeit kann hingegen in einer Klausel abgestellt werden, wenn die Verschiebung gegenüber der vereinbarten Leistungszeit allein auf einen vom Vertragspartner des Verwenders zu vertretenden (zB Unterlassung einer diesem obliegenden Mitwirkungshandlung) oder in dessen Risikosphäre liegenden Umstand zurückzuführen ist und damit der Leistungszeitpunkt vier Monate nach Vertragsschluß liegt (ULMER/HENSEN Rn 7; WOLF Rn 16; LÖWE/TRINKNER Rn 10).

12 Der bei einer vorgesehenen Leistungszeit von weniger als vier Monaten „vereinbarte" Preisänderungsvorbehalt ist „unwirksam", also nicht Inhalt des Vertrages geworden. Schon aus rechtslogischen Gründen wird die Klausel daher auch nicht wirksam, wenn die Leistungszeit nachträglich verlängert wird, selbst wenn die Verlängerung als solche mehr als vier Monate ausmacht (SCHLOSSER/COESTER-WALTJEN Rn 23 mit zusätzlichen Argumenten; WOLF Rn 18). Werden anläßlich der Verlängerung die AGB erneut in den Vertrag einbezogen, was ggf unter Beachtung von § 2 zu geschehen hat, so ist danach zu unterscheiden, ob die Verlängerung mehr oder weniger als vier Monate ausmacht.

Ist die Leistungszeit in einer kalendermäßig bestimmten Weise vereinbart, so sind die Fristen nach §§ 186 ff BGB zu berechnen. Ist die Leistungszeit nicht genau bestimmt, aber immerhin noch in einer dem § 11 Nr 1 Rechnung tragenden Weise festgelegt, so ist von der gerade noch denkbar längsten vertragsmäßigen Leistungsfrist auszugehen. **13**

Ist ein **Leistungszeitraum** vereinbart („Lieferzeit 15. 3. bis 15. 4."), so kommt es auf das Ende des Zeitraums an, denn erst zu diesem läuft die Leistungsfrist ab (OLG Frankfurt aM NJW 1983, 946; WOLF Rn 16). Die Frist beginnt erst ab Vertragsschluß, nicht bereits ab Unterschrift zu laufen (OLG Frankfurt aM DB 1981, 884). **14**

b) Ist **keine Leistungszeit** vereinbart, so ist die Leistung nach § 271 BGB im allgemeinen sofort fällig. § 11 Nr 1 ist dann ohne weiteres anwendbar. Ist eine spätere Leistungszeit im Sinne der genannten Norm „den Umständen zu entnehmen", so sollte man für die Anwendbarkeit von § 11 Nr 1 wiederum auf die gerade noch denkbar längste vertragsmäßige Leistungszeit abstellen. **15**

c) Im **abstrakten Unterlassungsverfahren** kann es sein, daß Klauseln zu beurteilen sind, ohne daß gesagt werden könnte, ob sie sich auf Leistungsfristen von mehr oder weniger als vier Monaten beziehen, weil im Klauselwerk eine individuelle Festlegung der Leistungsfristen vorgesehen ist. Dann ist die Klausel unwirksam, wenn sie so formuliert ist, daß sie kürzere Leistungsfristen als vier Monate miterfaßt (BGH NJW 1985, 855, 856; WOLF Rn 19; zu Verträgen mit üblicherweise längeren Leistungsfristen LG Itzehoe AGBE I § 11 Nr 10 – Bauverträge). **16**

3. Erhöhung des Entgelts

a) § 11 Nr 1 verbietet eine Klausel, die eine Erhöhung des Entgelts, dh also eine **Veränderung** der Gegenleistung vorsieht. Eine Veränderung setzt voraus, daß zunächst ein Entgelt – individualvertraglich oder formularmäßig – von den Parteien vereinbart worden ist. Fehlt es an einer solchen Vereinbarung und haben die Parteien individualvertraglich das Offenlassen des Preises verabredet, so besteht kein Ansatz für eine Inhaltskontrolle nach dem AGBG (so auch MünchKomm/BASEDOW Rn 14); in Betracht kommt lediglich eine Inhaltskontrolle nach den allgemeinen Grundsätzen (dazu FASTRICH, Richterliche Inhaltskontrolle im Privatrecht; COESTER-WALTJEN AcP 191 [1991] 1). Ergibt sich die Unbestimmtheit des Entgelts aus einer AGB-mäßigen Primärvereinbarung wie zB bei circa-Preisen, „preisfreibleibend" oder „jeweiliger Listenpreis" in der primären Formulierung der Gegenleistungspflicht, so greift § 11 Nr 1 ebenfalls nicht ein. Das gleiche gilt etwa für Kapitalmarktgeschäfte, bei denen das Entgelt als durch den **jeweiligen** Devisen- oder Kapitalmarktpreis **17** bestimmt vereinbart wird (so wohl auch WOLF Rn 4). Derartige formularmäßige Vereinbarungen sind an § 3 (s STAUDINGER/COESTER § 8 Rn 16) und – soweit es sich um inhaltlich kontrollfähige Klauseln handelt (s STAUDINGER/COESTER § 8 Rn 21) – an § 9 zu messen (SOERGEL/STEIN Rn 4; offengelassen in BGH NJW 1983, 1603, 1605; aM wohl MünchKomm/BASEDOW Rn 16 – reine Individualvereinbarung; problematisch, weil für Maßstab des § 11 Nr 1 und Einbeziehung der PAngVO: ULMER/HENSEN Rn 4; ähnlich WOLF Rn 4). Ist hingegen ein konkreter Preis vereinbart, der dann durch die formularmäßigen Zusätze „freibleibend" oder „unverbindlich" relativiert wird, so liegt ein Preisänderungsvorbehalt iS des § 11 Nr 1 vor (BGH NJW 1983, 1603, 1604; MünchKomm/BASEDWO Rn 16; wohl auch ULMER/ HENSEN Rn 4; WOLF Rn 4). Dies gilt erst recht, wenn der Vorbehalt nicht in einem unmittelbaren Zusatz zur Entgeltvereinbarung, sondern in anderen Bestimmungen des Klauselwerks enthalten ist, zB „Der (Verwender) ist berechtigt, die am Tag der Lieferung geltenden Preise zu berechnen" (BGH NJW 1985, 855), „Die Preise erhöhen sich um...", „Es gilt der jeweilige Tagespreis" (ähnlich BGH NJW 1983, 1603).

18 b) Klauseln, die nur festlegen, für welche Leistungen der Preis nicht gilt (zB Versand- und Verpackungskosten, Fahrtkosten und -zeiten, Montage etc), fallen nicht unter § 11 Nr 1 (ULMER/HENSEN Rn 6). Ihre Wirksamkeit ist nach § 3 und § 9 zu prüfen (s STAUDINGER/COESTER § 8 Rn 25). Soweit sie sich als kontrollfest erweisen (BGH ZIP 1987, 2118 – Barclays; OLG Karlsruhe ZIP 1997, 70; unzulässig zB „zuzüglich Umsatzsteuer": BGH NJW 1981, 979), ist allerdings ein in dieser „Preisnebenabrede" enthaltener Preiserhöhungsvorbehalt ebenfalls an § 11 Nr 1 zu messen (MünchKomm/BASEDOW Rn 17). Auch hier darf also für innerhalb von vier Monaten zu erbringende Leistungen das Entgelt nicht erhöht werden (vgl BGH NJW 1980, 2133 – Umsatzsteuererhebungen). Etwas anderes kann lediglich dann gelten, wenn es sich um einen reinen Aufwendungsersatz und nicht um eine Gegenleistung handelt (MünchKomm/BASEDOW Rn 17, 14). Hier ist allerdings eine sorgfältige Analyse des jeweiligen Vertrages geboten; keinesfalls kann der Verwender über die Ausgliederung von Leistungsteilen als „Aufwendungsersatz" das Risiko der Selbstkostensteigerung auf den Kunden verlagern. Die Vergütung von Fahrtkosten und Fahrtzeiten bleibt ein Entgelt, auch wenn sie (wirksam) aus dem vereinbarten Preis ausgegliedert sein sollte. Ein Änderungsvorbehalt bei der Erhöhung der Kraftstoffpreise oder der Kfz-Steuer fällt daher ebenfalls unter § 11 Nr 1.

19 c) Klauseln, die keine Entgelterhöhung vorbehalten, sondern die Möglichkeit der Verringerung der Gegenleistung vorsehen, enthalten keine Preiserhöhung iS des § 11 Nr 1, sondern fallen unter § 10 Nr 4 (s dort Rn 7; MünchKomm/BASEDOW Rn 15). Ein Vorbehalt der Entgelterhöhung ist auch nicht gegeben, wenn eine Preisänderung für den Fall vorgesehen wird, daß der Vertragspartner des Verwenders umfangreichere oder aufwendigere Leistungen begehrt. Leistungsänderungen des Verwenders, die dem Kunden nach § 10 Nr 4 zumutbar sind und das Preis-Leistungs-Verhältnis verschieben, sind keine Preiserhöhung iS des § 11 Nr 1; eine Gegenleistungsänderung, die die Beurteilung der Zumutbarkeit nach § 10 Nr 4 beeinflußt, ist gegebenenfalls an § 9 zu messen (s auch unten Rn 21). Ist die Leistungsänderung durch behördliche Auflagen veranlaßt, so ist entscheidend, in wessen Risikobereich derartige Auflagen fallen. Liegen sie in der Sphäre des Kunden – wie zB bei dem Vertragsobjekt zugute kommenden Verbesserungen –, so erscheint seine Belastung ebenfalls nicht unbillig. Liegen sie in der Sphäre des Verwenders – wie zB bei Arbeitssicherheitsvorschriften –, so sind sie auch von diesem zu tragen, denn der Wert der Leistung, die der Kunde erhält, verändert sich dadurch nicht. Insofern handelt es sich um eine Preiserhöhung. Klauseln, die Preisaufschläge im Falle behördlicher Auflagen ermöglichen, müssen daher im Hinblick auf § 5 AGBG in der Formulierung deutlich machen, daß sie sich nur auf wertsteigernde Auflagen beziehen.

d) Ansonsten ist für § 11 Nr 1 unerheblich, in welcher Form die Entgeltveränderung vorbehalten wird. Hierher gehören sowohl Preisberichtigungsklauseln infolge von Kalkulationsirrtümern, wodurch die Einschränkung des Lösungsrechts in § 10 Nr 3 ergänzt wird (ULMER/HENSEN Rn 5; aM WOLF Rn 10 – § 9 anwendbar), als auch automatische bzw nichtautomatische Preisänderungs- (BGHZ 93, 252, 255; BGH ZIP 1986, 898), Preisvorbehalts- (BGH NJW 1983, 603), Preisgleit-, Preisspannungs- und Preisneuverhandlungsklauseln (dazu HORN AcP 181 [1981] 355; ders NJW 1985, 1118). Sie alle werden – soweit sie nicht schon aus anderen Gründen (s oben Rn 5 ff) unwirksam sind – vom Verdikt des § 11 Nr 1 erfaßt. **20**

4. Zulässige Entgelterhöhungen

a) Soweit ein Preisänderungsvorbehalt grundsätzlich möglich ist – es also um ein Dauerschuldverhältnis geht oder ein Leistungszeitpunkt vereinbart ist, der mindestens vier Monate nach Vertragsschluß liegt –, ist die Änderungsmöglichkeit nach § 9 zu beurteilen (allgM, vgl BGH NJW 1985, 2270). Der Kontrolle des § 9 unterliegt dabei die Änderungs**möglichkeit**, während die Ausübung dieser Möglichkeit an §§ 314 ff BGB zu messen ist. **21**

Ein schützenswertes Interesse des Verwenders an einer Preisänderungsmöglichkeit kann in diesen Fällen nicht generell verneint werden. Der Verwender sollte die Möglichkeit haben, sich vor (1) ungewissen, nicht vorhersehbaren (2) Kostensteigerungen (BGHZ 95, 335 = NJW 1985, 2270) zu schützen, soweit diese (3) erheblich sind und (4) seinen Gewinn verringern. Nicht hingegen hat er – außerhalb von Dauerschuldverhältnissen (zu diesen sogleich Rn 22) – ein schützenswertes Interesse an der Steigerung seines Gewinns, wenn sich die Marktlage ändert (BGH ZIP 1989, 1196, 1197; BGHZ 94, 335 = NJW 1985, 2270; BGH NJW 1980, 2518). Insoweit muß sich der Verwender den Grundsatz pacta sunt servanda als wesentlichen Grundgedanken der Rechtsordnung entgegenhalten lassen. Gegenüber den berechtigten Interessen des Verwenders gilt es andererseits, den Vertragspartner davor zu schützen, (5) daß er des Vorteils eines individuell besonders günstig ausgehandelten Preises verlustig geht (ULMER/HENSEN Rn 14; BGH NJW 1996, 1347 – zu § 2 Nr 5 S 1 VOB/B), (6) daß der Verwender die Preise stärker erhöht, als durch die Veränderung der Kosten veranlaßt ist (BGH NJW 1982, 331; LG Bonn NJW-RR 1992, 917), und (7) daß die vertragliche Belastung für ihn kalkulierbar (BGH NJW 1980, 2518) und tragbar bleibt (BGH BB 1986, 1875; BGHZ 119, 55, 59 = NJW 1992, 2356). Diese Eckdaten für die Interessenabwägung lassen eine Preisänderungsklausel nur dann wirksam erscheinen, wenn sie zum einen Maß und Gründe der Anpassung soweit wie möglich und sinnvoll konkretisiert (WIEDEMANN 143; MünchKomm/BASEDOW Rn 21), zum anderen, soweit eine Konkretisierung nicht möglich oder wegen der dadurch entstehenden Unübersichtlichkeit (Intransparenz) nicht sinnvoll ist (PAULUSCH 74 f; WOLF ZIP 1987, 354; OLG Celle BB 1984, 808, 809), die begrenzte Kalkulier- und Tragbarkeit für den Kunden durch ein Lösungsrecht kompensiert. Dabei sollten die Gründe die Unvorhersehbarkeit und die wesentliche Erhöhung der Kostenfaktoren erkennen lassen; das Maß der Erhöhung muß angemessen sein und im Verhältnis zum Ausgangspreis stehen (OLG Düsseldorf VuR 1997, 245 – Flüssiggas: Bestimmtheitsgebot verletzt). Ist die Preiserhöhung auch durch wertsteigernde Leistungsänderungen veranlaßt (s oben Rn 19), so werden auch diese in das das Lösungsrecht auslösende Ausmaß der Preiserhöhung einberechnet (OLG Hamm BB 1994, 1739). Das Lösungsrecht muß – auch bei Dauerschuldverhältnissen – eine sofortige Lösung ermöglichen (OLG Celle BB 1984, 808, 809; zur Unwirksamkeit bei Fehlen eines Lösungsrechts OLG Düsseldorf ZIP 1984, 719).

22 b)   Bei Entgeltänderungsvorbehalten in Dauerschuldverhältnissen gelten diese Grundsätze ebenfalls; allerdings braucht hier die Entgeltänderungsmöglichkeit nicht ausschließlich von Kostensteigerungen abhängig gemacht zu werden, weil die für Dauerschuldverhältnisse typische Bindung für fernere Zeiträume – anders als ein auf einen einmaligen Leistungsaustausch ausgerichteter Vertrag – nicht in gleichem Maße vom Vertrauen des Vertragspartners auf die Unabänderlichkeit der Gegenleistung getragen ist; auch die Möglichkeit einer der allgemeinen Preisentwicklung entsprechenden Gewinnsteigerung sollte daher nicht ausgeschlossen sein (strenger wohl BGH ZIP 1989, 1196, 1197; großzügiger BGH BB 1986, 1875; zu Prämienerhöhungen in Versicherungsbedingungen s auch OLG Hamm VersR 1993, 1342; BGH VersR 1992, 1211; BVerwGE 61, 59; bei Energieverträgen BAUR ZIP 1985, 905; EBEL DB 1982, 2607; KUNTH/WOLLBURG BB 1985, 230).

23 c)   In jedem Fall ist aber auch auf den Vertragsgegenstand, die Angewiesenheit des Partners auf die versprochene Leistung (so richtig ULMER/HENSEN Rn 15) und die Risikobereiche der veränderten Marktverhältnisse abzustellen. Da die Bindung an das vereinbarte Entgelt der Normalfall ist, bedarf der Änderungsvorbehalt, nicht die Unzumutbarkeit der Änderung einer besonderen Begründung.

24 d)   Die Rechtsprechung hat beispielsweise Tagespreisklauseln im Kfz-Neuwagenhandel (BGHZ 82, 21 = NJW 1982, 331; BGH NJW 1983, 1603; BGHZ 90, 69 = NJW 1984, 1177; BGH NJW 1985, 622; dazu TRINKNER BB 1983, 924; JUNG BB 1983, 1058), Zinserhöhungsklauseln bei Darlehensverträgen (BGH NJW 1989, 1796), Preisanpassungsklauseln in Leasingverträgen (BGH NJW 1986, 1355), bei Vermietung von Fernmeldeanlagen (BGH ZIP 1989, 1196 = EWiR § 9 AGBG 6/90, 316; SCHLOSSER/COESTER-WALTJEN Rn 33 ff), beim Werklieferungsvertrag (Fensterhersteller – BGH NJW 1985, 853), bei Wartungsverträgen (BGH NJW-RR 1988, 819; OLG Celle BB 1984, 808, 809), des Reiseveranstalters (OLG Frankfurt aM NJW 1982, 2198; OLG München NJW-RR 1989, 46), bei Kabelanschlußverträgen (LG Frankfurt aM VersR 1995, 279) und für Unterrichtsverträge (OLG Frankfurt aM BB 1984, 942) für unwirksam erklärt. Beanstandet wurde dabei idR die fehlende Transparenz der Koppelung an Kostensteigerung und/oder das Fehlen eines Lösungsrechts des Vertragspartners (zB OLG Köln NJW-RR 1995, 758 – Miete von Telephonanlage). Für gültig wurde demgegenüber die Kostenerhöhung im Altenheimvertrag gehalten, die an eine Erhöhung der Pflegesätze anknüpft (OLG Düsseldorf NJW-RR 1989, 500).

5.   Spiegelbildliche Anwendung der Norm

25 Ein individuell nach den Leistungselementen variabel vereinbarter Preis (zB im Baugewerbe) kann formularmäßig nicht zum Festpreis gemacht werden. IdR wird es hier wegen § 4 oder zumindest § 3 bereits an einer wirksamen Einbeziehung fehlen. Preisermäßigungsklauseln in Einkaufsbedingungen sind nicht nach § 11 Nr 1, sondern nach § 9 zu beurteilen. Hier gelten die spiegelbildlichen Voraussetzungen für die Interessenabwägung (oben Rn 21).

6. Folgen der Unwirksamkeit

Unwirksame Preisänderungsklauseln waren der Auslöser für die Rechtsprechung, 26 die Grundsätze der ergänzenden Vertragsauslegung auch im Rahmen von § 6 Abs 2 anzuwenden (BGHZ 90, 69, 75 = NJW 1984, 1177). Diese Rechtsprechung hat sich unter Zustimmung des überwiegenden Teils der Literatur (ULMER NJW 1981, 2030; BUNTE NJW 1984, 1146; MEDICUS, in: 10 Jahre AGB-Gesetz 96; ULMER/SCHMIDT § 6 Rn 34 mwNw; krit FASTRICH, Richterliche Inhaltskontrolle im Privatrecht 343; TRINKNER BB 1983, 1875; COESTER-WALTJEN Jura 1988, 116; generell zur ergänzenden Auslegung RÜSSMANN BB 1987, 843) verfestigt (vgl BGH NJW 1996, 1213, 1215; BGH NJW 1996, 2092), obwohl gerade die unwirksamen Preisanpassungsklauseln ein eher unglückliches Beispiel sind, weil es an einer echten Lücke fehlt und die Grundsätze des Wegfalls der Geschäftsgrundlage schwerwiegende Unzuträglichkeiten verhindern. Die Ausfüllung durch die ergänzende Vertragsauslegung läuft idR auf ein Lösungsrecht für die Vertragspartner und eine Anpassung des Preises an konkrete Kostensteigerungen hinaus. Besondere Transparenz und Vorhersehbarkeit bietet diese richterlich Handhabe für keine der Parteien (vgl zB BGH ZIP 1989, 1196, 1197 = EWiR § 9 AGB 6/90, 316).

III. Verbraucher

Eine Parallelregelung zu § 11 Nr 1 sieht die Richtlinie im Anhang Nr 1 l vor. Aller- 27 dings decken sich Anwendungsbereich und Verbotsumfang nicht in vollem Maße. So erfaßt zum einen Nr 1 l keine Grundstücksverträge (zur analogen Anwendung von § 11 Nr 1 oben Rn 9) und auch nicht reine Gebrauchsüberlassungsverträge. Des weiteren verbietet Nr 1 l nicht nur Preisänderungsvorbehalte, sondern auch begrenzt offene Preisangaben – wie zB circa-Preise (aA WOLF RL Anh Rn 154). Schließlich ist nicht die völlige Unzulässigkeit der Preisfestsetzung oder -änderung – auch nicht für eine gewisse Zeit – vorgesehen; vielmehr verbietet Nr 1 l nur eine im Vergleich zum bei Vertragsschluß festgesetzten oder (bei circa-Preisen) als Maßstab angegebenen Preis unverhältnismäßige Erhöhung, die nicht mit einem Lösungsrecht des Verbrauchers korrespondiert. Übereinstimmung besteht insofern, als zwar nicht nach dem Wortlaut des Nr 1 l, wohl aber nach dem Gesamtcharakter der europarechtlichen Regelungen, insbesondere bei einer analogen Anwendung von Nr 1 j (keine Vertragsänderung ohne triftigen Grund) davon auszugehen ist, daß jedenfalls die Ausübung der Preisfestsetzung oder der Preisänderung vom Vorliegen eines triftigen Grundes abhängig gemacht werden muß (WOLF RLi Anh Rn 156; ULMER/HENSEN § 11 Nr 1 Rn 21). Im Unterschied zum deutschen Recht schließlich sieht Nr 2 d für Geschäfte mit Wertpapieren und für Preisindexklauseln eine Ausnahmeregelung vor.

Das deutsche Recht ist also in einigen Punkten nach § 11 Nr 1 strenger, da eine absolute Unzulässigkeit für Preisänderungsklauseln vorgesehen ist, wenn die Gegenleistung innerhalb von vier Monaten nach Vertragsschluß erfolgen soll; andererseits greift für die nicht von § 11 Nr 1 erfaßten Klauseln § 9 ein, der – wie oben dargelegt (Rn 21) – ebenfalls einen triftigen Grund für den Preisänderungsvorbehalt und ein Lösungsrecht sogar bereits bei nicht unerheblichem Preisanstieg verlangt (ULMER/HENSEN Rn 23). Ein Unterschied besteht allerdings insofern, als die deutsche Regelung im AGBG zum einen nur den Vorbehalt, nicht die Ausübung des vorbehaltenen Rechts erfaßt (Rn 21), zum anderen offene Preisvereinbarungen in der primären Formulierung der Gegenleistungspflicht (circa-Preise, jeweiliger Listenpreis – s oben Rn 17) zwar der Kontrolle des § 3 unterliegen können, im Hinblick auf die Festlegung des primären Leistungsinhalts aber Probleme bezüglich ihrer **inhaltlichen** Kontrollfähigkeit aufwerfen (s STAUDINGER/COESTER § 8 Rn 21; oben Rn 17; Inhaltskontrolle verneinend: MünchKomm/BASEDOW Rn 16). Eine restriktive Auslegung von Nr 1 l, die nur formularmäßige Zusätze zu einem an sich angegebenen Preis erfaßt (s Rn 17 – so WOLF RL Anh Rn 154), erscheint angesichts des klaren Wortlauts zumindest unpassend.

Sonderregelungen enthalten darüber hinaus Art 3 Abs 2 S 2 Time-Sharing-Richtlinie 94/47/EG (NJW 1995, 375, 376); Art 4 Abs 2 b Verbraucherkredit-Richtlinie (ABl L 42/48 v 12.12.1987) und Art 3 Abs 4 a Pauschalreisen-Richtlinie (ABl L 158/59 v 23.6.1990), die jedoch alle weniger streng sind als § 11 Nr 1 (zu Einzelheiten NASSALL JZ 1995, 693).

Problematisch schließlich ist die Anwendung dieser Grundgedanken auf vorformulierte Individualverträge. Dem Verwender wird – zumindest bei Annahme der Kontrollfähigkeit offener Preisvereinbarungen – die Möglichkeit genommen, gegenüber Verbrauchern in Einzelfällen einen Preisvorbehalt zu vereinbaren, wenn die Leistung innerhalb der ersten vier Monate nach Vertragsschluß erbracht werden soll. Unproblematisch hingegen erscheint die Ausrichtung einer offenen Preisvereinbarung und eines Preisvorbehalts für längerfristige Verträge an § 9. Zu den hier nach § 24 a in Anlehnung an Art 4 Richtlinie zu beachtenden Umständen des Einzelfalles gehört sicherlich auch das konkret dem Verwender entgegengebrachte Vertrauen auf eine Beständigkeit des Preises.

IV. Beruflicher Verkehr

28 Das strikte Verbot des § 11 Nr 1 ist im kaufmännischen Verkehr auch nicht über § 9 anwendbar (teilw aM vWESTPHALEN NJW 1982, 2465, 2473 – soweit Kaufmann an Verbraucher weiterverkauft). Allerdings sind auch im kaufmännischen Verkehr Preisanpassungsklauseln redlich auszugestalten. Hierzu gehört vor allem eine Relation der Preisänderungsmöglichkeiten zu den Preisberechnungsfaktoren sowie ein Schutz vor untragbaren Erhöhungsmöglichkeiten. Das Lösungsrecht des Kunden spielt dabei im kaufmännischen Verkehr eine geringere Rolle (ULMER/HENSEN Rn 18; WOLF ZIP 1987, 341, 344). Unberechenbarkeit der späteren Preissteigerungen und Kalkulierbarkeit des Risikos für den Vertragspartner müssen in einem ausgewogenen Verhältnis stehen. In der Praxis sind bisher Klauseln aus dem kaufmännischen Bereich selten beanstandet worden (BGHZ 92, 200 = NJW 1985, 426; BGHZ 93, 252 = NJW 1985, 853; OLG Köln NJW-RR 1990, 401 – Großmarkthallenstand; OLG Hamburg ZIP 1983, 700 – Schmieröl; BGH NJW-RR 1986, 212 – Werbezündhölzer; vgl aber OLG Düsseldorf DB 1982, 537 – Fertighalle: ohne Offenlegung der Kalkulation unwirksam). In dem auf schnelle Reaktion angewiesenen Handelsverkehr wird man auch keine generelle Mindestzeit für unveränderbare Preise angeben können (aM WOLF ZIP 1987, 341, 347 – vier bis sechs Wochen).

Vorsichtiger hingegen wird man Preisänderungsvorbehalte prüfen müssen, wenn sie beruflich oder gewerblich tätige Kunden treffen, die nicht Kaufleute sind, aber nach der Änderung von § 24 AGBG dennoch aus dem direkten Anwendungsbereich des

§ 11 ausgegliedert sind. Hier ist der generell-abstrakte Maßstab des § 9 je nach Geschäfts- und Berufszweig, Vertragsgegenstand und Vertragsumfang zu variieren.

§ 11 Nr 2
Leistungsverweigerungsrechte

In Allgemeinen Geschäftsbedingungen ist unwirksam ...

2. (Leistungsverweigerungsrechte)

eine Bestimmung, durch die

a) das Leistungsverweigerungsrecht, das dem Vertragspartner des Verwenders nach § 320 des Bürgerlichen Gesetzbuchs zusteht, ausgeschlossen oder eingeschränkt wird, oder

b) ein dem Vertragspartner des Verwenders zustehendes Zurückbehaltungsrecht, soweit es auf demselben Vertragsverhältnis beruht, ausgeschlossen oder eingeschränkt, insbesondere von der Anerkennung von Mängeln durch den Verwender abhängig gemacht wird;

Materialien: 1. Teilber 66; RefE 13; RegE 28 –
s STAUDINGER/SCHLOSSER Einl 6 ff zum AGBG.

I. Allgemeines

1. Gesetzgeberisches Grundanliegen

Die Vorschrift ist der notwendige Ausgleich dafür, daß gesetzliche Aufrechnungsmöglichkeiten in weitem Umfang abdingbar sind. Die Quintessenz der gesetzgeberischen Entscheidung ist, daß nur solche Zurückbehaltungsrechte ausgeschlossen werden können, die nicht auf demselben Vertragsverhältnis beruhen. Die Bestimmung ist erheblich strenger als die frühere Rspr (dazu SCHLOSSER/COESTER-WALTJEN Rn 6 Fn 11). Ein Verbot, formularmäßig eine **Vorleistungspflicht** zu vereinbaren, enthält die Vorschrift aber nicht; allerdings haben sich sowohl die Abgrenzung als auch die Grenzen der formularmäßigen Vereinbarung einer Vorleistungspflicht als ein wesentliches Problem der Rechtsprechung herausgestellt (unten Rn 8). 1

2. Verhältnis der beiden Teile der Vorschrift zueinander

Der zweigliedrige Aufbau der Vorschrift entspricht der Unterscheidung zwischen dem Leistungsverweigerungsrecht bei synallagmatisch miteinander verknüpften Leistungen gem § 320 BGB und dem Zurückbehaltungsrecht bei Ansprüchen „aus demselben rechtlichen Verhältnis" gem § 273 BGB. Auf andere gesetzliche Leistungsverweigerungsrechte (etwa §§ 321, 1000, 1160, 1161 BGB) bezieht sich die 2

Vorschrift nicht (BGHZ 95, 362 = NJW 1985, 43 – keine Anwendug auf Aufrechenbarkeitseinrede des Bürgen; aA WOLF Rn 11 – auch §§ 321, 478 umfaßt). Das aus §§ 639, 478 BGB sich ergebende Recht fällt unter § 273 BGB, ist also ebenfalls umfaßt (ULMER/HENSEN Rn 7). Zum Handelsrecht s Rn 10.

Nr 2 a ist nur anwendbar, wenn sämtliche gesetzliche Voraussetzungen von § 320 BGB (dort STAUDINGER/OTTO [1995] Rn 9 ff) vorliegen. Ihr Anwendungsbereich ist verhältnismäßig klein. Sie betrifft vor allem Fälle nicht oder schlecht erfüllter Nachbesserung, unterbliebener Nachlieferung und teilweiser Nichterfüllung bei Sukzessivlieferungsverträgen (SCHLOSSER/COESTER-WALTJEN Rn 15). Weiter sind die Rückgewährschuldverhältnisse zu nennen, wenn die Vertragsparteien nach Aufhebung des Vertrages die erbrachten Leistungen zurückzugeben haben (MünchKomm/BASEDOW Rn 31; OLG Celle AGBE I § 9 Nr 139 maß allerdings die Pflicht zur sofortigen Rückgabe im Falle des Rücktritts an § 9). § 348 BGB ist durch seinen Verweis auf § 320 BGB mitumfaßt.

Nr 2 b erfaßt das Zurückbehaltungsrecht nach § 273 BGB, das von der Rspr durch großzügige Auslegung des Begriffs „aus demselben **rechtlichen Verhältnis**" stark erweitert wurde (STAUDINGER/SELB [1995] § 273 Rn 13 ff), nur insoweit, als es sich um „dasselbe **vertragliche Verhältnis**" handelt. Es sind somit nicht alle nach § 273 BGB begründeten Zurückbehaltungsrechte betroffen, insbes nicht solche aus früheren Geschäften oder aus anderen Geschäften bei laufender Geschäftsverbindung (ULMER/HENSEN Rn 7; MünchKomm/BASEDOW Rn 38). Unter Nr 2 b fallen in jedem Falle jedoch alle Teile eines Sukzessiv- oder Ratenlieferungsvertrages sowie alle vertraglichen Dauerschuldverhältnisse (SCHLOSSER/COESTER-WALTJEN Rn 19).

Der letzte Halbsatz „Anerkennung von Mängeln" darf nicht dazu verführen, § 11 Nr 2 b als Anwendungsfall nur von § 320 BGB, nicht aber auch von § 273 BGB anzusehen. Die Vorschrift hat auch dort ihren Anwendungsbereich, wo § 273 BGB für nichtsynallagmatische Verpflichtungen aus demselben Vertrag eingreift, nämlich bei anderen Gewährleistungsansprüchen als Nachbesserung und Nachlieferung (s Rn 3), im Falle von Schadensersatzansprüchen wegen Verletzung vertraglicher Nebenpflichten sowie aller Sekundäransprüche wegen Spät- und Schlechterfüllung (SCHLOSSER/COESTER-WALTJEN Rn 21). Auf das Leistungsverweigerungsrecht nach § 321 BGB bezieht sich § 11 Nr 2 b nicht.

3. Verhältnis von § 11 Nr 2 zu § 11 Nr 10 d

3 § 11 Nr 10 d geht weiter als § 11 Nr 2 a, da er nicht nur den Ausschluß der Gegenrechte des Kunden verbietet, sondern auch die Erschwerung der aktiven Geltendmachung der Ansprüche. Welche Vorschrift einschlägig ist, entscheidet sich letztlich danach, ob der Verwender Zahlung verlangt oder der Kunde Nachbesserung begehrt (ERMAN/HEFERMEHL Rn 6; LÖWE/VWESTPHALEN Rn 16 ff). § 11 Nr 2 b und § 11 Nr 10 d überschneiden sich nicht, da Nachbesserungs- und Ersatzlieferungsansprüche synallagmatisch sind (SCHLOSSER/COESTER-WALTJEN Rn 23).

4. Verhältnis von § 11 Nr 2 zu § 11 Nr 3

4 Eine Überschneidung ist dort denkbar, wo die Zurückbehaltung im Ergebnis der

Aufrechnung gleichkommt, also dann, wenn sich gleichartige Geld-Forderungen gegenüberstehen. Die Rspr sieht in diesen Fällen in der Geltendmachung eines Zurückbehaltungsrechts eine verdeckte Aufrechnung (BGH BB 1967, 1143; NJW 1974, 367 = DB 1974, 379). Diese ist nicht etwa durch § 11 Nr 2 garantiert, soweit die Forderungen aus demselben Vertragsverhältnis stammen. Kommt die Ausübung eines Zurückbehaltungsrechts der Aufrechnung gleich, so gilt nur § 11 Nr 3 (SCHLOSSER/ COESTER-WALTJEN Rn 26 ff mit Erläuterungen zum Zurückbehaltungsrecht wegen eines Minderungsanspruchs, der nicht gegen den Kaufpreisanspruch, sondern gegen einen anderen Anspruch des Verkäufers geltend gemacht wird). Die Ausübung eines Zurückbehaltungsrechts wegen einer inhaltsgleichen Gegenforderung ist auch AGB-rechtlich wie eine Aufrechnung zu behandeln und im Falle eines wirksam vereinbarten Aufrechnungsverbots ebenfalls unwirksam (SCHLOSSER/COESTER-WALTJEN Rn 25 ff; MünchKomm/BASEDOW Rn 27 aE; WOLF Rn 24). Dieser Auffassung waren auch die Urheber der Vorschrift (1. Teilber 68). Wertungswidersprüche ergeben sich insofern nicht, als auch ein mit § 11 Nr 3 konformes Aufrechnungsverbot im Einzelfall an § 9 scheitern kann. Einer Anwendung des § 11 Nr 2 bedarf es nicht (so aber OLG Düsseldorf NJW-RR 1997, 628; PALANDT/HEINRICHS Rn 17; MünchKomm/BASEDOW Rn 27; wie hier BGH NJW-RR 1989, 481).

5. Zum Verhältnis von § 11 Nr 2 zu § 552 a BGB s STAUDINGER/EMMERICH (1995) 5 Rn 2. § 26 VAG wird als lex specialis angesehen (HANSEN VersR 1988, 1110).

II. Einzelheiten der gesetzlichen Regelung

Die in der Vorschrift genannten Leistungsverweigerungs- und Zurückbehaltungs- 6 rechte dürfen nicht ausgeschlossen und inhaltlich nicht beschränkt werden. Letzteres liegt auch dann vor, wenn die Voraussetzungen, unter denen diese gesetzlichen Rechte gegeben sind, in AGB verschärft werden (zB BGH NJW 1992, 2160, 2163). Hierzu rechnet auch die Zahlungspflicht bei Teilleistungen (OLG Stuttgart VuR 1996, 277). Klauseln, die auf eine sofortige Zahlungspflicht schließen lassen, fallen unter § 11 Nr 2 (OLG Köln VuR 1996, 257).

§ 11 Nr 2 steht nicht in Widerspruch dazu, daß die formularmäßige Vereinbarung 7 einer Vorleistungspflicht nicht durch eine Spezialregelung beschränkt, sondern an § 3 und § 9 zu messen ist (so aber MünchKomm/BASEDOW Rn 34; vgl SEILER BB 1986, 1935), denn § 11 Nr 2 (a) umfaßt nur Fälle, in denen der Kunde gerade nicht vorleistungspflichtig ist. Daß das Leistungsverweigerungsrecht idR nur dann praktische Bedeutung entfaltet, wenn es um die Richtigkeit der Leistungen des Verwenders geht, gibt weder zu einer restriktiven Auslegung des § 11 Nr 2 (so MünchKomm/BASEDOW Rn 35) noch zu einer Beurteilung auch der Vorleistungspflichtvereinbarung an Hand von § 11 Nr 2 Anlaß (so TONNER NJW 1985, 111, 112; wie hier WOLF Rn 7; SOERGEL/STEIN Rn 18; ERMAN/HEFERMEHL Rn 3; SEILER BB 1986, 1935). In der Rspr fehlt eine klare Linie in der Begründung (vgl BGHZ 100, 157 = NJW 1987, 1931; BGH NJW 1985, 852; BGH NJW 1985, 850), während die Ergebnisse durchaus akzeptabel sind. Die Akzeptanz einer formularmäßig vereinbarten Vorleistungsklausel nach § 9 kann dabei durchaus im Lichte des Anliegens von § 11 Nr 2 gewertet werden (KG NJW-RR 1994, 1266), ohne speziell auf die Umgehungsabsicht nach § 7 abzustellen (so aber BGH NJW-RR 1986, 959). So wurden Vorleistungsklauseln vor allem im Baugewerbe (BGH NJW 1993, 3294; BGH NJW 1992, 1107; BGH NJW-RR 1986, 959; BGH NJW 1985, 852; OLG Hamm NJW-RR 1989, 274; OLG Schleswig BauR 1994, 513; OLG Köln NJW-RR 1992, 1047; OLG Stuttgart BB 1987, 2394;

krit USINGER NJW 1987, 934) für unwirksam gehalten. Bei Miete (BGH NJW 1995, 254; zur Vorinstanz ZOLLER BB 1992, 1750) wurde die Vorleistungspflicht zusammen mit einer an sich zulässigen Aufrechnungsbeschränkung für unwirksam gehalten, während in Reiseverträgen (BGHZ 100, 158 = NJW 1987, 1931; vgl auch TEICHMANN JZ 1985, 315, 319; SEILER BB 1986, 1932; LÖWE/ZOLLER BB 1985, 2014), Versteigerungsbedingungen (BGH DB 1984, 2294; BGH ZIP 1985, 551, 552) und bei Heiratsvermittlung (BGHZ 87, 309, 318 = NJW 1983, 2817, 2819; BGH NJW 1986, 927) die Vorleistungspflicht als mit § 9 vereinbar angesehen wurde. Im einzelnen hängt die Beurteilung vom Risiko des Kunden, insbesondere der Höhe der Vorauszahlung ab (TONNER NJW 1985, 111; vgl auch LG Aachen NJW-RR 1994, 60 – Vorleistungspflicht für einen Jahresbeitrag für Teilnahme an datenbankgestütztem Wirtschaftsinformationsdienst unwirksam; KG NJW 1994, 1266 – Halbjahresbetrag für Schneeräumdienst unwirksam).

8 Von der Regelung nicht umfaßt sind Zurückbehaltungsrechte, die sich der Verwender selbst über das gesetzlich vorgesehene Maß hinaus einräumt, etwa **Konzernverrechnungsklauseln**. AGB größerer Unternehmen sehen teilweise vor, daß diese gegenüber Forderungen ihrer Abnehmer nicht nur wegen eigener Gegenforderungen, sondern auch wegen solcher ihrer Konzernfirmen ein Zurückbehaltungsrecht geltendmachen bzw aufrechnen können. Derartige Klauseln sind nach § 9 zu beurteilen. Ihre Unangemessenheit kann sich aus unzumutbaren Auswirkungen auf die Beleihungsfähigkeit der Forderungen des Vertragspartners ergeben.

In der Praxis bereiten außer den oben bereits erörterten, hier eigentlich nicht hingehörenden Vorleistungspflicht-Vereinbarungen formularmäßige Ausschlüsse des Leistungsverweigerungs- oder Zurückbehaltungsrechts nur selten Probleme (vgl BGH BB 1995, 1054 – Beschränkung des Zurückbehaltungsrechts nur wegen streitiger Ansprüche unwirksam; Auslegung wohl eher fernliegend).

III. Verbraucher

9 Für Verbraucherverträge sieht der Anhang der Richtlinie in Nr 1 o ein eher unklares, wohl auch Vorleistungspflichten erfassendes Klauselverbot vor. Dennoch dürfte das deutsche Recht im Zusammenspiel von § 9 und § 11 Nr 2 gemeinschaftskonform sein.

Gegen das Verbot entsprechender Klauseln in vorformulierten Individualverträgen bestehen bei dieser reduzierten Auslegung (des Verbots von Vorleistungspflichten) keine Bedenken.

IV. Beruflicher Verkehr

10 Grundsätzlich zeigen die §§ 369 ff HGB, daß der Gesetzgeber den Zurückbehaltungsrechten im kaufmännischen Verkehr einen besonders hohen Stellenwert eingeräumt hat. Dennoch wird man bei einer Anwendung des Rechtsgedankens von § 11 Nr 2 über § 9 im kaufmännischen Verkehr zurückhaltend sein müssen. Dies ist auch die grundsätzliche Haltung der Rechtsprechung (BGHZ 115, 327 = NJW 1992, 575, 577; OLG Stuttgart NJW-RR 92, 118; OLG Frankfurt aM NJW-RR 1988, 1458). Ein Ausschluß der Rechte aus §§ 320, 273 BGB wird beispielsweise nicht für möglich gehalten, soweit es sich um unbestrittene oder rechtskräftig festgestellte Forderungen handelt (BGHZ

115, 327 = NJW 1992, 575, 577). Auch grobe Vertragsverletzungen des Verwenders dürfen nicht zum Ausschluß des Leistungsverweigerungs- bzw Zurückbehaltungsrechts führen (SCHLOSSER/COESTER-WALTJEN Rn 37; OLG Frankfurt aM NJW-RR 1988, 1458).

Gerade der Handelsverkehr ist andererseits nämlich durchaus angewiesen auf die Verwendung von Zahlungsklauseln, die nach höchstrichterlicher Auslegung Zurückbehaltungs- und Leistungsverweigerungsrechte ausschließen wie „Kasse gegen Faktura", „Nettokasse", „Kasse gegen Dokumente". Auch Vorleistungspflichten stoßen im Handelsverkehr nur ausnahmsweise auf Bedenken (zum Ganzen LUTZ, AGB-Kontrolle im Handelsverkehr 112 ff).

Handelt es sich um einen beruflich oder gewerblich tätigen Nichtkaufmann, so ist die Abwägung noch vorsichtiger vorzunehmen.

§ 11 Nr 3
Aufrechnungsverbot

In Allgemeinen Geschäftsbedingungen ist unwirksam ...

3. (Aufrechnungsverbot)

eine Bestimmung, durch die dem Vertragspartner des Verwenders die Befugnis genommen wird, mit einer unbestrittenen oder rechtskräftig festgestellten Forderung aufzurechnen;

Materialien: 1. Teilber 68; RefE 14; RegE 29 –
s STAUDINGER/SCHLOSSER Einl 6 ff zum AGBG.

I. Allgemeines

1. Gesetzgeberisches Grundanliegen

Das Bemerkenswerte an der Vorschrift besteht darin, daß sie einen Ausschluß der Aufrechnung nur mit rechtskräftig festgestellten oder unbestrittenen Gegenforderungen unwirksam sein läßt. Denn die Möglichkeit, sich durch Aufrechnung befriedigen zu können, hat durchaus auch darüberhinaus einen hohen Gerechtigkeitsgehalt. Ist sie doch ein dem Gläubiger sicheres Befriedigungsmittel, das ihm Veranlassung sein kann, weniger als sonst nötig um die aktive Befriedigung seiner Forderung durch den Schuldner besorgt zu sein. Gesichtspunkte der Abrechnungs- und Beitreibungsrationalisierung verboten jedoch eine Erstreckung der Bestimmung auf alle Gegenforderungen. Das ist erträglich. Im Prozeß ist nämlich die auf eine Gegenforderung gestützte Widerklage nicht unzulässig, auch wenn erstere nicht zur „Aufrechnung" gestellt werden kann. Wenn der Kunde von dem Bestand seiner Gegenforderung ernsthaft überzeugt ist, wird er diesen Schritt ohne weiteres wagen. Ein durchaus legitimer Zweck des Aufrechnungsausschlusses ist es ja gerade, die rechtliche Auseinandersetzung von Einwendungen frei zu halten, die letztlich nur der Verschleppung dienen sollen. Der Ausschluß auch der Widerklage verstößt gegen § 9.

2   Die Vorschrift übernimmt im wesentlichen die Ergebnisse der früheren Rspr (dazu ausführlich SCHLOSSER/COESTER-WALTJEN Rn 5 Fn 3), die freilich meist mit dem Gedanken arbeitete, es verstoße gegen Treu und Glauben, sich in solchen Situationen auf einen Aufrechnungsausschluß zu berufen. Auch heute kann die Berufung auf einen wirksamen formularmäßigen Aufrechnungsausschluß im Einzelfall unwirksam sein – beispielsweise, wenn im Rahmen eines Rechtsstreits auch die Entscheidung über die zur Aufrechnung gestellte Forderung ergehen (ULMER/HENSEN Rn 4 mit der Begründung, daß es sich um eine nicht bestreitbare und damit unbestrittene Forderung handele; wie hier BGH NJW 1996, 1757; s auch schon BGH WM 1978, 620) oder wenn eine Erfüllung nur noch durch Aufrechnung stattfinden kann (BGH NJW-RR 1987, 883; OLG Hamm NJW-RR 1993, 1082 – verjährte Forderung). Außerdem bleibt einem an § 11 Nr 3 nicht gescheiterten Aufrechnungsverbot möglicherweise über § 9 die Wirksamkeit versagt (SOERGEL/ STEIN Rn 26; so bei gleichzeitiger Vorleistungspflicht des Mieters: BGH NJW 1995, 254; dazu BORSTIGHAUS MDR 1995, 241).

2. Verhältnis der Vorschrift zu anderen Gesetzesbestimmungen

3   Zum Verhältnis zu § 11 Nr 2 b vgl dort Rn 4.

§ 552 a BGB schränkt die Wirksamkeit eines vertraglich vereinbarten Aufrechnungsverbotes weiter ein. Eine Überschneidung mit § 11 Nr 3 besteht nicht.

Eine Sonderregelung enthält § 26 VAG für den Versicherungsverein auf Gegenseitigkeit (dazu HANSEN VersR 1988, 1113).

Die dem Gläubiger gegenüber dem Gemeinschuldner im **Konkursfall** nach §§ 53 ff KO (§§ 94 ff InsO) zustehende Aufrechnungsmöglichkeit bleibt nach der Rspr von einem vertraglichen Aufrechnungsverbot unberührt (BGH NJW 1975, 442). Diese Rspr wird daher auch durch § 11 Nr 3 nicht tangiert.

II. Umfang der Ausschlußmöglichkeiten

4   1. § 11 Nr 3 ist nur anwendbar, wenn feststeht, daß tatsächlich ein Aufrechnungsausschluß in Anspruch genommen werden soll. Die Formel „Zahlung ohne Abzug" kann etwa nur dann in einem solchen Sinne verstanden werden, wenn besondere Handelsbräuche der Klausel im Einzelfall diesen Inhalt geben. Zur Auslegung typischer Klauseln s Rn 9 ff. Die Formulierung „fällige Gegenansprüche, denen ein Einwand nicht entgegensteht" (§ 32 ADSp) wird dahin ausgelegt, daß sie die Aufrechnung mit unbestrittenen oder rechtskräftig festgestellten Forderungen ermöglicht, und ist daher mit § 11 Nr 3 zu vereinbaren (BGH NJW-RR 1989, 481; BGH NJW-RR 1987, 883).

5   2. **Unbestritten** ist eine Forderung auch dann, wenn ihr der AGB-Verwender nur grundlose oder unsubstantiierte Einwendungen entgegensetzt (BGHZ 12, 136 = NJW 1954, 795; ERMAN/HEFERMEHL Rn 2; WOLF Rn 5; LÖWE/vWESTPHALEN Rn 6).

3. Rechtskräftig festgestellt ist eine Forderung, wenn über sie eine der materiellen 6
Rechtskraft fähige Gerichtsentscheidung vorliegt. Eine bloß vorläufige Titulierung
reicht nicht aus. **Entscheidungsreife Forderungen** stehen den rechtskräftig festgestellten Forderungen nicht gleich (MünchKomm/BASEDOW Rn 46). Auf jene braucht der
Klauselaufsteller so wenig wie auf sonstige Umstände Rücksicht zu nehmen, die im
Einzelfall nach Treu und Glauben der Berücksichtigung des Aufrechnungsausschlusses entgegenstehen können (Rn 2).

Nicht erforderlich ist eine Ausnahme vom Aufrechnungsausschluß für konnexe
Gegenforderungen (BGH NJW-RR 1989, 481).

4. Nicht erfaßt werden von § 11 Nr 3 **formularmäßige Erweiterungen der Aufrech-** 7
nungsmöglichkeit, sog **Konzernvorbehalte**, s bereits § 11 Nr 2 Rn 8. Diese sind allein an
§ 9 zu messen (SCHLOSSER/COESTER-WALTJEN Rn 20). Ein Bedürfnis nach einer derartigen Erweiterung der Aufrechnungsmöglichkeiten ist beispielsweise dann anzuerkennen, wenn sich der Verwender mehreren wirtschaftlich zusammengehörenden, aber
rechtlich selbständigen Vertragspartnern gegenübersieht. Andererseits kann diese
erweiterte Aufrechnungsmöglichkeit, die vom Grundgedanken des § 398 BGB
erheblich abweicht (gesetzliche Ausnahme nur in § 406 BGB), die Beleihungsfähigkeit der Forderung erheblich verringern (vgl BGH 1981, 2257; für weitgehende Wirksamkeit
JOUSSEN ZIP 1982, 279).

5. Wird die Aufrechnungsmöglichkeit generell ausgeschlossen, ohne unbestrit- 8
tene oder rechtskräftig festgestellte Gegenforderungen auszunehmen, so ist die
Klausel unwirksam, eine Aufrechnung also möglich (ULMER/HENSEN Rn 11; WOLF Rn 18;
BGH NJW-RR 1986, 1281). Eine Klausel, die die Aufrechnung mit unbestrittenen Forderungen zuläßt, ist regelmäßig dahin auszulegen, daß „unbestritten" auch „rechtskräftig festgestellt" umfaßt (OLG Frankfurt aM WM 1986, 139, BGH NJW 1989, 3215).

III. Klauselbeispiele

1. Nachnahme- oder Vorleistungsklauseln

„Zusendung erfolgt gegen Nachnahme"; „POD" (= pay on delivery); „COD" (= cash on 9
delivery).

Solche Klauseln begründen eine Vorleistungspflicht (vgl LIESECKE WM Sonderbeil
Nr 3/1978) und sind nicht grundsätzlich zu beanstanden (SCHLOSSER/COESTER-WALTJEN
§ 11 Nr 2 Rn 30; LÖWE/vWESTPHALEN Rn 14, 30). Ein Aufrechnungsverbot, das nach § 11
Nr 3 unwirksam wäre, liegt nicht vor.

2. Barzahlungsklauseln

„Zahlung Netto-Kasse"; „Zahlung Kasse"; „Zahlung netto Kasse Zug um Zug"; „Sofortige 10
Kasse"; „Fracht gegen Barzahlung"; „Verkauf gegen sofortige Barzahlung".

Häufig handelt es sich bei solchen und ähnlichen Klauseln nur um eine Barzahlungsabrede mit Ausschluß des Skontoabzugs (so BGH WM 1972, 1092 für den Büromaschinenhandel). Ist ein Aufrechnungsausschluß gemeint, wofür es aber besondere Anhalts-

punkte geben muß, so liegt ein Verstoß gegen § 11 Nr 3 vor (SCHLOSSER/
COESTER-WALTJEN § 11 Nr 2 Rn 31; LÖWE/vWESTPHALEN Rn 27).

3. Dokumentenklauseln

11 „Kasse gegen Dokumente" ist die häufigste Klausel im Außenhandelsgeschäft (LIE-SECKE 11). Unterfälle sind: „Kasse gegen Lieferschein" (= „cash against documents" = „documents against payment" = „D/P", [s Großkommentar HGB/RATZ § 346 Rn 162], vor allem in deutschen Seehäfen), „Kasse gegen Duplikat-Frachtbrief" (Waggoneinfuhrgeschäft), „Kasse gegen Rechnung und Verladepapiere" (BGH NJW 1985, 550; OLG Hamburg MDR 1953, 240). Nach der Rspr werden durch diese Handelsklauseln beide Parteien teilweise vorleistungspflichtig, weil der Verkäufer nicht nur die Ware absenden, sondern auch die Versendungsdokumente beschaffen, der Käufer dagegen allein gegen Vorlage der Dokumente, aber ohne die Ware erhalten oder untersucht zu haben, zahlen muß (BGH NJW 1985, 550). Verstärkt wird die Vorleistungspflicht des Käufers noch im Falle einer Klausel „Dokumente gegen Akkreditiv" (= „D/A") oder „Kasse gegen Akkreditiv", weil er dann als weitere Vorleistung die abstrakte Verpflichtung einer Bank in Höhe des Kaufpreises beibringen muß. Die Vorleistungspflicht des Verkäufers wird dagegen verstärkt durch die Klausel „Dokumente gegen Akzept" (= „documents against acceptance"), weil die Verschiffungsdokumente bereits nach Akzeptierung des Wechsels dem Adressaten ausgehändigt werden und – wenn ein Zeitwechsel ausgestellt wird – der Käufer vom Verkäufer einen Kredit eingeräumt erhält (Großkommentar HGB/RATZ § 346 Rn 162). Auch diese Klauseln enthalten neben der Barzahlungsabrede einen Ausschluß sowohl von Zurückbehaltungsrechten wie einer Aufrechnung (SCHLOSSER/COESTER-WALTJEN § 11 Nr 2 Rn 32; § 11 Nr 3 Rn 14; LÖWE/vWESTPHALEN Rn 33).

4. Bankeinziehungsermächtigung

12 Eine widerruflich erteilte Bankeinziehungsermächtigung ist kein Ausschluß von Zurückbehaltungsrechten oder Aufrechnungsmöglichkeiten, auch wenn sie die Gefahr birgt, daß eines der beiden Rechte wegen Verspätung des Widerrufs der Ermächtigung nicht mehr ausgeübt werden kann.

IV. Verbraucher

13 Der Richtlinienanhang sieht in Nr 1 b ua vor, daß für den Verbraucher die Möglichkeit, „eine Verbindlichkeit ... durch etwaige Forderungen auszugleichen, nicht ausgeschlossen oder ungebührlich eingeschränkt" werden darf, „wenn der Gewerbetreibende eine der vertraglichen Verpflichtungen ganz oder teilweise nicht erfüllt oder mangelhaft erfüllt". Das Verbot eines Aufrechnungsausschlusses ist also weniger deutlich konturiert und weniger streng als im deutschen Recht. Die Regelung des § 11 Nr 2 ist damit gemeinschaftskonform.

V. Beruflicher Verkehr

14 Der Gerechtigkeitsgehalt der Aufrechnungsmöglichkeit ist bei Beteiligung von Kaufleuten, Gewerbetreibenden, Freiberuflern nicht anders als im Verhältnis zu Privaten. § 11 Nr 3 gilt daher über § 9 auch im beiderseits beruflichen Verkehr (allgM;

BGH NJW-RR 1986, 1110). Allerdings muß insbesondere im Handelsverkehr dem Interesse an bündigen Klauseln (s Rn 10) Rechnung getragen werden („Zahlung Netto-Kasse"). Mit ihnen wird nach verkehrstypischer Bedeutung ein Aufrechnungsausschluß für den Fall anerkannter und rechtskräftig festgestellter Gegenforderungen genauso wenig beansprucht wie für sonstige Fälle, in denen dies treuwidrig wäre (SCHLOSSER/COESTER-WALTJEN § 11 Nr 2 Rn 37; ULMER/HENSEN Rn 12; RABE NJW 1987, 1978, 1984; strenger BGHZ 91, 375 = NJW 1984, 2404; BGHZ 92, 312 = NJW 1985, 319; zur Wirksamkeit von § 32 ADSp: BGH NJW-RR 1989, 481; BGH NJW-RR 1987, 883).

§ 11 Nr 4
Mahnung, Fristsetzung

In Allgemeinen Geschäftsbedingungen ist unwirksam ...

4. (Mahnung: Fristsetzung)

eine Bestimmung, durch die der Verwender von der gesetzlichen Obliegenheit freigestellt wird, den anderen Vertragsteil zu mahnen oder ihm eine Nachfrist zu setzen;

Materialien: 1. Teilber 68; RefE 14; RegE 29 –
s STAUDINGER/SCHLOSSER Einl 6 ff zum AGBG.

I. Allgemeines

1. Gesetzgeberisches Grundanliegen

§ 11 Nr 4 ist ein wichtiger Beitrag zur Wiederherstellung der gesetzlichen Ordnung **1** innerhalb des Rechts der Leistungsstörungen im weiteren Sinn: Die Vorschrift verbietet Klauseln, wonach der Verwender eine nicht ordnungsgemäße Leistung seines Vertragspartners unvermittelt zum Anlaß einschneidender Konsequenzen soll nehmen können. Sie verhindert eine abrupte Aufkündigung der vertraglichen Bindung und ist in diesem Punkt mit § 10 Nr 3 verwandt. Sie verhindert auch, daß dem Verwender statt der ursprünglich geschuldeten Leistung sofort Schadensersatzansprüche oder Vertragsstrafen zustehen, und ergänzt insoweit § 11 Nr 5, 6. Schließlich garantiert sie auch zusammen mit § 10 Nr 1, 2 insofern ein gewisses Gleichgewicht der Vertragspartner, als sich nach diesen Vorschriften der Verwender selbst durchaus auch eine gewisse Flexibilität in den Konsequenzen ausbedingen kann, die eintreten, wenn seine Leistung nicht gleich auf Anhieb ordnungsgemäß ist.

Die frühere Rspr hat einen formularmäßigen Verzicht auf Nachfristsetzung nicht **2** beanstandet (BGH NJW 1970, 31). Sie wurde von SCHMIDT-SALZER bereits vor Inkrafttreten des AGBG angegriffen (AGB [1971] Rn 218). Heute kann sie zur Beurteilung der Zulässigkeit von Klauseln im nichtberuflichen Verkehr nicht mehr herangezogen werden. Insbesondere hat insoweit das Argument der Rationalisierung des Zahlungs- und Abrechnungsverkehrs durch Einsparung von Mahnungen keinerlei Gewicht mehr. Zum beruflichen Verkehr s unten Rn 12 ff. Zur kalendermäßigen Bestimmung der Leistungszeit s unten Rn 7.

2. Anwendungsbereich

3 a) Zum Verhältnis der §§ 11 Nr 4 und 10 Nr 3 s zunächst § 10 Nr 3 Rn 16. § 11 Nr 4 hat einmal einen größeren Anwendungsbereich, da im Gegensatz zu § 10 Nr 3 **Dauerschuldverhältnisse** nicht ausgenommen sind (vgl OLG Celle BB 1984, 808). Auch für sie gilt also, daß gesetzliche Mahnungs- oder Nachfristsetzungsobliegenheiten als Voraussetzung für (hier) Kündigungsrechte oder Schadensersatzansprüche formularmäßig nicht abbedungen werden können. Vor allem aber unterscheidet sich § 11 Nr 4 von § 10 Nr 3 dadurch, daß erstere Norm den Vertragspartner vor der Abmilderung der instrumentalen Voraussetzungen gesetzlicher Rücktritts- und Schadensersatzrechte schützt, letztere Norm hingegen vor Rücktrittsgründen, die in der Substanz unbegründet sind. Eine Vereinbarung iSv § 360 BGB kann formularmäßig nicht getroffen werden. Dies ergibt sich aus dem Zusammenspiel von § 10 Nr 3 und § 11 Nr 4. Da eine solche Klausel aber unter keine dieser Vorschriften genau paßt, wäre sie nach § 9 unwirksam, wenn nicht schon ihre Einbeziehung an § 3 scheitern sollte (für § 11 Nr 4 STAUDINGER/SCHLOSSER[12] Rn 4; undeutlich SCHLOSSER/COESTER-WALTJEN § 10 Nr 3 Rn 40; LÖWE/vWESTPHALEN § 10 Nr 3 Rn 6; für § 11 Nr 6 ULMER/HENSEN Rn 7, § 11 Nr 6 Rn 8).

b) § 11 Nr 4 gilt nur für den Ausschluß von Obliegenheiten des **Verwenders**. Werden dagegen in AGB dem **Vertragspartner** in der Rolle des Schuldners zusätzliche Obliegenheiten auferlegt, die den Eintritt des Verzugs nicht unmittelbar berühren, beispielsweise die Obliegenheit, die Leistungsbereitschaft früher anzuzeigen, so ist nicht § 11 Nr 4, sondern nur § 9 einschlägig. Für Klauseln, die den Verzug des Verwenders betreffen, greifen §§ 10 Nr 1, 2 und § 9 ein.

4 c) § 11 Nr 4 begründet selbst keine Obliegenheiten zur Mahnung oder Nachfristsetzung, sondern setzt derartige Obliegenheiten nach der bestehenden Rechtsordnung voraus. Das Verbot kann daher nur dort Bedeutung gewinnen, wo „an sich", dh ohne AGB, eine solche Obliegenheit bestünde. Im Individualprozeß ist daher stets zu prüfen, ob eine derartige Obliegenheit besteht oder ob diese nicht nach den von der Rspr entwickelten Grundsätzen ausnahmsweise ohnehin entfällt (s STAUDINGER/ LÖWISCH [1995] § 284 Rn 57 und STAUDINGER/OTTO [1996] § 326 Rn 112 ff). Im abstrakten Unterlassungs- und Widerrufsverfahren kommt es darauf an, ob die Klausel, welche Mahnung oder Nachfristsetzung in bestimmten Fällen für entbehrlich erklärt, weiter als die von der Rspr entwickelten Grundsätze zur Entbehrlichkeit dieser Obliegenheiten gehalten ist. So ist etwa die Bestimmung in Nr 19 Abs 3 S 1 der AGB-Banken, wonach bei Vorliegen eines wichtigen Grundes ohne vorherige Androhung gekündigt werden kann, keine Abbedingung gesetzlicher Obliegenheiten (BGH MDR 1978, 474 zu Nr 17 aF) und wäre daher auch im abstrakten Unterlassungsverfahren nicht zu beanstanden.

5 d) Nicht von § 11 Nr 4 erfaßt ist die Abbedingung der Ablehnungsandrohung. Auf diese für den juristischen Laien ohnehin schwerverständliche Erklärung kann auch formularmäßig verzichtet werden. Mahnung und Nachfristsetzung machen dem

Schuldner den Ernst der Lage in ausreichendem Maße bewußt (ULMER/HENSEN Rn 2, 7; OLG Frankfurt aM NJW 1982, 2564).

II. Einzelheiten der gesetzlichen Regelung

1. Freistellung von der gesetzlichen Obliegenheit zur Mahnung

a) Es wäre falsch, lediglich auf eine ausdrückliche Freistellung von der Mahnung abzustellen, obgleich sich auch derartige Klauseln häufig finden und – natürlich – unwirksam sind („Einer Mahnung bedarf es nicht", „Der Kunde verzichtet auf das Erfordernis der Mahnung"). § 11 Nr 4 greift auch ein, wenn die Mahnung nicht ausdrücklich, sondern indirekt dadurch abbedungen wird, daß die nach dem Gesetz erst nach erfolgter Mahnung vorgesehenen oder möglichen Rechtsfolgen auch ohne Mahnung eintreten sollen (allgM).

b) In der Praxis haben Anlaß zu – auch höchstrichterlicher – Rspr zum einen Klauseln gegeben, bei denen fraglich war, ob die Mahnung entbehrlich war, weil die Fälligkeit der Leistung den Erfordernissen eines nach „dem Kalender bestimmten" Leistungszeitpunktes entsprachen (OLG Stuttgart NJW-RR 1988, 786 – Verzug 14 Tage ab Rechnungsdatum Verstoß gegen § 11 Nr 4, weil kein Fall des § 284 Abs 2 S 1 BGB; s aber auch BGH NJW 1992, 1628 – kein Verstoß, weil „14 Tage ab Bestelldatum" kalendermäßig bestimmt, s u Rn 9); der überwiegende Teil der gerichtlichen Entscheidungen beschäftigt sich aber mit Klauseln, die ohne Mahnung Verzugsfolgen vorsehen, zB Kostentragungspflicht für die erste (eigentlich erst verzugsbegründende) Mahnung (BGH NJW 1985, 320, 324; OLG Hamburg NJW-RR 1989, 881, 883; OLG Koblenz NJW 1989, 2350), Zinsen ab Fälligkeit, die über das gesetzlich vorgesehene (vgl §§ 246, 452, 641 Abs 2 BGB, §§ 352 ff HGB) Maß hinausgehen (BGH NJW 1998, 991; KG BB 1984, 693) oder Klauseln, die ein Recht auf sonstigen Schadensersatz, Schadensersatz wegen Nichterfüllung oder Rücktritt vorsehen (BGH NJW 1983, 320; BGH ZIP 1985, 551, 552; BGH NJW 1995, 1488; OLG Schleswig NJW-RR 1998, 56; OLG Hamm NJW-RR 1987, 311, 312; LG München DAR 1991, 188; OLG Frankfurt aM BB 1994, 1170; LG Hamburg VuR 1997, 175; LG Mannheim VuR 1996, 58; AG München WM 1997, 367, 368).

c) Werden in AGB andere Voraussetzungen des Verzugs abbedungen, wie die Fälligkeit der Forderung oder das Verschulden des Schuldners an dem Eintritt der Säumnis (s § 11 Nr 7 Rn 9), so ist dies zwar nicht nach § 11 Nr 4 unwirksam. Es kann aber § 10 Nr 3 oder § 9 eingreifen (SCHLOSSER/COESTER-WALTJEN § 10 Nr 3 Rn 40; Münch-Komm/BASEDOW Rn 55).

d) Das gleiche gilt auch für Klauseln, mit denen der Verwender die Voraussetzungen, unter denen eine Mahnung nach den gesetzlichen Vorschriften entbehrlich ist, durch die Klausel herbeiführen will, also beispielsweise in den AGB den Leistungszeitpunkt als kalendermäßig bestimmt festlegt. Diese Klauseln verstoßen zwar nicht gegen § 11 Nr 4, sind aber, soweit sie nicht bereits bei der Einbeziehung scheitern (§ 3), an § 9 zu messen (unsauber insofern BGH NJW 1992, 1628; aA STAUDINGER/SCHLOSSER[12] Rn 6; wie hier OLG Stuttgart NJW-RR 1988, 786).

2. Freistellung von der Obliegenheit der Nachfristsetzung

10 Der Begriff „Nachfristsetzung" taucht im BGB selbst nicht auf. An verschiedenen Stellen verlangt es jedoch, daß eine Frist zu bestimmen ist, binnen welcher der Adressat den Eintritt ihm sonst drohender Rechtsfolgen verhindern kann, zB in §§ 326 Abs 1 S 1, 250 Abs 1, 542 Abs 1 S 1, 634 Abs 1 S 1, § 283 Abs 1 BGB. Die Rspr hält diese Grundsätze auch im Falle einer positiven Vertragsverletzung für anwendbar, wenn es sich um eine minderschwere Störung der Vertragsbeziehung handelt (BGH DB 1968, 1575; 1970, 1970). § 11 Nr 4 ist auf alle Klauseln anzuwenden, die solche Obliegenheiten beschränken. Eine Einschränkung auf den Fall des § 326 Abs 1 S 1 BGB kann der Bestimmung nicht entnommen werden (SCHLOSSER/COESTER-WALTJEN Rn 17; WOLF Rn 10). Die zu §§ 250 S 1 und 634 Abs 1 BGB geäußerte Gegenansicht (ULMER/HENSEN Rn 6) stützt sich darauf, daß „Verwender der Unternehmer" sei. Die Vorschrift gilt aber wie der gesamte Katalog der §§ 10 f auch zu Lasten des Kunden (Geldzahlungspflichtiger) als Verwender und ohne Unterschied, ob es sich um einseitige oder beiderseitige Verpflichtungen handelt. Zu Lasten des Verwenders unwirksam (aber zugunsten seines Vertragspartners nach § 6 durchaus gültig!) sind daher Klauseln wie „Beide Vertragspartner verzichten auf Setzung einer Nachfrist", „Einer Nachfristsetzung bedarf es in keinem Falle", „Bei Verzug des Kunden ist der Verwender zur Geltendmachung des Schadensersatzes wegen Nichterfüllung oder zum Rücktritt vom Vertrag berechtigt". An der letzteren Klausel ist zudem zu beanstanden, daß sie sich dem Wortlaut nach auch auf nicht synallagmatische Nebenpflichten erstreckt, die ohnehin einen Rücktritt vom ganzen Vertrag nicht rechtfertigen, s § 10 Nr 3 Rn 13. Ebenso unwirksam sind aber Klauseln, die ein bestimmtes Verhalten des Kunden über die von der Rspr zur endgültigen Erfüllungsverweigerung (s Rn 4) entwickelten Grundsätze hinaus als eine solche ausgeben wie etwa Klauseln, die bei einer Stundungsbitte des Kunden dem Verwender das Recht zum sofortigen Rücktritt einräumen (SCHLOSSER/COESTER-WALTJEN Rn 18 mwN auch zu den Fällen des Rücktritts bei Eigentumsvorbehalt gem § 455 BGB und zum Fixgeschäft gem § 361 BGB). In der Praxis dominieren auch hier die Entscheidungen zu Klauseln, in denen sich der Verwender Rechte einräumen läßt, die ihm erst nach fruchtlosem Ablauf der Nachfrist zustehen (BGH BB 1983, 524; BGH ZIP 1985, 550, BGH ZIP 1987, 1457; OLG Celle BB 1984, 808; OLG Düsseldorf BauR 1985, 452). Zu Klauseln über die Länge der zu setzenden Nachfrist sagt § 11 Nr 4 nichts aus. Sie sind allein an § 9 zu messen (vgl OLG Düsseldorf MDR 1996, 465).

III. Verbraucher

11 Der Anhang der Richtlinie enthält keine dem § 11 Nr 4 entsprechende Beispielsklausel, die Problematik ist jedoch von Art 3 der Richtlinie mitumfaßt; ein weitergehender Verbraucherschutz des deutschen Rechts wäre ohnehin nach Art 8 der Richtlinie gemeinschaftskonform.

§ 24 a erhebt die gesetzlichen Erfordernisse der Mahnung und Nachfristsetzung praktisch zum zwingenden Recht für Verbraucherverträge.

IV. Beruflicher Verkehr

1. Freistellung von der gesetzlichen Obliegenheit zur Mahnung

§ 11 Nr 4 gilt in seinen der Mahnung gewidmeten Bestandteilen grundsätzlich nicht – auch nicht vermittelt über § 9 – zugunsten von Kaufleuten (SCHLOSSER/COESTER-WALTJEN Rn 20; MünchKomm/BASEDOW Rn 56 f; WOLF Rn 19; LUTZ, AGB-Kontrolle im Handelsverkehr 183 ff; BGH WM 1991, 1468 – zu § 29 ADSp; s auch vWESTPHALEN ZIP 1981, 119). Grund für die differenzierte Behandlung ist, daß dem Kaufmann die wirtschaftliche Bedeutung rechtzeitiger Leistung klar sein muß. Angesichts der Produktionspläne, schwankender Marktpreise und beschränkter Lagerkapazitäten hat rechtzeitige Erfüllung unter Kaufleuten eine ganz besondere Bedeutung. Es ist dem Kaufmann daher zuzumuten, den Leistungszeitpunkt selbst zu errechnen und ihn exakt einzuhalten, ohne daß es einer Mahnung durch den Gläubiger bedarf. Auch gegen eine erhöhte Verzinsung ab Ablauf des Zahlungsziels kann nichts eingewendet werden (OLG Celle OLG-Rp Celle 1995, 182; OLG Karlsruhe NJW-RR 1987, 498; BGH NJW-RR 1991, 995, 997; ULMER/HENSEN Rn 9; PALANDT/HEINRICHS Rn 19; aM SOERGEL/STEIN Rn 33). Konsequenterweise gilt dies aber nicht nur – wie zT behauptet wird (ULMER/HENSEN Rn 10; PALANDT/HEINRICHS Rn 17) – für Zinsen, sondern für alle Verzugsfolgen, die allein an den Verzugseintritt (der Folge der Mahnung ist) anknüpfen, also insbes §§ 286 Abs 1, 287 BGB (zu § 326 BGB sogleich Rn 13 ff). Freilich darf der Verzicht auf Mahnung niemals dazu führen, daß auf den Vertragspartner des Verwenders Verzugsfolgen wegen nicht rechtzeitiger Erfüllung solcher Ansprüche zukommen, von deren Existenz er gar nichts weiß. In den Fällen der §§ 538 Abs 2, 633 Abs 3 BGB, 13 Nr 5 VOB/B muß daher der Eintritt von Verzugsfolgen davon abhängig bleiben, daß dem Unternehmer die Mängel des Werkes angezeigt werden. Wohl aber kann in AGB bestimmt werden, daß die Anzeige einer Mahnung gleichstehe.

Für andere Personen des beruflichen Verkehrs werden diese speziellen Überlegungen zum Handelsverkehr jedenfalls idR nicht eingreifen. Ihnen gegenüber dürfte daher eine entsprechende Verzichtklausel unwirksam sein.

2. Freistellung von der Obliegenheit zur Nachfristsetzung

Was die Obliegenheit einer Nachfristsetzung anbelangt, so ist die Grundidee von § 11 Nr 4, vermittelt über § 9, in einem eingeschränkten Umfang auch auf Kaufleute anwendbar. Verschiedene Situationen sind zu unterscheiden:

a) Eine Abbedingung der Nachfrist kann Bedeutung nur dann erlangen, wenn nach der gesetzlichen Lage eine Nachfristsetzung erforderlich wäre. Eine solche ist nicht erforderlich, wenn es sich um ein Fixgeschäft handelt (§ 361 BGB, § 376 HGB), wenn auf Seiten des Gläubigers ein Interessenfortfall gegeben ist (§ 326 Abs 2 BGB) oder wenn der Schuldner die Leistung ernsthaft und endgültig verweigert hat (vgl dazu die zu weit gefaßte Klausel, die BGH NJW 1986, 426, 427 zugrundelag). Im kaufmännischen Verkehr werden Fristen häufig mit Zusätzen versehen wie „fix", „präzis", „genau". Stehen derartige Kurzklauseln in unmittelbarem Zusammenhang mit einer individuellen Angabe der Leistungsfrist, so sind sie, selbst wenn stereotyp immer wieder niedergeschrieben, häufig Teil dieser Individualabrede. Sie machen einen Handelskauf zum **Fixgeschäft** im Sinne von § 376 HGB mit der Folge, daß der

Käufer sofort nach Verstreichen der Frist vom Vertrag zurücktreten kann (BAUMBACH/ HOPT § 376 Rn 3). Da, wo Fixgeschäfte branchenüblicherweise vorkommen, ist der vorgedruckte Zusatz „fix" in **unmittelbarem textlichen Zusammenhang** mit der Regelung der Leistungsfrist wirksam, mag diese individuell oder selbst vorformuliert vereinbart sein (s STAUDINGER/SCHLOSSER § 4 Rn 17); jedenfalls dürfte es sich auch bei Vorformulierung nicht um eine überraschende Klausel handeln (Wirksamkeit offenlassend BGH NJW 1990, 2065, 2067). Bei Zeitangaben, die Begriffe mit Grauzonen enthalten, können AGB-mäßige Klauseln – gerade im Hinblick auf die Rechtsfolgen der Fristversäumung – eine angemessene Konturierung enthalten. Diese Grundsätze über den Fixhandels*kauf* sind im übrigen auch entsprechend auf andere Handelsgeschäfte anzuwenden (SCHLOSSER/COESTER-WALTJEN Rn 23; WOLF Rn 20; LUTZ, AGB-Kontrolle im Handelsverkehr 185 – wohl nur für Rücktrittsrecht, nicht für Schadensersatz als Folge).

15 b) Abgesehen von dieser besonderen Gestaltung der Fixgeschäfte kann ein Geschäft nicht durch AGB-Klauseln zu einem Fixgeschäft gemacht werden (BGH NJW 1990, 2065, 2067). Eine solche Klausel scheitert idR wegen ihres überraschenden Charakters an fehlender Einbeziehung (§ 3). Im übrigen wäre sie aber auch im Hinblick auf den Grundgedanken des § 11 Nr 4 nach § 9 unwirksam (BGH NJW 1990, 2065, 2067).

16 c) Außerhalb eines wirksam vereinbarten Fixgeschäfts und der gesetzlich vorgesehenen Entbehrlichkeit der Nachfristsetzung kann auch im kaufmännischen Verkehr die Nachfrist nicht abbedungen werden, denn auch hier besteht ein schützenswertes Bedürfnis des Vertragspartners, vor Eintritt der weitreichenden Folgen (Rücktritt und Schadensersatz wegen Nichterfüllung) eine letzte Chance zur Erfüllung zu behalten (BGH NJW 1986, 842; OLG Düsseldorf BauR 1985, 452; OLG Köln WM 1989, 526; OLG Köln NJW 1991, 301). In Fällen eines notwendig schnellen Warenumsatzes ist der Verwender ausreichend durch die gesetzliche Regelung geschützt (s oben Rn 14). Das gleiche gilt für die übrigen beruflich tätigen Personen.

§ 11 Nr 5
Pauschalierung von Schadensersatzansprüchen

In Allgemeinen Geschäftsbedingungen ist unwirksam ...

5. (Pauschalierung von Schadensersatzansprüchen)

die Vereinbarung eines pauschalierten Anspruchs des Verwenders auf Schadensersatz oder Ersatz einer Wertminderung, wenn

a) **die Pauschale den in den geregelten Fällen nach dem gewöhnlichen Lauf der Dinge zu erwartenden Schaden oder die gewöhnlich eintretende Wertminderung übersteigt, oder**

b) **dem anderen Vertragsteil der Nachweis abgeschnitten wird, ein Schaden oder eine Wertminderung sei überhaupt nicht entstanden oder wesentlich niedriger als die Pauschale;**

2. Unterabschnitt.
Unwirksame Klauseln

§ 11 Nr 5 AGBG

Materialien: 1. Teilber 69; RefE 14; RegE 29 –
s STAUDINGER/SCHLOSSER Einl 6 ff zum AGBG.

Schrifttum

BELKE, Schadenspauschalierungen in Allgemeinen Geschäftsbedingungen, DB 1969, 559, 603
BEUTHIEN, Pauschalierter Schadensersatz und Vertragsstrafe, in: FS Larenz (1973) 495
FISCHER, Vertragsstrafe und vertragliche Schadenspauschalierungen (1981)
GERTH/PANNER, Zur Schadenspauschalierung beim Finanzierungsleasingvertrag, BB 1984, 813
KILIMANN, Der Anspruch der Bank auf Überziehungsentgelte bei gekündigtem und ungekündigtem Girovertrag, NJW 1990, 1154

MARTINEK, Leergut im Zwischenhandel, JuS 1989, 268
REIFNER, Rechtliche Grundlagen der Vorfälligkeitsentscheidungen beim Hypothekenkredit, NJW 1995, 86
SCHÄFER/SCHÄFER Eigentums- und schadensersatzrechtliche Probleme des Pfandleergutes, ZIP 1983, 656
SCHOLZ, Verzugszinsen bei Ratenkrediten – Eine Ergänzung, DB 1987, 263.

Systematische Übersicht

I. Allgemeines	
1. Regelungsanliegen — 1	
2. Verhältnis zur früheren Rechtslage — 2	
3. Anwendungsbereich — 3	
II. Einzelheiten der gesetzlichen Regelung	
1. Kreis der erfaßten Ansprüche — 11	
2. Einwand der generell zu hohen Pauschale – § 11 Nr 5 a — 14	
3. Gegenbeweis des wesentlich niedrigeren oder völlig fehlenden Schadens – § 11 Nr 5 b — 19	
4. Rechtsfolgen der Unwirksamkeit einer Klausel — 22	
5. Spiegelbildliche Anwendung? — 23	
III. Verbraucher — 24	
IV. Beruflicher Verkehr — 25	
V. Klauselbeispiele	
1. Pauschalierter Schadensersatz wegen Nichterfüllung — 27	
2. Pauschalierte Verzugszinsen — 28	
3. Mahngebühren — 29	
4. Andere Verzugsschäden — 30	
5. Sonstiger Schadensersatz — 31	

Alphabetische Übersicht

Abstraktionshöhe — 16
Angemessenheitsprüfung — 16
Architektenvertrag — 27
Aufwendungsersatz — 1 f, 7

Bearbeitungsaufwendungen — 15
Bestehen des pauschalierten Anspruchs — 11
Beweiserleichterung — 2
Beweislast — 4, 6, 18, 20
Beweislastumkehr — 1
Bruttogewinnspanne — 15

Diskontsatz — 28
Fernunterrichtsverträge — 8
Gebrauchtwagenhandel — 14, 20, 27
Gegenbeweis eines höheren Schadens — 21
Gegenbeweis eines niedrigeren Schadens — 19
Gegenstand des Geschäfts — 14
Generell zu hohe Pauschale — 14
Handelsvertreter — 14

immaterieller Schaden	12	Reisevertrag	27
Individualverträge	24	Rücktritt	10
Kalkulation	18	Schadenspauschale, Begriff der	3
Kaufleute	25	Schlüssigkeit	18
Klauselbeispiele	27 ff	Spiegelbildliche Anwendung der Norm	23
Kraftfahrzeughandel	14, 16, 20, 27	Tagesnennwertpauschale	31
Kundenbedingungen	23		
Lagerkosten	30	Überziehungszinsen	10
Leistungsvergütungsanspruch, pauschalierter	6	Unterrichtsverträge	8
		Unwirksamkeit einer Klausel	22
Mahngebühren	29	Verbraucher	24
Maklervertrag	7	Verbraucherkreditvertrag	8, 28
Miete	14, 27	Vertragsstrafe	1 ff, 3
Minderungsanspruch	13	Vertriebsform	14
Mindestschaden	21	Verzugszinsen	28
Möbelhandel	27, 30		
		Wertminderungsaspekte	17
Nichterfüllungsschaden in Höhe des hypothetischen Entgelts	27	Wertminderungsausgleichsanspruch	13
Nutzungsersatzanspruch, pauschalierter	6	Zinspauschalierung	27 f
		Zwischenhändler	14
Pfandflaschen	31		

I. Allgemeines

1. Regelungsanliegen

1 Die Vorschrift verbietet die Pauschalierung von Ansprüchen, die dem Verwender infolge einer Vertragsverletzung durch seinen Vertragspartner zustehen können, dh von Schadensersatzansprüchen und Ansprüchen auf Ersatz von Wertminderung. Meist finden sich diese Klauseln in Zusammenhang mit Vertragstypen, bei denen der Verwender häufig gar kein Interesse daran hat, den vertragsbrüchigen Teil zur Bezahlung des vereinbarten Entgelts Zug um Zug gegen Annahme der Leistung zu zwingen, sondern sich lieber damit begnügt, Schadensersatz zu verlangen. Die Gefahr, daß der Verwender versucht, sich durch Pauschalierung seiner Ansprüche besser zu stellen, als er bei ordnungsgemäßer Vertragserfüllung durch den Kunden stünde, liegt auf der Hand. Auf der anderen Seite liegen Schadens- und Wertminderungspauschalen bei angemessenem Ansatz durchaus nicht nur in einem evidenten Rationalisierungsinteresse des Verwenders, sondern auch im Interesse des Kunden. Sie ermöglichen ihm eine schnelle und zuverlässige Beurteilung der Folgen einer Aufkündigung eines Auftrags und können im Falle eines Rechtsstreits zu erheblichen Kosteneinsparungen beitragen. Insofern sind die Grundsätze des BGB zum Ersatz des in konkreter Höhe nachzuweisenden Schadens nicht von unverzichtbarem Gerechtigkeitsgehalt. Aufgabe des AGBG konnte es daher nur sein, gröberen Verfälschungen der konkret „an sich" bestehenden Ausgleichspflicht entgegenzuwirken, nicht aber Pauschalierungsmöglichkeiten so einzuschränken, daß sie zur Regelung der Masse der Fälle nicht mehr taugen.

§ 11 Nr 5 wird ergänzt durch die Regelungen der §§ 10 Nr 7 über Aufwendungsersatz und 11 Nr 6 über Vertragsstrafen und kann ohne diese Zusammenhänge nicht richtig verstanden werden. Berührungspunkte bestehen ferner mit § 11 Nr 15, der die Beweislastumkehr betrifft. Zusammen bilden die genannten Vorschriften das Gegenstück zu den Regeln über die Haftungsfreizeichnung zugunsten des Verwenders, indem sie eine übermäßige Abwälzung von finanziellen Risiken bei eventuellen Vertragsstörungen auf den Kunden ausschließen.

2. Verhältnis zur früheren Rechtslage

Die Rspr vor Erlaß des AGBG hat formularmäßige Schadenspauschalierungen grundsätzlich zugelassen (BGH NJW 1970, 32; weitere Nachw bei SCHLOSSER/COESTER-WALTJEN Rn 8 ff; ferner unten Rn 27 ff). Rechtsprechung und Literatur haben aber bei Beurteilung der Zulässigkeit von Pauschalen meist nicht zwischen Schadensersatz- und Aufwendungsersatzpauschalen im Sinne des jetzigen § 10 Nr 7 (Ausnahme BGHZ 54, 106, 109 = NJW 1970, 1596; BGHZ 60, 359 = NJW 1973, 1190) und auch nicht immer klar zwischen Schadenspauschalen und Vertragsstrafen unterschieden. Vielfach hat man Schadens- oder Aufwendungsersatzpauschalen in Vertragsstrafen umgedeutet, um nach § 343 BGB die Höhe des angefallenen Betrages durch Urteil herabsetzen (lassen) zu können. Teilweise wurde dieselbe Klausel (Beispiel: 15% des Kaufpreises eines PKW, zahlbar bei Nichtabnahme) bald als Schadenspauschalregelung eingeordnet, bald als Vertragsstrafenabrede. Die Anwendbarkeit des § 343 BGB auf eine als solche eingestufte Schadenspauschale leugnete die überwiegende Rspr (BGH NJW 1970, 32; aM nur LAG Düsseldorf DB 1973, 85; s auch LINDACHER, Phänomenologie der Vertragsstrafe [1972] 168 ff, und Erl bei STAUDINGER/RIEBLE [1995] § 343). Sie unterwarf Schadenspauschalen aber der Kontrolle nach §§ 138, 242 BGB. Dabei hat sie im wesentlichen auf zwei Gesichtspunkte abgestellt: auf die beweisrechtlichen Folgen, die in Pauschalierungen liegen, und auf das im Schadensersatzrecht herrschende, sich an den Geschädigten wendende Bereicherungsverbot. Dementsprechend wurden Schadensersatzpauschalen schon damals nicht für wirksam erachtet, wenn dem Kunden die Möglichkeit des Nachweises abgeschnitten wurde, daß die Pauschale in Wirklichkeit dem Verwender zu einem unangemessenen Vorteil verhalf. Zulässig waren demgemäß nur solche formularmäßigen Pauschalen, die lediglich Beweiserleichterung für den Verwender mit sich bringen sollten (BGH BB 1977, 761; WM 1977, 50; BB 1978, 247). § 11 Nr 5 ist daher im wesentlichen eine Festschreibung der Rspr (so ausdrücklich OLG München MDR 1978, 407), was dessen entsprechende Anwendung auch auf Verträge begünstigte, auf welche die Vorschrift im Zeitpunkt des Vertragsschlusses formell (noch) nicht anwendbar war (BGH BB 1976, 577; unklar OLG Köln VersR 1981, 559).

3. Anwendungsbereich

a) Die Abgrenzung von Schadenspauschalierungs- und Vertragsstrafeklauseln (§ 11 Nr 5 und 6) ist kein AGB-spezifisches Problem. Das AGBG hat theoretisch zwar die Notwendigkeit einer klaren begrifflichen Unterscheidung noch gesteigert und die Streitfrage erledigt, ob die Schadenspauschale gegenüber der Vertragsstrafe überhaupt ein selbständiges Rechtsinstitut darstellt (zur Problematik FISCHER, Vertragsstrafe und vertragliche Schadensersatzpauschalierungen [1981] 167). Praktisch kann aber in den kritischen Fällen eine genaue Einordnung meist unterbleiben. Ist die angegebene Größe der dem Vertragspartner des Verwenders obliegenden Sonderleistung an dem Schaden orientiert, der nach dem gewöhnlichen Lauf der Dinge zu erwarten ist, und ist ihm der Gegenbeweis nicht abgeschnitten, dann dürfte die Einordnung einer Klausel als Schadenspauschalierung kaum je zweifelhaft sein. Fehlt es an letzterem, dann ist die Klausel meist unwirksam, ob man sie als – fehlgeschlagene – Pauschalierungsregelung oder als Vertragsstrafe qualifiziert. Die Unterscheidung spielt aber eine Rolle für jene Vertragsverletzungen, die § 11 Nr 6 für formularmäßig mit Vertragsstrafe sanktionierbar hält. Denn dann kann häufig nur die Einordnung einer Regelung als Vertragsstrafenabrede ihre Wirksamkeit erhalten. Da Schadenspauschalierungen wie auch Vertragsstrafen sowohl Druckmittel zur Erfüllung der Vertragspflichten sind als auch das Ziel haben, den Schadensausgleich zu erleichtern (BGH NJW 1993, 1788; BGH NJW-RR 1988, 39, 41; BGH NJW 1983, 1542), ist die Abgrenzung schwierig (zu den bereits vor Inkrafttreten des AGBG gemachten Vorschlägen in der Lit: SCHLOSSER/COESTER-WALTJEN Rn 15 ff). Als typisch für die Vertragsstrafe kann die fehlende Orientierung an dem bei einem normalen Geschehensablauf üblicherweise zu erwartenden Schaden angesehen werden (SCHLOSSER/COESTER-WALTJEN Rn 24; PALANDT/HEINRICHS § 276 BGB Rn 55; MünchKomm/BASEDOW Rn 60; BGH NJW 1993, 1542; KG ZIP 1989, 924). Im Zweifel trägt eine Einordnung als Schadenspauschalierung den berechtigten Interessen der Vertragspartner ausreichend Rechnung (anders STAUDINGER/SCHLOSSER[12] Rn 2; wie hier WOLF Rn 10; ULMER/HENSEN Rn 7; ERMAN/HEFERMEHL Rn 2).

4 b) Die Pauschalierung eines Schadensersatzanspruchs bringt in jedem Falle auch eine Verschlechterung der **Beweislage** des Vertragspartners des Verwenders mit sich. § 11 Nr 15, der derartige Beweislastverschiebungen generell verbietet, will aber eine den Erfordernissen des § 11 Nr 5 b entsprechende Klausel nicht erfassen, sondern tritt als allgemeinere Vorschrift hinter der spezielleren des § 11 Nr 5 b zurück (SCHLOSSER/COESTER-WALTJEN Rn 44; ULMER/HENSEN § 11 Nr 15 Rn 7; BGHZ 102, 41 = NJW 1988, 258).

5 c) § 11 Nr 5 und § 10 Nr 7 a ähneln sich und haben scheinbar einen teilweise sich überschneidenden Anwendungsbereich. Anlaß für die Einführung des § 10 Nr 7 a war ua die Absicht, unzulässige Schadenspauschalierungen nicht durch Abreden über besonders hohe Vergütungen für erbrachte Teilleistungen umgehbar zu machen (1. Teilber 63). Auf eine Abgrenzung der jeweiligen Anwendungsbereiche der verschiedenartigen Pauschalierungsregelungen ist dann keine größere Sorgfalt mehr verwandt worden. Zwar liegt ein wesentlicher Unterschied zwischen § 11 Nr 5 a und § 10 Nr 7 darin, daß letztere Norm nur die Fälle der Rückabwicklung eines vorzeitig beendeten Schuldverhältnisses im Auge hat, während § 11 Nr 5 auch Schadensersatzansprüche bei noch fortbestehender Vertragsbeziehung betrifft (BGH NJW-RR 1995, 749). Steht aber ein Schadensersatzanspruch wegen Nichterfüllung zur Debatte, so kann durchaus eine „Vergütung" für erbrachte Teilleistungen einer seiner Bestandteile oder sogar sein Gesamtinhalt sein.

6 § 10 Nr 7 a knüpft dabei an tatsächliche Leistungen an, für die ein (pauschaliertes) Entgelt zu zahlen ist, während § 11 Nr 5 reale Leistungen oder Aufwendungen, für die eine Entschädigung verlangt wird, nicht voraussetzt. Sehr wichtig ist die genaue Abgrenzung des jeweiligen Anwendungsbereiches der beiden Normen freilich deshalb nicht, weil auch im Falle von pauschalierten Leistungsvergütungs- und Nutzungsersatzansprüchen dem Kunden des Verwenders der Gegenbeweis der wesentlich geringeren Quantität offengehalten werden muß (MünchKomm/BASEDOW Rn 59; ERMAN/HEFERMEHL Rn 3; SCHLOSSER/COESTER-WALTJEN Rn 11; jetzt auch ULMER/SCHMIDT § 10 Nr 7 Rn 5; LÖWE/vWESTPHALEN Rn 9). Sachlich ist dies wegen der nahen Verwandtschaft der Regelungsgegenstände gerechtfertigt. Der Unterschied reduziert sich also darauf, daß es im Falle von § 10 Nr 7 a dem Verwender obliegt, den Beweis zu erbringen, sein Vertragspartner habe Nutzungen aus seinen Sachen gezogen oder Teilleistungen erhalten.

d) Auch der in § 10 Nr 7 b angesprochene „Aufwendungsersatz" betrifft nur Fälle, **7** in denen (wie zB nach § 467 S 2 BGB) Aufwendungsersatz nicht wegen Vertragsverletzung als Schadensersatz geschuldet wird. Insbesondere bleibt § 11 Nr 5 anwendbar, wenn im Rahmen von Schadenspauschalierungen nur ein Rechnungsposten pauschaliert wird, etwa pro Arbeitsstunde, pro Telefonat ein bestimmter Betrag. Kombiniert der Verwender ein Rücktrittsrecht mit Aufwendungsersatzansprüchen – was das Gesetz so gut wie nicht kennt –, dann ist zu fragen, ob die Rücktrittsvoraussetzungen an vertragswidriges Verhalten anknüpfen oder nicht. Nur in ersterem Falle ist § 11 Nr 5 anwendbar.

Soweit Aufwendungsersatz aus einer fortbestehenden Vertragsbeziehung verlangt werden soll (zB Aufwendungsersatz in Maklerverträgen), kommt § 10 Nr 7 überhaupt nicht in Betracht (vgl für diese Fälle im Versicherungsrecht HANSEN VersR 1988, 1110).

e) Sonderregelungen finden sich in § 11 Abs 1 VerbrKrG, der als Höchstgrenze **8** eine 5%-Schadenspauschale vorsieht. § 2 Abs 5 Nr 2 FernUSG verbietet bei Fernunterrichtsverträgen jede Form von Schadensersatzpauschalen zu Lasten des Teilnehmers. Zur entsprechenden Anwendung auf Direktunterrichtsverträge vgl DÖRNER NJW 1979, 243.

f) § 11 Nr 5 a und Nr 5 b stehen in ihren Wirksamkeitsvoraussetzungen für Klau- **9** seln selbständig nebeneinander und befinden sich nicht etwa in einem Nachrangigkeitsverhältnis. Insbesondere kann der Vertragspartner des Verwenders die Unwirksamkeit einer Klausel sowohl nach § 11 Nr 5 a als auch nach § 11 Nr 5 b wie auch kumulativ nach beiden Vorschriften geltend machen (ULMER/HENSEN Rn 25). Es empfiehlt sich aber, angesichts der strengen Rspr zu § 11 Nr 5 b zunächst die Möglichkeit des Gegenbeweises zu prüfen, weil hieran in der Praxis sehr leicht die Klauseln scheitern. Auf die schwierigere Feststellung des typischen Schadens kommt es dann nicht mehr an (vgl unten Rn 19 ff).

g) Nicht unter § 11 Nr 5, sondern unter § 9 fallen Klauseln, die – nicht für Ver- **10** tragsstörungen, sondern – für Zusatzleistungen ein Entgelt des Kunden vorsehen, soweit nicht über § 8 die inhaltliche Kontrollfähigkeit ausgeschlossen ist. So ist der Anspruch auf Überziehungszinsen für geduldete Kontoüberziehungen (anders als Verzugszinsen) jedenfalls nicht an § 11 Nr 5 zu messen (zur Wirksamkeit von Nr 10 AGB Sparkassen aF [= Nr 18 AGB-Sparkassen nF] BGHZ 118, 126 = NJW 1992, 1751; BGH NJW 1992, 1753; ähnlich zu Stundungszinsen BGH NJW 1986, 46; OLG Schleswig NJW 1992, 120; ohne klare Unterscheidung OLG Frankfurt aM OLG-Rp Frankfurt aM 1997, 89).

Ebenfalls nicht nach § 11 Nr 5 ist eine Kumulierung von Rücktritt und Schadensersatz zu beurteilen. Diese dem BGB fremde Möglichkeit hat ein Vorbild in Art 24 EKG, Art 45 Abs 2, 61 Abs 2, 81 Abs 1 S 1 UN-Kaufrecht, was bei einer Beurteilung nach § 9 zu berücksichtigen ist (s dort STAUDINGER/COESTER Rn 193).

II. Einzelheiten der gesetzlichen Regelung

1. Kreis der erfaßten Ansprüche

11 § 11 Nr 5 betrifft nur Klauseln, die ihrerseits vom Bestehen eines Anspruchs auf Schadensersatz oder Ersatz einer Wertminderung ausgehen und diese der Höhe nach pauschal festlegen. Die Pauschalierung ist dabei der wesentliche Gesichtspunkt, nicht das Bestehen des Anspruchs selbst. Nicht nach § 11 Nr 5 zu prüfen ist daher, ob der Anspruch formularmäßig dem Grunde nach überhaupt wirksam vereinbart werden konnte (SCHLOSSER/COESTER-WALTJEN Rn 37; ULMER/HENSEN Rn 10; MünchKomm/BASEDOW Rn 62; WOLF Rn 3; GERTH/PANNER BB 1984, 813, 814; LÖWISCH NJW 1986, 1725, 1728; OLG Düsseldorf NJW 1987, 2880; LG Bochum NJW-RR 1987, 827 und oben Rn 10). Die Einbeziehung der nicht von einem Schadensersatzanspruch umfaßten „Schadens"-Posten ist daher ebenfalls an § 9 zu messen (aA LÖWE/vWESTPHALEN – für § 11 Nr 5). Auch die Frage, ob der Primärleistungsanspruch gegen den Vertragspartner weiterbesteht, fällt aus dem Anwendungsbereich des § 11 Nr 5 heraus (OLG Celle OLG-Rp Celle 1997, 245).

12 Ebenso außer Betracht zu bleiben hat insbesondere die Frage der Zulässigkeit einer Anknüpfung von Schadensersatzansprüchen an ein unverschuldetes Verhalten des Vertragspartners (MünchKomm/BASEDOW Rn 62; s auch § 11 Nr 7 Rn 37 ff). § 11 Nr 5 unterliegen aber alle **Schadensersatzansprüche** iSv § 249 BGB, gleich, ob sie materiellen Schaden oder immateriellen Schaden betreffen, auf Verzug, Nichterfüllung oder sonstigen Leistungsstörungen beruhen, an Verschulden anknüpfen oder nicht.

13 Ferner gehören die **Ansprüche auf Ersatz einer Wertminderung hierher**. Diese sind zwar, wenn ein Schadensersatzanspruch besteht, auch Bestandteil des Schadens iSv § 249 BGB. Sie könnten aber auch Gegenstand selbständiger Ansprüche sein und sind aus diesem Grund eigens genannt. Freilich verdankt die (neben der die Schadensersatzpauschalierung betreffende) kaum bedeutsame Nennung von Wertminderungsausgleichsansprüchen ihre Existenz einer gedanklichen Unsauberkeit des Gesetzgebers. Orientiert hat er sich an § 2 Abs 1 S 2 AbzG (BR-Drucks 350/75, 30; jetzt § 13 Abs 2 S 3 VerbrKrG), wo aber die Wertminderung nur Element bei Bemessung eines Nutzungsentgelts ist, welches seinerseits in § 10 Nr 7 besonders geregelt ist und nicht unter § 11 Nr 5 fällt (BGHZ 102, 41, 45 = NJW 1988, 258). Reine Wertminderungsersatzansprüche gibt es nach geltendem Recht etwa in Gestalt von § 347 BGB („Verschlechterung"). Der Minderungsanspruch nach §§ 462, 634 Abs 1 S 3 BGB ist aber kein solcher, weil es sich hier schon begrifflich nicht um eine „gewöhnlich eintretende" Wertminderung, sondern um eine bei Gefahrübergang vorhandene Minderwertigkeit handelt (ULMER/HENSEN Rn 12; aM PALANDT/HEINRICHS Rn 2; WOLF Rn 11; MünchKomm/BASEDOW Rn 66).

2. Einwand der generell zu hohen Pauschale – § 11 Nr 5 a

a) Als wirksam angesehen werden können **Schadenspauschalierungen**, die sowohl **14** von ihrem Anknüpfungspunkt her als auch der Höhe nach dem typischen Durchschnittsschaden entsprechen, wie er nach der Schätzung eines redlichen Beobachters bei Vorliegen der Voraussetzungen des Schadensersatzanspruches entstehen kann (allgM, vgl BGH NJW 1984, 2093, 2094). Der Schadensgrund ist zwar selbst kein Gegenstand der Überprüfung nach § 11 Nr 5, läßt aber Rückschlüsse auf den „gewöhnlichen Lauf der Dinge" zu und ist daher ebenfalls zu berücksichtigen (SCHLOSSER/ COESTER-WALTJEN Rn 38; AG Frankfurt aM NJW-RR 1992, 1202). Zu berücksichtigen ist vor allem aber der **Gegenstand des Geschäfts**. Maßgeblich für die Beurteilung ist beispielsweise, ob es sich um fabrikneue oder gebrauchte Ware (SCHLOSSER/COESTER-WALTJEN Rn 38; 15% im Neuwagenhandel zulässig BGH NJW 1982, 2316; im Gebrauchtwagenhandel unzulässig BGH NJW 1994, 2478), ob es sich um Einzelanfertigungen (30% bei Maßfenstern akzeptiert: OLG Braunschweig BB 1979, 856) oder Massenware handelt (MünchKomm/BASEDOW Rn 75), ob ein **Verkaufsgeschäft** (dann Rohgewinn) oder ein (langfristiger) Mietvertrag (dann weitere Faktoren wie technische Wertminderung: BGH NJW 1977, 381; 50% der Restmieten, höchstens drei Jahresmieten bei 10-jährigem Vertrag über Telephonanlage wirksam: KG MDR 1997, 1019) vorliegt, schließlich, ob Waren und Leistungen zu **Marktpreisen** gehandelt zu werden pflegen, oder ob individuelle Preisverhandlungen üblich sind. Weiter sind für die Beurteilung von Bedeutung die branchenübliche Art der Geschäftsabwicklung durch den Verwender, seine Handelsstufe, insbesondere die Einschaltung von Handelsvertretern (OLG Nürnberg MDR 1972, 418; LG Wuppertal NJW 1966, 1129) und weiteren Zwischenhändlern, die Vertriebsform, Finanzierungsmodalitäten durch Einschaltung von Banken, das Erfordernis umfangreicher Geschäftsoder Kundendienstorganisation, nicht aber schwankende Wettbewerbssituationen. Wichtig ist auch, ob ein Zusammenhang zwischen der Bezugsgröße und dem typischen Schaden besteht (verneint bei 2,5 bzw 1% vom Kaufpreis für Lagerkosten – OLG Hamm NJW-RR 1987, 311, 314; LG München BB 1979, 702; ebenso auch OLG Koblenz NJW-RR 1993, 1078; Relation auch zu verneinen bei 20% des Honorars bei Terminverlegung beim Coachingvertrag – OLG Frankfurt aM OLG-Rp Frankfurt aM 1997, 89).

Entscheidend für Pauschalen zur Abgeltung des Nichterfüllungsschadens ist im **Han- 15 del** immer die **Bruttogewinnspanne**, abzüglich typischerweise entfallender, aussonderbarer Kosten. In der **Industrie** kann in die Pauschale ein realistischer Posten für allgemeine Betriebskosten zuzüglich evtl Bearbeitungsaufwendungen (BGH NJW 1988, 1971; MünchKomm/BASEDOW Rn 65) eingesetzt werden. Im Darlehensgeschäft kommen bei Vorfälligkeit Zinsmargenschaden und nur selten ein Zinsverschlechterungsschaden in Betracht (1% des fälligen Darlehensbetrages als Vorfälligkeitsentschädigung zu hoch: BGH ZIP 1988, 20). Beurteilungshilfen geben in diesem Zusammenhang öffentliche Stellungnahmen von Handels- und Industrieverbänden (mit der entsprechenden Vorsicht angesichts der Parteiinteressen). Pauschalierungsklauseln in AGB anderer Verwender sind aber grundsätzlich kein geeigneter Maßstab für die Beurteilung der Angemessenheit einer bestimmten Pauschale und erübrigen nicht den dem Kunden nach Nr 5 b obliegenden Gegenbeweis, sondern sind allenfalls ein schwaches Beweisindiz.

Die Prüfung der Angemessenheit ist nicht auf die Abstraktionshöhe verpflichtet, für **16** die das fragliche Bedingungswerk Anwendung finden soll, sondern hat sich an verkehrsüblichen Typisierungen auszurichten (ULMER/HENSEN Rn 14; ERMAN/HEFERMEHL Rn 6). Geht es um die Wirksamkeit einer Pauschalierung von Schäden wegen Nichtabnahme von gebrauchten LKW, so ist auf den Handel mit gebrauchten LKW zurückzugreifen, nicht aber auf den Gebrauchtwagenhandel im allgemeinen, auch wenn das Bedingungswerk sich auf ihn generell bezieht (MünchKomm/BASEDOW Rn 64). Soll eine Pauschale für eine Vielzahl von Fällen unterschiedlicher Typizität gelten, so entspricht sie dem Erfordernis von § 11 Nr 5 nur, wenn sie auch für den Verkehrstypus noch angemessen ist, in dem nach dem gewöhnlichen Lauf der Dinge mit dem geringsten Schaden zu rechnen ist (SCHLOSSER/COESTER-WALTJEN Rn 38; BGH NJW-RR 1990, 1076, 1077). Bedingungen für den Verkauf von Möbeln brauchen nicht nach einzelnen Möbelarten zu differenzieren, auch wenn es hierfür unterschiedliche Gewinnspannen gibt.

17 b) Soll eine Klausel (auch) **Wertminderungsaspekte** pauschalieren, so sind als Faktoren für die Beurteilung vor allem die gewöhnliche, dh durch den geplanten, vertragsgemäßen Gebrauch normalerweise vorauszusetzende Abnutzung einer Sache, ihr Neuheitsverlust, aber auch Wertverlust infolge von Modellwechsel oder Änderung der Moderichtung maßgebend (LÖWE/vWESTPHALEN Rn 23), wenn derartiges als in regelmäßigen Abständen eintretend im voraus geschätzt werden kann. Auch der gesamte Wert einer Sache kann uU pauschaliert als Wertminderung ausbedungen werden, so wenn etwa im Möbelhandel für den Fall des Rücktritts vom Vertrag über Schlafzimmereinrichtungen gesagt ist, daß Matratzen (aus Hygienegründen) nicht „zurückgenommen" werden.

18 c) Die **Beweislast** dafür, daß eine Schadens- oder Wertminderungspauschale dem gewöhnlichen Lauf der Dinge entspricht, trägt der Verwender der Klausel (BGHZ 67, 312 = NJW 1977, 381 zur früheren Rechtslage, aber bereits unter Hinweis auf § 11 Nr 5 a; jetzt OLG Köln NJW-RR 1986, 1434; OLG Celle NJW-RR 1991, 667; PALANDT/HEINRICHS Rn 25; MünchKomm/BASEDOW Rn 67; SCHLOSSER/COESTER-WALTJEN Rn 38; aM ULMER/HENSEN Rn 15; GERTH/PANNER BB 1984, 813, 817; OLG Koblenz NJW-RR 1993, 1078, 1080 – jedenfalls bei einer Pauschalierung, die unterhalb der Grenze des § 11 Abs 1 VerbrKrG lag). Die Gegenansicht kann sich außer auf den Gesetz gewordenen Wortlaut freilich auch noch auf die Tatsache stützen, daß dieser im Lauf der Entstehungsgeschichte des Gesetzes eine beweislastcharakteristische Änderung erfahren hat („Schadenspauschalen sind unzulässig, es sei denn daß ..."; § 8 Nr 5 Entwurf 1. Teilber). Es ist jedoch dem Kunden schlechterdings unzumutbar, Beweise zur Kostenstruktur des Geschäftszweigs des Verwenders zu führen. Daher muß die Gegenansicht in kritischen Fällen völlig unterschiedliche Maßstäbe zur „Schlüssigkeit" eines auf die Klausel sich stützenden Sachvortrages anlegen, je nach dem, ob ihr die Angemessenheit der Pauschale prima vista plausibel erscheint oder nicht. Schlüssig im Sinne der § 300 ff ZPO ist grundsätzlich jeder Schadenspauschalanspruch vorgetragen, der sich auf eine nach den klägerischen Behauptungen Vertragsbestandteil gewordene Pauschalierungsklausel stützt, wenn der Kläger zusätzlich behauptet, die Pauschale entspreche dem durchschnittlich eintretenden Schaden (aM ULMER/HENSEN Rn 16). Nur wenn bei Gericht offenkundige Erfahrungssätze (§ 291 ZPO) dem entgegenstehen, liegen die Dinge anders. Bei Pauschalen in geringeren Größenordnungen kann man die Behauptung, sie entsprächen dem Durchschnitts-Nichterfüllungsschaden, meist als konkludent aufgestellt betrachten (ULMER/HENSEN Rn 15). Streng genommen muß der Verwender, um den ihm obliegenden Beweis anzutreten, seine eigene Kalkulation nicht vorlegen, weil es

nicht auf den gerade ihm entgangenen Gewinn, sondern auf die Situation im ganzen Geschäftszweig ankommt (BGH aaO; MünchKomm/BASEDOW Rn 67). Meist bleibt ihm aber gar nichts anderes übrig, als es mit diesem Indizienbeweis zu versuchen.

3. Gegenbeweis des wesentlich niedrigeren oder völlig fehlenden Schadens – § 11 Nr 5 b

a) Anders als in der ursprünglichen Fassung (§ 8 Nr 5 b RegE) fordert § 11 Nr 5 b seinem Wortlaut nach nicht einen ausdrücklichen Vorbehalt der Gegenbeweismöglichkeit in der Klausel selbst. Wirkungsvolle Schutzvorschrift wäre § 11 Nr 5 b, wenn ein solcher ausdrücklicher Vorbehalt gefordert würde (so schon STAUDINGER/SCHLOSSER[12] Rn 19; SCHLOSSER/COESTER-WALTJEN Rn 40); die hM und Rspr hat sich anders entschieden (vgl ULMER/HENSEN Rn 18; WOLF Rn 33; SOERGEL/STEIN Rn 45; BGHZ 84, 268 = NJW 1982, 2776; BGH NJW 1983, 1320; BVerwG v 11. 4. 1997 – 8 B 61/97) und damit eine weder dem Verwender noch dem Vertragspartner dienende Rechtsunsicherheit heraufbeschworen. Die meisten Entscheidungen zu § 11 Nr 5 beschäftigten sich mit der Frage, ob die Formulierung einen Gegenbeweis ausschließt; eine überzeugende Linie wurde dabei nicht gefunden. Zwar soll es darauf ankommen, wie der Durchschnittskunde die Klausel verstehen muß (OLG Hamburg ZIP 1981, 993); die juristischen Feinheiten werden sich aber dem Nichtjuristen häufig in ihrer Bedeutung nicht erschließen (krit auch ULMER/HENSEN Rn 19 f). Daß der ausdrückliche Ausschluß des Gegenbeweises die Klausel unwirksam macht, versteht sich von selbst. Einsichtig ist auch, daß die Verwendung von Worten wie „in jedem Fall", „mindestens", „wenigstens" dem Kunden zu verstehen gibt, daß er sich auf einen niedrigeren Schaden im konkreten Fall nicht berufen kann (so BGH NJW 1983, 1320; BGH NJW 1985, 632; BGH NJW 1988, 1374). Formulierungen wie „hat zu zahlen", „ist zu zahlen", „die Kosten betragen", „berechtigt zu fordern", „ist zu verzinsen" werden als strikte ausnahmslose Rechtsfolgenanweisungen nach § 11 Nr 5 b verworfen (BGH NJW 1998, 991; BGH ZIP 1996, 1997; BGH NJW 1985, 634; OLG Frankfurt aM OLGZ 1985, 90, 92 – Chinchilla; OLG Hamm NJW-RR 1986, 927; OLG Oldenburg NJW-RR 1987, 1003; LG Bremen NJW-RR 1983, 1403; aM für „hat zu zahlen" OLG Düsseldorf ZMR 1987, 464). Auch die schlichte Angabe der Schadenspauschale wird als unwirksam angesehen (BGH ZIP 1997, 2151, 2152 – Lastschriftrückgabe; ähnlich LG Frankenthal VuR 1997, 360 – Pflegesatz beim Heimvertrag; OLG München BB 1994, 1890 – Verzögerungszinsen; ebenso OLG Hamm EWiR § 24 AGBG 1/93, 525 – THAMM/DETZER). Dagegen wurden Fassungen wie „wird ... belastet" (BGH NJW 1994, 1060, 1067 zur Gegenbeweismöglichkeit nach § 10 Nr 7), „kann ohne Nachweis geltend machen" (BGH NJW 1982, 2316) für mit § 11 Nr 5 b vereinbar gehalten. Das gleiche gilt für „wird erhoben" (BGH NJW 1985, 321), „wird berechnet" (BGH NJW 1985, 321; aM OLG Bamberg AGBE III Nr 22; OLG Koblenz ZIP 1981/509). Die Gegenbeweismöglichkeit soll angedeutet sein durch die Verwendung des Wortes „Pauschale", „durchschnittlicher Schaden" (ULMER/HENSEN Rn 21; OLG München NJW 1995, 733, 735); auch der Zusatz „ohne Nachweis" soll genügen (BGH NJW 1982, 2316; BGH NJW 1983, 1491), während allein der Gebrauch von „Schadensersatz" oder „Abstandssumme" nicht ausreicht (BGH NJW 1985, 320; OLG Frankfurt aM OLGZ 1985, 92). Am sichersten ist es daher für den Verwender, ausdrücklich den Gegenbeweis zuzulassen. Dieser muß allerdings in vollem Umfang möglich sein. Begrenzungen oder Beschränkungen machen die Klausel unwirksam.

b) § 11 Nr 5 b hebt nicht wie Nr 5 a auf die generelle Überhöhung der Pauschale ab, sondern darauf, ob im **Einzelfall** trotz einer geschäftstypisch angemessenen und damit zulässigen Pauschale ein Schaden bzw eine Wertminderung nicht oder in wesentlich niedrigerem Umfange als pauschaliert eingetreten ist. Aus diesem Grunde ist Nr 5 b als Prüfungskriterium im abstrakten Unterlassungsverfahren in dieser Hinsicht (anders bezüglich der Gegenbeweismöglichkeit – s a BGH NJW 1983, 1320) untauglich.

Als „wesentlich" wird schon eine Abweichung von mehr als 10% angesehen werden können, bei größeren Summen mag sogar eine Differenz von 5% ausreichen. Entscheidend ist eine Differenzierung je nach Höhe der Schadenspauschale (WOLF Rn 31; wohl auch ULMER/HENSEN Rn 23; MünchKomm/BASEDOW Rn 74 nennt 10% Abweichung als Richtschnur).

Die Darlegungs- und Beweislast liegt in vollem Umfang beim Vertragspartner des Verwenders (allgM). Er muß die von der zulässigen Pauschalierungsklausel unterstellte Höhe des Schadens widerlegen, beispielsweise durch den Nachweis, daß die von ihm nicht abgenommene Ware ohne Verlust anderweitig an einen Käufer weiterverkauft werden konnte, den der Verwender nicht ohnehin gefunden hätte, oder daß eine unvertretbare Sache (§ 91 BGB) anderweitig absetzbar war (MünchKomm/BASEDOW Rn 75). Aber auch in letzterem Falle ist der Schaden des Verwenders nur entfallen, wenn es dem anderweit gefundenen Kunden gerade auf die fragliche Sache ankam. Im Gebrauchtwagenhandel etwa würde die Behauptung, der Wagen sei sofort anderweitig verkauft worden, nicht ausreichend sein (BGH NJW 1970, 32; BGHZ 126, 305, 309 = NJW 1994, 2478), weil der anderweitige Abnehmer häufig auch einen anderen Gebrauchtwagen gekauft hätte.

21 c) Der Verwender selbst kann sich den „Gegenbeweis" eines im Einzelfall eingetretenen höheren Schadens ebenfalls vorbehalten (SCHLOSSER/COESTER-WALTJEN Rn 42; WOLF Rn 34; ERMAN/HEFERMEHL Rn 14 – dann allerdings mit spiegelbildlichem Wesentlichkeitserfordernis; GERTH/PANNER BB 1984, 813, 815; BGH NJW 1982, 2316, 2317; KG BB 1984, 1420; OLG Hamm NJW-RR 1987, 311, 312; OLG München NJW 1995, 733, 734; **aM** ULMER/HENSEN Rn 24; FISCHER JR 1983, 65). Beispiel: Der Vermieter eines PKW kann sich das Recht ausbedingen, den Kilometerpreis entweder nach den Angaben des Mieters oder auf der Basis von 100 km Fahrleistung zu berechnen, wenn der Mieter den ihm im Falle eines Versagens des Kilometerzählers treffenden Obliegenheiten nicht nachkommt. Daß § 11 Nr 5 als lex specialis zu § 11 Nr 15 Beweislastfragen betrifft, ändert aber nichts daran, daß Klauseln, welche ausdrücklich nur dem Kunden Gegenbeweismöglichkeiten eröffnen, nach § 5 gegen den Verwender und eine ihm zustehende entsprechende Befugnis auszulegen sind. Ist eine Pauschale als „Mindestschaden" bezeichnet, so ist aber der Vorbehalt zugunsten des Verwenders deutlich genug.

4. Rechtsfolgen der Unwirksamkeit einer Klausel

22 Verstößt eine Klausel bereits gegen § 11 Nr 5 a, entfällt ihre Wirksamkeit. Der Verwender muß im Streitfall seinen Schaden konkret oder mit Hilfe allgemein anerkannter Beweislasterleichterungen belegen. Eine richterliche Reduzierung der Pauschale auf ihre zulässige Höhe ist nicht möglich (allgM: ULMER/HENSEN Rn 26; WOLF Rn 23; SOERGEL/STEIN Rn 46; **aM** noch KÖTZ NJW 1979, 788).

Hat der Aufsteller nicht, wie § 11 Nr 5 b von ihm verlangt, die Gegenbeweismöglichkeit offengehalten, so ist die Klausel ebenfalls insgesamt unwirksam (BGH NJW 1986, 376, 378; MünchKomm/BASEDOW Rn 76; zT aM ULMER/HENSEN Rn 26). In der Praxis sind die meisten Klauseln am Fehlen einer Gegenbeweismöglichkeit gescheitert (s oben Rn 19).

5. Spiegelbildliche Anwendung?

Spiegelbildlich ist § 11 Nr 5 insoweit anzuwenden, als in Kundenbedingungen keine 23
Pauschalen stehen dürfen, die hinter dem nach dem gewöhnlichen Lauf der Dinge zu erwartenden Schaden zurückbleiben (ULMER/HENSEN Rn 4; WOLF Rn 5).

III. Verbraucher

Für Verbrauchergeschäfte erklärt Nr 1 e des Anhangs der Richtlinie Klauseln, die 24
einen „unverhältmäßig hohen Entschädigungsbetrag" bei Pflichtverletzungen des Verbrauchers vorsehen, für mißbräuchlich iSd Art 3 RL. § 11 Nr 5 präzisiert dieses Verbot (in Ergänzung zu § 10 Nr 7) und ist damit gemeinschaftskonform. Daß dieses Verbot nach § 24 a auch für vorformulierte Individualverträge gilt, erscheint nicht unangemessen.

IV. Beruflicher Verkehr

§ 11 Nr 5 a gilt, vermittelt über § 9, uneingeschränkt auch gegenüber Kaufleuten 25
(allgM). Der BGH hat dies bereits in früheren Entscheidungen ausgesprochen (BGHZ 67, 312 = NJW 1977, 381; jetzt auch BGH NJW 1998, 592; BGHZ 124, 351 = NJW 1994, 1060, 1068; BGH WM 1990, 1198; BGH NJW 1984, 2941, 2942; OLG Braunschweig NJW-RR 1996, 566; OLG München BB 1994, 1890). Allerdings kann der typische Schaden im kaufmännischen und im nicht kaufmännischen Verkehr unterschiedlich hoch sein und daher auch unterschiedlich pauschaliert werden.

An die Formulierung der Gegenbeweismöglichkeit sind – bei grundsätzlichem Erfor- 26
dernis derselben (BGH NJW 1984, 2941; OLG München NJW 1995, 733, 734; anders noch STAUDINGER/SCHLOSSER[12] UND SCHLOSSER/COESTER-WALTJEN Rn 9; LUTZ, AGB-Kontrolle im Handelsverkehr 103; ALISCH JZ 1982, 706) – weniger strenge Anforderungen zu stellen (so wohl auch BGH NJW 1996, 1209, 1210). Im Hinblick auf die idR gegebene Erfahrung der beruflich oder gewerblich Tätigen wird man bei ihrer Gleichbehandlung mit Kaufleuten nach der Reform des § 24 auch bei diesen die Anforderungen an die Formulierung lockern können.

V. Klauselbeispiele

1. Pauschalierter Schadensersatz wegen Nichterfüllung

Für den Fall der Nichtdurchführung des Vertrages sehen Klauseln häufig eine an der 27
Gegenleistung orientierte prozentuale Schadenspauschale vor.

Die Rspr hat bei **Nichtabnahme eines Darlehens** Schadenspauschalen von 3% (BGH NJW 1990, 981), 4,5% (BGH NJW-RR 1986, 467), 5% (OLG Düsseldorf NJW-RR 1991, 442) und von 2% (OLG Köln NJW-RR 1986, 1434; OLG Hamm ZIP 1985, 1385) für zulässig gehalten. Bestand für die Bank im konkreten Fall (wegen Fehlens einer Disagio-Vereinbarung und bei kurzer Laufzeit) nur eine geringe Zinsgewinnerwartung, so beanstandete der BGH (NJW 1986, 1809) eine Pauschale von 3% des Darlehensnennbetrages, neuerdings auch 1% (BGH ZIP 1998, 20; allgemein zu Vorfälligkeitsklauseln REIFNER NJW 1995, 86).

Pauschalsätze von 35−42/50% des Entgelts beim Rücktritt von **Dauerüberlassungsverträgen** sind ebenfalls beanstandet worden (BGH NJW 1992, 3163 − Mietvertrag über Ferienhaus; BGH NJW-RR 1990, 1076 − Automatenaufstellvertrag; wirksam hingegen 50% bei Fernsprechnebenanlage − BGH NJW-RR 1988, 1490). Bei Kaufverträgen wurden Pauschalen von 15% im **Neuwagenhandel** akzeptiert (BGH NJW 1982, 2316), während dieser Satz im **Gebrauchtwagenhandel** abgelehnt wurde (OLG Köln NJW-RR 1993, 1404; aM LG Hagen DAR 1987, 226 − 20% möglich). Im Möbelhandel sind 25% bzw 30% nicht beanstandet worden (BGH NJW 1985, 320 − fabrikneu; OLG Frankfurt aM NJW 1982, 2569 − Versandhandel); bei Verträgen über die Lieferung und Montage von Fenstern waren es 30% (OLG Braunschweig BB 1979, 856); 5% waren es beim Bauträgervertrag (OLG Hamm OLGZ 1997, 102), während 60% beim Architektenvertrag für unwirksam gehalten wurden (BGH NJW 1997, 259); 90% des Neuwertes des Leerguts werden beanstandet (SCHÄFER/SCHÄFER ZIP 1983, 656, 660 mwNw; aM AG Waldshut-Tiengen EWiR 1987, 105 − Neupreisklausel wirksam als Vertragsstrafe).

Im Reisevertragsrecht ist eine Staffelung nach der Zeit bis zum Reiseantritt möglich (im einzelnen BGH NJW-RR 1990, 114).

Die Kombination einer prozentualen Schadenspauschale mit einem konkret berechneten Schaden ist unzulässig (BGH NJW-RR 1995, 749 − Fertighausverkauf 15% plus Schadensposten). Die Einsetzung fester Beträge muß den gewöhnlichen Lauf ausreichend berücksichtigen. Beanstandet wurden daher Klauseln, die bei der Kfz- Miete von einer ununterbrochenen Vermietungsmöglichkeit ausgehen (BGH BB 1976, 571; OLG Saarbrücken NJW-RR 1991, 313) oder der nicht in Anspruch genommenen Leistung keinen Erstattungswert beimaßen (LG Köln NJW-RR 1990, 1530 − Flieg-und-Spar-Tarife; ähnlich AG Bonn VersR 1987, 1121 − Stornierungsgebühren von 100 DM).

2. Pauschalierte Verzugszinsen

28 Die Richtgröße für Verzugszinsen im Verbraucherkreditvertragsrecht (§ 11 Abs 1 VerbrKrG) wird nicht generell als abstrakte Schadensberechnungsmöglichkeit angesehen (D + 5% zu hoch: OLG Hamburg NJW 1991, 2841 − Kreditkarten; BGH NJW 1994, 3344 − Gewerbetreibende untereinander; anders für das Verhältnis Bank-Gewerbetreibender BGH NJW 1995, 1954); jedoch dürfte die Regelung für eine vereinbarte Pauschalierung Leitbild sein (OLG Koblenz NJW-RR 1993, 1078 − konkret allerdings nur D + 2%; aM ULMER/HENSEN Rn 29). Verzugszinsen von 1% über dem Lombardsatz wurden ebenfalls für zulässig gehalten (OLG Hamm NJW-RR 1995, 593; siehe auch bereits BGH NJW 1982, 331 − 2% über Diskontsatz; hingegen OLG Koblenz ZIP 1981, 509: D + 4% unangemessen). Viele derartige Klauseln scheitern allerdings an § 11 Nr 5 b (BGH BB 1983, 524 − D + 4%, mindestens 7,5%; BGH BB 1984, 1829 − D + 6%, mindestens 9%; OLG Hamm NJW-RR 1986, 1179). An

Transparenz fehlt es hingegen nicht (CASPER NJW 1997, 240; aM MÜLLER NJW 1996, 1520).

Soweit feste Zinssätze vorgesehen waren, sind **Monatssätze** von **1,15%** und höher für unwirksam gehalten worden (OLG Frankfurt aM ZIP 1993, 665 – 1,15%; AG Fürth NJW-RR 1986, 154 – 1,8%; OLG Düsseldorf NJW 1986, 385 – 1,8%; OLG Nürnberg AGBE I § 11 Nr 24 – 1,5%). Einen jährlichen Zinsaufschlag von 1% akzeptierte der BGH (NJW 1983, 1542), das LG Lüneburg sogar eine jährliche Pauschale von 21,6% (NJW 1987, 653), während das OLG Hamburg 21,0% als unangemessen verwarf (NJW-RR 1987, 1449). Entscheidend ist dabei neben der absoluten Prozentzahl die Wahl der jeweiligen Bezugsgröße (vgl KILIMANN NJW 1987, 618; OLG Hamm BB 1983, 1304; BGH NJW-RR 1986, 205; BGH NJW 1987, 185; s auch REIFNER BB 1985, 87). Auch hier scheitern viele Klauseln an § 11 Nr 5 b (BGH ZIP 1996, 1997).

3. Mahngebühren

Besonders beliebt in AGB sind offensichtlich pauschalierte Mahngebühren (zur Frage des Kostenersatzes für die verzugsbegründende Mahnung oben § 11 Nr 4 Rn 7). Gebühren von 2,50 DM (OLG Hamm BB 1983, 1304), 5 DM (OLG Stuttgart NJW-RR 1988, 1082; OLG Hamm NJW-RR 1992, 242), 7 DM (OLG Hamburg NJW 1991, 2841) und 8 DM (AG Fürth NJW-RR 1986, 154) wurden beanstandet.

4. Andere Verzugsschäden

Für Lagerkosten (§ 304 BGB, evtl § 286 Abs 1 BGB) werden im Möbelhandel Pauschalen nach einem Prozentsatz des Kaufpreises verschiedentlich vorgesehen; wegen fehlender Relation sind sie gescheitert (OLG Koblenz NJW-RR 1993, 1078 – 1%; OLG Hamm NJW-RR 1987, 311 – 2,5%; LG München BB 1979, 702 – 1%).

5. Sonstiger Schadensersatz

Bei Beschädigung oder Nichtrückgabe der überlassenen Sachen ist eine Tagesnennwertpauschale überhöht (OLG Köln NJW-RR 1988, 373, 375 [Pfandflaschen]; ebenso OLG Karlsruhe NJW-RR 1988, 370; SCHÄFER/SCHÄFER ZIP 1983, 656).

§ 11 Nr 6
Vertragsstrafe

In Allgemeinen Geschäftsbedingungen ist unwirksam ...

6. (Vertragsstrafe)

> eine Bestimmung, durch die dem Verwender für den Fall der Nichtabnahme oder verspäteten Abnahme der Leistung, des Zahlungsverzugs oder für den Fall, daß der andere Vertragsteil sich vom Vertrag löst, Zahlung einer Vertragsstrafe versprochen wird;

§ 11 Nr 6 AGBG

Materialien: 1. Teilber 71; Ref E 15 – s STAUDINGER/SCHLOSSER Einl 6 ff zum AGBG.

Systematische Übersicht

I. Allgemeines	
1. Gesetzgeberisches Grundanliegen	1
2. Verhältnis zu anderen gesetzlichen Vorschriften	2
II. Einzelheiten der gesetzlichen Regelung	
1. Begriff der Vertragsstrafe iS von § 11 Nr 6	6
a) Selbständiges Strafgedinge	7
b) Verfallklauseln	8
c) Reuegelder	9
d) Garantieversprechen	10
e) Abstandssummen	11
2. Die von § 11 Nr 6 erfaßten Anwendungsfälle von Vertragsstraferegelungen	12
a) Nichtabnahme oder verspätete Abnahme einer Leistung	12
b) Zahlungsverzug	13
c) Lösung vom Vertrag	14
III. Zulässigkeit sonstiger Vertragsstrafeklauseln	15
1. Vertragsstrafen für den Fall, daß der Schuldner seine Sach-, Werk- oder Dienstleistung nicht oder nicht rechtzeitig erbringt	16
2. Vertragsstrafen für den Fall der Schlechterfüllung, der Verletzung von vertraglichen Nebenpflichten und Obliegenheiten	18
IV. Wirksamkeitsgrenzen für die Einzelausgestaltung von Vertragsstrafen	22
1. Abweichung vom dispositiven Recht der §§ 339 ff BGB	23
2. Höhe der Vertragsstrafe	24
3. Verschuldensunabhängige Vertragsstrafe?	25
V. Verbraucher	26
VI. Kaufleute	27

Alphabetische Übersicht

Abnahmepflicht	12
Abstandssummen	11
Adressenüberlassungsvertrag	19
Annahmeverweigerung	12
Annahmeverzug	12
Anrechnung	23
Aufwendungsersatzklauseln	1, 7
Automatenaufstellung	24
Bauvertragsbedingungen	16, 23 f, 27
Beförderungsentgelt, erhöhtes	19
Bierlieferungsverträge	17
Erfüllungsverweigerung	14
„erhöhtes Beförderungsentgelt"	19
Fälligkeit, vorzeitige	8
Fahrschulverträge	20
Fangprämie	20
Fehlbelegungsabgabe	24
Garantieversprechen	10, 25
Getränkebezugsvertrag	17
Großhandelsmärkte	19
Höhe der Vertragsstrafe	24, 27
Kaufleute	27
Kreditvermittlungsvertrag	12
Kündigung	8
Leistung an Zahlungs Statt	13
Lösung vom Vertrag	14
Maklerverträge	9
Miete	5, 8

2. Unterabschnitt. §11 Nr 6 AGBG
Unwirksame Klauseln

Mitwirkungspflicht	12	Unterrichtskurse	4, 9
Nebenpflicht	12, 19	Verbraucher	26
		Verfallklauseln	8
Obliegenheiten	8	Vergütungsersatzklauseln	1
		Verschulden	25
Reuegeld	9, 11 f, 14	Versicherungsverträge	8
Richtlinie	26	Vertragspartner des Verwenders als	
Rückgabepflichten	21	Schuldner der Sachleistung	14
Rücktrittsrecht, gesetzlich vorgesehenes	14	Vertragsstrafe, Begriff der	6 f
Rücktrittsrecht, vertraglich vorbehaltenes	14	Verzug	13, 19 f
		VOB/B	16
Schadenspauschale	1, 3	Vorbehalt der Vertragsstrafe bei Abnahme	23
Strafgedinge	7		
		Wohnraumvermittlung	5
Teilzahlungsbank	8		
		Zahlungsverzögerungen	13

I. Allgemeines

1. Gesetzgeberisches Grundanliegen

§ 11 Nr 6 schließt den Kreis der Schutzvorschriften gegen Klauseln, mit denen der **1**
Verwender dem Vertragspartner für den Fall, daß die Abwicklung des Vertragsverhältnisses gestört oder abgebrochen wird, finanzielle Sanktionen auferlegt: Während
§ 10 Nr 7 für den Fall der vorzeitigen Beendigung eines Vertragsverhältnisses die
Zulässigkeit von Vergütungs- und Aufwendungsersatzklauseln regelt und § 11 Nr 5
realitätsferne Schadenspauschalen aller Art unterbindet, nimmt § 11 Nr 6 dem Verwender die Möglichkeit, sich durch unnötige Vertragsstrafen zu bereichern, was er
deshalb leicht versuchen könnte, weil deren Geltendmachung den Eintritt wirtschaftlicher Nachteile beim Gläubiger nicht voraussetzt (BGH NJW 1966, 2008). Besonders kraß wirken sich Vertragsstrafen zugunsten des Verwenders aus, wenn dieser
von vornherein damit rechnet, sein Vertragspartner werde den geschlossenen Vertrag nicht erfüllen und deshalb – darauf spekulierend – seine Kalkulation nicht auf
die Erbringung von Leistung, sondern auf deren Unterlassung aufbaut. Die Gesetz
gewordene Fassung der Vorschrift ist im Vergleich zur Fassung im Entwurf der
Arbeitsgruppe (§ 8 Nr 6) und im Referentenentwurf (§ 8 Nr 6), wonach vorformulierte Vertragsstrafenklauseln überhaupt unterbunden werden sollten (1. Teilber 173 –
RefE 15), erheblich enger ausgefallen. Da, wo die Folgen einer Vertragsverletzung
nicht oder schwierig in Geldeswert ausgedrückt werden können, sind Vertragsstrafen
allerdings ein unerläßliches Sanktionsmittel. Soweit dies nicht der Fall ist und geldeswerte Schadensberechnungen möglich sind, bedarf es aber keiner „Vertragsstrafen". Insoweit geht § 11 Nr 6 über die vordem durch die Rspr entwickelten
Grundsätze hinaus, wonach formularmäßige Vertragsstrafevereinbarungen auch
gegenüber Nichtkaufleuten als wirksam betrachtet wurden (BGHZ 49, 84 = NJW 1968,
149 – Maklervertrag; MDR 1963, 296; WM 1976, 638 – Bauvertrag; MDR 1977, 134 – Anzeigenvertrag; LINDACHER, Phänomenologie der Vertragsstrafe 203; aM OLG Nürnberg NJW 1973, 1974 –
Miete eines Getränkeautomaten; SCHMIDT-SALZER [1. Aufl] 194; KLEINE-MÖLLER BB 1976, 442).

Eine sorgfältige Abgrenzung gegenüber dem Rechtsinstitut Schadenspauschale ist allerdings meist unterblieben. Durch § 11 Nr 6 ist diese Rspr weitgehend überholt. Soweit die Höhe einer Vertragsstrafe in Frage steht (BGHZ 60, 384 = NJW 1973, 1195) oder es sich um andere als die vier in Nr 6 genannten Fälle handelt, hat aber auch die frühere Rspr weiterhin Bedeutung bei Anwendung von § 9. Zur Bedeutung von § 9 für Fragen, die im Zusammenhang mit Vertragsstrafen stehen, s unten Rn 22 ff.

2. Verhältnis zu anderen gesetzlichen Vorschriften

2 a) Zum Verhältnis zu § 11 Nr 5 siehe dort Rn 3. Auf der Rechtsfolgenseite liegt der Unterschied klar zutage: § 11 Nr 5 läßt Schadenspauschalierungen grundsätzlich zu, verhindert nur ihre Überhöhung; § 11 Nr 6 verbietet in seinem Anwendungsbereich Vertragsstrafeversprechen ausnahmslos, gibt jenseits der aufgeführten Fallgruppen aber keine Orientierung (ULMER/HENSEN Rn 3).

3 b) Bei Bestimmung der jeweiligen Anwendungsbereiche von § 11 Nr 6 und § 10 Nr 7 treten Abgrenzungsschwierigkeiten nicht auf, soweit die Einordnung einer Klausel als Vertragsstraferegelung – im Unterschied zur Schadenspauschale – feststeht.

§ 11 Nr 6 bezieht sich nur auf Sanktionen für vertragswidriges Verhalten, § 10 Nr 7 auf Rückabwicklungsregelungen (vgl auch BGH NJW 1992, 1751).

4 c) § 2 Abs 5 S 1 FernUSG verbietet Vertragsstrafeversprechen generell, gleich ob diese individuell vereinbart oder in AGB enthalten sind. Auf Direktunterrichtsverträge finden diese Vorschriften keine Anwendung (BGHZ 90, 280); Vertragsstrafeversprechen in diesen Bereichen können daher wirksam sein (KG NJW-RR 1989, 1075, 1077).

5 d) Sonderregelungen finden sich darüberhinaus im Wohnraummietrecht (Verbot einer Vertragsstrafe zu Lasten des Mieters, § 550 a BGB), bei der Wohnraumvermittlung (Einschränkung auf max 50 DM, § 4 WoVermG), aus der Wettbewerbsfreiheit uU im Kartellrecht (BGH NJW 1994, 384) und unter besonderen Aspekten im Arbeitsrecht (s STAUDINGER/RIEBLE [1995] § 339 Rn 55 ff), das aber ohnehin nicht unter die Inhaltskontrolle nach dem AGBG fällt (§ 23 Abs 1).

II. Einzelheiten der gesetzlichen Regelung

1. Begriff der Vertragsstrafe iSv § 11 Nr 6

6 Die Festlegung des Begriffs der Vertragsstrafe iSv § 339 ff BGB ist kein AGB-spezifisches Problem (siehe § 11 Nr 5 Rn 3 und STAUDINGER/RIEBLE [1995] Vorbem 1 zu §§ 339 ff; LG Hagen DAR 1987, 226; BGH NJW 1994, 1532). Wie dem § 339 BGB unterfallen auch dem § 11 Nr 6 nicht nur alle Sanktionen, die auf Zahlung eines Geldbetrages gerichtet sind, sondern auch solche, die die Erbringung einer sonstigen Leistung oder die Verwirkung von Rechten (s näher unten Rn 8) vorsehen. Neben den in §§ 339 ff BGB behandelten sog unselbständigen Vertragsstrafeversprechen gibt es weitere verwandte, aber nicht im Gesetz geregelte Rechtsinstitute, deren Einordnung unter dem Gesichtspunkt von § 11 Nr 6 nicht unproblematisch ist.

a) Ein **selbständiges Strafgedinge** ist jedenfalls von § 11 Nr 6 erfaßt, auch wenn 7
seine Charakterisierung als Vertragsstrafe noch bezweifelt werden sollte (zum Streitstand STAUDINGER/RIEBLE [1995] Vorbem 5 zu §§ 339 ff). Es wäre nicht verständlich, weshalb in Fällen, in denen der Kunde überhaupt nicht zur Abnahme verpflichtet ist, etwas zulässig sein soll, was unwirksam ist, wenn es eine immerhin durchsetzbare Abnahmeverpflichtung sichern soll (SCHLOSSER/COESTER-WALTJEN Rn 10; **aM** WOLF Rn 6; ULMER/HENSEN Rn 6 – § 9 anwendbar; ebenso LÖWE/vWESTPHALEN Rn 5). Den Bedürfnissen des Verwenders nach einem gewissen Druck auf das Verhalten des Vertragspartners kann durch eine § 10 Nr 7 entsprechende Aufwendungsersatzklausel Rechnung getragen werden (**aM** STAUDINGER/SCHLOSSER[12] Rn 7).

b) **Verfallklauseln** sind Vereinbarungen, die im Falle von Vertragsverletzungen 8
eine Verwirkung von Rechtspositionen des Vertragspartners vorsehen. Sollen dessen sämtliche Rechte aus einem Vertrag erlöschen, liegt ein Rücktrittsvorbehalt iSv § 360 BGB vor. Solche Klauseln stellen nach hM ebenfalls keine Vertragsstrafen dar. Jedoch werden die §§ 339 ff BGB entsprechend auch auf sie angewandt (BGH NJW-RR 1991, 1013; STAUDINGER/RIEBLE [1995] Vorbem 39, 140 zu §§ 339 ff). Vorformulierte Verfallklauseln können dementsprechend – sofern sie nicht als Rücktrittsvorbehalte gemäß § 360 BGB und somit nach § 10 Nr 3 zu behandeln sind – nach § 11 Nr 6 zu beurteilen sein. Erforderlich ist eine klare Unterscheidung danach, ob es sich um Folgen von Leistungsstörungen (vgl CANARIS ZIP 1980, 709, 717; BGHZ 95, 362 = NJW 1986, 46), um den Wegfall einer Vergünstigung bei Obliegenheitsverletzungen oder um eine indirekte Bereicherung des Verwenders handelt. Im letzten Fall ist eine Behandlung als Vertragsstrafe iSd § 11 Nr 6 angebracht (OLG Hamm AGBE § 11 Nr 50). Schon die frühere Rspr hat deshalb Verfallklauseln im Falle einer formularmäßigen Vereinbarung die Wirksamkeit versagt, wenn sie an eine unberechtigte Aufkündigung des Vertrags geknüpft waren (BGH NJW 1968, 1625 – Verlust von Verwendungsansprüchen des Mieters; BAG NJW 1961, 698 – Verlust des Anspruchs auf rückständige Vergütung). Angesichts des strikten Verbots des § 11 Nr 6 für die dort vorgesehenen Fallgruppen ist die Rspr heute eher zurückhaltend mit der Einordnung als Vertragsstrafe (vgl BGH NJW 1985, 1705, 2329 und BGHZ 85, 362, 372 = NJW 1986, 46), jedenfalls soweit es um die beiden anderen Gruppen von Verfallklauseln geht.

Knüpfen Verfallklauseln, vor allem in Versicherungsverträgen, an die Verletzung von Obliegenheiten an, so unterfallen sie – wie auch immer man sie sonst im Vergleich zu den in § 339 BGB definierten Vertragsstrafen einordnet –, dem § 11 Nr 6 jedenfalls deshalb nicht, weil sie die Sanktion nicht an einen der vier in dieser Norm mißbilligten Gründe knüpfen.

Die vorzeitige Fälligkeit von Forderungen im Verzugsfall, vor allen Dingen bei Kreditverträgen, begreift der übliche Sprachgebrauch aber nicht als „Vertragsstrafe". Da Klauseln, die solches vorsehen, einem dringenden und berechtigten wirtschaftlichen Anliegen des Verwenders entsprechen können, besteht auch kein Grund, § 11 Nr 6 auf sie anzuwenden. Klauseln in AGB einer **Teilzahlungsbank**, wonach im Verzugs- oder Kündigungsfall das Darlehen sofort fällig werden soll, sind dementsprechend an § 9 zu messen (vgl BGH NJW 1985, 46; BGH NJW 1985, 1705, 2329; BGH NJW-RR 1993, 464; LG Frankfurt aM AGBE I § 9 Nr 143; auch REIFNER BB 1985, 87, 90).

c) **Reuegelder** (§ 359 BGB) sind den Vertragsstrafen nicht gleichzusetzen. Sie sol- 9 len nicht die Erfüllung einer Verbindlichkeit sichern, sondern gestatten umgekehrt dem Schuldner, sich von der Erfüllung durch Zahlung eines bestimmten Betrages zulässigerweise zu befreien (STAUDINGER/RIEBLE [1995] Vorbem 29 zu §§ 339 ff).

Allerdings kann die Vereinbarung eines so bezeichneten Reuegeldes (oder auch einer Reueprovision) – häufig bei Maklerverträgen für den Fall der Kündigung des Vertrages oder den des Verkaufs ohne Hinzuziehung des Maklers – sachlich als Vertragsstrafenabrede zu werten sein. Liegt tatsächlich aber ein Reuegeld vor, fällt die Regelung nicht unter § 11 Nr 6 (SCHLOSSER/COESTER-WALTJEN Rn 5; LÖWE/vWESTPHALEN Rn 8; ERMAN/HEFERMEHL Rn 5; KG NJW-RR 1989, 1075; aM PALANDT/HEINRICHS Rn 28; ULMER/HENSEN Rn 6; WOLF Rn 8). Die Höhe eines Reuegeldes ist nicht nach § 11 Nr 5 oder § 10 Nr 7, sondern ausschließlich nach § 9 zu kontrollieren. Die Vereinbarung einer Abstandssumme von 20% für den Fall der Ausübung eines vertraglich zugestandenen Rücktrittsrechts im Zusammenhang mit Verträgen über die Teilnahme an (Schreibmaschinen-)Unterrichtskursen ist daher als solche noch nicht unwirksam (aM AG Göppingen NJW 1979, 273; LG Detmold MDR 1978, 756). Sie wird es aber, sollte die Abstandssumme auch dann geschuldet sein, wenn der Kursteilnehmer ein nach § 11 Nr 12 oder § 9 garantiertes Lösungsrecht ausübt.

10 d) **Garantieversprechen**, die nicht auf eine Zuwiderhandlung gegen eine übernommene Vertragsverpflichtung abstellen, sondern auf die Haftung für einen bestimmten Erfolg, sind vom Anwendungsbereich des § 11 Nr 6 ebenfalls ausgenommen (SCHLOSSER/COESTER-WALTJEN Rn 12; WOLF Rn 9; LÖWE/vWESTPHALEN Rn 6). Solche Klauseln können entweder gemäß § 3, § 4 oder § 9 Abs 2 Nr 1 unwirksam sein. Überschneidungen ergeben sich freilich da, wo der Vertragspartner des Verwenders die Erbringung oder die Dauerhaftigkeit eines vertraglich geschuldeten Erfolgs „garantieren" muß. Denn auch eine Vertragsstrafe kann verschuldensunabhängig vorgesehen werden (siehe unten Rn 25). Ist die Sanktion primär als Erfolgsherbeiführungsverpflichtung ausgestaltet, so handelt es sich um eine Garantie.

11 e) **Abstandssummen** betreffen – anders als Reuegelder – den Fall, daß von einem gesetzlichen Rücktrittsrecht Gebrauch gemacht wird. Sie sind keine Vertragsstrafen für den Fall der – erlaubten – Lösung vom Vertrag (aM WOLF Rn 18), sondern Regelungen, die nach § 11 Nr 8 zu beurteilen sind, siehe dort Rn 8. Freilich wird in der Kautelarpraxis nicht immer mit diesen Begriffen in ihrem technischen Sinn gearbeitet. Gerade die Begriffe „Abstandssumme", „Reuegeld", „Pauschale" werden durchaus für Situationen benutzt, in denen es sich rechtlich um eine Vertragsstrafe handelt (vgl OLG Frankfurt aM ZIP 1984, 1363).

2. Die von § 11 Nr 6 erfaßten Anwendungsfälle von Vertragsstraferegelungen

12 a) Die erste Alternative des § 11 Nr 6 – **Nichtabnahme oder verspätete Abnahme einer Leistung** – bezieht sich auf den Fall, daß der Verwender eine andere als eine Geldleistung zu erbringen hat. Sie erfaßt nicht nur die im BGB ausdrücklich geregelten Abnahmepflichten (§§ 433 Abs 2, 640 Abs 1), sondern auch alle anderen Abnahme- oder Mitwirkungspflichten wie die Abnahme einer Dienstleistung oder einer Mietsache. Auch die Fälle des Annahmeverzugs und der Annahmeverweigerung fallen in den Anwendungsbereich von § 11 Nr 6 (SCHLOSSER/COESTER-WALTJEN Rn 14; WOLF Rn 11; MünchKomm/BASEDOW Rn 84). Ob die Abnahmepflicht Haupt- oder

Nebenpflicht ist, spielt keine Rolle (BGH NJW-RR 1986, 211 f). Unwirksam ist beispielsweise eine als „Reuegeld" bezeichnete, vorformuliert ausbedungene Vertragsstrafe (siehe oben Rn 9) in einem Kreditvermittlungsvertrag in Höhe von 50% der vereinbarten Provision für den Fall der Nichtaufnahme des Kredits (BGH NJW 1979, 367; OLG Celle WM 1977, 1389; OLG Zweibrücken EWiR § 11 Nr 6 AGBG 1/87, 639 – ALISCH; KG ZIP 1989, 924). Entscheidend für die Einordnung als Vertragsstrafe ist hier die Nichtorientierung an einem möglichen Schaden; zur Abgrenzung von § 11 Nr 5 vgl oben § 11 Nr 5 Rn 3 und Beispielsfälle Rn 27.

b) § 11 Nr 6 erfaßt nicht jeden **Verzug** des Vertragspartners des Verwenders mit der ihm obliegenden Leistung, sondern nur den Verzug mit einer Geldleistung (MünchKomm/BASEDOW Rn 87; ERMAN/HEFERMEHL Rn 8; ULMER/HENSEN Rn 10; WOLF Rn 15), wozu allerdings auch eine Leistung an Zahlungs Statt zu rechnen ist. Verzug mit sonstigen Gegenleistungen fällt nicht unter § 11 Nr 5, weil der Verwender bei jenen möglicherweise mangels eines berechenbaren Schadens ein schützenswertes Interesse daran haben kann, über eine Vertragsstrafe einen Druck auf rechtzeitige Erfüllung auszuüben. In Zusammenschau mit § 11 Nr 4 gilt § 11 Nr 6 im Erst-recht-Schluß für Vertragsstrafeversprechen bei schlichten Zahlungsverzögerungen (ERMAN/HEFERMEHL Rn 7; unklar, ob § 11 Nr 6 oder § 9 heranzuziehen, ULMER/HENSEN Rn 10). Das bloße Fälligstellen der Restraten bei Zahlungsverzug ist allerdings noch keine Vertragsstrafe (OLG Hamburg DB 1984, 2504), während eine auf die Zeit **vor** Fälligkeit zurückwirkende Verzinsung bei Nichteinhaltung des Zahlungsziels als Vertragsstrafe einzuordnen ist (BGH NJW 1994, 1532 – § 9 angewandt „Visa"). Eine Vertragsstrafe liegt auch vor, wenn bei Zahlungsverzug des Vertragspartners der Verwender den Vertrag auflösen und eine Geldsumme fordern kann (zu Unrecht auf § 9 rekurriert OLG Düsseldorf EWiR § 24 AGBG 1/96, 98 – krit ECKERT aaO). 13

c) Nur die Fälle der ungerechtfertigten Erfüllungsverweigerung durch den Kunden oder der die Unmöglichkeit der Vertragserfüllung verursachenden Vertragsverletzung des Kunden sind als **„Lösung vom Vertrag"** iS der Nr 6 anzusehen (MünchKomm/BASEDOW Rn 86; aM SOERGEL/STEIN Rn 54: berechtigt oder unberechtigt; undeutlich insbes bezgl Einordnung des „Reuegeldes" ULMER/HENSEN Rn 13). Wird die Ausübung eines gesetzlich vorgesehenen Rücktrittsrechtes mit einer „Sanktion" belegt, so ist § 11 Nr 8 einschlägig (s dort Rn 8). Kann ein vertraglich eingeräumtes Rücktrittsrecht nur um einen solchen Preis ausgeübt werden, so handelt es sich um ein Reuegeld (s oben Rn 9). Soweit der Verwender bei Erfüllungsverweigerung durch den Kunden von einer unmittelbaren gerichtlichen Durchsetzung seines Anspruchs absehen will, kann er sich fast immer durch eine entsprechende Schadenspauschale oder eine Vergütungsregelung iSv § 11 Nr 5 oder § 10 Nr 7 sichern, so daß die Vereinbarung einer Vertragsstrafe kaum je nötig ist. Dies gilt auch in Anbetracht der Tatsache, daß in bezug auf eine ungerechtfertigte „Lösung vom Vertrag" selbst jene Vertragspartner des Verwenders geschützt werden, welche die Sachleistung zu erbringen haben, während die Nr 6 im übrigen nur den Verwender als Gläubiger der Geldleistung im Auge hat (MünchKomm/BASEDOW Rn 84). Denn daß in solchen Situationen dem Vertragspartner des Verwenders als Schuldner der Sachleistung formularmäßig Vertragsstrafen abverlangt werden, in welchen das Ausbleiben der Sachleistung keinen pauschalierungsfähigen Geldwert repräsentiert, kommt ohnehin praktisch nicht vor. Auch gegenüber Schuldnern der Sachleistung reicht daher für den Fall von deren „Lösung" vom Vertrag eine Schadenspauschalierung aus. Eine der „Lösung" vom Vertrag 14 gleichstehende Erfüllungsverweigerung ist im übrigen jede Handlung, die erkennen läßt, daß sich der Vertragspartner des Verwenders an den Vertrag nicht mehr für gebunden erachtet (MünchKomm/BASEDOW Rn 86; PALANDT/HEINRICHS Rn 31).

III. Zulässigkeit sonstiger Vertragsstrafeklauseln

15 Die Rspr nach Inkrafttreten des AGBG zeigt, daß – abgesehen von der Abgrenzung zu Schadenspauschalierungen – Klauseln, die echte Vertragsstrafen für die Fallgruppen des § 11 Nr 6 vorsehen, die Gerichte nur noch selten beschäftigen, was Rückschlüsse auf ihr Vorkommen zulassen mag. Vertragsstrafeklauseln, die nicht unter § 11 Nr 6 fallen, sind hingegen häufig Gegenstand richterlicher Entscheidungen. Diese sind nach § 9 nicht grundsätzlich zu beanstanden (so bereits BGH NJW 1979, 105; SCHLOSSER/COESTER-WALTJEN Rn 19).

In weiten Bereichen des Geschäftslebens sind Vertragsstrafeklauseln – auch gegenüber Nichtkaufleuten – sinnvoll. Es lassen sich im wesentlichen zwei Gruppen – vorbehaltlich ihrer Ausgestaltung im einzelnen – grundsätzlich zulässiger formularmäßiger Vertragsstrafenregelungen unterscheiden.

1. Vertragsstrafen für den Fall, daß der Schuldner seine Sach-, Werk- oder Dienstleistung nicht oder nicht rechtzeitig erbringt

16 Der wohl häufigste Anwendungsfall einer formularmäßig vereinbarten Vertragsstrafe ist derjenige, der sich, wie in § 11 VOB/B eigens vorgesehen, in sonstigen („zusätzlichen") Bauvertragsbedingungen findet. Gegen die Zulässigkeit derartiger Klauseln ist nichts einzuwenden (BGH WM 1976, 638; MünchKomm/BASEDOW Rn 87; ULMER/HENSEN Rn 14; INGENSTAU-KORBION, Kommentar zur VOB Teil B § 11 Rn 6). Die einzige zuverlässige Möglichkeit für den Bauherrn, finanzielle Folgen aus der verspäteten Fertigstellung eines Baues abzuwenden, ist in der Tat die Vereinbarung einer Vertragsstrafe. Denn irgendwelche, dem „gewöhnlichen Lauf" der Dinge entsprechende, im voraus pauschalierbare Schäden gibt es in diesem Bereich nicht; jeder Fall ist durch seine individuelle Besonderheit geprägt. Die Grenzen des Zulässigen sind allerdings erreicht, wenn die Gesamthöhe der Strafe unverhältnismäßig ist (OLG Bremen NJW-RR 1987, 468 – durch Anknüpfung an die Überschreitung von Zwischenfristen; OLG Nürnberg BB 1983, 1307 – 1% der Bausumme pro überschrittenem Kalendertag) oder wenn die Risikobereiche in unzumutbarer Weise verschoben werden (OLG Köln NJW-RR 1988, 654 – Risiko für Schlechtwetter und Bauzeitverlängerung bei Sonderwünschen).

17 Ein weiteres Anwendungsgebiet für formularmäßige Vertragsstrafenregelungen sind **Bierlieferungs-** und sonstige **Getränkebezugsverträge** mit Ausschließlichkeitsbindung: Der Fremdbezug wird durch Vertragsstrafe sanktioniert. § 11 Nr 6 ist deshalb nicht anwendbar, weil der auslösende Grund allein in der Tatsache des vertragswidrigen Bezugs fremder Getränke, nicht aber in der Nichtabnahme der vertraglichen Menge liegt (WOLF § 9 Rn B 109; ULMER/BRANDNER Anh §§ 9–11 Rn 252 a; BGH WM 1980, 1309). Eine Vertragsstrafe, wonach 35 DM des vereinbarten Bierbezugspreises pro Hektoliter Fremdbezug zu bezahlen sind, ist daher zulässig (BGH NJW 1993, 64, 66; ähnlich BGH NJW 1990, 567, 569 – 25% je Hektoliter der fehlenden Abnahmemenge). Zu beachten ist bei derartigen Abmachungen allerdings die Einhaltung der Schriftform nach § 24

GWB (BGH NJW 1993, 64). Im Einzelfall kann eine Vertragsstrafeklausel auch hier unwirksam sein (BGH NJW-RR 1993, 243).

2. Vertragsstrafen für den Fall der Schlechterfüllung sowie der Verletzung von vertraglichen Nebenpflichten und Obliegenheiten

Die Nichtabnahme einer Leistung kann Verletzung einer Nebenpflicht sein; die "Lösung" vom Vertrag iSv § 11 Nr 6 ist wohl immer eine positive Verletzung der vertraglichen Hauptleistungspflicht. Von diesen beiden Fällen abgesehen, können aber die Fälle von Schlechterfüllung und der Verletzung vertraglicher Nebenpflichten und vertraglicher Obliegenheiten formularmäßig mit Vertragsstrafen bewehrt werden. **18**

In einem Vertrag, der die **Überlassung von Adressen** zum Inhalt hat, kann formularmäßig wirksam vereinbart werden, daß für den Fall der vertragswidrigen Mehrfachverwendung der Adressen das Zehnfache der vereinbarten Vergütung als Vertragsstrafe zu bezahlen ist (so bereits BGH NJW 1976, 1886 unter Hinweis auf das AGBG; BGH ZIP 1986, 866, 868 – offenlassend wegen fehlender Schriftform nach § 24 GWB; OLG Frankfurt aM BB 1985, 1860 – 20fache Gesamtvergütung akzeptiert; krit vWESTPHALEN EWiR § 9 II AGBG 2/85, 625). Eine Klausel wonach ein **Getränkehändler** für den Fall, daß er Leergut nicht vollständig zurückgibt, nicht mehr die Stornierung einer bestimmten Belastung seiner Konten verlangen kann, ist nach § 11 Nr 6 nicht zu beanstanden (nach früherem Recht ebenso BGH MDR 1964, 45). Klauseln in AGB von **Großhandelsmärkten** für Wiederverkäufer, die die Weitergabe des Einkaufsausweises an Nichtberechtigte mit einer Vertragsstrafe sanktionieren, sind grundsätzlich wirksam (LG Hamburg WRP 1975, 198; LG Dortmund WRP 1975, 536). Wird allerdings die Benutzung des Einkaufsausweises für „Testkäufe" mit einer Vertragsstrafe bedroht, ist dies gemäß § 1 UWG, § 138 BGB unwirksam (LG Berlin WRP 1976, 195). Diese Klauseln fallen jedoch alle nicht unter § 11 Nr 6 (LÖWE/vWESTPHALEN Rn 19). Auch ein **„erhöhtes Beförderungsentgelt"**, das im Falle des Fahrens ohne Lösung oder Entwertung einer Fahrkarte erhoben werden soll, ist Vertragsstrafe. Ist eine derartige Klausel wirksam vereinbart (siehe STAUDINGER/SCHLOSSER § 2 Rn 19), ist sie nicht etwa als Sanktion für einen Verzug des Fahrgastes mit der Bezahlung seines Fahrgelds anzusehen (ULMER/HENSEN Rn 11; PALANDT/HEINRICHS Rn 30; WOLF Rn 23; LG München 1984 Nr 12). Zu den vertraglichen Nebenpflichten des Befrachters/Abladers eines Seeschiffes gehört es, richtige **Angaben über Wert, Inhalt, Abmessungen und Gewicht der zu verladenden Güter** zu machen. Eine Verletzung dieser Verpflichtung kann mit einer Vertragsstrafe in Höhe der doppelten, bei richtiger Angabe zu bezahlenden Fracht geahndet werden (BGH NJW 1979, 105; WM 1978, 1236; OLG Hamburg VersR 1976, 1033). Zur zusätzlichen Schadenshaftung des Befrachters siehe § 11 Nr 7 Rn 20. Für den Fall der Verletzung des Baugebots durch den Grundstückskäufer kann daher die Verkäufer-Gemeinde ohne Verstoß gegen § 11 Nr 6 einen gewissen Einbehalt des Kaufpreises als Vertragsstrafe vereinbaren (falsch daher OLG Koblenz DNotI 1998, 25). **19**

Ist in **Fahrschulausbildungsverträgen** bestimmt, daß der Fahrlehrer nur 15 Minuten auf den Fahrschüler warten muß, andernfalls er die Fahrstunde ausfallen lassen kann, der Schüler aber gleichwohl zur Bezahlung des gesamten Stundenhonorars verpflichtet bleibt, so liegt darin zwar möglicherweise auch eine Sanktion für die bloße Verspätung des Schülers; jedoch ist sie auch an die Nichtabnahme der ange- **20** botenen Leistung geknüpft (s dazu oben Rn 14) und daher nach § 11 Nr 6 unwirksam. Mit einer den Erfordernissen des § 11 Nr 5 entsprechenden Schadenspauschale wäre ohnehin allen legitimen Interessen des Fahrlehrers Rechnung getragen.

Werden in Kaufhäusern Fangprämien für die Ergreifung von Ladendieben ausgelobt und die ertappten Diebe damit belastet, so ordnet die Rspr dies schadensrechtlich ein (BGHZ 75, 320 = NJW 1980, 119; WOLF Rn 24); für eine Vertragsstrafe ist daneben kein Raum.

21 Vertragsstrafen können (grundsätzlich) wirksam vereinbart werden für den Fall der Verletzung von Rückgabepflichten (OLG Hamburg NJW-RR 1986, 1177, 1179 – Rückgabe überlassener Dias), von Konkurrenzverboten (OLG Hamm MDR 1984, 404 – konkret Unwirksamkeit wegen unverhältnismäßiger Höhe; ebenso LG München BB 1993 Beil 13, 14; ebenso für den Fall der Weiterverwendung von Namen und Markenzeichen OLG Köln OLG-Rp Köln 1997, 201), von Umschreibeverpflichtungen (AG Aachen DAR 1992, 181 – Kfz-Verkauf).

IV. Wirksamkeitsgrenzen für die Einzelausgestaltung von Vertragsstrafen

22 Auch soweit Vertragsstrafen nach § 11 Nr 6 vereinbart werden können, kann deren Einzelausgestaltung nach § 9 zu ihrer Unwirksamkeit führen.

1. Abweichung vom dispositiven Recht der §§ 339 ff BGB

23 §§ 340 ff, 341 Abs 1 BGB, wonach eine verwirkte Vertragsstrafe auf einen eventuellen **Schadensersatzanspruch anzurechnen** ist, sind bereits von der früheren Rspr als AGB-fest angesehen worden (BGH NJW 1975, 163; näher LINDACHER, Phänomenologie der Vertragsstrafe 188) und bleiben es auch heute (SCHLOSSER/COESTER-WALTJEN Rn 19; WOLF Rn 24; LÖWE/vWESTPHALEN Rn 22; PALANDT/HEINRICHS Rn 33; BGH NJW 1992, 1096; OLG Bremen NJW-RR 1987, 468, 469; OLG Karlsruhe BB 1983, 725).

Nach § 341 Abs 3 BGB ist eine für den Fall nichtgehöriger Vertragserfüllung versprochene Vertragsstrafe bei der **Abnahme** der Leistung **vorzubehalten**. Besondere Bedeutung hat diese Vorschrift bei Werkverträgen, insbesondere Bauverträgen, deren Abwicklung in der Regel eine mehr oder weniger förmlich ausgestaltete Abnahme der Leistung erfordert. Die Vorschrift ist im Prinzip AGB-fest (BGHZ 85, 305 = NJW 1983, 385; MünchKomm/BASEDOW Rn 83; ULMER/HENSEN Rn 16, Anh §§ 9–11 Rn 727; PALANDT/HEINRICHS Rn 33). Jedoch kann der Zeitpunkt, bis zu dem der Vorbehalt erklärt werden muß, hinausgeschoben werden (BGHZ 72, 222 = NJW 1979, 212). Der Vorbehalt kann seinerseits formularmäßig erklärt werden (BGH NJW 1987, 380).

2. Höhe der Vertragsstrafe

24 Unwirksamkeitsgrund bei an sich möglichen Vertragsstrafeversprechen ist häufig die Höhe. Die Rspr hat sich hier strikt gegen eine geltungserhaltende Reduktion ausgesprochen. Auch eine Herabsetzung nach § 343 BGB kommt nicht in Betracht (so STAUDINGER/SCHLOSSER[12] Rn 24), da diese eine grundsätzlich wirksame, nur für die konkrete Störung zu hohe Vertragsstrafevereinbarung voraussetzt (BGHZ 85, 305 = NJW 1983, 383, 387; BGH NJW 1988, 1373, 1374; unklar OLG Dresden ZIP 1996 A 17 Nr 44; WOLF

Rn 27; MünchKomm/BASEDOW Rn 82). Entscheidend für die Beurteilung der Angemessenheit ist dabei der Wert des Gesamtprojekts (BGH NJW 1990, 1076, 1077 – Automatenaufstellervertrag: 5.000 DM unangemessen, wenn vollständige Nichterfüllung höchstens zu einem Schaden von 7.000 DM führen konnte), ob die Vertragsstrafe gestaffelt nach der Schwere und Bedeutung der Verstöße ist (LG München BB 1983 BEIL Nr 13, 14; OLG Köln ZIP 1995, 1636 – dort allerdings individuell ausgehandelt), ob ein besonders günstiger Kaufpreis im Hinblick auf die Einhaltung der Verpflichtung vereinbart wurde (Brandenburgisches OLG MDR 1996, 893, 894: 25.000 DM Einheitsstrafe als Fehlbelegungsabgabe unwirksam), ob die Auswirkung des Verstoßes auf das Gesamtprojekt berücksichtigt ist (OLG Bremen NJW-RR 1987, 468, 469: Strafen für Überschreitungen von Zwischenfristen beim Bauvorhaben ohne Berücksichtigung der Einhaltung des Schlußtermins unwirksam), ob bei Kumulierung mehrerer Verstöße eine Begrenzung vorgesehen ist (OLG Köln OLG-Rp Köln 1997, 201; OLG Köln NJW-RR 1988, 654; OLG Bremen NJW-RR 1987, 468; OLG Nürnberg BB 1983, 1307). Für unwirksam gehalten wurden beispielsweise Vertragsstrafen in Bauverträgen, die 1% bzw 1,5% der Auftragssumme je Arbeitstag der Fristüberschreitung vorsehen (BGH NJW 1981, 1509; OLG Nürnberg BB 1983, 1307).

3. Verschuldensunabhängige Vertragsstrafe?

Eine verschuldensunabhängige Vertragsstrafe ist für den Schuldner eine erhebliche Belastung und kommt teilweise einem Garantieversprechen gleich. Gleichwohl ist auch die formularmäßige Abdingung des allgemein anerkannten (siehe Erl bei STAUDINGER/RIEBLE [1995] § 339 BGB) Verschuldenserfordernisses nicht grundsätzlich unwirksam, jedoch bedarf es – zumindest beim Nichtkaufmann – eines besonderen Grundes für eine verschuldensunabhängige Vertragsstrafe. Die Rspr hat in den bisher veröffentlichten Entscheidungen das Vorhandensein eines solchen besonderen Grundes meistens verneint (BGH NJW-RR 1991, 1013, 1015; BGH NJW 1985, 1705, 1706; BGH NJW 1985, 57; BGH NJW 1997, 135; anders bei sehr niedrigem Kaufpreis für den kaufmännischen Verkehr OLG Hamm DtZ 1996, 351, 353). Zu beachten ist immer, daß die Beweislastregeln von §§ 282, 285 BGB auch gelten, wenn Sanktion der Vertragsverletzung eine Vertragsstrafe ist und daß aus diesem Grunde auch in AGB auf die den Schuldner der Vertragsstrafe treffende Beweislast hingewiesen werden darf.

V. Verbraucher

Anhang 1 d der Richtlinie verbietet gewisse Strafklauseln bei fehlender Gegenseitigkeit. Erfaßt sind Fälle, die sowohl unter § 10 Nr 7, § 11 Nr 5 und Nr 6 fallen können. Die strengere Regelung des § 11 Nr 6 ist durchgreifend (und gemeinschaftskonform). Vertragsstrafeversprechen, die nicht gegen § 11 Nr 6 verstoßen, können – auch wenn sie dem Gegenseitigkeitserfordernis von Nr 1 d entsprechen – uU nach § 9 unwirksam sein; sie können auch nach Art 3 Abs 1 RL unwirksam sein (WOLF Anh RL Rn 51; aM ULMER/HENSEN Rn 23).

Daß über § 11 Nr 6 iVm § 24 a Vertragsstrafeklauseln für die dort vorgesehenen Fallgruppen auch in nicht ausgehandelten Individualverträgen mit Verbrauchern unwirksam sind, ist angesichts der in diesen Fällen praktisch immer bestehenden Möglichkeit der Schadenspauschalierung erträglich.

VI. Beruflicher Verkehr

27 Das strikte Verbot des § 11 Nr 6 gilt im kaufmännischen Verkehr auch nicht über § 9. Vielmehr muß man hier von der grundsätzlichen Zulässigkeit einer Vertragsstrafeklausel ausgehen (BGH BB 1995, 1437). Allerdings finden im Rahmen der Prüfung nach § 9 die Grenzen, die einer im nichtkaufmännischen Verkehr grundsätzlich zulässigen Klausel gezogen sind (oben Rn 22), Anwendung. Danach sind insbes unverhältnismäßig hohe Vertragsstrafeversprechen zu verwerfen (BGH WM 1990, 1198 – Gastwirt; OLG Hamm MDR 1984, 404 – Handelsvertreter; BGH NJW 1981, 1509 – Baugewerbe) oder solche, bei denen eine Obergrenze fehlt (BGH JZ 1997, 1122 – Vertragshändler; BGHZ 85, 305 = NJW 1983, 383, 385; BGH NJW 1987, 380; OLG Köln OLG-Rp Köln 1997, 201). Die fehlende Verrechnung mit einem Schadensersatzanspruch macht die Klausel unwirksam (BGH NJW 1985, 53, 56), während eine Abweichung von § 341 Abs 3 BGB eingeschränkt möglich ist (BGHZ 85, 305, 307 = NJW 1983, 383, 385; OLG München BB 1984, 1386, 1387). Die Vertragsstrafedrohung darf aber fühlbaren Druck auf Einhaltung der Verpflichtungen bewirken (OLG Frankfurt aM BB 1985, 1560).

Eine verschuldensunabhängige Vertragsstrafe kann auch gegenüber einem Kaufmann nur ausnahmsweise vereinbart werden, wenn legitime Gründe für eine solche vorhanden sind (OLG Frankfurt aM BB 1985, 1560). Allerdings wird der Kreis der legitimen Gründe im kaufmännischen Verkehr großzügiger gezogen werden können, wie auch der Spielraum für die Höhe einer angemessenen Vertragsstrafe größer ist. Der Gesetzgeber hat dies in § 348 HGB für den Vollkaufmann zum Ausdruck gebracht. Die Rspr läßt hier für beide Aspekte das Preis-Leistungs-Verhältnis von entscheidendem Gewicht sein (OLG Hamm DtZ 1996, 351, 353: verschuldensunabhängige Arbeitsplatzgarantie – Vertragsstrafe bei Unternehmenskauf für 1 DM). Soweit infolge der Handelsrechtsnovelle nach § 24 AGBG auch beruflich oder gewerblich tätige Personen aus dem Anwendungsbereich der §§ 10, 11 ausgegliedert sind, ist bei der Beurteilung nach § 9 gerade im Hinblick auf Höhe und Verschuldensunabhängigkeit der Vertragsstrafe eine strikte Angemessenheitskontrolle notwendig.

§ 11 Nr 7
Haftung bei grobem Verschulden

In Allgemeinen Geschäftsbedingungen ist unwirksam ...

7. (Haftung bei grobem Verschulden)

> ein Ausschluß oder eine Begrenzung der Haftung für einen Schaden, der auf einer grob fahrlässigen Vertragsverletzung des Verwenders oder auf einer vorsätzlichen oder grob fahrlässigen Vertragsverletzung eines gesetzlichen Vertreters oder Erfüllungsgehilfen des Verwenders beruht; dies gilt auch für Schäden aus der Verletzung von Pflichten bei den Vertragsverhandlungen;

Materialien: 1. Teilber 80; RefE 18; RegE 30 –
s STAUDINGER/SCHLOSSER Einl 6 ff zum
AGBG.

2. Unterabschnitt. Unwirksame Klauseln

Schrifttum

BASEDOW, Kollektiver Rechtsschutz und individuelle Rechte, AcP 182 (1982) 359

CANARIS, Verstöße gegen das verfassungsrechtliche Übermaßverbot im Recht der Geschäftsfähigkeit und im Schadensersatzrecht, JZ 1987, 993

JAEGER, Haftungsausschluß und Haftungsbegrenzung durch AGB im Bereich der EDV, MDR 1992, 96

KOLLER, Die Wirksamkeit formularmäßiger Haftungsfreizeichnungsklauseln zwischen Schadensausgleich und Schadensprävention, ZIP 1986, 1089

KÖTZ, Haftungsausschlußklauseln, VersR 1983, Beilage, 145

KÜMPEL, Die begrenzte Haftung der Bank bei weitergeleiteten Kundenaufträgen, WM 1996, 1893

ROUSSOS, Freizeichnung von Schadensersatzansprüchen im Recht der AGB (Diss Berlin 1981)

SCHLECHTRIEM, Summenmäßige Haftungsbeschränkungen in Allgemeinen Geschäftsbedingungen, BB 1984, 1177

SCHLOSSER, Haftungsgrund, Haftungsmaßstab und AGB-Gesetz, WM 1978, 562

ders, Freizeichnungsklauseln im kaufmännischen Verkehr, in: 10 Jahre AGB-Gesetz (1987) 121

SCHMIDT-SALZER, Das textliche Zusatz-Instrumentarium des AGB-Gesetzes gegenüber der EG-Richtlinie über mißbräuchliche Klauseln in Verbraucherverträgen, NJW 1995, 1641

TAUPITZ, Kreditkartenmißbrauch – Thesen zur zulässigen Verteilung des Haftungsrisikos in AGB, NJW 1996, 217

WERBER, Möglichkeiten einer Begrenzung der Versicherungsmaklerhaftung, VersR 1996, 917

WOLF, Freizeichnungsverbote für leichte Fahrlässigkeit in Allgemeinen Geschäftsbedingungen, NJW 1980, 2433

ZIEGLER, Die Beschränkung der Haftung aus culpa in contrahendo in AGB, BB 1990, 2345.

Systematische Übersicht

I. **Allgemeines**
1. Regelungsanliegen 1
2. Anwendungsbereich 2

II. **Haftung für Vertragsverletzung als Gegenstand einer Ausschluß- oder Begrenzungsklausel**
1. Die Verletzung von Hauptleistungspflichten 9
2. Die Verletzung unselbständiger Nebenpflichten 12
3. Konkurrierende und sonstige außervertragliche Ansprüche 16

III. **Ausschluß und Begrenzung der Haftung für grobes Verschulden**
1. Inhaltliche Haftungsbegrenzung im Gegensatz zu Rechtsausübungsregelungen 19
2. Arten von Haftungsbegrenzungen – salvatorische Klauseln 27
3. Folgen einer wirksamen Haftungsbegrenzung 30
4. Hinweise für die Klauselgestaltungen 32

IV. **Von § 11 Nr 7 nicht erfaßte Haftungsfragen**
1. Mitwirkendes Verschulden 33
2. Ausschluß der Haftung für leichtes Verschulden 35
3. Ausschluß gesetzlich begründeter verschuldensunabhängiger Haftung des Verwenders 36
4. Die Überbürdung verschuldensunabhängiger Haftung auf den Vertragspartner des Verwenders 37

V. **Verbraucher** 38

VI. **Beruflicher Verkehr** 39

Alphabetische Übersicht

Angestellter, leitender	1, 39
Anspruch	
– Abtretung	23
– deliktischer	16, 36
Architekt	21, 27
Aufbewahrungsunternehmen	9
Ausschlußfrist	21
Bank	10, 33
Banküberweisung	10
Baurecht	25
Beaufsichtigungsverpflichtung	10
Bedienstete des Verwenders	17
Beruflicher Verkehr	39
Bewachungsunternehmen	9
Beweislast	30, 33
Beweismittelbeschränkung	20
Chemisch-Reiniger	21, 24
Dritte	
– Freizeichnungen zugunsten	18
– Schutzwirkung zugunsten	22
Eigenschaften, zugesicherte	6, 11, 39
Erfolg	10
Erfüllungsgehilfe	1, 26
Fahrlässigkeit	
– einfache	35
– grobe	26
– leichte	35
Freiberufe	9, 39
Garantiehaftung	11
Garantievertrag	36
Gastwirt	36
Gattungssache	36
Gefährdungshaftung	36
Geltendmachungsmodalitäten	20
Generalunternehmer	13
Gewährleistung	5, 11
Gewalt, höhere	36
Gewerbetreibender	39
Gewinn, entgangener	21
Haftung	11
– verschuldensunabhängige	36 ff
Haftungsbegrenzung	30
Haftungserleichterungen	1
Haftungsgrund	1
Haftungsmaßstab	1
Haftungs-Subsidiaritätsklausel	20
Handeln auf eigene Gefahr	25
Hauptleistungspflicht	9 f
Hilfspersonen	1, 30
Höchstsummen	21
Individualvereinbarungen	7, 38
Kardinalpflicht	12
Kaufleute	29, 39
Körperverletzung	38
Mangelfolgeschaden	11
Medien	37
Mietvertrag	11, 30, 37
Mitverschulden	33
Nachbesserungspflicht	11
Nebenpflichten, unselbständige	9, 12, 36
Organisationsverschulden	1
Parkplatzunternehmen	10, 14
Produzentenhaftung	16, 38
Rechtsausübungsregelung	19
Reisevertrag	7, 16
Risiko, eigenes	14, 36, 37
Salvatorische Klausel	27 f
Schadensarten	21
Schadensminderungsobliegenheit	34
Schadensversicherung	23
Scheckkarten	13, 37
Schuldverhältnis, gesetzliches	16
Schutzpflichten	36
Sorgfalt	10 ff
Speditionsvertrag	20, 39
Sport	18, 38
Steuerberater	10
Subunternehmer	13, 34

Tarifwahl	24	– leichtes	35
Teilunwirksamkeit	27	– mitwirkendes	33
		Versicherbarkeit von Risiken	35 ff
Überwachungsverpflichtung	10	Versicherungsschutz	23
Unmöglichkeit	3, 9, 32	Vertrag mit Schutzwirkung zugunsten Dritter	22
– anfängliche	36		
– teilweise	4	Vertragsverletzung, positive	9, 11
		Verwirkung	20
Verbraucher	24, 38	Verzug	3, 9, 31 f
Verjährungsfrist	20, 29	– teilweiser	4
Vermieter		– Zufallshaftung im	36
– Haftung	11, 36	Vorsatz	7, 26
– von Kraftfahrzeugen	30	Vorvertrag	15
Vermögensschaden	21		
Verschulden	12	Wirtschaftsberater	10
– bei Vertragsverhandlungen	15		
– grobes	26	Zufallshaftung im Verzug	36

I. Allgemeines

1. Regelungsanliegen

§ 11 Nr 7 ist für die Praxis die wichtigste Bestimmung aus dem gesamten Katalog **1** unwirksamer Klauseln, so wie früher die Rspr zur Unzulässigkeit von Haftungsbegrenzungen in AGB den größten Teil der „richterlichen" Inhaltskontrolle vorformulierter Vertragsbedingungen ausmachte. Die Norm betrifft ausschließlich den Haftungsmaßstab, nicht den Haftungsgrund (SCHLOSSER WM 1978, 562; SCHLOSSER/COESTER-WALTJEN Rn 19; ULMER/HENSEN Rn 8; SOERGEL/STEIN Rn 61; aM ROUSSOS 18). Sie gilt für jedweden Haftungsgrund. Sie knüpft einmal an die frühere Rspr an, welche den Ausschluß und die Begrenzung der Haftung für grobes Verschulden des Verwenders selbst und seiner leitenden Angestellten nicht tolerierte (BGHZ 20, 164 = NJW 1956, 908; NJW 1973, 2154; zuletzt: NJW 1978, 1918; zur Entwicklung der früheren Rspr mit erschöpfenden Nachweisen SCHLOSSER/COESTER-WALTJEN Rn 6 ff). Nach früherer Rspr konnte aber die Haftung für grobes Verschulden von Erfüllungsgehilfen wirksam ausgeschlossen werden (BGHZ 33, 220 = NJW 1961, 212; BGHZ 38, 138 = NJW 1963, 100; NJW 1965, 1383; VersR 1967, 1066; NJW 1968, 1720; NJW 1970, 1737; NJW 1971, 2128; NJW 1972, 1202; NJW 1973, 2108). Insoweit geht Nr 7 erheblich über den Standard der früheren „richterlichen" Inhaltskontrolle hinaus. Für grobes Verschulden von Hilfspersonen hat der Verwender jetzt ohne jedwede Beschränkungsmöglichkeit zu haften. Für den Anwendungsbereich von Nr 7 entfällt daher die Notwendigkeit, mit der früheren Rspr (dazu die Nachweise bei SCHLOSSER/COESTER-WALTJEN Rn 13) zwischen leitenden Angestellten und anderen Hilfspersonen, zwischen Organisationsverschulden und sonstigem Verschulden zu unterscheiden. Hierin liegt auch kein Verstoß gegen das Übermaßverbot (so CANARIS JZ 1987, 993). Der Geschäftsherr bleibt bei grobfahrlässiger Pflichtverletzung seiner Erfüllungspersonen der dem Risiko Nähere. Daß der Verwender seinem **Vertragspartner** nach wie vor formularmäßig **Haftungserleichterungen** (BGH NJW 1974, 549) oder -befreiungen konzedieren kann, versteht sich ebenso wie die Möglichkeit, formularmäßig eine Haftung für Zufallsschäden (also eine Haftungserweiterung) zuzusagen. Rspr und Lit zeigen allerdings, daß es ein wesentliches Anliegen der Praxis geblieben ist, die Trennlinie zwischen zulässiger und nicht mehr zulässiger Haftungsfreizeichnung außerhalb des Anwendungsbereichs des § 11 Nr 7 zu ziehen. Einzelheiten STAUDINGER/COESTER § 9 Rn 334 ff.

2. Anwendungsbereich

2 a) Das Gesetz hat in § 23 Abs 2 Nr 3 und 4 bestimmte Arten von Verträgen speziell aus dem Anwendungsbereich von Nr 7 genommen (STAUDINGER/SCHLOSSER § 23 Rn 26 ff). Außerdem gilt Nr 7 nicht für solche Verträge, die dem Anwendungsbereich des AGBG generell entzogen sind (§ 23 Abs 1), sowie für Energieversorgungsverträge iS von § 23 Abs 2 Nr 2, auf welche der gesamte Katalog unwirksamer Klauseln nicht anwendbar ist.

3 b) Richtiger Ansicht nach regelt Nr 7 den AGB-festen Haftungsmaßstab auch für den Fall von **Verzug und Unmöglichkeit** (s § 11 Nr 8 Rn 5 f; ULMER/HENSEN Rn 9; SOERGEL/STEIN Rn 63; WOLF Rn 5; PALANDT/HEINRICHS Rn 34; aM – nur positive Forderungsverletzung und cic – nur noch MünchKomm/BASEDOW Rn 96; ERMAN/HEFERMEHL Rn 2). Der Regelungsanspruch des § 11 Nr 7 erfaßt damit den Mindesthaftungsmaßstab für alle Vertragsverletzungen, keineswegs wird in § 11 Nr 8 für Verzug und Unmöglichkeit eine strengere Grenze gezogen. § 11 Nr 8 beschäftigt sich nur mit den Rechtsfolgen der zu vertretenden dort genannten Leistungsstörungen (wie hier SCHLOSSER/COESTER-WALTJEN § 11 Nr 8 Rn 13, 19; aM MünchKomm/BASEDOW Rn 96 – soweit nicht pVV und cic betroffen; WOLF Rn 3; ULMER/HENSEN Rn 9).

4 c) Das gleiche gilt in bezug auf § 11 Nr 9. Denn den Haftungsmaßstab läßt auch diese Norm unberührt. Sie garantiert nur, daß auch bei **teilweisem Verzug und teilweiser Unmöglichkeit** die Rechtsbehelfe zur Verfügung bleiben, welche im Fall von Unmöglichkeit der und Verzug mit der gesamten Leistung geltend gemacht werden können (§ 11 Nr 9 Rn 2).

5 d) Überschneidungspunkte mit **§ 11 Nr 10** gibt es nicht (aM OLG Köln NJW-RR 1987, 1192; OLG Koblenz NJW-RR 1993, 1078, die bei einer Herstellergarantie, die das Erscheinungsbild einer Gewährleistungsregelung hat, auch einen Verstoß gegen § 11 Nr 7 bejahen). Soweit – wie etwa im Anwendungsbereich von § 635 BGB – Schadensersatzansprüche Teil der Gewährleistung sind, sagt § 11 Nr 10 nirgendwo, daß sie formularmäßig nicht ausgeschlossen oder eingeschränkt werden könnten. Für sie gilt daher der AGB-feste Haftungsmaßstab der Nr 7. Für andere Rechtsfolgen als Schadensersatzansprüche gilt Nr 7 ohnehin nicht, auch wenn das Gesetz ihren Eintritt an Verschuldensvoraussetzungen knüpft wie etwa im Zusammenhang mit Rücktrittsrechten.

6 e) Eine Sonderregelung gegenüber § 11 Nr 7 ist § 11 Nr 11. Der vom Gesetz für die Haftung wegen eines Ausbleibens zugesicherter Eigenschaften aufgestellte Haftungsmaßstab – im Kaufrecht Verschuldensunabhängigkeit (§§ 463, 480 Abs 2 BGB) im Werkvertragsrecht einfaches Verschulden bzw Verschuldensunabhängigkeit bei unselbständigem Garantieversprechen, s § 11 Nr 11 Rn 9, (§ 635 BGB) – ist AGB-fest. Die Haftung aus § 635 BGB kann also, soweit sie aus fehlerhaften Eigenschaftszusicherungen hergeleitet wird, formularmäßig weder ausgeschlossen noch begrenzt werden, soweit sie anderen Fehlleistungen des Verwenders entspringt, aber durchaus

vom Vorliegen grober Fahrlässigkeit abhängig gemacht werden. Zur Abgrenzung der Schäden, für welche nach den genannten Normen verschärft gehaftet wird, s Erl bei STAUDINGER/HONSELL (1995) §§ 463, 480 Abs 2 und STAUDINGER/PETERS (1994) 635.

f) Völlig unberührt läßt Nr 7 gesetzliche Vorschriften über die Unzulässigkeit von Haftungsbegrenzungen, die auch gegenüber **Individualvereinbarungen** Geltung beanspruchen, etwa in § 49 LuftVG (Einzelheiten bei BASEDOW, Der Transportvertrag [1987] 260 f), § 702 a Abs 1 S 2 BGB, § 2 Abs 5 FernunterrichtsschutzG, § 14 ProdHaftG. Unberührt bleiben auch ges Vorschriften, die ihrerseits eine Haftungsbeschränkung vorsehen (zB § 46 LuftVG); AGB-Klauseln, die derartiges wiederholen, unterliegen bereits nach § 8 nicht der Kontrolle des § 11 Nr 7. Geben Spezialnormen Raum für privatautonome Gestaltung, so wird idR damit keine § 11 Nr 7 widersprechende Gestaltungsmöglichkeit eingeräumt, es sei denn die Spezialnorm ließe deutlich erkennen, daß hiermit auch ein formularmäßig auszufüllender Spielraum eröffnet ist. Die Rspr nimmt dies beispielsweise für § 651 h BGB an (BGH 100, 157 = NJW 1987, 1931; OLG Frankfurt aM NJW 1986, 1618, 1621). Für § 6 a StBerG und § 54 a WPO ist dies umstritten, wobei die Formulierung („fahrlässig verursachter Schaden") zu Unrecht in Gegensatz zu § 51 a BRAO („leicht fahrlässig") gesetzt wird (BUSSE DStR 1995, 660). Von einer abschließenden Spezialregelung auch gegenüber § 11 Nr 7 kann man hier nicht sprechen (wie hier WERBER VersR 1996, 917, 921). Daß im Gesetzestext die vorsätzliche Vertragsverletzung des Verwenders selbst nicht erwähnt ist, beruht auf § 276 Abs 2 BGB, der einen Haftungsausschluß für vorsätzliches Handeln des Schuldners generell unwirksam sein läßt. Soweit man eine *Haftungsbegrenzung* – im Gegensatz zum völligen Haftungsausschluß – für eigenes vorsätzliches Handeln individualvertraglich für zulässig erachten sollte, müßte § 11 Nr 7 entspr angewandt werden, um solches wenigstens als formularmäßige Regelung unwirksam sein zu lassen.

Zu verwaltungsrechtlichen Haftungsbegrenzungsverboten, die über § 134 BGB zivilrechtlich wirken, freilich auch Individualvereinbarungen ergreifen, s STAUDINGER/SCHLOSSER Einl 22 zum AGBG.

g) Zum Verhältnis zu § 5 s STAUDINGER/SCHLOSSER Rn 5, 10; zum Verhältnis zu § 3 s STAUDINGER/SCHLOSSER Einl 17 f zum AGBG. Durch eine zulässige Haftungsfreizeichnungsklausel wird nicht automatisch eine Verletzung von § 11 Nr 15 a vorgenommen (BGH ZIP 1985, 687).

II. Haftung für Vertragsverletzung als Gegenstand einer Ausschluß- oder Begrenzungsklausel

1. Die Verletzung von Hauptleistungspflichten

a) Nr 7 gilt für alle drei klassischen Arten von Vertragsverletzungen, für Unmöglichkeit, Verzug und positive Vertragsverletzung. Auch wenn man von der Verletzung unselbständiger Nebenpflichten absieht (s Rn 12), ist der praktische Hauptanwendungsfall der Norm freilich die positive Vertragsverletzung. Angehörige eines freien Berufes, die Dienstleistungen erbringen, Bewachungs- und Aufbewahrungsunternehmungen können keine formularmäßige Beschränkung der Haftung für die Fehlerhaftigkeit der von ihnen zu erbringenden Leistungen wählen, die auch grobe

Fahrlässigkeit erfaßt (Rechtsprechungsbeispiele aus der Zeit vor dem AGBG, die nach damaliger Einstellung auf grobes eigenes Verschulden des Verwenders bezogen sind: BGHZ 38, 138 = NJW 1963, 100 – unberechtigte Freigabe einer Ware durch den Lagerhalter; BGH NJW 1973, 2154 – weisungswidrige Auslieferung durch einen Spediteur). Wird die Haftung für einen Aspekt der Hauptleistungspflicht ausgeschlossen (zB für die rechtzeitige Beziehbarkeit gemieteter Räume; vgl auch BGHZ 86, 284, 297 = NJW 1983, 1322, 1325) oder beschränkt (zB OLG Köln ZIP 1986, 579, 581; OLG Karlsruhe BB 1983, 725), so ist die Klausel insgesamt unwirksam.

10 Unberührt von der Nr 7 bleibt aber die **formularmäßige Festlegung der primären Hauptleistungspflichten**. Das gilt nicht nur für das wirtschaftliche Interesse, auf welches sie sich beziehen, sondern auch für die strukturelle Art, die sie annehmen sollen. So kann es etwa sein, daß der Schuldner nur Sorgfalt, aber keinen Erfolg schuldet. Es kann aber auch sein, daß er sich zur Herbeiführung eines Erfolges oder zur Verhinderung eines bestimmten Erfolges (Bewachungsverträge) verpflichtet. Je nach der gewählten Variante handelt er vertragswidrig schon bei Eintritt bestimmter Erfolge oder erst, wenn ihm ein objektiver Sorgfaltsverstoß zur Last fällt und nachgewiesen werden kann (dazu näher STOLL AcP 176 [1976] 149 ff). Die Ausgestaltung eines Vertrages in dem einen oder dem anderen Sinn kann – vorbehaltlich einer Prüfung nach §§ 3, 4 und 9 – auch in AGB getroffen werden (zu weitgehend WERBER VersR 1996, 917, 919, der hier eine auch nicht nach § 9 kontrollierbare Klausel annimmt, für andere Leistungsbeschreibungen richtig, 920). Das genaue Schutzobjekt einer Überwachungs- oder Beaufsichtigungsverpflichtung kann auch in AGB näher spezifiziert werden, etwa durch Bedingungen eines Pkw-Parkplatz-Unternehmens, denen zufolge sich die Überwachungsverpflichtung nur auf die abgestellten Fahrzeuge selbst, nicht aber auf darin befindliche Gegenstände beziehen soll. Dann begründet nur das Geschehenlassen einer Entwendung des Pkw selbst eine objektive Vertragsverletzung (wegen der dennoch möglichen Vertragsverletzung bezüglich der im Wagen liegengebliebenen Gegenstände s Rn 14). Ähnliches gilt für Klauseln in AGB der Angehörigen wirtschaftsberatender oder steuerberatender Berufe, wonach die Prüfung Buchfälschungen und sonstige Unregelmäßigkeiten bzw die Richtigkeit, Vollständigkeit und Ordnungsmäßigkeit der übergebenen Unterlagen nicht erfassen soll (aM BRANDNER, in: FS Hauß [1978] 10). Da, wo **nur Sorgfalt**, aber kein Erfolg **geschuldet** wird, können in den Grenzen von § 3 und § 9 auch die **geschuldeten** Sorgfaltspflichten näher konkretisiert werden. Die genannten Grenzen sind überschritten, wenn sich ein Verwender von den gesetzlichen Folgen davon, daß er etwas kennt oder kennen muß, dadurch befreien will, daß er seinem Vertragspartner formularmäßig entsprechende Mitteilungspflichten auferlegt (OLG München NJW-RR 1986, 382). Die frühere Nr 1 Abs 1 der AGB-Banken (Kenntnis von Änderungen in der Vertretungs- und Verfügungsbefugnis erst bei schriftlicher Mitteilung, sofern eine Verpflichtung zur Eintragung in ein Register bestand) war daher unwirksam (beanstandungslos neu formuliert in Nr 11 Abs 1 AGB-Banken 1993).

Ist verkehrstypisch ein **Erfolg geschuldet**, wie bei einer Banküberweisung, so können nicht einzelne Sorgfaltspflichten abbedungen werden, die auf den geschuldeten Erfolg bezogen sind. Auch im Flugverkehr kann die Haftung für das Erreichen der gebuchten Verbindungsflüge nicht ausgeschlossen werden (vgl BGH NJW 1983, 1322, 1324 – dort sogar weitergehend und mit § 11 Nr 8 b unvereinbar angesehen). Der Beschaffungsschuldner kann das Risiko der Beschaffung nur unter ganz besonderen Umständen begrenzen oder ausschließen (s unten Rn 36). Diese indirekten Haftungsregelungen sind – je nachdem, ob sie die Haftung wegen Vorsatz und grober Fahrlässigkeit oder das verschuldensunabhängige oder leicht fahrlässige Einstehenmüssen betreffen – im ersten Fall nach § 11 Nr 7, im zweiten nach § 9 zu beurteilen (vgl auch OLG Karlsruhe AGBE III § 9 Nr 15 S 183, 191).

b) Nr 7 betrifft auch die Fälle, in denen das Gesetz Spezialregelungen der positi- 11 ven Vertragsverletzung getroffen hat, vor allen Dingen in Gestalt der **Gewährleistungshaftung**. Die aus § 635 BGB entspringende Haftung kann formularmäßig nicht für den Fall groben Verschuldens eingeschränkt werden (s Rn 5 f). Für eine grob schuldhafte Verletzung vertraglich übernommener Nachbesserungspflichten haftet der Verwender immer (vgl BGH NJW 1976, 235, wo ein genereller Haftungsausschluß so ausgelegt wurde, daß er die Verletzung dieser Pflicht nicht betraf). Gleichgültig ob der Ersatz von Mangelfolgeschäden bei Werkvertrag oder Miete Teil der Gewährleistungshaftung ist oder nicht (s Erl STAUDINGER/PETERS [1994] § 635, STAUDINGER/EMMERICH [1995] § 538 Rn 27 f), für den Fall groben Verschuldens des Verwenders und seiner Hilfspersonen kann die Verpflichtung dazu jedenfalls formularmäßig nicht abbedungen werden (LG Frankfurt aM AGBE I § 11 Nr 65; BGH NJW 1985, 3016, 3018). Wegen des AGB-festen Haftungsmaßstabs ist daher die genaue Abgrenzung zwischen Gewährleistungshaftung und Haftung aus positiver Vertragsverletzung im Werkvertragsrecht nur notwendig, soweit es um die Tragweite der Haftung für zugesicherte Eigenschaften geht (§ 11 Nr 11 Rn 4). Auch für die neben der Gewährleistung stehende Haftung des Verkäufers für Mangelfolgeschäden (STAUDINGER/HONSELL Vorbem 38 zu § 459) an anderen Rechtsgütern des Kunden gilt § 11 Nr 7. Die in § 538 BGB verankerte verschuldensunabhängige Garantiehaftung des Vermieters kann ebenfalls nicht in einer Weise eingeschränkt werden, die auch Fälle groben Verschuldens erfaßt (WOLF Rn 6).

2. Die Verletzung unselbständiger Nebenpflichten

a) § 11 Nr 7 unterscheidet nicht zwischen Haupt- und Nebenpflichten, dennoch 12 kann diese Unterscheidung im Hinblick auf die Einordnung der Sorgfaltspflichtverletzung Bedeutung entfalten (vgl SCHLOSSER, in: Zehn Jahre AGB-Gesetz 130). Unselbständige Nebenpflichten können immer nur durch konkrete Sorgfaltswidrigkeiten, nicht allein durch einen Erfolg verletzt werden. Da es nach § 276 BGB für das Fahrlässigkeitsurteil auf die im Verkehr erforderliche Sorgfalt ankommt, ist für eine Unterscheidung zwischen der Verletzung von Sorgfaltspflichten und der Fahrlässigkeit dieses Vorganges aber nur unter dem Gesichtspunkt einer eventuellen subjektiven Unzurechnungsfähigkeit Raum. Begrifflich läßt sich zwar zwischen Verletzung einer Sorgfaltspflicht einerseits und leichtem oder grobem Verschulden daran andererseits unterscheiden (s zB besonders deutlich BSG DB 1978, 308). Die Frage der groben Fahrlässigkeit ist aber stark von subjektiven Gegebenheiten in der Person des Handelnden geprägt (s STAUDINGER/LÖWISCH § 276 Rn 52 ff), so daß auch die Hypothese eines nur leicht fahrlässigen Verstoßes gegen besonders fundamentale Sorgfaltspflichten gedacht werden kann. Im Bereich der Verletzung von unselbständigen Nebenpflichten aus einem Vertrag drückt der Begriff grobe Fahrlässigkeit daher praktisch eine Gesamtabwägung von objektiven und subjektiven Momenten aus. Der Regelungssinn der Nr 7 wäre also verkürzt, wenn einzelne Sorgfaltsanforderungen von vornherein formularmäßig mit der Wirkung abbedungen werden könnten, daß sie schon im Prinzip nicht mehr „verletzbar" sind, also die Frage der groben oder einfachen Fahrlässigkeit überhaupt nicht mehr gestellt werden könnte. Meist gehören besonders fundamentale Sorgfaltspflichten auch zu den iSv § 9 Abs 2 Nr 2 aus der Natur des Vertrages entspringenden Pflichten. Der bekannte Heizölfall (NJW 1971, 1036 – formularmäßige Abdingung der Pflicht des Heizöllieferanten, den Einfüllvorgang zu überwachen), wäre heute nicht mehr unter dem Gesichtspunkt der Verletzung einer **„Kardinalpflicht"**, sondern unter dem der nach Nr 7 unzulässigen Abdingung von einzelnen Sorgfaltsanforderungen zu sehen. Die Rspr konzentriert sich dabei auf die „wesentlichen Rechte und Pflichten", die sich aus der Natur des Vertrages ergeben (BGH NJW 1983, 3016), die insbesondere außerhalb des Anwendungsbereichs des § 11 Nr 7 – also beim Ausschluß der Haftung für leicht fahrlässiges Verhalten und im kaufmännischen Verkehr – Bedeutung entfalten (vgl STAUDINGER/COESTER § 9 Rn 333, 337 ff). Die Grundsätze gelten aber gleichermaßen für Versuche, § 11 Nr 7 durch eine Eingrenzung der übernommenen Nebenpflichten (vgl BGH ZIP 1984, 1098 – Tankscheckfall) oder durch Verschiebung der Verantwortungsbereiche zu unterlaufen (vgl OLG Karlsruhe AGBE III § 9 Nr 15, 183, 191; s auch BGH NJW 1985, 1165, 1166 – Informationspflichten des Reiseveranstalters durch Eigenverantwortlichkeit der Reisenden unzulässig reduziert).

13 Eine gewisse Bedeutung der Tatsache, daß – genau genommen – auch im Zusammenhang mit der Verletzung unselbständiger Nebenpflichten zwischen objektiver Vertragsverletzung und subjektivem Verschulden unterschieden werden muß, ist aber nicht zu leugnen. Im Grenzbereich der verkehrstypischen Erwartungen oder im Zusammenhang mit ganz untypischen Verträgen muß es möglich sein, auch die beide Vertragsteile treffende Sorgfaltspflicht formularmäßig festzulegen, etwa wenn ein Generalbauunternehmer bestimmen will, welche Arten von Sorgfaltspflichten die verschiedenen Subunternehmer bei ihrem Zusammenwirken an der Baustelle treffen. Auch darf der Verwender von AGB die **Art** festlegen, wie er seiner Sorgfaltspflicht nachzukommen gedenkt. So kann er für Wertgegenstände, die Kunden bei sich führen und von denen diese sich vorübergehend trennen müssen, bestimmte Aufbewahrungsgelegenheiten anweisen und jede Sorgfaltspflicht von sich weisen, wenn dem nicht nachgekommen wird (im Ergebnis daher heute noch zutreffend OLG Karlsruhe NJW 1975, 597; Unwirksamkeit wegen Unüblichkeit eines solchen Vorgehens annehmend: BGH NJW 1987, 2818. 2821 – im Erg richtig, aber wohl nicht an § 11 Nr 7, sondern an § 3 zu messen). Verabredungen über die die Parteien wechselseitig treffenden Sorgfaltspflichten wirken aber niemals absolut. Auch wer eine bestimmte Sorgfaltspflicht nicht übernommen hat, muß haften, wenn sich ihm Gefahren, die andere zu bannen verpflichtet waren, aufdrängten, und er dennoch passiv blieb; zudem kann eine Verschiebung der Risikobereiche – wenn nicht schon an § 3 – an § 9 scheitern (OLG Karlsruhe AGBE § 9 Nr 15 S 183, 191; BGH NJW 1986, 2757, 2758 [„Betreten des Großmarktes auf eigene Gefahr"]; BGH NJW 1997, 1700, 1702 und BGH NJW 1997, 2236, 2237 – Scheckfälschung; BGHZ 114, 238, 242 = NJW 1991, 1886 – Scheckkartenmißbrauch).

14 Ist ein bestimmter Erfolg individuell oder durch AGB als vertraglich nicht geschuldet ausgewiesen (Rn 10), so kann eine auf ihn bezogene Sorgfaltspflicht gleichwohl in Sondersituationen als sekundäre aufleben. Auch wenn ein Parkplatzunternehmer keine auf den Inhalt der abgestellten Fahrzeuge bezogene Überwachungspflicht übernimmt, macht er sich schadensersatzpflichtig, wenn ein Diebstahl aus dem Wagen vor den Augen seines Personals geschieht. In einem eine solche Situation betreffenden Fall hat der BGH ausdrücklich, wenngleich nur obiter (NJW 1968, 1720),

festgehalten, daß der Unternehmer haften muß, wenn ihn selbst an dem Abhandenkommen grobes Verschulden trifft.

b) Der letzte Halbsatz der Nr 7 bringt erstmals eine generelle positivrechtliche 15 Aussage zur Haftung für **Verschulden bei Vertragsverhandlungen**. Kommt es nicht zum Vertragsschluß, so wird schlecht ein Vorgang ausfindig zu machen sein, der als Einbeziehung von AGB gewertet werden könnte (allgM), es sei denn die AGB seien bereits im Rahmen eines Vorvertrages einbezogen, wie beispielsweise bei den Teilnahmebedingungen der Toto- und Lottounternehmen (ULMER § 23 Rn 42 a; WOLF Rn 9; GRUNEWALD ZIP 1987, 353; aM STAUDINGER/SCHLOSSER[12] § 23 Rn 24). Keinesfalls reicht die Absicht des Verwenders zum Haftungsausschluß aus (so aber beim Lotto KG NJW 1981, 2822). Kommt es zum Vertragsschluß, so kann ein wirksam vereinbarter Haftungsausschluß grundsätzlich auch auf das vorvertragliche Verhalten zurückwirken (zur grundsätzlichen Frage der Klauseln, die den Vertragsschluß selbst betreffen § 10 Nr 1 Rn 6 und STAUDINGER/SCHLOSSER § 1 Rn 5); er unterliegt daher auch den durch § 11 Nr 7 (und § 9) gesetzten Grenzen (BGH NJW 1992, 828; ULMER/HENSEN Rn 10; WOLF Rn 9; HEIERMANN NJW 1986, 2682; zurückhaltend soweit die Willensbildung betroffen ist GRIGOLEIT Vorvertragliche Informationspflichten 248 f; ZIEGLER BB 1990, 2345 mit vertraglicher Konstruktion). Ob er zurückwirkt, ist eine Frage der Auslegung (verneint für Nr 4 Abs 4 AGB-Banken aF [inzwischen ersatzos gestrichen, Neuregelung der Haftung in Nr 3] durch BGH NJW 1984; 866, 867), allerdings wird man nicht schon im Zweifel eine „Vorwirkung" verneinen können (so aber MünchKomm/BASEDOW Rn 97; ERMAN/HEFERMEHL Rn 2; strenger als hier ULMER/HENSEN Rn 10). In diesen Bereich fallende Klauseln findet man vor allem in Versicherungsverträgen, bei denen die Formulierungen im Antragsformular uU den Anschein erwecken, daß objektiv unrichtige Angaben allein in den Verantwortungsbereich des Kunden fallen („für die Richtigkeit der Angaben bin ich allein verantwortlich" – BGH NJW 1992, 828), obwohl Falscheintragungen auch auf das Fehlverhalten des Versicherungsagenten zurückzuführen sein können (ähnlich bei Mängeln, die nach Gefahrübergang sichtbar werden: OLG Koblenz VuR 1997, 56).

3. Konkurrierende und sonstige außervertragliche Ansprüche

a) Obwohl Nr 7 nur von der Haftung für „Vertragsverletzung" spricht, muß man 16 in ihr generell den AGB-festen Haftungsmaßstab niedergelegt sehen. Gründe, warum außerhalb vertraglicher Haftung der Haftungsmaßstab formularmäßig in anderer Weise festlegbar sein soll als innerhalb vertraglicher Einstandspflicht, sind nicht auszumachen. Auch die Haftung für grob schuldhafte Verletzung gesetzlicher Schuldverhältnisse darf daher formularmäßig nicht begrenzt werden. Das gilt vor allem für deliktische Ansprüche (BGH NJW 1986, 2757, 2758; BGHZ 100, 157, 184 = NJW 1987, 1931; BGH NJW 1995, 1489 [„zumindest entsprechend anwendbar"]; OLG Karlsruhe NJW-RR 1989, 1133; ULMER/HENSEN Rn 12; WOLF Rn 7; BLAUROCK ZHR 146 [1982] 238); auch hier ist eine Auslegung erforderlich, ob die Klausel sich auf deliktische Ansprüche überhaupt beziehen soll (vgl BGH VersR 1985, 595 – kaufmännischer Verkehr). Dies ist idR anzunehmen, wenn die Klausel sich auf Haftungsfälle bezieht, die typischerweise auch deliktische Ansprüche auslösen (WOLF Rn 8; ähnlich BLAUROCK ZHR 146 [1982] 238, 256; ROUSSOS 228 ff; OLG Köln NJW-RR 1987, 53, 55). Im Reisevertragsrecht bezieht sich die zulässige Höhenbegrenzung der Haftung (§ 651 h Nr 1 BGB) nicht auch auf deliktische Ansprüche (BGH NJW 1987, 1931). Auch soweit die ausgelöste deliktische Haftung nicht konkret mit einer Vertragsverletzung zusammenfällt, ist § 11 Nr 7

Maßstabe einer wirksamen Vereinbarung, insoweit kann also die Haftung für vorsätzliches und grob fahrlässiges Verhalten ebenfalls nicht ausgeschlossen werden (OLG Karlsruhe NJW-RR 1989, 1133). Der BGH erstreckt diesen Maßstab auch auf reine **Gefälligkeitsleistungen**, die im Rahmen eines bestehenden Vertragsverhältnisses erbracht werden sollen (BGH NJW 1995, 1488, 1489). Die Produkthaftung des Herstellers kann ohnehin nicht ausgeschlossen werden, § 14 ProdHaftG, eine Einschränkungsmöglichkeit ergibt sich für die verschuldensunabhängige Produkthaftung aus § 10 ProdHaftG.

17 b) In AGB wird der Vertragspartner des Verwenders häufig verpflichtet, auch **Angehörige des Betriebs** des Verwenders nicht auf Schadensersatz in Anspruch zu nehmen. Ein auch zu Gunsten der Betriebsangehörigen des Verwenders wirkender Freizeichnungswille muß nicht einmal ausdrücklich oder sonst positiv-schlüssig zum Ausdruck gebracht werden. Die herrschende Rspr erstreckt vielmehr die Wirkungen von Freizeichnungsklauseln meist auch auf Ansprüche gegen die Bediensteten des AGB-Verwenders (BGHZ 96, 18 = NJW 1986, 1610 Dritter; BGH ZIP 1985, 687; BLAUROCK ZHR 146 [1982] 238; ULMER/HENSEN Rn 13; WOLF Rn 19; zurückhaltender MünchKomm/BASEDOW Rn 99 – nur soweit dies letztlich zu einer Haftungsbeschränkung des Verwenders führen würde). Obwohl Nr 7 nur von einer Haftung für eine Vertragsverletzung spricht, die Eigenhaftung von Angestellten des Verwenders als dritten Personen sich aber nicht aus einer Verletzung von deren „Vertrags"-Pflichten ergibt, muß man die Vorschrift auch für diesen Fall anwenden. In ihr sind verallgemeinerungsfähige Aussagen zum AGB-festen Haftungsmaßstab niedergelegt. Wenn der Betriebsangehörige selbst seine Haftung für grobes Verschulden formularmäßig nicht ausschließen kann, dann ist es nur konsequent, daß dies auch Dritte zu seinen Gunsten nicht zu tun vermögen (OLG Karlsruhe NJW-RR 1989, 1133). Dies bedeutet, daß Haftungsausschlüsse und -beschränkungen, die für vorsätzliches oder grob fahrlässiges Verhalten nach § 11 Nr 7 unwirksam sind, für leicht fahrlässiges Verhalten an § 9 gemessen werden müssen. Wirksam ist jedoch eine Klausel, die den Vertragspartner des Verwenders verpflichtet, primär diesen und nur bei seiner Leistungsunfähigkeit dessen Bediensteten in Anspruch zu nehmen (s Rn 20). Praktisch wird dies vor allen Dingen für den Fall, daß Schadensersatzansprüche gegen den Verwender selbst an dessen inzwischen eingetretener Illiquidität scheitern. Auch im Innenverhältnis zwischen Unternehmer und Betriegsangehörigem begründet grobes Verschulden eine völlige Einstandspflicht des Letzteren bei betriebsbezogenen Handlungen, soweit nicht ausnahmsweise Verdienst des Arbeitnehmers und Risiko in einem Mißverhältnis stehen (BAG [GS] DB 1993, 939; BAG DB 1990, 48; BAG NJW 1995, 210; BGH NJW 1996, 1532). Selbst soweit jedoch die Inanspruchnahme des Arbeitnehmers durch den Arbeitgeber im Innenverhältnis beschränkt ist, schlägt dies nicht auf die „Außenhaftung" des Arbeitgebers gegenüber seinem Vertragspartner durch (BGHZ 108, 305; BGH NJW 1994, 852).

18 c) Was gegenüber Betriebsangehörigen des Verwenders gilt, ist auch Rechtens, soweit dieser sonst versucht, seinem Vertragspartner formularmäßig **Freizeichnungen zu Gunsten Dritter** abzuverlangen. Das ist praktisch vor allen Dingen bei Veranstaltungen risikoreicher sportlicher oder quasi-sportlicher Wettbewerbe der Fall, wenn versucht wird, die Teilnehmer auf Schadensersatzansprüche aus etwaigen Verletzungen verzichten zu lassen (BGHZ 96, 18 = NJW 1986, 1610 – Fahrtraining; OLG Karlsruhe NJW-RR 1989, 1133 – Fahrerlehrgang). Allerdings können die Einzelheiten des der Veranstaltung entsprechenden Sorgfaltsmaßstabes, etwa in Form von Spielregeln, formularmäßig festgelegt werden. Wenn auch gemessen an diesen grob fahrlässig gehandelt wird, ist jedoch für die Inanspruchnahme einer formularmäßigen Freizeichnung kein Raum (BGHZ 96, 18 = NJW 1986, 1610). Zu Freizeichnungen bei Verträgen mit Schutzwirkung für Dritte unten Rn 22.

III. Ausschluß und Begrenzung von Haftung für grobes Verschulden

1. Inhaltliche Haftungsbegrenzung im Gegensatz zu Rechtsausübungsregelung

Da sowohl ein Ausschluß als auch eine Begrenzung von Haftung für den Fall groben **19** Verschuldens formularmäßig nicht ausbedungen werden kann, erübrigt sich eine Abgrenzung dieser beiden Begriffe von einander. Nicht jede AGB-Bestimmung, welche eine Abweichung von den gesetzlichen Regeln bringt, wie im Falle einer Vertragsverletzung (oder der Verletzung gesetzlicher Pflichten) Schadensersatz zu leisten ist, bedeutet aber eine „Haftungsbegrenzung".

a) Eine Haftungsbegrenzung liegt **nur vor**, wenn die gesetzlich dem Vertragspart- **20** ner des Verwenders zugedachten Schadensersatzansprüche **inhaltlich eingeschränkt werden**, nicht wenn besondere Modalitäten ihrer Geltendmachung vorgesehen sind (anders noch SCHLOSSER/COESTER-WALTJEN Rn 32; ULMER/HENSEN Rn 21; WOLF Rn 23; OLG Nürnberg NJW-RR 1986, 1346). Stehen mehr als zwei Parteien in vertraglichen Beziehungen zueinander, so kann bestimmt werden, daß im Falle der gesamtschuldnerischen Haftung mehrerer auf der gleichen Seite stehender Personen primär der eine und nur **subsidiär** der andere in Anspruch genommen werden darf (ULMER/HENSEN Rn 21; **aM** WOLF Rn 23). Eine Kontrolle findet hierbei nur nach § 9 statt. In Anlehnung an § 11 Nr 10 Buchst a darf die Subsidiarität nicht so weit gehen, daß eine erfolglose gerichtliche Inanspruchnahme des primär Heranzuziehenden verlangt wird (strenger wohl BGH NJW-RR 1991, 1120, 1123). Auch andere Variationen in den Haftungsvoraussetzungen und -hindernissen unterliegen der Kontrolle nach § 9. Die Rspr ist bezüglich der formularmäßigen Verkürzung der Verjährungsfrist nicht einheitlich (zB ausdrücklich die Prüfung nach § 11 Nr 7 offenlassend BGH NJW 1990, 761, 764 – Krankenhausvertrag; an § 11 Nr 7 für Speditionsvertrag orientiert BGH NJW-RR 1987, 1252; BGH NJW 1995, 2224; OLG Frankfurt aM MDR 1994, 447 – Verkürzung auf ein Jahr auch für deliktische Ansprüche beim Speditionsvertrag nach § 9 wirksam; von grundsätzlich möglicher formularmäßiger Verkürzungsmöglichkeit ausgehend: BGH NJW-RR 1991, 1120, 1123; ebenso OLG Hamm OLG-Rp Hamm 1997, 191). Man wird wohl davon ausgehen müssen, daß Verkürzungen der Verjährungsfrist bei besonderen gesetzlichen Verjährungsfristen jedenfalls für die Haftung wegen vorsätzlichen oder grob fahrlässigen Verhaltens nicht wirksam sind (so BGHZ 97, 21 = NJW 1986, 1171, 1172 – keine Verkürzung der Frist des § 68 StBerG aF = § 67 a StBerG nF [8 Monate]; BGH NJW-RR 1987, 1252 – keine Berufung auf § 64 ADSp, sondern Verjährung nach § 414 HGB [3 Jahre]; ebenso aber unter Hervorhebung des besonderen Charakters der ADSp BGH NJW 1995, 2224), während es jedenfalls grundsätzlich möglich sein wird, auch für grob fahrlässiges Verhalten die allgemeine Verjährungsfrist von 30 Jahren zu verkürzen (so wohl obiter BGH NJW-RR 1991, 1120, 1123). Leitlinie für das erträgliche Maß sind dabei die besonderen ges Verjährungsfristen für vergleichbare Rechtsbeziehungen (BGH NJW-RR 1991, 1120, 1123 – § 67 a StBerG mit dreijähriger Verjährungsfrist als Leitbild – Mindeststandard – für Treuhändverträge eines Nicht-Steuerberaters WERBER VersR 1996, 921, 923). Ähnliche Grundsätze gelten für formularmäßig vorgesehene Ausschlußfristen und sonstige Verwirkungstatbestände (zB Anzeigepflichten); so wurden schon früher Regelungen, die das Erlöschen von Ansprüchen vorsehen, wenn diese nicht innerhalb von drei Monaten gerichtlich geltend gemacht wurden (BGH NJW 1978, 1314) oder wenn ein Jahr verstrichen war (BGH NJW 1979, 1550), für unwirksam gehalten (vgl auch BGH NJW-RR 1991, 1120, 1123). Es sind aber auch legitime Interessen des Verwenders an derartigen Beschränkungen in bestimmten Situationen denkbar (aM ULMER/HENSEN Rn 21; WOLF Rn 23; wie hier wohl BGH NJW 1990, 761, 763). Beweislastverschiebungen fallen ohnehin unter § 11 Nr 15, andere Beweiserschwerungen, insbes eine Beschränkung der Beweismittel, dürften regelmäßig nach § 9 unwirksam sein (großzügiger STAUDINGER/SCHLOSSER[12] Rn 20). Eine unzulässige Haftungsbeschränkung liegt auch vor, wenn der Verwender sich Verhalten seines Personals nicht zurechnen lassen will (Einzelheiten vgl KÖGEL DB 1995, 2201).

21 b) Eine nach § 11 Nr 7 unzulässige Haftungsbegrenzung bringen Klauseln, welche die Haftung auf eine **Höchstsumme** zu begrenzen versuchen, die Haftung für bestimmte Schäden ausschließen, limitieren, auf einen Teil der Berechtigten beschränken oder die Eigenhaftung von der Haftung anderer Vertragspartner abhängig machen (OLG Düsseldorf VuR 1997, 141 – Mobilfunk). Trotz der unmißverständlichen Fassung des Gesetzes finden sich derartige Klauseln in vielen AGB und haben Anlaß zu einer umfangreichen Rspr gegeben. Höchstsummenbegrenzungen gibt es vor allem im Bereich der Chemischen Reinigungen (vgl AG Kassel NJW-RR 1994, 1016; LG Wiesbaden NJW-RR 1992, 118; zur Unwirksamkeit von Nr 6 Empfehlungen des Deutschen Textilreinigungsverbandes: ULMER/HENSEN Anh §§ 9–11 Rn 268; offenlassend BGHZ 77, 126 = NJW 1980, 1953 bezügl früherer „Tarifwahl"-Ansätze; AG Bonn AGBE I § 9 Nr 56; AG Lübbecke MDR 1979, 1024; LG Köln AGBE I § 9 Nr 52; OLG Köln BB 1982, 638; AG Memmingen NJW-RR 1988, 380; AG Düsseldorf NJW-RR 1989, 497), bei der Filmentwicklung (BGH WM 1983, 916), im Frachtvertrag (OLG München NJW-RR 1994, 742 für den kaufmännischen Verkehr) und bei der Baustoffberatung (BGH NJW 1993, 335). Klauseln, die Folgeschäden generell ausschließen (OLG Stuttgart NJW-RR 1988, 1082 f – Sportcenter), scheitern ebenso wie solche, die sich auf den Ersatz der „vorhersehbaren", der „unmittelbaren" oder „direkten" Schäden beschränken (OLG Bamberg NJW 1984, 929; vgl KNYCHALLA, Inhaltskontrolle von Architektenformularverträgen [1987] 97; KORBION/LOCHER Rn 181, 224). Ebenso ist der Ausschluß bestimmter Arten von Schäden für vorsätzliche und grob fahrlässige Vertragsverletzungen unwirksam (OLG Düsseldorf AGBE I § 11 Nr 56; OLG Braunschweig AGBE I § 11 Nr 57; LG Köln NJW 1986, 67, 69; LG München DAR 1987, 386; OLG Bamberg NJW 1984, 929 mwNw).

22 Auch der Ausschluß oder die Begrenzung von Ansprüchen solcher Personen, die nach den ungeschriebenen Grundsätzen über den Vertrag mit **Schutzwirkungen zu Gunsten Dritter** oder nach §§ 844 ff BGB ersatzberechtigt sind, ist eine unzulässige Haftungsbegrenzung (SCHLOSSER/COESTER-WALTJEN Rn 34; ULMER/HENSEN Rn 13; OLG Braunschweig AGBE I § 11 Nr 57; DUBISCHAR NJW 1989, 3241, 3245).

23 Eine unzulässige Haftungsbegrenzung ist schließlich der Ausschluß der Eigenhaftung gegen Abtretung von Ansprüchen, die sich gegen Dritte richten, mögen diese auch noch so solvent sein. Gegen Abtretung der Ansprüche aus einer Schadensversicherung kann man sich von der Haftung für grobes Verschulden nicht freizeichnen, auch nicht, wenn man gegen alle in Frage kommenden Ansprüche versichert ist (SCHLOSSER/COESTER-WALTJEN Rn 36; MünchKomm/BASEDOW Rn 102; LG Duisburg TranspR

1991, 71, 73; zum unwirksamen Ausschluß einer gesamtschuldnerischen Haftung OLG Köln NJW-RR 1997, 597).

Eine **Tarifwahl** (§ 9 Rn 97) schließt die Anwendbarkeit von Nr 7 zwar nicht schlechthin aus (vgl BGHZ 77, 126 = NJW 1980, 1953; AG Düsseldorf NJW-RR 1989, 497 – beide zu Chemischen Reinigungen). Jedoch kann das Kriterium der Haftungsfreizeichnung als Rechtfertigung für den Tarifunterschied so im Vordergrund stehen, daß die vom Kunden vorgenommene Wahl als Individualvereinbarung eines Haftungsausschlusses zu werten ist. Für den gerade in diesem Bereich häufig vorkommenden Verbrauchervertrag greift allerdings über § 24 a Nr 2 auch in diesem Fall die Inhaltskontrolle durch § 11 Nr 7, es sei denn, man würde in der Eröffnung einer Tarifwahl bereits ein „Aushandeln" sehen.

Ein Haftungsausschluß kann auch in verdeckter Form vorkommen, so etwa wenn dem Vertragspartner in AGB eröffnet wird, daß er bestimmte zur Ausführung des Vertrages notwendige Handlungen „auf eigene Gefahr" vorzunehmen habe. Letzteres kommt im Baurecht vor, wo häufig dem Subunternehmer gesagt wird, daß er die Baustelle auf eigene Gefahr benutzen müsse. Da solche Klauseln auch grobes Verschulden des Generalunternehmers betreffen, sind sie unwirksam (BGH NJW 1986, 2757, 2758 – Betreten des Großmarktes auf eigene Gefahr; s auch bereits oben bei Rn 13). Häufig werden derartige Klauseln statt einer nach § 11 Nr 7 unzulässigen Haftungsbegrenzung eine nach § 9 unzulässige Verengung der eigenen Haupt- oder Nebenpflichten enthalten (oben Rn 10, 13).

Zur Frage der Umqualifizierung von Vertragserfüllung als bloße Vermittlungstätigkeit s STAUDINGER/SCHLOSSER § 3 Rn 29; § 10 Nr 3 Rn 25.

c) Zu den Begriffen „**Vorsatz**" und „**grobe Fahrlässigkeit**" s STAUDINGER/LÖWISCH (1995) § 276 Rn 16, 23, zum Begriff „**Erfüllungsgehilfe**", der nicht nur den unselbständigen, sondern auch den selbständigen Erfüllungsgehilfen erfaßt (ULMER/HENSEN Rn 15; MünchKomm/BASEDOW Rn 101; BGHZ 86, 284, 297 = NJW 1983, 1322, 1325), s STAUDINGER/LÖWISCH (1995) § 278 Rn 22. Zum Prinzip der Redlichkeit der Auslegung, bevor eine Haftungsbegrenzungsklausel angenommen werden kann, s STAUDINGER/SCHLOSSER § 5 Rn 29.

2. Arten von Haftungsbegrenzungen – salvatorische Klauseln

a) Die Redaktion der Nr 7 fällt in einem Punkte völlig aus dem Rahmen der übrigen Bestimmungen des § 11. Sonst heißt es fast immer: „In AGB ist unwirksam ... eine Bestimmung, durch die ...". In Nr 7 steht demgegenüber: „... ist unwirksam ... ein Ausschluß oder eine Begrenzung der Haftung ...". Wörtlich genommen würde dies bedeuten, daß ein Haftungsausschluß nur insoweit unwirksam ist, als er auch die Fälle groben Verschuldens erfaßt. Generelle Freizeichnungsklauseln wären also für die Fälle einfachen Verschuldens nach wie vor wirksam. Jedoch ergeben die Gesetzesmaterialien keine Elemente, die den Schluß erlaubten, mit der eigenartigen Redaktion von Nr 7 sei derartiges beabsichtigt. Es besteht auch kein innerer Grund, gerade im Zusammenhang mit Haftungsfreizeichnungsklauseln den Kunden nicht davor zu schützen, mit überzogenen AGB-Bestimmungen konfrontiert zu werden und selbst entscheiden zu müssen, in welchem Ausmaß das Gesetz dem Verwender

Gesetz dem Verwender gestattet, Regelungen zu seinen Gunsten zu treffen. Nach dem Sinn des Gesetzes muß daher eine Haftungsfreizeichnungsklausel, welche auch Fälle groben Verschuldens erfaßt, insgesamt unwirksam sein, so daß auch die Haftung für leichte Fahrlässigkeit nicht mehr wirksam abbedungen ist (BGH NJW 1995, 1488 – „übernimmt keine Haftung" – unwirksam; BGH NJW 1992, 3158 – keine Beschränkung auf Verschuldensgrad – unwirksam; BGH ZIP 1987, 989 – Eindruck der Haftungsbeschränkung für grobe Fahrlässigkeit erweckt; OLG Frankfurt aM BB 1994, 1170 – „keine Haftung"; OLG Karlsruhe NJW-RR 1989, 1133 – genereller Haftungsausschluß unwirksam; ebenso OLG Braunschweig AGBE I § 11 Nr 5; OLG Celle AGBE I § 11 Nr 59; BayObLG NJW 1985, 1716).

28 b) Die Kautelarpraxis sucht sich häufig durch **salvatorische Klauseln** abzusichern und relativ weitgezogene Haftungsausschlüsse mit dem Zusatz „soweit dem gesetzliche Vorschriften nicht entgegenstehen" davor zu bewahren, der Inhaltskontrolle zu verfallen. Rein grammatikalisch verstoßen solchermaßen formulierte Klauseln nicht gegen § 11 Nr 7. Jedoch sind sie, wenn der salvatorische Bestandteil sich auf die Aufrechterhaltung der Haftung für grobes Verschulden beziehen soll, unwirksam (ausführlich dazu SCHLOSSER WM 1978, 568 ff; OLG Stuttgart NJW 1981, 1105; LG Hamburg VersR 1990, 1294; BGH NJW-RR 1996, 783 generell für die Unwirksamkeit von Klauseln mit salvatorischen Bestandteilen ULMER/BRANDNER § 9 Rn 51). Dies folgt aus dem Sinn der §§ 2 und 5. Des letzteren Sinn ist es auch, dem Vertragspartner Klarheit über seine Rechte und Pflichten zu geben. Daher sind Klauseln, welche nicht nur in ihren Randzonen Unsicherheit aufweisen, sondern durchgehend Unklarheit verbreiten, schlechthin unwirksam. § 2 verbürgt dem Vertragspartner des Verwenders Kenntnis von dem im Vertrag inkorporierten Bedingungswerk. Unklare Klauseln vermögen dies nicht zu gewährleisten (STAUDINGER/SCHLOSSER § 2 Rn 27 ff). Eine Bezugnahme auf textlich nicht wiedergegebene, aber ohnehin geltende gesetzliche Vorschriften, noch dazu in sehr allgemeiner Form, ist für den juristischen Laien wertlos und kann eine Klausel, die ohne eine solche Bezugnahme unwirksam wäre, nicht aufrechterhalten. Dies muß, da §§ 2 und 5 auch für den beiderseits kaufmännischen Verkehr gelten, auch für diesen angenommen werden.

29 Allerdings ist angesichts der von der Rspr aufgestellten engen Grenzen für Haftungsfreizeichnungen bei leicht fahrlässigem Verhalten und der uU unabdingbaren verschuldensunabhängigen Haftung die Formulierung einer wirksamen Haftungsbegrenzung mit der Berücksichtigung aller Grenzen derselben nur schwer in einer – auch dem Kunden – verständlichen Form möglich. Insoweit ist zumindest in Randbereichen eine salvatorische Formulierung zulässig (SCHLOSSER, in: Zehn Jahre AGB-Gesetz 123; BUNTE NJW 1983, 1326; LINDACHER BB 1983, 159; OLG Stuttgart NJW 1981, 1105); zumindest sollte die Auslegung eines für die Parteien eindeutig erscheinenden Textes nicht in einer Weise strapaziert werden, daß die Klausel auch äußerst seltene Situationen erfaßt, in denen ein Haftungsausschluß unwirksam ist, wenn dies offensichtlich nicht gewollt war (vgl ULMER/HENSEN Rn 28, der es zu Recht für überflüssig hält, daß das Bestehenbleiben der Produkthaftung erwähnt wird; fraglich OLG Stuttgart NJW-RR 1988, 1082).

Eine unwirksame Klausel kann aber nicht – soweit nicht eine Teilbarkeit vorliegt – auf die gerade noch zulässige Haftungsbeschränkung reduziert werden, weil dies dem oben geschilderten Anliegen nach Klarheit der Rechtsposition für den Vertragspartner des Verwenders hier in besonderem Maße widersprechen würde (BGH NJW 1986, 1610, 1611 Anm PRÖLSS JZ 1986, 342, 345; BGH NJW 1986, 2757, 2758). Allerdings will der BGH im kaufmännischen Verkehr hier Ausnahmen zulassen, soweit es sich um branchentypische, allgemein akzeptierte langjährige Regelungen handelt (BGH NJW 1995, 2225 für die Verjährungsregelung in den ADSp).

3. Folgen einer wirksamen Haftungsbegrenzung

a) Auch wenn der Verwender seine Haftung nur im zulässigen Ausmaß begrenzt, wird im konkreten Falle seine bzw seiner Hilfspersonen grobe Fahrlässigkeit vermutet, falls ohne Einbeziehung von AGB nach §§ 282, 285 BGB Verschulden vermutet würde. Die in den genannten Normen zum Ausdruck kommende Verschuldensvermutung gilt auch dann, wenn in besonderen Situationen der gesetzliche Haftungsmaßstab grobe Fahrlässigkeit ist (s STAUDINGER/LÖWISCH [1995] § 282 Rn 10, § 285 Rn 30). Dann kann auch nichts anderes gelten, wenn der Haftungsmaßstab privatautonom auf grobes Verschulden reduziert wurde. Das wird häufig übersehen. Die Rspr hat sich etwa mit Klauseln in Bedingungen von Kraftfahrzeugvermietern befaßt, welche im Falle der Rückgabe des Wagens in beschädigtem Zustand dem Mieter die Beweislast für das Fehlen grober Fahrlässigkeit auferlegten und gefragt, ob diese Beislast-„Überbürdung" zulässig ist (so AG Köln DAR 1981, 57; früher auch schon OLG Frankfurt aM NJW 1974, 559; BGH WM 1974, 695; aM OLG Karlsruhe NJW 1973, 1796; OLG Stuttgart VersR 1972, 770; BGH WM 1975, 1158). Schon nach dem Gesetz trägt der Mieter die Beweislast hierfür (STAUDINGER/EMMERICH [1995] § 548 Rn 6 ff). Ist der Haftungsmaßstab grobe Fahrlässigkeit, so ändert sich daran nichts. Freilich ist der Begriff „Beschädigung" in diesem Zusammenhang so auszulegen, daß er normale Verschleißerscheinungen nicht erfaßt; zur Haftung auch für unverschuldete Schäden unten Rn 37.

b) Auch im Fall abstrakt wirksamer Haftungsbeschränkungen kann es im Einzelfall aus Treu- und Glauben unzulässig sein, die Haftungsbegrenzung in Anspruch zu nehmen. Beispiel BGH BB 1978, 1235: Ein Spediteur, der die Gefährlichkeit des Transportgutes kennt, kann sich auf die Haftungsbegrenzung im Falle des unterlassenen Gefährlichkeitshinweises nicht berufen. S auch STAUDINGER/SCHLOSSER § 6 Rn 11, 18.

4. Hinweise für die Klauselgestaltungen

Weil die herrschende Interpretation von § 11 Nr 8 einen Ausschluß der Haftung für Unmöglichkeit und Verzug auch im Falle einfacher Fahrlässigkeit nicht gestattet (s § 11 Nr 8 Rn 6), ist es immer ratsam, einen entsprechenden Vorbehalt zu machen, wenn man sich nicht bewußt auf den Standpunkt der Mindermeinung stellen möchte.

IV. Von Nr 7 nicht erfaßte Haftungsfragen

1. Mitwirkendes Verschulden

Zum Teil will man die Abdingung der gesetzlichen Folgen groben Mitverschuldens an einem Schadensfall unmittelbar der Nr 7 von § 11 unterstellen (OLG Karlsruhe BB 1983, 725; SCHLOSSER/GRABA § 9 Rn 108). Ein Schadensteil, den der Verwender wegen eigenen Mitverschuldens selbst tragen muß, beruht aber gerade nicht auf seiner oder seiner Hilfspersonen Vertragsverletzung. Wenn er daher auch für den Fall eigenen

Mitverschuldens die Schadensersatzpflicht seines Vertragspartners ungeschmälert läßt, so schließt er nicht seine Haftung aus, sondern erweitert dessen Haftung über das gesetzlich vorgesehene Maß hinaus. Im streng dogmatischen Sinne liegt bei Mitverschuldensregelungen eine Haftungsbegrenzung des Verwenders nur dann vor, wenn dieser seine eigene Mithaftung für den Fall abbedingt, daß seinen Vertragspartner auch ein Verschulden an einem in dessen Vermögenssphäre eingetretenen Schaden trifft. In diesem Sinne angewandt, hätte § 11 Nr 7 zur Folge, daß in der Grauzone der „richtigen" Schadenstragungsabwägung, welche § 254 BGB nur in Gestalt einer Blankettvorschrift anspricht, AGB-Regelungen lediglich möglich wären, soweit ein Schaden beim Verwender, nicht soweit er bei seinem Vertragspartner eingetreten ist. Jedoch hat der Gesetzgeber bei Schaffung von Nr 7 an das Problem des Mitverschuldens nicht gedacht. Die Norm verträgt daher eine teleologische Reduktion dahingehend, daß das Problem der Haftungsbegrenzung des Verwenders für den Fall eigenen Mitverschuldens seines Vertragspartners in ihr nicht angesprochen ist. § 11 Nr 7 geht von der Vorstellung aus, daß etwas abbedungen oder eingeschränkt wird, was eindeutig als Rechtsanspruch existiert. Da, wo das Ausmaß der Ersatzpflicht des einen oder anderen Teils weitgehend vom richterlichen Ermessen abhängt, ist eine konkretisierende AGB-Regelung durchaus sinnvoll und legitim, auch wenn sie im Einzelfall zu einem anderen Ergebnis führt, als der Richter in Anwendung von § 254 BGB finden würde. So kann etwa formularmäßig festgelegt werden, daß derjenige den Schaden (allein) zu tragen hat, den typischerweise überwiegendes Verschulden trifft (aM SCHLOSSER/GRABA aaO). Es kann aber nicht bestimmt werden, daß der Vertragspartner des Verwenders den Schaden allein zu tragen hat, wenn er Handlungen vornimmt, die eine Aufklärung des Schadensteils, der jeweils auf Handlungen des einen oder anderen Teils zurückzuführen ist, sehr erschwert; hier ist dem Verwender ausreichend mit der durch die Handlung des Vertragspartners ausgelösten Beweislastverschiebung gedient. Die Klausel würde also an § 9 scheitern (aM STAUDINGER/SCHLOSSER[12] Rn 33). Unzulässig sind auch Klauseln, die Schadensersatzansprüche ausschließen oder begrenzen, wenn der Vertragspartner des Verwenders, ohne durch dessen verzögerliches Tätigwerden dazu veranlaßt worden zu sein, selbst Reparaturen an einer vom Verwender stammenden technischen Anlage vornimmt oder durch Dritte vornehmen läßt (LG Köln NJW 1986, 67, 69; aM STAUDINGER/SCHLOSSER[12] Rn 33). Unproblematisch sind Klauseln, die bestimmen, daß der Vertragspartner des Verwenders den Schaden in dem Umfange allein zu tragen hat, der darauf zurückzuführen ist, daß er seiner (durch AGB-Bestimmungen eventuell näher konkretisierten) Schadensabwendungspflicht aus § 254 Abs 2 BGB nicht nachgekommen ist.

34 Immer aber müssen solche Klauseln von dem Bestreben nach einem angemessenen Interessenausgleich getragen sein und dürfen den Vertragspartner des Verwenders nicht beliebig allen Schaden tragen lassen, der auf beider Vertragspartner Verschulden zurückzuführen ist. In Subunternehmerverträgen des Baurechts findet sich etwa gelegentlich eine Klausel, nach der Bedenken gegen gewählte Materialien oder gegen die Ausführung oder die Konstruktion vom Subunternehmer sofort schriftlich mitgeteilt werden müssen; widrigenfalls solle jedweder Schadensersatzanspruch ausgeschlossen sein. Solche Klauseln sind unwirksam, weil sie nicht die Schadensminderungsobliegenheit des Vertragspartners iSv § 254 Abs 2 BGB betreffen, sondern die gemeinsame Verantwortung am Entstehen eines Schadens, die nicht ohne Rücksicht auf den jeweiligen Verschuldensgrad der beiden Teile einheitlich nur der einen Seite überbürdet werden kann.

2. Ausschluß der Haftung für leichtes Verschulden

Aus § 11 Nr 7 muß im Wege des Umkehrschlusses gefolgert werden, daß die Haftung für einfache Fahrlässigkeit grundsätzlich ausgeschlossen werden kann, daß also besondere Umstände vorliegen müssen, wenn ein nur leichte Fahrlässigkeit ergreifender Haftungsausschluß unwirksam sein soll (PALANDT/HEINRICHS Rn 41; WOLF Rn 28; SOERGEL/STEIN Rn 72 f; BUNTE/SCHRÖTER 18 ff; BGH NJW 1993, 335; strenger ULMER/HENSEN Rn 8; WOLF NJW 1980, 2433; zum problematischen Verhältnis zu § 11 Nr 8 b dort Rn 3 f). Derartige Haftungsausschlüsse und -begrenzungen sind an § 9 zu messen. S für Einzelheiten STAUDINGER/COESTER § 9 Rn 331 ff.

3. Ausschluß gesetzlich begründeter verschuldensunabhängiger Haftung des Verwenders

Es gibt Fälle gesetzlich begründeter verschuldensunabhängiger Haftung, die sicherlich formularmäßig abdingbar sind. Das ist etwa bezüglich der sehr weitgehenden Vermieterhaftung nach § 538 BGB der Fall (OLG Hamburg NJW-RR 1991, 1296); allerdings müssen auch dabei die Grenzen des § 11 Nr 7 beachtet werden (BayObLG NJW 1985, 1716). Wie § 11 Nr 11 (Haftung für zugesicherte Eigenschaften) zeigt, sind aber auch Fälle denkbar, in welchen die gesetzlich begründete verschuldensunabhängige Haftung nicht ausgeschlossen werden kann. Das gilt im Falle eines Garantievertrags (SCHLOSSER/COESTER-WALTJEN Rn 68), für anfängliche Unmöglichkeit (ULMER/HENSEN § 11 Nr 8 Rn 16; LÖWE/vWESTPHALEN § 10 Nr 3 Rn 34; WOLF Rn 39; vWESTPHALEN WM 1983, 974, 978; OLG Frankfurt aM BB 1984, 300) sowie für die dem Rechtssystem immanente Verpflichtung, für die eigene Zahlungsfähigkeit einzustehen (SCHLOSSER/COESTER-WALTJEN Rn 72; LÖWISCH BB 1974, 1497; SCHLOSSER/GRABA § 9 Rn 82; WOLF Rn 37; LG Köln NJW-RR 1987, 885, 886; OLG Karlsruhe BB 1983, 725, 726). Das gleiche gilt auch soweit das Unvermögen des Verwenders, eine Gattungssache zu leisten, darauf beruht, daß er nicht die notwendigen Geldmittel besitzt, um sie sich zu beschaffen. Auch im übrigen ist Zurückhaltung in der Zulassung von Haftungsbefreiungen geboten. § 11 Nr 7 gibt für die Grenzziehung zwischen zulässigem und unzulässigem Haftungsausschluß keine Kriterien (GRANZER Die Freizeichnung von verschuldensunabhängiger Haftung in AGB [1991] 19). Vielmehr sind hier ähnliche Erwägungen wie bei der Beurteilung der Freizeichnung von den Folgen leicht fahrlässiger Pflichtverletzungen zu treffen (Präventionseffekt der Haftung, Ausgleichsbedürfnis des Geschädigten, Schadenstragungsfähigkeit des Haftenden, Versicherbarkeit, Preis-Leistungs-Verhältnis und Erkennbarkeit seiner Relation zur Schadenstragung – im einzelnen KOLLER ZIP 1986, 1089, 1097). Hinzutreten die Berücksichtigung des besonderen Gerechtigkeitsgehalts der Norm, die die verschuldensunabhängige Haftung zuweist (vgl BGHZ 89, 206, 211 = NJW 1984, 1182; BGHZ 96, 103, 109 = NJW 1986, 179), sowie die Einbeziehung der legitimen Erwartungen des Vertragspartners. Unter dem ersten Gesichtspunkt spielt eine Rolle, ob die Risikozuweisung durch den Gesetzgeber an spezielle Akte des Risikobelasteten anknüpft oder lediglich deswegen ihm das Risiko auferlegt, weil er demselben ein wenig näher steht als der andere. Für die Zufallshaftung während des Schuldnerverzugs (§ 287 BGB), den Annahmeverzug (insbes § 324 Abs 2 BGB), die Gefährdungshaftung nach § 7 StVG oder § 833 S 1 BGB ist ersteres der Fall, so daß nur ganz besondere Gründe eine ausnahmsweise Risikoverlagerungen rechtfertigen können, idR also ein Haftungsausschluß unwirksam ist (wie hier WOLF Rn 39; SOERGEL/STEIN Rn 72; zurückhaltend OLG Karlsruhe NJW-RR 1989, 1333, 1335 – obiter Ausschluß des § 7 StVG bei Rennfahrern möglich; aM STAUDINGER/SCHLOSSER[12] Rn 46). Für die verschuldensunabhängige Haftung des vorläufig siegreichen Klägers (vgl §§ 717 Abs 2, 302 Abs 4, 600 Abs 2, 945 ZPO) ist eher die zweite Situation anzunehmen (vgl die Argumentation zum umstrittenen Gerechtigkeitsgehalt des § 717 Abs 2 ZPO bei STEIN/JONAS/MÜNZBERG [21. Aufl] § 717 Rn 12 ff; zur Betonung des besonderen Gerechtigkeitsgehalts von § 945 ZPO dagegen MünchKomm/HEINZE ZPO § 945 Rn 4). Die verschuldensunabhängige Gastwirtshaftung hält der Gesetzgeber selbst für wohl auch formularmäßig abdingbar, § 702 a BGB. Legitime Erwartungen des Vertragspartners spielen insbes bei dem verschuldensunabhängigen Einstehenmüssen des Beschaffungsschuldners für seine Leistungspflicht eine Rolle. Der Leistungspflichtige kann sich hier durch seine Beschränkung der Leistungspflicht – soweit dies nicht einen Widerspruch zu § 4 oder eine Überraschung (§ 3) darstellt – weitgehend auch formularmäßig schützen (dazu oben § 10 Nr 3 Rn 14). Daneben kann ein „weiterer Haftungsausschluß" nur bei besonderen schützenswerten Interessen des Verwenders in AGB zulässig sein (zum Selbstbelieferungsvorbehalt oben § 10 Nr 3 Rn 20; wie hier WOLF Rn 37; aM STAUDINGER/SCHLOSSER[12] Rn 46). IdR ist daher ein formularmäßiges Abbedingen der verschuldensunabhängigen Einstandspflicht unwirksam. Die Beschränkung der verschuldensunabhängigen Haftung nach dem UN-Kaufrecht (CISG) auf Schadensersatz, Art 45 Abs 1 lit b CISG, wird hingegen unter Berücksichtigung der durch § 11 Nr 11 gezogenen Grenze mit den für die Freizeichnung für leicht fahrlässiges Handeln geltenden Überlegungen zu prüfen und damit idR wirksam sein, soweit nicht wesentliche Vertragspflichten und Vertragszweck gefährdet werden (vgl SCHLECHTRIEM/SCHWENZER, CISG [2. Aufl 1995] Art 35 Rn 42).

4. Die Überbürdung von verschuldensunabhängiger Haftung auf den Vertragspartner des Verwenders

37 Außer dem Ausschluß einer vom Gesetz dem Verwender zugewiesenen verschuldensunabhängigen Haftung können in AGB auch Klauseln vorkommen, die darüber hinaus dem Kunden das Risiko zuweisen und ihn damit eventuell verschuldensunabhängigen Ersatzansprüchen aussetzen. Derartige Klauseln unterliegen einer Kontrolle nach § 9. Die Lit zum AGBG war bzgl derartiger Klauseln zunächst relativ großzügig und erlaubte dem Verwender, die Zufallshaftung für Gegenstände, die sich in der Obhut des Vertragspartners befinden, diesem aufzuerlegen (vgl STAUDINGER/SCHLOSSER[12] Rn 47 f). Die Rspr legt hier aber – insbes in neuerer Zeit – einen besonders strengen Maßstab an. So soll eine Klausel in einem Mietvertrag, nach der der Mieter auch ohne Verschulden für die durch Haushaltsgeräte verursachten Schäden haftet, unwirksam sein (OLG Saarbrücken NJW-RR 1986, 1343; BGH NJW 1992, 158, 3160). Auch für das Verhalten Dritter darf dem Mieter nicht eine über § 278 BGB herausgehende Haftung aufgebürdet werden (BGH NJW 1991, 1750, 1752). Das Fälschungsrisiko für Schecks (BGH NJW 1997, 1700, 1702; BGH NJW 1997, 2236, 2237) oder das Mißbrauchsrisiko bei Scheckkarten (BGHZ 114, 238, 242 = NJW 1991, 1886; zu Kreditkarten: TAUPITZ NJW 1996, 217) muß nach der Rspr des BGH der Verwender tragen. Nach der Rspr rechtfertigt allein die Tatsache, daß sich der Gegenstand in der Risikosphäre des Vertragspartners befindet, nicht ohne zusätzliche besondere Gründe die Auferlegung der Zufallshaftung (BGH NJW 1991, 2414, 2416; BGH NJW 1992,

3158, 3161). Der BGH weist vor allem darauf hin, daß in vielen Fällen insbes moderner Zahlungsmittel der Verwender die besseren Möglichkeiten der Risikosteuerung habe (BGH NJW 1991, 1886, 1888) und auch mit seinen Leistungen ein spezifisches Risiko veranlaßt habe (BGH NJW 1991, 1868, 1888; BGH NJW 1992, 1761). Diesen Gedanken wird man entsprechend auf Risikozuweisungen im Zusammenhang mit neuen Medien übertragen können. Das Argument der Versicherbarkeit des Risikos steht selbstverständlich auch hier in der Diskussion. Die Rspr verlangt allerdings, daß die Versicherung auf seiten des Kunden allgemein üblich und praktisch lückenlos verbreitet sein muß (BGH NJW 1992, 1761; differenziert KOLLER VersR 1980, 1, 8; ders, ZIP 1986, 1089, 1093 ff; UNGEHEUER JZ 1993, 631, 632).

V. Verbraucher

Die Richtlinie sieht in ihrem Anhang (Nr 1 a) ein absolutes Freizeichnungsverbot für 38 Verbrauchergeschäfte vor, soweit es um Leben oder Körperverletzungen geht. Die Richtlinie bezieht sich aber nur auf gesetzlich bestehende Haftung, verlangt nicht, daß eine solche Haftung geschaffen wird (allgM vgl WOLF RL Anh 12; ULMER/HENSEN Rn 41). Daß es sich dabei nur um eine Haftung für schuldhaftes Verhalten handeln soll (so ULMER/HENSEN Rn 41), ergibt sich aus dem Text nicht (wie hier WOLF RL Anh Rn 12). Damit wird auch die Haftung für Körperverletzung und Tötung im Rahmen der Gefährdungshaftung formularmäßig unabdingbar. Sie ist selbst in Individualverträgen mit Verbrauchern nur ausschließbar, wenn diese Bedingung im einzelnen ausgehandelt worden ist. Hierin liegt ein weitgehender Eingriff in die Privatautonomie, der insbes im Zusammenhang mit der Haftung nach § 7 StVG und der Haftung nach § 833 S 1 BGB außerordentlich problematisch ist. Die Risikozuweisung insbes bei gefährlichen Freizeitbeschäftigungen des Verbrauchers (Rennsport, Reitsport) wird hier in einer nicht mehr vertretbaren Weise festgeschrieben (aM WOLF RL Anh Rn 15–20). Eine Änderung des AGB-Gesetzes wird allerdings durch diese Klausel nicht veranlaßt (so aber ULMER/HENSEN Rn 43), da die Frage der Einschränkung oder des Ausschlusses der Gefährdungshaftung und der Haftung für leichte Fahrlässigkeit nach § 9 AGBG zu beurteilen ist, der für die Berücksichtigung dieser Grundgedanken entsprechenden Raum läßt.

Die Richtlinie sieht im Anh in Nr 1 B weiterhin vor, daß Ansprüche des Verbrauchers gegenüber dem Gewerbetreibenden nicht ausgeschlossen „oder ungebührlich eingeschränkt werden (dürfen), wenn der Gewerbetreibende eine der vertraglichen Verpflichtungen ganz oder teilweise nicht erfüllt oder mangelhaft erfüllt." Der Ausschluß verschuldensunabhängiger Haftung des Verpfänders ist also nach dieser Formulierung nicht möglich, die Einschränkung ist in gewissen Grenzen zulässig, darf aber nicht „ungebührlich" sein. Für die Berücksichtigung dieser Gesichtspunkte läßt § 9 ausreichenden Spielraum, wenngleich hervorzuheben ist, daß sich damit in Verbrauchergeschäften die Freizeichnungsmöglichkeit des Verwenders gegenüber der bisherigen Praxis insofern stark verändert, als die bisher bei der Prüfung in Betracht gezogenen Kriterien (ua Versicherbarkeit, Preis-Leistungs-Verhältnis, Ausgleichsbedürfnis des Geschädigten) für die Frage des vollständigen Haftungsausschlusses keine Rolle mehr spielen, dieser vielmehr in jedem Fall unwirksam ist. Nur bei der Haftungsbegrenzung können die Überlegungen, die auch bisher bei der Einschränkung verschuldensunabhängiger und leicht fahrlässiger Haftung bedeutsam waren, weiterhin herangezogen werden.

VI. Berufliche Verkehr

39 § 11 Nr 7 hat nach der Rspr des BGH auch für den kaufmännischen Verkehr indizielle Bedeutung (BGHZ 103, 316 = NJW 1988, 1785 [Werftwerkvertrag]) für eigenes vorsätzliches (§ 276 Abs 2 BGB) oder eigenes grob fahrlässiges Verhalten (BGH NJW-RR 1989, 953, 955) kann sich daher auch der Kaufmann nicht entlasten. Bzgl der Haftung der Erfüllungsgehilfen ist zu differenzieren. Für vorsätzliches oder grob fahrlässiges Verhalten der leitenden Angestellten ist ebenfalls ein Haftungsausschluß nicht zulässig (BGHZ 38, 183, 185). Ob für das grobe Verschulden jedes Erfüllungsgehilfen eine Freizeichnung unwirksam ist, ist nicht ganz eindeutig. Der BGH hat dies in einigen Fällen angenommen (BGHZ 89, 363 = NJW 1984, 1350 – Kaltlagerfall, unter besonderer Betonung der Bedeutung des Vertrauens in die Arbeit des Verwenders; BGHZ 93, 29 = NJW 1985, 623, 627 – Vertragshändler; BGH NJW 1985, 914 – Tankschecksystem; BGH NJW-RR 1996, 783, 781 – Anlagenbau), soweit eine vertragswesentliche Pflicht betroffen war. Andererseits hat er eine Haftungsbeschränkung bei grober Schuld im Rahmen der Speditionsbedingungen wegen der besonderen Stellung dieser Bedingungen zugelassen (BGH NJW 1995, 2224; BGH NJW-RR 1988, 1437, 1438; BGH NJW 1988, 1785, 1787). Für die leicht fahrlässige Haftung im kaufmännischen Verkehr sind die Grundsätze aus dem nichtkaufmännischen Verkehr zwar verwertbar, hier müssen aber großzügigere Freizeichnungsmöglichkeiten eingeräumt werden (vgl dazu die Einzelheiten insbes bei den verschiedenen Vertragstypen STAUDINGER/COESTER Anh § 9 „Freizeichnungsklauseln").

Eine weitere Schattierung bringt die Prüfung derartiger Klauseln gegenüber Nichtkaufleuten, die im beruflichen Verkehr tätig sind.

§ 11 Nr 8
Verzug, Unmöglichkeit

In Allgemeinen Geschäftsbedingungen ist unwirksam ...

8. (Verzug, Unmöglichkeit)

eine Bestimmung, durch die für den Fall des Leistungsverzugs des Verwenders oder der von ihm zu vertretenden Unmöglichkeit der Leistung

a) das Recht des anderen Vertragsteils, sich vom Vertrag zu lösen, ausgeschlossen oder eingeschränkt oder

b) das Recht des anderen Vertragsteils, Schadensersatz zu verlangen, ausgeschlossen oder entgegen Nummer 7 eingeschränkt wird;

Materialien: 1. Teilber 71; RefE 15; RegE 32 – s STAUDINGER/SCHLOSSER Einl 6 ff zum AGBG.

Schrifttum

KEIM, Die Haftungsbeschränkung bei nicht rechtzeitiger Leistung als Regelungsgegenstand Allgemeiner Geschäftsbedingungen (1990)
REUTER, Möglichkeit der Haftungsbeschränkung durch AGB bei Verkäuferverzug, DB 1978, 193
SCHLOSSER, Haftungsgrund, Haftungsmaßstab und AGBG, WM 1978, 562

vWESTPHALEN, Die Wirksamkeit von Haftungsfreizeichnungs- und Haftungsbegrenzungsklauseln bei leichter Fahrlässigkeit gemäß § 9 AGBG-Gesetz, WM 1983, 974; s im übrigen bei § 11 Nr 7.

I. Allgemeines

1. Regelungsanliegen

§ 11 Nr 8 ist eine von mehreren Vorschriften des AGBG, mit denen der Gesetzgeber **1** die Leistungstreue des Verwenders garantieren will (allgM). Die Vorschrift findet eine notwendige Ergänzung in den Verboten des § 10 Nr 1–3 sowie – allerdings umstritten (dazu unten Rn 3) – des § 11 Nr 7. So soll § 10 Nr 1 verhindern, daß der Verwender den von ihm zu vertretenden Leistungsstörungen dadurch entgeht, daß er entweder seine vertragliche Bindung insgesamt bei bestehender Verpflichtung des Vertragspartners unangemessen lange hinausschiebt oder den Zeitpunkt der Fälligkeit einer Leistung so lange hinausschiebt oder unbestimmt läßt, daß Verzug nicht eintreten kann. Das Gesetz gewährt hier einen Spielraum nur im Rahmen des Angemessenen. Für den Verzug ergänzt § 10 Nr 2 die Absicherung der Rechte des Vertragspartners dadurch, daß die von diesem zu setzende Nachfrist nicht übermäßig lang sein darf. Der Verwender soll also die aus § 326 BGB sich ergebenden Rechtsfolgen nicht dadurch unterlaufen können, daß er sich eine unangemessen lange Frist zur Nachholung der Leistung einräumen läßt. Schließlich ist besonders wichtig in diesem Zusammenhang die Regelung des § 10 Nr 3, der nur bei einem sachlich gerechtfertigten (und im Vertrag benannten) Grund dem Verwender erlaubt, sich aus der Vertragsbindung zu lösen. Die Möglichkeit, bei Leistungsschwierigkeiten die vertragliche Bindung aufzugeben und damit auch die Rechte des Vertragspartners aus Unmöglichkeit und Verzug zu beseitigen, wird hierdurch entscheidend eingeschränkt, aber nicht ausgeschlossen. Dies ist bei der Einordnung von § 11 Nr 8 von Bedeutung (s unten Rn 3). § 11 Nr 8 ergänzt dieses Regelungsanliegen dadurch, daß die Rechte des Vertragspartners, sich seinerseits vom Vertrag zu lösen oder Schadensersatz zu verlangen nicht ausgeschlossen, das Schadensersatzbegehren nur begrenzt eingeschränkt werden kann. Dies ist eine entscheidende Verschärfung gegenüber der früheren Rechtslage, die den Schadensersatzanspruch für Verzug und Unmöglichkeit auch bei grober Fahrlässigkeit für abdingbar hielt, wenn das Rücktrittsrecht unangetastet blieb (BGH NJW 1957, 1760; zu Einzelheiten der früheren Rechtsprechung SCHLOSSER/COESTER-WALTJEN Rn 6 f).

2. Anwendungsbereich

a) Der Anwendungsbereich von § 11 Nr 8 ist nicht auf bestimmte Vertragstypen **2** oder Vertragsinhalte beschränkt. Allerdings sind die Ausnahmen des § 23 zu beachten. So findet die Vorschrift keine Anwendung auf Verträge auf dem Gebiet des Arbeits-, Erb-, Familien- und Gesellschaftsrechts (§ 23 Abs 1) sowie auf die Verträge der Energieversorgungsunternehmen (§ 23 Abs 2 Nr 2) und auf die genehmigten Beförderungsbedingungen und Tarifvorschriften im Personenbeförderungsbereich (§ 23 Abs 2 Nr 3). Für staatlich genehmigte Lotterie- und Ausspielverträge gilt hingegen die in § 23 Abs 2 Nr 4 für § 11 Nr 7 getroffene Ausnahme nicht. Auf diese findet also § 11 Nr 8 Anwendung.

3 b) § 11 Nr 8 gilt für alle Fälle der zu vertretenden Verzögerungen (Verzug) und der zu vertretenden Unmöglichkeit (WOLF Rn 5). Keinesfalls ist der Anwendungsbereich der Vorschrift auf verschuldete Leistungsstörungen beschränkt (so aber ULMER/ HENSEN Rn 16; SOERGEL/STEIN Rn 78). Hätte der Gesetzgeber dies gewollt, so wäre die Fassung „nach §§ 276, 278 BGB zu vertretende" angebracht gewesen. Das Gesetz verwendet an vielen Stelle den Begriff des Vertretenmüssens und umfaßt damit auch verschuldensunabhängige Tatbestände (zB § 462 BGB). Auch ist praktisch völlig unbestritten, daß Verzug bei Beschaffungsschulden verschuldensunabhängig eintreten kann (§ 279 BGB). Durch die uneingeschränkte Verwendung der Begriffe „Verzug" und „zu vertretende Unmöglichkeit" ist auch die gesetzlich vorgesehene **verschuldensunabhängige** Haftung für diese Fälle miterfaßt, soweit der Verwender die Leistungsstörung **zu vertreten** hat.

Dieser grundsätzlich weite Anwendungsbereich von § 11 Nr 8 wird eingeschränkt, wenn man das Verhältnis zu § 11 Nr 7 richtig sieht. Nach richtiger Auffassung, die allerdings nicht der hM entspricht, beschäftigt sich § 11 Nr 8 nur mit den Haftungsfolgen, während § 11 Nr 7 den Haftungsmaßstab für **alle** Vertragsstörungen festlegt. Die hM – mittlerweile auch vom BGH vertreten (BGH ZIP 1989, 311, 312; OLG Frankfurt aM BB 1988, 1488, 1489; LG Hamburg VuR 1996, 424) – sieht in § 11 Nr 8 eine Sonderregelung für Verzug und Unmöglichkeit, die den in § 11 Nr 7 vorgegebenen Haftungsmaßstab noch einmal weiter einschränkt und für den Bereich der leichten Fahrlässigkeit nur eine Einschränkung des Schadensersatzanspruchs zuläßt. Ausschluß des Schadensersatzanspruchs sowie Ausschluß und Beschränkung der Lösungsmöglichkeit des Vertragspartners sollen hingegen für die leichte Fahrlässigkeit ausgeschlossen sein (ULMER/HENSEN Rn 9; SOERGEL/STEIN Rn 77; KEIM, Die Haftungsbeschränkung bei nicht rechtzeitiger Leistung als Regelungsgegenstand Allgemeiner Geschäftsbedingungen [1990] 38 ff; vWESTPHALEN, in: FS Trinkner 455; BGH NJW-RR 1989, 625; LG Köln NJW-RR 1987, 885; OLG München NJW-RR 1989, 1499). Einige Gerichte gehen sogar soweit, die Haftung für unverschuldete Unmöglichkeit AGB-fest zu machen (LG Köln NJW-RR 1987, 885 – Einstandspflicht nach § 279 BGB wegen § 11 Nr 8 nicht abdingbar; OLG Koblenz NJW-RR 1993, 1078 – Ausschluß des Schadensersatzanspruchs bei höherer Gewalt verstößt gegen § 11 Nr 8 b). In der Literatur hingegen wird überwiegend diese Konsequenz nicht gezogen, da man nur von einem Vertretenmüssen nach §§ 276, 278 BGB ausgeht (ULMER/HENSEN Rn 16; **aM** WOLF Rn 5 aE, 9 – dort allerdings unklar, weil letztlich doch auf § 9 zurückgreifend). Andererseits will die hL § 11 Nr 8 auch entsprechend auf die positive Vertragsverletzung anwenden, wobei die Lösungsmöglichkeit nach § 11 Nr 8 a uneingeschränkt – also auch bei leichter Fahrlässigkeit – gegeben sein muß (ULMER/HENSEN Rn 11; PALANDT/HEINRICHS Rn 40; ohne Differenzierung zwischen Lösungsmöglichkeit und Schadensersatz WOLF Rn 6; nur für Anwendung von Nr 8 a) LÖWE/vWESTPHALEN Rn 14; MünchKomm/ BASEDOW Rn 118; ERMAN/HEFERMEHL Rn 3; OLG Oldenburg NJW-RR 1992, 1527; LG Köln NJW-RR 1987, 885, 886). Auch für Schadensersatzansprüche infolge einer positiven Vertragsverletzung soll § 11 Nr 8 angewandt werden, wenn der Verwender seine Hauptleistungspflichten verletzt hat (ULMER/HENSEN Rn 11; OLG Oldenburg NJW-RR 1992, 1527). Aus den Gesetzesmaterialien (BT-Drucks 360/75, 32) ergibt sich nur, daß der Gesetzgeber eine AGB-feste Haftungsgarantie gerade für Verzug und Unmöglichkeit geben wollte, um den Verwender zur Leistung anzuhalten. Auf das Verhältnis zu § 11 Nr 7 wurde dabei nicht achtgegeben, wie auch eine Abstimmung mit § 10 Nr 3 hier nicht diskutiert wurde.

c) Die hL und Rspr führt zu unüberwindbaren Wertungswidersprüchen. Der **4** geschilderten Ansicht kann daher trotz ihrer Etablierung nicht gefolgt werden (wie hier OLG Köln DAR 1983, 21; LG Koblenz AGBE I § 11 Nr 75; SCHMIDT-SALZER NJW 1995, 1641). Zum einen wird nach der hL § 11 Nr 7 praktisch überflüssig. Eine eigene Aussage enthält er nach dieser Meinung nur noch für die Fälle der leicht fahrlässigen Verletzung von Nebenpflichten, bei denen die Abbedingung der Haftung allerdings ohnehin noch der in der Praxis sehr restriktiven Kontrolle des § 9 unterliegt. Auch die Abstimmung mit § 10 Nr 3 wird problematisch, denn der Gesetzgeber hat in § 10 Nr 3 zu erkennen gegeben, daß er dem Verwender immerhin in bestimmten, möglicherweise auch von ihm zu Vertretenden Fällen die Möglichkeit der Vertragslösung einräumen will. Die hL und Rspr sieht dementsprechend Befreiungsmöglichkeiten des Verwenders auch bei den in seiner Sphäre liegenden Hindernissen – zumindest in begrenztem Umfang – als wirksam an (vgl § 10 Nr 3 Rn 6). Die Leistungstreue des Verwenders wird also vom AGB-Gesetz gerade nicht ausnahmslos erzwungen, sondern bleibt in einem gewissen Rahmen gestaltungsfähig. In besonderem Maße zeigt sich der Widerspruch jedoch in der unterschiedlichen Behandlung der positiven Vertragsverletzung. Da der Schadensersatzanspruch für leicht fahrlässige (Neben-) Pflichtverletzungen jedenfalls im Rahmen der durch § 9 gezogenen Grenzen ausschließbar ist, erscheint es widersprüchlich, wenn bei den vom Unrechtsgehalt keineswegs stärkeren Leistungsstörungen (Verzug und Unmöglichkeit) der Verwender den Schadensersatzanspruch für leichte Fahrlässigkeit und für unverschuldete Leistungshindernisse, die in den Bereich des von ihm zu Vertretenden fallen – nicht ausschließen kann. Es gibt keinen Grund, warum jemand, der Vertragsverletzungen typischerweise in der Form von Schlechterfüllung einschließlich ihrer gewährleistungsrechtlichen Sonderformen begeht (Auskunftei, Anwalt, Architekt, Ingenieur), seine Haftung stärker soll einschränken dürfen als derjenige, dessen Vertragsverletzungen häufig die Form von Verzug und Unmöglichkeit annehmen (vgl SCHLOSSER WM 1978, 566). Zu besonders uneinsichtigen Differenzierungen muß die hL für diejenigen Verschuldenshaftungsfälle kommen, die bei Abwicklung eines Werkvertrages entstehen können. Die Haftung für leichte Fahrlässigkeit wäre nicht ausschließbar für den Fall, daß die Herstellung des Werks unmöglich wird oder sich verzögert. Das gleiche gilt für den Fall, daß der Unternehmer mit der Beseitigung eines Mangels in Verzug gerät (§ 633 Abs 3 BGB). Für den Fall, daß der Besteller die Mangelhaftigkeit des Werkes zum Anlaß nimmt, nach § 635 BGB Schadensersatz wegen Nichterfüllung zu verlangen, müßte demgegenüber eine auf leichte Fahrlässigkeit beschränkte Freizeichnung zulässig sein, obwohl die Rechte aus dieser Vorschrift nach Abnahme des Werks an die Stelle der zuvor bestehenden Unmöglichkeits- und Verzugshaftung treten. Die hL zwingt selbst im Fall der (problematischen) Ausdehnung von § 11 Nr 8 auf die Verletzung von Hauptpflichten bei der positiven Vertragsverletzung zu einer genauen Trennlinie zwischen Unmöglichkeit und positiver Vertragsverletzung mit jeweils unterschiedlichen Rechtsfolgen für die

Vertragsgestaltung durch AGB. Die Schwierigkeiten der hL zeigen sich auch darin, daß versucht wird, das strenge Verdikt des § 11 Nr 8 b dadurch zu vermeiden, daß bei Fehlen eines besonderen Vertrauens des Vertragspartners eine Reduzierung „auf den teleologischen Kernbereich" stattfinden und eine Freizeichnung für leichte Fahrlässigkeit ermöglicht werden soll (WOLF Rn 8; ders NJW 1980, 2433, 2435). Eine weitere Inkonsequenz zeigt sich darin, daß jedenfalls die überwiegende Literatur die Freizeichnung für unverschuldete, aber zu vertretende Leistungshindernisse nicht an § 11 Nr 8 scheitern lassen will, entweder weil sie diese entgegen dem Wortlaut insgesamt ausgliedert (ULMER/HENSEN Rn 16) oder auch hier eine teleologische Reduktion vornimmt (so wohl WOLF Rn 9).

II. Haftungsgründe

1. Verzug

Mit dem Begriff „Verzug" ist in § 11 Nr 8 offensichtlich nur der Schuldnerverzug gemeint, weil die in a und b bezeichneten Rechte dem Vertragspartner des Verwenders nur beim Schuldnerverzug, nicht beim Gläubigerverzug zustehen. Der Schuldnerverzug umfaßt jede vom Schuldner zu vertretende Leistungsverzögerung. Grundsätzlich mitumfaßt ist daher auch der Verzug mit der Nachbesserungspflicht, wenngleich die Regelung des § 633 Abs 3 BGB hiermit nicht AGB-fest gemacht worden ist. Bedeutung hat die Regelung nur für den Verzug mit Nachbesserungspflichten, für die der Vertragspartner Rechte aus § 634 (bei einer **zu vertretenden** Verzögerung der Nachbesserung) hat und die Spezialregelung des § 11 Nr 10 nicht eingreift. Die Vorschrift erfaßt auch Leistungsverzögerungen bei einem Fixgeschäft sowie die Regelung des § 636 BGB, soweit diese Leistungsverzögerungen vom Vertragspartner zu vertreten sind. Zwar kann der Verwender das in den entsprechenden Vorschriften (§§ 361, 636 BGB, § 376 HGB) gewährte Rücktrittsrecht verschuldensabhängig ausgestalten, ohne damit gegen § 11 Nr 8 zu verstoßen; soweit die Verzögerung aber vom Verwender zu vertreten ist, sind die gesetzlich gewährten Rechte nicht durch AGB abdingbar. Die praktische Bedeutung dieser Fälle ist jedoch gering, da bei einer verschuldeten Leistungsverzögerung stets Verzug vorliegt und damit nach Erfüllung der Voraussetzungen des § 326 Rücktritts- und Schadensersatzansprüche des Vertragspartners gesetzlich ohnehin gewährt werden. Im Falle des § 636 BGB wird der Vertragspartner des Verwenders über § 634 auch auf eine Nachfristsetzung mit Ablehnungsandrohung verwiesen. Ist der Verwender vertraglich zu einer Fixleistung verpflichtet (mißverständlich hier ULMER/HENSEN Rn 8), so wird die Pflicht zur Nachfristsetzung und Ablehnungsandrohung idR ohnehin nach § 326 Abs 2 BGB entfallen, so daß auf die besonderen Rücktrittsmöglichkeiten des § 361 BGB nicht zurückgegriffen zu werden braucht.

Daß der Verwender den Eintritt des Verzuges nicht durch ein Offenhalten oder Hinausschieben der Fälligkeit verhindern oder verzögern oder über eine unangemessen lange Nachfrist die Rechte aus § 326 BGB aushöhlen kann, wurde bereits oben (Rn 1) dargestellt (BGHZ 92, 2430 = NJW 1984, 2468). Bei der Bestimmung des Anwendungsbereichs wurde auch bereits betont, daß unter § 11 Nr 8 auch solche Leistungsverzögerungen fallen, die vom Verwender zu vertreten, möglicherweise aber weder von ihm noch von seinem Erfüllungsgehilfen verschuldet sind (oben Rn 3).

2. Unmöglichkeit

§ 11 Nr 8 erfaßt alle Fälle der vom Verwender zu vertretenden Unmöglichkeit. **6** Damit ist aber nicht nur die nachträgliche objektive und subjektive Unmöglichkeit gemeint, vielmehr ist auch das anfängliche Unvermögen einbezogen (str, wie hier Wolf Rn 5; Palandt/Heinrichs Rn 40; Knychalla, Inhaltskontrolle von Architektenformularverträgen [1987] 25; aM Ulmer/Hensen Rn 16; Löwe/vWestphalen Rn 14; Soergel/Stein Rn 78; MünchKomm/Basedow Rn 118 – insoweit auf § 9 verweisend). Zwar paßt die Regelung auf die anfängliche objektive Unmöglichkeit weder bzgl der Voraussetzungen (Vertretenmüssen unerheblich, Kenntnis oder Kennenmüssen für Schadensersatzverpflichtung entscheidend – vgl § 307 BGB) noch bzgl der Rechtsfolgen (Nichtigkeit des Vertrages – § 306 BGB), das anfängliche subjektive Unvermögen ist jedoch – jedenfalls soweit der Schuldner es zu vertreten hat – erfaßt. Dies entspricht sowohl der ratio des AGBG als auch den aus § 440 BGB entwickelten Grundgedanken. Soweit man in bestimmten Fällen davon ausgeht, daß der Schuldner das anfängliche Unvermögen nicht zu vertreten hat, erübrigt sich ohnehin eine Anwendung des § 11 Nr 8, denn daß insoweit ein Haftungsausschluß möglich ist, nimmt auch die hM an.

Erfaßt ist nur die vom **Verwender** zu vertretende Unmöglichkeit – und zwar auch nur die Unmöglichkeit der von ihm zu erbringenden Leistung. Nicht hingegen bezieht sich die Vorschrift auf die vom Verwender zu vertretende Unmöglichkeit der Leistung des Vertragspartners (§ 324 Abs 1 BGB). Dies ergibt sich als Rückschluß aus den nicht abdingbaren Rechtsfolgen von § 11 Nr 8 a und b. Eine Einschränkung der Rechte des Vertragspartners aus § 324 BGB wäre jedoch an § 9 zu messen.

Nicht erfaßt sind ferner die Fälle der Unmöglichkeit, die von keinem der Vertragspartner zu vertreten sind. Soweit der Verwender also die Rechte des Vertragspartners aus § 323 BGB einschränkt, kommt es auf die Inhaltskontrolle nach § 9 an. Schließlich sind nach der hier vertretenen Auffassung unter § 11 Nr 8 nicht die Fälle zu fassen, in denen der Verwender in einer nach § 11 Nr 7 und § 9 zulässigen Weise den Haftungsmaßstab zu seinen Gunsten verändert hat, also die Haftung für von ihm und seinen Erfüllungsgehilfen nicht verschuldete Leistungsstörungen und für leichte Fahrlässigkeit ausgeschlossen hat (s oben Rn 3). Die hM steht freilich auf einem anderen Standpunkt (für alle Ulmer/Hensen Rn 9).

3. Positive Vertragsverletzung

Im Gegensatz zu § 11 Nr 7, der die positive Vertragsverletzung als Leistungsstörung **7** mitumfaßt, ist diese in § 11 Nr 8 nicht erwähnt. Der Gesetzgeber ist offensichtlich davon ausgegangen, daß mit der Regelung des § 11 Nr 7 die Haftungsbeschränkungen bei der positiven Vertragsverletzung (abgesehen von den Sonderfällen, die von § 9 erfaßt werden) abschließend geregelt sind. In der Tat ist die Schadensersatzhaftung bei der positiven Vertragsverletzung, die im Vordergrund stehende Rechtsfolge. Allerdings hat sich in zunehmenden Maße gezeigt, daß allein mit Schadensersatzansprüchen dem Vertragspartner des pflichtwidrig Handelnden nicht in allen Fällen geholfen ist. Die Rechtsprechung hat daher in Analogie zu § 326 BGB Rücktritts- bzw Kündigungsmöglichkeiten für den Vertragspartner des pflichtwidrig handelnden Schuldners entwickelt. § 11 Nr 7 regelt diesen Bereich nicht. Ein Teil der Literatur will daher auf die Lösungsmöglichkeiten des Vertragspartners des Verwenders bei positiver Vertragsverletzung § 11 Nr 8 a entsprechend anwenden (ULMER/ HENSEN Rn 11; PALANDT/HEINRICHS Rn 40; ebenso OLG Oldenburg NJW-RR 1992, 1527, 1528; offengelassen durch OLG Karlsruhe BB 1983, 725, 728). Demgegenüber sehen andere diese Frage allein durch § 11 Nr 7 (LÖWE/vWESTPHALEN Rn 14) oder durch § 9 (SOERGEL/STEIN Rn 78; MünchKomm/BASEDOW Rn 118) erfaßt. Letzterer Ansicht ist der Vorzug zu geben. Die praktischen Unterschiede dieser Ansichten sind allerdings gering, da ein Lösungsrecht des Kunden bei positiver Vertragsverletzung ohnehin nur ausnahmsweise in Betracht kommt, daher auch ein Ausschluß gerade in diesen Fällen wohl kaum mit einem angemessenen Interessenausgleich der Vertragspartner zu vereinbaren ist.

Was die Anwendung von § 11 Nr 8 b auf Fälle der positiven Vertragsverletzung angeht, wurde bereits oben Kritik geübt (Rn 1, 3). Die von HENSEN vorgeschlagene analoge Anwendung von § 11 Nr 8 b auf die Verletzung von Hauptleistungspflichten und das daraus resultierende Verbot eines Haftungsausschlusses (ULMER/HENSEN Rn 11) sind mit den Überlegungen zu § 11 Nr 7 nicht in Einklang zu bringen. Soweit § 11 Nr 7 Haftungsausschlüsse zuläßt, reicht es, wenn bei Unangemessenheit derselben auf § 9 zurückgegriffen werden kann. Die Heranziehung von § 11 Nr 8 b erscheint systemwidrig, zumal der Haftungsausschluß für die Verletzung von Nebenpflichten daneben nach § 9 beurteilt werden müßte. Die Unübersichtlichkeit wäre damit kaum noch zu übertreffen.

III. Ausschluß oder Einschränkung der Haftungsfolgen

1. Lösungsmöglichkeiten

§ 11 Nr 8 a betrifft alle Lösungsmöglichkeiten, die das Gesetz für die Fälle des Verzugs und der zu vertretenden Unmöglichkeit vorsieht (BGH ZIP 1989, 311, 312; LG Mannheim BB 1985, 144, 145). Bei Dauerschuldverhältnissen tritt an die Stelle des Rücktritts die Kündigung, die nach § 11 Nr 8 a nicht ausschließbar ist (LG Konstanz BB 1981, 1420). Das Recht zur außerordentlichen Kündigung ist ohnehin nicht dispositiv.

Die Regelung bezieht sich aber nur auf die dem Vertragspartner gesetzlich zustehenden Rechte, nämlich auf das Rücktrittsrecht bei Verzug beispielsweise nach §§ 326, 455 BGB (zu §§ 636, 361 BGB s oben Rn 5), bei Unmöglichkeit nach § 325 BGB. Soweit das Gesetz für die Lösungsmöglichkeit weitere Voraussetzungen verlangt – wie etwa § 326 BGB mit der Nachfristsetzung und der Ablehnungsandrohung –, müssen diese grundsätzlich eingehalten werden; hiervon will § 11 Nr 8 a nicht entbinden (ebenso ULMER/HENSEN Rn 7). Der Verwender kann aber die Lösungsmöglichkeiten nicht von zusätzlichen Voraussetzungen abhängig machen, etwa eine unverzügliche Ausübung des Rücktrittsrechts fordern (BGH ZIP 1989, 311; BGH NJW-RR 1990, 156 f) oder eine Nachfristsetzung auch für den Fall des § 326 Abs 2 BGB vorsehen (OLG Stuttgart ZIP 1981, 875). Ebenso wurde die Setzung einer Zwischenfrist vor Beginn der Nachfrist von der Rechtsprechung als Verstoß gegen § 11 Nr 8 a angesehen (LG München AGBE I § 11 Nr 76); richtigerweise liegt hier bereits ein Verstoß gegen § 10 Nr 2 vor. Ferner ist bei der Verhinderung des Fälligwerdens ein Fall des § 10 Nr 1 und weniger einer des § 11 Nr 8 a gegeben, wenngleich dem BGH bzgl der gemeinsamen Zwecksetzung beider Vorschriften recht zu geben ist (BGHZ 92, 24 = NJW 1984, 2468). Das Rücktrittsrecht kann durch die Einhaltung besonderer Formvorschriften außerhalb der Schriftform, für die § 11 Nr 16 eine Sonderregelung vorsieht (BGH ZIP 1989, 311), nicht wirksam eingeschränkt werden. Auch das Verlangen einer Abstandszahlung für den Fall des Rücktritts macht die entsprechende Klausel unwirksam (PALANDT/HEINRICHS Rn 41).

Klauseln, die bei Verzug des Verwenders eine Abnahmepflicht des Kunden statuieren, schließen damit incidenter ein Rücktrittsrecht aus und sind dementsprechend unwirksam. Das gleiche gilt für AGB, die für bestimmte Fälle der Leistungsstörungen einen Schadensersatzanspruch vorsehen und damit durch ihre Formulierung beim Vertragspartner den Eindruck erwecken müssen, daß ein Rücktrittsrecht bei (diesen und anderen) Leistungsstörungen nicht gegeben ist (OLG München NJW-RR 1989, 1499; aM SOERGEL/STEIN Rn 79 aE). Schließlich liegt ein (nach § 11 Nr 8 a) unwirksamer Ausschluß vor, wenn der Verwender die Lösungsmöglichkeit für bestimmte Ursachen der Leistungsstörung ausschließt.

Die hM geht im übrigen davon aus, daß die Lösungsmöglichkeit des Vertragspartners des Verwenders auch nicht von einer vorsätzlichen oder grob fahrlässigen Verhaltensweise des Verwenders und seiner Erfüllungsgehilfen abhängig gemacht werden darf. Nach der hier vertretenen Meinung richtet sich diese Frage hingegen nach § 11 Nr 7, der insoweit eine Haftungsfreizeichnung wegen leicht fahrlässiger und nicht verschuldeter Leistungshindernisse zuläßt, deren Prüfung nur noch durch § 9 aufgefangen wird. Bei den nach § 11 Nr 7 und § 9 wirksam vereinbarten Haftungsfreizeichnungen liegt nach der hier vertretenen Meinung keine vom Verwender zu vertretende Leistungsstörung vor, so daß § 11 Nr 8 nicht zur Anwendung kommt. In der Praxis sind die Unterschiede dieser Meinungen allerdings gering, da auch für leicht fahrlässige Pflichtverletzungen und bei verschuldensunabhängiger Einstandspflicht häufig eine Haftungsbefreiung nach § 9 nicht möglich sein wird. Ein praktischer Unterschied ergibt sich daher nur für die Fälle, in denen die hier vertretene Meinung eine nach § 9 wirksame Haftungsbefreiung für leichte Fahrlässigkeit und unverschuldetes Einstehenmüssen annimmt, während die hM aus § 11 Nr 8 a nur ein ausnahmsloses Verbot des Haftungsausschlusses herleiten kann. Verwischt wird der Unterschied des weiteren noch dadurch, daß auch die hM in bestimmten Fällen der Leistungsstörungen im Bereich des Verwenders diesem die Einräumung eines ihm zustehenden Rücktrittsrechts ermöglicht (vgl § 10 Nr 3 Rn 13).

2. Schadensersatz

§ 11 Nr 8 b verbietet bei vom Verwender zu vertretender Leistungsverzögerung oder Unmöglichkeit den Ausschluß von Schadensersatzansprüchen und erlaubt die Begrenzung nur sehr eingeschränkt. Betroffen ist mit dieser Regelung jede Art von Schadensersatz, nicht nur der Schadensersatz wegen Nichterfüllung (so aber ULMER/HENSEN Rn 12). Eine Beschränkung erscheint bei HENSEN schon allein deswegen nicht überzeugend, weil er unter § 11 Nr 8 b auch die Vertragsstörung der positiven Vertragsverletzung fassen will, bei dieser aber nicht unbedingt ein Schadensersatzanspruch wegen Nichterfüllung interessiert (zB Ersatz der Begleitschäden, insbes der Mangelfolgeschäden). Entzündet hat sich eine intensive Diskussion darüber, ob § 11 Nr 8 b auch den Verzugsschaden nach § 286 Abs 1 BGB erfaßt. Der BGH und die hM in der Literatur halten diesen Anspruch für einbezogen (BGHZ 86, 284, 293 = NJW 1983, 1322; OLG Stuttgart BB 1979, 1468; MünchKomm/BASEDOW Rn 120; WOLF Rn 14;

ERMAN/HEFERMEHL Rn 8; KEIM, Die Haftungsbeschränkung bei nicht rechtzeitiger Leistung als Regelungsgegenstand Allgemeiner Geschäftsbedingungen 66; auch schon SCHLOSSER/COESTER-WALTJEN Rn 18; für den kaufmännischen Verkehr BGHZ 124, 351 = NJW 1994, 1060). Es ist auch kein überzeugender Grund ersichtlich, warum diese Art von Schadensersatz hier nicht umfaßt sein soll (so aber ULMER/HENSEN Rn 12; REUTER DB 1978, 193; STAUDINGER/ SCHLOSSER[12] Rn 9). Der Vertragspartner, der trotz einer Leistungsstörung an dem Vertrag festhalten will, ist genauso zu schützen wie der Vertragspartner, der sich aus dieser Bindung löst und Schadensersatz wegen Nichterfüllung verlangt (so auch SOERGEL/STEIN Rn 80; WOLF Rn 14). Klauseln, die für den Fall des Rücktritts des Verwenders seinen Schadensersatzanspruch nach § 286 Abs 1 BGB ausschließen, sind daher ebenfalls nach § 11 Nr 8 b unwirksam (aM ULMER/HENSEN Rn 15).

Bei zu vertretender Unmöglichkeit untersagt § 11 Nr 8 b jeglichen Ausschluß des Schadensersatzanspruchs. Die hM versteht darunter auch die Begrenzung der Haftung für die Leistungsstörungen bei leicht fahrlässigem Verhalten (BGH ZIP 1989, 311 mwNw und oben Rn 3). Nach der hier vertretenen Ansicht hingegen kommt § 11 Nr 8 überhaupt nur dann zur Anwendung, wenn der Verwender nach den Vertragsbedingungen die Unmöglichkeit und die Leistungsverzögerung zu vertreten hat. Nach hM sind alle Klauseln unwirksam, nach denen der Vertragspartner Schadensersatz wegen Nichterfüllung nur bei Vorsatz und grober Fahrlässigkeit des Verwenders (und seiner Erfüllungsgehilfen) verlangen kann (vgl OLG Frankfurt aM BB 1988, 1488).

Begrenzungen der Schadensersatzhaftung sind möglich; die herrschende und die hier vertretene Meinung kommen zu gleichen Ergebnissen: Bei vorsätzlichen und grob fahrlässigen Pflichtverletzungen auf seiten des Verwenders ist eine Haftungsbegrenzung ausgeschlossen, in anderen Fällen ist sie grundsätzlich zulässig, wobei nach der hier vertretenen Meinung dafür insbesondere die Fälle in Betracht kommen, in denen die Haftung für Fahrlässigkeit und unverschuldete, aber zu vertretende Leistungshindernisse nicht ausgeschlossen worden ist oder nicht ausgeschlossen werden konnte. Eine Begrenzung der Haftung kann sowohl summenmäßig als auch nach der Art der Schäden oder auf die typischen Schäden begrenzt vorgenommen werden. Die Begrenzung kann im Einzelfall aber an § 9 scheitern (ULMER/HENSEN Rn 10). Sieht die Einschränkung des Schadensersatzes praktisch einen Ausschluß der typischen Schäden vor, so liegt keine Begrenzung, sondern ein Ausschluß vor (ULMER/HENSEN Rn 10; ähnlich MünchKomm/BASEDOW Rn 117; OLG Stuttgart NJW 1981, 1105; HANSEN VersR 1988, 1110, 1114). Das gleiche gilt, wenn der Verwender bestimmte Ursachen der Leistungsstörung aus seinem Verantwortungsbereich ausgliedert (zu Unrecht nur eine Haftungsbegrenzung annehmend: GRANZER, Die Freizeichnung von verschuldensunabhängiger Haftung in AGB [1991] 20 ff).

Eine nach § 11 Nr 8 zu beanstandende Klausel liegt auch dann vor, wenn der Verwender nur eine der Möglichkeiten des § 11 Nr 8 einräumt, also die Entscheidung zwischen Rücktritt und Schadensersatz ausschließt (SOERGEL/STEIN Rn 76; OLG München BB 1984, 1386, 1388; LG Stuttgart AGBE IV § 10 Nr 6). Klauseln, die dem Vertragspartner „nur" ein Rücktrittsrecht „zugestehen", schließen den Schadensersatzanspruch aus und sind daher unwirksam (LG Koblenz AGBE I § 11 Nr 75). Ein indirekter Ausschluß des Schadensersatzanspruchs liegt auch vor, wenn die Verpflichtung des

Verwenders auf Zahlung für bereits erbrachte Leistungen beschränkt wird (OLG München BB 1984, 1387).

3. Andere Rechte

§ 11 Nr 8 umfaßt nicht den Ausschluß anderer Rechte, wie zB den Anspruch auf das stellvertretende commodum nach § 281 BGB. Der Ausschluß dieses Anspruchs ist nach § 9 zu betrachten. Er wird idR möglich sein, weil der Vertragspartner des Verwenders ausreichend durch Rücktritts- und Schadensersatzansprüche abgesichert ist. Die vom Gesetz gewährte Vergünstigung durch einen Anspruch auf die möglicherweise höhere Versicherungssumme oder den aus einem anderweitigen Geschäft erzielten Erlös (commodum ex negotiatione) ist nicht von einem solchen Gerechtigkeitsgehalt getragen, daß sie unbedingt AGB-fest sein müßte. Der über den Verweis in § 325 Abs 1 S 3 BGB gegebene Anspruch aus § 323 BGB, insbes der Anspruch auf die Herausgabe der bereits erbrachten Leistung, wird hingegen auch nach § 9 AGB-fest sein; sein Ausschluß ist allerdings gegenüber dem Schadensersatzanspruch (insbes wegen des möglichen Einwands der Entreicherung) von keiner großen praktischen Relevanz.

IV. Verbraucher

Für Verbrauchergeschäfte findet sich im Anhang der Richtlinie keine § 11 Nr 8 entsprechende Vorschrift; die in Nr 1 b des Anhangs der Richtlinie vorgesehene Beschränkung der vertraglichen Gestaltungsmöglichkeiten in Fragen der Haftung wurde bereits bei § 11 Nr 7 vorgestellt (oben § 11 Nr 7 Rn 38).

Für vorformulierte Individualverträge mit Verbrauchern sind über § 24 a die gesetzlichen Schadensersatz- und Lösungsrechte zwingendes Recht. Bei der hier vertretenen eingeschränkten Anwendungsmöglichkeit für § 11 Nr 8 erscheint dies vertretbar. Problematisch ist es allerdings, wenn man § 11 Nr 8 auch auf den Haftungsmaßstab bezieht und damit die Haftung für leichte Fahrlässigkeit und das verschuldensunabhängige Einstehenmüssen auch für Einzelfälle nicht der Disposition der Parteien unterstellt, es sei denn, der Gewerbetreibende würde diesen Punkt jedenfalls grundsätzlich zur Diskussion stellen.

V. Beruflicher Verkehr

Für den kaufmännischen Verkehr wird § 11 Nr 8 a wegen des besonderen Gerechtigkeitsgehalts der Lösungsrechte ebenfalls für unabdingbar gehalten (BGHZ 124, 351 = NJW 1994, 1060, 1063 – mit der Begründung, daß die Rechtzeitigkeit der Leistung eine wesentliche Vertragspflicht sei, für die die Haftung auch für leichte Fahrlässigkeit formularmäßig nicht ausgeschlossen werden könne). Der Ausschluß des Lösungsrechts wird sowohl für Verzug wie auch für die zu vertretende Unmöglichkeit angenommen (allgM); dabei ist auch das Kündigungsrecht als Lösungsrecht inbegriffen (LG Konstanz BB 1981, 1420).

§ 11 Nr 8 b 1. Alt soll für den Handelsverkehr Indizwirkung entfalten (LUTZ, AGB-Kontrolle im Handelsverkehr unter Berücksichtigung der Klauselverbote 146 f; ULMER/HENSEN Rn 19, OLG München BB 1984, 1386, 1388; mehr Spielraum gewährend je nach dem Kundenkreis des Gläubiger-Kaufmanns MünchKomm/BASEDOW Rn 122). Vertretbar erscheint dies allerdings nur, wenn man das Einstehenmüssen für unverschuldete Leistungshindernisse (§ 279 BGB!) aus dem von der hL verstandenen Anwendungsbereich des § 11 Nr 8 ausgliedert und an § 9 mißt. Auch für die Schadensersatzbegrenzung werden im wesentlichen die gleichen Kriterien wie für den nichtkaufmännischen Verkehr vorgeschlagen; insbes darf die Begrenzung des Schadensersatzanspruchs nicht dazu führen, daß die typischen und regelmäßig eintretenden Schäden von der Ersatzpflicht ausgenommen werden (Lutz 147).

Durch die Novellierung des § 24 mit Einbeziehung auch der beruflich und gewerblich tätigen Nichtkaufleute in die Nichtanwendbarkeit der §§ 10 und 11 wird die nahezu identische Wirkungsweise von § 11 Nr 8 im kaufmännischen und im nichtkaufmännischen Bereich nicht verändert.

§ 11 Nr 9
Teilverzug, Teilunmöglichkeit

In Allgemeinen Geschäftsbedingungen ist unwirksam ...

9. (Teilverzug, Teilunmöglichkeit)

eine Bestimmung, die für den Fall des teilweisen Leistungsverzugs des Verwenders oder bei von ihm zu vertretender teilweiser Unmöglichkeit der Leistung das Recht der anderen Vertragspartei ausschließt, Schadensersatz wegen Nichterfüllung der ganzen Verbindlichkeit zu verlangen oder von dem ganzen Vertrag zurückzutreten, wenn die teilweise Erfüllung des Vertrages für ihn kein Interesse hat;

Materialien: 1. Teilber 73; RefE 15; RegE 32 –
s Staudinger/Schlosser Einl 6 ff zum AGBG.

I. Allgemeines

1. Gesetzgeberisches Grundanliegen

1 Nach § 325 Abs 1 S 2 BGB kann der Gläubiger aus einem gegenseitigen Vertrag Schadensersatz wegen schuldhafter Nichterfüllung der ganzen Verbindlichkeit verlangen bzw vom gesamten Vertrag zurücktreten, wenn seinem Schuldner nur ein Teil der vorgesehenen Leistung unmöglich geworden ist – vorausgesetzt, daß die Leistung des noch möglich gebliebenen Teils für den Gläubiger kein Interesse hat. § 326 Abs 1 S 3 BGB sieht das Gleiche für den Fall von Verzug und darauf folgender Fristsetzung mit Ablehnungsandrohung vor. Für den im AGB-Zusammenhang kaum praktisch werdenden Fall des einseitig verpflichtenden Vertrages und der Unmöglichkeit bzw verzögerlichen Erfüllung der aus ihm entspringenden Obligation finden sich in §§ 280 Abs 2, 286 Abs 2 BGB (bei letzterem zwar nicht ausdrücklich, aber sinngemäß, hM) entsprechende Regelungen. § 11 Nr 9 soll verhindern, daß AGB-Verwender ihren Kunden als Gläubiger der Sachleistung aus einem Vertrag Teillei-

stungen aufdrängen, die für diese angesichts der Unmöglichkeit bzw der unzumutbar gewordenen Verzögerung der Erbringung der weiter geschuldeten Teilleistung nicht von Interesse sind. Die Vorschrift ergänzt damit das Anliegen der § 11 Nr 7 und Nr 8 für die Fälle von Teilverzug und Teilunmöglichkeit.

2. Anwendungsbereich

§ 11 Nr 1 enthält kein Verbot von Teilleistungen, vielmehr geht das AGBG mit der bis zu seinem Inkrafttreten herrschenden Rspr davon aus, daß grundsätzlich auch Teilleistungen formularmäßig vereinbart werden dürfen und damit von der Grundregel des § 266 BGB abgewichen wird. Das Gesetz selbst läßt in verschiedenen Fällen (§ 39 Abs 2 WG, § 34 Abs 2 ScheckG) auch Teilleistungen zu. Allerdings kann die formularmäßige Vereinbarung einer Teilleistung gegen § 4 oder als überraschende Klausel gegen § 3 verstoßen. Ein Vorbehalt von Teilleistungen verstößt möglicherweise gegen § 10 Nr 4 (s dort Rn 8). Eine Grenze für die Wirksamkeit einer Teilleistungsvereinbarung durch AGB kann im übrigen durch § 9 gegeben sein. Allerdings sind Teilleistungen nicht schon immer dann unzulässig, wenn die einzelnen Teilleistungen für sich genommen für den Kunden kein Interesse haben. § 11 Nr 9 setzt die Möglichkeit zu solchen Teilleistungen voraus (problematisch daher ULMER/ HENSEN Rn 2). Auch die Pflicht, Teilleistungen zu bezahlen, kann formularmäßig wirksam vereinbart werden, obwohl dem Vertragspartner damit die Möglichkeit der Zurückbehaltung der Gegenleistung nach § 320 BGB eingeschränkt wird. Dies erscheint allerdings insofern verträglich, als die Teilleistungsmöglichkeit die Fälligkeit der Gesamtleistung nicht hinausschiebt und das formularmäßige Hinausschieben des Leistungszeitpunkts durch § 10 Nr 1 einer Kontrolle unterliegt. 2

Soweit der Leistungsgegenstand von vornherein nicht teilbar ist, treten ohnehin die gesetzlichen Folgen der (vollständigen) Unmöglichkeit und des (vollständigen) Verzugs ein, wenn „Teile" nicht oder nicht rechtzeitig erbracht werden (Beispiel: nur „Teile" einer an Ort und Stelle zusammenzusetzenden Maschine werden geliefert).

§ 11 Nr 9 betrifft als Leistungsstörungen nur Verzug und Unmöglichkeit; eine „teilweise positive Vertragsverletzung" gibt es nicht (aM ULMER/HENSEN Rn 3 aE). § 11 Nr 9 regelt für diese Fälle nicht die Haftungsvoraussetzungen und den Haftungsmaßstab. Hier bleibt es bei dem zu § 11 Nr 7 und Nr 8 Gesagten einschließlich des dort dargelegten Streites über den Umfang der Vorschriften und damit über den Gestaltungsraum für Freizeichnungsklauseln. 3

Eine entsprechende Anwendung der Regelung des § 11 Nr 9 auf § 636 BGB bei nicht zu vertretender Leistungsverzögerung erscheint fraglich (so aber STAUDINGER/SCHLOSSER[12] Rn 3). Zwar wird im Rahmen von § 636 BGB auch bei nicht zu vertretender Leistungsverzögerung mit einem Teil der versprochenen Leistung der Rechtsgedanke aus §§ 325 Abs 1 S 2, 326 Abs 1 S 3 BGB entsprechend angewandt, so daß der Besteller, für den das teilweise Werk kein Interesse hat, nach § 634 BGB vorgehen kann. § 636 BGB wird jedoch bzgl der nicht zu vertretenden Leistungsverzögerung nicht als AGB-fest angesehen (so auch STAUDINGER/SCHLOSSER[12] § 11 Nr 8 Rn 12; ULMER/ HENSEN § 11 Nr 8 Fn 9). Können aber die Rechte aus § 636 bei nicht zu vertretender

Leistungsverzögerung ganz ausgeschlossen werden, so muß eine Beschränkung des Rücktrittsrechts bei nur teilweiser rechtzeitiger Erfüllung ebenfalls möglich sein.

4 Die gesetzlichen Rechte, bei teilweiser Leistungsstörung vom ganzen Vertrag zurückzutreten bzw Schadensersatz wegen Nichterfüllung des gesamten Vertrages zu verlangen, sind an ein fehlendes Interesse des Gläubigers an einer Teilleistung geknüpft. Insofern erübrigt sich die Erwähnung dieser Einschränkung in § 11 Nr 9. Die Dominanz des Maskulinen im letzten Halbsatz (ihn statt sie) führt zwar zu Verwirrung im Hinblick auf die Bezugsperson (Vertragspartei, nicht Verwender), ist aber lediglich ein Redaktionsversehen.

5 § 11 Nr 9 gilt auch für **Dauerschuldverhältnisse**. Dann gibt es ein Rücktrittsrecht im technischen Sinne zwar nur für die Zeit, bis zu der die Durchführung des Rechtsverhältnisses noch nicht begonnen hat (s STAUDINGER/OTTO [1995] §§ 325 Rn 80, 326 Rn 24 ff). Eben für diese Zeit dürfen auch im Falle von Dauerschuldverhältnissen die bei Teilunmöglichkeit oder Teilverzug dem Vertragspartner des AGB-Verwenders bezüglich des gesamten Vertrages zustehenden Rechte nicht abbedungen werden. So darf der Vermieter nicht formularmäßig vorsehen, daß das Mietverhältnis mit einem Teil der angemieteten Räume anläuft – oder sich gar definitiv auf diesen Teil beschränkt –, wenn sich herausstellen sollte, daß die übrigen Teile nicht oder nicht rechtzeitig zur Verfügung gestellt werden können. Für die Zeit nach Anlaufen eines Dauerschuldverhältnisses läßt man ein Rücktrittsrecht im technischen Sinne nicht zu, sondern gewährt nur noch eine Kündigung aus wichtigem Grund. Der Sinn von § 11 Nr 9 verlangt, daß auch das Recht des Vertragspartners des Verwenders nicht eingeschränkt werden darf, ein Dauerschuldverhältnis insgesamt zu kündigen, wenn der wichtige Grund hierzu sich auf Teile des Vertragsobjektes (einzelne angemietete Räume) bezieht, die Fortsetzung des Verhältnisses mit dem Rest für den Vertragspartner aber ohne Interesse ist. Auch der Schadensersatzanspruch für den Fall, daß die Fortsetzung eines bereits angelaufenen Dauerschuldverhältnisses teilweise unmöglich wird (das Mietobjekt wird teilweise zerstört), kann nicht formularmäßig auf die Konsequenzen „der unmöglich gewordenen Teile der Leistung" beschränkt werden. Normalerweise nicht anzunehmen ist, daß die während der Durchführung eines Dauerschuldverhältnisses eintretende Unmöglichkeit das Interesse des Kunden auch für die Zeit der reibungslosen Durchführung des Dauerschuldverhältnisses rückwirkend entfallen läßt. Es kann aber in diesem Fall sein Schaden möglicherweise höher sein, als wenn die Durchführung des Dauerschuldverhältnisses bereits vor seinem Anlaufen unmöglich geworden wäre. Dieser Schadensersatzanspruch kann ohnehin nur im Rahmen des nach § 11 Nr 7, 8 Zulässigen eingeschränkt werden.

II. Einzelheiten

1. Ausschluß

6 § 11 Nr 7 verbietet den Ausschluß von Rücktrittsrechten und Schadensersatzansprüchen in bezug auf den gesamten Vertrag. Daher ist eine Klausel unwirksam, die das Rücktrittsrecht nur auf die noch nicht erbrachten Teile der Leistung beschränkt (BGH NJW 1983, 1320 – Möbelhandel). Unwirksam wäre auch eine Klausel, die die Gegenleistungspflicht für die bereits erbrachten Leistungen festlegt. Nicht in AGB kann der Kunde ferner entweder nur auf das Rücktrittsrecht oder nur auf den Scha-

densersatzanspruch verwiesen werden. Indirekt liegt ein Ausschluß der Rechte vor, wenn das Interesse des Gläubigers an der Teilleistung fingiert wird (soweit hier nicht bereits § 10 Nr 5 eingreift). Allein in der formularmäßigen Festlegung der Berechtigung des Schuldners zu Teilleistungen wird man allerdings idR noch nicht einen unzulässigen Ausschluß der gesetzlichen Rechte sehen (Soergel/Stein Rn 88 aE). Bei Klauselwerken, die die Rechte des Kunden insgesamt sehr weitgehend einschränken, nimmt das OLG Hamm (NJW-RR 1987, 316) allerdings bei der Klausel „Teillieferungen sind zulässig" einen Verstoß gegen § 11 Nr 9 an. Es könne dadurch nämlich der Eindruck erweckt werden, daß damit die durch § 11 Nr 9 garantierten Rechte ausgeschlossen werden sollen. Dies mag bei einzelnen Klauselwerken berechtigt sein, sollte jedoch nicht zu einer generellen Verwerfung einer solchen Klausel anhand von § 11 Nr 9 führen (vgl insbes zum Verbrauchergeschäft unten Rn 9).

Bei Vertragsschluß vorformulierte Klauseln, in denen der Vertragspartner des Verwenders erklärt, daß sein Interesse bei Teillieferung nicht wegfällt, sind zwar (als Erklärungen bei Vertragsschluß) nicht nach § 10 Nr 5 unwirksam, scheitern aber schon an § 3. Eine Subsumtion unter das Verbot des § 11 Nr 9 würde hingegen Schwierigkeiten bereiten. „Frei Haus"-Klauseln können, soweit sie sich auch auf Teilleistungen beziehen, gegen § 11 Nr 9 verstoßen (OLG Koblenz WiB 1997, 603 Anm Flatten).

2. Beschränkungen

§ 11 Nr 9 verbietet nicht ausdrücklich eine Beschränkung der Rechte. Daß jedoch 7 eine Beschränkung auf einen teilweisen Schadensersatz oder einen teilweisen Rücktritt unwirksam ist, ergibt sich daraus, daß das Recht auf Schadensersatz wegen der ganzen Verbindlichkeit bzw das Rücktrittsrecht bzgl des gesamten Vertrages gewährt werden müssen. Auch eine Einschränkung der Rechte durch das Erfordernis weiterer Voraussetzungen, wie beispielsweise eine Anerkennung des Teilverzugs oder des fehlenden Interesses durch den Verwender, beschränken das Recht nicht nur, sondern schließen die gesetzlich gewährte Möglichkeit aus, nach den § 325 Abs 2 S 2, 326 Abs 1 S 2 BGB vorzugehen. Eine Beschränkung der Schadensersatzrechte kann nur in dem Umfang vorgenommen werden, den § 11 Nr 8 b zuläßt, wobei sich diese Beschränkung gerade nicht an der Teilleistung orientieren darf.

3. Spiegelbildliche Anwendung der Vorschrift?

Daß man sich mit einer teilweisen Leistung zufrieden geben muß und dem Schuldner 8 nicht die rechtliche Belastung einer Nichterfüllung des gesamten Vertrages aufbürden darf, wenn man objektiv ein Interesse an der teilweisen Leistung hat, ist eine Regelung von erheblichem Gerechtigkeitsgehalt. Daher kann der Gläubiger der Sachleistung in seinen eigenen Bedingungen (Einkaufsbedingungen) nicht vorsehen, daß er im Falle teilweiser Unmöglichkeit oder teilweisen Verzugs ohne Rücksicht auf irgendwelche weiteren Interessenabwägungen Schadensersatz wegen Nichterfüllung der gesamten Verbindlichkeit geltend machen oder vom gesamten Vertrag zurücktreten kann.

III. Verbraucher

9 Nr 1 b des Anhangs der Richtlinie wurde bei § 11 Nr 7 vorgestellt. Diese Vorschrift bezieht sich auch auf die teilweise Nichterfüllung.

Im Hinblick auf den vorformulierten Individualvertrag mit Verbrauchern ist die grundsätzliche Berechtigung des Gewerbetreibenden zu Teilleistungen nicht zu beanstanden, auch wenn der Gewerbetreibende über diesen Punkt nicht verhandeln will. Die Formulierung, daß „Teilleistungen möglich sind", darf nicht als Ausschluß der Rechte nach § 11 Nr 9 gewertet werden (vgl oben Rn 7 aE). Im Einzelfall kann allerdings eine Risikoverschiebung der nur teilweisen Erfüllungsmöglichkeit angemessen sein. Das strikte Verbot des § 11 Nr 9 schränkt die Privatautonomie zu stark ein (Coester-Waltjen, in: FS Medicus, 1999).

IV. Beruflicher Verkehr

10 Der Rechtsgedanke des § 11 Nr 9 gilt auch für den kaufmännischen Verkehr; allerdings wird in vielen Branchen ein Interesse auch an Teilleistungen vorhanden sein. Für den beruflich handelnden Nichtkaufmann gilt nichts anderes.

§ 11 Nr 10
Gewährleistung

In Allgemeinen Geschäftsbedingungen ist unwirksam ...

10. (Gewährleistung)

eine Bestimmung, durch die bei Verträgen über Lieferungen neu hergestellter Sachen und Leistungen

a) (Ausschluß und Verweisung auf Dritte)

die Gewährleistungsansprüche gegen den Verwender einschließlich etwaiger Nachbesserungs- und Ersatzlieferungsansprüche insgesamt oder bezüglich einzelner Teile ausgeschlossen, auf die Einräumung von Ansprüchen gegen Dritte beschränkt oder von der vorherigen gerichtlichen Inanspruchnahme Dritter abhängig gemacht werden;

b) (Beschränkung auf Nachbesserung)

die Gewährleistungsansprüche gegen den Verwender insgesamt oder bezüglich einzelner Teile auf ein Recht auf Nachbesserung oder Ersatzlieferung beschränkt werden, sofern dem anderen Vertragsteil nicht ausdrücklich das Recht vorbehalten wird, bei Fehlschlagen der Nachbesserung oder Ersatzlieferung Herabsetzung der Vergütung oder, wenn nicht eine Bauleistung Gegenstand der Gewährleistung ist, nach seiner Wahl Rückgängigmachung des Vertrags zu verlangen;

c) (Aufwendungen bei Nachbesserung)

die Verpflichtung des gewährleistungspflichtigen Verwenders ausgeschlossen oder beschränkt wird, die Aufwendungen zu tragen, die zum Zweck der Nachbesserung erforderlich werden, insbesondere Transport-, Wege-, Arbeits- und Materialkosten;

d) (Vorenthalten der Mängelbeseitigung)

der Verwender die Beseitigung eines Mangels oder die Ersatzlieferung einer mangelfreien Sache von der vorherigen Zahlung des vollständigen Entgelts oder eines unter Berücksichtigung des Mangels unverhältnismäßig hohen Teils des Entgelts abhängig macht;

e) (Ausschlußfrist für Mängelanzeige)

der Verwender dem anderen Vertragsteil für die Anzeige nicht offensichtlicher Mängel eine Ausschlußfrist setzt, die kürzer ist als die Verjährungsfrist für den gesetzlichen Gewährleistungsanspruch;

f) (Verkürzung von Gewährleistungsfristen)

die gesetzlichen Gewährleistungsfristen verkürzt werden;

Materialien: 1. Teilber 74; RefE 16; RegE 33 –
s STAUDINGER/SCHLOSSER Einl 6 ff zum AGBG.

Schrifttum

BARTL, Hardware, Software und AGB, CR 1985, 13
BARTSCH, Schadensersatzklauseln in Software-Überlassungsverträgen, in: GORNY/KILIAN, Computersoftware und Sachmängelhaftung (1985) 148
ders, AGB bei Abnahme und Gewährleistung, in: Seminar: Abnahme und Gewährleistung in VOB und BGB (1988) 83
BRANDI-DOHRN, Vertragsgestaltung zur Haftung bei Softwaremängeln, CR 1990, 312;
BRAMBRING, AGB-Gesetz und Gewährleistungsregelungen im Bauträgervertrag, NJW 1978, 777
ders, Sachmängelhaftung bei Bauträgervertrag und bei ähnlichen Verträgen, NJW 1987, 97
DIEHL, Gewährleistungsfristen und Verjährung

– BGB und VOB, in: Seminar: Abnahme und Gewährleistung in VOB und BGB (1988) 127
DRYGALA, Ausschluß von Gewährleistung und Umtausch durch Rückgabe der Originalverpackung, NJW 1993, 359
EICKELS, Grenzen und Gestaltung von Grundstücksverträgen unter besonderer Berücksichtigung der höchstrichterlichen Rspr zum AGBG und zur richterlichen Inhaltskontrolle, MittRhNotK 1990, 121
JAEGER, Haftungsausschluß und Haftungsbegrenzung durch AGB im Bereich der EDV, MDR 1992, 96
KNYCHALLA, Inhaltskontrolle von Architektenformularverträgen (1987)
KÖHLER, Zur Nachbesserung beim Kauf, JZ 1984, 393
KORNMEIER, Verjährungs-, Gewährleistungs-

und Garantiefristen im Lichte des AGB-Gesetzes, NJW 1982, 793
MARLY, Die Aufnahme einer Ausschlußfrist für Mängelanzeigen in Allgemeinen Geschäftsbedingungen, NJW 1988, 1184
MUSCHELER, Umtauschausschluß und Mängelgewährleistung, BB 1986, 2279
NICKEL, Zur Problematik von Gewährleistungs- und Garantiekostenregelungen durch AGB im Verhältnis zwischen Hersteller und Händler, NJW 1981, 1490
PADECK, Rechtsprobleme bei Schadensfällen in Autowaschanlagen, VersR 1989, 541
PETERS, Der Gewährleistungsausschluß beim Kauf gebrauchter Sachen durch Allgemeine Geschäftsbedingungen, JZ 1991, 385

REINEL, AGB-Gesetz und Garantiekarten, NJW 1980, 1610
SCHLÜNDER/SCHOTT, Notarielle Verträge über neue Häuser nach der AGBG-Novelle, ZfBR 1997, 55
H SCHMIDT, Die Kontrolle Allgemeiner Geschäftsbedingungen in Programmüberlassungsverträgen, in: LEHMANN, Rechtsschutz und Verwertung von Computerprogrammen (2. Aufl 1993)
SCHMIED, Zur rechtlichen Zulässigkeit von Selbstnachbesserungsklauseln in Allgemeinen Einkaufsbedingungen, DB 1987, 2623
vWESTPHALEN, Garantie- und Gewährleistungsvergütungen im Verhältnis zwischen Hersteller-Handel-Endkunde, NJW 1980, 2227.

Systematische Übersicht

I. **Regelungsanliegen der Gesamtvorschrift** _____ 1

II. **Anwendungsbereich der Vorschrift**
1. Die von § 11 Nr 10 erfaßten Verträge _____ 2
a) Verträge über Lieferung neu hergestellter Sachen _____ 3
b) Verträge über Leistungen _____ 11
2. Abgrenzung zu anderen Vorschriften _____ 16

III. **Ausschluß der Gewährleistung und Verweisung auf Ansprüche gegen Dritte (§ 11 Nr 10 a)**
1. Allgemeines _____ 19
2. Verbot des vollständigen Gewährleistungsausschlusses (§ 11 Nr 10 a 1. Alt) _____ 20
3. Verbot der Gewährleistungsersetzung durch Einräumung von Ansprüchen gegen Dritte (§ 11 Nr 10 a 2. Alt) _____ 26
4. Verbot der Abhängigstellung der Eigengewährleistung von vorheriger gerichtlicher Inanspruchnahme Dritter (§ 11 Nr 10 a 3. Alt) _____ 28
5. Beruflicher Verkehr _____ 38

IV. **Beschränkung der Gewährleistung auf Nachbesserung oder Ersatzlieferung (§ 11 Nr 10 b)**
1. Allgemeines _____ 41

2. Das Mindestrecht auf Nachbesserung oder Ersatzlieferung _____ 42
3. Fehlschlagen der Nachbesserung _____ 43
4. Fehlschlagen der Ersatzlieferung _____ 50
5. Geltendmachung von Nachbesserung bzw Ersatzlieferung _____ 51
6. Vorbehalt des Wandelungs- und Minderungsrechtes _____ 52
7. Beruflicher Verkehr _____ 56

V. **Aufwendungen bei Nachbesserungen (§ 11 Nr 10 c)**
1. Allgemeines _____ 57
2. Verpflichtung zur Tragung der Aufwendungen _____ 58
3. Umfang der zu tragenden Aufwendungen _____ 59
4. Entsprechende Anwendung von § 11 Nr 10 c auf Kosten der Ersatzlieferung _____ 62
5. Beruflicher Verkehr _____ 63

VI. **Vorenthalten der Mängelbeseitigung (§ 11 Nr 10 d)**
1. Allgemeines _____ 64
2. Vorenthalten der Mängelbeseitigung bis zur vollständigen Entgeltzahlung _____ 65
3. Vorenthalten der Mängelbeseitigung bis zur Bezahlung eines unverhältnismäßig hohen Entgeltanteiles _____ 66

2. Unterabschnitt.
Unwirksame Klauseln

§ 11 Nr 10 AGBG

4.	Rechtsfolgen des Verstoßes gegen § 11 Nr 10 d	68
5.	Beruflicher Verkehr	70

VII. Ausschlußfrist für Mängelanzeigen (§ 11 Nr 10 e)

1.	Allgemeines	71
2.	Unterscheidung zwischen offensichtlichen und nicht offensichtlichen Mängeln	73
3.	Ausschlußfrist bei offensichtlichen Mängeln	76
4.	Ausschlußfrist bei nicht offensichtlichen Mängeln	77
5.	Beruflicher Verkehr	79

VIII. Verkürzung von Gewährleistungsfristen (§ 11 Nr 10 f)

1.	Allgemeines	80
2.	Das Verbot der Fristverkürzung	82
3.	Rechtsfolgen eines Verstoßes	85
4.	Beruflicher Verkehr	86

IX. Spiegelbildliche Anwendung von § 11 Nr 10

1.	Allgemeines	87
2.	Verschärfung und Erweiterung von Gewährleistungspflichten	88
3.	Ausschluß und Verlängerung von Rügefristen	89
4.	Ausschluß und Verlängerung von Verjährungsfristen	90

X. Verbraucher — 92

Alphabetische Übersicht

Äquivalenzverhältnis	1, 39, 57
Altbauten	9
Antiquitäten	8
Architekt, Abtretung von Ansprüchen gegen	30
Architektenverträge	11, 80, 84
Auftragsunternehmen	26
Aufwendungen	59
Auskunftspflicht des Verwenders	32
Ausschlußfrist für Mängelanzeige	71 ff
– bei Garantie	78
– bei nicht offensichtlichen Mängeln	77
– bei offensichtlichen Mängeln	76
– Fristbeginn	76
– Fristende	76
– im Handelsverkehr	79
Ausverkauf	21
Bauleistung	29, 41, 54, 84
Bauträger	37, 54
Bauträgerverträge	11, 54, 83
Beruflicher Verkehr	38, 56, 63, 70, 79, 86
Besitzrecht	4
Beweislast	
– bei Inanspruchnahme Dritter	36
– für Offensichtlichkeit von Mängeln	75
Discountverkauf	25
Drittverweisungsklausel	19, 26
– für einzelne Teile	27
– im Handelsverkehr	39
Eigenschaft, zugesicherte	5, 18
Eigentumswohnungen	9
– gemeinschaftliches Eigentum	9
– Sondereigentum	9
Einkaufsbedingungen	87
Entgeltanteil	
– prozentuale Festsetzung	67
– unverhältnismäßig hoher	66
Ersatzlieferung	
– bei Gattungskauf	53
– Fehlschlagen der	50
– Geltendmachung	51
– Kosten der	62
– Mehraufwand	50
Fabrikationsfehler	44
Fehlschlagen der Ersatzlieferung	50
Fehlschlagen der Nachbesserung	43
Garantie	15, 61, 78, 82
Garantiekarte	26
Gebäude	
– bewohntes	9

– leerstehend seit Herstellung 9
Gebrauchsgüter 6
Gebrauchsüberlassungsverträge 2, 11, 16, 80
– über gebrauchte Sachen 13
– über neu hergestellte Sachen 13
geltungserhaltende Reduktion 68, 85
Gewährleistungsanspruch auf Schadensersatz 18 f
Gewährleistungsausschluß 21
– durch Kundenverhalten 24
– für bestimmte Sacheigenschaften 22
– für einzelne Teile 22, 27
– für Konstruktionsfehler 22
– Montagearbeiten 22
– im Handelsverkehr 38
– vollständiger 19 f
Gewährleistungsbeschränkung 41 ff
– auf Ersatzlieferung 42
– auf Nachbesserung 42
– Fehler nach Gefahrübertragung 24
– im Handelsverkehr 56
Gewährleistungsfrist, Verkürzung 80 ff
Gewährleistungspflicht, Verschärfung 88
Grundstücke 9, 16
– unbebaute 9

Inanspruchnahme Dritter
– vorherige außergerichtliche 33
– vorherige gerichtliche 19, 40
Ingenieurverträge 11

Hersteller 15

Kaufleute 38, 56, 63, 70, 79, 86
Körpersubstanzen, menschliche 8
Konstruktionsfehler 22, 44
Kostenvorschuß 60
Kraftfahrzeug 6 f, 45, 83
Kunstgegenstände 8

Leasingvertrag 11 f, 20
Lieferungsverträge 3, 16
Lieferzeit 47

Mängelhinweis in AGB 23
Mangel
– nicht offensichtlicher 73 f, 79
– offensichtlicher 73 f
Mietverträge 11

Minderung 20
– ausdrücklicher Vorbehalt der 52
– Verjährungsfristverkürzung 82
Möbel 22

Nachbesserung 20, 33
– Ablehnungsandrohung 51
– Aufwendungen 57 ff
– Fehlschlagen 43 ff
– Fristsetzung 51
– Geltendmachung 51
– Kosten der Geltendmachung 59
– Kostenvorschuß 60
– Nutzungsausfall bei 59
– Schadensersatz 59
– Transportkosten 60
– Unmöglichkeit der 44
– Unvermögen der 44
– Verjährungsfristverkürzung 82
– Verweigerung der 46
– Verzögerung 47
– Wegekosten 60
– Zahl der Nachbesserungsversuche 45
Nachbesserungsfrist, Festsetzung in AGB 47
Nachbesserungskosten 57 ff
– bei Mängelbeseitigung durch Dritte 60
– bei Selbstbeseitigung 60
– bei Verbringen der Sache 61
– im Handelsverkehr 63
– Umfang der 59
– Verpflichtung zur Kostentragung 58
Nachunternehmer 91
Nahrungsmittel 7
Nutzungsausfall 59

Offensichtlichkeit von Mängeln 74

Pachtverträge 11
Pflanzen 8
Planungsfehler 29
– des Architekten 44

positive Vertragsverletzung 20
preisreduzierte Ware 21
Produzentenhaftung 26

Räumungsverkauf 21
Rechtsmangelhaftung 16
Reisevertragsrecht 11, 71

2. Unterabschnitt.
Unwirksame Klauseln

– Verjährungsfrist	83
Renovierung	9, 14
Reparaturvertrag	11
Rügefristen	71 f
– bei offensichtlichen Mängeln	76
– bei verborgenen Mängeln	79
– Verlängerung	89
Rügepflicht, Ausschluß der	89
Sache	
– bestimmungsgemäßer Gebrauch	6
– gebrauchte	5, 14
– neu hergestellte	4 f, 7
– renovierte	14
– überholte	14
– Zeitablauf nach Herstellung	7
Sachteile	
– gebrauchte	10
– Gewährleistungsausschluß	22
– neu hergestellte	10
– schadensanfällige	22
– Verweisung auf Dritte	27
Schadensersatz	20
– anläßlich Nachbesserung	59
– Haftungserweiterung	88
Schadensersatzansprüche	
– aus Verletzung der Nachbesserungspflicht	55
– aus Verzug	55
Schlußverkäufe	21
Selbstbeseitigungsrecht	53
Selbsthilferecht	37, 60
– Ausdehnung	88
„Sonderangebot ohne Gewährleistung"	23
Sonderverkäufe	21
Software	4, 11
Spiegelbildliche Anwendung	87
Statikerverträge	11
Subsidiaritätsklausel	28
– im Handelsverkehr	39
– Nebenpflichten des Verwenders	32
– Nichteintritt der subsidiären Haftung	34
– Umfang der Drittansprüche	31
Tarifwahl	25
Teilabnahme	84
Tiere	4, 8
Transportkosten	60
Umgestaltung	9 f
Umtauschrecht, Ausschluß	21
Untersuchungspflicht	74
– Ausschluß	89
Verbraucher	92
Verbraucherkauf, Richtlinie	74, 76, 91 f
Verbrauchsgut	7
Verbringung der Sache	61
Verjährung	
– Hemmung der	34, 40, 83
– Fristbeginn	83
– Unterbrechung	83
Verjährungsfrist	82
Verjährungsfristverlängerung	90
Verjährungsfristverkürzung	80 ff
– Ansprüche aus cic	82
– Ansprüche aus Delikt	82
– Ansprüche aus pVV	82
– bei Steuerberatern	80
– gem § 13 Nr 4 VOB/B	81
Verschulden	18
– Nachbesserungsfehlschlagen	49
Verträge	
– atypische	3, 20
– gemischte	3
– mit Elektrizitäts- und Gasversorgungsunternehmen	17
– über Forderungen	4
– über Leistungen	2, 11
– über Lieferung neu hergestellter Sachen	2
– über Rechte	4
– über Versorgung mit Wasser und Fernwärme	17
Verzicht, Fiktion des	24
VOB	17 f, 81
VOB/A	54
VOB/B	37, 54, 77, 81, 84
Vorenthalten der Mängelbeseitigung	64 ff
– bis zu unverhältnismäßig hoher Entgeltzahlung	66 f
– bis zur vollständigen Entgeltzahlung	65
Vorführwagen	6
Vorleistungsklauseln	64 ff
– Formulierung	67
– im Handelsverkehr	70
Wahlrecht	42, 53
– des Verwenders	25

Wandelung	20	Zug-um-Zug-Leistung	69
– ausdrücklicher Vorbehalt der	52	Zulieferer	26
– Verjährungsfristverkürzung	82	Zumutbarkeit	45, 48
Wegekosten	60	Zumutbarkeit von Nachbesserungsversu-	
Wein	8	chen	45
Wohnungsmiete	11	Zurückbehaltungsrecht	
		– des Kunden	35
Zeitablauf seit Sachherstellung	7	– des Verwenders	69

I. Regelungsanliegen der Gesamtvorschrift

1 Die Festschreibung angemessener Gewährleistungsrechte und -pflichten ist für Leistungsaustauschverträge von zentraler Bedeutung. Erst hierdurch wird das Äquivalenzverhältnis von Leistung und Gegenleistung gesichert, denn der Besteller einer Sache oder Leistung geht bei der Festlegung des Entgeltes von deren Mängelfreiheit aus. Diese gehört wie die Sache oder Leistung selbst zum Äquivalent für den festgesetzten Preis (vgl STAUDINGER/HONSELL [1995] Vorbem 15 zu §§ 459 ff mwN). Ist die (Sach-)Leistung fehlerhaft, so bedarf es zur **Aufrechterhaltung des Äquivalenzverhältnisses** eines entspr Ausgleichsanspruches des Bestellers (WOLF Rn 1; MünchKomm/ BASEDOW Rn 129; SOERGEL/STEIN Rn 90). Wird dieser wesentlich beschnitten, so führt dies zu einer entscheidenden Beeinträchtigung des angestrebten vertraglichen Wertaustauschverhältnisses. Neben Klauseln mit einer Freizeichnung von Schadensersatzverpflichtungen für verschuldete Vertragsverletzungen standen formularmäßige Gewährleistungsbeschränkungen zentral im Blickfeld der früheren sog richterlichen Inhaltskontrolle von AGB. Als umfangreichste Bestimmung im Katalog der Klauselverbote ohne Wertungsspielraum soll § 11 Nr 10 daher die zulässigen Grenzen formularmäßiger Gewährleistungsbeschränkungen auch im Detail genau abstecken. Die Bestimmung knüpft in ihren Einzelbestandteilen vielfach an frühere Rspr an (insbes Nr 10 a 1. Alt, 10 b), geht aber in manchen Fällen auch über diese hinaus (insbes Nr 10 a 2. u 3. Alt, 10 c–f; Nachweise der umfangreichen früheren Rspr bei SCHLOSSER/COESTER-WALTJEN Rn 15 ff; SCHMIDT-SALZER Rn F 66 ff; speziell zu den jeweiligen Einzelverboten vgl auch unten Rn 19, 41, 57, 65, 80). Die Regelung des AGBG verbietet den Ausschluß der Gewährleistungsrechte – auch den teilweisen –, erlaubt keinen abschließenden Verweis auf die Inanspruchnahme Dritter, läßt die Nachbesserung für alle Verträge zu, sichert aber die Positionen des Vertragspartners des Verwenders sowohl durch die subsidiären, AGB-festen Ansprüche auf Wandelung und Minderung sowie im Hinblick auf Kostentragung, grundsätzliche Zahlungspflichten und Fristen. Obwohl im Gesetzgebungsverfahren relative Einigkeit über diese Regelungen bestand und die Vorschriften sehr dezidert gefaßt sind, haben sie – insbes in den ersten Jahren nach Inkrafttreten des AGBG – Anlaß zu einer Flut von Entscheidungen gegeben, die widerspiegeln, wie wichtig die Gewährleistungsrechte bzw ihr Ausschluß für die Parteien sind. Ein großer Teil der den Gerichten vorgelegten Streitfragen bezieht sich auf den Anwendungsbereich der Vorschrift, die aber auch durch die eher befremdende Verwendung juristisch untechnischer Begriffe veranlaßt werden (zB Ist ein Welpe eine neuhergestellte Sache?) oder auf eine fast beckmesserische Prüfung der Formulierungen in den AGB zurückgehen (zB Wann werden Wandelung und Minderung ausdrücklich als subsidiäre Rechte vorgesehen?).

II. Anwendungsbereich der Vorschrift

1. Die von § 11 Nr 10 erfaßten Verträge

Die Vorschrift befaßt sich mit AGB-Bestimmungen in **Verträgen** über **Lieferungen neu hergestellter Sachen** und **Leistungen**. Bereits diese dem BGB fremde Gegenüberstellung von Leistung und Lieferung verursacht Unklarheiten und gibt Schwierigkeiten insbes für die Einordnung von Gebrauchsüberlassungsverträgen (dazu unten Rn 11).

a) Verträge über Lieferung neu hergestellter Sachen

Als **Lieferungsverträge** kommen solche in Betracht, bei denen die Besitzüberlassung zum endgültigen Verbleib, also zu Übereignungszwecken erfolgt (allgM; MünchKomm/ BASEDOW Rn 130). Damit sind zum einen Kauf-, Werklieferungs- und Werkverträge angesprochen. Nachdem auf Vorschlag des BT-Rechtsausschusses (BT-Drucks 7/5422, 8) die im RegE (S 6) vorgesehene Beschränkung auf die vorgenannten Vertragstypen entfallen ist, werden von § 11 Nr 10 zusätzlich Tausch, Schenkung und alle übrigen atypischen oder gemischten Verträge (vgl dazu STAUDINGER/LÖWISCH [1995] § 305 Rn 20 ff; STAUDINGER/MAYER-MALY [1995] Einl 20 ff zu §§ 433 ff) erfaßt, soweit sie als vertragliche Hauptpflicht die Übereignung neu hergestellter Sachen vorsehen und im Falle der Schlechterfüllung für den Lieferungsempfänger kraft Gesetzes (zB § 524 BGB, §§ 515, 459 ff BGB) oder kraft typisierender Wertung (vgl dazu LEENEN, Typus und Rechtsfindung [1971] 152 ff; WEICK NJW 1978, 14 ff) Gewährleistungsansprüche zur Folge haben können.

Gegenstand der Lieferung muß eine neu hergestellte **Sache** sein. Dieser Begriff ist entsprechend Regelungsinhalt und Schutzzweck des § 11 Nr 10 weit auszulegen. *Sachen* iSd Vorschrift sind demnach nicht nur einzelne körperliche Gegenstände (§ 90 BGB), sondern auch Sachgesamtheiten und Sachinbegriffe, soweit sie Gegenstand einer einheitlichen vertraglichen Lieferungspflicht (vgl STAUDINGER/MAYER-MALY [1995] § 433 Rn 36) und demzufolge einheitlicher Anknüpfungspunkt von Gewährleistungsansprüchen (s STAUDINGER/HONSELL [1995] § 459 Rn 7) sein können. Das Klauselverbot der Nr 10 gilt hingegen nicht für Verträge, welche auf die Verschaffung von **Rechten und Forderungen** gerichtet sind. Bei Rechten, die zum Besitz einer Sache berechtigen (vgl auch § 433 Abs 1 2. HS; § 451 BGB), sind nach überwiegender Meinung die Gewährleistungsvorschriften der §§ 459 ff BGB aber auf die vom Besitzrecht erfaßten *Sachen* durchaus anwendbar (STAUDINGER/HONSELL [1995] § 459 Rn 9). Klauseln, welche die *diesbezüglichen* Gewährleistungsrechte betreffen, sind daher an § 11 Nr 10 zu messen. Auch wenn Tiere keine Sachen sind (§ 90 a S 1 BGB), ist § 11 Nr 10 entsprechend anwendbar (§ 90 a S 2 BGB; vgl BGH NJW-RR 1986, 52). Standardsoftware wird – gleichgültig ob auf Datenträger gespeichert oder nicht – jedenfalls für das Gewährleistungsrecht wie eine bewegliche Sache angesehen (BGH NJW 1990, 3011, 3013; BGH NJW 1993, 2436 mwNw), so daß bei Fehlerhaftigkeit auch § 11 Nr 10 eingreift (BGHZ 102, 135, 141 = NJW 1988, 406; aM MÜLLER-HENGSTENBERG NJW 1994, 3128 mit ausf Begründung und weit Nachw). Bei Individualanpassungen oder Änderungen von Software handelt es sich um einen Werkvertrag über eine „Leistung", daher s unten Rn 11 (A JUNKER NJW 1993, 824, 827). Das Problem scheint bei Software – unabhängig von der Einordnung – vor allem darin zu liegen, daß eine fehlerfreie Erstellung von Software technisch außerordentlichen Aufwand erfordern oder gar nicht möglich sein soll (KILIAN CR 1986, 191). Ungeachtet der Diskussion um die Einordnung und um die technischen Probleme gehen jedenfalls die Gerichte von einer Anwendung des § 11 Nr 10 aus (zu den oben genannten BGH-Entscheidungen auch: OLG Köln VersR 1989, 161; OLG Karlsruhe ZIP 1983, 1091).

5 Der **zentrale Begriff** in der ersten Alternative von Buchst a ist der des „**Neu-hergestellt-Seins**". Im Anschluß an die Rspr (BGH NJW 1966, 1070; NJW 1970, 31; dazu HAGER NJW 1975, 2276 mwN; s auch BGH NJW 1979, 1886) hielt der Gesetzgeber eine formularmäßige Gewährleistungsbeschränkung in Verträgen über die Übereignung gebrauchter Sachen aus folgenden Gründen für interessengerecht: Zum einen ist der Verkäufer gebrauchter Sachen meist selbst auf Angaben seiner Vorlieferanten zum Zustand des Objekts angewiesen und daher einem ungleich größeren Fehleinschätzungsrisiko ausgesetzt als der Verkäufer neu hergestellter Sachen. Zum anderen bezahlt der Erwerber gebrauchter Sachen gerade wegen der erhöhten Gefahr von Sachmängeln regelmäßig einen niedrigeren Preis, so daß auch durch einschneidende Gewährleistungsbeschränkungen das Äquivalenzverhältnis zwischen Leistung und Preis nicht unzumutbar gestört wird. Schließlich läßt sich bei gebrauchten Sachen schon nach kurzer Zeit kaum mehr feststellen, ob der Fehler bereits bei Gefahrübergang vorlag.

All dies ist bei der Auslegung des Begriffs „neu hergestellt" zu berücksichtigen. **Neu hergestellt** iSd Vorschrift ist eine Sache daher nur, wenn sie *nicht* durch Benutzung oder Zeitablauf seit ihrer Herstellung einem zusätzlichen Sachmängelrisiko ausgesetzt war, welches im Geschäftsverkehr regelmäßig durch einen entsprechenden Preisabschlag berücksichtigt zu werden pflegt. Veräußert der Verwender eine Sache als neu, obwohl sie nach objektiver Betrachtungsweise nicht mehr neu ist, so muß die subjektive Vorstellung des Erwerbers ausschlaggebend sein (MünchKomm/BASEDOW Rn 135). Denn hält dieser, veranlaßt durch Erklärungen und Verhalten des Verwenders bei Vertragsabschluß, die Sache für neu hergestellt, so fehlt ihm die für den Gebrauchtwarenerwerb typische Inkaufnahme des erhöhten Mängelrisikos. Er bedarf des Schutzes des § 11 Nr 10. Veräußert der Verwender eine in Wirklichkeit neu hergestellte Sache als gebraucht, dann bedarf sein Vertragspartner des Schutzes von § 11 Nr 10 aber nicht. Ist das Alter der Sache ein wertsteigernder Faktor, so wird idR eine zugesicherte Eigenschaft vorliegen, so daß der Kunde über § 11 Nr 11 geschützt ist. Für die Abgrenzung neu hergestellter von gebrauchten Sachen ist daher nicht schlechterdings ein objektiver Maßstab anzulegen, sondern in erster Linie auf die Verkaufserklärungen des Verkäufers und die diesen erkennbaren Erwartungen des Erwerbers abzustellen. Geben diese keinen Aufschluß, kann auf objektive Merkmale, dh hier die allg Verkehrserwartungen zurückgegriffen werden.

6 **Gebrauchsgüter** wie Kraftfahrzeuge, Maschinen, Kleidungsstücke, Einrichtungsgegenstände usw sind nicht mehr „neu hergestellt", wenn sie bereits ihrem **bestimmungsmäßigen Gebrauch** zugeführt worden sind. Dies geschieht aber im allgemeinen nicht schon durch eine bloße probeweise Benutzung (zB Kleidungsstücke zur Anprobe) oder durch Ausstellung, soweit diese üblicherweise keine Qualitätsverluste verursacht (OLG Düsseldorf NJW-RR 1991, 1464 – Möbelstück aus Ausstellung). Daß eine Sache, die bestimmungsgemäß über eine gewisse Zeit speziell für Probevorführungen verwendet wurde, zB „**Vorführwagen**" (ebenso ULMER/HENSEN Rn 5; PALANDT/HEINRICHS Rn 47; MünchKomm/BASEDOW Rn 134), nicht mehr neu hergestellt ist, versteht sich

von selbst. Bei Kraftfahrzeugen geht die Eigenschaft „neu" auf jeden Fall mit Zulassung zum öffentlichen Straßenverkehr verloren; auf die beanspruchte Fahrleistung kommt es nicht an (insoweit mit der Vorinstanz gleicher Meinung BGH NJW 1997, 1847, 1848). Auch die Dauer der „Fremdzulassung" ist nicht entscheidend (LG Gießen NJW-RR 1992, 186 – 1 Tag, dort allerdings nach den Gesamtumständen ohnehin Gebrauchtwagenkauf; vgl auch OLG Oldenburg BB 1996, 2321; OLG Koblenz MDR 1996, 1125). Empfindliche technische Geräte verlieren den Charakter der „Neuheit" schon durch eine einmalige probeweise Belastungsbenutzung aus anderem Anlaß als der üblichen Testbenutzung.

Ist eine Sache seit ihrer Herstellung zwar noch nicht in bestimmungsgemäßen Gebrauch genommen worden, ist aber andererseits **seit** dem **Herstellungszeitpunkt** bereits ein **längerer Zeitraum verstrichen**, oder ist die Sache ohnehin ein nicht einer Nutzung unterliegendes **Verbrauchsgut**, so ist problematisch, inwieweit durch bloßen **Zeitablauf** die Sache ihre Eigenschaft als „neu hergestellt" verlieren kann. Im Kfz-Handel ging die frühere Rspr überwiegend davon aus, ein Kfz sei auch dann noch „fabrikneu", wenn seit seiner Herstellung ca ein Jahr verstrichen sei (OLG Zweibrücken MDR 1970, 315; OLG München DAR 1965, 272; OLG Frankfurt aM NJW 1978, 273 – 11 Monate; AG Mönchengladbach NJW 1977, 1107 – 21 Monate zu lang; LG Berlin NJW 1976, 151 – ein Jahr zu lang, wenn Fahrzeug erhebliche Mängel aufweist). Abgesehen davon, daß das Fahrzeug in solchen Situationen immer als neu hergestellt verkauft wird, müssen aber auch bei Beantwortung der Frage, ob eine Sache durch bloßen Zeitablauf ihre Eigenschaft als „neu hergestellte" Sache verlieren kann, die Gründe berücksichtigt werden, welche den Gesetzgeber zur Beschränkung des Anwendungsbereiches von § 11 Nr 10 auf die Lieferung neu hergestellter Sachen veranlaßt haben (s oben Rn 5). Dementsprechend **verliert** eine **Sache** ihre **Eigenschaft** als **„neu hergestellt" durch das** bloße **Verstreichen einer längeren Zeitspanne** seit ihrer Herstellung nur unter folgenden Voraussetzungen: Die Sache muß in dem Zeitraum, der seit der Herstellung vergangen ist, einem besonderen Sachmängelrisiko ausgesetzt gewesen sein; für den Erwerber muß das durch den Zeitablauf verursachte erhöhte Mängelrisiko erkennbar gewesen und grundsätzlich bei der Preisgestaltung entsprechend berücksichtigt worden sein (BGH NJW-RR 1986, 52). An diesen Voraussetzungen wird es regelmäßig fehlen, wenn das veräußerte Objekt nach seiner Herstellung nur über längere Zeit unverkäuflich in Geschäft oder Lager des Händlers gestanden hat; ein Preisnachlaß kann auf den Wandel der Mode oder Lagerprobleme zurückzuführen sein und spricht nicht schon als solcher für eine nicht neue Sache. Vorstellbar ist ein Verlust der Eigenschaft „neu hergestellt" infolge Zeitablaufs hingegen bei Sachen, die nach bestimmten Zeiträumen *regelmäßig* Qualitätsverluste zu erleiden pflegen. Werden zB Nahrungsmittel oder beschränkt haltbare chemische Substanzen (Farben usw) aus Lagerbeständen veräußert und wird für den Kunden erkennbar gerade im Hinblick auf die mit der langen Lagerzeit verbundenen Mängelrisiken ein entsprechend niedrigerer Preis festgesetzt, so wird eine formularmäßige Gewährleistungsbeschränkung von § 11 Nr 10 nicht erfaßt (ähnlich MünchKomm/Basedow Rn 134). In der Rspr ist zu beobachten, daß die Gerichte bei der Frage der Anwendbarkeit des § 11 Nr 10 eher zu einer weiten Auslegung des Begriffs „neu hergestellt" neigen, während sie bei der Beurteilung, ob einer Sache die Neuheit fehlt und sie daher mangelhaft iSd § 459 BGB ist, von einem eher engen Begriff „neu" ausgehen (vgl LG München NJW 1991, 182 – Lautsprecherboxen, die schon seit zwei Jahren nicht mehr produziert werden).

8 Alte **Kunstgegenstände**, Sammelobjekte wie alte Münzen, Schmuckstücke und **Antiquitäten**, sind nicht als „neu hergestellt" anzusehen (Schlosser/Coester-Waltjen Rn 27; Löwe/vWestphalen Rn 12). Insbes im Hinblick auf Echtheit und Herkunft (zur Unechtheit als Sachmangel vgl Staudinger/Honsell [1995] § 459 Rn 98) der bezeichneten Gegenstände ist der Veräußerer einem erhöhten Mängelrisiko ausgesetzt, da er sich angesichts des häufigen vorhergehenden Eigentümerwechsels selten durch zumutbare eigene Nachforschungen hierüber Sicherheit verschaffen kann (ebenso BGHZ 63, 369, 374 für Kunstauktionator). Dieses – der Situation im Gebrauchtwarenhandel vergleichbare – für den Verkäufer nicht beherrschbare erhöhte Risiko rechtfertigt es, die zwingende Gewährleistungsbeschränkungsregelung des § 11 Nr 10 nicht anzuwenden, auch wenn Kunstgegenstände und Antiquitäten durch ihr Alter im Gegensatz zu sonstigen gebrauchten Gegenständen regelmäßig nicht an Wert verlieren, sondern gewinnen. Eine formularmäßige Gewährleistungsbeschränkung ist in diesen Fällen an § 9 zu messen (MünchKomm/Basedow Rn 131; Löwe/vWestphalen Rn 12). Anders verhält es sich bei Verbrauchsgegenständen, deren Alter ebenfalls wertsteigernd wird, wie zB beim Wein. Hier bestehen keine Bedenken, auch einen alten Wein als „neu hergestellte" Sache anzusehen, nicht nur weil er teuer ist (so Ulmer/Hensen Rn 7) – dies sind auch die Antiquitäten –, sondern auch weil er – jedenfalls bis zu einem gewissen Zeitpunkt – sich als Produkt entwickelt und von einem gewissen Alter an andere Verkehrserwartungen auslöst (zB Umschlagen kein Mangel, sondern einzukalkulierende Eigenschaft). Ähnliches gilt für Pflanzen und Lebewesen; sie können – jedenfalls bis zur üblichen Verkaufszeit – als „neu" angesehen werden (so BGH NJW-RR 1986, 52 – lebend gelieferte Forellen, offengelassen für verwendete Nutztiere; LG Aschaffenburg NJW 1990, 915 – neun Wochen alter Hundewelpe). Menschliche Körpersubstanz, die nach der Trennung vom lebenden Körper ebenfalls als Sache anzusehen ist, läßt sich nur schwer in diese Kategorien einordnen. Man wird wohl angesichts der beschränkten Kommerzialisierbarkeit dieser Güter von einer Anwendung des Gewährleistungsrechts insgesamt absehen müssen und den „Spender" allenfalls wegen Verletzung von Nebenpflichten zur Rechenschaft ziehen, wenn er beispielsweise grob fahrlässig ihm mögliche Hinweise auf eventuelle Infizierungen der Körpersubstanz (zB Aids-infiziertes Blut) unterläßt (allg zu dieser Thematik: Rolf Müller, Die kommerzielle Nutzung menschlicher Körpersubstanzen [1997]).

9 Keine neu hergestellten Sachen sind mangels „Herstellbarkeit" **unbebaute Grundstücke**, selbst wenn im konkreten Fall das Grundstück im Rechtssinne erst durch Vermessung und Abmarkung entsteht oder der Verkäufer verpflichtet ist, die Nutzungsart des Grundstücks zu verändern (LG Ravensburg NJW-RR 1992, 1277; Brambring NJW 1978, 777; Eickels MittRhNotK 1990, 121; Ulmer/Hensen Rn 6; MünchKomm/Basedow Rn 133; Wolf Rn 5; Korbion/Locher Rn 245). Entsprechend dem Schutzzweck der Nr 10 sind aber auch **Gebäude** und **Eigentumswohnungen** dann eine neu hergestellte Sache iSd Vorschrift, wenn sie seit ihrer Errichtung noch nicht ihrer Bestimmung gemäß benutzt worden sind. Daß Gebäude gem § 94 BGB immer wesentliche Bestandteile eines (nicht neu herstellbaren) Grundstückes sind, steht einer Trennung von Gebäude und Grundstück im Hinblick auf die Anwendbarkeit des § 11 Nr 10 nicht entgegen. Die §§ 93, 94 BGB wollen nur dingliche Sonderrechte an dem Gebäude ausschließen (vgl Staudinger/Dilcher [1995] § 93 Rn 14), nicht aber verbieten, dieses besonderen schuldrechtlichen Beziehungen zu unterwerfen (im Ergebnis ebenso Ulmer/Hensen Rn 6; BGH NJW 1995, 1675, 1676; OLG Celle MDR 1997, 1008; OLG Karlsruhe DNotZ 1987, 688). Nicht mehr neu hergestellt sind Gebäude oder Eigentumswohnungen,

welche bereits vor dem Erstverkauf bewohnt wurden (Brambring NJW 1978, 777; Ulmer/Hensen Rn 6), es sei denn, es habe sich nur um eine kurzfristige Vermietung gehandelt (Schlosser/Coester-Waltjen Rn 27; Palandt/Heinrichs Rn 47; Brambring NJW 1987, 102; Klumpp NJW 1993, 372; BGH NJW 1995, 1675, 1676; BGH NJW 1982, 2243 – Musterhaus; OLG München NJW 1981, 2472 – kurzfristige Vermietung vor Fertigstellung; aM Staudinger/Schlosser[12] Rn 9). Stand ein Bauwerk von seiner Herstellung bis zum Vertragsabschluß ohne Nutzung längere Zeit leer, so verliert es hierdurch nach den oben entwickelten Grundsätzen (Rn 7) seine Eigenschaft als neu hergestellte Sache nur, wenn sich durch die abgelaufene Zeit das Sachmängelrisiko wesentlich erhöht hat (zB durch die bei Bauwerken unvermeidbaren Witterungseinflüsse) und wenn in einer für den Käufer erkennbaren Weise gerade (auch) hierfür ein Preisabschlag gewährt wird. Ein derartiger das Mängelrisiko erhöhender Zeitraum wird bei Gebäuden nur in Ausnahmefällen vor Ablauf von 3 Jahren anzunehmen sein (vgl auch Korbion/Locher Rn 267; für 5 Jahre Klumpp NJW 1993, 372; dagegen Bedenken äußernd wegen der dann sehr langen Verjährungsfrist Ulmer/Hensen Rn 6 Fn 17; zur Vermeidung dieses Problems wäre wohl eine Korrektur des Verjährungsbeginns entgegen BGH NJW 1985, 1551, 1552 und BGHZ 114, 383 = NJW 1991, 2480 richtig; zum Problem der langen Fristen vgl die gegensätzlichen Lösungen von Brambring NJW 1987, 97; Kanzleiter DNotZ 1987, 651, 662).

Beim Kauf von Eigentumswohnungen können sich hinsichtlich des Sondereigentums und des Miteigentumsanteils am gemeinschaftlichen Eigentum (§ 1 Abs 2 WEG) Unterschiede in der Anwendung des § 11 Nr 10 ergeben. Wurde in einer Wohnanlage das gemeinschaftliche Eigentum bereits an die Wohnungseigentümergemeinschaft übergeben und von deren Mitgliedern genutzt, so ist es bei einer späteren Veräußerung einzelner noch leer stehender Wohnungen nicht mehr „neu hergestellt" iSd Vorschrift, wenn der oben erwähnte das Mangelrisiko erhöhende Zeitraum verstrichen ist (vgl BGH NJW 1985, 1551 – nach zweieinhalb Jahren noch neu). Für den Miteigentumsanteil des späteren Erwerbers an diesem Gemeinschaftseigentum greift daher § 11 Nr 10 nicht ein (Brych MDR 1978, 185; Schlosser/Coester-Waltjen Rn 54; Kanzleiter DNotZ 1987, 649, 659 – für kürzere Zeit bei zwischenzeitlich bewohnten Projekten). Ein diesbezüglicher Gewährleistungsausschluß ist aber an § 9 zu messen. Hiernach dürfte es zulässig sein, daß der Verwender die Haftung für solche Mängel am Gemeinschaftseigentum ausschließt, die erst nach dessen Überlassung an die Wohnungseigentümergemeinschaft entstanden sind, da der Veräußerer das Risiko derartiger Mängel nur in geringem Umfange selbst beherrschen kann.

Daß Altbauten nicht als „neu hergestellt" eingestuft werden können, leuchtet ein (BGH NJW 1986, 2824). Verschiedentlich hatte sich die Rspr mit dem Problem zu beschäftigen, wann ein umgebautes Haus als „neu errichtet" anzusehen ist. Umfangreiche Sanierungsarbeiten, die die Wohnqualität verbessern (neue Leitungssysteme, neue Bäder, andere Raumaufteilung) reichen dazu allein nicht aus (LG Landshut NJW 1993, 407), jedenfalls wenn das Haus nicht unter besonderer Hervorhebung einer grundlegenden Sanierung angeboten worden ist. Hier muß dem Käufer klar sein, daß die Bausubstanz aufgrund des Alters gewisse Mängel aufweisen kann (zu der Frage der Gewährleistung für die sanierten Teile sogleich unten Rn 10, 14). Anders ist es, wenn erhebliche Eingriffe in die Bausubstanz vorgenommen wurden („Entkernung" – OLG Frankfurt aM NJW 1984, 490) und das Haus gerade unter Betonung dieser einem Neubau gleichkommenden Arbeiten angeboten wird („Neubau hinter historischer Fassade" – BGHZ 100, 391 = NJW 1988, 490; Klumpp NJW 1993, 372; Kanzleiter DNotZ 1987, 651). Sehr weit geht die Rspr, wenn sie auch schon bei Umbauarbeiten, die eine Nutzungsänderung ermöglichen (BGH NJW 1988, 1922 – gewerblich genutzter Gebäudeteil wird in Eigentumswohnung umgewandelt; BGH NJW 1989, 2748 – Teilung und Umbau eines Bungalow in zwei Eigentumswohnungen), von einem „neu errichteten" Haus ausgeht, weil damit die Mängelanfälligkeit der alten Bausubstanz nicht beseitigt wird.

Diese Kontrolle an Hand des § 11 Nr 10 gewinnt für „Hauskäufe" aufgrund der Neufassung des AGBG noch größere praktische Bedeutung, weil Verbraucherverträge, auch wenn sie notariell beurkundet sind, dieser Vorschrift unterliegen (dazu im einzelnen KANZLEITER DNotZ 1996, 867; SCHLÜNDER/SCHOLZ ZfBR 1997, 55, 58). Der – zu Recht viel kritisierte – Weg des BGH (Inhaltskontrolle über § 242 BGB – so BGH NJW 1984, 2094; NJW-RR 1986, 1026; NJW 1988, 135; OLG Celle MDR 1997, 1008 – dazu STÜRNER DNotZ 1984, 764; BRAMBRING NJW 1987, 99) braucht daher für Verbraucherverträge nicht mehr genommen zu werden.

10 Neu hergestellt ist grundsätzlich auch eine Sache, bei deren Herstellung **einzelne gebrauchte Teile** verwendet worden sind (ULMER/HENSEN Rn 6 aE; WOLF Rn 5), nicht aber, wenn die hergestellte Sache sich aus einer derartigen Vielzahl von gebrauchten Teilen zusammensetzt, daß sie hierdurch insgesamt nach der Verkehrsanschauung als gebrauchte Sache erscheint (MünchKomm/BASEDOW Rn 135). Sind umgekehrt in einem gebrauchten Liefergegenstand **einzelne**, abgrenzbare **neu hergestellte Teile** eingebaut (zB fabrikneuer Motor in gebrauchtem PKW), so kann dies zu einer teilweisen Anwendung des § 11 Nr 10 hinsichtlich des neu hergestellten Teiles führen, wenn die Parteien im Vertrag zwischen gebrauchter Sache und eingebauten neuen Teilen unterschieden haben (ähnlich MünchKomm/BASEDOW Rn 135). Möglicherweise handelt es sich bei dem Einbau der neuen Sachen um eine Reparatur oder Renovierung, bei der nicht die Sache, sondern die Arbeitsleistung im Vordergrund steht. Zur Behandlung reparierter, überholter und renovierter Sachen s unten Rn 14. Wird in eine „neu hergestellte" Sache nach Vertragsschluß durch den Vertragspartner eine andere Sache eingesetzt (Originalteile durch Produkte anderer Hersteller ersetzt), so wird das Geschäft dadurch nicht aus dem Anwendungsbereich des § 11 Nr 10 ausgegliedert (BGH NJW 1994, 1060 – Daihatsu), und die Gewährleistungshaftung des Verwenders für die von ihm gelieferten Produkte muß in den von § 11 Nr 10 gezogenen Grenzen bestehen bleiben.

b) Verträge über Leistungen

11 Auf Vorschlag des BT-Rechtsausschusses (BT-Drucks 7/5422, 8) erfaßt § 11 Nr 10 neben Lieferungsverträgen auch **Verträge über Leistungen**. Durch diese Ausdehnung der Vorschrift sollten auch Werkverträge über andere Leistungen als die Herstellung von Sachen erfaßt werden – wie zB Verträge über Reparatur-, Wartungs- und Reinigungsarbeiten, Architektenverträge, Bauträgerverträge, Ingenieur- und Statikerverträge, Reiseveranstaltungsverträge und Verträge über die Erstellung von Gutachten oder über die Herstellung von Spezialsoftware (vgl LAUER BB 1982, 1760; BÖRNER CR 1989, 363). Für Reiseveranstalterverträge hat die Norm wegen der zwingenden Ausgestaltung der gesetzlichen Gewährleistungsrechte keine Bedeutung (zu Autowaschanlagen s PADECK VersR 1989, 541; zum Werkvertrag allg STAUDINGER/PETERS [1994] § 637 Rn 18–78). Anknüpfend an diese Absicht des Gesetzgebers ist die zweite Alternative des Einleitungssatzes restriktiv zu interpretieren. Sie erfaßt nur Verträge über **Werkleistungen**, nicht aber **Miet-, Pacht-** und sonstige **Gebrauchsüberlassungsverträge**. Daß

der Wortlaut des Einleitungssatzes („Leistungen") auch Gebrauchsüberlassungsverträge umfaßt, ist ein Redaktionsversehen (ULMER/HENSEN Rn 3; PALANDT/HEINRICHS Rn 46; SCHLOSSER/COESTER-WALTJEN Rn 25; OLG Frankfurt aM NJW-RR 1987, 656; offengelassen in BGHZ 91, 375, 382 = NJW 1984, 2404, 2405; zu Finanzierungsleasingverträgen unten Rn 12). Die Klauselverbote der Nr 10 d–f könnten ohnehin für Gebrauchsüberlassungsverträge nicht anwendbar sein. Aber auch die Buchstaben a–c sind ersichtlich auf Kauf- und Werkverträge zugeschnitten. Daß die Gewährleistungsrechte des Vertragspartners auf die Einräumung von Ansprüchen gegen Dritte oder auf „Nachbesserungs"-ansprüche beschränkt werden, ist eine nur theoretisch auch für Mietverhältnisse vorstellbare Klauselgestaltung. Der in der Tat auch zugunsten des Mieters notwendige Schutz muß daher von § 9 geleistet werden. Das schließt nicht aus, daß einzelne Leitgedanken, die dem § 11 Nr 10 zugrunde liegen, auch über die Anwendung von § 9 wiederkehren können, wie dies vor allen Dingen mit den in § 11 Nr 10 a sich findenden Wertungen der Fall ist (aM, nämlich § 11 Nr 10 auch auf Mietverträge anwendend, LÖWE/vWESTPHALEN Einl Rn 18; differenzierend nach zwei- und drei-Personen-Verhältnissen MünchKomm/BASEDOW Rn 137). Für die Wohnungsmiete wird § 11 Nr 10 ohnehin durch § 537 Abs 3 BGB verdrängt, welcher die Gewährleistungsansprüche des Mieters zwingend festschreibt.

Diese Überlegungen gelten auch grundsätzlich für alle Arten von Leasingverträgen, **12** die als Gebrauchsüberlassungsverträge aus dem direkten Anwendungsbereich des § 11 Nr 10 ausgenommen sind (ULMER/HENSEN Rn 3; PALANDT/HEINRICHS Rn 49; WOLF Rn 11; differenzierend nach Zwei- und Dreipersonenverhältnissen, also operating-Leasing und Finanzierungsleasing MünchKomm/BASEDOW Rn 137). Für das Finanzierungsleasing im nichtkaufmännischen Verkehr hat der BGH dies ausdrücklich unter Berücksichtigung der Gesetzgebungsgeschichte festgehalten (BGH NJW 1985, 1547; so auch OLG Hamm OLGZ 80, 364). Gerade beim Finanzierungsleasing zeigt sich, daß die Anwendung des § 11 Nr 10 nicht paßt. Etwas anderes gilt lediglich dann, wenn ein Vertrag zwar als „Leasing" bezeichnet ist, in Wirklichkeit aber einen Kauf darstellt.

Unabhängig davon, ob man Gebrauchsüberlassungsverträge einbezieht oder nicht, **13** ist heute unbestritten, daß das Adjektiv „neu hergestellt" sich nur auf die „Lieferung", nicht auch auf „Leistungen" bezieht (MünchKomm/BASEDOW Rn 136; WOLF Rn 9; LÖWE/vWESTPHALEN Einl Rn 18).

Wird eine gebrauchte Sache (zB Altbau, PKW) zunächst **renoviert oder überholt** und **14** anschließend veräußert, so hat dies die Anwendung des § 11 Nr 10 nicht etwa deshalb zur Folge, weil die Renovierungsarbeiten von der gebrauchten Sachsubstanz zu trennende „Leistungen" iSd Nr 10 darstellten (so GEBHARD MittBayNot 1977, 105 für Altbau). Damit würde die Veräußerung jeder gebrauchten Sache, welche zuvor repariert oder überholt wurde, von dem Gewährleistungsbeschränkungsverbot der Nr 10 erfaßt. § 11 Nr 10 greift nur ein, wenn ein zusätzlicher selbständiger Werkvertrag über Renovierung oder Reparatur einer gebrauchten Sache abgeschlossen wurde (BRAMBRING NJW 1978, 778; ders NJW 1987, 97, 103), und ist in seiner Anwendung beschränkt auf diese Leistung. Allerdings ist bei der Überprüfung von Lieferungsverträgen über renovierte oder generalüberholte Sachen nach § 9 die Tatsache der Überholung und der Renovierung bei der Abwägung besonders zu beachten. Sie führt idR zur Unangemessenheit des Gewährleistungsausschlusses.

15 Garantiebedingungen des Herstellers sind keine Leistungen iS des § 11 Nr 10. Sie schränken bestehende Rechte nicht ein, sondern geben dem Kunden über die gesetzlichen Gewährleistungsrechte gegenüber dem Verkäufer und den Ansprüchen aus Produkthaftung weitergehende Ansprüche (MünchKomm/BASEDOW Rn 138; BGH NJW 1988, 1726; Anm WOLF JZ 1988, 719; Anm COESTER-WALTJEN JR 1989, 195). Diese Leistungen dürfen von zusätzlichen Bedingungen (zB bezgl Wartung etc) abhängig gemacht werden. Da es sich dabei um die Festlegung der Essentialia der Primärleistung handelt, entziehen sich derartige Bestimmungen der Kontrolle nach §§ 9–11 (OLG Nürnberg NJW 1997, 2186). Dies gilt allerdings nur, wenn es sich um eine echte Herstellergarantie handelt, nicht um eine als „Garantieerklärung" bezeichnete Gewährleistungsregelung des Verkäufers.

Auch die Garantiezusage des Herstellers, die an sich ein „Mehr" für den Kunden ist, kann jedoch den Käufer benachteiligen, wenn für den Durchschnittskunden der Eindruck entsteht, daß in dieser Garantieerklärung abschließend alle Gewährleistungsansprüche geregelt sind (BGH NJW 1988, 1726; OLG Köln NJW-RR 1987, 1192; OLG München EWiR § 11 Nr 10 AGBG 1/86, 324; ähnlich auch schon BGHZ 79, 117 = ZIP 1981, 285). Eine derartige Klausel ist daher an § 9 zu messen und wird idR bereits an der Intransparenz scheitern (BGH NJW 1988, 1726; wohl zurückhaltender MünchKomm/BASEDOW Rn 138).

2. Abgrenzung zu anderen Vorschriften

16 a) Gewährleistungsbeschränkende AGB-Klauseln sind an § 9 zu messen, wenn sie in „Lieferungs"-verträgen über Grundstücke, gebrauchte Sachen und Forderungen (Rechte) oder in Gebrauchsüberlassungsverträgen enthalten sind. Soweit § 11 Nr 10 hingegen tatbestandlich eingreift, bleibt für eine ergänzende Anwendung der Generalklausel nur in wenigen Fällen Raum, da durch Nr 10 (ergänzt durch Nr 7 und 11) die Gewährleistungsrechte des Kunden in ihrem Kernbereich zulänglich gesichert werden (PALANDT/HEINRICHS Rn 72; WOLF Rn 9, 13; für großzügige Anwendung des § 9 MünchKomm/BASEDOW Rn 129). § 9 ist auch dann anzuwenden, wenn die (nicht unter § 11 Nr 10 fallende) Rechtsmängelhaftung ausgeschlossen werden soll (BRAMBRING NJW 1978, 777) oder wenn sich der Verwender als Käufer über die gesetzlichen Gewährleistungsrechte hinausgehende Rechte einräumen läßt (MünchKomm/BASEDOW Rn 129).

17 b) Neben der generellen Bereichsausnahme des § 23 Abs 1 ist für das Klauselverbot des § 11 Nr 10 die Ausnahme für Verträge mit Elektrizitäts- und Gasversorgungsunternehmen gem § 23 Abs 2 Nr 2 zu beachten. Speziell für § 11 Nr 10 f sieht § 23 Abs 2, Nr 5 eine Ausnahme für Leistungen vor, für welche die VOB Vertragsgrundlage ist (s STAUDINGER/SCHLOSSER § 23 Rn 29). Für Verträge über die Versorgung mit Wasser und Fernwärme ist § 28 Abs 3 zu beachten.

18 c) Das beschränkte Verbot eines Ausschlusses oder einer Begrenzung der Haftung bei Schadensersatzansprüchen (§ 11 Nr 7) ist neben § 11 Nr 10 anwendbar, auch wenn ein Schadensersatzanspruch aus Gewährleistung wegen Verschuldens (§ 635 BGB; § 13 Nr 7 VOB/B) geltend gemacht wird (ULMER/HENSEN § 11 Nr 7 Rn 9). § 11 Nr 10 überschneidet sich in seinem Regelungsbereich nicht mit § 11 Nr 7, denn Nr 10 enthält kein spezielles Verbot der Beschränkung oder des Ausschlusses von Schadensersatzansprüchen aus Gewährleistung (vgl auch § 11 Nr 7 Rn 5) und knüpft – wie regelmäßig auch die zivilrechtlichen Gewährleistungsvoraussetzungen – nicht an ein Verschulden an (ähnlich SCHLOSSER/COESTER-WALTJEN § 11 Nr 7 Rn 79).

d) Für die Gewährleistungsansprüche auf Schadensersatz nach den §§ 463, 480 Abs 2, 635 BGB enthält § 11 Nr 11 eine Sonderregelung. Für diese Schadensersatzansprüche tritt § 11 Nr 10 hinter Nr 11 als speziellerem Tatbestand zurück. Hingegen gilt § 11 Nr 10 für die übrigen Gewährleistungsrechte bei Fehlen einer zugesicherten Eigenschaft (ähnlich SCHLOSSER/COESTER-WALTJEN Rn 30, 31).

e) Zur umstrittenen Abgrenzung von § 11 Nr 10 d zu § 11 Nr 2 vgl unten Rn 64.

f) Zur Abgrenzung von § 10 Nr 5 und § 11 Nr 15 s § 10 Nr 5 Rn 3.

III. Ausschluß der Gewährleistung und Verweisung auf Ansprüche gegen Dritte (§ 11 Nr 10 a)

1. Allgemeines

§ 11 Nr 10 a gliedert sich in **drei Verbotstatbestände**. Er untersagt zunächst den **völligen Ausschluß** sämtlicher Gewährleistungsansprüche in AGB und schreibt insoweit die **frühere ständige Rspr** fest (BGHZ 22, 90 = NJW 1957, 17; BGHZ 37, 94, 98 = NJW 1962, 1100; BGHZ 65, 358; BGH NJW 1976, 515; BGH NJW 1979, 1406). Nr 10 a verbietet weiterhin die **Ersetzung der Gewährleistungspflicht** des Klauselverwenders **durch Einräumung von Ansprüchen gegen Dritte**. Die abgetretenen Gewährleistungsansprüche gegen Dritte würden kein zureichendes Äquivalent für den Ausschluß der unmittelbaren Gewährleistungspflicht des Verwenders darstellen, da der Kunde auf die Ausgestaltung der abgetretenen Ansprüche, die häufig zu seinen Ungunsten von der gesetzlichen Gewährleistungsregelung abweichen, keinen Einfluß hat und er mit dem Insolvenzrisiko eines ihm unbekannten Dritten belastet wird (vgl ausführlich RegE 33). Mit diesem zweiten Verbotstatbestand geht Nr 10 a über die **frühere Rspr** hinaus. Diese hielt Freizeichnungsklauseln, in denen der Verwender seine eigene Gewährleistungspflicht ausgeschlossen, dafür aber seine Gewährleistungsrechte gegen die an der Sachherstellung beteiligten Dritten an den Vertragspartner abgetreten hatte, insoweit für zulässig, als sich der Vertragspartner aus den abgetretenen Ansprüchen schadlos halten konnte. Dies ist freilich dann nicht der Fall, wenn der Verwender seinen Kunden nicht klar bekannt gibt, wer der für einen Mangel verantwortliche Beteiligte ist (BGH Urt v 11. 10. 1979 VII ZR 272/77). Fehlte in einer Klausel der Vorbehalt der subsidiären Eigengewährleistung des Verwenders, so hat sie der BGH in diesem Sinne ergänzend ausgelegt, soweit es ihr Wortlaut erlaubte (BGHZ 62, 251 = NJW 1974, 1135; BGHZ 67, 101 = NJW 1976, 1934; BGH BB 1975, 424; NJW 1979, 1406; dagegen KG NJW 1977, 854; ebenfalls kritisch: LÖWE NJW 1974, 1108; LOCHER NJW 1974, 1544; BRYCH MDR 1974, 628; vgl auch SCHLOSSER/COESTER-WALTJEN Rn 18 mwN). Die letzte Tatbestandsalternative des § 11 Nr 10 a relativiert nun allerdings den – für sich betrachtet – strengen zweiten Verbotstatbestand und führt im Endergebnis doch zu einer Anpassung an die frühere Rspr. In seinem dritten Verbotstatbestand untersagt § 11 Nr 10 a nämlich nicht jede Form der lediglich subsidiären Eigengewährleistung, wie es noch der RegE (6, 33) vorgesehen hatte. Entsprechend einem Vorschlag des Bundesrats (BT-Drucks 7/3919, 50 f) wird vielmehr nur verhindert, die **Gewährleistungsansprüche** des

Vertragspartners von der **vorherigen gerichtlichen Inanspruchnahme Dritter** abhängig zu machen. In der bisherigen Praxis hat dieses Klauselverbot – gegenüber der Abgrenzung des Anwendungsbereichs s oben – nur begrenzt zu Rechtsstreitigkeiten Anlaß gegeben.

2. **Verbot des vollständigen Gewährleistungsausschlusses (§ 11 Nr 10 a 1. Alt)**

20 a) Unwirksam sind AGB-Klauseln, welche den **völligen Ausschluß** von Gewährleistungsansprüchen vorsehen. Den gesetzlichen Gewährleistungsansprüchen des Kauf- und Werkvertragsrechtes auf Wandelung, Minderung und Schadensersatz (§§ 462, 463, 480; 634, 635 BGB) stellt § 11 Nr 10 a die (Erfüllungs-)Ansprüche auf Nachbesserung (§ 633 BGB) und Ersatzlieferung (§ 480 Abs 1 BGB) gleich (zur Rechtsnatur dieser Ansprüche vgl STAUDINGER/HONSELL [1995] § 480 Rn 7 mwNw; KIRCHHOF NJW 1970, 2052; STAUDINGER/PETERS [1994] § 633 Rn 159 ff). Nicht Gewährleistungsansprüche iSd Vorschrift sind hingegen Schadensersatzansprüche aus positiver Vertragsverletzung. Eine diesbezügliche Haftungsbeschränkung ist allein an § 11 Nr 7 zu messen. Bei gesetzlich nicht ausdrücklich geregelten Vertragstypen muß jeweils im Wege einer typisierenden Gesamtbetrachtung (dazu LEENEN, Typus und Rechtsfindung [1971] 152 ff) bzw durch typisierende Reduktion auf den Vertragskern (so EBENROTH DB 1978, 2109 für Leasingvertrag; WEICK NJW 1978, 14; LÖWE/vWESTPHALEN Rn 4 spricht von „dogmatisch-systematischer Wertung") ermittelt werden, ob Gewährleistungsansprüche eingreifen, die an das Kauf- oder Werkvertragsrecht angelehnt sind.

Zwar ist dem Wortlaut nach der Tatbestand des vollständigen Ausschlusses jeder Gewährleistung nur erfüllt, wenn der Verwender dem Vertragspartner nicht mindestens eines der gesetzlichen bzw vertragstypischen Gewährleistungsrechte oder einen Nachbesserungs- bzw Ersatzlieferungsanspruch beläßt. Das Klauselverbot muß jedoch im Zusammenhang mit § 11 Nr 10 b gesehen werden. Nr 10 b verbietet dem Verwender nach inzwischen herrschender Rspr und Lit, bei Fehlschlagen der Nachbesserung Wandelung oder Minderung auszuschließen. Dies kann auch für § 11 Nr 10 a nur bedeuten, daß dem Vertragspartner zumindest subsidiär die Wahl zwischen Wandelung und Minderung bleiben muß (so auch WOLF Rn 16; SCHLOSSER/ COESTER-WALTJEN Rn 59; **aM** STAUDINGER/SCHLOSSER[12] Rn 20). Der BGH konnte diese Frage zu § 11 Nr 10 a bisher offenlassen (BGH NJW 1981, 1501; BGH NJW-RR 1990, 1141), das OLG München (NJW 1994, 1661) hält eine Beschränkung auf die Wandelung im Rahmen von § 11 Nr 10 a für möglich; eine Beschränkung auf das Minderungsrecht hingegen wird im allgemeinen nicht für wirksam gehalten (ULMER/HENSEN Rn 13). Gerade in der Beschränkung auf das Wandelungsrecht liegt aber eine große Gefahr für den Vertragspartner. Zum einen kann die Wandelung für ihn sehr viel aufwendiger als die Minderung und daher uninteressant sein (diese Schwierigkeiten unterschätzt das OLG München aaO), zum anderen kann das Wandelungsrecht über § 467, 351, 352 BGB möglicherweise ausgeschlossen sein. In diesen Fällen erscheint es unbillig, dem Vertragspartner auch das ihm gesetzlich zustehende Minderungsrecht zu nehmen. Eine Klausel ist daher nach § 11 Nr 10 a auch dann unwirksam, wenn sie das Wandelungs- oder das Minderungsrecht des Vertragspartners ausschließt, während der Ausschluß der Nachbesserung oder der Ersatzlieferung wirksam vorgenommen werden kann.

21 b) Das Verbot des völligen Ausschlusses von Gewährleistungsansprüchen gilt

auch für alle **Schlußverkäufe**, Aus- und Räumungsverkäufe, Verkäufe aus einer Konkursmasse sowie für alle sonstigen **Sonderverkäufe** zu herabgesetzten Preisen, solange es sich nicht um gebrauchte Sachen (oben Rn 5) handelt (WOLF Einl Rn 32; ULMER/HENSEN Rn 14 und Anh §§ 9–11 Rn 444; LG Düsseldorf VuR 1996, 206; OLG Düsseldorf VuR 1997, 284; SCHLOSSER/COESTER-WALTJEN Rn 33). Auch bei derartigen Verkäufen greift der Schutzzweck des § 11 Nr 10 a ein. Der Verkäufer begründet bei solchen Gelegenheiten seinen niedrigen Preis nicht vorrangig mit einem erhöhten Mängelrisiko, sondern mit der Notwendigkeit der Räumung oder dem Saisonschluß und wirbt häufig gerade damit, daß normale Ware und nicht minderwertige Billigware veräußert wird (ULMER/HENSEN Anh §§ 9–11 Rn 443 f). Die bei Sonderverkäufen häufige Klausel „Preisreduzierte Ware (Schlußverkaufsware) ist von Umtausch (und Rückgabe) ausgeschlossen", ist daher an § 11 Nr 10 a zu messen. Sie wird im Geschäftsverkehr idR dahingehend verstanden, daß nicht nur das vom Vorliegen eines Mangels unabhängige und dem BGB unbekannte Umtauschrecht, sondern auch Gewährleistungsrechte des Käufers ausgeschlossen sein sollen (**aM** MUSCHELER BB 1986, 2279: nur das über die ges Gewährleistungsrechte hinausgehende Umtauschrecht ausgeschlossen; bei dieser Auslegung kein Verstoß OLG Stuttgart BB 1984, 2218). Mit Nr 10 a sind derartige Klauseln nur vereinbar, wenn klargestellt ist, daß jedenfalls Wandelungs- und Minderungsrecht verbleiben. Zum Gesichtspunkt Tarifwahl s unten Rn 25.

c) Gleichfalls unwirksam sind vollständige **Gewährleistungsausschlüsse** bezüglich **22 einzelner Teile** der gelieferten Sache oder der erbrachten Leistung. Der Gesetzgeber dachte hierbei besonders an den häufig anzutreffenden Gewährleistungsausschluß bei schadensanfälligen **Teilen** (Glas oder Spiegel bei Möbeln – vgl OLG Karlsruhe AGBE I § 11 Nr 83) oder Teilen, welche von Dritten hergestellt wurden (Bereifung oder Batterie bei Kfz, Bausysteme, Transistoren bei Radio, Fernsehen usw, vgl RegE 34; ULMER/HENSEN Rn 14), soweit dieser Ausschluß sich nicht erkennbar nur auf das gewährleistungsunabhängige Umtauschrecht beschränkt (OLG Stuttgart BB 1984, 2218, 2219). Unzulässig ist auch der isolierte Gewährleistungsausschluß für Montagearbeiten, wenn der Werkunternehmer neben der Lieferung zugleich zum Einbau der bestellten Anlage oder Einrichtung verpflichtet ist (so schon nach früherem Recht BGHZ 62, 323 = NJW 1974, 1322; MünchKomm/BASEDOW Rn 143). Zu einem unzulässigen Teilausschluß führt es auch, wenn der Verwender nur für diejenigen Teile seiner Lieferung oder Leistung die Gewährleistung übernimmt, für deren Mängel er sich selbst bei Dritten schadlos halten kann (so schon nach früherem Recht BGH NJW 1976, 1934; ebenso SCHLOSSER/ COESTER-WALTJEN Rn 35) oder deren Mängel er verschuldet hat (BGHZ 62, 323; MünchKomm/BASEDOW Rn 143; ULMER/HENSEN Rn 15; BGH NJW-RR 1990, 856; OLG München NJW-RR 1988, 336, beide zu § 5 II AVA; BGH NJW-RR 1993, 560 – vgl dazu auch KNYCHALLA, Inhaltskontrolle von Architektenformularverträgen [1987]; **aM** KORBION/LOCHER Rn 178). Der Gewährleistungsausschluß muß sich nicht auf einen gegenständlich abgrenzbaren Teil der Verwenderleistung beziehen, um von § 11 Nr 10 a erfaßt zu werden. Betrifft er nur bestimmte Eigenschaften der Leistung, so ist § 11 Nr 10 a mindestens analog anzuwenden. Ein vollständiger Gewährleistungsausschluß für Konstruktionsfehler der gelieferten Sache ist daher mit Recht schon früher für unwirksam erklärt worden (BGH NJW 1971, 1795; BGH LM Nr 3 zu § 459 Abs 1 BGB). Auch der Ausschluß bestimmter Ursachen für das Sichtbarwerden von Mängeln ist unwirksam (OLG Koblenz NJW-RR 1993, 1078) – Temperatur, Witterung; anderes gilt, wenn Veränderungen nicht auf Mängeln beruhen), ebenso die Beschränkung auf eine bestimmte Laufzeit, die unterhalb der Gewährleistungsfrist liegt (BGH NJW 1993, 2054). Freilich kann durch AGB in gewissem Rahmen festgelegt werden, welche Eigenschaften eine Sache oder ein Werk haben muß, sofern nichts Überraschendes festgelegt wird (zurückhaltender WOLF Rn 18; OLG Karlsruhe ZIP 1983, 1031). Ist aber eine Sache mit bestimmten Eigenschaften (etwa ohne Konstruktionsfehler) geschuldet, so kann diesbezüglich nicht die Gewährleistung ausgeschlossen werden (im Ergebnis ebenso MünchKomm/BASEDOW Rn 143; SCHLOSSER/COESTER-WALTJEN Rn 35). Auch „unerhebliche" Mängel kann der Verkäufer nicht formularmäßig von der Gewährleistung ausnehmen, soweit sie sich als Sachmängel iS des Gewährleistungsrechts darstellen.

Eine Haftung nur für „verschuldete Mängel" schließt die Haftung für unverschuldete aus und ist daher unwirksam (BGH NJW-RR 1990, 865).

Unwirksam ist schließlich auch eine Klausel, welche die Gewährleistung auf die in einem Übergabe- oder Abnahmeprotokoll festgehaltenen Mängel beschränkt (PALANDT/HEINRICHS Rn 54; ULMER/HENSEN Rn 15; BGHZ 124, 351 = NJW 1994, 1060) oder die Gewährleistung von einer Anerkennung der Mängel durch den Verwender abhängig macht (WOLF Rn 18; ULMER/HENSEN Rn 14).

23 d) Werden neu hergestellte Sachen unter dem ausdrücklichen Hinweis verkauft, daß sie mit bestimmten Mängeln (zB „Fehlfarben", „Webfehler", „beschädigt") behaftet sind, so liegt hinsichtlich dieser Mängel keine Abweichung von der vertraglich vorausgesetzten Beschaffenheit und damit kein Fehler iSv § 459 BGB (vgl dazu STAUDINGER/HONSELL [1995] § 459 Rn 10) vor. Gewährleistungsansprüche und damit auch die Anwendung von § 11 Nr 10 sind folglich in diesen Fällen grundsätzlich ausgeschlossen. Erforderlich ist aber ein Hinweis speziell auf die möglichen Fehler, die Bezeichnung als „Sonderangebot ohne Gewährleistung" reicht nicht aus (OLG Düsseldorf VuR 1997, 284). Ist der Hinweis auf bestimmte Mängel der Liefersache in den AGB enthalten, so ist dieser aber an den §§ 3, 9 und § 10 Nr 4 zu messen.

24 e) Klauseln, welche über die §§ 460, 464 und 640 Abs 2 BGB hinaus einen Gewährleistungsausschluß an ein bestimmtes Kundenverhalten binden, können ebenfalls an § 11 Nr 10 a scheitern (anders STAUDINGER/SCHLOSSER[12] Rn 23). Unsachgemäße Behandlung durch den Kunden wird idR den Nachweis der Mangelhaftigkeit bei Gefahrübergang erschweren, kann aber seine berechtigten Gewährleistungsansprüche nicht zu Fall bringen. Allein die Nachbesserung durch Dritte darf daher nicht zum Gewährleistungsausschluß führen (BGH NJW 1980, 831; OLG Karlsruhe ZIP 1983, 1091). Auch die Hinzufügung oder der Austausch von Teilen, die nicht vom Hersteller der Ursprungssache stammen, kann in dieser generellen Form nicht wirksam sein, weil damit auch bei sachgerechter Wartung und Behandlung die Gewährleistungsansprüche entfielen (BGH NJW 1994, 1060). Ein echter Gewährleistungsausschluß liegt hingegen nicht vor, wenn die Haftung ausgeschlossen wird für „Fehler, die durch Beschädigung, falschen Anschluß oder falsche Bedienung durch den Kunden verursacht werden", weil es sich bei diesen Schäden nicht um bei Gefahrübergang vorhandene Mängel handelt (vgl BGH NJW 1993, 657, 658).

Unwirksam sind des weiteren Klauseln, die die Geltendmachung der Gewährleistungsansprüche von der Originalverpackung der Ware abhängig machen (DRYGALA NJW 1993, 359), denn auch hier wird eine über die §§ 459 ff BGB hinausgehende Anforderung an den Vertragspartner gestellt, die zum Ausschluß des Gewährleistungsrecht führt. Klauseln, die nach einer gewissen Zeit einen Verzicht auf die Gewährleistungsrechte unterstellen, sind vorrangig an § 10 Nr 5 und § 11 Nr 10 e zu messen, evtl kommt auch eine Überprüfung nach § 11 Nr 15 in Betracht. Klauseln, die den Anforderungen des § 10 Nr 5 entsprechen, können dennoch bzgl ihrer Fiktionsfolgen der Inhaltskontrolle unterzogen werden (s § 10 Nr 5 Rn 4).

f) Zulässig ist ein Gewährleistungsausschluß im Falle einer offen angebotenen **25** **Tarifwahl**, wenn dem Kunden die Liefersache oder Leistung zu verschiedenen Tarifen angeboten wird und im Falle des niedrigeren Entgeltes ein Gewährleistungsausschluß vorgesehen ist. Der Zusammenhang zwischen herabgesetztem Entgelt und Gewährleistungsausschluß muß dem Kunden allerdings so klar erkennbar gemacht werden, daß er insoweit bewußt eine eigenständige Wahlentscheidung treffen kann und er sich diesbezüglich in einer dem individuellen Aushandeln angenäherten Entscheidungssituation befindet (ähnlich WOLF Rn 30; ULMER/HENSEN Anh §§ 9–11 Rn 444). Der bloße Verkauf von Waren zu **Discountpreisen** stellt daher keinen Fall einer Tarifwahl dar. § 11 Nr 10 a bleibt anwendbar (OLG Düsseldorf VuR 1997, 284).

Behält sich der Verwender seinerseits ein Wahlrecht für die Art seiner Gewährleistung vor, so liegt auch hierin ein Verstoß, wenn dem Kunden nicht mindestens die Wahl zwischen Wandelung und Minderung bleibt (aM STAUDINGER/SCHLOSSER[12] Rn 25). Diese Mindestrechte müßten dem Kunden verbleiben, auch wenn der Verwender sich ansonsten wirksam die Wahl zwischen Nachbesserung und Ersatzlieferung oder andere Ausgleichsmechanismen vorbehalten kann.

3. Verbot der Gewährleistungsersetzung durch Einräumung von Ansprüchen gegen Dritte (§ 11 Nr 10 a 2. Alt)

a) § 11 Nr 10 a 2. Alt verbietet dem Verwender, formularmäßig den Vertragspart- **26** ner abschließend auf Gewährleistungsansprüche gegen Dritte zu verweisen und sich dadurch seinen eigenen Gewährleistungspflichten zu entziehen (zum Grund dieses Verbotes und zur früheren Rechtslage vgl oben Rn 18). Der Verwender kann sich folglich nicht endgültig von der Haftung für Mängel befreien, welche Zulieferern, Auftragsunternehmen, zugezogenen Handwerkern usw anzulasten sind (Nachweis der Rspr vor dem AGBG bei HARDIECK BB 1979, 711; CREUTZIG DB 1979, 154). Dies gilt insbes auch für den Bauträger (unten Rn 37). Damit ist nicht die Möglichkeit beseitigt, daß der Verwender Dritte zur Erfüllung der gegenüber dem Vertragspartner bestehenden Gewährleistungspflichten beizieht oder dem Vertragspartner *zusätzliche* Gewährleistungsansprüche gegen Dritte eingeräumt werden. Folglich steht § 11 Nr 10 a 2. Alt im Regelfall nicht dem sog „Garantiekartensystem" (dazu nach früherem Recht BADER NJW 1976, 209; STÖTTER DB 1965, 1275) entgegen (ULMER/HENSEN Rn 21). Nach diesem System übernimmt der Hersteller neben dem Händler eine eigene Garantieverpflichtung (s auch BULLINGER NJW 1979, 2555). Soweit in diesem Garantievertrag zwischen Hersteller und Endverbraucher zugleich Gewährleistungsbeschränkungsklauseln enthalten sind, haben diese keine Wirkung für den Kaufvertrag zwischen Händler und Endverbraucher, sondern beziehen sich allein auf eine mögliche Haftung des Herstellers selbst, insbesondere auf seine Produzentenhaftung (BGHZ 51, 91). Der Verkauf mit Garantiekarte des Herstellers wird aber dann vom Verbot des § 11 Nr 10 a 2. Alt erfaßt, wenn der Händler in seinen AGB den Kunden allein auf die Garantiehaftung des Herstellers verweist und seine eigene Gewährleistung endgültig ausschließt. Der

Verkäufer muß in seinen eigenen AGB nach § 11 Nr 10 a 3. Alt zumindest subsidiär seine Gewährleistung aufrechterhalten. Sehen die AGB des Händlers die vollständige Ersetzung der eigenen Gewährleistung durch die Garantiehaftung des Dritten vor, so führt dies nur zur Unwirksamkeit des Ausschlusses der eigenen Gewährleistung. Eine Garantieerklärung des Produzenten ist nicht nach § 11 Nr 10 a unwirksam, sondern nach § 9, wenn sie für den Kunden den Eindruck einer abschließenden Regelung seiner Rechte erweckt (BGH NJW 1988, 1726; OLG Hamburg NJW-RR 1987, 121 – s auch oben Rn 15). Der Verweis auf „Vertragsunternehmen" in einem Garantieschein ist nicht als Haftungsausschluß oder -einschränkung zu verstehen.

27 b)   Das Verbot des § 11 Nr 10 a 2. Alt gilt auch hinsichtlich **einzelner Teile** des Vertragsgegenstandes (s oben Rn 20). Dem Verwender ist somit insbes auch verwehrt, seine eigene Gewährleistung hinsichtlich von Teilen, die von Dritten hergestellt sind, durch Verweisung auf die Haftung dieser Dritten zu ersetzen.

4.   Verbot der Abhängigstellung der Eigengewährleistung von vorheriger gerichtlicher Inanspruchnahme Dritter (§ 11 Nr 10 a 3. Alt)

28 a)   Zwar verbietet § 11 Nr 10 a in seiner 2. Alt den abschließenden Ausschluß von Gewährleistungsansprüchen durch Einräumung von Ansprüchen gegen Dritte, gibt anschließend in seiner 3. Alt aber dem Verwender das Recht, in AGB seine eigene Gewährleistung subsidiär zu stellen (zur Entstehungsgeschichte vgl oben Rn 18). Der Verwender darf die gegen ihn gerichteten Gewährleistungsansprüche davon abhängig machen, daß sein Vertragspartner zunächst versucht, abgetretene Gewährleistungsansprüche gegen dritte Personen außergerichtlich geltend zu machen.

29 b)   Eine derartige Subsidiaritätsklausel kann von vorneherein nur die Gewährleistung für solche Mängel erfassen, die **im Verantwortungsbereich eines Dritten** liegen. Beruht die Mangelhaftigkeit eines Bauwerkes beispielsweise nicht auf einer fehlerhaften Bauausführung durch das vom Verwender beauftragte Bauunternehmen, sondern auf einem Fehler in der dem Verwender obliegenden Planung, so bleibt insoweit dessen primäre Haftung bestehen (BGHZ 62, 251, 255 = NJW 1974, 1135; zur AGB-festen gesamtschuldnerischen Haftung von Bauunternehmer und Architekt OLG München NJW-RR 1988, 336).

30 c)   Wie alle AGB-Bestimmungen sind auch Klauseln, welche eine Abtretung von gegen Dritte gerichteten Gewährleistungsansprüchen iVm einer Subsidiarität der Haftung des Verwenders vorsehen, **eng auszulegen**. Tritt der Verwender an den Vertragspartner seine „zukünftigen etwaigen Ansprüche gegen die am Bau beteiligten Bauunternehmer, Bauhandwerker und sonstige Dritte" ab, so bezieht sich die daran anknüpfende Subsidiarität der Gewährleistung des Verwenders im Zweifel **nicht** auf die bereits **vor und bei Abnahme** festgestellten Mängel, und die Abtretung erfaßt im Zweifel nicht Ansprüche gegen den planenden oder die Bauaufsicht führenden Architekten (BGH NJW 1978, 634).

31 d)   Die an den Vertragspartner des Verwenders abgetretenen Gewährleistungsansprüche dürfen in **Inhalt und Umfang** nicht geringer sein als diejenigen Gewährleistungsrechte, welche dem Vertragspartner bei unmittelbarer Inanspruchnahme des Verwenders aufgrund des mit diesem geschlossenen Vertrages zustehen würden, da

der Vertragspartner durch die Subsidiaritätsklausel im Endergebnis nicht schlechter gestellt werden soll, als wenn diese nicht vereinbart worden wäre. Die abgetretenen Gewährleistungsansprüche gegen Dritte müssen folglich in jedem Falle den Mindestanforderungen des § 11 Nr 10 genügen (Ulmer/Hensen Rn 19). Sieht der zwischen Verwender und Kunden geschlossene Vertrag noch darüberhinausgehende Gewährleistungsrechte vor, so müssen auch diese durch die abgetretenen Ansprüche gedeckt sein. Soweit letztere hinter den Mindestanforderungen des § 11 Nr 10 oder den zusätzlich vom Verwender eingeräumten Gewährleistungsrechten zurückbleiben, trifft den Verwender eine primäre Eigengewährleistung (Schlosser/Coester-Waltjen Rn 39; MünchKomm/Basedow Rn 147). Hat beispielsweise der Dritte entsprechend der mit dem Verwender getroffenen Vereinbarung nicht die mit einer Nachbesserung verbundenen Aufwendungen zu übernehmen (Nr 10 c), so ist der Verwender gegenüber dem Kunden unmittelbar verpflichtet, diese zu tragen.

e) Auf die klauselmäßig festgelegte Subsidiarität seiner Eigenhaftung kann sich der Verwender erst dann berufen, wenn er seine diesbezüglichen vertraglichen **Nebenpflichten** erfüllt hat. Er muß die Gewährleistungsansprüche wirksam an den Kunden abgetreten und diesem alle Urkunden übergeben und Auskünfte erteilt haben, welche dieser zur Inanspruchnahme der beteiligten Dritten benötigt (§ 402 BGB). Spätestens auf Verlangen des Kunden oder nach dessen Mängelrüge muß er diesem Namen und Anschrift des für den jeweiligen Mangel in Betracht kommenden Gewährleistungspflichtigen mitteilen (Ulmer/Hensen Rn 19) und ihn auch über einen eventuellen Abnahme- und Verjährungszeitpunkt informieren (so bereits BGH LM AGB Nr 62 Blatt 3 = BB 1975, 442 – insoweit dort nicht abgedruckt). Werden diese Nebenpflichten vom Verwender nicht rechtzeitig erfüllt, so verbleibt es bei dessen primärer Eigenhaftung, s auch Rn 19.

f) Die **Anforderungen**, welche der Verwender an eine dem Kunden auferlegte vorherige **außergerichtliche Inanspruchnahme Dritter** stellen darf, dürfen nicht zu hoch angesetzt werden, damit die Vorschrift des § 11 Nr 10 a noch ihrem am Kundenschutz ausgerichteten Ziel gerecht werden kann (Ulmer/Hensen Rn 20; Wolf Rn 26). Auch der Bundesrat als Initiator der Endfassung des § 11 Nr 10 a 3. Alt (vgl oben Rn 18) ging davon aus, daß sich der Kunde, sobald der Dritte es unterläßt, dem Gewährleistungsverlangen nachzukommen, „sofort ohne weitere Hindernisse an den Vertragspartner halten kann" (vgl BR-Stellungnahme BT-Drucks 7/3919, 50; ähnlich BT-Rechtsausschuß BT-Drucks 7/5422, 9). Dem Erfordernis der außergerichtlichen Inanspruchnahme des Dritten hat der Kunde daher im Regelfalle dann Genüge getan, wenn er diesen unter angemessener Fristsetzung zur Erfüllung seiner Gewährleistungspflichten aufgefordert hat. Ist die Frist ohne Reaktion des Dritten abgelaufen, oder verweigert dieser die Erfüllung des Gewährleistungsanspruches, so greift die subsidiäre Haftung des Verwenders ein (Palandt/Heinrichs Rn 53). Selbst die förmliche Aufforderung mit Fristsetzung ist entbehrlich, wenn der Dritte von vorneherein endgültig die Erfüllung des Gewährleistungsanspruches ablehnt, diese wegen dessen mangelnder Leistungsfähigkeit (zB Konkurs, Vermögensverfall) aussichtslos ist oder wenn aus anderen Umständen eindeutig hervorgeht, daß der Dritte nicht leisten wird und eine besondere Aufforderung sinnlos wäre (so bereits BGH LM AGB Nr 62 Blatt 3; Ulmer/Hensen Rn 20). Ist der Dritte in zulässiger Weise (Nr 10 b) primär nur zu Nachbesserung oder Ersatzlieferung verpflichtet und hat er diese versucht, ist sie aber fehlgeschlagen, so muß ihn der Kunde zunächst nochmals auffordern, die gem

Nr 10 b vorbehaltenen Gewährleistungsansprüche zu erfüllen (KORBION/LOCHER Rn 274). Erst wenn der Dritte dem in angemessener Frist nicht nachkommt, kann der Kunde den Verwender aus dessen subsidiärer Haftung in Anspruch nehmen. Denn durch die Nachbesserungs- bzw Ersatzlieferungsversuche hat der Dritte gezeigt, daß er grundsätzlich Gewährleistungsrechte des Kunden anerkennt und somit möglicherweise auch dem Wandelungs-, Minderungs- oder Schadensersatzbegehren nachkommen wird. Für den Kunden ist es idR nicht unzumutbar, den Dritten nochmals zur Erfüllung dieser Gewährleistungsansprüche aufzufordern.

Weitergehende Anforderungen an die Inanspruchnahme des Dritten als vorstehend aufgeführt dürfen formularmäßig nicht verlangt werden. Nicht notwendig ist es aber, daß in den AGB im Detail die Voraussetzungen festgelegt werden, unter denen die subsidiäre Haftung des Verwenders zum Zuge kommt. Es sind derart verschiedenartige Gründe vorstellbar, welche die erfolgreiche Inanspruchnahme des Dritten scheitern und damit die subsidiäre Haftung entstehen lassen können, daß ihre klauselmäßige Festschreibung schwierig ist. Die Klausel muß jedoch auch für den Laien erkennen lassen, daß die gerichtliche Inanspruchnahme **nicht** erforderlich ist (BGH BB 1995, 988; BGH NJW 1995, 1675). Dies ist nicht der Fall bei einer Klausel, die die „hilfsweise Gewährleistung des Verwenders bei ‚tatsächlichen' Hindernissen (Insolvenz = Geschäftsaufgabe)" in der Durchsetzung der Ansprüche gegen den Dritten (BGH NJW 1995, 1675) oder die die Verwenderhaftung für den Fall der „Nichtdurchsetzbarkeit" der Gewährleistungsansprüche gegen den Dritten vorsieht (BGH NJW 1998, 904).

34 g) Hat der Kunde vom Verwender die notwendigen Auskünfte und Unterlagen erhalten (oben Rn 32), es aber dennoch schuldhaft unterlassen, den Dritten aus abgetretenen Gewährleistungsrechten rechtzeitig vor Verjährungseintritt oder seiner Zahlungsunfähigkeit in Anspruch zu nehmen, so tritt freilich die subsidiäre Haftung des Verwenders nicht ein (so bereits BGH LM AGB Nr 62 Blatt 3, sub IV; SCHLOSSER/ COESTER-WALTJEN Rn 39). Der Verwender wäre aufgrund des schuldhaften Verhaltens des Kunden doppelt belastet, einmal durch die Gewährleistungsansprüche des Kunden und zum anderen dadurch, daß er nicht mehr beim Dritten Regreß nehmen kann. Sind allerdings die Gewährleistungsansprüche gegen den Dritten verjährt oder schlägt dessen Inanspruchnahme aus sonstigem Grunde fehl, ohne daß der Kunde dies zu vertreten hat, so bleibt die subsidiäre Haftung des Verwenders erhalten, soweit sie ihrerseits noch nicht verjährt ist (BGH NJW 1982, 169). Diese **Verjährung** ist nach § 202 Abs 1 BGB für den Zeitraum **gehemmt**, in welchem der Kunde zur Inanspruchnahme des Dritten verpflichtet ist und in dem der Verwender die Erfüllung von Gewährleistungsansprüchen verweigern kann, also vom Zeitpunkt des Auftretens des Mangels bis zum Fehlschlagen der Inanspruchnahme des Dritten (BGH MDR 1982, 48; ULMER/HENSEN Rn 20; LÖWE/vWESTPHALEN Rn 40). Es ist in Rspr und Lehre anerkannt, daß die Hemmung nach § 202 Abs 1 BGB alle Fälle umfaßt, in denen der Durchsetzung des Anspruchs ein *rechtliches Hindernis* entgegensteht, das dazu führt, daß der Verpflichtete sich vorübergehend der Leistung entziehen kann.

35 h) Solange die Mängel nicht beseitigt sind, verbleibt dem Kunden sein diesbezügliches **Zurückbehaltungsrecht** (gem § 320 oder § 273 BGB) gegenüber dem Verwender, auch wenn dessen Gewährleistungspflicht von der vorherigen Inanspruchnahme Dritter abhängig gemacht worden ist. Denn auch in diesem Falle besteht die Haftung des Verwenders (subsidiär) fort. Die Zubilligung dieses Zurückbehaltungsrechtes ist notwendig, um dem Kunden zumindest ein mittelbares Druckmittel zur Durchsetzung seiner Gewährleistungsrechte zu verschaffen, da er gegen den Dritten unmittelbar mangels Vertragsverhältnisses keinerlei Leistungsverweigerungsrechte geltend machen kann (ULMER/HENSEN Rn 23; LÖWE/vWESTPHALEN Rn 39). Der BGH (BGHZ 70, 193 = NJW 1978, 634) gab dem Kunden in der Zeit vor Inkrafttreten des AGBG ein Zurückbehaltungsrecht gegenüber dem Verwender in der Höhe, in der dieser seinerseits gegenüber dem Dritten die diesem zustehende Vergütung zurückhält. Zudem ist der Verwender zu derartigen Rückbehalten im Interesse des Kunden nicht nur berechtigt, sondern vertraglich verpflichtet (BGH NJW 1978, 635). Jedenfalls in den wichtigsten Fällen verbleibt danach dem Kunden ein eigenes Leistungsverweigerungsrecht gegenüber dem Verwender selbst dann, wenn der BGH seine Rspr auch für die Zeit nach Inkrafttreten des AGBG bestätigen sollte. Der formularmäßige Ausschluß eines derartigen Zurückbehaltungsrechtes ist gem § 11 Nr 2 unzulässig.

i) Besteht eine Subsidiaritätsklausel iSv § 11 Nr 10 a 3. Alt und macht der Kunde 36 gegen den Verwender Gewährleistungsansprüche geltend, so trägt ersterer die **Beweislast** dafür, daß er den Dritten vorher erfolglos in Anspruch genommen hat, da der Versuch der Inanspruchnahme zum haftungsbegründenden Tatbestand gehört. Verklagt der Kunde den Verwender ohne vorherige Inanspruchnahme des Dritten, so ist die Klage unbegründet. Die Rechtskraft eines aus diesem Grunde die Klage abweisenden Urteils steht einer erneuten Klage auf Gewährleistung gegen den Verwender nicht entgegen, wenn inzwischen der Kunde den Dritten erfolglos in Anspruch genommen hat. Es handelt sich um eine neu gesetzte, die Rechtskraftsperre überwindende Tatsache (MünchKomm/ZPO/GOTTWALD § 322 Rn 137 ff).

k) Zwischen dem Bauträger und den von ihm beauftragten Baubeteiligten wird 37 häufig die Anwendung der VOB/B vereinbart sein. Hat der Bauträger dem Erwerber die Ansprüche gegen die Baubeteiligten abgetreten und von deren Inanspruchnahme die eigene Haftung des Bauträgers abhängig gemacht (§ 11 Nr 10 a 3. Alt), so ist problematisch, inwieweit der Erwerber vor Inanspruchnahme des Bauträgers auch noch das Selbsthilferecht des § 13 Nr 5 Abs 2 VOB/B ausüben oder zumindest den Dritten zu einer Vorschußzahlung in Höhe der hierfür erforderlichen Kosten auffordern muß. Es genügt die einmalige Aufforderung mit Fristsetzung auch im Falle der Geltung des § 13 Nr 5 VOB/B. Denn mit seiner Weigerung oder gänzlich fehlenden Reaktion zeigt der Dritte, daß er nicht bereit ist, seinen primären Gewährleistungspflichten nachzukommen. Dem Vertragspartner des Bauträgers ist es daher nicht zumutbar, vor der Eigenhaftung des Bauträgers sich nochmals an den nicht leistungsbereiten Dritten zu wenden.

5. Beruflicher Verkehr

a) Ein vollständiger und ersatzloser Gewährleistungsausschluß in Verträgen über 38 neu hergestellte Sachen oder sonstige Leistungen ist auch im beruflichen Geschäftsverkehr nicht zulässig und nach § 9 Abs 2 Nr 1 unwirksam. Dies gilt auch für den Gewährleistungsausschluß hinsichtlich einzelner Teile der Lieferung bzw der Leistung (allgM; BGHZ 124, 351 = NJW 1994, 1060; aM LG Berlin ZIP 1994, 1320 für Verkäufe der Treuhand). Wandelung und Minderung dürfen (wegen § 467 S 2 BGB) auch nicht durch ein Rücktrittsrecht ersetzt werden (BGH NJW 1991, 2630, 2632). Auch im beruflichen Verkehr hat der BGH im Falle der fehlgeschlagenen Nachbesserung in Anlehnung an § 11 Nr 10 b die Beschränkung auf Wandelung **oder** Minderung für unwirksam gehalten (BGH NJW 1981, 1501, 1502; BGH NJW 1993, 2436). Entsprechendes gilt daher auch ohne die Einräumung von Nachbesserungsrechten.

39 b) Eine Klausel, welche die Ersetzung der Gewährleistungsrechte des Vertragspartners durch Einräumung von Ansprüchen gegen Dritte vorsieht (§ 11 Nr 10 a 2. Alt), ist auch im beruflichen Verkehr nach § 9 unzulässig, wenn sie nicht für den Fall des Fehlschlagens der gegen den Dritten gerichteten Ansprüche eine Eigenhaftung des Verwenders einräumt (PALANDT/HEINRICHS Rn 55; ULMER/HENSEN Rn 26; WOLF Rn 34; SOERGEL/STEIN Rn 105). Die Abtretung von Gewährleistungsansprüchen gegen Dritte kann dann das von den Vertragsparteien vorgestellte Äquivalenzverhältnis zwischen Leistung und Gegenleistung nicht wiederherstellen, wenn gegenüber dem Dritten die Ansprüche aus tatsächlichen (Unmöglichkeit, Mißlingen, Unvermögen) oder rechtlichen Gründen (Konkurs, Leistungsverweigerungsrecht des Dritten) fehlschlagen. Da die Aufrechterhaltung des Äquivalenzverhältnisses zwischen Leistung und Gegenleistung auch im beruflichen Verkehr ein zentrales Gerechtigkeitsgebot darstellt, darf der Kunde auch hier im Falle des Fehlschlagens der Ansprüche gegen den Dritten nicht rechtlos gestellt werden. Für den Fall, daß eine Schadloshaltung beim Dritten nicht zum Erfolg führt, muß die Klausel daher selbst eine subsidiäre Eigengewährleistung des Verwenders vorsehen. Es ist unbefriedigend und wenig praktikabel, wenn man die vorherige Aufnahme einer derartigen subsidiären Haftung in der Klausel selbst nicht verlangt, sondern deren Gültigkeit davon abhängig macht, ob im Endergebnis tatsächlich eine Rechtlosstellung des Vertragspartners eintritt.

40 Die Abhängigkeit der subsidiären Haftung des Verwenders von der vorherigen **gerichtlichen Inanspruchnahme** Dritter (§ 11 Nr 10 a 3. Alt) dürfte demgegenüber im kaufmännischen Verkehr nur in Ausnahmefällen eine unangemessene Benachteiligung iSv § 9 darstellen (ULMER/HENSEN Rn 27). Zwar hat gerade auch der Kaufmann ein Interesse an der schnellen Realisierung von Gewährleistungsansprüchen. Als regelmäßig geschäftserfahrenem Kunden ist ihm aber zumutbar, die Ansprüche gegen den Dritten auch gerichtlich durchzusetzen, zumal er durch Streitverkündung gegenüber dem Verwender erreichen kann, daß Mängelfeststellungen im Prozeß gegen den Dritten auch für ein späteres Vorgehen gegen den Verwender Bindungswirkung entfalten (vgl OLG Frankfurt aM MDR 1976, 937 für den umgekehrten Fall). Auch bei Kaufleuten ist die Verjährung der Ansprüche gegen den Verwender solange gem § 202 Abs 1 BGB gehemmt, als deren Geltendmachung wegen der Subsidiaritätsklausel unmöglich ist. Es besteht kein Anlaß, bei der allgemein anerkannten weiten Auslegung des § 202 Abs 1 BGB (oben Rn 34 mwNw) zwischen Kaufleuten und Nichtkaufleuten zu differenzieren. Bei beruflich tätigen Nichtkaufleuten ist je nach Branche und Tätigkeitsfeld zu unterscheiden. Im Zweifel stehen sie den Privaten näher.

IV. Beschränkung der Gewährleistung auf Nachbesserung oder Ersatzlieferung (§ 11 Nr 10 b)

1. Allgemeines

41 Bereits in § 11 Nr 10 a stellt das Gesetz die Nachlieferungs- und Ersatzlieferungsansprüche den übrigen Gewährleistungsansprüchen gleich, mit der Folge, daß das Verbot des vollständigen Gewährleistungsausschlusses nicht verletzt ist, wenn dem Kunden nur ein Recht auf Nachbesserung oder Ersatzlieferung eingeräumt wird. Die Interessen des Kunden werden nicht beeinträchtigt, wenn der Mangel im Wege der Nachbesserung oder Ersatzlieferung behoben wird. Kann oder will der Verwender allerdings den Mangel nicht in angemessener Frist beheben oder keine mangelfreie Sache anstelle der mangelhaften liefern, so wird der Kunde rechtlos gestellt, wenn er in diesem Falle nicht auf andere Gewährleistungsrechte zurückgreifen kann (RegE 34). Daher gestattet § 11 Nr 10 b in grundsätzlicher Übereinstimmung mit der **früheren ständigen und unbestrittenen Rspr** eine Beschränkung der Gewährleistungsansprüche auf Nachbesserung oder Ersatzlieferung nur, wenn für den Fall des Fehlschlagens ausgeschlossene Gewährleistungsrechte „wiederaufleben" (zB BGHZ 22, 90, 99 = NJW 1957, 17; BGHZ 37, 94, 98 – für Kaufverträge; BGHZ 62, 323, 325 = NJW 1974, 1322; BGH NJW 1974, 272 mwNw – für Werkverträge; BGHZ 48, 264, 267 = NJW 1968, 44 für Werklieferungsverträge; weitere Nachweise vgl SCHLOSSER/COESTER-WALTJEN Rn 15; SCHMIDT-SALZER F 74 ff). In zwei Punkten geht die Vorschrift allerdings **über die frühere Rspr hinaus**: Sie verlangt einmal, daß dem Kunden – außer bei Bauleistungen – im Falle des Fehlschlagens ein **Wahlrecht zwischen Minderung und Rückgängigmachung** des Vertrages zustehen muß, während die Rspr bis dahin zumindest beim Werkvertrag die Einräumung lediglich eines Rücktrittsrechts genügen ließ (BGHZ 62, 83, 89; BGH NJW 1963, 1148; BGH NJW 1974, 272 mwN). Zum anderen muß dieses Wahlrecht dem Kunden **ausdrücklich** in den **AGB selbst vorbehalten** sein, wohingegen die frühere Rspr mit ergänzender Vertragsauslegung zu arbeiten bereit war (BGHZ 22, 90, 99 – ständige Rspr; gegen Möglichkeit der ergänzenden Vertragsauslegung vgl aber zuletzt BGH NJW 1979, 2095).

2. Das Mindestrecht auf Nachbesserung oder Ersatzlieferung

Während beim Spezieskauf ein Nachbesserungs- oder Ersatzlieferungsanspruch anstelle der primären Gewährleistungsrechte nur durch besondere vertragliche Vereinbarung begründet werden kann, bestehen beim Gattungskauf (§ 480 Abs 1 BGB) und beim Werkvertrag (§ 633 Abs 2 BGB) bereits gesetzlich Ersatzlieferungs- bzw Nachbesserungsansprüche. Die Unterscheidung zwischen vertraglichen und gesetzlichen Nachbesserungs- bzw Ersatzlieferungsansprüchen wird aber dann hinfällig, wenn eine AGB-Klausel entspr § 11 Nr 10 b die Gewährleistungsrechte zunächst auf Nachbesserungs- oder Ersatzlieferungsansprüche beschränkt. In diesem Falle begründet die AGB-Bestimmung sowohl im Kauf- als auch im Werkvertragsrecht **eigenständige vertragliche Nachbesserungs- oder Ersatzlieferungsansprüche** (SOERGEL/STEIN Rn 107 f; MünchKomm/BASEDOW Rn 151; SCHLOSSER/COESTER-WALTJEN Rn 42). Das hat zur Folge, daß auch beim Werkvertrag für einen in AGB vertraglich begründeten Nachbesserungsanspruch die Vorschriften der §§ 633, 634 BGB eingreifen, wenn die vertragliche Regelung nichts Abweichendes vorsieht. Dies gilt insbes für das Erfordernis der Fristsetzung mit Ablehnungsandrohung (§ 634 Abs 1 BGB; dazu unten Rn 51) und das Fortbestehen des Selbstbeseitigungsrechts des Kunden (dazu unten Rn 53; BGH NJW 1991, 1883; BGH NJW 1992, 3297). Entspr dem Wortlaut der Nr 10 b kann der Verwender die Gewährleistung zunächst entweder auf Nachbesserung **oder** auf Ersatzlieferung beschränken. Er kann selbstverständlich beide Rechte dem Kunden wahlweise einräumen, aber auch sich selbst ein diesbezügliches **Wahlrecht** vorbehalten, da hierdurch die Interessen des Kunden in Anbetracht der subsidiär gegebenen Gewährleistungsrechte nicht gefährdet werden (im Ergebnis ebenso SCHLOSSER/COESTER-WALTJEN Rn 43; LÖWE/VWESTPHALEN Rn 5). Soweit dem Verwender überhaupt mehr als ein einziger Nachbesserungsversuch zusteht (dazu unten Rn 45), kann die Klausel auch vorsehen, daß der Verwender nach der fehlgeschlagenen Nachbesserung zur Ersatzlieferung übergehen darf, da die Ersatzlieferung den Kunden zumeist weniger beeinträchtigen wird als ein weiterer Nachbesserungsversuch (SCHLOSSER/COESTER-WALTJEN Rn 44). Die einem Verwender eingeräumte Befugnis der Schadensbeseitigung durch Naturalrestitution (zB Selbstbeseitigungsrecht des Architekten nach § 5 Abs 3 AVA) ist auch nur ein Nachbesserungsrecht und muß daher den Anforderungen des § 11 Nr 10 b genügen (aM OLG Hamm NJW-RR 1992, 467).

3. Fehlschlagen der Nachbesserung

43 Das Gesetz versteht die Bezeichnung „Fehlschlagen" als Oberbegriff für sämtliche Fallkonstellationen, in denen die Nachbesserung nicht innerhalb angemessener Frist zu einer ordnungsgemäßen Behebung des Mangels führt. Der Gesetzgeber wollte hierbei bewußt an die bereits von der früheren Rspr entwickelten Fallvarianten anknüpfen (RegE 34; Bericht des Rechtsausschusses BT-Drucks 7/5422, 9). Danach ist der Nachbesserungsversuch insbes dann fehlgeschlagen, wenn die Nachbesserung **unmöglich** ist, **mißlingt, verweigert** oder **unzumutbar verzögert** wird (vgl bereits BGHZ 22, 90, 99) oder aus einem sonstigen Grunde dem Kunden **unzumutbar** ist.

44 a) Sofort auf Minderungs- und Wandelungsansprüche zurückgreifen kann der Kunde bei **Unmöglichkeit der Nachbesserung** (BGH NJW 1994, 1004; BGH NJW 1981, 1501). Diese liegt einmal vor, wenn eine Beseitigung des Mangels ohne Neuherstellung der Gesamtsache **technisch nicht durchführbar** ist – wie beispielsweise bei schwerwiegenden **Konstruktionsfehlern** (BGH NJW 1963, 1148), nicht behebbaren Fabrikationsfehlern, fehlgeschnittenen oder verfärbten Kleiderstoffen, zersprungenen Geschirrwaren, verdorbenen Chemikalien und Nahrungsmitteln oder auch bei **Planungsfehlern** des Architekten nach Errichtung des Bauwerkes (BGHZ 43, 227, 232 – zum Nachbesserungsanspruch nach § 633 Abs 2 BGB). Zum anderen ist Unmöglichkeit ebenfalls dann anzunehmen, wenn der Mangel sich zwar technisch einwandfrei beseitigen ließe, aber der Gegenstand allein **durch die Tatsache der Nachbesserung** im Geschäftsverkehr geringer bewertet wird als eine von Anfang an mangelfreie Sache (OLG Köln DB 1965, 140 – Wertminderung durch Verschweißen eines Dachrisses bei fabrikneuem Pkw). Ein bloßes Unvermögen des Verwenders zur Nachbesserung gibt dem Kunden hingegen noch nicht das sofortige Minderungs- bzw Wandlungsrecht, da der Verwender zur Mängelbeseitigung einen Dritten als Erfüllungsgehilfen zuziehen darf (zB der Händler den Hersteller).

45 b) Fehlgeschlagen ist die Nachbesserung weiterhin dann, wenn sie erfolglos versucht wurde (BGH NJW 1994, 1004; BGH NJW 1996, 2504; WOLF Rn 20; SOERGEL/STEIN Rn 110). Die hierbei wesentliche Frage, **wieviele Nachbesserungsversuche** der Kunde dem Verwender zugestehen muß, bevor er wegen Fehlschlagens der Nachbesserung auf die gesetzlichen Gewährleistungsrechte zurückgreifen kann, ist unter Abwägung aller Umstände des Einzelfalles (BGH NJW 1998, 677, 678; NJW-RR 1990, 886 = ZIP 1990, 511) zu entscheiden. Der Vertragstyp (Kauf- oder Werkvertrag etc) ist dafür unerheblich (ULMER/HENSEN Rn 37). Eine allgemeine Regel, etwa daß im Normalfall zwei Nachbesserungsversuche zuzulassen seien (so PALANDT/HEINRICHS Rn 57; OLG Köln DAR

1986, 320; OLG Köln NJW 1987, 2520; OLG Frankfurt aM DB 81, 637; LÖWE/vWESTPHALEN Rn 9), läßt sich nicht aufstellen (ULMER/HENSEN Rn 38). Bei der Bewertung des Kundeninteresses ist zu berücksichtigen, in welchem sachlichen und zeitlichen Umfang dieser durch den Nachbesserungsversuch am bestimmungsgemäßen Gebrauch der erworbenen Sache gehindert wird, zu welchen Beeinträchtigungen die durch Reparaturzeiten verursachte Nutzungsunterbrechung beim Kunden führt und welche zusätzlichen Belastungen (Versendung, Verpackung) ihm mit dem Nachbesserungsversuch auferlegt werden. Ist eine gelieferte Maschine trotz Nachbesserungsbedürftigkeit im Betrieb des Kunden grundsätzlich einsatzfähig (vgl zB BGH NJW 1960, 667) und können die Nachbesserungsversuche beim Kunden mit nur kurzer Betriebsunterbrechung durchgeführt werden, so sind diesem mehrere Nachbesserungsversuche zuzumuten. Muß der Kunde hingegen den erworbenen Gegenstand erst zum Zwecke der Nachbesserung an den Verwender oder einen Dritten versenden, so ist nur in Ausnahmefällen mehr als ein Nachbesserungsversuch zumutbar (PALANDT/HEINRICHS Rn 57; ULMER/HENSEN Rn 39). Auch wenn der Gebrauch der Sache für Haushalt oder berufliche Tätigkeit des Kunden von wesentlicher Bedeutung ist (zB Heizung während Heizperiode; Pkw für Taxiunternehmer; Backofen in Bäckereibetrieb), so muß dieser sich nicht auf mehr als einen Nachbesserungsversuch einlassen, wenn der Mangel die Nutzungsmöglichkeit entscheidend beeinträchtigt (ULMER/HENSEN Rn 39; OLG Hamburg VersR 1983, 741; AG Mannheim NJW-RR 1997, 560). Bei der Beurteilung der Zumutbarkeit weiterer Nachbesserungsversuche ist außerdem zu beachten, zu welchem Ergebnis der vorhergehende Reparaturversuch geführt hat. Tritt nach diesem genau der gleiche Mangel erneut auf, so muß der Kunde idR nicht mehr in einen zusätzlichen Nachbesserungsversuch einwilligen (BGH LM Nr 4 Blatt 2 zu § 635 BGB). Das gleiche gilt, wenn der erste Nachbesserungsversuch erkennbar nachlässig durchgeführt wurde und der Kunde daher begründete Zweifel an dem ordnungsgemäßen Vollzug einer weiteren Nachbesserung haben muß (OLG Köln MDR 1995, 361; PALANDT/ HEINRICHS Rn 57; ULMER/HENSEN Rn 39). Wichtiger Gesichtspunkt bei der Ermittlung der Zumutbarkeit ist zudem der Wert und die technische Komplexität des mangelhaften Gegenstandes. Handelt es sich um eine höherwertige, technisch komplizierte Sache, so kommen mehrfache Nachbesserungen eher in Betracht (OLG Karlsruhe DAR 1977; 323; bei Motorelektronik sehr weitgehend OLG Köln BB 1995, 1317) als bei technisch einfachen geringerwertigen Waren, deren Mängelrisiko kleiner ist (zutreffend ULMER/HENSEN Rn 40 mit Einzelbeispielen). Bei fabrikneuen **Kraftfahrzeugen** sind dem Erwerber mehrfache, zeitlich ausgedehnte Reparaturzeiten nur in beschränktem Umfange zumutbar (vgl auch OLG Karlsruhe DAR 1977, 323 – Unzumutbarkeit weiterer Versuche nach mißlungener Behebung von Lackschäden innerhalb von vier Monaten; OLG Stuttgart NJW 1963, 1206 – zumutbarer Rahmen bei sieben Nachbesserungen innerhalb von sechs Monaten „weit überschritten"; OLG Hamburg VersR 1983, 741 – Korrosionsschäden bei Neuwagen; OLG Köln DAR 1986, 384 – undichte Windschutzscheibe). Handelt es sich bei einer neu hergestellten Sache um eine spezielle Neukonstruktion für den Kunden, so hat dieser dem Verwender in weitergehendem Umfang Möglichkeiten zur Mängelbeseitigung einzuräumen, soweit sie „nicht offenbar aussichtslos" sind (BGH LM § 635 BGB Nr 4 Blatt 2), da hier das Interesse des Verwenders an einer Aufrechterhaltung des Vertrages in erhöhtem Umfange schutzwürdig ist (PALANDT/HEINRICHS Rn 57).

Die **Zahl** der **Nachbesserungsversuche** kann in den AGB festgelegt werden. Überschreitet die formularmäßig vorgesehene Zahl allerdings das für den Kunden zumutbare Maß, so ist die Klausel wegen Verstoßes gegen § 11 Nr 10 b unwirksam (s Rn 45;

für Unwirksamkeit gem § 9 Abs 2 Nr 1 ULMER/HENSEN Rn 42). Mißverständlich kann dabei vor allem sein, ob sich die Zahl der Nachbesserungsversuche auf jeden Mangel erstrecken soll, was idR unwirksam sein wird (BGH ZIP 1988, 70). Die Formulierung „endgültiges Fehlschlagen" gibt über die Zahl der Nachbesserungsversuche keine Auskunft; sie wird in der Rspr wegen dieser Unklarheit für unwirksam gehalten (OLG Karlsruhe MDR 1988, 778).

46 c) Ebenfalls fehlgeschlagen ist die Nachbesserung, wenn sie der Verwender **verweigert**, zB wenn dieser bereits seine Gewährleistungspflicht als solche bestreitet (BGH BB 1990, 510, 513; BGHZ 93, 62). Eine solche Verweigerung ist auch gegeben, wenn die Nachbesserung von einem Reparaturkostenvorschuß abhängig gemacht wird (OLG Köln NJW-RR 1986, 151).

47 d) Die Ansprüche auf Minderung und Wandelung leben wegen Fehlschlagens der Nachbesserung auch dann auf, wenn letztere **unzumutbar verzögert** wird (BGH NJW 1981, 1501; OLG Koblenz NJW-RR 1992, 760; OLG Hamm CR 1994, 358; LG Köln NJW-RR 1993, 437). Im jeweiligen Einzelfall ist zu ermitteln, welche Frist für die Nachbesserung dem Kunden zumutbar ist. Hierbei gelten die gleichen Wertungsgesichtspunkte wie bei der Beurteilung der zumutbaren Zahl der Nachbesserungsversuche (oben Rn 45). Je nach Art des Mangels, des für seine Aufspürung und Beseitigung bei ordnungsgemäßer Durchführung notwendigen Zeitaufwandes sowie der Schwere der Beeinträchtigung des Kunden durch die Mängelbeseitigung kann sich eine sehr unterschiedliche Nachbesserungsfrist ergeben (STÖTTER DB 1969, 648). Zutreffend hält Hensen (ULMER/HENSEN Rn 44) die in den AGB des Radioeinzelhandels vorgesehene sechswöchige Nachbesserungsfrist für unwirksam, zumal wenn die Einhaltung dieser Frist zusätzlich unter dem Vorbehalt steht, daß die notwendigen Ersatzteile verfügbar sind. Ein maßgeblicher Wertungsgesichtspunkt kann zudem oftmals der übrigen zeitlichen Ausgestaltung des Vertrages zu entnehmen sein. So wird bei Verträgen mit unverzüglicher Lieferungspflicht (§ 271 BGB), insbesondere Barkäufen des täglichen Lebens, auch nur eine sehr kurze Nachbesserungsfrist in Betracht kommen. Bei einem Vertrag mit bestimmter Lieferzeit kann sich aus dieser ebenfalls ein gewisser Rahmen für die zumutbaren Nachbesserungsfristen ergeben. Ist die Nachbesserung einer Einbauküche nicht innerhalb von zwei Monaten erfolgt, so gilt sie als fehlgeschlagen (OLG Koblenz NJW-RR 1992, 761).

Der Verwender kann durch **Festsetzung** einer **Nachbesserungsfrist in AGB** nicht einseitig den Zeitpunkt hinausschieben, zu welchem nach vorstehenden Grundsätzen vom Fehlschlagen der Nachbesserung auszugehen ist. Eine Klausel, welche eine unangemessene Nachbesserungsfrist vorsieht, ist wegen Verstoßes gegen § 11 Nr 10 b unwirksam, da sie den Verwender trotz objektiv eingetretenem „Fehlschlagen" weiterhin auf die Nachbesserungspflicht beschränkt (für Überprüfung der Frist an § 9 ULMER/ HENSEN Rn 49).

48 e) Entsprechend dem allgemeinen Grundsatz von Treu und Glauben (vgl auch § 13 Nr 6 S 2 VOB/B) darf der Kunde dann **sofort** das Minderungs- oder Wandelungsrecht geltend machen, wenn es ihm von vornherein **unzumutbar** ist, dem Verwender zunächst noch eine Nachbesserungsmöglichkeit einzuräumen. Dies kann beispielsweise dann der Fall sein, wenn die gelieferte Ware bereits völlig unbrauchbar war und hierdurch oder durch weiteres schuldhaftes Verhalten des Verwenders das zwischen den Vertragsteilen bestehende Vertrauensverhältnis völlig zerstört wurde (BGHZ 93, 29 = NJW 1985, 623; OLG Köln VersR 1992, 584; MünchKomm/BASEDOW Rn 163; WOLF Rn 29; ULMER/HENSEN Rn 45).

f) Das Fehlschlagen iSd § 11 Nr 10 b setzt **kein Verschulden** des Verwenders voraus (SCHLOSSER/COESTER-WALTJEN Rn 46; MünchKomm/BASEDOW Rn 164). Auch wenn die Mängelbeseitigung aus nicht vom Verwender zu vertretenden Gründen mißlingt, kann der Kunde auf das Minderungs- bzw Wandelungsrecht zurückgreifen, denn diese gesetzlichen Gewährleistungsrechte gelangen ihrerseits unabhängig von einem Verschulden des Lieferanten zur Anwendung. Der Verwender kann seine Gewährleistung ebenfalls nicht von seinem Verschulden der Mangelhaftigkeit abhängig machen. **49**

4. Fehlschlagen der Ersatzlieferung

Für das Fehlschlagen der Ersatzlieferung gelten grundsätzlich die gleichen Beurteilungskriterien wie für das Fehlschlagen der Nachbesserung (vgl oben Rn 43 ff), mit der Abweichung, daß eine Ersatzlieferung im Regelfall bereits dann fehlgeschlagen ist, wenn die als Ersatz gelieferte Sache selbst wiederum mangelhaft ist (OLG Hamburg MDR 1974, 578; ULMER/HENSEN Rn 46; SCHMIDT-SALZER Rn F 109). Die Angemessenheit der Ersatzlieferungsfrist bemißt sich nach der generellen marktmäßigen Verfügbarkeit von Ersatzleistungen, ist also bei vertretbaren Sachen nur sehr kurz, auch wenn die Hersteller längere Lieferfristen haben. Der Verwender muß den für eine rasche Ersatzlieferung nötigen Mehraufwand tragen. **50**

5. Geltendmachung von Nachbesserung bzw Ersatzlieferung

Der Kunde ist nicht verpflichtet, dem Verwender bei der Geltendmachung der formularmäßig eingeräumten Nachbesserungs- oder Ersatzlieferungsansprüche eine angemessene **Frist** (so SCHMIDT-SALZER F S 7 für Kaufrecht) mit **Ablehnungsandrohung** zu setzen (OLG Nürnberg OLGZ 83, 78; ULMER/HENSEN Rn 47; PALANDT/HEINRICHS Rn 57; THAMM BB 1982, 2021). Da es sich um **vertraglich** eingeräumte Ansprüche handelt (vgl oben Rn 42), sind die §§ 326 Abs 1, 634 Abs 1 BGB nicht unmittelbar anwendbar. Auch deren entsprechende Anwendung ist abzulehnen, da das Gesetz in § 11 Nr 10 b als Voraussetzung für das Wiederaufleben der gesetzlichen Gewährleistungsrechte allein auf das Fehlschlagen abstellt und gerade nicht auf die zusätzlichen Voraussetzungen der §§ 326 Abs 1, 634 Abs 1 BGB zurückgreift, obwohl eine entsprechende Regelung jederzeit möglich gewesen wäre. Durch das Erfordernis einer Fristsetzung mit Ablehnungsandrohung würde der durch die Regelung des § 11 Nr 10 b bezweckte Schutz des Kunden zudem oftmals ausgehöhlt, da diesem – zumal ohne besonderen Hinweis in den AGB – regelmäßig nicht das Erfordernis einer Fristsetzung mit Ablehnungsandrohung in den Sinn käme und sein Minderungs- bzw Wandelungsbegehren dementsprechend vom Verwender zumeist zurückgewiesen werden könnte. Der Verwender darf aber in seinen AGB festlegen, daß die Minderungs- bzw Wandelungsansprüche erst aufleben, wenn der Kunde eine Frist zur Nachbesserung/Ersatzlieferung gesetzt hat und diese Frist abgelaufen ist (ULMER/ HENSEN Rn 49; MünchKomm/BASEDOW Rn 164). Die Länge der vom Kunden zu setzenden Frist muß aber ebenso angemessen sein wie eine unmittelbar in den AGB vorgeschriebene Nachbesserungsfrist (oben Rn 47). Die Formulierung „erforderliche Zeit" **51** scheitert in Anlehnung an § 10 Nr 1 an der hinreichenden Bestimmtheit (LG Köln NJW-RR 1993, 437). Hingegen dürfte eine in den AGB vorgesehene Verpflichtung des Kunden zur zusätzlichen Ablehnungsandrohung im Regelfall gegen § 9 verstoßen, da dies für den Kunden eine Erschwerung des Überganges zum Wandelungs- bzw Minderungsrecht darstellt, welche durch keinerlei erkennbare Interessen des Verwenders gerechtfertigt werden kann.

6. Vorbehalt des Wandelungs- und Minderungsrechtes

52 a) § 11 Nr 10 b fordert, daß der Verwender den Kunden **ausdrücklich** auf seine subsidiären Minderungs- und Wandelungsrechte hinweist (BGHZ 79, 117 = NJW 1981, 867; OLG Köln VuR 1996, 257; LG Düsseldorf VuR 1997, 320). Der Kunde soll über diese Rechte so informiert werden, daß er sie auch außerhalb eines gerichtlichen Verfahrens und ohne Inanspruchnahme von Rechtsauskünften ausüben kann (RegE 34). Die Belehrung muß daher auch für einen nicht rechtskundigen Leser verständlich sein (BGH NJW-RR 1990, 1141; BGH-RR 1990, 886). Diesen Ansprüchen ist Genüge getan, wenn die gesetzliche Formulierung verwendet wird. Nicht ausreichend ist hingegen, klauselmäßig dem Kunden „Wandelung" und „Minderung" vorzubehalten, da der Kunde diese Ausdrücke häufig nicht richtig verstehen wird (BGH NJW 1982, 2380; BGH NJW 1982, 331; ULMER/HENSEN Rn 34; WOLF Rn 33; FEHL, Umgangssprache oder Fachausdrücke in AGB). Wird die gesetzliche Formulierung nicht benutzt, so muß der Verwender eine Umschreibung wählen, aus welcher eindeutig hervorgeht, daß der Kunde **wahlweise** das Vertragsverhältnis rückgängig machen oder das Entgelt herabsetzen darf. Nicht erforderlich ist, daß der Kunde im einzelnen auf diejenigen Fälle hingewiesen wird, in denen es aufgrund des Fehlschlagens der Nachbesserung zu einem Wiederaufleben der gesetzlichen Gewährleistungsansprüche kommt (so aber LÖWE/vWESTPHALEN Rn 15). Die einzelnen Fälle sind derart vielgestaltig, daß sie nicht vorab klauselmäßig aufgeführt werden können. Es genügt, wenn der Verwender den Ausdruck „Fehlschlagen der Nachbesserung" verwendet (BGH NJW 1994, 1005; BGH NJW-RR 1990, 886 „bis ein Fehlgeschlagen der Nachbesserung vorliegt"; BGH NJW 1998, 679, 680; ULMER/HENSEN Rn 35). Die Formulierung „endgültig fehlgeschlagen" wird hingegen für unklar gehalten, weil sie die Fälle der Verweigerung nicht erfaßt (OLG Karlsruhe MDR 1988, 778; s auch Rn 45). Es können auch alle wichtigen Fallvarianten (s Rn 43 ff) des Fehlschlagens aufgezählt werden. Der Verwender kann sich dabei aber zusammenfassender Oberbegriffe bedienen – wie es etwa in § 13 Nr 6 VOB/B geschehen ist – die aber eine **vollständige** Erfassung der verschiedenen Fälle des Fehlschlagens bringen (BGH NJW 1998, 679, 680; OLG Düsseldorf NJW-RR 1992, 825; OLG Koblenz NJW-RR 1997, 436). Wenn eine Klausel das Recht auf Wandelung und Minderung erst nach wiederholten vergeblichen Gewährleistungsarbeiten gibt, ist damit nicht der Fall der nicht durchgeführten Nachbesserung erfaßt (OLG Köln NJW-RR 1993, 565; OLG Köln NJW-RR 1986, 151; LG Offenburg NJW-RR 1997, 727). Bei zu enger Formulierung ist die gesamte Klausel unwirksam (BGHZ 93, 62; BGH NJW 1994, 1005; BGH NJW 1996, 2506; BGH ZIP 1998, 70; für eine wirksame Klausel s BGH NJW-RR 1990, 886).

Fehlt eine den vorstehenden Anforderungen entsprechende ausdrückliche Belehrung des Kunden, so ist die gesamte Gewährleistungsbeschränkungsklausel unwirksam. Nach § 6 Abs 2 gelten dann die gesetzlichen Gewährleistungsregeln.

b) Dem Kunden muß **nach seiner Wahl** ein **Minderungs-** (§§ 465, 472 BGB) oder **53**
Wandelungsrecht (§§ 465, 467 BGB) eingeräumt werden. Eine Beschränkung auf nur
eines der beiden Rechte führt zur Gesamtunwirksamkeit der Klausel. Durch die
Einräumung des Wandelungs- und Minderungsrechtes wird der **Kunde** aber nicht
verpflichtet, nach Fehlschlagen der Nachbesserung bzw der Ersatzlieferung wahlweise zu Wandelung oder Minderung überzugehen. Er kann auch versuchen, im
Klagewege den Nachbesserungs- oder Ersatzlieferungsanspruch durchzusetzen, da
ihm dieser als primärer Anspruch eingeräumt ist und es nicht im Belieben des Verwenders stehen kann, sich diesem etwa durch bloße Weigerung, Unterlassung oder
Verzögerung zu entziehen (ULMER/HENSEN Rn 55). Da § 11 Nr 10 b über das Fortbestehen eines Selbstbeseitigungsrechtes keinerlei Regelungen enthält, ist § 633 Abs 3
BGB für den werkvertraglichen Nachbesserungsanspruch im Zweifel ergänzend hinzuzuziehen (BGH NJW 1991, 1883; ULMER/HENSEN Rn 55; SCHMIDT-SALZER F 88), sofern er
nicht in eindeutiger Weise ausgeschlossen ist (gegen Abdingbarkeit durch AGB SCHMIDT-
SALZER F 88). Zu beachten ist, daß für den Eintritt des Selbstbeseitigungsrechtes nach
§ 633 Abs 3 BGB der Verwender sich mit der Nachbesserung im Verzug (§§ 284, 285
BGB) befinden muß und somit das bloße Fehlschlagen der Nachbesserung allein
hierfür nicht genügt. Der Verwender kann das Selbstbeseitigungsrecht durch AGB
ausschließen. § 11 Nr 10 a und b stehen dem nicht entgegen (aM SCHMIDT-SALZER F
88).

Ebenso steht beim **Gattungskauf** dem Kunden bei Fehlschlagen der Nachbesserung
neben Wandelung oder Minderung auch noch der Anspruch auf **Ersatzlieferung** gem
§ 480 Abs 1 S 1 BGB zu, soweit nicht auch er ausgeschlossen wurde (ULMER/HENSEN
Rn 54; oben Rn 19).

c) Die Beschränkung der subsidiären Gewährleistungsrechte auf das alleinige **54**
Recht zur Minderung ist ausnahmsweise zulässig, wenn eine **Bauleistung** Gegenstand
der Gewährleistung ist, da diese im Rahmen einer Vertragsrückabwicklung nur
äußerst schwer oder gar nicht zurückgewährt werden kann (RegE 34). Dementsprechend sieht auch die VOB/B ein Wandelungsrecht nicht vor (INGENSTAU/KORBION § 13
VOB/B Rn 208 ff). Der verbleibende Minderungsanspruch kann aber im Falle der völligen Untauglichkeit der Bauleistung zum vollständigen Ausschluß des Werklohnanspruchs führen (s Rn 19; STAUDINGER/HONSELL [1995] § 472 BGB Rn 8). Von „Bauleistungen" spricht man im Anschluß an die Verwendung des gleichen Begriffs in § 1
VOB/A bei bauhandwerklichen Maßnahmen jeder Art, mit denen Bauwerke unmittelbar geschaffen, erhalten oder geändert werden (BGH NJW 1973, 368; INGENSTAU/
KORBION § 1 VOB/A Rn 2 ff). Nicht als „Bauleistung" begreift man daher die Tätigkeit
des **Bauträgers**, soweit er nicht selbst bauhandwerkliche Leistungen erbringt (OLG
Köln NJW 1986, 330; OLG Koblenz NJW-RR 1995, 1104; aM KANZLEITER DNotZ 1987, 661). Die
Einschaltung von Nachunternehmern ändert jedoch die Leistung als solche nicht; es
sollte daher darauf ankommen, wen gegenüber dem Bauherrn die vertragliche Verantwortung für die Ordnungsmäßigkeit der Bauausführung trifft. Der Kauf einer
Eigentumswohnung ist keine Bauleistung, jedenfalls treffen bei diesem die Erwägungen für den Ausschluß der Wandelung nicht zu (OLG Koblenz NJW-RR 1995,
1104).

d) § 11 Nr 10 b verbietet nicht, **Schadensersatzansprüche** aus Verzug oder schuld- **55**
hafter Verletzung der Nachbesserungs- bzw Ersatzlieferungspflicht einzuschränken

(MünchKomm/BASEDOW Rn 164; LÖWE/vWESTPHALEN Rn 3; KORBION/LOCHER Rn 187), soweit die Grenzen des § 11 Nr 7 beachtet sind (zum Verhältnis von § 11 Nr 7 zu § 11 Nr 10 vgl oben Rn 16). S auch STAUDINGER/SCHLOSSER § 5 Rn 11.

Zur Garantiekarte oben Rn 15, 26 und LG Berlin ZIP 1981, 744.

7. Beruflicher Verkehr

56 Die Regelung des § 11 Nr 10 b findet mit gewissen Einschränkungen auch im kaufmännischen Verkehr Anwendung (BGH NJW 1998, 679, 680; NJW 1998, 677, 678). § 11 Nr 10 b ist unstreitig auch insoweit auf das Verhältnis unter Kaufleuten anzuwenden, als er die frühere Rspr festschreibt. Im kaufmännischen Geschäftsverkehr genügt es im allgemeinen aber, wenn dem Kunden subsidiär zu Nachbesserung bzw Ersatzlieferung ein Wandelungsrecht eingeräumt wird (BGH NJW 1981, 1501; BGHZ 93, 29 = NJW 1985, 623, 630; BGH NJW 1993, 2436). Dieses ist unabdingbar. Ob auch das Minderungsrecht eingeräumt werden muß, hat die höchstrichterliche Rspr noch nicht entschieden, erscheint auch eher zweifelhaft (vgl MünchKomm/BASEDOW Rn 167).

Die alte Rspr, die den Verweis auf einen verschuldensunabhängigen Schadensersatz erlaubte (BGH NJW 1978, 814), dürfte überholt sein.

Dem Kunden muß zumindest ein Wandelungsrecht oder Minderungsrecht eingeräumt sein, das unabhängig vom Verschulden des Verwenders ist. Zwar gibt es dafür, wer Zufallsschäden zu tragen hat, auch im Vertragsrecht keine natürliche Gerechtigkeitslösung. Jedoch lassen sich aus den Besonderheiten des kaufmännischen Verkehrs keine Gesichtspunkte entnehmen, welche eine solche Risikoüberbürdung auf den Vertragspartner des Verwenders rechtfertigen könnten. Auch nach Ansicht des BGH ist in jedem Falle ein Ausschluß sowohl des Schadensersatzanspruches als auch des Wandelungsrechtes unzulässig (BGH NJW 1974, 551). In besonderen Fällen kann sich der Verwender auch nicht mit einem Rücktrittsrecht des Kunden begnügen, sondern muß die Haftung für schuldhafte Schlechterfüllung der Nachbesserungspflicht aufrechterhalten. Die Ersetzung der Wandelung durch ein Rücktrittsrecht ist wegen § 467 S 2 BGB auch im kaufmännischen Verkehr unzulässig (BGH NJW 1991, 2630).

Auch im kaufmännischen Geschäftsverkehr ist der **ausdrückliche Hinweis** auf das subsidiär bestehende Gewährleistungsrecht erforderlich (OLG Stuttgart DB 1984, 501; offengelassen in BGH NJW 1998, 679, 680; NJW 1996, 2504; NJW 1981, 1501; ULMER/HENSEN Rn 58). Das Erfordernis der Aufnahme des ausdrücklichen Vorbehaltes dient ua dazu, im Interesse des Geschäftsverkehrs von Anfang an klarzustellen, in welchen Grenzen Gewährleistungsausschluß- und -beschränkungsklauseln wirksam sind. Der Verwender darf sich aber im kaufmännischen Bereich auch der Begriffe „Wandelung" und „Minderung" bedienen (s Rn 52), da insoweit ein Verständnis von seiten des Kaufmanns erwartet werden kann (ULMER/HENSEN Rn 58). Für Nichtkaufleute, die beruflich tätig sind, ist die Indizwirkung der Nr 10 b idR noch stärker.

V. Aufwendungen bei Nachbesserungen (§ 11 Nr 10 c)

1. Allgemeines

Sind die Rechte des Kunden entsprechend der Regelung des § 11 Nr 10 b zunächst 57 auf die Nachbesserung beschränkt und sehen die Vertragsbedingungen zusätzlich vor, daß erhebliche Kosten der Nachbesserung den Kunden treffen sollen, so führt dies zu einer Entwertung des Nachbesserungsrechtes und kann den Kunden teilweise rechtlos stellen (RegE 35). Das von den Parteien bei Vertragsabschluß vorgestellte Äquivalenzverhältnis zwischen Verwenderleistung und Gegenleistung des Kunden wird gestört, denn letzterer erhält zwar nach erfolgreicher Nachbesserung die mangelfreie Lieferung, aber er muß hierfür zusätzlich zur vorgesehenen Vergütung die ihm auferlegten Nachbesserungskosten aufbringen. Daher verbietet § 11 Nr 10 c AGB-Klauseln, in denen die Verpflichtung des Verwenders zur Tragung der Nachbesserungskosten ausgeschlossen oder beschränkt wird. Die Vorschrift knüpft hierbei an die durch § 25 AGBG neu geschaffenen, grundsätzlich abdingbaren §§ 476 a, 633 Abs 2 S 2 BGB an, welche die Kostentragungspflicht des Verkäufers bzw Werkunternehmers begründen. Die **frühere Rspr** hat Klauseln, welche dem Kunden Nachbesserungskosten auferlegt haben, nicht beanstandet (Nachw bei SCHLOSSER/COESTER-WALTJEN Rn 20). Unabhängig von der AGB-Kontrolle hatte allerdings der BGH für die werkvertragliche Nachbesserung klargestellt, daß der Werkunternehmer deren Kosten zu tragen habe (BGH NJW 1963, 805 und 811; BGHZ 59, 328 = NJW 1973, 46; BGH NJW 1979, 804).

2. Verpflichtung zur Tragung der Aufwendungen

a) Beim **Kaufvertrag** ergibt sich die Verpflichtung des Verkäufers zur Tragung der 58 Nachbesserungsaufwendungen aus **§ 476 a BGB**. Sie tritt ein, wenn ein Nachbesserungsrecht „anstelle des Rechts auf Wandelung oder Minderung" entweder in den AGB entsprechend § 11 Nr 10 b oder durch Individualvereinbarung (WOLF Rn 2) festgesetzt wurde. Der Verwender muß daher gem § 476 a BGB nicht die Nachbesserungskosten tragen, wenn dem Kunden das Nachbesserungsrecht wahlweise **neben** dem Wandelungs- oder Minderungsrecht eingeräumt wird (MünchKomm/BASEDOW Rn 176; SCHLOSSER/COESTER-WALTJEN § 25 Rn 2), da in diesem Falle keine Beschränkung der Gewährleistungsrechte vorliegt und der Kunde auf das Wandelungs- oder Minderungsrecht ausweichen kann, wenn ihm die ihn treffenden Nachbesserungskosten zu hoch erscheinen (aM ULMER/HENSEN Rn 60; WOLF Rn 4; LÖWE/vWESTPHALEN Rn 4).

b) Auch im **Werkvertragsrecht** besteht gem § 633 Abs 2 S 2 BGB die Verpflichtung des Verwenders zur Tragung der Nachbesserungskosten entsprechend § 476 a BGB. Die systematische Stellung des § 633 Abs 2 S 2 BGB zeigt, daß – anders als im Kaufrecht – die Pflicht zur Kostentragung gem §§ 476 a, 633 Abs 2 S 2 BGB **in jedem Falle** der werkvertraglichen Nachbesserung eintritt, gleichgültig ob diese anstelle von Wandelung und Minderung vereinbart wurde oder nicht. § 633 Abs 1 S 1 BGB regelt ein selbständiges werkvertragliches Mängelbeseitigungsrecht, das keinen Ersatz, sondern eine Vorstufe zu Wandelung und Minderung darstellt. Gerade auch auf diesen Nachbesserungsanspruch bezieht sich die Verweisung des § 633 Abs 2 S 2 BGB. Diese Vorschrift enthält somit im Ergebnis allein eine Rechtsfolgenverweisung auf § 476 a BGB (ULMER/HENSEN § 25 Rn 22). Die demnach beim Werkvertrag in allen Fällen der Nachbesserung ohne die Einschränkung des § 476 a 1. HS bestehende Verpflichtung zur Tragung der Nachbesserungskosten darf gem § 11 Nr 10 c formularmäßig nicht ausgeschlossen oder beschränkt werden.

Die Vorschrift bezieht sich jedoch nicht auf Garantieerklärungen des Herstellers (Nickel NJW 1981, 1490; vWestphalen NJW 1980, 2227; Reinel NJW 1980, 1610). Ob ein solcher Ausschluß der Kostentragung nach § 9 unwirksam ist, ist streitig (für Unwirksamkeit Nickel NJW 1981, 1492), aber zu verneinen, solange die Garantieleistungen nicht an die Stelle der Gewährleistung treten sollen; zu derartigen Klauseln oben Rn 15, 26.

3. Umfang der zu tragenden Aufwendungen

59 a) Das Ausschluß- und Beschränkungsverbot des § 11 Nr 10 c erfaßt sämtliche **Aufwendungen**, die „zum Zwecke der Nachbesserung erforderlich" werden. Die Aufwendungen müssen in **unmittelbarem ursächlichen Zusammenhang mit der Ausführung** der Nachbesserung stehen und **zielgerichtet** auf diese („zum Zweck") gemacht werden (Soergel/Stein Rn 115; Wolf Rn 3). Die Rspr rechnet hierher auch Kosten, die dem Vertragspartner auf Veranlassung des Verwenders zur Durchführung der Nachbesserung entstehen, ja sogar Kosten, die im Zusammenhang mit dem Nachweis der Mangelhaftigkeit entstehen (BGH NJW 1991, 1604, 1607; Löwe/vWestphalen Rn 9). Nicht erfaßt werden die Kosten, welche dem Kunden durch einen für die Zeit der Nachbesserung eingetretenen **Nutzungsausfall** entstehen (MünchKomm/Basedow Rn 173). Gleichfalls stellen solche Schäden an Rechtsgütern des Kunden keine Aufwendungen iSd Vorschrift dar, die nicht notwendigerweise mit der Nachbesserungsmaßnahme verknüpft sind. Sowohl der Nutzungsausfall als auch die letztgenannten Schäden sind nicht Aufwendungen „zum Zwecke" der Nachbesserung, sondern anläßlich der Nachbesserung eingetretene Folgen. Würde man jeden Nutzungsausfall und jeden durch die Nachbesserung verursachten Schaden als Aufwendung iSv §§ 11 Nr 10 c, 476 a BGB ansehen, so gelangte man im Ergebnis zu einer Schadensersatzhaftung ohne Verschulden, welche die gesetzlichen Gewährleistungsbestimmungen bei gewöhnlichen Mängeln nicht vorsehen. Für etwaige anläßlich der Nachbesserung entstandene Schäden kann der Kunde nur bei schuldhafter Verzögerung oder Schlechterfüllung der Nachbesserung möglicherweise aus Verzug oder positiver Vertragsverletzung Ersatz verlangen (vgl BGH NJW 1976, 234; s Staudinger/Schlosser § 5 Rn 10).

Etwas anderes gilt, wenn Schädigungen von Rechtsgütern des Kunden von vorneherein notwendig sind, um die Nachbesserungsmaßnahme durchzuführen (zB Ausbrechen von Mauerwerk zur Reparatur von Rohrleitungen). In diesem Fall gehören die zur Beseitigung der Schäden erforderlichen Kosten zu den Aufwendungen iSd Vorschrift (s Erl Staudinger/Peters [1994] § 633).

60 b) Als Aufwendungen, denen sich der Verwender formularmäßig weder vollständig noch teilweise entziehen darf, zählt das Gesetz besonders die Transport-, Wege-, Arbeits- und Materialkosten. Zu den **Transportkosten** gehören diejenigen Aufwendungen, die erforderlich sind, damit die mangelhafte Sache vom Sitz des Kunden zum Verkäufer, dessen Werkstatt oder dem von ihm mit der Nachbesserung beauftragten Dritten und wieder zurück zum Kunden befördert werden kann. § 11 Nr 10 c

verbietet nur, dem Kunden diese Transportkosten aufzuerlegen, nicht aber, von diesem die Rücksendung der fehlerhaften Ware gegen Kostenerstattung zu verlangen. Geschieht dies, so kann der Kunde aber bei erheblichen Versandkosten vom Verwender einen entsprechenden **Kostenvorschuß** fordern (Löwe/vWestphalen Rn 11, 13). Sendet der Kunde die Ware selbst zurück, so hat er die preisweiteste Versandart zu wählen, da der Verwender nur die „erforderlichen" Aufwendungen zu tragen hat. **Wegekosten** sind diejenigen Unkosten, welche dem Verwender dadurch entstehen, daß er selbst, seine Bediensteten oder von ihm beauftragte Dritte den Kunden an dessen Sitz zum Zwecke der Nachbesserung aufsuchen.

c) Die Aufzählung des Gesetzes ist nur beispielhaft. Die Vorschrift erfaßt auch alle anderen zur Erfüllung des Nachbesserungsanspruches erforderlichen Aufwendungen, so auch die Kosten, welche anfallen, wenn der Verwender die **Mangelbeseitigung durch Dritte** als Erfüllungsgehilfen durchführen läßt (Löwe/vWestphalen Rn 13, 14). Auch wenn der **Kunde** bei Verzug des Verwenders mit der Nachbesserung im Wege des Selbsthilferechts (§ 633 Abs 3 BGB; dazu Rn 53) die Mängelbeseitigung selbst vornimmt, wird sein hieraus entstehender Aufwendungsersatzanspruch von § 11 Nr 10 c erfaßt und ist durch AGB unabdingbar (MünchKomm/Basedow Rn 173; Löwe/vWestphalen Rn 14).

Eine Formulierung wie „Die Kosten der Ersatzteile trägt der (Verwender)" enthält eine unzulässige Beschränkung und ist daher unwirksam (BGH NJW 1981, 867).

d) Da § 11 Nr 10 c an die Kostentragungsverpflichtung des § 476 a BGB anknüpft, **61** fallen unter das Klauselverbot nicht solche Aufwendungen, die zusätzlich dadurch verursacht werden, daß die mangelhafte Sache nach der Übergabe an einen anderen Ort als den Wohnsitz oder die gewerbliche Niederlassung des Kunden verbracht worden ist (vgl Staudinger/Honsell [1995] § 476 a Rn 5). Die durch diese Verbringung der Sache erhöhten Aufwendungen hat der Kunde zu tragen, während alle übrigen Nachbesserungskosten weiterhin formularmäßig unabdingbar der Verwender zu übernehmen hat. Soweit allerdings die Verbringung der Sache an einen anderen Ort deren bestimmungsgemäßem Gebrauch entspricht, wie zB beim Kraftfahrzeug, so verbleibt die Erstattungspflicht für die gesamten Aufwendungen beim Verwender.

4. Entsprechende Anwendung von § 11 Nr 10 c auf Kosten der Ersatzlieferung

§ 476 a BGB (dort Rn 6) und § 11 Nr 10 c ABGB sind **entsprechend** anzuwenden, wenn **62** der Verwender formularmäßig die Verpflichtung zur Tragung der mit einer **Ersatzlieferung** verbundenen Kosten auszuschließen versucht (aM Löwe/vWestphalen Rn 15; Ulmer/Hensen Rn 60 – die aber die formularmäßige Abwälzung der Ersatzlieferungskosten nach § 9 Abs 2 als unzulässig ansehen). Zwischen Nachbesserung und Ersatzlieferung besteht nur ein gradueller Unterschied.

5. Beruflicher Verkehr

Die Zulässigkeit der formularmäßigen Abdingung der Kostentragungspflicht aus **63** §§ 476 a, 633 Abs 2 S 2 BGB ist für den kaufmännischen Verkehr umstritten. Gegen eine Anwendung des Klauselverbotes des § 11 Nr 10 c auf Kaufleute spricht, daß der Gesetzgeber die §§ 476 a, 633 Abs 2 S 2 BGB gerade mit Rücksicht auf den Handelsverkehr nicht als zwingende Vorschriften ausgestaltet hat (RegE 35) und es im Handelsverkehr weitgehend üblich ist und nach der früheren Rspr zulässig (BGH LM § 138 [Bc] Nr 11 = MDR 1973, 212) war, die Nachbesserungskosten zu wesentlichen Teilen dem Kunden aufzuerlegen. Dennoch ist auch gegenüber Kaufleuten gem § 9 idR von der Unwirksamkeit einer Klausel auszugehen, welche den Verbotstatbestand des § 11 Nr 10 c erfüllt (OLG Düsseldorf AGBE I § 9 Nr 76; BGH NJW 1981, 1510; ULMER/HENSEN Rn 61; anders noch SCHLOSSER/COESTER-WALTJEN Rn 67; LUTZ, AGB-Kontrolle im Handelsverkehr 163). Auch für den Kaufmann ist es von wesentlichem Interesse, daß das Leistungsaustauschverhältnis nicht dadurch gestört wird, daß er zusätzlich zum vertraglich vereinbarten Entgelt noch Nachbesserungskosten bezahlen muß, um eine vertragsgemäße Gegenleistung des Verwenders zu erhalten. Insoweit enthält § 476 a einen gesetzlichen Grundgedanken, der auch im Rahmen des § 9 Abs 2 Nr 1 zu beachten ist. Dem Endverbraucher kann der Kaufmann die Nachbesserungskosten im Regelfall in Anbetracht des § 11 Nr 10 c nicht auferlegen. Es entspricht einer am Verursacherprinzip orientierten gerechten Risikoverteilung, daß die Nachbesserungskosten dem zugerechnet werden, der sie durch die Fehlerhaftigkeit der Sache veranlaßt hat. Zudem spricht die Versicherbarkeit der Nachbesserungskosten dagegen, daß der Lieferant mangelhafter Sachen diese Kosten ausschließt oder beschränkt. Zu den ersatzpflichtigen Aufwendungen eines Zwischenhändlers gehört alles, was er selbst aufgrund von § 11 Nr 10 c seinem Kunden leisten mußte.

Im Einzelfall kann eine entsprechende Klausel im kaufmännischen Verkehr wirksam sein, etwa wenn es sich um geringfügige Kostenteile handelt oder wenn Wegekosten vom Verwender nur bis zu einer bestimmten Strecke übernommen werden, die dem normalen Aktionsradius seines Betriebes entsprechen. Ein exportorientierter Verwender kann etwa nur Transportkosten innerhalb der Bundesrepublik ersatzpflichtig sein lassen oder Zölle und Abgaben von seiner Gewährleistung durch Nachbesserung ausnehmen. Auch eine Kompensation durch andere Vorteile für den Erwerber kann das Unwirksamkeitsverdikt beseitigen (vgl BGH NJW 1996, 389 – Kompensation aber nicht ausreichend).

Gegenüber den beruflich tätigen Nichtkaufleuten gelten diese Abwägungsgesichtspunkte entsprechend.

VI. Vorenthalten der Mängelbeseitigung (§ 11 Nr 10 d)

1. Allgemeines

64 Zielen die Nr 10 a–c des § 11 darauf ab, dem Kunden im Falle der Mangelhaftigkeit der Verwenderleistung gewisse Mindestrechte zu sichern, so soll Nr 10 d gewährleisten, daß der Kunde diese Rechte auch durchsetzen kann, ohne vorab an den Verwender unverhältnismäßig hohe Vorleistungen erbringen zu müssen. Die Vorschrift bildet damit die spiegelbildliche Ergänzung zu § 11 Nr 2. Dieser sichert dem Kunden die Berufung auf ein Leistungsverweigerungs- (§ 320 BGB) bzw Zurückbehaltungsrecht (§ 273 BGB) wegen Mangelhaftigkeit der Verwenderleistung, wenn er auf Zahlung des Entgeltes in Anspruch genommen wird. § 11 Nr 10 d ergänzt § 11 Nr 2 für den Fall, daß der Kunde seinerseits aktiv die Mängelbeseitigungsansprüche geltend macht und verbietet dem Verwender, die Durchführung der Nachbesserung oder Ersatzlieferung von einer unverhältnismäßig hohen Entgeltzahlung des Kunden

abhängig zu machen. Anlaß zu Streitigkeiten scheint diese Regelung nicht zu geben, jedenfalls findet sich kaum veröffentlichte Rspr (BGH NJW 1984, 725, 727 beschäftigt sich insoweit nicht mit AGB; die dortige Situation entspricht iü § 11 Nr 2).

2. Vorenthalten der Mängelbeseitigung bis zur vollständigen Entgeltzahlung

Verboten ist eine Klausel, welche die **Nachbesserung** oder **Ersatzlieferung** von der 65 vorherigen vollständigen Entgeltzahlung abhängig macht. Hierbei kann es sich um gesetzliche (§ 633 Abs 2 S 1, 480 Abs 1 S 1 BGB) oder vertraglich festgesetzte Nachbesserungs- bzw Ersatzlieferungsansprüche handeln (SOERGEL/STEIN Rn 119). Im Gegensatz zur früheren Rspr (BGHZ 48, 268 ff = NJW 1968, 44; BGHZ 61, 44 = WM 1973, 995) ist es für das Eingreifen des Verbotes gleichgültig, welche zusätzlichen Gewährleistungsrechte neben oder subsidiär zum Nachbesserungsanspruch eingeräumt werden.

Das Verbot, formularmäßig die Mängelbeseitigung von der vollständigen Entgeltzahlung abhängig zu machen, gilt nicht nur, wenn das Bestehen der Mängel im übrigen unstreitig oder bewiesen ist, sondern gerade auch in dem – praktisch häufigen – Fall, daß das Vorliegen der Mängel noch nicht geklärt ist und zwischen den Parteien hierüber Streit besteht. Macht der Kunde in schlüssiger und hinreichend spezifizierter Weise Mängel geltend, so kann der Verwender die diesbezüglichen Nachbesserungsansprüche nicht schon mit der bloßen Berufung auf die noch ausstehende Entgeltzahlung des Kunden ablehnen (LÖWE/VWESTPHALEN Rn 6). Kommt es zu einem **Prozeß**, so kann das Gericht die geltend gemachte Nachbesserungsklage ebenfalls nicht bereits mit der Begründung abweisen, daß der Kunde vorleistungspflichtig sei, sondern es muß prüfen, ob die Mängel und damit die Nachbesserungsansprüche tatsächlich bestehen (BGHZ 48, 271).

3. Vorenthalten der Mängelbeseitigung bis zur Zahlung eines unverhältnismäßig hohen Entgeltteiles

a) § 11 Nr 10 d verbietet dem Verwender nicht nur, die Mängelbeseitigung von 66 der Zahlung des vollen Entgeltes abhängig zu machen, sondern untersagt es ihm auch, klauselmäßig die Nachbesserung oder Ersatzlieferung bis zur Zahlung eines **unverhältnismäßig hohen Teiles des Entgeltes** vorzuenthalten. Insoweit enthält § 11 Nr 10 d 2. HS ein – für den Klauselverbotskatalog des § 11 systemwidriges – Wertungselement. Der **Teil** des Entgeltes, von dem die Mängelbeseitigung abhängig gemacht wird, muß in jedem Falle in einem **angemessenen Verhältnis** zum Wert der bereits erbrachten, aber mangelhaften Leistung stehen (PALANDT/HEINRICHS Rn 64; MünchKomm/BASEDOW Rn 180; ULMER/HENSEN Rn 65 f; vgl dazu BGH NJW 1984, 725, 727, der sich aber mit § 320 BGB und damit einer § 11 Nr 2 vergleichbaren Situation beschäftigt). Er darf somit keinesfalls den Betrag übersteigen, der sich im Falle des Fortbestehens des Mangels bei einer Minderung des Entgeltes gem § 472 BGB ergeben würde. Im Regelfall muß der so ermittelte Betrag aber sicherheitshalber noch zusätzlich gekürzt werden, um dem Verhältnismäßigkeitserfordernis des § 11 Nr 10 d 2. HS zu genügen. Auch für § 320 Abs 2 BGB ist anerkannt, daß der vom Besteller zurückbehaltene Entgeltbetrag den Wert der restlichen Gegenleistung (hier: der Mängelbeseitigung) übersteigen darf (s STAUDINGER/OTTO [1995] § 320 Rn 27 ff). Überhaupt keinerlei Entgeltanteil als Vorleistung darf der Verwender verlangen, wenn die geleistete Sache für den Kunden ohne Beseitigung des Mangels wertlos ist, weil der Mangel die Möglichkeit ihres bestimmungsgemäßen Gebrauches ausschließt (ähnlich im Ergebnis ULMER/HENSEN Rn 65) und eine kurzfristige Nachbesserung durch einen Dritten nicht erreichbar ist.

67 b) Problematisch ist, ob eine Klausel, um wirksam zu sein, derart offen formuliert sein muß, daß sie von vornherein für jeden Einzelfall eine dem jeweiligen Umfang des Mangels angemessene Festsetzung des vorzuleistenden Entgeltanteiles erlaubt, oder ob sie einen bestimmten – beispielsweise prozentualen – Anteil des Gesamtentgeltes festsetzen darf, mit der Folge, daß erst bei Kenntnis der jeweiligen individuellen Umstände – wie zB Höhe der Wertminderung und Umfang der Gebrauchsbeeinträchtigung durch den Mangel – die Wirksamkeit oder Unwirksamkeit der Vorleistungsklausel beurteilt werden kann. Die zweite Hypothese widerspricht zwar nicht einer angeblich grundsätzlich für die Inhaltskontrolle maßgeblichen (STAUDINGER/SCHLOSSER § 5 Rn 18 ff) überindividuell-generalisierenden Betrachtungsweise, jedoch trüge der Aufsteller, der so vorginge, nicht nur das Unwirksamkeitsrisiko im Einzelfall. Auch eine Unterlassungsklage gegen solchermaßen redigierte Klauseln müßte Erfolg haben, weil sie Maßstäbe setzen, die in vielen Fällen den Erfordernissen des § 11 Nr 10 d nicht gerecht werden. Daher ist eine einwandfreie Klausel so auszugestalten, daß sie selbst die angemessenen Maßstäbe für eine variable Anpassung des vorzuleistenden Entgeltanteiles an Umfang und Schwere der jeweils auftretenden Mängel festlegt. Dies kann beispielsweise in der Form geschehen, daß der Verwender die Nachbesserung von der Vorauszahlung eines Entgeltanteiles in Höhe von 50 (75) % des Wertes der *mangelhaften* Sache abhängig macht.

4. Rechtsfolge des Verstoßes gegen § 11 Nr 10 d

68 a) Macht eine Klausel die Durchführung von Nachbesserung oder Ersatzleistung von der Zahlung des vollen oder eines unverhältnismäßig hohen Entgeltes abhängig, so ist sie **vollständig unwirksam**. Sie kann nicht durch geltungserhaltende Reduktion in Höhe eines angemessenen Entgeltanteiles wirksam aufrechterhalten werden.

69 b) An die Stelle der unwirksamen Klausel tritt die gesetzliche Regelung (§ 6 Abs 2). Der Kunde kann die vertraglich oder gesetzlich geschuldete Nachbesserung ohne **vorherige** Entgeltzahlung verlangen. Der Verwender muß aber nach der Durchführung der Mängelbeseitigung die Herausgabe der nunmehr mangelfreien Sache seinerseits gem § 322 Abs 1 bzw § 274 Abs 1 BGB nur **Zug um Zug** gegen die Entgeltzahlung bewirken (BGHZ 61, 42 = NJW 1973, 1792). Auf dieses Zurückbehaltungsrecht kann sich der Verwender allerdings nur berufen, wenn der Zahlungsanspruch fällig ist.

5. Beruflicher Verkehr

70 Auch im beruflichen Geschäftsverkehr wird eine Klausel, welche Nachbesserungs- oder Ersatzlieferungsansprüche von der Zahlung des vollen oder eines unverhältnismäßig hohen Entgeltteils abhängig macht, grundsätzlich unangemessen und wegen Verstoßes gegen § 9 unwirksam sein (für volle Geltung des Verbotes des § 11 Nr 10 d: ULMER/HENSEN Rn 68; PALANDT/HEINRICHS Rn 64; MünchKomm/BASEDOW Rn 171; aM STAUDINGER/SCHLOSSER[12] Rn 70; LUTZ, AGB-Kontrolle im Handelsverkehr 165). Auch wenn dem beruflichen Kunden neben dem oder subsidiär zum Nachbesserungs- bzw Ersatzlieferungsrecht sämtliche übrigen gesetzlichen Gewährleistungsrechte eingeräumt und Schadensersatzansprüche nicht ausgeschlossen sind, erscheint es unangemessen, wenn der Verwender seine Nachbesserungs- bzw Ersatzlieferungspflicht von einer Vorleistungspflicht des Kunden abhängig macht. Nicht angemessen ist es auch, den Kunden bis zur Erbringung seiner Vorleistung allein auf Nachbesserung bzw Ersatzlieferung zu beschränken und ihm damit den Übergang zu Wandelung oder Minderung so lange zu verweigern, obwohl ihm eine nur mangelhafte Leistung erbracht worden ist. Der Verwender ist auch hier ausreichend durch die Möglichkeit der Vereinbarung einer Vorleistungspflicht des Vertragspartners geschützt (MünchKomm/ BASEDOW Rn 181). Verweigert der Verwender die Nachbesserung oder Ersatzlieferung unter Berufung auf die „Vorleistungspflicht" des Kunden, so kann dieser wegen Fehlschlagens der Nachbesserung bzw Ersatzlieferung zu Wandelung oder Minderung übergehen (zu § 478: OLG Stuttgart NJW-RR 1992, 117).

VII. Ausschlußfrist für Mängelanzeige (§ 11 Nr 10 e)

1. Allgemeines

a) Die Gewährleistungsvorschriften des BGB sehen keine Obliegenheiten des **71** Kunden zur Untersuchung der gelieferten Sache und zur fristgerechten Rüge von erkennbaren Mängeln vor (abgesehen von der Ausschlußfrist für die Mängelanzeige im Reisevertragsrecht, § 651 g BGB, von der aber ohnehin nicht zu Lasten des Kunden abgewichen werden kann, § 651 l BGB). In Ergänzung zur gesetzlichen Regelung und in Anknüpfung an § 377 HGB versuchen die Verwender daher häufig, in ihren AGB eine derartige Obliegenheit des Leistungsempfängers zu begründen. Sind die hierbei festgesetzten Ausschlußfristen für die Mängelanzeige des Kunden zu knapp bemessen, so wird der nichtkaufmännische, meist geschäftsungewandte Kunde häufig überfordert und gerät in die Gefahr eines vorzeitigen Rechtsverlustes. Daher begrenzt § 11 Nr 10 e die Möglichkeiten zur formularmäßigen Festsetzung von Ausschlußfristen für Mängelanzeigen. Da dem Schutz des Kunden vor Überforderung auch ein berechtigtes Interesse des Verwenders gegenübersteht, alsbaldige Klärung darüber zu erlangen, ob Mängelansprüche geltend gemacht werden, verbietet § 11 Nr 10 e die Festlegung von Rügefristen in Einklang mit früherer Rspr (Nachw bei SCHLOSSER/COESTER-WALTJEN Rn 22) nicht generell, sondern trifft eine nach der Mängelart differenzierte Regelung.

b) § 11 Nr 10 e behandelt Rügefristen, nicht Verjährungsfristen, so daß ein **72** Widerspruch zu § 11 Nr 10 f nicht besteht. Wer aber auch in der Anzeigefrist des § 11 Nr 10 e eine Gewährleistungsfrist iS des § 11 Nr 10 f sehen will, muß erstere Vorschrift als lex specialis einordnen. Der bei Nichteinhaltung der Rügefrist erfolgende indirekte Ausschluß der Gewährleistung ist im Rahmen des § 11 Nr 10 e möglich und widerspricht weder § 11 Nr 10 a noch Nr 10 f. Für den Fall, daß sich der Verwender der Regelungstechnik einer Fiktion bedient, s § 10 Nr 5 Rn 3. Macht der Verwender die Mängelanzeige von bestimmten **Form- und Zugangserfordernissen** abhängig, so ist **§ 11 Nr 16** zu beachten.

2. Unterscheidung zwischen offensichtlichen und nicht offensichtlichen Mängeln

73 Das Verbot des § 11 Nr 10 e bezieht sich nur auf Ausschlußfristen für Anzeigen von **nicht offensichtlichen Mängeln**, läßt hingegen bei **offensichtlichen Mängeln** grundsätzlich eine Ausschlußfrist zu. Eine Klausel, die nicht zwischen diesen Mängeln differenziert, ist unwirksam (LG Köln NJW-RR 1986, 67, 69; OLG Karlsruhe AGBE I § 11 Nr 107).

74 a) Der Gesetzgeber ging davon aus, daß dem Kunden bei offensichtlichen Mängeln eine Anzeigepflicht innerhalb angemessener Frist zumutbar sei. Damit aber ein effektiver Schutz des Kunden vor Überforderung gewahrt bleibt, ist ein Mangel nur dann **offensichtlich**, wenn er „so offen zu Tage tritt, daß er auch dem durchschnittlichen nichtkaufmännischen Kunden ohne besonderen Aufwand auffällt" (RegE 35). Auf Fahrlässigkeit oder gar grobe Fahrlässigkeit des Vertragspartners kommt es nicht an (ULMER/HENSEN Rn 71).

Nicht gleichgesetzt werden darf der Begriff des offensichtlichen Mangels mit dem des „erkennbaren" Mangels iSv § 377 Abs 2 HGB oder mit einem „sichtbaren" Mangel (OLG Stuttgart BB 1979, 908; LG München AGBE I § 11 Nr 115), denn dies ist ein Mangel schon, wenn er bei einer sachgemäßen und im ordnungsgemäßen Geschäftsgang üblichen Untersuchung als solcher festgestellt werden kann. Für den nichtkaufmännischen Kunden besteht aber keine besondere **Untersuchungspflicht** bei Warenabnahme. Er hat nur solche Mängel zu beachten, die sich bei oberflächlicher Betrachtung oder bei bestimmungsgemäßem Gebrauch der Sache sofort bemerkbar machen. Die Offensichtlichkeit bezieht sich auf die Situation bei Übergabe oder Abnahme (ULMER/HENSEN Rn 71); später offensichtlich gewordene Mängel können nicht einer kurzen Ausschlußfrist unterworfen werden. Könnte jeder zunächst nicht offensichtliche Mangel ab dem Zeitpunkt, wo er vom Kunden erkannt wird, einer derartigen Rügefrist unterworfen werden (so MARLY NJW 1988, 1184; WOLF Rn 5), so liefe das Verbot des § 11 Nr 10 e häufig ins Leere. Der Kunde müßte, sobald ihm der Mangel bekannt wird, diesen innerhalb der gestellten Frist anzeigen, selbst wenn die gesetzliche Verjährungsfrist noch nicht abgelaufen ist (BGH BB 1985, 483, 485; OLG Köln NJW 1986, 2579, 2581; PALANDT/HEINRICHS Rn 66; SOERGEL/STEIN Rn 122; ULMER/HENSEN Rn 73). Zu beachten ist allerdings, daß der Entwurf eines Richtlinienvorschlags zum Verbraucherkauf (KOM [95] 520 – abgedruckt ZIP 1996, 1845) in Art 4 eine Anzeigefrist von einem Monat nach Entdeckung des Mangels für den Verbrauchsgüterverkauf an Verbraucher vorsieht. Der deutsche Gesetzgeber ist aber nicht gehindert, von dieser Anzeigepflicht zugunsten des Verbrauchers abzusehen (Art 7).

75 b) Beruft sich der Verwender auf den Ausschluß von Gewährleistungsansprüchen wegen Ablaufs der Rügefrist und ist strittig, ob ein offensichtlicher Mangel (mit zulässiger Ausschlußfrist) oder ein nichtoffensichtlicher Mangel (mit unzulässiger Ausschlußfrist) vorliegt, so trägt der Verwender die Darlegungs- und **Beweislast** für die Tatsachen, aus denen sich die Offensichtlichkeit des Mangels und damit die Einschlägigkeit der formularmäßig festgesetzten Ausschlußfrist ergibt. Wer die Folgen des Ablaufes einer Ausschlußfrist geltend macht, muß nämlich beweisen, daß die Frist **wirksam festgesetzt** wurde, wann sie angelaufen und wann sie abgelaufen ist. Der Kunde hat hingegen zu beweisen, daß er innerhalb der Frist rechtzeitig gerügt hat (jetzt auch LÖWE/vWESTPHALEN Rn 12).

3. Ausschlußfrist bei offensichtlichen Mängeln

Für offensichtliche Mängel dürfen in AGB Rügefristen mit Ausschlußwirkung festgesetzt werden, ohne daß die Fristgrenze des § 11 Nr 10 e eingehalten sein muß. § 9 bildet aber auch insoweit eine Schranke. Dem Kunden muß eine **angemessene Mindestfrist** eingeräumt werden. Er muß zunächst überhaupt Gelegenheit erhalten, den Mangel zu erkennen. Die Frist kann daher erst ab dem Zeitpunkt zu laufen beginnen, an welchem der Kunde oder dessen Vertreter erstmals die Möglichkeit zur Inaugenscheinnahme bzw zum bestimmungsmäßigen Gebrauch der Sache hatte. Ist eine über einen bestimmten Zeitraum zu erbringende Werkleistung Vertragsgegenstand, so beginnt die Frist erst mit dem vertraglich vereinbarten Ende des Leistungszeitraumes zu laufen. Weiterhin ist bei Bestimmung der Angemessenheit der Frist eine gewisse Überlegungszeit und – im Falle des Erfordernisses einer schriftlichen Mängelrüge – eine Zeitspanne für die Abfassung und Übersendung (Postlaufzeit) der Anzeige zu berücksichtigen. Im Regelfall wird eine **einwöchige Frist** die Untergrenze darstellen (OLG Hamm NJW-RR 1987, 311, 316 – „bei Besitzübergabe" zu kurz; LG Köln NJW 1986, 67, 69 – drei Tage jedenfalls zu kurz; KG NJW-RR 1991, 698 „sofort", LG Düsseldorf VuR 1997, 320 „noch vor Verlassen des Betriebsgeländes" zu kurz; eine Woche für Heimreinigungsgerät jedenfalls bei fünfwöchiger Lieferfrist und unklarem Fristbeginn zu kurz: OLG Zweibrücken MDR 1998, 28, 29; ULMER/HENSEN Rn 72 – idR zwei Wochen nicht unterschreiten; ebenso WOLF Rn 10; wie hier MünchKomm/BASEDOW Rn 185 in Anlehnung an die Widerrufsfrist des VerbrKrG; KORBION/LOCHER Rn 221 – Beschränkung auf im Abnahmeprotokoll bezeichnete Mängel). Auch eine nach diesen Grundsätzen angemessene Ausschlußfrist greift aber dann nicht durch, wenn der Verwender den Mangel arglistig verschwiegen oder arglistig Mangelfreiheit vorgespiegelt hat (LG Frankfurt aM NJW 1978, 1008). Sollte der Vorschlag einer Richtlinie über den Verbraucherkauf (KOM [95] 520 – abgedruckt ZIP 1996, 1845) in der vorliegenden Form verabschiedet werden, so wäre allerdings für Verbrauchergeschäfte über Verbrauchsgüter eine Mangelanzeigefrist von einem Monat auch für offensichtliche Mängel zwingendes Recht.

4. Ausschlußfrist bei nicht offensichtlichen Mängeln

a) Für nicht offensichtliche Mängel darf die Klausel **keine Ausschlußfrist** festsetzen, die **kürzer** ist **als** die **Verjährungsfrist** für den jeweiligen gesetzlichen Gewährleistungsanspruch. Sie darf somit bei Kauf- und Werkverträgen über bewegliche Sachen **6 Monate**, über Grundstücke **1 Jahr** (§§ 477, 638 Abs 1 BGB) und bei Werkverträgen über Bauwerke **5 Jahre** (§ 638 Abs 1 BGB) nicht unterschreiten. Ist bei einem Werkvertrag über Arbeiten an einem Bauwerk die Verjährungsfrist durch Einbeziehung der **VOB/B** auf **2 Jahre** (§ 13 Nr 4 VOB/B) herabgesetzt (§ 23 Abs 2 Nr 5; s dort STAUDINGER/SCHLOSSER Rn 29, 31), so könnte angesichts des Gesetzeswortlauts („gesetzlich") fraglich sein, ob dementsprechend auch eine Ausschlußfrist für die Mängelrüge auf 2 Jahre festgesetzt werden kann. Vertritt man – wie hier (s STAUDINGER/SCHLOSSER § 23 Rn 30) – den Standpunkt, daß diese Verkürzung der Verjährungsfrist nur bei Einbeziehung der VOB/B insgesamt zulässig ist, so kann es zulässigerweise von vorneherein nicht zu einer zusätzlichen, in der VOB/B nicht vorgesehenen formularmäßigen Festsetzung einer Ausschlußfrist kommen.

Obwohl bei nicht offensichtlichen Mängeln die Rügefrist nicht kürzer als die Verjährungsfrist sein darf, wird die formularmäßige Ausschlußfristsetzung nicht völlig sinnlos. Einmal ist zu beachten, daß das Verstreichen der Ausschlußfrist ohne Rüge zu einem Erlöschen der Gewährleistungsansprüche führt und dies im Prozeß im Gegensatz zur Verjährung **von Amts wegen** berücksichtigt werden muß. Zum anderen gewinnt die Rügefrist praktische Bedeutung, wenn der Verwender die **Verjährungsfrist** über den gesetzlichen Zeitraum hinaus **vertraglich verlängert** hat.

78 b) Die Einräumung einer zeitlich begrenzten, die Verjährungsfrist übersteigenden **Garantie** führt allerdings im Regelfall nicht zu einer Verlängerung der gesetzlichen Verjährungsfrist, sondern zu einem Hinausschieben des Verjährungsbeginnes. Mit der Garantieerklärung wird regelmäßig für alle während der Garantiefrist auftretenden (und vom Kunden nicht zu vertretenden) Mängel die Gewährleistung übernommen. Die Verjährungsfrist beginnt jeweils mit der Entdeckung des von der Garantie umfaßten Mangels zu laufen (vgl BGH NJW 1979, 645; NJW 1979, 2036 s STAUDINGER/HONSELL [1995] § 477 Rn 51 mwNw). Sehen AGB etwa bei einer zweijährigen Garantieübernahme vor, daß der Kunde die von der Garantie umfaßten Mängel nach ihrem Auftreten binnen einer bestimmten Ausschlußfrist anzuzeigen hat, so ist wie folgt zu differenzieren: Für nicht offensichtliche **Mängel**, welche bereits **bei Abnahme** des Liefergegenstandes vorlagen, muß gesichert sein, daß sie noch bis zum Ablauf der gesetzlichen Verjährungsfrist – bei beweglichen Sachen also bis zum Ablauf von 6 Monaten – ohne Gewährleistungsausschluß angezeigt werden können. Nur soweit die Garantie neben den erforderlichen Mindestgewährleistungsansprüchen besteht oder diese übersteigt, kann sie auch schon vor Ablauf der gesetzlichen Verjährungsfrist an Rügefristen mit Ausschlußwirkung gebunden werden. Für **Mängel**, die erst **nach Sachübergabe** entstanden sind oder die der Kunde erst **nach Ablauf der gesetzlichen Verjährungsfrist** erkannt hat, dürfen die AGB hingegen eine angemessene (mindestens einwöchige) Rügefrist ab Entstehungs- bzw Erkennenszeitpunkt vorschreiben, da die Gewährleistungsübernahme für diese Mängel ohnehin über die gesetzlichen Erfordernisse hinausgeht. Nicht gefolgt werden kann hingegen der Ansicht, daß nach Auftreten des Mangels innerhalb des Garantiezeitraums dieser „offensichtlich" wird und daher ab diesem Zeitpunkt eine angemessene Rügefrist festgesetzt werden kann (s oben Rn 75).

Bei Garantieübernahme müßte eine zulässige Ausschlußfristklausel daher beispielsweise lauten:

„Treten innerhalb der Garantiezeit an den von der Garantie erfaßten Teilen Fehler auf, so ist der Kunde verpflichtet, diese innerhalb einer Frist von 10 Tagen nach ihrem Auftreten dem Verwender anzuzeigen; anderenfalls tritt ein Garantieverlust ein. In den ersten 6 Monaten nach Übernahme der Ware kann ein Fehler auch ohne Einhaltung der Anzeigefrist geltend gemacht werden."

5. Beruflicher Verkehr

79 Die Verbotsklausel des § 11 Nr 10 e kann für Kaufleute über § 9 keine Anwendung finden (allgM). Mängelrügefristen sind im kaufmännischen Geschäftsverkehr zum Zwecke der zügigen Geschäftsabwicklung und der Schaffung klarer Kalkulationsgrundlagen notwendig und üblich. Für den Handelskauf sieht § 377 HGB die Pflicht zur unverzüglichen Untersuchung und Rüge sogar ausdrücklich vor.

Für offen zu Tage tretende oder nach Untersuchung erkennbare Mängel darf die

Frist allerdings nicht kürzer sein als der Zeitraum, den ein ohne schuldhaftes Zögern handelnder, im kaufmännischen Geschäftsverkehr erfahrener Kunde zur Geltendmachung des Mangels benötigt (BGH NJW 1985, 3016). Für **verborgene**, bei Empfang der Ware auch durch sachgemäße und im ordnungsgemäßen Geschäftsgang tunliche Untersuchung nicht erkennbare **Mängel** darf die Geltendmachung der Gewährleistungsansprüche durch formularmäßige Rügefristen auch für den kaufmännischen Geschäftsverkehr nicht ausgeschlossen werden (BGHZ 115, 324 = NJW 1992, 575; BGH NJW 1996, 1537; BGH NJW-RR 1986, 52). Klauseln, welche auch für nicht erkennbare Mängel starre Rügefristen vorsehen, verstoßen gegen § 9 Abs 2 S 1. Die Verwenderinteressen sind insoweit zureichend durch die kurzen Verjährungsfristen geschützt (LÖWE/vWESTPHALEN Rn 14; aM ULMER/HENSEN Rn 76, der eine Ausschlußfrist für zulässig hält, welche den Zeitraum berücksichtigt, in welchem sich regelmäßig verborgene Mängel zeigen). Im beruflichen Verkehr von Nichtkaufleuten können diese Grundsätze idR nicht übertragen werden, so daß dort Nr 10 e eine sehr starke Indizwirkung hat.

VIII. Verkürzung von Gewährleistungsfristen (§ 11 Nr 10 f)

1. Allgemeines

a) Während § 11 Nr 10 a bis c dem Kunden einen Mindestbestand an Gewährleistungsrechten sichern sollen, will § 11 Nr 10 f zusammen mit Nr 10 d und e **verhindern**, daß durch AGB die **Durchsetzbarkeit** dieser Rechte **unangemessen beeinträchtigt** wird. Der Gesetzgeber ging davon aus, daß die – im Vergleich zu entspr ausländischen Verjährungsbestimmungen – ohnehin bereits recht kurzen Verjährungsfristen der §§ 477, 638 BGB auf die Zeiträume abgestimmt sind, in welchen erfahrungsgemäß mögliche Mängel hervorzutreten pflegen und vom Kunden erkannt werden können. Eine weitere Verkürzung dieser Fristen würde daher zu einer unangemessenen Einschränkung der Durchsetzbarkeit der Mängelrechte des Kunden führen (RegE 16). Das aus diesem Grunde geschaffene Klauselverbot des § 11 Nr 10 f steht nur teilweise in Übereinstimmung mit der **früheren Rspr**. Diese hielt vielfach eine Abkürzung von gesetzlichen Verjährungsfristen in AGB für zulässig (BGHZ 9, 301, 306 – Frist des § 852 BGB; BGH VersR 1972, 40 – Frachtvertrag; OLG Braunschweig VersR 1974, 36; OLG Hamm NJW 1974, 2290; BGH NJW 1971, 1840 – jeweils 2-Jahresfrist in Architektenformularvertrag). Der BGH sah allerdings eine formularmäßige Verjährungsverkürzung dann als unzulässig an, wenn diese die Durchsetzung von Ersatzansprüchen praktisch ausschloß (BGHZ 64, 238 = NJW 1975, 1318 – keine Herabsetzung von Verjährungsfrist unter 5 Jahre für Ansprüche gegen Aufsichtsrat bei PublikumsKG). Ebenso erachtete der BGH eine Klausel in den AGB eines Steuerberaters für unwirksam, welche vorsah, daß dessen Haftung spätestens ein Jahr nach Empfang seines „Berichts" ohne Rücksicht darauf erlischt, ob der Auftraggeber Leistungsmängel bei Empfang des Berichts erkannt hat oder ob die Mängel offensichtlich sind (BGH NJW 1979, 1550). Diese Rspr behält Bedeutung für die formularmäßige Verkürzung der Verjährungsfristen, die nicht unter § 11 Nr 10 f fallen, also insbes für Gebrauchsüberlassungsverträge und Verträge über gebrauchte Sachen, sowie für die Verkürzung von anderen Verjährungsfristen als diejenigen der §§ 477, 638 BGB. Derartige Klauseln sind an § 9 zu messen, soweit sie nicht den Inhalt sondergesetzlicher Regelungen wiedergeben (zB § 12 Abs 3 VVG – Klagefrist). § 11 Nr 7 f ist seinem Wortlaut nach zwar unabhängig davon, wem die Verkürzung der Verjährungsfrist zugute käme; die Regelung gilt aber nach dem Sinn des AGBG nicht bei Verkürzungen zu Lasten des Verwenders (ULMER/HENSEN Rn 80; teilweise anders STAUDINGER/SCHLOSSER[12] Rn 80).

81 b) Zu beachten ist der **Ausnahmetatbestand** des *§ 23 Abs 2 Nr 5* (s oben Rn 77). Von diesem Ausnahmetatbestand kann nach inzwischen gefestigter Rspr nicht durch isolierte Vereinbarung von § 13 Nr 4 VOB/B Gebrauch gemacht werden (BGH NJW 1988, 490; BGH NJW 1986, 315; OLG Bamberg NJW-RR 1988, 1049). Die Ausnahme gilt auch nur für „Bauleistungen", nicht hingegen für einen Architektenvertrag (BGH NJW-RR 1987, 144 = ZIP 1986, 1466). Insgesamt ist die Ausnahme des § 23 Abs 2 Nr 5 gerade in diesem Bereich außerordentlich problematisch (krit MünchKomm/BASEDOW Rn 193; ULMER/HENSEN Anh §§ 9–1 Rn 912).

2. Das Verbot der Fristverkürzung

82 a) Unter „**gesetzlichen Gewährleistungsfristen**" versteht § 11 Nr 10 f – insoweit nachlässig gefaßt – die speziellen **gesetzlichen Verjährungsfristen für Gewährleistungsansprüche der §§ 477, 638 BGB** (KORNMEIER NJW 1982, 793; ULMER/HENSEN Rn 77).

Das Verbot des § 11 Nr 10 f erfaßt sämtliche Ansprüche, welche den Verjährungsfristen der §§ 477, 638 BGB unterfallen. Dies sind einmal die Gewährleistungsansprüche im engeren Sinne auf Wandelung, Minderung (§§ 462, 634 Abs 1 BGB) oder Schadensersatz (§§ 463, 480 Abs 2, 635 BGB), außerdem gesetzliche (§§ 480 Abs 1 S 2, 633 Abs 2 S 1 BGB) und vertragliche Nachlieferungs- bzw Nachbesserungsansprüche sowie Ansprüche, die sich aus der Verletzung oder Nichterfüllung (vgl BGH NJW 1973, 276) der Nachbesserungs- bzw Ersatzlieferungspflicht ergeben. Gem § 11 Nr 10 f darf die Verjährungsfrist der §§ 477, 638 BGB formularmäßig ebenfalls nicht verkürzt werden, soweit diese auf Ansprüche aus culpa in contrahendo (vgl RGZ 129, 280 – für § 477 BGB) und aus positiver Vertragsverletzung (vgl zB für § 477: BGB BGH NJW 1971, 654; OLG Düsseldorf NJW 1975, 453; ablehnend für § 638 BGB: BGHZ 46, 238; BGHZ 61, 1 = NJW 1976, 1502; vgl hierzu näher STAUDINGER/HONSELL [1995] § 477 Rn 22 mwNw) Anwendung findet. Rspr und Literatur (vgl hierzu STAUDINGER/HONSELL [1995] § 477 Rn 19 ff mwNw) erstrecken die §§ 477, 638 BGB nämlich dann auf die vorbezeichneten Ansprüche, wenn diese mit dem Sachmangel in engstem Zusammenhang stehen und daher auch auf sie die Zwecke der gewährleistungsrechtlichen Verjährungsfristbestimmungen ebenfalls zutreffen. Gerade dann ist jeweils auch das Eingreifen der Verbotsbestimmung des § 11 Nr 10 f geboten (ULMER/HENSEN Rn 78; SOERGEL/STEIN Rn 128; WOLF Rn 4; jetzt auch LÖWE/vWESTPHALEN Rn 12). Die Ansprüche aus culpa in contrahendo oder aus positiver Vertragsverletzung können aber, soweit sie der dreißigjährigen Verjährung unterliegen, verkürzt werden. Eine entsprechende Klausel ist an § 9 zu messen (s auch oben § 11 Nr 7 Rn 20). Nicht von den Verjährungsfristen der §§ 477, 638 BGB und somit auch nicht von dem Verbot des § 11 Nr 10 f werden die mit Gewährleistungsansprüchen konkurrierenden deliktischen Ansprüche erfaßt (BGHZ 66, 315 = NJW 1976, 1505; BGH NJW 1977, 379; hierzu STAUDINGER/HONSELL [1995] § 477 Rn 32). Eine Verkürzung der deliktischen Verjährungsfrist (§ 852 BGB) ist an § 9 zu messen. Sie ist aber nicht schon deshalb unzulässig, weil kurze gesetzliche Verjährungsfristen für konkurrierende Ansprüche (zB § 651 g BGB; §§ 414, 439 HGB; anders für § 558 BGB BGH NJW 1968, 694 und bei Deckungsgleichheit von Äquivalenz- und Integritätsinteresse BGH NJW-RR 1993, 793) nicht automatisch auch die deliktische Verjährung verkürzen (BGH NJW 1988, 1380; BGH NJW 1992, 1679), sondern nach den

Gegebenheiten (zB Lebens- und Körpergefahren) zu beurteilen sind (aM ULMER/ HENSEN Rn 78). Im Regelfall – außer bei Körperverletzungs- und Lebensgefahren – dürfte eine Verkürzung auf die Fristlänge des § 477 BGB zulässig sein, so daß es zu einem Gleichlauf von vertraglicher und deliktischer Verjährungsfrist kommen kann (LÖWE/v WESTPHALEN Rn 12). Die Verjährungsfristen der §§ 477, 638 BGB gelten auch nicht für Ansprüche aus vollzogener Wandelung und Minderung, für einen vom Verwender anerkannten Nachbesserungs- bzw Ersatzlieferungsanspruch (STAUDINGER/HONSELL [1995] § 477 Rn 17) oder einen Anspruch aus selbständiger Garantie. Wird durch Vertrag zugunsten Dritter zwischen dem Werkhersteller und dem Großhändler eine Herstellergarantie an den Endabnehmer weitergegeben, so ist zu beachten, daß für die Ansprüche aus dieser **Garantie** eine Verjährungsfristverkürzung im Vertrag zwischen Letztlieferant und Endabnehmer nicht gilt (BGH NJW 1979, 2036). Soweit sich aus der Garantie nichts anderes ergibt, gilt die Verjährungsfrist des § 477 BGB (BGH NJW 1981, 2249); nur soweit die „Garantie" an die Stelle der Verkäufergewährleistung tritt (dazu oben Rn 15, 26), ist eine Verkürzung nach § 11 Nr 10 f unzulässig.

b) § 11 Nr 10 f **verbietet** nicht nur die unmittelbare formularmäßige Verkürzung 83 der gesetzlichen Verjährungsfristen, sondern auch Klauseln, welche die Verjährungsfrist indirekt dadurch einschränken, daß sie einen von der gesetzlichen Regelung abweichenden **früheren Fristbeginn** vorsehen oder **gesetzliche Hemmungs- bzw Unterbrechungstatbestände** ausschließen oder begrenzen. Die Frist darf in Kaufverträgen somit bei beweglichen Sachen nicht vor Ablieferung, bei Grundstücken nicht vor Übergabe (vgl STAUDINGER/HONSELL [1995] § 477 Rn 24) zu laufen beginnen. Bei Werkverträgen darf der Fristbeginn nicht auf einen vor Abnahme (§ 638 Abs 1 S 2 BGB) oder Vollendung (im Falle des § 646 BGB) des Werkes liegenden Zeitpunkt vorverlegt werden, es sei denn, die Abnahme wird endgültig abgelehnt. Im letzteren Fall läuft die Verjährungsfrist ab dem Ablehnungszeitpunkt (vgl STAUDINGER/PETERS [1994] § 638 Rn 27). Im Reisevertragsrecht ist der Beginn der Verjährung ohnehin als zu Lasten des Reisenden nicht abdingbar festgelegt (§§ 651 g Abs 2 S 2, 651 l BGB). Formularmäßig nicht abdingbare Hemmungen oder Unterbrechungen der Verjährungsfrist sehen insbes die §§ 477 Abs 2, 3, 639 Abs 2 vor (BGH NJW 1981, 867). Nicht ausgeschlossen werden kann aber auch die durch die Inanspruchnahme Dritter gem § 202 Abs 1 BGB eintretende Hemmung der Verjährungsfrist gegenüber dem Verwender (dazu oben Rn 34). Ebenso gegen § 11 Nr 10 f verstoßen Klauseln, welche im Ergebnis die Durchsetzbarkeit der Mindestgewährleistungsansprüche bereits vor Ablauf der gesetzlichen Verjährungsfristen in anderer Weise ausschließen. Soweit dies durch Ausschlußfristen geschieht, enthält § 11 Nr 10 e eine spezielle Regelung. § 11 Nr 10 f verhindert die Wirksamkeit andersartiger Versuche, die Durchsetzbarkeit von Gewährleistungsansprüchen vor Ablauf der gesetzlichen Verjährungsfrist unmöglich zu machen. So ist beispielsweise eine Klausel wegen Verstoßes gegen § 11 Nr 10 f unwirksam, welche die Gewährleistung (nicht eine darüber hinausgehende Garantie) bei einem neu hergestellten Kraftfahrzeug auf eine bestimmte Zahl von gefahrenen Kilometern begrenzt (BGHZ 122, 241 = NJW 1993, 2054). Der Ausschluß der Rechte aus §§ 478, 639 Abs 1 BGB unterliegt nicht § 11 Nr 10 f (so aber ULMER/HENSEN Rn 79), sondern § 9. Nicht unwirksam, aber wirkungslos ist eine falsche Typenbezeichnung des Vertrages; unwirksam ist jedoch die formularmäßige Vereinbarung kürzerer gesetzlicher Verjährungsfristen eines anderen Vertragstyps.

84 c) § 11 Nr 10 f gilt auch für den Architektenvertrag. Alle formularmäßigen Verkürzungen der Frist des § 638 BGB sind unwirksam, auch soweit auf die VOB/B verwiesen ist. Denn die Privilegierung in § 23 Abs 2 Nr 5 gilt für den Architektenvertrag nicht (s dazu STAUDINGER/SCHLOSSER § 23 Rn 37; allgM: BGH NJW-RR 1987, 144; BGH NJW 1992, 2759; OLG Düsseldorf NJW-RR 1992, 1174; MünchKomm/BASEDOW Rn 194). Diese Folge mag für den Architekten sehr hart sein, weil bei Übernahme auch der Leistungsphase Nr 9 HOAI (Überwachen der Beseitigung der innerhalb der Verjährungsfrist der Gewährleistungsansprüche auftretenden Mängel) Objektbegehungen zur Mängelfeststellung vor Ablauf der Gewährleistungsfristen der bauausführenden Unternehmer nötig sind. Die eigene Gewährleistung des Architekten für dabei übersehene Gewährleistungsschäden beginnt somit erst mit Ablauf der Gewährleistungsfrist für die Leistungen der Bauunternehmer und kann sich, wenn insoweit die BGB-Regelung gilt, somit ohne weiteres über einen Zeitraum von 10 Jahren nach der Abnahme der Bauleistung selbst erstrecken. Gleichwohl beruht diese Gewährleistungsfrist auf dem Gesetz, §§ 638, 640 BGB, und ist daher gem § 11 Nr 10 f AGB-fest. Erträglich ist dies, weil der Regreßanspruch des Architekten unabhängig von der Verjährung im Verhältnis Bauhandwerker-Bauherr ist (BGHZ 58, 216 = NJW 1972, 942).

In vielen Architektenverträgen wird dieser Folge dadurch zu begegnen versucht, daß formularmäßig Teilabnahmen vereinbart werden, die für einzelne Teilabschnitte der Leistung die Verjährung gesondert beginnen lassen sollen, oder daß die Abnahme des gesamten Architektenwerks auf die körperliche Abnahme des Bauwerks festgesetzt wird. Darin liegt jedoch eine unstatthafte Gewährleistungsbeschränkung, weil der Architekt nicht zu einer Summe von einzelnen Teilleistungen, sondern zu einem Gesamterfolg verpflichtet ist (BGHZ 125, 111 = NJW 1994, 1276; ULMER/HENSEN Anh §§ 9–11 Rn 116 auch zu der unwirksamen § 7.5 Abs 2 EAV).

3. Rechtsfolgen eines Verstoßes gegen § 11 Nr 10 f

85 Soweit eine Klausel entgegen § 11 Nr 10 f eine Verkürzung der Verjährungsfrist vorsieht, ist sie unwirksam. Gem § 6 Abs 2 gelten die gesetzlichen Verjährungsfristen der §§ 477, 638 BGB. Eine sog geltungserhaltende Reduktion (dazu STAUDINGER/SCHLOSSER § 6 Rn 16 ff) auf die gem § 11 Nr 10 f zulässigen Fristen würde hier zu keinem anderen Ergebnis führen.

4. Beruflicher Verkehr

86 Grundsätzlich gilt das Verbot des § 11 Nr 10 f über § 9 meist auch im kaufmännischen Verkehr (BGH NJW 1981, 1510; BGH NJW 1984, 1750; BGH NJW 1992, 1236; BGHZ 122, 241 = NJW 1993, 2054; SOERGEL/STEIN Rn 131; WOLF Rn 17; MünchKomm/BASEDOW Rn 195; im Ergebnis ebenso, wenngleich grundsätzlich zurückhaltend ULMER/HENSEN Rn 84; LUTZ, AGB-Kontrolle im Handelsverkehr 170 f – mit Verkürzungsmöglichkeit für offensichtliche und erkennbare Mängel). Der Grundgedanke des Gesetzgebers, daß die ohnehin kurzen Verjährungsfristen der §§ 477, 638 BGB die Zeiträume angemessen berücksichtigen, in welchen gewöhnlich in Betracht kommende Mängel auftreten und eine weitere Verkürzung den Kunden im Hinblick auf zunächst verborgene Mängel in unzumutbarer Weise benachteiligen würde, gilt auch im Handelsverkehr. Eine kürzere Verjährungsfrist verstieße daher regelmäßig gegen § 9 Abs 2 S 1. Hierfür spricht auch, daß ein Kaufmann, welcher gegenüber dem Letztverbraucher die Verjährungsfristen der §§ 477, 638 BGB wahren muß, nicht der Gefahr ausgesetzt werden darf, durch Verkürzung der Verjährungsfristen von seiten seines Lieferanten jegliche Regreßmöglichkeiten zu verlieren. Die Regelung des § 478 BGB ist hingegen abdingbar (OLG Stuttgart NJW-RR 1992, 117). Gleiches gilt idR gegenüber beruflich tätigen Nichtkaufleuten.

IX. Spiegelbildliche Anwendung von § 11 Nr 10

1. Allgemeines

In **Einkaufsbedingungen** marktstarker Unternehmen wird häufig dem Lieferanten eine über die gesetzlichen Regeln hinausgehende Gewährleistungshaftung auferlegt. Ausgehend von dem Grundgedanken, daß die gesetzlichen Gewährleistungsregelungen der §§ 459 ff, 633 ff BGB, 377, 378 HGB nicht nur einseitig auf den Schutz des Käufers oder Bestellers abgestellt sind, sondern auch dem Schutz des Verkäufers oder Werkunternehmers vor übertriebener Inanspruchnahme dienen, muß jeweils am Maßstab des § 9 Abs 2 überprüft werden, inwiefern die formularmäßige Festsetzung einer verschärften Gewährleistungshaftung des Lieferanten wirksam ist. **87**

2. Verschärfung und Erweiterung von Gewährleistungspflichten

Eine Verschärfung im **Haftungsumfang** durch Festsetzung **zusätzlicher** vom Gesetz nicht begründeter **Gewährleistungspflichten** ist im allgemeinen nicht geeignet, den Lieferanten in einer der gesetzlichen Grundwertung widersprechenden Weise zu benachteiligen. Sieht der Verwender als Käufer zusätzlich zu den gesetzlichen Gewährleistungsansprüchen klauselmäßig eine Nachbesserungspflicht vor, so ist dies nur dann unangemessen, wenn der Lieferant keine entsprechenden Nachbesserungskapazitäten besitzt oder wenn es sich bei der Kaufsache um ein leicht nachzulieferndes Einzelstück handelte (ULMER/HENSEN Anh §§ 9–11 Rn 297). **88**

Die Festlegung eines **jederzeitigen, auf Kosten des Vertragspartners auszuübenden Selbsthilferechtes** des Verwenders, ohne daß die Voraussetzungen des § 633 Abs 3 BGB vorliegen müßten, ist nur in engen Ausnahmefällen möglich, beispielsweise wenn ohne eine sofortige Nachbesserung durch den Verwender die Nachbesserung insgesamt unmöglich oder doch in solchem Umfange erschwert wird, daß erheblich höhere Kosten entstehen (Unzulässigkeit bei uneingeschränktem Selbsthilferecht bejaht OLG Koblenz ZIP 1981, 995; ULMER/HENSEN Anh §§ 9–11 Rn 297). Ein formularmäßiger Verzicht des Vertragspartners auf die Nachfristsetzung (des § 634 Abs 1 BGB) ist bereits nach § 11 Nr 4 (s dort Rn 7) unwirksam, für beruflich Tätige nach § 9 (s § 11 Nr 4 Rn 9 f; im Erg ebenso OLG Koblenz ZIP 1981, 995). Der Verwender als Abnehmer einer Werkleistung kann auch nicht das Nachbesserungsrecht des Unternehmers zugunsten eines Minderungsrechts abbedingen.

Eine **Erweiterung der Schadensersatzhaftung** über die §§ 463, 480 Abs 2 BGB hinaus ist nur zulässig, soweit es sich um vom Lieferanten zu vertretende Schäden handelt. Ebenso darf keine verschuldensunabhängige Haftung für Mangelfolgeschäden festgesetzt werden (HEINZE 2184, 2185; vWESTPHALEN, in: FS Trinkner [1995] 441, 452; ULMER/HENSEN Anh §§ 9–11 Rn 297). § 439 Abs 1 BGB ist zugunsten des Vertragspartners des Verwenders AGB-fest.

3. Ausschluß und Verlängerung von Rügefristen

89 Ein völliger Ausschluß der in §§ 377 f HGB verankerten **Untersuchungs- und Rügeobliegenheiten** ist angesichts der in diesen Vorschriften enthaltenen angemessenen Interessenwertung (Heinze NJW 1973, 2184) nur zulässig, wenn dies durch die besondere Interessenlage des Verwenders geboten ist. Bei der jeweiligen Beurteilung ist zu berücksichtigen, daß in dem für den grenzüberschreitenden Handel relevanten UN-Kaufrecht die Abbedingung und Verlängerung der dort vorgesehenen Rüge- und Anzeigepflichten (Art 38, 39) möglich ist. Zumindest auf den kaufmännischen Verkehr wirkt dieser Grundsatz auch bei formularmäßiger Regelung zurück (Schlechtriem/Schwenzer, CISG [2. Aufl] Art 38 Rn 29). Im internationalen Handel ist daher auch bei Anwendung deutschen Rechts Großzügigkeit bei Abbedingung der Rügefristen geboten (restriktiver Ulmer/Hensen Anh §§ 9–11 Rn 298). Eine Verlängerung der Rügefrist des § 377 HGB ist im Regelfall bis zur Unzumutbarkeitsgrenze zulässig (allgM). Zulässig ist es auch, innerhalb redlicher Grenzen festzulegen, was erkennbare und was nicht erkennbare Mängel sind, und etwa in Einkaufsbedingungen Stichproben für ausreichend zu erklären.

4. Ausschluß und Verlängerung von Verjährungsfristen

90 Ein formularmäßig festgelegter vollständiger Verzicht auf die Verjährungsfristen der §§ 477, 638 BGB ist schon individualvertraglich unzulässig (§ 225 BGB), denn die §§ 477 Abs 1 S 2, 638 Abs 2 BGB sehen nur eine Verlängerungsmöglichkeit vor. Dies gilt auch für eine Regelung, welche die Bestimmung des Fristbeginns im Ergebnis in das Belieben des Verwenders stellt (Ulmer/Hensen Anh §§ 9–11 Rn 298; vWestphalen DB 1982, 1655, 1659).

91 Eine Verlängerung der Gewährleistungsfrist ist zwar grundsätzlich auch in AGB möglich (vWestphalen DB 1982, 1655, 1659; Ulmer/Hensen Anh §§ 9–11 Rn 298, 726). Sie muß sich aber im Rahmen des Angemessenen halten. Bei der Beurteilung der Angemessenheit einer Verlängerung können freilich die dem Kunden zustehenden Möglichkeiten, die Verjährung von Ansprüchen wegen bereits gerügter Mängel hinauszuschieben, nicht außer Betracht bleiben. Es wäre eine einseitige Betrachtungsweise, Gewährleistungsfristverlängerungen nur unter dem Gesichtspunkt der Begünstigungen des Verbrauchers zu sehen. In manchen Bereichen, besonders im Baurecht, kann ebensogut der Abnehmer, gelegentlich auch der „Verbraucher" Verwender sein und die stärkere Position innehaben. So kann in Nachunternehmerverträgen der Verjährungsbeginn nicht hinausgeschoben werden, bis die Verjährungsfrist für das Verhältnis zwischen Generalunternehmer und Endabnehmer zu laufen beginnt, sofern nicht eine angemessene Obergrenze gesetzt wird (Ulmer/Hensen Anh §§ 9–11 Rn 726). Ein berechtigtes Interesse an einer Verlängerung der Gewährleistungsfrist kann auf jeden Fall dann angenommen werden, wenn der Verwender seinerseits möglicherweise länger dauernden Gewährleistungsansprüchen ausgesetzt ist (Schmidt-Salzer F 163; BGH NJW-RR 1986, 825 – 5 Jahre und 4 Wochen nicht zu lang). Hingegen darf formularmäßig nicht eine vollständige „Parallelschaltung" der Gewährleistungsfristen zwischen Subunternehmer- und Generalunternehmervertrag festgesetzt werden (Locher NJW 1979, 2235, 2237 ff; OLG Karlsruhe BB 1983, 725, 728). Für beruflich oder gewerblich tätige Nichtkaufleute ist auch nach ihrer Einbeziehung in den Kreis des § 24 AGBG Zurückhaltung in der Beurteilung einer Abweichung von

§ 11 Nr 10 geboten. Zu beachten ist schließlich, daß für die Gewährleistung im Verbraucherkauf für Verbrauchsgüter eine Verjährungsfrist von 2 Jahren vorgeschlagen worden ist (Art 3 Abs 1 RL-Entwurf für den Verbraucherkauf, abgedruckt in ZIP 1996, 1846), die auch auf die Bewertung formularmäßiger Verlängerungen der (sechsmonatigen) Gewährleistungspflicht zurückwirkt.

X. Verbraucher

Die Richtlinie sieht im Anhang neben der bereits im Zusammenhang mit § 11 Nr 7 besprochenen Regelung der Nr 1 b (Freizeichnungsverbot – § 11 Nr 7 Rn 51) zusätzlich in Nr 1 m ein Verbot für solche Klauseln in Verbraucherverträgen vor, die dem Gewerbetreibenden eine Bestimmungsmöglichkeit über die Ordnungsmäßigkeit der gelieferten Ware oder der erbrachten Leistung einräumen. Ein solches Bestimmungsrecht schließt die Gewährleistungsrechte des Vertragspartners zumindest indirekt aus und ist daher nach § 11 Nr 10 a unwirksam; ergänzend kann auf § 9 zurückgegriffen werden, so daß das deutsche Recht auch insoweit als gemeinschaftskonform angesehen werden kann (Wolf Anh RL Rn 175; im Erg ebenso Ulmer/Hensen Rn 85 f).

92

Auf die Besonderheiten, die sich für Verbraucherverträge bei Geschäften über Verbrauchsgüter nach der geplanten Richtlinie über den Verbraucherverkauf (KOM [95] 520 – abgedruckt ZIP 1996, 1845) ergeben können, wurde bereits oben eingegangen (Rn 74, 76, 91). Ob die Beschränkungen der Vertragsgestaltung durch § 11 Nr 10 auch bei vorformulierten Individualverträgen in dieser strikten Form angebracht sind, muß bezweifelt werden (vgl Coester-Waltjen, in: FS Medicus [1999]).

§ 11 Nr 11
Haftung für zugesicherte Eigenschaften

In Allgemeinen Geschäftsbedingungen ist insbesondere unwirksam ...

11. (Haftung für zugesicherte Eigenschaften)

eine Bestimmung, durch die bei einem Kauf-, Werk- oder Werklieferungsvertrag Schadensersatzansprüche gegen den Verwender nach den §§ 463, 480 Abs. 2, § 635 des Bürgerlichen Gesetzbuchs wegen Fehlens zugesicherter Eigenschaften ausgeschlossen oder eingeschränkt werden;

Materialien: 1. Teilber 79; RefE 17; RegE 36 –
s Staudinger/Schlosser Einl 6 ff zum AGBG.

Schrifttum

Dehmer, Gewährleistungsregelungen nach § 33 Saatgutverkehrsgesetz und AGB-Gesetz, DB 1984, 1663

Schack, Zusicherung beim Kauf, AcP 185 (1985) 333

Wagner, Zur Zulässigkeit von Klauseln, nach

deren Angabe bei Vertragsschluß keine zugesicherten Eigenschaften gegeben sein sollen, DB 1991, 2325

vWESTPHALEN, UN-Kaufrecht – Haftungsfreizeichnung im kaufmännischen Verkehr: Wertungskriterien gemäß § 9 AGB, EWS 1990, 105.

I. Allgemeines

1. Regelungsanliegen

1 § 11 Nr 11 ergänzt die Gewährleistungsausschluß- bzw Beschränkungsverbote des § 11 Nr 10 für den speziellen Fall des Fehlens zugesicherter Eigenschaften. Die Vorschrift verbietet den Ausschluß oder die Beschränkung von diesbezüglichen Schadensersatzansprüchen (§§ 463, 480 Abs 2, 635 BGB), da der Verwender mit der Zusicherung bestimmter Eigenschaften eine über die Gewährleistung der Fehlerfreiheit hinausgehende zusätzliche Einstandsverpflichtung übernimmt und diese praktisch bedeutungslos würde, wenn er daraus erwachsende Schadensersatzansprüche wegen Nichterfüllung ausschließen und sich – wie bei der einfachen Mängelgewährleistung – allein auf die Einräumung von Nachbesserungs- bzw Minderungs- und Wandelungsansprüchen beschränken könnte. Mit diesem Verbot geht § 11 Nr 11 über die **frühere Rspr** hinaus. Denn diese ließ einen formularmäßigen Ausschluß der Schadensersatzhaftung bei Fehlen zugesicherter Eigenschaften zu, soweit die Zusicherung nicht die Bedeutung hatte, den Kunden gegen Mangelfolgeschäden abzusichern. Die Rspr sah es als ausreichend an, daß dem Kunden bei Fehlen zugesicherter Eigenschaften ein Nachbesserungs- oder Ersatzlieferungsanspruch und subsidiär ein Rücktrittsrecht eingeräumt wurde (BGHZ 50, 200, 207 = NJW 1968, 1622; BGHZ 54, 236, 242 ff = NJW 1970, 2021; BGH NJW 1975, 1693; BGH NJW 1978, 261 – jeweils für Kaufvertrag; BGH WM 1974, 843; BGH NJW 1974, 272 – jeweils für Werkvertrag). Zielte hingegen die Eigenschaftszusicherung in ihrer Zwecksetzung gerade darauf ab, den Kunden gegen das Risiko eines Mangelfolgeschadens zu sichern, so hielt auch die frühere Rspr einen Ausschluß der Schadensersatzhaftung für unzulässig (BGHZ 50, 200, 207 = NJW 1968, 1622; BGHZ 57, 292 = NJW 1972, 251; BGH NJW 1972, 1706, 1708; BGH WM 1977, 365; – jeweils für Kaufvertrag; BGHZ 65, 107, 111 = NJW 1976, 43; BGH WM 1974, 843 – jeweils für Werkvertrag; weitere Nachw bei THAMM NJW 1976, 252; SCHLOSSER/COESTER-WALTJEN Rn 4 ff).

2. Anwendungsbereich

2 a) Wird eine Eigenschaft **durch Individualvereinbarung** zugesichert, so verstößt eine Klausel, welche für den Fall des Fehlens der Eigenschaft eine Haftungsbeschränkung vorsieht, noch nicht gegen § 4 (s STAUDINGER/SCHLOSSER Rn 18). Formularmäßige Eigenschaftszusicherungen sind im allgemeinen ungeeignet, Vertragsbestandteil zu werden.

3 b) Gegenüber § 11 Nr 10 ist § 11 Nr 11 Sondervorschrift nur für den formularmäßigen Ausschluß der Schadensersatzansprüche aus den §§ 463, 480 Abs 2, 635 BGB. Werden in AGB-Klauseln für den Fall des Fehlens zugesicherter Eigenschaften (zusätzlich) andere Gewährleistungsrechte ausgeschlossen oder beschränkt, so sind diese Klauseln insoweit an § 11 Nr 10 zu messen (allgM).

c) Für Schadensersatzansprüche aus den §§ 463, 480 Abs 2, 635 BGB wegen Fehlens zugesicherter Eigenschaften enthält § 11 Nr 11 eine über § 11 Nr 7 hinausgehende Sonderregelung, da er nicht nur den zulässigen Haftungsmaßstab eingrenzt, sondern jeglichen Haftungsausschluß und jede Haftungsbegrenzung verbietet. Das gilt auch für die Haftung für Mangelfolgeschäden, soweit sie vom Anwendungsbereich der genannten Normen erfaßt werden (dazu unten Rn 14). Für Schadensersatzansprüche aus positiver Vertragsverletzung gilt nicht § 11 Nr 11, sondern § 11 Nr 7. Eine Sonderregelung findet sich in § 33 Abs 2 Saatgutverkehrsgesetz (vgl DEHMEL DB 1984, 1663).

II. Regelungsinhalt im einzelnen

1. Die erfaßten Verträge

Das Verbot des § 11 Nr 11 gilt nur für Kauf-, Werk- und Werklieferungsverträge. Obwohl auch beim **Miet-** und **Pachtvertrag** eine gesetzliche Haftung für zugesicherte Eigenschaften vorgesehen ist (§§ 537 Abs 2, 538, 581 Abs 2 BGB), ist deren formularmäßige Abbedingung nicht unmittelbar an § 11 Nr 11, sondern an § 9 zu messen (LÖWE/vWESTPHALEN Rn 28; SOERGEL/STEIN Rn 133; **aM** [§ 11 Nr 11 analog] ULMER/HENSEN Rn 2; PALANDT/HEINRICHS Rn 73; MünchKomm/BASEDOW Rn 197 – das Ergebnis ist für beide Meinungen das gleiche). Die Rspr hat offengelassen, ob Reiseverträge unter § 11 Nr 11 fallen (so BGHZ 100, 158 = NJW 1987, 1931; für § 9 Vorinstanz OLG Frankfurt aM NJW 1986, 1618, 1620; für § 11 Nr 11 LG Frankfurt aM NJW 1985, 149); richtigerweise sind auch sie – soweit wegen der zwingenden Regelungen der §§ 651 a ff BGB überhaupt ein Bedürfnis besteht – an § 9 zu messen. Für das **Finanzierungsleasing** wird man § 11 Nr 11 dann unmittelbar anzuwenden haben, wenn der Leasinggeber Eigenschaftszusicherungen bezüglich des Leasingobjektes macht und seine Haftung wie ein Verkäufer abweichend von § 537 Abs 1 BGB nur auf die bei Vertragsschluß bestehenden Mängel beschränkt.

Auch bei **gebrauchten Sachen** und **Grundstücken** darf der Schadensersatzanspruch wegen Fehlens zugesicherter Eigenschaften nicht formularmäßig ausgeschlossen oder beschränkt werden. Dies gilt auch für Schadensersatzansprüche wegen Abweichungen von der zugesicherten **Grundstücksgröße**, da gemäß § 468 BGB der Verwender hierfür wie für eine zugesicherte Eigenschaft haftet.

Beim **Gebrauchtwarenkauf** enthält eine Klausel, welche „jede Gewährleistung" ausschließt, entsprechend der gemäß § 5 gebotenen engen Auslegung nicht zugleich einen Haftungsausschluß für zugesicherte Eigenschaften (BGH NJW 1985, 1333; BGH NJW 1993, 657), so daß eine derartige Klausel nicht nach § 11 Nr 11 unwirksam ist (vgl zu indirekten Haftungsausschlüssen BGH ZIP 1989, 311 und unten Rn 15).

2. Die formularmäßig unabdingbaren Schadensersatzansprüche

§ 11 Nr 11 verbietet nur den Ausschluß oder die Beschränkung von **Schadensersatzansprüchen wegen Fehlens zugesicherter Eigenschaften**.

a) In welchen Fällen der Verwender beim **Kaufvertrag** und beim **Werklieferungsvertrag über vertretbare Sachen** eine Eigenschaft gemäß den §§ 459 Abs 2, 463, 480

Abs 2 BGB zugesichert hat, beurteilt sich auch im Rahmen des § 11 Nr 11 nach den im Kaufrecht entwickelten Grundsätzen (s STAUDINGER/HONSELL [1995] § 459 Rn 50–87). Das Verbot des § 11 Nr 11 greift auch ein, wenn die **Eigenschaftszusicherung aufgrund Gesetzes fingiert** wird, wie beispielsweise gemäß § 494 BGB beim Kauf auf Probe oder gemäß § 7 Abs 3 FuttermittelG und § 24 SaatgutverkehrsG (vgl BGHZ 57, 292; DEHMEL DB 1984, 1664). Nicht von den §§ 463, 480 Abs 2 BGB und daher auch nicht vom Verbot des § 11 Nr 11 wird die Schadensersatzhaftung aus einem **selbständigen Garantievertrag** erfaßt (SOERGEL/STEIN Rn 136; aM [§ 11 Nr 11 analog] MünchKomm/BASEDOW Rn 197; WOLF Rn 2). Dieser liegt vor, wenn der Verwender die Gewähr für einen über die Vertragsmäßigkeit der Leistung hinausgehenden Erfolg übernimmt (zur Abgrenzung von der Eigenschaftszusicherung als unselbständiger Garantie s BGH WM 1977, 365; STAUDINGER/HONSELL [1995] § 459 Rn 171 ff mwNw). Ein formularmäßiger Ausschluß oder eine Begrenzung der Schadensersatzhaftung aus derartigen selbständigen Garantieverträgen ist an § 11 Nr 7, § 4 und § 9 zu messen, wobei freilich der dem § 11 Nr 11 zugrunde liegende Rechtsgedanke berücksichtigt werden kann (LÖWE/vWESTPHALEN Rn 48). Auf Schadensersatzansprüche aus §§ 463, 480 Abs 2 wegen arglistiger Täuschung findet § 11 Nr 11 ebenfalls keine Anwendung, da er ausdrücklich nur auf Ansprüche wegen Fehlens zugesicherter Eigenschaften abstellt. Der Kunde ist im Falle der arglistigen Täuschung durch § 476 BGB zureichend gesichert (SCHLOSSER/COESTER-WALTJEN Rn 14).

Wann bei einem Kaufvertrag die Zusicherung einer Eigenschaft gegeben ist, richtet sich nach den allgemeinen, hier nicht näher zu erörternden Kriterien (dazu STAUDINGER/HONSELL [1995] § 459 Rn 107 ff).

8 b) Beim **Werkvertrag** und dementsprechend beim **Werklieferungsvertrag über nicht vertretbare Sachen** sichert § 11 Nr 11 die Haftungsbestimmung des § 635 BGB nicht in ihrem gesamten Anwendungsbereich, sondern nur insoweit, als sie einen Schadensersatzanspruch wegen **Fehlens zugesicherter Eigenschaften** vorsieht. Wird die Schadensersatzhaftung aus § 635 BGB für sonstige Werkmängel in AGB ausgeschlossen oder eingeschränkt, so bilden § 11 Nr 7 und § 9, nicht aber § 11 Nr 11 die Prüfungsmaßstäbe. Für den Umfang des Verbotes des § 11 Nr 11 ist daher zum einen entscheidend, wie der Begriff der zugesicherten Eigenschaft im Werkvertragsrecht zu verstehen ist; zum anderen ist die Frage der Verschuldensunabhängigkeit zu klären.

9 aa) Der Begriff der zugesicherten Eigenschaft entspricht nach heute hM im Werkvertragsrecht nicht dem des Kaufrechts (BGHZ 96, 111; BGH NJW-RR 1996, 783; PALANDT/SPRAU § 633 Rn 3; s auch STAUDINGER/PETERS [1994] § 633 Rn 19 ff). Im Werkvertrag ist eine sogenannte „einfache" Zusicherung bereits gegeben, wenn der Unternehmer verspricht, das Werk mit einer bestimmten Eigenschaft herzustellen. Die für die Zusicherung im Kaufvertrag typische und notwendige Einstandsbekundung für den Fall des Fehlens dieser Eigenschaft ist nicht erforderlich. Das Fehlen der Eigenschaft stellt einen Mangel des Werks dar und löst daher bereits als solches die Gewährleistungsansprüche der §§ 633 ff BGB aus, ua auch die verschuldensabhängige Schadensersatzpflicht nach § 635 BGB (RGZ 165, 41, 46; BGHZ 65, 107).

Sichert der Unternehmer dem Kunden hingegen zu, für bestimmte Eigenschaften des Werkes unbedingt einstehen zu wollen, so spricht man von einem unselbständigen Garantieversprechen (vgl STAUDINGER/PETERS [1994] § 633 Rn 19). Fehlt diese so zugesicherte Eigenschaft, so haftet der Unternehmer nach der ständigen Rspr gemäß § 635 BGB auch dann auf Schadensersatz, wenn das Fehlen der zugesicherten Eigenschaft nicht auf sein Verschulden zurückzuführen ist (RGZ 165, 41; BGHZ 65, 107; ERMAN/SEILER Rn 19). In diesem Fall ist wie bei der kaufvertraglichen Zusicherung ein konkreter Anhaltspunkt für den Einstandswillen des Unternehmers erforderlich; die schlichte Beschreibung des Werkes reicht dazu nicht aus. Insofern ist hier in bezug auf Voraussetzungen und Folgen eine parallele Regelung zum Kaufvertrag (§§ 459 Abs 2, 463 BGB) gegeben.

Abzugrenzen von der einfachen und der eben besprochenen qualifizierten Zusicherung (unselbständiges Garantieversprechen) ist das selbständige Garantieversprechen, bei dem die Vertragsparteien über den Bereich des Gewährleistungsrechts hinausgehen und das daher weder den §§ 633 ff BGB noch dem § 11 Nr 11 unterliegt (s oben Rn 7).

bb) Verschiedentlich wird behauptet, § 11 Nr 11 beziehe sich nur auf verschuldens- **10** unabhängige Haftung (ULMER/HENSEN Rn 4). Das ist so nicht richtig. § 11 Nr 11 umfaßt alle Fälle, in denen dem Vertragspartner wegen Fehlens einer zugesicherten Eigenschaft ein Schadensersatzanspruch nach den in § 11 Nr 11 genannten Regelungen zusteht. § 11 Nr 11 greift daher einmal für den verschuldensunabhängigen Schadensersatzanspruch des Käufers aus § 463 BGB ein, zum anderen entfaltet die Vorschrift aber auch Wirkungen für die beiden Fälle der Haftung für das Fehlen einer zugesicherten Eigenschaft, die unter § 635 BGB gebracht werden (s oben Rn 9). Der Unternehmer darf daher nach § 11 Nr 11 seine Schadensersatzhaftung für das Fehlen einer einfachen Eigenschaft nicht ausschließen, wenn er deren Fehlen zu vertreten hat. Der Ausschluß der Schadensersatzhaftung bei Fehlen einfacher zugesicherter Eigenschaften, das nicht auf ein Vertretenmüssen des Unternehmers zurückzuführen ist, wird nicht durch § 11 Nr 11 gehindert.

Bei Fehlen der qualifiziert zugesicherten Eigenschaften ist - ebenso wie beim Kaufvertrag - der Anwendungsbereich des § 11 Nr 11 in jedem Fall eröffnet (ebenso STAUDINGER/PETERS [1994] § 637 Rn 56 ff; mit Bedenken auch STAUDINGER/SCHLOSSER[12] Rn 10).

cc) § 11 Nr 11 bezieht sich nur auf Schadensersatzansprüche wegen Fehlens zuge- **11** sicherter Eigenschaften, nicht auf die ebenfalls in § 635 BGB angesprochene Möglichkeit der Wandelung oder Minderung. Nicht von § 11 Nr 11 abgesichert wird auch der Aufwendungsersatzanspruch des § 633 Abs 3 BGB oder ein Schadensersatzanspruch wegen schuldhafter Verletzung der Nachbesserungspflicht (SCHLOSSER/COESTER-WALTJEN Rn 13).

3. Der inhaltliche Umfang des von § 11 Nr 11 gesicherten Schadensersatzanspruches

Der **Umfang der Schadensersatzpflicht**, deren Ausschluß oder Beschränkung § 11 **12** Nr 11 verbietet, ergibt sich aus den von Rspr und Lit zu den §§ 463, 480 Abs 2, 635 BGB entwickelten Grundsätzen (vgl STAUDINGER/HONSELL [1995] § 463 Rn 47 ff).

a) Dementsprechend darf dem Kunden durch formularmäßige Freizeichnung nie- **13**

mals der Anspruch auf Ersatz des **Erfüllungsinteresses** genommen werden, dh der Ersatz des Schadens, welcher unmittelbar daraus entsteht, daß die Sache oder Werkleistung wegen Fehlens der zugesicherten Eigenschaft unbrauchbar, wertlos oder minderwertig ist. Zu diesem Schaden gehören neben dem verursachten Minderwert die Aufwendungen, welche notwendig sind, die Sache oder Werkleistung mit den zugesicherten Eigenschaften zu versehen, sowie der infolge der fehlenden Eigenschaft entgangene Gewinn. Insoweit geht § 11 Nr 11 über die frühere Rspr hinaus, s Rn 1.

14 b) Ansprüche auf Ersatz von Schäden, welche dem Kunden infolge Fehlens der zugesicherten Eigenschaft über das Interesse an der fehlerfreien Leistung hinaus an sonstigen Rechtsgütern wie Gesundheit und Eigentum (Integritätsinteresse) entstanden sind (**Mangelfolgeschäden** – s STAUDINGER/HONSELL [1995] § 463 Rn 48 ff), werden von § 11 Nr 11 nur insoweit erfaßt, als sie nach den genannten Vorschriften zu ersetzen wären. Die Rspr erstreckt die Haftung aus §§ 463, 480 Abs 2, 635 BGB wegen Fehlens einer zugesicherten Eigenschaft dann auf Mangelfolgeschäden, wenn die Zusicherung dem Kunden nicht nur zu einem ungestörten Genuß der Sache oder Werkleistung verhelfen sollte, sondern darüber hinaus den Zweck hatte, ihn gerade gegen diese auftretenden Mangelfolgeschäden abzusichern (BGHZ 50, 200). Dies ist durch Auslegung der Erklärungen zu ermitteln. Sollte die Zusicherung sich nicht auf das Nichteintreten der Mangelfolgeschäden beziehen, so ist auch ein hierauf gerichteter Schadensersatzanspruch des Käufers oder Bestellers nicht aus der Zusicherung ableitbar. Er kann im Kaufvertragsrecht bei Verschulden aus positiver Vertragsverletzung gegeben sein. Im Werkvertragsrecht kann er sich für die näheren Mangelfolgeschäden, soweit diese vom Unternehmer zu vertreten sind, aus § 635, ansonsten aus positiver Vertragsverletzung ergeben. Sowohl im Kaufvertrags- wie auch im Werkvertragsrecht greift in diesen Fällen § 11 Nr 11 nicht ein (s oben Rn 4). Die Abgrenzung zwischen den von der Zusicherung umfaßten und den nichtumfaßten Mangelfolgeschäden soll nach dem ausdrücklichen Willen des Gesetzgebers auch in § 11 Nr 11 beibehalten werden (RegE 36).

4. Verbot des Ausschlusses oder der Einschränkung

15 a) Der Verwender darf den in den §§ 463, 480 Abs 2, 635 BGB wegen Fehlens der zugesicherten Eigenschaft festgelegten **Schadensersatzanspruch nicht ausschließen**. Ein verbotener Ausschluß liegt auch vor, wenn der Verwender einer nach Treu und Glauben mit Rücksicht auf die Verkehrssitte aus der Sicht des Vertragspartners als Zusicherung auszulegenden Erklärung durch eine weitere Klausel die Verbindlichkeit nimmt, indem er beispielsweise festlegt, daß Zusicherungen immer unverbindlich seien (OLG Hamm BB 1983, 21; OLG Hamburg NJW-RR 1987, 121; im einzelnen J WAGNER DB 1991, 2325).

Die Formulierung in AGB „Diese Angaben sind keine Zusicherungen" kann, wenn sie sich unmittelbar an eine formularmäßige Beschreibung des Leistungsgegenstandes anschließt, als reine Klarstellung einzuordnen sein und ist daher nicht als Ausschluß einer an sich gegebenen Schadensersatzhaftung zu sehen. Steht eine entsprechende Formulierung aber nicht in unmittelbarem Zusammenhang mit der Leistungsbeschreibung, so handelt es sich – soweit nicht bereits eine überraschende Klausel oder ein Widerspruch zur Individualabrede vorliegt – um einen unzulässigen indirekten Ausschluß der Schadensersatzhaftung nach § 11 Nr 11 (WAGNER DB 1991, 2325).

Klauseln wie „gekauft wie besichtigt" oder „unter Ausschluß der Gewährleistung" sind nach der Rspr im Individualprozeß infolge der engen Auslegung nicht als Verstoß gegen § 11 Nr 11 anzusehen (BGH NJW 1985, 1333; BGH NJW 1993, 657). Anderes wird aber sicherlich im abstrakten Kontrollverfahren gelten müssen (BGH ZIP 1989, 311; MünchKomm/BASEDOW Rn 203).

Probleme bereiten Klauseln, die Abweichungen in der Leistung oder in der Leistungszeit vorsehen. Die Rspr hat auch hier großzügig auf § 11 Nr 11 zurückgegriffen (BGH ZIP 1989, 311; OLG Köln DAR 1983, 21); die Lit folgt ihr überwiegend nur für den Fall der Schadensersatzansprüche ausschließenden Leistungsabweichungen (ULMER/ HENSEN Rn 13; MünchKomm/BASEDOW Rn 203), während bei Abweichungen in der Leistungszeit hier eher Zurückhaltung zu spüren ist (ULMER/HENSEN Rn 13). Dementsprechende Klauseln sind auch bereits durch § 10 Nr 4 und § 10 Nr 1 ausreichend erfaßt; daß die Klausel „Angaben ... sind keine zugesicherten Eigenschaften ..." die Haftung für mündlich zugesagte Merkmale undifferenziert ausschließe (so OLG Hamburg NJW-RR 1987, 121), erscheint übertrieben.

Ein Haftungsausschluß liegt hingegen vor, wenn in AGB „alle Schadensersatzansprüche" ausgeschlossen werden oder wenn es „keine Schadensersatzhaftung ohne Verschulden" geben soll.

b) Neben dem vollständigen Ausschluß verbietet § 11 Nr 11 auch jede **Einschränkung der Schadensersatzansprüche**. Diese dürfen somit weder an strengere als die gesetzlichen Voraussetzungen geknüpft noch in ihrem Umfang, beispielsweise auf bestimmte Höchstgrenzen, beschränkt werden (SCHLOSSER/COESTER-WALTJEN Rn 16; ULMER/HENSEN Rn 19). So darf man die Schadensersatzverpflichtung beispielsweise nicht daran koppeln, daß die fehlende Eigenschaft einen wesentlichen Mangel darstellt (OLG Nürnberg NJW-RR 1986, 1346; zum Streit um den „unerheblichen" Mangel iRd § 635 BGB s STAUDINGER/PETERS [1994] § 635 Rn 4). Auch eine in die Zusicherungsklausel selbst aufgenommene Haftungsbegrenzung ist unzulässig. Will der Verwender seine Haftungsrisiken begrenzen, so muß er sich bei der Zusicherung selbst zurückhalten und darf nicht erst die bei einem Fehlen der zugesicherten Eigenschaft eintretenden Schadensersatzpflichten einschränken. Eine weitgehende Zusicherung von Eigenschaften mit sofort folgender Begrenzung der diesbezüglichen Schadensersatzpflicht kann gerade zu der Irreführung des Kunden führen, welche § 11 Nr 11 vermeiden möchte. Eine unzulässige Einschränkung des Schadensersatzanspruches liegt auch vor, wenn dem Kunden die **Wahlmöglichkeit bei der Schadensberechnung** zwischen kleinem Schadensersatz (Behalt der Sache und Ersatz für Minderwert – s STAUDINGER/ HONSELL [1995] § 463 Rn 57) und großem Schadensersatz (Rückgabe der Sache und Ersatz für Nichterfüllung des Vertrages insgesamt – s STAUDINGER/HONSELL [1995] § 463 Rn 57) genommen wird (SCHLOSSER/COESTER-WALTJEN Rn 16).

Eine Klausel, welche generell für **Mangelfolgeschäden** die Haftung entsprechend § 11 Nr 7 auf Vorsatz und grobe Fahrlässigkeit beschränkt, ist nur wirksam, wenn sie vorsieht, daß diese Haftungsbeschränkung nur gilt, soweit nicht gerade Zusicherungen des Verwenders den Schutz des Kunden vor Mangelfolgeschäden bezwecken. Ist ein derartiger Vorbehalt in der Haftungsbeschränkungsklausel nicht enthalten, so ist sie insgesamt wegen Verstoßes gegen § 11 Nr 11 unwirksam (ULMER/HENSEN Rn 19). Ihre Zulässigkeit muß sich – insbesondere im Verfahren nach § 13 – abstrakt beurteilen lassen ohne Rücksicht auf die konkret im jeweiligen Vertrag abgegebenen Eigenschaftszusicherungen. Eine geltungserhaltende restriktive Auslegung ist abzulehnen, da sie zu fortdauernder Unklarheit über den Geltungsbereich der Klausel führen und dem Kunden das Erkennen seiner Rechtsposition erschweren würde (vgl STAUDINGER/SCHLOSSER § 6 Rn 16 ff). Ähnliches gilt auch, wenn die Klausel so gefaßt ist, daß der Vertragspartner vermuten muß, daß für bestimmte Situationen die Haftung ausgeschlossen werden kann (vgl LG Zweibrücken VuR 1997, 281; OLG Frankfurt aM BB 1988, 1488, 1489 – umfassender Gewährleistungsausschluß).

III. Verbraucher

17 Für das Verbrauchergeschäft sieht die Richtlinie im Anhang keine gesonderte Vorschrift vor, die § 11 Nr 11 entspräche. Es bleibt für die Frage der Beschneidung der Verbraucherrechte bei der im Rahmen von § 11 Nr 7 bereits besprochenen Nr 1 b und der bei § 11 Nr 10 besprochenen Nr 1 m.

Daß über § 24 a Nr 2 nunmehr auch bei vorformulierten Individualverträgen die Haftung für zugesicherte Eigenschaften nicht ausgeschlossen werden kann, ist angemessen. Fraglich ist, ob man dem Verwender nicht wenigstens eine gewisse Beschränkung der Schadensersatzpflichten einräumen muß, wenn diese individualvertraglich vereinbart werden. IdR wird es sich allerdings in solchen Fällen um Vertragsbedingungen handeln, die zwischen den Vertragsparteien gerade im Hinblick auf den Umfang der Zusicherung ausgehandelt werden und sich damit dem Anwendungsbereich des AGBG entziehen.

IV. Beruflicher Verkehr

18 § 11 Nr 11 ist, soweit ein Haftungs**ausschluß** in Frage steht, über § 9 auch auf den beruflichen Verkehr anzuwenden. Dies ist unstreitig für alle Fälle, in denen die Eigenschaftszusicherung ihrer Zwecksetzung nach gerade darauf abzielt, den Vertragspartner gegen das Risiko eines Mangelfolgeschadens zu sichern. In diesen Fällen hielt bereits die frühere Rspr, welche sich vorwiegend auf den Handelsverkehr bezog, den Ausschluß von Schadensersatzansprüchen für unzulässig (vgl oben Rn 1).

Erfaßt die Eigenschaftszusicherung in ihrer Tragweite lediglich den Mangelschaden und nicht die Mangelfolgeschäden, so wird zT die Anwendung des § 11 Nr 11 im kaufmännischen Verkehr abgelehnt (LÖWE/vWESTPHALEN Rn 32). Diese Ansicht läßt in Übereinstimmung mit der früheren Rspr (oben Rn 1) im Regelfall die Einräumung eines Nachbesserungs- oder Ersatzlieferungsanspruches mit subsidiärem Rücktrittsrecht analog der Regelung von § 11 Nr 10 b genügen. § 11 Nr 11 sollte aber im kaufmännischen Verkehr gerade auch dann Anwendung finden, wenn der Verwender nur das Vorliegen bestimmter Eigenschaften zusichert, nicht aber eine Haftung für Mangelfolgeschäden übernehmen möchte. Auch unter Kaufleuten und gegenüber beruflich tätigen Nichtkaufleuten gilt, daß durch die Freizeichnung von Schadensersatzansprüchen, die auf das Erfüllungsinteresse gerichtet sind, die Zusicherung jede praktische Bedeutung verlieren würde (MünchKomm/BASEDOW Rn 204; ULMER/HENSEN Rn 23; SOERGEL/STEIN Rn 139; LG Essen CR 1987, 428, 431). Jedoch können im Verkehr zu Kaufleuten **Haftungsbegrenzungen** auf redliche Höchstsummen oder typischerweise eintretende Schäden toleriert werden. Der Gesetzeszweck wird durch Haftungsbegrenzungen ohnehin kaum berührt. Die vorgesehenen Höchstsummen müssen dem Schadensumfang entsprechen, mit dem von der Typizität des Leistungsaustausches her gerechnet werden muß. Auch sollte im kaufmännischen Verkehr Zurückhaltung bei der Annahme einer Zusicherung herrschen (MünchKomm/BASEDOW Rn 204); Gewährleistungsausschlüsse werden sich idR nicht auf den Schadensersatzanspruch beziehen.

§ 11 Nr 12
Laufzeit bei Dauerschuldverhältnissen

In Allgemeinen Geschäftsbedingungen ist unwirksam ...

12. (Laufzeit bei Dauerschuldverhältnissen)

bei einem Vertragsverhältnis, das die regelmäßige Lieferung von Waren oder die regelmäßige Erbringung von Dienst- oder Werkleistungen durch den Verwender zum Gegenstand hat,

a) eine den anderen Vertragsteil länger als zwei Jahre bindende Laufzeit des Vertrags,

b) eine den anderen Vertragsteil bindende stillschweigende Verlängerung des Vertragsverhältnisses um jeweils mehr als ein Jahr oder

c) zu Lasten des anderen Vertragsteils eine längere Kündigungsfrist als drei Monate vor Ablauf der zunächst vorgesehenen oder stillschweigend verlängerten Vertragsdauer;

Materialien: 1. Teilber 13; RefE 18; RegE 37 –
s STAUDINGER/SCHLOSSER Einl 6 ff zum AGBG.

I. Allgemeines

1. Das Regelungsanliegen

a) Steht in einem einfachen Schuldverhältnis der Umfang der zu befriedigenden Leistungsinteressen von vornherein fest, so setzen im *Dauerschuldverhältnis* erst Zeitablauf und Kündigung diesem die Grenze. Durch die Laufzeitbestimmung und die Festlegung der Kündigungsmöglichkeiten erlangen somit die übrigen vertraglichen Rechte und Pflichten im Dauerschuldverhältnis erst ihr eigentliches Gewicht. Entgeltzahlungs- und Abnahmepflichten führen in Verbindung mit einer langfristigen Laufzeitregelung zu einer nicht unerheblichen Einschränkung des Kunden in seiner Dispositionsfreiheit. Ihm wird für die festgesetzte Vertragsdauer das Risiko einer Änderung der wirtschaftlichen Verhältnisse sowie das Risiko der Verwertbarkeit und des Bedarfs an den vertragsgegenständlichen Warenlieferungen bzw Dienst- oder Werkleistungen zugewiesen. Die Vorschrift der Ziff 12 will den Verbraucher vor den spezifischen Gefahren schützen, welche sich für ihn somit aus AGB-Klauseln ergeben, die ihn eine übermäßig lange Zeit an den Vertrag binden oder ihm die Lösung vom Vertrag durch eine unangemessen lange Kündigungsfrist erschweren, ohne daß er sich des Umfanges der eingegangenen Verpflichtungen und deren Auswirkungen überhaupt bewußt geworden ist.

2 b)   Angesichts dieser Zielsetzung der Vorschrift einerseits und der Vielgestaltigkeit der zu regelnden Dauerschuldverhältnisse andererseits ergaben sich für den Gesetzgeber erhebliche Schwierigkeiten, eine für sämtliche Dauerschuldverhältnisse passende Laufzeit- und Kündigungsfristbegrenzung in einer einzigen Norm zusammenzufassen, welche als Teil des Verbotskatalogs des § 11 ohne Ermessensspielraum auskommen sollte. Aus diesem Grunde wurden entgegen ursprünglicher Vorstellung (1. Teilb 83) in der endgültigen Gesetzesfassung die Gebrauchsüberlassungsverträge (Miete, Pacht, Leasing) aus dem Anwendungsbereich der Vorschrift ausgenommen. Zudem hat man die im Regierungsenwurf (§ 9 Nr 12 S 37) vorgesehenen Höchstfristen erheblich verlängert, um für alle noch als Regelungsgegenstand verbliebenen Dauerschuldverhältnisse eine wirtschaftlich vertretbare einheitliche Fristenregelung zu erreichen. Folge dieses Kompromisses in der Regelung der Fristenlänge ist allerdings, daß die jetzt vorgeschriebenen Höchstfristen der Nr 12 für einen Teil der geregelten Dauerschuldverhältnisse zu lang sind, um dem Kunden ausreichenden Schutz zu gewähren. Für § 11 Nr 12 gewinnt daher § 9 als Auffangstatbestand (BGHZ 120, 108 = NJW 1993, 327; BGHZ 90, 280 = NJW 1984, 1531; ausdrücklich das Regelungsanliegen des § 11 Nr 12 im Rahmen von § 9 berücksichtigend BGH NJW 1997, 739) Bedeutung bereits im nicht kaufmännischen und nicht beruflichen Geschäftsverkehr.

3   Aus diesem Grunde behält auch die vor Inkrafttreten des AGBG ergangene Rspr größere Bedeutung als sonst meist im Geltungsbereich von § 11. Die Judikatur hat nämlich schon früher der Vertragslaufzeit bei Dauerschuldverhältnissen Grenzen gezogen. Freilich hat sie hierbei in der Regel nicht auf den Unterschied zwischen individuell vereinbarter und in AGB festgelegter Laufzeit bzw Kündigungsregelung abgestellt. Die Grenze für die zulässige Bindungsdauer gewann sie aus § 138 BGB unter dem Gesichtspunkt der sittenwidrigen Knebelung (zu Bierbezugsverträgen: BGH NJW 1972, 1459; NJW 1974, 2089; WM 1977, 642; Zusammenfassung bei HIDDEMANN WM 1975, 942 ff und KLAAS BB 1974, 1098 ff. Zu Automatenaufstellverträgen: BGH NJW 1969, 230 f; LG Berlin MDR 1966, 584. Zu Wärmeversorgungsverträgen: BGH NJW 1975, 1268). Daß die Perspektive der Rspr auf eine AGB-spezifische Inhaltskontrolle einschwenken würde, war auch in diesem Bereich nur eine Frage der Zeit. Speziell im Wege der Inhaltskontrolle von AGB hat bereits das OLG Frankfurt aM (MDR 1976, 313) für den Gruppenunterricht im Rahmen von Schularbeitsgemeinschaften für schulisch schwächere Kinder einer Vertragslaufzeit von einem Jahr und einer Kündigungsfrist von sechs Monaten die Wirksamkeit versagt und statt dessen § 621 Nr 3 BGB angewandt. Ebenfalls im Wege der AGB-Inhaltskontrolle wurde für einen sechsmonatigen Karatekurs eine Verlängerungsklausel wegen Unüblichkeit für unwirksam angesehen (LG München I BB 1973, 1602). Zur früheren Rechtslage vgl im übrigen näher SCHLOSSER/ COESTER-WALTJEN Rn 1–6.

2. Anwendungsbereich

a) Entgegen dem Eindruck, der durch die Gesetzesüberschrift entsteht, erfaßt **4** § 11 Nr 12 gerade nicht die typischen Dauerschuldverhältnisse. Nicht nur sind eine Reihe von typischen Dauerschuldverhältnissen ohnehin aus dem Anwendungsbereich des AGBG ganz (§ 23 Abs 1 Nr 12) oder teilweise (§ 23 Abs 2 Nr 6) ausgeschlossen (dazu sogleich), der Wortlaut des § 11 Nr 12 verengt den Anwendungsbereich unter Ausschluß der Gebrauchsüberlassungsverträge (Miete, Pacht, Leasing). Nur **Warenlieferungs-, Dienstleistungs- und Werklieferungsverträge**, soweit sie sich auf eine regelmäßige Erbringung dieser Leistungen beziehen, werden von § 11 Nr 12 erfaßt und zwar auch nur für die Fallgruppen, in denen der Verwender der Erbringer dieser Leistungen ist. Allerdings wirkt die Regelung des § 11 Nr 12 auch auf die Anwendung von § 9 zurück (BGH NJW 1997, 739; LG Frankfurt aM NJW-RR 1989, 176; LG Frankfurt aM NJW-RR 1989, 888). § 9 und 11 Nr 12 sind also auf eine besondere Art miteinander verwoben, zumal § 9 hier einen besonders breiten Anwendungsbereich hat: für den beruflichen Verkehr, für die von § 11 Nr 12 nicht erfaßten Vertragstypen und für die Klauseln, die § 11 Nr 12 zwar passieren, aber dennoch Fragen der Unangemessenheit aufwerfen. Betriebswirtschaftliche Notwendigkeiten, günstige Tarifgestaltungen, ausgewogene Risikoverteilung können dabei wichtige Gesichtspunkte für die Beurteilung der Wirksamkeit der Klausel sein.

b) § 23 Abs 1 Nr 12 schließt Arbeits- und Gesellschaftsrecht aus dem Anwen- **5** dungsbereich des AGB aus (dazu STAUDINGER/SCHLOSSER § 23 Rn 2, 6). Während ersteres eine umfangreiche spezialgesetzliche Regelung – ergänzt durch umfangreiche Rspr – erfahren hat und für die von § 11 Nr 12 ins Auge gefaßte Schutzrichtung (Verwender als Arbeitnehmer) ohnehin wenig relevante Gestaltungen bietet, spielt die Ausklammerung des Gesellschaftsrechts hier insofern eine besondere Rolle als die Form eines Vereins oder einer Gesellschaft durchaus zur Umgehung des Eingreifens des AGBG gewählt wird (vgl BGH NJW 1988, 1729). In derartigen Fällen ist eine sorgfältige Prüfung, ob es sich um ein Umgehungsgeschäft iSd § 7 handelt, notwendig. So wurden „Club-Mitgliedschaften" zur Verschaffung verbilligter Einkaufsmöglichkeiten (BGH ZIP 1992, 326) über § 7 an § 11 Nr 12 gemessen. Auch Time-Sharing-Verträge mit nicht-dinglichem Charakter können an dem AGBG gemessen werden (HILDENBRAND/KAPPUS/MÄSCH, Time-Sharing und Teilzeit-Wohnrechtsgesetz 1997 I 110; vWESTPHALEN/KAPPUS, Time-Sharing-Verträge Rn 77; BGH NJW 1995, 2673 – dort allerdings Kaufvertrag mit Treuhandmodell). Bei letzterem steht allerdings idR die Gebrauchsüberlassung im Vordergrund, so daß nicht § 11 Nr 12, sondern § 9 eingreift, der eine sachangemessene Prüfung erlaubt. Entscheidend für die Nichtanwendung des AGBG ist, ob sich die Leistungs- und Benutzungspflichten/rechte unmittelbar aus der Satzung ergeben, mitgliedschaftlicher Natur sind und der Verwirklichung des Förderzwecks der Gesellschaft dienen (BGH ZIP 1992, 326; Einkaufsmöglichkeiten – insoweit gesellschaftsrechtlicher Charakter verneint; BGH NJW 1988, 1729 – Telephon- und Funkzentrale für Taxiunternehmer, genossenschaftlicher Charakter bejaht).

c) Einen weiteren Ausschluß speziell für den Anwendungsbereich von § 11 Nr 12 **6** bringt § 23 Abs 2 Nr 6: Versicherungsverträge, Verträge mit urheberrechtlichen Verwertungsgesellschaften und Verträge über die „Lieferung als zusammengehörig verkaufter Sachen" unterliegen nicht den strikten Beschränkungen des § 11 Nr 12; dies ergibt sich bei präziser Interpretation des § 11 Nr 12 allerdings für Versicherungsverträge und „als zusammengehörig verkaufte Sachen" bereits aus dessen Wortlaut; denn im ersten Fall wird die Leistung des Versicherers nicht „regelmäßig" erbracht, im zweiten fehlt es an einem ständigen Neuentstehen von Verpflichtungen, vor denen § 11 Nr 12 schützen soll (ULMER § 23 Rn 48, 50; krit HANSEN VersR 1988, 1110, 1114). Abgesehen davon, daß außerhalb der Lebens- und Krankenversicherungsverträge § 8 nF VVG bereits zwingendes Recht vorsieht, bleibt für den restlichen Bereich eine Kontrolle an Hand von § 9 (BGH NJW 1997, 1849, 1850; OLG Stuttgart ZIP 1993, 1238 für Versicherungsverträge, die vor Inkrafttreten der Neufassung des § 8 VVG geschlossen wurden, unter Anlehnung an die Neufassung im Rahmen des § 9). Der (berechtigte) Ausschluß des Ratenlieferungsvertrages vom Anwendungsbereich des § 11 Nr 12 verleitet offensichtlich zu vertraglichen Gestaltungen, die nur scheinbar eine „zusammengehörige Sache" betreffen (vgl bereits BGH NJW 1977, 714 – Aussteuersortiment: Zusammengehörigkeit verneint; BGH NJW 1993, 2052 – Buchreihe: Zusammenhörigkeit bejaht). Anders als der BGH in der letztgenannten Entscheidung ist dabei aber nicht auf die einheitliche äußerliche Gestaltung der Sachen, sondern – entsprechend dem Schutzzweck des § 11 Nr 12 – auf die Neuentstehung von Pflichten des Vertragspartners abzustellen. Entscheidend ist daher auch nicht, ob die gesamte Menge von vorneherein als geschuldet und abzunehmen festgelegt ist (so richtig ULMER/HENSEN Rn 6), sondern ob die abzunehmende Leistung auch inhaltlich genau feststeht. Bei einem mehrbändigen Lexikon ist dies anzunehmen, bei Buchreihen – auch wenn die einzelnen Bände ähnliche Themenkreise umfassen – hingegen nicht (problematisch daher BGH NJW 1993, 2052 – „Die Großen" – § 23 Abs 2 Nr 6 bejaht; LG Saarbrücken NJW 1988, 347 – „Hundert schöne Liebesromane" – zu Recht § 23 Abs 2 Nr 6 verneint).

7 d) Für **Fernunterrichtsverträge** trifft das FernUSG (hierzu DÖRNER BB 1977, 1739 und BARTL NJW 1976, 1993) in § 5 für Laufzeit und Kündigungsmöglichkeit eine zwingende (vgl § 10 FernUSG) Sonderregelung. Der Teilnehmer kann den Fernunterrichtsvertrag ohne Angabe von Gründen erstmals zum Ablauf des 1. Halbjahres mit einer Frist von 6 Wochen, danach jederzeit mit einer Frist von 3 Monaten kündigen.

8 e) § 26 Abs 1 S 2 WEG sieht für Verwalterverträge eine Höchstlaufzeit von 5 Jahren vor. Diese Regelung bildet eine Sonderregelung zu § 11 Nr 12 und geht nach den anderwärts (STAUDINGER/SCHLOSSER Einl 19 zum AGBG) entwickelten Grundsätzen dieser vor (ebenso ULMER/HENSEN Rn 16; aM WOLF Rn 12).

9 Verträge über Wasser und Fernwärme, die in § 28 Abs 3 eine eigene Übergangsregelung gefunden haben, unterliegen für Tarifkunden den Regelungen der inzwischen nach §§ 26, 27 erlassenen Rechtsverordnung. Diese AVB verdrängen insoweit das AGBG. Außerdem werden §§ 10, 11 auf Verträge von Energie und Gasversorgungsunternehmen mit Sonderabnehmern nicht angewandt, § 23 Abs 2 Nr 2.

10 f) Neben § 11 Nr 12 bieten die §§ 11 Nr 8 und 9 dem Kunden Schutz vor unzulässiger Bindung an den Vertrag bei **(Teil-)Verzug des Verwenders** bzw (Teil-) **Unmöglichkeit** seiner Leistung. Diese Bestimmungen sind neben § 11 Nr 12 anwendbar und werden auch durch eine nach § 11 Nr 12 zulässige Bindungsklausel nicht eingeschränkt. Das gleiche gilt für das **Kündigungsrecht aus wichtigem Grund**, welches bei allen Dauerschuldverhältnissen zwingend besteht und von der Regelung des § 11 Nr 12 nicht berührt wird.

g) Zum Verhältnis zu § 10 Nr 5 s Rn 19. **11**

II. Die tatbestandlich betroffenen Verträge

1. Warenlieferungsverträge

Wie bei § 1 Abs 2 Nr 1 HGB sind unter Waren iS der Vorschrift verkehrsfähige, **12** bewegliche, körperliche Sachen zu verstehen. Verträge über unbewegliche Sachen und Rechte unterliegen daher nicht dem Verbot der Nr 12, spielen allerdings für den beschränkten Kreis von Geschäften, die unter § 11 Nr 12 fallen, ohnehin keine Rolle. Als Warenlieferungsverträge iS der Vorschrift kommen insbesondere Zeitungs- und Zeitschriftenabonnements, „Mitgliedschaften" in Buchgemeinschaften, Buchklubs, Schallplattenringen und ähnliches in Betracht. Im Falle einer wirklichen vereinsrechtlichen Ausgestaltung der Beziehung ist aber § 23 Abs 1 (s STAUDINGER/ SCHLOSSER Rn 10 und oben Rn 5) zu beachten. Ebenso gehören hierzu grundsätzlich auch Bier- und sonstige Getränkebezugsverträge (OLG Frankfurt aM NJW-RR 1988, 177; OLG Frankfurt aM GRUR 1989, 71 – tatsächliche Verwertung spricht bei diesen Verträgen für individuelles Aushandeln). Auch Verträge über Flüssiggas (OLG Düsseldorf VuR 1996, 88; OLG Frankfurt aM NJW-RR 1987, 1462) – soweit nicht § 23 Abs 2 Nr 2 oder die AVB (oben Rn 9) eingreifen – oder solche über Werbematerial (BGHZ 84, 113 = NJW 1982, 2309; bei Anfertigung **und** Gebrauchsüberlassung soll mietvertragliches Element überwiegen: LG Berlin ZMR 1997, 420) sind umfaßt. Darlehen hingegen gehören nicht hierher, weil Geld keine „Ware" ist. Soweit Getränkebezugsverträge allerdings mit Gastwirten abgeschlossen werden, scheitert die Anwendbarkeit der Nr 12 in der Regel an deren Kaufmannseigenschaft, soweit sich der Gastwirt nicht noch in der Existenzgründungsphase befindet. Die zu liefernden Waren müssen weder in Qualität noch in Quantität feststehen; zur Abgrenzung gegenüber den vom Anwendungsbereich des § 11 Nr 12 ausgenommenen Ratenlieferungsverträgen oben Rn 6.

2. Dienstleistungsverträge

Der Begriff der Dienstleistung ist unter Berücksichtigung des Schutzzwecks der Vor- **13** schrift weit auszulegen (ULMER/HENSEN Rn 8). Die Vorschrift umfaßt insbesondere private Unterrichtsverträge aller Art wie zB: Verträge über berufliche Aus- und Fortbildung, Nachhilfeunterricht, Musik- und Tanzunterricht, Fahrkurse, Sportunterricht, Gymnastik, Schlankheits- und Bodybuildingkurse (vgl RegE BT-Drucks 7/3919, 37). Nr 12 gilt hierbei nur für den Direktunterricht (hierzu DÖRNER NJW 1979, 241 ff), da für den Fernunterricht das FernUSG als Sonderregelung eingreift (vgl oben Rn 7). Verträge mit Fitness-Studios wertet der BGH als Gebrauchsüberlassungsverträge und überprüft sie allein an § 9 (BGH VuR 1997, 197). Als Dienstleistungsverträge iS der Vorschrift sind weiterhin (Steuer-)Beratungsverträge, Betreuungs- und Pflegeverträge anzusehen. Auch auf Verträge mit Ehevermittlungsinstituten ist das Klauselverbot anzuwenden, freilich nur, wenn der Vertrag für das Institut eine Verpflichtung zum Tätigwerden vorsieht. Häufig werden diese Dienste jetzt auch in Form von Partnerschaftsclubs betrieben, so daß eine Abgrenzung nach den oben beschriebenen Kriterien zu erfolgen hat (Rn 5). Maklerverträge können nur dann hierher gerechnet werden, wenn der Makler zur **regelmäßigen** Tätigkeit **verpflichtet** ist, was auch beim Makleralleinauftrag zweifelhaft sein kann (BGH BB 1981, 756). Ebenfalls hierher rechnen Verwaltungs- und Abrechnungsverträge (AG Gießen NJW-RR 1996, 49 – Heizkostenabrechnung).

Problematisch ist die Anwendung der Nr 12 auf **gemischte Verträge**, in denen mit einer einmaligen Warenlieferung oder einer Gebrauchsüberlassung Dienstleistungen verbunden sind. Bildet die Dienstleistung den Schwerpunkt, so wird man Nr 12 auf den gesamten Vertrag anzuwenden haben, soweit sie mit den übrigen Leistungspflichten eine wirtschaftliche Einheit bildet. Läßt sich hingegen der dienstvertragliche Teil des Vertrages von den übrigen Teilen in wirtschaftlich sinnvoller Weise trennen, so ist dieser Teil allein der Regelung der Nr 12 zu unterwerfen, soweit dann die eintretende isolierte Laufzeitbeschränkung nicht gerade dem von der Vorschrift beabsichtigten Kundenschutz zuwiderläuft (BGH VuR 1997, 197; ähnlich SCHLOSSER/COESTER-WALTJEN Rn 13). Dementsprechend hängt bei Automatenaufstellverträgen die Anwendbarkeit der Vorschrift von deren Ausgestaltung im Einzelfall ab (näheres dazu STAUDINGER/COESTER Anh § 9; vgl auch BGH VuR 1997, 197 – Fitness; LG Berlin ZMR 1997, 420 – Werbematerial).

3. Werkverträge

14 Im Gegensatz zu den Dienstleistungsverträgen ist bei Werkverträgen die regelmäßige Erbringung eines Leistungserfolges Vertragsgegenstand. Die Abgrenzung zu den Dienstleistungsverträgen ist im Rahmen von Nr 12 freilich nicht von Bedeutung. Auch der Begriff der Werkleistung ist unter dem Aspekt des Schutzzieles der Vorschrift weit auszulegen (ULMER/HENSEN Rn 9). Der Gesetzgeber dachte besonders an Wartungsverträge, welche die regelmäßige Überprüfung und Instandsetzung technischer Anlagen vorsehen. Für gemischte Verträge gelten dieselben Grundsätze wie bei gemischten Dienstleistungsverträgen (s Rn 13).

4. Regelmäßigkeit der Waren-, Dienst- oder Werkleistung

15 § 11 Nr 12 verlangt ein auf eine regelmäßige Waren-, Dienst- oder Werkleistung gerichtetes Vertragsverhältnis. Im Gegensatz zu § 197 BGB ist aber nicht die regelmäßige Wiederholung der Leistung an fest bestimmten Terminen erforderlich. Auch müssen die zeitlichen Abstände zwischen den Leistungsterminen und die zu erbringenden Lieferungen oder Leistungen nicht gleichbleibend sein (ULMER/HENSEN Rn 5). Erforderlich ist allein, daß aufgrund des einheitlichen Vertragsverhältnisses während der vorgesehenen Vertragsdauer mehrfach Lieferungen oder Leistungen zu erbringen sind und dies in regelmäßiger Form stattfindet (verneint für Schlüsselfunkdienst KG NJW-RR 1994, 1267). Dies ergibt sich aus dem auf den Kundenschutz gerichteten Regelungszweck der Vorschrift. Die entscheidende Gefährdung der Dispositionsfreiheit des Kunden liegt in den durch die Fortdauer des Vertrages für ihn fortbestehenden Entgeltzahlungs- und Abnahmepflichten, nicht in der genauen zeitlichen Fixierung der Lieferungen oder Leistungen des Verwenders.

5. Der Charakter der betroffenen Vertragsbeziehungen als Dauerschuldverhältnisse

16 Das Klauselverbot der Nr 12 bezieht sich nur auf Vertragsverhältnisse, welche als Dauerschuldverhältnisse ausgestaltet sind. Hieraus ergibt sich eine Abgrenzung in zwei Richtungen: Den regelmäßigen Sach-, Dienst- oder Werkleistungen muß **ein Vertragsverhältnis** zugrunde liegen. Es muß eine rechtlich bindende Vereinbarung vorliegen, aus welcher sich die Pflicht des Kunden zur regelmäßigen Abnahme von Lieferungen oder Leistungen, mindestens aber eine Ausschließlichkeitsbindung des Kunden für den Fall der Inanspruchnahme bestimmter Lieferungen oder Leistungen ableiten läßt. Es genügt nicht eine (tatsächliche) lockere Geschäftsverbindung, innerhalb der jeweils Verträge über Einzelleistungen neu abgeschlossen werden (SCHLOSSER/COESTER-WALTJEN Rn 9).

III. Höchstgrenze für die Primärlaufzeit des Vertrages

1. Höchstgrenze nach § 11 Nr 12 a

In AGB darf eine Erstlaufzeit von mehr als zwei Jahren nicht festgesetzt werden. **17** Längere Laufzeiten können nur individualvertraglich vereinbart werden. Soweit letzteres geschieht, gelten die allgemein von der Rspr aus § 138 BGB entwickelten Grenzen (s oben Rn 3). Wird dem Kunden in der vorformulierten Klausel eine Wahlmöglichkeit zwischen mehreren Laufzeiten geboten und steht hierbei auch eine Laufzeit von zwei Jahren oder weniger zur Auswahl, so greift das Verbot der Nr 12 a nicht ein, selbst wenn der Kunde dann eine über zwei Jahre hinausgehende Laufzeit wählt. Der Kunde hat sich in diesem Falle bewußt und in freier Entscheidung für eine die Zwei-Jahresfrist überschreitende Laufzeit entschieden, so daß im Hinblick auf die konkrete Laufzeitregelung eine individualvertragliche Vereinbarung vorliegt (BGH NJW 1992, 1651; im abstrakten Verfahren zurückhaltender BGH NJW 1993, 1651; aA ULMER/HENSEN Rn 9; PALANDT/HEINRICHS Rn 79). Die Höchstgrenze der Nr 12 a gilt nur für Klauseln, welche den *Kunden* binden. Die Zwei-Jahresfrist läuft ab Vertragsschluß, nicht erst ab Leistungsbeginn (BGH NJW 1993, 1651). Entscheidend für die nach dem Schutzzweck der Nr 12 wesentliche Einschränkung der Dispositionsfreiheit des Kunden ist das Entstehen der vertraglichen Bindung (BGHZ 122, 66 = NJW 1993, 1651; zurückhaltend nach BGHZ 120, 108 = NJW 1993, 327; wie hier OLG Köln OLG-Rp Köln 1997, 2). Nr 12 a steht grundsätzlich einem formularmäßigen Abschluß des Vertrages auf unbestimmte Zeit nicht entgegen. Die Vorschrift verlangt dann für diesen Fall aber eine ordentliche Kündigungsmöglichkeit spätestens zum Ablauf des zweiten Jahres, so daß der Kunde keinesfalls länger als zwei Jahre gebunden ist (SCHLOSSER/COESTER-WALTJEN Rn 16; MünchKomm/BASEDOW Rn 214; aA ULMER/HENSEN Rn 9). Die bloße Möglichkeit der Kündigung aus wichtigem Grund rechtfertigt in keinem Fall eine Laufzeitbestimmung über zwei Jahre.

2. Klauselverbot trotz Einhaltung der Laufzeithöchstgrenze nach Nr 12 a

Die Einordnung der verschiedenartigsten Typen von Dauerschuldverhältnissen **18** unter eine Fristenregelung ohne Wertungsmöglichkeit führt dazu, daß nach § 9 AGBG immer überprüft werden muß, ob auch kürzere Laufzeitregelungen unter Berücksichtigung der Eigenart und der Interessenlage des Vertragsverhältnisses den Vertragspartner des Verwenders unangemessen benachteiligen (s oben Rn 2 aE). Dies gilt insbesondere für diejenigen Vertragsverhältnisse, für welche eine kürzere Laufzeit als die in Nr 12 a genannte üblich ist und für die sich die Notwendigkeit einer zweijährigen Laufzeit nicht begründen läßt. Dies dürfte häufig bei Zeitschriften- und Zeitungsabonnements sowie Mitgliedschaften in Buchgemeinschaften der Fall sein

(ULMER/HENSEN Rn 10; MünchKomm/BASEDOW Rn 214; vgl auch BGHZ 120, 108 = NJW 1993, 327 – Tänzerausbildung; OLG Hamburg NJW-RR 1987, 47 – Zeitschriftenbezug). Ebenso ist bei Unterrichtsverträgen eine unter zwei Jahren liegende Begrenzung der Laufzeit geboten, wenn das Interesse des Teilnehmers sich nach Ziel und Art des Unterrichts auf eine nur kurzfristige Unterrichtung beschränkt (OLG Köln NJW 1983, 1002; OLG Karlsruhe NJW 1981, 1676; Näheres STAUDINGER/COESTER § 9 Rn 535 ff).

IV. Höchstgrenze für Klauseln über stillschweigende Vertragsverlängerung, § 11 Nr 12 b

1. Höchstgrenze nach § 11 Nr 12 b

19 Klauseln, welche vorsehen, daß das Vertragsverhältnis sich stillschweigend um eine weitere Zeitspanne verlängert, sofern der Kunde nicht kündigt, sind gemäß Nr 12 b unwirksam, wenn diese Verlängerung mehr als ein Jahr beträgt. Dieses Klauselverbot gilt nicht nur bei formularmäßig festgesetzter, sondern auch bei individuell vereinbarter Erstlaufzeit (SCHLOSSER/COESTER-WALTJEN Rn 18; ULMER/HENSEN Rn 11). Auch erfaßt Nr 12 b nicht nur die unmittelbar der Primärlaufzeit folgende Verlängerungsperiode, sondern jede weitere vorgesehene stillschweigende Vertragsverlängerung. Die Jahresfrist der Nr 12 b beginnt mit Ablauf der Erstlaufzeit, bzw des vorhergehenden Verlängerungszeitraums. AGB können zwar grundsätzlich auch eine stillschweigende Verlängerung auf *unbestimmte* Zeit vorsehen. In diesem Fall muß aber für die Kunden die Möglichkeit der ordentlichen Kündigung spätestens zum Ablauf des ersten, bzw jedes weiteren Verlängerungsjahres gewährleistet sein. Nr 12 b gilt nach seinem Wortlaut nur für Klauseln, welche eine **stillschweigende** Vertragsverlängerung vorsehen. Klauseln, welche dem Verwender eine einseitige Verlängerungsmöglichkeit durch ausdrückliche Erklärung gewähren (LEONARDY DRiZ 1976, 111), binden den Kunden im Ergebnis in gleicher Weise, so daß die Höchstgrenzenregelung der Nr 12 b auf solche AGB-Gestaltungen anzuwenden ist (ULMER/HENSEN Rn 12).

Verlängerungsklauseln fallen, soweit sie für die stillschweigende Vertragsverlängerung auf das Nichterklären der Kündigung durch den Kunden abstellen, nicht etwa zusätzlich unter § 10 Nr 5 (BGH NJW 1987, 2012, 2014; ULMER/HENSEN Rn 11; MünchKomm/ BASEDOW Rn 217; aM AG Kassel NJW-RR 1989, 1525). Der Sache nach ist ein Vertragsverhältnis auf unbestimmte Dauer abgeschlossen, das periodisch ordentlich gekündigt werden kann (s § 10 Nr 5 Rn 3).

2. Klauselverbot trotz Einhaltung der Verlängerungshöchstfrist des § 11 Nr 12 b

20 Auch für die Fristenregelung der Nr 12 b gilt, daß die Jahresfrist nur die äußerste Grenze für stillschweigende Verlängerungsregelungen ist. Sie ist somit zusätzlich auch an § 9 zu messen (ULMER/HENSEN Rn 12 und Anh §§ 9–11 Rn 673; MünchKomm/BASEDOW Rn 217). So ist auch bereits eine einjährige stillschweigende Verlängerung dann eine unangemessene Benachteiligung des Kunden, wenn bereits die Erstlaufzeit im Hinblick auf die Eigenart des Vertragsverhältnisses unter einem Jahr zu liegen hat (s oben Rn 18).

Bei Zeitschriften- und Zeitungsabonnements, Ehemäklerverträgen, manchmal auch bei Unterrichtsverträgen dürfte in vielen Fällen gemäß § 9 nur eine kürzere Verlängerungsperiode zulässig sein. Die Rspr orientiert sich allerdings auch hier an § 11 Nr 12 und verlangt besondere Gründe für eine kürzere Frist (BGH NJW 1997, 243). In zahlreichen Entscheidungen sind Verlängerungsklauseln für die Zeit von einem Jahr für zu lang gehalten worden (vgl OLG Celle NJW-RR 1995, 370; für eine Verlängerung um höchstens die halbe Erstlaufzeit OLG Karlsruhe NJW-RR 1989, 243; OLG Hamm NJW-RR 1992, 444; krit insgesamt zu Verlängerungsklauseln vHIPPEL JZ 1997, 1009; HEIDEMANN/PAUSER VuR 1997, 181). Einzelheiten s STAUDINGER/COESTER § 9 Rn 427 ff.

V. Höchstgrenze für Kündigungsfrist § 11 Nr 12 c

1. Höchstgrenze nach § 11 Nr 12 c

In den AGB darf für den Kunden keine längere Kündigungsfrist als drei Monate 21 festgesetzt werden. Dies gilt für Kündigungen sowohl zum Ende der ersten als auch zum Ende der jeweils stillschweigend verlängerten Laufzeit. Die Beschränkung der Kündigungsfrist greift zudem auch dann ein, wenn ein auf unbestimmte Zeit abgeschlossener Vertrag beendet werden soll oder die Laufzeit des zu kündigenden Vertrages nicht formularmäßig, sondern durch Individualabrede festgelegt worden ist (SCHLOSSER/COESTER-WALTJEN Rn 20; MünchKomm/BASEDOW Rn 218). Auch in diesem Falle bedarf der Kunde des Schutzes vor einer übermäßigen Bindung durch überlange Kündigungsfristen. Unter entsprechender Anwendung von § 565 Abs 1 Nr 3 BGB genügt zur Einhaltung der festgesetzten Drei-Monatsfrist eine Kündigung am 3. Werktag eines Monats zum Ablauf des übernächsten Monats; entscheidend ist die sich tatsächlich ergebende Frist, die auch nicht durch Vorgabe bestimmter Kündigungstermine über 3 Monate hinaus verlängert werden darf (AG Hamburg-Altona MDR 1982, 55). Sind für die Kündigung in den AGB besondere Formerfordernisse vorgesehen, so ist § 11 Nr 16 zu beachten.

2. Klauselverbot trotz Einhaltung der 3-monatigen Kündigungsfristgrenze des § 11 Nr 12 c

Ist eine 3-monatige bzw geringere Kündigungsfrist festgelegt, so ist auch diese noch 22 an § 9 zu messen. Ein Verstoß gegen § 9 trotz Einhaltung der 3-Monatsfrist wird allerdings im wesentlichen nur dann vorliegen, wenn die Laufzeit selbst recht kurz war (OLG Hamm NJW 1992, 243; zu kürzeren Kündigungsfristen OLG Frankfurt aM NJW-RR 1989, 957; LG Hamburg NJW-RR 1988, 317 – Trainingsvertrag). Ebenso ist wiederum das außerordentliche Kündigungsrecht gemäß §§ 627, 628 BGB zu beachten, dessen völliger Ausschluß gegen § 9 Abs 2 Nr 1 verstößt (BGH NJW 1986, 3134). Das zwingende Widerrufsrecht gemäß §§ 1 HTWG, 7 VerbrKrG, 5 TzWrG und § 4 FernUSG besteht ebenso wie das zwingende Recht zur außerordentlichen Kündigung aus wichtigem Grund unabhängig von der Regelung der Nr 12 c fort.

Ob der Vertragspartner mehrere Kündigungstermine pro Jahr haben muß, hängt von dem Vertragsgegenstand ab (seine Prüfungskompetenz daher nicht voll ausschöpfend: AG Gütersloh MDR 1984, 404).

VI. Rechtsfolgen einer Überschreitung der Höchstfristen

23 Bei Verstoß gegen § 11 Nr 12 ist die entsprechende Klausel unwirksam. Dies ist inzwischen weitverbreitete Meinung in der Lit (MünchKomm/BASEDOW Rn 219; ULMER/ HENSEN Rn 17; MARTINEK BB 1989, 1277) und entspricht der Rspr (BGHZ 84, 113 =NJW 1982, 2309). Der Wegfall der gegen § 11 Nr 12 b verstoßenden Klauseln bereitet keine Schwierigkeiten, weil die Konstruktion einer Ersatzregelung nicht erforderlich ist, vielmehr eine Verlängerung nur bei ausdrücklichem oder konkludenten Verhalten beider Vertragsparteien ohne den Automatismus eintritt (MünchKomm/BASEDOW Rn 219). IdR wird sich diese Klausel ohne Probleme von den anderen Laufzeitbedingungen trennen lassen (BGH NJW 1982, 178, 181 – für § 10 Nr 3). Schwieriger wird die Ersatzregelung bei Wegfall der Bestimmungen über die (zu lange) Erstlaufzeit und die (zu lange) Kündigungsfrist. Eine Reduzierung der Klausel auf die gerade noch zulässige Dauer kommt nicht in Betracht (so MARTINEK BB 1989, 1277, 1289), weil damit dem Verwender jedes Risiko der Formulierung seiner Klauseln abgenommen würde (BGH NJW 1982, 2309, 2310). Der BGH hat in seinem vor der „Tagespreisklausel-Entscheidung" (BGHZ 90, 69, 75 = NJW 1984, 1177) ergangenen Urteil zu § 11 Nr 12 a eine ergänzende Vertragsauslegung abgelehnt. Dies erscheint zwar auch heute noch überzeugend, wird aber wohl nicht mehr vom BGH vertreten werden (vgl auch die geltungserhaltende Reduktion einer unbeschränkten Mandatsschutzklausel auf zwei Jahre: BGH NJW-RR 1996, 741). Unabhängig von dieser grundsätzlichen Streitfrage (dazu STAUDINGER/SCHLOSSER § 6 Rn 16) ist zunächst auf die für die entsprechenden Vertragstypen vorhandenen gesetzlichen Regelungen (zB §§ 620, 621 BGB für Dienstverträge, § 649 BGB für Werkverträge) zurückzugreifen (OLG Frankfurt aM NJW 1981, 2760). Soweit es an solchen gesetzlichen Regelungen fehlt, wird in der Lit vorgeschlagen, unter Berücksichtigung der berechtigten Interessen beider Parteien Laufzeit und/ oder Kündigungsfrist nach billigem Ermessen zu bestimmen (ULMER/HENSEN Rn 17; WOLF Rn 22; MünchKomm/BASEDOW Rn 219 – unter fälschlicher Berufung auf BGH NJW 1982, 2310). Richtiger erscheint eine richterliche Fortbildung des insoweit lückenhaften dispositiven Rechts (vgl HART KritV 1989, 184, 192; RÜSSMANN BB 1987, 845; FASTRICH 343; COESTER-WALTJEN Jura 1988, 116) notfalls ist der Vertrag auf unbestimmte Dauer geschlossen und jederzeit kündbar.

VII. Verbraucher

24 Die Richtlinie beschäftigt sich in ihrem Anhang in dem hier interessierenden Bereich nur mit unangemessenen Kündigungsfristen, wobei die automatische Verlängerung eines befristeten Vertrages mit Kündigungsmöglichkeit des Verbrauchers als Beispielsfall gewählt ist (Nr 1 h). § 11 Nr 12 c ist insoweit konkreter, aber gleichzeitig bzgl der Vertragstypen beschränkter. Dies wird jedoch durch § 9 aufgefangen. Soweit Verträge insgesamt von der Inhaltskontrolle nach §§ 9–11 ausgenommen sind (oben Rn 5 ff), schützt den Verbraucher entweder zwingendes Recht oder aber die – insbes im Gesellschaftsrecht vom BGH vorgenommene – Inhaltskontrolle nach den Grundsätzen von Treu und Glauben (FASTRICH 124 ff, 70 ff; SCHLOSSER/COESTER-WALTJEN AcP 191 [1991] 5 ff). Die deutschen Regelungen sind damit gemeinschaftskonform. Über § 24 a gilt § 11 Nr 12 auch für vorformulierte Individualverträge. Das bedeutet, daß einem Verbraucher gegenüber auch nicht im Einzelfall eine längere Vertragsdauer angetragen werden kann. Da bei Einzelfallsituationen besondere Tarifgestaltungen idR keine Rolle spielen, ist zu befürchten, daß auf diese Weise dem

Verbraucher besonders günstige Vertragsbedingungen versagt bleiben. Problematisch ist, ob der Vertragspartner des Verwenders nach Angebot einer besonders langen Vertragsdauer durch Nachgeben auf eine kürzere, zwei Jahre aber überschreitende Laufzeit die Klausel der Inhaltskontrolle nach § 1 Abs 2 entziehen kann (COESTER-WALTJEN, in: FS Medicus [1999]).

VIII. Beruflicher Verkehr

Die starre Fristenregelung des § 11 Nr 12 gilt nicht für Kaufleute. Diese Regelung ist 25 spezifisch auf den Schutz des Endverbrauchers bezogen, der vor einer „Überrumpelung" bewahrt werden soll. Sie wird den Erfordernissen des Handelsverkehrs nicht gerecht (allgM). Klauseln über Vertragsdauer und Kündigungsfristen sind aber auch im Handelsverkehr an § 9 Abs 1 zu messen. Die Grenzen für das Ausmaß der zulässigen Bindung ergeben sich hierbei theoretisch nicht nur aus den von der Rspr zu § 138 BGB unter dem Gesichtspunkt der sittenwidrigen Knebelung entwickelten Grundsätzen (s oben Rn 3). Die Grenzen des § 9 Abs 1 sind vielmehr an sich enger als diejenigen von § 138 BGB (s STAUDINGER/COESTER § 9 Rn 34). In der Praxis laufen die beiden Bewertungsmaßstäbe jedoch zunehmend ineinander, so daß diese Rechtsprechung auch für die Auslegung von § 9 heranzuziehen ist (zu Einzelfällen vgl LG Gießen NJW 1990, 566, 567; AG Esslingen NJW-RR 1991, 885; OLG Stuttgart NJW-RR 1994, 95 und STAUDINGER/COESTER § 9 Rn 34 f). Das gleiche gilt für beruflich tätige Nichtkaufleute.

§ 11 Nr 13
Wechsel des Vertragspartners

In Allgemeinen Geschäftsbedingungen ist unwirksam ...

13. (Wechsel des Vertragspartners)

> eine Bestimmung, wonach bei Kauf-, Dienst- oder Werkverträgen ein Dritter an Stelle des Verwenders in die sich aus dem Vertrag ergebenden Rechte und Pflichten eintritt oder eintreten kann, es sei denn, in der Bestimmung wird
>
> a) der Dritte namentlich bezeichnet, oder
>
> b) dem anderen Vertragsteil das Recht eingeräumt, sich vom Vertrag zu lösen;

Materialien: 1. Teilber 85; RefE 19; RegE 38 –
s STAUDINGER/SCHLOSSER Einl 6 ff zum AGBG.

I. Allgemeines

1. Regelungsanliegen

a)   § 11 Nr 13 befaßt sich mit einem besonders heimtückischen Fall einer „überra- 1 schenden Klausel" und will daher Einzelauseinandersetzungen über ihren überraschenden Charakter von vornherein den Boden entziehen. Die Bestimmung soll vermeiden, daß sich der Kunde infolge einer formularmäßigen Klausel nachträglich einem Vertragspartner gegenübergestellt sieht, über dessen wirtschaftliche Leistungsfähigkeit und persönliche Zuverlässigkeit er sich vor der Entscheidung zum Vertragsabschluß nicht informieren konnte oder mit dem er, zum Beispiel wegen schlechter früherer Erfahrungen, den Vertrag bei entsprechender Kenntnis nicht abgeschlossen hätte (RegE BT-Drucks 7/3919, 38). Zum Klauselverbot der Nr 13 sah sich der Gesetzgeber insbesondere durch eine um sich greifende, bedenkliche Praxis in Verträgen über Zeitschriftenabonnements, Buchreihen und Fernkurse veranlaßt. Der Vertragsabschluß mit dem Kunden geschah dort häufig durch bloße Vertriebsgesellschaften, die erst aufgrund einer Übernahmeklausel in den Verträgen mit den Beziehern nach entsprechender Entgeltzahlung die eigentlichen Lieferfirmen in den Vertrag eintreten ließen.

2 b) Große praktische Bedeutung hat die Vorschrift – außer ihrem möglichen präventiven Effekt – nicht entwickelt. Klauseln, die gegen § 11 Nr 13 verstoßen, beschäftigen die Rspr selten, was vor allem daran liegen mag, daß der Kundenschutz – insbes durch § 11 Nr 13 a – wenig effektiv ausgestaltet ist, weil der Kunde idR die AGB vor Vertragsschluß nicht lesen und sich dementsprechend auch nicht über die Zuverlässigkeit und Vertrauenswürdigkeit des dort Benannten informieren wird, die Einhaltung der Erfordernisse einer wirksamen Klausel also für den Verwender einfach ist. Zum anderen erscheint der Anwendungsbereich des § 11 Nr 13 sehr eng und die Einbeziehung der zunehmend in die Diskussion geratenden Substitution ist umstritten (s unten Rn 12).

2. Anwendungsbereich

3 a) Von einem Teil der Lit wird § 11 Nr 13 als leerlaufende Bestimmung mit bloßer Klarstellungsfunktion angesehen, da Klauseln mit einem dem Verbot der Nr 13 unterfallenden Inhalt bereits gemäß **§§ 3 und 4 AGBG** nicht Vertragsinhalt würden (SOERGEL/STEIN Rn 151; LÖWE/vWESTPHALEN Rn 7). Dem ist nur in eingeschränktem Umfang zu folgen. Eine „Überschneidung" eines Verbotes des Klauselkataloges mit § 3 ist nichts Ungewöhnliches (STAUDINGER/SCHLOSSER § 3 Rn 2). Der Verbotstatbestand aus dem Katalog der §§ 10, 11 erlangt auch dann eine über § 3 hinausgehende, eigenständige Bedeutung: Jede den Verbotstatbestand der Nr 13 erfüllende Klausel ist unwirksam. Einer Überprüfung, ob der Kunde im Einzelfall durch sie überrascht worden ist, bedarf es nicht. Richtig ist auch, daß die Bestimmung der Vertragspartner Gegenstand der **Individualvereinbarungen** ist. Eine Klausel, welche die Auswechselung des Vertragspartners ermöglicht, ist jedoch ebenso wie der Leistungsänderungsvorbehalt, der von § 10 Nr 4 erfaßt wird, und die Preisänderungsmöglichkeit des § 11 Nr 1 nicht durch § 4 ausgeschlossen. Außerdem bleibt für derartige Klauseln stets das abstrakte Kontrollverfahren nach § 13 (BGHZ 92, 94 = NJW 1984, 2468 – zur Aushöhlung von Lieferzeitvereinbarungen; SOERGEL/STEIN Rn 151).

4 b) Neben § 11 Nr 13 kann zusätzlich das Klauselverbot des § 10 Nr 4 dann eingreifen, wenn die Auswechselung des Vertragspartners zugleich zu einer Änderung des vertraglichen Leistungsgegenstandes führt (LÖWE/vWESTPHALEN Rn 6; SCHLOSSER/COESTER-WALTJEN § 10 Nr 4 Rn 12). Dies ist insbes von Bedeutung, wenn es – wie häufig bei der Substitution – um persönliche Leistungen geht (vgl § 10 Nr 4 Rn 7 aE). In diesem

Fall läßt sich eine Unwirksamkeit auch einer Klausel nicht vermeiden, die den Anforderungen von § 11 Nr 13 entspricht.

c) Nicht in Konkurrenz zu § 11 Nr 13 tritt das Klauselverbot des **§ 10 Nr 5**. Zwar enthält die Vereinbarung der Zulässigkeit eines späteren Vertragspartnerwechsels auf der Verwenderseite zugleich die Zustimmung des Kunden hierzu. Bei dieser Zustimmung handelt es sich aber nicht um eine Fiktion iS des § 10 Nr 5. Diese Bestimmung gilt nicht für Erklärungen des Kunden, welche bereits bei Vertragsabschluß abgegeben werden (SCHLOSSER/COESTER-WALTJEN Rn 11 und § 10 Nr 5 Rn 4). 5

d) Keine Überschneidung ergibt sich im Verhältnis von § 11 Nr 13 zu **§ 11 Nr 10 a**. In letzterem Fall kommt es nicht zu einem Vertragspartnerwechsel oder auch nur zu einer Übertragung vertraglicher Pflichten auf der Verwenderseite. Der Verwender schließt vielmehr seine Gewährleistungspflichten aus und verweist auf Gewährleistungsansprüche, welche gegenüber einem Dritten aus einem weiteren Vertragsverhältnis bestehen (im Ergebnis ebenso LÖWE/vWESTPHALEN Rn 4). 6

e) Besonders zu beachten ist die Bereichsausnahme des **§ 23 Abs 1** für Arbeitsverträge und die Ausnahme für Verträge mit Elektrizitäts- und Gasversorgungsunternehmen iS des § 23 Abs 2 S 2. 7

II. Regelungsinhalt im einzelnen

1. Der Verbotstatbestand

a) § 11 Nr 13 richtet sich nur gegen die **formularmäßige** Festsetzung einer Vertragsübernahme (-möglichkeit) auf der **Verwenderseite**. Individualvertraglich kann eine Vertrags- und auch Schuldübernahme bei und noch nach Vertragsabschluß vereinbart werden, wobei für Verbraucherverträge allerdings § 24 a zu beachten ist. 8

b) § 11 Nr 13 umfaßt nur **Kauf-, Dienst-, Werk- und Werklieferungsverträge** (allgM). **Leasing-Verträge** (Finanzierungsleasing) besitzen nach hM überwiegend mietvertraglichen Charakter (s STAUDINGER/EMMERICH [1995] Vorbem 45 ff zu §§ 535, 536) und unterfallen daher nicht dem § 11 Nr 13. Anderes gilt, wenn im speziellen Fall die kaufvertragliche Komponente überwiegt (SCHLOSSER/COESTER-WALTJEN Rn 7). Nicht von Nr 13 erfaßte Verträge sind an den §§ 3, 4 und 9 zu messen (LG Köln NJW-RR 1988, 1084 – § 9 auf Fitness-Studio-Vertrag angewandt). Für Verbraucherverträge fordert die Richtlinie eine dem § 11 Nr 13 weitgehend entsprechende Anwendung des § 9, wenn der Vertragstyp nicht unter § 11 Nr 13 fällt (s unten Rn 17). 9

c) § 11 Nr 13 deckt nach seinem Wortlaut und Sinn die rechtsgeschäftliche Vertragsübernahme. Der Vertragspartner des Verwenders soll davor geschützt werden, daß die gesamte Vertragsposition mit allen Rechten und Pflichten auf einen anderen übergehen kann. Nicht erfaßt sind Klauseln, die Regelungen der gesetzlichen Vertragsübernahme nachzeichnen, wie sie beispielsweise §§ 571, 613 a BGB, § 69 VVG vorsehen. Derartige Klauseln sind nach § 8 der inhaltlichen Kontrolle entzogen. Sie enthalten keine unangemessene Benachteiligung und sind auch nicht als überraschend anzusehen (PALANDT/HEINRICHS Rn 84; MünchKomm/BASEDOW Rn 222). 10

11 d) Bei einem Betriebsübergang ergibt sich der Eintritt des Rechtsnachfolgers in laufende Verträge idR aus gesellschaftsrechtlichen Regelungen, die „Nachfolge"-Klausel in den AGB ist also nicht konstitutiv (MünchKomm/BASEDOW Rn 222 aE). Dies gilt insbes für eine schlichte Änderung der Rechtsform, aber auch wenn nicht nur eine andere Unternehmensform, sondern andere Personen den Betrieb weiterführen (SOERGEL/STEIN Rn 351; MünchKomm/BASEDOW Rn 222). Die Haftung des Rechtsvorgängers kann aber – soweit entsprechende Regelungen überhaupt dispositiv sind – idR nicht ausgeschlossen werden. Eine entsprechende Klausel würde gegen § 9 verstoßen.

Etwas anderes gilt allerdings dann, wenn die Klausel so offen gestaltet ist, daß sie auch unabhängig von einer unternehmensrechtlichen Nachfolge eine Bindung an den Rechtsnachfolger ermöglicht (so zB in LG Köln NJW-RR 1988, 1084 – Fitness-Vertrag: offengelassen, ob nach § 11 Nr 13 oder nach § 9 unwirksam).

12 e) Obwohl eine befreiende Schuldübernahme weniger als eine Vertragsübernahme ist, entspricht es der ratio des § 11 Nr 13, auch diese Form der „Nachfolge" in den Anwendungsbereich aufzunehmen (aM noch SCHLOSSER/COESTER-WALTJEN Rn 5 f). Die Gefahr, daß der Kunde auf Grund der AGB-Klausel eine dritte Person anstelle des ursprünglichen Schuldners erhält, über deren Erfüllungsbereitschaft und -fähigkeit er sich nicht vorab unterrichten konnte, ist auch bei einer befreienden Schuldübernahme gegeben (ULMER/HENSEN Rn 5; PALANDT/HEINRICHS Rn 87; für zumindest analoge Anwendung LÖWE/vWESTPHALEN Rn 10). Anderes gilt hingegen für die schlichte Erfüllungsübernahme (§§ 329, 415 Abs 3 BGB) und den Schuldbeitritt. In beiden Fällen wird der Verwender gegenüber dem Kunden nicht als Schuldner ausgewechselt, sondern bleibt weiterhin verpflichtet. Das Anliegen des § 11 Nr 13 wird also nicht durchkreuzt (allgM). Dasselbe gilt, wenn sich der Verwender eines Dritten als Erfüllungsgehilfen (§ 278 BGB) bedient, was in der Mehrheit der Fälle ohnehin geschehen wird. Hier behält der Verwender die vertragliche Verantwortlichkeit; das in ihn gesetzte Vertrauen des Kunden wird also nicht enttäuscht. Da auch Subunternehmer und Nachunternehmer als Erfüllungsgehilfen des Verwenders anzusehen sind, gilt für diese Entsprechendes. § 4 Nr 8 Abs 1 VOB/B hält also einer Prüfung an § 11 Nr 13 stand.

Schwer ist die Frage bei Fällen der Delegation und der Substitution zu beantworten. Delegationsmöglichkeiten, die vor allem im Bereich des Gesundheitswesens vorgesehen werden, verändern idR ebenfalls nicht die vertragliche Verantwortlichkeit, sondern ermöglichen nur die Einschaltung eines anderen Leistungserbringers. Derartige Klauseln fallen daher nicht unter § 11 Nr 13, sind aber möglicherweise nach § 10 Nr 4 bzw nach § 9 unwirksam, insbes wenn es dem Vertragspartner des Verwenders auf die persönliche Leistungserbringung ankommt (vgl § 10 Nr 4 Rn 7 aE mwNw aus Rspr und Lit). Soweit es sich allerdings um eine echte Substitution handelt, der Verwender also aus dem vollen vertraglichen Verantwortungsbereich ausscheidet und in diesen stattdessen einen Dritten einführt, für den er lediglich eine Auswahlverantwortlichkeit übernimmt, ist der Anwendungsbereich des § 11 Nr 13 eröffnet (ebenso MünchKomm/BASEDOW Rn 222; HANSEN BB 1989, 2418; KOLLER ZIP 1985, 1248). Nr 3 Abs 2 AGB-Banken verstößt daher auch in ihrer (gegenüber der früheren Fassung der

Nr 9) abgeschwächten Form für die sog „weitergeleiteten Aufträge" gegen § 11 Nr 13 (BAUMBACH/HOPT AGB-Banken 3 Rn 6).

Schlichte Forderungsabtretungen sind hingegen auf keinen Fall vom Verbot des § 11 Nr 13 erfaßt (allgM). Klauseln, die ein gesetzliches Abtretungsverbot ausschalten wollen oder dem Schuldner im Falle der Abtretung zustehende Rechte einschränken oder ausschließen, sind an § 9 zu messen. Zu Abtretungsverboten in AGB s § 9 Rn 250 ff.

f) Schließlich fallen unter § 11 Nr 13 Klauseln, welche bereits bei Vertragsabschluß den Eintritt eines Dritten vorsehen. Dies gilt sowohl für Klauseln, die den Verwender als Angebotsempfänger berechtigen, das bindende Vertragsangebot des Kunden an einen Dritten weiterzuleiten, als auch für solche, die dem Verwender entgegen § 164 Abs 2 BGB lediglich eine Stellvertreterrolle zuweisen (MünchKomm/ BASEDOW Rn 222). IdR werden letztere Klauseln allerdings bereits an § 4 scheitern (BGH NJW-RR 1990, 613; BGH NJW 1991, 1420 – zur Identity-of-Carrier-Klausel). **13**

2. Wirksame Eintrittsklauseln

a) Das Verbot des § 11 Nr 13 greift nicht ein, wenn der Dritte, der an die Stelle des Verwenders treten soll, in den AGB **namentlich bezeichnet** wird. Der Dritte muß nach dem Gesetz in derselben Klausel bezeichnet werden, welche die Auswechselung des Verwenders vorsieht. Das bedeutet, Auswechselungsvorbehalt und Bezeichnung des Dritten müssen in einer für den Kunden sofort erkennbaren Weise räumlich und sachlich einander zugeordnet sein. Die Angaben über den Dritten müssen so umfassend sein, daß er vom Kunden zweifelsfrei identifiziert werden kann und dem Kunden seine nähere Überprüfung ermöglicht wird. In der Regel ist daher auch die Anschrift des Dritten anzugeben (BGH NJW 1980, 2518). **14**

b) Auch ohne namentliche Benennung des Dritten bleibt der Vertrags- bzw Schuldübernahmevorbehalt dann wirksam, wenn dem Kunden in unmittelbarem Zusammenhang hiermit (vgl entsprechend Rn 15) das Recht eingeräumt wird, **sich vom Vertrag zu lösen** (Kündigung, Rücktritt oder sonstiges einseitiges Recht zur Vertragsaufhebung). Nach dem Wortlaut des § 11 Nr 13 ist das Lösungsrecht des Kunden auch bereits dann vorzusehen, wenn die AGB nur die Möglichkeit des Eintritts eines Dritten festlegen. Streitig ist, wann dem Kunden in diesem Fall durch die Klausel die **Ausübung** des Lösungsrechtes ermöglicht werden muß. Die überwiegende Ansicht beruft sich zu Recht auf die Begründung des RegE, welche auf ein Lösungsrecht des Kunden „für den Fall des Wechsels" (BT-Drucks 7/3919, 38) abstellt, und läßt es daher ausreichen, wenn dem Kunden das Lösungsrecht nur für den Fall gegeben wird, daß der Verwender als Vertragspartner bzw Schuldner tatsächlich ausgewechselt wird. Erst ab diesem Zeitpunkt läuft der Kunde Gefahr, an einen unbekannten Vertragspartner gebunden zu werden und den Verwender als Vertragspartner zu verlieren (heute allgM). **15**

Das Lösungsrecht des Kunden darf nicht durch hiermit verknüpfte besondere Voraussetzungen oder Nachteile erschwert werden; die Einräumung einer „Kündigungsfrist" ist also nicht ausreichend (LG Köln NJW-RR 1987, 885). Ebenso sind solche Klauseln unzulässig, welche bei Stillschweigen des Kunden auf die Anzeige des Partnerwechsels dessen Auflösungserklärung fingieren (SCHLOSSER/COESTER-WALTJEN Rn 10 und § 10 Nr 5).

3. Spiegelbildliche Anwendung

16 Das Werkvertragsrecht geht grundsätzlich nicht von einer persönlichen Leistungspflicht des Unternehmers aus. Klauseln, die eine solche vorsehen, wie beispielsweise § 4 Nr 8 Abs 1 S 1 VOB/B, sind idR nicht zu beanstanden (INGENSTAU/KORBION, VOB/B § 4 Rn 405 ff).

III. Verbraucher

17 Die Richtlinie sieht im Anhang in Nr 1 p vor, daß Klauseln dem Verwender nicht ermöglichen dürfen, die vertragliche Position auf einen anderen zu übertragen, wenn der Verbraucher dadurch geringere Sicherheiten der Vertragserfüllung hat. Diese sehr offene Formulierung erfaßt alle Vertragstypen, so daß im deutschen Recht über § 11 Nr 13 eine Anwendung von § 9 notwendig ist. Für das Verbrauchergeschäft wird darüberhinaus eine Klausel der Inhaltskontrolle nach § 9 zu unterziehen sein, wenn sie zwar den Rechtsnachfolger benennt, der Eintritt desselben aber für den Verbraucher weniger Sicherheiten bietet. Insofern ist § 11 Nr 13 jedenfalls im Bereich der Verbrauchergeschäfte keine abschließende Regelung. Die hier notwendig werdende Einzelfallüberprüfung – bezogen auf den Zeitpunkt des Vertragseintritts – wird im deutschen Recht nunmehr über § 24 a Nr 3 ermöglicht. Zwar soll es nach § 24 a Nr 3 auf die konkreten Umstände bei Vertragsschluß ankommen, eine ausgedehnte Betrachtungsweise des konkreten Vertragsschlusses auf den Zeitpunkt der Vertragsübernahme hinaus erscheint aber durchaus möglich. Schwieriger ist die Harmonisierung des deutschen Rechts mit den Vorstellungen des Richtlinienanhangs bzgl der Rechtsfolgen. § 11 Nr 13 läßt zur Wirksamkeit ein Vertragsauflösungsrecht des Verbrauchers ausreichen, während die Richtlinie in ihrem Anhang von der Unwirksamkeit einer entsprechenden Klausel ausgeht. Bei richtiger Betrachtungsweise ist jedoch die Einräumung eines Rücktrittsrechtes verbraucherfreundlicher, weil diesem damit die Möglichkeit der Bestimmung über das Schicksal des Vertrages gegeben ist. Die Regelung des § 11 Nr 13 b entspricht daher durchaus der ratio der Richtlinie. Bei vorformulierten Individualverträgen ist die uneingeschränkte Anwendung der Nr 13 durchaus problematisch (Coester-Waltjen, in: FS Medicus [1999]).

IV. Beruflicher Verkehr

18 Da gerade im beruflichen Verkehr das Vertrauen auf Leistungsfähigkeit und Leistungstreue eine besondere Rolle spielt, sind die Grundgedanken des § 11 Nr 13 grundsätzlich auch auf den beruflichen Verkehr zu übertragen (WOLF Rn 12). Dies bedeutet zwar kein absolutes Verbot, aber doch eine gewisse Indizwirkung. Im Einzelfall kommt es auf die Abwägung der beteiligten Interessen an (BGH NJW 1985, 53, 54; MünchKomm/BASEDOW Rn 225). Häufig werden derartige Klauseln allerdings im beruflichen Verkehr nach der Art ihrer Ausgestaltung bereits an § 4 scheitern (vgl BGH NJW 1991, 1420; BGH NJW-RR 1990, 613).

§ 11 Nr 14
Haftung des Abschlußvertreters

In Allgemeinen Geschäftsbedingungen ist unwirksam ...

14. (Haftung des Abschlußvertreters)

eine Bestimmung, durch die der Verwender einem Vertreter, der den Vertrag für den anderen Vertragsteil abschließt,

a) ohne hierauf gerichtete ausdrückliche und gesonderte Erklärung eine eigene Haftung oder Einstandspflicht oder

b) im Falle vollmachtsloser Vertreter eine über § 179 des Bürgerlichen Gesetzbuchs hinausgehende Haftung

auferlegt;

Materialien: 1. Teilber 85; RefE 19; RegE 38 –
s STAUDINGER/SCHLOSSER Einl 6 ff zum AGBG.

I. Allgemeines

1. Regelungsanliegen

a) Die Vorschrift will den Vertreter des Vertragspartners des Verwenders davor schützen, daß er durch eine innerhalb der übrigen vertraglichen AGB-Klauseln versteckte Bestimmung entgegen der Grundregel des § 164 Abs 1 BGB in das Vertragsverhältnis zwischen Vertretenem und Verwender als Haftender einbezogen wird – Nr 14 a – oder als vollmachtloser Vertreter einer über § 179 BGB hinausgehenden Haftung unterworfen wird – Nr 14 b – (RegE BT-Drucks 7/3919, 38). **1**

b) Der Gesetzgeber knüpft mit dieser Bestimmung ausdrücklich (RegE aaO) an die **frühere Rspr** an. Diese versagte Klauseln, welche eine eigene Einstandspflicht des Vertreters neben dem Vertragspartner des Verwenders vorsahen, regelmäßig die Wirksamkeit mit unterschiedlichen Begründungen (OLG Karlsruhe OLGZ 1969, 146; LG Nürnberg/Fürth NJW 1962, 1513; LG Frankfurt aM BB 1977, 819; LG Berlin NJW 1969, 140). Auch über 20 Jahre nach Inkrafttreten des AGBG sind derartige Klauseln in Allgemeinen Geschäftsbedingungen zu finden. Der Reiz, sich auf diese Weise einen weiteren Schuldner zu schaffen, ist offensichtlich so groß, daß man dies ungeachtet der Klauselverbote versucht. Der Schwerpunkt der Problematik liegt dabei in der Abgrenzung zwischen einer unzulässigen Begründung der Eigenhaftung des Vertreters und der zulässigen Begründung von Vertragspflichten einer Mehrheit von Vertragspartnern; dies gilt insbes bei der eher schwammigen Bezeichnung als „Mitbesteller" etc (näheres unten Rn 6). **2**

2. Anwendungsbereich

3 a) Will eine AGB-Klausel dem Abschlußvertreter eine eigene Einstandspflicht oder eine gegenüber § 179 Abs 3 BGB verschärfte Haftung auferlegen, so müssen die diese Klauseln enthaltenden AGB gegenüber der als Vertreter in fremdem Namen handelnden Person überhaupt Geltung erlangen. Da der Vertretene und nicht der Vertreter Vertragspartei ist (§ 164 Abs 1 BGB), genügt hierfür nicht bereits die Einbeziehung der AGB gemäß § 2 in den vom Vertreter für den Vertragspartner abgeschlossenen Vertrag. Sollen AGB-Klauseln auch gegenüber dem Abschlußvertreter Wirkungen entfalten, so muß der Vertreter vielmehr neben dem in fremdem Namen erklärten Einverständnis zur Einbeziehung der AGB in den Vertrag zusätzlich im eigenen Namen sein Einverständnis dazu erklärt haben, daß auch die ihn als Vertreter persönlich treffenden AGB-Klauseln gelten sollen. Eine derartige Einverständniserklärung des Vertreters wird sich – selbst stillschweigend oder konkludent – in vielen Fällen nicht feststellen lassen, denn die Vertragsunterzeichnung „als Vertreter" stellt in der Regel gegenüber dem Verwender klar, daß der Unterzeichnende gerade keine vertraglichen Verpflichtungen im eigenen Namen eingehen will (so bereits zutreffend LG Nürnberg/Fürth NJW 1962, 1513). Nur wenn der Vertreter bei Vertragsabschluß deutlich und in für ihn klar erkennbarer Weise darauf hingewiesen wurde, daß er zusätzliche eigene Einstands- und Haftungspflichten übernimmt, wird man sein im fremden Namen erklärtes Einverständnis mit den AGB zugleich auch als im eigenen Namen erklärtes Einverständnis mit der Geltung der ihn persönlich betreffenden Klauseln ansehen können. In vielen Fällen wird daher die Geltung einer dem Verbot der Nr 14 unterliegenden Klausel bereits an deren mangelnder Einbeziehung gemäß § 2 Abs 1 gegenüber dem Vertreter scheitern. Die Rspr setzt sich allerdings über diese Problematik mit dem Hinweis auf die generelle Erfassung der Vertragsabschlußklauseln hinweg (BGHZ 104, 95 = NJW 1988, 1908), obwohl die Situation hier anders als bei den typischen Vertragsabschlußklauseln etwa des § 10 Nr 1 liegt. Im übrigen sind abgesehen von der Hürde des § 2 auch der Vorrang der Individualabrede (§ 4) und die Nichteinbeziehung überraschender Klauseln (§ 3) schwer zu überwindende Hindernisse für den Verwender (ULMER/HENSEN Rn 3; PALANDT/HEINRICHS Rn 87; LÖWE/VWESTPHALEN Rn 5). Immerhin bereitet eine derartige Klausel aber auch ohne wirksame Einbeziehung im konkreten Fall dem Vertragspartner viel Ärgernis. Das Verbot spielt daher auch und vor allem für das abstrakte Kontrollverfahren eine Rolle.

4 b) Während mit anderen Vorschriften des Klauselkatalogs keine Überschneidungen bestehen – wenn eine Einstandspflicht des Vertreters nur vermutet wird, ist dies kein Verstoß gegen § 11 Nr 14, sondern nur gegen § 11 Nr 15 b –, kann eine Formulierung in AGB außer an § 11 Nr 14 auch an §§ 2, 3 oder 4 scheitern. Die Wirksamkeit nach § 11 Nr 14 impliziert nicht auch eine Wirksamkeit nach §§ 3 und 4, obwohl durch die gesonderte Erklärung idR zumindest der überraschende Charakter genommen ist.

II. Der Regelungsinhalt im einzelnen

1. Vertreter iS der Nr 14

5 Der von § 11 Nr 14 gemeinte **Vertreter** kann rechtsgeschäftlich bestellter, gesetzlicher oder auch Vertreter ohne Vertretungsmacht (§ 179 BGB) sein (MünchKomm/BASEDOW Rn 227). Die Vorschrift bezieht sich aber nur auf die Fälle **echter Stellvertretung**, nicht auf mittelbare Vertreter, Kommissionäre, Treuhänder usw, welche nach außen im eigenen Namen auftreten und nur im Innenverhältnis für eine dritte Person handeln (WOLF Rn 3; SOERGEL/STEIN Rn 158). Kein Vertreter iS der Vorschrift ist derjenige, der lediglich **unter fremdem Namen** handelt, um seine Identität zu verbergen, aber sich selbst persönlich binden will.

Der Ehegatte, welcher im Rahmen der „Schlüsselgewalt" (§ 1357 BGB) Geschäfte zur angemessenen Deckung des Lebensbedarfs der Familie tätigt, ist nicht „Vertreter" seines Ehepartners iSv Nr 14, da gemäß § 1357 BGB beide Ehegatten berechtigt und verpflichtet werden. Eine Klausel, welche nur diese gesetzliche Lage des § 1357 BGB nF wiedergibt, kann nicht gegen § 11 Nr 14 verstoßen (§ 8). Geht das von einem Ehegatten abgeschlossene Geschäft allerdings über den Rahmen des § 1357 BGB hinaus und soll in diesem Falle der als Vertreter für seinen Ehegatten handelnde Ehepartner einer Einstandspflicht unterworfen werden, so greift wiederum die Verbotsbestimmung des § 11 Nr 14 ein (ULMER/HENSEN Rn 10; WOLF Rn 11).

Grundsätzlich von Nr 14 nicht erfaßt werden solche Personen, die den Vertrag im eigenen Namen **mitunterzeichnen**, also von vornherein als Vertragspartner oder auch zB als Mitbürgen auftreten. In der Abgrenzung dieser Fälle liegt die eigentliche Problematik des § 11 Nr 14. Einerseits muß es möglich sein, mehrere Vertragspartner zu verpflichten, andererseits wollte der Gesetzgeber mit der Schöpfung von § 11 Nr 14 auch die überraschenden „Mitbestellerklauseln" erfassen (RegE 3). Handelt jemand nicht in fremdem Namen, so trifft ihn bereits nach § 164 Abs 2 BGB die Eigenhaftung. Eine derartige echte „Mitbesteller"-Rolle wird idR dann anzunehmen sein, wenn auch der andere aus dem Vertrag Verpflichtete anwesend ist. Etwas anderes gilt bei der gesetzlichen Vertretung, soweit der Vertretene nicht selbst handlungsbefugt ist, wie zB im Regelfall bei minderjährigen Kindern. Anders als bei gleichzeitiger Anwesenheit beispielsweise beider Ehepartner wird man hier aus der Anwesenheit von Kindern und Eltern nicht schließen können, daß auch die Eltern Vertragspartner werden wollen. Auch bei Personen, die lediglich zur Unterstützung des eigentlichen Vertragspartners erschienen sind – wie beispielsweise Begleitpersonen bei der Einlieferung in das Krankenhaus – wird man trotz „untergeschobener Mitbestellerrolle" idR nur von einer Vertreterposition ausgehen können. Sind die Verhältnisse so offensichtlich, dann kommt es auf die formularmäßige Bezeichnung, die dem Vertreter zugedacht wird, nicht an (zur Begleitperson bei Krankenhauseinweisung OLG Düsseldorf NJW 1991, 2352; LG Düsseldorf NJW 1995, 3062). Sind die Verhältnisse aber nicht so eindeutig – wie es insbes im Falle der Vertretung juristischer Personen bei dem Geschäftsführer zugute kommenden realen Gebrauchsmöglichkeiten der Fall sein kann (vgl BGHZ 104, 95 = NJW 1988, 1908) –, so mag ausschlaggebendes Kriterium die Wortwahl für die Bezeichnung des Handelnden sein. Unterschreibt er als „Mieter 2", so erscheint es immerhin vertretbar, hier von einer echten Mitbestellerkonstellation auszugehen (so BGHZ 104, 95 = NJW 1988, 1908; krit GRUNEWALD ZIP 1987, 353, 355). Ist hingegen davon die Rede, daß jemand neben dem Vertretenen die „Mithaftung" übernimmt, so ist dies ein Fall des § 11 Nr 14 (BGH ZIP 1996, 129).

Übernimmt der Vertreter bei einem Vertragsabschluß für den Vertretenen gleichzeitig bzgl eines Teils der vertraglichen Verpflichtungen die Position eines Vertragspartners, schließt er also den Vertrag in vollem Umfang im Namen des Vertretenen und im Teilumfang für sich selbst ab, so ist eine Klausel, die ihm die Haftung für die gesamte Verbindlichkeit auferlegt, ebenfalls an § 11 Nr 14 zu messen (OLG Frankfurt aM NJW 1986, 1941, 1943).

7 Von den vielen in der Praxis vorkommenden Fällen haben die Gerichte beispielsweise als von § 11 Nr 14 erfaßt angesehen: die Eigenverpflichtung des Anmelders bei einem Reisevertrag (OLG Frankfurt aM NJW 1986, 1941), des Abholers oder Fahrers bei einer Autovermietung (LG Frankfurt aM NJW-RR 1987, 828; LG Osnabrück NJW 1985, 389), des Unterzeichners generell (LG Nürnberg-Fürth AGBE I § 11 Nr 125) sowie die oben erwähnten Entscheidungen zur Eigenhaftung der Begleitperson bei einer Krankenhauseinweisung. Auch Rohrreinigungsunternehmen sind mit ihren Klauseln zur Haftung des Vertreters gescheitert (OLG Köln VuR 1996, 257). Sehen Vertragsbedingungen für eine Person, die in der Abwicklung des Vertrages die Rolle eines Boten ausfüllt, eine Eigenhaftung vor, so ist eine solche Klausel ebenfalls von § 11 Nr 14 erfaßt (vgl den abgrenzenden Fall des AG Melldorf NJW-RR 1988, 249).

2. Verbot der Eigenhaftung oder der Einstandspflicht des Vertreters (§ 11 Nr 14 a)

8 a) Die Klausel darf den Vertreter nicht verpflichten, für Verbindlichkeiten aus dem von ihm im fremden Namen abgeschlossenen Vertrag einzustehen. Mit dem juristisch untechnischen Begriff der **„Einstandspflicht"** soll jede Art der Haftung des Vertreters erfaßt werden, also sowohl die gesamtschuldnerische Haftung neben dem Vertretenen aus etwaigem Schuldbeitritt oder kumulativer Schuldmitübernahme als auch dessen nachrangige Haftung, etwa als Bürge oder Garant (SOERGEL/STEIN Rn 158; WOLF Rn 5; MünchKomm/BASEDOW Rn 277; ULMER/HENSEN Rn 7; LG Osnabrück NJW 1985, 389).

9 b) Aus § 8 ergibt sich, daß eine Klausel nicht gegen das Verbot der Nr 14 a verstößt, welche nur eine Haftung des Vertreters für die Fälle wiederholt, in denen eine Vertreterhaftung nach allgemeinem Zivilrecht ohnehin anerkannt ist. Dies gilt etwa für die Haftung aus unerlaubter Handlung oder aus cic, wenn der Verwender dem Vertreter besonderes Vertrauen entgegengebracht hat oder wenn dieser an dem abzuschließenden Geschäft ein eigenes wirtschaftliches Interesse hatte (zur cic BGHZ 56, 81 = NJW 1971, 1309; Zur Nichtanwendbarkeit von § 11 Nr 14 MünchKomm/BASEDOW Rn 229). Ebenfalls wird eine Klausel, welche eine Delkredere-Haftung (zB des Handelsvertreters gemäß § 86 b HGB) vorsieht, nicht vom Verbot der Nr 14 a betroffen, da die Einstandspflicht des Vertreters in diesem Falle nicht neben die Haftung des Vertretenen tritt, sondern *gegenüber* letzterem übernommen wird (so bereits RegE BT-Drucks 7/3919, 38).

3. Verbotsausnahme bei ausdrücklicher und gesonderter Erklärung

10 Das Verbot der Begründung einer Einstandspflicht für den Vertreter gilt nicht, wenn dieser eine hierauf gerichtete **ausdrückliche** und **gesonderte Erklärung** abgibt. Der Vertreter muß somit neben der Vertragserklärung im fremden Namen zusätzlich im eigenen Namen erklären, daß er selbst für die Vertragspflichten einstehen will. Diese Erklärung hat er **ausdrücklich** abzugeben. Sie kann somit nicht stillschweigend oder

konkludent erfolgen. Das Erfordernis der Ausdrücklichkeit steht aber einer formularmäßigen Erklärung nicht entgegen (MünchKomm/BASEDOW Rn 230; WOLF Rn 6; aM LÖWE/vWESTPHALEN Rn 6). Die Rspr hat in allen Fällen, in denen sie sich mit derartigen Klauseln beschäftigte, deren Wirksamkeit jedenfalls nicht an einer formularmäßigen Erklärung des Kunden scheitern lassen (vgl zB BGH ZIP 1996, 1209). Eine besondere Form ist für die Erklärung nicht erforderlich, soweit nicht die entsprechende Verpflichtung formbedürftig ist, wie zB die Bürgschaftserklärung nach § 766 BGB. In der Praxis wird eine solche Erklärung schon aus Beweisgründen idR schriftlich erfolgen (MünchKomm/BASEDOW Rn 230). Sie ist allerdings nur dann von Wert, wenn der Vertreter sie im eigenen Namen gesondert unterschreibt (ULMER/HENSEN Rn 8; PALANDT/HEINRICHS Rn 88; WOLF Rn 6). Unterschreibt der Vertreter den Vertrag insgesamt nur einmal, so kann nicht davon ausgegangen werden, daß dies eine § 11 Nr 14 a entsprechende Erklärung ist. Dies gilt selbst dann, wenn der Vertreter teilweise auch im eigenen Namen handelt. Sein Wille, über seine eigene Teilverpflichtung auch für die Verpflichtungen des Vertretenen einstehen zu wollen, kommt damit nicht zum Ausdruck (OLG Frankfurt aM NJW 1986, 1941, 1943). Wenn das Gesetz eine gesonderte Erklärung verlangt, so bedeutet dies, daß sie abgetrennt vom übrigen Vertragstext abgegeben werden muß. Die schlichte Unterschrift auf dem Bestellformular reicht dafür nicht aus (OLG Hamburg MDR 1991, 541); es genügt aber den Erfordernissen einer gesonderten Erklärung, wenn sie unterhalb der Vertragsunterschriften angebracht ist und dann von einer nur ihren Inhalt betreffenden Unterschrift des Vertreters gedeckt wird (BGH NJW 1988, 2465, 2466). Eine drucktechnische Hervorhebung, wie sie nach dem Verbraucherkreditgesetz gefordert wird (dazu BGHZ 126, 56 = NJW 1994, 1800; BGH NJW 1996, 1965), ist für die Erklärung nach § 11 Nr 14 a nicht erforderlich. Aus der Gegenüberstellung mit anderen gesetzlichen Regelungen der gesonderten Erklärung (vgl zB § 1027 Abs 1 ZPO) ergibt sich des weiteren, daß diese Erklärung nicht notwendig in einer gesonderten Urkunde enthalten sein muß (BGH NJW 1988, 2466), wenngleich dies zur Vermeidung von Unklarheiten empfohlen werden kann.

Die **Beweislast** dafür, daß der Vertreter eine auf seine eigene Haftung oder Einstandspflicht gerichtete ausdrückliche und gesonderte Erklärung abgegeben hat, trägt der Verwender.

4. Verbot der Haftungsverschärfung für den vollmachtlosen Vertreter (§ 11 Nr 14 b)

Die Bestimmung der Nr 14 b verbietet Klauseln, welche für den **vollmachtlosen Vertreter** eine über § 179 BGB hinausgehende Haftung festsetzen. Formularmäßig darf dem Vertreter bei Nichtkenntnis des Mangels seiner Vertretungsmacht somit nur eine Haftung für den Vertrauensschaden bis zur Höchstgrenze des Erfüllungsinteresses auferlegt werden (§ 179 Abs 2 BGB). Zudem darf der Vertreter formularmäßig nicht haftbar gemacht werden, wenn der Verwender den Mangel der Vertretungsmacht kannte oder hätte kennen müssen (§ 179 Abs 3 S 1 BGB) oder der Vertreter als beschränkt Geschäftsfähiger ohne Zustimmung seiner gesetzlichen Vertreter gehandelt hat (§ 179 Abs 3 S 2 BGB). § 179 wird mit dieser Regelung AGB-fest gemacht. Der Haftungsausschluß des Vertreters ohne Vertretungsmacht kann also nicht durch eine formularmäßige Vereinbarung nicht beseitigt werden. Auch kann der in der Geschäftsfähigkeit beschränkte Vertreter selbst mit Zustimmung seines gesetzlichen Vertreters nicht entgegen § 179 Abs 3 S 2 BGB haftbar gemacht werden. Die formularmäßige Zusicherung des Vertreters, daß er Vertretungsmacht habe, berührt die Haftung aus § 179 nicht; sie hat allenfalls beweisrechtliche Relevanz.

In der Praxis kommen Klauseln, die an § 11 Nr 14 b zu prüfen sind, relativ selten vor. Die Gerichte gehen allerdings verschiedentlich davon aus, daß bereits die formularmäßig vorgesehene Einstandspflicht eines Vertreters ohne Vertretungsmacht als Abbedingung des § 179 Abs 3 BGB verstanden werden müsse und daher unwirksam sei (LG Düsseldorf NJW 1995, 3062, 3063).

5. Analoge Anwendung

12 Das Klauselverbot der Nr 14 a ist seinem Schutzzweck entsprechend analog anzuwenden, wenn ein Dritter formularmäßig dadurch in die Vertragspflichten einbezogen wird, daß derjenige, der den Vertrag im eigenen Namen abschließt, zugleich zum Vertreter dieses Dritten erklärt wird, der dann ebenfalls gesamtschuldnerisch haften soll (OLG Frankfurt aM BB 1976, 1245).

III. Verbraucher

13 Zu den von § 11 Nr 14 betroffenen Problemen enthält die Richtlinie auch im Anhang keine Sonderregelungen oder Beispielsfälle.

Für den vorformulierten Individualvertrag bereitet § 11 Nr 14 insofern keine Probleme, als diese Regelung nicht generell eine Eigenhaftung des Vertreters ausschließt, sondern über das Ausdrücklichkeitserfordernis und die gesonderte Erklärung Warnfunktion ausüben will. Daß auch in einem vorformulierten Individualvertrag dem Verbraucher diese Schutzfunktion zugute kommt, ist nicht zu beanstanden.

IV. Beruflicher Verkehr

14 Die gemäß § 11 Nr 14 verbotenen Klauseln werden typischerweise im Verkehr mit Letztverbrauchern verwendet. Im Geschäftsverkehr mit Kaufleuten sind sie nahezu unbekannt. Sollten auch dort entsprechende Klauseln ausnahmsweise benutzt werden, so sind sie nach allgemeiner Ansicht ebenfalls unwirksam. Ihre Unwirksamkeit ergibt sich im Handelsverkehr entweder bereits aus § 3 (s STAUDINGER/SCHLOSSER Rn 4) oder aber aus § 9 Abs 2 Nr 1. Das gleiche gilt für beruflich tätige Nichtkaufleute.

§ 11 Nr 15
Beweislast

In Allgemeinen Geschäftsbedingungen ist unwirksam ...

15. (Beweislast)

eine Bestimmung durch die der Verwender die Beweislast zum Nachteil des anderen Vertragsteils ändert, insbesondere indem er

2. Unterabschnitt. § 11 Nr 15 AGBG
Unwirksame Klauseln

a) diesem die Beweislast für Umstände auferlegt, die im Verantwortungsbereich des Verwenders liegen;

b) den anderen Vertragsteil bestimmte Tatsachen bestätigen läßt.

Buchstabe b gilt nicht für gesondert unterschriebene Empfangsbekenntnisse;

Materialien: 1. Teilber 87; RefE 6, 39; RegE 38
– s STAUDINGER/SCHLOSSER Einl 6 ff zum AGBG.

Schrifttum

BENNEMANN, Fiktionen und Beweislastregelungen in Allgemeinen Geschäftsbedingungen (1987)
FALLAK, Schönheitsreparaturen und Formularklauseln, WuM 1996, 688
GOUNALAKIS, Formularmäßige ärztliche Aufklärung im Lichte des AGB-Gesetzes, NJW 1990, 752
HAHN, Grundschuld und abstraktes Schuldversprechen, ZIP 1996, 1233
HANSEN, Die Bedeutung der Klauselverbote des AGBG (§§ 10, 11) für AVB, VersR 1988, 1110
JUNGBECKER, Die formularmäßige Operationsaufklärung und Einwilligung, MedR 1990, 173

RASTÄTTER, Zur Zulässigkeit des Verzichts auf den Nachweis der die Fälligkeit begründenden Tatsachen bei notariellen Vollstreckungsunterwerfungsklauseln, NJW 1991, 392
STÜBING, Tatsachenbestätigungen und Fiktionen in AGB, NJW 1978, 1606
TESKE, Schriftformklauseln in AGB (1989)
THAMM, Umformulierung von Haftungsbegrenzungen in AGB wegen beweislastverändernder Klauseln, BB 1996, 653
WOLF, Zur Anwendbarkeit des HTWG bei der Bestellung von Kreditsicherheiten für nahe Angehörige und zur Zulässigkeit der sog weiten Zweckerklärung, JZ 1996, 797.

I. Allgemeines

1. Regelungsanliegen und Grundproblematik

Die Vorschrift lehnt sich an bisherige Rspr an, welche es bisweilen mit anstößigen Beweislastregelungen in AGB zu tun hatte. Es ging vor allen Dingen um die Fälle, die jetzt in Buchst a angesprochen sind, in denen also versucht worden war, klare Beweislastregelungen des Gesetzes umzukehren. Sowohl im Verhältnis zu Privaten wie im Verkehr mit Kaufleuten akzeptierte die Rspr solches nicht (BGH NJW 1973, 1192 – Klausel unwirksam, die dem Einlagerer die Beweislast dafür überbürdete, daß das Personal des Lagerhalters am Verschwinden von Waren ein Verschulden treffe; BGHZ 41, 151 = NJW 1964, 1123 – Beweislast des Einlagerers für das Verschulden des Lagerhalters an der Beschädigung des Lagergutes; BGH VersR 1967, 402 – bei Übergabe von Privatgüterwagen an die Bundesbahn darf Beweislast für Schadensverantwortung nicht dem Übergeber auferlegt werden; BGH MDR 1969, 557 – Klausel mit Beweislast zu Ungunsten eines Kunden von Hafenschiffahrtsunternehmungen für Verlust und Beschädigung unwirksam).

Die in Buchst b enthaltene Regelung über Tatsachenbestätigungen ist erst im ersten RefE in Verbindung mit den Beweislastregelungen eingebracht worden (s BR-Drucks

360/75, 6, 39). Die Unsicherheit des Gesetzgebers, wie sie sich in der Gesetzgebungsgeschichte zu diesem Komplex ausdrückt (dazu näher STÜBING NJW 1978, 1607), rührt daher, daß man die rechtliche Bedeutung von Tatsachenerklärungen nicht klar erfaßte. Die Entscheidung des BGH zu einer formularmäßig im Mietvertrag sich findenden Bekundung des Mieters, mit der Übernahme des gemieteten Pkw dessen Fehlerfreiheit anzuerkennen (BB 1967, 118 = VersR 1967, 254), gab den Ausschlag dazu, den beweisrechtlichen Gehalt solcher Klauseln hervorzuheben, obwohl gerade solche Bestimmungen in der endgültigen Fassung des Gesetzes unter § 10 Nr 5 und nicht unter § 11 Nr 15 fallen (s § 10 Nr 5 Rn 1).

Ist der Regelungsgehalt der Norm in den Buchst a und b noch klar faßbar, so ist sehr unklar, welche Fälle sie in ihrer generellen Aussage außerhalb des mit dem Wort „insbesondere" eingeleiteten Teils meint. Unmöglich kann damit jedwede aus der Art der Vorformulierung von Vertragsinhalten entspringende Beweislastkonsequenz für unwirksam erklärt worden sein (s Rn 4).

2. Anwendungsbereich

2 a)   Im Verhältnis zu § 11 Nr 15 sind die Regelungen in § **10 Nr 5 und Nr 6** vorrangig zu beachtende Sondervorschriften. Der Gesetzgeber hat zu erkennen gegeben, daß er insoweit von einem strikten Klauselverbot zu einem Verbot mit Wertungsmöglichkeit übergeht, weil die sich aus § 10 Nr 5 und Nr 6 möglicherweise ergebenden Beweislastveränderungen nicht in jedem Fall unangemessen sein müssen.

3 b)   Ebenso ist **§ 11 Nr 5** lex specialis. Die aus Schadenspauschalierungen folgende Beweislastverschiebung wird angesichts der legitimen Bedürfnisse des Verwenders, zur Erleichterung der Schadensabwicklung Schadenspauschalen vorzusehen, vom Gesetzgeber grundsätzlich akzeptiert (s § 11 Nr 5 Rn 4).

4 c)   Umstritten ist nach wie vor, wie weit der Anwendungsbereich des § 11 Nr 15 geht. Richtiger Ansicht nach ist die Norm nur anwendbar, wenn der Vertragsinhalt Raum für eine Verschiebung der Beweislast läßt. Inhaltliche Interessenverschiebungen durch AGB, die durch einen Gegenbeweis nicht mehr tangiert werden können, fallen nicht unter § 11 Nr 15 (MünchKomm/BASEDOW Rn 235; SOERGEL/STEIN Rn 162; SCHLOSSER/COESTER-WALTJEN Rn 6; BGH NJW 1988, 258 – Verpflichtung zur Zahlung eines Nutzungsentgelts unabhängig von tatsächlicher Nutzung fällt nicht unter § 11 Nr 15, sondern unter § 9). Das gilt vor allem für **Fiktionen** (aM STÜBING NJW 1978, 1607, 1610; ULMER/HENSEN Rn 12; WOLF Rn 11), unwiderlegliche Vermutungen und unwiderrufliche Bestätigungen. Gleiches gilt aber auch, wenn eine Klausel den **Beweis völlig abschneidet** (BGH NJW 1988, 258; MünchKomm/BASEDOW Rn 239 aE; SOERGEL/STEIN Rn 162; aM LG Tübingen NJW-RR 1992, 310; ULMER/HENSEN Rn 12; WOLF Rn 11). Derartige Klauseln sind, soweit nicht bereits eine andere Spezialnorm eingreift (zB § 11 Nr 10), an § 9 zu messen. Ebenfalls nicht unter § 11 Nr 15 fällt die **Schiedsgutachterabrede** (ULMER/HENSEN Rn 11, Anh §§ 9–11 Rn 620; aM LG Frankfurt aM NJW-RR 1988, 1132). Sie mag zwar im konkreten Fall auch konkrete Auswirkungen auf die Beweissituation des Vertragspartners des Verwenders haben, kann sich aber auch zu Lasten des Verwenders auswirken (vgl §§ 317, 319 BGB), greift also nicht einseitig in die Beweislastregelungen ein. Ihre Unwirksamkeit – beispielsweise bei fehlender Neutralität des Schiedsgutachters – kann sich aber aus § 9 ergeben (vgl BGH NJW 1984, 1854; BGH NJW 1981, 2351).

Im Hinblick auf den Anwendungsbereich des § 11 Nr 15 verhält es sich ähnlich mit **5**
dem abstrakten Schuldversprechen und der Vollstreckungsunterwerfungsklausel.
Beide fallen zwar nicht schon deswegen aus dem Anwendungsbereich des § 11 Nr 15
heraus, weil der Verwender von gesetzlich vorgesehenen Instituten Gebrauch macht
(s bereits oben § 10 Nr 3 Rn 4), sondern vielmehr weil es sich bei ihnen um eigene zusätzliche Rechtsinstitute handelt. So wird beim **Schuldanerkenntnis** eine neue Anspruchsgrundlage geschaffen, die zwar für den Anerkennenden eine andere Beweissituation
als im Grundverhältnis herbeiführt, für das Grundverhältnis selbst aber die Beweislage nicht ändert (teilweise **aM** STAUDINGER/SCHLOSSER[12] Rn 12; wie hier ULMER/HENSEN
Rn 13; WOLF Rn 12; EICKMANN ZIP 1989, 137; VOMWEG Die Auswirkungen des Gesetzes zur Regelung der allgemeinen Geschäftsbedingungen auf den Immobiliarkredit [1990] 95; BGH NJW 1991,
1677; BGH NJW-RR 1990, 246). Wenn eine solche Klausel nicht bereits als überraschende ausscheidet (§ 3), ist sie nach § 9 zu überprüfen (und wird häufig scheitern – vgl
BGH NJW 1991, 1677). Die **Vollstreckungsunterwerfungsklausel** als solche ändert die
Beweislage ebenfalls nicht, sondern nur die prozessuale Initiativlage (so richtig BGH
NJW 1987, 904, 906; incidenter auch BGH NJW-RR 1990, 246; OLG Nürnberg NJW-RR 1990,
1467, 1468; OLG Hamm NJW-RR 1991, 1151; STÜRNER NJW 1977, 432; ULMER/HENSEN Rn 13;
RASTÄTTER NJW 1991, 393; **aM** LG Waldshut-Tiengen NJW 1990, 192; LG Mainz DNotZ 1990,
567). Anders ist es allerdings mit den in diesem Zusammenhang häufig vorkommenden Klauseln, nach denen der Verwender von einem Nachweis der Fälligkeit der
Leistung zur Erteilung der vollstreckbaren Ausfertigung entbunden wird. Durch
diese Klausel gelangt der Verwender zu einem Titel, für dessen fehlende Voraussetzungen der Vertragspartner im Vollstreckungsgegenklageverfahren die Beweislast
trägt. Derartige Klauseln sind daher unwirksam (so auch OLG Nürnberg NJW-RR 1990,
1467; OLG Hamm NJW-RR 1991, 1151; ohne genaue Differenzierung zwischen Vollstreckungsunterwerfungsklausel und Nachweisverzichtklausel OLG Stuttgart NJW-RR 1993, 1535; OLG Koblenz
BauR 1988, 748; LG Köln DNotZ 1990, 570; **aM** OLG Celle NJW-RR 1991, 667; LG München
NJW-RR 1990, 1465; RASTÄTTER NJW 1991, 292).

d) Bestimmungen, welche nur die **gesetzliche Rechtslage wiedergeben**, unterstehen **6**
nach § 8 der Inhaltskontrolle freilich ohnehin nicht. Das ist etwa der Fall bei einer
Vorschrift, die sagt, daß das Fehlen höherer Gewalt vermutet werde, wenn ein Fall
höherer Gewalt nicht unverzüglich angezeigt werde. Auch ohne eine solche Anzeige
wird das Fehlen höherer Gewalt vermutet (dies anscheinend übersehen in LG Nürnberg/
Fürth DB 1973, 818). Auch Maklerbedingungen, welche dem Kunden die Beweislast
für seine Vorkenntnisse auferlegen, wiederholen nur die Rechtslage (BGH NJW 1976,
2345 – zu den üblichen, auf eine Fiktion abzielende Vorkenntnisklauseln § 10 Nr 5 Rn 12). Dies gilt
auch für solche Klauseln, die dem Geschädigten die Beweislast für das Verschulden
seines Vertragspartners überbürden, wenn sich die schädigende Tätigkeit öffentlich
wahrnehmbar abspielt (BGH VersR 1967, 65; zu einer äußerst unklaren Vereinbarung der
Schönheitsreparaturen im Hinblick auf die Beweislast OLG Frankfurt aM NJW-RR 1998, 368,
370).

Ist die Rechtslage ohne formularmäßige Vereinbarung unsicher, dh herrscht in Lit
und Rspr Streit über die gegebene Verteilung der Beweislast, so wird zwar eine dem
in § 11 Nr 15 a zum Ausdruck kommenden Gedanken widersprechende Regelung
formularmäßig nicht getroffen werden können. Liegt aber die Tatsache, für deren
Nachweis die Beweislast umstritten oder offen ist, nicht im Verantwortungsbereich

des Verwenders, so dominiert der klarstellende und nicht der gestaltende Aspekt der Klausel. Eine Überprüfung an § 11 Nr 15 sollte also nicht erfolgen.

7 e) Eine teleologische Reduktion der Norm ist in allen Fällen geboten, in welchen über eine bloße Beweislastverschiebung zu Lasten des Vertragspartners des Verwenders hinausgehend diesem die **Rechte ganz hätten aberkannt werden können**, deretwegen ihm der Beweis ihrer tatsächlichen Entstehungsgrundlagen überbürdet worden ist. Das gilt vor allen Dingen bezüglich der abweichend von §§ 282, 285 BGB vorgenommenen Überbürdung des Beweises der einfachen Fahrlässigkeit des Verwenders und seiner Leute (PALANDT/HEINRICHS Rn 91; MünchKomm/BASEDOW Rn 238 [Vorrang der mat Regelungen]; SCHLOSSER/COESTER-WALTJEN Rn 12; aM ULMER/HENSEN Rn 6; WOLF Rn 8; LÖWE/vWESTPHALEN Rn 38; offengelassen in BGH NJW 1985, 3016; OLG Stuttgart BB 1996, 658; zur möglichen Beschränkung der Haftung oben § 11 Nr 7 Rn 35). Ist die Beschränkung der Haftung möglich, so ist statt dessen auch eine Beweislastverschiebung (als weniger) zulässig. Das gilt auch im Verhältnis zu § 10 Nr 5, 6. Wenn der Zugang einer Erklärung ohne besondere Bedeutung formularmäßig fingiert werden kann, so muß er auch vermutet werden dürfen (s im übrigen § 10 Nr 5 Rn 5). Der gegen diese Lehre gebrachte Einwand (so MünchKomm/KÖTZ [2. Aufl] Rn 157; ULMER/HENSEN Rn 6), im Falle eines Rechtsausschlusses wisse der Kunde, woran er sei, bei Rechtsentwertungen durch Beweislastregelungen dagegen könne der Kunde in falschem Vertrauen auf den Vertragsinhalt zum Vertragsschluß bewogen werden, überzeugt nicht. Der Inhalt der AGB wirkt in den seltensten Fällen motivierend für den Vertragsschluß. Im übrigen kann eine Beweislastumkehr immer als überraschende Klausel bewertet werden, vor allen Dingen dann, wenn die Textgestaltung dem Kunden tatsächlich das Vertrauen nahelegt, die ihm gewährten Rechte seien nicht durch Beweislastregelungen entwertet.

8 f) Umstritten ist auch immer noch, ob die durch § 11 Nr 15 untersagten Beweislastveränderungen im engen Sinne, also nur in reinen Umkehrungen der Beweislast zu sehen sind oder ob alle Arten von Beweiserschwerungen für den Vertragspartner und Beweiserleichterungen für den Verwender einschließlich Beweismittelbeschränkungen hierher zu rechnen sind. Der BGH hat sich in Betonung der unterschiedlichen Formulierungen im Eingangssatz der Bestimmung einerseits und unter Buchst a andererseits für die letztgenannte weite Fassung entschieden (BGHZ 99, 374 = NJW 1987, 1634; BGH NJW-RR 1989, 817; OLG Düsseldorf BB 1996, 658; OLG Stuttgart NJW-RR 1987, 143; aM OLG Karlsruhe BB 1983, 725). Auch ein großer Teil der Lit folgt dieser Meinung (ULMER/HENSEN Rn 8, 11, 12; WOLF Rn 4; SOERGEL/STEIN Rn 162). Angesichts des absoluten Charakters des Klauselverbotes geht dies jedoch zu weit (so auch MünchKomm/BASEDOW Rn 235; OLG Karlsruhe BB 1983, 725). Zwar mögen Beweiserschwerungen und Beweismittelbeschränkungen, wenn sie Vorgänge in der Verantwortungssphäre des Verwenders betreffen, zu Lasten des Vertragspartners unangemessen sein; in diesen Fällen wird jedoch idR ohnehin der Verwender die Beweislast tragen, und eine Beweislastumkehr ist nach § 11 Nr 15 a nicht zulässig. Praktisch werden die Beweislastveränderungen im oben bezeichneten weiteren Sinn daher überwiegend bei Geschehnissen im Einflußbereich des Vertragspartners relevant. Dann aber ist ein legitimes Interesse an einer vertragsmäßigen (auch formularmäßigen) Erschwerung der Beweisführung des Vertragspartners nicht uneingeschränkt und absolut von der Hand zu weisen. Vielmehr ist in diesen Fällen die flexiblere Norm des § 9 für eine Kontrolle die geeignetere. Das bedeutet also, daß sowohl formularmäßige Vereinbarungen über Beweisindizien, über die Beschränkung von Beweismitteln, über Beweiserleichterungen zugunsten des Verwenders durch Vermutungen oder einen prima-facie-Beweis wie auch umgekehrt Beweiserschwerungen für den Vertragspartner durch die gleichen Maßnahmen – entgegen der Ansicht des BGH und Teilen der Lit – nicht nach § 11 Nr 15, sondern nur nach § 9 zu beurteilen sind. Dies hat zwar den Nachteil, daß für die richtige Einordnung einer Klausel grundsätzlich die uU schwierige Abgrenzung zwischen Beweislastumkehr und anderen Beweiserschwerungen getroffen werden muß. IdR wird sich jedoch an dem Ergebnis wenig ändern, da häufig – wenngleich nicht immer – derartige Klauseln auch nach § 9 unwirksam sind. Der Wortlaut des § 11 Nr 15 steht einer solchen Interpretation nicht entgegen, da er in sich nicht schlüssig ist. Die Formulierung „insbesondere" gibt nämlich bei Klauselverboten ohne Wertungsspielraum keinen rechten Sinn, weil das absolute Verbot auch die nicht beispielhaft erwähnten Fälle ohne Spielraum erfaßt.

II. Der Regelungsgehalt der Norm im einzelnen

1. Beweislastverschiebungen im allgemeinen

§ 11 Nr 15 verbietet jede Beweislastumkehr zu Lasten des Vertragspartners des Verwenders, gleichgültig in wessen Sphäre die zu beweisende Tatsache angesiedelt ist. Die Buchst a und b sind lediglich Verdeutlichungen der als unangemessen betrachteten Beweislastverschiebungen. Unwirksam ist daher auch eine Klausel, die die dem Verwender obliegende Beweislast für Tatsachen im Bereich seines Vertragspartners letzterem auferlegt. So hat die Rspr Klauseln, die dem Mieter den Nachweis des Nichtverschuldens für Beschädigungen der Mietsache auferlegen, für unwirksam gehalten, wobei allerdings die ohne Vereinbarung bestehende Beweislastverteilung umstritten war (OLG München NJW-RR 1989, 1499; OLG Hamm NJW 1982, 2005, 2006; zu einer Wirksamkeit kam OLG Hamburg NJW-RR 1991, 1296, 1297; zur umstrittenen Beweislast BGH NJW 1964, 33; BGH NJW 1978, 2197; BGH WM 1987, 1520; BGH NJW 1994, 2016). Entscheidend ist daher zunächst stets die Feststellung, wem die Beweislast obliegt. Für das Fehlschlagen der Nachbesserung beispielsweise obliegt dem Vertragspartner des Verwenders die Beweislast (BGH NJW-RR 1990, 886; übertrieben daher OLG Karlsruhe MDR 1988, 778); entsprechende Formulierungen, die dies wiederholen, sind daher nicht zu beanstanden (BGH aaO). Die oben erwähnten Klauseln, in denen auf den Nachweis der Fälligkeit für die Erteilung einer vollstreckbaren Ausfertigung verzichtet wird, sind eindeutige Beispiele für die nach § 11 Nr 15 unwirksamen Beweislastklauseln (oben Rn 5), ebenso die die „Maßgeblichkeit" der Geschäftsbücher der Bank für das Sparguthaben auch in Abweichung von den Sparbucheintragungen vorsehenden Klauseln (AG Hamburg NJW 1987, 2022).

In Kaskoversicherungsbedingungen dürfen nicht Klauseln enthalten sein, welche von der in § 61 VVG enthaltenen Beweislastregelung abweichen, wonach dem Versicherten grobes Verschulden nachzuweisen ist, auch wenn sich der versicherte Gegenstand in seiner Obhut befindet (BGH NJW 1976, 44; LG Frankfurt aM NJW 1978, 952; zur Beweislastverteilung ohne Klausel BGH NJW 1997, 3028). Ist in einer Klausel festgelegt, daß der Schuldner einen angelieferten Gegenstand „unbeschadet seiner Gewährleistungsansprüche" entgegenzunehmen habe, so verschiebt sich dadurch die gesetzliche Beweislast. Denn nach Übergabe treten an die Stelle der allgemeinen Vorschriften die Gewährleistungsansprüche, die einen vom Käufer zu beweisenden

Mangel der Sache voraussetzen, während vorher der Verkäufer ihre Mangelfreiheit dartun muß. Die Klausel ist daher unwirksam (vgl auch LG Zweibrücken VuR 1997, 281, 283). In Verträgen mit kaskoversicherungs-ähnlichen Bestandteilen liegt eine unzulässige Beweislastumkehr in einer Bestimmung, die dem Vertragspartner (etwa dem Mieter) die Beweislast für das Fehlen von grobem Verschulden auferlegt. Denn Ausnahmen von Versicherungsschutz hat immer der Versicherer zu beweisen. So liegen die Dinge etwa, wenn der Mieter eines Pkw sich durch Zahlung eines Zusatzentgeltes von seiner Haftung für einfache Fahrlässigkeit freikauft. Entgegen dem Grundsatz, wonach im Beschädigungsfalle grundsätzlich der Mieter den Entlastungsbeweis führen muß, ist auf einen solchen kaskoversicherungs-ähnlichen Vertragsbestandteil § 61 VVG entsprechend anzuwenden und formularmäßig unabdingbar (BGHZ 65, 118 = NJW 1976, 44; NJW 1978, 945; SCHLOSSER/COESTER-WALTJEN Rn 9 mit weiteren Rechtsprechungsbeispielen).

Es läßt sich aber nicht etwa auch umgekehrt sagen, daß der vom Geschädigten genommene Kaskoversicherungsschutz den Schädiger generell entlaste. Wenn der Geschädigte den Versicherungsschutz freilich nimmt, weil der Schädiger als Vertragspartner dies von ihm individuell so verlangt hat, so liegt darin eine schlüssige individuell vereinbarte Haftungsbegrenzung auf das bei Kaskoversicherung übliche Maß (BGH NJW 1975, 686). Für diesen Fall gibt eine formularmäßige Haftungsbegrenzung nur die gesetzliche Rechtslage wieder (MünchKomm/BASEDOW Rn 243; zu anderen Fällen vgl HANSEN VersR 1988, 1110). Die formularmäßige Auferlegung einer Versicherungspflicht kann dieses Ergebnis aber nicht hervorbringen.

Durch willkürliche Umformulierung läßt sich in Versicherungsverträgen die Grenze zwischen primärer Risikobeschreibung und Ausnahmetatbestand nicht verschieben. Ein Versicherungsunternehmen kann nicht eine Diebstahlversicherung für Skier auf Entwendungsfälle „bei Tag" beschränken; dies würde gegen § 9 verstoßen. Sind Entwendungsfälle bei Nacht vom Versicherungsschutz ausgeschlossen und ist die Beweislast dem Versicherungsnehmer überbürdet, so ist letzteres nach § 11 Nr 15 unwirksam (LG Frankfurt aM VersR 1971, 351).

2. Beweislast für Umstände im Verantwortungsbereich des Verwenders

10 Die gesetzliche Formulierung „Verantwortungsbereich" des Verwenders ist im untechnischen Sinne zu verstehen. Nicht etwa ist damit auf die gesetzliche Beweislastregelung abgestellt. Das wäre im Verhältnis zu dem vor Buchst a stehenden Satzteil tautologisch. Der Begriff ist, ohne daß er einer kritischen Würdigung unterzogen worden wäre, der früheren Rspr des BGH (siehe Rn 1) entnommen. Dort ist er aber aus dem Gegensatz zur „Einflußsphäre" des Vertragspartners des Verwenders erwachsen. Gemeint ist mit „Verantwortungsbereich" also der rechtlich gesicherte Herrschaftsbereich über Umstände und ihr Fehlen, die im Zusammenhang mit der Vertragsabwicklung eine Rolle spielen. Buchst a trifft also Fälle der Obhut über Sachen, der ausschließlichen Tätigkeit eines (Rohbau-)Unternehmens auf einer Baustelle, aber auch des Umgangs mit bestimmten Geräten und Materialien. Ob AGB-Bestimmungen insoweit die Beweislast zum Nachteil des Vertragspartners des Verwenders „geändert" haben, läßt sich freilich häufig aus dem Gesetz gar nicht ohne weiteres ablesen. Denn generell läßt sich durchaus nicht sagen, die Verteilung der Beweislast richte sich nach den beiderseitigen Beherrschungs- und Einflußsphä-

ren (LÖWE/vWESTPHALEN Rn 24). Man muß auf die Regeln zurückgreifen, welche die Rechtsprechung entwickelt hat (insoweit allgM) und mit welchen sie die die jeweiligen Vertragsbeteiligten beweisrechtlich treffenden Risiken abgegrenzt hat (Einzelheiten siehe in den Erl STAUDINGER/LÖWISCH [1995] zu § 282 BGB und zu den einzelnen Vertragstypen des Besonderen Schuldrechts). Da, wo die Rspr nicht fest gefügt, sondern nachhaltig bestritten, uneinheitlich oder gar diffus ist, „ändert" freilich ein AGB-Verwender die Beweislast auch dann nicht, wenn das konkret über einen Fall entscheidende Gericht bei Fehlen einer vorformulierten Regelung eine andere Beweislastsituation annehmen würde, s oben Rn 6.

Dem Buchst a unterfallen auch Klauseln, welche die Beweislast für deliktische Ansprüche betreffen, die mit vertraglichen konkurrieren, vor allem Klauseln bezüglich der Beweislast für die Produzentenhaftung, die auch im unmittelbaren Verhältnis zwischen Hersteller und Abnehmer nicht durch vertragliche Beziehungen verdrängt wird (BGHZ 67, 368 = NJW 1977, 379).

Eine zum Nachteil des Vertragspartners des Verwenders gehende Änderung der Beweislast liegt auch dann vor, wenn diesem bei zulässiger Begrenzung des Haftungsmaßstabes auf grobes Verschulden des Verwenders (dazu siehe § 11 Nr 7 Rn 30, 35) die Beweislast für das Verschulden in solchen Situationen überbürdet wird, in denen die Schadensquelle eindeutig im Herrschaftsbereich des Verwenders liegt. Gerade im Bereich des Verschuldensnachweises finden sich noch häufig Klauseln, die die von der Rspr und Lit im Anschluß an §§ 282, 285 BGB entwickelte Verteilung der Beweislast nach Gefahrenbereichen ändern wollen (BGHZ 86, 284 = NJW 1983, 1322 – Luftfracht; BGH NJW-RR 1990, 856 – § 5 Abs 1 S 2 AVA; BGH NJW 1985, 3016 – Textilveredelung; LG München DAR 1991, 225; THAMM BB 1996, 653). Im Bereich der ADSp hat der BGH aufgrund der differenzierten Regelungen Ausnahmen gelten lassen, deren Legitimation sich allerdings nur auf den kaufmännischen Verkehr bezieht (BGH NJW 1995, 1492; vgl zu § 57 ADSp vWESTPHALEN ZIP 1981, 119, 122).

3. Tatsachenbestätigungen

a) Viele in AGB sich findende Tatsachenbestätigungen haben das Ziel, den Kunden möglichst nachhaltig von der ihn treffenden Beweislast zu überzeugen, ohne daß der Schöpfer des Bedingungswerkes Überlegungen dazu angestellt hätte, wie die Beweislast kraft Gesetzes aussähe. Dazu gehören vor allen Dingen die klassischen Naiv-Klauseln, welche die Seriosität des Vertragsabschlusses, das Fehlen von Nebenabreden und die Wirksamkeit der Einbeziehung des Bedingungswerks dartun sollen („Ich bestätige, daß ich nicht überredet worden bin", „Ich bestätige, daß Nebenabreden nicht getroffen wurden" [BGH BB 1985, 1418], „Ich versichere, vom Inhalt nachfolgender Bestimmungen Kenntnis genommen zu haben"). Häufig stimmen solche Bestätigungen mit der gesetzlich bestehenden Beweislage überein und sind für die Beweislastumkehr bedeutungslos. Als Beweisindizien haben sie in einem gerichtlichen Verfahren kaum Bedeutung, da das Gericht diesen „Bestätigungen" in seiner freien Beweiswürdigung angesichts der schwachen Überzeugungskraft kaum Gewicht beilegen wird. Sie sind aber insofern gefährlich, als sie dem Vertragspartner eine für ihn schlechte Beweislage vorspiegeln. Insofern kommt ihnen ein gewisses Gewicht zu, das eine Kontrollbedürftigkeit nahelegt. Als Kontrollmaßstäbe sind § 3 und § 9 heranzuziehen (ebenso SOERGEL/STEIN Rn 169). Unter § 11 Nr 15 b fallen nach der hier vertretenen Ansicht nur solche Tatsachenbestätigungen, die die Beweislast **verschieben**.

Dazu gehören vor allem solche Bestimmungen, die dem Verwender den Beweis der Korrektheit der von ihm erbrachten oder behauptetermaßen erbrachten Leistung entbehrlich machen sollen, indem der Kunde bestätigt, den Leistungsgegenstand (klassisches Beispiel: Bestätigung des Erhalts der Ware vor Auszahlung des Kredits beim finanzierten Kauf, s BGH NJW 1961, 166; LG Mannheim ZHR 1989, 338 – mangelfreier Zustand der Mietsache; LG Frankfurt aM NJW-RR 1986, 1055 – Ware in einwandfreiem Zustand erhalten; KG ZIP 1981, 1105 – ebenso) oder bestimmte einzelne zur Leistung gehörende Gegenstände (Zubehörteile) erhalten zu haben (weitere Beispiele bei SCHLOSSER/COESTER-WALTJEN Rn 14).

b) Die überwiegende Rspr und Lit entscheidet freilich anders und faßt weitgehend alle Bestätigungserklärungen des Kunden unter das Verbot des § 11 Nr 15 b, weil sie von § 11 Nr 15 auch Beweiserleichterungen zugunsten des Verwenders bzw Beweiserschwerungen zuungunsten des Vertragspartners umfaßt sieht (BGH NJW 1987, 1634 – zust WOLF JZ 1987, 727; BGH NJW-RR 1989, 817; OLG Stuttgart NJW-RR 1986, 275; OLG Stuttgart NJW-RR 1987, 143; LG Frankfurt aM AGBE I § 11 Nr 134; offengelassen in BGH NJW 1991, 1750; aM OLG Karlsruhe BB 1983, 725). Sie begibt sich damit der Chance, legitimen Bedürfnissen des Verwenders nach Beweiserleichterungen unter besonderer Berücksichtigung der Gestaltung der formularmäßigen Erklärung (zB bei Aufklärungspflichten) Rechnung zu tragen.

12 IdR ohne nähere Auseinandersetzung mit Beweislastfragen wurden daher Bestätigungen nach § 11 Nr 15 b für unwirksam gehalten, die sich auf einen körperlichen oder wissensmäßigen Zustand des Vertragspartners beziehen (BGH NJW-RR 1989, 817 – Fitness, Freiheit von ansteckenden Krankheiten; ebenso OLG Stuttgart NJW-RR 1988, 1082 – aM OLG Hamm NJW-RR 1987, 947; Kenntnisklauseln: OLG Frankfurt aM NJW-RR 1986, 245 – Kenntnis der örtlichen Verhältnisse in Bauträgervertrag; OLG München NJW-RR 1988, 1083 – Kenntnis von Methode und Inhalt des Unterrichts; BGH NJW 1986, 2574 – Richtigkeit der Maßangaben; ebenso OLG Frankfurt aM NJW-RR 1986, 274; OLG Düsseldorf NJW-RR 1994, 37 – Kenntnis des Prospekts und des Gesellschaftsvertrags bei Publikums-KG; LG Frankfurt aM NJW 1988, 499 – Besichtigung des Maklerprojekts). Häufig finden sich auch Klauseln, mit denen der Vertragspartner ein Vertragsabschlußgeschehen bestätigen soll. Dazu gehören Klauseln, die die Aushändigung der AGB oder die Kenntnisnahme derselben bestätigen (BGH NJW 1988, 2106; BGH NJW 1996, 1819; OLG Köln VuR 1996, 257, 258; LG Frankfurt aM AGBE I § 11 Nr 135), mit denen das Aushandeln der Vertragsbedingungen bezeugt werden soll (BGH NJW 1987, 1634; OLG Stuttgart NJW-RR 1986, 275), mit denen der Kunde erklärt, daß er den Vertreter bestellt habe (OLG Zweibrücken NJW 1992, 565; OLG Frankfurt aM NJW 1992, 246), daß er über das Widerrufsrecht belehrt worden sei (OLG Naumburg VuR 1995, 42; OLG Koblenz NJW-RR 1994, 58) oder daß ihm eine Durchschrift des Vertrages oder der Hausordnung ausgehändigt worden sei (BGH NJW 1987, 2012; BGH NJW 1991, 1750; OLG Schleswig AGBE I § 11 Nr 129; OLG Hamburg NJW-RR 1987, 47; OLG Koblenz NJW-RR 1993, 1078). Wie weit eine Bestätigung über die Aufklärung vor einem ärztlichen Eingriff formularmäßig getroffen werden kann, ist in der Lit höchst umstritten (GOUNALAKIS NJW 1990, 753 mwNw). Auch hier zeigt sich, daß § 9 das bessere Kontrollinstrument ist. Folgt man der grundsätzlichen Einstellung der hM, dann ist § 11 Nr 15 auch auf Erklärungen anwendbar, mit denen der Vertragspartner andere (angebliche) individualvertragliche Abreden – wie zB einen Verzicht – bestätigt.

4. Empfangsbekenntnisse

Von dem strikten Verbot einer Beweislastumkehr macht § 11 Nr 15 S 2 eine Ausnahme zugunsten der gesondert unterschriebenen Empfangsbekenntnisse. Hintergrund ist die Überlegung, daß es dem Verwender schon möglich sein soll, sich den Empfang durch den Vertragspartner formularmäßig bestätigen zu lassen, wenn der Vertragspartner durch seine gesonderte Unterschrift auf die Bedeutung der Erklärung hingewiesen wird und damit vor untergeschobenen Erklärungen nicht geschützt werden muß. Die Ausnahme bezieht sich aber nur auf reine Empfangsbekenntnisse; Bestätigungen der Ordnungsmäßigkeit der Leistung nehmen an ihr nicht teil (OLG Koblenz NJW 1995, 3392). Die unterschriebene Erklärung darf sich auch nur auf die Empfangnahme beschränken. In Anlehnung an § 7 Abs 2 S 2 VerbrKrG und den noch deutlicheren § 2 Abs 1 S 3 HTWG kann von einer gesonderten Unterschrift nur gesprochen werden, wenn mit der Erklärung keine weiteren Äußerungen verbunden sind (vgl zu § 1 b Abs 2 S 3 AbzG BGH NJW 1993, 64). Einer gesonderten Urkunde bedarf es jedoch – wie sich aus der unterschiedlichen Formulierung zu § 1027 Abs 2 ZPO ergibt – nicht.

5. Die Bedeutung der Unwirksamkeit von Klauseln, die § 11 Nr 15 nicht standhalten

Über die Nichtgeltung der gewollten Beweislastverschiebung hinaus hat das Fehlschlagen einer solchen auch zur Folge, daß die Klausel nicht einmal als Beweisindiz verwendet werden darf (HEINRICHS NJW 1977, 1507 f; STÜBING NJW 1978, 1610).

Die unwirksame Bestimmung vermag auch nicht einer anderen Klausel den möglicherweise überraschenden Gehalt zu nehmen. Mit der Beweiskraft einer Privaturkunde iSv § 416 ZPO hat die Unwirksamkeit vorformulierter Tatsachenerklärungen aber nichts zu tun. Diese Beweiskraft bezieht sich auf eine irgendwie geartete Wirkung der abgegebenen Erklärung nicht.

III. Verbraucher

Der Anhang zur Richtlinie enthält kein dem § 11 Nr 15 genau entsprechendes Klauselverbot, sondern in Nr 1 i das Verbot der Zustimmungsfiktion allein für das Einverständnis mit vorformulierten Bedingungen, von denen der Kunde keine Kenntnis nehmen konnte. Diesem Anliegen entspricht im deutschen Recht bereits § 2 Abs 1. Daneben besteht in Nr 1 q das Verbot der Rechtsverhinderung oder -erschwerung, wobei zu letzterer auch die Beschränkung von Beweismitteln und die Umkehr der Beweislast zu rechnen ist. Das deutsche Recht fängt derartige Klauseln durch § 9 ab; für die Beweislaständerung hat die Regelung in § 11 Nr 15 eine Entsprechung.

Für vorformulierte Individualverträge erscheint die weite Auslegung des Verbots des § 11 Nr 15 durch die hM (oben Rn 5) problematisch, weil dem Verwender damit jede Möglichkeit der Beweiserleichterung genommen wird, zumal die Ausnahme des § 11

Nr 15 S 2 für andere Erklärungen als Empfangsbekenntnisse nicht gilt. Damit kann sich der Verwender auch eine Tatsache, für die der Vertragspartner die Beweislast trägt, nicht einmal individualvertraglich bestätigen lassen, wenn er über diesen Punkt nicht im einzelnen verhandeln will. Bei einer individualvertraglichen Bestätigung sind aber gerade die Überlegungen, die zum Klauselverbot des § 11 Nr 15 führten, nicht einschlägig.

IV. Beruflicher Verkehr

16 Von kaufmännischen Spezialvertragstypen vielleicht abgesehen, erfährt der schon immer stark betonte Gerechtigkeitsgehalt klarer gesetzlicher Beweislastregeln (BGHZ 41, 151 = NJW 1964, 1123; LINDACHER, Phänomenologie der Vertragsstrafe 205; SCHMIDT-SALZER F 239; BR-Drucks 360/75, 38) keine Änderung dadurch, daß an einem Vertrag beiderseits Kaufleute beteiligt sind. § 11 Nr 15 a gilt, vermittelt über § 9, daher auch im beiderseits kaufmännischen Verkehr (allgM; BGHZ 101, 172, 184 = NJW 1988, 640, 643; BGH NJW 1985, 3016; OLG Düsseldorf BB 1996, 658; anders allerdings für ADSp BGH NJW 1995, 1490). Dies wird auch für Beweiserschwerungen angenommen (OLG Düsseldorf BB 1996, 658). Leugnet man die hier vertretene Notwendigkeit einer teleologischen Reduktion von § 11 Nr 15 (s oben Rn 4), dann ist es konsequent, jedenfalls im kaufmännischen Verkehr eine Beweislastumkehrung insoweit zuzulassen, wie man Haftungsbegrenzungen für möglich hält (MünchKomm/BASEDOW Rn 248; offenlassend OLG Düsseldorf BB 1996, 658). Wie weit das Verbot formularmäßiger Tatsachenbestätigungen auch im kaufmännischen Verkehr geht, hängt davon ab, wie transparent die Vorschrift für den Kaufmann ist, bei Zugrundelegung des weiten Anwendungsbereichs auch davon, wie effektiv die Beweisführung ihm erschwert wird. Die „Floskel", daß der Vertragspartner die AGB gelesen und verstanden habe, hält der BGH auch unter Kaufleuten für unwirksam (BGH NJW 1996, 1819).

Für beruflich tätige Nichtkaufleute dürfte die Indizfunktion des § 11 Nr 15 noch stärker sein.

§ 11 Nr 16
Form von Anzeigen und Erklärungen

In Allgemeinen Geschäftsbedingungen ist unwirksam ...

16. (Form von Anzeigen und Erklärungen)

> eine Bestimmung, durch die Anzeigen oder Erklärungen, die dem Verwender oder einem Dritten gegenüber abzugeben sind, an eine strengere Form als die Schriftform oder an besondere Zugangserfordernisse gebunden werden.

Materialien: 1. Teilber 88; RefE 20; RegE 39 –
s STAUDINGER/SCHLOSSER Einl 6 ff zum AGBG.

I. Allgemeines

1. Regelungsanliegen

Die Bestimmung verbietet Klauseln, welche für Anzeigen und Erklärungen des Kunden übersteigerte Form- oder Zugangserfordernisse aufstellen. Sie bildet insoweit das „Gegenstück" zu § 10 Nr 6 (ULMER/HENSEN Rn 2). Werden dort Klauseln für unwirksam erklärt, welche durch Fiktion dem Verwender den Nachweis des Zugangs seiner eigenen Erklärungen erleichtern, so soll hier umgekehrt verhindert werden, daß Erklärungen des Kunden durch Form- und Zugangsbestimmungen erschwert werden und dieser unverhältnismäßige Rechtsnachteile erleidet, wenn er sie – arglos – nicht beachtet. Denn zum Zeitpunkt der Erklärungs- bzw Anzeigenabgabe hat er, vor allem bei längerer Dauer der vertraglichen Beziehungen, die zur Vertragsgrundlage gemachten AGB häufig nicht zur Hand. Meist kommt er zudem gar nicht auf die Idee, sie könnten besonders qualifizierte Formerfordernisse zum Vertragsinhalt machen. Dies gilt besonders für die in der AGB-Praxis häufig vorgeschriebene Form des eingeschriebenen Briefes.

Nr 16 will den Vertragspartner des Verwenders nur vor unverhältnismäßigen Präklusionsfolgen schützen, nicht aber davor, daß ihm Kosten entstehen, wenn er die vom Verwender vorgesehene Form nicht beachtet. Hat dieser ein berechtigtes Rationalisierungsanliegen an bestimmten Erklärungsformen (etwa an der Verwendung von Formularen, s unten Rn 5), so kann er für den Fall der Nichtbeachtung ein realistisch pauschaliertes Bearbeitungssonderentgelt festsetzen. Die **frühere Rspr** war kaum mit Klauseln befaßt, die für Erklärungen des Kunden besondere Form- oder Zugangserfordernisse aufstellten. Das LG Freiburg (JZ 1973, 90) hielt allerdings – sogar über das jetzt geltende Klauselverbot hinausgehend – jede AGB-Bestimmung für unwirksam, welche für die Mängelrüge des Käufers eine Schriftform vorsah, da es sich hierbei um eine in AGB generell unwirksame „Handlungsnorm" handele (aM M WOLF JZ 1973, 92).

2. Anwendungsbereich

a) § 11 Nr 16 bezieht sich nur auf einseitige Anzeigen und Erklärungen **des Kunden**, nicht auf Erklärungen, Zusicherungen und Anzeigen, die der Verwender seinerseits abgibt. Vor allem erfaßt die Vorschrift der Nr 16 nicht **vertragliche Abreden**. Soweit sich Formklauseln auf Abreden im Bereich des Vertragsabschlusses selbst beziehen – wie zB Vertragsangebot und Nebenabreden –, können die AGB, welche erst Bestandteil des abzuschließenden Vertrages werden sollen, hierfür ohnehin noch keine Wirkung entfalten, da sie rechtsgeschäftlich erst mit Vertragsabschluß gelten (s STAUDINGER/SCHLOSSER § 2 Rn 39). Schriftformklauseln für spätere vertragliche Nebenabreden und Abreden über Vertragsänderungen sind an § 4 (STAUDINGER/ SCHLOSSER § 4 Rn 23 ff) und an § 9 zu messen.

b) § 11 Nr 16 läßt gesetzlich vorgeschriebene Formerfordernisse unberührt, wie sie zB in § 34 a S 2 VVG enthalten sind.

II. Anzeigen und Erklärungen

4 Unter Anzeigen und Erklärungen des Kunden sind sowohl einseitige rechtsgeschäftliche Willenserklärungen als auch rechtsgeschäftsähnliche Handlungen und Tatsachenmitteilungen zu verstehen, welche der Kunde nach Vertragsschluß bei Durchführung, Abwicklung und Beendigung des Vertragsverhältnisses abgibt oder vornimmt. Hierunter fallen beispielsweise Kündigungen, Rücktritte (BGH NJW-RR 1989, 625), Anfechtungen, Mahnungen, (Nach-)Fristsetzungen (zB §§ 283 Abs 1, 326 Abs 1 BGB), Aufforderungen (zB §§ 108 Abs 2, 177 Abs 2 BGB), Androhungen (zB § 384 Abs 1 BGB), Weigerungen (zB §§ 179 S 1, 295 S 1 BGB), Mängelanzeigen (zB §§ 478 Abs 1, 545 Abs 1 BGB, § 377 HGB), Schadensmeldungen, Abtretungsanzeigen (§ 409 Abs 1 BGB) und das Verlangen nach Ersatzlieferung, Wandelung, Minderung oder Nachbesserung. Gleichgültig ist, ob die Erklärung bzw Anzeige gegenüber dem Verwender oder einem Dritten zu erfolgen hat. Sie muß nur überhaupt empfangsbedürftig sein. Gemeint sind alle Bekundungen, die im Umkreis von Störungen in den Rechtsbeziehungen der Vertragspartner liegen oder die sonst nicht regelmäßig vorkommen und für die man im entscheidenden Moment an Formularzwang nicht denkt. Ob sich aus dieser Grundüberlegung eine teleologische Reduktion der Bestimmung dergestalt ergibt, daß sie sich auf Anweisungen in einem Geschäftsbesorgungsverhältnis (Banküberweisung) nicht bezieht, ist zumindest fraglich. So ist Nr 32 AGB-Banken mit ihrer Beschränkung auf telegraphische, fernschriftliche oder in den Geschäftsräumen erhobene Einwendungen problematisch (für Unwirksamkeit AG Rastatt NJW-RR 1991, 306); die besonderen Bedürfnisse des Wertpapiergeschäfts mögen kurze Fristen für Einwendungen bedingen, nicht jedoch diese besondere Form. Wer sich eines E-mail oder – praktisch eher selten – eines reitenden Botens bedient, mag genau so schnell sein.

III. Verbot einer strengeren Form als Schriftform

5 Formerfordernisse, welche über diejenigen der vereinbarten Schriftform (§ 127 BGB) hinausgehen, können in AGB-Klauseln nicht zur Bedingung gemacht werden. Die Schriftform ist auch durch telegraphische Übermittlung und Fernschreiben, Telefax oder E-mail (vgl PALANDT/HEINRICHS § 127 Rn 2; BGH NJW-RR 1996, 641; BGH NJW-RR 1996, 866) gewahrt. Nur die dem § 127 BGB entsprechenden Anforderungen können verlangt werden. Formularmäßig kann folglich nicht vereinbart werden: die eigenhändige Abfassung und Niederschrift der Erklärung bzw Anzeige, ihre Beglaubigung oder notarielle Beurkundung, ihre Erklärung zur Niederschrift bei einer dritten Person, Protokollierung (ULMER/HENSEN Rn 6, 7; SOERGEL/STEIN Rn 175). Der Verwender kann formularmäßig auch nicht wirksam eine **spezielle Art der Schriftform** festsetzen. Er kann nicht vorschreiben, daß Erklärungen und Anzeigen des Kunden nur fernschriftlich, durch Telekopie, E-mail oder telegraphisch abzugeben sind (bedenklich daher § 32 AGB-Banken: AG Rastatt NJW-RR 1991, 306). Zwar ist die Zulässigkeit telegraphischer Übermittlung in § 127 S 2 BGB eine formale Erleichterung gegenüber den Anforderungen an die Erfüllung der gesetzlichen Schriftform (§ 126 Abs 1 BGB). Die Beschränkung auf diese Übermittlungsart verursacht für den Kunden aber eine mit besonderen Belastungen und Kosten verbundene Erschwerung und beinhaltet für ihn daher im Ergebnis eine Verschärfung der gewöhnlichen Schriftform (LÖWE/vWESTPHALEN Rn 7; MünchKomm/BASEDOW Rn 251). Da, wo die Besonderheit einer Vertragsabwicklungssituation es erfordert, kann aber eine

Beschleunigung von Mitteilungen verlangt werden, die praktisch zu Telegramm, Telekopie, E-mail oder Fernschreiben zwingt, wenn man nicht ein Schreiben außerhalb des Postverkehrs befördern lassen will.

Eine unzulässige Verschärfung der Schriftform liegt auch vor, wenn AGB-Klauseln verlangen, daß schriftliche **Erklärungen des Kunden auf bestimmten Formularen** des Verwenders abgegeben werden (OLG München NJW-RR 1987, 661, 664; ULMER/HENSEN Rn 5; PALANDT/HEINRICHS Rn 94; MünchKomm/BASEDOW Rn 251; aM noch SCHLOSSER/COESTER-WALTJEN Rn 8). Entgegen der Ansicht des BT-Rechtsausschusses läßt sich der Vorschrift des § 11 Nr 16 Gegenteiliges nicht entnehmen. Die vom BT-Rechtsausschuß veranlaßte Streichung des Wortes „einfach" vor dem Wort „Schriftform" (BT-Drucks 7/5422, 10) bringt dies entgegen den Vorstellungen des Rechtsausschusses selbst nicht zum Ausdruck, denn eine Unterscheidung zwischen einer „einfachen" und einer darüber hinausgehenden besonderen Schriftform ist dem Gesetz nicht bekannt. Die Festlegung des Erklärenden auf die Benutzung bestimmter Vordrucke ist auch nicht bereits vom allgemeinen Schriftformerfordernis gedeckt. In den §§ 127, 126 BGB sind die für die Schriftform notwendigen Elemente abschließend beschrieben. Diese hier vertretene Ansicht mißachtet nicht in unzumutbarer Weise die Notwendigkeiten einer rationellen Geschäftsabwicklung. Der Verwender kann weiterhin die Benutzung von Formularen durch den Kunden empfehlen und ihm zur Ergänzung seiner Erklärung oder Anzeige vorgedruckte Fragebogen und Formulare übersenden. Er darf nur die Wirksamkeit der Erklärung als solcher nicht von der Formularbenutzung abhängig machen (ähnlich ULMER/HENSEN Rn 5).

Umgekehrt ist das Verlangen nach Schriftform von Erklärungen meist angemessen (BGH NJW-RR 1989, 625). Gelingt dem Vertragspartner freilich im Einzelfall der Beweis, daß eine mündliche Mitteilung einem bevollmächtigten Adressaten in klar erfaßbarer Weise zugegangen ist und dieser sie nicht mangels Schriftform zurückgewiesen hat, so verstieße es gegen Treu und Glauben, der Mitteilung die gewünschte Wirkung vorzuenthalten.

IV. Verbot besonderer Zugangserfordernisse

Die Vorschrift verbietet dem Verwender, für Erklärungen oder Anzeigen des Kunden formularmäßig **besondere Zugangserfordernisse** aufzustellen. Die allgemeinen Zugangserfordernisse für empfangsbedürftige Willenserklärungen sind in den §§ 130–132 BGB festgelegt. Diese gelten entsprechend für rechtsgeschäftsähnliche Handlungen (BGHZ 47, 357). Eine AGB-Klausel, welche weitergehende Zugangserfordernisse vorschreibt, ist unzulässig. Sie darf daher für den wirksamen Zugang der Kundenerklärung unter Abwesenden nicht auf die tatsächliche Kenntnisnahme durch den Verwender oder auf eine von diesem vorzunehmende Mitwirkungshandlung (zB Empfangsbestätigung) abstellen. Ebenso darf der Zugang beim Verwender nicht vom (gleichzeitigen) Zugang der Erklärung bei einem Dritten abhängig gemacht werden. Unzulässig sind auch Klauseln, welche den gem § 130 Abs 1 BGB maßgeblichen Zugangszeitpunkt verschieben wollen („Anzeigen, welche erst nach 10 Uhr morgens eingehen, gelten als erst am nächsten Tag zugegangen"). Die Form des **eingeschriebenen Briefes** darf als besonderes Zugangserfordernis nicht mehr festgesetzt werden (BGH NJW 1985, 2585; OLG Düsseldorf NJW-RR 1992, 55; LG Hamburg NJW 1986, 262). Die Wirksamkeit der Anzeige oder Erklärung darf nicht davon abhängig gemacht werden, daß sie bei einer **bestimmten Stelle, Verwaltungsinstanz**, Person oder Abteilung des Verwenderunternehmens eingegangen ist. Entscheidend ist allein, daß die Erklärung in den Machtbereich des Verwenders, also zu einer Organisationseinheit des Verwenderunternehmens gelangt ist, welche zum Empfang iSv § 130 Abs 1 S 1 befugt ist (OLG München NJW-RR 1987, 661, 664; unwirksam daher auch § 14 Nr 3 ALB: HANSEN VersR 1988, 1110; PRÖLSS, VVG [25. Aufl] ALB § 14 Rn 2; SCHILLING, Die Allgemeinen Bestimmungen der Allgemeinen Bedingungen für Rechtsschutzversicherungen [ARB] und das AGB-Gesetz [1987] 129). Die Zugangsmöglichkeiten können nicht zu Lasten des Kunden durch eine besondere innerbetriebliche Zuständigkeitsorganisation eingeengt werden (allgM).

V. Rechtsfolgen eines Verstoßes gegen § 11 Nr 16

7 Verstößt eine Form- oder Zugangsklausel gegen § 11 Nr 16, so ist sie vollständig unwirksam. Eine Klausel, welche beispielsweise eine über das Schriftformerfordernis hinausgehende Form vorschreibt, kann nicht in der Weise aufrechterhalten werden, daß für die Erklärung bzw Anzeige des Kunden die gewöhnliche Schriftform gilt. Dies wäre selbst dann Rechtens, wenn man im übrigen einer geltungserhaltenden Reduktion von AGB-Klauseln das Wort redete, da die Schriftform in einem weitergehenden Formerfordernis nicht bereits als bloßes quantitatives Minus mitenthalten ist (KÖTZ NJW 1979, 787). An die Stelle der unwirksamen Formvorschrift treten gem § 6 Abs 2 die gesetzlichen Vorschriften. Der Vertragspartner des Verwenders kann somit idR seine Anzeige oder Erklärung formlos abgeben, es sei denn, das Gesetz setze eine besondere Mindestform fest (zB § 564 a BGB).

VI. Verbraucher

8 Eine dem § 11 Nr 16 entsprechende Regelung enthält der Richtlinien-Anhang nicht. Für vorformulierte Individualvereinbarungen paßt das Verbot (auch Verbrauchern gegenüber) nicht – im Einzelfall muß der Verwender eine Möglichkeit haben, Form- und Zugangsbedingungen festzusetzen (beispielsweise Rückruf bei bestimmten Adressaten).

VII. Beruflicher Verkehr

9 Die Vorschrift des § 11 Nr 16 ist auf Kaufleute nicht generell entsprechend anzuwenden (ALISCH JZ 1982, 708; LUTZ, AGB-Kontrolle im Handelsverkehr 196; ULMER/HENSEN Rn 11; PALANDT/HEINRICHS Rn 95; strenger WOLF Rn 14). Im Gegensatz zum Verbraucher besteht beim kaufmännischen Kunden nicht die gleiche Gefahr, daß er durch Form- und Zugangsvorschriften in AGB überrascht wird und hierdurch unzumutbare Rechtsnachteile erleidet. Er wird regelmäßig bei ordnungsgemäßer Geschäftsführung in seinen Geschäftsunterlagen die AGB des Vertragspartners greifbar haben. Im kaufmännischen Verkehr sind angesichts von teilweise äußerst kurzen Rügefristen (zB im Handel mit leicht verderblichen Waren wie Obst und Gemüse) telegraphische oder fernschriftliche Anzeigen weitgehend üblich. Die Festlegung derartiger Übermittlungsformen ist für den Kaufmann daher keineswegs immer überraschend und häufig interessengerecht. Ebenso entspricht die Abgabe vertragsbeendigender Erklärungen (insbes Kündigungen) in eingeschriebener Form einer weitgehenden Übung im

Handelsverkehr, so daß der Kaufmann auch mit der formularmäßigen Festlegung dieses Zugangserfordernisses rechnen muß.

Das absolute Klauselverbot der Nr 16 entspricht somit nicht den differenzierten Erfordernissen des kaufmännischen Verkehrs. AGB-Bestimmungen, welche eine strengere Form als die Schriftform oder besondere Zugangserfordernisse vorsehen, sind allein an § 9 zu messen. Eine unangemessene Benachteiligung iS v § 9 Abs 1 durch Form- oder Zugangsklauseln liegt dann vor, wenn das vorgeschriebene Form- oder Zugangserfordernis im Einzelfall sich nicht durch sachgerechte Gründe rechtfertigen läßt. So verstieße es gegen § 9 Abs 1, wenn für gängige und übliche Erklärungen eine notarielle Beurkundung oder öffentliche Beglaubigung vorgeschrieben würde. Ebenso läßt sich die Form des eingeschriebenen Briefes auch bei Kaufleuten regelmäßig nicht für gewöhnliche Mängelrügen und -anzeigen rechtfertigen. Gerade bei derartigen, regelmäßig eilbedürftigen und fristgebundenen Anzeigen ist genau zu überprüfen, ob das jeweilige Form- oder Zugangserfordernis nicht nur eine Erschwerung für den Vertragspartner enthält, ohne durch ein schutzwürdiges Verwenderinteresse gedeckt zu sein. Für die beruflich oder gewerblich tätigen Nichtkaufleute ist bei einer entsprechenden Reform des § 24 eine vorsichtigere Abwägung vorzunehmen. Sie mögen in vielen Situationen den kaufmännischen Gepflogenheiten ferner stehen.

Zweiter Abschnitt
Kollisionsrecht

§ 12
Internationaler Geltungsbereich

Unterliegt ein Vertrag ausländischem Recht, so sind die Vorschriften dieses Gesetzes gleichwohl anzuwenden, wenn der Vertrag einen engen Zusammenhang mit dem Gebiet der Bundesrepublik Deutschland aufweist. Ein enger Zusammenhang ist insbesondere anzunehmen, wenn

1. der Vertrag auf Grund eines öffentlichen Angebots, einer öffentlichen Werbung oder einer ähnlichen im Geltungsbereich dieses Gesetzes entfalteten geschäftlichen Tätigkeit des Verwenders zustande kommt und

2. der andere Vertragsteil bei Abgabe seiner auf den Vertragsschluß gerichteten Erklärung seinen Wohnsitz oder gewöhnlichen Aufenthalt im Geltungsbereich dieses Gesetzes hat und seine Willenserklärung im Geltungsbereich dieses Gesetzes abgibt.

Materialien: 1. Teilber 96; RefE 22; RegE 40; s Einl 6 ff zum AGBG. Geändert dGv 19. 7. 1996 (BGBl I 1013) zur Umsetzung der Richtlinie des Rates v 5. 4. 1993 über mißbräuchliche Klauseln in Verbraucherverträgen.

Schrifttum (durch Neufassung zT überholt)

DROBNIG, AGB im internationalen Handelsrecht, in: FS Mann (1977) 591
GRUNDMANN, Europäisches Vertragsübereinkommen, EWG-Vertrag und § 12 AGB, IPRax 1992, 1
HAUSMANN, Zum teilweisen Ausschluß der Einheitlichen Kaufgesetze durch Allgemeine Geschäftsbedingungen, WM 1980, 726
HÜBNER, Allgemeine Geschäftsbedingungen und Internationales Privatrecht, NJW 1980, 2601
JAYME, AGB und IPR, ZHR 1978, 105
ders, Rechtsvergleichung im Internationalen Privatrecht, in: FS Schwind (1978) 103
JUNKER, Vom Citoyen zum Consommateur – Entwicklungen des internationalen Verbraucherschutzrechts, IPRax 1998, 70

LANDFERMANN, AGB-Gesetz und Auslandsgeschäfte, RIW 1977, 445
M. MÜHL, Zum Problem der kollisionsrechtlichen Beachtung zwingender Vorschriften gemäß § 12 AGB und Art 7 des europäischen Übereinkommens über das auf vertragliche Schuldverhältnisse anzuwendende Recht, in: FS O Mühl (1981) 449
H MULLER/HH OTTO, AGB und IPR (1984)
NORENBERG, Internationale Verträge und AGB, NJW 1978, 1082
REICHERT/FACILIDES, Auswirkungen des AGBG auf das deutsche internationale Versicherungsvertragsrecht, VersR 1978, 481; REITHMANN/MARTINY, Internationales Vertragsrecht (4. Aufl 1988)
SONNENBERGER, Bemerkungen zum Internatio-

nalen Privatrecht im AGB-Gesetz, in: FS Ferid (1978) 377
STOLL, International-privatrechtliche Probleme bei der Verwendung Allgemeiner Geschäftsbedingungen, in: FS Beitzke (1979) 759
SIEG, Allgemeine Geschäftsbedingungen im grenzüberschreitenden Geschäftsverkehr, RIW 1997, 811

TRAPP, Der international-privatrechtliche Geltungsanspruch des Gesetzes zur Regelung des Rechts der Allgemeinen Geschäftsbedingungen durch § 12 AGB (Diss Mainz 1991)
Graf VON WESTPHALEN, International-rechtliche Probleme und AGB-Gesetz, WM 1978, 1310.

Systematische Übersicht

I.	**Allgemeiner Stellenwert der Norm**		II.	**Voraussetzungen von § 12** ———— 8
1.	Grundanliegen der Norm und EG-Verbraucherschutzrecht ————	1	III.	**Rechtsfolgen des § 12** ———— 12
2.	Anwendungsbereich ————	2		

I. Allgemeiner Stellenwert der Norm

1. Grundanliegen der Norm und EG-Verbraucherschutzrecht

§ 12 aF sollte verhindern, daß über die Anwendbarkeit ausländischen Rechts die **1** Anwendbarkeit des AGBG auch in Fällen ausgeschlossen wird, in denen der Gesetzgeber den Vertragspartner des Verwenders für schutzwürdig erachtet. Das Entstehen der Norm ist nur auf dem Hintergrund des Umstandes verständlich, daß die Bundesrepublik einer der ersten Staaten war, der Verbraucherschutz vor unbilligen AGB betrieb. Die Vorschrift war schon in ihrer ursprünglichen Fassung mißglückt (zur Krit insbes TRAPP 9 ff). Sie hat eine Unmenge literarischer Äußerungen hervorgerufen, ist aber in der Praxis so gut wie bedeutungslos geblieben. Es hätte vollauf genügt, den Gedanken von § 9 für berücksichtigungsfähig zu erklären. Im Zusammenhang mit der Reform des deutschen IPR im Jahre 1986 hatte man erwogen, die Vorschrift zu streichen (BT-Drucks 10/5632, 48). Freilich konnte man nicht umhin, zur Ausfüllung des Art 29 Abs 3 EGBGB zu sagen, was am AGBG in welchen Fällen auch international zwingenden Rechts ist. Deshalb hat man schließlich Art 12 doch unverändert gelassen, wohl darauf vertrauend, daß seine weiche Formulierung („zu berücksichtigen", s dazu Rn 12) jene Geschmeidigkeit gewährleiste, die im Zusammenfügen von anwendbarer lex causae und deutschem AGBG nötig ist. Jedoch war es eine Übertreibung, im AGBG einen Schutz vor ausländischem Recht in höherem Umfange zu verankern, als nach dem Römischen Schuldvertragsübereinkommen, das diesen Schutz nur für die in Art 29 EGBG genannten Verträge verbürgt. Gegenüber Partnerstaaten der EG, die die Richtlinie vom 5. 4. 1993 umgesetzt haben, ist heute die Vorschrift vollends unangemessen. Art 6 Abs 2 der Richtlinie verlangt auch nur, gegenüber Rechtsordnungen eines „dritten Landes" den Verbraucherschutzstandard der EG aufrecht zu erhalten. Ganz unverständlicherweise wurde die Aufrechterhaltung von § 12 in seiner Grundtendenz auch gegenüber EG-Partnern mit dem Argument verteidigt, dadurch sei gewährleistet, daß im Inland die Unterlassungsklage nach § 13 ff erhoben werden könne, wenn auf dem inländischen Markt unangemessene Klauseln erschienen, die sich auf einen Vertrag bezögen, der ausländischem Recht unterliegt. Jedoch unterliegt die internationale Zuständigkeit für die Unterlassungsklage ohnehin nicht dem Schuldvertragsstatut, s § 14 Rn 3.

§ 12 hält inländischen Verbraucherschutzstandard in stärkerem Maße aufrecht als durch Art 6 Abs 2 RL geboten (Kr deshalb SONNENBERGER ZEuP 1996, 382, 391; JUNKER 71).

2. Anwendungsbereich

2 a) Die Norm schränkt für die nicht unter Art 29 EGBGB fallenden Verträge die Rechtswahlfreiheit, die das Römische Schuldvertragsübereinkommen gewährleistet hat, wieder ein. Es hat zu einem unentwirrbaren Problembündel geführt: Römisches Übereinkommen als Europarecht und daher Anwendungsvorrang vor nationalem Recht, das über die Notwendigkeit einer Richtlinienumsetzung hinausgeht? (Dazu aus der Zeit der Diskussion um die Umsetzung der Richtlinie vom 5. 4. 1993: JAYME/KOHLER IPRax 1993, 358; ULMER EuZW 1993, 337, 346).

3 Die Vorschrift gilt nicht, wenn AGB gegenüber einem Unternehmer oder einer juristischen Person des öffentlichen Rechts verwendet werden, s § 24 S 1. Sie gilt aber ihrem Anspruch nach auch für andere als in Art 29 EGBGB genannten Verträge, etwa mit Freiberuflern oder zu Transportzwecken geschlossene (Art 29 Abs 4 EGBGB), sofern sie nur unter die kumulativen Tatbestandsvoraussetzungen von § 12 Nr 1 und 2 fallen. § 12 will auch dann angewendet werden, wenn die zugrundeliegenden Verträge nicht die Leistung beweglicher Sachen oder Erbringung von Dienstleistungen zum Gegenstand haben (s aber Rn 7). Voraussetzung für die Anwendbarkeit der Vorschrift ist nur, daß der Vertrag dem ausländischen Recht unterliegt. Gleichgültig ist, ob dies aus Art 27 (gewähltes Recht) oder Art 28 EGBGB folgt.

4 b) Das Verhältnis **zu allgemeinen kollisionsrechtlichen Bestimmungen** ist sehr schwierig zu bestimmen.

Gegenüber Art 29 EGBGB hat § 12 vor allem die Bedeutung klarzustellen, daß das AGBG unter den in letzterer Vorschrift näher umrissenden Voraussetzungen international zwingend ist. Die von der hM getroffene Aussage, Art 29 EGBGB habe Vorrang (etwa WOLF/LINDACHER Rn 3; PALANDT/HELDRICH Rn 21) ist zum großen Teil müßig, für den Rest unrichtig. Hat der Vertragspartner des Verbrauchers etwa in dessen Wohnsitzstaat keine unter § 12 Nr 1 fallende Tätigkeit entfaltet, aber dort iSv Art 29 Abs 1 Nr 2 EGBGB die Bestellung des Verbrauchers entgegengenommen, dann nimmt § 12 für das deutsche AGBG keinen international-privatrechtlich zwingenden Charakter in Anspruch. Das gleiche gilt, wenn ein Kaufvertrag unter den in Art 29 Abs 1 Nr 3 EGBGB genannten Voraussetzungen zustande gekommen ist. § 12 gilt aber auch, wenn Art 29 zur Anwendung des am ausländischen Wohnsitz des Verbrauchers geltenden Verbraucherschutzrechts führt (MünchKomm/SONNENBERGER Art 6 EGBGB Rn 25). Ein solches Ergebnis ist freilich innerhalb der EG-Staaten sachwidrig. Man sollte daher einen „engeren Zusammenhang mit dem Gebiet" Deutschlands tunlichst leugnen, wenn der Verbraucher seinen Wohnsitz oder gewöhnlichen Aufenthalt nicht hierzulande hat, s Rn 9.

Den durch § 12 festgelegten international zwingenden Anwendungsbereich des AGBG kann man auch in Verbindung mit Art 34 EGBGB bringen. Jedoch ist die Verbindung mit der speziellen Vorschrift des Art 29 EGBGB näherliegend.

Gegenüber Art 6 EGBGB ist § 12 eine Sonderausprägung (MünchKomm/Sonnenberger[2] Ein vor Art 3 EGBGB Rn 48). Art 6 EGBGB bleibt aber anwendbar, wenn § 12 deshalb nicht eingreift, weil es an einem hinreichenden Zusammenhang mit dem Gebiet Deutschlands fehlt, allgM, oder weil das dispositive ausländische Recht, das durch die Unwirksamkeit von AGB-Klauseln zur Anwendung kommt, dem deutsche ordre public widerspricht (Wolf/Lindacher Rn 16; Landfermann RIW 1977, 450; MünchKomm/Sonnenberger[2] Art 6 EGBGB Rn 23; Palandt/Heldrich Art 6 EGBGB Rn 10). Anderes steht bei Landfermann RIW 1977, 445; Kropholler RabelsZ 278, 651; Otto, AGB u IPR (1984) 482; Heldrich (Art 6 Rn 10) wohl nicht mehr aA.

Aus § 12 folgt im Wege des Umkehrschlusses, daß eine Rechtswahlklausel als solche nie der Inhaltskontrolle unterliegt. Die Freiheit der Rechtswahl wird selbst bei reinen Inlandsachverhalten nur durch Art 27 Abs 3 EGBGB beschränkt (allgLitM, etwa Mankowski RIW 1994, 421, 422 f; aA, ohne die Problematik zu sehen, OLG Düsseldorf RIW 1994, 420). Auch § 3 AGBG ist unanwendbar (aA OLG Düsseldorf aaO), Rn 6. Vor unliebsamen Überraschungen infolge der Rechtswahl wird der Verbraucher (und werden auch andere) nur im Rahmen des Art 27 Abs 4 iVm Art 31 EGBGB geschützt.

Konkret sieht die kollisionsrechtliche Arbeit des Richters folgendermaßen aus (klar herausgearbeitet von Junker 72): Zuerst ist nach Art 29 Abs 2 EGBGB das allgemeine Vertragsstatut zu ermitteln. Wenn die Parteien eine Rechtswahl getroffen haben, muß der Richter die relativ günstigere Verbraucherschutzvorschrift feststellen, Art 29 Abs 1 EGBGB. Sodann ist zu ermitteln, ob § 12 unabhängig von einer etwa anwendbaren ausländischen lex causae angewandt wissen will.

c) Das AGBG gilt nicht, wo Sondergesetze bestehen, die vertragliche Beziehungen mit Auslandselementen regeln und dabei ersichtlich auch das Phänomen vorformulierter Bedingungen einfangen wollen. Ein solches Gesetz ist etwa dasjenige vom 28. 7. 1969 über den Vertrieb ausländischer Investmentanteile (BGBl I 986).

5

d) Im Zweifel ist nach Art 3 Abs 2 EGBGB anzunehmen, daß der Gesetzgeber staatsvertragliche Bindungen nicht verletzen will und diesen daher den Vorrang beläßt, wenn neu geschaffenes Recht mit ihnen kollidiert.

aa) In diesem Sinne Vorrang vor § 12 hat insbesondere das **UN-Kaufrechtsübereinkommen** vom 11. 4. 1980 (Zustimmungsgesetz v 5. 7. 1989, BGBl II 586, berichtigt BGBl II 1699) für Verträge, die nach dem 31. 12. 1990 geschlossen werden (Bek v 23. 10. 1990, BGBl II 1477). Art 4 S 2a UN-Kaufrecht besagt freilich, daß sich diese Gesetze nicht mit der „Gültigkeit" des Vertrages oder der in diesem enthaltenen Bestimmungen befaßt. Damit behält es auch inhaltlich bestimmte Klauseln bekämpfendes zwingendes nationales Recht vor, wozu auch solches über eine AGB-Inhaltskontrolle gehört. §§ 8–11 werden also durch das UN-Kaufrecht nicht verdrängt (Sistermann, Die Anwendung des AGB-Gesetzes bei Geltung des Kaufrechtsübereinkommens der Vereinten Nationen vom 11. 4. 1980 am Beispiel formularmäßiger Schadensersatz-

6

freizeichnungen [München 1995]). Soweit die Rechtsfolgen eines Verstoßes gegen diese Vorschriften in § 6 geregelt sind, ist auch diese Bestimmung anwendbar.

Der Vorbehalt gilt aber nur für die Inhaltskontrolle. Der Vertragsschluß ist in Art 14 ff UN-Kaufrecht sehr wohl geregelt. Zum Abschluß des Vertrages gehört auch die Einigung über seine einzelnen Bestandteile; ob individuell ausgehandelte oder formularmäßig festgelegte, bleibt sich gleich. Für den Vertragsschluß gelten daher Vorschriften des originär-nationalen Sach- oder Kollisionsrechts nicht. Daher gilt insoweit auch § 12 nicht (SCHLECHTRIEM, in: vCAEMMERER/SCHLECHTRIEM, Komm zum UN-Kaufrecht [1995] vor Artt 14–24 Rn 9; ULMER/SCHMIDT Anh § 2 Rn 16a; STAUDINGER/ MAGNUS [1994] Art 4 CISG Rn 25). Problematisch ist das Verhältnis der §§ 3,4 zu den einheitlichen Kaufgesetzen. Das AGBG hat § 3 systematisch als Vertragsabschlußregel eingeordnet. Obwohl in ihr auch Aspekte der Inhaltskontrolle mitverarbeitet sind, sollte man diese Einordnung ausschlaggebend sein lassen und den einheitlichen Kaufgesetzen Vorrang einräumen (so im Ergebnis ULMER Anh § 2 Rn 11; NÖRENBERG NJW 1978, 1084; aA SCHLECHTRIEM aaO). Für §§ 4 und 5 wird das Problem kaum praktisch, weil andere Rechtsordnungen keine abweichenden Auslegungsregeln kennen (so mit Recht ULMER/SCHMIDT Anh § 2 Rn 13).

Eine andere Frage ist, ob das UN-Kaufrecht nach dessen Art 6 auch durch AGB ausgeschlossen werden kann. Dies ist grundsätzlich möglich. SCHLECHTRIEM (Art 6 Rn 8) meint, daß die Abwahl von UN-Kaufrecht im Sinne von § 3 AGBG umso überraschend der sein wird, je stärker sich dessen Verwendung durchsetzt. Zum Maßstab des § 3 AGBG gelangt man aber nur, wenn ohne Geltung des UN-Kaufrechts deutsches Recht anwendbar wäre.

7 bb) Als abschließende Sonderregelung sollte man auch internationale Übereinkommen ansehen, die für bestimmte **Spezialmaterien**, in denen Individualvereinbarungen außerhalb der Festlegung der Hauptleistungspflichten praktisch nicht vorkommen, zwingendes Privatrecht setzen. Denn sie sind der Sache nach eine Regelung der vorformulierten Vertragsbedingungen. Das gilt verstärkt, wenn es sich um die Regelung von Vertragstypen mit starkem internationalen Einschlag und häufig wechselnden nationalen Abwicklungsschwerpunkt handelt, um Materien also, wo die Rationalisierungsfunktion von AGB nur gewährleistet bleiben kann, wenn international einheitliche Klauselwerke verwendbar sind. Diese Voraussetzungen liegen vor allen Dingen bei internationalen Übereinkommen vor, welche die privatrechtlichen Verhältnisse regeln, die anläßlich internationaler Transporte auftauchen, die ja typischerweise auf der Grundlage vorformulierter Bedingungen abgewickelt werden. Beförderungsbedingungen, die dem zwingenden Recht dieser Übereinkommen nicht widersprechen, sollte man daher nicht noch am AGBG messen. Beispielhaft sei auf das Warschauer Übereinkommen vom 12. 10. 1929 zur Vereinheitlichung von Regeln über die Beförderung im internationalen Luftverkehr (BGBl 1958 II 312; 1964 II 1295) verwiesen, das sehr viele zwingende Vorschriften zum Schutze des Fluggastes enthält und ersichtlich auf die Festlegung der Vertragsinhalte durch AGB zugeschnitten ist (für Unanwendbarkeit der deutschen AGB-Inhaltskontrolle als Grundsatz, aber noch auf der Grundlage des früheren Rechts argumentierend BÖCKSTIEGEL NJW 1974, 1024; aA SPECHT, Die IATA [1973] 41). Vorrang hat etwa auch Art 21 CMR, dessen Haftungsfolge nach Art 41 CMR unabdingbar ist (BGH DB 1982, 1560).

Im übrigen ist immer genau zu fragen, welche Tatbestände das internationale Übereinkommen regelt und für welche es das nationale Recht maßgebend sein lassen will. Art 3 CMR etwa erfaßt die Haftung des Frachtführers auf Schadensersatz wegen Nichterfüllung nicht (BGH Urt v 9.2.1979 I ZR 67/77 – insoweit unveröffentlicht).

II. Die Voraussetzungen von § 12

Anders als in Art 29 Abs 1 EGBGB und in Art 13 EuGVÜ müssen die tatbestandlichen Voraussetzungen beider Nummern der Norm kumulativ vorliegen (Rn 8 f). 1996 neu strukturiert werden diese tatbestandlichen Voraussetzungen insofern, als weiter als früher – der Vertrag auch aus anderen Gründen einen so engen Zusammenhang mit deutschem Territorium haben kann, daß § 12 anwendbar wird (Rn 10).

1. Die Formulierung der Nr 1 ist dem Gesetz über den Vertrieb ausländischer **8** Investmentanteile (BGBl 1969 I 986) entnommen. Bestellt jemand bei einem ausländischen Unternehmen Waren oder Dienstleistungen, so ist § 12 nur anwendbar, wenn er dazu durch ein öffentliches Angebot oder eine öffentliche Werbung im Inland animiert wurde. Von wo die Tätigkeit veranlaßt wurde, spielt keine Rolle, solange nur die inländische Entfaltung kausal (s Rn 11) für den Vertragsschluß wurde, allgM. Um das Merkmal „öffentlich", das im sonst vergleichbar formulierten Art 29 Abs 1 Nr 1 EGBGB fehlt, nicht völlig zu übergehen, darf sich die Werbetätigkeit nicht in individuellen Zusendungen erschöpfen. In Frage kommen Annoncen, Plakate, Rundschreiben an eine oder Vertreterversuche bei einer Vielzahl von Personen. Unbestimmtheit des angesprochenen Personenkreises ist allerdings nicht Voraussetzung für die Anwendbarkeit der Norm (MünchKomm/BASEDOW Rn 24; aM ERMAN/WERNER Rn 6).

2. Der Vertragspartner des Verwenders muß seine **Willenserklärung im Inland** **9** abgeben (Zugang bedeutungslos) und muß Wohnsitz oder gewöhnlichen Aufenthalt im Inland haben. Eines von beiden genügt. Beide Begriffe sind dem deutschen Recht zu entnehmen. Wird der Vertrag im Ausland abgeschlossen, so ist § 12 grundsätzlich unanwendbar, auch wenn es dazu infolge einer im Inland organisierten Werbung gekommen ist. Auf Grundlage der ursprünglichen Formulierung wurde § 12 auch für unanwendbar gehalten, wenn ein im Ausland geschlossener Vertrag ausschließlich im Inland abgewickelt werden soll (OLG Hamm NJW-RR 1989, 496, 497). In Fällen der zu Verkaufszwecken organisierten „Kaffeefahrten" ins Ausland oder der Vermarktung von Waren an Urlauber im Ausland kann Art 29 Abs 1 Nr 3 EGBGB zu keinem anderen Ergebnis führen. § 12 legt abschließend fest, inwieweit das AGBG international zwingend ist. Jedoch liegt eine Gesetzesumgehung nach § 7 vor, wenn deutsche Produkte gezielt gerade an deutsche Urlauber oder Ausflügler im Ausland vermarktet werden sollen und kein vernünftiger Grund ersichtlich ist, weshalb das Recht des Urlaubslandes oder gar dasjenige eines Drittstaates angewandt werden soll (MünchKomm/BASEDOW Rn 4). Ein vernünftiger Grund für die Anwendung des Rechts des Urlaubslandes ist aber gegeben, wenn ein multinationales Urlaubspublikum angesprochen wird (generell zum Verbraucherschutz deutscher Urlauber im Ausland KLINGSPORN WM 1994, 1093 mwN).

3. Die Erweiterung des Anwendungsbereichs von § 12, s Rn 1, ist geschehen, um **10**

Art 6 Abs 2 der Richtlinie getreulich umzusetzen, der die Formulierung „enger Zusammenhang mit dem Gebiet der Mitgliedsstaaten" gebraucht. Außerhalb der in Nrn 1 u 2 von § 12 angegebenen Konkretisierungen kann sich ein enger Zusammenhang mit deutschem Territorium etwa dann ergeben, wenn es reiner Zufall ist, daß der deutsche Verbraucher seine Willenserklärung im Ausland abgegeben hat und dies für den Verwender unschwer erkennbar war (etwa im Brief mit Angabe der deutschen Adresse des Absenders wurde im Ausland zur Post gebracht).

11 **4.** **Die Beweislast** für das Vorliegen der Voraussetzungen des § 12 trägt nach allgemeiner Regel derjenige, der den Vorteil von der Anwendung der Norm trüge. Dies gilt auch für das Erfordernis der Kausalität (Nr 1 „aufgrund"). In Art 29 Abs 1 EGBGB und Art 13 Abs 1 Nr 3a EuGVÜ ist demgegenüber auf das Kausalitätserfordernis verzichtet worden. Darin kann man einen Trend sehen, der gestattet, von einer tatsächlichen Kausalitätsvermutung auszugehen, wenn dem Vertragsschluß eine Werbung iSd Nr 1 vorausgegangen ist (ähnlich WOLF/LINDACHER Rn 12).

III. Rechtsfolgen des § 12

12 Ist auf den Vertrag deutsches Recht anwendbar, so gelten auch die Vorschriften des AGBG, gleich wo der Vertrag durchzuführen ist (allgM) und ob irgendein ausländisches Recht seinerseits seine verbraucherschutzrechtlichen Vorschriften angewandt wissen will. Das ist im § 12 als selbstverständlich vorausgesetzt. Ist ausländisches Recht maßgebend, so ist unter den Voraussetzungen von § 12 zusätzlich das deutsche AGBG „anzuwenden". Leider wurde die vordem wohlbedacht gewählte (s STAUDINGER/SCHLOSSER[12] Rn 7) Formulierung „zu berücksichtigen" durch den neuen rigiden Begriff abgelöst, ohne daß die Änderung erläutert worden wäre (s Begründung zum Regierungsentwurf BB 1995, 1612). Wie etwa §§ 10 und 11 auf gänzlich anders als im BGB strukturierte schuldrechtliche Systeme „angewandt" werden sollen, ist schwer vorstellbar. Die Anwendbarkeit des deutschen Rechts unter verbraucherschutzrechtlichen Gesichtspunkten auch jenen Rechtsordnungen gegenüber zu postulieren, die die verbraucherpolitischen Richtlinien der EG umgesetzt haben, verstößt gegen den Geist des Römischen Schuldvertragsübereinkommens, das in Art 29 EGBGB sicherlich nicht an die verbleibenden Unterschiede im harmonisierten Verbraucherschutzrecht gedacht hat.

Man muß daher den Begriff „anwenden" erheblich relativieren. In der Begründung zum Regierungsentwurf zum AGBG ist mit bündigen Worten erklärt worden, warum unter den Voraussetzungen von § 12 dieses Gesetz nicht schlechthin angewandt, sondern nur „berücksichtigt" werden kann (BT-Drucks 360/75, 40 f): *„Eine unmittelbare Anwendung dieser Vorschriften wird wegen des dem anwendbaren ausländischen Rechts zugrundeliegenden Systems häufig nicht möglich sein. Bietet das anwendbare Recht einen äquivalenten Schutz, ist dem Anliegen von [§ 12] genüge getan. Fehlt ein Äquivalenter, so sind die Vorschriften des AGBG in einer dem anwendbaren Recht angepaßten Weise anzuwenden".*

An der Richtigkeit dieser Aussage, insbesondere ihres analytischen Teils im ersten Satz, kann sich seither unmöglich etwas geändert haben, zumal in den letzten 20 Jahren die meisten ausländischen Rechtsordnungen einen äquivalenten Schutz entwickelt haben. Da der Übergang von „zu berücksichtigen" in „anzuwenden" in den

Gesetzesmaterialien nirgendwo erläutert oder auch nur erwähnt wurde, kann es sich nur um ein Redaktionsversehen handeln. Bei manchen Vorschriften der Inhaltskontrolle, wie etwa § 10 Nr 2, § 11 Nr 11, § 11 Nr 14 b wäre eine „Anwendung" bei Geltung eines anderen als des deutschen Rechts schlechterdings ausgeschlossen; bei anderen kann schon das ausländische dispositive Recht einen Inhalt haben, der in Deutschland formularmäßig nicht erreichbar ist. Daher muß man „anzuwenden" weiterhin iSv „zu berücksichtigen" auslegen.

Entgegen einer Andeutung in der amtlichen Begründung zur Novelle 1996 kann aus § 12 für die Anwendbarkeit der §§ 13 ff nichts hergeleitet werden. § 14 sorgt in ausreichendem Maße für eine internationale Zuständigkeit der deutschen Gerichte (s dort Rn 3). Das materielle Substrat der Unterlassungsklage unterliegt keinesfalls dem Vertragsstatut, wie immer man es auch qualifizieren mag. Um gegen Verwender vorgehen zu können, die ihre Klauseln auf Verträge beziehen möchten, die ausländischem Recht unterliegen, bedarf es des Rückgriffs auf § 12 nicht. Gegen § 9 AGBG verstoßen solche Klauseln allemal, wenn sie denn bekämpfungswürdig sein sollen. Grundgedanken gesetzlicher Regelungen iSv § 9 Abs 2 Nr 1 können auch Grundgedanken anwendbaren ausländischen Rechts sein. **13**

Im wesentlichen wird auch die über § 12 vermittelte Inhaltskontrolle im Individualprozeß auf eine Kontrolle nach § 9 hinauslaufen. Die bisherigen Erörterungen der Inhaltskontrolle von AGB, die sich auf ausländisches Recht beziehen, ist außerordentlich nuancenreich und wurde in unterschiedlichen zeitlichen Schichten geführt. An Anschauungsmaterial aus der Rspr fehlt es, so daß sich alle Aussagen auf einer unanschaulichen Abstraktionshöhe bewegen. Daher können auch hier nur einige grobe Leitlinien entwickelt werden. **14**

Man muß eine ergebnisorientierte Einzelfallprüfung vornehmen, ob nicht die lex causae ohnehin einen Schutz gewährt, der jenen des AGB gleichwertig ist. Gerechtigkeitsmaßstab der Prüfung bleibt aber immer die lex causae. Auch ohne wörtliche Bezugnahme auf deutsches materielles Recht können Normen aus dem Bereich der §§ 10 und 11 nicht angewandt werden, wenn AGB-Klauseln, gemessen an der lex causae, die Rechte des Vertragspartners des Verwenders nicht einschränken. Daher ist bei Ungültigkeit einer AGB-Bestimmung die Lücke auch nach der lex causae zu füllen. Eigene Sachnormen zu entwickeln, um das ausländische Gesetzesrecht zu verbessern (gewissermaßen auf den deutschen AGBG-Standard zu bringen) kann nicht Aufgabe des § 12 sein (aA Wolf/Lindacher Rn 21; wohl auch Ulmer/Schmidt Rn 12, anders aber Rn 13). **15**

Auch den ersten Unterabschnitt des ersten Abschnitts hält die hM ziemlich undifferenziert für anwendbar: §§ 2–5 (Ulmer/Schmidt Rn 13; Wolf/Lindacher Rn 19; teilw aA Löwe/vWestphalen Rn 17) und § 6 (insoweit allgM). **16**

Dritter Abschnitt
Verfahren

§ 13
Unterlassungs- und Widerrufsanspruch

(1) Wer in Allgemeinen Geschäftsbedingungen Bestimmungen, die nach §§ 9 bis 11 dieses Gesetzes unwirksam sind, verwendet oder für den rechtsgeschäftlichen Verkehr empfiehlt, kann auf Unterlassung und im Fall des Empfehlens auch auf Widerruf in Anspruch genommen werden.

(2) Die Ansprüche auf Unterlassung und auf Widerruf können nur geltend gemacht werden

1. von rechtsfähigen Verbänden, zu deren satzungsmäßigen Aufgaben es gehört, die Interessen der Verbraucher durch Aufklärung und Beratung wahrzunehmen, wenn sie in diesem Aufgabenbereich tätige Verbände oder mindestens fünfundsiebzig natürliche Personen als Mitglieder haben,

2. von rechtsfähigen Verbänden zur Förderung gewerblicher Interessen oder

3. von den Industrie- und Handelskammern oder den Handwerkskammern.

(3) Die in Absatz 2 Nr. 1 bezeichneten Verbände können Ansprüche auf Unterlassung und auf Widerruf nicht geltend machen, wenn Allgemeine Geschäftsbedingungen gegenüber einem Kaufmann verwendet werden und der Vertrag zum Betriebe seines Handelsgewerbes gehört oder wenn Allgemeine Geschäftsbedingungen zur ausschließlichen Verwendung zwischen Kaufleuten empfohlen werden.

(4) Die Ansprüche nach Absatz 1 verjähren in zwei Jahren von dem Zeitpunkt an, in welchem der Anspruchsberechtigte von der Verwendung oder Empfehlung der unwirksamen Allgemeinen Geschäftsbedingungen Kenntnis erlangt hat, ohne Rücksicht auf diese Kenntnis in vier Jahren von der jeweiligen Verwendung oder Empfehlung an.

Schrifttum

E SCHMIDT, Die AGB-Verbandsklagebefugnis und das zivilistische Anspruchsdenken, ZIP 1991, 629

LINDACHER, Zur „Sonderprozeßrechtsnatur" der lauterkeitsrechtlichen Verbands- und Konkurrentenklage sowie der Verbandsklage nach dem AGB-Gesetz, ZZP 103 (1990) 397

REINEL, die Verbandsklage nach dem AGBG, 1979

GÖBEL, Prozeßzweck der AGB-Klage und herkömmlicher Zivilprozeß

TEPLITZKY, Wettbewerbsrechtliche Ansprüche, Bd 2 (1986).

Verfahren

Systematische Übersicht

I. **Allgemeines**
1. Grundgedanken der Regelung — 1
2. Gesetzesgeschichte — 2
3. Anwendungsbereich — 3

II. **Die Rechtsnatur der AGB-Verbandsklage**
1. Die prinzipielle Anlehnung an die Verbandsklage des Wettbewerbsrechts — 4
2. Die Einfügung einer materiellrechtlichen Konzeption in die begriffliche Vorgabe anderer rechtlicher Regelungsbereiche — 5
   a) Der internationale Geltungsanspruch von § 13 — 5
   b) Einstweiliger Rechtsschutz — 6
   c) Offizialprüfung der subjektiven Klageberechtigung? — 10
   d) Negative Feststellungsklage — 11

III. **Die Aktivlegitimation der klagenden Verbände**
1. Verbraucherverbände — 12
   a) Die Rechtsfähigkeit des Verbandes — 12
   b) Verbraucherbezogene Beratung und Aufklärung als notwendige Verbandsaufgabe — 13
   c) Anforderungen an die Organisationsstruktur des Verbandes — 16
   d) Behauptungslast im Prozeß — 19
   e) Einschränkung der Aktivlegitimation — 20
2. Wirtschaftsverbände — 21
3. Industrie- und Handelskammern; Handwerkskammern — 22

IV. **Die Unterlassungs- und die Widerrufsverpflichtung**
1. Die Verwendung bzw Empfehlung unwirksamer AGB-Klauseln als der die Verpflichtung auslösende Vorgang — 23
   a) Klausel(n) als Angriffsobjekt — 23
   b) Kontrollmaßstab — 24
2. Die Unterlassungsverpflichtung — 24g
   a) Erstverwendungsgefahr — 24h
   b) Inhalt des Unterlassungsanspruches — 25
3. Die Widerrufsverpflichtung
   a) Inhalt des Anspruchs — 31
   b) Entstehung des Anspruchs — 32
   c) Erlöschen des Anspruchs — 33
4. Die Passivlegitimation des Verwenders — 35
5. Die Passivlegitimation des Empfehlers — 36
   a) Verbandsempfehlungen — 36
   b) Verleger von Formularen — 37
   c) Sonstige Empfehler — 38
   d) Einzelheiten des Empfehlerbegriffs — 39
6. Verjährung, Verwirkung — 40

V. **Rechtsschutzbedürfnis**
1. Fehlen eines Rechtsschutzbedürfnisses wegen Funktionslosigkeit der Klage? — 41
2. Subsidiaritätsverhältnis unter den Passivlegitimierten — 42
3. Die Bedeutung der Abmahnung — 43
   a) Vorherige Abmahnung, Klageerfolgsvoraussetzung? — 43
   b) Inhalt der Abmahnung — 44
   c) Außergerichtliche Abmahnkosten — 47

Alphabetische Übersicht

Abmahnkosten — 43, 47; § 14 11
Abmahnung — 11, 43 f, 46 f
AGB-Verbandsklage s Verbandsklage
Aktivlegitimation — 5, 12 ff
– Einschränkung — 20
– Handwerkskammern — 22
Industrie- und Handelskammern — 22
– Offizialprüfung — 10

– Verbraucherverbände — 12, 18 ff
– Wirtschaftsverbände — 21
Altverträge — 3
Anwendungsbereich — 3, 24, 36
Auslegung, kundenfeindliche — 23
Behauptungslast — 19
Beseitigungsanspruch — 27, 40 f, 47

Beweislast	11, 19, 25	Verleger von Formularen	37
Dauerhandlungen	28, 40	Rechtsschutzbedürfnis	11, 39, 41 ff
		Rundschreiben	39
Einstweiliger Rechtsschutz	4, 6 ff		
Empfehler		Streitgegenstand	3
– Begriff	36, 39 ff	Subsidiarität	42
Empfehlung	20, 23, 32		
Erstverwendungsgefahr	24 h	Transparenzgebot	24 d
Feststellungsinteresse	3, 11	Überraschende Klausel	24 e
		Unterlassungserklärung, strafbewehrte	24 h, 41
Gegnerfreiheit	14, 17 f	Unterlassungsverpflichtung	23 ff, 24 g
Gerichtsstandsklausel	24 ff	Unwirksamkeit	8 f, 11, 23, 24 c f
Gewohnheitsrecht	43	Urteilsformel	20
Handwerkskammern s Aktivlegitimation		Verbandsempfehlungen	36
Hinweisobliegenheit		Verbandsklage	1, 3 ff, 10 f, 23, 24 c, 43
– Aushang	40	Verbraucherverbände	12 ff
		– Aufgaben	13 ff
Industrie- und Handelskammern s Aktivlegitimation		– Mischverbände	14, 17
		– Organisationsstruktur	
Internet	5		16, s auch Aktivlegitimation
		Verfügungsanspruch	7
Konditionenempfehlungen	3	Verjährung	40
Kontrollmaßstab	24	Vermittler	35
Negative Feststellungsklage	4, 11	Widerrufsurteil	31
		Widerrufsverpflichtung	23 ff, 31 ff
Passivlegitimation		Wiederholungsgefahr	7 f, 24 d, 24 h, 36, 41, 47
– Verwender	35	Wirtschaftsverbände s Aktivlegitimation	
– Empfehler	36, 38		

I. Allgemeines

1. Grundgedanken der Regelung

1 Die Vorschrift soll im Verein mit den weiteren das sog „abstrakte Kontrollverfahren" regelnden Bestimmungen in den §§ 14–22 die Vertragspartner der Verwender schon davor bewahren, mit unwirksamen Klauseln überhaupt konfrontiert zu werden (s Einl 11, 15 zum AGBG). Die Ausgestaltung der Kontrolle als Verbandsklage hat aber auch Schattenseiten: Verbraucherverbände, welche allein in der Praxis von der Klagebefugnis Gebrauch machen, sind nicht, wie ein staatliches Verbraucherschutzamt es wäre, zur Objektivität verpflichtet, sondern neigen gelegentlich zu Übertreibungen, vor allem in der außergerichtlichen Abmahnpraxis.

2. Gesetzesgeschichte

Dem dritten Abschnitt sieht man die Hastigkeit, mit der er entstanden ist (s Einl 11 **2**
zum AGBG), allenthalben an. Die Vorschläge der Arbeitsgruppe (Einl 10 zum AGBG)
waren in vielen Fragen erheblich weiter gegangen (dazu MünchKomm/GERLACH Vorbem
10 zu § 13; SCHLOSSER, in: SCHLOSSER/COESTER-WALTJEN/GRABA, Kommentar zum AGBG
Rn 2 ff). Der Text der Vorschrift hat sich seit 1976 nicht geändert.

3. Anwendungsbereich

Die Unterlassungs- und Widerrufsklage hat ihren Anwendungsmaßstab nur in den **3**
§§ 9–11 über unwirksame AGB, grundsätzlich nicht in den §§ 2–5, die von AGB
sprechen, welche nicht Vertragsbestandteil geworden sind. Im einzelnen dazu unten
Rn 24 f. Das abstrakte Kontrollverfahren kann gegen AGB jeder Art gerichtet werden, auch gegen solche, die von einer nationalen Behörde genehmigt werden
mußten (BGH NJW 1983, 1322 ff). Die „internationale" Herkunft des Klauselwerkes
begründet keine Ausnahme (BGH aaO – IATA). Erst recht unterliegen der Klage
Konditionenempfehlungen nach § 38 Abs 3 GWB.

Die AGB-Verbandsklage und die Individualklage stehen grundsätzlich selbständig
nebeneinander, da Parteien und Streitgegenstand verschieden sind und keine
Rechtskrafterstreckung stattfindet. Für eine Individualklage auf Feststellung, daß
einzelne Klauseln nicht Vertragsinhalt geworden sind, fehlt aber regelmäßig das
besondere Feststellungsinteresse, wenn die betreffende Klausel schon Gegenstand
einer Verbandsklage war. Ein Antrag, der auf Feststellung der Belieferungspflicht
ohne Einverständnis des Kunden mit bestimmten Klauseln lautet, wirft ohnehin kein
Konkurrenzproblem zur Verbandsklage auf (BGHZ 82, 238 = NJW 1982, 644).

Die Vorschrift ist auf vor Inkrafttreten des Gesetzes geschlossene Altverträge auch
insoweit unanwendbar als sich der Verwender bei deren Abwicklung auf damals
einbezogene AGB beruft (BGH NJW 1997, 1068).

II. Die Rechtsnatur der AGB-Verbandsklage

1. Die prinzipielle Anlehnung an die Verbandsklage des Wettbewerbsrechts

Der Verbandsklage liegt das aus dem UWG bekannte Grundverständnis eines mate- **4**
riellen Unterlassungsanspruchs zugrunde (BGH GRUR 60, 379; BGHZ 41, 318 = NJW 64,
1369; BGH GRUR 67, 432; KÖHLER § 13 UWG Rn 4; BAUMBACH/HEFERMEHL § 13 UWG Rn 1
mwN). Man wäre anderenfalls gerade im AGB-Recht zu unnötig komplizierter
Begriffsbildung gezwungen, wenn man mit § 13 Anschluß an andere Rechtsnormen
und -institute finden müßte, wie da etwa sind: Kollisionsrechtliche Anknüpfung
(s Rn 5), einstweiliger Rechtsschutz (s Rn 6), negative Feststellungsklage (s Rn 11). Die
Annahme materieller Unterlassungs- und Widerrufsansprüche ist daher die sinnvollste begriffliche Zuordnung des Rechtsinstituts zu den dogmatischen Grundvorstellungen des Zivilrechts (st Rspr vgl nur BGH NJW-RR 90, 887; BGH NJW 1995, 1488 f;
ULMER/HENSEN Rn 15; LÖWE Rn 4; MünchKomm/GERLACH Rn 7 f, 29; PALANDT/HEINRICHS Vorbem Rn 1; aA E SCHMIDT ZIP 1991, 629; WOLF/LINDACHER Rn 3 f; REINEL 126, mit jeweils
unterschiedlichen aus dem überindividuellen Zweck des Rechtsbehelfs abgeleiteten Akzentuierun-

gen). Die Ansprüche sind ihrem Wesen nach nicht abtretbar (MünchKomm/GERLACH Rn 59).

2. Die Einfügung einer materiellrechtlichen Konzeption in die begriffliche Vorgabe anderer rechtlicher Regelungsbereiche

a) Der internationale Geltungsanspruch von § 13

5 Wie Verstöße gegen das UWG, gleich ob ein individuell Verletzter oder ein Verband als Kläger auftritt, sind auch die eine Klagebefugnis nach § 13 AGBG auslösenden Verhaltensweisen wie negatorische Ansprüche und damit wie unerlaubte Handlungen anzuknüpfen (s § 12 Rn 1). So wie für (drohende) unerlaubte Handlungen der Ort ihrer (drohenden) Begehung und für Wettbewerbsverstöße der Ort maßgebend ist, an dem sie zu befürchten sind (dazu BAUMBACH/HEFERMEHL, UWG Einl 173 ff), so ist § 13 nur anwendbar, wenn AGB im Geltungsbereich des AGBG (s § 29) verwandt oder zur Verwendung dort empfohlen werden (MünchKomm/GERLACH Rn 83; ULMER/HENSEN Rn 25). Der Zweck der Verbandsklage, den inländischen Rechtsverkehr zu schützen (BGHZ 109, 29, 40 = NJW 1990, 317; BGHZ 92, 24, 26 mwN = NJW 1984, 2468; ULMER/HENSEN § 13 Rn 1; MünchKomm/GERLACH Rn 11; PALANDT/HEINRICHS Rn 1; WOLF/LINDACHER vor § 13 Rn 9,10) bedingt dabei, daß nicht schon jede auf AGB bezogene inländische Handlung die Anwendung des § 13 nach sich zieht, sondern nur eine engere Inlandsbeziehung, die die Gefahr der Wiederverwendung im Inland, s Rn 24h, mit sich bringt (im Inland wird für die entsprechende Verträge geworben oder die Vertragsabwicklung soll wenigstens zum Teil im Inland erfolgen). Fehlt es an einer solchen Inlandsbeziehung, so hat die Kontrolle dieser AGB allein im jeweiligen Verwendungsland zu geschehen (zur Parallelproblematik im Wettbewerbsrecht vgl BAUMBACH/HEFERMEHL Einl Rn 184 ff). Für die Kontrolle von AGB, die den inländischen Rechtsverkehr nicht betreffen, fehlt es also an der Aktivlegitimation der Verbände. Im Rahmen der heutigen Globalisierung wird jedoch immer häufiger von einer potentiellen Gefährdung des inländischen Rechtsverkehrs ausgegangen werden können, man denke dabei nur an den „electronic commerce" im Internet. Strittig ist aber, ob auch Verstöße gegen ausländisches Recht gerügt werden können (offengelassen von BGHZ 112, 204 = EuZW 1990, 546; dafür KOCH JZ 1991, 1039, 1040).

Zur internationalen Zuständigkeit der deutschen Gerichte s § 14 Rn 3.

Zur Anwendbarkeit des Art 12 im Rahmen der Verbandsklage siehe Art 12 Rn 13, Art 14 Rn 3.

Zur Rechtsnatur des „Aufstellens" von AGB s § 1 Rn 25.

Die AGB-Verbandsklage ist Zivilsache iSd Art 1 Abs 1 EuGVÜ (BGHZ 109, 29 = NJW 1990, 317; BGHZ 119, 152 = NJW 1992, 3158).

b) Einstweiliger Rechtsschutz

6 Das AGBG kennt keine dem § 25 UWG entsprechende Vorschrift über einstweiligen Rechtsschutz. Doch muß ein solcher auch im Bereich der §§ 13 ff AGBG zur Verfügung stehen (st Rspr und allgM). Ein von einem materiellen Unterlassungsanspruch losgelöstes Verständnis von § 13 ließe für ihn nur über künstlich einzuführende begriffliche Brücken Raum. Denn eine irgendwie geartete Befugnis von

Verbänden kann, wenn ihr materiellrechtliches Substrat abgeht, im Sinne von § 935 ZPO in seiner „Verwirklichung" niemals vereitelt oder wesentlich erschwert werden.

Im Wettbewerbsrecht wird aus § 25 UWG geschlossen, daß allein die Begehungsgefahr glaubhaft zu machen ist und daraus ohne weiteres die Dringlichkeit der Verfügung zu folgen ist. Diese Erleichterung besteht im AGB-Recht nicht, da einerseits eine dem § 25 UWG entsprechende Vorschrift fehlt und andererseits regelmäßig keine Sachlage gegeben sein wird, die die Dringlichkeit der Unterlassungsverfügung generell vermuten läßt (Rn 8).

Im einzelnen gilt folgendes:

Der **Verfügungsanspruch** ist glaubhaft zu machen. Dazu gehört sicherlich die Tatsache 7 der Verwendung der angegriffenen AGB. Die Wiederholungsgefahr (s Rn 30) ist Bestandteil des Unterlassungsanspruchs. Bestandteil des Verfügungsanspruchs ist in jedem Fall, daß die angegriffenen Klauseln tatsächlich gegen §§ 9 ff verstoßen. Nach §§ 936, 920 Abs 2 ZPO ist dies „glaubhaft" zu machen. Nur in den seltensten Fällen wird es sich freilich insoweit um *Tatsachen* handeln, die glaubhaft zu machen sind. Entgegen hM (MünchKomm/HEINZE § 920 Rn 10; WIECZOREK/THÜMMEL § 920 Rn 13; OLG Hamburg WRP 1992, 493 ua) muß aber im einstweiligen Verfügungsverfahren auch die dem Antragsteller günstige *Rechtslage* nur wahrscheinlich („glaubhaft") sein, um den Erlaß der Maßnahme zu rechtfertigen. Das Gericht braucht im Eilverfahren noch keine festen Rechtsansichten zu entwickeln (so mit Recht LEIPOLD, Grundlagen des einstweiligen Rechtsschutzes [1971] 64 f; GRUNSKY ZZP 85, 362; ZÖLLER/VOLLKOMMER § 922 Rn 6). Die dem Antragsteller günstige Rechtslage kann insbesondere dadurch glaubhaft gemacht sein, daß inhalts- oder gar textgleiche Bedingungen von Parallelverwendern oder von Empfehlern bereits in einem Unterlassungsverfahren für unwirksam erklärt wurden, das gegen diese angestrengt worden war. Das Institut der einstweiligen Verfügung bietet sich zur raschen Breitenumsetzung von Unterlassungsurteilen, die gegen einen Verwender oder einen Empfehler ergangen sind, geradezu an.

Die Dringlichkeit, der **Verfügungsgrund**, ist nicht schon durch die Wiederholungsge- 8 fahr indiziert, sondern muß gesondert vorgetragen und glaubhaft gemacht werden (OLG Hamm EWiR 1986, 219 Anm LÖWE; OLG Frankfurt aM NJW 1989, 1489; OLG Düsseldorf NJW-RR 1989, 765; MünchKomm/GERLACH § 15 Rn 22; aM ULMER/HENSEN Rn 18). Allein auf die drohende Vereitelung des Unterlassungsanspruchs des klagenden Verbandes abzustellen, wäre am Sinn des Rechtsinstituts vorbeigedacht. Es kommt auf die Gefährdung der Interessen an, die das Gesetz schützen will. Daher liegt ein Verfügungsgrund nur vor, wenn den Vertragspartnern des Verwenders droht, *bei der Vertragsabwicklung* mit Klauseln konfrontiert zu werden, die sie erheblich belasten. Wegen einer Klausel, die sich wirtschaftlich nur geringfügig auswirkt oder für die es nur seltene Anwendungsfälle gibt, bedarf es keiner einstweiligen Verfügung (so jetzt mit leicht abweichenden Anforderungen an die Erheblichkeit der befürchteten Auswirkungen: WOLF/LINDACHER Rn 120; MünchKomm/GERLACH Rn 27, OLG Düsseldorf NJW 1989, 1487; KG DB 1980, 1063; OLG Hamburg NJW 1981, 2480 jeweils mN aus der Rspr). Hat ein Verwender etwa die Haftung auf grobe Fahrlässigkeit beschränkt, für Verzug und Unmöglichkeit aber keine Ausnahme vorgesehen, sind jedoch Fälle kaum denkbar, die für seine Leistung Verzug oder Unmöglichkeit bedeuten, dann ist eine einstweilige Verfügung unzulässig, auch wenn man die Klausel für unwirksam halten sollte (s dazu § 11 Nr 8, § 11 Nr 7). In ganz klaren Fällen offensichtlicher Unwirksamkeit, etwa bei völligem Haftungsausschluß sind nur geringe Anforderungen an die Dringlichkeit zu stellen, so daß es genügen muß, wenn mit einer erheblichen Zahl von Einbeziehungsfällen zu rechnen ist (aA OLG Hamm EWiR 1986, 219 krit LÖWE; wie hier auch MünchKomm/ GERLACH Rn 27; WOLF/LINDACHER Rn 120). Die in der Praxis gelegentlich zu beobachtende Tendenz, einstweilige **Verfügungen** prinzipiell **ohne mündliche Verhandlung** zu erlassen, ist ein arger Mißstand. So akut können die Verbraucherbelange nur selten gefährdet sein, daß ihr Schutz nicht einmal mehr einen kurzfristig anzuberaumenden Verhandlungstermin vertrüge (so auch OLG Hamm EWiR 1986, 219). Im Wettbewerbsrecht meint man, es fehle an der tatsächlichen Vermutung für die Dringlichkeit einer einstweiligen Verfügung, wenn der Antragsteller trotz Kenntnis des Wettbewerbsverstoßes **lange Zeit untätig geblieben sei** (OLG Hamburg NJW-RR 1986, 716; OLG Hamm NJW-RR 1990, 1236; NJW-RR 1994, 48; a**A** bei Ausschöpfung der Berufungsfristen OLG München NJW-RR 1991, 624; STEIN/JONAS/GRUNSKY § 940 Rn 8). Schon im Wettbewerbsrecht ist man aber insoweit mit Recht sehr zurückhaltend, wenn ein klageberechtigter Verband als Antragsteller auftritt (OLG Frankfurt aM WRP 1972, 532; OLG Stuttgart GRUR 1970, 613; KG NJW-RR 1993, 55; BAUMBACH/HEFERMEHL aaO; a**M** WILKE WRP 1972, 245). Im AGB-Recht haben derartige Überlegungen schon im Prinzip keine Berechtigung, weil letztlich die Belange der Vertragspartner des Verwenders und nicht nur ein subjektives Recht des Verbandes geschützt werden soll und außerdem schon keine tatsächliche Vermutung für die Dringlichkeit besteht (LG Düsseldorf EWiR 1985, 325; vgl ULMER/HENSEN § 15 Rn 15; WOLF/LINDACHER Rn 121; a**A** MünchKomm/GERLACH § 15 Rn 28). Zudem ermöglicht es im AGB-Recht eine sachgerechte Fassung der einstweiligen Verfügung, den Antragsgegner vor Schaden zu bewahren, wenn sich im Hauptverfahren die Unbegründetheit des Angriffs auf sein Bedingungswerk herausstellt (s Rn 9).

9 **Der Inhalt einer einstweiligen Verfügung** muß nämlich nicht und darf daher im allgemeinen auch nicht auf Unterlassung der Verwendung bestimmter Klauseln gerichtet sein (so aber MünchKomm/GERLACH § 15 Rn 26; ULMER/HENSEN § 15 Rn 17 sowie die fast einmütige Gerichtspraxis). Es genügt mitunter, dem Verwender aufzugeben, durch einen gegebenenfalls aufzustempelnden Zusatz zu seinem Bedingungswerk seine Vertragspartner darauf aufmerksam zu machen, daß die Zulässigkeit bestimmter Klauseln zur Zeit gerichtlich überprüft wird und diese daher nur angewandt werden, wenn das Gericht sie als mögliche vorformulierte Inhalte vertraglicher Einbeziehung bestätigt. Dem Empfehler kann im Wege einstweiliger Verfügung aufgegeben werden, den Verwendern anzuraten, bis zum Abschluß des Hauptverfahrens ihren AGB solche Zusätze beizufügen. Allen berechtigten Belangen einstweiligen „Rechtsschutzes" wird dadurch Rechnung getragen. Steht jedoch die Unwirksamkeit einer Klausel aufgrund höchstrichterlicher Rspr fest, so ist auch eine den begehrten Anspruch in der Hauptsache vorwegnehmende einstweilige Verfügung angebracht (WOLF/LINDACHER Rn 124).

c) Offizialprüfung der subjektiven Klageberechtigung?

10 In einer Beziehung zwingt ein materiellrechtliches Verständnis der AGB-Verbandsklage zu einer Konsequenz, die für die wettbewerbsrechtliche Verbandsklage nicht gezogen wird, obwohl sie auch dort naheliegt: Man sagt, ob ein klagender Verband die Eigenschaften aufweise, die nach § 13 UWG Voraussetzung seiner Klageberechtigung sind, sei von Amts wegen zu prüfen, weil es sich nicht um die „Aktivlegitimation", sondern um die „Prozeßführungsbefugnis" des Klägers handele (BGH st Rspr zuletzt NJW-RR 1991, 1138; KÖHLER, UWG § 13 Rn 4: sowohl Aktivlegitimation als auch Klagebefugnis). Im allgemeinen steht dem Inhaber der Aktivlegitimation aber auch die Prozeßführungsbefugnis zu. Dann sind nicht etwa alle Voraussetzungen der Aktivlegitimation als solche auch der Prozeßführungsbefugnis von Amts wegen zu prüfen. Vielmehr entfällt dann eine gesonderte Prüfung der letzteren. Sie spielt nur eine Rolle, wenn sie von der Aktivlegitimation abgespalten ist und einem anderen Rechtssubjekt zur ausschließlichen oder konkurrierenden Wahrnehmung übertragen wurde (ROSENBERG/SCHWAB/GOTTWALD, ZPR § 46 I 3). Mag im Wettbewerbsprozeß die Vorstellung mitschwingen, „eigentlich" stünden die von den Verbänden geltend gemachten Ansprüche den Verletzten zu: Mit einer materiellrechtlichen Deutung der in § 13 UWG verankerten Befugnis der Verbände (Rn 4) ist eine von Amts wegen zu veranstaltende Prüfung von deren „Prozeßführungsbefugnis" aber nicht vereinbar. Die Verbände klagen aufgrund der in ihrer eigenen Aktivlegitimation steckenden Prozeßführungsbefugnis (so mit Recht BETTERMANN ZZP 85 [1972] 135). Im Hinblick auf die AGB-rechtliche Unterlassungs- und Widerrufsklage, für die es an Ansprüchen individuell Verletzter gänzlich fehlt, ist für eine andere Sicht erst recht kein Raum (MünchKomm/GERLACH Rn 50 ff; BALZER NJW 1992, 2721, 2726 f; aA PALANDT/HEINRICHS Rn 13; LÖWE Rn 63 f, 75; ULMER/HENSEN Rn 40, § 15 Rn 2; LINDACHER ZZP 103, 397, 409; WOLF/LINDACHER Rn 21 f). Auch die rechtspolitische Funktion der den Verbänden verliehenen Berechtigung fordert die Berücksichtigung von Amts wegen nicht (aA LINDACHER aaO). Der Beklagte muß nicht mehr davor geschützt werden, von einem in Wirklichkeit nicht klagebefugten Verband in Anspruch genommen zu werden, als er gegen sonstige unrichtige Tatsachenbehauptungen im Prozeß geschützt werden muß.

d) Negative Feststellungsklage
Rechtspolitisch gibt es keinen Grund, eine negative Feststellungsklage gegen einen **11** Verband nicht zuzulassen, der die Unwirksamkeit von AGB-Klauseln behauptet oder gar ihretwegen eine Abmahnung ausgesprochen hat (PALANDT/HEINRICHS § 15 Rn 8; ULMER/HENSEN § 15 Rn 26; WOLF/LINDACHER Rn 134; LÖWE Rn 60). Eine andere als an den Ansprüchen orientierte Deutung der Verbandsklage nach § 13 AGBG hätte es schwer, ein „Rechtsverhältnis" im Sinne von § 256 ZPO zu finden, dessen Nichtbestehen festgestellt werden soll.

Am **Rechtsschutzbedürfnis** fehlt es freilich, wenn der Prozeßgegner kein vom Kläger unabhängiger Verein ist, und das Verfahren dem Zweck dienen soll, dem Unternehmer eine gerichtliche „Genehmigung" seiner Bedingungen zu verschaffen. Da der klagende Unternehmer die Beweislast für das Vorliegen eines Rechtsschutzbedürfnisses trägt (ROSENBERG/SCHWAB/GOTTWALD, ZPR § 93 III), schließt bereits ein nicht ausgeräumter Verdacht der verbandsmäßigen Abhängigkeit des Beklagten vom Kläger die Zulässigkeit der Klage aus. Nicht ist es aber Voraussetzung für ein *Rechtsschutzbedürfnis*, daß der beklagte Verband erfolglos zur Rücknahme seiner Äußerung über die AGB des Klägers aufgefordert wurde (aM ULMER/HENSEN § 15 Rn 26). Das streitige Rechtsverhältnis kann abgekürzt in der Form der Feststellung „der Wirksamkeit der Klauseln" angesprochen werden (so mit Recht PALANDT/HEINRICHS § 15 Rn 8; MünchKomm/GERLACH § 15 Rn 9). Für die Klage gelten die §§ 14, 15, 16, 17 Nr 1, 2, §§ 20, 22 grundsätzlich analog (WOLF/LINDACHER Rn 135; MünchKomm/GERLACH § 15 Rn 10

– für §§ 14, 16, 17 Nr 1, 2, 20 Abs 1 Nr 2, 22 –; ULMER/HENSEN Rn 26 – mit Ausnahme von §§ 16, 18, 20; gegen Anwendung von § 21 LÖWE Rn 61; für alleinige Anwendung der Vorschriften der ZPO: PALANDT/HEINRICHS § 15 Rn 8). Das Rechtsschutzbedürfnis entfällt nachträglich, wenn der angegriffene Verband mit der Unterlassungsklage kontert (MünchKomm/GERLACH § 15 Rn 10).

III. Die Aktivlegitimation der klagenden Verbände

1. Verbraucherverbände

a) Die Rechtsfähigkeit des Verbandes

12 Mit dem in der Vorschrift angesprochenen „rechtsfähigen Verband" ist nichts weiter gemeint als ein rechtsfähiger (eingetragener) Verein. Unter „Verband" versteht man zwar häufig nur eine Vereinigung, welche ihrerseits lediglich Vereine zu Mitgliedern hat. Aus dem zweiten Satzteil von Abs 2 Nr 1 geht jedoch klar hervor, daß auch ein Verein mit nur natürlichen Personen als Mitgliedern klageberechtigt sein soll, selbst wenn er sich nicht „Verband" nennt und der allgemeine Sprachgebrauch eine solche Benennung auch nicht rechtfertigen würde.

b) Verbraucherbezogene Beratung und Aufklärung als notwendige Verbandsaufgabe

13 aa) Der Satzteil „zu deren satzungsmäßigen Aufgaben es gehört, die Interessen der Verbraucher durch Aufklärung und Beratung wahrzunehmen", ist wörtlich aus § 13 UWG übernommen. Man kann daher nicht umhin, die nach einer Grundsatzentscheidung des BGH (NJW 1972, 1988) nicht mehr bestrittene Auslegung dieser Vorschrift ins AGB-Recht zu übertragen (BGH NJW 1986, 1613; WOLF/LINDACHER Rn 7; LÖWE Rn 72; ULMER/HENSEN Rn 27): Klageberechtigt ist ein Verein nur, wenn er auch wirklich tut, was er in seiner Satzung zu seinem Programm erhoben hat. Nur ein solcher Verein kann klagen, der nicht gewerbsmäßig verbraucherbezogene Aufklärung und Beratung sowohl als Aufgabe in seiner Satzung verankert hat, als sie auch **tatsächlich wahrnimmt**.

Als Formen von tatsächlicher Wahrnehmung von verbraucherbezogener Aufklärung und Beratung kommen in Betracht: Individualberatung, Verbreitung von Schriften, Organisation von Vorträgen, öffentliche Anprangerung verbraucherfeindlicher Geschäftspraktiken. Verbraucherbezogene Aufklärung und Beratung kann auch indirekt dadurch geschehen, daß ein Dachverband die ihm angehörigen Verbände berät, wie sie Verbraucheraufklärung und Beratung betreiben sollen (aA WOLF/LINDACHER Rn 8). Der Verband muß zudem die für seine Aufklärungs- und Beratungstätigkeit erforderlichen personellen und sachlichen Voraussetzungen besitzen, was in der Regel aber nicht notwendigerweise eine eigene Geschäftsstelle bedingt (BGHZ 126, 148 = NJW 1994, 2548; allgA).

14 bb) **Die Satzung muß verbraucherbezogene Beratung und Aufklärung im Fremdinteresse** als Aufgabe des Vereins ausweisen, und zwar im Hinblick auf private Letztverbraucher. Der Verein darf sich nicht darauf beschränken, die Verbraucherinteressen seiner Mitglieder zu vertreten (BGH NJW 1972, 1988; PALANDT/HEINRICHS Rn 12; MünchKomm/GERLACH Rn 67). Er darf sich auch nicht nur allgemein um Verbraucherbelange bemühen wollen, sondern muß dies speziell durch Beratung und Aufklärung zu lei-

sten sich vorgenommen haben (für das UWG so mit Recht BAUMBACH/HEFERMEHL § 13 Rn 20; KÖHLER § 13 UWG Rn 26). Freilich sollte man realistischerweise einsehen, daß Aufklärung und Beratung Tätigkeiten sind, die ineinander fließen. Es ist daher ohne Sinn, pedantisch zu verlangen, daß der klagende Verband sowohl berät wie aufklärt (so aber PALANDT/HEINRICHS Rn 12; ULMER/HENSEN Rn 37) und sich nicht auf eine dieser beiden Tätigkeiten beschränkt (so mit Recht für ausreichend gehalten von TETZNER NJW 1965, 1944 f). Eine Beschränkung auf individuelle rechtliche Beratung ist nicht erforderlich, der Verband kann auch durch technische Beratung etc Verbraucherinteressen wahrnehmen (OLG Frankfurt aM NJW-RR 1992, 396 f).

Im Interesse einer effektiven und möglichst umfassenden vorsorglichen Kontrolle von AGB genügt es, wenn der klagende Verband seine Mitglieder und die Öffentlichkeit in Verbraucherbelangen umfassend informiert, sich im übrigen aber auf die gerichtliche Durchsetzung von Verbraucherinteressen spezialisiert hat. Die Ende der 70er Jahre im Gebühreninteresse von Anwälten entstandenen „Abmahnvereine" sind heute verschwunden. Eine Spezialisierung nur auf Abmahnung und Gerichtsverfahren begründet aber die Aktivlegitimation noch nicht (aA ULMER/HENSEN Rn 37).

Der Verband darf neben seiner Verbraucherschutzaufgabe durchaus andere Ziele verfolgen (BAUMBACH/HEFERMEHL § 13 UWG Rn 20; KÖHLER Rn 23), nur keine solchen, welche spezifische Anliegen der anderen Marktseite sind. Verbraucherbezogene Aufklärung und Beratung braucht nicht ausdrücklich als Verbandszweck in der Satzung der Vereinigung festgehalten zu sein. Es genügt, wenn die Auslegung der Satzung diesen Zweck erkennen läßt (MünchKomm/GERLACH Rn 66; aM ULMER/HENSEN Rn 37). **Mischverbände**, die sowohl Verbraucher- als auch Gewerbeinteressen verfolgen, haben grundsätzlich keinen Unterlassungsanspruch, aber dann doch, wenn einer der Satzungszwecke nach Nr 1 oder 2 klar überwiegt (BGH NJW 1983, 1061 f; BGH GRUR 1988, 833, s auch Rn 17). An der Aktivlegitimation fehlt es auch, wenn der Verband verbraucherbezogene Beratung und Aufklärung nur „nebenbei" als untergeordnete Nebenaufgabe betreibt, während es unschädlich ist, wenn der Verbraucherschutz nicht als Hauptzweck aber doch mit einer gewissen Intensität betrieben wird (BGH NJW 1986, 1613; allgA).

cc) Ein Verband, der seine Tätigkeit sachlich auf Teilbereiche des Verbraucher- **15** schutzes einschränkt, besitzt auch nur für diesen Bereich eine Aktivlegitimation, da § 13 diese an kräftige Indizien für Sachkunde und Kontinuität in der Interessenverfolgung geknüpft hat, und dies von spezialisierten Verbänden nur in ihrem jeweiligen Aufgabenbereich gewährleistet werden kann (ULMER/HENSEN Rn 39; MünchKomm/GERLACH Rn 67; BGH NJW 1989, 2247 – Mieterbund; BGH MDR 1988, 1027 – ADAC). Der Verband beschränkt dadurch seine eigene Aktivlegitimation. Eine räumliche Beschränkung des Tätigkeitsbereiches führt ebenfalls zur Beschränkung der Aktivlegitimation (BGH NJW 1983, 1320; allgA). Zur Begrenzung der Aktivlegitimation nach Abs 3 s unten Rn 20.

c) Anforderungen an die Organisationsstruktur des Verbandes
Der zweite Satzteil von Abs 2 Nr 1 bringt zwei alternativ zu erfüllende Anforderun- **16** gen an das soziale Gewicht eines Vereins, der klageberechtigt sein kann.

17 aa) Ein Verband ist klageberechtigt, wenn er auf dem **Gebiet der Verbraucheraufklärung und Beratung tätige „Verbände als Mitglieder"** hat. Hinter der Unbeholfenheit dieses Textes kann sich nur die Vorstellung von Vereinen verbergen, die Mitglieder des klagenden (Dach-)Verbandes sind. Wenn schon der klagende „Verband" selbst aus natürlichen Personen bestehen kann, können an den eingegliederten „Verband" füglich keine anderen Anforderungen gestellt sein. Das Gesetz verlangt für einen eingegliederten „Verband" weder ein bestimmtes Mitgliederquorum noch Rechtsfähigkeit. Solche Anforderungen zu stellen, ist auch von der Sache her nicht notwendig. Ist eine effiziente verbraucherbezogene Beratung und Aufklärung beim Dachverband gewährleistet (s Rn 13), so mag er sich ruhig aus kleineren Verbänden zusammensetzen.

Auch der eingegliederte Verein muß tatsächlich verbraucherbezogene Aufklärung und Beratung betreiben (MünchKomm/GERLACH Rn 70), braucht dies aber nicht als satzungsmäßige Aufgabe zu tun. Ebensowenig wie beim Dachverband braucht die verbraucherbezogene Beratungs- und Aufklärungsarbeit die einzige Aufgabe des Vereins zu sein. Die einzelnen Verbände können in verschiedenen Bereichen tätig sein (BGH NJW 1986, 1613).

Der Dachverband muß nicht nur Verbrauchervereine zu Mitgliedern haben. Er kann auch aus solchen Vereinen – zwei genügen – und weniger als 75 natürlichen Personen zusammengesetzt sein. Er kann neben Vereinen, welche in der verbraucherbezogenen Aufklärung und Beratung tätig sind, auch andere Vereine oder Gewerbetreibende (so zu § 13 UWG mit Recht BGH NJW 1983, 1061, 1062; OLG Stuttgart GRUR 1970, 613; OLG Celle GRUR 1970, 473; HEFERMEHL GRUR 1969, 658; BORCK WRP 1965, 320; **aM** OLG Köln BB 1969, 1150; PASTOR 418) zu Mitgliedern haben. Eine Art **„Gegnerfreiheit"** des Verbandes ist nicht Voraussetzung seiner Klageberechtigung, solange kein regelrechter Mischverband vorliegt und Verbraucherschutz effektiv betrieben werden kann.

18 bb) Die alternative Voraussetzung eines **Mitgliederbestandes von 75 natürlichen Personen** ist rein formal zu verstehen. Seine Voraussetzungen sind auch erfüllt, wenn wenigen aktiven viele passive Mitglieder aus deren Bekannten- und Verwandtenkreis gegenüberstehen (WOLF/LINDACHER Rn 8). Selbst wenn das Hauptmotiv des Zusammenschlusses ist, den Gründern, die Anwälte sind, Prozesse zu verschaffen, ist die Vereinigung klageberechtigt, sofern nur hinreichend verbraucherbezogener Aufklärung und Beratung betrieben wird (BAUMBACH/HEFERMEHL § 13 UWG Rn 23; BGH WPM 1977, 1234). Eine Relation zwischen dem Umfang verbraucherbezogener Aufklärungs- und Beratungsarbeit einerseits und der Zahl der zu führenden Abmahnungen und Gerichtsverfahren zu verlangen (so aber BAUMBACH/HEFERMEHL § 13 UWG Rn 39), gestattet das Gesetz nicht. Mit dem Erfordernis von 75 Mitgliedern wollte der Gesetzgeber das aus dem UWG bekannte Problem der unseriösen, weil auf Prozeßverschaffung für Anwälte ausgerichteten Verbraucherverbände im Interesse der Rechtssicherheit mit einem ganz formalen Kriterium lösen. Zum Problem der Beschränkung der Verbandstätigkeit auf AGB-Probleme s Rn 15, zu dem der „Gegnerfreiheit" s Rn 17, 14.

d) **Behauptungslast im Prozeß**
19 Daß die unter Rn 13–18 näher erläuterten Voraussetzungen der Aktivlegitimation erfüllt sind, hat der klagende Verband substantiiert zu behaupten. Im allgemeinen

genügt die Angabe einschlägiger Satzungsbestimmungen nicht (OLG Frankfurt aM BB 1970, 1228; BAUMBACH/HEFERMEHL § 13 UWG Rn 23). Das Vorliegen der Klageberechtigung der meisten nach § 13 auftretenden Verbände ist heute bei Gericht offenkundig (§ 291 ZPO). Es genügt, wenn die Voraussetzungen der Klagebefugnis im Zeitpunkt der letzten mündlichen Verhandlung existieren (BGH GRUR 1973, 78, 79). Im Bestreitensfalle trifft den klagenden Verband die Beweislast (MünchKomm/GERLACH Rn 60; PALANDT/HEINRICHS Rn 13). Der Verband muß im Falle einer auf die Mitgliedschaft von 75 Personen gestützten Aktivbefugnis seine Mitgliederliste bekanntgeben und im Bestreitensfalle das Fortbestehen der Mitgliedschaften beweisen. Von Amts wegen sind die Voraussetzungen der Klageberechtigung nicht zu prüfen (s Rn 10).

e) **Einschränkung der Aktivlegitimation**
Verbraucherverbände sind im Falle des Abs 3 nicht legitimiert. Darüber zu sinnen, ob die Sachbefugnis oder das Prozeßführungsrecht fehlt (so ULMER/HENSEN Rn 44), ist müßig. Daß der Text von Abs 3 1998 nicht der Neufassung von § 24 angepaßt wurde, war ein Versehen. Anstatt „Kaufmann" muß es heute sachlich „Unternehmer" heißen.

Verbraucherverbände sind – **gegenüber Empfehlern** – nicht legitimiert, „wenn AGB zur ausschließlichen Verwendung zwischen Unternehmern" empfohlen werden. Einerseits genügt zum Ausschluß der Klagebefugnis der Verbraucherverbände ein Hinweis des Empfehlers, daß das Klauselwerk nur im Verkehr zwischen Unternehmern verwendet werden soll, auch wenn die Empfehlungsadressaten neben Geschäften mit Kaufleuten solche mit Letztverbrauchern betreiben und selbst wenn die Gefahr auf der Hand liegt, daß sie das Klauselwerk auch in diesem Rahmen verwenden. Andererseits braucht die personelle Einschränkung der Empfehlung nicht ausdrücklich zu sein, wenn sich aus den gesamten Umständen ergibt, daß diese sich nur auf Geschäfte zwischen Unternehmern beziehen soll. Das ist etwa der Fall, wenn die Empfehlung für einen Geschäftstyp ausgesprochen wird, der nur unter Unternehmern üblich ist, oder wenn sich die Empfehlung an Adressaten richtet (Großhändler), die es geschäftstypischerweise nicht mit Letztverbrauchern zu tun haben.

Richtet sich die Klage gegen den **Verwender**, so wirkt nur eine solche Verwendung anspruchsbegründend, die nicht gegenüber einem Unternehmer erfolgte. Stützt sich der klagende Verband nur auf die Existenz gedruckter Exemplare von AGB, so ist seine Klage erfolglos, wenn es der Verwender geschäftlich gar nicht regelmäßig mit Verbrauchern zu tun hat (OLG München BB 1978, 1183). Ein Verbraucherverband als Kläger muß im Klageantrag zum Ausdruck bringen, daß Unterlassung bzw Widerruf der Empfehlung nur gegenüber Personen begehrt wird, die nicht Unternehmer sind. Dementsprechend ist auch die Urteilsformel zu fassen (vgl MünchKomm/GERLACH Rn 70).

Verbraucherverbände sind im übrigen sehr wohl aktivlegitimiert, wenn es sich um Verträge handelt, die mit der öffentlichen Hand (s § 24 Rn 3) abgeschlossen werden oder werden sollen. § 24 S 1 Nr 2 hat in § 13 Abs 3 keine Entsprechung. Dabei ist aber zu beachten, daß § 24 Satz 1 Nr 2 den Prüfungsmaßstab natürlich entsprechend einschränkt.

Von Abs 3 unberührt bleibt eine freiwillige Selbstbescheidung (s oben Rn 15) durch Satzung oder Rahmen der effektiv ausgeübten Tätigkeit.

2. Wirtschaftsverbände

21 Nr 2 von Abs 2 lehnt sich an § 13 Abs 2 Nr 2 (früher Abs 1) UWG an, wobei letztere Regelung seit 1986 nun ausdrückliche Einschränkungen enthält, die als ungeschriebene Voraussetzung auch im Bereich des § 13 Abs 2 Nr 2 AGBG gelten.

Der Verband braucht kein berufsständischer zu sein. Jede Förderung gewerblicher Interessen reicht als Satzungszweck aus. Im Sinne von § 13 sind alle Interessen „gewerblich", die es mit dem wirtschaftlichen Fortkommen von Menschen zu tun haben. Dazu gehören auch die professionellen Interessen freiberuflich Tätiger (OLG Stuttgart AnwB 1975, 406 – Anwaltsverein) und der Landwirte.

Der Verband muß nicht die gewerblichen oder beruflichen Interessen von Personen in ihrem ganzen Umfange fördern wollen. Auch Verbände, die sich speziell und ausschließlich der Aufgabe widmen, unlauteren Wettbewerb (BGH GRUR 1957, 607) oder, noch spezieller, unangemessene Geschäftsbedingungen (MünchKomm/GERLACH Rn 73a) zu bekämpfen, sind klageberechtigt. Die reiche Kasuistik, welche sich in der Rspr zu § 13 UWG angesammelt hat (dazu KÖHLER § 13 UWG Rn 17; BAUMBACH/HEFERMEHL § 13 UWG Rn 17 mwN), ist in das Recht der AGB übertragbar. Die Förderung gewerblicher Interessen braucht nicht das einzige und auch nicht das prägende Merkmal des Verbandes zu sein (BGH GRUR 1965, 486; – Blindenverband, „Versehrtenseife"). Jedoch muß sich der Verbandszweck aus der Satzung ergeben, weil er von anderswo nicht hergeleitet werden kann (MünchKomm/GERLACH Rn 73a).

Wirtschaftsverbände können in jedem Fall der Verwendung oder Empfehlung von AGB klagen, auch wenn ausschließlich Verträge oder Empfehlungen für **Verträge zwischen Unternehmern** zur Debatte stehen. Freilich ist dann Prüfungsmaßstab nur die Generalklausel von § 9. Dazu, inwieweit, vermittelt durch diese Vorschrift, die Klauselverbote der §§ 10 und 11 auch für den Verkehr zwischen Unternehmern gelten, s § 9 Rn 5 sowie jeweils der letzte Abschnitt in den Erläuterungen zu den einzelnen Nummern der §§ 10 und 11.

Nur wenn keine Gefahr besteht, daß Bedingungswerke (auch) für Geschäfte verwandt werden, die einen Bezug zum Aufgabenbereich des Verbandes haben, entfällt dessen Klagebefugnis (PALANDT/HEINRICHS Rn 15; MünchKomm/GERLACH Rn 45).

Im übrigen gilt das, was bezüglich der Verbraucherverbände zu den Problemen Rechtsfähigkeit (s Rn 12) und tatsächliche Wahrnehmung der die Klagebefugnis begründenden satzungsmäßigen Aufgaben (auf AGB-Probleme s Rn 13) gesagt wurde, entsprechend.

In der Praxis sind Verbrauchsklagen nach Abs 2 Nr 2 selten. Vielbeachtete Fälle waren die Klagen von Kraftfahrzeughändlerverbänden gegen zahllose Klauseln in den Konzessionsverträgen von Kraftfahrzeugherstellern (BGHZ 93, 29 = NJW 1985, 623 – Opel; BGHZ 124, 351 = NJW 1994, 1060 – Daihatsu).

3. Industrie- und Handelskammern

Daß Abs 2 Nr 3 die Industrie- und Handelskammern sowie die Handwerkskammern **22** (Bsp LG Konstanz BB 1981, 1420) ausdrücklich nennt, hat nur klarstellende Bedeutung (BT-Drucks 7/5422, 11): Die Aufzählung ist nicht abschließend (Löwe Rn 86; Münch-Komm/Gerlach Rn 74, 75). Auch öffentlichrechtliche Verbände, die der Förderung gewerblicher Interessen dienen, haben das Klagerecht, selbst solche, die in Nr 3 nicht eigens erwähnt sind, wie etwa Anwaltskammern, Ärztekammern (im Ergebnis, weil sie zu den Wirtschaftsverbänden rechnend, ebenso Ulmer/Hensen Rn 33). Nr 3 bringt aber zum Ausdruck, daß öffentlich-rechtliche Wirtschaftsverbände den Nachweis nicht zu führen haben, daß sie ihre satzungsmäßigen Aufgaben auch erfüllen.

IV. Die Unterlassungs- und die Widerrufsverpflichtung

1. Die Verwendung bzw Empfehlung unwirksamer AGB-Klauseln als der die Verpflichtung auslösende Vorgang

a) Klausel(n) als Angriffsobjekt

Jede inhaltlich selbständige Klausel bzw jeder inhaltlich selbständige Klauselteil ist **23** zusammen mit dem dazugehörigen Lebenssachverhalt (Tatsachen, die die Wiederholungsgefahr begründen; Empfehlungshandlung) tauglicher Gegenstand der Verbandsklage, für deren Zulässigkeit es nicht darauf ankommt, aus welchen rechtlichen Gesichtspunkten die Unwirksamkeit hergeleitet wird (Teske EWiR 1992, 417 f). Äußerlich einheitliche, sprachlich zusammengefaßte aber inhaltlich teilbare Klauseln sind daher in ihren unwirksamen Teilen zum Gegenstand des Angriffes zu machen (BGH NJW 1982, 178). Für die Bestimmung der Streitgegenstände ist nicht maßgeblich, ob die Klage auf einen oder verschiedene rechtliche Gesichtspunkte für die Unwirksamkeit einer Klausel gestützt wird. Daher ist nicht etwa Teilabweisung auszusprechen, falls das Gericht nur ein Klauselverbot für gegeben hält, solange es jedenfalls aus irgendeinem Grund den Angriff für berechtigt erachtet (BGH NJW 1993, 2052 f mit ergiebigen Ausführungen zum Streitgegenstand im Rahmen des § 13). Gegenstand der Überprüfung ist nur die Fassung der Klausel, die vom Gegner im Rechtsverkehr verwendet bzw empfohlen wird. Es ist somit unzulässig, eine inhaltlich nicht teilbare Klausel nur partiell und uU in ihrer Aussagekraft daher verändert anzugreifen (BGH NJW 1995, 1488, 1489 für eine Unterlassungsklage). Andererseits kann man zwar äußerlich getrennte Klauseln im Klageantrag zusammenfassen, soweit dadurch ihr Bedeutungsgehalt nicht verändert wird (etwa falls Klauseln, die die Gewährleistung betreffen und in den AGB verstreut und inhaltlich zum Teil sich überschneidend mit eigenen Ordnungszahlen enthalten sind, vgl BGH NJW-RR 1990, 1141 = EWiR 1990, 629 f Anm Lindacher).

Notwendige Konsequenz der inhaltlichen Trennbarkeit einzelner Klauseln und Klauselteile ist, daß die Klauseln beschränkt auf ihren wirksamen Teil aufrechterhalten bleiben (BGH NJW 1985, 320; BGH WM 1981, 1354, 1357; WM 1984, 663, 665; BGH 1984, 986, 987). Klauseln mit Leerräumen sind AGB, wenn die Ergänzungen unselbständig sind. Die freie Vereinbarung einzelner Klauselelemente macht dann nicht die ganze Klausel zu einer ausgehandelten Vereinbarung (s § 1 Rn 35). Im Falle von Auslegungszweifeln ist eine Klausel in ihrer **kundenfeindlichsten Auslegung** Gegenstand der Kontrolle (s § 5 Rn 7).

b) Kontrollmaßstab

24 Eine Unterlassungs- oder Widerrufsverpflichtung löst nach dem Wortlaut des Gesetzes nur der Gebrauch solcher AGB-Klauseln aus, „die **nach §§ 9—11** dieses Gesetzes unwirksam sind", wozu natürlich auch gehört, daß sie von § 8 erfaßt werden (BGHZ 91, 55 = NJW 1984, 2161; BGHZ 116, 1 = NJW 1992, 179). Das AGBG versucht klar, diese Art von Bedingungen von solchen zu unterscheiden, die nicht Vertragsbestandteil werden (§§ 2—4). Im Individualverhältnis zwischen Verwender und seinem Vertragspartner macht es freilich keinen Unterschied, ob eine Bestimmung „unwirksam" ist oder „nicht Vertragsbestandteil" werden kann (s § 3 Rn 2). Wichtig ist die Abgrenzung außer für den innerunternehmerischen Verkehr, für den die §§ 10, 11 nicht gelten, für den Anwendungsbereich der, abstrakten Kontrollklage, für welche Klauseln nicht schon deshalb ein geeignetes Anknüpfungsobjekt sind, weil sie nach §§ 3 (OLG Koblenz NJW 1989, 2950, 2951 – Leichensektionsklausel) und 4 nicht Vertragsbestandteil werden können (allgM). Der BGH hat es auch abgelehnt, tendenziell überraschende Klauseln der abstrakten Kontrolle zu unterziehen (BGH MDR 1983, 113; BGH NJW-RR 1987, 45). Jedoch fällt eine Klausel nicht allein deshalb aus dem Anwendungsbereich der §§ 13 ff, weil sie sich im Individualprozeß auch wegen ihres überraschenden oder individualvertragswidrigen Charakters als ungeeignet herausstellen würde, Vertragsbestandteil zu werden (s § 3 Rn 2).

Im Verfahren nach § 13 wird also grundsätzlich eine vom Einzelfall losgelöste abstrakte Wirksamkeitsprüfung vorgenommen, so daß prinzipiell die vom Einzelfall abhängigen **Einbeziehungsfehler** nicht kontrolliert werden können.

24 a Nach der Rspr sollen nur solche Umstände Berücksichtigung finden, die Bestandteil der AGB selbst sind; außerhalb des AGB-Textes dem Kunden gegebene Zusatzinformationen sollen daher keine Rolle spielen (st Rspr zuletzt BGH NJW 1997, 1068 ff; BGH RuS 1996, 123; BGH NJW 1992, 3). Sehr problematisch ist aber, ob man nach dieser Regel auch solche Umstände des Vertragsschlusses unbeachtet lassen muß, die regelmäßig für eine Vielzahl von Fällen vorliegen und sehr wohl Gegenstand eines Unterlassungsausspruches im Rahmen des Schutzzweckes des Verfahrens nach § 13 sein könnten. Wird zum Beispiel der Vertragsschluß regelmäßig durch Übergabe eines Werbeprospektes vorbereitet und führen erst die darin enthaltenen Werbeaussagen in Verbindung mit den AGB zu einer Intransparenz der letzteren, so ist es nicht verständlich, warum nicht auch solche Umstände außerhalb der AGB selbst Berücksichtigung finden sollen (LINDACHER NJW 1997, 2741; **aA** BGH NJW 1992, 3 = JZ 1992, 643, 644 abl KÖNDGEN).

24 b Wenn durch Regelungen in den AGB selbst die Geltung der §§ 2—5 eingeschränkt oder ganz ausgeschlossen werden sollen, können sie eben durch die Abänderung dieser gesetzlichen Regelungen gegen § 9 AGBG verstoßen und unterliegen der Kontrolle nach § 13 (MünchKomm/GERLACH Rn 23; WOLF/LINDACHER Rn 40).

24 c Klauseln, die sich gegen den Grundsatz des **Vorranges der Individualabrede** richten, sind nach § 9 unwirksam und unterliegen dem Unterlassungsanspruch nach § 13 (BGH NJW 1985, 320, 322; BGH NJW 1995, 1488, 1489 zu einer Schriftformklausel). Dasselbe gilt für Klauseln, die das Verhältnis von Einzelabreden und AGB mißverständlich ausdrücken (BGHZ 131, 392 = NJW 1997, 1346). Manche der in den §§ 10 f enthaltenen Regelungen über die Unwirksamkeit bestimmter Klauseln sind Sonderausprägungen des Schutzes von Individualvereinbarungen (s § 4 Rn 4 ff) und daher ebenfalls mit der durch Verbandsklage zu realisierenden Unterlassungs- und Widerrufsverpflichtung sanktioniert. Klauseln, die sich zwar auf Individualvereinbarungen beziehen oder beziehen können, aber ohne Rücksicht auf die Kenntnis vom Inhalt einer konkreten Individualvereinbarung bewertbar sind, weil sie sich tendenziell gegen Individualvereinbarungen wenden, können auch nach § 9 unwirksam sein und Grundlage eines Unterlassungs- oder Widerrufsanspruchs werden (BGHZ 92, 24, 26 = NJW 1984, 2468; s § 5 Rn 7; vgl MünchKomm/GERLACH Rn 20)

Da die **Intransparenz einer Klausel nach § 9** zu deren Unwirksamkeit führen kann (s STAUDINGER/COESTER § 9 Rn 121 ff), kann eine solche Klausel auch mit der abstrakten Kontrollklage bekämpft werden (BGH NJW 1991, 2559; BGHZ 116, 1, 3 = NJW 1992, 179 Anm HENSEN; BGH NJW 1996, 1346). Nach der allgemeinen Regel, daß im Verfahren nach § 13 die Umstände des Einzelfalles nicht berücksichtigt werden können, ist es dem Verwender nicht möglich, einzuwenden, er habe durch Zusatzinformationen die angegriffene Klausel transparent gemacht. Im Folgeverfahren nach §§ 890 ZPO, 21 AGBG kann er sich jedoch darauf berufen, daß im Einzelfall die Klausel etwa durch Zusatzinformationen durchschaubar gemacht wurde. Im Verfahren nach den §§ 13 ff führt dieser Einwand aber nicht zu einem eingeschränkten Klauselverbot (BGHZ 116, 1, 3 = NJW 1992, 179). Das gleiche gilt für den Einwand, die Klausel sei nicht isoliert, sondern mit Zusatzinformationen zu Optionsmöglichkeiten des Kunden verwendet worden (BGHZ 127, 36 = NJW 1994, 2693 – Laufzeit von Versicherungsverträgen). Im Rahmen der Erstbegehungs- bzw Wiederholungsgefahr ist jedoch berücksichtigungsfähig, daß der Verwender regelmäßig zusätzliche Aufklärung leistet (WOLF/LINDACHER Rn 45). **24 d**

Tendenziell überraschende Klauseln können gerade wegen dieser ihrer Eigenschaft iSv § 9 unangemessen sein (s § 3 Rn 2). Dann können sie auch Gegenstand einer abstrakten Kontrollklage sein. Darüber hinaus hat es aber der BGH zu Recht abgelehnt, auch § 3 als Prüfungsmaßstab für diese Klage anzuerkennen (BGHZ 116, 1 = NJW 1992, 179; BGH NJW 1990, 2313, 2314; NJW 1987, 1886; BGH NJW-RR 1987, 45 **aA** WOLF/LINDACHER Rn 42; ULMER/HENSEN Rn 8; ACKMANN JZ 1990, 925; KOLLER, in: FS Steindorff [1990] 667, 685 f; HANSEN WM 1990, 1521, 1526). Der gesetzliche Ausdruck ist in diesem Punkt unmißverständlich. **24 e**

Ein Schluß de minore ad maius führt dazu, § 13 auch dann für anwendbar zu halten, wenn in AGB Klauseln enthalten sind, die gegen allgemein zwingendes Recht verstoßen, etwa Gerichtsstandsbestimmungen enthalten (BGH NJW 1995, 1554; allgM; BGHZ 118, 194 = NJW 1992, 1759; BGHZ 108, 1 = NJW 1989, 2247; BGH NJW 1987, 2867; BGHZ 86, 284 = NJW 1983, 1322; BGH NJW 1989, 1673). Das gleiche gilt, wenn die AGB Klauseln enthalten, die in der Form nicht zum Vertragsbestandteil werden können, die das Klauselwerk als Vertragsform voraussetzt (PALANDT/HEINRICHS Rn 3). Schließlich ist auch § 2 AGBG eine zwingende Vorschrift, so daß die abstrakte Kontrollklage durchaus zur Verfügung steht, wenn AGB etwas davon Abweichendes suggerieren (BGH NJW 1991, 1750). **24 f**

2. Die Unterlassungsverpflichtung

Der Begriff „verwendet" ist in § 13 weiter als die Tätigkeit des „Verwenders", die in **24 g**

§ 1 beschrieben ist. Vor allen Dingen liegt eine „Verwendung" auch darin, daß man sich **bei Vertragsabwicklung auf eine Klausel beruft** (s BGH NJW-RR 1995, 218; BGHZ 116, 1 = NJW 1992, 179; BGH NJW-RR 1988, 819; BGH NJW 1984, 2468; NJW 1983, 1320; NJW 1981, 1511) oder die geschehene Einbeziehung von AGB zu Unrecht beansprucht, etwa durch Aufdrucke auf Rechnungen oder Lieferscheinen (LG München BB 1979, 1789; ULMER/HENSEN Rn 13). Zu der Vertragsseite, die „Verwender" ist, s § 1 Rn 25 ff. Natürlich scheitert eine „Verwendung" nicht daran, daß der Vertragspartner sein Einverständnis verweigert oder daß die angegriffene Klausel aus irgendeinem Grund nicht Vertragsbestandteil geworden ist (BGH NJW 1981, 979; OLG Düsseldorf JZ 1990, 982). Im Rahmen von § 24a Nr 1 kann ein Unternehmer auch als Verwender von Bedingungen gelten, die auf Veranlassung eines Dritten in den Vertrag einbezogen worden sind (ULMER/HENSEN Rn 14a). Im übrigen ist zwischen (drohender) Erstverwendung (b) und wiederholter Verwendung (c) zu unterscheiden.

a) Erstverwendungsgefahr

24 h In sinngemäßer Korrektur der in § 1 für AGB gegebenen Begriffsbestimmung ist Voraussetzung für den Unterlassungs- oder Widerrufsanspruch nicht, daß bereits ein Vertragsschluß unter Zugrundelegung der fraglichen Bedingungen zustande gekommen ist, s § 1 Rn 30. Dies folgt aus dem Zweck des Gesetzes, unwirksame Bedingungen möglichst frühzeitig vom Verkehr fernzuhalten, um es gar nicht erst zu Vertragsschlüssen unter ihrer Einbeziehung kommen zu lassen (BGH NJW 1981, 979, 980; MünchKomm/GERLACH Rn 11, 31; WOLF/LINDACHER Rn 47; allgM). Die **Erstverwendungsgefahr** als Anspruchsvoraussetzung ist also jedenfalls dann gegeben, wenn Handlungen unternommen werden, die unmittelbar zu einer Einbeziehung der streitgegenständlichen AGB führen sollen, wie etwa Vertragsverhandlungen und Werbemaßnahmen, soweit jeweils schon in diesen Stadium auf die AGB Bezug genommen wird (BGHZ 101, 271, 275 = NJW 1987, 2867). Sind AGB schon verwendet worden, so setzt der Klageerfolg eine **Wiederholungsgefahr** voraus (BGH NJW 1983, 2026; BGHZ 79, 117, 122 = NJW 1981, 867; BGHZ 81, 222, 225 = NJW 1981, 2412; BGH NJW 1982, 178; NJW 1982, 2311 – aA STAUDINGER/SCHLOSSER[12] Rn 30). Da das einmalige Verwenden von AGB aus der Natur der AGB als vorformulierte, für eine Vielzahl von Verträgen bestimmte Vertragsbedingungen auf eine Wiederholungsabsicht schließen läßt, gilt eine **tatsächliche Vermutung** für das Vorliegen der Wiederholungsgefahr. Der klagende Verband muß daher nur die Verwendung behaupten und beweisen, während der Verwender oder Empfehler die Vermutung zu widerlegen hat (BHGZ 91, 55 = NJW 1984, 2161; BGHZ 119, 165; allgM). An das **Entfallen der Wiederholungsgefahr** sind hohe Ansprüche zu stellen, um Gefährdungen des Rechtsverkehrs für die Zukunft auszuschließen (vgl BGH NJW 1983, 2026; BGHZ 81, 222, 226 = NJW 1981, 2412). Verteidigt der Verwender seine AGB, ist Wiederholungsgefahr immer gegeben (BGHZ 116, 1 = NJW 1992, 179; zuletzt BGH NJW 1996, 988). Übertreibungen müssen aber auch in diesem Bereich vermieden werden. Die Erstbegehungs- und Wiederholungsgefahr fällt regelmäßig erst (BGH NJW 1996, 988; NJW 1995, 2710; NJW 1992, 1108) mit Abgabe einer **strafbewehrten Unterlassungsverpflichtung** weg, wie sie sich als Instrument einer außergerichtlichen Streiterledigung im Wettbewerbsrecht entwickelt hatte (darauf abstellend BGHZ 81, 222, 225 ff). Ob man im AGB-Recht großzügiger auf die Abgabe einer strafbewehrten Unterlassungserklärung verzichten kann, hat der BGH offengelassen (aaO – einen Ausnahmefall anerkennend). Bloße Versicherungen der künftigen Unterlassung ließ er aber nicht genügen (NJW 1996, 988; NJW 1992, 2710; BGHZ 119, 152 = NJW 1992, 3158; BGH NJW 1992, 1108; BGH NJW-RR 1990, 1141). Die rechtskräftige

Verurteilung in einem Parallelverfahren läßt aber in der Tat die Wiederholungsgefahr entfallen (OLG Koblenz WM 1983, 1272). In der Regel ist aber eine vorbehaltlose Unterlassungserklärung abzugeben, die eine Vertragsstrafenvereinbarung in ausreichender Höhe (OLG Köln VuR 1996, 257 ff) und alle Verwendungsmodalitäten enthält, die im Unterlassungsurteil aufgeführt werden würden, s § 17.

b) Inhalt des Unterlassungsanspruches:
Der **Inhalt der Unterlassungspflicht** geht beim **Verwender** (s Rn 23) dahin, die Verwendung bei bestimmten Arten von Verträgen, Art 17, zu unterlassen. Gegen diese Verpflichtung verstößt er nicht nur durch den Abschluß von Verträgen auf ihrer Grundlage, sondern in jeder Form, in der er mit den Bedingungen auf dem Markt auftritt (s Rn 24 g, s § 1 Rn 24; Beweislast s § 1 Rn 35). Eine Aufbrauchsfrist sieht das Gesetz nicht vor (BGH NJW 1982, 2311). Sie muß aber nach § 242 dem Verwender konzediert werden, wenn er sich im Prinzip um faire Regelungen bemüht hat oder etwa das Opfer einer Rechtsprechungsänderung geworden ist.

Den **Empfehler** trifft die Verpflichtung, die Empfehlung zu unterlassen, die von der Verpflichtung, die Bedingungen nicht selbst zu verwenden, scharf zu unterscheiden ist. Die Empfehlung begründet nicht für sich schon die Gefahr der Verwendung. Der Widerrufsanspruch kann daher ohne den Unterlassungsanspruch bestehen.

Im Wettbewerbsrecht gilt zwar der Grundsatz, daß der Unterlassungsanspruch auch einen **Beseitigungsanspruch** umfaßt, wenn von einem Wettbewerbsverstoß fortlaufende Störungen ausgehen (BGH GRUR 1968, 431, 433; BAUMBACH/HEFERMEHL § 13 Rn 4; KÖHLER § 13 Rn 2; vGAMM § 13 Rn 5). Sehr fraglich ist aber auch dort schon, ob ein Unterlassungstitel auch die Beseitigungsvollstreckung ermöglicht. Ins AGB-Recht ist der genannte Grundsatz jedenfalls nicht übertragbar (LÖWE Rn 2; zT aA MünchKomm/GERLACH Rn 47 f; 41, 12: Gefahrenbeseitigung, nicht aber Störungsbeseitigung). Das AGBG hat den Störungsbeseitigungsanspruch besonders geregelt und ihn nur in der Form eines gegen den Empfehler gerichteten Widerrufsanspruchs begründet. Diese Regelung wäre überflüssig, wenn es auch im AGB-Recht einen allgemeinen Störungsbeseitigungsanspruch gäbe.

Vom Beseitigungsanspruch zu unterscheiden ist der Umfang des Unterlassungsanspruchs bei **Dauerhandlungen** (LÖWE Rn 2): Jemand kann sich, anstatt eine Behauptung mündlich oder schriftlich immer erneut zu wiederholen, technischer Mittel der ständigen Kundgabe an die Öffentlichkeit oder an einen bestimmten Personenkreis bedienen. Diese Kundmachung will er sich dauernd zurechnen lassen. Dann, aber nur dann, erfaßt der Anspruch auf Unterlassung (und der ihn realisierende Vollstreckungstitel) auch den Anspruch auf Abbruch der Dauerhandlung durch positives Tun (BGH WRP 1993, 399, 402; Nachw in BAUMBACH/HEFERMEHL Einl UWG 307; TEPLITZKY § 1, 10 ff). In das AGB-Recht übertragen ist dieser Gedanke etwa anwendbar, wenn AGB im Geschäftslokal des Verwenders angeschlagen sind. Der Verwender ist gehalten, den Anschlag zu entfernen (MünchKomm/GERLACH Rn 41; ULMER/HENSEN Rn 28), nicht aber den abgedruckten Text zu vernichten (**aA MünchKomm**/GERLACH aaO).

29 * Der Gedanke des Unterlassens durch Abbruch einer Dauerhandlung erlaubt es nicht, den Verwender (in vollstreckbarer Weise aufgrund des Unterlassungstitels) für verpflichtet zu halten, Kunden von sich aus darüber aufzuklären, daß die beanstandeten AGB nicht wirksam sind. Zur Verwendung einer Klausel bei Vertragsabwicklung s Rn 24g.

3. Die Widerrufsverpflichtung

a) Inhalt des Anspruchs

31 Der Inhalt der Widerrufsverpflichtung ist in § 17 Nr 4 genau festgelegt, s Rn 3 dort. Eine darüber hinausgehende Verpflichtung trifft den zum Widerruf gehaltenen Empfehler nicht (LÖWE Rn 49 ff; aM MünchKomm/GERLACH Rn 41, 47 f). Auch wenn von der Empfehlung ein Störungszustand (Gefahr der weiteren Verwendung der AGB) ausgeht, der durch die in § 17 Nr 4 vorgesehene Bekanntgabe des Widerrufsurteils nicht beseitigt werden kann, ist der Empfehler nicht verpflichtet, von sich aus weitere Vorkehrungen zu treffen, um der Weiterverwendung der von ihm empfohlenen AGB entgegenzuwirken, soweit er nicht dazu als Teil der Unterlassungsverpflichtung angehalten ist (s o).

b) Enstehung des Anspruchs

32 Der Anspruch **entsteht** mit der Empfehlung. Diese setzt lediglich voraus, daß eine die Verwendung bestimmter Bedingungen anratende Äußerung bei einem Adressaten angekommen ist. Die Empfehlung muß nicht öffentlich, auch nicht schriftlich ausgesprochen worden sein. Sie kann auch als „Vorschlag" oder „Vertragsgestaltungsmöglichkeiten" auftreten und Alternativen für den Verwender enthalten (allgM).

c) Erlöschen des Anspruchs

33 * Der Anspruch **erlischt**, wenn der Widerruf in einer dem § 17 Nr 4 entsprechenden Weise ausgesprochen worden ist (ULMER/HENSEN Rn 21). Der Anspruch besteht auch dann nicht mehr, wenn die Gefahr auf andere Weise beseitigt worden ist, so daß der Widerruf als Gefahrenbeseitigungsmaßnahme nicht mehr erforderlich ist (MünchKomm/GERLACH Rn 49). Dies ist etwa dann der Fall, wenn auf andere Weise allen Empfehlungsadressaten bekannt geworden ist, daß der Empfehler von seinem früheren Rat abgerückt ist. Das Erscheinen einer neuen, berichtigten und ausdrücklich sich als solche empfehlenden Auflage eines im Handel oder sonst vertriebenen Formulars reicht dafür durchaus. Zum Einfluß einer kartellrechtlichen Unzulässigkeitserklärung nach § 38 Abs 3 GWB s Rn 36.

4. Die Passivlegitimation des Verwenders

35 Verwender ist immer derjenige, in dessen Namen Verträge unter Einbeziehung von AGB geschlossen wurden oder werden sollen.

Auch wenn **Betriebsangehörige** ohne Wissen der Unternehmensleitung AGB in den Verkehr bringen, ist dies dem Unternehmen zuzurechnen. Der Entlastungsbeweis nach § 831 Abs 1 S 2 BGB steht trotz Fehlens einer dem § 13 UWG entsprechenden Vorschrift dem Geschäftsherrn nicht offen, weil es sich nicht um einen Anspruch aus

---

* Siehe Fußnote bei § 2 Rn 63.

dessen vermutetem Verschulden handelt (allgM). Auch die weite Auslegung des Begriffs „Beauftragter", welche die Rspr in Anwendung von § 13 Abs 4 UWG entwickelt hat (etwa LG Stuttgart WRP 1974, 353), läßt sich ins AGB-Recht übertragen (im Ergebnis allgM vgl nur MünchKomm/GERLACH Rn 34). Dafür eine konkurrierende Passivlegitimation des Gehilfen anzunehmen, besteht im AGB-Recht, anders als im Wettbewerbsrecht (BGH MDR 1973, 30; LG Hamburg WRP 1974, 355), freilich kein Grund (aA ULMER/HENSEN für den Fall erheblichen Eigeninteresses des Vertreters).

Selbständige Vermittler, zB Handelsmäkler, die eigene AGB für die von ihnen vermittelten Geschäfte verwenden, unterfallen zwar der Legaldefinition des Verwenders (§ 1) nicht. Da diese jedoch ohne Blick auf die Unterlassungsklage geschaffen wurde (s § 1 Rn 24), ist es erlaubt, den Begriff des Verwenders für dieses Rechtsinstitut eigenständig zu bestimmen. Da, wo der Vermittler derjenige Beteiligte ist, welcher ein Klauselwerk in den Verkehr bringt, also Klauselwerke „verwendet", die ihm nicht eine Vertragspartei vorgegeben hat, ist auch er „Verwender" im Sinne von § 13 (BGHZ 81, 229, 230 = NJW 1981, 2351; BGHZ 88, 368, 370 = NJW 1984, 360; in Abgrenzung dazu BGHZ 112, 204, 208 ff = NJW 1991, 36, Verwender nicht nur deshalb, weil man Hersteller eines verkauften Produkts ist und unmittelbar an den Käufer liefern soll, auch wenn mit Inkassofunktion verbunden). Daher können auch Notare Verwender von AGB und zur Unterlassung der Verwendung verpflichtet sein, s § 1 Rn 27. Lehnt man dies ab, so sind diese Personen aber auf jeden Fall Empfehler von AGB und als solche passiv legitimiert (so für Architekt OLG Karlsruhe BB 1983, 726), s Rn 38. Bevollmächtigte und Organwalter juristischer Personen sind persönlich nicht passivlegitimiert (OLG Stuttgart NJW-RR 1996, 1209).

5. Die Passivlegitimation des Empfehlers

a) Verbandsempfehlungen

Der zentrale Anwendungsbereich der die Empfehlung von AGB betreffenden Regelung des AGBG sind die Verbandsempfehlungen, wie sie in § 38 Abs 2 Nr 3 GWB angesprochen sind (dazu s Einl 23 ff zum AGBG). Der nach § 13 begründete Anspruch setzt aber nicht voraus, daß die Empfehlung kartellrechtlich zulässig oder unzulässig ist, insbesondere nicht, daß sie von einer Berufs- oder Wirtschaftsvereinigung stammt. Hat das Kartellamt die Empfehlung nach § 38 Abs 3 GWB für unzulässig erklärt, so berührt dies die zivilrechtliche Wirksamkeit von Verträgen nicht, die ihr nachkommen. Die Wiederholungsgefahr wird durch eine Erklärung nach § 38 Abs 3 GWB nicht beseitigt, da nicht garantiert wird, daß sich die Adressaten der Empfehlung umorientieren. Ein Widerruf leistet dies zwar auch nicht immer verläßlich, ist aber gleichwohl generell geeignet, der Weiterverwendung entgegenzuwirken.

Auch öffentliche Körperschaften können Empfehler sein (ULMER/HENSEN Rn 16); ebenso Behörden, die ohne gesetzliche Grundlage Musterverträge erstellen (allgM).

b) Verleger von Formularen

Die zweite typische Gruppe von Empfehlern, die mit § 13 Abs 1 Nr 1 erfaßt werden soll, sind Personen oder Unternehmer, die „Formulare mit Allgemeinen Geschäftsbedingungen zur unmittelbaren Verwendung verbreiten" (so wörtlich 2. Teilber der Arbeitsgruppe, 41). Dazu gehören auch Verleger nicht nur, wenn sie die verlegten

Bedingungen als vorteilhaft anpreisen (ULMER/HENSEN Rn 19; REINEL 31; LÖWE Rn 7; PALANDT/HEINRICHS Rn 9; aA SCHIPPEL/BRAMBRING DNotZ 1977, 131; PAWLOWSKI BB 1978, 161, 164). Tritt allerdings der Verfasser der Bedingungen namentlich in Erscheinung, etwa in Gestalt des empfehlenden Verbandes, so ist der Verleger nicht Empfehler. Er übernimmt dann keine inhaltliche Verantwortung für die Publikation (ULMER/HENSEN Rn 20; im Ergebnis auch MünchKomm/GERLACH Rn 46). Rechtsprechungsfälle zu den Verlags- und Autorenempfehlungen sind bisher nicht bekannt geworden. Empfehlungen für die Gestaltung von Individualverträgen sind keine Empfehlungen von AGB.

c) **Sonstige Empfehler**

38 Die beim Bundesminister der Justiz eingesetzte Arbeitsgruppe (s Einl 7, 10 zum AGBG) hatte sich darum bemüht, die in Rn 37 f angeführten Empfehlertypen jeweils gesondert tatbestandlich zu erfassen und auf eine generell gegen „Empfehler" von AGB gerichtete Klausel zu verzichten. Sie wollte damit Autoren wissenschaftlicher Abhandlungen und Verfasser von Formularbüchern sowie Rechtsanwälte und Notare, die AGB entwerfen, aus dem Kreis möglicher Beklagter ausscheiden. Der Rechtsausschuß des BT scheint sich über das Problem nur sehr kursorisch Rechenschaft abgelegt zu haben. Er wollte zwar einerseits „Stellungnahmen zu AGB im nicht rechtsgeschäftlichen, zB wissenschaftlichen Bereich nicht erschwert" wissen und hat aus diesem Grunde das einschränkende Tatbestandsmerkmal „für den rechtsgeschäftlichen Verkehr" geschaffen. Andererseits wollte er „die Verfasser" von Formularbüchern durchaus der Unterlassungs- und Widerrufsklage aussetzen (BT-Drucks 7/5422, 10). So, wie der Tatbestand der Norm schließlich geraten ist, lassen sich in der Tat publizierende Autoren von Klauselwerken nicht schlechthin als mögliche Passivlegitimierte eines Unterlassungs- oder Widerrufsanspruchs ausscheiden. Der Gesetzgeber wollte aber ersichtlich diejenigen Autoren aus dem Empfehlerrisiko ausnehmen, die nicht der Marktseite des angesprochenen Verwenderkreises verbunden sind (s Rn 39 aE). Architekten, die ihren Auftraggebern für die Bauverträge regelmäßig inhaltsgleiche Klauseln empfehlen, sind als AGB-Empfehler behandelt worden (OLG Karlsruhe BB 1982, 725). Ähnlich wie bei Notarverträgen (§ 1 Rn 42), liegen schon gar keine AGB vor, wenn die Adressaten die empfohlenen Klauseln in Individualverträge aufnehmen (s auch Rn 39).

d) **Einzelheiten des Empfehlerbegriffs**

39 Die den Empfehler betreffende Regelung in § 13 bedarf noch in mehrfacher Hinsicht einschränkender Interpretation, zum Teil sogar einer teleologischen Reduktion.

Die Empfehlung muß eine Vielzahl von Adressaten haben, da es andernfalls genügt, allein gegen den Verwender vorzugehen; eine zusätzliche Gefährdung des Rechtsverkehrs geht vom Empfehler dann nicht aus (im Ergebnis: BGHZ 112, 204, 209 = NJW 1991, 36, nur ein potentieller Verwender; ULMER/HENSEN Rn 15; MünchKomm/GERLACH Rn 43, der es genügen lassen will, wenn mindestens zwei Adressaten vorhanden sind, was aber angesichts des Schutzzweckes des § 13 doch zu wenig ist). Jemand, dessen Formulare von anderen **ohne sein Zutun** übernommen werden, wird dadurch noch nicht zum Empfehler, auch wenn er seine eigenen Bedingungen werbemäßig als besonders günstig und ausgewogen („vorbildlich") herausstellt. Empfehler ist nur, wer sich im **eigenen Namen** an die Verwender richtet (MünchKomm/GERLACH Rn 46). Ein für diese anonym arbeitender Autor ist ebensowenig Passivlegitimierter von Unterlassungs- und Widerrufsansprüchen wie ein Jurist, der in selbständiger Funktion einem Verband eine Empfehlung zur Weiterempfehlung gibt, sofern sein Name nicht an die Verwender mitgeteilt wird (Löwe Rn 8).

Empfehler und Verfasser von Klauselwerken brauchen nicht identisch zu sein. Die Kaufempfehlung für ein Formular ist auch eine Empfehlung iSv § 13 (BGHZ 125, 315 = NJW 1994, 1729). Allein die **Äußerung der Ansicht, bestimmte Klauseln** oder ein ganzes Klauselwerk seien **rechtlich unbedenklich**, ist in gewisser Weise schon eine „Empfehlung" zur Verwendung. Erst recht gilt dies, wenn ein Autor Vorschläge dazu macht, wie ein bestimmter Vertragstyp durch AGB in sinnvoller Weise rechtlich Gestalt erhalten kann. Solche Meinungsäußerungen stehen unter dem Schutz von Art 5 GG und können daher füglich nicht einer Unterlassungs- oder Widerrufsklage ausgesetzt sein. „Empfehler" iSv § 13 Abs 1 kann daher nur jemand sein, der Energie darauf verwendet, daß bestimmte Klauseln auch tatsächlich verwendet werden (ähnlich MünchKomm/Gerlach Rn 44 f). Eine solche Energie entfaltet nur, wer aus kommerziellen oder beruflichen Gründen Interesse an der Verwendung eines bestimmten Klauselwerkes hat (Formularbuchverleger, Rechtsanwälte und Notare, die vielen Auftraggebern gleichartige Bedingungswerke empfehlen, s Rn 35) oder die Empfehlung auf dem Hintergrund einer wirtschaftlichen Verbundenheit mit dem Adressaten ausspricht (Interessenverbände). Dann kann freilich die notwendige Energie schon von einem Rundschreiben ausgehen, das nur als Informationsschreiben aufgezogen ist. Wer auf Bitte Vertragstexte zur Verfügung stellt, die er aus anderem Anlaß erstellt hat, wird damit noch nicht zum Empfehler (aA OLG Karlsruhe BB 1983, 725).

6. Verjährung, Verwirkung

Die relativ lange Verjährungsfrist (zum Vergleich: § 21 UWG: 6 Monate bzw 3 Jahre) wird zu Recht als sinnvoll nur für den Widerrufsanspruch empfunden (MünchKomm/Gerlach Rn 77), da es für die Unterlassungsklage schon lange vor Ablauf von vier Jahren nach der letzten Verwendung regelmäßig keine Veranlassung mehr gibt. Meist fehlt es dann ohnehin an der Wiederholungsgefahr. Im Falle der bloßen Erstbegehungsgefahr ist kein verjährungsauslösendes Ereignis denkbar (vgl MünchKomm/Gerlach Rn 77).

Für den Verjährungsbeginn maßgebend ist der zeitlich jüngste Akt, der als Verwendung oder Empfehlung in Betracht kommt (MünchKomm/Gerlach Rn 77), eventuell also auch eine Handlung, die nach Vertragsschluß liegt und in der Vertragsabwicklung aufgrund der ihr zugrunde gelegten, „unwirksamen" AGB besteht (s Rn 29). Die Verjährung beginnt demnach mit jedem selbständigen Verwendungsakt neu zu laufen (allgA). Ob eine einmal ausgesprochene Empfehlung nach Ablauf der Verjährungsfrist noch fortwirkt (die empfohlenen Bedingungen werden weiterverwendet), ist für die Verjährung des Widerrufsanspruchs gleichgültig. Nach Verjährungsablauf sind Klagen mit Aussicht auf Erfolg nur noch gegen die Weiterverwender möglich. Auch im allgemeinen Wettbewerbsrecht kann ein Beseitigungsanspruch verjährt sein, wenn die Beeinträchtigung noch fortdauert, die ihn ausgelöst hat (BGH WRP 1984, 678; WRP 1974, 30; BGH NJW 1973, 2285; Teplitzky § 16 Rn 12 f). Nur bei Dauerhandlungen (s Rn 28) beginnt die Verjährung erst mit deren Ende (Abnahme eines AGB-Aushangs). Wegen der öffentlichen Belange, die der klagende Verband wahrnimmt, soll sein Unterlassungsanspruch nicht verwirkbar sein (BGH NJW 1995, 1488; allgM). Dann dürfte er auch nicht verjähren können. Der Bürger genießt selbst bei begünstigenden Verwaltungsakten Vertrauensschutz (§ 48 VwVerfG). Die Vertrauenserwartung, die der Verwender aufgrund des Verhaltens eines Verbraucherverbandes hegen kann, muß in der gleichen Weise honoriert werden wie sonst im Privatrecht, in das man die abstrakte AGB-Kontrolle verwiesen hat.

V. Rechtsschutzbedürfnis

1. Fehlen eines Rechtsschutzbedürfnisses wegen Funktionslosigkeit der Klage?

41 Das allgemeine Rechtsschutzbedürfnis liegt regelmäßig vor und muß nicht erst vom Kläger vorgetragen und bewiesen werden. Der Beklagte hat das Fehlen des Rechtsschutzbedürfnisses zu behaupten und zu beweisen (BGH NJW-RR 1990, 1141, 1142). Wenn der klageberechtigte Verband bereits eine **strafbewehrte Unterlassungserklärung** in Händen hat (s Rn 43 ff), soll nach hM die Klagemöglichkeit entfallen, wobei man meist mit dem Gedanken der weggefallenen Wiederholungsgefahr arbeitet (MünchKomm/GERLACH Rn **37 ff**; ULMER/HENSEN Rn 30). In der Entgegennahme einer solchen Unterlassungserklärung liegt jedoch wegen der bisherigen Verwendungsfälle (LINDACHER GRUR 1975, 415 f) bereits ein Verzicht auf den Unterlassungs- und Widerrufsanspruch. Die Zurückweisung einer gesicherten Unterlassungserklärung durch den Klageberechtigten läßt nicht das Rechtsschutzbedürfnis für die Klage entfallen (aA WOLF/LINDACHER GRUR 1975, 417 f), macht freilich den Kläger nach § 93 ZPO kostentragungspflichtig. Wegen der Existenz dieser Vorschrift ist es auch nicht nötig, im Falle einer rechtskräftigen Verurteilung auf Klage eines anderen Verbandes die neue Klage für unzulässig zu halten (so aber ULMER/HENSEN Rn 33). Jedoch kann immer die Wiederholungsgefahr fehlen (MünchKomm/GERLACH Rn 62; BGH NJW 1983, 1060 – zum UWG).

2. Subsidiaritätsverhältnis unter den Passivlegitimierten

42 Es kann schwerlich im Sinne des Rechtsinstituts liegen, daß sich ein Verband einen kleinen und schwachen Verwender aussucht, wenn er gegen weitverbreitete AGB vorgehen will (REINEL 65; BUNTE BB 1980, 485). Es ist sicherlich rechtsmißbräuchlich, wegen der Konditionenempfehlung Kraftfahrzeugreparaturbedingungen eine Mini-Reparaturwerkstatt zu belangen, oder wegen der ADSp einen kleinen Spediteur anzugreifen. Wenn sich Bedingungen durch ein Vorgehen gegen Empfehler oder Schwerpunktverwender eindeutig mit größerer Nachhaltigkeit verdrängen ließen, so fehlt für eine nur gegen einen kleinen Verwender oder kleinen Weiterempfehler gerichtete Klage das Rechtsschutzbedürfnis (aA ULMER/HENSEN Rn 34; WOLF/LINDACHER Rn 111; OLG Frankfurt aM WRP 1980, 2075). Deren Eigenverantwortlichkeit zu beschwören, ist bei AGB seriöser Herkunft unrealistisch. Die geringe Finanzausstattung der Verbraucherverbände kann keine Rechtfertigung für das willkürliche Herausgreifen eines einzelnen abgeben und ist zudem ein gutes Regulativ gegen das Streben nach Überperfektionismus.

3. Die Bedeutung der Abmahnung

a) Vorherige Abmahnung, Klagevoraussetzung?

43 Schon im Wettbewerbsrecht ist eine vorherige erfolglose **Verwarnung keine Voraussetzung für die Zulässigkeit der Unterlassungsklage** oder des Antrags auf Erlaß einer

einstweiligen Verfügung, die auf Unterlassung gerichtet ist. In weitem Umfange wird aber die These vertreten, im allgemeinen seien nach § 93 ZPO dem erfolgreichen Kläger bzw Antragsteller die Kosten des Verfahrens aufzuerlegen, wenn er keine wettbewerbsrechtliche Verwarnung ausgesprochen hatte (dazu ausführlich TEPLITZKY § 41 Rn 4 ff; KÖHLER vor § 13 UWG Rn 140). Sie besteht im Vorwurf wettbewerbswidrigen Verhaltens, dem Verlangen, sich für den Fall von dessen Fortsetzung einer Vertragsstrafe zu unterwerfen, einer Fristsetzung und der Androhung gerichtlicher Schritte für den Fall der Weigerung (KÖHLER aaO). Soweit Verbände als Klageberechtigte in Frage stehen, ist die grundsätzliche Abmahnungsobliegenheit seit langem unbestritten. Wenigstens für diesen Bereich kann man daher von einem festgefügten Gewohnheitsrecht sprechen. Diesen Rechtssatz kann man, da § 13 AGBG auch hinsichtlich der Verbandsklage genau an § 13 UWG anschließt, in das AGB-Recht übertragen (allgM, vgl etwa ULMER/HENSEN Rn 49; MünchKomm/GERLACH Rn 38). Dies zu tun, besteht um so mehr Veranlassung, als sich ein Anspruch auf Erstattung außergerichtlicher Abmahnkosten in diesem Bereich nicht begründen läßt (s Rn 47), und der Gefahr vorgebeugt werden muß, daß die Verbände auf Versuche zur außergerichtlichen Bereinigung der Angelegenheit deshalb verzichten, weil sie nur über die Anstrengung eines gerichtlichen Verfahrens auch ihnen entstandene Kosten ersetzt verlangen können.

b) Inhalt der Abmahnung
Die Verwarnung muß den Vorwurf der Verwendung (bzw Empfehlung) unwirksamer **44** AGB-Klauseln, das Unterlassungs- (bzw Widerrufs-) Verlangen, das Verlangen, sich zur Unterlassung vertraglich zu verpflichten und sich für den Fall jeder Zuwiderhandlung einer an den Abmahnenden (oder eine karitative Einrichtung zu zahlenden) Vertragsstrafe in bestimmter Höhe (Vorschlag ULMER/HENSEN: DM 2.000 je angegriffener Klausel) zu unterwerfen, sowie die Androhung des abstrakten Kontrollverfahrens für den Fall enthalten, daß dem Verlangen nicht binnen bestimmter Frist nachgekommen wird. Die beanstandeten Bestimmungen sind zu bezeichnen, der Rechtsgrund der Beanstandung ist anzugeben (ULMER/HENSEN Rn 51 f; **aA** WOLF/LINDACHER Rn 85). Hinsichtlich des **Inhalts der Verwarnung** im einzelnen und bezüglich der Voraussetzungen, unter denen ausnahmsweise auf eine Verwarnung verzichtet werden kann, ergeben sich im AGB-Recht kaum Besonderheiten. Auf die einschlägigen Erläuterungswerke zum UWG kann verwiesen werden (BAUMBACH/HEFERMEHL Einl 530 ff UWG; KÖHLER vor § 13 Rn 124 ff). Die Besonderheiten des AGB-Rechts bedingen lediglich zwei Abweichungen s Rn 45 f.

Zu beachten ist einmal, daß vorformulierte Teile der Abmahnung ihrerseits wieder AGB sein können, wenn sie wie häufig für eine Vielzahl von Fällen Verwendung finden sollen und daher selbst nach § 9 AGBG unwirksam sein können, etwa wenn gegen die Grundsätze des Vertragsstrafenrechts verstoßen wird, indem der uneingeschränkte Verzicht auf die Einrede des Fortsetzungszusammenhanges verlangt wird (zur Parallelproblematik im Wettbewerbsrecht: BGHZ 121, 13, 21 = NJW 1993, 721).

Die Klagebefugnis der Verbände dient zum anderen nicht nur dem Schutz der Ver- **45** braucherschaft generell, sondern speziell auch den Kunden des Verwenders, die auf der Grundlage der beanstandeten Bedingungen Verträge mit ihm geschlossen haben. Dies folgt aus § 21. Daher kann der klageberechtigte Verband auch die Abgabe einer Erklärung des Inhalts verlangen, daß der Verwender seinen Vertragspartnern gegenüber keine Rechte aus den angegriffenen Klauseln geltend machen werde (Münch-Komm/GERLACH § 21 Rn 6; s Rn 24 h). Zu Verträgen zugunsten aller Kunden iS von § 328 BGB werden solche Vereinbarungen wegen der Unüberschaubarkeit des Personenkreises aber nicht.

46 Eine Dringlichkeit von solcher Intensität, daß sie eine vorherige **außergerichtliche Abmahnung** als Voraussetzung der Kostenüberbürdung auf den Beklagten entbehrlich macht, ist im AGB-Recht kaum vorstellbar. Auf diese Weise könnten allenfalls solche Kunden geschützt werden, die während des Laufes der dem Verwender zu setzenden Frist Gefahr laufen, dessen AGB unterworfen zu werden. Ihnen gegenüber kann der Verwender, wenn er rechtskräftig zur Unterlassung verurteilt ist oder gegen eine ihn treffende einstweilige Verfügung das Hauptverfahren nicht betreibt, seine Klauseln aber faktisch später doch nicht durchsetzen (s § 21 Rn 6). Daher entfällt die Abmahnungsobliegenheit auch nicht bei offenkundig vorsätzlichem Verhalten des Verwenders, soweit nicht weitere Umstände hinzutreten, die die Abmahnung nutz- oder aussichtslos machen lassen (ähnlich ULMER/HENSEN Rn 66; MünchKomm/GERLACH § 15 Rn 13).

c) Außergerichtliche Abmahnkosten

47 Eine Rechtsgrundlage für die **Erstattung außergerichtlicher Abmahnkosten** gibt es nicht (ULMER/HENSEN Rn 64; aA MünchKomm/GERLACH § 15 Rn 14, der jedoch zugibt, daß der Anspruch mehr freier Rechtsschöpfung als einer anerkannten normalen Rechtsgrundlage entspringt; PALANDT/HEINRICHS § 15 Rn 5). Eine Schadensersatzpflicht, die der in § 13 Abs 2 UWG verankerten vergleichbar wäre, und welche im Verschuldensfall auch außergerichtliche Abmahnkosten erfaßt, hat das AGBG nicht begründet. Der BGH hat freilich in Wettbewerbssachen eine Erstattungspflicht angenommen, die er auf eine entsprechende Anwendung von § 1004 iVm §§ 683, 687 BGB stützen will (BGH GRUR 1984, 129, 131, 61; BGH BB 1973, 813; BGHZ 53, 393 = NJW 1970, 245; OLG Stuttgart WRP 1994; st Rspr; ebenso BAUMBACH/HEFERMEHL Einl 554 UWG mwN): in der Wiederholungsgefahr liege ein „Störzustand", welchen der Störer in entsprechender Anwendung von § 1004 BGB zu beseitigen habe; unterlasse er dies, so sei ein Klageberechtigter nach den Grundsätzen der Geschäftsführung ohne Auftrag befugt, die Störung selbst zu beseitigen, wozu die Abmahnung ein taugliches Mittel sei. Die Einschaltung eines Rechtsanwaltes hält man freilich auch dann nur für geboten, wenn die Abmahnung durch den Verband selbst keinen Erfolg habe oder verspreche (so für AGBG PALANDT/HEINRICHS § 15 Rn 5). Regelmäßig kann man nämlich davon ausgehen, daß die klagebefugten Verbände selbst über die erforderliche Sachkunde und Organisationsstruktur verfügen, um ohne anwaltliche Unterstützung die Abmahntätigkeit zu betreiben (vgl ULMER/HENSEN Rn 64).

Schon der Ausgangspunkt dieser Entscheidung („Störzustand") ist nur haltbar, wenn man sich nicht von der Vorstellung freimachen kann, daß der Verband im Grunde Rechte geltend macht, die er aus der wettbewerbsrechtlich geschützten Rechtsgütersphäre eines Unternehmers ableitet (s Rn 4). Dem Verband ist aber durch die ihm eingeräumten Ansprüche jedenfalls im AGB-Bereich kein gesetzlich geschütztes Rechtsgut zugeordnet, das „gestört" werden könnte (das Gesetz hat ihm auch den allgemeinen Störungsbeseitigungsanspruch vorenthalten, s Rn 27, den die Rspr im Wettbewerbsrecht entwickelt hatte). Im übrigen leidet die Entscheidung des BGH an Fehlschlüssen (aus der vielfältigen Kritik KURBJUHN NJW 1970 604; KLAKA GRUR 1970,

191; ULMER/HENSEN Rn 63). Eine Verwarnung ist kein „Geschäft" des Verwarnten, weil dieser sich nicht selbst verwarnen kann und die Verwarnung nicht dazu dient, dem AGB-Verwender „Hilfe" bei der Beseitigung einer Störung zu leisten. Schließlich liegt die Verwarnung sicher kaum jemals im mutmaßlichen Interesse des Verwarnten, der gerade auf dem Boden der hM zur Abmahnobliegenheit in aller Regel aller Kostenfolgen enthoben wäre, wenn vor Verwarnung gerichtlich gegen ihn vorgegangen werden würde (s Rn 43).

Ein Schadensersatzanspruch aus Verzug mit der Erfüllung der Unterlassungsverpflichtung kann jedoch für weitere Mahnungen und ähnliche Kosten der Rechtsverfolgung vor Klageerhebung gegeben sein (so etwa MünchKomm/GERLACH § 15 Rn 14; ULMER/HENSEN § 13 Rn 65).

§ 14
Zuständigkeit

(1) Für Klagen nach § 13 dieses Gesetzes ist das Landgericht ausschließlich zuständig, in dessen Bezirk der Beklagte seine gewerbliche Niederlassung oder in Ermangelung einer solchen seinen Wohnsitz hat. Hat der Beklagte im Inland weder eine gewerbliche Niederlassung noch einen Wohnsitz, so ist das Gericht des inländischen Aufenthaltsorts zuständig, in Ermangelung eines solchen das Gericht, in dessen Bezirk die nach §§ 9 bis 11 dieses Gesetzes unwirksamen Bestimmungen in Allgemeinen Geschäftsbedingungen verwendet wurden.

(2) Die Landesregierungen werden ermächtigt, zur sachdienlichen Förderung oder schnelleren Erledigung der Verfahren durch Rechtsverordnung einem Landgericht für die Bezirke mehrerer Landgerichte Rechtsstreitigkeiten nach diesem Gesetz zuzuweisen. Die Landesregierungen können die Ermächtigung durch Rechtsverordnung auf die Landesjustizverwaltungen übertragen.

(3) Die Parteien können sich vor den nach Absatz 2 bestimmten Gerichten auch durch Rechtsanwälte vertreten lassen, die bei dem Gericht zugelassen sind, vor das der Rechtsstreit ohne die Regelung nach Absatz 2 gehören würde.

(4) Die Mehrkosten, die einer Partei dadurch erwachsen, daß sie sich nach Absatz 3 durch einen nicht beim Prozeßgericht zugelassenen Rechtsanwalt vertreten läßt, sind nicht zu erstatten.

I. Zuständigkeitssystem

1. Die sachliche Zuständigkeit ist in Abs 1 als einer lex specialis im Verhältnis zu den Vorschriften des GVG geregelt. Das LG ist ohne Rücksicht auf den Wert des Streitgegenstandes, also auch in Bagatellfällen, zuständig. Für die Zuständigkeit der Kammer für Handelssachen fehlt es an einer Rechtsgrundlage, auch in solchen Fällen, in denen sich die Klage gegen AGB richtet, die überwiegend oder gar ausschließlich unter Kaufleuten verwandt werden (allgM). Über § 937 ZPO gilt § 14 auch für Anträge auf Erlaß einstweiliger Verfügungen. Für die Anwendung von

§ 942 ist kein Raum (ULMER/HENSEN Rn 9), weil sich der Streitgegenstand naturgemäß nicht in einem Gerichtsbezirk befinden kann und zudem eine solche Dringlichkeit nicht auftreten kann, die eine Inanspruchnahme des Landgerichts verböte.

2 2. **Die örtliche Zuständigkeit** richtet sich nach der Subsidiaritätsleiter von Abs 1.

3 3. **Die internationale Zuständigkeit** deutscher Gerichte leitet man im allgemeinen aus deren örtlicher Zuständigkeit ab (BGHZ 109, 34; ROSENBERG/SCHWAB/GOTTWALD § 20 II 1).

Das gilt auch für die in § 14 verankerte Zuständigkeit, soweit der Beklagte eine Person mit Wohnsitz/Sitz außerhalb des Geltungsbereichs des EuGVÜ (idF des 3. Beitrittsübereinkommens BGBl 1994 II 518) ist, Art 4 EuGVÜ. Für Verfahren gegen Personen, die ihren Wohnsitz/Sitz in einem anderen EuGVÜ-Vertragsstaat haben, ergibt sich die internationale Zuständigkeit der deutschen Gerichte ausschließlich nach dem EuGVÜ, Art 3 Abs 1. Deutsche Gerichte können danach entweder nach Art 5 Nr 5 EuGVÜ („Niederlassung") oder nach Art 5 Nr 3 EuGVÜ zuständig sein. Die Verwendung inhaltlich unzulässiger AGB ist als unerlaubte Handlung nach Art 5 Nr 3 EuGVÜ zu qualifizieren (WOLF/LINDACHER Rn 14). Da das EuGVÜ in Art 5 jeweils auch die örtliche Zuständigkeit regelt, ist insoweit § 14 daneben nicht anwendbar. Art 16 EuGVÜ findet bei Verbandsklageverfahren keine Anwendung (WOLF/LINDACHER Rn 15; offen BGHZ 109, 23 ff, der das Tatbestandsmerkmal „Miete" für Reiseverträge verneint). Im Geltungsbereich des Lugano-Übereinkommens (BGBl II 1994 2658) gilt das zum EuGVÜ gesagte entsprechend.

4 4. Sollen **mehrere** (Empfehler und Verwender) **verklagt werden**, für die nach § 14 ein gemeinsamer Gerichtsstand nicht begründet ist, so ist § 36 Nr 3 ZPO anzuwenden.

5 5. **Gerichtsstandsvereinbarungen** sind wegen der Ausschließlichkeit der in § 14 begründeten Gerichtsstände grundsätzlich nicht möglich. Auch durch rügeloses Verhandeln zur Hauptsache läßt sich eine Zuständigkeit nicht begründen, § 40 Abs 2 S 2 ZPO.

Im Anwendungsbereich der EuGVÜ/LugÜ (s Rn 3) sind Vereinbarungen über den Gerichtsstand und rügelose Einlassung nach Maßgabe der Artt 17, 18 EuGVÜ/LugÜ möglich.

6 6. Die **Konzentrationsermächtigung** nach Abs 2 ist dem § 27 UWG nachgebildet, unterscheidet sich von dieser Regelung aber dadurch, daß von der Befugnis nicht global Gebrauch gemacht werden muß. Vielmehr kann nach Arten von AGB unterschieden und verschiedenen Landgerichten jeweils fachlich spezialisierte Zuständigkeit übertragen werden („Rechtsstreitigkeiten" ohne bestimmten Artikel). Obwohl die hastig redigierte – s Einl 11 zum AGBG – Bestimmung von „Rechtsstreitigkeiten nach § 13 dieses Gesetzes" spricht, meint sie alle in §§ 13 ff geregelten Streitigkeiten, s Rn 11. Auch die Abs 3 und 4 haben ihr Vorbild im UWG (§ 27 Abs 3, 4). Die Regelung gilt auch für das Berufungsverfahren, wenn durch die Konzentrationsverordnung einem anderen OLG Zuständigkeit zugesprochen wird, als dies der Fall

wäre, wenn das LG entschieden hätte, das ohne Konzentrationsverordnung zuständig gewesen wäre (allgM).

Folgende Bundesländer haben von der Konzentrationsermächtigung Gebrauch gemacht:

Bayern: GVBl 1988, 6; 97: LGe München I, Nürnberg-Fürth, Bamberg jeweils für den entsprechenden OLG Bezirk

Hessen: GVBl 1977, 122: LG Frankfurt aM

Mecklenburg-Vorpommern: GVBl 1994, 514: LG Rostock

Nordrhein-Westfalen: GVBl 1977, 133: LGe Düsseldorf, Dortmund, Köln, jeweils für den entsprechenden OLG Bezirk

Sachsen: GVBl 1994, 1313: LG Leipzig

II. Zuständigkeitsrelevante Rechtsbegriffe

1. Der Begriff „gewerbliche Niederlassung" ist von § 21 ZPO übernommen. Jede selbständige Niederlassung begründet daher einen Gerichtsstand (MünchKomm/GERLACH Rn 5; zum Teil aM WOLF/LINDACHER Rn 7). **7**

2. Für den Begriff des „Wohnsitzes" sind die §§ 7, 11 BGB, 35 ZPO maßgebend. Bei juristischen Personen ist entsprechend auf deren Sitz abzustellen (WOLF/LINDACHER Rn 8). **8**

3. Für den Begriff des „Aufenthalts" gilt § 16 ZPO. Nicht notwendig ist ein „gewöhnlicher" Aufenthalt. Auch ein auf einer Verkaufsreise sich befindender Ausländer kann im Gerichtsstand des § 14 verklagt werden. **9**

4. Der Begriff „Ort der Verwendung" von AGB läßt sich in Anlehnung an § 32 ZPO bestimmen. Verwendungsort ist jeder Ort, an welchem von AGB Gebrauch gemacht worden ist, nicht nur der Ort eines Vertragsabschlusses. Dazu gehört auch der Ort der Anbahnung von Vertragsverhandlungen, bei schriftlichen Verhandlungen der Ort der Absendung einer auf Einbeziehung gerichteten Willenserklärung sowie der Ort, an welchem dem Adressaten eine solche Erklärung zugeht. Der Kläger hat unter mehreren Verwendungsorten die Wahl (WOLF/LINDACHER Rn 10). **10**

Im Falle einer **Empfehlung** ist maßgebend der Ort der Empfehlung, worunter sowohl der Ort der Abgabe als auch der des Zugangs der Empfehlung zu verstehen ist.

Richtet sich die Empfehlung (etwa eines außerhalb der Bundesrepublik ansässigen internationalen Verbandes) an potentielle Verwender, die in der ganzen Bundesrepublik verstreut wohnen, so ist jedes deutsche LG zuständig.

5. „Klagen aus § 13" sind alle Klagen, die aus dem dritten Abschnitt erwachsen, etwa auch solche aus § 19 und über die Erstattung von Abmahnkosten (s § 13 Rn 47; **11**

ULMER/HENSEN Rn 9; MünchKomm/GERLACH Rn 4). Entsprechend gilt § 13 auch für Klagen auf Zahlung verwirkter Vertragsstrafen (LG München NJW-RR 1991, 1143; ULMER/ HENSEN Rn 9), sowie für Feststellungsklagen des Verwenders gegen einen die Wirksamkeit einzelner Klauseln bestreitenden Verband, s § 13 Rn 11 (MünchKomm/ GERLACH Rn 4; aA WOLF/LINDACHER Rn 3, der allerdings die sachliche Zuständigkeit dem § 14 entnimmt).

12 III. Sobald der in § 78 ZPO vorgesehene lokalgebundene Anwaltszwang entfallen sein wird, wird Abs 3 aufgehoben sein. Abs 4 wird zu Abs 3 (Art 11, 22 G v 2. 9. 1994, BGBl I 2278).

13 IV. Zur Anwendbarkeit von § 512a ZPO s § 15 Rn 12.

§ 15
Verfahren

(1) Auf das Verfahren sind die Vorschriften der Zivilprozeßordnung anzuwenden, soweit sich aus diesem Gesetz nicht etwas anderes ergibt.

(2) Der Klageantrag muß auch enthalten:

1. den Wortlaut der beanstandeten Bestimmungen in Allgemeinen Geschäftsbedingungen;

2. die Bezeichnung der Art der Rechtsgeschäfte, für die die Bestimmungen beanstandet werden.

Schrifttum

GÖBEL, Prozeßzweck der AGB Klage und herkömmlicher Zivilprozeß (1980)
WOLF/LINDACHER, AGB, Verbandsklage und Rechtsschutzsystem, in: FS Deutsche Richterakademie (1983) 209 ff
WOLF/LINDACHER, Zur „Sonderprozeßrechtsnatur" der lauterkeitsrechtlichen Verbands- und Konkurrentenklagen, sowie der Verbandsklage nach dem AGB-Gesetz, ZZP 103 (1990) 397 ff
REINEL, Die Verbandsklage nach dem AGBG (1979)
E SCHMIDT, Die Verbandsklage nach dem AGB-Gesetz, NJW 1989, 1192 ff.

I. Stellenwert der Vorschrift

1 Abs 2 bringt einige Spezifizierungen bezüglich des Streitgegenstands der Verbandsklage, s unten Rn 3 ff.

Abs 1 hat demgegenüber nur klarstellende Bedeutung (WOLF/LINDACHER Rn 1). Im Verbandsklageprozeß gelten damit auch die Verhandlungs- und Dispositionsmaxime (WOLF/LINDACHER Rn 3; ders, in: FS 215 f; ULMER/HENSEN Rn 1; MünchKomm/GERLACH Rn 5). Wie WOLF/LINDACHER (FS 215 f) überzeugend dargelegt hat, folgt auch aus der

Wahrnehmung öffentlicher Interessen im Verbandsklageverfahren nicht die Notwendigkeit, den Parteien die Herrschaft über den Streitstoff und den Streitgegenstand zu entziehen. Zudem hat der Gesetzgeber bewußt darauf verzichtet, dem Gericht die Möglichkeit zu eröffnen, andere als die vom Kläger benannten Klauseln zu überprüfen (s Rn 3).

Siehe im übrigen: § 13 Rn 6 ff (einstweiliger Rechtsschutz), Rn 10 (Amtsprüfung der Klageberechtigung), Rn 11 (negative Feststellungsklage), Rn 41 ff (Rechtsschutzbedürfnis, Abmahnung). **2**

II. Die Dispositionsmaxime im besonderen

1. Streitgegenstand der Klauselkontrollklage

a) Der BGH hat sich mit Recht dagegen gewandt, in jedem aus dem AGBG **3** hergeleiteten Unwirksamkeitsgrund einen eigenen Streitgegenstand zu sehen mit der Folge, daß die Klage teilweise abzuweisen ist, wenn sie nicht aus allen Gründen Erfolg hat. Mit Recht hält er fest, daß der neben dem Klageantrag den Streitgegenstand konstituierende Lebenssachverhalt in der Verwendung bestimmter Klauseln als solcher liegt (BGH NJW 1993, 2052 f, im Anschluß an eine nahezu einhellige LitM).

Der Kläger kann aber das Gericht auf eine bestimmte materiellrechtliche Anspruchsgrundlage festlegen (MünchKommZPO-Lüke vor § 253 Rn 36; Stein/Jonas/Leipold § 308 Rn 4). Das hierfür erforderliche rechtliche Interesse des Klägers folgt dann daraus, daß er bestimmte Alternativklauseln nicht verbauen möchte.

b) Wenn aus den verschiedenen materiellrechtlichen Anspruchsgrundlagen ein **4** unterschiedlich weiter Umfang des Verwendungsverbotes folgt, ist, im Rahmen der gestellten Anträge, das materiellrechtlich am weitesten gehende Verbot auszusprechen.

Beispiele:

(1) Eine Klausel verstößt gegen ein spezielles Klauselverbot des § 11 und ist gleichzeitig wegen inhaltlicher Intransparenz nach § 9 unwirksam (vgl OLG Stuttgart NJW 1992, 887; BGH NJW 1993, 2052; Wolf/Lindacher Rn 5). Die Verwendung der Klausel ist dem Verwender schlechthin zu untersagen, obwohl bei bloßer Intransparenz ein klarstellender Hinweis (bei Vertragsschluß) genügen würde.

(2) Ein in AGB vorgesehener Schadensersatzanspruch eines Partnerschaftsvermittlungsinstituts, der durch die Kündigung des Kunden ausgelöst werden soll, kann einmal gegen § 11 Nr 5 verstoßen, wenn dem Kunden der Gegenbeweis zur Schadenshöhe abgeschnitten ist. Die Klausel ist aber auch nach § 9 Abs 2 Nr 1 unwirksam, wenn man schon den Schadensersatzanspruch an sich, als gegen das gesetzliche Leitbild des § 656 Abs 2 iVm Abs 1 BGB verstoßend betrachtet (so OLG Hamm NJW-RR 1991, 182).

Ist man der letzteren Ansicht, so ist die Verwendung der Klausel schlechthin zu verbieten. Mitunter muß durch Auslegung der Entscheidungsgründe ermittelt werden, wie weit das Unterlassungsgebot reicht (s Rn 14).

Je apodiktischer der Kläger die Klauselinhalte nennt, die nicht verwendet werden dürfen, und je abstrakter er die geschäftliche Tätigkeit kennzeichnet, für die das Verbot gelten soll, umso mehr trägt er also das Risiko teilweisen Unterliegens. Es gilt das gleiche wie im Wettbewerbsrecht für die Bezeichnung der zu verbietenden Handlungen.

2. Besonderheiten des Klageantrags

5 Abs 2 stellt besondere Anforderungen an die Genauigkeit des Klageantrags und eines Antrags auf Erlaß einer einstweiligen Verfügung.

a) Der Klageantrag muß den **Wortlaut der beanstandeten Bedingungen** enthalten. Ein zweckloser Formalismus ist freilich nicht gefordert. Es genügt, wenn der Kläger ein vervielfältigtes Exemplar der AGB vorlegt und in der Klageschrift die beanstandeten Bedingungen kenntlich macht (Wolf/Lindacher Rn 7). Insoweit kann es sich der Kläger leichter machen als das Gericht später im Urteil, s § 17. Anderseits kann der Kläger aber auch einzelne mit eigener Ordnungszahl versehene Klauseln im Klageantrag zusammenfassen, sofern damit ihr Bedeutungsgehalt nicht verändert wird (BGH NJW-RR 1990, 1141). Bei Klagen auf Unterlassung der Verwendung ergänzungsbedürftiger Klauseln folgt aus § 253 Abs 2 Nr 1 ZPO, daß bestimmte, nach Ansicht des Klägers unwirksame, Vervollständigungskombinationen angegeben werden müssen (BGH NJW 1992, 504). Auch das Verbot der „Verwendung" von Klauseln bei der Abwicklung von Verträgen, § 13 Rn 24g kann in Antrag und Tenor aufgenommen werden.

Der Gesetzgeber hat Vorschläge (2. Teilber 39; s Einl 11 zum AGBG) bewußt nicht aufgegriffen, die darauf zielten, das Gericht zu ermächtigen, nicht eigens angegriffene Klauseln in das Verfahren einzubeziehen, wenn dies wegen des Sachzusammenhangs tunlich erscheint. Daher besteht de lege lata eine strikte Bindung des Verfahrensgegenstandes an die angegriffenen Klauseln (Ulmer/Hensen Rn 23). Dies schließt aber nicht aus, nicht beanstandete Klauseln zur Beurteilung der angegriffenen Klauseln mit heranzuziehen (Ulmer/Hensen aaO). So kommt es für eine Beanstandung einer intransparenten Klausel im Verfahren nach § 13 (nur) darauf an, ob sich die notwendige zusätzliche Information aus einer anderen AGB-Bestimmung in zumutbarer Weise ergibt (BGH BB 1991, 2394).

6 b) Die **Art der Rechtsgeschäfte**, für welche Bestimmungen in Allgemeinen Geschäftsbedingungen beanstandet werden, konkretisiert den Umfang des mit der Klage gem § 13 geltend gemachten Unterlassungsanspruchs (vgl § 17 Nr 2). AGB sind normalerweise nicht schlechthin zu beanstanden, sondern nur nach Maßgabe des jeweiligen Geschäftstyps (MünchKomm/Gerlach Rn 5) und des betroffenen Kundenkreises des Verwenders/Empfehlers. Die erfaßten Rechtsgeschäfte müssen daher möglichst griffig gefaßt werden (Ulmer/Hensen Rn 4). Der Abgrenzung dient einmal der Rechtstypus der Geschäfte (Kaufverträge, Automatenaufstellverträge). Der Antragsteller kann aber auch gegenständlich bestimmte Geschäftstypen bezeichnen, wie etwa „Verkauf von PKW", „Mietverträge über Wohnraum", „Errichtung von Ein- und Zweifamilienhäusern", „Abzahlungsverkäufe von Elektrogeräten aller Art", „Hypothekenbestellungen auf Ein- und Zweifamilienhäusern sowie Eigentumswohnungen".

Ferner kann auch auf die Modalität der Gegenleistung abgestellt werden (vgl BGH NJW 1985, 326, „Teilzahlungsgeschäfte"). Mitunter muß für bestimmte Unwirksamkeitsgründe der Kreis der Rechtsgeschäfte noch näher spezifiziert werden (zB für § 11 Nr 10: „KFZ-Verkauf über neu hergestellte KFZ", s MünchKomm/GERLACH Rn 5).

Ein weiteres praktisch wichtiges Merkmal ist, ob auch der unternehmerische oder 7 nur der nichtunternehmerische Geschäftsverkehr erfaßt sein soll. Verbände nach § 13 Abs 2 Nr 1 müssen eine entsprechende Einschränkung in ihrem Klageantrag aufnehmen (§ 13 Abs 3; ULMER/HENSEN Rn 6). Je nach dem gewählten Geschäftskreis variiert auch der Prüfungsmaßstab, § 24. Umfaßt der Antrag des Klägers auch Geschäfte des Verwenders, für die das Gericht zu dem Ergebnis gelangt, daß für diese die angegriffene Klausel verwandt werden darf, dann ist die Klage teilweise abzuweisen. Zur Problematik des teilweisen Klageerfolgs im übrigen s § 17 Rn 2.

3. Parteidispositionsakte während des Verfahrens

a) **Anerkenntnis- und Verzichtsurteile** sind wie im normalen zivilprozessualen 8 Erkenntnisverfahren zulässig (BGH NJW 1989, 1675; ULMER/HENSEN Rn 19, 1). Ein Anerkenntnisurteil entfaltet die gleichen Wirkungen wie ein sonstiges zivilprozessuales Erkenntnis. Insbesondere löst es auch die in §§ 8, 11 begründeten Rechtsfolgen aus.

b) In der **Hauptsache erledigt** ist der Rechtsstreit bei der Unterlassungsklage in 9 Konsequenz der hM etwa, wenn der Beklagte eine durch Vertragsstrafe gesicherte Unterlassungsverpflichtung abgibt oder in einem Parallelprozeß rechtskräftig verurteilt wird (ULMER/HENSEN Rn 25). Dann soll das Rechtsschutzbedürfnis entfallen.

Zu dem hier eingenommenen Standpunkt s § 13 Rn 41, 43.

c) Die Parteien können sich auch **vergleichen**. Eine Veröffentlichungsbefugnis 10 nach § 18 muß in den Vergleich ausdrücklich aufgenommen werden, wenn sie auf Kosten des Verwenders oder Empfehlers begründet werden soll. Auf eigene Kosten kann der klagende Verband den Inhalt des Vergleichs immer veröffentlichen (s § 18 Rn 1).

d) Die Vorschriften über eine **Klageänderung** sind anwendbar. § 264 Nr 2 ZPO ist 11 heranzuziehen, wenn die Klage im Laufe des Verfahrens auf weitere Klauseln erstreckt wird oder wenn ein Angriff auf einzelne Klauseln fallengelassen werden soll. Nicht mehr anzuwenden ist die Vorschrift aber, wenn in einem laufenden Verfahren erstmalig Bestimmungen aus einem formell selbständigen anderen Klauselwerk beanstandet werden, welches der Beklagte für andere Geschäftstypen oder gegenüber einer anderen Gruppe von Personen zu verwenden pflegt (WOLF/LINDACHER Rn 17).

e) **Eine Änderung von Klauseln durch das Gericht** kann zulässigerweise nicht bean- 12 tragt werden.

III. Sonstige Verfahrensprobleme

1. Drittbeteiligungen

13 Das Gesetz kennt leider keine besonderen Vorschriften über eine obligatorische Beteiligung Dritter. Anwendbar sind die Vorschriften über die **Nebenintervention**. Im Verfahren gegen den Verwender kann ohne Rücksicht auf Regreßgefahr (aM Münch-Komm/GERLACH Rn 16) der Empfehler beitreten, im Prozeß gegen diesen jeder Verwender (wie hier LÖWE Rn 23; ULMER/HENSEN Rn 24). Die Interventionswirkung beschränkt sich aber auf das Verhältnis des Beklagten zum Intervenienten, etwa wenn der Verwender den Empfehler wegen sorgloser Empfehlung schadensersatzpflichtig machen will. Unter einer solchen Voraussetzung ist auch **Streitverkündung** zulässig. Auch parallele Verwender (Empfehler) inhaltsgleicher Bedingungen für dieselbe Art von Rechtsgeschäften können als Intervenienten beitreten (ULMER/HENSEN Rn 24; aA WOLF/LINDACHER Rn 15). Eine förmliche **Beiladung** Dritter ist der ZPO außerhalb besonders geregelter Spezialfälle, wie etwa im Rahmen von § 640e, fremd.

Jedoch gibt es keine Vorschrift der ZPO, die es dem Gericht verböte, von sich aus Personen, die nicht Verfahrensbeteiligte sind, Gelegenheit zu Stellungnahmen zu geben, insbesondere von Amts wegen anzuregen, daß sie als Nebenintervenienten dem Verfahren beitreten. Derartiges empfiehlt sich, wenn ein Klauselwerk durch eine Klage angegriffen wird, die ersichtlich nicht gegen seinen Hauptverwender gerichtet ist oder gegen einen von vielen Verwendern erhoben wird, obwohl im Hintergrund ein zentraler Empfehler steht (s § 13 Rn 42).

2. Rechtshängigkeit, Rechtskraft, innerprozessuale Bindungswirkung

14 Das Gericht das später über das Vorliegen eines Verstoßes gegen das Unterlassungsgebot zu befinden hat (§ 890 ZPO), ist an die rechtliche Begründung, die dafür maßgebend war, gebunden (aA OLG Hamm NJW-RR 1991, 182) und kann nicht aus einer nachgeschobenen ersetzenden Begründung eine erweiternde oder einengende Auslegung des Verbots herleiten. Verwendungsarten sind vom Verbot erfaßt, wenn sie dem „Kern" des Verbots zuwiderlaufen (Einzelheiten § 17 Rn 5 u Kommentare zu § 890 ZPO). Die weitere Klage eines anderen Klageberechtigten ist weder hinsichtlich der Parteien noch im Streitgegenstand mit der erhobenen identisch (MünchKomm/GERLACH § 13 Rn 61). Ihr steht der Einwand der Rechtshängigkeit nicht entgegen (WOLF/LINDACHER § 13 Rn 111). Es gilt nichts anderes als im Wettbewerbsrecht auch. Für eine zweite Klage eines Klägers der gleichen Interessenrichtung fehlt aber regelmäßig das Rechtsschutzbedürfnis, solange nicht Anhaltspunkte für ein sachwidriges Erschlaffen der klägerischen Anstrengungen gegeben sind (REINEL, Die Verbandsklage nach dem AGBG, 129; aA MünchKomm/GERLACH § 13 Rn 61; WOLF/LINDACHER § 13 Rn 111). Nach Klageabweisung steht der Klage eines anderen Verbandes nicht die Rechtskraft entgegen (s § 13 Rn 41).

3. Aussetzung

15 Sind mehrere Unterlassungsklagen bei den Gerichten rechtshängig, so kann mangels

Vorgreiflichkeit nicht etwa eines der Verfahren ausgesetzt werden (ULMER/HENSEN Rn 21).

Ein Individualprozeß kann aber sehr wohl bis zum rechtskräftigen Abschluß eines Unterlassungsverfahrens ausgesetzt werden (§ 148 ZPO), wenn das dort angestrebte Unterlassungsurteil nach § 21 (s dort Rn 6) für die Vertragsabwicklung bindend sein würde.

4. Anfechtbarkeit von gerichtlichen Entscheidungen

Klagen nach §§ 13 ff betreffen „vermögensrechtliche Angelegenheiten". Daher sind §§ 511a, 512a, 546 Abs 1, 554b ZPO anwendbar. Für diese Vorschriften sind nach Streichung des § 22 Streitwert und Beschwer allein nach §§ 3 ff ZPO zu ermitteln. Der Streitwert der Klage eines Verbraucherverbandes ist nach dem Interesse der Allgemeinheit an der Beseitigung der beanstandeten AGB zu bestimmen (BGH NJW-RR 1991, 1074; WOLF/LINDACHER § 22 Rn 6). Da die Bestimmung dieses Interesses der Allgemeinheit schwierig ist, orientiert man sich zu seiner Bestimmung zunächst an dem gegenläufigen Interesse des Beklagten an der Weiterverwendung seiner AGB (WOLF/LINDACHER § 22 Rn 7; MünchKomm/GERLACH § 22 Rn 3). Daneben kann die Häufigkeit der Verwendung der beanstandeten AGB zur Streitwertbemessung mit herangezogen werden. Bei der Klage eines Wirtschafts und Interessenverbands ist streitig, ob sich der Streitwert ebenfalls nach diesen Grundsätzen bestimmt (WOLF/LINDACHER § 22 Rn 6) oder ob auf die Summe der Interessen der Mitglieder abzustellen ist (MünchKomm/GERLACH § 22 Rn 3). Jedenfalls aber ist die Beschwer des Verwenders nach seinem Interesse an der Weiterverwendung der strittigen Klausel zu bestimmen, mag das Interesse des Klägers auch geringer anzusetzen sein (vgl MünchKomm/LAPPE § 3 Rn 53). Aber allein der Charakter eines Kontrollverfahrens eröffnet die Revision nicht (ULMER/HENSEN Rn 29).

§ 16
Anhörung

Das Gericht hat vor der Entscheidung über eine Klage nach § 13 zu hören

1. die zuständige Aufsichtsbehörde für das Versicherungswesen, wenn Gegenstand der Klage Bestimmungen in Allgemeinen Versicherungsbedingungen sind, oder

2. das Bundesaufsichtsamt für das Kreditwesen, wenn Gegenstand der Klage Bestimmungen in Allgemeinen Geschäftsbedingungen sind, die das Bundesaufsichtsamt für das Kreditwesen nach Maßgabe des Gesetzes über Bausparkassen, des Gesetzes über Kapitalanlagegesellschaften, des Hypothekenbankgesetzes oder des Gesetzes über Schiffspfandbriefbanken zu genehmigen hat.

Materialien: Nr 1 neugefaßt durch Art 10 des dritten Gesetzes zur Durchführung versicherungsrechtlicher Richtlinien des Rates der Europäischen Gemeinschaft v 27. 7. 1994, BGBl I 1630.

I. Zweck und Anwendungsbereich

1. Mit dem dritten Gesetz zur Durchführung versicherungsrechtlicher Richtlinien des Rates der europäischen Gemeinschaft (BGBl I 1994, 1630) entfiel die vorherige behördliche Genehmigungspflicht der Allgemeinen Versicherungsbedingungen auch für Verbraucherrisiken, nachdem sie seit dem 1. Juli 1990 schon für sog Großrisiken abgeschafft war (BT-Drucks 12/6959, 45).

Die Allgemeinen Versicherungsbedingungen brauchen auch nicht systematisch mit Aufnahme des Geschäftsbetriebes vorgelegt zu werden. Ausnahmen gelten für den Bereich der Pflicht- und der Krankenversicherungen. Die präventive Kontrolle ist einer nachträglichen Überprüfung anhand von Einzelfällen durch die Aufsichtsbehörden gewichen (BT-Drucks 12/6959, 45). Diese Freistellung soll es dem Verbraucher erlauben, von einer größeren Vielfalt von Angeboten Gebrauch zu machen (BT-Drucks 12/6959, 45). Auf Versicherungsverträge ist, auch gegenüber ausländischen Versicherern im Rahmen des IPR, das AGBG weiter anwendbar. Der Gesetzgeber hält auch nach dem Wegfall der Genehmigungspflicht Allgemeiner Versicherungsbedingungen bei AGB-Unterlassungsklagen an der allgemeinen Anhörungspflicht der Aufsichtsbehörden des Versicherungswesens fest.

Für die ratio des § 16 tritt damit die Genehmigung von AGB in einem behördlichen Verfahren, an das weiterhin Nr 2 anknüpft, zurück hinter den allgemeineren Gedanken, daß im gerichtlichen Kontrollverfahren in erster Linie die Sachkompetenz der zuständigen Fachbehörden und die umfassende Würdigung aller Bewertungsgesichtspunkte ausgeschöpft werden soll (WOLF/LINDACHER Rn 2). Ein weiterer Grund für die Anhörung der Aufsichtsbehörden des Versicherungswesens liegt darin, diesen die Entwicklungen auf dem (deregulierten) Versicherungsmarkt zur Kenntnis zu bringen, damit von den Eingriffsbefugnissen Gebrauch gemacht werden kann. Mit der Neufassung des § 16 ist allerdings die Analogiebasis für eine Erstreckung dieser Vorschrift auf alle Fälle einer gegen öffentlichrechtlich genehmigte Bedingungen gerichteten Unterlassungsklage entfallen.

Es spricht aber nichts dagegen, daß sich die Gerichte bei anderen genehmigungsbedürftigen AGB in großzügiger Handhabung der §§ 273 Abs 2 Nr 2, 358a Nr 2 ZPO um eine Beteiligung der zuständigen Behörden bemühen (ULMER/HENSEN Rn 10).

2. Die in § 16 erfaßten Fälle:

a) Anzuhören ist die Aufsichtsbehörde, die für die Beaufsichtigung des Unternehmens nach dem Versicherungsaufsichtsgesetz zuständig ist. Bei ausländischen Versicherern ist das Bundesaufsichtsamt für das Versicherungswesen (Adresse: Ludwigskirchplatz 3–4, 10719 Berlin) zuständig.

b) Bausparkassengesetz idF vom 15. 2. 1991 (BGBl I 454) §§ 5, 8, 9; Gesetz über die Kapitalanlagegesellschaften idF v 14. 1. 1970 (BGBl I 127) § 15; Hypothekenbankgesetz vom 5. 2. 1963 (BGBl I 81) § 15; Schiffspfandbriefsbankgesetz idF vom 8. 5. 1963 (BGBl I 301) § 15 (Adresse des Bundesaufsichtsamtes für das Kreditwesen: Reichpietschufer 72, 10785 Berlin).

3. „Geschäftsbedingungen", die als **objektives Recht** verbindlich sind (s §.1 Rn 3), unterliegen der Unterlassungsklage ohnehin nicht.

4. § 16 gilt nicht für den Individual-Prozeß, in dem eine der in § 16 genannten Klauseln fragwürdig wird (Wolf/Lindacher Rn 4). Jedoch kann nach § 273 Abs 2 Nr 2 ZPO eine Stellungnahme erbeten werden (allgM). § 16 ist nur für bereits genehmigte AGB anzuwenden (Ulmer/Hensen Rn 3, aA Wolf/Lindacher Rn 8).

II. Die Rechtsstellung der Anhörungsberechtigten

Die Stellung der Anhörungsberechtigten hat sonst in der ZPO kein Vorbild. Die Anhörung dient nicht etwa dazu, den in § 16 genannten Behörden die Wahrnehmung subjektiver Rechte zu ermöglichen.

Sie sind nicht materiell „Verfahrensbeteiligte" (allgM, vgl Wolf/Lindacher Rn 20; MünchKomm/Gerlach Rn 8). Ihnen steht daher auch kein verfassungsrechtlicher Anspruch auf Gewährung rechtlichen Gehörs zu (Koch/Stübing Rn 1), wohl aber eine durch einfaches Gesetz begründete Anhörungsgarantie (Löwe Rn 8). Das bedeutet, daß das Gericht nicht etwa gehalten ist, endgültig erst zu entscheiden, wenn der gesamte im Laufe des Verfahrens angefallene Prozeßstoff auch den Anhörungsberechtigten bekannt geworden ist. Vielmehr ist der Vorschrift schon Genüge getan, wenn der Behörde der Inhalt des gegen die genehmigten **Bedingungen** gerichteten Angriffs mitgeteilt und ihr Gelegenheit zu einer einmaligen Stellungnahme gegeben wird (Wolf/Lindacher Rn 14; aM Ulmer/Hensen Rn 4). Ob ihr Gelegenheit zu schriftlicher Äußerung oder darüber hinaus zur Teilnahme an der mündlichen Verhandlung zu gewähren ist, liegt ganz im Ermessen des Gerichts. Die Behörde braucht über das Verfahrensergebnis auch nicht informiert zu werden (MünchKomm/Gerlach Rn 7; aM Palandt/Heinrichs Rn 2).

Gleichwohl sollte das Gericht dies fairerweise veranlassen. Im Rechtsmittelzug muß die Behörde nicht nochmals gehört werden (Wolf/Lindacher Rn 15; aA Palandt/Heinrichs Rn 2).

Ein Verstoß gegen § 16 begründet einen durch Genehmigung oder rügeloses Einlassen der Parteien nicht heilbaren Verfahrensmangel. Prozessual überholt ist dieser aber, wenn die Behörde im Rechtsmittelzug angehört wurde. Eigene Rechtsmittelbefugnisse gehen der Behörde ab (MünchKomm/Gerlach Rn 8).

§ 17
Urteilsformel

Erachtet das Gericht die Klage für begründet, so enthält die Urteilsformel auch:

1. die beanstandeten Bestimmungen der Allgemeinen Geschäftsbedingungen im Wortlaut;

2. die Bezeichnung der Art der Rechtsgeschäfte, für die die den Unterlassungsanspruch begründenden Bestimmungen der Allgemeinen Geschäftsbedingungen nicht verwendet werden dürfen;

3. das Gebot, die Verwendung inhaltsgleicher Bestimmungen in Allgemeinen Geschäftsbedingungen zu unterlassen;

4. ür den Fall der Verurteilung zum Widerruf das Gebot, das Urteil in gleicher Weise bekanntzugeben, wie die Empfehlung verbreitet wurde.

1 Die Vorschrift legt zusätzlich zu den sonst für den Urteilstenor geltenden Bestimmungen zwingend einige seiner Bestandteile fest. Einen naheliegenden Fragenkomplex (Widerrufsurteil) hat das Gesetz nicht geregelt.

Zur Rechtskraft s § 19 Rn 2. § 17 gilt auch für einstweilige Verfügungen (ULMER/HENSEN Rn 1; MünchKomm/GERLACH Rn 2), nicht aber für Entscheidungen, die inzident von der Unwirksamkeit einer AGB-Klausel ausgehen. Zu den Entscheidungswirkungen im übrigen s § 21 Rn 1.

I. Das Unterlassungsurteil

Die Nrn 1–3 sind auf das Unterlassungsurteil zugeschnitten.

2 1. Die Nrn 1 und 2 entsprechen den besonderen Anforderungen, die § 15 Abs 2 an die Bestimmtheit des Klageantrags stellt (s dort Rn 3). Ein Unterschied ergibt sich nur daraus, daß der Urteilstenor nicht auf ein vorgelegtes Exemplar von AGB verweisen, sondern aus sich selbst heraus eine Sinneinheit darstellen muß, die ohne Lektüre weiterer Dokumente verständlich ist. Eine Durchsicht der beim BKartA nach § 20 erfolgten Registrierungen zeigt groteske Beispiele gerichtlicher Gedankenlosigkeiten. Als Beispiel soll eine Entscheidung bezüglich der Bedingungen eines Einkaufsmarktes dienen:

„Der Antragsgegnerin wird ... verboten, im nicht-kaufmännischen Geschäftsverkehr mit ihren Kunden/Bestellern folgende Klausel in ihren AGB zu verwenden:

Ziff 2, 2. Absatz, 3. Satz
„Darüber hinaus haftet der Verkäufer nicht für Schäden, die dem Käufer wegen verspäteter, mangelhafter oder unterlassener Lieferung entstehen"

Ziff 4, 2. Halbsatz
„... oder Kostenersatz in Höhe von 15% des Kaufpreises zu verlangen!"

Niemand kann den Sinn dieser Gebote begreifen, ohne den gedruckten AGB-Text vor sich zu haben, der dem Gericht vorgelegen hat. Wenn die gedruckte Gestalt einer Klausel nur teilweise anstößig ist, der anstößige Teil aber als Textteil aus sich heraus nicht verständlich ist, muß er in der Urteilsformel entsprechend ergänzt werden. Die Nr 1 von § 17 kann dann nicht mit sklavischer Genauigkeit angewandt werden. In den wiedergegebenen Beispielen hätte es etwa heißen müssen:

"... eine Klausel zu verwenden, die seine Schadensersatzhaftung für alle Fälle außer für [etwa] grob schuldhaftes Verhalten leitender Angestellter ausschließt";
„... eine Klausel, die im Falle (etwa) der Nicht-Abnahme der Ware 15% des Kaufpreises als geschuldet bezeichnet".

Es ist im übrigen ganz und gar entbehrlich, im gerichtlichen Unterlassungsgebot die Nummer zu kennzeichnen, unter der sich der Verwender in seinem derzeitigen Druckexemplar einer bestimmten Klausel bedient.

2. Sind im Klageantrag zulässigerweise mehrere Klauseln zusammengefaßt (s § 15 Rn 2), dann ist auch das gerichtliche Unterlassungsgebot entsprechend abzufassen (BGH NJW-RR 1990, 1141). Die Anforderungen an die Genauigkeit des Klageantrags, § 15 Rn 6, gelten für die Urteilsformel erst recht.

3. Verstößt eine Klausel gegen das Transparenzgebot und ist sie deshalb unwirksam, so ist sie nach § 17 Nrn 1, 2 (in isolierter Verwendung) uneingeschränkt zu verbieten (BGHZ 116, 5; BGH WM 1991, 1452). Erst im Vollstreckungsverfahren kann dann der Verwender im Einzelfall nachweisen, daß die beanstandete Klausel nicht isoliert verwendet wurde, sondern daß er durch zusätzliche Informationen Sinn und Zusammenhang hinreichend deutlich dargestellt habe. Gelingt ihm dies, fehlt es an einem Verstoß gegen das Unterlassungsurteil (s § 13 Rn 24 d).

4. Die Nr 3 bringt ein sonst nicht bekanntes Urteilselement. Das Unterlassungsurteil richtet sich nicht auf den Wortlaut der beanstandeten Bestimmungen, sondern auf ihren Inhalt, umfaßt also in allen seinen Urteilswirkungen auch umformulierte, aber inhaltsgleiche Klauseln. Das, was die Rspr im UWG-Bereich im Rahmen der sogenannten „Kerntheorie" entwickelt hat (BGHZ 5, 193 = NJW 1952, 665 [LS]), ist auf das AGB-Recht übertragbar (ULMER/HENSEN Rn 7, WOLF/LINDACHER Rn 7). Nr 3 hat daher nur klarstellende Bedeutung. Fehlt ein solcher Ausspruch, so ändert sich an der Tragweite der Urteilswirkungen nichts. Der Nr 3 braucht auch nicht in einem eigenen Satz der Urteilsformel entsprochen zu werden (aM ULMER/HENSEN Rn 6). Es genügt, wenn der Beklagte zur Unterlassung der Verwendung bestimmter Klauseln „wörtlich oder ihrem Sinne nach" verurteilt wird. Betroffen sind aber wirklich nur qualitativ und quantitativ inhaltsgleiche Klauseln.

Ermäßigt der Verwender etwa eine beanstandete Frist, so ist die neue mit der alten nicht inhaltsgleich, auch wenn man sie immer noch als zu lang betrachtet (WOLF/LINDACHER Rn 7), es sei denn, die Änderung ist so minimal, daß sie wirtschaftlich nicht ins Gewicht fällt (Bsp OLG Hamm NJW-RR 1991, 182). Es kann aber beantragt werden, zur Unterlassung von Klauseln mit einer eine bestimmte Grenze überschreitenden Frist zu verurteilen (MünchKomm/GERLACH § 15 Rn 21 ULMER/HENSEN § 15 Rn 43 vgl § 15 Rn 3). Denn in der Verwendung einer exzessiven Klausel ist die Verwendung der relativ maßvolleren (aber immer noch unwirksamen) Klausel inbegriffen. Zur näheren Konkretisierung der verbotenen Handlungen s § 13 Rn 25 ff.

6 5. Bei Klagen gegen den Empfehler gelten die Nrn 2, 3 nach allgM entsprechend (ULMER/HENSEN Rn 5).

II. Das Widerrufsurteil

7 1. Die große Hast der Gesetzesverabschiedung, s Einl 11 zum AGBG, hat den Nrn 1, 3 eine Redaktion gebracht, deren Wortlaut das Widerrufsurteil nicht erfaßt. Gleichwohl sind diese Bestimmungen **entsprechend auch auf das Widerrufsurteil** anzuwenden (allgM).

8 2. Die Nr 4 regelt die Art und Weise des Widerrufs, und zwar abschließend (KOCH/ STÜBING Rn 6). Außer dazu, das Urteil bekanntzugeben, ist der Empfehler nicht etwa auch noch zur Versendung eines Widerrufsschreibens zu verurteilen. Erst recht muß der Verurteilte nicht bei den Adressaten der Empfehlung um Rücksendung noch vorhandener Exemplare nachsuchen (ULMER/HENSEN Rn 10).

Die Urteilsgründe müssen regelmäßig nicht mit bekannt gemacht werden (allgM, vgl WOLF/LINDACHER Rn 8). Der Klageantrag braucht nicht ausdrücklich auf Bekanntgabe des Urteils an einen bestimmten Personenkreis in einer bestimmten Weise gerichtet zu sein. Es genügt, wenn der Kläger Widerruf begehrt (WOLF/LINDACHER Rn 10). Unterläßt er es freilich, dem Gericht Angaben zu machen, die hinreichend konkret sind, um diesem eine Verurteilung nach Nr 4 zu ermöglichen, so ist der gesamte Widerrufsantrag mangels hinreichender Substantiierung abzuweisen (LÖWE Rn 25). Denn das Widerrufsurteil muß die Art seiner Bekanntmachung genau festlegen (allgM, vgl WOLF/LINDACHER Rn 8).

9 a) Die Nr 4 zu vollziehen, ist nicht sonderlich schwierig, wenn die Empfehlung durch **Rundschreiben, Veröffentlichung oder mündliches Anraten** zustande gekommen ist. Dann ist der Empfehler zu einer Bekanntgabe des Urteils auf gleichem Wege anzuhalten. Der Verfasser als Empfehler (s § 13 Rn 38) muß das Urteil dem Verleger bekanntgeben (ULMER/HENSEN Rn 9). Verlegt dieser das Klauselwerk weiter, wird er selbst zum Empfehler (s § 13 Rn 38). Die Art und Weise der Bekanntgabe muß im Urteil von Amts wegen (ULMER/HENSEN Rn 11) konkret beschrieben werden. Daß der Empfehler dem Urteil nachgekommen ist, muß er zur Vermeidung der Zwangsvollstreckung nachweisen. Läßt sich der Kreis der Empfehlungsadressaten nicht mehr genau bestimmen, so kann er nach generellen Merkmalen annähernd rekonstruiert werden, etwa: alle Mitglieder eines Verbandes, auch wenn jene nur auf Anforderung Exemplare zugesandt erhalten (zust WOLF/LINDACHER Rn 10).

10 b) Wie gegen einen **Verleger als Empfehler** (s § 13 Rn 38) zu erkennen ist, scheint der Gesetzgeber nicht eigens erwogen zu haben. Die Empfehlungsadressaten (Käufer des Formulars) sind dann in der großen Vielzahl nicht mehr feststellbar. Die Nr 4 hat daher in diesem Fall nur einen beschränkten Anwendungsbereich. Man braucht aber deshalb einen Widerrufsanspruch für diesen Fall nicht als ausgeschlossen zu betrachten (so aber ULMER/HENSEN Rn 9). Man muß vielmehr versuchen, den Regelungssinn des Gesetzes zum möglichst großen Teil zu verwirklichen. Läßt sich feststellen, daß ein bestimmter Personenkreis (Branchenangehörige) typischerweise das Formular benutzt, dann ist der Verleger dazu zu verurteilen, die gerichtliche Entscheidung diesem Personenkreis bekanntzumachen, auch wenn dies auf andere Weise geschehen muß als auf dem Weg, auf dem die Erwerber des Formulares in seinen Besitz gelangt sind (MünchKomm/GERLACH Rn 6; WOLF/LINDACHER Rn 10). Wird das Formular über Zwischenstationen vertrieben (Buchhandel), so ist der Verleger dazu zu verurteilen, diesen das gerichtliche Erkenntnis bekanntzumachen.

Daß der Verleger seinen eigenen Vorrat an gedruckten Empfehlungen nach Rechtskraft des Urteils nicht weitervertreiben darf, steht unabhängig von Nr 4 fest. Für eine Übertragung der im Wettbewerbsrecht geltenden Grundsätze zur Bewilligung einer Aufbrauchsfrist ins AGB-Recht fehlt es an einem Bedürfnis (allgM). Der Verleger kann sich immer behelfen, indem er dem alten Formular berichtigende Blätter beifügt, die angeben, welche Bedingungen nicht mehr oder in geänderter Fassung verwendet werden sollten.

Nur durch Veröffentlichung einer neuen, berichtigten Auflage eines Formulars kommt der Verleger seiner Widerrufspflicht nicht nach.

III. Der Dispositionsgrundsatz

Das Gericht darf über die Wirksamkeit nicht angegriffener Klauseln nicht urteilen (s § 15 **11** Rn 3). Es darf auch nicht rechtskraftfähig über die Wirksamkeit möglicher Ersatzklauseln (s Rn 1) entscheiden, sofern nicht klage- oder widerklageweise darum angegangen. Für die Widerklage besteht immer ein Rechtsschutzbedürfnis, wenn der Kläger die Wirksamkeit einer Ersatzklausel nicht anerkennt. Wie immer kann der Kläger auch teilweise unterliegen. Wenn der Kläger alle Klauseln von einem bestimmten Grad an („jede Frist von mehr als zwei Wochen") zum Verfahrensgegenstand gemacht hat, muß ein der Klage nur teilweise stattgebendes Urteil ergehen, wenn das Gericht großzügiger denkt („jede Frist von mehr als drei Wochen"). Der Klage nur teilweise stattgeben kann das Gericht auch, wenn es meint, nicht für alle vom Kläger genannten Verträge (s § 15 Rn 4) sei eine angegriffene Klausel unwirksam (ULMER/HENSEN Rn 15). Dann kann es den Kreis der betroffenen Rechtsgeschäfte selbst formulieren, darf aber kein Rechtsgeschäft miteinbeziehen, das nicht auch vom Klageantrag erfaßt wäre.

§ 18
Veröffentlichungsbefugnis

Wird der Klage stattgegeben, so kann dem Kläger auf Antrag die Befugnis zugesprochen werden, die Urteilsformel mit der Bezeichnung des verurteilten Verwenders oder Empfehlers auf Kosten des Beklagten im Bundesanzeiger, im übrigen auf eigene Kosten bekanntzumachen. Das Gericht kann die Befugnis zeitlich begrenzen.

I. Die Bekanntmachung auf Kosten des Klägers

Die Befugnis zur Veröffentlichung einer Tatsache hängt auch dann nicht von einer **1** gerichtlichen Genehmigung ab, wenn es sich um ein gerichtliches Urteil handelt (MünchKomm/GERLACH Rn 1). Daher kann die bloße Tatsache einer Urteilsveröffentlichung selbst unter Namensnennungen, die den Verfassungsschutz der aktiven Informationsfreiheit genießt, auch nicht nach § 717 Abs 2 ZPO schadensersatzpflichtig machen (aM ULMER/HENSEN Rn 11; PALANDT/HEINRICHS Rn 4). In der Veröffentlichung allein kann niemals ein Eingriff in den eingerichteten und ausgeübten Gewerbebetrieb liegen.

II. Veröffentlichung im Bundesanzeiger auf Kosten des Beklagten

2 Welche verbraucherschützende Wirkung sich der Gesetzgeber von der Möglichkeit versprochen hat, im Unterlassungs- und Widerrufsverfahren ergangene gerichtliche Urteile im Bundesanzeiger auf Kosten des Beklagten veröffentlichen zu lassen, wird für immer sein Geheimnis bleiben.

Als ob Letztverbraucher oder Geschäftsleute, die AGB unterworfen zu werden drohen, auf den Gedanken kommen könnten, sich durch ein regelmäßiges Studium des Bundesanzeigers zu schützen! Verbraucherverbände können sich jederzeit beim Bundeskartellamt nach § 20 informieren. Das Gericht wird daher von seiner Ermessensbefugnis nur in den höchst seltenen Fällen Gebrauch machen können, in welchen ihm ein konkreter Sinn dieser Maßnahme plausibel gemacht ist (MünchKomm/GERLACH Rn 2; OLG Frankfurt aM WM 89, 1216; BGH NJW 1992, 505 aE), auf keinen Fall im Zusammenhang mit einstweiligen Verfügungen (ULMER/HENSEN Rn 3) oder wenn schon eine Veröffentlichung nach § 17 Nr 4 angeordnet ist (MünchKomm/GERLACH Rn 2; aM ULMER/HENSEN Rn 5). Im Revisionsverfahren muß eine vom OLG ohne nähere Begründung ausgesprochene Erlaubnis aufgehoben werden. Zwar sind die Bekanntmachungskosten Vollstreckungskosten iSv § 788 ZPO (allgM). Daraus folgt aber nicht, daß sie schon nach nur vorläufiger Vollstreckbarkeit des Urteils beigetrieben werden könnten (aM WOLF/LINDACHER Rn 10). Denn die Bekanntmachungsgenehmigung des Gerichts ist gestaltender Natur und wird daher nicht vor der Rechtskraft des Urteils wirksam. Erst von diesem Zeitpunkt an ist der Bundesanzeiger zur Veröffentlichung verpflichtet.

Die Gegenansicht (WOLF/LINDACHER Rn 10; ULMER/HENSEN Rn 11) läßt schon die vorläufige Vollstreckbarkeit genügen. Sollte das bereits bekanntgemachte Urteil später auf ein Rechtsmittel hin aufgeschoben werden, hat der Verwender/Empfehler aus § 717 Abs 2 ZPO einen Anspruch auf berichtigende Bekanntmachung.

III. Gemeinsame Verfahrensfragen

3 Der Antrag stellt einen eigenständigen Streitgegenstand dar (allgM). Er sollte begründet werden, damit das Gericht sein Ermessen ausüben kann (ULMER/HENSEN Rn 4). Wegen seiner geringen Bedeutung ist sein Streitwert nicht höher als 1/10 des (Gebühren-) Streitwerts des Unterlassungsanspruchs (aA ULMER/HENSEN Rn 10, der eine Bewertung mit DM 3.000 empfiehlt). Wird er abgelehnt, so bedeutet dies teilweise Klageabweisung, die aber im allgemeinen nach § 92 Abs 2 ZPO kostenunschädlich ist (aA ULMER/HENSEN Rn 9). Die Abweisung begründet für Rechtsmittel eine selbständige Beschwer.

§ 19
Einwendung bei abweichender Entscheidung

Der Verwender, dem die Verwendung einer Bestimmung untersagt worden ist, kann im Wege der Klage nach § 767 ZPO einwenden, daß nachträglich eine Entscheidung des Bundesgerichtshofs oder des Gemeinsamen Senats der Obersten Gerichtshöfe des Bundes ergangen ist, welche die Verwendung dieser Bestimmung für dieselbe Art von Rechtsgeschäften nicht untersagt, und daß die Zwangsvollstreckung aus dem Urteil gegen ihn in unzumutbarer Weise seinen Geschäftsbetrieb beeinträchtigen würde.

Schrifttum

BASEDOW, Kollektiver Rechtsschutz und individuelle Rechte – Die Auswirkungen des Verbandsprozesses auf die Inzidentkontrolle von AGB, AcP 182 (1982) 335 ff
GAUL, Die Erstreckung und Durchbrechung der Urteilswirkungen nach §§ 19, 21 AGBG, in: FS Beitzke (1979) 997
GRUNSKY, Zur zeitlichen Wirkung eines Urteils auf Unterlassung der Verwendung bestimmter Klauseln in Allgemeinen Geschäftsbedingungen, in: GS Rödig (1978) 325 ff
REINEL, Die Verbandsklage nach dem AGBG (1979) 87 ff

KELLNER, Probleme um die Vollstreckungsabwehrklage nach § 19 AGBG (Diss München 1979)
SCHILKEN, Verfahrensrechtliche Probleme nach dem AGB Gesetz – eine Untersuchung zu §§ 19, 21 AGBG – in: Recht und Wirtschaft, Osnabrücker Rechtswissenschaftliche Abhandlungen (1985) 99 ff
URBANCZYK, Die Verbandsklage im Zivilprozeß (1981).

I. Rechtsnatur der durch die Vorschrift begründeten Befugnisse

Ziel der Vorschrift ist es, gleiche Wettbewerbsbedingungen zu gewährleisten. Der zur Unterlassung der Verwendung bestimmter Klauseln Verurteilte soll gegenüber seinen Mitbewerbern keinen Nachteil erleiden, wenn der BGH die Klausel in einem anderen Verfahren „gehalten" hat. Ihm soll vielmehr wieder die Möglichkeit eröffnet werden, ebenfalls diese Klausel zu verwenden (KELLNER 24 f; WOLF/LINDACHER Rn 1). Irgend ein praktischer Anwendungsfall der Vorschrift ist aber bisher nicht bekannt geworden. Es handelt sich um eine aus der Hast (Einl 11 zum AGBG) und vom Überperfektionismus geborene dogmatische Nachlässigkeit.   1

Die Versuche einer näheren dogmatischen Einordnung der Klage als wiederaufnahmeähnliche (STAUDINGER/SCHLOSSER[12]) Wettbewerbsschutzklage (ULMER/HENSEN Rn 4) oder besondere Form der Vollstreckungsgegenklage (KELLNER 90, 110) oder Feststellungsklage (GAUL aaO; SCHILKEN 103; MünchKomm/GERLACH Rn 11) können zur praktischen Handhabung der Vorschrift wenig beitragen. Wichtig ist nur, den Einfluß von § 19 auf die Vollstreckungswirkung und auf die materielle Rechtskraft des Unterlassungsurteils auseinanderzuhalten.

1. Funktion des Rechtsbehelfs und materielle Rechtskraft des Unterlassungsurteils

2 Als Leistungsurteil hat ein Unterlassungsurteil nicht nur Vollstreckungs-, sondern auch **materielle Rechtskraftwirkungen.**

Diese äußern sich, wie auch sonst, in einem „ne bis in idem" sowie in einer Präjudizialwirkung: Der Anspruch, zu dessen Erfüllung der Beklagte verurteilt wird, wird für künftige Folgeprozesse, in denen er präjudizielle Bedeutung annimmt, festgestellt. Nach allgemeinen Grundsätzen würde die Rechtskraft eines auf § 13 sich stützenden Unterlassungsurteils die Unwirksamkeit der beanstandeten AGB-Bestimmung nur inzident, aber nicht rechtskräftig feststellen (GAUL 1030). § 21, der primär eine auf Einrede zu beachtende Erstreckung von materieller Rechtskraft auf Dritte verfügt, bringt freilich gerade deshalb mittelbar zum Ausdruck, daß das Unterlassungsurteil auch die Unwirksamkeit der beanstandeten Klausel feststellt. Denn mit der Formel „die Wirkung des Unterlassungsurteils" (scil, auf welche sich der Vertragsteil berufen kann) sind solche Wirkungen vorausgesetzt und müssen dann erst recht gegenüber dem damaligen Prozeßsieger bestanden haben (Münch-Komm/GERLACH § 21 Rn 5; KOCH/STÜBING § 21 Rn 3; LÖWE Rn 8; aM GAUL 1034). Was bleibt im Lichte von § 19 von diesen Urteilswirkungen? Aus § 21 S 2 ergibt sich, daß es zur Beseitigung der Feststellung der Unzulässigkeit der Verwendung bestimmter Klauseln nicht der konstitutiven Aufhebung des Unterlassungsurteils oder der Erklärung der Unzulässigkeit der Zwangsvollstreckung als eines prozessualen Gestaltungsurteils bedarf. Mit Erlaß des BGH Urteils steht vielmehr zwischen den Parteien des Unterlassungsprozesses fest, daß die Verwendung der fraglichen Klauseln nicht unzulässig ist (vgl LAMES 36, 39 f, der in § 19 [nur] die Bestätigung der allgemeinen Regel erblickt, wonach die Rechtsprechungsänderung zeitliche Grenze der Rechtskraft sei).

2. Funktion des Rechtsbehelfs und Vollstreckungswirkung des Unterlassungsurteils

3 Mit der Vollstreckungsgegenklage hat der in § 19 genannte Rechtsbehelf also gemeinsam, daß er nur die Vollstreckungswirkung des Unterlassungsurteils bekämpfen soll. Seine materielle Rechtskraft hört mit dem Urteil des BGH von selbst zu bestehen auf. Der Erfolg einer auf § 19 gestützten Klage knüpft anders als der Erfolg der Vollstreckungsgegenklage aber nicht an eine Änderung der Rechtslage nach Urteilserlaß an, sondern an die Erkenntnis eines obersten Bundesgerichts, aus der die anfängliche Unrichtigkeit des Unterlassungsurteils folgt. Daher ist die Vollstreckungswirkung des Urteils insgesamt aufzuheben, auch wegen solcher Verstöße gegen das Unterlassungsurteil, die vor Erlaß des BGH-Urteils vorgekommen sind. Unter Einbeziehung des zur Rn 2 Ausgeführten verbleiben nach erfolgreicher Inanspruchnahme von § 19 keinerlei Urteilswirkungen mehr, wenn man vom Kostenausspruch und der formellen Rechtskraft absieht. Letztere aber ist, wenn sie nicht Vollstreckungs-, Gestaltungs-, materielle Rechtskrafts- oder Nebenwirkungen auslöst, für sich genommen ohne Regelungsfunktion, eine bloß formale Hülse.

4 Auch ohne § 19 könnte der verurteilte Verwender geltend machen, aufgrund einer Änderung der Gesetzeslage, des Stellenwerts einer im Wortlaut unveränderten Klausel im Gesamtgefüge eines Bedingungswerkes oder wegen einer Änderung allgemeiner Werthaltungen sei eine für verwendungsunzulässig erklärte Klausel jetzt zulässig (GRUNSKY, in: GS Rödig 328 ff). Es liegt dann keine unter das Verbot fallende Verwendung mehr vor.

II. Voraussetzungen des Rechtsbehelfs

1. Rechtsbehelfsbefugnis

Das Gesetz nennt ausdrücklich nur den verurteilten Verwender. Gründe, warum gleiche Befugnisse nicht auch einem verurteilten **Empfehler** zustehen, sind aus dem Gesetzgebungsverfahren nicht belegt. Man könnte für die Begrenzung auf Verwender anführen, dieser sehe sich unter den Voraussetzungen von § 19 einer Konkurrenz gegenüber, die mit Klauseln arbeite, welche ihm verboten seien, einer Situation, in welche der Empfehler nicht geraten könne. Indes kann sich der Verleger als Empfehler (s § 13 Rn 38) durchaus einer solchen Lage ausgesetzt sehen. Aber auch allgemein wäre es einigermaßen skurril, wenn Bedingungen auf dem Markt durch alle Unternehmen massenweise verwandt werden könnten und im allgemeinen auch zur Verwendung empfohlen werden dürften nur nicht durch einen einzigen oder wenige Empfehler, die früher zur Unterlassung verurteilt wurden. Man muß sich auf den Sinn der Bestandskraft gerichtlicher Urteile besinnen. Wer die gerichtliche Bestätigung eines Rechts mit irgendeinem Rechtsgüterzuweisungsgehalt erstritten hat, soll geschützt werden, auch wenn sein Erfolg auf einem Rechtsirrtum des Gerichts beruht. Dem nach § 13 klagenden Verband fehlt es aber an einer eigenen Rechtsgüterzuweisung. Er klagt im Allgemeininteresse oder doch im Interesse einer unbestimmten Vielzahl von Personen. Die gegen den Empfehler gerichtete Klage hat den Sinn, die zentrale Stelle der Marktverseuchung zu erfassen.

Diesen Sinn kann die Vollstreckung aus einem gegen den Empfehler erstrittenen Urteil nicht mehr leisten, wenn aufgrund höchstrichterlicher Entscheidungen jedermann praktisch risikolos mit den gleichen Bedingungen auf dem Markt auftreten darf. Daher muß man auch dem Empfehler den Rechtsbehelf zuerkennen (WOLF/LINDACHER Rn 8; MünchKomm/GERLACH Rn 6; aM ULMER/HENSEN Rn 5; PALANDT/HEINRICHS Rn 2; SCHILKEN 115).

2. Objekt des Rechtsbehelfs

Der Rechtsbehelf kann sich gegen jedes den Unternehmer zur Unterlassung, den Empfehler zu Unterlassung und Widerruf anhaltende gerichtliche Urteil wenden. Auch Versäumnis- und Anerkenntnisurteile machen keine Ausnahme (allgM ULMER/HENSEN Rn 5; MünchKomm/GERLACH Rn 17; WOLF/LINDACHER Rn 10). Gegenüber einstweiligen Verfügungen fehlt es jedoch für den Rechtsbehelf in aller Regel an einem Rechtsschutzbedürfnis (LÖWE Rn 16). Der Antragsgegner braucht dann nämlich nur nach § 936 iVm § 926 ZPO vorzugehen. Lediglich dann, wenn die einstweilige Verfügung durch Verzicht auf Widerspruch und Klageprovokation (§ 926 ZPO) zu einem endgültigen Titel geworden ist, dem auch materielle Rechtskraft zukommt (MünchKommZPO-HEINZE vor § 916 Rn 53; SCHUSCHKE/WALKER, Vollstreckung und vorläufiger RechtsschutzBd II [1995] § 922 Rn 24), kann sich der Rechtsbehelf auch gegen sie richten (ULMER/HENSEN Rn 16; aA WOLF/LINDACHER Rn 11). Für einen gerichtlichen Vergleich ist unter den Voraussetzungen des § 19 die Geschäftsgrundlage entfallen (§ 779 BGB).

Eine strafbewehrte Unterlassungsverpflichtung, sowie vollstreckbare Unterwerfungserklärungen gem § 794 Abs 1 Nr 5 ZPO kann der Verwender aus wichtigem Grund kündigen (ULMER/HENSEN Rn 16). Gegen ein Urteil, das in einem **Individualprozeß** inzident die Unwirksamkeit einer Klausel angenommen hat, steht der Rechtsbehelf nicht offen (allgM). Ebensowenig kann sich der Vertragspartner des Verwenders mit der Klage aus § 19 gegen ein Urteil wenden, das eine Klausel entgegen der (späteren) höchstrichterlichen Rspr als wirksam behandelt hat (OLG Köln WM 1992, 714; ULMER/HENSEN Rn 18; aA SIEG VersR 1977, 494; s § 21 Rn 7). Aus § 19 folgt nämlich nicht, daß Urteile, die einen in AGB geregelten Anspruch betreffen generell nur einer „geminderten Rechtskraft" fähig sind. § 19 gilt nur für den Verbandsprozeß und kann nicht auf Individualverfahren übertragen werden.

3. Der die Rechtsbehelfsbefugnis auslösende Anlaß

7 Die höchstrichterliche Entscheidung, welche den Rechtsbehelf zulässig macht, muß die Eigenschaft haben, die Verwendung einer Klausel, die mit der dem Rechtsmittelführer verbotenen identisch ist, „nicht zu untersagen". Die Formel ist ein logisches Monstrum. So gut wie alle Urteile, die der BGH tagtäglich erläßt, erfüllen diese Voraussetzung! Gemeint ist ein Urteil, das in einem gegen andere Verwender oder Empfehler wegen inhaltsgleicher Klauseln (s § 17 Rn 1) nach § 13 durchgeführten Verfahren ergangen ist und die Klage in höchstrichterlich bestätigter oder korrigierter Weise aus sachlichen Gründen (auch ein Versäumnisurteil; aA ULMER/HENSEN Rn 7) abgewiesen hat.

Ein solches Urteil stellt fest, daß der klagende Verband nicht berechtigt ist, dem Beklagten die Verwendung bzw die Empfehlung der fraglichen Klauseln zu verbieten. Gleiches gilt auch für eine erfolgreiche Feststellungsklage eines Verwenders gegen einen Verband s § 13 Rn 11 (ULMER/HENSEN Rn 7).

4. Bindungswirkung der höchstrichterlichen Rechtsprechung im Verfahren nach § 19

8 Das Gericht, das über eine Klage des Verwenders nach § 19 zu entscheiden hat, ist an das höchstrichterliche Urteil gebunden (MünchKomm/GERLACH Rn 22; SCHILKEN 116 f; aA WOLF/LINDACHER Rn 5; KELLNER 80 f). Auch die Einordnung dieses Rechtsbehelfs als eine besondere Art der Wiederaufnahme (s Rn 1, 3) zwingt nicht dazu, die abweichende Entscheidung lediglich als Zulässigkeitsvoraussetzung aufzufassen und das erkennende Gericht in der Sache neu entscheiden zu lassen (WOLF/LINDACHER Rn 5). Anders als in den Fällen der Wiederaufnahme geht es hier nicht um einen besonders schweren Fehler im Verfahren, auf dem möglicherweise die damalige Sachentscheidung beruht, sondern um deren inhaltliche Überholung aufgrund veränderter Rechtsanwendung. Schon der Wortlaut des § 19 legt nahe, daß damit das Unterlassungsurteil hinfällig ist (s Rn 3). Die damit einhergehende Bindung der Gerichte findet ihre Rechtfertigung in der ratio des § 19, Wettbewerbsnachteile auszuschließen (SCHILKEN 117).

Schließlich erscheint es nicht sinnvoll und widerspricht der Prozeßökonomie, den Verwender zu zwingen, den Rechtszug erneut bis zum BGH auszuschöpfen, damit jener nochmals mit der Frage befaßt wird (aA LAMES 42). Eine „Versteinerung" der Rspr geht damit nicht einher, da das Schwergewicht der Inhaltskontrolle im Individualprozeß liegt.

Die Bindung betrifft die Frage, ob eine bestimmte Klausel gegen die Klauselverbote der §§ 9-11 verstößt. Das erkennende Gericht muß prüfen, ob die untersagte und die höchstrichterliche nicht beanstandete AGB identisch sind und die gleichen Rechtsgeschäfte erfassen (MünchKomm/GERLACH Rn 22; s Rn 11). Ferner hat es die Voraussetzungen des § 19 festzustellen.

5. Besonderes Unzumutbarkeitskriterium

Die Rechtsbehelfsvoraussetzung der unzumutbaren Beeinträchtigung des Geschäfts- **9** betriebs des verurteilten Beklagten sollte man liberal (WOLF/LINDACHER Rn 21; GAUL 1045; SCHILKEN 118 f; aM MünchKomm/GERLACH Rn 20) handhaben. Denn unter den sonstigen Voraussetzungen des Rechtsbehelfs (und seines Erfolges) kann der vordem siegreiche Verband keine berechtigten Interessen mehr daran haben, Rechte aus dem Urteil geltend zu machen. Jede Beeinträchtigung des Geschäftsbetriebs des Verurteilten ist daher unzumutbar.

III. Entsprechende Anwendung

Denkbar sind mehrere Situationen, die sich für den verurteilten Verwender oder **10** Empfehler in ähnlicher Weise auswirken, wie in § 19 vorausgesetzt. Obwohl Ausnahmevorschrift, muß diese Bestimmung dann analog angewandt werden.

1. Vorher ergangene höchstrichterliche Entscheidungen

Die funktionsblinde Anlehnung an den dem Individualinteressenschutz verpflichte- **11** ten § 767 ZPO hat das Tatbestandsmerkmal „nachträglich ergangen" erzeugt. Die Interessenlage ist nicht anders, wenn die Entscheidung des BGH oder des Gemeinsamen Senats der Obersten Gerichtshöfe „vorher" ergangen, aber noch nicht bekannt war. Ja, man muß es sogar genügen lassen, wenn das das bekämpfte Unterlassungsurteil fällende Gericht sie (noch) nicht gekannt hat und seine Entscheidung einem Rechtsmittel nicht unterliegt. Wenn alle Welt sich nach einer höchstrichterlichen Rspr richtet, kann man einen Klauselverwender nicht für alle Zeit an ein davon abweichendes Unterlassungsurteil binden, das dem, der es erstritten hat, keinen individuellen Rechtsgüterschutz bringen soll. Die in der Kommentarliteratur überwiegende Auffassung will auf die Zugänglichkeit der Divergenzentscheidung für den Verwender im Erstprozeß abstellen (WOLF/LINDACHER Rn 18; MünchKomm/GERLACH Rn 18; KOCH/STÜBING Rn 4; ferner KELLNER 64). Andere haben sich unter strikter Respektierung des Wortlauts von § 19 gegen jede Berücksichtigung von vor Erlaß des Ersturteils ergangenen Divergenzentscheidungen (SCHILKEN 107; ULMER/HENSEN Rn 10) ausgesprochen.

2. Inzidentenentscheidungen

12 Hat sich eine aus einem Individualprozeß hervorgegangene höchstrichterliche Rechtsansicht in der Rechtspraxis verfestigt, dann ist es einem Einzelunternehmer ebenfalls nicht mehr zumutbar, an einem abweichenden Unterlassungsurteil festgehalten zu werden. Ein in individuellen Interessen materiell schutzwürdiger Prozeßsieger steht ihm auch dann nicht gegenüber. Einbußen für die Rechtssicherheit bringt die somit empfohlene (WOLF/LINDACHER Rn 15; MünchKomm/GERLACH Rn 15; PALANDT/HEINRICHS Rn 4; aA SCHILKEN 112; ULMER/HENSEN Rn 8) analoge Anwendung von § 19 auf höchstrichterliche Entscheidungen aus AGB-Individualprozessen nicht. Denn immer muß der BGH festgestellt haben, daß eine Klausel Gegenstand einer Einbeziehungsvereinbarung sein kann, die mit der dem Rechtsbehelfsführer verbotenen inhaltsgleich ist. Ob der BGH so entschieden hat, wenn auch in den Gründen seiner Entscheidung, läßt sich unschwer feststellen. Besonderes Augenmerk ist darauf zu richten, ob im Individualprozeß die Klausel nur aufgrund der „kundenfreundlichsten" Auslegung (§ 5) der Inhaltskontrolle standgehalten hat (eingehend BASEDOW 353 ff; SCHILKEN 113). Ist für das Verbandsklageverfahren ein anderer Regelungsgehalt zugrundezulegen (s § 13 Rn 23 „kundenfeindlichste Auslegung"), fehlt es an einer inhaltsgleichen Bedingung. Ist die Billigung nur aufgrund besonderer Umstände des Einzelfalls erfolgt, so hat das darauf ergangene Urteil ebenfalls keinen Einfluß auf den Unterlassungstitel (WOLF/LINDACHER Rn 37).

3. Festgefügtes Richterrecht allgemein

13 Denkbar ist, daß sich nach Erlaß des Unterlassungsurteils gegen den Verwender oder Empfehler Richterrecht entwickelt, ohne daß der BGH eingeschaltet worden wäre, etwa weil mehrere Oberlandesgerichte, unterstützt von der Lit, in gleicher Weise, aber abweichend von der Ansicht des Gerichts entschieden haben, welches das anstehende Unterlassungsurteil gefällt hat. Auch dann können Situationen eintreten, in welchen es dem verurteilten Beklagten aus Konkurrenzgründen füglich nicht zugemutet werden kann, sich als einziger auf dem Markt iSd gegen ihn erlassenen Gerichtsentscheidung zu verhalten. Auch dann muß § 19 entspr angewandt werden (aM MünchKomm/GERLACH Rn 16; SCHILKEN 114). Freilich genügt das Urteil eines einzelnen OLG als rechtsbehelfsbegründender Anlaß nur dann, wenn es das für den Tätigkeitsbereich des Verwenders zuständige Gericht ist. Sonst muß man eine inhaltsgleiche Rspr mehrerer Oberlandesgerichte verlangen, an der sich die Kautelarpraxis orientiert (zust WOLF/LINDACHER Rn 16).

4. Analoge Anwendung gegen Verwender und Empfehler

14 Man kann gerechterweise nicht umhin, § 19 analog auch **gegen** Verwender und Empfehler anzuwenden (aM MünchKomm/GERLACH Rn 14; WOLF/LINDACHER Rn 9; SCHILKEN 116).

Es wäre unerträglich, wenn ein Verwender, der im Unterlassungsverfahren vor einem Instanzgericht rechtskräftig obsiegt hat, sich dadurch auf die Dauer einen Marktvorsprung gegen die Konkurrenz sichern könnte, die an ein abweichendes höchstrichterliches Urteil gebunden ist oder doch faktisch keine Chance hat, unbehelligt mit Bedingungen auf dem Markt in Erscheinung zu treten, die höchstrichterlicher Rspr zuwiderlaufen. Wer im Unterlassungsprozeß die „Wirksamkeit" bestimmter AGB-Klauseln erfolgreich verteidigt hat, hat keine ausgrenzbaren subjektiven Rechte verteidigt, sondern nur einen Freiheitsrahmen, der denknotwendigerweise anderen in gleicher Lage auch zustehen soll. Diese Voraussetzung entfällt, wenn andere in ihrem Bewegungsspielraum wieder eingeengt sind. Auf einen endgültigen Bestandsschutz kann der siegende Verwender oder Empfehler ohnehin nicht vertrauen. Andere klageberechtigte Verbände könnten ohne Rechtskraftsperre (s § 15 Rn 10) jederzeit gegen ihn vorgehen.

Im Falle einer Gesetzesänderung, einer Änderung des Stellenwerts einer im Wortlaut unveränderten Klausel im Gesamtgefüge eines Bedingungswerkes sowie bei Änderung allgemeiner Werthaltungen besteht ohnehin keine Rechtskraftsperre (GRUNSKY, in: GS Rödig 331; s auch oben Rn 4).

5. Analoge Anwendung in einem erstmaligen Unterlassungsverfahren gegen einen bestimmten Verwender

Wenn ein gegenüber anderen Parteien ergangenes Gerichtsurteil schon die Wirkung hat, eine Neuaufrollung rechtskräftiger Verfahren zu veranlassen und in diesem Rahmen bindend zu wirken, so muß eine Bindung (s Rn 8) erst recht bestehen, wenn ein Verwender entgegen höchstrichterlicher Rspr (s Rn 10 f) erstmals auf Unterlassung belangt wird (MünchKomm/GERLACH Rn 23; aM WOLF/LINDACHER Rn 5, KELLNER 80 f, SCHILKEN 118). Darauf, daß sich der Verwender auf eine bestimmte Rspr „beruft", kommt es dann nicht an (MünchKomm/GERLACH Rn 23). Gleiches gilt für das Erfordernis der Beeinträchtigung des Geschäftsbehelfs „in unzumutbarer Weise". Bei diesem handelt es sich um eine bes Voraussetzung des Rechtsbehelfs aus § 19, spielt aber im Verfahren auf erstmalige Unterlassung keine Rolle (MünchKomm/GERLACH Rn 23).

IV. Prozessuale Einzelheiten

Die rechtstechnische Verweisung auf § 767 ZPO gilt nur soweit, wie die sachliche Natur der Klage (s oben Rn 1, 3) der Anlehnung an diese Norm nicht entgegensteht, vor allem also für die Zuständigkeitsregelung. „Untersagt" ist einem Verwender die Benutzung von Klauseln erst mit der Rechtskraft des Urteils. Vorher ist die Klage nach § 19 nicht zulässig (aM ULMER/HENSEN Rn 10; MünchKomm/GERLACH Rn 17; SCHILKEN 107). Besondere Anforderungen an das Drohen einer Zwangsvollstreckung sind nicht zu stellen (aM ULMER/HENSEN § 19 Rn 11).

Richtiger Ansicht nach ist dies schon im ursprünglichen Anwendungsbereich von § 767 ZPO keine Zulässigkeitsvoraussetzung für die Klage (STEIN/JONAS/MÜNZBERG § 767 Rn 42). Das Rechtsschutzbedürfnis fehlt nur, wenn der Prozeßgegner des Verwenders unter Herausgabe der ihm erteilten vollstreckbaren Ausfertigung des Urteils auf alle Rechte aus ihm in liquider Weise verzichtet (MünchKomm/GERLACH Rn 21). § 767 Abs 3 ZPO ist anwendbar (MünchKomm/GERLACH Rn 21). Dagegen ist § 767 Abs 2 ZPO nicht anwendbar, da § 19 eine mögliche Präklusion eigenständig regelt (SCHILKEN 107; s auch oben Rn 10).

§ 20
Register

(1) Das Gericht teilt dem Bundeskartellamt von Amts wegen mit

1. Klagen, die nach § 13 oder nach § 19 anhängig werden,

2. Urteile, die im Verfahren nach § 13 oder nach § 19 ergehen, sobald sie rechtskräftig sind,

3. die sonstige Erledigung der Klage.

(2) Das Bundeskartellamt führt über die nach Absatz 1 eingehenden Mitteilungen ein Register.

(3) Die Eintragung ist nach zwanzig Jahren seit dem Schluß des Jahres zu löschen, in dem die Eintragung in das Register erfolgt ist. Die Löschung erfolgt durch Eintragung eines Löschungsvermerks; mit der Löschung der Eintragung einer Klage ist die Löschung der Eintragung ihrer sonstigen Erledigung (Absatz 1 Nr. 3) zu verbinden.

(4) Über eine bestehende Eintragung ist jedermann auf Antrag Auskunft zu erteilen. Die Auskunft enthält folgende Angaben:

1. für Klagen nach Absatz 1 Nr. 1

   a) die beklagte Partei,

   b) das angerufene Gericht samt Geschäftsnummer,

   c) den Klageantrag;

2. für Urteile nach Absatz 1 Nr. 2

   a) die verurteilte Partei,

   b) das entscheidende Gericht samt Geschäftsnummer,

   c) die Urteilsformel;

3. für die sonstige Erledigung nach Absatz 1 Nr. 3 die Art der Erledigung.

Schrifttum

CREUTZIG, Das AGB-Register beim Bundeskartellamt – Hilfe für die Praxis, NJW 1979, 20
ders, Die Rechtsprechung zum AGB-Gesetz nach dem AGB-Register, Betrieb 1979, 151.

I. Einzutragende Angaben

Einzutragen sind nicht einstweilige Verfügungen, Anträge auf ihren Erlaß und grundsätzlich auch nicht im einstweiligen Verfügungsverfahren ergangene Urteile (ERMAN/WERNER Rn 2; aA ULMER/HENSEN Rn 10; MünchKomm/GERLACH Rn 2; aM PALANDT/ HEINRICHS Rn 1). Der Verfügungsinhalt kann so unterschiedlich ausfallen und sich auf eine reine Interimsregelung beschränken (s § 13 Rn 9), daß eine Eintragung das Register unnötig belasten müßte. Das BKartA trägt aber unter Billigung durch das KG (OLGZ 80, 394) alle ihm zugehenden Meldungen ein. Lediglich dann, wenn eine einstweilige Verfügung auf Unterlassung des Gebrauchs bestimmter Klauseln ergangen ist und durch Abgabe entsprechender Verzichtserklärungen des Verfügungsgegners rechtskräftig geworden sein sollte (s § 19 Rn 6), läßt sich § 20 Abs 1 Nr 2 entsprechend anwenden. „Sonstige Erledigungen" sind Klagerücknahme, beiderseitige Erklärung der Erledigung des Rechtsstreits und Prozeßvergleich, nicht aber der außergerichtliche Vergleich als solcher (aA ULMER/HENSEN Rn 8). ULMER/HENSEN (Rn 9) hält darüber hinaus auch das Nichtbetreiben des Verfahrens über einen längeren Zeitraum als sechs Monate für mitteilungspflichtig. **1**

II. Auskunftspflicht

Jedermann ist auskunftsberechtigt, ohne daß er für seinen Wunsch irgendeinen Grund angeben müßte (allgM). **2**

Sinn der Vorschrift ist es, einem klageberechtigten Verband oder einem Kunden des Verwenders eine rasche und verläßliche Information darüber zu verschaffen, ob AGB-Klauseln bestimmten Inhalts bereits in einem Aufsichtsverfahren angegriffen worden sind, und ob gegebenenfalls bereits eine Verfahrensbeendigung in der Sache eingetreten ist. Jedoch löst auch eine solche Anfrage die Auskunftspflicht des Bundeskartellamtes aus, die keine Klausel inhaltlich kennzeichnet (aM KOCH/STÜBING Rn 7; ULMER/HENSEN Rn 13), sondern sich darauf beschränkt, eine bestimmte Person oder ein bestimmtes Unternehmen zu nennen und erfahren zu wollen, ob gegen sie eine Klage erhoben, und gegebenenfalls, ob über die Art der Erledigung des Rechtsstreits etwas bekannt ist (aM ULMER/HENSEN Rn 13). Angesichts der elektronischen Speicherung der Daten im Register kann der Anfragende nur so erfahren, ob nicht nur textgleiche, sondern auch inhaltsgleiche Klauseln Gegenstand einer Unterlassungsklage sind oder waren. Da die meisten Verwender und Empfehler nur AGB für einen oder wenige Vertragstypen verwenden, bringt es auch keinen rechtsstaatlichen Schutz für sie, wenn man verlangen wollte, daß der Anfragende die Rechtsgeschäftstypen bezeichnet, auf welche sich seine Anfrage bezieht (aM MünchKomm/GERLACH Rn 5). Das Bundeskartellamt muß nur den Inhalt der Eintragung mitteilen. Vom Prozeßsieger oder gegebenenfalls nach § 299 Abs 2 ZPO vom Gerichtsvorsitzenden wird der Anfragende unschwer auch den Text der ergangenen Entscheidung oder des zwischen den Parteien abgeschlossenen Vergleichs in Erfahrung bringen können.

Inzwischen eingetretene Fälle von Rechtsnachfolge oder Firmenänderungen sind beim Bundeskartellamt nicht mehr registriert. Gleichwohl bleibt die Bindung an das Unterlassungs- oder Widerrufsurteil bestehen. Daher sollte das Bundeskartellamt immer sachlich antworten, wenn auch nur die Möglichkeit besteht, daß sich der

Eintrag auf den Verwender oder Empfehler bezieht, der in der Anfrage genannt ist (ULMER/HENSEN Rn 14).

III. Rechtsbehelfe

3 Im Rahmen der ihm nach § 20 übertragenen Tätigkeit handelt das Bundeskartellamt (Adresse: Bundeskartellamt, Mehringdamm 129, 10965 Berlin 61) als Justizbehörde. Gegen Auskunftsverweigerung ist daher Antrag auf gerichtliche Entscheidung nach § 23 EGGVG möglich (allgM).

§ 21
Wirkungen des Urteils

Handelt der verurteilte Verwender dem Unterlassungsgebot zuwider, so ist die Bestimmung in den Allgemeinen Geschäftsbedingungen als unwirksam anzusehen, soweit sich der betroffene Vertragsteil auf die Wirkung des Unterlassungsurteils beruft. Er kann sich jedoch auf die Wirkung des Unterlassungsurteils nicht berufen, wenn der verurteilte Verwender gegen das Urteil die Klage nach § 19 erheben könnte.

Schrifttum

S die Angaben zu § 19.

I. Rechtsnatur der dem Kunden gewährten Befugnis

1 Da die Kunden des Verwenders in einem gegen diesen nach § 13 angestrengten Verfahren nicht Partei sind, würde ein ergehendes Unterlassungsurteil zu ihren Gunsten nicht wirken, auch wenn der Kern des Streits gerade darum ginge, ob ihnen gegenüber die angegriffenen Klauseln wirksam seien. Die Vorschrift will erreichen, daß die Kunden aus dem Unterlassungsurteil ausnahmsweise doch Rechte herleiten können, bringt also eine **atypische Erweiterung von Urteilswirkungen** (zu den entstehungsgeschichtlichen und rechtspolitischen Aspekten der Vorschrift s ausführlich MünchKomm/GERLACH Rn 1 f; KOCH/STÜBING Rn 1 ff; LÖWE Rn 1 ff; GAUL, in: FS Beitzke 1003).

2 1. Es handelt sich einmal um Urteilswirkungen **zugunsten Dritter**. Anders als solche zu ihren Lasten kann ein Gesetz derartiges verfügen, ohne gegen Art 103 Abs 1 GG zu verstoßen (ULMER/HENSEN Rn 10; LÖWE Rn 2, § 13 Rn 61). Darin, daß dem obsiegenden Verwender eine gleichartige Urteilswirkung vorenthalten bleibt, liegt kein Verstoß gegen das Grundgesetz. Der Grundsatz der prozessualen Waffengleichheit folgt nicht aus Art 103, sondern aus Art 3 Abs 1 GG und muß daher allen Differenzierungen weichen, für die vernünftige Gründe bestehen. Solche Differenzierungen sind: Die typischerweise bestehende wirtschaftliche Überlegenheit des Verwenders einerseits und andererseits die Gefahr, daß seine Kunden allein schon vor der Prozeßführungslast kapitulieren, auch wenn ihnen günstige, aber sie nicht bindende gerichtliche Vorentscheidungen existieren.

2. Es handelt sich um eine Urteilswirkung, die nur auf **Einrede** zu beachten ist. **3**
Unterläßt der Kunde, sie zu erheben, darf das Gericht nicht ohne erneute Prüfung
von der Richtigkeit der dem Unterlassungsurteil zugrunde liegenden Rechtsauffassung ausgehen (KOCH/STÜBING Rn 18), auch nicht, wenn es dieses Urteil selbst erlassen
hat. Die Einrede ist keine solche, welche die Zulässigkeit der Klage beträfe (§ 296
Abs 3 ZPO), und unterliegt daher nur den allgemeinen Präklusionsvorschriften nach
§ 296 Abs 1, 2 ZPO (MünchKomm/GERLACH Rn 14; GAUL 1040; allgM). Wird die Einrede
erhoben, so ist jedes Gericht, gleich welchen Ranges, an den Inhalt des gegen den
Verwender ergangenen Unterlassungsurteils gebunden.

3. Aus § 21 ist mittelbar zu folgern, daß die Rechtskraftwirkung des Unterlas- **4**
sungsurteils auch die Feststellung der Unzulässigkeit der Verwendung der inhaltlich
beanstandeten Klausel erfaßt (s § 19 Rn 2). § 21 bringt also eine **ausnahmsweise nur auf
Einrede zu beachtende einseitige Rechtskrafterstreckung** (WOLF/LINDACHER Rn 3; MünchKomm/GERLACH Rn 5). Das entspricht im Ergebnis allgM. Str ist nur die dogmatische
Einordnung dieses Ergebnisses. Neben unverbindlichen und wenig aussagekräftigen
Formulierungen wie „prozessuale Bindungswirkung" (SIEG VersR 1977, 494), „eigenartige Wirksamkeitserstreckung" (SCHILKEN 120 ff) findet sich auch die Vorstellung, es
handle sich um ein „Rechtsgebilde eigener Art" (GAUL 1014 ff, 1043) oder eine „materiellrechtliche Schutznorm" (ULMER/HENSEN Rn 12). Die Modifikationen gegenüber
den im Normalfall der Rechtskrafterstreckung geltenden Grundsätzen sind aber
nicht so ausgeprägt, daß man sich gegen eine Einordnung in das Institut der Rechtskrafterstreckung sträuben sollte.

4. Die Einredeobliegenheit hindert das Gericht freilich nicht daran, beim **5**
BKartA nach Existenz und Inhalt von Urteilen zu fragen, die dort registriert sind,
und sich, nach Kenntnisnahme, dem Inhalt der Entscheidung anzuschließen (MünchKomm/GERLACH Rn 4). Mit LÖWE (Rn 25 f) ist ihm im Interesse einer möglichst überzeugenden Begründung seiner Entscheidung ohnehin sehr dazu zu raten, wo es
kann, selbst die Verantwortung für Rechtsansichten zu übernehmen, von denen es
ausgeht, auch wenn es ausnahmsweise an die Rechtsansicht eines anderen Gerichts
gebunden ist.

II. Voraussetzungen der Einrede

1. Das Gesetz bezeichnet den die Einredebefugnis tragenden Titel als „**Unterlas-** **6**
sungsurteil". Da es sich um Rechtskrafterstreckung handelt, muß das Urteil rechtskräftig sein (allgM m Ausn REBMANN Rn 2, der vorläufige Vollstreckbarkeit genügen läßt).
Einstweilige Verfügungen sind einem Urteil iSv § 21 nicht gleich zu erachten (WOLF/
LINDACHER Rn 10; MünchKomm/GERLACH Rn 5; PALANDT/HEINRICHS Rn 2; ULMER/HENSEN
Rn 4), selbst wenn sie ausnahmsweise in Urteilsform ergangen und vielleicht sogar
materiell rechtskräftig sind (§ 19 Rn 6; MünchKomm/GERLACH Rn 6; SCHILKEN 123 f; KOCH/
STÜBING Rn 13). Ein **Vergleich**, der nichts weiter enthält als die durch Vertragsstrafe
gesicherte Unterlassungsverpflichtung des Verwenders, reicht für die Begründung
der Einredebefugnis des Kunden ebenfalls nicht aus (LÖWE Rn 18). Der klagende
Verband kann aber darauf dringen, daß der Verwender vergleichsweise auch zugunsten Dritter, nämlich der Kunden, die Unterlassungsverpflichtung übernimmt. Sie
ist dann zweckmäßigerweise so zu formulieren, daß sie sich auch auf die Anwendung
der AGB auf früher abgeschlossene Verträge bezieht (s Rn 7). Solange der Verwen-

der nicht bereit ist, eine solche Ausdehnung seiner Verpflichtungen zu akzeptieren, hat er Anlaß zur Klageerhebung iSv § 93 ZPO gegeben (s § 13 Rn 41).

7 2. Der Verwender muß dem Urteil zuwider handeln. Gerade wegen § 21 ist es besonders wichtig zu erkennen, daß auch eine auf der Grundlage der beanstandeten AGB-Klauseln betriebene Abwicklung früher geschlossener Verträge eine erneute Verwendung des Klauselwerks und daher eine Zuwiderhandlung gegen das Unterlassungsurteil darstellt (s § 13 Rn 29). Entgegen den in den Gesetzesberatungen artikulierten Vorstellungen (BT-Drucks 7/5422, 13) wirkt § 21 daher nicht nur zugunsten solcher Kunden, die nach Rechtskraft des Unterlassungsurteils Verträge mit diesem abgeschlossen haben. Der Verwender unwirksamer AGB genießt auch keinen Vertrauensschutz (BGH NJW 1994, 2693). Er trägt das Risiko der Unwirksamkeit der von ihm verwendeten Klauseln. Hierzu zählt auch, daß eine geänderte Rechtsauffassung eine bislang für unbedenklich gehaltene Klausel, nunmehr als unzulässig ansieht. Dieses Risiko trifft den Verwender schon in jedem Individualprozeß, in dem um die (Un-)Wirksamkeit seiner AGB gestritten wird. Der Verwender vermag die Anwendung beanstandeter Klauseln Altkunden gegenüber faktisch ohnehin mit Sicherheit nicht durchzusetzen, wenn sie nur um die Existenz des Unterlassungsurteils wissen. In anhängigen Verfahren kommt eine Aussetzung gem § 148 ZPO in Betracht (s § 15 Rn 11).

8 Liegt bereits eine im Individualprozeß mit seinem Kunden ergangene rechtskräftige Entscheidung zugunsten des Verwenders vor, steht dem Vertragspartner eine Einrede nach § 767 ZPO iVm § 21 S 1 nicht zu. Dem (Alt-)Kunden kommt die spätere Unterlassungsverpflichtung des Verwenders nicht mehr zugute (LÖWE Rn 21; aA wohl SIEG VersR 1977, 494).

Dies folgt einmal daraus, daß die Vollstreckung aus dem Urteil keine „Verwendung" der unwirksamen Klausel ist, zum anderen aus dem Vorrang der Rechtskraft des im Individualprozeß ergangenen Urteils. Außerhalb dieses Sonderfalles ist die dogmatische Behandlung bereits abgewickelter Verträge noch wenig geklärt. Im Ergebnis besteht jedoch Einigkeit, daß § 21 abgewickelte Verträge nicht erfaßt. Während LÖWE (Rn 21) und der BGH (NJW 1981, 1511) das Tatbestandsmerkmal „verwenden", ULMER/HENSEN (Rn 5) eine Urteilszuwiderhandlung verneinen, wenn der Verwender es bei der durchgeführten Vertragsabwicklung belassen will, fehlt dem Unterlassungsurteil nach BASEDOW (345 ff) schon die Bindungswirkung für die Zeit vor der letzten mündlichen Verhandlung, auf die es erlassen wurde (349 f). Immer kann jedoch ein Gericht den Verwender ungerechtfertigt bereichert sehen, wenn es sich inhaltlich dem Unterlassungsurteil anschließt und daher die Vertragsabwicklung für unberechtigt hält.

9 Gegenüber dem Rechtsnachfolger des Verwenders/Empfehlers wirkt das Unterlassungsurteil nach § 325 ZPO (ULMER/HENSEN Rn 8).

10 3. In Satz 2 kehrt die überperfektionistische Sorge wieder, die zur Schaffung von § 19 geführt hat. Zu den Voraussetzungen, unter denen der Verwender nach § 19 „Vollstreckungsgegenklage" erheben könnte, s § 19 Rn 5 ff. Die nachlässige gesetzliche Terminologie vermag die sachlich gebotene Einschränkung nicht verhindern:

Gemeint sind die Voraussetzungen des Klageerfolgs. Hat der Verwender bereits erfolgreich Klage erhoben, fehlt es ohnehin an einem Unterlassungsgebot, das gem § 21 S 1 noch zugunsten Dritter wirken könnte (Wolf/Lindacher Rn 13; s § 19 Rn 3). Die Bedeutung der Klage nach § 19 liegt demnach vor allen darin, die Rechtslage mit bindender Wirkung zu klären (MünchKomm/Gerlach § 19 Rn 11). Ist eine Klage nach § 19 rechtshängig, so muß das im Prozeß des Verwenders mit dem Kunden entscheidende Gericht inzident prüfen, ob sie Erfolg haben wird (allgM), sofern es nicht das Verfahren aussetzt. Ist eine Klage nach § 19 rechtskräftig abgewiesen, so wirkt dies auch zugunsten des Kunden (Koch/Stübing Rn 22), weil dann mit Aussicht auf Erfolg nicht erneut geklagt werden kann, was § 21 voraussetzt. Satz 2 wirkt zugunsten des Verwenders nur, wenn er auf die Einrede des Kunden mit einer entsprechenden Gegeneinrede antwortet (Wolf/Lindacher Rn 14; Palandt/Heinrichs Rn 7; aA Ulmer/ Hensen Rn 13; MünchKomm/Gerlach Rn 16; Schilken 126, die eine Prüfung von Amts wegen annehmen).

§ 22
Streitwert

Bei Rechtsstreitigkeiten auf Grund dieses Gesetzes darf der Streitwert nicht über 500 000 Deutsche Mark angenommen werden.

Aufgehoben durch Art 9 Nr 4 KostRÄndG v 24. 6. 1994 (BGBl I 1325)

Die Streitwertbegrenzung des § 22 aF ist durch das KostÄndG nunmehr in § 12 Abs 1 S 2 GKG aufgenommen worden. Dies hat – wohl entgegen der Gesetzesbegründung (BT-Drucks 12/6962, 61) – einen gespaltenen Streitwert in AGB-Kontrollverfahren zur Folge (so schon zum bislang geltenden Recht Wolf/Lindacher § 22 Rn 2). Es ist Wert der Beschwer und ein Gebührenstreitwert zu unterscheiden: Wegen der ohnehin bestehenden ausschließlich sachlichen Zuständigkeit der LGe (§ 14) für Kontrollklagen nach § 13 kommt der freien Streitwertbestimmung nach §§ 3 ff ZPO nur noch Bedeutung für den Wert der Beschwer zu. Diese sind nunmehr, ohne die Begrenzung nach § 22 aF, nach allgemeinen Grundsätzen zu ermitteln. Von Bedeutung ist dies vor allem für die Frage, ob der Streitwert für eine „Wertrevision" erreicht ist (§ 546 Abs 1 ZPO). Gerade diese Frage bereitete unter § 22 aF große Schwierigkeiten (vgl BGH NJW-RR 1991, 179, 1991 1074). Für den Fall der Erfolglosigkeit des Verbraucherverbands beim OLG soll sich der revisionsrechtliche Streitwert nach dem vom Verband verfolgten Interesse der Allgemeinheit richten (BGH Urt v 26. 3. 1997 III ZR 296/96). **1**

Dagegen ist der Gebührenstreitwert nach dem neu eingefügten § 12 Abs 1 S 2 GKG eigenständig festzusetzen. Die Abkoppelung des Gebührenstreitwerts vom Wert der Beschwer folgt aus der systematischen Stellung und der Ratio des § 12 GKG. Das Interesse der Allgemeinheit an einer Niedrighaltung des Kostenrisikos soll nicht zu Lasten des an sich eröffneten Rechtszuges gehen (so schon bislang Wolf/Lindacher Rn 2). Bei der Ermittlung des Gebührenstreitwerts nach § 12 GKG bleiben die zu § 22 aF gewonnenen Grundsätze gültig (vgl BT-Drucks 12/6962, 61). Der Gebührenstreitwert ist durch eine Herabrechnung von dem gesetzlichen Höchstbetrag zu **2** bestimmen. Er gilt, wie bislang § 22, nur für Streitigkeiten nach dem dritten Abschnitt dieses Gesetzes.

3 In der Praxis hatte sich ein Regelstreitwert von DM 3.000 bis 5.000 pro Klausel eingependelt (OLG Frankfurt aM NJW-RR 1994, 60). Mit ULMER/HENSEN (§ 15 Rn 32) sollte ein Streitwert von DM 3.000 nicht unter- und von DM 10.000 nicht überschritten werden.

Vierter Abschnitt
Anwendungsbereich

§ 23
Sachlicher Anwendungsbereich

(1) Dieses Gesetz findet keine Anwendung bei Verträgen auf dem Gebiet des Arbeits-, Erb-, Familien- und Gesellschaftsrechts.

(2) Keine Anwendung finden ferner

1. § 2 für die mit Genehmigung der zuständigen Verkehrsbehörde oder auf Grund von internationalen Übereinkommen erlassenen Tarife und Ausführungsbestimmungen der Eisenbahnen und die nach Maßgabe des Personenbeförderungsgesetzes genehmigten Beförderungsbedingungen der Straßenbahnen, Obusse und Kraftfahrzeuge im Linienverkehr;

1 a. § 2 für die Allgemeinen Geschäftsbedingungen und Entgelte der Anbieter von Telekommunikationsdienstleistungen über das Angebot von Telekommunikationsdienstleistungen für die Öffentlichkeit nach dem Telekommunikationsgesetz, sofern sie in ihrem Wortlaut im Amtsblatt der Regulierungsbehörde veröffentlicht worden sind, und bei den Geschäftsstellen der Anbieter zur Einsichtnahme bereitgehalten werden;

1 b. § 2 für die Allgemeinen Geschäftsbedingungen der Deutschen Post AG für Leistungen im Rahmen des Beförderungsvorbehalts nach dem Postgesetz, sofern sie in ihrem Wortlaut im Amtsblatt der Regulierungsbehörde veröffentlicht worden sind und bei den Geschäftsstellen der Deutschen Post AG zur Einsichtnahme bereitgehalten werden;

2. die §§ 10 und 11 für Verträge der Elektrizitäts- und der Gasversorgungsunternehmen über die Versorgung von Sonderabnehmern mit elektrischer Energie und mit Gas aus dem Versorgungsnetz, soweit die Versorgungsbedingungen nicht zum Nachteil der Abnehmer von den auf Grund des § 7 des Energiewirtschaftsgesetzes erlassenen Allgemeinen Bedingungen für die Versorgung mit elektrischer Arbeit aus dem Niederspannungsnetz der Elektrizitätsversorgungsunternehmen und Allgemeinen Bedingungen für die Versorgung mit Gas aus dem Versorgungsnetz der Gasversorgungsunternehmen abweichen;

3. § 11 Nr. 7 und 8 für die nach Maßgabe des Personenbeförderungsgesetzes genehmigten Beförderungsbedingungen und Tarifvorschriften der Straßenbahnen, Obusse und Kraftfahrzeuge im Linienverkehr, soweit sie nicht zum Nachteil des Fahrgastes von der Verordnung über die Allgemeinen Beförderungsbedingungen für den Straßenbahn- und Obusverkehr sowie den Linienverkehr mit Kraftfahrzeugen vom 27. Februar 1970 abweichen;

4. § 11 Nr. 7 für staatlich genehmigte Lotterieverträge oder Ausspielverträge;

5. § 10 Nr. 5 und § 11 Nr. 10 Buchstabe f für Leistungen, für die die Verdingungsordnung für Bauleistungen (VOB) Vertragsgrundlage ist;

6. § 11 Nr. 12 für Verträge über die Lieferung als zusammengehörig verkaufter Sachen, für Versicherungsverträge sowie Verträge zwischen den Inhabern urheberrechtlicher Rechte und Ansprüche und Verwertungsgesellschaften im Sinne des Gesetzes über die Wahrnehmung von Urheberrechten und verwandten Schutzrechten.

(3) Ein Bausparvertrag, ein Versicherungsvertrag sowie das Rechtsverhältnis zwischen einer Kapitalanlagegesellschaft und einem Anteilinhaber unterliegen den von der zuständigen Behörde genehmigten Allgemeinen Geschäftsbedingungen der Bausparkasse, des Versicherers sowie der Kapitalanlagegesellschaft auch dann, wenn die in § 2 Abs. 1 Nr 1 und 2 bezeichneten Erfordernisse nicht eingehalten sind.

Schrifttum

COESTER-WALTJEN, Die Inhaltskontrolle von Verträgen außerhalb des AGBG, AcP 190 (1990) 1 ff
FASTRICH, Richterliche Inhaltskontrolle im Privatrecht (1992)
FRIEDRICH, AGB-Gesetz und Verträge mit arbeitnehmerähnlichen Personen, MDR 1979, 190
vHOYNINGEN-HUENE, Die Billigkeit im Arbeitsrecht (1978)
ULRICH PREIS, Auslegung und Inhaltskontrolle von Ausschlußfristen in Arbeitsverträgen, ZIP 1989, 885

WALCHSHÖFER, Grenzen des Anwendungsbereichs des AGB-Gesetzes: Individualverträge, Ausnahmebereiche, Zehn Jahre AGB-Gesetz RWS Forum 2, 1987
WESTHOFF, Die Inhaltskontrolle von Arbeitsverträgen (1976)
ZÖLLNER, Immanente Grenzen arbeitsvertraglicher Regelungen, RdA 1989, 152
ders, Privatautonomie und Arbeitsverhältnis, AcP 176 (1976) 221.

Systematische Übersicht

I. Anwendungsbereich
1. Allgemeines _____ 1
2. Verhältnis zu § 24a (Verbraucherverträge) _____ 1 a

II. Der grundsätzliche Ausschluß bestimmter Rechtsbereiche, sog Bereichsausnahmen
1. Arbeitsrecht _____ 1 c
2. Erbrecht _____ 4
3. Familienrecht _____ 5
4. Gesellschaftsrecht
5. Tragweite der Unanwendbarkeit des AGBG _____ 14

III. Der Ausschluß einzelner Bestimmungen des AGBG, Abs 2
1. § 23 Abs 2 Nr 1 _____ 15
2. § 23 Abs 2 Nr 1 a u 1 b _____ 18
3. § 23 Abs 2 Nr 2 _____ 22
4. § 23 Abs 2 Nr 3 _____ 26
5. § 23 Abs 2 Nr 4 _____ 27
6. § 23 Abs 2 Nr 5 _____ 29
7. § 23 Abs 2 Nr 6 _____ 38

IV. § 23 Abs 3 _____ 42

Anwendungsbereich

Alphabetische Übersicht

Abmahnkosten	43, 47; § 14 Rn 11
Abmahnung	11, 43 f, 46 f
AGB-Verbandsklage, s Verbandsklage	
Aktivlegitimation	5, 12 ff
– Einschränkung	20
– Handwerkskammern	22
– Industrie- und Handelskammern	22
– Verbraucherverbände	12, 18 ff
– Wirtschaftsverbände	21
Anwendungsbereich	3, 24, 36
Beseitigungsanspruch	27, 40 f, 47
Beweislast	11, 19, 25
Dauerhandlungen	28, 40
Einstweiliger Rechtsschutz	4, 6 ff
Empfehler	
– Begriff	36, 39 ff
Empfehlung	20; 23, 32
Erstverwendungsgefahr	24h
Gegnerfreiheit	14, 17 f
Gewohnheitsrecht	43
Handwerkskammern, s Aktivlegitimation	
Hinweisobliegenheit	
– Aushang	40
Industrie- und Handelskammern, s Aktivlegitimation	
Internet	5
Konditionenempfehlungen	3
Negative Feststellungsklage	4, 11
Passivlegitimation	35 ff
– Verwender	36
– Empfehler	38
– Verleger von Formularen	37
Rechtsschutzbedürfnis	41 ff
Rundschreiben	39
Streitgegenstand	3
Subsidiarität	42
Unterlassungserklärung, strafbewehrte	24h, 41
Unterlassungsverpflichtung	23 ff, 24g
Unwirksamkeit	8 f, 11, 23, 24c f
Urteilsformel	20
Verbandsempfehlungen	36
Verbandsklage	1, 3 ff, 10 f, 23, 24c, 43
Verbraucherverbände	12 ff s auch Aktivlegitimation
– Aufgaben	13 ff
– Mischverbände	14, 17
– Organisationsstruktur	16
Verfügungsanspruch	7
Verjährung	40
Vermittler	35
Widerrufsurteil	31
Widerrufsverpflichtung	23 ff, 31 ff
Wiederholungsgefahr	7 f, 24d, 24h, 36, 41, 47
Wirtschaftsverbände, s Aktivlegitimation	

I. Anwendungsbereich

1. Allgemeines

Die Vorschrift bringt einen Katalog von Ausnahmen vom Anwendungsbereich des AGBG und einzelner Bestimmungen. Zwar hindert der Ausnahmecharakter dieser Vorschrift ihre analoge Anwendung nicht grundsätzlich (ULMER Rn 1), doch ist ein Bedürfnis danach noch nicht bekannt geworden. Systematisch ist zwischen den sog Bereichsausnahmen des Abs 1 und den einzelnen Bestimmungen gewidmeten Ausnahmen (Abs 2 und 3) zu unterscheiden. **1**

2. Verhältnis zu § 24 a (Verbraucherverträge)

1 a a) Die Bereichsausnahmen nach **Abs 1** gelten für alle Verbraucherverträge nach § 24a. Dies widerspricht nicht der Richtlinie über mißbräuchliche Klauseln in Verbraucherverträgen (im folgenden RL; s Anh § 24a), da diese ausweislich mehrerer ihrer Bestimmungen nur für Verträge über den Verkauf von Waren und die Erbringung von Dienstleistungen (durch den Unternehmer) gilt, was mit der Klarstellung in Nr 10 der Erwägungsgründe der RL bestätigt wird. Außerdem ist ihr eingeschränkter Anwendungsbereich Folge von deren beschränkter Ermächtigungsnorm (DRYGALA ZIP 1997, 970). Daher ist auch die das Gesellschaftsrecht betreffende Bereichsausnahme unbedenklich, soweit es um Verträge über den Erwerb gesellschaftsrechtlicher Beteiligungen als Vermögensanlage ohne unternehmerische Funktion geht (ULMER Rn 59 Fn 227; DRYGALA ZIP 1997, 968; **aA** REMIEN ZEuP 1994, 44; MünchKomm/BASEDOW LM AGBG § 23 Nr 14; HEINRICHS § 24a Rn 7). Für die in § 24 Nr 2 genannten Einzelvertragsklauseln ergibt sich die Geltung des § 23 Abs 1 zwar nicht eindeutig aus dem – ohnehin ungenauen (s § 24a Rn 21) – Wortlaut, aber hinreichend deutlich aus dem Regelungsziel des Gesetzes (**aA** ULMER Rn 62, der eine analoge Anwendung des § 23 Abs 1 befürwortet).

1 b b) Auch die Ausnahmetatbestände nach **Abs 2, 3** sind auf Verbraucherverträge anzuwenden (ULMER Rn 59, 61). Auf Einzelvertragsklauseln (§ 24a Nr 2) werden sie ohnehin kaum zutreffen (ULMER Rn 62). Zu einem Konflikt mit der RL kann es hier nur mit Bestimmungen kommen, die eine Inhaltskontrolle ausschließen. Unbedenklich sind somit die Nrn 1, 1a, Abs 3 (ULMER Rn 59). Soweit der Gesetzgeber bestimmte AGB-Klauseln (insbes Ausnahmetatbestände Nrn 4, 5) selbst als angemessen erachtet und einer richterlichen Inhaltskontrolle entzieht, liegt darin kein Verstoß gegen die RL. Denn diese verpflichtet den nationalen Gesetzgeber nur, mißbräuchlichen Klauseln ihre Wirksamkeit zu versagen (Art 6 Abs 1 RL), verbietet ihm aber nicht, selbst die Gültigkeit bestimmter Klauseln zu überprüfen (Art 189 Abs 3 EGV). Als problematisch wird insbesondere die Privilegierung der VOB angesehen. Da die VOB aber „als Ganze" auch für den Verbraucher nicht unangemessen ist, hält die gesetzgeberische Wertung den Anforderungen des Art 4 Abs 1 RL, der ausdrücklich die Berücksichtigung der anderen Klauseln bei der Inhaltskontrolle zuläßt, noch stand (**aA** ULMER Rn 60; HENSEN Anh §§ 9–11 Rn 906). Besteht man dagegen auf einer individuellen richterlichen Inhaltskontrolle jeder einzelnen Vertragsbedingung, tritt in richtlinienkonformer Auslegung neben die Ausnahmebestimmungen des § 23 Abs 2 eine ergänzende Inhaltskontrolle nach § 24 Nr 3 iVm § 9 (**aA** ULMER Rn 60; s Rn 36).

II. Der grundsätzliche Ausschluß bestimmter Rechtsbereiche, sog Bereichsausnahmen

1. Arbeitsrecht*

1 c a) Im Arbeitsrecht wird der schwächere Teil von einem dichten Netz von zwin-

---

* **Schrifttum:** COESTER-WALTJEN, Die Inhaltskontrolle von Verträgen außerhalb des AGBG, AcP 190 (1990) 1 ff; FASTRICH Richterliche Inhaltskontrolle im Privatrecht (1992); FRIEDRICH, AGB-Gesetz und Verträge mit arbeitnehmerähnlichen Personen, MDR 1979, 190;

Anwendungsbereich

gendem Gesetzesrecht, tarifvertraglichen Vorschriften, Betriebsvereinbarungen und einer richterlichen Inhaltskontrolle geschützt, die auch Individualvereinbarungen erfaßt. Diese setzt immer schon ein, wenn die Vertragsparität gestört und der Arbeitgeber bei Vertragsschluß zu einseitiger Interessenverfolgung in der Lage ist (FASTRICH 159 ff; ZÖLLNER 152; vHOYNINGEN-HUENE 128 ff; BAGE 22, 194; allg zur Notwendigkeit richterlicher Inhaltskontrolle bei strukturellen Ungleichgewichtslagen BVerfG NJW 1994, 36). Der Gesetzgeber glaubte, angesichts dieser Rechtslage sei ein speziell auf die Vorformulierung von Vertragsbedingungen ausgerichteter Schutz des Arbeitnehmers entbehrlich, ja ein Rückschritt (BT-Drucks 360/75, 41; krit WOLF/HORN Rn 35; PAULY 1031). Soweit im AGBG allgemeine Rechtsgedanken ihren Niederschlag gefunden haben, wie §§ 3–6, können diese freilich auch auf die richterliche Kontrolle von Arbeitsbedingungen übertragen werden (ULMER Rn 4a; MünchKomm/BASEDOW Rn 3; PAULY 1031 ff; speziell zu § 3 BAG NAZ 1996, 702; aA SCHWARZ BB 1996, 1434). Einen Grundsatz zwischen Analogie und Heranziehung allgemeiner Rechtsgedanken aufzubauen, ist überspitzt. Aber auch die Einbeziehungskontrolle nach § 2 Abs 1 kann für formularmäßige Arbeitsverträge grundsätzlich herangezogen werden (MOOK DB 1987, 2254; PAULY 1031 f; FRENSKI AuR 1989, 168, 169; abl MANFRED WOLF RdA 1988, 275). Das aus § 6 abgeleitete Verbot einer geltungserhaltenden Reduktion wird teils ins Arbeitsrecht übertragen (PAULY 1032; WOLF 276), teils aber zu Recht durch die dort von der Rspr entwickelte eigenständige Form der Inhaltskontrolle als verdrängt angesehen (MünchKomm/BASEDOW Rn 3). Hingegen scheidet eine analoge Anwendung der §§ 10, 11 aus (ULMER Rn 4a; MünchKomm/BASEDOW Rn 4; WOLF/HORN Rn 41). Vielfach passen die auf Austauschverträge mit Verbrauchern zugeschnittenen Klauselverbote auch nicht auf Arbeitsverträge. So hat ein Arbeitgeber ein legitimes Bedürfnis nach einer Vereinbarung eines Vertragsstrafeversprechens bei Vertragsbruch durch den Arbeitnehmer (BAG NJW 1985, 91). Fragen der Haftung für verschuldete Vertragsverletzungen und Befristungen haben im Arbeitsrecht ohnehin eine eigene Regelung erfahren (MünchKomm/BASEDOW Rn 4). Allerdings lassen sich einzelne Rechtsgedanken aus den §§ 9–11 für die Konkretisierung der allgemeinen Maßstäbe der Inhaltskontrolle aus §§ 242, 315 BGB fruchtbar machen (WOLF/HORN Rn 41; PALANDT/HEINRICHS Rn 2, der § 11 Nr 15 heranziehen will; aA LAG Hamm Urt v 23. 2. 1989 ARST 1991, 15).

Die allgemeine offene richterliche Inhaltskontrolle kann freilich auch keinen anderen Maßstab haben, als er in § 9 niedergelegt ist. Insbesondere ist vorgeschlagen worden, die in § 9 Abs 2 vorgenommene Konkretisierung des Maßstabs für die Inhaltskontrolle in das Arbeitsrecht zu übertragen (WOLF RdA 1988, 274; aA ZÖLLNER RdA 1989, 159). Auch insoweit muß man sich aber vor einer Überbewertung des dispositiven Gesetzesrechts hüten. Eine „versteckte" Inhaltskontrolle, wie sie die Rspr vielfältig vornimmt (dazu FASTRICH 166), hat den Vorteil, dem heute in der richter-

vHOYNINGEN-HUENE, Die Billigkeit im Arbeitsrecht (1978); NICOLAI, Anwendbarkeit des AGB-Gesetzes auf „nichtarbeitsrechtliche Beziehungen" zu AG und AN, ZIP 1995, 359; ULRICH PREIS, Auslegung und Inhaltskontrolle von Ausschlußfristen in Arbeitsverträgen, ZIP 1989, 885; ders, Vertragsgestaltung im Arbeitsrecht (1993); PAULY, Analoge Anwendung des AGB-Gesetzes auf Formulararbeitsverträge, NAZ 1997, 1030; WALCHSHÖFER, Grenzen des Anwendungsbereichs des AGB-Gesetzes Individualverträge, Ausnahmebereiche, in: Zehn Jahre AGB-Gesetz, RWS Forum 2, 1987; WESTHOFF, Die Inhaltskontrolle von Arbeitsverträgen (1976); ZÖLLNER, Immanente Grenzen arbeitsvertraglicher Regelungen, RdA 1989, 152.

lichen Inhaltskontrolle aufgekommenen Übereifer (s Einl zum AGBG) entgegenzuwirken.

2 b) Für die Bestimmung des **Begriffs „Arbeitsrecht"** kann grundsätzlich an die allgemeine arbeitsrechtliche Arbeitnehmerdefinition und die dazu ergangene Rspr (STAUDINGER/RICHARDI[12] Vorbem 136 ff zu §§ 611 ff BGB) angeknüpft werden (allgM). Streitig ist die Behandlung der sog **arbeitnehmerähnlichen Personen**, die idR nicht weisungsgebunden und nicht persönlich, wohl aber wirtschaftlich abhängig sind (dazu STAUDINGER/RICHARDI[12] Vorbem 136 ff zu §§ 611 ff BGB). Gegen die Anwendbarkeit des AGBG auf die Rechtsbeziehung zu ihrem Prinzipal spricht nicht ihre in mancher Hinsicht bestehende Gleichstellung mit Arbeitnehmern (zB in § 5 Abs 1 S 2 ArbGG; § 2 BUrlG; § 12 TVG; § 59 Abs 1 Nr 3 a, c KO). Entscheidend ist, daß sie des arbeitsrechtlichen Schutzes im Prinzip entbehren (OLG Nürnberg NJW-RR 1986, 782; ULMER Rn 7; WOLF/HORN Rn 37; PREIS/STOFFELS ZHR 160 [1996] 455; aA MünchKomm/BASEDOW Rn 6; offenlassend BGH NJW 1984, 1112).

Wieso § 5 Abs 1 S 2 ArbGG der vor den Landgerichten durchzuführenden abstrakten Unterlassungsklage entgegenstehen soll (ULMER Rn 7; HEINRICHS Rn 2), ist nicht einzusehen.

3 c) Keine **„Verträge auf dem Gebiet des Arbeitsrechts"** sind sonstige Verträge zwischen Arbeitgeber und Arbeitnehmer, wie Darlehns- (vgl BAG WM 1993, 2222), Miet- und Kaufverträge. Diese unterfallen im Grundsatz nicht der Ausnahmebestimmung des § 23 Abs 1 und unterliegen deshalb der Kontrolle anhand des AGBG (BAG NJW 1994, 213 mwN; WOLF/HORN Rn 47 f; ULMER Rn 5a). Allerdings können diese Verträge Regelungen enthalten, die spezifisch arbeitsrechtlicher Natur sind. Insoweit muß es aber bei der Nichtanwendbarkeit des AGBG bleiben (NICOLAI ZIP 1995, 359). So ist zB die Verpflichtung des Arbeitnehmers zur Rückgewähr von Sonderkonditionen (etwa beim Erwerb eines Jahreswagens) bei seinem Ausscheiden ein typisch arbeits(vertrags)rechtliches Problem. Obwohl sie im Kaufvertrag niedergelegt ist, ist sie als vertragliche Abmachung auf dem Gebiet des Arbeitsrechts zu qualifizieren. Die Rückzahlungsklausel ist entgegen dem BAG (NJW 1994, 213) deshalb nicht an § 9 AGBG zu messen, sondern muß (nur) den allgemeinen Anforderungen an arbeitsvertragliche Rückzahlungsklauseln entsprechen (ähnlich NICOLAI ZIP 1995, 359). Insbesondere muß sie nicht dem strengen auf den allgemeinen Verbraucherschutz bezogenen „Transparenzgebot" des § 9 genügen. Für die sonstigen Klauseln eines Nebengeschäfts zwischen Arbeitgeber und Arbeitnehmer verbleibt es bei der Kontrolle als Verbrauchervertrag (§ 24a) anhand des AGBG.

2. Erbrecht

4 Verträge auf dem Gebiet des Erbrechts sind Erbverträge, Erbverzicht, Verträge über Erbausgleich unter künftigen Miterben (§ 312 Abs 2 BGB), der vorzeitige Erbausgleich des nichtehelichen Kindes und Erbauseinandersetzungsvereinbarungen sowie sonstige Abmachungen unter den Nachlaßbeteiligten, nicht aber Verträge, welche der Erbe oder der Testamentsvollstrecker zur Verwaltung des Nachlasses mit Außenstehenden schließt. Daher ist auch der Erbschaftskauf nicht als ein Vertrag auf dem Gebiet des Erbrechts anzusehen (WOLF/HORN Rn 52; ULMER Rn 14; aA MünchKomm/BASEDOW Rn 7; PALANDT/HEINRICHS Rn 3). Das gleiche gilt für Schenkungen auf den Todesfall (§ 2301 BGB), soweit sich der Schenker schon zu Lebzeiten bindet und dadurch den Gegenstand der Erbmasse entzieht (differenzierend nach § 2301 Abs 2; ULMER Rn 14 a; WOLF/HORN Rn 52; aA PALANDT/HEINRICHS Rn 3).

3. Familienrecht

Die Ausnahme gilt für alle Verträge auf dem Gebiet des Familienrechts, dh solchen, die im 4. Buch des BGB vorgesehen sind.

Der AGBG-Kontrolle unterliegen deshalb zB nicht anwaltliche oder notarielle Eheverträge (§§ 1408 ff BGB), Vereinbarungen über den Zugewinnausgleich (§§ 1372 ff BGB), über Unterhaltsleistungen (§ 1585 c BGB) oder den Versorgungsausgleich (§ 1587 o BGB). Auch wenn Anwälte Scheidungsvereinbarungen nach einem bestimmten Grundraster konzipieren, sind die Abmachungen tatsächlich immer so besprochen, daß sie insgesamt Individualvereinbarungen darstellen. Vorformulierte Vertragsbedingungen sind etwa die von den Jugendämtern für Vaterschaftsanerkenntnisse und Unterhaltsverpflichtungen benutzten Formulare. Sie unterfallen dem AGBG nicht.

Im ehelichen Vermögensrecht ist zu beachten, daß nicht jeder Vertrag, der zwischen Ehegatten geschlossen wird, schon ein solcher auf dem Gebiet des Familienrechts ist. Vermögensbezogene Verträge, die während bestehender und auch nicht in Auflösung begriffener Ehe geschlossen werden, sind, wenn der gesetzliche Güterstand gilt, keine familienrechtliche Verträge, sofern sie nicht gerade dem Vollzug des vorzeitigen Zugewinnausgleichs dienen sollen. Ein Vertrag über Dienstleistungen des Ehepartners oder der Kinder ist nur dann ein familienrechtlicher Vertrag, wenn die gesetzliche bestehende Beistands- und Mitarbeitspflicht (§§ 1356, 1619) näher geregelt werden soll (ULMER Rn 17). Handelt es sich um ein Arbeitsverhältnis, sind diese Verträge nach der Alt 1 des § 23 Abs 1 vom AGBG ausgenommen.

Vereinbarungen zwischen Partnern einer nichtehelichen Lebensgemeinschaft sind keine familienrechtlichen Verträge (ULMER Rn 17). Sie können aber als Gesellschaft bürgerlichen Rechts unter die Bereichsausnahme des Gesellschaftsrechts fallen.

4. Gesellschaftsrecht*

Verträge auf dem Gebiete des Gesellschaftsrechts sind alle Verträge, welche die

---

* **Schrifttum:** HEID, Die Inhaltskontrolle des Vertrags der Publikumspersonalgesellschaft nach AGB-Grundsätzen, DB 1985 Beil 4; HILLE, Die Inhaltskontrolle der Gesellschaftsverträge von Publikums-Personengesellschaften (1986); KRANZLEITNER, Zur richterlichen Inhaltskontrolle von Gesellschaftsverhältnissen, in: FS 125 Jahre Bayer. Notariat (1987) 231; LEIPOLD, Richterliche Kontrolle vereinsrechtlicher Disziplinarmaßnahmen ZGR 1985, 113; REUTER, Richterliche Kontrolle der Satzung von Publikums-Personengesellschaften, AG 1979, 371; H SCHMIDT, Stille Gesellschaft und AGB-Gesetz, ZHR 159 (1995) 734; VIEWEG, Zur Inhaltskontrolle von Verbandsnormen, in: FS Lukes (1989) 809; vWESTPHALEN, Richterliche Inhaltskontrolle von Standardklauseln bei einer Publikums-KG und der Prospekthaftung, DB 1983, 2745; ZÖLLNER, Inhaltsfreiheit bei Gesellschaftsverträgen, in: FS 100 Jahre GmbH-Gesetz (1992) 85; FASTRICH, Richterliche Inhaltskontrolle im Privatrecht (1992)

Rechtsordnung als Gesellschaftsverträge ausgeformt hat: Verträge zur Begründung einer bürgerlichrechtlichen oder handelsrechtlichen Gesellschaft, zur Begründung einer stillen (BGHZ 127, 176 ff mwN z hM; aA ULMER Rn 24a, WOLF/HORN Rn 75) oder sonstigen Innengesellschaft. Auch körperschaftlich organisierte Handelsgesellschaften unterfallen der Ausnahmevorschrift (allgM, zB MünchKomm/BASEDOW Rn 9; OLG Frankfurt aM BB 1978, 927). Ferner zählen die Europäische Wirtschaftliche Interessenvereinigung (EWIV), die Partenreederei (MünchKomm/BASEDOW Rn 9) sowie die Partnerschaftsgesellschaft (BGBl 1994 I 1744) hierher. Entscheidend ist, daß der Vertrag dazu dient, einen gemeinsamen Zweck der Parteien zu fördern.

Schlichte Rechtsgemeinschaften, wie zB das Verhältnis unter Wohnungseigentümern (vgl ULMER, in: FG Weitnauer 205, 216) und partiarische Rechtsverhältnisse ohne gemeinsamen Zweck (BGHZ 127, 176; ULMER Rn 24; zur Abgrenzung im einzelnen vgl STAUDINGER/KESSLER[12] § 705 BGB; speziell zu Kapitalanlagegesellschaften s § 23 Abs 3), unterfallen daher der Bereichsausnahme nicht.

7 Ebenfalls nicht unter § 23 Abs 1 fallen Verträge, die zwar gesellschaftsrechtliche Fragen zum Gegenstand haben, die aber das **Mitgliedschaftsrecht nicht selbst unmittelbar regeln** (GRUNEWALD 189). So fallen vorformulierte Interessenwahrungsverträge zwischen Gesellschaften und Dritten (ULMER Rn 21a) sowie Stimmbindungs- und Treuhandverträge mit Dritten (WOLF/HORN Rn 24) oder der Gesellschaften untereinander (GRUNEWALD 190; WOLF/HORN Rn 74) nicht unter § 23 Abs 1. Auch Bedingungen über Genußrechte, die keine gesellschaftsrechtlich geprägten Mitgliedschaftsrechte sind, sondern nur ein schuldrechtliches Gläubigerrecht verkörpern, sind deshalb einer Inhaltskontrolle nach dem AGBG nicht entzogen (BGHZ 119, 305, 312). Nichts anderes gilt für Verträge eines Gesellschafters über die Veräußerung oder Belastung eines Anteils (MünchKomm/BASEDOW Rn 12; differenzierend WOLF/HORN Rn 74).

8 Austauschbeziehungen zwischen Gesellschaft und ihren Mitgliedern haben häufig im Zusammenhang mit vereins- und genossenschaftsrechtlichen Grundverhältnissen den Bezug von Waren oder von Dienstleistungen zum Gegenstand. Um unter § 23 Abs 1 zu fallen, müssen diese Rechtsverhältnisse nicht nur unmittelbar auf dem Gesellschaftsvertrag (Satzung) beruhen, sondern auch mitgliedschaftsrechtlicher Natur sein und den Gesellschaftszweck verwirklichen (BGH WM 1992, 99; BGHZ 103, 219, 222 – Genossenschaft zum Betrieb u a einer Telefonzentrale für Taxi-Unternehmen; anders bei Überlassung einer Wohnung durch Baugenossenschaft, AG Hamburg-Blankenese NJW-RR 1991, 998). Andernfalls wäre der Schutzbereich des AGBG von einem rein formalen Kriterium (Satzungsbestandteil) abhängig (GRUNEWALD 183). Oft wird eine genaue Analyse dieser Voraussetzungen dazu führen, den Bezug von Waren über sog Buch- und Schallplattenclubs doch anhand des AGBG zu messen. Andernfalls ist weiter zu prüfen, ob ein Fall des § 7 vorliegt (s Rn 11).

9 Das AGB-Gesetz ist auf den **Versicherungsverein auf Gegenseitigkeit** anwendbar, weil der Sache nach ein reines Austauschverhältnis vorliegt (BGH ZIP 1997, 2123; WOLF/HORN Rn 79; PRÄVE RuS 1996, 249; FRICKE VersR 1996, 1449). Dies gilt nicht nur für Versicherungsbedingungen, die aufgrund der Bestimmung des § 10 Abs 2 S 1 VAG in die

---

124 ff; GRUNEWALD, Die in § 23 AGBG vorgeschlagene Bereichsausnahme für Gesellschaftsrecht, in: FS Semler (1993) 175 ff.

Satzung aufgenommen wurden und die bei Aktienversicherungen in deren Allgemeinen Versicherungsbedingungen enthalten sind (LORENZ VersR 1996, 1206; FRICKE VersR 1996, 1450), sondern auch für solche Satzungsbestimmungen, die sowohl das vereinsrechtliche als auch das versicherungsrechtliche Verhältnis betreffen, also sog „Doppelcharakter" haben, wie zB Anpassungsklauseln (BGH aaO; PRÄVE RuS 1996, 249). Alle diese Satzungsbestimmungen unterliegen einer Inhaltskontrolle anhand des AGBG und können zum Gegenstand eines Verbandsklageverfahren nach §§ 13 ff gemacht werden (BGH aaO; PRÄVE RuS 1996, 249). Zwar handelt es sich bei den zuletzt genannten Satzungsbestimmungen um eine Besonderheit der Rechtsform des VVaG (vgl § 24 VAG), die aber nicht zur Anwendung der Bereichsausnahme nach Abs 1 führt. Denn das konkrete Versicherungsverhältnis wird im einzelnen erst durch den außerhalb der Satzung liegenden Versicherungsvertrag begründet. Eine Inhaltskontrolle anhand des AGBG betrifft in erster Linie das versicherungsrechtliche Austauschverhältnis und führt zu keinem Eingriff in die Vereinsautonomie. So ist die der BGH-Entscheidung zugrundeliegende Anpassungsklausel eine typische Regelung, die auch den materiellen Inhalt des Versicherungsvertrages betrifft und in vielen Versicherungsverträgen unabhängig von der Rechtsform des Versicherers zu finden ist (FRICKE VersR 1996, 1450). Eine Freistellung solcher Satzungsregelungen von den Bestimmungen des AGBG würde in den Versicherungssparten des Massengeschäfts zu der wenig einsichtigen Ungleichbehandlung gegenüber Versicherern in der Rechtsform der Aktiengesellschaft führen. Oftmals ist sich der Versicherungsinteressent auch nicht bewußt, durch den Abschluß eines Versicherungsvertrages mit einem VVaG, auch einer vereinsrechtlichen Organisation anzugehören (BGH aaO).

Auch den **Idealverein** muß man der Vorschrift unterstellen (allgM). Wenn man seine **10** Gründung oder den Beitritt zu ihm nicht als einen Vertrag begreift, ist das AGBG ohnehin unanwendbar. Nimmt man aber einen Vertrag an, dann kann man ihn nur dem Gesellschaftsvertrag zur Seite stellen. Daß auch der Gesetzgeber das AGBG auf Vereinssatzungen nicht anwendbar wissen wollte, ergibt sich aus der amtlichen Begründung, welche das Vereinsrecht – wie auch das Genossenschaftsrecht – ausdrücklich nennt (BR-Drucks 360/75, 41). Außerhalb der Satzung festgelegte Regelungen, welche die Mitglieder des Vereins im Zusammenhang mit dem Vereinsleben treffen, unterliegen dem AGBG sehr wohl (ULMER Rn 22). Eine vorgedruckte Erklärung, die Mitglieder eines rechtsfähigen Segelflugvereins beim Vereinsbeitritt abgeben und wonach, außer im Falle des Schädigungsvorsatzes, auf jede Haftung des Vereins, seiner Organe, Angestellten, Hilfskräfte und Mitglieder verzichtet wird, ist unwirksam (seinerzeit für nicht sittenwidrig gehalten vom OLG Karlsruhe VersR 1969, 287). Es besteht eine Garantie der Gleichbehandlung aller Mitglieder nur, wenn eine solche Bestimmung in der Satzung selbst verankert wird (GRUNEWALD 186). Als Satzungsbestandteil ist ein solcher Haftungsverzicht wirksam. Deshalb kann ein als eV organisierter landwirtschaftlicher Betriebshilfsdienst seine Haftung für Schäden, die ein von ihm eingesetzter Betriebshelfer im Betrieb seines Mitglieds verursacht, durch Satzungsbestimmung ausschließen (OLG Hamm OLG-Rep 1995, 6 f). Dritte, zB Gehilfen des Vereins, sind von diesem Haftungsausschluß nur dann mit erfaßt, wenn dies ausdrücklich bestimmt ist und der Verein ein legitimes Interesse an deren Haftungsfreistellung hat, um etwa einen möglichen Rückgriff des Dritten zu vermeiden. Ein Haftungsverzicht kann in der Satzung auch dadurch zum Ausdruck gebracht werden, daß neu eintretende Mitglieder zur Abgabe einer entsprechenden ausdrücklichen Erklärung verpflichtet werden (OLG Hamm VersR 1995, 309 – Segelflugverein).

11 **Satzungsgemäß zustande gekommene Regelungswerke** nehmen dann, wenn sie **in Verträge mit Dritten einbezogen** werden sollen, sehr wohl den Charakter von AGB zu diesen, nicht vereins- oder gesellschaftsrechtlich zu qualifizierenden, Vereinbarungen an. Vereine pflegen häufig mit Dritten, die vereinseigene Anlagen oder Einrichtungen benutzen, zu vereinbaren, der Benutzer sei an die Satzung des Vereins oder an bestimmte, vom Verein erlassene Nebenordnungen gebunden. So ist etwa die Vertragsgestaltung zwischen dem deutschen Fußballbund und den für die Bundesliga lizensierten Spielern, Trainern und Vereinen (OLG Frankfurt NJW 1973, 2208). Mit Recht hat der BGH die freiwillige Bindung eines dem zuständigen Verband als unmittelbares Mitglied nicht angehörenden Pferdekäufers an die vom Verband erlassene Trabrennordnung als Vertrag qualifiziert und dieses Regelungswerk in seiner Funktion als vorformulierte Vertragsbestandteile der Inhaltskontrolle unterworfen (BGH MDR 1973, 34).

Auch die Rechtsbeziehungen zwischen einem **mittelbaren Verbandsangehörigen** und dem Verband sind nicht irgendein vereinsrechtlich zu qualifizierendes Unterwerfungsverhältnis, sondern Vertragsinhalte, wenn sie sich auf die Benutzung einer Vereinseinrichtung beziehen (SCHLOSSER, Vereins- und Verbandsgerichtsbarkeit [1972] 76 ff; LUKES, in: FS Westermann [1974] 324 ff; aA BRUDER MDR 1973, 897 ff).

Sportliche Regelwerke werden dementsprechend nur durch einen Unterwerfungsvertrag auch gegenüber Nichtmitgliedern in Geltung gesetzt. Trotzdem wird das Regelwerk diesen gegenüber nicht zu AGB (BGH NJW 1995, 583, 585). Aufgrund dieses Regelungsgegenstandes passen sie nicht in das Konzept des AGBG, das prinzipiell auf gegensätzliche Interessen von Verbraucher und Verwender zugeschnitten ist. Eine Inhaltskontrolle der Regelwerke erfolgt aber anhand des § 242 BGB (BGH aaO).

12 Der Ausschluß des Vereins- und Gesellschaftsrechts vom Anwendungsbereich des AGBG ändert nichts an der bisherigen und sich weiter entwickelnden Rspr zur „richterlichen" Inhaltskontrolle von Satzungen und Gesellschaftsverträgen, insbesondere im Zusammenhang mit Publikumskommanditgesellschaften in der Form der GmbH & Co KG (BGHZ 64, 238 = NJW 1975, 1318; BGHZ 66, 86; dazu näher FASTRICH 124 ff). Nach dieser Rspr können zB außerordentliche Kündigungsrechte entgegen der Satzung bestehen (BGH NJW 1977, 2160; BGH BB 1979, 239) und die Haftungsmaßstäbe für Aufsichtsratsmitglieder entgegen § 708 BGB am Maßstab von §§ 93, 116 AktG ausgerichtet werden (BGH NJW 1977, 2311; NJW 1978, 425; BGH BB 1979, 239). Mit Vorsicht kann auch in diesem Zusammenhang auf Gedankengut aus dem AGBG zurückgegriffen werden (KG DB 1978, 102; aM OLG Frankfurt aM BB 1978, 927). Die angeschnittenen Fragen sind in der gesellschaftsrechtlichen Lit eingehend behandelt (UWE H SCHNEIDER ZGR 1978, 1 ff; COESTER-WALTJEN AcP 190, 8 ff; LORITZ JZ 1986, 1077; NASSALL BB 1988, 286; ULMER, Höchstrichterliche Rechtsfortbildung im Gesellschaftsrecht 1971–1985, in: FS Jur Fakultät Heidelberg jeweils mwN; FASTRICH 124 ff).

13 Zu Versuchen, das AGBG durch gesellschaftsrechtliche Gestaltungsformen zu umgehen, s Erl zu § 7.

Anwendungsbereich

5. Tragweite der Unanwendbarkeit des AGBG

Das Fehlen der förmlichen Anwendbarkeit auf die genannten Verträge hindert nicht, 14 die in §§ 3–6 sich findenden Regelungen als Ausdruck allgemeiner Prinzipien der Rechtsgeschäftslehre gleichwohl heranzuziehen.

II. Der Ausschluß einzelner Bestimmungen des AGBG, Abs 2, 3

1. § 23 Abs 2 Nr 1

a) Die Nr 1 regelt drei Fälle von AGB. Nicht darunter fallen Bestimmungen mit 15 Rechtsnormcharakter und schon mangels der tatbestandlichen Voraussetzungen nicht die Rechtsverordnungen nach § 20 GüKG. Grund für die Ausnahme ist die durch Gesetz angeordnete Veröffentlichung der Tarife in bestimmter Form (§ 12 Abs 6 AEG, §§ 39 Abs 7, 41 Abs 3, 45 Abs 3 PBefG, Art 5 § 4 COTIF – ER/CIV, Art 6 § 6 COTIF – ER/CIM). Entscheidend für die Freistellung dieser AGB ist daher die ordnungsgemäße Veröffentlichung. Nur dann sind die AGB im Sinne der Nr 1 „erlassen" (MünchKomm/BASEDOW Rn 15).

aa) Unter den Begriff „mit Genehmigung der zuständigen Verkehrsbehörde erlassenen 15 a Tarife und Ausführungsbestimmungen der Eisenbahnen" fällt wegen ihres normativen Charakters nicht die EVO (BGBl III 930–1). Die Ausnahme nach Nr 1 gilt für alle Eisenbahnverkehrsunternehmen iSv § 3 Abs 1 Nr 1 AEG, für den Personen- wie den Güterverkehr. Die Tarife gehören, wie das gesamte Rechtsverhältnis der des Eisenbahnunternehmens zum Kunden dem Privatrecht an. „Tarife" sind in § 12 Abs 1 AEG legal definiert. Der Umfang der Genehmigungspflicht folgt aus § 12 Abs 3 Nr 1 AEG und aus § 5 Abs 3 EVO für gegenüber der EVO abweichende Beförderungsbedingungen. Die zuständige Genehmigungsbehörde ist § 5 AEG zu entnehmen. Der Erlaß von „Ausführungsbestimmungen" ist in der EVO und im AEG nicht weiter vorgesehen. Insoweit läuft § 23 Nr 1 nunmehr leer. § 12 EVO, der das erhöhte Beförderungsentgelt bei „Schwarzfahrten" vorsieht, ist auch ohne Vorliegen eines Beförderungsvertrags anwendbar (ULMER Rn 35 mwN).

bb) Der Begriff „Tarife und Ausführungsbestimmungen der Eisenbahnen aufgrund 15 b internationaler Übereinkommen" bezieht sich auf das Übereinkommen über den internationalen Eisenbahnverkehr (COTIF) v 9.5.1980 (BGBl 1985 II 130). In dessen Anhang A (ER/CIV) ist die Personen- und Gepäckbeförderung und in Anhang B (ER/CIM) die Güterbeförderung geregelt. Die COTIF hat die Vorgängerübereinkommen CIV (BGBl 1974 II 357 ff) und CIM (BGBl 1974 II 1220) abgelöst (GOLTERMANN/ KONOW, Eisenbahnverkehrsordnung, Kommentar [3. Aufl ab 1959] Vorbem COTIF Anm 2). Den Erlaß von Tarifen regeln Art 5 ER/CIV und Art 6 ER/CIM. Die nach Art 9 ER/CIM durch die Eisenbahnen aufgestellten „Zusatzbedingungen" fallen ebenfalls unter Nr 1, da es sich materiell um Tarife handelt (GOLTERMANN Art 9 ER/CIM Anm 1).

cc) Der gesamte Bereich der nach dem PBefG genehmigten Beförderungsbedin- 15 c gungen der Straßenbahnen, Obusse und Kraftfahrzeuge im Linienverkehr ist weitgehend durch die nach § 57 Abs 1 Nr 5 PBefG erlassene „Verordnung über die allgemeinen Beförderungsbedingungen für den Straßenbahn- und Obusverkehr sowie den Linienverkehr mit Kraftfahrzeugen" v 27.2.1970 (ABB, BGBl I 230) geregelt, die als normative Regelung auch ohne vertragliche Einbeziehung Geltung hat. Bedeutung hat daher die Regelung in § 23 Abs 2 Nr 1 insoweit nur für die besonderen Beförderungsbedingungen. Unternehmen können nämlich in ihren Beförderungsbedingungen nach § 39 Abs 6 von den Allgemeinen Beförderungsbedingungen mit Zustimmung der Genehmigungsbehörde abweichen (Besondere Beförderungsbedingungen). Deren Geltung setzt die vertragliche Einbeziehung in den Beförderungsvertrag voraus. Beförderungsentgelte dagegen sind stets genehmigungspflichtig und sind nach erteilter Genehmigung allgemeinverbindlich (§ 39 Abs 1 PBerfG). Mit erfaßt von der Nr 1 sind auch U-Bahnen, die nach § 4 Abs 2 PBerfG den Straßenbahnen gleichstehen (BGH NJW 1981, 569).

16 b)   Nicht erfaßt von der Ausnahme des § 23 Nr 1 ist der **Luftlinienverkehr** (BGHZ 86, 292), die Schiffahrt und die Personenbeförderung außerhalb des Linienverkehrs, Bsp Taxiverkehr. Auch kommt eine analoge Anwendung wegen der fehlenden amtlichen Kundbarmachung der Beförderungsbedingungen nicht in Betracht (ULMER Rn 36).

17 c)   Vom Anwendungsbereich des AGBG ist nur § 2 ausgenommen. Die nach der früheren Rspr für die Einbeziehung von AGB in vertragliche Regelungen erforderlichen Mindestvoraussetzungen müssen dennoch erfüllt sein, dh eine mindestens schlüssige Einbeziehungsvereinbarung, so wie man sie heute im Verhältnis zu Unternehmern verlangt, muß vorliegen, s § 2 Rn 17 (ULMER Rn 34; WOLF/HORN Rn 101). Auch die genehmigten Bedingungen unterliegen einer Inhaltskontrolle nach §§ 9 ff (WOLF/ HORN Rn 103), soweit nicht die weitere Privilegierung nach Nr 3 eingreift oder staatsvertragliche Absicherungen Vorrang beanspruchen (dazu s § 12 Rn 3 ff). Selbst von internationalen Organisationen empfohlene Bedingungen unterliegen der AGB-Kontrolle (BGH BB 83, 527 für den Luftverkehr). Soweit in den Tarifen lediglich ohnehin anzuwendende Rechtsnormen wiederholt werden, ist § 8 zu beachten. Soweit Tarifzwang besteht (zB § 39 Abs 3 PBerfG; § 12 Abs 2 AEG), sind abweichende Vereinbarungen über die Entgelte generell unzulässig.

2.   § 23 Abs 2 Nr 1 a u 1 b*

18 a)   Die Vorschrift in ihrer bis Ende 1997 geltenden Fassung war durch Art 4 Abs 8 des Poststrukturgesetzes v 8. 6. 1989 (BGBl I 1026) eingefügt worden. Das PostStrukG hatte die Rechtsbeziehungen zwischen der Post und ihren Kunden zum 1. 7. 1991 von öffentlichrechtlichen Benutzungsverhältnissen in privatrechtliche Vertragsbeziehungen umgewandelt (§ 65 Post VerfG v 8. 6. 1989, BGBl I 1026; BGH NJW 1995, 2295). Bestehende öffentlichrechtliche Rechtsbeziehungen waren nach der ausdrücklichen gesetzlichen Bestimmung des § 65 Abs 3 S 2 PostVerfG unter Einbeziehung der AGB des jeweiligen Unternehmens als privatrechtliche Rechtsbeziehung bestehen geblieben (STATZ Archiv PT 1994, 249). Durch Art 12 Abs 28 des Gesetzes zur Neuordnung des Postwesens und der Telekommunikation v 14. 9. 94 (BGBl I 2325) war Nr 1a an die nunmehr durchgeführte Privatisierung der Bundespost (mit Wirkung v 1. 1. 1995) angepaßt worden und hatte bis Ende 1997 folgenden Wortlaut: „§ 2 für die

---

* **Schrifttum**: MICHALSKI, Die (Nicht-) Einbeziehung der neuen Telefontarife der Telekom in laufende und neue Verträge, ZIP 1996, 1327.

Allgemeinen Geschäftsverbindungen einschließlich der darin festgelegten Leistungsentgelte der aus dem Sondervermögen Deutsche Bundespost hervorgegangenen Unternehmen, sofern die Allgemeinen Geschäftsbedingungen in ihrem Wortlaut im Amtsblatt des Bundesministeriums für Post und Telekommunikation veröffentlicht worden sind und bei den Niederlassungen der genannten Unternehmen zur Einsichtnahme bereitgehalten werden." Die „Deutsche Bundespost" als Gesamtsondervermögen des Bundes und die drei (Teil-)Sondervermögen „Deutsche Bundespost POSTDIENST", „Deutsche Bundespost POSTBANK", „Deutsche Bundespost TELEKOM" waren aufgelöst worden und durch das genannte Gesetz in Aktiengesellschaften umgewandelt worden, „Deutsche Post AG", „Deutsche Postbank AG" und „Deutsche Telekom AG" (§ 1 Abs 1 und 2 PostUmwG). Zuvor mußte Art 87 Abs 1 GG entsprechend geändert werden (BGBl 1994 I 2245). Der Fiskus ist zunächst noch Eigner der Aktien (§ 3 Abs 1 PostUmwG). Die Aktien der „Deutschen Telekom AG" werden seit November 1996 an der Börse gehandelt.

b) Für das Wirksamwerden der von den Nachfolgeunternehmungen der Bundespost verwandten AGB war daher zu unterscheiden und ist für die vor dem 1. 1. 1998 geschlossenen Verträge noch immer zu unterscheiden:

Die AGB der **Telekom** AG und der **Post** AG wurden durch TKV und PKV normativ in die Verträge einbezogen (so wohl auch BGH NJW 1996, 2374). Anders als bei den Versorgungsbedingungen der Strom- und Wasserwirtschaft, die gegenüber Tarifkunden als Rechtsverordnung in Kraft gesetzt werden (Rn 22), ging es hier um eine gesetzliche Einbeziehung von AGB der Verwender aufgrund der genannten Verordnungen. § 9 Abs 1 S 2 PTRegG ermächtigte den Postminister, durch Verordnung Regelungen über den Vertragsabschluß zu treffen. Darauf gestützt sahen § 6 Abs 1 S 2 Telekommunikationskundenschutzverordnung v 19. 12. 1995 (BGBl I 2020; TKV) und § 4 Abs 1 S 2 Postkundenschutzverordnung v 19. 12. 1995 (BGBl I 2016; PKV) übereinstimmend vor, daß die AGB (vgl § 2 Nr 7 PKV) jeweils unter den Voraussetzungen des Abs 2 Bestandteil des Vertragsverhältnisses mit dem Kunden wurden. Nach Abs 2 S 1 der genannten Vorordnungen wurden die AGB dadurch einbezogen, daß ihr Wortlaut im Amtsblatt veröffentlicht und sie bei den Niederlassungen zur Einsicht bereitgehalten worden waren. Diese Regelung verzichtete somit auf ein Einverständnis des Kunden mit der Geltung der AGB (MICHALSKI ZIP 1996, 1330; PALANDT/HEINRICHS Rn 5; aA ULMER Rn 36a). Als lex posterior und Spezialvorschrift zu dem allgemeinen Konsensprinzip des BGB (§§ 145 ff) konnte § 9 Abs 2 PTRegG zu einer solchen Art und Weise der Einbeziehung von AGB ermächtigen. Die Gesetzesbegründung ging darüber hinaus von einer „einheitlichen Geltung" der AGB aus (BT-Drucks 11/2854, 66). „AGB" wurden im Anwendungsbereich der TKV und PKV (vergl dort §§ 1, 2) aber nicht normativ in Kraft gesetzt. Sie galten nicht wie dispositives Recht. Nur der Einbeziehungsakt war standardisiert. Sie unterlagen daher auch der Inhaltskontrolle (MünchKomm/BASEDOW Rn 20, s Rn 21 aE). Sinn dieser Regelung war zwar, in den dort erfaßten Monopol- und Pflichtleistungsbereichen die einheitliche Behandlung aller Rechtsverhältnisse zu gewährleisten. Genausowenig wie bei klassischen überregional verwendeten AGB stand die Inhaltskontrolle dem entgegen. Die durch die Vorschrift ermöglichte erleichterte rechtsgeschäftliche Einbeziehung von AGB kam daher vor allem der Postbank AG zugute. Gleiches galt für die anderen beiden Postunternehmen, soweit es sich um Verträge außerhalb des Anwendungsbereichs der PKV und der TKV handelt. Insoweit war § 23 Nr 1a eine nicht gerechtfertigte Bevorzugung der Postunternehmen gegenüber ihren Konkurrenten.

Die jetzige Fassung der Nrn 1 a und 1 b ist durch das Begleitgesetz zum Telekommunikationsgesetz geschaffen worden (BGBl 1997 I S 3108; RegE BTDrucks 13/8013; 13/8453; 13/8776). Maßgebend war, daß die Privilegierung angesichts des Privatisierungsstandes der Nachfolgeunternehmungen der ehemaligen Bundespost nicht mehr gerechtfertigt war.

Das gilt vor allem bezüglich der durch das Telekommunikationsgesetz v 25. 7. 1996 geschaffenen liberalisierten Telekommunikationsmarktes. Man konnte nicht mehr allein die Telekom AG privilegieren. Daher rührt die personelle Erweiterung der Privilegierung in Nr 1 a. Gleichzeitig mit seinem Inkrafttreten ist auch eine neue TKV in Kraft getreten (BGBl 1997 I S 2910; s dazu GROTE BB 1998, 1117). Da sich eine personelle Privilegierung nur der Postbank auch nicht rechtfertigen ließ, ist sie entfallen. Für die Post AG war eine Beschränkung der Privilegierung auf den Bereich des Beförderungsvorbehalts des § 2 PostG geboten. Nach § 30 S 2 treten Nrn 1 a und 1 b zum 31. 12. 2002 außer Kraft. Eine Prüfung, ob es dann eine Ersatzregelung geben wird, ist angekündigt (BTDrucks 13/8453 S 15).

Soweit privilegierende Normen geblieben sind, sind sie wie die in Rn 18 mitgeteilte frühere Fassung der Nr 1 a auszulegen.

20 c) Entscheidend ist auch bei Nr 1a u Nr 1 b, wie schon bei Nr 1, die durch Gesetz gewährleistete Kundbarmachung der Bedingungen (ULMER Rn 36a). Über die amtliche Veröffentlichung hinaus ist Voraussetzung für die Freistellung von § 2 das Bereithalten des Wortlauts der Geschäftsbedingungen und Leistungsentgelte bei den Niederlassungen der genannten Unternehmen zur Einsichtnahme. Gemeint sind dabei nur **selbständige Niederlassungen**, nicht Zweigstellen und Filialen ohne eigene Verwaltung (BT-Drucks 12/6718 121; ULMER Rn 36b). Gleichlautende Regelungen enthalten auch § 4 Abs 1 S 1 PkV und § 6 Abs 2 S 1 TKV. Kleingedrucktes oder sonst Vorgedrucktes liest auch in diesem Bereich vor Vertragsschluß so gut wie niemand. Haben die Postnachfolgeunternehmen durch allgemeine organisatorische Maßnahmen sichergestellt, daß ihre Geschäftsbedingungen bei allen Niederlassungen bereitgehalten werden, so ist dem Sinn der Vorschrift genüge getan. Die Beweislast trägt das Unternehmen. Das Nichtbereithalten der Bedingungen bei einzelnen Niederlassungen hindert die Einbeziehung nicht (**aA** MICHALSKI ZIP 1996, 1324; ders EWiR 1997, 152).

Jedes der Post- und Telekommunikationsunternehmen muß dabei nur die für seinen Bereich geltenden AGB bereithalten. Entscheidend ist, welche konkreten Verträge in den einzelnen Niederlassungen abgeschlossen werden können (MünchKomm/BASEDOW Rn 20; MICHALSKI ZIP 96 1329).

21 d) Für die **Änderung** der AGB in den **bestehenden Verträgen** und die Erneuerung bzw Ersetzung von Leistungsentgelten sehen § 28 TKV bzw § 4 Abs 2–4 PKV ebenfalls spezielle Regelungen vor. Danach werden die AGB nach amtlicher Veröffentlichung und zusätzlicher geeigneter und angemessener Information der Kunden automatisch, also ebenfalls ohne deren Einverständnis, Vertragsbestandteil der Altverträge (MICHALSKI ZIP 1996, 1330; s auch LG Duisburg NJW-RR 1997, 1348; LG Traunstein EWiR 1997, 151; LG München I BB 1997, 224). Bei Änderungen zu Ungunsten des Kunden steht diesem allerdings ein Kündigungsrecht zu. Mißlingt diese Art der normativen Einbeziehung, weil beispielsweise die AGB nicht rechtzeitig an allen Niederlassungen bereit liegen, so kann ihre Einbeziehung immer noch über § 2 kraft Einverständnis des Kunden gelingen.

3. § 23 Abs 2 Nr 2

§ 7 Abs 2 EnergiewirtschaftsG (EWG) idF § 26 AGBG ermächtigt den Bundesminister für Wirtschaft durch Rechtsverordnung mit Zustimmung des Bundesrates, die Allgemeinen Bedingungen der Energieversorgungsunternehmen ausgewogen zu gestalten. Die aufgrund dieser Ermächtigung erlassene „Verordnung über Allgemeine Bedingungen für Elektrizitätsversorgung von Tarifkunden" (AVBEltV BGBl 1979 I 684) und die „Verordnung über Allgemeine Bedingungen für die Gasversorgung von Tarifkunden" (AVBGasV, BGBl 1979 I 676) sind zum 1. 4. 1980 in Kraft getreten (dazu s Anm §§ 26, 27). Diese Verordnungen gelten nur gegenüber Tarifkunden iSv § 6 Abs 1 EWG. § 23 Abs 2 Nr 2 betrifft ausschließlich die Rechtsverhältnisse von Elektrizitäts- und Gasversorgungsunternehmen mit Sonderabnehmern, für welche die genannten Verordnungen nicht gelten.

a) Soweit Bedingungen in Formularverträgen mit Sonderabnehmern (für die wegen der großen Abnahmemengen oder wegen besonderer Abnahmeverhältnisse abweichende Regelungen angemessen sind) denjenigen der AVB entsprechen, also zB auf sie verweisen oder zum Vorteil der Sonderabnehmer von ihnen abweichen, scheiden §§ 10, 11 als Kontrollmaßstab aus. Sinn dieser Regelung ist es, Sonderabnehmern keinen stärkeren Schutz angedeihen zu lassen, als er Tarifkunden zukommt (krit hierzu MünchKomm/BASEDOW Rn 54). § 9 ist weiter anwendbar (ULMER Rn 38; WOLF/HORN Rn 141). Ebenso wie im unternehmerischen Verkehr (§ 24 Rn 1) können auch Wertungen aus den §§ 10, 11 in die Anwendung der Generalklausel des § 9 Eingang finden (ULMER Rn 38; WOLF/HORN Rn 141; MünchKomm/BASEDOW Rn 54). Der Inhalt der gegenüber den Tarifabnehmern geltenden Rechtsverordnungen ist aber ein starker Hinweis auf das, was als angemessen zu betrachten ist (DANNER BB 1979, 79). Eine Haftungsbeschränkung nach dem Modell von § 6 AVBEltV ist daher wirksam (BGH NJW 1998, 1640). Allerdings ist bei der Prüfung des § 9 auf sachliche Unterschiede zwischen dem Tarif- und dem Sonderkundenbereich zu achten (WOLF/HORN Rn 143).

b) Weichen Sonderbedingungen zum Nachteil des Abnehmers von den Allgemeinen Bedingungen ab, so ist eine Kontrolle ebenfalls nur nach § 9 möglich, wenn der Abnehmer Kaufmann oder Körperschaft des öffentlichen Rechts ist (§ 24). Dies zeigt, daß dem § 23 Abs 2 Nr 2 im Regelfall keine große Bedeutung für die Inhaltskontrolle zukommt (MünchKomm/BASEDOW Rn 54). Fällt der Sonderabnehmer nicht unter § 24, dann sind ihn im Vergleich zu den Tarifabnehmern benachteiligende AGB-Klauseln nur wirksam, wenn sie der nach §§ 9–11 vorzunehmenden Inhaltskontrolle standhalten. Soweit die Inhaltskontrolle die Unwirksamkeit einer Klausel ergibt, tritt nicht etwa von selbst dasjenige an deren Stelle, das für Tarifabnehmer gilt. Ersatzordnung ist vielmehr das dispositive Recht, wenn Regelungsgegenstände in Frage stehen, die nicht strombezugtypisch sind. Andernfalls (§ 6 Rn 12) ist der

Stromvertrag ergänzend auszulegen (zust WOLF/HORN Rn 142). Dann ist auch Raum für eine analoge Anwendung von Bestimmungen aus den Allgemeinen Stromversorgungsbedingungen, weil diese Rechtssatzqualität besitzen.

25 c) Eine dem § 23 Abs 2 Nr 2 entsprechende Regelung fehlt für die Versorgung mit Wasser und Fernwärme bei Sonderabnehmern, obwohl von der Verordnungsermächtigung des § 27 inzwischen Gebrauch gemacht wurde (AVBWasserV und AVBFernwärmeV v 20. 6. 1980, BGBl I 742 und 750). Selbst wenn Nr 2 keine große Bedeutung zukommt, sollte sie auch in diesem Bereich analog angewandt werden, da für eine differenzierende Regelung dieser Versorgungsbereiche kein rechtfertigender Grund besteht (ULMER Rn 39; MünchKomm/BASEDOW Rn 54; aA WOLF/HORN §§ 26, 27 Rn 4).

4. § 23 Abs 2 Nr 3

26 Die Allgemeinen Beförderungsbedingungen des Linienverkehrs mit Straßenbahnen, Obussen und Kraftfahrzeugen sind Rechtsnormen (VO v 27. 2. 1970, BGBl I 230; Rn 16) und unterliegen deshalb nicht dem AGBG. Daher betrifft Nr 3 nur die mit Zustimmung der Genehmigungsbehörde verwendeten Besonderen Beförderungsbedingungen (§ 39 Abs 6 PBefG; Rn 15). Da in den Allgemeinen Beförderungsbedingungen summenmäßige Haftungsbeschränkungen vorgesehen sind (§ 14 ABB), wollte man aus Gleichbehandlungsgründen auch bei privatrechtlich gestalteten Beförderungsverträgen eine solche Regelung zulassen. § 11 Nrn 7 und 8 gelten daher für vorformulierte Bestandteile zu solchen Verträgen nicht, soweit sie mit den Haftungsvorschriften der genannten Verordnung übereinstimmen oder dem Kunden eine günstigere Regelung gewähren. Entsprechende Klauseln sind dann aber auch nicht nach § 9 zu beanstanden, da die Privilegierungsabsicht des Gesetzgebers eindeutig zum Ausdruck gekommen ist (WOLF/HORN Rn 200). Ob die Besonderen Beförderungsbedingungen zum Nachteil des Kunden von der VO abweichen, ist immer anhand der einzelnen Klausel und nicht im Rahmen einer Gesamtbeurteilung der Klauselwerke zu entscheiden. Im übrigen ist das AGBG auf die Besonderen Beförderungsbedingungen anwendbar, insbesondere ist eine Kontrolle nach §§ 9 ff möglich. § 2 ist schon durch Nr 1 ausgeschlossen.

5. § 23 Abs 2 Nr 4*

27 Die Wettbedingungen der staatlich genehmigten Lotterie und Ausspielverträge wurden vom Verbot des Haftungsausschlusses für grobes Verschulden ausgenommen, weil man das Risiko, daß im Einzelfall ein verdienter Gewinn nicht ausgezahlt wird, gegenüber der Gefahr von Fälschungen und Betrügereien für gering hielt (BT-Drucks 7/5422, 14). Insbesondere befürchtete man, daß ohne eine solche Vorschrift Anreiz für betrügerische Machenschaften zwischen Angestellten und Spielern sei (krit hierzu MünchKomm/BASEDOW Rn 55, der in der Freistellung von § 11 Nr 7 vor allem eine Abwälzung des „Personalrisikos" sieht). Haftungsausschlüsse, die nicht die Spielergesamtheit schützen sollen, sind aber nach § 9 zu überprüfen (ULMER Rn 42; WOLF/HORN

---

* **Schrifttum**: LIESE, Vereinbarungen über vorvertragliche Rechtspflichten und ihre Begrenzung durch das AGB-Gesetz (1993); SCHLUND, Das Zahlenlotto. Eine zivilrechtliche Untersuchung (1972).

Rn 224). Die Regelung gilt gleichermaßen für Lotterieunternehmen des Bundes und der Länder. Die von den staatlichen Lotterieunternehmen verwendeten Bedingungen sind privatrechtliche AGB (BGHZ 5, 111; BVerwGE 2, 273; BGH NJW 1965, 1583; WOLF/HORN Rn 223; ULMER Rn 41). Dies folgt schon daraus, daß die Ausspielbedingungen keinen rechtsetzenden Charakter in Anspruch nehmen wollen (WOLF/HORN Rn 223).

Nach den Teilnahmebedingungen der Toto- und Lotterieunternehmen kommt der **28** Vertrag nicht schon mit der Einreichung des Spielscheins, sondern erst dann zustande, wenn dieser beim Veranstalter eingegangen und der Kontrollabschnitt (bzw Mikrofilm) rechtzeitig vor Spielbeginn durch Verschluß gesichert ist (SCHLUND 92 ff; GRUNEWALD ZIP 1987, 353). Angesichts ihrer allgemeinen und vertragstypischerweise legitimierbaren (§ 3 Rn 13) Verwendung (WOLF/HORN Rn 224; anders ULMER Rn 42a, der vor allem auf den deutlichen Hinweis auf dem Spielschein hinsichtlich des Auseinanderfallens von Einreichung des Spielscheins und Abschluß des Spielvertrages abstellt) scheitert diese AGB-Klausel (GRUNEWALD ZIP 1987; aA KG NJW 1981, 2822, das mit einem Wortlautargument die AGBG-Eigenschaft von Vertragsabschlußklauseln leugnet) nicht schon an § 3 AGBG. Fraglich ist aber die Rechtsgrundlage eines Haftungsausschlusses vor Vertragsschluß, da eine vertragliche Vereinbarung ja noch nicht besteht und möglicherweise auch nie zustande kommt. Der BGH (NJW 1965, 1583) nimmt einen eigenen Vertrag zwischen Spieler und Annahmestelle an, vergewaltigt damit aber die Willensrichtung der Beteiligten (ULMER Rn 42a). Das KG (NJW 1981, 2822) hält es für ausreichend, daß die Lotteriegesellschaft bei Eintritt in die Vertragsverhandlungen (in ihren AGB) auf ihre Absicht, für ein Verschulden bestimmter Erfüllungsgehilfen nicht einstehen zu wollen, hinweist. Andere sehen einen schon bei Einreichung des Spielscheins wirksam werdenden „Rahmenvertrag" zwischen Spieler und Veranstalter, der die AGB sofort wirksam werden läßt; unter Beachtung von §§ 2, 3, AGBG soll ein derartiger „Enthaftungsvertrag" möglich sein (ULMER Rn 42a; WOLF/HORN Rn 224; OLG Celle NJW-RR 1986, 833; insoweit zust vWESTPHALEN Rn 5 f). Da der Lotterieveranstalter ausweislich seiner Vertragsbedingungen schon die Aufnahme des geschäftlichen Kontakts von der Anerkennung seiner Bedingungen durch den Kunden abhängig macht (Nr 2 der Rahmenteilnahmebedingungen; vgl ULMER Rn 42a Fn 175), kommt es mit der Einreichung des Spielscheins zu einer rechtsgeschäftlichen Ausgestaltung des vorvertraglichen Schuldverhältnisses, da die Einreichung als konkludente Zustimmung des Spielers zu werten ist (MünchKomm/HABERSACK § 763 Rn 17; aA LIESE 4, 156 f). Der Umstand, daß der Spielvertrag zeitlich erst später geschlossen werden soll, widerspricht dem nicht. Ähnliches praktizieren auch Kaufhäuser, wenn sie (wegen §§ 2, 3, 9 AGBG oft erfolglos) versuchen, mit Hinweisschildern eine bestimmte Ausformung des vorvertraglichen Schuldverhältnisses zu erreichen (Bsp „Taschenkontrolle", BGH NJW 1994, 188, Haftungsausschlüsse etc). Entscheidend ist dann, ob die strengen Voraussetzungen des § 2 Abs 1 erfüllt sind.

6. § 23 AGBG Abs 2 Nr 5*

a)   Die VOB (dazu STAUDINGER/COESTER § 9 Rn 93) ist zweifach privilegiert.   **29**

---

* **Schrifttum**: EDUARD OTT, Abänderung der VOB durch Allgemeine Geschäftsbedingungen (Diss München 1985)

aa) Die zweijährige Gewährleistungsverjährungsfrist von § 13 Nr 4 VOB/B soll nicht der Inhaltskontrolle verfallen. Begründet wird dies (BR-Drucks 360/75, 42) mit den Einwirkungsmöglichkeiten, die die VOB dem Auftraggeber schon vor der Abnahme des Werkes gibt, mit der Möglichkeit, die Verjährung durch schriftliche Rüge zu unterbrechen und durch die Festlegung einer selbständigen weiteren Verjährungsfrist von zwei Jahren für die Mängelbeseitigung. Gleichwohl wird die Legitimität der Regelung angezweifelt (MünchKomm/BASEDOW § 11 Rn 193). Nr 5 ist als dynamische Verweisung aufzufassen, so daß auch die Neufassung von § 13 Nr 4 im Jahre 1996 von der Privilegierung gedeckt ist (aA KRAUS NJW 1998, 1126).

bb) Bei der Privilegierung der in der VOB enthaltenen Erklärungsfiktionen dachte der Gesetzgeber nur an § 12 Nr 5 Abs 2, worin an Verhaltensweisen des Bauherrn eine Abnahmefiktion geknüpft ist, Verhaltensweisen, die freilich im wesentlichen mit Tatbeständen zusammenfallen, die ohnedies eine schlüssige Abnahme ausdrükken. Dem eindeutigen Gesetzestext unterfallen aber auch alle weiteren in der VOB erklärten Abnahmefiktionen (MünchKomm/BASEDOW § 10 Rn 58; aA WOLF/HORN § 23 Rn 244; offen gelassen ULMER § 23 Rn 45 Fn 197). Weitere von § 23 erfaßte Fiktionen in der VOB sind: § 12 Nr 5 Abs 1 – Abnahmefiktion von 12 Werktagen nach schriftlicher Mitteilung der Fertigstellung, von § 15 Nr 3 S 5 – fingierte Anerkennung von Stundenlohnzetteln, und § 16 Nr 6 S 2 HS 2 – Fiktion der Anerkennung von Forderungen von Drittgläubigern und des Schuldnerverzugs, bei nicht rechtzeitiger Erklärung des Auftragnehmers. Dagegen handelt es sich bei der in § 16 Nr 3 Abs 2 VOB angeordneten Schlußzahlungswirkung als Präklusion von Nachforderungen nach Auffassung des BGH (NJW 1983, 816 f) nicht um eine Fiktion, sondern um einen vom Auftragnehmer geschaffenen Vertrauenstatbestand. Damit fällt diese Vorschrift von vornherein nicht in den Anwendungsbereich des § 10 Nr 5. Da aber der BGH auf eine Inhaltskontrolle der Bestimmungen der VOB/B nach § 9 verzichtet, wenn die VOB „als Ganzes" (s Rn 32) vereinbart ist, führt seine Einordnung des § 16 Nr 3 Abs 2 VOB/B zum gleichen Ergebnis wie eine Privilegierung nach § 23 Abs 2 Nr 5 (BGH NJW 1983, 816). Dagegen verstößt die Regelung des § 16 Nr 3 Abs 2 VOB/B gegen § 9, wenn sie „isoliert" vereinbart ist (BGH NJW 1988, 55). Dann entfiele aber auch die Privilegierung nach § 23 Abs 2 Nr 5 (s Rn 32).

Da, wo die Privilegierung nicht Platz greift (s unten Rn 28), ist immer sorgfältig zu prüfen, ob die fragliche Verhaltensweise nicht als schlüssige Erklärung iS der gewollten Fiktionswirkung zu deuten ist (OLG Düsseldorf NJW-RR 1992, 529).

30 b) Die Privilegierung der VOB nach § 23 greift nur dann ein, wenn „die" VOB „Vertragsgrundlage" ist. Dieser Tatbestand ist nur dann erfüllt, wenn die VOB Teil B im Ganzen vereinbart ist. Dies ist inzwischen gefestigte Rspr. Eine Bevorzugung von Einzelbestimmungen aus der VOB läßt sich nicht rechtfertigen. Die Privilegierung ist daher, wenn überhaupt, nur deshalb gerechtfertigt, weil die VOB insgesamt als einigermaßen ausgewogen zu bezeichnen ist.

31 aa) Diese Voraussetzung gilt sowohl hinsichtlich der in der VOB enthaltenen Erklärungsfiktionen (ULMER Rn 45; WOLF/HORN Rn 245; BGHZ 86, 135, 142; aA LOCHER NJW 1977, 1802 f), als auch für die Privilegierung der Gewährleistung nach § 13 Nr 4 VOB (WOLF/HORN § 23 Rn 246; ULMER Rn 44; BGHZ 96, 129). Die Gegenauffassung (HENSEN Anh §§ 9–11 Rn 907; RECKEN BauR 1978, 417 ff), die schon die unveränderte „Gewährleistung nach VOB" genügen läßt, ist abzulehnen. Denn die Vorteile, die § 13 VOB dem Bauherrn gibt, sind kein Äquivalent zur Differenz zwischen 5 und 2 Jahren Gewährleistungsverjährung. Die isolierte Vereinbarung des § 13 VOB ermöglicht keine Verkürzung der Gewährleistungsfrist des § 638 BGB. Läßt aber die Klausel die gesetzliche Gewährleistungsfrist des § 638 BGB unberührt und bezieht lediglich den Art und Voraussetzungen der Gewährleistung betreffenden Teil des § 13 VOB in den Vertrag ein, fehlt es an einem Verstoß gegen § 11. Einer Inhaltskontrolle nach § 9 hält die Klausel stand (BGHZ 107, 82 ff).

bb) Die VOB ist nur dann als Ganzes vereinbart, wenn sie „ohne ins Gewicht fallende Einschränkungen" übernommen worden ist (BGHZ 96, 133 ff; krit zu diesem Ansatz OTT 130 ff). Wird dagegen durch zusätzliche Vertragsbedingungen in den Kernbereich der VOB eingegriffen, ist die VOB nicht mehr als Ganzes vereinbart. Denn gerade solche Zusätze stellen einen besonders gravierenden Eingriff in den Regelungsgehalt der VOB dar. Dabei spielt es keine Rolle, ob die zusätzlichen Vertragsbedingungen ihrerseits gegen § 9 verstoßen (BGH BauR 1993, 1083; BGH NJW 1995, 526). Wird in den Kernbereich der VOB eingegriffen, sind deren Klauseln nicht mehr nach § 23 Nr 5 privilegiert. Da nach Auffassung des BGH eine isolierte Inhaltskontrolle einzelner Bestimmungen der VOB anhand des § 9 AGBG unterbleibt, wenn die VOB als Ganzes Vertragsbestandteil ist (BGHZ 86, 135; 113, 55 mwN), hat diese Frage über § 23 hinaus für die Inhaltskontrolle nach dem AGBG weitreichende Bedeutung. **32**

Ein Eingriff in den Kernbereich der VOB liegt vor, bei: **33**

– Abbedingung der Regelung des § 13 Nr 5 Abs 1 VOB/B (OLG Düsseldorf NJW-RR 1992, 529); – Ausschluß des § 8 Nr 1 VOB/B iVm § 649 BGB gegenüber dem Nachunternehmer (BGH NJW 1995, 526); – Einbeziehung der Nrn 14 und 15 ZVB-StB 80, da diese einen schwerwiegenden Eingriff in die Rechte des Auftragnehmers nach § 2 VOB/B enthalten (BGH NJW-RR 1991, 535); – Einmaliger Gesamtschlußabnahme erst nach Abschluß sämtlicher Bauarbeiten (BGH NJW-RR 1991, 1238); – Hinausschieben der Abnahme der fertiggestellten Leistung des Nachunternehmers bis zur Abnahme des Gesamtbauvorhabens (BGH NJW 1995, 526); – Ausschluß von Teilabnahmen (§ 12 Nr 2 VOB/B) (BGH NJW 1996, 1347) oder der fiktiven Abnahme nach § 12 Nr 5 VOB/B (BGHZ 111, 397) jeweils zu Lasten des Auftragnehmers; – Kündigungsbeschränkungen (BGH NJW-RR 1990, 157; BGHZ 92, 249; BGHZ 101, 357); – Überbürdung der Beweislast für Mängel auf den Auftragnehmer für die Zeit nach erfolgter Abnahme (BGH NJW-RR 1991, 1238); – Vereinbarung eines Sicherungseinbehalts von 10 v H auf Abschlagszahlungen bis zur Erteilung der Schlußrechnung (BGH NJW 1990, 1365); – Vereinbarung, daß Abschlagszahlungen trotz eines Sicherheitseinbehalts von 5% bei der Schlußzahlung nur mit 90% auszuzahlen sind (BGH NJW-RR 1991, 727); – Vorbehalt des Bauträgers, einzelne Positionen entfallen zu lassen, ohne daß dem Auftragnehmer deswegen irgend welche Rechte zustehen (BGH NJW 1988, 55).

cc) Freilich ist immer zu beachten, daß das Problem nur auftritt, wenn diejenige Vertragspartei durch die privilegierte Regelung belastet wird, die Vertragspartner des Verwenders ist. Andernfalls ist für eine Inhaltskontrolle kein Raum. Deshalb ist **34**

die „isolierte" Vereinbarung des § 13 VOB wirksam, wenn sie auf eine vom Auftraggeber gestellte Vertragsbedingung zurückgeht (BGHZ 99, 160 s § 1 Rn 19 ff).

Privilegiert ist die VOB nur im Rahmen des von ihr selbst reklamierten Anwendungsbereiches, nämlich bei Verträgen über Bauleistungen. Wird sie anderen Verträgen zugrunde gelegt, so gilt die Privilegierung nicht (ULMER Rn 44b; MünchKomm/BASEDOW § 11 Nr 10 Rn 194; BGH NJW 1988, 142). So fallen bei einem Generalunternehmervertrag die übernommenen Architekten- und Ingenieurleistungen nicht unter den Ausnahmebereich des § 23 Abs 2 Nr 5 (BGH aaO). Für letztere verbleibt es bei dem Klauselverbot des § 11 Nr 10 lit f (BGH aaO). Zu den Bauträgerverträgen s § 9 Rn 324.

35 c) § 23 Abs 2 Nr 5 betrifft nur das Problem der vorformulierten Vertragsbestandteile. Wird einzelvertraglich etwas vereinbart, was punktuell von der VOB abweicht – sei es auch von den privilegierten Vorschriften – so ist das, was von der VOB einbezogen bleibt, gleichwohl privilegiert, unabhängig davon, ob es zum Vor- oder Nachteil des Verwenders geschehen ist (zust WOLF/HORN Rn 246; aA ULMER Rn 44). Wird im Rahmen eines individuell vereinbarten Bauvertrages auf die VOB Bezug genommen, so bleibt diese weiterhin AGB iSv § 1. Da deren Regelungsgehalt weitgehend durch Individualabsprachen verdrängt sein wird, fallen die in Bezug genommenen VOB-Regelungen nicht unter den Geltungsbereich des § 23 Abs 2 Nr 5 (WOLF/HORN Rn 246).

36 d) Soweit eine Privilegierung besteht, hat der Gesetzgeber die Regelung der VOB ersichtlich inhaltlich gebilligt und sie daher auch aus der Kontrolle durch § 9 genommen (HENSEN Anh §§ 9–11 Rn 905). Sieht man in der Privilegierung der VOB/B, anders als hier vertreten, in **Verbraucherverträgen (§ 24a)** einen Verstoß gegen die EG-RL (s Rn 1a), ist der Widerspruch in richtlinienkonformer Auslegung des nationalen Rechts dahin aufzulösen, daß die fraglichen Bestimmungen der Inhaltskontrolle nach § 9 iVm § 24a Nr 3, als der lex posterior, unterliegen (QUACK BauR 1997, 26; aA ULMER Rn 60). Die ursprünglich vorgesehene gänzliche Freistellung von jeder Inhaltskontrolle sollte insoweit nicht aufrechterhalten werden. Denn der Gesetzgeber wollte ersichtlich mit der Vorschrift des § 24a die Richtlinie vollständig umsetzen, hat dabei aber die Problematik des § 23 Abs 2 Nr 5 schlicht übersehen (HENSEN Anh §§ 9–11 Rn 906). Ein Eingreifen des Gesetzgebers ist daher nicht zwingend geboten (so aber ULMER Rn 60).

37 e) Sind mehrere Bauausführende oder -betreuende gewährleistungspflichtig (s dazu STAUDINGER/PETERS [1994] § 638 BGB), von denen nur einer privilegiert ist, so bleiben Ausgleichsansprüche der anderen trotz der Privilegierung bestehen, weil unterschiedliche Gewährleistungsfristen auf die internen Ausgleichsansprüche prinzipiell keinen Einfluß haben (BGHZ 58, 216; allgM).

7. § 23 Abs 2 Nr 6

38 Bei den genannten Vertragsarten ist davon auszugehen, daß eine längerfristige vertragliche Bindung nicht nur den Bedürfnissen des Verwenders, sondern auch denen des Kunden entspricht und entsprechende Fristen in Formularverträgen für ihn nicht überraschend kommen (vgl BGHZ 84, 113; ULMER Rn 47).

Anwendungsbereich

a) Eine **Lieferung als zusammengehörig verkaufter Sachen** (vgl entsprechenden 39 Begriff in § 2 Nr 1 VerbrKrG; vgl auch § 469 S 2 BGB) liegt vor, wenn der Kunde von vornherein die feste Verpflichtung zur Abnahme einer bestimmten **Sachgesamtheit** eingeht, deren Bestandteile abweichend von § 266 BGB ratenweise geliefert werden sollen. Umstritten ist, ob die Zusammengehörigkeit nach subjektiven (s WOLF/HORN Rn 331) oder objektiven Kriterien (s SOERGEL/STEIN § 11 Rn 141) zu bestimmen ist (unentschieden BGH NJW 1993, 2054). Regelmäßig wird aus dem Vorliegen von objektiven Verbindungselementen auf einen entsprechenden Parteiwillen zu schließen sein. Zu denken ist zB an den Kauf eines mehrbändigen Lexikons (RegE BT-Drucks 7/3919, 42) oder eines sonstigen Sammelwerks (BGH NJW 1993, 2052 – „Die Großen"; LG Hamburg NJW 1973, 804 – „Grzimeks Tierleben"). Die einzelnen Bände werden dabei durch eine gemeinsame thematische Klammer verbunden. Der Wert des einzelnen Bandes erschließt sich erst im Zusammenhang mit den übrigen, wobei eine objektive Betrachtung geboten ist (BGH NJW 1993, 2054). Nach Ansicht des BGH (NJW 1976, 1354) kann auch eine 65-bändige Edition der Schriften der Literatur-Nobelpreisträger eine „Sachgesamtheit" darstellen (abl MünchKomm/BASEDOW § 11 Rn 211). Dagegen fehlt es an einer „Sachgesamtheit" bei der Bestellung von den „Hundert schönsten Liebesromanen" (vgl LG Saarbrücken NJW 1988, 348 f; MünchKomm/BASEDOW § 11 Rn 211). Zutreffend hat der BGH (NJW 1977, 714) einen Vertrag über fünf jeweils zwanzigteilige Aussteuersortimente nicht als Vertrag über zusammengehörig verkaufte Sachen, sondern als „regelmäßige Lieferung von Sachen gleicher Art" beurteilt. In den beiden zuletzt genannten Fällen handelt es sich der Sache nach um Dauerschuldverhältnisse (ULMER/HENSEN § 11 Rn 6; MünchKomm/BASEDOW § 11 Rn 206; aA WOLF § 11 Rn 4 f), die unter § 11 Nr 12 fallen. Verträge über die Lieferung und Bezug von Sachen gemäß § 2 Nrn 2, 3 VerbrKrG werden nicht von § 23 Abs 2 Nr 6 erfaßt. Auf derartige Verträge ist § 11 Nr 12 voll anwendbar.

Da in den Fällen des Verkaufs einer bestimmten Sachgesamtheit bereits kein Dauerschuldverhältnis iSv § 11 Nr 12 vorliegt, sondern ein Teillieferungsvertrag, besitzt § 23 Abs 2 Nr 6 im Grunde nur klarstellende Bedeutung (vgl STAUDINGER/COESTER-WALTJEN § 11 Nr 12 Rn 6 mwN; ULMER Rn 48; offengelassen BGH NJW 1993, 2053).

b) **Versicherungsverträge** haben nicht die regelmäßige Lieferung von Waren oder 40 die regelmäßige Erbringung von Dienst- oder Werkleistungen zum Gegenstand und fallen deshalb ebenfalls nicht unter § 11 Nr 12 (ULMER Rn 49; aA MünchKomm/BASEDOW § 11 Rn 211). Schon deshalb ist diese Regelung verfassungsrechtlich unbedenklich. Eines Rückgriffs auf die verbliebene Inhaltskontrolle nach § 9 bedarf es zu ihrer Rechtfertigung nicht (so aber BVerfGE 70, 120 f). Für die in der Vergangenheit lebhaft geführte Diskussion um die Zulässigkeit von 10-Jahresverträgen war damit klargestellt, daß diese nicht an § 11 Nr 12a zu messen waren, der auch keine Leitbildfunktion enthält (BGH NJW 1994, 2694; aA OLG München ZIP 1993, 1241). Laufzeitbestimmungen sind deshalb anhand von § 9 inhaltlich zu kontrollieren. Dem steht auch nicht § 8 entgegen, da die Laufzeit lediglich das Hauptleistungsversprechen näher ausgestaltet, ohne selbst den engen Bereich der Leistungsbeschreibung zu bilden (BGHZ 127, 35 = NJW 1994, 2693; BGH NJW 1995, 2710). Aber auch § 8 Abs 1 und 2 VVG stehen einer Inhaltskontrolle von Laufzeitklauseln nach dem AGBG nicht entgegen. Denn § 8 Abs 1 VVG betrifft nur Verlängerungsklauseln, § 8 Abs 2 VVG regelt unbefristete Versicherungsverträge (MünchKomm/BASEDOW Rn 73; BGHZ 127, 35; aA ULMER Rn 49). Einschlägig für die Beurteilung von Laufzeitklauseln ist vielmehr § 8 Abs 3

VVG, der mit Gesetz v 17. 12. 1990 (BGBl I 2864) mit Wirkung zum 1. 1. 1991 eingefügt wurde (im folgenden § 8 Abs 3 aF). Vor seinem Inkrafttreten abgeschlossene Altverträge werden allerdings nicht erfaßt. Durch das Dritte Gesetz zur Durchführung versicherungsrechtlicher Richtlinien des Rates der EG v 21. 7. 1994 (BGBl I 1617, 1659) ist § 8 Abs 3 aF in die nunmehr geltende Fassung geändert worden und gilt für Versicherungsverträge, die nach dem 24. 6. 1994 abgeschlossen worden sind. Diese gesetzgeberischen Wertungen sind bei der Konkretisierung der Generalklausel des § 9 zu beachten (MünchKomm/BASEDOW Rn 72 ff): Für die Inhaltskontrolle der Laufzeit eines Versicherungsvertrages anhand des § 9 ist danach zu differenzieren, ob der Vertrag vor dem 1. 1. 1991, zwischen dem 1. 1. 1991 und dem 24. 6. 1994 oder nach dem 24. 6. 1994 abgeschlossen wurde (BGH NJW 1995, 2710). Einzelheiten s STAUDINGER/COESTER § 9. Gegenüber § 11 Nr 12b ist § 8 Abs 1 VVG ohnehin eine Spezialregelung.

41 c)   Wegen der faktischen Monopolstellung der **Verwertungsgesellschaften** sind die Inhaber der genannten Schutzrechte im besonderen Maße an einer langfristigen Vertragsdauer interessiert. Außerdem sind die Verwertungsgesellschaften gesetzlich gehalten, die Interessen der Schutzrechtsinhaber zu angemessenen Bedingungen wahrzunehmen (§ 6 WahrnG; ULMER Rn 51). Schutzrechte können nach § 6 WahrnG (BGBl I 1294; zuletzt geändert durch G v 23. 6. 1995 BGBl I 842) entweder anhand einer Verbandssatzung (dann ist eine Kontrolle anhand des AGBG durch § 23 Abs 1 ausgeschlossen, zust ULMER Rn 50) oder über zweiseitige Verträge verwertet werden. Die letztgenannte Gestaltung entspricht der Praxis der Verwertungsgesellschaften in Deutschland und fällt als Geschäftsbesorgungsvertrag über Dienstleistungen grundsätzlich unter § 11 Nr 12, so daß wenigstens diese Ausnahme einen sachlichen Gehalt hat (ULMER Rn 50).

IV. § 23 Abs 3*

42 1.   Als Grund für Sonderbehandlung von **Bausparverträgen**, **Versicherungsverträgen** und von Rechtsverhältnissen zwischen **Kapitalanlagegesellschaften** und Anteilseignern ist in der amtlichen Begründung angegeben, ein Rückgriff auf § 6 Abs 2 würde zu keiner sachgerechten Lösung führen, weil das bei Gestaltung der genannten Verträge „maßgebliche Prinzip des kollektiv ausgerichteten Geschäftssystems eine gleichmäßige und erschöpfende Regelung aller Verträge (verlange), und die gleichmäßige Anwendung der behördlich genehmigten AGB gesetzlich vorgeschrieben" sei (BT-Drucks 360/75, 43).

43 2.   Es muß sich um einen jeweils gesetzlich definierten Vertragstyp handeln, weil nur bei ihnen die in der Vorschrift erwähnten Genehmigungsmöglichkeiten bestehen. Es handelt sich um Bausparverträge iSv § 1 Abs 2 BauspG (BGBl 1972 I 2097), Versicherungsverträge iSv § 1 VVG oder um Verträge über den Vertrieb von Kapitalanteilen iSv KAGG. Die behördliche Genehmigung muß sich auf das gesamte Klauselwerk beziehen (BGH NJW-RR 1990, 1115). Auch wenn sich ein neues Klauselwerk nur aus Klauseln zusammensetzt, die aus genehmigten Regelwerken entnommen worden sind, bedarf jenes der Genehmigung, da die Angemessenheit einer

---

* **Schrifttum**: HÜBNER, AVB und AGB-Gesetz, RWS-Skript 146 (1993).

Vertragsbedingung nur im konkreten Zusammenhang beurteilt werden kann (BGH aaO). Die Freistellung durch § 23 Abs 3 wirkt erst ab Genehmigung (BGH Vers 1986, 672). Fehlt es an der Genehmigung oder handelt es sich um ein nicht genehmigungspflichtiges Klauselwerk, verbleibt es, vorbehaltlich des § 24, bei den qualifizierten Einbeziehungsvoraussetzungen des § 2 Abs 1 (BGH NJW 1982, 824; WOLF/HORN Rn 402). Eine behördliche Genehmigung ist allerdings nur noch für die AGB der Bausparkassen und Kapitalanlagegesellschaften erforderlich (§ 3 Abs 1 BauspG; § 15 Abs 2 KAGG). Mit dem Dritten Gesetz zur Durchführung versicherungsrechtlicher Richtlinien des Rates der Europäischen Gemeinschaften (BGBl 1994 I 1630) ist für Allgemeine Versicherungsbedingungen die Genehmigungspflicht mit Wirkung zum 29.7.1994 generell entfallen (vgl BT-Drucks 12/6959, 45). Die statt dessen für den Bereich der Pflichtversicherung und der Krankenversicherung vorgesehene Vorlagepflicht der Allgemeinen Versicherungsbedingung vermag die in § 23 Abs 3 geforderte Genehmigung nicht zu ersetzen. Für sie gilt also Abs 3 nicht mehr (ULMER Rn 55; HOHLFELD VersR 1993, 148). Auch eine freiwillige Überprüfung und Billigung der Versicherungsbedingungen durch das Bundesamt für das Versicherungswesen löst die Rechtsfolgen des § 23 Abs 3 nicht aus (ULMER Rn 55). Zu beachten ist aber die in § 5a Abs 1 VVG vorgesehene Möglichkeit, daß die Versicherungsbedingungen noch dadurch Vertragsbestandteil werden können, daß der Versicherer die Versicherungsbedingungen nachträglich zusendet und der Versicherungsnehmer nicht innerhalb von zehn Tagen schriftlich widerspricht (DÖRNER/HOFFMANN NJW 1996, 153 ff; HEINRICHS NJW 1996, 1383). Entscheidungen von Instanzgerichten, die Allgemeinen Versicherungsbedingungen Vertragsbestandteil werden lassen wollten, nur weil allgemein oder speziell dem Vertragspartner klar sein mußte, daß der Versicherungsvertrag ohne AVB gar nicht durchführbar ist (LG Freiburg VersR 1991, 771; LG München VersR 1991, 663), sind damit obsolet. Zum Vertragsinhalt gilt dann das in Rn 42 Angeführte. Bislang genehmigte AGB der Versicherer fallen auch in Zukunft unter Abs 3, solange sie inhaltlich unverändert bleiben.

3. Abs 3 betrifft nicht den gesamten Inhalt von § 2, sondern nur die dort den Verwender treffende Hinweis- und Kenntnisverschaffungspflicht (OLG Düsseldorf VersR 1996, 750; MünchKomm/BASEDOW Rn 61). Denkt man die Nrn 1 und 2 aus § 2 Abs 1 weg, so ist der verbleibende Satz zwar grammatikalisch verunstaltet, läßt aber immerhin erkennen, daß auch in diesem Bereich der Vertragspartner des Verwenders mit der Geltung der Bedingungen einverstanden sein muß (ULMER Rn 53; WOLF/HORN Rn 403). Aus der Freistellung von § 2 Abs 1 Nr 2 folgt jedenfalls, daß genehmigte AGB schon dann Vertragsbestandteil werden, wenn auf sie im Vertragsangebot hingewiesen wurde. Sie müssen nicht darüber hinaus eigens beigefügt sein (OLG Karlsruhe VersR 1983, 169; AG Cloppenburg VersR 1986, 339). Auch in dem von § 23 Abs 3 angesprochenen Bereich ist kein Raum für die unselige Rspr zur Einbeziehung von Bedingungen kraft Verkehrssitte oder kraft „Kennenmüssens" der Tatsache, daß Bausparkassen, Kapitalanlagegesellschaften (und früher Versicherungen) nur zu ihren AGBG abschließen (s § 2 Rn 1). Von einem Privatmann und einem branchenfremden Unternehmer kann man die Kenntnis von diesen Geschäftsgebräuchen nicht erwarten (aA LG Freiburg VersR 1991, 771; MünchKomm/BASEDOW Rn 61), allenfalls von einem Rechtsanwalt (LG München I VersR 1991, 663). Insbesondere dann, wenn Bedingungen der in § 23 Abs 3 genannten Art von Vorschriften des dispositiven Rechts abweichen, werden sie im allgemeinen nicht kraft stillschweigender Bezugnahme Vertragsbestandteil. Des in den AVB näher geregelten Versicherungsschutzes kann der Versicherungsnehmer nicht verlustig gehen, weil er sich auf die AGB jederzeit berufen kann, auch wenn die Obliegenheiten nach § 2 Abs 1 Nrn 1 und 2 nicht erfüllt werden (§ 2 Rn 7).

45 Soweit Bestimmungen unwirksam oder nicht Vertragsbestandteil geworden sind, richtet sich der Vertragsinhalt nach den Regeln des dispositiven Rechts, § 6 Abs 2 (BGH NJW 1982, 824; WOLF/HORN Rn 405). Die Unwirksamkeit des Vertrages nach § 6 Abs 3 ist auch im Falle einer gescheiterten Einbeziehung von AGB eines Versicherers keineswegs die Regel (BGH aaO; aA BAUER BB 1978, 477). Im Wege der ergänzenden Vertragsauslegung lassen sich Teile des Klauselwerks durchaus heranziehen (s § 6 Rn 121; WOLF/HORN Rn 405; PALANDT/HEINRICHS Rn 9). Ergibt sich die Leistungsbeschreibung im Detail erst aus den Allgemeinen Bedingungen, muß man so verfahren. Teilweise mag sich aber aufgrund ergänzender Vertragsauslegung eine dem Kunden günstigere Rechtslage ergeben, als wenn man die Bedingungen von vornherein zum Vertragsinhalt macht. Das ist recht und billig, weil es dem Verwender immer zumutbar war, vor Vertragsschluß einen unmißverständlichen Hinweis zu geben, daß AGB gelten sollen. Erscheint ein Hinweis auf AGB erst im Vertragsabschlußdokument der Bausparkasse, Kapitalanlagegesellschaft oder Versicherung (Versicherungsschein), so sind sie vereinbart, wenn nicht unverzüglich widersprochen wird, jedenfalls sobald Prämien bezahlt werden. Das Unterlassen des Mitverschickens von AGB kann eine cic darstellen, insbesondere dann, wenn sich der Kunde im Stadium der Vertragsabwicklung nicht über ihn treffende Obliegenheiten informieren kann.

46 **Rahmenvereinbarungen** nach § 2 Abs 2 sind durch § 23 Abs 3 nicht erfaßt, dh für diese gelten § 2 Abs 1 Nrn 1 und 2 immer, soweit nicht ein Fall des § 24 vorliegt (ULMER Rn 56; WOLF/HORN Rn 404).

Die allgemeine Inhaltskontrolle der genannten Vertragstypen wird durch § 23 Abs 3 nicht eingeschränkt, wohl aber durch Spezialvorschriften wie zB §§ 5, 8 VVG modifiziert.

§ 24
Persönlicher Anwendungsbereich

Die Vorschriften der §§ 2, 10, 11 und 12 finden keine Anwendung auf Allgemeine Geschäftsbedingungen,

1. **die gegenüber einer Person verwendet werden, die bei Abschluß des Vertrages in Ausübung ihrer gewerblichen oder selbständigen beruflichen Tätigkeit handelt (Unternehmer);**

2. **die gegenüber einer juristischen Person des öffentlichen Rechts oder einem öffentlichrechtlichen Sondervermögen verwendet werden.**

§ 9 ist in den Fällen des Satzes 1 auch insoweit anzuwenden, als dies zur Unwirksamkeit von in den §§ 10 und 11 genannten Vertragsbestimmungen führt; auf die im Handelsverkehr geltenden Gewohnheiten und Gebräuche ist angemessen Rücksicht zu nehmen.

Schrifttum

HELM, Zur Inhaltskontrolle von AGB bei Verwendung gegenüber Kaufleuten, BB 1977, 1109
LINDACHER, Zur Einbeziehung Allgemeiner Geschäftsbedingungen durch kaufmännische Bestätigungsschreiben, WM 1981, 702
BASEDOW, Handelsbräuche und AGB-Gesetz, ZHR 150 (1986) 469
BAUDENBACHER, Zur Bedeutung der Klauselkataloge des AGB-Gesetzes für den kaufmännischen Verkehr, JA 1987, 217
WOLF, Preisanpassungsklauseln in AGB unter Kaufleuten, ZIP 1987, 341
RABE, Die Auswirkungen des AGB-Gesetzes auf den kaufmännischen Verkehr, NJW 1987, 1978
HENSEN, Die Auswirkungen des AGB-Gesetzes auf den kaufmännischen Verkehr, NJW 1987, 1986
SCHLOSSER, Freizeichnungsklauseln im kaufmännischen Verkehr, in: Zehn Jahre AGB-Gesetz (1987)
ders, Entwicklungstendenzen im Recht der AGB, ZIP 1985, 449
OHLENDORF/vHERTEL, Kontrolle von Allgemeinen Geschäftsbedingungen im kaufmännischen Geschäftsverkehr gemäß § 24 AGBG (1988)
WOLF, Auslegung und Inhaltskontrolle von AGB im internationalen kaufmännischen Verkehr, ZHR 153 (1989) 300
KARATZENIS, Zur Anwendung der Generalklausel des § 9 im Handelsverkehr (1989)
REH, Einbeziehung und Inhaltskontrolle Allgemeiner Geschäftsbedingungen im kaufmännischen Verkehr (1990)
LUTZ, AGB-Kontrolle im Handelsverkehr unter Berücksichtigung der Klauselverbote (1991)
MUNZ, AGB in den USA und Deutschland im Handelsverkehr (1992)
VORDEROBERMEIER, Die Einbeziehung Allgemeiner Geschäftsbedingungen im kaufmännischen Geschäftsverkehr unter besonderer Berücksichtigung der überraschenden Klauseln (§ 3 AGBG) (1992)
EBERSTEIN, Die zweckmäßige Ausgestaltung von Allgemeinen Geschäftsbedingungen im kaufmännischen Geschäftsverkehr (1997)
WELLENHOFER-KLEIN, Strukturell ungleiche Verhandlungsmacht und Inhaltskontrolle von Verträgen, ZIP 1997, 774.

I. Zweck der Vorschrift

1. Die Frage, ob und gegebenenfalls in welcher Weise der Schutz des AGB-Gesetzes auch Kaufleuten zugute kommen sollte, war in der rechtspolitischen Auseinandersetzung der frühen siebziger Jahre um den Schutz vor unangemessenen Formularbedingungen eines der meistdiskutierten Themen (s Zusammenstellung bei KÖTZ Gutachten 50. DJT [1974] Bd I SA 11, Anm 7). Die Arbeitsgruppe beim Bundesminister der Justiz (Einl 4 zum AGBG) verstand ihre Aufgabe nur in der Erarbeitung einer Teilregelung und hat aus diesem Grund den Verkehr unter Vollkaufleuten ganz aus dem Anwendungsbereich des Gesetzes nehmen wollen (1. Teilber § 12). Der Referentenentwurf ist dem gefolgt (Betrieb Beilage Nr 18, 1974 zu Heft 39, § 12). Die dann Gesetz gewordene Fassung hat der Regierungsentwurf gebracht (BR-Drucks 360/75 § 12).

Sie beruht auf folgenden Überlegungen:

Hätte man einen Katalog verbotener Klauseln entwickeln wollen, der auch dem Verkehr unter Kaufleuten angemessen gewesen wäre, so hätten einmal umfangreiche rechtstatsächliche Untersuchungen angestellt werden müssen. Das Zustandekommen des Gesetzes hätte sich um eine ganze Legislaturperiode verschoben. Viele Klauselverbote hätten zudem wegfallen oder eine Relativierung erfahren müssen, was zu einer verbraucherpolitisch unerwünschten Rechtsunsicherheit geführt hätte. Daher hat das Gesetz den Katalog verbotener Klauseln in den §§ 10, 11 auf den kaufmännischen Verkehr nicht bezogen. Desgleichen hat es auf eine Anwendung der §§ 2 und 12 im kaufmännischen Verkehr verzichtet. Während für letztere Entscheidung maßgeblich war, daß die Vorschriften für den kaufmännischen Verkehr nicht passen würden, war es hinsichtlich §§ 10, 11 die Überlegung, daß ein differenziertes Urteil über die Unangemessenheit von Klauseln, bezogen auf den Handelsverkehr, in der Kürze der Zeit nicht zu erarbeiten war (zum rechtspolitischen Hintergrund der Norm ausführlich ULMER Rn 7–12).

Das schließlich Gesetz gewordene Konzept des AGBG beruht auf dem Gedanken des allgemeinen Schutzes, der an die einseitige Inanspruchnahme der Vertragsfreiheit durch den AGB-Verwender anknüpft. Es geht um den Schutz des Vertragsteils, dem außerhalb der Festlegung der Hauptleistungspflichten die Formulierungsmacht abgeht. Dies kann auch der die Hauptleistung erbringende Teil sein. In dieser Konzeption hat sich das Gesetz bewährt, wenn man von gelegentlichen Übereifrigkeiten der Rspr absieht. Schwierigkeiten bereitete deshalb die Umsetzung der EG-Richtlinie über mißbräuchliche Klauseln in Verbraucherverträgen, die an dem vom AGBG überwundenen Konzept des reinen Verbraucherschutzrechts festhält.

3 2. Die **EG-Richtlinie über mißbräuchliche Klauseln in Verbraucherverträgen** betrifft nur Verträge, in denen AGB-Klauseln gegenüber einer natürlichen Person verwandt werden, die nicht in Ausübung ihrer gewerblichen oder beruflichen Tätigkeit handelt, also „Letztverbraucher" ist. Die Richtlinie wurde mit dem neuen § 24a im Rahmen des AGBG umgesetzt. Für den kaufmännischen Verkehr verblieb es daher bei den bisherigen Regelungen. Das HandelsrechtsreformG hat aus der Formulierung „gegenüber einem Kaufmann verwendet werden, wenn der Vertrag zum Betrieb seines Handelsgewerbes gehört", die jetzige, seit 1. 7. 1998 geltende Fassung gemacht. Aber auch bezüglich des Geschäfts mit dem Letztverbraucher werden sich in der Praxis nur marginale Änderungen ergeben.

4 3. Zu dem sich aus der Richtlinienumsetzung ergebenden dreigeteilten persönlichen Anwendungsbereich des AGBG s § 24a Rn 25 ff.

II. Tatbestandliche Voraussetzungen der Vorschrift

1. Anwendung gegenüber einem Kaufmann (bis zum 30. 6. 1998) bzw einem Unternehmer

5 a) Wer **Kaufmann** war, ergab sich aus §§ 1–6 HGB aF. Der Vertragspartner des Verwenders mußte nicht im Handelsregister eingetragen gewesen sein, falls nicht ausnahmsweise die Eintragung gem §§ 2, 3, 5 HGB konstitutiv wirkte. Testamentsvollstrecker und Konkursverwalter, die ein Unternehmen werbend weiter betrieben, waren als Kaufleute zu behandeln (BRANDNER Rn 14). Auch **Minderkaufleute** (§ 4 Abs 1 HGB) fielen unter diese Vorschrift (BGH NJW 1985, 2695; BRANDNER Rn 14), selbst dann, wenn sie sich in arbeitnehmerähnlicher Stellung befanden (§ 23 Rn 2, zB als Einfirmenvertreter gem § 92a HGB). Ebenfalls fielen **Scheinkaufleute** unter § 24 S 1 Nr 1 (BRANDNER Rn 14). Das galt auch dann, wenn sie in anderer Weise als durch (unrichtige) Eintragung gem § 5 HGB den Rechtsschein eines Kaufmanns erweckten (Horn Rn 6).

Die Versicherung der Kaufmannseigenschaft des Kunden durch AGB des Verwenders reichte für die Begründung eines entsprechenden Rechtsscheins allerdings nicht aus (BGH NJW 1982, 2301; Horn Rn 6). Erlangte der Vertragspartner des Verwenders erst durch Abschluß des Vertrages die Kaufmannnseigenschaft, wie zB bei einem Handelsvertretervertrag, fand manchen zufolge auf diesen Vertrag § 24 keine Anwendung, da der Vertragspartner zum Zeitpunkt des Vertragsschlusses noch kein Kaufmann war (OLG Koblenz NJW 1987, 74; Horn Rn 6; aA OLG Oldenburg NJW-RR 1989, 1081; Brandner Rn 11; differenzierend MünchKomm/Basedow Rn 3). Im Anschluß an die zu Art 13 EuGVÜ ergangene Entscheidung des EuGH vom 3. 7. 1997 (Benincasa v Dentalkit Slg I 3767 Rs C-269/95) sollte man aber auch alle Verträge zur Vorbereitung einer Unternehmenstätigkeit als Unternehmerverträge ansehen.

Die ursprünglich erwogene Anknüpfung an Vertragsschlüsse „in Ausübung einer Erwerbstätigkeit" (RefE I § 12 Abs 2 S 1, s oben Rn 1) war im Regierungsentwurf wieder gestrichen (vgl Rabe NJW 1987, 1981) worden. Eine (analoge) Anwendung des § 24 auf Personen, deren Geschäftserfahrungen denen eines Kaufmann gleichen, wie etwa Rechtsanwälte oder sonst freiberuflich Tätige, war deshalb nicht gewollt (Horn Rn 6; Brandner Rn 14; aA OLG Köln MDR 1996, 352). An die Stelle des „Kaufmanns" jetzt tritt der „Unternehmer". Diese Änderung war seit langem überfällig und im Hinblick auf § 24a dringend geboten (Ulmer Rn 6). **6**

Bei Vertragsschluß durch einen **Vertreter des den AGB Unterworfenen** kommt es auf die Eigenschaft des Vertretenen an. Haftet der Vertreter aus § 179 Abs 1 BGB auf Erfüllung, ist ebenfalls auf den Vertretenen abzustellen, was im Umkehrschluß aus § 179 Abs 2 S 2 BGB folgt. Bei Verwendung von AGB gegenüber **ausländischen Vertragspartnern** bestimmte sich die Kaufmannseigenschaft nach deutschen Recht (Brandner Rn 14; Jayme ZHR 1978, 115, Fn 57a; aA Hübner NJW 1980, 2607; Schlechtriem, in: FS Duden 580). Der Begriff des Unternehmers ist demgegenüber EU-einheitlich zu bestimmen. Darauf, ob der Verwender selbst Kaufmann oder Unternehmer war bzw ist oder nicht, kommt es nicht an. Auch nach einer **Vertragsübernahme** gilt für den übernommenen Vertrag das AGBG in der Fassung, die für den Rechtsvorgänger maßgeblich war, es sei denn, die Parteien haben seinen Inhalt ausdrücklich oder stillschweigend bestätigen (§ 141 BGB) wollen. **7**

b) Die Ausnahme galt nur für Handelsgeschäfte des Kaufmanns (§ 343 Abs 1 HGB). Dabei war die Vermutung des § 344 HGB zu beachten, die insbesondere bei Mischgeschäften Bedeutung gewann. Gegenüber Kaufleuten und jetzt Unternehmern, die privat Verträge schließen, ist das AGBG voll anwendbar. **8**

2. **Juristische Personen des öffentlichen Rechts oder öffentlichrechtliches Sondervermögen (S 1 Nr 2)**

a) Juristische Personen des öffentlichen Rechts sind der Staat und die Gebietskörperschaften, sonstige rechtsfähige Körperschaften und Anstalten (Hochschulen, Sozialversicherungsträger), Treuhandanstalt (Art 25 EinigV, § 25 TreuhG) sowie deren Nachfolgerin BAnstalt für vereinigungsbedingte SonderAufg (VO v **9**

20. 12. 1994 BGBl I 3913, dazu STAPPER/RÖDDER NJW 1994, 2673), Kirchen (BGHZ 124, 174 für die kath Kirche) und öffentlichrechtliche Stiftungen.

10 b) Öffentlichrechtliche Sondervermögen sind zwar gegenüber ihren Trägern haushaltsmäßig selbständig und treten nach außen wie eine rechtsfähige Sondereinheit auf, haben aber im übrigen keine eigene Rechtspersönlichkeit. Die bislang prominentesten Vertreter Bundesbahn und Bundespost waren mittlerweile in Aktiengesellschaften umgewandelt worden und fielen daher als Formkaufleute gem § 3 Abs 1 AktG iVm § 6 Abs 1 HGB unter S 1 Nr 1 aF. Jetzt sind sie Unternehmer. Für die Wahrung der Rechte des Bundes an den aus dem Sondervermögen „Deutsche Bundespost" hervorgegangenen Deutsche Post AG, Deutsche Postbank AG und Deutsche Telekom AG ist die Bundesanstalt Deutsche Bundespost errichtet worden, PTNeuOG v 14. 9. 1994 (BGBl I 2326; dazu GRAMLICH NJW 1994, 2788). Im Bereich der Bundesbahn ist durch das ENeuOG (BGBl I 1993, 2378) das Sondervermögen „Bundeseisenbahnvermögen" geschaffen worden (HEINZE NVwZ 1994, 748). Weitere Beispiele sind ferner das ERP-Sondervermögen und der LAG-Ausgleichsfond (DIEDERICHSEN BB 1974, 379 mwN).

11 c) Gegenüber den genannten juristischen Personen und Sondervermögen finden §§ 2, 10, 11, 12 keine Anwendung, da sie ebenso wie Unternehmer vermindert schutzbedürftig sind. Diese Ausnahme vom persönlichen Anwendungsbereich des AGBG beruht auf einer abstrakten gesetzgeberischen Entscheidung. Mit dem Nachweis bestehender Schutzbedürftigkeit im Einzelfall ist daher nichts auszurichten. Dies mußten Gemeinden der neuen Bundesländer in der ersten Zeit nach Wiederherstellung der staatlichen Einheit schmerzlich erkennen (Bsp OLG Hamm NJW 1995, 2499). Die Bedeutung der Ausnahme ist freilich gering, da die öffentliche Hand ohnehin meist als Verwender auftreten wird. Wohl aber gilt das AGBG für die von ihr verwendeten AGB, soweit diese nicht normativen Charakter haben. Speziell zu den Verträgen mit der Treuhandanstalt, insbesondere zu der Frage, ob die von ihr in Unternehmenskaufverträgen ständig verwendeten Klauseln AGB darstellen (s § 1 Rn 18; dazu auch KIETHE/IMBECK ZIP 1994, 1250; LG Köln WiB 1995, 251 m Anm v GRIESSENBECK; LG Berlin ZIP 1994, 1320; BGH ZIP 1996, 1997 m Anm HENSEN EWiR 1996, 1057).

III. Die Bedeutung der Ausnahmen vom Anwendungsbereich des AGBG

1. Zur Unanwendbarkeit von § 2 s dort Rn 3.

12 **2.** Für die auch gegenüber Unternehmern und die ihnen gleichgestellten Personen nach § 9 stattfindende Inhaltskontrolle trifft § 24 S 2 zwei Aussagen:

a) § 24 S 2 stellt klar, daß die Unanwendbarkeit des Verbotskatalogs der §§ 10, 11 für den unternehmerischen Vertragspartner nicht den Schluß gestattet, solche Klauseln seien dort immer zulässig. Er will damit einem ohnehin nicht naheliegenden Umkehrschluß vorbeugen. Wie im einzelnen die Klauselverbote auf die nach § 9 stattfindende Inhaltskontrolle Einfluß nehmen, ist für die Praxis weitgehend geklärt. Zwar scheidet eine direkte oder analoge Anwendung aus. Andererseits ist anerkannt, daß es sich bei den Vorschriften der §§ 10 und 11 um Ausprägungen der Generalklausel des § 9 handelt und kein Sonderkontrollrecht bei Beteiligung von Kaufleuten bzw Unternehmern als Vertragspartnern geschaffen werden soll, das sich von den §§ 10 und 11 erheblich entfernt. Daher besteht im wesentlichen Einigkeit, daß die Klauselverbote „wichtige Anhaltspunkte" entfalten, die den Richter „ermutigen" sollen, „aufgrund einer Parallelwertung in der Kaufmannssphäre" (MünchKomm/Basedow Rn 6), auch im kaufmännischen/unternehmerischen Bereich über § 9 zur Unwirksamkeit einer Klausel zu kommen. Die Rspr mißt dabei den Klauselverboten eine **Indizwirkung** dahingehend bei, daß eine unter § 11 fallende Klausel auch im Falle der Verwendung gegenüber Kaufleuten/Unternehmern zu einer unangemessenen Benachteiligung des Vertragspartners führt (BGHZ 103, 316, 328; 90, 273, 277; krit Rabe NJW 1987, 1978). Eine solche Klausel hält nur dann der nach § 9 vorzunehmenden Inhaltskontrolle stand, wenn sie wegen der besonderen Interessen und Bedürfnisse des unternehmerischen Geschäftsverkehrs ausnahmsweise als angemessen angesehen werden kann (BGHZ 90, 273, 278; 103, 316, 329). Die Rspr kam damit iE zu einer mittelbaren Anwendung des Klauselverbotskatalogs im kaufmännischen Bereich. Da der Klauselkatalog von der Umsetzung der Verbraucherrichtlinie nicht betroffen ist (Rn 3), hat diese Rspr gegenüber allen Unternehmern weiter Bestand. Der Unterschied zwischen unternehmerischen und dem nichtunternehmerischen Geschäftsverkehr reduziert sich auf das Ausmaß der tolerierten Formulierungsungenauigkeit (s ZIP 1985, 449, 459). Substantielle Sonderfreiheiten bleiben gegenüber Unternehmern kaum (für eine eigenständige Inhaltskontrolle bei Kaufleuten Rabe NJW 1987, 1893).

b) Mit vager Bezugnahme des Gesetzestextes auf die im Handelsverkehr „geltenden" Gewohnheiten und Gebräuche bei der nach § 9 durchzuführenden Inhaltskontrolle scheinen die Gesetzverfasser keine sehr greifbare Vorstellung verbunden zu haben. Echte Geltung kraft Handelsbrauches liegt außerhalb der Inhaltskontrolle des AGBG (s § 1 Rn 22). Nicht etwa war der letzte Halbsatz von § 24 nötig, um Handelsbräuche gegenüber dem „halb zwingenden Recht der AGBG Inhaltskontrolle überhaupt berücksichtigungsfähig zu machen" (Rabe NJW 1987, 1983; **aA** MünchKomm/Basedow Rn 7). Das wäre für die Einzellenkung der Wertung einer Generalklausel nicht nötig gewesen. Der Hinweis in § 24 aE betrifft daher branchenübliche Klauselgestaltungen, die sich noch nicht zu einem Handelsbrauch verdichtet haben. Sie können Indizwirkung gegenüber den aus §§ 10, 11 naheliegenden Schlußfolgerungen haben (Bsp BGHZ 103, 316, 329 = NJW 1988, 1785 – Schiffsbauvertrag; BGHZ 127, 275, 282 = NJW 1995, 1490 – ADSp). Der BGH hat daher die Branchenüblichkeit einer seit langem geübten Haftungsfreizeichnungspraxis (ADSp) respektiert (NJW-RR 1997, 1254). Die Inhaltskontrolle nach § 9 ist in keiner Weise in eine bestimmte Richtung vorbestimmt, wenn man es mit Gewohnheiten und Gebräuchen zu tun hat, die im Handelsverkehr „gelten". Die Indizwirkung der Handelsbräuche spielt auch dann eine Rolle, wenn es an entsprechenden Vorgaben der §§ 10, 11 fehlt. Hier signalisiert der Handelsbrauch die Wirksamkeit einer Klausel und weist damit demjenigen die Beweislast zu, der sie für unwirksam hält (MünchKomm/Basedow Rn 7).

Zur Inhaltskontrolle im einzelnen vgl bei §§ 10, 11 jeweils unter „Unternehmer".

3. § 12 wurde für den Verkehr zwischen Unternehmern und mit der öffentlichen Hand vom Anwendungsbereich des AGBG ausgenommen, weil er sich insoweit international ohnehin nicht durchsetzen ließe und für den grenzüberschreitenden Geschäftsverkehr verfehlt wäre. Das AGBG ist daher bei Verträgen, die einem fremden Schuldstatut unterliegen, nicht zu berücksichtigen.

§ 24 a
Verbraucherverträge

Bei Verträgen zwischen einem Unternehmer und einer natürlichen Person, die den Vertrag zu einem Zweck abschließt, der weder einer gewerblichen noch einer selbständigen beruflichen Tätigkeit zugerechnet werden kann (Verbraucher), sind die Vorschriften dieses Gesetzes mit folgenden Maßgaben anzuwenden:

1. Allgemeine Geschäftsbedingungen gelten als vom Unternehmer gestellt, es sei denn, daß sie durch den Verbraucher in den Vertrag eingeführt wurden;

2. die §§ 5, 6 und 8 bis 12 sind auf vorformulierte Vertragsbedingungen auch dann anzuwenden, wenn diese nur zur einmaligen Verwendung bestimmt sind und soweit der Verbraucher auf Grund der Vorformulierung auf ihren Inhalt keinen Einfluß nehmen konnte;

3. bei der Beurteilung der unangemessenen Benachteiligung nach § 9 sind auch die den Vertragsabschluß begleitenden Umstände zu berücksichtigen.

Materialien: Eingefügt durch Gesetz vom 19. 7. 1996 (BGBl I 1013)*; BT-Drucks 13/2713; 13/4699.

Schrifttum

1. Allgemein

MÜLLER-GRAFF, in: FS Börner (1992) 303 ff
HOMMELHOFF, Zivilrecht unter dem Einfluß europäischer Rechtsangleichung, AcP 192 (1992) 71 ff
BUNTE, in: FS Locher (1990) 325 ff
HEINRICHS, Die EG-Richtlinie über mißbräuchliche Klauseln in Verbraucherverträgen, NJW 1993, 1817
ders, Umsetzung der EG-Richtlinie über mißbräuchliche Klauseln in Verbraucherverträgen durch Auslegung, NJW 1995, 153
ders, in: FS Trinker (1995) 102 ff
ULMER, Zur Anpassung des AGB-Gesetzes an die EG-Richtlinie über mißbräuchliche Klauseln in Verbraucherverträgen, EuZW 1993, 337 ff
DAMM, Europäisches Verbrauchervertragsrecht und AGB-Recht, JZ 1994, 161
ECKERT WM 1993, 1070

FREY, Wie ändert sich das AGB-Gesetz?, ZIP 1993, 572
MICKLITZ ZEuP 1993, 523
REMIEN ZEuP 1994, 34
SCHMIDT/SALZER BB 1995, 733
ders, BB 1995, 1493
ders, Recht der AGB und der mißbräuchlichen Klauseln: Grundfragen, JZ 1995, 223
ders, Das textliche Zusatz-Instrumentarium des AGB-Gesetzes gegenüber der EG-Richtlinie über mißbräuchliche Klauseln in Verbraucherverträgen, NJW 1995, 1641
HOMMELHOFF/WIEDENMANN, Allgemeine Geschäftsbedingungen gegenüber Kaufleuten und unausgehandelte Klauseln in Verbraucherverträgen, ZIP 1993, 562
vWESTPHALEN EWS 1993, 523
HABERSACK/KLEINDIEK/WIEDENMANN, Die EG-Richtlinie über mißbräuchliche Klauseln in

---

* Artikel 1 dieses Gesetzes dient der Umsetzung der Richtlinie des Rates vom 5. 4. 1993

über mißbräuchliche Klauseln in Verbraucherverträgen, s Art 10 Abs 2 RL.

Anwendungsbereich

Verbraucherverträgen und das künftige AGB-Gesetz, ZIP 1993, 1670
JOERGES ZEuP 1994, 180
KLAAS, Zur EG-Richtlinie über mißbräuchliche Klauseln in Verbraucherverträgen „Stellen von AGB", insbesondere Inhaltskontrolle notarieller Verbraucherverträge? in: FS Brandner (1996) 247 ff
M WOLF, Die Vorformulierung als Voraussetzung der Inhaltskontrolle, in: FS Brandner (1996) 299 ff
LOCHER, Die Richtlinie 93/13 EWG des Rates über mißbräuchliche Klauseln in Verbraucherverträgen und ihre Bedeutung für das Baurecht, BauR 1993, 379 ff
NIEBLING, Haftungsbeschränkung für Rechtsanwälte trotz AGB-Richtlinie AnwBl 1996, 20 ff
LEICH, Die richterliche Inhaltskontrolle von notariell beurkundeten Bauverträgen, BauR 1996, 155 ff
REICH, Zur Umsetzung der EG-Richtlinie über mißbräuchliche Klauseln in Verbraucherverträgen 93/13/EWG vom 5. 4. 1993 in deutsches Recht, VuR 1995, 1 ff
BERGER-WALLISER, Mißbräuchliche Klauseln in Verbraucherverträgen nach Inkrafttreten des Code de la consommation und Umsetzung der EG-Richtlinie 93/13 in Frankreich, RIW/AWD 1996, 459 ff
KANOPOULOU, Das Recht der mißbräuchlichen Klauseln in der Europäischen Union (1997).

2. Speziell zu § 24 a
BÖRNER, Die „Heilung" von AGB durch Berücksichtigung vertragsabschlußbedingter Umstände nach § 24a Nr AGBG, JZ 1997, 595
BRANDNER, Maßstab und Schranken der Inhaltskontrolle bei Verbraucherverträgen, MKR 1997, 595
BRAUNFELS, Der neue § 24a AGBG und seine Auswirkungen auf die Inhaltskontrolle notarieller Verträge, DNotZ 1997, 356
BUNTE, Die EG-Richtlinie über mißbräuchliche Klauseln in Verbraucherverträgen und ihre Umsetzung durch das Gesetz zur Änderung des AGB-Gesetzes, DB 1996, 1389
COESTER-WALTJEN, Änderungen im Recht der Allgemeinen Geschäftsbedingungen, Jura 1997, 272
ECKERT, Das neue Recht der Allgemeinen Geschäftsbedingungen, ZIP 1996, 1238
ders, Regierungsentwurf zur Änderung des AGB-Gesetzes, ZIP 1995, 1460
HEINRICHS, Das Gesetz zur Änderung des AGB-Gesetzes, NJW 1996, 2190
IMPING, Die Neugestaltung des AGB-Gesetzes, WiB 1997, 337
SCHWERDTFEGER, Änderungen des AGB-Gesetzes durch Umsetzung der Verbrauchervertragsrichtlinie, DStR 1997, 499
KANZLEITNER, § 24a AGBG und Ausschluß der Gewährleistung beim Verkauf neu errichteter Häuser und Eigentumswohnungen, DNotZ 1996, 867 ff
SCHERER/HEIL, Die Rechtszersplitterung im Bereich des AGB-Gesetzes nach Umsetzung der EG-Richtlinie über mißbräuchliche Klauseln in Verbraucherverträgen, JA 1997, 840
vWESTPHALEN, Die Novelle zum AGB-Gesetz, BB 1996, 2101
ULMER, Karlsruher Forum 1997, 9 (Versicherungsschriften 3)
ders, Notarielle Verbraucherverträge und § 24 a ABGB, in: FS Heinrichs (1998) 555 ff.

Systematische Übersicht

I. **Die Richtlinie (RL) vom 5. April 1993 93/13 EWG über mißbräuchliche Klauseln in Verbraucherverträgen**
1. Entstehungsgeschichte und Rechtsgrundlage der RL _____ 1
2. Sachlicher und persönlicher Anwendungsbereich der RL – Unterschiede zum AGBG _____ 3
3. Übersicht über die wesentlichen Regelungen der RL _____ 6
4. Zeitlicher Anwendungsbereich _____ 12
5. Auslegung der RL und Vorlagepflicht zum EuGH _____ 14

II. **Entstehungsgeschichte des § 24a und sein Umsetzungskonzept**

§ 24 a AGBG
1   4. Abschnitt.

1. Gesetzgebungsverfahren 16
2. Umsetzung im Rahmen des AGBG ... 17
3. Zeitlicher Anwendungsbereich 24
4. Der dreifache persönliche Anwendungsbereich des AGBG 25

III. Die tatbestandlichen Voraussetzungen des § 24 a 29

1. Persönlicher Anwendungsbereich
2. Sachlicher Anwendungsbereich 36
3. Berücksichtigung begleitender Umstände (Nr 3) 52
4. Zeitlicher Anwendungsbereich 58

IV. Anhang: Text der Richtlinie 59

Alphabetische Übersicht

Anwendungsbereich, persönlicher ____ 25, 29
Anwendungsbereich, zeitlicher _____ 24, 58

Begleitende Umstände _____ 52 ff
Beweiserleichterung _____ 49
Beweislast _____ 33, 36, 44, 49

Drittbedingungen _____ 36, 39, 43

Einzelvertragsklauseln _____ 4, 45, 50, 53
Entstehungsgeschichte _____ 16
EuGH _____ 14, 57

Freiberufler _____ 30 f

GBO _____ 42
Gemeinschaftsordnungen _____ 35

Handwerker _____ 30

Individualabreden _____ 41, 50
Inhaltskontrolle
    _____ 3 f, 6 f, 26, 36, 41 f, 48 f, 53, 56 f

Kaufmann _____ 27 f, 31, 55

Landwirte _____ 30

Makler _____ 41
Mitverpflichtung mehrerer _____ 31 a

Notar _____ 37, 41, 47 ff

Richtlinie 93/13 EWG _____ 1 ff
– Auslegung _____ 14
– Entstehungsgeschichte _____ 1
– Persönlicher Anwendungsbereich ___ 3
– Sachlicher Anwendungsbereich ____ 4
– Zeitlicher Anwendungsbereich ____ 12

Schutzzweck _____ 22
Sicherungsabrede _____ 55

Teilungserklärungen _____ 35

Überrumpelung _____ 55
Umsetzung _____ 17 ff, 34, 53
Unerfahrenheit _____ 55
Unterlassungsanspruch _____ 43
Unternehmer 26, 28 a, 30, 34, 37, 40, 43 ff, 55

Verbandsklageverfahren _____ 43
Verbraucher _____ 2, 31 ff, 37, 41 ff, 55
Vertragstypen _____ 34
Vorformulierung _____ 46 ff

I. Die Richtlinie (RL) vom 5. 4. 1993 93/13 EWG über mißbräuchliche Klauseln in Verbraucherverträgen

1. Entstehungsgeschichte und Rechtsgrundlage der RL

1 Die Richtlinie 93/13 EWG über mißbräuchliche Klauseln in Verbraucherverträgen (im folgenden RL) vom 5. 4. 1993 wurde auf Grundlage des Art 100 a EG-Vertrag erlassen (DAMM JZ 1994, 162). Sie dient dem Ziel der Rechtsangleichung der Privatrechtsordnungen der Mitgliedsstaaten, um die binnenmarktstörenden Unterschiede bei den Kontrollmaßstäben für AGB zu beseitigen. Die Richtlinie dient somit der Schaffung und dem Ausbau des Binnenmarktes, wie es in Art 3 lit h, und Art 7a EG-Vertrag niedergelegt ist. Gleichwohl läßt sie sich nicht lediglich als Binnenmarktrichtlinie mit einem unerläßlichen Maß an Verbraucherschutz interpretieren (TONNER JZ 1996, 538). Da sie aber noch vor Erlaß des Maastricht-Vertrages erging, stand Art 129a EGV nF als Rechtsgrundlage noch nicht zur Verfügung. Mit dieser Richtlinie hat die Europäische Gemeinschaft ihr bisher ehrgeizigstes Projekt auf dem Gebiet der Rechtsangleichung der Privatrechtsordnungen der Mitgliedsstaaten verwirklicht (DROBNIG, in: FS Steindorff 1143). Während frühere Richtlinien auf dem Gebiet des Privatrechts vor allem Spezialmaterien betrafen, wie zB die Richtlinie über den Widerruf von Haustürgeschäften oder die Richtlinie für Produkthaftungsfälle, so greift diese Richtlinie erstmals mit der in ihr vorgesehenen Inhaltskontrolle von Verträgen in den Kernbereich der nationalen Vertragsrechtsordnungen ein. Gerade wegen dieser weitreichenden Folgen war die Richtlinie lange Zeit Gegenstand heftiger Kontroversen.

Erste Vorarbeiten reichen bis in die siebziger Jahre zurück. So ist der Verbraucherschutz in der EG schon im „ersten Programm der EG zum Schutz und zur Unterrichtung der Verbraucher" vom 4.4.1975 (AB1EG C92 vom 25.4.1975, S 1) enthalten (DAMM JZ 1994, 162). Auf dieser Grundlage wurden erste ausformulierte Vorschläge in den Jahren 1976 und 1984 vorgelegt (Doc ENV-384–76 und EG-Bulletin 1984, Beil I S 16). Diese Ansätze wurden aber nicht weiter verfolgt und sind heute Makulatur (HEINRICHS NJW 1993, 1817). Die unmittelbare Entstehungsgeschichte der Richtlinie beginnt erst 1987, als die EG-Kommission einen Vorentwurf einer entsprechenden Richtlinie vorlegte. Dieser Vorschlag bildete dann die Grundlage für den „Vorschlag über eine Richtlinie über mißbräuchliche Klauseln in Verbraucherverträgen" vom 24. Juli 1990 (ABl EG C243 vom 28.9.1990). Nach Meinung der Kommission sollte die Inhaltskontrolle auch auf alle Individualabreden in Verbraucherverträgen erstreckt werden, sowie Regelungen auf dem Gebiet der Sachmängelgewährleistung enthalten. Ob auch eine Inhaltskontrolle des Preis-Leistungsverhältnisses und Leistungsbeschreibung selbst beabsichtigt war, ist nicht ganz klar. Insbesondere wegen der als zu weitgreifend empfundenen Inhaltskontrolle stieß dieser Vorschlag vor allem in Deutschland auf scharfe Kritik (BRANDNER/ULMER BB 1991, 701; HOMMELHOFF AcP 192 [1992] 71; BUNTE, in: FS Locher [1990] 325). In der umfassenden richterlichen Inhaltskontrolle sah man die Privatautonomie, eine allen europäischen Rechtsordnungen gemeinsame Basisinstitution als bedroht an (MÜLLER-GRAFF, in: FS Börner 303, 307). Aber erst der „gemeinsame Standpunkt des Rates" vom 22.9.1992 brachte den Umschwung. In dieser Erklärung nahm der Rat die streitigen Punkte aus dem Regelungskonzept heraus und stellte fest, daß nicht vorformulierte Bestandteile von Individualverträgen und Hauptleistungspflichten nicht der richterlichen Inhaltskontrolle unterliegen sollten. Diese Korrekturen sind dann unverändert in die Richtlinie vom 5.4.1993 übernommen worden. S auch Einl Rn 32 ff.

2. Sachlicher und persönlicher Anwendungsbereich der RL – Unterschiede zum AGBG

a) Der **persönliche Anwendungsbereich** der Richtlinie ist beschränkt. Sie gilt nur für

Verträge zwischen einem Gewerbetreibenden (Art 1 RL) und einem Verbraucher (Art 1 RL). Verträge zwischen anderen Vertragspartnern werden nicht erfaßt. Die RL verbietet es den nationalen Rechtsordnungen aber nicht, auch über ihren Bereich hinaus Regelungen zu treffen, die eine weitergehende richterliche Inhaltskontrolle ermöglichen. Bei Verbraucherverträgen will sie lediglich einen Mindeststandard schaffen (Art 8 RL). Soweit die Mitgliedstaaten auch andere Personengruppen mit einbeziehen (wie das AGBG in § 24), machen sie von ihrem Gesetzgebungsrecht Gebrauch. Die RL entfaltet hier keine Sperrwirkung.

4 b) Im **sachlichen Anwendungsbereich** ergeben sich gegenüber dem AGB-Gesetz Abweichungen. Die Richtlinie knüpft, im Gegensatz zu § 1 AGBG, weder an die „mehrmalige Verwendung", noch an das Merkmal des „Stellens" einer Klausel an.

Nach Art 3 Abs 1 RL sind alle Vertragsklauseln, die nicht einzeln ausgehandelt sind, der Inhaltskontrolle zu unterwerfen. Eine nicht einzeln ausgehandelte Klausel liegt nach Art 3 Abs 2 RL immer dann vor, wenn sie im voraus abgefaßt wurde und der Verbraucher deshalb keinen Einfluß auf ihren Inhalt nehmen konnte. Damit ist aber eine Klausel auch dann der Inhaltskontrolle zu unterwerfen, wenn sie auf Vorschlag eines Dritten Vertragsinhalt geworden ist (HEINRICHS NJW 1995, 157; DAMM JZ 1994, 166; KAPPUS NJW 1994, 1848; aA ULMER EuZW 1993, 342; KLAAS 255 f; ECKERT WM 1993, 1073; s Rn 41). Die Richtlinie verzichtet bei ihrer Definition mißbräuchlicher Vertragsklauseln auf das Merkmal des „Stellens". Soweit Art 7 Abs 1 RL von der „Verwendung mißbräuchlicher Klauseln durch einen Gewerbetreibenden" spricht, meint dies lediglich, daß sich der Gewerbetreibende Kraft seiner überlegenen Position auf die bereits Vertragsinhalt gewordene Klausel bezieht und sie nun in seinem eigenen Interesse durchzusetzen sucht. Daraus und aus dem neunten Erwägungsgrund läßt sich aber nicht entnehmen, daß der Gewerbetreibende selbst diese Klausel gestellt haben muß (PALANDT/HEINRICHS Rn 12; BUNTE DB 1996, 1392, hM; aA ULMER Rn 43; BRAUNFELS DNotZ 1997, 366). Diese Auslegung wird durch das Schutzkonzept der Richtlinie bestätigt, wonach der Verbraucher immer dann geschützt werden soll, wenn ihm vorformulierte Klauseln unterbreitet werden, ohne daß er eine Gelegenheit hatte, auf deren Inhalt Einfluß zu nehmen. Dann aber spielt es auch keine Rolle, ob die Klausel der Unternehmer oder ein Dritter vorformuliert hat. Diesem Standpunkt ist auch der Gesetzgeber in § 24a Nr 1 gefolgt. Die Frage ist damit – zumindest für Deutschland – insoweit eindeutig entschieden, wie es um die Verwendung einer für eine Vielzahl von Verträgen vorformulierten Klausel geht. Umstritten bleibt weiterhin, ob das Merkmal des „Stellens" nicht wenigstens für Einzelvertragsklauseln nach § 24a Nr 2 aufrechterhalten werden soll (s dazu Rn 41 f, 47).

5 c) Die Verbrauchervertragsrichtlinie verfolgt gegenüber dem AGBG eine **andere Schutzkonzeption**. Hierin liegt die wichtigste Differenz beider Regelungswerke (ULMER EuZW 1993, 337 f; DAMM JZ 1994, 166). Das Konzept des AGBG beruht auf dem Gedanken, allgemein zu verhindern, daß eine Partei faktisch allein die Vertragsfreiheit für sich in Anspruch nimmt und dadurch den anderen Teil über ein tolerierbares Maß hinaus benachteiligt (BGHZ 126, 326, 323; s § 24 Rn 1). Das AGBG erfaßt auch den Handelsverkehr und gilt unabhängig davon, ob im Einzelfall ein intellektuelles oder wirtschaftliches Ungleichgewicht zwischen den Vertragsparteien besteht (vgl RABE NJW 1987, 1978). Die EG-Richtlinie hält strikt an dem Konzept des reinen Verbraucherschutzrechts fest. Es geht ihr um den Schutz des Verbrauchers in seiner „rollen-

Anwendungsbereich

spezifischen Unterlegenheit" (HOMMELHOFF/WIEDENMANN ZIP 1993, 564; KANOPOULOU 75 ff).

3. Übersicht über die wesentlichen Regelungen der RL

a) Für die **Inhaltskontrolle** sieht die Richtlinie in Art 3 Abs 1 RL lediglich eine Generalklausel vor. Der Klauselkatalog des Anhangs zur Richtlinie ist unverbindlich (Art 3 Abs 3 RL; WOLF Anh zur RL Rn 1). Zur Bestimmung der Mißbräuchlichkeit einer Klausel werden in Art 4 Abs 1 RL Kriterien aufgestellt, die diese näher umschreiben sollen. Im Gegensatz zu § 9 AGB-Gesetz sollen dabei auch „die den Vertragsschluß begleitenden Umstände" für die Inhaltskontrolle mit herangezogen werden. Diese konkreten Anknüpfungspunkte einer Inhaltskontrolle sind in § 9 nicht vorgesehen, der lediglich einen abstrakt generellen Prüfungsmaßstab anlegt, daher § 24a Nr 3.

b) Die **Leistungsbeschreibung** und das **Äquivalenzverhältnis** sind nach Art 4 Abs 2 RL von der Inhaltskontrolle ausgeschlossen. Lediglich deklaratorische Klauseln fallen schon nach Art 1 Abs 2 RL nicht in ihren Anwendungsbereich der RL. Zusammen entsprechen diese Regelungen dem Grundgedanken des § 8 AGBG. Neu in der Richtlinie ist aber der ausdrückliche Vorbehalt der Überprüfung der Einhaltung des Transparenzgebotes (Art 5 RL). Zu den Einzelheiten vgl Einl 32 zum AGBG u STAUDINGER/COESTER § 8 Rn 15 ff. Wie das AGBG in § 23 Abs 1 einige Rechtsmaterien aus seinem Geltungsbereich herausnimmt, sieht auch die Richtlinie in ihrem Erwägungsgrund Nr 10 entsprechende Beschränkungen vor.

c) Die Richtlinie fordert an mehreren Stellen, daß „**Klauseln klar und verständlich abgefaßt**" werden (Art 4 Abs 2, 5 S 1 RL). Der Gesetzgeber hat auf eine Umsetzung verzichtet, obwohl dem AGBG bislang ein ausdrückliches Verbot fehlt (sofern man von § 2 Nr 2 absieht). Er hielt eine Regelung aber für überflüssig (BT-Drucks 13/4699, 6 Rn 23), da die Rspr einen Verstoß gegen das Transparenzgebot als unangemessene Benachteiligung nach § 9 wertet (dazu s STAUDINGER/COESTER § 9 Rn 121 ff).

d) Die **Rechtsfolgen einer unwirksamen Klausel** werden in Art 6 Abs 1 RL geregelt. Da er in seinem Grundgedanken der bestehenden Regelung des § 6 entspricht, sah der Gesetzgeber keinen Änderungsbedarf.

e) Schließlich ist der **zwischenstaatliche Geltungsbereich** nach Art 6 Abs 2 der Richtlinie gegenüber dem bisher in § 12 AGBG vorgesehenen abweichend geregelt. § 12 wurde deshalb mit der Umsetzung der RL entsprechend geändert.

f) Art 7 der RL schreibt vor, daß auch ein über die Einzelfallkontrolle hinausgehendes abstraktes Verfahren zugelassen werden muß, in dem Personen oder Organisationen, die „nach dem innerstaatlichen Recht" ein berechtigtes Interesse am Verbraucherschutz haben, die nationalen Gerichte anrufen können, um die Mißbräuchlichkeit von Standardbedingungen geltend zu machen. Mit dem Verweis auf das innerstaatliche Recht ist klargestellt, daß keine Einzelpersonen oder Vereinigungen einen Anspruch aus dem Europarecht ableiten können, abstrakt gegen die Verwendung von unangemessenen Klauseln vorzugehen. Die Umsetzung der Richtlinie machte daher Ergänzungen zu den §§ 13 f nicht nötig.

4. Zeitlicher Anwendungsbereich

12 Nach Art 10 RL war die Richtlinie bis zum 31. 12. 1994 umzusetzen. Nach Art 10 Abs 1 S 2 RL erfaßt die Richtlinie nur Verträge, die nach dem 31. 12. 1994 abgeschlossen wurden. Eine dem § 28 Abs 2 AGBG vergleichbare Regelung für vor diesem Datum abgeschlossene Dauerschuldverhältnisse kennt die RL nicht.

Auch für die Zeit nach Ablauf der Umsetzungsfrist vermochte daher die Richtlinie für die Rechtsbeziehungen zwischen Gemeinschaftsbürgern kein unmittelbar geltendes Recht zu setzen.

An die Stelle der unmittelbaren Geltung der Richtlinie tritt aber uU die vom EuGH entwickelte Schadensersatzpflicht des Mitgliedsstaates, wenn er seiner Umsetzungspflicht nicht rechtzeitig nachkommt (EuGHE Slg 1991, 5357; DVBl 1996, 111 – Pauschalreisen-Richtlinie).

13 Auch Schadensersatzansprüche wegen verspäteter Umsetzung der Richtlinie 93/13 sind nicht undenkbar. Zur richtlinienkonformen Auslegung des deutschen Rechts für die Zeit vom 1. 1. 1995 – 25. 7. 1996 s HEINRICHS NJW 1995, 154; REICH NJW 1995, 1858; WOLF Art 10 RL Rn 2; einschränkende NIEBLING EWS 1995, 185 f.

5. Auslegung der RL und Vorlagepflicht zum EuGH

14 Bei der RL handelt es sich um eine europarechtliche Norm, die innerhalb der Gemeinschaft einheitlich, „autonom", angewendet werden muß. Die von Richtlinien verwandten Begriffe dürfen daher nicht nach dem Verständnis des Rechts des jeweiligen Mitgliedsstaates ausgelegt werden (EuGH NJW 1983, 1257; STEINDORFF EuZW 1990, 252). Bleiben Zweifelsfragen über den Inhalt einer RL, so sind diese im Verfahren nach Art 177 EGV durch den EuGH zu klären, sofern die Zweifel die richtlinienkonforme Auslegung des Umsetzungsaktes berühren und die Klärung entscheidungserheblich ist (**Schrifttum**: HESS, Die Einwirkungen des Vorabentscheidungsverfahrens nach Art 177 EGV auf das deutsche Zivilprozeßrecht, ZZP 108 (1995) 59 ff, 74).

15 Im Zusammenhang mit der Richtlinie über mißbräuchliche Klauseln in Verbraucherverträgen entfällt das Vorlageverfahren zwar immer dann, wenn die fragliche Klausel bereits nach dem innerstaatlichen Recht eindeutig unwirksam ist; die Auslegung der RL ist dann nicht entscheidungserheblich (NASSALL WM 1994, 1648). Dabei spielt es keine Rolle, ob sich die Unwirksamkeit der Klausel aus dem AGBG oder einer allgemeinen Norm (§§ 242, 315 BGB) ergibt. Jedoch kann sich durchaus die Perspektive ergeben, Normen des AGBG nicht strenger auszulegen, als es die Richtlinie verlangt, und in diesem Zusammenhang die Frage nach der Auslegung der Richtlinie vorzulegen. Die Frage der Entscheidungserheblichkeit muß aber immer sehr ernst genommen werden (s Einl 33 zum AGBG).

II. Entstehungsgeschichte des § 24a und sein Umsetzungskonzept

1. Gesetzgebungsverfahren

16 Die Bundesrepublik Deutschland ist ihrer Umsetzungspflicht erst sehr spät nachgekommen. Der neu eingefügte § 24a und der neugefaßte § 12 sind mit Wirkung zum 25.7.1996 in Kraft getreten. Die Bundesregierung hatte ihren Entwurf am 20.10.1995 im Deutschen Bundestag eingebracht, nachdem der Bundesrat keine Einwendungen gegen ihn erhoben hatte. Mit diesem Gesetzentwurf war sie stark von den Vorstellungen des im Hinblick auf die Vorgaben der Richtlinie unzureichenden Referentenentwurfs abgewichen (s BB 1995, 110). Der fast unverändert zum Gesetz gewordene RegE beschränkt sich allein auf durch die Richtlinie absolut unerläßlich gewordene Änderungen (BT-Drucks 13/2713, 10). Die ursprünglich in § 24a gegebene Definition des „Unternehmers" ist mit dem HandelsrechtsreformG in § 24 gesetzt worden.

2. Umsetzung im Rahmen des AGBG

Mit dem neu geschaffenen § 24a und dem modifizierten § 12 folgte der Gesetzgeber der überwiegenden Meinung im Schrifttum, die sich für eine Umsetzung der Richtlinie im Rahmen des AGBG ausgesprochen hatte (HEINRICHS NJW 1993, 1817; ders NJW 1995, 153; ULMER EuZW 1993, 337; DAMM JZ 1994, 161; ECKERT WM 1993, 1070; FREY ZIP 1993, 572). Nicht durchzusetzen vermochten sich diejenigen Stimmen, die ein eigenes Umsetzungsgesetz empfahlen. Nach dem von HOMMELHOFF/WIEDEMANN vertretenen „Konzept der Parallelgesetze" (ZIP 1993, 571) sollte der Gesetzgeber neben dem AGBG ein neues Gesetz über mißbräuchliche Klauseln in Verbraucherverträgen schaffen. Auf diese Weise sollte den unterschiedlichen Schutzkonzepten beider Regelungen am besten Rechnung getragen werden.

Die Richtlinie ist in der Tat in den meisten Mitgliedsstaaten der EG als reines Verbraucherrecht umgesetzt worden (TONNER JZ 1996, 539; ders EuZW 1995, 101, 325; ders ZEuP 1995, 865; zum französischen Recht: BERGER-WALLISER RIW/AWD 1996, 459 ff; zum griechischen Recht: KANOPOULOU 41 ff).

Ein verbraucherorientiertes Parallelgesetz hätte eine nicht zu rechtfertigende Komplikation der Rechtslage gebracht. Allein der Umstand, daß es gelungen ist, mit § 24a den gesamten Umsetzungsbedarf zu meistern, rechtfertigt dieses systematische Vorgehen. Mit der Umsetzung im Rahmen des AGBG ist zudem zum ersten Mal eine zivilrechtlich relevante EG-Richtlinie in das „Arkanum" des allgemeinen Zivilrechts gelangt, das sich damit einer ersten Europäisierung geöffnet hat (TONNER JZ 1996, 539).

Andererseits birgt die hier erstmalig erprobte „Umsetzung" einer Richtlinie im Rahmen eines textlich kaum geänderten bestehenden Gesetzes eine gewisse Gefahr, künftig die europarechtliche Nachgründung der Rechtsmaterie aus den Augen zu verlieren. Das ist aber in Kauf zu nehmen. Das europarechtliche Instrument der ins nationale Recht umzusetzenden Richtlinie hat gerade den Sinn, dem Rechtsanwender die Frage nach dem Inhalt des Europarechts zu ersparen und ihm eine Arbeit anhand von Maßstäben zu ermöglichen, die in die ihm geläufige Begrifflichkeit umgesetzt worden sind. Ein einheitliches am Maßstab des Europarechts zu messendes Mindestmaß an Schutz vor mißbräuchlichen Klauseln läßt sich auch nur selten finden (s Einl 32 f zum AGBG).

Allerdings hat die hastige Umstellung auf das neue Konzept, s Rn 16, zu Ungereimtheiten geführt. § 24 a Nr 1 ist logisch mißlungen. Um mit der Definition von Allgemeinen Geschäftsbedingungen in § 1 zusammenzupassen, muß er gelesen werden: „Vorformulierte Vertragsbedingungen gelten ...". Nr 2 des § 24a führt neue Begriffe ein, die von der Richtlinie abweichen (s Rn 53). Obwohl mehrfach dazu aufgefordert (ECKERT WM 1993, 1070; FREY ZIP 1993, 579), sah der Gesetzgeber wenigstens für eine Änderung der §§ 6, 8 zu Recht ebensowenig Anlaß wie für eine gesetzliche Regelung des Transparenzgebots. Zweispurigkeiten in diesem Bereich hätten nur Verwirrung gestiftet. Mit richtlinienkonformer Auslegung wird man allenfalls auftretende Konfliktsfälle lösen können.

22 Bei der Auslegung von § 24a AGBG ist künftig auch der von der Richtlinie verfolgte **neue Schutzzweck** mit zu berücksichtigen (s Rn 5; ULMER Einl Rn 24a; § 24a Rn 1). Dies gilt bei Verbraucherverträgen für alle Vorschriften, auch soweit sie nicht ausdrücklich zur Umsetzung der Richtlinie erlassen sind (HEINRICHS NJW 1996, 2194).

23 Noch weitgehend ungeklärt ist, wann über die Anforderungen der Richtlinie hinausgehende Schutzregelungen zu einem Verstoß gegen die Grundfreiheiten (insbesondere die Dienst- und Warenverkehrsfreiheit) des EGV führen und damit Handelsbeeinträchtigungen und Wettbewerbsverzerrungen erzeugen (WOLF Art 8 RL Rn 4; NASSALL WM 1994, 1648). Nach der Keck-Rspr des EuGH (Amtl Slg 1993 I 6097, NJW 1994, 121) sind regelmäßig nur noch produktbezogene Regulierungen anhand der Warenverkehrsfreiheit (und der anderen Grundfreiheiten) zu messen, während allgemeine Verkaufsmodalitäten, die allgemein gelten und auch nicht versteckt zu Lasten ausländischer Erzeugnisse wirken, nicht mehr in den Anwendungsbereich des Art 30 EWGV fallen. Dies spricht für eine größere Freiheit des nationalen Gesetzgebers bei der Normierung von Regelungen auf dem Gebiet der Klauselkontrolle, auch wenn sie über den Verbraucherschutz hinausreichen.

3. Zeitlicher Anwendungsbereich

24 Das Gesetz ist mit seiner Verkündung am 25. 7. 1996 in Kraft getreten (BGBl I 1013, Art 3). Es enthält keine Übergangsregelungen. Es erfaßt alle Verbraucherverträge, die nach dem 24. 7. 1996 abgeschlossen wurden. Entscheidend ist, wann die, den Vertragsschluß perfekt machende Willenserklärung zugegangen ist (§ 130 Abs 1 BGB). Altverträge werden nur erfaßt, wenn sie durch wesentliche Änderungen seit diesem Zeitpunkt zu Neuverträgen werden (ULMER Rn 10; § 28 Rn 9; vgl auch BGH BB 1997, 2548 zum VerbrKrG). Für Verträge, die zwischen dem 1. 1. 1995 und dem 24. 7. 1996 abgeschlossen sind, s Rn 13 f.

4. Der dreigeteilte persönliche Anwendungsbereich des AGBG

25 Bei der Ermittlung des **persönlichen Anwendungsbereichs des AGBG** ist neben der Sonderbehandlung von Unternehmern und juristischen Personen des öffentlichen Rechts gemäß § 24, auch die Sonderregelung des § 24a für Verbraucherverträge zu beachten. Je nach dem Status der am Vertrag beteiligten Personen ist das AGBG nunmehr in drei Fassungen anzuwenden:

26 a) Bei **Verträgen zwischen Unternehmern und Verbrauchern** iSv § 24a gilt das AGBG mit dem gegenüber § 1 Abs 1 S 1 erweiterten sachlichen Anwendungsbereich

und einem zusätzlichen (Rn 67), modifizierten Maßstab bei der Inhaltskontrolle nach § 9. Bei der Auslegung der Vorschriften ist auf die RL Rücksicht zu nehmen.

b) Werden AGB **gegenüber einem Unternehmer oder einer sonstigen in § 24 genann-** 27 **ten Person** verwendet, gilt das AGBG, wie bisher, ohne die in § 24 S 1 genannten Vorschriften.

c) Das AGBG gilt ohne Modifikationen bei **Verträgen zwischen zwei Verbrau-** 28 **chern.**

Mit der Erstreckung des § 24 auf alle Unternehmer (s Rn 16 und § 24 Rn 7), für die dann 28 a das AGB mit dem in Rn 27 beschriebenen Inhalt gilt, wird der zuletzt genannten Gruppe keine eigenständige Bedeutung mehr zukommen.

III. Die tatbestandlichen Voraussetzungen des § 24 a

1. Persönlicher Anwendungsbereich

a) „Unternehmer" ist, wer in Ausübung seiner gewerblichen oder beruflichen 29 Tätigkeit handelt. Weil hierunter auch Freiberufler, Handwerker und Landwirte fallen sollen (PALANDT/HEINRICHS Rn 5), hat der Gesetzgeber nicht den in der Richtlinie verwandten Begriff des „Gewerbetreibenden" gebraucht, der in der deutschen Rechtssprache sonst in einem engeren Sinne gebraucht wird (s zB § 2 Abs 2 BRAO). Erforderlich ist eine auf Dauer und Gewinnerzielung angelegte Tätigkeit (WOLF Art 2 RL Rn 13; PALANDT/HEINRICHS Rn 5). Bei Zweifeln, ob ein Geschäft der beruflichen Sphäre zuzuordnen ist, gilt der Rechtsgedanke des § 344 HGB entsprechend (PALANDT/HEINRICHS Rn 5). Zum privaten, nicht zum beruflichen Bereich gehört die **Verwaltung und Anlage von Vermögen.** Dies ist in anderen Bereichen allgemein anerkannt (zum VerbrKrG: PALANDT/PUTZO § 1 VerbrKrG Rn 4; MünchKomm/ULMER § 1 VerbrKrG Rn 23; zu Art 13 EuGVÜ: SCHLOSSER, EuGVÜ Art 13 Rn 7), soweit es darum geht, die private Sphäre des Verbrauchers zu bestimmen. Dies muß dann aber auch umgekehrt gelten, wenn der Verbraucher auf der Anbieterseite, zB als Vermieter auftritt, solange der Bereich der Vermögensverwaltung nicht überschritten ist. Zu beachten ist dabei, daß die genaue Abgrenzung der beruflichen von der privaten Sphäre „autonom" nach den Vorgaben der RL zu erfolgen hat. Ein Rückgriff auf § 196 BGB verbietet sich daher (aA PALANDT/HEINRICHS Rn 5).

Der Vertragsschluß muß **im Rahmen** der gewerblichen oder beruflichen Tätigkeit 30 erfolgen, also in einem sachlichen Zusammenhang mit dieser stehen (ULMER Rn 17). Juristische Personen und Personenhandelsgesellschaften sind stets als Unternehmer anzusehen. Bei natürlichen Personen und sonstigen Personengesellschaften als Unternehmer ist dieser Zusammenhang zu vermuten, kann aber im Einzelfall fehlen (ULMER Rn 17). Vermietet beispielsweise eine Partnerschaft von Rechtsanwälten (§ 1 Abs 1 PartGG) nicht mehr gebrauchte, leerstehende Räume zu Wohnzwecken, handelt sie nicht in Ausübung ihrer beruflichen Tätigkeit und ist somit auch nicht Unternehmerin.

b) „Verbraucher" ist eine natürliche Person, die den Vertrag zu einem Zweck 31 abschließt, der weder einer gewerblichen, noch einer selbständigen beruflichen

Tätigkeit zugerechnet werden kann. Juristische Personen, auch im Gründungsstadium als Vor-AG oder GmbH, sind daher niemals Verbraucher (ULMER Rn 21). Zur Vermögensverwaltung s Rn 30. Die Geschäftsführung einer GmbH ist keine selbständige, sondern angestellte berufliche Tätigkeit, mit der Folge, daß der GmbH-Geschäftsführer bei Eigengeschäften, auch wenn sie Bezug zur GmbH aufweisen (zB Bürgschaften, Schuldbeitritt etc), Verbraucher ist (BGH NJW 1996, 2866; BGH NJW 1996, 2158 zum VerbrKrG; aA ULMER Rn 30). Zur Privatsphäre zählen auch sämtliche Geschäfte zur Risikovorsorge wie Unfall-, oder Lebensversicherung (PALANDT/HEINRICHS Rn 6). Handelt der Unternehmer als Privatperson, also ohne Bezug zu seinem Handelsgeschäft, so ist er Verbraucher (s aber auch Rn 70 für die Anwendung der Nr 3). Die Richtlinie regelt nicht Mischformen von Verträgen, die Bezüge zur Privatsphäre wie zur beruflichen oder selbständigen Tätigkeit aufweisen (sog „dual use"), wie beispielsweise den Kauf eines PKW durch einen Freiberufler, der sowohl beruflich, als auch privat genutzt werden soll. Dient der Vertrag der **(künftigen) Aufnahme** einer beruflichen oder gewerblichen Tätigkeit (wie zB bei Abschluß eines Franchisevertrags), handelt es sich nicht um einen Verbrauchervertrag (EuGH Rs-269/95 – Benincasa krit v 3.7.1997 ergänzend zu Art 13 EuGVÜ).

31 a Bei der **Mitverpflichtung** mehrerer Personen auf seiten des Kunden ist die Verbrauchereigenschaft für jeden gesondert zu bestimmen. Bei der Mitverpflichtung Dritter kommt es nur auf den vom Dritten verfolgten Vertragszweck an, nicht auf den des Hauptverpflichteten (ULMER Rn 29). Vernünftigerweise entscheidet man die Einordnung nach dem überwiegenden Bezug (PALANDT/ULMER Rn 6; ULMER Rn 26; aA vWESTPHALEN BB 1996, 2101 – Verbrauchereigenschaft ausschlaggebend; ähnlich SCHWERDTFEGER DStR 1997, 500).

32 Entscheidender **Zeitpunkt** für diese Beurteilung ist der Vertragsabschluß.

33 Die **Beweislast** für das Vorliegen eines Verbrauchergeschäfts trägt der Verbraucher (ULMER Rn 27; PALANDT/HEINRICHS Rn 6).

34 c) § 24a enthält **keine Beschränkung auf bestimmte Vertragstypen**. Er erfaßt daher alle Verträge zwischen einem Verbraucher und einem Unternehmer, also auch Sicherungsgeschäfte, Bürgschaften und Kaufverträge über Grundstücke (ULMER Rn 8). Ob die RL selbst diesen weiten Anwendungsbereich erfordert hatte (zweifelnd HEINRICHS NJW 1996, 2191; ders Rn 7; SCHMIDT/SALZER NJW 1995, 1645), kann dahinstehen, da die getroffene Umsetzung wegen Art 8 RL unbedenklich ist (HEINRICHS NJW 1996, 2191). Wegen der Bereichsausnahmen des § 23 Abs 1 vgl § 23 Rn 2.

35 Keine Änderungen im Anwendungsbereich des AGBG ergeben sich ferner für die Behandlung von **Teilungserklärungen** und **Gemeinschaftsordnungen nach dem WEG**, auch wenn Verbraucher daran mitwirken. Die Bestimmungen einer Teilungserklärung legen nicht den Inhalt eines schuldrechtlichen Vertrages fest, sondern formen ein dingliches Recht aus, da sie nach §§ 5 Abs 4, 10 Abs 2 WEG zum Inhalt des Sondereigentums werden. Diese Erklärung wird nicht gegenüber einem bestimmten Verbraucher abgegeben, sondern ist eine abstrakt-generelle Regelung, die allgemeine Geltung beansprucht. Die Unterscheidungen nach §§ 24, 24a sind auf sie nicht sinnvollerweise anwendbar.

2. Sachlicher Anwendungsbereich

Fällt ein Vertrag in den persönlichen Anwendungsbereich des § 24a, ist das AGBG **36** mit den in Nrn 1–3 genannten Modifikationen anzuwenden. Mit den Nrn 1 und 2 wird der in § 1 Abs 1 S 1 bestimmte sachliche Anwendungsbereich erweitert und dem der RL angepaßt (s Rn 4 ff). Damit ist allerdings die RL noch nicht vollständig umgesetzt (s Rn 60).

a) Drittbedingungen (Nr 1)
Obwohl nicht sofort im Text erkennbar, ist es das Hauptziel der Nr 1, auch von dritter Seite formulierte Vertragsbedingungen der Inhaltskontrolle zu unterstellen (aa). Zudem kehrt die Vorschrift die Beweislast zugunsten des Verbrauchers um (bb).

aa) Nr 1 verzichtet auf das Erfordernis des „Stellens", nicht der Vorformulierung **37** für eine Vielzahl von Verwendungsfällen. In diesem Rahmen unterfallen alle vorformulierten Vertragsbedingungen dem AGBG, die nicht vom Verbraucher in den Vertrag eingeführt worden sind. An der Verantwortung des Unternehmers für den Vertragsinhalt fehlt es nämlich, wenn der **Verbraucher selbst Vertragsbedingungen eingeführt hat.** Dies ist beispielsweise der Fall, wenn er sich eines handelsüblichen Formulars bedient, wie bei einem Mietvertragsformular oder einem ADAC-Formular für den Autokauf (BT-Drucks 13/2713, 12). Dann findet keine Inhaltskontrolle zugunsten des Verbrauchers statt. Gegenüber dem Vertragspartner ist das AGBG je nach seinem Status mit oder ohne die Einschränkungen des § 24 S 1 anzuwenden.

Der Verbraucher führt aber auch dann Vertragsbedingungen in den Vertrag ein, wenn er selbst den Vertragsentwurf fertigt oder ihn von einem Dritten (etwa Rechtsanwalt) fertigen läßt (PALANDT/HEINRICHS Rn 9; BUNTE DB 1996, 1391). Dabei spielt es keine Rolle, ob die einzelne Klausel einmalig oder mehrmals verwendet werden sollte. Besteht der Verbraucher auf der Aufnahme einer bestimmten Klausel in den ansonsten vom Unternehmer vorgelegten Vertragsentwurf, so ist allein sie nach Nr 1 vom AGBG ausgenommen. Wird der Dritte sowohl von dem Verbraucher, wie auch von dem Unternehmer mit der Errichtung eines Vertragsentwurfs beauftragt, gilt die Verwenderfiktion der Nr 1 uneingeschränkt (ULMER Rn 38). Zu Notarverträgen s im übrigen Rn 47.

Das AGBG ist auch **nicht anzuwenden**, soweit eine nach § 1 Abs 2 im einzelnen **38** ausgehandelte Vertragsbedingung vorliegt (PALANDT/HEINRICHS Rn 9). Dann auch nach Art 3 Abs 1 RL fallen im einzelnen ausgehandelte Vertragsklauseln nicht in deren Anwendungsbereich (s § 1 Rn 33 ff).

Nach Nr 1 fallen vor allem solche vorformulierten Vertragsbedingungen unter das **39** AGBG, die **auf Vorschlag eines Dritten** Vertragsinhalt geworden sind. Mit Hilfe der Fiktion der Nr 1 wollte der Gesetzgeber an der bewährten Definition der AGB in § 1 Abs 1 S 1 und dem damit zusammenhängenden Verwenderbegriff festhalten, die außerhalb des Anwendungsbereichs des § 24a weiter gelten (BT-Drucks 13/2713, 12). Sprachlogisch ist der Wortlaut der Vorschrift mißlungen. Nach § 1 sind AGB nur „gestellte" Vertragsbedingungen, richtigerweise hätte auch hier – ähnlich wie in Nr 2 – von „vorformulierten Vertragsbedingungen" die Rede sein müssen.

40 Nr 1 kann nicht etwa mit Nr 2 kombiniert werden. Wenn Vorformuliertes nur einmal verwandt werden soll, gilt es nicht als vom Unternehmer „gestellt". Jedoch ist der Unterschied zwischen „gestellten" Vertragsbedingungen und solchen, auf deren Inhalt der Verbraucher keinen Einfluß nehmen konnte, praktisch nur bedeutsam, wenn Dritte die Bedingungen in den Vertrag eingeführt haben, vor allem Notare oder Makler.

41 Die von der Rspr bisher an § 242 BGB orientierte Inhaltskontrolle (s § 1 Rn 42 ff) findet in § 24 a Nr 1 u Nr 2 eine neue Grundlage, soweit Bedingungen einem Verbraucher gestellt werden (HEINRICHS NJW 1995, 158). Zur Wiederverwendung gedachte Vorratsklauseln eines Notars unterfallen der Nr 1 (BAMBRING, in: FS Heinrichs, 1998, 39, 46; aA ULMER, in: FS Heinrichs 555, 560). Einmalige Verwendung von Klauseln durch einen Notar unterfallen der Nr 2, wenn die Notarverhandlung so geführt wurde, daß der Verbraucher keine Chance hatte, seine Vertragsgestaltungswünsche zu artikulieren. Keinesfalls ist Nr 2 auf Bedingungen, die von Dritten eingeführt worden sind, unanwendbar (HEINRICHS NJW 1995, 153, 157; BUNTE DB 1996, 3191; KLAAS, in: FS Brandner, 1996, 247, 249; BRAUNFELS DNotZ 1997, 356, 376; aA ULMER, in: FS Heinrichs, 1998, 555, 567).

42 Für das Eintragungsverfahren nach der **GBO** (s STAUDINGER/COESTER Einl 16 zu §§ 8–11) ändert sich nichts, da die bislang vorgebrachten Argumente für und gegen eine Inhaltskontrolle durch das Grundbuchamt von § 24a nicht berührt werden. Zwar gilt nunmehr gegenüber Verbrauchern die Vermutung, daß der Vertragspartner die Vertragsbedingung gestellt hat, auch wenn es sich um einen notariellen Vertrag handelt. Dem Grundbuchamt sind aber die persönlichen Voraussetzungen des § 24a nicht bekannt und müssen sich nicht aus den Antragsunterlagen ergeben. Eine Beweiserhebung, ob im Rahmen der beruflichen oder selbständigen Tätigkeit gehandelt wurde, scheidet aus. Auch kann eine im einzelnen ausgehandelte Klausel (§ 1 Abs 2) vorliegen. Selbst wenn das Grundbuchamt um die Voraussetzungen des § 24a weiß, kann es den Eintragungsantrag nur beanstanden, wenn ein Verstoß gegen § 11 vorliegt, oder der Verstoß gegen §§ 9, 10 offensichtlich ist (DEMHARTER, GBO [21. Aufl] § 19 Rn 43), was bei § 24 a Nr 3 iVm § 9 niemals der Fall ist.

43 Von Dritten formulierte Bedingungen werden AGB iSv § 1 Abs 1 S 1, wenn sie für eine Vielzahl von Verträgen vorformuliert sind. Für sie gilt auch das **Verbandsklageverfahren nach §§ 13 ff**. Der Unterlassungsanspruch ist gegen den Unternehmer als fiktiven Verwender zu richten (PALANDT/HEINRICHS Rn 10). Gleichzeitig erweitert sich der Umfang des Verbotsausspruchs, soweit die Klausel gegenüber einem Verbraucher iSv § 24a verwendet werden soll. Der Unternehmer verletzt bereits dann seine Unterlassungspflicht, wenn er einen Vertrag abschließt, in dem die verbotene Klausel enthalten ist, sofern nicht einer der Ausschlußtatbestände der Nr 1 vorliegt. Der **Unterlassungsanspruch erfaßt nicht** Drittbedingungen in Verträgen, die vor dem Inkrafttreten des § 24a abgeschlossen worden sind. Wegen der fehlenden Rückwirkung des § 24a (Rn 26, 60) unterliegen diese Altverträge auch weiterhin nicht dem AGBG. Diese Wertung kann nicht durch die weite Auslegung des Begriffs „verwenden" aus § 13 Abs 1 überspielt werden, wonach ein Verstoß gegen die Unterlassungspflicht auch im Falle eines „sich Berufens" (s § 13 Rn 24 g) auf die Drittklausel vorliegt. Anders als der Neubewertung der inhaltlichen Zulässigkeit einer Klausel, bedeutete dies hier eine rückwirkende Erweiterung des sachlichen Anwendungsbereichs des AGBG. Der Tenor des Urteils sollte ausdrücklich das Verbot der Verwendung von

Bedingungen aufnehmen, die Dritte formuliert haben, damit für die künftige Zwangsvollstreckung (§ 890 ZPO) keine Unklarheiten über den Umfang des Verbots auftreten.

bb) Sprachlogisch mißglückt ist die Vorschrift auch, soweit sie eine **Beweislast**regelung treffen will. Es wird nichts fingiert, sondern vermutet, daß vorformulierte Bedingungen vom Unternehmer gestellt wurden. Dieser kann zu seiner Entlastung aber vorbringen und im Bestreitensfall beweisen, daß sie auf Initiative des Verbrauchers in den Vertrag gelangten. Zu den übrigen Beweislastfragen s § 1 Rn 32 ff. **44**

b) Einzelvertragsklauseln (Nr 2)
Die für einen bestimmten Individualvertrag vorformulierten Klauseln fielen ursprünglich im Prinzip nicht unter das AGBG (s § 1 Rn 16 ff). Da die RL auch für diesen Fall eine Inhaltskontrolle vorsieht (s Rn 4), mußte das AGBG entsprechend erweitert werden. Eine Streichung des Merkmals „für eine Vielzahl" aus § 1 Abs 1 kam nicht in Betracht, da dadurch das Gesetz insgesamt auch für die einmalige Verwendung von vorformulierten Vertragsbedingungen gelten und dann viele Einzelregelungen (insbes §§ 2, 13 ff) nicht mehr passen würden. Andererseits wollte man auf die Anfügung eines weiteren, jeweils gleichlautenden Absatzes für alle auch auf Einmalklauseln anwendbare Vorschriften verzichten (BT-Drucks 13/2713, 12 f). Aus dem „immer dann" der RL machte der Umsetzungsgesetzgeber freilich ein „nur dann". Jedoch ist eine Klausel, die nicht im einzelnen ausgehandelt wurde, ohne vorformuliert zu sein, kaum denkbar (**Schrifttum**: HOMMELHOFF/WIEDEMANN ZIP 1993, 566; ULMER EuZW 1993, 337). **45**

aa) Vorformuliert ist eine Klausel, die ohne diesbezügliche Vorverhandlungen mit dem Verbraucher von dem Unternehmer (oder Dritten nach Nr 1) in eine sprachliche Fassung gebracht worden ist, und an der er unverändert festhalten will, damit sie in den Vertrag Eingang findet (WOLF, in: FS Brandner [1996] 303). Zeitlich liegt daher das „Vorformulieren" vor der möglichen Einflußnahme durch den Verbraucher auf die Gestaltung der Klausel (vWESTPHALEN BB 1996, 2102). Aber auch eine mündlich vorbereitete Erklärung genügt (WOLF Art 3 Rn 22). **46**

bb) Auch von **Dritten vorformulierte Klauseln** (Nr 1), die nur zur einmaligen Verwendung bestimmt sind, werden erfaßt (s Rn 42). **47**

cc) Weitere Voraussetzung für das Eingreifen der Inhaltskontrolle ist, daß der Verbraucher **aufgrund der Vorformulierung** auf den Inhalt der Vertragsbedingung **keinen Einfluß** nehmen konnte. Die Bedeutung dieses Merkmals ist umstritten. Während die hM das hier verwandte Kriterium dem Aushandeln nach § 1 Abs 2 gleichsetzen will (PALANDT/HEINRICHS Rn 13; BUNTE DB 1996, 1392; BRANDNER AnwBl 1994, 339; im Erg ähnlich vWESTPHALEN BB 1996, 2102), sieht ULMER (Rn 47) mit Recht ein gesondertes Tatbestandsmerkmal, das geringere Anforderungen an die Einflußmöglichkeiten des Verbrauchers stelle, als dies bei einer echten Individualvereinbarung der Fall sei (ähnlich KLAAS, in: FS Brandner 257). Danach reicht es aus, daß der Unternehmer die ernst gemeinte Bereitschaft signalisiere, auf Änderungswünsche des Verbrauchers einzugehen, auch wenn dieser hiervon keinen Gebrauch macht (ULMER Rn 47). Besondere Bedeutung wird dieses Merkmal in Zukunft bei **notariellen Verträgen** und standardisierten Textbausteinen (dazu ULMER Rn 36) erlangen, die – auch wenn sie **48**

nicht für eine Vielzahl künftiger Verwendungsfälle konzipiert sind – der Inhaltskontrolle nach Nr 2 unterliegen können (Rn 38).

48 a Allerdings wird der Verbraucher in der notariellen Verhandlung regelmäßig die Gelegenheit erhalten, auf den Vertragstext Einfluß zu nehmen (vgl § 17 BeurkG). Insoweit kann dann auch die fehlende Einflußnahme des Unternehmers auf die Vorformulierung eine Rolle spielen, als immer dann eine Individualvereinbarung anzunehmen ist, wenn der Notar die von ihm entworfene Klausel den Beteiligten vor dem Beurkundungstermin zugeleitet hat und sie im Termin über Änderungsmöglichkeiten belehrt (BRAUNFELS DNotZ 1997, 378 ff) Liegt keine Individualvereinbarung vor, ist die Inhaltskontrolle in erster Linie anhand des individuellen Prüfungsmaßstab nach Nr 3 iVm § 9 durchzuführen (s Rn 53 aE). Auch hier kann die Tatsache der notariellen Verhandlung, ein maßgeblicher Begleitumstand des Vertragsschlusses, für die Angemessenheit der fraglichen Klausel herangezogen werden. Die Beweislast für das Fehlen einer Einflußnahmemöglichkeit trägt der Verbraucher (HEINRICHS NJW 1997, 1409; WOLF Art 3 RL Rn 30).

49 dd) Der Verbraucher trägt die **Beweislast** für alle Voraussetzungen der Nr 2 (ULMER Rn 51). Er muß daher auch darlegen und beweisen, daß er keine Einflußnahmemöglichkeit auf die vorformulierten Bedingungen hatte. Diese Beweislastverteilung widerspricht nicht der RL. Nach Art 3 Abs 2 S 3 RL trägt die Beweislast für ein Aushandeln der Unternehmer nur bei Standardvertragsbedingungen, was im AGBG dem § 1 Abs 2 entspricht. Eine entsprechende Regelung für Einmalklauseln enthält die RL nicht (unklar vWESTPHALEN BB 1996, 2103). Da es sich hier um eine negative Beweisführung handelt, kommen dem Verbraucher aber Erleichterungen zugute. Nach den Grundsätzen einer abgestuften Darlegungslast, muß der Unternehmer den Vortrag des Verbrauchers, er habe keine Einflußnahmemöglichkeit auf die Klausel gehabt, qualifiziert bestreiten und dabei darlegen, wie er die Klauseln zur Disposition gestellt hat, und aus welchen Umständen darauf geschlossen werden kann, der Verbraucher habe die Klausel freiwillig akzeptiert. Als Indizien kommen dabei insbesondere die Art, Komplexität und Transparenz der vorformulierten Vertragsbedingungen, das Verhalten des Unternehmers bei Vertragsschluß und das wirtschaftliche und intellektuelle Gefälle der Verhandlungspartner in Betracht (ausführlich ULMER Rn 49). Darüber hinaus kann dem Verbraucher auch eine Beweiserleichterung nach den Grundsätzen des Anscheinsbeweises zugute kommen (PALANDT/HEINRICHS Rn 14). Die Verwendung eines unterschriftsreifen Vertragsentwurfs besagt keineswegs, daß der Verbraucher keine Möglichkeit der Einflußnahme gehabt hätte. Er braucht nicht eigens zu Gegenvorschlägen aufgefordert werden. Handelt es sich um einen notariellen Vertrag, bietet es sich an, den Individualcharakter der Vertragsbedingungen in der Urkunde selbst zu betonen (s Rn 47).

50 ee) Auf die Einzelvertragsklauseln sind die **in Nr 2 genannten Vorschriften des AGBG** anzuwenden. Dies entspricht den Vorgaben der RL. **Nicht erwähnt** ist § 2. Aber auch Vertragsbedingungen, die nur einmal verwendet werden sollen, müssen nach allgemeinen Grundsätzen wirksam in den Vertrag einbezogen werden (offenbar für eine analoge Geltung des § 2 vWESTPHALEN BB 1996, 2104). Die Bezugnahme auf § 3 wurde erst zum Ende des Gesetzgebungsverfahren wieder gestrichen (BT-Drucks 13/4699, 6). Der Gesetzgeber ging davon aus, daß das Transparenzgebot der Richtlinie (s Rn 8) über § 9 hinreichend verwirklicht wird (s dort Rn 121 ff) und deshalb auf die Anwendung des

§ 3 verzichtet werden kann, der als solcher in der RL kein Gegenstück hat. Die RL schreibt eine bestimmte Form der Umsetzung ihrer Ziele nicht vor (Art 189 Abs 3 EGV), womit der Gesetzgeber in der Wahl der rechtstechnischen Umsetzung, fehlende Einbeziehung intransparenter Klauseln in den Vertrag einerseits, Unwirksamkeit der Klausel andererseits, frei ist. Erschwert wird damit aber die Anwendung der Generalklausel, da sie nunmehr je nach dem persönlichen und sachlichen Anwendungsbereich unterschiedliche Zwecke verfolgen muß (s Rn 23). Auch § 4 wird nicht in die Verweisung aufgenommen. Die Individualabreden haben aber bereits nach §§ 133, 157 BGB Vorrang (vWestphalen BB 1996, 2104; Ulmer Rn 53). Die Verbandsklage (§§ 13 ff) gegen Einmalklauseln ist nicht zugelassen, was auch von der Richtlinie nicht verlangt wird (Art 7 Abs 2 RL). Zur Geltung des § 23 s § 23 Rn 2 f.

ff) Fragen zur Auslegung des Art 3 Abs 2 RL können durchaus zum Gegenstand **51** eines Vorabentscheidungsverfahrens gemacht werden (vgl Nassall WM 1994, 1648, 1652). Durch den EuGH könnte zB geklärt werden, welche Voraussetzungen an eine im einzelnen ausgehandelte Klausel zu stellen sind.

3. Berücksichtigung begleitender Umstände (Nr 3)

Mit Nr 3 wird Art 4 Abs 1 RL umgesetzt, der die zur Beurteilung der Mißbräuch- **52** lichkeit einer Klausel nach Art 3 Abs 1 RL heranzuziehenden Umstände näher bestimmt. Hier zeigt sich erneut das aus der Sicht des deutschen Rechts andersartige Grundverständnis der europarechtlichen Mißbrauchskontrolle (Schmidt/Salzer JZ 1995, 224).

a) Die **konkret-individuelle Inhaltskontrolle** nach § 24a Nr 3 iVm § 9 tritt nach dem **53** ausdrücklichen Wortlaut der Bestimmung **neben** die abstrakt-generelle Inhaltskontrolle nach § 9 (BT-Drucks 13/2713, 7 f; Palandt/Heinrichs Rn 15). Dieses Nebeneinander beider Prüfungsmaßstäbe stellt keinen Verstoß gegen die Richtlinie dar, da sie selbst mit ihrem Klauselanhang und dem abstrakten Kontrollverfahren zu erkennen gibt, daß Klauseln auch einem abstrakt-generellen Prüfungsverfahren unterworfen werden können (Palandt/Heinrichs Rn 15). Jedenfalls stellt die gefundene Regelung eine in den Grenzen des Art 189 Abs 3 EGV zulässige Umsetzung dar. Stellt daher eine Klausel bereits nach dem abstrakt-generellen Maßstab des § 9 eine unangemessene Benachteiligung dar, kommt es auf die weitere Prüfung nach § 24 Nr 3 nicht mehr an, auch wenn besondere Umstände im Einzelfall für die Gültigkeit der Klausel sprechen sollten. Hält die Klausel dagegen dem Maßstab des § 9 stand, muß eine weitere, einzelfallbezogene Prüfung nach § 24a Nr 3 stattfinden. Eine Einschränkung ist allerdings für **Einzelvertragsklauseln** nach Nr 2 zu machen, auf die eine abstraktgenerelle Inhaltskontrolle nicht paßt (Brandner § 9 Rn 183). Für diese hat die individuelle Überprüfung am Maßstab des § 9 iVm Nr 3 ausschlaggebende Bedeutung, die auch eine nach § 9 angezeigte Unwirksamkeit entfallen lassen kann.

b) Die Berücksichtigung konkret-individueller Umstände spielt praktisch **nur im** **54** **Individualverfahren** eine Rolle, in dem sich die Wirksamkeit einer Vertragsbedingung stellt. Im Kontrollverfahren (§§ 13 ff) kann dagegen in der Regel nur eine abstraktgenerelle Überprüfung der angegriffenen Klauseln erfolgen (Palandt/Heinrichs Rn 16).

c) **Zu berücksichtigende Umstände**

55 Zur näheren Bestimmung der bei der Prüfung nach § 24a Nr 3 zu berücksichtigenden Umstände sind Art 4 Abs 1 RL und der Erwägungsgrund Nr 16 der RL mit heranzuziehen. Die Prüfung nach § 24a Nr 3 ist nach beiden Richtungen offen (ULMER Rn 180; BRANDNER MDR 1997, 314). Bestehende Bedenken können verstärkt, aber auch ausgeräumt werden (HEINRICHS NJW 1993, 1820). Die einzelnen Umstände müssen gegeneinander abgewogen werden. **Für die Unwirksamkeit** einer Klausel spricht: Überrumpelungssituation, geschäftliche Unerfahrenheit, intellektuelles oder wirtschaftliches Ungleichgewicht der Vertragspartner, unlautere Art der Einflußnahme auf die Willensbildung des Verbrauchers, überraschender und intransparenter Inhalt der Klausel, wenn eine andere Vertragserwartung geweckt wurde, s Rn 71 (Sicherungsverträge). **Dagegen** können im Einzelfall rollenspezifische Nachteile des Verbrauchers und Klauselgegners fehlen, wenn er geschäftserfahren und damit dem Unternehmer nicht unterlegen ist, wie zB ein Rechtsanwalt oder Kaufmann bei Privatgeschäften.

56 Die Erstreckung des Sicherungszwecks auf Forderungen, die nicht den Anlaß zum Abschluß des Sicherungsvertrages gegeben haben, ist regelmäßig überraschend. Bislang wurde auf entsprechende Klauseln § 9 Abs 2 nur bei Bürgschaften angewandt (BGHZ 130, 19, 23). Sonstige Sicherungsabreden (zB bei Grundschulden) wurden statt dessen nach § 3 beurteilt (BGHZ 109, 201; BGH NJW 1992, 1234; auch für die Bürgschaft noch BGHZ 126, 176), da dort Inhalt und Umfang der schuldrechtlichen Zweckbindung gesetzlich nicht festgelegt seien. Bei den nunmehr nach Nr 3 zu berücksichtigenden Umständen handelt es sich typischerweise um Elemente, die bislang bei der Prüfung nach § 3 eine Rolle gespielt haben. Indem die Rspr in der überraschenden Erstreckung des Sicherungszwecks einen Verstoß gegen § 3 sah und diesen Klauseln im Ergebnis die Wirksamkeit versagte, betrieb sie (neben § 9) eine verdeckte Inhaltskontrolle. Auch die Beibehaltung dieser Art von Inhaltskontrolle wäre aber durchaus richtlinienkonform.

d) **Bedeutung des Klauselanhangs der Richtlinie**

56 a Die im Anhang der RL enthaltenen Klauselbeispiele sind für deren Umsetzung nicht verbindlich (Art 3 Abs 3 RL), sondern geben nur Fingerzeige für eine mögliche Unangemessenheit einzelner Klauseln in Verbraucherverträgen (s Einl 33 zum AGBG). Soweit diese Beispiele nicht schon ohnehin in §§ 10, 11 enthalten sind, können sie bei der Auslegung der Generalklausel mit berücksichtigt werden (vgl BRANDNER § 9 Rn 172).

e) **Vorlagepflicht und Prüfungskompetenz des EuGH**

57 Ein Vorlageverfahren zu der Frage, wann eine mißbräuchliche Vertragsklausel nach Art 3 Abs 1 RL vorliegt, kommt nicht in Betracht. Dies betrifft keine Frage des Gemeinschaftsrechts (s Einl 33 zum AGBG). Soweit sich eine Klausel bereits anhand des nationalen Rechts als unwirksam erweist, scheidet ein Vorlageverfahren wegen fehlender Entscheidungserheblichkeit ohnehin aus (s Rn 17; NASSALL WM 1994, 1648; PALANDT/HEINRICHS Rn 18; unstr). Hält die Klausel dagegen der Inhaltskontrolle nach §§ 9, 24a Nr 3 stand, kommt ein Vorlageverfahren gleichwohl nicht in Betracht (PALANDT/HEINRICHS Rn 19, 21; aA NASSALL WM 1994, 1650, 1552). Das Gemeinschaftsrecht kennt nämlich keine Maßstäbe, an denen die Angemessenheit einer Vertragsbedingung gemessen werden könnte. Auch der RL sind diese Maßstäbe nicht zu entneh-

Anwendungsbereich

men. **Art 3 Abs 1 RL** ist deshalb **nicht autonom** auszulegen, sondern **verweist auf die leges causae** des Vertragsstatuts.

4. Zeitlicher Anwendungsbereich

§ 24a ist auf alle Verträge anzuwenden, die nach dem 25. 7. 1996 abgeschlossen wurden (s Rn 26). Für davor geschlossene Dauerschuldverhältnisse gibt es keine Übergangsregelung. In dem Zeitraum vom 31. 12. 1994 bis zum Inkrafttreten des § 24a gelten die Grundsätze der richtlinienkonformen Auslegung (Rn 13 f). Seine jetzige Fassung hat der Eingangssatz erst seit 1. 1. 1998 (HandelsrechtsreformG 1998) erhalten. Die Änderung war aber rein redaktionell. Auf die Definition des „Unternehmers" in § 24 konnte Bezug genommen werden.

IV. Anhang

Text der Richtlinie 93/13 EWG v 5. 4. 1993 mit Klauselanhang:

RICHTLINIE 93/13/EWG DES RATES

vom 5. April 1993

über mißbräuchliche Klauseln in Verbraucherverträgen

DER RAT DER EUROPÄISCHEN GEMEINSCHAFTEN –

gestützt auf den Vertrag zur Gründung der Europäischen Wirtschaftsgemeinschaft, insbesondere auf Artikel 100 a,

auf Vorschlag der Kommission[1],

in Zusammenarbeit mit dem Europäischen Parlament[2],

nach Stellungnahme des Wirtschafts- und Sozialausschusses[3],

in Erwägung nachstehender Gründe:

Es müssen Maßnahmen zur schrittweisen Errichtung des Binnenmarktes bis zum 31. Dezember 1992 getroffen werden. Der Binnenmarkt umfaßt einen Raum ohne Binnengrenzen, in dem der freie Verkehr von Waren, Personen, Dienstleistungen und Kapital gewährleistet ist.

Die Rechtsvorschriften der Mitgliedstaaten über Vertragsklauseln zwischen dem Verkäufer von Waren oder dem Dienstleistungserbringer einerseits und dem Verbraucher andererseits weisen viele Unterschiede auf, wodurch die einzelnen Märkte für den Verkauf von Waren und die Erbringung von Dienstleistungen an den Verbraucher uneinheitlich sind; dadurch wiederum können Wettbe-

---

[1] ABl. Nr C 73 vom 24. 3. 1992, S. 7.
[2] ABl. Nr C 326 vom 16. 12. 1991, S. 108, und ABl. Nr C 21 vom 25. 1. 1993.
[3] ABl. Nr C 159 vom 17. 6. 1991, S. 34.

werbsverzerrungen bei den Verkäufern und den Erbringern von Dienstleistungen, besonders bei der Vermarktung in anderen Mitgliedstaaten, eintreten.

Namentlich die Rechtsvorschriften der Mitgliedstaaten über mißbräuchliche Klauseln in Verträgen mit Verbrauchern weisen beträchtliche Unterschiede auf.

Die Mitgliedstaaten müssen dafür Sorge tragen, daß die mit den Verbrauchern abgeschlossenen Verträge keine mißbräuchlichen Klauseln enthalten.

Die Verbraucher kennen im allgemeinen nicht die Rechtsvorschriften, die in anderen Mitgliedstaaten für Verträge über den Kauf von Waren oder das Angebot von Dienstleistungen gelten. Diese Unkenntnis kann sie davon abhalten, Waren und Dienstleistungen direkt in anderen Mitgliedstaaten zu ordern.

Um die Errichtung des Binnenmarktes zu erleichtern und den Bürger in seiner Rolle als Verbraucher beim Kauf von Waren und Dienstleistungen mittels Verträgen zu schützen, für die die Rechtsvorschriften anderer Mitgliedstaaten gelten, ist es von Bedeutung, mißbräuchliche Klauseln aus diesen Verträgen zu entfernen.

Den Verkäufern von Waren und Dienstleistungs[er]bringern wird dadurch ihre Verkaufstätigkeit sowohl im eigenen Land als auch im gesamten Binnenmarkt erleichtert. Damit wird der Wettbewerb gefördert und den Bürgern der Gemeinschaft in ihrer Eigenschaft als Verbraucher eine größere Auswahl zur Verfügung gestellt.

In den beiden Programmen der Gemeinschaft für eine Politik zum Schutz und zur Unterrichtung der Verbraucher[4] wird die Bedeutung des Verbraucherschutzes auf dem Gebiet mißbräuchlicher Vertragsklauseln hervorgehoben. Dieser Schutz sollte durch Rechtsvorschriften gewährleistet werden, die gemeinschaftsweit harmonisiert sind oder unmittelbar auf dieser Ebene erlassen werden.

Gemäß dem unter dem Abschnitt „Schutz der wirtschaftlichen Interessen der Verbraucher" festgelegten Prinzip sind entsprechend diesen Programmen Käufer von Waren oder Dienstleistungen vor Machtmißbrauch des Verkäufers oder des Dienstleistungserbringers, insbesondere vor vom Verkäufer einseitig festgelegten Standardverträgen und vor dem mißbräuchlichen Ausschluß von Rechten in Verträgen zu schützen.

Durch die Aufstellung einheitlicher Rechtsvorschriften auf dem Gebiet mißbräuchlicher Klauseln kann der Verbraucher besser geschützt werden. Diese Vorschriften sollten für alle Verträge zwischen Gewerbetreibenden und Verbrauchern gelten. Von dieser Richtlinie ausgenommen sind daher insbesondere Arbeitsverträge sowie Verträge auf dem Gebiet des Erb-, Familien- und Gesellschaftsrechts.

Der Verbraucher muß bei mündlichen und bei schriftlichen Verträgen – bei letzteren unabhängig davon, ob die Klauseln in einem oder in mehreren Dokumenten enthalten sind – den gleichen Schutz genießen.

Beim derzeitigen Stand der einzelstaatlichen Rechtsvorschriften kommt allerdings nur eine teilweise

---

[4] ABl. Nr C 92 vom 25. 4. 1975, S. 1, und
ABl. Nr. C 133 vom 3. 6. 1981, S. 1.

Harmonisierung in Betracht. So gilt diese Richtlinie insbesondere nur für Vertragsklauseln, die nicht einzeln ausgehandelt wurden. Den Mitgliedstaaten muß es freigestellt sein, dem Verbraucher unter Beachtung des Vertrages einen besseren Schutz durch strengere einzelstaatliche Vorschriften als den in dieser Richtlinie enthaltenen Vorschriften zu gewähren.

Bei Rechtsvorschriften der Mitgliedstaaten, in denen direkt oder indirekt die Klauseln für Verbraucherverträge festgelegt werden, wird davon ausgegangen, daß sie keine mißbräuchlichen Klauseln enthalten. Daher sind Klauseln, die auf bindenden Rechtsvorschriften oder auf Grundsätzen oder Bestimmungen internationaler Übereinkommen beruhen, bei denen die Mitgliedstaaten oder die Gemeinschaft Vertragsparteien sind, nicht dieser Richtlinie zu unterwerfen; der Begriff „bindende Rechtsvorschriften" in Artikel 1 Absatz 2 umfaßt auch Regeln, die nach dem Gesetz zwischen den Vertragsparteien gelten, wenn nichts anderes vereinbart wurde.

Die Mitgliedstaaten müssen jedoch dafür sorgen, daß darin keine mißbräuchlichen Klauseln enthalten sind, zumal diese Richtlinie auch für die gewerbliche Tätigkeit im öffentlich-rechtlichen Rahmen gilt.

Die Kriterien für die Beurteilung der Mißbräuchlichkeit von Vertragsklauseln müssen generell festgelegt werden.

Die nach den generell festgelegten Kriterien erfolgende Beurteilung der Mißbräuchlichkeit von Klauseln, insbesondere bei beruflichen Tätigkeiten des öffentlich-rechtlichen Bereichs, die ausgehend von einer Solidargemeinschaft der Dienstleistungsnehmer kollektive Dienste erbringen, muß durch die Möglichkeit einer globalen Bewertung der Interessenlagen der Parteien ergänzt werden. Diese stellt das Gebot von Treu und Glauben dar. Bei der Beurteilung von Treu und Glauben ist besonders zu berücksichtigen, welches Kräfteverhältnis zwischen den Verhandlungspositionen der Parteien bestand, ob auf den Verbraucher in irgendeiner Weise eingewirkt wurde, seine Zustimmung zu der Klausel zu geben, und ob die Güter oder Dienstleistungen auf eine Sonderbestellung des Verbrauchers hin verkauft bzw. erbracht wurden. Dem Gebot von Treu und Glauben kann durch den Gewerbetreibenden Genüge getan werden, indem er sich gegenüber der anderen Partei, deren berechtigten Interessen er Rechnung tragen muß, loyal und billig verhält.

Die Liste der Klauseln im Anhang kann für die Zwecke dieser Richtlinie nur Beispiele geben; infolge dieses Minimalcharakters kann sie von den Mitgliedstaaten im Rahmen ihrer einzelstaatlichen Rechtsvorschriften, insbesondere hinsichtlich des Geltungsbereichs dieser Klauseln, ergänzt oder restriktiver formuliert werden.

Bei der Beurteilung der Mißbräuchlichkeit von Vertragsklauseln ist der Art der Güter bzw. Dienstleistungen Rechnung zu tragen.

Für die Zwecke dieser Richtlinie dürfen Klauseln, die den Hauptgegenstand eines Vertrages oder das Preis-/Leistungsverhältnis der Lieferung bzw. der Dienstleistung beschreiben, nicht als mißbräuchlich beurteilt werden. Jedoch können der Hauptgegenstand des Vertrages und das Preis-/Leistungsverhältnis bei der Beurteilung der Mißbräuchlichkeit anderer Klauseln berücksichtigt werden. Daraus folgt unter anderem, daß bei Versicherungsverträgen die Klauseln, in denen das versicherte Risiko und die Verpflichtung des Versicherers deutlich festgelegt oder abgegrenzt werden, nicht als mißbräuchlich beurteilt werden, sofern diese Einschränkungen bei der Berechnung der vom Verbraucher gezahlten Prämie Berücksichtigung finden.

Die Verträge müssen in klarer und verständlicher Sprache abgefaßt sein. Der Verbraucher muß tatsächlich die Möglichkeit haben, von allen Vertragsklauseln Kenntnis zu nehmen. Im Zweifelsfall ist die für den Verbraucher günstigste Auslegung anzuwenden.

Die Mitgliedstaaten müssen sicherstellen, daß in von einem Gewerbetreibenden mit Verbrauchern abgeschlossenen Verträgen keine mißbräuchlichen Klauseln verwendet werden. Wenn derartige Klauseln trotzdem verwendet werden, müssen sie für den Verbraucher unverbindlich sein; die verbleibenden Klauseln müssen jedoch weiterhin gelten und der Vertrag im übrigen auf der Grundlage dieser Klauseln für beide Teile verbindlich sein, sofern ein solches Fortbestehen ohne die mißbräuchlichen Klauseln möglich ist.

In bestimmten Fällen besteht die Gefahr, daß dem Verbraucher der in dieser Richtlinie aufgestellte Schutz entzogen wird, indem das Recht eines Drittlands zum anwendbaren Recht erklärt wird. Es sollten daher in dieser Richtlinie Bestimmungen vorgesehen werden, die dies ausschließen.

Personen und Organisationen, die nach dem Recht eines Mitgliedstaats ein berechtigtes Interesse geltend machen können, den Verbraucher zu schützen, müssen Verfahren, die Vertragsklauseln im Hinblick auf eine allgemeine Verwendung in Verbraucherverträgen, insbesondere mißbräuchliche Klauseln, zum Gegenstand haben, bei Gerichten oder Verwaltungsbehörden, die für die Entscheidung über Klagen bzw. Beschwerden oder die Eröffnung von Gerichtsverfahren zuständig sind, einleiten können. Diese Möglichkeit bedeutet jedoch keine Vorabkontrolle der in einem beliebigen Wirtschaftssektor verwendeten allgemeinen Bedingungen.

Die Gerichte oder Verwaltungsbehörden der Mitgliedstaaten müssen über angemessene und wirksame Mittel verfügen, damit der Verwendung mißbräuchlicher Klauseln in Verbraucherverträgen ein Ende gesetzt wird –

HAT FOLGENDE RICHTLINIE ERLASSEN:

Artikel 1

(1) Zweck dieser Richtlinie ist die Angleichung der Rechts- und Verwaltungsvorschriften der Mitgliedsstaaten über mißbräuchliche Klauseln in Verträgen zwischen Gewerbetreibenden und Verbrauchern.

(2) Vertragsklauseln, die auf bindenden Rechtsvorschriften oder auf Bestimmungen oder Grundsätzen internationaler Übereinkommen beruhen, bei denen die Mitgliedstaaten oder die Gemeinschaft – insbesondere im Verkehrsbereich – Vertragsparteien sind, unterliegen nicht den Bestimmungen dieser Richtlinie.

Artikel 2

Im Sinne dieser Richtlinie bedeuten:

a) mißbräuchliche Klauseln: Vertragsklauseln, wie sie in Artikel 3 definiert sind;

b) Verbraucher: eine natürliche Person, die bei Verträgen, die unter diese Richtlinie fallen, zu einem Zweck handelt, der nicht ihrer gewerblichen oder beruflichen Tätigkeit zugerechnet werden kann;

Anwendungsbereich

c) Gewerbetreibender: eine natürliche oder juristische Person, die bei Verträgen, die unter diese Richtlinie fallen, im Rahmen ihrer gewerblichen oder beruflichen Tätigkeit handelt, auch wenn diese dem öffentlich-rechtlichen Bereich zuzurechnen ist.

Artikel 3

(1) Eine Vertragsklausel, die nicht im einzelnen ausgehandelt wurde, ist als mißbräuchlich anzusehen, wenn sie entgegen dem Gebot von Treu und Glauben zum Nachteil des Verbrauchers ein erhebliches und ungerechtfertigtes Mißverhältnis der vertraglichen Rechte und Pflichten der Vertragspartner verursacht.

(2) Eine Vertragsklausel ist immer dann als nicht im einzelnen ausgehandelt zu betrachten, wenn sie im voraus abgefaßt wurde und der Verbraucher deshalb, insbesondere im Rahmen eines vorformulierten Standardvertrags, keinen Einfluß auf ihren Inhalt nehmen konnte.

Die Tatsache, daß bestimmte Elemente einer Vertragsklausel oder eine einzelne Klausel im einzelnen ausgehandelt worden sind, schließt die Anwendung dieses Artikels auf den übrigen Vertrag nicht aus, sofern es sich nach der Gesamtwertung dennoch um einen vorformulierten Standardvertrag handelt.

Behauptet ein Gewerbetreibender, daß eine Standardvertragsklausel im einzelnen ausgehandelt wurde, so obliegt ihm die Beweislast.

(3) Der Anhang enthält eine als Hinweis dienende und nicht erschöpfende Liste der Klauseln, die für mißbräuchlich erklärt werden können.

Artikel 4

(1) Die Mißbräuchlichkeit einer Vertragsklausel wird unbeschadet des Artikels 7 unter Berücksichtigung der Art der Güter oder Dienstleistungen, die Gegenstand des Vertrages sind, aller den Vertragsabschluß begleitenden Umstände sowie aller anderen Klauseln desselben Vertrages oder eines anderen Vertrages, von dem die Klausel abhängt, zum Zeitpunkt des Vertragsabschlusses beurteilt.

(2) Die Beurteilung der Mißbräuchlichkeit der Klauseln betrifft weder den Hauptgegenstand des Vertrags noch die Angemessenheit zwischen dem Preis bzw. dem Entgelt und den Dienstleistungen bzw. den Gütern, die die Gegenleistung darstellen, sofern diese Klauseln klar und verständlich abgefaßt sind.

Artikel 5

Sind alle dem Verbraucher in Verträgen unterbreiteten Klauseln oder einige dieser Klauseln schriftlich niedergelegt, so müssen sie stets klar und verständlich abgefaßt sein. Bei Zweifeln über die Bedeutung einer Klausel gilt die für den Verbraucher günstigste Auslegung. Diese Auslegungsregel gilt nicht im Rahmen der in Artikel 7 Absatz 2 vorgesehenen Verfahren.

Artikel 6

(1) Die Mitgliedstaaten sehen vor, daß mißbräuchliche Klauseln in Verträgen, die ein Gewerbetrei-

bender mit einem Verbraucher geschlossen hat, für den Verbraucher unverbindlich sind, und legen die Bedingungen hierfür in ihren innerstaatlichen Rechtsvorschriften fest; sie sehen ferner vor, daß der Vertrag für beide Parteien auf derselben Grundlage bindend bleibt, wenn er ohne die mißbräuchlichen Klauseln bestehen kann.

(2) Die Mitgliedstaaten treffen die erforderlichen Maßnahmen, damit der Verbraucher den durch diese Richtlinie gewährten Schutz nicht verliert, wenn das Recht eines Drittlands als das auf den Vertrag anzuwendende Recht gewählt wurde und der Vertrag einen engen Zusammenhang mit dem Gebiet der Mitgliedstaaten aufweist.

Artikel 7

(1) Die Mitgliedstaaten sorgen dafür, daß im Interesse der Verbraucher und der gewerbetreibenden Wettbewerber angemessene und wirksame Mittel vorhanden sind, damit der Verwendung mißbräuchlicher Klauseln durch einen Gewerbetreibenden in den Verträgen, die er mit Verbrauchern schließt, ein Ende gesetzt wird.

(2) Die in Absatz 1 genannten Mittel müssen auch Rechtsvorschriften einschließen, wonach Personen oder Organisationen, die nach dem innerstaatlichen Recht ein berechtigtes Interesse am Schutz der Verbraucher haben, im Einklang mit den einzelstaatlichen Rechtsvorschriften die Gerichte oder die zuständigen Verwaltungsbehörden anrufen können, damit diese darüber entscheiden, ob Vertragsklauseln, die im Hinblick auf eine allgemeine Verwendung abgefaßt wurden, mißbräuchlich sind, und angemessene und wirksame Mittel anwenden, um der Verwendung solcher Klauseln ein Ende zu setzen.

(3) Die in Absatz 2 genannten Rechtsmittel können sich unter Beachtung der einzelstaatlichen Rechtsvorschriften getrennt oder gemeinsam gegen mehrere Gewerbetreibende desselben Wirtschaftssektors oder ihre Verbände richten, die gleiche allgemeine Vertragsklauseln oder ähnliche Klauseln verwenden oder deren Verwendung empfehlen.

Artikel 8

Die Mitgliedstaaten können auf dem durch diese Richtlinie geregelten Gebiet mit dem Vertrag vereinbare strengere Bestimmungen erlassen, um ein höheres Schutzniveau für die Verbraucher zu gewährleisten.

Artikel 9

Die Kommission legt dem Europäischen Parlament und dem Rat spätestens fünf Jahre nach dem in Artikel 10 Absatz 1 genannten Zeitpunkt einen Bericht über die Anwendung dieser Richtlinie vor.

Artikel 10

(1) Die Mitgliedstaaten erlassen die erforderlichen Rechts- und Verwaltungsvorschriften, um dieser Richtlinie spätestens am 31. Dezember 1994 nachzukommen. Sie setzen die Kommission unverzüglich davon in Kenntnis.

Anwendungsbereich

Diese Vorschriften gelten für alle Verträge, die nach dem 31. Dezember 1994 abgeschlossen werden.

(2) Wenn die Mitgliedstaaten diese Vorschriften erlassen, nehmen sie in den Vorschriften selbst oder durch einen Hinweis bei der amtlichen Veröffentlichung auf diese Richtlinie Bezug. Die Mitgliedstaaten regeln die Einzelheiten der Bezugnahme.

(3) Die Mitgliedstaaten teilen der Kommission den Wortlaut der wichtigsten innerstaatlichen Rechtsvorschriften mit, die sie auf dem unter dieser Richtlinie fallenden Gebiet erlassen.

Artikel 11

Diese Richtlinie ist an die Mitgliedstaaten gerichtet.

ANHANG

KLAUSELN GEMÄSS ARTIKEL 3 ABSATZ 3

1. Klauseln, die darauf abzielen oder zur Folge haben, daß

a) die gesetzliche Haftung des Gewerbetreibenden ausgeschlossen oder eingeschränkt wird, wenn der Verbraucher aufgrund einer Handlung oder Unterlassung des Gewerbetreibenden sein Leben verliert oder einen Körperschaden erleidet;

b) die Ansprüche des Verbrauchers gegenüber dem Gewerbetreibenden oder einer anderen Partei, einschließlich der Möglichkeit, eine Verbindlichkeit gegenüber dem Gewerbetreibenden durch eine etwaige Forderung gegen ihn auszugleichen, ausgeschlossen oder ungebührlich eingeschränkt werden, wenn der Gewerbetreibende eine der vertraglichen Verpflichtungen ganz oder teilweise nicht erfüllt oder mangelhaft erfüllt;

c) der Verbraucher eine verbindliche Verpflichtung eingeht, während der Gewerbetreibende die Erbringung der Leistungen an eine Bedingung knüpft, deren Eintritt nur von ihm abhängt;

d) es dem Gewerbetreibenden gestattet wird, vom Verbraucher gezahlte Beträge einzubehalten, wenn dieser darauf verzichtet, den Vertrag abzuschließen oder zu erfüllen, ohne daß für den Verbraucher ein Anspruch auf eine Entschädigung in entsprechender Höhe seitens des Gewerbetreibenden vorgesehen wird, wenn dieser selbst es unterläßt;

e) dem Verbraucher, der seinen Verpflichtungen nicht nachkommt, ein unverhältnismäßig hoher Entschädigungsbetrag auferlegt wird;

f) es dem Gewerbetreibenden gestattet wird, nach freiem Ermessen den Vertrag zu kündigen, wenn das gleiche Recht nicht auch dem Verbraucher eingeräumt wird, und es dem Gewerbetreibenden für den Fall, daß er selbst den Vertrag kündigt, gestattet wird, die Beträge einzubehalten, die für von ihm noch nicht erbrachte Leistungen gezahlt wurden;

g) es dem Gewerbetreibenden – außer bei Vorliegen schwerwiegender Gründe – gestattet ist, einen unbefristeten Vertrag ohne angemessen Frist zu kündigen;

h) ein befristeter Vertrag automatisch verlängert wird, wenn der Verbraucher sich nicht gegenteilig geäußert hat und als Termin für diese Äußerung des Willens des Verbrauchers, den Vertrag nicht zu verlängern, ein vom Ablaufzeitpunkt des Vertrages ungebührlich weit entferntes Datum festgelegt wurde;

i) die Zustimmung des Verbrauchers zu Klauseln unwiderlegbar festgestellt wird, von denen er vor Vertragsabschluß nicht tatsächlich Kenntnis nehmen konnte;

j) der Gewerbetreibende die Vertragsklauseln einseitig ohne triftigen und im Vertrag aufgeführten Grund ändern kann;

k) der Gewerbetreibende die Merkmale des zu liefernden Erzeugnisses oder der zu erbringenden Dienstleistung einseitig ohne triftigen Grund ändern kann;

l) der Verkäufer einer Ware oder der Erbringer einer Dienstleistung den Preis zum Zeitpunkt der Lieferung festsetzen oder erhöhen kann, ohne daß der Verbraucher in beiden Fällen ein entsprechendes Recht hat, vom Vertrag zurückzutreten, wenn der Endpreis im Verhältnis zu dem Preis, der bei Vertragsabschluß vereinbart wurde, zu hoch ist;

m) dem Gewerbetreibenden das Recht eingeräumt ist zu bestimmen, ob die gelieferte Ware oder erbrachte Dienstleistung den Vertragsbestimmungen entspricht, oder ihm das ausschließliche Recht zugestanden wird, die Auslegung einer Vertragsklausel vorzunehmen;

n) die Verpflichtung des Gewerbetreibenden zur Einhaltung der von seinen Vertretern eingegangenen Verpflichtungen eingeschränkt wird oder diese Verpflichtung von der Einhaltung einer besonderen Formvorschrift abhängig gemacht wird;

o) der Verbraucher allen seinen Verpflichtungen nachkommen muß, obwohl der Gewerbetreibende seine Verpflichtungen nicht erfüllt;

p) die Möglichkeit vorgesehen wird, daß der Vertrag ohne Zustimmung des Verbrauchers vom Gewerbetreibende abgetreten wird, wenn dies möglicherweise eine Verringerung der Sicherheiten für den Verbraucher bewirkt;

q) dem Verbraucher die Möglichkeit, Rechtsbehelfe bei Gericht einzulegen oder sonstige Beschwerdemittel zu ergreifen, genommen oder erschwert wird, und zwar insbesondere dadurch, daß er ausschließlich auf ein nicht unter die rechtlichen Bestimmungen fallendes Schiedsgerichtsverfahren verwiesen wird, die ihm zur Verfügung stehenden Beweismittel ungebührlich eingeschränkt werden oder ihm die Beweislast auferlegt wird, die nach dem geltenden Recht einer anderen Vertragspartei obläge.

2. Tragweite der Buchstaben g), j) und l)

a) Buchstabe g) steht Klauseln nicht entgegen, durch die sich der Erbringer von Finanzdienstleistungen das Recht vorbehält, einen unbefristeten Vertrag einseitig und – bei Vorliegen eines triftigen Grundes – fristlos zu kündigen, sofern der Gewerbetreibende die Pflicht hat, die andere Vertragspartei oder die anderen Vertragsparteien alsbald davon zu unterrichten.

b) Buchstabe j) steht Klauseln nicht entgegen, durch die sich der Erbringer von Finanzdienstleistungen das Recht vorbehält, den von dem Verbraucher oder an den Verbraucher zu zahlenden Zinssatz oder die Höhe anderer Kosten für Finanzdienstleistungen in begründeten Fällen ohne Vorankündigung zu ändern, sofern der Gewerbetreibende die Pflicht hat, die andere Vertragspartei oder die anderen Vertragsparteien unverzüglich davon zu unterrichten, und es dieser oder diesen freisteht, den Vertrag alsbald zu kündigen.

Buchstabe j) steht ferner Klauseln nicht entgegen, durch die sich der Gewerbetreibende das Recht vorbehält, einseitig die Bedingungen eines unbefristeten Vertrages zu ändern, sofern es ihm obliegt, den Verbraucher hiervon rechtzeitig in Kenntnis zu setzen, und es diesem freisteht, den Vertrag zu kündigen.

c) Die Buchstaben g), j) und l) finden keine Anwendung auf

– Geschäfte mit Wertpapieren, Finanzpapieren und anderen Erzeugnissen oder Dienstleistungen, bei denen der Preis von den Veränderungen einer Notierung oder eines Börsenindex oder von Kursschwankungen auf dem Kapitalmarkt abhängt, auf die der Gewerbetreibende keinen Einfluß hat;

– Verträge zum Kauf oder Verkauf von Fremdwährungen, Reiseschecks oder internationalen Postanweisungen in Fremdwährung.

d) Buchstabe l) steht Preisindexierungsklauseln nicht entgegen, wenn diese rechtmäßig sind und der Modus der Preisänderung darin ausdrücklich beschrieben wird.

Fünfter Abschnitt
Übergangs- und Schlußvorschriften

§ 25
Änderung des Bürgerlichen Gesetzbuches

Das Bürgerliche Gesetzbuch wird wie folgt geändert:

1. Nach § 476 wird folgende Vorschrift eingefügt:
„§ 476a
Ist an Stelle des Rechts des Käufers auf Wandlung oder Minderung ein Recht auf Nachbesserung vereinbart, so hat der zur Nachbesserung verpflichtete Verkäufer auch die zum Zwecke der Nachbesserung erforderliche Aufwendungen, insbesondere Transport-, Wege, Arbeits- und Materialkosten, zu tragen. Dies gilt nicht, soweit die Aufwendungen sich erhöhen, weil die gekaufte Sache nach der Lieferung an einen anderen Ort als den Wohnsitz oder die gewerbliche Niederlassung des Empfängers verbracht worden ist, es sei denn, das Verbringen entspricht dem bestimmungsgemäßen Gebrauch der Sache."

2. In § 633 Abs. 2 wird folgender Satz eingefügt:
„§ 476a gilt entsprechend".

Der bisherige Satz 2 wird Satz 3.

Es handelt sich um eine Auffangregelung zu § 11 Nr 10 c, die sicherstellen soll, daß 1
der Gewährleistungsberechtigte dann, wenn er zunächst nur ein Nachbesserungsrecht hat, nicht Aufwendungen hierfür selbst zu tragen hat.

§ 26
Änderung des Energiewirtschaftsgesetzes

§ 7 des Energiewirtschaftsgesetzes vom 13. Dezember 1935 (Reichsgesetzbl. I S. 1451), zuletzt geändert durch Artikel 18 des Zuständigkeitslockerungsgesetzes vom 10. März 1975 (Bundesgesetzbl. I S. 685), wird wie folgt geändert:

1. In Satz 1 werden die Worte „allgemeine Bedingungen und" gestrichen.

2. Die Sätze 1 und 2 werden Absatz 1.

3. Es wird folgender Absatz angefügt:

(2) Der Bundesminister für Wirtschaft kann durch Rechtsverordnung mit Zustimmung des Bundesrates die allgemeinen Bedingungen der Energieversorgungsunternehmen (§ 6 Abs. 1) ausgewogen gestalten. Er kann dabei die Bestimmungen der

Verträge einheitlich festsetzen und Regelungen über den Vertragsabschluß, den Gegenstand und die Beendigung der Verträge treffen sowie die Rechte und Pflichten der Vertragspartner festlegen; hierbei sind die beiderseitigen Interessen angemessen zu berücksichtigen. Die Sätze 1 und 2 gelten entsprechend für Bedingungen öffentlich-rechtlich gestalteter Versorgungsverhältnisse mit Ausnahme der Regelung des Verwaltungsverfahrens."

§ 27
Ermächtigung zum Erlaß von Rechtsverordnungen

Der Bundesminister für Wirtschaft kann durch Rechtsverordnung mit Zustimmung des Bundesrates die allgemeinen Bedingungen für die Versorgung mit Wasser und Fernwärme ausgewogen gestalten. Er kann dabei die Bestimmungen der Verträge einheitlich festsetzen und Regelungen über den Vertragsabschluß, den Gegenstand und die Beendigung der Verträge treffen sowie die Rechte und Pflichten der Vertragspartner festlegen; hierbei sind die beiderseitigen Interessen angemessen zu berücksichtigen. Die Sätze 1 und 2 gelten entsprechend für Bedingungen öffentlich-rechtlich gestalteter Versorgungsverhältnisse mit Ausnahme der Regelung des Verwaltungsverfahrens.

Schrifttum

HERRMANN/RECKNAGEL/SCHMIDT-SALZER, Kommentar zu den Allgemeinen Versorgungsbedingungen für Elektrizität, Gas, Fernwärme und Wasser (KommzAVB), Bd I (1981) Bd II (1984)
KNEMEYER/U EMMERT, Die VO über die Wasserversorgung ist wegen Verstoßes gegen das Selbstverwaltungsrecht verfassungswidrig, JZ 1982, 284
LUDWIG ODENTHAL, Die VO über die Allgemeinen Bedingungen für die Versorgung mit Wasser v 20. Juni 1980 mit Erläuterungen (1981). Weitere Nachw oben bei § 23 Rn 130.

1 Nach der **amtlichen Begründung** zum Regierungsentwurf (BR-Drucks 360/75, 44 f) sollte die Ermächtigungsnorm des § 7 EWG zur wirtschaftlichen Gestaltung der AVB an Art 80 Abs 1 S 1 GG angepaßt und inhaltlich ein angemessener Interessenausgleich zwischen privatrechtlichen und öffentlich-rechtlich organisierten Versorgungsunternehmen einerseits und den Tarifabnehmern (für Sonderabnehmer vgl die teilweise Gleichstellung in § 23 Abs 2 Nr 2, s dort Rn 18) andererseits angestrebt werden.

2 Die durch § 26 geschaffene Ermächtigungsgrundlage des § 7 Abs 2 EWG verstößt weder gegen Art 80 Abs 1 S 2 GG noch gegen das kommunale Selbstverwaltungsrecht (BVerfG NVwZ 1982, 306 = JZ 1982, 288; abl KNEMEYER/EMMERT 284; BGHZ 100, 1, 4). Der Verordnungsgeber hat von der Ermächtigung durch die Verordnungen über Allgemeine Bedingungen für die Elektrizitätsversorgung von Tarifkunden (AVBEltV) und für Gasversorgung für Tarifkunden (AVBGasV), beide vom 21. 6. 1979, Gebrauch gemacht. Die rückwirkende Inkraftsetzung dieser Verordnungen am 1. 4. 1980 ist nicht verfassungswidrig (BGHZ 100, 1, 5). Von der Verordnungsermächtigung des § 27 wurde durch Erlaß der Verordnungen über Allgemeine Bedingungen für die Versorgung mit Fernwärme und über die Versorgung mit Was-

Schluß- und Übergangsvorschriften

ser (AVBFernwäremeV und AVBWasserV) vom 20. 6. 1980 jeweils mit Rückwirkung zum 1. 4. 1980 Gebrauch gemacht.

Soweit die als Rechtsnormen zu qualifizierenden AVB Geltung beanspruchen, ist für das AGBG kein Raum. Anders kann es jedoch sein, soweit Energieversorgungsunternehmen auf der Grundlage der AVB zusätzlich besondere „ergänzende Bestimmungen" verwenden (ULMER §§ 26, 27 Rn 3). **3**

Im Rahmen der Versorgung mit Strom und Gas gilt die Rechtsnormqualität der AVB nicht für Sonderkunden. Gemäß § 23 Abs 2 Nr 2 kommt eine Inhaltskontrolle nach §§ 10, 11 nicht in Betracht, sie ist aber nach § 9 möglich (vgl § 23 Rn 22 ff). Bei der Fernwärme- und Wasserversorgung sind Industriekunden aus dem Geltungsbereich der AVB ausgeschlossen (§ 1 Abs 2 AVBFernwäremeV, § 1 Abs 2 AVBWasserV). Für nach dem 31. 3. 1980 abgeschlossene Verträge findet das AGBG daher Anwendung (dazu detailliert HERMANN/RECKNAGEL/SCHMIDT-SALZER Einl Rn 33 ff und 39 ff).

Vor dem Inkrafttreten der Verordnungen am 1. 4. 1980 galten die „Allgemeinen Bedingungen für die Versorgung mit elektrischer Arbeit aus dem Niederspannungsnetz der Elektrizitätsversorgungsunternehmen" (AVB) die durch Anordnung vom 27. 1. 1942 (RAnz 1942 Nr 39) für allgemeinverbindlich erklärt worden waren und die nach st Rspr den Charakter von Rechtsverordnungen hatten (BGHZ 9, 390). Daher war vertragliche Einbeziehung nicht erforderlich und Inhaltskontrolle nach dem AGBG nicht möglich. Zu Haftungsausschlüssen bei der Elektrizitäts- und Gasversorgung vgl jedoch § 5 Rn 10. **4**

§ 28
Übergangsvorschrift

(1) Dieses Gesetz gilt vorbehaltlich des Absatzes 2 nicht für Verträge, die vor seinem Inkrafttreten geschlossen worden sind.

(2) § 9 gilt auch für vor Inkrafttreten dieses Gesetzes abgeschlossene Verträge über die regelmäßige Lieferung von Waren, die regelmäßige Erbringung von Dienst- oder Werkleistungen sowie die Gebrauchsüberlassung von Sachen, soweit diese Verträge noch nicht abgewickelt sind.

(3) Auf Verträge über die Versorgung mit Wasser und Fernwärme sind die Vorschriften dieses Gesetzes erst drei Jahre nach seinem Inkrafttreten anzuwenden.

Systematische Übersicht

I.	Der Grundsatz fehlender Rückwirkung _____ 1	III.	Versorgung mit Wasser und Fernwärme, Abs 3 _____ 5
II.	Ausnahmsweise Geltung des § 9 für „alte" Dauerschuldverhältnisse _____ 2	IV.	Verbraucherverträge _____ 6
		V.	Ehemalige DDR _____ 8

I. Der Grundsatz fehlender Rückwirkung

1 Die Vorschrift stellt klar, daß das Gesetz entsprechend allgemeinen rechtsstaatlichen Prinzipien erst auf Handlungen anzuwenden ist, die nach seinem Inkrafttreten liegen, dh nur auf Verträge, die nach dem Ablauf des 31. 3. 77 zustande gekommen sind („Neuverträge"). Die Inhaltskontrolle der **Altverträge** richtet sich nach den Grundsätzen, die die Rspr vor Inkrafttreten des AGBG entwickelt hatte (zB BGHZ 106, 375, 379; 85, 305, 310; 83, 169, 174). Wurde ein Vertrag zwischen Verkündung und Inkrafttreten des AGBG geschlossen, so können die in §§ 10, 11 AGBG getroffenen Wertungen auch im Rahmen der Angemessenheitskontrolle nach § 242 BGB berücksichtigt werden (BGH NJW 1985, 617; SOERGEL/STEIN Rn 2). Zurückhaltung ist jedoch insofern geboten, als die ständige Intensivierung der vor allem an § 9 ausgerichteten Inhaltskontrolle nicht in das vordem aus § 242 BGB Entwickelte hineingelesen werden kann. War die im AGBG verankerte Inhaltskontrolle als Koordinierung der damaligen Rspr gedacht, so ist die Handhabung der §§ 9–11 inzwischen weit darüber hinausgegangen.

Leistungsbeschreibungen in Altverträgen sind kontrollfest. Die Aufrechenbarkeit mit rechtskräftig festgestellten oder unbestrittenen Gegenforderungen braucht in Altverträgen nicht garantiert zu sein (BGH NJW 1985, 2404, 2405). Bei Altverträgen ist eine geltungserhaltende Reduktion auf jeden Fall zulässig (BGH NJW 1985, 2693, 2695).

Wurde ein Vertrag nach dem 31. 3. 1977 sachlich oder zeitlich erweitert oder wurden nach diesem Zeitpunkt abgeänderte AGB einbezogen, so ist das AGBG anwendbar, vorausgesetzt, daß diese Änderungen nicht nur unerheblich sind (BGH NJW 1985, 971; ULMER Rn 2; MünchKomm/KÖTZ Rn 1). Entsprechendes gilt bei einer Änderungskündigung. Ein Neuvertrag liegt aber nicht vor, wenn der Vertrag sich wegen Nichtausübung eines Kündigungsrechts automatisch verlängert (ULMER aaO; PALANDT/HEINRICHS Rn 1) oder wenn nur eine neue Versicherungspolice ausgestellt wird (OLG Hamburg 1990, 36).

II. Ausnahmsweise Geltung des § 9 für „alte" Dauerschuldverhältnisse

2 1. Die Regelung von Abs 2 ist verfassungskonformerweise dahin auszulegen, daß sie lediglich auf zukünftige Rechtsbeziehungen, also auf deren Teile, die vor dem 31. 3. 1977 noch nicht abgewickelt waren, einwirkt. Das ist als sogenannte unechte (retrospektive) **Rückwirkung** zulässig, falls nicht ausnahmsweise dem Vertrauensschutz des Bürgers Vorrang vor dem mit der Norm verfolgten Allgemeininteresse gebührt (BVerfGE 31, 226; 36, 82). Dieser Interessenabwägung kann im Rahmen der unbestimmten Rechtsbegriffe des § 9 ausreichend Rechnung getragen werden (PALANDT/HEINRICHS Anm 2; LÖWE Rn 8), soweit, wie meist, nicht die Rechtslage aufgrund der vor dem 31. 3. 1977 gepflogenen „richterlichen" Inhaltskontrolle von AGB ohnehin die gleiche gewesen wäre. Weil auf das Ergebnis ohne Einfluß hat der BGH verschiedentlich offengelassen, ob ein Vertrag unter Abs 2 fiel (BGHZ 83, 169, 172; BGH NJW 1983, 159).

3 2. Verträge über die „**Gebrauchsüberlassung von Sachen**" sind Miet-, Pacht-, Leih- und Leasingverträge über bewegliche oder unbewegliche Sachen, nicht aber solche über die Nutzung unkörperlicher Gegenstände, zB solche über die Verpachtung eines Rechts oder über eine Darlehensgewährung, auch nicht in Form eines Bargelddarlehens.

Der Begriff der **Verträge über regelmäßige Warenlieferungs-, Dienst- und Werkleistungen** ist aus § 11 Nr 12 entnommen und genauso wie dort auszulegen. Zu den Dienstleistungsverträgen zählen auch sog. Maklerdienstverträge, bei denen der Makler eine Verpflichtung zu regelmäßiger Nachweis- und Vermittlungstätigkeit übernommen hat, nicht jedoch bloße Makleralleinaufträge (BGH NJW 1986, 1173; BGH BB 1981, 756 f).

Energielieferungsverträge und Verträge über die Versorgung mit Wasser und Fernwärme werden ebenfalls von § 28 Abs 2 (vorbehaltlich des Abs 3) erfaßt, da sie auf die Begründung regelmäßiger Leistungspflichten gerichtet sind (ULMER Rn 5). Dies gilt jedoch nur, soweit ihnen nach Maßgabe der §§ 26, 27 AVB keine Rechtsnormqualität zukommt, da die Anwendung des AGB dann gänzlich ausscheidet (vgl §§ 26, 27 Rn 3).

Keine Dauerschuldverträge iSv § 28 Abs 2 sind solche, die nicht auf regelmäßige Dienst- oder Werkleistung gerichtet sind, wie zB Versicherungs- und Bausparkassenverträge (BGH NJW 1982, 1391; BGH NJW 1993, 2632) oder Bürgschaftsverträge (BGH NJW 1985, 614 f; BGH NJW 1985, 45 f; BGH NJW 1987, 3126 f).

3. § 9 gilt für die genannten Dauerschuldverhältnisse nur, „soweit diese Verträge noch nicht abgewickelt sind". Gemeint sind die Zeitabschnitte, für die die beiderseitigen Primärverpflichtungen noch nicht erfüllt sind. Auch wenn nach dem 31. 3. 1977 noch Schadensersatzansprüche geltend gemacht werden können, ist ein Geschäft bereits abgewickelt (OLG Nürnberg WM 1977, 1336).

III. Versorgung mit Wasser und Fernwärme, Abs 3

Die Vorschrift diente dazu, dem Verordnungsgeber Zeit zu geben, der in § 27 enthaltenen Ermächtigung nachzukommen. Die entsprechenden Allgemeinen Bedingungen für die Versorgung mit Wasser und Fernwärme sind seit dem 1. 4. 1980 als Rechtsverordnungen in Kraft, auf die das AGB grundsätzlich keine Anwendung findet (s §§ 26, 27 Rn 3). Soweit eine Geltung für Verträge mit Industriekunden in Betracht kommt, unterstehen diese uneingeschränkt dem AGBG, auch wenn sie zwischen dem 1. 4. 1977 und dem 1. 4. 1980 zustandegekommen sind. § 28 Abs 3 ist daher mittlerweile gegenstandslos (ULMER Rn 8).

IV. Verbraucherverträge

Die AGB-Novelle 1996 ist mit der neu eingeführten Vorschrift des § 24a am 24. 7. 1996 verkündet worden und am 25. 7. 1996 in Kraft getreten. Eine dem § 28 Abs 2 entsprechende Teilrückwirkung wurde dort nicht vorgesehen. Damit gilt § 24a Nr 1 und Nr 2 für diejenigen Verträge, die nach dem 24. 7. 1996 abgeschlossen oder durch wesentliche Änderungen zu Neuverträgen geworden sind.

V. Ehemalige DDR

7 S § 30.

§ 29
Berlin-Klausel

Dieses Gesetz gilt nach Maßgabe des § 13 Abs. 1 des Dritten Überleitungsgesetzes vom 4. Januar 1952 (Bundesgesetzbl. I S. 1) auch im Land Berlin. Rechtsverordnungen, die aufgrund dieses Gesetzes erlassen werden, gelten im Land Berlin nach § 14 des Dritten Überleitungsgesetzes.

1 Die Berlinklausel des AGB-Gesetzes ist wie jede andere Berlinklausel in Bundesgesetzen obsolet, weil der besondere Viermächtestatus von Berlin am 3. 10. 1990 entfallen ist (HORN, Das Zivil- und Wirtschaftsrecht im neuen Bundesgebiet [2. Aufl 1993] Kap 1 § 4 Rn 5).

§ 30
Inkrafttreten

Dieses Gesetz tritt vorbehaltlich des Satzes 2 am 1. April 1977 in Kraft. § 14 Abs. 2, §§ 28 und 29 treten am Tag nach der Verkündung in Kraft.

1 Das AGB-Gesetz trat am 1. 7. 1990 mit einigen Modifikationen in der damaligen DDR in Kraft aufgrund § 23 des DDR-Gesetzes über die Inkraftsetzung von Rechtsvorschriften der Bundesrepublik Deutschland in der DDR v 21. 6. 1990 – „Mantelgesetz" – (DDR-GBl I Nr 34 S 357; Text auch bei HORN, Das Zivil- und Wirtschaftsrecht der DDR, RWS-Dokumentation 1 [1990] Nr 1.7). Nach § 23 Nr 5 S 2 MantelG galt § 9 AGB-Gesetz auch für die vor dem 1. 7. 1990 abgeschlossenen Verträge über die regelmäßige Lieferung von Waren, die regelmäßige Erbringung von Dienstleistungen und die Gebrauchsüberlassung von Sachen, soweit diese Vorgänge noch nicht abgewickelt waren. Die Vorschrift ist § 28 AGB-Gesetz nachgebildet und wie diese Vorschrift auszulegen; sie betrifft Verträge iSv § 11 Nr 12 AGB-Gesetz (BGH MDR 1991, 838 = DB 1991, 1926; HORN, Das Zivil- und Wirtschaftsrecht im neuen Bundesgebiet [2. Aufl 1993] Kap 2 § 7 Rn 14). Mit der Wiedervereinigung am 3. 10. 1990 wurde das AGB-Gesetz ohne Modifikationen geltendes Recht auch im neuen Bundesgebiet aufgrund Art 8 Einigungsvertrag.

Sachregister

Die fetten Zahlen beziehen sich auf die Paragraphen, die mageren Zahlen auf die Randnummern.

Abbuchungsermächtigung
  Inhaltskontrolle **AGBG 9** 425
Abdingbares Recht (AGBG)
  AGB-Bestimmung **AGBG 2** 29
  AGB-Teile, Unwirksamkeit einbezogener **AGBG 8** 8a
  der AGBG-Rechtsfolgen bei Nichteinbeziehung und Unwirksamkeit **AGBG 6** 8, 11, 21
Ablehnungsandrohung
  AGB-Verzicht auf eine – **AGBG 11 Nr.4** 5
  Nachbesserung, Ersatzlieferung **AGBG 11 Nr 10** 51
Abmahnkosten AGBG 13 11, 14, 43, 47
Abmahnung
  wegen Banken-AGB **Einl AGBG** 22
  und Verbandsklage **AGBG 13** 11, 43, 44, 46, 47
Abnahme
  Erklärungsfiktion **AGBG 10 Nr 5** 11
  Frist zur Leistung **AGBG 10 Nr 1** 13 ff
  Verjährungsbeginn und Abnahme des Gesamtbauwerks **AGBG 9** 552
  Vertragsstrafe, Vorbehalt bei der – **AGBG 11 Nr 6** 12, 23 Abnahme
  Vertragsstrafenverbot, klauselmäßiges bei Nichtabnahme, verspäteter Abnahme **AGBG 11 Nr 6** 12 ff
  Verzug des AGB-Verwenders und Abnahmepflicht des Kunden **AGBG 11 Nr 8** 8
Abnehmer
  Marktmacht und Kunden-AGB **AGBG 9** 12
  und Vertragsfreiheit **Einl AGBGB** 4
Abonnementsvertrag
  Inhaltskontrolle **AGBG 9** 436
Abrechnungsrationalisierung
  und Aufrechnungsverbot **AGBG 11 Nr 3** 1
  und Nachfristsetzung **AGBG 11 Nr 4** 2
Abschluß des Vertrags
  s. Vertragsabschluß
Abschlußvertreter
  Klauselmäßige Haftung des – **AGBG 11 Nr 14** 1 ff
Absendung
  Zugangsfiktion unter Anknüpfung an eine nachgewiesene – **AGBG 10 Nr 6** 1
Abstandssummen
  Rücktrittsrecht und Verlangen nach – **AGBG 11 Nr 6** 9, 11; **AGBG 11 Nr 8** 8
  und Vertragsstrafe, Abgrenzung **AGBG 11 Nr 6** 11

Abstraktes Kontrollverfahren
  s. Verbandsklage
Abstraktes Schuldanerkenntnis
  AGB-Inhaltskontrolle **AGBG 8** 37
  AGBG-Anwendung **AGBG 1** 11
Abstraktes Schuldversprechen
  AGB-Kontrolle **AGBG 11 Nr 15** 5
  Grundschuldbetrag **AGBG 3** 36
Abtretung
  Abtretungsausschluß und AGB-Inhaltskontrolle **AGBG 3** 8; **AGBG 8** 37; **AGBG 9** 250 ff, 590
  Abtretungsausschluß und Vertragspartnerwechsel **AGBG 11 Nr 13** 12
  Abtretungsausschluß § 354a HGB **AGBG 9** 282
  und Freizeichnung **AGBG 11 Nr 7** 23
  in Geldkreditvereinbarungen **AGBG 3** 27
  von Gewährleistungsansprüchen gegen Dritte als Ersatz für eigene Gewährleistungspflicht **AGBG 11 Nr 10** 19
  von Honorarforderungen (ärztliche Abrechnungsstellen) **AGBG 9** 309, 310
  zur Sicherung eines Vergütungsanspruchs **AGBG 9** 447
  Vorausabtretung und AGBG-Geltung **AGBG 1** 11
Abwehrklauseln
  in AGB **AGBG 2** 82
Abwendungsverschulden
  Beurteilung des Vertretenmüssens **AGBG 10 Nr 3** 13, 14
Abwerbungsunterlassungsverpflichtung
  AGB-Ungewöhnlichkeitskontrolle **AGBG 3** 18
Abwicklung von Verträgen
  s. Vertragsabwicklung
Abzahlungsgeschäfte AGBG 10 Nr 1 11
  s. Kreditgeschäfte
Adgo-Gebührenordnung AGBG 9 306
Adressenüberlassungsvertrag
  Mehrfachverwertung zur Verfügung gestellten Materials **AGBG 3** 13
ADSp
  s. a. Speditionsvertrag
  AGBG-Geltung **Einl AGBGB** 3
  Aufrechnung **AGBG 11 Nr 3** 4, 14
  Beweislast **AGBG 5** 14b; **AGBG 11 Nr 15** 10, 16
  Einbeziehung aufgrund Handelsbrauchs **AGBG 2** 62

ADSp (Forts.)
Freizeichnung **AGBG 11 Nr 7** 20, 29
Inhaltskontrolle **AGBG 9** 93, 100, 327, 546, 548
und Passivlegitimation (Verbandsklage) **AGBG 13** 42
Unternehmer-Kenntnisverschaffung **AGBG 2** 35
Verjährung **AGBG 11 Nr 7** 29
Änderung
von AGB nach der Postprivatisierung **AGBG 23** 21
von AGB nach Vertragsabschluß **AGBG 2** 46
AGB-Vertragsbestimmungen **AGBG 1** 38
Preisberichtigungsklauseln **AGBG 11 Nr 1** 1 ff
Vertragsänderung
s. dort
Äquivalenzprinzip
und AGB-Inhaltskontrolle **AGBG 8** 2, 11, 16, 25, 26; **AGBG 9** 46, 91, 94, 99, 152, 172, 176, 186, 206, 294
EG-Richtlinie über mißbräuchliche Vertragsklauseln **AGBG 24a** 7
Ärztliche Abrechnungsstelle
Eigenschaftszusicherung **AGBG 9** 309, 310
Inhaltskontrolle **AGBG 9** 309, 310
AGB zu Lasten Dritter AGBG 2 43; **AGBG 9** 100
AGB zugunsten Dritter AGBG 2 44; **AGBG 8** 40; **AGBG 9** 100 ff
AGB-Konkurrenz AGBG 2 79
AGBG-Anwendungsbereich
Persönlicher Anwendungsbereich, dreigeteilter **AGBG 24a** 25 ff
Sachlicher Anwendungsbereich **AGBG 24a** 36 ff
AGBG-Gesetzessystematik AGBG Einl 12
AGBG-Inkrafttreten AGBG 30 1
AGNB
AGBG-Geltung **Einl AGBGB** 3
Einbeziehung **AGBG 2** 62
Inhaltskontrolle **AGBG 9** 93, 100, 327, 546, 548
Akkreditiv
ERA (Handelsbrauch) **AGBG 2** 61
Aktivlegitimation
Verbandsprozeß **AGBG 13** 5, 12 ff
Allgemeine Bedingungen
AVBGasV, AVBEltV **AGBG 23** 22
AVBWasserV, AVBFernwärmeV **AGBG 23** 25
als Rechtsvorschriften für die öffentliche Hand **AGBG 9** 19
Allgemeine Beförderungsbedingungen
des Linienverkehrs als Rechtsnormen **AGBG 23** 26

Allgemeininteressen
und Inhaltskontrolle **AGBG 9** 107
Alltagsgeschäfte
Frist zur Annahme, Ablehnung eines Angebots **AGBG 10 Nr 1** 11
Altbauten
Umbau, Frage der Neuerrichtung **AGBG 11 Nr 10** 9
Altverträge
und AGBG-Anwendung **AGBG 28** 1
Ambulante Behandlung
Haftung des Krankenhauses **AGBG 9** 410
Analogieschlüsse
als dispositives Gesetzesrecht **AGBG 6** 10
Anbieter
Überlegenheit **Einl AGBG** 3
Andienungsrecht
Leasingvertrag **AGBG 10 Nr 1** 9
Anfechtung
AGB-Einbeziehung, Einverständnis des Vertragsgegners **AGBG 2** 38
AGB-Einbeziehungserklärung **AGBG 6** 8
und AGB-Ungewöhnlichkeitskontrolle **AGBG 3** 4
Anspruchsfolgen, formularmäßige erklärter – **AGBG 10 Nr 7** 14
einer formularmäßigen Erklärung wegen Inhaltsirrtums **AGBG 3** 23
und Unklarheitenregel **AGBG 5** 1
Anfechtungsvorbehalt
und einseitige Befreiung des AGB-Verwenders vom Vertrag **AGBG 10 Nr 3** 2
Angebot
AGB als Individualvereinbarung **AGBG 1** 39
und AGB-Hinweis **AGBG 2** 11
AGB-Regelungen **AGBG 2** 41
und AGB-Ungewöhnlichkeitskontrolle **AGBG 3** 4
Annahme mit AGB-Geltungshinweis **AGBG 2** 15a
und Annahme: kollidierende AGB **AGBG 2** 81 ff
BTX-Angebot **AGBG 3** 12
Frist zur Angebotsannahme **AGBG 10 Nr 1** 8 ff
Individualvereinbarungen **AGBG 4** 20 ff
Vorformulierte Bedingungen in einem – **Einl AGBGB** 5, 7
Angemessenheit
Angemessenheitskontrolle, Grundlage **AGBG 8** 10, 20, 31, 34
Generalklausel für inhaltliche Überprüfung
s. Alphabetisches Stichwortverzeichnis zu § 9 AGBG
Gesetzesbindung und Angemessenheitskontrolle **AGBG 8** 31

Angemessenheit (Forts.)
Kontrollfreiheit **AGBG 8** 34
Maßstäbe, rechtliche abgesicherte
AGBG 8 20
und Ungewöhnlichkeitskontrolle
AGBG 3 2
Angestellte
des AGB-Verwenders **AGBG 11 Nr 7** 17
Anhörung
Verbandsklage **AGBG 16** 1, 6
Anlagenbau
Haftung bei grobem Verschulden **AGBG 11 Nr 7** 39
Annahme
und AGB-Hinweis **AGBG 2** 11
und Angebot: kollidierende AGB
AGBG 2 81 ff
Auftragsbestätigung mit AGB-Einbeziehung **AGBG 2** 75
Frist zur Angebotsannahme **AGBG 10 Nr 1** 8 ff
Individualvereinbarungen **AGBG 4** 20 ff
Verweigerung **AGBG 11 Nr 6** 12
Verzug **AGBG 11 Nr 6** 12
einer Ware **AGBG 10 Nr 5** 11
Annuitätendarlehen
Zinsberechnungsklauseln **AGBG 3** 8
Annulierung
als Rücktritt vom Vertrag **AGBG 10 Nr 7** 9
Anschläge
AGB-Charakter **AGBG 1** 10
Anstalts- und Benutzungsverordnungen
Einbeziehung in Vertragsverhältnisse öffentlicher Hand **Einl AGBGB** 3
Anstößigkeit
von AGB-Klauseln **AGBG 3** 14
Antiquitäten AGBG 11 Nr 10 8
Anwendungsbereich (AGBG-Normen)
AGBG Einl 12, 17, 18b; **AGBG 1** 1, 3, 9, 25; **AGBG 2** 19, 30, 38, 84; **AGBG 3** 2, 4, 12, 28; **AGBG 4** 1, 5, 7, 10; **AGBG 5** 2, 5, 12, 14c, 17, 26; **AGBG 6** 2, 19, 22; **AGBG 12** 2, 4, 10; **AGBG 13** 3, 24, 36; **AGBG 14** 5; **AGBG 16** 1; **AGBG 19** 16
Persönlicher Anwendungsbereich
AGBG 24 1, 3, 12, 15
Sachlicher Anwendungsbereich
AGBG 23 12, 17, 19, 29, 34
Anzeigenvertrag
Inhaltskontrolle **AGBG 9** 437
Anzeigepflicht
und Haftungsbegrenzung **AGBG 11 Nr 7** 20
Inhaltskontrolle bestehender –
AGBG 9 322, 585
Arbeitnehmerähnliche Personen
AGBG-Anwendung **AGBG 23** 2
Arbeitskampfklauseln
Inhaltskontrolle **AGBG 9** 290 ff

Arbeitskampfklauseln (Forts.)
Zulieferbetriebe **AGBG 10 Nr 3** 24
Arbeitslosigkeit
und Loslösung vom Vertrag **AGBG 10 Nr 3** 16
Arbeitsplatzgarantie
und Preis-Leistungs-Verhältnis **AGBG 11 Nr 6** 27
Arbeitsrecht
und AGBG-Bereichsausnahmen
AGBG 23 1c
Begriff **AGBG 23** 2
Verträge auf dem Gebiet des – **AGBG 23** 3
Arbeitssicherheit
Entgelterhöhung aufgrund einer Auflage
AGBG 11 Nr 1 19
Arbeitsverhältnis
und AGB-Ungewöhnlichkeitskontrolle
AGBG 3 4
Haftung **AGBG 23** 1c
Inhaltskontrolle **AGBG 23** 1c
Vertragsparität, gestörte **AGBG 23** 1c
Vertragsstrafe **AGBG 23** 1c
Architektenvertrag
Aufwendungsersatz für den Rücktrittsfall
AGBG 10 Nr 7 12
Haftungsausschluß für bestimmte Bereiche
AGBG 11 Nr 7 21
Haftungsbegrenzungen in Architektenbedingungen, Fälle nicht anzuwendender
AGBG 5 11
Inhaltskontrolle **AGBG 9** 296
Leistungsbestimmungen und Transparenzkontrolle **AGBG 8** 28
Planungsfehler **AGBG 11 Nr 10** 44
Schadenspauschale bei Nichterfüllung
AGBG 11 Nr 5 27
Schlechterfüllung und Haftungseinschränkung **AGBG 11 Nr 8** 4
Verjährungsbeginn, Abnahme des Gesamtwerkes **AGBG 9** 552
Verjährungsfrist § 638 BGB **AGBG 9** 548
Verträge über Leistungen, Gewährleistungsrecht und Klauselverbote
AGBG 11 Nr 10 11 ff
VOB-Kenntnis, vorauszusetzende
AGBG 2 32
Arglist
und AGB-Inhaltskontrolle **AGBG 9** 29
AGB-Klauselinhalt **AGBG 6** 8
und AGB-Ungewöhnlichkeitskontrolle
AGBG 3 4
Eigenschaftszusicherung **AGBG 11 Nr 11** 7
Arztvertrag
Belegarzt **AGBG 9** 409
Chefarztvertrag **AGBG 3** 23; **AGBG 9** 301, 308

Arztvertrag (Forts.)
  Honorar, formularmäßige Grundlage
    AGBG 3 34
  Inanspruchnahme besonderen Vertrauens
    AGBG 9 355
  Inhaltskontrolle **AGBG 9** 300 ff
  Leistungsänderungsvorbehalte **AGBG 10 Nr 4** 7
  Zusatzvertrag **AGBG 9** 301, 408
Atypische Verträge
  Inhaltskontrolle **AGBG 9** 182, 200, 564
Auf-eigene-Gefahr-Klausel AGBG 9 508; **AGBG 11 Nr 7** 25
Auffangfunktion des § 9 AGBG
  Eigenschaftszusicherung **AGBG 9** 7, 10, 66
Aufklärung
  Ärztliche Aufklärungsbögen, Inhaltskontrolle **AGBG 9** 311
  Bestätigungserklärung bezüglich vorangegangener – **AGBG 11 Nr 15** 11, 12
Auflagen
  Leistungsänderung aufgrund behördlicher – **AGBG 11 Nr 1** 19
Aufnahmegebühr
  Partnerschaftsvermittlungsvertrag
    AGBG 10 Nr 7 7
Aufrechnung
  Aufrechnungsausschluß **AGBG 3** 7, 8
  Aufrechnungsausschluß und Einwand unzulässiger Rechtsausübung **AGBG 5** 14
  Aufrechnungsausschluß, Klauselbeispiele
    AGBG 11 Nr 3 4 ff
  Aufrechnungsausschluß, unwirksamer bei unbestrittener bzw. rechtskräftiger Forderung **AGBG 11 Nr 3** 1 ff
  Aufrechnungserweiterungen, formularmäßige (Konzernvorbehalte) **AGBG 11 Nr 3** 7
  Aufrechnungsvorbehalt als einseitige Befreiungsmöglichkeit **AGBG 10 Nr 3** 2
  Gerichtsstandsklausel und Aufrechnungsverbot **AGBG 5** 14
  Möglichkeiten **AGBG 11 Nr 2** 1
  und Zurückbehaltung **AGBG 11 Nr 2** 4
Aufsteller von AGB
  Auslegung zu seinen Lasten **Einl AGBG** 13
  Ausnahmesituationen, nicht bedachte
    AGBG 5 7a
  und Individualvereinbarungen **AGBG 4** 6, 11
  Konditionenempfehlungen **Einl AGBG** 24
  Rechtsprechungsstand, zu berücksichtigender **Einl AGBG** 29
  Überlegenheit **Einl AGBG** 3
  Verständlichkeitsgebot, Eindeutigkeit des Regelungsinhalts **Einl AGBG** 30
  Wettbewerb **Einl AGBG** 4

Auftragsbestätigung
  AGB-Hinweis und Annahme der Leistung
    AGBG 2 40
  AGB-Hinweis, formularmäßiger
    AGBG 4 21 f
  AGB-Hinweis nach Vertragsabschluß
    AGBG 2 13
  und AGB-Schriftformklausel **AGBG 4** 26
  Bestellung und Auftragsbestätigung, unterschiedliche AGB-Bezugnahmen
    AGBG 2 81 ff
  Einigungsmangel, versteckter **AGBG 6** 4
  Gerichtsstandsklauseln **AGBG 4** 14
  und kaufmännisches Bestätigungsschreiben, Abgrenzung **AGBG 2** 75
  Verhandlungsaufnahme (Makler) als –
    AGBG 2 39
Auftragsunternehmen
  Gewährleistungsersetzung durch Anspruchsgewährung gegen – **AGBG 11 Nr 10** 26
Aufwendungen
  Nachbesserungsaufwendungen **AGBG 11 Nr 10** 57 ff
Aufwendungsersatz
  Kündigung von Dauerschuldverhältnis, formularmäßiges Verlangen von –
    AGBG 10 Nr 7 8
  Makler **AGBG 11 Nr 5** 7; **AGBG 11 Nr 7** 8
  für Nachbesserungen **AGBG 11 Nr 10** 59
  Rückabwicklung von Verträgen und formularmäßiger – **AGBG 10 Nr 7** 3, 8, 12
  Rücktritt vom Vertrag, formularmäßiges Verlangen von – **AGBG 10 Nr 7** 12
  Schadenspauschalierung, Abgrenzung
    AGBG 11 Nr 5 7
Auktionator
  AGB-Ungewöhnlichkeitskontrolle
    AGBG 3 19
Ausdrücklichkeit (AGB-Hinweis)
  s. a. Hinweisobliegenheit (AGB-Einbeziehung)
  AGBG-Inkrafttreten, frühere Rechtslage
    AGBG 2 1
  Ausnahmefälle: Hinweisersatz durch Aushang **AGBG 2** 20 ff
  Ausnahmefälle: Schwierigkeiten, unverhältnismäßig zu überwindende
    AGBG 2 19
  und Einverständnis des Vertragspartners mit AGB-Einbeziehung **AGBG 2** 37
  Formerfordernis **AGBG 2** 2
  Hinweis in Worten **AGBG 2** 4
  Hinweisobliegenheit **AGBG 2** 4 ff
  Öffentliches Recht, Vertragspartner
    AGBG 2 25

Ausdrücklichkeit (AGB-Hinweis) (Forts.)
Pauschale Einbeziehungsvereinbarung
AGBG 2 53 ff
Unterbleiben **AGBG 2** 7
Vorgedruckte Hinweise, ausreichende
AGBG 2 6
Zeitpunkt für die Formerfüllung
AGBG 2 3a
Ausgleichsbedürfnis
des Geschädigten **AGBG 11 Nr 7** 36, 38
Ausgleichsquittung
AGB-Ungewöhnlichkeitskontrolle
AGBG 3 18
Aushändigung
des AGB-Textes zwecks Kenntnisverschaffung **AGBG 2** 30
Aushandeln
und Verhandeln **AGBG 1** 36
Aushang
und AGB-Textkenntnisnahme **AGBG 2** 33e
und Erfordernis eines ausdrücklichen
AGB-Hinweises **AGBG 2** 20 ff
Aushöhlungsverbot
und AGB-Inhaltskontrolle **AGBG 8** 23, 25;
AGBG 9 136, 146, 197 ff, 209, 210,
212, 213, 446
Auskunft
Abtretung von Gewährleistungsansprüchen und Erteilung notwendiger –
AGBG 11 Nr 10 32
durch Bundeskartellamt **AGBG 20** 2
Auskunftei
Schlechterfüllung und Haftungseinschränkung **AGBG 11 Nr 8** 4
Ausländer
AGB-Einbeziehung (Hinweisobliegenheit)
AGBG 2 4
AGB-Kenntnisverschaffung **AGBG 2** 35
Ausländische AGB
Auslegung **AGBG 5** 30
Ausländisches Recht
AGBG-Anwendbarkeit bei Anwendung –
AGBG 12 1 ff
Auslegung von AGB
und AGBG-Auslegung **Einl AGBGB** 6
Auslegung (ausdehnende) **AGBG 5** 14d ff
Auslegung (einschränkende) **AGBG 5** 8 ff
und Auslegung von Willenserklärungen
AGBG 5 5, 29
Auslegungen, Mehrheit rechtlich vertretbarer **AGBG 5** 5a
Auslegungsdifferenzen und Unklarheitenregel **AGBG 5** 5
Auslegungsfähige Klausel **AGBG 5** 5
Auslegungsgrundsätze für Willenserklärungen und zusätzliche Grundsätze für die – **AGBG 5** 1
Besonderheiten der AGB **AGBG 5** 18

Auslegung von AGB (Forts.)
Eindeutigkeit einer Klausel **AGBG 5** 14b
Entstehungsgeschichte einer Klausel
AGBG 5 21
Geltungserhaltende Reduktion **AGBG 3** 2,
35; **AGBG 5** 17, 29; **AGBG 6** 11a,
15a ff, 17d; **AGBG 9** 31, 50, 51, 343,
432, 573, 627, 632; **AGBG 10 Nr 3** 28;
AGBG 10 Nr 4 9; **AGBG 11 Nr 6** 24;
AGBG 11 Nr 10 68, 85; **AGBG 11 Nr
12** 23; **AGBG 28** 1
Gesamtgefüge von Standardvereinbarung
und Klauselwerk **AGBG 5** 18
und Gesetzesauslegung **AGBG 8** 33
Individualvertragskonforme – **AGBG 5** 23
und individuelle Umstände **AGBG 5** 20
und Inhaltskontrolle **AGBG 9** 31
im internationalen Verkehr **AGBG 5** 30 ff
Klauselinhalt, Festellung als Vergleichsmaßstab **AGBG 8** 33
Kundenfeindliche Auslegung **AGBG 5** 7;
AGBG 9 31, 124, 137, 141, 142
Liquide Auslegungsmittel **AGBG 5** 20
Objektive Auslegung **AGBG 5** 18
Restriktionsprinzip **AGBG 5** 17
Revisionsverfahren **AGBG 5** 29a
Richtlinienkonforme Auslegung
AGBG 5 22
und Verkehrssitte **AGBG 2** 61
Widerspruch zwischen Klauseln
AGBG 5 16
Auslegung von Gesetzen
AGBG **Einl AGBGB** 16 ff
AGBG-richtlinienkonforme Auslegung
Einl AGBG 33; **AGBG 9** 53, 54, 62 ff,
88; **AGBG 24a** 14, 15
AGBG-richtlinienkonforme Auslegung
und Vorabentscheidungsverfahren
AGBG 9 56
Auslegungsregeln als dispositives Gesetzesrecht **AGBG 6** 10
Gestaltungsmöglichkeiten **AGBG 8** 38
Auslegung von Willenserklärungen
und AGB-Auslegung **AGBG 5** 29
und AGB-Inhaltskontrolle **AGBG 8** 7
Ergänzende Vertragsauslegung **AGBG 6** 12,
12 ff, 17 ff, 19, 20, 29; **AGBG 8** 7, 33;
AGBG 9 30, 31, 50, 206, 432, 541,
573; **AGBG 10 Nr 7** 16; **AGBG 11 Nr 1** 26
Ergänzende Vertragsauslegung als Rechtsfortbildung praeter legem **AGBG 6** 12
Individualvertragskonforme Auslegung
AGBG 5 24
Preisänderungsklausel, unwirksame und
ergänzende Vertragsauslegung **AGBG 11
Nr 1** 26
Ausschlußfrist
Inhaltskontrolle **AGBG 9** 412, 551

Ausschlußfrist (Forts.)
  Mängelanzeige, klauselmäßige – **AGBG 11 Nr 10** 71 ff
  anstatt Verjährungsfrist **AGBG 9** 551
Aussperrung
  und Klausel „höhere Gewalt vorbehalten" **AGBG 10 Nr 3** 23
  und Leistungsbeziehungen des Unternehmers zu Dritten **AGBG 9** 290 ff
  und Vertragsloslösung **AGBG 10 Nr 3** 24
Ausspielverträge
  Staatlich genehmigte – **AGBG 23** 27
Aussteuer AGBG 11 Nr 12 6
Ausübungskontrolle
  Treu und Glauben als Grundlage einer – **AGBG 9** 38 ff, 76, 80, 141, 257
Auto
  s. Kfz
Automatenaufstellungsvertrag
  Inhaltskontrolle **AGBG 9** 317, 438
  Laufzeit, Bindungsdauer **AGBG 11 Nr 12** 3, 13
  Schadensersatzpauschale **AGBG 11 Nr 5** 27
  Vertragsergänzung **AGBG 6** 22
Autowaschanlage
  Inhaltskontrolle **AGBG 9** 318 ff, 361
AVB
  s. Versicherungsvertrag

Bagatellnachteile
  und Inhaltskontrolle **AGBG 9** 71, 98, 105
Bankeinziehungsermächtigung
  und Zurückbehaltungsrecht, Aufrechnungsmöglichkeit **AGBG 11 Nr 3** 12
Bankgeschäfte
  Abbuchungsverfahren **AGBG 9** 425
  Abrechnungseinwendungen **AGBG 10 Nr 5** 13
  Abtretung von Lohnforderungen und sonstiger Ansprüche zur Sicherung **AGBG 9** 134
  Abtretung sicherungshalber, Rückabtretung und Abtretungsverbot **AGBG 9** 281
  AGB-Einbeziehung im Verkehr unter Banken **AGBG 2** 62
  AGB-Kenntnisverschaffung durch Unternehmer **AGBG 2** 35
  AGB-Wirkung **AGBG 2** 43
  Anderkonten, Abtretungsverbot **AGBG 9** 275
  Anlagenberatung, ordnungsgemäße **AGBG 9** 340
  Aufwandsentgelt bei Lastschriften-Bearbeitung **Einl AGBG** 29
  Bagatellnachteile, massenhafte **AGBG 9** 105
  Banküberweisung, Fakultativklausel **AGBG 9** 213

Bankgeschäfte (Forts.)
  Banküberweisung, Risiko einer Fehlleitung **AGBG 9** 120
  Banküberweisungen (gewichtiges Schadenspotential trotz geringwertiger Hauptleistung) **AGBG 9** 96
  Behördliche Mitwirkung an AGB **AGBG 9** 17
  Buchung von Einzahlungen **AGBG 9** 208
  Buchungs- oder Saldomitteilung, unterlassene Erinnerung **AGBG 5** 12
  Darlehensfälligkeit im Verzugs- oder Kündigungsfall **AGBG 11 Nr 6** 8
  Darlehenskündigung und gegenseitige Vertretung der Gesamtschuldner **AGBG 9** 629
  Darlehensnehmer, gegenseitige Bevollmächtigung zu weiterer Darlehensaufnahme **AGBG 9** 632
  Effektivzins bei Darlehen **AGBG 9** 150
  Ehepartner-Konto **AGBG 9** 623
  Empfangsboteneigenschaft einer Bank des Versicherungsnehmers **AGBG 9** 578, 625
  Eurocheque-Formulare, Mißbrauchsrisiko **AGBG 9** 635
  Fälschungsrisiko **AGBG 9** 192
  Fälschungsursachen **AGBG 9** 120
  Finanzierter Abzahlungskauf **AGBG 9** 213
  Freistellungsaufträge **AGBG 9** 176
  Gebührenänderungen **AGBG 9** 44
  Geldabhebung, Sondergebühren **AGBG 8** 23
  Geschäftsbesorgerpflichten der Bank (Weiterleitung empfangener Gelder) **AGBG 9** 186
  Inhaltskontrolle (Hinweise) **AGBG 9** 325
  Kreditbedingungen, Neufestsetzung **AGBG 9** 115
  Kreditkartenverlust, Mißbrauchsrisiko **AGBG 9** 120
  Lastschriftklauseln **AGBG 9** 425
  Mißstände im Kreditwesen und AGB-Kontrolle **Einl AGBGB** 22
  Nebenleistungen, Entgeltklauseln **AGBG 8** 13
  Pfandrecht und Forderungen aus bankmäßiger Geschäftsverbindung **AGBG 9** 31
  Scheckinkasso **AGBG 9** 208
  Scheckwiderruf, Beachtung durch die Bank **AGBG 9** 109
  Sorgfältiges Handeln, Vertrauen des Kunden hierauf **AGBG 9** 340
  Stellvertretungsklausel **AGBG 9** 628, 629
  Stornoklausel **AGBG 3** 22
  Tilgungsverrechnung, nachschüssige **AGBG 8** 22; **AGBG 9** 135
  Tod des Bankkunden und Verfügung mit befreiender Wirkung **AGBG 9** 623

Bankgeschäfte (Forts.)
 Überweisung, ordnungsgemäße
  AGBG 9 340
 Überweisungen und Freizeichnungsklauseln **AGBG 9** 351
 Überziehungszinsen **AGBG 11 Nr 5** 10
 Verhandlungsposition **AGBG 9** 86
 Verschuldensprinzip bei Vertragsverletzungen, Sanktionen **AGBG 9** 172
 Vorfälligkeitsklauseln **AGBG 9** 115, 172
 Wertpapierbedingungen **AGBG 1** 7a
 Wertstellung **AGBG 8** 22; **AGBG 9** 81, 135
 Wertstellungs- oder Gebührenregelungen (Bagatellnachteile) **AGBG 9** 71
 Zinsberechnung und Schuldsaldo
  AGBG 9 186
 Zinsfälligkeit **AGBG 9** 186
 Zinssatz, vereinbarter **AGBG 4** 7
 Zusatzentgelte für Nebenleistungen
  AGBG 8 22
 Zusatzinformationen im Individualvertrag
  AGBG 9 150
Barzahlungsaufschlag
 Rationalisierungseffekt **AGBG 9** 426
Barzahlungsklauseln
 und Aufrechnungsverbot **AGBG 11 Nr 3** 10
Bau-Ausschreibungsbedingungen AGBG 10 Nr 1 19
Bauerwartungsland AGBG 10 Nr 3 15
Bauherrenmodelle
 AGB-Verwender **AGBG 1** 29
 Treuhänderstellung, Freizeichnungsklauseln **AGBG 9** 360
Bauleistung
 Gewährleistungsrechte **AGBG 11 Nr 10** 29, 41, 54, 84
Bausparkasse AGBG 9 17, 208; **AGBG 10 Nr 4** 6; **AGBG 10 Nr 5** 8
Bausparvertrag
 Behördliche AGB-Genehmigung und Freistellung von den qualifizierten Einbeziehungsvoraussetzungen **AGBG 23** 43, 44
 Freizeichnung **AGBG 9** 352
Baustoffe AGBG 11 Nr 7 21
Bauträger AGBG 9 549, 624; **AGBG 10 Nr 1** 11; **AGBG 11 Nr 5** 27; **AGBG 11 Nr 10** 11, 37, 54, 83
Bauunternehmer AGBG 9 117, 134, 259, 624; **AGBG 10 Nr 4** 6
Bauverträge
 AGB-Werke, gestaffelte **AGBG 9** 52
 Ausschreibungsbedingungen **AGBG 10 Nr 1** 19
 Bauleitervollmacht, beschränkte
  AGBG 9 637
 Bevollmächtigung durch Formularklauseln
  AGBG 9 624

Bauverträge (Forts.)
 Freizeichnung von eigenen Planungsfehlern des AGB-Verwenders **AGBG 9** 335
 Gewährleistung nach BGB oder VOB/B
  AGBG 9 135
 Gewährleistungsersatz durch Abtretung von Ansprüchen **AGBG 11 Nr 10** 26
 Gewährleistungsfrist, Verlängerung
  AGBG 9 191
 Inhaltskontrolle (Hinweise) **AGBG 9** 326
 Leistungsänderungsvorbehalte **AGBG 10 Nr 4** 7
 Minderungsrecht als subsidiäres Gewährleistungsrecht **AGBG 11 Nr 10** 54
 Pauschalpreisvereinbarung **AGBG 8** 29
 Preiserhöhungsklausel trotz Festpreisvereinbarung **AGBG 9** 172
 Rechtsausstattung beider Vertragspartner, ungleiche **AGBG 9** 117
 Schutzklausel, angemessene für den Verwender von AGB **AGBG 9** 81
 Staffelverweisung und Rangverhältnis
  AGBG 9 144
 Verjährung, Verkürzung **AGBG 9** 548
 Verjährung, Verlängerung **AGBG 9** 550
 Vertragsstrafe, Geltendmachung
  AGBG 9 195
 Vertragsstrafe und Vorbehalt bei der Abnahme **AGBG 11 Nr 6** 23
 Vertragsstrafenklauseln **AGBG 11 Nr 6** 16
 VOB-Bezugnahme in individuell vereinbarten – **AGBG 23** 35
 und VOB-Einbeziehung **AGBG 2** 62
 Werklohn und Transparenzgebot
  AGBG 9 134
 Zur-Verfügung-Stellung von Unterlagen
  AGBG 9 208
 Zusatzaufträge, Ungewöhnlichkeitskontrolle **AGBG 3** 19
Beanstandungen
 nach Fristablauf **AGBG 10 Nr 5** 11
Bearbeitungsaufwendungen
 Abgeltung des Nichterfüllungsschadens
  AGBG 11 Nr 5 15
Beaufsichtigungspflichten AGBG 11 Nr 7 10
Bedingte Abschlußverpflichtung
 AGB-Ungewöhnlichkeitskontrolle
  AGBG 3 18
Bedingung
 Auflösende – **AGBG 10 Nr 1** 3; **AGBG 10 Nr 3** 2, 4
 Aufschiebende – **AGBG 10 Nr 1** 9
Bedingungswerke
 Staffelverweisung (Reihenfolge der Geltung) **AGBG 2** 8
Beförderungsbedingungen
 Flugverkehr **AGBG 1** 3
Beförderungstarife AGBG 11 Nr 1 4

Beförderungsverträge
AGB-Charakter der IATA-Bedingungen
AGBG 1 3
AGB-Hinweis, Schwierigkeit eines
ausdrücklichen AGBG 2 19
AGB-Vorschriften Einl AGBGB 3
AGBG-Bereichsausnahme (§ 2 AGBG)
AGBG 23 15 ff
AVB AGBG 5 20
Haftungsbegrenzungsklauseln AGBG 2 43
Inhaltskontrolle AGBG 9 327
Befreiungsklauseln
Einseitige Befreiungsmöglichkeit AGBG 10 Nr 3 2
Behandlungsvertrag
s. Arztvertrag; Krankenhausvertrag
Beitrittsgebiet
AGBG-Anwendung AGBG 30 1
Bekanntmachungserfordernis
s. Kenntnis
Benachteiligung des Vertragspartner
Unangemessene –
s. Inhaltskontrolle
Benutzung auf eigene Gefahr
AGB-Charakter eines Hinweises
AGBG 1 10
Benutzungsordnungen
Einbeziehung in Vertragsverhältnisse
öffentlicher Hand Einl AGBGB 3
Verwaltungsmäßige Kontrolle
Einl AGBG 19
Beratervertrag
Freizeichnung AGBG 9 353
Bereitstellungszinsen
vor Darlehensinanspruchnahme AGBG 10 Nr 7 14
Beruflicher Verkehr
s. a. Freiberufler
s. a. Gewerbetreibende
s. a. Kaufmännischer Verkehr
Handelsrechtsnovelle und Gleichstellung
mit Kaufleuten AGBG 10 Nr 4 12;
AGBG 10 Nr 5 17; AGBG 10 Nr 7 21;
AGBG 11 Nr 1 28; AGBG 11 Nr 8 12;
AGBG 11 Nr 16 9
Inhaltskontrolle (Generalklausel)
AGBG 9 13
Transparenzgebot AGBG 9 151
Berufsunfähigkeitszusatzversicherung
Inhaltskontrolle AGBG 9 595
Beschaffungsrisiken
Loslösung vom Vertrag, Klauselverbote
AGBG 10 Nr 3 13
Beschaffungsschulden
und Leistungserschwerungen AGBG 10 Nr 3 14
Risiko und Haftung AGBG 11 Nr 7 10

Beseitigungsanspruch
gegen AGB-Verwender AGBG 13 27, 40, 41, 47
Besitzrecht
Rechte mit Besitzrecht, Anwendung des
Gewährleistungsrechts AGBG 11 Nr 10 4
Bestätigungsklauseln
AGB-Einbeziehung AGBG 9 404
Gesundheitsklauseln in Sportstudio-
Verträgen AGBG 9 520
Pflegekostentarif, Empfangsbestätigung
AGBG 9 413
Tatsachenbestätigungen AGBG 11 Nr 15 11, 11 ff, 12
Bestätigungsschreiben
Kaufmännisches –
s. dort
Bestellung
und Auftragsbestätigung, unterschiedliche
AGB-Bezugnahmen AGBG 2 81 ff
Betriebshaftpflichtversicherung
Unklarheitenregel AGBG 5 15a
Betriebskosten AGBG 11 Nr 5 15
Betriebsstörungen
Loslösung vom Vertrag, Klauselverbote
AGBG 10 Nr 3 13, 26, 33
Bewachungsverträge
AGB-Hinweis, Schwierigkeit eines
ausdrücklichen AGBG 2 19
Festlegung, formularmäßige primärer
Hauptleistungspflichten AGBG 11 Nr 7 9, 10
Haftungsausschluß, Haftungsbegrenzung
AGBG 9 354, 552
Haftungsbegrenzung, Mindestmaß unterschreitende Einl AGBGB 22
Beweiserleichterung AGBG 11 Nr 5 2
Beweisführungsklausel
AGBG-Geltung AGBG 1 12
Beweiskraft
Privaturkunde AGBG 11 Nr 15 14
Beweislage
Verschlechterung AGBG 11 Nr 5 4;
AGBG 11 Nr 7 20
Beweislast AGBG 1 40 ff; AGBG 2 16, 31a, 37; AGBG 3 5; AGBG 5 14b; AGBG 9 40, 77, 167, 211, 520; AGBG 10 Nr 4 8; AGBG 10 Nr 7 15; AGBG 11 Nr 5 1, 4, 6, 18, 20; AGBG 11 Nr 6 25; AGBG 11 Nr 7 20; AGBG 11 Nr 10 36; AGBG 11 Nr 14 10; AGBG 11 Nr 15 1 ff; AGBG 12 11; AGBG 13 11, 19, 25; AGBG 23 21, 33; AGBG 24 14
ADSp AGBG 5 14b
AGB-Einbeziehung, Einverständnis
AGBG 2 38
AGB-Vorliegen AGBG 1 40

Beweislast (Forts.)
Hinweisobliegenheit, rechtzeitig vorgenommene **AGBG 2** 16
Individualabrede **AGBG 1** 41
Inhaltskontrolle **AGBG 9** 40, 77, 167, 211
Kenntnisnahme, Verschaffung der zumutbaren Möglichkeit **AGBG 2** 31a
Notarieller Vertrag, Unwirksamkeit einer Klausel **AGBG 1** 47
Überraschende Klauseln, Hinweis hierauf **AGBG 3** 5,
Verbrauchergeschäft **AGBG 24a** 33, 49
Beweislastverschiebung AGBG 10 Nr 5 5; **AGBG 11 Nr 5** 4; **AGBG 11 Nr 7** 20, 30, 33; **AGBG 11 Nr 15** 1 ff
Abstraktes Schuldversprechen **AGBG 11 Nr 15** 5
durch Annahmeverpflichtung **AGBG 11 Nr 15** 9
Aufklärungspflichten **AGBG 11 Nr 15** 11
Beweiserleichterung **AGBG 11 Nr 15** 8
Beweiserschwerung **AGBG 11 Nr 15** 8
Beweisindizien **AGBG 11 Nr 15** 8, 11, 14
Bundesbahn **AGBG 11 Nr 15** 1
Deliktische Ansprüche **AGBG 11 Nr 15** 10
Empgangsbekenntnisse **AGBG 11 Nr 15** 13
Fiktion
 s. dort
Hafenschiffahrtsunternehmen **AGBG 11 Nr 15** 1
Kaskoversicherung **AGBG 11 Nr 15** 9
Kenntnisklauseln **AGBG 11 Nr 15** 12
Luftfracht **AGBG 11 Nr 15** 10
Miete **AGBG 11 Nr 15** 1, 9
Nachweisverzichtsklausel **AGBG 11 Nr 15** 5
Prima-facie-Beweis **AGBG 11 Nr 15** 8
Produzentenhaftung **AGBG 11 Nr 15** 10
Schiedsgutachterabrede **AGBG 11 Nr 15** 4
statt Rechtsverlust **AGBG 11 Nr 15** 7
Tatsachenbestätigung **AGBG 11 Nr 15** 1
Textilveredelung **AGBG 11 Nr 15** 10
Überraschende Klausel **AGBG 11 Nr 15** 7
Unklare Rechtslage **AGBG 11 Nr 15** 6
Unwiderlegliche Vermutung **AGBG 11 Nr 15** 4
Unwiderrufliche Bestätigung **AGBG 11 Nr 15** 4
Vermutungen **AGBG 11 Nr 15** 6, 18
Vollstreckungsgegenklage **AGBG 11 Nr 15** 5
Vollstreckungsunterwerfungsklausel **AGBG 11 Nr 15** 5
Wissensbestätigungen **AGBG 11 Nr 15** 12
Zugang einer Erklärung **AGBG 11 Nr 15** 7
Beweismittelbeschränkungen AGBG 11 Nr 15 8
Bezugnahme
auf AGB im kaufmännisches Bestätigungsschreiben **AGBG 2** 76

Bezugnahme (Forts.)
AGB-Bezugnahme auf andere Bindungswerke **AGBG 2** 30
AGB-Einbeziehung aufgrund Pauschalvereinbarung **AGBG 2** 54
Formbedürftiges Rechtsgeschäft und AGB-Bezugnahme **AGBG 2** 50
VOB-Bezugnahme im individuell vereinbarten Bauvertrag **AGBG 23** 35
BGB
Zwingendes Recht, Zurückdrängung **Einl AGBGB** 2
BGB-Gesellschaft
AGBG-Bereichsausnahme **AGBG 23** 6
Bierlieferungsverträge
Bindungsdauer und sittenwidrige Knebelung **AGBG 11 Nr 3** 3
und Darlehensinanspruchnahme, Ungewöhnlichkeitskontrolle **AGBG 3** 18
und Darlehensvorvertrag (Ungewöhnlichkeitskontrolle) **AGBG 3** 12
Inhaltskontrolle **AGBG 9** 328, 439
Kündigungsklauseln **AGBG 10 Nr 3** 29
Vertragsstrafenklauseln **AGBG 11 Nr 6** 17
als Warenlieferungsverträge **AGBG 11 Nr 12** 12
Bildschirm
AGB-Klauselwerk, Kenntnisnahme über – **AGBG 2** 33a
Billigkeitskontrolle
und AGB-Inhaltskontrolle **AGBG 8** 2, 21, 23; **AGBG 9** 42 ff
Binnenwasserstraße
AGB-Hinweis, Entbehrlichkeit eines ausdrücklichen – **AGBG 2** 19
Bote
Eigenhaftung **AGBG 11 Nr 14** 7
Branchenüblichkeit
AGB-Verwendung **AGBG 2** 61, 63; **AGBG 9** 27, 259, 337; **AGBG 10 Nr 7** 21; **AGBG 11 Nr 4** 14; **AGBG 11 Nr 5** 14; **AGBG 11 Nr 7** 29
Kosten eines Kostenvoranschlags **AGBG 2** 39
Bruttogewinnspanne
und Nichterfüllungsschaden **AGBG 11 Nr 5** 15
BTX-Angebot AGBG 3 12
Buchfälschungen AGBG 11 Nr 7 10
Buchgemeinschaften
AGBG-Anwendbarkeit auf Warenbezug durch – **AGBG 23** 8
Laufzeit **AGBG 11 Nr 12** 17
Warenlieferungsvertrag **AGBG 11 Nr 12** 12
Buchreihen AGBG 11 Nr 12 6; **AGBG 11 Nr 13** 1
Bürgschaft
AGB-Ungewöhnlichkeitskontrolle **AGBG 3** 2, 27, 30, 38

Bürgschaft (Forts.)
  Akzessorietät **AGBG 8** 29
  Altverträge **AGBG 28** 4
  Aufrechenbarkeitseinrede des Bürgen
    AGBG 11 Nr 2 2
  Bürgenhaftung, Überraschungskontrolle
    AGBG 6 12, 15
  Haftungserweiterung **AGBG 8** 29
  Inhaltskontrolle **AGBG 9** 28, 29, 37, 76,
    100, 137, 172, 186, 199, 201, 208,
    213, 329
  Klauselwegfall, ersatzloser **AGBG 6** 10
  und Lohnabtretungsklauseln **AGBG 3** 27
  Unklarheitenregel **AGBG 5** 14
Bundesaufsichtsamt für das Kreditwesen
  Mißstände im Kreditwesen und
  AGB-Kontrolle **Einl AGBGB** 22

Chefarztverträge
  Behandlungsvertrag **AGBG 3** 23
  Inhaltskontrolle **AGBG 9** 301, 308
Chemische Reinigung
  Haftungsklauseln **AGBG 11 Nr 7** 21, 24
Circa-Preise
  als verbotene offene Preisangaben
    AGBG 11 Nr 1 27
CISG
  AGB-Inhaltskontrolle und – **AGBG 12** 6
  Ausschluß durch AGB **AGBG 12** 6
  als gesetzliche Regelung **AGBG 9** 174
  Gewährleistungsmodell **AGBG 9** 193;
    AGBG 10 Nr 7 9; **AGBG 11 Nr 5** 10
  Haftung, verschuldensunabhängige
    AGBG 11 Nr 7 36
  Rücktritt und Schadensersatz, Kumulierung **AGBG 9** 186
  Vertragsabschluß **AGBG 12** 6
COD-Klausel (cash on delivery) AGBG 11 Nr 3 9
Computerverträge
  Inhaltskontrolle **AGBG 9** 330
Culpa in contrahendo
  und AGB-Ungewöhnlichkeitskontrolle
    AGBG 3 4
  Einbeziehung von unangemessenen AGB
    AGBG Einl 8 ff 4
  als Grundlage der AGB-Inhaltskontrolle
    AGBG 9 45, 50, 173, 331, 547
  Verjährungsfrist, Verkürzung **AGBG 11 Nr 10** 82
  Vertreterhaftung **AGBG 11 Nr 14** 9

Darlehen
  AGB-Inhaltskontrolle **AGBG 9** 99, 109,
    128, 130, 135, 140, 147, 151, 186,
    438, 439
  AGB-Ungewöhnlichkeitskontrolle
    AGBG 3 21
  Bereitstellungszinsen **AGBG 10 Nr 7** 14

Darlehen (Forts.)
  Grundbuchsachen **AGBG Einl 8 ff** 16
  Hypothek und Darlehen, AGBG-Kontrollmaßstäbe im Grundbuchverfahren
    AGBG Einl 8 ff 16
  Hypothekendarlehen **AGBG 10 Nr 5** 2
  Preisanpassungsklausel **AGBG 11 Nr 1** 24
  Preisbezogene Klauseln, Transparenzkontrolle **AGBG 8** 25, 27
  Schadenspauschalen **AGBG 11 Nr 5** 15, 27
  Unklarheitenregel **AGBG 5** 15a
  Zinserhöhungsklauseln **AGBG 11 Nr 1** 24
Datenschutz
  Formularmäßige Einwilligung zur Weitergabe von Daten **AGBG 9** 451
  Gerechtigkeitserwartungen **AGBG 9** 206
  Vertragspartner-Interessen **AGBG 9** 114
Dauerhandlungen AGBG 13 28, 40
Dauerschuldverhältnisse
  Änderungsvorbehalt **AGBG 10 Nr 4** 5, 7
  und AGB-Änderung **AGBG 2** 46
  AGBG-Anwendbarkeit auf Altverhältnisse
    AGBG 28 2
  Altverträge **AGBG 28** 2, 4
  Aufwendungsersatzansprüche bei Kündigung **AGBG 10 Nr 7** 5, 8
  Begriff **AGBG 10 Nr 3** 29
  Kündigung **AGBG 10 Nr 3** 2, 29
  Kündigung, formularmäßige Anspruchsfolgen **AGBG 10 Nr 7** 6 ff
  Kündigung aus wichtigem Grunde
    AGBG 6 22
  Laufzeitbestimmungen, klauselmäßige
    AGBG 11 Nr 12 1 ff
  Lösungsrechte, formularmäßige **AGBG 10 Nr 3** 29
  Mahnungs- und Nachfristsetzungsobliegenheiten, gesetzliche **AGBG 11 Nr 4** 3
  Preiserhöhungen **AGBG 11 Nr 1** 3, 21, 22
  und Sachgesamtheit, Lieferung in Raten
    AGBG 23 39
  Schadenspauschalen **AGBG 11 Nr 5** 27
  Sukzessivlieferungsverträge als – **AGBG 10 Nr 3** 29
  Teilverzug, Teilunmöglichkeit: Klauselmäßiges Verbot des Ausschlusses von Rücktrittsrechten, Schadensersatz **AGBG 11 Nr 9** 1 ff
  Überraschungsklauseln **AGBG 3** 31
  Vertragsverlängerungsklauseln **AGBG 3** 31
  Verwendung falschen Formulars
    AGBG 4 13
  Zurückbehaltungsrecht, Einschränkung
    AGBG 11 Nr 2 2
Dauerüberlassungsverträge
  und Schadensersatzpauschale **AGBG 11 Nr 5** 27

Deckungsgeschäft
und Klausel „Selbstlieferung vorbehalten"
AGBG 10 Nr 3 20
und Loslösung vom Vertrag AGBG 10 Nr
3 13
Deklaratorische Klauseln
s. Rechtsdeklaratorische Klauseln
Delegation AGBG 10 Nr 4 7; AGBG 11 Nr 13 12
Deutsche Bundespost
Privatisierung AGBG 23 18
Deutsche Post AG
AGB AGBG 23 19
Deutsche Postbank AG
AGB AGBG 23 19
Deutsche Telekom AG
AGB AGBG 23 19
Deutscher Text
AGB-Texte als Vertragsbestandteil
AGBG 2 28a
Devisen AGBG 11 Nr 1 17
Diebstahlversicherung AGBG 11 Nr 15 9
Dienstleistungsverträge
Abnahmepflichten und Vertragsstrafeversprechen AGBG 11 Nr 6 12
Laufzeitbestimmungen, klauselmäßige
AGBG 11 Nr 12 1 ff
Dienstverträge
Kündigung, formularmäßige unangemessen hohe Vergütungsforderung AGBG 10
Nr 7 7
Vertragspartnerwechsel AGBG 11 Nr 13 1 ff
Diktierter Vertrag
und ABGB-Geltung AGBG 1 15
Direktunterrichtsvertrag AGBG 9 537 ff;
AGBG 11 Nr 5 8
Discountverkauf
Gewährleistungsausschluß und Tarifwahl
AGBG 11 Nr 10 25
Diskontsatz
Pauschalierter Verzugszins AGBG 11 Nr
5 28
Dispositionsfreiheit
und AGB-Inhaltskontrolle AGBG 9 113,
114, 425, 435, 504, 580
Dispositionsgrundsatz
Verbandsklageverfahren AGBG 17 11
Dispositives Recht
Abdingbarkeit durch AGB AGBG 9 26
und AGB-Inhaltskontrolle AGBG 8 7 ff
und rechtsergänzende Klauseln AGBG 8 34
Dissens
AGB-Einbeziehung AGBG 2 81 ff;
AGBG 6 4
und AGB-Ungewöhnlichkeitskontrolle
AGBG 3 4
und AGB-Unklarheitenregel AGBG 5 1
Distanzgeschäfte
AGB-Vertragstext AGBG 2 28a

Documents against acceptance AGBG 11 Nr 3 11
Documents against payment AGBG 11 Nr 3 11
Dokumentenklausel
und Aufrechnungsverbot AGBG 11 Nr 3 11
Dritter, Dritte
AGB-Einbeziehung aufgrund Pauschalvereinbarung AGBG 2 56
AGB-Wirkungen zu Lasten – AGBG 2 43
AGB-Wirkungen zugunsten AGBG 2 44
Drittbedingungen und AGBG-Anwendung
auf Verbraucherverträge AGBG 24a 36 ff
Drittinteressen und AGB-Inhaltskontrolle
AGBG 9 71, 100 ff
Ersatz der Gewährleistungspflicht des
Klauselverwenders durch Einräumung
von Ansprüchen gegen – AGBG 11 Nr
10 19
Freizeichnungen zugunsten – AGBG 11 Nr
7 18
Drittfinanziertes Geschäft
und Lohnabtretungsklauseln AGBG 3 27
Drucktechnik
AGB-Vertretungsbeschränkungen
AGBG 4 33

EG-Recht
s. Europäisches Recht
Ehevermittlungsinstitute AGBG 11 Nr 12 13, 20
Ehevertrag
und AGBG-Bereichsausnahme AGBG 23 5
Eigenhaftung
Ausschluß bei Abtretung AGBG 11 Nr 7 23
Eigenhaftung des Vertreters
s. Vertretung
Eigenschaftszusicherung
AGB-Klausel, individualvertragswidrige
AGBG 4 11a
Eigenschaft, einfache AGBG 11 Nr 11 10
Fehlen einer zugesicherten Eigenschaft
AGBG 11 Nr 10 18
und Freizeichnungsklausel AGBG 4 18
Gebrauchtwagenhandel AGBG 11 Nr 11 5
Grundstücksgröße AGBG 11 Nr 11 5
Haftungsmaßstab, AGB-fester AGBG 11 Nr
7 6
Höchstsummenbegrenzung der Haftung
AGBG 11 Nr 11 18
Kaufvertrag AGBG 11 Nr 11 8
Klausel „Diese Angaben sind keine Zusicherung" AGBG 11 Nr 11 15
Mangelschaden, Haftungsbegrenzung
AGBG 11 Nr 11 18
Neu-hergestellt-sein AGBG 11 Nr 10 5
Qualifizierte Zusicherung AGBG 11 Nr 11 9,
10
Schadensersatzansprüche, eingeschränkte
bei unwesentlichem/wesentlichem
Mangel AGBG 11 Nr 11 16

Eigenschaftszusicherung (Forts.)
Schadensersatzansprüche, formularmäßig unabdingbare **AGBG 11 Nr 11** 1 ff
Verbraucher **AGBG 11 Nr 11** 16
Werkvertrag, Werklieferungsvertrag **AGBG 11 Nr 11** 8
Eigentumsvorbehalt
AGB-Ausschluß in Einkaufsbedingungen **AGBG 2** 42
AGB-Einbeziehung durch Pauschalvereinbarung **AGBG 2** 59
AGB-Hinweis nach Vertragsabschluß **AGBG 2** 10
und AGB-Inhaltskontrolle **AGBG 8** 37
AGBG-Anwendung **AGBG 1** 11
Branchenübliche Verkaufsbedingungen **AGBG 2** 74
Erweiterter, verlängerter – **AGBG 2** 85
Unklarheitenregel **AGBG 5** 12, 14b
Verkaufsbedingungen und Handelsbrauch **AGBG 2** 62
Eigentumswohnungen
s. Wohnungseigentum
Einbeziehung von AGB
s. a. Kenntnis
Abschlußvertreter, eigene Einstandspflicht **AGBG 11 Nr 14** 3
und AGB-Änderung **AGBG 2** 46 ff
AGB-Konkurrenzen **AGBG 2** 79 ff
vor AGBG-Inkrafttreten **AGBG 2** 1
Anfechtung **AGBG 6** 8
Arbeitsvertrag **AGBG 23** 1c
Ausdrücklichkeit
s. dort
Beförderungsverträge, Ausschluß des § 2 AGBG **AGBG 23** 15 ff
Branchenüblichkeit **AGBG 2** 61
Dritte **AGBG 11 Nr 14** 6
EG-Richtlinie über mißbräuchliche Vertragsklauseln **Einl AGBG** 31
Einverständnis des Vertragspartner **AGBG 2** 36 ff
Handelsbräuche **AGBG 2** 62
Inhaltskontrolle und Einbeziehungskontrolle **Einl AGBG** 31
im kaufmännischen Bestätigungsschreiben **AGBG 2** 76
Mitbürgen **AGBG 11 Nr 14** 6
Ungewöhnlichkeitskontrolle **AGBG 3** 2
Unklarheitenregel **AGBG 5** 3
Unwirksamkeit der Einbeziehungsvereinbarung bis zur Erfüllung der Kenntnisverschaffungsobliegenheit **AGBG 2** 33
Vereinbarung, erforderliche **AGBG 2** 2; **AGBG 5** 3; **AGBG 10 Nr 5** 6
Verkaufsbedingungen, nur einmal zu verwendende **AGBG 24a** 50
Verkehrssitte **AGBG 2** 61

Einbeziehung von AGB (Forts.)
als Vertragsvoraussetzung **AGBG 2** 81; **AGBG 6** 8a
Voraussetzungen **AGBG 2** 39
Einigungsmangel
s. Dissens
Einkaufsbedingungen
Abnahmezeitraum, unbestimmte Angaben **AGBG 10 Nr 1** 19
Abtretungsausschlüsse **AGBG 9** 258
Abtretungsverbot und verlängerte Sicherungsübereignung **AGBG 9** 260
Abtretungsverbot und verlängerter Eigentumsvorbehalt **AGBG 9** 259
AGB-Ausschluß eines Eigentumsvorbehalts **AGBG 2** 42
AGB-Ungewöhnlichkeitskontrolle **AGBG 3** 19
Factoring und Sicherungsabtretung **AGBG 9** 261
Gewährleistungshaftung, weitergehende **AGBG 11 Nr 10** 87 ff
Inhaltskontrolle **AGBG 9** 12, 258 ff, 549
Preisanpassungsklauseln **AGBG 11 Nr 1** 25
Teilleistungen **AGBG 11 Nr 9** 9
Unangemessenheitsmaßstab **AGBG 9** 12
Verjährungsverlängerung **AGBG 9** 549
und Verkaufsbedingungen: Widersprüchliche Bestimmungen über Untersuchungs- und Rügeobliegenheit **AGBG 6** 10
Einlieferungsschein
AGB-Hinweis nach Vertragsabschluß **AGBG 2** 13
Einlieferungsverträge
AGB-Hinweis, ausdrücklicher **AGBG 2** 19
Einmaliger Vertrag
Vertragsdiktat und AGBG-Geltung **AGBG 1** 15
Einrede
Urteilwirkungen (Verbandsklage) **AGBG 21** 6, 10
Einschreibesendungen AGBG 10 Nr 6 1
Einseitige Änderung
AGB-Klausel bezüglich AGB-Änderung **AGBG 2** 48
Einseitige Erklärungen
AGBG-Einbeziehung von – **AGBG 2** 42
Einseitiges Rechtsgeschäft
AGBG-Geltung **Einl AGBGB** 5; **AGBG 2** 42
Einseitigkeit
Vorformulierte Vertragsbedingungen, Einführung in den Vertrag **AGBG 1** 23 ff
Einsicht in Krankenunterlagen AGBG 9 314
Einstweiliger Rechtsschutz
Verbandsklage **AGBG 13** 4, 6 ff
Eintrittskarten
AGB-Hinweis, ausdrücklicher **AGBG 2** 19

Eintrittskarten (Forts.)
AGB-Hinweis nach Vertragsabschluß
AGBG 2 13
Einverständnis
mit AGB-Änderung **AGBG 2** 48
AGB-Einbeziehung aufgrund Pauschalvereinbarung **AGBG 2** 52 ff
des Vertragspartners mit der AGB-Einbeziehung **AGBG 2** 36 ff
Einwilligung
Ärztliche Behandlung, Inhaltskontrolle ärztlicher Aufklärungsbögen
AGBG 9 311
HIV-Test **AGBG 9** 313
Obduktion, Transplantation **AGBG 9** 312
Einzugsermächtigung
Inhaltskontrolle **AGBG 9** 425, 537
EisenbahnverkehrsG
Haftungsausschluß als Härte **Einl AGBGB** 3
Eisenbahnverkehrsunternehmen
AGBG-Bereichsausnahme (§ 2 AGBG)
AGBG 23 15a, 15b
Elektrische Energie
EVO-Auslegung **AGBG 1** 3
Elektrizitätsunternehmen
Gewährleistungsbeschränkende AGB-Klauseln **AGBG 11 Nr 10** 17
Haftungsbegrenzungsklauseln **AGBG 5** 10
Empfangsbekenntnis
Begriff, Beweislastumkehr **AGBG 11 Nr 15** 13
Zugangsfiktion **AGBG 11 Nr 15** 13
Empfangsbestätigung
AGB-Hinweis **AGBG 2** 13, 19
AGB-Text **AGBG 2** 31a
Empfangsbevollmächtigung
aufgrund AGB-Klauseln, Inhaltskontrolle
AGBG 9 578, 587, 625, 628 ff
Empfehler
s. Verbandsklage
Energieversorgungsbedingungen
AGBG-Ausschluß **Einl AGBG** 19
Energieversorgungsverträge AGBG 11 Nr 1 22; **AGBG 11 Nr 7** 2; **AGBG 11 Nr 12** 9; **AGBG 23** 22 ff
Energiewirtschaftsgesetz
Änderung **AGBG 26**
AVBGasV, AVBEltV **AGBG 23** 22
AVBWasserV, AVBFernwärmeV
AGBG 23 25
Verordnungsermächtigung **AGBG 27** 2 ff
Entgegennahme von Waren
und AGB-Hinweis **AGBG 2** 10
Entgelt
s. a. Preis
Begriff **AGBG 11 Nr 1** 9
Entgeltklauseln
für Nebenleistungen **AGBG 8** 13

Entgeltvereinbarungen
AGB-Ungewöhnlichkeitskontrolle
AGBG 3 34
ERA
Handelsbrauch **AGBG 2** 61
Erbbaurechtsvereinbarung
AGB-Ungewöhnlichkeitskontrolle
AGBG 3 18
Erbrecht
und AGBG-Bereichsausnahme **AGBG 23** 4
Erbschaftskauf
AGBG-Anwendbarkeit **AGBG 23** 4
Erfolg
Freizeichnung von einem geschuldeten –
AGBG 11 Nr 7 10
Erforderlichkeit
AGB-Verwenderinteressen **AGBG 9** 115
Erfüllungsgehilfe AGBG 11 Nr 7 26; **AGBG 11 Nr 8** 5; **AGBG 11 Nr 13** 12
Erfüllungsgeschäft
Begriff **AGBG 11 Nr 7** 26
Haftungsmaßstab **AGBG 11 Nr 7** 1
Vertragsnachfolge **AGBG 11 Nr 13** 12
Verzug, zu vertretende Unmöglichkeit
AGBG 11 Nr 8 3, 5
Erfüllungshandlung
und AGB-Aushang **AGBG 2** 22
Erfüllungsübernahme
Bedeutung für den AGB-Verbraucher
AGBG 11 Nr 13 12
Erfüllungsverweigerung
und Vertragsstrafe **AGBG 11 Nr 6** 14
Ergänzende Vertragsauslegung
s. Auslegung von Willenserklärungen
Erhöhtes Beförderungsentgelt AGBG 11 Nr 6 19
Erklärungsfiktion AGBG 10 Nr 5 1, 3, 5, 11
Erlaubnisnorm
Möglichkeit auch klauselmäßiger Gestaltung **AGBG 8** 38, 39
Ermächtigung
und AGB-Wirkung zu Lasten Dritter
AGBG 2 43
Ersatzklauseln
Transparenzgebot **AGBG 9** 135
für unwirksame AGB-Klauseln **AGBG 9** 52
Ersatzlieferung
Ausschluß, klauselmäßiger bei Verträgen über Lieferung neu hergestelter Sachen und Leistungen **AGBG 11 Nr 10** 20 ff
Fehlschlagen **AGBG 11 Nr 10** 50
Gattungskauf **AGBG 11 Nr 10** 53
Gewährleistungsbeschränkung bei Verträgen über Lieferungen neu hergestelter Sachen und Leistungen auf – **AGBG 11 Nr 10** 41 ff
Gewährleistungsersatz durch Anspruchsabtretung der – **AGBG 11 Nr 10** 26, 27
Kosten der – **AGBG 11 Nr 10** 62

Ersatzlieferung (Forts.)
  Verbot klauselmäßiger Subsidiarität
    AGBG 11 Nr 10 28 ff
Ersatzvornahme
  durch Vertragspartner des AGB-Verwenders **AGBG 11 Nr 7** 33
EuGVÜ
  AGBG-Ausschluß **AGBG 9** 370
  Form einer Gerichtsstandsvereinbarung **AGBG 3** 11
Europäischer Gerichtshof
  AGB-Fälle **Einl AGBG** 33; **AGBG 24a** 14, 51, 57
Europäisches Recht
  und AGB-Inhaltskontrolle **AGBG 8** 1, 4, 16, 32, 41
  Binnenmarktkonzept **AGBG 24a** 1
  EG-Richlinie über mißbräuchliche Vertragsklauseln
  s. Verbraucherverträge
  EG-Richtlinie, versicherungsrechtliche **AGBG 23** 40
  Richtlinienkonforme Auslegung
    AGBG 5 22; **AGBG 9** 53, 54, 62 ff, 88
  Verbraucherschutzansatz **AGBG 9** 5, 6
EWIV
  AGBG-Bereichsausnahme **AGBG 23** 6

Fabrikationsfehler
  Minderung und Wandelung **AGBG 11 Nr 10** 44 33
Factoring
  Abtretungsverbot **AGBG 9** 261
  Inhaltskontrolle **AGBG 9** 362
  Sicherungsabtretung, ausgeschlossene **AGBG 9** 261
Fälligkeit
  Vorzeitige Fälligkeit **AGBG 11 Nr 6** 8
Fälligstellung
  von Restraten **AGBG 11 Nr 6** 13
Fahrlässigkeit
  und Freizeichnung **AGBG 11 Nr 7** 26, 35
  Grobe Fahrlässigkeit **AGBG 9** 344, 345, 411; **AGBG 11 Nr 7** 26, 30; **AGBG 11 Nr 8** 1
  Leichte Fahrlässigkeit **AGBG 9** 209, 210, 337 ff, 352, 411, 509; **AGBG 11 Nr 8** 3
Fahrscheine
  AGB-Hinweis nach Vertragsabschluß **AGBG 2** 13
Fahrschulvertrag AGBG 10 Nr 7 7; **AGBG 11 Nr 6** 20
Fahrtkosten
  Preisnebenabrede **AGBG 11 Nr 1** 18
Fahrtzeiten
  als Arbeitszeiten **AGBG 9** 109
  Benachteiligung für den Vertragspartner **AGBG 9** 71

Fahrtzeiten (Forts.)
  Kostenüberwälzung **AGBG 9** 95
Familienrecht
  und AGBG-Bereichsausnahme **AGBG 23** 5
Fangprämie
  Kaufhaus-Diebstahl und – **AGBG 11 Nr 6** 20
Farbabweichungen
  Änderungsvorbehalt in Leistungsbestimmungen **AGBG 10 Nr 4** 7
Fassadenarbeiten
  Nachfrist **AGBG 10 Nr 2** 7
Fenster
  Nachfrist für den AGB-Verwender **AGBG 10 Nr 2** 7
  Preisanpassungsklausel **AGBG 11 Nr 1** 24
  Schadensersatzanspruch bei Nichterfüllung **AGBG 11 Nr 5** 27
Ferienhaus
  Pauschalierter Schadensersatz wegen Nichterfüllung **AGBG 11 Nr 5** 27
Fernmeldeanlagenvertrag
  Preisanpassungsklausel **AGBG 11 Nr 1** 24; **AGBG 11 Nr 12** 9
Fernwärme
  AVBFernwärmeV **AGBG 23** 25
Fertighäuser
  Frist zur Annahme, Ablehnung eines Angebots **AGBG 10 Nr 1** 11
Fertighalle
  Preisänderung **AGBG 11 Nr 1** 28
Festpreis
  und Änderungsvorbehalt **AGBG 10 Nr 4** 7
  als Individualvereinbarung **AGBG 11 Nr 1** 7
Feuerversicherung
  Bindung des Antragenden **AGBG 10 Nr 1** 7
  Inhaltskontrolle **AGBG 9** 602
Fiktion
  Auflösungserklärung, fingierte **AGBG 11 Nr 13** 15
  Bankverkehr **AGBG 10 Nr 6** 6
  und Beweislastklauseln, verbotene **AGBG 11 Nr 15** 4
  Empfangsbevollmächtigte für Willenserklärungen des Versicherers **AGBG 9** 578, 579
  Erklärungen, fingierte **AGBG 10 Nr 5** 1, 3, 5, 11
  Erklärungen, VOB-fingierte **AGBG 23** 29
  Kündigung **AGBG 10 Nr 6** 6
  Rationalisierungsinteresse **AGBG 9** 112
  und Rechtsvorschriften-Vergleich **AGBG 8** 10
  Regelungstechnik, Rechtsfolgen **AGBG 10 Nr 5** 2
  Rücktritt **AGBG 10 Nr 6** 6
  Vertragspartnerinteressen **AGBG 9** 114

Fiktion (Forts.)
  Zugangsfiktion **AGBG Einl 8 ff** 11;
    AGBG 10 Nr 6 1 ff
  Zustimmungsfiktion zum Einverständnis
    mit vorformulierten Bedingungen
    AGBG 11 Nr 15 15
Filmentwicklung
  Haftungsbegrenzung **AGBG 11 Nr 7** 21
Firmenkreditkarte
  AGB-Ungewöhnlichkeitskontrolle
    AGBG 3 12
Fitness-Vertrag
  als atypischer Mietvertrag und § 552 BGB
    (Verwendungsrisiko) **AGBG 8** 35
  Laufzeiten **AGBG 9** 501 ff
  Weiterzahlungspflicht **AGBG 9** 513 ff
Fixgeschäft
  AGB-Vereinbarung **AGBG 10 Nr 2** 11;
    AGBG 10 Nr 3 2, 33
  Handelsgeschäft **AGBG 11 Nr 4** 14
  Leistungsverzögerung **AGBG 11 Nr 8** 5
Flieg-und Spar-Tarife AGBG 11 Nr 5 27
Flüssiggas
  Entgelterhöhung **AGBG 11 Nr 1** 21
Flughäfen
  AGB-Hinweis, Entbehrlichkeit eines
    ausdrücklichen – **AGBG 2** 19
Flugverkehr
  Hauptleistungspflicht und Haftungsausschluß **AGBG 11 Nr 7** 10
Folgeschäden
  Freizeichnung **AGBG 11 Nr 7** 21
Forderungsrechte
  Verschaffung von – **AGBG 11 Nr 10** 4
Form
  Abweichungen **AGBG 10 Nr 4** 7
  AGB-Einbeziehung, Ausdrücklichkeitserfordernis **AGBG 2** 2
  AGB-Einbeziehung, an einem Formmangel scheiternde **AGBG 6** 6
  AGB-Einbeziehung (pauschale Einbeziehungsvereinbarung) **AGBG 2** 53
  AGB-Klauseln verdrängende Individualvereinbarung **AGBG 4** 19
  Formbedürftiges Rechtsgeschäft und
    AGB-Bezugnahme **AGBG 2** 50
  Lösungsmöglichkeiten **AGBG 11 Nr 8** 8
  des Rechtsgeschäfts und AGB-Hinweisobliegenheit **AGBG 2** 6
Formklauseln
  Adressat, bestimmter **AGBG 11 Nr 16** 6
  Bearbeitungssonderentgelt bei Nichtbeachtung **AGBG 11 Nr 16** 1
  Einschreiben **AGBG 11 Nr 16** 6, 9
  Nebenabreden **AGBG 11 Nr 16** 2
  bei rechtsgeschäftsähnlichem Handeln
    AGBG 11 Nr 16 4, 6
  Schriftform **AGBG 11 Nr 16** 5

Formklauseln (Forts.)
  Schriftformklauseln
    s. dort
  bei Willenserklärungen **AGBG 11 Nr 16** 4
  Zugangserfordernisse **AGBG 11 Nr 16** 6
Formulare
  Verwendung falscher – **AGBG 5** 14c
Formularverträge
  als AGB **AGBG 1** 31
  Bedingungen auf der Vorderseite
    AGBG 2 13
Formularzwang AGBG 11 Nr 16 4, 5
Fracht gegen Barzahlung
  und Aufrechnungsverbot **AGBG 11 Nr 3** 10
Frachtvertrag
  s. a. Beförderungsverträge
  Inhaltskontrolle **AGBG 9** 272, 345
Franchising
  Abtretung von Vertragsrechten
    AGBG 9 269
  Inhaltskontrolle **AGBG 9** 363
Freiberufler
  s. a. Beruflicher Verkehr
  Aufrechnungsausschluß **AGBG 11 Nr 3** 14
  Freizeichnung von der Haftung für grobes
    Verschulden **AGBG 11 Nr 7** 9, 39
  Gebührenordnungen **AGBG 8** 20
  Inanspruchnahme besonderen Vertrauens
    AGBG 9 355
  Nachfrist **AGBG 10 Nr 2** 11
  Teilunmöglichkeit, Teilverzug: Klauselmäßiges Verbot des Rechtsausschlusses
    AGBG 11 Nr 9 10
  Vertragsabwicklung, formularmäßige
    Anspruchsfolgen **AGBG 10 Nr 7** 21
  Vertragsloslösung, formularmäßige
    AGBG 10 Nr 3 31 ff
  Vertragsloslösungsrechte bei
    Verzug/Unmöglichkeit/positiver Forderungsverletzung **AGBG 11 Nr 8** 12
Freibleibend
  Leistungsklausel **AGBG 10 Nr 1** 19, 23;
    AGBG 10 Nr 3 9, 19, 26; **AGBG 11 Nr 1** 17
Freizeichnung
  s. a. Haftungsbeschränkung; Haftungsausschluß
  gegen Abtretung von Versicherungsansprüchen **AGBG 11 Nr 7** 23
  AGB-Inhaltskontrolle von Haftungsbeschränkungen **AGBG 8** 37
  AGB-Klauselschwerpunkt **AGBG 9** 331
  Annahmeverzug **AGBG 11 Nr 7** 36
  von Ansprüchen Dritter **AGBG 9** 331
  von Ansprüchen des Vertragspartners
    gegen Dritte **AGBG 9** 331
  Außervertragliche Ansprüche **AGBG 11 Nr 7** 16

Freizeichnung (Forts.)
  Bedienstete des AGB-Verwenders **AGBG 11 Nr 7** 17
  Beruflicher Verkehr **AGBG 9** 345
  Betriebsangehörige **AGBG 11 Nr 7** 17
  Culpa in contrahendo **AGBG 9** 331
  Deckungssumme der Versicherung des AGB-Verwenders **AGBG 9** 349
  Deliktische Ansprüche **AGBG 9** 331; **AGBG 11 Nr 7** 16
  Eigenschaftszusicherung **AGBG 11 Nr 7** 36
  Eingebrachte Sachen **AGBG 9** 411, 412, 508
  Erfüllungsgehilfen **AGBG 9** 345; **AGBG 11 Nr 7** 1, 39
  Fahrlässigkeit, einfache **AGBG 11 Nr 7** 35
  Fahrlässigkeit, grobe und Vorsatz **AGBG 9** 344 ff, 411
  Fahrlässigkeit, leichte **AGBG 9** 209, 210, 337 ff, 352, 411, 509
  Flugverkehr **AGBG 11 Nr 7** 10
  Folgeschäden **AGBG 9** 321, 509
  Formulierung von Freizeichnungsklauseln **AGBG 9** 342
  Freizeichnungsfestigkeit bei vertragswesentlichen Pflichten **AGBG 9** 338
  Gefährdungshaftung **AGBG 11 Nr 7** 36, 38
  Gefälligkeitsleistungen **AGBG 11 Nr 7** 16
  Gesetzlich begründete verschuldensunabhängige Haftung, abdingbare **AGBG 11 Nr 7** 36
  von Gewährleistungsansprüchen bei Verträgen über Lieferungen neu hergestellter Sachen und Leistungen: Klauselverbote **AGBG 11 Nr 10** 1 ff
  Gewährleistungsausschluß
  — für einzelne Teile **AGBG 11 Nr 10** 22, 27
  — bei Fehlverhalten durch Kunden **AGBG 11 Nr 10** 24
  — Haftung Dritter **AGBG 11 Nr 10** 19, 26
  — Handelsverkehr **AGBG 11 Nr 10** 38, 39
  — für Konstruktionsfehler **AGBG 11 Nr 10** 22
  — Montagearbeiten **AGBG 11 Nr 10** 22
  — für Sacheigenschaften, bestimmte **AGBG 11 Nr 10** 22
  — Vollständiger — **AGBG 11 Nr 10** 19, 20
  Grobes Verschulden **AGBG 11 Nr 7** 1, 27; **AGBG 11 Nr 15** 9
  Grobes Verschulden als Mindesthaftungsmaßstab für alle Vertragsverletzungen **AGBG 11 Nr 7** 1 ff
  Haftungsausschluß **AGBG 9** 334, 464
  als Haftungsbegrenzung **AGBG 11 Nr 7** 20, 30, 31
  Haftungsbegrenzungen, Arten **AGBG 11 Nr 7** 27 ff

Freizeichnung (Forts.)
  Haftungsbegrenzungsklauseln zu Lasten Dritter, zugunsten Dritter **AGBG 2** 43, 44
  Haftungsbeschränkung **AGBG 9** 100, 334, 347, 511, 546
  Haftungserleichterungen **AGBG 11 Nr 7** 1
  Hauptleistungspflichten **AGBG 11 Nr 7** 9
  Hauptpflichten, Nebenpflichten (als wesentliche Pflichten) **AGBG 9** 338
  Hilfspersonen **AGBG 11 Nr 7** 1, 30
  Höchstbeträge **AGBG 9** 347 ff
  Höchstsummenbegrenzung **AGBG 11 Nr 7** 21; **AGBG 11 Nr 11** 18
  Höhere Gewalt **AGBG 9** 292, 331, 517
  Inhaltskontrolle, normative Grundlage **AGBG 9** 332 ff
  Kardinalpflichten **AGBG 11 Nr 7** 12
  Kaufmännischer Bereich **AGBG 9** 331, 333
  Klauselarten **AGBG 9** 334 ff
  Körperverletzung **AGBG 11 Nr 7** 38
  Kundenrisiko verschuldensunabhängiger Ersatzansprüche **AGBG 11 Nr 7** 37
  Leichtes Verschulden, Haftungsausschluß **AGBG 11 Nr 7** 35
  Leitende Angestellte **AGBG 11 Nr 7** 1, 39
  Mittelbare Schäden **AGBG 9** 335
  Mitverschulden, grobes **AGBG 11 Nr 7** 33, 34
  Nebenpflichten, unselbständige **AGBG 11 Nr 7** 9, 12, 36
  Nichtberuflicher Verkehr **AGBG 9** 332
  Organisationsverschulden **AGBG 11 Nr 7** 1
  Positive Forderungsverletzung **AGBG 11 Nr 7** 9
  Privater Verkehr **AGBG 9** 344
  Risikoverteilung, unangemessene **AGBG 9** 341
  Salvatorische Klauseln **AGBG 9** 336; **AGBG 11 Nr 7** 28
  Schäden, Haftungsbeschränkung auf typische **AGBG 11 Nr 7** 18
  Schlechterfüllung und Haftungseinschränkung **AGBG 11 Nr 8** 4
  Stellvertretendes commodum **AGBG 11 Nr 8** 10
  für Tötung **AGBG 11 Nr 7** 38
  Transparenzgebot **AGBG 9** 342
  Unklarheiten **AGBG 9** 343
  Unklarheitenregel und Haftungsbegrenzungsklauseln **AGBG 5** 10
  Unmittelbare Schäden **AGBG 9** 319, 350
  Unmöglichkeit **AGBG 11 Nr 7** 9, 36
  Unvermögen **AGBG 11 Nr 7** 36
  Verantwortung, besondere des AGB-Verwenders **AGBG 9** 340
  Verbrauchergeschäfte und absolutes Freizeichnungsverbot **AGBG 11 Nr 7** 38

Freizeichnung (Forts.)
Vertragstypen und Freizeichnungsklauseln
AGBG 9 351 ff
Vertragswesentliche Pflichten
AGBG 9 338 ff, 347
Vertretenmüssen von Verzug/Unmöglichkeit/positiver Forderungsverletzung: Ausschluß oder Einschränkung der Haftungsfolgen AGBG 11 Nr 8 1 ff
Verzug AGBG 11 Nr 7 9
Wettbedingungen AGBG 23 27
Zufall AGBG 9 331; AGBG 11 Nr 7 36, 37
zugunsten Dritter AGBG 9 100; AGBG 11 Nr 7 17, 18
Frist
Annahme, Ablehnung eines Angebots AGBG 10 Nr 1 8 ff
Leistungsfrist
s. dort
Nachfrist
s. dort
Fristsetzung
Erklärungsfiktion aufgrund – AGBG 10 Nr 5 13
Klauselverbot für gesetzlicher Gläubigerobliegenheit zur – AGBG 11 Nr 4 1 ff
Nachbesserung, Ersatzlieferung AGBG 11 Nr 10 51

Garantie
des Herstellers AGBG 11 Nr 10 15
Inhaltskontrolle AGBG 9 364
Selbständiger Garantievertrag AGBG 9 364; AGBG 11 Nr 7 36; AGBG 11 Nr 11 7, 9
Verjährungsfrist überstehende – AGBG 11 Nr 10 77
Verjährungsfristen §§ 477, 638 BGB und Anspruch aus selbständiger – AGBG 11 Nr 10 82
Vermieterhaftung AGBG 11 Nr 7 11
Verschuldensunabhängige Vertragsstrafe als – AGBG 11 Nr 6 25
und Vertragsstrafe, Abgrenzung AGBG 11 Nr 6 10
Garantiekartensystem AGBG 11 Nr 10 26
Garderobemarken
AGB-Hinweis nach Vertragsabschluß AGBG 2 13
Gastwirt
Freizeichnung AGBG 11 Nr 7 36
Vertragsstrafeversprechen AGBG 11 Nr 6 27
Gasversorgungsunternehmen
AGBG-Ausschluß AGBG 11 Nr 12 9
AVBGasV AGBG 23 22
Gewährleistungsbeschränkende AGB-Klauseln AGBG 11 Nr 10 17
Haftungsbegrenzungsklauseln AGBG 5 10

Gasversorgungsunternehmen (Forts.)
Warenlieferungsvertrag AGBG 11 Nr 12 12
Gattungskauf
Fehlschlagen der Nachbesserung AGBG 11 Nr 10 53
Gattungsschuld
Änderung AGBG 10 Nr 4 5
Haftungsbefreiung, Klauselverbote AGBG 11 Nr 7 36
Klausel „Höhere Gewalt vorbehalten" AGBG 10 Nr 3 23
Loslösung von der Erfüllungspflicht AGBG 10 Nr 3 20
Stückschuld, Umwandlung in eine – AGBG 10 Nr 4 3
Verzug, Unmöglichkeit AGBG 11 Nr 8 3
Gebäude
als neu hergestellte Sachen AGBG 11 Nr 10 9
Gebrauchsüberlassungsverträge
AGBG-Anwendung auf Altverträge AGBG 28 2
EG-Richtlinie AGBG 11 Nr 1 27
Gewährleistungsbeschränkende AGB-Klauseln AGBG 11 Nr 10 16
Klauselverbot zur Laufzeit bei Dauerschuldverhältnissen, Ausschluß der – AGBG 11 Nr 12 4
Nutzungsersatz AGBG 11 Nr 7 10, 11
Gebrauchsvorteile AGBG 10 Nr 7 10
Gebrauchtwagenhandel
s. Kfz-Kauf
Gebührenordnungen der freien Berufe AGBG 8 20
Gefährdungshaftung
Freizeichnung AGBG 11 Nr 7 36
Gefälligkeitsleistungen
und Freizeichnung von der Haftung für grobes Verschulden AGBG 11 Nr 7 16
Gefahrtragung AGBG 11 Nr 8 6
Gegenbeweis AGBG 10 Nr 7 2; AGBG 11 Nr 5 19, 21
Gegenleistung
vom AGB-Verwender zu vertretende Unmöglichkeit der – AGBG 11 Nr 8 6
Gegenseitiger Vertrag
und AGB-Inhaltskontrolle AGBG 8 2
Gegenleistung des Vertragspartner AGBG 11 Nr 8 6
Gegnerfreiheit
s. Verbandsklage
Geldleistung
und Entgeltbegriff AGBG 11 Nr 1 9
Geldschuld
und Haftungsausschluß AGBG 11 Nr 7 36
Geltungserhaltende Reduktion
AGB-Klauseln
s. Auslegung von AGB

Gemeinschaftsordnung
  AGBG-Geltung **AGBG 1** 11
  Verbraucherverträge **AGBG 24a** 34
Gemischter Vertrag
  und AGB-Ungewöhnlichkeitskontrolle
    AGBG 3 18
Genau-Klausel
  Fixgeschäft **AGBG 11 Nr 4** 14
Genehmigungserfordernisse
  und AGBG-Geltung **AGBG Einl 8 ff** 16;
    AGBG 1 2
Genehmigungsfiktion
  Regelungstechnik, Rechtsfolgen **AGBG 10
    Nr 5** 2
Genehmigungsverfahren (verwaltungsrechtliche)
  AGBG-Kontrolle **Einl AGBG** 20 ff
Genehmigungsverfahren (vormundschaftsgerichtliche)
  AGBG-Kontrollmaßstäbe **AGBG Einl
    8 ff** 16
Generalklausel (§ 9 AGBG)
  s. a. Inhaltskontrolle
  Anwendung, übermäßige **Einl AGBG** 29
  Anwendungsmethode **AGBG 9** 8
  Bedeutung, herausragende **Einl AGBG** 30
  Beruflicher Verkehr **AGBG 9** 13
  EG-Richtlinie (Verbraucherverträge)
    AGBG 9 78, 88, 154
  Grund- und Leitnorm der Inhaltskontrolle
    AGBG 9 65
  Hauptfunktion **AGBG 9** 82
  Inhaltskontrolle als Charakter einer –
    AGBG 9 8
  und kaufmännischer Verkehr
    Einl AGBG 29
  Konkretisierung durch §§ 9 Abs 2, 10, 11
    AGBG **AGBG 9** 13, 160
  Offenheit der – **AGBG 9** 82
  Richtlinienkonforme Auslegung
    AGBG 9 56
  Tatbestandsmerkmale, offene **AGBG 9** 8
  und Transparenzgebot **AGBG 9** 123
  und Treu und Glauben, tatsächliche Bedeutung **AGBG 9** 8
  und Verfassungsrecht **AGBG 9** 23, 107
  Verhältnismäßigkeitsgebot **AGBG 9** 75
Genossenschaft
  Austauschverhältnisse zwischen Mitgliedern **AGBG 23** 8
Genußrechte
  AGBG-Anwendbarkeit **AGBG 23** 7
Genußscheinbedingungen
  AGBG-Anwendung **AGBG 1** 7a
Gerechtigkeitsgehalt AGBG 11 Nr 7 36;
  AGBG 11 Nr 8 10, 12; **AGBG 11 Nr 9** 9
Gerechtigkeitsmodell AGBG 9 161, 183, 199

Gerichtsstandsklausel
  AGB-Ungewöhnlichkeitskontrolle
    AGBG 3 11, 15, 16
  Ausschließlicher internationaler Gerichtsstand und Frage eines Aufrechnungsverbots **AGBG 5** 14
  EuGVÜ/Luganer Übereinkommen
    AGBG 2 3; **AGBG 3** 11
  Handelsüblichkeit **AGBG 2** 76
  Unklarheitenregel **AGBG 5** 7b
Gesamtschuld
  AGB-Ungewöhnlichkeitskontrolle
    AGBG 3 12
  Primäre, sekundäre Inanspruchnahme
    AGBG 11 Nr 7 20
Gesamtwirksamkeitsprinzip AGBG 6 1 ff
  Abdingbarkeit **AGBG 9** 52
Gesamtzusammenhang des Vertrags
  und AGB-Inhaltskontrolle **AGBG 9** 90 ff
Geschäftsbesorgung
  Anweisungen **AGBG 11 Nr 16** 4
  Auftragsübergang auf Dritte, Haftungsfolgen **AGBG 10 Nr 3** 25
  Lösungsrechte, formularmäßige **AGBG 10
    Nr 3** 29
Geschäftsbeziehungen
  und AGB-Änderung **AGBG 2** 48
  AGB-Einbeziehung (pauschale Einbeziehungsvereinbarung) **AGBG 2** 52
  AGB-Hinweis **AGBG 2** 10, 11
  Rechnungsvermerke **AGBG 2** 59
Geschäftstyp
  und AGB-Sprache **AGBG 2** 29
Gesellschaft
  Austauschverhältnisse zwischen Mitgliedern **AGBG 23** 8
Gesellschaftsrecht
  AGBG-Bereichsausnahme für Verträge auf
    dem Gebiet des – **AGBG 23** 6
Gesellschaftsvertrag
  Inhaltskontrolle **AGBG 23** 12
Gesetzesumgehung
  AGBG-Entwurf **Einl AGBGB** 6 ff
  AGBG-Umgehung **AGBG 7** 1 ff
Gesetzliche Gestaltungsmöglichkeiten
  und AGB-Inhaltskontrolle **AGBG 8** 34,
    37 ff
Gesetzliche Regelung
  AGB-Klauselabweichung von Grundgedanken gesetzlicher Regelung (§ 9 II Nr 1
    AGBG) 9 169 ff
Gesetzliche Regelung (im Sinne § 9 Abs 2 AGBG)
  Abgrenzung Art 2 EGBGB **AGBG 9** 171
  AGBG-Vorschriften **AGBG 9** 176 ff
  Begriff **AGBG 9** 169
  Gewohnheitsrecht **AGBG 9** 169
  Grundgedanken **AGBG 9** 172
  Internationale Normen **AGBG 9** 174

Gesetzliche Regelung (im Sinne § 9 Abs 2 AGBG) (Forts.)
Rechtsgrundsätze, unbeschriebene **AGBG 9** 172
Richterrecht **AGBG 9** 173
Verkehrssitte und Handelsbrauch **AGBG 9** 175
Zwingendes Recht **AGBG 9** 170, 177
Gesetzliche Verbote AGBG 9 33
Gesetzliches Gerechtigkeitsmodell
Abweichung von tragenden Gedanken des gesetzlichen Gerechtigkeitsmodells (§ 9 II Nr 2 AGBG)
s. Inhaltskontrolle
Gesetzliches Schuldverhältnis
AGBG-Geltung **AGBG 1** 10
Gesetzliches Verbot
AGB-Verstoß **AGBG 6** 2, 3
Getränkeautomaten AGBG 11 Nr 6 1
Getränkebezugsverträge AGBG 11 Nr 6 17; **AGBG 11 Nr 12** 12
s. a. Bierlieferungsverträge
Getränkehändler AGBG 11 Nr 6 19
Gewährleistungsausschluß
für einzelne Teile **AGBG 11 Nr 10** 22, 27
Fehlverhalten durch Kunden **AGBG 11 Nr 10** 24
Haftung Dritter **AGBG 11 Nr 10** 19, 26
im Handelsverkehr **AGBG 11 Nr 10** 38, 39
für Konstruktionsfehler **AGBG 11 Nr 10** 22
Montagearbeiten **AGBG 11 Nr 10** 22
für Sacheigenschaften **AGBG 11 Nr 10** 22
Vollständiger – **AGBG 11 Nr 10** 19, 20
Gewährleistungsfrist
Verkürzung **AGBG 11 Nr 10** 80 ff
Gewährleistungspflicht
Verschärfung **AGBG 11 Nr 10** 88
Gewährleistungsrecht
AGB-Klauseln, unwirksame **AGBG 6** 10
AGB-Ungewöhnlichkeitskontrolle **AGBG 3** 8
und Ausgleichsansprüche, interne **AGBG 23** 37
Auslegung von AGB **AGBG 5** 29
Ausschluß der Gewährleistung
s. Freizeichnung
Beweislastverschiebungen **AGBG 11 Nr 15** 9
Fingierte Vertragspartnererklärungen **AGBG 10 Nr 5** 2
Gewährleistungsausschluß, AGB-Inhaltskontrolle **AGBG 8** 37
Gewährleistungsbeschränkung auf Ersatzlieferung **AGBG 11 Nr 10** 41 ff
Gewährleistungsbeschränkung auf Fehler nach Gefahrenübergang **AGBG 11 Nr 10** 24
Gewährleistungsbeschränkung im Handelsverkehr **AGBG 11 Nr 10** 56

Gewährleistungsrecht (Forts.)
Gewährleistungsbeschränkung auf Nachbesserung **AGBG 11 Nr 10** 42
Grobes Verschulden des AGB-Verwenders, Haftungsmaßstab **AGBG 11 Nr 7** 11
Haftungsbegrenzungsklauseln (Unklarheitenregel) **AGBG 5** 10, 11
Leistungsverweigerungsrechte, Klauselverbote **AGBG 11 Nr 2** 2
Lieferung neu hergestellter Sachen und Leistungen: Klauselverbote
s. Alphabetisches Stichwortverzeichnis zu § 11 Nr 10 AGBG
und positive Forderungsverletzung, Abgrenzung **AGBG 11 Nr 7** 11
Rechte mit Besitzrecht und Anwendbarkeit des – **AGBG 11 Nr 10** 4
Schlechterfüllung und Haftungseinschränkung **AGBG 11 Nr 8** 4
VOB **AGBG 23** 29 ff
Gewerberecht
Vertragsbedingungen, unwirksame aufgrund von Verbotsgesetzen
Einl AGBGB 22
Gewerbetreibende
s. a. Beruflicher Verkehr
AGB-Hinweis **AGBG 2** 13
Aufrechnungsausschluß **AGBG 11 Nr 3** 14
Freizeichnung von der Haftung für grobes Verschulden **AGBG 11 Nr 7** 39
Handelsrechtsnovelle und Gleichstellung mit Kaufleuten **AGBG 10 Nr 4** 12; **AGBG 10 Nr 5** 17; **AGBG 10 Nr 7** 21; **AGBG 11 Nr 1** 28; **AGBG 11 Nr 8** 12; **AGBG 11 Nr 16** 9
Leistungsänderungsvorbehalte **AGBG 10 Nr 4** 12
Nachfrist **AGBG 10 Nr 2** 11
Teilunmöglichkeit, Teilverzug: Klauselmäßiges Verbot des Rechtsausschlusses **AGBG 11 Nr 9** 10
Vertragsabwicklung, formularmäßige Anspruchsfolgen **AGBG 10 Nr 7** 21
Vertragsloslösung, formularmäßige **AGBG 10 Nr 3** 31 ff
Vertragsloslösungsrechte bei Verzug/Unmöglichkeit/positiver Forderungsverletzung **AGBG 11 Nr 8** 12
Gewinnsteigerung AGBG 11 Nr 1 22
Gewohnheitsrecht
AGB-Auslegung bei internationaler Verkehrsgeltung **AGBG 5** 30
und AGB-Inhaltskontrolle **AGBG 8** 7
als dispositives Gesetzesrecht **AGBG 6** 10
als gesetzliche Regelung **AGBG 9** 69, 169
Gewöhnlichkeit, Ungewöhnlichkeit einer Klausel: Entscheidung hierüber durch das Gericht als – **AGBG 3** 10

Gewohnheitsrecht (Forts.)
Kaufmännisches Bestätigungsschreiben
AGBG 2 76
und Richterrecht **AGBG 9** 173
Gleichbehandlung
AGB-Verwenderinteressen und Inhaltskontrolle **AGBG 9** 112, 116 ff
Globalzession
Forderungswert (Unklarheitenregel) **AGBG 5** 14b
Freigabeklausel, Deckungsgrenze und Bewertungsmaßstäbe **AGBG 9** 32
GmbH
und Verbraucherbegriff **AGBG 24a** 31
Großhandelsmärkte
AGB **AGBG 11 Nr 6** 19; **AGBG 11 Nr 7** 13
Großmarkt
AGB **AGBG 11 Nr 1** 28; **AGBG 11 Nr 7** 25
Großmarkthallenklausel AGBG 11 Nr 1 28
Grundbuch
AGBG-Kontrollmaßstäbe, Anwendung **AGBG Einl 8 ff** 16
Eintragungsverfahren und Inhaltskontrolle **AGBG 24a** 42
Grundgebühr AGBG 10 Nr 7 7
Grundpfandrechte
AGBG-Anwendung bei Bestellung von – **AGBG 1** 11
Grundschuld
Abstraktes Schuldversprechen **AGBG 3** 35
Abtretung des Rückgewähranspruchs **AGBG 9** 274
Zweckerklärung, Überraschungskontrolle **AGBG 6** 12, 15
Zweckerklärung, Ungewöhnlichkeitskontrolle **AGBG 3** 35
Zweckerklärung, vorformulierte **AGBG 1** 35
Grundstücksgeschäfte
Eigenschaftszusicherung, formularmäßiger Haftungsausschluß **AGBG 11 Nr 11** 5
Gewährleistende AGB-Klauseln in Lieferungsverträgen über – **AGBG 11 Nr 10** 16
Leistungsänderungsvorbehalte **AGBG 10 Nr 4** 7
Preiserhöhungen, kurzfristige **AGBG 11 Nr 1** 9, 27
Unbebaute Grundstücke **AGBG 11 Nr 10** 9
Verbraucherverträge **AGBG 11 Nr 1** 27; **AGBG 24a** 34
Günstige Regelungen
für den Vertragspartner **AGBG 8** 40

Haftpflichtversicherung
Bindung des Antragenden **AGBG 10 Nr 1** 7
Inhaltskontrolle **AGBG 9** 597, 598

Haftung
für Besucher und Begleitpersonen **AGBG 9** 384, 412
für Dritte **AGBG 11 Nr 7** 37
Haftungsausschlüsse, Haftungsbeschränkungen
s. Freizeichnung
des Krankenhauses **AGBG 9** 405 ff
Haftungseinbeziehung
AGB-Ungewöhnlichkeitskontrolle **AGBG 3** 20
Haftungserleichterungen AGBG 11 Nr 7 1
Haftungsfolgen AGBG 11 Nr 8 3, 8
Haftungsgrund AGBG 11 Nr 7 1
Haftungsmaßstab AGBG 11 Nr 7 1, 4, 30; **AGBG 11 Nr 8** 3; **AGBG 11 Nr 9** 3
Haftungsvoraussetzungen AGBG 11 Nr 9 3
Handelsbrauch
ADSp-Einbeziehung **AGBG 2** 62
AGB-Einbeziehung **AGBG 2** 51, 61
und AGB-Inhaltskontrolle **AGBG 8** 7
AGB-Klauselverstoß gegen – **AGBG 9** 109
AGB-Merkmal des Vorformuliertseins **AGBG 1** 22
Freizeichnungsklauseln **AGBG 9** 333
Klauselwerk, Geltung ohne Einbeziehung **AGBG 2** 61
Preise als Nettopreise **AGBG 4** 7
Tatsächliche Übung, Kenntnis und Billigung **AGBG 9** 110
Handelsrechtsreform
AGBG-Anpassung **AGBG 24** 3
und beruflich/gewerblich tätige Nichtkaufleute **AGBG 10 Nr 4** 12; **AGBG 10 Nr 5** 17; **AGBG 10 Nr 7** 21; **AGBG 11 Nr 1** 28; **AGBG 11 Nr 8** 12; **AGBG 11 Nr 16** 9
und Nichtkaufleute **AGBG 10 Nr 5** 17
Handelsüblich-Klausel AGBG 10 Nr 4 6, 11
Handelsvertreter
Inhaltskontrolle der Verträge **AGBG 9** 376
Schadenspauschalierung bei Einschaltung eines – **AGBG 11 Nr 5** 14
Verjährungsbeginn, Verlagerung nach vorne **AGBG 9** 551
Verjährungsfrist § 88 HGB, Verkürzung **AGBG 9** 547
Hauptleistungspflichten
Abnahmepflichten und Vertragsstrafeversprechen **AGBG 11 Nr 6** 12
AGB-Auslegung, ausdehnende **AGBG 5** 15
und AGB-Inhaltskontrolle **AGBG 8** 2 ff, 11, 12, 14 ff, 19, 28
AGB-Ungewöhnlichkeitskontrolle **AGBG 3** 18
EG-Richtlinie über mißbräuchliche Vertragsklauseln **Einl AGBG** 32; **AGBG 3** 2

Hauptleistungspflichten (Forts.)
Freizeichnung von der Haftung für grobes Verschulden **AGBG 11 Nr 7** 1 ff
Fristen zur – **AGBG 10 Nr 1** 13
Inhaltskontrolle **Einl AGBG** 30
Konkretisierung oder Einschränkung **AGBG 8** 29
Kontrollfähigkeit vorformulierter – **AGBG 1** 9
Laufzeitbestimmungen **AGBG 23** 40
Leistungserschwerungen und Lösung vom Vertrag **AGBG 10 Nr 3** 17
Objektive normative Maßstäbe, fehlende **AGBG 8** 15
Transparenzkontrolle **AGBG 8** 28
Überraschende Klauseln **AGBG 3** 1, 18
als vorformulierte Vertragsbestandteile **AGBG 1** 9
Haushaltsgeräte AGBG 11 Nr 7 37
Hausordnungen
Inhaltskontrolle **AGBG 9** 414
Hausratsversicherung
Inhaltskontrolle **AGBG 9** 600
Heimordnung
Inhaltskontrolle **AGBG 9** 381
Heimsicherungsverordnung
AGBG-Ausschluß **Einl AGBG** 19
Heimverträge
Einverständniserklärungen, Inhaltskontrolle **AGBG 9** 382
Entgelterhöhung, Entgeltfortzahlung **AGBG 9** 383
Heiratsvermittlung AGBG 11 Nr 2 7
Heizkostenabrechnung AGBG 11 Nr 12 13
Heizölfall AGBG 11 Nr 7 12
Herabsetzungsbefugnis AGBG 10 Nr 7 16
Herstellergarantien AGBG 3 22
Hinweisobliegenheit
Fiktionswirkung nach Fristablauf **AGBG 10 Nr 5** 14
Hinweisobliegenheit (AGB-Einbeziehung)
und AGB-Textgestaltung, Übereinstimmung **AGBG 2** 27
Ausdrücklichkeit
s. dort
Ausdrücklichkeit, Klarheit **AGBG 2** 4
gegenüber Ausländer **AGBG 2** 4
Bausparverträge, Versicherungsverträge, Kapitalanlagegesellschaften **AGBG 23** 43, 44
Formbedürftigkeit des Vertrags **AGBG 2** 12
und Kenntnisverschaffungsobliegenheit, hinzukommende **AGBG 2** 5
Rechtzeitigkeit des Hinweises (bei Vertragsabschluß) **AGBG 2** 4 ff, 10, 12, 14, 18, 19, 20 ff, 31, 33e, 37

Hinweisobliegenheit (AGB-Einbeziehung) (Forts.)
gegenüber Unternehmern, juristischen Personen des öffentlichen Rechts **AGBG 2** 17
HIV-Test
Einwilligung des Patienten, formularmäßige **AGBG 9** 313
Höchstbetragsbürgschaft
Unklarheitenregel **AGBG 5** 23
Vorrang der Individualabrede **AGBG 5** 23
Höhere Gewalt vorbehalten AGBG 10 Nr 3 23
Honorarvereinbarung
aufgrund Formularvertrag **AGBG 3** 34
Inhaltskontrolle **AGBG 9** 303 ff, 308
Hotelzimmer
und AGB-Aushang **AGBG 2** 22
Hypothek
Verlängerungsklausel für Hypothekendarlehen **AGBG 10 Nr 5** 2

IATA-Beförderungsbedingungen
AGB-Vorschriften **Einl AGBGB** 3
ICC-Richtlinien AGBG 1 22
Idealverein
AGBG-Anwendbarkeit **AGBG 23** 10
Identy of Carrier-Klausel AGBG 11 Nr 13 13
Illiquidität
des AGB-Verwenders **AGBG 11 Nr 7** 17
Immaterieller Schaden AGBG 11 Nr 5 12
Immobilien
s. Grundstücksgeschäfte
Inanspruchnahme Dritter
vorherige außergerichtliche **AGBG 11 Nr 10** 33
vorherige gerichtliche **AGBG 11 Nr 10** 19, 40
Incoterms
Handelsbrauch **AGBG 2** 61
Individualprozeß
AGB, Folge unwirksamer **AGBG 6** 9, 15
AGB-Inhaltskontrolle als Prüfungsmaßstab **Einl AGBGB** 18
und individuelle Umstände **AGBG 5** 20; **AGBG 24a** 54
Interessenabwägung, eingeschränkte **AGBG 9** 83
Mahnung, Nachfristsetzung (Obliegenheit) **AGBG 11 Nr 4** 4
Unklarheitenregel **AGBG 5** 7, 7a
Individualvereinbarungen
Abweichungen, Textänderungen **AGBG 1** 34, 35
AGB-Bestimmungen, abzugrenzende **AGBG 1** 1, 32 ff; **AGBG 2** 18 ff
AGB-Hinweis im längeren, schriftlich fixierten Text **AGBG 2** 14

Individualvereinbarungen (Forts.)
  AGB-Klauseln, Grenzen einer individual-
    vertragskonformen Auslegung
    AGBG 5 23
  AGB-Klauseln, überraschende und hierauf
    erfolgter Hinweis **AGBG 1** 29; **AGBG 3** 5
  AGB-Konkretisierung **AGBG 4** 16
  AGB-Präzisierung von Begriffen **AGBG 4** 7
  und AGB-Schriftformklauseln
    AGBG 4 23 ff
  AGB-Text, Verzicht hierauf **AGBG 2** 26
  und AGB-Vertretungsbeschränkungen
    AGBG 4 29 ff
  AGBG-Anwendungsbereiche, abzugren-
    zende **Einl AGBG** 18
  Angebot der AGB-Akzeptanz als –
    AGBG 1 39
  Aushandeln, Verhandeln **AGBG 1** 36;
    AGBG 2 18
  Auslegung, individualvertragskonforme
    AGBG 5 23
  Begriff **AGBG 4** 10
  Beweislast für das Vorliegen einer –
    AGBG 1 41
  Effizienz (§§ 9–11 AGBG) **AGBG 4** 2
  Eigenschaftszusicherung **AGBG 11 Nr 11** 2
  Ergänzungen **AGBG 1** 21, 41; **AGBG 5** 14;
    AGBG 13 23
  oder Formularklausel, Abgrenzung
    AGBG 9 428
  Formulierungsverantwortung **AGBG 5** 27
  Freizeichnung von der Haftung für grobes
    Verschulden **AGBG 11 Nr 7** 7, 38
  Gestaltungsmöglichkeiten **AGBG 8** 38;
    AGBG 9 187
  Individualvertragswidrige Klauseln
    AGBG 4 11
  Inhaltskontrolle formelhafter Klauseln in
    beurkundeten Verträgen **AGBG 1** 44
  Inhaltskontrolle und Schutz einer –
    AGBG 4 2 ff
  Lieferfrist, vereinbarte **AGBG 4** 4
  Nachträgliche Änderungen **AGBG 1** 38
  Preis, variabel vereinbarter **AGBG 11 Nr**
    1 25
  Preisberichtigungsklauseln **AGBG 11 Nr 1** 7
  Preisfestsetzung und AGB-Bestimmungen,
    Widerspruch **AGBG 4** 7
  Preisgleitklausel **AGBG 4** 7
  Rechtsgestaltung **AGBG 8** 38
  Richtigkeitsgarantie und überlegene Betei-
    ligtenstellung **Einl AGBG** 3
  Salvatorische Klauseln **AGBG 6** 11a
  Schlüssige – **AGBG 4** 10a
  Streichung einzelner Klauseln **AGBG 1** 34
  und Transparenzkontrolle **AGBG 9** 84
  und Ungewöhnlichkeitskontrolle
    (Maßstabsfrage) **AGBG 3** 2

Individualvereinbarungen (Forts.)
  Unklarheitenregel und Vorliegen von –
    AGBG 4 10b
  Unwirksamkeit individualvertragswidriger
    AGB-Klauseln **AGBG 4** 11 ff
  Unwirksamkeit einer Klausel **AGBG 1** 45
  Verbraucherverträge **AGBG 11 Nr 1** 27;
    AGBG 24a 45
  Verdrängung von – **AGBG 9** 177
  Verhandlungs- oder vertragsferne Klauseln
    AGBG 3 23
  Vertragslösung, Recht zur willkürlichen
    AGBG 4 5
  Vertragspartnerwechsel **AGBG 11 Nr 13** 3
  Vorformulierte Vertragsbedingungen,
    Abgrenzung **AGBG 1** 32
  Vorrang gegenüber individualvertragswid-
    riger AGB-Klausel **AGBG 4** 9 ff
  Wahlfreiheit (Tarifwahl) und Zustande-
    kommen von – **AGBG 9** 97
  Zustandekommen einer AGB-Klauseln
    verdrängenden – **AGBG 4** 19 ff
Industrie- und Handelskammer
  Verbandsklage, Aktivlegitimation
    AGBG 13 22
Infektionsversicherung AGBG 9 594
Informationsfunktion von AGB AGBG 9 126
Informiertheit der Marktparteien
  und AGB-Inhaltskontrolle **AGBG 8** 15
Ingenieurvertrag
  Kündigung **AGBG 10 Nr 7** 6
  Schlechterfüllung und Haftungseinschrän-
    kung **AGBG 11 Nr 8** 4
  Verträge über Leistungen, Gewährlei-
    stungsrecht und Klauselverbote
    AGBG 11 Nr 10 11 ff
Inhaltskontrolle
  Abgrenzung kontrollfreien/kontrollfähi-
    gen Bereichs **AGBG 8** 6
  Abonnementsvertrag **AGBG 9** 436
  Abtretungsverbote **AGBG 9** 250 ff
  Abwägung beiderseitiger Interessen
    AGBG 9 74
  Abwägung § 9 AGBG und gesetzliche
    Wertungen §§ 10, 11 AGBG **AGBG 9** 11
  Abwägungskriterien, einzelne
    AGBG 9 108 ff
  Abwehrfunktion **AGBG 9** 3
  Abweichung von einer gesetzlichen Rege-
    lung **AGBG 9** 179 ff
  Abweichung vom objektiven Recht als
    Grundlage der – **AGBG 8** 5
  Abweichungsinteresse des Verwenders
    AGBG 9 192
  Äquivalenzverhältnis **AGBG 8** 2, 11, 16,
    25, 26
  Ärztliche Abrechnungsstellen
    AGBG 9 309 ff

Inhaltskontrolle (Forts.)
und AGB-Auslegung, restriktive
AGBG 5 17
AGB-Inhaltskontrolle als Prüfungsmaßstab Einl AGBGB 18
vor AGBG-Inkrafttreten AGBG 3 1
Allgemeininteressen und Interessenabwägung AGBG 9 107
von Amts wegen AGBG Einl §§ 8 ff 15 ff
und Anfechtung AGBG 9 27
Angemessenheitskontrolle AGBG 8 9, 20, 31, 34
Anwendungsbereich AGBG 8 1; AGBG 9 16 ff
Anzeigenvertrag AGBG 9 437
Arbeitskampfklauseln AGBG 9 290 ff
Arbeitsrecht AGBG 23 1c
Architektenvertrag AGBG 9 296
Arglist AGBG 9 29
Arztvertrag AGBG 9 300 ff
Atypische Ausnahmesituationen AGBG 5 29
Atypische Verträge AGBG 9 182, 200
Auffangsvorschrift § 9 AGBG AGBG 9 10, 66
Aushöhlungskriterium AGBG 8 23, 25; AGBG 9 197
und Auslegung AGBG 9 30
Auslegung dispositiven Rechts als normativer Maßstab AGBG 8 23
Auslegung, richtlinienkonforme AGBG 9 62 ff
Auslegung wegen unwirksamer Klausel AGBG 9 50
Auslegungsergebnis AGBG 5 5
und Ausübungskontrolle durch § 242 BGB AGBG 9 38, 39
Automatenaufstellvertrag AGBG 9 438
Autowaschanlagen AGBG 9 318 ff
Bagatellnachteile im Massenverkehr AGBG 9 71, 105
Bankgeschäfte
s. dort
Bausparverträge und Freizeichnungsklauseln AGBG 9 352
Bauverträge AGBG 9 326, 550, 624
Beförderungsverträge AGBG 9 327
Behördlich genehmigte AGB AGBG 9 17
Benachteiligung für den Vertragspartner AGBG 9 71 ff
Beraterverträge und Freizeichnungsklauseln AGBG 9 353
Berechtigte Erwartungen als normativer Maßstab AGBG 8 23
Beruflicher Verkehr, Klauselbeurteilung AGBG 9 13
Bestätigung von AGB, Entziehung der – AGBG 9 52

Inhaltskontrolle (Forts.)
Bewachungsvertrag und Freizeichnung AGBG 9 354
Beweislast AGBG 9 77, 167
Bierlieferungsverträge AGBG 9 328, 439
Billigkeitskontrolle § 315 Abs 3 BGB AGBG 8 2, 21, 23; AGBG 9 42 ff
Bürgschaft AGBG 9 329
Chefarztvertrag AGBG 9 308
Computerverträge AGBG 9 330
Culpa in contrahendo wegen schuldhafter Klauselverwendung AGBG 9 45, 50
Dienstleistungsgewerbe AGBG 9 21
Differenzierungen, gruppentypische bei der Interessenabwägung AGBG 9 82
Direktunterrichtsverträge AGBG 9 537 ff
Dispositionsfreiheit des Vertragspartners AGBG 9 114
Dispositives Recht AGBG 9 24, 26
Drittinteressen AGBG 9 100
Durchführung AGBG Einl 8 ff 10 ff
EG-Richtlinie über mißbräuchliche Vertragsklauseln
s. Verbraucherverträge
und Eigenverantwortlichkeit des Kunden AGBG 9 4
und Einbeziehungskontrolle Einl AGBG 31
Einschränkung vertragswesentlicher Rechte und Pflichten AGBG 9 211 ff
Einzelfallumstände und generalisierende Betrachtungsweise AGBG 9 80, 81
Entgeltklauseln AGBG 8 13
und ergänzende Vertragsauslegung AGBG 6 12
Erlaubnisnorm AGBG 8 38, 39
Ersatzregelung AGBG 9 52
Etablierte Standards (Abwägungskriterium) AGBG 9 109 ff
EuGH-Vorabentscheidungsverfahren AGBG 9 55 ff
Factoring und Freizeichnung AGBG 9 362
Fernunterrichtsverträge AGBG 9 535 ff
Fitnessverträge AGBG 9 500 ff
Franchising und Freizeichnung AGBG 9 363
Freiberufler AGBG 9 21, 355
Freizeichnung
s. dort
Garantieverträge und Freizeichnung AGBG 9 364
Gebührenordnungen der freien Berufe AGBG 8 20
Gefährdung des Vertragszwecks AGBG 9 196 ff
Gegenseitiger Vertrag und Äquivalenzverhältnis AGBG 8 2
Gegenstand AGBG 9 50, 51, 70

Inhaltskontrolle (Forts.)
Generalklausel § 9 Abs 1 AGBG
s. dort
Gerechtigkeitsmodell, objektives (§ 9 Abs 2 AGBG) **AGBG 9** 161
Gerichtsstandsklauseln **AGBG 9** 370 ff
Gesamtzusammenhang des Vertrags **AGBG 9** 90 ff
Gesellschaftsverträge **AGBG 23** 12
Gesetzlich ungeregelte Bereiche **AGBG 8** 23
Gesetzliche Gestaltungsmöglichkeiten **AGBG 8** 34, 37 ff
Gesetzliche Regelung (Leitbildfunktion) **AGBG 9** 169 ff
Gesetzliche Systematik **AGBG Einl §§ 8 ff** 8 ff
Gesetzliche Verbote **AGBG 9** 33
Gesetzliche Wertungen §§ 10, 11 AGBG und Abwägung nach § 9 AGBG **AGBG 9** 11
Gesetzliches Gerechtigkeitsleitbild, fehlendes **AGBG 9** 196
Gesetzliches Regelbeispiel (§ 9 Abs 2 AGBG) **AGBG 9** 163
Gestaltungsmöglichkeiten aufgrund des Gesetzes **AGBG 8** 37; **AGBG 9** 66
Gewerbetreibende **AGBG 9** 21
Gewohnheitsrecht **AGBG 8** 7; **AGBG 9** 69
Gleichbehandlung aller Vertragspartner (Abwägungskriterium) **AGBG 9** 116 ff
Grundbucheintragung **AGBG 24a** 42
Grundsätze **AGBG Einl §§ 8 ff** 14 ff
Günstige Regelungen **AGBG 8** 40
Handelsgesetzbuch **AGBG 8** 20
Handwerker **AGBG 9** 21
Hauptleistungspflichten **AGBG 8** 2 ff, 11, 12, 14 ff, 19, 28; **AGBG 9** 99, 208
Heimverträge **AGBG 9** 380 ff
IATA **AGBG 9** 18
Individualabreden, Frage ihrer Berücksichtigung **AGBG 9** 84
Individualprozeß und typisierender Prüfungsmaßstab **AGBG 9** 83
Individualvereinbarung, vorrangige **AGBG 4** 2
Informiertheit der Marktparteien **AGBG 8** 15
Inkassoverträge **AGBG 9** 387
und Institutionenmißbrauch (allgemeine Grundsätze) **AGBG 9** 3
Interessen, berücksichtigungsfähige **AGBG 9** 100 ff
Interessenabwägung
s. dort
Interessenbeeinträchtigung des Vertragspartners **AGBG 9** 115
Internationaler Anwendungsbereich **AGBG 9** 16 ff

Inhaltskontrolle (Forts.)
Iustum prestum **AGBG 8** 2
Juristische Personen des öffentlichen Rechts **AGBG 9** 21
Juristische Personen des Privatrechts **AGBG 9** 21
Kabelanschlußvertrag **AGBG 9** 440
Kardinalpflichten **AGBG 9** 209
Kartellrecht **AGBG 9** 47 ff
Kaufleute **AGBG 9** 21; **AGBG 24** 12 ff
Kaufverträge **AGBG 9** 356, 391
Klausel- und Vertragstypen (Beispiele) **AGBG 9** 250 ff
Klauselbegriff, materieller und Unwirksamkeitsfolge **AGBG 9** 51
und Klauselverbote §§ 10, 11 AGBG **AGBG 9** 7
Kompensation für Abweichungen von gesetzlicher Regelung **AGBG 9** 194
Kompensationen für den Vertragspartner **AGBG 9** 91 ff
Konkurrenzverhältnis § 9 Abs 1/§ 9 Abs 2 AGBG **AGBG 9** 166
Konkurrenzverhältnis § 9 Abs 2 AGBG-Tatbestände **AGBG 9** 198 ff
Konkurrenzverhältnisse §§ 9–11 AGBG **AGBG 9** 7 ff
Kontrollbedürftigkeit **AGBG 8** 2, 3, 11, 15, 20, 21, 34 ff
Kontrollfähigkeit **AGBG 8** 2, 4, 10 ff, 14, 15, 20, 23, 30, 31, 34 ff; **AGBG 9** 97, 145, 187, 251, 303, 429
Kontrollfreiheit **AGBG 8** 2, 6 ff, 12 ff, 19, 25, 26, 29 ff, 34, 41
Kontrollmaßstäbe, fehlende **AGBG 8** 2
Krankenhausverträge **AGBG 9** 400 ff
Kreditkarten **AGBG 8** 11, 13, 22, 25; **AGBG 9** 417
Kunden-AGB **AGBG 9** 12
Lagervertrag und Freizeichnung **AGBG 9** 357
Lastschriftklauseln **AGBG 9** 425, 426
Laufzeitklauseln **AGBG 9** 427 ff; **AGBG 23** 40
Laufzeitverlängerungsklauseln **AGBG 9** 580
Leasingvertrag **AGBG 9** 442
im Leistungsbereich **AGBG 8** 18 ff
Leistungsbeschreibungen **AGBG 1** 1
Leistungsbestimmungen **AGBG 8** 11 ff, 19, 20, 22 ff, 28 ff; **AGBG 9** 145 ff
Leistungsbestimmungsrechte **AGBG 9** 443
Leitbildfunktion des dispositiven Rechts **AGBG 9** 168
Leitnorm § 9 AGBG **AGBG 9** 7 ff, 65
Maklerverträge **AGBG 9** 445
Marktgerechtigkeit statt objektiver Gerechtigkeit **AGBG 8** 2

814

Inhaltskontrolle (Forts.)
Marktmechanismus und Ausweitung der materiellen – **AGBG 8** 24
Markttransparenz **AGBG 8** 3
Marktversagen als Grundlage **AGBG 9** 3
Mietverträge **AGBG 9** 445
Mindeststandardprinzip der EG-RL **AGBG 9** 64
Mißbräuchliche Rechtsausübung **AGBG 9** 40
Modifizierung einer Klausel **AGBG 9** 50
Monopolbetriebe **AGBG Einl §§ 8 ff** 4; **AGBG 8** 21
Natur des Vertrags **AGBG 9** 164, 196, 203 ff, 212
Nebenleistungspflichten **AGBG 8** 11, 12, 19, 25; **AGBG 9** 208
Normative Maßstäbe **AGBG 8** 23; **AGBG 9** 87 ff
Notare **AGBG Einl §§ 8 ff** 17
Notarielle Verträge ohne AGB-Charakter **AGBG 1** 43 ff
Öffentliche Hand, Anwendung allgemeiner Bedingungen **AGBG 9** 19
Partnerschaftsvermittlungsverträeg **AGBG 9** 446
Pflegesatzerhöhung, rückwirkende **AGBG 3** 22
Preisänderungsklauseln **AGBG 8** 26
Preisaufspaltungen **AGBG 8** 19, 25
Preisbezogene Klauseln **AGBG 8** 25 ff
Preiskompensation **AGBG 9** 94
Preisnebenabreden **AGBG 8** 12, 13, 15, 19, 20, 26
Privatautonomie **AGBG 8** 1, 3
Private Parteien **AGBG 9** 21
Prospekthaftung **AGBG 9** 460
Prüfungsreihenfolge **AGBG Einl §§ 8 ff** 13
Rationalisierungsinteresse des Verwenders **AGBG 9** 112
Rechtfertigung, Zweck **AGBG 9** 1
Rechtliche Gestaltungsmöglichkeiten **AGBG 9** 187
Rechtsanwendung und Beachtung der Gesetzesbestimmungen zur – **AGBG Einl §§ 8 ff** 16
Rechtsdeklaratorische Klauseln, kontrollfreie **AGBG 8** 2, 30 ff
Rechtsentwicklung seit AGBG-Inkrafttreten **AGBG Einl §§ 8 ff** 5, 6
Rechtsergänzende Klauseln **AGBG 8** 8, 34
Rechtsfolgen **AGBG 9** 50 ff
Rechtsfortbildung als normativer Maßstab **AGBG 8** 23
Rechtsvorschriften als Grundlage der Leitbildfunktion **AGBG 8** 7 ff; **AGBG 9** 176 ff
Rechtswahlklauseln **AGBG 9** 461

Inhaltskontrolle (Forts.)
Rechtswahrung, erschwerte **AGBG 9** 127
als Regel **AGBG 8** 6
Reinigungen **AGBG 9** 462 ff
Reisevertrag **AGBG 9** 358, 470
Revisibilität **AGBG Einl §§ 8 ff** 19
Richterliche Inhaltskontrolle bei struktureller Ungleichgewichtslage **AGBG 23** 1c
Richterrecht **AGBG 8** 7, 33 ff
Richtlinienkonforme Auslegung **AGBG Einl §§ 8 ff** 7, 13
Risikoverteilung (Abwägungskriterium) **AGBG 9** 119
Salvatorische Klauseln **AGBG 9** 52, 475
Satzungen **AGBG 23** 12
Schiedsklauseln **AGBG 9** 476
Schriftformklauseln **AGBG 9** 477
Schutzfunktion **AGBG 9** 2
Sicherungsklauseln **AGBG 9** 478
Sittenwidrigkeit **AGBG 9** 34
Sondertatbestände § 9 Abs 2 AGBG **AGBG 9** 165
Sportliche Regelwerke **AGBG 1** 3
Sportstudioverträge **AGBG 9** 500 ff
Systematik einer Klausel **AGBG 3** 12
Tarifwahl **AGBG 9** 97
Tatsächliche Feststellungen/Erklärungen **AGBG 8** 10
Teilwiedergabe der Rechtslage **AGBG 8** 36
und Transparenzkontrolle **AGBG 8** 4, 14 ff, 15 ff, 18, 20, 22, 23, 25, 26, 28; **AGBG 9** 68, 106, 121 ff
Transportverträge und Freizeichnung **AGBG 9** 359
Treu und Glauben **AGBG 9** 37, 75
Treuhandvertrag und Freizeichnung **AGBG 9** 360
Typisierende Betrachtungsweise **AGBG 9** 80
und Überraschungsprüfung **Einl AGBG** 18
Unangemessene Benachteiligung des Vertragspartners (Grundtatbestand) **AGBG 9** 65 ff
Unangemessenheit durch Unklarheit **AGBG 9** 123 ff
und Ungewöhnlichkeitskontrolle, Verhältnis **AGBG 3** 1, 2, 5, 11, 12, 14, 19, 22, 23, 31, 34, 40
und Unklarheitenregel **AGBG 5** 7 ff
Unlauterer Wettbewerb (UWG) **AGBG 9** 49
Unterrichtsverträge **AGBG 9** 535 ff
Unvereinbarkeit mit gesetzlichem Gerechtigkeitsmodell **AGBG 9** 168 ff
Unwirksamkeitssanktion **AGBG 9** 51
Verbraucherverträge
s. dort
Verdeckte Inhaltskontrolle **AGBG 9** 39, 563

Inhaltskontrolle (Forts.)
Verfassungsrecht und AGB-Kontrolle **AGBG 9** 23
Verhältnismäßigkeit **AGBG 8** 15, 21; **AGBG 9** 75, 115, 195
Verjährungsklauseln **AGBG 9** 545 ff
Verkehrskreise, Mitwirkung beteiligter **Einl AGBGB** 3
Verkehrssitte und Handelsbräuche **AGBG 8** 7
Verkehrstypische Erwartungen als normativer Maßstab **AGBG 8** 23
Verlängerungsklauseln **AGBG 9** 435, 504
Vermögensschutz **AGBG 9** 114
Versicherungsvertrag
s. dort
Vertrag, bestehenbleibender trotz unangemessener AGB-Klausel **AGBG 9** 50
Vertragliche Richtigkeitsgewähr **AGBG 9** 4
Vertragpartner, benachteiligter **AGBG 9** 72
Vertragsgerechtigkeit **AGBG 9** 184
Vertragsnatur und verkehrstypische Erwartungen **AGBG 8** 23
Vertragspartner **AGBG 9** 72
Vertragspartnerinteressen (Abwägungskriterium) **AGBG 9** 114
Vertragstyp und Abweichungsgründe **AGBG 9** 191
Vertragstyp und Freizeichnungsklauseln **AGBG 9** 351 ff
Vertragstyp und Leitbildkonkretisierung **AGBG 9** 204
Vertragstyp, neuer **AGBG 9** 196
Vertragszweckgefährdung **AGBG 9** 196 ff, 212, 213, 569
Verwenderinteressen, typische (Abwägungskriterium) **AGBG 9** 112, 113
Verwenderseite, persönlicher Anwendungsbereich **AGBG 9** 20, 21
Vollmachtsklauseln **AGBG 9** 620 ff
Vorrang anderweitiger Gesetze **AGBG 8** 31
Wartungsvertrag **AGBG 9** 441
Werbung, Warenteste **AGBG 8** 3
Werkvertrag und Freizeichnung **AGBG 9** 361
Wesentliche Rechte und Pflichten **AGBG 9** 207 ff
Wettbewerb, Schutz eines funktionierenden **AGBG 9** 3
Wettbewerbsrecht **AGBG 9** 46 ff
Zahlungsmodalitäten **AGBG 8** 27
Zeitpunkt **AGBG 9** 76
Zusatzentgelte **AGBG 8** 18, 19, 22, 25
Zweckmäßigkeits- oder Ordnungsfragen **AGBG 9** 185
Zwingendes Recht **AGBG 8** 9, 20; **AGBG 9** 24

Inhaltskontrolle (Forts.)
Zwingendes Recht der Unwirksamkeitssanktion **AGBG 9** 52
Inkassoverträge AGBG 9 106, 387
Schuldeneintreibung, Kostenerstattungspflicht **AGBG 9** 106
Innengesellschaft
AGBG-Bereichsausnahme **AGBG 23** 6
Inserate
AGB-Hinweis **AGBG 2** 11
Interessenabwägung
bei AGB-Inhaltskontrolle **AGBG 9** 74, 79 ff, 100 ff
Berücksichtigungsfähige Interessen **AGBG 9** 100 ff
Gruppentypische Differenzierungen **AGBG 9** 82
Individualabreden und Zugeständnisse **AGBG 9** 84
Individualprozeß, Einschränkungen **AGBG 9** 83
Methoden **AGBG 9** 79
Prüfungsmaßstab **AGBG 9** 80 ff
Verbrauchervertrag **AGBG 9** 85
Vertragspartnerinteressen, typische **AGBG 9** 114
Verwenderinteressen, typische **AGBG 9** 112, 113
Interessenwahrung
und Transaktionskosten **Einl AGBGB** 4
Interessenwahrungsverträge
AGBG-Anwendbarkeit **AGBG 23** 7
Internationale Dachorganisationen
und nationale AGB-Kontrolle **AGBG 9** 18
Internationale Organisationen
AGB-Vorschriften **Einl AGBGB** 3
Internationale Zuständigkeit
Prorogationen bei internationen Handelsgeschäften **AGBG 3** 16
Internationaler Geltungsbereich
AGBG-Anwendbarkeit **AGBG 12** 1 ff
Internationaler Rechtsverkehr
AGB-Verwendung **AGBG 5** 30
Internet
AGB-Klauselwerk, Kenntnisnahme über – **AGBG 2** 33a
Irrtumsanfechtung AGBG 9 27
Iustum prestum
und AGB-Inhaltskontrolle **AGBG 8** 2

Jahresabschlüsse
Zugangsfiktion einer Genehmigungserklärung **AGBG 10** Nr 6 6
Juristische Personen
und Verbraucherbegriff **AGBG 24a** 31
Juristische Personen des öffentlichen Rechts
AGB-Aushang und Verkehr mit – **AGBG 2** 25

816

Juristische Personen des öffentlichen Rechts (Forts.)
AGB-Hinweisobliegenheit gegenüber – **AGBG 2** 17
AGBG-Anwendung **AGBG 24** 11
Begriff **AGBG 24** 9

Kabelanschlußvertrag
AGB-Inhaltskontrolle **AGBG 9** 390, 440
Preisanpassungsklausel **AGBG 11 Nr 1** 24
Kaffeefahrten AGBG 5 20
Kalkulationsirrtum AGBG 10 Nr 3 2; **AGBG 11 Nr 1** 20
Kalkulierbarkeit
Preisanpassungsklauseln und Risiko der – **AGBG 11 Nr 1** 28
Kaltlagerfall AGBG 11 Nr 7 39
Kapitalanlagegesellschaften
Behördliche AGB-Genehmigung und Freistellung von den qualifizierten Einbeziehungsvoraussetzungen **AGBG 23** 43, 44
Kapitalmarktgeschäfte
Entgelterhöhung **AGBG 11 Nr 1** 17
Karatekurs AGBG 11 Nr 12 3
Kardinalpflichten
s. a. Vertragswesentliche Pflichten
Begriff **AGBG 9** 209
Freizeichnung, Ausschluß der Haftung für die Verletzung von – **AGBG 9** 209, 319, 337
Heizölfall **AGBG 11 Nr 7** 12
und Tatbestand des § 9 II Nr.2 AGBG **AGBG 9** 210
Verbot der Aushöhlung von – **AGBG 9** 197, 209, 210
Kartellrecht
AGB-Inhaltskontrolle und kartellrechtliche Präventivkontrolle **AGBG 9** 47
AGBG, GWB und UWG: Kontrolle marktwidrigen Unternehmerverhaltens **AGBG 9** 3
Konditionenkartelle, Konditionenempfehlungen **Einl AGBG** 23 ff; **AGBG 9** 47
Kaskoversicherung
KFZ-Mietvertrag und zu erwartender Abschluß einer – **AGBG 3** 23
Kasse-gegen Lieferschein-Klausel AGBG 11 Nr 3 11
Kasse-gegen-Akkreditiv-Klausel AGBG 11 Nr 3 11
Kasse-gegen-Dokumente-Klausel AGBG 11 Nr 2 10; **AGBG 11 Nr 3** 11
Kasse-gegen-Duplikat-Frachtbrief-Klausel AGBG 11 Nr 3 11
Kasse-gegen-Faktura-Klausel AGBG 11 Nr 2 10
Kasse-gegen-Rechnung-und Verladepapiere-Klausel AGBG 11 Nr 3 11

Kasseklauseln
und Aufrechnungsverbot **AGBG 11 Nr 3** 10
Katalog
AGB-Bestandteil **AGBG 2** 51
AGB-Text im – **AGBG 2** 31
Kaufhaus
Fangprämie für Ladendieb-Ergreifung **AGBG 11 Nr 6** 20
Kaufmännischer Verkehr
Abtretungsverbot und § 354a HGB **AGBG 9** 282
und AGB-Schriftformklausel **AGBG 4** 28
AGB-Vertretungsbeschränkungen **AGBG 4** 32
AGBG-Anwendungsbereich **AGBG 24a** 25 ff
Angebotsannahmefristen **AGBG 10 Nr 1** 23
Anzeigenvertrag, Bindung **AGBG 9** 437
Aufrechnungsausschluß **AGBG 11 Nr 3** 14
Benachteiligung und Vorteilskompensation **AGBG 9** 91
Dauerschuldverhältnisse, Laufzeitbestimmungen **AGBG 11 Nr 12** 25
Deliktische Ansprüche **AGBG 11 Nr 7** 16
Drittinteressen **AGBG 9** 100
Eigenschaftszusicherung, formularmäßiger Haftungsausschluß **AGBG 11 Nr 11** 18
Fiktionswirkung nach Fristablauf **AGBG 10 Nr 5** 17
Fixgeschäft **AGBG 11 Nr 4** 14
Freizeichnung durch Beschränkung auf unmittelbare Schäden bzw. Mangelschäden **AGBG 9** 350
Freizeichnung bei grobem Verschulden, grundsätzlich unzulässige **AGBG 9** 345, 346
Freizeichnung von der Haftung für grobes Verschulden **AGBG 11 Nr 7** 39
Freizeichnung durch Höchstbetragsbeschränkung **AGBG 9** 348
Freizeichnung, Kaufvertrag **AGBG 9** 356
Freizeichnung, Werkvertrag **AGBG 9** 361
Freizeichnungsklauseln **AGBG 9** 331, 333, 337, 338, 353
Generalklausel, überstrapazierte und Katalog unwirksamer Klauseln **Einl AGBG** 29
Gerichtsstand am Ort des Sitzes des AGB-Verwenders **AGBG 9** 375
Gewährleistungsausschluß, vollständiger und ersatzloser in Verträgen über neue hergestellte Sachen oder sonstige Leistungen **AGBG 11 Nr 10** 38
Gewährleistungsfristen, klauselmäßige Verkürzung **AGBG 11 Nr 10** 86
Inhaltskontrolle (Generalklausel § 9 AGBG) **AGBG 9** 16, 84
Kaufmann AGBG 24 5

Kaufmännischer Verkehr (Forts.)
Klauselverbote **AGBG 9** 191; **AGBG 24** 2, 12 ff
Laufzeitklauseln **AGBG 9** 434
Leistungsänderungsvorbehalte **AGBG 10 Nr 4** 11
Leistungsfristen **AGBG 10 Nr 1** 22
Leistungsverweigerungsrechte, Zurückbehaltungsrecht: Ausschluß bzw. inhaltliche Beschränkung **AGBG 11 Nr 2** 10
Mängelanzeige, klauselmäßige Ausschlußfrist **AGBG 11 Nr 10** 79
Mängelbeseitigung, klauselmäßiges Vorenthalten **AGBG 11 Nr 10** 70
Mahnung, formularmäßige Freistellung vom Erfordernis **AGBG 11 Nr 4** 12
Nachbesserung und Ersatzlieferung, Gewährleistungsbeschränkung hierauf **AGBG 11 Nr 10** 56
Nachbesserungskosten **AGBG 11 Nr 10** 63
Nachfrist **AGBG 10 Nr 2** 11
Nachfristsetzung, formularmäßige Freistellung vom Erfordernis **AGBG 11 Nr 4** 13 ff
Preisanpassungsklauseln **AGBG 11 Nr 1** 28
Preise als Nettopreise **AGBG 4** 7
Schadensersatzpauschalen **AGBG 11 Nr 5** 25
Schutz des kaufmännischen Vertragspartners **AGBG 9** 72, 81
Teilverzug, Teilunmöglichkeit: Klauselmäßiges Verbot des Ausschlusses von Rechten **AGBG 11 Nr 9** 10
Transparenzgebot und Freizeichnungsklauseln **AGBG 9** 342
Transparenzgebot und Rechtserläuterung **AGBG 9** 143
Transparenzkontrolle im Leistungsbereich **AGBG 8** 16
und Unklarheitenregel **AGBG 5** 2
Verjährungsfrist, Verkürzungen **AGBG 9** 548
Vertragsabwicklung, formularmäßige Anspruchsfolgen **AGBG 10 Nr 7** 21
Vertragsklausel als Individualvereinbarung **AGBG 1** 36
Vertragsloslösung, formularmäßige **AGBG 10 Nr 3** 31 ff
Vertragsloslösungsrechte bei Verzug/Unmöglichkeit/positiver Forderungsverletzung **AGBG 11 Nr 8** 12
Vertragspartner-Interessen **AGBG 9** 114
Vertragspartnerwechsel **AGBG 11 Nr 13** 18
Vertragsstrafen, Inhaltskontrolle **AGBG 11 Nr 6** 27
Wartungsvertrag, Laufzeitklauseln **AGBG 9** 441
Zugangsfiktion **AGBG 10 Nr 6** 1 ff

Kaufmännisches Bestätigungsschreiben
AGB-Einbeziehung **AGBG 2** 51, 59, 75 ff
AGB-Hinweis **AGBG 2** 17
AGB-Konkurrenzen aufgrund sich kreuzender – **AGBG 2** 80; **AGBG 6** 4
AGB-Konkurrenzen aufgrund unterschiedlicher Verweisung **AGBG 2** 81 ff
und Auftragsbestätigung, Abgrenzung **AGBG 2** 75
Fiktionswirkung bei unterlassenem Widerspruch, Hinweis hierauf **AGBG 10 Nr 5** 17
Nichtklaufleute, Bindungswirkung **AGBG 2** 77, 78
Überraschende Klauseln **AGBG 3** 1
Vertragsergänzung in Nebenpunkten **AGBG 2** 76
Vertragsverhandlungen, vorausgegangene **AGBG 2** 76
Vorrang gegenüber AGB-Regelungen **AGBG 4** 10c

Kaufvertrag
AGB-Inhaltskontrolle **AGBG 9** 356, 391
AGB-Klausel, unwirksame **AGBG 6** 10
Eigenschaftszusicherung, formularmäßig unabdingbare Schadensersatzansprüche **AGBG 11 Nr 11** 1 ff
Gewährleistungsausschluß, Verbot des vollständigen bei Lieferung neu hergestellter Sachen **AGBG 11 Nr 10** 20 ff
Gewährleistungsersatz durch Anspruchsabtretung **AGBG 11 Nr 10** 26, 27
Gewährleistungsfristen, klauselmäßige Verkürzung **AGBG 11 Nr 10** 82
Nachbesserungs- oder Ersatzlieferungsansprüche, eigenständige vertragliche **AGBG 11 Nr 10** 42
Nachbesserungsaufwendungen **AGBG 11 Nr 10** 57 ff
Sachgesamtheit, ratenweise Lieferung **AGBG 23** 39
Verbraucherverträge **AGBG 24a** 34
Vertragspartnerwechsel **AGBG 11 Nr 13** 1 ff

Kenntnis
AGB-Einbeziehung aufgrund kaufmännischen Bestätigungsschreibens **AGBG 2** 76
vom AGB-Text, bereits gegebene **AGBG 2** 32
Obliegenheit des AGB-Verwenders zur Verschaffung der – **AGBG 2** 3a, 5, 21, 26, 30, 33, 43; **AGBG 23** 43, 44
von überraschender AGB-Klausel vor Vertragsabschluß **AGBG 3** 5

Kenntnisklauseln
s. Bestätigungsklauseln

Kfz-Haftpflichtversicherung
Antrag auf Vertragsannahme **AGBG 10 Nr 1** 7

Kfz-Kaufvertrag
 Frist zur Annahme, Ablehnung eines Angebots **AGBG 10 Nr 1** 11
 Gebrauchtwagenkauf **AGBG 9** 264, 356, 626; **AGBG 11 Nr 5** 14, 20
 Gebrauchtwagenkauf, Haftungsausschluß für zugesicherte Eigenschaften **AGBG 11 Nr 11** 5
 Gebrauchtwagenkauf, Schadenspauschale **AGBG 11 Nr 5** 27
 Neuwagenkauf, Abtretung des Auslieferungsanspruchs **AGBG 3** 14
 Neuwagenkauf, Gewährleistung für Technikstand **AGBG 5** 13
 Neuwagenkauf: Gewährleistungsrecht, klauselmäßige Verbote **AGBG 11 Nr 10** 6, 7, 45, 83
 Neuwagenkauf, Nachbesserungen **AGBG 11 Nr 10** 45
 Neuwagenkauf, Preisanpassungsklausel **AGBG 11 Nr 1** 24
 Neuwagenkauf, Schadenspauschale **AGBG 11 Nr 5** 27
 Verwendung falscher Verträge **AGBG 5** 14c
Kfz-Miete
 AGB-Ungewöhnlichkeitskontrolle **AGBG 3** 20a
 Führerschein, erforderlicher **AGBG 5** 14b
 Kaskoversicherung, zu erwartender Abschluß **AGBG 3** 23
 Polizeihinzuziehung bei einem Unfall **AGBG 5** 14b
Kfz-Waschanlage
 AGB-Hinweis, Entbehrlichkeit eines ausdrücklichen – **AGBG 2** 19
Klage, Klagbarkeit
 s. Individualprozeß; Verbandsprozeß
Klagefrist
 statt Verjährungsfrist (Inhaltskontrolle) **AGBG 9** 551
Klauselverbote
 und geltungserhaltende Reduktion s. Auslegung von AGB
 Indizwirkung der Klauselverbote §§ 10, 11 für § 9 AGBG **AGBG 9** 13, 14
 und kaufmännischer Verkehr **AGBG Einl 8 ff** 14
 ohne Wertungsmöglichkeit **AGBG Einl 8 ff** 12
 Prüfungsreihenfolge **AGBG Einl 8 ff** 13
 Üblichkeit einer Klausel **AGBG 9** 109, 195, 201, 205
 mit Wertungsmöglichkeit **AGBG Einl 8 ff** 11
Klauselwerke
 als Handelsbrauch **AGBG 2** 61; **AGBG 9** 110
 und kaufmännisches Bestätigungsschreiben **AGBG 2** 76

Klauselwerke (Forts.)
 Kollektiv ausgehandelte, als ausgewogen anerkannte – **AGBG 9** 104
Kleiderablage
 AGB-Hinweis, Schwierigkeit eines ausdrücklichen **AGBG 2** 19
Körperschaften
 AGBG-Bereichsausnahme **AGBG 23** 6
Kollektives Vertragssystem
 AGB-Verwender, Rechtfertigung eines – **AGBG 9** 104
Kompensation
 von AGB-Nachteilen, Berücksichtigung bei der Inhaltskontrolle **AGBG 9** 84, 91 ff
Konditionenempfehlungen
 AGB-Hinweis **AGBG Einl** 23, 25 ff; **AGBG 9** 47; **AGBG 13** 3
Konditionenkartelle
 AGB-Hinweis **AGBG Einl** 23
Konditionenwettbewerb Einl AGBGB 4
Konkurrenzverbot
 Vertragsstrafenvereinbarung **AGBG 11 Nr 6** 21
Konkurrenzverhältnisse
 AGB-Einbeziehung **AGBG 2** 79 ff
 AGB-Klauseln, Unwirksamkeit individualvertragswidriger **AGBG 4** 11 ff
Konkurs
 Aufrechnungsmöglichkeit für den Gläubiger **AGBG 11 Nr 3** 3
Konstruktionsfehler
 AGB-Hinweis **AGBG 11 Nr 10** 22, 44
Kontokorrent
 Abtretungsverbot, formularmäßiges **AGBG 9** 271
 Genehmigungsfiktion für Rechnungsabschlüsse **AGBG 10 Nr 5** 2
Kontrahierungszwang
 Krankenhausaufnahmevertrag **AGBG 9** 402
Kontrollbedürftigkeit von AGB-Klauseln
 s. Inhaltskontrolle
Kontrollfähigkeit von AGB-Klauseln
 s. Inhaltskontrolle
Konzentrationsermächtigung
 Verbandsklage **AGBG 14** 6
Konzernverrechnungsklausel AGBG 11 Nr 2 8
Konzernvorbehalt
 Aufrechnungsmöglichkeit, erweiterte **AGBG 11 Nr 3** 7
Korrespondenz
 AGB-Verweis nach Vertragsabschluß **AGBG 2** 10
 Annahme, modifizierte eines Angebots und AGB-Hinweis **AGBG 2** 13
Kosten
 Bürgschaft, Haftung für – **AGBG 3** 38

Kosten (Forts.)
 Klauseln über zusätzlich zu übernehmende
  AGBG 4 7
Kostensteigerung AGBG 11 Nr 1 22, 26
Kostenvoranschlag
 AGB-Hinweis **AGBG 2** 11
 Entgeltzusage, Ungewöhnlichkeitskontrolle **AGBG 3** 18
 und Kostenersatz aufgrund AGB
  AGBG 2 39
Kostenvorschuß AGBG 11 Nr 10 60
Kraftfahrtversicherung
 Inhaltskontrolle **AGBG 9** 599
Kraftfahrzeug
 Kaufvertrag
  s. Kfz-Kaufvertrag
 Mietvertrag
  s. Kfz-Miete
 Waschanlage
  s. Kfz-Waschanlage
Kraftfahrzeughaftpflichtversicherung
 AKB-Bestimmungen, überraschende
  AGBG 3 32
Kraftfahrzeugreparaturbedingungen
 und Passivlegitimation (Verbandsklage)
  AGBG 13 42
Kraftfahrzeugsteuer AGBG 11 Nr 1 18
Kraftstoff AGBG 11 Nr 1 18
Krankenhaustagegeldversicherung
 Inhaltskontrolle **AGBG 9** 567, 573, 579, 581, 595
 Kündigung **AGBG 8** 35
Krankenhausvertrag
 AGB-Ungewöhnlichkeitskontrolle
  AGBG 3 21
 Inhaltskontrolle **AGBG 9** 400 ff, 552
 Krankenhaus- und Wahlleistungen
  AGBG 9 400
 Selbstzahlungspflicht **AGBG 9** 413
 Verjährungsfrist, Verkürzung **AGBG 11 Nr 7** 20
 Versagung von Wahlleistungen
  AGBG 9 403
Krankenversicherung
 Inhaltskontrolle **AGBG 9** 591 ff
Kreditkartenverträge
 Inhaltskontrolle **AGBG 9** 92, 120, 182, 192, 200, 417
 Unklarheitenregel **AGBG 5** 14
Kreditvermittlungsvertrag AGBG 11 Nr 6 12
Kreditverträge
 s. a. Darlehen
 Frist zur Annahme, Ablehnung eines Angebots **AGBG 10 Nr 1** 11
Kreditwesengesetz
 Mißstände im Kreditwesen und
 AGB-Kontrolle **Einl AGBGB** 22
Kreditwürdigkeit AGBG 10 Nr 3 12, 16, 26, 34

Kreditzusage AGBG 10 Nr 7 14
Kündigung
 Außerordentliche Kündigung **AGBG 9** 431, 506
 Dauerschuldverhältnisse, Höchstgrenze für Kündigungsfrist **AGBG 11 Nr 12** 21 ff
 von Dauerschuldverhältnissen, formularmäßige Anspruchsfolgen **AGBG 10 Nr 7** 6 ff
 als einseitige Befreiungsmöglichkeit
  AGBG 10 Nr 3 2
 Fristen **AGBG 9** 505; **AGBG 11 Nr 12** 21 ff
 Gesellschaftsrecht **AGBG 23** 12
 Laufzeitregelung und Kündigungsmöglichkeiten **AGBG 9** 431
 Recht zur – **AGBG 9** 385, 431, 438, 439
 statt Wegfalls verpflichtender Bindung
  AGBG 3 29
 Unterrichtsvertrag **AGBG 9** 539
 Vertragspartnerwechsel **AGBG 11 Nr 13** 15
 Wichtiger Grund **AGBG 11 Nr 9** 431, 506, 507; **AGBG 11 Nr 12** 10
Künftige Abreden
 Schriftformvereinbarung für – **AGBG 4** 24
Künftiges Geschäft
 AGB-Einbeziehung aufgrund Pauschalvereinbarung **AGBG 2** 55
Kunden-AGB AGBG 9 12; **AGBG 11 Nr 5** 23
 s. Einkaufsbedingungen
Kunden-Loslösung
 vom Vertrag **AGBG 10 Nr 3** 27
Kundenfreundlichkeit
 AGB-Ungewöhnlichkeitskontrolle
  AGBG 3 12
Kundenhorizont AGBG 5 20
Kundenkreis
 und ungewöhnliche AGB-Klauseln
  AGBG 3 13
Kundenschutz
 und AGB-Inhaltskontrolle **AGBG 8** 1
 und Transparenzkontrolle **AGBG 8** 15
Kunstgegenstände AGBG 11 Nr 10 8

Lagerkosten
 und Rücktrittsfall **AGBG 11 Nr 5** 30
Lagerschein
 AGB-Hinweis nach Vertragsabschluß
  AGBG 2 13
 Legitimationszeichen **AGBG 2** 13
Lagervertrag AGBG 9 357
 Inhaltskontrolle **AGBG 9** 357
Lastschriftklauseln
 Inhaltskontrolle **AGBG 9** 425, 537
Lastschriftrückgabe AGBG 11 Nr 5 19
Lastschriftverfahren
 Banken-Aufwandsentgelt **Einl AGBG** 29
Laufende Geschäftsbeziehungen
 s. Geschäftsbeziehungen

Laufzeitklauseln
  Höchstfristen des § 11 Nr 12 AGBG
    AGBG 9 433, 434, 504
  Inhaltskontrolle **AGBG 9** 427 ff, 450,
    501 ff, 540, 541; **AGBG 23** 40
  Kündigungsmöglichkeiten **AGBG 9** 431,
    438, 439
  Laufzeitbeginn **AGBG 9** 430
  Sanktionsfolge eines Verstoßes
    AGBG 9 432
Laufzeitverlängerung
  Bodybuilding **AGBG 9** 504; **AGBG 11 Nr
    12** 13
  Buchgemeinschaften **AGBG 11 Nr 12** 12
  Club-Mitgliedschaften **AGBG 11 Nr 12** 5
  Dauerschuldverhältnisse **AGBG 3** 31;
    AGBG 11 Nr 12 1 ff
  Erstlaufzeit **AGBG 11 Nr 12** 17
  Fahrkurse **AGBG 11 Nr 12** 13
  Fristbeginn **AGBG 11 Nr 12** 17, 19
  Inhaltskontrolle **AGBG 9** 435 ff, 504;
    AGBG 23 40
  Sportunterricht **AGBG 9** 504; **AGBG 11 Nr
    12** 13
  Stillschweigende – **AGBG 11 Nr 12** 19, 20
  Telephonzentrale für Taxifaher **AGBG 11
    Nr 12** 5
  Time-Sharing-Verträge **AGBG 11 Nr 12** 5
  Unterrichtsverträge **AGBG 11 Nr 12** 13
  Versicherungsverträge **AGBG 11 Nr 12** 6
  Wartungsverträge **AGBG 9** 441; **AGBG 11
    Nr 12** 14
  Zeitungs- und Zeitschriftenabonnements
    AGBG 9 436; **AGBG 11 Nr 12** 12, 18, 20
Leasing
  Abtretungsverbot, rechtsmißbräuchliches
    AGBG 9 257
  Äquivalenzprinzip **AGBG 9** 172
  AGB-Praxis und besonderer Vertragstyp
    AGBG 9 175
  AGB-Ungewöhnlichkeitskontrolle
    AGBG 3 40
  Atypischer Vertrag **AGBG 9** 182, 191,
    200 ff
  Ausübungskontrolle § 242 BGB **AGBG 9** 39
  Eigenschaftszusicherung, formularmäßig
    unabdingbare Schadensersatzansprüche
    AGBG 11 Nr 11 5
  Frist zur Annahme, Ablehnung eines Angebots **AGBG 10 Nr 1** 11
  Gesetzliche Regelung (Zinsklausel)
    AGBG 9 169
  Gewährleistung **AGBG 11 Nr 10** 12, 20
  Gewährleistungsausschluß gegen Abtretung von Gewährleistungsansprüchen
    AGBG 9 91
  Inhaltskontrolle (Verweise) **AGBG 9** 442

Leasing (Forts.)
  Klauselverbot zur Laufzeit bei Dauerschuldverhältnissen, Ausschluß bei –
    AGBG 11 Nr 12 4
  Kündigung und Nutzungsvergütung
    AGBG 10 Nr 7 10
  Kündigung und Vorbehaltskosten
    AGBG 10 Nr 7 7
  Leistungsstörungen und Sanktionssystem
    AGBG 9 186
  Options- und Andienungsrecht **AGBG 10
    Nr 1** 9
  Preisanpassungsklausel **AGBG 11 Nr 1** 24,
    29
  Richterrecht, Bedeutung **AGBG 9** 173, 201
  Transparenzgebot (Abschlußzahlung)
    AGBG 9 134
  Vertragspartnerwechsel **AGBG 11 Nr 13** 9
Lebensversicherung
  Fristenvorbehalt und Risikoüberprüfung
    AGBG 10 Nr 1 11
  Inhaltskontrolle **AGBG 9** 270, 279, 574,
    577, 578, 596
  Laufzeitbeschränkungen **AGBG 11 Nr 2** 6
  Rückkaufswert **AGBG 10 Nr 7** 14
Leergut AGBG 11 Nr 5 27, 31; **AGBG 11 Nr
    6** 19
Legitimationszeichen
  AGB-Hinweis nach Vertragsabschluß
    AGBG 2 13
Leihe AGBG 10 Nr 3 29
Leistung
  Änderung **AGBG 4** 6; **AGBG 10 Nr 3** 10;
    AGBG 10 Nr 4 1; **AGBG 11 Nr 1** 19
  Begriff **AGBG 11 Nr 1** 9
  Fristen zur Erbringung der – **AGBG 10 Nr
    1** 13 ff
  Genehmigung, fingierte der Ordnungsmäßigkeit **AGBG 10 Nr 5** 1
  Verträge über Leistungen, Gewährleistungsrecht und Klauselverbote
    AGBG 11 Nr 10 11 ff
  an Zahlungs Statt **AGBG 11 Nr 6** 13
Leistungsänderungsvorbehalte AGBG 4 6
  Vertragslöslösung, formularmäßige
    AGBG 10 Nr 4 1 ff
Leistungsbefreiungen
  aufgrund Leistungsklausel „freibleibend"
    AGBG 10 Nr 1 17, 19, 23; **AGBG 10 Nr
    3** 9, 19, 26; **AGBG 11 Nr 1** 17
  Einseitige Befreiungsmöglichkeit **AGBG 10
    Nr 3** 1 ff
  Höhere Gewalt vorbehalten **AGBG 10 Nr
    3** 23
  Lieferungsmöglichkeit vorbehalten
    AGBG 10 Nr 3 21
  Selbstbelieferungsklausel **AGBG 10 Nr 3** 20
  Solange Vorrat reicht **AGBG 10 Nr 3** 22

Leistungsbeschreibungen
  Änderungsvorbehalt **AGBG 10 Nr 4** 5
  als AGB **AGBG 1** 1
  AGB-Hinweis **AGBG 2** 11
  AGB-Ungewöhnlichkeitskontrolle
    AGBG 3 22
  Altverträge **AGBG 28** 1
  AVB-Inhaltskontrolle **AGBG 9** 563
  Dispositives Recht wegen AGB-Unverträglichkeit **AGBG 23** 45
  EG-Richtlinie über mißbräuchliche Vertragsklauseln **AGBG 24a** 7
  und Laufzeit **AGBG 23** 40
  Unklarheitenregel **AGBG 5** 2
Leistungsbestimmungen
  AGB-Aufstellung als einseitige (§ 315 BGB) – **AGBG Einl 8 ff** 4
  und AGB-Inhaltskontrolle **AGBG 8** 11 ff, 19, 20, 22 ff, 28 ff; **AGBG 9** 42 ff, 187, 563
  Begriff des Leistungsbereichs **AGBG 8** 19
  und Gegenleistung **AGBG 8** 19
  Hauptleistungen
    s. dort
  Preis/Leistungsverhältnis, dieses unmittelbar gestaltende Klauseln **AGBG 8** 19
  Transparenzkontrolle **AGBG 8** 16; **AGBG 9** 145, 146
  Unmittelbare, mittelbare – **AGBG 8** 19
Leistungsbestimmungsrecht
  AGB-Inhaltskontrolle eines einseitigen – **AGBG 8** 37
Leistungsersatz
  Rückabwicklung von Verträgen und formularmäßiger – **AGBG 10 Nr 7** 3
Leistungserschwerungen
  und Lösung vom Vertrag **AGBG 10 Nr 3** 14
Leistungserwartungen
  und AGB-Inhaltskontrolle **AGBG 9** 205 ff, 212
Leistungsfristen AGBG 10 Nr 1 13 ff; **AGBG 11 Nr 1** 13, 14
  nicht hinreichend bestimmte **AGBG 10 Nr 1** 17
  Kaufleute **AGBG 10 Nr 1** 21 ff
  zu kurze **AGBG 10 Nr 1** 19, 22
  Übermäßig lange **AGBG 10 Nr 1** 14
Leistungshindernisse
  Unverschuldete – **AGBG 11 Nr 8** 12
Leistungsmodalitäten AGBG 10 Nr 4 5
Leistungspflicht AGBG 10 Nr 3 1
Leistungsschwierigkeiten AGBG 11 Nr 8 1
Leistungsstörungen
  AGB-Eingriff, unangemessener in das Recht der – **AGBG 10 Nr 3** 1
  und Fristverlängerungen **AGBG 10 Nr 1** 16
  Mahnung, Fristsetzung **AGBG 11 Nr 4** 1

Leistungsstörungen (Forts.)
  Rechtsfolgen des § 326 BGB, klauselmäßige Abwehr **AGBG 11 Nr 8** 1 ff
  Teilverzug, Teilunmöglichkeit: Klauselmäßiges Verbot des Ausschlusses von Rechten **AGBG 11 Nr 9** 1 ff
Leistungstreue AGBG 11 Nr 8 1, 3
Leistungsverweigerung
  Nachfrist **AGBG 10 Nr 2** 6
Leistungsverweigerungsrechte
  Ausschluß, inhaltliche Beschränkung durch AGB **AGBG 11 Nr 2** 1 ff
Leistungsverzögerungen AGBG 10 Nr 3 13
Leistungszeit
  und Preisberichtigungsklausel **AGBG 11 Nr 1** 10 ff
Leitbildfunktion
  des dispositiven Rechts **AGBG 9** 168
Lex causae AGBG 6 1; **AGBG 12** 15
Lexikon
  Lieferung **AGBG 10 Nr 3** 29; **AGBG 11 Nr 12** 6
Lieferantenabtretungsverbote
  Lieferung **AGBG 9** 267
Lieferbedingungen
  der öffentlichen Hand **Einl AGBGB** 3
Lieferfrist
  AGB-Klausel einer unverbindlichen – **AGBG 4** 2
  und Ersatzlieferungsfrist **AGBG 10 Nr 2** 7
  Klauselverbot unangemessen langer, nicht hinreichend bestimmter – **AGBG 10 Nr 1** 1 ff
Lieferklauseln
  s. Einkaufsbedingungen
Lieferschein
  AGB-Verweis nach Vertragsabschluß **AGBG 2** 10
Lieferschwierigkeiten AGBG 10 Nr 3 12, 13
Liefertermin
  AGB-Klauseln, individualvertragswidrige **AGBG 4** 13a
Lieferung freibleibend AGBG 4 5
Lieferungsmöglichkeit-vorbehalten-Klausel
  Lieferung **AGBG 10 Nr 3** 21
Lieferungsverträge
  Gewährleistungsrecht bei neu hergestellten Sachen/Leistungen: Klauselverbote
  s. Alphabetisches Stichwortverzeichnis zu § 11 Nr 10 AGBG
  Sachgesamtheit und ratenweise Lieferung **AGBG 23** 39
Lieferzeit AGBG 11 Nr 10 47
Listenpreis AGBG 11 Nr 1 17, 27
Literatur
  Buchreihe, Lexikonlieferung **AGBG 11 Nr 12** 6

Lösung vom Vertrag
s. Vertragsloslösung
Lösungsrecht **AGBG 11 Nr 1** 21, 26 ff;
AGBG 11 Nr 8 12; **AGBG 11 Nr 13** 15
Lohnabtretungsklausel
in Geldkreditvereinbarungen **AGBG 3** 27;
AGBG 9 447
Lotterie
Staatlich genehmigte – **AGBG 23** 27
Teilnahmebedingungen **AGBG 11 Nr 7** 15
Lückenfüllung
s. Auslegung von Willenserklärungen
(ergänzende Willenserklärung)
Luftfracht
Beweislastverschiebung **AGBG 11 Nr 15** 10
Luftlinienverkehr
Einbeziehung von AGB **AGBG 23** 16
Luganer Übereinkommen
Form einer Gerichtsstandsvereinbarung
AGBG 3 11

Machtgefälle
zwischen Vertragspartnern **Einl AGBGB** 3
Mängel
AGB-Hinweis **AGBG 11 Nr 10** 23
Folgeschäden **AGBG 11 Nr 7** 11; **AGBG 11 Nr 11** 14, 18
Mängelrügen, Anzeigen **AGBG 11 Nr 16** 4, 9
Nicht offensichtliche – **AGBG 11 Nr 10** 73, 74, 79
Offensichtliche – **AGBG 11 Nr 10** 73, 74
Mängelanzeige
Ausschlußfrist, klauselmäßige **AGBG 11 Nr 10** 71 ff
Mängelbeseitigung
Vorenthalten, klauselmäßige **AGBG 11 Nr 10** 64, 64 ff
Mahngebühren
Pauschalen **AGBG 11 Nr 5** 29
Mahnung
Freistellung von der gesetzlichen Gläubiger-Obliegenheit, klauselmäßige
AGBG 11 Nr 4 1 ff
Makler
AGB-Inhaltskontrolle **AGBG 9** 84, 181, 186, 622
AGB-Klauseln, individualvertragswidrige
AGBG 4 12, 13
AGB-Ungewöhnlichkeitskontrolle
AGBG 3 18, 41
Auftragserteilung **AGBG 2** 39
Aufwendungsersatz **AGBG 11 Nr 5** 7;
AGBG 11 Nr 7 8
Vertragsstrafe, Reuegeld (formularmäßige)
AGBG 11 Nr 6 9
Vorkenntnisklauseln **AGBG 10 Nr 5** 12

Makler- und BauträgerVO
Vertragsbedingungen, widersprechende
Einl AGBGB 22
Marktchancen AGBG 9 125, 126
Marktmechanismus
und Ausweitung materieller Inhaltskontrolle **AGBG 8** 24
Marktregulierung
und AGB-Inhaltskontrolle **AGBG 8** 15
Markttransparenz
und AGB-Inhaltskontrolle **AGBG 8** 3
Marktverantwortungsbereich AGBG 10 Nr 4 6, 7
Marktwidriges Unternehmerverhalten
AGBG, GWB und UWG: Kontrolle marktwidrigen Unternehmerverhaltens
AGBG 9 3
Maßabweichungen AGBG 10 Nr 4 7
Maßanfertigung AGBG 10 Nr 2 7; **AGBG 10 Nr 4** 7
Massenabfertigung
AGB-Hinweis, ausdrücklicher **AGBG 2** 19
Massenverkehr
und AGB-Unentbehrlichkeit
Einl AGBGB 5
Massenware
und Schadenspauschalierung **AGBG 11 Nr 5** 14
Mehrwertsteuer
s. Umsatzsteuer
Mietvertrag
Abnahmepflichten und Vertragsstrafeversprechen **AGBG 11 Nr 6** 12
AGB-Inhaltskontrolle (Verweise)
AGBG 9 445
AGBG-vorgehende Sonderregelung zur Miethöhe (Wohnraummiete) **AGBG 11 Nr 1** 5
Betriebskosten-Verteilung **AGBG 9** 44
Beweislastverschiebung **AGBG 11 Nr 15** 9
Eigenschaftszusicherung, formularmäßiger Haftungsausschluß **AGBG 11 Nr 11** 5
Fitnesscenter-Vertrag **AGBG 8** 35
Fortsetzung des Mietvertrages bei widerspruchsloser Weiterbenutzung der Sache
AGBG 9 186
Garantiehaftung des Vermieters **AGBG 11 Nr 7** 11, 36
Gewährleistung **AGBG 11 Nr 10** 11
Haftung des Mieters für Dritte **AGBG 11 Nr 7** 37
und Heimordnung **AGBG 9** 381
Kabelanschluß **AGBG 9** 440
Klauselverbot zur Laufzeit bei Dauerschuldverhältnissen, Ausschluß für den –
AGBG 11 Nr 12 4
Kleinreparaturklausel **AGBG 9** 115
Kündigung des Mietvertrages abweichend von § 554 BGB **AGBG 9** 92

Mietvertrag (Forts.)
Laufzeitregelung und Kündigungsmöglichkeit **AGBG 9** 431
Leasing und – **AGBG 9** 200
Mangelfolgeschäden **AGBG 11 Nr 7** 11
Mitwirkungspflichten **AGBG 11 Nr 6** 12
Mustermietvertrag (Konditionenempfehlung) **AGBG 9** 47
Schadensersatzpauschale **AGBG 11 Nr 5** 27
Schönheitsreparaturen (Inhaltskontrolle) **AGBG 9** 39, 82 ff, 95, 98, 109, 191
Teilzerstörung **AGBG 11 Nr 9** 5
Vertretungsklauseln **AGBG 9** 628, 631
Vorleistungspflicht **AGBG 11 Nr 2** 7
Wohnraummiete, AGB-Ungewöhnlichkeitskontrolle **AGBG 3** 21
Wohnraummiete, Verweis auf gesetzliche Regelung **AGBG 2** 29
Minderkaufleute
und AGB-Anwendung bis 30.6.1998 **AGBG 24** 5
Minderung
Ausschluß, klauselmäßiger bei Verträgen über Lieferung neu hergestellter Sachen und Leistungen **AGBG 11 Nr 10** 20 ff
Fabrikationsfehler **AGBG 11 Nr 10 44** 33
Fehlen zugesicherter Eigenschaft **AGBG 11 Nr 11** 11
Gattungskauf **AGBG 11 Nr 10** 53
Gewährleistungsersetzung, Verbot durch Einräumung von Ansprüchen gegen Dritte **AGBG 11 Nr 10** 26, 27
Hinweis auf subsidiäres Recht der – **AGBG 11 Nr 10** 52
Nachbesserung, fehlgeschlagene und Anspruch auf – **AGBG 11 Nr 10** 47
Pauschalierung **AGBG 11 Nr 5** 13
Verbot klauselmäßiger Subsidiarität **AGBG 11 Nr 10** 28 ff
oder Wandelungsrecht **AGBG 11 Nr 10** 53
Mißbräuchliche Vertragsklauseln
s. Verbraucherverträge
Mitverpflichtung
und Verbraucherbegriff **AGBG 24a** 31a
Mitverschulden
Freizeichnung von der Mithaftung für grobes Mitverschulden **AGBG 11 Nr 7** 33
Mitwirkung
Nichtabnahme, verspätete Annahme einer Leistung **AGBG 11 Nr 6** 12
und tatsächliche Leistungszeit **AGBG 11 Nr 1** 11
und Zugangserfordernisse **AGBG 11 Nr 16** 6
Mobilfunkunternehmen
Angabe von betriebenen Funkstationen **AGBG 2** 30
Möbelkauf
Änderungsvorbehalt **AGBG 10 Nr 4** 6, 7

Möbelkauf (Forts.)
Angebot, Frist zur Annahme oder Ablehnung **AGBG 10 Nr 1** 11
Aufwendungsersatz im Rücktrittsfall **AGBG 10 Nr 7** 12
Gewährleistungsausschluß beim Kauf neuer Möbel **AGBG Einl 8 ff** 3
Gewährleistungsausschluß für schadensanfällige Teile **AGBG 11 Nr 10** 22
Haftungsausschluß, unwirksamer für Mängel **AGBG 9** 341, 356
Lagerkosten und Rücktrittsfall **AGBG 11 Nr 5** 30
Lieferfrist, Nachfrist **AGBG 10 Nr 2** 7
Schadensersatzpauschalierung im Rücktrittsfall **AGBG 11 Nr 5** 27
Monopolbetriebe
Billigkeitskontrolle § 315 Abs 3 BGB **AGBG 8** 21
Monopolstellung
von Verwertungsgesellschaften **AGBG 23** 41

Nachbesserung
Ablehnungsandrohung **AGBG 11 Nr 10** 51
Aufwendungen **AGBG 11 Nr 10** 57 ff
Ausschluß, klauselmäßiger bei Verträgen über Lieferung neu hergestellter Sachen und Leistungen **AGBG 11 Nr 10** 20 ff
Fehlschlagen **AGBG 11 Nr 10** 43 ff
Fristsetzung **AGBG 11 Nr 10** 47, 51
Geltendmachung **AGBG 11 Nr 10** 51
Gewährleistungsbeschränkung auf – **AGBG 5** 11; **AGBG 11 Nr 10** 41 ff
Gewährleistungsersatz durch Anspruchsabtretung **AGBG 11 Nr 10** 26, 27
Kosten der Geltendmachung **AGBG 11 Nr 10** 59
Kosten der Nachbesserung
s. Nachbesserungskosten
Kostenvorschuß **AGBG 11 Nr 10** 60
Nutzungsausfall **AGBG 11 Nr 10** 59
Schadensersatz **AGBG 11 Nr 10** 59
Transportkosten **AGBG 11 Nr 10** 60
Unmöglichkeit **AGBG 11 Nr 10** 44
Unvermögen **AGBG 11 Nr 10** 44
Verbot klauselmäßiger Subsidiarität **AGBG 11 Nr 10** 28 ff
Verjährungsfristverkürzung **AGBG 11 Nr 10** 82
Verweigerung **AGBG 11 Nr 10** 46
Verzögerung **AGBG 11 Nr 10** 47
Wegekosten **AGBG 11 Nr 10** 60
Zahl der Nachbesserungsversuche **AGBG 11 Nr 10** 45
Nachbesserungskosten
im Handelsverkehr **AGBG 11 Nr 10** 63

Nachbesserungskosten (Forts.)
  bei Mängelbeseitigung durch Dritte
    AGBG 11 Nr 10 60
  bei Selbstbeseitigung **AGBG 11 Nr 10** 60
  Umfang **AGBG 11 Nr 10** 59
  bei Verbringung der Sache **AGBG 11 Nr 10** 61
  Verpflichtung zur Kostentragung **AGBG 11 Nr 10** 58
Nachfristen
  Ersatzlieferungsfrist **AGBG 10 Nr 2** 7
  Freistellung von der gesetzlichen Gläubiger-Obliegenheit, klauselmäßige **AGBG 11 Nr 4** 1 ff
  und Leistungsfrist **AGBG 10 Nr 2** 2
  Verdeckte Leistungsfrist **AGBG 10 Nr 1** 2
  Verkürzung, unzulässige **AGBG 10 Nr 2** 5
  Vorbehalt des AGB-Verwenders, unangemessen lange oder nicht hinreichend bestimmte – **AGBG 10 Nr 2** 1 ff
Nachfristsetzung
  Fixgeschäft und Entbehrlichkeit der – **AGBG 11 Nr 4** 16
  Freistellung von der – **AGBG 11 Nr 4** 13
Nachnahmeklausel
  und Aufrechnungsverbot **AGBG 11 Nr 3** 9
Nachträgliche Änderungen
  AGB-Vertragsbestimmungen **AGBG 1** 38
Nachunternehmer
  s. a. Subunternehmer
  als Erfüllungsgehilfe **AGBG 11 Nr 13** 12
  Mängel der Vorleistung, geltend zu machende **AGBG 10 Nr 5** 3
  Verjährungsbeginn, hinausgeschobener ohne Obergrenze **AGBG 11 Nr 10** 91
Nachweisverzichtsklausel AGBG 11 Nr 15 5
Natürliche Person
  als Verbraucher **AGBG 24a** 31
Natur des Vertrags AGBG 9 161, 164, 203, 204, 207, 212
Naturprodukte
  Leistungsbestimmung **AGBG 10 Nr 4** 5
Nebenabreden AGBG 11 Nr 16 2
  Schriftformklausel für spätere vertragliche – **AGBG 11 Nr 16** 2
Nebenbestimmungen
  als vorformulierte Vertragsbestandteile **AGBG 1** 9
Nebenintervention
  s. Verbandsklage
Nebenkosten
  Unklarheitenregel **AGBG 5** 14
Nebenleistungen
  Abnahmepflichten und Vertragsstrafeversprechen **AGBG 11 Nr 6** 12
  und AGB-Inhaltskontrolle **AGBG 8** 11, 12, 19, 25

Nebenleistungen (Forts.)
  AGB-Ungewöhnlichkeitskontrolle **AGBG 3** 20a
  Freizeichnung von der Haftung für grobes Verschulden **AGBG 11 Nr 7** 12 ff
  Vertragsstrafe **AGBG 11 Nr 6** 18 ff
Negative Feststellungsklage
  Verbandsklage **AGBG 13** 4, 11
Neu-hergestellt-Sein
  Verträge über Lieferung neu hergesteller Sachen: Klauselverbote für Gewährleistungsrechte **AGBG 11 Nr 10** 1 ff
Neuanschaffungszuschlag
  Verbandsklage **AGBG 10 Nr 5** 1
Neupreisklausel
  Verbandsklage **AGBG 11 Nr 5** 27
Neuwagenhandel
  s. Kfz-Kaufvertrag
Neuwertversicherung AGBG 9 91, 112
Nichteheliche Lebensgemeinschaft
  und AGBG-Anwendbarkeit **AGBG 23** 5
Nichterfüllungsschaden
  Pauschalen **AGBG 11 Nr 5** 15, 27
Nichtkaufleute
  s. a. Beruflicher Verkehr
  Berufstätige, Gewerbetreibende als – **AGBG 10 Nr 5** 17
  und Bindungswirkung eines kaufmännischen Bestätigungsschreibens **AGBG 2** 77, 78
Nichtunternehmer
  und AGB-Ungewöhnlichkeitskontrolle **AGBG 3** 4
Notar, notarielle Beurkundung
  AGB in notariellen Verträgen **AGBG 1** 31, 42
  AGB-Inhaltskontrolle als Verpflichtung des Notars **AGBG Einl 8 ff** 17
  Formbedürftiges Rechtsgeschäft und AGB-Bezugnahme **AGBG 2** 50
  Formular-Verwendung **AGBG 1** 25
  Formularverträge, vom Notar ausgearbeitete **AGBG 1** 42
  Inhaltskontrolle von Bestandteilen notarieller Verträge ohne AGB-Charakter **AGBG 1** 43 ff
  Ungewöhnlichkeitskontrolle **AGBG 3** 8
  Verbraucherverträge **AGBG 24a** 41, 48, 48a
  Verlesung von Vertragsbedingungen **AGBG 1** 37
Nutzungsansprüche
  und Gebrauchsüberlassung **AGBG 10 Nr 7** 10
  Nutzungsziehung, Bweislast **AGBG 10 Nr 7** 2; **AGBG 11 Nr 5** 6; **AGBG 11 Nr 15** 4
  Pauschalierung **AGBG 11 Nr 5** 6

Nutzungsansprüche (Forts.)
Rückabwicklungsverhältnis und formularmäßige – **AGBG 10 Nr 7** 3, 11
Nutzungsausfall
aufgrund Nachbesserung **AGBG 11 Nr 10** 59
Obduktion
Einwilligung aufgrund AGB-Klausel **AGBG 9** 312
Obhut
des Vertragsgegners und Zufallshaftung **AGBG 11 Nr 7** 37
Obliegenheiten
zum AGB-Lesen **AGBG 9** 40
Berücksichtigung der Vertragspartner-Interessen **AGBG 9** 75
Haftpflichtversicherung **AGBG 9** 596, 598
Hausratsversicherung **AGBG 9** 600
Hinweisobliegenheiten (AGB-Einbeziehung)
s. dort
Informationsobliegenheit des Verbrauchers **AGBG 9** 140
Kontoabgänge, Obliegenheit zur Kontrolle **AGBG 9** 425
Krankentagegeldversicherung **AGBG 9** 595
Mahnung, Fristsetzung durch AGB-Verwender **AGBG 11 Nr 4** 1 ff
Reisegepäckversicherung **AGBG 9** 601
Transparenzgebot für den AGB-Verwender **AGBG 9** 121, 124, 149
Verlängerungsklauseln und Hinweisobliegenheit **AGBG 9** 435
und Versichererinteressen **AGBG 9** 115
Vertragsstrafe **AGBG 9** 195; **AGBG 11 Nr 6** 8, 18 ff
Öffentliche Hand
AGB-Inhaltskontrolle bei privatrechtlichen Kundenbeziehungen **AGBG 9** 19
Allgemeine Bedingungen als Rechtsvorschriften **AGBG 9** 19
Rechtsgestaltung der Benutzung von ihr unterhaltener Einrichtungen **Einl AGBGB** 3
Öffentlichrechtliche Sondervermögen
AGBG-Anwendung **AGBG 24** 11
Begriff **AGBG 24** 10
Öffentlichrechtliche Verträge
AGBG-Geltung **Einl AGBGB** 4
Öffentlichrechtliche Vorschriften
Abweichungen als überraschend **AGBG 3** 33
Pflegesatzerhöhung, rückwirkende Erhöhung **AGBG 3** 22
Offener Dissenz AGBG 2 81 ff; **AGBG 6** 5
Ohne-Obligo-Klausel AGBG 10 Nr 3 19
Ohne-Verbindlichkeit-Klausel AGBG 10 Nr 3 19

Optionsrecht AGBG 10 Nr 1 9
Ordnungsnormen
Gerechtigkeitsgehalt, fehlender **AGBG 9** 185
Organisationsverschulden
Freizeichnung von der Haftung für grobe Fahrlässigkeit **AGBG 11 Nr 7** 1
und Leistungsstörungen **AGBG 10 Nr 3** 33
Ort der AGB-Verwendung AGBG 14 10
Ort des Vertragsabschlusses
und AGB-Aushang **AGBG 2** 22
Pachtvertrag
Eigenschaftszusicherung, formularmäßiger Haftungsausschluß **AGBG 11 Nr 11** 5
Gewährleistung **AGBG 11 Nr 10** 11
Klauselverbot zur Laufzeit bei Dauerschuldverhältnissen, Ausschluß des – **AGBG 11 Nr 12** 4
Kündigung, Verbot unangemessen hoher Vergütung **AGBG 10 Nr 7** 7, 10
Lösungsrecht **AGBG 10 Nr 3** 29
Parkhausbenutzung
AGB-Hinweis, Schwierigkeit eines ausdrücklichen **AGBG 2** 19
Parkplatz
und AGB-Aushang **AGBG 2** 22
AGB-Hinweis, Entbehrlichkeit eines ausdrücklichen – **AGBG 2** 19
Partenreederei
AGBG-Bereichsausnahme **AGBG 23** 6
Partiarische Rechtsverhältnisse
AGBG-Anwendbarkeit **AGBG 23** 6
Partnerschaftsgesellschaft
AGBG-Bereichsausnahme **AGBG 23** 6
Partnerschaftsvermittlung
AGB-Inhaltskontrolle **AGBG 9** 446 ff
Aufnahmegebühr **AGBG 10 Nr 7** 7
Passivlegitimation
Verbandsklage
s. dort
Pauschale Einbeziehungsvereinbarung
AGB-Einbeziehung **AGBG 2** 52 ff
Unwirksamkeit **AGBG 6** 7
Pauschalierung
von Schadensersatzansprüchen
s. Schadenspauschalierung
Pensionsabtretungsklausel
in Geldkreditvereinbarungen **AGBG 3** 27
Personenschäden
Freizeichnung **AGBG 9** 340
Vertragspartnerinteressen **AGBG 9** 114
Pfandflaschen AGBG 11 Nr 5 31
Pflanzen
Gewährleistung **AGBG 11 Nr 10** 8
Pflegesatz
Heimvertrag **AGBG 11 Nr 15** 19

Pflegesatz (Forts.)
  Rückwirkende Erhöhung **AGBG 3** 22;
  AGBG 8 35; **AGBG 9** 137, 413
Pflegeverträge
  als Dienstleistungsverträge **AGBG 11 Nr 12** 13
Pflichtversicherungsgesetz
  s. Kfz-Haftpflichtversicherung
Planungsfehler
  des AGB-Verwenders **AGBG 11 Nr 10** 29
  des Architekten **AGBG 11 Nr 10** 44
POD-Klausel (pay on delivery) AGBG 11 Nr 3 9
Positive Forderungsverletzung
  und Gewährleistungshaftung **AGBG 11 Nr 7** 11
  Haftungsfolgen, klauselmäßiger Ausschluß oder Einschränkung **AGBG 11 Nr 7** 9; **AGBG 11 Nr 8** 1 ff; **AGBG 11 Nr 10** 20
  Lösung vom Vertrag aufgrund – **AGBG 10 Nr 3** 12, 17
  Verjährungsfrist, Verkürzung **AGBG 11 Nr 10** 82
Post AG
  s. Deutsche Post AG
Poststrukturgesetz
  Rechtsbeziehungen Post/Kunde **AGBG 23** 18
Prämienrabattklauseln AGBG 9 566
Präzis-Klausel AGBG 11 Nr 4 14
Preisänderungsklauseln
  und AGB-Inhaltskontrolle **AGBG 8** 26; **AGBG 9** 538
  Konkretisierung, Zumutbarkeit **AGBG 10 Nr 4** 7
Preisangabe
  Nettopreis + Mehrwertsteuer **AGBG 5** 12
Preisanpassungsklauseln
  AGB-Ungewöhnlichkeitskontrolle **AGBG 3** 29
  Konditionenempfehlungen **Einl AGBG** 24
Preisargument
  und AGB-Inhaltskontrolle **AGBG 9** 94 ff, 104, 112, 572
  des AGB-Verwenders **AGBG 9** 94 ff, 104, 112, 572
Preisaufspaltungen AGBG 8 19, 25; **AGBG 9** 146
Preisberichtigungsklauseln
  Entgelterhöhung, zulässige **AGBG 11 Nr 1** 21 ff
  Klauselverbot **AGBG 11 Nr 1** 1 ff
Preisbestandteil
  Konditionenempfehlungen **Einl AGBG** 24
Preisbezeichnung
  und Umsatzsteuer **AGBG 3** 24
Preisbezogene Klauseln
  Inhaltskontrolle, Transparenzkontrolle **AGBG 8** 25 ff

Preisfestsetzung
  AGB-Bestimmungen und individuelle – **AGBG 4** 7
Preisfreibleibend-Klausel AGBG 11 Nr 1 17
Preisgestaltung
  AGB-Ungewöhnlichkeitskontrolle **AGBG 3** 34
Preisgleitklausel AGBG 11 Nr 1 20
Preisindexklausel AGBG 11 Nr 1 27
Preisklauseln
  und AGB-Inhaltskontrolle **AGBG 8** 25 ff
Preis/Leistungsverhältnis
  AGB-Klauseln, unmittelbar bestimmende **AGBG 8** 19
  Ausschluß verschuldensunabhängiger Haftung des AGB-Verwenders und – **AGBG 11 Nr 7** 36, 38
Preislisten
  AGB-Bezugnahme auf – **AGBG 2** 30
Preisnebenabreden
  und AGB-Inhaltskontrolle **AGBG 8** 12, 13, 15, 19, 20, 26
  und Preisberichtigungsklausel **AGBG 11 Nr 1** 18
Preisneuverhandlungsklausel AGBG 11 Nr 1 20
Preisreduzierte Waren AGBG 11 Nr 10 21
Preisspannungsklausel AGBG 11 Nr 1 20
Preisvereinbarung
  Festpreiszusage und AGB-Preisgleitklausel **AGBG 5** 25
  Individuelle – **AGBG 5** 25
Preisvorbehaltsklausel AGBG 11 Nr 1 20
Preiszugeständnisse
  Durchsetzung vorformulierter Vertragsbedingungen **AGBG 1** 37
Privatautonomie
  Abdingbarkeit von AGBG-Normen
  s. Abdingbares Recht (AGBG)
  und AGB-Inhaltskontrolle **AGBG 8** 1
  und inhaltliche Angemessenheitsüberprüfung **AGBG 9** 1
  Verbraucherverträge und absolutes Freizeichnungsverbot **AGBG 11 Nr 7** 38
Privater Rechtsverkehr
  und AGB-Ungewöhnlichkeitskontrolle **AGBG 3** 4
Privatkunden
  und AGB-Einbeziehung **AGBG 6** 7
Produkthaftung
  Beweislastklauseln **AGBG 11 Nr 15** 10
  Garantievertrag Hersteller und Endverbraucher **AGBG 11 Nr 10** 26
  Haftungsbestimmung, gesetzliche **AGBG 11 Nr 7** 7, 16
Prospekte
  AGB-Hinweis **AGBG 2** 11
  AGB-Inhaltskontrolle **AGBG 9** 460
  AGB-Text in – **AGBG 2** 31

Provision
Bürgenhaftung **AGBG 3** 38
Prozeßführungsbefugnis
für Anmelder von Ansprüchen der Mitreisenden **AGBG 9** 273
Prozessuale Vereinbarungen
AGBG-Geltung **AGBG 1** 12
Prüfungsreihenfolge
AGB-Klauseln **AGBG Einl 8 ff** 13
Publikums-KG
Inhaltskontrolle **AGBG 23** 12
Publizität
Kenntnisverschaffungsobliegenheit des AGB-Verwenders **AGBG 2** 31, 33d

Quittung
AGB-Hinweis nach Vertragsabschluß **AGBG 2** 13
AGBG-Geltung **AGBG 1** 14

Räumungsverkäufe
Verbot des völligen Ausschlusses von Gewährleistungsansprüchen **AGBG 11 Nr 10** 21
Rahmenvereinbarungen
AGB-Einbeziehungsvereinbarung, pauschale **AGBG 2** 53, 57
Sonderbehandlung von Bausparverträgen usw. **AGBG 23** 46
Verwender-Unternehmer-Verhältnis **AGBG 2** 59
Ratenlieferungsvertrag AGBG 11 Nr 2 2; **AGBG 11 Nr 12** 6
Rationalisierungsinteresse
des AGB-Verwenders **AGBG 9** 104, 105, 112, 120, 195
Rechnung
AGB-Verweis nach Vertragsabschluß **AGBG 2** 10
Geschäftsbeziehungen (laufende) und Bedeutung von Rechnungsvermerken **AGBG 2** 59
Rechnungsabschlüsse
Erklärungsfiktion **AGBG 10 Nr 6** 6
Überprüfungsfrist **AGBG 10 Nr 5** 13
Rechte
Verschaffung von – **AGBG 11 Nr 10** 4
Rechtsanwalt
Haftungsbegrenzung **AGBG 11 Nr 7** 7
Inanspruchnahme besonderen Vertrauens **AGBG 9** 355
Schlechterfüllung und Haftungseinschränkung **AGBG 11 Nr 8** 4
Rechtsbehelfsbefugnis
des AGB-Verwenders **AGBG 19** 5
Rechtsdeklaratorische Klauseln
AVB-Klauseln **AGBG 9** 564

Rechtsdeklaratorische Klauseln (Forts.)
Inhaltskontrolle, ausscheidende **AGBG 8** 2, 30, 31, 33, 35 ff, 41; **AGBG 9** 373
Rechtsergänzende Klauseln
und AGB-Inhaltskontrolle **AGBG 8** 8, 33
Rechtserschwerung
Verbot klauselmäßiger – **AGBG 9** 127; **AGBG 11 Nr 15** 15
Rechtsfortbildung
s. a. Richterrecht
AGB-Inhaltskontrolle als Grundlage für die – **AGBG Einl 8 ff** 6
als dispositives Gesetzesrecht **AGBG 6** 10
Ergänzende Vertragsauslegung als Rechtsfortbildung praeter legem **AGBG 6** 12
Notarielle Verträge, Inhaltskontrolle **AGBG 1** 48
Rechtsgemeinschaft (schlichte)
AGBG-Bereichsausnahme **AGBG 23** 6
Rechtsgeschäft
AGB-Einbeziehung, Einverständnis **AGBG 2** 36
und AGB-Ungewöhnlichkeitskontrolle **AGBG 3** 2 ff
Fingierte Erklärungen **AGBG 10 Nr 5** 7
Individualvereinbarungen
s. dort
Wirtschaftliche Einheit von selbständigen Rechtsgeschäften **AGBG 3** 5a
Rechtsgeschäft (einheitliches)
AGB-Einbeziehung **AGBG 2** 39
Rechtsgeschäftsähnliche Handlungen
AGBG-Geltung **AGBG 1** 6
Rechtsgeschäftslehre
AGBG §§ 3–6 als Ausdruck allgemeiner Prinzipien **AGBG 23** 14
Rechtsgestaltung
und AGB-Inhaltskontrolle **AGBG 8** 37; **AGBG 9** 66, 128, 138, 187
Üblichkeit und Erwartungshorizont von Kunden **AGBG 3** 29
Rechtshängigkeit
Verbandsklage **AGBG 15** 14
Rechtsmangelhaftung AGBG 11 Nr 10 16
Rechtsmißbrauch
s. Ausübungskontrolle; Treu und Glauben
Rechtsschein
AGB-Vertretungsbeschränkungen **AGBG 4** 32
Rechtsschutzbedürfnis
Verbandsklage **AGBG 13** 41 ff
Rechtsschutzversicherung
Inhaltskontrolle **AGBG 9** 603, 604
Rechtsverhinderung
Verbot der – **AGBG 11 Nr 15** 15

Rechtsverordnung
AGBG-Ausschluß für Bestandteile einer –
AGBG 1 3
Vertragskontrolle durch – **Einl AGBG** 19
Rechtsvorschriften
und AGB-Inhaltskontrolle **AGBG 8** 7 ff
Rechtswahl
AGB-Ungewöhnlichkeitskontrolle
AGBG 3 16
AGBG-Anwendbarkeit und internationaler Geltungsbereich **AGBG 12** 1 ff
Aufhebung des 10 Nr 8 AGBG **AGBG 10 Nr 8**
Inhaltskontrolle **AGBG 9** 461
Rechtswissenschaftliche Begriffe
Geltung in ihrer Fachbedeutung
AGBG 5 20
Register
AGB-Aufsichtsverfahren **AGBG 20** 1 ff
Reinigungen
AGB-Kontrolle der DTV-Konditionenempfehlungen **AGBG 9** 462 ff
Reinigungsarbeiten
Verträge über Leistungen, Gewährleistungsrecht und Klauselverbote
AGBG 11 Nr 10 11 ff
Reisegepäckversicherung
Inhaltskontrolle **AGBG 9** 601
Reisevertrag
Änderungsvorbehalt **AGBG 10 Nr 4** 7;
AGBG 10 Nr 7 12
AGB-Inhaltskontrolle **AGBG 9** 213, 273, 358, 470
AGB-Ungewöhnlichkeitskontrolle
AGBG 3 21
Eigenhaftung des Reiseanmelders
AGBG 11 Nr 14 7
Erlaubnisnorm § 651h Abs 1 BGB
AGBG 8 39
Freizeichnung von der Haftung für grobe Fahrlässigkeit **AGBG 11 Nr 7** 7, 16
Gewährleistungsrechte, zwingende Ausgestaltung **AGBG 11 Nr 10** 11
Informationspflichten **AGBG 11 Nr 7** 12
Pauschaler Schadensersatz wegen Nichterfüllung **AGBG 11 Nr 5** 27
Preisanpassungsklausel **AGBG 11 Nr 1** 24
Teilnehmerzahl **AGBG 10 Nr 3** 15
Vorbehalt der Landesüblichkeit **AGBG 8** 29
Vorleistungspflichten **AGBG 11 Nr 2** 7
Reitsport
Verbrauchervertrag **AGBG 11 Nr 7** 38
Rennfahrer
Verbrauchervertrag **AGBG 11 Nr 7** 36, 38
Renovierung
und Frage der Neu-Herstellung **AGBG 11 Nr 10** 9, 14

Renovierungsarbeiten
Gewährleistungsrecht, Klauselverbote
AGBG 11 Nr 10 14
Reparaturvertrag
Gewährleistung **AGBG 3** 8
Verträge über Leistungen, Gewährleistungsrecht und Klauselverbote
AGBG 11 Nr 10 11 ff
Reuegeld
und Vertragsstrafe, Abgrenzung **AGBG 11 Nr 6** 9
Revisibilität AGB-Kontrolle
und Frage der Neu-Herstellung **AGBG Einl 8 ff** 19
Richterrecht
Atypische Verträge **AGBG 9** 201, 205
und Einheitlichkeit des EG-Rechts
AGBG 9 56
Gesetzesprinzipien, ungeschriebene und –
AGBG 9 173
Klauselbeurteilung, maßgeblicher Zeitpunkt **AGBG 9** 76
und normativer Maßstab **AGBG 9** 87
als Rechtsvorschriften **AGBG 8** 7, 33 ff
und Sprachenproblem **AGBG 9** 158
Strukturelle Ungleichgewichtslagen
AGBG 23 1c
Transparenzgebot **AGBG 9** 152
Richtigkeitsgewähr
Vertragliche – **AGBG 9** 4, 73
Richtlinienkonforme Auslegung
s. Auslegung von Gesetzen; Europäisches Recht
Risikoerklärungen
aufgrund AGB-Einbeziehungs-Einverständnis **AGBG 2** 37
Risikosteuerung
bei modernen Zahlungsmitteln **AGBG 11 Nr 7** 37
Risikoverteilung
und AGB-Inhaltskontrolle **AGBG 9** 119, 120
Ausgewogenheit **AGBG 11 Nr 12** 4
Rohrreinigung **AGBG 11 Nr 14** 7
Rückabwicklungsverhältnis
AGBG-Bedeutung **AGBG 1** 10
und Anspruchsklauseln, unwirksame
AGBG 10 Nr 7 1 ff
und Schadensersatzpauschale **AGBG 11 Nr 5** 27
Rückkaufswert AGBG 10 Nr 7 14
Rücktritt
Arbeitskampfbedingte Lieferschwierigkeiten **AGBG 9** 294
Aufwendungsersatz, formularmäßiger
AGBG 10 Nr 7 12
Haftungsbegrenzung, mittelbare durch Rücktrittsrecht **AGBG 9** 335

Rücktritt (Forts.)
als Lösungsmöglichkeit vom Vertrag
AGBG 10 Nr 3 2
Mahnung, Nachfristsetzung AGBG 11 Nr
4 3
Nutzungsvergütung, formularmäßige
AGBG 10 Nr 7 11
bei Reinigungen AGBG 9 463
Schadensersatz und Rücktritt, Kumulierung AGBG 11 Nr 5 10
statt Wegfalls verpflichtender Bindung
AGBG 3 29
Teilverzug, Teilunmöglichkeit: Klauselmäßiges Verbot des Ausschlusses eines
Rechts zum – AGBG 11 Nr 9 1 ff
Vertragspartnerschutz AGBG 11 Nr 4 3
Vertragspartnerwechsel AGBG 11 Nr
13 1 ff, 15
und Vertragsstrafe AGBG 11 Nr 6 14
Verzug/Unmöglichkeit/positive Forderungsverletzung: Formularmäßiger
Ausschluß, Einschränkung des Rechts
zum – AGBG 11 Nr 8 8
Zugangsfiktion AGBG 10 Nr 6 6
Rücktrittsvorbehalt
und AGB-Inhaltskontrolle AGBG 8 37
als einseitiges Befreiungsrecht AGBG 10 Nr
3 1 ff
Verfallklausel als – AGBG 11 Nr 6 8
Rückwirkende Preiserhöhung AGBG 11 Nr 1 3, 9
Rückwirkung
des AGBG AGBG 28 2
Rückwirkungsklauseln AGBG 9 413
Pflegesatzvereinbarungen AGBG 9 413
Rückzahlungsausschluß
Vorleistung des Vertragspartners und –
AGBG 10 Nr 7 4
Rügefristen
AGB-Ungewöhnlichkeitskontrolle
AGBG 3 28
Ausschluß und Verlängerung, klauselmäßige AGBG 11 Nr 10 89
bei offensichtlichen Mängeln AGBG 11 Nr
10 76
bei verborgenen Mängeln AGBG 11 Nr
10 79
Verlängerung AGBG 11 Nr 10 89
Rügeobliegenheit
AGB-Ungewöhnlichkeitskontrolle
AGBG 3 28
Ausschluß AGBG 11 Nr 10 89
Widerspruch in Einkaufs- und Verkaufsbedingungen AGBG 6 10
Rundschreiben
Empfehlerbegriff AGBG 13 39
Rahmeneinbeziehungsvereinbarung
AGBG 2 6, 57
Werbetätigkeit AGBG 12 8

Rundschreiben (Forts.)
Widerrufsurteil, Vollzug AGBG 17 9
Sachen
Verträge über Lieferung neu hergestellter
Sachen: Klauselverbote für Gewährleistungsrechte AGBG 11 Nr 10 1 ff
Sachenrechtlicher Vertrag
AGBG-Anwendung AGBG 1 11
Sachgesamtheit
und ratenweise Lieferung AGBG 23 39
Sachteile
Gewährleistung AGBG 11 Nr 10 10, 22, 27
Gewährleistung für gebrauchte, neu hergestellte, schadensanfällige – AGBG 11 Nr
10 10, 22
Gewährleistungsausschluß AGBG 11 Nr
10 22
Sachversicherungen
Inhaltskontrolle AGBG 9 599 ff
Salvatorische Klauseln
AGB-Klauseln, unwirksame und Geltung
von – AGBG 6 11a
Ersatzregelungen bei Klauselunwirksamkeit AGBG 9 52
Freizeichnungen „soweit gesetzlich zulässig" AGBG 9 336
Haftungsbegrenzungen AGBG 11 Nr 7 28, 29
Laufzeitklauseln AGBG 9 432
und Transparenzgebot AGBG 9 134
Satzung
AGBG-Anwendbarkeit bei Einbeziehung
in Verträge mit Dritten AGBG 23 11
AGBG-Ausschluß für Bestandteile einer –
AGBG 1 3
Schaden
Typischer – AGBG 11 Nr 8 9, 12
Schadensabwendungspflicht
Typischer – AGBG 11 Nr 7 33
Schadensanzeigepflichten
AGB-Inhaltskontrolle AGBG 9 322, 585
Schadensausgleichsgrundsatz
als ungeschriebenes Rechtsprinzip
AGBG 9 172
Schadensersatzansprüche
Ausschluß, klauselmäßiger bei Verträgen
über Lieferung neu hergestellter Sachen
und Leistungen AGBG 11 Nr 10 20 ff
bei Eigenschaftszusicherung, formularmäßiger Ausschluß AGBG 4 18; AGBG 11 Nr
11 1 ff
Gewährleistungsersatz durch Anspruchsabtretung AGBG 11 Nr 10 26, 27
Haftungserweiterung AGBG 11 Nr 10 88
Leistungsverzögerung/Unmöglichkeit,
vom AGB-Verwender zu vertretende und
Ausschluß von – AGBG 11 Nr 8 10

Schadensersatzansprüche (Forts.)
Mahnungs- und Nachfristobliegenheiten **AGBG 11 Nr 4** 3
Nachbesserung **AGBG 11 Nr 10** 55, 59
Pauschalierungen
s. Schadenspauschalierung
und Rücktritt, Kumulierung **AGBG 11 Nr 5** 10
Teilverzug, Teilunmöglichkeit: Klauselmäßiges Verbot des Ausschlusses von – **AGBG 11 Nr 9** 1 ff
wegen Unmöglichkeit der Rückgewähr **AGBG 10 Nr 7** 13
Verbot klauselmäßiger Subsidiarität **AGBG 11 Nr 10** 28 ff
aus Verzug, aus schuldhafter Verletzung der Nachbesserungs- bzw. Ersatzlieferungspflicht, Einschränkung hierauf **AGBG 11 Nr 10** 55
im Verzugsfall, bei Unmöglichkeit: AGB-Ausschluß oder Einschränkung der Haftungsfolgen **AGBG 11 Nr 8** 9

Schadenspauschalierung
Angemessenheitsprüfung **AGBG 11 Nr 5** 16
Anspruchsgrundlage **AGBG 11 Nr 5** 11
Bearbeitungsaufwendungen **AGBG 11 Nr 5** 15
Immaterieller Schaden **AGBG 11 Nr 5** 12
Kundenbedingungen **AGBG 11 Nr 5** 23
Mahngebühren **AGBG 11 Nr 5** 29
Minderungsanspruch **AGBG 11 Nr 5** 13
Mindestschaden **AGBG 11 Nr 5** 21
Tagesnennwertpauschale **AGBG 11 Nr 5** 31
Verzugsschäden **AGBG 11 Nr 5** 30
Verzugszinsen **AGBG 11 Nr 5** 28
Wertminderung, Ersatz **AGBG 11 Nr 5** 13
Wesentlich geringerer Schaden **AGBG 11 Nr 5** 20

Schallplattenclub
AGBG-Anwendbarkeit auf Warenbezug durch – **AGBG 23** 8

Scheckfälschung AGBG 11 Nr 7 13, 37
Scheckkartenmißbrauch AGBG 11 Nr 7 13, 37
Scheinkaufleute
und AGBG-Anwendbarkeit bis zum 30.6.1998 **AGBG 24** 5

Schenkungen auf den Todesfall
AGBG-Anwendbarkeit **AGBG 23** 4

Schiedsgutachterabrede
Beweissituation **AGBG 11 Nr 15** 4
Leistungsbestimmungsbefugnis als – **AGBG 10 Nr 4** 5

Schiedsklausel
AGB-Inhaltskontrolle **AGBG 9** 476
AGBG-Geltung **AGBG 1** 12

Schiffahrt
Personenbeförderung und AGB-Einbeziehung **AGBG 23** 16

Schlechterfüllung
und Haftungseinschränkung **AGBG 11 Nr 8** 4
Nachbesserung **AGBG 11 Nr 2** 2

Schlechtwetter
Vertragsstrafe **AGBG 11 Nr 6** 16

Schließfächervertrag
AGB-Hinweis, Schwierigkeit eines ausdrücklichen **AGBG 2** 19

Schlüsselgewaltgeschäft AGBG 4 16

Schlüssigkeit
AGB-Einbeziehung, Einverständnis des Vertragsgegners **AGBG 2** 37
Individualvereinbarung **AGBG 4** 10a

Schlußschein
als kaufmännisches Bestätigungsschreiben **AGBG 2** 76

Schlußverkäufe
Verbot des völligen Ausschlusses von Gewährleistungsansprüchen **AGBG 11 Nr 10** 21

Schneeräumdienst
Vorleistungspflicht **AGBG 11 Nr 2** 7

Schönheitsreparaturen
AGB-Inhaltskontrolle **AGBG 9** 39, 82 ff, 95, 98, 109, 186, 191, 445
AGB-Ungewöhnlichkeitskontrolle **AGBG 3** 21

Schriftformklauseln
AGB-Inhaltskontrolle **AGBG 9** 477, 522
Lösung vom Vertrag **AGBG 11 Nr 8** 8
Verbot strengerer Form als der Schriftform **AGBG 11 Nr 16** 5
Widerspruchsmöglichkeit gegen den Eintritt einer Fiktionswirkung **AGBG 10 Nr 5** 15
Zulässigkeit **AGBG 6** 6

Schuldbeitritt
Verbot der Eigenhaftung des Vertreters **AGBG 11 Nr 14** 8

Schuldrechtlicher Vertrag
AGBG-Bedeutung **AGBG 1** 10

Schuldübernahme
Befreiende Schuldübernahme **AGBG 11 Nr 13** 8
Schlichte Erfüllungsübernahme **AGBG 11 Nr 13** 12
Schuldmitübernahme **AGBG 11 Nr 13** 12; **AGBG 11 Nr 14** 8

Schuldversprechen
s. Abstraktes Schuldversprechen

Schutzhüllenvertrag
Vertragsabschlußtechnik und AGB-Kenntnisnahme **AGBG 2** 33c

Schutzrecht
Risikosphäre des Vertragspartners **AGBG 10 Nr 3** 15

Schutzrechtsinhaber
und Monopolstellung von Verwertungsgesellschaften **AGBG 23** 41
Schutzwirkung für Dritte
s. Vertrag mit Schutzwirkungen zugunsten Dritter
Schweigen
s. Fiktion
Schweigepflichtentbindung
AGB-Inhaltskontrolle **AGBG 9** 309, 310
Seehäfen
AGB-Hinweis, Entbehrlichkeit eines ausdrücklichen – **AGBG 2** 19
Sektionseinwilligung AGBG 10 Nr 5 6
Selbstbelieferung
Nachfrist bis zur – **AGBG 10 Nr 2** 8
Selbstbelieferungsrisiken **AGBG 10 Nr 1** 5; **AGBG 10 Nr 1** 15
Vorbehalt der – **AGBG 10 Nr 1** 3, 17; **AGBG 10 Nr 3** 9, 13, 20, 26, 33; **AGBG 11 Nr 7** 36
Selbstbeseitigungsrecht AGBG 11 Nr 10 42, 53
Selbsthilferecht AGBG 11 Nr 10 37, 60, 88
Selbstkosten AGBG 10 Nr 4 7; **AGBG 11 Nr 1** 18
Serienproduktion AGBG 10 Nr 4 7
Sicherungsübereignung
Freigabeklausel, Deckungsgrenze und Bewertungsmaßstäbe **AGBG 9** 32
Sicherungsübereignungsklausel (Unklarheitenregel) **AGBG 5** 14b
Sicherungsvereinbarungen
AGB-Inhaltskontrolle **AGBG 9** 478
AGB-Klausel, zuweit gehende **AGBG 6** 15
AGB-Klauseln, individualvertragswidrige **AGBG 4** 14a
AGB-Ungewöhnlichkeitskontrolle **AGBG 3** 2
Erweiterung, überraschende **AGBG 3** 30
Freigabeklausel, ermessensabhängige **AGBG 6** 12
Grundschuld, Zweckerklärung **AGBG 3** 35
Kreditbesicherung durch bewegliche Sachen **AGBG 3** 37
Sittenwidrigkeit
AGB-Änderungsklausel **AGBG 2** 48
eines AGB-bestimmten Vertrages insgesamt **AGBG 6** 3
und AGB-Inhaltskontrolle, Verhältnis **AGBG 9** 34, 35
Automatenaufstellvertrag **AGBG 9** 438
Bierlieferungsvertrag **AGBG 9** 439
Bindungsdauer und Knebelung **AGBG 11 Nr 3** 3
Situative Unterlegenheit
des Vertragspartner **AGBG 9** 2, 5
Skontoabrede
und Vorschußklausel **AGBG 4** 7

Skontoabzug
Barzahlungsabrede mit Ausschluß des – **AGBG 11 Nr 3** 10
Sofortige Kasse-Klausel
und Aufrechnungsverbot **AGBG 11 Nr 3** 10
Software
Gewährleistungsrechte: Klauselverbote **AGBG 11 Nr 10** 4
Solange-Vorrat-reicht-Klausel AGBG 10 Nr 3 22, 26
Solidarinteressen AGBG 9 104
Sonderangebot-ohne Gewährleistung-Klausel AGBG 11 Nr 10 23
Sonderverkäufe
Verbot des völligen Ausschlusses von Gewährleistungsansprüchen **AGBG 11 Nr 10** 21
Sorgfaltspflichten
Fälschungsrisiko, abgewälztes **AGBG 9** 213
Freizeichnung von einzelnen – **AGBG 11 Nr 7** 12
Heizölfall **AGBG 11 Nr 7** 12
Kaufvertrag **AGBG 9** 356
Natur des Vertrags **AGBG 9** 207
Verletzung unselbständiger Nebenpflichten **AGBG 11 Nr 7** 12
Verschulden und Verletzung von – **AGBG 11 Nr 7** 12
Vertrauen des Vertragspartners auf besondere – **AGBG 9** 340
Sparkassen
AGB-Inhaltskontrolle (Hinweise) **AGBG 9** 325
Bevollmächtigungsklausel für den Todesfall **AGBG 9** 623
Rechnungsabschlüsse, Nichtbeanstandung **AGBG 10 Nr 5** 5
Speditionsvertrag
ADSp-Einbeziehung aufgrund Handelsbrauchs **AGBG 2** 62
Beweislastregel **AGBG 11 Nr 15** 16
Freizeichnung von der Haftung für grobe Fahrlässigkeit **AGBG 11 Nr 7** 20, 39
Spielregeln
Formularmäßige Festlegung **AGBG 11 Nr 7** 18
Sportliche Regelwerke
AGBG-Geltung **AGBG 1** 3; **AGBG 23** 11
Sportliche Veranstaltungen
und Freizeichnungen zugunsten Dritter **AGBG 11 Nr 7** 18
Sportstudiovertrag
s. a. Fitnessvertrag
AGB-Inhaltskontrolle **AGBG 9** 500 ff
Sprache
s. a. Vertragssprache
Hinweisobliegenheit (AGB-Einbeziehung) **AGBG 2** 4, 5

Sprache (Forts.)
und Transparenzkontrolle **AGBG 9** 157
Vertragssprache und AGB-Textgestaltung
AGBG 2 28, 28a
Staffelverweisung
Reihenfolge der Geltung von Bedingungswerken **AGBG 2** 8
Zulässigkeit **AGBG 2** 30
Standesrichtlinien
AGB-Klauselkonformität **AGBG 9** 111
AGB-Klauselverstoß gegen – **AGBG 9** 109
Statikervertrag
Verträge über Leistungen, Gewährleistungsrecht und Klauselverbote **AGBG 11 Nr 10** 11 ff
Stellvertretendes commodum
bei Verzug, Unmöglichkeit: Freizeichnung vom Anspruch auf – **AGBG 11 Nr 8** 10
Stellvertretung
s. Vertretung; Vollmacht; Vollmachtsklauseln
Steuerberater
Dienstleistungsvertrag **AGBG 11 Nr 12** 13
Freizeichnung von der Haftung für grobe Fahrlässigkeit **AGBG 11 Nr 7** 10
Inanspruchnahme besonderen Vertrauens **AGBG 9** 355
Verjährungsfrist, verkürzte **AGBG 11 Nr 7** 20
Stille Gesellschaft
AGBG-Bereichsausnahme **AGBG 23** 6
Stimmbindungsverträge
AGBG-Anwendbarkeit **AGBG 23** 7
Stornierung
als Rücktritt **AGBG 10 Nr 7** 9
Stornierungsgebühr **AGBG 11 Nr 5** 27
Strafgedinge
Selbständiges – **AGBG 10 Nr 7** 18; **AGBG 11 Nr 6** 7
Streik
und Leistungsverpflichtung **AGBG 9** 290 ff; **AGBG 10 Nr 3** 23, 24
Streitgegenstand
Verbandsklage
s. dort
Streitverkündung
Verbandsklage
s. dort
Streitwert
Aufgehobene Regelung § 22 AGBG für den Verbandsprozeß **AGBG 22** 1 ff
Stückschuld
AGB-Bestimmung als Gattungsschuld **AGBG 10 Nr 4** 3
Stundung
Rücktrittsrecht bei Vertragspartnerersuchen um – **AGBG 11 Nr 4** 10

Subsidiarität
Verbandsklage und Subsidiaritätsverhältnis unter den Passivlegitimierten **AGBG 13** 42
Subsidiaritätsklausel
im Handelsverkehr **AGBG 11 Nr 10** 28 ff
Nebenpflichten des Verwenders **AGBG 11 Nr 10** 32
Nichteintritt der subsidiären Haftung **AGBG 11 Nr 10** 34
Umfang der Drittansprüche **AGBG 11 Nr 10** 31
Substitution
Leistungsänderungsvorbehalt **AGBG 10 Nr 4** 7
Vertragspartnerwechsel **AGBG 11 Nr 13** 2, 4, 12
Subunternehmer
s. a. Nachunternehmer
Baustellenbenutzung auf eigene Gefahr **AGBG 11 Nr 7** 25
Bedenken, sofort mitzuteilende durch den – **AGBG 11 Nr 7** 34
als Erfüllungsgehilfe des AGB-Verwenders **AGBG 11 Nr 13** 12
Mängel der Vorleistung, geltend zu machende **AGBG 10 Nr 5** 3
Sukzessivlieferungsverträge
als Dauerschuldverhältnis **AGBG 11 Nr 1** 3
Laufzeitregelung **AGBG 9** 439
Lösungsrechte, formularmäßige **AGBG 10 Nr 3** 29
Nichterfüllung, teilweise **AGBG 11 Nr 2** 2
und Rechtzeitigkeit des AGB-Hinweises **AGBG 2** 10
Summierung
Unangemessene Benachteiligung als Ergebnis einer – **AGBG 9** 66, 84, 98, 99

Tänzerausbildung
Laufzeitklausel **AGBG 11 Nr 12** 18
Täuschung, arglistige
s. Arglist
Täuschungsverbot
und Transparenzgebot **AGBG 9** 137
Tagesauszüge
Fingierte Billigungserklärung **AGBG 10 Nr 5** 2, 12
Zugangsfiktion **AGBG 10 Nr 6** 6
Tagesnennwertpauschale AGBG 11 Nr 5 31
Tagespreisklauselentscheidung AGBG 2 29
Tagespreisklauseln AGBG 11 Nr 1 17, 24
Tankscheckfall AGBG 9 208, 209; **AGBG 11 Nr 7** 12, 39
Tarifgestaltungen
und Klauselbeurteilungen **AGBG 11 Nr 12** 4

Tarifwahl
   und AGB-Inhaltskontrolle **AGBG 9** 97,
      349, 503
   und Freizeichnung von der Haftung für
      grobes Verschulden **AGBG 11 Nr 7** 24
   Gewährleistungsbeschränkung gegen
      Entgelt **AGBG 10 Nr 1** 11; **AGBG 11 Nr
      10** 25
   Versicherungsverträge **AGBG 11 Nr 15** 9
Taschenkontrolle
   Persönlichkeitsschutz **AGBG 9** 186
   Regelungscharakter einer Ankündigung
      AGBG 9 70
Tatsachenerklärungen
   AGBG-Geltung **AGBG 1** 13
   Fiktion **AGBG 10 Nr 5** 7, 12
Tatsächliche Feststellungen
   und AGB-Inhaltskontrolle **AGBG 8** 10
Tegernsee Gebräuche im Holzhandel
   Handelsbrauch **AGBG 2** 61
Teilabnahme
   und Verjährungsbeginn **AGBG 11 Nr 10** 84
Teilbarkeit
   von AGB-Klauseln **AGBG 6** 15; **AGBG 10
      Nr 3** 28; **AGBG 11 Nr 7** 29; **AGBG 11 Nr
      12** 23
Teilleistung
   Änderungsvorbehalt bezüglich der Erbringung von – **AGBG 10 Nr 4** 7
   Vereinbarung, formularmäßige **AGBG 11
      Nr 9** 2
Teillieferungsvertrag
   als Lieferung in Raten **AGBG 23** 39
Teilnehmerzahl
   Vorbehalt der Reisedurchführung wegen
      der – **AGBG 10 Nr 3** 15
Teilungserklärung
   AGBG-Geltung **AGBG 1** 11
   Verbraucherverträge **AGBG 24a** 34
Teilunwirksamkeit
   Vertragskündigung **AGBG 10 Nr 3** 28;
      AGBG 10 Nr 4 9
Teilzahlungsbank
   Darlehensfälligkeit im Verzugs- oder
      Kündigungsfall **AGBG 11 Nr 6** 8
Teilzeit-Wohnrechtsgesetz AGBG 10 Nr 7 5;
   AGBG 11 Nr 12 5
Telefonische Bestellung
   und Rechtzeitigkeit des AGB-Hinweises
      AGBG 2 10
Telefonischer Vertragsabschluß
   AGB-Einbeziehung, rechtzeitiger Hinweis
      AGBG 2 15
   AGB-Text, Aushändigung **AGBG 2** 33
Teleshopping
   AGB-Einbeziehung, rechtzeitiger Hinweis
      AGBG 2 15

Textgestaltung
   AGB-Anforderungen **AGBG 2** 27 ff
   AGB-Vertretungsbeschränkungen
      AGBG 4 33
   und überraschende AGB-Klauseln, Kenntnis **AGBG 3** 5
Textilveredelung
   Beweislastverschiebung **AGBG 11 Nr 15** 10
Theorie des letzten Wortes
   AGB-Konkurrenzen **AGBG 2** 82
Tierarzt
   Inanspruchnahme besonderen Vertrauens
      AGBG 9 355
Tiere
   Gewährleistungsrechte, Klauselverbote
      AGBG 11 Nr 10 4, 8
Time-Sharing
   AGBG-Kontrollmaßstäbe **AGBG 11 Nr 12** 5
   Rückabwicklungsansprüche **AGBG 10 Nr
      7** 5
Time-sharing-Recht
   AGB-Inhaltskontrolle **AGBG 9** 136, 153,
      530
   AGB-Ungewöhnlichkeitskontrolle
      AGBG 3 21
Totounternehmen
   Wettbedingungen **AGBG 23** 27, 28
Transaktionskosten
   Interessenwahrung und damit verbundene – **Einl AGBGB** 4
Transparenzkontrolle
   Abschlußtransparenz **AGBG 9** 126
   Adressaten **AGBG 9** 130
   Änderungsrechte des Verwenders
      AGBG 9 138
   AGB-Bestimmungen, materielle Erfaßbarkeit **AGBG 2** 29
   und AGB-Inhaltskontrolle **AGBG 8** 4,
      14 ff, 18, 20, 22, 23, 25, 26, 28
   AGB-Vollständigkeit, Anforderungen
      AGBG 9 32
   AGBG-Grundlage für das Transparenzgebot **AGBG 9** 122
   Anwendungsfälle **AGBG 9** 133 ff
   Arbeitnehmer-Arbeitgeber-Vereinbarungen **AGBG 23** 3
   Aufklärung, individuelle **AGBG 9** 147, 159
   Beruflicher Verkehr **AGBG 9** 151, 333
   Bezugspunkt, unterschiedlicher gegenüber
      der Leistungskontrolle **AGBG 8** 17
   Chefarztvertrag als Zusatzvertrag
      AGBG 9 308
   Drittinteressen **AGBG 9** 106
   Durchschnittskunde **AGBG 9** 130
   EG-Richtlinie über mißbräuchliche
      Vertragsklauseln **AGBG 3** 2; **AGBG 24a** 8
   EG-Richtlinie zu Verbraucherverträgen
      AGBG 8 16; **AGBG 9** 153 ff

Transparenzkontrolle (Forts.)
Einbeziehungskontrolle **AGBG 9** 122, 126
Entgeltfortzahlungsklauseln **AGBG 9** 383
Erkenntnismöglichkeiten des Verwenders **AGBG 9** 140
Ersatzklauseln **AGBG 9** 135
Erschwerte Rechtswahrung **AGBG 9** 127
Erwartungshorizont **AGBG 9** 131, 153
Folgen **AGBG 9** 129
Freizeichnungsklauseln **AGBG 9** 333, 337, 342, 343
Funktionsbedingungen des Marktes **AGBG 8** 20
Generalklausel § 9 Abs 1 AGBG und Transparenzgebot **AGBG 9** 68, 75
Gesetzeswiederholende Klauseln **AGBG 9** 373
Gesetzgeber als Maßstab **AGBG 9** 142
Gestaltungsrechte **AGBG 9** 128, 138
GOÄ-Abweichungen **AGBG 9** 305
Grenze einer – **AGBG 8** 18; **AGBG 9** 140 ff
Hauptleistungspflichten **AGBG 9** 126, 145
Hauptleistungspflichten, Einbeziehung **AGBG 9** 36
Hauptleistungspflichten, unmittelbare Festlegung **AGBG 8** 28
Heilung durch Individualaufklärung **AGBG 9** 147 ff, 159
Inhalt **AGBG 9** 128
Intransparenz und materielle Nachteile für den Vertragspartner **AGBG 8** 17
Irreführende Darstellung der Rechtslage **AGBG 9** 137
Kaufmännischer Verkehr **AGBG 9** 151
Klarheitsanforderungen und ihre Grenzen **AGBG 9** 139
Laufzeitregelungen **AGBG 9** 450
Marktchancen **AGBG 9** 125, 126
Maßstab **AGBG 9** 130 ff, 139
Optimale Transparenz und materielle Inhaltskontrolle **AGBG 8** 22
Preisänderungsklauseln **AGBG 8** 26
Preisangaben **AGBG 9** 146
Preisbezogene Klauseln **AGBG 8** 25
Problematik ihrer Verwirklichung **Einl AGBG** 30
Rechte und Pflichten, nicht hinreichend deutlich bezeichnete **AGBG 9** 134
Rechtserläuterung, Kommentierung **AGBG 9** 143
Rechtsmißbrauch **AGBG 9** 40
Rücktrittsvorbehalt **AGBG 10 Nr 3** 1
Schwere der Kundenbenachteiligung **AGBG 9** 132
Sprachenproblem **AGBG 9** 157
Täuschungsverbot **AGBG 9** 137
Textgestaltung **AGBG 2** 27

Transparenzkontrolle (Forts.)
Transparenzgebot als Obliegenheit des AGB-Verwenders **AGBG 9** 121, 124, 149
und Überraschungskontrolle **AGBG 8** 15
Unangemessenheit **AGBG 9** 123, 124
Unklarheitenkontrolle **AGBG 5** 1, 5; **AGBG 9** 122
Verbrauchervertrag **AGBG 9** 152 ff
Verschleierung **AGBG 9** 136
Versicherungsvertrag **AGBG 9** 465, 571, 588
Verweisung auf anderweitige Regelungen **AGBG 9** 144
Zahlungspflicht, Voraussetzungen der Art und Weise **AGBG 8** 27
Zusammenwirken von Klauseln **AGBG 9** 135
Transplantation
Einwilligung aufgrund AGB-Klausel **AGBG 9** 312
Transportkosten
Nachbesserungskosten **AGBG 11 Nr 10** 60
Transportverträge
AGB-Inhaltskontrolle **AGBG 9** 272, 359
AGB-Wirkung zu Lasten Dritter aufgrund Ermächtigung **AGBG 2** 43
Treu und Glauben
Ausübungskontrolle **AGBG 9** 38 ff, 76, 80, 141, 257
Benachteiligung für den AGB-Vertragspartner **AGBG 9** 71, 75
Haftungsbegrenzungen, Inanspruchnahme als Verstoß gegen – **AGBG 11 Nr 7** 31
Inhaltskontrolle **AGBG 1** 42 ff; **AGBG 24a** 41
Inhaltskontrolle formelhafter Klauseln in beurkundeten Verträgen **AGBG 1** 44
Leistungsänderung, Hinnahme **AGBG 10 Nr 4** 1
Schriftformerfordernis für Erklärungen **AGBG 11 Nr 16** 5
Treuhandschaft
Abtretungsverbot, formularmäßiges **AGBG 9** 275
AGB-Verwender und treuhänderische Obliegenheit **AGBG 9** 75
und AGB-Verwendung **AGBG 1** 29
AGBG-Anwendbarkeit **AGBG 23** 7
Bauherrengemeinschaft **AGBG 9** 360
Freizeichnungsklauseln **AGBG 9** 355, 360
Haftungsbegrenzung, mittelbare **AGBG 9** 335
Sicherungstreuhand, Freigabeklauseln **AGBG 9** 30, 32
Verjährungsfrist, Leitbildfunktion **AGBG 11 Nr 7** 20

Treuhandschaft (Forts.)
Verjährungsfrist, verkürzte als gesetzliches Leitbild **AGBG 9** 547
Vertragswesentliche Pflichten, unwirksame Haftungsausschlüsse **AGBG 9** 340

Überlegenheit
von Anbietern **Einl AGBGB** 3

Übermaßverbot
Grobes Verschulden von Hilfspersonen, Eintreten ohne Beschränkungsmöglichkeiten **AGBG 11 Nr 7** 1
Korrektur gestörter Vertragsparität **AGBG 9** 75

Überraschungskontrolle
Abtretungsausschluß in Verkaufsbedingungen **AGBG 9** 262
Abtretungsausschluß in Versicherungsverträgen **AGBG 9** 590
Abtretungsverbot **AGBG 3** 8
Ärztliche Abrechnungsstelle **AGBG 9** 310
Ärztliche Leistungen, Selbstzahlungspflichten **AGBG 9** 413
Äußere Vertragsform **AGBG 3** 12
Anfechtung **AGBG 3** 4
Anwendungsbereich der – **AGBG 3** 2, 4, 12, 28
Anzeigenauftrag, Verlängerungsklausel **AGBG 9** 505
Arbeitsvertrag **AGBG 3** 4
Arglist des Verwenders **AGBG 3** 4
Arglosigkeit des Kunden **AGBG 3** 14
Arztvertrag, von GOÄ abweichende Honorarvereinbarung **AGBG 9** 303
Arztvertrag, Vertreterklausel **AGBG 9** 302
Aufklärungspflicht **AGBG 9** 29
Aufrechnungsverbot **AGBG 3** 8
Ausgleichsquittungen **AGBG 3** 18
Bekundungen, rechtserhebliche über Tatsachen **AGBG 3** 29
Bevollmächtigungsklauseln **AGBG 3** 12
Beweilastumkehr **AGBG 11 Nr 15** 7, 14
Beweislast **AGBG 3** 5
Bierbezugsverpflichtung **AGBG 3** 18
Bürgschaftsverträge **AGBG 3** 27, 38
Chefarztvertrag, Vertreterklausel **AGBG 9** 308
Culpa in contrahendo **AGBG 3** 4
Dauerschuldverhältnis, Entgelterhöhungsklausel **AGBG 11 Nr 1** 3
Dauerschuldverhältnisse **AGBG 3** 31, 32
EG-Richtlinie zu mißbräuchlichen Klauseln **AGBG 3** 2
Eigenhaftung des Vertreters **AGBG 11 Nr 14** 3
Einkaufsbedingungen **AGBG 3** 19
Entgeltvereinbarungen **AGBG 3** 34

Überraschungskontrolle (Forts.)
Fallmaterial: Zuordnung zur Inhaltskontrolle oder zur – **AGBG 3** 2
Firmenkreditkarte **AGBG 3** 12
Fixgeschäft aufgrund AGB-Klausel **AGBG 11 Nr 4** 15
Freibleibend-Klausel **AGBG 10 Nr 3** 19
Geltungserhaltende Reduktion **AGBG 3** 2, 35
Gerichtsstandsvereinbarung **AGBG 3** 11
Gewohnheitsrecht **AGBG 3** 10
Handelsbrauch **AGBG 3** 10
Hauptleistungspflichten **AGBG 3** 1, 18
Herstellergarantien **AGBG 3** 22
HIV-Test, Einwilligung **AGBG 9** 313
Höchstbetragsbürgschaft **AGBG 3** 38
und Individualvereinbarung, vorrangige **AGBG 4** 1
Inhaltlich anstößige Klauseln und – **AGBG 3** 2
und Inhaltskontrolle, Abgrenzung und Verhältnis **AGBG 3** 1, 2, 5, 11, 12, 14, 19, 22, 23, 31, 34, 40
und Inhaltskontrolle § 9 AGBG (unangemessene Vertragspartnerbenachteiligung) **AGBG 9** 109, 195, 201, 205
Irrtumsanfechtung **AGBG 9** 27
Kaskoversicherung **AGBG 3** 23, 29
Kaufmännisches Bestätigungsschreiben **AGBG 3** 1
Kenntnisnahme des Vertragspartners vor Vertragsabschluß **AGBG 3** 5
Kfz-Kaskoversicherung **AGBG 9** 576
Kundengünstiger Vergleichsmaßstab **AGBG 3** 9
Leasingverträge **AGBG 3** 40
Leistung/Gegenleistung-Modalitäten **AGBG 10 Nr 4** 4
Leistungsbeschreibung **AGBG 3** 22
Lohnabtretungsklauseln **AGBG 3** 27
Maklervertrag **AGBG 3** 41
Marktrelevante Regelungspunkte **AGBG 3** 126
Nebenleistungspflichten **AGBG 3** 20a
Notarieller Vertrag **AGBG 3** 8
Öffentlichrechtliche Vorschriften **AGBG 3** 22, 33
Preisanpassungsklauseln **AGBG 3** 29
und Rechtsgeschäftslehre **AGBG 3** 4
Rechtswahlklausel **AGBG 3** 16
Reisebedingungen **AGBG 3** 21; **AGBG 10 Nr 3** 15
Reisegepäckversicherung **AGBG 9** 601
Rügefrist **AGBG 3** 28
Rügeobliegenheit **AGBG 3** 28
Schönheitsreparaturen **AGBG 3** 21
Schuldanerkenntnis als neue Anspruchsgrundlage **AGBG 11 Nr 15** 5

Überraschungskontrolle (Forts.)
Schuldversprechen (abstraktes) **AGBG 3** 36
Schutzfunktion des AGBG **AGBG 3** 2
Systematische Einordnung der – **AGBG 3** 1
Textaufteilung **AGBG 3** 12
und Transparenzkontrolle **AGBG 8** 15
Überrumpelungseffekt **AGBG 3** 9, 13
Umsatzsteuer **AGBG 3** 24
Unangemessenheit **AGBG 3** 3, 18
Ungewöhnlichkeit **AGBG 3** 6 ff
Ungewöhnlichkeit der Klausel, Ungeeignetheit als Vertragsbestandteil **AGBG 3** 13
Unternehmerischer Verkehr **AGBG 3** 1
Unwirksamkeit **AGBG 3** 2, 5a, 7, 38
Verbraucherverträge **AGBG 3** 1
Vergleichsmaßstab **AGBG 3** 8
Vergünstigungen, überraschende **AGBG 3** 4
Verheimlichungsfunktion **AGBG 3** 2, 29
Verjährung **AGBG 3** 20
Vermittler **AGBG 3** 29
Vermittlerklauseln **AGBG 3** 29
Verschleierung, Verstecken einer Regelung **AGBG 9** 258
Versicherungsbedingungen **AGBG 3** 4, 8, 21, 29, 39
Versicherungsverträge **AGBG 3** 32, 39
Vertragsaufkündigungsklauseln, sachlich nicht gerechtfertigte **AGBG 10 Nr 3** 8
Vertragsdauer **AGBG 3** 12, 31
Vertragserweiterungen **AGBG 3** 19
Vertragspartnerwechsel **AGBG 11 Nr 13** 1
Vertragsverlängerungsklauseln **AGBG 3** 31
Vertreter, Eigenhaftung **AGBG 11 Nr 14** 3
Vollmachtsklauseln **AGBG 9** 622, 623, 632, 633
Vorleistungspflicht **AGBG 3** 34
Wartungsaufträge **AGBG 3** 18
Werkunternehmerpfandrecht **AGBG 3** 21
Zinsen **AGBG 3** 38
Zuständigkeit, internationale **AGBG 3** 16
Überrumpelungseffekt
und ungewöhnliche AGB-Klauseln **AGBG 3** 9, 13
Überwachungspflichten
AGB-Konkretisierung **AGBG 11 Nr 7** 10
Überziehungszinsen
als Zusatzleistung bei weiterer Vertragsdurchführung **AGBG 11 Nr 5** 10; **AGBG 11 Nr 7** 2, 14
Üblichkeit einer Klausel AGBG 9 109, 195, 201, 205
Umbuchung
als Rücktritts- und Neuanmeldungserklärung **AGBG 10 Nr 5** 11
Umgehungsverbot
AGBG-Umgehung **AGBG 7** 1 ff; **AGBG 9** 10, 428

Umqualifizierung
von Vertragserfüllung als bloße Vermittlungstätigkeit **AGBG 11 Nr 7** 25
Umsatzsteuer
AGB-Nettopreisgestaltung **Einl AGBG** 24
Individualvereinbarung, vorrangige **AGBG 4** 15a
Preise als Nettopreise (Handelsbrauch) **AGBG 4** 7
Schadensersatzleistungen **AGBG 5** 29
Ungewöhnlichkeitskontrolle einer Übernahme der Steuer trotz bezifferten Entgelts **AGBG 3** 24
Unklarheitenregel **AGBG 5** 12
Umtauschrecht
Ausschluß **AGBG 11 Nr 10** 21
UN-Kaufrecht
s. CISG
Unangemessenheitskontrolle AGBG 9 65 ff
Benachteiligung, unangemessene **AGBG 9** 65 ff
und EuGH-Vorlageverfahren **Einl AGBG** 33
und Inhaltskontrolle, Abgrenzung **Einl AGBG** 18
Unbekannt verzogen AGBG 10 Nr 6 6
Unerlaubte Handlung
Freizeichnung von der Haftung für grobes Verschulden **AGBG 11 Nr 7** 16
Haftungsbegrenzung und damit erfaßte Ansprüche aus – **AGBG 5** 14b
Verjährungsfrist, Verkürzung **AGBG 11 Nr 10** 82
Unfallversicherung
Inhaltskontrolle **AGBG 9** 594
Unklarheitenregel
Auslegung, ausdehnende mit Eliminierung von Widersprüchen **AGBG 5** 14d
Auslegung, individualvertragskonforme **AGBG 5** 23 ff
Auslegung, kundenfreundlich enge als Prinzip **AGBG 5** 8 ff
Auslegung gegen den Verwender von AGB **AGBG 5** 7 ff
und Auslegungsdifferenzen **AGBG 5** 5
und Auslegungsgrundsätze, allgemeine **AGBG 5** 1
als Auslegungsregel, nachrangige **AGBG 5** 5a
Eindeutigkeit einer Klausel **AGBG 5** 14b
Haftungsbegrenzungsklauseln **AGBG 5** 10, 11
Individualprozeß, Unterlassungsverfahren (abstraktes) **AGBG 5** 7, 7a
und Inhaltskontrolle, Verhältnis **AGBG 5** 5
Rechtsnatur des Vertrags, zweifelhafte **AGBG 5** 5
und Transparenzgebot **AGBG 5** 1

Unklarheitenregel (Forts.)
  Widerspruch zwischen Klauseln
    AGBG 5 16
Unlauterer Wettbewerb
  AGBG, GWB und UWG: Kontrolle marktwidrigen Unternehmerverhaltens
    AGBG 9 3
Unmöglichkeit
  Haftungsfolgen, klauselmäßiger Ausschluß oder Einschränkung **AGBG 11 Nr 7** 9, 36
  Haftungsfolgen, klauselmäßiger Ausschluß oder Einschränkung der Haftungsfolgen **AGBG 11 Nr 8** 1 ff
  einer Nachbesserung **AGBG 11 Nr 10** 44
  der Rückgewähr, Schadensersatzfolge **AGBG 10 Nr 7** 13
  Teilunmöglichkeit, klauselmäßiges Verbot von Rücktrittsrechten und Schadensersatzansprüchen **AGBG 11 Nr 9** 1 ff
  Teilunmöglichkeit, Rechtsbehelfe **AGBG 11 Nr 7** 4
  Vertragsverletzung und Freizeichnung von der Haftung für grobes Verschulden **AGBG 11 Nr 7** 3, 4, 9, 32, 36
  Wirtschaftliche – **AGBG 10 Nr 3** 14
Unterlassen
  Fiktionswirkung **AGBG 10 Nr 5** 11
Unterlassungs-Modell
  des Wettbewerbsrechts **AGBG Einl** 10
Unterlassungsklage (abstrakte)
  s. Verbandsklage
Unterlassungsurteil
  Verbandsklage **AGBG 17** 2 ff
Unternehmer
  s. a. Kaufmännischer Verkehr
  AGB-Aushang und Verkehr mit –
    AGBG 2 25
  AGB-Einbeziehung **AGBG 2** 51
  AGB-Hinweisobliegenheit gegenüber –
    AGBG 2 17
  AGB-Kenntnisverschaffung **AGBG 2** 34, 35
  und AGB-Ungewöhnlichkeitskontrolle **AGBG 3** 4
  AGB-Verwender, Verhältnis zum – **AGBG 2** 59
  AGBG, GWB und UWG: Kontrolle marktwidrigen Unternehmerverhaltens
    AGBG 9 3
  AGBG-Anwendungsbereich
    AGBG 24a 25 ff
  Begriff **AGBG 24a** 29
  Handelsbräuche und AGB-Einbeziehung **AGBG 2** 62
  Handelsbräuche und AGB-Inhaltsgeltung ohne Einbeziehung **AGBG 2** 62
  und Klauselverbote **AGBG Einl 8 ff** 14

Unternehmer (Forts.)
  Transparenzkontrolle im Leistungsbereich
    AGBG 8 16
  Überraschende Klauseln **AGBG 3** 1
  Umsatzsteuer und Preisbezeichnung
    AGBG 3 24
  und Unklarheitenregel **AGBG 5** 2
  Verkehrssitte **AGBG 2** 61
Unterrichtsverträge AGBG 9 535 ff; **AGBG 10 Nr 4** 7; **AGBG 11 Nr 1** 24; **AGBG 11 Nr 5** 8; **AGBG 11 Nr 6** 4, 9; **AGBG 11 Nr 12** 3, 17, 20
  Preisanpassungsklausel **AGBG 11 Nr 1** 24
Untersuchungsobliegenheit
  Widerspruch in Einkaufs- und Verkaufsbedingungen **AGBG 6** 10
Unterwerfung unter die Zwangsvollstreckung
  AGB-Inhaltskontrolle **AGBG 8** 37
Unverbindlich-Klausel AGBG 11 Nr 1 17
Unvereinbarkeit
  AGB-Klauselabweichung von Grundgedanken gesetzlicher Regelung (§ 9 II Nr 1 AGBG)
  s. Inhaltskontrolle
Unvermögen AGBG 11 Nr 8 6
Unwirksamkeit
  Abweichungen vom zwingenden Recht
    AGBG 8 10
  AGB-Einbeziehungsvereinbarung bis zur Erfüllung der Kenntnisverschaffungsobliegenheit **AGBG 2** 33
  AGB-Einbeziehungsvereinbarung, pauschale **AGBG 6** 7
  AGB-Klausel, individualvertragswidrige **AGBG 4** 11 ff
  EG-Richtlinie über mißbräuchliche Vertragsklauseln **AGBG 24a** 9
  Individualvertragliche Klausel **AGBG 1** 46
  Überraschende Klauseln **AGBG 3** 2, 5a, 7, 38
  und Unklarheitenregel **AGBG 5** 5, 7, 8

Verbandsklage
  Abmahnkosten **AGBG 13** 43, 47; **AGBG 14** 11
  Abmahnung **AGBG 13** 11, 43, 44, 46, 47
  Abschlußvertreter, eigene Einstandspflicht **AGBG 11 Nr 14** 3
  AGB-Inhaltskontrolle als Prüfungsmaßstab **Einl AGBGB** 18
  Aktivlegitimation **AGBG 13** 5, 12 ff
  Anfechtbarkeit von Entscheidungen **AGBG 15** 16
  Anhörung **AGBG 16** 1 ff
  Anwendungsbereich **AGBG 13** 2, 24, 36
  und ArbGG § 5 Satz 2 **AGBG 23** 2
  Auslegung, kundenfeindliche **AGBG 13** 23
  Aussetzung **AGBG 15** 15

Verbandsklage (Forts.)
Ausübungskontrolle (§ 242 BGB) und Inhaltskontrolle **AGBG 9** 39
Behauptungslast **AGBG 13** 19
Beseitigungsanspruch **AGBG 13** 27, 40, 41, 47
Beweislast **AGBG 13** 11, 19.25
Bundeskartellamt, Mitteilungen **AGBG 20** 1 ff
Dauerhandlungen **AGBG 13** 28, 40
Dispositionsgrundsatz **AGBG 17** 11
Drittbedingungen **AGBG 24a** 43
Drittbeteiligung **AGBG 15** 13
Drittinteressen **AGBG 9** 106
Einstweiliger Rechtsschutz **AGBG 13** 4, 6 ff
Einwendung des Verwenders (§ 767 ZPO) **AGBG 19** 1 ff
Empfehler **AGBG 13** 36, 39 ff
Empfehlung **AGBG 13** 20, 23, 32
Erstverwendungsgefahr **AGBG 13** 24h
Feststellungsinteresse **AGBG 13** 3, 11
Gegnerfreiheit **AGBG 13** 14, 17, 18
Gerichtsstandsklausel **AGBG 13** 24 ff
Gesetzliche Regelung, zwingendes Recht **AGBG 9** 170
Gewohnheitsrecht **AGBG 13** 43
Handwerkskammer, Aktivlegitimation **AGBG 13** 22
und individuelle Umstände **AGBG 5** 20
Individuelle Verwenderzugeständnisse **AGBG 9** 84
Industrie- und Handelskammern **AGBG 13** 22
Internationaler Geltungsanspruch **AGBG 13** 5
Internet **AGBG 13** 5
Klageantrag **AGBG 15** 5 ff
Konditionenempfehlungen **AGBG 13** 3
Kontrollmaßstab **AGBG 13** 24
Künftige Verträge, AGB-Bestimmung **AGBG 1** 17
Kundenfeindliche Auslegung von AGB, Grundsatz **AGBG 9** 31
Leistungsfristen und Preisberichtigungsklausel **AGBG 11 Nr 1** 16
Nebenintervention, Streitverkündung **AGBG 15** 13
Negative Feststellungsklage **AGBG 13** 4, 11
Parteidisposition **AGBG 15** 8 ff
Passivlegitimation (Verwender, Empfehler, Verleger) **AGBG 13** 35, 36, 38
Rechtshängigkeit, Rechtskraft, innerprozessuale Bindungswirkung **AGBG 15** 14
Rechtsschutzbedürfnis **AGBG 13** 11, 39, 41 ff
Rundschreiben **AGBG 13** 39

Verbandsklage (Forts.)
Streitgegenstand **AGBG 13** 3; **AGBG 15** 3 ff, 183
Streitverkündung **AGBG 15** 13
Subsidiarität **AGBG 13** 42
Transparenzgebot **AGBG 13** 24d
Überraschende Klausel **AGBG 13** 24e
Unklarheitenregel **AGBG 5** 7, 7a
Unterlassungserklärung, strafbewehrte **AGBG 13** 24h, 41
Unterlassungsurteil **AGBG 17** 1 ff
Unterlassungsverpflichtung **AGBG 13** 23 ff, 24g
Unwirksamkeit **AGBG 13** 8, 9, 11, 23, 24c, 24f
Urteilsformel **AGBG 13** 20; **AGBG 17** 1 ff
Urteilswirkungen **AGBG 21** 1 ff
Verbandsempfehlungen **AGBG 13** 36
Verbraucherverbände **AGBG 13** 12, 12 ff, 18 ff
Verfügungsanspruch **AGBG 13** 7
Verjährung **AGBG 13** 40
Verleger von Formularen **AGBG 13** 37
Vermittler **AGBG 13** 35
Vermögensrechtliche Angelegenheiten **AGBG 15** 16
Veröffentlichungsgrundsatz **AGBG 18** 1 ff
Verwender und Empfehler **AGBG 15** 13
Verwender-Begriff **AGBG 1** 30
Wettbersbrechtliche Verbandsklage, Anlehnung **AGBG 13** 4
Widerrufsurteil **AGBG 13** 31; **AGBG 17** 7 ff
Widerrufsverpflichtung **AGBG 13** 23 ff, 31 ff
Wiederholungsgefahr **AGBG 13** 7, 8, 24d, 24h, 36, 41, 47
Wirtschaftsverbände **AGBG 13** 21
ZPO-Verfahren **AGBG 15** 1 ff
Zusatzinformationen des Verwenders **AGBG 9** 150
Zuständigkeit **AGBG 14** 1 ff
Zuwiderhandeln des Verwenders **AGBG 21** 7

Verbraucherkreditverträge
Rückabwicklungsanprüche **AGBG 10 Nr 7** 5
Schadenspauschalen **AGBG 11 Nr 5** 8, 28
Verzugszinsen **AGBG 11 Nr 5** 28
Widerrufsrecht, zwingendes **AGBG 11 Nr 12** 22

Verbraucherschutz
und EG-Richtlinie über mißbräuchliche Vertragsklauseln **Einl AGBG** 33; **AGBG 24** 2; **AGBG 24a** 18
und Transparenzgebot **Einl AGBG** 30

Verbraucherverbände
und Verbandsklage **AGBG 13** 12 ff

Verbraucherverträge
AGB-Gestaltungsfreiheit **AGBG 9** 191

Verbraucherverträge (Forts.)
AGB-Gestellung durch den Unternehmer **AGBG 1** 23
und AGB-Inhaltskontrolle **AGBG 8** 4, 7, 16, 32, 41
AGBG-Anwendungsbereich, persönlicher **AGBG 24a** 25 ff
AGBG-Anwendungsbereich, sachlicher **AGBG 24a** 36 ff
Aufrechnungsausschluß **AGBG 11 Nr 3** 13
Ausnahmetatbestände § 23 AGBG **AGBG 23** 1a, 1b
Begriff des Verbrauchers **AGBG 24a** 31
Berücksichtigung begleitender Umstände **AGBG 24a** 52 ff
Beweislast **AGBG 24a** 33, 49
Bindende Rechtsvorschriften (EG-Richtlinie) **AGBG 8** 32
Bindungs- und Leistungsfristen **AGBG 10 Nr 1** 20
Dauerschuldverhältnisse, Laufzeitbestimmungen **AGBG 11 Nr 12** 24
Drittbedingungen **AGBG 24a** 36
Durchschnittskunde **AGBG 5** 20
EG-R **AGBG Einl** 32; **AGBG Einl 8** ff 7, 13; **AGBG 8** 1, 4, 7, 16, 32, 41; **AGBG 9** 15, 53 ff, 78, 88, 89, 174, 197, 340, 374; **AGBG 10 Nr 3** 30; **AGBG 10 Nr 4** 10; **AGBG 10 Nr 5** 16; **AGBG 11 Nr 1** 27; **AGBG 11 Nr 2** 9; **AGBG 11 Nr 3** 13; **AGBG 11 Nr 4** 11; **AGBG 11 Nr 6** 26; **AGBG 11 Nr 7** 38; **AGBG 11 Nr 8** 11; **AGBG 11 Nr 9** 10; **AGBG 11 Nr 11** 17; **AGBG 11 Nr 12** 24; **AGBG 11 Nr 13** 17; **AGBG 11 Nr 15** 15; **AGBG 11 Nr 16** 8; **AGBG 24** 3
EG-R und AGBG-Unterschiede im Anwendungsbereich **AGBG 24a** 3 ff
EG-R, Auslegung und Schutzzweck **AGBG 24a** 22
EG-R und Ausnahmetatbestände § 23 AGBG **AGBG 23** 1a, 1b
EG-R, Entstehungsgeschichte und Rechtsgrundlage **AGBG 24a** 1 ff
EG-R, Kontrollfreiheit rechtsdeklaratorischer Klauseln **AGBG 8** 41
EG-R, Letztverbraucherbezug **AGBG 24** 3
EG-R, Text mit Klauselanhang **AGBG 24a** 59
EG-R, Umsetzung **AGBG 24a** 16 ff
EG-R und VOB-Privilegierung **AGBG 23** 36
EG-R, wesentliche Regelungen **AGBG 24a** 6 ff
EG-RL, Bedeutung des Verbotskatalogs **AGBG 9** 15, 88; **AGBG 24a** 56a
Eigenschaftszusicherung, formularmäßiger Haftungsausschluß **AGBG 11 Nr 11** 17

Verbraucherverträge (Forts.)
Erforderlichkeit, Verhältnismäßigkeit (Vertragspartnerbenachteiligung) **AGBG 9** 75, 76
Fiktionswirkung nach Fristablauf **AGBG 10 Nr 5** 16
Gemeinschaftsrechtlicher Ansatz und AGBG-Konzeption **AGBG 9** 5, 53 ff
Gewährleistungsrechte **AGBG 11 Nr 10** 92
Individualvereinbarung und vorformulierte Klauseln in – **AGBG 24a** 45
Individualvereinbarung, vorrangige **AGBG 4** 1
Information des Verbrauchers als Richtlinienschwerpunkt **AGBG 8** 4
Inhaltskontrolle (§ 9 AGBG) und EG-RL **AGBG 9** 78, 85
Interessenabwägung AGB-Verwender/Verbraucher **AGBG 9** 85
Leistungsänderungsvorbehalte **AGBG 10 Nr 4** 10
Leistungsverweigerungsrechte, Zurückbehaltungsrecht : Ausschluß bzw. inhaltliche Beschränkung **AGBG 11 Nr 2** 9
Mahnung und Nachfristsetzung, formularmäßiges Verbot der Freistellung **AGBG 11 Nr 4** 11
Mitverpflichtung **AGBG 24a** 31a
Nachfrist, unangemessen lange **AGBG 10 Nr 2** 10
Preisberichtigungsklauseln **AGBG 11 Nr 1** 27
Prüfungsmaßstab (konkret-individueller) **AGBG 9** 85
Richtlinienkonforme Auslegung **AGBG 9** 174
Schadensersatzpauschalen **AGBG 11 Nr 5** 24
Sittenwidrigkeit **AGBG 9** 35
Sprache **AGBG 2** 28a
Teilverzug, Teilunmöglichkeit: Klauselmäßiges Verbot des Ausschlusses von Rechten **AGBG 11 Nr 9** 9
Verbraucher, Begriff **AGBG 24a** 31
Verbraucher und Unternehmer **AGBG 24a** 26
Verbraucher, Vertrag mit anderem Verbraucher **AGBG 24a** 28
Vertragsabwicklung und Anspruchsfolgen **AGBG 10 Nr 7** 20
Vertragslösungsmöglichkeiten **AGBG 10 Nr 3** 30
Vertragspartnerwechsel **AGBG 11 Nr 13** 17
Vertragsstrafeversprechen **AGBG 11 Nr 6** 26
Vertragstyp **AGBG 24a** 34
Verzug, Unmöglichkeit: gesetzliche Schadensersatz- und Lösungsrechte als zwingendes Recht **AGBG 11 Nr 8** 11

Verbraucherverträge (Forts.)
VOB/B-Privilegierung und EG-R **AGBG 23** 36
Verein
AGBG-Anwendbarkeit **AGBG 23** 10
Austauschverhältnisse zwischen Mitgliedern **AGBG 23** 8
Verfallklausel
Einseitige Befreiungsmöglichkeit **AGBG 10 Nr 3** 2
und Vertragsstrafe, Abgrenzung **AGBG 11 Nr 6** 8
Verfassungsrecht, Verfassungsmäßigkeit
AGB-Kontrolle an Maßstäben der Verfassung **AGBG 9** 23
AGBG-Anwendung auf alte Dauerschuldverhältnisse **AGBG 28** 2
Richterliche Inhaltskontrolle bei strukturellen Ungleichgewichtslagen **AGBG 23** 1c
Verfügung
AGBG-Anwendung **AGBG 1** 11
Vergünstigungen
und AGB-Ungewöhnlichkeitskontrolle **AGBG 3** 5
Vergütung
Kündigung und formularmäßige, unangemessen hohe – **AGBG 10 Nr 7** 7
Verhältnismäßigkeitsprinzip
und AGB-Inhaltskontrolle **AGBG 8** 15, 21; **AGBG 9** 75, 112, 115, 195
Billigkeitskontrolle, Rechtskontrolle **AGBG 8** 21
Transparenzkontrolle, Inhaltskontrolle **AGBG 8** 15
Verhandeln
und Aushandeln **AGBG 1** 36
Verjährung
AGB-Inhaltskontrolle von Verjährungsklauseln **AGBG 9** 335, 545 ff
AGB-Klauseln, individualvertragswidrige **AGBG 4** 13b
AGB-Ungewöhnlichkeitskontrolle **AGBG 3** 20
AGBG-Bereichsausnahmen **AGBG 23** 19, 29, 31
Ausschluß und Verlängerung, klauselmäßige **AGBG 11 Nr 10** 90, 91
Fristbeginn **AGBG 9** 552, 554; **AGBG 11 Nr 10** 83
Gewährleistungsfristen, klauselmäßige Verkürzung **AGBG 11 Nr 10** 80 ff
Hemmung **AGBG 11 Nr 10** 34, 40, 83
Klagefrist statt Verjährungsfrist (Inhaltskontrolle) **AGBG 9** 551
Teilabnahme und Beginn der – **AGBG 11 Nr 10** 84
Unklarheitenregel **AGBG 5** 14b

Verjährung (Forts.)
Unterbrechung **AGBG 11 Nr 10** 83
und Verbandsklage **AGBG 13** 40
Verkürzung **AGBG 9** 546 ff; **AGBG 11 Nr 7** 20; **AGBG 11 Nr 10** 80 ff
Verlängerung **AGBG 9** 549, 550; **AGBG 11 Nr 10** 90
Vorsatz oder grobe Fahrlässigkeit und Verkürzung der – **AGBG 11 Nr 7** 20
Verkauf gegen sofortige Barzahlung
und Aufrechnungsverbot **AGBG 11 Nr 3** 10
Verkaufs- und Zahlungsbedingungen
als Vertragsbestandteil **AGBG 2** 76
Verkaufsbedingungen
Abtretungsausschlüsse **AGBG 9** 262 ff
Eigentumsvorbehalt aufgrund Handelsbrauchs **AGBG 2** 62
Verkehrssitte
AGB-Hinweis **AGBG 2** 19
und AGB-Inhaltskontrolle **AGBG 8** 7
AGB-Klauselverstoß gegen – **AGBG 9** 109
als Auslegungshilfe **AGBG 2** 61
Einbeziehung von Bedingungen kraft einer – **AGBG 23** 44
Tatsächliche Übung, Kenntnis und Billigung **AGBG 9** 110
Verhältnis unter/zu Privaten **AGBG 2** 61
Verlängerter Eigentumsvorbehalt
AGBG-Anwendung **AGBG 1** 11
Verlängerungsklauseln
s. Laufzeitverlängerung
Vermittler AGBG 3 29; **AGBG 5** 14c; **AGBG 13** 35
Vermittlerklauseln
AGB-Ungewöhnlichkeitskontrolle **AGBG 3** 29
Vermutungen AGBG 10 Nr 6 2; **AGBG 11 Nr 15** 6
des Fehlens höherer Gewalt **AGBG 11 Nr 15** 6
Versandanzeige
AGB-Verweis nach Vertragsabschluß **AGBG 2** 10
Klausel „auf Rechnung und Gefahr des Käufers" **AGBG 2** 59
Versandhandel AGBG 11 Nr 5 27
Verschleiß AGBG 11 Nr 7 30
Verschulden, Verschuldensprinzip
s. a. Fahrlässigkeit; Vorsatz
Beweislastverschiebungen **AGBG 11 Nr 15** 9
Gewährleistungsbeschränkungen **AGBG 11 Nr 10** 18
Haftungsmaßstab und Haftungsgrund **AGBG 11 Nr 7** 1
Nachbesserung, Fehlschlagen **AGBG 11 Nr 10** 48
Rechtsgrundsatz, ungeschriebener **AGBG 9** 172

Verschulden, Verschuldensprinzip (Forts.)
  und Vertragsstrafe AGBG 11 Nr 6 15
  und Vertretenmüssen AGBG 11 Nr 8 3
  Vertretnmüssen und Verschulden AGBG 11 Nr 8 3
Versicherungsverein auf Gegenseitigkeit
  AGBG-Anwendbarkeit AGBG 23 9
Versicherungsvertrag
  Abfindungserklärung gegenüber Versicherung AGBG 9 100
  Änderungen von AVB AGBG 2 46
  AGB-Hinweis nach Vertragsabschluß AGBG 2 13
  AGB-Inhaltskontrolle AGBG 9 555 ff
  und AGB-Inhaltskontrolle AGBG 8 29, 31
  und AGB-Ungewöhnlichkeitskontrolle AGBG 3 4
  und AGB-Ungewöhnlichkeitskontrolle (Beispiele) AGBG 3 39
  AGBG-Anwendbarkeit AGBG 9 557, 558
  Angebot, individuelle Zusätze AGBG 4 21
  Antragsbindungsklauseln AGBG 9 574
  Ausdrückliche Einbeziehung von AVB AGBG 2 6
  Auslegung AGBG 9 562
  Auslegungshinweise durch den Versicherungsagenten AGBG 5 19
  AVB, Vorrang von Individualabreden AGBG 4 1
  AVB-Einbeziehung ggü Analphabeten AGBG 2 4
  AVB-Text, maßgeblicher AGBG 2 46
  AVB-Verweise **Einl AGBGB** 3
  Bedingungsanpassungsklauseln AGBG 9 52
  Behördliche AGB-Genehmigung und Freistellung von den qualifizierten Einbeziehungsvoraussetzungen AGBG 23 43, 44
  Behördliche Vorkontrolle AGBG 9 556
  Beitragsanpassungsklauseln AGBG 9 575
  Bereicherungsverbot AGBG 9 576
  EG-Recht AGBG 9 566
  Einbeziehung von AVB AGBG 9 560, 561
  Erstattungsansprüche AGBG 2 30
  Erwerber versicherter Sache, Kündigung AGBG 9 117
  Europäisches Recht AGBG 23 40
  Frist zur Annahme, Ablehnung eines Angebots AGBG 10 Nr 1 11
  Geschäftspläne AGBG 9 558
  Kernbereich der Leistung AGBG 9 565
  Kontrollfähigkeit (Inhaltskontrolle) AGBG 9 563 ff
  Kündigung AGBG 9 579, 581
  Laufzeit AGBG 9 67, 180, 429, 580
  Laufzeitbestimmungen AGBG 23 40
  Leitbildfunktion des VVG AGBG 9 570
  Maßstab des § 9 AGBG AGBG 9 569, 570
  Mehrfachversicherungen AGBG 9 581

Versicherungsvertrag (Forts.)
  Natur des Vertrages AGBG 9 201
  Obliegenheitsverletzungen und Gefährdung der Versichererinteressen AGBG 9 115
  Öffentliche Versicherer AGBG 9 559
  Primärklauseln, unwirksame AGBG 9 52
  Repräsentantenklauseln AGBG 9 582
  Risikoabwälzung, überproportionale AGBG 9 199
  Risikoeingrenzungen AGBG 8 29
  Risikoprüfung und Leistungseinschränkung AGBG 9 195
  Rückwärtsversicherungsklauseln AGBG 9 577, 583
  Sachverständigenkosten AGBG 9 584
  Serienschadenklausel AGBG 9 586
  Tarifwahl und Vertragsmodelle AGBG 9 97 ff
  Übernahmezusage AGBG 9 592
  Ungewöhnlichkeitskontrolle AGBG 3 8
  Unklarheitenregel AGBG 5 2, 14a, 14d, 19 ff
  und Verbraucherbegriff AGBG 24a 31
  Verlängerungsklauseln AGBG 23 40
  Verwandtenklauseln AGBG 9 589
  Verwirkungsklauseln AGBG 9 41
  Vorerkrankungen AGBG 9 593
  Vorläufiger Versicherungsschutz AGBG 9 577
  VVaA und AGBG-Anwendbarkeit AGBG 23 9
  VVG-Sonderregelung § 5a AGBG 2 3
  Wissenschaftlichkeitsklausel AGBG 9 591
Versorgungsausgleich
  und AGBG-Bereichsausnahme AGBG 23 5
Versteckter Einigungsmangel AGBG 6 4
Versteigerung
  AGB-Hinweis, Schwierigkeit eines ausdrücklichen AGBG 2 19
Versteigerungsbedingungen AGBG 11 Nr 2 7
Vertrag
  AGB als Bestandteile AGBG 1 31
  AGB-Bezug auf den Vertrag AGBG 1 31
  Angebot, Annahme
    s. dort
  Bedingungswerke, Staffelverweisung (Reihenfolge der Verweisung) AGBG 2 8
  Individualvereinbarungen
    s. dort
Vertrag mit Schutzwirkungen für Dritte
  AGB-Inhaltskontrolle AGBG 9 100
  AGB-Vereinbarung AGBG 2 44
  Haftungsbegrenzung, unzulässige bei grober Fahrlässigkeit AGBG 11 Nr 7 22
Vertrag zugunsten Dritter
  AGB-Vereinbarung AGBG 2 44

Vertragliche Einigung
  AGB-Einbeziehung, ausdrückliche
    AGBG 2 2
Vertragsabschluß
  Abschlußklauseln und Einstandspflicht des Abschlußvertreters **AGBG 11 Nr 14** 3
  und AGB-Aushang **AGBG 2** 20 ff
  AGB-Einbeziehung, spätere **AGBG 2** 59
  AGB-Einbeziehung und Voraussetzungen des – **AGBG 2** 39
  AGB-Hinweis und Abschlußtechnik **AGBG 2** 19
  AGB-Hinweisobliegenheit (Rechtzeitigkeit) **AGBG 2** 4 ff, 10, 12, 14, 18 ff, 31, 33e, 37
  AGB-Ungewöhnlichkeitskontrolle s. dort
  Ausgabe von Papieren und darin enthaltene AGB-Hinweise **AGBG 2** 13
  Bedingte Abschlußverpflichtung, Ungewöhnlichkeitskontrolle **AGBG 3** 18
  Bestätigungsklauseln **AGBG 11 Nr 15** 12
  und Rechtzeitigkeit des AGB-Hinweises **AGBG 2** 10
  Wegfall vertraglicher Bindung (Ungewöhnlichkeitskontrolle) **AGBG 3** 29
Vertragsabschlußklauseln AGBG 10 Nr 1 1, 6; **AGBG 11 Nr 14** 3; **AGBG 11 Nr 16** 2
Vertragsabwicklung
  Anspruchsfolgen, formularmäßige **AGBG 10 Nr 7** 1 ff
Vertragsänderung
  AGB-Unterzeichnung, nachträgliche **AGBG 2** 39
Vertragsanpassungsklauseln
  Inhaltskontrolle **AGBG 9** 575, 588
Vertragsaufhebung AGBG 11 Nr 13 15
  s. a. Vertragsloslösung; Rücktritt
Vertragsdauer AGBG 2 34; **AGBG 3** 12, 31; **AGBG 4** 13; **AGBG 23** 41
  s. a. Laufzeitklauseln
Vertragsergänzung
  durch kaufmännisches Bestätigungsschreiben **AGBG 2** 76
Vertragserweiterung
  AGB-Ungewöhnlichkeitskontrolle **AGBG 3** 19
Vertragsfreiheit
  und Abnehmerstellung **Einl AGBGB** 4
  und AGB-Inhaltskontrolle **AGBG 8** 6
  Verbraucherverträge **AGBG 10 Nr 1** 20
Vertragsgegenstand
  und AGB-Textgestaltung **AGBG 2** 28
  und AGBG-Geltung **AGBG 1** 9 ff
  und ergänzende Vertragsauslegung **AGBG 6** 13a
  Preisberichtigungsklauseln **AGBG 11 Nr 1** 23

Vertragsgerechtigkeit
  Tragender Gedanke des gesetzlichen Gerechtigkeitsmodells **AGBG 9** 4, 162, 184
Vertragshändlerverträge
  Änderungsvorbehalt **AGBG 10 Nr 4** 6
  AGB-Inhaltskontrolle (Verweise) **AGBG 9** 605
  Atypischer Vertrag **AGBG 9** 201
  Ausübungskontrolle (§ 242 BGB), Inhaltskontrolle **AGBG 9** 39
  Freizeichnung für grobes Verschulden eines Erfüllungsgehilfen **AGBG 11 Nr 7** 39
  Hauptleistungspflichten **AGBG 9** 208
  Kündigungsrecht bei einseitiger Gewährleistungsänderung **AGBG 9** 92
  Kündigungsrecht, zu weitgehendes **AGBG 9** 39
  Markenbindung des Vertragshändlers **AGBG 9** 213
  Transparenzgebot **AGBG 9** 138, 141
  Verwenderinteressen, sonstige **AGBG 9** 113
Vertragsklauseln
  EG-Richtlinie über mißbräuchliche – s. Verbraucherverträge
  Vorformulierte Klauseln, Abweichungen **AGBG 1** 34, 35
Vertragskontrolle
  Sonderformen außerhalb des AGBG **Einl AGBG** 19
Vertragsloslösung
  als einseitige Befreiungsmöglichkeit **AGBG 10 Nr 3** 1 ff
  Gesetzliche Regelungen **AGBG 10 Nr 3** 12
  und Vertragsstrafe **AGBG 11 Nr 6** 14
  im Verzugsfall, bei Unmöglichkeit: AGB-Ausschluß oder Einschränkung der Haftungsfolgen **AGBG 11 Nr 8** 8
Vertragspartner
  AGB-Benachteiligung **AGBG 9** 71
  Benachteiligung, unangemessene s. Inhaltskontrolle
  Gegenleistung **AGBG 11 Nr 8** 6
  Günstige Regelungen **AGBG 8** 40
  und Machtgefälle **Einl AGBGB** 3
  Unterlegenheit, situative **AGBG 9** 2, 5
  Vertragsverletzung **AGBG 10 Nr 3** 17
  Wesentliche Rechte (Inhaltskontrolle) **AGBG 9** 207 ff
Vertragspartnerwechsel AGBG 11 Nr 13 1 ff
  Schuldübernahme **AGBG 11 Nr 13** 8
Vertragsrecht
  AGB-Konzeption **Einl AGBG** 31
Vertragssprache
  und AGB-Aushang **AGBG 2** 21
  AGB-Einbeziehung, Hinweisobliegenheit **AGBG 2** 4, 28a, 61

Vertragssprache (Forts.)
  AGB-Textgestaltung **AGBG 2** 28a
  Sprache des Vertragspartners **AGBG 2** 28a
  und Verhandlungssprache **AGBG 2** 28a
Vertragsstörungen
  Haftungsfolgen, klauselmäßige Ausschluß oder Einschränkung **AGBG 11 Nr 8** 1 ff
Vertragsstrafe
  Abstandssummen, Abgrenzung **AGBG 11 Nr 6** 11
  Abweichung von §§ 339 ff. BGB **AGBG 11 Nr 6** 23
  AGB-Grundlage **AGBG 1** 35
  AGB-Inhaltskontrolle **AGBG 8** 37
  AGB-Inhaltskontrolle (Verweise) **AGBG 9** 610
  Arbeitsverhältnis **AGBG 23** 1c
  Ausschließlichkeitsbindung **AGBG 11 Nr 6** 17
  Begriff **AGBG 11 Nr 6** 6
  Garantieversprechen, Abgrenzung **AGBG 11 Nr 6** 10
  Gastwirt **AGBG 11 Nr 6** 27
  Konkurrenzverbot, Verletzung **AGBG 11 Nr 6** 21
  Leistungserbringung, unterbliebene oder verspätete **AGBG 11 Nr 6** 16 ff
  Nebenpflichtenverletzung **AGBG 11 Nr 6** 12, 19
  Nichtabnahme, verspätete Abnahme **AGBG 11 Nr 6** 12 ff
  Reuegelder, Abgrenzung **AGBG 11 Nr 6** 9
  Rückgabepflichten, verletzte **AGBG 11 Nr 6** 21
  und Schadensersatz, pauschalierter **AGBG 11 Nr 6** 2
  Schadenspauschalierung und Vertragsstrafeklauseln, Abgrenzung **AGBG 11 Nr 5** 3
  Schlechterfüllung, Nebenpflichtenverletzung und Verletzung von Obliegenheiten **AGBG 11 Nr 6** 18 ff
  Schlechtwetter **AGBG 11 Nr 6** 16
  Umschreibepflichten, verletzte **AGBG 11 Nr 6** 21
  Unternehmenskauf **AGBG 11 Nr 6** 27
  Verfallklauseln, Abgrenzung **AGBG 11 Nr 6** 8
  Verschuldensunabhängige – **AGBG 11 Nr 6** 25
  Verzugsetzung (Unklarheitenregel) **AGBG 5** 14
Vertragstyp
  und AGB-Inhaltskontrolle **AGBG 8** 8
  und AGB-Ungewöhnlichkeitskontrolle **AGBG 3** 8, 18
  und Verbrauchervertrag **AGBG 24a** 34
Vertragsübernahme
  Abtretungen **AGBG 11 Nr 13** 12

Vertragsübernahme (Forts.)
  Befreiende Schuldübernahme **AGBG 11 Nr 13** 12
  Betriebsübergang **AGBG 11 Nr 13** 11
  Gesetzliche Vertragsübernahme **AGBG 11 Nr 13** 10
  Loslösung vom Vertrag **AGBG 11 Nr 13** 15, 17
  Schlichte Erfüllungsübernahme **AGBG 11 Nr 13** 12
  Verwender von AGB als Stellvertreter **AGBG 11 Nr 13** 13
  VOB/B **AGBG 11 Nr 13** 16
Vertragsurkunde
  und Vollständigkeitsklauseln **AGBG 4** 34
Vertragsverhandlungen
  und AGB-Hinweis **AGBG 2** 11
  und AGB-Text zwecks Kenntniserlangung **AGBG 2** 31
  und kaufmännisches Bestätigungsschreiben **AGBG 2** 76
  und überraschende AGB-Klauseln, Kenntnis **AGBG 3** 5
Vertragsverlängerung AGBG 3 31
  s. a. Laufzeitverlängerung
Vertragsverletzung
  AGB-Ungewöhnlichkeitskontrolle **AGBG 3** 20
  Freizeichnung von der Haftung für grobes Verschulden **AGBG 11 Nr 7** 1 ff
  und Lösung vom Vertrag **AGBG 10 Nr 3** 17
Vertragswesentliche Rechte und Pflichten
  s. a. Kardinalpflichten
  Freizeichnungsfestigkeit **AGBG 9** 338 ff
  Inhaltskontrolle (§ 9 II Nr 2 AGBG) **AGBG 9** 207 ff
Vertragszweckgefährdung
  AGB-Inhaltskontrolle bei fehlendem gesetzlichen Gerechtigkeitsleitbild **AGBG 9** 196 ff, 212, 213, 569
Vertretenmüssen
  Haftungsfolgen bei Verzug/Unmöglichkeit, klauselmäßiger Ausschluß und Einschränkung **AGBG 11 Nr 8** 1 ff
  und Verschulden **AGBG 11 Nr 8** 3
Vertretung
  Abschlußvertreter für den Vertragspartner, klauselmäßige Haftung **AGBG 11 Nr 14** 1 ff
  AGB-Beschränkungen der Vertretungsmacht **AGBG 4** 29 ff
  AGB-Text, Möglichkeit der Kenntnisnahme **AGBG 2** 33, 34
  AGB-Ungewöhnlichkeitskontrolle **AGBG 3** 20
  AGB-Verwender **AGBG 1** 29
  Vertreterklausel bei höchstpersönlicher Leistungspflicht **AGBG 9** 302

Vertretung (Forts.)
Vollmachtsklausel, Inhaltskontrolle
AGBG 9 100, 620 ff
Vollmachtsklauseln als überraschende
Klauseln AGBG 3 12
Vertretung (Eigenhaftung des Vertreters)
Bote AGBG 11 Nr 14 7
Delkredere-Haftung AGBG 11 Nr 14 9
Eltern AGBG 11 Nr 14 6
Gesetzliche Vertretung AGBG 11 Nr 14 5, 6
Handeln unter fremden Namen AGBG 11
Nr 14 5
Kfz-Vermietung AGBG 11 Nr 14 7
Kommissionär AGBG 11 Nr 14 5
Krankenhauseinweisung AGBG 11 Nr 14 6
Mitbesteller AGBG 11 Nr 14 2, 6
Mittelbarer Vertreter AGBG 11 Nr 14 5
Rechtsgeschäftlich bestellter Vertreter
AGBG 11 Nr 14 5
Reisevertrag AGBG 11 Nr 14 7
Rohrreinigung AGBG 11 Nr 14 7
Schlüsselgewalt AGBG 11 Nr 14 5
Schuldbeitritt AGBG 11 Nr 14 8
Schuldmitübernahme AGBG 11 Nr 14 8
Treuhänder AGBG 11 Nr 14 5
Vertreter ohne Vertretungsmacht AGBG 11
Nr 14 5
Verwahrungsvertrag
AGB-Inhaltskontrolle AGBG 9 615
als Dauerschuldverhältnis AGBG 10 Nr 3 29
Verwalterverträge AGBG 11 Nr 12 8
Verwaltungsrechtliche Genehmigungsverfahren
AGBG-Kontrolle Einl AGBG 20 ff
Verwandtenklausel
Versicherungsschutz AGBG 9 589
Verweisung
s. Bezugnahme
Verwender von AGB
Abgrenzung vom Vertragspartner
AGBG 1 23
Abschluß des Vertrags AGBG 1 27
AGB-Gestellung vom Verwender
AGBG 1 27
AGB-Vorteile Einl AGBG 4
Ausdrücklichkeit der AGB-Einbeziehung
AGBG 2 1, 2, 4, 13, 25
Auslegung gegen den Verwender (Unklarheitenregel) AGBG 5 6 ff
Bauherrenmodelle AGBG 1 29
Bedienstete AGBG 11 Nr 7 17
Begriff AGBG 1 23 ff; AGBG 5 6
Begünstigung einer Partei AGBG 1 26
Bestimmung des Verwenders AGBG 1 25 ff
Bevollmächtigungen des – AGBG 1 7
Einbeziehungserfordernis als Vertragsvoraussetzung AGBG 6 8a
und Empfehler (Stellung im abstrakten
Kontrollverfahren) AGBG 15 13

Verwender von AGB (Forts.)
Grundrechtsbindung AGBG 9 23
Hinweisobliegenheit
s. dort
Illiquidität AGBG 11 Nr 7 17
Interpretationsrisiko Einl AGBG 14
Kenntnisverschaffungsobliegenheit
AGBG 2 3a, 5, 26, 30, 33, 43
Konditionenempfehlung und Preisanpassungsbefugnis Einl AGBG 25
Rationalisierungsinteresse AGBG 9 104,
105, 112, 120, 195
Transparenzgebot als Obliegenheit des –
AGBG 9 121, 124, 149
Unklarheitenregel
s. dort
Unterlassungsklage (abstrakte) AGBG 1 30
Unterlassungsverfahren (abstraktes)
Einl AGBG 11, 15
Unternehmerverhältnis AGBG 2 59
Vertragsabschlußvoraussetzungen, Regelung AGBG 2 39
Vertragspartner-Einverständnis mit
AGB-Einbeziehung AGBG 2 36 ff
und Vertragspartner-Schutz AGBG 1 23
Vertragspartner-Umstände AGBG 5 20
Vertretungsverhältnisse AGBG 1 29
Vielzahl von Verträgen AGBG 1 17
VOB-Vertrag AGBG 1 28
Wesentliche Pflichten, Freizeichnungsfestigkeit AGBG 9 338 ff
Wesentliche Pflichten (Inhaltskontrolle)
AGBG 9 207 ff
Verwertungsgesellschaften
Schutzrechtsinhaber AGBG 23 41
Verwertungsklauseln
AGB-Inhaltskontrolle AGBG 9 466
Verwirkungsklauseln
AGB-Inhaltskontrolle AGBG 9 41, 335
Verzicht
AGB-Kenntnisverschaffunsobliegnheit
AGBG 2 26
AGBG-Anwendung AGBG 1 11
Verzug (Gläubigerverzug) AGBG 11 Nr 8 5
Verzug (Schuldnerverzug)
Haftungsfolgen, klauselmäßiger Ausschluß
oder Einschränkung der Haftungsfolgen
AGBG 11 Nr 8 1 ff
Teilverzug, Verbot des klauselmäßigen
Ausschlusses von Rücktrittsrechten und
Schadensersatz AGBG 11 Nr 9 1 ff
und Vertragsstrafenversprechen AGBG 11
Nr 6 13
Vertragsverletzung und Freizeichnung von
der Haftung für grobes Verschulden
AGBG 11 Nr 7 3, 4, 9, 31, 32, 36
Verzugsklauseln, Inhaltskontrolle
AGBG 9 519

Verzugszinsen
AGB-Ungewöhnlichkeitskontrolle
AGBG 3 12
Schadenspauschale **AGBG 11 Nr 5** 28
Vielzahl von Verträgen
Handelsbrauch, geltender **AGBG 1** 22
Visa
Nichteinhaltung des Zahlungsziels
AGBG 11 Nr 6 13
VOB
AGBG-Geltung **Einl AGBGB** 3, 5
AGBG-Privilegierung **AGBG 23** 29 ff
und andere Bedingungswerke **AGBG 2** 8
Auslegungsdifferenzen **AGBG 5** 5
Ausschlußfrist **AGBG 11 Nr 10** 77
Bauleistungen **AGBG 11 Nr 10** 54
Bauträger **AGBG 11 Nr 10** 37, 54
Benachteiligung und Kompensationswirkung **AGBG 9** 92
EG-R über mißbräuchliche Vertragsklauseln **AGBG 23** 1b
Einzelvertraglich vereinbarte Abweichung von der – **AGBG 23** 35
Erklärungsfiktionen **AGBG 23** 29 ff
Frist zur Annahme, Ablehnung eines Angebots **AGBG 10 Nr 1** 11
Garantieleistung „entsprechend VOB bzw BGB" (Unklarheitenregel) **AGBG 5** 15a; **AGBG 9** 135
Gewährleistungsbeschränkungen **AGBG 11 Nr 10** 18
Gewährleistungsfrist **AGBG 11 Nr 10** 82 ff; **AGBG 23** 29
Kenntniserlangung vom VOB-Text **AGBG 2** 31
Kernbereichs-Eingriff **AGBG 23** 33
Leitbildeignung, mangelnde **AGBG 9** 175
Persönliche Leistungspflicht **AGBG 11 Nr 13** 16
Selbsthilferecht **AGBG 11 Nr 10** 37
Subunternehmer, Nachunternehmer **AGBG 11 Nr 13** 12
Unternehmerverkehr **AGBG 2** 35
Verbraucherverträge und EG-R **AGBG 23** 36
Verjährungsverlängerung **AGBG 9** 550
als Vertragsgrundlage **AGBG 23** 30
Vertragsstrafe, vorbehaltene bei Abnahme **AGBG 9** 195
Verwender **AGBG 1** 28
VOB/B als ausgewogenes Klauselwerk **AGBG 9** 93
VOB/B-Einbeziehung als Handelsbrauch **AGBG 2** 62
Wandelung **AGBG 11 Nr 10** 54
Vollmacht
AGB-Beschränkungen **AGBG 4** 30

Vollmacht (Forts.)
AGB-Inhaltskontrolle der Erteilung einer –
AGBG 8 37
AGB-Ungewöhnlichkeitskontrolle
AGBG 3 20
Erteilung unwiderruflicher Vollmacht und langfristige Bindung an den AGB-Verwender **AGBG 10 Nr 1** 9
Vollmachtsklauseln
AGB-Inhaltskontrolle **AGBG 9** 100, 620 ff
Aktive Stellvertretung **AGBG 9** 631 ff
Beschränkung der Vertretungsmacht
AGBG 9 634 ff
Einseitige Bevollmächtigung
AGBG 9 621 ff
Gebrauchtwagenvermittlung **AGBG 9** 626
Gegenseitige Bevollmächtigung
AGBG 9 627 ff
Passive Stellvertretung **AGBG 9** 628, 629
als überraschende Klauseln **AGBG 3** 12
Vollständigkeitsklauseln AGBG 4 34
Vollstreckungsgegenklage AGBG 11 Nr 15 5
Vollstreckungsunterwerfungsklauseln AGBG 11 Nr 15 5
Vorabentscheidungsverfahren
des EuGH
s. Europäischer Gerichtshof
Vorausabtretung von Forderungen
AGBG-Anwendung **AGBG 1** 11
Vorenthalten der Mängelbeseitigung
bis zu unverhältnismäßig hoher Entgeltzahlung **AGBG 11 Nr 10** 66, 67
bis zur vollständigen Entgeltzahlung
AGBG 11 Nr 10 65
Vorerkrankungen AGBG 9 593
Vorfälligkeitsklauseln
AGB-Inhaltskontrolle **AGBG 9** 115, 172, 538
Vorformulierte Vertragsbedingungen
Abweichungen, Textänderungen
AGBG 1 34, 35
Begriff **AGBG 1** 2, 18 ff; **AGBG 24a** 46
Bestimmung des Verwenders **AGBG 1** 25
Einseitigkeit der Einführung in das Vertragswerk **AGBG 1** 23 ff
Hauptleistungspflichten, Nebenpflichten
AGBG 1 9
Individualvereinbarung und AGB-Hinweis
AGBG 2 14
Individualvereinbarungen, Abgrenzung
AGBG 1 32
Nachträgliche Änderungen **AGBG 1** 38
Verbraucherverträge **AGBG 24a** 45 ff
Verlesung, eingehende Besprechung
AGBG 1 37
Vielzahl **AGBG 1** 15, 16 ff
in Wertpapieren verbriefter Inhalt
AGBG 2 10

Vorführwagen AGBG 11 Nr 10 6
Vorhaltekosten AGBG 11 Nr 7 7, 8
Vorkorrespondenz
 und AGB-Hinweis AGBG 2 11
Vorleistung
 und Rückzahlungsausschluß AGBG 10 Nr 7 4
Vorleistungsklauseln
 AGB-Inhaltskontrolle AGBG 9 447, 522, 537
 und Aufrechnungsverbot AGBG 11 Nr 3 9
 Handelsverkehr AGBG 11 Nr 10 70
 Mängelbeseitigung, vorenthaltene AGBG 11 Nr 10 64 ff
 Pflicht zur Vorleistung AGBG 3 34; AGBG 11 Nr 2 1, 7, 9; AGBG 11 Nr 3 11
Vormundschaftsgerichtliches Genehmigungsverfahren
 AGBG-Kontrollmaßstäbe AGBG Einl 8 ff 16
Vorrangregel
 AGB-Klauseln, Unwirksamkeit individualvertragswidriger AGBG 4 11 ff
Vorratsschuld
 Pflicht zur Vorleistung AGBG 10 Nr 3 30
Vorsatz
 Begriff AGBG 11 Nr 7 26
Vorschußanspruch
 ohne Bezifferung AGBG 5 14b
Vorsorgeverschulden AGBG 10 Nr 3 13
Vorteilsausgleich AGBG 10 Nr 7 6
Vorvertragliche Handlungen
 und Entgeltzusagen, Ungewöhnlichkeitskontrolle AGBG 3 18
Vorvertragliches Schuldverhältnis
 AGBG-Bedeutung AGBG 1 10
 Leistungszeit AGBG 11 Nr 1 9
 Verschulden bei Vertragsverhandlungen AGBG 11 Nr 7 15

Währungsgesetz
 Behördliche Genehmigung AGBG 11 Nr 1 6
Wärmeversorgungsverträge AGBG 11 Nr 12 3
Waffengleichheit AGBG 9 117, 118
Waggoneinfuhrgeschäft AGBG 11 Nr 3 11
Wandelung
 AGB-Verwendung des Begriffs AGBG 2 29
 Anspruchsfolgen, formularmäßige erklärter – AGBG 10 Nr 7 14
 Ausschluß, klauselmäßiger bei Verträgen über Lieferung neu hergestellter Sachen und Leistungen AGBG 11 Nr 10 20 ff
 Eigenschaftszusicherung AGBG 11 Nr 11 11
 Fabrikationsfehler AGBG 11 Nr 10 44 33
 Gattungskauf AGBG 11 Nr 10 53
 Gewährleistungsersetzung, Verbot durch Einräumung von Ansprüchen gegen Dritte AGBG 11 Nr 10 26, 27

Wandelung (Forts.)
 Hinweis auf subsidiäres Recht der – AGBG 11 Nr 10 52
 oder Minderungsrecht AGBG 11 Nr 10 53
 Nachbesserung, fehlgeschlagene und Anspruch auf – AGBG 11 Nr 10 47
 Verbot klauselmäßiger Subsidiarität AGBG 11 Nr 10 28 ff
 Verjährungsfrist, Verkürzung AGBG 11 Nr 10 82
 VOB AGBG 11 Nr 10 54
 Vorbehalt, ausdrücklicher AGBG 11 Nr 10 52
Waren
 Begriff AGBG 11 Nr 1 9
Warenbezug
 über Buch- und Schallplattenclubs, AGBG-Anwendbarkeit AGBG 23 8
Warenlieferungsverträge
 Laufzeitbestimmungen, klauselmäßige AGBG 11 Nr 12 1 ff
 Laufzeitverlängerung AGBG 11 Nr 12 4
Wartungsvertrag
 Preisanpassungsklausel AGBG 11 Nr 1 24
 Überraschungskontrolle AGBG 3 18
 Verträge über Leistungen, Gewährleistungsrecht und Klauselverbote AGBG 11 Nr 10 11 ff
Wasserversorgung
 AVBWasserV AGBG 11 Nr 12 9; AGBG 23 25
Wegekosten AGBG 11 Nr 10 60
Wegfall der Geschäftsgrundlage
 AGB-Unwirksamkeit bei – AGBG 6 20, 21
 Lösung vom Vertrag aufgrund – AGBG 10 Nr 3 12, 16
 Preisanpassungsklauseln, Folgen unwirksamer AGBG 11 Nr 1 26
Wein
 Gewährleistungsbeschränkung AGBG 11 Nr 10 8
Weitergeleitete Aufträge AGBG 11 Nr 13 12
Werbematerial
 Verträge über – AGBG 11 Nr 12 12
Werbezündhölzer AGBG 11 Nr 1 28
Werbung AGBG 12 8, 9, 11, 12
Werftwerkvertrag AGBG 9 341, 345, 348, 361; AGBG 11 Nr 7 39
Werklieferungsvertrag
 Eigenschaftszusicherung, formularmäßig unabdingbare Schadensersatzansprüche AGBG 11 Nr 11 1 ff
 Laufzeitbestimmungen, klauselmäßige AGBG 11 Nr 12 1 ff
 Laufzeitverlängerung AGBG 11 Nr 12 4
 Preisanpassungsklausel AGBG 11 Nr 1 24
 Vertragspartnerwechsel AGBG 11 Nr 13 1 ff
Werkunternehmerpfandrecht AGBG 3 21

Werkvertrag
  AGB-Inhaltskontrolle **AGBG 9** 186, 361, 640
  Bauverträge
    s. dort
  Dienstleistungsvertrag, Abgrenzung **AGBG 11 Nr 12** 14
  Eigenschaftszusicherung, formularmäßig unabdingbare Schadensersatzansprüche **AGBG 11 Nr 11** 1 ff
  Garantieversprechen, unselbständiges **AGBG 11 Nr 7** 6
  Gewährleistung **AGBG 3** 8
  Gewährleistungsausschluß, Verbot des vollständigen bei Lieferung neu hergestellter Sachen **AGBG 11 Nr 10** 20 ff
  Gewährleistungsersetzung, Verbot durch Einräumung von Ansprüchen gegen Dritte **AGBG 11 Nr 10** 26, 27
  Gewährleistungsfristen, klauselmäßige Verkürzung **AGBG 11 Nr 10** 82
  Kündigung, formularmäßige unangemessen hohe Vergütungsforderung **AGBG 10 Nr 7** 7
  Laufzeit/Kündigungsvorschriften, Überschreitung der Höchstfristen **AGBG 11 Nr 12** 23
  Nachbesserungs- oder Ersatzlieferungsansprüche, eigenständige vertragliche **AGBG 11 Nr 10** 42
  Nachbesserungsaufwendungen **AGBG 11 Nr 10** 57 ff
  Pfandrechtsausschluß **AGBG 3** 21
  Renovierungsarbeiten **AGBG 11 Nr 10** 14
  Verträge über Leistungen, Gewährleistungsrecht und Klauselverbote **AGBG 11 Nr 10** 11 ff
  Vertragspartnerwechsel **AGBG 11 Nr 13** 1 ff
  VOB
    s. dort
Wertminderung
  und pauschalierter Schadensersatz **AGBG 11 Nr 5** 13, 17
Wertminderungspauschalen AGBG 10 Nr 7 11
Wertpapiere
  AGB-Inhaltskontrolle (Hinweise) **AGBG 9** 641
  AGBG-Anwendung von Bedingungen **AGBG 1** 7a
  Einwendungen gegen Abrechnungen **AGBG 10 Nr 5** 13
  Vorformulierter Vertragsinhalt, verbriefter **AGBG 2** 10
  Zugangsfiktion **AGBG 10 Nr 6** 6
Wertsicherungsklauseln
  und verbotene Preisberichtigungsklauseln **AGBG 11 Nr 1** 6

Wertungsmöglichkeit
  und Klauselverbote **AGBG Einl 8 ff** 11, 12
Wesentliche Grundgedanken
  Abweichung von tragenden Gedanken des gesetzlichen Gerechtigkeitsmodells (§ 9 II Nr 2 AGBG) **9** 183 ff
Wettbedingungen AGBG 23 27
  Staatlich genehmigte Lotterie und Ausspielverträge **AGBG 23** 27
Wettbewerbsrecht
  Kartellrecht
    s. dort
  Unlauterer Wettbewerb
    s. dort
Widerklage
  auf Gegenforderung gestützte **AGBG 11 Nr 3** 1
Widerruf
  und Rückabwicklung von Verträgen **AGBG 10 Nr 7** 2, 9
Widerrufsklage
  AGB-Inhaltskontrolle als Prüfungsmaßstab **Einl AGBGB** 18
Widerrufsrecht
  Bestätigung einer Belehrung **AGBG 11 Nr 15** 12
Widerrufsurteil
  Verbandsklage **AGBG 13** 31; **AGBG 17** 7 ff; **AGBG 20** 2
Widerrufsverfahren
  Verbandsklage **AGBG 11 Nr 4** 4; **AGBG 13** 1 ff
Widerrufsverpflichtung
  Verbandsklage **AGBG 13** 23 ff, 31 ff
Widerrufsvorbehalt
  Angebot bis Zugang der Annahmeerklärung **AGBG 10 Nr 1** 23
  Einseitige Befreiungsmöglichkeit **AGBG 10 Nr 3** 2
  Freibleibend-Klausel **AGBG 10 Nr 3** 19
Wiederholungsgefahr
  Verbandsklage **AGBG 13** 7, 8, 24d, 24h, 36, 41, 47
Willenserklärung
  Zugangsfiktion **AGBG 10 Nr 6** 4
Wirtschafts- und Berufsvereinigungen
  Konditionenempfehlungen und betroffene – **Einl AGBG** 26
Wirtschaftsberater
  Hauptleistungspflichten **AGBG 11 Nr 7** 10
Wirtschaftsinformationsdienst
  Vorleistungspflicht **AGBG 11 Nr 2** 7
Wirtschaftsprüfer
  Haftungsbegrenzungen **AGBG 11 Nr 7** 7
  Inanspruchnahme besonderen Vertrauens **AGBG 9** 355

Wirtschaftsverbände
 Aktivlegitimation im Verbandsprozeß **AGBG 13** 21
Wohnraummiete
 s. Mietvertrag
Wohnraumvermittlung AGBG 11 Nr 6 5
Wohnungseigentum
 AGBG-Geltung **AGBG 1** 11
 Frist zur Annahme, Ablehnung eines Angebots **AGBG 10 Nr 1** 11
 Gewährleistungsrecht, klauselmäßige Verbote **AGBG 11 Nr 10** 9
 Inhaltskontrolle notariell beurkundeter Verträge **AGBG 1** 48
 als neu hergestellte Sachen **AGBG 11 Nr 10** 9
 Verbraucherverträge **AGBG 24a** 34

Zahlung Kasse
 und Aufrechnungsverbot **AGBG 11 Nr 3** 10
Zahlung Netto Kasse Zug um Zug
 und Aufrechnungsverbot **AGBG 11 Nr 3** 10
Zahlung Netto-Kasse
 und Aufrechnungsverbot **AGBG 11 Nr 3** 10
Zahlung ohne Abzug AGBG 11 Nr 3 4
Zahlungsbedingungen
 als Vertragsbestandteil **AGBG 2** 76
Zahlungsklausel
 Unklarheitenregel **AGBG 5** 14
Zahlungsmodalitäten
 und AGB-Inhaltskontrolle **AGBG 8** 27
Zahlungspflichten
 Frist zur Leistung **AGBG 10 Nr 1** 13 ff
Zeitungs- und Zeitschriftenabonnements AGBG 8 38; **AGBG 9** 436; **AGBG 11 Nr 12** 12, 18, 20; **AGBG 11 Nr 13** 1
Zinsen, Verzinsung
 Bankgeschäfte und Zinsvereinbarung **AGBG 4** 7
 Bereitstellungszinsen **AGBG 10 Nr 7** 14
 Bürgenhaftung **AGBG 3** 38
 Diskontsatz (pauschalierter Verzugszins) **AGBG 11 Nr 5** 28
 Effektiver Jahreszins, Berechnungsdetails **AGBG 3** 29
 Gegenbeweis bei Zinspauschalen **AGBG 11 Nr 5** 19
 Preisbezogene Klauseln **AGBG 8** 25
 Transparenzkontrolle **AGBG 8** 27
 Überziehungszinsen **AGBG 11 Nr 5** 10

Zinsen, Verzinsung (Forts.)
 Vertragsstrafe **AGBG 11 Nr 6** 13
 Verzugszinsen, Ungewöhnlichkeitskontrolle **AGBG 3** 12
 Zahlungsziel, Ablauf und erhöhte – **AGBG 11 Nr 4** 12
 Zinsberechnungsklauseln **AGBG 3** 8
 Zinserhöhungsklausel **AGBG 11 Nr 1** 24
Zivilrecht
 und AGBG-Bedeutung **Einl AGBG** 29
Zug-um-Zug-Leistung
 Aushandeln einer Klausel **AGBG 9** 84
 Gerechtigkeitsmodell **AGBG 9** 186
 nach Mängelbeseitigung **AGBG 11 Nr 10** 69
Zugangserfordernisse AGBG 11 Nr 16 6, 9
Zugangsfiktion AGBG 10 Nr 6 1 ff
Zugewinnausgleich
 und AGBG-Bereichsausnahme **AGBG 23** 5
Zulieferer
 Gewährleistungsersatz durch Abtretung von Ansprüchen gegen – **AGBG 11 Nr 10** 26
Zurückbehaltungsrecht
 AGB-Inhaltskontrolle **AGBG 9** 64, 89, 98, 114, 117
 Ausschluß, inhaltliche Beschränkung durch AGB **AGBG 11 Nr 2** 1 ff
Zusatzentgelte AGBG 8 18, 19, 22, 25
Zusendung bestellter Ware
 und AGB-Hinweis **AGBG 2** 10
Zusendung erfolgt gegen Nachnahme
 und Aufrechnungsverbot **AGBG 11 Nr 3** 9
Zusicherung einer Eigenschaft
 s. Eigenschaftszusicherung
Zuständigkeit
 Gerichtsstandsklauseln, Schiedklauseln **AGBG 4** 14
 Internationale Zuständigkeit deutscher Gerichte **AGBG 12** 13
 Internationale Zuständigkeit, Prorogation **AGBG 3** 16
 Verbandsklage **AGBG Einl** 11; **AGBG 14** 1 ff, 11
Zwingendes Recht
 und AGB-Inhaltskontrolle **AGBG 8** 9, 20
 AGB-Verstoß gegen – **AGBG 9** 24, 170, 177
 als gesetzliche Regelung iS § 9 Abs 2 Nr 1 AGBG **AGBG 9** 25
 Zurückdrängung im BGB **Einl AGBGB** 2

J. von Staudingers
**Kommentar zum Bürgerlichen Gesetzbuch
mit Einführungsgesetz und Nebengesetzen**

Übersicht Nr 56/5. Oktober 1998
Die Übersicht informiert über die Erscheinungsjahre der Kommentierungen in der 12. Auflage sowie in der 13. Bearbeitung und deren Neubearbeitung (= Gesamtwerk STAUDINGER). *Kursiv* geschrieben sind diejenigen Teile, die zur Komplettierung der 12. Auflage noch ausstehen.

Die Übersicht ist für die 13. Bearbeitung und für deren Neubearbeitung zugleich ein Vorschlag für das Aufstellen des „Gesamtwerks STAUDINGER" (insbesondere für solche Bände, die nur eine Sachbezeichnung haben). Es wird empfohlen, die Austauschbände chronologisch neben den überholten Bänden einzusortieren, um bei Querverweisungen auf diese schnell Zugriff zu haben. Bei Platzmangel sollten die ausgetauschten Bände an anderem Ort in gleicher Reihenfolge verwahrt werden.

	12. Aufl.	13. Bearb.	Neubearb.
Erstes Buch. Allgemeiner Teil			
Einl BGB; §§ 1 - 12; VerschG	1978/1979		1995
§§ 21 - 103	1980		1995
§§ 104 - 133	1980		
§§ 134 - 163	1980		1996
§§ 164 - 240	1980		1995
Zweites Buch. Recht der Schuldverhältnisse			
§§ 241 - 243	1981/1983		1995
AGBG	1980		1998
§§ 244 - 248	1983		1997
§§ 249 - 254	1980		
§§ 255 - 292	1978/1979		1995
§§ 293 - 327	1978/1979		1995
§§ 328 - 361	1983/1985		1995
§§ 362 - 396	1985/1987		1995
§§ 397 - 432	1987/1990/1992/1994		
§§ 433 - 534	1978		1995
Wiener UN-Kaufrecht (CISG)			1994
§§ 535 - 563 (Mietrecht 1)	1978/1981 (2. Bearb.)		1995
§§ 564 - 580 a (Mietrecht 2)	1978/1981 (2. Bearb.)		1997
2. WKSchG (Mietrecht 3)	1981		1997
MÜG (Mietrecht 3)			1997
§§ 581 - 606	1982		1996
§§ 607 - 610	1988/1989		
VerbrKrG; HWiG; § 13 a UWG			1998
§§ 611 - 615	1989		
§§ 616 - 619	1993		1997
§§ 620 - 630	1979		1995
§§ 631 - 651	1990		1994
§§ 651 a - 651 k	1983		
§§ 652 - 704	1980/1988		1995
§§ 705 - 740	1980		
§§ 741 - 764	1982		1996
§§ 765 - 778	1982		1997
§§ 779 - 811	1985		1997
§§ 812 - 822	1979		1994
§§ 823 - 825	1985		
§§ 826 - 829	1985/1986		1998
ProdHaftG			1998
§§ 830 - 838	1986		1997
§§ 839 - 853	1986		
Drittes Buch. Sachenrecht			
§§ 854 - 882	1982/1983		1995
§§ 883 - 902	1985/1986/1987		1996
§§ 903 - 924	1982/1987/1989		1996
Umwelthaftungsrecht			1996
§§ 925 - 984	1979/1983/1987/1989		1995
§§ 985 - 1011	1980/1982		1993
ErbbVO; §§ 1018 - 1112	1979		1994
§§ 1113 - 1203	1981		1996
§§ 1204 - 1296	1981		1997
§§ 1 - 84 SchiffsRG			1997
§§ 1 - 25 WEG (WEG 1)	1997		
§§ 26 - 64 WEG; Anh Besteuerung (WEG 2)	1997		
	12. Aufl.	13. Bearb.	Neubearb.

Viertes Buch. Familienrecht
§§ 1297 - 1302; EheG u.a.; §§ 1353 - 1362 ___ 1990/1993
§§ 1363 - 1563 _____ 1979/1985 _____ 1994
§§ 1564 - 1568; §§ 1 - 27 HausratsVO _____ 1994/1996
§§ 1569 - 1586 b _____ *1999*
§§ 1587 - 1588; VAHRG _____ 1995 _____ 1998
§§ 1589 - 1600 o _____ 1983 _____ 1997
§§ 1601 - 1615 o _____ 1992/1993 _____ 1997
§§ 1616 - 1625 _____ 1985
§§ 1626 - 1665; §§ 1 - 11 RKEG _____ 1989/1992/1997
§§ 1666 - 1772 _____ 1984/1991/1992
§§ 1773 - 1895; Anh §§ 1773 - 1895 (KJHG) __ 1993/1994
§§ 1896 - 1921 _____ 1995

Fünftes Buch. Erbrecht
§§ 1922 - 1966 _____ 1979/1989 _____ 1994
§§ 1967 - 2086 _____ 1978/1981/1987 ___ 1996
§§ 2087 - 2196 _____ 1980/1981 _____ 1996
§§ 2197 - 2264 _____ 1979/1982 _____ 1996
BeurkG _____ 1982
§§ 2265 - 2338 a _____ 1981/1983
§§ 2339 - 2385 _____ 1979/1981 _____ 1997

EGBGB
Einl EGBGB; Art 1 - 6, 32 - 218 _____ 1985
Einl EGBGB; Art 1 - 2, 50 - 218 _____ 1998
Art 219 - 221, 230 - 236 _____ 1993 _____ 1996
Art 222 _____ 1996

EGBGB/Internationales Privatrecht
Einl IPR; Art 3, 4 (= Art 27, 28 aF), 5, 6 ____ 1981/1984/1988 ___ 1996
Art 7 - 11 _____ 1984
IntGesR _____ 1980 _____ 1993
Art 13 - 17 _____ 1983 _____ 1996
Art 18 _____ 1996
IntVerfREhe _____ 1990/1992 _____ 1997
Kindschaftsrechtl. Ü; Art 19 (= Art 18, 19 aF) _ 1979 _____ 1994
Art 20 - 24 _____ 1988 _____ 1996
Art 25, 26 (= Art 24 - 26 aF) _____ 1981 _____ 1995
Art 27 - 37; 10 _____ 1987/1998
Art 38 _____ 1992
IntSachenR _____ 1985 _____ 1996
BGB-Synopse 1896-1998 _____ 1998
Gesamtregister _____ *1999*

Demnächst erscheinen
§§ 249 - 254 _____ 1998
§§ 2265 - 2338 a _____ 1998
IntGesR _____ 1998
Art 38 EGBGB _____ 1998
100 Jahre BGB – 100 Jahre Staudinger (Tagungsband 1998) ___ 1999

Nachbezug der 13. Bearbeitung und deren Neubearbeitung: Um sich die Vollständigkeit des „Gesamtwerks STAUDINGER" zu sichern, haben Abonnenten die Möglichkeit, die ihnen fehlenden Bände früherer Jahre zu für sie erheblich vergünstigten Bedingungen nachzubeziehen. Auskunft erteilt jede gute Buchhandlung und der Verlag.

Nachbezug der 12. Auflage: Abonnenten haben die Möglichkeit, die 12. Auflage komplett oder in Teilen zum Vorzugspreis zu beziehen (so lange der Vorrat reicht). Hierdurch verfügen sie schon zu Beginn ihres Abonnements über das „Gesamtwerk STAUDINGER".

Reprint 1. Auflage: Aus Anlaß des 100jährigen Staudinger-Jubiläums ist die 1. Auflage (1898-1903) als Reprint erschienen. Rund 3.600 Seiten in sechs Bänden. Halbleder DM 1.200,- (Zu beziehen bei Schmidt Periodicals, D-83075 Bad Feilnbach).

Dr. Arthur L. Sellier & Co. - Walter de Gruyter GmbH & Co., Berlin
Postfach 30 34 21, D-10728 Berlin, Tel. (030) 2 60 05-0, Fax (030) 2 60 05-222